Das römische Reich im 2. Jahrh. n. Chr.

PONS

Wörterbuch für
Schule und Studium

Latein – Deutsch

Neubearbeitung 2003

Ernst Klett Sprachen
Barcelona · Budapest · Ljubljana · London · Posen · Prag · Sofia · Stuttgart

PONS Wörterbuch für Schule und Studium Latein-Deutsch

Bearbeitet von Rita Hau †

Neubearbeitung 1986 unter Mitwirkung von Sabine Grebe, Prof. Vito Di Gregorio, Dr. Eberhard Kulf, Dr. Hanz Martinet, Dr. Roland Pietsch, Clemens Schmitt, Dr. Norbert Schröer

Neubearbeitung 2003 unter Mitwirkung von Adolf W. Fromm und Gregor Vetter

3. neu bearbeitete Auflage 2003 - Nachdruck 2004 (1,02)

Internet:www.pons.de
E-Mail: info@pons.de

Projektleitung: Rita Hau †, Andrea Ender

Einbandgestaltung: Ira Häußler, Stuttgart
Logoentwurf: Erwin Poell, Heidelberg
Texterfassung: Büro für Textverarbeitung Häußler, Stuttgart
Satz: Fotosatz Kaufmann, Stuttgart
Druck: Clausen & Bosse, Leck
Printed in Germany
ISBN 3-12-517552-6

Inhaltsverzeichnis

Anhang

Tipps für die Benutzung des Wörterbuches

Ein Text ist kein inhaltliches Durcheinander. Das bedeutet: Wörter in einem Text begrenzen sich gegenseitig in ihrer Bedeutung und erklären sich daher gegenseitig.

- Gehen Sie deshalb an einen lateinischen Text nicht heran, indem Sie einzelne Wörter im Wörterbuch nachschlagen.
  Versuchen Sie vorab, den Sachbereich des Textes zu bestimmen und ein globales Verständnis des gedanklichen Zusammenhanges zu erarbeiten.
- Versuchen Sie, die Bedeutung der unbekannten Wörter aus dem Textzusammenhang einzugrenzen.
- Legen Sie sich nicht voreilig auf eine Bedeutung eines Wortes fest.
- Berücksichtigen Sie beim Nachschlagen die Reihenfolge der Wörter im Satz, beachten Sie Wortblöcke, geschlossene Wortstellung usw.
- Berücksichtigen Sie beim Nachschlagen grammatische Abhängigkeiten (z. B. eines Genitivs vom übergeordneten Nomen).
  Suchen Sie im Wörterbuch Beispiele mit entsprechender Konstruktion.
- Untersuchen Sie den Aufbau eines Satzes, insbesondere Subjekt, Prädikat und Ergänzungen (Objekte) und suchen Sie im Wörterbuch ähnlich gebaute Beispiele.
- Berücksichtigen Sie Parallelen und Gegensätze im Text und schlagen Sie Wörter mit vermutlich ähnlicher oder entgegengesetzter Bedeutung zugleich nach.
- Seien Sie misstrauisch gegenüber allzu leichten Gleichsetzungen (z. B. religio – Religion).

Vorwort

Das PONS Wörterbuch für Schule und Studium Latein–Deutsch steht in der Tradition des Taschen-Heinichen, des über Jahrzehnte hin bewährten lateinisch-deutschen Taschenwörterbuchs zu den klassischen und ausgewählten mittelalterlichen Autoren, das ja seinerseits eine Bearbeitung des Schulwörterbuches von F. A. Heinichen darstellt.
So wie die Bearbeiter des Taschen-Heinichen es sich beim Durchdenken der theoretischen Grundlagen zum Grundsatz gemacht hatten, dass es nämlich gelte, ein Wörterbuch zu schaffen, „das einwandfrei und praktisch brauchbar sich den tatsächlichen Bedingungen anpasst", so war es nunmehr für eine Neuentwicklung notwendig geworden, ein Wörterbuch zu erstellen, das inhaltlich den Bedürfnissen modernen Lateinunterrichts Rechnung trägt, sowie lexikographisch und typographisch den Anforderungen und Erwartungen entspricht, die heute mit einem neuen lateinisch-deutschen Wörterbuch für den Schulgebrauch verknüpft werden.
Die Überarbeitung erfolgte insbesondere im Hinblick auf die neuesten Latein-Lehrpläne, woraus u. a. vor allem eine Erweiterung in der Beschreibung der Eigennamen sowie eine Erweiterung und Anpassung der lateinischen Anwendungsbeispiele und der mittellateinischen Stichworteinträge resultierte.
Unter den Bearbeitern sind neben Frau R. Hau, die die inhaltliche und formale Hauptarbeit wahrnahm, Herr Dr. E. Kulf, Herr Dr. R. Pietsch und Herr Prof. V. Di Gregorio zu nennen, die aufgrund ihrer vielfältigen und langjährigen unterrichtlichen Erfahrungen an Gymnasien und Universitäten außer sprachlichen und lexikographischen vor allem auch didaktische Gesichtspunkte berücksichtigen konnten. Weiterhin sind hervorzuheben Frau S. Grebe, Herr Dr. H. Martinet sowie Herr C. Schmitt, die einerseits unter besonderer Berücksichtigung von Spezialaufgaben (wie z. B . Auswahl mittellateinischer Einträge, Epochenklassifizierung), andererseits hinsichtlich der allgemeinen Auswahl und Organisation der Stichwörter wesentliche Beiträge geleistet haben. Als Historiker kam Herr Dr. N. Schröer bei der Bearbeitung der zahlreichen Eigennamen zum Zuge.
Bei der Auswahl des Wortschatzes wurden sowohl klassische als auch vor- und nachklassische, sowie spät- und mittellateinische Autoren berücksichtigt; dabei war für die Einbeziehung, bzw. den Ausschluss von Schriftstellern und Werken bestimmend, ob sie im heutigen Unterricht gelesen werden. Denn im heutigen Unterricht werden, besonders in Leistungskursen, neben den klassischen und den besonders bekannten Schriftstellern und Dichtern, die nach wie vor im Zentrum der Lektüre stehen (wie z. B. Cäsar, Cicero, Sallust, Livius, Seneca, Tacitus, Catull, Horaz, Vergil, Tibull, Properz, Ovid), auch vorklassische Autoren gelesen, wie z. B. Cato, Plautus, Terenz und Lukrez, weniger oft herangezogene nachklassische wie Petron, Persius, Martial, Juvenal, Plinius, Gellius, Apulejus, spätlateinische Schriftsteller, insbesondere Kirchenschriftsteller, wie z. B. Tertullian, Minucius Felix, Augustinus, außerdem ausgewählte Stellen aus der Vulgata und Literatur des Mittelalters, so z. B. der Wortschatz der Carmina Burana.
Bei der Darstellung des Wortschatzes wurden didaktische und methodische Gesichtspunkte ganz besonders berücksichtigt. Der Schüler soll rasch und zuverlässig die Bedeutung finden können, die für seinen Text passt, und er soll zur Erläuterung anschauliche Beispiele vorfinden. Deshalb ist das Wörterbuch sehr übersichtlich gegliedert: Die einzelnen Bedeutungsblöcke werden mit Ziffern, jeweils am Anfang einer Zeile, ausgewiesen. Die Grundbedeutung (oder die wichtigste Bedeutung) steht jeweils am Anfang eines Abschnitts. Weniger wichtige oder seltenere Bedeutungen finden sich bei allen Einträgen, die ein größeres Bedeutungsfeld aufweisen, in den nachfolgenden bezifferten Blöcken. Durch diese Form der Gliederung erspart sich der Benutzer Umwege durch hierarchische Verästelungen. Besonderer Wert wurde darauf gelegt, veraltete deutsche Bedeutungen durch verständliche, heutigem Sprachgebrauch angemessene Wörter und Wendungen zu ersetzen. In halbfettem Druck hervorgehoben bietet das Wörterbuch zahlreiche Anwendungsbeispiele für die Stichwörter wie Wendungen und Zitate, in schwierigen Fällen mit Übersetzung, sowie in eckigen Klammern typische und häufige Ergänzungen (wie Objekte, Genitivattribute u. a.).
Wo nötig, werden Erläuterungen (z. B. sprachgeschichtlicher oder stilistischer Art) hinzugefügt und grammatische Angaben gemacht.
An alphabetischer Stelle werden wichtige Eigennamen der römischen und griechischen Antike (z. B. Geographie, Geschichte, Mythologie, Dichtung) mit ausführlichen Erklärungen angeführt. Zusätzlich geben zahlreiche Infoboxen Informationen zu den wichtigsten Eigennamen und Begriffen.
Nützlich finden werden Lehrer und Lerner auch die Markierung des lateinischen Grund- und Aufbauwortschatzes.

Der Anhang enthält weitere hilfreiche und informative Materialien, wie z. B. tabellarische Übersichten zur Grammatik, einen kurzen Überblick über die Geschichte der lateinischen Sprache, eine Übersicht über die Schrift und Aussprache des Lateinischen.
Somit liegt ein in didaktischer Hinsicht vollständig neu entwickeltes lateinisch-deutsches Wörterbuch vor, das inhaltlich, organisatorisch und typographisch den Anforderungen moderner Lexikographie entspricht und die Bedürfnisse und Bedingungen heutigen Lateinunterrichts erfüllt.
Das PONS Wörterbuch für Schule und Studium Latein–Deutsch wendet sich primär an Schüler der Gymnasien und vergleichbarer Schulen, daneben an Studenten, die das Latinum nachholen, an Studenten des Lateinischen für die kursorische Lektüre sowie an Studenten der Geschichte.

Aufbau des Wörterbuches

fācunditās
fācundus
faeceus
faecula

Reihenfolge der Stichwörter:
streng **alphabetisch.**
Das gilt auch für die Umlaute ae, oe usw.

ōs^{1}, ōris *n*
os^{2}, ossis *n*

Gleich geschriebene Wörter, die aber verschiedenen Wortarten angehören oder verschiedene Stämme haben, werden durch eine **Hochzahl** hinter dem Stichwort unterschieden.

Der Inhalt einer Seite wird durch die Leitwörter am Kopf jeder Seite angegeben.

Zitierform ist die Grundform
(In der Zitierform sind lange Vokale durch ¯ gekennzeichnet)
Zitierform ist

amō, amāre
pūniō, pūnīre
cubō, cubāre, cubuī, cubitum
habeō, habēre, habuī, habitum
dēleō, dēlēre, dēlēvī, dēlētum
dīcō, dīcere, dīxī, dictum
queror, querī, questus sum

- bei **Verben:** die **1. Person Singular Präsens Aktiv** bzw. **Passiv.**
  Zusätzlich zur Grundform wird grundsätzlich der **Infinitiv** angegeben, außerdem meistens die **Stammformen**. (Diese werden nicht gegeben bei der a- und i-Konjugation, sofern sie regelmäßig sind, z. B. amare, punire.) Stammformen werden vollständig ausgeschrieben.

re-stituō, stituere, stituī, stitūtum
ad-veniō, venīre, vēnī, ventum

Bei zusammengesetzten Verben (Komposita) wird hinter der Grundform der Teil der Stammformen aufgeführt, der nach dem Trennungsstrich steht.

af-fluō, fluere, flūxī, –
flōrēscō, flōrēscere, – –

Sind einzelne Stammformen nicht belegt, tritt an ihre Stelle ein Gedankenstrich.

– Neben der Grundform sind an alphabetischer Stelle als Stichwort außerdem aufgenommen:

velle *Inf. Präs.Akt. v. volo*^{2}.

- die Infinitive unregelmäßiger Verben (z. B. velle, ferre)

ēmī *Perf. v. emo.*
haesī *Perf. v. haereo.*
ēmptus *P. P. P. v. emo.*
lātus^{1} *P. P. P. v. fero.*

- die 1. Ps. Sg. Ind. Perf. (Akt.) und das P. P. P. der Verben der konsonantischen Konjugation (z. B. rego), der Verben der gemischten Konjugation (z. B. capio) und der unregelmäßigen Verben (z. B. fero).

absconditus, a, um
abundāns, *Gen.* antis
tacitus, a, um

Außerdem bilden diejenigen Partizipien ein eigenes Stichwort, die als Adjektive verwendet werden.

galea, ae *f*
oppidum, ī *n*
nātiō, ōnis *f*
imber, bris *m*

- bei **Substantiven:** der **Nominativ Singular.**
  Zu dieser Grundform wird die Endung des **Genitiv Singular** und das **Genus** (m, f oder n) hinzugefügt.

ōs^{1}, ōris *n*
os^{2}, ossis *n*
iūs, iūris *n*

Bei kurzen Wörtern und bei der Gefahr von Missverständnissen wird der Genitiv ausgeschrieben.

• bei **Adjektiven:** der **Nominativ Singular mask.**
Zu dieser Grundform wird gegeben:

laetus, a, um
ācer, ācris, ācre

– die Endung bzw. Form des Nom. Sg. f und n bei dreiendigen Adjektiven,

brevis, e

– die Endung bzw. Form des Nom. Sg. n bei zweiendigen Adjektiven,

ferōx, *Gen.* ōcis
in-ops, *Gen.* opis

– der Gen. Sg. bei einendigen Adjektiven.

bonus, a, um (*Komp.* melior, ius; *Superl.* optimus, a, um; *Adv.* bene)
bene *Adv. zu bonus*
melior, ius *Komp. v. bonus*
optimus *Superl. v. bonus*

Außerdem werden unregelmäßige Komparativ- und Superlativbildungen sowie unregelmäßig gebildete Adverbien angeführt. Diese sind auch als eigenes Stichwort aufgenommen.

Gliederung der Bedeutungsangaben

hostis, is *m, selten f* ① Feind **a)** Staatsfeind, Landesfeind, Feind *im Krieg;* **b)** offener Feind, Gegner, Widersacher; **c)** *(vor Gericht)* Prozessgegner; **d)** *(in der Liebe)* Nebenbuhler, Rivale;
② Fremder, Ausländer;
③ der Teufel.

Mehrere klar unterscheidbare Bedeutungsbereiche eines lat. Wortes werden durch arabische Ziffern gekennzeichnet. Weitere Untergliederungen werden durch kleine Buchstaben kenntlich gemacht. Die Grundbedeutung oder die wichtigste steht jeweils am Anfang eines Abschnitts.

īn-suēscō, suēscere, suēvī, suētum **I.** *intr.* sich an etw. gewöhnen;
II. *trans.* jmd. an etw. gewöhnen.
gemellus I. *Adj.* a, um ① Zwillings-; ② doppelt, Doppel-; **II.** *Subst.* ī *m* Zwilling, Zwillingsbruder.

Grundlegende grammatische Differenzierungen werden durch römische Ziffern gekennzeichnet.

Belege und Anwendungen

honestus, a, um *(honos)* ① geehrt, angesehen, geachtet, vornehm [**homo; familia**]; **-o loco natus;**
② ehrenhaft, ehrenvoll [**laudatio; victoria; mores**]; **vita -e acta; -um est** es macht *od.* bringt Ehre;
③ ehrbar, schicklich, anständig, würdig [**res** standesgemäße Mittel; *(m. Sup.)* **factu**];
④ sittlich, gut, tugendhaft [**vita**]; **-e vivere;**
⑤ schön, hübsch, edel *(v. Sachen)* [**facies; forma; caput; oratio** schön klingend].

• Zu den Bedeutungsangaben werden Beispiele folgender Art gegeben:
– kurze Belege für **typische und häufige Verbindungen** (in eckigen Klammern),
– **Wendungen und Zitate** (halbfett).
Schwierige Wendungen werden übersetzt. Bei längeren Zitaten wird am Ende der Autor (vgl. Liste der Abkürzungen) genannt.

obtrectātiō, ōnis *f (obtrecto)* Missgunst, Neid, Eifersucht; **~ laudis alienae** *(Gen. obi.);* **~ atque invidia adversus crescentem in dies gloriam alcis.**
hāc *Adv. (hic[1]; erg. parte od viā)* auf dieser Seite, auf diesem Wege, hier; **~ atque illac** *(Ter.)* überall.

• In Wendungen ersetzt die **Tilde** ~:
– bei Verben den Infinitiv des als Stichwort eingetragenen Verbs,
– bei Substantiven den Nominativ des Stichworts,
– bei Adjektiven, Adverbien und Präpositionen das Stichwort.

Weitere Erklärungen zum Stichwort

iānitrīx, rīcis *f (ianitor) (vor- u. nachkl.)* Pförtnerin.
im-mūniō mūnīre *(Tac.)* hineinbauen [**praesidium**].
hāc-tenus *Adv. (eigtl. hāc parte tenus) (auch in Tmesis)* ① *(räuml.) (poet.; nachkl.)* bis hierher, bis dahin, so weit; **hac Troiana tenus fuerit Fortuna secuta;**
② *(zeitl.)* bis jetzt;
③ *(abschließend in Rede u. Schrift)* bis hierher, bis zu diesem Punkt, so weit; **~ de amicitia dixi;**
④ *(graduell beschränkend)* bis zu dem Grade, insoweit, insofern.
ab-dīcō² dīcere, dīxī, dictum ① ablehnen, absagen, untersagen; *(als t.t. der Auguralspr.)* nicht zulassen, verweigern, verwerfen *(Ggstz. addico)* **aves abdicunt (alqd)** die Weissagevögel lassen (etw.) nicht zu;
② *(jur.)* absprechen, aberkennen.
ab-iungō, iungere, iūnxī, iunctum
① *(poet.)* abspannen [**iuvencum**];
② *(übtr.)* trennen, entfernen.

- Wörter oder Bedeutungen, die nur in bestimmten **Epochen,** bei bestimmten **Autoren** oder in einer bestimmten **Sprachebene** auftreten, erhalten einschlägige Hinweise. Außerdem werden bei fachsprachlichen Ausdrücken die **Fachgebiete** genannt. **Übertragene und metonymische Bedeutung** von Wörtern wird gekennzeichnet.

im-pendō, pendere, pendī, pēnsum ① *(Kosten)* aufwenden, (Geld) ausgeben [**sumptum; pecuniam** *(für etw.; in alqd)* **in res vanas; nummos in navem**];
② *(übtr.) (Mühe, Zeit u. Ä.)* aufwenden, opfern, verwenden *(für etw.: in u. ad alqd, alci rei od. in re* [**operam; sanguinem in socios; vitam vero**]).

- Wenn die **Konstruktion** eines lateinischen Verbs (Valenz) vom Deutschen abweicht, werden grammatische Erklärungen (in Klammern) gegeben und entsprechende Beispiele aufgeführt.

homi-cīda, ae *m. u. f (homo u. caedo)*
hodiē *Adv (< hō[c] diē)*

hydra, ae *f (gr. Fw.)*

- Angaben zur **Etymologie** (Herkunft eines Wortes) werden bei abgeleiteten Wörtern gegeben (in der Regel wird das Grundwort genannt).
Wörter aus dem Griechischen werden als „gr. Fw." gekennzeichnet.

Eigennamen

(an alphabetischer Stelle angeordnet)

Agathoclēs, is *u.* ī *m Tyrann v. Syracus (360–289 v. Chr.), bekannt durch seine Kriege m. den Karthagern.*
Aegeūs, eī *m König v. Athen, Vater des Theseus; – Patron.* **Aegidēs,** ae *m Nachk. des Ägeus,* Ägide, *bes. sein Sohn Theseus.*
Gādēs, dium *f phöniz. (tyrische) Kolonie im südwestl. Spanien, j.* Cadiz; – *Einw. u. Adj.* **Gādītānus,** ī *m bzw.* a, um; – **Gādītānae,** ārum *f* Tänzerinnen aus ~.

- Biographische Angaben wichtiger Persönlichkeiten aus der Antike sowie Angaben zur Mythologie.
- Klare Angaben zur Lokalisierung der geographischen Bezeichnungen sowie historische Erläuterungen.

Erklärung der Zeichen und Schriftarten

[ ]	kurze Belege für typische und häufige Anwendungen
~	Tilde, sie ersetzt: – den Infinitiv des als Stichwort eingetragenen Verbs – den Nominativ des als Stichwort eingetragenen Substantivs – bei Adjektiven, Adverbien, Präpositionen das Stichwort
<	abgeleitet von, entstanden aus
>	wird zu
↔	im Gegensatz zu
*	Wort ohne Beleg in der Literatur, also erschlossen
–	1. bei Stammformen: einzelne Stammformen sind nicht vorhanden 2. innerhalb eines Artikels: Das Folgende gehört nur zu der jeweiligen Ziffer
/	1. am Schluss eines Artikels, vor Untereintrag oder Erläuterung: Das Folgende gehört zum gesamten Artikel oder zu mehreren mit arabischer Ziffer gekennzeichneten Einträgen 2. Alternativübersetzung, -wendung
ā, ē usw.	Kennzeichnung der Vokallänge im Stichwort
•	Wort des Grund- und Aufbauwortschatzes
blauer Fettdruck	Stichworteinträge und Untereinträge
Halbfettdruck	1. lateinische Wendungen und Zitate mit dem Stichwort 2. in eckigen Klammern: typische und häufige Ergänzungen des Stichwortes wie Objekte, Attribute u. a. 3. Buchstaben, die zur Bedeutungsdifferenzierung dienen.
Kursivschrift	grammatische Angaben, Erläuterungen verschiedener Art
Normalschrift	1. Bedeutungsangaben und Übersetzung der Wendungen 2. Deklinations- bzw. Konjugationsformen des Stichwortes

Liste der Abkürzungen

Abk.	Abkürzung	bez.	bezeichnet
Abl.	Ablativ	Bez.	Bezeichnung
Abl. abs.	ablativus absolutus	bildl.	bildlich
abs.	absolut	biol.	biologisch
abstr.	abstrakt	bisw.	bisweilen
Abstr.	Abstraktum	bithyn.	bithynisch
A. C. I.	accusativus	bl.	bloßer
	cum infinitivo	böot.	böotisch
adj.	adjektivisch	bot.	botanisch
Adj.	Adjektiv	briefl.	brieflich
adv.	adverbial	bzw.	beziehungsweise
Adv.	Adverb		
Aen.	Aeneis	Char.	Charakter
afrikan.	afrikanisch	christl.	christlich
ägypt.	ägyptisch	Cic.	Cicero(s)
akadem.	akademisch	cogn.	cognomen
Akk., akk	Akkusativ	comp.	comparativus
akt.	aktivisch	conc.	concessivus
Akt.	Aktiv	conj, Konj.	Konjunktiv
alci	alicui	cons.	consecutivum
alcis	alicuius		(ut cons.)
allg.	allgemein		
alqa(m)	aliqua(m)	dah.	daher
alqd	aliquid	Dat., dat	Dativ
alqm	aliquem	dav.	davon
alqo(s)	aliquo(s)	defect.	defectivum
alqs	aliquis		(Verb. defect.)
altital.	altitalisch	Dekl.	Deklination
altröm.	altrömisch	dem Gr.	dem Großen
Anm.	Anmerkung	Demin.	Deminutiv
Anw.	Anwohner	Demonstra-	Demonstrativ-
appell.	appellativ	tivpron.	pronomen
arab.	arabisch	demonstr.	demonstrative
arch.	archaisch	Partikel	Partikel
Archit.	Architektur	Depon.	Deponenz
Astr.	Astrologie	des Gr.	des Großen
astron.	astronomisch	Desider.	Desiderativum
athen.	athenisch	Determina-	Determinativ-
att.	attisch	tivpron.	pronomen
attrib.	attributiv	d. Gr.	der Große
Aug.	Augustus	d. h.	das heißt
		dir.	direkt(e, er)
b.	bei(m)	dopp.	doppelt
belg.	belgisch	dtsch.	deutsch
ber.	berühmt		
bes.	besonders	Eccl.	Ecclasiastica
best.	bestimmter		(Kirchenschriftsteller)
Bew.	Bewohner	eigtl.	eigentlich

Einw.	Einwohner	hortat.	hortativus
Enn.	Ennius	illyr.	illyrisch
erg.	ergänze	Imp.	Imperativ
etr.	etruskisch	Imperf.	Imperfekt
etw.	etwas	Incoh.	Incohativum
evtl.	eventuell	ind.	indisch
Ew.	Eurer Hochwürden	Ind.	Indikativ
		indef.	indefinitum
f	Femininum		(Pron. indef.)
f.	für	indir.	indirekt
feindl.	feindlich	indogerm.	indogermanisch
fem./Fem.	Femininum	Inf.	Infinitiv
fig	figurativ	instr.	instrumentalis
Finanzw.	Finanzwesen		(Abl. instr.)
folg.	folgende(r)	Intens.	Intensivum
Frages.	Fragesatz	Interj., interj	Interjektion
franz.	französisch	interr.	interrogativ(um)
Frequ.	Frequentativum		(Pron. interr.)
frühchristl.	frühchristlich	intr.	intransitiv
frühröm.	frührömisch	iron.	ironisch
fut./Fut.	futurisch/Futurum	ital.	italisch
	(A. C. I. fut.;	Iuv.	Iuvenalis
	Inf. Fut.)		
Fw.	Fremdwort	j.	jetzt
		J.	Jahr
gall.	gallisch	Jahrh(s).	Jahrhundert(s)
geb.	geboren	jährl.	jährlich
geg.	gegen	jdm	jemandem
geistl.	geistlich	jmd.	jemand(en)
Gen., gen	Genitiv	jmdm./jmds.	jemandem/jemandes
geom.	geometrisch	jur.	juristisch
Georg.	Georgica		
gerichtl.	gerichtlich	kaiserl.	kaiserlich
germ.	germanisch	kappadoz.	kappadozisch
Gesch.	Geschichte	karthag.	karthagisch
geschäftl.	geschäftlich	Kasp. Meer	Kaspisches Meer
geschichtl.	geschichtlich	kelt.	keltisch
gest.	gestorben	Kj.	Konjunktion
getr.	getrennt	klass.	klassisch
gew.	gewöhnlich	koll.	kollektiv
Ggstz.	Gegensatz	Kom.	Komödie
göttl.	göttlich	komp.	komparativisch
gr.	griechisch	Komp.	Komparativ
gramm.	grammatisch	königl.	königlich
griech.	griechisch	Konj., conj	Konjunktiv
		konkr.	konkret
hebr.	hebräisch	kons.	konsonantisch
hist.	historicum	Kons.	Konsonant
	(Präs. hist.)	Konstr.	Konstruktion
Hor.	Horaz	korinth.	korinthisch

körperl.	körperlich	nichtröm.	nichtrömisch
lat.	lateinisch	Nom.	Nominativ
Lat.	das Lateinische	nördl.	nördlich
lebl.	leblos	nordöstl.	nordöstlich
Lebl.	Leblose(s)	nordwestl.	nordwestlich
liturg.	liturgisch	nt	Neutrum
Liv.	Livius		
loc.	locativus	o	oder
	(Abl. loc.)	oberital.	oberitalisch
log.	logisch(es)	obi.	obiectivus
Lok.	Lokativ		(Gen. obi.)
Lucr.	Lucretius	Obj.	Objekt
		od.	oder
m	Maskulinum	öffentl.	öffentlich
m.	mit	onomatop.	onomatopoetisch
makedon.	makedonisch	optat.	optativus
männl.	männlich	oriental.	orientalisch
Mart.	Martial	örtl.	örtlich
mask.	Maskulinum	Örtl.	Örtlichkeit(en)
math.	mathematisch	östl.	östlich
med.	medizinisch	oström.	oströmisch
mediopass.	mediopassivisch	Ov.	Ovid
menschl.	menschlich		
Met.	Metamorphosen	P. Adj.	Partizipialadjektiv
meton.	metonymisch	päpstl.	päpstlich
metr.	metrisch	part.	partitiv(us)
milit.	militärisch		(Gen. part.)
Min.Fel.	Minucius Felix	Part. Perf.	Partizip Perfekt
mlt.	mittellateinisch	Part. Präs.	Partizip Präsens
	(Latein des Mittelalters)	pass.	passivisch
monatl.	monatlich	Pass.	Passiv
moral.	moralisch	patriz.	patrizisch
mündl.	mündlich	Patron.	Patronym (Vatersname)
musikal.	musikalisch	pejor., pej	pejorativ
myth.	mythisch	Perf.	Perfekt
mythol.	mythologisch	pers.	persisch
		Personalpron.	Personalpronomen
n	Neutrum	personif.	personifiziert
nachgest.	nachgestellt	persönl.	persönlich
Nachk.	Nachkomme(n)	Petr.	Petron
nachkl.	nachklassisch	Phaedr.	Phaedrus
nationalröm.	nationalrömisch	philos.	philosophisch
naut.	nautisch	phöniz.	phönizisch
Nbf.	Nebenform	phys.	physisch
n. Chr.	nach Christus	pl/Pl.	Plural
neg.	negativ	platon.	platonisch
Nep.	Nepos	Plaut.	Plautus
neutr./Neutr.	Neutrum	pleb.	plebejisch
nichtrefl.	nichtreflexiv	Plin.	Plinius

pl. tantum	plurale tantum	scherzh.	scherzhaft
Plusquamperf.	Plusquamperfekt	Schimpfw.	Schimpfwort
poet.	poetisch	schriftl.	schriftlich
polit.	politisch	s. d.	siehe dort
pos.	positiv	seel.	seelisch
Pos.	Positiv	semit.	semitisch
poss.	possessivus	sg/Sg.	Singular
	(Gen. poss.)	sinnl.	sinnlich
Poss. Pron.	Possessivpronomen	sittl.	sittlich
Postp.	Postposition	sizil.	sizilisch
P. P. Akt.	Partizip Perfekt Aktiv	skyth.	skythisch
P. P. P.	Partizip Perfekt Passiv	s. o.	siehe oben
präd.	prädikativ	sog.	so genannt
Präd.	Prädikat	span.	spanisch
Präp., praep	Präposition	spartan.	spartanisch
präp.	präpositional	spätl.	spätlateinisch
Präs.	Präsens	Spr.	Sprache
Präs. hist.	praesens		Auguralspr.,
	historicum		Finanzspr.,
Pron.	Pronomen		Geschäftsspr.,
Pron. indef.	pronomen		Gesetzesspr.,
	indefinitum		Opferspr.,
Ps.	Person		Religionsspr.,
publiz.	publizistisch		Seemannsspr.,
pun./Pun.	punisch		Umgangsspr.,
			Zauberspr.
qual.	qualitatis/qualitativ	sprichw.	sprichwörtlich
	(Gen./Abl. qual.)	Sprichw.	Sprichwort
quant.	quantitativ(us)	subi.	subiectivus
			(Gen. subi.)
räuml.	räumlich	Subj.	Subjekt
Redew.	Redewendung(en)	subst.	substantivisch,
refl.	reflexiv		substantiviert
Reflexivpron.	Reflexivpronomen	Subst.	Substantiv
reg.	regierte	südl.	südlich
rel.	religiös	südöstl.	südöstlich
Rel.	Religion	südspan.	südspanisch
relat.	relativ	südwestl.	südwestlich
Relativpron.	Relativpronomen	sueb.	suebisch
Relativs.	Relativsatz	Suet.	Sueton
resp.	respectus	Sup.	Supinum
	(Akk. resp.)	Superl.	Superlativ
rhet.	rhetorisch	synk.	synkopiert
richterl.	richterlich	syr.	syrisch
röm.	römisch		
		Tac.	Tacitus
s.	siehe	Ter.	Terentius
sabin.	sabinisch	thrak.	thrakisch
sagenh.	sagenhaft	trans.	transitiv

trojan.	trojanisch	versch.	verschieden
t. t.	terminus	verw.	verwandt
	technicus	vgl.	vergleiche
		viell.	vielleicht
u.	und	Vok.	Vokativ
u. a./u. Ä.	und andere(s)/	vollst.	vollständig
	und Ähnliche(s)	Vorgeb.	Vorgebirge
üb.	über	Vulg.	Vulgata
übh.	überhaupt		
übtr.	übertragen	wahrsch.	wahrscheinlich
unbest.	unbestimmt(e, er)	weg.	wegen
undekl.	undeklinierbar	weibl.	weiblich
unpers.	unpersönlich	westgerm.	westgermanisch
urspr.	ursprünglich	westl.	westlich
usw.	und so weiter		
		z. B.	zum Beispiel
v.	von/vom	Zeitadv.	Zeitadverb
v. Chr.	vor Christus	zeitl.	zeitlich
verächtl.	verächtlich	zool.	zoologisch
Verb.	Verbum (Verb. defect.)	zus.	zusammen
Verf.	Verfasser	zw.	zwischen
Verg.	Vergil	z. Zt.	zur Zeit

A

A, a[1] *(Abk.)* ① *= der Vorname Aulus;*
② = *antiquo* ich verwerfe (den Gesetzesvorschlag);
③ = *absolvo* ich spreche frei *(dah. a als littera salutaris bez.)*;
④ *= anno; so* **A. U. C.** *= anno urbis conditae;(mlt.)* **A. D.** *= anno Domini;*
⑤ **a. u. c.** *= ab urbe condita;*
⑥ **a. d.** *= ante diem.*
⑦ *(in Cic. Tuskulanen)* **A.** *= auditor (Ggstz. M. = magister);*
⑧ *= Augustus (häufig auf Inschriften).*

ā[2], **āh** *Interj. zum Ausdruck des Staunens, Schmerzes od. der Wehmut:* ah! ach! *(meist poet.).*

● **ā**[3], **ab, abs** *a steht nur vor Konsonanten außer h; ab vor Vokalen und h, manchmal auch vor Konsonaten; abs nur in best. Verbindungen wie z. B. abs te* **I.** *Präfix* ① ab-, weg- [**abduco, abiuro, asporto**];
② miss-, un- [**absonus, abusus**];
II. *Präp. b. Abl.* ① *(räuml.)* **a)** von, von … her, von … aus, aus; **ab urbe proficisci;** *b. Städtenamen auch* aus der Umgegend von: **a Gergovia discedere;** *b. den Begriffen der Entfernung od. Trennung* von: **longe abesse a finibus; b)** an, auf, in, auf Seiten *(wo der Lateiner die Richtung, während der Deutsche den Punkt berücksichtigt u. der Lateiner daher woher?, der Deutsche wo? fragt);* **a septentrionibus** im Norden; **sagittae pendent ab umero** auf; **Gallia attingit a Sequanis Rhenum** im Gebiet der S.; **a Sabinis … a Romanis** auf Seiten; **a tergo** im Rücken; **ab utraque parte** auf beiden Seiten; **a dextra (parte)** zur Rechten; **a sinistrā** zur Linken;
② *(zeitl.)* **a)** von … an, seit; **ab illo tempore; ab initio; a pueritia, ab ineunte aetate, a teneris** von Kindheit, Jugend an; **ab integro** von neuem; **ab incenso Capitolio; ab urbe condita; b)** gleich nach, unmittelbar nach; **ab hoc sermone dimissus; tacuit ab his** nach diesen Worten;
③ *zur Angabe der Herkunft, Abstammung:* von; **esse ab alqo** v. jmdm. abstammen;
④ *b. Pass. zur Bez. des persönl. Urhebers:* von, durch; **laudari, reprehendi, doceri ab alqo;**
⑤ *b. den Begriffen des Schützens u. Verteidigens:* vor, gegen; **alqm ab iniuriis defendere;**
⑥ *b. den Begriffen des Unterschiedes, des Befreiens, Abhaltens:* von; **differre, liberare ab alqo (a re);**
⑦ *b. den Begriffen des Abschreckens u. Zurückschauderns:* vor; **abhorrere ab alqo (a re);**
⑧ *b. den Begriffen des Nehmens, Empfangens, Hörens, Erfahrens:* von; **accipere, audire, cognoscere, comperire, discere ab alqo;**
⑨ *b. den Verben des Nennens:* nach; **appellare a.**
⑩ *b. den Verben des Anfangens:* mit, bei; **initium capere, ordiri a re;**
⑪ *b. Amtsbezeichnungen:* **servus a manu** Schreiber; **servus a pedibus** Eilbote.

abāctiō, ōnis *f (abigo) (spätl.)* das Wegtreiben.

abāctus[1] *P. P. P. v. abigo.*

abāctus[2], ūs *m (abigo) (Plin.)* (gewaltsames) Wegtreiben.

abacus, ī *m (gr. Fw.)* ① Rechenbrett, -tisch;
② Spielbrett, -tisch;
③ Prunktisch.

abaliēnātiō, ōnis *f (abalieno)* Veräußerung.

ab-aliēnō, aliēnāre ① entfremden; [**colonos Romanis**]
② abtreten, veräußern [**agrum; nutricem** *(die Ernährerin = den Acker)*];
③ berauben *(alqm re);* **abalienati iure civium;**
④ zum Abfall bringen; **oppida abalienata** abtrünnig.

Abās, antis *m König in Argos, Sohn des Lynceus, Vater des Acrisius, Großvater der Danaë u. Atalante; ; – Adj.* **Abantēus,** a, um; – Patron. **a) Abantiadēs,** ae *m männl. Nachkomme des Abas: dessen Sohn Acrisius, dessen Urenkel Perseus;* **b) Abantias,** adis *f weibl. Nachkomme des Abas: Danaë od. Atalante.*

ab-avia, ae *f (spätl.)* Ururgroßmutter; Ahnfrau.

ab-avus, ī *m* Ururgroßvater; Ahn(herr).

abbās, ātis *m (Eccl.)* Abt.

abbātia, ae *f (abbas) (Eccl.)* Abtei.

abbātiola, ae *f (Demin. v. abbatia) (Eccl.)* (kleine) Abtei.

abbātissa, ae *f (abbas) (Eccl.)* Äbtissin.

abbreviātiō, ōnis *f (abbrevio) (spätl.)* Abkürzung.

abbreviō, abbreviāre *(brevis) (spätl.)* ① abkürzen;
② reduzieren, schwächen.

Abdēra, ōrum *n u.* ae *f Stadt an der Südküste Thrakiens, Geburtsort der Philosophen Protagoras, Demokrit u. Anaxarchus; verspottet weg. des Stumpfsinns, der Spießigkeit u. der „Schildbürgerstreiche" der Einwohner; – Einw.* **Abdērītēs,** ae *m* Abderit; – *Adj.* **Abdērītānus,** a, um *(Mart.)* abderitisch = stumpfsinnig.

abdicātiō, ōnis *f (abdico*[1]*)* ① Niederlegung *eines Amtes* [**dictaturae**];
② *(Plin.)* das Verstoßen u. Enterben.

ab-dicō[1], dicāre ① sich v. etw. lossagen *(se alqa re)*, etw. von sich weisen, verwerfen, abschaffen, ablegen *(alqd)* [**se humanitate; se**

ratione; legem agrariam; aurum e vita];
② sich v. jmdm. lossagen *(se ab alqo)*, jmd. nicht (als den Seinigen) anerkennen, verleugnen, verstoßen, enterben *(alqm)* [**filium**];
③ **a)** *ein Amt* vor der gesetzlichen Frist niederlegen *(se alqa re; m. Akk.)* [**se magistratu; consulatum**]; **b)** *(abs.)* abdanken.

ab-dīcō², dīcere, dīxī, dictum ① ablehnen, absagen, untersagen; *(als t. t. der Auguralspr.)* nicht zulassen, verweigern, verwerfen *(Ggstz. addico)*; **aves abdicunt (alqd)** die Weissagevögel lassen (etw.) nicht zu;
② *(jur.)* absprechen, aberkennen.

ab-didī *Perf. v. abdo.*

abditīvus, a, um *(abditus) (Plaut.)* entfernt [**a patre**].

abditus, a, um *s. abdo.*

● **ab-dō,** dere, didī, ditum ① entfernen, *(Truppen)* zurückziehen *(in m. Akk., selten in m. Abl., poet. u. nachkl. m. Abl. od. Dat.)* [**alqm in insulam** verbannen]; – *se abdere* entweichen, sich zurückziehen, sich vergraben [**se in montes; se in bibliothecam; se in litteras** *od.* **se litteris** sich in die Wissenschaften vertiefen];
② verbergen, verstecken, vergraben *(in, sub m. Akk. od. m. Abl.; intra; auch m. bl. Abl. u. m. Dat.)* [**aurum in terram; se in proximas silvas; se in suis tectis; vultus frondibus; caput undis; ferrum** *od.* **ensem lateri** versenken, tief hineinstoßen; **alto vulneri ferrum**];
/ *P. Adj.* **abditus,** a, um a) entfernt, entlegen, unzugänglich; verborgen *(in, sub m. Abl; bl. Abl.; intra)* [**regiones; pars aedium; in tabernaculis; argentum terris** verborgen, unentdeckt; **virgo turri** eingeschlossen; **intra muros**]; **b)** zurückgezogen (lebend) [**in tectis silvestribus**]; **c)** *(übtr.)* geheim [**sensus**]; / *Subst.* **abdita,** ōrum *n (poet.; nachkl.)* entlegene Räume.

abdōmen, minis *n* Schmerbauch, Wanst; **natus abdomini suo** der nur für seinen Bauch sorgt; **abdominis voluptates.**

● **ab-dūcō,** dūcere, dūxī, ductum ① **a)** weg-, fortführen [**cohortes secum; obsides; capellas; in servitutem; alqm vi de foro**]; **b)** entführen [**filiam; uxorem a marito**]; **c)** rauben [**armenta**];
② jmd. zum Abfall verleiten, v. jmdm. weglocken, v. etw. ablenken, abbringen [**servum ab avo; equitatum Dolabellae ad se** auf seine Seite bringen; **cives a fide ad licentiam; alqm a negotiis; alqm ab institutis suis** von seinen Grundsätzen abbringen];
③ wegnehmen, -bringen, entfernen [**alci aquam** wegleiten; **potionem** wegtrinken].

abductiō, ōnis *f (abduco) (spätl.)* ① *gewaltsames* Abführen *(in die Gefangenschaft)*;
② Entführung, Raub;
③ Zurückgezogenheit, Einsamkeit.

ab-dūxī *Perf. v. abduco.*

ab-ēgī *Perf. v. abigo.*

Abella, ae *f Stadt in Kampanien, j.* Avella; – *Einw. u. Adj.* **Abellānus,** ī *m bzw.* a, um.

● **ab-eō,** īre, iī, itum ① weggehen, abreisen; *m. Präp.:* **de Sicilia ~; ex urbe ~; ab oculis ~, e conspectu ~** aus der Sichtweite kommen, verschwinden; *m. Abl.:* **magistratu ~** aus dem Amt scheiden; **comitio ~;** *aber:* **equis ~** zu Pferde; *m. Sup.:* **exulatum ~** in die Verbannung gehen; *m. Inf.* **abi quaerere** geh suchen, geh u. suche; **abi!** geh!, *teils lobend* nun gut, schon recht: **abi, laudo; non es avarus, abi;** *teils scheltend* geh fort! pack dich!: **abi in malam rem** *od.* **abin** (= *abis-ne*) **in malam crucem** *(Plaut.)* scher dich zum Henker;
② davonkommen, abziehen; **pauci integri abeunt; Etrusci pro victis abiere** so gut wie besiegt; **bellis victor abibat** ging siegreich hervor;
③ vergehen, verfließen, verstreichen, scheiden, schwinden, *im Perf.* vorbei sein; **abiit annus, tempus; terror, somnus, sol abit; abeunte curru** (Sonnenwagen); **abeuntia vela** entschwindend; **spiritus abiit in auras** verflog; **e vita ~** sterben; **in vanum abibunt verba monentium** *(Sen.)* werden in den Wind gesprochen sein;
④ *(v. Krankheiten)* aufhören, zum Stillstand kommen, verschwinden; **abiit pestilentia, nausea;**
⑤ *(v. Felsen, Bergen)* in die Höhe ragen; **abeunt in nubila montes;**
⑥ eindringen; **cornus sub altum pectus abit;**
⑦ abweichen, abschweifen; **quid ad istas ineptias abis?;**
⑧ auf jmd. *od.* etw. übergehen; **ad sanos abeat tutela propinquos** *(Hor.)*;
⑨ in etw. übergehen, sich in etw. verwandeln; **abeunt studia in mores** *(Ov.)* werden zur Gewohnheit; **deus in flammas abiit** *(Ov.)* ging in Flammen auf.

ab-equitō, equitāre wegreiten.

aberrātiō, ōnis *f (aberro)* Ablenkung, Zerstreuung [**a dolore; a molestiis**].

ab-errō, errāre ① abirren, sich verirren [**a patre**]; **aberrantes ex agmine naves;**
② *(übtr.)* sich irren *(in etw.: Abl.)* [**coniecturā** in der Vermutung];
③ abschweifen, abkommen [**a proposito; a sententia; ad alia**];
④ v. etw. loskommen [**a miseria**].

ab-hibeō, hibēre, – – *(habeo) (Plaut.)* vom Leibe halten.

ab-hinc *Adv.* ① *(räuml.)* von hier; **aufer abhinc lacrimas** *(Lucr.)*;
② *(zeitl.)* **a)** *(v. der Gegenwart an rückwärts*

gerechnet) vor *(m. Akk. u. Abl.)*; **b)** *(v. der Gegenwart aus vorwärts gesehen)* von jetzt an.

● **ab-horreō,** horrēre, horruī, – ① vor etw. zurückschrecken, zurückschaudern, etw. verabscheuen *(ab alqa re, nachkl. auch m. Abl. od. Akk.)* [**a pace; a caede; spectaculis; cadaverum tabem**];
② im Widerspruch stehen zu, nicht übereinstimmen mit, abweichen von *(ab alqa re, auch m. Abl. od. m. Dat.)*; ~ **a fide** unglaublich sein; **nullum consilium abhorret a tuo scelere; non abhorret vero** es ist wahrscheinlich; – *P. Adj.* **abhorrēns,** *Gen.* entis **a)** fremd, abweichend; **b)** unpassend; **vestrae istae absurdae atque abhorrentes lacrimae** *(Liv.)*; **c)** unverständlich [**carmen**].

● **ab-iciō,** icere, iēcī, iectum *(iacio)* ① weg-, hinwerfen [**togam; anulum in mare; arma;** *sprichw.* **hastam (hastas)** die Flinte ins Korn werfen; **se e muro in mare** stürzen];
② zu Boden werfen, niederwerfen [**tela ex vallo**]; *im Kampf* jmd. zu Boden strecken, niederstrecken; ein Tier erlegen;
③ verschleudern [**aedes; agros**];
④ aufgeben, verloren geben, auf etw. verzichten [**spem; amorem; se** sich selbst aufgeben, allen Halt verlieren]; ⑤ entmutigen; **se perculsum atque abiectum esse sentit** *(Cic.)*;
⑥ erniedrigen, demütigen; **cogitationes suas in rem tam humilem** ~ erniedrigen zu;
/ s. auch abiectus.

abiectiō, ōnis *f (abicio)* ① Entmutigung [**animi**];
② *spätl.* Verachtung, Demütigung, *auch im Pl.*

abiectus, a, um *(P. Adj. v. abicio)* ① nachlässig (hingeworfen), schwunglos, prosaisch [**senarii; versus; oratio**];
② bedrückt, verzagt, entmutigt [**animus**];
③ niedrig, gemein *(Ggstz. amplus)* [**verba**];
④ verworfen [**vita**].

abiēgnus, a, um *(abies)* aus Tannenholz, tannen [**hastile; equus** trojan. Pferd].

abiēs, etis *f* ① Tanne [**secta** Tannenbretter, -balken];
② *(poet.) (meton.)* aus Tannenholz gefertigter Gegenstand: **a)** Schiff; **b)** Speer; **c)** Briefchen; **d)** Bücherfutteral.

ab-igō, igere, ēgī, āctum *(ago)* ① wegtreiben, verjagen [**greges ovium; volucres et feras; anseres de frumento**];
② wegtreiben, rauben [**pecus; praedas hominum pecorumque**];
③ abtreiben [**partum; fetum**].
④ *(nicht klass.) (übtr.)* vertreiben, verscheuchen [**nubes; curas**];
⑤ *(nachkl.)* verstoßen [**uxorem**].

ab-iī *Perf. v. abeo.*

abitiō, ōnis *f (abeo) (Kom.)* das Weggehen.

abitus, ūs *m (abeo)* ① Weggang, Abzug, Abreise; **post abitum huius;**
② *(Verg.; Tac.) (meton.)* Ausgang *(als Ort).*

ab-iūdicō, iūdicāre aberkennen, absprechen [**agrum; alci libertatem**].

ab-iugō, iugāre *(vorkl.)* entfernen.

ab-iungō, iungere, iūnxī, iūnctum ① *(poet.)* abspannen [**iuvencum**];
② *(übtr.)* trennen, entfernen.

ab-iūrō, iūrāre eidlich ableugnen, abschwören [**pecuniam; munusculum**].

ablactātiō, ōnis *f (ablacto) (spätl.)* Entwöhnung.

ab-lactō lactāre *(spätl.)* den Säugling entwöhnen.

ab-laqueō, laqueāre *(Plin.)* die Erde auflockern.

ablātiō, ōnis *f (aufero) (spätl.)* Wegnahme, Entwendung, Raub.

ablātor, ōris *m (aufero) (August.)* derjenige, der etw. wegnimmt *od.* bekommt.

ablātus *P. P. P. v. aufero.*

ablēgātiō, ōnis *f (ablego)* ① das Entfernen, Wegsenden *(um jmd. loszuwerden)* [**iuventutis ad Veliternum bellum**];
② *(nachkl.) (übtr.)* Verbannung [**Agrippae**].

ab-lēgō, lēgāre ① weg- entsenden, entfernen, wegbringen [**equum; alqm in exilium;** *(m. Sup.)* **pueros venatum**];
② *(übtr.)* abhalten von, hindern an; **a fratris adventu me ablegat** *(Cic.)* hindert mich, bei der Ankunft meines Bruders anwesend zu sein;
③ *(milit.)* **a)** abkommandieren; **b)** v. seinem Posten verdrängen.

ablepsia, ae *f (gr. Fw.) (Verg.)* Verblendung.

ab-ligurriō, ligurrīre *(vor- u. nachkl.)* ① weglecken; ab-, belecken;
② naschen;
③ verprassen, verschleudern [**bona**].

ab-locō, locāre *(Suet.)* vermieten, verpachten [**domum in reliquam partem anni**].

ab-lūdō, lūdere, – – *(poet.)* nicht passen auf jmd. *(ab alqo)*; **haec a te non multum abludit imago** *(Hor.)* passt ganz gut auf dich.

ab-luō, luere, luī, lūtum *(lavo)* ① abwaschen, -spülen, reinigen [**Ulixi pedes; manūs; vulnera; se flumine**];
② *(poet.; nachkl.)* aus-, wegwaschen [**maculas e veste; lacrimas**]; **sitis de corpore abluitur** *(Lucr.)* wird weggespült, gelöscht;
③ *(übtr.)* tilgen, beseitigen [**maculam** (Schandfleck); **periuria** sich v. Meineid zu reinigen suchen];
④ *(Sen.) (v. Wassermassen)* (m. sich) fortspülen; **torrens abluens villas;**
⑤ *(Eccl.)* taufen.

ablūtiō, ōnis *f (abluo)* ① *(Plin.)* das Abspülen, Abwaschen;
② *(Eccl.)* Taufe.

abnegātiō, ōnis *f (abnego) (spätl.)* das Verleugnen, Ableugnen, Absage.

ab-negō, negāre ❶ *(poet.; nachkl.)* verweigern, versagen, abschlagen [**comitem** die Begleitung versagen; **coniugium**]; – *abs. u. m. Inf.* sich weigern;
❷ *(spätl.)* verleugnen, ableugnen

ab-nepōs, ōtis *m (nachkl.)* Ururenkel *(vgl. abavus).*

ab-neptis, is *f (Suet.)* Ururenkelin *(vgl. ab-avia).*

Abnoba, ae *m (kelt.) (erg. mons)* Schwarzwald.

ab-noctō, noctāre *(nox) (nachkl.)* auswärts übernachten.

ab-nōrmis, e *(norma) (poet.)* v. der Regel abweichend, regelwidrig.

ab-nuō, nuere, nuī, nuitūrus ❶ abwinken *(Ggstz. annuo)* [**manu** mit der Hand ein Zeichen geben, dass nicht *(m. A. C. I.)*];
❷ zurückweisen, abschlagen, verweigern, versagen (= *recusare) (abs.; m. de; m. Akk.; m. Inf; m. A. C. I.; non ~ quin);* **abnuente Tigrane** geg. den Willen des T.;
❸ *(v. Soldaten)* den Gehorsam verweigern; sich weigern, weiter zu kämpfen;
❹ verschmähen [**pacem; omen**];
❺ bestreiten, leugnen.

ab-nūtō, nūtāre *(Intens. v. abnuo) (vorkl.; spätl.)* heftig abwinken, ablehnen; **quid mi abnutas?** *(Plaut.)* was winkst du mir zu schweigen?

aboleō, abolēre, abolēvī, abolitum ❶ *(poet.; nachkl.)* vernichten, zerstören [**monumenta; opus**];
❷ *(übtr.)* beseitigen [**infamiam; dedecus armis; alci magistratum** abnehmen; **Sychaeum** das Andenken an S.]; **pudor flagitii prioris abolitus est** *(Liv.)* ist erloschen;
❸ abschaffen, aufheben, für ungültig erklären [**legem; patrios mores**].

abolēscō, abolēscere, abolēvī, – vergehen, sich verlieren, (ver)schwinden, erlöschen; **non abolescet gratia facti** *(Verg.).*

abolēvī *Perf. v. aboleo u. abolesco.*

abolitiō, ōnis *f (aboleo) (nachkl.)* Aufhebung, Abschaffung [**legis; sententiae** Unterdrückung]; Amnestie.

abolitus *P. P. P. v. aboleo.*

abolla, ae *f (vor- u. nachkl.)* Umhang, (Reise-, Kriegs-)Mantel.

abōminātiō, ōnis *f (abominor) (Eccl.)* Verabscheuung, Abscheu; Gräuel.

ab-ōminor, ōminārī *u.* **-ōminō,** ōmināre *etw. Ungünstiges, Unheil verkündendes* (hin)wegwünschen, verabscheuen, verwünschen; **quod abominor** was Gott verhüte; **abominandum nomen** verabscheuenswert; **abominatus Hannibal** verwünscht.

i Kultur **Aborīginēs,** num *m* die Aboriginer, *sagenhaftes Stammvolk der Latiner.*
Die röm. Sage erzählt: Ab origine, vom Ursprung her (im Apennin, mittelital. Gebirge) wanderten die Urlatiner ein.
In Australien heißt die voreuropäische Urbevölkerung „Aborigines“ (englisch ausgesprochen).
Das Recht auf Heimat begründen Völker häufig mit der Behauptung: Wir sind hier die „Aborigines“, die Ureinwohner!

ab-orior, orīrī, ortus sum *(nicht klass.)* ❶ vergehen, untergehen, *bes. v. Himmelskörpern;*
❷ eine Fehlgeburt haben.

ab-orīscor, orīscī, – *(Incoh. v. aborior) (Lucr.)* vergehen.

abortiō, ōnis *f (aborior)* Früh-, Fehlgeburt.

abortīvum, ī *n (abortivus)* ❶ *(Plin.)* Früh-, Fehlgeburt;
❷ *(Iuv.)* Abtreibungsmittel.

abortīvus, a, um *(aborior)* ❶ *(poet.)* zu früh geboren;
❷ *(Plin.)* eine zu frühe Geburt bewirkend, abtreibend.

abortus, ūs *m (aborior)* ❶ Früh-, Fehlgeburt; **abortu perire; abortum facere** zu früh gebären, eine Früh-, Fehlgeburt haben *(= abortum pati);* eine Fehl-, Frühgeburt verursachen, abtreiben;
❷ *(Plin.) (meton.)* das zu früh Geborene.

ab-rādō, rādere, rāsī, rāsum ❶ ab-, wegkratzen, abscheren [**supercilia; barbam; radices** aushacken];
❷ *(übtr.) jmdm. v. seinem Vermögen etw.* abpressen *(alqd ab alqo).*

abrāsiō, ōnis *f (abrado) (spätl.)* das Abscheren [**capillorum**].

abrenūntiātiō, ōnis *f (abrenuntio) (Eccl.)* Entsagung.

ab-renūntiō, renūntiāre *(Eccl.)* entsagen.

ab-ripiō, ripere, ripuī, reptum *(rapio)* ❶ fortraffen, fortreißen; **abripi vi fluminis; abripi tempestate ab Africa ad insulam** verschlagen werden; **se abripere** davonstürmen; **alqm de convivio in vincula ~;**
❷ *(vor- u. nachkl.)* abreißen [**articulos morsu**];
❸ entreißen, wegnehmen, fortbringen, rauben [**signa** (Feldzeichen)];
❹ rauben, entführen [**omnes eius gentis cives; filios e complexu parentum**].

abrogātiō, ōnis *f (abrogo)* Abschaffung, Aufhebung *(eines Gesetzes durch Volksbeschluss).*

ab-rogō, rogāre ❶ *durch Volksbeschluss* abschaffen, aufheben [**legem**];
❷ zunichte machen, vernichten [**pudorem feminarum; leges moresque; poenas sibi** sich für straflos halten];

③ *jmdm. ein Staatsamt* abnehmen [**alci magistratum, imperium**];
④ entziehen [**alci fidem** den Kredit].

abrotonum, ī *n u.* **-us,** ī *f (gr. Fw.) (poet.)* Stabwurz, Eberwurz *(Gewürz- u. Arzneipflanze).*

ab-rumpō, rumpere, rūpī, ruptum ① ab-, weg-, losreißen [**ramos; vincula; se** sich losreißen];
② *(übtr.)* trennen [**equites ab exercitu**]; **plebs velut abrupta a populo** *(Liv.)* abgeschnitten;
③ zerreißen, (zer)sprengen [**pontem** abbrechen; **venas** öffnen; **ordines** durchbrechen]; **verberibus corpus abrumpitur** *(Sen.)* wird zerfleischt;
④ *(übtr.)* unterbrechen, abbrechen; stören, verscheuchen; aufheben [**somnos; medium sermonem; coniugium**];
⑤ vereiteln [**spem**];
⑥ *(übtr.)* verletzen [**fas**]; brechen [**fidem**].

abruptiō, ōnis *f (abrumpo)* ① das Abreißen;
② das Abbrechen *(einer Handlung, eines Gesprächs)*;
③ Ehebruch.

abruptum, ī *n (abruptus)* ① *(poet.; nachkl.)* steile Höhe; jähe Tiefe, Abgrund [**montium**];
② *(Tac.) (übtr.)* Verderben, Unheil; **in -um trahere.**

abruptus, a, um *(P. Adj. v. abrumpo) (poet.; nachkl.)* ① jäh, steil, abschüssig, schroff [**ripa; petra; rupes**];
② *(übtr.)* **a)** *(v. der Rede)* abgerissen, schroff; **b)** *(v. Wesen)* schroff.

abs *s. a³.*

abs-cedo, cedere, cessi, cessum ① weggehen, sich entfernen, sich zurückziehen *(Ggstz. accedere); (milit.)* abziehen, sich zurückziehen;
② zurücktreten, nachgeben;
③ weichen, vergehen; **abscessit somnus;**
④ *(v. Mond)* abnehmen; **luna accedens ... abscedens;**
⑤ verloren gehen; **urbes, quae regno** *(Dat.)* **abscedunt.**

abscessiō, ōnis *f (abscedo)* das Zurückweichen; Abnahme.

abscessus, ūs *m (abscedo)* Weggang [**solis; continuus** Zurückgezogenheit]; *im Kampf:* Abzug.

ab-scidī *Perf. v. abscindo.*

abs-cīdō, cīdere, cīdī, cīsum *(caedo)* ① abhauen, abschneiden [**crines; ramos**];
② trennen; **abscisus in duas partes exercitus;**
③ entziehen, nehmen [**aquam; spem**]; **abscisis omnibus praesidiis** (Unterstützung).

ab-scindō, scindere, scidī, scissum ① weg-, ab-, losreißen *(alqd a, de re od. alqd re)* [**tunicam a pectore; umeris vestem; venas** öffnen]; **abscissa comas** *(gr. Akk.) (Verg.)* mit zerzaustem Haar;
② trennen [**caelo terras**];
③ *(Hor.)* entziehen [**reditūs dulces**].

abscīsiō, ōnis *f (abscido) (August.)* das Abschneiden.

abscīsus, a, um *(P. Adj. v. abscido)* ① steil, jäh, schroff [**rupes; petra**];
② barsch, schroff [**responsum**];
③ *(v. der Rede)* abgebrochen *(Ggstz. plenus, latus).*

absconditus, a, um *(P. Adj. v. abscondo)* ① versteckt, verborgen;
② *(übtr.)* verborgen, geheim, unbekannt.

abs-condō, condere, condī *u.* condidī, conditum ① verbergen, verstecken *(in m. Abl. od. m. bl. Abl.)* [**se in tenebris; cadavera foveis**];
② ein-, verhüllen, unsichtbar machen; **fumus abscondit caelum;** – *abscondi* sich unsichtbar machen = untergehen;
③ verbergen, verheimlichen.

● **absēns,** *Gen.* entis *(P. Adj. v. absum)* ① *(v. Personen)* **a)** abwesend *(Ggstz. praesens);* **me absente** in meiner Abwesenheit; **te praesente absente** du magst da sein od. nicht; **b)** geistig abwesend, nicht bei der Sache; **mente ac sensu absentissimus** *(August.);*
② *(v. Orten u. Dingen)* fern, entfernt.

absentia, ae *f (absens)* ① *(v. Personen)* Abwesenheit;
② *(nachkl.) (v. Sachen)* Fehlen von, Mangel an [**testimoniorum**].

absentīvus, a, um *(absens) (Petr.)* länger abwesend.

absentō, absentāre *(absens) (spätl.)* **I.** *trans.* wegsenden, entfernen;
II. *intr.* abwesend sein, entfernt sein.

ab-siliō, silīre, – – *(salio) (Lucr.)* wegspringen, -eilen.

ab-similis, e unähnlich, *gew. non ~ m. Dat.*; **non absimile pecori genus** dem Vieh nicht unähnlich.

absinthium, ī *n (gr. Fw.) (poet.)* Wermut.

absis, īdis *f (gr. Fw.)* ① *(Plin.)* Bogen, Segment; Wölbung;
② *(Plin.) (t. t. der Astronomie) Pl.* Bahn, *die ein Planet beschreibt;*
③ *(Eccl.)* Apsis der Kirchen.

ab-sistō, sistere, stitī, – ① weggehen, sich entfernen, *(milit.)* abtreten *(ab; m. bl. Abl.)* [**limine; luco;** *(milit.)* **a signis**];
② v. etw. ablassen, aufgeben, aufhören *(m. Abl.; m. Inf.)* [**pugnā; obsidione; spe; magistratu; precando; sequendo; ingratis benefacere**].

absolūtiō, ōnis *f (absolvo)* ① Freisprechung *(Ggstz. damnatio, condemnatio),* Befreiung *(von: m. Gen.)* [**anxietatis**];
② Vollendung, Vollkommenheit [**rationis; corporis**]; Vollständigkeit (in der Darstellung);

③ *(Eccl.)* Absolution.

absolūtōrius, a, um *(absolvo) (nachkl.)* freisprechend *(Ggstz. damnatorius)* [**sententiae; tabella**].

absolūtus, a, um *(P. Adj. v. absolvo)* ① vollendet, vollständig, vollkommen *(= perfectus)* [**officium**];
② uneingeschränkt, unbedingt [**necessitudo; causa**].

● **ab-solvō,** solvere, solvī, solūtum ① loslösen, -machen, befreien *(v. etw.: Abl. od. Gen.; v. jmdm.: ab alqo)* [**consulem regni suspicione; timoris**];
② *(vor Gericht)* freisprechen von *(m. Gen.; selten m. bl. Abl. od. de) (Ggstz. damnare, condemnare)* [**capitis** v. der Todesstrafe; **crimine**];
③ vollenden, beenden [**opus**];
④ *(einen Gläubiger)* abfertigen.
⑤ *(spätl.)* Absolution erteilen *(alqm)*.

ab-sonus, a, um ① misstönend, disharmonisch [**vox; clamores**];
② nicht übereinstimmend, unvereinbar, nicht entsprechend *(ab; Dat.)*.

ab-sorbeō, sorbēre, sorbuī, – ① verschlingen, hinunterschlürfen, -schlucken [**placentas;** *(übtr.)* **umorem** aufsaugen];
② *(übtr.)* verschlingen, mit sich fortreißen; **tribunatus absorbet meam orationem** *(Cic.)*; **hunc absorbuit aestus gloriae** *(Cic.)*.

absp . . . = *asp...*

abs-que *Präp. b. Abl.* ① *(Kom.; Gell.)* ohne;
② *(nachkl.)* ausgenommen, außer.

abs-tēmius, a, um *(vgl. temetum, eigtl.: frei v. berauschenden Getränken)*
① enthaltsam, mäßig *(m. Gen.)* [**vini cibique;** *meton.* **prandium -um** *(ohne Genuss v. Wein)*];
② noch nüchtern *(in Bezug auf Getränke, ohne vorher getrunken zu haben)*; **ieiunus adhuc et ~** noch ohne gegessen u. getrunken zu haben;
③ *(spätl.)* mit dem Seinen zurückhaltend, geizig.

abstentus *P. P. P. v. abstineo.*

abs-tergeō, tergēre, tersī, tersum ① abwischen, abtrocknen [**lacrimas; cruorem; sudorem**];
② *etw. Unangenehmes* vertreiben [**senectutis molestias; dolorem**].
③ *(nachkl.)* abbrechen [**remos**].

abs-terreō, terrēre, terruī, territum ① wegscheuchen, verjagen [**hostem**];
② abschrecken *(m. ab; bl. Abl.; non ~ quin m. Konj.)* [**animos vitiis; alqm bello**]; **ab urbe oppugnanda Poenum absterruēre conspecta moenia** *(Liv.)*;
③ *(poet.)* entziehen, versagen [**sibi pabula amoris**].

abstināx, *Gen.* nācis *(abstineo) (Petr.)* enthaltsam.

abstinēns, *Gen.* entis *(P. Adj. v. abstineo)* ① enthaltsam *(m. Gen.)* [**pecuniae**];
② uneigennützig.

abstinentia, ae *f (abstinens)* ① Enthaltsamkeit *(m. Gen.; ab)* [**vini; cenae; ab aqua**];
② *(nachkl.)* das Fasten, Hungern; **-ā vitam finire** *(Tac.)*;
③ Einschränkung, Genügsamkeit *(Ggstz. luxuria)*;
④ Uneigennützigkeit, Unbestechlichkeit.

● **abs-tineō,** tinēre, tinuī, tentum *(teneo)*
I. *trans.*
① abhalten, fern halten, zurückhalten *(ab od. bl. Abl.; Dat. der Person)* [**manus ab alqo; ignem ab aede; vim finibus; alqm bello; hostes urbe; milites vino; Aeneae ius belli**];
② *(poet.) (übtr.)* zurückdrängen [**risus; culpam; amorem**];
③ *(nachkl.)* auf Diät setzen;
II. *intr. od. se ~*
① *(m. Abl. od. ab; poet. Gen.; verneint m. quin u. Konj.)* **a)** sich enthalten, fernbleiben [**proelio; scelere; maledictis; publico** nicht ausgehen; **vino et venere; lacrimis; a ceteris causis; a voluptatibus; irarum**]; **b)** (ver)schonen [**Tarento; a mulieribus atque infantibus**].
② *(nachkl.)* fasten; Diät halten.

ab-stitī *Perf. v. absisto.*

ab-stō, stāre, – – **I.** *intr. (Hor.)* abseits stehen; **II.** *trans. (Plaut.)* fern halten.

● **abs-trahō,** trahere, trāxī, tractum ① wegziehen, weg-, fortschleppen, -reißen *(m. ab; de; ex; bl. Abl.; Dat.; ad alqm; ad, in alqd)* [**boves; ab alqo liberos; filiam de matris complexu; naves e portu; alqm legionibus; ad supplicium; in servitutem**];
② *(übtr.)* entfernen, trennen *(ab; bl. Abl.; ex)* [**hostes commeatu** abschneiden]; – *se ~ a re* sich v. etw. losmachen, sich befreien [**se a sollicitudine**];
③ *(übtr.)* jmd. v. etw. abhalten *(ab)* [**ducem ab oppugnanda Capua; alqm a rebus gerendis**];
④ *(übtr.)* zum Abfall verleiten *(alqm ab alqo)* [**copias a Lepido**];
⑤ *(übtr.)* zu etw. hinreißen [**alqm ad bellicas laudes; in partes** in Parteien spalten; **in pravum** verleiten].

abs-trūdō, trūdere, trūsī, trūsum verbergen, verstecken *(in m. Akk.; in m. Abl.)* **se in silvam; alqd in terra;** *übtr.* **tristitiam; metum; dolorem**].

abstrūsus, a, um *(P. Adj. v. abstrudo)* ① verborgen, versteckt;
② *(vom Char.)* verschlossen.

abs-tulī *Perf. v. aufero.*

● **ab-sum,** abesse, āfuī, āfutūrus ① abwe-

send, fern sein *(Ggstz. adesse)*; *auch:* in der Verbannung sein *(ab; ex; bl. Abl.)* [**(a) foro; ab (ex) urbe**];
❷ fernbleiben, nicht teilnehmen *(Ggstz. adesse, interesse) (ab; bl. Abl.)* [**a periculis** sich fern halten]; **ab his studiis; bello; publicis consiliis**];
❸ jmdm. nicht beistehen, *bes. als Verteidiger vor Gericht (Ggstz. adesse, defendere) (Dat. od. ab);*
❹ geistig abwesend sein;
❺ nicht vorhanden sein, fehlen *(ab; Dat.);*
❻ *v. etw. Unangenehmem* befreit, frei sein *(ab)* [**a culpa; a cupiditate pecuniae**];
❼ entfernt, getrennt sein *(ab; bl. Abl.);*
❽ sich unterscheiden, v. etw. verschieden sein *(ab);*
❾ unpassend sein für *(ab)* [**a principis persona**];
❿ *(übtr.)* fern stehen; **id enim vero hinc nunc abest** *(Ter.)* daran ist gegenwärtig nicht zu denken; **longe a spe** ~; – *unpers. Redewendungen:* **a) non multum** *(od.* **paulum, nihil) abest, quin** es fehlt nicht viel (*od.* wenig, nichts) daran, dass = beinahe; **b) tantum abest, ut … ut** weit davon entfernt, … zu …, … vielmehr; **ego te tantum abest ut laudem, ut vehementer vituperem** weit davon entfernt, dich zu loben, tadle ich dich vielmehr im höchsten Grade;
/ Konj. Imperf. auch āforem = abessem; Inf. Fut. āfore = āfutūrum esse.

absūmēdō, dinis *f (absumo) (Plaut.)* das Verzehren.

ab-sūmō, sūmere, sūmpsī, sūmptum ❶ verbrauchen, verzehren [**vires; alimenta**], **purpura absumitur** nützt sich ab];
❷ vergeuden, verprassen [**res maternas atque paternas; pecuniam**];
❸ *(Zeit)* verbringen, vergeuden [**tempus dicendo**];
❹ vernichten, beseitigen; *im Pass. auch* vergehen; **incendium domos absumpsit; umbra absumitur** verschwindet; **multos pestilentia absumpsit; absumi gurgitibus** verschlungen werden; **morbo absumi.**

absurdus, a, um ❶ misstönend *(= absonus);* **vox quasi extra modum absona atque -a** *(Cic.);* **-e canere** falsch;
❷ abgeschmackt, ungereimt, unpassend *(für: ab; Dat.); – absurdum est m. Inf.;*
❸ *(v. Personen)* unbegabt, unfähig, ungeschickt; *oft: non (od. haud) absurdus* nicht unbegabt, gescheit, aufgeweckt; **ingenium eius haud -um.**

Absyrtus, ī *m Sohn des Äetes, Stiefbruder der Medea; auf der Flucht vor Äetes tötete ihn Medea u. warf ihn stückweise ins Meer, um ihre Verfolger aufzuhalten.*

abundāns, *Gen.* antis *(P. Adj. v. abundo)* ❶ *(v. Gewässern)* überflutend, wasserreich;
❷ im Überfluss vorhanden, übermäßig, überreichlich *(stärker als copiosus)* [**multitudo** Überzahl; **voluptates**];
❸ *(übtr.)* (über)reich *(an: m. Gen.; Abl.)* [**ingenio; locus fontibus;** *(abs.)* **oratio** überladen; **cena**]; **abundanter dicere (loqui)** wortreich, ausführlich;
❹ *(v. Personen)* im Überfluss lebend *(Ggstz. egens).*

abundantia, ae *f (abundo)* ❶ *(Plin.)* das Überfluten, Überströmen [**Nili**];
❷ Überfluss, Überfülle, Übermaß *(an: m. Gen.)* [**pecuniae; vini ceterarumque copiarum; virium; voluptatum**];
❸ *(Tac.)* Reichtum.

abundē *Adv. (v. abundus)* im Überfluss, übergenug [**vituperare; mirari; magnus**]; – *m. esse:* **mihi ~ est, si …** mir genügt es vollständig, wenn.

● **ab-undō,** undāre *(unda)* ❶ *(v. Gewässern)* überfluten, -strömen, -fließen, über die Ufer treten; **aqua abundat; fons abundat; flumina abundant;**
❷ im Überfluss, in (Über-)Fülle vorhanden sein; **velut abundarent omnia** *(Liv.)* als wäre an allem Überfluss;
❸ etw. im Überfluss, im Übermaß, in Fülle haben *(Ggstz. egere u. indigere) (m. Abl.)* [**caseo; melle; equitatu; copiā frumenti; divitiis; ingenio et doctrinā**]; *abs.* im Überfluss leben.

abundus, a, um *(abundo) (Gell.)* übervoll.

abūsiō, ōnis *f (abutor)*
❶ *Gebrauch eines Wortes in uneigtl. Bedeutung,* Katachrese.
❷ *(spätl.)* Missbrauch.

abūsīvus, a, um *(abutor) (spätl.)* uneigentlich;

ab-ūsque *Präp. b. Abl., auch nachgest. (poet.; nachkl.)* ❶ *(räuml.)* von … her [**Oceano**];
❷ *(zeitl.)* seit; **fundamentis urbis ~ in haec tempora; Tiberio ~.**

abūsus, ūs *m (abutor)* ❶ Verbrauch;
❷ *(spätl.)* Missbrauch.

● **ab-ūtor,** ūtī, ūsus sum *(m. Abl.)* ❶ verbrauchen, verschwenden;
❷ in vollem Maße benutzen, gebrauchen, anwenden, ausnützen [**otio** genießen];
❸ missbrauchen [**militum sanguine** unnütz vergießen; **patientiā nostrā**];
❹ *(rhet.) ein Wort* im uneigtl. Sinne gebrauchen [**verbo; nomine**].

Abȳdus, Abȳdos, ī *f u.* **Abȳdum,** ī *n Stadt in Kleinasien an der engsten Stelle des Hellespont; – Adj.* **Abȳdēnus,** a, um [**aquae** Hellespont]; – *Subst.* **Abȳdēnus,** ī *m* Leander; *Pl.* die Abydener.

abyssus, ī *f (gr. Fw.) (Eccl.)* ❶ unermessliche Tiefe, Abgrund;
❷ Hölle;

3 Unermesslichkeit, der unermessliche Weltraum, *als Aufenthalt der Seelen.*

● **ac** *s. atque.*

Acadēmīa, ae *f* 1 Akademie, *ein Hain b. Athen, urspr. dem Heros* Ἀκάδημος (**Acadēmus**) *heilig, Lehrort Platos; (meton.)* die akademische Philosophie; – *Adj.* **Acadēmicus,** a, um zur Akademie gehörig, akademisch; – *Subst.* **Acadēmicī** die Akademiker, *die Schüler Platos u. Anhänger der akadem. (platon.) Philosophie;*
2 **a)** *das nach der athen. Akademie v. Cicero als Anhänger dieser Philosophie benannte Gymnasium auf seinem Landgut in Tusculum;* **b)** *das nach der athen. Akademie v. Cicero benannte Landgut in Kampanien, wo er sein philos. Werk „Academica" verfasste;*
3 *(mlt.)* Universität.

i Kultur **Acadēmīa, Acadēmicī**
Schule und Schüler des Philosophen Plato (427–347), seit 387; Cicero nennt so diese philosophische Einstellung insgesamt (Wir erinnern uns an Urbilder, z. B. die Idee des Guten). Heute noch nennen sich wiss. Ausbildungsstätten „Akademie", die Absolventen der Universitäten „Akademiker".

acalanthis, idis *f (gr. Fw.) (poet.; nachkl.)* Distelfink, Stieglitz.

Acamās, mantis *m Sohn des Theseus u. der Phaedra.*

acanthus, ī *(gr. Fw.) (poet.; nachkl.)* 1 *m* Bärenklau *(breitblättrige Zierpflanze), oft auf Kunstwerken, Säulen u. Gewändern nachgeahmt;*
2 *f* Schotendorn *(ein stachliger Baum in Ägypten).*

Acanthus, ī *f Seestadt an der Ostküste der makedon. Halbinsel Chalcidice.*

Acarnānia, ae *f* Akarnanien, *Landschaft in Mittelgriechenland; – Einw.* **Acarnān,** ānis *m; – Adj.* **Acarnān(ic)us,** a, um.

Acastus, ī *m Sohn des thessalischen Königs Pelias, Vater der Laodamia.*

acatalēctus, a, um *(gr. Fw.)* akatalektisch, *m. einem vollständigen Versfuß schließend (Ggstz. catalecticus)* [**versus**].

Acca Lārentia, ae *f (Larenmutter) röm. Flurgöttin, der Sage nach Gattin des Hirten Faustulus, Pflegemutter von Romulus u. Remus, Mutter der zwölf Arvalbrüder (Fratres Arvales); ihr zu Ehren wurde am 23. Dezember ein Fest gefeiert, Larentalia od. Accalia genannt.*

● **ac-cēdō,** cēdere, cessī, cessum *(ad; in m. Akk.; bl. Akk.; Dat.; abs.)* 1 herankommen, -treten, sich nähern *(Ggstz. abscedere, decedere, recedere)* [**ad aedes; ad urbem; in Macedoniam; terram cum classe**];
2 *als Bittender od. Hilfesuchender* nahen, sich an jmd. wenden; **senatus supplex accedit ad Caesarem** *(Cic.);*
3 als Feind herannahen, anrücken [**ad castra; ad moenia; muris; ad manum** tätlich werden, aneinander geraten; **ad corpus alcis** jmdm. auf den Leib rücken];
4 *(übtr.)* gelangen [**in infamiam** geraten; **ad amicitiam alcis** sich befreunden, jmds. Freundschaft gewinnen];
5 sich einstellen, eintreten; **febris accedit** *(Ggstz. decedit);* **fama ad nos accedit; accedunt anni** das Alter stellt sich ein;
6 *eine Tätigkeit* übernehmen, sich befassen [**ad rem publicam** in den Staatsdienst treten; **ad causam** eine Verhandlung *(vor Gericht)* übernehmen];
7 zustimmen, beipflichten *(Ggstz. abhorrere ab)* [**ad sententiam alcis; ad condiciones; ad consilium**];
8 *(beim Vergleich)* nahe kommen, ähnlich sein [**propius ad deos**];
9 hinzukommen, zunehmen, wachsen *(Ggstz. decedere, recedere, deminui);* **accessit ager; pretium accedit agris** der Preis der Äcker steigt; **luna accedens** zunehmend *(Ggstz. abscedens);* **(huc, eo) accedit quod** *od.* **ut** hinzu kommt, dass.

ac-celerō, celerāre **I.** *trans.* beschleunigen [**iter; gradum**];
II. *intr.* (herbei)eilen.

● **ac-cendō,** cendere, cendī, cēnsum 1 in Brand setzen, anzünden *(Ggstz. exstinguere)* [**ignem; aras** Feuer auf den Altären];
2 erhitzen; **calor oram accendit** versengt;
3 erhellen; **luna accensa solis radiis;**
4 *(übtr.)* anfeuern, entflammen *(durch etw.: Abl.; zu etw.: ad od. in m. Akk.; poet.: Dat.)* [**animos ad virtutem; animos bello**]; **accensus amore, odio, irā;**
5 entfachen, entzünden, schüren [**seditionem; proelium; curam alci** verursachen];
6 verstärken, steigern, vermehren, vergrößern [**discordiam**]; *im Pass. auch:* steigen, wachsen.

ac-cēnseō, cēnsēre, –, cēnsum (hin)zurechnen, -zählen, zugesellen.

accēnsus[1], a, um *P. P. P. v. accendo u. accenseo.*

accēnsus[2], ī *m (accenseo)* 1 Gerichtsbote, Amtsdiener *eines höheren Beamten (eines Konsuls, Prätors ...) in Rom u. in den Provinzen;*
2 *(milit.) gew. Pl.* **accēnsī,** ōrum *m* Reservemannschaft, Ersatzleute, *die, den Legionen zugeordnet, in den hintersten Reihen der dritten Schlachtlinie (der Triarier) standen u. im Kampf die gelichteten Reihen der Legion ergänzten; weil nur gekleidet, aber nicht bewaffnet (die Waffen entnahmen sie erst im Kampf*

den Gefallenen), auch accensi velati *genannt.*

accentus, ūs *m (nachkl.)* Akzent; Klang, Ton.

ac-cēpī *Perf. v. accipio.*

acceptābilis, e *(accepto) (spätl.)* annehmbar, wohlgefällig.

acceptiō, ōnis *f (accipio)* Empfang [**frumenti**].

acceptō, acceptāre *(Frequ. v. accipio) (vor- u. nachkl.)*
① annehmen, empfangen, bekommen;
② zulassen, billigen;
③ sich gefallen lassen [**iniuriam**].

acceptor, ōris *m (accipio)* ① *(Plaut.)* derjenige, der etw. billigt, Befürworter;
② *(Phaedr.) = accipiter;*
③ *(spätl.)* **a)** Empfänger; **b)** derjenige, der etw. ertragen muss [**iniuriae**].

acceptrīx, īcis *f (acceptor) (Plaut.)* Empfängerin.

acceptus, a, um *(P. Adj. v. accipio)* willkommen, erwünscht, angenehm, lieb, gern gesehen, beliebt *(wem? od. bei wem? m. Dat.) (= gratus, carus)* [**plebi**]; **munus gratum acceptumque**.

accersō = *arcesso.*

ac-cessī *Perf. v. accedo.*

accessiō, ōnis *f (accedo)* ① das Herangehen, -kommen, Annäherung; Zutritt, Audienz;
② Wachstum, Zuwachs, Vermehrung [**pecuniae; dignitatis; virium**]; ③ etw. Hinzukommendes, Hinzugefügtes: **a)** *(philos.)* Zusatz; **b)** Anhang; **c)** Anbau *(an ein Gebäude);* **accessionem aedibus adiungere; d)** *(im Finanzw.)* Zuschuss, Zulage;
④ *(Suet.) (med.)* Eintritt, Anfall; **prima ~ morbi.**

accessus, ūs *m (accedo)* ① Annäherung, das Herankommen, -nahen *(Ggstz. abscessus, decessus, discessus, recessus);* **~ stellarum et recessus; solis ~ discessusque; ~ et recessus aestuum** Flut u. Ebbe;
② Zutritt, Audienz; **dare alci accessum; accessum negare;**
③ Vermehrung, Zuwachs;
④ Zugang(sstelle);
⑤ *(med.)* Eintritt, Anfall;
⑥ Neigung *(zu: ad)* [**ad res salutares**].

● **ac-cidō¹**, cidere, cidī, – *(ad u. cado)* ① hin-, niederfallen, (v. *Hilfesuchenden od. um Gnade Flehenden)* sich niederwerfen, niedersinken *(auf, zu etw.: ad; in m. Akk.; Dat.; poet.: bl. Akk.)* [**ad pedes; ad alcis genua, alci ad genua** *od.* **genibus alcis**];
② *(v. sinnl. Wahrnehmungen)* **a)** (hin)dringen, gelangen *(zu: ad; Dat.)* [**ad aures** *od.* **auribus**]; **vox accidit ad hostes; b)** *abs.* zu Ohren dringen, kommen; **clamor accidens ab increscente pugna; fama accidit;**
③ vorfallen, vorkommen, eintreten, sich ereignen, geschehen; **periculum, calamitas accidit;** – *m. Dat.* widerfahren, zustoßen; – *unpers.* **accidit** es ereignet sich, es geschieht, kommt vor *(m. ut; quod; Inf.; A. C. I.);*
④ ausfallen, ablaufen *(für jmd.: m. Dat.)* [**bene; alci opportune**].

ac-cīdō², cīdere, cīdī, cīsum *(ad u. caedo)* ① anhauen, anschneiden [**arbores; crines** stutzen; **dapes** verzehren];
② schwächen, hart mitnehmen, schwere Verluste beibringen; *im Pass. auch:* schwere Verluste erleiden, herunterkommen.

ac-cieō, ciēre, cīvī, – *(nicht klass.)* herbeirufen, -holen.

ac-cingō, cingere, cīnxī, cīnctum ① **a)** angürten [**lateri ensem**]; **b)** umgürten; **gladiis accincti; miles non accinctus** unbewaffnet; – *auch m. einem Gewand:* **feminae pellibus accinctae;**
② ausrüsten, ausstatten; **accinctus gemmis fulgentibus ensis; Britannia tot accincta portibus;**
③ *se ~ u. mediopass. accingi* sich rüsten, sich bereitmachen *(zu, für: ad; in m. Akk.; Dat.)* [**ad omnes casus; in proelium; pugnae**].

ac-ciō, cīre, cīvī, cītum herbeirufen, -holen, kommen lassen; – *P. Adj.* **accītus,** a, um eingeführt, ausländisch, fremd [**scientia arsque haruspicum; lascivia**].

● **ac-cipiō,** cipere, cēpī, ceptum *(ad u. capio)*
I. *(unter aktiver Mitwirkung des Subjektes)* in Empfang nehmen: ① annehmen, sich geben lassen, entgegennehmen; einnehmen [**pecuniam; ius iurandum** sich schwören lassen; **arma obsidesque** übernehmen; **rationes** sich eine Rechnung geben lassen]; – *Subst.* **acceptum,** ī *n* Einnahme *(als geschäftl. t. t.);*
② *(Lasten)* auf sich nehmen, übernehmen [**onus; iugum**];
③ billigen, gutheißen; sich mit etw. zufrieden geben, annehmen [**condicionem; orationem; pacem; excusationem; legem; ius imperiumque Caesaris** anerkennen];
④ als gültig erkennen, annehmen [**omen, augurium**];
⑤ aufnehmen, empfangen [**milites urbe tectisque; armatos in arcem; hostem in Italiam; alqm in amicitiam; alqm in civitatem** jmdm. das Bürgerrecht verleihen]; **Delos errantem accepit** *(Ov.);* **tellus fessos portu accipit** *(Verg.);*
⑥ *(als Gast)* aufnehmen, bewirten [**alqm eleganter, bene; alqm hospitio agresti; alqm regio apparatu**];
⑦ jmd. behandeln, mit jmdm. umgehen [**alqm leniter clementerque; alqm verberibus** jmd. durch Schläge übel zurichten];
⑧ geistig aufnehmen, wahrnehmen, begreifen [**alqd auribus, sensu, animo; consilia alcis**];
⑨ vernehmen, hören, erfahren [**nuntium; gemitum; clamorem; alqd rumore; alqd aequo animo**]; **ut accepi a senibus; sic a**

patribus accepimus;
⑩ im bestimmten Sinne auffassen, auslegen, deuten [**in omen** als Vorbedeutung; **falsa pro veris**];
II. *(ohne aktive Mitwirkung des Subjektes)* empfangen: ① erhalten, empfangen, bekommen [**hereditatem; munera; provinciam; epistulam a filio; exercitum a Caesare; morem, libertatem a maioribus**]; **turris nomen ab insula accepit;**
② zugefügt bekommen, erleiden, erdulden, davontragen [**cladem; calamitatem; detrimentum; iniuriam; ignominiam; vulnera**].

accipiter, tris *m (Abl. Sg.* -tre; *Gen. Pl.* -trum*)* Habicht, Falke.

accīsus *P. P. P. v. accido²*.

accītū *(accio)* auf Vorladung.

accītus *s. accio.*

Accius, a, um *röm. nomen gentile:* L. ~, *röm. Tragödiendichter, der griech. Tragödien f. die röm. Bühne frei bearbeitete, geb. um 170 v. Chr.; – Adj.* **Acciānus,** a, um.

acclāmātiō, ōnis *f (acclamo)* Zuruf: ① *als Ausdruck des Missfallens;*
② Beifall.

ac-clāmō, clāmāre ① zurufen: **a)** *mit Missfallen, höhnisch;* **b)** *beifällig;*
② ausrufen als, durch Zuruf als ... bezeichnen, preisen *(m. dopp. Akk.)* [**alqm servatorem**].

ac-clārō, clārāre *(ad u. clarus)* klarmachen, klar erkennen lassen, offenbaren.

acclīnis, e *(acclino)* ① sich anlehnend, angelehnt *(an etw.: m. Dat.)* [**parieti; trunco arboris**]; **municipium monti accline** liegend am;
② *(übtr.)* neigend zu, zugeneigt; **~falsis animus** zum Trug neigend.

ac-clīnō, clīnāre anlehnen, hinneigen *(an, zu etw.: Dat.; an jmd.: in alqm)* [**se in illum**]; *(übtr.) se* ~ (zu)geneigt sein [**ad causam senatūs**].

ac-clīvis, e *u. (poet.)* **-clīvus,** a, um *(ad clivum)* schräg aufsteigend, sanft ansteigend *(Ggstz. declivis);* **collis leniter ~**.

acclīvitās, ātis *f (acclivis)* sanfte Steigung, Erhebung.

ac-clīvus, a, um *(ad clivum) (poet.)* sanft ansteigend.

accola, ae *m (accolo)* Anwohner, Nachbar; **-ae Cereris** des Ceres-Tempels; **habere -as** zu N. haben; *attrib.:* **pastor ~ eius loci** ein dort in der Nähe wohnender H.; **-ae fluvii** Nebenflüsse.

ac-colō, colere, coluī, – benachbart sein, in der Nähe wohnen *(von: m. Akk.)* [**mare; Tiberim**]; **fluvius accolitur oppidis** an dem Fluss liegen Städte.

accommodātiō, iōnis *f (accommodo)* Anpassung; Entgegenkommen, Rücksichtnahme.

accommodātus, a, um *(P. Adj. v. accommodo)* angepasst, passend, geeignet für *(ad; Dat.);* **puppes ad magnitudinem fluctuum tempestatumque -ae** *(Caes.);* **oratio hominum sensibus ac mentibus -a** *(Cic.);* **exemplum temporibus suis -um** *(Cic.);* **lex alci -a atque utilis** *(Cic.);* **homo ad Verris flagitia libidinesque ~** *(Cic.).*

● **ac-commodō,** commodāre *(ad; Dat.)* ① anpassen, anlegen, anfügen, aufsetzen [**coronam sibi ad caput; clipeum ad dorsum; lateri ensem**];
② *(übtr.)* an-, zupassen [**orationem auribus auditorum**];
③ auf etw. verwenden, widmen [**operam studiis**]; *se* ~ sich widmen [**ad rem publicam**].

accommodus, a, um passend, geeignet für *(m. Dat.; ad);* **nox -a fraudi.**

ac-crēdō, crēdere, crēdidī, crēditum Glauben schenken, glauben (wollen).

ac-crēscō, crēscere, crēvī, crētum ① hinzuwachsen, hinzukommen *(m. Dat.);* **veteribus negotiis nova accrescunt;**
② (her)anwachsen, zunehmen, sich vermehren *(Ggstz. decrescere);* **filius accrescens; flumen subito accrevit; accrescit dolor; invidia accrevit; amicitia cum aetate accrescit.**

accrētiō, ōnis *f (accresco)* Zunahme; ~ **et deminutio luminis** *(des Mondes).*

accubitiō, ōnis *f (accumbo)* das Sich-zu-Tisch-Legen *(nach röm. Sitte auf dem triclinium);* ~ **epularis amicorum.**

accubitum *P. P. P. v. accumbo.*

accubitus, ūs *m (accubo) (spätl.)* Sitz, Platz *(bei Tisch).*

ac-cubō, cubāre *(nur Präs.)* ① liegen *(bei etw.: m. Dat.);*
② *(nach röm. Sitte)* bei Tisch *(auf dem triclinium od. lectulus)* liegen [**in convivio; cum alqo** jmd. zum Tischnachbarn haben; **apud alqm** bei jmdm. als Gast]; **accuba** nimm Platz!;
③ *(vor- u. nachkl.) abs.* geschlechtlich verkehren.

ac-cubuī *Perf. v. accumbo.*

accubuō *Adv. (accubo) (Plaut., scherzh. nach assiduo gebildet)* an-, beiliegend.

ac-cūdō, cūdere, cūdī, cūsum *(Plaut.)* hinzuprägen, dazuschlagen.

ac-cumbō, cumbere, cubuī, cubitum ① sich hinlegen;
② sich zu Tisch *(auf das triclinium)* legen, zum Essen Platz nehmen [**in epulo; epulis** *(Dat.);* **in convivio alcis; alqm** neben jmdm.];
③ *(poet.) (alci)* mit jmdm. geschlechtlich verkehren, m. jmdm. schlafen.

accumulātē s. *accumulo.*

accumulātor, ōris *m (accumulo) (Tac.)* derjenige, der etw. anhäuft, „Anhäufer" [**opum**].

ac-cumulō, cumulāre *(cumulus)* ① an-, aufhäufen;
② in reichem Maße erweisen, verleihen [**alci summum honorem**];
③ überhäufen [**alqm donis, laudibus**];
④ erhöhen, steigern [**curas**];
/ *Adv. vom P. P. P.* **accumulātē** überreichlich.
accūrātiō, ōnis *f (accuro)* Sorgfalt.
accūrātus, a, um *(P. Adj. v. accuro)* sorgfältig, genau, ausführlich *(ausgeführt, ausgearbeitet)* [**oratio; genus dicendi**]; **-e loqui, scribere.**
ac-cūrō, cūrāre ① sorgfältig betreiben, pünktlich besorgen;
② *(Plaut.)* jmd. bewirten.
ac-currō, currere, (cu)currī, cursum herbeieilen, -laufen [**auxilio** zu Hilfe eilen].
accursus, ūs *m (accurro) (nachkl.)* das Herbeilaufen [**populi**]; schnelles Anrücken.
accūsābilis, e *(accuso)* anklagens-, tadelnswert, verwerflich, (an)klagbar, strafbar [**turpitudo**].
accūsātiō, ōnis *f (accuso) (Ggstz. defensio)*
① Anklage, Anschuldigung, Beschwerde, Tadel *(Gen. subi.: jmds.; Gen. obi.: gegen, über, wegen);*
② *(meton.)* Anklageschrift.
● **accūsātor,** ōris *m (accuso)* ① Beschuldiger;
② öffentlicher Kläger, Ankläger;
③ *(nachkl.)* heimlicher Ankläger, Angeber, Denunziant.
accūsātōrius, a, um *(accusator)* anklägerisch, Ankläger-, Advokaten- [**artificium** Advokatenkniff; **lex; vox**].
accūsātrīx, īcis *f (accusator)* Anklägerin: ① *(Plaut.)* Beschwerdeführerin;
② *(Plin.)* Angeberin.
accūsitō, accūsitāre *(Frequ. v. accuso) (Plaut.)* anschuldigen.
● **ac-cūsō,** cūsāre *(ad u. causa)* ① *vor Gericht* anklagen *(Ggstz. defendere) (das Verbrechen, dessen jmd. angeklagt wird, wird ausgedrückt durch: Gen., de od. propter);* **alqm ambitūs (coniurationis, proditionis, rei capitalis) ~; alqm de vi (de veneficiis, de crimine) ~; alqm propter iniurias ~; inter sicarios ~** weg. Meuchelmordes; – *m. Gen. der Strafe:* **alqm capitis ~** auf Leben u. Tod;
② tadeln, jmdm. Vorwürfe machen, sich beschweren, sich beklagen üb. jmd. *od.* üb. etw. *(alqm de re; alqm alcis rei; alqd alcis)* [**alqm de epistularum neglegentia; regem temeritatis; alcis avaritiam perfidiamque; inertiam adulescentium; superbiam alcis**].
Acē, ēs *f Stadt in Phönizien, j.* Akka.
aceō, acēre, acuī, – *(acer²) (vorkl.)* scharf, sauer sein.
acer¹, eris *n (poet.)* Ahorn(baum).
● **ācer²,** ācris, ācre *(aceo, acies)* ① scharf, spitz [**arma; ferrum**];
② scharf [**cibus**];
③ schneidend, stechend, beißend [**frigus; hiems; ventus; tempestas; sol**];
④ durchdringend *(f. das Gehör),* gellend, grell [**vox; flammae sonitus**];
⑤ scharf, durchdringend, penetrant *(v. Geruch)* [**odor; unguenta**];
⑥ *(vom Sehvermögen u. Ä.)* durchdringend, scharf [**sensus videndi**];
⑦ *(f. die optische Wahrnehmung)* blendend, grell [**splendor**];
⑧ stechend, schmerzlich, peinigend [**cura; dolor; sitis; memoria** schmerzliches Andenken; **egestas** bittere Not];
⑨ scharfsinnig, fein, treffend [**iudicium**]; **vir acri ingenio;**
⑩ *(vom Char.)* feurig, eifrig, energisch, tatkräftig [**milites; hostis**]; **homo ad perdiscendum acerrimus** von größtem Lerneifer erfasst;
⑪ *(v. Char. u. Affekten)* hitzig, heftig, leidenschaftlich [**ira; cupiditas**];
⑫ streng, grimmig [**leo**];
⑬ hart, grausam [**supplicium**];
/ *Subst. (Hor.)* **ācre,** ācris *n* bittere Schärfe, beißender Witz.
acerbitās, tātis *f (acerbus)* ① Herbheit [**fructuum**];
② Strenge, Härte [**imperii; morum; legis**];
③ Unfreundlichkeit, unfreundliches Wesen;
④ Bitterkeit, Traurigkeit;
⑤ Missgeschick, Elend.
acorbitūdō, dinis *f = acerbitas.*
acerbō, acerbāre *(acerbus) (poet.; nachkl.)* verbittern; verschärfen; verschlimmern.
● **acerbus,** a, um *(acer²)* ① herb, bitter, sauer *(vom Geschmack), dah. auch:* unreif [**pirum; uva**];
② *(übtr.)* noch unreif, unfertig, früh-, vorzeitig [**virgo** unerwachsen; **partus** Frühgeburt];
③ *(f. das Gehör)* gellend, grell [**vox; stridor**];
④ schneidend, rau [**frigus**];
⑤ *(vom Gesicht)* finster [**vultus**];
⑥ *(v. Personen)* roh, grausam, hart, streng, unfreundlich;
⑦ *(vom Ausgeübten)* streng, hart, grausam [**imperium; poena; lex; supplicium**];
⑧ *(v. Zuständen)* bitter, schmerzlich, betrübend [**recordatio**];
/ *Adv.* **-ē** mit Unwillen, schmerzlich: **-e ferre.**
acernus, a, um *(acer¹) (poet.)* aus Ahornholz [**rami; trabes; mensa**].
acerra, ae *f* Weihrauchkästchen.
Acerrae, ārum *f Stadt in Kampanien; – Einw.* **Acerrānī,** ōrum *m.*
acervālis *(acervus)* **I.** *Adj.* e aufgehäuft;
II. *Subst.* is *m* Trugschluss.
acervātim *Adv. (acervo)* ① haufenweise, in Massen;
② gedrängt, kurz (gefasst), summarisch [**dice-**

re].

acervō, acervāre *(acervus)* (auf)häufen.

acervus, ī *m* ① Haufen [**frumenti; auri**];
② Menge, Masse [**scelerum; armorum; civium**];
③ *(übtr.)* Trugschluss.

acēscō, acēscere, acuī, – *(Incoh. v. aceo) (poet.; nachkl.)* sauer werden.

Acesta, ae *f alter Name der v. den Römern Segesta genannten Stadt im Nordwesten Siziliens; – Einw.* **Acestēnsēs,** ium *m.*

Acestēs, ae *m (Akk.* -ēn) *König in Sizilien, gründete Acesta.*

acētum, ī *n (aceo)* ① Essig;
② Groll;
③ beißender Witz, scharfer Spott.

Achaemenēs, is *m Ahnherr der altpersischen Könige, Begründer der Dynastie der Achämeniden im 7. Jahrh. v. Chr.; –* **Achaemenidae,** ārum *m* die Achämeniden; – *Adj.* **Achaemenius,** a, um persisch, parthisch.

Achaeus, ī *m Stammvater der Achäer.*

Achāia, ae *f* ① *die Landschaft* Achaja *an der Nordküste der Peloponnes;*
② *nach der Abtrennung der Peloponnes u. des attisch-böotischen Festlandes v. der röm. Provinz Makedonien durch Augustus Bez. f. ganz* Griechenland *(ausgenommen Thessalien) als röm. Provinz;*
③ *(poet.)* Griechenland;
/ *Einw.* **Achaeī,** ōrum *m* Achäer, *Bew. v. Achaia;* / **Achāias,** iadis *f* Achäerin; / **Achais,** idis *f* Achäerin, *poet.* Griechenland; / *Adj.* **Achāicus, Achāius, Achaeus** *u.* **Achīvus,** a, um achäisch, griechisch.

Achelōus, ī *m* ① *größter Fluss Griechenlands, zw. Akarnanien u. Ätolien, j.* Aspropotamos*;*
② *Flussgott; –* **Achelōias,** adis *u.* **Achelōis,** idis *f* Tochter des Achelous, *meton.* Nymphe; – *Adj.* **Achelōius,** a, um zum Achelous gehörig, des Achelous [**Callirhoë** *Tochter des Achelous;* **pocula** voll Wasser].

> *i* Kultur **Acherōn,** ontis *m (Akk.* -ontem *u.* -onta) ① *mythol. Fluss der Unterwelt, dah. poet. auch Bez. f. die Unterwelt selbst;* **fugere Acheronta** Unsterblichkeit erlangen; – *Adj.* **Acherontēus, Acherontius** *u.* **Acheronticus,** a, um zum Acheron gehörig, acherontisch;
> ② *Fluss in Epirus;*
> ③ *Fluss in Bruttium.*

Acherontia, ae *f Ort in Apulien, j.* Acerenza.

Acherūns, untis *m (f) (< Acheron)* = Acheron, *bes. in der Bedeutung:* Unterwelt; **ab Acherunte redimere** aus der Unterwelt erlösen; *Lok.:* **Acherunti** in der Unterwelt; – *Adj.* **Acheruntīcus** *u.* **Acherū(n)sius,** a, um **a)** zum Fluss A. gehörig; **b)** zur Unterwelt gehörig, der Unterwelt.

> *i* Kultur **Achillēs,** is *m* Sohn des Peleus, Königs v. Thessalien, u. der Nereïde Thetis, der durch Kraft u. Schönheit sich auszeichnende griech. Held vor Troja; der Zorn des Achilles ist das Thema der Ilias v. Homer; *übtr.* ein schöner u. kräftiger Held; – Adj. **Achillēus,** a, um des Achilles; – **Achillīdēs,** ae *m* Nachk. des Achilles.

Achīvī, ōrum *m* Achiver, Griechen; – *Adj.* **Achīvus,** a, um.

Achradina, ae *f Stadtteil v. Syrakus.*

acia, ae *f (acus) (nachkl.)* Nähfaden; **ab -a et acu** bis ins kleinste Detail.

Acīdalia, ae *f Beiname der Venus nach der Quelle Acidalia in Böotien, in der sie m. den Grazien, ihren Töchtern, zu baden pflegte; – Adj.* **Acīdalius,** a, um.

acidus, a, um *(aceo)* ① sauer;
② *(v. Geräusch)* gellend [**sonus; canticum**];
③ lästig, unangenehm; **alci invisus acidusque; alci ~ ac molestus;**
④ scharf, beißend, giftig; **homo -ae linguae.**

● **aciēs,** ēī *f (acer²)* ① Schärfe, Schneide, Spitze [**securis; hastae**]; *(übtr.)* **~ auctoritatis hebescit;**
② **a)** Augenschärfe, Sehkraft; **b)** *(poet.)* (scharfer) Blick; *(v. Sternen)* das Blinken; **c)** *(poet.)* Auge; **d)** Pupille; **e)** Glanz *(der Augen);*
③ Geistesschärfe, Scharfsinn [**animi, ingenii, mentis**];
④ *(milit.)* **a)** Schlachtlinie, -reihe, -ordnung [**prima** Vordertreffen; **novissima (extrema, postrema)** Hintertreffen; **dextra** der rechte Flügel]; **legiones in acie constituere (collocare); b)** *(zur Schlacht aufgestelltes)* Heer [**pedestris; equitum**]; **c)** Schlacht; **copias in aciem educere; (in) acie pugnare.**

Acīlius, a, um *Name einer röm. gens, bes. bekannt:* ① M'. ~ Glabrio, *Konsul 191 v. Chr., Besieger des Seleukiden Antiochus III., des Gr., bei den Thermopylen (191); sein Gesetz de repetundis (lex Acilia); – Adj.* **Acīliānus,** a, um;
② C. ~ Glabrio, *um 160 v. Chr., Verf. einer röm. Geschichte üb. den 2. Pun. Krieg in griech. Sprache, die v. Claudius Quadrigarius ins Lat. übersetzt wurde.*

acina, ae *f = acinus.*

acīnacēs, is *m (pers. Fw.)* Krummsäbel *der Perser, Meder u. Skythen.*

acinus, ī *m u.* **-um,** ī *n* (Wein-)Beere.

acipēnser, seris *m eine Fischart, wahrsch.*

Stör.

Ācis, idis *m (Akk.* Ācim *u.* Ācin, *Vok.* Āci, *Abl.* Ācī *u.* Ācide) *kleiner Fluss auf Sizilien, am nördl. Fuß des Ätna entspringend; der Sage nach ein schöner Hirte, Sohn des Faunus, Liebhaber der Galatea, vom Polyphem aus Eifersucht durch ein Felsstück zerschmettert, v. den Göttern in einen Fluss verwandelt.*

aclys, ydis *f (poet.)* Wurfspieß *(m. Schwungriemen).*

Acmōnia, ae *f Stadt in Großphrygien, östl. v. Sardes; – Einw.* **Acmōnēnsēs,** ium *m; – Adj.* **Acmōnēnsis,** e.

aconītum, ī *n (gr. Fw.) (poet.; nachkl.)* ❶ *(bot.)* Eisenhut;
❷ *das aus dieser Pflanze zubereitete Gift.*

acor, ōris *(aceo) (nachkl.)* Säure.

ac-quiēscō, quiēscere, quiēvī, quiētum ❶ zur Ruhe kommen, (aus)ruhen, rasten [**in lecto; lassitudine** vor Müdigkeit];
❷ *(nachkl.) m. u. ohne somno* schlafen;
❸ entschlafen, sterben; **anno acquievit sexagesimo;**
❹ *(v. Lebl.)* Ruhe finden, ruhen; **civitas acquiescens; mentis agitatio, quae numquam acquiescit;**
❺ sich beruhigen, Trost finden *(m. bl. Abl. od in m. Abl.);* **in litteris tuis acquiesco;**
❻ froh, zufrieden sein *(in m. Abl. od. bl. Abl.)* [**in unico filio; parva spe**];
❼ *(nachkl.)* jmdm. beipflichten, Recht geben.

ac-quīrō, quīrere, quīsīvī *(u.* quīsiī), quīsītum *(ad u. quaero)* ❶ hinzuerwerben, hinzugewinnen [**ad fidem** den Kredit vergrößern; **nihil ad gloriam**];
❷ erwerben, gewinnen [**opes; pecuniam; favorem**].

acraeus, a, um *(gr. Fw.)* auf Höhen verehrt; – **Acraeus** *Beiname des Jupiter u. der Juno, die auf Höhen ihre Verehrungsstätten hatten.*

Acragās, gantis *m = Agrigentum.*

acrātophorus, ī *m* u. **-um,** ī *n (gr. Fw.)* Weinkrug.

ācrēdō, dinis *f (acer) (nachkl.)* Schärfe, scharfer Geschmack.

acrēdula, ae *f eine Tierart, viell. Käuzchen.*

ācriculus, a, um *(Demin. v. acer²)* etw. hitzig; **ille ~** jener kleine Hitzkopf.

ācrimōnia, ae *f (acer²)* ❶ *(vor- u. nachkl.)* Schärfe, scharfer Geschmack, scharfer Geruch;
❷ Energie, Tatkraft, Eifer;
❸ Lebhaftigkeit der Diskussion, lebendige Rede.

Acrisius, ī *m König v. Argos, Vater der Danaë; – Patron.* **Acrisiōnē,** ēs *f Tochter des Acrisius* (= Danaë) *u.* **Acrisiōniadēs,** ae *m Enkel des Acrisius, Sohn der Danaë* (= Perseus); *– Adj.* **Acrisiōnēus,** a, um [**arces** Burg v. Argos; **coloni** argivisch].

acroāma, matis *n (gr. Fw.)* ❶ Vortrag *(zur Unterhaltung, auch musikal. Art)*), Ohrenschmaus*;*
❷ *(meton.) die unterhaltende Person:* Vorleser, Sänger, Musiker.

acroāsis, is *f (Akk.* -in, *Abl.* -ī) *(gr. Fw.)* Vortrag, Vorlesung.

acroāticus, a, um *(gr. Fw.) (Gell.)* f. den Zuhörer, f. den Vortrag bestimmt.

Acroceraunia, ōrum *n für die Schifffahrt gefährliche Nordspitze der felsigen Steilküste der Ceraunii montes in Epirus.*

Acrocorinthus, ī *f Burg v. Korinth.*

Acronus, ī *m Teil des Bodensees:* Untersee.

Ācrota, ae *m König v. Alba (auch Agrippa genannt).*

acrōtērium, ī *n (gr. Fw.)* ❶ hervorspringende Landspitze;
❷ *Pl. vorstehende kleine Fläche auf einem Giebel als Basis für Verzierungen wie z. B. Statuen od. Vasen.*

acta¹, ae *f (gr. Fw.)* ❶ Meeresstrand, -küste;
❷ *Pl.* Strandleben.

ācta², ōrum *n s. ago.*

Actaeōn, onis *m Sohn der Autonoë, Enkel des Kadmus; v. Diana, die er im Bade erblickt hatte, in einen Hirsch verwandelt u. v. seinen eigenen Hunden zerrissen.*

Actaeus, a, um attisch, athenisch; – *Subst.* **Actaeī** *m* die Attiker, Athener.

Actē, ēs *f alter Name f. Attika.*

Actiacus, a, um *s. Actium.*

Actias, *Gen.* adis attisch, athenisch.

āctiō, ōnis *f (ago)* ❶ Ausführung, Verrichtung [**gratiarum** Danksagung];
❷ Tätigkeit, Handlung [**vitae** praktisches Leben]; **adhibenda est ~** man muss handeln; **actionem suscipere** eine Tätigkeit aufnehmen;
❸ Amtshandlung [**senatorum**]; *Pl.* Amtsführung, öffentl. Tätigkeit, *(pejor.)* Umtriebe;
❹ öffentl. Verhandlung, Antrag, öffentl. Rede, Vorschlag *(an das Volk, an den Senat)*;
❺ *(jur.)* **a)** Gerichtsverhandlung; **b)** Verteidigung [**causae**]; **c)** Klage, Prozess; **actionem instituere (constituere, intendere)** eine Klage geg. jmd. einleiten, jmd. gerichtl. belangen; **d)** Klagerede, -schrift; **actiones Verrinae; e)** Klagerecht; **actionem habere, postulare, dare, accippere, restituere; f)** gerichtl. Termin;
❻ Vortrag(sweise), Gestik, Darstellung.

āctitō, āctitāre *(Frequ. v. ago)* betreiben, immer wieder tun, zu tun pflegen [**causas** viele Prozesse führen; **tragoedias** oft in Tragödien als Schauspieler auftreten].

Actium, ī *n* ❶ *Vorgeb. u. Stadt in Akarnanien am Ambrakischen Meerbusen m. Apollotempel; Schlacht 31 v. Chr. (Seesieg des Augustus üb. Antonius u. Kleopatra);*
❷ *Hafen u. Reede b. Kerkyra;*
/ *Adj.* **Actiacus,** a, um *u.* **Actius,** a, um **a)**

bei, v. Actium [**Apollo; litora; legiones** die bei Actium fochten; **triumphus** nach dem Seesieg bei A.; **bella** Schlacht bei A.]; **b)** *(poet.)* apollinisch, dem Apollo heilig [**frondes** dem Apollo heilige Lorbeerzweige].

āctiuncula, ae *f (Demin. v. actio)* kurze Gerichtsrede.

āctīvus, a, um *(ago) (Sen.)* tätig, aktiv [**philosophia** praktische *(Ggstz. contemplativa)*].

āctor, ōris *m (ago)* ① Treiber [**pecoris** Hirte];
② Vermittler, derjenige, der etw. besorgt;
③ *(jur.)* **a)** Kläger; **b)** Verteidiger, (Rechts-)Beistand [**causae**];
④ (Vermögens-)Verwalter, Geschäftsführer [**publicus** Staatsbeamter f. die Verwaltung der Staatsgüter; **praedii**];
⑤ öffentl. Redner;
⑥ Darsteller, Schauspieler [**carminum**].

Actōr, oris *m* ① *Vater des Menoetius, Großvater des Patroklus; – Patron.* **Actoridēs,** ae *m* Aktoride, Nachk. des Aktor *(= Menoetius od. Patroklus);*
② *König v. Elis, Vater der Zwillinge Eurytus u. Kteatus; – Patron.* **Actoridae,** ārum *m* die Aktoriden, *Aktors Zwillingssöhne Eurytus u. Kteatus.*

āctrīx, īcis *f (actor) (nachkl.)* ① Darstellerin *(auf der Bühne);*
② Klägerin;
③ Verwalterin.

āctuālis, e *(actus) (spätl.)* tätig, wirksam, praktisch [**virtus; philosophia**].

āctuāria, ae *f (actuarius[1]; erg. navis)* schnelles Schiff.

āctuāriola, ae *f (Demin. v. actuaria)* Ruderboot, Barke, Nachen.

āctuārius[1], a, um *(ago)* schnell (segelnd) [**navis**].

āctuārius[2], ī *m (ago) (nachkl.)*
① Schnellschreiber; Protokollführer;
② Rechnungsführer, Buchhalter.

āctuōsus, a, um *(actus[2])* ① voll Bewegung, bewegt, tätig [**vita**];
② wirkungsvoll [**oratio**];
③ *(vom Schauspieler)* lebhaft darstellend;
④ leidenschaftlich.

āctus[1] *P. P. P. v. ago.*

āctus[2], ūs *m (ago)* ① das Treiben (des Viehs);
② *(jur.)* Recht des Viehtriebes, Weiderecht, Trift;
③ ein Feldmaß *(= 1260 qm);*
④ **a)** Körperbewegung, *bes.* die Bewegung des Darstellenden, Gebärdenspiel; **b)** *(meton.)* Darstellung, Vorstellung eines Stückes *od.* einer Rolle [**fabellarum; scaenarum; tragicus**]; **c)** Akt, Aufzug *(eines Stückes);*
⑤ *(übtr.)* (größerer) Abschnitt, Teil; **primus ~ vitae; quartus ~ improbitatis;**
⑥ Bewegung, Tätigkeit, Tun, Verrichtung; **usque ad extremae vitae finem in actu esse** *(Sen.);*
⑦ öffentl. Tätigkeit, Berufspflichten, Amt;
⑧ *(poet.; nachkl.)* Wirklichkeit;
⑨ *(nachkl.)* Tat, Handlung, Werk;
⑩ *(spätl.) Pl. Āctūs Apostolorum* Apostelgeschichte.

āctūtum *Adv. (actus[2])* sogleich, sofort.

acua *= aqua.*

acuī *Perf. v. acesco u. acuo.*

acula, ae *f = aquula.*

aculeātus, a, um *(aculeus)* ① *(nachkl.)* stachlig;
② *(übtr.)* spitz, scharf, stechend, beißend [**litterae**];
③ spitzfindig [**sophisma**].

aculeus, ī *m (acus)* ① Stachel, Spitze [**sagittae; apis; spinarum**];
② *(übtr.)* das Stechende, Verletzende *(bes. v. verletzender Rede u. v. scharfem Verfahren)* [**orationis; contumeliarum; iudicii**]; **-i in alqm** Sticheleien geg. jmd.;
③ Ansporn, Antrieb;
④ Kummer, Sorge;
⑤ der tiefe Eindruck, *den der Redner od. die Rede beim Zuhörer zurücklässt;* **-um in animis audientium relinquere;**
⑥ Spitzfindigkeit.

acūmen, minis *n (acuo)* ① Spitze [**hastae; digiti**]; **auspicium ex acuminibus:** *günstiges Omen, wenn die Lanzenspitzen Funken sprühten (Elmsfeuer);*
② Scharfsinn, Witz [**ingenii; verbi** Pointe];
③ Spitzfindigkeit, Kniffe;
④ *(spätl.)* Höhe, Gipfel.

acuō, acuere, acuī, acūtum *(acus)* ① schärfen, wetzen, (zu)spitzen [**gladios; enses; palos**];
② *(übtr.)* schärfen, üben [**linguam; ingenium**];
③ vervollkommnen;
④ anspornen, anfeuern, anregen [**ad crudelitatem**];
⑤ steigern, erhöhen [**industriam; metum; iras**].

acupēnser *ältere Form f. acipenser.*

acus, ūs *f (acuo)*
① Nadel; **filum conicere in acum** einfädeln; **acu pingere (facere)** sticken; **rem acu tangere** den Nagel auf den Kopf treffen;
② Haarnadel.

acūtulus, a, um *(Demin. v. acutus)* ziemlich scharfsinnig, spitzfindig [**conclusiones**].

● **acūtus,** a, um *(P. Adj. v. acuo)* ① scharf, spitz [**cuspis; sagitta; angulus**];
② scharf *(f. die Sinne):* **a)** *f. den Geruch* [**odor; unguentum**]; **b)** *f. den Geschmack* [**sapor; cibus**]; **c)** *f. das Sehvermögen:* hell, blendend; **d)** *f. das Gehör:* durchdringend, grell [**sonus; vox**]; **e)** *f. den Körper* [**morbus** akute Krankheit; **febris**];
③ scharfsinnig, geistreich, treffend [**homo;**

ingenium; interrogatio];
④ gefahrvoll [**acuta belli**].

● **ad** **I.** *Präfix (meist dem folg. Kons. assimiliert: acc-, app- usw.):* ① heran-, herbei- [**adduco, accedo, apporto**];
② hinzu-, an- [**adiungo**];
③ da-, dabei- [**assum**];
II. *Präp. b. Akk.* ① *(räuml.)* **a)** *(zur Bez. der Richtung auf die Frage: wohin?)* zu, nach, an, nach … hin; **venire ad alqm; venire ad castra; tendere manus ad caelum; ad omnes partes** nach allen Seiten hin; **spectare ad orientem solem** liegen nach; **convertere simulacrum Iovis ad orientem;** – *(b. Städtenamen auch)* in die Gegend *od.* Nähe von: **proficisci ad Capuam;** – *beim Gen. v. Götternamen unter Auslassung v. aedem od. templum:* **ad Dianae** *(erg. aedem)* **venire; b)** *(b. Angabe des Endpunktes einer Ausdehnung auf die Frage: bis wohin?)* bis zu, bis nach, bis an; **ab angulo castrorum ad flumen;** – *auch in Verbindung m. usque:* **ab imis unguibus usque ad verticem summum; c)** *(auf die Frage: wo?)* (nahe) bei, an; **habere hortos ad Tiberim; proelium ad Nolam committere; d)** *(b. Personen) ad alqm* = bei, vor jmdm. *(zur Bez. der Person, unter deren Leitung, in deren Beisein usw. etw. geschieht);* **ad iudicem agere; ad tibicinem hostias immolare** unter Begleitung eines Flötenspielers; **e)** *(übtr.) ad alqd* bei, zu etw.; **ad vinum** beim Wein; **ad tibiam** zur Flöte, unter Flötenbegleitung; **ad lunam; ad lunae lumina; f)** auf, in; **senatus habetur ad aedem Bellonae** im Tempel der B.;
② *(zeitl.)* **a)** *(zur Angabe v. Zielen)* bis zu, bis an *(auch in Verbindung m. usque);* **ab hora septima ad vesperum pugnatum est; ad multam noctem** bis tief in die Nacht; **ad nostram memoriam** bis in unsere Zeit; **a consulatu eius usque ad extremum tempus; a condita urbe ad liberatam** von der Gründung der Stadt bis zum Beginn der Republik; **usque ad hanc aetatem; ad summam senectutem; b)** *(zur Angabe v. Terminen)* zu, an; **ad tempus** zur rechten Zeit; **ad horam destinatam; ad decem milia annorum** in zehntausend Jahren, nach Ablauf v. zehntausend Jahren; **c)** *(zur annähernden Bez. v. Zeitpunkten)* gegen, um; **ad extremam orationem** geg. Schluss der Rede; **ad meridiem** geg. Mittag, um die Mittagszeit; **ad mediam noctem; d)** *(zur Bez. der Zeitdauer)* auf, für; **ad nonnullos dies** auf (für) einige Tage;
③ *(b. Zahl-, Geld- u. Maßbestimmungen)* **a)** bis zu, bis auf; **ad unum omnes** alle ohne Ausnahme; **ad partem dimidiam** zur Hälfte; **obsides ad numerum miserunt** vollzählig; **ad nummum convenit** bis auf den letzten Heller; **b)** gegen, ungefähr; **equitatus ad numerum quattuor milium; fuimus omnino ad ducentos; ad mille ducenti eo proelio ceciderunt;**
④ *(übtr.)* **a)** *(final, oft in Verbindung m. Gerundium od. Gerundiv)* zu, nach, für; **ad id ipsum factum** eigens dazu; **facultas ad dicendum data; occasionem ad rem gerendam dare; b)** *(kausal)* auf, infolge, nach; **ad haec respondere; ad clamorem concurrere; ad famam belli legiones conscribere; c)** *(modal)* gemäß, nach; **ad praescriptum agere; ad naturam** naturgemäß; **ad voluntatem** nach Belieben; **d)** im Verhältnis zu, im Vergleich mit; **scuta ad amplitudinem corporum parum lata; e)** in Bezug auf; **quid id ad me** *(erg. pertinet)* was geht mich das an?; **hoc nihil ad me** geht mich nichts an; **impiger ad labores belli; vir ad cetera egregius; f)** *(b. Mitteln, bes. Heilmitteln)* zu, für, gegen; **radicum genera ad morsus bestiarum; ad oculorum morbos; g)** *(b. Angabe einer Steigerung)* bis zu *(oft in Verbindung m. usque);* **ad extremum, ad ultimum** äußerst, im höchsten Grade; **homo non ad extremum perditus; consilium non ad ultimum demens; h)** *(additiv)* (da)zu, neben, außer; **ad haec accedit, quod; ad id (hoc, haec, cetera)** überdies, außerdem.

adāctiō, ōnis *f (adigo)* das Hinbringen zu etw. [**iuris iurandi** Vereidigung].

adāctus[1] *P. P. P. v. adigo.*

adāctus[2]**,** ūs *m (adigo) (Lucr.)* das Heranbringen.

ad-aequē *Adv.* auf gleiche Weise, ebenso *(meist m. Negation);* **neque est quisquam ~ miser** *(Plaut.);* **~ atque** *od.* **ut** ebenso wie.

● **ad-aequō,** aequāre ① gleichmachen *(m. Dat.)* [**tecta solo**];
② gleichstellen *(cum m. Abl.; Dat.)* [**cum virtute fortunam; colonias urbi; alqm sibi; se virtute nostris**];
③ vergleichen *(cum m. Abl.; Dat.)* [**sua fata fatis Alexandri**];
④ gleichkommen, erreichen *(m. Akk.)* [**altitudinem muri; navium cursum; deorum vitam**].

ad-aggerō, aggerāre *(nachkl.)* anhäufen [**terram circa arborem**]; **terra adaggerata Nilo** durch den Nil angeschwemmt.

ad-alligō, alligāre *(Plin.)* anbinden.

adamantēus, a, um *(adamas) (poet.)* stahlhart, stählern, eisenfest [**catenae**].

adamantinus, a, um *(poet.; nachkl.)* = *adamanteus.*

adamās, mantis *m (Akk. Sg.* -mantem *u.* -manta) *(gr. Fw.)*
① Stahl; *(poet.) übh.* hartes Metall, festes Erz; *(übtr.)* hartes, gefühlloses Herz; **in pectore ferrum aut adamanta gerit** *(Ov.);* **lacrimis, voce sua adamanta movere** ein Herz v. Stein

rühren;
② *(nachkl.)* Diamant.
ad-ambulō, ambulāre *(Plaut.)* bei *od.* neben etw. auf- u. abgehen [**ad ostium**].
ad-amō, amāre (innig) lieb gewinnen, sich verlieben *(alqm od. alqd).*
ad-aperiō, aperīre, aperuī, apertum ① aufdecken, entblößen, sichtbar machen *(Ggstz. operire, adoperire, velare)* [**caput**];
② öffnen, aufmachen *(Ggstz. adoperire, claudere)* [**fores; librum**].
adapertilis, e *(adaperio) (Ov.)* zum Öffnen eingerichtet, zu öffnen.
adapertus *P. P. P. v. adaperio.*
ad-aperuī *Perf. v. adaperio.*
ad-aptō, aptāre *(Suet.)* anpassen, passend herrichten.
ad-aquō, aquāre *(aqua) (nachkl.)* ① *(Pflanzen)* bewässern, benetzen, anfeuchten;
② *(Vieh)* zur Tränke bringen [**bovem; greges**]; – *Pass.* zur Tränke gehen.
ad-aquor, aquārī Wasser holen.
adauctus, ūs *m (adaugeo) (Lucr.)* Wachstum, Zunahme.
ad-augeō, augēre, auxī, auctum ① vermehren, vergrößern [**bonum; maleficia aliis nefariis**];
② *(als t. t. der Opferspr.)* zur Verherrlichung darbringen [**decumam alci**].
ad-augēscō, augēscere, – – zunehmen, wachsen.
adaugmen, minis *n (adaugeo) (Lucr.)* Wachstum, Zunahme.
adaxint = *adegerint, s. adigo.*
ad-bibō, bibere, bibī, – ① sich antrinken;
② *(übtr.)* aufnehmen, sich einprägen, sich zu Herzen nehmen.
ad-bītō, bītāre, – – *(Plaut.)* herangehen.
adc … = *acc …*
ad-decet *unpers.* es ziemt, es schickt sich *(für jmd.: alqm).*
ad-dēnseō, dēnsēre, – – *(Verg.)* verdichten.
ad-dīcō, dīcere, dīxī, dictum ① *(in der Auguralspr.)* **a)** zusagen, günstig sein; **b)** als günstig bezeichnen; **aves addicunt**;
② *(als Richter, bes. Prätor)* als Eigentum zusprechen, zuerkennen [**alci bona; liberum corpus in servitutem** *dem Gläubiger* den zahlungsunfähigen Schuldner als Schuldknecht zusprechen; **alcis bona in publicum** konfiszieren]; – *Subst.* **addictus,** ī *m* Schuldknecht;
③ f. Geld überlassen, verkaufen *(was eigtl. nicht verkauft werden sollte)* [**regna; consulatum**];
④ *(b. Auktionen)* dem Meistbietenden zuschlagen;
⑤ weihen, widmen [**agros deae**];
⑥ überlassen, preisgeben, hingeben [**alci totum patrimonium; alci animum** sein ganzes Herz schenken]; – *(pejor.) se alci* ~ sich jmdm. willenlos ergeben, jmdm. sklavisch zugetan werden [**senatui**]; – *Adj.* **addictus,** a, um sklavisch ergeben, verpflichtet;
⑦ *(nachkl.) jmdm. eine Schrift als Verf.* zuschreiben.
addictiō, ōnis *f (addico)* das Zuerkennen als Eigentum *(durch den Prätor)* [**bonorum**].
addictus *s. addico.*
ad-didī *Perf. v. addo.*
ad-discō, discere, didicī, – hinzulernen [**cottidie alqd**].
additāmentum, ī *n (addo)* Zugabe, Zusatz, Anhang.
additiō, ōnis *f (addo) (vor- u. nachkl.)* das Hinzufügen.
additus *P. P. P. v. addo.*
ad-dīxī *Perf. v. addico.*
● **ad-dō,** dere, didī, ditum **I.** *(m. voller Bedeutung des Präfixes)* ① hinzutun, -fügen [**gradum** *(erg. gradui)* den Schritt beschleunigen; **nummum nummo** Geld auf Geld häufen; **operi noctem** auch die Nacht zum Arbeiten benutzen];
② *mündl. od. schriftl.* als Zusatz hinzu-, beifügen [**in orationem quaedam** einige Zusätze machen];
③ *(als Frist)* hinzufügen, gewähren [**paucos dies ad rem publicam gerendam**]; **addito tempore** mit der Zeit; **addita aetate** mit den Jahren;
④ addieren;
II. *(m. abgeschwächter Bedeutung des Präfixes)* ① beigeben, -legen, setzen, legen [**epistulas in fasciculum; manūs alcis in vincula; alci calcar(ia)** jmd. anspornen; **frena feris** anlegen];
② zugesellen, mitgeben [**alqm alci comitem**];
③ einflößen, eingeben; verleihen; erweisen [**metum; mentibus ardorem; furorem animis; animum; virtutem; honorem**].
ad-doceō, docēre, – – *(Hor.)* noch mehr lehren, hinzulehren, Neues dazulehren.
addormīscō, addormīscere, – – *(Incoh. v. dormio)* einschlafen; ein Schläfchen machen.
ad-dubitō, dubitāre **I.** *intr.* zweifeln, Bedenken tragen *(de; in m. Abl.; m. folg. num; auch id, quod, illud);*
II. *trans.* be-, anzweifeln, in Zweifel ziehen.
● **ad-dūcō,** dūcere, dūxī, ductum ① heran-, herbei-, zuführen, herbeibringen; mitführen [**testes; aurum secum** mitbringen; **aquam** hinleiten; **exercitum subsidio** (zu Hilfe) **alci; legiones contra populum Romanum; milites in castra; alqm in ius** *od.* **in iudicium** jmd. vor Gericht ziehen; **amicos ad cenam; victorem in conspectum populi; copias navibus;** *selten mit bl. Akk. der Richtung:* **alqm litora**]; *(poet.) einen Zustand* herbeiführen [**si-**

tim; febres];
② *in eine Lage* bringen, *in einen Zustand* versetzen [**alqm in invidiam, in vituperationem** zum Gegenstand des … machen; **alqm in suspicionem** jmd. in Verdacht bringen, verdächtigen; **in metum; in summam sollicitudinem; in spem maximam; ad iracundiam; populum ad summam inopiam; suum regnum ad ultimum discrimen** aufs Spiel setzen];
③ jmd. *zu einer Gesinnung* hinführen, bringen, bewegen, veranlassen, jmd. zu einem Entschluss bewegen *(alqm ad alqd od. alqm, ut)* [**ad misericordiam; ad tantum facinus**];
④ an sich ziehen, heranziehen [**ramum**];
⑤ straff anziehen, spannen [**habenas; arcum; sagittam**];
⑥ zusammenziehen, runzeln [**frontem** die Stirn in Falten legen].

adductus, a, um *(P. Adj. v. adduco) (nachkl.)*
① zusammengezogen, gerunzelt [**vultus; frons**];
② eng, schmal;
③ streng, ernst [**servitium**];
④ *(v. Redner)* gemessen.

ad-dūxī *Perf. v. adduco.*

ad-edō, edere, ēdī, ēsum ① anfressen, annagen; **iecur ~;** *(übtr.)* **cum me supremus adederit ignis** *(Ov.)* ansengen; **scopulus adesus aquis** ausgewaschen; **adesi lapides** v. Wasser abgeriebene, glatte;
② *teilweise* aufzehren, verbrauchen [**frumentum; pecuniam**]; *(übtr.)* **adesus cladibus Hasdrubal** geschwächt.

ad-ēgī *Perf. v. adigo.*

Adelphi *u.* **Adelphoe,** orum *m* ('Αδελφοί) Die Brüder, *Komödie v. Terenz.*

ad-ēmī *Perf. v. adimo.*

ademptiō, ōnis *f (adimo)* Wegnahme, Entziehung [**provinciae; bonorum** Einziehung].

ademptus *P. P. P. v. adimo.*

● **ad-eō¹,** īre, iī, itum ① herangehen, sich nähern, kommen, besuchen, aufsuchen *(m. ad od. in m. Akk. od. nur m. Akk.)* [**ad te; in conventum; praetorem; ripam; epulas; sacrum** beiwohnen; **curiam** betreten]; – adīrī *(v. Örtl.)* betreten werden, bestiegen werden, zugänglich sein; **castellum angustā semitā adibatur; interiora regionis eius haud adiri poterant;**
② *(jur. t. t.)* **~ ad praetorem (in ius)** *od.* **~ in ius** vor Gericht gehen;
③ sich *bittend, fragend* an jmd. wenden, jmd. bitten *(m. Akk.)* [**senatum; oraculum**];
④ besuchen, bereisen [**maria** befahren];
⑤ in feindl. Absicht herangehen, angreifen *(m. Akk. od. m. Präp.)* [**castella**];
⑥ etw. übernehmen *(m. Akk. od. m. Präp.)* [**ad causas et privatas et publicas; ad rem publicam** (Staatsgeschäfte); **honores** (Ehrenämter)];
⑦ sich unterziehen, auf sich nehmen *(m. Akk. od. m. Präp.)* [**(ad) periculum; labores**];
⑧ *(jur. t. t.) hereditatem* antreten.

● **ad-eō²** *Adv.* ① *(räuml.)* bis dahin;
② *(zeitl.)* so lange, bis *(durch vorgestelltes usque verstärkt u. m. folg. dum, donec, quoad);*
③ *(hervorhebend zur Steigerung)* **a)** so sehr *(meist m. folg. ut);* **b)** (ja) sogar, selbst; **ducem hostium intra moenia atque adeo in senatu videmus** *(Cic.);* **c)** *(enklitisch dem Wort, das hervorgehoben werden soll, nachgest.)* gerade, eben, zumal, besonders; *bes. id adeo:* **id adeo, si placet, considerate** *(Cic.).*

adeps, adipis *m u. f* Fett, Schmalz; *(meton.)* Schmerbauch.

adeptiō, ōnis *f (adipiscor)* Erlangung [**bonorum; virtutis**].

adeptus *P. P. Akt. v. adipiscor.*

ad-equitō, equitāre ① heranreiten *(m. Dat.; ad od. in m. Akk.)* [**portis; vallo; castris; ad nostros; in primos ordines**];
② *(Suet.)* nebenherreiten.

● **ad-esse** *Inf. Präs. v. adsum.*

ad-ēs(s)uriō, ēs(s)urīre *(Plaut.)* Appetit bekommen, hungrig werden.

adēsus *P. P. P. v. adedo.*

adf …, adg …, adgn … = *aff …, agg …, agn …*

ad-haereō, haerēre, haesī, (haesum) *(m. Dat.; selten in m. Abl.)* ① an etw. (fest)hängen, kleben [**saxis**];
② *(örtl. od. zeitl.)* sich an etw. anschließen, angrenzen; **Peloponnesus continenti adhaerens;**
③ an jmdm. *od.* etw. festhängen, von jmdm. *od.* etw. nicht weichen; **pestis adhaeret lateri** sitzt auf dem Nacken.

ad-haerēscō, haerēscere, haesī, (haesum) *(Incoh. v. adhaereo)* ① hängen, stecken, kleben bleiben, sich anhängen, haften *(abs.; m. Dat.; ad; in u. Abl.; in u. Akk.);* **ignis adhaerescit** zündet; **sudor adhaesit ovibus; tragula ad turrim adhaesit; ad disciplinam tamquam ad saxum ~; in me omnia coniurationis tela adhaeserunt** *(Cic.);*
② festhalten an, nicht weichen von *(m. Dat.; seltener: m. ad, m. in u. Abl., m. in u. Akk.);* **adhaesit homini fames; egressibus ~** jmdm. auf Schritt u. Tritt folgen; **iustitiae honestatique ~;**
③ *(v. Redner u. v. der Rede)* stecken bleiben, stocken, zum Stocken kommen; **oratio ita libere fluebat, ut nusquam adhaeresceret.**

adhaesiō, ōnis *f (adhaereo)* das Anhängen, das Anhaften, die Anschließung; **adhaesiones atomorum inter se.**

adhaesus, ūs *m (adhaereo) (Lucr.)* das Anhaften.

● **ad-hibeō,** hibēre, hibuī, hibitum *(habeo)*

❶ anwenden, verwenden, *(eine best. Denkweise)* zeigen, üben *(gegen jmd.: alci; in alqo; in, erga, adversus alqm; bei etw.: Dat.; ad, in m. Akk.; in m. Abl.)* [**alci vim** antun; **severitatem in filio; saevitiam in servos; officium erga alqm; reverentiam adversus deos; modum voluptati; tempus ad res considerandas; sermonem in poculis** führen];
❷ hinzuziehen, heranziehen *(zu: ad, in m. Akk.; Dat.)* [**alqm in (ad) consilium** *od.* **consilio** zu Rate ziehen; **alqm in convivium** *od.* **convivio; Iovem testem** zum Zeugen nehmen];
❸ hinwenden, (hin)richten auf [**aures et animos ad vocem**];
❹ anlegen *(an etw.: m. ad od. Dat.)* [**manus ad vulnera; civibus vincula; alci calcaria** jmd. anspornen; **manus genibus** die Knie umschlingen];
❺ dazu-, hinzunehmen [**nihil ad panem**];
❻ jmd. behandeln [**alqm liberaliter**];
❼ *se* ~ sich benehmen.

ad-hinniō, hinnīre ❶ zu-, anwiehern [**equae; equulam**];
❷ *(v. Personen)* lechzen nach *(m. Dat., Akk., ad, in m. Akk.)* [**ad hanc orationem**].

ad-hōc = *adhuc.*

adhortātiō, ōnis *f (adhortor)* Aufmunterung, Ermahnung *(zu etw.: m. Gen.)* [**capessendi belli**].

adhortātor, ōris *m (adhortor)* Aufmunterer, Mahner *(zu etw.: m. Gen.)* [**operis**].

● **ad-hortor,** hortārī aufmuntern, (er)mahnen, antreiben, anfeuern, anspornen, ermutigen *(zu etw.: m. ad, in m. Akk.; ut m. Konj.)* [**alqm ad defendendam rem publicam; in bellum; in officium**].

● **ad-hūc** *Adv.* ❶ *(zeitl.)* bis jetzt, bisher; (immer) noch;
❷ *(nachkl.) (steigernd)* noch mehr, außerdem, *(bes. b. Komp.)* noch;
❸ *(m. ut od. qui m. Konj.)* insoweit, dass.

Adiabēna, ae *u.* **Adiabēnē,** ēs *f Provinz Assyriens; – Adj.:* **Adiabēnus,** a, um.

adiacentia, ium *n (adiaceo)* Umgebung, Umgegend.

ad-iaceō, iacēre, – – bei *od.* neben etw. liegen, angrenzen *(m. Dat.; Akk.; ad)* [**vallo; agro Romano; undis; mare; ad ostium Rhodani**]; *(abs.)* **adiacentes populi** die benachbarten Völker.

adībilis, e *(adeo¹) (spätl.)* zugänglich [**terra**].

● **ad-iciō,** icere, iēcī, iectum *(iacio) (m. ad od. Dat.)* ❶ **a)** an, auf, zu etw. (hin)werfen [**laqueos funium ad saxa eminentia**]; **b)** an, auf etw. setzen, stellen, legen [**capiti insignia**];
❷ *(übtr.)* auf etw. hinlenken, richten [**oculos ad hereditatem; novo consilio animum**];
❸ hinzufügen [**legiones ad exercitum**];
❹ *(b. Auktionen)* mehr bieten;
❺ *(in der Rede)* hinzufügen, beifügen [**minas**].

adiectiō, ōnis *f (adicio)* ❶ das Hinzufügen; Aufnahme; **familiarum adiectiones** Aufnahme neuer Familien;
❷ *schriftl.* Zusatz;
❸ *(b. Auktionen)* höheres Gebot.

adiectus¹ *P. P. P. v. adicio.*

adiectus², ūs *m (adicio) (Lucr.)* das Heran-, Nahebringen.

● **ad-igō,** igere, ēgī, āctum *(ago)* ❶ heran-, hin(ein)treiben [**oves; pecus; homines**];
❷ *(jur. t. t.)* **(ad) arbitrum ~ alqm** jmd. vor den Schiedsrichter laden;
❸ heran-, hinschleudern; **ex locis superioribus telum in litus ~ ; sagittā turbine adactā;**
❹ hineinstoßen [**alci ensem; sibi gladium; ferrum per pectus**];
❺ *zu etw.* treiben, drängen, zwingen [**ad mortem; ad insaniam**];
❻ *(milit. t. t.)* **alqm (ad) ius iurandum** (*od.* **iure iurando** *od.* **sacramento**) ~ jmd. vereidigen.

ad-iī *Perf. v. adeo¹.*

● **ad-imō,** imere, ēmī, emptum *(emo) (alqd alci, selten ab alqo)* ❶ wegnehmen, rauben [**agrum Campanis; alci pecuniam; regna; vitam; somnum; spem**];
❷ **a)** *(etw. Lästiges)* abnehmen [**canibus vincula**]; **b)** *(übtr.) (etw. Unangenehmes)* nehmen, jmd. v. etw. befreien [**alci metum, curas, dolores, ignominiam, luctum**];
❸ verwehren, verbieten [**reditum; cantare**];
❹ entreißen [**alqm leto** dem Tode]; *(poet.) (bes. vom Tod)* dahinraffen, entreißen *(alqm alci);* – **ademptus** tot.

ad-impleō, implēre, implēvī, implētum *(nachkl.)* ❶ voll füllen;
❷ *(übtr.)* erfüllen [**alqm laetitiā**];
❸ vollenden.

ad-īnspectō, īnspectāre *(Suet.)* mit ansehen.

ad-inveniō, invenīre, invēnī, inventum *(nachkl.)* erfinden.

adipālis, e *(adeps) (spätl.)* fettig.

adipātus, a, um *(adeps)* ❶ *(poet.)* fettig, m. Fett bereitet; – *Subst.* **adipāta,** ōrum *n* Schmalzgebackenes;
❷ *(v. der Rede)* überladen.

● **ad-ipīscor,** adipīscī, adeptus sum *(apiscor)* ❶ etw. m. Anstrengung erreichen, erlangen, erringen [**honores; victoriam; gloriam; laudem; consulatum;** *(auch m. Gen. b. Tac.)* **rerum**]; *(auch m. ut, ne);*
❷ einholen [**fugientem**].

aditiālis, e *(aditus) (vor- u. nachkl.)* Antritts- [**cena**].

● **aditus¹,** ūs *m (adeo¹)* ❶ das Herangehen;
❷ Zutritt, Zugang [**in curiam; in forum; lito-**

ris zur Küste];
③ Zutritt, Audienz; **aditum ad alqm postulare; aditum regis** (zum König) **obtinere; aditum petere;**
④ Eingang, Zugang *(als Ort)* [**ad castra; insulae** Landungsplatz]; **duo sunt aditus in Ciliciam ex Syria; omnes aditus claudere;**
⑤ Gelegenheit *(ad; Gen.)* [**ad honorem; laudis**];
⑥ Möglichkeit, Berechtigung [**postulandi; sermonis**];
⑦ *erster* Schritt *(im Vorgehen, Vorhaben);* **primus ~ et postulatio Tuberonis haec fuit, ut ... ;**
⑧ Beginn, Anfang, Eintritt *(v. einem Zustand);* **~ mortis** Übergang zum Tod, Hinscheiden.

aditus² *P. P. P. v. adeo¹.*

ad-iūdicō, iūdicāre ① *(richterl.)* zuerkennen, zusprechen [**agros populo Romano**];
② jmdm. etw. zuschreiben [**alci salutem imperii**].

adiūmentum, ī *n (adiuvo)* Hilfsmittel; Hilfe.

adiūnctiō, ōnis *f (adiungo)* ① Anschluss, Anknüpfung, Anreihung, Hinzufügung [**verborum**];
② *(rhet. t. t.) einschränkender* Zusatz;
③ *(übtr.)* Hinneigung [**animi**].

adiūnctor, ōris *m (adiungo)* derjenige, der etw. hinzufügt.

adiūnctum, ī *n (adiunctus)* das Charakteristische, Wesentliche *(m. Gen. od. Dat.)*; *Pl.* Nebenumstände.

adiūnctus, a, um *(P. Adj. v. adiungo)* eng verbunden, in naher Beziehung stehend *(m. Dat.)*.

● **ad-iungō,** iungere, iūnxī, iūnctum *(m. Dat. od. ad)* ① anspannen, anschirren; anbinden [**tauros aratro; ulmis vites**];
② an-, beifügen, anschließen, vereinigen, verbinden [**ad honestatem voluptatem; summae gravitati comitatem**]; – *bes. im Pass.:* **adiunctum esse** sich anschließen, angrenzen; **insula adiuncta oppido; classis lateri castrorum adiuncta;**
③ *(polit.)* einbeziehen [**Ciliciam ad imperium populi Romani; agros populo Romano**];
④ jmd. jmdm. mitgeben, hinzugesellen [**fidelem libertum lateri filii sui**];
⑤ *(in der Rede)* anknüpfen, an-, hinzufügen;
⑥ beimessen, verleihen [**honorem populi Romani rebus**];
⑦ *sibi alqd* ~ für sich etw. erwerben, gewinnen [**sibi auxilium**];
⑧ hinlenken [**animum ad studium**].

ad-iūrō, iūrāre ① (noch) dazu schwören, schwörend hinzufügen;
② beschwören, eidlich versprechen *(m. A. C. I.);* **eam suam filiam esse adiurabat mihi; per deos** (bei den G.) **~;**
③ jmd. beschwören, inständig bitten.

adiūtābilis, e *(adiuto) (Plaut.)* förderlich.

adiūtō, adiūtāre *(Frequ. v. adiuvo) (vor- u. nachkl.)* helfen, unterstützen *(m. Akk.)*.

adiūtor, ōris *m (adiuvo)* ① Helfer, Förderer;
② *(pejor.)* Helfershelfer; **eos homines ad suum scelus ... adiutores adhibuit** benutzte als Helfershelfer;
③ Gehilfe: **a)** Unterbeamter *(als Gehilfe eines Staatsbeamten)* [**quaestoris; negotiorum publicorum**]; **b)** Hilfslehrer *(als Gehilfe eines Rhetors);* **c)** Darsteller einer Nebenrolle.

adiūtōrium, ī *n (adiutor) (nachkl.)* Unterstützung, Hilfe.

adiūtrīx, rīcis *f (adiutor)* ① Helferin, Förderin; **Minerva ~ consiliorum meorum; legem adiutricem adhibere** als Helferin;
② **legiones adiutrices:** *Name v. zwei Reservelegionen, die zur Kaiserzeit aus Seeleuten aufgestellt waren.*

● **ad-iuvō,** iuvāre, iūvī, iūtum ① unterstützen, helfen, fördern, beistehen *(jmd.: m. Akk.; durch etw.: m. Abl.; bei etw., in Bezug auf etw.: in m. Abl. od. ad, auch de; dazu helfen, dass, dass nicht: ut, ne)* [**alqm operā; alqm ad bellum; consulem ad traiciendas in Asiam legiones**]; *sprichw.:* **fortes fortuna adiuvat** wer wagt, gewinnt;
② ermutigen [**clamore militem**];
③ *etw.* fördern, nähren [**ignem; causam**];
④ förderlich, nützlich sein, helfen *(m. Akk. od abs.);* **nihil te Neronis iudicium adiuvat; nihil adiuvat procedere in virtute; si di adiuvabunt.**

adl ... = *all ...*

Admagetobriga, ae *f Stadt im kelt. Gallien, in deren Nähe Ariovist 61 v. Chr. die Häduer besiegte.*

ad-mātūrō, mātūrāre zur Reife bringen, beschleunigen (helfen).

ad-mētior, mētīrī, mēnsus sum zumessen [**frumentum militi**].

Admētus, ī *m* ① *im Mythos: König v. Pherae in Thessalien, Gatte der Alcestis;*
② *in der Gesch.: König der Molosser, Freund u. Beschützer des Themistocles.*

adminiculō, adminiculāre *(adminiculum)* ① *(durch Pfähle u. Ä.)* stützen; **vites adminiculatae sudibus;**
② *(übtr.)* unterstützen; **tribunicio auxilio adminiculati.**

adminiculum, ī *n* ① Stütze, Stützpfahl *(bes. f. rankende Reben);*
② *(übtr.)* Stütze, Hilfsmittel, Beistand [**gubernandi; senectuti**].

administer, trī *m* ① Diener;
② Mitarbeiter; Gehilfe, Beistand;
③ *(pejor.)* Helfershelfer, Werkzeug; **C. Manlius, audaciae tuae ~.**

administra, ae *f (administer)* ❶ Dienerin;
❷ Mitarbeiterin, Gehilfin.

administrātiō, ōnis *f (administro)* ❶ Dienst-, Hilfeleistung; **sine hominum administratione** ohne menschliche Hilfe;
❷ Verwaltung, Führung, Leitung [**belli; rei publicae**].

administrātor, ōris *m* Verwalter, Leiter [**rerum civitatis**].

administrātōrius, a, um *(administro) (spätl.)* behilflich, Hilfs-.

● **ad-ministrō,** ministrāre **I.** *trans.* ❶ leiten, lenken, führen [**rem publicam; exercitum** kommandieren; **bellum** den Oberbefehl haben; **navem**];
❷ verwalten [**rem familiarem; provinciam**];
❸ besorgen, ausführen, verrichten [**negotium**];
II. *intr.* ❶ hilfreich beistehen;
❷ arbeiten.

● **admīrābilis,** e *(admiror)* ❶ bewundernswert, wunderbar;
❷ seltsam, befremdend.

admīrābilitās, tātis *f (admirabilis)* Bewunderungswürdigkeit; **admirabilitatem facere** Bewunderung erregen.

admīrandus, a, um *(Gerundiv v. admiror)* bewundernswert, wunderbar.

● **admīrātiō,** ōnis *f (admiror)* ❶ Bewunderung, Verehrung, großes Interesse *(an: m. Gen.)* [**dicentis; divitiarum**]; **homo admiratione dignus** der Bewunderung würdig; **admirationem habere** B. erregen; **admiratione affici** B. finden; **in admiratione esse** bewundert werden;
❷ Verwunderung, Staunen *(über: m. Gen.)* [**tam atrocis rei; ancipitis sententiae**]; **homines obstupefacti admiratione;**
❸ Merkwürdigkeit.

admīrātor, ōris *m (admiror)* Bewunderer.

● **ad-mīror,** mīrārī ❶ bewundern [**alqm; res gestas alcis; ingenium; magnitudinem animi**];
❷ sich wundern, staunen *(über: m. Akk. od. de; m. A. C. I.; quod od. indir. Frages.);* **admiratus sum brevitatem epistulae; de Dionysio sum admiratus.**

ad-misceō, miscēre, miscuī, mixtum ❶ hinzu-, beimischen;
❷ beifügen, -geben [**legionibus milites; versum orationi** einflechten];
❸ vermischen, vermengen;
❹ jmd. in etw. verwickeln *(in etw.: ad).*

ad-mīsī *Perf. v. admitto.*

admissārius, ī *m (admitio)* ❶ Zuchthengst;
❷ *(übtr.)* geiler Mensch.

admissiō, ōnis *f (admitto) (nachkl.)* Zulassung, Zutritt, Audienz.

admissum, ī *n (subst. P. P. P. v. admitto)* Vergehen, Schuld, Frevel.

● **ad-mittō,** mittere, mīsī, missum ❶ zulassen, gestatten [**religiones**]; **non admittit hoc veritas;** *als t. t. der Auguralspr.:* **aves admittunt** die Vögel erlauben es, versprechen einen günstigen Ausgang;
❷ *zur Teilnahme an etw.* zulassen, hinzuziehen [**alqm ad consilium, ad colloquium**];
❸ **a)** *(jmd. als Zuhörer u. Ä.)* zu-, vorlassen; **b)** *jmd. zur Audienz* vor-, zulassen, den Zutritt gestattet;
❹ einlassen [**lucem in thalamos**];
❺ loslassen [**equos**]; **admissi equi** die dahinsprengenden P.; **equo admisso** im Galopp;
❻ verschulden, begehen, auf sich laden *(m. u. ohne in se)* [**scelus; culpam; facinus (in se)**].

admixtiō, ōnis *f (admisceo)* Beimischung.

admixtus *P. P. P. v. admisceo.*

● **ad-modum** *Adv. (modus)* ❶ *(b. Gradangaben)* völlig, ganz, in vollem Maße; in hohem Grade, sehr, äußerst; **forma ~ impolita et plane rudis; ~ magnus; ~ munitus; ~ raro; nihil** (*od.:* **nullus**) ~ so gut wie nichts (wie keiner);
❷ **a)** *(b. Maß- u. Zeitangaben)* genau, gerade; **b)** *(b. Zahlangaben)* mindestens, gut an die; ungefähr; *(selten)* höchstens; **mille ~ hostium; post menses ~ septem; Alexandri filius decem annos ~ habens;**
❸ *(als Antwort)* jawohl, allerdings.

ad-moeniō, moenīre *(ad moeni [a duc]o) (Plaut.)* einschließen, belagern [**oppidum**].

ad-mōlior, mōlīrī, mōlītus sum **I.** *trans.* ❶ *(etw. Schweres)* hinbringen, -setzen; **natura rupes admolita est;**
❷ **manus alci rei ~** Hand an etw. legen;
II. *intr. (Plaut.)* sich in Bewegung setzen.

● **ad-moneō,** monēre, monuī, monitum ❶ erinnern, mahnen *(an: meist m. de; selten m. Gen.; Akk. klass. nur b. Neutr. eines Pron. sowie b. multa u. Ä.; A. C. I.; indir. Frages.);* **admones me de fratre; admonuit eos de auxiliis Dei; de moribus civitatis tempus admonuit; aeris alieni ~; haec me admones** daran erinnerst du mich;
❷ zu etw. ermahnen, auffordern, antreiben, zureden *(m. ut);*
❸ warnen *(m. ne);*
❹ belehren, zurechtweisen.

admonita, ōrum *n (subst. P. P. P. v. admoneo)* Warnungen.

admonitiō, ōnis *f (admoneo)* ❶ Erinnerung, das Erinnern *(an: m. Gen.);*
❷ Mahnung, Warnung;
❸ Zurechtweisung, Tadel.

admonitor, tōris *m (admoneo)* Mahner *(an od. zu etw.: m. Gen.)* [**operum**].

admonitus, *Abl.* -ū *m = admonitio.*

ad-mordeō, mordēre, (momordī), morsum ❶ *(poet.)* annagen, anbeißen; **admorsa stirps;**

② *(Plaut.) (übtr.)* jmd. anpumpen.
admōrunt = *admoverunt, s. admoveo.*
admōsse = *admovisse, s. admoveo.*
admōtiō, ōnis *f (admoveo)* das Anlegen [**digitorum** *(b. Saitenspiel)*].
● **ad-moveō,** movēre, mōvī, mōtum *(an, zu etw. od. jmdm.: Dat.; ad, in m. Akk.)* ① heranbewegen, -bringen, -führen, nahe bringen, nähern [**poculum labris; gladium iugulo; manum operi** Hand anlegen; **manus nocentibus** sich vergreifen; *(als t. t. der Opferspr.)* **pecus aris; tauros templis**];
② *calcar, stimulos* den Sporn geben; jmd. anspornen;
③ *catenas* anlegen;
④ üb. jmd. kommen lassen, üb. jmd. bringen, einflößen [**terrorem alci; lugubria; desiderium patriae**];
⑤ auf etw. richten; **mentes suas, non solum aures, ad haruspicum vocem ~;**
⑥ *(milit. t. t.) (Kriegsmaschinen u. Ä.)* heranbringen, -schieben, anlegen [**scalas moenibus**];
⑦ anrücken lassen [**annatos muris; copias propius**]; *abs.* heranrücken: **rex admovebat;**
⑧ anwenden, zu Hilfe nehmen [**herbas; remedia; vim; alci preces**];
⑨ jmd. zu etw. heranziehen, zuziehen [**multos in convivium**].
ad-mūgiō, mūgīre, mūgīvī, – *(poet.; nachkl.)* zubrüllen.
admurmurātiō, ōnis *f (admurmuro) (beifälliges od. missbilligendes)* Gemurmel, Murren.
ad-murmurō, murmurāre *(beifällig od. missbilligend)* (dabei) murmeln, murren.
ad-mutilō, mutilāre *(Plaut.) (Haare)* stutzen; *(übtr.) (scherzh.)* jmd. reinlegen.
ad-nāscor *s. agnascor.*
ad-natō *s. annato.*
ad-nātus *s. agnatus.*
ad-nāvigō *s. annavigo.*
ad-nectō = *annecto.*
adni ..., adno ... = *anni ..., anno ...; nur* **adnōscō** = *agnosco.*
adnu ... = *annu ...*
ad-oleō¹, olēre, oluī, – ① (als) Brandopfer darbringen, opfern [**viscera tauri flammis; Iunoni honores** ehrende Opfer darbringen];
② verbrennen.
ad-oleō², olēre, oluī, – *(Plaut.)* duften, riechen.
adolēscēns = *adulescens.*
adolēscentia = *adulescentia.*
● **ad-olēscō¹,** adolēscere, adolēvī, adultum *(alesco)* ① heranwachsen;
② *(übtr.)* **a)** *(v. der Zeit)* heranreifen, vorrücken; **mox cum matura adoleverit aetas; b)** *(v. der inneren Stärke)* heranreifen, erstarken; **ratio cum adolevit atque perfecta est.**
adolēscō², adolēscere, – – *(Incoh. v. adoleo¹) (Verg.)* auflodern, aufflammen; **adolescunt ignibus arae.**
Adōn, ōnis *m* = *Adonis.*
Adōneus, ī *m* = *Adonis.*

i Kultur **Adōnis,** nidis *m (Dat.* -nidi, *Akk.* -nidem *u.* -nim, *Vok.* Adoni) nach der Mythologie durch seine außergewöhnliche Schönheit sich auszeichnender Geliebter der Venus; er wurde v. einem wilden Eber, den Mars aus Eifersucht geg. ihn sandte, auf der Jagd zerrissen, aber Venus verwandelte den Toten in die Blume Adonium; Sinnbild f. die sterbende u. wieder auflebende Natur; urspr. orientalischer Fruchtbarkeitsgott, der mit Astarte (Aphrodite, Venus) ein Paar bildete wie in Ägypten Osiris mit Isis.

ad-operiō, operīre, operuī, opertum *(meist im P. P. P. verwendet)* ① bedecken, verhüllen; **capite adoperto; tellus marmore adoperta;** *poet. m. Akk. respectus:* **adoperta vultum** *(in Bezug auf)* das Gesicht bedeckt; **purpureo comas adopertus amictu;**
② schließen; **foribus adopertis.**
ad-opīnor, opīnārī *(Lucr.)* dazu vermuten.
adoptātīcius, ī *m (adopto) (Plaut.)* Adoptivsohn.
adoptātiō, ōnis *f* = *adoptio.*
adoptātor, ōris *m (adopto) (nachkl.)* Adoptivvater.
adoptiō, ōnis *f (adopto)* Annahme an Kindes statt, Adoption; **ius adoptionis; dare alqm alci in adoptionem.**
adoptīvus, a, um *(adopto)* ① Adoptiv- [**filius; pater; frater; soror**];
② *(poet.) (v. Früchten)* eingepfropft.
ad-optō, optāre ① erwählen, zu etw. annehmen [**sibi alqm patronum** (*od.* **defensorem)** zum Beschützer; **Etruscas opes** zu Hilfe nehmen; **virtutes veterum** sich aneignen];
② adoptieren [**alqm sibi pro filio** (*od.* **sibi filium); in regnum** durch Adoption als Nachfolger berufen].
ador *n (nur im Nom. u. Akk.)* Dinkel, Spelt *(Weizenart).*
adōrābilis, e *(adoro) (nachkl.)* anbetungswürdig.
adōrātiō, ōnis *f (adoro) (nachkl.)* Anbetung.
adōrea *s. adoria.*
adōreus, a, um *(ador)* aus Spelt.
adōria *u.* **adōrea,** ae *f (adoro)* Kampf-, Siegespreis, Siegesruhm.
● **ad-orior,** orīrī, ortus sum sich zu etw. erheben, sich gegen etw. aufmachen: ① angreifen [**urbem vi; tribunum gladiis**];
② jmd. *(m. Bitten, Drohungen u. a.)* angehen;
③ etw. unternehmen.

ad-ōrnō, ōrnāre ① ausrüsten;
② etw. ausstatten, m. etw. versehen [**maria praesidiis**];
③ schmücken, zieren [**alqm insigni veste**]; *(übtr.)* **iusti honores alqm adornant; tantis adornatus virtutibus.**

● **ad-ōrō,** ōrāre ① anbeten, verehren, bewundern [**deos; Ennium**];
② flehend anrufen, anflehen *(m. ut);*
③ etw. erflehen [**pacem**];
④ anreden.

adortus *P. P. Akt. v. adorior.*

adp ... *s. app ...*

adqu ... *s. acqu ...*

adr ... *s. auch arr ...*

ad-rādō, rādere, rāsī, rāsum *(Haar, Bäume)* stutzen, scheren; **adrasum caput; adrasi surculi.**

Adramyttēum *u.* **Adramyttium,** ī *n Küstenstadt in Mysien; – Einw.* **Adramyttēnus,** ī *m.*

Adrana, ae *m* Eder, *Nebenfluss der Fulda.*

Adrāstus, ī *m König v. Argos, einer der Sieben geg. Theben.*

Adria *s. Hadria.*

Adrūmētum (Hadrūmētum), ī *n Küstenstadt südl. v. Karthago.*

ads ... *s. ass ...*

adsc ... *s. asc ...;* **adsp ...** *s. asp ...;* **adst ...** *s. ast ...*

adt ... *s. att ...*

Aduatuca, ae *f Kastell der Eburonen.*

Aduatucī, ōrum *m germ. Volk in Gallia Belgica, beiderseits der Maas wohnend.*

● **adūlātiō,** ōnis *f (adulor)* ① das Schweifwedeln [**canum**];
② das Liebkosen; Streicheln;
③ Schmeichelei.

adūlātor, ōris *m (adulor)* Schmeichler.

adūlātōrius, a, um *(adulator)* schmeichelnd, kriechend, schmeichlerisch.

● **adulēscēns,** centis *(adolesco[1])* **I.** *P. Adj. (m. Komp.)* heranwachsend, jung, jugendlich;
II. *Subst.* ① *m* junger Mann;
② *f* junges Mädchen.

● **adulēscentia,** ae *f (adulescens)* ① Jugend(zeit); **a prima -a** von frühester Jugend an;
② *(meton.)* die jungen Leute, Jugend *(= adulescentes).*

adulēscentula, ae *f (Demin. v. adulescens)* ganz junges Mädchen.

● **adulēscentulus,** *(Demin. v. adulescens)* **I.** *Subst.* ī *m* ganz junger Mann;
II. *Adj.* a, um ganz jung.

ad-ūlor, ūlārī, *selten (nicht klass.)* ad-ūlō, ūlāre ① anwedeln, sich anschmiegen *(v. Tieren) (m. Akk. od. abs.);* **ferae adulantes;**
② *(poet.)* sanft abwischen; **aquila adulat sanguinem** *(v. Adler, der des Prometheus Leber fraß);*
③ jmdm. schmeicheln, vor jmdm. kriechen *(m. Akk., nachkl. auch Dat.)* [**plebem**];
④ kniefällig verehren.

adulter **I.** *Subst.* terī *m* Ehebrecher; *(poet.; nachkl.)* Liebhaber;
II. *Adj.* tera, terum *(poet.; nachkl.)* ① ehebrecherisch;
② verfälscht, nachgemacht [**clavis**].

adultera, ae *f (adulter)* Ehebrecherin.

adulterīnus, a, um *(adulter)* ① ehebrecherisch; **liberi -o sanguine nati;**
② nachgemacht, gefälscht, falsch, unecht [**nummus; signum; clavis**].

adulterium ī *n (adulter)* ① Ehebruch; **-um facere (inire, committere); suspicionem -i habere** im Verdacht des E. stehen;
② *(poet.)* Untreue;
③ Verfälschung.

ad-ulterō, ulterāre **I.** *intr.* Ehebruch treiben (begehen);
II. *trans.* ① *(poet.; nachkl.)* zum Ehebruch verführen [**matronas**];
② (ver)fälschen, nachmachen [**verum; gemmas; faciem** verändern].

adultus, a, um *(P. Adj. m. Komp. v. adolesco[1])* ① erwachsen, groß geworden *(v. Menschen, Tieren, Pflanzen)* [**virgo; fetus**];
② *(v. der Zeit)* vorgerückt [**nox; aestas** Spätsommer]; **puer aetate -ā** im vorgerückten Knabenalter;
③ *(v. der inneren Stärke, polit., geistig)* erstarkt, entwickelt [**Athenae; populus; seditio; eloquentia**].

adumbrātim *Adv. (adumbro) (Lucr.)* nur im Umriss, nur dunkel.

adumbrātiō, ōnis *f (adumbro)* (bloße) Andeutung.

ad-umbrō, umbrāre ① beschatten;
② skizzieren, andeuten; – *P. Adj.* **adumbrātus,** a, um a) schattenhaft, undeutlich; **b)** skizziert, angedeutet; **c)** erdichtet, nur in der Phantasie vorhanden [**laetitia**].

aduncitās, ātis *f (aduncus)* Krümmung.

ad-uncus, a, um (hakenförmig) gekrümmt, eingebogen.

ad-ūnō, ūnāre *(unus) (spätl.)* vereinigen, verbinden.

ad-urgeō, urgēre, – – ① andrücken;
② bedrängen, verfolgen.

ad-ūrō, ūrere, ussī, ustum ① verbrennen, anbrennen, (ver)sengen;
② *(übtr.)* entzünden, entflammen [**alqm ignibus amoris**];
③ bräunen; – *Adj.* **adustus,** a, um *(m. Komp.)* sonnenverbrannt, gebräunt;
④ erfrieren lassen.

ad-ūsque *(poet.; nachkl.)* **I.** *Präp. b. Akk. = usque ad;*
II. *Adv.* überall.

adustus *s. aduro.*
advectīcius, a, um *(adveho)* aus dem Ausland eingeführt, importiert [**vinum**].
advectiō, ōnis *f (adveho) (nachkl.)* Zufuhr, Transport; **longa ~ a Brundisio.**
advectō, advectāre *(Intens. v. adveho) (nachkl.)* immerfort zuführen [**rei frumentariae copiam**].
advectus, ūs *m (adveho) (Tac.)* das Herbeiführen, -bringen.
ad-vehō, vehere, vexī, vectum *jmd. od. etw.* herbeifahren, -führen -bringen [**religionem** einführen]; – *mediopass.:* advehor, vehī, vectus sum *(mit u. ohne curru, equo, navi)* heranfahren, -kommen, hingelangen; heranreiten; heransegeln.
ad-vēlō, vēlāre ① umhüllen;
② *(poet.)* bekränzen [**tempora lauro**].
advena, ae *m u. f (advenio)* ① Ankömmling, Fremder *(Ggstz. indigena); – als Adj.:* fremd, ausländisch; **indigenae advenaeque** Einheimische u. Fremde; **volucres -ae** Zugvögel;
② Neuling, Laie.
● **ad-veniō,** venīre, vēnī, ventum ① (her)ankommen, hinkommen *(m. in u. Akk.; m. ad; m. bl. Akk.)* [**in provinciam belli gerendi causa; ad forum; Tyriam urbem**];
② *(v. der Zeit)* sich nähern, kommen; **interea dies advenit;**
③ *(v. Zuständen u. Ereignissen)* herein-, ausbrechen, eintreten; **morbi advenientes et crescentes;**
④ *(v. Erwerbungen)* zufallen;
/ arch. Konj. Präs. b. Plaut.: advenat.
adventīcia, ae *f (adventicius) (Petr.)* Begrüßungsschmaus.
adventīcius, a, um *(advenio)* ① ausländisch, fremd; **merces -ae** eingeführte W.; **doctrina -a;**
② außergewöhnlich, außerordentlich, zufällig; **ex -o** durch außergewöhnlichen Erwerb; **fructus ~** Nebengewinn;
③ *(nachkl.)* Ankunfts- [**cena**].
adventō, adventāre *(Intens. v. advenio)* (heran)nahen, herbeieilen, heranrücken *(m. ad; Akk.; Dat.).*
adventor, ōris *m (advenio) (vor- u. nachkl.)* Fremder, Ankömmling, Besucher, Gast.
adventōria, ae *f (advenio) (Mart.)* Begrüßungsschmaus.
adventum *P. P. P. v. advenio.*
● **adventus,** ūs *m (advenio)* ① Ankunft, das Eintreffen [**consulis Romam; ad urbem**];
② Anmarsch, das Anrücken [**imperatoris** Einzug];
③ das Nahen, Anbruch, Ausbruch [**lucis** Tagesanbruch; **malorum**].
adverbium ī *n (ad u. verbum) (nachkl.)* Umstandswort, Adverb.
adversāria¹, ae *f (adversarius)* Gegnerin.
adversāria², ōrum *n (adversarius)* ① Behauptungen der Gegenpartei, Gegengründe;
② Rechnungsbuch; Konzeptbuch.
● **adversārius** *(adversus)* **I.** *Adj.* a um entgegenstehend, Gegen-, widerstrebend, gegnerisch, feindlich [**factio** Gegenpartei; **opiniones; argumenta;** *(m. Dat.)* **iuri**]; **-is ducibus;**
II. Subst. ī *m* ① Gegner, Feind, Widersacher;
② *(spätl.)* Teufel; böser Geist.
adversātiō, ōnis *f (adversor) (Sen.)* Gegenrede.
adversātor, ōris *m (adversor) (nachkl.)* Gegner.
adversātrīx, īcis *f (adversator) (Kom.)* Gegnerin.
adversitās, ātis *f (adversus) (nachkl.)* Widerwärtigkeit; Missgeschick.
adversitor, ōris *m (< adversum itor) (Plaut.) Sklave, der seinen Herrn abholt.*
adversō, adversāre *(Intens. v. adverto) (Plaut.)* eifrig auf etw. richten [**animum**].
adversor, adversārī *(adversus)* sich widersetzen, Widerstand leisten, entgegentreten [**legi; imperatori**]; **adversantibus diis** gegen den Willen der Götter; **adversante vento** bei widrigem Wind.
adversum¹, ī *n (adversus¹)* ① entgegengesetzte Richtung; **in -um** entgegen; **ex -o** gegenüber *od.* entgegen;
② *(meist Pl.)* Missgeschick, Unglück.
adversum² *s. adversus².*
● **adversus¹,** a, um *(P. Adj. v. adverto)* ① zugewandt, zugekehrt; **solem -um intueri** gerade gegen die Sonne sehen;
② vorn (liegend) [**dentes** Vorderzähne]; **-o corpore** vorn auf der Brust;
③ entgegen(gewandt), gegenüber(stehend, -liegend) [**collis; venti** Gegenwinde]; **-o flumine** stromaufwärts *(Ggstz.: secundo flumine);*
④ entgegenstehend, gegnerisch, feindlich; **-o senatu** *od.* **-a patrum voluntate** geg. den Willen des S.; – *Subst.* **adversus,** ī *m* Gegner;
⑤ verhasst [**regna**];
⑥ *(v. Umständen)* ungünstig, unglücklich [**tempus navigandi; bellum** verheerender K.; **auspicia**]; **res adversae** *(od.* **casūs -i, fortuna -a***)* Unglück.
● **adversus²** *u.* **adversum** *(erstarrter Nom. bzw. Akk. des P. P. P. v. adverto)* **I.** *Adv.* entgegen; **alci ~ ire;**
II. *Präp. b. Akk.* ① (in Richtung) gegen, auf … zu, nach … hin [**montem**];
② gegen, im Widerspruch mit [**legem; senatus consultum**];
③ gegenüber [**aedes publicas**]; **~ montes consistere;**
④ im Vergleich mit.
● **ad-vertō,** vertere, vertī, versum ① hinwenden, richten auf *(in m. Akk.; ad; Dat.)* [**aures**

ad vocem; vultūs sacris; urbi agmen];
(2) **animum** (*od.:* **animos, mentem**) ~ *(vgl. animadverto):* **a)** die Gedanken, die Aufmerksamkeit richten auf *(ad; bisw. m. Akk. od. Dat.)* [**animos ad religionem; animos monitis; animum id**]; – *mit ut (ne)* darauf achten, dass (dass nicht): **animum advertant, ne quos offendant;** – *mediopass.* sich hinwenden; **b)** wahrnehmen, bemerken, erkennen *(m. Akk.; auch de re; m. A. C. I. u. indir. Frages.);*
(3) *(t. t. der Seefahrt)* hinsteuern *(Konstr. wie 1.)* [**classem in portum; proras terrae**];
(4) auf sich lenken, ziehen = *in se* ~ [**numen malis; odia** sich zuziehen; **omnium animos in se**]; **octo aquilae imperatorem advertēre** zogen die Aufmerksamkeit des Feldherrn auf sich;
(5) bemerken, wahrnehmen, erkennen [**vitium**];
(6) *(Tac.)* strafend einschreiten gegen, rügen, strafen *(in alqm).*

ad-vesperāscit, vesperāscere, vesperāvit es dämmert, es wird Abend; **ubi coepit ~; cum iam advesperasceret.**

ad-vigilō, vigilāre wachen bei, wachsam sein *(ad alqd; alci).*

ad-vīvō, vīvere, vīxī, – *(nachkl.)* am Leben bleiben, weiterleben.

advocātiō, ōnis *f (advoco)* (1) Berufung v. Sachverständigen zur gemeinsamen Beratung: **a)** *allg.;* **b)** die Berufung v. Rechtsgelehrten zur Beratung;
(2) Beistand v. Rechtskundigen, jur. Beratung;
(3) *(seitdem die advocati zur Kaiserzeit als Prozessführer auftraten)* Prozessführung;
(4) *(meton.)* die zur Beratung hinzugezogenen Sachverständigen, Ratgeber;
(5) Aufschub, Frist *(zur Beratung).*

advocātus, ī *m (advoco)* (1) Rechtsbeistand, Rechtsanwalt, Advokat;
(2) Beistand, Hilfe.

ad-vocō, vocāre (1) herbeirufen *(wohin? wozu?: in m. Akk.; ad)* [**alqm in consilium; alqm in auxilium; populum ad contionem**];
(2) (ein)berufen [**contionem populi; senatum**];
(3) anrufen [**deum; deos testes** die Götter als Zeugen anrufen];
(4) *(jur. t. t.)* **a)** *(z. Zt. der Republik)* **in consilium** ~ Sachverständige, *bes.* Rechtsgelehrte, zur Beratung berufen, hinzuziehen; **b)** *(zur Kaiserzeit)* einen Rechtsanwalt suchen, nehmen;
(5) unterstützen, trösten [**languentes**];
(6) zu Hilfe nehmen, anwenden, gebrauchen [**secretas artes; omnia arma** alles als W. gebrauchen].

advolātus, ūs *m (advolo)* das Herbeifliegen.

● **ad-volō,** volāre *(ad; in m. Akk.; auch Dat.; selten Akk.)* (1) herbeifliegen [**in agrum**]; **papilio lumini advolans;**
(2) herbeieilen, *(vom Reiter)* herbeisprengen [**ad urbem; rostra**].

ad-volvō, volvere, volvī, volūtum (1) *(poet.; nachkl.)* heranwälzen *(ad; in m. Akk.; Dat.)* [**robora focis**];
(2) *se ~ od. mediopass. (v. Bittenden)* sich zu Boden werfen, niederfallen *(ad; in m. Akk.; Dat.; selten Akk.);* **tuis advolvimur aris; pedibus eius advolutus est; genua** (*Akk.*) **patrum advolvuntur.**

advorsātrīx, advorsitor, advorsō, advorsor, advorsus, advortō *(arch.) = adver...*

adytum, ī *n (gr. Fw.) (poet.)* (1) *(meist Pl.)* das Allerheiligste des Tempels;
(2) Grabkammer;
(3) *(übtr.)* das Innerste [**cordis**].

Aea, ae *f* (*Akk.* Aean) *myth. Insel, Wohnsitz der Circe;* – *Adj.* **Aeaeus,** a, um [**artes** Zauberkünste; **carmina** Zaubersprüche; **Telegonus** *als Sohn der Circe*]; – **Aeaea,** ae *f Beiname der Circe.*

Aeacidēius, -cidēs, cidīnus *s. Aeacus.*

Aeacus, ī *m im Mythos König v. Ägina, Sohn des Jupiter u. der Nymphe Ägina, Vater des Telamon, Peleus u. Phokus; weg. seiner Frömmigkeit (templorum fabricator) u. Gerechtigkeit nach seinem Tode Richter in der Unterwelt;* – *Patron.* **Aeacidēs,** ae *m Nachk. des Aeacus,* Äacide, *darunter:* a) *dessen Söhne Telamon, Peleus u. Phokus;* b) *des Peleus Sohn Achilles u. dessen Sohn Pyrrhus;* c) *Perseus, König v. Makedonien;* – *Adj.:* **a) Aeacidēius,** a, um zu den Äaciden gehörig, äacidëisch [**regna** die Insel Ägina]; **b) Aeacidīnus,** a, um eines Äaciden würdig *(bes. des Achilles).*

Aeaeē, ēs *f = Aea.*

Aeaeus *s. Aea.*

Aeās, antis *m Fluss in Griechenland.*

aed. cur., pl. *= aedīlis curūlis, plēbis.*

● **aedēs** *u.* **aedis,** is *f* **I.** *Sg.* (1) Tempel [**sacra; Minervae; deorum**];
(2) Gemach, Zimmer;
II. *Pl.* (1) (Wohn-)Haus [**marmoreae; imperatoriae** Kaiserpalast];
(2) *(Plaut.) (meton.)* Familie;
(3) *(Verg.)* Bienenstock.

aedicula, ae *f (Demin. v. aedes)* (1) Zimmerchen;
(2) Kapelle, Nische *(in der ein Götterbild angebracht war);*
(3) *Pl.* Häuschen.

aedificātiō, ōnis *f (aedifico)* (1) das Bauen, Erbauen;
(2) Bauanlage; **~ aspectusque urbis;**
(3) *(spätl.)* innere, geistliche Erbauung.

aedificātiuncula, ae *f (Demin. v. aedificatio)* kleiner Bau.

aedificātor, ōris *m (aedifico)* ① Erbauer [**mundi** Schöpfer];
② Bauliebhaber.

● **aedificium,** ī *n (aedifico)* Gebäude.

● **aedificō,** aedificāre *(aedes u. facio)* ① bauen, erbauen, errichten, anlegen [**aedes; navem; hiberna; urbem; hortos; mundum** erschaffen; **rem publicam** gründen];
② *(spätl.)* innerlich, geistlich erbauen.

aedīlicius *(aedilis)* **I.** *Adj.* a, um des Ädilen [**munus; scriba; honores; viri** gewesene Ädilen];
II. *Subst.* ī *m* gewesener Ädil.

i Kultur ● **aedīlis,** is *m (aedes)* Ädil *(Polizeibeamter)*: dieses Amt bestand seit dem Frieden vom heiligen Berg (494 v. Chr.) m. den Tribunen; urspr. gab es zwei aediles plebei (od. plebis), die als Stadtpolizisten die Spiele der Plebs veranstalteten u. im Cerestempel das Archiv der Plebs bewahrten; seit 366 v. Chr. wurden außerdem zwei patrizische Ädilen (aediles curules) als Veranstalter der großen Spiele u. Aufsichtsbeamte der patrizischen Tempel eingesetzt; das Polizeiwesen u. die Fürsorge f. öffentl. Bauten war die gemeinsame Aufgabe der vier Ädilen.

aedīlitās, ātis *f (aedilis)* Ädilität, Amt eines Ädilen.

aedis, is *f s. aedes.*

aedituēns, entis *m (aedes u. tueor) (Lucr.)* Tempelaufseher.

aeditumus *(od.* aeditimus) *u.* **aedituus,** ī *m (aedes)* ① Tempelaufseher;
② *(spätl.)* Küster.

aēdōn, onis *f (Akk.* -ona) (ἀηδών Sängerin) *(nachkl.)* Nachtigall.

Aeduī *s. Haedui.*

Aeētēs *u.* **Aeēta,** ae *m König in Kolchis, Sohn des Sonnengottes Helios, Vater der Medea, durch deren Hilfe ihm die Argonauten das goldene Vlies entführten; – Adj.* **Aeētaeus,** a, um zu Äetes gehörig, äetisch [**fines** Kolchis]; – *Patron.* **Aeētias,** adis *u.* **Aeētīnē,** ēs *f* Tochter des Äetes, Medea.

Aefula, ae *f Ort in Latium zw. Tibur u. Präneste; – Adj.* **Aefulānus,** a, um äfulanisch [**arx**].

Aegaeōn, ōnis *m hundertarmiger Riese, anderer Name des Briareus.*

Aegaeum, ī *n (mare)* das Ägäische Meer, die Ägäis.

Aegaeus, a, um ägäisch.

Aegātēs, tium *u.* **Aegātae,** ārum *f (insulae)* die Ägatischen Inseln *an der Westküste Siziliens.*

Aegēae, ārum *f* ① *Stadt in Äolis; – Einw.* **Aegēātae,** ārum *m;*
② *Stadt in Kilikien.*

● **aeger,** gra, grum ① krank, leidend *(an etw. od. als Angabe der Ursache der Krankheit: m. Abl.; ex; de; später auch: Akk. resp.; Gen.);* **vulneribus ~; oculis ~; gravi et periculoso morbo ~; longa navigatione ~; ex vulnere ~; manum ~;** *auch auf den kranken Körper od. Körperteil bezogen:* **corpus aegrum; stomachus ~; dens ~;** – *Subst.* aeger, aegrī *m* der Kranke; aegra, ae *f* die Kranke;
② *(v. Pflanzen)* krank, welk [**seges; arbor; vites**];
③ zerrüttet [**civitas; municipia** unruhig];
④ traurig, bekümmert, ärgerlich, verstimmt, verdrießlich [**animus; oculi** neidisch]; *(m. Abl. causae)* **amore ~ ;**
⑤ schmerzlich, mühselig, betrübend [**mors; senectus; exilium**].

Aegeus, eī *m König v. Athen, Vater des Theseus; – Patron.* **Aegidēs,** ae *m Nachk. des Ägeus,* Ägide, *bes. sein Sohn Theseus.*

Aegimūrus, ī *f von gefährlichen Klippen umgebene Insel im Golf v. Karthago.*

Aegīna, ae *f* ① *Nymphe, Mutter des Äakus;*
② *Insel im Saronischen Meerbusen; – Einw.* **Aegīnētae,** ārum *m; – Adj.* **Aegīnēticus,** a, um.

Aegīnium, ī *n Stadt in Makedonien; – Einw.* **Aegīniēnsēs,** ium *m.*

aegis, idis *f (gr. Fw.)* ① die Ägis, *der Schild Jupiters;*
② *Minervas Waffe* **a)** *als Schild;* **b)** *als Ziegenfell (m. Schlangen u. Medusenhaupt) über Brust u. Schultern;*
③ *(poet.) (übtr.)* Schild, Schirm, Schutzwehr.

Aegīsos, ī *f Stadt in Niedermösien an der Donau.*

i Kultur **Aegisthus,** ī *m* Sohn des Thyestes, Geliebter der Klytämnestra, Mörder ihres Gatten Agamemnon u. des Atreus, wurde v. Orestes, dem Sohn Klytämnestras und Agamemnons, erschlagen.

Aegium, ī *n Stadt in Achaja; – Adj.* **Aegiēnsis,** e.

Aeglē, ēs *f weibl. Eigenname, bes. als Name der schönsten Najade, der Mutter der Grazien.*

Aegos flūmen (Αἰγὸς ποταμός *od.* -οί „Ziegenfluss") *Fluss u. Ort auf dem thrak. Chersones; Schlacht 405 v. Chr.*

● **aegrē** *(Adv. v. aeger)* ① unangenehm, schmerzlich; **~ ferre** Kummer haben; **alqd ~ facere alci** *(Plaut. u. Ter.)* jmd. kränken, jmdm. wehtun;
② mit Mühe, mühsam, schwer, kaum [**sustentare**];
③ ungern [**ferre, pati**] *(m. Akk.; quod; A. C. I.).*

aegreō, aegrēre *(aeger) (Lucr.)* krank sein.

aegrēscō, aegrēscere, – – *(Incoh. v. aegreo) (poet.; nachkl.)* ① krank werden;
② betrübt werden;
③ *(v. Affekten)* sich verschlimmern, heftiger werden; **violentia Turni aegrescit medendo.**

aegrimōnia, ae *f (aeger)* Kummer.

aegritūdō, dinis *f (aeger)* ① *(nachkl.)* das Unwohlsein; **metu et aegritudine fessus;**
② Missstimmung, Kummer; **adimere, afferre alci aegritudinem.**

aegror, ōris *m (aeger) (Lucr.)* Krankheit.

aegrōtātiō, iōnis *f (aegroto) (körperl. od. seel.)* Krankheit, Siechtum.

● **aegrōtō,** aegrōtāre *(aegrotus)* ① *(körperl. od. geistig)* leiden, krank sein;
② *(übtr.)* darniederliegen; **mores, artes aegrotant.**

aegrōtus *(aeger)* **I.** *Adj.* a, um ① krank;
② *(Ter.)* seelisch krank, *bes.* liebeskrank;
③ zerrüttet [**res publica**];
II. *Subst.* ī *m* der Kranke.

Aegyptus[1], ī *f* Ägypten; – *Einw. u. Adj.* **Aegyptius,** ī *m bzw.* a, um.

Aegyptus[2], ī *m im Mythos König v. Ägypten, Sohn des Belus u. der Anchinoë, Enkel Neptuns, Zwillingsbruder des Danaus.*

aelinos, ī *m (Akk.* -on) *(gr. Fw.) (Ov.)* Klagelied; *vgl. Linus.*

Aelius, a, um *pleb. nomen gentile; lex Aelia de comitiis (156 v. Chr.) gab den Magistraten u. Tribunen das Recht, durch spectio u. obnuntiatio (s. d.) Wahlen zu verhindern.*

Aëllō, ūs *f (v.* ἄελλα Sturmwind) ① *eine der Harpyien;*
② *ein Hund des Aktäon.*

Aemilius, a, um *Name einer patriz. gens, bes. bekannt:* ① L. ~ Paulus, *als Konsul in der Schlacht b. Cannä (216 v. Chr.) gefallen;*
② L. ~ Paulus Macedonicus, *Besieger des Perseus v. Makedonien b. Pydna (168 v. Chr.); / Adj.* **a) Aemilius,** a, um: (via) Aemilia *die 187 v. Chr. vom Konsul M. ~ Lepidus erbaute Landstraße v. Ariminum nach Placentia;* ~ ludus: *eine v. P. ~ Lepidus angelegte Fechtschule;* **b) Aemiliānus,** a, um zur ämilischen Familie gehörig, ämilianisch, *Beiname des jüngeren Scipio; – Subst.* Aemiliāna, ōrum *n Vorstadt Roms.*

aemulātiō, ōnis *f (aemulor)* ① Nacheiferung, Wetteifer *(in, um etw.: m. Gen.)* [**laudis; gloriae**]*;*
② Eifersucht, Missgunst; *Pl.* Eifersüchteleien.

aemulātor, ōris *m (aemulor)* Nacheiferer [**virtutum**].

aemulātus, ūs *m (aemulor) (Tac.) = aemulatio 2.*

aemulor, aemulārī *(aemulus)* ① nacheifern, zu erreichen suchen, nachahmen, wetteifern *(m. Akk; m. Dat.)* [**alqm; virtutes maiorum**];
② eifersüchtig, neidisch sein *(m. Dat; selten: cum alqo; inter se).*

● **aemulus,** a, um ① nacheifernd, wetteifernd *(m. Gen.; Dat.);* **Hannibal ~ itinerum Herculis**; – *subst.* Nacheiferer, *bes.* Anhänger *(einer philos. Richtung)* [**eiusdem rationis**];
② eifersüchtig, neidisch *(m. Gen.); – subst.* Nebenbuhler(in), Rivale(-lin); **Carthago -a imperii Romani;**
③ feindlich;
④ ebenbürtig, gleich.

Aenāria, ae *f Insel b. Neapel, j.* Ischia.

Aenēa, ae *f Stadt auf Chalcidice.*

i Kultur **Aenēās,** ae *m* Sohn des trojschen Herrrschers Anchises und der Venus. Nach dem Trojanischen Krieg entkam er mit seinem Sohn Ascanius oder Julus und seinem Vater aus dem zerstörten Troja. Seine Gattin Creusa verlor er auf der Flucht. Gemäß dem Auftrag des Orakels suchte Aeneas Italien, seine künftige Heimat. Auf der langen Irrfahrt starb sein Vater. Als Schiffbrüchiger kam Aeneas nach Karthago, wo die Königin Dido herrschte. Er gewann ihre Liebe, musste sie aber auf Befehl der Götter verlassen, um in die ihm vom Schicksal bestimmte neue Heimat Italien zu fahren. Er gelangte mit Ascanius und mit seinen Gefährten nach Italien. In Latium musste er schwere Kämpfe bestehen. Er heiratete die Königstochter Lavinia, gründete in Latium die nach seiner Gattin benannte Stadt Lavinium, sein Sohn gründete die Stadt Alba Longa, die Mutterstadt Roms. Durch seinen Sohn Ascanius oder Julus gilt Aeneas als Stammvater Roms und des Julischen Hauses.
Vergils „Aeneis" behandelt das Schicksal des Aeneas. – *Nachk.* **Aeneadēs** (*auch* Aenīdēs), dae *m:* ① *sein Sohn* Ascanius;
② Cäsar; Augustus;
③ *Pl.* Aeneadae **a)** Gefährten des Äneas; **b)** *übh.* Trojaner; **c)** Römer; – **Aenēis,** idis *u.* idos *f Vergils Epos v. Äneas; – Adj.* **Aenēius,** a, um.

aēneātor, ōris *m (aēneus) (nachkl.)* Tuba- *u.* Hornbläser, *gew. Pl.*

aēnēus *u. (älter, später eher poet.)* **aēnus,** a, um ① *(dem Stoff nach)* ehern, kupfern, aus Bronze [**vasa; statua; signa;** *(poet.)* **proles** das eherne Zeitalter];.
② *(der Farbe nach)* bronzefarben, rotgelb;
③ *(poet.) (übtr.)* eisern, felsenfest, unbezwingbar [**manus; murus; turris**].

Aeniānes, num *m griech. Volk in Südthessali-*

en.

Aenīdēs, ae *m s. Aeneas.*

aenigma, atis *n (gr. Fw.)* ❶ Rätsel;
❷ das Rätselhafte, Dunkle [**somniorum**];
❸ rätselhafte Andeutung, Anspielung.

aenigmaticē *Adv. (aenigma) (Sen.)* in Rätseln.

aēni-pēs, *Gen.* pedis *(aēnĕus) (poet.)* erzfüßig [**boves**].

Aēnobarbus, ī *m s. Domitius.*

aēnum, ī *n (aēnus, s. aēnĕus)* ehernes Gefäß, Kessel.

aēnus, a, um *s. aēnĕus.*

Aenus, ī ❶ *f Ort in Thrakien an der Mündung des Hebrus, j.* Enos; – *Einw.* **Aeniī,** ōrum *m;*
❷ *m (Tac.)* der Inn.

Aeolēs, lum *m (auch* **Aeoliī,** ōrum *m)* die Äoler, *Bew. v.* **Aeolia,** ae *f (auch:* **Aeolis,** idis *f) Landschaft im nordwestl. Kleinasien;* – *Adj.* **Aeoli(c)us,** a, um.

Aeolidēs, ae *m s. Aeolus.*

Aeolis *s. Aeoles.*

Aeolius *s. Aeoles u. Aeolus.*

Aeolus *u.* **Aeolos,** ī *m* ❶ *Sohn des Hippotes, Herrscher üb. die Äolischen (bzw. Liparischen) Inseln, Gott der Winde;*
❷ *Sohn des Hellen, Enkel des Deukalion; König in Thessalien, Stammvater der Äoler;* – *Patron.* **Aeolidēs,** ae *m* der Äolide, *bes. Söhne des Königs Ä.: Sisyphus, Athamas, Salmoneus;* **Aeolis,** idis *f Tochter des Ä.;* – *Adj.* **Aeolius,** a, um äolisch, des Ä.

aequābilis, e *(aequo)* ❶ gleich(mäßig), gleichförmig;
❷ unparteiisch [**ius in omnes**];
❸ leutselig.

aequābilitās, ātis *f (aequabilis)* ❶ Gleichmäßigkeit;
❷ Unparteilichkeit [**decernendi** im Entscheiden];
❸ Gleichmut, Gelassenheit, Beherrschtheit.

aequ-aevus, a, um *(aequus u. aevum)* gleichaltrig.

● **aequālis,** e *(aequus)* ❶ gleich *(m. Dat.; inter);* **paupertas ~ divitiis; virtutes sunt inter se aequales et pares; linguā et moribus aequales;**
❷ gleichmäßig, -förmig; **collis aequaliter declivis;**
❸ *(m. Dat.; Gen.)* **a)** gleichaltrig; – *subst.* der Gleichaltrige; **b)** gleichzeitig; – *subst.* Zeitgenosse.

aequālitās, ātis *f (aequalis)* ❶ Gleichheit;
❷ Gleichaltrigkeit;
❸ *(meton.)* die Gleichaltrigen;
❹ Rechtsgleichheit.

aequanimitās, ātis *f (aequanimus)* ❶ *(Ter.)* Nachsicht;
❷ *(nachkl.)* Gleichmut, Gelassenheit;
❸ *(nachkl.)* Geduld.

aequ-animus, a, um *(aequus u. animus) (spätl.)* ❶ gleichmütig, gelassen;
❷ geduldig.

aequātiō, ōnis *f (aequo)* Gleichstellung, Ausgleichung, gleiche Verteilung.

aequātor, ōris *m (aequo) (spätl.)* Äquator.

aequē *Adv. (v. aequus)* ❶ gleich(mäßig);
❷ gleich, in gleicher Weise, ebenso *(wie: ac, atque od. et).*

Aequī (*u.* **Aequīculī**), ōrum *m ital. Volksstamm östl. v. Rom;* – *Adj.* **Aequicus** *u.* **Aequīculus,** a, um äquisch.

aequi-laterus, a, um *(aequus u. latus) (Mart.)* gleichseitig.

aequi-lībritās, ātis *f (aequus u. libra)* Gleichgewicht(sgesetz).

aequi-lībrium, ī *n (aequus u. libra)* ❶ *(Sen.)* das Gleichgewicht;
❷ *(Gell.)* die völlige Gleichheit.

Aequimēlium (*u.* -maelium), ī *n Platz in Rom am Abhang des Kapitols.*

aequinoctiālis, e *(aequinoctium)* zur Zeit der Tag- u. Nachtgleiche [**tempus; horae**].

aequi-noctium, ī *n (aequus u. nox)* Tag- u. Nachtgleiche; **dies -i; -um exspectare.**

aequiperābilis, e *(aequipero)* vergleichbar *(m. Dat.)* [**diis**].

aequi-perō, perāre *(aequus u. par)* ❶ gleichstellen, vergleichen *(mit: m. Dat.; selten m. ad od. cum);*
❷ gleichkommen, erreichen *(m. Akk.; selten m. Dat.; durch, in, an etw.: m. Abl.)* [**voce magistrum**].

aequitās, ātis *f (aequus)* ❶ ebene Beschaffenheit [**loci**];
❷ Gleichheit, Ebenmaß [**membrorum**],
❸ *m. u. ohne animi* Gleichmut, Gelassenheit; *auch* Gleichgültigkeit;
❹ Rechtsgleichheit, Gleichheit vor dem Gesetz;
❺ Gerechtigkeit, Billigkeit.

● **aequō,** aequāre *(aequus)* ❶ **a)** ebnen [**locum; arenam pedibus**]; **b)** gerade stellen [**mensam**]; *(milit.)* **frontem** *od.* **aciem ~** ausrichten; **c)** gleichmachen, ausgleichen, gleichmäßig verteilen [**pecunias** Vermögensgleichheit einführen; **laborem**]; **ira aequavit vires; aequato omnium periculo** bei einer für alle gleichen Gefahr; **aequato iure omnium** mit Gleichstellung der Rechte aller; **d)** gleichmachen, angleichen; **alqd solo** *(Dat.)* ~ dem Erdboden gleichmachen; **alqd caelo ~** himmelhoch auftürmen; *bildl.:* **alqm caelo laudibus ~** bis in den H. erheben; **e)** gleichstellen, auf gleiche Stufe stellen, vergleichen; **omnes aequat cinis** der Tod macht alle gleich; – *se aequare u. Pass.* gleichstehen, -kommen;
❷ gleichkommen, erreichen *(m. Akk.)* [**superiores reges; alqm equestri gloriā; equitem cursu**].

● **aequor,** oris *n (aequus)* ① Ebene, Fläche [**campi**];
② (flaches) Feld, Erdboden [**proscissum** Brachfeld]; **ferro scindere aequor** mit dem Pflug den Boden aufreißen;
③ *(poet.)* Meer(esfläche) [**vastum; placidum; rapidum**]; *(meton.)* Seewasser; *Pl.* Fluten.

aequorĕus, a, um *(aequor) (poet.)* Meeres-, See- [**rex** Neptun; **genus** Fische; **Britanni** vom Meer umgeben].

aequum, ī *n (aequus)* ① ebene Fläche, Ebene, freies Feld;
② Billigkeit, Angemessenheit; **per -a per iniqua** durch jedes angemessene od. unangemessene Mittel, um jeden Preis;
③ Gleichheit, gleiche Lage, gleiches Recht; **ex -o** gleichmäßig; **in -o esse (stare)** auf gleicher Stufe, in gleichen Verhältnissen.

● **aequus,** a, um ① eben, flach [**locus**]; **ex -o loco loqui, dicere** im Senat reden *(Ggstz. ex inferiore loco: vor Gericht zu den Richtern, die höher saßen; ex superiore loco: in der Volksversammlung v. der Tribüne zum Volk);*
② gleich, gerade (gerichet) [*milit.* **frons** gerade (gerichete) Front];
③ günstig (gelegen) [**locus; tempus**];
④ wohlgesinnt, wohlwollend, gnädig;
⑤ gleichmütig, gelassen, ruhig; *auch* gleichgültig; ~ **animus** Gleichmut, Gelassenheit, *auch* Gleichgültigkeit; **-o animo** m. Gleichmut, m. Gelassenheit, m. Ruhe;
⑥ gerecht, unparteiisch [**iudex; arbiter; testis; iudicium; lex; condicio**]; **-um est** es ist recht u. billig;
⑦ gleich, gleichmäßig, gleich groß (wie [*im Vergleich*]: *m. folg. ac, atque, auch m. cum; in, an etw.: m. Abl.);* **-o spatio abesse; in -a laude ponere** für gleich lobenswert halten; **viribus -i;**
⑧ *(proelium u. Ä.)* gleich, unentschieden; **-o proelio** *od.* **Marte pugnare** ohne Entscheidung kämpfen.

āēr, āĕris *m* (*Akk.* āera *u.* āerem) *(gr. Fw.)* ① die untere Luftschicht; Luft [**maritimus; salubris**];
② Nebel, Wolke.

aerāmentum, ī *n (aes) (Plin.)* ehernes Geschirr.

aerāria, ae *f (aes)* Erzgrube.

aerārium, ī *n (aes)* Schatzkammer, Staatskasse, -vermögen [**militare** Kriegskasse; **privatum** Privatkasse].

aerārius *(aes)* **I.** *Adj.* a, um ① Erz-, Kupfer- [**artifex; ars**];
② Geld betreffend [**tribuni** Zahlmeister];
II. *Subst.* ī *m* ① Erzarbeiter, Kupferschmied;
② Ärarier, *gew. im Pl., Bürger der untersten Vermögensklasse in Rom, ohne Rechte u. Lasten bis auf die Kopfsteuer.*

aerātae, ārum *f (aeratus; erg. naves) (Sen.)* Kriegsschiffe.

aerātus, a, um *(aes)* ① erzbeschlagen [**navis; acies** gepanzert; **lecti** mit bronzenen Füßen];
② aus Erz, ehern [**securis; fores**];
③ *(übtr.)* ehern, (felsen)fest [**murus; nodi**].

aereus, a, um *(aes) = aeratus 1. u. 2.*

aeri-fer, fera, ferum *(aes u. fero) (Ov.)* eherne Zimbeln tragend [**manus**].

aeri-pēs, *Gen.* pedis *(aes) (poet.)* erzfüßig [**tauri; cerva**].

āĕrius, a, um *(aër)* ① in der Luft befindlich, Luft-; **-as vias carpere** durch die Lüfte fliegen;
② hoch (in die Luft) ragend [**mons; quercus**].

aerō, ōnis *m (gr. Fw.) (nachkl.) aus Binsen geflochtener* Tragekorb.

Aëropē, ēs *u.* Aëropa, ae *f Mutter des Agamemnon u. des Menelaus.*

aerōsus, a, um *(aes)* erzhaltig.

aerūginōsus, a, um *(aerugo) (Sen.)* ① voll v. Grünspan [**lamellae**];
② *(übtr.)* schmutzig, bettelhaft [**manus**].

aerūgō, ginis *f (aes)* ① Grünspan;
② *(poet.)* **a)** Missgunst, Neid; **b)** Habsucht, Eigennutz.

aerumna, ae *f* Mühsal, Kummer, Trübsal.

aerumnābilis, e *(aerumna) (Lucr.)* trübselig.

aerumnōsus, a, um *(aerumna)* ① mühselig, trübselig [**vita**];
② kummervoll [**hospes; Ulixes**];
③ *(poet.)* stürmisch; **-o navigare salo** auf stürmischem Meer.

● **aes,** aeris *n* ① Erz, Kupfer, Bronze; *(poet.)* ehernes Zeitalter;
② *(meton.) aus Erz od. Kupfer hergestellter Gegenstand:* **a)** Gefäß; **b)** Trompete, Tuba; **aere ciere viros; c) aera** Bronzestatuen; **d)** eherne Waffe; **aes triplex** dreifacher Panzer; **e)** Tafel, Anschlag; **aera legum** eherne Gesetzestafeln; **aes publicum per fora ac templa fixum** metallene Maueranschläge, Staatsinschriften;
③ **a)** Kupfergeld, *urspr. ungemünztes (aes rude), das aus Kupferstücken bestand, die nach dem Gewicht bewertet wurden;* **b)** *übh.* Geld; **aes alienum** *(nur Sg.)* Schulden; **aes alienum facere, contrahere** Schulden machen;
④ Vermögen;
⑤ *(meist Pl.)* Lohn, Sold; Dienstjahre; *(Hor.)* Schulgeld; **procedunt aera** der Sold läuft weiter; **pueri referentes aera** Schulgeld zahlend.

aesar, aris *m (etr.) (Suet.)* Gott (= *deus*).

Aesar, aris *m Fluss b. Kroton in Bruttien;* – *Adj.* **Aesareus,** a, um [**flumen**].

Aeschinēs, is *u.* ī *m* ① *Philosoph, Schüler des Sokrates;*
② *ber. Redner in Athen, Gegner des Demosthenes;*
③ *aus Neapel, Philosoph, Schüler des Karneades, Lehrer der neuen Akademie in Athen;*

④ *aus Milet, Redner z. Zt. Ciceros.*

Aeschylus, ī *m* ① *Tragödiendichter in Athen (525–456 v. Chr.); – Adj.* **Aeschylēus,** a, um; ② *Ein Rhetor aus Knidos z. Zt. Ciceros.*

> *i* Kultur **Aeschylus,** ī *m* Tragödiendichter in Athen (525–456 v. Chr.); sein griech. Name: **Ais-chy-los.** Der erste bis heute durch seine Tragödien weltberühmte Dramatiker.
> Auf den Theaterspielplänen findet man: Die „Orestie" – dreiteiliges Werk aus dem Sagenkreis um den Agamemnon. „Der gefesselte Prometheus" wirkt als Stoff in die Literatur und Musik der Gegenwart. – *Adj.* **Aeschylēus,** a, um.

aeschȳnomenē, ēs *f* (αἰσχυνομένη „die sich Schämende") *(Plin.) eine Mimosenart, eine Pflanze, welche b. der Berührung ihre Blätter zusammenzieht.*

Aesculāpium, ī *n (Aesculapius)* Äskulaptempel.

> *i* Kultur **Aesculāpius,** ī *m* Äskulap, *Gott der Heilkunde, Sohn Apollos u. der Nymphe Koronis; die Schlange ist ihm bes. heilig.*

aesculētum, ī *n (aesculus) (nicht klass.)* Eichenwald.

aesculeus, a, um *(aesculus) (Ov.)* Eichen-.

aesculus, ī *f (poet.)* immergrüne Wintereiche.

Aesernia, ae *f Stadt in Samnium; – Einw. u. Adj.* **Aesernīnus,** ī *m bzw.* a, um *auch Beiname des M. Marcellus, der in Äsernia 90 v. Chr. gefangen genommen wurde.*

Aesis, is *m* (*Akk.* -im) *Fluss in Umbrien.*

Aesōn, onis *m Vater des Jason; – Patron.* **Aesonidēs,** ae *m* Jason; – *Adj.* **Aesonius,** a, um.

Aesōpus, ī *m* Äsop ① *griech. Fabeldichter aus Phrygien um 550 v. Chr.; – Adj.* **Aesōpīus (-pēus),** a, um äsopisch, des Äsop; ② Claudius *od.* Clodius ~, *tragischer Schauspieler in Rom z. Zt. Ciceros.*

> *i* Kultur **Aesōpus,** ī *m* Äsop, *griech. Fabeldichter aus Phrygien um 550 v. Chr.; Begründer der Fabeldichtung.*

● **aestās,** ātis *f (aestus)* ① Sommer [**prima** *od.* **nova** Frühsommer; **summa** *od.* **media** Hochsommer; **praeceps** Spätsommer]; ② *(meton.)* Sommerwetter; (Sommer-)Hitze.

aesti-fer, fera, ferum *(aestus u. fero) (poet.)* Hitze bringend, heiß.

Aestiī, ōrum *m Volk an der Ostsee.*

aestimābilis, e *(aestimo)* schätzbar.

aestimātiō, ōnis *f (aestimo)* ① Abschätzung; **aequam aestimationem facere; in aestimationem venire** abgeschätzt werden; **aestimationem habere** die Schätzung vornehmen; ~ **censūs** Abschätzung des Vermögens; ~ **frumenti** Preisansatz des G.; ~ *(m. u. ohne litis)* Schätzung des Streitobjekts; ~ **poenae** *(od.* **multae***)* Umrechnung der Strafe in Geld; Geldbuße; – *Pl.* an Zahlungsstatt vom Gläubiger angenommene Güter;
② *(übtr.)* Schätzung, Hochachtung, Anerkennung [**virtutum**].

aestimātor, ōris *m (aestimo)* Schätzer, *der den Preis bestimmt* [**frumenti**]; Beurteiler, Sachverständiger [**studiorum**].

● **aestimō,** aestimāre *(aes)* ① **a)** *(den äußeren Wert)* abschätzen, bewerten [**frumentum; possessiones**]; *(m. Gen. bzw. Abl. pretii als Angabe des Wertes)* [**pluris, minoris; magno, permagno, minimo**]; **b)** *(jur. t. t.)* **litem** ~ die Strafsumme in einem Prozess festsetzen, geg. jmd. eine Geldbuße verhängen;
② **a)** *(nach dem inneren Wert)* beurteilen, würdigen *(Konstruktionen wie oben; selten m. dopp. Akk. od. A. C. I.; Angabe des Maßstabes im Abl. od. ex)* [**virtutem annis** nach Jahren]; **b)** hoch schätzen;
③ glauben, meinen, halten für *(m. dopp. Akk. od. A. C. I.).*

● **aestīva,** ōrum *n (aestivus)* ① **a)** Sommerlager; **b)** *(meton.)* Feldzug;
② **a)** Sommergehege; **b)** *(meton.)* Herde auf der Sommerweide.

aestīvō, aestīvāre *(aestivus) (vor- u. nachkl.)* den Sommer verbringen.

● **aestīvus,** a, um *(aestas)* sommerlich, Sommer- [**tempora; menses; nox; sol; vestimenta; saltūs** Sommerweiden; **avis** Zugvogel; **castra**].

aestuārium, ī *n (aestus)* ① *zeitweise* überflutete Niederung, Lagune; **-a ac paludes;**
② *(Tac.)* Bucht;
③ *(Tac.)* Flussmündung;
④ *(Plin.) (meton.)* Strömung;
⑤ *(t. t. der Baukunst)* Luftloch, -schacht.

aestumō *(arch.) = aestimo.*

aestuō, aestuāre *(aestus)* ① *(v. Feuer)* auflodern;
② *(vor Hitze)* kochen, glühen, erhitzt sein, schwitzen;
③ *(v. Wasser)* branden, wogen, schäumen; **gurges aestuat;**
④ gären; **vina aestuantia;**
⑤ leidenschaftlich bewegt sein, *(vor Wut)* kochen, *(in Liebe zu jmdm.)* glühen *(in alqo), (vor Begierde)* brennen; **nobilitas invidiā aestuabat;** ~ **in aurum** vor Gier nach G. brennen;

⑥ schwanken, unschlüssig sein [**dubitatione**].

aestuōsus, a, um *(aestus)* ① **a)** heiß, glühend [**solum**]; **b)** schwül [**auster**];
② brandend, wogend [**freta**];
③ hitzig, heftig, ungestüm, feurig, stürmisch.

● **aestus,** ūs *m* ① Hitze, Glut, Schwüle, *(poet.)* Sommer(hitze); **meridiei ~; fervidus ~; labore et aestu languidus; frigora atque aestus tolerare;**
② *(v. Wasser)* das Wallen, Wogen, Brandung, Strömung, Flut(en); **fervit aestu pelagus; decessus** (*od.* **recessus**) **aestūs** Ebbe; **aestuum accessus et recessus** Flut u. Ebbe; **aestu minuente** bei abnehmender Flut;
③ *(übtr.)* **a)** Ungestüm, Leidenschaft, heftiges Temperament; **b)** Unruhe, Besorgnis; **c)** Unschlüssigkeit.

● **aetās,** ātis *f (aevum)* ① Lebenszeit, Leben; **aetatem agere** (*od.* **degere, consumere**) sein Leben verbringen *(m. etw.: in u. Abl.)* [**in litteris; in tranquillitate; procul a re publica**];
② Menschenalter, Generation; **tertiam iam aetatem hominum vivebat** *(üb. Nestor);*
③ Lebensalter, Altersstufe **a)** Jugend; **forma** (Schönheit) **atque ~; b)** Mannesalter; **c)** Greisenalter;
④ Zeitalter, Zeit [**aurea** das goldene Zeitalter; **Romuli**]; **clarissimus imperator suae aetatis; nostra aetate; heroicis aetatibus;**
⑤ die Menschen eines Zeitalters, das Geschlecht;
⑥ die Menschen einer Altersstufe, die Altersklasse [**vestra** Leute eures Alters].

aetātula, ae *f (Demin. v. aetas)*
① Kindes-, Jugendalter;
② *(Suet.)* jugendliche Ausschweifungen.

aeternālis, e *(aeternus) (spätl.)* ewig.

aeternitās, ātis *f (aeternus)* ① Ewigkeit;
② Unsterblichkeit, Unvergänglichkeit [**animorum**];
③ ewiges Gedächtnis, Verewigung; **alqm aeternitati mandare** verewigen; **opus aeternitate tua dignum** deines unsterblichen Namens würdig; ④ *(spätl.)* **vestra ~** *Anrede des röm. Kaisers;*
⑤ *(spätl.)* ewiges Leben.

aeternō, aeternāre *(aeternus) (vorkl.; poet.)* verewigen.

● **aeternus,** a, um (*Adv.* -ō *u.* -um) *(altl. aeviternus v. aevum)* ① ewig [**ignes** Gestirne]; **in -um** auf ewig;
② unvergänglich, unsterblich [**memoria; virtus; imperium**];
③ beständig, andauernd, fortwährend [**bellum; pax; amor**];
④ *(spätl.)* **vita -a** das ewige Leben *(der Christen).*

● **aethēr,** eris *m* (*Akk.* -era) *(gr. Fw.)* ① die obere Luftschicht, Äther;
② *(poet.)* **a)** Himmel(sraum), *bes. als Wohnsitz der Götter;* **Iuppiter aethere summo despiciens; b)** *(meton.)* die Himmelsbewohner, Götter; **oneravit aethera votis;**
③ *(poet.)* Luft; **veniens ab aethere telum;**
④ Oberwelt;
⑤ *personif.* **Aethēr** Himmelsgott;
⑥ *(Eccl.)* Himmel, Jenseits.

aetherius, a, um *(gr. Fw.)* ① ätherisch, aus Äther [**natura**];
② *(poet.)* himmlisch [**sedes; arces; equi** Sonnenrosse];
③ *(poet.)* luftig.
④ *(Verg.)* zur Oberwelt gehörig, der Oberwelt; **vesci aurā aetheriā** atmen, leben.

Aethiops, opis *m* (*Akk. Pl.* Aethiopas) Äthiopier; *übh.* dunkelhäutiger Mensch; *auch als Adj.;* – **Aethiopia,** ae *f* Äthiopien.

aethra, ae *f (gr. Fw.) (poet.)* reine Luft; Himmelsglanz.

Aethra, ae *f* ① *Tochter des Pitthēus, Gattin des Ägeus, Mutter des Theseus;*
② *Tochter des Oceanus u. der Tethys, Mutter des Hyas u. der zwölf Hyaden.*

Aetna, ae *u.* **Aetnē,** ēs *f* ① der Ätna, *Vulkan auf Sizilien; nach dem Mythos befand sich in seinem Innern die Werkstatt des Vulcanus, der hier m. den Zyklopen Jupiters Blitze schmiedete;* – *Adj.* **Aetnaeus,** a, um; – *Subst.* **Aetnaeī,** ōrum *m Anw. des Ä.;*
② *Stadt am Fuß des Ätna;* – *Adj.* **Aetnēnsis,** e [**ager**]; – *Einw.* **Aetnēnsēs,** ium *m.*

Aetōlia, ae *f Landschaft im westl. Mittelgriechenland;* – *Einw.* **Aetōlī,** ōrum *m;* – **Aetōlis,** idis *f* Ätolierin; – *Adj.* **Aetōli(c)us** *u.* **-lus,** a, um [**heros** Diomedes; **arma** *des Diomedes;* **urbs** *die v. Diomedes gegründete Stadt Arpi in Apulien*].

aevitās, ātis *f (aevum) altl. Form f. aetas.*

aevos, ī *m (altl.) = aevum.*

● **aevum,** ī *n* ① Ewigkeit; **in -um** f. alle Zeit;
② Unvergänglichkeit, Unsterblichkeit;
③ *= aetas.*

Āfer *s. Afri.*

affābilis, e *(affor)* ansprechbar, leutselig.

affābilitās, ātis *f (affabilis)* Leutseligkeit.

af-fabrē *Adv. (ad u. faber)* kunstgerecht, kunstvoll [**factus**].

af-fatim (*u.* ad-fatim) *Adv.* zur Genüge, reichlich; **~ est hominum; pecuniae ~ est.**

affātus[1], a, um *Part. Perf. v. affor.*

affātus[2], ūs *m (affor) (poet.)* Anrede.

af-fēcī *Perf. v. afficio.*

affectātiō, ōnis *f (affecto)* ① das Streben *(nach etw.: m. Gen.)* [**sapientiae; decoris; imperii**];
② Anspruch *(auf etw.: m. Gen.)* [**Germanicae originis**];
③ *(rhet. t. t.)* Künstelei, Ziererei.

affectiō, ōnis *f (afficio)* ① Eindruck, Einwirkung;
② Zustand, Beschaffenheit [**corporis** Konstitution];
③ Stimmung, Gemütsverfassung;
④ Neigung, Zuneigung, Liebe.
⑤ das Streben *(nach etw.: m. Gen.)*.

affectō, affectāre *(Intens. v. afficio) (m. Akk.)*
① ergreifen [**viam** einen Weg einschlagen, sich einen Weg bahnen];
② sich m. etw. befassen;
③ jmd. heimsuchen; **gravi morbo affectari;**
④ nach etw. streben, zu erringen suchen [**regnum; imperium; bellum** die Führung des Krieges; **artem; caelum; immortalitatem; spem** die H. hegen];
⑤ etw. erkünsteln, erheucheln [**decus in dicendo**]; – *P. P. P.* affectātus, a, um *(v. der Rede u. Ä.)* gekünstelt, gesucht, erheuchelt [**subtilitas**].

affectuōsus, a, um *(affectus[1]) (spätl.)* liebevoll, zärtlich.

affectus[1], ūs *m (afficio)* ① Stimmung, Gemütsverfassung *(m. u. ohne animi od. mentis)* [**publicus** die öffentl. Stimmung];
② *(poet.)* Leidenschaft, Affekt, Begierde; **affectus erumpunt, languescunt;**
③ Zuneigung, Liebe;
④ *(nachkl.)* Zustand [**corporis**].

affectus[2], a, um *(P. Adj. v. afficio)* ① mit etw. versehen, ausgerüstet, ausgestattet *(m. Abl.)* [**virtutibus; vitiis**];
② beschaffen, eingerichtet;
③ gesinnt, gestimmt;
④ schwach, erschöpft [**res familiaris** zerrüttet; **fides** wankend; **valetudine** v. angegriffener Gesundheit; **senectute** *od.* **aetate** altersschwach];
⑤ bekümmert, mitgenommen;
⑥ zu Ende gehend, dem Ende nahe; **aestate iam prope -ā** im Spätsommer.

• **af-ferō,** afferre, attulī, allātum ① herbeitragen, -bringen, -führen, mitbringen [**hominem in forum; ex urbibus cibaria in castra; a Graecia leges**];
② *(übtr.)* bringen [**alci auxilium; pacem; consilium** einen Rat geben];
③ *(Briefe, Nachrichten)* überbringen [**epistulam; nuntium**]; melden; **allatum est eum dictatorem esse;**
④ *(manus, vim)* Gewalt antun, Hand an jmd. legen, sich vergreifen;
⑤ hinzufügen;
⑥ *(z. B. Freude)* bereiten, verursachen, bringen [**laetitiam; gloriam; dolorem; perniciem; detrimentum**];
⑦ zu etw. beitragen, bei etw. nützen *(m. folg. ad od. Dat.)* [**alqd ad communem utilitatem; alqd ad bene vivendum**];
⑧ *(als Beispiel, als Beweis)* anführen, vorbringen [**exemplum; argumentum; testimonium; causam**];
⑨ *(v. Bäumen, vom Boden)* tragen, hervorbringen.

• **af-ficiō,** ficere, fēcī, fectum *(ad u. facio)* ① ausstatten, versehen, ausrüsten, erfüllen *(mit etw.: m. Abl.)* [**rem nomine** benennen; **alqm exilio** verbannen; **sepulturā** bestatten; **nuntiis bonis** m. guten Nachrichten erfreuen; **laetitiā; honore; iniuriā** Unrecht erweisen; **poenā** bestrafen; **servitute** knechten; **laude** loben];
② behandeln, in einen Zustand versetzen; **exercendum corpus et ita afficiendum est, ut ...** *(Cic.)*;
③ **a)** in eine Stimmung versetzen, stimmen; **varie sum affectus tuis litteris; b)** beeindrucken;
④ hart mitnehmen, schwächen; **fames afficit exercitum.**

af-fīgō, fīgere, fīxī, fīxum ① anheften, befestigen *(an etw.: m. Dat. od. ad)* [**clavum parieti** in die Wand schlagen; **hominem lecto** ans Krankenlager fesseln; **Prometheum ad Caucasum**];
② *(übtr.)* **a)** anketten, fesseln *(an etw.: ad; Dat.; auch in u. Abl.)*; **Hispania affixa Pyrenaeo** sich dicht anschließend an die P.; **iuvenes affixi valvis (curiae); Ithaca illa in asperrimis saxis tamquam nidulus affixa**; – *mediopass.* sich eng anschließen an, jmdm. nicht v. der Seite weichen; **b)** *(animo od. memoriae)* einprägen.

af-fingō, fingere, fīnxī, fictum ① hinzubilden, bildend anfügen [**membra corpori**];
② *(übtr.)* **a)** hinzudenken; **b)** hinzudichten, -lügen, andichten; **multa rumore affingebantur; neque vera laus ei detracta neque falsa afficta; homines affingentes vana auditis** die zu Gehörtem Falsches hinzudichten.

• **af-fīnis,** e *(m. Dat.; auch Gen.)* ① angrenzend, benachbart; **gens ~ Mauris;**
② an etw. beteiligt; in etw. verwickelt [**sceleri; culpae; negotiis; suspicionis**];
③ verschwägert; – *gew. Subst.* affīnis, is *m u. f (Abl.* -e *u.* -i) Schwager, Schwägerin, Schwiegervater, Schwiegersohn, Verwandter.

affīnitās, ātis *f (affinis)* ① Verschwägerung; *übh.* Verwandtschaft; **affinitate coniungi cum alqo;**
② enge Beziehung, enger Zusammenhang [**litterarum**];
③ *(spätl.)* Freundschaft.

affirmātē *(affirmo) Adv.* unter Beteuerungen, hoch u. heilig [**promittere**].

affirmātiō, ōnis *f (affirmo)* Versicherung, Beteuerung.

affirmātor, ōris *m (affirmo) (spätl.)* ① derjenige, der etw. versichert *od.* beteuert;
② Bürge.

● **af-firmō,** firmāre ❶ befestigen, bekräftigen; **ea res Troianis spem affirmat** bestärkt die T. in der Hoffnung;
❷ bestätigen, beweisen; **promissa rebus ~; populi Romani virtutem armis ~;**
❸ versichern, beteuern, behaupten *(m. A. C. I.; indir. Frages.; de)*.

af-fīxī *Perf. v. affigo.*

affīxus *P. P. P. v. affigo.*

afflātus, ūs *m (afflo)* ❶ das Anhauchen, Anblasen; Anwehen, Luftzug; ~ **montium** von den Bergen kommende Luft; ~ **maris** *(od.* **maritimus***)* Seeluft, Seewind; ~ **vaporis** Gluthauch; *(auch Pl.)* **frondes afflatibus ardent;**
❷ *(übtr.)* Anhauch (göttlicher Begeisterung) [**divinus**].

af-fleō, flēre, – – *(poet.)* bei etw. *od.* mit jmdm. weinen *(m. Dat.)*; **ita flentibus afflent.**

afflīctātiō, ōnis *f (afflicto)* Qual, Pein, Trübsal.

afflīctiō, ōnis *f (affligo) (nachkl.)* Niedergeschlagenheit.

afflīctō, afflīctāre *(Intens. v. affligo)* ❶ (heftig) schlagen; **se** ~ sich an die Brust schlagen;
❷ beschädigen; **onerarias (naves) tempestas afflictabat;**
❸ heimsuchen, plagen, peinigen [**colonias; Batavos** bedrängen; **Italiam luxuriā saevitiāque** bedrücken]; **morbo afflictari;**
❹ *se ~ u. mediopass.* sich (ab)härmen.

afflīctor, ōris *m (affligo)* derjenige, der etw. entehrt, entweiht; Zerstörer; ~ **et perditor dignitatis et auctoritatis.**

afflīctus, a, um *s. affligo.*

● **af-flīgō,** flīgere, flīxī, flīctum ❶ (an)schlagen, schmettern, werfen *(an etw.: m. ad od. Dat.)* [**alqm ad terram; caput saxo; vasa parietibus; navem undae** aufprallen lassen];
❷ beschädigen; verletzen; **lapsu equi afflictus;**
❸ **a)** zu Boden werfen, niederwerfen [**statuam; monumentum**]; *im Pass.* zu Boden stürzen, hinabstürzen; **b)** *(übtr.)* niederschmettern, -drücken, stürzen [**auctoritatem** erschüttern; **consulare nomen** erniedrigen];
❹ schwächen; **proelio opes hostium ~; fames affligebat hostes;**
❺ heimsuchen; betrüben; **vectigalia bellis affliguntur** leiden durch die K.;
❻ entmutigen; **animos ~; maerore afflictus;**
❼ *refl.* sich härmen, sich grämen, leiden *(an etw.: m. Abl.)* [**vulnere; pestilentia**];
/ *P. Adj.* **afflīctus,** a, um *(m. Komp.)* **a)** zerrüttet, elend [**fortuna; amicitia; res -ae** bedrängte Lage; **Italia cladibus**]; **b)** niedergeschlagen, betrübt; **c)** verachtet, verworfen; **homo afflictus et perditus; afflicti mores.**

af-flō, flāre **I.** *trans.* ❶ anhauchen, anblasen, anwehen; **afflatus aurā; taurorum afflari ore;**
❷ versengen [**ignibus; incendio**];
❸ zutragen [**rumorem**];
❹ *(poet.; spätl.)* m. Begeisterung erfüllen;
II. *intr.*
❶ entgegenwehen;
❷ günstig sein; **afflante fortuna.**

affluēns, *Gen.* entis *(P. Adj. v. affluo)* ❶ reichlich (zuströmend), im Überfluss vorhanden; **uberiores et affluentiores aquae; senatorum numerus ~ ;** ~ *subst.:* **ex affluenti** im Überfluss;
❷ v. etw. überfließend, reichlich m. etw. versehen, an etw. reich *(m. Abl.; selten m. Gen.)* [**opibus et copiis; bonitate; omni scelere**].

affluentia, ae *f (affluens)* Fülle, Überfluss *(an etw.: m. Gen.)* [**omnium rerum; annonae**].

af-fluō, fluere, flūxī, – ❶ heranfließen, -strömen *(m. ad od. Dat.)*;
❷ *(v. einer Menschenmenge)* herbeiströmen, -eilen; **multitudine affluente;**
❸ *in reichem Maße* zuströmen, reichlich vorhanden sein; **vires (opes, divitiae) affluunt;**
❹ etw. in Fülle haben, Überfluss haben an etw., reichlich versehen sein m. etw. *(m. Abl.)* [**divitiis; honore; laude**];
❺ im Überfluss leben.

af-for, fārī, fātus sum ❶ jmd. anreden, ansprechen, *bes. beim Abschied* [**nomine alqm; alqm blandis verbis**];
❷ anflehen [**deos; hostem**];
❸ *(Sen.) (pass.) affatum esse* vom Schicksal verhängt sein.

af-fore, af-forem *s. assum*[1].

af-formīdō, formīdāre *(Plaut.)* bange werden *(ne)*.

af-fricō, fricāre, fricuī, fricātum *(nachkl.)* ❶ anreiben;
❷ *(übtr.)* übertragen, anstecken mit [**alci rubiginem suam**].

affrictus, ūs *m (affrico) (nachkl.)* das Anreiben.

af-fūdī *Perf. v. affundo.*

af-fuī *Perf. v. assum.*

af-fulgeō, fulgēre, fulsī, – ❶ entgegenstrahlen, -leuchten; **nitenti affulsit vultu ridens Venus;**
❷ aufleuchten, erglänzen; **affulsit lux quaedam** (ein Hoffnungsstrahl) **civitati; consuli rei maioris spes affulsit.**

af-fundō, fundere, fūdī, fūsum *(m. Dat.)* ❶ hinzugießen, -schütten [**venenum potioni**];
❷ zuströmen lassen; – *Pass.* sich ergießen; **amnis Maeander plurimis affusus oppidis** an sehr vielen Städten vorbeifließend;
❸ *(v. Menschenmassen)* herbeiströmen; **undique affusa ducum plebisque turba;**
❹ *mediopass.* sich auf etw. werfen [**cornibus** auf die Flügel]; – *P. P. P.* affūsus, a, um hingeworfen, hingelagert [**tumulo; genibus eius** zu seinen Knien].

af-futūrus, a, um *s. assum¹.*
ā-fluō, fluere, – – *(Gell.)* wegfließen.
ā-fore, ā-forem *s. absum.*
Afrānius, a, um *pleb. nomen gentile, bes. bekannt:*
① L. ~ *(um 100 v. Chr.), berühmtester Vertreter der nationalen röm. Komödie, der fabula togata;*
② L. ~, *Legat des Pompeius in Spanien (gest. 46 v. Chr.); – Adj.* **Afrāniānus,** a, um des Afranius [**milites; legio**].
Āfrī, ōrum *m die Bewohner v. Afrika,* Afrikaner, *urspr. die Bewohner des Gebietes v. Karthago,* die Punier; *Sg.* **Āfer,** Āfrī *m* Punier; – *Adj.* **Āfric(ān)us,** a, um *u. (selten)* **Āfer,** fra, frum afrikanisch, punisch, karthagisch; – *Subst.* **Āfricānae,** ārum *f (erg. bestiae)* wilde Tiere aus Afrika; **Āfricus,** ī *m* Südwestwind.
Āfrica, ae *f* ① Afrika *(als Erdteil);*
② *die röm. Provinz Afrika (Africa propria od. Africa provincia).*
ā-fuī *Perf. v. absum.*

i Kultur **Agamemnō(n),** onis *m (Akk.* -onem *u.* [*poet.*] -ona) König v. Mykenä, Sohn des Atreus, Bruder des Menelaus, Gatte der Klytämnestra, Vater des Orestes, der Iphigenie u. Elektra, oberster Führer der Griechen vor Troja, nach seiner Rückkehr v. seiner Gattin u. ihrem Geliebten Ägisthus ermordet; – *Adj.* **Agamemnonius,** a, um des Agamemnon [**classis**]; – *Patron.* **Agamemnonidēs,** ae *m:* Orestes.

Aganippē, ēs *f den Musen heilige Quelle am Helikon u. Nymphe dieser Quelle, Tochter des Flussgottes Permessus; – Adj.* **Aganippēus,** a, um [**unda; lyra** den Musen heilig] *u. fem.* **Aganippis,** idis *(u.* idos) v. der Aganippe stammend, den Musen heilig.
agapē, ēs *f (gr. Fw.) (Eccl.)* ① christl. Nächstenliebe;
② christl. Liebesmahl.
agāsō, ōnis *m* ① Pferde-, Reitknecht;
② Tölpel.
Agathoclēs, is *u.* ī *m Tyrann v. Syracus (360-289 v. Chr.), bekannt durch seine Kriege m. den Karthagern.*
Agathyrna, ae *f Stadt an der Nordküste Siziliens.*
Agathyrsī, ōrum *m Skythenstamm.*
Agavē *u.* **Agauē,** ēs *f Tochter des Kadmus, Gattin des Echion, Königs v. Theben, Mutter des Pentheus.*
age, agedum *s. ago.*
Agedincum, ī *n Hauptstadt der Senonen in Gallien, j.* Sens *(v. Senones) in der Champagne.*
agellus, ī *m (Demin. v. ager)* Gütchen.
agēma, atis *n* (ἄγημα, *agmen) makedon. Garde.*
Agēnōr, oris *m König v. Phönizien, Vater des Kadmus u. der Europa, Ahnherr der Dido* [**Agenoris urbs** Karthago]; – *Adj.* **Agēnoreus,** a, um [**bos** *eigtl. Jupiter, der unter die Sterne versetzte Stier, der Europa entführte*]; – *Patron.* **Agēnoridēs,** ae *m:* Kadmus, Perseus.
agēns, *Gen.* entis *s. ago.*
● **ager,** agrī *m* ① Acker, Feld, Grundstück [**publicus; privatus**]; **agrum colere;**
② *(meist Pl.)* freies Feld, flaches Land *(im Ggstz. zur Stadt od.* [*Ov.*] *zu den Bergen);* **permulti et ex urbe et ex agris; montes agrosque salutat;**
③ *(meist Sg.)* (Stadt-)Gebiet, Landschaft, Mark [**Tusculanus; Veiens; publicus** Staatsdomäne]; **agrum nostrum invadere;**
/ **in agrum** landeinwärts, nach der Landseite *(im Ggstz. zum Meer);* feldein, in die Tiefe *(beim Längenmaß).*
ā-gerō, gerere, – – *(Plaut.)* wegschaffen; **nunc agerite vos.**
Agēsilāus, ī *m König v. Sparta (397–361 v. Chr.).*
ag-gemō, gemere, – – *(ad)* dabei seufzen *(m. Dat.).*
ag-geniculor, geniculārī *(ad u. genu, geniculum) (nachkl.)* die Knie beugen *(vor jmdm.: m. Dat.).*
● **agger,** eris *m (aggero²)* ① Dammerde, Schanzmaterial; **aggerem comportare; aggere fossas explere;**
② *(meton.)* Erdwall, Damm: **a)** *(milit. t. t.)* Belagerungsdamm, Schanze; **aggerem ad urbem promovere; aggere urbem cingere; b)** ~ **Tarquinii** *od. nur* **agger** Schutzwall um Rom, *v. Servius Tullius errichtet, v. Tarquinius Superbus noch erhöht, v. Cic. maximus genannt; (dah. poet. auch)* Stadtwall, Stadtmauer; **c)** *(Tac.)* Grenzwall; **d)** Hafendamm; Uferböschung [**ripae; herbosus**];
③ *(poet.) übh. jede Erhöhung auf dem Boden* **a)** Grabhügel; **b)** Rednerbühne; **c)** Holzstoß, Scheiterhaufen; **d)** Hügel, Höhe; **aggeres Alpini; e)** Haufen; **aggeres nivei;**
④ Oberbau einer Straße;
⑤ Dammweg *(zur Sicherung des Weges durch sumpfige Gegenden).*
aggerātiō, ōnis *f (aggero¹)* Damm.
aggerō¹, aggerāre *(agger) (poet.; nachkl.)* ① (dammartig) aufschütten;
② aufhäufen, aufstapeln [**cadavera; ossa**];
③ *(t. t. des Landbaus)* **a)** Erde um Bäume u. Pflanzen (auf)häufeln; **b)** *(arbores)* (be)häufeln;
④ vermehren, vergrößern, steigern [**dictis iras**].

ag-gerō², gerere, gessī, gestum *(m. Dat. od. ad)* ❶ herbeitragen, -bringen, -schleppen [**humum; aquam; opes opibus** Schätze auf Schätze häufen]; **aggeritur tumulo tellus;**
❷ *(m. Worten)* vorbringen [**falsa; probra**].

aggestus, ūs *m (aggero²) (nachkl.)* ❶ das Herbeitragen, -schleppen [**pabuli; lignorum**];
❷ *(meton.)* Damm.

ag-glomerō, glomerāre *(Verg.)* (knäuelartig) fest anschließen.

ag-glūtinō, glūtināre ❶ anleimen, ankleben *(an etw.: m. Dat.);*
❷ *(Plaut.) (übtr.) se* ~ sich *(wie eine Klette)* anhängen.

ag-gravēscō, gravēscere, – – *(Ter.)* sich verschlimmern.

ag-gravō, gravāre ❶ *(v. Gewicht)* schwerer machen; **aggravatur pondus;**
❷ verschlimmern, steigern [**dolorem; curam**];
❸ **a)** belästigen; **b)** zur Last fallen.

● **ag-gredior,** gredī, gressus sum *(ad u. gradior) (m. Akk. od. ad)* ❶ heranschreiten, sich nähern;
❷ sich *(an einen Ort)* begeben, *(einen Ort)* betreten [**Bacchi templa**];
❸ sich an jmd. wenden; jmd. für sich zu gewinnen suchen [**iudicem; alqm pecuniā, dictis**];
❹ **a)** angreifen, überfallen [**alqm ferro; alcis bona**]; **b)** gerichtl. angreifen, verfolgen [**alqm legibus**];
❺ etw. beginnen, unternehmen [**facinus; ad crimen; ad causam; ad disputationem; ad rem publicam** teilnehmen an; **ad dicendum** als Redner auftreten]; *m. folg. Inf.* beginnen, den Versuch machen, versuchen [**oppidum oppugnare; Iugurtham beneficiis vincere**].

ag-gregō, gregāre *(ad u. grex)* ❶ zu-, beigesellen *(m. ad; in m. Akk.; Dat.)* [**alqm in nostrum numerum** einreihen unter]; *refl. u. mediopass.* sich anschließen; **se ~ Romanis; aggregari Vespasiani partibus;**
❷ zusammenhäufen, aufhäufen [**pecunias**].

aggressiō, ōnis *f (aggredior)* ❶ *(rhet. t. t.)* (der erste) Anlauf *eines Redners;*
❷ Anfall, Angriff; **aggressiones ferinae.**

aggressor, ōris *m (aggredior) (spätl.)* Angreifer.

aggressus *P. P. Akt. v. aggredior.*

agilis, e *(m. Komp., kein Superl.) (ago)* ❶ *(v. Personen)* **a)** behände, schnell u. gewandt [**dea** *v. Diana*]; **b)** tätig, regsam, geschäftig, eifrig;
❷ *(v. Sachen)* (leicht) beweglich [**remus**].

agilitās, ātis *f (agilis)* Beweglichkeit, Schnelligkeit [**navium; currentis aquae; naturae** Biegsamkeit des Charakters].

Āgis, idis *m (Akk.* Āgin *u.* Āgim, *Abl.* Āgī *u.* Āgide) *Name v. vier spartan. Königen.*

agitābilis, e *(agito)* leicht beweglich.

agitātiō, ōnis *f (agito)* ❶ Bewegung: **a)** das Bewegen, Schwingen [**telorum armorumque**]; **b)** das Bewegtwerden, Schwanken [~ **motusque corporis**];
❷ *(übtr.)* **a)** Ausübung v. etw., Beschäftigung m. etw. [**studiorum**]; **b)** geistige Betätigung, Regsamkeit; ~ **mentis; numquam animus agitatione et motu esse vacuus potest.**

agitātor, ōris *m (agito)* ❶ (Vieh-)Treiber [**aselli**];
❷ Wagenlenker *(b. Wettrennen in den Zirkusspielen, = auriga).*

agitātus, ūs *m (agito) (vor- u. nachkl.)* Bewegung.

agite(dum) *s. ago.*

● **agitō,** agitāre *(Intens. v. ago)* ❶ *(wiederholt od. heftig)* bewegen, in Bewegung setzen, (hin u. her) treiben, schütteln [**hastam** schwingen];
❷ *(Tiere)* (an)treiben [**equum; greges**];
❸ jagen, hetzen, verfolgen; beunruhigen, plagen; **feras ~; dii deaeque te agitant irati; sceleris poenis agitatur; eos agitant furiae;**
❹ antreiben, anspornen; **agitatus cupidine regni;**
❺ *(polit.)* in Unruhe bringen; **seditionibus tribuniciis atrociter res publica agitabatur;**
❻ *(vom Wind)* (hin u. her) treiben, peitschen; **humus arida vento agitatur** wird aufgewirbelt; **ventis agitatur pinus;**
❼ *(vom Wasser)* treiben, aufrühren, aufwühlen; **agitata fluctibus Helle;**
❽ lebhaft erörtern, besprechen, verhandeln; **agraria lex vehementer agitabatur;**
❾ überlegen, erwägen, sich m. etw. geistig beschäftigen;
❿ beabsichtigen, vorhaben, planen *(m. u. ohne* [*in*] *animo,* [*in*] *mente);* **fugam ~; mente agitabat bellum renovare;**
⓫ *(Feste)* begehen, feiern [**dies festos; diem meum natalem**];
⓬ verrichten, ausüben, betreiben [**imperium; pacem; artes; iustitiam** G. üben; **praecepta** erfüllen]; – *Pass.* betrieben werden, herrschen: **pax agitatur;**
⓭ *(Zeit)* verbringen, verleben; *abs.* leben; **vita hominum sine cupiditate agitabatur;**
⓮ verweilen, wohnen;
⓯ sich benehmen [**襲ferociter**].

Aglaiē, ēs *f Name der ältesten der Grazien.*

Aglaophōn, ontis *m Maler aus Thasos (um 420 v. Chr.), Vater des Polygnotus.*

Aglaurus, ī *f Tochter des Kekrops.*

● **agmen,** minis *n (ago)* Zug ❶ *(einer Menschenmenge)* Trupp, Schar, Zug; ~ **perpetuum totius Italiae;**
❷ *(v. Tieren)* Rudel, Schwarm [**ferarum; canum** Meute];
❸ Strom *des Wassers,* Strömung, Wasserschwall; **dulci fluit agmine flumen; immen-**

sum caelo venit ~ **aquarum** *(vom Regenstrom)*;

④ *(remorum)* Ruderschlag; **agmine remorum celeri;**

⑤ *(milit. t. t.)* **a)** Marsch des Heeres, Heer auf dem Marsch, Heereszug; **agmine ire ad urbem; agmine facto** in geschlossenem Zug; **primum** ~ Vorhut; **novissimum** (*od.* **extremum**) ~ Nachhut; **agmen ducere** die Vorhut bilden; **agmen claudere** den Zug schließen, die Nachhut bilden; ~ **navium** Geschwader; **b)** *(poet.) (meton.)* Schlacht [**Iliacum** vor Ilium].

agminātim *Adv. (agmen) (nachkl.)* trupp-, scharenweise.

agna, ae *f (agnus) (nicht klass.)* Lammweibchen.

Agnālia, ium *n = Agonalia.*

agnāscor, agnāscī, agnātus sum *(ad u. nascor)* nachgeboren werden *(nach dem Tod des Vaters od. nachdem er sein Testament gemacht hat).*

agnātiō, ōnis *f (agnascor)* Blutsverwandtschaft *vonseiten des Vaters.*

agnātus[1] *Part. Perf. v. agnascor.*

agnātus[2], ī *m (agnascor)* ① nachgeborener Sohn;

② Verwandter von väterlicher Seite.

agnella, ae *f (Demin. v. agna) (spätl.)* Lämmchen.

agnellus, ī *m (Demin. v. agnus)* Lämmchen; *b. Plaut. als Kosewort.*

agnicula, ae *f (Demin. v. agna) (spätl.)* Lämmchen.

agniculus, ī *m (Demin. v. agnus) (spätl.)* Lämmchen.

agnīna, ae *f (agninus; erg. caro) (Plaut.; Hor.)* Lammfleisch.

agnīnus, a, um *(agnus) (vor- u. nachkl.)* vom Lamm, Lamm-.

agnitiō, ōnis *f (agnosco)* ① Anerkennung;

② Erkenntnis.

agnitus *P. P. P. v. agnosco.*

agnōmen, minis *n (ad u. nomen)* Beiname, *den man auf Grund persönlicher Eigenschaften (z. B. Pius) od. Verdienste (z. B. Africanus) erlangte; – vgl. cognomen.*

agnōscibilis, e *(agnosco) (nachkl.)* erkennbar, erkenntlich.

● **agnōscō,** agnōscere, agnōvī, agnitum *(ad u. nosco)* ① erkennen, wahrnehmen [**deum; sonitum**];

② wieder erkennen [**suos; Troiam**];

③ anerkennen *(als: m. dopp. Akk.)* [**Alexandrum filium** als Sohn; **gloriam facti**].

agnus, ī *m* Lamm.

● **agō,** agere, ēgī, āctum treiben: ① **a)** bewegen, in Bewegung setzen, treiben; **ventus nubes agens; b)** *(Tiere als Viehtreiber od. Hirt)* (vorwärts) treiben [**tauros; capellas; ex agris in urbem pecora armentaque; boves ad flumina**]; **c)** *(Menschen)* treiben, führen, leiten [**captivos prae se; virgis proditorem in urbem; alqm ad mortem** zum Tode führen; **servum ad supplicium**]; **d)** *se ~ u. mediopass.* sich in Bewegung setzen, aufbrechen; **agmen agitur; e)** *ein Fahrzeug od. ein Pferd (als Reiter od. Fuhrmann)* führen, lenken, steuern [**currum; equum ad vallum** an den W. heranreiten; **equum in hostem** auf den F. lossprengen]; **f)** forttreiben, -führen, -reißen; rauben; **quā quemque metus agebat, diffugerunt;** *im Pass.* **agi** fortgetrieben, fortgerissen werden, stürmen: **turbā fugientium actus** mit fortgerissen; **g)** jagen, hetzen, verfolgen, treiben, vertreiben [**canes; praecipites Pompeianos; fugientes hostes ad naves**]; *bisw.* gerichtl. verfolgen, anklagen; **h)** *(z. B. Mauern)* ziehen, führen, anlegen [**fundamenta; parietem; aggerem; cuniculos ad aerarium**]; **i)** *(milit. t. t.)* vorschieben, näher rücken [**vineas ad oppidum**];

② **a)** tun, ausführen; *abs.* tätig sein, handeln; **b)** (**male, bene** *u. Ä.)* **agere cum alqo** (schlecht, gut) m. jmdm. verfahren, jmd. behandeln; **cum omnibus aequo iure** ~ alle nach gleichem Recht behandeln; **c)** *(v. Beamten)* ein Amt bekleiden, ausüben [**proconsulatum**]; **d)** *se* ~ sich verhalten, sich benehmen; **se ingenti modestia agere; neglegenter se et avare agentes; e)** auf etw. hinarbeiten, nach etw. streben, etw. vorhaben, beabsichtigen; **aliud agentes** (vorhabend), **aliud simulantes** (vorgebend); **id agere, ut (ne)** darauf hinarbeiten, sich bemühen, dass (dass nicht);

③ **a)** *(Zeit)* verleben, verbringen; *abs.* leben, weilen, sich aufhalten, wohnen; **aetatem ~ procul a re publica; aetatem in litteris ~; vitam ruri ~; hiemem sub tectis suis ~; b)** *(poet.) (eine Zeit, einen Zustand od. eine Tätigkeit)* zur Vollendung führen, vollenden lassen; **cum Tithonia coniunx quintae tempora lucis aget; c)** *(in Verbindung m. annus u. einer Ordinalzahl)* im ... ten Jahr stehen; **quartum annum ago et octogesimum;**

④ **a)** verhandeln, besprechen; *bes.* **res agitur:** es wird verhandelt über; die Sache steht auf dem Spiel; **b)** *(vor Gericht)* eine Rechtssache führen: *(vom Kläger)* klagen; *(vom Verteidiger) (causam od. rem)* einen Prozess führen, eine Sache verteidigen;

⑤ **a)** *(t. t. der Bühne)* darstellen, *(eine Rolle)* spielen [**senatorem; nobilem**]; aufführen [**comoediam; tragoediam**]; **b)** *(vom Schriftsteller u. Redner)* vortragen [**carmen**];

⑥ **a)** *(gratias alci)* Dank ausdrücken, danken; **b)** *(laudes alci)* loben, preisen [**dis**];

⑦ **a)** *(Feste)* begehen, feiern [**festum diem; diem natalem**]; **b)** veranstalten, (ab)halten [**censum**];

/ *Imp.* **age, agite** *im Sinne einer Ermunterung, eines Aufrufs, oft durch -dum oder -sis verstärkt* wohlan! auf! vorwärts! *(b. Imp. od. Konj. hortativus):* **agedum dic!; agitedum ite mecum!; age nunc consideremus;**
/ *Part. Präs.* **agēns,** entis **a)** *Adj.* ausdrucksvoll; lebhaft: **imagines agentes; acer orator, incensus et agens; b)** *Subst. m* Anwalt, Kläger;
/ *P. P. P.* **ācta,** ōrum *n, selten Sg.* **a)** Handlungen, Taten, Werke: **Herculis acta; pueritiae acta recordari;** *auch m. Adv.* **fideliter acta** treu geleistete Dienste; **b)** öffentliche Verhandlungen; *auch* Aufzeichnungen der Verhandlungen, Verzeichnis, Register, Urkunden; **c)** Gesetze, Verordnungen, Verfügungen.

agōn, ōnis *m* (*Akk. Sg.* -ōnem *u.* -ōna, *Akk. Pl.* -ōnas) *(gr. Fw.)*
❶ Wettkampf, Kampfspiel; **nunc demum ~ est** jetzt erst gilt es;
❷ *(spätl.)* ~ **exitūs** Todeskampf;
❸ *(spätl.) Pl.* Glaubenskämpfe.

Agōnālia, ium *u.* iōrum *n* die Agonalien, *ein röm. Opferfest, das nach der Anordnung des Numa Pompilius zu Ehren des Janus gefeiert wurde;* – *Adj.* **Agōnālis,** e: *dies Agonales = Agonalia.*

Agōnia, ōrum *n = Agonalia.*

agōnia, ōrum *n (Ov.)* Opfertiere.

agorānomus, ī *m (gr. Fw.)* Marktaufseher, -vorsteher *in Griechenland, ein Polizeibeamter, vergleichbar m. dem aedilis plebis in Rom.*

Agragā(n)s, Agragantīnus = *Agrigentum, Agrigentīnus.*

agrārius, a, um *(ager)* ❶ die Staatsländereien, *bes.* ihre Verteilung betreffend [**lex** Ackergesetz; **largitio** reiche Ackerverteilung]; – *Subst.* a) agrāria, ae *f = lex agraria;* b) agrāriī, ōrum *m* Freunde der Ackergesetze.
❷ *(nachkl.)* Acker-, Feld-.

● **agrestis,** e *(ager)* ❶ auf dem Feld, auf dem Land befindlich: **a)** *(v. Pflanzen)* auf dem Feld wachsend, wild (wachsend), Feld-; **b)** *(v. Tieren)* auf dem Feld lebend, Feld- [**mus** Feldmaus; **columbae** Feldtauben *(Ggstz. c. domesticae)*]; **c)** *(v. Menschen)* auf dem Land lebend, Ackerbau treibend, Land- [**homo** Landmann, Bauer]; – *Subst.* agrestis, is *m* Bauer;
❷ ländlich [**vita**];
❸ bäurisch, plump, roh, ungebildet; **senex durus ac paene ~ ; servi agrestes et barbari;** – *Subst.* agrestis, is *m* ungebildeter Mensch.

● **agricola,** ae *m (ager u. colo)* Landmann, Bauer; – **deus ~** *(Tib.) (hier als Adj. verwendet)* Schutzgott des Ackerbaus *(üb. Silvanus).*

Agricola, ae *m* Cn. Iulius ~ *(40–93 n. Chr.), Schwiegervater des Tacitus, der seine Biografie schrieb.*

agrī-cultiō, -cultor, -cultūra *s. cultio, cultor, cultura.*

Agrigentum, ī *n griech. Koloniestadt an der Südküste Siziliens;* – *Adj.* **Agrigentīnus,** a, um; – *Einw.* **Agrigentīnī,** ōrum *m.*

agri-peta, ae *m (ager u. peto)* Ansiedler, Kolonist.

i Kultur **Agrippa,** ae *m cognomen u. praenomen verschiedener gentes, bes. bekannt:* ❶ Menenius ~, *welcher der auf den Mons Sacer ausgewanderten Plebs die Fabel vom Magen u. den Gliedern erzählte u. sie so zur Rückkehr bewog (494 v. Chr.);*
❷ M. Vipsanius ~ *(63–12 v. Chr.), Freund u. Feldherr des Augustus, Sieger v. Actium (31 v. Chr.), in 3. Ehe m. Julia, der Tochter des Augustus, verheiratet;*
❸ ~ Postumus, *nachgeborener Sohn des M. Vipsanius ~ aus der Ehe m. Julia, nach dem Regierungsantritt des Tiberius ermordet;*
❹ Herodes ~ I. *u.* II., *Könige v. Judäa.*

i Kultur **Agrippīna,** ae *f* ❶ Tochter des M. Vipsanius Agrippa u. der Pomponia, Gattin des Kaisers Tiberius;
❷ Tochter des M. Vipsanius Agrippa u. der Julia, Gattin des Germanicus, Mutter des Caligula;
❸ Enkelin des M. Vipsanius Agrippa, Tochter des Germanicus u. der Agrippina, in 3. Ehe m. dem Kaiser Claudius, ihrem Onkel, verheiratet, aus der 1. Ehe Mutter des Nero, auf dessen Geheiß ermordet; ihr Geburtsort im Gebiet der Ubier wurde auf ihre Veranlassung 50 n. Chr. zur Kolonie gemacht u. **Colōnia Agrippīnēnsis** (*vollst.* Colonia Claudia Ara Agrippinensis) genannt (*j.* Köln); – *Einw.* **Agrippīnēnsēs,** ium *m.*

Agyieūs, *Vok.* eū *m Beiname Apollos als Schirmherr der Straßen.*

Agylla, ae *f alter (griech.) Name der Stadt Caere in Etrurien;* – *Adj.* **Agyllīnus,** a, um *Agyllina urbs (poet.) = Agylla;* – *Einw.* **Agyllīnī,** ōrum *m.*

āh = *a*[2]

aha *Interj. (Plaut.)* oho!

Ahāla, ae *m cogn. der gens Servilia:* C. Servilius ~, *bekannt weg. seines Mordes an Mälius (439 v. Chr.).*

Aharna, ae *f Stadt in Etrurien.*

ahēneus *u.* **ahēnus,** a, um = *aeneus u. aenus.*

Ahēnobarbus *s. Domitius.*

ai *(Ov.) Interj. der Klage* ach! wehe!

Āiāx, ācis *m* (*Akk.* -cem *u.* -cēn) *Name zweier*

berühmter griech. Helden vor Troja: ① *Sohn des Telamon v. Salamis; als die Waffen des Achilles nicht er, sondern Odysseus bekam, beging er Selbstmord;*
② *Sohn des Oïleus v. Lokris.*

āiēns *s. aio.*

● **āiō** *Verb. defect.* ① Ja sagen, bejahen;
② sagen, versichern, behaupten *(oft in die dir. od. indir. Rede eingeschoben);* **ut ait Homerus; ut aiunt** wie man sagt;
/ *klass. nur folg. Formen: aio, ais, ait, aiunt; im Konj. aias, aiat, aiant; vollst. Imperf. Ind. Akt. aiebam usw. (verkürzt aibas, aibat), selten im Imp. ai;* **ain'** *(= aisne)* meinst du? wirklich?; **quid ais?** hör mal, sag mal!
/ *P. Adj.* **āiēns,** entis bejahend.

Āius Locūtius *od.* **Āius Loquēns** *m (aio u. loquor) die göttl. Stimme, welche die Römer vor der Ankunft der Gallier warnte (390 v. Chr.); ihrer Personifikation baute Camillus einen Tempel.*

● **āla,** ae *f* ① Flügel *(zum Fliegen);* **alis plaudens columba; movere alas;** *(des Ikarus)* **alas accommodare umeris;** *(poet.) (der Götter)* **Mors atris circumvolat alis** *(Hor.);* **bibulae cupidinis alae** *(Ov.);*
② *(poet.)* Ruder; **classis centenis remiget alis** *(Prop.);*
③ *(poet.)* Segel; **velorum pandimus alas** *(Verg.);*
④ Achsel(höhle); Achselhaare*;*
⑤ *(milit. t. t.)* Flügel *eines Heeres; bes.* Reitergeschwader; *später* die Hilfstruppen der Bundesgenossen, *bes. ihre Reiterei;*
⑥ Schildrand.

Alabanda, ae *f u.* ōrum *n Stadt in Karien; erbaut v. Alabandus; – Adj.* **Alabandēnsis,** e, **Alabandēus** *u.* **Alabandicus,** a, um aus Alabanda; – *Einw.* **Alabandēnsēs,** ium *m.*

alabarchēs = *arabarches.*

alabaster, trī *m u.* **alabastrum,** ī *n (gr. Fw.)* Salbenfläschchen *aus Alabaster od. Onyx.*

● **alacer,** cris, cre *u. (selten)* **alacris,** e *(m. Komp., kein Superl.)* ① aufgeregt, erregt;
② munter, freudig, lebhaft, eifrig.

alacritās, ātis *f (alacer)* Munterkeit, Fröhlichkeit, (freudiger) Eifer [**pugnandi** Kampflust; **rei publicae defendendae**].

Alamannī *u. (schlechter)* **Alemannī,** ōrum *m germ. Völkergruppe suebischer Herkunft, erstmals für 213 n. Chr. erwähnt (Main-, Limesgebiet); –* **Alamannia,** ae *f* Alemannien *bzw.* Alamannien; – *Adj.* **Alamannicus,** a, um *(Beiname Kaiser Caracallas als Alemannensiegers) u.* **Alamannus,** a, um alemannisch *bzw.* alamannisch.

Alānī, ōrum *m Skythenstamm, urspr. am Kaukasus.*

alapa, ae *f (poet.; nachkl.)* ① Ohrfeige; **-am alci ducere** geben; **-as accipere;**
② *symbolischer* Backenstreich *b. der Freilassung eines Sklaven.*

ālārius, a, um *u.* **ālāris,** e *(ala) (milit. t. t.)* zu den Flügeltruppen gehörig, Flügel- [**cohortes; equites**]; – *Subst. Pl.* **ālāriī,** ōrum *m u. (nachkl.)* **ālārēs,** ium *m* Hilfstruppen.

ālātus, a, um *(ala) (poet.)* geflügelt; **Phoebus -is aethera carpit equis** *(Ov.).*

alauda, ae *f (kelt. Fw.)* ① Haubenlerche;
② *(übtr.) Name einer v. Cäsar aufgestellten gallischen Legion (so benannt nach den schopfähnlichen Federbüschen).*

Alazōn, onis *m* (*Akk.* -ona) (ἀλαζών) Prahler, *Titel einer griech. Komödie, von Plautus in seinem Miles gloriosus als Vorlage benutzt u. umgestaltet.*

Alba, ae *f* ① **Alba Longa** *die älteste latinische Stadt, der Sage nach v. Askanius erbaute Mutterstadt Roms, am Westabhang des Albanergebirges (mons Albanus) gelegen; – Adj.* **Albānus,** a, um aus Alba, *poet. auch* römisch; – *Einw.* **Albānī,** ōrum *m;* – **Albānum,** ī *n:* **a)** *(erg. praedium) Name prächtiger Villen am Albanerberg, bes. des Pompeius, des Kaisers Nero, des Kaisers Domitian; später der aus diesen Villen entstandene Ort, j.* Albano; **b)** *(erg. vinum)* Albanerwein;
② **Alba Fūcentia** (*od.* Fucentis) *Ort am Fucinersee, bedeutende Festung u. röm. Staatsgefängnis; – Einw. u. Adj.* **Albensis,** is *m bzw.* e.

alba, ae *f (albus; erg. vestis) (spätl.)* weißes Gewand; Feiertagskleid [**in albis**]; *(mlt.) weißes Chorhemd der Geistlichen,* die Albe.

Albānia, ae *f Landschaft am Kasp. Meer; – Einw.* **Albānī,** ōrum *m.*

albātus, *(albus)* **I.** *Adj.* a, um weiß gekleidet;
II. *Subst.* ī *m (mlt.)* Engel.

albēdō, dinis *f (albus) (spätl.)* weiße Farbe, die Weiße.

albeō, albēre, – – *(albus) (poet.; nachkl.)* weiß sein; **albēns,** entis weiß.

albēscō, albēscere, – – *(Incoh. v. albeo)* weiß, hell werden; **lux albescit** der Tag graut.

albi-capillus *(albus) (Plaut.)* **I.** *Adj.* a, um weißhaarig;
II. *Subst.* ī *m* Graukopf.

Albicī, ōrum *m gall. Bergvolk b. Marseille.*

albicō, albicāre *(albus) (poet.; nachkl.)* weiß(lich) sein, weiß schimmern; **albicans litus.**

albidus, a, um *(albus) (poet.; nachkl.)* weiß(lich) [**spuma**].

Albinovānus, ī *m röm. nomen gentile:* ① C. ~ Pedo, *epischer Dichter, Freund Ovids;*
② ~ Celsus, *Geheimschreiber des Tiberius.*

Albintimilium *s. Intemelii.*

Albīnus, ī *m Beiname römischer gentes:* Aulus Postumius ~, *Historiker um 150 n. Chr.*

Albiōn, ōnis *f alter Name von Britannien.*

Albis, is *m* (*Akk.* -im, *Abl.* -ī) die Elbe.

albitūdō, dinis *f (albus)* die Weiße, das Weiß [**capitis** graues Haar].

Albius, ī *m Name einer röm. gens:* ~ Tibullus *s. Tibullus;* – *Adj.* **Albiānus,** a, um des Albius.

Albrūna, ae *f Name einer germ. Seherin.*

Albula, ae *f (erg. aqua) alter Name des Tiber;* **fluvius Albula, quem nunc Tiberim vocant** *(Liv.).*

Albulae *(aquae) Bach b. Tibur.*

albulus, a, um *(Demin. v. albus)* weißlich, *(v. Wasser)* weißlich schäumend [**freta**].

album, ī *n (albus)* ① weiße Farbe;
② weiß übertünchte Holztafel f. Bekanntmachungen.

albūmen, minis *n (albus) (Plin.) (ovi)* das Weiße.

Albunea, ae *f schwefelhaltige Quelle b. Tibur u. (poet.) die weissagende Nymphe dieser Quelle.*

Alburnus, ī *m Waldgebirge in Lukanien.*

● **albus,** a, um ① *(glanzlos)* weiß *(während candidus glänzend weiß bedeutet)* [**vinum; corpus; equi** Schimmel; **vestis**]; *(poet.)* weiß gekleidet; weiß gestrichen;
② grau [**barba; capilli; plumbum** Zinn];
③ blass, bleich;
④ *(v. Gestirnen)* hell [**sol**];
⑤ *(übtr.)* **a)** heiterstimmend; **b)** günstig [**stella**];
/ *sprichw. Redensarten:* **-a avis** Wundertier; **-ae gallinae filius** Glückskind; **equis praecurrere -is** bei weitem übertreffen.

Alcaeus, ī *m griech. Lyriker aus Mytilene auf Lesbos (um 600 v. Chr.), Zeitgenosse der Dichterin Sappho; Erfinder einer Strophenform u. darin so gewandt, dass sie nach ihm „alcäische Strophe" benannt wurde, in der lat. Dichtung, bes. v. Horaz, angewandt.*

Alcamenēs, is *m griech. Bildhauer u. Erzgießer, Schüler des Phidias.*

Alcathoē, ēs *f Burg v. Megara.*

Alcathous, ī *m Sohn des Pelops, baute die v. den Kretern zerstörten Mauern v. Megara wieder auf;* **urbs -i** = Megara; **-i moenia.**

alcēdō, dinis *f (vorkl.)* Eisvogel.

alcēdōnia, ōrum *n (alcedo; erg. tempora) (vorkl.)* Eisvogelbrutzeit, stille, sturmfreie Zeit im Winter.

alcēs, is *f* Elch.

Alcēstis, idis *f (Akk.* -tim *u.* -tin) *u.* **Alcēstē,** ēs *f Tochter des Pelias, Gattin des Admetus, Königs v. Pherä; ging, um das Leben ihres Gatten zu retten, freiwillig in den Tod, kehrte dann aber aus der Unterwelt zu ihrem Gatten zurück; nach der einen Sage wurde sie v. Hercules aus der Unterwelt befreit, nach einer anderen v. Proserpina zurückgeschickt (Drama des Euripides).*

Alcibiadēs, is *m athen. Staatsmann, Neffe des Perikles, Schüler des Sokrates, gest. 404 v. Chr.*

Alcidamās, mantis *m griech. Rhetor., Schüler des Gorgias.*

Alcidēmos, ī *f Beiname der Minerva.*

Alcīdēs, ae *m* der Alkide, *Nachk. des Alkeus* = Herkules.

Alcinous, ī *m König der Phäaken auf Scheria (Corcyra, Korfu), Vater der Nausikaa, nahm den an die Küste seiner Insel verschlagenen Odysseus gastlich auf;* – *seine herrlichen Obstgärten wurden sprichw., dah. Alcinoi silvae (Verg. Georg.) fruchtbare Obstbäume.*

Alcmaeō(n), onis *m* ① *im Mythos: Sohn des Amphiaraus u. der Eriphyle, tötete auf Geheiß seines Vaters seine Mutter u. wurde wahnsinnig; Gegenstand einer Tragödie des Ennius;* – *Adj.* **Alcmaeonius,** a, um [**furiae** die den Alkmäon verfolgenden F.];
② *in der Geschichte: Philosoph, Schüler des Pythagoras.*

Alcmēna, ae *u.* **Alcmēnē,** ēs *f Gattin des Amphitryon, Mutter des Hercules.*

Alcumēna, ae *f* = *Alcmena.*

alcyōn, onis *f (Akk. Pl.* -onas) *(gr. Fw.) (poet.; nachkl.)* Eisvogel.

Alcyonē, ēs *f* ① *Tochter des Windgottes Äolus;*
② *eine der Plejaden, Tochter des Atlas.*

alcyonēus *u.* **-nius,** a, um *(alcyon) (nicht klass.) zum* Eisvogel gehörig.

ālea, ae *f* ① Würfel; ~ **iacta est** der Würfel ist gefallen *(angeblicher Ausspruch Cäsars, als er nach langem Zögern sich entschloss, über den Rubikon zu gehen);*
② Würfelspiel; *übh.* Glücksspiel; **alqd in -a perdere;**
③ Ungewissheit, Risiko; Gefahr; Wagnis; Zufall; **~ est in alqa re; ~ inest alci rei; ~ vitae ac rei familiaris; ~ belli; periculosae plenum opus -ae; in dubiam imperii servitiique -am ire** das ungewisse Spiel um H. od. S. wagen.

āleārius, a, um *(alea)* das Würfelspiel betreffend, Würfel-.

āleātor, ōris *m (alea)* (Würfel-)Spieler.

āleātōrius, a, um *(aleator)* Spiel- [**damna** Spielverluste].

ālēc = *allec.*

Alēctō *u.* **Allēctō** *f (Akk.* -ō, *nur im Nom. u. Akk.) eine der drei Furien.*

Alēiī campī *m* Irrgefilde, Irrfeld *in Kilikien, dort soll der myth. Held Bellerophon nach seinem Sturz vom Pegasus lange umhergeirrt sein.*

Alemannī *s. Alamanni.*

āleō, ōnis *m (alea) (nicht klass.; klass.: aleator)* Spieler.

āles, *Gen.* ālitis *(ala) (Gen. Pl.* ālitum *u.* [*poet.*] ālituum) **I.** *Adj. (Abl. Sg.* -ī *u.* -e) ① geflügelt

[**deus** Merkur; **puer** Amor];
② rasch, schnell; **passu volat alite virgo;**
II. *Subst. f (poet. auch m)* ① Vogel *(ein größerer Vogel, während avis Vogel übh.);*
② *(Auguralspr.)* Wahrsagevogel *(der durch seinen Flug ein Zeichen gibt);*
③ *(poet.)* Wahrzeichen, Vorbedeutung; **bonā** *(od.* **secundā)** **alite.**

alēscō, alēscere, – – *(vorkl.; poet.) (alo)* heranwachsen, gedeihen.

Alesia, ae *f Stadt der keltischen Mandubier in Gallia Lugdunensis, v. Cäsar 52 v. Chr. niedergebrannt, später wieder aufgebaut, im Mittelalter St. Reine d'Alise, j. Dörfchen etwa 70 km nördl. v. Autun.*

Aletrium, ī *n Stadt der Herniker in Latium, j.* Alatri; – *Adj.* **Aletrīnās,** *Gen.* ātis.

Ālēus, a, um = *Eleus; s. Elis.*

Alexander, drī *m* ① = Paris, *Sohn des Priamus* ('Αλέξανδρος = *Männer beschützend, v.* ἀνήρ *u.* ἀλέξομαι); *er erhielt den Namen Alexander später, weil er die Räuber vertrieb u. die Hirten beschützte;*
② *Tyrann in Pherä in Thessalien (um 360 v. Chr.), v. seiner Gattin Thebe u. ihren Brüdern ermordet;*
③ *König der Molosser in Epirus, Onkel Alexanders des Gr. (reg. 342–330 v. Chr.);*
④ ~ *Magnus* Alexander der Große *(356–323 v. Chr.), König v. Makedonien (reg. 336–323).*

> *i* Kultur **Alexander Magnus** Alexander der Große (356–323 v. Chr.), König v. Makedonien (reg. 336–323), Sohn König Philipps II. v. Makedonien.
> 334 begann die Expedition gegen Persien. Sieg Alexanders über die Perser unter dem Perserkönig Dareios III. in der Schlacht am Granikos (in Kleinasien). In Gordion löste Alexander den Gordischen Knoten, von dem die Sage ging, dass derjenige, der ihn löst, Herrscher über ganz Asien werden würde, indem er ihn mit dem Schwert durchschnitt. 331 unterwarf sich Ägypten. Alexander gründete die Stadt Alexandria. In demselben Jahr überschritt das Heer den Euphrat und den Tigris. Es kam erneut zum Kampf mit Dareios. In der Entscheidungsschlacht siegte Alexander. Der fliehende Dareios wurde von einem Satrapen ermordet. Alexander fühlte sich als Nachfolger des Großkönigs. 327 zog das Heer nach Indien und überquerte den Indus.
> Alexander wollte ein makedonisch-griechisch-persisches Weltreich gründen. 323 erkrankte Alexander und starb. Das Reich zerfiel unter die sich bekämpfenden Generale als Nachfolger Alexanders, in die Diadochenreiche.

Alexandrēa *u.* **-īa,** ae *f Name zahlreicher v. Alexander dem Gr. gegründeter Städte, v. denen die bekanntesten sind:* ① *Stadt in Ägypten, gegründet um 330 v. Chr., auch m. dem Beinamen Magna (auch j. noch Alexandria);*
② *Stadt südl. v. Troja (umbenannt aus Antigoneia);*
③ ~ ultima, *nördlichste v. Alexander 327 v. Chr. am Syrdarja gegründete Stadt;*
/ *Einw. u. Adj.* **Alexandrīnus,** ī *m bzw.* a, um.

Alexis, idis *u.* is *m (Akk.* -in *u.* -im, *Vok.* -i) *griech. Komödiendichter z. Zt. Alexanders des Gr.*

Alfēnus, ī *m* P. ~ Varus, *aus Cremona stammender Rechtsgelehrter in augusteischer Zeit.*

alga, ae *f (poet.; nachkl.)* ① Seegras, Tang;
② *(meton.)* Meeresstrand.

algeō, algēre, alsī, – *(algor)* frieren.

algēscō, algēscere, alsī, – *(algeo) (Ter.)* sich erkälten.

algidus, a, um *(algeo) (poet.)* kalt [**nix; saxa**].

Algidus, ī *m (mons) Bergkette in Latium, alte Stätte der Dianaverehrung;* – **Algidum,** ī *n kleine Festung der Äquer auf dem Algidus;* – *Adj.* **Algidus,** a, um [**terra**].

algor, ōris *m (algeo)* Kälte, Frost.

algus, ūs *m (nicht klass.)* = *algor.*

aliā *Adv. (Abl. Sg. f v. alius; erg. viā)* auf anderem Wege.

Ālia, ae *f s. Allia.*

Aliacmōn, onis *m* = *Haliacmon.*

aliās *Adv. (Akk. Pl. f v. alius)* ① ein anderes Mal, sonst; **semper** ~ sonst immer; ~ … ~ bald … bald; ~ **aliud** bald dies, bald jenes;
② anderswo(hin);
③ *(nachkl.)* **non** ~ **quam** unter keiner anderen Bedingung, aus keinem anderen Grund als, nicht anders als.

āliātus, ī *m (alium) (Plaut.)* Knoblauchesser = armer Schlucker.

● **alibī** *Adv. (alius u. ibi)* ① anderswo; ~ **…** ~ hier … dort; ~ **preces,** ~ **minae audiebantur; alius** ~ der eine hier, der andere dort; **non** ~ **quam** nirgends sonst als;
② in anderer Beziehung, sonst.

alica, ae *f (gr. Fw.) (nachkl.)* Speltgrütze, -brei.

alicārius, a, um *(alica) (Plaut.)* Speltgrützen- [**reliquiae** Abfälle]; – *Subst.* **-a,** ae *f* Straßenmädchen, Dirne.

alicubī *Adv. (aliquis u. ubi)* irgendwo.

ālicula, ae *f (gr. Fw.) (nachkl.)* Zipfelmantel.

alicunde *Adv. (aliquis u. unde)* irgendwoher.

alid = *aliud, s. alius.*

Ālidēnsis, e = *Elidensis, e* = *Eleus, a, um s. Elis.*

aliēna, ōrum *n (alienus)* nicht zur Sache Gehöriges, Fremdartiges; **-a loqui** Unsinn reden.

aliēnātiō, ōnis *f (alieno)* ① Entfremdung, Abfall v. jmdm., Abneigung geg. jmd.; **tua a me ~; in Vitellum ~ per Illyricos exercitus;**
② *(jur. t. t.)* Entäußerung;
③ *(mentis)* Geistesabwesenheit, Bewusstlosigkeit; *(Tac.)* Wahnsinn.

aliēni-gena, ae *m (alienus u. gigno)* Ausländer, Fremder *(Ggstz. indigena); als Adj.* ausländisch, fremd *(nur v. Personen).*

aliēni-genus, a, um *(alienigena)* ausländisch, fremd(artig).

aliēnō, aliēnāre *(alienus)* ① entfremden, verfeinden, entzweien, abtrünnig machen; *Pass.* abfallen von; **insulae alienatae** abtrünnig; **non vultu alienatus** ohne eine Spur v. Abneigung zu zeigen;
② **a)** weggeben, entfernen, verstoßen, in fremde Gewalt geben; *Pass.* in fremde Gewalt geraten [**urbs alienata**]; **b)** *(jur. t. t.)* veräußern, abtreten;
③ *mentem* wahnsinnig machen.

aliēnum, ī *n (alienus)* ① fremdes Gut *od.* Eigentum;
② fremder Grund u. Boden; **in -o aedificium exstruere;**
③ fremde Angelegenheit.

● **aliēnus** *(alius)* **I.** *Adj.* a, um ① fremd, einem anderen gehörig [**domus; opes; aes** Schulden];
② fremd, ausländisch; **Graeca nomina aut -a; arbor ex -o petita orbe;**
③ fremd, fern stehend; nicht verwandt mit *(m. Dat. od. ab);* **mihi non ~; non ~ sanguine regibus; homines alienissimi** wildfremde M.;
④ entfremdet; abgeneigt; feindselig, verfeindet *(Konstr wie 3.);* **homo non ~ a litteris** nicht unkundig; **numquam a poëtice ~ fui; ~ alci animus; ambitioni ~;**
⑤ fremd(artig) *(Konstr. wie 3.);* **mos ~; -o Marte** nach ungewohnter Kampfesart;
⑥ unpassend, unangemessen; **-o tempore** zur unpassenden Zeit;
⑦ ungünstig, nachteilig; **-o loco** (Gelände) **proelium committere;**
II. *Subst.* ī *m* Fremder, Ausländer.

āli-fer, fera, ferum *(ala u. fero) (Ov.)* geflügelt.

āli-ger, gera, gerum *(ala u. gero) (poet. u. Plin.)* geflügelt; **Amor ~; agmen -um** Zug der Vögel; **Iovis nuntius ~** Merkur; **axis ~** Drachenwagen.

alimentārius, a, um *(alimentum)* ① Nahrungs-, Unterhalts- [**lex**];
② unterhaltsberechtigt; **pueri et puellae -i:** *Kinder armer Eltern, die aus Stiftungen der röm. Kaiser monatl. Spenden erhielten.*

alimentum, ī *n (alo)* ① *(meist im Pl.)* Nahrung(smittel); **captivis egentibus -a clam suppeditare; -a ignis** (*od.* **flammae**) für das Feuer; *(übtr.)* **-a seditionis; -a famae; addidit -a rumoribus adventus Attali;**
② *Pl.* Alimente, Unterhaltsbeiträge; Erzieherlohn.

Alimentus, ī *m röm. Beiname, s. Cincius.*

alimōnium, ī *n u.* **-a,** ae *f (alo) (vor- u. nachkl. f. alimentum)* Nahrung, Ernährung, Unterhalt.

aliō *Adv. (alius)* ① anderswohin; **~ se conferre; alius ~** der eine hierhin, der andere dorthin;
② zu jmd. anderem, auf andere; **a te causam regiam ~ transferebant;**
③ zu etw. anderem, zu einem anderen Gegenstand; **sermonem ~ transferre;**
④ zu einem anderen Zweck; **non ~ data summa, quam in emptionem** zu keinem anderen Zweck gegeben … als zum Kauf; **nusquam ~ natus, quam ad serviendum.**

aliō-quī(n) *Adv.* ① im Übrigen, sonst;
② überhaupt, im Allgemeinen;
③ andernfalls.

aliōrsum *u.* **aliō-versum (-vorsum)** *Adv.*
① anderswohin;
② in anderer Absicht, in anderem Sinne, anders.

āli-pēs, *Gen.* pedis *(ala) (poet.)* ① mit geflügelten Füßen [**deus** Merkur; **equi** *v. den Rossen des Phöbus*];
② *(übtr.)* schnell(füßig) [**cervi; equi**]; *– Subst. im Pl.* Rosse.

Aliphēra, ae *f Stadt in Arkadien.*

āli-pilus, ī *m (ala u. pilo) Sklave, der in den röm. Bädern die Achselhaare entfernte.*

alīptēs *u.* **alīpta,** ae *m (gr. Fw.)* Masseur, *b. den Römern der Sklave, der den Herrn im Bad abrieb u. salbte.*

aliquā *Adv. (erg. viā)* ① auf irgendeinem Weg, irgendwo;
② *(poet.) (übtr.)* irgendwie [**nocere**].

aliquam *Adv.* ziemlich [**multi**].

aliquamdiū *Adv.* eine Zeit lang.

● **aliquando** *Adv.* ① *(auf eine unbest. Zeit der Vergangenheit, Gegenwart u. Zukunft bezogen)* (irgend)einmal, irgendwann; einst(mals); **illucescet ~ ille dies; sero, verum ~ tamen; scribe ~ ad nos, quid agas;**
② endlich (einmal);
③ manchmal.

aliquantillum, ī *n (Demin. v. aliquantum) (Plaut.)* ein bisschen.

aliquantisper *Adv. (aliquantus u. per) (vor- u. nachkl.)* eine Zeit lang, eine Weile.

aliquantulum, ī *n (Demin. v. aliquantum)* ein bisschen *(m. Gen.)* [**panis; frugis**]; *auch als Adv.*

aliquantulus, a, um *(Demin. v. aliquantus)* ziemlich klein, gering.

aliquantum, ī *n* eine ziemlich große Menge, ziemlich viel *(an: m. Gen.)* [**aquae; itineris**].

● **ali-quantus,** a, um beträchtlich, ziemlich viel, ziemlich groß, bedeutend [**numerus; iter; maris spatium; timor**]; *–Adv.* a) **-um** ziemlich, bedeutend; b) **-ō** *(Abl. mensurae)* bedeutend *(b. Komp. u. komparativen Ausdrücken):* **-o amplius; -o post** *od.* **post -o** geraume Zeit darauf.
aliquā-tenus *Adv. (nachkl.)* einigermaßen.
● **ali-quī**[1], aliquae (-a), aliquod *Pron. indef. adj.* irgendein [**morbus; dolor; locus; magistratus**].
aliquī[2] *Adv. (vorkl.)* irgendwie.
● **ali-quis,** aliqua, aliquid *Pron. indef. subst., aliquis u. aliqua auch adj.* ① (irgend)jemand, irgendeiner, (irgend)etwas; irgendein; *im Pl.* irgendwelche, einige; *adj.:* **aliquis deus; aliquis error; sine aliquo timore; non sine aliqua spe et cogitatione; aliquo modo; aliqua ex parte** einigermaßen; *subst.:* **aliquid consilii capere** irgendeinen Entschluss fassen;
② mancher, *im Pl. (um eine Anzahl ungefähr anzugeben)* etwa; **tres aliqui aut quattuor;**
③ bedeutend, nennenswert; **aliquo numero esse** etw. gelten, Einfluss haben; **aliquid esse** nicht ohne Bedeutung sein; – *Adv.* aliquid *(Akk. Sg. Neutr.)* einigermaßen.
aliquō *Adv.* irgendwohin.
● **aliquot** *(undekl. Adj.)* einige [**amici; epistulae**].
aliquotiē(n)s *Adv. (aliquot)* einige Male, mehrmals.
aliquō-vorsum *Adv. (Plaut.)* in irgendeiner Richtung, irgendwohin.
Ālis, idis *f* = *Elis.*
alis, alid *ältere Form für alius, aliud.*
Alīsō, ōnis *m röm. Kastell an der Lippe, v. Drusus angelegt.*
● **aliter** *Adv.* ① anders, auf andere Weise; **~ ac (atque, et)** anders als; **non ~ nisi** nur wenn; **fieri ~ non potest; ~ atque ~** bald so, bald so, auf verschiedene Weise; **~ alius** der eine so, der andere so;
② entgegengesetzt [**evenire**];
③ andernfalls, sonst.
alitus *s. alo.*
aliubī *Adv.* anderswo.
ālium (*u.* allium), ī *n* Knoblauch.
ali-unde *Adv. (alius)* ① anderswoher; **alii ~ coibant** der eine v. daher, der andere v. dorther; **~ quam** anderswoher als;
② v. jmd. anderem, v. anderen;
③ v. etw. anderem.
● **alius,** alia, aliud (*Gen.* alīus, *gew.* alterīus, *Dat.* aliī) ① ein anderer *(gew. v. mehreren, während alter v. zweien);* **alii ... alii** die einen ... die anderen; **alius alii subsidium ferunt** einander; **alius aliud** der eine dies, der andere jenes; **alii alio in loco** die einen an dem, die anderen an jenem Ort; **aliud alio melius** eins besser als das andere; **alius post** *(od.* **super***)* **alium** einer nach dem Anderen; **alius ac** (*od.* **atque** *od.* **et**) ein anderer als: **longe alia ac tu scribis;** *b. vorhergehender Negation od. nach einem Interrogativpronomen m. nisi, quam, praeter:* **nihil aliud nisi** (*od.* **quam**) nichts anderes als; **quid aliud quam?** was anderes als? was sonst als?; *– Akk. Pl. Neutr.* **alia** in einer anderen Beziehung, sonst: **et alia clarus** auch sonst b.;
② verschieden; **alium facere alqm** zu einem ganz anderen Menschen machen, verwandeln;
③ der übrige.
Ālīus, a, um = *Elius, s. Elis.*
al-lābor, lābī, lāpsus sum herangleiten, -fließen, -fluten, gelangen *(zu, an: m. Dat. od. Akk.);* **mare crescenti allabitur aestu; antiquis allabimur oris; ~ aures** zu den Ohren dringen.
al-labōrō, labōrāre *(Hor.)* hinzuarbeiten, -fügen; erstreben.
al-lacrimō, lacrimāre *(poet.; nachkl.)* dabei weinen.
al-lambō, lambere, – –*(nachkl.)* belecken.
allāpsus[1], ūs *m (allabor)* das Herangleiten.
allāpsus[2] *P. P. Akt. v. allabor.*
al-lātrō, lātrāre *(nachkl.)* ① anbellen, *bes. v. Personen:* anschreien, anfahren;
② *(v. Meer)* anbrausen; **Oceanus interna maria allatrat.**
allātus *P. P. P. v. affero.*
al-laudābilis, e *(Plaut.; Lucr.)* sehr lobenswert [**opus**].
al-laudō, laudāre *(Plaut.)* loben.
allēc, ēcis *n u.* **allēx,** ēcis *m u. f (nicht klass.)* Fischbrühe.
Allēctō *s. Alēctō.*
allectō, allectāre *(Intens. v. allicio)* anlocken; **invitare atque ~.**
allēctus[1] *P. P. P. v. allego*[2]*.*
allectus[2] *P. P. P. v. allicio.*
allēgātiō, ōnis *f (allego*[1]*)* ① Absendung *(einer Person z. B. als Unterhändler),* Sendung, Auftrag;
② *(spätl.)* Rechtfertigung.
allēgātus, ūs *m (allego*[1]*) = allegatio 1.*
al-lēgō[1], lēgāre ① jmd. *(in Privatangelegenheiten, z. B. als Unterhändler)* entsenden, abordnen, schicken *(alqm ad alqm od. alci);*
② etw. vorbringen, anführen [**preces; mandata**];
③ sich auf etw. berufen.
al-legō[2], legere, lēgī, lēctum hinzuwählen, durch Wahl aufnehmen [**octo praetoribus duos; alqm in senatum; pontifices de plebe**]; **gens a Tarquinio inter Romanas gentes allecta.**
allevāmentum, ī *n (allevo)* Erleichterung, Linderung(smittel); **in adversis sine ullo re-**

medio atque -o permanere.

allevātiō, ōnis *f (allevo)* ❶ *(nachkl.) das* Aufheben, Aufrichten;
❷ *(übtr.)* Erleichterung.

al-leviō, leviāre *(ad u. levis) (Eccl.)* erleichtern.

al-levō, levāre ❶ emporheben, aufrichten, stützen; **allevatus circumstantium umeris; allevatis scutis** mit erhobenen Schildern; **clipeo se ~ conatus est;**
❷ *(übtr.)* erleichtern, mildern [**sollicitudines meas; animum a maerore**]; *Pass.* sich erholen.

allex[1], allicis *n* große Zehe; *(Plaut.)* ~ **viri** *(scherzh.)* Däumling.

allēx[2], ēcis *m u. f s. allec.*

al-lēxī *Perf. v. allicio.*

Allia *u.* **Ālia,** ae *f kleiner Fluss, der etwa 15 km nördl. v. Rom in den Tiber mündet; am 18. Juli des Jahres 387 od. 390 v. Chr. erlitten hier die Römer eine vernichtende Niederlage durch die Gallier (der Tag wurde als schwarzer Tag, d. h. Unglückstag: dies ater im Kalender festgehalten); – Adj.* **Al(l)iēnsis,** e.

alliātus, ī *m = aliatus.*

allice-faciō, facere, –, factum *(allicio)* anlocken.

al-liciō, licere, lēxī, lectum anlocken, anziehen; gewinnen [**mentes dicendo; hominem ad se; oratione benigna multitudinis animos ad benevolentiam**].

al-līdō, līdere, līsī, līsum *(ad u. laedo)* geg. etw. anschlagen, anstoßen [**alqm ad saxa; clipeos in latus**]; *Pass. auch übtr.* scheitern.

Allīfae, ārum *f Stadt in Samnium; – Einw. u. Adj.* **Allīfānus,** ī *m bzw.* a, um; – **Allīfāna,** ōrum *n (erg. pocula) (Hor.)* Allifaner (irdene) Becher, Maßkrüge.

alligātiō, ōnis *f (alligo) (nachkl.)* ❶ das Anbinden [**Promethei;** *(als t. t. des Landbaus)* **arbustorum**];
❷ *(übtr.)* das eheliche Band.

al-ligō, ligāre ❶ an-, festbinden [**alqm ad palum;** *(als t. t. des Landbaus)* **vineas**];
❷ hemmen, festhalten;
❸ *(med.)* verbinden [**vulnus; caput lanā**];
❹ fesseln [**leones**];
❺ *(übtr.)* binden, verpflichten; **nuptiis alligatus; foedere ~; lex omnes mortales alligat;**
❻ **se scelere** ~ sich eines Verbrechens schuldig machen; – *alligātus, a, um* in ein Verbrechen verwickelt.

al-linō, linere, lēvī, litum ❶ *(poet.; nachkl.)* anschmieren, anstreichen;
❷ *(übtr.)* mit etw. beflecken.

al-līsī *Perf. v. allido.*

allīsus *P. P. P. v. allido.*

allium, ī *n = alium.*

Allobrogēs, gum *m* (*Akk.* -as) die Allobroger, *mächtiges u. wohlhabendes Gebirgsvolk in Gallia Narbonensis (Provence); Sg.* Allobrox, brogis; – *Adj.* **Allobrogicus,** a, um.

allocūtiō, ōnis *f (alloquor)* ❶ Anrede, Ansprache;
❷ Zuspruch, Trost, Beschwichtigung.

allodium, ī *n (mlt.)* Allod, freies Eigengut *(im Gegensatz zum Lehen = beneficium).*

alloquium, ī *n (alloquor) = allocutio.*

al-loquor, loquī, locūtus sum *(m. Akk.)* ❶ ansprechen, anreden, eine Ansprache halten [**populum; milites; alqm comiter**];
❷ zureden, trösten [**parentes in luctu**].

al-lubēscit *(ad u. lubet) (Plaut.)* es gelüstet mich, ich bekomme Lust.

al-lūceō, lūcēre, lūxī, – *(Plaut; nachkl.)* anleuchten, dazu leuchten *(m. Dat.); (übtr.)* **nequiquam tibi Fortuna faculam lucrifica ~ vult** (*Plaut.*) vergebens lässt die gewinnbringende Glücksgöttin dir eine Fackel leuchten = vergebens zeigt das Glück dir die günstige Gelegenheit zum Gewinn.

al-lūcēscit, lūcēscere, lūxit *(spätl.)* es wird hell.

allūdiō, allūdiāre *(ad u. ludo) (Plaut.) abs. mit jmdm.* kosen.

al-lūdō, lūdere, lūsī, lūsum *(m. ad; Dat.; Akk.)*
❶ spielen, scherzen, kosen; **quasi alludens** gleichsam im Scherz;
❷ spielend herankommen;
❸ *(v. Wasser)* an etw. schlagen, plätschern; **mare litoribus alludit;**
❹ *(in der Rede)* auf etw. anspielen; **Phidias Homeri versibus egregio dicto allusit;**
❺ nahe heranreichen [**sapientiae**].

al-luō, luere, luī, – an-, bespülen; **urbs mari alluitur; urbis murus fluctu alluitur.**

alluviēs, ēī *f (alluo)* Überschwemmung.

alluviō, ōnis *f (alluo)* Anschwemmung von Erde.

almi-fluus, a, um *(almus u. fluo) (Eccl.)* Segen spendend.

almitās, ātis *f (almus) (spätl.)* Hoheit, Heiligkeit.

Almō, ōnis *m Bach, mündet in den Tiber, j.* Acquataccio; *auch Name des Flussgottes (Ov.).*

almus, a, um *(alo)* ❶ nährend, fruchtbar [**ager; Ceres**];
❷ erquickend [**sol**];
❸ *(poet.)* Segen spendend, gütig *(bes. v. Gottheiten).*

alnus, ī *f* ❶ Erle;
❷ *(meton.)* Kahn aus Erlenholz.

● **alō,** alere, aluī, altum *u.* alitum ❶ (er)nähren; **venando ali** sich v. der Jagd ernähren;
❷ aufziehen, großziehen; **altus educatusque inter arma;**
❸ aufnehmen, Unterhalt gewähren *(m. Akk.);*
❹ wachsen lassen, hervorbringen [**fruges**];
❺ **a)** vergrößern [**spem; furorem; vires**]; **b)** verschlimmern [**morbum**];
❻ fördern, pflegen; **laus alit artes; urbs, in**

qua et nata et alta sit eloquentia.

Alōeūs, eī *m ein Gigant, Sohn des Neptun u. der Kanake, Gemahl der Iphimedia, der Mutter der Aloiden;* – **Alōīdae,** ārum *m* die Aloiden, *die nach Aloeus benannten Söhne des Neptun u. der Iphimedia, der Gemahlin des Aloeus, die Giganten Otus u. Ephialtes.*

alogia, ae *f (gr. Fw.) (nachkl.)* Unvernunft; Albernheit; *im Pl.* alberne Gedanken, verrückte Ideen.

Alōīdae, ārum *m s. Aloeus.*

Alopē, ēs *f* 1 *Tochter des Cercyon, Mutter des Hippothous;*
2 *Stadt im opuntischen Lokris.*

Alpēs, Alpium *f* die Alpen; – *Adj.* **Alpīnus,** a, um; – *Bew.* **Alpīnī** *u.* **Alpicī,** ōrum *m.*

alpha *n (undekl.) der erste Buchstabe des griech. Alphabets; sprichw.* der Erste.

Alphesiboea, ae *f Tochter des Phegeus, des Königs v. Psophis in Arkadien, Gattin des Alcmaeon, der sie später verließ u. Callirrhoë heiratete.*

Alphēus *u.* **-os,** ī *m Fluss in Elis; Flussgott m. Kult in Olympia;* – *Adj.* **Alphēus,** a, um; – **Alphēias,** adis *f die Nymphe* Arethusa, *Geliebte des Flussgottes.*

Alpicī, Alpīnī, Alpīnus *s. Alpes.*

alsī *Perf. v. algeo u. algesco.*

Alsium, ī *n Stadt in Etrurien;* – *Adj.* **Alsiēnsis,** e; – Alsiēnse, is *n (erg. praedium) Landgut des Pompeius b. Alsium.*

alsius, a, um *(algeo) (Lucr.)* frostig [**corpora**].

alsus, a, um *(algeo) (nur im Komp. Neutr.)* kühl(end), erfrischend [**nihil alsius**].

altāria, ium *n (altus) klass. u. vorkl. nur im Pl., später im Sg.:* **a)** altāre, ris *n* **b)** altar, āris *n* **c)** altārium, ī *n* 1 Aufsatz auf dem Opfertisch *zum Verbrennen der Opfertiere,* Opferherd;
2 Brandaltar.

● **alter,** era, erum (*Gen.* alterīus, *Dat.* alterī)
1 der eine, der andere *(v. zweien) (während alius ein anderer in Bezug auf mehr als zwei);* **~ exercitus; ~ consulum; ~ ex censoribus; ~ de duobus; ambo imperatores Romani aut ~ ex illis; alter … alter** der eine … der andere; **alter perdidit, alter vendidit; alteri … alteri** die einen … die anderen: **alteri dimicant, alteri victorem timent;** *das zweite alter oft in einem anderen Kasus:* **alter alteri inimicus** einander; **alteri alteros aliquantum attriverant;**
2 der andere = entgegengesetzt, Gegen-; **ripa altera** das jenseitige U.; **pars** (*od.* **factio**) **altera** Gegenpartei; – *(poet.)* verändert, verschieden: **metuit secundis alteram sortem;**
3 der Nächste, der Mitmensch; **qui alteri exitium parat …;**
4 ein zweiter *(v. gleicher Beschaffenheit);* **~ Verres; me sicut alterum parentem diligit** wie einen zweiten Vater;
5 *(als Zahlwort)* **a)** der zweite; **altero vicesimo die** am 22. Tag; **altero die; b) alterum tantum** doppelt so viel; **altero tanto longior** noch einmal so lang.

alterās *Adv. (alter)* ein anderes Mal.

altercātiō, ōnis *f (altercor)* Wortwechsel, Streit.

altercor, altercārī *u. (vor- u. nachkl.)* **-ō,** -āre *(alter)* einen Wortwechsel führen, streiten.

alternātiō, ōnis *f (alterno) (nachkl.)* Abwechslung.

alternīs *Adv. s. alternus.*

alternō, alternāre *(alternus)* **I.** *trans.* m. etw. abwechseln [**fidem** bald glaubhaft machen, bald nicht; **vices** abwechseln];
II. *intr.* 1 abwechseln; **arborum fertilitas omnium fere alternat;**
2 schwanken, bald dies, bald jenes erwägen.

alternus, a, um *(alter)* 1 abwechselnd, gegenseitig; **-is versibus** im Wechselgesang; **-is diebus** alle zwei Tage; **-i sermones** Wechselgespräch, Dialog; *(subst.)* **-a loqui cum alqo** ein Zwiegespräch führen; *Abl. Sg.* **alternā** *(erg. vice)* abwechselnd; *Abl. Pl.* **alternīs: a)** *(erg. vicibus)* abwechselnd: **alternis … alternis** bald … bald; **b)** *(erg. versibus)* im Wechselgesang; **c)** *(erg. annis)* ein Jahr ums andere;
2 in Distichen, elegisch.

alter-uter, alter(a)utra, alter(um)utrum einer v. beiden; **~ vestrum; ~ de filiis; ~ ex his duobus; alterautra victoria.**

alter-uterque, -utraque, -utrumque *(Plin.)* jeder v. beiden.

alti-cinctus, a um *(altus u. cingo) (Phaedr.)* hochgeschürzt, -gegürtet.

altilis, e *(altus v. alo)* gemästet, Mast- [**boves**]; – *Subst.* altilis, is *f (erg. avis)* Masthuhn, Poularde; *Pl.* -ēs, ium *f u.* -ia, ium *n* Mastgeflügel.

Altīnum, ī *n Küstenstadt in Venetien an der Piavemündung;* – *Einw.* **Altīnatēs,** ium *m.*

alti-sonus, a, um *(altus[1] u. sono) (poet.)* von der Höhe herab tönend, donnernd; erhaben.

alti-tonāns, antis *(altus[1] u. tono) (Beiwort des Jupiter)* aus der Höhe donnernd.

● **altitūdō,** dinis *f (altus)* 1 **a)** Höhe [**aedificiorum; turris; montium**]; **b)** *(übtr.)* Größe, Erhabenheit [**animi** Hochherzigkeit; **orationis**];
2 Tiefe [**maris; fluminis**].

altiusculus, a, um *(Demin. v. altius)* ziemlich hoch, etw. zu hoch.

alti-volāns, *Gen.* antis *(altus[1] u. volo[1]) (poet.)* hochfliegend [**rota solis**]; *Subst. im Pl.* altivolantēs, tum *f (erg. aves)* Vögel.

altor, ōris *m (alo)* Ernährer, Erhalter.

altrīm-secus *u.* **altrīn-secus** *Adv. (alter) (vor- u. nachkl.)* auf der anderen Seite.

altrīx, īcis *f (altor)* Ernährerin; Amme, Erzieherin; *als Adj.* (er)nährend.

altrō-vorsum *Adv. (alter u. versus) (Plaut.)*

nach der anderen Seite.

altum, ī *n s. altus¹.*

● **altus¹,** a, um ① hoch [**arbor; mons; nix; turris**]; hochragend *als Beiwort großer Städte (weg. der erhöhten Lage od. der hohen Mauern)* [**Carthago; Roma**]; – *Subst.* **altum,** ī *n* **a)** Höhe [**in altum editae arces**]; **b)** *(poet.)* Himmel(shöhe); **c)** das hohe Meer, die hohe See: **in altum provehi; in portum ex alto invehi; libero mari vela in -um dare; et terris iactatus et -o;**
② *(übtr.)* hoch, erhaben **a)** *(in Bezug auf Würde u. Gesinnung)* **altior dignitatis gradus; altior ordo; magnus et ~ vir; homo -a mente praeditus; b)** *(v. Gottheiten u. Personen sowie personifizierten Wesen)* [**Iuppiter; Caesar; Aeneas** hochgeboren]; **c)** *(v. der Rede)* [**oratio**]; – *Subst.* **altum** ī *n* das Hohe, Erhabene [**-a cupere**];
③ *(v. Tönen)* laut, hell; **altiore voce; altissimus sonus;**
④ *(bes. v. der Zeit)* weit entfernt; **-a vetustas** das hohe Altertum; **altior memoria** ältere Zeiten;
⑤ tief [**aqua; flumen**]; tiefeindringend [**radix**]; – *Subst.* **altum,** ī *n* die Tiefe;
⑥ *(übtr.)* tief [**somnus; silentium; nox**];
⑦ tief *im Innern* [**pavor; sollicitudo**]; – *Subst.* **altum,** ī *n* die Tiefe, das Innere; **ex alto animi;**
⑧ unergründlich, versteckt [**dissimulatio**];
⑨ *(auf die Weite bezogen)* tief hineingehend [**saltus**]; – *Subst.* **altum,** ī *n* die Weite, Ferne.

altus² *s. alo.*

alūcinātiō, ōnis *f (alucinor) (nachkl.)* gedankenloses Reden, Träumerei [**puerilis; otiosa**].

alūcinor, alūcinārī ins Blaue hinein reden *od.* handeln, träumen.

alūcita, ae *f (Petr.)* Mücke.

aluī *Perf. v. alo.*

alūmen, minis *n* Alaun.

alūminōsus, a, um *(alumen)* alaunreich, -haltig [**locus; fontes; aquae**].

alumna, ae *f (alo)* Pflegetochter, Zögling.

alumnor, alumnārī *(alumnus) (nachkl.)* großziehen.

alumnus *(alo)* **I.** *Subst.* ī *m* ① Pflegesohn, Zögling;
② Jünger, Schüler [**Platonis**];
③ *(m. Angabe des Ortes od. der Gegend, wo jmd. aufwächst)* Kind, Sohn [**Paeligni ruris; agrestis**];
④ *(poet.) (v. Tieren)* das Junge; **parvi -i** Jungvieh;
II. *Adj.* a, um *(poet.)* großgezogen, erzogen.

Aluntium, ī *n Stadt an der Nordküste Siziliens;* – *Adj.* **Aluntīnus,** a, um [**civitas; vinum**].

alūta, ae *f (alumen)* ① Alaunleder, *ein weiches, m. Alaun gegerbtes u. gefärbtes Leder;*
② *(meton.) etw. aus Alaunleder Hergestelltes od. diesem Leder Ähnliches:* **a)** Schuh(riemen); **b)** lederner Beutel; **c)** Schönheitspflästerchen.

alv(e)ārium, ī *u.* **alveāre,** ris *n (alv[e]us)* Bienenstock, -korb.

alveolus, ī *m (Demin. v. alveus)* ① Mulde, kleine Wanne, kleiner Trog, Wasserbecken;
② *(nachkl.)* (kleines) Flussbett;
③ **a)** Spielbrett; **b)** *(meton.)* Würfelspiel;
④ Schanzkorb.

alveus, ī *m (alvus)* bauchige, längliche Vertiefung: ① (Bade-)Wanne, Mulde, Trog, Wasserbecken;
② Flussbett; **~ Tiberis; manu factus ~** künstliches F., Kanal;
③ Kahn, Nachen; *(poet. auch)* Schiff *übh.;*
④ *(poet.)* Bienenstock, -korb;
⑤ **a)** Spielbrett; **b)** *(meton.)* Würfelspiel.

alvus, ī *f* Wölbung, Höhlung: ① Bauch, Leib; Unterleib; Magen;
② *(Tac.)* Schiffsbauch;
③ Bienenstock, -korb.

Alyattēs, is *u.* eī *m König v. Lydien, Vater des Krösus (um 600 v. Chr.).*

Alyzia, ae *f Ort an der Westküste Griechenlands.*

am- *s. ambi-.*

amābilis, e *(amo)* liebenswürdig.

amābilitās, tātis *f (amabilis) (vor- u. nachkl.)* Liebenswürdigkeit.

Amalthēa, ae *f* ① *eine Nymphe, Tochter des Königs Melissus auf Kreta, die den neugeborenen Jupiter aufzog; in späterer Überlieferung als Ziege vorgestellt;* – Amalthēa, ae *f u.* Amalthēum (-thīum), ī *n Heiligtum der Nymphe Amalthea;*
② *Name einer Sibylle v. Cumae.*

āmandātiō, ōnis *f (amando)* Verweisung, Verbannung.

ā-mandō, āmandāre entfernen, verbannen, wegschicken, verweisen.

amāns, *Gen.* ntis *(P. Adj. v. amo)* ① *(v. Personen)* liebend, liebevoll *(m. Gen.)* [**patriae**]; *subst. m u. f* der, die Liebende;
② *(v. Sachen)* lieb(evoll), freundlich [**verba; consilia**].

Amantia, ae *f Stadt in Illyrien;* – *Einw.* **Amantīnī,** ōrum *m.*

ā-manuēnsis, is *m (a manu) (Suet.)* Schreiber, Sekretär.

Amānus, ī *m Teil des Taurus in Kleinasien;* – *Adj.* **Amānicus,** a, um; – *Bew.* **Amāniēnsēs,** ium *m.*

amāracinum, ī *n (amaracinus) (poet.; nachkl.)* Majoransalbe.

amāracinus, a, um *(amaracus) (Plin.)* aus Majoran [**oleum; unguentum**].

amāracus, ī *m u. f u.* **-um,** ī *n (gr. Fw.)* Majoran.

amarantus, ī *m (gr. Fw.* ἀμάραντος unverwelklich) *(bot.)* Tausendschön.
amāricō, amāricāre *(amarus) (spätl.)* erbittern; – amāricor, amāricārī erbittert sein.
amāritiēs, ēī *f (amarus) (Cat.)* Bitterkeit.
amāritūdō, dinis *f (amarus)* ❶ Bitterkeit, der bittere Geschmack;
❷ Erbitterung, Bitternis;
❸ das Bittere, Kränkende [**verborum**].
amāror, ōris *m (amarus) (nicht klass.)* Bitterkeit *(vom Geschmack u. v. der Empfindung).*
● **amārus,** a, um ❶ **a)** *(vom Geschmack)* bitter; – *subst.* amārum, ī *n* das Bittere; **b)** *(vom Geruch)* scharf, beißend [**fumus**]; **c)** *(f. das Gehör)* rau, widerlich [**sonitus**];
❷ *(vom Zustand)* hart, lästig, unangenehm; **casus ~; amarissimae calamitates;**
❸ *(v. der Empfindung)* bitter [**curae; luctus**]; *subst.* amāra, ōrum *n* das Herbe, Bittere; **amara curarum;**
❹ *(v. der Gemütsart)* **a)** empfindlich, reizbar, heftig; **amariorem me senectus facit; b)** grausam [**hostis**];
❺ *(v. Worten)* beißend, scharf, verletzend [**sermo; dicta**].
Amarynthis, idis *f Beiname der Diana, von Amarynthos auf Euböa.*
Amasēnus, ī *m Fluss in Latium.*
Amāsis, idis *m ein Pharao (570–526 v. Chr.).*
amāsiuncula, ae *f (amasiunculus) (Petr.)* die Geliebte.
amāsiunculus, ī *m (amasius) (Petr.)* der Geliebte.
amāsius, ī *m (amo) (Plaut.)* Geliebter, Liebhaber.
Amastris, idis *f Stadt in Paphlagonien (Kleinasien).*
Amathūs, ūntis *f Stadt auf Zypern m. Venustempel; m: der Sage nach Gründer der Stadt u. des Tempels;* – **Amathūsia,** ae *f* Venus; – *Adj.* **Amathūsi(ac)us,** a, um.
amātiō, ōnis *f (amo) (Plaut.)* Liebe, Liebkosung, Zärtlichkeit.
amātor, ōris *m (amo)* ❶ Freund, Verehrer [**consulis; sapientiae; virtutis; antiquitatis**];
❷ Liebender, Liebhaber, Anbeter.
amātorculus, ī *m (Demin. v. amator) (Plaut.)* kümmerlicher Liebhaber.
amātōrium, ī *n (amatorius) (nachkl.)* Liebestrank.
amātōrius, a, um *(amator)* verliebt, zärtlich, Liebes- [**epistulae; poësis**].
amātrīx, īcis *f (amo) (Plaut.; Mart.)* Liebchen.
Amāzōn, onis *f* Amazone; *Pl.* Amāzones *(auch* Amāzonides), um Amazonen, *myth. Volk kriegerischer Frauen im Nordosten Kleinasiens;* – *Adj.* **Amāzoni(c)us,** a, um der Amazonen [**secures**].

i Kultur **Amāzones** So nennt die griech. Sage ein Volk kriegerischer Frauen unter Königin Penthesilea.
In der bildenden Kunst werden oft kämpfende **Amazonen** dargestellt. Berühmte Kopien des Bildhauers Polyklet in Antikenmuseen Roms und Berlins.
Die moderne Sportpresse nennt so Sportlerinnen, vor allem im Reitsport.

amb- *s. ambi-.*
ambactus, ī *m (kelt. Wort)* Dienst-, Lehensmann.
amb-āgēs, gis *f (meist Pl.) (ago)* ❶ Umweg, Irrgang *(bes. v. den Irrgängen des Labyrinths);*
❷ Umschweife, Ausflüchte; **missis ambagibus** ohne viele Umschweife;
❸ Zweideutigkeit, Dunkelheit, Rätselhaftigkeit; rätselhafte Orakelworte; **ambages canere** *(v. der Sibylla).*
Ambarrī, ōrum *m gall. Volk an der Saône.*
amb-edō, edere, ēdī, ēsum ringsum annagen; auffressen; verzehren.
amb-estrīx, īcis *f (ambedo) (Plaut.)* Fresserin.
ambi-, amb-, *auch* am- *u.* an- *(ambo) Präfix* von beiden Seiten, um, herum, ringsum.
Ambiānī, ōrum *m Belgierstamm an der Somme u. der Kanalküste (Hauptstadt Samarobriva, j. Amiens).*
Ambibariī, orum *m gall. Volk in der heutigen Normandie.*
amb-igō, igere, – – *(amb u. ago, eigtl. v. zwei Seiten treiben)*
I. *intr.* ❶ zweifeln, Bedenken tragen, unschlüssig sein *(de; A. C. I.; indir. Frages.);*
❷ *(vor Gericht)* streiten *(de; indir. Frages.)* [**de vero**]*;*
II. *trans.* bezweifeln; *Pass.* zweifelhaft, strittig sein, ungewiss sein.
ambiguitās, ātis *f (ambiguus)* Zweideutigkeit, Doppelsinn [**verborum**].
ambiguus, a, um *(ambigo)* ❶ sich nach zwei Seiten hinneigend, veränderlich, doppel-, vielgestaltig [**viri** Zentauren; **lupus** Werwolf; **virgo** Sphinx];
❷ *(übtr.)* schwankend, unentschieden, unsicher;
❸ *(v. Worten)* zweideutig, rätselhaft, undeutlich, unklar, dunkel [**verba; oracula; vox**]; – *subst.* ambiguum, ī *n* Zweideutigkeit;
❹ unzuverlässig, zweifelhaft, ungewiss [**viae; fides; tribuni**]; – *subst.* ambiguum, ī *n* Ungewissheit, Zweifel;
❺ *(in Bezug auf den Ausgang, den Erfolg)* ungewiss, schwankend;
❻ *(in Bezug auf den Besitz)* strittig [**possessio**].
Ambiliātī, ōrum *m gall. Volksstamm an der Somme.*
ambiō, ambīre, ambīvī *u.* -iī, ambītum *(amb u.*

eo²; es wird jedoch nicht wie eo, sondern regelmäßig nach der i-Konjugation flektiert; nur v. Imperf. auch: ambibam …) ① herumgehen um, umgehen;
② umgeben, umschließen **insula, quam amnis Euphrates ambiebat; muros turresque urbis mare ambiebat;**
③ meiden, umgehen [**patriam deviis itineribus**];
④ jmd. m. Bitten um etw. angehen, jmd. um etw. ersuchen *(alqm re: mit od. um etw.; m. ut, ne; m. Inf.);*
⑤ um Stimmen bei jmdm. werben;
⑥ sich bewerben.

Ambiorīx, īgis *m Fürst der belg. Eburonen.*

● **ambitiō,** ōnis *f (ambio)* „das Herumgehen"
① (Amts-) Bewerbung;
② Streben nach Gunst, Erschleichen von Gunst;
③ Ehrgeiz, Ehr-, Ruhmsucht; **me ~ quaedam ad honorum studium duxit; a quo incepto studioque me ~ mala detinuerat;**
④ Protzerei, Eitelkeit;
⑤ Streben nach etw. [**gloriae**].

ambitiōsus, a, um *(ambitio)* ① um etw. herumgehend, etw. umgebend, umschlingend;
② nach Ehre, Ämtern u. Ehrenstellen strebend;
③ ehrgeizig, ehrsüchtig; **-e regnum petere**;
④ eitel;
⑤ nach Gunst strebend; parteiisch, bestechlich;
⑥ nach etw. strebend.

● **ambitus,** ūs *m (ambio)* „das Herumgehen"
① **a)** Umlauf, Kreislauf [**siderum; saeculorum**]; **b)** Rand, Saum [**campi; lacūs**]; **c)** Krümmung, Windung [**properantis aquae**]; **d)** Umfang [**muri**];
② **a)** weitläufige Darstellung, *Pl.* Umschweife; **multos circa rem unam ambitūs facere; b)** Umschreibung; **alqd per ambitum enuntiare;**
③ Bewerbung um Ehrenstellen, Amtsbewerbung *(bes. auf dem Weg der Bestechung),* Amtserschleichung; **lex de ambitu; ambitūs alqm accusare;**
④ **a)** Ehrgeiz; **b)** Eitelkeit, Dünkel; **c)** Streben nach Gunst; **d)** eifriges Streben.

Ambivaretī, ōrum *m kleiner gall. Volksstamm an der oberen Loire.*

Ambivaritī, ōrum *m belg. Volksstamm im Gebiet links der Maas.*

Ambivius Turpio *Schauspieler in Rom, Zeitgenosse des Terenz.*

● **ambō¹,** ae, ō beide (zusammen); **alter ambove consules; aut ~ imperatores Romani … aut alter ex iis.**

ambo², onis *m (spätl.)* Kanzel.

Ambracia, ae *f Stadt im südl. Epirus; – Adj.* **-cius,** a, um *u.* **-ciēnsis,** e; *– Einw.* **-ciōtes,** ae *u.* **-ciēnsis,** is *m.*

ambrosia, ae *f (gr. Fw.)* Ambrosia: ① Götterspeise; **orator -ā alendus** *(v. einem ausgezeichneten Redner)* gleichsam ein Gott unter den Rednern;
② *(Ov.)* Futter der Sonnenrosse;
③ *(poet.)* Göttersalbe.

ambrosius, a, um *(gr. Fw.)* ① **a)** aus der Götterspeise Ambrosia bestehend [**dapes**]; **b)** nach der Göttersalbe Ambrosia duftend; mit Ambrosia gesalbt [**comae**];
② *(poet.)* **a)** unsterblich, göttlich; **b)** wunderschön; **c)** lieblich.

ambūbāia, ae *f (syr. Fw.) (poet.; nachkl.)* syrische Flötenspielerin.

ambulācrum, ī *n (ambulo) (vor- u. nachkl.)* Allee.

ambulātiō, ōnis *f (ambulo)* ① Spaziergang;
② Wandelhalle; Promenade, Allee.

ambulātiuncula, ae *f (Demin. v. ambulatio)*
① kleiner Spaziergang;
② kleine Wandelhalle.

ambulātor, ōris *m (ambulo)* ① Spaziergänger;
② *(Mart.)* Hausierer.

ambulātōrius, a, um *(ambulo)* hin u. her gehend, beweglich.

● **ambulō,** ambulāre
I. *intr.* ① (umher)gehen, auf- u. abgehen, spazieren gehen;
② herumschlendern, sich herumtreiben;
③ stolz einherschreiten;
④ wandern, reisen;
⑤ marschieren;
II. *trans.* durchwandern, befahren.

amb-ūrō, ūrere, ussī, ustum ① ringsum anbrennen, versengen, verbrennen; – *subst.* ambustum, ī *n* Brandwunde;
② *nur im P. P. P.* ambustus, a, um halb erfroren; **artūs frigore ambusti;**
③ *Pass.* hart mitgenommen werden, noch glimpflich davonkommen *(bes. vor Gericht).*

ambustulātus, a, um *(amb u. ustulo) (Plaut.)* um und um verbrannt, gebraten.

ambustus *P. P. P. v. amburo.*

amellus, ī *m (poet.; nachkl.)* Sternblume.

āmēn *(hebr. Fw.) (Eccl.)* es geschehe! *zur Bekräftigung im Gebet.*

Amenānus, ī *m Fluss am Ätna.*

āmendō = *amando.*

● **ā-mēns,** *Gen.* entis ① von Sinnen, kopflos, außer sich [**metu; dolore; irā**];
② sinnlos, unsinnig; **consilium amentissimum; furor ~.**

āmentātus, a, um *(amentum)* mit einem Wurfriemen versehen.

āmentia, ae *f (amens)* Sinnlosigkeit, Kopflosigkeit, Wahnsinn *(Ggstz. ratio);* **caecus -ā; mens sana cum -a certat.**

āmentum, ī *n* Wurfriemen.

Ameria, ae *f Landstadt in Umbrien (80 km*

nördl. v. Rom); – Einw. u. Adj. **Amerīnus,** ī *m bzw.* a, um.

Ameriola, ae *f Stadt im Sabinerland, v. den Römern zerstört.*

ames, amitis *m (poet.; nachkl.)* Stellgabel *(f. Vogelnetze).*

Amēstratus, ī *f Stadt an der Nordküste Siziliens; – Adj.* **Amēstratīnus,** a, um aus Amestratus.

amethystinātus, a, um *(amethystinus) (Mart.)* amethystfarben gekleidet.

amethystinus, a, um *(gr. Fw.)* ① amethystfarben;
② *(Mart.)* mit Amethysten besetzt.

amethystus, ī *f (gr. Fw.) (poet.; nachkl.)* Amethyst.

amfrāctus = *anfractus.*

amīca, ae *f (amicus)* ① *(poet.)* Freundin;
② Geliebte, Mätresse.

amīcālis, e *(amicus) (nachkl.)* freundschaftlich.

amiciō, amicīre, (amicuī *u.* amixī), amictum *(amb u. iacio)* ① *(ein Gewand)* umwerfen, anlegen, *bes.: se amicire u. mediopass.* sich etw. umwerfen *(m. Abl.);* **amictus togā;**
② umhüllen, einhüllen; **nube cava amictus; amicta vitibus ulmus.**

amīciter *(altl. Adv. zu amicus = amice)* freundlich.

● **amīcitia,** ae *f (amicus)* ① **a)** Freundschaft; **esse in -a cum alqo** m. jmdm. befreundet sein; **est mihi ~ cum alqo** ich bin m. jmdm. befreundet; **~ est inter alqos** es besteht Freundschaft zwischen; **-am facere** *(od.* **iungere***)* Freundschaft schließen; **-am dissolvere** *(od.* **dissociare***)* Freundschaft lösen; **b)** Freunde;
② *(polit.)* Freundschaftsbündnis; **-am petere; ceteros reges in -am recipere; pacem atque -am cum rege facere; in -am populi Romani venire; Caesaris -am sequi** sich auf Cäsars Seite schlagen; **regum -as sequi** die Freundschaft der Könige suchen.

amīcitiēs, ēī *f (Lucr.)* = *amicitia.*

amictus¹, ūs *m (amicio)* ① das Umwerfen eines Gewandes;
② die Art, das Obergewand *(bes. die Toga)* zu tragen; Faltenwurf;
③ (Ober-)Gewand, Mantel;
④ *(poet.)* Schleier;
⑤ Bedeckung, Hülle, Umhüllung [**nebulae**].

amictus² *P. P. P. v. amicio.*

amīcula, ae *f (Demin. v. amica)* Geliebte, Liebchen.

amiculum, ī *n (amicio)* Mantel.

amīculus, ī *m (Demin. v. amicus)* lieber Freund.

● **amīcus** *(amo)*
I. *Adj.* a, um ① befreundet, freundschaftlich (gesinnt) *(m. Dat.; in od. erga alqm);*
② *(v. Personen u. Sachen)* **a)** freundlich, wohlwollend, geneigt, günstig [**vir; dicta; aures** geneigte O.; **ventus**]; **b)** lieb, angenehm, willkommen; **-um mihi est** *(meist poet.)* es ist mir lieb;
II. *Subst.* ī *m* ① Freund [**magnus** inniger F.; **summus** der beste F.];
② *(Ov.)* = *socius* Gefährte;
③ Freund, Verehrer [**veritatis**];
④ *(polit.)* Anhänger;
⑤ *(Hor. u. Iuv.)* = *patronus* Gönner;
⑥ *Pl.* **a)** *(nachkl.)* Vertraute, Günstlinge *(am Hofe);* **b)** *(Suet.)* Höflinge *des Kaisers.*

ā-migrō, āmigrāre wegziehen.

Amīnaeus, a, um *aus dem Weingebiet Aminäa in Picenum (Italien)* [**vinum; vites**].

ā-mīsī *Perf. v. amitto.*

Amīsia, ae *u.* **Amissis,** is *m* die Ems.

āmissiō, ōnis *f (amitto)* Verlust, Einbuße [**regni; dignitatis; boni**]; *bes. der Verlust durch den Tod* [**liberorum; propinquorum; amicorum**].

āmissus *P. P. P. v. amitto.*

Amīsus, ī *f Stadt in Pontus, Residenz pontischer Herrscher; – Einw.* **Amīsēnī,** ōrum *m.*

amita, ae *f* Tante *(väterlicherseits); (Tac.)* Großtante.

Amiternum, ī *n sabinische Stadt, in der der Geschichtsschreiber Sallust geboren wurde, j.* Vittorino; *– Adj.* **Amitern(īn)us,** a, um; *– Einw.* **Amiternīnī,** ōrum *m.*

● **ā-mittō,** āmittere, āmīsī, āmissum ① *(vor- u. nachkl.)* wegschicken, entlassen, gehen lassen;
② auf etw. verzichten, etw. aufgeben, fahren lassen [**omnes provincias; fidem** sein Wort brechen];
③ sich entgehen lassen [**occasionem; tempus** den günstigen Zeitpunkt; **praedam**];
④ verlieren, einbüßen [**classes; oppidum; dentes; pennas; patriam; vitam; mentem** den Verstand]; *auch* durch den Tod verlieren [**liberos; uxorem**].

amment … = *ament …*

Ammōn *s. Hammon.*

amni-cola, ae *m u. f (amnis u. colo) (Ov.)* am Fluss heimisch [**salices** Flussweiden].

amniculus, ī *m (Demin. v. amnis)* Flüsschen.

amnicus, a, um *(amnis) (nachkl.)* im (am) Fluss befindlich, Fluss-.

● **amnis,** is *m (vorkl. auch f) (Abl.* amne, *poet. auch* amni) ① Strom [**piscosus; rapidus; placidus**]; *(poet. auch)* Flussgott;
② Strömung; **secundo amne** stromabwärts, **adverso amne** stromaufwärts;
③ kleiner Fluss, Bach, Gießbach, Wildbach; **ruunt de montibus amnes;**
④ *(poet.)* Wasser(masse).

● **amō,** amāre ① lieben, lieb haben; **alqm corde atque animo suo ~ ; inter se ~ ; ~ se** (*od.* **ipsum**) nur sich lieben, in sich verliebt sein, v. sich eingenommen sein, egoistisch sein; **si me amas** wenn du mich lieb hast, mir zuliebe; *(als Gruß)* **di te ament** „grüß Gott";

❷ verliebt sein *(in jmd.: alqm)*; amata, ae *f* Geliebte;

❸ gern haben [**litteras; otia**];

❹ etw. gern tun; zu tun pflegen *(m. A. C. I. od. m. Inf.)*;

❺ *alqm de od. in alqa re, auch m. quod* jmdm. f. etw. verpflichtet, verbunden sein.

ā-modo *Adv. (Eccl.)* von nun an.

amoenitās, ātis *f (amoenus)* ❶ *(v. Örtl.)* reizende Lage, liebliche Gegend [**hortorum; urbium**];

❷ Reiz, Lieblichkeit, Annehmlichkeit [**vitae; naturae; studiorum**].

● **amoenus,** a, um ❶ *(v. Örtl.)* reizvoll (gelegen) [**urbs; locus; aedificia**]; *subst.* amoena, ōrum *n* reizvolle Gegenden;

❷ lieblich, reizend, angenehm [**horti; vita; verba; ingenium** gefälliges Wesen].

ā-mōlior, āmōlīrī, āmōlītus sum ❶ *(m. Mühe)* wegbringen, fortschaffen [**onera**];

❷ entfernen, beseitigen, abwälzen, abwenden [**pericula; invidiam crimenque ab alqo**];

❸ *(in der Rede)* übergehen [**nomen**];

❹ *(eine Person)* aus dem Wege schaffen, beseitigen.

amōmum, ī *n (gr. Fw.)* Amomum, *eine oriental. Gewürzpflanze u. der aus ihrer Frucht gewonnene Balsam.*

● **amor,** amōris *m (amo)* ❶ Liebe *(erga, adversus, in m. Akk.; Gen. obi.)*; **habere alqm in amore** jmd. lieben; ~ **sui** Eigenliebe; **alci in amore** (*od.* **in amoribus**) **esse** v. jmdm. geliebt werden; – *personif.* **Amor** Liebesgott, Amor, Cupido;

❷ *(poet.)* Liebschaft, Liebelei; *Pl.* Liebesverhältnis, Liebschaften;

❸ *(meton.)* **a)** der, die Geliebte; **b)** Liebling; ~ **et deliciae generis humani; c)** *(poet.)* Liebeslied; **lusor tenerorum amorum**;

❹ Verlangen, Begierde, Sehnsucht *(nach etw.: m. Gen. obi.)* [**laudis; argenti; habendi** Habsucht];

❺ *(spätl.)* Liebhaberei.

Amorgus *u.* **-os,** ī *f Insel in der Ägäis südöstl. v. Naxos.*

āmōtiō, ōnis *f (amoveo)* Entfernung [**doloris**].

ā-moveō, āmovēre, āmōvī, āmōtum ❶ wegschaffen, entfernen; **Porcia lex virgas ab omnium civium Romanorum corpore amovit; locus a conspectu amotus; alqm ab altaribus ~; exercitum ab urbe circumsessa ~; amoto patre** in Abwesenheit;

❷ *(poet.; nachkl.)* wegnehmen, entwenden [**boves**];

❸ *(Tac.)* verbannen [**alqm in insulam**];

❹ beseitigen, abwälzen, abwenden [**bellum; terrorem; culpam ab alqo** die Schuld v. jmdm. abwälzen; **suspicionem ab adulescente**];

❺ *(bes. in der Rede)* etw. weg-, beiseite lassen, aus dem Spiel lassen; **amolior et amoveo nomen meum; amoto ludo** Spaß beiseite.

Amphiarāus, ī *m Herrscher v. Argos, Gatte der Eriphyle, ber. Seher u. Held, einer der Sieben gegen Theben;* – *Adj.* **Amphiarēus,** a, um; – *Nachk.* **Amphiarēiadēs,** ae *m.*

amphibolia, ae *f (gr. Fw.)* Zweideutigkeit, Doppelsinn (= *ambiguitas*).

Amphictyones, num *m* (*Akk.* -as) Amphiktyonen, *griech. religiös-politische Zusammenschlüsse benachbarter Völker, die Umwohner wichtiger Heiligtümer waren, am bedeutendsten der Bund um Delphi u. der um Delos.*

Amphilochia, ae *f Landschaft Akarnaniens in Griechenland;* – *Einw.* **Amphilochī,** ōrum *m;* – *Adj.* **Amphilochius,** a, um.

Amphīō(n), onis *m Sohn des Jupiter u. der Antiope, Meister des Saitenspiels, König v. Theben, Gatte der Niobe;* – *Adj.* **Amphīonius,** a, um.

Amphipolis, is *f* (*Akk.* -im *u.* -in; *Abl.* -ī) *strategisch wichtige Stadt in Thrakien; 437 v. Chr. von Athen als Kolonie gegründet, später v. den Makedoniern erobert, in röm. Zeit Provinzhauptstadt;* – *Adj.* **Amphipolītānus,** a, um.

amphiprostȳlos, ī *m (gr. Fw.) Tempel nur m. je 4 Säulen an den Schmalseiten.*

Amphissa, ae *f alte Hauptstadt der ozolischen Lokrer nordwestl. von Delphi.*

amphithalamus, ī *m (gr. Fw.) (spätl.)* Vorzimmer des Schlafgemaches *(thalamus)*.

amphitheātrālis, e *(amphitheatrum) (nachkl.)* zum Amphitheater gehörig, des Amphitheaters, amphitheatralisch [**spectaculum**].

amphitheātricus, a, um *(amphitheatrum) (nachkl.)* Amphitheater-, amphitheatralisch.

> *i* Kultur **amphitheātrum,** ī *n (gr. Fw.)* Amphitheater, *ellipsenförmig mit rings um die Arena ansteigenden Sitzreihen. Gladiatoren- und Tierkämpfe fanden hier statt.*
> *Heute noch dienen etwa für Opernaufführungen das Colosseum in Rom, die Arena in Verona. – Grundform für viele große Sportstadien.*

Amphitrītē, ēs *f Meeresgöttin, Gemahlin Neptuns; (poet.) (meton.)* Meer.

Amphitryōn, ōnis *m* (*altl.* **-truō**) *König v. Theben, Sohn des Alcäus, des Königs v. Tiryns, Enkel des Perseus, Gatte der Alkmene, der Mutter des Herkules;* – *Patron.* **-ōniadēs,** ae *m* = Herkules.

amphora, ae *f (gr. Fw.* ἀμφορεύς < ἀμφί

„auf beiden Seiten" *u.* φέρειν „tragen") Amphora: ❶ *großer, zweihenkliger* Krug;
❷ **a)** *Flüssigkeitsmaß v.* 26¼ Litern; **b)** *Gewichtseinheit zur Bestimmung des Fassungsvermögens eines Schiffes (etwa 26 kg);* **navis plus quam trecentarum -arum**.

> *i* Kultur **amphora,** ae *f (gr. Fw.)* Amphora, *großer, zweihenkliger Krug meist aus Ton, nach unten spitz zulaufend, um ihn in die Erde stecken zu können, meist als Weinkrug, aber auch f. Früchte, Öl od. Honig.*

Amphrȳsus *u.* **-os,** ī *m kleiner Küstenfluss in Thessalien in der Provinz Phthiotis, an dem Apollo nach dem Mythos die Herden des Königs Admetus weidete; – Adj.* **Amphrȳsius,** a, um *(poet.)* apollinisch, sibyllinisch [**vates**]; lokrisch [**saxa**].

ampla, ae *f* ❶ Handhabe;
❷ Anlass.

● **am-plector,** amplectī, amplexus sum *(amb u. plecto)* ❶ **a)** umschlingen, umfassen, umfangen [**genua; manum alcis; aram; manibus saxa**]; **b)** umarmen; **c)** umschließen, umgeben; **nox tellurem alis amplectitur** umhüllt; **hostium aciem ~** umzingeln, umringen; **locum munimento ~; urbes muro ~; d)** *(v. Feuer)* ergreifen;
❷ **a)** jmd. lieben, lieb gewinnen, in sein Herz schließen [**alqm amicissime**]; **b)** gern annehmen, gutheißen, anerkennen [**nobilitatem et dignitates hominum**]; **c)** großen Wert auf etw. legen, etw. hegen u. pflegen [**artem; suas possessiones**];
❸ **a)** etw. umfassen, in etw. mit einschließen; **quod idem (honestum) interdum virtutis nomine amplectimur; b)** in sich fassen, enthalten; **illae (tabulae) perpetuae existimationis fidem et religionem amplectuntur;**
❹ **a)** durchdenken, erwägen [**omnia consilio**]; **b)** besprechen, abhandeln, ausführen [**argumentum pluribus verbis; omnes res per scripturam**]; **c)** zusammenfassen, kurz, knapp behandeln [**omnes oratores; omnia communiter; omnia genera breviter**].

amplexor, amplexārī *(Intens. v. amplector) (akt. Nbf.: amplexo)* ❶ umfassen, umarmen [**cum alqo** *od.* **inter se** sich umarmen];
❷ großen Wert auf etw. legen, hoch schätzen [**otium**].

amplexus[1]**,** ūs *m (amplector)* ❶ Umschlingung; **serpentis amplexu; Oceanus, qui orbem terrarum amplexu finit;**
❷ Umarmung; **tenere alqm amplexu.**

amplexus[2] *Part. Perf. v. amplector.*

ampliātiō, ōnis *f (amplio)* ❶ *(Eccl.)* Erweiterung, Vergrößerung;
❷ *(nachkl.) (jur. t. t.)* Vertagung *des richterl. Spruches.*

amplificātiō, ōnis *f (amplifico)* ❶ Vermehrung, Vergrößerung [**pecuniae; rei familiaris; honoris et gloriae**];
❷ *(rhet. t. t.)* Steigerung des Ausdrucks.

amplificātor, ōris *m (amplifico)* Mehrer, Vergrößerer, Förderer.

amplificē *Adv. (amplus u. facio) (Cat.)* herrlich.

ampli-ficō, ficāre *(amplus u. facio)* ❶ erweitern, vergrößern, (ver)mehren [**urbem; civitatem; divitias**];
❷ *(übtr.)* heben, erhöhen, (ver)stärken [**alcis dignitatem; gloriam; virtutem; auctoritatem; dolorem**];
❸ *(rhet. t. t.)* **a)** stärker hervorheben, steigern; **alqd dicendo ~ atque ornare; ~ rem ornando; b)** *(orationem)* Schwung verleihen.

ampliō, ampliāre *(v. Komp. amplius)* ❶ **a)** erweitern, vergrößern, (ver)mehren, ausdehnen [**templum; civitatem**]; **b)** *(übtr.)* vergrößern, erhöhen [**honorem; maiestatem**];
❷ *(rhet. t. t.)* hervorheben, verherrlichen; **Hannibalis bellicis laudibus ampliatur virtus Scipionis** durch den Kriegsruhm des H. wird die Tüchtigkeit des S. hervorgehoben;
❸ *(jur. t. t.)* den Richterspruch, den Prozess verschieben, vertagen.

ampliter *Adv. (v. amplus neben ample) (vor- u. nachkl.)* ❶ reichlich;
❷ *(in Bezug auf die Rede)* herrlich, glänzend.

● **amplitūdō,** dinis *f (amplus)* ❶ Weite, Größe [**urbis**];
❷ Großartigkeit, Erhabenheit, Herrlichkeit [**rerum gestarum; triumphi**];
❸ Würde, Ansehen; **~ civitatis; iudices, in quibus summa auctoritas est atque ~ ;**
❹ *(rhet. t. t.)* Fülle, Schwung *(des Ausdrucks).*

ampliusculē *Adv. (Demin. v. amplius) (spätl.)* allzu reichlich.

● **amplus,** a, um ❶ **a)** weit, geräumig, groß [**insula; curia; domus**]; **b)** *(viel umfassend an Zahl, Menge u. Ä.)* bedeutend, reichlich, ansehnlich, groß; **pecunia amplissima; numerus amplior; ampliores copiae; amplior exercitus;** – *subst. Komp. Neutr.* amplius mehr, Größeres: **non daturus sum amplius;**
❷ *(übtr.)* **a)** groß, bedeutend; **amplior potentia; amplissimi effectus; b)** stark, heftig; **amplior morbus; -a spes;**
❸ **a)** herrlich, prächtig, großartig [**praemia; res gestae; triumphus**]; **b)** angesehen, ausgezeichnet; **amplissimi viri; -ae familiae;**
❹ großzügig, -mütig [**verba**];
/ *Adv. Komp.* **amplius a)** weiter, länger, mehr, überdies, darüber hinaus, ferner; **non (nihil) dico (dicam) amplius** ich sage nichts weiter, ich schweige lieber; **quid vis amplius?**

b) *(b. bestimmten Zahlangaben)* (noch) mehr; **amplius centum cives** mehr als 100 B.; **haud amplius quam mille.**

Ampsānctus, ī *m schwefelhaltiger See in Samnium.*

Ampsivariī, ōrum *m germ. Volksstamm an der unteren Ems.*

ampulla, ae *f (Demin. v. amphora, eigtl. amp(h)orula > amporla > ampurla > ampulla)*
① kleine Flasche *m. zwei Henkeln, bes.* Salbenfläschchen;
② *(Hor.)* Redeschwulst *(Übertreibung in den rhet. Mitteln).*

ampullārius, ī *m (ampulla) (Plaut.)* Flaschenmacher.

ampullor, ampullārī *(ampulla 2.) (Hor.)* schwülstig, geschwollen reden.

amputātiō, ōnis *f (amputo)* das Abschneiden.

am-putō, amputāre ① *(t. t. der Landwirtschaft)* **a)** ringsum abschneiden, wegschneiden, kappen [**ramos inutiles; cacumen (ulmi)**]; **b)** *(einen Baum)* (ringsum) beschneiden [**vitem**];
② **a)** *(einen Körperteil)* abschneiden, abhauen [**membra; capillos; alci manus; aurem alcis**]; **b)** *(med. t. t.)* amputieren;
③ *(übtr.)* **a)** beschränken, verkürzen, vermindern [**longa colloquia; legionum numerum**]; **b)** *(rhet. t. t.)* **amputata loqui** in abgebrochenen Sätzen sprechen.

Ampycus, ī *m* ① *ein Sänger u. Priester der Ceres;*
② *ein Lapithe, Sohn des Pelias, Vater des Sehers Mopsus; – Patron.* **Ampycidēs,** ae *m* Mopsus.

Amūlius, ī *m König v. Alba Longa, v. Romulus getötet.*

amurca, ae *f (gr. Fw.) (vorkl.; poet.)* Ölschaum.

amussis, is *f (Akk.* -im*) (nicht klass.)* Lineal der Zimmerleute; **ad amussim** regelrecht, genau.

Amyclae, ārum *f* ① *Stadt in Lakonien, Heimat der Dioskuren, der Helena u. der Clytaemnestra; – Adj.* **Amyclaeus,** a, um lakonisch: *fratres Amyclaei* die Dioskuren;
② *Stadt in Latium zw. Caieta u. Terracina; – Adj.* **Amyclānus,** a, um [**sinus** der Meerbusen v. Caieta].

Amyclīdēs, ae *m Sohn des Amyklas, des Gründers v. Amyclae in Lakonien:* Hyacinthus.

Amycus, ī *m Sohn Neptuns, König in Bithynien (Kleinasien).*

amygdalum, ī *n u.* **-a,** ae *f (gr. Fw.)* ① Mandel(kern);
② Mandelbaum.

Amȳmōnē, ēs, *f* ① *Tochter des Danaus u. der Europa;*
② *Quelle u. Bach in der Argolis.*

Amyntōr, oris *m König der Doloper; – Patron.* **Amyntoridēs,** ae *m* Phönix, *Sohn des Amyntor.*

amystis, idis *f (gr. Fw.) (Hor.)* das Leeren des Bechers in einem Zug.

an-[1] *s. ambi.*

● **an**[2] *(< at+ne [Fragepartikel] über anne)*
I. *in unabhängigen Fragesätzen* ① *in Alternativfragen:* oder (oder nicht *an non); **maneam an abeam?;***
② *in Entscheidungsfragen* **a)** *zur Begründung einer vorausgehenden Behauptung:* oder etwa; **necesse est cum Arvernis nos coniungere; an dubitamus** (oder zweifeln wir etwa, oder sollten wir etwa zweifeln), **quin Romani iam ad nos interficiendos concurrant?; b)** *zur näheren Ausführung einer vorausgegangenen Frage:* doch wohl; **quidnam beneficiis provocati facere debemus? an** (doch wohl) **imitari agros fertiles ...?;**
II. *in abhängigen Fragesätzen* ① *in Alternativfragen:* oder (ob) (oder nicht *necne); **permultum interest, utrum perturbatione animi an consulto fiat iniuria*** es ist ein großer Unterschied, ob ein Unrecht in Aufregung oder vorsätzlich verübt wird;
② *in Entscheidungsfragen:* ob nicht (ob *an non), nur in folg. Wendungen: haud scio, nescio, dubito, incertum est an;* **haud scio, an erres** ich weiß nicht, ob du nicht irrst = ich weiß nicht, du irrst wohl = vielleicht, vermutlich irrst du; **nescio an non veniat** ich weiß nicht, ob = vielleicht nicht = schwerlich.

ana *Adv. (nachkl.)* je *(distributiv b. Zahlwörtern).*

anabaptista, ae *m (spätl.)* Wiedertäufer.

anabaptisticus, a, um *(anabaptista) (spätl.)* die Wiedertäufer betreffend.

anabathra, ōrum *n (gr. Fw.* ἀνάβαθρα Stufen) *(Iuv.)* erhöhter Sitz *(zu dem Stufen hinaufführten).*

Anaces, cum *m* die Schirmherren, *Beiname der Dioskuren (Kastor u. Pollux).*

anachōrēta, ae *m (gr. Fw.) (Eccl.)* Einsiedler, Eremit.

Anacreōn, ontis *m griech. Lyriker aus Teos in Ionien (Mitte des 6. Jahrhs. v. Chr.).*

Anactes, tum *m = Anaces.*

Anactorium, ī *n Vorgeb. u. Stadt am ambrakischen Meerbusen.*

anadēma, matis *n (gr. Fw.) (Lucr.)* Kopfbinde der Frauen, Haarband.

anaglypta, ōrum *n (gr. Fw.) (Plin.; Mart.)* ziselierte Arbeiten, Reliefs.

Anāgnia, ae *f Stadt in Latium, östl. v. Rom, Hauptstadt der Herniker, j.* Anagni; *– Adj.* **Anāgnīnus,** a, um; *– Einw.* **Anāgnīnī,** ōrum *m; –* **Anāgnīnum,** ī *n Landgut Ciceros bei ~.*

anagnōstēs, ae *m (gr. Fw.)* Vorleser.

analecta, ae *m (gr. Fw.) (nachkl.)* Brockensammler.

analectris, idis *f (gr. Fw.) (Ov.)* Schulterpolster.

analogia, ae *f (gr. Fw.)* ❶ gleiches Verhältnis, Proportion;
❷ *(gramm. t. t.)* Gleichmäßigkeit, Analogie;
❸ *(rhet. t. t.)* Einheit in der Darstellung.

anancaeum, ī *n (gr. Fw.) (vorkl.)* großer Humpen, *der beim Wetttrinken auf einmal geleert werden musste.*

anapaestum, ī *n (anapaestus; erg. carmen)* Gedicht in Anapästen.

anapaestus, a, um *(gr. Fw.* ἀνάπαιστος zurückgeschlagen, umgekehrt) anapästisch; pes anapaestus *u.* anapaestus, ī *m* der Versfuß Anapäst *(⏑ ⏑ – umgekehrter Daktylus).*

Anaphē, ēs *f vulkanische Sporadeninsel.*

Anāpus, ī *u.* **-pis,** is *m Fluss b. Syrakus.*

Anartēs, tium *m Volksstamm an der Theiß in Dakien.*

Anās, ae *m Fluss in Spanien, j.* Guadiana.

anas, anatis (*u.* anitis) *f* Ente.

anathēma[1], atis *n (gr. Fw.) (spätl.)* Weihgeschenk.

anathema[2], atis *n (gr. Fw.) (Eccl.)* ❶ **a)** Verfluchung; **b)** *(meton.)* Verfluchter;
❷ **a)** Kirchenbann; **b)** *(meton.)* der mit dem Kirchenbann Belegte.

anaticula, ae *f (Demin. v. anas)* Entchen; *b. Plaut. als Kosewort.*

anatīnus, a, um *(anas) (Plaut.)* Enten-; – *subst.* **anatīna,** ae *f (erg. caro) (Petr.)* Entenfleisch.

anatocismus, ī *m (gr. Fw.)* Zinseszins.

Anaxagorās, ae *m griech. Philosoph aus Klazomenä (um 500-428 v. Chr.), Freund u. Lehrer des Perikles u. Euripides.*

Anaxarchus, ī *m griech. Philosoph aus Abdera, Begleiter Alexanders des Gr. auf dessen Kriegszügen.*

Anaximander, drī *m griech. Naturphilosoph aus Milet (um 610– 547 v. Chr.), Schüler des Thales.*

Anaximenēs, is *m griech. Naturphilosoph aus Milet (gest. um 530 v. Chr.).*

● **an-ceps,** *Gen.* cipitis *(amb u. caput)* ❶ doppelköpfig [**Ianus**]; *(poet.)* doppelgipflig [**mons**];
❷ zweischneidig [**securis; ferrum**];
❸ von zwei Seiten, zweiseitig, beiderseits, zweifach, doppelt; ~ **hostis urget; munimenta ancipitia** nach zwei Seiten zu verteidigen; **periculum ~;**
❹ schwankend, unentschieden, unschlüssig, ratlos; ungewiss [**proelium; fortuna belli**]; **ancipiti Marte pugnare** unentschieden;
❺ zweiseitig, zweideutig, doppelsinnig [**oraculum; sententia**];
❻ unzuverlässig [**fides**];
❼ gefährlich; **eos revocare anceps erat; ancipites viae (maris); morbus ~;** – *subst. Neutr.* missliche, gefährliche Lage: **in ancipiti esse** sich in misslicher Lage befinden; **inter ancipitia** unter Gefahren.

Anchīsēs, ae *m troischer Herrscher in Dardanus, Vater des Äneas; – Adj.* **Anchīsēus,** a, um des Anchises; – *Patron.* **Anchīsiadēs,** ae *m* Äneas.

ancīle, lis *n (Gen. Pl. auch* ancīliōrum) heiliger Schild, *unter Numa vom Himmel gefallen; poet. übh.* Schild.

ancilla, ae *f* Magd, Dienerin.

ancillāriolus, ī *m (ancilla) (nachkl.)* Schürzenjäger.

ancillāris, e *(ancilla)* Mägden zukommend, Mägden eigen, Mägde-.

ancillula, ae *f (Demin. v. ancilla)* junge Magd.

ancipes = *anceps.*

ancīsus, a, um *(amb u. caedo) (Lucr.)* rundum beschnitten.

Ancōn, ōnis *u.* **Ancōna,** ae *f Stadt in Picenum am Adriatischen Meer, Kolonie v. Syrakus, j.* Ancona; – *Einw.* **Ancōnitānus,** ī *m.*

● **ancora,** ae *f (gr. Fw.)* Anker; **-am iacere** *u.* **ponere** *(poet.:* **figere** *u.* **pangere***)* Anker auswerfen; **-am tollere** A. lichten; **consistere ad -am** vor A. liegen.

ancorāle, lis *n (ancora)* Ankertau.

ancorārius, a, um *(ancora)* Anker-.

Ancus Mārcius, ī *m der vierte der sieben sagenhaften Könige Roms.*

Ancȳra, ae *f Stadt in Galatien, j.* Ankara; *ber. ist eine Inschrift, die dort an den Wänden des Tempels des Augustus u. der Roma 1555 entdeckt wurde; es ist eine Kopie des Tatenberichts des Kaisers Augustus, das Monumentum Ancyranum.*

andabata, ae *m (gall. Fw.)* Gladiator m. Helm ohne Visier, Blindkämpfer.

Andania, ae *f Stadt in Messenien in Griechenland.*

Andecāvī, ōrum *m (=* **Andēs,** dium *u.* **Andī,** ōrum *m) gall. Volk an der unteren Loire im jetzigen Anjou.*

Andēs[1] *s. Andecavi.*

Andēs[2], dium *f Dorf in der Nähe v. Mantua, Geburtsort Vergils.*

Andī, ōrum *m s. Andecavi.*

Andrius, a, um *s. Andros.*

Androgeōs *u.* **-eus,** ī *m Nbf.* **-eōn,** ōnis *m Sohn des kretischen Königs Minos u. der Pasiphae; – Adj.* **Androgeōnēus,** a, um.

androgynus, ī *m (gr. Fw.)* Zwitter.

> *i* Kultur **Andromachē,** ēs *u.* **-a,** ae *f* aus Kilikien stammende Gattin Hektors, nach der Eroberung Trojas Gefangene des Pyrrhus; Titel einer Tragödie, die Ennius nach einer Vorlage des Euripides bearbeitete.

i Kultur **Andromeda,** ae *u.* **-ē,** ēs *f* Tochter des äthiopischen Königs Cepheus u. der Cassiope; Perseus rettete sie vor einem Meeresungeheuer, dem sie als Beute ausgesetzt war u. bekam sie zur Gattin; nach ihrem Tode als Gestirn an den Himmel versetzt.

andrōn, ōnis *m (gr. Fw.* ἀνδρών Männersaal) *(nachkl.) (b. den Römern)* Gang *(zw. zwei Häusern, Höfen od. Gärten).*

Andronīcus, ī *m* Livius ~ *aus Tarent (um 240 v. Chr.),* durch Kriegsgefangenschaft Sklave, dann Freigelassener des M. Livius Salinator, der erste Dichter, der in lateinischer Sprache schrieb; erste Aufführung eines Dramas in Rom: 240 v. Chr.

Andros *u.* **Andrus,** ī *f die nördlichste der Zykladeninseln in der Ägäis; – Adj. u. Einw.* **Andrius,** a, um *bzw.* ī *m.*

ānellus, ī *m (Demin. v. anulus)* Ringlein.

Anemūrium, ī *n Vorgeb. u. Stadt in Kilikien; – Adj.* **Anemūriēnsis,** e.

aneō, anēre, – – *(anus[1]) (Plaut.)* wie ein altes Weib zittern, altersschwach sein.

anēthum, ī *n (gr. Fw.) (poet.; nachkl.)* Dill.

anetīnus, a, um = *anatinus.*

ān-frāctum, ī *n (frango) (vorkl. f das klass. anfractus, us m)* Krümmung.

ān-frāctus, ūs *m (frango)* ① Biegung, Krümmung [**viarum; litorum; solis** Kreisbahn];
② *(rhet.)* Weitschweifigkeit;
③ *(jur.)* Winkelzüge [**iudiciorum**].

angelicus, a, um *(angelus) (spätl.)* ① Boten-;
② Engels-.

angellus, ī *m (Demin. v. angulus) (Lucr.)* Winkelchen, Eckchen.

angelus, ī *m (gr. Fw.) (nachkl.; Eccl.)* Bote, *bes.* Bote Gottes, Engel.

Angerōna *u.* **-ōnia,** ae *f röm. Göttin der Schweigsamkeit; –* **Angerōnālia,** ium *n Fest zu Ehren der Göttin A.*

angina, ae *f (ango) (nachkl.)* Halsentzündung.

angi-portum, ī *n u.* **-us,** ūs *m (ango u. portus)* Gässchen.

Angitia, ae *f Heilgöttin der Marser.*

Angliī, ōrum *m* die Angeln, *germ. Stamm in Schleswig.*

angō, angere, (ānxī), – ① beengen, beklemmen, zusammenschnüren, -drücken, würgen;
② ängstigen, quälen, beunruhigen *(alqm u. alcis animum); mediopass. angi* sich ängstigen *(animi u. animo) (über, wegen: Abl.; de)*; **cura angit hominem; multa sunt, quae me sollicitant anguntque;**
③ *(spätl.)* **iter** ~ unterwegs sein.

angor, ōris *m (ango)* ① Beklemmung; **aestu et angore vexata;**
② Angst, Unruhe; *Pl.* Melancholie; **animus omni liber cura et angore.**

Angrivariī, ōrum *m an der Weser siedelndes germ. Volk.*

angui-comus, a, um *(anguis u. coma) (poet.)* schlangenhaarig [**Gorgo**].

anguiculus, ī *m (Demin. v. anguis)* kleine Schlange.

angui-fer, fera, ferum *(anguis u. fero) (poet.)* schlangentragend.

angui-gena, ae *m u. f (anguis u. gigno) (Ov.)* von Schlangen erzeugt.

anguilla, ae *f (anguis)* Aal.

angui-manus, ūs *(anguis) (Lucr.)* schlangenhändig, -armig *(vom Elefanten, weg. der Gelenkigkeit seines Rüssels).*

anguineus (*u.* **anguīnus**), a, um *(anguis)* ① Schlangen-, schlangenartig;
② *(spätl.)* teuflisch.

angui-pēs, *Gen.* pedis *(anguis) (Ov.)* schlangenfüßig *(v. Giganten).*

anguis, is *m u. f* Schlange; *sprichw. als Bild des Gefahrendrohenden* [**frigidus latet ~ in herba**] *u. des Verhassten* [**alqm odisse aeque atque angues**]; *übtr. als Sternbild.*

angui-tenēns, tenentis *m (anguis u. teneo)* Schlangenträger *(ein Sternbild).*

angulāris, e *(angulus)* winklig, eckig.

angulātus, a, um *(angulus)* eckig.

● **angulus,** ī *m (ango)* ① Ecke, Winkel;
② *(übtr.)* Winkel, Schlupfwinkel, abgelegener, einsamer Ort; **in ullo -o Italiae;**
③ *(math.)* Winkel [**obtusus** stumpfer].

● **angustiae,** ārum (*selten Sg.* **-a,** ae) *f (angustus)* ① Enge [**loci; itineris; viarum; fretorum**]; *abs.* Engpass;
② *(temporis)* Kürze; *abs.* kurze Zeit;
③ **a)** Mangel, Mittellosigkeit, Armut [**pecuniae; aerarii; rei familiaris; rei frumentariae**]; **b)** Verlegenheit, Not, Schwierigkeit [**famis** Hungersnot]; **in -is esse;**
④ *(pectoris)* Engherzigkeit;
⑤ *(verborum)* Spitzfindigkeit.

angusti-clāvius, a, um *(angustus u. clavus) (Suet.)* m. schmalem Purpurstreifen an der Tunika, *durch den sich die Kriegstribunen des plebeischen Standes von denen des Ritterstandes (laticlavii) unterschieden.*

angustō, angustāre *(angustus)* ① einengen;
② *(übtr.)* beschränken [**gaudia; patrimonium**].

● **angustus,** a, um *(ango)* ① *(räuml.)* eng, schmal [**pons; fenestra; via**]; *– subst.* **angustum,** ī *n* **a)** die Enge, enger Raum: **angusta viarum; b)** *(übtr.)* **in angustum concludere, adducere, deducere** einschränken, beschränken;
② *(v. der Form)* schmal [**sagitta** m. schmaler Spitze; **habenae** straff angezogen];
③ *(v. der Zeit)* beschränkt, kurz [**nox; dies**];

4 a) *(v. Besitz)* knapp, beschränkt, spärlich, gering [**res frumentaria**]; b) *(v. äußeren Lebensumständen)* bedenklich, schwierig; – *subst.* **angustum,** ī *n* bedenkliche Lage, Verlegenheit, Not; **spes est in angusto** es besteht wenig Hoffnung;
5 engherzig; **animi -i est** es zeugt v. Engherzigkeit;
6 kurz (gefasst).

anhēlitus, ūs *m (anhelo)* 1 a) das Keuchen; b) Atem, Hauch;
2 Ausdünstung, Dunst.

an-hēlō, hēlāre *(halo)*
I. *intr.* 1 mühsam atmen, keuchen, schnauben;
2 (auf)dampfen; **amnis vapore anhelans** v. der Sonnenhitze dampfend;
II. *trans.* 1 ausschnauben [**ignes; frigus** aushauchen];
2 *(übtr.)* nach etw. lechzen [**scelus**].

anhēlus, a, um *(anhelo) (poet.)* 1 schnaubend, keuchend, lechzend [**equi; senes**];
2 atemraubend [**tussis; cursus**].

Anicius, a, um *Name einer röm. gens, die aus Praeneste stammte:* L. ~ Gallus, *der erste Konsul aus dieser gens 160 v. Chr.;* – **Aniciānus,** a, um [**nota (vini)** Weinsorte aus dem Konsulatsjahr des Anicius, *das (Cic.) als ber. Weinjahr galt*].

anicula, ae *f (Demin. v. anus¹)* altes Mütterchen.

Aniēn, Aniēnsis *u.* **Aniēnus** *s. Anio.*

anīlis, e *(anus¹)* altweiberhaft [**superstitio; fabellae** Ammenmärchen, Altweibergeschwätz].

anīlitās, ātis *f (anilis) (Cat.)* hohes Alter *(einer Frau).*

● **anima,** ae *f (vgl. animus)* 1 a) Lufthauch, Luftzug, Wind; b) Luft;
2 Atem, Hauch; **-am ducere** Atem holen; **-am continere** den Atem anhalten;
3 Seele, Leben(skraft); **-am efflare** (*od.* **exspirare, edere**) die Seele aushauchen, sterben; **-am agere** in den letzten Zügen liegen, m. dem Tode kämpfen;
4 beseeltes Wesen;
5 *Pl.* Seelen der Verstorbenen, Schatten, Manen;
6 Geist, Denkkraft;
7 *(als Kosewort)* Seele; **vos, meae carissimae -ae.**

animābilis, e *(animo)* belebend.

animadversiō, ōnis *f (animadverto)* 1 Aufmerksamkeit, Beobachtung; Wahrnehmung;
2 a) Tadel, Rüge; b) Strafe [**capitalis** *od.* **capitis** Todesstrafe].

animadversor, ōris *m (animadverto)* Beobachter.

● **anim-advertō,** advertere, advertī, adversum *(altl.:* -vortō, vortere, vortī, vorsum) *(< animum adverto)* 1 den Geist, seine Aufmerksamkeit auf etw. richten, aufpassen, Acht geben *(m. indir. Frages.; m. ut od. ne);*
2 beachten, bemerken, wahrnehmen, sehen, erkennen *(m. Akk.; A. C. I.; indir. Frages.);*
3 a) rügen, tadeln *(alqd; in alqm);* b) (be)strafen *(alqd),* geg. jmd. strafend einschreiten *(in alqm)* [**peccata; in complures nobiles; gladio** m. dem Tode durch das Schwert bestrafen].

● **animal,** ālis *n (anima)* Lebewesen, Geschöpf; Tier.

animālis, e *(anima)* 1 luftig, aus Luft bestehend;
2 a) *(pass.)* lebend, lebendig, belebt, beseelt [**corpora**]; b) *(akt.)* belebend [**cibus**].

animāns, *Gen.* antis *(animo)*
I. *Adj.* beseelt, lebend, lebendig [**imagines**];
II. *Subst. m, f, im Pl. auch n* Lebewesen, Geschöpf; **animantia omnia; pestifera animantia.**

animātiō, ōnis *f (animo)* Lebewesen, Geschöpf.

animātus¹, a, um *(P. Adj. v. animo)* 1 beseelt, belebt;
2 gesinnt, eingestellt *(geg. jmd.: erga u. in alqm)* [**bene**];
3 mutig, furchtlos, kühn.

animātus², *Abl.* ū *m (animo) (Plin.)* das Atmen; **animatu carere** nicht atmen.

animō, animāre 1 *(v. anima)* beleben, beseelen; ~ *in u. Akk.* beleben in (*od.* zu), in etw. Lebendes verwandeln [**guttas in angues**];
2 *(v. animus)* ermuntern, ermutigen [**acrius**].

animōsitās, ātis *f (animosus) (spätl.)* 1 Tapferkeit, Mut;
2 Erbitterung, Zorn.

animōsus, a, um *(animus)* 1 mutig; **fortis et ~ vir;**
2 hitzig, ungestüm, heftig, leidenschaftlich;
3 *(v. Winden)* stürmisch [**Euri**];
4 stolz *(auf: m. Abl.)* [**spoliis**]; **mater vobis -a creatis** stolz, euch geboren zu haben.

animula, ae *f (Demin. v. anima)* 1 Seelchen;
2 etwas Leben.

animulus, ī *m (Demin. v. animus) (Plaut.) (Kosewort)* Herzchen.

● **animus,** ī *m* (ἄνεμος Wind, Hauch) 1 a) Geist, Denkkraft; **alqd -o concipere** sich vorstellen; **-os adhibete** gebt Acht; **-um advertere (appellere)** die Aufmerksamkeit auf etw. richten; b) Gedanken; **-o (-is) adesse** m. den Gedanken anwesend sein; **habere -um in armis** nur an den Krieg denken; **rem -o praecipere (fingere)** sich in Gedanken vorstellen;
2 a) Seele, Herz, Gemüt, Gefühl, Empfindung; **aequo -o** mit Gleichmut, gelassen; **iniquo -o** ungern; **uno -o** einmütig; b) *zur Umschreibung v. Personen: animi civium = cives;*
3 Lebenskraft, Leben;
4 a) Stimmung, Gesinnung, Sinn; **bono**

(alieno, inimico) -o esse in alqm; b) Gemütsart, Charakter [**magnus** *(od.* **altus**) edel; **ingens** heroisch; **parvus** niedrig; **laetus; apertus et simplex** offen u. ohne Falsch];
⑤ Energie, Mut, Selbstvertrauen, Zuversicht; **alci -um** *(od.* **-os***)* **facere** *(od.* **addere***)* jmd. ermutigen; **-um sumere** Mut fassen; **crevit Romanis ~; magnus mihi ~ est** *(m. A. C. I.)* ich habe Zuversicht; **bono -o esse** guten Muts sein; **in re mala -o bono uti** gute Miene zum bösen Spiel machen;
⑥ Hochmut, Stolz, Übermut *(meist Pl.)*;
⑦ Zorn, Heftigkeit *(gew. im Pl.)*; **vince -os iramque tuam; alcis -os retardare;**
⑧ Vergnügen, Lust; **-i causā** *(od.* **gratiā***)* aus Lust, zum Vergnügen, zum Spaß;
⑨ Wille, Wunsch, Verlangen, Vorsatz, Absicht; **di immortales -um suum nobis ostenderunt** ihren Willen; **in -o habeo** *od.* **in -o mihi est** ich beabsichtige;
⑩ Urteil, Überzeugung, Meinung; **meo -o** meiner Meinung nach; **incertus (dubius) -i;**
⑪ Bewusstsein, Besinnung; **~ alqm relinquit; ~ rediit;**
⑫ Gedächtnis; **ex -o effluere** (*od.* **excidere**) aus dem Gedächtnis entschwinden; **-is dicta figere** sich einprägen.

Aniō *u.* **Aniēn,** Aniēnis *m Grenzfluss zw. Latium u. dem Sabinerland, Nebenfluss des Tiber, j.* Aniene *od.* Teverone; – *Adj.* **Aniēnsis,** e *u.* **Aniēnus,** a, um.

aniticula, ae *f (anas)* Entchen.

anitis *Gen. v. anas.*

Anius, ī *m Priester des Apollo u. König auf Delos.*

Anna, ae *f* ① *Didos Schwester;*
② **Anna Perenna** *altital. Frühlingsgöttin, deren Fest in Rom am 15. März gefeiert wurde.*

> *i* Kultur **annālēs,** lium *m (annalis; erg. libri)* Annalen, Jahrbücher, *in denen die wichtigsten Ereignisse des Jahres verzeichnet wurden, in den älteren Zeiten v. den Pontifices geführt (dah. annales pontificum od. annales maximi genannt); die ersten röm. Geschichtsschreiber (Annalisten) übernahmen die Form der jahrweisen Berichterstattung, dah. übh.* Geschichtswerk, Geschichte, geschichtl. Darstellungen, *in denen der Stoff m. Berücksichtigung der Chronologie nach den einzelnen Jahren abgehandelt wird;* – **Annālēs** das epische Gedicht des Ennius und ein Geschichtswerk des Tacitus; – *Sg.* **annālis** das einzelne Buch der Annalen.

● **annālis,** e *(annus)* Jahres-; **lex ~** Gesetz, welches das f. Amtsbewerbungen erforderliche Mindestalter bestimmte.

an-natō, natāre (*u.* ad-natō) heranschwimmen *(m. ad od. Dat.)*.

an-nāvigō, nāvigāre (*u.* ad-nāvigō) *(Plin.)* heransegeln, m. dem Schiff herannahen.

anne = *an*².

an-nectō, nectere, nexuī, nexum *(m. ad od. Dat.)* ① anbinden, anknüpfen, anfügen; **stomachus ad linguam annectitur; cadavera saxis annexa; epistulas pedibus columbarum ~;**
② m. etw. verbinden, verknüpfen, vereinigen [**rebus praesentibus futuras; insulas continenti**]; *Pass.* zusammenhängen;
③ *verwandtschaftlich* verbinden; **magnis domibus annexa;**
④ hinzufügen *(mündl. od. schriftl.)*.

annexus, *Abl.* ū *m (annecto) (Tac.)* Verbindung, Verband; **Cremona annexu conubiisque gentium adolevit floruitque.**

anniculus, a, um *(annus)* einjährig, ein Jahr alt [**taurus; aper**].

anni-fer, fera, ferum *(annus u. fero) (Plin.)* das ganze Jahr über Früchte tragend.

an-nītor, nītī, nīxus *u.* nīsus sum ① sich anstemmen, anlehnen an etw. *(m. Dat.; ad)*; **annixi hastis; hasta annixa columnae; Latona oleae annisa;**
② sich anstrengen, sich bemühen *(m. de; ad u. Akk. des Gerundivs; pro; adversus* ankämpfen gegen; *ut u. Konj.; nachkl. m. Inf.)* [**de triumpho; ad ea patranda; summo studio ad augendam liberi populi maiestatem**].

Annius, a, um *röm. pleb. Gentilname:* T. ~ Milo *s. Milo;* – *Adj.* **Anniānus,** a, um.

anniversārius, a, um *(annus u. verto)* jedes Jahr wiederkehrend, jährlich [**sacra; dies festi; arma** Kämpfe]; – *subst.* **anniversāria,** ōrum *n* jährl. wiederkehrende Gedenktage.

an-nō, nāre (*u.* ad-nō) ① **a)** heranschwimmen *(abs.; m. ad; Dat.; Akk.)* [**ad litus; insulae; naves**]; **b)** m. dem Schiff herankommen [**ad urbem**];
② *(Tac.)* neben etw. *od.* jmdm. schwimmen *(m. Dat.)*; **equites annantes equis.**

annōn = *an non.*

● **annōna,** ae *f (annus)* ① Jahresertrag *(bes. des Getreides)*, (Getreide-)Ernte;
② **a)** Getreideversorgung; **b)** *(meton.)* Getreide, *übh.* Nahrungsmittel; **-ae pretium; urbis annonaeque cura; -ae caritas** Teuerung;
③ **a)** Getreidepreis, *übh.* Lebensmittelpreis; **-am levare (laxare)** den Preis herabsetzen; **-ae varietas** Wechsel; **~ salaria** Preis des Salzes; **~ vini; b)** hoher Marktpreis; Getreidemangel, Teuerung, Not; **-ā premente; acri -ā fatigari;**
④ *(milit. t. t. der Kaiserzeit)* Proviant.

annōsus, a, um *(annus)* hochbetagt [**mater**],

(sehr) alt [**vinum; arbor**].

annotātiō, ōnis *f (annoto) (nachkl.)* schriftl. Aufzeichnung, Anmerkung.

annotātor, ōris *m (annoto) (Plin.)* Beobachter.

annōtinus, a, um *(annus)* vorjährig.

an-notō, notāre ① **a)** schriftl. aufzeichnen, verzeichnen; Anmerkungen machen; **b)** *(librum)* sich über ein Buch Aufzeichnungen, Anmerkungen machen;
② bemerken, wahrnehmen;
③ *(jur. t. t.) einen Verurteilten* zur Bestrafung notieren.

an-nuī *Perf. v. annuo.*

an-nūllō, nūllāre *(ad u. nullus)* zunichte machen, vernichten.

an-numerō, numerāre (*u.* ad-numerō) ① hinzuzählen, -rechnen *(m. Dat.; in u. Abl.; inter)* [**alqm his duobus; alqm in vatibus et Faunis; servos inter urbanos**];
② jmdm. etw. zuzählen, auszahlen [**pecuniam**].

annūntiātiō, ōnis *f (annuntio) (Eccl.)* Verkündigung.

annūntiātor, ōris *m (annuntio) (Eccl.)* Verkündiger.

an-nūntiō, nūntiāre ankündigen, verkündigen, berichten.

● **an-nuō,** nuere, nuī, – ① zunicken, einen Wink geben;
② **a)** *(durch Nicken)* zustimmen, bejahen, gutheißen; **b)** erlauben, dass *(m. ut u. Konj. od. m. Inf.);*
③ zusagen, versprechen;
④ *(alqm)* jmd. durch Nicken bezeichnen.

● **annus,** ī *m* ① Jahr; **ineunte -o, principio (initio) -i** zu Jahresbeginn; **-o exeunte (extremo)** am Ende des Jahres; **omnibus -is** alljährlich; **tempus -i** Jahreszeit; *Pl. auch (poet.)* Zeiten: **nati melioribus -is;** – *adverbiale Wendungen:* **anno** vor einem Jahr *(Plaut.);* während eines Jahres *(Liv.);* **in anno** *(nicht klass.* **anno***)* jährlich: **consules anno creare; bis, ter in anno; tribus in anno diebus; annum** ein Jahr lang; **in annum** für ein Jahr; **in annos** auf Jahre hinaus; **ad annum** künftiges Jahr; **ante annum** ein Jahr vorher; **intra annum** innerhalb eines Jahres;
② Lebensjahr; **puer novem -orum; -um decimum agere** im 10. Jahr stehen; *Pl. oft (poet.)* Lebenszeit, Alter; **-i iuveniles;**
③ Amtsjahr; **prorogare -um;**
④ Jahreszeit [**formosissimus** *(v. Frühling);* **pomifer** Herbst; **hibernus; frigidus**];
⑤ Ertrag des Jahres, Ernte; **exspectare -um.**

an-nūtō, nūtāre (*u.* ad-nūtō; *Intens. v. annuo*) *(vor- u. nachkl.)* immer wieder zunicken.

an-nūtriō, nūtrīre (*u.* ad-nūtriō) *(Plin.)* heranziehen *(an etw.: m. Dat.)* [**arboribus vites**].

● **annuus,** a, um *(annus)* ① ein Jahr dauernd, auf ein Jahr beschränkt, für ein Jahr [**magistratus; oppugnatio**];
② jährlich, jedes Jahr wiederkehrend [**sacra; sollemnia; frigorum et calorum varietates**]; – *subst.* **annua,** ōrum *n (nachkl.)* Jahresgehalt.

anōmalia, ae *f (gr. Fw.) (gramm. t. t.)* Ausnahme, Anomalie.

an-quīrō, quīrere, quīsīvī, quīsītum *(quaero)* ① ringsumher suchen [**ad vivendum necessaria**];
② untersuchen, nachforschen *(m. Akk.; de; indir. Frages.; verneint m. quin);* **mens semper alqd aut anquirit aut agit;**
③ *(jur. t. t.)* **a)** eine Untersuchung des Verbrechens vornehmen; **b)** den Antrag auf eine Strafe stellen [*(m. Abl. od. Gen. der Strafe)* **capite** *u.* **capitis** auf Leib und Leben; **pecuniā;** *(der Grund der Bestrafung: de)* **de perduellione**].

anquīsītiō, ōnis *f (anquiro 3. b) (vorkl.) (jur. t. t.)* Strafantrag.

ānsa, ae *f* ① Griff, Henkel [**poculi**]; Öse;
② Anhaltspunkt, Anlass, Gelegenheit *(zu: m. Gen. od. ad);* **-am quaerere; sermonis -as dare.**

ānsātus, a, um *(ansa) (vorkl.)* m. einem Griff *od.* Henkel *od.* m. zwei Henkeln versehen; *scherzh. (Plaut.):* **quis hic ~ ambulat** die Arme in die Seiten gestemmt.

ānser, eris *m, selten f* Gans.

ānserīnus, a, um *(anser) (nachkl.)* Gänse-.

antae, ārum *f* viereckige Pfeiler.

Antaeus, ī *m ein libyscher Gigant, Sohn des Meeresgottes Poseidon (Neptun) u. der Gaia (Erde), dem die Berührung m. seiner Mutter, der Erde, immer wieder neue Kräfte verlieh; Herkules bezwang ihn im Ringkampf, indem er ihn in die Höhe hob u. erdrückte.*

Antandros (-us), ī *f Seestadt in Mysien in Kleinasien am Fuße des Ida;* – *Adj.* **Antandrius,** a, um aus Antandros.

● **ante I.** *Adv.* ① *(räuml* **a)** vorn [**pugnare**]; **b)** nach vorn, vorwärts [**ingredi**];
② *(zeitl.)* vorher, früher *(wobei die genauere Zeitangabe im Abl. mensurae steht);* **multis ante saeculis; paucis ante annis;** *auch in Verbindung m. Adverbien:* **longe ante;** – *oft folgt quam auf ante, m. dem es manchmal zu* antequam *verbunden wird* bevor: **ut te ante videret, quam a vita discederet; veniam ante, quam plane ex animo tuo effluo** ich werde kommen, bevor ich dir ganz aus dem Sinn schwinde;
③ *(in der Reihenfolge)* vorher;
II. *Präp. b. Akk.* vor ① *(räuml.)* **ante oculos omnium** vor aller Augen; **~ oppidum; ~ aram statuere; alqm vinctum ~ se agere;**
② *(zeitl.)* **~ lucem; ~ hunc diem; ~ brumam;** *m. Zeitadv.:* **multo ~ noctem; ~ rem** vor dem Kampf; **~ annum** vor einem Jahr; **~ id tempus** bis zu dieser Zeit; **~ tempus** vor-

zeitig;
❸ *(zur Bez. der Bevorzugung, der höheren Stellung in der Rangordnung)* ~ **alqm** *od.* **alqd esse** übertreffen; ~ **Iovem haberi** mehr gelten als J.; ~ **omnes;** ~ **ceteros;**
III. *Präfix* ❶ *(räuml.)* vorn [**antefixus**], voraus [**antecedo**];
❷ *(zeitl.)* vor [**antemeridianus**];
❸ *(zur Bez. der Bevorzugung u. des Vorranges)* über-, hervor- [**antecello**].

● **anteā** *Adv. (ante u. eā)* vorher, früher.

ante-ambulō, ōnis *m (nachkl.) ein Bedienter, der vor einem Vornehmen ging, um ihm Platz zu machen.*

ante-canem *undekl.* der kleine Hund *(Sternbild, Vorläufer des großes Hundes, des Sirius).*

ante-capiō, capere, cēpī, captum *u.* ceptum
❶ vorher, im Voraus ergreifen, nehmen, besetzen [**pontem**];
❷ vorwegnehmen;
❸ etw. vorher, im Voraus besorgen [**quae bello usui sunt**];
❹ vorher in Anspruch nehmen, ausnutzen [**noctem; tempus**];
❺ *(philos. t. t.)* **antecepta animō rei informatio** Begriff „a priori".

antecēdēns, dentis *(P. Adj. v. antecedo)* ❶ vorher-, vorausgehend; **antecedente operis parte; hora ~; annus ~ ;**
❷ *(philos. t. t.)* **causa** ~ *u. Subst. Neutr. Sg. u. Pl.* wirkende Ursache.

● **ante-cēdō,** cēdere, cessī, cessum *(m. Akk.; Dat.)* ❶ *(räuml. u. zeitl.)* voraus-, vorangehen; **gregem ~; stellae tum antecedunt, tum subsequuntur; alci aetate ~;**
❷ überholen [**nuntios**];
❸ übertreffen, überlegen sein *(an, in, durch etw.: m. Abl.)* [**virtute regi; alqm scientiā; fidem** übersteigen].

● **ante-cellō,** cellere, – – *(celsus)* hervorragen, überragen, sich vor jmdm. auszeichnen, übertreffen *(m. Dat.; nachkl. m. Akk.; – in, durch etw.: Abl. u. in m. Abl.)* [**ceteris eloquentiā**].

ante-cēpī *Perf. v. antecapio.*

ante-cessī *Perf. v. antecedo.*

antecessiō, ōnis *f (antecedo)* ❶ das Vorauseilen, Vorsprung;
❷ Bedingung.

antecessor, ōris *m (antecedo) derjenige, der vorangeht* ❶ *(milit. t. t.) antecessores* Vorhut;
❷ *derjenige, der m. Lehre u. Beispiel vorangeht;*
❸ Vorgänger im Amt.

antecessum *P. P. P. v. antecedo.*

antecessus *(antecedo) in der Verbindung* in antecessum *(nachkl.)* im Voraus [**accipere; dare**].

ante-currō, currere, – – *(spätl.)* voranlaufen.

ante-cursōrēs, rum *m (antecurro) (milit. t. t.)* Vorhut.

ante-eō, īre, iī, – ❶ *(räuml.)* vorangehen *(m. Dat.; poet. u. nachkl. m. Akk.);*
❷ *(zeitl.)* vorausgehen *(m. Dat. u. Akk.)* [**alci** *od.* **alqm aetate** *od.* **aetatem alcis**];
❸ übertreffen, sich auszeichnen (vor jmdm.) *(m. Dat. u. Akk.; – durch, an etw.: m. Abl.)* [**alci sapientiā; alqm virtutibus; cursus alcis; questus omnium**];
❹ zuvorkommen, vereiteln [**damnationem**];
/ *in Dichtung u. nachkl. Prosa wurde das -e v. ante ausgelassen, z. B. antibo, antissent.*

ante-ferō, ferre, tulī, lātum ❶ vorantragen [**fasces**];
❷ *(übtr.)* vorziehen [**pacem bello**].

ante-fīxus, a, um *(figo)* vorn befestigt; – *subst.* **antefīxa,** ōrum *n* Gesimsverzierungen.

ante-gredior, gredī, gressus sum *(gradior) (räuml. u. zeitl.)* voran-, vorausgehen.

ante-habeō, habēre, – – *(Tac.)* vorziehen [**incredibilia veris**].

ante-hāc *Adv.* vorher, früher.

ante-iī *Perf. v. anteeo.*

antelātus *P. P. P. v. antefero.*

ante-logium, ī *n (logus) (Plaut.)* Prolog.

ante-lūcānus, a, um *(lux)* vor Sonnenaufgang, (bis) vor Tagesanbruch [**ambulatio; cena** bis zum frühen Morgen; *(spätl.)* **coetus** Frühmesse]; – *subst.* **antelūcānum,** ī *n* Tagesanbruch.

ante-merīdiānus, a, um *(meridies)* Vormittags- [**ambulatio**].

antemna *u.* **antenna,** ae *f* Segelstange, Rahe.

Antemnae, ārum *f Sabinerstadt am Zusammenfluss v. Anio u. Tiber;* – *Einw.* **Antemnātēs,** tium *m.*

antenna *s. antemna.*

Antēnor, oris *m* (*Akk.* -orem *u.* -ora) *Trojanerfürst, der nach der Eroberung Trojas nach Italien ging u. Patavium (Padua) gründete;* – *Nachk.* **Antēnoridēs,** ae *m.*

ante-occupātiō, ōnis *f (rhet. t. t.)* Vorwegnahme der Einwürfe des Gegners.

ante-parta (*u.* ante-perta), ōrum *n (pario) (Kom.)* das vorher Erworbene.

ante-pendulus, a, um *(nachkl.)* nach vorn hängend [**crines**].

ante-pēs, pedis *m* Vorderfuß.

ante-pīlānī, ōrum *m (pilum) die in der röm. Schlachtordnung vor den m. dem pilum bewaffneten Triariern stehenden hastati u. principes.*

● **ante-pōnō,** pōnere, posuī, positum ❶ *(vorkl.) (etw. zum Essen od. Trinken)* vorsetzen [**alci prandium**];
❷ *(nachkl.)* voranstellen;
❸ *(übtr.)* vorziehen, den Vorzug geben [**amicitiam omnibus rebus humanis**];
/ *manchmal wird ante hinter pono gestellt: mala bonis ponit ante.*

ante-potēns, *Gen.* entis *(Plaut.)* vor allen reich *od.* glücklich, glücklicher als alle.

● **ante-quam** *(auch getrennt ante ... quam) Kj.* bevor.

anterior, *Gen.* ōris *(ante) (spätl.)* ① *(räuml.)* der vordere;
② *(zeitl.)* der vorige, frühere.

Ant-erōs, ōtis *m Gott der „Gegenliebe"; auch: Rächer unerwiderter Liebe.*

antēs, tium *m (poet.)* Reihen, *bes. der Weinstöcke.*

ante-sīgnānī, ōrum *m (signum) (milit. t. t.)*
① *zunächst hießen so die vor dem b. den Triariern befindlichen Legionsadler kämpfenden hastati u. principes;*
② *zu Cäsars Zeit* die Vorkämpfer, *das aus leicht bewaffneten Soldaten bestehende Elitekorps jeder Legion, das zuerst den Angriff aufnahm.*

ante-stō *s. antisto.*

an-testor, testārī, testātus sum *(ante) (jmd. vor Einleitung der Klage)* zum Zeugen anrufen.

ante-tulī *Perf. v. antefero.*

ante-veniō, venīre, vēnī, ventum ① zuvorkommen *(m. Akk.; selten m. Dat.)* [**magnis itineribus Metellum**];
② übertreffen [**nobilitatem**];
③ vereiteln [**consilia et insidias hostium**].

ante-vertō, vertere, vertī, versum *(altl.* antevorto *usw.) u. Depon.* **antevertor,** vertī, versus sum *(altl.* ante-vortor *usw.)* ① einen Vorsprung gewinnen *(vor jmdm.: m. Dat.);*
② zuvorkommen, vereiteln *(m. Akk.)* [**supplicium voluntaria morte**];
③ vorziehen.

anthēdōn, onis *f (gr. Fw.) (Plin.) eine Art der Mispelbäume.*

Anthēdōn, onis *f Seestadt in Böotien.*

Anthemūsias, adis *f Stadt in Mesopotamien.*

anthiās, ae *m (gr. Fw.) (poet.; nachkl.) ein Seefisch.*

anthologica, ōrum *n (gr. Fw.) (Plin.)* „Blumenlese", *eine Sammlung v. Sentenzen u. Gedichten verschiedener Verfasser,* Anthologie.

anthypophora, ae *f (gr. Fw.) (nachkl.) (rhet. t. t.) das Anführen u. die Widerlegung eines möglichen Einwandes.*

Antiās *s. Antium.*

> *i* Kultur **Anti-catō,** ōnis *m Gegenschrift Cäsars geg. Ciceros Lobschrift auf Cato v. Utica, auch Pl.* -ōnēs, num, *da sie aus zwei Büchern bestand.*

anticipātiō, ōnis *f (anticipo)* vorgefasste Meinung, Vorstellung *(von: m. Gen.)* [**deorum**].

anti-cipō, cipāre *(ante u. capio)* ① vorausnehmen, vorwegnehmen; *bes.* a priori eine Vorstellung haben;
② zuvorkommen;
③ *(molestiam)* sich im Voraus Kummer machen *(um: m. Gen.).*

Anticlēa *u.* **-clīa,** ae *f Mutter des Ulixes (Odysseus).*

antīcus, a, um *s. antiquus.*

Anticyra, ae *f Name mehrerer griechischer Städte:* ① *Stadt auf einer Halbinsel in Phokis, bekannt durch die dort wachsende Nieswurz, die als Heilmittel geg. Wahnsinn verwendet wurde;*
② *Stadt in Thessalien;*
③ *Stadt in Lokris.*

antid- *(altl.) = ante.*

antid-eā *(altl.) = antea.*

antid-eō *(altl.) = anteeo.*

antid-hac *(altl.) = antehac.*

anti-dotum, ī *n u.* **-dotus,** ī *f (gr. Fw.) (poet.; nachkl.)* Gegengift; *übh.* Gegenmittel.

Antigenēs, is *m ein Feldherr Alexanders des Gr.*

Antigona, ae *u.* **Antigonē,** ēs *f* ① *Tochter des Ödipus u. der Iokaste, Schwester der Ismene, des Eteokles u. Polyneikes;*
② *Tochter des trojan. Königs Laomedon, Schwester des Priamus.*

Antigonēa, ae *f Name mehrerer griechischer Städte, am bekanntesten:* ① *Stadt in Epirus; – Adj.* **Antigonēnsis,** e;
② *Stadt in Makedonien auf Chalkidike.*

Antigonus, ī *m* ① *Feldherr Alexanders des Gr. (gest. 301 v. Chr.);*
② *Name mehrerer makedon. Könige (Nachkommen v. Nr. 1).*

Antilibanus, ī *m östl. Parallelkette des Gebirges Libanon.*

Antilochus, ī *m Sohn Nestors, Freund Achills, tapferer Kämpfer vor Troja.*

Antimachus, ī *m griech. Dichter aus Klaros in Kleinasien (um 400 v. Chr.).*

Antiochīa *u.* **-ēa,** ae *f Name zahlreicher hellenistischer Städte:*
① *seleukidische Hauptstadt Syriens, j.* Antakya; *– Einw. u. Adj.* **Antiochēnsis,** is *m bzw.* e;
② *Stadt in Karien.*

Antiochus, ī *m* ① *Name syr. Könige aus der Seleukidendynastie, am bekanntesten A. III. d. Gr., Beschützer Hannibals;*
② *Name mehrerer Könige v. Kommagene (Nord-Syrien);*
③ *aus Askalon stammender Philosoph in Athen, Lehrer Ciceros; – Adj.* **Antiochī(n)us,** a, um.

Antiopa, ae *u.* **Antiopē,** ēs *f* ① *Tochter des Nykteus, Mutter des Amphion u. Zethus;*
② *Mutter der Pieriden;*
③ *Amazone.*

Antipater, trī *m* ① *Feldherr Philipps v. Make-*

donien u. Alexanders des Gr.;
❷ *Name mehrerer griech. Philosophen aus Kyrene, Tarsus u. Tyrus;*
❸ L. Caelius ~ *s. Caelius.*

Antiphōn, ōntis *m* ❶ *Redner in Athen (479–411 v. Chr.);*
❷ *ein Sophist, Zeitgenosse u. Gegner des Sokrates.*

antiphōna, ae *f (gr. Fw.) (mlt.)* liturg. Wechselgesang.

antipodes, dum *m* (*Akk.* -as) *(gr. Fw., eigtl.* „Gegenfüßler") *(nachkl.)* ❶ Antipoden *(Menschen auf der Gegenseite der Erde);*
❷ *iron. v. Menschen, die die Nacht zum Tage machen:* Nachtmenschen, Nachtschwärmer.

Antipolis, is *f* (*Akk.* -im) *Massilierkolonie im narbonensischen Gallien (Provence) in der Nähe v. Nizza, j.* Antibes; – *Adj.* **Antipolitānus,** a, um.

antīquāria, ae *f (antiquarius) (Iuv.)* Liebhaberin altröm. Literatur.

antīquārius, ī *m (antiquus) (nachkl.)* Anhänger u. Kenner altröm. Sprache u. Literatur.

● **antīquitās,** ātis *f (antiquus)* ❶ die alte Zeit, das Altertum; **antiquitatis monumenta;**
❷ *(meton.)* **a)** die Menschen des Altertums, die Alten; ~ **tradidit; b)** Ereignisse des Altertums, Geschichte des Altertums; **c)** *(meist Pl.)* Sitten, Gebräuche der alten Zeit; **d)** die alte gute Sitte, Redlichkeit; **documentum antiquitatis; e)** hohes Alter; **f)** der alte Brauch [**spectaculorum**];
❸ *(nachkl.)* Vorliebe [**pro Italica gente**].

antīquitus *Adv. (antiquus)* ❶ von alters her;
❷ in alter Zeit.

antīquō, antīquāre *(antiquus)* es beim Alten lassen; *(jur t. t.) einen Gesetzesvorschlag* verwerfen, ablehnen [**legem; rogationem**].

● **antīquus** *u.* **antīcus,** a, um *(ante)* ❶ *(zeitl.)* **a)** vorig, ehemalig, früher [**concordia; duritia; hiemes**]; **b)** (ur)alt, altertümlich [**genus; templa**]; *subst.* **antīquī,** ōrum *m* die Alten, die Menschen der Vorzeit; **antīqua,** ōrum *n* das Alte, das Altertum, die Vorzeit; **c)** altehrwürdig [**Troia**]; **d)** v. alter Sitte [**officium; patroni**]; *subst.* **antīquum,** ī *n* die alte Sitte;
❷ *(räuml.)* der vordere;
❸ *(v. Rang u. Wert im Komp. u. Superl.)* wichtiger, der wichtigste; **quod mihi est et sanctius et antiquius; id antiquius consuli fuit; navalis apparatus ei semper antiquissima cura fuit.**

antisophista, ae *m (gr. Fw.) (nachkl.) Grammatiker, der entgegengesetzte Grundsätze vertritt.*

antistes, stitis *m u. f (antisto)* ❶ Tempelvorsteher(in), Oberpriester(in) [**sacrorum; templi**];
❷ Meister *(in etwas: Gen.)* [**artis dicendi; iuris**];
❸ *(spätl.)* Bischof, Erzbischof; Papst.

Antisthenēs, is *m Sokratesschüler und Lehrer des Diogenes v. Sinope, begründete die Kynische Schule.*

antistita, ae *f (antisto)* Tempelvorsteherin, Oberpriesterin [**fani; Phoebi**].

antistitium, ī *n (antistes) (Mart.)* Amt des Tempelvorstehers, Oberpriesteramt.

anti-stō (*u.* ante-stō), stāre, stitī ❶ den Vorzug haben, übertreffen, überlegen sein *(alci alqa re)* [**viribus et magnitudine ceteris** *(Dat.)*];
❷ voranstehen.

Antium, ī *n Küstenstadt in Latium, j.* Anzio; – *Einw. u. Adj.* **Antiās,** ātis *(m).*

antlia, ae *f (gr. Fw.) (poet.; nachkl.)* Pumpe, Schöpfrad.

Antōnīnus, ī *m Adoptionsform des Gentilnamens Antonius, Name v. Personen, die aus der gens Antonia adoptiert waren, auch einiger aus der gens Antonia adoptierter röm. Kaiser.*

Antōnius, a, um *röm. Gentilname, bes. bekannt sind:*
❶ M. ~ *m. dem Beinamen Orator (143–87 v. Chr.), ber. röm. Redner; Konsul 99, Censor 97 v. Chr.;*
❷ C. ~ Hybrida, *Sohn des vorigen, 63 v. Chr. zusammen m. Cicero Konsul, in die Verschwörung Catilinas verwickelt;*
❸ M. ~ Creticus, *Bruder des vorigen;*
❹ M. ~, *der Triumvir (83–30 v. Chr.), Sohn des vorigen, m. Oktavian u. Lepidus zum 2. Triumvirat verbunden; Gegner Ciceros;*
❺ *dessen Sohn* Iulus ~;
/ **Antōniānus,** a, um antonianisch, des Antonius; *subst.* Antōniānī, ōrum *m* Anhänger des Antonius; / **Antōnia,** ae *f am bekanntesten zwei Töchter des Triumvirn u. der Octavia: die ältere Antonia, Gattin des L. Domitius Aenobarbus, Großmutter Neros; die jüngere Antonia, Gattin des Drusus, Mutter des Germanicus.*

> *i* Kultur **Antōnius,** M. ~ *(83–30 v. Chr.),* röm. Feldherr und Politiker; Anhänger Caesars, Gegner Ciceros. 43 v. Chr. schloss er mit Octavian und Lepidus das 2. Triumvirat zum gemeinsamen verstärkten Kampf gegen die Caesarmörder. 42 v. Chr. Sieg über die Caesarmörder in der Schlacht bei Philippi. Antonius erhielt die östlichen Provinzen als sein Herrschaftsgebiet, heiratete Kleopatra. Im Krieg zwischen Octavian und Antonius um die Vorherrschaft im röm. Reich siegte in der Schlacht bei Actium 31 v. Chr. die Flotte Octavians unter dem Oberbefehl von Agrippa über Antonius und Kleopatra.

● **antrum,** ī *n (gr. Fw.) (poet.; nachkl.)* Grotte, Höhle; Höhlung; **per -a et cavas rupes; exesae arboris -o** in der Höhlung …

Anūbis, idis *m* (*Akk.* -bim) *ägypt. Gott der Unterwelt, m. Hundekopf dargestellt, der „Beller" (latrator).*

ānulārius *(anulus)*

I. *Subst.* ī *m* Ringmacher;

II. *Adj.* a, um Ring-; **Scalae anulariae** Ringmachertreppe *in Rom.*

ānulātus, a, um *(anulus) (Plaut.)* mit Ringen geschmückt [**aures**].

● **ānulus,** ī *m (Demin. v. anus²)*

❶ (Finger-)Ring, Siegelring; **exornare -is digitos; tabulis testamenti -um imprimere;** *das Tragen goldener Ringe war z. Zt. der Republik ein Vorrecht der Ritter:* ~ **equestris** goldener Ritterring; **-o aureo donari** zum Ritter geschlagen werden; **ius -orum** Ritterwürde;

❷ *Ring anderer Art, Ringförmiges:* **a)** *(Plin.)* Ring *od.* Glied einer Kette, *(Mart.)* der Sklavenkette; **b)** *(Mart.)* Ring am Spielreifen; **c)** *(Plin.)* Ring am Vorhang; **d)** *(poet.; nachkl.)* Haarlocke [**comarum**].

anus¹, ūs *f* alte Frau, Greisin; *(poet.)* Wahrsagerin [**Cumaea** *v. der Sibylla*]; *(poet.; nachkl.) als Adj.* alt, betagt.

anus², ī *m* ❶ *(Plaut.)* Fußring;

❷ After.

ānxī *s. ango.*

anxietās, ātis *f (anxius)* ❶ Ängstlichkeit;

❷ Sorgfalt, Genauigkeit.

anxi-fer, fera, ferum *(anxius u. fero)* angstbringend, beängstigend, quälend [**cura**].

anxitūdō, dinis *f (anxius)* Ängstlichkeit.

● **anxius,** a, um ❶ *(pass.)* ängstlich, voll quälender Unruhe, besorgt [*(wegen: erga alqm)* **erga Seianum;** *(m. Abl.)* **inopiā;** *(m. Gen.)* **futuri; nepotum securitatis;** *(pro)* **pro mundi regno; pro eius salute;** *(de)* **de successore**]; *(auch circa; m. ne u. Konj.; m. indir. Frages.);* **alqm -um habere** jmd. ängstigen;

❷ *(akt.)* Angst erweckend, ängstigend, quälend [**aegritudines; curae**].

Anxur, uris *n alte Stadt der Volsker, später Tarracina genannt, j.* Terracina; – **Anxurus** (*auch* Anxur *u.* Axur) *Schutzgott der Stadt* [**Anxurus Iuppiter**]; – *Adj.* **Anxurnās,** *Gen.* ātis.

Anytus, ī *m* Anytos, *einer der Ankläger des Sokrates* [**Anyti reus** Sokrates].

Āones, num *m* (*Akk.* -as) *Ureinwohner Böotiens; – Adj.* **Āonius,** a, um böotisch [**vir** Herkules; **deus** Bacchus; **fons** *od.* **aquae** Quelle Aganippe; **vertex** der Helikon; **sorores** die Musen]; – **Āonidēs,** dum *f* die Musen; – **Āonia,** ae *f* Böotien.

Aornos, ī *m* (ἄορνος ohne Vögel, Vögeln unerreichbar) ❶ Avernersee, *s. Avernus;*

❷ *Ort in Epirus in Griechenland.*

Ap. = *Appius.*

ap-age *Interj. (gr. Fw.)* fort mit dir! hau ab! *(abs. od. m. Akk.)*; **apage te a me.**

Apamēa (-īa), ae *f Stadt* ❶ *in Syrien;*

❷ *in Phrygien; – Einw. u. Adj.* **Apamēnsis,** is *m bzw.* e;

❸ *in Bithynien; – Einw.* **Apamēī,** ōrum *m.*

apathīa, ae *f* (*Akk.* -an) *(gr. Fw.) (nachkl.)* Leidenschaftslosigkeit, unerschütterliche Gemütsruhe.

apēliōtēs, ae *m (gr. Fw.) (poet.; nachkl.)* Ostwind.

Apellēs, is *m ber. griech. Maler, Zeitgenosse Alexanders des Gr.; – Adj.* **Apellēus,** a, um.

Āpennīnus, ī *m* = *Appenninus.*

aper, aprī *m* Wildschwein, Eber; *Redew.:* **liquidis immittere fontibus apros** etw. Unbesonnenes tun.

Aperantia, ae *f Landschaft Ätoliens in Griechenland; – Einw.* **Aperantī,** ōrum *m.*

● **aperiō,** aperīre, aperuī, apertum ❶ **a)** öffnen, aufmachen *(Ggstz. operire, claudere)* [**portam; fenestram; aerarium; oculos**]; *se aperire* sich öffnen, aufgehen: **flos numquam se aperit nisi vento spirante;** – *durch Abnahme eines Bandes, Siegels u. Ä.* öffnen, erbrechen [**fasciculum litterarum; epistulam**]; **b)** durchbrechen [**parietem; murum**]; **c)** *(einen Ort)* zugänglich machen [**saltum caedendo**]; **d)** *(viam, iter)* bahnen; **e)** aufgraben, bloßlegen [**fundamenta templi; cavernas**]; **f)** erschließen, zugänglich machen; **Britanniam tam diu clausam ~; ver aperit navigantibus maria;**

❷ **a)** aufdecken, sichtbar machen *(Ggstz. operire, tegere);* **luce aperiente aciem; unda dehiscens aperit terram** lässt den Grund sehen; **dispulsa sole nebula aperuit diem; lux aperit hostem;** – se ~ *u. mediopass.* sichtbar werden, zum Vorschein kommen: **stellae aperiuntur; b)** entblößen [**caput**]; **c)** *(Verborgenes, Unbekanntes)* an den Tag bringen, enthüllen, offenbaren, *(auch)* verraten; eröffnen, darlegen *(Ggstz. occultare, tegere)* [**tua flagitia; sententiam suam; errorem; consilium suum** seinen Plan bekannt geben; **coniurationem** aufdecken]; – *se ~ u. mediopass.* sich offenbaren, sich verraten.

apertō, apertāre *(Intens. v. aperio) (Plaut.)* ganz entblößen [**brachium**].

● **apertus,** a, um *(P. Adj. v. aperio)* ❶ **a)** offen, unbedeckt, unverhüllt, entblößt *(Ggstz. opertus, tectus)* [**caput; navis** ohne Verdeck; **caelum** *od.* **aether** klar, heiter]; ungeschützt [**latus; umerus**]; **b)** offen (stehend), nicht verschlossen *(Ggstz. opertus, clausus)* [**fenestra**]; **c)** erschlossen, offen, leicht zugänglich; **vas-**

tum atque -um mare; locus ~; regio -a; campus ~; via patens apertaque; beate vivendi via -a; – *subst.* **apertum,** ī *n* das Offene, Freie, das offene, freie Feld: **-um petere** das Freie suchen; **in -o castra locare; -a Oceani** die Weiten; **d)** *(meton.)* auf offenem Feld, offen [**acies; proelium**];
❷ **a)** offenkundig, offensichtlich, deutlich, klar, offen *(Ggstz. occultus, obscurus, dubius, suspectus);* **actio -a rerum illarum; -i clamores** *(Ggstz. occulta colloquia);* **-um latrocinium** *(Ggstz. occultae insidiae);* **pericula -a; dolorem -e ferre** offen zeigen; – apertum est *(m. A. C. I.)* es ist offensichtlich; – *als Subst. in der Redew.:* **in -o est** a) es ist offenkundig; b) *(nachkl.)* es ist leicht ausführbar, möglich; **b)** *(v. der Rede u. v. Redner)* deutlich, klar, verständlich; **narratio -a; -is verbis** *(Ggstz. tectis verbis);* **c)** *(v. der Gesinnung u. v. Char.)* unverhohlen, offenherzig; *pejor.* plump, ungeniert, rücksichtslos, taktlos [**animus; homo; in dicendo** freimütig].

aperuī *Perf. v. aperio.*

apex, apicis *m* ❶ *(poet.; nachkl.)* Spitze; Wipfel; Gipfel [**obelisci; lauri; montis**];
❷ spitze Mütze, *bes.* **a)** Priestermütze; **b)** die Tiara *der asiatischen Könige;*
❸ *(übtr.)* **a)** königl. Macht; **b)** höchste Würde, höchste Zierde; **~ senectutis est auctoritas;**
❹ *(poet.)* Helmspitze; *(meton.)* Helm

aphractus, ī *f (gr. Fw.)* Schiff ohne Verdeck.

Aphrodīsia, ōrum *n Fest der Aphrodite.*

Aphrodīsias, adis *f Name vieler nach der Aphrodite benannter Orte, am bekanntesten:* ❶ *Stadt in Karien;* – *Einw.* **Aphrodīsiēnsēs,** ium *m;*
❷ *Hafenstadt in Kilikien.*

aphronitrum, ī *n (gr. Fw.) (Plin.; Mart.)* Schaumsalpeter.

apiātus, a, um *(apium) (Plin.)* wie m. Eppichsamen getüpfelt.

apicātus, a, um *(apex) (Ov.)* mit der Priestermütze geschmückt.

Apīcius, ī *m röm. cogn.:* M. Gabius ~, *röm. Feinschmecker u. Meister der Kochkunst z. Zt. des Augustus u. Tiberius.*

apicula, ae *f (Demin. v. apis) (vor- u. nachkl.)* Bienchen.

Āpidanus, ī *m Fluss in Thessalien.*

apinae, ārum *f (Mart.)* (alberner) Spaß, Streich, Nichtigkeiten.

Apiōn, ōnis *m* ❶ *Beiname des Ptolemäus, des Königs v. Kyrene;*
❷ *griech. Grammatiker, m. dem Beinamen Plistonices, um 30 n. Chr.*

apis, is *f* Biene.

Āpis, is *m* (*Akk.* -im; *Abl.* Āpī *u.* Āpide) *der heilige schwarze Stier der Ägypter.*

apīscor, apīscī, aptus sum ❶ *(räuml.)* erreichen, einholen [**legatos**];
❷ *(übtr.)* erreichen, erlangen, erringen [**laudem; summum honorem; favorem**];
❸ *(geistig)* erfassen, sich aneignen [**artem Chaldaeorum**].

apium, ī *n (poet.; nachkl.)* Eppich, Sellerie.

aplustra, ōrum *n* Schiffsheck.

apoclētī, ōrum *m (gr. Fw.* ἀπόκλητοι „die Berufenen") *(Liv.) die Mitglieder des ständigen Ausschusses des ätolischen Bundes; der ständige Ausschuss des ätolischen Bundes.*

apocolocynthōsis, is *f (gr. Fw.* ἀποκολοκύνθωσις; ἀπό *u.* κολοκύνθη *Kürbis)* Verwandlung in einen Kürbis, *Satire des Philosophen Seneca auf Kaiser Claudius, in der an die Stelle einer Vergöttlichung eine Aufnahme unter die Kürbisse, d. h. Dummköpfe, gesetzt ist.*

apoculō, apoculāre *(Petr.)* unsichtbar machen; *se* ~ sich fortmachen, sich drücken.

apodytērium, ī *n (gr. Fw.)* Auskleidezimmer *in den Bädern.*

apolactizō, apolactizāre *(Plaut.)* von sich stoßen; *(übtr.)* verschmähen.

i Kultur **Apollō,** Apollinis (*Liv.* -ōnis) *m Sohn Jupiters u. der Latona, Bruder der Diana, Gott des Bogenschießens (arcitenens), der Weissagung, Heilkunde, der Wissenschaften u. Künste, bes. der Musik u. Dichtkunst, Führer der Musen, später Sonnengott; der strahlende, ewig jugendlich schöne Gott m. den Beinamen* Phoebus, pulcher, formosus, *nach seinem Geburtsort Delos* Delius *u.* Delius vates, *nach seinem Hauptsitz Delphi* Delphicus *genannt; Apollinis urbs: Apollonia in Thrakien;* – *Adj.* **a) Apollināris,** e dem Apollo geweiht [**laurea; sacrum; ludi** dem Apollo zu Ehren *am 5. Juli* gefeiert]; *subst.* Apollināre, ris *n ein dem Apollo geweihter Platz;* **b) Apollineus,** a, um apollinisch, des Apollo [**ars; proles** Apollos Sohn Äskulap; **mater** Latona; **vates** Orpheus; **urbs** Delos].

Apollodōrus, ī *m* ❶ *aus Pergamum, Rhetor, Lehrer des Octavian (des späteren Kaisers Augustus);*
❷ *aus Athen (um 140 v. Chr.), Grammatiker, Schüler des Stoikers Panätius u. des Grammatikers Aristarch.*

Apollōnia, ae *f* („Apollostadt") *Name vieler griech. Städte (z. B. in Illyrien, Thrakien, Mysien, Kreta);* – *Einw.* **Apollōniātēs,** ae *m* (*Pl.* Apollōniātae, ārum *m u.* Apollōniātēs, t[i]um *m*); – *Adj.* **Apollōniēnsis,** e.

Apollōnis, idis *f Stadt in Lydien;* – *Adj.* **Apollōnidēnsis,** e.

Apollōnius, ī *m* ❶ ~ Rhodius, *griech. Epiker u. Grammatiker etwa 295–215 v. Chr., Verf. des Epos Argonautica;*
❷ ~ Molo, *ber. griech. Rhetor, 81 v. Chr. in Rom, Lehrer Ciceros.*

apologō, apologāre *(gr. Fw.) (Sen.)* verwerfen, verschmähen.

apologus, ī *m (gr. Fw.)* gleichnishafte Erzählung, *bes. äsopische* Fabel, Märchen.

Aponus, ī *m heiße Schwefelquelle b. Padua.*

apophorētus, a, um *(gr. Fw.) (Petr.)* zum Mitnehmen *(f. die Gäste)* bestimmt; – *subst.* **apophorēta,** ōrum *n* Geschenke, *die man b. festlichen Angelegenheiten den Gästen gab.*

apoproēgmena, ōrum *n (gr. Fw.) (philos. t. t. der Stoiker)* Verwerfliches, zu Meidendes.

aposphrāgisma, matis *n (gr. Fw.) (Plin.)* in den Siegelring eingekerbtes Bild.

apostata, ae *m (gr. Fw.) (Eccl.)* Abtrünniger.

apostolicus, a, um *(gr. Fw.) (Eccl.)* Apostel-, apostolisch; *subst.* -ī, ōrum *m Schüler u. Freunde der Apostel.*

apostolus, ī *m (gr. Fw.) (Eccl.)* Apostel.

apostrophē, ēs *u.* **-a,** ae *f (gr. Fw.) (rhet. Figur)* Abkehr *(wenn sich der Redner in seinem Vortrag v. dem Richter abwendet u. den Gegner anredet).*

apothēca, ae *f (gr. Fw.)* Speicher, Vorratskammer, *bes.* Weinlager.

apoxȳomenos, ī *m* der sich Abreibende, *eine Statue des Lysippus.*

apparātiō, ōnis *f (apparo)* ❶ Besorgung, Beschaffung [**popularium munerum**];
❷ *(v. Redner)* das Hinarbeiten auf etw., Vorbereitung.

● **apparātus¹,** ūs *m (apparo)* ❶ Besorgung, Beschaffung, Vorbereitung *(zu: m. Gen.)*; ~ **sacrificii; apparatūs terrestres maritimique;** *bes. zum Krieg:* **curam intendere in belli apparatum; urbs ipsa strepebat apparatu belli;**
❷ Einrichtung, Apparat (= Werkzeuge, Geräte, Maschinen *u. Ä.*); **belli** ~ Kriegsvorräte, -apparat, -werkzeuge; **apparatum incendere; omnis ~ oppugnandarum urbium;**
❸ Pracht, Prunk, großer Aufwand [**regius; epularum; ludorum**]; Ausschmückung der Rede, (ausgesuchter) Redeschmuck; **dixit causam nullo apparatu.**

apparātus², a, um *(P. Adj. v. apparo)* ❶ *(Plaut.) (v. Personen)* wohl ausgerüstet, gut vorbereitet;
❷ *(v. Sachen)* gut ausgestattet, prächtig, glänzend [**epulae; ludi**].

● **ap-pāreō,** pārēre, pāruī, (pāritūrus) ❶ zum Vorschein kommen, erscheinen, sichtbar werden, sich zeigen; **equus mecum demersus rursus apparuit; cum stella in caelo apparuisset … ;** *(m. Dat. der Ps.)* **anguis ille, qui Sullae apparuit immolanti;** – *P. Adj. apparēns* sichtbar;
❷ offenkundig sein, einleuchten, sich zeigen (als); Anerkennung finden, sich bewähren; **ratio apparet; in angustiis amici apparent** bewähren sich; **non apparent labores** finden keine Anerkennung; – *unpers.:* **apparet** es ist offensichtlich *(m. A. C. I. od. indir. Frages.);*
❸ dienen, aufwarten *(m. Dat. der Ps. u. der Sache: jmdm., bei etw.)* [**aedilibus; quaestioni**]; sich nach jmdm. richten *(m. Dat.).*

ap-pariō, parere, – – *(Lucr.)* hinzu erwerben, gewinnen [**spatium**].

appāritiō, ōnis *f (appareo 3.)* ❶ Unterbeamtendienst;
❷ *Pl. (meton.)* die Unterbeamten *(= apparitores).*

appāritor, ōris *m (appareo 3.)* Unterbeamter, Amtsdiener (Schreiber, Liktor, Viator *u. Ä.*).

appāritūra, ae *f (appareo 3.) (Suet.)* Unterbeamtendienst.

ap-parō, parāre vorbereiten, veranstalten, sich zu etw. rüsten *(m. Akk.)* [**ludos; convivium; bellum; aggerem** anlegen; **iter** bahnen]; *m. Inf.:* sich anschicken.

appellātiō, ōnis *f (appello¹)* ❶ Anrede, Ansprache;
❷ *(jur. t. t.)* Berufung [**tribunorum** an die Tribunen];
❸ Benennung, Name; **plures gentis appellationes;**
❹ Aussprache [**litterarum**].

appellātor, ōris *m (appello¹)* Berufungskläger.

appellitō, appellitāre *(Frequ. v. appello¹)* zu nennen pflegen.

● **ap-pellō¹,** pellāre ❶ jmd. ansprechen, anreden, sich an jmd. wenden; jmd. begrüßen; **milites benigne ~; legatos superbius** ~ anfahren;
❷ **a)** jmd. zu etw. auffordern, jmdm. etw. vorschlagen *(alqm de re; in rem; ut)* [**de proditione**]; **b)** jmd. mahnen *(de re)* [**de pecunia**];
❸ **a)** um Schutz, Hilfe anrufen; **b)** *(vor Gericht)* um Beistand anrufen [**tribunos; praetorem**] *(de re u. in re: wegen, in etw.);* **c)** *schwörend* anrufen; **d)** anrufen, anbeten [**deos**];
❹ jmd. *anklagend* zur Rede stellen;
❺ **a)** nennen, anführen, erwähnen; **quos non appello hoc loco; b)** (be)nennen, titulieren *(m. dopp. Akk.)* [**alqm patrem; alqm sapientem; alqm victorem**] *(nach etw.: a od. ex re); Pass.* heißen: **ipsorum linguā Celtae appellantur, c)** ernennen, ausrufen zu *(m. dopp. Akk.)* [**alqm regem**];
❻ aussprechen [**litteras**];
❼ kenntlich machen, bezeichnen.

● **ap-pellō²,** pellere, pulī, pulsum ❶ **a)** herantreiben, -bringen [**armentum ad aquam; ad litora iuvencos; alqm ad arbitrum**]; **b)** *(übtr.)* **mentem ad alqd** ~ auf etw. richten

[**ad philosophiam** sich zuwenden];
❷ *(t. t. der Navigation) (in der Verbindung m. navem, classem u. Ä.; ad od. in m. Akk.; nachkl. m. Dat.)* ansteuern, anlegen [**naves ad ripam; classem in insulam; navigia litori**]; *abs. od. Pass.* landen *(v. Personen u. Schiffen):* **navis appellitur** (*u.* **appellit**) **ad villam; classe ad Euboeam appulsā; classis Punica litori appulsa est.**

ap-pendī *Perf. v. appendo.*

appendicula, ae *f (Demin. v. appendix)* kleines Anhängsel.

appendix, icis *f (appendo)* Anhang, Anhängsel, Zugabe; **appendices maioris muneris.**

ap-pendō, pendere, pendī, pēnsum ❶ zuwiegen [**aurum**], auszahlen;
❷ *(spätl.)* aufhängen.

Appennīni-cola, ae *m (Appenninus u. colo) Bew. der Apenninen.*

Appennīni-gena, ae *m u. f (Appenninus u. gigno) (poet.)* in den Apenninen entsprungen [**Thybris**].

Appennīnus, ī *m* die Apenninen.

appetēns, *Gen.* tentis *(P. Adj. v. appeto)* strebend, begierig nach *(m. Gen.);* **gloriae ~; alieni ~** nach fremdem Besitz; **studiosissimus appetentissimusque honestatis;** – *abs.* habgierig: **homo non cupidus neque ~; gratus animus, non ~.**

appetentia, ae *f (appetens) = appetitio.*

appetītiō, ōnis *f (appeto)* ❶ das Greifen nach etw. *(m. Gen.);*
❷ das Trachten, Streben, Verlangen *(nach etw.: m. Gen.)* [**laudis**].

appetītus, ūs *m (appeto) = appetitio.*

● **ap-petō,** petere, petīvī *u.* petiī, petītum *(m. Akk.)* ❶ **a)** nach etw. greifen [**solem manibus**]; **b)** etw. erstreben, begehren, nach etw. trachten, verlangen [**regnum; soeietatem alcis; amicitiam populi Romani**]; *(m. Inf.)* **appetit animus alqd agere semper;** – sich an jmd. anzuschließen suchen;
❷ **a)** *einen Ort* aufsuchen, hingehen; **Europam ~; mare terram appetens** sich herandrängend; **b)** *feindl. auf etw.* losgehen, *jmd. od. etw.* angreifen, bedrohen; **alqm lapidibus ~**; *(übtr.)* **fata Veios appetebant** brachen üb. Veji herein; **ignominiis omnibus appetitus;**
❸ *(zeitl.)* herannahen, anbrechen; **iam appetit meridies; tempus comitiorum appetebat; cum lux appeteret** geg. Tagesanbruch.

ap-pingō, pingere, pinxī, pictum dazu malen, hinzuschreiben *(zu etw.: Dat.).*

i Kultur **Appius,** ī *m röm. praenomen, bes. in der gens Claudia gebräuchlich (s. Claudius); – Adj.* 1. **Appius,** a, um appisch, v. einem Appius erbaut *od.* gegründet: **via Appia,** *Heerstraße v. Rom nach Capua, die v. dem Zensor Appius Claudius Caecus 312 v. Chr. erbaut wurde; unter Kaiser Trajan wurde sie bis Brundisium verlängert;* **aqua Appia** *v. demselben Appius angelegte Wasserleitung;* 2. **Appiānus,** a, um appianisch, des Appius; – *Subst.* 1. **Appias,** adis *f Statue einer Nymphe am Springbrunnen der aqua Appia;* 2. **Appietās,** ātis *f (iron.) der uralte Adel der Appier.*

ap-plaudō, plaudere, plausī, plausum ❶ *etw.* (an)schlagen *(an etw.: m. Dat.);*
❷ Beifall klatschen.

applicātiō, ōnis *f (applico)* ❶ Anschluss; Zuneigung [**animi**];
❷ Anschluss an einen Patron; **ius applicationis:** *das aus dem Verhältnis der Klientel entstehende Recht.*

ap-plicō, plicāre, plicāvī, plicātum *u.* plicuī, plicitum ❶ *an etw.* anschließen, annähern, anfügen, anlehnen *(ad od. m. Dat.);* **alqm terrae ~** zu Boden drücken; **moenibus scalas ~** anlegen; **se ad arborem ~** sich anlehnen; **castra flumini ~** direkt am Fluss aufschlagen; – *applicātus, a, um* an etw. gelegen, angebaut: **applicata colli colonia;**
❷ **a)** *etw. m. etw.* verbinden, *zu etw.* hinzufügen *(Konstr wie 1.)* [**voluptatem ad honestatem**]; **b)** *se applicare u. applicari* sich an jmd. *od.* an etw. anschließen *(Konstr. wie 1.)* [**se ad alqm quasi patronum; se ad alcis societatem**];
❸ *(naut. t. t.)* auf etw. hinsteuern, landen lassen *(ad; in m. Akk.; Dat.)* [**naves ad terram**]; *pass. u. abs.* anlegen, landen *(v. Schiffen u. Personen)* [**ad oras; in terras; ignotis oris**];
❹ zuwenden, auf etw. richten [**aures**] *(ad u. poet. m. Dat.); refl.* **se ~ ad philosophiam** sich widmen;
❺ jmdm. etw. aufbürden [**crimina alci**].

ap-plōdō, plōdere, plōsī, plōsum *(vulgär) = applaudo.*

ap-plōrō, plōrāre *(poet.; nachkl.)* dabei jammern *(vor od. bei jmdm.: alci).*

● **ap-pōnō,** pōnere, posuī, positum ❶ *(zu, an, bei etw.)* hinstellen, -setzen, -legen *(m. Präp. od. m. Dat.)* [**puerum ante ianuam**];
❷ *(Speisen, Geschirr)* vorsetzen, auftragen [**cenam; convivis panem; patellam**];
❸ *(als Begleitung, Schutz u. Ä.)* mitgeben [**alci alqm custodem** als Wächter];
❹ *(pejor.)* jmd. zu etw. anstiften;
❺ hinzufügen [**annos alci; vitiis modum** ein Ende setzen]; *(nachkl.)* befehlend hinzufügen *(m. ut u. Konj.);*
❻ anrechnen als *(m. Dat.)* [**diem lucro** als Gewinn].

ap-porrēctus, a, um *(ad u. porrigo) (Ov.)* daneben hingestreckt [**draco**].

ap-portō, portāre ① herbeitragen, -bringen; überbringen [**signa; magnas divitias domum; nuntium**];
② *(poet.) (übtr.)* mit sich bringen, verursachen [**damnum**].

ap-poscō, poscere, – – *(poet.)* dazufordern.

appositus, a, um *(P. Adj. v. appono)* ① a) *(konkr.)* nahe gelegen, benachbart *(m. Dat.)* [**regio urbi; castellum flumini**]; b) *(übtr.)* nahe liegend [**audacia fidentiae**];
② geeignet, brauchbar; **menses -i ad agendum.**

ap-pōtus, a, um *(Plaut.; Gell.)* angetrunken, betrunken.

ap-precor, precārī *(poet.)* anrufen, anbeten, anflehen [**deos**].

ap-prehendō, prehendere, prehendī, prehēnsum, *poet. auch* **ap-prēndō,** prēndere, prēndī, prēnsum ① (an)fassen, ergreifen [**alqm** bei der Hand fassen];
② in Besitz nehmen, erobern [**Hispaniam**];
③ *geistig* erfassen, sich aneignen;
④ *(v. Redner)* etw. vorbringen.

ap-pressī *Perf. v. apprimo.*

appressus *P. P. P. v. apprimo.*

ap-prīmē *Adv.* besonders, vor allem, vorzüglich; ~ **probus;** ~ **nobilis.**

ap-primō, primere, pressī, pressum *(ad u. premo) (nachkl.)* andrücken *(an: m. Dat.)* [**scutum pectori**].

approbātiō, ōnis *f (approbo)* ① Billigung, Zustimmung, Beifall;
② *(philos. t. t.)* Darlegung, Beweis.

approbātor, ōris *m (approbo)* derjenige, der etw. billigt.

ap-probē *Adv. (Plaut.)* recht gut.

ap-probō, probāre ① a) zustimmen, billigen, genehmigen, anerkennen [**consilium alcis; sententiam; orationem; falsa pro veris**]; b) segnen; **di approbent;**
② etw. zur Zufriedenheit jmds. machen [**opus**];
③ beweisen [**innocentiam; fidem suam regi**].

ap-prōmittō, prōmittere, – – noch dazu versprechen.

ap-properō, properāre
I. *trans.* beschleunigen [**coeptum opus**];
II. *intr.* eilen, sich beeilen *(ad; m. Inf.)* [**ad facinus**].

appropinquātiō, ōnis *f (appropinquo)* Annäherung, das Nahen [**mortis**].

● **ap-propinquō,** propinquāre ① a) *(räuml.)* sich nähern *(m. Dat.; ad)* [**moenibus; ad insulam**]; b) *(zeitl.)* herannahen, bevorstehen; **hiems appropinquat; cum dies comitiorum appropinquaret; illi poena, nobis libertas appropinquat;**
② *(v. Personen)* nahe daran sein, zu etw. zu gelangen, etw. zu erreichen, etw. zu tun *(m. Dat.; ad; ut u. Konj.)*; **centuriones, qui iam primis ordinibus appropinquabant** welche die Beförderung zur ersten Rangklasse in Aussicht hatten; **qui iam appropinquat, ut videat** der schon nahe daran ist, zu sehen.

ap-pūgnō, pūgnāre *(Tac.)* bestürmen, bekämpfen, angreifen [**classem; castra**].

Appulēius = *Apuleius.*

ap-pulī *Perf. v. appello[2].*

Appulia = *Apulia.*

appulsus[1], ūs *m (appello[2])* ① Annäherung [**solis**];
② Einwirkung [**frigoris; deorum**];
③ Landung *(m. Gen.)* [**litoris**]; *(meton.)* Landungsstelle.

appulsus[2] *P. P. P. v. appello[2].*

aprīcātiō, ōnis *f (apricor)* das Sonnen(bad).

aprīcitās, ātis *f (apricus) (nachkl.)* Sonnenwärme; Heiterkeit [**regionis; diei**].

aprīcor, aprīcārī *(apricus)* sich sonnen.

aprīcus, a, um ① sonnig [**hortus; colles**]; *subst.* **aprīcum,** ī *n* Sonnenlicht; sonniger Platz; **alqd in -um proferre** ans Licht bringen;
② *(poet.)* die Sonnenwärme, den Sonnenschein liebend [**flores; arbor**].

Aprīlis
I. *Adj.* e April-;
II. *Subst.* is *m (erg. mensis) (Abl.* -ī) der April.

aprīnus, a, um *(aper) (nachkl.)* vom Eber [**dens**].

aprū(g)nus, a, um *(aper) (vor- u. nachkl.)* vom Eber [**callum; dentes**].

aps = *abs, s. a[3].*

aptō, aptāre *(aptus[1])* ① anpassen, anlegen, anfügen *(an etw.: m. Dat.)* [**vincula collo; corpori arma** Waffen anlegen; **anulum digito;** *übtr.* **animos armis** den Sinn auf die Waffen richten];
② zurechtmachen, instand setzen, rüsten *(zu, für etw.: m. Dat. od. ad)* [**arma; se pugnae**];
③ mit etw. versehen, ausrüsten [**classem velis** segelfertig machen].

● **aptus[1],** a, um ① a) angefügt, angebunden, angehängt; b) *(übtr.)* abhängend, entspringend *(von: ex od. m. bl. Abl.)*; **honestum, ex quo aptum est officium; vita modica et -a virtute;** c) zusammengefügt, verbunden, verknüpft; **-a inter se et cohaerentia; oratio -a** abgerundet; **naturā nihil est aptius** es gibt nichts Harmonischeres als die Natur; d) instand gesetzt, in gutem Zustand, gerüstet [**exercitus** kampffertig]; e) m. etw. ausgestattet, ausgeschmückt; **nautico instrumento -a et armata classis; caelum stellis fulgentibus -um;**
② a) angepasst, passend *(für, zu: ad; in u. Akk.; m. Dat.)*; **calcei habiles atque -i ad pedem;** b) geeignet, passend *(Konstr. wie 2a)*; **locus ad insidias aptior; castra erant ad bellum ducendum aptissima; haec genera**

dicendi aptiora sunt adulescentibus; *abs.:* **tempus -um** die rechte Zeit; **c)** fähig, geeignet *(Konstr. wie 2a);* **milites minus -i ad huius generis hostem;** *poet. m. Inf.:* **Circe apta cantu mutare figuras;** *m. Relativs.:* **nulla videbatur aptior persona, quae de illa aetate loqueretur;** – *m. Abl.* in etw. gewandt [**sermone** redegewandt].

aptus² *P. P. Akt. v. apiscor.*

● **apud** *(ältere Form: aput) Präp. b. Akk.* ① **a)** bei, in der Nähe v. jmdm.; ~ **alqm sedere;** **b)** bei jmdm. = in jmds. Wohnung *od.* Haus, *bes.* ~ *me, te, se …;* **c)** *(bes. b. gerichtl. Verhandlungen)* vor, in Gegenwart v. jmdm.; ~ **iudices causam dicere;** ~ **regem verba facere;**
② **a)** bei, zur Zeit; ~ **antiquos;** **b)** *(b. Schriftstellernamen u. Ä.)* bei; ~ **Xenophontem** *(in seinem Werk);* ~ **Solonem** *(in seinen Gesetzen);*
③ *(b. Völkernamen)* bei; ~ **Persas;**
④ **a)** bei, neben, in der Nähe, in der Gegend von; ~ **oppidum;** ~ **Massagetas cecidit;** **b)** in, auf; ~ **Asiam;** ~ **forum;**
⑤ in jmds. Augen, nach jmds. Urteil; **plus ~ me antiquorum auctoritas valet;**
⑥ *manchmal statt des Dat.;* **sacrificare ~ deos.**

i Kultur **Āpulēius,** ī *m röm. pleb. nomen gentile:* ① L. ~ Saturninus, *röm. Politiker in der Zeit des Marius, Volkstribun 102–100 v. Chr.;*
② *röm. Schriftsteller, Rhetor u. platon. Philosoph aus Madaura in Afrika (geb. um 130 n. Chr.); neben mehreren philos. Schriften u. einer Blütenlese aus seinen Reden (Florida) schrieb er den Roman „Metamorphosen", in den das Märchen v. Amor u. Psyche eingefügt ist.*

Āpulia, ae *f Landschaft in Unteritalien zw. Apennin u. dem Adriatischen Meer (nicht gleichzusetzen m. dem heutigen Apulien, dies hieß im Altertum Calabria);* – *Einw. u. Adj.* **Āpulus,** ī *m bzw.* a, um.

aput *ältere Form f. apud.*

apȳrēnum (*auch* -īnum *u.* [*b. Mart.*] -inum), ī *n (gr. Fw.) (nachkl.) eine Art v. Granatäpfeln.*

● **aqua,** ae *f (arch. Gen. aquai)* ① Wasser; ~ **pluvia, pluvialis, caelestis** Regenwasser; ~ **viva** fließendes Wasser; ~ **putealis** Brunnenwasser; *Redew.:* **-ā et igni interdicere alci** *od.* **-ā et igni alqm arcere** ächten; **-am praebere** zu Tisch laden, bewirten; **-am terramque petere** (*od.* **poscere**) **ab alqo** Unterwerfung fordern; ~ **haeret** da hapert es;
② *Wasser im Sinne v. Gewässer* **a)** Meer; **ad -am** an der Meeresküste; **b)** See (= *lacus);* **c)** Fluss; **secundā -ā** stromabwärts;
③ *Pl.* **-ae magnae** (*od.* **ingentes**) Hochwasser, Überschwemmung;
④ Regen; **agmen -arum** Regenguss;
⑤ *Pl.* **a)** Quellen; **b)** Heilquelle(n), Bad [**calidae**]; *als Ortsname:* Aquae Sextiae, *j.* Aix en Provence;
⑥ Wasserleitung; **-am in urbem ducere;**
⑦ *(Prop.)* Tränen; **illius ex oculis multa cadebat ~;**
⑧ Aqua *ein Gestirn.*

aquae-ductus, ūs *m (aqua u. duco)* Wasserleitung.

aquāliculus, ī *m (aqualis) (nachkl.)* Magen, *bes.* Schweinemagen.

aquālis *(aqua) (vorkl.)*
I. *Adj.* e Wasser-;
II. *Subst.* is *m u. f (erg. urceus od. hama)* Wasserkrug, -eimer.

aquārius *(aqua)*
I. *Adj.* a, um das Wasser, die Wasserleitungen betreffend;
II. *Subst.* ī *m* ① Wasserträger;
② Wassermann *(Sternbild).*

aquāticus, a, um *(aqua) (poet.; nachkl.)* ① im *od.* am Wasser lebend *od.* wachsend [**lotos; aves**];
② feucht, wässerig [**panis; auster** Regen bringend].

aquātilis, e = *aquaticus.*

aquātiō, ōnis *f (aquor)* das Wasserholen.

aquātor, ōris *m (aquor)* Wasserholer.

aquātus, a, um *(aqua) (nachkl.)* mit Wasser vermischt [**potio**], wässerig; dünn(flüssig) [**medicamentum**].

● **aquila,** ae *f* ① Adler;
② Legionsadler; **-am defendere;**
③ *(Tac.) Pl. die Adler (des Jupiter) im Giebelfeld des Tempels des Jupiter Capitolinus;*
④ Adler *als Sternbild.*

Aquilēia, ae *f Stadt in Oberitalien;* – *Einw. u. Adj.* **Aquilēiēnsis,** is *m bzw.* e [**ager**].

aqui-lex, legis *m (aqua u. lego¹)* Fachmann im Wasserbau.

aquili-fer, ferī *m (aquila u. fero)* Adlerträger *(der Legion).*

aquilīnus, a, um *(aquila) (vor- u. nachkl.)* Adler-.

Aquīl(l)ius, a, um *röm. pleb. nomen gentile:* C. ~ Gallus, *ein Freund Ciceros, Jurist;* – **Aquīliānus,** a, um des Aquilius [**defensio**].

aquilō, ōnis *m* ① Nordnordostwind; *übh.* Sturm; **stridens Aquilone procella; hiems aquilonibus asperat undas;**
② *(meton.)* Norden; **ad aquilonem conversus;**
③ **Aquilō** *in der Mythologie Gatte der Orithyia, Vater des Calaïs u. Zetes.*

aquilōnālis, e *(aquilo)* = *aquilonius.*

Aquilōnia, ae *f Stadt in Samnium.*

aquilōnius, a, um *(aquilo)* nördlich [**regio**]; Aquilōnius, a, um zum Aquilo *(als Person)* gehörend [**proles** Calaïs u. Zetes].

aquilus, a, um *(vor- u. nachkl.)* schwärzlich, dunkelfarbig.

Aquīnum, ī *n Stadt in Latium, Geburtsort Juvenals, j.* Aquino; – *Adj.* **Aquīnās,** ātis aus Aquinum; – *Einw.* **Aquīnātēs,** tium *m* (*Sg.* Aquīnās, ātis).

Aquītānia, ae *f Landschaft im südwestl. Gallien;* – *Adj.* **Aquītānus,** a, um; – *Einw.* **Aquītānī,** ōrum *m.*

aquor, aquārī *(aqua)* Wasser holen.

aquōsus, a, um *(aqua)* ① wasserreich [**hiems** regnerisch; **nubes** Regenwolke; **Eurus** Regen bringend; **languor** Wassersucht; **mater** Thetis, *die Meeresgöttin*];
② wasserhell [**crystallus**].

aquula, ae *f (Demin. v. aqua)* Wässerchen.

● **āra,** ae *f* ① Altar; **-am tangere** schwören; **Iovis ~; -as ponere; -am consecrare deo; -ae et foci** die Altäre *der Tempel* u. die Herde *als Opferstätten der Laren u. Penaten im Atrium* = die Heiligtümer der Tempel u. Häuser = Heimat u. Familie; *Pl. auch im Sinne v. Sg. verwendet:* **filia victima -is admota;**
② *(meton.)* Zufluchtsort, Schutz; **vos estis nostrae portus et ara fugae;**
③ *(sepulcri, sepulcralis)* Scheiterhaufen;
④ Denkmal [**virtutis**];
⑤ *(poet.)* Altar *als Sternbild.*
⑥ *Pl.* Felsbänke u. Klippen.

arabarchēs, ae *m ägypt.* Oberzolleinnehmer.

Arabia, ae *f* Arabien; – *Einw.* **Arabs,** bis *u.* **Arabus,** ī *m* der Araber; – *Adj.* **Arabicus, Arabius, Arabus,** a, um *u.* **Arabs,** bis arabisch.

arābilis, e *(aro) (Plin.)* pflügbar; **campus nullis ~ tauris.**

Arachnē, ēs *f eine Lydierin, die als kunstvolle Spinnerin Athene zum Wettkampf im Spinnen herausforderte; erzürnt üb. das tadellose Gewebe der Arachne zerriss es Athene u. verwandelte Arachne in eine Spinne.*

Aracynthus, ī *m Gebirge in Ätolien (Mittelgriechenland), j.* Zygos.

Aradus, ī *f phöniz. Inselstadt.*

arānea, ae *f* ① Spinnengewebe;
② Spinne.

arāneola, ae *f (Demin. v. aranea) u.* **arāneolus,** ī *m (Demin. v. araneus)* kleine Spinne.

arāneōsus, a, um *(araneus)* ① *(Cat.)* voll Spinnengewebe;
② *(Plin.)* dem Spinnengewebe ähnlich [**fila**].

arāneum, ī *n (araneus) (poet.; nachkl.)* Spinnengewebe.

arāneus
I. *Adj.* a, um *(nachkl.)* zur Spinne gehörig, Spinnen-;
II. *Subst.* ī *m (vor- u. nachkl.)* Spinne.

Arar, Araris *m Fluss in Gallien, j.* Saône.

arātiō, ōnis *f (aro)* ① das Pflügen, Ackerbau;
② *(meton.)* Ackerland; *Pl.* Pachtgüter, Staatsdomänen.

arātiuncula, ae *f (Demin. v. aratio) (Plaut.)* kleiner Acker.

arātor, ōris *m (aro)* ① Pflüger; *Adj.* pflügend, Pflug- [**taurus** Pflugstier];
② *(poet.)* Landmann, Bauer;
③ *(bes. in der röm. Finanzspr.) Pl. aratores* Domänenpächter;
④ *Arator* der Pflüger, *ein Gestirn.*

● **arātrum,** ī *n (aro)* Pflug; **subigere terram -is.**

Arātus, ī *m* ① *griech. Dichter um 270 v. Chr. aus Kilikien, Verf. des astron. Gedichts* Φαινόμενα, *das v. Cicero ins Lat. übersetzt wurde;* – *Adj.* **Arātēus,** *u.* **Arātīus,** a, um [**carmen**];
② *griech. Feldherr aus Sikyon (271–213 v. Chr.), Initiator des Achäischen Bundes.*

Araxēs, is *m (Akk.* -ēn *u.* -em) ① *Fluss in Armenien;*
② *Fluss in Persien.*

● **arbiter,** trī *m* ① Augenzeuge, Mitwisser; **-is remotis** ohne Zeugen, unter vier Augen;
② Schiedsrichter [**elegantiae** Schiedsrichter in Fragen des feinen Geschmacks];
③ Richter *(über etw.: m. Gen.)* [**pugnae; pacis et armorum**];
④ Herr, Gebieter *(über etw.: m. Gen.)* [**imperii**].

arbitra, ae *f (arbiter) (poet.; nachkl.)* ① Zeugin, Mitwisserin;
② (Schieds-)Richterin.

arbitrārius, a, um *(arbiter) (vor- u. nachkl.)* willkürlich; – *Adv.* **-ō** vermutlich.

arbitrātus, ūs *m (arbitror) (klass. nur im Abl. Sg.)* ① Gutdünken, freier Wille, Willkür, Belieben; **arbitratu** nach Gutdünken, nach Belieben [**meo, tuo, suo; Sullae**];
② unbeschränkte Vollmacht.

● **arbitrium,** ī *n (arbiter)* ① das Dabeisein, Anwesenheit *bei etw.;*
② Ausspruch des Schiedsrichters;
③ Spruch, Urteil;
④ Gutdünken, Belieben, freies Ermessen, freie Entscheidung *(über: m. Gen.);* **liberum ~ pacis ac belli; ~ salis vendendi** beliebige Bestimmung des Salzpreises; **-o meo, suo -o** nach freiem Willen; **parentum -o** nach dem Ermessen der Eltern; **ad -um suum imperare; mortis -um dare alci; ~ eligendi** die freie Wahl;
⑤ Willkür, unbeschränkte Macht, Herrschaft; **Iovis -o mundus regitur; me vindices a Romanorum -o; -um regni agere** den Herrscher spielen; **in eius -um ac potestatem venire volebant.**

● **arbitror,** arbitrārī *(selten* arbitrō, arbitrāre)

(arbiter) ❶ *(vor- u. nachkl.)* beobachten; belauschen [**dicta alcis**];
❷ *(vor- u. nachkl.)* erwägen;
❸ erachten, ermessen, meinen, glauben *(abs.; m. A. C. I.; m. Inf.)*; **ut arbitror;** – *m. dopp. Akk.* halten für: **scelestissimum te arbitror.**

● **arbor** *(poet.* arbōs), oris *f* ❶ Baum [**abietis** Tannenbaum; **fici** Feigenbaum; **pomifera;** *poet.* **Iovis** Eiche; **Phoebi** Lorbeerbaum; **Herculea** Pappel];
❷ *(meton.)* aus einem Baum Hergestelltes: **a)** *(poet.)* Mast; Ruder; Schiff [**Pelias** das Schiff Argo]; **b)** *(infelix)* Galgen; **c)** *(spätl.)* Kreuz.

arboreus, a, um *(arbor)* ❶ vom Baum, Baum- [**fetūs** Baumfrüchte; **frondes; umbra**];
❷ baumartig, -ähnlich: **a)** baumlang [**telum**]; **b)** verästelt [**cornua cervorum**].

arbōs, oris *f (poet.) = arbor.*

arbuscula, ae *f (Demin. v. arbor) (vor- u. nachkl.)* Bäumchen.

arbustum, ī *n (arbor, arbos)* ❶ Baumpflanzung, *bes. v. Ulmen, an denen Reben emporrankten;*
❷ *(poet.; nachkl.) (bes. im Pl.)* Gebüsch, Sträucher.

arbustus, a, um *(arbor, arbos)* mit Bäumen bepflanzt [**ager**].

arbuteus, a, um *(arbutus) (poet.)* vom Erdbeerbaum.

arbutum, ī *n (arbutus) (poet.)* ❶ Frucht des Erdbeerbaumes;
❷ Laub des Erdbeerbaumes;
❸ Erdbeerbaum (= *arbutus).*

arbutus, ī *f* Erdbeerbaum.

arca, ae *f* ❶ Kasten, Kiste;
❷ Geldkasten [**aerata; ferrata**]; Kasse; *(meton.)* Geld *im Kasten;*
❸ einem Kasten Ähnliches: **a)** Sarg; **b)** Gefängniszelle; **c)** *(spätl.)* Arche.

Arcadia, ae *f* Arkadien, *Gebirgslandschaft der Peloponnes;* – *Einw.* **Arcades,** dum *m* (*Sg.* Arcas, adis) Arkadier; – **Arcas,** adis *m Sohn Jupiters u. der Callisto, Stammvater der Arkadier;* – *Adj.* **Arcadi(c)us** a, um arkadisch [**urbs; dea** Carmenta; **virgo** die Nymphe Arethusa; **deus** Pan].

arcānus, a, um (*arca, arceo; eigtl.* verschlossen) *(Adv.* -ō) ❶ *(nicht klass.)* verschwiegen, schweigsam [**nox**];
❷ heimlich, geheim; **-a consilia; -um et occultum scelus;**
❸ geheimnisvoll, mysteriös [**sacra**];
/ *Subst.* **arcānum,** ī *n (meist im Pl.)* a) Geheimnis; **prodere -um; -a imperii;** b) das Geheimnisvolle; / *Adv.* **arcānō** im Geheimen, heimlich; **-ō tibi ego hoc dico.**

Arcas, adis *m s. Arcadia.*

● **arceō,** arcēre, arcuī, – ❶ ein-, verschließen; einhegen; eindämmen [**flumina**];
❷ in Schranken halten [**audaciam**];
❸ abwehren, fern halten, abhalten; verhindern, verhüten [*(m. Akk.)* **copias hostium; solem;** *(von, vor, gegen: ab od. bl. Abl.)* **Campanos a vallo; alqm ab iniuria; vim a portis moenibusque; hostem Galliā; alqm foro**]; *(auch m. Inf., selten m. ne od. quin);*
❹ *(poet.)* vor etw. beschützen, bewahren *(m. bl. Abl. od. ab)* [**classes aquilonibus**].

arcera, ae *f (arca) (vorkl.)* gedeckter Wagen.

arcessītor, ōris *m (arcesso)* derjenige, der herbeiruft.

arcessītus, *Abl.* -ū *m (arcesso)* das Herbeirufen, -holen; **tuo arcessitu; eius rogatu arcessituque** auf seine Bitte u. Einladung.

● **arcessō,** arcessere, arcessīvī, arcessītum ❶ herbeiholen, -rufen, kommen lassen *(meist Personen, selten Dinge)* [**fratrem; librum; alqm ex Hispania; alqm ab aratro; Corintho colonos;** *(wozu: ad; m. Dat.; Sup.)* **Gallorum gentem ad bellum; Gallos auxilio** zu Hilfe; **alqm lavatum**];
❷ *(jur t. t.)* vor Gericht fordern, belangen; anklagen, beschuldigen [**alqm capitis; pecuniae captae; maiestatis; veneni crimine**];
❸ sich holen, gewinnen, erwerben [**gloriam ex periculo;** *poet.* **vitas sibi** erhalten];
❹ ein Thema, einen Gedanken *u. Ä.* herholen, suchen [**orationi splendoris alqd**]; – *arcessītus, a, um* gesucht, m. Gewalt herbeigezogen, gezwungen [**dictum; iocus**];
❺ eine Braut in das Haus des Bräutigams holen [**virginem**].

archangelus, ī *m (gr. Fw.) (Eccl.)* Erzengel.

Archelāus, ī *m*
❶ *griech. Philosoph aus Milet, Schüler des Anaxagoras;*
❷ *König v. Makedonien (413–399 v. Chr.).*

archetypus, a, um *(gr. Fw.) (poet.; nachkl.)* Original- *(v. Gemälden, Schriften, Statuen u. Ä.);* – *Subst.* **archetypum (-on),** ī *n* Original, Urbild, Urform.

Archiās, ae *m* ❶ A. Licinius ~, *griech. Dichter, v. Cicero 62 v. Chr. geg. die Anklage, das röm. Bürgerrecht erschlichen zu haben, verteidigt;*
❷ *bekannter Tischler in Rom;* – *Adj.* **Archiacus,** a, um [**lecti** kleine Speisesofas].

archiater *u.* **archiatros** (-trus), trī *m (gr. Fw.) (spätl.)* Oberarzt, *bes. am Kaiserhof.*

archiclīnicus, ī *m (gr. Fw.) (Mart.)* Obertotengräber.

archidiāconus, ī *m (gr. Fw.) (Eccl.)* Archidiakon.

archiepiscopus, ī *m (gr. Fw.) (Eccl.)* Erzbischof.

archigallus, ī *m (gr. Fw.) (nachkl.)* Oberpriester der Kybele.

Archilochus, ī *m griech. Jambendichter aus Paros um 650 v. Chr., Begründer u. Vollender des beißenden Spottgedichtes;* – *Adj.* **Archilochīus,** a, um beißend, scharf.

archimagīrus, ī *m (gr. Fw.) (Iuv.)* Küchenmeister.

archimandrīta, ae *m (gr. Fw.) (Eccl.)* Abt.

i Kultur **Archimēdēs,** is *m* ber. griech. Mathematiker, Physiker u. Mechaniker in Syrakus (287–212 v. Chr.); b. der Eroberung der Stadt durch die Römer wurde er v. einem röm. Soldaten erschlagen, als er geometrische Figuren in den Sand zeichnete. Seine letzten Worte sollen gewesen sein: „Störe mir meine Kreise nicht / noli turbare circulos meos."

archimīmus, ī *m (gr. Fw.)* Hauptdarsteller *in den Mimen.*

archipīrāta, ae *m (gr. Fw.)* Seeräuberhauptmann.

archisynagōgus, ī *m (gr. Fw.) (spätl.)* Synagogenvorsteher.

architectōn, onis *m (gr. Fw.)* ① *(vor- u. nachkl.)* Baumeister;
② *(vorkl.)* Ränkeschmied.

architector, architectārī *(architectus)* ① (auf)bauen, anlegen;
② (be)schaffen [**voluptates**].

architectūra, ae *f (architectus)* Baukunst.

architectus, ī *m (gr. Fw.)* ① Baumeister;
② Anstifter, Urheber, Schöpfer, Erfinder; **~ beatae vitae; princeps atque ~ sceleris.**

archī(v)um, ī *n (gr. Fw.) (spätl.)* Archiv.

archōn, ontis *m (gr. Fw.)* Archont, *Titel der höchsten athen. Staatsbeamten.*

Archytās, ae *m Pythagoreer aus Tarent, Mathematiker u. Staatsmann (um 380 v. Chr.).*

arci-sellium, ī *n (arcus u. sella) (Petr.)* Lehnstuhl.

arci-tenēns, *Gen.* tenentis *(arcus u. teneo)*
I. *Adj. (poet.)* bogenführend *(Beiname des Apollo u. der Diana);*
II. *Subst. m* (Bogen-)Schütze *(auch als Sternbild).*

Arctophylax, acis *m* Bärenwächter *als Sternbild = Bootes.*

Arctos, ī *f (Akk.* -on, *Nom. Pl.* Arctoe; *Nbf.* Arctus ī *f) (gr. Fw.)* ① Bärin, *meist Pl.:* Großer u. Kleiner Bär *am nördl. Sternenhimmel* [**geminae**];
② *(poet.) (meton.)* **a)** Nordpol; **b)** Norden; **c)** Nacht;
/ *Adj.* **Arctōus,** a, um *(Mart.)* nördlich [**gens**].

Arctūrus, ī *m (gr. Fw.)* ① Bärenwächter *als Sternbild: der hellste Stern im Bootes; auch = Bootes;*
② *(Verg.) (meton.)* **sub ipsum -um** um die Aufgangszeit des A.

arcuātus, a, um *(arcus)* ① bogenförmig (gewölbt), gebogen [**currus** gedeckt];
② = *arquatus.*

arcula, ae *f (Demin. v. arca)* Kästchen, Geldkästchen, Farbenkästchen, Schmuckkästchen [**muliebris**].

arculārius, ī *m (arcula) (Plaut.)* Schmuckkästchenhersteller.

● **arcus,** ūs *m* ① Bogen *(als Waffe)*; **arcum intendere;** *(meton.)* **arcūs Haemonii** der Schütze *(als Sternbild);*
② Regenbogen [**caelestis; pluvius; imbrifer**];
③ *(poet.; nachkl.)* Krümmung, Windung; **anguis sinuatur in arcus; ~ aquarum** Wasserberg;
④ **a)** Wölbung *(v. Bauwerk, v. Brückenbogen);* **b)** *(nachkl.)* Triumphbogen;
⑤ *(poet.; nachkl.) (math. t. t.)* Kreisbogen.

ardaliō, ōnis *m (Phaedr.; Mart.)* geschäftigtuender Nichtstuer.

ardea, ae *f (Verg.; Plin.) (biol.)* Reiher.

Ardea, ae *f Stadt der Rutuler in Latium; – Adj.* **Ardeās,** ātis *u.* **Ardeātīnus,** a, um; – *Einw.* **Ardeās,** ātis *m.*

ārdēns, *Gen.* entis *(P. Adj. v. ardeo)* ① brennend (heiß), glühend [**aqua; lapides; fax**];
② funkelnd, glänzend [**oculi; clipeus; stella**];
③ *(v. der Rede u. v. Redner)* feurig, mitreißend;
④ heftig, leidenschaftlich [**ira; amor**];
⑤ *(Hor.) (v. Wein)* stark, feurig [**Falernum**].

● **ārdeō,** ārdēre, ārsī, ārsūrum *(aridus)* ① **a)** brennen, in Flammen stehen, in Flammen aufgehen; **ardentes taedae, faces; vis lignorum ardens; largior arsit ignis; ardet domus; b)** glühen; **ardentes lapides;**
② glänzen, leuchten, funkeln; **oculi ardent; campi armis ardent; ardebat murice laena;**
③ *(übtr.)* **a)** brennen, glühen, verzehrt werden [**siti; amore; dolore; iracundiā; cupiditate**]; **b)** ~ *ad od. in m. Akk.* heiß begehren, heftig verlangen [**ad ulciscendum; in proelia; in caedem**]; **c)** *(m. folg. Inf.)* vor Begierde brennen; **d)** *(bes. poet.)* heiß lieben, in Liebe entbrannt sein *(für jmd.: alqo; in alqo; alqm; in alqm)* [**virgine; in illa; Alexin**]*;*
④ *(v. Verschwörungen, Kriegen u. Ä.)* entbrannt sein; **cum arderet coniuratio;**
⑤ im Aufruhr stehen; **Gallia ardet.**

ārdēscō, ārdēscere, ārsī, – *(Incoh. v. ardeo)*
① in Brand geraten; erglühen; **ardescit axis;**
② erglänzen, zu leuchten beginnen; **fulmineis ignibus ardescunt undae;**
③ **a)** leidenschaftlich entbrennen [**caede; libidinibus; in iras**]; **b)** in Liebe entbrennen *(zu jmdm.: alqo)*; **non aliā magis arsisti;**
④ *(v. Kampf u. Ä.)* entbrennen; **pugna ardescit; fremitus ardescit equorum.**

● **ārdor,** ōris *m (ardeo)* ① Brand; Glut(hitze) [**solis** Sonnenglut; **caeli** glühend geröteter H.; **corporis**]; *Pl.* heiße Zone *(Sall.)*: **procul ab ar-**

doribus; heißes Klima *(Tac.):* **Libanus inter tantos ardores opacus;**
❷ das Leuchten, Funkeln, Blitzen, Glanz [**oculorum; stellarum**];
❸ **a)** Leidenschaft, Feuer, Glut; Begeisterung; Wut [**animi; pugnandi = ad dimicandum** Kampfbegier; **militum; civium** Wut, Aufruhr]; **b)** Liebesglut, Liebe *(zu jmdm.: alcis)* [**virginis**]; *(meton.)* geliebte Person, Geliebte(r).

Arduenna, ae *f (erg. silva)* die Ardennen, der Ardennerwald.

arduitās, ātis *f (arduus) (vorkl.)* Steilheit [**montium**].

● **arduus,** a, um ❶ **a)** steil; **collis ~; ascensus difficilis atque ~ ; b)** *(poet.)* hoch(ragend) [**sidera; cedrus; nubes**]; – *Subst.* **arduum,** ī *n* steile Anhöhe: **~ montis; ardua et rectae prope rupes;**
❷ schwierig, mühevoll, beschwerlich; **opus -um; res -ae** Unglück; *m. Sup.:* **-um factu;** – *Subst.* **arduum,** ī *n* Schwierigkeit: **in -o esse** *(Tac.)* schwierig sein.

ārea, ae *f* ❶ freier Platz, Fläche *(öffentl. Platz, bes. um Tempel u. Paläste, auch Verkaufsplatz, Spielplatz u. Ä.)* [**Capitolii; Palatina**];
❷ Bauplatz;
❸ der innere Hofraum des Hauses; **resedimus in -a domus;**
❹ Tenne; **in -is frumenta sunt;**
❺ Rennbahn; **circi ~ media;**
❻ *(übtr.)* Gebiet, Feld *(Betätigungsfeld u. Ä.);* **patet in curas ~ lata meas** f. meine Sorgen eröffnet sich ein großes Feld, ich mache mir viele Sorgen;
❼ Gartenbeet;
❽ *(Mart.)* Glatze.

Arecomicī, ōrum *m Teil der kelt. Volcae.*

āre-faciō, facere, fēcī, factum, *Pass.* -fīō, fierī, factus sum *(areo u. facio) (vor- u. nachkl.)* trocknen.

Arelāte, tis *n Stadt an der Rhône, j.* Arles.

Aremoricae cīvitātēs *Stämme in der Bretagne u. Normandie.*

● **arēna,** ae *f (älter* harēna*)* ❶ Sand; **cumulus -ae; ~ nigra** Schlamm;
❷ *Pl.* Sandmassen, -körner; Sandwüste; **-ae Libycae; -arum inculta vastitas;**
❸ Sandfläche;
❹ *(poet.)* Sandstrand, Küste;
❺ *(der m. Sand bestreute)* Kampfplatz im Amphitheater, Arena; *(meton.)* Gladiatorenkampf;
❻ Tummelplatz, Schauplatz.

arēnāceus, a, um *(arena) (Plin.)* sandig, sandartig.

arēnāria, ae *f (erg. fodina; arena)* Sandgrube.

arēnārius, ī *m (arena) (Petr.)* Gladiator.

arēnōsus, a, um *(arena)* sandig [**litus**].

ārēns, *Gen.* entis *(P. Adj. v. areo)* ❶ trocken, vertrocknet, dürr [**silva; rosae; rivus; loca**]; – *Subst.* arentia, ium *n* Sandwüste;
❷ lechzend [**faux**].

āreō, ārēre, āruī, – ❶ trocken, dürr sein; **aret ager, herba;**
❷ lechzen, (vor Durst) schmachten; **arente fauce** mit trockener Kehle; **arentibus siti monstrare viam** den vor Durst Vergehenden.

āreola, ae *f (Demin. v. area) (Plin.)* kleiner freier Platz.

> *i* Kultur **Arēopagus,** ī *m (u.* Arīopagus*)* ❶ Areshügel *in Athen;*
> ❷ *der oberste Gerichtshof Athens,* der Areopag, *der auf dem Areshügel seinen Sitz hatte;* – **Arēopagītēs,** ae *m Mitglied des A.,* Areopagit.

ārēscō, ārēscere, āruī, – *(Incoh. v. areo)* (ver)trocknen, versiegen **herbae arescunt.**

aretālogus, ī *m (gr. Fw.) (Iuv.; Suet.)* Tugendschwätzer; Angeber [**mendax**].

Arethūsa, ae *f Quelle auf der Insel Ortygia (Altstadt v. Syrakus); im Mythos eine Quellnymphe, die vom Flussgott Alpheus geliebt wurde;* – *Adj. (f)* **Arethūsis,** idis.

Arēus[1], a, um des Ares (Mars); **-um iudicium** *(Tac.)* der Areopag; *vgl. Areopagus.*

Arēus[2], ī *m griech. Philosoph, Lehrer des Augustus.*

Argēī, ōrum *m* ❶ *27 Kapellen in Rom, in denen am 16. u. 17. März v. den Pontifices Sühnopfer dargebracht wurden;*
❷ *27 Puppen aus Binsenstroh, die jährl. am 15. Mai v. den Vestalinnen als symbolische Menschenopfer v. der Pfahlbrücke in den Tiber gestürzt wurden.*

argentāria, ae *f (argentarius)* ❶ *(erg. fodina)* Silbergrube;
❷ *(erg. taberna)* Wechselstube;
❸ *(erg. ars)* Wechslergeschäft *(als Tätigkeit),* das Geldwechseln; **-am facere; -a non ignobilis.**

argentārius *(argentum)*
I. *Adj.* a, um ❶ Silber- [**metalla** Silberbergwerke];
❷ Geld- [**inopia; taberna** Wechselstube];
II. *Subst.* ī *m* ❶ Wechsler, Bankier;
❷ *(spätl.) (erg. faber)* Silberschmied.

argentātus, a um *(argentum)* ❶ versilbert, mit Silber beschlagen [**sella; milites** mit silberbeschlagenen Schilden];
❷ *(Plaut.)* mit Geld versehen.

argenteolus, a, um *(Demin. v. argenteus) (Plaut.)* silbern, in Silber gearbeitet.

● **argenteus,** a, um *(argentum)* ❶ aus Silber, silbern [**vas; poculum**]; *Subst.* ī *m* Silberdenar;
❷ versilbert, m. Silber verziert, beschlagen, ausgelegt [**scaena; triclinia**];
❸ silberfarbig [**anser; fons** silberhell]; flumen

Argenteum *od.* Argenteus, ī *m Fluss in Gallien, j.* Argens;
④ *(poet.)* des silbernen Zeitalters, dem silbernen Zeitalter angehörend [**proles**].

argenti-fodīna, ae *f (argentum) (Plin.)* Silbergrube.

Argentorātus, ī *f* Straßburg.

● **argentum,** ī *n* ① Silber [**factum** verarbeitetes Silber; **signatum** gemünztes Silber, Silbergeld; **infectum** Silberbarren];
② *(meton.)* **a)** Silbergeschirr [**plenum artis; caelatum**]; **b)** (Silber-)Geld; ~ **multaticium** Strafgeld; **-um creditum solvere;**
③ *(Plin.)* ~ **vivum** Quecksilber.

argentumexterebrōnidēs, ae *m (Scherzw. aus: argentum u. exterebro) (Plaut.)* „Geldherausbohrer", Gelderpresser.

argestēs, ae *m (gr. Fw.) (poet.; nachkl.)* Westsüdwestwind.

Argēus, Argī *s. Argos.*

Argīlētum, ī *n Handwerker- u. Buchhändlerstraße in Rom nördl. v. Forum; – Adj.* **Argīlētānus,** a, um auf dem A. befindlich [**aedificium; tabernae**].

argilla, ae *f (gr. Fw.)* weißer Ton, Töpfererde.

Arginūsae, ārum *f drei Inseln b. Lesbos; Seesieg der Athener üb. die Spartaner 406 v. Chr.*

argītis, tidis *f* (ἀργός weiß) *(poet.; nachkl.)* Rebe m. weißen Trauben.

Argī(v)us *s. Argos.*

> *i* Kultur **Argō,** ūs *f* die Argo, *das Schiff der Argonauten* (**Argonautae,** ārum *m: Jason u. seine Gefährten), auf dem sie nach Kolchis segelten, um das Goldene Vlies zu holen, v. Minerva an den südl. Sternenhimmel versetzt; – Adj.* **Argōus,** a um.

Argolis *s. Argos.*

Argos *n (nur Nom. u. Akk.) u.* **Argī,** ōrum *m*
① *Hauptstadt v. Argolis; – Subst.* **Argīvī,** ōrum *u. (poet.)* -um *m* die Argiver, *poet. auch* Griechen; **Argī,** ōrum *m (Sen.)* die Argiver; **Argolis,** idis *f Landschaft auf der Peloponnes; – Adj.* **Argīvus, Argēus** *u.* **Argīus,** a, um aus Argos, argivisch, *poet. auch* griechisch; **Argus,** a, um *(Plaut.)* aus Argos, argivisch; **Argolicus,** a, um argolisch [**sinus; mare**], *poet. auch* griechisch [**reges; classis**];
② ~ Amphilochium *Stadt in Epirus in Griechenland.*

arguī *Perf. v. arguo.*

argūmentātiō, ōnis *f (argumentor)* Beweisführung.

argūmentor, argūmentārī *(argumentum)*
I. *intr.* den Beweis führen, begründen *(abs.; de re; m. indir. Frages.);*
II. *trans.* etw. als Beweis anführen.

argūmentōsus, a, um *(argumentum)* ① *(nachkl.)* reich an Stoff;
② *(spätl.)* schlau.

● **argūmentum,** ī *n (arguo)* ① Beweis(mittel), Beweisgrund *(f. etw.: m. Gen.);* ~ **veritatis; -a** (Beweise) **et rationes** (Schlüsse); **-o esse** als Beweis dienen; **afferre -a; certum ~; -a ratione concludentia** schlüssige Beweise;
② Stoff, Gegenstand, Inhalt [**epistulae; orationis; libri**];
③ der Gehalt; **epistula sine -o et sententia;**
④ Darstellung *(bildl., mündl., schriftl.);* Erzählung;
⑤ Fabel; **hoc -o** in dieser F.; ~ **docet;** – (Bühnen-)Stück; Szene; **-i exitus.**

● **arguō,** arguere, arguī, argūtum ① deutlich zu erkennen geben, behaupten, beweisen, zeigen;
② *(poet.)* angeben, verraten, offenbaren; **degeneres animos timor arguit;** – *mediopass.* sich verraten, sich erweisen: **genus arguitur vultu; arguitur vinosus;**
③ etw. als falsch, als irrtümlich nachweisen, widerlegen [**leges**];
④ *(culpam)* rügen;
⑤ jmd. beschuldigen, anklagen; **servos ipsos neque accuso neque arguo; qui arguuntur** die Beschuldigten; **qui arguunt** die Ankläger; *m. Angabe der Beschuldigung od. des Verbrechens: im Gen.: malorum facinorum; summi sceleris; im Abl.: hoc crimine te non arguo; de m. Abl.: de crimine; m. Akk. Neutr. des Pron.; m. dopp. Akk.; m. A. C. I. od. nur Inf; im Pass. m. N. C I. od. nur Inf.:* **Roscius arguitur patrem occidisse;** *auch m. ut* wie, als: **alqm (ut) falsum filium ~.**

Argus[1], a, um *s. Argos.*

> *i* Kultur **Argus**[2], ī *m* der hundertäugige Bewacher der in eine Kuh verwandelten Io; er wurde v. Merkur auf Jupiters Befehl getötet, worauf Juno seine hundert Augen auf dem Pfauenschwanz anbrachte.

argūtātiō, ōnis *f (argutor) (Cat.)* das Knarren [**tremuli lecti**].

argūtiae, ārum *f (argutus)* ① das Ausdrucksvolle, Lebendige, Sprechende [**vultūs; operum** *(v. Werken der Bildhauer);* **digitorum** lebhaftes Fingerspiel];
② **a)** das Geistreiche, der Scharfsinn der Rede, Feinheit, Schärfe der Darstellung; **huius orationes tantum -arum, tantum urbanitatis habent, ut ... ; b)** Spitzfindigkeit, Schlauheit, Kniffe.

argūtor, argūtārī *u.* **argūtō,** argūtāre *(argutus) (meist vorkl.)* (vor)schwätzen.

argūtulus, a, um *(Demin. v. argutus)* ziemlich spitzfindig, ziemlich scharfsinnig.

argūtus, a, um *(P. Adj. v. arguo)* ① scharf, ausdrucksvoll, sprechend, lebhaft [**oculi**];
② **a)** *(poet.)* hell tönend, gellend; rauschend; zwitschernd; zirpend; säuselnd [**ilex; nemus** *(v. Hirtenliedern widerhallend)*; **aves; hirundo; cicada; forum** lärmend; **dolor** lauter Schmerz; **serra** kreischend]; **b)** klangreich, hellstimmig [**poëta**];
③ beredt; geschwätzig;
④ *(v. Geruch u. Geschmack)* scharf, durchdringend, penetrant [**odor; sapor**];
⑤ *(omen; exta)* deutlich, sprechend, bedeutungsvoll;
⑥ ausführlich [**litterae**];
⑦ **a)** geistreich, scharfsinnig, witzig [**sententiae; dicta; orator**]; **-e disputare; b)** *(pejor.)* schlau, pfiffig, durchtrieben [**meretrix; calo**].

argyraspides, dum *m (gr. Fw.)* die Silberschildträger, *makedon. Elitetruppe.*

Argyripa, ae *f s. Arpi.*

> *i* Kultur **Ariadna,** ae *u.* **Ariadnē,** ēs *f* Tochter des Kreterkönigs Minos u. der Pasiphae, v. Theseus, dem sie m. dem Fadenknäuel die Rückkehr aus dem Labyrinth ermöglicht hatte, entführt u. auf Naxos ausgesetzt; wurde Gattin des Bacchus; ihr Brautschmuck wurde unter die Sterne versetzt; – *Adj.* **Ariadnēus,** a, um.

Arīcia, ae *f eine der ältesten Städte Latiums am Fuße des Albanerberges u. an der Via Appia m. Tempel u. Hain der Diana, j.* Ariccia; – *Adj.* **Arīcīnus,** a, um [**nemus**].

āriditās, ātis *f (aridus)* ① *(Plin.)* Trockenheit, Dürre;
② *(spätl.)* **a)** das Trockene, der trockene Stoff; **b)** *Pl.* trockene, karge Nahrung.

āridulus, a, um *(Demin. v. aridus) (Cat.)* etw. trocken [**labella**].

● **āridus,** a, um *(areo)* ① **a)** trocken, dürr [**folia; lignum; terra; stramentum; regio;** *poet.* **sonus, fragor** knisternd *(wie wenn trockenes Holz zerbrochen würde)*]; – *Subst.* **āridum,** ī *n* das Trockene, *bes.* der trockene Boden: **naves in -um subducere; ex -o tela conicere; b)** *(Verg.) (nubila)* regenlos;
② dürr, mager [**crura**];
③ *(poet.)* **a)** lechzend, vor Durst schmachtend [**viator**]; **b)** heiß, brennend [**sitis; febris**];
④ *(v. der Lebensweise)* dürftig, ärmlich [**victus; vita**]; *(Mart.) (v. Menschen)* arm [**cliens**];
⑤ *(Kom.)* knauserig [**senex; pater**];
⑥ trocken, ohne Frische, langweilig **a)** *(v. der Darstellung)* [**genus orationis; libri**]; **b)** *(v. Redner)* [**rhetor; magister**];
⑦ *(Suet.)* ohne jegliche Kenntnisse.

● **ariēs,** etis *m* ① Widder, Schafbock; ~ **dux** Leithammel;
② *(poet.)* Widder *als Sternbild;*
③ **a)** *(milit. t. t.)* Sturmbock, Mauerbrecher; **murum ~ percutit; b)** Wellenbrecher.

arietātiō, ōnis *f (arieto) (Sen.)* das Aufeinanderstoßen *wie bei Widdern.*

arietillus, ī *m (aries) (Petr.)* Schafskopf.

arietīnus, a, um *(aries) (nachkl.)* ① Widder- [**cornu**];
② *(oraculum)* zweideutig *(bildl. nach den beiden auseinander stehenden Hörnern des Widders).*

arietō, arietāre *(aries) (poet.; nachkl.)* ① stoßen; **acies inter se arietant** stoßen heftig aufeinander;
② niederstoßen [**alqm in terram**];
③ anrennen, anstürmen [**immissis frenis in portas**].

Arīminum, ī *n Küstenstadt in Umbrien, j.* Rimini; – *Einw. u. Adj.* **Arīminēnsis,** is *m bzw.* e.

Ariobarzanēs, is *m kappadoz. Königsname.*

ariol ... *s. hariol ...*

Arīōn, onis *m Zitherspieler, Dichter, Sänger u. Komponist aus Methymna auf Lesbos (um 600 v. Chr.);* – *Adj.* **Arīonius,** a, um.

Arīopagus, ī *m = Areopagus.*

> *i* Kultur **Ariovistus,** ī *m Fürst des Germanenstammes der Sueben, wurde v. Cäsar 58 v. Chr. im Kampf um gall. Eroberungen besiegt.*

arista, ae *f* ① Granne;
② Ähre.

Aristaeus, ī *m Sohn Apollos u. der Kyrene, Gott der Herden, Ölpflanzungen u. Bienenzucht.*

Aristarchus, ī *m* ① *aus Samos, etwa 310–230 v. Chr., Astronom in Alexandria;*
② *aus Samothrake, 217–145 v. Chr., Grammatiker u. Kritiker (Homerrezension) in Alexandria; (meton.)* strenger Kritiker [**mearum orationum**].

Aristīdēs, is *u.* ī *m* ① *Politiker aus Athen, Gegner des Themistokles;*
② *Schriftsteller aus Milet (um 100 v. Chr.), Verf. v. Novellen (Milesiaca).*

Aristippus, ī *m Philosoph aus Kyrene (um 380 v. Chr.), Schüler des Sokrates, Begründer der Kyrenäischen Philosophen-Schule;* – *Adj.* **Aristippēus,** a, um.

Aristius Fuscus *Dichter, Rhetor u. Grammatiker, Freund des Horaz.*

Aristō, ōnis *m griech. Philosoph aus Chios;* – *Adj.* **Aristōnēus,** a, um.

Aristogītōn, onis *m zusammen m. Harmodius Mörder des att. Tyrannen Hipparch (514 v. Chr.).*

aristolochia, ae *f (gr. Fw.) die Pflanze* Osterluzei.

i Kultur **Aristophanēs,** is *m* ① aus Athen, Zeitgenosse des Sokrates, der bedeutendste Dichter der alten attischen/griech. Komödie *(etwa 452–388 v. Chr.);* – *Adj.* **Aristophanēus** *u.* **-nīus,** a, um; ② aus Byzanz *(etwa 257–180 v. Chr.),* Bibliothekar des Museions in Alexandria, ber. Philologe, Grammatiker u. Kritiker, Begründer der Lexikografie, Lehrer des Aristarch.

i Kultur **Aristotelēs,** is *u.* ī *m* Philosoph aus Stagira auf der Chalkidike in Makedonien *(384–322 v. Chr.),* Schüler Platos, Lehrer Alexanders des Gr., Begründer der peripatetischen Philosophen-Schule in Athen; – *Adj.* **Aristotelēus** *u.* **-īus,** a, um.

Aristoxenus, ī *m Philosoph u. Musiktheoretiker aus Tarent (um 320 v. Chr.), Schüler des Aristoteles.*

Aristus, ī *m Philosoph, Akademiker in Athen, Freund Ciceros.*

arithmētica, ōrum *n (auch* **-icē,** ēs *u.* **-a,** ae *f) (gr. Fw.)* Arithmetik.

āritūdō, dinis *f (areo) (vorkl.)* Trockenheit.

Ariūsius, a, um aus der Gegend v. Ariusia *auf Chios* [**vinum**].

● **arma,** ōrum *n* ① Ausrüstung, Gerät(e), Werkzeug [**equestria** Sattelzeug; **cerealia** Geräte zum Brotbacken; **venatoria** Jagdgerät]; ② Kriegsgerät, *bes.* Rüstung, Waffen, Schild; **-a induere** Rüstung anlegen; **~ auro et argento caelata** in Gold u. Silber getrieben; **-orum et equitandi peritissimus** in der Handhabung der Waffen u. im Reiten; **exercitationes campestres -orum et equorum** kriegerische Waffen- u. Reitübungen; **-a capere** zu den Waffen greifen; **in -is esse** unter Waffen stehen; **in -is mori** m. den Waffen in der Hand; **ad -a!** zu den Waffen!; **vi et -is** m. Waffengewalt; **se in -a colligere** sich hinter dem Schild decken;
③ *(meton.)* **a)** Waffenerhebung, Kampf, Krieg; **Galli inter ferrum et -a nati; -a referre** den K. erneuern; **cedant ~ togae** der Krieg soll dem Frieden weichen; **-a inferre Graeciae; b)** Kriegstaten [**canere** besingen]; **c)** Kriegs-, Heeresmacht [**Macedonum; publica**]; **d)** Bewaffnete, Krieger, Soldaten; **levia ~** Leichtbewaffnete; **~ auxiliaria** Hilfstruppen; **machina plena -is** *(vom trojan. Pferd);*
④ *(übtr.)* Schutz-, Verteidigungsmittel, Hilfsmittel; **~ senectutis, prudentiae; amico arma** (Lehren) **dare; -a quaerere** Hilfe suchen;
⑤ Partei *im Krieg;* **neutra -a sequi** neutral bleiben.

armamaxa, ae *f (gr. Fw.) (Suet.) ein bedeckter pers. Reisewagen, bes. f. Frauen u. Kinder.*

armāmenta, ōrum *n (armo)* Segel-, Takelwerk.

armāmentārium, ī *n (arma)* Arsenal *(Lager f. Kriegsgeräte).*

armāriolum, ī *n (Demin. v. armarium) (Plaut.)* Schränkchen.

armārium, ī *n (arma)* ① Schrank; *(nachkl.)* Bücherschrank, -regal;
② *(spätl.) Pl.* Bibliothek, Archiv.

armārius, ī *m (armarium) (spätl.)* Bibliothekar, Archivar.

armātūra, ae *f (armo)* Bewaffnung; *(meton.)* Waffengattung; Bewaffnete [**levis** Leichtbewaffnete; **gravis** Schwerbewaffnete].

armātus[1], *Abl.* -ū *m (armo) = armatura.*

● **armātus**[2], a, um *(P. Adj. v. armo)* bewaffnet, (aus)gerüstet, Kriegs-; **-ae classes; urbs -a muris; ~ togatusque** in Kriegs- u. Friedenskleidung, in Krieg u. Frieden; – *Subst.* **armātī,** ōrum *m* Bewaffnete.

Armenia, ae *f* Armenien, *Hochland am oberen Euphrat u. Tigris:* **~ maior** *nördl.,* **~ minor** *südl. des Euphrat;* – *Einw. u. Adj.* **Armenius,** ī *m bzw.* a, um.

armentālis, e *(armentum) (poet.; spätl.)* zum Großvieh gehörig; in Herden weidend [**equae**].

armentārius, ī *m (armentum)* Rinderhirt.

● **armentum,** ī *n (meist Pl.)* ① (Groß-)Vieh; *bes.* Rinder *(im Ggstz. zu pecus Kleinvieh);* **greges -orum reliquique pecoris; pecus armentumque; Pan erat -i custos;**
② (Rinder-)Herde [**boum; cervorum** Rudel].

armi-fer, fera, ferum *(arma u. fero)* Waffen tragend, bewaffnet; kriegerisch.

armi-ger, gera, gerum *(arma u. gero)* ① Waffen tragend, bewaffnet [**deus** Mars]; – *Subst.* **armiger,** gerī *m* Waffenträger, Schildknappe [**Iovis** Adler]; **armigera,** ae *f* Waffenträgerin [**Dianae**];
② *(Prop.)* Bewaffnete hervorbringend [**humus**].

armilla, ae *f (armus)* Armband, -spange.

armillātus, a, um *(armilla) (poet.; nachkl.)* mit Armspangen geschmückt; **~ in publicum processit.**

armillum, ī *n (armus) (vor- u. nachkl.) ein auf der Schulter getragener* Weinkrug.

Armilūstrium, ī *n alljährliches Fest der Waffenweihe in Rom.*

Armilūstrum, ī *n (arma u. lustrum*[2]*) Festplatz der jährl. Waffenweihe auf dem Aventin.*

i Kultur **Arminius,** ī m Cheruskerfürst, der im J. 9 n. Chr. im Teutoburger Wald den Quintilius Varus schlug u. dadurch Germanien vor der Herrschaft Roms bewahrte [**liberator Germaniae**].

armi-potēns, *Gen.* entis *(arma) (poet.)* (durch Waffen) mächtig, kriegerisch, tapfer [**Mars; Diana**].

armi-sonus, a, um *(arma u. sono) (poet.)* waffenklirrend.

● **armō,** armāre *(arma)* ① **a)** *zum Kampf* (aus)rüsten, kampftüchtig machen; **muros propugnaculis ~; urbs armata muris; exercitum ~; b)** bewaffnen [**milites; gladiis dextras**];
② (aus)rüsten, mit etw. ausstatten;
③ *(naut. t. t.)* auftakeln, segelfertig machen [**naves; classem**].

armus, ī *m (poet.; nachkl.)* ① *(b. Menschen)* Oberarm, Schulter(blatt);
② *(b. Tieren)* Vorderbug, Schulterblatt; *Pl.* Flanken [**equi**].

Arnus, ī *m* der Arno; – *Adj.* **Arniēnsis,** e [**tribus** am Arno gelegen].

● **arō,** arāre ① pflügen; *(den Acker)* bestellen, bebauen [**terram; agrum**]; *abs.* Ackerbau treiben, vom Ackerbau leben;
② *(poet.) (übtr.)* **a)** durchfurchen, runzelig machen; **aratā rugis fronte; b)** *(das Meer u. Ä.)* durchfurchen, durchsegeln [**latum aequor**].

arōma, atis *n (gr. Fw.) (nachkl.)* ① (wohlriechendes) Gewürz;
② Wohlgeruch, Duft.

arōmaticus, a, um *(aroma) (spätl.)* ① Gewürz-;
② wohlriechend.

Arpī, ōrum *m Stadt in Apulien; der Sage nach v. Diomedes aus Argos gegründet u. angeblich* Ἄργος ἵππιον *genannt, dah. poet.* **Argyripa,** ae *f;* – *Einw. u. Adj.* **Arpīnus,** ī *m bzw.* a, um.

Arpīnum, ī *n Stadt in Latium, seit 305 v. Chr. unter röm. Herrschaft; Geburtsort des Cicero u. des Marius, j.* Arpino; – *Adj.* **Arpīnās,** ātis *u.* **Arpīnus,** a, um: *chartae Arpinae* Ciceros Schriften; – *Einw.* **Arpīnās,** ātis *m;* – **Arpīnās,** ātis *n Landgut Ciceros bei A.*

arquātus, a, um *(nachkl.)* regenbogenfarbig; *Subst.* ī *m* ein an Gelbsucht Erkrankter.

arqui-tenēns = *arcitenens.*

arrabō, ōnis *m (hebr. Fw.)* Pfand, Handgeld.

arrēctus, a, um *(P. Adj. v. arrigo)* ① steil [**saxa**];
② *(nachkl.)* emporgerichtet.

ar-rēpō, rēpere, rēpsī, rēptum ① sich einschleichen *(ad; m. Dat.; in m. Akk.);*
② heranakriechen, -schleichen *(an etw.: ad; m. Dat.).*

Arrētium, ī *n Stadt in Etrurien im oberen Arnotal, Geburtsort des Mäcenas, j.* Arezzo; – *Einw. u. Adj.* **Arrētīnus,** ī *m bzw.* a, um.

ar-rēxī *Perf. v. arrigo.*

ar-rīdeō, rīdēre, rīsī, rīsum ① **a)** mitlachen *(m. jmdm.: alci)* [**ridentibus**]; **b)** zu-, anlächeln *(alci);* **c)** belächeln *(m. Akk.); (Sen.)* zu etw. lächeln *od.* lachen *(m. Dat.)* [**probrosis in se dictis**];
② *(übtr.)* **a)** *(poet.) (v. Zuständen)* jmdm. zulächeln, lächeln = günstig sein; **quandoque mihi Fortunae arriserit hora; cum tempestas arridet; b)** jmdm. gefallen, jmds. Beifall finden.

ar-rigō, rigere, rēxī, rēctum *(ad u. rego)* ① auf-, emporrichten [**arma; hastas; aures** spitzen]; **arrectae horrore comae; arrectus in digitos** auf den Zehen;
② *(geistig)* in Spannung versetzen; **animos ~; arrectae spes iuvenum;**
③ an-, aufregen, anfeuern, aufrichten [**alqm oratione sua; animos ad bellandum**].

● **ar-ripiō,** ripere, ripuī, reptum *(ad u. rapio)* ① **a)** an sich reißen, ergreifen, fassen [**gladium; arma; alqm manu**]; **b)** zusammenraffen [**naves**]; **c)** schnell in Besitz nehmen *od.* zu nehmen suchen [**locum; tellurem** gewinnen]; **d)** *(v. Feuer)* ergreifen;
② **a)** gewaltsam ergreifen *(auch v. Schmerz, Krankheit, Schlaf u. Ä.)*; **adversa valetudine arreptus; dolor arripit alqm; b)** anfallen, überfallen, angreifen, stürmen [**castra**]; **c)** sich widerrechtlich etw. aneignen, sich anmaßen [**sibi imperium**];
③ *(eine Tätigkeit)* in Angriff nehmen, mit Eifer ergreifen [**studium litterarum**];
④ **a)** *(übtr.)* aufgreifen, sich aneignen [**primam occasionem recuperandi; tempus** wahrnehmen; **condicionem**]; **b)** *(geistig)* auffassen, erfassen, verstehen [**celeriter res innumerabiles**];
⑤ **a)** verhaften; **Virginius iubet arripi hominem et in vincula abduci; b)** *(jur. t. t.)* jmd. vor den Richter führen, gerichtl. belangen [**consules**].

ar-rīsī *Perf. v. arrideo.*

arrīsor, ōris *m (arrideo) (Sen.)* Schmeichler, *der ständig seinen Gönner anlächelt.*

arrīsum *P. P. P. v. arrideo.*

ar-rōdō, rōdere, rōsī, rōsum an-, benagen [*übtr.* **rem publicam** am Gute des Staates nagen, vom Gute des Staates zehren *(v. untätigen Staatsbeamten)*].

arrogāns, *Gen.* antis *(P. Adj. v. arrogo)* anmaßend, hochmütig; anspruchsvoll *(geg. jmd.: m. Dat.)*; **adversus superiores (est) tristi adulatione, ~ minoribus.**

● **arrogantia,** ae *f (arrogans)* Anmaßung, Hochmut, Dünkel.

arrogātiō, ōnis *f (arrogo) (nachkl.)* Annahme

einer mündigen Person an Kindes statt, *die in den comitia centuriata unter der Genehmigung des Volkes stattfand.*

ar-rogō, rogāre (*u.* ad-rogō) ① *sibi alqd* ~ sich etw. anmaßen, für sich in Anspruch nehmen;
② *(poet.) jmdm. od. einer Sache etw.* verschaffen, verleihen [**pretium chartis** den Schriften Wert verleihen];
③ einen Mündigen an Kindes statt annehmen;
④ *(Plaut.)* noch einmal (an)fragen;
⑤ *einem Beamten durch eine neue Rogation einen anderen* zur Seite stellen [**consuli dictatorem**].

ar-rōsī *Perf. v. arrodo.*

arrōsor, sōris *m (arrodo) (Sen.)* der etw. benagt; *(übtr.)* Schmarotzer, Parasit.

arrōsus *P. P. P. v. arrodo.*

Arrūns, untis *m etr. Vorname, bes. häufig in der gens Tarquinia.*

● **ars,** artis *f* ① Kunstfertigkeit, Geschick(lichkeit), Gewandtheit; **arte laboratae vestes** geschickt, kunstvoll gearbeitet;
② Kunst; Wissenschaft; **artes optimae** Wissenschaften; **artes urbanae** Jurisprudenz u. Redekunst; ~ **musica;** ~ **dicendi, oratoria;** ~ **disserendi** Dialektik; ~ **gubernandi;** ~ **medendi;**
③ *(meton.)* **a)** Kunstwerk; **b)** Kunstwert; **pretiosae artis vasa;**
④ *Pl. Artes* Musen; **Artium chorus;**
⑤ **a)** (Kunst-)Theorie; **ex arte dicere, scribere** den Regeln der Kunst entsprechend; ~ **et praecepta** theoretische Vorschriften; **b)** Lehrbuch *(der Kunst od. Wissenschaft);* ~ **oratoria; hoc ex antiquis artibus elegit;**
⑥ Handwerk, Gewerbe; **artes sordidae;**
⑦ Eigenschaft, Verhalten, Art; **artibus bonis malisque mixtus;**
⑧ *Pl.* Mittel u. Wege, Art u. Weise; **imperium his artibus retinetur; artes nocendi;**
⑨ Kunstgriff, Trick, Kniff, List, Betrug; **artes belli;**
⑩ Künstlichkeit, künstliches Wesen.

Arsacēs, cis *m erster König in Parthien u. Gründer der parthischen Dynastie der Arsaciden (***Arsacidae,** ārum *m) um 250 v. Chr.;* – *Adj.* **Arsacius,** a, um.

ārsī *Perf. v. ardeo u. ardesco.*

arsis, is *f (Akk.* -in; *Abl.* -ī) *(gr. Fw.) (nachkl.) (metr. t. t.)* Hebung *der Stimme (Ggstz. thesis Senkung).*

Artaxata, ōrum *n u.* ae *f Hauptstadt Großarmeniens.*

Artaxerxēs, xis *m Name mehrerer persischer Könige.*

Artemīsium, ī *n nördl. Vorgeb. Euböas, Seeschlacht zw. Griechen u. Persern 480 v. Chr.*

artēria, ae *f (gr. Fw.)* ① Luftröhre; *auch* ~ *aspera; nachkl. auch im Pl.;*
② Arterie, Schlagader.

arthrīticus, a, um *(gr. Fw.)* gichtkrank.

articulāris, e *(articulus) (nachkl.)* die Gelenke betreffend [**morbus** Gicht].

articulātim *Adv. (articulus)* ① *(poet.)* gliedweise, stückweise;
② *(v. der Rede u. Ä.)* gegliedert; klar, übersichtlich, Punkt für Punkt.

articulō, articulāre *(articulus) (Lucr.) eigtl.* gliedern; *(übtr.)* artikulieren, deutlich aussprechen.

articulōsus, a, um *(articulus) (Plin.)* voller Gelenke u. Knoten [**radix**].

articulus, ī *m (Demin. v. artus*[1]*)* ① **a)** Gelenk, Knöchel; **-orum dolores** Gelenk-, Gichtschmerzen; **-um extorquere** ausrenken; **b)** *(meton.)* Finger(glied);
② *(an Pflanzen)* Knoten [**sarmentorum**];
③ *(v. der Rede)* Satzglied, Teil, Abschnitt; **continuatio verborum -is membrisque distincta;**
④ *(v. der Zeit)* entscheidender Zeitpunkt, Augenblick; Wendepunkt; **in ipso -o temporis** im entscheidenden Augenblick;
⑤ *(nachkl.)* Abschnitt, Absatz, Punkt.

● **arti-fex,** ficis *(ars u. facio)*
I. *Subst. m u. f* ① Künstler(in) *(in etw.: alcis rei, selten in re)* [**dicendi; scaenicus** Schauspieler];
② Erbauer, Schöpfer [**mundi**]; *attrib.* bildend, schaffend, schöpferisch; **natura omnium ~;**
③ Meister(in); Handwerker;
④ Urheber, Anstifter [**caedis**];
⑤ Schelm, Betrüger;
II. *Adj.* ① *(akt.)* Künstler-, kunstfertig, geschickt [**manus**];
② *(pass.)* kunstvoll, meisterhaft [**forma**].

artificiālis, e *(artificium) (nachkl.)* kunstgerecht, Kunst-.

artificiōsus, a, um *(artificium)* ① *(akt.)* kunstfertig;
② *(pass.)* **a)** kunstvoll, meisterhaft; **-um opus divinumque; b)** künstlich.

● **artificium,** ī *n (artifex)* ① Kunstfertigkeit, Geschicklichkeit, Kunst; ~ **gubernatoris; simulacrum singulari opere artificioque perfectum** m. einzigartiger Kunst u. Geschicklichkeit ausgeführt;
② *(meton.)* Kunstwerk; **opera atque -a** Handwerksarbeiten u. Kunstwerke;
③ Handwerk, Gewerbe;
④ Theorie, Kunstlehre; **componere -um de iure civili;**
⑤ Kunstgriff; List, Trick, Kniff, Schlauheit.

artō, artāre *(artus*[2]*)* ① einengen, straff anziehen [**habenas**];
② beschränken, schmälern;
③ knapp zumessen; **in praemiis, in honoribus omnia artata.**

artolaganus, ī *m (gr. Fw.)* Brotkuchen.

artopta, ae *m (gr. Fw.) eine Backform.*

artus¹, ūs *m* Gelenk; *gew. Pl.:* ❶ Gelenke, Gliedmaßen; **dolor artuum** Gelenk-, Gliederschmerz;
❷ *(poet.)* = *membra* Glieder.

artus², a, um ❶ eng, straff, fest *(Ggstz. laxus)* [**catena; frenum; toga**];
❷ eng, eingeengt, zusammengedrängt, dicht [**regiones; silvae; vallis; via; aditus; ostium**]; – *subst.* **artum,** ī *n* **a)** die Enge, enger Raum: **in -um concreti montes nimborum; b)** das Gedränge, *bes.* Kampfgedränge: **in -um compulsi** eingekeilt, eingezwängt;
❸ *(übtr.)* fest, tief, innig; ~ **somnus** fester, tiefer Schlaf; **artissimum societatis vinculum; -a familiaritate alqm complecti;**
❹ eingeengt, beengt *(durch Gesetze, Vorschriften, Sorgen u. Ä.)* [**animus**];
❺ knapp, beschränkt, gering [**numerus; annona**];
❻ misslich; **res -ae** missliche Lage; – *subst.* **artum,** ī *n* missliche Lage, Klemme: **in -o esse.**

āruī *Perf. v. areo u. aresco.*

ārula, ae *f (Demin. v. ara)* kleiner Altar.

āruncus, ī *m (gr. Fw.) (Plin.)* Ziegenbart.

arundi-fer, fera, ferum *(arundo u. fero) (Ov.)* schilftragend, schilfbekränzt [**caput**].

arundināceus, a, um *(arundo) (Plin.)* schilfrohrähnlich [**folium**].

arundinētum, ī *n (arundo) (vor- u. nachkl.)* Röhricht.

arundineus, a, um *(arundo)* ❶ *(poet.)* aus Rohr, Rohr-; mit Schilf bewachsen [**silva** Röhricht; **carmen** Hirtenlied *(auf der Rohrflöte gespielt)*];
❷ *(Plin.)* rohrähnlich, -artig.

arundinōsus, a, um *(arundo) (Cat.)* schilfreich [**Cnidus**].

arundō, dinis *f* ❶ Schilfrohr, Bambusrohr; **tecta arundine texta;**
❷ *(meton.) aus Rohr Gefertigtes:* **a)** Rohr-, Hirtenflöte, Schalmei; **b)** Angelrute; **moderator arundinis** Angler; **captare arundine pisces; c)** Leimrute *zum Vogelfang;* **d)** Schreibfeder; *meton.* Stil [**tristis**]; **e)** Pfeilschaft; *poet. auch* Pfeil; **f)** *(Ov.)* Kamm *des Webstuhls;* **stamen secernit ~; g)** *(Hor.)* Steckenpferd; **h)** *(Hor.)* Rohrbündel *als Vogelscheuche;* **i)** *(vorkl.)* Weinpfahl; **j)** Stock, Stab; **k)** *(Suet.)* Schiene des Chirurgen.

Ārūns *s. Arruns.*

aruspex *s. haruspex.*

arvālis, e *(arvum)* zum Saatfeld gehörig; Fratres Arvales: Arvalbrüder, *ein Kollegium v. 12 röm. Priestern, die alljährlich den Ackersegen erflehten.*

Arvernī, ōrum *m gall. Volksstamm im zentralen Gebirgsland der heutigen Auvergne;* – *Adj.* **Arvernus,** a, um.

arvīna, ae *f (poet.; nachkl.)* Fett, Speck.

● **arvum,** ī *n (aro)* ❶ Ackerland, Saatfeld; **prata et -a; subigere -a;** – *(meton.)* Getreide, Ernte(ertrag);
❷ *(poet.)* **a)** die Flur, das Gefilde, Gegend [**-a laeta**]; **b)** *(Prop.)* Weideplatz; **c)** *(Verg.)* **arva Neptunia** Meer; **d)** *(Verg.)* Gestade, Ufer;
❸ *(poet.)* weibliche Scham.

arvus, a, um *(aro)* zum Pflügen bestimmt, Acker-, Saat- [**agri**].

● **arx,** arcis *f (arceo)* ❶ Burg, Festung; der höher gelegene u. befestigte Teil einer Stadt *(z. B. v. der Akropolis)* [**oppidi; Capitolina**];
❷ *(poet.)* **a)** Jupiters Himmelsburg [**siderea; caeli**]; *Pl.* Himmel: **aethereae arces; igneae arces; b)** Götterwohnung, Tempel [**sacrae**];
❸ Berggipfel, Höhe, Anhöhe; **Parnassi ~; Romae septem arces;**
❹ Schutzwehr, Zuflucht(sort); **urbs Roma ~ omnium gentium; templum illud fuit ~ civium perditorum;**
❺ Bollwerk, Hauptsitz [**imperii**];
❻ *v. Städten:* beatae arces *v. Korinth;*
❼ *(übtr.)* Höhepunkt, Gipfel [**eloquentiae**].

as, assis *m* ❶ *(nachkl.)* das (*zwölfteilige*) Ganze, die Einheit; **heres ex asse** Universalerbe;
❷ *(Ov.) (als Gewichtseinheit)* As, *ein röm. Pfund (327 g) = libra;*
❸ *(als Münzeinheit)* As, *urspr. 1 röm. Pfund schwerer Kupferbarren (as librarius); das Gewicht des As wurde oftmals reduziert, sodass er schließlich nur wenig Wert hatte, dah. auch:* Heller, Pfennig, Cent; **vilem ad assem redigi** allen Wert verlieren; **ad assem omnia perdere** bis auf den letzten Cent; **unius assis aestimare** gering achten; **assem habeas, assem valeas** wie viel einer hat, so viel ist er wert; **ab asse crevit** mit fast nichts hat er angefangen, er hat es vom Heller zum Taler gebracht;
❹ *(Plin.) (als Ackermaß)* ein Morgen.

Ascanius¹, ī *m Sohn des Äneas, b. den Römern Iulus genannt, von der gens Iulia als Stammvater angesehen, die sich dadurch auf Venus, die Mutter des Äneas, zurückführte.*

Ascanius², ī *m* ❶ *See in Bithynien in Kleinasien;*
❷ *ein den See Ascanius durchströmender Fluss in Bithynien.*

ascaulēs, ae *m (gr. Fw.) (Mart.)* Sackpfeifer.

● **a-scendō,** ascendere, ascendī, ascēnsum *(ad u. scando)*
I. *intr.* ❶ hinauf-, emporsteigen [**in equum; in murum; in contionem** die Rednertribüne besteigen, als Redner auftreten];
❷ *(übtr.)* emporsteigen, aufsteigen, sich aufschwingen *(zu einer höheren Stufe)* [**in tantum honorem**];
II. *trans.* besteigen, erklimmen; erstürmen [**murum; montem; equum; navem**].

ascēnsiō, ōnis *f (ascendo)* ❶ **a)** *(vor- u. nachkl.)* das Hinaufsteigen; **b)** *(Eccl.) (Domini od. Christi)* Himmelfahrt;
❷ *(übtr.)* Aufschwung, Begeisterung [**oratorum**].

ascēnsor, ōris *m (spätl.)* Reiter, Lenker [**equi; asini**].

ascēnsus[1], ūs *m (ascendo)*
❶ das Hinaufsteigen, Besteigen, Aufstieg; *(meton.)* Möglichkeit des Ersteigens; **ascensum dare alci;**
❷ *(übtr.)* das Auf-, Emporsteigen, Gelangen zu etw.; **ad victoriam facilis ~; in virtute multi sunt ascensus** Stufen;
❸ Aufgang, Aufstieg, Zugang *(als Ort)*; **difficilis atque arduus ~; tanto collis ascensu** bei der so starken Steigung des Hügels.

ascēnsus[2] *P. P. P. v. ascendo.*

ascia, ae *f* Axt.

Asciburgium, ī *n röm. Kastell am Niederrhein.*

a-sciō, ascīre (*u.* ad-sciō) jmd. aufnehmen, zu sich nehmen; **socios ~; asciri per adoptionem; in societatem ~.**

● **a-scīscō,** ascīscere, ascīvī, ascītum (*u.* adscīscō; *Incoh. v. ascio*) ❶ jmd. herbeiholen, an-, aufnehmen [**alqm in numerum civium; in senatum; inter patricios;** *(m. dopp. Akk.)* **alqm patronum** als ...];
❷ *(übtr.)* etw. an-, aufnehmen, sich aneignen [**consuetudinem; peregrinos ritus**]; **sacra a Graecis ascita et accepta;** – *Adj.* **ascītus,** a, um hergeholt, fremd [**lepos** angelernt];
❸ *(sibi) alqd ~* etw. für sich in Anspruch nehmen, sich anmaßen [**sapientiam; eloquentiae laudem**];
❹ billigen, zulassen, gutheißen, anerkennen [**leges**].

ascopa *u.* **ascopēra,** ae *f (gr. Fw.) (Suet.)* lederner Bettelsack.

Ascra, ae *f Ort in Böotien am Berg Helikon, Geburtsort des Dichters Hesiod;* – *Adj.* **Ascraeus,** a, um **a)** askräisch, aus Askra [**nemus; poëta, senex** Hesiod]; *auch subst.* Ascraeus, ī *m* Hesiod; **b)** hesiodeisch, des Hesiod [**carmen**]; **c)** helikonisch, vom Helikon [**fontes**].

a-scrībō, ascrībere, ascrīpsī, ascrīptum *(ad u. scribo)* ❶ dazuschreiben, schriftlich hinzufügen [**alci salutem** jmd. grüßen lassen];
❷ auf etw. darauf schreiben, als Aufschrift anbringen;
❸ durch eine schriftl. Erklärung zuordnen; *(m. dopp. Akk.)* einsetzen als [**alci legatum; alqm tutorem liberis**];
❹ *in eine Liste* eintragen, aufnehmen: **a)** in die Bürgerliste: **alqm in civitatem ~; b)** in die Kolonistenliste: **colonos Venusiam ~; c)** als Soldaten in die Stammrolle: **urbanae militiae ascribi;**
❺ festsetzen, bestimmen; **ascriptus poenae dies;**
❻ zu etw. rechnen, zählen, rechnen unter, zurechnen *(m. Angabe wozu, worunter: ad; in m. Akk.; Dat.)* [**ad hoc genus narrationes apologorum; in numerum amicorum; alqm ordinibus deorum; alqm antiquis temporibus;** *(m. Angabe als wen?: m. dopp. Akk.)* **alqm tertium ad amicitiam**];
❼ zuschreiben, beimessen [**hoc sibi exemplum** auf sich beziehen; **alci incommodum**].

ascrīptīcius, a, um *(ascribo 4.) (in die Bürger-, Soldatenliste u. Ä.)* neu eingetragen [**cives**].

ascrīptiō, ōnis *f (ascribo)* Beischrift.

ascrīptīvus, a, um *(ascribo) (Plaut.)* überzählig.

ascrīptor, ōris *m (ascribo)* Mitunterzeichner [**legis agrariae**].

Āsculum, ī *n Stadt in Picenum südl. von Ancona, j.* Ascoli Piceno; – *Einw. u. Adj.* **Āsculānus,** ī *m bzw.* a, um.

asella, ae *f (Demin. v. asina) (Ov.)* Eselin.

asellus, ī *m (Demin. v. asinus)* ❶ Esel(chen); **agitator -i** Eseltreiber; **~ onustus auro; narrare fabellam surdo -o** gegen taube Ohren predigen;
❷ *(poet.; nachkl.) ein feiner Seefisch.*

Asia, ae *f* ❶ Asien *(Erdteil)*;
❷ Kleinasien;
❸ die röm. Provinz Asia *(die westl. Hälfte Kleinasiens, seit 133 v. Chr.)*;
/ *Einw.* **Asiānus,** ī *m; Pl. auch* die Steuerpächter in der Provinz Asia; / *Adj.* **a) Asiānus,** a, um asiatisch, aus Asien stammend, zu Asien gehörend; **b) Asiāticus,** a, um asiatisch [**exercitus; bellum** m. Mithridates; **oratores** schwülstig, übertrieben schmuckvoll sprechend]; **c) Āsis,** idis *(f)* (*Akk.* Asida) asiatisch [**terra**]; **d) Āsius,** a, um asiatisch [**villae**].

Asiāgenēs, nis = *Asiaticus (s. Asia), Beiname des L. Cornelius Scipio, des Siegers üb. Antiochus in Asien.*

asīlus, ī *m (poet.; nachkl.) (biol.)* (Vieh-)Bremse.

asina, ae *f (asinus) (vorkl.)* Eselin.

asinārius, a, um *(asinus) (vor- u. nachkl.)* Esel-; *subst.* **a)** ī *m* Eseltreiber; **b)** Asināria, ae *f (erg. fabula) Titel einer Komödie des Plautus.*

asinīnus, a, um *(asinus) (vor- u. nachkl.)* des Esels, Esel- [**pullus** Eselfohlen].

> *i* Kultur **Asinius,** a, um *röm. nomen gentile:* C. ~ Pollio *(76 v. Chr.–5 n. Chr.)*, Konsul im J. 40, Dichter, Redner, Geschichtsschreiber, Kunstsammler, Gründer der ersten öffentl. Bibliothek in Rom im Libertastempel.

asinus, ī *m* ❶ Esel; **~ in tegulis** der Esel auf

dem Dach, *v. einer seltenen Erscheinung;*
② *(als Schimpfw.)* Dummkopf, Esel.

Āsis, idis *u.* **Āsius,** a, um *s. Asia.*

Āsōpus, ī *m* ① *Fluss in Böotien in Griechenland, j.* Asopo;
② *Flussgott, Sohn des Oceanus u. der Tethys;* – *Patron.* **Āsōpiadēs,** ae *m* Äakus *u. fem.* **Āsōpis,** idis *f* Ägina.

asōtus, ī *m (gr. Fw.* ἄσωτος heillos verloren) Wüstling, Verschwender, Schlemmer.

Asparagium, ī *n Ort b. Dyrrhachium in Illyrien (Nordgriechenland).*

asparagus, ī *m (gr. Fw.) (vor- u. nachkl.)* Spargel.

aspargō = *aspergo.*

Aspasia, ae *f aus Milet, Geliebte u. später zweite Gattin des Perikles; Verehrerin des Sokrates.*

aspectābilis, e *(aspecto)* sichtbar.

a-spectō, aspectāre (*u.* ad-spectō) *(Intens. v. aspicio)* ① (aufmerksam) anschauen, betrachten;
② *(v. Örtl.)* gerichtet sein, liegen nach *(m. Akk.)*; **collis aspectat arces; mare, quod Hiberniam insulam aspectat;**
③ *(Tac.)* auf etw. achten, etw. beachten *(m. Akk.)* [**principis iussa**];
④ *(Lucr.) (m. Hochachtung)* anstaunen.

● **aspectus[1],** ūs *m (aspicio)* ① *(akt.)* **a)** das Hinschauen, Blick; **primo aspectu; aspectum alcis fugere; hominum aspectum lucemque vitare; se aspectu alcis subtrahere; b)** Aussicht, Gesichtskreis; **c)** Gesichtspunkt; **sub uno aspectu poni** unter einen Gesichtspunkt gebracht werden; **d)** Sehkraft; **amittere aspectum** die Sehkraft verlieren, erblinden; **omnia, quae sub aspectum cadunt** *od.* **veniunt** alles Sichtbare;
② *(pass.)* **a)** das Sichtbarwerden, Erscheinen [**aspectu siderum**]; **b)** Aussehen; Anblick; **pomorum iucundus ~; apes horridae aspectu.**

aspectus[2] *P. P. P. v. aspicio.*

as-pellō, pellere, pulī, pulsum *(vorkl.)* wegtreiben [**metum alci** vertreiben].

aspendios, ī *f (gr. Fw.) (Plin.) eine Rebensorte.*

Aspendos, ī *f Stadt in Pamphylien in Kleinasien.*

● **asper,** era, erum ① rau, uneben; **loca aspera et montuosa; asperrimus aditus** schwer begehbar; **mare asperum** stürmisch; *(auch v. Gefäßen m. Reliefs)* **pocula aspera;**
② rau, stechend, kratzend [**barba**];
③ *(f. den Geschmack u. Geruch)* herb, beißend, scharf; **vinum asperum; piper asperrimum; herba odoris asperi;**
④ *(f. das Gehör)* rau, derb, unfein [**vox**];
⑤ *(in der Ausdrucksweise)* roh, holperig; hart, bissig, kränkend [**oratio; verba; facetiae**];
⑥ *(v. Verhalten)* rau, barsch, grob, roh, (ab)gehärtet; trotzig, ungestüm, wild; **homo ~ et durus; gens laboribus et bellis aspera; virgo aspera** Diana;
⑦ erbittert [**Iuno**];
⑧ *(v. Tieren)* wild; gereizt; **anguis ~ siti; bos aspera** (drohend) **cornu;**
⑨ *(v. Urteilen, Gesetzen, Strafen, Ansichten u. Ä.)* hart, streng [**lex; censura; doctrina; sententia**]; **aspere agere** harte Maßregeln treffen;
⑩ *(v. Zuständen)* mühsam, schwierig, hart, drückend, *(v. Kampf)* wild [**pericula; negotium; fata; bellum; pugna**]; **asperius opinione** schwieriger als man glaubte;
⑪ *(vom Klima)* rau, kalt [**hiems**].

aspera, ōrum *n (asper 10.)* Widerwärtigkeiten, Bedrängnis.

a-spergō[1], aspergere, aspersī, aspersum *(ad u. spargo)* ① hinspritzen, -streuen *(auf: m. Dat. od. in m. Abl.)* [**liquorem oculis; pigmenta in tabula**];
② bespritzen, bestreuen [**aram sanguine; vestimenta aquā; olivam sale**]; *(übtr.)* **canis** (m. grauen Haaren) **aspergitur aetas;**
③ *(übtr.)* (hin)zufügen [**sales orationi; alci molestiam** zufügen, verursachen];
④ *(übtr.)* beschmutzen, beschimpfen; **aspergi infamiā, suspicione.**

aspergō[2], ginis *f (aspergo[1]) (nicht klass.)* ① das Bespritzen;
② Tropfen, Spritzer [**aquae; caedis** Blutstropfen];
③ Gischt;
④ (Sprüh-)Regen.

asperitās, ātis *f (asper)* ① Rauheit, Unebenheit [**viarum; saxorum; montium**]; *Pl. auch* Geländeschwierigkeiten: **omnes asperitates supervadere;**
② *(v. Klima)* Unwirtlichkeit, Strenge [**frigorum; hiemis**];
③ Barschheit, Grobheit, Ungeschliffenheit, Wildheit; Schroffheit, Härte, Strenge [**Stoicorum**]; Sittenroheit, Härte [**belli**];
④ *(v. der Rede)* Bitterkeit, Bissigkeit, das Kränkende [**verborum**];
⑤ *(f. das Gehör)* die Rauheit der Töne, der raue, grelle Ton [**vocis; soni**];
⑥ *(v. Zuständen)* das Drückende, Härte, Schwierigkeit; **in ea tanta asperitate** in dieser harten Bedrängnis.

aspernābilis, e *(aspernor) (vor- u. nachkl.)* verächtlich.

aspernanter *Adv. (aspernor) (spätl.)* verächtlich, mit Verachtung.

aspernātiō, ōnis *f (aspernor)* Verschmähung, Abweisung.

● **a-spernor,** aspernārī *(ab u. sperno)* zurück-, abweisen; verschmähen, verwerfen [**condicio-**

nem]; *m. Inf.* sich weigern; – *selten hat aspernor pass. Bedeutung.*

asperō, asperāre *(asper)* ① rau machen; **glacialis hiems aquilonibus asperat undas** wühlt auf;
② spitzen, schärfen [**sagittas**];
③ aufregen, reizen [**iram victoris; alqm in saevitiam**].

a-spersī *Perf. v. aspergo.*

aspersiō, ōnis *f (aspergo¹)* ① das An-, Bespritzen;
② das Auftragen der Farben.

aspersus¹, a, um *P. P. P. v. aspergo.*

aspersus², *Abl.* -ū *m (aspergo) (Plin.)* das Bespritzen.

asperum, ī *n (asper) (nachkl.)* das Raue; **per -a et devia; -a maris** Meeresstürme.

asphodelus, ī *m (gr. Fw.) (nachkl.)* Asphodill *(Liliengewächs).*

● **a-spiciō,** aspicere, aspexī, aspectum *(ad u. specio)* ① erblicken [**hanc lucem** das Licht der Welt];
② wieder sehen; **o rus, quando ego te aspiciam?** *(Hor.);*
③ ansehen, anblicken, betrachten;
④ (sich) etw. anschauen, besichtigen [**situm omnem regionis; opera**];
⑤ mit Bewunderung ansehen, bewundern;
⑥ jmdm. dreist ins Gesicht sehen [**hostem in acie**];
⑦ *(poet.; nachkl.) (v. Örtl.)* gerichtet sein, liegen nach; **ea pars Britanniae, quae Hiberniam aspicit; domus, quae aspicit ad aquilonem** nach Norden;
⑧ (geistig) betrachten, erwägen;
⑨ *(poet.)* beachten, berücksichtigen, auf jmd. *od.* etw. sehen; **aspice nos** sieh auf uns, hilf uns;
⑩ etw. untersuchen, sich über etw. unterrichten.

aspīrātiō, ōnis *f (aspiro)* ① das Anhauchen, Anwehen [**aëris** Lufthauch];
② Ausdünstung [**terrarum**];
③ *(gramm. t. t.)* Aspiration, H-Laut.

a-spīrō, aspīrāre *(ad)* **I.** *intr.* ① (hin)hauchen, hinwehen, zuwehen; **aspirant aurae in noctem** geg. Abend weht ein günstiger Wind;
② ausatmen [**pulmones aspirantes**];
③ *(nachkl.) (gramm. t. t.)* zu einem Laut den H-Laut setzen, aspirieren;
④ *(v. Musikinstrumenten)* begleiten; **tibia aspirat choris;**
⑤ günstig sein, beistehen, unterstützen; **aspirante fortunā; vos, Calliope, aspirate canenti** *(Verg.)* steht dem Sänger bei; **Iuppiter ducum nostrorum consiliis aspiravit; aspirat primo fortuna labori; coeptis ~;**
⑥ nach etw. trachten, streben, zu jmdm. *od.* zu etw. zu gelangen suchen, sich zu nähern suchen [**ad successionem; bellica laude ad Africanum; in curiam; equis Achillis** begehren];
II. *trans. (poet.; nachkl.)* ① zuhauchen, zuwehen; **Iuno ventos aspirat eunti;**
② einflößen, eingeben [**divinum amorem dictis**].

aspis, idis *f (Akk. Sg.* -idem *u. poet.* -ida, *Akk. Pl.* -idas) Natter; – *(spätl.) Sprichw.:* **aures aspidis habere** taube Ohren haben.

asportātiō, ōnis *f (asporto)* das Wegschaffen, Wegbringen [**signorum**].

● **as-portō,** portāre wegbringen, -schaffen, mitnehmen, wegführen, entführen [**vina; ex Sicilia litteras**].

asprētum ī *n (asper)* raue, steinige Stelle.

as-pulī *Perf. v. aspello.*

aspulsus, a, um *P. P. P. v. aspello.*

Assaracus, ī *m König v. Troja, Sohn des Tros, Urgroßvater des Äneas.*

assārius **I.** *Adj.* a, um *(as) (Sen.)* einen As wert;
II. *Subst.* ī *m (vorkl.; spätl.) (erg. nummus)* der As *als Münze.*

assātūra, ae *f (spätl.)* Braten.

assecla *u.* **assecula,** ae *m (assequor)* Begleiter, Anhänger, Parteigänger *(meist pejor.)* [**praetoris**].

assectātiō, ōnis *f (assector)* ① beständige Begleitung *(bes. eines Amtsbewerbers);*
② Beobachtung [**caeli**].

assectātor, ōris *m (assector)* ① beständiger Begleiter, Anhänger; **vetus ~ ex numero amicorum;**
② *(Plin.)* Freier;
③ *(nachkl.)* Schmarotzer;
④ Anhänger, Jünger *(einer Lehre od. eines Lehrers)* [**sapientiae** Philosoph; **eloquentiae** Rhetor].

as-sector, sectārī *(Intens. v. assequor)* beständig folgen, begleiten *(alqm).*

assecula, ae *m s. assecla.*

assecūtor, ōris *m (assequor) (spätl.)* Begleiter, Anhänger; *Pl.* Gefolge.

assecūtus *P. P. Akt. v. assequor.*

as-sēdī *Perf. v. assideo u. assido.*

assēnsiō, ōnis *f (assentior)* ① Zustimmung, Beifall [**popularis**];
② *(philos. t. t.)* das Fürwahrhalten sinnlicher Erscheinungen.

assēnsor, ōris *m (assentior)* derjenige, der beipflichtet.

assēnsus¹, ūs *m (assentior)* ① Zustimmung, Beifall;
② *(philos. t. t.)* das Fürwahrhalten sinnlicher Erscheinungen;
③ *(Verg.)* Nachhall, Echo [**nemorum**].

assēnsus² *s. assentior.*

assentātiō, ōnis *f (assentor)* ① Schmeichelei [**erga principem**];
② *(nachkl.)* Zustimmung, das Beipflichten.

assentātiuncula, ae *f (Demin. v. assentatio)* kleinliche Schmeichelei, Liebedienerei.

assentātor, ōris *m (assentor)* Schmeichler; **reginae humillimus ~.**

assentātōriē *Adv. (assentator)* nach Art der Schmeichler, schmeichlerisch.

assentātrīx, īcis *f (assentator) (Plaut.)* Schmeichlerin.

● **as-sentior,** sentīrī, sēnsus sum (*seltener im Akt.* as-sentiō, sentīre, sēnsī, sēnsum) zustimmen, beipflichten *(m. Dat.; in etw.: de od. in re, auch Akk. Neutr.: illud, nihil u. Ä.)*; **ei senatus assensus est; orationi ~; illud assentior Theophrasto** in jenem Punkt stimme ich Th. zu; **cetera assentior Crasso.**

as-sentor, sentārī *(Intens. v. assentior)*
① in allem beipflichten, schmeicheln;
② *(vor- u. nachkl.) (im pos. Sinne)* beistimmen.

● **as-sequor,** sequī, secūtus sum ① einholen, erreichen [**vehiculum Darei**];
② *(übtr.)* erreichen, gleichkommen *(m. Akk.)* [**merita alcis; vim dicendi**];
③ erlangen, erreichen [**omnes magistratus; propositum; immortalitatem; laudem; honorum gradus**]; *(auch m. ut, ne od. m. Inf.)*;
④ etw. geistig erfassen, verstehen, begreifen [**alqd cogitatione** durch Nachdenken; **ludibria fortunae animo; suspicione, coniecturā** vermuten].

asser, eris *m* Stange, Latte; *(nachkl.)* Tragstange an der Sänfte.

asserculus, ī *m u.* **-um,** ī *n (Demin. v. asser) (nicht klass.)* kleine Stange, Brettchen.

as-serō¹, serere, sēvī, situm *(vorkl.; poet.)* daneben säen, pflanzen *(alqd alci rei od. ad alqd)*.

as-serō², serere, seruī, sertum ① *(poet.; nachkl.)* einreihen;
② jmdm. etw. zusprechen, für jmd. etw. beanspruchen [**alci regnum; sibi dominationem;** *m. dopp. Akk.:* **Iovem sibi patrem** erklären];
③ zurechnen [**alqm caelo** den Göttern zurechnen];
④ *sibi alqd ~* sich etw. anmaßen [**sibi nomen sapientis**];
⑤ *se asserere* sich widmen [**studiis**];
⑥ *(jur. t. t.)* durch Auflegen der Hand **a)** jmd. zu (seinem) Sklaven erklären [**alqm in servitutem**]; **b)** einen Sklaven als frei erklären; *nur* **asserere** *oder:* **manu alqm liberali causa ~** *od.* **liberali manu alqm ~** *od.* **alqm in libertatem** *od.* **in ingenuitatem ~;**
⑦ *(poet.; nachkl.)* befreien von, schützen geg. *(ab)* [**se a mortalitate; ab iniuria**];
⑧ *(nachkl.)* sicherstellen [**dignitatem; libertatem**].

assertiō, ōnis *f (assero²)* ① *(nachkl.)* Anspruch;
② *(nachkl.)* Freisprechung *(eines Sklaven)*;
③ *(spätl.)* Behauptung, Meinungsäußerung.

assertor, ōris *m (assero²)* ① derjenige, der auf jmd. *(Gen.)* (als seinen Sklaven) Anspruch erhebt [**virginis**];
② *(poet.; nachkl.)* Befreier, Beschützer, Verteidiger [**veritatis**].

assertus, a, um *P. P. P. v. assero².*

as-seruī *Perf. v. assero².*

as-serviō, servīre, servīvī, – behilflich sein, beistehen, unterstützen *(m. Dat.)*.

as-servō, servāre ① verwahren, aufbewahren [**praedam; sacra fideli custodiā**];
② bewachen, überwachen [**portas; exitus; alqm assiduā operā**].

assessiō, ōnis *f (assideo)* ① das Dabeisitzen;
② Beistand.

assessor, ōris *m (assideo)* Beisitzer, Gehilfe.

assessum *P. P. P. v. assideo u. assido.*

assessus, *Abl.* ū *m (assideo)* das Sitzen bei jmdm. [**assessu meo** durch das Sitzen bei mir].

assevēranter *Adv. m. Komp. (v. asseverans, dem Part. Präs. v. assevero)* ernstlich, nachdrücklich [**loqui cum alqo**].

assevērātiō, ōnis *f (assevero)* ① Beteuerung, Versicherung;
② *(meton.)* Ernst, Nachdruck, Festigkeit, Hartnäckigkeit.

as-sevērō, sevērāre *(ad u. severus)* ① mit Ernst verfahren, beharren *(in re)*;
② ernstlich behaupten, versichern *(alqd u. de re; m. A. C. I.)*;
③ *(Tac.)* klar bezeugen [**Germanicam originem**].

as-sēvī *Perf. v. assero¹.*

as-siccō, siccāre *(nachkl.)* trocknen [**lacrimas**].

assiculus, ī *m s. axiculus².*

as-sideō, sidēre, sēdī, sessum *(ad u. sedeo)*
① bei jmdm. *od.* an etw. sitzen, *bes.* am Bett eines Kranken sitzen, einen Kranken pflegen, jmdm. beistehen *(m. Präp. od. m. Dat.)* [**aegro; valetudini** jmdm. in seiner Krankheit zur Seite stehen];
② jmdm. *od.* etw. nahe stehen, ähnlich sein;
③ *(vor Gericht od. übh. im Amt)* Beisitzer sein, assistieren *(m. Dat.)* [**magistratibus**];
④ beiwohnen [**iudiciis**];
⑤ sich widmen [**litteris** den Wissenschaften];
⑥ *(als milit. t. t.)* **a)** vor einem Ort lagern *(prope od. m. Dat.)* [**prope moenia; intactis muris; sepultae urbis ruinis**]; **b)** belagern *(m. Akk. od. Dat.)* [**muros; castellum; moenibus**]; **c)** Wache halten *(vor: m. Dat.)* [**theatro**].

as-sīdō, sīdere, sēdī, sessum sich hinsetzen, sich niederlassen *(zu od. neben jmd.: m. Präp. od. alqm)* [**in sella apud magistrum; dexterā Adherbalem** zur Rechten des A].

assiduitās, ātis *f (assiduus)* ① beständige An-

wesenheit *od.* Gegenwart *(bes., um jmd. zu pflegen)* [**medici**];
❷ Begleitung; **cotidiana amicorum ~ et frequentia;**
❸ Beharrlichkeit, Ausdauer, Eifer; **assiduitate perfecit, ut ...;**
❹ Fortdauer; häufige Wiederholung [**epistularum** ununterbrochener Briefwechsel; **bellorum**].

● **assiduus** *(assideo)*
I. *Adj.* a, um (*Adv.* -ē *u.* [*vor- u. nachkl.*] -ō) ❶ ansässig;
❷ beharrlich, fleißig, tätig [**agricolae; dominus; custos**];
❸ beständig gegenwärtig *(bei jmdm.: cum alqo od. m. Dat.)* [**flamen Iovi**];
❹ ununterbrochen, beständig, fortwährend; häufig wiederkehrend [**hiems; imbres; deorum cura; bella**]; **homines labore -o et cotidiano assueti; cotidianae querimoniae et ~ fletus sororis;**
II. *Subst.* ī *m ansässiger u. wohlhabender, steuerpflichtiger Bürger.*

assīgnātiō, ōnis *f (assigno)* ❶ Anweisung, Zuerteilung [**aquae**]; *(agrorum)* Landverteilung;
❷ *(meton.) (meist Pl.)* die angewiesenen Ländereien; **Sullanarum assignationum possessores** die Besitzer der v. Sulla zugewiesenen Ländereien.

as-sīgnō, sīgnāre ❶ zuweisen, zuteilen [**ordinem** eine Zenturionenstelle], *bes. Ländereien an Kolonisten* [**loca; agros colonis**];
❷ bestimmen; **quibus (animalibus) rerum natura caelum assignaverat** *(Plin.);*
❸ zuschreiben, beimessen [**fortia facta gloriae principis**];
❹ *(nachkl.) (zur Bewachung od. Bewahrung)* überantworten, ausliefern [**alqm custodibus**].

as-siliō, silīre, siluī, – *(ad u. salio)* ❶ *(poet.; nachkl.)* herbei-, heranspringen *(in u. Akk. od. m. Dat.)* [**aris**];
❷ *(poet.; nachkl.) (v. Kriegern)* heran-, anstürmen *(m. Dat.);* **moenibus ~; improvisi assiluere** unerwartet stürmten sie heran;
❸ *(poet.) (v. Gewässern)* an etw. heranspritzen, anplätschern; heranwogen; **assilientia aequora;**
❹ *(übtr.)* zu etw. überspringen [**ad genus illud orationis**].

assimilātiō = *assimulatio.*

as-similis, e ziemlich ähnlich *(m. Dat.; auch m. Gen.);* **~ spongiis mollitudo; aeri ~ capillus; ~ fratribus.**

assimilō = *assimulo.*

assimulātiō, ōnis *f (assimulo) (nachkl.)* Gleichstellung, Angleichung.

as-simulō, simulāre ❶ ähnlich machen, ähnlich darstellen, nachahmen, nachbilden [**deos in humani oris speciem** menschenähnlich darstellen]; *P. P. P.* assimulātus, a, um ähnlich; nachgebildet;
❷ vergleichen *(mit: Dat.);*
❸ für ähnlich halten;
❹ vorgeben, vortäuschen, (er)heucheln *(m. Akk.; dopp. Akk.; Inf.; A. C. I.; quasi)* [**se amicum; se laetum**]; *P. P. P.* assimulātus, a, um verstellt, erheuchelt [**virtus**].

assis, is *m* = *axis*[2].

as-sistō (*u.* ad-sistō), sistere, astitī (*u.* adstitī), –
❶ herantreten;
❷ stehen bleiben;
❸ sich dazustellen, sich hinstellen *(m. Präp. od. m. Dat.)* [**ad Achillis tumulum; precanti; lecto**];
❹ dabeistehen, dastehen *(m. Präp. od. Dat.);*
❺ *(nachkl.)* jmdm. beistehen, jmd. unterstützen *(m. Dat.), bes. vor Gericht* [**causae alcis**].

assitus, a, um *P. P. P. v. assero*[1].

assō, assāre *(nachkl.)* braten, schmoren.

as-sociō, sociāre *(nachkl.)* verbinden, vereinigen mit.

as-solet *u. Pl. assolent* es pflegt (zu geschehen), es ist üblich.

as-sonō, sonāre, – – *(Ov.)* mit einstimmen *(in: m. Dat.);* **plangentibus** (in die Wehklage) **assonat Echo.**

as-sūdāscō, sūdāscere, – – *(Plaut.)* in Schweiß geraten.

as-sūdēscō, sūdēscere, – – *(vorkl.)* zu schwitzen beginnen.

as-suē-faciō, facere, fēcī, factum jmd. an etw. gewöhnen *(m. Abl.; ad; Dat.; Inf.);* **genere quodam pugnae assuefacti** an eine bestimmte Kampfart gewöhnt; **assuefacti frigore; ad supplicia patrum plebem ~; pedites operi ~; ~ ceteras nationes imperio Romano parēre** *(Caes.).*

as-suēscō, suēscere, suēvī, suētum **I.** *intr.* ❶ sich an etw. gewöhnen *(m. Abl.; ad; in m. Akk.; Dat.; Akk.; Inf.);* **homines labore assiduo et cotidiano assueti; non assuetae ad sceptra manus; gens umori et frigori assueta; bella assueti; assueti vinci;** – *Perf.* assuēvī ich habe mich (an etw.) gewöhnt, ich bin (etw.) gewohnt;
❷ sich an jmd. gewöhnen *(m. Dat.; Abl.; ad; inter se* sich aneinander gewöhnen) [**assueti inter se hostes**];
❸ jmd. lieb gewinnen *(m. Dat. od. Abl.)*; **amici, quibus assueverat;**
II. *trans. (poet.; nachkl.) (= assuefacio)* an etw. gewöhnen *(m. Dat.; Abl.; in u. Akk.; Inf.);*
/**assuētus,** a, um **a)** an etw. gewöhnt, etw. gewohnt; **b)** bekannt, vertraut [**longius assueto** weiter als gewöhnlich].

assuētūdō, dinis *f (assuesco)* ❶ Gewöhnung *(an etw.: Gen.)* [**laborum; frigoris**];
❷ *(Tac.)* Umgang, Verkehr *(m. jmdm.: m. Gen. obi.);* **Nero assuetudine Actēs devinc-**

tus aus Liebe zu Acte.

as-sūgō, sūgere, –, sūctum *(Lucr.)* an-, einsaugen.

assula, ae *f (Demin. v. axis[2]) (vor- u. nachkl.)* Span, Splitter.

assulātim *Adv. (assula) (Plaut.)* splitterweise.

assultim *Adv. (assilio) (Plin.)* heranhüpfend, -springend.

as-sultō, sultāre *(Intens. v. assilio) (nachkl.)* ① heranspringen, -stürmen *(m. Dat.)*; ② *(feindl.)* **a)** anstürmen *(m. Dat.)* [**castris**]; **b)** (be)stürmen, angreifen *(m. Akk.)* [**latera agminis**].

assultus, *Abl.* ū *m (assilio) (poet.; nachkl.)* Ansturm; Angriff.

● **as-sum[1]** *u.* ad-sum, adesse, affuī *u.* adfuī ① dabei, anwesend sein, da sein *(m. Präp. od. Dat.)*; **in foro ~; apud alqm ~; urbi ~** vor der Stadt; **portis ~; omnes, qui adsunt** *bzw.* **aderant** *od.* **aderunt** alle Anwesenden;
② erscheinen, sich einfinden;
③ *(jur. t. t.)* vor Gericht erscheinen *(als Angeklagter od. als Ankläger)*;
④ beiwohnen, an etw. teilnehmen, bei etw. mitwirken *(m. Dat.; auch m. ad od. in u. Abl.)* [**comitiis; pugnae; omnibus periculis; convivio; spectaculo; ad suffragium; in senatu**];
⑤ **a)** beistehen, zur Seite stehen, helfen *(m. Dat.)* [**amico absenti**]; **b)** verteidigen *(bes. vor Gericht) (m. Dat.; contra u. adversus alqm)*; **c)** *(v. der Gottheit)* gnädig sein *(m. Dat.)* [**coeptis**];
⑥ vorhanden sein, zur Verfügung stehen; **frumentum adest;**
⑦ *(v. der Zeit od. v. Zustand)* da sein; bevorstehen; **tempus, seditio, certamen, occasio adest;**
⑧ *(animo bzw. animis)* **a)** aufmerken, Acht geben; **b)** ruhig, gefasst sein; **ades animo et omitte timorem;**
/ afforem (adforem) = affuturus (adfuturus) essem u. adessem; affore (adfore) = affuturum esse.

assum[2], ī *n (assus)* ① *(assus 1.)* der Braten [**vitulinum** Kalbsbraten];
② *(assus 2.)* Schwitzbad.

● **as-sūmō** (*u.* ad-sūmō), sūmere, sūmpsī, sūmptum ① auf-, annehmen, (an sich) nehmen [**coniugem** zur Frau nehmen; **alqm in nomen familiamque** *od.* **alqm sibi filium** adoptieren];
② anlegen *(an: m. Dat.)* [**alas umeris**];
③ bekommen, erhalten;
④ zu sich nehmen, *(v. Arznei)* einnehmen [**cibum; aquam**];
⑤ zu Hilfe nehmen, hinzuziehen [**novos socios; amicos; uxoris consilium; alqm in societatem consilii**];
⑥ sich aneignen, erwerben [**conservatoris sibi nomen; regni insignia; robur** zu Kraft gelangen; **parentis patriae vocabulum** den Titel ...];
⑦ etw. für sich beanspruchen, in Anspruch nehmen, sich zuschreiben, sich anmaßen;
⑧ ergreifen, wählen; **omnis voluptas assumenda est, omnis dolor depellendus;**
⑨ hinzunehmen;
⑩ *(philos. t. t.)* als Untersatz im Syllogismus aufstellen.

assūmptiō, ōnis *f (assumo)* ① Annahme, Übernahme;
② Aneignung, Anmaßung;
③ das Hinzunehmen, Zusatz;
④ *(philos. t. t.)* Annahme; Billigung, Wahl;
⑤ *(philos. t. t.)* Untersatz im Syllogismus;
⑥ *(spätl.)* das Hinwegnehmen;
⑦ *(spätl.)* Mariä Himmelfahrt.

assūmptīvus, a, um *(assumo) (rhet. t. t.)* unvollständig *(sodass als Verteidigungsgründe außerhalb der Sache liegende Umstände zu Hilfe genommen werden müssen) (Ggstz. absolutus)* [**pars; causa**].

as-suō, suere, suī, sūtum *(poet.; nachkl.)* ① annähen, anflicken *(an etw.: m. Dat.)*;
② *(spätl.)* aufnähen *(auf etw.: m. Dat.)* [**cruces vestibus**].

as-surgō, surgere, surrēxī, surrēctum ① sich aufrichten, sich erheben, aufstehen;
② *(aus Ehrerbietung)* sich vor jmdm. erheben, vor jmdm. aufstehen *(vor jmdm.: m. Dat.)* [**maioribus natu**]; *(übtr.)* den Hut vor jmdm. *(Dat.)* ziehen;
③ sich vom Krankenlager erheben, sich erholen, genesen [**e gravi corporis morbo**];
④ sich in die Höhe recken *(zum Hieb, Stoß, Wurf)*; **assurgens dextrā plagamque ferens;**
⑤ *(v. Bergen, Bauten, Gestirnen u. a.)* sich erheben, emporsteigen, aufsteigen, aufgehen; **colles assurgunt; turres assurgunt; Orion assurgit;**
⑥ *in der Luft* höher emporsteigen, sich emporschwingen [**in auras**];
⑦ sich zu einer Tätigkeit erheben; in etw. ausbrechen *(m. Dat.)* [**querelis** in Klagen ausbrechen];
⑧ mehr Schwung bekommen, in Feuer geraten; **sublimitate heroici carminis animus assurgat;**
⑨ *(Verg.) (v. Gemütsbewegungen)* steigen, wachsen; **assurgunt irae.**

assus, a, um *(areo)* ① gebraten, geschmort [**piscis; caro; bubula** Rinderbraten];
② trocken; **sol ~** Sonnenbad *auf ungesalbter Haut;* **balnearium -um** Schwitzbad *(Pl. Vorkehrungen zum Schwitzbad)*;
③ bloß, ohne Zutat [**vox** Vokalmusik ohne Instrumente; **tibiae** Flöten ohne Stimmenbegleitung].

Assyria, ae *f* Assyrien; – *Einw.* **Assyrius,** ī *m;*

– *Adj.* **Assyrius,** a, um assyrisch [**regnum; amomum**]; *poet. oft* syrisch, indisch, phönizisch [**venenum** syrischer Purpur; **ebur** indisches Elfenbein; **malus** Zitronenbaum; **puella** Europa; **stagnum** der See Genezareth].

ast *Adv. (arch.)* ① dann;
② *(poet.)* aber *(= at).*

asta, ae *f = hasta.*

Asta, ae *f südspan. Stadt.*

Astartē, ēs *f phönizisch-syrische Göttin des Mondes u. der Liebe.*

asteriscus, ī *m (gr. Fw.) (nachkl.)* Sternchen *als typographisches Zeichen f. Textlücken.*

a-sternō, asternere, astrāvī, astrātum *(poet.)* hinstreuen; *mediopass.* sich niederwerfen *(m. Präp. od. Dat.)* [**ante lares; sepulcro**].

asticus *(gr. Fw.) (poet.; nachkl.)* **I.** *Adj.* a, um städtisch [**vita; ludi**];
II. *Subst.* ī *m* Städter.

astipulātiō, ōnis *f (astipulor) (nachkl.)* Zustimmung, Übereinstimmung.

astipulātor, ōris *m (astipulor)* ① *(jur. t. t.)* Vertragszeuge;
② Anhänger, Nachbeter [**Stoicorum; vanae opinionis**].

astipulātus, *Abl.* -ū *m (astipulor) (Plin.)* Zustimmung [**Iovis astipulatu**].

a-stipulor, astipulārī ① jmdm. zustimmen;
② *(nachkl.)* mitfestsetzen.

a-stitī *Perf. v. asto.*

a-stituō, astituere, astituī, astitūtum *(ad u. statuo) (vor- u. nachkl.)* hinstellen.

a-stō, astāre, astitī ① dabei-, dastehen *(m. Präp. od. m. Dat.)*; **astante atque audiente Italiā totā; ~ arrectis auribus** mit gespitzten Ohren; **ante aedes ~; pro foribus ~; portis ~; sedes relictae astant** stehen verlassen da;
② zur Seite stehen, beistehen; dienen, bedienen; **tibi servi multi ad mensam astant;**
③ *(poet.)* aufrecht, aufgerichtet stehen;
④ *(poet.)* bevorstehen; **certa quidem finis vitae mortalibus astat** *(Lucr.).*

Astraea, ae *f jungfräuliche Göttin der Gerechtigkeit, die im eisernen Zeitalter als letzte unter den Göttern die Erde verließ u. als Sternbild Virgo (Jungfrau) am Himmel steht.*

Astraeus, ī *m ein Titan, der m. Aurora (Göttin der Morgenröte) die Winde, die fratres Astraei (Ov.): die asträischen Brüder, zeugte.*

astragalizontes, tum *m (gr. Fw.)* „die Würfelspieler", *ein Standbild des Polykleitos.*

a-strangulō, astrangulāre *(Min. Fel.)* erdrosseln.

a-strepō (*u.* ad-strepō), astrepere, astrepuī, astrepitum *(nachkl.)* **I.** *intr.* ① dazu lärmen; lärmend zurufen; **vulgus clamore et vocibus astrepebat; omnes scopuli astrepunt** stimmen widerhallend mit ein;
② jmdm. lärmend Beifall zurufen, zujubeln [**haec dicenti**];
II. *trans.* lärmend in etw. einstimmen, lautstark einstimmen, etw. m. lärmendem Beifall aufnehmen.

astrictus, a, um *(P. Adj. m. Komp. v. astringo)* ① *(poet.; nachkl.)* straff angezogen, fest geschnürt, eng; **non ~ soccus** locker; **frons -a** gerunzelte Stirn; **aquae -ae** gefroren; **humus gelu -a** erstarrt, hart gefroren;
② *(poet.; nachkl.)* sparsam, karg, knapp; **pater ~; mos ~** eingeschränkte Lebensweise; **Platonis verbis astricta, sensu praevalens sententia** im Ausdruck knapp, in der Aussage reich;
③ *(rhet.)* **a)** rhythmisch gebunden; **b)** bündig, kurz [**oratio**].

astricus, a, um *(astrum) (vorkl.)* Sternen-.

astri-fer, fera, ferum *(astrum u. fero) (poet.; nachkl.)* gestirnt.

a-stringō, astringere, astrīnxī, astrictum ① festbinden, -schnüren, straff anziehen;
② zusammenziehen, -schnüren; **vincula ~; soccus astrictus; frontem ~** runzeln; **astrictae fauces** zusammengeschnürte Kehle;
③ gefrieren lassen; **corpora vis frigoris astrinxerat;** – *astringi* erstarren; sich abkühlen;
④ einschränken [**milites parsimoniā** knapp halten];
⑤ *(rhet.)* zusammenfassen [**breviter argumenta**];
⑥ *(geistig)* fesseln, binden, in Anspruch nehmen, verpflichten; **Iugurtha maioribus astrictus** durch Wichtigeres in Anspruch genommen; **alqm legibus ~; populum iure iurando ~.**

astrisonus, a, um *(astrum u. sono) (Mart.)* mit den Sternen tönend [**Iuppiter**].

astrologia, ae *f (gr. Fw.)* Sternkunde, Astronomie.

astrologus, ī *m (gr. Fw.)* ① Sternkundiger, Astronom;
② Sterndeuter, Astrologe.

astronomia, ae *f (gr. Fw.) (nachkl.)* Sternkunde, Astronomie.

● **astrum,** ī *n (gr. Fw.)* ① Gestirn, Stern [**natale**];
② *Pl.* Höhe, Himmel; Unsterblichkeit, Ruhm; **ad** (*od.* **in**) **-a tollere** *od.* **educere in -a** bis zu den Sternen, zum Himmel erheben = sehr rühmen; **sic itur ad -a** so erlangt man Unsterblichkeit.

a-struō (*u.* ad-struō), astruere, astrūxī, astrūctum ① anbauen *(an etw.: m. Dat.);*
② *(poet.; nachkl.)* hinzufügen *(m. Dat. od. ad)* [**animum formae**];
③ jmdm. etw. zuschreiben; **quae Neroni falsus astruit scriptor.**

astu (*u.* asty) *n (gr. Fw.)* (*nur im Akk. u. Abl. Sg.* astū *gebräuchlich*) „die Stadt" = Athen.

astula, ae *f = assula.*

a-stupeō, astupēre, – – *(poet.; nachkl.)* über

etw. staunen, etw. anstaunen *(m. Dat.)* [**divitiis**].

Astura ae ① *m Fluss in Latium;*
② *f Ort in Latium, j.* Torre Astura.

asturcō, ōnis *m (nachkl.)* asturisches Pferd.

Asturia, ae *f* Asturien, *eine span. Landschaft.*

astus, ūs *m* ① List; listiger Anschlag; **callide et cum astu;**
② *(nachkl.)* Kriegslist; ~ **hostium in perniciem ipsis vertebat.**

astūtia, ae *f (astutus)* Schlauheit, List; listiger Anschlag; *Pl.* Intrigen.

astūtus, a, um *(astus)* schlau, listig, verschlagen [**homo; vulpes; ratio; consilium**].

asty *= astu.*

Astyanax, nactis *m* ① *Sohn des Hektor u. der Andromache;*
② *tragischer Schauspieler z. Zt. Ciceros.*

Astypalaea, ae *f Insel b. Kreta; – Adj.* **Astypalēius,** a, um *u.* **Astypalaeēnsis,** e.

asȳlum, ī *n (gr. Fw.)* Zufluchtsort, Asyl; **ius -i** Asylrecht; **e fano Dianae servum suum, qui in illud -um confugerat, abducit** *(Cic.).*

asymbolus, a, um *(gr. Fw.) (vor- u. nachkl.)* beitragsfrei.

● **at** *Adversativkonjunktion* aber, aber doch, hingegen, dagegen, andererseits.

atābulus, ī *m (poet.; nachkl.)* heißer Südostwind, Schirokko.

Atacīnus *s. Atax.*

Atalanta, ae *u.* **-ē,** ēs *f arkadische Jägerin, Tochter des Iasos u. der Klymene, Teilnehmerin an der kalydonischen Eberjagd; ihre Freier mussten m. ihr wettlaufen; wer sie im Wettlauf besiegen würde, der werde ihr Gatte; Meilanion gewann durch List: er warf ihr drei goldene Äpfel, die er v. Aphrodite bekommen hatte, in die Bahn; Atalanta hob sie auf u. Meilanion bekam so den entscheidenden Vorsprung.*

atalla, ae *f (spätl.)* Opfergefäß.

atat *= attat.*

at-avus, ī *m* Großvater des Urgroßvaters *od.* der Urgroßmutter, Ahnherr, Urahn.

Atax, Atacis *m aus den Pyrenäen kommender Fluss in Gallia Narbonensis, j.* Aude; *Anw. u. Adj.* **Atacīnus,** ī *m bzw.* a, um.

Atēius, ī *m* ① C. ~ Capito, *röm. Volkstribun 55 v. Chr.;*
② *sein gleichnamiger Sohn, ber. Jurist.*

Ātella, ae *f oskische Stadt in Kampanien; – Einw. u. Adj.* **Ātellānus,** ī *m bzw.* a, um; *bes.* **fābella Ātellāna** *od. nur* **Ātellāna,** ae *f volkstümliches Possenspiel oskischen Ursprungs, v. den Römern übernommen; dav.* **Ātellānus,** ī *m* Atellanenschauspieler (*Adj.* **Ātellāni|c|us,** a, um).

● **āter,** ātra, ātrum *(nur m. Komp., kein Superl.)* ① dunkel, glanzlos schwarz *(während niger: glänzend schwarz)* [**fax** schwarz qualmend; **tempestas; hiems; nox; nemus; speluncae; nubes; mare** aufgewühlt, stürmisch];
② *(poet.)* schwarzgekleidet [**lictores**];
③ *(nicht klass.)* traurig, unglücklich;
④ grauenvoll, unheilvoll [**mors; dies** Unglückstag; **ignes** Feuer des Scheiterhaufens; **timor**];
⑤ böse [**mens**];
⑥ giftig, hämisch; **versibus atris oblinere alqm.**

Ateste, stis *n Stadt in Venetien, j.* Este; *– Adj.* **Atestīnus,** a, um.

Athamānia, ae *f Landschaft in Epirus in Nordgriechenland; – Einw.* **Athamānes,** num *m; – Adj.* **Athamānus,** a, um athamanisch [**litora**].

Athamās, mantis *m Sohn des Aeolus, Gatte der Nephele, Kinder aus dieser Ehe: Phrixus u. Helle; später verheiratet m. der Kadmustochter Ino; ihre gemeinsamen Kinder: Melicertes u. Learchus; – Patron.* **Athamantiadēs,** ae *m Melicertes als Sohn des Athamas;* **Athamantis,** idis *f Helle als Tochter des Athamas; – Adj.* **Athamantēus,** a, um.

Athēnae, ārum *f* Athen, *Hauptstadt v. Attika; – Einw. u. Adj.* **Athēniēnsis,** is *m bzw.* e.

Athēnaeum, ī *n* ① *ein Tempel der Athene in Athen, in dem Dichter u. Gelehrte ihre Werke vorzutragen pflegten;*
② *eine v. Kaiser Hadrian zur Förderung wissenschaftlicher Bildung gegründete Hochschule in Rom.*

Athēniō, ōnis *m sizil. Hirt, der im Sklavenkrieg (103 v. Chr.) die Sklaven anführte, fiel im Zweikampf m. dem röm. Konsul Man. Aquilius.*

Athēnodōrus, ī *m Stoiker z. Zt. des Augustus.*

Athesis, is *m (Akk.* -im, *Abl.* -ī) die Etsch.

āthlēta, ae *m (gr. Fw.)* Athlet, Wettkämpfer; *– Adj.* **āthlēticus,** a, um.

Athōs *u.* **Athō(n),** ōnis *m (Dat.* -ō; *Akk.* -ōnem *u.* -ō[n]; *Abl.* -ō) der Berg Athos *auf der Chalkidike.*

Atīlius, a, um *röm. nomen gentile:* ① A. ~ Calatinus, *Konsul 258 u. 254, Diktator 249 v. Chr.;*
② M. ~ Regulus *s. Regulus;*
③ M. ~, *röm. Dramatiker; dav.* **Atīliānus,** a, um.

Ātīna, ae *f Stadt in Latium; – Einw. u. Adj.* **Ātīnās,** ātis *(m).*

Atius, a, um *röm. nomen gentile, am bekanntesten:* M. ~ Balbus, *Großvater des Augustus.*

Atlantēus, a, um *s. Atlas.*

Atlanticus, a, um *s. Atlas.*

i Kultur **Atlās,** antis *m (Akk.* -antem *u.* -anta; *Vok.* Atlā) ① Sohn des Titanen Iapetus u. der Klymene, Bruder des

Prometheus; ein Gott, der bei Homer m. seinen Schultern die Säule stützt, die den Himmel trägt, bei den späteren Schriftstellern Träger des Himmelsgewölbes; Vater der Plejaden, Hyaden, Hesperiden u. der Calypso; v. Perseus durch das Medusenhaupt in den Berg Atlas verwandelt; – *Patron.* **Atlantiadēs,** ae *m männl. Nachk. des Atlas:* **a)** Merkur, *Enkel des Atlas;* **b)** Hermaphrodit, *Urenkel des Atlas;* **Atlantis,** idis *f Töchter des Atlas:* **a)** Maia, *die Mutter Merkurs;* **b)** Elektra, *eine der Plejaden;* **c)** Calypso; *Pl.* die Plejaden *u.* Hyaden; – *Adj.* **Atlantēus,** a, um [**Pleiades**];
② Atlasgebirge *in Marokko;* – *Adj.* **Atlantēus,** a, um [**finis**] *u.* **Atlanticus,** a, um [**mare** der Atlantische Ozean].

atomus, ī *f (gr. Fw.)* kleinstes u. unteilbares Teilchen, Atom.

● **at-que** *u.* **ac** ① und, und dazu, und auch *(wobei nach atque bzw. ac meistens der gewichtigere Begriff steht);* **dicto ~ facto; res nova ~ inaudita; res aperta ~ manifesta; orat ~ obsecrat;** *oft in der Verbindung zweier Begriffe zum Hendiadyoin:* **fama ~ invidia** gehässige öffentliche Meinung; **clamore ~ assensu** mit beifälligem Zuruf;
② *(zur Hervorhebung des Folgenden)* und sogar, und besonders; **intra moenia ~ in sinu urbis sunt hostes** *(Sall.);* **res tanta ~ tam atrox;**
③ *(erklärend)* und zwar;
④ *(nach neg. Ausdrücken)* sondern = *sed;* **impetum ferre non potuerunt ac terga verterunt;**
⑤ *beim Vergleich* **a)** *nach Wörtern, die eine Gleichheit od. Ähnlichkeit ausdrücken wie z. B. par, similis, idem, item:* wie; **b)** *nach Wörtern, die eine Verschiedenheit ausdrücken wie z. B. alius, aliter:* als; **c)** *nach Komparativen statt quam:* als; **amicior mihi nullus vivit atque is est** *(Plaut.);*
⑥ *(folgernd)* und so, und daher;
⑦ *(bestätigend)* und wirklich;
/ *Redensarten:* **alius ~ alius** bald dieser, bald jener; **etiam ~ etiam** zu wiederholten Malen; **~ adeo** und sogar.

at-quī(n) *Adversativkonjunktion (urspr.: aber wie)* ① aber doch;
② dagegen, im Gegenteil;
③ allerdings, freilich;
④ nun aber.

ātrāmentum ī *n (ater)* ① Schwärze, schwarze Farbe;
② Schusterschwärze [**sutorium**];
③ schwarze Flüssigkeit; Tinte.

ātrātus, a, um *(ater)* ① *(poet.)* geschwärzt;
② schwarz gekleidet, in Trauerkleidung.

Atrax, racis *m Stadt in Thessalien;* **Atracidēs,** ae *m (poet.)* Thessalier; **Atracis,** idis *f (poet.)* **a)** Thessalierin; **b)** Hippodamia.

Atrebatēs, tum *u.* tium *m* (*Sg.* Atrebas, atis) *kelt. Volk in Gallia Belgica, im heutigen Artois.*

Atreūs, eī *m König v. Mykene, Sohn des Pelops, Bruder des Thyestes; – Patron.* **Atrīdēs** *u.* **-a,** ae *m* Atride: Menelaos *u.* Agamemnon.

ātriēnsis, is *m* (*Abl.* -e *u.* -ī) *(atrium)* Hausmeister.

ātriolum, ī *n (Demin. v. atrium)* kleines Atrium.

ātritās, ātis *f (ater) (Plaut.)* Schwärze.

i Kultur ● **ātrium,** ī *n (ater) (poet. oft Pl. = Sg.)* ① *in ältester Zeit* Atrium, *Hauptraum des röm. Hauses,* Wohnraum *(der vom Rauch des offenen Feuers geschwärzt war);*
② *später:* **a)** *der* Empfangssaal *des vornehmen röm. Hauses;* **b)** Halle, (Vor-)Saal; *auch in öffentl. Gebäuden: ~ Libertatis* im Tempel der Libertas *auf dem Aventin; ~ Vestae* Halle des Vestatempels; *atria auctionaria* Versteigerungshallen; **c)** *Pl. atria (principum)* Paläste; **d)** *(poet.) Pl.* Hallen der Götter; **e)** *(spätl.)* Vorhof *der altchristlichen Basilika.*

atrōcitās, ātis *f (atrox)* ① Grässlichkeit, Schrecklichkeit;
② Wildheit;
③ Härte, Strenge [**morum**].

● **atrōx,** *Gen.* ōcis ① grässlich, schrecklich [**caedes**];
② wild, trotzig [**ingenium**]; **saevissimi principis atrocissima effigies;**
③ trotzig = fest, unbeugsam [**animus Catonis; fides; virtus**];
④ hart, streng [**atrociter decernere**];
⑤ *(v. der Rede)* drohend, wütend; **vehemens atque ~ orationis genus.**

Atta, ae *m röm. cogn.:* C. Quintius ~, *röm. Bühnendichter, der volkstümliche Komödien (fabulae togatae) schrieb (gest. 102 v. Chr.).*

attāctus[1], ūs *m (attingo) (poet.)* Berührung.

attāctus[2] *P. P. P. v. attingo.*

attagēn, ēnis *m u.* **attagēna,** ae *f (gr. Fw.) (nicht klass.)* Haselhuhn.

Attalus, ī *m Name mehrerer Könige v. Pergamum, bes. ~ III. (gest. 133 v. Chr.), bekannt sowohl durch seinen Reichtum als auch durch die Erfindung, Gold in die Kleider zu weben; er setzte die Römer als Erben seiner Schätze u. seines Reiches ein; – Adj.* **Attalicus,** a, um **a)** des Attalus; pergamenisch [**reges; agri; urbes**]; **b)** golddurchwirkt, prächtig, reich [**vestes**].

at-tamen *Kj.* aber dennoch, aber doch.

at-tāminō, tāmināre *(nachkl. f. contamino)* ❶ berühren;
❷ entehren, schänden.

attāt *u.* **attatae** *Interj. (Kom.)* ha! ach! *(als Ausruf der Freude, des Schmerzes, der Verwunderung, Angst).*

attegia, ae *f (gall. Fw.) (Iuv.)* Hütte.

attemperātē *Adv. (attempero) (Ter.)* zur rechten Zeit.

at-temperō, temperāre anpassen, anfügen.

at-temptō, temptāre ❶ antasten;
❷ etw. versuchen; jmd. auf die Probe stellen;
❸ jmd. zur Untreue, zum Abfall zu verleiten suchen, in Versuchung führen;
❹ angreifen, anfechten [**alqm bello; iura**].

at-tendō, tendere, tendī, tentum ❶ spannen, hinstrecken, richten;
❷ *animum ~ (m. ad; Dat.; indir. Frages.) u. nur ~ (m. Akk.; Dat.; A. C. I.; indir. Frages.)* seine Aufmerksamkeit auf etw. richten, Acht geben, beachten; **(animum) attendite** gebt Acht!; **ad cavendum animum ~; ~ animos ad ea quae consequuntur; alqd diligenter ~; dictis animum ~; nunc quid velim, animum attendite.**

attentiō, ōnis *f (attendo)* Spannung, Aufmerksamkeit.

at-tentō, tentāre = *attempto.*

attentus, a, um *(P. Adj. v. attendo)* ❶ gespannt; **animus in spe atque in timore ~ ;**
❷ aufmerksam; **attentissimis animis audire; attentius spectare, legere;**
❸ auf etw. bedacht *(m. Dat. od. ad);*
❹ strebsam; sparsam;
❺ genau, geizig *(mit: m. Dat.)* [**quaesitis**];
❻ *(spätl.)* inbrünstig.

attenuātus, a, um *(P. Adj. m. Superl. v. attenuo)* schmucklos, schlicht [**oratio**].

at-tenuō, tenuāre *(tenuis)* ❶ dünn machen; *Pass.* dünn werden; abmagern; einschrumpfen;
❷ schwächen, vermindern [**legionem**];
❸ mildern [**curas**].

at-terō, terere, trīvī, trītum ❶ *(poet.; nachkl.)* an etw. *(Dat.)* reiben;
❷ *(poet.; nachkl.)* abreiben, abscheuern, abnutzen; **attrītus,** a, um **a)** abgerieben, abgegriffen; **b)** *(Iuv.)* schamlos, frech;
❸ *(poet.)* zerreiben, zerstampfen [**herbas**];
❹ schwächen, erschöpfen [**proeliis copias; Italiae opes**]; **attrītus,** a, um matt [**orator**].

attestātiō, ōnis *f (attestor) (spätl.)* Bezeugung, Zeugnis, Beweis.

at-testor, testārī *(poet.; nachkl.)* bezeugen, bestätigen.

at-texō, texere, texuī, textum ❶ anflechten, anweben;
❷ anreihen, hinzufügen *(an etw.: ad od. Dat.).*

Atthis, *Gen.* Atthidis *(Akk. Sg.* -thida; *Akk. Pl.* -thidas) **I.** *Adj* attisch, athenisch;
II. *Subst. f* ❶ Attika;
❷ Athenerin [**Atthidum chorus**];
❸ *(meton.)* Nachtigall; Schwalbe *(weil nach dem Mythos Philomela u. Procne, die Töchter des athen. Königs Pandion in eine Nachtigall [Philomela] u. in eine Schwalbe [Procne] verwandelt wurden).*

Attica, ae *f* Attika, *eine Landschaft Griechenlands m. der Hauptstadt Athen.*

atticissō, atticissāre *(gr. Fw.)* ❶ *(nachkl.)* attisch reden;
❷ *(Plaut.)* im attischen Ton abgefasst sein.

Atticus[1] **I.** *Adj.* a, um attisch, athenisch;
II. *Subst.* ī *m* ❶ Attiker, Athener;
❷ att. Redner.

> *i* Kultur **Atticus**[2] *als cogn.:* T. Pomponius ~ *(weil Pomponius lange in Athen gelebt hatte),* ein Freund Ciceros, schrieb historische Werke, brachte als Verleger Werke der hervorragendsten Autoren seiner Zeit auf den Markt.

at-tigi *Perf. v. attingo.*

attigō = *attingo.*

attiguus, a, um *(attingo) (nachkl.)* angrenzend.

Attīlius = *Atilius.*

at-tineō, tinēre, tinuī, tentum *(teneo)* **I.** *intr.* ❶ *(unpers.)* **aliquid attinet ad** es betrifft, es geht jmd. an *(auch mit indir. Frages.);* **quid id ad vos attinet?** – *oft in der Wendung:* **quod attinet ad** was betrifft;
❷ *(unpers.)* **(aliquid) non** *od.* **nihil attinet** es kommt nicht darauf an, es liegt nichts daran, es ist gleichgültig *(m. Inf.; A. C. I.; indir. Frages.);* **dici plura non attinet;**
❸ *(nachkl.)* sich erstrecken, reichen [**ad Tanaim**];
II. *trans. (vor- u. nachkl.)* ❶ festhalten, aufhalten, zurückhalten; **alqm carcere ~; valetudine infensā domi attineri;**
❷ jmd. hinhalten [**spe pacis**];
❸ *als Besitz* festhalten, nicht aus den Händen lassen, behaupten [**magnos dominatus; ripam Danuvii**];
❹ *(geistig)* fesseln.

● **at-tingō,** tingere, tigī, tāctum *(ad u. tango)* ❶ anrühren, berühren;
❷ *(einen Ort)* erreichen, betreten; **Britanniam ~; planitiem ~; forum non ~** nicht besuchen;
❸ *(an einen Ort)* angrenzen, anstoßen *(m. Akk.);* **eorum fines Nervii attingebant** *(Caes.);* **Gallia attingit flumen Rhenum;**
❹ *(poet.)* jmd. antreffen;
❺ *(feindl.)* auf jmd. stoßen *(m. Akk.);* **Sulla,**

quem primum hostes attigerant *(Sall.);*
❻ sich etw. aneignen;
❼ *Speisen* anrühren, kosten, essen, fressen [**graminis herbam; nullos cibos**];
❽ *(nachkl.) (med. t. t.)* **pulsum venarum** *(od.* **venam**) ~ den Puls fühlen;
❾ schlagen, stoßen;
❿ angreifen;
⓫ *(übtr.)* jmd. berühren, treffen; **dolor alqm attingit; eum non attingit aegritudo;**
⓬ mit jmdm. *od.* mit etw. in Verbindung stehen, zu jmdm. gehören, jmd. angehen, betreffen *(m. Akk.; auch m. ad);* **corporis similitudo attingit naturam animi** *(Cic.)* der Körper hat Ähnlichkeit mit der Seele; **quae nihil attingunt ad rem** was nicht zur Sache gehört;
⓭ sich mit etw. befassen, beschäftigen *(m. Akk.)* [**rem militarem; Graecas litteras; gaudia** genießen];
⓮ *(z. B. librum)* flüchtig ansehen;
⓯ etw. besprechen, erwähnen; **illam iniuriam non ~, quae ...; alqd breviter ~.**

Attis, idis *m phrygische Gottheit, Geliebter der Kybele.*

Attius, a, um *röm. nomen gentile:* P. ~ Varus, *Prätor in Afrika, Anhänger des Pompeius; dav.:* **Attiānus,** a, um des Attius [**milites; legiones**].

at-tollō, tollere, – – ❶ emporheben, in die Höhe heben, aufheben, aufrichten, erheben; *(Gebäude u. Ä.)* errichten [**parvum natum; manus ad caelum; oculos; turres**]; *– se attollere u. mediopass. attolli* sich aufrichten, sich erheben; aufsteigen; emporwachsen: **miscent se maria et nigrae attolluntur arenae** *(Verg.),* **se attollere in auras** sich emporschwingen;
❷ *(nachkl.) (z. B. clamorem, vocem)* (er)heben;
❸ *(nachkl.) orationem* der Rede mehr Schwung geben; *– se ~ u. mediopass. (v. Redner u. Dichter)* voller Schwung u. Begeisterung reden *od.* schreiben;
❹ *(nachkl.) (in der Rede)* hervorheben;
❺ *(körperl. u. geistige Verfassung)* aufrichten, heben [**vires in milite; animos civium**];
❻ *(nachkl.)* erhöhen, auszeichnen [**rem publicam bello armisque; alqm insignibus triumphi**].

at-tondeō, tondēre, tondī, tōnsum ❶ *(poet.; nachkl.)* scheren, beschneiden [**vitem**];
❷ *(poet.; nachkl.)* benagen [**virgulta**];
❸ vermindern, schmälern [**laudem**].

attonitus, a, um *(P. Adj. v. attono)* ❶ wie vom Donner gerührt, betäubt [**aures**]; **mater attonitae similis fuit** *(Ov.);* **attonitos subitus tremor occupat artus** *(Ov.);*
❷ erschüttert, bestürzt, entsetzt [**magnitudine periculi; voce deorum; formidine; novitate ac miraculo**];
❸ verzückt, begeistert [**vates**].

at-tonō, tonāre, tonuī, tonitum ❶ *(nachkl.)* andonnern;
❷ *(poet.)* betäuben, verwirren; **quis furor vestras attonuit mentes?;**
❸ *(poet.)* begeistern.

at-torqueō, torquēre, – – *(Verg.)* wirbeln, schwingen.

at-tractō, tractāre *(altl.) = attrecto.*

attractum, ī *n (spätl.)* gekauftes, erworbenes Gut.

attractus, a, um *(P. Adj. m. Komp. v. attraho) (Sen.)* straff angezogen = finster [**frons**].

at-trahō, trahere, trāxī, tractum ❶ heran-, herbeiziehen, an sich ziehen;
❷ jmd. herbeischleppen; **tribunos attrahi ad se iussit** *(Liv.);*
❸ anziehen, (an)locken, für sich gewinnen;
❹ kommen lassen; **alqm Romam ~; ea me ad hoc negotium provincia attraxit;**
❺ etw. an den Haaren herbeiziehen;
❻ *(poet.; nachkl.)* fest anziehen, straffen, spannen [**lora; arcum**].

attrectātus, *Abl.* ū *m (attrecto)* das Betasten, Berührung.

at-trectō, trectāre *(ad u. tracto)* ❶ antasten, betasten, berühren;
❷ nach etw. greifen, sich etw. anzueignen suchen *(m. Akk.)* [**insignia summi imperii, fasces securesque**];
❸ sich mit etw. befassen *(m. Akk.);*
❹ *(spätl.)* etw. berühren, erwähnen [**virtutes alcis**].

at-trepidō, trepidāre *(Plaut.)* herbeitrippeln.

● **at-tribuō,** tribuere, tribuī, tribūtum ❶ zuteilen, zuweisen, anweisen [**alci equos; naves**];
❷ *einen Ort als Aufenthalt, Wohnsitz od. Besitztum* zuteilen, anweisen; **iis urbes agrosque attribui iussit; partem vici cohortibus ad hibernandum ~;**
❸ jmdm. etw. *zur Besorgung, Ausführung, Leitung* übertragen, zuteilen, zuweisen; unter jmds. Befehl stellen [**oppidum civibus Romanis; alci legionem; equites praefectis; Cassio urbem inflammandam**];
❹ unterwerfen, einverleiben; **insulae, quae erant a Sulla Rhodiis attributae;**
❺ *(als t. t. der Geschäftsspr.) pecuniam* Geld anweisen;
❻ *(als Gehilfen u. Ä.)* zuteilen [**centuriones ei classi**];
❼ zuteilen, verleihen; **huc accedit summus timor, quem mihi natura pudorque meus attribuit** *(Cic.);*
❽ zuschreiben, beimessen; **uni culpam ~; bonos exitus attribuimus dis immortalibus** *(Cic.);* **tanta fuit Verris impudentia, ut aliis causam calamitatis attribueret, quae omnis propter avaritiam ipsius accidisset**

(Cic.);
9. *(rhet. u. gramm. t. t.) alci (rei) attribui* als Prädikat *od.* Attribut beigelegt werden; *attributum esse* zukommen.

attribūtiō, ōnis *f (attribuo)* ❶ Geldanweisung;
❷ *(rhet. t. t.)* Nebenumstand.

attribūtus *P. P. P. v. attribuo.*

attrītiō, ōnis *f (attero) (Mart.)* Abreibung.

attrītus¹, a, um *P. P. P. v. attero.*

attrītus², ūs *m (attero) (nachkl.)* das Reiben, Reibung.

at-trīvī *Perf. v. attero.*

at-tulī *Perf. v. affero.*

Atuatuca, ae *f u.* **-ī,** ōrum *m s. Aduat-.*

Atys, yos *m (Akk.* -ym *u.* -yn; *Abl.* -ye) ❶ *Sohn des Herkules u. der Omphale, Vater des Tyrrhenus u. Lydus, Stammvater der lydischen Könige, die dah. Atyadae genannt werden;*
❷ *Stammvater der gens Atia.*

au *Interj. (Kom. u. Petr.)* ach!, bewahre! *(Ausdruck der Überraschung u. Entrüstung).*

auca, ae *f (spätl.)* ❶ Vogel;
❷ Gans.

aucella, ae *f (Demin. v. auca) (vorkl.; spätl.)* Vögelchen.

aucellātor, ōris *m (aucella) (spätl.)* Vogelfänger.

au-ceps, cupis *m (avis u. capio)* ❶ Vogelfänger;
❷ *syllabarum* Silbenstecher, spitzfindiger Anwalt.

auctārium, ī *n (augeo) (Plaut.)* Zugabe, Zulage *(zu einer Geldsumme).*

aucti-fer, fera, ferum *(auctus u. fero)* fruchtbar [**terrae**].

auctificus, a, um *(auctus u. facio) (Lucr.)* das Wachstum fördernd.

auctiō, ōnis *f (augeo, eigtl.* Vermehrung) ❶ Versteigerung, Auktion; **auctionem facere** *(u.* **constituere, instituere**) abhalten; **auctionem praedicare** *(u.* **proscribere**) öffentlich bekannt machen;
❷ *(meton.)* Auktionsgut; **auctionem vendere.**

auctiōnārius, a, um *(auctio)* Versteigerungs- [**tabulae** Versteigerungsliste; **atria** Auktionshallen].

auctiōnātor, ōris *m (auctionor) (spätl.)* Auktionator.

auctiōnor, auctiōnārī *(auctio)* Versteigerung abhalten.

auctitō, auctitāre *(Intens. v. augeo) (Tac.)* stark vermehren.

auctō, auctāre *(Frequ. v. augeo) (vorkl.; poet.)* ständig vermehren; bereichern.

● **auctor,** ōris *m u. f (augeo, eigtl.* Mehrer, Förderer) ❶ Urheber, Veranlasser, Anstifter; ~ **sceleris;** ~ **Cadmeae occupandae;** ~ **salutis; alqo auctore** auf jmds. Veranlassung; **dis auctoribus; fatis auctoribus; auctoribus vobis;**
❷ Stifter, Schöpfer, Erfinder, (Be-)Gründer, Erbauer [**citharae** *(v. Merkur)*; **lucis** *(v. Apollo)*; **Troiae; templi; statuae**];
❸ Ahnherr, Stammvater; ~ **gentis; L. Brutus, praeclarus** ~ **nobilitatis tuae** *(Cic.)*;
❹ Gewährsmann, Bürge; Zeuge; **fama nuntiabat te esse in Syria,** ~ **erat nemo** *(Cic.)*; **auctore certo comperisse** aus sicherer Quelle wissen; – **auctorem esse** *m. A. C. I.* verbürgen, dafür einstehen;
❺ Bestätiger; **patres auctores fiunt** der Senat bestätigt *(den Volksbeschluss)*;
❻ Berichterstatter, Geschichtsschreiber, Schriftsteller, Verfasser; **scripta auctori perniciosa suo;** ~ **caminis;** ~ **rerum** Geschichtsschreiber; – **auctorem esse** *m. A. C. I.* berichten, melden;
❼ Förderer, Unterstützer, Verteidiger, Schirmherr, Verfechter [**rei publicae**];
❽ Veranstalter;
❾ Leiter; Tonangeber, Stimmführer;
❿ Vorbild; Muster; **auctoribus optimis uti;**
⓫ Anrater, Ratgeber; – **alci auctorem esse** jmdm. raten *(zu etw.: m. Gen.; ad; Inf.; A. C. I.; m. Akk. eines Pron. Neutr.; m. folg. ut od. ne)*; **semper senatui pacis** ~ **fui** *(Cic.)*; **non modo ipse fautor dignitatis tuae fui, verum etiam ceteris** ~ **ad te adiuvandum** *(Cic.)*; **illi magnopere** ~ **fui, ne differret tempus petitionis suae** *(Cic.)*;
⓬ Vertreter: **a)** *allg.* ~ **beneficii populi Romani;** ~ **sententiae; b)**Rechtsvormund *einer Frau;* **c)** *eines Vermögens beim Verkauf (deutsch oft* = Verkäufer).

auctōrāmentum, ī *n (auctoro)* ❶ Handgeld, Sold;
❷ *(Sen.)* Dienstvertrag.

● **auctōritās,** ātis *f (auctor)* ❶ Ansehen, Einfluss, Gewicht, Autorität; *(meton.)* einflussreiche Person; **eorum** ~ **apud plebem plurimum valet; auctoritate multum apud alqm posse; auctoritatem habere apud alqm;** ~ **legum;** ~ **vetustatis;** ~ **orationis;**
❷ Würde;
❸ Gewähr, Bürgschaft, Beglaubigung; Glaubwürdigkeit, Gültigkeit [**testimonii; testis**];
❹ Beispiel, Muster, Vorbild; ~ **maiorum; alcis auctoritatem sequi;**
❺ Empfehlung, Unterstützung, Zureden, Rat, Aufmunterung, Antrieb; **eius** ~ **multum apud me valet; eius auctoritate impulsi; alcis consilio atque auctoritate Lacedaemoniis bellum indicere;**
❻ Willensmeinung, Ausspruch, Erklärung, Wille, Ansicht, Beschluss; *(m. u. ohne senatūs)* Senatsbeschluss; **illius sententia atque** ~; ~ **populi Romani;**
❼ Vollmacht, Ermächtigung; ~ **legum dan-**

darum; legatos cum auctoritate mittere;
⑧ Macht, Gewalt; **esse in alcis auctoritate;**
⑨ Geheiß, Befehl; **persequi** (nachkommen) **alcis auctoritatem;**
⑩ *(jur. t. t.)* Eigentumsrecht.

auctōrō, auctōrāre *(auctor)* ① verpflichten;
② vermieten.

auctumn ... *s. autumn ...*

auctus *(augeo)*
I. *Adj.* a, um *(nur im Komp. gebräuchlich)* vermehrt, vergrößert, reich(lich) *(an etw.: m. Abl.);* **socii honore auctiores;**
II. *Subst.* ūs *m* ① Vermehrung, Vergrößerung, Zunahme, Wachstum, das Anwachsen [**aquarum** das Anschwellen];
② das Gedeihen;
③ Größe, Stärke.

aucupātiō, ōnis *f (aucupor) (vorkl.; spätl.)* Vogelfang.

aucupātōrius, a, um *(aucupor) (poet.; nachkl.)* zum Vogelfang geeignet [**calamus** Leimrute].

aucupium, ī *n (auceps)* ① Vogelfang;
② *(poet.; nachkl.) (meton.)* gefangene Vögel;
③ *(übtr.)* Jagd auf etw. *(m. Gen.).*

aucupor, aucupārī *u. (nicht klass.)* **-ō,** -āre *(auceps)* ① auf den Vogelfang gehen;
② nach etw. jagen *(m. Akk.)* [**occasionem; voluptatem**].

● **audācia,** ae *f (audax)* ① Kühnheit, Mut;
② *(meton.)* Wagnis, kühne Tat;
③ *(pejor.)* Tollkühnheit, Verwegenheit, Vermessenheit, Frechheit; ~ **ingrediendi flumen; audaciā abundare.**

audāculus, a, um *(Demin. v. audax) (Petr.)* etw. kühn.

● **audāx,** *Gen.* ācis *(Adv. meist* audācter, *selten* audāciter) *(audeo)* ① kühn, mutig [**miles; consilium**];
② *(pejor.)* tollkühn, verwegen, vermessen, frech; **homo audacissimus atque amentissimus.**

audēns, *Gen.* entis *(P. Adj. v. audeo) (poet.; nachkl.)* kühn, mutig; **audentes fortuna iuvat** *(Verg.);* **audentissimus quisque miles.**

audentia, ae *f (audens) (nachkl.)* Kühnheit, Mut.

● **audeō,** audēre, ausus sum *(von avidus statt * avideo)* ① wagen, sich erdreisten *(m. Inf.; m. Akk.); abs.* dreist auftreten; **audeo dicere** (zu behaupten); ~ **tantum facinus;** ~ **proelium;**
② Lust haben, begierig sein, mögen, wollen *(m. Inf.; in m. Akk.);* **sapere aude** *(Hor.);* ~ **in proelia** nach Kampf begierig sein; **si audes** wenn du Lust hast, bitte: **da mihi hoc, si audes** *(Plaut.);*
/ *arch. Optativ: ausim, -is, -it* ich möchte wagen.

audiēns, entis *(audio)*
I. *Part. Präs. v. audio;*
II. *Subst. m* Hörer, Zuhörer, *gew. im Pl.* die Zuhörer, die Zuhörerschaft; **animos audientium inflammare.**

audientia, ae *f (audiens)* ① Aufmerksamkeit, Gehör;
② *(spätl.)* Tagung; Gerichtssitzung.

● **audiō,** audīre, audīvī *u.* audiī, audītum ① Gehör haben, hören (können); **audiendi sensus** Gehör(sinn); **clarissime ~; apertis atque integris et oculis et auribus nec videre nec ~;**
② hören, vernehmen, erfahren *(m. Akk.; m. Akk. u. Part.; A. C. I.; indir. Frages.; von jmdm.: ab, ex, de alqo)* [**clamorem; adventum eius; alqm querentem** jmd. klagen hören; **alqm gloriantem** jmd. sich rühmen hören]; **id Socratem audio dicentem** *(Cic.);* **saepe hoc maiores natu dicere audivi;**
③ anhören, zuhören, lauschen;
④ bei jmdm. studieren, jmd. hören; **Athenis Cratippum, in astrologia Sulpicium audivimus;**
⑤ verhören [**audientibus iudicibus**];
⑥ erhören (*alqm od. preces alcis*);
⑦ gehorchen, folgen, sich fügen; **dicto** *(Abl.)* **audientem esse alci** jmdm. aufs Wort gehorchen; **dicto audiens fuit iussis** *(Dat.)* **absentium magistratuum;**
⑧ gelten; **si curas esse quid audis** wofür du giltst; **bene, male ~** guten, schlechten Ruf haben;
⑨ zugeben, einräumen; **istum exheredare in animo habebat, audio;**
⑩ Recht geben, beistimmen, beipflichten *(m. Akk.)* [**Homerum; vos**];
⑪ *(Suet.)* Audienz erteilen *(m. Akk.)* [**legationes**];
/ *Perf. Formen oft synk.:* audīstī, audīsse(m); *altl. u. poet. Fut.:* audībō; *Imperf.:* audībam.

audītiō, ōnis *f (audio)* ① das Hörensagen, Gerede, Gerücht;
② das Zu-, Anhören.

audītō, audītāre *(Frequ. v. audio) (Plaut.)* oft hören.

audītor, ōris *m (audio)* Zuhörer, Schüler.

audītōrium, ī *n (auditor)* ① *(nachkl.)* Hörsaal;
② *(nachkl.)* Zuhörerschaft, Auditorium;
③ *(spätl.)* Sitzungsraum; Sakristei.

audītum, ī *n (audio)* das Hörensagen, Gerücht; **audito** *(Abl.)* auf die Nachricht hin *(m. A. C. I.).*

audītus, ūs *m (audio)* ① Gehör(sinn);
② *(nachkl.)* das Zu-, Anhören;
③ *(nachkl.)* das Hörensagen, Gerede, Gerücht.

● **au-ferō** auferre, abstulī, ablātum ① wegtragen, -bringen, entfernen [**sacra publica ab incendiis**]; – *se auferre u. mediopass. auferri* sich entfernen, sich fortmachen: **se e con-**

spectu alcis ~; aufer te hinc; *pass. auch* fortgerissen werden, entschwinden;
② *(v. Wellen, Winden u. Ä.)* forttragen, fortreißen; **auferet unda rates;**
③ (weg)nehmen, entreißen, rauben;
④ erpressen;
⑤ *(poet.)* wegraffen, vernichten; **mors Achillem abstulit;**
⑥ weg-, abnehmen [**curas** von Sorgen befreien];
⑦ *(poet.)* abtrennen, abschlagen, abschneiden [**crinem**];
⑧ davontragen, erlangen, gewinnen [**gloriam**];
⑨ ablenken;
⑩ verlocken, verleiten; **ne te auferant aliorum consilia;**
⑪ unterlassen, (sein) lassen; **aufer me terrere.**

Aufidius, a, um *Name einer röm. pleb. gens, bes. bekannt:* ① Cn. ~, *Volkstribun 114 v. Chr., Prätor 108 v. Chr.;*
② ~ Bassus, *Geschichtsschreiber unter Augustus u. Tiberius, verfasste ein bellum Germanicum.*

Aufidus, ī *m Fluss in Apulien in Süditalien, j.* Ofanto.

au-fugiō, fugere, fūgī, – **I.** *intr.* entfliehen *(ex alqo loco);*
II. *trans.* meiden.

Aug. = *Augustalia.*

Augē, ēs *f Mutter des Telephus.*

● **augeō,** augēre, auxī, auctum ① vermehren, vergrößern; steigern, verstärken [**possessiones suas; numerum legatorum; exercitum; muros civitatis; turres castrorum**]; *Pass.* wachsen, größer werden;
② fördern;
③ jmd. mit etw. überhäufen, beglücken [**cives agro**];
④ verherrlichen;
⑤ *(in der Rede)* größer darstellen, übertreiben [**crimen**];
⑥ gedeihen lassen, wachsen lassen, im Wachstum fördern; befruchten; **ilex aucta in altitudinem** gewachsen.

augēscō, augēscere, auxī, – *(augeo)* ① wachsen, gedeihen, zunehmen;
② *(v. Gewässern)* zunehmen, steigen, anschwellen; **Nilus aliis amnibus augescit atque alitur,- augescente flumine.**

augificō, augificāre *(augeo u. facio) (Enn.)* vermehren.

augmen, minis *n (augeo) (Lucr.)* Vermehrung, Zuwachs.

augmentō, augmentāre *(augmentum) (spätl.)* ① vermehren;
② fördern.

augmentum, ī *n (augeo) (nachkl.)* Vermehrung, Wachstum, Zunahme.

> *i* Kultur ● **augur,** guris ① *m* Augur, Vogelschauer *(Mitglied eines Priesterkollegiums in Rom; die Auguren deuteten aus dem Flug, dem Fressen u. dem Geschrei der Vögel die Zukunft);*
> ② *m u. f (poet.) übh.* Weissager(in), Seher(in); **~ Apollo** als Gott der Weissagekunst; **~ aquae** Regenprophetin.

augurāle, lis *n (auguralis) (nachkl.)* ① Auspizienort neben dem Feldherrnzelt *sowie* das Feldherrnzelt *selbst;*
② Augurenstab.

augurālis, e *(augur)* Auguren- [**libri; insignia**].

augurātiō, ōnis *f (auguror)* Weissagung.

augurātō *(Abl. abs. v. auguror)* nach Vornahme der Augurien; **~ urbem condere.**

augurātus, ūs *m (auguror)* Augurenamt.

● **augurium,** ī *n (augur)* ① Beobachtung u. Deutung der Wahrzeichen *(bes. des Vogelflugs),* Augurium; **-um agere** *u.* **capere** vornehmen;
② Wahrsagung, Prophezeiung [**rerum futurarum**];
③ Ahnung;
④ *(poet.; nachkl.)* Weissagekunst;
⑤ Wahrzeichen, Vorzeichen.

augurius, a, um *(augur)* Auguren-.

auguror, augurārī *u. (selten)* augurō, augurāre *(augur)* ① Vogelflug beobachten, Zeichen beobachten u. deuten, Augurien vornehmen;
② wahrsagen, prophezeien [**alci mortem; futurae pugnae fortunam**];
③ ahnen, vermuten [**bella civilia mentibus; arma Orientis**];
④ weihen [**templum**].

> *i* Kultur **Augusta,** ae *f* ① *Titel der weibl. Angehörigen des Kaiserhauses:* Kaiserin, Kaiserliche Majestät, Kaiserliche Hoheit;
> ② *Name mehrerer v. Augustus u. anderen Kaisern gegründeter Städte, z. B.: ~ Treverorum* Trier, *~ Vindelicum* Augsburg; *– Einw. dieser Städte:* **Augustānī,** ōrum *m.*

Augustālia, ium *n (Augustalis)* die Augustalien *(Feier aus Anlass der Rückkehr des Augustus aus dem Orient am 12. Oktober 19 v. Chr.).*

Augustālis, e *(Augustus)* den Kaiser Augustus betreffend, des Kaisers Augustus [**ludi** zu Ehren des Augustus]; *Pl.* Augustālēs *Körperschaften zur Besorgung des Kaiserkults.*

Augustānus, a, um *(Augustus)* zu Augustus gehörig, augusteisch [**colonia**].

Augustiānus, a, um *(Augustus) (nachkl.)* zu Augustus gehörig, augustianisch; kaiserlich; – *Subst.* **Augustiānī,** ōrum *m* kaiserliche Leibgarde *(seit Nero).*

i Kultur **Augustīnus,** ī *m* D. Aurelius ~ (354–430) der wirkungsmächtigste Kirchenlehrer u. -schriftsteller des lateinischen Christentums in der Antike; er zeigte in den Confessiones, den „Bekenntnissen" seinen eigenen Lebensweg von der heidnischen Philosophie zur christl. Theologie.
Sein „Gottesstaat" – De civitate Dei beeinflusst bis heute unser Denken zur Geschichte der Menschheit.

Augustodūnum, ī *n Hauptstadt der Häduer, j.* Autun.

● **augustus,** a, um *(augeo)* ❶ erhaben, ehrwürdig;
❷ hochheilig [**templum; sedes**];
/ *Adv.* ehrfurchtsvoll: **-e venerari deos.**

i Kultur **Augustus I.** ī *m Beiname des Octavianus (seit 17. Januar 27 v. Chr.) u. der späteren röm. Kaiser, auch im Mittelalter:* Kaiser, Kaiserliche Majestät; *erster röm. Kaiser, Großneffe Cäsars, v. diesem adoptiert u. zum Erben eingesetzt, geb. 63 v. Chr., röm. Kaiser 31 v. Chr. bis 14 n. Chr.* **II.** a, um augusteisch; kaiserlich, des Kaisers [**pax; domus; forum; mensis** August, *der Monat, in dem Augustus starb, früher Sextilis*].

● **aula¹,** ae *f (gr. Fw.)* ❶ Hof des Hauses, *auch* Gehöft;
❷ *(poet.)* Halle (= *atrium);*
❸ Königshof, Palast, Schloss, Residenz [**regia; Priami**];
❹ *(meton.)* **a)** Höflinge, Hofstaat; **b)** das Leben am Hofe; **c)** Königswürde, Fürstenmacht;
❺ *(Verg.)* Bienenkorb.

aula², ae *f (vor- u. nachkl.)* (Koch-)Topf.

aula³, ae *f (gr. Fw.) (nachkl.) = tibia.*

aulaeum, ī *n (gr. Fw.)* ❶ Theatervorhang;
❷ *(nicht klass.)* Teppich;
❸ *(nicht klass.)* Bett-, Sofadecke;
❹ *(poet.)* Baldachin.

Aulercī, ōrum *m gall. Stammesgruppe, aus vier Stämmen bestehend.*

aulicī, ōrum *m (aulicus)* Höflinge, Hofstaat.

auli-coctus, a, um *(aula² u. coquo) (nachkl.)* im Topf gekocht.

aulicus, a, um *(gr. Fw.) (aula¹) (nachkl.)* zum (Fürsten-)Hof gehörig, Hof-.

Aulis, idis *f (Akk.* -ida, -idem *u.* -in, *Abl.* -ide) *Hafenstadt in Böotien, wo sich die griech. Flotte zur Fahrt nach Troja versammelte.*

auloedus, ī *m (aula³)* Sänger zum Flötenspiel.

Aulōn, ōnis *m Weingebiet b. Tarent in Süditalien.*

aulula, ae *f (Demin. v. aula²) (nachkl.)* kleiner Topf.

Aululāria (fābula), ae *f (aulula)* Topfkomödie *des Plautus (genannt nach dem Geldtopf des Geizigen, der Hauptperson des Stückes).*

Aulus, ī *m röm. praenomen.*

● **aura,** ae *f (gr. Fw.)* ❶ Lufthauch, Luftzug, Wehen, Lüftchen; *(poet.) übh.* Wind [**rapida; secunda**];
❷ *(poet.)* Lebensluft, Atem;
❸ *Pl. (Verg.)* die Lüfte, Höhe, Himmel; **cursum per -as dirigere; stat ferrea turris ad -as** ragt hoch in die Lüfte;
❹ *(Ov.)* Oberwelt;
❺ *(Verg.)* Tageslicht; **fugere -as** das Tageslicht meiden;
❻ *(Verg.)* Öffentlichkeit; **ferre sub -as** bekannt machen;
❼ *(poet.)* Glanz, Schimmer [**auri**];
❽ *(poet.)* Ausdünstung, Dunst;
❾ *(poet.)* Geruch, Duft [**dulcis**];
❿ Gunst [**popularis** Popularität];
⓫ *(übtr.)* schwacher Hauch, leiser Schimmer [**honoris; spei**].

aurāria, ae *f (aurarius; erg. fodina) (Tac.)* Goldgrube.

aurārius, a, um *(aurum) (vor- u. nachkl.)* Gold- [**metalla** Goldgruben].

aurāta, ae *f (auratus) (poet.; nachkl.)* Goldforelle.

aurātus, a, um *(aurum)* vergoldet, goldgeschmückt [**tempora** mit Goldhelm; **milites** mit vergoldeten Schilden; **vestis** golddurchwirkt, -gestickt].

Aurēliānēnsis urbs *(Aurelianus) j.* Orléans.

Aurēliānus
I. ī *m* Flavius Claudius ~, *röm. Kaiser v. 270–275; zum Schutz geg. die Barbareneinfälle ließ er Rom m. der jetzt noch erhaltenen Aurelianischen Mauer befestigen;*
II. a, um aurelianisch [**balneum** v. Kaiser Aurelianus erbaut].

Aurēlius¹, a, um
I. *pleb. nomen gentile:* ❶ C. ~ Cotta, *Konsul 252 u. 248 v. Chr., Zensor 241 v. Chr., begann m. der Anlage der via Aurelia;*
❷ C. ~ Cotta, *Konsul 75 v. Chr., Redner;*
❸ *sein Bruder* L. ~ Cotta, *Prätor 70 v. Chr.;*
II. *Adj.* aurelisch; **via -a** *von Rom nach Pisa (241 v. Chr. von C. Aurelius Cotta angelegt), später bis Arelate (j. Arles) fortgeführt; an ihr lag* Forum -um, *ein Ort in Etrurien;* **lex -a iudiciaria** *vom Prätor L. ~ Cotta erlassen.*

i Kultur **Aurēlius²,** ī *m* Marcus ~ Antoninus (*eigtl.* Marcus Annius Verus), *geb. 121 n. Chr., röm. Kaiser (161–180). Gilt als der „Philosoph auf dem Kaiserthron".*

aureolus **I.** *Adj.* a, um *(Demin. v. aureus)* ❶ *(poet.)* golden [**anellus**];
❷ goldig, allerliebst [**pedes**];
❸ goldfarbig;
II. *Subst.* ī *m (erg. nummus) (Mart.)* Goldstückchen.

aurēscō, aurēscere *(aurum) (vorkl.)* goldfarbig werden.

● **aureus,** a, um *(aurum)* ❶ aus Gold, golden [**poculum; anulus; nummus** Goldstück];
❷ vergoldet, m. Gold verziert, goldbeschlagen, -durchwirkt [**sella; vestis; currus** *v. Triumphwagen*];
❸ goldfarbig, -schimmernd [**sidus; uvae; mala** Quitten];
❹ *(poet.)* schön, herrlich, reizend, allerliebst [**Venus; puella**].

aurichalcum = *orichalcum.*

auricilla, ae *f (Cat.)* = *auricula* [**imula** Ohrläppchen].

auri-comus, a, um *(aurum u. coma) (poet.; nachkl.)* ❶ goldhaarig;
❷ goldbelaubt [**nemus**].

auricula, ae *f (Demin. v. auris)* ❶ Öhrchen, Ohr;
❷ Ohrläppchen.

auri-fer, fera, ferum *(aurum u. fero) (poet.; nachkl.)* ❶ Gold hervorbringend [**terra; orae**];
❷ Gold tragend [**arbor** goldene Äpfel tragend];
❸ Gold führend [**amnis**].

auri-fex, ficis *m (aurum u. facio)* Goldarbeiter, Goldschmied.

auri-ficō, ficāre *(aurum u. facio) (spätl.)* golden machen.

aurīga, ae *m* ❶ Wagenlenker;
❷ *(poet.)* Steuermann;
❸ *(als Gestirn)* Fuhrmann;
❹ *(spätl.)* Kutscher.

aurīgārius, ī *m (auriga) (Suet.)* Wettfahrer.

aurīgātiō, ōnis *f (aurigo) (nachkl.)* das Wagenrennen, Wettfahren.

auri-gena, ae *m (aurum u. gigno) (poet.)* der Goldgeborene *(Beiname des Perseus, des Sohnes der Danaë, der Jupiter in Gestalt eines goldenen Regens nahte).*

auri-ger, gera, gerum *(aurum u. gero)* Gold tragend [**taurus** mit vergoldeten Hörnern].

aurīgō, aurīgāre *(auriga) (nachkl.)* den Wagen lenken, wettfahren.

● **auris,** is *f* ❶ Ohr; **admovere aurem** hinhören, aufmerksam sein; **aures erigere** *u.* **arrigere** die Ohren spitzen; **arrectis auribus** aufmerksam;
❷ *(meton.)* Gehör(sinn); **aurem alci praebere** *od.* **dare** Gehör schenken; **aequis auribus** geneigt;
❸ Urteil;
❹ *(Hor.)* Zuhörer;
❺ *(Verg.)* Streichbrett *(am Pflug).*

auri-scalpium, ī *n (auris u. scalpo) (Mart.)* Ohrlöffel.

aurītulus, ī *m (Demin. v. auritus) (Phaedr.)* Langohr = Esel.

aurītus, a, um *(auris, eigtl. m. Ohren versehen, bes. m. langen) (poet.; nachkl.)* ❶ langohrig [**lepus**];
❷ lauschend.

aurōra, ae *f* ❶ Morgenröte;
❷ **Aurōra** Göttin der Morgenröte *(= Eos);*
❸ *(meton.)* Osten.

aurōrō, aurōrāre *(aurora) (vorkl.)* feuerrot glänzen.

● **aurum,** ī *n* ❶ Gold;
❷ *aus Gold Hergestelltes:* **a)** goldenes Geschirr, *z. B.* Schale, Becher; ~ **caelatum; bibere venenum in -o; b)**goldener Schmuck, *z. B.* Kette, Spange; ~ **fulvum; oneratae veste atque -o; c)**Goldmünze;
❸ *(poet.)* Goldfarbe, -glanz; **spicae nitido flaventes -o;**
❹ *(poet.)* das goldene Zeitalter; **subiit argentea proles, -o deterior** *(Ov.).*

Auruncī, ōrum *m Volk in Latium, im 4. Jahrh. von Rom vernichtet;* – *Adj.* **Auruncus,** a, um.

Auscī, ōrum *m Volk in Aquitanien in Gallien.*

ausculor, ausculārī = *osculor.*

auscultātiō, ōnis *f (ausculto)* ❶ *(Sen.)* das Horchen;
❷ *(Plaut.)* das Gehorchen.

auscultātor, ōris *m (ausculto)* Zuhörer.

auscultō, auscultāre *(auris)* ❶ *(poet.)* aufmerksam zuhören, lauschen *(m. Dat. u. Akk.);*
❷ gehorchen *(m. Dat.).*

ausculum = *osculum.*

Ausētānī, ōrum *m span. Volk;* – *Adj.* **Ausētānus,** a, um.

ausim *s. audeo.*

Ausones, num, **Ausoniī,** ōrum *u.* **Ausonidae,** dum *m* die Ausonier, *Ureinwohner v. Mittel- u. Unteritalien;* **Ausona,** ae *f Hauptstadt der Ausonier,* **Ausonia,** ae *f das Land der Ausonier;* Ausonien, Mittel- u. Unteritalien, *(poet.) übh.* Italien; – *Adj.* **Ausonius,** a, um ausonisch, *(poet.)* italisch [**mare** an der Südküste Italiens], *fem. auch* **Ausonis,** idis [**ora**].

auspex, *Gen.* picis *(avis u. specio)*
I. *Subst. m u. f* ❶ Vogelschauer [**providus**];
❷ (An-)Führer, Beschützer; **dis auspicibus** unter dem Schutz der Götter;
❸ Trauzeuge;

II. *Adj. (poet.)* günstig.

auspicālis, e *(auspex) (nachkl.)* zukunftdeutend.

auspicāliter *u.* **auspicātō** *Adv. (auspicalis, auspicor)* ① nach Beobachtung des Vogelflugs;
② unter günstigen Umständen.

auspicātus, a, um *(P. Adj. v. auspico)* ① unter Auspizien geweiht; feierlich eröffnet [**comitia**];
② *(poet.; nachkl.)* glücklich begonnen, günstig.

● **auspicium,** ī *n (auspex)* ① Vogelschau; **-a concipere** anordnen; **praeesse -is** leiten;
② Wahrzeichen, Vorzeichen [**victoriae; felix; optimum**]; **-um facere** ein Wahrzeichen geben *(z. B. v. Vögeln);*
③ das Recht, Auspizien durchzuführen; **propraetores -a non habent;**
④ Einleitung, Beginn;
⑤ Leitung, Oberbefehl, Kommando; **consulis -a; paribus -is regere populum.**

> *i* Kultur **auspicium/auspicia** Die Römer versuchten vor allem durch die Beobachtung des Vogelflugs die Zukunft zu erforschen.
> Die Auguren, eine Priesterkaste, mussten vor allen wichtigen staatlichen Unternehmungen feststellen, ob die Auspizien (= die Vogelzeichen) günstig waren.
> „Unter den Auspizien" (des Herrn Ministers) heißt heute „unter Leitung".

auspicor, auspicārī *u. (nicht klass.)* **auspicō,** auspicāre *(auspex)* ① Auspizien abhalten, Vogelschau durchführen;
② *(nur Depon.) (nachkl.) (unter guten Vorzeichen)* anfangen, beginnen.

auster, trī *m* ① Südwind;
② *(meton.)* Süden.

austēritās, ātis *f (austerus) (nachkl.)* ① Herbheit [**vini**];
② Strenge, Ernst;
③ dunkler Farbton.

austērus, a, um *(gr. Fw.)* ① ernst, streng; **illo -o more ac modo;**
② *(übtr.)* düster, finster;
③ *(nachkl.) (dem Geschmack nach)* herb [**vinum**];
④ *(nachkl.) (dem Geruch nach)* scharf;
⑤ *(nachkl.) (v. der Farbe)* dunkel.

austrālis, e *(auster)* südlich [**regio; ora**].

austrīna, ōrum *n (austrinus; erg. loca) (nachkl.)* die südlichen Gegenden *eines Landes* [**Sardiniae; Cappadociae**].

austrīnus, a, um *(auster) (poet.; nachkl.)*
① des Südwindes;
② südlich.

austro-āfricus, ī *m (auster u. Africus) (nachkl.)* Südwestwind.

ausum, ī *n (poet.; nachkl.) u.* **ausus,** ūs *m (nachkl.) (audeo)* Wagnis, Unternehmen.

ausus *s. audeo.*

● **aut** *Kj.*
① oder; **verum ~ falsum; hic vincendum ~ moriendum, milites, est** *(Liv.);*
② *(steigernd)* oder sogar;
③ *(vermindernd od. beschränkend)* oder wenigstens, oder doch, oder auch nur; **cuncti ~ magna pars;**
④ oder aber;
⑤ **aut … aut** entweder … oder.

● **autem** *Kj., nachgest.* aber, dagegen, andererseits *(drückt die schwächste Gegenüberstellung aus).*

authepsa, ae *f (gr. Fw., eigtl.* Selbstkocher) *eine Kochmaschine (Kochtopf) m. zwei Böden, der untere Boden war f. das Feuer, der obere enthielt die Speise.*

autographus, a, um *(gr. Fw.) (Suet.)* eigenhändig geschrieben [**epistula**].

Autolycus, ī *m der listige Sohn Merkurs, Großvater des Odysseus.*

Automatia, iās *f (gr. Fw.) (eigtl. nach eigenem Willen, d. h. ohne menschliches Zutun lenkende)* Schicksalsgöttin, Glücksgöttin.

automatopoeētus, a, um *(gr. Fw.) (spätl.)* sich selbst bewegend [**machinae**].

automatum, ī *n (automatus) (nachkl.)* ① Automat;
② *Pl.* Kunststücke.

automatus, a, um *(gr. Fw.) (nachkl.)* aus eigenem Antrieb, freiwillig.

Automedōn, ontis *m Wagenlenker des Achilles u. des Patroclus; (meton.)* geschickter Wagenlenker.

Autonoē, ēs *f Tochter des Kadmus, Mutter des Aktäon; – Adj.* **Autonoēius,** a, um [**heros** Aktäon].

autopȳrus, ī *m (gr. Fw.) (nachkl.)* Weizenschrotbrot.

Autrōnius, a, um *Name einer röm. gens:* P. ~ Paetus, *Teilnehmer an der katilinarischen Verschwörung.*

autumnālis, e *(autumnus)* herbstlich, Herbst-.

autumnāscō, autumnāscere *(autumnus) (Mart.)* sich zum Herbst neigen *(v. Sommer).*

autumnitās, ātis *f (autumnus) (vor- u. nachkl.)* ① Herbst(wetter);
② *(meton.)* Ertrag des Herbstes, Herbstfrüchte.

● **autumnus I.** *Subst.* ī *m* Herbst [**pomifer**];
II. *Adj.* a, um *(poet.; nachkl.)* herbstlich, Herbst- [**frigus; tempestas**].

autumō, autumāre *(autem,* „entgegnen") ① behaupten, sagen, nennen;
② meinen, glauben *(m. Akk.; A. C. I.);* halten für *(m. dopp. Akk.).*

auxī *Perf. v. augeo u. augesco.*

auxiliāris, e *u.* **auxiliārius,** a, um *(auxilium)* ① hilfreich, helfend, Hilfe leistend [**numen; arma**];
② *(als milit. t. t.)* zu den Hilfstruppen gehörig; **auxiliares milites (cohortes)** Hilfstruppen; *Subst. Pl.* **auxiliārēs,** rium *m* Hilfstruppen; *Sg.* Soldat der Hilfstruppen.

auxiliātor, ōris *m (auxilior) (poet.; nachkl.)* Helfer.

auxiliātus, ūs *m (auxilior) (Lucr.)* Hilfeleistung.

● **auxilior,** auxiliārī *(auxilium)* helfen.

● **auxilium,** ī *n (augeo)* ① Hilfe, Beistand, Unterstützung; **alci -o esse** = **-um ferre; alqm -o arcessere** zu Hilfe rufen; **-o mittere** zu Hilfe schicken; **alci -o venire; succedentibus -o succurrere;** *(übtr.)* **-o noctis** unter dem Schutz der Nacht; **-o tempestatis** v. Sturm begünstigt;
② *(meton.)* Hilfsmittel;
③ *Pl.* Hilfstruppen.

Auximum, ī *n Stadt in Picenum in Mittelitalien, j.* Osimo; – *Einw.* **Auximātēs,** tum *m.*

Avaricum, ī *n Hauptort der Bituriger in Gallien, 52 v. Chr. von Cäsar erobert u. zerstört, j.* Bourges; – *Adj.* **Avaricēnsis,** e

● **avāritia,** ae *f (avarus)* ① Gier, Habgier, Geiz [**gloriae** Ruhmsucht];
② *(Plaut.)* Fresssucht, Gefräßigkeit.

avāritiēs, ēī *f (Lucr.) Nbf. v. avaritia.*

● **avārus,** a, um *(aveo[1])* ① gierig *(nach: m. Gen.)* [**spes** maßlose]; **milites caedis -i; animus laudis ~ ;**
② habsüchtig, geizig, geldgierig; – *Subst.* ī *m* der Geizige, Geizhals.

avē *(später die Formen* avētō, avēte, avēre *hinzugebildet) Imp. (als Begrüßung u. als Abschiedsgruß)* sei gegrüßt!, lebe wohl!

ā-vehō, āvehere, āvēxī, āvectum wegfahren, -bringen, -führen; – *mediopass.* āvehī wegfahren, -reiten, absegeln.

ā-vellō, āvellere, āvellī *u.* āvulsī, āvulsum ① ab-, weg-, losreißen [**poma ex arboribus**];
② herausreißen;
③ entreißen, *(gewaltsam)* trennen, entfernen *(alci alqd; alqd bzw. alqm ab, de, ex)* [**alci pretium; natam de matris complexu** aus den Armen der Mutter; **alqm ab errore** dem Irrtum entreißen].

avēna, ae *f* ① Hafer; *auch* wilder Hafer;
② *(poet.)* Halm, Rohr;
③ *(poet.) (einröhrige)* Hirtenflöte *(= tibia); Pl.* die *(aus mehreren Rohrpfeifen bestehende)* Syrinx *(=fistula).*

avēnāceus, a, um *(avena) (Plin.)* aus Hafer, Hafer- [**farina**].

Aventicum, ī *n Hauptstadt der Helvetier.*

Aventīnus, ī *m u.* **-um,** ī *n* der Aventin, *einer der sieben Hügel Roms; – Adj.* **Aventīnus,** a, um [**mons; herbae**].

aveō[1], avēre, – – nach etw. verlangen, begierig sein *(m. Inf.; indir. Frages.; selten m. Akk.).*

aveō[2], avēre, – – *(spätl., zu ave hinzugebildet)* gesund sein, sich wohl befinden.

Avernus I. *Subst.* ī *m u.* lacus Avernī ① Avernersee, *Kratersee in Kampanien b. Cumae (Eingang zur Unterwelt);*
② *(meton.)* Unterwelt;
II. *Adj.* a, um *u.* **Avernālis,** e avernisch, Unterwelts-;
/ *Subst.* **Averna,** ōrum *n (erg. loca)* **a)** Gegend am Avernersee; **b)** *(ima)* Unterwelt.

ā-verrō, āverrere, āverrī, – *(Hor.)* wegnehmen, wegraffen [**pisces** aufkaufen].

ā-verruncō, āverruncāre *(t. t. der Religionsspr.)* abwenden [**deorum iram; haec mala**].

āversābilis, e *(aversor[1]) (Lucr.)* abscheulich.

āversātiō, ōnis *f (aversor[1]) (Sen.)* Abneigung, Abscheu.

āversātīvus, a, um *(aversio) (spätl.)* abgeneigt.

āversātor, ōris *m (aversio) (spätl.)* Feind.

āversiō, ōnis *f (averto) (spätl.)* ① das Abwenden [**ex aversione** rücklings];
② Abkehr, Abfall;
③ Ekel, Abscheu.

āversor[1], āversārī *(Intens. v. averto)*
① sich *(aus Verachtung, Ekel, Scham)* abwenden *(von: m. Akk.)* [**filium**];
② verschmähen, zurückweisen; nicht anerkennen; verabscheuen [**preces; principem**].

āversor[2], ōris *m (averto)* derjenige, der etw. entwendet, unterschlägt.

āversus, a, um *(P. Adj. v. averto)*
① abgewandt, abgekehrt, rückwärts; im Rücken, (v.) hinten; **porta -a** Hintertür; **domūs pars -a; -um hostem transfigit** v. hinten; – *Subst.* **āversa,** ōrum *n* die entlegenen Teile [**urbis; castrorum; insulae; Asiae** Hinterasien];
② abgeneigt, feindlich *(ab; m. Dat.);* **~ a consiliis belli; aversissimo animo esse ab alqo; ~ mercaturis; aversior defensioni.**

● **ā-vertō,** āvertere, āvertī, āversum ① abwenden, abkehren [**equos in fugam; Galliae animos a se**];
② sich abwenden;
③ ablenken;
④ fern-, abhalten, abwenden [**omen; periculum; pestem ab Aegyptiis**];
⑤ entwenden, unterschlagen [**stipendium; praedam**];
⑥ vertreiben [**hostem; classem**].

avia, ae *f (avus)* Großmutter.

aviārium, ī *n (avis)* ① Vogelhaus;
② Nistplatz der Vögel.

avicula, ae *f (Demin. v. avis) (nachkl.)* Vögelchen.

aviditās, ātis *f (avidus)* ① Verlangen, Begierde *(nach: m. Gen.)* [**gloriae; cibi; imperandi** Herrschsucht];
② Habsucht, Geiz.
● **avidus,** a, um *(aveo[1])* ① (be)gierig *(nach: Gen.; ad od. in m. Akk.; Inf.)* [**laudis; sermonum** redselig; **ad pugnam; in novas res; committere pugnam**];
② habsüchtig [**gens**];
③ gefräßig, unersättlich [**iuvencae; convivae; mare** alles verschlingend];
④ leidenschaftlich.
Avionēs, num *m sueb. Volk.*
● **avis,** is *f* ① Vogel; *(poet.)* Weissagevogel;
② *(meton.)* Wahrzeichen, Vorzeichen, Vorbedeutung.
avītus, a, um *(avus)* ① großväterlich, großmütterlich;
② *übh.* uralt;
③ ererbt [**malum**].
āvius, a, um *(a via)* ① abgelegen, einsam [**loca**]; – *Subst.* **āvia,** ōrum *n* abgelegene Orte, Einöde, Wildnis [**nemorum; montium**];
② *(poet.)* vom Wege sich entfernend, auf Abwegen; **in montes sese ~ abdidit altos.**
āvocāmentum, ī *n (avoco) (nachkl.)* Zerstreuungsmittel.
āvocātiō, ōnis *f (avoco)* Ablenkung.
ā-vocō, āvocāre ① wegrufen, abberufen [**populum ab armis; exercitum ad bellum**];
② fern halten, abhalten; **nulla res nos avocabit;**
③ *(nachkl.) (übtr.)* zerstreuen, ablenken, erheitern.
ā-volō, āvolāre ① wegfliegen;
② davoneilen;
③ *(v. Sterbenden) (hinc)* scheiden.
Avona, ae *m Fluss in Britannien, j.* Avon.
avonculus *(altl.)* = *avunculus.*
āvorsor *(altl.)* = *aversor.*
āvortō *(altl.)* = *averto.*
ā-vulsī *s. avello.*
āvulsor, ōris *m (avello) (Plin.)* derjenige, der etw. abreißt.
āvulsus *P.P.P. v. avello.*
avunculus, ī *m* Onkel *(mütterlicherseits)* [**magnus** Großonkel].
● **avus,** ī *m* ① Großvater; *auch* Urgroßvater *(= proavus);*
② *(poet.; nachkl.) übh.* Vorfahr, Ahn.
Axenus *u.* **Axīnus,** ī *m* (ἄξενος, ἄξεινος ungastlich) Pontus ~ *alter Name des Pontus Euxinus, des Schwarzen Meeres.*
axicia, ae *f (Plaut.)* Schere.
axiculus[1], ī *m (Demin. v. axis[1])* kleine Achse.
axiculus[2] (*u.* assiculus), ī *m (Demin. v. axis[2] = assis) (nachkl.)* kleines Brett.
axilla, ae *f (Demin. v. ala)* Achselhöhle.
Axīnus *s. Axenus.*
axis[1], is *m* ① Wagenachse;
② *(poet.) (meton.)* Wagen;
③ Erdachse;
④ Pol, *bes.* Nordpol;
⑤ Himmelsgegend [**boreus** Norden; **hesperius** Westen];
⑥ *(poet.)* Himmel; **sub (nudo) axe** unter freiem Himmel.
axis[2] *(u.* assis), is *m* Diele, Brett.
axitia = *axicia.*
Axius, ī *m Fluss in Makedonien, j.* Vardar.
Axona, ae *f belg. Fluss, j.* Aisne.
axungia, ae *f (axis u. ungo) (nachkl.)* (Wagen-)Schmiere, Fett *(zum Schmieren).*
azȳmum, ī *n (azymus) (Eccl.)* ungesäuertes Brot.
azȳmus, a, um *(gr. Fw.) (nachkl.)* ungesäuert [**panis**].

B

Baal *m undekl. u.* **Bahal,** alis *m eine in vielen Formen und Gestalten verehrte syr.-phöniz. Gottheit.*
babae *u.* **papae** *(gr. Fw.) (Kom.; nachkl.) Ausruf der Verwunderung* potz Blitz, ach je, o je!
babaecalus, ī *m (babae) (nachkl.)* Wüstling, Lebemann.
Babel, elis *f* = Babylon.
babulus, ī *m (vor- u. nachkl.)* Schwätzer, Prahlhans, Angeber, Narr.
Babylō, ōnis *m (Babylon) (Ter.)* „der Babylonier", ein Nabob, ein Krösus, ein schwerreicher Mann.
Babylōn, ōnis *f* Babylon (*hebräische Form:* Babel), *Hauptstadt des von den Akkadern bewohnten Babylonien am Euphrat.*
Babylōnia, ae *f* ① Babylonierin;
② *(erg. terra) die Landschaft* Babylonien, das „Akkad-Land", *am Unterlauf des Euphrat u. Tigris, auch für Syrien, Assyrien, Mesopotamien;*
③ *die Stadt* Babylon.
Babylōniēnsis, e aus Babylon, babylonisch.
Babylōnius I. a, um *u.* **Babylōnicus,** a, um babylonisch, chaldäisch; **Babylonica Chaldaeum doctrina** chaldäische Berechnungen, Sterndeutungen;
II. ī *m* Babylonier.
bāca (*auch* bacca), ae *f* ① Beere [**lauri; cupressi**];
② (runde) Baumfrucht, *bes.* Olive; **fruges terrae et -ae arborum; bacae cum ramis semper frondentis olivae;**
③ *(Hor.; Petr.)* Perle [**Indica**].
bacalūsiae, ārum *f (Petr.)* dumme Gedanken, Flausen.
bācātus, a, um *(baca 3.) (poet.)* mit Perlen besetzt [**monile**].
bacca = *baca.*
baccar, aris *n (gr. Fw.) (poet.; nachkl.) kelt.* Baldrian.
Baccha, ae *f* Bacchantin, Begleiterin des Bacchus; *(meton.)* **Bacchis initiare alqm** jmd. in die geheimen Formen der Bacchusverehrung einweihen.
bacchābundus, a, um *(bacchor) (nachkl.)* bacchantisch schwärmend, rasend, lärmend; **turbabat in medio foro ~.**
Bacchānal, nālis *n (Bacchus)* dem Bacchus geweihte Stätte; Kultort des Bacchus; – *Pl.* **Bacchānālia,** ium (*selten* ōrum) *n* **a)** Bacchanalien, Bacchusfest, *als Geheimkult in Rom verboten durch das inschriftlich erhaltene Senatus consultum de Bacchanalibus (186 v. Chr.); das Verbot betraf nicht den öffentl. Bacchuskult;* **b)** ausschweifendes Fest, Orgie, Gelage.
bacchātiō, ōnis *f (bacchor)* ausschweifende Schlemmerei, Orgie.
Bacchē, ēs *f* = Baccha.
Bacchē(i)us, a, um *(poet.)* des (von) Bacchus, bacchisch.
Bacchiadae, ārum *m korinth. Herrschergeschlecht, das sich vom Herakliden Bacchus herleitete und nach seiner Vertreibung Syrakus (um 735 v. Chr.) gegründet haben soll.*
Bacchicus, a, um *(poet.) = Baccheius.*
Bacchis, idis *f (poet.)* Bacchantin, Verzückte, Rasende.
bacchor, bacchārī *(Bacchus)* **I.** *intr* ① *(poet.; nachkl.)* das Bacchusfest feiern;
② bacchantisch schwärmen, toben, wüten, rasen; **Boreas bacchatur ab Arcto; bacchante vento; vates bacchatur;**
③ *(in voluptate; in caede)* schwelgen, ausschweifend sein;
④ *(poet.)* umherschweifen, -irren, -laufen [**per urbem; in antro**];
⑤ *(poet.)* Orgien feiern;
II. *trans.* ① den Bacchusruf *(euoe)* hören lassen;
② *P.P.P.* bacchātus von den Bacchantinnen durchschwärmt [**Naxos; Taygeta**];
③ *(Iuv.)* in wilder Begeisterung dichten [**carmen**].
Bacchus, ī *m* ① *Gott des Weines, Sohn des Jupiter u. der Semele;*
② *(meton.)* **a)** Wein [**vetus**]; **b)** Weinstock; Rebe; **c)** Bacchusruf [**audito Baccho**].

> *i* Kultur **Bacchus** Gott des Weines, römisch auch „Liber", griechisch „Dionysos" genannt; wird als schöner junger Mann dargestellt.
> Sein Kult wurde in rauschhafter Begeisterung (in Ekstase) gefeiert. Mit dem Kultlied seines Chores beginnt das europäische Theater.
> Eine neu gezüchtete Weinrebe erinnert als „Bacchus-Rebe" an ihn.

bacciballum, ī *n (bacca) (Petr.) (scherzh.)* „dicke Nudel, Dickerchen".
Bācēnis, is *f (erg. silva) Teil des deutschen Mittelgebirges, wohl der westl. Teil des Thüringer Waldes.*
baceolus, ī *m (gr. Fw.) (Suet.)* Dummkopf.
bāci-fer, fera, ferum *(baca u. fero) (poet.)* Beeren tragend, Frucht tragend.
bacillum, ī *n (Demin. v. baculum)* ① Stäbchen, Stöckchen;
② Liktorenstab.
Bactra, ōrum *n Hauptstadt der gleichnamigen Landschaft am Oxus (= Amu-darja), d. h. etwa des heutigen Afghanistan, j.* Balkh; – *Adj.* **Bactri(ān)us,** a, um; – *Einw.* **Bactriānus,** ī *m.*

Bactrus, ī *m Fluss b. Bactra, Nebenfluss des Oxus.*

● **baculum,** ī *n u. (später)* **-us,** ī *m* Stock, Stab, *bes.* Hirten- *u.* Augurenstab; **pastor -o innixus; augur dextra manu -um tenens.**

badissō, badissāre *(gr. Fw.) (Plaut.)* gehen, schreiten.

Baebius, a, um *Name einer pleb. röm. gens; – lex Baebia (de praetoribus creandis, um 180 v. Chr.).*

Baetica, ae *f die Provinz Baetica, j.* Andalusien; – *Einw.* **Baeticī,** ōrum *m.*

Baetis, is *m (Akk.* -im *u.* -in; *Abl.* -e *u.* -i*) Fluss im südl. Spanien, j.* Guadalquivir; – *Adj.* **Baeticus,** a, um.

baetō, baetere, – – gehen, schreiten.

Baetūria, ae *f der nordwestl. Teil v. Hispania Baetica.*

Bagrada, ae *m Fluss im Gebiet v. Karthago.*

Bahal *s. Baal.*

Bāiae, ārum *f* ① *alter Hafen von Cumae, prominentes Seebad b. Neapel;*
② *(meton.)* Badeort; üppiges Badeleben;
/ *Adj.* **Bāiānus,** a, um.

bāiulō, bāiulāre *(vor- u. nachkl.) (eine Last)* tragen; **asinus baiulans sarcinas.**

bāiulus, ī *m (baiulo)* Lastträger.

bālaena = *ballaena.*

balanus, ī *f (gr. Fw.) (poet.; nachkl.)* ① Eichel;
② *(arab.)* Behennuss;
③ *das aus ihr gepresste* Salböl;
④ *eine Seemuschel;*
⑤ Zäpfchen.

balatrō, ōnis *m (poet.; vorkl.)* (alberner) Witzbold, Possenreißer, Schwätzer.

balatus, ūs *m (balo) (poet.; nachkl.)* das Blöken (der Schafe).

balbus, a, um stammelnd, lallend, stockend [**verba** gestammelt]; – Balbus *röm. cognom.*

balbūtiō, balbūtīre *(balbus)* **I.** *intr* ① *(nachkl.)* stammeln, stottern, lallen;
② sich unklar ausdrücken *(de re);*
II. *trans.* ① *(Hor.)* herstammeln, lallend nennen;
② *etw.* unklar ausdrücken; **Stoicus perpauca balbutiens.**

Baleārēs, rium *f (insulae)* die Balearen *(die beiden Hauptinseln: insula maior j.* Mallorca, *insula minor j.* Menorca); – *Einw.* **Baleārēs,** rium *m;* – *Adj.* **Baleāris,** e, *u.* **Baleāricus,** a, um.

balin- *s. baln-.*

baliscus, ī *m (Petr.)* Bad.

balista = *ballista.*

ballaena, ae *f (poet.; nachkl.)* Walfisch.

balletus, ī *m (mlt.)* Pilz, Champignon *(= boletus).*

Balliō, ōnis *m Name eines üblen Kupplers im Pseudolus des Plautus; dah. appell.* übler, nichtswürdiger Mensch.

ballista, ae *f* ① Schleudermaschine, Geschütz;
② *(meton.)* Wurfgeschoss.

ballistārium, ī *n (ballista) (Plaut.)* Wurfmaschine, Geschütz.

> *i* Kultur **balneae** *u.* **balineae,** ārum *f sowie* **bal(i)nea,** ōrum *n* Badeanstalt.
> Von den Griechen übernahmen die Römer das Wort für das Vergnügen des Bades und Badens. Durch verbesserte Technik der Bodenheizung entstand im röm. Reich eine besondere Form des geselligen Beisammenseins in den Thermen (→ thermae).

balneāria, ōrum *n (balnearius)* Bäder, Badezimmer.

balneārius, a, um *(balneum) (poet.; nachkl.)* Bade- [**fur** Dieb in den Thermen].

balneātor, ōris *m (balneum)* Bademeister.

balneō, balneāre *(balneum) (Hor.; Plin.)* baden.

balneolum, ī *n (Demin. v. balneum)* kleines Bad.

balneum *u.* **balineum,** ī *n (gr. Fw.)* ① *Sg.* **a)** Badezimmer; **b)** *(nachkl.)* Badewanne; **c)** *(nachkl.)* Badewasser; **d)** *(nachkl.)* das Baden, Bad;
② *Pl.* **bal(i)nea,** ōrum *n, meist* **bal(i)neae,** ārum *f* Badeanstalt, öffentliches Bad.

bālō, bālāre *(poet.; nachkl.)* blöken; – *Subst.* **bālāntēs,** t(i)um *f* Schafe.

balsaminus, a, um *(balsamum) (Plin.)* Balsam- [**oleum**].

balsamum, ī *n (gr. Fw.) (poet.; nachkl.)* ① Balsamstaude, -strauch;
② Balsam(saft), Balsamöl *(oft im Pl.).*

balteus, ī *m (u. selten* balteum, ī *n)* ① Gürtel, Gurt;
② *Leibgurt zum Befestigen der Waffen:* Wehrgehenk, das Koppel;
③ *(poet.)* Gürtel der Venus;
④ *(Iuv.) (meton.) Pl.* baltea, ōrum *n Schläge m. dem Gürtel od. Riemen.*

balūx, ūcis *f (poet.; nachkl.)* Goldsand, -staub.

Bambaliō, ōnis *m* „Stammler", *röm. cogn.: Beiname des M. Fulvius, des Vaters der Fulvia, der Gattin des Antonius.*

bancalis, e *(mlt.)* Bank-; – *Subst. m u. f* Bankdecke.

Bandusia, ae *f von Horaz in einem Gedicht besungene Quelle, vielleicht in der Nähe von Venusia gelegen.*

bannus, ī *m (spätl.)* Bann [**imperialis** Reichsacht].

Bantia, ae *f Stadt in Apulien;* – *Adj.* **Bantīnus,** a, um.

baptisma, matis *n (gr. Fw.) (Eccl.)* Taufe.

baptismalis, e *(mlt.) ecclesia* Taufkirche.
baptismus, ī *m (gr. Fw.) (Eccl.)* Taufe.
baptista, ae *m (gr. Fw.) (Eccl.)* Täufer.
baptistērium, ī *n (gr. Fw.)* ❶ *(nachkl.)* Badebassin;
❷ *(spätl.)* Taufkapelle.
baptizō, baptizāre *(gr. Fw.) (Eccl.)* taufen.
barathrum, ī *n (gr. Fw.) (poet.; nachkl.)* ❶ Abgrund, Schlucht; **alqd -o donare** (in einen Abgrund werfen) verschwenden;
❷ Unterwelt;
❸ *(spätl.)* Hölle.
● **barba,** ae *f* Bart.
barbaria, ae *f (barbarus)* ❶ Ausland, Fremde;
❷ *(meton.)* Barbaren, Ausländer;
❸ Barbarei, Rohheit, Grausamkeit, Unmenschlichkeit, Wildheit; **tanta – Sarmatarum est, ut pacem non intellegant;**
❹ Mangel an Bildung, ungebildetes Benehmen.
barbaricus, a, um = *barbarus.*
barbariēs, ēī *f* = *barbaria.*
barbarismus, ī *m (gr. Fw.) (nachkl.)* Barbarismus, ausländische Sprech- *od.* Schreibweise.
barbarizō, barbarizāre *(gr. Fw.) (spätl.)* ungebildet reden.
● **barbarus** *(gr. Fw.)* **I.** *Adj.* a, um ❶ ausländisch, fremd; **-e loqui** fehlerhaft;
❷ ungebildet, roh;
❸ grausam, unmenschlich, wild [**consuetudo; pirata**];
II. *Subst.* ī *m* Barbar, Ausländer.
barbātōria, ae *f (barba) (Petr.)* das erste Rasieren des Bartes; **-am facere** zum ersten Mal den Bart rasieren lassen.
barbātulus, a, um *(Demin. v. barbatus)* ein wenig bärtig, mit dünnem Bart [**iuvenis**] *(auch v. Tieren).*
barbātus *(barba)* **I.** *Adj.* a, um ❶ mit (einem) Bart, bärtig *(auch v. Tieren);*
❷ *(meton.)* erwachsen;
❸ *(Mart.) (v. Buch)* ausgefranst, zottelig;
II. *Subst.* ī *m* ❶ (bärtiger) Römer der alten Zeit;
❷ *(nachkl.)* Philosoph *(da die Philosophen den Bart meist lang wachsen ließen);*
❸ *(poet.)* Ziegenbock.
Barbātus, ī *m cogn. verschiedener röm. gentes (z. B. der Cornelii).*
barbi-ger, gera, gerum *(barba u. gero) (Lucr.)* bärtig [**pecudes; capellae**].
barbitium, ī *n (barba) (nachkl.)* Bart(wuchs).
barbitos, ī *m u. f (Akk.* -on, *Vok.* -e) *(gr. Fw.) (poet.)* ❶ Laute, Lyra;
❷ *(meton.)* Lautenspiel, -klang.
barbula, ae *f (Demin. v. barba)* Bärtchen, Milchbart [**prima**].
Barca, ae *m* Barkas *(phöniz. baraq der Blitz), sagenhafter Stammvater der Barkiden in Karthago, Beiname Hamilcars, des Vaters Hannibals;* – *Adj.* **Barcīnus,** a, um; – *Subst.* **Barcīnī,** ōrum *m* die Barkiden.
barcala, ae *m (Petr.) (scherzh.)* Dummkopf, Trottel.
bardītus, ūs *m (Tac.)* Schlachtgesang *der Germanen.*
bardocucullus, ī *m (Mart.) gall.* Kapuzenmantel *aus Filz,* Cape *aus Filz.*
bardus[1]**,** a, um stumpfsinnig, dumm.
bardus[2]**,** ī *m (gall. Wort) (nachkl.)* Dichter u. Sänger der Gallier, Barde.
Bargyliae, ārum *f Stadt in Karien;* – *Einw.* **Bargyliētae,** ārum *m;* – *Adj.* **Bargyliēticus,** a, um [**sinus**].
bāris, idos *f (gr. Fw.) (Prop.) ein ägypt. kleines Schiff,* (Nil-)Barke.
Bārium, ī *n Hafenstadt der Peuketier in Apulien, j.* Bari.
bārō[1]**,** ōnis *m* Tölpel, Einfaltspinsel.
barō[2]**,** ōnis *m (germ. Wort) (mlt.)* Freiherr, Baron.
barratator, oris *m (mlt.)* Betrüger.
barrītus, ūs *m (barrus)* ❶ Elefantengebrüll;
❷ *(nachkl.)* Schlachtgeschrei, -gesang.
barrus, ī *m (ind. Wort) (Hor.)* Elefant.
bascauda, ae *f (Mart.; Iuv.)* Spülnapf *aus Metall.*
bāsiātiō, ōnis *f (basio) (poet.)* das Küssen; *Pl.* Küsse.
basileūs, ī *m (spätl.)* der oström. Kaiser.
basilica, ae *f (gr. Fw.)* ❶ Markt-, Gerichtshalle, Basilika, Rathaus;
❷ *(spätl.)* (frühchristl.) Gotteshaus, Basilika, Kirche, Dom.

> *i* Kultur **basilica,** ae *f (gr. Fw.)* mehrschiffige Halle, Basilika, Gerichtshalle, Rathaus.
> Die ursprünglich „königliche“ (Halle) in Athen wurde zur Markt- und Gerichtshalle auf dem Forum: ein Bau mit drei Langschiffen, das Mittlere überhöht, mit flachem Holzdach. Diese Form nutzten die christlichen Gemeinden nach 313 als Kirchen (z. B. Maxentius- oder Konstantinsbasilika in Rom). – Heute tragen bedeutende Kirchen verschiedener Form diesen päpstl. Ehrentitel.

basilicum, ī *n (Plaut.)* prächtiges Gewand.
basilicus *(gr. Fw.)* **I.** *Adj.* a, um *(vor- u. nachkl.)* königlich, fürstlich: ❶ machthaberisch [**facinora**];
❷ herrlich, prächtig [**victus**];
II. *Subst.* ī *m (erg. iactus) (Plaut.)* Königswurf *(im Spiel).*
basilīum, ī *n (gr. Fw.) (spätl.)* königl. Diadem.
bāsiō, bāsiāre *(basium) (poet.; nachkl.)* zärtlich küssen.

B

basis, is *(u.* -eos) *f (Akk.* -im; *Abl.* -ī) *(gr. Fw.)* ❶ *(t. t. der Architektur)* Fußgestell, Sockel, Postament, Unterbau [**statuae**];
❷ Grundmauer [**villae**];
❸ *(math. t. t.)* Grundlinie, Basis [**coni**];
❹ *(spätl.)* Brückenpfeiler.

bāsium, ī *n (poet.; nachkl.)* (zärtlicher) Kuss.

Bassareūs, eī *m Beiname des Bacchus; – Adj.* **Bassaricus,** a, um.

Bassus, ī *m cogn. verschiedener röm. gentes.*

Bastarnae *u.* **Basternae,** ārum *m ostgerm. Volk, das die Gebiete v. den Quellen der Weichsel bis südl. der Donaumündungen bewohnte.*

bat *(Plaut.) (Scherzwort) Gegenstück zu at, um einen mit at angefangenen Gedanken als lächerlich abzutun.*

Batāvī, ōrum *m* die Bataver, *ein germ. Volk auf den Inseln der Rheinmündungen, bekannt durch den Aufstand gegen die Römer unter Iulius Civilis (69 – 70 n. Chr.).*

Bathyllus, ī *m* ❶ *besonderer Liebling des Dichters Anakreon;*
❷ *aus Alexandria, Freigelassener des Maecenas, m. dem Kilikier Pylades, seinem Rivalen, als Begründer der röm. Pantomimik berühmt.*

batillum, ī *n = vatillum.*

batioca, ae *f (gr. Fw.) (Plaut.)* große Trinkschale.

batlinea, ae *f (spätl.)* Bettlaken.

battuō, battuere, battuī, – *(u.* batuo) ❶ schlagen, stoßen *(m. Akk.);*
❷ sich mit jmdm. schlagen *(v. Fechtern) (cum alqo).*

Battus, ī *m Gründer v. Kyrene; – Nachk.* **Battiadēs,** ae *m der griech. Dichter* Kallimachos.

batuō *s. battuo.*

baubor, baubārī *(onomatop. Wort der Kinderspr.)* bellen.

Baucis, idis *f Gattin des Philemon aus Phrygien.*

Baulī, ōrum *m Ort in Kampanien, Vorort von Baiae.*

baxea, ae *f (gr. Fw.) (vor- u. nachkl.)* leichte Sandale.

beātī, ōrum *m (beatus)* ❶ die Glücklichen;
❷ *(v. Verstorbenen)* die Seligen [**insulae beatorum** die Inseln der Seligen = Elysium].

beāti-ficō, ficāre *(beatus u. facio) (Eccl.)* beglücken, glücklich preisen.

beātitās, ātis *f = beatitudo.*

beātitūdō, dinis *f (beatus)* Glück, Glückseligkeit.

beātum, ī *n (beatus)* Glück(seligkeit).

● **beātus,** a, um *(P. Adj. v. beo)* ❶ glücklich, beglückt, glückselig; zufrieden *(m. Abl.: mit);* **-e vivere; agricolae parvo -i;**
❷ begütert, wohlhabend, reich [**civitas; Roma**];
❸ gesegnet, fruchtbar [**rus**];
❹ *(poet.)* herrlich, prächtig [**munera; commoda**];
/ s. auch beati.

Bebrycia, ae *f Landschaft in Bithynien; – Adj.* **Bebrycius,** a, um.

beccus, ī *m (Suet.)* Schnabel.

Bedriacum, ī *n Ort zw. Mantua u. Cremona; – Adj.* **Bedriacēnsis,** e [**campi**].

Belgae, ārum *m* die Belgier, *Gruppe überwiegend kelt., teilweise germ. Völker zw. Marne, Seine u. Rhein.*

Belgicus, a, um belgisch.

Belgium, ī *n u.* **Belgica,** ae *f (erg. provincia) (auch Gallia Belgica)* Belgien.

Bēlīdēs *u.* **Bēlides** *s. Belus*[1].

bellāria, ōrum *n (bellus) (vor- u. nachkl.)* Nachtisch, Dessert.

bellātor, *Gen.* ōris **I.** *Subst. m* Krieger, Kriegsheld;
II. *Adj. (poet.; nachkl.)* kriegerisch, streitbar, Kriegs- [**deus** Kriegsgott; **equus** Streitross].

bellātōrius, a, um *(bellator) (nachkl.)* kriegerisch, streitbar; *(übtr.)* polemisch [**stilus**].

bellātrīx, *Gen.* īcis *(bellator)* **I.** *Subst. f* Kriegerin;
II. *Adj. (f) (poet; nachkl.)* kriegerisch, streitbar [**Roma; Diva; Thraciae gentes; ira; iracundia**].

Bellerophōn, ōntis *u.* **Bellerophontēs,** ae *m Sohn des Glaukus v. Korinth u. der Eurymede, Enkel des Sisyphus, Reiter des geflügelten Pferdes Pegasus, erlegte das Ungeheuer Chimaera in Lykien; – Adj.* **Bellerophontēus,** a, um.

belliāt(ul)us, a, um *(bellus) (Plaut.)* schön.

● **bellicōsus,** a, um *(bellicus)* ❶ kriegerisch, kampflustig; kriegstüchtig [**gentes; homines; nationes; provinciae**];
❷ reich an Kriegen; **limina -a Iani.**

bellicum, ī *n (bellicus)* Angriffssignal; **-um canere** zum Angriff blasen.

● **bellicus,** a, um *(bellum)* ❶ zum Krieg gehörig, Kriegs- [**gloria** Kriegsruhm; **ius** Kriegsrecht; **ensis** Schlachtschwert; **res** Kriegswesen];
❷ kriegerisch, kampflustig.

belli-ger, gera, gerum *(bellum u. gero) (poet.)* Krieg führend, kampflustig [**gentes; turmae**].

belligerō, belligerāre *(bellum u. gero)* Krieg führen; kämpfen *(cum alqo; adversus alqm)* [**cum Gallis; adversus accolas**].

belli-potēns, *Gen.* entis *(bellum)* **I.** *Adj.* mächtig im Krieg, kriegsgewaltig;
II. *Subst. m* Mars.

● **bellō,** bellāre *(u.* bellor, bellārī) *(bellum)* ❶ Krieg führen *(cum alqo; adversus alqm; inter se);* **homines bellandi cupidi;**
❷ kämpfen [**armis; ense; manu**].

Bellōna, ae *f (bellum) röm. Kriegsgöttin.*

bellor, bellārī *s. bello.*

Bellovacī, ōrum *m mächtiges Volk der belg. Völkergruppe im Raum des heutigen Beauvais.*

bellulus, a, um *(Demin. v. bellus) (vor- u. nachkl.)* allerliebst.

● **bellum,** ī *n* ① Krieg [**navale** Seekrieg; **terrestre** Landkrieg; **civile, intestinum, domesticum** Bürgerkrieg; **Helvetiorum** mit den Helvetiern; **Asiaticum** in Asien]; **domi bellique** in Krieg u. Frieden; **-um gerere, habere cum alqo** führen; **-um ducere, trahere** in die Länge ziehen; **-um facere, (com)movere** anstiften; **-um inferre alci** *(auch contra od. in m. Akk.)*;
② Schlacht, Treffen, Kampf;
③ *(übtr.)* Kampf, Streit, Zank, Zwist, Uneinigkeit [**tribunicium** mit den Tribunen].

bellus, a, um ① hübsch, allerliebst, niedlich; fein, köstlich [**puella; epistula; vinum**];
② munter, wohlauf; **-e se habere** sich wohl befinden.

● **bēlua,** ae *f* ① großes Tier *(z. B. Elefant, Tiger, Löwe, Walfisch)* [**Inda** Elefant];
② *(als Schimpfw.) (Kom.)* Rindvieh, Schafskopf;
③ Ungeheuer, Ungetüm [**immanis**].

bēluātus, a, um *(belua) (Plaut.)* mit (eingestickten) Tierfiguren versehen.

bēluīnus, a, um *(belua) (spätl.)* tierisch, Vieh-.

bēluōsus, a, um *(belua) (poet.)* reich an (See-)Ungeheuern [**Oceanus**].

Bēlus¹, ī *m (urspr. semit. Hauptgott = Baal, Bal)* ① *König v. Babylon u. Gründer des assyrischen Reiches;*
② *König v. Tyrus, Vater der Dido;*
③ *König v. Ägypten, Vater des Danaus und Aegyptus;*
/ *Nachk.* **Bēlīdēs,** ae *m* Lynkeus; Palamedes; **Bēlides,** dum *f die Töchter des Danaus,* die Danaiden.

Bēlus², ī *m phöniz. Küstenfluss.*

Bēnācus, ī *m (erg. lacus)* Gardasee.

Bendīs, īdis *f thrak. Mondgöttin;* – *Adj.* **Bendīdius,** a, um.

● **bene** *(Adv. zu bonus; Komp.* melius, *Superl.* optimē) ① *(b. Verben)* gut, wohl, recht, günstig; ~ **vivere** tugendhaft; ~ **mori** ruhmvoll; ~ **cenare;** ~ **narrare** gute Nachricht bringen; ~ **reprehendere** mit Recht; ~ **iudicare** richtig; ~ **dissimulare** geschickt, schlau; **ager** ~ **cultus;** ~ **ferre** (mit Würde, Haltung tragen) **magnam disce fortunam; occasionem negotii** ~ **gerendi amittere** sich eine günstige Gelegenheit entgehen lassen; – *Redewendungen:* **bene agere a)** gut handeln; **b)** *cum alqo* mit jmdm. gut umgehen, jmd. freundlich behandeln; **bene audire** in gutem Ruf stehen; **bene dicere** *(u. zus. geschrieben) u.* **bene loqui a)** gut, richtig, vernünftig reden, redegewandt sein; **b)** *alci* jmd. loben [**bene dictum,** ī *n* Lob, Ruhm]; **bene facere** *(u. zus. geschrieben)* **a)** etw. richtig tun, gut ausführen, recht machen, wohl daran tun; **b)** *alci u. erga alqm* Wohltaten erweisen, wohl tun [**bene factum,** ī *n* gute Tat, Wohltat, Verdienst]; **bene velle** *alci* jmd. begünstigen; **bene sperare** *de* das Beste hoffen von; **bene cedere** gelingen, erfolgreich verlaufen; **bene est** (habet) es steht gut, geht gut; **bene est mihi** *u.* **bene me habeo** es geht mir gut; **res (causa) bene se habet** steht gut; **bene** zum Wohl! prosit!; **bene te** *(od.* **tibi***)* auf dein Wohl!;
② *(b. Adj. u. Adv.)* sehr, recht, überaus, ordentlich; **mentis** ~ **sanae;** ~ **barbatus;** ~ **magna caterva;** ~ **ante lucem** lange vor Sonnenaufgang.

benedicē *Adv. (bene u. dico) (Plaut.)* mit freundlichen Worten.

bene-dīcō, dīcere, dīxī, dictum ① = *bene dico, s. bene;*
② *(Eccl.) (m. Dat. od. Akk.)* **a)** (lob)preisen [**domino; deum**]; **b)** segnen, weihen.

benedictiō, ōnis *f (benedico) (Eccl.)* ① das Lobpreisen;
② Segen, Segnung;
③ Heil.

benedictum, ī *n (benedico) (besser getr. geschrieben) s. bene.*

bene-faciō, facere, fēcī, factum ① = *bene facio, s. bene;*
② *(mlt.)* belehnen.

benefactum, ī *n (benefacio) (besser getr. geschrieben) s. bene.*

beneficentia, ae *f (beneficus)* Wohltätigkeit.

beneficiārius *(beneficium)* **I.** *Subst.* ī *m bevorzugter Soldat, der v. schweren Dienst befreit war, in der Kaiserzeit zum Kanzleidienst herangezogen;* Gefreiter, Unteroffizier;
II. *Adj.* a, um *(Sen.)* als Wohltat anzusehen [**res**].

beneficiātus, ī *m (beneficium 4.) (mlt.)* Lehnsträger, -mann.

beneficientia, ae *f (beneficium 4.) (mlt.)* Lehnshoheit.

beneficiolum, ī *n (Demin. v. beneficium) (spätl.)* kleine Gefälligkeit.

● **beneficium,** ī *n (bene u. facio)* ① Wohltat, das Verdienst, Gnade, Vergünstigung, Gefälligkeit; **-um alci dare** *(u.* **tribuere, offerre***) od.* **in alqm conferre** *od.* **-o alqm afficere; -um ab alqo accipere; -i causa** *od.* **per -um** aus Gefälligkeit, aus Gnade; *(im Abl.)* **beneficio** mit Hilfe, dank [**-o deorum, sortium, silvarum, tuo**];
② Auszeichnung, Begünstigung, Beförderung;
③ *(nachkl.)* Vorrecht, Privileg [**consulum**];
④ *(mlt.)* Lehen.

bene-ficus, a, um *(facio)* wohltätig, gefällig.

bene-veniō, venīre *(mlt.)* willkommen sein.

Beneventum, ī *n Stadt der Hirpiner in Samnium, j.* Benevento; – *Einw. u. Adj.*

B

Beneventānus, ī *m bzw.* a, um.
bene-volēns, *Gen.* entis *(volo²)* **I.** *Adj. (vorkl.; klass. nur Komp. u. Superl.)* wohlwollend; **naturā ... benevolentissimus Titus;**
II. *Subst. m u. f (vorkl.)* Gönner(in).
● **benevolentia,** ae *f (benevolens)* ❶ Wohlwollen, Zuneigung *(erga u. in alqm),* freundschaftliche Gesinnung, Gnade [**principum**];
❷ Beweis des Wohlwollens [**civium**];
❸ Beliebtheit; **eius -ā** infolge seiner Beliebtheit;
❹ *(spätl.)* nostra *Titel des röm. Kaisers.*
bene-volus, a, um *(volo²)* wohlwollend, gewogen, gütig [**animus; actio**].
benficium, ī *n (poet.) = beneficium.*
benīgnitās, ātis *f (benignus)* ❶ Güte, Freundlichkeit;
❷ Freigebigkeit, Wohltätigkeit.
benīgniter *Adv. = benīgnē, s. benignus.*
● **benīgnus,** a, um (*Adv.:* -ē *u.* [*Kom.*] benīgniter) ❶ gütig, freundlich, wohlwollend, mild, gutmütig [**homines; numen;** *auch v. Lebl.:* **verba; vultus**]; **milites -e appellare; -e respondere;**
❷ freigebig, wohltätig *(m. Dat.;* [*Plaut.*] *erga u. Akk.;* [*Sen.*] *adversus u. Akk.)*; **Fortuna -a; qui benigniores volunt esse quam res patitur; adversus amicos ~, adversus inimicos temperatus; -e facere alci** jmdm. Gutes erweisen;
❸ reich(lich) [**praeda; ager; sermo** langes *od.* ausgiebiges Gespräch].
beniv- *s. benev-.*
beō, beāre ❶ beglücken, erfreuen; **hoc me beat;**
❷ beschenken [**alqm munere; alqm caelo** unter die Götter versetzen].
berb- *s. verv-.*
Berecyntes, tum *u.* **Berecyntae,** ārum *m Volk in Phrygien; – Adj.* **Berecyntius,** a, um berecyntisch, *poet. auch* phrygisch [**mater** Kybele; **heros** Midas, *Sohn der Kybele;* **tibia, cornu, sacerdos** zum Kybelekult gehörig].
Berenīcē, ēs *f* ❶ *Gattin des ägypt. Königs Ptolemäus III. Euergetes, Mitregentin ihres Sohnes Ptolemäus IV. Philopator; ihr schönes Haar wurde unter die Sterne versetzt; – Adj.* **Berenīcēus,** a, um;
❷ *Tochter des jüdischen Königs Herodes Agrippa I., Geliebte des Titus.*
Bergomum, ī *n Stadt in Oberitalien, j.* Bergamo; *– Einw.* **Bergomātēs,** tium *m.*
Beroea, ae *f Stadt in Makedonien, j.* Verria; *– Einw. u. Adj.* **Beroeaeus,** ī *m bzw.* a, um.
bēryllus *(u.* **-os**), ī *m u. f (gr. Fw.)* Beryll *(meergrüner Edelstein).*
Bērȳtus, ī *f Hafenstadt in Phönizien, j.* Beirut.
bēs, bessis *m* zwei Drittel; **heres ex besse** Erbe von 2 Dritteln.
Bessī, ōrum *m Volk in Thrakien; – Adj.* **Bessicus,** a, um.
● **bēstia,** ae *f* ❶ Tier; wildes Tier, Raubtier, Bestie;
❷ *(meton.) Pl.* Kampf mit wilden Tieren im Zirkus; **alqm ad -as mittere** *od.* **condemnare; alqm -is obicere;**
❸ *(als Schimpfw. u. scherzh.)* Bestie.
bēstiālis, e *(bestia) (Eccl.)* tierisch; wild wie Tiere [**saevitia; mens**].
bēstiārius *(bestia)* **I.** *Subst.* ī *m* Tierkämpfer *(im Zirkus);*
II. *Adj.* a, um *(Sen.)* Tier- [**ludus** Kampf mit Tieren].
bēstiola, ae *f (Demin. v. bestia)* Tierchen.
bēta¹ *(undekl.) (poet.) der zweite Buchstabe des griech. Alphabets:* **alpha et ~** das Abc; *sprichw.* der zweite.
bēta², ae *f (kelt. Wort)* rote Rübe.
bētāceus, ī *m (beta²) (vor- u. nachkl.)* rote Rübe.
bētizō, bētizāre *(beta²) (nach Suet. v. Augustus gebildet u. für languēre verwendet)* schlaff, matt sein.
bi- *Präfix (bis)* zwei-, zwie-.
Biās, antis *m Staatsmann in Priene in Ionien (in Kleinasien), zählte zu den sieben Weisen (etwa Mitte 6. Jahrh.).*
Bibāculus, ī *m Beiname der röm. gentes der Furii u. Sextii.*
Biberius, ī *m (bibo)* „Trunkenbold" *(Spottname des Kaisers Tiberius).*
bibī *Perf. v. bibo.*
biblia, ae *f (gr. Fw.)(spätl.)* Bibel.
bibliopōla, ae *m (gr. Fw.) (poet.; nachkl.)* Buchhändler.
bibliothēca, ae *f (gr. Fw.)* ❶ Bibliothek, Bücherei;
❷ *(nachkl.)* Bücherschrank;
❸ Büchersammlung;
❹ *(spätl.) (sancta)* die Heilige Schrift.
bibliothēcālis, e *(bibliotheca) (Mart.)* zur Bibliothek gehörig.
● **bibō,** bibere, bibī, – ❶ trinken; **dare ~** zu trinken geben; **~ ex fonte; ~ ab amne; ~ (e) gemma** aus mit Edelsteinen besetztem Becher; **~(ex) auro; ~ cava manu;**
❷ zechen, saufen; **ab hora tertia bibebatur; in lucem ~** bis es Tag wird; **Graeco more ~** jmdm. zutrinken;
❸ *(poet.; nachkl.)* einsaugen, einziehen, in sich aufnehmen; **pugnas aure ~** begierig anhören; **hortus aquas bibit; arcus bibit** der Regenbogen zieht Wasser; **hasta bibit cruorem.**
Bibracte, tis *n Hauptstadt der Häduer, später Augustodunum, j.* Autun.
Bibrax, actis *f Stadt der Remer im belg. Gallien.*
bibulus *(bibo)* **I.** *Adj.* a, um *(poet.; nachkl.)* ❶ gern trinkend, durstig, *(m. Gen.)* nach etw.

dürstend;
❷ *(v. Sachen)* Feuchtigkeit einsaugend, *auch* feucht [**charta** Löschpapier; **arena** durchlässig; **lapis** Bimsstein; **lana** Farbe annehmend];
❸ trinkbar, süffig [**vinum**];
II. *Subst.* ī *m (spätl.)* Zechkumpan.

Bibulus, ī *m (bibulus) Beiname der röm. gentes der Calpurnii u. Publicii.*

bi-ceps, *Gen.* cipitis *(caput)* ❶ zweiköpfig [**Ianus**];
❷ *(poet.)* mit zwei Gipfeln [**Parnasus**].

bi-clīnium, ī *n* (κλίνη Lager) *(Plaut.)* Speisesofa f. zwei Personen.

bi-color, *Gen.* lōris zweifarbig [**populus** Silberpappel].

bi-corniger, gerī *m (Ov.)* der Zweigehörnte *(Beiname des Bacchus).*

bi-cornis, e *(cornu) (poet.; nachkl.)* zweihörnig [**caper; luna** Halbmond; **furca** zweizinkig; **Rhenus** m. zwei Mündungsarmen].

bi-corpor, *Gen.* corporis *(corpus)* zweileibig.

bi-dēns, *Gen.* dentis *(nicht klass.)* **I.** *Subst.* ❶ *f (erg. hostia) (ausgewachsenes) Opfertier (dessen beide Zahnreihen schon vollständig sind), bes.* Schaf;
❷ *m (erg. raster)* zweizinkiger Karst, Hacke;
II. *Adj.* ❶ *(t. t. der Opferspr.)* doppelt bezahnt *(schon beide Zahnreihen vollständig habend),* ausgewachsen;
❷ zweizähnig; zweizackig.

bidental, ālis *n (bidens) (poet.; nachkl.)* Blitzmal, *ein v. Blitz getroffener Ort, welcher dann durch ein Opfertier (bidens) gesühnt wurde u. so f. geheiligt galt;* **bidental movere** entweihen.

Bidis, is *f Ort auf Sizilien, nordwestl. v. Syrakus; – Adj. u. Einw.* **Bidīnus,** a, um *bzw.* ī *m.*

bī-duum, ī *n (dies)* Zeitraum v. zwei Tagen, zwei Tage; **-o ante, post** zwei Tage vorher, nachher; **-o, quo** zwei Tage, nachdem.

bi-ennium, ī *n (annus)* Zeitraum v. zwei Jahren, zwei Jahre.

bi-fāriam *Adv.* nach zwei Seiten hin, zweifach, doppelt; ~ **dividere copias; gemina victoria duobus ~ proeliis parta** *(Liv.);* ~ **laudatus est** *(Suet.).*

bi-fer, fera, ferum *(fero)* zweimal (im Jahr Früchte) tragend [**mālus; arbores**].

bi-fidus, a, um *(findo) (poet.; nachkl.)* in zwei Teile gespalten, geteilt.

bi-foris, e *(foris[1]) (poet.; nachkl.)* zweitürig, zweiflügelig [**valvae; fenestrae**].

bi-fōrmātus, a, um *(formo)* zweigestaltig.

bi-fōrmis, e *(forma) (poet.; nachkl.)* zweigestaltig [**monstra; proles** Minotaurus].

bi-frōns, *Gen.* frontis *(poet.; spätl.)* doppelstirnig, mit zwei Gesichtern [**Ianus**].

bi-furcor, furcārī *(mlt.)* sich gabeln.

bifurcum, ī *n (bifurcus) (nachkl.)* Gabelung.

bi-furcus, a, um *(furca)* zweizackig, -zinkig [**ramus; valli** gabelförmige Schanzpfähle].

bīgae, ārum *u. (nachkl.)* **bīga,** ae *f (< *biiuga)* Zweigespann.

bīgātus *(bigae)* **I.** *Adj.* a, um mit dem Zeichen des Zweigespanns geprägt [**argentum**];
II. *Subst.* ī *m* Silberdenar.

bi-iugis, e *u.* **bi-iugus,** a, um *(iugum) (poet.; nachkl.)* zweispännig [**equi; curriculum; certamen** Kampf im Zweigespann]; – *Subst.* **bi-iugī,** ōrum *m (Verg.)* Zweigespann; Streitwagen.

Bilbilis, is *(Akk.* -im) ❶ *m Nebenfluss des Ebro;*
❷ *f Geburtsort Martials am Bilbilis.*

bi-lībra, ae *f* zwei Pfund.

bilībris, e *(bilibra) (poet.; nachkl.)* ❶ zwei Pfund schwer;
❷ zwei Pfund fassend.

bi-linguis, e *(lingua)* ❶ *(vorkl.)* zweizüngig;
❷ zweisprachig; zwei Sprachen redend; Kauderwelsch redend;
❸ doppelzüngig, heuchlerisch, falsch.

bilinguus, a, um = *bilinguis 1. u. 2.*

bīliōsus, a, um *(bilis) (spätl.)* gallig.

bīlis, is *f (Abl. Sg.* -ī *u.* -e) ❶ Galle *(als Flüssigkeit);*
❷ Zorn, Unwille, Verdruss; **bilem habere** zornig sein;
❸ *(atra od. nigra)* **a)** Melancholie, Schwermut; **b)** Raserei, Wahnsinn.

bi-līx, *Gen.* līcis *(licium)* zweifädig, -drähtig [**lorica**].

bi-lūstris, e *(lustrum[2]) (Ov.)* zehn Jahre dauernd, zehnjährig [**bellum**].

bi-lychnis, e *(lychnus) (Petr.)* mit zwei Kerzen, zweikerzig, mit zwei Flammen [**lucerna**].

bi-maris, e *(mare) (poet.; nachkl.)* v. zwei Meeren umspült [**Corinthus; Isthmus**].

bi-marītus, ī *m* Ehemann zweier Frauen, Bigamist.

bi-māter, tris *(poet.; nachkl.)* zwei Mütter habend, von zwei Müttern geboren, *Beiname des Bacchus.*

bi-membris, e *(membrum) (poet.; nachkl.)* zwei-, doppelgliedrig; – *Subst. Pl.* Kentauren.

bi-mē(n)stris, e *(Abl.* -ī *u.* -e) *(mensis)* ❶ *(poet.)* zwei Monate alt [**porcus**];
❷ zwei Monate dauernd [**spatium**];
❸ für zwei Monate [**stipendium**].

bīmulus, a, um *(Demin. v. bimus)* erst zweijährig.

bīmus, a, um (< **bi-himus v. hiems, eigtl. zwei Winter alt*) zweijährig: ❶ zwei Jahre alt [**taurus; equus; merum**];
❷ sich auf zwei Jahre erstreckend [**principes** zwei Jahre regierend; **honos** auf zwei Jahre erteilt].

Bingium, ī *n j.* Bingen *od.* Bingerbrück.

bīnī, ae, a *(Gen.* binum) *(bis)* ❶ je zwei; **Romae quotannis bini consules creabantur;**

B

2 *(bei pl. tantum)* zwei, beide [**castra**];
3 ein Paar, zwei [**boves; frena**].

bi-noctium, ī *n (nox) (nachkl.)* Zeit v. zwei Nächten, zwei Nächte.

bi-nōminis, e *(nomen) (Ov.)* zweinamig *(Ascanius = Iulus; Hister = Danuvius).*

binōmius, a, um *(mlt.)* zwei Namen führend.

Biōn, ōnis *m* 1 *Anhänger der kynischen Philosophen-Schule, ein bissiger Satiriker, 3. Jahrh. v. Chr. in Griechenland; – Adj.* **Biōnēus,** a, um *(Hor.)* bissig [**sermones**];
2 *bukolischer Dichter aus Smyrna in Kleinasien, Ende 2 Jahrh. v. Chr.*

bi-palmis, e *(palma¹)* zwei Handspannen lang *od.* breit [**tabulae; spiculum**].

bi-partītus (*u.* **bi-pertītus**), a, um (*Adv.:* -ō) *(partio)* in zwei Teile geteilt, in zwei Teile(n), doppelt; **argumentatio -a; -i Aethiopes in orientem occasumque versi** *(Plin.)*; **signa -o inferre** *v.* zwei Seiten angreifen.

bi-patēns, *Gen.* entis *(pateo) (poet.)* doppelt geöffnet [**portae** mit doppelten Türflügeln].

bi-pedālis, e zwei Fuß lang *od.* breit *od.* dick.

bipenni-fer, fera, ferum *(bipennis u. fero) (Ov.)* eine Doppelaxt tragend.

bi-pennis **I.** *Adj.* e 1 *(penna)* mit zwei Flügeln, zwelflügelig;
2 zweischneidig [**ferrum**];
II. *Subst.* is *f* Doppelaxt.

bi-pertītus, a, um *s. bipartitus.*

bi-pēs, *Gen.* pedis **I.** *Adj.* zweifüßig;
II. *Subst. m* Zweifüßler; *(verächtl.)* Mensch.

bi-rēmis *(remus)* **I.** *Adj.* e zweiruderig, mit zwei Rudern;
II. *Subst.* is *f (erg. navis)* Zweidecker, Zweiruderer *(Galeere m. zwei Reihen v. Ruderbänken übereinander).*

birsō, birsāre *(germ. Wort) (spätl.)* pirschen, jagen.

● **bis** *Adv.* 1 zweimal; ~ **tantum** *u.* **tanto** doppelt so groß, so weit; ~ **terve** (nur) zwei- od. dreimal, selten; **bis(que) terque** öfter, mehrfach;
2 *(poet.; spätl.)* zum zweiten Mal *(= iterum)* [**consul factus**].

bi-saccium, ī *n (saccus) (Petr.)* Quersack.

Bīsaltae, ārum *m thrak. Volk am Strymon; –* **Bīsaltica,** ae *f das Land der B.; –* **Bīsaltis,** idis *f (Akk.* -ida) Theophane, *Tochter des Heros* **Bīsaltes.**

bisōn, ontis *m (poet.; nachkl.)* Auerochse.

Bistones, num *m kriegerisches Volk in Thrakien in der Gegend von Abdera; – Adj.* **Bistonius,** a, um *u. (f)* **Bistonis,** idis bistonisch; thrakisch; – *Subst.* **Bistonis,** idis *f* Thrakerin = Bacchantin.

bi-sulcis, e *u.* **bi-sulcus,** a, um *(sulcus) (poet.; nachkl.)* (in zwei Teile) gespalten.

Bīthȳnia, ae *f* Bithynien, *Landschaft an der Nordküste Kleinasiens; – Einw.* **Bīthȳnī,** ōrum *m; – Adj.* **Bīthȳn(ic)us,** a, um.

bītō, bītere = *baeto.*

bitūmen, minis *n (poet.; nachkl.)* Erdpech, Asphalt [**tenax; durum**].

bitūmineus, a, um *(bitumen) (Ov.)* aus Erdpech.

bitūminōsus, a, um *(bitumen) (spätl.)* erdpechhaltig [**fontes; terra**].

Biturīgēs, gum *m kelt. Volk im aquitanischen Gallien um Avaricum (j. Bourges) und Burdigala (j. Bordeaux).*

bi-vium, ī *n (bivius)* 1 Kreuz-, Scheideweg;
2 *(übtr.)* doppeltes Mittel.

bi-vius, a, um *(via) (poet.; nachkl.)* mit zwei Wegen, mit zwei Eingängen [**fauces** *die Eingänge des Hohlwegs auf beiden Seiten*].

blaesus, a, um *(gr. Fw.) (poet.; nachkl.)* lispelnd, lallend, stammelnd [**sonus**].

Blaesus, ī *m röm. cogn., bes. in der gens Iunia u. Sempronia.*

blandi-dicus, a, um *(blandus u. dico¹) (Plaut.)* schmeichlerisch.

blandi-loquentia, ae *f (blandus u. loquor) (Enn.)* Schmeichelrede.

blandi-loquentulus *u.* **-loquus,** a, um *(blandus u. loquor) (Plaut.; Sen.)* schmeichlerisch.

blandīmentum, ī *n (blandior) (meist im Pl.)*
1 Schmeichelei; Liebkosung; **-a tua; -a dare alci; captus -is;**
2 Annehmlichkeit, Reiz; **-a voluptatis; -a vitae.**

blandior, blandīrī, blandītus sum *(blandus) (m. Dat.)* 1 schmeicheln; liebkosen; ~ **votis suis** das glauben, was man wünscht;
2 schmeichelnd bitten *(m. ut u. Konj.)*;
3 reizen, locken, gefallen;
4 begünstigen; **blandiebatur coeptis fortuna** *(Tac.)*;
/ **blandītus,** a, um angenehm, reizend.

blanditer = *blandē, s. blandus.*

● **blanditia,** ae *f (blandus)* 1 Schmeichelei, Liebkosung [**popularis** gegenüber dem Volk]; *Pl.* Schmeichelworte, Liebkosungen; **benevolentiam civium -is colligere** *(Cic.)*;
2 Reiz, Lockung;
3 Genuss; **-ae praesentium voluptatum.**

blandulus, a, um *(Demin. v. blandus) (spätl.)* schmeichlerisch.

● **blandus,** a, um *(Adv.* -ē *u.* [*Kom.*] -iter) 1 schmeichelnd, liebkosend, zärtlich; schmeichlerisch *(geg. jmd.: alci u. adversus alqm)*; **-a columba; catulorum -a propago; -um amicum a vero secernere** *(Cic.)*;
2 gewinnend, höflich [**verba; litterae**];
3 lockend, reizend, einnehmend [**voluptas**]; **-ā voce vocare; ne -ā aut supplici oratione fallamur** *(Cic.)*.

blasphēmia, ae *f (gr. Fw.) (Eccl.)* Schmähung, Gotteslästerung.

blasphēmō, blasphēmāre *(gr. Fw.) (Eccl.)* lästern, schmähen.

blasphēmus, a, um *(gr. Fw.) (Eccl.)* lästernd.

blaterō, blaterāre *(vor- u. nachkl.)* plappern, schwafeln, faseln.

blatiō, blatīre *(Plaut.)* schwätzen, plappern.

blatta, ae *f lichtscheues, an Kleidern, Büchern usw. nagendes Insekt verschiedener Art, z. B.* Schabe, Motte.

blattārius, a, um *(blatta) (nachkl.)* Schaben-; **balnea -a** *(Sen.)* dunkle Badezimmer *(so genannt nach der Lichtscheu der Schabe).*

Blaudēnus, a, um aus der Stadt Blaudus *(in Großphrygien in Kleinasien).*

blennus, ī *m (gr. Fw.) (vorkl.)* Tölpel.

bliteus, a, um *(blitum) (Plaut.)* geschmacklos, abgeschmackt, albern [**meretrix**].

blitum, ī *n (gr. Fw.) (vor- u. nachkl.) (bot.)* Melde *(Küchenkraut).*

boārius (*u.* **bovārius**), a, um *(bos)* Rinder- [**forum** Rindermarkt *(Marktplatz in Rom zw. dem Circus Maximus u. dem Tiber)*].

boātus, *Abl.* -ū *m (boo) (Mart.)* ❶ das Brüllen, Schreien;
❷ das Dröhnen.

Bocchus, ī *m Name zweier Könige v. Mauretanien (um 110–80 bzw. um 50–33 v. Chr.).*

bōcula, ae *f – bucula.*

Boebē, ēs *f* ❶ *u.* **Boebēis,** idos *f See in Thessalien (in Griechenland), j.* Bio;
❷ *Ort an diesem See.*

Boeōtarchēs, ae *m* Böotarch, *einer der 11 böot. Oberbeamten.*

Boeōtia, ae *f* Böotien, *Landschaft in Mittelgriechenland m. der Hauptstadt Theben; – Einw.* **Boeōt(i)ī,** ōrum *m* die Böotier; *– Adj.* **Boeōt(i)us** *u.* **Boeōticus,** a, um böotisch.

bōia, ae *f (Plaut.)* Halseisen *(f. Sklaven u. Verbrecher).*

Bō(i)ī, ōrum *m kelt. Volk, urspr. in Gallien, später ausgewandert, teils in der Po-Ebene, teils in Böhmen ansässig; –* **Bōi(o)haemum,** ī *n Land der Bojer,* Böhmen.

Bōla, ae *f (auch Pl.) Stadt der Äquer in Latium, unweit Roms; – Einw. u. Adj.* **Bōlānus,** ī *m bzw.* a, um.

bolbus, ī *m = bulbus.*

bōlētar, āris *n (boletus) (Mart.)* Geschirr f. Pilze.

bōlētus, ī *m (poet.; nachkl.)* essbarer Pilz (*bester Art, bes.* Champignon).

bolus, ī *m (gr. Fw.)* ❶ *(Plaut.)* Wurf *(beim Würfelspiel);*
❷ *(Suet.) die auf einen Wurf gefangenen Fische,* der Fang;
❸ *(vorkl.)* Gewinn.

bombarda, ae *f (mlt.)* Feuergeschütz.

bombax *Interj. (gr. Fw.) (Plaut.)* potztausend!

bombiō, bombīre *(bombus) (Suet.)* summen *(v. Bienen).*

bombus, ī *m (gr. Fw.) (nicht klass.)* dumpfer Ton, Brummen, Summen.

bombȳcinus, a, um *(bombyx) (poet.; nachkl.)* aus Seide [**vestis; taenia**]; *– Subst. Pl.* **bombȳcina,** ōrum *n* seidene Gewänder, seidene Stoffe.

bombȳx, ȳcis *m (gr. Fw.) (poet.; nachkl.)* ❶ Seidenraupe;
❷ Seide.

Bona Dea, ae *f* die gute Göttin, *Göttin der Fruchtbarkeit und Keuschheit (Tempelfest am 1. Mai).*

bonātus, a, um *(bonus) (Petr.)* gut geartet, von Natur aus gut(mütig).

bonitās, ātis *f (bonus)* ❶ *(v. Personen)* Güte, Gutmütigkeit, Herzensgüte; **fides alcis bonitasque;**
❷ *(v. Sachen)* Vortrefflichkeit [**agrorum**].

Bonna, ae *f* Bonn; *– Adj.* **Bonnēnsis,** e.

Bonōnia, ae *f kelt. (bojischer) Ort in Gallia Cisalpina, alter etr. Stadtname Felsina, j.* Bologna; *– Adj.* **Bonōniēnsis,** e.

● **bonum,** ī *n (bonus)* ❶ das *(sittl.)* Gute, Sittlichkeit, Redlichkeit, Tugend, gute Prinzipien, gutes Verhalten; **~ honestumque** Redlichkeit u. Ehrenhaftigkeit; **~ et aequum** Recht u. Billigkeit; **periit ius fasque bonumque;**
❷ gute Beschaffenheit, guter Zustand, gute Verfassung [**corporis et ingenii**]; **vertere in -um** sich zum Guten wenden; **it in melius valetudo principis** wendet sich zum Besseren;
❸ *Pl.* Hab u. Gut, Güter, Vermögen, Reichtümer; **-a aliena; -a privata; -a paterna et avita; -orum omnium heres** Universalerbe; **divisa inter creditores -a; alqm patriis -is evertere** *od.* **exturbare;**
❹ Vorteil, Nutzen, Gewinn; **nullā -i spe** ohne sich einen Vorteil zu versprechen;
❺ das *(geistige, moral., körperl.)* Gut, Gabe [**naturale** Naturtalent; **summum** das höchste Gut]; **forma ~ fragile est; sunt animi -a, sunt corporis, sunt fortunae;**
❻ Glück, Wohl [**publicum** Staatswohl].

● **bonus,** a, um *(Komp.* melior, ius; *Superl.* optimus, a, um [*altl.* optumus]; *Adv.* bene) ❶ *(v. Personen)* gut, vortrefflich, tüchtig [**dux; poeta; gubernator**];
❷ ehrbar, sittsam, tugendhaft [**virgo; coniunx**];
❸ gut, ehrenhaft, treu, ehrlich, redlich; **ingenio -o esse; -o animo in populum esse; consilio -o** in guter Absicht; **-a atque honesta amicitia; -a fide** gewissenhaft; **-i mores; ~ vir** Ehrenmann;
❹ der herrschenden Staatsform zugetan, patriotisch, loyal; **-i cives; optimi viri** achtbare Patrioten; **pars melior** *od.* **partes optimae** Patriotenpartei;
❺ gutmütig, uneigennützig;
❻ gütig, gnädig, gewogen *(m. Dat.; in u.*

B

Akk.); **di -i; vicinis ~;**
7 tapfer, mutig;
8 vornehm; **-o genere natus;**
9 begütert, reich;
10 hübsch, schön [**forma; statua**];
11 gut (gearbeitet), vorzüglich; **agrum meliorem in his regionibus habet nemo** *(Ter.)*; **optimum argentum** vortrefflich gearbeitet; **memoria -a** gutes Gedächtnis;
12 geeignet, zweckmäßig, tauglich *(für: m. Dat.; ad)*; **ager ~ pecori; campi ad proelium -i;**
13 nützlich, verdienstlich [**facta; exemplum**];
14 gut, günstig, glückbringend, glücklich [**eventus; fata; omen; annus**];
15 *(v. Nachrichten u. Gerüchten)* gut, angenehm, günstig [**nuntii**];
16 *(im Befinden)* gut, gesund, frisch; **valetudo -a; animus ~** ruhiger, gelassener Sinn; **-o animo esse = -um animum habere** guten Mutes sein; **color ~** gesunde Gesichtsfarbe; **aetas -a** Jugend;
17 gesund, heilsam [**aquae; vinum**];
18 beträchtlich, ansehnlich, bedeutend; **-a pars hominum.**

boō, boāre *(gr. Fw.)(nicht klass.)* 1 brüllen;
2 widerhallen; **toto voce boante foro** *(Ov.)*.

Boōtēs, ae *u.* is *m (gr. Fw.)* Ochsentreiber, Bärenhüter, *Sternbild am nördl. Himmel beim großen Wagen bzw. Bären.*

boreālis, e *(boreas) (spätl.)* nördlich.

boreās, ae *m (gr. Fw.)(poet.; nachkl.)* 1 Nordostwind; *übh.* Nordwind; **boreae frigus; ~ saevus;**
2 *(Hor.) (meton.)* Norden;
3 *personif.* – *Aquilo (s. aquilo 3.).*

borēus, a, um *(gr. Fw.)* nördlich [**axis**].

Borysthenēs, is *m Fluss in Skythien, später* = Danapris, *j.* Dnjepr; – *Anw.* **Borysthenidae,** ārum *m*; – *Adj.* **Borysthenius,** a, um.

● **bōs,** bovis *m u. f* Rind: *m* Ochse; *f* Kuh *(Gen. Pl.* boum, *altl.* bovom; *Dat. u. Abl.* bōbus *u.* būbus).

Bosp(h)orus, ī *m* Meerenge, *bes.:* 1 ~ *Thracius* Straße v. Konstantinopel;
2 ~ *Cimmerius* Straße v. Jenikale *bzw.* Kertsch *an der Krim (f = die Landstriche am Bosporus)*;
/ *Adj.* **Bosporius** *u.* **Bosporānus,** a, um [**bellum**]; / *Anw.* **Bosporānus,** ī *m.*

bostar *n (gr. Fw.) (spätl.)* Rinderstall.

botellus, ī *m (Demin. v. botulus) (Mart.)* Würstchen.

botryō(n), ōnis *m (gr. Fw.)(Hor.; Mart.)* Traubenstängel.

botrys, yos *(u.* **botrus,** ī) *f (gr. Fw.) (spätl.)* Weintraube.

botulārius, ī *m (botulus) (Sen.)* Wurstmacher, -händler.

botulus, ī *m (Mart.; Petr.)* Wurst.

bovārius, a, um *s. boarius.*

Boviānum, ī *n Stadt in Samnium, j.* Bojano.

bovīle, lis *n (bos)* Rinderstall.

Bovillae, ārum *f Ort in Latium am Albanerberg*; – *Adj.* **Bovillānus,** a, um.

bovillus, a, um *(bos)* Rinder- [**grex**].

bovīnus, a, um *(bos) (spätl.)* Rinder-.

brabēum, ī *n (gr. Fw.) (spätl.)* Kampf-, Siegespreis.

brabeuta, ae *m (gr. Fw.) (Suet.)* Kampfrichter.

brabīum = *brabeum.*

brācae, ārum *f (selten Sg.) (poet.; nachkl.)* weite Hosen, Pluderhosen; **Galli -as deposuerunt, latum clavum sumpserunt.**

brācātus, a, um *(bracae)* 1 Hosen tragend;
2 ausländisch, barbarisch [**natio; miles**];
3 verweichlicht;
4 transalpinisch; **Gallia -a:** *später* Gallia Narbonensis; **cognatio -a** *(iron.)* Verwandtschaft mit den Leuten aus dem narbonensischen Gallien.

bra(c)chiālis, e *(bracchium) (vor- u. nachkl.)* Arm- [**nervus**]; – *Subst.* **bra(c)chiāle,** is *n* Armspange.

bra(c)chiolum, ī *n (Demin. v. bracchium) (Cat.)* Ärmchen.

● **bra(c)chium,** ī *n* 1 Unterarm;
2 Arm; **-um frangere, extendere; -um iactare** schwingen; **-a collo dare, circumdare, inicere, implicare** umarmen;
3 *den Armen entsprechende Glieder der Tiere:* **a)** Schere *des Krebses u. des Skorpions;* **b)** Schenkel *des Elefanten;*
4 *dem Arm ähnliche Gegenstände:* **a)** Ast, Zweig; **b)** Meeresarm; **c)** Segelstange; **d)** Seitendamm, Damm; **e)** Ausläufer (eines Gebirges); **f)** Schenkel *des Zirkels.*

bract ... = *bratt....*

branchiae, ārum *f (gr. Fw.) (Plin.)* Kiemen.

Branchidae, ārum *m die Priester des Apolloorakels v. Didyma.*

brandea, ae *f u.* **brandeum,** ī *n (spätl.)* Leinen- *od.* Seidenhülle f. Reliquien.

brassica, ae *f (poet.; nachkl.)* Kohl.

brattea, ae *f (poet.; nachkl.)* dünnes Metallblättchen, *bes.* Goldblättchen.

bratteātus, a, um *(brattea) (nachkl.)* 1 mit Goldblech überzogen [**sellae**];
2 goldschimmernd, golden;
3 *(Sen.) (übtr.)* nur äußerlich schimmernd, nicht gediegen [**felicitas**].

bratteola, ae *f (Demin. v. brattea) (Iuv.)* Blechplättchen, Goldblättchen.

bravīum = *brabēum.*

Brennus, ī *m Name gallischer Heerführer (390 bzw. 387 v. Chr. Schlacht an der Allia; 279 v. Chr. bei Delphi), eigtl. wohl Titel im Sinne von Fürst, Herzog od. Ähnliches.*

Breunī, ōrum *m Volk im Inntal.*

breve, vis *n s. brevis 1. c u. 3. b.*

breviārium, ī *n (brevis)* ❶ *(Suet.)* kurzes Verzeichnis, kurze Übersicht;
❷ *(spätl.)* Urkunde.

breviculus, a, um *(Demin. v. brevis) (Plaut.)* etwas kurz, etwas klein.

brevi-loquēns, *Gen.* entis *(brevis u. loquor)* sich kurz fassend.

breviloquentia, ae *f (breviloquens)* Kürze im Ausdruck.

breviō, breviāre *(brevis) (nachkl.)* kurz machen, verkürzen.

● **brevis,** e ❶ *(räuml.)* **a)** *(in die Länge, Höhe)* kurz, klein, niedrig *(Ggstz. longus, altus)* [**homo**]; **b)** *(in die Weite)* schmal, klein *(Ggstz. longus, latus);* **via~; libellum in breve cogere** eng zusammenrollen; **c)** *(in die Tiefe)* flach, seicht [**vada**]; – *Subst.* **breve,** vis *n* seichte Stelle, Untiefe, Watt *(meist Pl.)*;
❷ *(zeitl.)* **a)** kurz; **tempus breve; brevi (tempore)** in Kürze; **brevi post, deinde** bald darauf; **ad breve (tempus)** für eine kurze Zeit; **b)** kurz dauernd, vorübergehend, flüchtig, vergänglich [**vita; dolor; flos** nur kurze Zeit blühend];
❸ *(quant.)* **a)** *(metr.)* kurz (gesprochen) [**syllaba**]; **b)** *(v. Ausdruck)* kurz (gefasst), kurz u. bündig [**litterae; narratio; carmen; praeceptum**]; **brevi** *u.* **breve** kurz, mit wenigen Worten; **breve faciam** ich will's kurz machen; **in breve cogere** kürzen; **breviter describere;** – *Subst. (spätl.)* **breve,** vis *n u.* **brevis,** is *m* kurzes Verzeichnis, Liste; **c)** *(v. Redner, v. Schreiber)* sich kurz fassend *(Ggstz. copiosus)* [**in scribendo**]; **d)** knapp, gering, dürftig [**cena; pondus; impensa**].

brevitās, ātis *f (brevis)* ❶ *(räuml. u. zeitl.)* Kürze [**spatii** geringe Entfernung; **temporis; vitae**];
❷ *(metr.)* Kürze [**syllabae**];
❸ *(v. Ausdruck)* Kürze, Knappheit, kurze u. bündige Darstellung [**litterarum; orationis**].

Briareūs, eī *m hundertarmiger Riese.*

Brigantēs, tum *m kelt. Volk im nördl. Britannien.*

Brigantia, ae *f* Bregenz; – *Adj.* **Brigantīnus,** a, um [**lacus** Bodensee].

Brīmō, ūs *f* (Βριμώ) die Zürnende, *cogn. der Proserpina.*

Brīsēis, idis *f Tochter des Brises, Kriegsgefangene u. Geliebte des Achilles, ihre Wegnahme durch Agamemnon war Ursache für den Zorn des Achilles, der das Thema von Homers Ilias darstellt.*

Britannia, ae *f* Großbritannien *(England m. Schottland u. Irland);* – *Einw.* **Britannus,** ī *m*; – *Adj.* **Britann(ic)us,** a, um; – **Britannicus,** ī *m cogn. des Sohnes des Kaisers Claudius und der Messalina, geb. 41 n. Chr., auf Befehl Neros vergiftet (55 n. Chr.).*

Brittiī, ōrum *m s. Bruttii.*

Brixellum, ī *n Ort am rechten Po-Ufer, j.* Bersello.

Brixia, ae *f Ort in Oberitalien, j.* Brescia; – *Adj.* **Brixiānus,** a, um.

Bromius, ī *m* (Βρόμιος der Lärmende) *cogn. des Bacchus.*

Bructerī, ōrum *m germ. Volk zw. der unteren Ems u. der Lippe, an der Varusschlacht 9 n. Chr. beteiligt;* – *Adj.* **Bructerus,** a, um.

brūma, ae *f (< *brevima [erg. dies] < brevis)*
❶ der kürzeste Tag, Wintersonnenwende;
❷ *(poet.)* Winter(kälte);
❸ *(Mart.) (meton.)* Jahr [**ante brumas triginta**].

brūmālis, e *(bruma)* der Wintersonnenwende, winterlich [**signum** Zeichen des Steinbocks; **dies** der kürzeste Tag; **tempus** Winterzeit; **frigus**].

Brundisium, ī *n Hafenstadt im antiken Kalabrien (im heutigen Apulien), j.* Brindisi; – *Einw. u. Adj.* **Brundisīnus,** ī *m bzw.* a, um.

brunellum, ī *n (spätl.)* dunkler, brauner Kleiderstoff.

brunellus, ī *m (mlt.)* Esel.

brūtālis, e *(brutus) (spätl.)* gefühllos, grob.

Bruttiī, ōrum *m* ❶ die Bruttier, *Bew. der südlichsten Landschaft Italiens (j. Kalabrien);*
❷ *(meton.) das Land der Bruttier* [**in Bruttiis**];
/ *Adj.* **Bruttius,** a, um [**ager** das bruttische Gebiet, Bruttien]; *subst.* **Bruttiānī,** ōrum *m* Liktoren *(zahlreiche Bruttier wurden im 2. Pun. Krieg röm. Staatssklaven).*

brūtus, a, um ❶ schwerfällig, plump;
❷ stumpfsinnig, dumm;
❸ schwer, wuchtig.

i Kultur **Brūtus,** ī *m (brutus) bekanntestes cogn. in der gens Iunia, bes. berühmt:* ❶ L. Iunius ~, *legendärer Befreier Roms v. der Königsherrschaft, mit Collatinus erster röm. Konsul (509 v. Chr.);*
❷ M. Iunius ~ *(85–42 v. Chr.), Neffe des jüngeren Cato (v. Utica), Philosoph u. Redner. Im Bürgerkrieg kämpfte er auf der Seite des Pompeius gegen Caesar. Nach der Schlacht v. Pharsalos (48 v. Chr.) v. Caesar begnadigt, wurde Freund Caesars. Anhänger der Republik. Nach Caesars Machtanhäufung Entfremdung gegenüber Caesar. Einer der Mörder Caesars. 42 v. Chr. wurde Brutus mit seinen Anhängern bei Philippi v. Antonius besiegt.* – *Adj.* **Brūtīnus,** a, um;
❸ D. Iunius ~ *(um 81–43 v. Chr.), Mitverschworener geg. Cäsar und Gegner des Antonius.*

būbalus, ī *m (gr. Fw.) (poet.; nachkl.)* ① Gazelle;
② Büffel.
Būbastis, is *f ägypt. Mondgöttin, als Löwin, bes. als Katze dargestellt.*
būbīle, lis *n (bos) (vorkl.; poet.)* Rinderstall.
būbō, ōnis *m (u.* [*Verg.*] *f)* Uhu [**luctifer**].
būbula, ae *f (bubulus; erg. caro) (vorkl.)* Rindfleisch.
bubulcitor, bubulcitārī ① *(Plaut.)* Ochsentreiber sein;
② *(vorkl.)* wie ein Ochsentreiber schreien.
bu-bulcus, ī *m (bos)* Ochsentreiber, -knecht.
būbulus, a, um *(bos)* vom Rind, Rind-.
būcaeda, ae *m (bos u. caedo) (Plaut.)* der mit einem Ochsenziemer Gepeitschte.
bucca, ae *f* ① *(aufgeblasene od. voll gestopfte)* Backe; **-ae fluentes** Hängebacken; **-as inflare;**
② *(nachkl.) (meton.)* Mundvoll, Bissen [**panis**];
③ *(Iuv.) derjenige, der die Backen aufbläst:* **a)** Hornbläser; **b)** Schreier;
④ *(Petr.)* Schmarotzer.
buccea, ae *f (bucca) (Aug. b. Suet.)* Bissen, Stückchen.
buccella *(u.* **bucella),** ae *f (Demin. v. bucca) (Mart.)* kleiner Bissen.
buccō, ōnis *m (bucca) (Plaut.)* Pausback; Tölpel.
buccula, ae *f (Demin. v. bucca)* ① *(vor- u. nachkl.)* Bäckchen;
② *(meton.)* Backenstück *am Helm;*
③ *(spätl.)* Schildbuckel.
bucculentus, a, um *(bucca) (Plaut.)* ① pausbackig;
② großmäulig.
bucella *s. buccella.*
Būcephalās, ae *u.* **-us,** ī *m Lieblingspferd Alexanders des Gr.; zu seinem Andenken nannte er eine neu gegründete Stadt am Hydaspes (j. Dschilam)* **Būcephala,** ae *od.* **-ē,** ēs *f j.* Jalalpur.
būcerus, a, um *(gr. Fw.) (poet.)* mit Rinderhörnern, gehörnt [**armenta**].
būcina, ae *f (bos u. cano)* ① *(Prop.)* (Hirten-) Horn;
② Signalhorn, Trompete; **secundae vigiliae -ā signum datum;**
③ *(poet.; nachkl.) (meton.)* Trompetensignal;
④ *(Ov.)* Tritonshorn.
būcinātor, ōris *m (bucino)* ① Hornbläser;
② Ausposauner [**existimationis meae**].
būcinō, būcināre *(bucina)* (das Horn) blasen.
būcinum, ī *n (bucina) (Plin.)* ① Trompetenton;
② *(biol.)* Posaunenschnecke.
būcinus, ī *m (bucina) (Petr.)* Trompeter *(v. Hahn).*

> *i* Kultur **būcolica,** ōrum *n (bucolicus) (poet.; nachkl.)* Hirtengedichte, bukolische Gedichte. Der bedeutendste röm. Vertreter dieser Gattung ist Vergil mit den Eklogen, die Vorbild für die Hirtendichtung der Renaissance und des Barock wurden. In der griech. Literatur varfasste Theokrit (Dichter aus Syrakus im 3. Jahrh. v. Chr.) bukolische Gedichte.

būcolicus, a, um *(gr. Fw.) (poet.; nachkl.)* ländlich, Hirten- [**poëma** Hirtengedicht; **modi**].
būcula, ae *f (Demin. v. bos)* junge Kuh, Färse.
būfō, ōnis *m (Verg.)* Kröte.
būglossa, ae *f (gr. Fw.) (Plin.) (bot.)* Ochsenzunge *(Pflanze).*
bulbāceus, a, um *(bulbus) (Plin.)* knollenartig [**radix**].
bulbōsus, a, um *(Plin.) = bulbaceus.*
bulbus, ī *m (gr. Fw.) (poet.; nachkl.)* Zwiebel.
būlē, ēs *f (gr. Fw.) (Plin.)* Ratsversammlung.
būleuta, ae *m (gr. Fw.)(Plin.)* Ratsherr.
būleutērium, ī *n (gr. Fw.) Versammlungsort von Ratsherren in Griechenland,* Rathaus.
bulga, ae *f (vorkl.; spätl.)* Sack.
bulla, ae *f* ① *(nicht klass.)* Blase, Wasserblase; *bildl. v. Vergänglichem:* **non pluris sumus quam** ~ *(Petr.);*
② Buckel, Knopf *(als Verzierung an Gürteln, Türen u. Ä.);*
③ Goldkapsel *(als Amulett);*
④ *(mlt.)* Siegel *(päpstl. aus Blei; kaiserl. aus Gold);*
⑤ *(mlt.)* Urkunde.
bullātor, ōris *m (bulla 4.) (mlt.)* päpstl. Geheimschreiber.
bullātus, a, um ① *(bulla 1.) (nachkl.)* wasserblasenartig, nichtig [**nugae**];
② *(bulla 2.) (vorkl.)* mit einer „bulla" geschmückt [**cingulum**];
③ *(bulla 3.) (nachkl.)* ein Amulett tragend [**puer**].
bulliō, bullīre *(bulla) (nachkl.)* Blasen werfen, sprudeln, aufbrausen, kochen.
Bullis, idis *f illyr. Küstenort; – Einw.* **Bulli(d)ēnsēs,** sium, **Bulliōnēs,** num *u.* **Bullīnī,** ōrum *m.*
būmammus, a, um *(vorkl.)* großbeerig [**uva**].
būmastus, ī *f (gr. Fw.)(poet.; nachkl.)* großtraubige Rebe.
Būpalus, ī *m griech. Bildhauer aus Chios, Gegner des Dichters Hilpponax.*
Burdigala, ae *f Hauptstadt der Bituriges Vivisci an der Garonne, j.* Bordeaux.
burdōnārius, ī *m (spätl.)* Packtiertreiber.
burdubasta, ae *m (Petr.)* lendenlahmer Esel.
burgensis *(germ. Wort) (mlt.)* **I.** *Adj.* e Stadt-; Burg-; bürgerlich;

II. *Subst.* is *m* Bürger, Städter.

burggravius, ī *m (germ. Wort) (mlt.)* Burggraf.

Burgondionēs, num, **Burgundionēs,** num *u.* **Burgundiī,** ōrum *m* die Burgunder, *germ. Volk.*

burgus, ī *m (germ. Wort) (nachkl.; spätl.; mlt.)* Burg, Kastell; *(mlt.)* Unter-, Vor-, Neustadt.

būris, is *m (Akk.* -im) *(poet.)* Krummholz *am Pflug.*

Būris, is *f Ort an der Küste Achaias in Griechenland, 373 v. Chr. durch Erdbeben zerstört.*

bursa, ae *f (mlt.)* (Geld-)Beutel.

Būsīris, ridis *m myth. ägypt. König, der Landesfremde den Göttern opferte; wurde v. Herkules erschlagen.*

busti-rapus, ī *m (bustum u. rapio) (Plaut.)* Grabschänder.

bustuārius *(bustum)* **I.** *Adj.* a, um zur Leichenbrandstätte gehörig; f. die Leichenfeier bestimmt;

II. *Subst.* ī *m (spätl.)* Grabschänder.

bustum, ī *n* ① *(poet.; nachkl.)* Leichenbrandstätte, Scheiterhaufen;

② Grabhügel, Grab(mal);

③ Ort des Untergangs;

④ *die Person, durch die etw. vernichtet wird* [**rei publicae; nati** *v. Tereus, der seinen Sohn gegessen hat*].

Būthrōtum, ī *n (u.* **-tos,** ī *f) Küstenort in Epirus, j.* Butrinto *in Albanien gegenüber Korfu; – Adj. u. Einw.* **Būthrōtius,** a, um *bzw.* ī *m.*

būthysia, ae *f (gr. Fw.) (Suet.) feierliches Rinderopfer.*

buticula, ae *f (spätl.)* Trinkgefäß, Becher.

būtȳrum, ī *n (gr. Fw.)(Plin.)* Butter.

Buxentum, ī *n Stadt in Lukanien in Süditalien, j.* Policastro.

buxētum, ī *n (buxus) (Mart.)* Buchsbaumpflanzung.

buxeus, a, um *(buxus)* buchsbaumfarbig, gelblich [**color; dentes**].

buxi-fer, fera, ferum *(buxus u. fero) (Cat.)* Buchsbaum tragend.

buxōsus, a, um *(buxus) (Plin.)* dem Buchsbaumholz ähnlich.

buxus, ī *f u.* **-um,** ī *n (poet.)* ① Buchsbaum(holz);

② *(meton.) aus Buchsbaumholz gearbeiteter Gegenstand:* **a)** Flöte; **b)** Kamm; **c)** Schreibtafel.

Byblos, ī *f Stadt in Phrygien in Kleinasien.*

Byrsa, ae *f Burg v. Karthago.*

byssinum, ī *n (gr. Fw.)(Plin.)* Batist.

byssinus, a, um *(byssinum) (spätl.)* aus feinem Leinen, aus Batist.

byssus, ī *f (gr. Fw.)(nachkl.)* feines Leinen, Batist.

Bȳzacium, ī *n Landschaft in Africa Propria, zw. dem Fluss Triton u. der kleinen Syrte.*

Bȳzantium, ī *n* Byzanz, *später* Konstantinopel, *j.* Istanbul; – *Einw. u. Adj.* **Bȳzantius,** ī *m bzw.* a, um.

C

C. *(Abk.) = der Vorname Gaius.*

C, c *(Abk.)* ① *(als Zahlzeichen) = centum;*
② *(auf den Stimmtäfelchen der Richter) = condemno, dah. littera tristis;*
③ *= censuerunt;*
④ *= comitialis (dies).*

caballicō, caballicāre *(caballus) (spätl.)* reiten.

caballus, ī *m (nicht klass.)* Pferd, Klepper, Gaul; **-o vectus** reitend.

Cabillōnum, ī *n Stadt der Häduer am Arar, j.* Chalon-sur-Saône.

Cabīrī, ōrum *m auf Lemnos u. Samothrake verehrte phöniz Gottheiten.*

cacanus, ī *m (mlt.) Titel der Avarenfürsten.*

caccabus, ī *m (gr. Fw.) (vor- u. nachkl.)* Kochtopf; Bratpfanne.

caccitus, ī *m (Petr.)* schöner Knabe.

cachinnātiō, ōnis *f = cachinnus.*

cachinnō, cachinnāre *(cachinnus)* laut auflachen.

cachinnus, ī *m* ① lautes Lachen, schallendes Gelächter; **-um tollere, -um edere** = *cachinnare;*
② *(poet.) (meton.) (undarum)* lautes Plätschern; **leviter sonant plangore -i (undarum).**

cacō, cacāre **I.** *intr.* kacken;
II. *trans.* beschmieren.

cacodaemōn, ōnis *m (gr. Fw.)(spätl.)* böser Geist.

cacoēthes, is *n (gr. Fw.)* ① *(Plin.)* hartnäckige, bösartige Krankheit;
② *(Iuv.)* Schreibsucht, Schreibwut.

cacozēlia, ae *f (gr. Fw.)* ungeschickte Nachahmung, das Nachäffen, Künstelei.

cacozēlus, ī *m (gr. Fw.) (nachkl.)* Nachäffer.

cacula, ae *m (Plaut.)* Offiziersbursche.

cacūmen, minis *n* ① Spitze [**pyramidis; metae**]; Gipfel [**montis**]; Wipfel [**arboris; ficorum**];
② *(Lucr.) (übtr.)* der Gipfel = das Höchste, das Ziel; **artibus ad summum cacumen venire** zur höchsten Vollkommenheit gelangen;
③ *(spätl.)* Akzentzeichen;
④ *(spätl.)* Giebel, Dach.

cacūminō, cacūmināre *(cacumen) (poet.; nachkl.)* (zu)spitzen [**aures; ensem**].

Cācus, ī *m Sohn des Vulkan, Feuer speiender, räuberischer Riese am Aventin, stahl Herkules einen Teil seiner Herde, wurde v. ihm erschlagen.*

● **cadāver,** eris *n (cado)* ① Leichnam, Leiche;
② Tierleiche, Aas;
③ *Pl.* Trümmer [**oppidorum**].

cadāverīnus, a, um *(cadaver) (August.)* vom Aas.

cadāverōsus, a, um *(cadaver) (Ter.; spätl.)* leichenhaft, wie eine Leiche [**facies**].

cadmēa, ae *f (gr. Fw.) (Plin.)* Galmei *(Zinkerz).*

Cadmus, ī *m Sohn des phöniz. Königs Agenor, Gründer v. Theben; – Adj.* **Cadmēus,** a, um *(fem. auch* **Cadmēis,** idis) kadmeisch, thebanisch; – *Subst.* **a) Cadmēis,** idis *f Tochter des Cadmus (Semele od. Ino);* **b) Cadmēa,** ae *f (erg. arx)* Burg v. Theben.

● **cadō,** cadere, cecidī, cāsūrus fallen: ① herabfallen *(von: a, de, ex)* **a)** *(v. Geschossen)* auffallen, treffen [**in terram**]; **b)** *(v. Gestirnen)* untergehen, sinken; **primis cadentibus astris** nach Mitternacht; **c)** *(v. Blättern, Früchten u. Ä.)* abfallen; **poma (folia) cadunt; d)** *(v. Flüssigkeiten)* herabfließen, stürzen, sich ergießen; **cadunt lacrimae per genas; cadunt imbres; flumen cadit in sinum maris;**
② (hin)fallen, (nieder)stürzen;
③ *(in der Schlacht)* fallen, sterben [**in acie; per acies; in bello; pro patria; ense**];
④ *(v. Tieren)* geschlachtet *od.* geopfert werden; **prima ovis cadit Fauno;**
⑤ *(v. Städten)* fallen, erobert werden;
⑥ durchfallen, unterliegen *(v. Theaterstücken, Prozessen u. Ä.);* **cadit fabula** das Stück fällt durch; **in iudicio ~** den Prozess verlieren; *(auch abs. gebraucht mit u. ohne Angabe des Grundes)* **criminibus repetundarum ~;**
⑦ sinken, abnehmen, sich vermindern, sich verlieren, schwinden; **animus cadit** der Mut sinkt; **animo** *od.* **animis ~** den Mut verlieren; **cadit pretium; cadit vis venti** legt sich; **cecidit pelagi fragor;**
⑧ hineinkommen, -geraten [**in morbum** erkranken; **in suspicionem; in unius potestatem**];
⑨ *(in die Augen ..)* fallen [**in conspectum** sichtbar werden; **sub sensus**];
⑩ zustoßen, widerfahren; **alqd alci opportune cadit; mihi omnia semper honesta et iucunda ceciderunt;**
⑪ *(in eine Zeit)* fallen, eintreten, eintreffen, sich ereignen; **in adventum tuum cadit** trifft mit deiner Ankunft zusammen;
⑫ ausfallen, ausschlagen [**ad (in) irritum** fehlschlagen];
⑬ zufallen, anheim fallen;
⑭ *(in alqm od. in alqd)* zutreffen, passen, sich schicken; **cadit ergo in bonum virum mentiri?;**
⑮ ablaufen, ausgehen;
⑯ enden, auslaufen [**in syllabas longiores; numerose** rhythmisch].

cādūceātor, ōris *m (caduceus)* Herold, Unterhändler; **caduceatore ad consulem misso, qui indutias ad sepeliendos milites peteret** *(Liv.).*

cādūceus, ī *m u. (nachkl.)* **-um,** ī *n* Heroldsstab.

cādūci-fer, ferī *m (caduceus u. fero) (Ov.)*

Stabträger *(Beiname Merkurs).*

cadūcus, a, um *(cado)* ❶ hinfällig, vergänglich, nichtig [**spes; preces; labores; corpus; res humanae**];
❷ fallend; (herab)gefallen [**lacrimae; glans; bello** im Krieg gefallen; **fulmen**];
❸ zum Fallen reif, zum Fallen geneigt [**vitis; flos**];
❹ zum Sterben reif = bestimmt, dem Tode geweiht;
❺ *(jur. t. t.)* ohne Erbe, verfallen, herrenlos [**hereditas**].

Cadurcī, ōrum *m gall. Volk in Aquitanien im heutigen Quercy in der Gegend v. Divona = Cadurci, j.* Cahors.

cadus, ī *m (poet.; nachkl.)* ❶ großer irdener Krug für Wein, Öl, Honig;
❷ *(poet.) (meton.)* Wein;
❸ Urne.

Cadūsiī, ōrum *m Volk am Kasp. Meer.*

caeciās, *Akk.* -ān *m (gr. Fw.)* Nordostwind.

caeci-genus, a, um *(caecus u. gigno) (Lucr.)* blindgeboren.

Caecilius, a, um *pleb. nomen gentile, die Familie der Metelli hat die gens Caecilia seit dem 3. Jahrh. v. Chr. bekannt gemacht;* C. ~ Statius, *Komödiendichter insubrischer Herkunft, gest. 168 v. Chr.; – Adj.* **Caeciliānus,** a, um.

Caecīna, ae *m etr. Familienname; in Rom bes. cogn. in der gens Licinia.*

caecitās, ātis *f (caecus)* ❶ Blindheit;
❷ *(übtr.)* Verblendung [**mentis; animi**].

caecō, caecāre *(caecus)* ❶ *(Lucr.)* blind machen, blenden; **sol caecat;**
❷ *(übtr.) (physisch u. geistig)* (ver-)blenden, trüben; **caecati libidinibus, voluptatibus;**
❸ *(übtr.)* verdunkeln, trüben; **celeritate caecata oratio** unverständlich.

Caecubum, ī *n* ❶ = Caecubus ager *sumpfige Küstenebene im südl. Latium, in der ein hervorragender Wein gedieh; – Adj.* **Caecubus,** a, um [**vites**];
❷ *(erg. vinum)* cäkubischer Wein, Cäkuber.

● **caecus,** a, um ❶ nicht sehend, blind; **traditum est Homerum caecum fuisse;** – *Subst.* ī *m (nachkl.)* der Blinde;
❷ *(übtr.)* blind, verblendet [**cupidine; timor**];
❸ ohne Licht, finster, dunkel [**nox; carcer**];
❹ verworren, düster, dumpf [**murmura**];
❺ unsichtbar, verborgen [**saxa** Klippen unter der Meeresoberfläche; **fossae** überdeckte];
❻ dunkel, verborgen, unergründlich [**crimen; fata; cursus Fortunae**];
❼ unsicher, ungewiss, ziellos, zwecklos [**casus; fortuna; metus; Mars** aussichtsloser Kampf].

caecūtiō, caecūtīre *(caecus) (vor- u. nachkl.)* geblendet sein, schlecht sehen, (wie) blind sein.

● **caedēs** *u.* **caedis,** is *f (caedo)* ❶ das Niederhauen, Morden, Ermordung, Mord; ~ **infanda legatorum;** ~ **fraterna** Brudermord; **intestinae caedes** Verwandtenmorde;
❷ Blutbad, Gemetzel; **caedem facere, edere** *od.* **committere** ein Blutbad anrichten; **sine caede** ohne Schwertstreich;
❸ das Erlegen; das Schlachten, *bes. der Opfertiere,* das Opfern [**ferarum; armenti; bidentium**];
❹ *(Sg. u. Pl.)* der Verlust an Toten, die Erschlagenen, Gefallenen; **ingentes Rutulae caedis acervi** *(Verg.);* **plenae caedibus viae** *(Tac.);* ~ **prope par utrimque fuit** *(Liv.)* die Zahl der Gefallenen war auf beiden Seiten beinahe gleich;
❺ *(poet.)* das durch Mord vergossene Blut; **terrae caede madentes;**
❻ *(Verg.)* Mordanschlag;
❼ *(nachkl.)* das Fällen, Abhauen [**ligni**].

● **caedō,** caedere, cecīdī, caesum ❶ fällen, um-, abhauen [**arbores; cervicem**];
❷ niederhauen; erschlagen, töten, morden; **consulem exercitumque ~; in acie caesus; caesus sanguis** das Blut der Erschlagenen;
❸ erlegen; schlachten; opfern [**cervos; boves**];
❹ schlagen, prügeln, peitschen [**alqm virgis, loris**];
❺ *(Steine)* brechen [**lapides; silicem; marmor**];
❻ *(nachkl.)* zerhauen, zerschlagen [**murum** anbrechen].

caeduus, a, um *(caedo) (Plin.)* schlagbar.

caelāmen, minis *n (caelo) (poet.; nachkl.)* Relief.

caelātor, ōris *m (caelo) Künstler in getriebener Arbeit,* Ziseleur.

caelātūra, ae *f (caelo)* ❶ Ziselierkunst;
❷ getriebene Arbeit.

caelebs, *Gen.* libis ❶ ehelos, unverheiratet *(v. Mann, sowohl v. Junggesellen als auch v. Witwer);*
❷ *(poet.; nachkl.)* einsam [**vita**].

caeles, *Gen.* litis *(caelum[1])* **I.** *Subst. m* Gott, Gottheit *(meist Pl.);*
II. *Adj. (poet.)* himmlisch, überirdisch [**regna**].

● **caelestis,** e *(caelum[1])* ❶ im, am, vom Himmel, himmlisch, Himmels- [**astra; orbis; arcus** Regenbogen; **ignis** Blitzstrahl; **prodigia**]; – *Subst. Pl.* **caelestia,** ium *n* die Himmelskörper; *auch* Astronomie [**peritus caelestium** Astronom];
❷ *(poet.; nachkl.)* göttlich [**numen; nectar; stirps**]; – *Subst. Pl.* **caelestēs,** tium *m u. f* Götter, Gottheiten;
❸ göttergleich, wie ein Gott, herrlich, unvergleichlich; ~ **in dicendo vir; caelestes divinaeque legiones; ingenium caeleste.**

Caeliānus, a, um *s. Caelius.*

caelibātus, ūs *m (caelebs) (nachkl.)* Ehelosigkeit, Zölibat.

caeli-cola, ae *m (Gen. Pl.* caelicolum) *(caelum¹ u. colo) (poet.)* Himmelsbewohner, Gottheit.

Caeliculus, ī *m (Demin. v. Caelius) Teil des Caelius mons in Rom.*

caelicus, a, um *(caelum¹)* himmlisch, Himmels-.

caeli-fer, fera, ferum *(caelum¹ u fero) (poet.)* den Himmel tragend [**Atlas**].

caeli-genus, a, um *(caelum¹ u. gigno)* vom Himmel stammend.

Caeli-montānus, a, um am Caelius mons *in Rom* gelegen.

caeli-potēns, *Gen.* entis *(caelum¹) (Plaut.)* mächtig im Himmel [**di**].

caelitus *Adv. (caelum¹) (spätl.)* vom Himmel.

Caelius *(u.* Coelius), a, um ❶ *Name einer pleb. gens in Rom:* **a)** C. ~ Caldus, *Volkstribun, Zeitgenosse des Redners L. Crassus;* **b)** L. ~ Antipater, *röm. Geschichtsschreiber u. Rechtsgelehrter, Zeitgenosse der Gracchen;* **c)** M. ~ Rufus, *Politiker u. Redner, Schüler u. Freund Ciceros;*
/ *Adj.* **Caeliānus,** a, um;
❷ ~ mons *einer der sieben Hügel Roms;* ~ minor = *Caeliculus.*

caelō, caelāre *(caelum²)* ❶ in getriebener, erhabener Arbeit darstellen, ziselieren, mit Reliefarbeit verzieren [**in auro fortia facta patrum**];
❷ *(poet.)* kunstvoll ausführen.

● **caelum¹,** ī *n* ❶ Himmel, Himmelshöhe; **-o albente** beim Morgengrauen; **-o vesperascente** gegen Abend; **de -o tangi** *od.* **percuti** vom Blitz getroffen werden; **-um ac terras miscere** das Unterste zuoberst kehren, alles umstürzen; **-um findere aratro** etw. Unmögliches tun;
❷ Himmel *(als Wohnsitz der Götter);* **ad -um manus tendere; commercia -i** Umgang mit den Göttern; **de -o delapsus** *od.* **demissus** Gottgesandter;
❸ Oberwelt *(Ggstz. Tartarus);*
❹ *(übtr.)* das Höchste, Gipfel des Glücks, des Ruhmes; **alqm in (ad) -um (laudibus) efferre** *od.* **tollere** jmd. in den Himmel heben, rühmen; **alqm detrahere de -o** jmd. seines hohen Ruhmes berauben; **digito caelum attingere** vom Glück äußerst begünstigt sein;
❺ Himmelsgegend, -strich; **hoc -o, sub quo natus essem**;
❻ Luft(raum);
❼ Klima, Wetter; **serenitas -i.**

caelum², ī *n (caedo)* Grabstichel, Meißel *des Ziseleurs.*

Caelus, ī *m (Übersetzung des gr.* Οὐρανός)
❶ Himmel;
❷ Himmelsgott, *Sohn des Äther, Vater des Saturnus, in Rom ohne Kultstätte.*

caementārius, ī *m (caementum) (spätl.)* Maurer.

caementīcius, a, um *(caementum)* aus Bruchsteinen.

caementum, ī *n (caedo)* ❶ Bruchstein, Baustein;
❷ *(mlt.)* Kalkmörtel.

Caeneūs, eī *m* Caenis, *Tochter des Elatus, des Königs der Lapithen, die v. Neptun in einen unverwundbaren Knaben verwandelt wurde.*

Caenīna, ae *f Ort in Latium; – Adj.* **Caenīnus,** a, um [**arx**]; – *Einw.* **Caenīnēnsēs,** ium *m.*

Caenis, idis *f s. Caeneus.*

caenōsus, a, um *(caenum)* voller Kot, kotig, morastig.

caenum, ī *n* ❶ Schmutz, Kot, Schlamm;
❷ *(als Schimpfw.)* Schmutzfink.

caepa, ae *f = cepa.*

Caepiō, ōnis *m röm. cogn., in der gens Servilia gebräuchlich.*

caepitium, ī *n = cepa.*

Caere *n (undekl.), auch* **Caeres,** ritis *u.* rētis *f Stadt in Etrurien; – Adj.* **Caeres,** *Gen.* ritis *u.* rētis; – *Einw.* **Caeritēs** *u.* **Caerētēs,** tum *m; röm. Halbbürgergemeinde; ~ erhielt 353 v. Chr. das röm. Bürgerrecht, jedoch kein Stimmrecht (suffragium), dah. tabulae Caerites od. Caeritum bzw. Caeres cera (Hor.) das Verzeichnis der röm. Bürger minderen Rechts, die kein Stimmrecht u. keine polit. Rechte besaßen (= aerarii): in tabulas Caerites (Caeritum) referri* sein Stimmrecht verlieren.

caerimōnia *(u.* caeremōnia), ae *f* ❶ Verehrung, Ehrfurcht *(jmds. u. vor jmdm.: alcis)* [**deorum**]; **summa religione caerimoniaque sacra conficere** die Opfer m. höchster Gewissenhaftigkeit u. Ehrfurcht ausführen;
❷ Heiligkeit, Ehrwürdigkeit;
❸ Feier(lichkeit), Zeremonie *(meist im Pl.)* [**publicae**].

caerimōnior, caerimōniārī *(caerimonia) (Eccl.)* verehren.

Caeritēs, tum *s. Caere.*

caerula, ōrum *n (caerulus) (poet.)* Bläue, Blau *(des Himmels u. des Meeres u. a.).*

caeruleum, ī *n (caeruleus) (nachkl.)* das Stahlblau.

caeruleus *u. (poet.)* **caerulus,** a, um *(caelum¹)* ❶ blau, bläulich *in den mannigfaltigsten Schattierungen:* himmel-, meer-, dunkel-, grün-, schwarzblau [**caeli templa; pontus; deus** Neptun; **mater** *(erg. Achillis)* Thetis];
❷ *(poet.)* dunkelgrün [**prata; arbor Palladis** *vom Olivenbaum*];
❸ *(poet.)* dunkel, schwärzlich [**nubes; imber; nox; equi Plutonis; puppis Charontis**].

Caesar, aris *m cogn. einer Familie der gens Iulia, bes.:* ❶ C. Iulius ~ *(100–44 v. Chr.), der*

Diktator, Feldherr u. Schriftsteller; – Adj. **Caesareus** *u.* **Caesariānus,** a, um cäsarianisch, des Cäsar; **Caesariēnsis,** e *(Tac.) Beiname mehrerer Ortschaften u. Kolonien, z. B. Mauretania Caesariensis* das östl. Mauretanien; – **Caesariānus,** ī *m* Cäsarianer, Anhänger Cäsars;
❷ *sein Großneffe u. Adoptivsohn* C. Iulius ~ Octavianus *(63 v. Chr. – 14 n. Chr.), erster röm. Kaiser (Kaiser Augustus), Begründer des Prinzipats; seine Nachfolger führten den Beinamen Caesar neben dem Titel Augustus.*

i Kultur **Caesar** nannten sich alle röm. „Kaiser" nach Gaius Iulius Caesar (100–44). In der späten Kaiserzeit wurde aus dem Beinamen der Titel für Thronfolger und Mitregenten.
Über das Mittelalter lebt bis heute der Name als Titel „Kaiser" oder „Zar" weiter. Nach der Sage kam C. J. Caesar durch „Kaiserschnitt" zur Welt.

Caesaraugusta, ae *f Stadt in Spanien, j.* Saragossa.
Caesarēa, ae *f (Caesar)* ❶ *Hauptstadt v. Kappadozien;*
❷ *Hafenstadt in Palästina;*
❸ *Hauptstadt der Provinz Mauretania Caesariensis.*
caesariātus, a, um *(caesaries) (Plaut.)* mit dichtem Haar.
caesariēs, ēī *f* ❶ Haupthaar; *übh.* langes Haar [**barbae**];
❷ *(poet.)* Laub.
caesīcius, a, um *(Plaut.)* dicht gewebt.
caesim *Adv. (caedo)* ❶ hiebweise, mit einem Hieb;
❷ *(rhet.)* mit Einschnitt, nach Abschnitten; **membratim caesimque dicere.**
caesiō, ōnis *f (caedo) (nachkl.)* das Schlagen.
caesius, a, um ❶ blaugrau [**oculi**];
❷ grauäugig, katzenäugig [**leo; virgo**].
Caesius Bassus, ī *m Dichter, galt in der Antike als bedeutendster römischer Lyriker (1. Jahrh. n. Chr.) nach Horaz, Freund des Dichters Persius.*
caespes, pitis *m (caedo)* ❶ Rasen(stück), Rasenplatz;
❷ Rasenaltar;
❸ (faseriger) Wurzelstock, Wurzelgeflecht.
caespitō, caespitāre *(caespes) (spätl.)* (auf dem Rasen) stolpern, straucheln.
caestus, ūs *m (caedo)* Schlagriemen.
caesūra, ae *f (caedo)* ❶ *(Plin.)* das Hauen, Fällen [**arboris; ligni; silvae**];
❷ *(spätl.) (metr. t. t.)* Verseinschnitt, Zäsur.
caesus *P.P.P. v. caedo.*
caetra, ae *f* kleiner, leichter Lederschild.
caetrātus, a, um *(caetra)* mit leichtem Lederschild bewaffnet; – *Subst.* **caetrātī,** ōrum *m* Leichtbewaffnete.
Caīcus, ī *m Fluss in Mysien (in Kleinasien).*
Cāiēta, ae *f* ❶ *Amme des Äneas;*
❷ *Hafenstadt in Latium, j.* Gaëta *(nach der Sage Bestattungsort der Amme Caieta).*
caiō, caiāre, – – schlagen.
Cāius = *Gaius.*
Cal. = *Calendae.*
Calabria, ae *f die südöstl. (heute Name der südwestl.) Halbinsel Italiens (= heutiges Apulien), Geburtsland des Dichters Ennius; – Einw.* **Calabrī,** ōrum *m; – Adj.* **Calaber,** bra, brum [**Pierides** die Gedichte des Ennius].
Calactē, ēs *f Stadt an der Nordküste Siziliens, j.* Calonia; *– Einw. u. Adj.* **Calactīnus,** ī *m bzw.* a, um.
Calagurris, is *f Ort am Ebro; – Einw.* **Calagurritānī,** ōrum *m.*
Calaïs, is *m (Akk.* -im *u.* -in, *Abl.* -ī*) mit Zetes Sohn des Boreas.*
calamārius, a, um *(calamus) (Suet.)* Schreibrohr- [**theca** Federbüchse].
Calamis, idis *m griech. Bildhauer um 450 v. Chr.*
calamister, trī *m = calamistrum.*
calamistrātus, a, um *(calamistrum)* ❶ gekräuselt [**coma**];
❷ mit gekräuselten Locken [**cinaedus**].
calamistrum, ī *n (calamus)* ❶ Brenneisen *zum Kräuseln der Haare;* Kräuselschere; **-a in cinere calefacere**;
❷ Künstelei *(im Ausdruck);* verblümte Redeweise.
● **calamitās,** ātis *f* ❶ Schaden, Verlust, Unheil;
❷ Unglück, Missgeschick;
❸ Niederlage, Schlappe; **calamitatem accipere** erleiden.
calamitōsus, a, um *(calamitas)* ❶ *(akt.)* unheilbringend, unheilvoll, schädlich, verderblich *(f. jmd.: alci)* [**tempestas; bellum**];
❷ *(pass.)* heimgesucht, elend, unglücklich, schwerem Schaden ausgesetzt [**agri; homines**].
calamō, calamāre *(calamus) (mlt.)* schreiben.
calamus, ī *m (gr. Fw.)* ❶ Rohr, Schilf;
❷ Halm, Stängel;
❸ *(meton.) Gegenstand aus Rohr:* **a)** Rohrpfeife, -flöte; *Pl.* Hirtenflöte (die *aus mehreren Rohrpfeifen bestehende* Syrinx); **b)** Schreibrohr, -feder; **c)** Rohrstab; **d)** Rohrpfeil; **e)** Leimrute *(zum Vogelfang);* **f)** Angelrute.
Calanus, ī *m ind. Brahmane.*
calathiscus, ī *m (Demin v. calathus) (Cat.; Petr.)* geflochtenes Körbchen.
calathus, ī *m (gr. Fw.)* ❶ geflochtener Korb, Körbchen;
❷ Weinschale.

C

Cālātia, ae *f Ort b. Kapua in Mittelitalien; – Adj.* **Cālātīnus,** a, um.

calātor, ōris *m (calo¹* „Ausrufer") *(vor- u. nachkl.)* ❶ Rufer, Ausrufer;
❷ Diener *(zunächst der pontifices u. flamines).*

calautica, ae *f* Haube *(Kopfbedeckung vornehmer Frauen).*

calcāneum, ī *n (spätl.) = calx².*

calcar, āris *n (calx²)* ❶ Sporn, Stachel; **calcaribus equum concitare** dem Pferd die Sporen geben;
❷ Ansporn, Antrieb *(meist im Pl.);* **ignaviae calcar subdere; alter frenis eget, alter calcaribus** *(Cic.).*

calceāmentum, ī *u. (Plin.)* **calceāmen,** minis *n (calceo)* Schuh(werk).

calceāria, ae *f (calceus) (vorkl.)* Schuhgeschäft.

calceārium, ī *n (calceus) (Suet.)* Schuhgeld.

calceātus, ūs *m (calceo) (nachkl.)* Schuhwerk.

calceō, calceāre *(calceus)* mit Schuhen bekleiden, beschuhen; *bildl. (scherzh.) (Plaut.)* **calceati dentes** gut beißend, scharf.

calceolārius, ī *m (calceolus) (Plaut.)* Schuhmacher.

calceolus, ī *m (Demin. v. calceus)* kleiner Schuh, Stiefelchen.

calceus, ī *m (calx²)* Schuh, Halbstiefel; **-os poscere** (die Schuhe verlangen) vom Tisch aufstehen *(da man die Schuhe auszog, wenn man sich zu Tisch legte);* **-os mutare** Senator werden *(da die Senatoren eine besondere Art v. Schuhwerk trugen).*

Calchās, antis *m (Abl.* Calchā) *griech. Seher.*

Calchēdōn, onis *f (auch* **Chalcēdōn** *) Ort in Bithynien am Eingang des Bosporus, gegenüber v. Byzanz, j.* Kadikjo; *– Einw. u. Adj.* **Calchēdonius,** ī *m bzw.* a, um.

calciā ... *= calcea ...*

calcitrō¹, calcitrāre *(calx²)* ❶ hinten ausschlagen *(m. der Ferse);*
❷ sich sträuben.

calcitrō², ōnis *m (calcitro¹)* ❶ *(v. Tier) das heftig hinten ausschlägt;*
❷ *(v. Personen) (Plaut.) jmd., der m. den Fersen heftig an die Tür tritt.*

calcitrōsus, a, um *(calcitro¹) (nachkl.)* gern hinten ausschlagend [**equus; iuvencus**].

calcō, calcāre *(calx²)* ❶ auf etw. treten *(m. Akk.)* [**viperam**];
❷ fest-, einstampfen, festtreten [**agrum; terram pedibus**];
❸ eindrücken, eintreten [**parietes**];
❹ (einen Ort) betreten, besuchen;
❺ *(übtr.)* m. Füßen treten, unterdrücken [**libertatem; ius**];
❻ (ver)höhnen, verspotten, beschimpfen.

calculātor, ōris *m (calculus 3.) (Mart.)* Rechenlehrer.

calculus, ī *m (Demin. v. calx¹)* ❶ Steinchen;
❷ Stimmstein *(ein weißer f. Zustimmung od. Freispruch, ein schwarzer f. Ablehnung od. Verurteilung);* ~ **demittitur in urnam;**
❸ Rechenstein; *(meton.)* Rechnung; **alqm ad -os vocare** mit jmdm. abrechnen;
❹ Spielstein.

caldārium, ī *n (caldarius) (Sen.)* Warmbad.

caldārius, a, um *(calidus) (Plin.)* zum Wärmen gehörig [**cella** Warmbadezimmer; **aes** *das sich nur durch Hitze bearbeiten lässt*].

caldi-cerebrius, ī *m (calidus u. cerebrum) (Petr.)* Hitzkopf.

caldus I. *Subst.* ī *m (calidus 2.)* Hitzkopf;
II. *Adj.* a, um *synk. < calidus, s. calidus.*

Calēdonia, ae *f nordwestl. Hochland in Schottland; – Einw.* **Calēdones,** num *m.*

cale-faciō, facere, fēcī, factum *(Pass.* -fīō, fierī, factus sum) *(caleo)* ❶ warm machen, erwärmen, erhitzen [**aquam; focum**]; *Pass. calefieri* warm *od.* heiß werden;
❷ erregen, (auf)reizen, entflammen [**corda**];
❸ beunruhigen.

calefactō, calefactāre *(Intens. v. calefacio) (poet.)* erhitzen [**aquam**], einheizen.

cale-fīō *Pass. v. calefacio.*

● **Calendae** *u.* **Kalendae,** ārum *f (meist abgekürzt Cal. od. Kal.)* ❶ die Kalenden *(der erste Monatstag) (v. calo¹, eigtl. „Ausruftag", weil an den Kalenden verkündet wurde, ob die Nonen auf den fünften od. den siebenten Monatstag fielen);* ~ **tristes** *(als Zahltag f. Zinsen); (Aug. b. Suet., scherzh.)* **ad -as Graecas solvere** am St. Nimmerleinstag bezahlen;
❷ *(poet.) (meton.)* Monat.

> *i* Kultur **Calendae** *u.* **Kalendae,** ārum *f (meist abgekürzt Cal. od. Kal.)* die Kalenden *(der erste Monatstag).*

calendārium, ī *n (Calendae) (Sen.)* Schuldregister, -buch.

caleō, calēre, caluī, (calitūrus) ❶ warm, heiß sein, glühen; **aqua, ignis calens; epulae calent;**
❷ *(v. Personen)* entbrannt, entflammt sein, glühen [**in agendo**];
❸ v. Leidenschaft entbrannt sein, vor Liebe glühen *(zu jmdm.: Abl.)* [**puellā**];
❹ in Aufregung sein;
❺ noch warm, noch neu, frisch sein; **crimen calet;**
❻ mit (Feuer-)Eifer betrieben werden.

Calēs, Calium *f Ort in Kampanien; – Adj.* **Calēnus,** a, um.

calēscō, calēscere, caluī, – *(Incoh. v. caleo)* ❶ warm *od.* heiß werden;
❷ *(v. Leidenschaft u. v. Liebe)* erglühen, ent-

brennen.
calfaciō = *calefacio.*
calfactō = *calefacto.*
calficiō = *calefacio.*
caliandrum, ī *n (vorkl.; poet.)* Perücke.
caliculus, ī *m (Demin. v. calix)* kleiner Kelch.
calida *(u.* calda), ae *f (erg. aqua)* warmes Wasser.
Calidius, a, um *röm. nomen gentile.*
calidum, ī *n (calidus; erg. vinum)* Glühwein.
● **calidus,** a, um *(synk.* caldus) *(caleo)* ① warm, heiß [**venti; aqua; Calidae Aquae** *Badeort b. Tunis*];
② hitzig, feurig, leidenschaftlich, unbesonnen, übereilt [**iuventa; equus; consilium**];
③ *(Plaut.)* noch frisch.
caliendrum, ī *n* = *caliandrum.*
caliga, ae *f* ① Halbstiefel, *bes.* Soldatenstiefel;
② *(Sen.) (meton.)* Gamaschendienst.
caligāris, e *(Plin.) u.* **caligārius,** a, um *(caliga) (nachkl.)* zum (Halb-)Stiefel gehörig [**clavus**].
caligātus *(caliga) (poet.; nachkl.)* **I.** *Adj.* a, um in Soldatenstiefeln;
II. *Subst.* ī *m* einfacher Soldat.
cālīginōsus, a, um *(caligo[1])* ① neblig, dunstig [**caelum**];
② dunkel, finster, düster;
③ *(übtr.)* dunkel, ungewiss; **verba lucida -is disputationibus obscurare.**
cālīgō[1], ginis *f* ① Nebel, Dunst, Rauch [**densa; nigra** Staubwolke; **picea** Rauchwolke];
② Dunkel, Finsternis;
③ Schwindelgefühl; **oculis alcis caliginem offundere** jmd. schwindlig machen;
④ geistige Blindheit, Ungewissheit, Unwissenheit;
⑤ Trübsal, Leid, Elend.
cālīgō[2], cālīgāre *(caligo[1])* ① Dunkel, Finsternis verbreiten; **nubes caligans;**
② *(Iuv.)* Schwindel erregen; **caligantes fenestrae;**
③ *(Verg.)* dunkel, finster sein, in Dunkel gehüllt sein; **caligans nigra formidine lucus;**
④ *(nachkl.) (übtr.)* vom Dunkel umgeben sein, im Finstern tappen, blind sein *(f. etw.: ad alqd);*
⑤ **caligant oculi** *(Lucr.)* es wird dunkel vor den Augen;
⑥ *(Mart.)* kurzsichtig sein.
caligula, ae *f (Demin. v. caliga) (spätl.)* Soldatenstiefelchen; – **Caligula** *Beiname des röm. Kaisers Gaius (als Kaiser 37–41).*
calix, icis *m (gr. Fw.)* ① Becher, Kelch;
② *(poet.) (meton.)* Wein;
③ Schüssel, Topf;
④ *(mlt.)* Abendmahlskelch.
Callaecia, ae *f Landschaft in Nordwestspanien;* – *Adj.* **Callaïcus,** a, um.
callaïnus, a, um *(gr. Fw.) (poet.; nachkl.)* blassgrün, meergrün.
calleō[1], callēre, calluī *(callum)* dickhäutig sein, Schwielen haben.
calleō[2], callēre, calluī, – *I. intr.* erfahren sein *(in etw.: Abl.)* [**artibus**];
II. *trans.* kennen, wissen, sich auf etw. verstehen, in etw. erfahren sein [**iura; urbanas rusticasque res; leges**].
calliditās, tātis *f (callidus)* ① Schlauheit, Verschlagenheit, List;
② geistige Gewandtheit, praktische Lebensklugheit.
● **callidus,** a, um *(calleo[2])* ① schlau, verschlagen, heimtückisch;
② erfahren, geübt, kundig, bewandert *(in etw.: m. Gen.)* [**rei militaris; rerum naturae; rerum rusticarum**];
③ (lebens)klug;
④ *(v. Sachen)* **a)** fein ausgedacht [**artificium; oratio; consilium; fraudes**]; **b)** schlau berechnet [**liberalitas** berechnend].
Callimachus, ī *m griech. Dichter aus Kyrene in Nordafrika (um 250 v. Chr.), Leiter der Bibliothek in Alexandria.*

i Kultur **Calliopē,** pēs *u.* **-pēa,** ae *f* (Καλλιόπη „die Schönstimmige“)
① *Mutter des Orpheus, Muse (bes.) der epischen Dichtung, Chorführerin der neun Musen;*
② *(Verg.)* = Muse;
③ *(Ov., Trist.) (meton.)* Lied, Dichtung.

Callipolis, is *f* ① *Stadt am Eingang des Hellesponts, j.* Gallipoli *bzw.* Gelibolu;
② *(älterer Name = Callium) ätolische Stadt auf der Krim.*
callis, is *m u. f* ① Wald-, Bergpfad, Weideweg [**invia; devia**]; **per calles silvestres;**
② *(meton.) Pl.* Wald-, Bergtriften;
③ *(mlt.)* Dorfstraße, Gasse.
Callisthenēs, nis *m griech. Philosoph aus Olynth (geb. um 360, gest. 328 v. Chr.), Jugendfreund Alexanders des Gr.*
Callistō, ūs *f Nymphe, Tochter des arkadischen Königs Lykaon; v. Jupiter Mutter des Arkas, v. Juno aus Eifersucht in eine Bärin verwandelt, darauf v. Jupiter als Gestirn an den Himmel versetzt.*
callōsus, a, um *(callum) (poet.; nachkl.)* dickhäutig, schwielig.
callum, ī *n u.* **-us,** ī *m* ① harte Haut, Schwiele [**pedum**];
② Unempfindlichkeit, Gefühllosigkeit, Stumpfsinn; **-um obducere alci rei** geg. etw. unempfindlich machen, abhärten.
calō[1], calāre *(gr. Fw.) (rel. t. t.)* aus-, zusammenrufen; **~ in Capitolium plebem; comitia calata:** *Versammlungen zu rel. Zwecken, v.*

Pontifex berufen.

calō², ōnis *m* ① Trossknecht *(beim Heer);*
② Stall-, Pferdeknecht.

cālō³, ōnis *m* Holzschuh, Kothurn.

● **calor,** ōris *m (caleo)* ① Wärme, Hitze, Glut [**solis; fulminis**];
② Sommer(hitze); **mediis caloribus** mitten im Sommer;
③ Leidenschaft, Feuer, Eifer;
④ *(poet.)* Liebesglut; **calorem trahere** sich verlieben; **exstinctas revocat calores.**

Calor, ōris *m Fluss in Samnium (in Mittelitalien).*

calōrātus, a, um *(calor)* ① *(Hor.)* heiß;
② *(spätl.)* hitzig, feurig.

Calpē, ēs *f Berg an der Meerenge v. Gibraltar.*

Calpurnius, a, um *Name einer röm. pleb. gens, durch die Familie der Pisones bes. bekannt:* ① L. ~ Piso Frugi, *Volkstribun 149 v. Chr., Konsul 133;*
② C. ~ Piso Frugi, *Schwiegersohn Ciceros;*
③ L. ~ Piso Caesonius, *Konsul 58 v. Chr., politischer Gegner Ciceros, Schwiegervater Cäsars;*
④ Calpurnia, *Cäsars Gattin, Tochter des zuletzt genannten Calpurnius.*

caltha, ae *f (poet.; nachkl.)* Ringelblume.

calthula, ae *f (caltha) (Plaut.)* gelbgeblümtes Frauenkleid.

caluī *Perf. v. caleo u. calesco.*

calumnia, ae *f* ① Rechtsverdrehung, falsche Anklage, Betrug; **-am iurare (in alqm)** schwören, dass man jmd. nicht falsch anklage; **causam -ae reperire;**
② *(meton.)* Verurteilung wegen falscher Anklage; **-am ferre** wegen falscher Anklage verurteilt werden;
③ Intrige;
④ Verleumdung, schikanöse Anklage.

calumniātor, *Gen.* ōris *(calumnior)* **I.** *Subst. m* Rechtsverdreher, falscher Ankläger; **calumniatorem quaerere; calumniatorem opponere;**
II. *Adj.* ränkevoll, durchtrieben.

calumnior, calumniārī *(calumnia)* ① zu Unrecht anklagen;
② Ränke schmieden, Machenschaften, Intrigen betreiben;
③ übertriebene *od.* böswillige Kritik üben.

calva, ae *f (calvus)* Hirnschale, Schädel.

calvāria, ae *f (nachkl.) = calva.*

calvātus, a, um *(calvus) (nachkl.)* ① kahlköpfig;
② leer.

Calvēna, ae *m (calvus)* „Glatzkopf" *(Beiname).*

calvitiēs, ēī *f (Petr.) = calvitium.*

calvitium, ī *n (calvus)* Glatze.

calvor, calvī, – *akt. u. pass. Bedeutung:* täuschen, hintergehen *bzw.* getäuscht, hintergangen werden.

calvus *(vor- u. nachkl.)* **I.** *Adj.* a, um ① kahl, glatzköpfig;
② leer;
II. *Subst.* ī *m* Kahlkopf; – **Calvus,** ī *m cogn. in der gens Licinia.*

calx¹, calcis *f u. (selten) m* ① Kalk(stein);
② *(meton.)* das *(urspr. m. Kalk bezeichnete)* Ziel der Rennbahn *(Ggstz.: carceres die Schranken als Anfang der Rennbahn); (auch übtr.)* Ende, Ziel; **ad carceres a calce revocari** von neuem beginnen; **optandum est ut cum aequalibus possis, quibuscum tamquam e carceribus emissus sis, cum isdem ad calcem pervenire** *(Cic.);*
③ *(Plaut.)* Stein *(im Brettspiel).*

calx², calcis *f* Ferse *(v. Menschen u. Tieren); (poet. auch)* Huf; **nuda calce vexare ilia equi; calces remittere** *u.* **calcibus caedere** hinten ausschlagen; **calcem terere calce** jmdm. auf den Fersen sein; **pugnis et calcibus** m. aller Macht; **calcem impingere alci rei** etw. aufgeben, an den Nagel hängen.

Calydōn, ōnis *f Hauptstadt v. Ätolien in Griechenland; – Adj.* **Calydōnius,** a, um kalydonisch; ätolisch [**amnis** Achelous; **heros** Meleager]; *fem.* **Calydōnis,** idis *(als Subst.: Deianira).*

Calymnē, ēs *f Insel im Ägäischen Meer zw. Samos u. Kos.*

Calypsō, ūs *f (Akk.* -ō) *Nymphe auf der Insel Ogygia, Tochter des Atlas.*

camara, ae *f = camera.*

cambiō, cambiāre *(nachkl.)* wechseln, (ein)tauschen.

cambitor, ōris *m (cambio) (mlt.)* Wechsler.

camēlārius, ī *m (camelus) (spätl.)* Kameltreiber.

camella, ae *f (Demin. v. camera) (poet.; nachkl.)* Schale.

camēlus, ī *m u. f (gr. Fw.)* Kamel.

camelutinus, a, um *(mlt.)* aus Kamelhaar.

Camēna, ae *f (altl.* Casmena) ① *weissagende Quellnymphe, alter Kult vor der Porta Capena;*
② *seit Livius Andronicus der griech.* Μοῦσα *gleichgesetzt:* Muse;
③ *(poet.) (meton.)* Lied, Gedicht, Dichtung.

camera, ae *f (gr. Fw.)* ① Gewölbe;
② *(nachkl.)* Barke *(m. gewölbtem Bretterdach);*
③ *(mlt.)* Vorratskammer; Schatzkammer; Staatskasse.

camerārius¹, a, um *(camera) (Plin.)* sich in die Höhe hinaufwindend.

camerārius², ī *m (camera) (mlt.)* Kämmerer.

Cameria, ae *f u.* **-um,** ī *n Ort in Latium; – Adj.* **Camerīnus,** a, um; – **Camerīnus,** ī *m cogn. in der gens Sulpicia.*

Camerīna, ae *f Stadt an der Südwestküste Si-*

ziliens; – in der Nähe ein gleichnamiger Sumpf.

Camerīnum, ī *n Ort in Umbrien (in Mittelitalien); – Adj.* **Camers,** ertis *u.* **Camertīnus,** a, um.

camerula, ae *f (Demin. v. camera) (spätl.)* Kämmerlein.

Camillus, ī *m cogn. in der gens Furia; s. Furius.*

caminata, ae *f (caminus) (mlt.)* (heizbares) Gemach, „Kemenate“, Klause.

camīnus, ī *m (gr. Fw.)* ❶ Feuerstätte, Ofen, Kamin;
❷ *(meton.)* Kaminfeuer; **oleum addere -o** Öl ins Feuer gießen, das Übel nur noch schlimmer machen;
❸ Schmelzofen; Schmiedeofen.

camis(i)a, ae *f (spätl.)* Hemd.

camisile, lis *n (camisia) (spätl.)* einfacher Hemdenstoff.

cammarus, ī *m (gr. Fw.) (vor -u. nachkl.)* Hummer.

campana, ae *f (spätl.)* Glocke.

campanārium, ī *n (campana) (spätl.)* Glockenturm.

campānia, ae *f (campus) (spätl.)* Ebene.

Campānia, ae *f* Kampanien, *Landschaft in Mittelitalien m. der Hauptstadt Capua; – Adj.* **Campānus,** a, um *u.* **Campāns,** pantis kampanisch *u.* capuanisch; – *Einw.* **Campānī,** ōrum *m* Kampaner *u.* Capuaner.

campester, tris, tre *u. (selten)* **campestris,** e *(campus)* ❶ in der Ebene, flach, eben [**loca; iter** durch die Ebene; **hostis** an den Kampf in der Ebene gewöhnt];
❷ zum Marsfeld gehörig, auf dem Marsfeld [**certamen**]; *(meton.)* Turn- [**arma** Turngeräte];
❸ die *(auf dem Marsfeld stattfindenden)* Wahlen betreffend [**quaestus; gratia** Einfluss bei den Wahlen].

campestre, ris *n (campester) (Hor.)* Schurz; Kampfgurt.

campestria, ium *n (campester)* ebene Gegend, flaches Feld.

campiō, ōnis *m* Kämpe, Kämpfer.

● **campus,** ī *m* ❶ freies Feld, Ebene; Ackerland, Saatfeld;
❷ freier Platz *(in Rom u. außerhalb Roms);*
❸ Spiel-, Tummelplatz;
❹ *(poet.)* Fläche, *bes.* Meeresfläche; **-i liquentes, caerulei, natantes;**
❺ *(luv.)* Schlachtfeld, offene Feldschlacht;
❻ *(übtr.)* Betätigungsfeld, Spielraum, Gelegenheit *f. eine Tätigkeit* [**aequitatis; gloriae**]; **magnus est in re publica ~;**
❼ *(rhet.)* Gemeinplatz.

i Kultur **campus** *u.* **~ Martius** Marsfeld, *Ebene am Tiber, zu Wahlversammlungen u. als Turn- u. Exerzierplatz benutzt: curiam pro senatu, -um pro comitiis; dah. meton.* Komitien, Wahlen: *dies -i = dies comitiorum* Wahltag.

Camulodūnum, ī *n Ort in Britannien, j.* Colchester.

camur, ra, rum *(Verg.)* gekrümmt [**cornua**].

Canacē, ēs *f Tochter des Äolus.*

canālīcius, a, um *(canalis) (Plin.)* in Schächten gegraben.

canālicula, ae *f u.* **-us,** ī *m (Demin. v. canalis)* Röhrchen, kleine Rinne.

canāliēnsis, e *(canalis) (Plin.)* in Schächten gegraben.

canālis, is *m u. f (canna)* Röhre, (Wasser-, Abzugs-)Rinne, Graben, Kanal.

canārius, a, um *(canis) (Plin.)* Hunde-.

canava, ae *f* Hanf.

cancellārius, ī *m (cancelli) (spätl.)* Vorsteher, Kanzleivorsteher.

cancellī, ōrum *m (Demin. v. cancer²)* ❶ Gitter, Schranken;
❷ *(übtr.)* Schranken, Grenzen; **extra -os egredi;**
❸ *(mlt.)* Fenstergitter; Chorschranken.

cancer¹, crī *m* ❶ *(zool.) (nachkl.)* Krebs;
❷ *(poet.; nachkl.)* Krebs *als Sternbild, in das die Sonne am 21. Juni tritt;*
❸ *(Ov.) (meton.)* Süden; Sommerhitze;
❹ *(med.)* Krebs(geschwür).

cancer², crī *m (nachkl.)* Gitter.

Candāvia, ae *f Gebirgsgegend in Illyrien (im nördl. Balkan).*

candē-faciō, -facere, -fēcī, factum *(candeo) (nachkl.)* ❶ glänzend weiß machen;
❷ (glühend) heiß machen.

candēla, ae *f (candeo)* ❶ Wachsschnur;
❷ *(luv.)* Wachskerze.

candēlābrum, ī *n u. (Petr.)* **-us,** ī *m (candela)* Leuchter *f. mehrere Kerzen,* Kandelaber.

candeō, candēre, canduī, – *(oft im Part. Präs. candens)* ❶ glänzend weiß sein; glänzen; **ortus candens** Morgenröte; **villa candens** v. Marmor glänzend; **circus candens** Milchstraße; **luna candens; lumen candens;**
❷ glühend heiß sein, glühen; **carbo candens; ferrum candens.**

candēscō, candēscere, canduī, – *(Incoh. v. candeo)* ❶ (weiß) erglänzen *(v. etw.: m. Abl.);*
❷ erglühen, heiß werden.

candicō, candicāre *(candeo) (nachkl.)* glänzen, schimmern.

candidātōrius, a, um *(candidatus)* des Amtsbewerbers, des Kandidaten.

candidātus *(candidus)* **I.** *Adj.* a, um *(vor- u. nachkl.)* weiß gekleidet;
II. *Subst.* ī *m* der *(m. weißer Toga bekleidete)* Amtsbewerber, Kandidat [**praetorius** *od.*

praeturae Bewerber um das Amt des Prätors; **consularis; tribunicius**].
candidulātus, a, um *(mlt.)* weiß.
candidulus, a, um *(Demin. v. candidus)* schön weiß [**dentes**].
● **candidus,** a, um *(candeo)* ① glänzend weiß, weiß schimmernd, schneeweiß [**equus** Schimmel; **populus** Silberpappel; **avis** Storch; **toga; sententia** durch weißen Stimmstein bezeichnet, zustimmend];
② glänzend, strahlend [**Dido** strahlend schön];
③ *(poet.)* weiß gekleidet;
④ *(v. Wind)* aufklärend, Wolken verscheuchend [**Favonius**];
⑤ *(nachkl.) (v. der Stimme)* rein, klar;
⑥ *(v. der Darstellung)* klar, ungekünstelt, durchsichtig [**genus dicendi**];
⑦ *(poet.) (v. Char.)* zuverlässig, aufrichtig;
⑧ *(v. Zuständen)* heiter, fröhlich, glücklich, günstig [**natalis; dies; convivium; fatum; omina**].
candor, ōris *m (candeo)* ① glänzend weiße Farbe [**tunicarum; dentium; pellium**];
② Glanz, Schimmer [**solis; caeli; marmoreus**];
③ *(poet.; nachkl.)* blendende Schönheit;
④ *(nachkl.) (v. der Darstellung)* Klarheit, Durchsichtigkeit;
⑤ *(poet.; nachkl.) (v. Char.)* Aufrichtigkeit [**animi**].
canduī *Perf. v. candeo u. candesco.*
cāneō, cānēre, cānuī, – *(canus) (poet.)* weiß, grau sein; **ager gravidis canet aristis** ist weiß schimmernd v. Ähren (= *das Getreide ist reif); – Part. Präs.* **cānēns,** entis weiß, grau.
canēphoroe *f (Sg.* canēphoros, ī *u.* -a, ae *f) (gr. Fw.)* Korbträgerinnen *(junge Mädchen, die b. den griech. Festen die Opferkörbchen auf dem Kopf trugen).*
canēs, is *m u. f (altl.) = canis.*
cānēscō, cānēscere, cānuī, – *(Incoh. v. caneo)* ① *(poet.; nachkl.)* weiß, grau werden; **canescunt capilli; canescunt aequora** das Meer wird weiß v. Wellen u. Schaumkronen;
② altern; *(übtr.)* **oratio iam nostra canescit.**
canī, ōrum *m (canus; erg. capilli)* graues Haar; *(meton.)* Alter.
canīcula, ae *f (Demin. v. canis)* ① *(Plin.)* kleine Hündin;
② *(Plaut.)* bissiger Mensch;
③ Hundsstern = *Sirius.*
Cānidius, a, um *röm. nomen gentile:* P. ~ Crassus, *Anhänger des Antonius.*
Canīnius, a, um *pleb. Gentilname:* ① C. ~ Rebilus, *Legat unter Cäsar in Gallien;*
② L. ~ Gallus, *56 v. Chr. Volkstribun; – Adj.* **Canīniānus,** a, um.
canīnus, a, um *(canis) (poet.; nachkl.)* ① Hunde- [**latratus**];
② einem Hund ähnlich: **a)** *(im Aussehen)* [**dentes**]; **b)** *(im Ton)* knurrend, bellend [**vocis sonitus; lingua**]; **c)** *(in der Art)* bissig.
● **canis,** is *m u. f (Gen. Pl.* canum) ① Hund, Hündin [**pastoricius** Hirtenhund; **acer; mordax**];
② *(poet.; nachkl.) (als Schimpfw.)* Hund;
③ bissiger, auf barsche Weise verletzender Mensch; **uxorem suam esse aiebat rabiosam canem;**
④ *(poet.)* Hund *als Sternbild; (maior)* der große Hund *m. dem Sirius; (minor)* der kleine Hund;
⑤ *(poet.; nachkl.) (marinus)* Seehund;
⑥ *(poet.; nachkl.)* Hundswurf *(der schlechteste Wurf im Spiel: alle Würfel zeigen die Eins);*
⑦ *(Plaut.)* Fessel.
canistrum, ī *n (gr. Fw.)* Rohrkörbchen.
cānitiēs, ēī *f (canus) (poet.; nachkl.)* ① (weiß)graue Farbe;
② graues Haar;
③ das Alter, geistige Reife.
canna¹, ae *f (gr. Fw.) (poet.; nachkl.)* ① Rohr, Schilf [**palustris**];
② *(meton.) Gegenstand aus Rohr:* **a)** Rohrpfeife, -flöte; **b)** kleines Fahrzeug, kleines Schiff.
canna², ae *f* Kanne.
Cannae, ārum *f Ort in Apulien in Süditalien (Schlacht 216 v. Chr.); – Adj.* **Cannēnsis,** e.
cannula, ae *f (Demin. v. canna¹) (spätl.)* kleines, niedriges Schilf.
● **canō,** canere, cecinī, cantātum **I.** *intr.* ① *(v. Menschen u. Vögeln)* singen; **ad tibiam** ~ zur Flöte; *sprichw.:* **surdis auribus** ~ tauben Ohren predigen; – *(v. Tieren)* krähen, krächzen, quaken;
② *(v. Instrumenten)* ertönen, erschallen; **tubae cecinerunt; classicum** *(od.* **signum**) **canit** das Zeichen zum Angriff ertönt;
③ *(ein Instrument)* spielen, blasen *(m. Abl.)* [**harundine; fidibus; citharā; tibiā; receptui** ~ zum Rückzug blasen];
II. *trans.* ① singen [**carmen; versūs**];
② besingen, im Lied preisen; *übh.* preisen, verherrlichen [**regum facta**];
③ dichten;
④ wahrsagen, verkünden [**omina; fata**];
⑤ *als Lehre* verkünden, vortragen;
⑥ *(Instrumente)* spielen, blasen, ertönen lassen, *bes. milit.* [**classicum** *od.* **signa** ~ das Zeichen zum Angriff geben].
canōn, onis *m (Akk.* -ona) *(gr. Fw.)* ① *(Plin.)* Regel, Richtschnur;
② *(August.)* Kanon *(Verzeichnis der Bücher des Alten u. Neuen Testaments).*
canonicātus, ūs *m (canonicus II.)* Domherrnstelle.
canonicus *(gr. Fw.)* **I.** *Adj.* a, um ① *(nachkl.)*

C

regelmäßig;
❷ *(Eccl.)* kanonisch, nach dem kirchlichen Recht, rechtmäßig;
II. *Subst.* ī *m* ❶ Astrologe;
❷ *(spätl.)* Dom-, Stiftsherr.
canonista, ae *m (canon) (mlt.)* Vertreter des Kirchenrechts.
Canōpus, ī *m* ❶ *Inselstadt in der westl. („kanopischen") Nilmündung;*
❷ *(meton.)* (Unter-)Ägypten.
canor, ōris *m (cano) (poet.; nachkl.)* Gesang; Klang; **Martius aeris rauci ~** kriegerischer Klang; **~ lyrae.**
canōrum, ī *n (canorus)* Wohlklang.
canōrus, a, um *(canor)* ❶ wohlklingend, melodisch [**vox; versus**];
❷ singend, klingend, spielend [**vox; aves** Singvögel; **olor; aes** hell tönend; **Triton** blasend].
Cantabrī, ōrum *m (Sg.* Cantaber) *Volk in Nordspanien; – das Land:* **Cantabria,** ae *f; – Adj.* **Cantabricus,** a, um.
cantabrum, ī *n (nachkl.)* Standarte.
cantāmen, minis *n (canto) (Prop.)* Zauberspruch.
cantātiō, ōnis *f (canto) (nachkl.)* Gesang; Lied.
cantātor, ōris *m (canto)* Sänger.
cantātrīx, īcis *f (cantator) (nachkl.)* Sängerin.
canter . . . = *canther...*
cantharis, idis *f (gr. Fw.)* spanische Fliege.
cantharus, ī *m (gr. Fw.)* Kanne, Humpen.
canthērīnus, a, um *(cantherius) (Plaut.)* eines Wallachs, Wallach-.
canthērius, ī *m* Wallach; *übh.* Gaul; *verächtl.* Klepper; **-o vehi;** *sprichw.:* **minime -um in fossam** *(erg. demitte)* ja nicht m. dem Gaul in eine Grube! nicht so verkehrt gehandelt!
canticum, ī *n (cantus)* ❶ Lied, Gesang;
❷ *(in der röm. Komödie)* lyrische Stelle *m. Flötenbegleitung;* **-um agere** vortragen; **-um desaltare** pantomimisch vortragen;
❸ *(spätl.)* geistl. Lied, Psalm; **~ canticorum** das Hohelied Salomons.
cantilēna, ae *f (canto)* ❶ *(vorkl.; spätl.)* Singsang, das Herunterleiern, Herleiern;
❷ allbekanntes, *auch* abgedroschenes Lied;
❸ *(übtr.)* das alte Lied, die alte Leier;
❹ *(mlt.)* Lied; Kirchengesang.
cantiō, ōnis *f (cano)* ❶ *(vor- u. nachkl.)* Gesang, Lied;
❷ Zauberspruch;
❸ *(August.)* Geleier.
cantitō, cantitāre *(Frequ. v. cano)* oft singen.
Cantium, ī *n Landschaft im südöstl. Britannien, j.* Kent.
cantiuncula, ae *f (Demin. v. cantio)* Liedchen.
cantizō, cantizāre *(mlt.)* singen.
● **cantō,** cantāre *(Intens. v. cano)* **I.** *intr.* ❶ singen; krähen;
❷ *(poet.) (v. Instrumenten)* ertönen, erklingen, erschallen; **tibia cantat; pastoris bucina lenti cantat;**
❸ *(ein Instrument)* spielen, blasen *(m. Abl.)* [**tibiis; calamo; cithara**];
❹ *(Verg.)* Zauberformeln hersagen;
II. *trans.* ❶ singen;
❷ dichten [**carmina; versus**];
❸ *(poet.)* besingen, im Lied verherrlichen, verkünden [**proelia; victoriam; fortunam Priami**];
❹ *übh.* preisen [**Caesarem**];
❺ *(nachkl.)* vortragen, rezitieren [**fabulam**];
❻ *(nachkl.)* herleiern;
❼ *(poet.)* jmdm. etw. wiederholt einschärfen, warnen, vorpredigen;
❽ *(poet.; nachkl.)* bezaubern, besprechen, durch Zauber bannen.
cantor, ōris *m (cano)* ❶ *(poet.; nachkl.)* Sänger;
❷ Schauspieler, Darsteller;
❸ jmd., der etw. herunterleiert, Herleierer [**formularum**];
❹ Lobhudler *(alcis)* [**Euphorionis**].
cantrīx, īcis *f (cantor) (Plaut.)* Sängerin.
canturiō, canturīre *(cano) (Petr.)* singen.
● **cantus,** ūs *m (cano)* ❶ das Singen, Gesang; *(v. Tieren auch)* das Krähen, Schnarren;
❷ Lied, Melodie;
❸ *(v. Instrumenten)* Ton, Klang, Musik, Spiel [**bucinarum; tibicinum**];
❹ *(poet.)* Weissagung;
❺ *(poet.)* Zauberspruch; **amores cantibus aut herbis solvere; cantu vertere in pisces** in Fische verwandeln.
Canulēius, a, um *Name einer pleb. röm. gens:* C. ~, *Volkstribun 445 v. Chr., z. Zt. der Ständekämpfe* [**lex Canuleia de conubio** *Gültigkeit v. Ehen zw. Patriziern u. Plebejern*].
cānus, a, um ❶ weiß(grau), grau, *bes. v. Haar* [**capilli; aequora**];
❷ grauhaarig, hochbetagt;
❸ (alt)ehrwürdig [**senectus**].
Canusium, ī *n Stadt in Apulien in Süditalien, Fluchtort des röm. Heeres nach der Schlacht bei Cannae, j.* Canosa; – *Einw. u. Adj.* **Canusīnus,** ī *m bzw.* a, um.
capācitās, tātis *f (capax)* ❶ Fassungsvermögen, Räumlichkeit, Raum;
❷ *(mlt.)* Umfang, Größe.
capāx, *Gen.* pācis *(capio)* ❶ viel fassend, geräumig, weit [**urbs; mundus; domus**];
❷ zu etw. fähig, befähigt, f. etw. tauglich, f. etw. empfänglich *(f. etw., zu etw.: m. Gen.; ad);* **imperii ~; amicitiae ~ ; gloriae ~ ; animal ~ mentis** der Sinne teilhaftig; **animus ~ ad praecepta.**
capēdō, dinis *f* Opferschale.
capēduncula, ae *f (Demin. v. capedo)* kleine Opferschale.
capella[1], ae *f (Demin. v. capra)* ❶ Ziege;

C

❷ *(poet.; nachkl.)* die Ziege *als Stern im Fuhrmann;* **sidus pluviale -ae**.

capella², ae *f (mlt.)* ❶ Kapelle, Gotteshaus; ❷ Geistlichkeit.

capellānus, ī *m (capella²) (mlt.)* Geistlicher, Kaplan.

capellus, ī *m (mlt.)* Kapuze.

Capēna¹, ae *f Stadt in Etrurien südl. des Soracte; – Einw. u. Adj.* **Capēnus,** ī *m bzw.* a, um *u.* **Capēnās,** nātis *(m).*

Capēna²: porta ~ *Tor in Rom am Abhang des Caelius, an dem die via Appia begann.*

caper, prī *m (poet.; nachkl.)* ❶ Ziegenbock; ❷ *(meton.)* Bocksgeruch, Schweißgeruch.

caperrō, caperrāre *(vor- u. nachkl.)* **I.** *intr.* sich runzeln; **illi caperrat frons severitudine** *(Plaut.)*;
II. *trans.* runzeln [**frontem**].

capessō, capessere, capessīvī, capessītum *(Intens. v. capio)* ❶ hastig ergreifen, fassen [**arma**];
❷ etw. *(z. B. eine Tätigkeit, ein Amt)* mit Eifer ergreifen, anfassen, übernehmen; **magistratūs, imperium ~** übernehmen; **pugnam manu ~** tätlich werden; **partem belli ~; rem publicam ~** die polit. Laufbahn einschlagen; **curas imperii ~; viam ~** einschlagen; **provincias ~** die Verwaltung der Provinzen übernehmen;
❸ nach etw. streben *(m. Akk.)* [**superiora** nach Höherem];
❹ hineilen, losgehen auf *(m. Akk.)* [**Italiam; montem**].

Caphēreūs *(u.* **-āreūs),** ī *m südöstl. Spitze v. Euböa in Mittelgriechenland; – Adj.* **Caphēreus,** a, um.

capillāmentum, ī *n (capillus)* ❶ Haare; ❷ falsches Haar, Perücke; ❸ Wurzelfasern *(b. Pflanzen).*

capillāre, ris *n (capillus) (Mart.)* Haarsalbe, -pomade.

capillātūra, ae *f (capillatus)* Haarbedeckung, Haar.

capillātus, a, um *(m. Komp.) (capillus)* ❶ behaart; langhaarig; **adulescens bene ~; nationes -ae;**
❷ *(Plin.)* haarig [**radices**].

capillitium, ī *n (capillus) (nachkl.; spätl.)* das Haar *(koll.).*

● **capillus,** ī *m (verw. m. caput)* ❶ Haar *des Menschen:* Haupt- *u.* Barthaar;
❷ Haar der Tiere;
❸ haarige Fasern *od.* Wurzeln *b. Pflanzen.*

● **capiō¹,** capere, cēpī, captum ❶ ergreifen, (er)fassen, nehmen [**arma** zu den Waffen greifen; **cibum** zu sich nehmen; **flammeum; baculum**];
❷ *(Örtl.)* **a)** einnehmen, besetzen [**montem; oppidum**]; **b)** erreichen, gewinnen [**portum**]; **c)** zu erreichen suchen [**montes proximos fugā**];
❸ *(übtr.)* ergreifen, fassen, nehmen [**occasionem** die Gelegenheit ergreifen; **consilium** einen Entschluss fassen; **conatum** einen Versuch machen];
❹ *(Ämter, Tätigkeiten)* übernehmen, antreten [**consulatum; honores**];
❺ *(v. Zuständen, Stimmungen)* jmd. befallen, ergreifen; **senatum metus cepit; animum capit cura;**
❻ *(gewaltsam)* wegnehmen, sich aneignen [**rem publicam** die Staatsgewalt an sich reißen];
❼ gefangen nehmen [**regis filiam; duces**];
❽ erbeuten [**impedimenta; praedam** Beute machen; **naves** kapern; **classem; ex hostibus pecuniam**];
❾ einnehmen, erobern [**hostium castra**];
❿ *(Tiere)* fangen, erbeuten, erjagen [**cervos; pisces**];
⓫ (er)wählen, aussuchen [**locum castris idoneum**];
⓬ f. sich einnehmen, fesseln, anziehen; **captus eius humanitate; oculos ~;**
⓭ verlocken, verleiten, überlisten [**blanditiis**]; *Pass.* sich verlocken lassen [**novitate rei**];
⓮ *Pass.* beraubt werden, verlieren *(z. B. das Augenlicht) (m. Abl.)*; **luminibus capi** erblinden; **auribus captus** taub; **pedibus captus** gelähmt; **mente captus** geistesschwach;
⓯ *(als Empfänger)* etw. annehmen, empfangen, erhalten, bekommen [**praemium; nihil ex hereditate; ex bonis testatoris solidum**];
⓰ sich zuziehen [**infamiam**];
⓱ finden, genießen [**quietem**];
⓲ *(Einkünfte)* beziehen, einnehmen [**stipendium iure belli; vectigal ex agro**];
⓳ *(poet.)* jmd. aufnehmen; **Italia fessos cepit;**
⓴ *(Gestalt u. Ä.)* annehmen [**gestum atque vultum novum; formam**];
㉑ *(Freude)* empfinden [**laetitiam; voluptatem**];
㉒ *(Unangenehmes, Schmerz)* erleiden [**molestiam; dolorem**];
㉓ erwerben, gewinnen [**gloriam**];
㉔ *(geistig)* begreifen, erfassen [**orationem; gratiam**];
㉕ *(räuml.)* fassen, in sich aufnehmen (können); **portus ingentem vim navium capit;**
㉖ zu etw. geeignet, passend sein, entsprechen, etw. zulassen, vertragen;
㉗ **pecuniam ~ ab alqo** sich v. jmdm. bestechen lassen;
㉘ *(Eccl.) (unpers.)* non capit *(m. A.C.I.)* es ist unmöglich.

capiō², ōnis *f (capio¹) (vor- u. nachkl.)* das Nehmen, Ergreifung; **usus capio** *(auch zus.* **usu(s)capio***)* Recht zum Eigentumserwerb

durch Verjährung.
capis, idis *f (Akk. Pl.* -idas) *(gr. Fw.)* Henkelschale, *bes.* Opferschale m. Henkel.
capistrō, capistrāre *(capistrum) (poet.; nachkl.)* (an)halftern, anschirren [**boves; iumenta ad iugum**].
capistrum, ī *n (capio¹)* Schlinge; Halfter; Maulkorb; *(spätl.)* Zaumzeug.
capital *(nachkl.* capitāle), tālis *n (capitalis)* todeswürdiges Verbrechen, Kapitalverbrechen.
capitālis, e *(caput)* ❶ den Kopf, das Leben betreffend, Lebens-, Todes- [**periculum** Lebensgefahr; **poena** Todesstrafe; **res** *od.* **facinus** Kapitalverbrechen];
❷ tödlich, todbringend, äußerst gefährlich, verderblich, Tod- [**hostis** Todfeind; **odium; ira; inimicitiae**];
❸ hervorragend, Haupt- [**ingenium**].
capitāneus *(caput)* **I.** *Adj.* a, um *(spätl.)* durch Größe hervorstechend;
II. *Subst.* ī *m* ❶ *(spätl.)* Anführer;
❷ *(mlt.)* Graf.
capitium, ī *n (caput)* ❶ *(nachkl.)* Kopföffnung *in der Tunika;*
❷ *(spätl.)* Kapuze.
capitō, ōnis *m (caput)* Großkopf, Dickkopf.
Capitō, ōnis *m röm. cogn.*

i Kultur **Capitōlium,** ī *n (caput)* das Kapitol: **1.** = *clivus Capitolinus:* der geschichtlich wichtigste der sieben Hügel Roms mit zwei Kuppen: Burg und Jupitertempel. Hier hinauf zog der siegreiche Feldherr im Triumph; vom tarpejischen Felsen stürzte man Staatsverbrecher. Münzwerkstatt im Tempel der Iuno Moneta und Staatsarchiv im Tabularium. **2.** *Jupitertempel auf dem clivus Capitolinus;* / das Capitol in Washington ist als Sitz des amerik. Kongresses modernes Machtzentrum; / *Adj.* **Capitōlīnus,** a, um.

capitulāris, e *(capitulum 4.) (spätl.)* das Kapitel beginnend.
capitulātim *Adv. (capitulum)* dem Hauptinhalt nach, zusammengefasst, summarisch.
capitulum, ī *n (Demin. v. caput)* ❶ *(Plaut.)* Köpfchen;
❷ *(Plaut.; Ter.) (scherzh.)* Mensch;
❸ *(t. t. der Baukunst)* Kapitell *einer Säule;*
❹ *(spätl.)* Abschnitt, Kapitel.
cāpō, ōnis *m (nachkl.)* ❶ Kapaun;
❷ Eunuch; Jüngelchen *(scherzh.).*
cappa, ae *f* ❶ Kopfbedeckung, Kapuze;
❷ geistl. Gewand, Mantel.
Cappadocia, ae *f Landschaft Kleinasiens; – Bew.* **Cappadox,** ocis *m; – Adj.* **Cappadoc(i)us,** a, um.
capparis, is *f (gr. Fw.)(vor- u. nachkl.)* Kaper *(Gewürz).*
capra, ae *f (caper)* ❶ Ziege, Geiß; – C*aprae od. Capreae palus* „Ziegensumpf“, *an dieser Stelle auf dem Marsfeld verschwand Romulus;*
❷ *(poet.)* Ziege *als Sternbild = capella¹ 2.;*
❸ *(meton.)* Bocksgeruch, -gestank = *caper 2.*
capraritia, ae *f (mlt.)* Ziegenherde.
caprea, ae *f (capra) (poet.; nachkl.)* wilde Ziege; Reh; – *Capreae palus s. capra.*
Capreae, ārum *f* „Ziegeninsel“, *kleine Felseninsel an der kampanischen Küste, j.* Capri; – *Adj.* **Capreēnsis,** e; – *Subst.* **Caprīneus,** ī *m Spottname des Kaisers Tiberius.*
capreāginus, a, um *(caprea u. gigno) (Plaut.)* Ziegen-.
capreolus, ī *m (caper)* ❶ wilder Ziegenbock;
❷ *Pl. (t. t. der Baukunst)* Streben, Dachsparren, Dachgebälk.
capri-cornus, ī *m (caper u. cornu)* Steinbock *als Gestirn.*
capri-fīcus, ī *f (caper)* „Ziegenfeige“, wilder Feigenbaum; wilde Feige.
capri-genus, a, um *(caper u. gigno)* Ziegen-.
caprīle, lis *n (caprilis)* Ziegenstall.
caprīlis, e *(caper)* Ziegen-.
capri-mulgus, ī *m (capra u. mulgeo)* ❶ *(Cat.)* Ziegenmelker, Hirt;
❷ *(Plin.) Vogelname.*
caprīnus, a, um *(caper)* Ziegen-, Bocks- [**pellis; grex; lac; capilli**].
capri-pēs, *Gen.* pedis *(caper) (poet.)* bocksfüßig [**Satyri; Panes**].
capsa, ae *f (capio)* ❶ Kapsel, Kasten, Behälter *(bes. f. Bücherrollen);*
❷ *(mlt.)* Reliquienschrein.
Capsa, ae *f Ort südl. v. Tunis; – Einw.* **Capsēnsēs,** nsium *u.* **Capsitānī,** ōrum *m.*
capsārius, ī *m (capsa)* ❶ *(Suet.)* Kapselträger *(Sklave, der dem Sohn seines Herrn den Bücherkasten trug);*
❷ *Sklave, der die Kleidungsstücke bewacht (z. B. in den Bädern).*
capsella *u.* **capsula,** ae *f (Demin. v. capsa) (nachkl.)* kleine Kapsel, Kästchen.
capsus, ī *m (capio)* ❶ Kasten, Käfig *f. wilde Tiere;*
❷ Wagen-, Kutschkasten.
captātiō, ōnis *f (capto)* das Greifen, Jagen, Haschen *(nach etw.: m. Gen.)* [**verborum** Wortklauberei; **testamenti** Erbschleicherei; *(spätl.)* **benevolentiae** das Werben um die Gunst des Hörers *od.* Lesers].
captātor, ōris *m (capto)* ❶ der eifrig nach etw. Trachtende *(m. Gen.)* [**lucri**];
❷ *(poet.; nachkl.)* Erbschleicher.
captiō, ōnis *f (capio¹)* ❶ das Fangen *(eines Tieres),* Fassen, Ergreifen, Verhaftung *(v. Menschen);*
❷ Täuschung, Betrug;

③ Schaden, Nachteil;
④ Trugschluss; **captiones discutere, metuere.**

captiōsa, ōrum *n (captiosus)* Trugschlüsse.

captiōsus, a, um *(captio)* ① betrügerisch, hinterlistig [**societas; beneficium**];
② verfänglich, heikel [**interrogatio; probabilitas**].

captiuncula, ae *f (Demin. v. captio)* Verfänglichkeit.

captīva, ae *f (captivus)* (Kriegs-)Gefangene.

captīvitās, ātis *f (captivus) (nachkl.)* ① Gefangenschaft, Knechtschaft; **captivitati patrem eripere;**
② Eroberung, Einnahme [**urbis**];
③ Gefangennahme, Verhaftung.

captīvō, captīvāre *(captivus) (spätl.)* gefangen nehmen.

● **captīvus** *(captus v. capio)* **I.** *Adj.* a, um ① (kriegs)gefangen [**cives; reges; duces**];
② erobert, erbeutet [**naves; classis, cibus; pecunia**];
③ einem Gefangenen gehörig [**habitus; corpus; bracchia**];
II. *Subst.* ī *m* (Kriegs-)Gefangener.

● **captō,** captāre *(Intens. bzw. Frequ. v. capio)*
① *(poet.; nachkl.)* eifrig *od.* wiederholt nach etw. greifen, fassen, haschen *(m. Akk.)*;
② *(poet.; nachkl.)* jagen [**feras**];
③ eifrig nach etw. streben, trachten *(m. Akk.; Inf.)* [**assensionem alcis; occasionem; gloriam; sermonem alcis** belauschen; **ceteris praestare**];
④ überlisten, hintergehen [**insidiis hostem**];
⑤ jmd. *od.* etw. auf listige Weise zu gewinnen suchen [**hereditatem**].

captūra, ae *f (capio[1]) (nachkl.)* Fang, Gewinn.

captus[1] *P.P.P. v. capio.*

captus[2], ūs *m (capio[1])* ① geistige Fähigkeit, Auffassung(sgabe), Begabung;
② *(Sen.)* Umfang [**corporis**];
③ *(Plin.)* das Fassen, Greifen.

Capua, ae *f Hauptstadt Kampaniens in Mittelitalien.*

capūdō, dinis *f = capedo.*

capula, ae *f (Demin. v. capis) (vorkl.)* kleine Henkelschale.

capulāris, e *(capulus) (Plaut.)* dem Sarg gehörig = dem Grabe nah.

capulō, capulāre abschneiden, fällen.

capulus, ī *m (capio[1])* ① Griff, Handhabe [**gladii; ensis; aratri**];
② Sarg.

● **caput,** pitis *n* ① Haupt, Kopf; **capite demisso** gesenkten Hauptes; **capite aperto** barhäuptig; **capite operto** bedeckten Hauptes; *sprichw.:* **nec caput nec pedes habere** weder Hand noch Fuß haben; **per caputque pedesque** Hals über Kopf; **supra caput esse** auf dem Nacken sitzen;
② Mensch;
③ *(v. Tieren)* Stück;
④ das Leben; **capitis periculum** Lebensgefahr; **poena capitis** Todesstrafe; **capitis accusare** auf Leben u. Tod anklagen; **capitis** *od.* **capite damnare** zum Tode verurteilen; **capitis absolvere** v. der Todesstrafe freisprechen;
⑤ Haupt(person), Urheber; ~ **scelerum;** ~ **coniurationis** Rädelsführer; **capita rerum** Häupter des Staates;
⑥ Hauptstadt, Hauptsitz, Hauptort; **Thebae ~ totius Graeciae** die bedeutendste Stadt; **Roma ~ Latii est; ~ belli** Mittelpunkt;
⑦ Hauptsache, -punkt, -inhalt; ~ **cenae** Hauptgang; **quod ~ est** was die Hauptsache ist; ~ **rerum** Hauptpunkt;
⑧ Hauptabschnitt, Kapitel;
⑨ Spitze, Anfang *od.* Ende [**pontis** Brückenkopf]; *(v. Flüssen)* Quelle *od.* Mündung; *(übtr.)* Quelle = Ursprung, Ursache [**miseriarum**];
⑩ bürgerliche Ehre; **capitis causa** *od.* **iudicium** Prozess üb. die bürgerliche Ehre;
⑪ Hauptsumme, Kapital.

Cār, Cāris *m, Pl.* Cāres, rum Karier, *Bew. v.* **Cāria,** ae *f, der südwestlichsten Landschaft Kleinasiens; – Adj.* **Cāricus,** a, um; **– Cārica,** ae *f (erg. ficus)* karische Feige.

Caralēs, lium *f Stadt auf Sardinien, j.* Cagliari; *– Einw. u. Adj.* **Caralītānus,** ī *m bzw.* a, um.

caraxō *= charaxo.*

carbasa, ōrum *n (carbasus)* ① Batistkleider;
② *(poet.)* Segel.

carbaseus, a, um *(carbasus[1])* aus feiner Leinwand, aus Musselin [**vela**].

carbasineus *(vorkl.) u.* **carbasinus,** a, um *(Mart.; Plin.) = carbaseus.*

carbasus[1], ī *f (poet.; nachkl.)* feine Leinwand, (Baumwoll-)Batist, Musselin.

carbasus[2], a, um *(Prop.) = carbaseus.*

carbatinus, a, um *= carpatinus.*

carbō, ōnis *m* Kohle; – **Carbō** *cogn. in der gens Papiria.*

carbōnārius, ī *m (carbo) (Plaut.)* Köhler, Kohlenhändler.

carbunculus, ī *m (Demin. v. carbo)* ① *(Plaut.)* Gram;
② *(Plin.)* dunkelroter Edelstein (Rubin, „Karfunkel“stein *u. Ä.)*;
③ *(Plin.)* Geschwür;
④ *(spätl.)* kleines Stück Kohle.

● **carcer,** eris *m* ① *Pl.* Schranken *am Startpunkt beim Wagenrennen (Ggstz. calx: das Ziel der Rennbahn)*; **ad carceres a calce revocari** von neuem beginnen;
② Kerker, Gefängnis; **custos carceris; in carcerem ducere, conicere; carcere includere; emitti e carcere; carcerem refringere;** *– v. Körper als dem Gefängnis der Seele:* **corpore animus tamquam carcere saeptus; vincula carceris rumpere;**

③ *(meton.)* die eingekerkerten Verbrecher;
④ *(Ter.) (als Schimpfw.)* Schurke.

carcerālis, e *(carcer) (spätl.)* Kerker-.

carcerārius, a, um *(carcer) (Plaut.)* Kerker- [**quaestus** Gewerbe, Beruf eines Kerkermeisters].

carcerō, carcerāre *(carcer) (spätl.)* einkerkern, ins Gefängnis werfen.

Carchēdonius, ī *m* Karthager.

carchēsium, ī *n (gr. Fw.)* Trinkgefäß *(m. Henkeln v. Rand bis zum Boden).*

carcinōma, matis *n (gr. Fw.) (vor- u. nachkl.)*
① Krebs(geschwür);
② *(Aug. b. Suet.) als Schimpfw.* Taugenichts.

Carda, ae *f = Cardea.*

cardaces, cum *m (Akk. -as) (pers. Wort) pers. Truppengattung.*

Cardea *u.* **Carda,** ae *f (cardo) Göttin der Türangeln (Göttin der Familie).*

cardēlis, is *f (carduus) (nachkl.)* Distelfink.

cardiacus, a, um *(gr. Fw.)* magenkrank; *auch Subst.*

Cardiānus, a, um aus Kardia *(Stadt auf der thrak. Chersones am Schwarzen Meer/ Dardanellen).*

cardinālis *(cardo)* **I.** *Adj.* e wichtig, Haupt-; **II.** *Subst.* is *m (spätl.)* Kardinal.

cardō, dinis *m* ① Türangel; ~ **stridebat; cardinem versare** *u.* **vertere** die Tür öffnen;
② *(übtr.)* Dreh-, Wende-, Angelpunkt; ~ **caeli** Nordpol; **cardines mundi** die Erdachsen, Nord- u. Südpol;
③ Hauptstraße *od.* -achse *im röm. Lager od. in röm. Städten;*
④ *(nachkl.)* Hauptpunkt, -umstand;
⑤ Scheidelinie.

carduēlis, is *f = cardelis.*

carduus, ī *m (poet.; nachkl.)* Distel.

cārectum, ī *n (carex)* Riedgraswiese.

carentia, ae *f (careo) (spätl.)* das Entbehren, Verzicht.

● **careō,** carēre, caruī, (caritūrus) *(m. Abl.)* ① frei v. etw. sein, nicht haben, nicht besitzen [**dolore; vitio**];
② sich v. etw. fern halten, fernbleiben, meiden [**foro; patria; senatu**];
③ entbehren, vermissen, verzichten müssen [**consuetudine amicorum; matre; cibo**].

Cāres, rum *m s. Car.*

cārex, ricis *f* Riedgras.

Cāria, Cārica, Cāricus *s. Car.*

cariēs, ēī *f* ① Fäulnis, Morschheit;
② Geschmack alten Weines.

carīna, ae *f* ① Schiffskiel, Kiel;
② *(poet.) (meton.)* Schiff;
③ *(Plin.)* Nussschale;
/ **Carīnae,** ārum *f Stadtteil in Rom am Westabhang des Esquilin.*

carinārius, ī *m (carinum) (Plaut.)* Hersteller *bzw.* Färber eines nussbraunen Kleides.

carinum, ī *n (gr. Fw.)(Plaut.)* nussbraunes Kleid.

cariōsus, a, um *(caries) (nicht klass.)* morsch, faul [**dentes**]; *(Mart.) v. altem Wein:* mild.

cāris, idis *f (gr. Fw.)* Krabbe.

caristia *(u.* charistia), ōrum *n (gr. Fw.) (poet.; nachkl.) Familienfest der Liebe u. Eintracht am 22. Februar.*

i Kultur **cāritās,** tātis *f (carus)*
1. hoher Preis, Teuerung [**annonae; rei frumentariae**];
2. Hochschätzung, Verehrung, Liebe *(zu: m. Gen. obi.; erga; in m. Akk.)* [**patriae; in regem**];
3. *(spätl.)* (christl.) Nächstenliebe;
/ die Wortbedeutung reicht schon in der röm. Republik vom „hohen Preis" einer Ware zur „hohen Preisung, Verehrung, Liebe" einer Person; im frühen röm. Christentum übersetzt man so die Bezeichnung für „Nächstenliebe" im Neuen Testament; bis heute sprechen wir von „GLAUBE, LIEBE, HOFFNUNG" – FIDES, CARITAS, SPES: die christl. Grundtugenden. Heute vor allem als Name des internationalen kath. Hilfswerks bekannt.

caritativus, a, um *(caritas 3.) (mlt.)* v. Nächstenliebe erfüllt.

Carmānia, ae *f* Karmanien, *Landschaft am Persischen Golf und Indischen Ozean.*

Carmēlus, ī *m* Karmel, *Gebirge in Galiläa (Israel).*

● **carmen,** minis *n (verw. m. cano)* ① Lied, Gesang;
② **a)** Gedicht, Dichtung [**epicum; tragicum**]; **b)** *(poet.)* lyrische Dichtung, Ode; **c)** *(Lucr.) als Teil einer größeren Dichtung:* Gesang; **d)** Vers *(eines Gedichtes);*
③ *(v. Instrumenten)* Klang, Spiel, Musik [**lyrae; citharae**];
④ *(poet.; nachkl.)* Weissagung, Orakelspruch;
⑤ Zauberspruch;
⑥ Spruch, Formel, *bes.* Eides-, Gebets-, Gesetzesformel;
⑦ poet. Inschrift *od.* Aufschrift;
⑧ *(Prop.)* Spottgedicht [**obscoena carmina; famosum**].

Carmentis, is *u.* **Carmenta,** ae *f (carmen 4.) Seherin, Mutter des Euander; urspr. altital. Gottheit der Frauen; Geburts- u. Weissagegöttin;* – *Adj.* **Carmentālis,** e [**porta**]; – **Carmentālia,** ium *n Fest zu Ehren der Göttin Carmenta.*

carminō, carmināre *(caro²)(vor- u. nachkl.)* krempeln [**lanam**].

Carmō, ōnis *f Stadt in Andalusien (in Spani-*

en), j. Carmona; – *Einw.* **Carmōnēnsēs,** ium *m.*

carnālis, e *(caro¹) (Eccl.)* leiblich, fleischlich, irdisch, sündhaft.

carnāria, ae *f (carnarius) (vorkl.)* Fleischbude.

carnārium, ī *n (caro¹)* ① *(Plaut.)* Fleischhaken; Fleischkammer;
② *(Petr.)* Blutbad, Gemetzel, Hinschlachten.

carnārius, ī *m (caro¹) (Mart.)* Fleischliebhaber *(scherzh. im Ggstz. zu pinguiarius: Fettliebhaber).*

Carneadēs, is *m aus Kyrene in Afrika (214–129 v. Chr.), griech. Philosoph, Stifter der dritten Akademie in Athen; – Adj.* **Carneadēus** *u.* **īus,** a, um.

carneus, a, um *(caro¹) (spätl.)* fleischlich, irdisch.

Carnī, ōrum *m kelt. Volk in den karnischen Alpen, im heutigen Kärnten u. Krain.*

carni-fex *(arch.* carnufex), ficis *m (caro¹ u. facio)* ① Henker, Scharfrichter;
② Peiniger;
③ *als Schimpfw.:* Schurke.

carnificīna *(arch.* carnuficīna), ae *f (carnifex)*
① Henkeramt;
② Folterung, Folter [**-ae locus** Folterkammer];
③ Marter, Qual.

carnificius *(arch.* carnuficius), a, um *(carnifex) (Plaut.)* des Henkers, Henker-.

carnificō, carnificāre *(carnifex)* köpfen, hinrichten.

carnis, is *f = caro¹.*

carnōsus, a, um *(caro¹) (Plin.)* ① fleischig [**crura**];
② fleischähnlich, -farben.

carnufex, carnuficīna, carnuficius *s. carnif…*

Carnuntum, ī *n illyrisch-kelt. Stadt an der Donau in Pannonien.*

Carnutēs, tum *m kelt. Volk an der Loire.*

● **carō¹,** carnis *f* ① Fleisch; *Pl. (poet.; nachkl.)* Fleischstücke; ~ **ferina** Wildbret; **carne vivere** *od.* **vesci** sich *v.* Fleisch ernähren;
② *verächtl. v. Menschen:* ~ **putida** Aas;
③ *(Sen.)* sinnlicher Leib.

carō², carere, – – *(vorkl.)* krempeln [**lanam**].

carpa, ae *f (spätl.)* Karpfen.

Carpathus, ī *f Insel im Ägäischen Meer zw. Kreta u. Rhodos, j.* Scarpanto; – *Adj.* **Carpathius,** a, um.

carpatinus, a, um *(gr. Fw.) (Cat.)* aus rohem Leder [**crepidae**].

carpentārius *(carpentum)* **I.** *Adj.* a, um Wagen-;
II. *Subst.* ī *m (spätl.)* Wagenbauer.

carpentum, ī *n (kelt. Wort)* zweirädriger Wagen: ① *als Stadt- od. Reisewagen:* Karosse, Kutsche *(bes. v. Staat gestellter Reisewagen f. hohe Staatsbeamte);* **-o in forum invehi;**
② Gepäckwagen; **-a multā praedā onerata; -a captiva;**
③ *(nachkl.)* Streitwagen.

Carpetānī, ōrum *m Volk in Spanien m. der Hauptstadt Toletum (j. Toledo); – das Gebiet:* **Carpetānia,** ae *f.*

● **carpō,** carpere, carpsī, carptum ① (ab)pflücken, abbrechen, abreißen, (ab)rupfen [**flores ex arbore; herbas manibus; pensum** spinnen];
② *(v. Tieren)* (ab)fressen, (ab)weiden, (ab)grasen [**gramen**]; *(v. Bienen)* aussaugen [**flores**];
③ genießen; **carpe diem!** *(Hor.)*; **aetatem ~; quietem ~; molles sub divo somnos ~; soporem ~;**
④ *(einen Weg)* streckenweise zurücklegen, durchwandern, -eilen, -fahren, -fliegen [**mare; aethereum volucri pede iter**];
⑤ (in Stücke) zerreißen [**viscera dente; iecur**];
⑥ zersplittern, zerteilen, zerstückeln [**in multas parvasque partes exercitum; orationem** in kurzen abgerissenen Sätzen vortragen];
⑦ sich etw. auswählen, aussuchen;
⑧ verspotten; tadeln, bekritteln [**alqm sermonibus**];
⑨ (allmählich) schwächen, entkräften, verzehren; **labor carpit corpus; cura carpitur ista mei;**
⑩ *(milit. t. t.) (den Feind)* beunruhigen, reizen, durch kleine Angriffe auf verschiedenen Seiten schwächen.

carptim *Adv. (carpo) (nachkl.)* ① stückweise, in Auswahl; **res gestas ~ perscribere;**
② wiederholt [**aggredi**],
③ vereinzelt, teilweise.

carptor, ōris *m (carpo) (Iuv.)* Trancheur, Vorschneider *der Speisen.*

carptus *P.P.P. v. carpo.*

Carrhae, ārum *f Stadt in Mesopotamien (ber. durch die Niederlage des Crassus, 53 v. Chr.).*

carrō = *caro²*

carrocium, ī *n* Bannerwagen *(v. Mailand).*

carrūca, ae *f (carrus) (poet.; nachkl.)* vierrädriger Wagen: *(früher)* Reisewagen, *(später)* Staatswagen.

● **carrus,** ī *m u. (nachkl.)* **-um,** ī *n (kelt. Wort)* vierrädriger Wagen, Karren.

Carseolī, ōrum *m Stadt in Latium, j.* Arsoli; – *Adj.* **Carseolānus,** a, um.

carta = *charta.*

Cartēia, ae *f Seestadt in Südspanien; – Adj.* **Cartēiēnsis,** e.

Carthaea, ae *f Stadt auf der Insel Keos im Ägäischen Meer; – Adj.* **Carthaeus** *u.* **Carthēius,** a, um [**moenia**].

Carthāgō *u.* **Karthāgō,** ginis *f* ① *Stadt in Nordafrika, Kolonie der phöniz. Stadt Tyrus, etwa 814 v. Chr. gegründet; nach der Sage*

*(Vergil, Aeneis 1) war Dido die Gründerin; 146 v. Chr. v. den Römern zerstört; – Einw. u. Adj.***Carthāginiēnsis,** is *m bzw.* e;
② Carthago nova: *die v. den Karthagern 227 v. Chr. gegründete Seestadt im südöstl. Spanien, j.* Cartagena.

cartilāginōsus, a, um *(cartilago) (nachkl.)* sehr knorpelig.

cartilāgō, ginis *f (nachkl.)* Knorpel.

caruncula, ae *f (Demin. v. caro¹)* ein Stückchen Fleisch.

● **cārus,** a, um ① lieb, teuer, wert *(jmdm.: alci; apud alqm);* ~ **omnibus; dis ~; alqm -um habere** jmd. in sein Herz geschlossen haben; –**Cārus,** ī *m röm. cogn.;*
② teuer = hoch im Preis [**annona; aurum argentumque**].

Caryae, ārum *f Ort im nördl. Lakonien (Peloponnes) m. einem Tempel der Artemis (Diana).*

Caryātidēs, dum *f die (nach dem Ort Caryae benannten) Tempeldienerinnen und Tänzerinnen der Artemis (Diana).*

caryōta, ae *u.*-**ōtis,** idis *f (gr. Fw.) nussförmige* Dattel.

Carystus, ī *f* ① *Ort an der Südküste v. Euböa in Mittelgriechenland; – Adj.* **Carystius** *u.* **Carystēus,** a, um;
② *Ort in Ligurien, j.* Carosio.

casa, ae *f* Hütte, Häuschen, Baracke [**frondea; parvula**].

cascus, a, um *(vorkl.)* uralt.

cāseārius, a, um *(caseus) (spätl.)* Käse-.

cāseolus, ī *m (Demin. v. caseus)* kleines Stück Käse.

cāseus, ī *m* Käse.

casia, ae *f (gr. Fw.) (poet.; nachkl.)* ① wilder Zimt;
② Seidelbast.

Casilīnum, ī *n Ort in Kampanien (in Mittelitalien); – Einw.* **Casilīnēnsēs,** ium *m; – Adj.* **Casilīnus,** a, um.

Casīnum, ī *n Ort in Latium am Fuße des mons Casinus, auf dem seit dem 6. Jahrh. das Kloster Monte Cassino steht; – Adj.***Casīnās,** *Gen.* nātis.

Casperia, ae *f Ort der Sabiner.*

Caspium mare *od.* **pelagus** *u.* **Caspius ōceanus** das Kaspische Meer; – *Anw.:***Caspiānī,** ōrum *m; – Adj.***Caspius,** a, um: Caspiae (portae) *Engpass im Kaukasus.*

Cassandra, ae *f Tochter des trojan. Königs Priamos, Seherin, verkündete bevorstehendes Unheil, fand jedoch b. niemandem Glauben.*

Cassandrēa *u.*-**drīa,** ae *f Ort in Makedonien; – Einw.* **Cassandrēnsēs,** ium *m;* –**Cassandrēūs,** eī *m* Apollodorus, *Tyrann v. Cassandrea.*

Cassiānus, a, um *s. Cassius.*

cassida, ae *f* = *cassis¹.*

Cassiopē, ēs *f* ① *Gattin des Kepheus, Mutter der Andromeda, als Gestirn (Cassiopēa u. Cassiopīa) an den Himmel versetzt;*
② *Hafenstadt auf Korfu (Korkyra), j.* Cassopo.

cassis¹, idis *f* ① (Metall-)Helm, Sturmhaube;
② *(poet.; nachkl.) (meton.)* Krieg.

cassis², is *m, meist Pl. (poet.)* ① Jägergarn, Netz;
② Spinngewebe;
③ *(übtr.)* Falle; **casses tendere alci.**

cassīta, ae *f (cassis¹) (zool.)* Haubenlerche.

Cassius, a, um *röm. nomen gentile:* ① L. ~ Longinus Ravilla, *Konsul 127 v. Chr., Zensor 125 v. Chr., Richter, bekannt durch Gerechtigkeit u. Strenge, dah.: Cassianus iudex* strenger Richter;
② L. ~ Longinus, *107 v. Chr. im Kampf geg. die Tiguriner (bellum Cassianum) besiegt u. getötet;*
③ ~ Parmensis, *einer der Mörder Cäsars, Dichter;*
④ ~ Longinus, *einer der Mörder Cäsars;*
⑤ C. ~ Longinus, *großer Rechtsgelehrter z. Zt. der Kaiser Claudius, Nero und Vespasian, Begründer der schola Cassiana;*
/ *Adj.***Cassiānus,** a, um.

cassō = *quasso.*

cassus, a, um *(verw. m. careo)* ① leer, hohl [**nux; canna; granum**];
② *(poet.)* beraubt, entbehrend, *im Deutschen oft:* ohne *(m. Gen. od. Abl.)* [**luminis** *od.* **lumine**];
③ nichtig, eitel, unnütz, vergeblich; – **in cassum** *od.* **incassum** *als Adv.* vergeblich, erfolglos [**preces mittere**].

Castalia, ae *f dem Apollo u. den Musen heilige Quelle am Parnass b. Delphi, deren Wasser zu kultischen Zwecken in Delphi verwendet wurde; – Adj.***Castalius,** a, um [**fons; aqua; antrum** die Orakelhöhle v. Delphi; **arbor** Lorbeerbaum]; *fem.:***Castalis,** idis *(Mart.)* [**Castalides (sorores)** die Musen].

castanea, ae *f (gr. Fw.) (poet.; nachkl.)* Kastanie *als Frucht u.* Kastanienbaum; – *Adj.***castaneus,** a, um.

castellānus *(castellum)* **I.** *Adj.* a, um Kastell- [**triumphi** f. eroberte Kastelle];
II. *Subst.* ī *m* Kastellbewohner.

castellātim *Adv. (castellum)* kastellweise, über Kastelle (verteilt).

● **castellum,** ī *n (Demin. v. castrum)* ① Kastell, Festung [**in alto tumulo positum**]; *(mlt.)* Burg;
② Gebirgsdorf;
③ *(übtr.)* Zuflucht(sort), Versteck; **templum ... ~ latrocinii; ~ omnium scelerum.**

castēria, ae *f (gr. Fw.) (Plaut.)* Schlafraum der Ruderer auf Deck, Koje, Verdeck.

casti-ficus, a, um *(castus¹ u. facio)* rein, keusch.

castīgābilis, e *(castigo) (Plaut.)* Schelte, Züchtigung verdienend, strafbar.

castīgātiō, ōnis *f (castigo)* Züchtigung, Strafe, Zurechtweisung, Tadel.

castīgātor, ōris *m (castigo)* Zuchtmeister, Sittenrichter.

castīgātōrius, a, um *(castigator)* zurechtweisend.

castīgātus, a, um *(P. Adj. v. castigo)* ① *(Ov.)* straff, gedrungen;
② *(August.)* eingeschränkt, knapp [**-e vivere**].

castīgō, castīgāre ① züchtigen, strafen [**verberibus**];
② zurechtweisen, tadeln, rügen [**alqm litteris; inertiam**];
③ *(poet.; nachkl.) (Fehlerhaftes)* verbessern; **poena adhibetur castigandi atque emendandi causa;**
④ *(nachkl.)* einschränken, bändigen, zügeln, zurückhalten, ersticken, unterdrücken [**equum frenis; risum**]; – *s. auch castigatus.*

castimōnia, ae *f (castus¹) (rel. t. t.)* ① Enthaltsamkeit;
② Sittenreinheit, Keuschheit.

castitās, ātis *f (castus¹)* Sittenreinheit, Keuschheit.

castor, oris *m (gr. Fw.)* Biber.

> *i* Kultur **Castor,** oris *m Sohn des Zeus bzw. Tyndareos u. der Leda, einer der Dioskuren, m. seinem Zwillingsbruder Pollux als Doppelgestirn Zwillinge (als Tierkreiszeichen) an den Himmel versetzt, Nothelfer, bes. Schutzpatron der Seefahrer;* **aedes Castoris:** *Tempel an der Südseite des Forums.*

castoreum, ī *n (castor)* Bibergeil *(Arzneimittel).*

● **castra,** ōrum *n (castrum)* ① Lager, Feld-, Kriegslager; ~ **stativa** Standlager; ~ **aestiva** Sommerlager; ~ **hiberna** Winterlager; **-a (col)locare, facere, ponere** aufschlagen; **-a movere** das Lager abbrechen = aufbrechen; **-a promovere** vorrücken; **-a habere contra alqm** im Felde stehen; – *als Name:* **Castra Cornelia** *Anhöhe b. Utica;* **Castra Vetera** *Standlager b. Xanten;*
② ~ **praetoria(na)** Prätorianerkaserne *b. Rom;*
③ Krieg(sdienst); **in -is usum habere** kriegserfahren sein;
④ Tagemarsch *(weil man jeden Abend ein Lager aufschlug);* **secundis -is** in zwei Tagemärschen;
⑤ Partei, Seite;
⑥ Quartier;
⑦ Heer.

> *i* Kultur **castra** Die römischen Soldaten errichteten im Kampfgebiet ihr Lager mit aufgeschüttetem Wall hinter dem Graben, mit eingerammten Pfählen, daraus wurde in den röm. Provinzen eine Stadtanlage: rechtwinklig mit 4 Toren, die durch sich kreuzende Hauptstraßen verbunden waren. Heute noch ist dieser Grundriss in Städten mit röm. Ursprung erkennbar: Porta Praetoria, Haupttor in Castra Regina (Regensburg).

castrātus, ī *m (castro)* Eunuch.

castrēnsis, e *(castra)* zum Lager gehörig, Lager-.

castrō, castrāre ① kastrieren, entmannen;
② entkräften, schwächen, vermindern [**rem publicam; vires; vina saccis** filtrieren];
③ *(Plin.) Bäume* kappen, abzapfen;
④ *(Mart.) (libellos)* v. Zoten reinigen.

castrum, ī *n (Pl.* castra, *s. d.)* ① Kastell, Fort, fester Platz, Burg; – *als Name: Castrum Album (in Spanien); Castrum Novum (an der Küste Etruriens);*
② Stadt.

Castulō, ōnis *m Stadt in Spanien am oberen Guadalquivir; – Adj.* **Castulōnēnsis,** e [**saltus** Sierra de Cazorla].

● **castus¹,** a, um *(careo)* ① (sitten)rein, anständig, gewissenhaft, unschuldig [**homo; vita; -e vivere**];
② enthaltsam, uneigennützig; **homo ~ ac non cupidus;**
③ keusch, züchtig;
④ fromm, religiös; **sacerdotes -i; ~ Aeneas; deos castissime colere;** – *(v. Sachen)* heilig, (gott)geweiht [**nemus**];
⑤ *(v. Stil)* rein, frei v. Barbarismen.

castus², ūs *m (careo, castus¹) (vor- u. nachkl.) (rel. t. t.)* Enthaltung v. sinnlichen Genüssen, Kasteiung.

casula, ae *f (Demin. v. casa)* ① *(nachkl.)* kleine Hütte;
② *(Petr.)* Totenkammer; Grab;
③ *(spätl.)* Mantel m. Kapuze; *(mlt.)* Messgewand, Kasel.

● **cāsus,** ūs *m (cado)* ① das Fallen, Fall, Sturz [**nivis** Schneefall; **fulminum**];
② Zufall, Zwischenfall, Vorfall; **casu** zufällig; **sive casu sive consilio deorum; casus secundi et adversi; casum potius quam consilium sequatur; casus varii** Wechselfälle;
③ Unglück(sfall), Unfall; Tod;
④ Ende, Ausgang [**hiemis**];
⑤ Verfall, Untergang [**urbis Troianae; rei publicae**];
⑥ *(polit.)* Sturz [**Gracchorum**];
⑦ Gelegenheit *(zu: m. Gen. obi.)* [**navigandi; victoriae**];

⑧ *(gramm. t. t.)* Fall, Kasus.

catabolēnsis, is *m (spätl.)* Lastfuhrmann.

catadromus, ī *m (gr. Fw.) (Suet.) ein schräg aus der Höhe* abwärts gespanntes Seil.

Catadūpa, ōrum *n Nilfälle an der Grenze v. Äthiopien, j. Wasserfall v. Wadi Halfa.*

catagelasimus, a, um *(gr. Fw.) (Plaut.)* lächerlich.

catagraphus, a, um *(gr. Fw.) (Cat.)* bunt, gemustert, bemalt.

catagūsa, ae *f (gr. Fw.)* „die Hinabführende", *Statue des Praxiteles (die Proserpina zum Hades hinabführende Ceres).*

catalēcticus a, um *(gr. Fw.) (nicht klass.)* katalektisch, *m. einem unvollständigen Versfuß schließend* [**versus**].

catalogus, ī *m (gr. Fw.) (spätl.)* Liste, Verzeichnis.

Catamītus *u.* **-meitus,** ī *m* ① *(Plaut.) lat. Name des Ganymed, des Mundschenken u. Lieblings des Jupiter;*
② **catamītus** „Don Juan", Lustknabe.

Cataonia, ae *f Landschaft im Norden des Taurus, an die röm. Provinz Kappadozien angrenzend; – Bew.* **Cataonēs,** num *m.*

cataphagās, ae *m (gr. Fw.) (Petr.)* der Gefräßige, Vielfraß.

cataphractārius, a, um *(spätl.)* = *cataphractus.*

cataphractēs, ae *m (gr. Fw.) (nachkl.)* Schuppenpanzer.

cataphractus, a, um *(gr. Fw.)* gepanzert.

cataplūs, ī *m (gr. Fw.), eigtl. das Landen einer Flotte, eines Schiffes, dah. meton.)* die (landende) Flotte, das (landende) Schiff.

catapulta, ae *f (gr. Fw.)* Wurfmaschine; *(meton.)* Wurfgeschoss.

catapultārius, a, um *(catapulta) (Plaut.)* zur Wurfmaschine gehörig, v. einer Wurfmaschine abgeschossen [**pilum**].

cataracta, ae *f u.* **-tēs,** ae *m (gr. Fw.)*
① *(nachkl.)* Wasserfall;
② *(nachkl.)* Schleuse;
③ Fallgatter *(am Tor).*

cataractria, ae *f (Plaut.) Name eines Gewürzes.*

catascopium, ī *n (gr. Fw.)* Spähschiff.

catasta, ae *f (gr. Fw.)* ① *(poet.; nachkl.)* Schaugerüst *zur Ausstellung verkäuflicher Sklaven;*
② *(spätl.)* Marterrost.

catēchūmenus, ī *m (gr. Fw.) (Eccl.)* Katechumene, *jmd., der in der christl. Rel. unterwiesen wird, bevor er die Taufe empfängt.*

catēia, ae *f (poet.; nachkl.)* Wurfkeule *der Gallier u. Germanen.*

catēlla[1]**,** ae *f (Demin. v. catena)* Kettchen *(als Schmuck u. als milit. Auszeichnung).*

catella[2]**,** ae *f (Demin. v. catula) (nachkl.)* Hündchen.

catellus, ī *m (Demin. v. catulus)* Hündchen; *poet. auch als Kosewort* („Häschen").

● **catēna,** ae *f (verw. m. cassis*[2]*)* ① Kette, Fessel; ~ **ferrea; alqm -is vincire; alqm in -as conicere; alci -as inicere; in -is tenere;**
② *(übtr.)* Fessel, Schranke, Zwang [**legum**];
③ *(Plin.)* Kette *(als Schmuck);*
④ *(Gell.)* Reihe, Ringkette.

catēnārius, a, um *(catena) (nachkl.)* Ketten- [**canis**].

catēnātus, a, um *(catena) (poet..; nachkl.)*
① gekettet, gefesselt, in Ketten;
② *(Mart.)* dicht anschließend, ununterbrochen [**labores**].

caterva, ae *f* ① Schar, Gruppe [**amicorum; iuvenum;** *(von Tieren)* **pecudum; avium** Schwarm];
② Trupp, Schar *nichtröm. od. irregulärer Soldaten;*
③ Schauspielertruppe;
④ Chor *im Drama.*

catervārius, a, um *(caterva) (nachkl.)* ① zu einem Trupp gehörig;
② truppweise fechtend.

catervātim *Adv. (caterva) (poet.; nachkl.)* in Scharen, scharenweise.

cathedra, ae *f (gr. Fw.)* ① *(poet.; nachkl.)* (Lehn-)Stuhl, (Arm-)Sessel, *später auch* Sänfte;
② *(poet.; nachkl.)* Lehrstuhl, Katheder;
③ *(spätl.)* Lehramt;
④ *(spätl.)* Bischofssitz.

cathedrālicius, a, um *(cathedra) (Mart.)*
① zum Armsessel gehörig;
② *(übtr.)* weichlich, verwöhnt.

cathedrālis, e *(cathedra 4.) (spätl.)* zum Bistum gehörig, bischöflich.

cathedrārius, a, um *(cathedra 2.) (Sen.)* zum Lehrstuhl gehörig, nur dozierend; **philosophi -ii** (unerfahrene) Kathederphilosophen *(Ggstz. veri).*

catholicus, a, um *(gr. Fw.)* ① *(nachkl.)* allgemein;
② *(spätl.)* katholisch.

> *i* Kultur **Catilīna,** ae *m cogn. in der gens Sergia:* L. Sergius ~, treibende Kraft der sog. katilinarischen Verschwörung; Catilina bereitete mit seinen Anhängern einen Staatsstreich vor. Von Cicero wurde die Verschwörung 63 v. Chr. aufgedeckt. – *Adj.* **Catilīnārius,** a, um.

catīllō, catīllāre *(catillus) (Plaut.)* die Teller ablecken.

catīllus, ī *m (Demin. v. catinus) (poet.; nachkl.)* Schüsselchen, Tellerchen.

Cātil[illegible]us, ī *m Gründer v. Tibur* [**moenia Catili**].

Catina, ae *f Stadt auf Sizilien, j.* Catania; – *Adj.*

C

Catinēnsis, e.
catīnulus, ī *m (Demin. v. catinus)* Näpfchen.
catīnus, ī *m* Schüssel, Napf; (Schmelz-)Tiegel.
Catius, ī *m epikureischer Philosoph um 50 v. Chr.; – Adj.* **Catiānus,** a, um.

> *i* Kultur **Catō,** ōnis *m cogn., bes. in der gens Porcia gebräuchlich, bes. berühmt:*
> ① M. Porcius ~ *der Ältere (maior, priscus, Censorius), 234–149 v. Chr.; Staatsmann u. Redner, sittenstrenger Gegner aller Neuerungen u. griech. Einflüsse, Feind Karthagos; – Adj.* **Catōniānus,** a, um; –**Catōnēs,** num *m* Männer wie Cato = alte Römer;
> ② M. Porcius ~ *der Jüngere (Uticensis), Urenkel des vorigen, 95–46 v. Chr., strenger Republikaner, tötete sich in Utica nach dem Sieg Cäsars b. Thapsus;* –**Catōnīnī,** ōrum *m Anhänger des Cato;*
> ③ Q. Valerius ~, *Dichter z. Zt. Sullas.*

catōmidiō, catōmidiāre *(gr. Fw.) (Petr.)* verprügeln, auspeitschen.
catta, ae *f (Mart.)* Katze.
Cattī = *Chatti.*
catula, ae *f (catulus)* Hündchen.

> *i* Kultur **Catullus,** ī *m* C. Valerius ~, *röm. Lyriker aus Verona (etwa 87–54 v. Chr.); – Adj.* **Catulliānus,** a, um.

catulus, ī *m* Tierjunges, *bes.* junger Hund.
Caturīgēs, gum *m gall. Volk an der oberen Durance in der Provence.*
catus, a, um gescheit, schlau, pfiffig, gewandt, scharfsinnig.
Caucasus, ī *m* der Kaukasus; – *Einw. u. Adj.* **Caucasius,** ī *m bzw.* a, um.
cauda, ae *f* Schwanz, Schweif [**leonis; serpentis; vaccae; ultima** Schwanzende].
caudeus, a, um *(Plaut.)* aus Binsen, Binsen- [**cistella**].
caudex *u. (später)* **cōdex,** dicis *m 1. (poet.; nachkl.)* Baumstamm; – *als Schimpfw. (Ter.; Petr.)* Klotz;
② *(vor- u. nachkl.)* Strafblock *(an den Sklaven festgebunden wurden, um ausgepeitscht zu werden);*
③ *(m. Wachs überzogene, hölzerne)* Schreibtafel;
④ Notizbuch; Rechnungsbuch, Hauptbuch;
⑤ Verzeichnis, Dokument;
⑥ *(spätl.)* Handschrift *(m. der Hand geschriebener, überlieferter Text);*
⑦ *(spätl.)* Bibel.
caudica, ae *f (caudex) (Gell.) aus einem Baumstamm gefertigter* Kahn, Kanu.
caudicālis, e *(caudex) (Plaut.)* den Holzstamm betreffend, Holz-; **te cum securi caudicali praeficio provinciae** *(scherzh.)* Holzhackeramt.
caudiceus, a, um *(caudex) (spätl.)* aus einem Baumstamm.
Caudium, ī *n Stadt in Samnium (in Mittelitalien); bekannt durch die Einschließung der röm. Truppen bei den caudinischen Pässen 321 v. Chr.; – Einw. u. Adj.* **Caudīnus,** ī *m bzw.* a, um.
caulae, ārum *f (poet.; nachkl.)* Schafpferch, Hürde.
caulātor, ōris *m = cavillator.*
cauliculus, ī *m (Demin. v. caulis) (bot.)* kleiner, zarter Stängel, Spross, Trieb.
caulis, is *m* ① Stängel, Stiel, Strunk; Kohlstrunk; Kohl;
② Federkiel;
③ *(Plin.)* Legeröhre der Insekten.
Caulōn, ōnis *m u.* **-ōnea,** ae *f Ort der Bruttier (in Mittelitalien).*
cauma, matis *n (gr. Fw.) (spätl.)* Hitze.
Caunus, ī ① *f Seestadt in Karien; – Einw. u. Adj.* **Cauneus** *u.* **Caunius,** ī *m bzw.* a, um; – **Cauneae,** ārum *f (erg. fici)* kaunische *od.* karische Feigen;
② *m Name des Gründers von Caunus.*
caupō[1] *(u.* cōpō), ōnis *m* Gastwirt.
caupo[2] *(spätl.) = capo 1.*
caupōna, ae *f (caupo*[1]*)* Schänke, Wirtshaus.
caupōnius, a, um *(caupona)* zur Schänke gehörig, Schänk- [**puer** Kellner].
caupōnor, caupōnārī *(caupo*[1]*)* m. etw. schachern, um etw. feilschen *(m. Akk.)* [**bellum** um den Krieg kleinlich feilschen (= gegen Gold zu erkaufen suchen)].
caupōnula, ae *f (Demin. v. caupona)* Kneipe.
caurus *u.* **c(h)ōrus,** ī *m* Nordwestwind.
● **causa** *(u.* caussa), ae *f* ① Grund, Ursache, Anlass, Veranlassung, Beweggrund *(meist m. Gen. obi.; auch m. Dat.; selten m. ad od. Inf.)* [**mortis; salutis; doloris; veniendi; lacrimis**]; **alci -ae esse** jmdm. als Anlass dienen *od.* Veranlassung geben; **cum -a** mit stichhaltigem Grund; **sine -a; qua de causa, quam ob causam** weshalb *u.* deshalb; **ob eam causam, ea de causa** deshalb; – *(Abl.)* **causā** *Postp.* wegen, um … willen *(m. Gen.; m. Poss. Pron.):* **honoris causa; rei publicae adiuvandae causa; amicitiae causa** aus Freundschaft; **mea, tua causa** meinetwegen, deinetwegen; *(refl)* **sua,** *(nichtrefl.)* **eius causa** seinetwegen *usw.;*
② guter Grund, (volles) Recht;
③ *(v. Personen)* Urheber;
④ Schuld; **-am in alqm transferre** die Schuld auf jmd. schieben; **-am alcis rei sustinere** die Schuld v. etw. tragen;

5 begründete Entschuldigung, Einwand; **-am accipere** gelten lassen;
6 Scheingrund, Vorwand, Ausrede; **-am fingere; per -am** unter dem Vorwand;
7 Krankheitsanlass, -zustand;
8 der vorliegende Fall, Gegenstand, Sachverhalt, Thema, Streitpunkt; **in hac -a** in diesem Fall; ~ **disserendi** Thema der Erörterung;
9 Streit-, Rechtssache, Rechtsfall, Prozess [**publica; privata; forensis**]; **-am perdere = -ā cadere** den Prozess verlieren; **-am obtinere** gewinnen; **-am agere** einen Prozess führen; **-am constituere; -am exponere**;
10 Sache, Interesse, Partei [**publica** Staatsinteresse];
11 Angelegenheit;
12 Lage, Verhältnisse, Umstände;
13 persönliche Beziehungen, (Freundschafts-) Verhältnis *(mit od. zu jmdm.: cum alqo)*.

causārius, a, um *(causa 7.)* kränklich; – *Subst.* causāriī, ōrum *m* Invaliden.

causia, ae *f (gr. Fw.) (vor- u. nachkl.)* breitkrempiger Hut.

causi-dicus, ī *m (causa u. dico[1])* Rechtsbeistand, Rechtsanwalt, Sachwalter.

causi-ficor, -ficārī = *causor.*

causor, causārī *(causa)* als Grund angeben, vorschützen [**negotia; consensum patrum**].

caussa = *causa.*

causticum, ī *n (causticus)* ätzendes Heilmittel.

causticus, a, um *(gr. Fw.) (nachkl.)* brennend, beizend.

causula, ae *f (Demin. v. causa)* 1 unbedeutende Veranlassung;
2 unbedeutender Rechtsfall.

cautēla, ae *f (cautus) (vor- u. nachkl.)* 1 Vorsicht, Achtsamkeit;
2 Schutz(mittel).

cautērium, ī *n (gr. Fw.)* 1 Beizmittel;
2 Brenneisen.

cautēs *u.* **cōtēs,** is *f* Riff, Fels, Klippe.

cautim *Adv. (cautus) (Ter.)* vorsichtig.

cautiō, ōnis *f (caveo)* 1 Vorsicht, Behutsamkeit *(bei etw.: m. Gen.)* [**vitiorum atque incommodorum; defendendi**]; **cautionem adhibere** anwenden; **res cautionem habet** hierbei ist Vorsicht am Platz; **mihi ~ est** ich muss mich in Acht nehmen;
2 *(jur. t. t.)* Sicherheit, Gewährleistung, Bürgschaft, Kaution;
3 Versprechen.

cautor, ōris *m (caveo)* 1 der etw. abwendet [**periculi**];
2 *(Plaut.)* der Vorsichtige.

cautrōma, matis *n (cauterium) (spätl.)* Brandwunde.

cautulus, a, um *(Demin. v. cautus) (Gell.)* ziemlich sicher.

● **cautus,** a, um *(caveo)* **I.** *akt.* 1 vorsichtig, behutsam *(in, bei etw.: in m. Abl.; ad; adversus; erga; m. Inf. od. ne)*; **-i in periculis, non timidi in contionibus; ~ erga bona sua**;
2 *(poet.)* schlau, listig [**vulpes**];
II. *pass.* sichergestellt; sicher [**nummi**].

cav-aedium, ī *n (< cavum aedium, eigtl.* das Hohle des Hauses) Innenhof *eines röm. Hauses.*

cavāticus, a, um *(cavus) (Plin.)* in Höhlen lebend [**cochleae**].

cavātiō, ōnis *f (cavo) (vorkl.)* Höhlung.

cavātūra, ae *f (cavo) (spätl.)* Höhlung; Wölbung.

cavea, ae *f (cavus)* 1 *(Plin.)* Höhlung;
2 *(vorkl.)* Gehege, Käfig *f. wilde Tiere* [**leonis**];
3 Vogelkäfig;
4 *(Verg.)* Bienenstock;
5 Zuschauerraum *(im [Amphi-]Theater od. Zirkus)* [**prima** der erste Rang; **media** der mittlere Rang; **ultima** *od.* **summa** die letzten *od.* obersten Sitzreihen];
6 *(Sen.) (meton.)* die Zuschauer, Publikum;
7 *(meton.)* Theater.

● **caveō,** cavēre, cāvī, cautum 1 sich hüten, sich in Acht nehmen, sich vorsehen *(vor: m. Akk.; ab; ne: sich davor hüten, dass; ut: dafür sorgen, dass; [poet.; nachkl.] Inf.)* [**socios; periculum; ab eo; ab homine impuro; ab insidiis**]; **cave canem!** *(Warnung vor dem Hund an röm. Haustüren)*; – **cavē, cavēte** *m. Konj. od. ne (poet. m. Inf.)* ja nicht: **cave credas** glaube ja nicht;
2 Vorsichtsmaßregeln treffen, sichern, sicherstellen, Fürsorge treffen *(für: m. Dat.; geg. etw.: ab)* [**civitatibus; agris; concordiae publicae; ab invidia**]; **alci cautum velle** jmd. in Sicherheit wünschen;
3 *(jur. t. t.)* **a)** sich sicherstellen, sich Gewähr leisten lassen, sich Kaution geben lassen; **b)** jmd. sicherstellen, jmdm. Gewähr leisten, Kaution stellen, jmdm. bei Kautionen Rechtsbeistand leisten, jmdm. Sicherheit verschaffen [**in iure**];
4 festsetzen, bestimmen.

caverna, ae *f (cavus)* Höhle, Grotte, Höhlung, Loch [**arboris; caeli** Himmelsgewölbe; **navigii** *od.* **puppis** hohler Schiffsraum]; **-as ingentes** *(vom trojan. Pferd)* **uterumque armato milite complent.**

cavernōsus, a, um *(caverna) (Plin.)* voller Höhlungen; löcherig [**radix**].

cāvī *Perf. v. caveo.*

cavilla, ae *f u.* **-um,** ī *n (vor- u. nachkl.)* Neckerei, Stichelei.

cavillātiō, ōnis *f (cavillor)* 1 Neckerei, Stichelei, Spott, Ironie;
2 *(nachkl.)* leeres, sophistisches, wortklauberisches Gerede; Spitzfindigkeit.

cavillātor, ōris *m (cavillor)* 1 Spötter;

C

❷ *(Sen.)* Sophist, Scheingelehrter.

Cavillōnum, ī *n Ort der Häduer (in Gallien).*

cavillor, cavillārī *(cavilla)* ❶ jmd. necken, hänseln, sich lustig üb. etw. machen *(m. Akk.; auch in alqo u. cum alqo)*; **artem ~; verba patrum ~; in eo cavillatus est;**
❷ Ausflüchte suchen.

cavillum, ī *n u.* **-us,** ī *m* = *cavilla.*

cavisō, cavisāre *(mlt.)* herausfordern.

cavitās, tātis *f (cavus) (spätl.)* Höhlung, Hohlraum.

cavō, cavāre *(cavus)* ❶ aushöhlen [**lapidem; tellurem**]; – *P. Adj.* **cavātus,** a, um *(m. Komp.)* ausgehöhlt, hohl [**rupes; cortices**];
❷ hohl ausarbeiten [**naves ex arboribus; vas ex lapide**];
❸ *(Verg.)* durchbohren [**parmam gladio**].

cavum, ī *n (cavus)* Höhlung, Loch.

● **cavus** I. *Adj.* a, um ❶ hohl; gewölbt [**concha; testudo; via** Hohlweg; **rupes** Felsenklüfte];
❷ *(Verg.; Lucr.)* umhüllend, deckend [**umbra; nubes**];
❸ *(Verg.)* nichtig, gehaltlos *(= inanis)* [**formae imago**];
II. *Subst.* ī *m* Höhlung, Loch.

Caystros *u.* **-us,** ī *m Fluss in Ionien, mündet b. Ephesus ins Ägäische Meer, j.* Küçük Menderes; – *Adj.* **Caystrius,** a, um [**ales** Schwan].

-ce *demonstr. Partikel* hier, da *(an Pron. angehängt)* [**huiusce; hisce**]; *oft zu -c verkürzt* [**hic; hinc**].

Cēa *u.* **Cīa,** ae *u.* **Ceōs,** ō *f Zykladeninsel im Ägäischen Meer;* – *Adj.* **Cēus** *u.* **Cīus,** a, um; – *Einw.* **Cēī,** ōrum *m.*

Cebenna, ae *m (mons) die Cevennen in Südfrankreich.*

Cebrēnis, idos *f (Akk. -ida) Tochter des Cebren, des Flussgottes in Troas (in Kleinasien).*

cecidī[1] *Perf. v.* cado.

cecīdī[2] *Perf. v.* caedo.

cecinī *Perf. v.* cano.

Cecrops, opis *m ältester König v. Attika, Sohn der Erde, halb Mensch, halb Schlange, Gründer v. Athen u. der Burg* **Cecropia,** ae *f (erg. arx);* – *Patron.* **Cecropidēs,** ae *m* (*Pl.* die Athener) *u.* **-pis,** idis *f (auch Adj.);* – *Adj.* **Cecropius,** a, um des Cecrops, *(poet.)* attisch [**cothurnus** die attische Tragödie].

● **cēdō**[1], cēdere, cessī, cessum I. *intr.* ❶ (einher)gehen, schreiten;
❷ *(poet.; nachkl.)* vonstatten gehen, ablaufen [**prospere; optime; male**];
❸ in etw. übergehen, sich verwandeln *(in alqd)*; **temeritas in gloriam cesserat; ~ in exemplorum locum;**
❹ zufallen, zuteil werden, auf jmd. *od.* auf etw. übergehen *(m. Dat.; in u. Akk.)*; **praeda victoribus cessit; res Albana in Romanum imperium cedit; bona in medium cedunt** fallen dem Staate zu; **in dicionem M. Antonii provinciae cesserant;**
❺ widerfahren;
❻ *(vor- u. nachkl.)* f. etw. gelten; **epulae pro stipendio cedunt;**
❼ weggehen, scheiden, weichen *(vor jmdm.: alci; vor etw.: m. Abl., e, de, a re)* [**hosti; senatu** ausscheiden; **patriā; (e) memoria** dem Gedächtnis entfallen; **(e) vita** sterben];
❽ *(v. Truppen)* sich zurückziehen [**(ex) acie; de oppido**];
❾ *(v. Lebl.)* weichen, (ver)schwinden, vergehen; **horae cedunt et dies; cessit pudor;**
❿ *(nachkl.) (v. Örtl.)* zurücktreten; **ripae fluminis cedunt;**
⓫ nachgeben, sich fügen, weichen [**hosti; tempori; pluribus** der Mehrheit]; **cedens** nachgiebig;
⓬ sich unterordnen;
⓭ aus dem Wege gehen, meiden;
⓮ etw. aufgeben, auf etw. verzichten *(m. Abl.)* [**agrorum possessione**];
⓯ nachstehen, den Vorrang einräumen [**Graecis nihil** in nichts; **virtute nostris** an Tapferkeit; **in nulla re Agesilao**];
II. *trans.* ❶ abtreten, überlassen;
❷ einräumen, zugestehen *(dass: ut m. Konj.)*; **plebs cessit patribus, ut tribuni militum crearentur** *(Liv.)*.

cedo[2], *Pl. arch.* **cette** *(ce u. * dō, date, Imp. zu dare)* ❶ gib her, her damit, bring her;
❷ sag, lass hören, heraus damit [**tuum consilium**];
❸ da sieh nur.

cedrus, ī *f (gr. Fw.)* ❶ Zeder;
❷ *(meton.)* **a)** Zedernholz; **b)** Zedernöl.

Celaenae, ārum *f Ort in Phrygien (in Kleinasien).*

● **celeber,** bris, bre (*nachkl.* **celebris,** bre)
❶ berühmt, gefeiert, bekannt, viel genannt, allgemein verbreitet [**deus; viri**]; **inter celeberrimos duces; celebre est apud nos imperium tuum** *(Plaut.)*;
❷ festlich, feierlich (begangen) [**dies festus; convivium**];
❸ *(v. Örtl.)* **a)** stark besucht, belebt [**forum; portus; conventus; templum; urbes**]; **b)** *(poet.)* reich an *(m. Abl.)* [**mons fontibus**]; **c)** stark bevölkert [**urbs**];
❹ *(Ov.)* oft wiederholt, oft gebraucht [**verba**].

celebrans, ntis *m (mlt.)* geistl. Gehilfe.

celebrātiō, ōnis *f (celebro)* ❶ zahlreicher Besuch;
❷ glänzende Feier, feierliches Begehen [**ludorum**].

celebrātor, ōris *m (celebro)* Verherrlicher, Lobredner.

celebrātus, a, um *(P. Adj. v. celebro)* ❶ zahlreich besucht [**forum**];
❷ feierlich (begangen) [**dies festus**];

3 bekannt, berühmt, gepriesen, verherrlicht [**eloquentia; artifices**];
4 *(Plin.)* gebräuchlich.
celebris *s. celeber.*
celebritās, ātis *f (celeber)* 1 Belebtheit, lebhafter Verkehr [**viae**];
2 Andrang, zahlreicher Besuch, große Volksmenge [**audientium**];
3 Häufigkeit, häufiges Vorkommen [**periculorum**];
4 Berühmtheit, Verherrlichung;
5 Feierlichkeit, Festlichkeit, festliches Begehen [**ludorum; supremi diei** feierliche Totenfeier].
● **celebrō,** celebrāre *(celeber)* 1 rühmen, preisen, verherrlichen [**alqd in maius** überschwänglich preisen; **alqd carminibus** besingen; **nomen alcis scriptis; honores**]; verehren [**deum**];
2 zahlreich *od.* oft besuchen, beleben, füllen [**silvas; atrium; templa**];
3 umdrängen; begleiten, geleiten;
4 festlich begehen, feiern [**ludos; nuptias; festum canendo; diem natalem**];
5 eifrig betreiben, ausüben [**artes**];
6 allgemein bekannt machen, verbreiten;
7 *(Ov.)* m. etw. erfüllen [**contiones convicio cantorum; ripas carmine**].
Celemna, ae *f Ort in Kampanien (in Mittelitalien).*
● **celer,** leris, lere 1 *(poet.)* schnell, rasch, eilend [**equus; classis; sagittae; gradus**];
2 *(übtr.)* schnell (eintretend) [**remedium** schnellwirkend; **victoria** schnell errungen];
3 schnell denkend, gewandt [**mens**];
4 zu schnell, übereilt, hitzig [**consilia; desperatio rerum**].
Celerēs, rum *m älteste Bez. der röm. Ritter.*
celeri-pēs, *Gen.* pedis *(celer)* **I.** *Adj.* schnellfüßig;
II. *Subst. m* Eilbote.
● **celeritās,** ātis *f (celer)* 1 Schnelligkeit [**pedum; equorum; peditum**];
2 Geläufigkeit *(der Rede u. Ä.)* [**verborum; orationis**];
3 geistige Regsamkeit, Gewandtheit [**animorum, consilii, ingenii** Geistesgegenwart; **respondendi** Schlagfertigkeit].
celerō, celerāre *(celer) (poet.; nachkl.)* **I.** *trans.* beschleunigen, schnell ausführen [**gradum; fugam**];
II. *intr.* eilen.
celēs, lētis *m (gr. Fw.) (Plin.)* 1 Rennpferd;
2 schnell segelndes Schiff, Jacht.
celeuma, atis *n (gr. Fw.)* Kommando (des Steuermanns).
Celeus, ī *m myth. König in Eleusis (in Griechenland).*
● **cella,** ae *f* „Zelle“: 1 Kammer, Stübchen *(zum Wohnen);*
2 Vorrats-, Speisekammer, Keller [**vinaria; olearia; promptuaria**];
3 *der Teil des Tempels, wo das Bild der Gottheit in einer Nische stand,* Heiligtum im Tempel;
4 *(Verg.; Plin.)* Bienenzelle;
5 *(mlt.)* Mönchs-, Klosterzelle; Kloster.
cellārium, ī *n (cellarius)* 1 = *cella 1. u. 2;*
2 *(spätl.)* (Wein-)Keller.
cellārius *(cella) (Plaut.)* **I.** *Adj.* a, um zur Vorratskammer gehörig;
II. *Subst.* ī *m* Keller-, Küchenmeister.
cellerārius, ī *m (cellarium) (spätl.)* Kellermeister.
cellula, ae *f (Demin. v. cella)* 1 Kämmerchen;
2 *(mlt.)* Mönchszelle; Einsiedelei, Kloster.
● **cēlō,** cēlāre 1 etw. vor jmdm. verheimlichen, geheim halten, verhehlen *(alqm alqd; indir. Frages.);* **deus homines res futuras celavit; celo eos consilia mea;** – *Pass.* **celor de re** mir wird etw. verheimlicht: **celatur de consiliis meis** man verheimlicht ihm meine Pläne;
2 jmd. in Unkenntnis üb. etw. (er)halten *(alqm de re);* **celo eos de consiliis meis;** – *Pass.* **celor de re** man hält mich üb. etw. in Unkenntnis: **celantur de consiliis meis** man hält sie in Unkenntnis üb. meine Pläne;
3 *(poet.)* verschweigen, m. Stillschweigen übergehen [**auctorem**];
4 verhüllen, bedecken [**vultus manibus**];
5 verbergen, verstecken [**alqm silvis**];
6 enthalten, bergen; **aequora pisces celant.**
celōcula, ae *f (Demin. v. celox) (Plaut.)* kleine Jacht.
celōx, ōcis *m u. f (celer)* Schnellsegler, Jacht; **piratici celoces; ~ publica** Staatsjacht, Paketboot.
celsitūdō, dinis *f (celsus) (spätl.)* 1 Höhe [**montium**];
2 *als Titel der späteren Kaiser:* Hoheit, Erhabenheit [**vestra** Ew. Hoheit].
● **celsus,** a, um 1 hoch(ragend), aufgerichtet [**turres**]; **cervus in cornua ~** mit hochragendem Geweih;
2 *moral.* hoch stehend, edel, erhaben;
3 hochmütig.
Celsus, ī *m röm. cogn., in zahlreichen gentes gebräuchlich:* A. Cornelius ~, *Arzt und Enzyklopädist z. Zt. des Tiberius.*
Celtae, ārum *m* die Kelten; – **Celticum,** ī *n* das Keltenreich; – *Adj.* **Celticus,** a, um keltisch.
Celt-ibērī, ōrum *m* die Keltiberer, *Mischvolk aus Kelten und Iberern im nördl. Spanien;* – *ihr Land:* **Celtibēria,** ae *f;* – *Adj.* **Celtibēricus,** a, um.
Celticum, ī *n u.* **Celticus,** a, um *s. Celtae.*
● **cēna,** ae *f* 1 Hauptmahlzeit *der Römer um 3–4 Uhr nachmittags,* Mittagessen, Mahl

C

(zeit), Essen; *auch* Gastmahl; **ad -am alqm invitare; -am apparare** vorbereiten; **tempus -ae; caput -ae** Hauptgericht; ~ **nuptialis; inter** *od.* **super -am** bei Tisch;
② *(Mart.)* Gang einer Mahlzeit [**prima; altera; tertia**];
③ *(Iuv.) (meton.)* Tischgesellschaft, Gäste; **ingens ~ sedit;**
④ *(Plin.)* Speisesaal;
⑤ *(spätl.) (domini, dominica)* Abendmahl [**novissima** das letzte Abendmahl *(Christi)*].

i Kultur **cēna,** ae *f* Hauptmahlzeit *der Römer um 3–4 Uhr nachmittags,* Mittagessen, Essen; *auch* Gastmahl.

Cēnabum, ī *n Hauptstadt der Carnutes in Gallien, später Aurelianensis urbs, j.* Orléans; – *Einw. u. Adj.* **Cēnabēnsis,** is *m bzw.* e.
cēnāculum, ī *n (ceno)* ① Speisezimmer *(in der Regel im oberen Stock gelegen);*
② Obergeschoss; *übh.* Stockwerk;
③ Dachstübchen;
④ *(spätl.)* Abendmahlsraum;
⑤ *(spätl.)* das Hl. Abendmahl.
Cēnaeum, ī *n Vorgeb. Euböas in Mittelgriechenland;* – *Adj.* **Cēnaeus,** a, um.
cēnāticus, a, um *(cena) (Plaut.)* zur Mahlzeit gehörig [**spes** auf eine Mahlzeit].
cēnātiō, ōnis *f (ceno) (nachkl.)* Speisezimmer, -saal.
cēnātiuncula, ae *f (Demin. v. cenatio)* kleines Speisezimmer.
cēnātōrius, a, um *(cena) (nachkl.)* zur Mahlzeit gehörig.
cēnāturiō, cēnāturīre *(ceno) (Mart.)* essen wollen.
Cenchreae, ārum *f Hafen Korinths am Saronischen Meerbusen, j.* Kenkri.
Cenchreus *u.* **-chrius,** ī *m Fluss b. Ephesus in Kleinasien.*
cēnitō, cēnitāre *(Frequ. v. ceno)* zu speisen pflegen [**foris; in publico; cum alqo**].
● **cēnō,** cēnāre *(cena)* **I.** *intr.* (zu Mittag) speisen, essen; **accepi tuas litteras cenans** *(Cic.)* bei Tisch; – *Part. Perf.* **cēnātus,** a, um der gespeist hat, nach dem Essen;
II. *trans.* verspeisen, verzehren; **cenatae noctes** *(Plaut.)* nächtliche Gelage.
cenodoxia, ae *f (gr. Fw.) (spätl.)* wertloser Ruhm.
cenodoxus, a um *(gr. Fw.) (spätl.)* nichtig, wertlos, leer.
Cenomanī, ōrum *m* ① *Stamm der kelt. Aulerci in Gallien um Le Mans;*
② *kelt. Stamm in Oberitalien.*
● **cēnseō,** cēnsēre, cēnsuī, cēnsum ① *(jur. t. t.) (als Zensor)* das Vermögen der röm. Bürger schätzen, jmd. auf sein Vermögen hin einschätzen [**familias; pecunias; absentem**]; **censum ~** die Schätzung vornehmen; **legem censui censendo dicere** die Schätzungsformel *(censendi formula)* feststellen; **capite censi** die *(nach Köpfen gezählte)* unterste, ärmste Bürgerklasse;
② *(jur. t. t.) die Personen (Bürger, Sklaven)* zählen; **censebantur centum milia capitum;**
③ *(akt. u. mediopass.)* sein Vermögen angeben;
④ *übh.* (ab)schätzen, begutachten, prüfen;
⑤ meinen, der Ansicht sein *(m. A.C.I.), (m. dopp. Akk.)* halten für [**alqd aequum**]; **auxilio vos dignos censet senatus; Stoici sapientem semper beatum esse censent; quid me censes?** was denkst du von mir?;
⑥ zu etw. raten, *(v. Senatoren)* etw. beantragen, f. etw. stimmen *(m. A.C.I., bes. des Gerundivs; m. Akk.; m. ut od. ne; m. Inf. Pass.);* **tibi hoc censeo; reddenda censebat bona; plerique censebant, ut noctu iter facerent;**
⑦ *(v. Senat)* beschließen, verordnen *(alqd; de re; m. A.C.I., bes. des Gerundivs; m. ut od. ne);* **bellum Samnitibus ~; de ea re ita censeo;**
⑧ *(Tac.) (alci alqd)* durch Senatsbeschluss jmdm. etw. zuerkennen [**aram; triumphi insignia**].
cēnsiō, ōnis *f (censeo)* ① *(vorkl.; Gell.) (zensorische)* Schätzung;
② *(Plaut.)* Meinung, Antrag;
③ *(Plaut.) zensorische* Bestrafung, Züchtigung.

i Kultur ● **cēnsor,** ōris *m (censeo)* ① Zensor, seit 443 v. Chr. wurden je zwei Zensoren, urspr. auf 5, später auf 1½ Jahre, gewählt; ihre Aufgaben: a) Volkszählung sowie Vermögenseinschätzung u. Klassifizierung der röm. Bürger; b) Sittenkontrolle; c) Verpachtung der Staatsländereien sowie Errichtung u. Instandhaltung der öffentl. Bauten; das Zensorenamt wurde fast nur gewesenen Konsuln verliehen;
② strenger (Sitten-)Richter;
③ scharfer Kritiker [**factorum dictorumque**].

cēnsōrius *(censor)* **I.** *Adj.* a, um ① zensorisch, des Zensors; **opus -um** eine Handlung, der die Bestrafung durch den Zensor folgte; **lex -a** Pachtvertrag *od.* öffentl. Verordnung; **tabula -a** Urkunde *od.* Kontrolle; **severitas -a; animadversio atque auctoritas -a; homo ~** gewesener Zensor;
② streng richtend;
II. *Subst.* ī *m* gewesener Zensor.

cēnsūra, ae *f (censeo)* ① Zensoramt, Zensur;
② Sittenkontrolle;
③ *(spätl.)* **a)** Aufsicht; **b)** Rüge.

● **cēnsus,** ūs *m (censeo)* ① der Zensus, Vermögenseinschätzung *der röm. Bürger;* **censum habere** *od.* **agere** den Zensus abhalten;
② Volkszählung *(alle 5 Jahre auf dem Marsfeld vom Zensor vorgenommen);*
③ *(meton.)* Bürger- *od.* Steuerliste; **censu prohibere (excludere)** die Aufnahme in die Bürgerliste verweigern; **ne censibus negotiatorum naves ascriberentur**;
④ Vermögen, Besitz [**equester; senatorius; dives; tenuis**];
⑤ *(mlt.)* Zins, Abgabe.

centaurēum *u.* **centaurium,** ī *n (gr. Fw.) (poet.; nachkl.)* Tausendgüldenkraut.

i Kultur **Centaurus,** ī *m (poet.)* ① Kentaur; den Kentauren, eine Mischgestalt, erdachte die griech. Sage: Unterkörper: Pferd, Oberkörper: Mensch; in den Bergwäldern Nordgriechenlands unterwegs.
Zu diesen Naturdämonen zählte man auch den weisen Chiron, den Lehrer des Heilgottes Äskulap, den Erzieher der Helden Achilles und Theseus.
② Kentaur *als Sternbild;*
/ *Adj.* **-rēus** *u.* **-ricus,** a, um.

centēnārium, ī *n (centenarius; erg. pondus) (spätl.)* Zentner.

centēnārius, a, um *(centenus) (vor- u. nachkl.)* hundert enthaltend; hundertzöllig.

centēnus, a, um *(centum)* ① *(poet.)* hundertmal vorhanden;
② *Pl.* **centēnī,** ae, a je hundert.

centēsima, ae *f (centesimus; erg. pars)* ① ein Hundertstel, ein Prozent;
② einprozentige Abgabe; – *Pl. v. Zinsen:* 1% monatl. = 12% jährl.

centēsimus, a, um *(centum)* der hundertste.

centi-ceps, cipitis *(centum u. caput) (Hor.)* hundertköpfig.

centiē(n)s *Adv. (centum)* hundertmal.

centi-manus, a, um *(centum) (poet.)* hundertarmig.

centō, ōnis *m* aus Lappen bestehendes Flickwerk, Lumpen(rock), Matratze, Decke.

centōnārius, ī *m (cento) (Petr.)* Flickschneider, *Verfertiger v. Kissen u. Decken aus alten Flicken, die m. Wasser getränkt zum Feuerlöschen dienten.*

centrum, ī *n (gr. Fw.)* Mittelpunkt des Kreises, Zentrum.

● **centum** ① hundert;
② *(poet.)* viele; ~ **puer artium** in vielen Künsten u. Wissenschaften unterrichtet; ~ **sunt causae, cur.**

centum-geminus, a, um hundertfältig, -armig [**Briareus**].

centum-plex, *Gen.* plicis hundertfältig.

centum-pondium, ī *n (pondus) (vorkl.)* Zentnergewicht.

centumvirālis, e *(centumviri)* zu den Zentumvirn gehörig, Zentumviral-.

centum-virī, ōrum *m* die Hundertmänner, Zentumvirn *(auf ein Jahr gewähltes Richterkollegium f. Privatrecht).*

centunculus, ī *m (Demin. v. cento)* kleiner Lappen.

centuplum, ī *n (centuplus) (spätl.)* das Hundertfache [**accipere**].

centuplus, a, um *(centum u. plus) (spätl.)* hundertfach.

centuria, ae *f (centum)* ① *(milit.)* Hundertschaft, Zenturie *(urspr. 100, später 60 Mann; der 60. Teil einer Legion, der 6. Teil einer Kohorte, die Hälfte eines Manipels);*
② Zenturie *(als Abstimmungsabteilung);*
③ Feldbezirk *(Quadrat od. Rechteck v. 100, später 200 iugera).*

centuriātim *Adv. (centuria)* zenturienweise:
① *v. Heer* [**milites producere**];
② *v. Volk* [**populum citare**].

centuriātus, ūs *m* ① *(v. centurio[1])* Zenturionenamt, Zenturiat;
② *(v. centurio[2])* Einteilung in Zenturien.

i Kultur ● **centuriō[1],** ōnis *m (centuria)* Anführer einer Zenturie, Zenturio, Hauptmann [**classiarius** Kapitän].

centuriō[2], centuriāre *(centuria)* in *od.* nach Zenturien einteilen: ① *die Legionstruppen* [**iuventutem**];
② *die röm. Bürger; dah.* **comitia centuriata** Zenturiatkomitien *(Volksversammlung, in der nach Zenturien abgestimmt wurde);* **lex centuriata** ein in den Zenturiatkomitien beschlossenes Gesetz.

centuriōnātus, ūs *m (centurio[1]) (Tac.)* Zenturionenwahl.

Centuripae, ārum *f u.* **Centuripa,** ōrum *n Stadt auf Sizilien, j.* Centorbi; – *Einw. u. Adj.* **Centuripīnus,** ī *m bzw.* a, um.

cēnula, ae *f (Demin. v. cena)* kleine Mahlzeit.

Ceōs, ō *f = Cea.*

cēpa, ae *f u. (poet.)* **cēpe** *(undekl.)* Zwiebel.

Cephallānia *(u.* **-llēnia),** ae *f die größte der Ionischen Inseln (südl. Adria), j.* Kefallinia; – *Bew.* **Cephallānes** *u.* **-llēnes,** num *m.*

Cephaloedium, ī *n Stadt an der Nordküste Siziliens, j.* Cefali.

Cephalus, ī *m Enkel des thessalischen Königs Äolus.*

Cēphēnes, num *m äthiopische Völkerschaft;*

– *Adj.* **Cēphēnus,** a, um.

Cēpheūs, eī *u.* eos *m König in Äthiopien, Gatte der Kassiope, Vater der Andromeda, wie diese unter die Sterne versetzt; – Adj.* **Cēphē(i)us,** a, um; – *Patron.* **Cēphēis,** idis *f Tochter des Cepheus* = Andromeda.

Cēphīsus, ī *m* ① *Fluss in Böotien (Mittelgriechenland), als Flussgott Vater des Narcissus; – Adj.* **Cēphīsius,** a, um, *fem. auch* **Cēphīsis,** idis [**undae**]; – *Patron.* **Cēphīsius,** ī *m* Narcissus;
② *Hauptfluss Attikas; – Adj. fem.* **Cēphīsias,** adis [**ora**].

cēpī *Perf. v. capio.*

cēpolendrum, ī *n (Plaut.) ein erdichtetes Gewürz.*

● **cēra,** ae *f* ① Wachs;
② *(meton.)* **a)** hölzerne, m. Wachs überzogene Schreibtafel; **b)** Wachsbild, *häufig Pl. (poet.)* Ahnenbilder aus Wachs; **dispositae per atria -ae; c)** Wachssiegel; **d)** *(Ov.)* Wachsschminke; **e)** *(Verg.)* Wachszelle der Bienen.

Ceramīcus, ī *m eigtl. u. urspr.* „Töpfermarkt", *Stadtteil u. Platz in Athen.*

cērārium, ī *n (cera)* Siegelgebühr *f. verbrauchtes Wachs.*

cerasinus, a, um *(cerasum) (Petr.)* kirschfarbig.

cerastēs, ae *m (gr. Fw.)* Hornschlange.

cerasum, ī *n (cerasus) (Plin.)* Kirsche.

cerasus, ī *f* (κέρασος) Kirschbaum; *(poet.; nachkl.) auch* Kirsche *(v. Lucullus 76 v. Chr. aus* Κερασοῦς *am Pontus eingeführt).*

ceratina, ae *f (ceratinus) (nachkl.) (philos.)* Hörnertrugschluss *(„Was du nicht verloren hast, hast du noch; Hörner hast du nicht verloren, also hast du Hörner").*

ceratinus, a, um *(gr. Fw.) (nachkl.)* v. den Hörnern.

cērātus, a, um *(P. Adj. v. cero)* m. Wachs überzogen; m. Wachs zusammengefügt [**pennae**].

Ceraunia, ōrum *n u.* **montēs Ceraunīī** das keraunische Gebirge *an der Küste v. Epirus (Griechenland).*

ceraunius, a, um *(gr. Fw.) (nachkl.)* blitzend, rötlich.

Cerberus *u.* **-os,** ī *m der drei- od. (nach anderen) hundertköpfige, schlangenschwänzige* Höllenhund, *der den Eingang zur Unterwelt hütete; – Adj.* **Cerbereus,** a, um.

Cercīna, ae *f Insel in der Kleinen Syrte (Nordafrika).*

Cercōpes, pum *m myth. Volk von Kobolden oder meineidigen Betrügern, das je nach Überlieferung an unterschiedlichen Orten angesiedelt war und v. Jupiter in Affen verwandelt auf die Insel Pithecusa* (Πιθηκοῦσσα „Affeninsel") *verbannt wurde.*

cercopithēcus *u.* **-os,** ī *m (gr. Fw.)* Meerkatze, *v. den Ägyptern als Gott verehrt.*

cercūrus *(u.* cercȳrus), ī *m (gr. Fw.)* ① leichter Schnellsegler;
② *(poet.; nachkl.) ein Seefisch (nur cercyrus).*

Cercyōn, onis *m Räuber in Attika, v. Theseus getötet; – Adj.* **-onēus,** a, um.

cercȳrus, ī *m s. cercurus.*

cerdō, ōnis *m (gr. Fw.) (nachkl.)* Handwerker.

Cereālia, Cereālis *s. Ceres.*

cerebellum, ī *n (Demin. v. cerebrum)* kleines Gehirn [**pavonis**].

cerebrōsus *(cerebrum)* I. *Adj.* a, um *(Plaut.)* tollwütig;
II. *Subst.* ī *m (Hor.)* Hitzkopf.

cerebrum, ī *n* ① Gehirn;
② *(poet.)* Verstand;
③ *(poet.)* Hitzköpfigkeit.

Cerēs, Cereris *f* ① *Göttin des Ackerbaus u. der Ehe, Tochter des Saturnus u. der Ops, Mutter der Proserpina; – Adj.* **Cereālis** *u.* **Ceriālis,** e **a)** der Ceres heilig [**nemus**]; **b)** der Ceres [**munera** Brot]; – **Cereālia,** ium *n* Ceresfest *am 12 April;*
② *(meton.)* Saat, Getreide, Korn, Brot; – *Adj.* **Cereālis** *u.* **Ceriālis,** e Getreide-, Brot-.

cēreus *(cera)* **I.** *Adj.* a, um ① aus Wachs, Wachs- [**imago**];
② *(poet.; nachkl.)* wachsfarbig, -gelb [**poma**], *auch (Hor.)* weiß wie Wachs [**bracchia**];
③ v. Fett glänzend, fettig;
④ geschmeidig wie Wachs, weich, leicht biegsam;
II. *Subst.* ī *m* Wachskerze, -fackel.

cerevisia, ae *f* = *cervisia.*

Ceriālis *s. Ceres.*

cēri-ficō, ficāre *(cera u. facio) (Plin.)* Wachs machen.

cērintha, ae *f (gr. Fw.) (poet.; nachkl.) (bot.)* Wachsblume *(ein Bienenkraut).*

cērinthus, ī *m (gr. Fw.) (Plin.)* Bienenbrot.

cērinum, ī *n (cerinus) (Plaut.)* wachsfarbiges Kleid.

cērinus, a, um *(gr. Fw.)* wachsfarbig, -gelb.

● **cernō,** cernere, crēvī, crētum ① sichten, wahrnehmen, deutlich sehen;
② *(geistig)* erkennen, einsehen, sich überzeugen *(mente, animo, ingenio); – Pass.* sich zeigen, sich erkennen lassen; **amicus certus in re incerta cernitur** *(Enn.)*;
③ unterscheiden;
④ *(nicht klass.)* trennen, auslesen [**per cribrum** durchsieben];
⑤ entscheiden *(bes. v. Los);* **priusquam id sors creverit**;
⑥ voraussehen, ahnen;
⑦ berücksichtigen;
⑧ *(fast nur in der Gesetzesspr.)* sich f. etw. entscheiden, etw. beschließen [**alqd de Armenia**];
⑨ *(nicht klass.)* durch Kampf entscheiden = kämpfen [**ferro; vitam** um das Leben; **de vic-**

toria];
⑩ *(jur. t. t.) (hereditatem)* sich f. die Annahme einer Erbschaft entscheiden, die Erbschaft annehmen, antreten.

cernulō, cernulāre *(cernuus) (Sen.)* jmd. kopfüber stürzen.

cernuō, cernuāre *(cernuus)* sich nach vorn überschlagen, einen Purzelbaum schlagen, kopfüber stürzen.

cernuus, a, um ① *(Verg.)* kopfüber stürzend, sich überschlagend [**equus**];
② *(spätl.)* vornübergeneigt.

cērō, cērāre *(cera)* m. Wachs überziehen; *bes. P.P.P.* cērātus, a, um, *auch* zusammengeklebt, -gefügt [**tabella; pennae; rates** geteert].

cērōma, atis *n (gr. Fw.) (poet.; nachkl.)* ① *v. den Ringkämpfern benutzte* Wachssalbe;
② *(meton.)* Ringplatz; das Ringen.

cērōmaticus, a, um *(gr. Fw.) (Iuv.)* m. Wachssalbe bestrichen [**collum**].

cerrītus, a, um verrückt, toll; **numquam cerritior fuit, quam in hoc negotio.**

● **certāmen,** minis *n (certo¹)* ① Wettkampf, -streit [**gladiatorium; quadrigarum**]; **certamen ponere** einen Wettkampf anstellen; **in certamen descendere**;
② Wetteifer *(um etw.: m. Gen.; de)* [**gloriae**]; **certamine summo** m. größtem Eifer;
③ Kampf, Gefecht, Treffen, Schlacht [**navale**];
④ Streit(igkeit), *Pl.* Händel [**verborum;** *(um etw.: m. Gen.)* **iuris** um das Recht]; **in certamen venire cum alqo**;
⑤ Streitpunkt;
⑥ Kampfpreis;
⑦ *(spätl.)* **locus certaminis** Richtplatz.

certātim *Adv. (certatus v. certo¹)* um die Wette, wetteifernd.

certātiō, ōnis *f (certo¹)* ① Wettkampf, -streit [**corporum; xysticorum**];
② Wetteifer [**honesta inter amicos**]; **ingenia exercere certationibus**;
③ Streit(igkeit);
④ Streit, Verhandlung *(vor Gericht).*

certātor, ōris *m (certo¹) (Gell.)* Wettstreiter *(m. Worten).*

● **certē** *Adv. (v. certus)* ① gewiss, sicher(lich), ohne Zweifel; **~ scio; si enim scit, ~ illud eveniet: sin ~ eveniet, nulla fortuna est;**
② *(in Antworten)* allerdings, ja, freilich, gewiss;
③ *(beschränkend)* doch gewiss, doch wenigstens.

certiōrō, certiōrāre *(certior v. certus) (spätl.)* benachrichtigen *(= certiorem facio).*

certitūdō, dinis *f (certus) (spätl.)* Gewissheit.

● **certō¹,** certāre *(certus)* ① wetteifern *(um etw.: de; m. Abl.; pro)* [**cum civibus de virtute; officiis inter se; pro sua quisque potentia**]; *(poet. m. jmdm.: alci)* [**solus tibi certat Amyntas**];
② kämpfen; **proelio ~; de imperio cum populo Romano ~ de principatu armis ~; cum Gallis pro salute ~; multum certato** nach langem Kampf;
③ streiten [**verbis**];
④ *(vor Gericht)* streiten, verhandeln *(üb. etw.: m. Akk.)* [**multam** üb. die Strafe];
⑤ eifrig sich bemühen, streben *(m. Inf.; m. ut u. Konj.)* [**vincere; aequales superare**].

● **certō²** *Adv. (v. certus)* sicher, gewiss.

● **certus,** a, um *(Adv. -ē u. -ō, s. d.) (cerno)* ① sicher, gewiss; **-um est** es steht fest; **-um scire, habere** etw. Sicheres wissen, sicher wissen; **pro -o habere** f. gewiss halten;
② festgesetzt, -stehend, bestimmt [**dies**];
③ *(v. Personen)* zuverlässig, glaubwürdig [**pater familias; accusator; amicus; auctor**];
④ *(v. Sachen)* sicher, unzweifelhaft, fest, unbestreitbar [**iudicium; oraculi fides; sagitta** sicher treffend];
⑤ *(v. Sachen)* entschieden, beschlossen [**consilium**]; **(mihi) -um est** *(m. Inf.)* es ist mein fester Entschluss;
⑥ *(poet.; nachkl.)* entschlossen *(zu etw.: m. Inf.; m. Gen.)* [**mori; eundi; relinquendae vitae**];
⑦ benachrichtigt, in Kenntnis; einer Sache gewiss [**eventūs**]; – **certiorem facere** *u.* **certum facere** benachrichtigen, in Kenntnis setzen *(üb.: de; m. Gen.; A.C.I.); Pass. certior fio.*

cērula, ae *f (Demin. v. cera)* ein Stückchen Wachs [**miniata** Rotstift *zum Anstreichen fehlerhafter Stellen*].

cērussa, ae *f (vorkl.; poet.)* Bleiweiß *(zum Malen u. als Schminke gebraucht).*

cērussātus, a, um *(cerussa)* m. Bleiweiß gemalt; geschminkt.

cerva, ae *f (cervus)* Hirschkuh, *poet. übh.* Hirsch.

cervīcal, ālis *n (cervix) (nachkl.)* Kopfkissen.

cervīcula, ae *f (Demin. v. cervix)* (kleiner) Nacken.

cervīnus, a, um *(cervus)* Hirsch- [**pellis; cornu**].

cervīsia, ae *f (kelt. Wort) (nachkl.) eine Art* Bier.

● **cervīx,** īcis *f (meist Pl.)* ① Hals, Nacken, Genick; **cervices alci** *od.* **alcis frangere** jmd. hinrichten; **alci cervices dare** sich v. jmdm. töten lassen; **praebere cervicem gladio;** *(poet.)* **dare bracchia cervici** jmd. umarmen; **pendēre in cervice alcis** an jmds. Hals hängen, jmd. umarmen; *übtr.:* **esse in cervicibus alcis** jmdm. auf dem Nacken sitzen, jmd. bedrängen *(z. B. v. Feind);* unmittelbar bevorstehen; jmdm. auf dem Halse liegen *(wie eine Last);* **depellere** *od.* **repellere alqm** *od.* **alqd a cervicibus alcis** jmd. *od.* etw. (sich) vom Halse schaffen; **a cervicibus avertere alqm; dare cervices** sich fügen [**crudelitati**]; **susti-**

nere cervicibus suis rem publicam auf seinen Schultern tragen; – *(übtr.)* Kühnheit, Dreistigkeit;
② *(poet.; nachkl.)* Hals *(v. Gegenständen)* [**amphorae; fistularum**].

cervus, ī *m* ① Hirsch;
② *Pl.* gabelförmige Palisaden.

cēryx, ȳcis *m (gr. Fw.) (Sen.)* Herold.

cessātiō, ōnis *f (cesso)* ① Müßiggang, Muße, Ruhe, Untätigkeit;
② das Zögern, Langsamkeit, Saumseligkeit.

cessātor, ōris *m (cesso)* der Langsame, Saumselige, Müßiggänger.

cessī *Perf. v. cedo*^{1}.

cessim *Adv. (cedo*^{1}*) (vor- u. nachkl.)* rückwärts, zurück [**ire**].

cessiō, ōnis *f (cedo*^{1}*)* Abtretung, Übergabe [**in iure** durch Erklärung vor Gericht].

● **cessō,** cessāre *(Frequ. v. cedo*^{1}*)* **I.** *intr.* ① zögern, säumen *(etw. zu tun: m. Inf.)*; **morbus cessans** langwierig, chronisch;
② in etw. nachlassen, m. etw. aufhören *(m. Inf.; in m. Abl.; poet. in m. Akk.; nachkl. ab)* [**in studio suo; in vota** m. Gelübden zögern; **ab opere**];
③ es an etw. fehlen lassen *(m. Abl.)* [**audacia; nullo officio**];
④ müßig sein, rasten, ruhen, untätig sein;
⑤ *(nachkl.) (v. Acker)* unbebaut, brach liegen;
II. *trans. (poet.)* etw. versäumen, untätig hinbringen; **cessata tempora** versäumt.

cestrosphendonē, ēs *f (gr. Fw.)* Wurfmaschine, Geschütz *(f. Pfeile m. eisernen Spitzen).*

cestus *u.* **-os,** ī *m (gr. Fw.)* Gürtel, Gurt *(vorkl.)*; der *(Liebe weckende)* Gürtel der Venus *(Mart.).*

cētārium, ī *n (cetarius) (Hor.) Sammelplatz der Fische, bes. der Thunfische, im Meer,* Thunfischbucht.

cētārius *(cetus)* **I.** *Adj.* a, um zum Seefisch, *bes.* zum Thunfisch gehörig;
II. *Subst.* ī *m* Seefisch-, *bes.* Thunfischhändler.

cētē *s. cetus.*

cētera *u.* **ad cētera** *Adv. (ceterus)* im Übrigen, sonst [**vir ~ egregius**].

cēterō *u.* **dē cēterō** *Adv. (ceterus)* im Übrigen, übrigens.

cēterō-quī(n) *Adv.* übrigens, im Übrigen, sonst.

cēterum *Adv. (ceterus)* ① übrigens, im Übrigen, sonst;
② *(nachkl.)* aber, sondern, doch, dagegen;
③ *(beim Übergang zu einem neuen Gedanken)* außerdem, nun aber.

● **cēterus,** a, um der übrige, andere *(Sg. nur b. Kollektiven)* [**classis; exercitus; praeda**]; *meist Pl.* **cēterī,** ae, a die übrigen, die anderen.

Cethēgus, ī *m cogn. in der patriz. gens Cornelia:* ① M. Cornelius ~, *Konsul 204 v. Chr., bedeutender Redner (gest. 196 v. Chr.);*
② C. Cornelius ~, *Mitverschworener Catilinas.*

cētra, cētrātus *s. caetr …*

cette *s. cedo*^{2}.

cētus *(u.* **-os***),* ī *m (Pl.* cētē *n undekl.) (gr. Fw.) jedes große Seetier, wie* Walfisch, Hai, Delphin.

ceū **I.** *Adv. (beim Vergleich)* so wie, gleichwie;
II. *Kj. m. Konj. (= quasi)* als ob, wie wenn.

Cēus *s. Cea.*

Ceutronēs, num *m* ① *Volk in Belgien;*
② *Volk in den Westalpen an der Isère.*

Cevenna = *Cebenna.*

Cēȳx, ȳcis *m König v. Trachin am Öta, Gatte der Alkyone.*

Chaerōnēa, ae *f Ort in Westböotien (Griechenland), Geburtsort des Plutarch (Sieg Philipps II. v. Makedonien üb. die Thebaner und Athener 338 v. Chr.).*

chalcaspides, dum *m (gr. Fw.) m. Erzschilden bewaffnete makedon. Truppen.*

Chalcēdōn = *Calchedon.*

chalceus, a, um *(gr. Fw.)* ehern; – *Subst.* **chalcea,** ōrum *n (Mart.)* eherne Waffen.

Chalcioecos, ī *f* (Χαλκίοικος, *b. den Griechen Beiname der Minerva) b. den Römern* der Tempel der Athene.

Chalcis, idis *f Hauptstadt v. Euböa (Griechenland); – Einw.* **-cidēnsēs,** ium *m; – Adj.* **-cidēnsis,** e *u.* **-cidicus,** a, um; – *Subst.* **Chalcidicum,** ī *n* Vorhalle einer Basilika.

Chaldaea, ae *f das Land Kaldu in Babylonien;* – **Chaldaeī,** ōrum *m* **a)** Chaldäer, *als Sterndeuter durch Astronomie, Astrologie u. Zauberei bekannt, dah.* **b)** Astrologen, Wahrsager; – *Adj.* **-dae(ic)us, -daïcus,** a, um chaldäisch.

chalō, chalāre *(gr. Fw.) (nachkl.)* herablassen.

chalybēius, a, um *(gr. Fw.) (Ov.)* stählern, Stahl-.

Chalybes, bum *m Volk in Pontus am Schwarzen Meer, ber durch seine Metallbearbeitung, bes. Stahlarbeiten;* – *Adj.* **-bēius,** a, um.

chalybs, ybis *m (gr. Fw.)* ① *(poet.; nachkl.)* Stahl;
② *(Sen.) (meton.)* Schwert;
③ *(poet.)* Pfeilspitze.

Chamāvī, ōrum *m germ. Volk im nordwestl. Deutschland.*

Chāones, num *m* die Chaonier, *Volk im nordwestl. Epirus in der Landschaft* **Chāonia,** ae *f j.* Canina *in Albanien;* – *Adj.* **Chāonius,** a, um *u. fem.* **Chāonis,** idis chaonisch, *poet. auch* epirotisch *u.* dodonäisch [**pater** Jupiter; **ales** Taube; **arbos** Eiche].

chaos *n (nur Nom., Akk. u. Abl.* chaō*) (gr. Fw.) (poet.; nachkl.)* das Chaos: ① *die* formlose Urmasse, *aus der das Weltall entstand;*
② der unendliche, leere Raum als Reich der

Finsternis, die Unterwelt.

chara, ae *f essbare Knollenfrucht v. bitterem Geschmack.*

charactēr ēris *m (Akk.* -ēra) *(gr. Fw.)* ① das Charakteristische *(in der Darstellung),* Gepräge, Stil;

② Buchstabe; Zeichen.

charaxō, charaxāre *(gr. Fw.) (spätl.)* (zer)kratzen, einkratzen, malen, schreiben.

charisma, atis *n (gr. Fw.) (spätl.)* Geschenk, (himmlische) Gabe.

charistia, ōrum *n = caristia.*

Charites, tum *f (poet.; nachkl.)* die *drei* Grazien *(= Gratiae).*

Charmadās, ae *m griech. Philosoph der akadem. Schule, um 110 v. Chr.*

Charmidēs, dāī *u.* dī *m griech. Eigenname, komischer Alter b. Plautus.*

charmidō, charmidāre *(Charmides) (Plaut.) (scherzh.)* zum Charmides machen.

> *i* Kultur **Charōn,** ontis *u.* ōnis *m Fährmann, der die Toten über die Unterweltsflüsse ins Totenreich befördert.*

Charōndās, ae *m sizil. Gesetzgeber um 650 v. Chr.*

charta, ae *f (gr. Fw.)* ① Papyrusblatt, Papier, Blatt [**dentata** geglättet; **bibula** Löschpapier];

② *(meton.) beschriebenes Papier:* Schrift(stück), Buch, Brief, Gedicht [**-ae Arpinae** Schriften Ciceros; **-ae annales**];

③ *(Plin.)* Papyrusstaude;

④ *(Suet.)* dünne Platte [**plumbea**].

charteus, a, um *(charta) (vor- u. nachkl.)* Papier-.

chartula, ae *f (Demin. v. charta)* Briefchen.

> *i* Kultur **Charybdis,** is *f* ① *ein Meeresstrudel in der Straße v. Messina, gegenüber der Skylla, der dreimal täglich die Flut einschlürfte u. wieder aussprudelte, im Altertum als verschlingendes Ungeheuer personif.* [**implacata; Austro agitata; irrequieta**];
>
> ② *(übtr.)* Habgier.

chasma, atis *n (gr. Fw.) (nachkl.)* Riss, Kluft.

Chasuariī, ōrum *m germ. Volk am Niederrhein.*

Chattī *u.* **Cattī,** ōrum *m germ. Volk in Hessen; – Adj.* **Chattus,** a, um.

Chaucī, ōrum *m germ. Volk an der Nordseeküste in Ostfriesland.*

chēlae, ārum *f (gr. Fw.) (astron. t. t.)* die Scheren des Skorpions *u. (weil diese bis in das Gestirn der Waage hinüberreichen)* die Waage.

Chelīdoniae īnsulae, ārum *f* „Schwalbeninseln", *eine Gruppe v. Felseninseln an der Küste v. Lykien (Kleinasien).*

chelydrus, ī *m (gr. Fw.) (poet.; nachkl.)* Schildkrötenschlange.

chelys, yos *f (Akk.* -yn) *(gr. Fw.) (poet.)* ① Schildkröte;

② *(meton.)* die *(aus einer Schildkrötenschale verfertigte)* Lyra.

chēragra, ae *f (poet.) = chiragra.*

Cherronēsus *u.* **Chersonēsus,** ī *f „Halbinsel"* ① *~ Taurica* die Krim;

② *~ Thracia* die Halbinsel v. Gallipoli.

chersinus, a, um *(gr. Fw.) (Plin.)* auf (trockenem) Land lebend [**testudo** Landschildkröte].

Chersonēsus, ī *f s. Cherronesus.*

chersos, ī *f (v.* χέρσος *Festland) (Mart.)* Landschildkröte.

Cheruscī, ōrum *m germ. Volk zwischen Weser und Elbe.*

cheuma, atis *n (gr. Fw.) (Plaut.)* (Aus-)Guss.

chīliarchus, ī *u.* **-chēs,** ae *m (gr. Fw.) (nachkl.)* ① Befehlshaber üb. 1000 Mann, Oberst;

② (*nur* -us) *(b. den Persern)* Staatskanzler; **ad -um, qui secundum gradum in imperio tenebat, accedere.**

chīliastae, ārum *m (gr. Fw.) (August.) die an das Kommen des tausendjährigen Reiches glauben,* die Chiliasten.

Chimaera, ae *f in Lykien hausendes, feuerspeiendes Ungeheuer, ein Mischwesen mit Löwen-, Schlangen- und Ziegenkopf, v. Bellerophon getötet.*

chimaeri-fer, fera, ferum *(Chimaera u. fero) (Ov.)* die Chimaera hervorbringend [**Lycia**].

Chionē, ēs *f* ① *Mutter des Autolycus;*

② *Mutter des Eumolpus; – Patron.* **Chionidēs,** ae *m* Eumolpus.

Chios *u.* **Chius,** ī *f Insel im Agäischen Meer; – Adj.* **Chīus,** a, um von Chios [**ficus; vinum**]; *– Einw.* **Chiī,** ōrum *m; –* **Chīa,** ae *f (erg. ficus) (nachkl.)* chiische Feige; – **Chīum,** ī *n (erg. vinum) (Hor.)* Chierwein.

chīragra, ae *f (gr. Fw.) (nachkl.)* Gicht *an der Hand.*

chīramaxium, ī *n (gr. Fw.) (Petr.) kleiner, m. der Hand gezogener Wagen,* Handwagen.

chīrographum, ī *n u.* **-us,** ī *m (gr. Fw.)* ① eigene Handschrift; **neque utar meo -o neque signo; alcis -um imitari;**

② *(eigenhändig geschriebenes)* Schriftstück, Aufzeichnung; *(als t. t. der Geschäftsspr.)* Verschreibung.

> *i* Kultur **Chīrō(n),** ōnis *m der durch seine Kenntnisse in der Musik, in der Heilkräuterkunde u. Wahrsagekunst ausgezeichnete Kentaur, Sohn des Saturn u. der Philyra (dah. Philyrides), Erzieher des Äskulap, Jason, Achilles u. a., v.*

Herkules durch einen giftigen Pfeil getroffen, v. Jupiter als Gestirn an den Himmel versetzt.

chīronomos, ī *m/f u.* **chīronomōn,** ūntis *m (gr. Fw.) (Iuv.) jmd., der die Arme malerisch bewegt,* Pantomime.
chirot(h)eca, ae *f (mlt.)* Handschuh.
chīrūrgia, ae *f (gr. Fw.)* ❶ Chirurgie;
❷ Gewaltmaßnahme.
chīrūrgicus, a, um *(gr. Fw.)* chirurgisch.
chīrūrgus, ī *m (gr. Fw.)* Chirurg.
Chius *s. Chios.*
chlamydātus, a, um *(chlamys)* mit einem (Kriegs-)Mantel bekleidet.
chlamys, ydis *f (gr. Fw.)* ❶ *weites, wollenes griech. Obergewand, meist der Männer,* (Reise-)Mantel;
❷ *griech.* Kriegsmantel;
❸ Staatsmantel [**purpurea**];
❹ *Gewand der Kitharöden u. des Chors in der Tragödie;*
❺ *(mlt.)* Krönungsmantel.
Chlōris, idis *f* (Χλῶρις „die Grünende") ❶ *(Ov.) lat.* Flora, *Göttin der Blumen, Vegetationsgöttin;*
❷ *Tochter der Niobe.*
Choaspēs, is *m Fluss* ❶ *in Persien;*
❷ *in Indien.*
Choerilus, ī *m Hofdichter Alexanders des Gr.*
cholera, ae *f (gr. Fw.)* Gallenbrechruhr, Cholera.
chorāgium, ī *n (gr. Fw.) (vor- u. nachkl.)* (Bühnen-)Requisiten u. Theaterkostüme.
chorāgus, ī *m (gr. Fw.)* ❶ *(Plaut.) jmd., der die Bühnenausstattung u. Theaterkostüme besorgt,* Verleiher der Theaterkostüme u. Bühnenausstatter;
❷ *(Suet.) jmd., der das Nötige f. eine Feier besorgt.*
choraulēs *u.* **-la,** ae *m (gr. Fw.) (poet.; nachkl.)* Flötenspieler *beim Chortanz.*
chorda *u.* **corda,** ae *f (gr. Fw.)* ❶ *(in der Musik)* (Darm-)Saite; **tangere -as**;
❷ *(Plaut.)* Strick, Tau;
❸ *(Petr.)* Darm.
chorēa, ae *f (Akk.* -ān) *(gr. Fw.)* Chortanz, Reigen *(m. Gesang).*
chorēus *(u.* **-īus**), ī *m (gr. Fw.)* Choreus (*Versfuß:* ´ ‿).
chorizō, chorizāre *(mlt.)* tanzen.
chōrobatēs, ae *m (gr. Fw.) (t. t. der Architektur)* Grundwaage.
chorocitharistēs, ae *m (gr. Fw.)(Suet.)* Zitherspieler *(zum Chortanz).*
chōrs *s. cohors.*
chorus¹, ī *m (gr. Fw.)* ❶ *(poet.)* Chortanz, Reigen;
❷ die tanzende u. singende Schar, Chor;
❸ Chor *in der Tragödie;*
❹ Schar, Menge, Reihe [**philosophorum; iuventutis; virtutum; comitum; puellarum; apostolorum**];
❺ *(poet.) die harmonisch sich bewegende Sternenschar,* Sternenreigen;
❻ *(spätl.)* Chor *(der den Geistlichen vorbehaltene Raum in der Kirche).*
chōrus², ī *m s. caurus.*
Chremēs, ētis *m der mürrische Geizhals in der att. Komödie.*
chrīsma, atis *n (gr. Fw.) (Eccl.)* Salbung; Salböl.
chrīsmō, chrīsmāre *(chrisma) (Eccl.)* salben, ölen.
Chrīstiānitās, ātis *f (Christus) (Eccl.)* ❶ die christliche Religion, das Christentum;
❷ Christenheit.
Chrīstiānus *(Christus) (nachkl.)* **I.** *Adj.* a, um christlich;
II. *Subst.* ī *m* Christ.
Chrīsticola, ae *m (Christus u. colo) (spätl.)* Christ.
christi-para, ae *f (Christus u. pario) (mlt.)* Gottesmutter.
Chrīstus, ī *m* (Χριστός „der Gesalbte") *(nachkl.)* Christus.
chronica¹, ōrum *n (chronicus) (nachkl.)* Geschichtsbücher nach der Zeitfolge, Chronik.
chronica², ae *f (chronicus) (spätl.)* Chronik.
chronicus, a, um *(gr. Fw.) (nachkl.)* ❶ zur Zeit gehörig;
❷ *(med. t. t.)* langwierig, chronisch [**aegritudines**].
chronographia, ae *f (gr. Fw.) (spätl.)* Geschichtsschreibung nach der Zeitfolge, Chronografie.
Chrȳsē, ēs *u.* **-sa,** ae *f Ort in Troas m. Apollotempel.*
chrȳsea, ōrum *n (chryseus) (Mart.)* goldene Geräte.
chrȳsendeta, ōrum *n (chrysendetos; erg. vasa) (Mart.)* m. Gold eingelegte Gefäße *u.* Gefäße m. Goldrand.
chrȳsendetos, a, um *(gr. Fw.) (Mart.)* m. Gold eingelegt.
Chrȳsēs, ae *m Apollopriester aus Chryse;* – **Chrȳsēis,** idis *f Beiname der* Astynome, *Tochter des Chryses.*
chrȳseus, a, um *(gr. Fw.) (nachkl.)* golden; goldfarbig.
Chrȳsippus, ī *m Philosoph der stoischen Schule aus Soli in Kilikien (Kleinasien) um 280–210 v. Chr., Schüler des Zeno u. Kleanthes;* – *Adj.* **Chrȳsippēus,** a, um.
chrȳsocolla, ae *f (gr. Fw.)* Kupfergrün *(zum Goldlöten).*
chrȳsolithus *u.* **-thos,** ī *m u. f (gr. Fw.) (poet.; nachkl.)* Chrysolith, Goldtopas *(Edelstein).*
chrȳsophrys, *Akk.* yn *m (gr. Fw.) (poet.;*

nachkl.) ein Fisch m. einem goldenen Fleck üb. jedem Auge.

chrȳsos, ī *m (gr. Fw.) (Plaut.)* Gold.

Cīa *s. Cea.*

cibamen, minis *n (mlt.)* Speise.

cibāria, ōrum *n (cibarius)* ① Nahrungs-, Lebensmittel *f. Menschen u. Vieh,* Proviant, Futter;
② Essensration *f. Soldaten, (Suet.) f. Sklaven;*
③ Deputatgetreide *der Provinzialmagistrate.*

cibārium, ī *n (cibarius) (Plin.)* grobes Gerstenmehl.

cibārius, a, um *(cibus)* ① *(vor- u. nachkl.)* zur Speise gehörig;
② aus grobem Mehl [**panis** grobes Gerstenbrot];
③ *(übtr.)* ordinär, gewöhnlich, mittelmäßig [**vinum**].

cibātus, ūs *m (cibo)* Nahrung.

cibō, cibāre *(cibus)* ① *Tiere* füttern; – *Pass.* fressen;
② *(Vulg.)* speisen [**hominem**]; – *Pass.* essen, sich nähren.

cibōrium, ī *n (gr. Fw.)* ① *(Hor.)* Trinkbecher *aus Metall;*
② *(spätl.)* Kelch; Hostiengefäß;
③ *(spätl.)* Altarbaldachin.

● **cibus,** ī *m* ① Nahrung *f. Menschen u. Tiere,* Speise, Futter *; ~* **agrestis; -um sumere** zu sich nehmen; **-um petere***;*
② *(übtr.)* Nahrung, Stoff [**mali; furoris**];
③ *(poet.)* Köder [**fallax**].

Cibyra, ae *f Ort in Phrygien; – Einw.* **Cibyrātae,** ārum *m; – Adj.* **Cibyrāticus,** a, um.

cicāda, ae *f (onomatop.) (poet.; nachkl.)* Baumgrille, Zikade.

cicātrīcōsus, a, um *(cicatrix) (vor- u. nachkl.)* narbig, voller Narben [**tergum; miles**].

cicātrīx, īcis *f* ① Narbe, Schramme [**recens; vetus; foeda; adversa** vorn auf der Brust; **bello accepta**];
② *(poet.; nachkl.)* Kerbe [**in stirpe**];
③ *(übtr.)* vernarbte Wunde [**rei publicae**];
④ *(Iuv.)* Naht *(am geflickten Schuh).*

ciccum, ī *n (gr. Fw.) (vorkl.)* Kerngehäuse, *bes. des Granatapfels;* **non** ~ keinen Deut, nicht das Geringste.

cicer, eris *n (nicht klass.)* Kichererbse.

> *i* Kultur **Cicerō,** ōnis *m cogn. in der gens Tullia:* ① M. Tullius ~, *der größte röm. Redner u. Stilist, Vermittler der griech. Philosophie, geb. am 3. Januar 106 v. Chr. in Arpinum, 43 v. Chr. auf Befehl des Antonius ermordet; – Adj.* **Cicerōniānus,** a, um;
> ② *sein gleichnamiger Sohn;*
> ③ Q. Tullius ~, *Bruder des Redners.*

cichorēum *u.* **cichōrium,** ī *n (gr. Fw.)* Zichorie, Endivie.

cīcilendrum *u.* **cīcimandrum,** ī *n (Plaut.) fingierte Gewürznamen.*

Cicirrus, ī *m (onomatop.)* („Kikeriki") *cogn. des Messius als Streiter u. kampflustiger Streithahn (bei Horaz).*

Cicones, num *m thrak. Volk am Hebrus.*

cicōnia, ae *f* Storch.

cicur, *Gen.* uris ① zahm; **aves cicures; ferae et cicures apes**;
② weise, mild [**ingenium; consilium**].

cicurō, cicurāre *(cicur) (spätl.)* zähmen.

cicūta, ae *f* ① *(poet.; nachkl.)* Schierling *(der Saft als Gift, die Blätter als kühlender Umschlag, die Stängel zu Rohrpfeifen gebraucht);*
② *(meton.)* **a)** *die aus einem Schierlingsstängel gefertigte* Rohrpfeife, Schalmei; **b)** *(Pers.)* Schierlingssaft *als Gift,* Schierlingstrank.

cidaris, is *f (pers. Wort) (nachkl.)* Tiara *(hoher, spitz zulaufender Turban pers. Könige).*

cieō, ciēre, cīvī, citum ① in Bewegung setzen, bewegen, anregen, rege (er)halten; **pugnam** ~ den Kampf immer wieder v. neuem entflammen; **herctum** ~ die Teilung der Erbschaft veranlassen, die Erbschaft teilen; **natura omnia ciens et agitans motibus et mutationibus suis** *(Cic.);*
② *(nachkl.)* herbeirufen;
③ *(poet.)* zu Hilfe rufen *(bes. eine Gottheit)* [**nocturnos manes carminibus**];
④ (zum Kampf) aufbieten [**exercitūs; alqm ad arma; agmen a patriis oris**];
⑤ aufrufen [**alqm magna voce; singulos nomine**];
⑥ (aus)rufen, nennen [**nomina singulorum**];
⑦ *(poet.)* ertönen lassen [**gemitūs** stöhnen; **mugitūs** brüllen; **murmur**];
⑧ *Erscheinungen u. Zustände* erregen, aufsteigen lassen, hervorrufen, hervorbringen, veranlassen, bewirken [**fletus; lacrimas** vergießen *od.* erregen];
⑨ *kriegerische u. polit. Zustände* erregen, hervorrufen, veranlassen, beginnen [**bellum; seditiones; vanos tumultus**];
⑩ aufregen, in Aufruhr bringen, erschüttern; aufwühlen; **mare venti et aurae cient;** ~ **imo aequora fundo** *(v. Meeresgott);* **caelum tonitru ~;**
⑪ *(jur t. t.)* **patrem** ~ einen Vater angeben, aufweisen *(um seine freie Herkunft zu beweisen);* **consulem patrem** ~ einen Konsul als Vater aufweisen.

Cilicia, ae *f* Kilikien, *Landschaft im südöstl. Kleinasien; – Einw.* **Cilix,** licis *m u.* **Cilissa,** ae *f; – Adj.* **Ciliciēnsis,** e, **Cilicius,** a, um *u.* **Cilix,** licis.

cilicium, ī *n (Cilicia)* ① Haarteppich, -decke aus (kilikischen) Ziegenhaaren;
② *(spätl.)* Teppich, Decke;
③ *(Vulg.)* Bußgewand.

C

Cimbrī, ōrum *m germ. Volk an der unteren Elbe; – Adj.* **Cimbricus,** a, um.

cīmex, micis *m* Wanze.

Ciminī lacus *Kratersee in Etrurien, an seinen Ufern der dicht bewaldete Bergzug* **Ciminius saltus** *(auch Pl.),* **mons** *od.* **Ciminia silva**.

cīmītērium = *coemeterium.*

Cimmeriī, ōrum *m* ① *myth. Volk im äußersten Westen am Eingang zur Unterwelt, in beständiger Finsternis lebend; – Adj.* **Cimmerius,** a, um finster [**lacus** Unterwelt];

② *thrak. Volk, das die heutige Krim bewohnte; – Adj.* **Cimmerius,** a, um [**litus**].

Cimōlus, ī *f Zykladeninsel im Ägäischen Meer.*

Cimōn, ōnis *m Sohn des Miltiades (etwa 510–450 v. Chr.), athen. Feldherr.*

cinaedicus, a, um *(cinaedus) (Plaut.)* wollüstig, lüstern; schamlos [**cantio**].

cinaedus *(gr. Fw.) (poet.)* **I.** *Subst.* ī *m* ① Wüstling, Lustmolch;

② Balletttänzer;

③ Homosexueller;

II. *Adj.* a, um frech, schamlos.

cincinnātus, a, um *(cincinnus)* mit lockigem Haar, gelockt.

Cincinnātus, ī *m cogn. des Diktators L. Quinctius, Repräsentant altröm. Einfachheit u. Sittenstrenge, Konsul 460 v. Chr., 458 wurde er vom Pflug weggeholt u. zum Diktator berufen, um das v. den Aequern eingeschlossene Heer zu befreien.*

cincinnulus, ī *m (Demin. v. cincinnus) (vorkl.)* kleine Haarlocke, Löckchen.

cincinnus, ī *m (gr. Fw.)* ① künstliche Haarlocke *(dagegen cirrus die natürliche Haarlocke),*

② *(rhet.)* Schnörkelei *im Ausdruck,* Floskelsprache.

Ciciolus, ī *m (Demin. v. Cincius)* der liebe kleine Cincius.

Cincius, a, um *röm. nomen gentile:* ① L. ~ Alimentus, *Prätor 210 v. Chr., schrieb Annalen in griech. Sprache z. Zt. des 2. Pun. Krieges, neben Q. Fabius Pictor der älteste röm. Historiker;*

② M. ~ Alimentus, *Volkstribun 204 v. Chr., erließ die lex Cincia, die den Anwälten verbot, f. die Führung eines Prozesses Geld anzunehmen;*

③ L. ~, *Geschäftsführer des Attikus.*

cincticulus, ī *m (Demin. v. cinctus[1]) (Plaut.)* kleiner Gurt.

cinctum, ī *n (cingo) (Hor.)* Gurt, Gürtel.

cinctūra, ae *f (cingo) (Suet.)* Gürtung *der Toga.*

cinctus[1], ūs *m (cingo)* ① das Gürten, Gürtung;

② Gurt, Schurz.

cinctus[2] *P.P.P. v. cingo.*

cinctūtus, a, um *(cinctus[1]) (poet.)* (nur) m. einem Schurz bekleidet *(statt der Tunika)* = altrömisch, altmodisch.

cine-factus, a, um *(cinis u. facio) (Lucr.)* zu Asche geworden.

cinerārius, ī *m (cinis) Sklave, der die Frisiereisen in glühender Asche erhitzte.*

cinericius, a, um *(cinis) (vorkl.)* der Asche ähnlich.

Cingetorīx, īgis *m* ① *mit Cäsar verbündeter Fürst der Treverer in Gallien;*

② *britannischer Fürst.*

cingillum, ī *n (Demin. v. cingulum) (vor- u. nachkl.)* Gürtel *der Frauen.*

● **cingō,** cingere, cinxī, cinctum ① (um)gürten [**fulgentibus armis; latus ense**]; *(poet.; nachkl.) mediopass.* sich (um)gürten [**ferro; in proelia** sich zum Kampf rüsten];

② *(poet.; nachkl.)* aufschürzen, nach oben binden [**vestes**]; *mediopass.* sich aufschürzen [**alte cinctus** hochgeschürzt];

③ umgeben, umringen, einschließen; umkreisen; umhüllen; **flumen oppidum cingit; urbem moenibus ~; castra vallo ~; provincia mari cincta; cycni polum cingunt** umkreisen den Himmel; **nimbi aethera cingunt;**

④ *(feindl.)* umzingeln, umringen, einschließen [**urbem obsidione**];

⑤ begleiten; **cincta virgo matrum catervā** v. der Schar der Frauen; **pantomimos ~;**

⑥ umwinden, umkränzen [**tempora floribus; aram cypresso**].

cingulum, ī *n u. (Ov.)* **-a,** ae *f (cingo)* ① Gurt, Gürtel;

② *(poet.; nachkl.)* Wehrgehenk;

③ Bauchgurt *f. Tiere;*

④ *(spätl.)* ~ **militiae** Kriegsdienst.

Cingulum, ī *n Bergfestung in Picenum, j.* Cingoli.

cingulus, ī *m (cingo)* Erdgürtel, Zone.

cini-flō, ōnis *m (cinis) (Hor.)* = *cinerarius.*

● **cinis,** neris *m (selten f)* ① *(poet.; nachkl.)* Asche; **in cinerem dilabi** in Asche zerfallen, zu Asche werden;

② *(Kom.) Pulver zum Blankputzen der Gefäße;*

③ Totenasche; **post cinerem** nach der Verbrennung des Leichnams; **ad cineres et ossa parentis;**

④ *(meist Pl.)* **a)** Tod; **fama post cineres maior venit; b)** Grab; Brandstätte; **poma volo sint circa cineres meos; c)** Scheiterhaufen, Flammen;

⑤ *(poet.; nachkl.)* Vernichtung, Zerstörung, Ruin, Untergang, Trümmer [**patriae; imperii**]; **in cinerem vertere** vernichten; **Iliaci cineres; patria in cinerem collabitur;**

⑥ *(mlt.)* **dies cinerum** Aschermittwoch.

Cinna, ae *m röm. cogn.:* ① L. Cornelius ~, *Anhänger des Marius; – Adj.* **Cinnānus,** a, um;

❷ *sein gleichnamiger Sohn, einer der Cäsarmörder;*
❸ C. Helvius ~, *röm. Dichter, Freund Catulls, Volkstribun; 44 v. Chr. wurde er von der Volksmenge, die ihn m. dem Cäsargegner (2.) verwechselte, erschlagen.*

cinnamum, ī *n (gr. Fw.) (poet.; nachkl.)* Zimt.

cinxī *Perf. v. cingo.*

Cīnyphius, a, um am (vom) Cinyps *(Fluss in Libyen); (poet.)* libysch, afrikanisch.

Cinyrās, ae *m* ❶ *König v. Zypern, Vater des Adonis u. der Myrrha; – Adj.* **Cinyrēius,** a, um [**virgo** Myrrha; **heros** Adonis];
❷ *assyrischer König.*

ciō, cīre = *cieo.*

Cios *u.* **Cius,** ī *f Stadt in Bithynien (in Kleinasien); – Einw.* **Ciānī,** ōrum *m.*

cippaticus, ī *m (mlt.)* Ableger *v.* Weinstock.

cippus, ī *m* ❶ spitzer Schanzpfahl;
❷ *(viereckige)* Spitzsäule, *als Grab- od. als Grenzstein.*

● **circā** **I.** *Adv.* ringsum, umher; **multae circa civitates;**
II. *Präp. b. Akk.* ❶ *(räuml.)* **a)** um ... herum; **b)** (nahe) bei, in der Nähe von; **circa Liternum posuit castra; c)** in ... umher, umher zu; **litteris ~ praefectos dimissis;**
❷ *(zeitl.) (nachkl.)* um, gegen, ungefähr; **~ eandem horam;**
❸ *(b. Zahlen) (nachkl.)* gegen, ungefähr [**~ septuaginta**];
❹ *(nachkl.)* bezüglich; **disputare ~ alqd.**

circāmoerium, ī *n = pomerium.*

circator, ōris *m (mlt.)* (Kloster-)Aufseher.

Circē, ēs *u.* **-a,** ae *f Zauberin; Tochter des Helios, Nymphe auf der Insel Aea, ihr u. des Odysseus Sohn Telegonus soll Tusculum gegründet haben; – Adj.* **Circaeus,** a, um der Circe [**moenia** Tusculum], *(poet. auch)* Zauber-, Gift- [**poculum; gramen**].

Circēī, ōrum *m Stadt u. Vorgeb. in Latium, j.* Circello; *nach dem Mythos nach der aus Kolchis dorthin geflüchteten Circe benannt; – Einw. u. Adj.* **Circēiēnsis,** is *m bzw.* e.

circēnsis, e *(circus)* Zirkus- [**ludi**]; – *Subst. Pl.* **circēnsēs,** nsium *m (erg. ludi) (poet.; nachkl.)* Zirkusspiele.

circes, citis *m (verw. m. circus, circinus) (vorkl.)* Kreis.

circiēnsis, e = *circensis.*

circinātiō, ōnis *f (circino)* (Um-)Kreis.

circinō, circināre *(circinus)* ❶ *(Plin.)* rund biegen [**ramos in orbem**];
❷ *(Ov.)* im Kreis durchfliegen, durchkreisen [**auras**].

circinus, ī *m (gr. Fw.)* Zirkel.

● **circiter** *(circum)* **I.** *Adv.* ❶ *(zeitl. u. b. Zahlen)* ungefähr [**horā diei ~ quartā**];
❷ *(räuml.) (nachkl.)* rings umher;
II. *Präp. b. Akk.* ❶ *(zeitl.)* um, gegen, ungefähr; **~ noctem;**
❷ *(räuml.) (Plaut.)* nahe bei.

circitō, circitāre *(Sen.)* durchwandern.

circius, ī *m* Nordwestwind.

circlus, ī *m (synk. < circulus).*

circō, circāre *(circum) (spätl.)* rings um etw. herumgehen, etw. umkreisen *(m. Akk.).*

● **circu-eō** = *circumeo.*

circuitiō *u.* **circumitiō,** ōnis *f (circueo, circumeo)* ❶ Umlauf, Durchmessen;
❷ indirektes Verfahren, Umweg;
❸ *(milit. t. t.)* das Kontrollieren der Wachen, das Patrouillieren; **~ ac cura vigiliarum aedilium plebei erat.**

● **circuitus** *u.* **circumitus,** ūs *m (circueo, circumeo)* ❶ Umlauf, Kreislauf [**solis; lunae**];
❷ Umseglung [**Hispaniae**]; Durchwanderung;
❸ Umfang, Umkreis; **in oppidi circuitu;**
❹ Umweg; **pons deletus magnum circuitum habebat** verursachte;
❺ *(übtr.)* indirektes Verfahren, Umweg; **circuitu gloriam petere;**
❻ *(rhet.)* Periode, zusammengesetzter, längerer Satz;
❼ Umschreibung; **per circuitus loqui;**
❽ *(spätl.)* Reigentanz.

circulātim *Adv. (circulor) (nachkl.)* gruppenweise.

circulātor, ōris *m (circulor)* ❶ *(nachkl.)* Marktschreier;
❷ Trödler; **~ auctionum** *Kleinhändler, der seine in Auktionen aufgekauften Waren weiter verkauft,* Auktionströdler.

circulātōrius, a, um *(circulator) (nachkl.)* marktschreierisch.

circulātrīx, īcis *f (circulator)* Marktschreierin.

circulor, circulārī *(circulus)* ❶ eine Gruppe *od.* Gruppen bilden, in Gruppen zusammentreten;
❷ einen Zuhörerkreis um sich bilden.

circulus, ī *m (Demin. v. circus)* ❶ Kreis(linie), Ring; **coronae modici -i** *v.* mäßigem Umfang;
❷ kreisförmiger Körper, Reif, Ring [**eboreus**];
❸ *(übtr.)* Kreis, Gesellschaft, Zirkel, Versammlung, Gruppe; **per fora et -os loqui;**
❹ *(astron. t. t.)* Kreisbahn [**stellarum**];
❺ **~ muri** Ringmauer;
❻ *(Mart.)* runde Schüssel.

● **circum** *(eigtl. Akk. v. circus)* **I.** *Adv.* ❶ im Kreis, ringsum(her); **~ sub moenibus** ringsum an den Mauern;
❷ *(poet.; nachkl.)* in der Umgebung, auf beiden Seiten;
II. *Präp. b. Akk.* ❶ (rings)um; **terra ~ axem se convertit** dreht sich;
❷ (nahe) bei, in der Nähe von; in jmds. Begleitung, um; **~ haec loca commorabor; omnia templa, quae ~ forum sunt; equites ~ se habere;**

3 umher zu, umher auf, umher bei, in … umher; **concursare ~ tabernas; legatio ~ insulas missa.**

circumāctiō, ōnis *f (circumago)* 1 Umdrehung, Umschwung;
2 *(Gell.) (übtr. v. der Rede)* Umschwung.

circumāctus[1]**,** ūs *m (circumago) (nachkl.)* Umdrehung, Umschwung [**rotarum; corporis**].

circumāctus[2] *P.P.P. v. circumago.*

circum-agō, agere, ēgī, āctum 1 im Kreis herumführen;
2 umwenden, umdrehen, umlenken [**equos frenis**]; *refl. u. mediopass.* sich (um)drehen, sich (um)wenden; **ventus se circumagit** schlägt um; **fortuna circumagitur** wendet sich;
3 *(Tac.)* herumtreiben; **huc illuc clamoribus hostium circumagi**; *refl. u. mediopass. (Hor.)* umherziehen;
4 jmd. umstimmen; *Pass.* sich umstimmen lassen; **rumoribus vulgi circumagi;**
5 *(v. der Zeit) refl. u. mediopass.* vergehen, verfließen; **annus circumactus est;**
6 *(nachkl.)* m. etw. umgeben, umziehen [**muro**].

circum-amiciō, amicīre *(amictus) (spätl.)* umhüllen.

circum-arō, arāre umpflügen.

circum-caesūra, ae *f (Lucr.)* der äußere Umriss *(eines Körpers).*

circum-celliō, ōnis *m (cella) (spätl.)* Wandermönch.

circum-cīdō, cīdere, cīdī, cīsum *(caedo)* 1 rings(um) abschneiden, beschneiden [**arbores ad medullam; caespitem** ausstechen];
2 einschränken, vermindern [**sumptūs; impensam funeri];**
3 *(v. der Rede)* abkürzen; **orator circumcidat si quid redundabit.**

circum-cingō, cingere, cinxī, cinctum rings umschließen, einschließen.

circum-circā *Adv.* ringsum.

circum-circinō, circināre *(mlt.)* einen Kreis ziehen *(alqm* um jmd.).

circumcīsus, a, um *(P. Adj. v. circumcido)* 1 steil (abfallend), abschüssig [**collis; saxum; Henna ab omni aditu**];
2 *(Plin.) (übtr.)* beschränkt, eingeschränkt [**vita**];
3 *(Plin.) (v. Ausdruck)* kurz gefasst, gedrängt; **oratio -a et brevis.**

circum-clūdō, clūdere, clūsī, clūsum *(claudo*[1]*)* 1 ringsum einschließen, umschließen;
2 *(feindl.)* einschließen, umstellen, umzingeln; **exercitibus circumclusi; Catilina meis praesidiis, meā diligentiā circumclusus** *(Cic.)*;
3 einfassen [**cornua argento**].

circum-colō, colere, – – rings um etw. wohnen *(m. Akk.)* [**sinum maris; paludem**].

circum-currō, currere, – – ringsherum laufen.

circum-cursō, cursāre *(Intens. v. circumcurro)* 1 umherlaufen, ringsherum laufen;
2 *(Lucr.)* im Kreis herumlaufen, sich im Kreis drehen.

● **circum-dō,** dare, dedī, datum 1 etw. um etw. legen, setzen, stellen *(um etw.: m. Dat.)* [**bracchia collo; arma umeris** anlegen];
2 ringsherum aufstellen, anbringen *(um etw.: m. Dat.)* [**exercitum castris; murum silvae**];
3 etw. m. etw. umgeben [**portum moenibus; saltūs canibus** umstellen; **corpus amictu**];
4 *(übtr.)* beschränken.

circum-dūcō, dūcere, dūxī, ductum 1 (im Kreis) herumführen, -ziehen [**aratrum**];
2 herumführen, *bes.* im Bogen, auf Umwegen herumführen; **cohortes longiore itinere ~; agmen per invia ~; pars militum devio saltu circumducta**;
3 *(vorkl.)* m. einem Kreis umziehen;
4 *(Plaut.)* jmd. hinters Licht führen, betrügen *(um etw.: m. Abl.)* [**ornamentis** um Schmuck; **argento**];
5 *(nachkl.)* umschreiben [**alqd longius**].

circumductiō, ōnis *f (circumduco 4.) (Plaut.)* Prellerei, Betrug.

● **circum-eō** *(auch* circueō), īre, iī, itum 1 etw. umgehen, um etw. herumgehen *(m. Akk.)* [**castra; templum**];
2 umgeben, einschließen; *(milit.)* umzingeln [**hostem a tergo; aciem a latere; sinistrum cornu; muros**];
3 *(milit.)* die Runde machen, kontrollieren *(m. Akk.)* [**vigilias; ordines**];
4 bereisen [**provincias**];
5 besichtigen, visitieren [**hiberna**];
6 umhergehen [**equo** umherreiten];
7 v. dem einen zum anderen gehen *(m. Akk.)* [**saucios** der Reihe nach besuchen; **senatum** v. einem Senator zum anderen gehen];
8 *(Kom.)* jmd. hintergehen, täuschen;
9 *(nachkl.)* einen Bogen *od.* Umweg um etw. machen [**fossam**]; etw. (ver)meiden [**insidias**];
10 *(Tac.)* **nomen alcis ~** nicht nennen.

circum-equitō, equitāre etw. umreiten [**moenia; urbem**].

circum-errō, errāre *(Sen.)* herumirren *(um etw.: m. Dat.).*

circum-farciō, farcīre, farsī, fartum *(Plin.)* ringsum anfüllen.

circumferentia, ae *f (circumfero) (spätl.)* Umkreis.

circum-ferō, ferre, tulī, lātum 1 herumtragen, -reichen, -geben; – *pass.* herumgehen [**poculum circumfertur**];
2 ringsum verbreiten [**bellum; terrorem; clamorem; sententiam];**
3 *(ein Glied des Körpers, bes. die Augen)*

umherschweifen lassen, herumdrehen, -wenden; **quocumque circumtuli oculos** *(Liv.)* wohin ich ringsum meine Augen wendete;
④ *(nachkl.)* mit sich (herum)tragen, bei sich führen [**signa; scuta vetera**].

circum-flectō, flectere, flexī, flexum umbiegen: ① *(Verg.)* umfahren;
② *(Gell.) (gramm. t. t.) eine Silbe* lang aussprechen.

circumflexus¹, ūs *m (circumflecto) (Plin.)* Wölbung [**caeli**].

circumflexus² *P.P.P. v. circumflecto.*

circum-flō, flāre rings umwehen.

circum-fluō, fluere, flūxī, – **I.** *trans.* ① *(poet.; nachkl.)* rings umfließen; **oceanus omnes terras circumfluit**;
② *(vor- u. nachkl.)* umgeben;
II. *intr.* ① überfließen, überströmen;
② *(v. der Rede)* vor Fülle überströmen [**circumfluens oratio**];
③ Überfluss haben *(an etw.: m. Abl.)* [**copiis**];
④ *(nachkl.)* im Überfluss vorhanden sein [**circumfluens pecunia**].

circum-fluus, a, um *(circumfluo) (poet.; nachkl.)* ① *(akt.)* umfließend;
② *(pass.)* umflossen, umströmt; **-a Thybridis alveo insula** vom Fluss Thybris.

circum-flūxī *Perf. v. circumfluo.*

circum-fodiō, fodere, fōdī, fossum *(nachkl.)* rings umgraben [**platanos; arborem**].

circum-forāneus, a, um *(forum)* ① auf den Märkten umherziehend;
② auf dem Forum geborgt [**aes** auf dem Forum v. den Wechslern geborgtes Geld = Schulden].

circum-fremō, fremere, fremuī, – *(nachkl.)* umlärmen.

circum-fulgeō, fulgēre, fulsī, fulsum *(nachkl.)* rings umstrahlen.

circum-fundō, fundere, fūdī, fūsum **I.** *Konstr. m. Dat.* ① rings um etw. herumgießen; – *mediopass., selten refl.* sich ringsum ergießen, umfließen; **amnis circumfunditur insulae;** *abs.:* **flumina circumfusa** sich ergießend;
② *(mediopass.)* umdrängen; **cedentibus circumfusi** umdrängend; **collo parentis circumfusa** sich an den Hals hängend;
II. *Konstr. m. Akk.* ① um-, übergießen [**mortuum cerā**];
② umdrängen, umgeben, umringen; **milites praefectum circumfundebant; M. Catonem vidi multis circumfusum Stoicorum libris;** – *(feindl.)* umzingeln; **hostes undique circumfusi erant;**
③ umgeben, um-, einhüllen; **caligo terram circumfundit.**

circum-gemō, gemere, – – *(Hor.)* rings umbrummen [**ovile**]; rings mit Gebrüll umgeben.

circum-gestō, gestāre überall herumtragen [**epistulam**].

circum-gredior, gredī, gressus sum *(gradior) (nachkl.) (feindl.)* umgeben, umringen [**exercitum; terga**].

circum-iaceō, iacēre, – – ringsherum liegen *(um etw.: m. Dat.).*

circum-iciō, icere, iēcī, iectum *(iacio)* ① herumwerfen, -stellen, -legen;
② **vallum ~** ringsum aufwerfen;
③ m. etw. umschließen, umgeben;
/ *P. Adj.* **circumiectus,** a, um **a)** umliegend, ringsum befindlich [**silvae; oppida; nemora;** *(rings um etw.: m. Dat.)* **aedificia -a muris**]; **b)** umgeben, umschlossen [**planities saltibus**];
/ *Subst.* **circumiecta,** ōrum *n* die Umgegend.

circumiecta, ōrum *n s. circumicio.*

circumiectus¹, ūs *m (circumicio)* ① das Umfassen, Umschlingen;
② *(meton.)* Umgebung;
③ *(vorkl.)* Bekleidung.

circumiectus², a, um *s. circumicio.*

circumitiō, ōnis *f s. circuitio.*

circumitus, ūs *m s. circuitus.*

circum-lātrō, lātrāre *(Sen.)* umbellen, *v.* allen Seiten anbellen [**hominem**].

circumlātus *P.P.P. v. circumfero.*

circum-ligō, ligāre ① um-, anbinden *(an etw.: m. Dat.)*;
② umwickeln, umschlingen, umgürten.

circum-linō, linere, –, litum *(selten* circumliniō, linīre, liniī, –) ① etw. um etw. schmieren, kleben *(um etw.: m. Dat.);*
② beschmieren, bestreichen, überziehen [**mortuos cerā**]; *meist P.P.P.* überzogen: **circumlitus auro, cerā; musco circumlita saxa.**

circumlitiō, ōnis *f (circumlino) (nachkl.)* ① Bemalung;
② *der Farbton, den man den Marmorstatuen durch Einreiben m. einer Mischung aus Wachs u. Öl gab.*

circumlitus *P.P.P. v. circumlino.*

circumlocūtiō, ōnis *f (circumloquor)* Umschreibung.

circum-loquor, loquī, locūtus sum *(spätl.)* umschreiben.

circumlūcēns, *Gen.* entis *(circum u. luceo) (Sen.)* ringsumher leuchtend, hell strahlend, *auch übtr.* [**fortuna**].

circum-luō, luere, – – umspülen [**litora**].

circum-lūstrō, lūstrāre *(Lucr.)* ringsum beleuchten.

circumluviō, ōnis *f (circumluo)* Umspülung, Inselbildung.

circum-mittō, mittere, mīsī, missum ① auf einem Umweg schicken, einen Umweg nehmen lassen;
② überall umherschicken [**praecones; tribunos militum; legationes in omnes partes**].

circum-moeniō *(Plaut.)* = *circummunio.*

circum-mūgiō, mūgīre *(Hor.)* jmd. umbrüllen *(v. Kühen).*

circum-mūniō, mūnīre m. einer Mauer einschließen, ummauern.

circummūnītiō, ōnis *f (circummunio)* Einschließung *(durch eine Mauer od. andere Befestigungsanlagen).*

circum-ōrnātus, a, um *(orno) (spätl.)* rings geschmückt.

circum-padānus, a, um rings um den Po *(Padus)* (befindlich) [**campi; lanae**].

circum-pendeō, pendēre, – – *(poet.; nachkl.)* ringsum hängen *(intr.).*

circum-plaudō, plaudere, – – *(Ov.)* ringsum m. Klatschen begrüßen.

circum-plector, plectī, plexus sum *(arch. Nbf.* -plectō, plectere, –, plexum) umfassen, umschlingen, umarmen, umgeben [**collem opere** einen Hügel m. Schanzanlagen].

circum-plicō, plicāre umwickeln, umschlingen.

circum-pōnō, pōnere, posuī, positum rings aufstellen, rings herumstellen, -setzen, -legen *(um etw.: m. Dat.)*; **nemus stagno ~** einen Wald rings um den See anlegen; **circumpositi sunt huic oppido colles.**

circumposita, ōrum *n (circumpono)* Umgegend.

circum-pōtātiō, ōnis *f* Umtrunk, Trinkgelage.

circum-quāque *Adv. (erg. parte od. regione)* auf (nach) allen Seiten, überall.

circum-rētiō, rētīre *(rete)* rings umstricken, umgarnen *(übtr.)*; **alqm fraude ~; te circumretitum frequentiā populi Romani esse video** *(Cic.).*

circum-rōdō, rōdere, rōsī, – ❶ *(Plin.)* ringsum benagen;
❷ *(übtr.)* an etw. herumkauen = zögern, etw. zu sagen;
❸ *(Hor.)* schmähen.

circum-saepiō, saepīre, saepsī, saeptum umgeben, umstellen; umzäunen.

circum-scindō, scindere, – – jmdm. die Kleider herunterreißen.

circum-scrībō, scrībere, scrīpsī, scrīptum ❶ einen Kreis *(um etw. od. um jmd.)* beschreiben, m. einem Kreis umziehen, umzeichnen, einschließen [**alqm virgulā**]; beschreiben [**orbem**];
❷ ab-, begrenzen, beschränken, einschränken [**vitae spatium; alci locum habitandi; luxuriam**];
❸ jmd. in Schranken halten, in die gehörigen Schranken zurückweisen [**praetorem**];
❹ *(eine Streitfrage)* umgehen, ausklammern, beseitigen, *(als ungültig)* ausscheiden [**tempus Sullanum ex accusatione**];
❺ etw. umdeuten, den Sinn verdrehen;
❻ jmd. umgarnen, täuschen, irreführen; **fallacibus et captiosis interrogationibus circumscripti;**
❼ jmd. um sein Geld bringen, betrügen;
/ s. auch circumscriptus.

circumscrīptiō, ōnis *f (circumscribo)* ❶ das Beschreiben eines Kreises um etw.;
❷ der beschriebene Kreis;
❸ Begrenzung, Umriss, Umfang [**terrae; temporis**]; **corporeae forma circumscriptionis;**
❹ Betrug, Täuschung, Übervorteilung;
❺ *(rhet. t. t.)* Periode.

circumscrīptor, ōris *m (circumscribo 6. u. 7.)* Betrüger.

circumscrīptus, a, um *(P. Adj. m. Komp. v. circumscribo)* ❶ *(rhet.)* scharf begrenzt, genau, bündig, abgerundet; **brevis et -a quaedam explicatio** *(Cic.)*;
❷ *(Plin.)* eng begrenzt, beschränkt.

circum-secō, secāre, –, sectum ❶ ringsum beschneiden [**radices vitium**];
❷ *(Suet.)* jmd. beschneiden *(jüdischer Brauch).*

circum-secus *Adv. (nachkl.)* ringsum, in der Umgegend.

circum-sedeō, sedēre, sēdī, sessum ❶ *(feindl.)* belagern, umzingeln [**Mutinam; alqm vallo; hinc mari hinc terrā arcem**];
❷ *(nachkl.)* rings um jmd. *od.* etw. herumsitzen *(m. Akk.)*;
❸ jmd. *(m. Bitten, Tränen, Schmeichelworten)* bestürmen [**alqm lacrimis, blanditiis**].

circumsessiō, ōnis *f (circumsedeo)* Belagerung, Umzingelung.

circum-sīdō, sīdere, sēdī, – *(feindl.)* belagern, umzingeln [**urbem; regem**].

circum-siliō, silīre, siluī, – *(salio)* ❶ (im Kreis) herumhüpfen *(v. Sperling)*;
❷ *(Iuv.) (v. Krankheiten)* umgeben, umringen.

circum-sistō, sistere, stetī *(u. seltener* stitī), –
❶ sich um jmd. *od.* etw. herumstellen, umstellen, umringen *(m. Akk.)*;
❷ *(feindl.)* umstellen, umringen; **plures paucos circumsistebant;**
❸ *(übtr.)* bedrängen; **magnus terror circumsistebat muros.**

circum-situs, a, um *(spätl.)* ringsum liegend, gelegen [**gentes; terrae; nationes**].

circum-sonō, sonāre, sonuī, sonātum ❶ rings ertönen, widerhallen *(v. etw.: m. Abl.)*; **locus, qui circumsonat ululatibus** *(Liv.)*;
❷ umtönen, umlärmen, umrauschen; **clamor hostes circumsonat** *(Liv.)*; **Rutulus murum circumsonat armis** *(Verg.).*

circumsonus, a, um *(circumsono) (Ov.)* umlärmend [**turba canum**].

circumspectātrīx, īcis *f (circumspecto) (Plaut.)* die Umherspäherin.

circumspectiō, ōnis *f (circumspicio)* ❶ Umsicht, umsichtiges Erwägen;

C

② *(spätl.)* ~ **vestra** *(Anrede an den Erzbischof)* Ew. Weisheit.

circum-spectō, spectāre *(Intens. bzw. Frequ. v. circumspicio)* **I.** *intr. (b. Plaut. auch refl.)* immer wieder rings umherschauen, sich rings umsehen;
II. *trans.* ① rings betrachten, rings auf etw. sehen *(erwartungsvoll, ängstlich, argwöhnisch)* [**patriciorum vultūs; omnia** nach allem sich ängstlich umschauen; **caelum ac mare**];
② nach etw. *od.* jmdm. suchend umherblicken, rings ausschauen, sich umsehen; **te circumspectabam;**
③ etw. ausfindig zu machen suchen, auf etw. lauern [**bellum armaque; fugam et artes fallendi**].

circumspectus¹, ūs *m (circumspicio)* ① das Umherblicken, Umherspähen, Umblick, Umschau, Ausblick;
② *(übtr.)* Betrachtung, Erwägung [**rerum aliarum**].

circumspectus², a, um *(P. Adj. v. circumspicio) (poet.; nachkl.)* überlegt, vorsichtig, umsichtig, bedächtig, besonnen [**verba; homo**].

circum-spiciō, spicere, spexī, spectum *(specio)* **I.** *intr.* ① ringsum schauen, sich umschauen, umherspähen;
② darauf achten, dass *(m. ut, ne);*
II. *trans. (poet.; nachkl.)* ① betrachten, mustern [**urbis situm; se** auf sich achten];
② etw. ringsum überschauen [**aquam; undas**];
③ bedenken, erwägen, überlegen [**pericula; alcis consilia animo**];
④ sich nach etw. *od.* jmdm. umsehen, suchen, verlangen [**fugam; externa auxilia**];
/ s. auch circumspectus².

circumstantia, ae *f (circumsto) (nachkl.)* Umgebung.

circum-stetī *Perf. v. circumsisto u. circumsto.*

● **circum-stō,** stāre, stetī, – **I.** *intr.* rings umherstehen; – *Part. Präs.* circumstāntēs, tium die Umstehenden; **II.** *trans.* umstehen, umgeben, umringen; *(feindl.)* belagern, umzingeln [**urbem**]; *(übtr.)* bedrängen; **cum tanti undique terrores eos circumstarent** *(Liv.)*; **cum omnia nos undique fata circumstent** *(Cic.)*; **quae te circumstent pericula, cernis** *(Verg.)*; **me saevus circumstetit horror.**

circum-strepō, strepere, strepuī, strepitum ① umlärmen, umtosen, umrauschen;
② *(Tac.)* lärmend vernehmen lassen, laut rufen [**atrociora**].

circum-struō, struere, strūxī, strūctum *(nachkl.)* rings umbauen, ummauern; **ripis undique circumstructis lapide.**

circum-sūtus, a, um *(suo) (nachkl.)* rings umnäht.

circum-tegō, tegere, – – ringsum bedecken [**corpus veste**].

circum-tendō, tendere, (tendī), tentum umspannen.

circum-terō, terere, – – *(Tib.)* „rings umreiben" = dicht umstellen; jmd. *(alqm)* umgeben.

circum-textus, a, um *(texo)* rings verbrämt.

circum-tinniō, tinnīre, – – *(vorkl.)* ringsum schallen.

circum-tonō, tonāre, tonuī, – umdonnern, umrauschen, betäuben.

circum-tōnsus, a, um *(tondeo)* ① rund geschoren;
② *(Sen.) (übtr.)* gekünstelt [**oratio**].

circum-tulī *Perf. v. circumfero.*

circum-vādō, vādere, vāsī, – ① *v.* allen Seiten angreifen, umgeben, umringen, umzingeln [**naves; redeuntem noctu**];
② *(übtr.)* überfallen, befallen; **terror; somnus circumvadit alqm.**

circum-vagus, a, um *(Hor.)* rings umströmend [**Oceanus** erdumflutend].

circum-vallō, vallāre rings m. einem Wall umgeben, einschließen [**oppidum; hostes**].

circum-vāsī *Perf. v. circumvado.*

circumvectiō, ōnis *f (circumvehor)* ① Handelsverkehr im Innern; **portorium circumvectionis** Transitzoll;
② Umlauf, Kreisbahn [**solis**].

circum-vectitor, vectitārī *(Intens. bzw. Frequ. v. circumvehor) (Plaut.)* reihum umherfahren, -segeln *(m. Akk.)* [**oppida** in die Städte].

circum-vector, vectārī *(Intens. bzw. Frequ. v. circumvehor)* ① immer wieder an *od.* um etw. herumfahren, *(v. Schiffen)* kreuzen *(m. Akk.)* [**oram**];
② *(Verg.) (in der Darstellung)* etw. der Reihe nach durchgehen, beschreiben [**singula**].

circum-vehor, vehī, vectus sum **I.** *trans. (nachkl.)* umfahren, -reiten, -segeln;
II. *intr.* herumfahren, -reiten, -segeln [**in terras orasque ultimas**].

circum-vēlō, vēlāre *(Ov.)* rings umhüllen.

● **circum-veniō,** venīre, vēnī, ventum ① umgeben, umringen, umschließen, umfließen; **homines circumventi flammā; Rhenus insulas circumveniens; planities locis paulo superioribus circumventa;**
② *(feindl.)* umzingeln [**hostes a tergo; armis regiam; moenia vallo fossāque**];
③ *(übtr.)* umgarnen, umstricken, bedrängen; täuschen; **circumventus falsis criminibus; alqm falso testimonio ~.**

circumventiō, ōnis *f (circumvenio) (spätl.)* Täuschung.

circumventōrius, a, um *(circumvenio) (August.)* trügerisch.

circum-vertō, vertere, vertī, versum *(arch.* -vortō, vortere, vortī, vorsum) ① umwenden, umdrehen; – *mediopass.* sich umdrehen *(um etw.: m. Akk., z. B. axem);*

② *(Plaut.)* betrügen *(um etw.: m. Abl.)*; **qui me argento circumvortant**.

circum-vestiō, vestīre ringsum bekleiden, bedecken; – *übtr.:* **se dictis ~** sich schützen durch.

circum-vinciō, vincīre, –, vinctum rings umbinden.

circum-visō, visere, – – *(Plaut.)* ringsum ansehen.

circum-volitō, volitāre *(Intens. v. circumvolo) (poet.; nachkl.)* **I.** *intr.* umherfliegen;

II. *trans.* umfliegen, umflattern [**lacum**].

circum-volō, volāre *(poet.; nachkl.)* umfliegen, umflattern [**navem**].

circum-volvō, volvere, volvī, volūtum *(poet.; nachkl.)* herumwälzen, -rollen; – *mediopass.* sich drehen *(um etw.: m. Akk., z. B. axem)*; **sol circumvolvitur annum** vollendet den Jahreslauf.

circum-vortō *s. circumverto.*

circus, ī *m (gr. Fw.)* ① Kreis(linie), Ring;

② Rennbahn, Zirkus; **~ maximus** *(zw. Palatin u. Aventin)*; **~ Flaminius** *(221 v. Chr. vom Konsul C. Flaminius am Ausgang der via Flaminia erbaut).*

> *i* Kultur **circus maximus** Hauptort der röm. Volksbelustigung, Brennpunkt des öffentl. Lebens: eine Arena: 600 m lang, 150 m breit; in der Kaiserzeit von 60 000 auf 185 000 Zuschauerplätze ausgebaut. Für Wagenrennen, Prozessionen, Triumphzüge.
> Der moderne Zirkus hat nur den Namen davon! – (Die kreisrunde Form der Manege für Pferde und Artisten erst seit dem 18. Jahrh. in England und Frankreich.)

cīris, is *f (gr. Fw.) (Ov.) ein Seevogel, in den Skylla, die Tochter des Nisus, verwandelt wurde.*

cirrātus, a, um *(cirrus)* ① *(Ov.)* in Büscheln;

② *(nachkl.)* gelockt, kraushaarig;

③ haarig [**caepa**].

Cirrha, ae *f Hafen v. Delphi;* – *Adj.* **Cirrhaeus,** a, um.

cirrus, ī *m* ① *(natürliche)* Haarlocke;

② *(Phaedr.)* Franse *(am Kleid).*

Cirta, ae *f Stadt in Numidien, j. (nach Constantinus, der die Stadt wieder aufbauen ließ)* Constantine; – *Einw.* **Cirtēnsēs,** ium *m.*

cis *Präp. b. Akk.* ① *(räuml.)* diesseits [**Tiberim**];

② *(zeitl.) (vor- u. nachkl.)* binnen, innerhalb [**paucos menses**].

cis-alpīnus, a, um *(Alpes)* diesseits der Alpen *(v. Rom aus betrachtet)* [**Gallia**].

cisium, ī *n leichter, zweirädriger Reisewagen.*

cis-rhēnānus, a, um *(Rhenus)* diesseits des Rheines *(vom röm. Gallien aus gesehen),* linksrheinisch [**Germani**].

Cissēis, idis *f* Hekuba, *Tochter des Cisseus, des Königs v. Thrakien.*

cista, ae *f (gr. Fw.)* Kiste, Kasten.

cistella, ae *f (Demin. v. cista) (Kom.)* Kästchen.

Cistellāria, ae *f (cistella; erg. fabula)* „Kästchenkomödie" *des Plautus.*

cistellātrīx, īcis *f (cistella) (Plaut.) Sklavin, die die Schmuckkästchen ihrer Herrin in Verwahrung hatte.*

cistellula, ae *f (Demin. v. cistella) (Plaut.)* kleines Kästchen.

cisterna, ae *f (cista) (vor- u. nachkl.)* Zisterne.

cisternīnus, a, um *(cisterna)* aus der Zisterne, Zisternen- [**aqua**].

cisti-fer, ferī *m (cista u. fero)* Kastenträger *(niederer Polizeibeamter).*

cistophorus, ī *m* (κιστοφόρος *Kistenträger) Münze der Provinz Asien, m. der cista mystica des Dionysoskultes geprägt (= 2½ Denare).*

cistula, ae *f (Demin. v. cista) (vor- u. nachkl.)* Kistchen, Kästchen.

citātim *Adv. (cito²)* eilends, schnell.

citātiō, ōnis *f (cito²) (spätl.)* Vorladung, Aufruf.

citātus, a, um *(P. Adj. v. cito²)* ① beschleunigt, schleunig, schnell; **equo -o** im Galopp; **-o agmine** in Eilmärschen;

② *(v. Flüssen)* reißend; **citatior solito amnis** ungewöhnlich reißender Fluss;

③ *(Gell.) (v. Vortrag u. Redner)* lebhaft, erregt; **soni tum placidi tum -i** bald ruhige, bald erregte Töne.

citerior, ius *(Komp. des vorkl. citer, tra, trum)* ① diesseitig [**Gallia**];

② näher (liegend); – *Superl.* **citimus,** a, um am nächsten liegend [**stella citima terris**].

Cithaerōn, ōnis *m waldiges Gebirge zw. Böotien u. Attika (in Mittelgriechenland), Schauplatz vieler mythischer Erzählungen.*

cithara, ae *f (gr. Fw.) (poet.; nachkl.)* ① Zither, Leier, Laute, Lyra;

② *(poet.) (meton.)* Saitenspiel; **-ae studium; -am docere alqm; cui laetus Apollo augurium citharamque dabat.**

citharista, ae *m (gr. Fw.)* Zitherspieler.

citharistria, ae *f (gr. Fw.) (poet.)* Zitherspielerin.

citharizō, citharizāre *(gr. Fw.)* die Zither spielen.

citharoedicus, a, um *(gr. Fw.) (nachkl.)* des Kitharöden.

citharoedus, ī *m (gr. Fw.)* Kitharöde *(der seinen Gesang auf der cithara begleitet).*

citimus *s. citerior.*

Citium, ī *n* ① *Ort auf Zypern, j.* Larnaka; – *Einw.* **Citiēī,** ōrum *m;* – *Adj.* **Citiēus,** a, um;

② *Ort in Makedonien.*

citius *Adv. (Komp. v. cito¹)* eher, vielmehr.

citō¹ *Adv. (v. citus), Komp.* citius, *Superl.* citis-

simē ① schnell, rasch, *(zeitl.)* bald; **dicto citius** schneller, als gesagt; **serius aut citius** früher oder später;
② **non ~** nicht leicht; **non tam ~ … quam** nicht so sehr … als; – *Komp.* eher, leichter [**citius diceres**];
③ *(spätl.)* **quam cito** *Kj.* sobald als.

citō², citāre *(Frequ. bzw. Intens. v. cieo)* ① (immer wieder) in (starke) Bewegung setzen, antreiben *(vgl. citatus)*;
② herbei-, aufrufen [**alqm nominatim; alqm victorem** zur Entgegennahme des Siegespreises];
③ *(poet.)* die Hilfe der Götter anrufen [**numina Iovis**];
④ vorladen, einberufen [**patres in curiam; centuriatim populum** zur Wahl; **senatum in forum**];
⑤ als Gewähr(smann) *od.* als Zeugen anführen, nennen, zitieren [**alqm testem** *od.* **auctorem; libros auctores**];
⑥ *(einen Zustand)* hervorrufen, erregen [**motum animi**].

citrā **I.** *Adv.* diesseits;
II. *Präp. b. Akk.* ① *(räuml.)* diesseits, vor [**~ flumen**];
② *(zeitl.)* vor; innerhalb, binnen [**~ Troiana tempora**];
③ *(nachkl.)* ohne, außer; **~ spectaculorum dies** außer der Zeit der festgesetzten Spiele.

citreus, a, um *(citrus)* aus Zitrusholz, zum Zitrusbaum gehörig, Zitrus- [**mensa; oleum** Zitrusöl].

citrō *Adv.* hierher, herüber *(meist in Verbindung m. ultro)*; **beneficia ultro et ~ data, accepta** gegenseitig.

citrum, ī *n (citrus)* Zitrusholz.

citrus, ī *f (gr. Fw.)* ① Zitronenbaum;
② Zitrusbaum, *afrikan. Lebensbaum.*

citus, a, um *(P. Adj. v. cieo)* ① schnell, rasch, eilig; **cursor ~; homo -o sermone** schlagfertig; **eques ~** Eilbote zu Pferde;
② *(milit.)* in Eilmärschen ziehend [**equites; milites; legiones; agmen**].

Cīus *s. Cea.*

cīvī *Perf. v. cieo.*

cīvicus, a, um *(civis)* bürgerlich, Bürger-; **muri -i** Stadtmauern; **bella -a; corona -a** Bürgerkranz *(Eichenkranz, den ein Bürger f. die Rettung eines Mitbürgers im Kampf erhielt).*

● **cīvīlis,** e *(civis)* ① bürgerlich, (Mit-)Bürger betreffend, Bürger-, Privat-; **exercitus ~** Bürgerwehr; **ius civile** bürgerliches Recht *od.* Privatrecht; **causa ~** Privatprozess; **bellum civile** Bürgerkrieg; **coniuratio ~; dissensio ~;**
② patriotisch;
③ *(poet.; nachkl.)* leutselig, umgänglich, entgegenkommend;
④ öffentlich, staatlich, politisch; **res civiles** Politik; **rerum civilium peritus** *od.* **vir ~** Staatsmann;
⑤ den Staatsdienst betreffend [**officia**];
⑥ *(nachkl.)* **lis ~** Zivilprozess;
⑦ *(spätl.)* heimisch.

Cīvīlis, is *m* C. Iulius Claudius ~, *Führer der aufständischen Bataver geg. Rom 69 u. 70 n. Chr.*

cīvīlitās, ātis *f (civilis) (nachkl.)* ① Bürgerstand;
② Leutseligkeit, Höflichkeit, Umgänglichkeit.

● **cīvis,** is *m u. f* ① Bürger(in); **se pro cive Romano ferre** sich ausgeben als, für; **se pro cive gerere** sich verhalten wie;
② Mitbürger(in), Landsmann;
③ Einheimischer;
④ Untertan.

● **cīvitās,** ātis *f (civis)* ① Bürgerrecht; **civitatem dare alci** verleihen; **alqm civitate donare; civitatem alci negare; civitatem adipisci;**
② Gesamtheit der Bürger, Bürgerschaft, *dah. oft:* Gemeinde, Stadt, Staat; **muri civitatis; civitatem incendere; multae civitates Graeciae; ~ bellica; ~ foederata; ~ maritima; administratio civitatis; civitatem bello persequi;**
③ *(spätl.)* **a)** (Bischofs-)Stadt; **b) ~ dei** Gottesstaat.

> *i* Kultur **cīvitās,** ātis *f (civis)* die Gesamtheit der Bürger (cives), die Bürgerschaft – das Bürgerrecht, das röm. aktive und passive Wahlrecht und Schutzrecht, vor allem in Provinzen – später Name der Bürgerstadt (city, cité), Name der politischen Gemeinde in der Spätantike.

cīvitātula, ae *f (Demin. v. civitas) (nachkl.)* ① Bürgerrecht einer Kleinstadt;
② Städtchen.

● **clādēs** *u.* **clādis,** is *f* ① Schaden, Verlust, Unglück, Unheil;
② Niederlage; **cladem accipere** erleiden; **cladem afferre, inferre** *od.* **facere alci** zufügen; **cladi superesse**;
③ *(v. Personen)* Urheber des Unglücks, Verderber;
④ Verletzung, Beschädigung [**dextrae manūs**];
⑤ Seuche, Pest.

● **clam** **I.** *Adv.* heimlich; **clamque palamque; iram ~ ferre** verhehlen; **II.** *Präp. b. Abl. u. (Kom.) Akk.* heimlich vor jmdm., hinter jmds. Rücken [**vobis; senem**].

clāmātor, ōris *m (clamo)* Schreier, *bes. v. schlechtem Redner.*

clāmitātiō, ōnis *f (clamito) (Plaut.)* heftiges Schreien.

clāmitō, clāmitāre *(Intens. v. clamo)* ① laut schreien, (aus)rufen;

C

② *(poet.; nachkl.) (m. dopp. Akk.)* jmd. laut nennen; **miserum te clamitas.**

● **clāmō,** clāmāre **I.** *intr.* rufen, schreien; **II.** *trans.* ① herbeirufen [**comites**]; ② *(m. dopp. Akk.)* nennen [**alqm furem; se deum**]; ③ ausrufen, laut verkünden [**triumphum** „Triumph" schreien]; ④ deutlich zeigen, verraten.

● **clāmor,** ōris *m (clamo)* ① lautes Rufen, Geschrei; ~ **civilis** der Mitbürger; **fremitus et ~ dissonus in diversa vocantium;** ② Beifallsgeschrei; **clamore et plausu; ~ militum gaudentium;** ③ missfälliges Geschrei [**inimicus**]; ④ *(poet.)* Getöse, Widerhall [**montium**]; ⑤ Klage-, Angstgeschrei [**mulierum; aegri; supremus** bei einem Sterbenden]; ⑥ Kriegsgeschrei, -ruf; ~ **militaris strepitusque armorum; ~ proelii; ~ hostium; clamorem tollere; cum clamore ingenti invadere.**

clāmōsus, a, um *(clamo) (nachkl.)* ① *(akt.)* laut schreiend; ② *(pass.)* v. Geschrei erfüllt [**circus**].

clanculārius, a, um *(clanculum)* geheim, verborgen.

clanculō *Adv. (clam)* insgeheim, heimlich.

clanculum *(clam)* **I.** *Adv.* heimlich, insgeheim; **II.** *Präp. m. Akk.* heimlich vor [~ **patres**].

clandestīnus, a, um *(Adv.* -o) *(clam)* heimlich, geheim, verborgen [**consilia; nuptiae; introitus; colloquia cum hostibus; foedus**].

clangor, ōris *m* Klang, Schall: ① Geschrei, Gekreisch *der Vögel;* ② das Schnattern [**anserum**]; ③ das Schmettern [**tubarum**].

Clanis, is *m Nebenfluss des Tiber in Etrurien, j.* Chiana.

Clanius, ī *m Fluss in Kampanien (Mittelitalien).*

clāreō, clārēre, – – *(clarus)* ① hell sein, glänzen; ② einleuchten, offensichtlich sein; ③ *durch Taten od. Ruhm* hervorstechen, ausgezeichnet sein.

clārēscō, clārēscere, clāruī, – *(Incoh. v. clareo) (poet.; nachkl.)* ① erglänzen; ② hell, klar ertönen, erschallen; ③ deutlich werden, einleuchten; ④ *durch Taten od. Ruhm* hervorstechen, sich auszeichnen.

clārigātiō, ōnis *f* Forderung nach Genugtuung; Ersatzanspruch an jmd.

clāri-sonus, a, um *(clarus u. sono)* hell tönend [**voces; aurae**].

clāritās, tātis *f (clarus)* ① *(nachkl.)* Helligkeit [**solis**]; ② heller Klang [**vocalium**]; ③ *(übtr.)* Glanz, Ruhm, Berühmtheit; **viri claritate praestantes;** ④ *(nachkl.)* Deutlichkeit, Klarheit.

clāritūdō, dinis *f (nachkl.) = claritas.*

clārō, clārāre *(clarus)* ① hell machen, erhellen, erglänzen lassen; ② erklären, erläutern; ③ verherrlichen.

Claros, ī *f Ort in Ionien b. Kolophon (in Kleinasien); – Adj.* **Clarius,** a, um [**poeta** Antimachus].

clāruī *Perf. v. claresco.*

● **clārus,** a, um ① klar, hell, leuchtend, glänzend [**stella; gemma**]; **luce -a** am helllichten Tag; ② laut, deutlich [**vox; -e dicere**]; ③ *(übtr.)* klar, deutlich, verständlich [**consilia; argumentum**]; ④ *(übtr.)* glänzend, berühmt, ruhmvoll [**orator; mors**]; *auch* berüchtigt; **oppugnatio fani antiquissimi … clara apud omnes.**

classiārius *(classis)* **I.** *Adj.* a, um *(nachkl.)* zur Flotte gehörig [**centurio** Marineoffizier]; **II.** *Subst.* **classiāriī,** ōrum *m* ① *(erg. milites)* Marinesoldaten; ② *(erg. nautae)* Matrosen.

classicula, ae *f (Demin. v. classis)* kleine Flotte.

classicum, ī *n (classicus)* ① (Trompeten-)Signal; **-um canere** geben; ~ **canit** der Feldruf ertönt; **convocare -o contionem;** ② *(poet.) (meton.)* Kriegstrompete; **-a inflare** blasen; **-a Martia.**

classicus, a, um *(classis)* zur Flotte gehörig, Flotten-, See- [**milites; legio; bellum** Seekrieg]; – *Subst.* **-ī,** ōrum *m (Tac.)* Marinesoldaten.

● **classis,** is *f (Sg. Akk.* classem *u.* -im; *Abl.* -e, *selten* -ī; *Gen. Pl.* -ium) ① (Kriegs-)Flotte; **classem ornare** ausrüsten; **classem aedificare; classem appellere ad Delum** landen; ② Bürgerklasse *nach der v. Servius Tullius eingeführten Einteilung des röm. Volkes in sechs Klassen, wobei nur fünf tributpflichtig waren, dah.:* **quintae classis esse** dem niedrigsten Stand angehören; ③ Schiff; **classe navigare** zu Schiff; ④ (Land-)Heer, Aufgebot; ⑤ Abteilung, Klasse [**servorum**]; ⑥ *(nachkl.)* Schulklasse; ⑦ *(nachkl.)* kaiserliche Umgebung.

Clastidium, ī *n Ort in Gallia cispadana.*

Claterna, ae *f Ort in Gallia cispadana.*

clātrātus, a, um *(clatri)* vergittert.

clātrī, ōrum *m u.* **-a,** ōrum *n (poet.)* Gitter.

claudeō, claudēre, – – *(Kom.) = claudico.*

claudicātiō, ōnis *f (claudico)* das Hinken.

claudicō, claudicāre *(claudus)* ① hinken, lahm sein; ~ **ex vulnere;** ② wanken, schwanken; **claudicat axis mundi;**

❸ *(bildl.)* auf schwachen Füßen stehen, schlecht bestellt sein, wanken; **tota res vacillat et claudicat; ne tota amicitia quasi ~ videatur**.

Claudius (**Clōdius**), a, um **I.** *nomen gentile sabinischer Herkunft (urspr. Clausus), eines der vornehmsten röm. Geschlechter:* ❶ Appius Claudius Regillensis Crassus, *der durch seinen Frevel gegen die Virginia bekannte Dezemvir (um 450 v. Chr.);*
❷ Appius Claudius Caecus, *Zensor 312 v. Chr., Erbauer der via Appia und der aqua Appia;*
❸ M. Claudius Marcellus, *war mehrmals Konsul, 212 v. Chr. eroberte er das abgefallene Syrakus;*
❹ Q. Claudius Quadrigarius, *röm. Geschichtsschreiber des 1. Jahrhs. v. Chr., schrieb eine Geschichte Roms von 390 v. Chr. bis zu seiner Gegenwart;*
❺ Tib. Claudius Drusus Nero Germanicus, *als Kaiser Claudius bekannt, der vierte röm. Kaiser (41–54 n. Chr.);*
/ Adj. **Claudiānus,** a, um *u.* **Claudiālis,** e klaudianisch, klaudisch, des Claudius;
❻ P. Clodius Pulcher, *Volkstribun, Gegner Ciceros, 52 v. Chr. v. Milo ermordet; – Adj.* **Clōdiānus,** a, um;
II. *Adj.* klaudianisch, klaudisch, des Claudius; **via Claudia** *(im südl. Etrurien);* **aqua Claudia:** *eine v. Caligula begonnene, v. Kaiser Claudius vollendete Wasserleitung.*

> *i* Kultur **Claudius** Tib. Claudius Drusus Nero Germanicus (10 v. Chr.–54 n. Chr.), als Kaiser Claudius bekannt, der vierte röm. Kaiser (41–54). Der Süden von Britannien wurde erobert. Im Innern zahlreiche Reformen. Von seiner vierten Gattin Agrippina vergiftet.

● **claudō¹** claudere, clausī, clausum *(Nbf.* **clūdō,** clūdere, clūsī, clūsum) ❶ (ver)schließen, zuschließen; **portas ~;** *(übtr.)* **homo clausus** verschlossen; **aures alci rei** *od.* **ad, contra, adversus alqd ~** die Ohren geg. etw. verschließen;
❷ *(poet.; nachkl.)* einschließen, einsperren (= *includere, concludere)* [**thesauros; rem anulo** versiegeln];
❸ *(poet.; nachkl.)* abschließen, beenden, zu Ende bringen [**epistulam**];
❹ *(poet.; nachkl.)* **agmen ~** den Zug schließen, die Nachhut bilden;
❺ umgeben [**forum porticibus**];
❻ umzingeln, umstellen [**urbem obsidione; adversarios**];
❼ *(poet.; nachkl.)* absperren, versperren, unzugänglich machen; **Alpes hieme clausae; clausum mare** f. die Schifffahrt verschlossen; *(übtr.)* **vocem ~** abschneiden; **fugam ~** unmöglich machen;
❽ *(poet.; nachkl.) (rhet. t. t.)* abrunden; **verba pedibus ~** zu Versen abrunden = in Verse bringen; **oratio clausa** rhythmisch.

claudō², claudere, –, clausūrus = *claudico.*

claudus, a, um *(arch.* **clūdus,** *vulgär* **clōdus**) ❶ lahm, hinkend;
❷ *(poet.; nachkl.)* beschädigt; **navis -a** *u.* **navigium -um** mit auf der einen Seite zerbrochenen Rudern; **-a alterno carmina versu** elegische Distichen;
❸ *(übtr.)* schwankend, unsicher [**fides**].

clausī *Perf. v. claudo¹.*

claustra, ōrum *n (nachkl.* **claustrum,** *vulgär* **clōstrum,** ī *n) (claudo¹)* ❶ Verschluss, Schloss, Riegel; **~ ianuae; sub -is positum esse** unter Schloss u. Riegel liegen; **obstantia -a rumpere**;
❷ Sperre [**portūs**];
❸ Schranken, Hindernisse; **-a refringere** durchbrechen;
❹ Mauer, Wand, Damm; **venti circum -a** (Bergwände) **fremunt** *(Verg.);* **~ undae**;
❺ Käfig; **-is retentae ferae**;
❻ Bollwerk, Grenzfestung [**loci**];
❼ *(poet.; nachkl.)* enger Durchgang, Pass [**montium** Bergpässe; **maris** Zugang zum Meer];
❽ *(mlt.)* Kloster(hof).

claustrālis, e *(claustra 8.) (mlt.)* klösterlich.

claustrum *s. claustra.*

clausula, ae *f (claudo¹)* ❶ Schluss, Ende [**epistulae**];
❷ *(rhet. t. t.)* Klausel, *rhythmischer Schluss einer Periode;*
❸ Schlusssatz, Schlussverse.

clausum, ī *n (claudo¹) (poet.; nachkl.)* Verschluss, Schloss; **-a frangere** Schlösser aufbrechen.

clausūra, ae *f (claudo¹) (spätl.)* ❶ Verschluss, Schloss;
❷ Enge, Sperre;
❸ Fort, Kastell.

clausus *P.P.P. v. claudo¹.*

clāva, ae *f (clavus)* knotiger Stock, Knüppel, Keule [**Herculis**].

clāvārium, ī *n (clavus) (Tac.)* Schuhnagelgeld *(wurde an die Soldaten gezahlt zur Beschaffung v. Schuhnägeln).*

clāvātor, ōris *m (clava)* Keulenträger.

clāvicula, ae *f (Demin. v. clavis)* ❶ Schlüsselchen;
❷ (dünne) (Wein-)Ranke.

clāvi-ger, gerī *m* ❶ *(clava u. gero)* Keulenträger [**Hercules**];
2. *(clavis u. gero) (Ov.)* Schlüsselträger [**Ianus** *als Gott der Türen*].

clāvis, is *f (Sg. Akk.* clavem *u.* -im, *Abl.* -e *u.* -i)

① Schlüssel *(zu etw.: m. Gen., z. B. portarum)*; **sub clavi esse** verschlossen sein; **claves adimere uxori** sich scheiden lassen;
② Schloss, Riegel.

clāvus, ī *m* ① Nagel [**ferreus; trabalis** Balkennagel]; **-o ab dictatore fixo** *(jährl. schlug der höchste Beamte am 13. September einen „Jahresnagel" in die Wand des Jupitertempels)*;
② Steuerruder; **-um rectum tenere** das Steuer gerade führen; *(übtr.)* **-um imperii tenere**;
③ *(poet.; nachkl.)* Purpursaum *(an der Tunika) (latus* der Senatoren, *angustus* der Ritter); **latum -um induere** das Senatorengewand anlegen; **angusto -o contentus** m. dem Ritterstand; **depositum -um sumere** wieder Senator werden;
④ Warze, Hühnerauge.

Clāzomenae, ārum *f Stadt in Ionien (Kleinasien); – Adj.* **-menius,** a, um.

Cleanthēs, is *m Stoiker aus Assos, um 260 v. Chr.*

clēmēns, *Gen.* mentis ① *(v. Personen, deren Charakter …)* sanft(mütig), mild; nachsichtig, gnädig [**animus; consilium**]; **clementer ferre alqd; clementes iudices et misericordes**;
② *(poet.; nachkl.) (v. Sachen u. Zuständen)* sanft, gelinde, ruhig, still [**mare; amnis; rumor** nicht beunruhigend]; **collis clementer assurgens** sanft ansteigend.

● **clēmentia,** ae *f (clemens)* Sanftmut, Milde; Schonung, Nachsicht, Gnade; **in captos -ā uti** walten lassen; **sine -a punire alqm.**

clenodium, ī *n (germ. Wort) (mlt.)* Kleinod.

Cleombrotus, ī *m* ① *spartan. König, Feldherr b. Leuktra (371 v. Chr.)*;
② *akadem. Philosoph.*

Cleōn, ōnis *m athen. Politiker in der Zeit des peloponnesischen Krieges, fiel b. Amphipolis 422 v. Chr.*

Cleōnae, ārum *f Ort zw. Korinth u. Argos; – Adj.* **Cleōnaeus,** a, um.

> *i* Kultur **Cleopatra,** ae *f* Kleopatra VII., letzte Königin v. Ägypten (69–30 v. Chr.; Königin seit 51 v. Chr.) aus dem Geschlecht der Ptolemäer. Caesar entschied den Thronstreit zwischen Kleopatra und ihrem Bruder Ptolemaios zugunsten von Kleopatra und setzte sie als Königin von Ägypten ein; sie wurde seine Geliebte und gebar ihm einen Sohn (Caesarion). Einige Jahre nach Caesars Tod heiratete sie Antonius, der nach dem Sieg über die Caesarmörder in der Schlacht bei Philippi (42 v. Chr.) die östlichen Provinzen als sein Herrschaftsgebiet erhalten hatte. Im Krieg zwischen Octavian und Antonius um die Vorherrschaft im röm. Reich siegte in der Schlacht bei Actium 31 v. Chr. die Flotte Octavians unter dem Oberbefehl von Agrippa über Antonius und Kleopatra. Nach dem Selbstmord des Antonius tötete sich Kleopatra mit Schlangengift.

clepō, clepere, clepsī, cleptum *(gr. Fw.)* stehlen [**sese** sich verbergen].

clepsydra, ae *f (gr. Fw.)* ① Wasseruhr *(Zeitmesser b. Reden u. Vorträgen)*;
② *(meton.)* Sprechzeit.

clepta, ae *m (gr. Fw.) (Plaut.)* Dieb.

cleptus *P.P.P. v. clepo.*

clēricātus, ūs *m (clerus) (Eccl.)* Stand, Amt eines Geistlichen.

clēricellus, ī *m (clericus) (Eccl.)* Domschüler.

clēriculus, ī *m (clericus) (Eccl.)* Geistlicher.

clēricus, ī *m (clerus) (Eccl.)* Geistlicher.

clēritātus, ūs *m (clerus) (Eccl.)* Mönchtum.

clērus, ī *m (gr. Fw.) (Eccl.)* Klerus, Geistlichkeit.

clībanus, ī *m (gr. Fw.)* ① *(nachkl.)* Backpfanne;
② *(spätl.)* (Back-)Ofen.

clīdūchus, ī *m* (κλειδοῦχος) *(Plin.)* „Schlüsselträger", *Name einer Statue des Phidias und Euphranor.*

● **cliēns,** entis *m (Gen. Pl.* clientium *u.* clientum) *(arch.* cluēns) ① *(in Rom)* **a)** *in den älteren Zeiten:* Klient, Höriger, Schützling, *der zu Dienstleistungen verpflichtete, halbfreie Abhängige einer patriz. Familie, die ihm in einer Notlage half und ihn vor Gericht schützte;* **b)** *seit etwa 400 v. Chr.: Angehöriger des nun voll rechtsfähigen Gefolges des patronus, der ihm gegenüber eine patriarchalische Stellung einnahm;* **c)** *in der Kaiserzeit: ärmerer Bürger, der sich b. einem Vornehmen (patronus) durch Dienstleistungen Unterhalt u. sonstige Vorteile verschaffte;*
② *(außerhalb des röm. Gebietes)* Vasall, Dienstmann, Gefolgschaftsmann, Lehnsmann;
③ *(poet.; nachkl.)* Schützling einer Gottheit; **poeta ~ Bacchi.**

clienta, ae *f (cliens)* Klientin, Hörige, Schutzbefohlene.

● **clientēla,** ae *f (cliens)* ① Klientel, Schutzverhältnis *(zw. patronus u. cliens)*;
② *(meton.) (meist Pl.)* Klienten;
③ *(bei kelt. u. germ. Völkern)* **a)** Schutzgenossenschaft; **b)** *(nachkl.) (meton.)* Gefolgschaft.

clientō, clientāre *(mlt.)* zum Abhängigen machen.

clientulus, ī *m (Demin. v. cliens) (Tac.)* ärmlicher Klient.

clīma, atis *n (gr. Fw.)* Gegend.

clīmactēr, ēris *m (Akk. Sg.* -ēra; *Akk. Pl.* -ēras) *(gr. Fw.) (nachkl.)* „Stufenleiter", *eine gefahr-*

C

volle Epoche im menschl. Leben (nach dem Glauben der Antike jedes 7., bes. das 63. Jahr); – Adj. **clīmactēricus,** a, um [**tempus** Wechseljahre].

clīmax, acis *f (gr. Fw. „Treppe") (poet.; nachkl.) (als rhet. Figur)* Steigerung, Klimax.

clīnāmen, minis *n (clino) (Lucr.)* Neigung einer Sache [**principiorum**].

clīnē, ēs *f (gr. Fw.)* Lager, Polster *einer Gottheit.*

clīnicē, ēs *f (Akk.* -ēn) *(gr. Fw.) (nachkl.)* Heilkunst am Krankenbett.

clīnicus *(gr. Fw.)* **I.** *Subst.* ī *m (Mart.)* ① Arzt, *der bettlägerige Kranke besucht;*
② Leichen-, Totenmann *(entsprechend unserer „Totenfrau");*
II. *Adj.* a, um *(spätl.)* bettlägerig, kränklich.

clīnō, clīnāre *(verw. m. clivus)* biegen, beugen, neigen; – **clīnātus,** a, um geneigt, gesenkt.

clīnopalē, ēs *f (gr. Fw.) (Suet.)* das Ringen im Bett, Bettkampf.

Cliō, ūs *f* ① Klio, *Muse, bes. der Geschichtsschreibung;*
② *(Iuv.) (appell.)* Muse *übh.;*
③ *(Verg.) eine Nymphe, Tochter des Oceanus.*

clipeātus *(clipeus) (poet.; nachkl.)* **I.** *Adj.* a, um schildtragend, mit einem Schild bewaffnet [**acies**];
II. *Subst.* ī *m* Schildträger.

clipeolum, ī *n (Demin. v. clipeum)* kleiner Schild.

clipeus *(arch.* clupeus), ī *m u. seltener* **clipeum,** ī *n* ① eherner Rundschild *der Römer; sprichw.:* **-um sumere post vulnera** etw. dann tun, wenn es zu spät ist;
② *(Enn.)* Himmelsgewölbe;
③ *(Ov.)* Sonnenscheibe;
④ Brustbild, Medaillon; ~ **auro insignis.**

Clīsthenēs, is *m* Kleisthenes, *athen. Staatsmann u. Redner um 500 v. Chr.*

Clītarchus, ī *m Geschichtsschreiber Alexanders des Gr.*

clītellae, ārum *f* Pack-, Saumsattel *(f. Esel u. Maultiere).*

clītellārius, a, um *(clitellae)* einen Packsattel tragend, Pack- [**mulus**].

Clīternum, ī *n Ort der Äquer in Mittelitalien; – Adj.* **-nīnus,** a, um.

Clītomachus, ī *m Schüler des Karneades, akadem. Philosoph um 130 v. Chr.*

Clītōr, oris *m Ort im nördl. Arkadien auf der Peloponnes; – Adj.* **Clītorius,** a, um [**fons; lacus**].

Clītumnus, ī *m Flüsschen in Umbrien (Mittelitalien).*

Clītus, ī *m Reiterführer Alexanders des Gr., der ihn beim Gelage im Jähzorn erschlug.*

clīvōsus, a, um *(clivus) (poet.; nachkl.)* abschüssig, steil [**Olympus**].

clīvus, ī *m* ① Abhang; Abschrägung, Steigung; **molli iugum demittere -o; -um mollire** die Steigung vermindern; ~ **mensae** schräger Stand;
② Hügel, Anhöhe; **adversus -um** bergan;
③ ansteigender Fahrweg [**Capitolinus** *od. (Hor.)* **sacer** *der vom Forum auf das Kapitol führende Fahrweg*].

cloāca (cluāca), ae *f (altl. cluo ich reinige)* unterirdischer Abzugskanal, Kloake; ~ **maxima:** *der in den Tiber mündende Hauptkanal unter dem Forum, welcher noch heute benutzt wird; – sprichw.:* **arcem facere e cloaca** aus einer Mücke einen Elefanten machen.

Cloācīna, ae *f (cloaca)* die Reinigende, *Beiname der Venus.*

Clōdius *s. Claudius.*

clōdus *s. claudus.*

Cloelius *(u.* Cluilius), a, um *urspr. albanisches, später röm. nomen gentile:* ① C. Cloelius, *der letzte König v. Alba Longa;*
② Cloelia, *röm. Mädchen aus patriz. Geschlecht, die, m. anderen Mädchen an den etr. König Porsenna ausgeliefert, an der Spitze ihrer Gefährtinnen den Tiber durchschwamm u. nach Rom entkam; sie wurde Porsenna zurückgegeben, der sie, ihren Mut bewundernd, freiließ (508 v. Chr.) (Liv. 2,13).*

clōstrum *s. claustra.*

Clōthō, ūs *f* „Spinnerin", *eine der drei Parzen.*

cluāca, ae *f s. cloaca.*

Cluācīna = *Cloacina.*

clūdō *s. claudo*[1].

cluēns, entis *m* = *cliens.*

Cluentius, a, um *röm. nomen gentile:* A. ~ Avitus *aus Larinum, v. Cicero 66 v. Chr. in einer Rede verteidigt; – Adj.* **Cluentiānus,** a, um.

clueō, cluēre, – – *(vorkl.; poet.)* ① genannt werden, heißen, gelten *(m. dopp. Nom.);*
② gepriesen werden, berühmt sein.

Cluilius *s. Cloelius.*

clūnis, is *f (gr. Fw.)* Hinterbacke, -keule, *gew. im Pl.* = Steiß *(b. Menschen u. Tieren).*

cluō, cluere, – – = *clueō.*

Clupea, ae *f Ort u. Vorgeb. bei Karthago, j.* Kelibia.

clupeātus, clupeus *s. clip ...*

clūrīnus, a, um Affen-.

clūsa, ae *f (mlt.)* Engpass.

Clūsium, ī *n Stadt in Etrurien, j.* Chiusi; – *Einw. u. Adj.* **Clūsīnus,** ī *m bzw.* a, um.

Clūsius, ī *m (cludo)* „der Schließer", *Beiname des Ianus, dessen Torbogen in Friedenszeiten geschlossen wurde.*

Cluvia, ae *f Ort in Samnium (Mittelitalien); – Adj.* **Cluviānus,** a, um.

Clymenē, ēs *f Tochter des Oceanus, Gemahlin des äthiopischen Königs Merops, Mutter des Phaëthon; – Adj.* **Clymenēius,** a, um.

Clymenus, ī *m (gr.)* „der Berühmte", *Beiname*

des Pluto.

clystēr, ēris *m (gr. Fw.) (nachkl.)* Einlauf(spritze).

i Kultur **Clytaem(n)ēstra** *u.* **Clytem(n)ēstra,** ae *f* Tochter des Tyndareus u. der Leda, Schwester der Helena u. der Dioskuren, Gattin Agamemnons, Mutter der Iphigenie, Elektra u. des Orestes.

Cn. *Abkürzung v.* Gnaeus.

Cnidus *u.* **-os** *od.* **Gnidus** *u.* **-os,** ī *f dorische Seestadt in Karien (Kleinasien) mit Aphroditekult; – Einw. u. Adj.* **Cnidius,** ī *m bzw.* a, um.

Cnōsus, Cnōsius = *Gnos ...*

co- *in Zusammensetzungen = com-.*

Cōa, ōrum *n s. Cōs.*

co-accēdō, accēdere, – – *(Plaut.)* noch hinzukommen.

coacervātiō, ōnis *f (coacervo)* ❶ *(rhet. t. t.)* Anhäufung *(v. Beweisen u. Ä.);*
❷ *(Sen.)* Aufhäufung [**aliorum super alios ruentium**].

co-acervō, acervāre (zusammen)häufen, an-, aufhäufen [**pecunias; multitudinem civium; cadavera; agros** haufenweise zusammenkaufen; *übtr:* **argumenta**].

co-acēscō, acēscere, acuī, – ❶ sauer werden; **vinum coacescens;**
❷ verwildern; **gens coacuit.**

coācta, ōrum *n (cogo)* Filz *v. Wolle od. Haaren.*

coāctiō, ōnis *f (cogo) (Suet.)* Einkassierung, Eintreibung *v.* Geldern.

coāctō, coāctāre *(Intens. v. cogo) (Lucr.)* m. Gewalt zwingen *(m. Inf.).*

coāctor, ōris *m (cogo)* ❶ Steuereinnehmer;
❷ *(Suet.)* Makler;
❸ *(Tac.) Pl. (milit.) agminis* Nachhut;
❹ *(Sen.)* Antreiber.

coāctus[1] *P. P. P. v. cogo.*

coāctus[2], *Abl.* ū *m (cogo)* Zwang.

co-acuī *Perf. v. coacesco.*

co-addō, addere, – – *(vorkl.)* mit hinzutun.

co-adducō, adducere, – – *(spätl.)* zuführen, beimischen.

co-adiūtor, ōris *m (spätl.)* (geistlicher) Helfer.

co-adūnō, adūnāre *(spätl.)* vereinigen.

co-aedificō, aedificāre mit Gebäuden versehen, bebauen [**campum Martium**].

coaequālēs, lium *m (coaequalis)* Altersgenossen, Spielkameraden.

co-aequālis, e ❶ gleichen Alters, gleichaltrig;
❷ gleichkommend, gleichbedeutend.

co-aequō, aequāre ❶ ebnen, gleichmachen;
❷ *an Wert, Würde, Macht* gleichmachen, -stellen.

co-aetaneus, ī *m u.* **-a,** ae *f (aetas) (nachkl.)* Altersgenosse, -genossin.

co-aeternus, a, um *(Eccl.)* gleich ewig.

coaevulus, ī *m (coaevus) (spätl.)* Kind gleichen Alters.

co-aevus, a, um *(aevum) (spätl.)* gleichen Alters, gleichaltrig.

coāgmentātiō, ōnis *f (coagmento)* Zusammenfügung.

coāgmentō, coāgmentāre *(coagmentum)* ❶ zusammenfügen, -kleben, -leimen;
❷ *(übtr.)* eng verbinden [**verba verbis**].

coāgmentum, ī *n (cogo < * co-ago)* Zusammenfügung; (Löt-)Fuge; – *(übtr.) (Gell.)* ~ **syllabarum, verborum.**

coāgulō, coāgulāre *(coagulum) (nachkl.)* gerinnen lassen [**lac**].

coāgulum, ī *n (cogo < * co-ago)* ❶ das Lab;
❷ *(nachkl.) (meton.)* geronnene Milch;
❸ *(Gell.)* das Gerinnen *od.* Gefrieren.

co-alēscō, alēscere, aluī, alitum *(alo)* ❶ verwachsen, zusammenwachsen;
❷ sich verbinden, verschmelzen, sich einigen; **multitudo coalescit in populi unius corpus** *(Liv.)*; **ut cum patribus coalescant plebis animi** *(Liv.)*;
❸ *(übtr.)* anwachsen, erstarken, gedeihen; **regnum coalescens; pace coalescente;**
❹ Wurzel fassen, emporwachsen; **in eo loco grandis ilex coaluerat inter saxa** *(Sall.).*

co-ambulō, ambulāre mitgehen.

co-angustō, angustāre ❶ einschränken [**legem**];
❷ zusammendrängen, ein-, verengen.

co-aptō, aptāre *(Eccl.)* genau zusammenfügen, anpassen.

● **co-arguō,** arguere, arguī, argūtum, arguitūrus ❶ deutlich kundgeben, aufzeigen, beweisen, nachweisen, aufdecken [**errorem, perfidiam alcis**];
❷ jmd. bezichtigen *(eines Vergehens: m. Gen.)* [**avaritiae**]; jmd. überführen [**alqm multis testibus; alqm coram**];
❸ etw. als falsch erweisen, widerlegen [**legem**].

coartātiō, ōnis *f (coarto)* das Zusammendrängen.

co-artō, artāre ❶ zusammendrängen, ver-, einengen;
❷ *(v. der Rede)* zusammendrängen;
❸ *(poet.; nachkl.) (zeitl.)* verkürzen, abkürzen [**consulatum aliorum; tempus potestatis censoriae**];
❹ *(m. Inf.)* zwingen *(= cogo).*

coaxō[1] coaxāre *(onomatop. Wort)* quaken.

co-axō[2], axāre *(axis)* mit einem Bretterboden versehen.

Coccēius, a, um *röm. nomen gentile:* ❶ L. ~ Nerva, *Vermittler zw. Octavianus u. Antonius (40 v. Chr., Vertrag von Brundisium);*
❷ M. ~ Nerva, *Rechtsgelehrter z. Zt. des Kai-*

sers Tiberius;
❸ M.~ Nerva, *Enkel des vorigen, Kaiser Nerva (96–98 n. Chr.).*

coccinātus, a, um *(coccinum) (nachkl.)* in Scharlach gekleidet.

coccineus, a, um *(coccum) (nachkl.)* scharlachrot, -farben.

coccinum, ī *n (coccineus) (nachkl.)* Scharlachdecke, -kleid.

coccinus, a, um = *coccineus.*

coccum, ī *n (gr. Fw.) (poet.; nachkl.)* ❶ Beere, *bes.* Scharlachbeere;
❷ *(meton.)* Scharlachfarbe; Scharlachfaden *(f. Netze).*

coc(h)lea, ae *f (gr. Fw.)* ❶ Schnecke; *(Mart.) (meton.)* Schneckenhaus;
❷ Schraube;
❸ *(spätl.)* Turm m. einer Wendeltreppe.

coc(h)lear *u.* **-eare,** āris *n (nachkl.)* Löffel.

Cocles, litis *m* der *(von Geburt)* Einäugige, der Zyklop; *Beiname des P. Horatius, der die Tiberbrücke gegen Porsenna allein verteidigte (Liv. 2,10).*

coctilis, e *(coquo)* gebrannt [**murus** Backsteinmauer].

coctiō, ōnis *m* Schelm.

coctor, ōris *m (coquo) (Petr.)* Koch.

coctūra, ae *f (coquo)* ❶ das Kochen;
❷ das Schmelzen;
❸ das Reifen *(der Früchte).*

coctus *P.P.P. v. coquo.*

coculum, ī *n (coquo) (vorkl.)* Kochgeschirr.

cocuma, ae *f* Kochtopf.

cōcus, ī *m (coquo)* Koch.

Cōcȳtus *u.* **-os,** ī *m* (Κωκυτός „Klage-, Tränenstrom") *Fluss der Unterwelt; – Adj.* **Cōcȳtius,** a, um.

cōda = *cauda.*

Codānus sinus die Ostsee.

Cōdēta (ae *f*) **minor** *mit Binsen bewachsener Teil des Marsfeldes.*

cōdex *s. caudex.*

cōdicārius, a, um *(codex)* aus Holzblöcken verfertigt [**naves**].

cōdicillus, ī *m (Demin. v. codex)* ❶ *(vorkl.)* kleiner Holzblock, kleiner Stamm;
❷ *(meton.) Pl. hölzernes, m. Wachs überzogenes* Schreibtäfelchen;
❸ *Pl. das auf die Schreibtafel Geschriebene:* **a)** Brief; **b)** Aufsatz; **c)** *(nachkl.)* Bittschrift; **precari per -os; d)** Zusatz zum Testament, Kodizill; **e)** kaiserliches Schreiben, Kabinettsbefehl.

Codrus, ī *m (myth.) letzter König v. Athen, bekannt durch seinen Opfertod im Krieg geg. die Spartaner.*

coēgī *Perf. v. cogo.*

Coela, ōrum *n Bucht auf Euböa in Griechenland.*

Coelē, ēs *f u.* **Coelē Syria,** ae *f Tal zw. Libanon u. Antilibanon, auch:* Südsyrien.

Coelius *s. Caelius.*

coemētērium, ī *n (gr. Fw.) (Eccl.)* Begräbnisstätte, Friedhof.

● **co-emō,** emere, ēmī, ēmptum zusammenkaufen, aufkaufen [**multos equos; frumentum**].

coēmptiō, ōnis *f (coemo)* ❶ Kaufehe *(bei deren Schließung sich die Frau vor Zeugen f. einen symbolischen Kaufpreis in die manus des Mannes begab);*
❷ Scheinehe *(m. einem Greis, um selbstständig zu werden).*

coēmptiōnālis, e *(coemptio)* ❶ nur zur Scheinehe geeignet [**senex**];
❷ wertlos.

coenobīta, ae *m (coenobium) (Eccl.)* Mönch.

coenobium, ī *n (gr. Fw.) (Eccl.)* Kloster.

● **co-eō,** coīre, coiī, coitum **I.** *intr.* ❶ zusammenkommen, zusammentreffen, sich versammeln;
❷ sich vereinigen, sich verbinden;
❸ *(poet.; nachkl.) (feindl.)* zusammenstoßen; **agmina coibant;**
❹ *(milit. t. t.)* sich sammeln [**inter se**];
❺ *(poet.; nachkl.)* geschlechtlich verkehren; *(v. Tieren)* sich begatten, sich paaren;
❻ *(v. Lebl.)* zusammenlaufen, -fließen, -treten; **coëuntibus aquis; litora ex diverso prope coëuntia; coëunt cornua;**
❼ *(poet.; nachkl.) (v. Wunden u. Ä.)* sich schließen;
❽ erstarren, gerinnen; gefrieren; **coit pontus;**
II. *trans.* **societatem** ~ ein Bündnis eingehen.

● **coēpiō,** coēpere, coēpī, coēptum *(Präs.-Formen nur vorkl.; später durch incipio ersetzt; klass. nur Perf.* **coēpī,** coēpisse, coēptus) **I.** *intr.* anfangen, beginnen, den Anfang nehmen; **ubi dies coepit;**
II. *trans.* anfangen, beginnen, unternehmen [**orationem; bellum**].

co-episcopus, ī *m (Eccl.)* Mitbischof.

coēptō, coēptāre *(Intens. v. coēpio)* **I.** *trans.* anfangen, beginnen, unternehmen, ergreifen;
II. *intr.* anfangen, beginnen, den Anfang nehmen.

coēptum, ī *n (coēpio)* das Beginnen, Vorhaben, Unternehmen *(m. Adv.: temere coepta; m. Adj.: coepta immania).*

coēptus[1] ūs *m (coēpio)* Beginn, Vorhaben, Unternehmen.

coēptus[2] *P.P.P. v. coēpio.*

co-epulōnus, ī *m (epulo) (Plaut.)* Tischgenosse.

● **co-erceō,** ercēre, ercuī, ercitum *(arceo)* ❶ zusammenhalten, einschließen [**operibus hostem;** *bildl.:* **numeris verba** in Verse fassen];
❷ *(übtr.)* in Schranken halten, ein-, beschränken, zügeln, bändigen [**cupiditates; iras; iu-**

ventutem; milites; seditionem unterdrücken; **impetum aquarum**];
③ (be)strafen [**alqm verberibus; alqm vinculis**];
④ kurz halten [**vitem amputando**];
⑤ *(poet.)* in Ordnung halten [**virgā turbam**].

coërcitiō, ōnis *f (coërceo)* ① Strafe, Bestrafung; Zwang(smaßnahme); *m. Gen. subi.:* ~ **magistratūs;** *m. Gen. obi.:* ~ **errantium sceleratorumque;** ~ **servorum;**
② *(Tac.)* Einschränkung, Bändigung [**cupidinum**].

coërcitor, ōris *m (coërceo)* derjenige, der in Schranken, in Ordnung hält [**disciplinae militaris; luxuriae**].

coe͡rō, coe͡rāre *(altl.) = curo.*

coe͡tus, ūs *m (< co-itus v. coëo)* ① Zusammenkunft, Versammlung, Verein, Gesellschaft, Kreis; **coetum celebrare** sich zahlreich versammeln; **coetum dimittere** auseinander gehen;
② Zusammenrottung, Auflauf; **coetus nocturni;**
③ *(poet.; nachkl.)* das Zusammentreffen; das Zusammenfließen [**amnium**].

Coe͡us, ī *m ein Titan, Vater der Latona.*

cōgitābilis, e *(cogito) (Sen.)* denkbar.

cōgitābundus, a, um *(cogito) (Gell.)* nachdenklich, in Gedanken versunken.

cōgitātim *Adv. (cogitatus) (spätl.)* mit Bedacht, mit Überlegung.

● **cōgitātiō,** ōnis *f (cogito)* ① das (Nach-) Denken, Überlegung, Erwägung; **cogitatione comprehendere; fingere alqd cogitatione; ne in cogitationem quidem cadit** es kann nicht einmal gedacht werden;
② Denkvermögen; Einbildungskraft; **homo particeps rationis et cogitationis;**
③ Gedanke *(an etw.)*, Vorstellung *(v. etw.) (m. Gen. obi.)* [**periculi**]; **curas cogitationesque in rem publicam conferre; mandare litteris cogitationes suas;**
④ Vorhaben, Absicht, Plan, Entschluss *(m. Gen.)* [**rerum novarum**]; **cogitationibus alcis obstare; versantur in animo meo multae et graves cogitationes.**

cōgitātum, ī *n (cogito)* Gedanke, Ansicht; Plan.

cōgitātus, a, um *s. cogito.*

● **cōgitō,** cōgitāre **I.** *intr.* ① denken *(an: de)* [**de claris viris; de Romanis**];
② über etw. nachdenken [**de natura deorum**];
③ gesinnt sein; **bene (male) de alqo** ~ Gutes (Böses) m. jmdm. im Sinne haben;
④ auf etw. bedacht sein *(de; m. Inf.)* [**de re publica; de pernicie alcis**];
II. *trans.* ① denken, bedenken, überlegen, erwägen *(m. Akk.; A.C.I.; indir. Frages.)* [**alqm** an jmd. denken; **pacem**];
② etw. ausdenken, ersinnen [**scelus; nefas; multa ad perniciem alcis**];
③ etw. beabsichtigen, planen *(m. Akk.; m. Inf.; m. ut u. ne)* [**scelus; exheredare filium** den Sohn zu enterben];
/ *P. Adj.* **cōgitātus,** a, um **a)** durchdacht; *Adv.:* m. Überlegung; **res diu cogitatae; cogitate scribere; b)** beabsichtigt, gewollt [**facinus; iniuria**].

● **cōgnātiō,** ōnis *f (nascor)* ① Blutsverwandtschaft;
② *(meton.)* die Verwandten, Sippe; **homo magnae cognationis;**
③ *(übtr.)* Verwandtschaft, Ähnlichkeit [**studiorum et artium**].

cō-gnātus *(gnatus = natus)* **I.** *Adj.* a, um ① blutsverwandt *(m. jmdm.: m. Dat.)*; **is mihi** ~ **fuit;**
② *auch v. Sachen* **a)** verwandt, ähnlich, zugehörig *(m. Dat.)*; **vocabula -a rebus; b)** *(poet.)* v. gleicher Abstammung [**moenia; urbes**];
II. *Subst.* ī *m* (Bluts-)Verwandter.

● **cōgnitiō,** ōnis *f (cognosco)* ① das Kennenlernen, Bekanntschaft;
② das Erkennen, Erkenntnis, Kenntnis [**rerum; iuris; naturae; artis; veterum oratorum**];
③ Vorstellung, Begriff *von etw.;*
④ gerichtl. Untersuchung; **dies cognitionis; cognitionem excipere** übernehmen;
⑤ *(Ter.)* das Wiedererkennen [**formarum**].

cōgnitor, ōris *m (cognosco)* ① Identitätszeuge *(der den Namen u. die bürgerliche Stellung einer Person bezeugt);*
② Rechtsanwalt; Rechtsbeistand;
③ Vertreter *einer Meinung* [**huius sententiae**].

cōgnitūra, ae *f (cognitor) (Suet.)* Staatsagentur.

cōgnitus, a, um *(P. Adj. v. cognosco)* bekannt; erprobt, bewährt; **populo bene ~; homo virtute -ā.**

cōgnōbilis, e *(cognosco) (vor- u. nachkl.)* verständlich.

● **cōgnōmen,** minis *n (nomen)* ① Beiname, *den man wegen einer Tat od. einer besonderen Eigenschaft erlangte* [**Germanicus; Sapiens**];
② Familienname, *der zum nomen gentile noch hinzukam* [**Scipio; Cicero**];
③ *(poet.)* Name, Bezeichnung; **cognomina prisca locorum; urbem Ascanius clari condet cognominis Albam** *(Verg.)*.

cōgnōmentum, ī *n = cognomen.*

cōgnōminis, e *(cognomen)* ① gleichen Namens *(m. Dat. u. Gen.);*
② *(Gell.) (gramm. t. t.)* gleichbedeutend, sinnverwandt, synonym.

cōgnōminō, cōgnōmināre *(cognomen)* einen Beinamen geben; – *P. Adj.* **cōgnōminātus,**

a, um gleichbedeutend, sinnverwandt [**verba** Synonyme].

cōgnōscibilis, e *(cognosco) (spätl.)* erkennbar.

● **cō-gnōscō,** gnōscere, gnōvī, gnitum *(gnosco = nosco)* ① kennen lernen, erkennen; **naturam moresque ~;** *m. dopp. Akk.:* **alqm fortem ~** als tapfer; *m. Gen. u. Abl. qual.:* **alqm magni animi ~; alqm egregia virtute ~;** – *an etw. erkennen, durch etw. kennen lernen: m. Abl.; ex; ab:* **matrem risu ~; alqd et litteris et nuntiis ~; alqm sermone ab ipso ~;** – *präsentisches Perf.* **cōgnōvisse** kennen;
② wahrnehmen, bemerken, vernehmen, erfahren *(m. Akk.; de)* [**miserias sociorum; sententiam alcis; mortem regis; de Bruto**] *(etw. von jmdm.: ex alqo);* – *präsentisches Perf.* **cōgnōvisse** wissen;
③ wieder erkennen;
④ anerkennen;
⑤ *(jur t. t.)* jmds. Identität bezeugen;
⑥ auskundschaften [**iter; situm castrorum**];
⑦ prüfen, untersuchen *(m. Akk.; de)* [**causam; numerum militum; de hereditate; de eorum postulatis**];
⑧ lesen, studieren [**litteras; librum**];
⑨ *(poet.; nachkl.)* m. jmdm. geschlechtlich verkehren *(m. Akk.)* [**uxorem alcis adulterio**];
/ *P. Adj.* **cōgnitus,** a, um bekannt; erprobt, bewährt.

● **cōgō,** cōgere, coēgī, coāctum *(< * coago)* ① zusammentreiben, -bringen [**pecus; oves**];
② (ver)sammeln, vereinigen, zusammenführen; *Pass.* sich vereinigen; **socios ad litora ~; ad iudicium omnem suam familiam undique ~; omnes eodem cogimur;**
③ zusammenbringen, aufhäufen; einnehmen, einsammeln, ernten [**arma; aurum; vinum; mella; fructus**];
④ *(Truppen)* zusammenziehen, versammeln [**copias in unum locum; equitatum ex provincia; magnum numerum equitum**];
⑤ *(Schiffe u. Ä.)* aufbieten;
⑥ (er)zwingen, drängen, nötigen; **alqm in ordinem ~** in Schranken weisen; **oppida in deditionem ~; alqm ad scelus ~; nullo cogente** ohne Zwang; – **alqm alqd ~** *jmd. zu etw. (klass. nur Neutr. eines Pron., z. B. id, hoc, nihil):* **id cogi non possum** dazu kann ich nicht gezwungen werden; *(auch m. Inf. od. ut);* – **coāctus,** a, um **a)** gezwungen; **b)** erzwungen [**lacrimae** erzwungen, erheuchelt];
⑦ verbinden, verdichten; *Pass.* sich verdichten; **in nubem cogitur aër; lac coactum** geronnen;
⑧ *(Geld)* eintreiben [**pecuniam a civitatibus; stipendium; bona in fiscum** einziehen];
⑨ (ein)berufen, (vor)laden [**senatum in curiam; iudices; concilium**];
⑩ *(den Heereszug)* zusammenhalten, schließen [**agmen** die Nachhut bilden];
⑪ hineindrängen, -treiben;
⑫ *(Örtl.)* be-, verengen; **saltus in fauces coactus** zu einer Schlucht verengt;
⑬ logisch folgern, schließen; **ex quibus effici cogique potest nihil esse.**

cohabitātor, ōris *m (cohabito) (spätl.)* Mitbewohner.

co-habitō, habitāre *(spätl.)* zusammen wohnen.

cohaerentia, ae *f (cohaereo)* Zusammenhang [**mundi; mortis et vitae**].

co-haereō, haerēre, haesī, haesūrus ① m. etw. zusammenhängen, verbunden sein *(m. etw.: cum u. Abl., m. Dat., Abl.; miteinander: inter se);* **cohaerens cum corpore membrum;**
② *in sich selbst od. organisch* zusammenhängen; **mundus cohaeret; non cohaerentia inter se** Unzusammenhängendes;
③ Halt, Bestand haben; **virtutes sine beata vita ~ non possunt;**
④ *(v. der Rede u. v. Gedanken)* einen Zusammenhang haben; **male cohaerens cogitatio.**

co-haerēscō, haerēscere, haesī, – *(Incoh. v. cohaereo)* sich verbinden *(m. Dat.; inter se).*

co-hērēs, hērēdis *m u. f* Miterbe, Miterbin.

● **co-hibeō,** hibēre, hibuī, hibitum *(habeo)* ① zusammenhalten [**crinem nodo**];
② (fest) umschließen [**lacertos auro** m. einer goldenen Spange];
③ festhalten, einschließen [**milites intra castra; alqm in vinculis; ventos carcere**];
④ *(übtr.)* zurückhalten, zügeln, bändigen, hemmen [**iracundiam; lacrimas**];
⑤ fern halten, abhalten, abwehren [**manum ab alieno**].

cohibilis, e *(cohibeo) (Gell.)* kurz u. bündig [**oratio**].

co-honestō, honestāre sehr ehren, verherrlichen, feiern [**funus; victoriam**].

co-horrēscō, horrēscere, horruī, – zusammenschaudern, erschrecken, einen Schrecken bekommen.

● **co-hors,** hortis *f (u.* cōrs, chōrs) ① *(milit.)* Kohorte *(der zehnte Teil einer röm. Legion);*
② *Pl.* Hilfstruppen *der Bundesgenossen (im Ggstz. zu legiones);*
③ Gefolge [**praetoris; reginae; praetoria (regia)** Leibwache des Feldherrn (des Königs)];
④ *(poet.; nachkl.)* Menge, Schar [**amicorum; canum**];
⑤ Hof, Viehhof, Gehege.

cohortālis, e *(cohors)* ① zur Leibwache gehörig;
② zum (Vieh-)Hof gehörig.

cohortātiō, ōnis *f (cohortor)* Zuspruch, Aufmunterung *(m. Gen. subi.: ducis; m. Gen. obi.: militum).*

cohorticula, ae *f (Demin. v. cohors)* kleine, schwache Kohorte.

● **co-hortor,** hortārī eindringlich ermuntern, anfeuern *(m. ut od. bloßem Konj.; m. Inf.).*

co-hūmidō, hūmidāre *([h]umidus) (nachkl.)* ganz befeuchten.

Coī *s. Cos.*

co-iciō = *conicio.*

co-incidentia, ae *f (incido) (mlt.)* das Zusammenfallen.

co-inquinō, inquināre besudeln, beflecken.

coitiō, ōnis *f (coëo)* ❶ *(polit.)* Vereinigung; *(häufig)* Komplott, Verschwörung; *auch: Verbindung zweier Amtsbewerber zur Verdrängung der übrigen Mitbewerber;* **suspicio coitionis; coitionem facere; in coitionibus candidatorum; coitiones honorum adipiscendorum causā factae** *(Liv.)* zum Gewinnen von polit. Ämtern;
❷ *(Ter.) (feindl.)* Zusammentreffen, Zusammenstoß.

coitus, ūs *m (coëo)* ❶ *(nachkl.)* das Zusammentreffen *(v. Gestirnen);*
❷ *(poet.; nachkl.)* geschlechtliche Vereinigung, Beischlaf, Begattung;
❸ *(gramm. t. t.)* Verschmelzung *(v. Silben u. Wörtern).*

col- *in Zusammensetzungen = com-.*

cōlaepium, ī *n (nachkl.)* Hüftknochen, Schinken.

colaphizō, colaphizāre *(gr. Fw.) (nachkl.)* ohrfeigen.

colaphus, ī *m (gr. Fw.) (vor- u. nachkl.)* Faustschlag [**-is percussus**].

Colax, acis *m* „Der Schmeichler“, *Titel einer Komödie Menanders.*

Colchis, idis *f Landschaft am östl. Südufer des Schwarzen Meeres, Ziel der Argonautenfahrt; – Einw.* **Colchus,** ī *m* Kolchier *u.* **Colchis,** idis *f* Kolchierin, *bes.* Medea; – *Adj.* **Colch(i-c)us,** a, um.

colēns, entis *m (colo)* Verehrer [**religionum**].

cōlēpium = *colaepium.*

cōleus, ī *m* Hode.

cōliculus, ī *m* = *cauliculus.*

col-labāscō, labāscere, – – *(Plaut.)* mit zu wanken beginnen.

col-labefactō, labefactāre *(Ov.)* zum Wanken bringen.

col-labefīō, labefierī, labefactus sum ❶ zusammenbrechen, -sinken;
❷ *(v. Staatsmännern)* gestürzt werden.

col-lābor, lābī, lāpsus sum zusammenfallen, -brechen, -stürzen: ❶ *(v. Personen u. Tieren)* zusammenbrechen, -sinken; **fugiens collabitur; ante pedes alcis ~; equo collapso;**
❷ *(v. Bauten)* einstürzen, verfallen; **aedes sacrae vetustate collapsae;**
❸ *(Verg.) (v. Körperteilen)* einfallen, -sinken; **ossa morbo collapsa.**

collābōrātiō, ōnis *f (mlt.)* Ertrag.

col-lacerātus, a, um *(lacero) (Tac.)* ganz zerfleischt [**corpus**].

collacrimātiō, ōnis *f (collacrimo)* Tränenfluss.

col-lacrimō, lacrimāre (be)weinen.

collactāneus, ī *m u.* **-a,** ae *f (nachkl.)* Milchbruder, Milchschwester *(v. derselben Amme genährt).*

collacteus, ī *m u.* **-a,** ae *f* = *collactaneus bzw.* **-a.**

col-laetor, laetārī *(Eccl.)* sich gemeinsam freuen.

collāpsus *P.P.Akt. v. collabor.*

collāre, ris *n (collaris) (Plaut.)* Halseisen *(als Strafe f. Sklaven).*

collāris, e *(collum) (Petr.)* zum Hals gehörig, Hals-.

col-laterālis, e *(collatero) (spätl.)* zur Seite stehend, vertraut.

col-laterō, laterāre *(latus)* zu beiden Seiten stellen.

Collātia, ae *f sabin. Stadt am Anio, östl. v. Rom; – Einw. u. Adj.* **Collātīnus,** ī *m bzw.* a, um.

collātīcius, a, um *(confero) (nachkl.)* zusammengetragen, -gebracht; geliehen [**instrumenta**].

Collātīnus[1], ī *m (Collatia) Beiname des L. Tarquinius, des Gatten der Lucretia.*

Collātīnus[2] *s. Collatia.*

collātiō, ōnis *f (confero)* ❶ das Zusammentragen, Vereinigung [**signorum** Zusammenstoß; **centuriarum** *bei der Abstimmung*];
❷ das Beisteuern, Beitrag; *(nachkl.)* Geldgeschenk;
❸ das Zusammenstellen, das Vergleichen, Vergleich; **quae est in ista collatione similitudo?** *(Cic.);* **collatione alcis rei** im Vergleich m. etw.;
❹ *(rhet. t. t.)* Gleichnis;
❺ *(philos. t. t.) (rationis)* Verhältnisbestimmung, Analogie;
❻ *(spätl.)* Imbiss.

collātīvus, a, um *(collatus v. confero)* ❶ *(Plaut.) (was viel zusammentragen od. in sich aufnehmen kann)* voll gestopft [**venter** dick];
❷ *(nachkl.)* zusammengetragen.

collātor, ōris *m (confero)* der, der etw. beisteuert.

collātus[1], *Abl.* ū *m (confero) (feindl.)* Zusammentreffen, Zusammenstoß, Angriff, Kampf.

collātus[2] *P.P.P. v. confero.*

collaudātiō, ōnis *f (collaudo)* Belobigung.

collaudātor, ōris *m (collaudo) (nachkl.)* Teilnehmer am Lobgesang.

col-laudō, laudāre sehr loben, rühmen [**alqm amplissimis verbis; mores maiorum; virtutem militum**].

col-laxō, laxāre erweitern, weit machen.

collēcta, ae *f (collectus v. colligo²; erg. pecunia)* ❶ Geldbeitrag *zu einer gemeinsamen Mahlzeit;*
❷ *(spätl.)* Kollekte;
❸ *(mlt.)* Kolleggeld.

collēctāneus, a, um *(collectus v. colligo²)* gesammelt; **dicta -a** Sammlung von Sentenzen, *Jugendschrift Cäsars.*

collēctīcius, a, um *(collectus v. colligo²)* zusammengerafft [**exercitus**].

collēctiō, ōnis *f (colligo²)* ❶ das Zusammenlesen, Sammeln;
❷ *(rhet. t. t.)* Zusammenfassung;
❸ *(philos. t. t.)* Schluss(folgerung), Syllogismus.

collēctīvus, a, um *(collectus v. colligo²)* angesammelt.

collēctus¹, a, um *(m. Komp.) (colligo²)* kurz gefasst, bündig, gedrängt [**genus dicendi**].

collēctus² *P.P.P. v. colligo².*

collēctus³, ūs *m (colligo²)* Ansammlung [**lapidum**].

● **collēga,** ae *m (eigtl. „der Miterwählte" zu con u. lego¹)* ❶ Kollege, Amtsgenosse; **~ imperii** Mitregent; **habere alqm -am in consulatu;**
❷ (Standes-)Genosse, Kamerad.

col-lēgī *Perf. v. colligo².*

collēgiātus, ī *m (collegium) (spätl.)* Zunftgenosse.

collēgium ī *n (collega)* ❶ Amtsgemeinschaft;
❷ Kollegium [**praetorum; tribunorum plebis; pontificum**];
❸ Genossenschaft, Gemeinschaft, Verein, Korporation; **~ militare** Ritterstand;
❹ Innung, Zunft [**mercatorum**].

collēma, atis *n (gr. Fw.) (nachkl.)* Papierbogen.

col-lēvī *Perf. v. collino.*

col-lēvō, lēvāre *(nachkl.)* völlig glätten.

col-lībertus, ī *m* Mitfreigelassener.

col-libet, libuit *od.* libitum est *(altl.* col-lubet, lubuit *od.* lubitum est) es beliebt, gefällt *(abs.; m. Dat.; m. Inf.).*

col-līdō, līdere, līsī, līsum *(laedo)* ❶ zusammenstoßen, etw. zusammenschlagen [**manūs**]; – *Pass.* zusammenstoßen, aufeinander, gegeneinander prallen; **collisa inter se duo rei publicae capita** *(bildl.)*;
❷ *(poet.; nachkl.)* feindlich zusammenbringen, entzweien; **mille causae nos cotidie collident;** – *Pass.* feindl. zusammengeraten, -stoßen *(m. Dat.: m. jmdm.; inter se:* miteinander kollidieren);
❸ zerschlagen, zerdrücken [**vasa; corpus; nasum**].

colligātiō, ōnis *f (colligo¹)* ❶ Verbindung;
❷ *(übtr.)* Vereinigung, Zusammenschluss.

col-ligō¹, ligāre ❶ zusammenbinden, (ver)binden [**manus; scuta** aneinanderheften];
❷ *(mit einer Binde)* zusammenbinden, zubinden, verbinden; **colligatis vulneribus;**
❸ festbinden, fesseln;
❹ *(übtr.)* verbinden, vereinigen [**homines sermonis vinculo** durch das Band der Sprache];
❺ zusammenfassen [**septingentorum annorum memoriam uno libro**];
❻ zurückhalten, hemmen [**impetum alcis; Brutum in Graecia** zu bleiben verpflichten; **se cum multis**];
❼ *(polit.)* jmd. verstricken.

● **col-ligō²,** ligere, lēgī, lēctum *(lego¹)* ❶ zusammen-, auflesen, sammeln [**sarmenta; sarcinas**];
❷ zusammenziehen, -drängen; **vertex in unum apicem collectus** verjüngt zu einer Spitze; **se ~ in arma** *(od. Pass.)* sich hinter dem Schild ducken;
❸ zusammenhäufen, -scharren [**pecuniam**];
❹ *(bes. milit.)* sammeln, zusammenbringen, -ziehen, -raffen, konzentrieren [**milites; naves; omnes copias undique; de pagis omnibus bonos viros; reliquos ex fuga**]; – *refl.* sich sammeln, sich zusammenscharen;
❺ hochnehmen, aufraffen, aufschürzen [**togam**];
❻ hemmend zurückziehen, hemmen [**gressum; equos**];
❼ *(übtr.)* zusammensuchen, sammeln [**facete dicta; multa vitia in alqm** viele Fehler zu jmds. Schaden entdecken];
❽ *(Gutes od. Böses)* sich zuziehen, empfangen, erwerben, erlangen, gewinnen [**vires; iram** in Zorn geraten; **benevolentiam civium blanditiis; auctoritatem; sitim** bekommen; **frigus** sich erkälten];
❾ *refl. od. animum (animos, mentem) ~* sich sammeln, sich erholen, sich fassen, Mut fassen; **collecto animo** gefasst;
❿ *(mündl. od. schriftl.)* zusammenstellen, aufstellen;
⓫ *(im Geiste)* zusammenfassen;
⓬ folgern, auf etw. schließen *(alqd ex re; m. A.C.I.; m. indir. Frages.)*; **ex vultu mores hominum ~** auf den Charakter; **quod ex oratione eius colligi potest** *(Suet.).*

col-līneō, līneāre *(u.* col-līniō, līniāre) **I.** *trans.* geradeaus zielen, richten;
II. *intr.* richtig zielen, treffen.

col-linō, linere, lēvī, litum *(poet.; nachkl.)* bestreichen, beschmieren.

collīnus, a, um *(collis) (vorkl.)* zum Hügel gehörig, am Hügel befindlich *od.* wachsend, Hügel- [**loca; vineae**].

Collīnus, a, um *(collis)* ❶ an *od.* auf dem quirinalischen Hügel *(in Rom)* gelegen [**porta**];
❷ *(poet.)* an der porta Collina *(in Rom)* gelegen *od.* wachsend [**turris; herbae**].

col-liquefactus, a, um ganz geschmolzen.

● **collis,** is *m* Hügel, Anhöhe.
col-līsī *Perf. v. collido.*
collīsiō, ōnis *f (collido) (spätl.)* Zusammenstoß, Erschütterung.
collīsus¹, ūs *m (collido) (nachkl.)* Zusammenstoß.
collīsus² *P.P.P. v. collido.*
collitus *P.P.P. v. collino.*
collocātiō, ōnis *f (colloco)* ❶ Stellung, Anordnung [**siderum; moenium; verborum**];
❷ Verheiratung [**filiae**].
● **col-locō,** locāre ❶ aufstellen, (hin)stellen, (hin)setzen, legen *(auf etw.: in u. Abl.)*; **custodes ~; librum in mensa ~** auf den Tisch; *(bildl.)* **benefacta in luce ~** nicht unter den Scheffel stellen; **multa in pectore suo ~;**
❷ unterbringen [**comites apud hospitem**]; *(milit.)* einquartieren, stationieren [**milites in hibernis; copias pro vallo; legiones propius Armeniam**]; jmd. einsetzen *(in sein Besitztum)* [**in aedibus suis**];
❸ ansiedeln, sich ansiedeln lassen [**colonos in insula; philosophiam in urbibus**];
❹ *(ein Mädchen)* verheiraten *(m. jmdm.: m. Dat.)* [**filiam; sororem**]; **virginem alci in matrimonio** *od. (selten)* **in matrimonium ~;**
❺ (Geld) anlegen, für etw. verbrauchen [**patrimonium in rei publicae salute**];
❻ *(z. B. Zeit, Tätigkeit)* auf etw. verwenden [**omne studium in doctrina et sapientia**];
❼ *refl.* sich auf etw. verlegen, sich m. etw. befassen;
❽ einrichten, anordnen;
❾ *(ein Gewand)* zurechtlegen, ordnen [**chlamydem**].
col-locupleto, locupletare *(Ter.)* bereichern [**se**].
collocūtiō, ōnis *f (colloquor)* Unterredung; **venire cum hostium ducibus in collocutionem.**
collocūtus *P.P.Akt. v. colloquor.*
● **colloquium,** ī *n (colloquor)* ❶ Unterredung, Besprechung, Gespräch; **-a cum hostibus, cum civibus habere; -um alcis petere; -um dare, denegare; tempus locumque -o statuere; diem -o decernere;**
❷ *(spätl.)* Versammlung; Tagung.
● **col-loquor,** loquī, locūtus sum ❶ sich besprechen, sich unterreden, diskutieren *(cum alqo; inter se; Plaut. alqm: te volo ~)*;
❷ **per litteras cum alqo ~** m. jmdm. im Briefverkehr stehen, m. jmdm. korrespondieren;
❸ *(nachkl.)* **alqd ~** etw. besprechen.
col-lubet *s. collibet.*
col-lūceō, lūcēre, – – von allen Seiten leuchten, strahlen, glänzen, hell (erleuchtet) sein; **collucent faces, ignes; fulgore ~;** *übtr.:* **agri collucent floribus.**
colluctātiō, ōnis *f (colluctor) (nachkl.)* das Ringen, Kämpfen; *auch* Todeskampf.
col-luctor, luctārī *(nachkl.)* ringen, kämpfen *(konkr. u. übtr.)*; **cum calamitate ~; duabus legibus inter se colluctantibus** einander widersprechend.
col-lūdō, lūdere, lūsī, lūsum ❶ *(poet.)* spielen *(m. jmdm.: Dat.)* [**paribus** mit Seinesgleichen]; **in aqua colludunt plumae** sich spielend bewegen, tanzen;
❷ *(übtr.)* m. jmdm. unter einer Decke stecken *(cum alqo).*
col-luī *Perf. v. colluo.*
● **collum,** ī *n u. (altl.)* **-us,** ī *m* ❶ Hals; **colubriferum ~** *(v. der Medusa)*; **invadere in -um alcis** jmdm. um den Hals fallen; **-o dare bracchia circum; cingere -a lacertis; -um dare** sich unterwerfen; **-um (ob)torquere** *bzw.* **obstringere alci** beim Kragen packen und vors Gericht ziehen;
❷ Flaschenhals;
❸ *(poet.)* Stängel;
❹ *(mlt.)* Bergrücken.
col-lūminō, lūmināre *(nachkl.)* v. allen Seiten erleuchten.
col-luō, luere, luī, lūtum *(poet.; nachkl.)* bespülen, benetzen.
collus, ī *m s. collum.*
col-lūsī *Perf. v. colludo.*
collūsiō, ōnis *f (colludo 2.)* geheimes Einverständnis.
collūsor, ōris *m (colludo)* Spielgefährte; Mitspieler.
collūstrātiō, ōnis *f (collustro) (mlt.)* Leuchtkraft, Glanz.
col-lūstrō, lūstrāre ❶ erleuchten, erhellen;
❷ besichtigen, betrachten, mustern.
collūsum *P.P.P. v. colludo.*
col-lutulentō, lutulentāre *(lutulentus) (Plaut.)* besudeln.
collūtus *P.P.P. v. colluo.*
colluviō, ōnis *u.* **colluviēs,** ēī *f (colluo)* ❶ Wirrwarr, Mischmasch; **~ ciborum; ~ rerum; ~ omnium scelerum; ~ hominum; exercitu mixto et colluvione omnium gentium; in colluvione Drusi** bei dem Wirrwarr, den Drusus angerichtet hatte; **ex hac turba et colluvione** (Trubel und Wirrwarr) **discedere;**
❷ *(nachkl.)* Unrat.
collybus, ī *m (gr. Fw.)* ❶ Aufgeld, Aufschlag beim Wechseln;
❷ *(meton.)* Geldwechsel.
collȳra, ae *f (gr. Fw.)* grobes Brot.
collȳricus, a, um *(collyra) (Plaut.)* aus grobem Brot, Brot- [**ius** Brotsuppe].
collȳrium, ī *n (gr. Fw.)* (Augen-)Salbe.
● **colō¹,** colere, coluī, cultum ❶ *(Land)* bebauen, bestellen, bearbeiten [**agrum; hortum**]; *abs.* Ackerbau betreiben;
❷ bewohnen [**insulas**]; *intr.* wohnen, ansässig sein [**prope Oceanum**];

C

③ jmd. (ver)pflegen [**milites arte** schmal halten; **se opulenter**];
④ *(Pflanzen)* ziehen [**arbores**];
⑤ Sorge tragen, sorgen *(für: m. Akk.)* [**terras**];
⑥ *(poet.; nachkl.) (den Körper)* pflegen, schmücken [**corpus; capillos; bracchia auro**];
⑦ *(geistig)* pflegen, ausbilden, veredeln [**genus orationis**];
⑧ pflegen, üben, betreiben, wahren, hochhalten [**studia; officium; amicitiam; pessimas artes** frönen; **vitam** leben];
⑨ verehren, anbeten [**Cererem**]; **alqm pro deo** *od.* **in deorum numero** *od.* **inter deos** ~ als Gott;
⑩ heilig halten [**templum; aram**];
⑪ *(poet.; nachkl.) (Opfer, Feste)* feiern, begehen [**sacra; festa**];
⑫ schätzen, (ver)ehren [**matrem; alqm patris loco**];
/ *Subst.* **colēns,** entis *m* Verehrer *(m. Gen.: z. B. religionum)*; **colentēs,** tium *m* Einwohner; **culta,** ōrum *n (poet.; nachkl.)* bebautes Land, bestellte Felder; / *Adj.* **cultus,** a, um **a)** bebaut, bearbeitet [**ager**]; **b)** *(poet.; nachkl.)* geschmückt [**puella**]; **c)** *(poet.; nachkl.) (v. der Rede)* gewählt; **d)** *(poet.; nachkl.)* gebildet.

cōlō[2], cōlāre *(colum[1]) (nachkl.)* durchseihen, -sieben, reinigen.

colocāsium, ī *n (gr. Fw.) (poet.; nachkl.)* ind. Wasserrose.

cōlon *od.* **cōlum,** ī *n (gr. Fw.* „Glied des Körpers") *(nachkl.)* ① Glied, Teil eines Verses *od.* eines Gedichtes;
② Darmkrampf, Kolik.

colōna, ae *f (colonus) (Ov.)* Bäuerin.

Colōnae, ārum *f Ort in Troas (Kleinasien).*

Colōnēus, a, um *(Colonus)* zum att. Bezirk Kolonos gehörig, aus Kolonos.

● **colōnia,** ae *f (colonus)* ① Kolonie, Niederlassung; **-am constituere, collocare, condere; colonos deducere in -as;** – *in Städtenamen enthalten, z. B.:* **Colonia Agrippinensis** Köln;
② *(meton.)* die Ansiedler, Kolonisten; **-am deducere.**

> *i* Kultur **colōnia,** ae *f* Kolonien wurden zunächst als militärische Sicherung vom Staat angelegt, die Siedler blieben röm. Bürger.
> In der späten Republik und in der Kaiserzeit entstanden wirtschaftlich orientierte Kolonien: Cordoba in Spanien, Arles in Gallien; aus halbzivilen Siedlungen entstanden z. B. Köln (Colonia Agrippina) und York (Eboracum).

colōnicus, a, um *(colonus)* ① zu einer Kolonie gehörig, aus Kolonien stammend [**cohortes** in röm. Kolonien ausgehoben; **decuriones**];
② *(vor- u. nachkl.)* den Ackerbau, die Landwirtschaft betreffend [**leges**].

● **colōnus,** ī *m (colo[1])* ① Bauer, Landwirt; Pächter;
② Kolonist, (An-)Siedler;
③ *(Verg.)* Bewohner, Einwohner;
④ *(Plaut.) catenarum* ~ Zuchthäusler.

Colōnus, ī *m* (Κολωνός) *Hügel u. Bezirk an der Nordseite Athens, wo ein Poseidontempel u. das Grab des Oedipus lagen; Sophokles, dort geboren, schildert den Ort in der Tragödie „Oedipus auf dem Kolonos* (Οἰδίπους ἐπὶ Κολωνῷ)".

Colophōn, ōnis *f Stadt in Ionien zwischen Smyrna und Ephesus (Kleinasien), blühend im 7. Jahrh. v. Chr., Geburtsort des Dichters Mimnermos; – Einw. u. Adj.* **Colophōnius,** ī *m bzw.* a, um.

● **color** *(u. altl.* colōs), ōris *m* ① Farbe; **colorem accipere; colorem bibere; colorem ducere** sich (ver)färben;
② Gesichtsfarbe [**exsanguis** blass; **niveus; egregius**]; *(poet.; nachkl.)* gesunde Gesichtsfarbe, schöner Teint;
③ *(poet.)* Schönheit, Glanz; **nimium ne crede colori** *(Verg.)*;
④ *(übtr.)* Färbung, Äußeres, Aussehen, äußerer Anstrich;
⑤ *(rhet.)* Färbung, Kolorit [**tragicus; urbanitatis** feiner Ton].

colōrātus, a, um *(P. Adj. v. coloro)* ① gefärbt, farbig;
② *(poet.; nachkl.) (v. der Hautfarbe)* gebräunt, rötlich [**corpora**].

colōrō, colōrāre *(color)* ① färben; **genas ~; nubes coloratur** färbt sich;
② bräunen; **qui in solem venit, colorabitur** *(Sen.)*;
③ *(der Rede)* Kolorit geben; – *refl. od. mediopass.* Kolorit annehmen.

colōs *s. color.*

Colossae, ārum *f Ort in Phrygien (Kleinasien), Brief des Paulus an die Kolosser.*

colossaeus *(u.* -ssiaeus *od.* -ssēus), a, um *(gr. Fw.) (nachkl.)* riesengroß [**statua**].

Colosserōs, ōtis *m Benennung eines großen, schönen Mannes.*

colossicus, a, um *u.* **-ssicos,** on *(gr. Fw.)* riesengroß.

colossus, ī *m (gr. Fw.)* Riesenstandbild, Koloss *(häufig der dem Sonnengott geweihte Koloss v. Rhodos).*

coluber, brī *m u.* **-bra,** ae *f* Schlange, Natter.

colubri-fer, fera, ferum *(coluber u. fero) (poet.)* schlangentragend [**monstrum** = Medusa].

colubrīnus, a, um *(coluber) (Plaut.)* schlangenartig; *(übtr.)* listig.

C

coluī *Perf. v. colo¹.*
cōlum¹, ī *n (nicht klass.)* Sieb, Filtriergefäß.
cōlum² *s. colon.*
columba, ae *f* Taube; *als Kosewort:* **mea ~** mein Täubchen.
columbar, āris *n (columba) (Plaut.)* Halsfessel *der Sklaven (denn sie hatte Ähnlichkeit m. dem Loch des Taubenschlags).*
columbārium, ī *n (columba) (vor- u. nachkl.)* Taubenschlag.
columbārius, ī *m (columba) (vorkl.)* Taubenwärter.
columbīnus, a, um *(columba)* Tauben- [**ovum**].
columbor, columbārī *(columba) (nachkl.)* sich nach Taubenart küssen, sich schnäbeln.
columbula, ae *f (Demin. v. columba) (Plaut.)* Täubchen.
columbulātim *Adv. (columbulus) (Gell.)* nach Täubchenart.
columbulus, ī *m (Demin. v. columbus) (Plin.)* Täubchen.
columbus, ī *m (columba) (poet.; nachkl.)* Tauber, Täuberich.
columella, ae *f (Demin. v. columna)* kleine Säule, Pfosten; *auch* Grabsäule.
columellāris, e *(columella) (vor- u. nachkl.)* säulenartig.
columen, minis *n* ① Spitze, Gipfel *(konkr. u. übtr.)* [**audaciae**];
② Giebel;
③ Stütze, Pfeiler *(konkr. u. übtr.)* [**rei publicae; libertatis**].
columis, e = *incolumis.*
● **columna,** ae *f* ① Säule, Pfeiler [**Doricae; Ionicae**]; *sprichw.:* **incurrere amentem in -as** m. dem Kopf geg. die Wand rennen;
② Schandsäule *(auf dem Forum);* **~ Maenia** „Schandsäule" des Mänius *auf dem Forum, an der die tresviri capitales über Diebe u. Verbrecher Gericht hielten;*
③ *als Name:* **Columnae Herculis** die Säulen des Hercules *(die Berge Calpe u. Abyla an der Straße v. Gibraltar als Westgrenze der Erde);* **Columnae Protei** die Säulen des Proteus *(die Insel Pharos in Ägypten als Ostgrenze der Erde);*
④ *(Hor.) Pl. Säulen vor Buchhändlerläden m. Verzeichnis der im Laden verkäuflichen od. der neu erschienenen Werke;*
⑤ *(Hor.) (übtr.)* Stütze;
⑥ *(nachkl.)* Feuersäule;
⑦ *(Lucr.)* Wassersäule;
⑧ *(Mart.)* männliches Glied.
columnāriī, ōrum *m (columna)* Gesindel, *das sich auf dem Forum an der columna Maenia (s. columna 2.) herumtrieb.*
columnārium, ī *n (columna)* Säulensteuer *(als Maßnahme gegen den Bauluxus von Cäsar eingeführt).*
columnārius, a, um *(columna) (nachkl.)* mit Säulen besetzt, Säulen- [**atria** Säulenhallen].
columnātus, a, um *(columna)* ① durch Säulen gestützt;
② *(Plaut.)* auf den Arm gestützt [**os**].
colurnus, a, um *(corulus) (Verg.)* aus Haselholz.
colus, ī *u.* ūs *f (auch m)* ① Spinnrocken;
② *(nachkl.) (meton.)* Faden; *(übtr.)* Faden der Parzen, Lebensfaden.
colustra, ae *f u.* **-um,** ī *n (poet.; nachkl.)* Erstmilch, Biestmilch; *(Plaut.) als Kosewort: mea -a.*
colūtea, ōrum *n (Plaut.)* Früchte des Blasenstrauchs.
cōlȳphia, ōrum *n (gr. Fw.) (poet.)* Lendenstück des Schweins, Schweinefilet *(als Athletenkost).*
com *(altl.)* = *cum¹; in Zusammensetzungen* **com-:** mit, gemeinsam, zusammen; zugleich; v. allen Seiten; völlig.
● **coma,** ae *f (gr. Fw.)* ① Haupthaar, Haar;
② Tierhaar, Mähne, Wolle;
③ Laub, Blätter, Blüten, Ähren, Gras;
④ *(Cat.; Sen.)* Licht-, Sonnenstrahlen;
⑤ *(Tib.)* das Wollige, Haarige *am Pergament.*
Comāna, ōrum *n* ① *Ort in Pontus am Schwarzen Meer;*
② *Ort in Kappadozien (Kleinasien).*
comāns, *Gen.* antis *(coma) (poet.; nachkl.)* ① behaart [**colla equorum; galea** m. Helmbusch];
② belaubt;
③ **stella ~** Komet.
cōmarchus, ī *m (gr. Fw.) (Plaut.)* Dorfvorsteher.
comātus, a, um *(coma)* ① behaart; langhaarig; – **Gallia -a** das Transalpinische Gallien *(nach der Haartracht der Einw.);*
② *(Cat.)* belaubt [**silva**].
com-bibō¹, bibere, bibī, – **I.** *trans.* ① einsaugen, verschlucken [**venenum corpore; lacrimas**];
② *(Ov.) (übtr.)* bekommen [**maculas**];
II. *intr. (Sen.)* in Gesellschaft trinken.
combibō², ōnis *m (combibo¹)* Zechgenosse.
combūrō, combūrere, combussī, combustum *(< com u. amburo)* ① (völlig) verbrennen, versengen [**aedes; libros; alqm vivum; alqm in foro** *(v. Toten)*];
② *(übtr.)* jmd. zugrunde richten, verderben [**alqm iudicio**];
③ *(Plaut.)* **diem ~** totschlagen.
combūstiō, ōnis *f (comburo) (spätl.)* das Verbrennen.
com-edō¹, edere, ēdī, ēs(s)um ① aufessen, verzehren;
② *(übtr.)* verprassen, vergeuden, verschleudern [**argentum; bona alcis**];
③ *(alqm)* jmds. Vermögen durchbringen, jmd.

zugrunde richten.

comedō[2], ōnis *m (comedo[1]) (vorkl.)* Schlemmer.

Cōmēnsis *s. Comum.*

● **comes,** mitis *m u. f (com u. eo[2])* ① Begleiter(in), Gefährte, Teilnehmer(in) *(an etw.: m. Gen.)* [**fugae**];
② *Pl.* Gefolge *(bes. des Prätors u. Feldherrn);*
③ *(poet.; nachkl.)* Erzieher, Lehrer; ~ **et rector alcis**;
④ *(poet.; nachkl.)* Hofmeister;
⑤ *(spätl.; mlt.)* Graf, Vasall [**stabuli** Marschall; **palatii** Pfalzgraf].

comēs(s)us *P. P. P. v. comedo.*

comētēs, ae *m (gr. Fw.)* Komet.

cōmicus *(gr. Fw.)* **I.** *Adj.* a, um ① zur Komödie gehörig, komisch, Komödien- [**poëta; poëma; artificium**];
② in der Komödie dargestellt [**servi; senes**];
II. *Subst.* ī *m* ① Komödiendichter;
② *(Plaut.)* Schauspieler in einer Komödie.

● **cōmis,** e ① leutselig, freundlich, zuvorkommend, gefällig *(in alqm; erga alqm);*
② fröhlich, munter;
③ *(v. Dingen)* nett [**libelli; sermo**].

cōmissābundus, a, um *(comissor)* umherschwärmend.

cōmissātiō, ōnis *f (comissor)* fröhlicher Umzug; Trinkgelage.

cōmissātor, ōris *m (comissor)* ① Zechkumpan; Teilnehmer an einem fröhlichen Umzug;
② Kumpan [**coniurationis**].

cōmissor, cōmissārī nach dem (Trink-)Gelage ausgelassen umherschwärmen, einen fröhlichen Umzug halten; **comissatum ire ad alqm** *od.* **in domum alcis** zur Fortsetzung des Trinkgelages bei jmdm. einkehren; **comissantium modo currum secuti sunt**.

● **cōmitās,** ātis *f (comis)* ① Freundlichkeit, Zuvorkommenheit, Höflichkeit, Leutseligkeit [**in socios; per comitatem** aus Gefälligkeit];
② Fröhlichkeit, Heiterkeit [**epulantium**].

cōmitātus, ūs *m (comitor)* ① *(abstr.)* Begleitung, Geleit; **comitatu equitum**;
② *(konkr.)* die Begleiter; **magno comitatu venire**;
③ Gefolge [**praetoris**];
④ Reisegesellschaft; Karawane;
⑤ *(nachkl.)* Hofstaat, Hof [**principis**].

comitessa *s. comitissa.*

● **comitia,** ōrum *n (com u. eo[2])* die Komitien, die zur Abstimmung einberufene Volksversammlung; **-a habere, facere, gerere** abhalten; **-a differre; -a edicere** bekannt geben.

i Kultur **comitia,** ōrum *n (com u. eo[2])* die Komitien, die zur Abstimmung einberufene Volksversammlung.
Volksversammlungen in Rom: c. curiata (Patrizierversammlungen) wählten vor allem in religiöse Ämter, c. tributa (nach den Stämmen der Plebejer) vor allem die Volkstribunen, beide Komitien auf dem comitium, einem geweihten Bezirk am Forum.
Auf dem Marsfeld wählten die c. centuriata (nach militär. Hundertschaften) nicht nur die Spitzenbeamten (Magistrate), sondern tagten als wichtigstes Gesetzgebungsorgan (zusammen mit dem Senat).

comitiālis, e *(comitia)* ① zu den Komitien (Volksversammlung) gehörig, Wahl- [**dies** Wahltag; **mensis** Wahlmonat = Januar];
② **morbus** ~ Epilepsie *(da derartiger Krankheitsfall – als ein schlechtes Omen – den Wahlvorgang b. den Komitien unterbrach).*

comitiātus, ūs *m (comitia)* beschließende Volksversammlung [**maximus** Zenturiatkomitien]; **comitiatum dimittere, impedire.**

comitissa *u.* **-tessa,** ae *f (mlt.)* Gräfin.

comitium, ī *n (comitia)* Versammlungsplatz, Wahlort ① *in Rom: der nördl. an das Forum angrenzende Platz;*
② *in Sparta: Amtshaus der Ephoren, das Ephoreion.*

● **comitor,** comitārī *u. (poet.; nachkl.)* **comitō,** comitāre *(comes)* ① begleiten [**alqm in exilium; alqm fugā; iter alcis**]; – *Pass.: comitārī alqo* v. jmdm. begleitet werden; *klass. nur P. Adj.* **comitātus** *alqo* v. jmdm. begleitet;
② *(einen Toten)* zu Grabe geleiten;
③ *(m. Dat.)* sich zugesellen, sich jmdm. anschließen; jmdm. zur Seite stehen; **iniusto domino aliquamdiu ... prospera fortuna comitata est.**

com-maculō, maculāre (stark) beflecken, besudeln [**se scelere; sanguine manus**].

Commāgēnē, ēs *f der nordöstlichste Teil Syriens; – Einw. u. Adj.* **Commāgēnus,** ī *m bzw.* a, um.

com-maneō, manēre, – – *(nachkl.)* sich aufhalten, wohnen.

com-manipulāris *(nachkl.)* **I.** *Subst.* is *m* Soldat aus demselben Manipel;
II. *Adj.* e zu demselben Manipel gehörend.

com-marītus, ī *m (Plaut.)* Mitgatte.

com-mater, tris *f (spätl.)* Gevatterin.

● **commeātus,** ūs *m (commeo)* ① Zufuhr, *bes.* Proviant, Kriegsbedarf; **hostem commeatu intercludere; commeatūs inopia;** ~ **frumenti; frumentum ac** ~ u. der übrige Proviant;
② freier Durchgang, Verkehr;
③ Sendung, Transport;
④ Urlaub; **commeatum sumere; alci commeatum dare;**
⑤ *(Suet.)* das Gepäck des Heeres.

com-meditor, meditārī *(Lucr.) (v. Sachen)*

treu wiedergeben.

com-meminī, meminisse sich genau erinnern *(m. Akk. od. Gen.).*

commemorābilis, e *(commemoro)* erwähnenswert, denkwürdig [**pugna; pietas**].

commemorātiō, ōnis *f (commemoro)* ❶ Erinnerung *(an: m. Gen.);*
❷ Erwähnung, Anführung.

● **com-memorō,** memorāre ❶ sich an etw. erinnern *(m. A.C.I. od. indir. Frages.);*
❷ jmd. an etw. erinnern *(an etw.: Akk.)* [**amicitiam; foedus; beneficia**];
❸ etw. erwähnen, anführen [**humanam societatem**];
❹ darlegen, sprechen über *(de; m. A.C.I.; indir. Frages.).*

commendābilis, e *(commendo)* empfehlenswert.

commendātīcius, a, um *(commendatus v. commendo)* zur Empfehlung dienend, Empfehlungs- [**litterae** *od.* **tabellae** Empfehlungsschreiben].

commendātiō, ōnis *f (commendo)* ❶ Empfehlung;
❷ empfehlenswerte Eigenschaft, Wert [**ingenii**].

commendātor, ōris *m (commendo) (nachkl.)* derjenige, der empfiehlt, Gönner, Förderer.

commendātrīx, īcis *f (commendo)* diejenige, die empfiehlt, Gönnerin.

● **com-mendō,** mendāre *(mando)* ❶ anvertrauen, übergeben [**natos curae alcis;** *übtr.:* **posteritati nomen**];
❷ empfehlen [**alqm alci diligenter; se Caesari**]; – **commendātus,** a, um empfohlen, empfehlenswert.

commensalis, is *m (mlt.)* Tischgenosse; *(bildl.)* T. Gottes im Jenseits.

com-mēnsus *P.P.Akt. v. commetior.*

commentāriolum, ī *n u.* **-us,** ī *m (Demin. v. commentarium u. -us)* flüchtiger Entwurf, Aufzeichnung, Notiz(en), Skizze.

commentārius, ī *m u. seltener* **-um,** ī *n (commentor¹) (oft Pl.)* ❶ Aufzeichnungen, Entwurf, Abriss, Notiz, Skizze;
❷ Notiz-, Tagebuch, Heft;
❸ Denkschrift, Denkwürdigkeiten, Memoiren;
❹ Nachrichten, Chronik [**rerum urbanarum**];
❺ Auszüge, Exzerpte;
❻ *(jur t. t.)* Protokoll;
❼ *(Gell.)* Kommentar.

commentātiō, ōnis *f (commentor¹)* ❶ sorgfältiges Überdenken, Vorbereitung, Studium;
❷ *(nachkl.) (meton.)* wissenschaftliche Abhandlung, Schrift.

commentīcius, a, um *(commentum)* ❶ erfunden, erdacht, imaginär [**nomen; spectacula**];
❷ ideal, vollkommen [**civitas**];
❸ erlogen, gefälscht [**crimen; fabula**].

commentor¹ commentārī *(Frequ. bzw. Intens. v. comminiscor)* ❶ reiflich erwägen, überlegen, überdenken;
❷ Vorstudien treiben, (vorläufig) entwerfen;
❸ *(rhet.)* entwerfen; (ein)studieren [**orationem**];
❹ sich über etw. besprechen *(cum alqo, inter se);*
❺ *(vor- u. nachkl.)* erklären, auslegen, kommentieren.

commentor², ōris *m (comminiscor) (Ov.)* Erfinder, Schöpfer [**uvae** *v. Bacchus*].

commentum, ī *n (comminiscor)* ❶ Erfindung, Einfall;
❷ *(poet.)* Erdichtung, Lüge.

com-mentus, a, um *s. comminiscor.*

● **com-meō,** meāre ❶ zusammenkommen, -strömen [**undique; ad spectacula in urbem**];
❷ ein u. aus gehen, hin u. her gehen *(od.* reisen, fahren), verkehren *(z. B. v. Gesandten, Kaufleuten, Schiffen, Briefen);*
❸ gehen, fahren.

commercium, ī *n (merx)* ❶ Handel, Geschäftsverkehr;
❷ *(meton.)* Handels-, Verkehrs-, Kaufrecht;
❸ *(übtr.)* Verkehr, Umgang, Gemeinschaft *(m. Gen.)* [**plebis** m. dem Volk; **epistularum** Briefwechsel; **linguae** sprachliche Gemeinschaft *od.* Bekanntschaft m. der Sprache]; **-um habere cum alqo** in Verbindung m. jmdm. stehen; **est deus in nobis, et sunt -a caeli.**

com-mercor, mercārī zusammen-, aufkaufen [**captivos; arma**].

com-mereō, merēre, meruī, meritum (*auch:* **-mereor**) ❶ verdienen *(pejor.)* [**poenam**];
❷ *(Kom.)* verschulden, begehen [**culpam** auf sich laden; **in se alqd mali**].

commers *(Plaut.) = commercium.*

com-mētior, mētīrī, mēnsus sum ❶ ausmessen;
❷ vergleichen.

com-mētō¹, mētāre *(Frequ. v. commeo) (Kom.)* ein u. aus gehen, häufig irgendwohin gehen.

com-mētō², mētāre *(Plaut.)* durchmessen.

commictus *P.P.P. v. commingo.*

commigrātiō, ōnis *f (commigro) (Sen.)* das Wandern, Ziehen [**siderum**].

com-migrō, migrāre (hin)wandern, -ziehen, übersiedeln [**huc; Romam; in domum suam**].

com-mīlitium, ī *n (miles)* ❶ Kriegskameradschaft;
❷ *(übtr.)* Gemeinschaft [**studiorum**].

● **com-mīlitō,** ōnis *m* Kriegskamerad.

comminātiō, ōnis *f (comminor)* Bedrohung.

com-mingō, mingere, mī(n)xī, mi(n)ctum

(poet.) bepissen, besudeln.

com-minīscor, minīscī, mentus sum *(memini)* ❶ ausdenken, ersinnen [**vectigal; litteras novas**];
❷ erdichten, erlügen [**maledicta; crimen**]; – *P. Adj.* **commentus,** a, um erdichtet, erlogen;
❸ *(Plaut.)* sich auf etw. besinnen.

com-minor, minārī, minātus sum **I.** *intr.* drohen, jmdm. m. etw. drohen;
II. *trans.* ❶ *(m. Akk. der Sache)* etw. androhen, m. etw. drohen [**obsidionem; carcerem; mortem**];
❷ *(spätl.) (m. Akk. der Person)* jmd. bedrohen.

com-minuō, minuere, minuī, minūtum ❶ zerschlagen, zertrümmern [**statuam; anulum**];
❷ schwächen, untergraben, vernichten [**opes civitatis; alqm; vires ingenii**];
❸ *(poet.)* jmd. erweichen [**lacrimis**];
❹ *(Hor.) (Geld, Besitz)* zersplittern, vermindern [**argenti pondus**].

com-minus *Adv. (manus)* ❶ *(milit.)* handgemein, Mann geg. Mann [**pugnare**]; **nec eminus hastis aut ~ gladiis uteretur**;
❷ *(poet.; nachkl.)* in der (die) Nähe, aus der Nähe [**ire** näher gehen].

comminūtus *P.P.P. v. comminuo.*

com-mīnxī *Perf. v. commingo.*

com-misceō, miscēre, miscuī, mixtum ❶ (ver)mischen, vermengen, *auch übtr.;* **temeritatem cum sapientia ~; gemitu commixta querela**;
❷ *(Suet.)* beimischen *(m. Dat.)*;
| P. Adj. **commixtus,** a, um *(Verg.)* **a)** verworren [**clamor**]; **b)** *(ex alqā re od. nur alqā re)* durch Vermischung hervorgegangen; **Silvius Italo commixtus sanguine**.

commiserātiō, ōnis *f (commiseror) (rhet.)* ❶ das Bejammern, Bemitleiden *des Beklagten durch den Redner (um auch b. den Richtern während der Rede Mitleid zu erregen);*
❷ rührseliger Ton.

com-misereor, miserērī, miseritus sum *(Gell.)* bemitleiden.

com-miserēscō, miserēscere, – –*(vorkl.) (auch unpers.* me commiserescit) Mitleid m. jmdm. haben *(m. jmdm.: m. Gen.).*

com-miseror, miserārī ❶ bemitleiden, beklagen, bedauern [**fortunam; interitum fratris**];
❷ *(rhet.)* in den rührseligen Ton übergehen.

com-mīsī *Perf. v. committo.*

commissārius, ī *m (mlt.)* Beauftragter.

commissiō, ōnis *f (committo)* ❶ Wettkampf, *bes. der Dichter u. Redner;*
❷ *(Suet.)* Preis-, Prunkrede *(stark rhetorisch gestaltete Rede).*

commissum, ī *n (committo)* ❶ das Unternehmen *(nähere Bestimmung durch Adv. od. Adj.);* **in temere -o; ~ audax** *od.* **audacter**;
❷ Vergehen, Verstoß, Schuld;
❸ Geheimnis; **-a celare, tacere, enuntiare, prodere, tegere, retinere**.

commissūra, ae *f (committo)* Verbindung, Band, Fuge.

com-mītigō, mītigāre *(Ter.) (durch Schläge)* mürbe machen [**alci caput sandalio**].

● **com-mittō,** mittere, mīsī, missum ❶ zusammenbringen, -fügen, verbinden, vereinigen *(m. etw.: Dat.)* [**mālos** Balken]; – *Pass.* sich vereinigen, sich anschließen *(m. od. an etw.: Dat.)* [**vir equo commissus** Kentaur];
❷ zum Kampf zusammenbringen, kämpfen lassen; **commissae acies** gegeneinander aufgestellt; **manum Teucris ~** handgemein werden, zu kämpfen beginnen;
❸ beginnen, veranstalten [**proelium** liefern; **bellum; spectaculum; commissi ludi** Eröffnung der Spiele];
❹ begehen, verüben [**caedem; nefas**];
❺ sich vergehen [**contra legem; in legem; lege**];
❻ verschulden, es dahin kommen lassen, dass *(m. ut, Inf., cur, quare);*
❼ *(eine Strafe)* verwirken;
❽ *(jur.) Pass.* verfallen;
❾ überlassen, anvertrauen, übergeben [**imperium alci; alci urbem tuendam**];
❿ sich jmdm. anvertrauen, Vertrauen schenken [**iudicibus**];
⓫ preisgeben, aussetzen [**se mortis periculo** sich in Todesgefahr begeben];
⓬ *se ~* sich wagen, getrauen [**in aciem**];
⓭ es auf etw. ankommen lassen; **rem proelio** *(od.* **in aciem***)* ~ es auf eine Schlacht ankommen lassen;
⓮ *(m. ut)* auftragen, etw. zu tun.

com-mīxī *Perf. v. commingo.*

commixtiō, ōnis *f (commisceo) (nachkl.)* ❶ (Ver-)Mischung;
❷ Vereinigung, Ehe.

commixtus *P.P.P. v. commisceo.*

commoditās, ātis *f (commodus)* ❶ Angemessenheit, Zweckmäßigkeit [**orationis** angemessener Vortrag];
❷ Bequemlichkeit, Annehmlichkeit [**vitae; itineris**];
❸ Vorteil; **consequi commoditatem;**
❹ günstige Umstände;
❺ *(poet.)* Gefälligkeit, Zuvorkommenheit [**viri**].

commodō, commodāre *(commodus)* ❶ sich gefällig erweisen, gefällig sein;
❷ leihen; überlassen, gewähren [**aquam hosti; operam civi; aurem alci; testes falsos** stellen; **rei publicae tempus** dem Staat Zeit (zur Zahlung) gewähren];
❸ *(Plin.)* etwas einer Sache anpassen [**orationi oculos, vocem, manum**].

commodulē, *u.* **-lum** *Adv. (Demin. v. commode u. commodum[2]) (vorkl.)* in aller Bequemlichkeit; nicht übertrieben.

● **commodum[1],** ī *n (commodus)* ① Bequemlichkeit;
② Vorteil, Nutzen, Interesse, *auch (bes. Pl.)* Wohl, Glück; **rei familiaris -a** Privatinteressen; **contra -um alcis** zum Nachteil jmds.; **-o** *od.* **per -um alcis** zum Vorteil jmds.; **-o rei publicae; amicitias ex -o** (nach dem Vorteil) **aestimare;**
③ günstiger Zeitpunkt; **-o meo** (**tuo** *usw.)* im rechten Augenblick für mich; **ex -o** *od.* **per -um** bei günstiger Gelegenheit;
④ *Pl.* Vergünstigungen, Vorrechte [**veteranorum**];
⑤ *Pl.* Leihgaben.

commodum[2] *Adv. (commodus) (zeitl.)* gerade, eben, soeben.

● **com-modus,** a, um *(< com modo, eigtl.* mit Maß) ① angemessen, zweckmäßig, passend, geeignet *(f. jmd.: m. Dat.; f. etw.: m. Dat. od. ad);* **curationi omnia commodiora; leges omnibus -ae; vestis -a ad cursum; -um est (alci)** es ist zweckmäßig, es gefällt *(m. Inf. od. A.C.I.);*
② *(f. die Ausführung)* bequem, leicht [**traiectus; iter; -e vivere**];
③ zuvorkommend, höflich, gefällig *(geg. jmd.: alci)* [**mores; homo; ~ meis sodalibus**];
④ passend gelegen, günstig [**hiberna**];
⑤ vollständig; **valetudo minus -a** nicht besonders gut.

com-moeniō *(altl.) = communio.*

com-mōlior, mōlīrī, molitus sum *(poet.; nachkl.)* ① in Bewegung setzen;
② anwenden [**dolum**].

com-molō, molere, moluī, molitum zermalmen, zerstampfen, zermahlen [**olivam; bacam; grana**].

commone-faciō, facere, fēcī, factum = *commoneo (alqm alcis rei, alqd, de re; m. A. C. I.; indir. Frages.; ut, ne); Pass.* **commonefīō,** fierī, factus sum.

com-moneō, monēre, monuī, monitum ① jmd. an etw. erinnern *(alqm alcis rei od. de re, Akk. des Neutr. eines Pron. od. Adjektivs [id; ea; nonnulla]; dopp. Akk. [alqm officium suum* an seine Pflicht]; *A.C.I.; indir. Frages.);*
② jmd. zu etw. auffordern, ermahnen *(ut, ne).*

commonitiō, ōnis *f (commoneo) (nachkl.)* Erinnerung.

com-monitō, monitāre *(mlt.)* ermahnen, auffordern.

com-mōnstrō, mōnstrāre deutlich zeigen [**viam**].

commorātiō, ōnis *f (commoror)* das Verweilen, Bleiben, Aufenthalt; *(rhet.)* das Verweilen *bei einem Gegenstand.*

com-mordeō, mordēre, – – *(Sen.)* in *od.* auf etw. beißen *(m. Akk.).*

com-morior, morī, mortuus sum m. jmdm. zusammen sterben *(cum alqo u. alci).*

com-moror, morārī **I.** *intr.* sich aufhalten, verweilen, bleiben; *(rhet.)* bei einem Gegenstand verweilen;
II. *trans. (Plaut.)* jmd. aufhalten.

com-mōstrō *(altl.) = commonstro.*

commōtiō, ōnis *f (commoveo)* ① Erregung, Aufregung [**animi**];
② *(nachkl.)* Bewegung.

commōtiuncula, ae *f (Demin. v. commotio)* leichte Unpässlichkeit.

commōtus[1], a, um *s. commoveo.*

commōtus[2], ūs *m (commoveo) (vorkl.)* Bewegung.

● **com-moveō,** movēre, mōvī, mōtum ① bewegen, in Bewegung setzen, etw. fortbewegen, -bringen, wegrücken [**alas; castra** aufbrechen; **aciem** vorrücken; **caput** schütteln]; – *refl.* sich regen, sich rühren = sich tätig zeigen, etw. unternehmen;
② *(einen Gegner)* zum Weichen bringen [**hostem; hostium aciem**];
③ *(übtr.)* erregen, ergreifen, rühren; **misericordiā (libidine, metu, gaudio) commotum esse;**
④ anregen, anspornen, antreiben, bewegen; **dulcedine gloriae commoti; hoc nuntio commotus** auf … hin;
⑤ beunruhigen, aufregen, erschrecken, erschüttern; **nova re commoti** bestürzt; **litteris alcis vehementer commoveri; commoti vice fortunarum** durch den Wechsel des Glücks;
⑥ empören, reizen, erzürnen, aufbringen [**civitatem; contionem**];
⑦ hervorrufen, veranlassen, erregen [**iram tyranni; tumultum; misericordiam; dolorem; risum; invidiam in alqm**];
⑧ *(Verg.) ein Wild* aufscheuchen [**aprum**];
⑨ *(Tac.)* kündigen *(z. B. ein Darlehen);* **commoto simul omnium aere alieno;**
/P. Adj. **commōtus,** a, um **a)** aufgeregt, erregt, gereizt; **b)** unsicher, schwankend.

com-mulceō, mulcēre, mulsī, mulsum *(nachkl.)* streicheln, liebkosen; *(den Sinnen)* schmeicheln.

commūne, nis *n (communis)* ① Gemeinde;
② Gemeingut;
/ Adv. **in commūne a)** f. das Gemeinwohl [**consulere**]; **b)** im Allgemeinen; **c)** gleichmäßig; **d)** gemeinsam; **e)** *(poet.; nachkl.) (als Zuruf)* halbpart!

commūnicātiō, ōnis *f (communico)* ① Mitteilung [**sermonis** Unterredung];
② *(rhet. t. t.) Redefigur, m. der sich der Redner an die Zuhörer wendet u. sie gleichsam mit zurate zieht.*

commūnicātor, ōris *m (communico) (nachkl.)* Teilhaber, Teilnehmer *(an etw.: m. Gen.)* [**gloriae**].

● **commūnicō,** commūnicāre *(communis)* **I.** *trans.* ❶ etw. gemeinsam machen, vereinigen, zusammenlegen; **causam civium cum servis … communicavit;**
❷ etw. m. jmdm. teilen [**paupertatem**];
❸ jmdm. etw. mitteilen, m. jmdm. etw. besprechen, jmd. an etw. teilnehmen lassen *(alqd cum alqo)* [**consilium**];
❹ geben, gewähren [**praemium**];
II. *intr.* ❶ sich besprechen, beraten [**de maximis rebus**];
❷ *(nachkl.)* m. jmdm. verkehren;
❸ *(spätl.)* **a)** das Abendmahl empfangen, kommunizieren; **b)** das Abendmahl reichen.

commūnicor, commūnicārī *(Liv.) = communico I. 2.*

com-mūniō¹, mūnīre ❶ stark befestigen, verschanzen [**castra; loca**];
❷ *(übtr.)* stärken, sichern [**causam testimoniis; ius**].

commūniō², ōnis *f (communis)* ❶ Gemeinschaft [**iuris; sanguinis; litterarum et vocum**];
❷ *(spätl.)* Abendmahl, Kommunion.

● **com-mūnis,** e ❶ gemeinsam, gemeinschaftlich, allgemein, öffentlich *(jmdm. od. m. jmdm.: alci, alcis, cum alqo);* **ius gentium commune; vitium commune omnium est; sensus** ~ der gesunde Menschenverstand; **res communiter gerere cum alqo; communiter loqui** im Allgemeinen; **vita** ~ die allgemeinen Umgangsformen, Lebensart; **salutatio** ~ überall üblich; **locus** ~ *(Pl. loci) (philos. u. rhet.)* Gemeinplatz; **locus** ~ *(Pl. loca)* öffentl. Platz;
❷ leutselig, freundlich.

commūnitās, ātis *f (communis)* ❶ Gemeinschaft [**humana; vitae** (gemeinsames) Zusammenleben];
❷ Gemeinschaftsgeist;
❸ Leutseligkeit.

commūnītiō, ōnis *f (communio¹) (bildl.)* Wegbahnung.

com-murmuror, murmurārī bei sich murmeln.

commūtābilis, e *(commuto)* veränderlich, wandelbar [**ratio vitae**].

● **commūtātiō,** ōnis *f (commuto)* ❶ Veränderung, Wechsel, Umschwung [**caeli; aestuum** der Gezeiten; **fortunae**];
❷ Austausch [**captivorum**];
❸ *(mlt.)* Geschäftsverkehr.

commūtātus, ūs *m (commuto) (Lucr.)* Umwandlung.

com-mūtō, mūtāre ❶ (ver)ändern, umwandeln [**tabulas publicas** fälschen; **opinionem; iter; rei publicae statum**]; – *mediopass.* sich (ver)ändern; **annona commutatur** schlägt um; **tempus commutatur;**
❷ tauschen, ver-, austauschen, geg. etw. eintauschen [**captivos; inter se vestem ac nomina**]; *(mit, gegen: m. Abl. od. cum)* [**studium belli gerendi agri culturā; mortem cum vita**].

cōmō, cōmere, cōmpsī, cōmptum *(<* co-emo, eigtl.* zusammennehmen) ❶ *(das Haar)* ordnen, kämmen, flechten;
❷ schmücken;
❸ *(Lucr.)* zusammenfügen;
❹ *(die Rede)* stilistisch ausfeilen.

i Kultur **cōmoedia,** ae *f (gr. Fw.)* Lustspiel, Komödie.
Die bedeutendsten röm. Komödiendichter waren Plautus (etwa 250–184 v. Chr.) und Terenz (etwa 185–159 v. Chr.). Der wichtigste Vertreter der alten attischen/griechischen Komödie ist Aristophanes (etwa 452–388 v. Chr.), der bedeutendste Dichter der neueren att. Komödie ist Menander (etwa 342–292 v. Chr.). Die Stoffe für die Komödie wurden dem Leben des Bürgertums entnommen. Die Nachwirkung der antiken Komödie reicht bis in die Neuzeit: Molière, Shakespeare, Ariosto, Kleist, Giraudoux.

cōmoedicē *Adv. (gr. Fw.) (Plaut.)* wie in der Komödie.

cōmoedus *(gr. Fw.)* **I.** *Subst.* ī *m* komischer Schauspieler, Komiker;
II. *Adj.* a, um *(Iuv.)* zur Komödie gehörig, Komödien-.

comōsus, a, um *(coma) (poet.; nachkl.)* stark behaart.

com-pacīscor, pacīscī, pactus (pectus) sum *(Plaut.)* einen Vertrag schließen.

com-pacō, pacāre *(spätl.)* friedlich machen.

compāctilis, e *(compingo¹)* ❶ dicht gefügt;
❷ gedrungen, untersetzt.

compāctiō, ōnis *f (compingo¹)* Zusammenfügung [**membrorum**].

compactum *u.* **-pectum,** ī *n (compaciscor)* Vertrag, Übereinkunft; **-ō** *u.* **de** *od.* **ex -ō** nach gegenseitigem Übereinkommen.

compāctus¹, a, um *(compingo¹) (nachkl.)* gedrungen, untersetzt.

compactus² *P.P.Akt. v. compaciscor.*

compāgēs, is *f (compingo¹)* ❶ Gefüge, Verbindung [**saxorum**];
❷ Fuge;
❸ Bau, Organismus [**corporis**];
❹ *(Tac.)* Staatsgefüge;
❺ *(Lucr.)* **Veneris** ~ Umarmungen.

compāgō, ginis *f (compingo¹) (poet.; nachkl.)* Bindemittel [**cerae**].

C

com-pār, *Gen.* paris **I.** *Adj.* völlig gleich; **compari Marte concurrere; conubium** ~ ebenbürtig; **consilium consilio** ~;
II. *Subst. m u. f (poet.)* Gefährte, Gefährtin; Geliebte(r); Gatte, Gattin.
comparābilis, e *(comparo²)* vergleichbar.
comparātē *Adv. (comparo²)* vergleichsweise.
comparātiō¹, ōnis *f (comparo¹)* ① Vorbereitung, Rüstung [**belli; pugnae; veneni** Herstellung];
② Beschaffung, Erwerbung [**frumenti; testium; voluptatis**].
comparātiō², ōnis *f (comparo²)* ① Vergleich *(mit, zu: m. Gen. od. cum);* **comparationem habere** sich vergleichen lassen; **in comparatione meliorum** im Vergleich mit;
② (richtiges) Verhältnis, gleiche Stellung, Konstellation;
③ Übereinkunft;
④ *(gramm. t. t.)* Komparativ.
comparātīvus, a, um *(comparo²)* ① vergleichend;
② *(nachkl.) (gramm. t. t.)* im Komparativ stehend [**vocabulum**].
com-parcō, parcere, parsī, parsum = *comperco.*
com-pāreō, pārēre, pāruī, – ① erscheinen, zum Vorschein kommen, sichtbar werden;
② noch vorhanden sein; **non comparens pars** der nicht mehr vorhandene, der fehlende Teil.
● **com-parō¹,** parāre ① bereiten, beschaffen, erwerben, aufbieten, aufbringen [**arma; auxilia; classem; copias; exercitus; accusatores pecuniā**];
② aufkaufen [**frumentum**];
③ verschaffen, erwerben, gewinnen [**novos socios; laudes; sibi auctoritatem**];
④ vorbereiten, veranstalten, machen, veranlassen, stiften [**bellum** sich zum Krieg rüsten; **factionem** bilden; **fugam; interitum rei publicae** herbeiführen];
⑤ *(zum Kampf)* (aus)rüsten [**arma; copias; classem**]; *abs.* die nötigen Vorkehrungen treffen;
⑥ *se* ~ sich rüsten, sich anschicken [**ad iter; ad omnes casus**];
⑦ einrichten, anordnen; – *P.P.P.* ita comparātus so beschaffen.
● **com-parō²,** parāre *(par)* ① vergleichen *(mit: m. Dat. od. cum; nach etw.: Abl.)* [**exercitum exercitui; hominem cum homine; causas inter se; tempus cum tempore; imperatores formā ac decore corporis**];
② vergleichend betrachten, erwägen *(alqd; m. indir. Frages.);*
③ gleichstellen *(alqm od. alqd m. Dat. od. cum)* [**virtute se cum alqo**];
④ zusammenstellen, -bringen, verbinden;
⑤ *als Kollegen* in gleiche Stellung bringen; **priore consulatu inter se comparati** Kollegen im früheren Konsulat;
⑥ *(als Gegner)* gegenüberstellen; **gladiatores** ~**; ad extremum certamen comparati duces;**
⑦ ausgleichen, sich über etw. einigen, übereinkommen, etw. unter sich teilen [**inter se provincias**].
com-parsī *Perf. v. comparco.*
com-pāscō, pāscere, (pāvī), pāstum **I.** *intr.* zusammen weiden;
II. *trans.* ① *(vorkl.)* abweiden lassen;
② *(Plin.)* zusammen weiden lassen.
com-pāscuus, a, um *(compasco)* gemeinschaftlich beweidet [**ager** Gemeindeweide].
compassiō, ōnis *f (compatior) (nachkl.)* Mitleid.
compāstus *P.P.P. v. compasco.*
compater, tris *m (spätl.)* Taufpate.
compaternitās, ātis *f (mlt.)* Patenstelle, -würde.
com-patior, patī, passus sum *(Eccl.)* Mitleid haben.
com-patriota, ae *m (spätl.)* Landsmann.
com-pāvī *s. compasco.*
compectum, ī *n s. compactum.*
compectus *s. compaciscor.*
compediō, compedīre *(compes)* an den Füßen fesseln.
com-pēgī *Perf. v. compingo¹.*
compellātiō, ōnis *f (compello²)* Vorwurf, Tadel.
● **com-pellō¹,** pellere, pulī, pulsum ① zusammentreiben, -drängen [**pecus; agnos; armentum**];
② treiben, jagen [**hostem intra moenia; hostem in naves**];
③ *(übtr.)* in die Enge treiben;
④ zu etw. (an)treiben, bewegen, zwingen [**minis ad arma; ad defectionem**];
⑤ (hin)treiben, verschlagen [**noto compulsus**].
com-pellō², pellāre ① anreden, ansprechen, anrufen [**alqm nomine; alqm verbis amicis; alqm blande**];
② tadeln, schelten, beschimpfen *(alqm; dopp. Akk.)* [**eum fratricidam**]; **pro cunctatore segnem, pro cauto timidum compellabat;**
③ *(vor Gericht)* jmd. zur Rede stellen, anklagen [**alqm crimine**].
compendiāria, ae *f (compendiarius) (Sen.)*
① *(erg. via)* abgekürzter, direkter Weg;
② *(erg. ratio)* abgekürztes Verfahren.
compendiārium, ī *n (compendiarius; erg. iter) (Sen.)* Richtung.
compendiārius, a, um *(compendium)* vorteilhaft, *(vom Weg)* abgekürzt, kurz, direkt.
compendiōsus *(spätl.)* = *compendiarius.*
compendium, ī *n* ① Vorteil, Gewinn; **-um facere;**

❷ *(vor- u. nachkl.)* Ersparnis, Abkürzung *(der Arbeit, Zeit)* [**operae; temporis**]; **conferre verba ad -um** sich kurz fassen;
❸ *(nachkl.)* Abkürzung des Weges, direkter, kurzer Weg; **per -a maris assequi alqm.**

compēnsātiō, ōnis *f (compenso)* Ausgleichung, Gleichgewicht.

com-pēnsō, pēnsāre ❶ aufwiegen, ausgleichen, ersetzen [**bona cum vitiis; laetitiam cum doloribus**];
❷ *(spätl.)* abwägen, gegenüberstellen.

com-percō, percere, persī, – *(parco) (Kom.)*
❶ ersparen, zusammensparen;
❷ unterlassen.

comperendinātus, ūs *m u. (nachkl.)* **-tiō,** ōnis *f (comperendino)* ❶ Aufschub des Urteils auf den drittnächsten Tag;
❷ *(spätl.)* Aufschub, Verzug.

com-perendinō, perendināre *(perendinus)*
❶ das Urteil auf den drittnächsten Tag aufschieben;
❷ *(v. Anwalt)* Vertagung auf den drittnächsten Tag beantragen;
❸ auf den drittnächsten Gerichtstag vorladen [**reum**].

● **com-periō,** perīre, perī, pertum *(selten als Depon.:* comperior) (genau) erfahren, in Erfahrung bringen *(etw., v. etw.: Akk.)* [**rem gestam; facinus**]; *(über: de)* [**de amore; de scelere**]; *(A.C.I.; indir. Frages.; von jmdm.: ab od. ex alqo; durch jmd.: per alqm od. Abl.)* [**ex fratre; testibus**]; **omnia falsa comperta sunt** erwies sich als; **comperto** nachdem man erfahren hatte; – *P. Adj.* **compertus,** a, um **a)** erfahren, gehört, vernommen; **b)** zuverlässig, gewiss; **alqd compertum habere** genau wissen; **pro re comperta habere** f. gewiss ansehen; **pro comperto est** es gilt als gewiss; **c)** überführt *(m. Gen.; Inf.)* [**sacrilegii; stupri; publicam pecuniam avertisse**].

com-persī *Perf. v. comperco.*

compertus *s. comperio.*

com-pēs, pedis *f (Gen. Pl.* -pedum *u.* -pedium)
❶ Fußfessel *(bes. der Sklaven);* **compedes gerere; alci compedes dare, adimere** anlegen, abnehmen;
❷ *(übtr.)* Fessel, Bande [**corporis**];
❸ *(Plin.)* Halskette *(als Schmuck).*

com-pescō, pescere, pescuī, – *(parco) (poet.; nachkl.)* bezähmen, unterdrücken, bändigen, einschränken [**equum celerem freno; linguam; sitim** stillen; **ramos** beschneiden].

competēns, *Gen.* tentis *(m. Komp.) (P. Adj. v. competo) (spätl.)* ❶ passend, geeignet, angemessen [**modus**];
❷ zuständig [**tribunal; iudex**].

competentia, ae *f (competo)* ❶ Symmetrie;
❷ Konstellation;
❸ *(mlt.)* Eignung.

competītor, ōris *m (competo)* Mitbewerber.

competītrīx, rīcis *f (competo)* Mitbewerberin.

com-petō, petere, petīvī *u.* petiī, petītum ❶ zu etw. fähig sein, f. etw. ausreichen [**ad arma capienda**];
❷ zusammenfallen, -treffen;
❸ *(nachkl.)* gemeinsam *od.* zugleich erstreben, zu erreichen suchen;
❹ *(nachkl.)* zutreffen, entsprechen; **si ita competit, ut** wenn es sich trifft, dass;
❺ *(nachkl.)* zustehen, zukommen; **scientia bonorum et malorum, quae sola philosophiae competit** *(Sen.)*;
❻ *(mlt.)* wetteifern, kämpfen.

compīlātiō, ōnis *f (compilo[1])* Plünderung; Ausbeute.

compīlātor, ōris *m (compilo[1])* Plünderer, Ausbeuter; Plagiator.

com-pīlō[1], pīlāre ❶ (aus)plündern, berauben [**aedes; fana; hortos**]; **templa omnibus ornamentis compilata;**
❷ *(übtr.)* ausbeuten [**sapientiam**];
❸ zusammenraffen, rauben, stehlen.

com-pīlō[2], pīlāre *(pilum) (nachkl.)* durchprügeln.

com-pingō[1], pingere, pēgī, pāctum *(pango)*
❶ zusammenfügen [**casam; trabes**];
❷ hineintreiben, -drängen, (ver)stecken [**alqm in carcerem; se in Apuliam** sich heimlich entfernen; *übtr.* **oratorem in iudicia**].

com-pingō[2], pingere, pīnxī, – *(Sen.)* bemalen; *(übtr.)* an etw. mäkeln *(m. Akk.)* [**carmina**].

Compitālia, lium *u.* liōrum *n (compitum)* die Kompitalien, *auf Kreuzwegen begangenes Larenfest.*

compitālicius, a, um *(Compitalia)* zu dem Kompitalienfest gehörig [**ludi; dies**].

compitālis, e *(compitum)* zum Kreuzweg gehörig, auf Kreuzwegen [**Lares**].

compitum, ī *n (competo 2.)* Kreuzung, Kreuzweg, Scheideweg.

com-placeō, placēre, placuī, placitum *(vor- u. nachkl.)* (zugleich) gefallen.

com-plācō, plācāre *(Gell.)* geneigt machen [**sibi iudices**].

com-plānō, plānāre einebnen.

● **com-plector,** plectī, plexus sum ❶ umschlingen, umarmen [**mulierem; puellam; dextram alcis; aram; genua; saxa manibus** umklammern];
❷ umfassen, umgeben, umspannen [**collem opere; alcis effigiem in auro** einfassen];
❸ zusammenfassen, vereinigen; **populus Romanus orbem terrarum complectens;**
❹ sich etw. aneignen [**plures provincias; idoneam naturam**];
❺ zusammenfassend darstellen, schildern, erzählen;
❻ erfassen, begreifen, verstehen *(alqd animo, cogitatione, scientiā, memoriā);* **animo rei**

magnitudinem ~; quod neque oculis neque auribus neque ullo sensu percipi potest, cogitatione tantum et mente complectimur *(Cic.)* was weder ... noch ... erfasst werden kann, das begreifen wir nur mit unserem Denkvermögen u. dem Verstand;
⑦ pflegen, hegen, liebend umfassen [**omnes cives caritate; alqm benevolentiā** Wohlwollen erweisen; **philosophiam; virtutem**];
/ manchmal hat complector pass. Bedeutung, so auch complexus, a, um *P.P.Akt. u. Pass.*

complēmentum, ī *n (compleo)* Ergänzung.

● **com-pleō,** plēre, plēvī, plētum ① an-, voll-, ausfüllen [**fossam aquā; litora; aedes; urnam; alqm floribus** reichlich schmücken, überschütten; **paginam** voll schreiben; **collem castris** völlig bedecken]; – *Pass.* gefüllt werden *u.* sich füllen;
② *(übtr.)* erfüllen [**omnia clamore et fletu; milites bona spe; alqm gaudio; alqm terrore**];
③ *(eine Tätigkeit od. einen Zustand)* vollenden, ganz zu Ende führen [**sacrum ante noctem; studia**];
④ vollzählig machen, ergänzen [**legiones; cohortes**];
⑤ *(eine Zeit)* erleben, zurücklegen [**annos; quinque saecula vitae suae**];
⑥ *(milit.)* völlig besetzen [**turrim militibus; naves sociis**].

complētōrium, ī *n (compleo) (Eccl.)* Gebet nach Vollendung des Tagewerks; Vespergottesdienst.

complex, licis *m (spätl.)* Verbündeter.

complexiō, ōnis *f (complector)* ① Verbindung, Verknüpfung;
② *(rhet. t. t.)* **a)** Zusammenfassung [**verborum**]; **b)** Periode, (komplexer) Satz;
③ *(philos. t. t.)* **a)** Schlussfolgerung; **b)** Dilemma.

● **complexus**[1], ūs *m* ① Umarmung; **complexus alci dare** umarmen; **matri obviae complexum ferre** der herankommenden Mutter m. ausgebreiteten Armen entgegeneilen; **currere ad alcis complexum** in jmds. Arme eilen; **alqm complexu suo tenere** in den Armen halten;
② Umfassung, Umschließung; **mundus omnia complexu suo coërcet et continet;**
③ Wohlwollen, Liebe [**totius gentis humanae**]; **genus de Catilinae complexu** Lieblinge;
④ Umfang, Umkreis [**caeli**];
⑤ **~ armorum** Handgemenge.

complexus[2] *P.P.Akt. u. Pass. v. complector.*

com-plicō, plicāre, plicāvī, plicātum *u.* plicuī, plicitum zusammenfalten, -wickeln, -legen [**rudentem; epistulam**]; – *P. Adj.* **complicātus,** a, um unklar, verworren [**notio** Bedeutung].

com-plōdō, plōdere, plōsī, plōsum *(plaudo) (nachkl.)* zusammenschlagen [**manus**].

complōrātiō, ōnis *f u.* **-tus,** ūs *m (comploro)* gemeinsames lautes Wehklagen *(über: m. Gen. obi.)*.

com-plōrō, plōrāre zusammen laut beklagen [**mortem; vivos mortuosque**].

com-plōsī *Perf. v. complodo.*

complōsus *P.P.P. v. complodo.*

com-pluō, pluere, pluī, plūtum *(spätl.)* hineinregnen, auf etw. regnen; *pass.* einregnen, nass werden.

● **com-plūrēs,** plūra *(selten* -plūria; *Gen.* -plūrium) mehrere, einige, ziemlich viele.

complūrie(n)s *Adv. (complures) (vor- u. nachkl.)* mehrmals.

complūsculī, ae, a *(complures) (Kom.)* ziemlich viele.

i Kultur **compluvium,** ī *n (compluo) (vor- u. nachkl.)* das Compluvium: ① *viereckige Dachöffnung üb. dem Säulenhof des röm. Hauses;*
② Säulenhof.

● **com-pōnō,** pōnere, posuī, positum *(P.P.P. poet. auch* compostum) ① zusammenstellen, -setzen, -legen, -bringen *(alqd in loco; mit etw.: Dat.)* [**lignum; manūs manibus** Hand in Hand; **labra labellis; arma** die Waffen niederlegen];
② *(nachkl.) (Truppen)* zusammenziehen, konzentrieren [**legionem**];
③ *(feindl.)* gegenüberstellen;
④ *(milit.)* Truppen aufstellen; **agmen ad pugnam ~; exercitum pugnae** *(Dat.)* **~; compositi ordines** geschlossen;
⑤ *(friedlich)* zusammenführen, versammeln, vereinigen [**genus dispersum**];
⑥ bilden, gestalten, errichten, bereiten, stiften [**urbem, templa** erbauen, errichten; **foedus** schließen; **pacem** stiften; **aggerem** aufschütten];
⑦ *(schriftl.)* aufsetzen, ab-, verfassen [**librum; edictum; carmina; litteras; commentarios; tragoedias**]; **composita in magnificentiam oratio** in hochtrabendem Stil;
⑧ ersinnen, erdichten [**dolum; fabulam**];
⑨ festsetzen, bestimmen, verabreden [**locum tempusque; diem rei gerendae**]; – **(ex) compositō** verabredetermaßen;
⑩ zurechtlegen, -setzen, -stellen, ordnen [**torum** das Bett machen; **capillum** frisieren];
⑪ *(Angelegenheiten)* (an)ordnen, einrichten [**causam; consilia**];
⑫ *(vor Gericht)* konfrontieren [**cum indice**];
⑬ *(Streit)* schlichten, beschwichtigen, beruhigen, aus-, versöhnen [**controversias; lites; amicos**]; **mare compositum** ruhig; – *un-*

pers.: **componitur** es kommt zu einem Ausgleich;
⑭ *(poet.; nachkl.) (Asche, Gebeine)* beisetzen, bestatten [**cinerem; ossa alcis**];
⑮ jmd. bestatten, *(einen Toten)* zur Ruhe legen [**toro mortuam; alqm terrā**];
⑯ *se* ~ sich hinlegen;
⑰ *(Segel)* einziehen [**armamenta**];
⑱ vergleichen *(mit: cum od. m. Dat.)* [**alcis dicta cum factis; parva magnis; cladem cladi**];
⑲ *(spätl.)* komponieren.

com-portō, portāre zusammentragen, -bringen [**vimina materiamque**]; liefern [**frumentum**].

● **com-pos,** *Gen.* potis *(potis) (m. Gen. od. Abl.)* ① einer Sache teilhaftig, an etw. mitbeteiligt, im Besitz [**virtutis; voti** im Besitz des Gewünschten; **praedā**]; **compotes** Mitbeteiligte;
② einer Sache mächtig [**sui; mentis** *od.* **mentis suae** bei Sinnen; **rationis et consilii; linguā**].

composita, ōrum *n (compositus)* geordnete Verhältnisse, Ordnung.

compositīcius, a, um *(compositus)* zusammengesetzt.

compositiō, ōnis *f (compono)* ① Zusammenstellung [**gladiatorum; magistratuum**];
② Zusammensetzung *(aus einzelnen Bestandteilen)* [**remediorum**];
③ Anordnung, Gestaltung, Einrichtung;
④ *(schriftl.)* Abfassung [**iuris pontificalis**];
⑤ Einigung, Vergleich, Aussöhnung [**per compositionem**];
⑥ *(rhet. t. t.)* Wort-, Satzstellung, Periodenbau [**apta; verborum**].

compositor, tōris *m (compono)* ① (An-)Ordner;
② *(Ov.)* Verfasser [**operum**].

compositūra, ae *f (compono)* ① *(vor- u. nachkl.)* Zusammensetzung;
② *(Lucr.)* feines Gewebe.

compositus, a, um. *(P. Adj. v. compono)* ① zusammengestellt, -gesetzt [**oratio** Stückwerk];
② *(rhet.)* wohl geordnet, wohlgesetzt [**verba; oratio; dicendi genus; -e dicere**];
③ geregelt, geordnet [**civitas; pugna; capillus**]; **-o agmine legiones ducere**;
④ *(v. Personen)* geeignet, gerüstet *(zu etw.: in u. Akk.; ad; Dat.)* [**ad iudicium**];
⑤ *(nachkl.)* gelassen, ruhig, gemessen [**vultus; aetas; orator; compositius agere**];
⑥ *(nachkl.)* erdichtet, erlogen.

compostus *s. compono.*

com-posuī *Perf. v. compono.*

com-pōtātiō, ōnis *f (poto)* Trinkgesellschaft, *Übersetzung des griech.* συμπόσιον.

com-potiō, potīre *(compos)* teilhaftig machen, Anteil geben *(alqm alqa re); Pass.* teilhaftig werden, sich bemächtigen.

com-pōtor, tōris *m (poto)* Zechgenosse.

com-pōtrīx, īcis *f (poto) (Ter.)* Zechgenossin.

com-prānsor, ōris *m (prandeo)* Tischgenosse.

comprecātiō, ōnis *f (comprecor)* gemeinsames Gebet, das Anflehen *einer Gottheit.*

com-precor, precārī ① *(poet.; nachkl.)* beten, *eine Gottheit* anflehen, *zu einer Gottheit* flehen *(m. Akk. u. Dat.)* [**deos; Iovi**];
② *(nachkl.)* jmdm. etw. (an-)wünschen.

● **com-prehendō,** prehendere, prehendī, prehēnsum ① (er)fassen, ergreifen [**dextram alcis**];
② festnehmen, verhaften; **fures in fuga ~; interfectores fugientes ~; belli duces captos et comprehensos tenere**;
③ zusammenfassen, verbinden, vereinigen [**naves**];
④ besetzen [**colles**];
⑤ *(v. Feuer)* ergreifen, in Brand setzen; **incendium turres comprehendit; comprehensa aedificia** vom Feuer ergriffen; – **ignem** *od.* **flammam** ~ Feuer fangen: **casae ignem comprehenderunt**;
⑥ *(Schuldige)* ertappen [**alqm in furto**];
⑦ *(Verbrechen)* entdecken [**facinus; nefandum adulterium**];
⑧ fangen, wegnehmen [**epistulas** abfangen];
⑨ *(übtr.)* umfassen, umschließen [**alqm humanitate** *od.* **amicitiā; disputationes memoriā** im Gedächtnis bewahren];
⑩ mit einbeziehen;
⑪ begreifen, verstehen, erfassen, wahrnehmen [**sensibus, scientiā, cogitatione**];
⑫ darstellen, beschreiben, ausdrücken [**sententiam; alqd verbis** *od.* **dictis; numero** zählen].

comprehēnsibilis, e *(comprehendo)* (er)fassbar, wahrnehmbar.

comprehēnsiō, ōnis *f (comprehendo)* ① das Anfassen, Ergreifen;
② Festnahme, Verhaftung [**sontium**];
③ Wahrnehmung; das Begreifen, Verständnis;
④ Zusammenfassung;
⑤ *(rhet.)* Periode, Satz; **ut ~ numerose et apte cadat; universa ~ orationis** Gesamtausdruck, Stil.

comprehēnsus *P.P.P. v. comprehendo.*

com-prēndō, prēndere, prēndī, prēnsum = *comprehendo.*

com-pressī *Perf. v. comprimo.*

compressiō, ōnis *f (comprimo)* ① gedrängte Darstellung;
② *(Plaut.)* Umarmung;
③ das Zusammendrücken, -pressen.

compressus[1], *Abl.* ū *m (comprimo)* ① das Umschließen;
② *(Kom.)* Umarmung; Beischlaf;
③ *(Plin.)* das Zusammendrücken.

C

compressus[2], a, um *(P. Adj. m. Komp. v. comprimo) (nachkl.) (v. der Rede)* gedrängt, knapp, kurz.

com-primō, primere, pressī, pressum *(premo)* ① zusammendrücken, -pressen; *sprichw.:* **compressis manibus sedere** die Hände in den Schoß legen;
② unterdrücken, hemmen [**gressum** den Schritt hemmen; **libidinem; laetitiam; furores; conatūs alcis; bella** zur Ruhe bringen];
③ niederschlagen [**tumultum; seditionem; Pompeianos**];
④ zusammendrängen [**compressis ordinibus**];
⑤ vergewaltigen; **vi compressa Vestalis** *(Liv.)*;
⑥ etw. nicht herausgeben, zurückhalten [**frumentum; annonam**];
⑦ geheim halten, verheimlichen [**delicta; famam captae Carthaginis**].

comprobātiō, ōnis *f (comprobo)* Anerkennung.

comprobātor, ōris *m (comprobo)* jemand, der etw. anerkennt.

● **com-probō,** probāre ① billigen, gutheißen, anerkennen [**decretum; legem; orationem**]; *Pass.* Beifall *od.* Anerkennung finden;
② als richtig beweisen, bestätigen [**consilium; beneficium re**]; **vox eventu comprobata.**

comprōmissum, ī *n (compromitto) (jur t. t.)* Übereinkunft *(das gegenseitige Versprechen streitender Parteien, die Entscheidung eines selbstgewählten Schiedsrichters anzuerkennen).*

com-prōmittō, promittere, promisi, promissum *(jur t. t.)* sich gegenseitig versprechen, einen Schiedsspruch anzuerkennen *(s. compromissum).*

com-provinciālis, e *(spätl.)* aus derselben Provinz.

Compsa, ae *f Ort in Samnium (Mittelitalien); – Adj.* **-ānus,** a, um.

cōmpsī *Perf. v. como.*

compsissumē *Adv. (gr. Fw.)(Plaut.)* höchst schlau.

cōmptus[1], a, um *(P. Adj. v. como)* gefällig, sauber, korrekt.

cōmptus[2], ūs *m (como) (Lucr.)* ① Zusammenfügung;
② das Schmücken;
③ Kopfschmuck, Haar, Locken.

com-pūgnō, pūgnāre miteinander kämpfen, streiten.

com-pulī *Perf. v. compello*[1].

compulsātiō, ōnis *f (compulso) (nachkl.)* (feindliches) Zusammendrängen, Kampf.

compulsiō, ōnis *f (compulso) (spätl.)* das Drängen.

com-pulsō, pulsāre *(Intens. v. compello*[1]*) (nachkl.)* ① heftig drängen, stoßen;
② miteinander kämpfen, streiten.

compulsus *P.P.P. v. compello*[1].

compunctiō, ōnis *f (compungo) (spätl.)* ① (Ein-)Stich;
② Reue.

com-pungō, pungere, pūnxī, pūnctum ① (zer)stechen; **se suis acuminibus** ~ sich m. seinen Spitzfindigkeiten selbst ins Fleisch schneiden; – *v. Dingen, die stechend auf die Sinne wirken* [**oculos** *v. Farben*];
② tätowieren;
③ *(Eccl.) Pass.* v. Gewissensbissen gequält werden, Reue empfinden.

computātiō, ōnis *f (computo) (nachkl.)* ① das Zusammenrechnen, Berechnung [**pretii**];
② Knauserei.

computātor, ōris *m (computo) (Sen.)* (Be-)Rechner.

com-putō, putāre ① abrechnen, überschlägig berechnen, überschlagen;
② *(vor- u. nachkl.)* zusammenrechnen, berechnen;
③ *(nachkl.)* nur an seinen Vorteil denken.

com-putrēscō, putrēscere, putruī, *– (poet.; nachkl.)* ganz verfaulen, verwesen, zunichte werden.

computus, ī *m (computo) (spätl.)* Berechnung *(der Zeit, bes. der kirchlichen Feste).*

Cōmum, ī *n kelt. Stadt in Oberitalien am Comer See; durch Cäsar röm. Bürgerkolonie: Novum Cōmum, j.* Como; *– Einw. u. Adj.* **Cōmēnsis,** is *m bzw.* e.

con- = c*om-, nur in Zusammensetzungen.*

cōnāmen, minis *n (conor) (poet.)* ① Versuch, Bemühung, Anstrengung;
② Stütze.

● **cōnātum,** ī *n u.* **cōnātus,** ūs *m (conor)* ① Versuch, Unternehmen, Wagnis;
② Bemühung, Anstrengung;
③ Drang; **conatum habere ad naturales pastus capessendos.**

conb ... *s. comb ...*

con-cacō, cacāre *(vor- u. nachkl.)* bekacken, beschmutzen.

con-cadō, cadere, – – *(Sen.)* zugleich fallen.

con-caedēs, is *f (caedo) (nachkl.)* Verhau.

con-cale-faciō *(u.* con-calfaciō), facere, fēcī, – *(Pass.* -fīō, fierī, factus sum) durch u. durch erwärmen.

con-caleō, calēre, – – *(Plaut.)* ganz, durch und durch warm sein.

con-calēscō, calēscere, caluī, – *(Incoh. v. concaleo)* sich durch u. durch erwärmen, sich erhitzen.

con-callēscō, callēscere, calluī, – **I.** *(con u. Incoh. v. calleo*[1]*)* ① Schwielen bekommen;
② gefühllos werden;
II. *(con u. Incoh. v. calleo*[2]*)* erfahren, durchtrieben, gewitzt werden.

con-caluī *Perf. v. concalesco.*
con-cambium, ī *n (mlt.)* das Geldwechseln.
concamerātiō, ōnis *f (concamero)* Wölbung, Gewölbe.
con-camerō, camerāre *(camera)* überwölben [**templum**].
Concanī, ōrum *m* die Konkaner, *eine wilde, der Sage nach v. den skythischen Massageten abstammende Völkerschaft in Spanien.*
con-captīvus, ī *m (spätl.)* der Mitgefangene.
con-castīgō, castīgāre stark züchtigen.
con-catēnō, catēnāre *(catena)* ① verketten, verknüpfen, verbinden;
② zusammenketten.
con-catervātus, a, um *(caterva) (spätl.)* zusammengehäuft, -gedrängt.
concavō, concavāre *(concavus)* rund aushöhlen, krümmen.
con-cavus, a, um hohl, gewölbt, gekrümmt [**altitudines speluncarum; saxa; vallis; aqua** aufwallend].
● **con-cēdō,** cēdere, cessī, cessum **I.** *intr.* ① weichen, weggehen, sich entfernen, abziehen; **a parentum oculis ~; Italiā ~; vitā ~** sterben; **irae deûm concessere** *(Verg.)*; **concessit superis ab oris;**
② *(m. Zielangabe)* sich hinbegeben, gehen [**in hiberna; rus; trans Rhenum; Argos habitatum** um in Argos zu wohnen; **in altum; huc**];
③ (zurück)weichen, das Feld räumen, Raum geben; **voluptas dignitati concedit; iniuriae ~** unterliegen; **obsidioni ~** die Belagerten im Stich lassen; **naturae, fato ~** eines natürlichen Todes sterben; **concedat laurea linguae; maiestati eius viri ~***;*
④ nachgeben, sich fügen [**matri; alcis postulationi; inter se** sich gegenseitig Zugeständnisse machen];
⑤ nachstehen, den Vorrang lassen *(jmdm. in, an etw.: alci de re);*
⑥ jmdm. etw. abtreten, zugestehen *(alci re od. de re)* [**agro Poenis**];
⑦ in etw. geraten [**in paucorum potentium ius atque dicionem**];
⑧ Nachsicht haben, verzeihen *(m. Dat.)* [**inimico; temere dicto**];
⑨ zu *od.* in etw. übergehen [**in deditionem** sich ergeben; **in nomen imperantium**];
⑩ beitreten, beipflichten *(in u. Akk.)* [**in sententiam alcis** der Ansicht jmds. beipflichten; **in condiciones** annehmen];
II. *trans.* ① überlassen, abtreten, gewähren [**libertatem** schenken; **oppidum militibus ad diripiendum**];
② erlauben, gestatten, einräumen *(m. Akk., m. ut, ne, m. bloßem Konj., m. Inf.);*
③ zugeben, zugestehen, anerkennen;
④ etw. (jmdm. zuliebe) aufgeben, (auf)opfern [**rei publicae amicitias suas**];
⑤ begnadigen [**Attico sororis filium** dem Atticus zuliebe];
⑥ verzeihen.
con-celebrō, celebrāre ① festlich begehen, feiern [**diem natalem; spectaculum; funus**];
② rühmen, preisen, verherrlichen [**virtutem**];
③ verbreiten, bekannt machen;
④ eifrig betreiben [**studia per otium**];
⑤ *(poet.)* beleben [**loca; terras**].
con-cēlō, cēlāre *(Gell.)* sorgfältig verhehlen.
con-cēnātiō, ōnis *f (con u. ceno)* Tischgesellschaft, Gastmahl.
concentiō, ōnis *f (concino)* Einklang, Harmonie.
concentricus, a, um *(mlt.)* konzentrisch.
con-centuriō, centuriāre *(Plaut.)* zusammenhäufen, ansammeln.
concentus, ūs *m (concino)* ① das Zusammensingen, -klingen, Einklang, Harmonie [**vocis lyraeque**];
② Gesang;
③ *(übtr.)* Übereinstimmung, Einigkeit, Eintracht.
con-cēpī *Perf. v. concipio.*
conceptāculum, ī *n (concipio) (nachkl.)* Behälter.
conceptiō, ōnis *f (concipio)* ① Empfängnis;
② Abfassung *v.* Rechtsformeln;
③ **~ rei** Ausdruck.
conceptum, ī *n (concipio)* Leibesfrucht.
conceptus[1], ūs *m (concipio)* ① Empfängnis;
② *(nachkl.)* Leibesfrucht;
③ *(Suet.)* das Fassen, Ergreifen [**camini** Feuersbrunst];
④ *(Sen.)* Behälter *od.* Grube, *wo das Wasser sich sammelt;*
⑤ *(spätl.)* Gedanke, Vorstellung.
conceptus[2] *P.P.P. v. concipio.*
con-cerpō, cerpere, cerpsī, cerptum *(carpo)* ① zerpflücken, zerreißen [**litteras**];
② jmd. *(m. Worten)* herunterreißen, kritisieren.
concertātiō, ōnis *f (concerto)* ① Streit [**magistratuum**];
② Wortkampf, das Disputieren.
concertātīvus, a, um *(concertatio) (spätl.)* zum Streit gehörig [**accusatio** Gegenklage].
concertātor, ōris *m (concerto) (nachkl.)* Nebenbuhler.
concertātōrius, a, um *(concerto)* zum Wortkampf gehörig [**iudiciale genus** Stil der juristischen Auseinandersetzung].
con-certō, certāre ① streiten, kämpfen [**proelio; de regno**];
② einen Wortkampf führen, disputieren *(cum alqo de re).*
con-cessī *Perf. v. concedo.*
concessiō, ōnis *f (concedo)* ① Zugeständnis, Bewilligung [**agrorum; praemiorum**];
② Straferlass.
con-cessō, cessāre nachlassen.

concessus[1], *Abl.* ū *m (concedo)* Erlaubnis, Bewilligung [**concessu patrum** mit Erlaubnis, mit Bewilligung].

concessus[2] *P.P.P. v. concedo.*

concha, ae *f (gr. Fw.)* ❶ Muschel [**-as legere, captare**]; Muschelschale;
❷ *(poet.)* Perle [**lucida**];
❸ *(poet.; nachkl.)* muschelförmiges Gefäß [**salis** Salzgefäß; **unguenti** Salbennäpfchen];
❹ *(Lucr.)* Purpurschnecke; *(Ov.)* Purpur [**Sidonis**];
❺ *(poet.; nachkl.)* Tritonshorn; **cava personat aequora concha** *(Verg.)*; **-ā canens Triton.**

conchātus, a, um *(concha) (Plin.)* muschelförmig.

concheus, a, um *(concha)* zur Muschel gehörig [**baca** Perle].

conchis, is *f (gr. Fw.) (poet.) grobes* Bohnengericht *(Bohnen m. Schale).*

conchīta, ae *m (gr. Fw.) (Plaut.)* Muschelsammler.

conchula, ae *f (Demin. v. concha)* kleine Muschel.

conchȳliātus, a, um *(conchylium)* ❶ purpurfarben;
❷ *(Sen.)* in Purpur gekleidet.

conchȳlium, ī *n (gr. Fw.)* ❶ Schaltier, *bes.* Auster;
❷ Purpur(farbe); **vestis -o tincta;**
❸ *(poet.; nachkl.)* Purpurschnecke;
❹ *(Iuv.)* Purpurgewand.

● **con-cidō**[1], cidere, cidī, – *(cado)* ❶ zusammenfallen, einstürzen; **pars turris concidit;**
❷ *(v. lebenden Wesen)* niederstürzen, zusammenbrechen [**sub onere; in cursu**]; *(im Kampf)* fallen [**in proelio**];
❸ *(v. Zuständen)* sinken, schwinden, ein Ende nehmen; **omnis spes concidit; bellum, religio, auctoritas concidit; opes Carthaginis concidunt;**
❹ *(v. Personen)* gestürzt werden, fallen, unterliegen *(bes. im polit. Leben u. vor Gericht)*; **una cum re publica ~;**
❺ allen Halt, den Mut verlieren; **ne unā plagā acceptā patres conscripti conciderent, ne deficerent** *(Cic.)*;
❻ **mente ~** die Besinnung verlieren;
❼ *(Ov.) (vor Magerkeit)* einfallen, zusammenschrumpfen; **concidimus macie;**
❽ *(Hor.) (v. Wind)* sich legen.

con-cīdō[2], cīdere, cīdī, cīsum *(caedo)* ❶ zusammen-, niederhauen, niederschlagen; **adversariorum multa milia ~; exercitus concisus atque interfectus est;**
❷ vernichten, zugrunde richten [**reum iudicio; auctoritatem; alqm decretis suis**];
❸ widerlegen [**Timocratem totis voluminibus**];
❹ in Stücke hauen, zerhacken [**ligna; naves; essedum argenteum**];
❺ jmd. verprügeln [**virgis; loris**];
❻ *(durch Gruben, Gräben u. Ä.)* durch-, zerschneiden, unterbrechen [**scrobibus montes; agrum fossis**];
❼ *(geistig)* zerstückeln [**sententias**];
❽ *(philos. t. t.)* logisch zerlegen;
❾ *(Plaut.) (scherzh.)* jmd. hinters Licht führen.

con-cieō, ciēre, cīvī, citum *u. (in Prosa meist)* **con-ciō,** cīre ❶ zusammenbringen, herbeiziehen, -rufen, versammeln *(bes. milit.)* [**multitudinem ad se; exercitum ex tota insula; totam urbem**];
❷ in (schnelle) Bewegung setzen, antreiben; **equus calcaribus concitus;** – *P. Adj.* **concitus,** a, um schnell, reißend [**navis; flumen**];
❸ *(polit.)* aufwiegeln, zum Aufstand verleiten [**populos; plebem contionibus; homines ad arma; per largitionem veteranos**];
❹ etw. erregen, hervorrufen [**tantum mali; seditionem; bellum; motūs animorum**];
❺ *(poet.; nachkl.)* aufregen, aufreizen, aufbringen; **concitus irā** zornerregt.

conciliābulum, ī *n (concilio)* Versammlungsort, Marktplatz, Gerichtsstätte; ~ **damni:** *Ort m. Gelegenheit zu Spiel, Trunk, Ausgelassenheit,* Lasterhöhle.

conciliātiō, ōnis *f (concilio)* ❶ Vereinigung, Verbindung; **communem totius generis hominum conciliationem et consociationem colere** *(Cic.)*;
❷ das Gewinnen *(bes. der Zuhörer f. sich od. f. etw.)*;
❸ Geneigtheit, Zuneigung *(zu: m. Gen.; ad)*;
❹ Erwerbung [**gratiae**].

conciliātor, ōris *m (concilio)* ❶ Vermittler, Fürsprecher;
❷ (An-)Stifter, Urheber [**nuptiarum**].

conciliātrīcula, ae *f (Demin. v. conciliatrix)* Vermittlerin, Fürsprecherin.

conciliātrīx, īcis *f (concilio)* ❶ Vermittlerin, Fürsprecherin;
❷ Kupplerin.

conciliātūra, ae *f (concilio) (Sen.)* Kuppelei.

conciliātus, a, um *(P. Adj. v. concilio)* ❶ beliebt, befreundet *(mit, bei jmdm.: alci)*;
❷ zu etw. geneigt *(ad; Dat.).*

● **conciliō,** conciliāre ❶ (zum Freund) gewinnen [**sibi amicum; sibi legiones pecuniā; civitatem alci; iudicem** für sich gewinnen; **animos hominum**];
❷ erwerben, gewinnen, verschaffen [**sibi favorem; regnum alci; pecunias**];
❸ etw. erwirken, zustande bringen, vermitteln, stiften [**gratiam; pacem; nuptias**];
❹ *(Lucr.)* (ver)einigen, verbinden;
❺ (an)empfehlen [**tyranno artes suas**];
❻ *(poet.; nachkl.)* werben, verkuppeln.

● **concilium,** ī *n* ❶ Versammlung, Kreis, Ver-

ein, Schar; ~ **deorum;** ~ **amicorum; in -um pastorum se recipere;**
❷ polit. Versammlung: **a)** *in Rom:* ~ **patrum** Senat(sversammlung, -sitzung); ~ **plebis** Tributkomitien der Plebs; ~ **populi** Kuriatkomitien; **b)** *außerhalb Roms:* Landtag, Bundestag [**Gallorum; Achaicum** der Achäische Bund];
❸ Zusammenkunft;
❹ *(poet.)* Vereinigung, Verbindung;
❺ *(mlt.)* Kirchenversammlung, Konzil.

concinnitās, ātis *f (concinnus)* ❶ *(rhet. t. t.)* **a)** formale und harmonische Ausgewogenheit *(mit u. ohne verborum od. sententiarum);* **b)** *(nachkl.)* das Gedrechselte, Gesuchte; **vitare sententiarum ineptias et concinnitatem;**
❷ *(Gell.)* kunstgerechte Verbindung, Harmonie [**colorum**].

concinnitūdō, dinis *f = concinnitas.*

concinnō, concinnāre *(concinnus)* ❶ richtig zusammensetzen, -fügen, zurechtlegen [**vinum; pallam** ausbessern];
❷ hervorrufen, anstiften, bereiten [**multum negotii alci**];
❸ *(m. dopp. Akk.)* zu etw. machen [**alqm insanum verbis suis**];
❹ *(Sen.) (übtr.)* formen [**ingenium** den Charakter].

concinnus, a, um ❶ kunstgerecht (zusammengefügt) [**versus; tectorium**];
❷ *(v. der Rede)* abgerundet, gefällig, harmonisch [**oratio; sententiae; sermo; -e dicere**];
❸ treffend in etw. [**in brevitate respondendi**];
❹ hübsch, zierlich, fein, nett;
❺ *(poet.) (v. Personen)* gefällig [**amicis**].

con-cinō, cinere, cinuī, centum *(cano)* **I.** *intr.* ❶ übereinstimmen, harmonieren *(inter se; cum alqo);*
❷ zugleich ertönen, erschallen; **concinunt tubae;**
❸ *(nachkl.)* zusammen singen;
❹ *(nachkl.)* jmd. *(auf einem Instrument)* begleiten *(m. Dat.)* [**tragoedo**];
II. *trans.* ❶ etw. zugleich anstimmen, zugleich singen [**carmen**];
❷ *(poet.)* besingen, preisen, verherrlichen [**Caesarem; laetos dies**];
❸ *(poet.) (eine Weissagung, Warnung)* verkünden, prophezeien [**funestum omen**].

con-ciō *s. concieo.*

con-cipilō, cipilāre *(vor- u. nachkl.)* an sich reißen.

● **con-cipiō,** cipere, cēpī, ceptum *(capio)* ❶ zusammenfassen [**ignem trullis ferreis** in eisernen Pfannen];
❷ *(Worte in eine Formel)* fassen, abfassen, formulieren [**edictum**]; **verbis conceptis iurare** einen förmlichen Eid schwören;
❸ *(geistig)* auffassen, erfassen, begreifen, verstehen, erkennen;
❹ sich vorstellen, sich einbilden [**alqd animo, mente**];
❺ empfinden, fühlen [**animo iram; odium; spem** hegen];
❻ *(Übel)* sich zuziehen, auf sich laden [**dedecus; maculam bello; furorem ex maleficiis**];
❼ *(Übeltaten)* begehen [**flagitium; fraudes**];
❽ nach etw. trachten, streben *(m. Akk.)* [**scelus**];
❾ *(v. der Erde)* Samen aufnehmen, empfangen; **terra concipit semina;**
❿ schwanger werden, trächtig werden; – *Pass.* gezeugt werden [**ex adulterio conceptus**];
⓫ *(poet.; nachkl.)* (in sich) aufnehmen, auffangen *(in etw.: Abl.)* [**medicamentum venis**]; **terra caducas concepit lacrimas;**
⓬ *(poet.; nachkl.) (Flüssigkeiten)* aufsaugen [**aquas; imbres**];
⓭ *(poet.; nachkl.) (Feuer)* fangen;
⓮ *(Luft)* einziehen [**aëra**];
⓯ *(poet.; nachkl.) (v. Flüssen)* entspringen; **Ganges multis fontibus conceptus;**
⓰ *(eine Summe)* angeben, berechnen, bestimmen;
⓱ aus- *od.* nachsprechen [**vota; preces; verba**];
⓲ *(vor- u. nachkl.)* feierlich ankündigen, ansagen [**iustum bellum; nova auspicia; foedus** schließen];
⓳ *(poet.)* ahnen.

con-cipulō = *concipilo.*

concīsiō, ōnis *f (concido²)* ❶ *(rhet. t. t.)* Zerstückelung der Sätze in kleinere Satzglieder;
❷ Zerschneidung, Zerteilung;
❸ *(Vulg.)* Verderben.

concīsūra, ae *f (concido²)* ❶ *(Sen.)* Zerteilung, Verteilung [**aquarum**];
❷ *(Plin.)* Ritze.

concīsus, a, um *(P. Adj. v. concido²)* ❶ kurz gefasst [**disputationes**];
❷ sich kurz fassend [**orator**].

concitāmentum, ī *n (concito) (Sen.)* Reizmittel.

concitātiō, ōnis *f (concito)* ❶ rasche Bewegung [**remorum** Ruderschlag];
❷ Auflauf, Aufruhr; **crebrae ex concursu multitudinis concitationes fiebant;**
❸ Aufregung *(klass. immer m. Gen.: animi u. Ä.);* **concitationem animorum frangere;**
❹ *(nachkl.)* Feuer *des Redners.*

concitātor, ōris *m (concito)* ❶ Aufwiegler;
❷ Anstifter *(zu etw.: m. Gen.)* [**tumultūs**].

concitātus, a, um *(P. Adj. v. concito)* ❶ rasch, eilend, hastig [**equo -o** im Galopp];
❷ erregt, heftig [**vox; clamor** laut].

● **concitō,** concitāre *(Frequ. v. concieo)* ❶ rasch, stark bewegen, (an)treiben, jagen, anfeuern, anspornen; **equum calcaribus** ~ an-

spornen; **classem remis ~; magno cursu concitati** im Sturmlauf; **mare ~; aquas ~;** – *se* ~ sich stürzen [**in hostem; in fugam; in Teucros**];
❷ schleudern, abschießen [**telum**];
❸ (auf)reizen, aufhetzen, aufwiegeln [**multitudinem; milites**];
❹ erregen, hervorrufen, veranlassen, erzeugen [**iram; misericordiam; odium; discordiam; seditionem; bellum**]; – *Pass.* entstehen;
❺ herbeirufen, aufbieten *(bes. zum Kampf)* [**multitudinem armatorum; omnem iuventutem suam**].

concitor, ōris *m (concieo)* ❶ Aufwiegler [**vulgi**];
❷ Anstifter [**belli**].

concitus *P.P.P. v. concieo.*

con-cīvī *Perf. v. concieo.*

con-cīvis, is *m (Eccl.)* Mitbürger.

conclāmātiō, ōnis *f (conclamo)* lautes Rufen, Geschrei, lauter Zuruf.

con-clāmitō, clāmitāre *(Intens. v. conclamo) (Plaut.)* laut rufen, schreien.

con-clāmō, clāmāre ❶ gemeinsam rufen, laut verkünden [**victoriam** „Viktoria" rufen; **gaudio** ~ ein Freudengeschrei erheben]; – *m. ut od. bloßem Konj.* = laut fordern;
❷ *(poet.)* zusammenrufen [**socios; agrestes**];
❸ **vasa** ~ „fertigmachen zum Aufbruch" brüllen, den Befehl zum Aufbruch geben; ~ **ad arma** zu den Waffen rufen, das Zeichen zum Angriff geben;
❹ *(Tote)* laut beklagen [**suos; corpora**];
❺ genehmigen;
❻ *(Mart.)* m. Klagen erfüllen; **immensis conclamata querelis saxa senis.**

conclavārius, a, um *(mlt.)* Stuben-.

con-clāve, vis *n (clavis)* Gemach, Zimmer.

● **con-clūdō,** clūdere, clūsī, clūsum *(claudo)* ❶ (zusammen) einschließen, einsperren [**magnam hominum multitudinem; bestias**];
❷ *(einen Ort)* einschließen, abschließen, absperren [**stationem**]; **conclusum mare** Binnenmeer;
❸ einengen, in etw. hineinzwängen, zusammenfassen; **uno volumine vitam virorum complurium ~; in hanc formulam omnia iudicia ~;**
❹ abschließen, zu Ende führen [**facinus; epistulam; vitam**];
❺ *(rhet. t. t.)* abschließen, abrunden [**orationem; versum**];
❻ *(philos. t. t.)* zusammenfassen, schließen, folgern *(abs. od. alqd; A.C.I.)*; etw. in Schlussform vorbringen *od.* angeben [**rationem** die Begründung; **argumentum** den Beweis].

conclūsē *Adv. (conclusus, P.P.P. v. concludo) (rhet. t. t.)* abgerundet [~ **apteque dicere**].

con-clūsī *Perf. v. concludo.*

conclūsiō, ōnis *f (concludo)* ❶ *(milit. t. t.)* Einschließung, Sperre, Blockade;
❷ Abschluss, Ende [**muneris ac negotii**]; *(rhet. t. t.)* letzter Teil *der Rede* [**orationis**];
❸ *(rhet. t. t.)* Abschluss, Abrundung; *(konkr.)* die abgeschlossene, abgerundete Periode;
❹ Folgerung, logischer Schlusssatz [**brevis; rationis** Vernunftschluss].

conclūsiuncula, ae *f (Demin. v. conclusio)* nichts sagende Schlussfolgerung, lächerlicher Trugschluss.

conclūsum, ī *n (concludo)* Folgerung.

conclūsus *P.P.P. v. concludo.*

concoctiō, ōnis *f (concoquo)* gute Verdauung.

concoctus *P.P.P. v. concoquo.*

con-color, *Gen.* colōris *(poet.; nachkl.)* gleichfarbig.

con-comitātus, a, um *(Plaut.)* begleitet.

con-coquō, coquere, coxī, coctum ❶ *(poet.; nachkl.)* (mehreres) zusammenkochen;
❷ weich kochen;
❸ verdauen [**cibum**];
❹ ertragen, dulden; **alqm senatorem non ~** als S. ; **odia alcis ~** gehässige Bemerkungen; **plagas ~; famem ~;**
❺ ersinnen, ausdenken, reiflich überlegen *(m. Akk.; indir. Frages.);*
❻ *(Sen.) (Gehörtes, Gelesenes) (geistig)* verdauen, sich zu Eigen machen.

concordantia, ae *f (concors) (mlt.)* Übereinstimmung.

● **concordia,** ae *f (concors)* ❶ Eintracht, Einklang, Harmonie *(Ggstz. discordia);* ~ **omnium ordinum;** ~ **equestris** des Ritterstandes; **-am constituere; -am confirmare cum alqo;**
❷ *(Ov.) (meton.)* **felix concordia** das glückliche Freundespaar;
❸ **Concordia** *Göttin der Eintracht (in ihrem Tempel am Kapitol fanden häufig Senatssitzungen statt).*

concordō, concordāre *(concors)* **I.** *intr.* ❶ *(v. lebenden Wesen)* einig sein, in Eintracht leben; **concordante civitate; ~ cum Romano;**
❷ *(v. Lebl.)* übereinstimmen, harmonieren *(mit: cum; poet. m. Dat.);* **concordante sententiā multorum; sermo concordat cum vita; concordant carmina nervis;**
II. *trans. (August.)* einigen, versöhnen [**discordes**].

● **con-cors,** *Gen.* cordis *(cor)* einig, einträchtig, harmonierend *(Ggstz. discors) (mit: cum; Dat.);* **sorores concordes; concordibus animis iuncti; pax ~.**

con-coxī *Perf. v. concoquo*

con-crēbrēscō, crēbrēscere, crēbruī, – mit etw. zunehmen.

con-crēdō, crēdere, crēdidī, crēditum anvertrauen [**alci aurum; navigia mari; alqd taciturnitati alcis**].

con-cremō, cremāre völlig verbrennen, niederbrennen [**omnia tecta; urbes; epistulas**].

con-crepō, crepāre, crepuī, – **I.** *intr.* dröhnen, knarren, klirren; **foris, ostium concrepuit; concrepuēre arma; armis concrepat multitudo; digitis** ~ schnalzen, *bes. als Zeichen des Herrn f. den Diener, dah. sprichw.:* **si digitis concrepuerit** auf den ersten Wink;
II. *trans.* ① *(poet.; nachkl.)* zum Klingen bringen, erschallen lassen [**aera; hastis scuta**];
② *(spätl.)* laut schallend ankündigen.

con-crēscō, crēscere, crēvī, crētum ① zusammenwachsen, sich verdichten, gerinnen, erstarren; **mare concretum** Eismeer; **concretus gelu Danuvius** zugefroren; **concretus dolor** starr, tränenlos; **concreta sanguine barba** blutverklebt; **aër concretus** dicht;
② *(durch Verdichtung)* entstehen, sich bilden; **cum cinis in foco concrescit**;
③ sich verdunkeln.

concrētiō, ōnis *f (concresco)* das Zusammenwachsen, Verbindung, Verdichtung [**mortalis** vergänglicher Stoff].

concrētus *P.P.P. v. concresco.*

con-crēvī *Perf. v. concresco.*

con-crīminor, crīminārī *(Plaut.)* heftige Klage führen *(über jmd.: alqm; jmdm. gegenüber: adversus alqm).*

con-crispō, crispāre ① kräuseln;
② schwingen, schleudern [**tela**].

con-cruciō, cruciāre *(Lucr.)* quälen.

concubīna, ae *f (concumbo)* Konkubine *(urspr. die m. einem unverheirateten Mann zusammenlebende Frau);* Dirne, Freudenmädchen.

concubīnātus, ūs *m (concubina)* ① *(Plaut.)* Konkubinat *(gesetzlich nicht anerkannte, aber tolerierte außereheliche Gemeinschaft v. Personen, die eine streng bürgerliche Ehe nicht eingehen konnten, z. B. einer Freigelassenen m. einem unverheirateten Mann);*
② *(Suet.)* außerehelicher Geschlechtsverkehr [**nuptarum** m. verheirateten Frauen].

concubīnus, ī *m (concumbo) (poet.; nachkl.)* Geliebter, im Konkubinat lebender Mann.

concubitus, ūs *m (concumbo)* ① *(poet.)* das Sichniederlegen *(bes. zu Tisch);*
② **a)** Beischlaf; **b)** Begattung *(der Tiere).*

concubium, ī *n (concumbo)* ① *(Plaut.)* ~ **noctis** Zeit tiefen Schlafes, tiefe Nacht;
② *(vor- u. nachkl.)* Beischlaf.

concubius, a, um *(concumbo)* zur Zeit tiefen Schlafes, *nur:* **concubiā nocte** in tiefer Nacht.

con-cubuī *Perf. v. concumbo.*

conculcātiō, ōnis *f (conculco) (nachkl.)* ① das Zertreten;
② Unterdrückung, Misshandlung.

con-culcō, culcāre *(calco)* ① misshandeln; missachten, verachten;
② niedertreten, zusammentreten.

con-cumbō, cumbere, cubuī, cubitum *(cubo)* ① sich zu jmdm. legen, mit jmdm. schlafen *(cum; poet. m. Dat.);*
② *(Prop.) (v. Tieren)* sich niederlegen.

concupīscentia, ae *f (concupisco) (nachkl.)* heftiges Verlangen, Begierde.

con-cupīscō, cupīscere, cupīvī *(u.* cupiī), cupītum *(cupio)* begehren, wünschen, verlangen, beanspruchen; **non pecuniam, non opes, sed caritatem civium et gloriam ~; mortem gloriosam ~; ~ pervertere civitatem.**

con-cūrō, cūrāre *(Plaut.)* besorgen.

● **con-currō,** currere, currī *(selten* cucurrī), cursum ① zusammenlaufen, -strömen, von allen Seiten herbeieilen; **ex omnibus locis ~; undique a navibus ~; ex proximis castellis eo concursum est; alci obviam** ~ jmdm. v. allen Seiten entgegeneilen; **ad curiam ~; concurritur ad arma;**
② seine Zuflucht nehmen [**ad Leonidam**];
③ *(feindl.)* zusammenstoßen, aneinander geraten, anstürmen, angreifen; **concurrunt equites inter se; utrimque magno clamore concurritur; concurrunt hastati cum hastatis;**
④ zusammentreffen, -stoßen; **concurrit dextera laevae** *(Dat.)* man klatscht Beifall;
⑤ *(zeitl.)* zusammenfallen, -treffen, zugleich stattfinden; **ut non concurrerent nomina** *(Cic.)* Zahlungstermine;
⑥ *(nachkl.) (v. Zuständen)* hereinbrechen; **bellum concurrit.**

concursātiō, ōnis *f (concurso)* ① das Zusammenlaufen;
② das Umherlaufen, -ziehen [**puerorum nocturna; mulierum**];
③ das Umherreisen [**regis; decemviralis** der Dezemvirn *in den Provinzen*];
④ *(milit.)* leichtes Gefecht, Geplänkel [**leviter armatorum**];
⑤ *(v. Lebl.)* das ängstliche Hin- u. Herschwanken; ~ **exagitatae mentis.**

concursātor, ōris *m (concurso) (milit.)* Plänkler; – *adj.:* nur ans Plänkeln gewöhnt [**hostis**].

concursiō, ōnis *f (concurro)* ① das Zusammentreffen, -stoßen;
② *(rhet. t. t.)* Verknüpfung, Verflechtung *(Redefigur: Wiederholung derselben Worte am Satzanfang u. -ende).*

concursō, concursāre *(Intens. v. concurro)*
I. *intr.* ① hin u. her laufen, umherlaufen, -streifen [**circum tabernas**];
② umherreisen;
③ *(milit. t. t.)* ein leichtes Gefecht schlagen, plänkeln [**modo in** (gegen) **primum, modo in novissimum agmen**];
II. *trans.* aufsuchen, bereisen [**domos; provinciam**].

● **concursus,** ūs *m (concurro)* ① das Zusammenlaufen, -strömen [**legatorum; hostium;**

aquarum; torrentium];
② Auflauf; ~ **hominum in forum; ad curiam ~ fit plebis; concursūs facere** Aufruhr stiften;
③ das Zusammentreffen, -stoßen [**navium; atomorum; verborum; caeli** Donner; **vocalium**];
④ feindliches Aneinandergeraten: **a)** *(milit.)* Angriff, Ansturm [**exercituum**]; **b)** *(allg.)* [**philosophorum**];
⑤ *(übtr.)* das Hereinbrechen *v. Zuständen über jmd.* [**calamitatum**];
⑥ das Zusammenwirken, Mitwirkung, Mithilfe [**honestissimorum studiorum**];
⑦ Wettstreit, Konkurrenz.

con-cussī *Perf. v. concutio.*

concussiō, ōnis *f (concutio) (nachkl.)* Erschütterung: ① das Schwingen [**hastae**];
② Erdbeben [**vasta; mundi**].

concussus[1], *Abl.* ū *m (concutio) (Lucr. u. Plin.)* Erschütterung, heftiges Schütteln.

concussus[2], a, um *(P. Adj. v. concutio)* aufgeregt, unruhig.

con-custōdiō, custōdīre *(poet.)* überwachen [**aurum**]; **poma ab insomni concustodita dracone.**

● **con-cutiō,** cutere, cussī, cussum *(quatio)*
① *(poet.; nachkl.)* heftig schütteln, schwingen [**caput; quercum; tela; arma manu** schleudern];
② erschüttern [**terram ingenti motu; freta**];
③ schwächen, zerrütten [**opes; rem publicam; imperium; senatus consultum; fidem**];
④ beunruhigen, erschrecken, ängstigen [**populum Romanum; populares; barbaros**];
⑤ *(poet.)* aufrütteln [**pectus; plebem; equos**];
⑥ *(nachkl.)* dröhnend zusammenschlagen [**frameas; manūs**].

condalium, ī *n (gr. Fw.) (Kom.)* kleiner Ring *(der v. Sklaven getragen wurde).*

con-decet *(unpers.) (Kom.)* es geziemt sich *(für: Akk.).*

con-decōrō, decōrāre *(vor- u. nachkl.)* sorgfältig schmücken.

condemnātiō, ōnis *f (condemno)* ① Verurteilung;
② Verdammnis.

condemnātor, ōris *m (condemno) (Tac.)* erfolgreicher Ankläger *(der die Verurteilung durchsetzt).*

● **con-demnō,** demnāre *(damno)* ① verurteilen, schuldig sprechen *(die Schuld wird durch Gen. od. de ausgedrückt)* [**proditionis; de vi** wegen Gewalttat; **de ambitu**], *(die Strafe durch Gen., Abl. od. ad)* [**capitis** *u.* **capite** zum Tode; **ad mortem**];
② verdammen, bezichtigen, tadeln [**alqm summae iniquitatis**];
③ etw. missbilligen, tadeln [**audaciam alcis**];
④ *(vom Ankläger)* jmds. Verurteilung durchsetzen.

con-dēnsō, dēnsāre *(vor- u. nachkl.) u.* **con-dēnseō,** dēnsēre *(Lucr.)* dicht zusammendrängen [**aciem**].

con-dēnsus, a, um ① dicht (gedrängt) [**agmen**];
② mit etw. dicht besetzt; **vallis -a arboribus** dicht bewaldet.

con-dēscendō, dēscendere, – *(spätl.)* sich herablassen *(um zu unterstützen) (m. ad od. Dat.).*

● **condiciō,** ōnis *f (condico)* ① Bedingung; ~ **tolerabilis; condiciones pacis; nulla condicione** unter keiner Bedingung; **condicionem accipere; condiciones recusare; condiciones ferre** stellen; **ea condicione, ut …** unter der Bedingung, dass;
② Lage, Verhältnisse; ~ **vitae; bonā (pari) condicione** unter günstigen (gleichen) Verhältnissen;
③ Stellung, Stand, Los [**servitutis**];
④ Beschaffenheit, Zustand;
⑤ Vorschlag, Angebot;
⑥ Verabredung, Übereinkunft, Vergleich, Vertrag [**aequa; iniqua**]; **pacem condicionibus facere** auf Vereinbarungen hin;
⑦ Aufgabe, Beruf;
⑧ Heirat, Partie.

con-dīcō, dīcere, dīxī, dictum ① gemeinsam verabreden, festsetzen *(m. jmdm.: alci)* [**indutias; tempus cenae; locum**];
② sich bei jmdm. als Gast ansagen; eine Einladung zu Tisch bei jmdm. annehmen *(alci, cum alqo cenam od. ad cenam).*

condictum, ī *n (condico) (Gell.)* Verabredung; **pactum atque -um cum populo Romano rumpere.**

con-didī *Perf. v. condo.*

con-didicī *Perf. v. condisco.*

con-dīgnus, a, um ganz würdig, entsprechend, angemessen.

condīmentum, ī *n (condio)* Gewürz, Würze; **cibi ~ est fames, potionis sitis** *(Cic.); übtr.:* **facetiae omnium sermonum -a** Witz ist die Würze aller Gespräche.

condiō, condīre ① würzen, schmackhaft zubereiten [**cenas; vinum**];
② einlegen, einmachen;
③ ansprechend, angenehm gestalten [**orationem**];
④ einbalsamieren [**mortuos**];
⑤ mildern, lindern; **tristitiam temporum ~; comitate condita gravitas;**
/**condītus,** a, um gewürzt; schmackhaft; ansprechend.

con-discipula, ae *f* Mitschülerin.

condiscipulātus, ūs *m (condiscipulus)* Schulfreundschaft.

con-discipulus, ī *m* Mitschüler.

con-discō, discere, didicī, – erlernen.

condītiō[1] ōnis *f (condio)* das Würzen, Einmachen.

conditiō[2] ōnis *f (condo)* Schöpfung, Erschaffung.

conditīvum, ī *n (condo 9.) (Sen.)* Grab.

conditīvus, a, um *(condo 10.)* zum Einlegen bestimmt, zum Einmachen geeignet [**mala; cibaria**].

conditor, ōris *m (condo)* ① (Be-)Gründer [**urbis; Romanae arcis**];
② Urheber, Stifter [**libertatis; scientiae medicorum**];
③ *(poet.; nachkl.)* Verfasser, Erzähler [**carminum; rerum** Geschichtsschreiber].

conditōrium, ī *n (condo 9.) (nachkl.)* Sarg; Grabmal.

condītūra[1], ae *f (condio)* schmackhafte Zubereitung; das Einlegen, Einmachen *(v. Früchten).*

conditūra[2], ae *f (condo) (Petr.)* Verfertigung.

conditus[1] *P.P.P. v. condo.*

condītus[2] *s. condio.*

con-dīxī *Perf. v. condico.*

● **con-dō,** dere, didī, ditum ① (be)gründen [**gentem; urbem**]; **ab urbe condita** seit Gründung der Stadt (Rom);
② (er)bauen, anlegen [**arcem**];
③ einrichten, schaffen, stiften [**collegium novum; leges**];
④ bergen, verwahren, sichern, in Sicherheit bringen *(in m. Akk.; in m. Abl.)* [**pecuniam in aerarium** *u.* **in aerario; argentum**];
⑤ *(poet.; nachkl.)* verbergen, verstecken *(in m. Akk.; in m. Abl.; bl. Abl.)* [**iram** verhehlen; **lumina** schließen; **oculos** zudrücken]; **sol conditus in nubem (tenebris)** eingehüllt; **milites in silvis ~;** – *refl. od. mediopass.* sich verstecken: **se ~ portu;** *(bildl.)* **sol se condit in undas** geht unter;
⑥ einsperren [**piratas in carcerem, in vincula**];
⑦ *(poet.) (eine Waffe)* tief hineinstoßen [**ensem alci in pectus** *od.* **(in) pectore**];
⑧ *(nachkl.) (das Schwert)* in die Scheide stecken [**ensem**];
⑨ *(Tote)* beisetzen, bestatten, begraben [**ossa terrā; alqm sepulcro**];
⑩ *(Früchte, Wein u. Ä.)* aufbewahren, einkellern; einlegen [**fructūs; vinum; frumentum**];
⑪ *(im Geiste)* bewahren;
⑫ *(schriftl.)* abfassen, verfassen [**leges; carmen**];
⑬ *(poet.)* beschreiben, besingen [**Caesaris acta; bella**];
⑭ *(poet; nachkl.) (eine Zeit)* (durch)leben, verbringen; beenden, abschließen [**saecula; diem; noctem**].

con-doce-faciō, facere, fēcī, factum *(condoceo u. facio)* anleiten, abrichten [**beluas; tirones gladiatores**].

con-doceō, docēre, docuī, doctum *(Plaut.)* einüben, abrichten.

con-doleō, dolēre, doluī, – ① Schmerz empfinden;
② *(nachkl.)* Mitleid haben *(mit jmdm.: alci).*

con-dolēscō, dolēscere, doluī, – *(Incoh. v. condoleo)* ① zu schmerzen beginnen, *meist im Perf.:* schmerzen; **dens condoluit;**
② Schmerz empfinden.

condōnātiō, ōnis *f (condono)* Schenkung.

con-dōnō, dōnāre ① (ver)schenken; jmdm. etw. überlassen, übergeben [**alci hereditatem** *(als Richter)* zuerkennen; **consuli totam Achaiam**];
② auf-, hingeben, aufopfern, preisgeben [**se vitamque suam rei publicae**];
③ *(Schulden)* erlassen, nachlassen [**pecunias**];
④ *(ein Vergehen)* ungestraft lassen, vergeben, verzeihen [**alci crimen**];
⑤ *(Schuldige)* in Rücksicht auf jmd. begnadigen *(alqm alci).*

con-dormiō, dormīre einschlafen.

con-dormīscō, dormīscere, dormīvī, – *(Incoh. v. condormio) (Plaut.)* einschlafen.

Condrūsī, ōrum *m germ. Volk an der Maas in Gallia Belgica.*

condūcibile, is *n (conducibilis) (Plaut.)* Gemeinwohl.

condūcibilis, e *(conduco) (Plaut.)* zuträglich, zweckmäßig, nützlich [**consilium**].

● **con-dūcō,** dūcere, dūxī, ductum **I.** *trans.* ① zusammenführen, -ziehen, versammeln; **exercitum in unum locum ~; eo copias auxiliaque ~; dispersas per urbem cohortes in castra ~; populum in forum ~;**
② verbinden [**cortice ramos; vulnera cerā**];
③ anwerben [**milites; multitudinem**]; – *Subst.* **conductī,** ōrum *m* Söldner;
④ mieten, pachten [**hortum; fundum; nummos** zusammenborgen];
⑤ *(Arbeit)* übernehmen;
⑥ *(Plaut.; Gell.)* kaufen [**agnum**];
II. *intr. (unpers.)* **condūcit** es nützt, ist zuträglich *(jmdm., für jmd.: alci; zu etw.: Dat.; ad; in u. Akk.; m. Inf.)* [**omnibus; nostris rationibus; saluti tuae; ad vitae commoditatem**].

conductīcius, a, um *(conduco I. 3. u. 4.)* gemietet, Miet(s)-, Söldner- [**domus; exercitus**].

conductiō, ōnis *f (conduco)* ① das Mieten, Pachtung; *(meton.)* Miet-, Pachtvertrag;
② *(rhet. t. t.)* Zusammenfassung des Gesagten.

conductor, ōris *m (conduco)* ① Mieter, Pächter;
② Unternehmer [**operis**].

conductum, ī *n (conduco)* Miete, Mietwohnung, Pachtung.

conductus[1], ūs *m (conduco)* ❶ das Zusammenziehen [**superciliorum**];
❷ *(mlt.)* Geleit;
❸ Eingangslied.

conductus[2] *P.P.P. v. conduco.*

conduplicātiō, ōnis *f (conduplico)* ❶ Verdoppelung;
❷ *(Plaut.) (scherzh.)* Umarmung.

con-duplicō, duplicāre ❶ verdoppeln [**divitias**];
❷ *(Plaut.) (scherzh.)* **corpora ~** sich umarmen.

con-dūrō, dūrāre (er)härten [**ferrum**].

condus, ī *m (condo 10.)* Haushofmeister.

con-dūxī *Perf. v. conduco.*

condylus, ī *m (gr. Fw.)* ❶ mittlerer Gelenkknochen der Finger;
❷ *(Mart.) (meton.)* das Rohr *der Rohrpfeife.*

cō-nectō, nectere, nexuī, nexum ❶ zusammenknüpfen, -fügen, verknüpfen, verflechten [**crines; nodum** knüpfen; **lamminas inter se; naves trabibus**];
❷ *(nachkl.) (räuml.)* verbinden [**Mosellam atque Ararim fossā**];
❸ *(zeitl.)* anknüpfen;
❹ *(in der Rede)* verknüpfen, verbinden [**sententias; verba**];
❺ *(nachkl.)* verwandtschaftlich verbinden *(mit jmdm.: Dat.)*; **alci conexus** jmdm. nahe verwandt;
❻ *(Tac.)* jmd. in etw. (mit) verwickeln [**discrimini mariti conexa**];
❼ *(philos. t. t.)* als Schlusssatz anfügen.

cōnexiō, ōnis *f (conecto)* Verknüpfung, Verbindung, Aneinanderreihung.

cōnexum, ī *n (conecto)* logische Schlussreihe.

cōnexus[1], ūs *m (conecto)* Verknüpfung, Verflechtung, enge Verbindung.

cōnexus[2], a, um *(P. Adj. v. conecto) (nachkl.)* nahe verwandt, verschwägert *(mit jmdm.: Dat.)* [**Caesari**].

cōn-fābulor, fābulārī **I.** *intr.* traulich plaudern; **II.** *trans. (Plaut.)* etw. m. jmdm. besprechen.

con-familiāris, is *m (mlt.)* Sippengenosse.

cōnfarreātiō, ōnis *f (confarreo) (poet.; nachkl.)* Konfarreationsehe *(feierlichste, sakrale Form der patriz. Eheschließung, bei der ein Speltkuchen geopfert wurde – far Spelt).*

cōn-farreō, farreāre *(far) (nachkl.)* in sakraler Form ehelich verbinden; **confarreatis parentibus genitus** aus einer streng religiös geschlossenen Ehe.

cōn-fātālis, e *(fatum)* mitverhängt.

cōn-fēcī *Perf. v. conficio.*

cōnfectiō, ōnis *f (conficio)* ❶ Herstellung, Anfertigung [**medicamenti; libri** Abfassung; **testamenti**];
❷ Vollendung, Beendigung [**belli**];
❸ Eintreibung [**tributi**];
❹ Zermalmung; Vernichtung, Zerstörung;
❺ Schwächung [**valetudinis**].

cōnfector, ōris *m (conficio)* ❶ Verfertiger;
❷ Beendiger [**negotiorum**];
❸ Zerstörer, Vernichter.

cōnfectūra, ae *f (conficio) (nachkl.)* Anfertigung.

cōnfectus *P.P.P. v. conficio.*

cōn-ferbuī *Perf. v. confervesco.*

● **cōn-ferciō,** fercīre, fersī, fertum *(farcio)* zusammenstopfen, -drängen; – *meist P. Adj.* **cōnfertus,** a, um.

● **cōn-ferō,** cōnferre, contulī, collātum ❶ zusammentragen, -bringen [**ligna; sarcinas; signa**];
❷ *(zu einem Ganzen)* zusammenfassen, -ziehen, vereinigen; **vires in unum ~; aquae collatae** vereinigt; **signa ad alqm ~** sich m. jmdm. vereinigen;
❸ nahe zusammenbringen, einander nahe bringen [**capita** die Köpfe zusammenstecken; **pedem; gradum** sich nähern];
❹ *(feindl.)* aneinander bringen, zum Zusammenstoß bringen; **signa ~** angreifen; **signa in laevum cornu ~** auf der linken Flanke angreifen; **signis collatis** in offener Feldschlacht; **collato Marte** im Nahkampf; **collato pede (gradu)** Mann geg. Mann; **castra ~** vorrücken;
❺ *(vergleichend)* zusammenstellen, vergleichen *(mit: cum; Dat.)* [**pacem cum bello; cum maximis minima; nostras leges cum illorum Lycurgo et Dracone et Solone; parva magnis**];
❻ **vires ~** seine Kräfte messen;
❼ *(Worte, Meinungen)* m. jmdm. austauschen, wechseln, etw. besprechen; **sermones cum alqo ~** Gespräche führen; **consilia cum alqo ~** Pläne austauschen *od.* mitteilen; **alqd inter se ~** etw. miteinander besprechen;
❽ *(Geld)* sammeln, aufbringen [**tributa; pecuniam in statuas** für S.];
❾ hintragen, -bringen [**obsides in arcem; omnia sua in naves; vota ad deos** vorbringen]; – *sē cōnferre* sich begeben [**Athenas; in fugam** flüchten; **ad studia** sich widmen];
❿ jmdm. etw. zukommen lassen, darbringen *(alqd alci u. in alqm);*
⓫ *(seine Gedanken od. seine Tätigkeit)* auf etw. richten [**omnem curam atque operam ad philosophiam**];
⓬ hergeben, verwenden [**pecuniam ad beneficentiam; legem ad perniciem rei publicae** missbrauchen; **tempus ad belli comparationem**];
⓭ übertragen, überlassen [**curam restituendi Capitolii in L. Vestinum**];
⓮ verwandeln [**alqm in saxum**];
⓯ zuschreiben, beimessen, zur Last legen [**suum timorem in angustias itinerum; in**

alqm culpam];
⑯ *(Termine)* verschieben, verlegen [**alqd in longiorem diem** auf einen späteren Termin; **Carthaginis expugnationem in hunc annum**];
⑰ *(nachkl.)* zu etw. beitragen, nützen [**nihil, multum, plus** … nichts, viel, mehr … nützen].

cōn-fersī *Perf. v. confercio.*

cōnfertim *Adv. (confercio)* dicht gedrängt, geschlossen [**se recipere; pugnare**].

cōnfertus *s. confercio.*

cōn-fervēfaciō, fervēfacere, – –*(Lucr.)* zum Schmelzen bringen.

cōn-fervēscō, fervēscere, ferbuī, –*(Incoh. v. ferveo) (Hor.)* entbrennen.

cōnfessiō, ōnis *f (confiteor)* ① Geständnis, Bekenntnis; **alqm ad confessionem compellere; se ipsos turpissimis confessionibus produnt; ab alqo confessionem culpae exprimere;**
② *(Eccl.)* Beichte; *(fidei)* Glaubensbekenntnis.

cōnfessor, ōris *m (confiteor) (Eccl.)* Bekenner *des Christentums.*

cōnfessus *s. confiteor.*

cōn-festim *Adv. (festino)* eilig, unverzüglich, sofort [**subsequi alqm; patres consulere; respondere**].

cōnficiēns, *Gen.* entis *(P. Adj. v. conficio)* bewirkend, zustande bringend, schaffend *(m. Gen.)* [**litterarum** schreibselig].

● **cōn-ficiō,** ficere, fēcī, fectum *(facio)* ① zustande bringen, anfertigen, herstellen, ausführen, vollenden; **vestem ~; alutae tenuiter confectae** fein gegerbt; **sacra ~** abhalten; **tabulas ~** Buch führen; **quibus rebus confectis** hierauf; **bellum ~** beenden;
② erschöpfen, aufreiben, schwächen; **vetustas omnia conficit; maeror me confecit; populi vires se ipsae conficiunt;** – **cōnfectus** erschöpft [**vulneribus, itinere, senectute**], schwach;
③ *(Wegstecken)* zurücklegen [**iter; aequor** durchsegeln; **cursum; viam**];
④ *(Zeit)* verbringen [**adulescentiam in voluptatibus; omnem vitae suae cursum**]; – *Pass.* verlaufen [**hieme confecta** nach Ende des W.];
⑤ verschwenden, vergeuden [**patrimonium**];
⑥ *(Geschäfte)* abmachen, abschließen, erledigen, vollziehen [**negotium; facinus; nuptias; pretium** festsetzen; **rationem** Rechnung aufstellen];
⑦ zusammenbringen, auftreiben [**frumentum; magnam pecuniam**];
⑧ *(Leute)* auf die Beine bringen, aufbringen [**equites; legiones; exercitum**];
⑨ bewirken, verursachen [**motūs animorum**];
⑩ zerkauen; verdauen [**cibum**]; verzehren [**pavones**];
⑪ umbringen, töten;
⑫ niederwerfen, unterwerfen, besiegen [**plures provincias; Athenienses**];
⑬ *(Schriften, Reden)* abfassen, schreiben, ausarbeiten [**libros; orationes**];
⑭ *(philos. t. t.)* folgern, schließen.

cōnfictiō, ōnis *f (confingo)* Erdichtung [**criminis**].

cōnfictō, cōnfictāre *(Intens. v. confingo) (vorkl.)* eifrig erdichten.

cōnfictus *P.P.P. v. confingo.*

cōnfīdēns, *Gen.* entis *(P. Adj. v. confido)* ① zuversichtlich, mutig, voller Vertrauen;
② verwegen, dreist.

cōnfīdentia, ae *f (confidens)* ① Zuversicht, festes Vertrauen;
② Selbstvertrauen;
③ Frechheit, Unverschämtheit.

cōnfīdenti-loquus, a, um *(confidens u. loquor) (Plaut.)* großsprecherisch.

● **cōn-fīdō,** fīdere, fīsus sum ① vertrauen, sich verlassen [*(alci u. alci rei)* **legioni; virtuti militum; equitatui;** *(alqa re)* **firmitate corporis; natura loci;** *(de re)* **de salute urbis**]; – *P.P.P.* **cōnfīsus,** a, um im Vertrauen auf;
② *(abs. od. m. A.C.I.)* zuversichtlich hoffen.

cōn-fīgō, fīgere, fīxī, fīxum ① zusammenheften, -fügen, -nageln;
② durchbohren, durchstechen [**capras sagittis**].

cōn-figūrō, figūrāre *(nachkl.)* gleichförmig gestalten, anpassen.

cōn-findō, findere, – –*(Tib.)* zerspalten.

cōn-fingō, fingere, fīnxī, fictum ① erdichten, erfinden, ersinnen [**causas falsas ad discordiam; probabilem causam**];
② *(Plin.)* verfertigen [**nidos**].

cōn-fīnis I. *Adj.* e *(m. Dat.)* ① angrenzend, benachbart;
② *(poet.; nachkl.)* nahe stehend, verwandt;
II. *Subst.* is *m* Grenznachbar.

cōnfīnium, ī *n (confinis)* ① Grenzgebiet, Grenze; *Pl.* Grenzverhältnisse;
② *(poet.; nachkl.)* Grenz-, Scheidelinie [**lucis** Morgendämmerung; **noctis** Abenddämmerung; **confinia mortis**].

cōn-fīnxī *Perf. v. confingo.*

cōn-fīō, fierī, – *(Nbf. für conficior)* ① zustande kommen, ausgeführt werden, geschehen;
② *(v. Geld)* aufgetrieben, zusammengebracht werden;
③ *(Plaut.)* verbraucht werden.

cōnfirmātiō, ōnis *f (confirmo)* ① Festigung [**perpetuae libertatis; amicitiae**];
② Ermutigung, Beruhigung, Trost [**animi**];
③ Bestätigung, Bekräftigung;
④ Begründung durch Beweisführung;
⑤ *(mlt.)* **a)** Firmung; **b)** Konfirmation.

cōnfirmātor, ōris *m (confirmo)* Bürge.

cōnfirmātus, a, um *(P. Adj. v. confirmo)* ❶ mutig [**animus; sensus; exercitus**];
❷ bestätigt, glaubwürdig.

cōnfirmitās, ātis *f (confirmo) (Plaut.)* Halsstarrigkeit.

● **cōn-firmō,** firmāre ❶ festmachen, befestigen [**stipitem; castellum**];
❷ stärken, kräftigen, sichern [**valetudinem; suam manum** Mannschaft; **Galliam praesidiis**]; – *Pass.* erstarken, sich erholen;
❸ festigen, stärken, dauerhaft machen [**pacem; amicitiam; societatem**];
❹ ermutigen, trösten [**afflictos animos bonorum; militum animos spe auxilii; se animo** Mut fassen];
❺ versichern, beteuern;
❻ bestätigen, für gültig erklären [**decreta**];
❼ *(Behauptungen u. Ä.)* bekräftigen, beweisen [**alqd exemplis, argumentis; rem teste**]; – *Pass.* sich bestätigen [**suspicio confirmata est**];
❽ *(jmds. Gesinnung od. jmd. in seiner Gesinnung)* bestärken [**alcis fidem; civitatem**].

cōn-fiscō, fiscāre *(fiscus)* ❶ in der Kasse aufheben, bar liegen haben;
❷ für die kaiserl. Kasse beschlagnahmen [**hereditates**].

cōnfīsiō, ōnis *f (confido)* Vertrauen.

cōnfīsus *P.P.Akt. v. confido.*

● **cōn-fiteor,** fitērī, fessus sum *(fateor)* ❶ (ein)gestehen, zugestehen, bekennen; **scelus ~; reus confitens** geständig; *m. dopp. Akk.:* **se hostem ~** sich bekennen als; – **cōnfessus,** a, um **a)** *(akt.)* geständig [**reus**]; *(Ov.)* **manūs confessae** bittend; **b)** *(pass.)* eingestanden [**in confesso esse** unzweifelhaft sein];
❷ deutlich zeigen, offenbaren [**vultibus iram; se** sich verraten; **deam** *od.* **se deam** sich verraten als];
❸ *(Eccl.)* **a)** sich zum christl. Glauben bekennen; **b)** beichten.

cōn-fīxī *Perf. v. configo.*

cōnfīxus *P.P.P. v. configo.*

cōnflagrātiō, ōnis *f (conflagro)* ❶ *(nachkl.)* das Auflodern; Ausbruch [**Vesuvii montis**];
❷ *(spätl.)* Brand, Verbrennung [**conflagratione interire**].

cōn-flagrō, flagrāre ❶ auflodern, in Flammen aufgehen, verbrennen; **classis praedonum incendio conflagrabat;** *übtr.:* **~ flammā amoris;**
❷ zugrunde gehen [**invidiā** ein Opfer des Hasses werden].

cōnflīctātiō, ōnis *f (conflicto)* ❶ *(nachkl.)* Streit, Kampf *um einen Platz im Theater;*
❷ *(nachkl.)* feindl. Zusammentreffen, Kampf;
❸ *(spätl.)* Streit, Zank, Meinungsverschiedenheit.

cōnflīctiō, ōnis *f (confligo)* ❶ Streit, Konflikt;
❷ *(Gell.)* feindl. Zusammenstoßen, -treffen; **magna totius exercitus ~.**

cōnflīctō, cōnflīctāre *(Intens. v. confligo) (eigtl. wiederholt od. heftig zusammenschlagen)* **I.** *trans.* zerrütten, hart mitnehmen, heimsuchen [**per scelera rem publicam; se maerore**]; – *häufig im Pass.:* heimgesucht, hart mitgenommen werden [**gravi morbo; tempestatibus; diuturnis molestiis; magna inopiā necessariarum rerum**]; *abs. (Tac.)* sehr ins Gedränge kommen: **plebs inter armatos conflictabatur;**
II. *intr. u. (meist) mediopass.* sich herumschlagen, zu kämpfen haben [**cum adversa fortuna; cum alqo**].

cōnflīctus, ūs *m (confligo)* ❶ das Zusammen-, Aneinanderschlagen, Zusammenstoß [**lapidum; nubium; corporum** *(im Kampf)*];
❷ *(nachkl.)* feindl. Zusammenstoß, Kampf.

● **cōn-flīgō,** flīgere, flīxī, flīctum **I.** *intr.* ❶ zusammenstoßen; **naves graviter conflixerunt;**
❷ *(feindl.)* aneinander geraten, in Kampf geraten, kämpfen [**inter se; armis; acie cum hoste; adversus classem**]; – *übtr. v. Streit vor Gericht* [**leviore actione**];
❸ *(v. Lebl.)* im Widerstreit stehen; **causae confligunt inter se; leges diversae confligunt;**
II. *trans. (Lucr.)* zusammenschlagen, -bringen, vereinigen.

● **cōn-flō,** flāre ❶ *(vor- u. nachkl.)* anblasen, *(durch Blasen)* anfachen [**ignem**];
❷ *(polit. Zustände)* schüren, anstiften, erregen [**bellum; tumultum; seditionem; coniurationem**];
❸ *(Metall)* zusammenschmelzen, ein-, umschmelzen [**aes; argentum; argenteas statuas**];
❹ *(Geld)* münzen, schlagen, prägen;
❺ zusammentrommeln, -bringen, vereinigen [**magnum exercitum; copias**];
❻ *(bes. Geld)* anhäufen [**rem** Vermögen; **aes alienum** Schulden ansammeln];
❼ anstiften, veranlassen, ausdenken, ersinnen, bereiten [**accusationem et iudicium; crimen; alci periculum; alqd negotii alci**].

cōn-flōreō, flōrēre *(August.)* zugleich blühen.

cōnfluēns, entis *u. Pl. m (confluo)* Zusammenfluss; – **Cōnfluentēs,** tium *f* Koblenz *(am Zusammenfluss von Mosel und Rhein).*

cōn-fluō, fluere, flūxī, – ❶ *(v. Flüssen u. Flüssigkeiten)* zusammenfließen;
❷ zusammenströmen, -kommen.

cōn-fodiō, fodere, fōdī, fossum ❶ durchbohren, niederstechen [**alqm pugione**];
❷ *(übtr.)* vernichten [**iudiciis**];
❸ *(vor- u. nachkl.)* umgraben [**terram; hortum**].

cōnfoederātiō, ōnis *f (confoedero) (spätl.)*

Bund, Bündnis.

cōn-foederō, foederāre *(spätl.)* durch ein Bündnis vereinigen.

cōn-fore *s. confuit.*

cōnfōrmātiō, ōnis *f (conformo)* ① Gestalt(ung), Bildung [**animi; corporis**];
② *vocis* richtige Tonsetzung; *verborum* richtige Wortstellung;
③ Vorstellung, Begriff [**animi**];
④ *(rhet. t. t.) sententiarum od. sententiae* Redefigur.

cōn-fōrmis, e *(forma) (nachkl.)* gleichförmig, gleichartig.

cōnfōrmitās, ātis *f (conformis) (spätl.)* Gleichartigkeit; Wesensgleichheit.

cōn-fōrmō, fōrmāre ① (harmonisch) formen, bilden, gestalten [**mundum**];
② ausbilden, schulen [**animum et mentem**].

cōn-fornicō, fornicāre *(fornix)* überwölben.

cōn-fortō, fortāre *(fortis) (spätl.)* sehr stärken; *(übtr.)* mutig machen.

cōnfossior *Komp. des P.P.P. confossus (v. confodio).*

cōnfossus *P.P.P. v. confodio.*

cōn-foveō, fovēre, fōvī, fōtum *(nachkl.)* eifrig wärmen, pflegen [**alqm; membra**].

cōnfrāctus *P. P. P. v. confringo.*

cōnfragōsum, ī *n (confragosus)* ① holperige Stelle;
② gebirgige Gegend.

cōn-fragōsus, a, um *(frango)* ① holperig, uneben [**ager; via**];
② *(Plaut.) (übtr.)* geschraubt, zu hoch.

con-frater, tris *m (mlt.) (geistl.)* Bruder, Mitchrist.

cōn-frēgī *Perf. v. confringo.*

cōn-fremō, fremere, fremuī, – *(poet.)* gemeinsam murren.

cōn-fricō, fricāre, (fricuī), fricātum ① ein-, abreiben [**faciem sibi**];
② *(Plaut.)* bittend umfassen [**genua**].

cōn-fringō, fringere, frēgī, frāctum *(frango)* ① etw. zerbrechen; **tesseram ~** die Freundschaft, Treue brechen;
② zunichte machen, vereiteln [**consilia senatoria**];
③ *(Plaut.)* vergeuden [**rem** Vermögen].

cōn-fūdī *Perf. v. confundo.*

cōn-fudō, fudere, – –*(spätl.)* zugrunde richten.

● **cōn-fugiō,** fugere, fūgī, – flüchten, seine Zuflucht nehmen [**ad alqm; ad aram; in aedem Minervae**].

cōnfugium, ī *n (confugio)* Zuflucht(sort).

cōn-fuit *(Kom.)* es war, geschah zugleich; – *Inf. fut.* cōnfutūrum (esse) *u.* cōnfore.

cōn-fulciō, fulcīre, –, fultum *(Lucr.)* kräftig stützen.

cōn-fulgeō, fulgēre, – –*(Plaut.)* erglänzen.

● **cōn-fundō,** fundere, fūdī, fūsum ① zusammengießen, -schütten;
② vermischen, vermengen [**venenum in poculo; omnia ramo** durcheinander rühren];
③ vereinigen, verbinden, verschmelzen, vermischen [**duos populos in unum; sermones in unum**]; – *Pass.* sich vermischen, sich vereinigen *(mit: cum od. Dat.);*
④ verwirren, in Unordnung bringen [**ordines; foedus** brechen; **iura**];
⑤ *(poet.; nachkl.)* unkenntlich machen, entstellen [**ora; oris notas**];
⑥ aus der Fassung bringen, verwirren [**animum; animi sensūs**];
⑦ hineingießen;
⑧ *(mediopass.)* sich ergießen, (hin)einfließen, hineinströmen [**in vas; in fossam**]; *(übtr.)* sich über etw. verbreiten, sich verteilen [**in totam orationem**].

cōnfūsīcius, a, um *(confundo) (Plaut.)* zusammengegossen.

cōnfūsiō, ōnis *f (confundo)* ① Verwirrung, Unordnung [**religionum; rerum; vitae**];
② Vereinigung, Verschmelzung [**virtutum**];
③ *(nachkl.)* Vermischung [**colorum**];
④ *(nachkl.)* Verlegenheit, Verwirrung, Verstörtheit; **tanta in vultu ~; animos militum a confusione retrahere;**
⑤ *(Tac.)* das Erröten *(vor Zorn od. Scham);*
⑥ *(mlt.)* Beschämung, Schande; Vergehen.

cōnfūsus, a, um *(P. Adj. v. confundo)* ① ungeordnet, verworren, undeutlich [**oratio; verba**];
② verwirrt, verlegen, verstört, bestürzt [**vultus; animo ~**].

cōn-fūtō, fūtāre ① *(durch Beweise, Worte u. Ä.)* in Schranken halten *od.* weisen, zum Schweigen bringen, bestreiten, widerlegen [**audaciam alcis; opinionis levitatem**];
② nicht aufkommen lassen, unterdrücken [**dolorem**].

con-gaudeō, gaudēre, – *(nachkl.)* sich mitfreuen.

con-gelāscō, gelāscere, – *(gelidus) (nachkl.)* ganz zufrieren.

con-gelō, gelāre **I.** *trans.* ① zum Gefrieren bringen; – *Pass.* gefrieren;
② *(Ov.)* erstarren lassen, verhärten;
II. *intr.* ① *(Ov.)* zufrieren; **Ister congelat;**
② *(Ov.)* erstarren, sich verhärten;
③ untätig werden.

congeminātiō, ōnis *f (congemino) (Plaut.)* Verdoppelung; *scherzh.* Umarmung.

con-geminō, gemināre **I.** *trans. (Verg.)* verdoppeln [**crebros ictus ensibus; securim** die Beilhiebe];
II. *intr. (Plaut.)* sich verdoppeln.

con-gemō, gemere, gemuī, – **I.** *intr.* laut (auf)seufzen;
II. *trans.* über etw. klagen [**mortem**].

con-generalis, is *m (mlt.)* Verwandter.

con-genitus, a, um *(nachkl.)* zugleich entstanden *(mit: Dat.)* [**mundo**].
conger, grī *m (gr. Fw.)* Meeraal.
congeriēs, ēī *f (congero)* ❶ Zusammenhäufung, Masse, Haufen [**lapidum; armorum; lignorum**];
❷ Scheiterhaufen.
con-gerō, gerere, gessī, gestum ❶ zusammentragen, -bringen, sammeln [**arida virgulta; undique saccos**];
❷ *(Schätze)* aufhäufen, ansammeln [**opes; auri pondus**];
❸ zusammensetzen, errichten, bauen [**oppida; aram arboribus**];
❹ *(v. Vögeln)* nisten, Nester bauen;
❺ jmd. m. etw. überhäufen *(alqd in od. ad alqm u. alci)* [**ingentia beneficia in hospitem; omnia ornamenta ad alqm**];
❻ jmdm. etw. zuschreiben, beimessen;
❼ *(schriftl. od. mündl.)* zusammenstellen, -fassen [**nomina poetarum**].
con-gerrō, ōnis *m (vor- u. nachkl.)* Zechgenosse, Spießgeselle.
con-gessī *Perf. v. congero.*
congestīcius, a, um *(congero)* zusammengehäuft, aufgeschüttet [**humus**].
congestus¹ *P.P.P. v. congero.*
congestus², ūs *m (congero)* ❶ *(nachkl.)* das Zusammentragen, Anhäufung [**magnarum opum; copiarum** Lieferung v. Vorräten];
❷ *(meton.)* Masse, Haufen [**lapidum; pulveris**];
❸ das Nisten *v. Vögeln* [**avium**].
congiālis, e *(congius)* einen congius enthaltend, fassend [**fidelia**].
congiārium, ī *n (congius; erg. donum)* Geschenk, Spende *(an die ärmere Bevölkerung od. die Soldaten, urspr. je ein Maß [congius] Lebensmittel, später als Geldgeschenk).*
congiārius, a, um *(congius) (vorkl.)* einen congius enthaltend.
congius, ī *m (gr. Fw.) röm. Hohlmaß f. Flüssigkeiten, 3¼ l fassend = ⅛ amphora = 6 sextarii.*
con-glaciō, glaciāre gefrieren; **aqua frigoribus conglaciat.**
con-glīscō, glīscere, – – *(Plaut.)* ❶ weiterglimmen;
❷ emporwachsen.
conglobātiō, ōnis *f (conglobo) (nachkl.)* ❶ Zusammenballung [**nubium**];
❷ Zusammenrottung [**militum**].
con-globō, globāre *(globus)* ❶ zusammenballen, abrunden [**terra conglobata**];
❷ zusammenscharen, -drängen; – *refl. u. mediopass.* sich zusammenrotten [**multitudo conglobatur**].
con-glomerō, glomerāre ❶ zusammenrollen, -winden;
❷ *(Enn.)* zusammenhäufen, -drängen.
con-glūtinātiō, ōnis *f (conglutino)* ❶ Zusammenleimung;
❷ *(rhet. t. t.)* Zusammenfügung [**verborum**].
con-glūtinō, glūtināre *(gluten)* ❶ eng verbinden, verknüpfen [**amicitias**];
❷ zusammensetzen; **hominem natura conglutinavit;**
❸ zusammenleimen, -kleben, -fügen [**libros; vulnera**];
❹ *(Plaut.)* etw. aussinnen.
con-graecō, graecāre *(u.* con-graecor, graecārī) *(Plaut.)* auf griechische Art verprassen [**aurum**].
con-grātulor, grātulārī ❶ *(vor- u. nachkl.)* (vereinigt) Glück wünschen;
❷ freudig begrüßen [**libertatem concordiamque**].
• **con-gredior,** gredī, gressus sum *(gradior)* ❶ zusammenkommen, -treffen [**ad colloquium; cum alqo in Macedonia; cum servis; inter se** einander begegnen];
❷ *(feindl.)* zusammenstoßen, kämpfen *(cum alqo; alci; contra alqm; inter se);*
❸ streiten [**tecum; cum Academico**].
congregābilis, e *(congrego)* gesellig.
congregātiō, ōnis *f (congrego)* ❶ geselliges Zusammenleben, Geselligkeit;
❷ *(nachkl.)* Zusammenstellung, Vereinigung, Ansammlung;
❸ *(spätl.)* Versammlung; Gemeinschaft.
• **con-gregō,** gregāre *(grex)* ❶ *(Tiere)* zu einer Herde vereinigen [**oves**]; – *refl. u. mediopass.* sich herdenweise vereinigen: **apium examina congregantur;**
❷ *(Menschen)* zusammenscharen, versammeln, vereinigen; **dissipatos homines in unum locum ~;** – *refl. u. mediopass.* sich zusammenschließen, sich zusammenscharen: **cuncti ad curiam congregantur;**
❸ *(Dinge)* aufhäufen [**signa in unum locum**].
congressiō, ōnis *f = congressus¹.*
• **congressus¹,** ūs *m (congredior)* ❶ Zusammenkunft, Begegnung; **ad alcis congressum colloquiumque pervenire;**
❷ geselliger Verkehr, Gesellschaft; ~ **cotidianus; congressūs hominum fugere atque odisse;**
❸ Zusammenstoß, Angriff, Kampf.
congressus² *P.P.Akt. v. congredior.*
congruēns, *Gen.* entis *(P. Adj. v. congruo)* ❶ übereinstimmend, passend, angemessen *(m. Dat. od. cum)* [**orationi vita; gestus cum sententiis**]; **congruens videtur** *(m. Inf.)* es scheint angemessen, schickt sich;
❷ in sich übereinstimmend, gleichförmig, ebenmäßig, einstimmig [**clamor; vox**].
congruentia, ae *f (congruens) (nachkl.)* Übereinstimmung, Ebenmaß, Harmonie [**membrorum; morum**].

C

● **con-gruō,** gruere, gruī, – ❶ zusammentreffen, -kommen;
❷ zur gleichen Zeit eintreten, zusammentreffen, -fallen;
❸ übereinstimmen, entsprechen, harmonieren *(mit: cum; Dat.; inter se; in etw.:* [*in*] *re)*; **eius sermo cum tuis litteris valde congruit** *(Cic.)*; **dicta cum factis congruunt.**

congruus, a, um = *congruens.*

● **con-iciō,** icere, iēcī, iectum *(iacio)* ❶ zusammenwerfen, -tragen, -bringen [**virgulta; sarcinas in acervum** auf einen Haufen];
❷ (hin)werfen, zuwerfen; schleudern [**spolia igni; pecuniam in alqd** für etw. hinauswerfen; **pila in hostes**];
❸ wohin führen (lassen), werfen, bringen, treiben; **mulieres in eum locum ~; auxilia in mediam aciem ~; alqm in vincula ~** fesseln; **exercitum in angustias ~; hostem in fugam ~** in die Flucht schlagen; – *refl.* sich eilig begeben, sich stürzen, sich flüchten [**se in sacrarium**];
❹ *in einen Zustand* versetzen [**alqm in laetitiam; rem publicam in periculum**];
❺ vermuten, schließen *(ex, de)* [**ex oraculo**]; deuten [**omen**].

coniectātiō, ōnis *f (coniecto) (nachkl.)* Vermutung.

coniectiō, ōnis *f (conicio)* ❶ das Werfen, Schleudern [**telorum; lapidum**];
❷ Deutung [**somniorum**].

coniectō, coniectāre *(Intens. v. conicio)* ❶ mutmaßen, vermuten, schließen *(ex, de)*, erraten, deuten [**rem vetustate obrutam; iter** den Weg erraten];
❷ *(Gell.)* zusammenwerfen, -tragen, -bringen.

coniector, ōris *m (conicio)* (Traum-)Deuter.

coniectrīx, īcis *f (coniector) (Plaut.)* Traumdeuterin.

coniectūra, ae *f (conicio)* ❶ Mutmaßung, Vermutung; **aberrare -ā** in seiner Vermutung irren; **-am facere** *od.* **capere** *(ex, de od. m. indir. Frages.)* vermuten, schließen;
❷ Deutung, Auslegung, Wahrsagung [**somnii; futuri**].

coniectūrālis, e *(coniectura)* auf Mutmaßung beruhend, mutmaßlich.

coniectus[1], ūs *m (conicio)* ❶ das Zusammen-, Hin(ein)werfen; **voraginem coniectu terrae explere**;
❷ das Werfen, Schleudern, Schießen [**teli** Schussweite];
❸ das Hinrichten *des Blickes* [**oculorum**].

coniectus[2] *P.P.P. v. conicio.*

cōni-fer *u.* **-ger,** era, erum *(conus u. fero bzw. gero) (poet.)* Zapfen tragend.

con-iocor, iocārī *(mlt.)* Späße, Witze machen.

cō-nītor, nītī, nīsus *u.* nīxus sum ❶ mit aller Kraft sich an- *od.* aufstemmen, sich stützen [**corpore**];
❷ sich anstrengen, sich bemühen *(m. ut; Inf.; ad)* [**ad eum convincendum** ihn zu überführen];
❸ sich aufrichten, sich aufraffen, sich überwinden [**ad surgendum**];
❹ mühsam emporsteigen, emporklettern [**praealtam in arborem**];
❺ *(Verg.)* gebären [**gemellos**].

coniugālis, e = *coniugialis.*

coniugātiō, ōnis *f (coniugo)* ❶ *(nachkl.)* Verbindung;
❷ *(rhet. t. t.)* etymologische Verwandtschaft, Stammverwandtschaft *der Wörter;*
❸ *(gramm. t. t.)* Konjugation *der Verben.*

coniugātor, ōris *m (coniugo) (Cat.)* Vereiniger.

coniugiālis, e *(conigium)* ehelich, Ehe- [**festa; iura; foedus**].

coniugium, ī *n (coniungo)* ❶ Ehe;
❷ *(poet.)* Liebschaft;
❸ *(poet.)* Paarung, Begattung *v. Tieren;*
❹ *(poet.)* Gatte, Gattin;
❺ *(Lucr.)* Verbindung, Vereinigung [**corporis atque animae**].

con-iugō, iugāre ❶ verbinden, knüpfen [**amicitiam**];
❷ ehelich verbinden, verheiraten.

coniūnctim *Adv. (coniunctus)* gemeinschaftlich.

coniūnctiō, ōnis *f (coniungo)* ❶ Verbindung, Zusammenhang [**portuum; tectorum** Gebäudekomplex];
❷ gesellige Verbindung, Freundschaft *(mit: cum; Gen.; inter se miteinander);*
❸ Verwandtschaft, Verschwägerung;
❹ Ehe;
❺ polit. Verbindung;
❻ *(philos. t. t.)* Begriffsverbindung;
❼ *(rhet. t. t.)* Verbindung der Rede;
❽ *(gramm. t. t.)* Bindewort, Konjunktion.

coniūnctus, a, um *(P. Adj. v. coniungo)* ❶ verbunden, vereint, zusammen(hängend), übereinstimmend; – *Subst.* **coniūncta,** ōrum *n* verwandte, zusammengehörige Begriffe;
❷ *(räuml.)* angrenzend *(an etw.: Dat.);* **theatrum -um domui; castra oppido -a;**
❸ *(durch Verwandtschaft, Freundschaft, Gesinnung)* verbunden, vertraut, nahe stehend *(m. cum; Dat.; inter se)* [**societate; sanguine**]; **-e cum alqo vivere;**
❹ vermählt [**digno -a viro**];
❺ *(zeitl.)* verbunden, unmittelbar folgend *(m. Dat.)* [**proelio**].

● **con-iungō,** iungere, iūnxī, iūnctum ❶ verbinden, vereinigen, verknüpfen, anfügen *(m. Dat. od. cum)* [**castra muro oppidoque; animam cum animo**]; **dextras ~** sich die Hände reichen; **navem navi ~; noctem diei ~** die Nacht zum Tag hinzunehmen; **cohortes cum exercitu ~;** – *mediopass.* sich verbinden, sich vereinigen, zusammenhängen;

② *(einen Bund, Freundschaft u. Ä.)* schließen, knüpfen [**amicitiam; societatem; bellum** gemeinsam führen];
③ *(nachkl.)* etw. ununterbrochen fortsetzen [**cibi abstinentiam** ununterbrochen hungern; **consulatum**].

● **coniūnx,** iugis *f u. m (coniungo)* ① Gattin, Ehefrau; Gatte, Ehemann;
② *(poet.)* Braut;
③ *(Prop.)* Geliebte;
④ *(poet.; nachkl.) (v. Tieren)* Weibchen.

con-iūnxī *Perf. v. coniungo.*

● **coniūrātiō,** ōnis *f (coniuro)* ① Verschwörung, Komplott [**Catilinae; militum; servorum**]; **caput, princeps coniurationis; coniurationem facere contra rem publicam; in coniuratione esse** an der Verschwörung beteiligt sein; **extra coniurationem esse** an der Verschwörung nicht beteiligt sein;
② *(meton.)* die (Mit-)Verschworenen, Verschwörer;
③ Eidgenossenschaft [**nobilitatis**];
④ gegenseitig geleisteter Eid, gemeinsame Vereidigung.

coniūrātus, a, um *(P. Adj. v. coniuro)* ① verschworen [**testes; arma** die Waffen der Verschworenen; **in proditionem urbium suarum**]; – *Subst.* **-ī,** ōrum *m* die Verschworenen;
② durch Eid verbunden [**agmina**], vereidigt.

● **con-iūrō,** iūrāre ① sich verschwören *(adversus; contra; de; in m. Akk.; ad; Inf.; ut)* [**adversus cives suos; contra rem publicam; de consule interficiendo; in mortem patris; ad patriam delendam; patriam incendere; urbem ut incenderent**]; **principes inter se coniurant;**
② sich eidlich verbünden; **omne … coniurat Latium;**
③ *(milit.)* (gemeinsam) den Fahneneid leisten; **ut omnes Italiae iuniores coniurarent** *(Caes.)*;
④ zusammen *od.* zugleich schwören.

● **coniux** = *coniunx.*

cō-nīveō, nīvēre, nīvī *u.* nīxī, – *(vgl. nicto)* ① die Augen schließen;
② *(v. den Augen)* sich schließen *od.* geschlossen sein [**oculis somno coniventibus**];
③ *(übtr.)* ein Auge zudrücken, nachsichtig sein *(bei: in u. Abl.)* [**in sceleribus alcis; in ceteris**].

conl … = *coll …*; **conm …** = *comm…*; **con-n …** = *co-n …*

Conōn, ōnis *m* ① *athen. Admiral um 400 v. Chr.;*
② *Mathematiker u. Astronom aus Samos, um 250 v. Chr., mit Archimedes befreundet.*

cōnōpium *u.* **-pēum,** ī *n (gr. Fw.)* ① Mückennetz;
② *m. Vorhängen versehenes* Ruhebett, Himmelbett.

● **cōnor,** cōnārī ① versuchen, wagen, unternehmen *(alqd; m. Inf.)*;
② *(Ter.)* sich anstrengen.

con-p … = *com-p …*

conquassātiō, ōnis *f (conquasso)* Erschütterung; Zerrüttung [**totius valetudinis corporis**].

con-quassō, quassāre ① stark erschüttern; **Apulia a maximis terrae motibus conquassata est;**
② zerrütten, schädigen [**corpus; mentem**].

con-queror, querī, questus sum laut klagen, beklagen, sich beklagen, sich beschweren *(m. Akk.; de; A.C.I.; cur, quod; vor, bei jmdm.: cum; apud)* [**fortunam adversam; patris in se saevitiam intolerabilem; iniqua iudicia; de fratris iniuria; apud patres vim atque iniuriam dictatoris**].

conquestiō, ōnis *f (conqueror)* ① (laute) Klage, das Wehklagen *(über: Gen.; de)*; **praeteritorum dolorum conquestiones; longa ~ de bellis civilibus;**
② Beschwerde.

conquestus[1]**,** ūs *m (conqueror)* Wehklage.

conquestus[2] *P. P. Akt. v. conqueror.*

con-quēxī *Perf. v. conquinisco.*

con-quiēscō, quiēscere, quiēvī, quiētum ① zur Ruhe kommen, (aus)ruhen, rasten;
② (ein)schlafen [**meridie; post cibum**];
③ *(psychisch)* Ruhe finden [**in studiis litterarum; in musica**];
④ *(milit. t. t.)* Rasttag halten;
⑤ sich ruhig verhalten, Frieden halten;
⑥ *(v. Lebl.)* sich legen, aufhören, ins Stocken geraten; **vectigal conquiescit; imbre conquiescente; conquiescent litterae** Briefwechsel; **febris conquievit; conquiescit mercatorum navigatio.**

con-quinīscō, quinīscere, quēxī, – *(Plaut.)* sich niederkauern.

● **con-quīrō,** quīrere, quīsīvī, quīsītum *(quaero)* ① zusammensuchen, -bringen, auftreiben, sammeln [**naves; frumentum; pecus ex agris; litteras** Dokumente, schriftliche Beweise; **pecuniam**];
② aufsuchen, aufspüren, auf die Suche gehen nach [**causas; argumenta; perfugas; voluptates**];
③ *(Soldaten, Kolonisten)* ausheben, werben [**sagittarios; colonos; socios**].

conquīsītiō, ōnis *f (conquiro)* ① das Zusammensuchen, Sammeln [**librorum; pecuniarum**];
② *(milit. t. t.)* Aushebung, Werbung [**militum**].

conquīsītor, ōris *m (conquiro)* Aushebungsoffizier.

conquīsītus, a, um *(P. Adj. m. Superl. v. conquiro)* ausgesucht, erlesen; **mensas conquisitissimis epulis exstruere.**

con-quīsīvī *Perf. v. conquiro.*

conquīstor, ōris *m (synk. < conquisitor) (Plaut.)* Nachspürer, geheimer Aufpasser.

conr ... = *corr...*

con-sacerdōs, ōtis *m (Eccl.) (geistl.)* Amtsbruder.

cōn-sacrō = *consecro.*

cōn-saepiō, saepīre, saepsī, saeptum umzäunen, einfriedigen; *meist* **cōnsaeptus,** a, um umzäunt, eingehegt [**ager; locus**].

cōnsaeptum, ī *n (consaepio)* Umzäunung, Gehege.

cōnsalūtātiō, ōnis *f (consaluto)* Begrüßung *(durch die Menge)* [**forensis**].

cōn-salūtō, salūtāre gleichzeitig *od.* laut begrüßen *(alqm; m. dopp. Akk.)* [**alqm dictatorem** jmd. als Diktator; **alqm patrem patriae**].

cōn-sānēscō, sānēscere, sānuī, – *(vgl. sanus)* verheilen *(v. Wunden u. Geschwüren).*

cōn-sanguinea, ae *f (consanguineus) (Cat.)* Schwester.

● **cōn-sanguineus** *(sanguis)* **I.** *Adj.* a, um blutsverwandt, *bes.* geschwisterlich; *übh.* verwandt *(auch v. stammverwandten Völkern)* [**populus**];
II. *Subst.* ī *m* Blutsverwandter, *bes.* Bruder.

cōnsanguinitās, ātis *f (consanguineus)* Blutsverwandtschaft; *übh.* Verwandtschaft *(auch übtr.)* [**doctrinae**].

cōn-sānuī *Perf. v. consanesco.*

cōn-sarcinō, sarcināre *(nachkl.)* zusammennähen, -flicken.

cōn-sauciō, sauciāre schwer verwunden [**caput**].

cōn-sāviō *(u.* cōnsuāviō), sāviāre *(nachkl.)* küssen.

cōnscelerātus I. *Adj.* a, um *(P. Adj. m. Superl. v. conscelero)* frevelhaft, gewissenlos, verrucht, verbrecherisch [**filius; mens; impetus; bellum**];
II. *Subst.* ī *m* Verbrecher.

cōn-scelerō, scelerāre mit (einem) Verbrechen beflecken.

● **cōn-scendō,** scendere, scendī, scēnsum *(scando)* ① etw. besteigen, in *od.* auf etw. steigen *(m. Akk.; selten in u. Akk.)* [**aethera; moenia; currum; aequor navibus** befahren; **in equos**];
② *(t. t. der Seefahrt)* das Schiff (die Schiffe) besteigen, sich einschiffen, an Bord gehen *(m. Akk.; in u. Akk.; abs.)* [**navigium; in navem**];
③ *(Prop.) (übtr.)* sich zu etw. aufschwingen *(m. Akk.)* [**laudis carmen** zum Lobgedicht].

cōnscēnsiō, ōnis *f (conscendo)* das Einsteigen [**in naves** Einschiffung].

con-scholaris, is *m (schola) (mlt.)* Mitschüler.

cōn-scidī *Perf. v. conscindo.*

● **cōn-scientia,** ae *f (conscio)* ① das Mitwissen, Mitwisserschaft, Einverständnis [**coniurationis; facinoris**]; **alqm in -am assumere** jmd. zu seinem Vertrauten machen;
② Bewusstsein, Gefühl, Überzeugung *(m. Gen., selten de)*; ~ **virium nostrarum;** ~ **de culpa; nostra stabilis** ~ Selbstbewusstsein;
③ Gewissen *(je nach Zusammenhang auch:* gutes *od.* schlechtes Gewissen); ~ **mentis suae; animi -ā excruciari; magna vis est -ae; angor -ae; mea mihi** ~ **pluris est quam omnium sermo** *(Cic.).*

cōn-scindō, scindere, scidī, scissum ① zerreißen, zerfetzen [**epistulam; alqm capillo** = **alcis capillum** jmdm. die Haare zerzausen];
② *(übtr.)* jmd. herunterreißen, schmähen; **ab optimatibus conscindi; sibilis** ~ auszischen, auspfeifen.

cōn-sciō, scīre, – – sich bewusst sein [**nil sibi** keines Unrechts].

cōn-scīscō, scīscere, scīvī *u.* sciī, scītum ① förmlich beschließen *(m. Akk.; ut)*; **bellum** ~; **consciverant ut bellum cum priscis Latinis fieret**;
② sich zu etw. entschließen, freiwillig wählen, etw. auf sich nehmen, sich zufügen [**(sibi) mortem** Selbstmord begehen; **turpem fugam; facinus** auf sich laden].

● **cōnscius** *(scio)* **I.** *Adj.* a, um ① mitwissend, in etw. eingeweiht, m. etw. vertraut *(m. Gen.; Dat.; de, in re; alci alcis rei; m. indir. Frages.)* [**necis; coniurationi; his de rebus; in privatis rebus; vobis tanti facinoris**];
② sich bewusst; selbstbewusst *(m. Gen.; Dat.; A.C.I.; indir. Frages. – mit u. ohne sibi)* [**sceleris; iniuriae; formae -a coniunx** ihrer Schönheit];
③ schuldbewusst [**animus**];
II. *Subst.* ī *m* Mitwisser, Vertrauter, Teilnehmer *(m. Gen.)* [**coniurationis** Mitverschworener]; – **cōnscia,** ae *f* Mitwisserin, Vertraute.

cōn-scīvī *Perf. v. conscisco.*

cōn-screor, screārī *(screo) (Plaut.)* sich stark räuspern.

cōnscrībillō, cōnscrībillāre *(Demin. v. conscribo)* ① *(vorkl.)* bekritzeln;
② *(Cat.) (übtr.)* mit Striemen zeichnen.

● **cōn-scrībō,** scrībere, scrīpsī, scrīptum ① mit jmdm. zusammen schreiben;
② aufschreiben, *(in eine Liste)* eintragen, aufzeichnen [**sex milia familiarum** *(als Kolonisten)*; **collegia**];
③ verfassen, abfassen, schreiben [**librum; testamentum; legem**];
④ *(Soldaten)* ausheben, anwerben [**legiones; exercitum; omnes, qui arma ferre possunt**]; **modo conscripti** Rekruten;
⑤ *(Bürger in eine Klasse)* eintragen, einreihen; **centuriae tres equitum conscriptae sunt** wurden errichtet;
⑥ in die Senatorenliste eintragen, (neue Senatoren) beiordnen; – *Subst.* **cōnscrīptī,** ōrum *m* die neuen Senatoren, *die der Überlieferung*

nach aus dem Ritterstand übernommen u. den alten Senatoren (patres) beigeordnet worden waren; **patrēs cōnscrīptī** *(eigtl. patres et conscripti)* Väter u. Beigeordnete = Senatoren, Senat;
7 beschreiben, voll schreiben.

cōnscrīptī, ōrum *m s. conscribo.*

cōnscrīptiō, ōnis *f (conscribo)* 1 Aufzeichnung, Abfassung; **falsae conscriptiones quaestionum** Fälschung der Untersuchungsprotokolle;
2 *(spätl.) (meton.)* Schriftstück; Urkunde.

cōnscrīptus *P.P.P. v. conscribo.*

cōn-secō, secāre, secuī, sectum 1 in Stücke (zer)schneiden, zerstückeln [**brassicam; membra fratris**];
2 *(Plin.)* beschneiden [**truncum arboris**].

cōnsecrātiō, ōnis *f (consecro)* 1 religiöse Weihe, Heiligung [**aedium; domūs; bonorum; legis aut poenae** Unverbrüchlichkeitserklärung];
2 Verfluchung [**capitis**];
3 *(nachkl.)* Vergötterung *der Kaiser,* Apotheose.

cōnsecrātor, ōris *m (nachkl.)* der die Weihe gibt *(Christus, der Papst).*

● **cōn-secrō,** secrāre *(sacro)* 1 *der Gottheit* weihen, heiligen [**aedem Iovi; totam Siciliam Cereri; bona alcis**];
2 den unterirdischen Göttern weihen = verfluchen; **te tuumque caput consecro;**
3 der Rache jmds. preisgeben [**Miloni**];
4 zur Gottheit erheben, vergöttlichen, für heilig erklären [**Romulum; Claudium; alcis virtutes**]; **apud Memphim bovem Apim consecraverunt;**
5 unsterblich machen, verewigen; **alcis res gestas memoriā et litteris ~; amplissimis monumentis ~ memoriam nominis tui;**
6 weihen, widmen; **se patriae ~** sich aufopfern für; **matrem immortalitati ~** unsterblich machen; **Africanus veterem Carthaginem nudatam tectis atque moenibus ad testificandam nostram victoriam, ad aeternam hominum memoriam consecravit** *(Cic.) (so dass es nicht wieder aufgebaut werden durfte);*
7 unverletzlich machen.

cōnsectāneus, ī *m (consector) (August.)* Anhänger.

cōnsectāria, ōrum *n (consectarius)* Schlussfolgerungen.

cōnsectārius, a, um *(consector)* folgerichtig.

cōnsectātiō, ōnis *f (consector)* das Streben nach etw. *(m. Gen.)* [**concinnitatis**].

cōnsectātrīx, īcis *f (consector)* Anhängerin, Freundin [**voluptatis**].

cōnsectiō, ōnis *f (conseco)* das Zerschneiden.

cōn-sector, sectārī *(Intens. bzw. Frequ. v. consequor) (m. Akk.)* 1 eifrig *od.* ständig begleiten; nachgehen;
2 etw. eifrig verfolgen, nach etw. trachten, etw. zu erlangen suchen, nach etw. streben [**opes; potentiam; largitione benevolentiam Macedonum**];
3 einer Sache nachgehen, nachforschen;
4 *(feindl.)* verfolgen, nachsetzen, jagen [**alqm stricto gladio; hostes; naves; feminas** nachlaufen].

cōnsecūtiō, ōnis *f (consequor)* 1 Folge; **consecutionem alcis rei afferre** etw. zur Folge haben, nach sich ziehen;
2 *(rhet. t. t.)* richtige Aufeinanderfolge, Ordnung [**verborum**];
3 *(philos. t. t.)* (Schluss-)Folgerung.

cōnsecuus, a, um *(consequor)* folgend.

cōn-senēscō, senēscere, senuī, – 1 *(v. Personen)* **a)** gemeinsam alt werden, altern; **illā consenuere casā** *(v. Philemon u. Baucis);* **b)** *übh.* ein hohes Alter erreichen, alt werden; **in Puteolano praedio usque ad centesimum annum consenuit; c)** schwach, hinfällig werden; **sub armis ~; iuventus ad Veios consenescit; d)** *(an innerer Stärke)* erlahmen, stumpf werden; **otio et tranquillitate rei publicae consenescebat** in ruhigen polit. Zeiten erlahmte er; **e)** *(polit.)* an Geltung, an Einfluss, an Ansehen verlieren;
2 *(v. Sachen)* **a)** alt werden; **b)** an Kraft, Wirkung verlieren, verkommen; **veteres leges ipsā vetustate consenescunt;**
3 *(v. Körper- u. Geisteskräften)* alt u. stumpf werden, erlahmen, schwinden; **consenescunt vires atque deficiunt; animus patris consenuit in affecto corpore.**

● **cōnsēnsiō,** ōnis *f – consensus.*

● **cōnsēnsus,** ūs *m (consentio)* 1 *(v. Personen)* Übereinstimmung, Einigkeit, Einhelligkeit, Einstimmigkeit, einstimmiger Beschluss [**omnium gentium; patrum; bonorum; universae Galliae**]; *(in, über etw.: m. Gen.; auch de u. in m. Abl.)* [**libertatis vindicandae; in me tuendo**]; **ex consensu** auf allgemeines Verlangen hin; **omnium** *(od.* **uno, communi***)* **consensu** einstimmig *(nachkl. auch nur consensu);*
2 *(v. Lebl.)* Harmonie, Übereinstimmung [**naturae**];
3 Verabredung *(im neg. Sinne);* Verschwörung, Komplott.

cōnsentānea, ōrum *n (consentaneus)* übereinstimmende Umstände.

cōnsentāneus, a, um *(consentio)* übereinstimmend mit, vereinbar, im Einklang stehend *(mit: Dat.; selten cum)* [**rationi disciplinaeque; tempori; cum iis litteris**]; **-um est** es ist vereinbar, es ist natürlich, es ist in Ordnung, es passt *(m. Inf.; A.C.I.; ut).*

Cōnsentia, ae *f Hauptstadt v. Bruttium in Süditalien, bekannt auch durch das Grab Alarichs,*

410 n. Chr., j. Cosenza; – *Einw.* **Cōnsentīnī,** ōrum *m.*

cōnsentiēns *s. consentio.*

● **cōn-sentiō,** sentīre, sēnsī, sēnsum ❶ übereinstimmen, einig sein, sich einigen *(mit: cum od. Dat.; über, in etw.: de od. in re)* [**cum populi Romani voluntate; de amicitiae utilitate; de rei publicae salute; sibi** sich treu bleiben, konsequent sein];
❷ einstimmig beschließen *(m. Akk.; ut; Inf.; A.C.I. des Gerundivs)*;
❸ sich verschwören [**urbem inflammare; in Philippi necem; ad prodendam urbem; de urbe tradenda**];
❹ *(v. Sachen)* übereinstimmen, harmonieren, passen *(abs.; inter se; cum re; Dat.; de)*; **vultus consentit cum oratione; his principiis reliqua consentiebant;**
/ *P. Adj.* **cōnsentiēns,** ientis einstimmig, einhellig, übereinstimmend *(v. Personen u. Sachen).*

cōn-senuī *Perf. v. consenesco.*

cōnsequēns, *Gen.* quentis *(consequor)* **I.** *Adj.* ❶ *(philos. t. t.)* **a)** vernunftgemäß, angemessen; **b)** folgerichtig, konsequent;
❷ *(gramm. t. t.)* richtig konstruiert;
II. *Subst. n* (Schluss-)Folgerung, Folge.

cōnsequentia, ae *f (consequor)* Folge.

● **cōn-sequor,** sequī, secūtus sum *(m. Akk.)*
❶ unmittelbar (nach)folgen;
❷ *(zeitl.)* folgen; **nox consequitur diem; consequitur tranquillitas;**
❸ verfolgen, nachsetzen [**copias Helvetiorum**];
❹ *(einem Vorbild)* nachfolgen, *(ein Vorbild)* nachahmen;
❺ etw. streng befolgen, sich genau halten an [**eum morem; alcis sententiam; suum institutum; scriptorem**];
❻ einholen, erreichen [**fugientem; cohortes; rates**]; **litterae alqm consequuntur;**
❼ erlangen, gewinnen, erreichen, erzielen [**multa studio; gloriam duabus victoriis; libertatem; honores amplissimos; eloquentiam; multum in dicendo**];
❽ *(v. Glück od. Unglück)* jmd. ereilen, treffen;
❾ gleichkommen [**maiorem**];
❿ begreifen, erkennen, erfassen [**similitudinem veri; alqd memoriā** sich auf etw. besinnen];
⓫ *(als Wirkung)* (er)folgen, sich aus etw. ergeben; **pudorem rubor consequitur;**
⓬ *(log.)* aus etw. folgen;
⓭ vollständig ausdrücken [**causas verbis**].

cōn-serō¹, serere, sēvī, situm ❶ etw. bepflanzen, besäen; **agrum** ~ bestellen; **regio consita pomis;**
❷ anpflanzen [**arbores; nemora**];
❸ *(poet.) (übtr.)* beschweren, belästigen; **senectute consitus.**

● **cōn-serō²,** serere, seruī, sertum ❶ feindl. aneinander bringen, zusammenbringen; **manum** *od.* **manūs cum alqo** ~ aneinander geraten, einen Kampf beginnen, sich in einen Kampf einlassen; **conserta acies** Handgemenge;
❷ *(den Kampf)* beginnen, liefern [**proelium; bellum**];
❸ *(poet.; nachkl.)* aneinander reihen, aneinander fügen, verbinden *(mit od. an etw.: Dat.)* [**vincula; vehicula vehiculis**];
❹ *(poet.; nachkl.)* anschließen, anknüpfen [**nocti diem** zur Nacht noch den Tag hinzunehmen = Tag u. Nacht arbeiten; **sermonem** ein Gespräch anknüpfen];
❺ *(poet.; nachkl.)* zusammenheften, -stecken [**sagum fibulā**];
❻ *(poet.; nachkl.)* knüpfen, flechten; **lorica conserta auro** geflochten aus;
❼ *(jur. t. t.)* **in** *od.* **ex iure manum** ~ Hand an die strittige Sache legen, einen Eigentumsprozess eröffnen; **alqm ex iure manum consertum** *(Sup.)* **vocare** jmd. zur Eröffnung eines Eigentumsprozesses vorladen;
❽ *(poet.)* anschmiegen [**teneros sinus; latus lateri**].

cōnsertē *Adv. (consertus v. consero²)* verknüpft.

cōnsertim *Adv. (consertus v. consero²)* verkettet.

cōn-serva, ae *f* Mitsklavin.

cōnservātiō, ōnis *f (conservo)* ❶ Aufbewahrung, Erhaltung [**frugum**];
❷ *(übtr.)* Bewahrung, Erhaltung, Rettung [**ordinis; officiorum; bonorum; aequabilitatis; Marii**].

cōnservātor, ōris *m (conservo)* Erhalter, Retter [**rei publicae; urbis**].

cōnservātrīx, īcis *f (conservo)* Erhalterin.

cōn-servitium, ī *n (vor- u. nachkl.)* Mitknechtschaft, Dienstgenossenschaft.

● **cōn-servō,** servāre ❶ (auf)bewahren [**fruges**];
❷ (aufrecht)erhalten, beibehalten [**morem veterem; consuetudinem; auctoritatem; ius iurandum** halten; **fidem** treu bleiben; **ordines** in Reih u. Glied bleiben; **ordinem** die Ordnung aufrechterhalten];
❸ *(vor dem Untergang)* bewahren, retten, erhalten [**rem publicam; cives incolumes** die Bürger unversehrt erhalten; **omnia simulacra arasque**];
❹ jmd. begnadigen; am Leben lassen [**captivum**].

cōn-servus, ī *m* Mitsklave.

cōnsessor, ōris *m (consido)* ❶ (Platz-)Nachbar;
❷ *(im Gericht)* Beisitzer.

cōnsessus, ūs *m (consido)* ❶ *(nachkl.)* das Beisammensitzen;

② Versammlung, Sitzung; ~ **praeconum; consessus theatrales gladiatoriique**;
③ Gerichtssitzung.

cōnsīderātiō, ōnis *f (considero)* Betrachtung, Erwägung.

● **cōnsīderātus,** a, um *(P. Adj. v. considero)*
① *(v. Sachen)* (reiflich) überlegt, erwogen [**via vivendi; iudicium**];
② *(v. Personen)* besonnen, bedächtig [**iudex**].

● **cōn-sīderō,** sīderāre ① betrachten, besichtigen [**milites; opus pictoris; caelum**];
② überlegen, erwägen *(m. Akk.; de; m. ut* darauf bedacht sein, dass; *m. indir. Frages.)* [**causam; se** sich prüfen; **de tota re; de praemiis**]; **alqd secum, cum animo suo** *od.* **secum in animo** ~ etw. bei sich überlegen.

cōnsidium, ī *n = consilium.*

● **cōn-sīdō,** sīdere, sēdī, sessum ① sich zusammensetzen, sich gemeinsam niederlassen [**eodem in loco; sub arbore;** *(poet. auch m. bl. Abl.)* **saxo**];
② *(v. einzelnen)* sich (nieder)setzen, sich niederlassen [**in sella regia**];
③ *(zur Beratung)* sich zusammensetzen, sich versammeln, Sitzung halten [**ad ius dicendum**];
④ sich ansiedeln, sich niederlassen [**in finibus Ubiorum**];
⑤ *(milit.)* sich lagern, sich aufstellen, Stellung beziehen [**sub monte; in colle; pro castris; in insidiis** sich in den Hinterhalt legen];
⑥ *(übtr.)* sich legen, nachlassen, aufhören; **terror, cura, motus consedit**;
⑦ in Vergessenheit geraten; **nomen eius consedit**;
⑧ sich senken, (ein)sinken, in sich zusammensinken, einstürzen; **terra consedit; considit in ignes (in igne) Ilium** sinkt in Asche; **urbs luctu considit** versinkt in Trauer;
⑨ *(übtr.)* sich festsetzen; **multa bona in pectore consident; improbitas in mente alcis considit**;
⑩ *(poet.)* landen, einlaufen [**Ausonio portu**].

cōnsīgnātor, ōris *m (consigno) derjenige, der eine Urkunde beglaubigt.*

cōn-sīgnō, sīgnāre ① be-, versiegeln [**epistulas; tabulas signis**];
② urkundlich bescheinigen, bestätigen, beglaubigen, verbriefen, verbürgen; **senatūs iudicia publicis litteris ~; auctoritatem alcis ~; antiquitas clarissimis monumentis testata consignataque** bezeugt u. verbürgt;
③ aufzeichnen [**alqd litteris; fundos publicis commentariis; notiones in animis** einzeichnen].

cōn-silēscō, silēscere, siluī, – *(vor- u. nachkl.)* verstummen.

cōnsiliārius *(consilium)* **I.** *Subst.* ī *m* ① Berater, Ratgeber [**regis; in negotiis publicis**];
② Beisitzer *(im Rat od. vor Gericht)*;
③ *(mlt.) (caesareus)* kaiserl. Rat *(Amt)*;
II. *Adj.* a, um *(vor- u. nachkl.)* beratend, Rat erteilend [**senatus; amicus**].

cōnsiliātor, ōris *m (consilior) (poet.; nachkl.)* Berater, Ratgeber.

cōnsiliātrīx, īcis *f (consilior) (nachkl.)* Ratgeberin.

cōnsilior, cōnsiliārī *(consilium)* ① sich beraten, beratschlagen;
② jmdm. Rat erteilen.

● **cōnsilium,** ī *n (consulo)* ① Plan, Absicht, Vorsatz *(etw. zu tun, zu etw.: m. Gen.; Inf.; Gen. des Gerundivs; de; ut)* [**callidum; acre; audax**]; **clandestina -a** hinterhältige Anschläge, List(en), Intrigen; ~ **fugae** der Entschluss zu fliehen; ~ **ex oppido profugere; -a (con)coquere** schmieden; **-o** planmäßig, absichtlich; **particeps -orum; ignarus (expers) eius -i; -um frangere, probare, detegere, patefacere; -i auctor; -a perniciosa rei publicae; ~ plenum sceleris et audaciae; -o desistere; deterreri ab eo -o iniquitate loci; enuntiare sociorum -a adversariis**;
② Überlegung, Einsicht, Klugheit; **quis virtute, -o, auctoritate praestantior?; philosophus magni -i; ratio et ~** kluge Berechnung;
③ Beschluss, Ratschluss, Entschluss, Entscheidung; ~ **constat** steht fest; **-a occulta inire; inire -um senatūs interficiendi; id suo privato -o fecit** dies tat er aus eigenem Entschluss; **certus (incertus) -i** fest (schwankend) in seinen Entschlüssen;
④ Rat(schlag), Empfehlung [**bonum; utile; fidele**]; **alci -um dare; -um accipere; alcis -a sequi** befolgen; **alcis -o uti; orbus -o auxilioque** ratlos u. hilflos; **de (ab) amico -um petere** den Freund um Rat fragen;
⑤ *(meton.)* Ratgeber;
⑥ Beratschlagung, Beratung, gemeinsame Überlegung, Besprechung, (beratende) Versammlung; **-a nocturna; -a principum; ~ propinquorum** Familienrat; **in -um ire** zur Besprechung gehen; **-um habere** (ab)halten; **-is arcanis interesse; cum alqo -a conferre; saepe in senatu -a versata sunt**;
⑦ Versammlung einer Behörde *(des Senats, der Beamten)*, Sitzung, Tagung, Ratsversammlung; **iudices in -um advocare** zur Sitzung berufen; **-um vocare, dimittere** einberufen, entlassen;
⑧ Beirat [**praetoris**];
⑨ Kriegsrat *(= ~ bellicum, castrense od. militare)*;
⑩ (Kriegs-)List [**fallax; imperatorium**].

cōn-similis, e ganz ähnlich *(m. Dat.; Gen.)*; **aedificia fere Gallicis consimilia.**

cōn-sipiō, sipere, – – *(sapio) (nachkl.)* bei Besinnung sein *od.* bleiben.

● **cōn-sistō,** sistere, stitī, –
① **a)** sich gemeinsam aufstellen, zusammen-

treten; *präsentisches Perf.:* stehen *(in u. Abl.);* **tota Italia constitit** kam zusammen; **b)** *(v. Einzelnen)* sich hinstellen, sich aufstellen, hintreten, auftreten; *präsentisches Perf.:* stehen *(in u. Abl.)* [**in foro**];
2 *(milit. t. t.)* Stellung, Posten beziehen, antreten;
3 *(milit.)* Halt machen, sich lagern, rasten; **acies consistit; in monte ~; in sinistra parte ~;**
4 still stehen, stehen bleiben [**in valle; ante urbem; ante portas**];
5 *(als Reisender u. Ä.)* anhalten, verweilen [**in Italia; Romae; in urbe**];
6 festen Fuß fassen, fest stehen [**in fluctibus; in arido; in vadis**];
7 sich niederlassen, sich ansiedeln [**in provincia**];
8 **cum alqo ~** sich auf jmds. Seite stellen;
9 bestehen, da sein, vorhanden sein; **ubi maleficia consistunt, ibi poena consistit**;
10 *(v. Zuständen)* eintreten, stattfinden;
11 stocken, aufhören, sich legen, zum Stillstand kommen; **bellum, ira consistit**;
12 *(Ov.)* stecken bleiben; **iaculum constitit;**
13 bei etw. verweilen, verharren *(bes. in der Rede)* [**in singulis**];
14 beruhen auf, bestehen in *od.* aus *(in m. Abl. od. ex);* **in te salus omnium consistit; victus in lacte et caseo consistit**;
15 zur Ruhe kommen, Ruhe gewinnen, sich sammeln, sich fassen;
16 sich behaupten, sich halten, erhalten bleiben, sich durchsetzen [**certa in sententia; in forensibus causis**];
17 *(t. t. der Schifffahrt)* vor Anker gehen [**in portu**].

cōnsistōrium, ī *n (consisto) (nachkl.; spätl.)* Versammlungsort, Beratungszimmer, *bes.* kaiserl. Kabinett.

cōnsitiō, ōnis *f (consero[1])* das Besäen, Bepflanzen, Anbau; *Pl.* Anbauarten.

cōnsitor, ōris *m (consero[1]) (poet.)* Pflanzer [**uvae** = Bacchus].

cōnsitūra, ae *f = consitio.*

cōnsitus *P.P.P. v. consero[1].*

cōn-sobrīna, ae *f* Nichte; Cousine.

cōn-sobrīnus, ī *m* Neffe; Cousin.

cōn-socer, erī *m (poet.; nachkl.)* Mitschwiegervater.

cōnsociālis, e *(mlt.)* ebenbürtig.

cōnsociātiō, ōnis *f (consocio)* enge Verbindung, Vereinigung [**totius generis hominum**].

cōn-sociō, sociāre 1 eng verbinden, vereinigen; **animos eorum ~; imperium ~; dii consociati** die gemeinsamen Bundesgottheiten; **inter nos naturā ad civilem communitatem coniuncti et consociati sumus** wir sind miteinander von Natur aus zum Zusammenleben eng verbunden;
2 etw. gemeinsam machen, teilen [**regnum; consilia cum alqo** jmd. in seine Pläne hineinziehen];
/ *P. Adj.* **cōnsociātus,** a, um übereinstimmend; innig verbunden.

cōn-socius *(nachkl.)* **I.** *Adj.* a, um vereinigt, verbunden;
II. *Subst.* ī *m* (Kampf-)Genosse.

cōnsōlābilis, e *(consolor)* 1 *(pass.)* tröstbar, zu trösten, zu beschwichtigen; **est vix ~ dolor** ist kaum zu beschwichtigen;
2 *(akt.) (Gell.)* Trost bringend [**carmen**].

cōnsōlātiō, ōnis *f (consolor)* 1 Trost, Tröstung, Ermutigung; *Pl.* Trostworte; **lenire se consolatione; afferre huic malo consolationem;**
2 *(meton.)* Trostrede, -schrift.

cōnsōlātor, ōris *m (consolor)* 1 Tröster;
2 *(mlt.)* Heiliger Geist.

cōnsōlātōrius, a, um *(consolator)* tröstend, Trost- [**litterae; codicilli**].

● **cōn-sōlor,** sōlārī 1 trösten, ermutigen, beruhigen, beschwichtigen [**trepidantem**]; **spes sola homines in miseriis ~ solet** *(Cic.);* **qui te ~ cupio, consolandus ipse sum** *(Cic.);* **consolando levare dolorem; verba consolantia;** – *P. Adj.* **cōnsōlātus,** a, um ermutigt;
2 *(durch Trost)* etw. lindern, mildern, beschwichtigen [**dolorem**]; **consolatur honestas egestatem; brevitatem vitae posteritatis memoriā ~** durch das Andenken der Nachwelt.

cōn-somniō, somniāre *(Plaut.)* zusammenträumen, sich im Traum aussinnen.

cōn-sonō, sonāre, sonuī, – 1 m. etw. zusammentönen, im Einklang ertönen, erschallen; **consonante clamore** einstimmig;
2 übereinstimmen, harmonieren;
3 *(nicht klass.)* widerhallen; **tubae utrimque contra canunt, consonat terra** *(Plaut.).*

cōn-sonus, a, um *(consono)* 1 zusammentönend, harmonisch [**clangor; vox**];
2 übereinstimmend, passend.

cōn-sōpiō, sōpīre 1 fest einschläfern; **somno consopiri** fest einschlafen;
2 *(Suet.; Lucr.)* völlig betäuben.

cōn-soror, ōris *f (spätl.)* (Mit-)Schwester.

cōn-sors, *Gen.* sortis **I.** *Adj.* 1 gleichbeteiligt, gleichen Anteil habend;
2 gemeinschaftlich, gemeinsam [**tecta; vita**];
3 ein ungeteiltes Erbe gemeinsam besitzend, in Gütergemeinschaft lebend [**tres fratres**];
4 geschwisterlich, brüderlich, schwesterlich [**pectora; sanguis**];
II. *Subst. m u. f* 1 Teilhaber, (Schicksals-)Gefährte [**imperii** Mitregent; **tribuniciae potestatis**];
2 Bruder; Schwester.

cōnsortiō, ōnis *f (consors)* Gemeinschaft, Teilhaberschaft [**humana; inter binos reges**].

cōnsortium, ī *n (consors)* ① Gemeinschaft, Teilhaberschaft; **alqm in -um admittere** aufnehmen; ~ **regni** Mitregentschaft;
② Gütergemeinschaft; **ab alqo in -um recipi.**

cōn-spatior, spatiārī *(spatium) (Petr.)* zusammen spazieren.

● **cōnspectus**[1], ūs *m (conspicio)* **I.** *akt.* ① das (Er-)Blicken, das Schauen, Blick, *dtsch. oft* Augen, Gesichtskreis, Gegenwart, Nähe; ~ **est in Capitolium** man kann sehen; **in conspectu esse** vor Augen stehen, sichtbar sein; **bellum erat in conspectu** stand in Aussicht; **in alcis conspectum venire** vor Augen treten, sich deutlich zeigen, erscheinen; **e terrae conspectu auferri** aus dem Gesichtsfeld des Landes; **in conspectu alcis** in jmds. Gegenwart; **abducere alqm e conspectu; amittere alqm e conspectu suo;**
② Anschauung, Betrachtung; **uno in conspectu omnia videre** alles auf einen Blick übersehen; **in hoc conspectu et cognitione naturae;**
II. *pass.* ① das Sichtbarwerden, Erscheinung; **conspectu suo proelium restituit; primo statim conspectu** sogleich beim ersten öffentlichen Auftreten;
② Anblick, Aussehen [**iucundissimus tuus**];
③ Versammlung; **vester, iudices, ~ et consessus;**
④ *(Gell.)* kurze Übersicht, Abriss.

cōnspectus[2] *P. P. P. v. conspicio.*

cōn-spergō, spergere, spersī, spersum *(spargo)* ① bespritzen, besprengen, benetzen [**humum ante aedes; vias propter pulverem**],
② bestreuen, überschütten; **herbas floribus ~; caput Tauri** *(Sternbild)* **stellis conspersum est;** *(bildl.)* **ut oratio conspersa sit quasi verborum sententiarumque floribus** *(Cic.).*

cōn-spexī *Perf. v. conspicio.*

cōnspicābilis, e *(conspicor) (Eccl.)* sichtbar.

cōnspiciendus, a, um *(conspicio)* sehenswert, ansehnlich [**opus; templum**].

cōnspicillum, ī *n (conspicio) (Plaut.)* Beobachtungsort, Warte.

● **cōn-spiciō,** spicere, spexī, spectum *(specio)* ① anblicken, anschauen, betrachten; – *bes. mediopass.* **cōnspicī** in die Augen fallen, auffallen, Aufsehen erregen; **supellex in neutram partem conspici poterat** war nach keiner Richtung auffällig;
② erblicken (können), gewahr werden *(m. Akk.; A.C.I.)*; **alqm humi iacentem ~; hostes milites nostros flumen transisse conspexerunt;**
③ *(Plaut.)* einsehen, begreifen;
④ *(nachkl.) (geistig)* wahrnehmen.

cōn-spicor, spicārī erblicken, ansichtig, gewahr werden *(m. Akk.; dopp. Akk.; A.C.I.; indir. Frages.)* [**agmen Aeduorum; alqm in via; trans rivum multitudinem hostium; castra hostium vacua** leer vorfinden]; – *auch pass. Bedeutung:* **Metellus conspicatur** wird sichtbar.

● **cōnspicuus,** a, um *(conspicio)* ① sichtbar [**signum omnibus; acies barbarorum**];
② auffallend, sich auszeichnend, ausgezeichnet, hervorstechend, herausragend [**feminae; arma; voce suis**].

cōnspīrātī, ōrum *m (conspiro) (Suet.)* die Verschworenen.

cōnspīrātiō, ōnis *f (conspiro)* ① Einigkeit, Einmütigkeit, Einklang [**omnium gentium; omnium bonorum**]; *(in etw.: Gen.; in m. Abl.)* [**in re publica gerenda**];
② Verschwörung, Komplott; **princeps conspirationis; sceleratissima ~ hostium; ~ militaris.**

cōn-spīrō, spīrāre ① übereinstimmen, einmütig, einig sein, zusammenwirken [**ad liberandam rem publicam**]; **milites subito conspirati pila coniecerunt** einmütig; – *P. Adj.* cōnspīrāns, *Gen.* antis *u.* cōnspīrātus, a, um einmütig, übereinstimmend;
② sich verschwören, ein Komplott stiften [**ad res novas**]; – *P. Adj.* cōnspīrātus, a, um verschworen;
③ *(Verg.)* zusammen, zugleich ertönen.

cōn-spissō, spissāre verdichten, verdicken.

cōn-spondeō, spondēre, spondī, spōnsum *(vor- u. nachkl.)* sich gegenseitig geloben.

cōnspōnsa, ae *f (conspondeo) (Vulg.)* die Verlobte.

cōnspōnsor, ōris *m (conspondeo)* Mitbürge.

cōn-spuō, spuere, spuī, spūtum ① bespeien, bespucken;
② bestreuen, bedecken; **Iuppiter hibernas cana nive conspuit Alpes.**

cōn-spurcō, spurcāre *(poet.; nachkl.)* besudeln.

cōn-spūtō, spūtāre jmd. anspeien, anspucken.

cōn-stabiliō, stabilīre *(vor- u. nachkl.)* befestigen, sichern.

● **cōnstāns,** *Gen.* antis *(consto)* ① *(in bzw. von der Denk- u. Handlungsweise)* fest, standhaft, beständig, ausdauernd, unwandelbar, charakterfest; **vir, testis ~; constanter ferre dolorem; inimicus ~** hartnäckig; **civis in rebus optimis constantissimus; fides, pietas, animus ~;** *(in Hinsicht auf: m. Gen.)* **fidei ~;**
② *(v. Sachen)* fest (stehend), ruhig [**gradus; vultus**];
③ *(v. Bewegungen)* stetig, unwandelbar, gleich-, regelmäßig, beständig, sich gleich bleibend [**motus lunae; reversio stellarum**];
④ *(v. Zuständen)* beständig, ununterbrochen [**pax**];
⑤ *(v. der Rede)* gleichmäßig, harmonisch,

konsequent durchgeführt [**oratio**];
⑥ *(v. Angaben, Meinungen, Gerüchten u. Ä.)* übereinstimmend, in Einklang stehend; **fama ~; constanter nuntiare.**

● **cōnstantia,** ae *f (constans)* ① Festigkeit, Ruhe [**vocis atque vultūs**];
② Stetigkeit, Unwandelbarkeit, Beständigkeit, Gleichmäßigkeit, Regelmäßigkeit [**astrorum**]; **nihil est tam contrarium rationi et -ae quam fortuna** *(Cic.)*;
③ Standhaftigkeit, Charakterfestigkeit, Besonnenheit [**militum** Ausdauer, Energie; **iudicum; animi in subeundis periculis**];
④ Übereinstimmung, Folgerichtigkeit, Konsequenz; **-ae causā defendere alqd** um konsequent zu sein;
⑤ Beharrlichkeit, Beständigkeit; **stabilitas et ~ benevolentiae;**
⑥ *(philos.)* ruhiger Seelenzustand.

i Kultur **Cōnstantīnus** Kaiser Konstantin (285–337) war der berühmteste Namensträger (röm. Vorliebe für constantia, Beständigkeit, Zuverlässigkeit); seine weltgeschichtliche Bedeutung: Toleranzedikt von Mailand 313: Das Christentum wird gleichberechtigte Religion, die alleinige Staatsreligion sogar schon 391. Schon ab 321 wird der christliche Sonntag staatlicher Feiertag. – Byzanz wird Konstantinopel = 2. Rom; seit 1453: das islamische Instanbul (Türkei).

cōn-stellātiō, ōnis *f (stella) (spätl.) die auf das Schicksal der Menschen einwirkende* Stellung der Gestirne, Konstellation.

cōnsternātiō, ōnis *f (consterno²)* ① das Scheuwerden [**equorum**];
② das Erschrecken, Entsetzen, Betroffenheit, Bestürzung [**mentis**];
③ Aufruhr, Tumult, Meuterei [**militum; vulgi; publica**].

● **cōn-sternō¹,** sternere, strāvī, strātum ① bestreuen [**iter floribus**];
② dicht bedecken; **constrata omnia telis, armis, cadaveribus** *(Sall.)*; **forum corporibus civium constratum caede nocturna** *(Cic.)*;
③ über-, verdecken, aus-, belegen [**cubile purpurea veste; nidum mollibus plumis; naves** mit einem Verdeck versehen];
④ *(bildl.)* bedecken, besäen [**maria classibus; amnem navigiis**];
⑤ nieder-, umwerfen; **tempestas in Capitolio aliquot signa constravit.**

cōn-sternō², sternāre ① scheu machen [**clamoribus dissonis equos**]; – *Pass.* scheuen;
② aufscheuchen, aufschrecken, aufjagen; **in fugam consternari;**
③ (er)schrecken, ängstigen, verblüffen, bestürzt machen; **pavida et consternata multitudo;**
④ aufregen, in Zorn bringen, böse machen, empören, zum Aufruhr treiben; **Galli metu servitutis ad arma consternati.**

cōnstīpātiō, ōnis *f (constipo) (spätl.)* Gedränge.

cōn-stīpō, stīpāre ① zusammendrängen [**tantum numerum hominum in agrum Campanum**];
② *(August.)* mit etw. voll stopfen.

cōn-stitī *Perf. v. consisto u. consto.*

● **cōn-stituō,** stituere, stituī, stitūtum *(statuo)* ① hinstellen, -setzen, -legen, aufstellen *(in m. Abl.)* [**impedimenta; arma in templo**];
② festsetzen, -legen, bestimmen, verabreden, vereinbaren [**diem concilio; tempus agendae rei; tempus in posterum diem locumque**];
③ beschließen, sich entschließen, einen Entschluss fassen *(b. gleichem Subj. meist Inf.; b. verschiedenem Subj.: ut od. A.C.I. des Gerundivs)*;
④ errichten, bauen, anlegen [**turres; castella; quercum in tumulo; oppidum; portum**];
⑤ *(Truppen)* aufstellen [**legiones pro castris; aciem ordinesque**];
⑥ stationieren, verlegen [**hiberna in Belgis**];
⑦ einrichten, ordnen, festigen, in Ordnung bringen [**rem publicam; rem familiarem**];
⑧ Halt machen lassen [**agmen**];
⑨ ansiedeln, ansässig machen [**plebem in agris publicis**];
⑩ *in ein Amt, in eine Stellung* einsetzen [**imperatorem; curatores legibus agrariis**]; zu etw. bestellen [**iudicem**];
⑪ *richterl.* entscheiden [**de iure**];
⑫ *gesetzlich* feststellen [**controversiam** Streitpunkt];
⑬ stiften, einsetzen, einführen, schaffen, begründen, errichten [**amicitiam; pacem; imperium**];
⑭ vornehmen, unternehmen, veranstalten [**auctionem; quaestionem** eine Untersuchung];
⑮ vor Anker gehen lassen [**naves**];
/ *P. Adj.* **cōnstitūtus,** a, um festgesetzt, bestimmt; beschaffen; **die constituto** am festgesetzten Tag.

cōnstitūtiō, ōnis *f (constituo)* ① Einrichtung, Verfassung [**rei publicae** Staatsverfassung; **religionum**];
② Beschaffenheit, Zustand [**corporis; prima naturae**];
③ Verordnung, Anordnung [**senatūs; praetoris**];
④ *(rhet. t. t.)* Feststellung *des Streitobjekts;*
⑤ Begriffsbestimmung.

cōnstitūtum, ī *n (constituo)* ① Verabredung; **-um facere cum alqo, ut; sero ad -um venire;**
② verabredeter Ort, verabredete Zeit;
③ Vorsatz;
④ *(nachkl.)* Verfügung, Verordnung.

● **cōn-stō,** stāre, stitī, stātūrus ① still (da)stehen, nicht weichen *od.* wanken, fest stehen, stehen bleiben; **acies nullo loco constabat** wankte überall; **dum sanitas constabit; qua in sententia si ~ voluissent;**
② vorhanden sein, existieren; **antiquissimi, quorum quidem scripta constent;**
③ feststehen, bekannt sein *(meist unpers.); –* **cōnstat** *(m. A.C.I. od. indir. Frages.)* **a)** es ist bekannt [**omnibus, inter omnes** allgemein; **inter homines sapientissimos**]; **b) mihi constat** ich bin fest entschlossen;
④ zusammengesetzt sein, bestehen aus; **homo ex corpore et animo constat; constat tota oratio longioribus membris, brevioribus periodis;**
⑤ bestehen in, beruhen auf *(m. in u. Abl. od. bl. Abl.)*; **victoria in virtute militum constat; sapientiā imperia constant** sind gegründet auf;
⑥ fortbestehen, unverändert bleiben, gleich bleiben; **constat fides; mens non constitit mihi** ich verlor die Fassung;
⑦ übereinstimmen; **constat idem omnibus sermo** alle sagen das Gleiche; **ratio constat** die Rechnung stimmt, *auch übtr.:* es trifft zu, es ist richtig; **sibi ~** sich treu bleiben, konsequent sein *(in od. bei etw.: in re);*
⑧ *(geschäftl. t. t.; urspr. vom Gleichstehen der Waagschalen)* zu stehen kommen, kosten *(m. Abl. pretii)* [**parvo, magno; auro**]; **victoria multo sanguine constabat;**
⑨ *(Plaut.)* beisammenstehen.

cōnstrātum, ī *n (consterno¹)* Bedeckung, Decke, Belag [**navis** Verdeck; **-a pontium** Bretterbelag der Brücken].

cōn-stringō, stringere, strīnxī, strictum ① zusammenschnüren, -binden [**vineam; sarcinam**];
② binden, fesseln, festbinden, befestigen; **alqm** *od.* **corpus alcis vinculis ~; illum laqueis ~; alcis manus ~; curru constrictus** an den Wagen gebunden;
③ *(übtr.)* (be)festigen, unauflöslich machen [**fidem religione; psephismata iure iurando**];
④ verpflichten [**alqm lege**];
⑤ beschränken, in seiner Tätigkeit lähmen [**senatum**];
⑥ *(in der Rede)* kurz zusammenfassen [**sententiam aptis verbis; rem dissolutam**];
⑦ *(nachkl.)* zum Gefrieren bringen; *Pass.* festfrieren; **bruma cuncta constrinxit gelu; nives rigore constrictae;**
⑧ *(Petr.) (einen Körperteil)* zusammenziehen, falten [**frontem** runzeln].

cōnstrūctiō, ōnis *f (construo)* ① Bau [**theatri; gymnasii; hominis**];
② *(rhet. t. t.)* Periodenbau [**verborum**];
③ Aufstellung *der Bücher in der Bibliothek;*
④ *(Sen.)* Zusammenfügung, Verbindung [**lapidum**].

cōn-struō, struere, strūxī, strūctum ① (er)bauen, errichten [**aedificium; nidum; navem; arces; cubilia**];
② zusammen-, aufschichten [**ligna**]; **dentes in ore constructi** Zahnreihen;
③ aufhäufen, auftürmen [**divitias; acervos nummorum**];
④ *(Cat.)* besetzen; **constructae dape mensae.**

cōnstuprātor, ōris *m (constupro)* Schänder.

cōn-stuprō, stuprāre schänden, vergewaltigen.

cōn-suādeō, suādēre, suāsī, suāsum *(Plaut.)* dringend, nachdrücklich (an)raten.

Cōnsuālia, ium *n s. Consus.*

cōn-suāsor, ōris *m (consuadeo)* Ratgeber.

cōn-subsīdō, subsīdere, – – *(Min. Fel.)* zurückbleiben.

cōn-sūcidus, a, um *(Plaut.)* vollsaftig.

cōn-sūdō, sūdāre *(vor- u. nachkl.)* stark schwitzen.

cōn-suē-faciō, facere, fēcī, factum *(Pass.:* cōnsuē-fīō, fierī, factus sum) jmd. an etw. gewöhnen.

● **cōn-suēscō,** suēscere, suēvī, suētum **I.** *intr.* ① sich gewöhnen an *(m. Dat.; ad; Inf.)* [**mori**]; – *Perf.* **cōnsuēvisse** gewohnt sein, pflegen; – *P.P.P.* **cōnsuētus,** a, um an etw. gewöhnt, mit etw. vertraut *(m. Dat. od. Inf.);*
② **cum alqo consuevisse** mit jmdm. vertrauten Umgang haben, ein Verhältnis haben;
II. *trans. (poet.; nachkl.) etw. od. jmd.* an etw. gewöhnen *(an etw.: m. Dat. od. Inf.)* [**iuvencum aratro; vitem umori**]; – *P. Adj.* **cōnsuētus,** a, um *(poet.; nachkl.)* gewohnt, gewöhnlich [**libido**].

cōnsuētiō, ōnis *f (consuesco) (Kom.)* vertrauter Umgang.

cōnsuētūdinārius, a, um *(consuetudo) (spätl.)* gewohnheitsmäßig.

● **cōnsuētūdō,** dinis *f (consuesco)* ① Gewohnheit, Brauch, Sitte, Gewöhnung; **(pro, ex) consuetudine** *od.* **ad consuetudinem alcis** gemäß, nach der Gewohnheit jmds., nach Sitte, Brauch; **praeter** *od.* **contra consuetudinem** wider die Gewohnheit, entgegen der Gewohnheit; **ad consuetudinem Graecorum disputare; in consuetudinem venire** zur Gewohnheit werden; **~ oculorum** gewohnter, wiederholter Anblick; **~ incommodorum** Gewöhnung an; **~ vivendi** Lebensweise; **~ dicendi, loquendi, scribendi; mos**

consuetudoque civilis die Sitte u. die herkömmlichen bürgerlichen Formen; **vita hominum consuetudoque communis; communis ~ sermonis** *od.* **loquendi** der gewöhnliche, allgemeine Sprachgebrauch *(s. 3.)*; ~ **regia** Brauch unter den Königen; **ius consuetudinis** Gewohnheitsrecht; **adducere alqm** *od.* **se in eam consuetudinem, ut** jmd. *od.* sich so gewöhnen, dass; **ab omnium Siculorum consuetudine discedere** abweichen; **est ~ Siculorum, ut; alqm in suam rationem consuetudinemque inducere**;
❷ die (gewohnte) Lebensweise (= ~ *vitae, victūs, vivendi*); **deflectere a pristina consuetudine** abweichen; **neque vino neque consuetudine reliqua abstinere; imitari sociorum consuetudinem**;
❸ (allgemeiner) Sprachgebrauch (= ~ *sermonis, loquendi*); ~ **saeculi; consuetudinem imitari**;
❹ Erfahrung; **consuetudinem alcis rei habere** Erfahrung, Übung in etw. haben;
❺ geselliger Umgang, geselliger Verkehr, Geselligkeit; ~ **iucundissima, longinqua; revocare alqm in consuetudinem pristinam**;
❻ zärtlicher Umgang der Liebenden, Liebesverhältnis;
❼ *(Suet.)* zärtlicher, vertrauter Umgang der Eheleute; **Agrippinae consuetudine teneri** sehr an der A. hängen.

cōnsuētus *s. consuesco.*

i Kultur ● **cōnsul,** ulis *m (Sg. abgekürzt COS, Pl. COSS)* ❶ Konsul, *Bez. der beiden höchsten Beamten der röm. Republik, die seit etwa 450 v. Chr. jeweils f. die Dauer eines Jahres von den Zenturiatkomitien gewählt wurden; anfangs konnten nur Angehörige patrizischer Familien Konsuln werden; seit 367 v. Chr. hatten auch reiche Plebejerfamilien Zugang zum Konsulat, später ist regelmäßig einer der Konsuln Plebejer;* ~ **ordinarius** ordentlicher K. *(der seit 153 v. Chr. am Jahresanfang sein Amt ordentlich antrat);* ~ **suffectus** nachgewählt; ~ **designatus** designiert, für das nächste Jahr gewählt; **consules creare; alqm creare consulem; alqm facere consulem; consulem (sub)rogare** zur Wahl vorschlagen; – *die Namen der beiden consules ordinarii od. auch nur einer von beiden dienten zur Bez. des Jahres:* **M. Claudio (et) L. Furio consulibus** im Konsulatsjahr des … ; **consule Tullo;** – **pro consule** *u.* **proconsul** an Konsuls statt, Inhaber konsularischer Gewalt *(ohne Konsul zu sein)*, Statthalter einer konsularischen Provinz, Prokonsul, gewesener Konsul *(m. den Amtsbefugnissen eines Konsuls ausgestattet):* **Furius Camillus pro consule Africae; pro consule in Ciliciam proficisci** an Stelle des Konsuls, als Prokonsul;
❷ *b. den Historikern manchmal statt proconsul.*

● **cōnsulāris** *(consul)* **I.** *Adj.* e konsularisch, des Konsuls, der Konsuln; **provincia ~; aetas** ~ *gesetzliches Alter v. 43 Jahren;* **exercitus** ~ v. einem Konsul befehligt; **comitia consularia** zur Konsulwahl abgehalten; **auctoritas ~; candidatus** ~ ein Bewerber um das Konsulat; **tribuni militum consulari potestate; vita consulariter acta** eines Konsuls würdig;
II. *Subst.* is *m* ❶ gewesener Konsul, Konsular;
❷ *(in der Kaiserzeit)* Legat mit Konsularrang, kaiserl. Statthalter einer Provinz.

● **cōnsulātus,** ūs *m (consul)* ❶ Konsulat, Konsulwürde;
❷ *(mlt.)* (städtischer) Rat.

● **cōnsulō,** cōnsulere, cōnsuluī, cōnsultum *(vgl. consul, consilium)* **I.** *intr.* ❶ Rat halten, sich beraten, beratschlagen [**in publicum** für das allgemeine Wohl; **de communibus rebus**];
❷ *(m. Dat. od. ut)* sorgen für, Sorge tragen, jmdm. helfen, auf etw. bedacht sein [**civibus; patriae; sibi; dignitati; honori; saluti**];
❸ beschließen, Maßregeln treffen [**de perfugis; de salute alcis**]; verfahren [**graviter in plebem; in alqm superbe**];
II. *trans.* ❶ jmd. um Rat fragen, befragen, zurate ziehen [**senatum de re publica**]; *eine Gottheit, ein Orakel* befragen [**Apollinem**];
❷ **populum** ~ beim Volk den Antrag stellen;
❸ etw. erwägen, überlegen;
❹ **boni** ~ gutheißen; zufrieden sein mit [**hoc munus**].

cōnsultātiō, ōnis *f (consulto²)* ❶ Beratung, Erwägung *(über: de; indir. Frages.)*; **consultationes prolatare; venit alqd in consultationem; de pace dilata ~ est in concilium Achaeorum** *(Liv.)*; ~ **de Macedonico bello reiecta est** *(Liv.)*;
❷ Anfrage; **consultationi respondere**;
❸ *(rhet. t. t.)* Thema; These.

cōnsultō¹ *u.* **cōnsultē** *Adv. (v. consultus¹).*

● **cōnsultō²,** cōnsultāre *(Intens. v. consulo)*
❶ reiflich erwägen, überlegen, beratschlagen *(de od. super re; alqd; indir. Frages.)* [**de officio; cum amicis de bello**]; **tempus ad consultandum petere**;
❷ Sorge tragen, sorgen für *(m. Dat.)* [**rei publicae; in medium** für das allgemeine Wohl; **in longius** für die Zukunft];
❸ jmd. befragen, um Rat fragen, zurate ziehen.

cōnsultor, ōris *m (consulo)* ❶ der Ratsuchen-

de; **eius domus a consultoribus compleri solet** *(Cic.)*;
② Ratgeber.

cōnsultrīx, īcis *f (consultor)* Fürsorgerin, Beraterin.

● **cōnsultum,** ī *n (consultus¹)* ① Beschluss, Maßregel, Plan; **senatūs** ~ *(abgekürzt:* SC) Senatsbeschluss; **facta et -a fortium et sapientium; approbare -a;**
② *(Verg.)* Orakel(spruch); **-um petere.**

cōnsultus¹, a, um *(Adv.* -ē *u.* -ō*) (consulo)* ① reiflich überlegt, erwogen [**omnia; consilium**];
② kundig, erfahren [**iuris** *od.* **iure** rechtskundig; **iustitiae; eloquentiae**];
/Adv. **a) cōnsultē** mit Bedacht, bedächtig [**rem gerere;** ~ **cavere**]; **b) cōnsultō** mit Absicht, absichtlich, planmäßig [**bellum trahere**].

cōnsultus², ūs *m (consulo)* ① Beschluss [**senatūs**];
② Beratung, Rat.

cōnsultus³, ī *m (consultus¹)* Rechtskundiger, Rechtsgelehrter.

cōnsuluī *Perf. v. consulo.*

cōnsummābilis, e *(consummo)* der Vollkommenheit fähig [**ratio**].

cōnsummātiō, ōnis *f (consummo) (nachkl.)*
① Zusammenrechnung, Zusammenfassen [**argumentorum**];
② Vollendung, Ausführung [**operis; coeptorum**].

cōn-summō, summāre *(summa)* ① zusammenrechnen, summieren [**pretium; gloriam** sammeln];
② vollenden, ausführen [**opera**];
③ zur Vollkommenheit bringen, vervollkommnen [**facultatem orandi; artem**]; – *P. Adj.* **cōnsummātus,** a, um *(m. Superl.)* vollkommen [**sapientia**];
④ *(Suet.) (abs.)* seine Dienstzeit *(als Soldat)* vollenden.

● **cōn-sūmō,** sūmere, sūmpsī, sūmptum ① gebrauchen, auf etw. verwenden *(bei, auf etw.: in m. Abl.; nachkl. in m. Akk.)* [**pecuniam in monumento; omne tempus in litteris; aetatem in eo studio; omne aurum in ludos**];
② aufbrauchen, verbrauchen [**omnia tela** verschießen];
③ *(Nahrung)* verzehren [**frumenta; fruges; pabulum**];
④ verprassen, vergeuden [**patrimonia; rem familiarem; gloriam**];
⑤ *(Zeit)* verbringen, zubringen, mit etw. ausfüllen, *auch* (unnütz) verstreichen lassen; *Pass.* verstreichen; **annos suos** ~; **magnā diei parte consumptā; per** (mit) **ludum iocumque paene totum diem** ~;
⑥ *(ein Mittel, eine Tätigkeit u. Ä.)* aufwenden, aufbrauchen, erschöpfen, *auch* vergeblich, erfolglos aufbrauchen, verschwenden; **omnia remedia** ~; **multis diebus laboribusque consumptis; multam operam frustra** ~; **misericordiam** ~ das Maß des Mitleids erschöpfen;
⑦ zerreiben, ganz abreiben, zernagen, zerstören; **consumit rubigo ferrum; consumitur anulus usu; nihil est operā factum, quod aliquando non conficiat aut consumat vetustas** *(Cic.)*; **consumit vocem metus instans** erstickt die Stimme;
⑧ *(v. Feuer)* verzehren, *(durch Feuer)* vernichten, zerstören [**classem hostium incendio**]; – *gew. im Pass.* **consumi incendio, flammā** durch Feuer verzehrt, vernichtet, zerstört werden; **aedes Fortunae et matris Matutae incendio consumptae erant** *(Liv.)*;
⑨ *(Lebewesen)* aufreiben, hinraffen, umbringen, töten; **multos autumni pestilentia consumpsit; fame, siti consumi.**

cōnsūmptiō, ōnis *f (consumo)* Aufzehrung, Vernichtung.

cōnsūmptor, ōris *m (consumo)* Verzehrer.

cōnsūmptrīx, īcis *f (consumptor)* Verzehrerin; **terra** ~ **omnium corporum.**

cōnsūmptus *P.P.P. v. consumo.*

cōn-suō, suere, suī, sūtum *(vor- u. nachkl.)*
① zusammennähen, -flicken;
② **os alcis** ~ jmdm. das Maul stopfen;
③ anzetteln; **doli consuti.**

● **cōn-surgō,** surgere, surrēxī, surrēctum ① sich erheben, aufstehen;
② *(poet.) (v. Wind, Fluten u. Ä.)* sich erheben, sich auftürmen, auf-, emporsteigen; **vespere ab atro consurgunt venti; mare imo consurgit ad aethera fundo;**
③ *(poet.) (v. Bauten, Bäumen u. Ä.)* sich erheben, in die Höhe ragen; **murus consurgit; consurgunt geminae quercus;**
④ sich *(aus der Ruhe zu einer Tätigkeit)* erheben [**in arma; magno tumultu ad bellum**];
⑤ *(übtr.)* emporstreben, sich aufschwingen [**ad dignitatem; carmine** sich im Lied aufschwingen];
⑥ *(poet.; nachkl.) (v. Zuständen)* ausbrechen, sich erheben; **bellum in media pace consurgit.**

cōnsurrēctiō, ōnis *f (consurgo)* allseitiges Aufstehen.

cōnsurrēctum *P. P. P. v. consurgo.*

cōn-surrēxī *Perf. v. consurgo.*

Cōnsus, ī *m altröm. Gott der Erde, des Ackerbaus und der Ernte, von Liv. mit dem Neptunus equester gleichgesetzt, da an dem Fest des Consus Pferderennen stattfanden;* – **Cōnsuālia,** ium *n Feste des Consus, dessen unterirdischer Altar im Circus maximus am 21. August und 15. Dezember geöffnet wurde und der m. Pferde- und Wagenrennen gefeiert wurde.*

cōn-susurrō, susurrāre *(Ter.)* zusammen flüstern.

cōnsūtor, ōris *m (consuo) (spätl.)* Schneider.

con-tābēfaciō, tābēfacere, tābēfēcī, tābēfactum *(Plaut.)* nach u. nach hinschwinden lassen; *(übtr.)* verzehren.

con-tābēscō, tābēscere, tābuī, – hinschwinden, sich aufzehren.

contabulātiō, ōnis *f (contabulo)* Balkenlage, Bretterboden, Stockwerk.

con-tabulō, tabulāre *(tabula)* ① mit Brettern belegen, mit Bretterböden ausstatten, mit Stockwerken versehen [**turrim**];
② mit mehrstöckigen Türmen versehen [**murum turribus**];
③ *(nachkl.) (übtr.)* überbrücken [**Hellespontum**].

contāctus[1]**,** ūs *m (contingo)* ① Berührung;
② *(physische)* Ansteckung;
③ *(moral.)* verderbliche Ansteckung, verderblicher Einfluss [**dominationis**].

contāctus[2] *P.P.P. v. contingo.*

contāgēs, is *f (contingo) (Lucr.)* Berührung.

contāgiō, ōnis *f u.* **contāgium,** ī *n (contingo)* ① Berührung;
② Einwirkung, Einfluss [**naturae**];
③ Annäherung, Verkehr mit jmdm.; **ab omni mentione et contagione Romanorum abstinere**;
④ Ansteckung [**pestifera; morbi**];
⑤ schlechter Einfluss, verderbliches Beispiel; ~ **imitandi belli** ansteckende Sucht nach Krieg; **se ab omni contagione vitiorum reprimere ac revocare.**

contāgiōsus, a, um *(contagio) (spätl.)* ansteckend.

contāgium *s. contagio.*

contāmen, minis *n (contingo)* ① Berührung;
② Ansteckung.

contāminātī, ōrum *m (contamino) (Tac.)* Lustknaben.

contāminō, contāmināre *(contamen) (durch Berührung, Verschmelzung, Vermischung)* verderben, beflecken, entehren, entweihen; **se sanguine, maleficio ~; se ipsos ac domos suas nefandā praedā ~; fabulas ~** durch Verschmelzung *(zweier griech. Originalstücke zu einem röm. Stück)* verderben, verhunzen; – *P. Adj.* **contāminātus,** a, um befleckt, entehrt, entweiht [**sceleribus**]; mit Schuld beladen, schuldbefleckt [**vita**].

con-technor, technārī *(techna) (Plaut.)* Ränke schmieden, in betrügerischer Absicht ersinnen.

con-tectālis, is *f (tectum) (spätl.)* Hausgenossin; (Ehe-)Frau.

● **con-tegō,** tegere, tēxī, tēctum ① (be)decken; **spoliis contectum iuvenis corpus; naves ~** mit Verdeck versehen; **contecta stramine casa** strohgedeckt; – *auch: zum Schutz* bedecken, schützen [**alqm veste sua**];
② *(Tac.) (übtr.)* schützen; **fide clientium contecti;**
③ verhüllen, verdecken, verbergen [**caput amictu**];
④ verhehlen, verheimlichen;
⑤ begraben *(alqm od. corpus, ossa alcis tumulo).*

con-temerō, temerāre *(poet.)* beflecken, entweihen [**torum; manus**].

● **con-temnō,** temnere, tempsī, temptum ① verachten, gering schätzen, etw. gleichgültig hinnehmen [**morbum** unterschätzen; **deos; fortunam; leges; paupertatem; verba; plebem**];
② *se contemnere* bescheiden sein; *se non contemnere* Selbstgefühl besitzen;
③ sich verächtlich über etw. äußern, verspotten *(m. Akk.);*
④ trotzen *(m. Akk.)* [**ventos; Charybdim**].

con-temperō, temperāre ① mischen;
② gleich machen;
③ mäßigen, mildern [**febres**].

contemplātiō, ōnis *f (contemplor)* ① Betrachtung [**caeli**];
② *(geistige)* Betrachtung [**naturae; virtutum alcis; rerum caelestium**];
③ *(Min. Fel.) (meton.)* Bild;
④ *(spätl.)* Berücksichtigung, Rücksicht.

contemplātīvus, a, um *(contemplor) (nachkl.)* betrachtend, beschaulich, theoretisch [**philosophia; vita**].

contemplātor, ōris *m (contemplor)* Betrachter [**caeli; astrorum; mundi**].

contemplātus, *Abl.* ū *m (contemplor)*
① *(Ov.)* Betrachtung;
② *(nachkl.)* Berücksichtigung, Rücksicht.

● **con-templor,** templārī *u. (altl.)* **con-templō,** templāre ① betrachten;
② *(übtr.)* betrachten, erwägen *(alqd animo).*

con-temporāneus *(tempus) (Gell.)* **I.** *Adj.* a, um gleichzeitig;
II. *Subst.* ī *m* Zeitgenosse.

con-tempsī *Perf. v. contemno.*

contemptibilis, e *(contemno)* verachtenswert, verächtlich.

contemptim *Adv. (m. Komp.* contemptius*) (contemptus*[1]*)* mit Verachtung, geringschätzig [**de Romanis loqui**].

contemptiō, ōnis *f (contemno)* Verachtung, Geringschätzung, Gleichgültigkeit gegen *(m. Gen.)* [**dolorum laborumque; pecuniae; mortis; deorum**].

contemptius *Adv. im Komp. (s. contemptim).*

contemptor, *Gen.* ōris *(contemno)* **I.** *Subst. m* Verächter [**divitiarum; mortis; religionum**];
II. *Adj.* verachtend, gering schätzend [**animus**].

contemptrīx, īcis *f (contemptor)* Verächterin.

C

contemptus¹, a, um *(Adv.* contemptim) *(contemno)* ❶ verachtet;
❷ verächtlich;
❸ unbedeutend, ärmlich.

contemptus², ūs *m (contemno)* ❶ *(akt.)* Verachtung, Nichtachtung, Geringschätzung [**omnium hominum; vitae**];
❷ *(pass.)* das Nichtgeachtetsein; **contemptui esse alci** v. jmdm. verachtet werden; **Gallis prae magnitudine corporum suorum brevitas nostra contemptui est** *(Caes.)*.

● **con-tendō,** tendere, tendī, tentum ❶ (an)spannen, straff anziehen [**arcum**];
❷ anstrengen [**omnes nervos**];
❸ sich anstrengen, sich bemühen [**de salute rei publicae**];
❹ *(poet.) (Geschosse)* schleudern, abschießen [**tela; hastam**];
❺ sich beeilen [**proficisci**];
❻ eilen, eilig sich begeben, eilig marschieren [**huc magnis itineribus; ad Rhenum; in castra; per ea loca**];
❼ eifrig nach etw. streben, etw. erstreben *(abs., m. ut od. m. Akk. od. ad)* [**magistratum; ad summam laudem**];
❽ sich m. jmdm. messen, wetteifern *(mit: cum od. Dat.)* [**cum aequalibus virtute; inter se viribus; cursu** um die Wette laufen; **Homero**];
❾ streiten, kämpfen [**cum Sequanis bello; de principatu**];
❿ sich herumstreiten, streiten;
⓫ m. Eifer fordern, dringend verlangen *(alqd; ut)*;
⓬ nachdrücklich versichern, fest behaupten *(alqd; A.C.I.)*;
⓭ zusammenstellen, vergleichen *(mit: cum od. Dat.)* [**leges; annales nostros cum scriptura eorum**].

con-tenebrō, tenebrāre *(tenebrae) (nachkl.)* verfinstern.

● **contentiō,** ōnis *f (contendo)* ❶ starke Anspannung, Anstrengung; **summa contentione dimicare;**
❷ eifriges Streben, Bemühung *(nach, um etw.: m. Gen.)* [**honoris** nach Ehre; **rei publicae** um den Staat];
❸ Wettstreit, -kampf; *übh.* Kampf, Streit *(m. Gen.: in etw., um etw.; de re: um etw.)* [**forensis** vor Gericht; **rei privatae** in einer Privatsache; **dicendi** im Reden; **honorum** um Ehrenstellen; **de regno**];
❹ Streitrede, -gespräch, Debatte; Streitfrage;
❺ Streitsucht, Rechthaberei;
❻ Leidenschaft, Heftigkeit;
❼ das Vergleichen, Vergleich, vergleichende Zusammenstellung;
❽ *(nachkl.) (rhet. t. t.)* Antithese.

contentiōsus, a, um *(m. Komp.) (contentio) (nachkl.)* ❶ streitsüchtig, polemisch [**oratio**];
❷ hartnäckig [**pernicies**].

● **contentus¹,** a, um *(m. Komp.) (contineo)* sich begnügend, zufrieden mit etw. *(m. Abl.)* [**minimo; paucis; modicis aedibus**].

contentus², a, um *(contendo)* ❶ gespannt, straff [**funis**];
❷ angestrengt, angespannt [**vox**];
❸ eifrig [**studium**].

conterminum, ī *n (conterminus) (nachkl.)* das angrenzende Gebiet.

con-terminus, a, um *(poet.; nachkl.)* angrenzend, benachbart *(m. Dat.)*; **stabula ripae -a.**

con-terō, terere, trīvī, trītum ❶ zerreiben, zerbröckeln, zerdrücken [**pabula; cornua cervi**];
❷ abreiben, abnutzen [**ferrum usu; viam sacram** abtreten (= oft betreten)];
❸ aufreiben, erschöpfen, hart mitnehmen [**boves et vires agricolarum; corpora**]; – *se conterere u. mediopass. conteri* sich abmühen, sich abplagen, sich aufreiben: **se in musicis conterere; conteri in causis et in negotiis et in foro;**
❹ *(eine Zeit)* zubringen, verbringen, auf etw. verwenden, verstreichen lassen, vergeuden; **cum alqo diem ~; omne otiosum tempus in studiis ~; aetatem in litibus ~; vitam suam in quaerendo ~;**
❺ *(in Rede u. schriftl. Darstellung)* abnutzen, erschöpfen, abdreschen; **proverbium vetustate contritum; communia et contrita praecepta** allgemein bekannte u. abgedroschene;
❻ *(vor- u. nachkl.) Mühe* verwenden, aufwenden [**operam**];
❼ austilgen; **eius omnes gravissimas iniurias voluntariā quādam oblivione ~** freiwillig aus dem Gedächtnis tilgen;
❽ etw. gering schätzen, mit Füßen treten, für wertlos halten [**praemium; dignitatem virtutis**];
❾ *(vorkl.)* jmd. bloßstellen [**alqm sua oratione; alqm indigno quaestu**].

con-terreō, terrēre, terruī, territum jmd. erschrecken; einschüchtern.

contestātiō, ōnis *f (contestor)* ❶ inständige Bitte, Beschwörung;
❷ *(Gell.)* das feierliche Anrufen zum Zeugen; die *(unter Anrufung v. Zeugen)* aufgestellte Behauptung.

con-testis, is *m (mlt.)* Zeuge.

con-testor, testārī ❶ als Zeugen anrufen [**deos hominesque; caelum noctemque**];
❷ inständig bitten, beschwören [**deos**];
❸ *(jur. t. t.)* **litem** ~ den Prozess durch Aufrufen v. Zeugen einleiten *(auch pass.: contestata lis* Prozessbeginn; *contestatā lite* nach Prozessbeginn);
/ *P. Adj.* **contestātus,** a, um beglaubigt, bewährt, erprobt [**virtus**].

con-texō, texere, texuī, textum ① zusammenweben [**villos ovium**];
② zusammenflechten [**membra viminibus**];
③ zusammenfügen, -stellen, -setzen, aneinander reihen [**opus; crimen** anstiften; **tigna materiā; orationem**];
④ *(übtr.)* verknüpfen, verbinden; **contexta historia** fortlaufend, zusammenhängend;
⑤ *(in der Rede)* anfügen, ergänzen; fortsetzen [**carmen longius; interrupta** wieder anknüpfen].

contextus¹, a, um *(P. Adj. v. contexo)* ① verflochten, verbunden;
② fortlaufend, ununterbrochen [**historia eorum temporum; oratio**].

contextus², ūs *m (contexo)* Zusammenhang, enge Verknüpfung [**orationis; operis** Verlauf].

con-texuī *Perf. v. contexo.*

● **con-ticēscō,** ticēscere, ticuī, – *(u.* **conticīscō**) ① verstummen; **conticuit adulescens; sermo, lyra conticuit;**
② *(v. Tätigkeiten u. Zuständen)* sich legen, still werden, verstummen, sich beruhigen; **conticuere undae; conticuit tumultus, furor.**

conticinium, ī *n (conticesco) (vor- u. nachkl.)* stille Zeit vor u. nach Mitternacht.

con-ticīscō *s. conticesco.*

con-ticuī *s. conticesco.*

con-tigī *Perf. v. contingo.*

contīgnātiō, ōnis *f (contigno)* Gebälk; Stockwerk.

con-tīgnō, tīgnāre *(tignum)* mit Balken belegen.

contiguus, a, um *(contingo) (poet.; nachkl.)*
① angrenzend, benachbart *(m. Dat.)*; **horti muris -i;**
② erreichbar *(für: m. Dat.)* [**missae hastae**].

● **continēns,** *Gen.* entis *(contineo)* **I.** *Adj.* ① mit etw. zusammenhängend, an etw. anstoßend, angrenzend *(m. Dat.)* [**tecta; collis ripae; aër mari**];
② unmittelbar folgend auf; **continentibus diebus** an den folgenden Tagen; **timori malum ~ fuit** folgte auf dem Fuß;
③ in sich zusammenhängend, ununterbrochen, fortlaufend [**agmen; terra** Festland; **labor; bellum; imperium** andauernd]; **continenter ire, pugnare;**
④ enthaltsam, mäßig, zurückhaltend; **continenter vivere;**
II. *Subst. f (erg. terra)* Festland, Kontinent.

● **continentia¹,** ae *f (continens)* ① Mäßigung, Enthaltsamkeit, Selbstbeherrschung, Zurückhaltung; **~ principum; aequitate et -ā tueri socios; ~ in omni victu cultuque corporis;**
② *(spätl.)* Inhalt.

continentia², ium *n (continens) (rhet. t. t.)* Hauptpunkt, Hauptsache [**causarum**].

● **con-tineō,** tinēre, tinuī, tentum *(teneo)* ① zusammenhalten: *(Obj. Pl. od. Koll.)* beieinander-, beisammenhalten [**exercitum (in) castris; legiones uno loco; ventos carcere**]; *(Obj. Sg.)* (fest)halten; **agricolam si continet imber** daheim hält;
② enthalten, umfassen; **liber continet res gestas;** – *Pass.* **contineri re** in etw. enthalten sein: **litteris insidiae continebantur;**
③ verbinden; **fundamenta saxis ~;** *übtr.:* **eius hospitio contineri** ihm durch Gastfreundschaft verbunden sein; **omnes artes quasi cognatione quadam inter se continentur;**
④ *(Zustände od. jmd. in einem Zustand)* (aufrecht)erhalten, bewahren [**amicitiam; socios in fide**];
⑤ um-, einschließen, umfassen, eingeschlossen halten; **beluas saeptis ~; mundus omnia complexu suo continet;**
⑥ rings umgeben, begrenzen; **vicus altissimis montibus continetur; Oceanus ponto continet orbem;**
⑦ feindl. einschließen [**hostem munitionibus**];
⑧ in Schranken halten, im Zaume halten, zügeln, mäßigen [**oppida metu; exercitum; linguam; cupiditates; dolorem**]; – *se ~ u. mediopass.* sich beherrschen [**in libidine**];
⑨ **se ~ re** sich auf etw. beschränken [**vallo; oppido; finibus Romanis**]; – *Pass.* **contineri re** durch etw. beschränkt sein, sich auf etw. beschränken [**angustiis** auf engen Raum];
⑩ das Wesen einer Sache ausmachen; – *Pass.* auf etw. beruhen, in etw. bestehen; **vita corpore et spiritu continetur;**
⑪ festhalten, anhalten, aufhalten, zurückhalten; – *se ~* fest bleiben, verharren bei [**in studiis**];
⑫ abhalten, zurückhalten [**milites a proelio, a seditione; animum a libidine**]; **vix me contineo, quin** ich kann mich kaum enthalten, etw. zu tun;
⑬ verschweigen [**multa**];
⑭ bei sich behalten, nicht herausgeben.

● **con-tingō,** tingere, tigī, tāctum *(tango)* ① berühren, anrühren [**terram osculo** die Erde küssen; **pede undas**];
② *(poet.)* m. etw. bestreichen, bestreuen, benetzen [**os ambrosia; lac sale**];
③ erfassen, ergreifen; **alcis dextram ~; funem manu ~; habenas manibus ~;** *übtr:* **libido me contigit;**
④ *(poet.; nachkl.)* etw. anrühren, kosten; essen, genießen [**cibum; aquas** trinken; **fontem** aus der Quelle];
⑤ *(poet.)* *(ein Ziel)* erreichen, treffen; **vox contingit alqm** *od.* **aures alcis; cursu metam ~; Italiam, portum ~; hostem ferro ~; avem sagitta ~;**

C

⑥ an etw. stoßen, angrenzen *(an etw.: Akk.)*; **turris vallum contingit; castra silvam contingunt; agger murum contingit; saltus Falernum contingens agrum**;
⑦ in verwandtschaftlicher *od.* freundschaftlicher Beziehung zu jmdm. stehen *(alqm)* [**hominem cognatione, sanguine ac genere, amicitiā**];
⑧ jmd. betreffen, angehen; **haec res nihil me contigit; haec consultatio Romanos nihil contingit**;
⑨ beflecken, anstecken; m. Schuld beladen; – *meist P.P.P.* **contāctus,** a, um befleckt, verunreinigt, (schuld)beladen; **dies religione contactus** fluchbeladen; **plebs regiā praedā contacta** befleckt;
⑩ zuteil werden, widerfahren, begegnen; gelingen, glücken; **pugnandi occasio consuli contigit** traf sich; **contigit tibi honos;** – *meist unpers.* **contingit** es wird zuteil, es ereignet sich; *bes.* es gelingt, es glückt *(meist m. ut, selten m. Inf.)*.

continor, continārī *(contus) (nachkl.)* jmd. treffen.

continuātiō, ōnis *f (continuo¹)* ① ununterbrochene Fortdauer [**imbrium** anhaltende Regengüsse; **laborum**];
② Zusammenhang [**rerum**];
③ *(rhet. t. t.) (verborum)* (komplexer) Satz, Periode.

continuatum, ī *n* angrenzendes Gebiet.

continuō¹, continuāre *(continuus)* **I.** *räuml.* ① unmittelbar aneinander reihen, -fügen, zusammenfügen, verbinden, anschließen; **scuta inter se ~; domos ~** aneinander bauen; *(mit, an etw.: m. Dat.)* **latus lateri ~** anschmiegen an; – *mediopass. continuārī:* **a)** ununterbrochen fortlaufen: **opera continuantur** schließen sich; **b)** unmittelbar an etw. stoßen, sich anschließen *(m. Dat.)*: **aër mari continuatus**;
② weiter ausdehnen, erweitern, abrunden [**agros; pontem** fertig bauen]; – *mediopass.* zusammenhängen; – *P.P.P. continuātus* zusammenhängend, lückenlos;
II. *zeitl.* ① unmittelbar aufeinander folgen lassen; **diem noctemque potando ~** durchzechen; – *mediopass.* unmittelbar auf etw. folgen *(m. Dat.)*: **hiemi continuatur hiems** *(Ov.)* folgt unmittelbar;
② etw. ohne Unterbrechung fortsetzen, nicht unterbrechen [**militiam; iter die ac nocte**]; – *mediopass.* fort-, andauern: **incendium continuatur;** – *P. Adj. (m. Superl.)* continuātus, a, um ununterbrochen [**labor**];
③ *(ein Amt)* weiterbehalten, fortführen [**magistratum**];
④ *jmdm. sein Amt* verlängern [**alci consulatum; praeturam** nach Bekleidung des Amtes eines Ädilen jmd. gleich zum Prätor machen].

continuō² *Adv. (continuus)* ① gleich darauf, unverzüglich, sofort;
② ununterbrochen, fortwährend;
③ *(im neg. Satz od. Fragesatz)* ohne weiteres.

● **continuus,** a, um *(Adv. -ē u. -ō) (contineo)* **I.** *räuml.* ① *(v. zwei oder mehreren Gegenständen)* zusammenhängend, aneinander stoßend, liegend [**aedificia; agri; montes** Bergkette]; – *Subst.* continua, ōrum *n* aneinander stoßende Örtlichkeiten;
② *(v. einem Gegenstand)* **a)** zusammenhängend, unmittelbar anstoßend, sich anschließend *(mit, an etw.: Dat.)*; **aër ~ terrae est; b)** in sich zusammenhängend, ununterbrochen, fortlaufend [**oratio; mare; litus**];
II. *zeitl.* ① *(v. zwei od. mehreren Gegenständen)* unmittelbar aufeinander folgend, nacheinander; **-is diebus** mehrere Tage nacheinander; **ex eo die dies -os quinque Caesar suas copias produxit** *(Caes.)*;
② *(v. einem Gegenstand)* darauf folgend [**-ā nocte** in der folgenden Nacht];
③ unaufhörlich, fortwährend, beständig [**incommoda; honores; oppugnatio**]; – *m. Dat. des Gerundivs:* **annus postulandis reis ~** *(Tac.)* in dem die Gerichtsvorladungen nicht aufhörten;
III. *(übtr. v. Personen)* jmdm. nächststehend [**principi**]; – *Subst.* Günstling, Favorit.

● **cōntiō,** ōnis *f (aus altl. coventio v. convenio)* ① Versammlung, Volks-, Heeresversammlung *(nur anhörend, nicht beschließend)* [**populi; militum; nocturna; legitima**]; **contiones civium seditiosae; contionem differre** aufschieben; **in contionem ascendere** in der Versammlung (als Redner) auftreten; **contionem (ad)vocare; convocare milites ad contionem**;
② *(meton.)* **a)** die Versammelten; **clamor contionis; b)** Ansprache an das versammelte Volk *od.* an die Soldaten; **contionem apud milites** *od.* **in alqm habere; ~ libera et moderata; ~ saeva atque acerba; c)** Erlaubnis zu einer Rede; **contionem dare alci**.

cōntiōnābundus, a, um *(contionor)* vor einer Versammlung redend; *(m. Akk.)* etw. in einer Rede erklärend.

cōntiōnālis, e *u.* **cōntiōnārius,** a, um *(contio)* zur Volksversammlung gehörig, in Volksversammlungen üblich, oft anzutreffen; **~ prope clamor** beinahe solch ein Geschrei wie in der Volksversammlung.

cōntiōnātor, ōris *m (contionor)* ① Volksredner, Demagoge;
② *(spätl.)* Prediger.

cōntiōnor, cōntiōnārī *(contio)* ① vor der Volks- *od.* Heeresversammlung eine Rede halten, öffentlich reden [**ad populum; apud milites**]; **contionatus signa constituit** nach der Rede;
② *(m. Akk. Pron. Neutr. od. A.C.I.)* vor der

Versammlung etw. verkünden, erklären;
③ versammelt sein, eine Versammlung bilden;
④ *(spätl.)* **a)** predigen; **b)** Gerichtssitzung abhalten.

cōntiuncula, ae *f (Demin. v. contio)* ① kleine Volksversammlung;
② unbedeutende Rede an das Volk.

con-tollō, tollere, – – *(altl. Form f. confero) (Plaut.)* hintragen [**gradum** sich hinbegeben].

con-tonat *(Plaut.) (unpers.)* es donnert stark; **ibi contonat sonitu maximo.**

con-torqueō, torquēre, torsī, tortum ① herumdrehen, -wenden, -schwingen; **navem quolibet ~** herumlenken; **amnes in alium cursum contorti et deflexi;**
② **verba ~** schwungvoll reden;
③ *(poet.)* schleudern, werfen [**hastam in latus**];
④ *(nachkl.)* winden; **contorta toga** um den Arm gewunden; **arbor contorta** krumm gewunden; **crinis contortus;**
/ *P. Adj.* **contortus,** a, um *(m. Komp.)* **a)** verschlungen, verwickelt; **contorta et difficilis res; b)** gekünstelt, geschraubt [**verba**]; **c)** schwungvoll, kräftig [**oratio**].

contortiō, ōnis *f (contorqueo)* Verschrobenheit, Geschraubtheit; **contortiones orationis** verschrobene Ausdrücke.

contortiplicātus, a, um *(contortus v. contorqueo u. plico) (Plaut.)* verwickelt.

contortor, ōris *m (contorqueo) (Ter.)* Verdreher [**legum**].

contortulus, a, um *(Demin. v. contortus, s. contorqueo)* etwas geschraubt.

contortus *s. contorqueo.*

● **contrā I.** *Adv.* ① *(räuml.)* gegenüber, auf der anderen Seite [**~ stare, esse** gegenüberstehen];
② (ent)gegen, wider [**~ facere** zuwiderhandeln; **~ intueri** ins Gesicht sehen];
③ dagegen, andererseits;
④ dagegen, hingegen, im Gegenteil;
⑤ entgegengesetzt, ganz anders, (gerade) umgekehrt; **res ~ accidit** verhält sich umgekehrt; **~ ac, atque, quam** anders als;
II. *Präp. b. Akk.* ① gegenüber; **insula quae est ~ Massiliam;**
② gegen, wider; **hoc testimonium ~ te est; defendere alqd ~ alqm; firmus ~ pericula; ~ ventos; ~ vim;**
③ gegen, im Widerspruch m. etw., abweichend v. etw. [**~ ea** dagegen, hingegen, im Gegenteil; **~ verum**];
III. *Präfix* entgegen-, wider- [**contradico**].

contractiō, ōnis *f (contraho)* ① das Zusammenziehen [**superciliorum; digitorum**];
② Verkürzung *(in Schrift u. Rede):* **a)** *(paginae)* das enge Schreiben *am Ende einer Seite;* **b)** *(syllabae)* kurze Aussprache *(Ggstz. productio);* **c)** gedrängte Darstellung [**orationis**];
③ *(animi)* Angst, Ängstlichkeit.

contractiuncula, ae *f (Demin. v. contractio 3.)* leichte Beklommenheit [**animi**].

contractūra, ae *f (contraho) (t. t. der Baukunst)* Verjüngung *(der Säulen).*

contractus[1], a, um *(P. Adj. m. Komp. v. contraho)* ① eng, schmal; **locus exiguus atque ~; introitūs contractiores; vestigia vatum -a** schmale *(u. dah.* schwierige) Pfade;
② *(v. der Rede)* gedrängt, knapp [**oratio**];
③ *(v. Zuständen)* beschränkt, knapp [**studia**];
④ *(v. der Zeit)* beschränkt, kurz; **iam contractioribus noctibus;**
⑤ *(v. der Stimme)* gepresst *(Ggstz. diffusus: gedehnt);* **-um genus vocis;**
⑥ *(Hor.)* zurückgezogen, ruhig, durch nichts gestört; **contractus leget;**
⑦ *(Sen.)* sparsam; geizig.

contractus[2], ūs *m (contraho)* Vertrag.

contrā-dīcō, dīcere, dīxī, dictum ① widersprechen *(abs.; nachkl. m. Dat.: alci; sententiis aliorum; bei vorhergehender Negation m. quin);*
② *(mlt.)* widerrufen.

contrādictiō, ōnis *f (contradico) (nachkl.)* Widerspruch, -rede.

contrādictor, ōris *m (contradico) (nachkl.)* ① derjenige, der widerspricht;
② derjenige, der leugnet.

contrādictōrius, a, um *(contradico) (spätl.)* einen Widerspruch enthaltend [**libellus** Gegenschrift].

con-tradō, tradere, tradidī, traditum *(spätl.)* übergeben.

● **con-trahō,** trahere, trāxī, tractum ① zusammenziehen [**frontem** runzeln; **vela** einziehen, reffen]; *(Glieder)* steif, starr machen;
② vereinigen, (ver)sammeln, zusammenziehen *(bes. als milit. t. t.)* [**copias undique; exercitum in unum locum**];
③ beschränken, einschränken [**cupidinem**];
④ kürzen, kurz fassen [**orationem**];
⑤ (geistig) einengen, beklemmen; **cui non animus formidine divum contrahitur;**
⑥ zusammenbringen, einbringen [**pecuniam**];
⑦ verursachen, bewirken, zustande bringen, herbeiführen, sich zuziehen [**damnum** Schaden bringen; **molestias; cladem; amicitiam; culpam; lites; sibi numinis iram** sich zuziehen; **nefas** eine Sünde begehen; **aes alienum** Schulden machen; **alci invidiam** jmd. in Misskredit bringen; **alci negotium** jmdm. Schwierigkeiten machen];
⑧ *(Geschäfte)* eingehen, abschließen; **rationem, rem cum alqo ~** m. jmdm. in Geschäftsverbindung treten; **in contrahendis negotiis; res contracta** Vertrag;
⑨ *(poet.; nachkl.)* (in Zuneigung) einander

näher bringen.

contrārium, ī *n (contrarius)* ① entgegengesetzte Richtung;
② Gegenteil, Gegensatz; **in -um mutare, vertere** ins Gegenteil; **e (ex) -o** im Gegenteil, dagegen.

● **contrārius,** a, um *(contra)* ① gegenüberliegend, -stehend [**collis, litora; vulnus** auf der Brust];
② entgegengesetzt, in entgegengesetzter Richtung; **in -as partes fluere** *(v. Flüssen)*; **-o amne** geg. den Strom, stromaufwärts; **vento ~ aestus** Strömung gegen den Wind; **classi -a flamina** entgegenwehend; – *im Vergleich m. ac, atque: als, wie;*
③ *(übtr.)* entgegengesetzt *(m. Dat.; selten m. Gen.)*; **voluptas -a honestati; clementiae -am imperiti putant severitatem** *(Sen.)*;
④ gegensätzlich, widersprechend; **epistulae -ae** Widersprüche enthaltend; **verba relata -e** in Gegensätzen;
⑤ widerstrebend, feindlich, zuwider [**arma** des Feindes]; – *Subst.* **contrārius,** ī *m* Gegner, Feind *u.* **-a,** ae *f* Gegnerin, Feindin;
⑥ nachteilig, verderblich [**otium**];
⑦ unpassend, ungünstig; **-e dicere** unpassend; **exta -a** ungünstig.

Contrebia, ae *f Stadt der Keltiberer, südöstl. v. Saragossa; – Einw.* **Contrebiēnsēs,** ium *m.*

contrectābilis, e *(contrecto) (Lucr.; spätl.)* betastbar.

contrectābiliter *Adv. (contrectabilis) (Lucr.)* mit sanfter Berührung.

contrectātiō, ōnis *f (contrecto)* Berührung, Betastung.

con-trectō, trectāre *(tracto)* ① *(poet.; nachkl.)* abtasten, befühlen, berühren [**vulnus; omnes partes corporis**]; **liber contrectatus manibus** abgegriffen;
② *(übtr.)* erwägen, sich mit etw. befassen *(m. Akk.)* [**varias voluptates; studia et disciplinas philosophiae**];
③ *(nachkl.)* streicheln [**capillum; leonem**];
④ entehren, verletzen, schänden; **contrectata pudicitia;**
⑤ etw. bearbeiten.

con-tremīscō, tremīscere, tremuī, – *u.* **-tremēscō** I. *intr.* ① erzittern, erbeben; **tellus et aequora contremuerunt; timore perterritus contremui; toto corpore ~;**
② *(übtr.)* ins Wanken geraten; **eius fides virtusque numquam contremuit;**
II. *trans. (poet.; nachkl.)* vor etw. *od.* vor jmdm. erzittern, erbeben, etw. *od.* jmd. fürchten [**iniurias; Hannibalem**].

con-tremō, tremere, – – erzittern, erbeben.

con-tremuī *Perf. v. contremisco.*

con-tremulus, a, um *(contremo) (vorkl.)* erzitternd, erbebend.

con-tribūlis, is *m (tribus)* Tribusgenosse; Stammesgenosse; Glaubensgenosse.

con-tribuō, tribuere, tribuī, tribūtum ① zuteilen, einverleiben [**regna alienigenis** Fremden = fremden Königen];
② *(zu einem Ganzen)* verbinden, vereinigen; **milites in unam cohortem ~; in unam urbem contributi;**
③ *(Ov.) (mit anderen)* etw. beitragen, beisteuern.

con-trīstō, trīstāre *(tristis)* ① jmd. betrüben; **haec sententia eum contristat;**
② *(poet.; nachkl.)* etw. verdüstern [**caelum**]; **Aquarius annum contristat.**

contrītiō, ōnis *f (contero) (Eccl.)* ① Zerknirschung, Reue;
② Hilflosigkeit, Elend, Kummer.

contrītus *P.P.P. v. contero.*

● **controversia,** ae *f (controversus)* ① Streit, Streitigkeit *(um etw.: m. Gen. od. de)* [**rei familiaris; de finibus**]; **-ae forenses; adducere rem in -am; alere diutius -am; in -a esse** streitig sein;
② Streitfrage, Rechtsfall [**hereditaria**];
③ Widerspruch, -rede, Einspruch; **sine -a** ohne Widerrede; **~ non est, quin** niemand bestreitet, dass;
④ *(nachkl.)* Streitrede *(in den Rhetorenschulen üb. einen erdachten Rechtsfall)*; **-am declamare.**

controversiōsus, a, um *(controversia)* sehr streitig, strittig, umstritten.

contrō-versor, versārī *(controversus)* eine Erörterung pro u. contra anstellen.

contrō-versus, a, um *(contra u. verto)* streitig [**ius; auspicium**].

con-trucīdō, trucīdāre ① zusammenhauen, niedermetzeln [**plebem; corpus; bestias**];
② *(übtr.)* (hin)opfern [**rem publicam**].

con-trūdō, trūdere, trūsī, trūsum ① zusammenstoßen, -drängen; **contrusa corpora;**
② hineinstoßen, -stecken [**equum in flumen**].

con-truncō, truncāre ① zerhauen;
② verzehren [**cibum**].

con-tubernālis, is *m u. f (contubernium)* ① Zeltkamerad; **domi unā eruditi, militiae contubernales;**
② Kriegskamerad;
③ Begleiter eines Prätors *während der Ausbildung;*
④ Gefährte, Kollege *(in der höheren Staatsverwaltung)*; **ille Torquatus, cum esset meus ~ in consulatu** *(Cic.)*;
⑤ Hausfreund, Tischgenosse;
⑥ *(nachkl.)* Geliebte(r) *(bes. v. Sklaven u. Sklavinnen).*

con-tubernium, ī *n (taberna)* ① Zeltgemeinschaft, -kameradschaft *der Soldaten im Lager,* kameradschaftliches Zusammenleben [**militum** mit den Soldaten];

② Gefolge; **patris -o** (im milit. Gefolge des Vaters) **ibidem militare**;
③ das Zusammenleben, -wohnen, Wohngemeinschaft, Haus-, Tischfreundschaft, vertrauter Umgang; **Metrodorum et Polyaenum magnos viros non schola Epicuri, sed ~ fecit** *(Sen.)*;
④ gemeinschaftliches Zelt *im Lager;* **deponere in -o arma**;
⑤ *(nachkl.)* gemeinsame Wohnung, *bes. eines Sklavenpaares.*

con-tudī *Perf. v. contundo.*

con-tueor, tuērī, tuitus sum *u. (altl.)* **con-tuor,** tuī, – – ① betrachten [**alqm acrius; alqm non sine admiratione**]; *auch übtr.:* **a contuendis malis avocari**;
② erblicken.

contuitus, *Abl.* ū *m (contueor) (nachkl.)* ① das Betrachten; Anblick;
② *(geistige)* Anschauung.

con-tulī *Perf. v. confero.*

contumācia, ae *f (contumax)* ① Trotz, Eigensinn [**adversus principem**];
② Stolz, Unbeugsamkeit [**libera; maxima**].

con-tumāx, *Gen.* ācis *(tumeo)* ① trotzig, eigensinnig, störrisch, unbeugsam; ~ **adversus plebem; animus contra calamitates fortis et ~; preces contumaces**;
② *(poet.)* spröde [**lima**]; sich nicht ins Metrum fügend [**syllaba**].

● **con-tumēlia,** ae *f (contemno)* ① Beleidigung, Beschimpfung, schmachvolle Behandlung, Schande; **alqd in -am vertere** als Beleidigung ansehen; **-am accipere; afficere alqm -ā, -am alci facere** *u.* **imponere** zufügen; **accipere alqd ad** *od.* **in -am** sich durch etw. in seiner Ehre gekränkt fühlen; **nullam adhibere memoriam -ae** kein Gedächtnis für eine Beleidigung haben; **dicere -as**;
② Misshandlung;
③ Stoß; **naves quamvis -am perferunt.**

contumēliōsus, a, um *(contumelia)* ① *(v. Personen)* schmähsüchtig, stets zu Beschimpfungen bereit, (be)schimpfend; **in servos contumeliosissimi; ~ in edictis**;
② *(v. Sachen)* schmählich, schmachvoll, Schmach- [**dicta; edicta; oratio; verba; epistula**].

con-tumulō, tumulāre *(poet.; nachkl.)* ① begraben, bestatten;
② hügelförmig anhäufen.

con-tundō, tundere, tudī, tū(n)sum ① zerschlagen, zerstoßen, zerschmettern, zermalmen [**radices**]; **classis contusa est** zerschellte;
② *(übtr.)* lähmen, aufreiben, vernichten, niederschlagen; **populos feroces ~; Hannibalem ~** demütigen; **corpora magno contusa labore; Romanorum vires proelio ~; ferociam hostis ~; audaciam alcis ~ et frangere.**

con-tuor *s. contueor.*

conturbātiō, ōnis *f (conturbo)* Verwirrung; Bestürzung.

conturbātor, *Gen.* ōris *(conturbo) (Mart.)* zum Bankrott führend, kostspielig.

conturbātus, a, um *(P. Adj. m. Komp. v. conturbo)* ① verwirrt, verworren [**animus**]; **eram in scribendo conturbatior** *(Cic.)*;
② bestürzt.

con-turbō, turbāre ① verwirren, in Verwirrung, in Unordnung bringen [**hostes; rem publicam; Romanorum ordines; publicos mores**];
② bestürzt machen, außer Fassung bringen [**animos**];
③ *(rationem, rationes od. abs.)* Bankrott machen.

con-turmālis, is *m (turma) (spätl.)* Schwadronskamerad.

con-turmō, turmāre *(turma) (spätl.)* schwadronsweise aufstellen.

contus, ī *m (gr. Fw.)* ① (Ruder-)Stange; **-i bini a prora prominentes**;
② Wurfspieß; **praefixa -is capita.**

contūtus, *Abl.* ū *m (altl.) = contuitus.*

cōnūbiālis, e *(conubium) (poet.)* ehelich; **conubialia iura.**

● **cō-nūbium,** ī *n (nubo)* ① gesetzmäßige röm. Ehe;
② *(meton.)* Eherecht; **-um petere; -um finitimis tribuere** *od.* **negare**;
③ *(poet.)* Beischlaf *(mit jmdm.: alcis);* **Veneris -a inire.**

cōnus, ī *m (gr. Fw.)* ① Kegel;
② *(poet.; nachkl.) kegelförmige* Helmspitze.

con-vador, vadārī *(Plaut.)* ① zur Gerichtsverhandlung laden;
② *(scherzh.)* zum Stelldichein laden.

● **con-valēscō,** valēscere, valuī, – ① kräftig werden, kräftig heranwachsen;
② *(übtr. v. Abstr. u. Zuständen)* erstarken, an Kraft gewinnen, gedeihen, sich steigern; **fides, iustitia convaluit**;
③ *(v. Personen, Staaten u. Ä.)* erstarken, an Macht gewinnen; **Milo magis in dies convalescebat** *(Cic.)*; **his moribus brevi civitas convaluit**;
④ genesen, sich erholen [**ex morbo**];
⑤ *(v. Setzlingen)* zu Kräften kommen; **arbores convaluerunt; non convalescit planta, quae saepe transfertur**;
⑥ *(Ov.) (v. Feuer)* hoch auflodern; **postquam pestifer ignis convaluit**;
⑦ *(v. Gerüchten u. Meinungen)* Bestand gewinnen, feste Wurzel fassen.

con-vallis, is *f* Tal(kessel); Talhang.

con-valuī *Perf. v. convalesco.*

con-vāsō, vāsāre *(vas²) (Ter.)* zusammen-, einpacken.

C

con-vectō, vectāre *(Intens. v. conveho) (poet.; nachkl.)* zusammenfahren, -bringen [**praedam**].

convector, ōris *m (conveho)* Reisegefährte, *bes. zu Schiff.*

con-vehō, vehere, vēxī, vectum zusammenfahren, -bringen [**frumentum; praedam**].

con-vellō, vellere, vellī *u. (selten)* vulsī, vulsum ❶ losreißen, (her)ausreißen, auf-, ab-, auseinander-, ein-, niederreißen, zerreißen; **pedem mensae ~; radices aratro ~; simulacrum Cereris e sacrario ~ auferreque; munitionem ~** einreißen; **centuriones ~** herumreißen; **signa** *od.* **vexilla ~** die Feldzeichen aus dem Boden reißen = aufbrechen; **fruges ferro ~** abschneiden; **dapes avido dente ~** verzehren; **convulsum remis aequor** aufgewühlt; **naves undis convulsae** leck geworden, zerschellt;
❷ *(übtr.)* erschüttern, untergraben; **cuncta auxilia rei publicae ~; castrorum decus** (Ehre) **~; nuntiis et promissis fidem legionum ~; Tiberius vi dominationis convulsus et mutatus est** aus der Bahn der Tugend gerissen, verdorben; **pectus verbis ~** bestürmen;
❸ *(Gliedmaßen)* **a)** (sich) verstauchen, verrenken [**artus**]; **b)** *(Sen.) (auf der Folter)* ausrenken;
❹ *(Pass.) v.* Krämpfen geschüttelt werden;
❺ *(Sen.) die Worte im Munde* verdrehen [**verba**].

con-vēlō, vēlāre *(Gell.)* ganz verhüllen *(konkr. u. übtr.).*

convena, ae *(Adj. m u. f) (convenio) (Plaut.)* zusammenkommend, treffend.

convenae, ārum *m u. f (convenio)* zusammengelaufenes Volk.

con-vēnī *Perf. v. convenio.*

conveniēns, *Gen.* ientis *(P. Adj. v. convenio)* ❶ mit etw. übereinstimmend, harmonierend, zu etw. passend, angemessen, schicklich *(m. Dat.; cum; inter se; ad)*; **minime inter se convenientes orationes; oratio tempori ~** zeitgemäß;
❷ im Einvernehmen lebend, einig, einträchtig [**propinqui**];
❸ *(Ov.)* passend [**toga bene ~**].

convenientia, ae *f (conveniens)* Übereinstimmung, Harmonie.

● **con-veniō,** venīre, vēnī, ventum **I.** *intr.* ❶ zusammenkommen, -treffen, sich versammeln; **in unum locum ~; apud hiberna ~; gratulatum ~; diem ad conveniendum edicere; huc undique ~; ex diversis regionibus ~; in contionem ~;**
❷ sich einigen, übereinkommen; **de ea re inter nos convenimus;** – *klass. nur:* **a)** *(unpers.)* **convenit** man kommt überein, einigt sich; **de pace inter duces convenit; ut convenerat** wie man sich geeinigt hatte; **b)** *(unpers.)* **convenit, ut** man beschließt gemeinsam; **c)** *(unpers.)* **inter omnes convenit** *(m. A.C.I.)* man behauptet allgemein, dass; **d)** zustande kommen; **colloquium convenit; pax convenit; e) bene convenit mihi cum eo** ich stehe mit ihm gut;
❸ zu etw. passen, zusammenpassen; **dicitur Afrani toga convenisse Menandro; ad nummum convenit** es stimmt auf den Cent;
❹ mit etw. übereinstimmen, harmonieren; **captivorum oratio cum perfugis convenit** mit derjenigen der Überläufer; **mores conveniunt;**
❺ *(jur t. t.) (durch Heirat)* in die Gewalt *(in manum)* des Mannes kommen;
❻ Anwendung finden; **haec contumelia in omnes cives** *od.* **ad maximam partem civium convenit;**
❼ *(unpers.)* **convenit** es ziemt sich, schickt sich *(m. Inf. od. A.C.I., selten m. ut; für jmd.: alci)*;
II. *trans.* jmd. treffen, aufsuchen, besuchen, m. jmdm. zusammenkommen [**Caesarem in itinere; tribunos in foro; fratrem; adversarios**].

conventīcium, ī *n (conventicius) (erg. aes)* Sitzungsgeld *(den griech. Staatsbeamten f. Teilnahme an der Volksversammlung gezahlt).*

conventīcius, a, um *(convenio) (Plaut.)* zusammenkommend, verkehrend.

conventiculum, ī *n (Demin. v. conventus)* ❶ kleine, unbedeutende Zusammenkunft; kleiner, unbedeutender Verein; **-a** (die ersten Anfänge *v.* Vereinigungen) **hominum, quae postea civitates nominatae sunt** *(Cic.)*;
❷ *(Tac.) (meton.)* Versammlungsort;
❸ *(mlt.)* kleine Gemeinde *(der Klosterbrüder).*

conventiō, ōnis *f (convenio)* ❶ Volksversammlung;
❷ Übereinkunft, Vertrag.

conventum, ī *n (convenio)* Übereinkunft, Abmachung, Vertrag.

● **conventus**[1], ūs *m (convenio)* ❶ Zusammenkunft, Versammlung [**militum; civium; nocturnus**];
❷ Bundesversammlung, Kongress [**Arcadum**];
❸ Kreis-, Gerichts-, Landtag; **conventum agere** abhalten; **conventibus peractis;**
❹ Zusammenschluss der röm. Bürger *(in einer Provinz)*, Bürgerverband;
❺ Übereinkunft, Vertrag [**ex conventu**];
❻ *(spätl.; mlt.)* **a)** Kloster(gemeinde); **b)** Lehrkörper der Universität; **c)** *(publicus)* Reichstag; **d)** Synode; Konzil.

conventus[2] *P.P.P. v. convenio.*

con-verberō, verberāre *(nachkl.)* heftig schlagen [**caput alcis**]; züchtigen.

con-verrō, verrere, verrī, versum ❶ zusammenscharren [**hereditates omnium**];
❷ *(Plaut.)* zusammenfegen [**sabulum**];
❸ auskehren [**villam**];
❹ *(Plaut.)* tüchtig durchprügeln.

conversātiō, ōnis *f* ❶ *(v. conversor)* Umgang, Verkehr *(mit jmdm.: alcis)* [**amicorum**];
❷ *(v. converso) (spätl.)* **a)** Sinnesänderung; **b)** Übertritt ins Kloster; Zugehörigkeit zum Kloster; **c)** gottesfürchtiger Lebenswandel.

conversiō, ōnis *f (converto)* ❶ Umdrehung, Umlauf [**astrorum; annua** Jahresumlauf];
❷ periodische Wiederkehr [**mensium annorumque**];
❸ Umwandlung, Veränderung, Umwälzung [**tempestatum; rei publicae**];
❹ *(rhet. t. t.)* **a)** Periode [**orationis; verborum**]; **b)** ~ **orationis in extremum** Wiederholung desselben Wortes am Satzende; **c)** Gegenüberstellung derselben Wörter im syntaktischen Chiasmus; **d)** *(nachkl.)* Änderung der Ansicht; **e)** *(nachkl.)* Übertragung, Übersetzung [**ex Latinis**];
❺ *(mlt.)* Bekehrung; Eintritt ins Kloster.

con-versō, versāre *(Intens. v. converto)* ❶ (her)umdrehen;
❷ *(Sen.) (übtr.)* hin u. her erwägen; **alqd in animo salutare converso.**

con-versor, versārī *(nachkl.)* ❶ sich aufhalten [**in montibus**];
❷ *mit jmdm. od. an einem Ort* verkehren, mit jmdm. Umgang haben, zusammenleben; **sine discordia cum parentibus ~.**

conversus[1] *P.P.P. v. converto u. converro.*

conversus[2], ī *m (mlt.)* Novize, Laienbruder.

● **con-vertō,** vertere, vertī, versum **I.** *trans.* ❶ umwenden, -drehen, -kehren; **equum ~; alqm in fugam ~** jmd. in die Flucht schlagen; **fugam ~** die Flucht einstellen; **terga ~** sich zur Flucht wenden; **iter in (ad) provinciam ~** umkehren; **signa ~** kehrtmachen; **signa ad hostem ~** geg. den Feind Front machen; – *refl. u. mediopass.* sich umwenden, kehrtmachen: **se convertere in Phrygiam;**
❷ verwandeln, verändern, umgestalten [**terras in freti formam; classem in Nymphas**]; – *refl. u. mediopass.* sich verwandeln, sich ändern, umschlagen: **ex homine in beluam se ~; deus in hominem se convertit; metus in venerationem convertitur;**
❸ in Unordnung bringen, verderben [**rem publicam; hunc ordinem; animum avaritiā**];
❹ hinwenden, -kehren, (hin)richten, (hin)lenken; **omnia consilia ad** *od.* **in bellum ~; oculos (animum) alcis ~** die Blicke (die Aufmerksamkeit) jmds. auf etw. lenken, ziehen [**ad tribunum militum; ad negotia; ad, in se** auf sich]; – *refl. od. mediopass.* sich hinwenden, sich richten, sich zuwenden: **civitas se ad eos convertit** wandte sich zu; **hinc se in Asiam ~; se ad otium pacemque ~** sich sehnen nach;
❺ *(geistig)* umstimmen; **nova religio mentes militum convertit;**
❻ etw. m. etw. vertauschen *(mit etw.: Abl.)* [**castra castris** = immer neue Lager aufschlagen, immer weiter vorrücken];
❼ übersetzen, übertragen [**librum e Graeco in Latinum**];
❽ zum Weichen, zum Fliehen bringen;
❾ etw. zu etw. verwenden [**tempora in laborem**];
❿ im Kreise drehen; **luna convertitur** kreist;
II. *intr. (= se convertere)* ❶ sich wohin wenden, sich jmdm. *od.* einer Sache zuwenden, sich an jmd. wenden [**in regnum suum; ad sapientiam; ad Liviam** sich an L. wenden];
❷ sich in etw. verwandeln, in etw. umschlagen; **vitium huic in bonum convertit** schlug zu seinem Glück um; **regium imperium in superbiam dominationemque convertit;**
❸ *(nachkl.)* sich umwenden.

con-vescor, vescī, – *(Eccl.)* gemeinsam speisen.

con-vestiō, vestīre ❶ *(vorkl.)* bekleiden;
❷ bedecken, umgeben; **domus duobus lucis convestita.**

convexa, ōrum *n (convexus) (Verg.)* Bergabhänge.

con-vēxī *Perf. v. conveho.*

convexiō, ōnis *f (convexus) (nachkl.)* Wölbung [**mundi**].

convexitās, ātis *f (convexus)* Wölbung [**circuli; mundi**].

con-vexō, vexāre *(Gell.)* heftig drücken, zusammenpressen.

convexum, ī *n (häufiger im Pl.)* Wölbung; **-a caeli; in -o nemorum.**

convexus, a, um ❶ gewölbt [**caelum; mundus**];
❷ *(poet.; nachkl.)* sich vertiefend, kesselförmig, abschüssig [**iter; vallis; trames silvae** steiler Waldpfad].

conviātor, ōris *m* Reisegefährte.

convīciātor, ōris *m (convicior)* Lästerer.

convīcior, convīciārī *(convicium)* jmdm. laute Vorwürfe machen, jmd. schelten, schmähen; lästern.

con-vīcium, ī *n (aus convocium < con u. vox)* ❶ lautes Geschrei; ~ **mulierum;** ~ **ranarum** Quaken; **aures -o defessae; ante aedes -um facere** erheben;
❷ Zank, Streit;
❸ Scheltwort, Beschimpfung, Beleidigung; **dicere, facere** *od.* **ingerere -um alci** jmd. schelten; **ferre patienter maledicta et -a;**
❹ Zurechtweisung, lauter Vorwurf, Tadel; **alci -um facere** jmdm. Vorwürfe machen, jmd. tadeln; **alqm -o ab errore avellere;**

5 *(Ov.) (meton.)* Lästermaul, Spottvogel; **picae, nemorum -a.**

convīctiō, ōnis *f (convivo)* das Zusammenleben, Gesellschaft; – *meton.:* **convictiones domesticae** Hauspersonal.

convīctor, ōris *m (convivo)* Gesellschafter, Hausfreund, Tischgenosse; **convictorem esse alci.**

convīctus[1], ūs *m (convivo)* 1 das Zusammenleben, Geselligkeit, geselliger Umgang *(mit: Gen.)*;

2 Gastmahl, Gelage, Tischgesellschaft; **trahere convictum in longum.**

convictus[2] *P.P.P. v. convinco.*

● **con-vincō,** vincere, vīcī, victum 1 jmd. einer Schuld *od.* eines Irrtums überführen, überweisen *(alqm alcis rei u. in re; m. Inf.; A.C.I.)*; **alqm maleficii ~; alter latrocinii, alter caedis convictus est; convinci in crimine; convincor id fecisse; alqm testibus ~; alqm mores ipsius ac vita convincunt;**

2 widerlegen [**falsa; errores; adversarium**];

3 etw. unwiderleglich darlegen, beweisen, begründen [**avaritiam**]; **Stoicos nihil de dis explicare convincit** *(Cic.)*; *(v. lebl. Subj.)* **eum ne liberum quidem esse ratio et veritas convincit** *(Cic.)*.

con-vīsō, vīsere, – –*(poet.)* 1 betrachten, durchforschen;

2 *(v. der Sonne) einen Ort* bescheinen, bestrahlen.

● **convīva,** ae *m (convivo)* Gast, Tischgenosse.

convīvālis, e *(conviva)* zum Gastmahl gehörig, Tisch-, Tafel- [**carmen; fabulae** Tischgespräch; **ioci**].

convīvāria, ae *f (mlt.)* Tischgenossin.

convīvātor, ōris *m (convivor)* Gastgeber, Wirt.

● **convīvium,** ī *n (convivo)* 1 Gastmahl, Gelage, Schmaus [**nocturnum; publicum; sollemne**]; **comparare -um magnifice et ornate;**

2 *(poet.; nachkl.) (meton.)* Tischgesellschaft, Gäste [**nuptiale** Hochzeitsgäste].

con-vīvō, vīvere, vīxī, vīctum *(nachkl.)* 1 m. jmdm. zusammenleben;

2 m. jmdm. zusammen speisen.

convīvor, convīvārī *(conviva)* in Gesellschaft, zusammen speisen.

convocātiō, ōnis *f (convoco)* das Zusammenrufen, Berufung [**populi Romani ad rem publicam defendendam**].

● **con-vocō,** vocāre zusammenrufen, berufen, versammeln [**senatum; concilium; dissipatos homines in societatem vitae; praefectos equitum ad concilium; milites ad contionem**].

con-volō, volāre („zusammenfliegen") zusammenströmen, herbeieilen; **ad sellas consulum ~; populus convolat; furiae tamquam ad funus rei publicae convolant** *(Cic.)*.

con-volūtor, volūtārī *(Sen.)* sich herumtreiben.

con-volvō, volvere, volvī, volūtum 1 zusammenrollen, -winden; **lubrica terga** *(v. der Schlange)* **~; crines convoluti ad verticem capitis;**

2 *im Kreise* herumrollen; – *se convolvere u. mediopass. convolvi (v. Gestirnen)* kreisen: **sol se convolvens; convolvitur Ales** *(Schwan als Gestirn)*;

3 um-, bewickeln;

4 *(Sen.) (eine Schriftrolle)* weiterrollen [**magnam partem libri** überschlagen].

con-vomō, vomere, vomuī, vomitum bespeien.

con-vorrō *(altl.) = converro.*

con-vortō *(altl.) = converto.*

con-vulnerō, vulnerāre *(nachkl.)* schwer verwunden.

cooperātiō, ōnis *f (cooperor) (Eccl.)* Mitwirkung.

cooperātor, ōris *m (cooperor) (Eccl.)* (geistlicher) Mitarbeiter.

cooperīmentum, ī *n (cooperio) (poet.; nachkl.)* Bedeckung, Decke, Deckel.

co-operiō, operīre, operuī, opertum ganz bedecken, überschütten; **lapidibus ~** steinigen; **humus spinis cooperta piscium; Decii corpus coopertum telis;** – *bes. P.P.P.* **coopertus,** a, um: **a)** bedeckt; **b)** *(übtr.)* überhäuft, überschüttet, beladen [**miseriis** beladen; **stupris** versunken in; **famosis versibus** überschüttet].

co-operor, operārī *(Eccl.)* mitwirken, mitarbeiten.

cooptātiō, ōnis *f (coopto)* Ergänzungswahl, Zuwahl [**censoria** Ergänzung des Senats durch die Zensoren; **collegiorum; tribunorum**].

co-optō, optāre 1 *ein neues Mitglied* hinzuwählen [**collegas; sacerdotem; senatores; patricios in loca vacua**];

2 *eine Korporation* durch Wahl ergänzen [**senatum**].

co-orior, orīrī, ortus sum 1 *(v. Naturerscheinungen u. Ereignissen)* ausbrechen, entstehen; **tum subito tempestates sunt coortae maximae; ventus coortus arenam humo excitavit; magno coorto imbre; bellum coortum est; seditio coorta est;**

2 sich gemeinsam *(zu einer Tätigkeit)* erheben, losstürmen; **ad bellum coorti sunt; omnibus in eum tribunis plebis coortis;**

3 *(Lucr.) (v. Naturkörpern)* entstehen; **cooriuntur portenta mira facie membrisque.**

coortus, ūs *m (coorior) (Lucr.)* Entstehung, Ausbruch.

Coōs = *Cos.*

cōpa, ae *f (caupo[1])* (Schenk-)Wirtin.

Cōpāis, *Gen.* idis **palus ~** Kopaissee *in Böotien, jetzt trockengelegt.*

cōperculum, ī *n (u.* cooperculum) *(cooperio) (nachkl.)* Deckel.

cophinus, ī *m (gr. Fw.)* ① *(nachkl.)* großer Korb;
② *(spätl.)* Koffer.

● **cōpia,** ae *f (< *co-opia zu ops, vgl. in-opia)*
① Vorrat, Fülle, Menge [**frumenti; vectigalium**];
② Reichtum, Überfluss [**omnium rerum**];
③ *(meist Pl.)* Mittel, Vorräte, *bes.* Lebensmittel, Geldmittel; ~ **rei frumentariae** Getreidevorräte; **conferre suas -as in provinciam** seine Gelder anlegen;
④ *(milit.) (meist Pl.)* Proviant, Zufuhr;
⑤ Vermögen, Wohlstand;
⑥ *(v. lebenden Wesen)* Menge, Masse, große Zahl, Schar [**pecoris; civium; amicorum; latronum**];
⑦ *(milit.) (meist Pl.)* Truppen, Streitkräfte [**hostium; parvae; magnae; summae** die ganze Heeresmacht; **navales, maritimae** Seetruppen; **terrestres urbiumque** Land- u. Besatzungstruppen]; *(selten Sg.)* Mannschaft, Trupp [**armatorum**]; **augebatur illis copia** sie erhielten Verstärkung;
⑧ *(v. Abstr.)* Menge, Fülle [**verborum** Wortschatz; **exemplorum; rerum** Stofffülle];
⑨ Redefülle, Reichtum des Ausdrucks; **Periclis ubertas et ~; ~ eloquentiae;**
⑩ Fülle des Wissens, Gedankenreichtum; **vir summā -ā;**
⑪ Fähigkeit, Möglichkeit, Gelegenheit, Macht *(zu etw.: m. Gen.)*; **mihi est ~ somni** ich kann schlafen; **alci ~ est dimicandi cum hoste; frumenti -am alci facere** jmd. m. Getreide versorgen; ~ **pugnae fit; habere -am Iugurthae** Macht haben über;
⑫ *(personif.)* **Cōpia** *Göttin des Überflusses.*

cōpiolae, ārum *f (Demin. v. copiae)* ein Häuflein Truppen.

● **cōpiōsus,** a, um *(copia)* ① reich (an Vorrat), reich(lich) ausgestattet, reichlich, *(v. Personen)* wohlhabend, *(m. Abl.)* reich an etw. *(Ggstz. inops)*; **domus -a; patrimonium amplum et -um; urbs celebris et -a; victus ~; hostis ~** reich m. Proviant versehen; **opulenti homines et -i;**
② gedanken-, wortreich, beredt, ausführlich [**disputatio; oratio; orator** gewandter Redner]; **causam copiosissime disputare** sehr ausführlich;
③ *(nachkl.)* begabt [**vir; ingenium**].

cōpis[1], e *(< co u. ops; vgl. copia) (Plaut.)* reich, mächtig.

copis[2], idis *f (gr. Fw.) (nachkl.)* persischer Krummsäbel.

cōpō = *caupo*[1].

coprea, ae *m (gr. Fw.) (Suet.)* Possenreißer, Witzbold.

copta, ae *f (gr. Fw.) (nachkl.)* harter Kuchen, Stoßkuchen.

copto-placenta = *copta.*

cōpula, ae *f (< *co-apula, vgl. apiscor)* ① Bindemittel, Band, Strick, Seil, Leine, Riemen;
② *(übtr.)* Band, Verbindung, Freundschaftsband;
③ Enterhaken; **naves -is continere;**
④ *(Gell.)* Wortverbindung.

cōpulātiō, ōnis *f (copulo)* Verknüpfung, Verbindung.

cōpulō, cōpulāre *u. (altl.)* **cōpulor,** cōpulārī *(copula)* ① zusammenkoppeln, -binden, verbinden, anknüpfen *(cum od. m. Dat.)* [**caput et corpus cum alqo; hominem cum pecude; ratem rati**];
② *(übtr.)* verbinden, verknüpfen, vereinigen [**se cum alqo; honestatem cum voluptate; equestrem ordinem cum senatu**];
③ *(rhet. t. t.)* **a)** zu einer Periode zusammenfügen; **b)** zwei Wörter zu einem verschleifen *(z. B.: si vis > sis)*;
④ *(spätl.)* vermählen;
/ *P. Adj.* **cōpulātus,** a, um *(m. Komp.)* verbunden, vereint.

coqua, ae *f (coquus) (Plaut.)* Köchin.

coquīna, ae *f (coquinus) (spätl.)* Küche.

coquīnāris, e *(coquina) (vorkl.)* zur Küche gehörig, Küchen- [**culter**].

coquīnārius, a, um *(coquina) (Plin.)* Küchen- [**vasa**].

coquinō, coquināre *(coquo) (Plaut.)* kochen *(abs. u. trans.)*.

coquīnus, a, um *(coquo) (Plaut.)* zum Kochen gehörig, Koch-.

coquō, coquere, coxī, coctum ① kochen, backen, zubereiten [**cenam; liba in foco; panem; medicamenta**];
② brennen, schmelzen;
③ dörren, austrocknen; **flumina cocta; glaebas ~; robur coctum** durch Feuer gehärtetes Holz; **agger coctus** aus gebrannten Ziegelsteinen erbaut;
④ *(durch Sonne)* reif machen [**uvas; messem; poma cocta** reife];
⑤ in Gärung bringen, zersetzen;
⑥ verdauen;
⑦ *(übtr.)* über etw. brüten, auf etw. sinnen, etw. ersinnen [**consilia; bellum**];
⑧ beunruhigen, ängstigen, quälen; **cura, quae nunc te coquit** *(Enn.)*; **me coquo.**

coquus, ī *m (coquo)* Koch.

● **cor,** cordis *n* ① Herz *(als Organ)*; ~ **palpitat; pulsus cordis** Herzschlag;
② Herz, Gemüt, Gefühl, Seele [**molle; plumbeum** gefühlloses H.]; **cordi esse** am Herzen liegen, lieb, wert sein; **forti corde ferre mala;** – **corde** von Herzen, herzlich: **corde amare inter se;**
③ Mut;
④ Geist, Sinn, Verstand, Einsicht;

5 *(poet.) (meton.)* Seele = Individuum, Mensch *od.* Tier; **noxia corda** Schuldbeladene; **aspera corda;** – *(Plaut.) als Kosewort:* **meum cor;**
6 *(poet.)* Magenmund *(in der Nähe der Herzgrube); übh.* Magen.

Cora, ae *f Stadt in Latium, im Gebiet der Volsker,* – *Adj.* **Corānus,** a, um [**ager**].

Coracēsium, ī *n Ort u. Vorgeb. an der Grenze von Kilikien und Pamphylien (Kleinasien).*

Corallī, ōrum *m Volk in Mösien im Donaudelta.*

corallium *u.* **cūral(l)ium,** ī *n (gr. Fw.) (poet.; nachkl.)* Koralle.

● **cōram** I. *Adv.* 1 öffentlich, vor aller Augen; **Manlius se ipse ~ offert** *(Liv.)* tritt vor;
2 anwesend, an Ort u. Stelle, persönlich, selbst; **~ disputare cum alqo; ~ adesse; ~ intueri alqd; ~ audire;**
II. *Präp. b. Abl.* in jmds. Anwesenheit, in jmds. Gegenwart, vor jmdm. [**~ conventu**].

Corax, acis *m griech. Redner aus Syrakus.*

corbanum *(undekl.) (mlt.)* Kasse.

Corbiō, ōnis *f* 1 *Ort der Äquer b. Vitellia;*
2 *Ort in Spanien.*

corbis, is *f (u. m)* Korb.

corbīta, ae *f (corbis)* Lastschiff.

corbula, ae *f (Demin. v. corbis) (vor- u. nachkl.)* Körbchen.

corcillum, ī *n (Demin. v. cor) (Petr.)* gutes Herz; Verstand; Köpfchen; **~ est quod hominem facit.**

corcodīlus, ī *m = crocodilus.*

corcōta, ae *f = crocota.*

corcōtārius, a, um = *crocotarius.*

corculum, ī *n (Demin. v. cor) (Plaut.)* Herzchen; **meum ~** *(als Kosewort);* – Corculum *Beiname des Scipio Nasica* (der Verständige, der Mann v. Klugheit u. Einsicht).

Corcȳra, ae *f* Korfu, *die nördlichste der Ionischen Inseln, das homerische Scheria, Sitz des Phäakenkönigs Alkinoos, in historischer Zeit wichtigste Kolonie Korinths;* – *Adj.* **Corcȳraeus,** a, um [**rex** Alkinoos; **hortus** des Alkinoos]; – *Einw.* **Corcȳraeī,** ōrum *m.*

corda, ae *f s. chorda.*

cordātus, a, um *(cor) (vor- u. nachkl.)* verständig, gescheit.

cordāx, ācis *m (gr. Fw.)* 1 *ausgelassener Chortanz der alten griech. Komödie;*
2 *(meton.)* der Trochäus *(weg. seines hüpfenden Rhythmus).*

cordiāliter *(mlt.) Adv.* herzlich.

cor-dolium, ī *n (doleo)* Herzeleid.

Corduba, ae *f* Córdoba, *Stadt in Hispania Baetica, Geburtsort der beiden Senecas und Lukans;* – *Einw. u. Adj.* **Cordubēnsis,** is *m bzw.* e.

cordus, a, um *(vorkl.)* spät geboren, spät gewachsen [**agni**].

cordȳla, ae *f (gr. Fw.) (nachkl.)* Thunfischbrut.

Corfīnium, ī *n Stadt der Päligner in Samnium (Mittelitalien), im Bundesgenossenkrieg gegen Rom Hauptstadt Italiens;* – *Einw. u. Adj.* **Corfīniēnsis,** is *m bzw.* e.

coriandrum, ī *n (gr. Fw.) (vor- u. nachkl.)* Koriander *(Gewürz).*

Corinna, ae *f* 1 *Dichterin aus Tanagra in Böotien z. Zt. Pindars um 500 v. Chr.;*
2 *von Ovid als Name seiner Geliebten in Gedichten verwendet.*

Corinthus *u.* **-os,** ī *f* Korinth, *zweitgrößte Stadt Griechenlands, Handelsstadt am Isthmus, v. L. Mummius (146 v. Chr., im selben Jahr wie Karthago) zerstört und geplündert, v. Cäsar als röm. Bürgerkolonie neu gegründet;* – *meton.:* **captiva Corinthus** die Beute v. Korinth; – *Sprichw.:* **non cuivis homini contingit adire Corinthum** *(Hor.)* nicht jeder kann sich eine Reise nach Korinth leisten, *zur Bez. v. etw., das nicht jeder tun kann od. das nicht jedem weg. der damit verbundenen Schwierigkeiten gelingt;* – *Einw.* **Corinthius,** ī *m;* – *Adj.* **a) Corinthius,** a, um [**aes** korinth. Bronze; **vasa** Gefäße aus korinth. Bronze]; **b) Corinthiacus,** a, um; **c) Corinthiēnsis,** e; – *Subst.* **Corinthia,** ōrum *n* Kunstwerke aus korinth. Bronze; – **Corinthiārius,** ī *m Liebhaber korinth. Metallarbeiten (so spöttisch für Augustus).*

Coriolī, ōrum *m Stadt der Volsker in Latium, von C. Marcius zerstört (dah. sein Beiname: Coriolanus);* – *Einw. u. Adj.* **Coriolānus,** ī *m bzw.* a, um.

Coriosolitēs, tum *m kelt. Volk in der Bretagne.*

corium, ī *n (gr. Fw.)* 1 Fell, Haut *(der Tiere)* [**elephanti; bovis**];
2 Leder; *übtr.:* **petere -um** jmdm. *(m. der Peitsche)* aufs Leder rücken;
3 *(Plaut.) (meton.)* Riemenpeitsche;
4 *(nachkl.)* Haut, dicke Schale, dicke Hülse *(der Pflanzen)* [**pomi; castaneae**];
5 *(vor- u. nachkl.)* Schicht, Lage, Kruste [**parietum; papyri**].

corius, ī *m (altl.) = corium.*

Cornēlia, ae *f (Cornelius) Tochter des P. Cornelius Scipio Africanus maior, Mutter der Gracchen.*

i Kultur **Cornēlius,** a, um *Name einer röm. gens; zu ihr gehörten u. a.:* 1 *patriz. stirpes mit zum Teil zahlreichen Familien: am bedeutendsten die Scipiones, Lentuli, Sullae, Dolabellae, Cethegi; daneben: Cossi, Rufini (später = Sullae), Blasiones, Merulae;*
2 *pleb. Familien: Balbi, Cinnae, Mammulae, Sisennae;*
/ *Adj.* **a) Cornēlius,** a, um [**leges** v. den

Corneliern gegebene; **Castra** *Gegend zwischen Utica und dem Fluss Bagrada zur Erinnerung an den Sieger über Hannibal P. Cornelius Scipio Africanus maior*]; **b)** **Cornēliānus,** a, um.

corneolus, a, um *(Demin. v. corneus²)* hornartig.

corneus¹, a, um *(cornus¹) (poet.)* aus Kornelkirschholz [**arcus**].

corneus², a, um *(cornu)* ① aus Horn; ② *(nachkl.)* hornartig: **a)** hart, fest wie Horn; **b)** hornfarbig.

corni-cen, cinis *m (cornu u. cano)* Hornbläser; *auch* Flötist *(Bläser der phrygischen Flöte).*

cornīcor, cornīcārī *(cornix) (Pers.)* wie eine Krähe krächzen, kreischen.

cornīcula, ae *f (Demin. v. cornix) (Hor.)* junge Krähe, *verächtl.* alberne Krähe.

corniculārius, ī *m (corniculum) (nachkl.)* mit dem Ehrenhorn ausgezeichneter Soldat, Gefreiter.

corniculum, ī *n (Demin. v. cornu)* kleines Horn; *bes.* Ehrenhorn *am Helm (milit. Auszeichnung);* **-o merere** als Gefreiter dienen.

Corniculum, ī *n Ort in Latium; – Adj.* **Corniculānus,** a, um.

Cornificius, a, um *Name einer pleb. gens in Rom:* ① Q. ~, *Prätor 67 v. Chr.;* ② Q. ~, *Sohn des vorigen, Prätor 46 v. Chr.; Verf. rhet. u. gramm. Schriften.*

corni-ger, gera, gerum *(cornu u. gero) (poet.; nachkl.)* gehörnt, geweihtragend.

corni-pēs, *Gen.* pedis *(cornu) (poet.)* hornfüßig, behuft.

cornīx, īcis *f (vgl. corvus)* Krähe [**loquax**]: *Weissagevogel; ihr Geschrei kündigte Regen an; sprichw.:* **cornicum oculos configere** (den Krähen die Augen aushacken =) selbst die Vorsichtigsten täuschen.

● **cornū,** ūs *n, selten* **cornum,** ī *n u.* **cornus,** ūs *m* ① Horn, *Pl.* Gehörn, Geweih *(Symbol der Widerstandskraft, des Mutes u. der Stärke [Attribut des Bacchus], des Ungestümen [Attribut der Flussgötter], der Fruchtbarkeit u. des Überflusses [cornu Copiae]);* **cornua tollere in alqm** Widerstand leisten; **cornua sumere** mutig werden; **cornua addere alci** jmdm. Mut machen; **cornua amittere** das Geweih abwerfen; **surgere in cornua** das Geweih hoch heben; ② Hornähnliches: **a)** Auswuchs *an der Stirn;* **b)** *Pl.* Hörner *der Mondsichel;* **c)** Knopf, Knauf *des Stäbchens der Bücherrolle;* **d)** Helmkegel; **e)** *(milit.)* Flügel des Heeres; **a dextro cornu proelium committere; f)** Spitze *der Rahe; (meton.)* Rahe, Segelstange; **g)** Flussarm; **Nilus in septem cornua divisus; h)** Ende *einer Örtlichkeit, eines Gegenstandes;* **i)** Landzunge; **inclusum cornibus aequor;** ③ Horn *als Material (z. B. am Huf, Schnabel);* ④ *(meton.) Gegenstände aus Horn:* **a)** Horn *als Blasinstrument (zuerst aus Horn, später aus Metall),* Signalhorn, Trompete; *(poet.) auch* Hornansatz *an der phrygischen Flöte;* **tibia adunco cornu; b)** *(Sg. u. Pl.)* Bogen *zum Schießen (aus je zwei Hörnern);* **flectere cornua; ~ curvum; c)** Horntrichter *(zum Einfüllen v. Flüssigkeiten);* **d)** Resonanzboden *der Lyra, der urspr. aus zwei hohlen Hörnern bestand;* **e)** Ölfläschchen.

cornum¹, ī *n (cornus¹) (poet.)* ① Kornelkirsche; ② *(meton.)* Lanze *aus Kornelkirschholz.*

cornum², ī *n = cornu.*

cornus¹, ī *u.* ūs *f (poet.; nachkl.)* ① Kornelkirschbaum; ② Kornelkirschholz; ③ *(meton.)* Lanze *aus Kornelkirschholz.*

cornus², ūs *m = cornu.*

Cornus, ī *f Ort auf Sardinien.*

cornūtus, a, um *(cornu) (poet.; nachkl.)* ① gehörnt; ② *(mlt.)* zweispitzig *(v. der Bischofsmütze).*

Coroebus, ī *m Sohn des phrygischen Königs Mygdon.*

corōlla, ae *f (Demin. v. corona) (nicht klass.)* Kränzchen.

corōllārium, ī *n (corolla)* Kränzchen, *bes. als Geschenk an Schauspieler u. andere Künstler (urspr. aus natürlichen Blumen, dann vergoldet/versilbert od. aus Gold/Silber), später durch Geld od. andere Geschenke abgelöst, dah. auch:* Geschenk, Zulage, Trinkgeld.

● **corōna,** ae *f (gr. Fw.)* ① Kranz *(als Schmuck od. Auszeichnung)* [**laurea; pinea; quercea; honoris** Ehrenkranz; **castrensis; civica; virtute parta; victoriae**]; **sub -a vendere** Kriegsgefangene als Sklaven verkaufen *(weil die Gefangenen bekränzt wurden); (poet.)* **-am nectere alci** jmd. verherrlichen, preisen; ② Kreis v. Zuhörern *od.* Zuschauern, Versammlung, Menschenmenge [**vulgi**]*; – Pl. coronae* die Zuhörer; ③ *(milit.)* Truppenkette, Einschließungslinie; **urbem -ā circumdare, -ā vallum defendere;** ④ *(poet.)* Krone, Diadem [**regni**]; ⑤ *(poet.; nachkl.)* Krone der Ariadne *(Sternbild);* ⑥ *(nachkl.)* Mauerring, Kranzgesims; ⑦ *(Plin.) montium* Gebirgskette; ⑧ *(spätl.)* **a)** *fidei* Märtyrerkrone; **b)** Königs-, Kaiserkrone; **c)** *rasa, clericalis, capitis* Tonsur.

corōnārius, a, um *(corona)* zum Kranz gehörig, für den Kranz (bestimmt); **aurum -um:** *das (statt der urspr. geschenkten goldenen Krone) f. einen siegreichen Feldherrn v. den Provinzen überbrachte* Geldgeschenk, Kranzgold.

Corōnē, ēs *f Ort in Messenien auf der Peloponnes.*

Corōnēa, ae *f Ort in Böotien (Mittelgriechenland); – Einw.* **Corōnaeī,** ōrum *m; – Adj.* **Corōnēus,** a, um *u.* **Corōnēnsis,** e.

Corōneūs, eī *m König v. Phokis, Vater der Coronis.*

Corōnīdēs, ae *m* = Äskulap *(Sohn der Nymphe Coronis).*

corōnis, idis *f (gr. Fw.) (Mart.; Suet.)* Schlussschnörkel *(eines Buches od. Abschnitts).*

Corōnis, idis *f eine Nymphe, Mutter des Äskulap.*

corōnō, corōnāre *(corona)* ❶ bekränzen, umkränzen; **poētam laureā coronā ~; victores lauro ~; decemviri coronati laureā; coronati iuvenci; templa ~;**
❷ *(poet.)* kranzartig umgeben, umschließen; **silva coronat aquas;**
❸ *(poet.)* umstellen [**omnem abitum custode; nemus densa statione**];
❹ *(spätl.)* krönen, zum König erheben.

corporālis, e *(corpus) (Sen.)* ❶ körperhaft, körperlich [**voluptates**];
❷ *(spätl.)* leiblich, fleischlich, irdisch.

corporātūra, ae *f (corporo)* Körperbau.

corporātus, a, um *(P. Adj. v. corporo)* verkörpert, körperhaft [**mundus**].

corporeus, a, um *(corpus)* ❶ körperlich, körperhaft;
❷ *(poet.; nachkl.)* fleischlich, leiblich;
❸ *(spätl.)* irdisch.

corporō, corporāre *(corpus)* ❶ *(Enn.)* töten *(eigtl.: zum bloßen Körper – ohne Seele – machen);*
❷ *(nachkl.)* zum Körper machen, mit einem Körper versehen; – *Pass. corporārī* zum Körper werden; Mensch werden.

corpulentia, ae *f (corpulentus)* ❶ *(Plin.)* Beleibtheit, Korpulenz;
❷ *(August.)* Leibesbeschaffenheit.

corpulentus, a, um *(m. Komp.) (corpus)* ❶ beleibt, korpulent;
❷ körperlich.

● **corpus,** poris *n* ❶ Körper, Leib *(v. Menschen u. Tieren);* **dolor corporis; homo constat ex corpore et animo; corpus in prato prosternere** sich hinstrecken; **corpore albo** v. weißem Teint;
❷ Person, Wesen *(wenn bes. das Körperliche gemeint ist);* **liberum corpus in servitutem addicere; ~ captivum** Gefangener; **fidissima corpora** die Getreuesten;
❸ Fleisch *am Körper;* **ossa subiecta corpori; corpus facere** Fleisch ansetzen, korpulent werden; **corpus amittere** mager werden;
❹ Leichnam; **corpus ad sepulturam dare;**
❺ Schatten eines Toten;
❻ *(b. Schiffen)* Bauch [**navium**];
❼ ein Ganzes, Körper [**rei publicae** Staatskörper]; **in unum corpus coalescere** *od.* **confundi;**
❽ Gesamtheit, Gesamtmasse [**universitatis** Weltall]; **toto corpore regni certare** mit der Gesamtmacht;
❾ Körperschaft, Stand [**militum** Armeekorps]; **regem sui corporis creari voluerunt** aus ihrem Stand;
❿ Substanz, Materie, Stoff, Masse [**ferri; Neptuni** Meereswasser];
⓫ *(v. Schriftwerken)* (Gesamt-)Werk, Sammlung [**omnis iuris Romani**];
⓬ Gemeinde, Verband; **nunc in corpus unum confusi omnes** *(v. den verschiedenen Einwohnern einer Stadt);*
⓭ *(nachkl.)* Hauptbestandteil, Hauptsache, das Wesen(tliche), Kern [**eloquentiae**].

> *i* Kultur **Corpus iuris civilis** Sammelwerk des bürgerlichen Rechts – nach dem Untergang Westroms lässt der oström. Kaiser Justinian ab 529 in Konstantinopel die noch gültigen Gesetze veröffentlichen. Dieses „Gesamte Zivilrecht" wirkt bis heute im europäischen Rechtsleben weiter, z. B. im deutschen BGB (Bürgerl. Gesetzbuch).

corpusculum, ī *n (Demin. v. corpus)* Körperchen: ❶ *(Sen.)* kleiner menschlicher Körper;
❷ *(Sen.)* Kind im Mutterleib;
❸ *(vor- u. nachkl.)* Bäuchlein; *Plaut. als Kosewort* [**melliculum**];
❹ Atom.

cor-rādō, rādere, rāsī, rāsum *(con)* ❶ *(Lucr.)* zusammenkratzen, -scharren [**semina ex aëre** *(v. Wind)*];
❷ *(Kom.)* zusammenraffen;
❸ *(übtr.)* aufbringen [**argumenta**].

corrēctiō, ōnis *f (corrigo)* ❶ Verbesserung [**morum; philosophiae**];
❷ *(rhet.)* Berichtigung *(durch einen passenderen Ausdruck);*
❸ Zurechtweisung.

corrēctor, ōris *m (corrigo)* ❶ Verbesserer [**civitatis**];
❷ Moralprediger, Kritiker [**peccantium**];
❸ *(nachkl.)* kaiserl. Statthalter *in kleineren Provinzen.*

corrēgnātor, ōris *m (corregno) (mlt.)* Mitregent.

cor-rēgnō, rēgnāre *(con) (mlt.)* mitherrschen.

cor-rēpō, rēpere, rēpsī, rēptum ❶ sich verkriechen, hineinkriechen [**in onerariam navem**];
❷ *(Lucr.)* zusammenfahren, -schrecken; **correpunt membra pavore.**

correptiō, ōnis *f (corripio)* ❶ *(Gell.)* das An-

fassen [**manūs**];
② *(Eccl.)* Tadel;
③ Verkürzung [**dierum**];
④ *(gramm. t. t.)* Kürzung [**syllabae**].

correptus, a, um *(P. Adj. m. Komp. v. corripio) (poet.; nachkl.)* kurz (ausgesprochen).

cor-rēxī *Perf. v. corrigo.*

cor-rīdeō, rīdēre, – – ① *(Lucr.)* auflachen;
② mitlachen.

cor-rigia, ae *f* ① (Schuh-)Riemen;
② *(spätl.)* Gürtel.

● **cor-rigō,** rigere, rēxī, rēctum *(con u. rego)* ① gerade richten [**digitum; ceras** wieder glätten; **cursum** den rechten Kurs wieder gewinnen *(v. Schiffen)*; **flexūs fluminum**];
② berichtigen, verbessern, korrigieren [**errorem; mores civitatis; alcis sententiam; disciplinam castrorum**];
③ zurechtweisen; **re ipsā corrigi;** – *se* ~ sich bessern.

● **cor-ripiō,** ripere, ripuī, reptum *(con u. rapio)* ① an sich reißen, ergreifen, (zusammen)raffen [**hastam; mulierem manu; praefecturam; sacram effigiem**];
② gewaltsam an sich reißen, in Beschlag nehmen [**undique pecunias**];
③ aufgreifen, verhaften [**equites**];
④ *(poet.; nachkl.) (v. Krankheiten, Leidenschaften u. Ä.)* ergreifen, befallen, (da)hinraffen, übermannen; **morbi corpora corripiunt; corripi dolore, cupidine, duplici ardore; militiā corripi** v. der Kampflust fortgerissen werden; **correptus imagine formae** hingerissen; **hunc plausus corripuit** ihn hat fortgerissen, erfreut;
⑤ schelten, tadeln [**alqm graviter; scelera alcis**];
⑥ *(Tac.)* jmd. vor Gericht ziehen, anklagen;
⑦ zusammenziehen, ab-, verkürzen [**impensas; syllabam**];
⑧ *campum* durcheilen; *gradum* beschleunigen; *viam* schleunig zurücklegen; *spatia* in die Rennbahn stürzen.

corrīvātiō, ōnis *f (corrivo) (Plin.)* das Zusammenleiten *des Wassers (z. B. in ein Becken)* [**aquae pluviae; aquarum**].

cor-rīvō, rīvāre *(con u. rivus) (nachkl.)* in ein Flussbett (zusammen)leiten.

corrōborātiō, ōnis *f (corroboro) (Eccl.)* ① das Erstarken;
② Bekräftigung.

cor-rōborō, rōborāre stärken, kräftigen; **mens hominis philosophiam ipsam corroborat** *(Cic.)*; **coniurationem nascentem non credendo corroboraverunt** *(Cic.)*; – *Pass. corrōborārī* erstarken.

cor-rōdō, rōdere, rōsī, rōsum zernagen, zerfressen.

cor-rogō, rogāre ① zusammenbitten, -betteln [**vestimenta; auxilia a sociis; pecuniam**];
② einladen [**auditores**].

cor-rotundō, rotundāre abrunden; – *mediopass. corrotundārī* sich abrunden.

corrūda, ae *f (vor- u. nachkl.)* wilder Spargel.

cor-rūgō, rūgāre runzelig machen [**nares** die Nase rümpfen].

● **cor-rumpō,** rumpere, rūpī, ruptum ① vernichten, verderben, zugrunde richten, zerstören; **reliquum frumentum flumine atque incendio ~; vineas lapidibus ~; res familiares** ~ ruinieren; – *Pass.* zugrunde gehen, verderben;
② zunichte machen, untergraben, vereiteln, verscherzen; **gratiam** ~ die Gunst; **dei beneficia ~; libertatem ~; spem ~; dubitando magnas opportunitates ~; fidem artis** ~ den Glauben an die Kunst verlieren; **corrupta totiens victoria; occasionem** ~ eine Gelegenheit ungenutzt lassen;
③ verschlechtern, schlecht machen, verderben *(Pass.* verderben); **pabulum et aquarum fontes ~; vinum ~; conclusa aqua facile corrumpitur; umor in similitudinem vini corruptus** gegoren;
④ entstellen, verunstalten [**corpus livore; nomen** in der Aussprache entstellen];
⑤ entkräften, herunterbringen *(Pass.* herunterkommen); **corrupti equi macie**;
⑥ *(dem Sinn, dem Inhalt nach)* (ver)fälschen [**litteras; tabulas publicas**];
⑦ *moral.* verderben [**mores civitatis; iuventutem; populum largitione**];
⑧ entehren, schänden [**mulierem**];
⑨ verführen, verleiten [**alqm ad scelus; alqm in spem rapinarum**];
⑩ bestechen [**iudicem; alqm pecuniā**].

corrumptor *(altl.) = corruptor.*

● **cor-ruō,** ruere, ruī, ruitūrus **I.** *intr.* ① zusammen-, um-, einstürzen; **arbor repente corruit; statuae corruerunt; tota urbs eorum corruit** *(b. Erdbeben)*;
② *(v. Lebewesen)* zu Boden stürzen, hinfallen; **paene ille timore, ego risu corrui; corruit telis obrutus; corruit equus**;
③ *(v. geistigen, polit. Zuständen)* zusammenstürzen; **nostrae contentiones in medio spatio franguntur et corruunt**;
④ ins Verderben stürzen, zugrunde gehen; **Lacedaemoniorum opes corruerunt;**
⑤ *(auf der Bühne)* durchfallen;
⑥ *(im Geschäftsleben)* bankrott machen;
⑦ *(Plin.)* verurteilt werden;
II. *trans.* ① etw. zusammenwerfen;
② *(Cat.)* ins Verderben stürzen;
③ *(Plaut.)* zusammenscharren [**divitias**].

cor-rūpī *Perf. v. corrumpo.*

corruptēla, ae *f (corrumpo)* ① *(moral.)* Verderben, Verderbnis, Verderbtheit; **largitionem -am esse dixit** *(Cic.)*;
② Verführung, *bes.:* **a)** Bestechung; ~ **servi;**

(m. Angabe v. seiten wessen: ab) ~ **accusatoris a reo; b)** Schändung, Entehrung;
③ *(Ter.) (meton.)* Verführer; **communis ~ nostrûm liberûm.**

corruptibilis, e *(m. Komp.) (corrumpo) (Eccl.)* vergänglich.

corruptibilitās, ātis *f (corruptibilis) (Eccl.)* Vergänglichkeit.

corruptiō, ōnis *f (corrumpo)* ① Verderbtheit, Zerrüttung [**corporis; opinionum** Verkehrtheit];
② Verführung, *bes.* Bestechung [**militum**].

corruptor, ōris *m (corrumpo)* ① *(vor- u. nachkl.)* Verderber [**amicitiae; civium**];
② Verführer, *bes.* **a)** Bestecher [**exercitūs**]; **b)** Schänder [**virginum Vestalium**].

corruptrīx, *Gen.* īcis *(corruptor)* **I.** *Subst. f* Verderberin, Verführerin;
II. *Adj.* verführerisch.

corruptus, a, um *(P. Adj. v. corrumpo)* ① *(physisch)* verdorben, ungenießbar, schlecht (geworden) [**hordeum**];
② *(moral.)* verdorben, schlecht [**civitas; mores; homines; saeculum**];
③ bestochen [**iudex; adversarius**];
④ verführt, geschändet;
⑤ *(im Ausdruck u. in Gedanken)* verkehrt, verschroben [**consuetudo** Sprachgebrauch; **genus dicendi; sententia**].

cōrs *s. cohors.*

Corsica, ae *f die Insel* Korsika, *238 v. Chr. röm. Provinz, Verbannungsort des jüngeren Seneca unter Kaiser Claudius; – Bew.* **Corsus,** ī *m* der Korse; – *Adj.* **Corsicus** *u.* **Corsus,** a, um.

cortex, ticis *m u. (poet.) f* ① Baumrinde;
② Kork; *Gegenstand aus Kork:* **a)** Pfropfen, Korken; **b)** Schwimmgürtel; *sprichw.:* **sine cortice nare** auf eigenen Füßen stehen;
③ *(Plin.)* Schale *(der Früchte)* [**glandis; nucum**];
④ *(vor- u. nachkl.)* Haut *(der Tiere)* [**testudinis**];
⑤ *(vorkl.)* Hülle, Decke [**corporeus**].

corticeus, a, um *(cortex) (vorkl.)* aus Rinde *od.* Kork.

cortīna[1], ae *f (zu „curvus" krumm, gebogen)* ① *(vor- u. nachkl.)* Kessel;
② *(poet.) kesselförmiger* Dreifuß des Apollo, *auf dem die Pythia Orakel verkündete;*
③ *(Verg.) (meton.)* ~ **Phoebi** Orakel des Apollo;
④ *(Suet.)* Dreifuß *als Weihgeschenk;*
⑤ *(Tac.)* Zuhörerkreis;
⑥ *(Enn.)* Himmelswölbung.

cortīna[2], ae *f (poet.; spätl.)* Vorhang.

cortis = *curtis.*

Cortōna, ae *f Stadt in Etrurien; – Einw. u. Adj.* **Cortōnēnsis,** is *m bzw.* e.

corulētum, ī *n (corulus) (Ov.)* Haselgebüsch.

corulīnus, a, um *(corulus) (spätl.)* aus Haselholz, -bast.

corulus, ī *f* Haselstrauch, -staude.

Coruncānius, a, um *Name einer pleb. gens, bes.* Ti. ~ *aus Camerium, Konsul 280 v. Chr., erster pontifex maximus aus pleb. Geschlecht 254 v. Chr.*

cōrus *s. caurus.*

coruscātiō, ōnis *f (corusco) (spätl.)* das Blitzen, Blitz.

corusci-fer, fera, ferum *(coruscus u. fero) (spätl.)* Blitze tragend.

coruscō, coruscāre **I.** *intr.* ① m. den Hörnern stoßen; **satiati agni ludunt blandeque coruscant;**
② *(poet.)* flattern; **apes pennis** *(m. den Flügeln)* **coruscant;**
③ *(poet.; nachkl.)* glitzern, schimmern, blinken; **apes fulgore coruscant;**
④ *(v. Blitz)* zucken, blitzen; **flamma inter nubes coruscat;**
II. *trans. (poet.)* schnell bewegen, schwingen [**telum; ferrum; linguas** züngeln].

coruscus, a, um *(corusco)* ① schimmernd, schillernd, funkelnd [**sol; ensis**]; **iuvenes auro -i;**
② *(poet.) (v. Blitz)* zuckend [**fulgura; ignis**];
③ *(poet.)* schwankend, zitternd [**silvae; ilices**];
④ *(Gell.) (übtr.)* schwankend.

corvada, ae *f (mlt.) (persönl.)* Frondienste.

corvīnus, a, um *(corvus) (nachkl.)* Raben-.

Corvīnus, a, um *Beiname in einer Familie der gens Valeria, bei den Valerii Messalae, s. Valerius.*

corvulus, ī *m (Demin. v. corvus) (spätl.)* das Rabenjunge.

corvus, ī *m (vgl. cornix)* ① Rabe *(als Weissagevogel dem Apollo geweiht; sein Flug od. Gekrächze zur Rechten bedeutete Glück, zur Linken Unglück);* ~ **loquax; -i cantus** Krächzen, Gekrächze;
② *(nachkl.)* Brechstange, Mauerbrecher *(weg. der Ähnlichkeit m. dem Rabenschnabel).*

Corybantes, tum *u.* tium *m* Korybanten, *Priester der Göttermutter Kybele (Rhea), die ihre Göttin m. rituellen Waffentänzen u. lauter Musik feierten, später mit den Kureten gleichgesetzt, den Geburtshelfern des Zeus auf Kreta; Sg.* **Corybās,** antis *m Sohn der Kybele; – Adj.* **Corybantius,** a, um.

cōrycus, ī *m (gr. Fw.)* Ledersack *f. Kraftübungen,* Trainingssack.

Cōrycus, ī ① *f Hafenstadt in Kilikien (Kleinasien); – Adj.* **Cōrycius,** a, um;
② *f Stadt in Pamphylien (Kleinasien);*
③ *m Vorgeb. in Ionien (Kleinasien).*

coryl ... = *corul ...*

corymbi-fer, fera, ferum *(corymbus u. fero) (Ov.)* Efeutrauben tragend [**Bacchus**].

corymbus, ī *m (gr. Fw.) (poet.; nachkl.)* Blütentraube *des Efeus.*

coryphaeus, ī *m (gr. Fw.)* Oberhaupt *(rein lat.: princeps).*

Corythus, ī ① *f Stadt in Etrurien, später Cortona;*
② *m Sohn Jupiters, der myth. Gründer dieser Stadt.*

cōrȳtus, ī *m (gr. Fw.) (poet.)* Köcher.

COS *Abk. f. consul;* **COSS** *Abk. f. consules.*

Cōs *(auch* **Coōs** *u.* **Cous**), Coī *f kleine zu den Sporaden gehörige Insel im Ägäischen Meer an der Küste v. Karien, ber. durch Weinbau u. Seidenweberei, Geburtsort des berühmten Arztes Hippokrates; – Bew. u. Adj.* **Cōus,** ī *m bzw.* a, um [**poeta** = Philetas; **artifex** = Apelles; **Venus** = Gemälde des Apelles im Äskulaptempel v. Kos]; – **Cōum,** ī *n (erg. vinum)* koischer Wein; – **Cōa,** ōrum *n* golddurchwirkte, durchscheinende Seidengewänder.

cōs, cōtis *f (vgl. catus, cautes)* Wetz-, Schleifstein *(auch übtr.);* **acuere sagittas cote**.

Cosa, ae *u.* **Cosae,** ārum *f* ① *Küstenstadt u. Vorgeb. in Etrurien; – Einw. u. Adj.* **Cosānus,** ī *m bzw.* a, um;
② *Stadt in Lukanien (Süditalien).*

cosmētēs, ae *m (gr. Fw.) (Iuv.) Aufseher üb. Garderobe u. Schmuck einer Römerin.*

Cosmiānum *u.* **Cosmiānus** *s. Cosmus.*

cosmica, ōrum *n (gr. Fw.) (Mart.)* das Weltliche, Welt.

cosmicus, ī *m (gr. Fw.) (Mart.)* Weltbürger.

cosmoe, ōrum *m (gr. Fw.)* „Ordner", die Kosmoi, *die aus zehn Mitgliedern bestehende höchste Staatsbehörde auf Kreta.*

cosmos, ī *m (gr. Fw.) (Eccl.)* Welt.

Cosmus, ī *m berühmter Kosmetikhersteller in Rom (Mart.); – Adj.* **Cosmiānus,** a, um; – **Cosmiānum,** ī *n (erg. unguentum)* Parfüm in Cremeform.

cō-sp ... *s. consp ...*

costa, ae *f* ① Rippe; **-ae aselli; ensis trans abiit -as** *(Verg.);*
② *(poet.; nachkl.) (übtr.)* costae: **a)** *(rippenartige)* Seitenwände, Gerüst; **equum aedificant sectaque intexunt abiete -as** *(v. Trojanischen Pferd);* **b)** Bauch *(eines Kessels);* **flamma subgeritur -is aëni** unter den Bauch des Kessels.

costum, ī *n (gr. Fw.) (poet.; nachkl.)* Kostwurz *(ind. Gewürzstaude);* Kostwurzsalbe.

Cosȳra, ae *f Insel zw. Sizilien u. Afrika.*

cōtēs *s. cautes.*

Cōthōn, ōnis *m Hafen* **a)** *b. Adrumetum;* **b)** *b. Karthago.*

cothurnātus, a, um *(cothurnus)* ① *(Sen.)* kothurntragend *(v. tragischen Schauspielern);*
② *(poet.; nachkl.)* tragisch erhaben [**deae; versus**];
/ **cothurnātī,** ōrum *m (Sen.)* tragische Schauspieler.

cothurnus, ī *m (gr. Fw.)* ① Kothurn, *Bühnenschuh der tragischen Schauspieler;*
② *(poet.)* Jagdstiefel;
③ *(poet.)* tragischer, erhabener Stil; **sola Sophocleo tua carmina digna -o** *(Verg.);*
④ *(Hor.)* Tragödie.

● **cotīdiānus, cotīdiē** *s. cott ...*

Cotta, ae *m Beiname der gens Aurelia.*

cottabus, ī *m (gr. Fw.) (Plaut.)* ① *griech. Spiel, b. dem man m. dem Rest im Weinglas ein Schälchen so zu treffen suchte, dass es unter Geräusch auf ein Gefäß herabfiel;*
② klatschender Schlag.

cottana, ōrum *n = cottona.*

● **cottīdiānus,** a, um *(Adv. -ō) (cottidie)* ① täglich [**cibus; labor**];
② alltäglich, gewöhnlich [**verba**].

● **cottī-diē** *Adv.* täglich, Tag für Tag.

cottona, ōrum *n (gr. Fw.) (nachkl.)* trockene kleine Feigen.

cotula, ae *f (gr. Fw.)* ① kleines Gefäß;
② *Maß v. einem halben sextarius.*

coturnīx, īcis *f* Wachtel, *b. Plaut. auch als Kosewort.*

coturnus, ī *m = cothurnus.*

cotyla, ae *f = cotula.*

Cotys, yis *(u.* **-tus,** ī) *m thrak. Fürstenname.*

Cotyttia, ōrum *n ausschweifendes Fest der thrak. Göttin Cotytto.*

Cotyttō, ūs *f urspr. thrak. Göttin, wie Cybele unter Lärm u. ausschweifenden Scherzen verehrt.*

Cōum *s. Cos.*

Cous *u.* **Cōus** *s. Cos.*

covinnārius, ī *m (covinnus) (Tac.)* Sichelwagenkämpfer.

covinnus, ī *m (kelt. Fw.) (nachkl.)* Sichelwagen; *röm.* Reisewagen.

coxa, ae *f (nachkl.)* Hüfte.

coxendīx, īcis *f (coxa) (vor- u. nachkl.)* Hüftbein, Hüfte.

coxī *Perf. v. coquo.*

Crabra (aqua), ae *f Fluss b. Tusculum in der Nähe Roms.*

crābrō, ōnis *m (poet.; nachkl.)* Hornisse.

Cragus, ī *m Gebirge in Lykien (Kleinasien).*

crambē, ēs *f (gr. Fw.)* ① *(Plin.)* Kohl;
② *(Iuv.) sprichw.:* ~ **repetita** aufgewärmter Kohl *(etw. oft Vorgebrachtes, Wiederholtes).*

Crānōn, ōnis *f Ort in Thessalien.*

Crantōr, oris *m akadem. Philosoph um 320 v. Chr.*

crāpula, ae *f (gr. Fw.)* Rausch, Trunkenheit.

crāpulārius, a, um *(crapula) (Plaut.)* zum Rausch gehörig.

● **crās** *Adv.* ① morgen;
② *(poet.)* künftig.

crassēscō, crassēscere, – – *(crassus) (nachkl.)* dick, fett werden.

crassi-loquus, a, um *(crassus u. loquor)* derb in der Sprache.
crassitūdō, dinis *f (crassus)* ❶ das Dicksein, Dicke [**parietum**];
❷ Dichtheit [**aëris**].
crassō, crassāre *(crassus) (nachkl.)* dick machen, verdicken, verdichten; – *Pass.* sich verdichten.
crassus, a, um *(m. Komp.)* ❶ dick, dicht [**aër; tenebrae; pulvis**];
❷ dick, beleibt [**homo**];
❸ fett, fruchtbar, schlammig [**ager; terra; paludes**];
❹ grob, derb [**filum; toga** grobfädig];
❺ *(poet.) (übtr.)* roh, derb, unfein, ungebildet, hausbacken, plump; **poëma -e compositum; -a Minerva** schlichter Menschenverstand.
Crassus, ī *m Familienname in zahlreichen röm. gentes, bes. in der gens Licinia.*
crāstinum, ī *n (crastinus) (vor- u. nachkl.)* der morgige Tag; **-i neglegens** unbekümmert; **in -um** auf morgen.
crāstinus, a, um *(Adv. -ō) (cras)* morgig [**dies**].
Crataeis, idis *f Mutter der Scylla.*
crātēr, ēris *m (Akk. Sg.* -ēra, *Akk. Pl.* -ēras) *u. (in Prosa meist)* **crātēra,** ae *f (gr. Fw.)* ❶ Mischkessel, -krug; *(poet.)* Ölkrug;
❷ *(poet.; nachkl.)* Schlund, Abgrund, Krater;
❸ *(Plin.)* Wasserbecken, Bassin.
Crātēr, ēris *m* ❶ *Meeresbucht b. Bajä (in der Nähe v. Neapel);*
❷ *(Cic.; Ov.)* Becher *(Sternbild).*
Craterus *u.* **-os,** ī *m* ❶ *Heerführer Alexanders des Gr.;*
❷ *ber. griech. Arzt in Rom z. Zt. Ciceros, Hausarzt des Atticus;* – *appell.:* ein großer Arzt.
Crāthis, idis *m Grenzfluss zw. Lucanien u. Bruttium.*
crātīcula, ae *f (Demin. v. cratis) (vor- u. nachkl.)* kleines Flechtwerk, kleiner Rost.
Cratīnus, ī *m Dichter der alten att. Komödie um 500 v. Chr.*
Cratippus, ī *m als peripatetischer Philosoph in Athen (um 50 v. Chr.) Lehrer von Ciceros Sohn.*
crātis, is *f (meist Pl.)* ❶ Flechtwerk, Geflecht, Rost; *(poet.)* Hürde *f. das Vieh; (milit.)* Faschinen;
❷ *(poet.)* Gefüge, Bau [**favorum** Honigwaben; **pectoris** Brustkorb].
creātiō, ōnis *f (creo)* Wahl *zu einem Amt* [**magistratuum**].
creātor, ōris *m (creo)* Schöpfer, Erzeuger, Urheber [**urbis** Gründer; **Achillis** Erzeuger, Vater].
creātrīx, īcis *f (creator) (poet.)* Hervorbringerin, Mutter; **natura ~ rerum; patria o mea ~** *(Cat.).*
creātūra, ae *f (creo) (Eccl.)* ❶ Schöpfung, Welt;
❷ Geschöpf.
● **crēber,** bra, brum *(Adv. meist* crēbrō, *selten* crēbrē) ❶ zahlreich, dicht stehend, gedrängt [**aedificia; castella; stationes**];
❷ üppig, dicht wachsend [**arbores**];
❸ häufig, wiederholt, fortgesetzt [**impetūs; ignes** Blitze; **nuntii; colloquia; auster** anhaltend];
❹ zahlreich besucht;
❺ dicht bewachsen, dicht besetzt [**lucus harundinibus**];
❻ voll v. etw., reich an, fruchtbar an etw. *(auch übtr.)* [**procellis; scriptor sententiis**]; / *Adv. meist* **crēbrō** *(selten* crēbrē, *nachkl.* crēbriter, *poet. u. nachkl. Akk. Pl. Neutr.* crēbra; *Komp.* crebrius, *Superl.* creberrime) oft, wiederholt, häufig.
crēb(r)ēscō, crēb(r)ēscere, crēb(r)uī, – *(creber)* ❶ wachsen, zunehmen, sich vermehren, häufig werden, überhand nehmen; **seditio crebrescit;**
❷ *(v. Gerüchten u. Ä.)* sich verbreiten; – *unpers.* crebrescit *(m. A. C. I.)* das Gerücht verbreitet sich.
crēbritās, ātis *f (creber)* Häufigkeit, Fülle.
crēbrō *Adv. (creber)* oft, wiederholt, häufig.
crēb(r)uī *Perf. v. creb(r)esco.*
● **crēdibilis,** e *(m. Komp.) (credo)* glaubhaft, glaublich, glaubwürdig [**narratio; suspicio**]; **credibili fortior** unglaublich tapfer; **alqd pro credibili sumere** als glaubhaft annehmen; **vix credibili celeritate.**
crēdidī *Perf. v. credo.*
crēditor, ōris *m (credo)* ❶ Gläubiger;
❷ *(mlt.)* Geldgeber.
crēditum, ī *n (credo)* Darlehen, Schuld; **-um abiurare; -um exigere.**
● **crēdō,** crēdere, crēdidī, crēditum ❶ glauben an, für wahr halten *(m. Akk.)* [**deos; omnia**];
❷ glauben, Glauben schenken *(alci; alci alqd; alci de re u. in re: jmdm. in Betreff einer Sache; alci rei);* **mihi crede** *(als Satzeinschub)* auf mein Wort; **ei de Persicis rebus credo;** – *Pass. (poet.) m. persönl. Konstr.* *credor* man glaubt mir (= *klass.: creditur mihi);*
❸ vertrauen, Vertrauen schenken [**testi; virtuti militum; tempori; campo** sich in eine Feldschlacht einlassen];
❹ glauben, meinen, der Ansicht sein *(m. A.C.I.; indir. Frages.);* – **credo** *(eingeschoben)* denk' ich, wohl, wahrscheinlich; **crederes** man hätte glauben können;
❺ halten für *(m. dopp. Akk.; im Pass. m. dopp. Nom.; alqd pro re);* **se Iovis filium ~ ; alqs deus creditur; falsum pro vero ~;**
❻ (an)vertrauen, übergeben, überlassen [**militi arma; alci salutem suam; liberos fidei alcis; arcana libris; se ponto, nocti** sich aufs

Meer, in die Nacht hinauswagen];
7 *(Geld)* borgen, vorschießen [**grandem pecuniam; centum talenta; pecuniam sine fenore**]; **pecunia credita** Darlehen.

crēdulitās, ātis *f (credulus)* 1 Leichtgläubigkeit;
2 *(spätl.)* christl. Gläubigkeit, Glaube.

crēdulus *(credo)* **I.** *Adj.* a, um 1 leichtgläubig, vertrauensselig, arglos; **stultus et ~ auditor;**
2 *(Tac.)* leicht geglaubt [**fama**];
3 *(spätl.)* gläubig;
II. *Subst.* ī *m (spätl.)* der Gläubige, Christ.

cremacula, ae *f u.* **-us,** ī *m (spätl.)* Kesselhaken.

Cremera, ae *m Nebenfluss des Tiber in Etrurien, bekannt durch den Heldentod der 306 Fabier am 18. Juli 477 v. Chr.; – Adj.* **Cremerēnsis,** e.

• **cremō,** cremāre verbrennen *(oft in Verbindung mit: igni, incendio, flammis u. Ä.)* [**urbem** niederbrennen; **corpus alcis; mortuos**].

Cremōna, ae *f Stadt am Po; – Einw. u. Adj.* **Cremōnēnsis,** is *m bzw.* e.

Cremōnis iugum *Pass in den Westalpen.*

cremor, ōris *m (poet.) (aus Pflanzenstoff gewonnener)* Schleim.

Cremūtius, ī *m* A. ~ Cordus, *Geschichtsschreiber unter dem Kaiser Tiberius.*

• **creō,** creāre 1 (er)schaffen, hervorbringen; **omnes res, quas et creat natura et tuetur** *(Cic.)*;
2 zeugen, gebären; **Maiā creatus** Sohn der M.; **Sulmone creatus** aus Sulmo; **prolem ex se videre creatam; o caeruleo creata ponto** *(Cat.) (v. der Venus);*
3 *(Beamte)* (er)wählen, ernennen, wählen lassen [**consules; magistratus; dictatorem**];
4 *ein Amt, eine Institution* schaffen, ins Leben rufen [**dictaturam; tribuniciam potestatem**];
5 verursachen, bewirken, bereiten [**voluptatem; seditionem; alci periculum; dolorem**].

Creōn, ontis *(auch* Creō, ōnis) *m (eigtl. = Herrscher)* 1 *König v. Theben, Bruder der Iocaste;*
2 *König v. Korinth, Vater der Kreusa.*

crepāx, *Gen.* ācis *(crepo) (Sen.)* knisternd.

creper, pera, perum *(vor- u. nachkl.)* ungewiss, zweifelhaft.

creperum, ī *n (vgl. crepusculum) (Mart.)* Zwielicht.

crepida, ae *f (gr. Fw.)* griech. Halbschuh, Sandale.

crepidātus, a, um *(crepida)* Sandalen tragend.

crepīdō, dinis *f (gr. Fw.)* 1 *(Plin.)* gemauerter Unterbau, Sockel [**obelisci**];
2 *(übtr.)* Grundlage;
3 Ufermauer, Kai;
4 *(nachkl.)* gemauerter Vorsprung, Rand.

crepidula, ae *f (Demin. v. crepida) (Plaut.)* kleine Sandale.

crepitācillum, ī *n (Demin. v. crepitaculum) (Lucr.)* kleine Klapper.

crepitāculum, ī *n (crepito)* Klapper.

crepitō, crepitāre *(Intens. v. crepo)* schallen, klirren, dröhnen, krachen, knarren, knistern, rauschen *u. Ä.;* **intestina crepitant** der Magen knurrt; **crepitans cicada** zirpend.

crepitus¹, ūs *m (crepo)* Schall, das Knistern, Klappern, Knarren *u. Ä.*

crepitus² *P.P.P. v. crepo.*

crepō, crepāre, crepuī, crepitum *(nicht klass.)* **I.** *intr.* 1 schallen, tönen, rauschen, knarren, klappern, knistern, knirschen *u. Ä.;*
2 *(spätl.)* bersten, platzen;
II. *trans.* 1 erschallen lassen, ertönen lassen, hören lassen [**faustos sonos** *od.* **laetum sonum** Beifall klatschen];
2 v. etw. häufig reden [**gravem militiam aut pauperiem** klagen über].

crepundia, ōrum *n (crepo)* (Kinder-)Klapper.

crepusculum, ī *n (nicht klass.)* Abenddämmerung, Zwielicht; *(poet.)* Dämmerung, Dunkel.

Crēs *s. Creta.*

• **crēscō,** crēscere, crēvī, crētum *(vgl. creo, creber)* 1 (er)wachsen, entstehen; **crescentes segetes; haec villa inter manus meas crevit** *(Sen.)*; – *P. Adj.* **crētus,** a, um geboren, entsprossen, entsprungen, entstanden *(m. ab od. bl. Abl.)*: **cretus Troiano a sanguine; cretus ab origine eadem; mortali corpore cretus;**
2 wachsen, zunehmen, immer größer werden, sich mehren, steigen, sich steigern; **vis animi pariter crescit cum corpore toto; crescit in dies singulos hostium numerus; crescit mihi materies** der Stoff *(zum Schreiben)* wächst mir unter den Händen; **rapi crescentibus annis** in der Blüte der Jahre; **in aeternum urbe conditā, in immensum crescente** *(Liv.)*; **crescens minuensque sidus; crescente luna; illius vox crescebat; crescente vento; advenientes crescentesque morbi; crescit mobilitas eundo; crescente certamine;**
3 *(v. Jugendlichen)* heranwachsen, groß werden *(bei Cic. adolescere)*; **toti salutifer orbi cresce puer** *(Ov.)*; **crevisti sub** (unter der Leitung, Führung) **noverca;**
4 in etw. hineinwachsen, zu etw. verwachsen, anwachsen, zu etw. werden; **coeperunt curvari manus et aduncos ~ in ungues** *(Ov.)* zu krummen Krallen; **in frondem crines, in ramos brachia crescunt** *(Ov.)*;
5 *(v. Quellen, Gewässern)* steigen, (an)schwellen; **cum Albanus lacus praeter modum crevisset** *(Cic.);*
6 *dem Ruhm, der Macht nach* wachsen,

Macht gewinnen; **sic fortis Etruria crevit; ubi labore atque iustitiā res publica crevit** *(Sall.)*;
⑦ reich werden, emporkommen; **de nihilo crevit;**
⑧ *(poet.; nachkl.)* Mut bekommen; **cresco et exsulto.**

Crēssa *u.* **Crēs(s)ius** *s. Creta.*

Crēta, ae *u.* **Crētē,** ēs *f die Insel* Kreta, *j.* Kriti; – *Einw.* **Crēs,** Crētis *u.* **Crētēnsis,** is *m sowie* **Crēssa,** ae *u.* **Crētis,** idis *f*; – *Adj.* **Crētēnsis,** e, **Crēticus,** a, um, **Crēs(s)ius,** a, um, **Crētaeus,** a, um, *fem. auch* **Crēssa,** ae.

crēta, ae *f* ① Kreide, weißer Ton;
② Schlamm;
③ *(poet.)* Schminke [**umida**].

Crētaeus *s. Creta.*

crētātus, a, um *(creta)* mit Kreide bestrichen.

Crētēnsis *s. Creta.*

crētēra *u.* **crēterra,** ae *f = crater.*

crēteus, a, um *(creta) (Lucr.)* tönern.

Crēticus *s. Creta.*

crētiō, ōnis *f (cerno 10.)* Erbschaftsübernahme.

Crētis, idis *f s. Creta.*

crētōsus, a, um *(creta)* kreide-, tonreich [**locus**].

crētula, ae *f (Demin. v. creta)* weiße Siegelerde; *(meton.)* Siegel.

crētus *P.P.P. v. cerno u. cresco.*

Creūsa, ae *f* ① *Gattin des Äneas, Tochter des Priamus;*
② *auch Glauke genannte Tochter des Königs Kreon v. Korinth, Gattin Jasons;*
③ *Hafenstadt in Böotien.*

crēvī *Perf. v. cerno u. cresco.*

crībrō, crībrāre *(cribrum) (spätl.)* (durch)sieben.

crībrum, ī *n (cerno)* Sieb, Durchschlag.

● **crīmen,** minis *n* ① Beschuldigung, Anklage *(wegen etw.: m. Gen.)*; ~ **proditionis;** ~ **avaritiae;** ~ **ambitūs** auf Amtserschleichung; ~ **regis** *(Gen. obi.)* geg. den König; ~ **falsum;** ~ **meum (tuum, suum)** von mir vorgebracht *od.* geg. mich erhoben; **in crimen vocare** *od.* **adducere** anschuldigen, anklagen; **in crimen vocari** *od.* **venire** angeschuldigt, angeklagt werden; **sibi crimen facere** *od.* **afferre** sich zuziehen; **in crimine esse** f. schuldig gelten;
② *(meton.)* Anklagepunkt;
③ Vorwurf; **alqd alci crimini dare** jmdm. etw. zum Vorwurf machen; **crimini esse alci** ein Grund zum Vorwurf gegen jmd. sein;
④ *(Ov.) (meton.)* Gegenstand des Vorwurfs; ~ **posteritatis eris** du wirst v. der Nachwelt geschmäht werden;
⑤ Verleumdung;
⑥ Verbrechen, Vergehen, Schuld; **crimen fateri; sine crimine vitam degere; qui nos poenā, non crimine liberant** *(Liv.)* von der Schuld;
⑦ *(Ov.)* Ehebruch;
⑧ *(Verg.) Pl.* Vorwände [**belli**].

crīminālis, e *(crimen)* ein Verbrechen betreffend [**lis** Strafprozess].

crīminātiō, ōnis *f (criminor)* Beschuldigung, Verdächtigung, Verleumdung.

crīminātor, ōris *m (criminor) (vor- u. nachkl.)* Verleumder.

crīminor, crīminārī *u. (altl.)* **-ō,** -āre *(crimen)* ① jmd. beschuldigen, verdächtigen, verleumden [**patres apud populum; senatum**];
② etw. vorwerfen, zum Vorwurf machen, sich üb. etw. beschweren, sich beklagen *(m. Akk.; de re; A.C.I.; quod)*;
③ klagen, Klage führen.

crīminōsus, a, um *(crimen)* beschuldigend, vorwurfsvoll, verleumderisch, gehässig [**orator; liber**].

crīnāle, lis *n (crinis) (Ov.)* Haarschmuck.

crīnālis, e *(crinis) (poet.)* ① Haar- [**aurum** goldenes Haarband];
② haarähnlich.

● **crīnis,** is *m* ① Haar, Haupthaar *(Sg. u. Pl. als Koll.)*; **crines passi** aufgelöstes Haar *(bes. Trauernder u. Flehender)*; **crines abscidere; crinibus templa verrere;**
② *(Plaut.) Pl.* Zopf;
③ *(Mart.)* das einzelne Haar;
④ *(poet.; nachkl.)* Kometenschweif.

Crīnī(s)sus, ī *m Fluss im Westen Siziliens.*

crīnītus, a, um *(crinis)* ① *(poet.; nachkl.)* behaart, *bes.* langhaarig [**Apollo; puella; galea** m. (Helm-)Busch];
② **stella -a** Komet.

criobolium, ī *n (gr. Fw.) (spätl.)* Widderopfer.

crisis, is *f (Akk. -im) (gr. Fw.) (Sen.)* entscheidende Wendung, Krisis.

crispi-sulcāns, *Gen.* antis *(crispus u. sulco)* eine geschlängelte Furche ziehend.

crispō, crispāre *(crispus) (poet.; nachkl.)* ① kräuseln [**capillum**];
② schwingen [**hastilia**].

crispulus, a, um *(Demin. v. crispus) (Sen.)* kraushaarig.

crispus *(vgl. crinis) (nicht klass.)* **I.** *Adj.* a, um
① kraus, gekräuselt [**coma**];
② wellenförmig;
③ **abies -a** rau gebrannter Fichtenstamm;
④ *(v. der Rede)* gekünstelt;
II. *Subst.* ī *m* Krauskopf.

Crispus, ī *m Beiname des röm. Geschichtsschreibers Sallustius.*

crista, ae *f (vgl. crinis)* ① Kamm *(auf dem Kopf der Tiere)*; – *sprichw.:* **alci -ae surgunt** jmdm. schwillt der Kamm;
② Helmbusch.

cristātus, a, um *(crista)* ① kammtragend [**draco; aves**];
② helmbuschtragend, -geschmückt [**Achilles;**

C

galea; iubar].

Crithōtē, ēs *f Ort in der thrak. Chersones am Schwarzen Meer.*

Critiās, ae *m athen. Politiker u. Redner, 404 v. Chr. Führer der 30 Tyrannen in Athen (gefallen 404).*

criticus *(gr. Fw.)* **I.** *Subst.* ī *m* Kunstrichter, Kritiker;

II. *Adj.* a, um *(August.)* entscheidend, kritisch.

Critō, ōnis *m Schüler u. Freund des Sokrates.*

Critobūlus, ī *m* ① *Schüler des Sokrates;*

② *griech. Arzt z. Zt. Philipps u. seines Sohnes Alexanders des Gr.*

Critolāus, ī *m* ① *peripatetischer Philosoph, Teilnehmer der berühmten Philosophengesandtschaft Athens nach Rom (156/155 v. Chr.);*

② *Feldherr des Achäischen Bundes (entscheidender Kampf m. den Römern: 147 v. Chr.).*

croceus, a, um *(crocus) (poet.; nachkl.)* Safran- [**odores**]; safrangelb, goldblond [**comae**].

crocinum, ī *n (crocinus; erg. oleum)* Safranöl *(Prop.); b. Plaut. als Kosewort.*

crocinus, a, um *(gr. Fw.) (Cat.; Plin.)* Safran-; safrangelb [**tunica**].

crōciō, crōcīre *(u.* crocciō) *(Plaut.)* krächzen.

crocodīlinus, a, um *(gr. Fw.) (nachkl.)* vom Krokodil.

crocodīlus, ī *m (gr. Fw.)* Krokodil.

crocōta, ae *f (gr. Fw.; vgl. crocus)* safranfarbiges Frauenkleid, Safrankleid.

crocōtārius, a, um *(crocota) (Plaut.)* zum Safrankleid gehörig [**infector** Färber v. Safrankleidern].

crocōtula, ae *f (Demin. v. crocota) (Plaut.)* niedliches Safrankleid.

crocus, ī *m u.* **-um,** ī *n (gr. Fw.)* ① Safran *(Gewürz);*

② *(meton.)* **a)** Safranessenz, -wasser *(zum Besprengen, bes. der Bühne);* **b)** *(Verg.)* Safranfarbe, -gelb; **vestis picta -o**.

> *i* Kultur **Croesus,** ī *m Sohn des Alyattes, der durch seinen Reichtum bekannte König v. Lydien, Verlust von Reich und Leben nach der Schlacht am Halys gegen die Perser 547 v. Chr.; appell.* ein Krösus *= ein reicher Mann.*

Cromyōn, ōnis *f Ort in Megaris (am Isthmus v. Korinth).*

Cronium mare Eismeer.

crotalia, ōrum *n (gr. Fw.) (nachkl.)* klappernde Perlenohrgehänge.

crotalistria, ae *f (gr. Fw.) (Prop.)* Kastagnettentänzerin.

crotalum, ī *n (gr. Fw.) (poet.)* Klapper; Kastagnette.

Crotō(n), ōnis *u.* **Crotōna,** ae *f griech. Stadt (achäische Kolonie) an der Ostküste v. Bruttium (Süditalien), im späten 6. Jahrh. v. Chr. Wirkungsstätte des Pythagoras, seit 194 v. Chr. röm. Kolonie, j.* Crotone; – *Einw.* **Crotōniātēs,** ae *u.* **Crotōniēnsis,** is *m;* – *Adj.* **Crotōniēnsis,** e.

cruciābilis, e *(crucio) (Gell.)* qualvoll.

cruciābilitās, ātis *f (cruciabilis) (Plaut.)* Marter, Qual.

cruciāmentum, ī *n (crucio)* Marter, Qual.

cruciārius *(crux)* **I.** *Subst.* ī *m (Sen.; Petr.)* der Gekreuzigte;

II. *Adj.* a, um *(nachkl.)* zum Kreuz gehörig; qualvoll.

● **cruciātus,** ūs *m (crucio)* ① Marter, Qual, Folter; qualvolle Hinrichtung;

② *(meton.) Pl.* Folterwerkzeuge.

crucī-fīgō, fīgere, fīxī, fīxum *(crux) (nachkl.)* ans Kreuz schlagen, kreuzigen.

crucīfīxiō, ōnis *f (crucifigo) (Eccl.)* Kreuzigung.

crucī-fīxus, a, um *(P. Adj. v. crucifigo)* ans Kreuz geschlagen, gekreuzigt.

● **cruciō,** cruciāre *(crux)* ① quälen, martern, peinigen *(körperl. u. seelisch);* grausam hinrichten; **necati omnes cruciati** (unter Martern) **sunt; cruciari amore;** – *se ~ u. mediopass.* sich quälen, sich abhärmen: **crucior miser** *(Ter.);* – *Part. Präs.* cruciāns sich abquälend, sich schindend [**cantherius**];

② ans Kreuz schlagen, kreuzigen.

cruci-salus, ī *m (crux u. salio) (Plaut.)* Kreuzträger.

● **crūdēlis,** e *(crudus)* ① grausam, roh, erbarmungslos, hartherzig, schonungslos *(Ggstz. mitis, clemens, lenis, misericors)* [**mens; tyrannus**];

② schrecklich, erschütternd, grausam [**instrumenta necis; bellum; fortuna; mors; scelus**].

● **crūdēlitās,** ātis *f (crudelis)* Grausamkeit, Rohheit, Härte, Unbarmherzigkeit, Hartherzigkeit *(Ggstz. clementia, lenitas, misericordia);* **~ militum; ista in nostros homines ~** *(Cic.);* **immoderata civium suorum licentia crudelitasque erga nobiles** *(Nep.).*

crūdēscō, crūdēscere, crūduī, – *(crudus) (poet.; nachkl.)* heftig werden, zunehmen; **crudescit morbus, pugna, seditio.**

crūditās, ātis *f (crudus)* Überladung des Magens, verdorbener Magen.

crūduī *Perf. v. crudesco.*

crūdus, a, um *(cruor)* ① *(poet.; nachkl.)* blutend, blutig [**vulnus**];

② roh, ungekocht [**exta victimae; caro**];

③ unbearbeitet, roh; **caestus ~** aus rohem Leder; **cortice -o hasta;**

④ unreif *(v. Früchten)* [**poma**];

⑤ *(poet.)* noch unreif, noch zu jung; **-a viro**

virgo;
❻ noch frisch, zu neu [**amor; servitium**];
❼ *(Verg.; Tac.)* noch rüstig [**senectus**];
❽ m. vollem Magen; m. verdorbenem Magen;
❾ *(nachkl.)* unverdaut;
❿ *(poet.)* gefühllos, grausam, hart [**Getae; ensis; bella**];
⓫ *(Suet.)* roh, ungebildet, ungeschliffen.

cruenta, ōrum *n (cruentus) (Hor.)* Blutvergießen.

cruentō, cruentāre *(cruentus)* ❶ m. Blut bespritzen, blutig machen [**manūs sanguine civium; gladium**]; – *Pass.* blutig werden;
❷ *(durch Mord)* beflecken, entweihen [**deos caede principis**];
❸ bis aufs Blut verletzen, kränken; **haec te lacerat, haec cruentat oratio** *(Cic.)*.

cruentus, a, um *(cruor)* ❶ blutig, blutbespritzt, -befleckt [**hostis; gladius; castra**];
❷ blutig = Blutvergießen verursachend [**victoria; annus; bellum**];
❸ blutdürstig, -gierig, grausam [**Mars; hostis; ira**];
❹ *(Verg.)* blutrot [**myrta**];
❺ *(Hor.)* verwundend; **dens ~** Zahn des Neides.

crumēna = *crumina.*

crumīlla, ae *f (Demin. v. crumina) (Plaut.)* Geldbeutelchen.

crumīna, ae *f* ❶ *(Plaut.; Gell.)* Geldbeutel;
❷ *(Hor.) (meton.)* Geld.

● **cruor,** ōris *m* ❶ Blut *(außerhalb des Körpers ↔ sanguis das durch den Körper fließende Blut),* geronnenes Blut [**captivus** der Gefangenen; **~ inimici recentissimus**];
❷ *(poet.) Pl.* Blutstropfen, Blutspuren, -massen;
❸ *(meton.)* Blutvergießen, Mord; **~ civilis** Bürgermord; **~ Cinnanus** die blutigen Zeiten des Cinna; **e gremio et complexu matrum ad caedem et cruorem abstrahi** *(Cic.)*.

cruppellāriī, ōrum *m (kelt. Wort) (Tac.) v. Kopf bis Fuß gepanzerte* Fechter *b. den Häduern.*

crūrālis, e *(crus) (Petr.)* am Schienbein, Schienbein-.

crūri-crepida, ae *m (crus u. crepo) (Plaut.) Sklave, dem Schläge auf die Schienbeine klatschen.*

crūri-fragius, ī *m (crus u. frango) (Plaut.) Sklave, dem die Schienbeine zerbrochen worden sind.*

crūs, crūris *n* ❶ Unterschenkel, Schienbein; *übh.* Schenkel, Bein;
❷ *(Cat.)* Pfeiler *an Brücken.*

crūsculum, ī *n (Demin. v. crus) (Plaut.; Mart.)* Schenkelchen.

crūsma, atis *n (gr. Fw.) (Mart.)* Ton des Tamburins.

crūsta, ae *f* ❶ Kruste, Rinde, Schale [**panis; fluminis** Eisdecke];
❷ eingelegte Arbeit, Reliefplatte.

crūstulārius, ī *m (crustulum) (Sen.)* Zucker-, Honigbäcker.

crūstulum, ī *n (Demin. v. crustum)* Zuckerplätzchen.

crūstum, ī *n (vgl. crusta) (poet.) m. einer Kruste überzogenes* Back-, Zuckerwerk.

Crustumeria, ae *f,* **-merium,** ī *n u.* **-merī,** ōrum *m Ort in Latium; – Einw.* **Crustumīnus,** ī *m; – Adj.* **Crustumīnus** *u.* **-mius,** a, um.

● **crux,** crucis *f* ❶ Marterholz, -pfahl, Kreuz *(in T- od. Kreuzform);* **alqm in crucem tollere** *od.* **agere, cruci affigere, in cruce suffigere; detrahere alqm ex cruce; figere crucem damnatis servis;**
❷ Kreuzesstrafe, Kreuzigung; **alqm cruce afficere, alci crucem minari** *od.* **proponere**;
❸ *(meton.)* Qual, Marter;
❹ Unheil, Verderben;
❺ *(Kom.) (als Schimpfw.)* Galgenstrick, Plagegeist.

crypta, ae *f (gr. Fw.)* ❶ gedeckter Gang;
❷ Gewölbe, Grotte, Gruft.

crypto-porticus, ūs *f (< κρυπτός u. porticus) (Plin.)* gedeckte Halle, Wandelhalle.

crystallinum, ī *n (crystallinus) (Sen.)* Kristallgefäß.

crystallinus, a, um *(gr. Fw.) (nachkl.)* aus Kristall [**poculum**].

crystallus, ī *f (gr. Fw.)* ❶ *(nachkl.)* (Berg-)Kristall;
❷ *(meton.)* **a)** *(Prop.)* Kristallkugel; **b)** *(Mart.)* Kristallbecher.

Ctēsiās, ae *m aus Knidos in Karien, Leibarzt des pers. Königs Artaxerxes Mnemon.*

Ctēsiphōn, ōntis ❶ *m Freund des Demosthenes, der ihn 336 v. Chr. gegen Aischines erfolgreich verteidigte;*
❷ *f Hauptstadt der Parther, am Tigris.*

cubiculāris, e *(cubiculum)* Schlafzimmer- [**lectus**].

cubiculārius, ī *m (cubiculum)* Kammerdiener.

cubiculāta, ae *f (cubiculum) (Sen.) m. Zimmern versehenes* Prunkschiff.

cubiculum, ī *n (cubo)* ❶ Schlafzimmer, Gemach;
❷ Wohnzimmer;
❸ *(nachkl.)* Kaiserloge im Zirkus.

● **cubīle,** lis *n (cubo)* ❶ Lager(stätte), Bett; **alci ~ terra est; ~ humi positum;**
❷ *(f. Tiere)* Lager, Nest [**bestiarum; canis; avium**];
❸ *(übtr.)* eigentlicher Sitz, wahre Stätte, *bes. eines Übels* [**avaritiae**].

cubital, ālis *n (cubitum[1]) (Hor.)* Armpolster.

cubitālis, e *(cubitum[1])* eine Elle lang.

cubitō, cubitāre *(Frequ. v. cubo)* zu liegen, zu

schlafen pflegen, liegen.

cubitōrius, a, um *(cubo) (Petr.)* bei der Tafel getragen [**vestimenta** Festkleider].

cubitum[1], ī *n u.* **-us,** ī *m (gr. Fw.)* ① Ellenbogen; Unterarm;
② *(meton.)* Elle (44 cm);
③ *(Plin.)* Krümmung, Biegung.

cubitum[2] *P.P.P. v. cubo.*

cubitus[1] *s. cubitum*[1].

cubitus[2], ūs *m (cubo)* ① *(Plin.)* das Liegen;
② *(Plaut.)* Beischlaf;
③ *(Plin.)* Lager(stätte).

● **cubō,** cubāre, cubuī, cubitum ① liegen, ruhen; **cubans legere solebat**;
② bei Tische liegen, speisen;
③ im Bett liegen, schlafen; **cubitum ire** schlafen gehen;
④ krank (im Bett) liegen [**in morbo**];
⑤ *(poet.) (v. Örtl.)* sich sanft senken, sich lehnen [**cubantia tecta**].

cubus, ī *m (gr. Fw.)* ① *(Ov.)* Würfel *(als Maß);*
② *(Gell.)* Kubikzahl.

cucaniensis, e *(mlt.)* aus dem Schlaraffenland.

cuculla, ae *f (Eccl.)* Kapuze; Mönchskutte.

cucullus, ī *u.* **cucul(l)iō,** ōnis *m (nachkl.)* ① Kapuze;
② Tüte [**piperis**].

cucūlō, cucūlāre *(cuculus) (Suet.)* Kuckuck schreien.

cucūlus *u. (Hor.)* **cucullus,** ī *m* ① *(Plin.)* Kuckuck;
② *(Plaut.; Hor.) (als Schimpfw.)* Gimpel, Tölpel, Faulpelz.

cucuma, ae *f* ① *(Petr.)* Kochtopf;
② *(Mart.)* Badekessel.

cucumis, meris *m (vor- u. nachkl.)* Gurke.

cucurbita, ae *f (nachkl.)* ① Kürbis;
② Schröpfkopf.

cucurbitula, ae *f (Demin. v. cucurbita) (nachkl.)* Schröpfkopf.

cucurrī *Perf. v. curro.*

cūdō, cūdere, – – *(vor- u. nachkl.)* ① schlagen, klopfen, stampfen;
② prägen [**nummos**];
③ verfertigen.

Cugernī, ōrum *m germ. Volk b. Xanten.*

cūiās, ātis *(cuius)* woher gebürtig?, was für ein Landsmann?

cuicui-modī *(altl.* quoiquoimodī; *Gen. v. quisquis modus)* welcher Art immer, wie immer beschaffen.

cūius, a, um *(altl.* quōius) ① *(Pron. interr.)* wem gehörig? wessen?; **cuium pecus?; quoia hic vox prope me sonat?** *(Plaut.)*;
② *(Pron. relat.)* dem gehörig, dessen; **is, cuia ea uxor fuerat**.

cūiusdam-modī *(od. getr.) Adv. (Gen. v. quidam modus)* auf eine gewisse Art.

cūius-modī *(od. getr.) Adv. (Gen. v. qui modus)* von welcher Art?, wie beschaffen?

cūiusque-modī *(od. getr.) Adv. (Gen. v. quisque modus)* jeder Art, jederlei [**voluptates**].

culcita, ae *f (u.* culcitra) Matratze, Polster, Kissen; **alqm collocare in -a plumea**.

culcitella, ae *f (u.* culcitula) *(Demin. v. culcita) (Plaut.)* kleine Matratze, kleines Kissen.

culcitra *s. culcita.*

culcitula *s. culcitella.*

culex, licis *m (poet.; nachkl.)* Mücke.

culilla, ae *f u.* **-us,** ī *m (Hor.)* Becher, Pokal.

culīna, ae *f (zu coquo)* ① Küche;
② *(nachkl.)* tragbarer Herd;
③ *(poet.)* Kost, Essen;
④ Feinschmeckerei, feine Küche.

culleus, ī *m (gr. Fw.)* ① Ledersack, Schlauch; **oleum -is deportare**;
② *(Flüssigkeitsmaß)* der Kulleus *(= 20 amphorae).*

culmen, minis *n (synk. < columen)* ① Gipfel, Kuppe, Spitze [**montium**];
② *(übtr.)* Gipfel, Höhepunkt; **summum ~ fortunae; ~ honoris**;
③ Giebel, Dach [**aedis; templi**];
④ *(meton.)* Hütte, Haus;
⑤ Scheitel;
⑥ *(Ov.) = culmus* Halm [**fabae**].

culmus, ī *m* ① (Stroh-)Halm; Ähre;
② *(Verg.) (meton.)* Strohdach.

cūlō, cūlāre *(culus) (Petr.)* zur Zeugung zulassen; **arietes culavit in gregem**.

● **culpa,** ae *f* ① Schuld, Verschulden; **~ belli; liberatio -ae; expers -ae; a -a vacuus; in -a esse** *od.* **versari** schuldig sein; **~ est in alqo** *od.* **alcis** die Schuld liegt an jmdm.; **extra -am esse, a -a abesse, -ā carere** v. Schuld frei sein; **-ā amittere alqd** durch eigenes Verschulden;
② Unzucht;
③ *(Hor.)* Nachlässigkeit;
④ *(Verg.)* der Schuldige.

culpābilis, e *(culpo) (spätl.)* tadelnswert, strafbar.

culpātiō, ōnis *f (culpo) (Gell.)* Beschuldigung.

culpātus, a, um *(P. Adj. v. culpo) (nachkl.)* tadelnswert.

culpitō, culpitāre *(Intens. v. culpo) (Plaut.)* hart tadeln.

culpō, culpāre *(culpa) (nicht klass.)* ① tadeln, missbilligen *(alqm u. alqd);* **laudatur ab his, culpatur ab illis** *(Hor.);* **deorum consilia ~**;
② beschuldigen.

culta, ōrum *n (cultus)* angebautes Land, Felder.

cultellātus, a, um *(cultellus) (Plin.)* messerförmig.

cultellus, ī *m (Demin. v. culter)* Messerchen [**tonsorius**].

culter, trī *m* Messer, Schlachtmesser [**venatorius** Jagdmesser; **tonsorius** Bartschere]; – *sprichw.:* **me sub cultro linquit** *(Hor.)* lässt mich in den Händen des Peinigers.

cultiō, ōnis *f (colo)* Bebauung, Anbau [**agri** Ackerbau].

cultor, ōris *m (colo)* ① Bebauer, Pflanzer [**agri; terrae; vitis**];
② Züchter [**pecoris**];
③ Bauer, Landmann;
④ Bewohner [**aquarum; insularum**];
⑤ Verehrer, Anbeter [**numinis; deorum**]; *(nachkl.)* Priester;
⑥ Freund, Liebhaber, Verehrer [**imperii; veritatis**];
⑦ *(Pers.)* Erzieher [**iuvenum**].

cultrārius, ī *m (culter) (Suet.)* Opferschlächter.

cultrātus, a, um *(culter) (Plin.)* messerförmig.

cultrīx, īcis *f (cultor)* ① Pflegerin;
② *(poet.; nachkl.)* Bewohnerin;
③ *(spätl.)* Verehrerin.

● **cultūra,** ae *f (colo)* ① Bearbeitung, Pflege, Bebauung, Anbau [**agri; agelli; vitis**];
② Ausbildung, Veredelung [**animi**];
③ *(poet.; nachkl.)* Verehrung.

cultus¹, a, um *(P. Adj. v. colo)* ① gepflegt, bearbeitet, bebaut, angebaut [**ager; horti**];
② gebildet, kultiviert, veredelt [**animi; carmina; -e loqui**];
③ *(poet.; nachkl.)* geschmückt, herausgeputzt; **milites -i; matrona -a purpurā.**

● **cultus²,** ūs *m (colo)* ① Bearbeitung, Anbau, Pflege [**agrorum**]; **insula Gyarum immitis et sine cultu hominum est** *(Tac.)*; **regiones omni cultu propter vim frigoris aut caloris vacantes** *(Cic.)*;
② *(meton.)* Anpflanzung [**Cereris** von Getreide];
③ Pflege, Wartung, Unterhalt; **victus cultusque corporis; ~ pecoris;**
④ *die verschönernde Pflege des Körpers,* das Schmücken, Putzen;
⑤ geistige Erziehung, (Aus-)Bildung, Verfeinerung [**ingenii**];
⑥ Kultur, Zivilisation; **homines a fera agrestique vita ad hunc humanum cultum civilemque deducere** *(Cic.)* zu diesem Zustand menschlicher u. staatl. Kultur;
⑦ Verehrung, Anbetung *einer Gottheit* [**deorum; numinum**];
⑧ Verehrung, Huldigung *(alcis u. in alqm)*; **~ in regem; ~ meus** mir erwiesene; **cultum tribuere alci;**
⑨ Kleidung, Schmuck, Ausstattung; Pracht, Komfort [**regius; militaris; muliebris; dotalis** Brautschmuck; **triumphi**];
⑩ Lebensweise, -gewohnheit, häusliche Einrichtung [**pastoralis; Gallorum; humilis; liberalis; domesticus; agrestis**]; **cultum mutare;**
⑪ Übung, Pflege, Beschäftigung [**litterarum; animi** geistige Beschäftigung]; **malo cultu corruptus;**
⑫ Schmuck *der Rede,* schmuckvoller Stil;
⑬ Üppigkeit, üppige Lebensweise, Luxus, Verschwendung(ssucht) [**provinciae; imperatoris**];
⑭ *(Verg.)* Gewöhnung; **gens aspera cultu.**

cululla, ae *f u.* **-us,** ī *m = culill …*

cūlus, ī *m* der Hintern.

● **cum¹** *(altl.* com) *Präp. b. Abl.* ① *(zur Bez. der Begleitung od. Gesellschaft)* (zusammen) mit; **cum amico migrare; cum alqo cenare, habitare; imperator cum exercitu profectus est; venenum secum habere** bei sich haben;
② mit, unter dem Geleit von, unter der Leitung, Aufsicht von; **legio hiemabat cum Cicerone; cum deis iuvantibus;**
③ *(in Gemeinschaft, in Verbindung)* mit; **cum alqo loqui, agere, foedus facere; arma ferre cum alqo contra alqm; cum alqo stare (facere)** auf jmds. Seite stehen; **secum** *od.* **cum animo suo reputare** *od.* **deliberare** *u. Ä.* bei sich überlegen; **quid mihi tecum** *(erg.: est)?* was habe ich mit dir zu schaffen?; **cum peditibus in urbem invadere; bellum gerere cum Aegyptiis adversus regem;**
④ *(im feindl. Sinne)* mit = gegen; **cum alqo pugnare, proelium committere;**
⑤ *(zur Bez. zweier zeitl. zusammenfallender Handlungen)* zugleich mit, gleichzeitig mit, zur selben Zeit wie; **cum nuntio exire; cum die surgere** mit Tagesanbruch;
⑥ mit etw. versehen, ausgerüstet, bekleidet, bewaffnet, begabt; **cum armis, cum ferro** in Waffen, bewaffnet; **esse cum telo** die Waffe bei sich führen; **sedere cum tunica pulla; esse cum imperio** den Oberbefehl haben; **cum gravi vulnere in castra referri;**
⑦ *(zur Bez. der Zusammengehörigkeit, b. den Verben des Verbindens u. Übereinstimmens)* mit; **coniungere alqd cum re; consentire cum alqo;**
⑧ *(zur Bez. der Art u. Weise)* mit; **cum studio discere; cum virtute vivere** tugendhaft; **cum gaudio proficisci;**
⑨ *(zur Angabe begleitender Umstände)* mit, unter, begleitet von; **multis cum lacrimis precari; cum pace** in aller Ruhe;
⑩ *(beschränkend)* nur mit, nur unter der Bedingung; **eis videmus optabilem mortem fuisse cum gloria** ihnen schien der Tod wünschenswert, doch nur in Verbindung mit Ruhm.

● **cum²** *(altl.* quom) *Kj.* **I.** *m. Konj.* ① („cum narrativum" *od.* „historicum") *(m. Konj. Imperf. u. Plusquamperf.)* als, nachdem; **Zenonem, cum Athenis essem, audiebam frequenter;**
② („cum causale") da, weil; **cum Parum reconciliare non posset, copias e navibus eduxit; quae cum ita sint** da dies sich so verhält, unter solchen Umständen;

③ („cum concessivum") obgleich, obwohl; **fuit perpetuo pauper, cum divitissimus esse posset**;
④ („cum adversativum") während (dagegen); **erat omnino in Gallia ulteriore legio una, cum Helvetiorum exercitus esset ad nonaginta duo milia armatorum**;
II. *m. Ind.* ① („cum temporale") zu der Zeit, als; damals, als; jetzt, wo; dann, wenn *bes. in Verbindungen wie: eo tempore, cum; eo die (mense, anno) cum; nunc cum; tum cum;* **Scipioni clarissimus fuit ille dies, cum senatu dimisso domum reductus est a populo; fuit quoddam tempus, cum in agris homines passim bestiarum more vagabantur; cum Caesar in Galliam venit, alterius factionis principes erant Haedui, alterius Sequani**;
② („cum iterativum") immer wenn, jedes Mal wenn, sooft *(unter Beachtung der Vorzeitigkeit od. Gleichzeitigkeit);* **cum cohors impetum fecerat, hostes velocissime refugiebant**;
③ („cum inversivum") als plötzlich; **vix exercitus Romanus extra munitiones processerat, cum Galli flumen transierunt**;
④ („cum explicativum") indem, dadurch dass; **cum taces, facinus confiteri videris**;
III. *Verbindungen:* ① **cum primum** *(meist m. Ind. Perf.)* sobald als;
② **cum ... tum** sowohl ... als auch (ganz besonders), zwar ... besonders aber *(tum oft verstärkt durch praecipue, maxime, imprimis u. Ä.) (meist m. Ind.; m. Konj., wenn zw. beiden Sätzen ein kausales od. konzessives Verhältnis besteht);*
③ **cum maxime** ganz besonders, mehr als je.

Cūmae, ārum *f Stadt an der Küste v. Kampanien (in der Nähe v. Neapel), älteste griech. Kolonie in Italien und Sitz der Sibylle v. ~ ; – Einw. u. Adj.* **Cūmānus** *u.* **Cūmaeus,** ī *m bzw.* a, um.

Cūmānum, ī *n (erg. praedium) Landgut Ciceros b. Cumae.*

cūmatile, lis *n (gr. Fw.) (Plaut.)* blaues Kleid.

cumba, ae *f (gr. Fw.)* Kahn *(bes. des Charon).*

cumbula, ae *f (Demin. v. cumba) (Plin.)* kleiner Kahn.

cumera, ae *f u.* **-um,** ī *n* (Getreide-)Korb.

cumīnum, ī *n (gr. Fw.) (nicht klass.)* Kümmel.

cummis, is *f (nachkl.)* Gummi.

cum-prīmīs *(od. getr.) u.* **cum-prīmē** *Adv.* besonders.

cum-que *(altl.* quomque) *Adv., meist an Pron. od. Adv. relat. angehängt:* quicumque; ubicumque; *poet. auch allein:* wann auch immer, jederzeit.

cumulātus, a, um *(P. Adj. v. cumulo)* ① gehäuft;
② vermehrt, vergrößert, gesteigert, erhöht, reichlich;
③ vollendet, vollständig, vollkommen [**virtus**].

● **cumulō,** cumulāre *(cumulus)* ① häufen, auf-, anhäufen, auftürmen; **nix cumulata vento; arma in acervum ~; opes, arenas, pyram ~;** *übtr:* **honores in alqm ~**;
② überhäufen, überschütten [**altaria odoribus; alqm laude; alqm muneribus magnis; eloquentiam magnis praemiis**];
③ steigern, vergrößern, vermehren [**invidiam; iniurias**]; – *Pass.* zunehmen, wachsen;
④ vollenden, vollkommen machen [**gaudium; eloquentiam**].

cumulus, ī *m* ① Haufen, Masse [**armorum; hostium** Leichenhaufen];
② *(übtr.)* Übermaß, Gipfel, Krone; **~ mercedis; alci afferre -um gaudii** der Freude jmds. die Krone aufsetzen; **ad summam laetitiam meam magnus ex illius adventu ~ accedit**;
③ *(poet.)* Schwall [**aquarum**].

cūnābula, ōrum *n (cunae)* ① Wiege;
② *(poet.; nachkl.)* Lagerstätte *der jungen Bienen u. der Vögel,* Nest; **-a in terra facere** nisten;
③ *(poet.)* Geburtsort, Heimat.

cūnae, ārum *f* ① Wiege;
② Nest; **sub trabibus -as facere** nisten;
③ früheste Kindheit; **primis -is** als Wiegenkind.

cūncta, ōrum *n (cunctus)* die Gesamtheit, alles.

cūnctābundus, a, um *(cunctor)* zögernd, zaudernd.

cūnctālis, e *(cunctus) (spätl.)* allgemein.

cūnctāns, *Gen.* antis *(P. Adj. m. Komp. v. cunctor)* ① *(nachkl.)* zögernd, zaudernd, langsam, unentschlossen; zurückhaltend [**ad dimicandum**];
② *(poet.) (v. Sachen)* zäh, starr, nicht gleich nachgebend [**ramus; glebae; corda viri; ira**].

cūnctātiō, ōnis *f (cunctor)* das Zögern, Zaudern, Unentschlossenheit; Zurückhaltung; **habes cunctationis meae causas** *(Plin.)*; **deditio sine cunctatione est facta** *(Liv.)*; **dicam sine cunctatione quod sentio** *(Cic.).*

cūnctātor, *Gen.* ōris *(cunctor)* **I.** *Subst. m* Zauderer; – Cūnctātor *ehrender Beiname des Q. Fabius Maximus;*
II. *Adj.* bedächtig [**Lacedaemoniorum populus**].

cūnctātus, a, um *(P. Adj. v. cunctor) (Suet.)* langsam, vorsichtig.

cūncticinus, a, um *(cunctus u. cano) (Mart.)* harmonisch zusammenklingend [**voluptas**].

cūncti-potēns, *Gen.* entis *(cunctus) (Eccl.)* allmächtig.

● **cūnctor,** cūnctārī *u. (altl.)* **-ō,** -āre ① zögern, zaudern; **assequor omnia, si propero;**

si cunctor, amitto *(Cic.)*; **unus homo nobis cunctando restituit rem** *(Enn. über Q. Fabius Maximus Cunctator)*; – *Part. Perf. auch pass.:* **nec cunctatum est apud latera** *(Tac.)* auch auf den Flanken zauderte man nicht;
❷ verweilen, zurückbleiben;
❸ unschlüssig sein, schwanken.

● **cūnctus,** a, um gesamt, ganz *(Sg. nur b. Koll.)* [**populus; senatus; gens; terra**]; – *Pl.* alle [**maria; oppida; cives**].

cuneātim *Adv. (cuneus)* keilförmig.

cuneātus, a, um *(P. Adj. m. Komp. v. cuneo)* keilförmig zugespitzt [**collis**].

cuneō, cuneāre *(cuneus) (nachkl.)* verkeilen; keilförmig zuspitzen.

cuneolus, ī *m (Demin. v. cuneus)* kleiner Keil.

cuneus, ī *m* ❶ Keil *(zum Spalten u. Verkeilen)*;
❷ Keil *als math. Figur,* Zwickel;
❸ *(milit.)* keilförmige Schlachtordnung; **-um facere** bilden;
❹ *(poet.; nachkl.) keilförmiges Segment der terrassenförmig aufsteigenden Sitzreihen im Theater, gebildet durch die Treppen, die die Halbkreise der Sitze teilen,* keilförmige Sitzabteilung.

cuniada, ae *f (mlt.)* (keilförmige) Axt.

cunīculōsus, a, um *(cuniculus) (Cat.)* kaninchenreich.

cunīculus, ī *m* ❶ Kaninchen; **mollior -ī capillo**;
❷ unterirdischer Gang; **-os ad aerarium agere** führen, anlegen;
❸ *(milit.)* Mine; **~ occultus; aperire -um**;
❹ *(nachkl.) (im Bergbau)* Stollen, Schacht;
❺ *(nachkl.)* verdeckter Wassergraben, Kanal; **aqua per secretos -os reddita; -is divisus alveus amnis.**

cunīla, ae *f (gr. Fw.) (vor- u. nachkl.) (bot.)* Quendel.

cunni-lingus, ī *m (Mart.) = cunnum lingens.*

cunnus, ī *m (poet.)* ❶ weibliche Scham;
❷ *(meton.) (verächtl.)* Frauenzimmer; Dirne; **fuit ~ belli causa**;
❸ Schnecke *(als Gebäckart).*

cunque = *cumque.*

cūpa, ae *f (gr. Fw.)* Kufe, Tonne, Fass [**vinaria**].

cupe … *s. cuppe…*

Cupīdineus, a, um *(Cupido)* ❶ *(Ov.)* des Liebesgottes, Liebes- [**tela**];
❷ *(Mart.)* lieblich, reizend.

● **cupiditās,** ātis *f (cupidus)* ❶ Begierde, Verlangen, Lust, Leidenschaft [**regni, imperii** Herrschsucht; **gloriae; belli gerendi; effrenata et furiosa**];
❷ Ehrgeiz, -sucht [**collegarum**];
❸ Habsucht, Geldgier;
❹ Genusssucht; **vita disiuncta a cupiditate**;
❺ sinnliche Liebe, Liebesverlangen;
❻ Parteilichkeit; **sine cupiditate iudicare.**

● **cupīdō,** dinis *f (poet. auch m) = cupiditas.*

Cupīdō, dinis *m* Liebesgott = Amor, *Sohn der Venus; auch Pl.* [**mater saeva Cupidinum** *(Hor.)*].

● **cupidus,** a, um *(cupio)* ❶ (be)gierig, leidenschaftlich *(nach etw.: m. Gen.; selten m. in u. Abl. od. m. Inf.)* [**novarum rerum** neuerungssüchtig, nach Umsturz strebend; **pacis** friedliebend; **gloriae; imperii**];
❷ geldgierig, habsüchtig;
❸ eigennützig, egoistisch;
❹ ehrgeizig, -süchtig;
❺ genusssüchtig;
❻ *(poet.)* verliebt, nach jmds. Liebe schmachtend;
❼ leidenschaftlich ergeben, zugetan;
❽ parteiisch [**iudex; testis**].

cupiēns, *Gen.* entis *(eigtl. Part. Präs. v. cupio)* verlangend, begehrend, begierig *(nach etw.: m. Gen.)* [**regni**]; **Marius cupientissimā plebe** (auf dringendes Begehren des Volkes) **consul factus est** *(Sall.).*

● **cupiō,** cupere, cupīvī *u.* cupiī, cupītum ❶ wünschen, begehren, verlangen *(m. Akk.; Inf.; A.C.I.)* [**pacem; bellum**]; **qui multum habet plus cupit** *(Sen.)*; **cupit te videre; ego me cupio non mendacem putari** *(Cic.)*;
❷ *(alci od. alcis causā)* jmdm. zugetan, gewogen sein; **favere et ~ Helvetiis; eius causā cupio**;
❸ *(poet.)* (liebend) begehren [**puellam**].

cupītor, ōris *m (cupio) (Tac.)* jmd., der etw. begehrt [**matrimonii**].

cupītum, ī *n (cupio) (Tac.)* Wunsch.

cupītus *P.P.P. v. cupio.*

cupīvī *Perf. v. cupio.*

cuppēdia[1], ae *f (cuppes)* Naschhaftigkeit.

cuppēdia[2], ōrum *n (cuppes) (vorkl.)* Süßigkeiten, Konfekt.

cuppēdinārius, ī *m (cuppedia²) (Ter.)* Hersteller v. Süßigkeiten.

cuppēdō, dinis *f (cuppes)* ❶ *(vor- u. nachkl.)* Süßigkeiten;
❷ *(Lucr.)* Begierde.

cuppēs, ēdis *m (cupio) (Plaut.)* Leckermaul.

cupressētum, ī *n (cupressus)* Zypressenhain.

cupresseus, a, um *(cupressus)* aus Zypressenholz, Zypressen-.

cupressi-fer, fera, ferum *(cupressus u. fero) (Ov.)* Zypressen tragend.

cupressinus, a, um *(cupressus) (Plin.)* aus Zypressen, Zypressen- [**oleum**].

cupressus, ī *u.* ūs *f (nicht klass.)* ❶ Zypresse *(als Totenbaum dem Pluto heilig)* [**funebris; atra; invisa**];
❷ *(meton.)* Kästchen aus Zypressenholz.

● **cūr** weshalb, warum *(interr. u. relat.)*; *interr.:* **cur senatum cogor reprehendere?** – *relat.:* **duae sunt causae, cur … ; afferre rationem, cur…**

● **cūra,** ae *f* ❶ Sorge, Fürsorge, Sorgfalt, Bemühung, Aufmerksamkeit, Interesse *(für, um: meist m. Gen.; auch de; pro)* [**civium; rei publicae; habendi** Habsucht; **de Pompeio tuendo**]; **est mihi cura alcis rei** *(auch ut, ne; Inf.)* ich bin auf etw. bedacht, ich nehme Interesse an, richte mein Augenmerk auf; **mihi alqd (magnae) curae est** *(auch ut, ne; A.C.I.; indir. Frages.)* ich kümmere mich (sehr) um, lasse mir (sehr) angelegen sein; **alcis rei curam habere, alqd curae habere** Sorgfalt verwenden auf; **curam agere alcis, de alqo, pro alqo (alcis rei, de re)** Sorge tragen für; **omnem curam ponere** *(od.* **adhibere, consumere) in re** *od.* **conferre ad;**
❷ Besorgung, Pflege [**corporis; lentis** Anbau v. Linsen; **agrorum**];
❸ *(poet.; nachkl.)* das Schmücken, Kosmetik [**feminarum** *(Gen. subi.)*; **capillorum** *(Gen. obi.)*];
❹ Krankenpflege; **saucios curā sustentare;**
❺ Heilung, Kur [**doloris mei; morbi**];
❻ *(poet.; nachkl.)* Aufsicht über, Obhut *(m. Gen.)* [**tabularum publicarum; viarum**];
❼ *(poet.) (meton.)* Aufseher, Wächter, Hüter;
❽ *(poet.) (meton.)* Schützling; **Anchises ~ deorum**;
❾ Studium, wissenschaftliche Forschung;
❿ *(meton.)* Schrift, Buch [**inedita**];
⓫ Verwaltung, Leitung;
⓬ *(milit.)* Kommando [**belli**];
⓭ *(meton.)* Amt, Geschäft;
⓮ Sorge, Kummer, Betrübnis, besorgte Teilnahme, Besorgnis, Unruhe *(auch im Pl.)*; **alqm curā afficere; curis frangi** *u.* **confici; sine cura esse** unbesorgt, sorglos sein;
⓯ *(poet.)* Liebeskummer, -qual;
⓰ *(meton.)* Geliebte(r), Liebling;
⓱ (quälende) Neugier.

cūrābilis, e *(curo) (Iuv.)* Sorge schaffend.

cūral(l)ium, ī *n s. corallium.*

cūrātiō, ōnis *f (curo)* ❶ Besorgung, Wartung, Pflege [**corporum**];
❷ Behandlung, Heilung [**aegrorum; dentium; valetudinis;** *übtr.* **perturbationum**];
❸ Verwaltung, Leitung, Aufsicht [**regni; negotii publici; sacrorum**];
❹ Besorgung, Beschaffung [**munerum regiorum**].

cūrātor, ōris *m (curo)* ❶ Wärter, (Ver-)Pfleger [**gallinarum** Hühnerwärter];
❷ Verwalter, Aufseher, Vorsteher, Leiter [**negotiorum** Geschäftsträger; **urbis; annonae; ludorum**]; **alqm curatorem constituere alci rei,** *z. B.* **legibus agrariis, muris reficiendis;**
❸ *(poet.; nachkl.)* Vormund *(bes. eines Wahnsinnigen od. Verschwenders)* [**a praetore datus**].

cūrātūra, ae *f (curo) (Ter.)* Besorgung, Pflege, Wartung.

cūrātus, a, um *(P. Adj. v. curo)* ❶ gepflegt;
❷ sorgfältig, eifrig *(= accuratus).*

curculiō, ōnis *m (vor- u. nachkl.)* Kornwurm.

Curculiō, ōnis *m* der Schlemmer, *Name eines Parasiten in dem gleichnamigen Stück des Plautus.*

curculiōnius, a, um *(curculio) (Plaut.)* zum Kornwurm gehörig; **campi Curculionii** „Kornwurmfelder".

curculiunculus, ī *m (Demin. v. curculio) (Plaut.)* Kornwürmchen = etw. Nichtiges.

Curēs, rium *f Hauptstadt der Sabiner, nach der die Quiriten ihren Namen haben sollen, j.* Correse; – *Einw. u. Adj.* **Curēnsis,** is *m bzw.* e *u.* **Curēs,** ētis *(m).*

Cūrētes, tum *m Jupiterpriester auf Kreta, oft mit den Corybantes (s. d.) gleichgesetzt;* – *Adj.* **Cūrētis,** idis *(f) auch* kretisch [**terra** Kreta].

i Kultur ● **cūria,** ae *f* ❶ Abteilung des Volkes, Kurie *(jede der drei ursprünglichen tribus zerfiel in zehn Kurien zu je zehn gentes);*
❷ Versammlungshaus der Kurien, Kuriengebäude, Kurie; **-ae veteres** *(an der Nordostecke des Palatins);*
❸ Senatsversammlung, Senat;
❹ Senatsgebäude, Kurie, Rathaus [**Hostilia** *u.* **Iulia** *auf dem Comitium;* **Pompeia** *auf dem Marsfeld*];
❺ Amtsgebäude, *auch* Versammlungsstätte *nichtröm. Behörden außerhalb Roms* [**Martis** Areopag *in Athen*];
❻ *(mlt.)* **a)** päpstl. Regierung, Kurie; **b)** *caeli* Himmelssaal; **c)** (Fürsten-)Hof, Residenz; **d)** *generalis* Hof-, Reichstag.

cūriālis *(curia)* **I.** *Adj.* e ❶ zu derselben Kurie gehörig;
❷ *(spätl.)* **a)** zum kaiserl. Hof gehörig; **b)** höfisch; **c)** zuverlässig; **d)** höflich, zuvorkommend;
II. *Subst.* is *m* Kuriengenosse.

Cūriātius, a, um *Name einer aus Alba Longa stammenden röm. gens.*

cūriātim *Adv. (curia)* kurienweise, nach Kurien.

cūriātus, a, um *(curia)* ❶ zu den Kurien gehörig, patrizisch, aus Kurien bestehend [**comitia** Kuriatkomitien *(Patrizierversammlungen)*];
❷ v. den Kurien beschlossen [**lex**].

cūriō¹, ōnis *m (curia)* ❶ Kurienvorsteher, -priester;
❷ Ausrufer, Herold.

cūriō², ōnis *m (cura) (Plaut.)* „Kümmerling" = *v. Kummer abgezehrter Mensch.*

cūriōsitās, ātis *f (curiosus)* Wissbegierde; Neugier.

cūriōsus, a, um *(cura)* ① sorgfältig, aufmerksam, eifrig; **auribus erectis curiosisque alqd audire** *(Sen.)*; **-is oculis** (m. forschenden Augen) **perspici non posse; in omni historia ~** in allem Geschichtlichen;
② wissbegierig; neugierig; **homines naturā -i sunt;**
③ besorgt.

curis, is *f (sabin. Wort)* Wurfspieß, Lanze.

Curius, a, um *Name einer pleb. gens in Rom:*
① M'. ~ Dentatus, *der bekannteste Träger des Namens (er soll mit Zähnen auf die Welt gekommen sein, daher das cogn.), Besieger der Samniten, Sabiner u. des Pyrrhus, sprichw. für altröm. virtus; Pl.* Curiī: Männer wie Curius; – *dav.* **Curiānus** a, um;
② Q. Curius, *Mitverschworener Catilinas.*

● **cūrō,** cūrāre *(cura)* ① sorgen, Sorge tragen, sich kümmern, sich angelegen sein lassen *(alqm; alqd; auch alci rei; de; m. ut, ne; Inf.; bl. Konj; A.C.I.; indir. Frages.; m. Akk. des Gerundivs* = lassen) [**virginem; sociorum iniurias; preces** erhören; **rebus alienis; rebus publicis; de rumore; in Siciliam ire**]; **pontem faciendum ~** eine Brücke bauen lassen; **tyrannum interficiendum ~;** – *persönl. Pass.: curor* man kümmert sich um mich; **curaberis a deo;**
② besorgen, zurechtmachen [**funus; prodigia** sühnen]; *(Geschäfte u. Ä.)* ausführen [**negotia; praeceptum**];
③ pflegen, warten, erquicken; **somno curatus** erquickt; **alqm cibo ~; corpora ~** sich pflegen *od.* rasten;
④ *(ein Amt)* verwalten, befehligen [**bellum maritimum; legiones; rem publicam; Asiam**]; *abs.* kommandieren;
⑤ *(Kranke od. Krankheiten)* behandeln, kurieren, pflegen [**aegros; morbum; quadrupedes**];
⑥ jmdm. etw. verschaffen;
⑦ *(Geld)* auszahlen [**nummos; pecuniam**].

currāx, *Gen.* ācis *(curro) (spätl.)* schnell (laufend), eilend.

curriculō *Adv. (curriculum)* eilends.

curriculum, ī *n (curro)* ① Lauf; Wettlauf, -rennen *(zu Fuß, zu Pferd u. zu Wagen)* [**equorum**];
② *ein einzelner* Umlauf *(b. Wettrennen)*; **-a numerare;**
③ Umlauf, Kreisbahn *(der Weltkörper u. Ä.)* [**solis et lunae; noctis; vitae** Lebensbahn];
④ Rennbahn;
⑤ Wagen, Rennwagen, Streitwagen [**quadrigarum**].

● **currō,** currere, cucurrī, cursum ① laufen, eilen, rennen, jagen; **alci subsidio ~; ad vocem praeceps amensque cucurri** *(Ov.)* ich stürzte sinnlos der Stimme nach; **superare currendo omnes; tu pueris curre obviam** *(Ter.)*; **ad litus, domum, ad muros ~;** – *sprichw.:* **currentem incitare** *od.* **(ad)hortari, currenti calcaria addere** den Eifer noch verstärken;
② um die Wette laufen; **in sacro certamine ~; currentes equi;**
③ etw. durchlaufen [**stadium** in der Rennbahn laufen];
④ *(poet.) (m. dem Schiff)* fahren, segeln, befahren, durchfahren [**cavā trabe vastum aequor; trans mare; per placidas aquas; extremos ad Indos**];
⑤ umlaufen, kreisen; **currebant per annum sidera; currens rota;**
⑥ fließen; **currentes aquae; in freta ~;**
⑦ *(v. der Zeit)* rasch verlaufen, enteilen, dahineilen; **currit aetas; nox inter pocula currat** beim Trinken;
⑧ *(v. der Rede)* rasch fortschreiten, fortlaufen; **perfacile currens oratio;**
⑨ *(poet.) (v. körperl. Zustand)* sich verbreiten, durchrieseln; **rubor calefacta per ora cucurrit; frigus (tremor) per ossa cucurrit;**
⑩ *(poet.; nachkl.) (v. Dingen)* sich um, über etw. (hin)ziehen; **limes currit per agrum; purpura circum chlamydem currit** ein Purpurstreifen zieht sich hin; **infula currit per crines** schlängelt sich.

● **currus,** ūs *m (curro)* ① Wagen [**Solis**]; Rennwagen [**quadrigarum**]; Streitwagen [**falcatus** Sichelwagen]; Triumphwagen [**curru (in) Capitolium invehi**];
② *(meton.)* Triumph; **quem ego currum aut quam lauream cum tua laudatione conferrem?** *(Cic.)*;
③ *(Verg.)* Gespann [**equorum**]; **currūs domitare, infrenare;**
④ *(Verg.)* Pflugwagen;
⑤ *(Cat.)* Schiff.

cursim *Adv. (curro)* ① im Lauf, eilends, schnell; **~ alqm persequi; agmen ~ agere** im Sturmschritt;
② *(übtr.)* flüchtig; **~ et breviter attingere alqd** *(in der Rede)*; **librum ~ legere.**

cursiō, ōnis *f (curro) (vorkl.)* das Laufen.

cursitō, cursitāre *(Intens. v. curso)* hin u. her laufen.

cursō, cursāre *(Frequ. v. curro)* umherlaufen [**per urbem; modo huc modo illuc**].

cursor, ōris *m (curro)* Läufer: ① Wettläufer [**in stadio**], Wettfahrer;
② Eilbote;
③ *(nachkl.)* Vorläufer *(vor dem Wagen od. vor der Sänfte)*.

Cursor, ōris *m Beiname des L. Papirius.*

cursum *P.P.P. v. curro.*

cursūra, ae *f (curro)* das Laufen.

● **cursus,** ūs *m (curro)* ① Lauf, das Laufen, schnelle Bewegung; **cursu fugere** eilends; **magno cursu** in vollem Lauf; **iungere cur-**

C

sum equis m. den Pferden mitlaufen;
2 Eile, Schnelligkeit; **adaequare cursum navium** die Schnelligkeit erreichen; **ad fretum eo cursu contendit**;
3 *(milit.)* Laufschritt, Sturmschritt; **cursibus terras lustrare** im Sturmschritt durcheilen;
4 Bahn *(der Himmelskörper)* [**solis; stellarum**]; **ad cursus lunae** (nach den Mondumläufen) **annum discribere**;
5 Marschroute, Kurs, Richtung; **cursum tenere** Kurs halten; **cursu decedere** vom Kurs abkommen; **cursum dirigere ad litora** seinen Kurs nehmen nach; *oft übtr., z. B.:* **alqm de suo cursu demovere** abbringen; ~ **animi** Geistesrichtung; ~ **rerum** Lauf der Dinge; ~ **vitae, vivendi;**
6 Verlauf, Gang;
7 Wettlauf [**Olympiacus**]; **Atalanta victa cursu;**
8 *(poet.)* Wettrennen [**equester**];
9 Wettbewerb, Laufbahn, Karriere; ~ **honorum; transcurrere cursum suum** seine Laufbahn rasch durcheilen, schnell Karriere machen;
10 Ritt, das Reiten; **cursum in medios hostes dare** hineinsprengen in;
11 Seefahrt, -reise [**maritimus; navium; pelagi**]; **cursum exspectare** auf günstigen Wind warten;
12 *(Ov.)* Flug [**aërius**];
13 Strömung; ~ **amnium; maris cursus alterni et recursus** wechselnde Ebbe u. Flut;
14 Strom *(der Rede)* [**verborum; orationis**];
15 das Streben *(nach einem Ziel)*; **cursūs error** irriges Streben.

i Kultur **cursus honorum** „Ämterlaufbahn" der vornehmen Römer nach dem Militärdienst: vom Quästor (Finanzen) über das (auch überspringbare) Amt des Ädils (Polizeiwesen/Innenministerium/Wirtschaft) zum Prätor (Recht und Militär), bis zum Konsul (Staatsleitung in Krieg und Frieden), ja sogar zum Censor (Kontrollinstanz).
Konsul konnte der Römer wie Cicero frühestens mit 42 Jahren (suo anno) werden, heute noch: Mindestalter für den Bundespräsidenten: 40 Jahre.

curtis, is *f (cohors) (mlt.)* Hof; Königshof, Hofhaltung.
curtisanus, ī *m (curtis) (mlt.)* Höfling.
Curtius, a, um *röm. nomen gentile:* 1 M. ~, *röm. Sagengestalt; um einen Orakelspruch zu erfüllen, stürzte Curtius sich 362 v. Chr. in eine auf dem Forum entstandene Erdspalte, um durch seinen Opfertod (das Opfer des Heldenmuts des bewaffneten Kriegers) die erzürnten Götter zu versöhnen; darauf verschwand die Erdspalte wieder (lacus Curtius);*
2 Q. ~ Rufus, *röm. Geschichtsschreiber unter Kaiser Claudius; er verfasste die einzige in lat. Sprache erhaltene Geschichte Alexanders des Gr. mit romanhaften Zügen, aber großem psychologischem Einfühlungsvermögen.*
curtō, curtāre *(curtus) (poet.; nachkl.)* (ver)kürzen, vermindern, schmälern [**rem** das Vermögen].
curtus, a, um *(poet.; nachkl.)* 1 verkürzt, verstümmelt [**equus** gestutzt; **Iudaei** beschnitten];
2 unvollständig, mangelhaft.
curūlis *(currus)* **I.** *Adj.* e 1 zum Wagen gehörig, Wagen-, Renn- [**equi** Rennpferde; **triumphus** *bei dem der Feldherr auf dem Wagen fuhr, im Ggstz. zur ovatio*];
2 **sella curulis** *Amtssessel der höheren Magistrate, ein m. Elfenbein ausgelegter Klappstuhl ohne Seiten- u. Rückenlehne;*
3 kurulisch [**aedilis**];
II. *Subst.* is *f (nachkl.) = sella curulis.*
curvāmen, minis *n (poet.; nachkl.)*, **curvātiō,** ōnis *f (Mart.) u.* **curvātūra,** ae *f (poet.; nachkl.) (curvo)* Krümmung, Rundung.
curvātim *(mtl.) Adv.* gekrümmt.
curvō, curvāre *(curvus) (poet.; nachkl.)* 1 krümmen, (um)biegen, beugen, wölben [**collum**]; **curvata glandibus ilex** durch die Last der Eicheln; **pacem curvatis genibus orare;** *– se ~ u. mediopass.* sich krümmen, sich biegen, sich beugen, sich wölben: **pondere serpentis curvatur arbor;**
2 *(übtr.)* nachgiebig machen;
/ *P. Adj.* **curvātus,** a, um = *curvus.*
curvum, ī *n (curvus) (poet.; nachkl.)* das Krumme.
curvus, a, um *(gr. Fw.) (meist poet.)* 1 krumm, gekrümmt, gebogen, gewölbt, gebeugt [**arator** gebückt; **falces; arbor; ungues; cornua; aratrum; arcus; calamus; culter**];
2 hohl, bauchig [**naves; alvus; cavernae; vallis** tief];
3 sich schlängelnd, sich windend, gewunden [**litus; flumen; limes; via**];
4 *(v. Wogen u. Ä.)* sich auftürmend [**aequor; aquae**];
5 verwerflich, böse [**mores**].
cuspis, idis *f* 1 Spitze [**teli; sagittae; ferrea**];
2 *(poet.; nachkl.)* Stachel [**scorpionis**];
3 *m. einer Spitze versehener Gegenstand:* **a)** Wurfspieß, Lanze; **cuspidem alte gerens; b)** *(Ov.)* Dreizack *Neptuns;* **deus aequoreas qui cuspide temperat undas; c)** *(Mart.)* Bratspieß.
cussinus, ī *m (spätl.)* Kissen.
cūstōdēla, ae *f (custos) (Plaut.) = custodia.*
● **cūstōdia,** ae *f (custos)* 1 Bewachung, Beschirmung, Schutz, Bewahrung, Aufsicht, Für-

sorge, Obhut; *m. Gen. subi.:* ~ **pastoris; ~ canum; ~ templi; ~ tenebrarum ac parietum;** *m. Gen. obi.:* ~ **navium; ~ pecudum; ~ mei capitis; ~ corporis; ~ regis; ~ rei publicae; ~ urbis** Obhut, Verwaltung der Stadt; **continere tabulas privatā -ā; dimittere** (aufgeben) **-am provinciae;**
② Wache, Bewachung *(durch den Wächter, milit. Posten),* das Wachehalten, -stehen; *m. Gen. subi.:* ~ **militum** Bewachung durch; *m. Gen. obi.:* ~ **arcis, portae, portūs, urbis;**
③ *(meton.)* die Wache stehende(n) Person(en), Wache, Wachtposten *(meist Pl.),* Schildwache, Leibwache, Besatzung; **frequens -is locus** stark m. Wachtposten besetzt; **disponere -as; unicus anser erat, minimae ~ villae; abest ~ regis** Leibwache;
④ Standort, Warte, Posten; **in hac -a collocati sumus;**
⑤ Gewahrsam, Haft *(manchmal im Pl.)* [**regia; tutissima**]; **-ae amicorum propinquorumque; attinere alqm publicā -ā; elabi -ae** entrinnen; **eripere alqm e -a;**
⑥ Gefängnis; **alqm in -am conicere; alqm e -a educere;**
⑦ *(nachkl.)* Gefangener, Häftling; **unus ex -arum agmine.**

● **cūstōdiō,** cūstōdīre *(custos)* ① bewachen, überwachen, bewahren, wachen über, (be)hüten, unter seine Obhut nehmen, schirmen, (be)schützen; **provinciam Macedoniam tueri, defendere, ~; pacem ~, servare, protegere; salutem alcis ~; regnum ~; corpus domumque alcis ~; templum ab** (vor) **Hannibale ~; se ~ (ut)** sich in Acht nehmen, auf der Hut sein;
② überwachen, im Auge behalten, beaufsichtigen; **piratae oculis tantummodo Caesarem captum custodiebant; Terentius Varro ad custodiendum iter legatorum missus** *(Liv.)*; **castra sunt circumsessa et nocte custodita, ne quis elabi posset** *(Liv.)*;
③ (auf)bewahren, aufheben; **liber tuus a me custoditur diligentissime** *(Cic.)*; **ornamenta triumphi ~;**
④ gefangen halten, in Haft halten; **ducem praedonum ~; obsides Aeduis custodiendos tradere** *(Caes.)*; **custodiri in carcere; alqm honorate ~** in ehrenvoller Haft halten;
⑤ *(nachkl.) vor dem Verderben* bewahren [**poma**];
⑥ *(nachkl.)* etw. aufrechterhalten, beibehalten, bewahren, beachten [**ordinem; morem**].

cūstōdītē *Adv. (custodio) (Plin.)* behutsam, ruhig, gelassen [**ludere**].

● **cūstōs,** ōdis *m u. f* ① Wächter(in), Hüter(in), Aufseher [**pecuniae regiae** Schatzmeister; **Tartareus** Cerberus; **pecoris**];
② Bewahrer, Beschützer, Schirm, Hort [**casae; templi**]; **dii custodes huius urbis; ~ defensorque provinciae; fortitudo ~ dignitatis; custodem religionum facere alqm; custodem in frumento publico ponere alqm;**
③ Leibwächter [**corporis**];
④ Posten, Schildwache; **custodes (dis)ponere in vallo;**
⑤ *Pl.* Bedeckung, Besatzung [**arcis**]; **custodes dare** Bedeckung geben;
⑥ Gefängniswärter, Wache; **praefectus custodum** Kerkermeister; **custodes obsidum; clam se a custodibus subducere** sich entfernen;
⑦ Aufpasser, Aufseher [**tabellarum** bei der Abgabe der Stimmtäfelchen];
⑧ *(poet.; nachkl.)* Aufseher *eines jungen Menschen,* Mentor; **custodem nobis et paedagogum dedit** *(Sen.);*
⑨ *(poet.)* Behälter [**telorum** Köcher; **turis** Weihrauchkästchen];
⑩ *(mlt.)* Küster(in).

Cusus, ī *m linker Nebenfluss der Donau.*

cutīcula, ae *f (Demin. v. cutis) (Pers.; Iuv.)* Haut.

Cutiliae, ārum *f Ort b. Reate im Sabinerland.*

cutis, is *f (gr. Fw.)* Haut [**oris** Gesichtshaut; **tenera; cervorum; uvarum**]; **ego te intus et in cute novi** *(Pers.)* ich kenne dich durch u. durch; **cute perditus** *(Pers.)* geistig ganz heruntergekommen; – *sprichw.:* **cutem (bene) curare** *(Hor.)* es sich gut gehen lassen.

Cyanē, ēs *f Quelle u. Nymphe b. Syrakus.*

Cyaneae, ārum *f zwei Inseln im Bosporus = Symplegades.*

cyathissō, cyathissāre *(gr. Fw.; cyathus) (Plaut.)* die Becher füllen, einschenken.

cyathus, ī *m (gr. Fw.)* ① Schöpflöffel, -becher *(um den Wein aus dem Mischgefäß in die Becher zu füllen);* **statui ad -um** Mundschenk werden; **puer dignus -o caeloque** *(Iuv.)* des Mundschenkamts bei den Göttern würdig *(= ein zweiter Ganymed);*
② Becher: **a)** *als Trinkgefäß;* **b)** *als Hohlmaß (etwa 0,05 l).*

cybaea (navis), ae *f* Frachtschiff.

i Kultur **Cybelē** *u.* **Cybēbē,** ēs *u.* ae *f* ① *phrygische Göttin, auf Bergen und in Höhlen verehrt, Göttermutter, als Große Mutter (*Μεγάλη Μήτηρ*, Magna Mater), als Fruchtbarkeitsgöttin verehrt; sie wurde m. der kretischen Zeusmutter Rhea gleichgesetzt, man feierte sie m. Musik und Tanz, die die Mitwirkenden bis zur Ekstase erregten; ihre Priester hießen Galli od. Corybantes; in Rom wurde die Cybele-Verehrung mit der Überführung ihres Kultsteines aus Pessinus 205/04 v. Chr. eingeführt; ihr Fest, die Megale(n)sia od. ludi Megalenses, wurde vom 4.–10. April gefeiert; – Adj.*

Cybelēius, a, um;
② *Berg in Phrygien.*

cybiosactēs, ae *m (gr. Fw.) (Suet.)* Salzfischhändler *(Spottname des Kaisers Vespasian).*
Cybistra, ōrum *n Ort in Kappadozien (Kleinasien).*
cybium, ī *n (gr. Fw.) (nachkl.)* ① Thunfisch; ② *(meton.)* Thunfischgericht.
cycladātus, a, um *(cyclas) (Suet.)* im Staatskleid.
Cyclades, dum *f* (κυκλάς kreisförmig) Zykladen, *im Kreis um Delos liegende Inselgruppe im Ägäischen Meer.*
cyclas, adis *f (gr. Fw.* κυκλάς kreisförmig) *(poet.)* Rundkleid, weißes Staatskleid *der röm. Frauen.*
cyclicus, a, um *(gr. Fw.) (Hor.)* kreisförmig; *übtr.* zum epischen Zyklus gehörig: **scriptores -i:** *nachhomerische griech. Epiker, die Stoffe der Heroensage v. der Zeit des Trojanischen Krieges an bis zur Mitte des 6. Jahrhs. v. Chr. in ähnlicher Weise wie Homer behandelten.*
Cyclōps, ōpis *m (Akk.* ōpem *u.* -ōpa) (κύκλωψ rundäugig) der Zyklop, *Pl.* **Cyclōpes,** pum *m* Zyklopen, *einäugige Riesen, Schmiedegesellen des Vulcanus auf Sizilien;* **Cyclopa saltare, moveri** den pantomimischen Zyklopentanz aufführen *(die Liebe Polyphems zu Galathea darstellen);* – *Adj.* **Cyclōpius,** a, um [**saxa** *auf Sizilien*].

i Kultur **Cyclōps** „kreisäugiger" Riese: nur ein Auge in der Mitte der Stirn; so erscheint bei Homer in der Odyssee der Menschenfresser Polyphem, den „Niemand" (Odysseus) blendet.
Die Kyklopen unterstützen in einer Sage der Vorzeit den Himmelsgott Zeus (Jupiter) gegen die Titanen.
– Zyklopenmauer: Mauer aus Riesenquadern.

cyclus, ī *m (gr. Fw.) (spätl.)* Kreis; Zyklus; periodischer Wechsel.
cycnēus, a, um *(gr. Fw.; cycnus)* Schwanen- [**vox; plumae**].
cycnus, ī *m (gr. Fw.)* Schwan *(dem Apollo heilig); meton. (Hor.)* Dichter [**Dircaeus** Pindar].
Cycnus, ī *m (cycnus)* ① *der in einen Schwan verwandelte u. unter die Sterne versetzte König v. Ligurien, Sohn des Sthenelos;*
② *der in einen Schwan verwandelte Sohn Neptuns;*
/ *Adj.* **Cycnēius,** a, um.
Cydnus, ī *m Fluss in Kilikien b. Tarsus (Kleinasien).*
Cydōnia, ae *f Stadt an der Nordküste v. Kreta, Heimat der Quitten;* – *Einw.* **Cydōn,** ōnis *m u. im Pl.* **Cydōniātae,** ārum *m;* – *Adj.* **Cydōnius** *u.* **Cydōnēus,** a, um kydonisch, kretisch [**mala** Quitten].
cygn … = *cycn …*
cylindrus, ī *m (gr. Fw.)* Walze, Zylinder.
Cyllēnē, ēs *u.* ae *f* ① *nordöstl. Randgebirge v. Arkadien an der Grenze von Achaia auf der Peloponnes, dem Merkur heilig, dessen Geburtsstätte es war, j.* Ziria; – *Adj.* **Cyllēnius** *u.* **-nēus,** a, um, *fem. auch* **Cyllēnis,** idis kyllenisch, des Merkur [**mons, vertex; fides** *(Hor.)* Leier; **proles** *(Verg., Ov.)* Merkur, *auch* Cephelus *als Sohn Merkurs;* **ignis** *(Verg.)* der Planet Merkur]; – **Cyllēnidēs,** ae *m* Merkur;
② *Seestadt in Elis.*
Cylōnium scelus *der an den Anhängern des Atheners Cylon verübte Frevel; diese wurden an Altären, an denen sie Schutz suchten, umgebracht, nachdem Cylons Plan, eine Tyrannis in Athen (um 630 v. Chr.) zu errichten, misslungen u. er selbst geflüchtet war.*
cymba = *cumba.*
cymbalum, ī *n (gr. Fw.)* Zimbel, Schallbecken *(Instrument, das bes. bei den Festen der Cybele u. bei den Bacchanalien gespielt wurde).*
cymbium, ī *n (gr. Fw.)* Trinkschale.
Cȳmē, ēs *f* ① *Stadt in Äolis (Kleinasien), Mutterstadt v. Cumae in Kampanien;* – *Einw. u. Adj.* **Cȳmaeus,** ī *m bzw.* a, um;
② = *Cumae.*
Cynicus *(gr. Fw.)* **I.** *Subst.* ī *m* kynischer Philosoph, Kyniker;
II. *Adj.* a, um zur kynischen Philosophie *(des Antisthenesschülers Diogenes)* gehörig, kynisch [**cena** eine kynische Mahlzeit = *eine ärmliche Mahlzeit (weil die Kyniker sehr bescheiden lebten)*].
cynocephalus, ī *m (gr. Fw.)* hundsköpfiger Affe, Hundsaffe.
Cynosarges, is *n Hügel u. Ringschule b. Athen.*
Cynoscephalae, ārum *f* (Κυνὸς κεφαλαί „Hundsköpfe") *Hügel in Thessalien, 197 v. Chr. Sieg des T. Quinctius Flamininus üb. Philipp V. v. Makedonien.*
Cynosūra, ae *f* (Κυνὸς οὐρά „Hundeschwanz") Polargestirn, der Kleine Bär; – *Adj.* **Cynosūris,** idis *u.* idos *(f)* [**ursa** *(Ov.)* der Kleine Bär].
Cynosūrae, ārum *f* ① *Vorgeb. v. Salamis;* ② *Vorgeb. in Attika, in der Nähe v. Marathon.*
Cynthus, ī *m Berg auf der Insel Delos mit Zeus- und Athenatempel, Geburtsstätte des Apollo u. der Diana;* – *Adj.* **Cynthius,** a, um.
Cȳnus *u.* **-os,** ī *f Vorgeb. u. Hafenstadt im opuntischen Lokris gegenüber v. Euböa in Mittelgriechenland.*
cyparissus *u.* **cypressus** = *cupressus.*
Cyprius vīcus, ī *m Straße in Rom in der Nähe*

vom Colosseum.

Cypros *u.* **-us,** ī *f* Zypern, *Hauptsitz des Aphroditekultes, reich an Kupfer; – Einw. u. Adj.* **Cyprius,** ī *m bzw.* a, um: *aes Cyprium u. nur* **cyprium,** ī *n* Kupfer.

cyprum, ī *n (Cypros) (spätl.)* Kupfer.

Cypselus, ī *m Tyrann v. Korinth (um 600 v. Chr.).*

Cȳrēnē, ēs *u.* **Cȳrēnae,** ārum *f Hauptstadt der Cyrenaica in Nordafrika; von Thera aus gegründete griech. Kolonie, Vaterstadt des Aristippos, Kallimachos, Eratosthenes, Karneades; – Einw.* **Cȳrēnēnsis,** is *m; – Adj.* **Cȳrēnēnsis,** e, **Cȳrēnaeus** *u.* **Cȳrēnaïcus,** a, um; – **Cȳrēnaïcī,** ōrum *m Anhänger der kyrenäischen Philosophie (des Sokratesschülers Aristippos).*

Cyrnos, ī *f die Insel* Korsika.

Cyrtiī, ōrum *m kriegerisches Volk in Persien.*

Cȳrus, ī *m* ① *ursprünglich Vasall der Meder wurde er zum Begründer des persischen Großreiches (gest. 529 v. Chr.);* ② *Bruder des Artaxerxes Mnemon (gest. 401 v. Chr.), bekannt durch Xenophons Anabasis;* ③ *Baumeister in Rom z. Zt. Ciceros; seine Bauten:* **Cȳrēa,** ōrum *n.*

Cyssūs, ūntis *f Hafen in Ionien (Kleinasien).*

Cytae, ārum *f Stadt in Kolchis am Schwarzen Meer, Geburtsstadt der Medea; –* **Cytaeis,** idis *u.* **Cytāīnē,** ēs *f* Medea; – *Adj.* **Cytaeus,** a, um cytäisch, *auch* kolchisch.

Cythēra, ōrum *n Insel südl. v. Lakonien (Peloponnes) m. Aphroditekult; – Adj.* **Cytherē(ï)us** *u.* **Cythēriacus,** a, um, *fem. auch* **-rēïs,** idis *u.* **-rēïas,** adis; – *Subst.* **Cythere(ï)a,** ae *u.* **-rēïs,** idis *f* Venus (Aphrodite).

Cythnos, ī *f Zykladeninsel südl. v. Keos im Ägäischen Meer.*

cytisus, ī *m u. f u.* **-um,** ī *n (gr. Fw.) (nicht klass.) (bot.)* Schneckenklee.

Cytōrus, ī *m Berg in Paphlagonien (Kleinasien); – Adj.* **Cytōri(ac)us,** a, um.

Cyzicus *u.* **-os,** ī *f Stadt an der Propontis; – Einw.* **Cyzicēnī,** ōrum *m.*

C

D

D, d *(Abk.)* ① *als Vorname: Decimus;*
② *= Divus;*
③ *als Zahlzeichen:* 500;
④ **D. M.** *= Dis Manibus (bei Grabinschriften);*
⑤ **D.O.M.** *= Deo Optimo Maximo (bei Tempelinschriften);*
⑥ **D. D.** *= dono od. donum dedit (bei Gaben an die Götter);*
⑦ **D. D. D.** *= dat, donat, dedicat od. dat, dicat, dedicat (bei Gaben an die Götter);*
⑧ *im Briefdatum:* **a) D** *= dabam od. dies;* **b) a. d.** *= ante diem.*

Dacia, ae *f* Dakien *(entspricht dem heutigen östl. Ungarn, Siebenbürgen, Rumänien); – Einw.* **Dācus,** ī *m;* **–** *Adj.* **Dācicus,** a, um.

dacruma *(altl.) = lacrima.*

dactylicus, a, um *(gr. Fw.)* daktylisch *(vgl. dactylus)* [**numerus; pes**].

dactyliothēca, ae *f (gr. Fw.) (Mart.)* Ringkästchen.

dactylus, ī *m* (δάκτυλος Finger) ① *(metr. t. t.)* der Daktylus (– ◡ ◡);
② *(Plin.)* Dattel.

Daedala, ōrum *n Festung in Karien (Kleinasien).*

daedalus, a, um *(gr. Fw.) (poet.)* ① *(akt.)* kunstreich, -fertig [**Minerva**]; listig [**Circe**]; *(m. Gen.)* **verborum -a lingua;**
② *(pass.) (v. Sachen)* kunstvoll (gearbeitet *od.* verziert) [**signa; tellus; carmina chordis** kunstvoll wechselnd auf Saiten].

Daedalus, ī *m* (Δαίδαλος, *eigtl.* Künstler) *athen. Baukünstler, Erbauer des Labyrinths auf Kreta, Vater des Ikarus, zuletzt angeblich in Cumae; – Adj.* **Daedalēus,** a, um.

daemōn, onis *m (gr. Fw.) (Eccl.)* böser Geist, Dämon, Teufel.

daemoniacus *(gr. Fw.) (Eccl.)* **I.** *Subst.* ī *m* vom Teufel Besessener;
II. *Adj.* a, um dämonisch, teuflisch.

daemonicus, a, um *(gr. Fw.) (Eccl.)* teuflisch.

daemonium, ī *n (gr. Fw.) (nachkl.)* böser Geist, Dämon.

Dahae, ārum *m skyth. Volk am Kaukasus.*

Dalmatia, ae *f* Dalmatien, *Landschaft am Adriatischen Meer ;* **–** *Einw.* **Dalmatae,** ārum *m; – Adj.* **Dalmaticus,** a, um.

dāma[1] *= damma.*

dama[2]**,** ae *f* (= *domina) (mlt.)* Dame *(im Schach).*

Dāmarātus, ī *m s. Demaratus.*

Damascus, ī *f Hauptstadt v. Südsyrien; – Adj.* **Damascēnus,** a, um*;* – **Damascēna,** ae *f Gegend v. Damaskus.*

dāmiūrgus *= demiurgus.*

damma, ae *f (u. m) (poet.; nachkl.)* Damhirsch, Reh, Antilope, Gämse.

dammula, ae *f (Demin. v. damma) (nachkl.)* kleines Reh, Rehkälbchen.

damnābilis, e *(damno) (spätl.)* verdammenswert.

damnās *(undekl.) (< damnatus v. damno) (vor- u. nachkl.) (jur. t. t.) zu einer Leistung* verurteilt, verpflichtet.

damnātiō, ōnis *f (damno)* Verurteilung, Verdammung *(m. Gen. causae: ambitūs; m. Gen. der Strafe: tantae pecuniae);* **damnationem voluntaria morte praevertere** entgehen.

damnātōrius, a, um *(damno)* verurteilend [**iudicium; tabella**].

damnātus, a, um *(P. Adj. v. damno)* ① verurteilt, verdammt; *Komp.:* entschiedener verurteilt;
② *(poet.)* verdammenswert, verbrecherisch.

damni-cupidus, a, um *(damnum) (Plaut.)* verschwenderisch.

damni-ficō, ficāre *(damnum u. facio) (spätl.)* schädigen.

damni-ficus, a, um *(damnum u. facio) u.* **-gerulus,** a, um *(damnum u. gero) (Plaut.)* schädlich.

● **damnō,** damnāre *(damnum)* ① verurteilen, schuldig sprechen; **pecuarios ~; servi damnati; alqs absens damnatur; inique damnari a suis civibus** ungerecht; **damnari merito, publice; alqm sine ullo argumento ac sine teste ~;** – *weg. eines Verbrechens: m. Gen.:* **maiestatis ~** wegen Majestätsverbrechens; **falsi ~** wegen Fälschung; **ambitūs ~; peculatūs ~;** *de re:* **de vi ~;** *ob u. propter rem:* **ob provinciam avare habitam ~; ob haec facinora ~; ob latrocinia ~; – eo nomine** deswegen; **inter sicarios** als Mörder; **pro malo** wie einen Übeltäter; **capitis** *od.* **capite** zum Tode; **longi laboris** zur langen Arbeit; **ad mortem; pecuniā** zur Geldstrafe; **exilio;**
② *(vom Ankläger)* die Verurteilung jmds. betreiben;
③ jmd. wegen einer Sache verdammen, jmd. einer Sache bezichtigen [**alqm summae stultitiae**];
④ *(poet.; nachkl.)* verwerfen, missbilligen, verdammen, ablehnen [**consilium; vitam alcis**];
⑤ *(nachkl.)* als ungerecht verwerfen [**causam**];
⑥ *(poet.) (dem Tode od. dem Untergang)* weihen; **morti damnatum esse; Ilion, mihi castaeque damnatum Minervae** *(Hor.)*;
⑦ *(poet.; nachkl.)* jmd. zu etw. verpflichten; **voti** *(selten* **voto) damnatum esse** zur Erfüllung des Gelübdes verpflichtet sein, seinen Wunsch erreicht haben;
⑧ aufgeben [**spem victoriae**].

damnōsus, a, um *(damnum)* ① schädlich, verderblich; **voluptas -a; bellum -um Roma-**

nis; discordia tribunorum rei publicae -a; ② *(poet.; nachkl.)* verschwenderisch; ③ *(Plaut.) (von großem Schaden, von großer Einbuße)* heimgesucht.

● **damnum,** ī *n* ① Schaden, Verlust, Einbuße, Nachteil; ~ **sarcinarum;** ~ **incendiorum** Brandschäden; **stomachum suum -o Tullii explere** *(Cic.)* zum Schaden des Tullius seinen Magen füllen; **-um accipere, pati, (per)ferre** Schaden (er)leiden; **-o afficere alqm, -um dare, inferre, afferre** Schaden zufügen; ② *(im Krieg)* Niederlage, Schlappe; **-a accepta Romano bello;** ③ *(jur. t. t.)* Geldstrafe, -buße; **ferre -um detrectantibus militiam;** ④ Gebrechen, Fehler [**naturae**]; ⑤ *(poet.) (meton.)* das Verlorene; **mater circum sua -a volans** um ihre verlorenen Jungen.

Dāmoclēs, is *m Mitglied der Hofgesellschaft des älteren Dionysios v. Syrakus.*

Dāmōn, ōnis *m* ① *Pythagoreer in Syrakus, Freund des Phintias;* ② *Musiker aus Athen, Lehrer des Sokrates.*

Danaē, ēs *f Tochter des Akrisius und der Aganippe, durch Zeus Mutter des Perseus; – Adj.* **Danaēius,** a, um [**heros** Perseus].

Danaus, ī *m Sohn des Belus, Bruder des Ägyptus, Vater der 50 Danaiden, myth. Gründer v. Argos; – Adj.* **Danaus,** a, um argivisch, griechisch; – *Subst.* **Danaī,** ōrum *u.* um *m* Argiver, Griechen *(bes. vor Troja); – Patron.* **Danaides,** dum *f die 50 Töchter des Danaus,* die Danaiden, *die mit einer Ausnahme (Hypermestra) ihre Ehemänner töteten und deshalb in der Unterwelt ewig Wasser in ein Gefäß mit durchlöchertem Boden gießen müssen.*

Dandaridae, ārum *m skyth. Volk am Asowschen Meer; – das Land:* **Dandarica,** ae *f.*

danīsta, ae *m (gr. Fw.) (Plaut.)* Wucherer.

danīsticus, a, um *(danista) (Plaut.)* Wucherer- [**genus**].

dāns, dantis *m (do) (Hor.)* der Geber.

danunt *(altl.) = dant; s. do.*

Dānuvius, ī *m* ① Oberlauf der Donau *(Unterlauf: Hister);* ② *(poet.)* Donau.

> *i* Kultur **Daphnē,** ēs *f* (δάφνη Lorbeer) ① Nymphe, Tochter des Flussgottes Peneus; Apollo liebte die schöne Nymphe u. verfolgte sie, da sie vor ihm floh; auf der Flucht vor Apollo wurde sie auf ihr Gebet hin in einen Lorbeerbaum verwandelt; ② Ort in Syrien, m. einem Lorbeerhain u. Tempel des Apollo u. der Diana.

daphnē, ēs *f (gr. Fw.) (Petr.)* Lorbeerbaum.

Daphnis, idis *m myth.-poet. Gestalt eines sizil. Hirten, der als Sohn des Merkur und Erfinder der bukolischen Dichtung galt, Liebling des Pan.*

daphnōn, ōnis *m (gr. Fw.) (Petr.; Mart.)* Lorbeergarten.

dapi-fer, ferī *m (daps u. fero) (spätl.)* Speisenträger, Truchsess.

dapinō, dapināre *(daps) (Plaut.)* (das Mahl) auftragen.

daps, dapis *f (meist Pl.)* ① *(t. t. der Religionsspr.)* Opfermahl, Festschmaus; **ergo obligatam redde Iovi dapem** *(Hor.)*; ② *(poet.; nachkl.) übh.* Speise, Nahrung; **exstructae dapibus mensae; onerare mensas dapibus.**

dapsilis, e *(gr. Fw.) (Plaut.)* reichlich.

Dardania, ae *f* ① *v. Dardanus gegründete Stadt am Hellespont; poet.* = Troja; ② *Landschaft in Obermösien (am Unterlauf der Donau);* / *Einw.* **Dardanī,** ōrum *m.*

Dardanus, ī *m Sohn Jupiters, Gründer v. Dardania; Ahnherr der Trojaner u. (durch Äneas) der Römer; – Patron.* **Dardanidēs,** ae *m* = Iulus *od.* Äneas; *Pl.* **Dardanidae,** ārum *u.* um = Trojaner; *fem.* **Dardanis,** idis Trojanerin, *bes.* Kreusa, *die Gattin des Äneas; – Adj.* **Dardanius** *u.* **Dardanus,** a, um dardanisch, trojanisch, des Äneas; – **Dardanus,** ī *m* Dardaner, Trojaner; Äneas.

Dārēus *u.* **Dārīus,** ī *m Name mehrerer pers. Könige.*

datārius, a, um *(do) (Plaut.)* zu vergeben, zu verschenken [**salus**].

datātim *Adv. (dato) (vorkl.)* wechselseitig gebend.

datiō, ōnis *f (do)* ① das Geben, Erteilen, Zuteilen [**legum; signi** des Signals zum Kampf]; ② Schenkungsrecht.

datīvus, ī *m (do) (Gell.)* der Dativ.

datō, datāre *(Intens. v. do) (vor- u. nachkl.)* (weg)geben, abgeben.

dator, ōris *m (do) (poet.; nachkl.)* Geber, Spender [**laetitiae** *v.* *Bacchus*].

datrīx, īcis *f (dator) (Eccl.)* Geberin, Spenderin.

datum, ī *n (do)* Gabe, Geschenk.

datus[1], *Abl.* ū *m (do) (Plaut.)* das Geben.

datus[2] *P.P.P. v. do.*

Daulis, idis *f Stadt in Phokis nördl. v. Delphi (Mittelgriechenland); – Adj.* **Daulius,** a, um, *fem. auch* **Daulias,** adis [**ales** Schwalbe; **puellae** Prokne *u.* Philomele], *als Subst.* Prokne.

Daunus, ī *m myth. König im nördl. Apulien in Süditalien, Ahnherr des Turnus (eines Königs der Rutuler); – Adj.* **Daunius,** a, um [**heros** Turnus; **gens** die Rutuler]; – **Daunias,** iadis *f* Apulien.

● **dē I.** *Präp. b. Abl.* ① *(räuml.)* **a)** von, von …

her, von … weg, aus; **de finibus suis exire; de digito anulum detrahere; de manibus effugere; de civitate alqm eicere; de sella exsilire; de vita decedere; de foro discedere; de castris procedere; audire, scire, discere alqd de alqo** von jmdm.; **de medio tollere** aus dem Weg räumen; **de Danais arma** den Danaern entrissen; **b)** von … herab; **de vehiculo dicebat; alqm de saxo deicere; de umero pendere; de caelo alqd demittere;**

② *(zeitl.)* **a)** unmittelbar nach; **statim de auctione venire; b)** noch im Laufe, noch während; **multa de nocte venire** tief (mitten) in der Nacht; **de tertia vigilia proficisci** um die dritte Nachtwache aufbrechen;

③ *(zur Angabe der Abstammung, des Standes)* von; **adulescens de summo loco; genetrix Priami de gente; homo de plebe;**

④ *(zur Angabe des partitiven Verhältnisses)* von, aus; **unus de multis milibus; fortissimum de ducibus in Galliam mittere; nemo de nobis;**

⑤ *(zur Bez. des Stoffes od. eines Gegenstandes, aus dem ein anderer entstanden ist)* aus; **signum de marmore factum; verno de flore corona; de nave carcerem facere;**

⑥ *(zur Bez. der Geldquelle)* aus, von; **de publico** aus der Staatskasse; **de alieno** aus anderer Leute Beutel; **de tuo** von deinem Vermögen;

⑦ *(kausal)* wegen, um … willen, aus, durch; **qua de causa = qua de re** deswegen, deshalb; **flebat non de suo supplicio, sed … ; senatui parendum de salute rei publicae fuit; de ira;**

⑧ nach, zufolge, gemäß; **de illis verbis; de mea sententia; de more; de gestu intellegere; de ratione** laut Rechnung; **de consilio alcis;**

⑨ hinsichtlich, über; **legatos mittere de pace; de me actum est** um mich ist es geschehen; **de ceteris (cetero)** im Übrigen;

⑩ *(b. den verba dicendi u. sentiendi u. b. Substantiven ähnlicher Art)* über, von; **de immortalitate animorum disserere; cogitare de alqa re; multa narrare de Laelio** *(Cic.)*; **de moribus admonere** *(Sall.)*; **tertius de vita beata liber;**

⑪ *in adverbialen Redensarten:* **de integro** von neuem, wieder; **de improviso, de transverso** unvermutet;

II. *als Präfix* ① ab-, weg-, fort- [**destringo**];

② nieder-, herab- [**descendo**];

③ *(zur Bez. des Fehlens)* un-, miss- [**demens; desum**];

④ völlig, sehr, heftig [**devinco**].

● **dea,** ae *f (deus) (Dat. u. Abl. Pl.* deīs, dīs, deābus) Göttin [**venatrix** *od.* **silvarum** Diana; **bellica** Minerva]; **deae novem** die Musen; **deae triplices** die Parzen.

de-albō, albāre *(albus)* weißen, (über)tünchen [**parietem**].

deambulātiō, ōnis *f (deambulo) (Ter.; spätl.)* Spaziergang.

deambulātōrium, ī *n (deambulo) (spätl.)* Wandel-, Säulengang.

de-ambulō, ambulāre *(vor- u. nachkl.)* spazieren gehen.

de-amō, amāre *(m. Akk.)* ① *(Plaut.)* in jmd. unsterblich verliebt sein;

② *(Plaut.)* etw. willkommen heißen [**munera**];

③ *(Ter.)* jmdm. herzlich danken.

de-armō, armāre entwaffnen [**exercitum**].

de-artuō, artuāre *(artus) (Plaut.)* zerreißen; *übtr.* durch Betrug zugrunde richten, vernichten; **deartuatus sum miser; deartuavisti opes.**

de-asciō, asciāre *(ascia)* ① mit der Axt behauen, glätten;

② *(Plaut.)* betrügen, prellen.

de-aurō, aurāre *(aurum) (nachkl.)* vergolden.

dē-bacchor, bacchārī *(poet.)* sich austoben, rasen.

dē-battuō, battuere, – – *(Petr.)* tüchtig stoßen.

dēbellātor, ōris *m (debello) (poet.; nachkl.)* Besieger, Bezwinger [**ferarum**].

dē-bellō, bellāre **I.** *intr.* den Krieg zu Ende führen, beenden;

II. *trans.* ① jmd. besiegen, bezwingen, überwinden [**gentem; hostem clamore**];

② *(einen Streit)* auskämpfen, zu Ende bringen [**rixam**].

dēbentēs, tium *m (debeo)* die Schuldner.

● **dēbeō,** dēbēre, dēbuī, dēbitum ① schulden, schuldig sein, zu bezahlen haben [**grandem pecuniam alci; nummum nemini; decumas** zehntpflichtig sein];

② Schulden haben *(abs. u. alci: bei jmdm.)*; **illi, quibus debeo** meine Gläubiger; **ii qui debent** die Schuldner;

③ *(übtr.)* jmdm. etw. schuldig bleiben, vorenthalten; **non posse alci alqd debere** jmdm. etw. nicht schuldig bleiben (nicht vorenthalten) können;

④ jmdm. zu etw. *(alqd)* verpflichtet, verbunden sein, jmdm. etw. schuldig sein; **alci gratiam** ~ jmdm. zu Dank verpflichtet sein; **videris patriae hoc munus ~; iuvenis nil iam caelestibus ullis debens; alci mutua officia** ~ jmdm. zu gegenseitigem Dienst verpflichtet sein;

⑤ jmdm. etw. verdanken [**multum sociis; alci salutem**];

⑥ sollen, müssen, *neg.:* dürfen, brauchen *(m. Inf.)*; **debueram loqui** ich hätte sprechen sollen; **oppida expugnari non debuerunt** *(Caes.)*; **ea tibi ego non debeo** (brauche nicht) **commendare** *(Cic.)*;

⑦ *(poet.)* zu etw. bestimmt, auserkoren sein; **urbem ~** die Stadt zu gründen bestimmt sein;
⑧ *Pass. deberi* bestimmt, geweiht, verfallen sein; **debita coniunx** vom Schicksal bestimmt; **Pergama debita** dem Untergang geweiht; **animae, quibus altera fato corpora debentur; cui regnum Italiae Romanaque tellus debentur** *(Verg.)*; **fatis** *od.* **morti debitus** dem Tode geweiht;
/ *P. Adj.* **dēbitus,** a, um geschuldet, schuldig, gebührend, zustehend [**praemia; honores; laudes; poenae**].

dē-bibō, bibere, – – *(nachkl.)* austrinken.

dēbilis, e *(m. Komp.)* schwach, kraftlos, hinfällig, gebrechlich [**viator; equi; membra metu**]; zerrüttet, haltlos [**praetura**].

dēbilitās, ātis *f (debilis)* ① Schwäche, Gebrechlichkeit, Lähmung [**membrorum; corporis; linguae**];
② *(übtr.) (animi)* Haltlosigkeit.

dēbilitātiō, ōnis *f (debilito) (animi)* Niedergeschlagenheit.

dēbilitō, dēbilitāre *(debilis)* ① schwächen, lähmen, verletzen, beschädigen, verstümmeln; **debilitatum corpus; debilitati inter saxa rupesque; urbs debilitata;**
② *(übtr.)* entmutigen, aus der Fassung bringen, in seiner Tätigkeit hemmen, lähmen [**animos militum** die Soldaten; **audaciam; spem alcis; furores**]; **fortissimi viri mentio vocem meam fletu debilitavit.**

dēbitiō, ōnis *f (debeo)* das Schuldigsein, das Schulden [**pecuniae; dotis**].

dēbitor, ōris *m (debeo)* ① Schuldner;
② *(poet.; nachkl.)* **a)** *derjenige, der jmdm. zu Dank f. etw. verpflichtet ist* [**huius officii; vitae**]; **b)** *derjenige, der zu etw. verpflichtet ist.*

dēbitum ī *n (debeo)* ① Schuld(en); **acerbius -um reposcere;**
② *(nachkl.)* Schuldigkeit, moral. Verpflichtung.

dēbitus *P.P.P. v. debeo.*

dē-blaterō, blaterāre ① *(Plaut.) (alci u. A. C. I.)* vorschwatzen, ausplaudern;
② *(Gell.)* plappern.

decānātus, ūs *m (decanus) (mlt.)* Amt eines Dekans.

dē-canō, canere, – – *(spätl.)* besingen.

dē-cantō, cantāre **I.** *trans.* ① her(unter)leiern, ableiern [**augurium; fabulam**];
② *(poet.; nachkl.)* singend vortragen, hersingen [**elegos**];
II. *intr.* zu singen aufhören.

decānus, ī *m (decem) (nachkl.)* Vorgesetzter *v.* zehn Mann *(v. zehn Mönchen, v. zehn Soldaten); später:* Dekan; Vorsteher der Kurfürsten.

de-capillō, capillāre *(mlt.)* das Haar abschneiden *(zur Strafe).*

decastȳlos, on *(gr. Fw.) (spätl.)* zehnsäulig.

● **dē-cēdō,** cēdere, cessī, cessum ① weggehen, sich entfernen; **Italiā ~; relinquere domos ac sedes suas et ~ ex Sicilia;**
② *(milit.)* fortziehen, abmarschieren, *(einen Ort)* räumen; **de vallo ~ ; de colle ~ ; pugnā ~ ; armis relictis Siciliā ~; ~ atque exercitum deducere ex his regionibus;**
③ *(vom Kurs, vom Weg)* abkommen [**cursu; viā**];
④ die Provinz *(nach Beendigung der Amtszeit)* verlassen [**(de; ex) provincia; ex Asia**];
⑤ *(v. Staatsmännern) de foro* sich von den öffentl. Aufgaben zurückziehen;
⑥ *(v. Schauspielern) de scaena* von der Bühne *(für immer)* abtreten;
⑦ *(vitā, de vita)* aus dem Leben scheiden, sterben; **in tanta paupertate decessit; pater familiae (vita) decessit;**
⑧ jmdm. ausweichen, aus dem Wege gehen *(sowohl aus Achtung als auch vor Abscheu)* [**sanctis divis; canibus**];
⑨ *(einer Sache)* ausweichen, etw. vermeiden [**calori**];
⑩ *(poet.)* jmdm. nachstehen, hinter jmdm. zurückstehen *(alci);* jmdm. das Feld räumen [**collegis**];
⑪ *(übtr.) de via* vom rechten Weg abweichen; **se nulla cupiditate inductum de via ~;**
⑫ v. etw. ablassen, etw. aufgeben, v. etw. zurücktreten, auf etw. verzichten [**de suis bonis omnibus; de (ex) iure suo**];
⑬ v. etw. abweichen, zurücktreten [**(de) sententia; instituto suo; a decretis; fide** untreu werden; **de dignitate**];
⑭ *(v. Wasser)* zurücktreten, -gehen, ablaufen, fallen; **aestus decedit; decedentibus fluviis;**
⑮ *(poet., nachkl.) (v. Gestirnen)* untergehen, **sol decedens;**
⑯ *(v. Krankheiten, Schmerz, Gefühlen, Zeit u. a.)* vergehen, aufhören, sich verlieren, abnehmen, verschwinden; **febris decessit; invidia decesserat; tempora decesserunt; odor decessit;** *(m. Dat. od. de)* **cura patribus decedet; decessit animis pavor;**
⑰ abgehen, entgehen; **quantum virium Antiocho decessisset.**

Decelēa *u.* **-līa,** ae *f Ort im nördl. Attika.*

● **decem** zehn; **~ primi** *der 100 Mitglieder zählende Senat in Munizipien u. Kolonien war in 10 Dekurien eingeteilt, deren 10 Vorsteher decem primi hießen.*

December *(decem)* **I.** *Subst.* bris *m urspr. der 10., seit Cäsar der 12. Monat des röm. Jahres,* Dezember;
II. *Adj.* bris, bre zum Dezember gehörig, des Dezembers, Dezember- [**Kalendae; Nonae; Idus; mensis** Dezember; **libertas** *an den Saturnalien im Dezember*].

decem-iugis *(iugum) (Suet.)* **I.** *Adj.* e zehnspännig;
II. *Subst.* is *m (erg. currus)* Zehnspänner.

D

decem-peda, ae *f (pes)* Mess-Stange v. 10 Fuß Länge.

decempedātor, ōris *m (decempeda)* Vermesser der Ländereien.

decem-plex, *Gen.* plicis *(vgl. du-plex)* zehnfach.

decem-prīmī, ōrum *m (auch getr.) s. decem.*

decem-scalmus, a, um mit zehn Ruderpflöcken (versehen), zehnruderig.

decemvirālis, e *(decemviri)* der Dezemvirn.

decemvirātus, ūs *m (decemviri)* das Dezemvirat.

decem-virī, ōrum *u.* um *m (selten Sg.* decemvir) Dezemvirn *(Behörde v. zehn Personen):*
① ~ **legibus scribundis** *(451 v. Chr. gewählt; sie verfassten die Zwölftafelgesetze);*
② ~ **agris metiendis dividendisque** *(betraut m. der Verteilung des ager publicus an Kolonisten);*
③ ~ **stlitibus iudicandis** *(ihnen oblag die Entscheidung üb. Freiheits- u. Bürgerrechtsstreitigkeiten);*
④ ~ **sacris faciundis** *od.* **sacrorum** *(Aufseher u. Ausleger der Sibyllinischen Bücher).*

decennālis, e *(decem u. annus) (spätl.)* zehnjährig [**bellum**].

decennis, e *(decem u. annus) (Petr.)* zehnjährig [**proelium**].

decennium, ī *n (decennis) (nachkl.)* Zeitraum v. zehn Jahren, Jahrzehnt.

decēns, *Gen.* centis *(P. Adj. v. deceo) (poet.; nachkl.)* ① geziemend, dem Brauch, der Sitte gemäß, anständig [**ornatus; genus**];
② lieblich, anmutig [**forma; facies; Gratiae**].

decentia, ae *f (decens)* Schicklichkeit, Anstand.

● **deceō,** decēre, decuī, – *(nur 3. Ps. Sg. u. Pl.) (decus, decor)* ① passen, schmücken, jmd. (gut) kleiden *(alqm);* **haec vestis me decet; alba** (weiße Tracht) **decent Cererem;**
② sich für jmd. (ge)ziemen, sich gehören, schicklich sein *(m. A. C. I.; nicht klass.: m. Dat.);* **omnes bonos rei publicae subvenire decebat** *(Sall.);* **mortaline decuit violari vulnere divum?;** *decet oft:* es würde sich gehören; *decebat od. decuit oft:* es hätte sich gehört.

dē-cēpī *Perf. v. decipio.*

dēceptiō, ōnis *f (decipio) (nachkl.)* Täuschung, Betrug.

dēceptor, ōris *m (decipio) (nachkl.)* Betrüger.

dēceptōrium, ī *n (deceptorius) (spätl.)* Täuschung, Betrug.

dēceptōrius, a, um *(deceptor) (Eccl.)* trügerisch, täuschend.

dēceptus *P.P.P. v. decipio.*

decēris, is *f (gr. Fw.) (Suet.)* Zehnruderer.

● **dē-cernō,** cernere, crēvī, crētum ① *(Zweifelhaftes)* entscheiden, bestimmen, ausmachen, urteilen, *bes. im (Schieds-)Gerichtswesen (alqd; de; m. indir. Frages.);* **litem ~; de his Catonis praecepta decernent** *(Plin.);* **non satis decernere poterant, quā suis opem ferrent;**
② *(v. Behörden, Versammlungen)* einen Beschluss fassen, bestimmen, erklären, festsetzen, anordnen, für etw. stimmen; genehmigen *(alqd; de re; m. Inf.; A. C. I. des Gerundivs; ut, ne; m. bloßem Konj.)* [**delectum; statuas; diem colloquio; de morte alcis**]; **quaestionem de bonis direptis ~; de Postumio senatus decrevit, ut statim in Siciliam iret;**
③ *(v. Einzelnen)* sich entscheiden, sich entschließen, sich erklären für, beschließen; dafür stimmen, dass; urteilen, dass; die feste Ansicht gewinnen, den Vorsatz fassen *(abs.; alqd; m. Inf.; A. C. I.; ut, ne);* **Caesar in provinciam proficisci decrevit; decreveram cum eo familiariter vivere; (mihi) decretum est** *(m. Inf.)* ich bin entschlossen;
④ *(im Krieg) (pugnam, certamine, acie)* die Entscheidung herbeiführen, bis zur Entscheidung kämpfen, durch Kampf entscheiden; **de salute rei publicae decernitur; in illo certamine, quod ferro decernitur; ferro ancipiti decernunt; cursibus et crudo caestu ~** *(Verg.);*
⑤ *(m. Worten)* streiten, *bes. vor Gericht* [**de capite; pro mea fama; pro propinquis suis**];
⑥ jmdm. etw. zuerkennen, zuweisen, zusprechen [**alci honores; triumphum alci; populo iura**];
⑦ *(m. dopp. Akk.)* erklären für [**alqm dignum**].

dē-cerpō, cerpere, cerpsī, cerptum *(carpo)* ① *(poet.; nachkl.)* abpflücken, abreißen [**aristas; uvam; pomum arbore; lilia tenero ungui**];
② *(übtr.)* entnehmen, schöpfen; **humanus animus decerptus ex mente divina;**
③ *(poet.; nachkl.)* genießen [**fructūs ex re; decus pugnae**];
④ Schaden zufügen, schaden.

dēcertātiō, ōnis *f (decerto)* Entscheidungskampf *(um etw.: m. Gen.).*

● **dē-certō,** certāre ① bis zur Entscheidung kämpfen, ringen, einen Entscheidungskampf bestehen, um die Entscheidung ringen, sich bis zur Entscheidung messen *(um etw.: de; gegen jmd.: cum alqo);* **proelio ~** eine Entscheidungsschlacht liefern; **telis ~; manu ~; ne cives cum civibus armis decertarent** *(Caes.);* **vi et armis contra vim ~; de imperio in Italia decertatum est; pro libertate ~ ;**
② m. Worten streiten *(bes. durch öffentl. Verhandlung);* **cum consulibus ~** gegen die Konsuln mit Worten streiten.

dēcesse = *decessisse, s. decedo.*

dē-cessī *Perf. v. decedo.*

dēcessiō, ōnis *f (decedo)* ① das Weggehen,

Abzug;
② Abgang *eines Beamten aus der Provinz* [**Verris**];
③ Abnahme, Verminderung [**bonorum**].

dēcessor, ōris *m (decedo)* Amtsvorgänger.

dēcessus, ūs *m (decedo)* ① das Weggehen, Abzug [**Gallorum ex urbe**];
② Abgang *eines Beamten aus der Provinz,* Rücktritt; **post M. Bruti decessum;**
③ das Hinscheiden, Tod;
④ *(v. Gewässern)* das Zurücktreten, das Ablaufen [**Nili**];
⑤ Besserung [**morbi**].

Decetia, ae *f Stadt der Häduer an der Loire, j.* Decize.

decianus, ī *m (mlt.)* Würfelspieler.

dē-cidī[1] *Perf. v. decido*[1].

dē-cīdī[2] *Perf. v. decido*[2].

dē-cidō[1], cidere, cidī, – *(cado)* ① herab-, herunter-, abfallen, zu Boden fallen; **poma ex arboribus decidunt; de muro ~; e superiore caelo ~; e flore guttae decidunt;**
② in etw. hineingeraten, zu etw. verleitet werden [**in turbam praedonum; in scelus**];
③ *(a, de) spe* in der Hoffnung getäuscht werden, enttäuscht werden;
④ Misserfolg haben, durchfallen; **non enim virtute hostium, sed perfidiā amicorum decidi** *(Nep.)*; **ego ab archetypo labor et decido** *(Plin.)*;
⑤ *(nachkl.) (übtr.)* fallen, tief hinabsinken; **ad eas rei familiaris angustias** (in so traurige Vermögensumstände) **decidit, ut ...** *(Suet.)*;
⑥ *(vorkl.; poet.)* sterben [**morbo**];
⑦ *(Tib.)* aus etw. schwinden; **decido toto pectore** ich schwinde ganz aus dem Herzen *(jmds.)*.

dē-cīdō[2], cīdere, cīdī, cīsum *(caedo)* ① abschneiden, abhauen [**aures; caput; nasum; alqd ex iuba**];
② ein Abkommen treffen, abschließen, entscheiden [**de rebus rationibusque societatis; de iure patriae; cum Flavio pro societate**];
③ vereinbaren, abschließen [**negotia**].

deciē(n)s *Adv. (decem)* zehnmal; *(Plaut.; Hor.)* oft.

decima = *decuma.*

Decima (Decuma), ae *f (decimus) Göttin, eine der drei Parzen, die über die Geburt eines Kindes befindet (entscheidender zehnter Monat).*

decimāna, ae *f s. decumana.*

decimānus *s. decumanus.*

decimō, decimāre *(decimus) (nachkl.)* jeden 10. Mann (m. dem Tode) bestrafen.

decimum *(decimus)* **I.** *Subst. (u.* decumum) ī *n* das Zehnfache, zehnfacher Ertrag; **ager efficit** *od.* **effert cum -o** trägt zehnfach;
II. *Adv.* zum zehnten Mal.

● **decimus** *(u. älter* decumus), a, um *(decem)*
① der zehnte;
② *(Ov.)* ungeheuer groß [**unda**].

Decimus, ī *m röm. Vorname (Abk.: D).*

● **dē-cipiō,** cipere, cēpī, ceptum *(capio)* ① täuschen, betrügen, hintergehen [**amicum; spem alcis**]; **decipi non posse; deceptus per fas ac fidem; deceptus dolo; in prima spe deceptus** *(Liv.)*; **eo deceptus, quod** dadurch irregeleitet, dass; **viā decipi** den Weg verfehlen;
② entgehen, unbemerkt bleiben *(abs. od. alqm)*; **amatorem caecum amicae turpia vitia decipiunt;**
③ über etw. hinwegtäuschen, etw. vergessen lassen, sich *(die Zeit)* vertreiben *(alqd)* [**diem; laborem cantando**].

dēcipula, ae *f (decipio) (Mart.)* Falle, Schlinge *(bildl.)*.

dēcīsiō, ōnis *f (decido*[2]*)* Abkommen, Entscheidung; **decisionis arbiter; decisionem facere** ein Abkommen treffen.

dēcīsus *P.P.P. v. decido*[2].

Decius, a, um *röm. Gentilname:* P. ~ Mus, *Vater, Sohn u. Enkel, sie weihten sich als Konsuln im Krieg (der Vater im Latinerkrieg, der Sohn im Samniterkrieg, der Enkel im Pyrrhuskrieg) zur Rettung des Vaterlandes freiwillig dem Tod (340, 295, 279 v. Chr.); – dav.* **Deciānus,** a, um.

dēclāmātiō, ōnis *f (declamo)* ① Deklamation, Vortrag; Redeübung; Lehrvortrag; *(meton.) (nachkl.)* das *(f. die Redeübung* gewählte) Thema;
② leeres Deklamieren, leeres Gerede;
③ lautes Eifern, erregtes, zorniges Reden, Poltern, **non placet mihi ~ potius quam persalutatio** *(Cic.)*.

dēclāmātiuncula, ae *f (Demin. v. declamatio) (Gell.)* kleine Redeübung.

dēclāmātor, ōris *m (declamo)* Lehrer der Beredsamkeit, Redekünstler.

dēclāmātōrius, a, um *(declamator)* deklamatorisch, des Redekünstlers.

dē-clāmitō, clāmitāre = *declamo.*

dē-clāmō, clāmāre **I.** *intr.* ① Redeübungen halten, zur Übung einen Vortrag halten, sich im Vortrag üben; **ad fluctum aiunt ~ solitum Demosthenem** *(Cic.)*;
② poltern, erregt u. zornig reden *(geg. jmd.: contra alqm, in alqm, alci)*; **ille insanus, qui pro isto contra me declamat;**
II. *trans.* laut vortragen, deklamieren.

dēclārātiō, ōnis *f (declaro)* Kundgebung, Offenbarung [**animi tui**].

dēclārātīvus, a, um *(declaro) (Mart.)* erklärend.

● **dē-clārō,** clārāre ① deutlich machen, kenntlich machen [**ducis navem militibus**]; **dentibus cervorum senecta declaratur** *(Plin.)*;

② *(übtr.)* deutlich zu erkennen geben, deutlich zeigen, kundgeben, klar darlegen *(m. Akk.; A. C. I.; indir. Frages.)*; **divi praesentiam suam saepe declarant; suam benevolentiam ~; tot signis natura declarat, quid velit; gaudia vultu declarant** *(Cat.)*; **propriam generis iuris civilis vim definitione ~** *(Cic.)*;
③ öffentlich ausrufen, erklären, verkünden; **alqm victorem, praetorem ~ ; me unā voce universus populus Romanus consulem declaravit** *(Cic.)*; **tanto consensu rex est declaratus;**
④ bekannt machen;
⑤ erklären, klarmachen, aufhellen, aufklären;
⑥ klar aussprechen, deutlich ausdrücken [**pluribus nominibus unam rem**].

dēclīnātiō, ōnis *f (declino)* das Abbiegen: ① das Ausweichen, Vermeiden;
② Abneigung, Widerwille; **quae ~, si cum ratione fiet, cautio appelletur;**
③ *(rhet. t. t.)* Abschweifung *(v. Thema)* [**a proposito**];
④ *(t. t. der Fechterspr.)* ausweichende Körperbewegung; **alcis petitiones quādam declinatione et corpore effugere** *(Cic.)*.

dē-clīnō, clīnāre **I.** *trans.* ① abbiegen, abwenden, ablenken [**iter; agmen**]; **non se ~ ab illo** keinen Blick v. jenem wenden; **non prius ex illo flagrantia lumina ~** *(Cat.)*;
② (ver)meiden, aus dem Wege gehen; **urbem mihi amicissimam declinavi; impetum ~; vitia ~; impudicitiam uxoris ~** *(Tac.)*;
③ *(gramm. t. t.)* deklinieren;
II. *intr.* ① ausweichen, abbiegen, sich abwenden *(ab; de; bl. Abl.)*; sich hinwenden *(ad; in m. Akk.)*; **a Roma ~; a recto itinere ~; a religione ~; a delictis ~; de via ~; cohortes paululum declinaverunt; Manlium iussit ad se ~; in fugam ~; si omnes atomi declinabunt, nullae umquam cohaerescent** *(Cic.)*;
② sich hinneigen zu, sich zuneigen; **via ad mare declinans; bellum in Italiam declinaverat;**
③ *(in der Rede)* v. etw. abweichen, abschweifen, abirren [**a rerum ordine; a proposito**]; **inde huc declinavit oratio.**

dēclīve, vis *n (declivis)* Abhang; **per declive se recipere** *(Caes.)* am Abhang hin sich zurückziehen.

dē-clīvis, e *(clivus)* ① abschüssig, abfallend [**locus; collis; ripa; latitudo**];
② *(nachkl.) (der Zeit nach)* sich neigend.

dēclīvitās, ātis *f (declivis)* Abschüssigkeit.

dēclīvum, ī *n (nachkl.)* Abhang.

dēcocta, ae *f (decoquo; erg. aqua) (nachkl.) (v. Nero erfundener)* abgekochter Kühltrank.

dēcoctor, ōris *m (decoquo)* Verschwender, Bankrotteur.

dēcoctus *P.P.P. v. decoquo.*

dē-collō, collāre *(collum) (nachkl.)* enthaupten.

dē-cōlō, cōlāre *(colum¹)* ① durchseihen; ② täuschen.

dē-color, *Gen.* lōris *(poet.; nachkl.)* ① verfärbt, entfärbt, verdunkelt; **~ ipse suo sanguine Rhenus;**
② gebräunt [**India**];
③ *(übtr.)* entartet, entstellt [**aetas; fama**].

dē-colōrātiō, ōnis *f (decoloro)* Verfärbung.

dē-colōrō, colōrāre *(decolor)* ① *(poet.; nachkl.)* verfärben, entfärben;
② *(August.) (übtr.)* entstellen [**famam**].

dē-condō, condere, – – *(Sen.)* verbergen.

dē-coquō, coquere, coxī, coctum ① *(poet.; nachkl.)* kochen, gar kochen [**alqd in patina** *od.* **patella**];
② *(beim Schmelzen)* sich verflüchtigen lassen; **pars quarta argenti decocta erat** *(Liv.)*;
③ sein Vermögen durchbringen, Bankrott machen, sich ruinieren *(zu jmds. Schaden: m. Dat.)*; **tenesne memoriā praetextatum te decoxisse?**

decor¹, ōris *m (deceo; decus) (poet.; nachkl.)*
① Anstand, Schicklichkeit, Angemessenheit; **mobilibus ~, maturis dandus et annis** *(Hor.)*; **cuncta ad decorem imperii composita** *(Tac.)*;
② Anmut, stattliches Aussehen; **~ oris cum quadam maiestate** *(Tac.)*; **fugit retro levis iuventa et ~** *(Hor.)*;
③ Schmuck, Zierde.

decor², *Gen.* oris *(deceo; decus)* geschmückt, zierlich.

decorāmen, minis *n (decoro) (nachkl.)* Schmuck, Zierde.

decorō, decorāre *(decus)* ① schmücken, verzieren; **parte praedae et spoliis navalibus decoratus; insignibus decoratus;**
② *(übtr.)* verherrlichen, ehren [**alqm singularibus honoribus; domos suas gloriā**].

decōrum, ī *n (decorus) = decor¹.*

● **decōrus,** a, um *(decor¹)* ① geziemend, ehrenvoll, schicklich, anständig, passend, der Sitte, dem Brauch gemäß [**victoria**]; **dulce et -um est pro patria mori** *(Hor.)*; **ut vix satis -um videretur eum plures dies esse in Crassi Tusculano** *(Cic.)*;
② zierlich, schön, anmutig, reizend, glänzend [**facies; aedes**];
③ *(poet.; nachkl.)* geschmückt, geziert; **dea -a formāque armisque.**

dē-crepitus, a, um *(crepo)* altersschwach, abgelebt [**anus; aetas**].

dē-crēscō, crēscere, crēvī, crētum abnehmen, zurückgehen, sich vermindern, schwinden; **decrescunt aestus; decrescentia flumina; valetudo decrescit.**

decretalis, is *f (mlt.)* Verordnung.

dēcrētiō, ōnis *f (decerno) (Mart.)* Entscheidung, Beschluss.

decretista, ae *m (mlt.)* Richter.

dēcrētōrius, a, um *(decerno) (nachkl.)* entscheidend [**pugna**].

● **dēcrētum,** ī *n (decerno)* ❶ Beschluss, Bescheid *einer Behörde,* Entscheidung, Verordnung [**patrum; consulis**]; **-um facere** einen Beschluss fassen; **-o stare** dem Beschluss nachkommen; **-um mutare; sua -a confirmare; Druidum -is iudiciisque parēre** *(Caes.);*
❷ *(philos. t. t.)* Lehrsatz, Grundsatz, Dogma;
❸ *(mlt.) Pl.* *decreta* Dekretalien *(geistl. Recht).*

dē-crēvī *Perf. v. decerno u. decresco.*

dē-cubuī *Perf. v. decumbo.*

decuma, ae *f (decem)* ❶ der zehnte Teil, *das einer Gottheit gelobte* Zehntel der Beute; **Apollini -am vovere;**
❷ der Zehnte *(als Abgabe)* [**hordei**].

decumāna *(u. jünger* decimāna), ae *f (decumanus)* die Frau eines Zehntpächters.

decumānus *(jünger* decimānus) *(decem)* **I.** *Adj.* a, um ❶ Zehnt-, zehntpflichtig [**ager** zehntpflichtiges Land; **frumentum** der zehnte Teil vom Getreide];
❷ zur zehnten Legion *od.* Kohorte gehörend [**porta** Haupttor des Lagers *(da hinter ihm die zehnte Kohorte lag) gegenüber der porta praetoria*];
II. *Subst.* ī *m* ❶ Zehntpächter;
❷ Soldat der zehnten Legion.

decumātēs *(Gen.* -tium) **agrī** *m* Dekumatland *(Name des Landes zw. Rhein u. Donau).*

dē-cumbō, cumbere, cubuī, cubitum ❶ *(vor- u. nachkl.)* sich niederlegen;
❷ *(vom getroffenen Gladiator)* niederfallen, unterliegen [**honeste**].

decumō = *decimo.*

decumum *s. decimum I.*

decumus *s. decimus.*

dē-cunctor, cunctārī *(nachkl.)* zögern, reiflich überlegen.

decuria, ae *f (decem; vgl. centuria)* ❶ Dekurie, Abteilung v. zehn Personen;
❷ *übh.* Abteilung, Klasse [**senatoria** Klasse der Richter aus dem Senatorenstand; **lictorum**];
❸ *(Plaut.) (scherzh.)* Zechgesellschaft.

decuriālis, e *(decuria) (spätl.)* zu einer Dekurie gehörig.

decuriātiō, ōnis *f u.* **decuriātus,** ūs *m (decurio¹)* Einteilung in Dekurien.

decuriō¹, decuriāre *(decuria)* ❶ in Dekurien (Zehnergruppen) einteilen [**equites**];
❷ in Abteilungen sammeln.

decuriō², ōnis *m (decuria)* Vorsteher einer Dekurie, Dekurio: ❶ *(milit.)* Führer einer Schar *(von bis zu 10 Mann)* [**equitum**];
❷ Senator in Munizipien u. Kolonien, Ratsherr;
❸ *(Suet.) cubiculariorum* Kammerherr.

decuriōnātus, ūs *m (decurio²) (nachkl.)* Ratsherrenamt.

● **dē-currō,** currere, (cu)currī, cursum **I.** *intr.* ❶ herablaufen, -eilen, -stürmen *(auch feindl.) (ab, ex, de, poet. bl. Abl.)* [**de castello; de tribunali; ad mare; ad flumen; ex omnibus partibus; ex montibus in vallem; ex Capitolio in hostem**]; **barbari catervis** (in ungeordneten Scharen) **decurrentes;**
❷ *(milit.)* **a)** herabmarschieren; **pedites decurrendo signa sequi et servare ordines docuit; b)** vorbeimarschieren, defilieren [**in armis**]; **mos erat lustrationis sacro peracto ~ exercitum** *(Liv.)*; **ter circum rogos, cincti fulgentibus armis decurrerunt** *(Verg.)*;
❸ eilen, laufen; **rus ~** einen Ausflug aufs Land machen;
❹ fahren, segeln, reisen [**super aequora; celeri cumba; pelago aperto; tuto mari**];
❺ herabfließen, -strömen, -stürzen; **flumen in mare decurrit** ergießt sich;
❻ *(v. Schiffen)* herabsegeln, hinabfahren, einlaufen; **classis in portum ex alto** (von hoher See) **decurrit; naves onustae rudere decurrunt** *(Tac.)* stromabwärts fahren;
❼ zu etw. *(bes. zu einer Maßregel)* schreiten, seine Zuflucht nehmen, zu etw. übergehen [**ad istam hortationem; ad extrema iura; ad alqm**]; **postremum eo decursum est, ut populus proconsuli creando in Hispaniam comitia haberet** *(Liv.)*; **decurritur ad leniorem verbis sententiam** *(Liv.)*;
II. *trans.* ❶ etw. durchlaufen [**spatium**];
❷ *(übtr.)* durcheilen, zurücklegen, vollenden [**laborem; vitam; honores** Ehrenämter bekleiden; **aetatem; annos**];
❸ *(in der Rede)* behandeln, abhandeln, besprechen [**alqd breviter**].

dēcursiō, ōnis *f (decurro)* das Herablaufen: ❶ *(Suet.) (milit.)* Parademarsch;
❷ das Herabstürmen, Überfall.

dēcursus¹, ūs *m (decurro)* ❶ das Herablaufen, -rennen; **prono decursu; ~ praeceps;**
❷ *(milit.)* **a)** Parademarsch; **decursibus cohortium interesse; b)** das feindliche Herabstürmen, Einfall [**subitus ex collibus; in urbem; in litus**];
❸ Verlauf [**temporis mei** meiner Amtszeit]; die Bekleidung aller Ämter [**honorum**];
❹ *(Suet.)* das Durchlaufen *(einer Rennbahn);* **desistere ante decursum** vor dem Erreichen des Ziels;
❺ *(poet.; nachkl.) (v. Wasser)* das Herabströmen, -laufen [**fluminum**]; **~ (amnium) rapidus de montibus.**

dēcursus² *P.P.P. v. decurro.*

dē-curtō, curtāre verkürzen, verstümmeln, stutzen.

● **decus,** decoris *n (deceo)* ❶ Schmuck, Zierde, Glanz, Herrlichkeit;
❷ Verzierung, Schmuck; **decora templorum;**
❸ Ruhm, Ehre, Würde, Auszeichnung [**regale**]; ~ **et ornamentum triumphi; nec minimum decus meruerunt** *(Hor.)*; **civitatis dignitatem et decus sustinere** *(Cic.)*;
❹ Helden-, Ruhmestat [**belli**];
❺ Tugend, das sittlich Gute;
❻ Anstand; **contra decus regium;**
❼ *(poet.)* Schönheit [**oris**];
❽ *(v. Personen)* **a)** Zierde, Stolz; **Pompeius imperii ~; splendor ordinis, ~ atque ornamentum iudiciorum; dulce ~ meum; lecta decora** auserlesene Leute; **b)** *(Tac.) Pl.* ruhmvolle Ahnen.

dē-cussī *Perf. v. decutio.*

decussō, decussāre *(decem u. as)* in der Form eines X *od.* kreuzweise abteilen.

dē-cutiō, cutere, cussī, cussum *(quatio)* ❶ (her)abschütteln, herabstoßen, -schlagen, -werfen [**lilia; rorem**];
❷ (her)abschießen [**nidos plumbatis sagittis**].

dē-deceō, decēre, decuī, – *(m. Akk.)* ❶ *(poet.)* verunstalten, schlecht kleiden; **dominam motae comae non dedecuerunt;**
❷ sich nicht schicken, sich nicht (ge)ziemen, unehrenhaft sein; **oratorem simulare non dedecet;**
/ meist nur in der 3. Ps. Sg. u. Pl.

dē-decor, *Gen.* oris *(Sall.)* entehrend, schändend, verunzierend.

dē-decorō, decorāre *(dedecus)* entehren, schänden, entstellen [**urbis auctoritatem; se flagitiis**].

dē-decōrus, a, um *(Tac.)* entehrend.

● **dē-decus,** coris *n* ❶ Unehre, Schande, Schmach; **probrum atque ~; in dedecora incurrunt** *(Cic.)*; **dedecori esse** *od.* **fieri alci** Schande bringen; **dedecus concipere** Schande auf sich laden; **per dedecus** schmachvoll, schimpflich;
❷ Schandtat, Schändlichkeit; **nullo dedecore abstinere; militiae ~** unehrenhaftes Betragen im Krieg; **nullum dedecus reperire potest;**
❸ *(philos. t. t.)* das sittlich Schlechte, entehrendes Laster; **in scelera simul ac dedecora prorupit.**

dedī *Perf. v. do.*

dēdicātiō, ōnis *f (dedico)* (Ein-)Weihung [**aedis; templi**].

● **dē-dicō,** dicāre ❶ *(einer Gottheit)* weihen, übergeben [**delubrum Castori et Polluci; aedem Saturno; aedem Mercurii**];
❷ *deum* eine Gottheit durch ein Heiligtum ehren, einer Gottheit einen Tempel weihen [**Apollinem; Concordiam aede**];
❸ *(nachkl.)* für etw. bestimmen, einrichten [**scripta publicis bibliothecis**]; **regio ad populi otium dedicata** *(Sen.)*; **Parrhasii tabulam in cubiculo ~** *(Suet.)*;
❹ *(poet.; nachkl.) (jmdm. eine Schrift)* widmen [**alci librum**];
❺ *(Suet.)* einweihen [**theatrum; thermas atque gymnasium**];
❻ *(Lucr.)* beweisen, erklären, darlegen [**naturam**];
❼ *(beim Zensus)* angeben.

dē-didī *Perf. v. dedo.*

dē-didicī *Perf. v. dedisco.*

dēdīgnātiō, ōnis *f (dedignor) (Plin.)* Verschmähung, Verweigerung.

dē-dīgnor, dīgnārī *(poet.; nachkl.)* verschmähen, verweigern [**honorem; venire; cibos attingere**].

dē-dīscō, dīscere, didicī, – verlernen, vergessen; **nomen disciplinamque populi Romani ~; dedidici Latine loqui.**

dēditīcius, a, um *(dedo)* auf Gnade u. Ungnade ergeben, unterworfen; – *Subst.* **dēditīciī,** ōrum *m* Untertanen.

● **dēditiō,** ōnis *f (dedo)* das Sich-Ergeben, Übergabe, Auslieferung, Unterwerfung, Kapitulation; **in deditionem venire** sich ergeben; **in deditionem accipere alqm** *(od. alqd, z. B. castellum)* jmds. Kapitulation annehmen; **agere de deditione; deditionis spem alci non adimere; compellere in deditionem; oppidum vi atque armis cogere in deditionem; deditionem significare** zu erkennen geben.

dēditus, a, um *(P. Adj. v. dedo) (m. Dat.)* ❶ jmdm. ergeben;
❷ mit etw. beschäftigt, auf etw. bedacht, einer Sache hingegeben [**litteris; iis artibus; religionibus; voluptatibus; luxuriae saevitiaeque**].

● **dē-dō,** dēdere, dēdidī, dēditum ❶ übergeben, ausliefern [**noxios hostibus; hominem trucidandum populo**];
❷ hin-, preisgeben, in die Hände liefern, opfern [**animum sacris; alqm crudelitati hostium; aures suas poëtis** sein Ohr leihen; **filiam libidini alcis; alqm omnibus periculis**];
❸ *se dedere u. mediopass. dedi* **a)** sich ergeben, kapitulieren, sich unterwerfen [**Lacedaemoniis; populo Romano; potestati alcis; dediti** Unterworfene]; **b)** sich hingeben, sich fügen, sich widmen; frönen [**patrum auctoritati; litteris; voluptatibus**].

dē-doceō, docēre, – – vergessen lassen, jmdm. etw. abgewöhnen [**falsis uti vocibus**]; jmd. eines Besseren belehren.

dē-doleō, dolēre, doluī, – *(Ov.)* seinen Schmerz, seinen Kummer enden.

dē-dolō, dolāre ❶ *(Plaut.)* herunter-, heraushauen, abhauen; **osse fini dedolabo assula-**

tim viscera ich werde ihm bis auf den Knochen fetzenweise das Fleisch vom Leibe hauen;
② *(nachkl.)* behauen, zurechthauen, glätten.

● **dē-dūcō,** dūcere, dūxī, ductum **I.** herabführen: ① herab-, hinabführen, hinabziehen, -bringen; **alqm e curru ~; alqm ad terram ~; pecora in campum ~; alqm de rostris ~; imbres nivesque deducunt Iovem** in Regen u. Schnee steigt Jupiter vom Himmel herab; **equitatum ad pedes ~** absitzen lassen; **tiaram ~** vom Haupt herabnehmen; **pectine crines ~** herabkämmen; **tunicam ~** herabstreifen; **ramos ~** herabbiegen;
② *(milit.)* hinabführen, herabsteigen lassen [**instructos ordines in locum aequum; aciem in planum**];
③ *(Schiffe) (vom Land ins Meer)* hinabziehen, auslaufen lassen, in See stechen lassen [**naves in aquam; naves litore** vom Ufer]; *selten:* ans Land ziehen [**naves in portum**];
④ *(Ov.) (Segel)* aufspannen, entrollen;
⑤ *(Ausdruck der Zaubersprache) (durch Zauberformeln)* herabziehen [**lunam cursu; lunam e curru**]; **cantando rigidas montibus ornos ~** *(Verg.)*;
⑥ reduzieren [**ad singulos**];
⑦ herabwürdigen, entwürdigen [**sollemne**];
II. wegführen: ① ab-, weg-, fortführen, entfernen [**animalia; capellas; dominam Ditis thalamo; alqm in arcem; alqm ex via; suos ex agris; alqm ab alqo** jmd. v. jmdm. trennen];
② *(Truppen)* ausrücken lassen, verlegen, abmarschieren lassen [**praesidia ab urbibus; nostros de vallo; exercitum in aciem**]; **mi litari more vigilias ~** *(Sall.)* die Wachen auf ihre Posten abführen; **legiones ab opere ~**;
③ gewaltsam hinwegführen, vertreiben, verstoßen [**alqm ex possessionibus**];
④ *(Kolonien)* gründen [**coloniam in Asiam** in Asien; **in eum locum**];
⑤ *(Kolonisten)* ansiedeln [**veteranos in colonias**];
⑥ *(poet.; nachkl.) (den Ursprung)* ableiten, *(den Namen)* entlehnen; **genus ab Anchise ac Venere deductum; nomen ab Anco deductum;**
⑦ *(Wasser)* ableiten [**rivos** auf die Äcker; **aquam in vias**];
⑧ jmd. v. etw. abbringen [**ab humanitate; a pietate; de sententia; de animi lenitate**];
⑨ jmd. zu etw. verlocken, verführen, jmd. für etw. gewinnen [**alqm ad eam sententiam; ad iniquam pugnam; ad disciplinam**];
⑩ *(poet.; nachkl.) (Fäden)* spinnen [**filum pollice**];
⑪ *(poet.) (Schriften, bes. poet. Werke)* kunstvoll ausarbeiten [**carmina; orationem**];
⑫ *(einen Bau)* fortführen, ziehen [**vallum a mari ad mare**];
⑬ *(math.)* abziehen, subtrahieren;
III. hinführen: ① hinführen, -bringen; **legiones in Galliam ~; alqm in urbem ~; alqm in tutum ~; amnes deducunt undas in mare;**
② geleiten, begleiten [**alqm Romam; eum domum; alqm ex ultimis gentibus**];
③ *(v. Bräutigam) (die Ehefrau)* heimführen (= heiraten) [**uxorem domum**];
④ jmdm. das Ehrengeleit geben [**alqm ad (in) forum**]; **magnam dignitatem affert cotidiana in deducendo frequentia; magna multitudo me de domo deducebat;**
⑤ *(Gefangene)* abführen, fortführen [**alqm in carcerem; Iugurtham ad Marium; alqm vinctum ad Caesarem**];
⑥ *(junge Leute zu einem Staatsmann zur weiteren Ausbildung)* hinbringen *(alqm ad alqm)*;
⑦ jmd. vor ein Gericht bringen *(z. B. als Zeugen)* [**testem ad iudicium**];
⑧ treiben, etw. hinbringen, hinführen, *in einen Zustand* versetzen; **alqm in eum casum ~; res eo (huc, in eum locum) deducta est, ut** es kam so weit, dass; **rem ad otium ~; rem in controversiam ~.**

dēductiō, ōnis *f (deduco)* ① das Fort-, Wegführen [**militum in oppida**];
② das Abführen, Vertreiben; **tum Caecina postulavit, ut moribus ~ fieret** *(Cic.)*;
③ das Ableiten *des Wassers* [**aquae Albanae; rivorum a fonte**];
④ Abzug an Geld;
⑤ Kolonisation.

dē-ductor, ōris *m (deduco)* Begleiter eines Amtsbewerbers.

dēductus, a, um *(P. Adj. m. Komp. v. deduco)*
① *(Suet.)* eingebogen, krumm [**nasus**];
② *(Verg.) (v. Ton)* abgeschwächt, leise [**carmen** leise gesungen].

de-errō, errāre abirren, sich verirren, irrend abkommen *(konkr. u. übtr.)* [**in navigando a ceteris; inter homines a patre; a vero**].

dē-faecō, faecāre *(faex)* ① *(Plin.) (Wein v. der Hefe)* befreien, reinigen;
② *(Plaut.) (übtr.)* **a)** *übh.* reinigen, waschen [**se**]; **b)** erheitern [**animum**].

dē-faenerō = *defenero.*

dēfatīgātiō, ōnis *f (defatigo)* völlige Ermüdung, Ermattung, Erschöpfung [**membrorum; hostium; equorum; exercitationum** Ermüdung infolge der Übungen = ermüdende Übungen].

dē-fatīgō, fatīgāre völlig ermüden, erschöpfen; **defatigati cursu et spatio** (lange Dauer) **pugnae; animo defatigato; defatigari clamore.**

dē-fēcī *Perf. v. deficio.*

● **dēfectiō,** ōnis *f (deficio)* ① Empörung, Ab-

fall, Aufstand, Meuterei; ~ **Galliae;** ~ **sociorum;** ~ **a Romanis ad Hannibalem; auctores defectionis; defectionem parare;**
2 das Abnehmen, das Aufhören, Schwinden, Fehlen [**animi** Ohnmacht; Mutlosigkeit, Niedergeschlagenheit];
3 Erschöpfung, Entkräftung, Ermüdung, Schwäche [**subita; corporis**]; **recreandae defectioni cibum afferre** *(Tac.);* **defectione perire** *(Sen.)*;
4 Verfinsterung, Finsternis [**solis; lunae; sideris**];
5 *(Gell.) (gramm. t. t.)* Ellipse, Auslassung.

dēfector, ōris *m (deficio) (nachkl.)* Abtrünniger.

dēfectus¹, ūs *m = defectio.*

dēfectus² *s. deficio.*

● **dē-fendō,** fendere, fendī, fēnsum 1 abwehren, zurückweisen, zurück-, ab-, fern halten [**iniuriam; civium pericula; solis ardores; hostem; frigus; solstitium pecori; ignem a tectis**];
2 *abs.* sich wehren, sich zur Wehr setzen; **defendente nullo; ad defendendum opes** Verteidigungsmittel;
3 verteidigen, schützen, bewahren, erretten *(vor, gegen: ab, contra u. adversus);* **alqm ~; sui defendendi causā telo uti; domini caput ~; domum ac penates suos ~; rem publicam ~;** ~ **iure se potius quam armis; gladio se a multitudine ~; alqm a periculo ~; alqm ab iniuria alcis ~; vitam ab inimicorum audacia ~; patriam adversus hostium crudelitatem ~;**
4 *(durch Rede od. Schrift sich, jmd. od. jmds. Sache geg. Angriffe, Beschuldigung, Anklage)* verteidigen, in Schutz nehmen, verfechten, vertreten, sich *jmds. od. einer Sache* annehmen; **provinciae iura ~; alqm contra inimicos suos ~; se adversus populum Romanum** ~ dem röm. Volk gegenüber; **vitam salutemque provinciae ~; alcis innocentiam ~;**
5 zu seiner Verteidigung sagen, vorbringen, anführen; **provideo enim, quid sit defensurus Hortensius** *(Cic.)*; **id aliorum exemplo se fecisse defendit** *(Cic.)*;
6 *(eine Meinung)* verteidigen, verfechten, behaupten [**sententiam; rem in suis disputationibus**];
7 *(eine Stellung, Aufgabe, Pflicht)* behaupten, einnehmen, durchführen [**officium censurae**]; **vicem rhetoris** ~ die Stelle ausfüllen.

dē-fēnerō, fēnerāre *(fenus)* durch Wucher aussaugen; tief in Schulden stürzen.

dēfēnsāculum, ī *n (defenso) (spätl.)* Schutzwehr.

dēfēnsiō, ōnis *f (defendo)* 1 *(milit.)* Verteidigung [**castrorum; urbis; patriae**];
2 Abwehr, Abwendung [**criminis**];
3 das Eintreten für etw., Schutz [**salutis**];
4 *(bes. vor Gericht)* Verteidigung, Vertretung, Rechtfertigung; **id ad suam defensionem afferre; in eo iudicio defensionem non habere** *(Cic.)* sich nicht rechtfertigen können; **defensionem patefacere alci** *(Cic.)* jmdm. den Weg zur Verteidigung bahnen;
5 *(meton.)* **a)** Verteidigungsrede, -schrift; **defensionem alci legere** vorlesen; **defensionem scribere; defensionem accipere** anhören; **b)** Verteidigungsgrund, -mittel, -form; **defensionis constantia.**

dēfēnsitō, dēfēnsitāre *(Frequ. v. defenso)* wieder und wieder verteidigen, zu verteidigen pflegen: **a)** *(als Redner vor Gericht)* [**causas**]; **b)** *(als Vertreter einer Ansicht)* [**sententiam**].

dēfēnsō, dēfēnsāre *(Intens. v. defendo)* 1 eifrig verteidigen, schützen *(vor, gegen: ab od. bl. Abl.)* [**moenia; sese castellis; armentum; libertatem; alios ab hostibus; alqm iniuriā**];
2 *(Gell.)* energisch abwehren [**invidiam**].

● **dēfēnsor,** ōris *m* 1 *(milit.)* Verteidiger, *Pl. oft* Besatzung, Bedeckung [**oppidi; templi**]; **defensores vallo depellere; defensores dare** Bedeckung geben; **oppidum vacuum a defensoribus;**
2 *(bes. vor Gericht)* Verteidiger, Vertreter [**miserorum; causae alcis**]; **constituere alci defensorem; adoptare sibi alqm defensorem sui iuris** jmd. als Verteidiger hinzuziehen;
3 Beschützer [**libertatis; provinciae**];
4 Abwehrer [**periculi; calamitatis**].

dēfēnsus *P.P.P. v. defendo.*

dēferbuī *s. defervesco.*

● **dē-ferō,** ferre, tulī, lātum 1 herab-, hinabtragen, -bringen, -führen, -schaffen [**alqd ad inferos; sub aequora** hinabtauchen; **signa in campum**];
2 hinabverlegen, -versetzen, -rücken lassen [**aedes in planum; acies in campos; castra in viam**];
3 hinabstoßen, -stürzen [**ferrum in pectus** in die Brust stoßen; **eum ex tanto regno**]; – *pass. u. mediopass.* (hin)abstürzen, (sich) stürzen [**ad terram; in praeceps; de muro in undas**];
4 stromabwärts führen, hinabströmen lassen; **amnes plurimum limi deferentes;** – *pass.* stromabwärts treiben, hinabschwimmen: **amne deferri; flumina, quae in mare deferuntur;**
5 *(v. einem Ort, vom rechten Weg)* abführen; **fuga eo defert regem;** – *pass.* abirren, irgendwohin gelangen [**in foveas**]; **optatum negotium sibi in sinum delatum est** ist ihm in den Schoß gefallen;
6 verschlagen, hintreiben; **tempestas errantes ex alto ignotas ad terras et in desertum litus detulit;** – *pass.* hingetrieben werden,

verschlagen werden, hintreiben: **huc delati portum intravimus;**
⑦ hintragen, -bringen, -führen, herabtragen, -bringen [**captum omnibus membris in curiam; litteras ad alqm in Hispaniam ulteriorem; dicta, mandata per auras; virgines domos**];
⑧ hinterbringen, melden, berichten, mitteilen, anvertrauen [**alcis consilia ad adversarios; alqd Ciceroni; mandata; sociorum querimonias**];
⑨ anzeigen, anklagen, angeben *(alqd, selten alqm; de re; Gen. criminis)* [**crimen ad praetorem; nomen amici mei de ambitu; de defectione patris; de parricidio; furti; maiestatis; impietatis**]; **crimina in dominum ~** Beschuldigungen gegen den Herrn vorbringen;
⑩ darbringen, darbieten;
⑪ anbieten; **delatum accipere** das Angebot annehmen;
⑫ *(zur Ausführung, Verwaltung)* übertragen, antragen, jmd. mit etw. beauftragen [**negotium ad collegam; rem ad Pompeium; primas** (erste Rolle) **ad alqm; causam ad eum** die Führung des Prozesses; **alci praemium; summam imperii** *od.* **summum imperium ad alqm; regnum, legationem, praefecturam alci; fasces indigno**];
⑬ *(zur Entscheidung, Begutachtung)* übertragen, überweisen, vorlegen [**rem ad consilium** dem Kriegsrat; **rem dubiam ad patres sub certo auctore; alqd in forum iudiciumque** auf das Forum und vor Gericht; **alqd ad senatum** *od.* **ad magistratum**];
⑭ abliefern, einreichen, entrichten; **aurum et argentum in aerarium ~; rationes ~** die Rechnungen einreichen;
⑮ *(Personen u. Vermögen)* anmelden; **alqd in censum ~** etw. zur Schätzung; **censum ~** sein Vermögen; **deferri in censum** sich zur Schätzung melden; **in beneficiis ad aerarium ~** der Staatskasse zur Beschenkung empfehlen; **ad aerarium ~** beim Aerarium angeben, in die Verzeichnisse der Schatzkammer eintragen (lassen).

dē-fervēscō, fervēscere, fervī *u.* ferbuī, – ① *(vor- u. nachkl.)* ausgären;
② *(v. Leidenschaften)* verrauchen, vergehen; **ira defervescit;**
③ *(v. der Rede)* abgeklärt, klar werden.

dēfessus *s. defetiscor.*

dēfetīg ... = *defatig ...*

dē-fetīscor, fetīscī, fessus sum *(fatiscor)* völlig ermüden, ermatten, erschöpft werden, *klass. nur:* **dēfessus,** a, um müde, erschöpft, matt.

● **dē-ficiō,** ficere, fēcī, fectum *(facio)* **I.** *intr.* ① abfallen, untreu werden *(ab); (ad alqm)* zu jmdm. übergehen; **iam nonnullae insulae propter acerbitatem imperii defecerant; a patribus ad plebem ~ ; a re publica ~ ; a senatu ~; a bonis omnibus ~; a se ~** sich selbst untreu werden; **ad Poenos ~; illis legibus** *(Dat.)* **populus Romanus prior non deficiet** *(alte Eidesformel bei Liv.);*
② ausgehen, zu Ende, zur Neige gehen, schwinden, abnehmen, ausbleiben, aufhören; **pecunia, frumentum, spes deficit; deficit dies sermoni** ist zu kurz für; **tempus ad bellum gerendum deficit; levitatis Atheniensium exempla deficiunt;**
③ *(v. Quellen u. Flüssen)* versiegen; **fontis aquae deficiunt;**
④ *(v. Meer)* zurücktreten;
⑤ *(v. Feuer u. Licht)* erlöschen, ausgehen;
⑥ *(v. Gestirnen)* sich verfinstern, untergehen; abnehmen; erlöschen;
⑦ baufällig werden; **munimenta deficiunt;**
⑧ erlahmen, sinken, erliegen, dahinschwinden, Kräfte verlieren; **manus ad coepta deficiunt** versagen den Dienst; **navis deficit undis** *(Abl.)* hält nicht stand; **mente ~** die Besinnung verlieren; **deficiente oratione** da ihm die Worte ausgingen;
⑨ *animo* den Mut verlieren, mutlos werden;
⑩ *(nachkl.) (vitā)* im Sterben liegen, sterben;
II. *trans.* ① jmd. verlassen, im Stich lassen, sich jmdm. entziehen; **me mea deficit aetas; oppidanos animus defecit;** – *pass. deficior (a) re* es mangelt mir an etw., etw. geht mir aus [**ab arte; consilio et ratione**];
② jmdm. ausgehen, jmdm. (zu) fehlen (beginnen); **vires me deficiunt; tela nostros deficiebant;**
/ *P.P.P.* **dēfectus,** a, um **a)** verlassen, einer Sache beraubt [**aquā ciboque; dentibus** zahnlos]; **b)** geschwächt, schwach, entkräftet; **defectus annis; corpus defectum.**

dē-fīcō, ficāre = *defaeco.*

● **dē-fīgō,** fīgere, fīxī, fīxum ① hineinschlagen, -stoßen, -fügen, einrammen, befestigen *(alqd in re, sub re, ad, auch re od. alci rei);* **virgas in terra ~; crucem in foro ~; arborem penitus terrae ~; sub aqua defixae sudes;**
② *(eine Waffe)* hineinstoßen, -stechen *(alqd in re od. re)* [**sicam in consulis corpore; cultrum in corde; gladium iugulo; vertice nudo spicula**];
③ *(die Augen od. den Geist)* fest auf etw. richten, (fest)heften *(in m. Abl.; selten Dat. od. in m. Akk.);* **oculos in vultu regis ~; in eo** (darauf) **mentem orationemque ~; Libyae lumina regnis ~; defixis oculis** starren Blickes; **omnes curas in salute rei publicae ~; in cogitatione defixus** in Gedanken vertieft, in tiefes Nachdenken versunken; **parum defigunt animos in ea** *(Cic.)* sie richten den Blick nicht fest genug darauf;
④ *(übtr.)* einprägen *(in m. Abl.);* **his locis in mente et cogitatione defixis** in Geist u.

Denken eingeprägt; **ea sententia, quam populi sermo in animis vestris iam ante defixerat** *(Cic.)*; **non modo in auribus vestris, sed in oculis omnium eius furta atque flagitia defixa sunt;**
⑤ *(Personen)* bannen, bewegungslos, starr machen; **utraque obiecta simul res oculis animisque immobiles eos parumper defixit** *(Liv.)*; **stupor omnes admiratione rei tam atrocis defixit;** – *P.P.P.* **dēfīxus,** a, um *(vor Staunen, Furcht)* wie festgebannt, wie angewurzelt, unbeweglich, regungslos, starr: **cum silentio** *od.* **per silentium defixus** in starrem Schweigen;
⑥ etw. fest einwurzeln lassen, unbeweglich machen; – *pass.* eingewurzelt sein, fest haften; **virtus est una altissimis radicibus defixa;**
⑦ *(Ausdruck der Religionsspr.)* etw. fest bestimmen, etw. als unabänderlich erklären;
⑧ *(poet.; nachkl.) (Ausdruck der Zauberspr.)* etw. durch Zauber bannen; **caput sanctum tibi dira imprecatione defigis** *(Sen.)*; **defigi imprecationibus** *(Plin.)*.

dē-fingō, fingere, fīnxī, fictum *(Hor.)* verunstalten, verhunzen.

● **dē-fīniō,** fīnīre ① abgrenzen, begrenzen *(auch übtr.)*; **tractus muri definitus montibus;**
② näher bestimmen, bezeichnen, angeben; **universam et propriam oratoris vim definire complectique; rem ~ et breviter illustrare verbis; unamquamque rem certo naturae termino ~;**
③ bestimmen, festsetzen, -stellen; **suum cuique locum ~; modum alcis rei ~; victori praemia ~ ; consulatum in annos ~** auf Jahre hinaus; **quam vitam ingrediar, definias; tibi, quid facias, definit;**
④ beschränken, einschränken [**orationem; amicitiam paribus officiis atque voluntatibus**]; – *pass.* sich beschränken: **oratio eis viris definitur** die Rede beschränkt sich auf diese Männer;
⑤ *(Begriffe)* abgrenzen, definieren.

dēfīnītiō, ōnis *f (definio)* ① bestimmte Angabe, Bestimmung;
② Vorschrift;
③ *(rhet. t. t.)* Begriffsbestimmung, Definition [**verborum**].

dēfīnītīvus, a, um *(definio)* begriffsbestimmend, näher erläuternd.

dēfīnītus, a, um *(P. Adj. v. definio)* abgegrenzt, bestimmt, speziell.

dē-fīō, fierī = *deficior, Pass. v. deficio.*

dēflagrātiō, ōnis *f (deflagro)* das Niederbrennen, völlige Vernichtung durch Feuer.

dē-flagrō, flagrāre ① niederbrennen, bis auf den Grund abbrennen; **curia, aedes deflagravit;**
② seinen Besitz durch Feuer verlieren;
③ *(v. Affekten u. Ä.)* verrauchen, vergehen; **ira deflagrat; deflagrante paulatim seditione;**
/ *Part. Perf.* **dēflagrātus,** a, um *(medial)* niedergebrannt: **fana flammā deflagrata; domo deflagratā.**

dē-flammō, flammāre *(nachkl.)* auslöschen [**taedam**].

dē-flectō, flectere, flexī, flexum **I.** *trans.* ① *(Cat.; Plin.)* herabbiegen;
② abbiegen, ablenken, abwenden, abbringen *(konkr. u. übtr.)* [**tela** *(v. einer Gottheit)*; **alqm de via; omnem acerbitatem in senatum; alqm a veritate**];
③ umkehren, umwandeln [**virtutes in vitia; perniciosa illorum consilia in melius**];
II. *intr.* abweichen, abschweifen [**de recta regione; de via = a consuetudine; a veritate**]; **oratio redeat illuc, unde deflexit** *(Cic.)*.

dē-fleō, flēre, flēvī, flētum **I.** *trans.* ① beweinen, beklagen [**alcis mortem**];
② *(poet.; nachkl.)* unter Tränen erzählen [**civilia bella** *(v. Geschichtsschreiber)*];
II. *intr. (Prop.)* sich ausweinen.

dē-flexī *Perf. v. deflecto.*

dēflexus *P.P.P. v. deflecto.*

dē-floccō, floccāre *(floccus) (Plaut.)* kahl machen; – *P. Adj.* **dēfloccātus,** a, um kahl.

dē-flōrēscō, flōrēscere, flōruī, – verblühen, verwelken *(konkr. u. übtr.)*; **deflorescens vitis; philosophia iam defloruerat.**

dē-fluō, fluere, flūxī, – ① herabfließen, -rinnen, abfließen; **flumen monte defluens; sudor a capite defluit; defluit incerto lapidosus murmure rivus** *(Ov.)*; **defluit saxis umor;**
② herabschwimmen, -segeln, abwärts getrieben werden, hintreiben; **hostes ad insulam defluxerunt; medio amni ad oppidum defluxerunt; cum paucis navigiis secundo amni ~ ;**
③ herabgleiten, -sinken, -fallen; **defluebant coronae; ne quid in terram defluat; tanta flamma** *(gemeint: der Glut-, Magmastrom)* **ex Aetna monte defluxit, ut …** *(Liv.)*;
④ *(v. Reitern)* **a)** vom Pferd herabgleiten, -sinken; **moribundus Romanus ad terram defluxit** *(Liv.)*; **frenisque manu moriente remissis in latus a dextro paulatim defluit armo** *(Ov.)*; **b)** sich vom Pferd herabschwingen;
⑤ *(poet.) (v. der Kleidung, v. Haar)* herabwallen, schlaff *od.* unordentlich herabhängen; **pedes vestis defluxit ad imos** *(Verg.)* bis unten zu den Füßen; **toga defluit;**
⑥ herabkommen; **quodsi inest in hominum genere mens, fides, virtus, concordia, unde haec in terras nisi a superis ~ potuerunt?** *(Cic.)*;
⑦ jmdm. zuteil werden, zufließen, zufallen *(ad alqm od. alci)*; **necesse est, si quid re-**

dundaverit de vestro quaestu, ad illum, per quem agebatis, defluxisse *(Cic.)*;
8 *(Suet.)* v. jmdm. abstammen; **is Gnaeum et Gaium procreavit, a quibus duplex Octaviorum familia defluxit;**
9 abweichen, loskommen von, allmählich zu etw. übergehen, in etw. verfallen; **adulescentes tantum ab eo** *(Seneca)* **defluebant; a necessariis artificiis ad elegantiora defluximus** *(Cic.)* von den notwendigen Künsten zu den feineren;
10 *(polit.)* abfallen, treulos werden; **ex novem tribunis unus defluxit;**
11 *(poet.; nachkl.)* abfließen, wegfließen, ablaufen, sich verlaufen; **cum hiberni defluere torrentes;**
12 *(poet.; nachkl.)* sich verlieren, verlaufen, vergehen, (ver)schwinden; **celerrime is odor defluit; ignavus defluxit corpore somnus;**
13 *(poet.; nachkl.) (v. Haaren)* ausfallen, ausgehen; **tristi medicamine tactae defluxere comae** *(Ov.)*; **alci pili maturius defluunt** *(Plin.)*;
14 *(v. der Zeit)* verlaufen, ablaufen, vorübergehen; **sic horridus ille defluxit numerus Saturnius** *(Hor.)*;
15 *(poet.; nachkl.)* aus dem Gedächtnis entschwinden.

dē-fodiō, fodere, fōdī, fossum 1 vergraben, eingraben; **defossus stipes in agro; nova virgulta in terram ~; signum in terram ~;**
2 *(poet.; nachkl.)* unter der Erde anlegen [**specus; lacum**];
3 *(Hor.; Plin.) (Erde)* aufwerfen.

dē-foedō, foedāre *(mlt.)* verabscheuen.

dē-fore = *defuturum esse v. desum; spätl. auch = deesse.*

dē-forīs *Adv. (spätl.)* von draußen.

dēfōrmātiō, ōnis *f (deformo)* 1 Verunstaltung, Entstellung [**corporis**];
2 Kränkung, Herabsetzung [**maiestatis**];
3 *(Mart.)* anschauliche Schilderung.

● **dēfōrmis,** e *(deformo)* 1 unförmig, entstellt, missgestaltet, hässlich [**corpus; iumenta**]; **domus aliquando pulchra, nunc ~ ruinis; ~ urbs veteribus incendiis ac ruina erat;**
2 *(Ov.)* form-, gestaltlos [**animae**];
3 schimpflich, ehrlos, entehrend, schmachvoll [**opus; obsequium** Unterwürfigkeit; **blanditiae**]; **deformia meditari** Ungebührliches; **nec ulla deformior est species civitatis quam …** *(Cic.)*;
4 entehrt;
5 gemein, roh.

dēfōrmitās, ātis *f (deformis)* 1 Entstellung, Verunstaltung, Hässlichkeit [**corporis; oris; aedificiorum**]; **~ agendi** widerlicher Vortrag;
2 Schmach, das Entehrende; **fugae ~; alcis rei ~ atque indignitas.**

dē-fōrmō, fōrmāre 1 entstellen, verunstalten; **vultum deformat macies** Magerkeit; **fulminibus complura loca deformavit tempestas** *(Liv.)*;
2 entehren, herabwürdigen, seiner Würde entkleiden [**victoriam clade; domum; genus et fortunam honestam**];
3 darstellen, schildern, zeichnen; **ille, quem supra deformavi** *(Cic.)*.

dēfossum, ī *n (defodio) (Sen.)* Grube.

dēfossus *P.P.P. v. defodio.*

dēfrāctus *P.P.P. v. defringo.*

dē-fraudō, fraudāre betrügen, übervorteilen, beeinträchtigen [**genium suum** sich jeden Genuss versagen; **aures** das Gehör beeinträchtigen].

dē-frēgī *Perf. v. defringo.*

dē-frēnātus, a, um *(freno) (Ov.)* zügellos [**cursus**].

dē-fricō, fricāre, fricuī, fricātum *u.* frictum 1 *(poet.; nachkl.)* abreiben [**equum**];
2 *(Hor.)* (scharf) tadeln, anprangern [**urbem sale multo** mit scharfem Witz].

dē-fringō, fringere, frēgī, frāctum *(frango)* 1 abbrechen [**plantas ex arbore; ferrum ab hasta**];
2 *(Sen.) (übtr.)* einer Sache Abbruch tun *(alqd).*

dē-frūdō, frūdāre *(altl.)* = *defraudo.*

dē-fruor, fruī *(Hor.)* ganz genießen.

dē-frūstō, frūstāre *(frustum) (spätl.)* zerfetzen, zerstückeln.

dē-frūstror, frūstrārī *(Plaut.)* täuschen, betrügen.

dēfrutum, ī *n (nicht klass.)* eingekochter Most.

dē-fūdī *Perf. v. defundo.*

dē-fugiō, fugere, fūgī, – **I.** *intr.* entfliehen, fliehend enteilen;
II. *trans.* (ver)meiden, aus dem Wege gehen, sich entziehen [**aditum hominum; pugnam; iudicia; illam Caesaris coniunctionem; auctoritatem consulatūs** der Verantwortung f. das Konsulat].

dē-fuī *Perf. v. desum.*

dēfūnctus *P. P. Akt. v. defungor.*

dē-fundō, fundere, fūdī, fūsum *(poet.; nachkl.)* 1 herab-, ausgießen, ausschütten; **ex uno fonte in occidentem orientemque defusi amnes;**
2 spendend herabgießen, -schütten, spenden; **~ merum pateris** aus Schalen;
3 *(bes. Wein in ein anderes Gefäß)* abgießen, abfüllen.

dē-fungor, fungī, fūnctus sum 1 *(m. Abl.)* etw. erledigen, zu Ende bringen, beenden, überstehen; **bello ~; curā ~; defunctus honoribus** der alle Ehrenstellen durchlaufen hat; **laboribus, periculis defunctus** der überstanden hat; **carinae defunctae** die Gefahren

D

überstanden haben; **defuncta morbis corpora;**
❷ *(abs. od. vitā)* sterben, verscheiden; – **dēfūnctus,** a, um tot.

dēfūsus *P.P.P. v. defundo.*

dē-gener, *Gen.* neris *(genus)* ❶ entartet, ausgeartet, unecht; ~ **patriae artis; iuvenis patrii non ~ oris** dem Vater an Beredsamkeit nicht unähnlich;
❷ gewöhnlich, gemein, niedrig; **privatim ~** persönlich verkommen; **cetera ~** im Übrigen verkommen.

dē-generō, generāre *(degener)* **I.** *intr.* ❶ aus der Art schlagen, entarten, ausarten [**a virtute maiorum; a parentibus; a civili more**];
❷ sich seiner Abkunft unwürdig zeigen, seine (edle) Abkunft entwürdigen; **ab hac virtute maiorum ~;**
II. *trans.* herabwürdigen, herabsetzen, entehren [**palmas; propinquos**].

dē-gerō, gerere, gessī, gestum *(Plaut.)* wegtragen, -führen.

dē-glūbō, glūbere, glūpsī, glūptum *(vor- u. nachkl.)* abschälen, abhäuten.

dē-glutiō, glutīre *(nachkl.)* ❶ hinunterschlucken [**cibum**];
❷ *(übtr.)* geduldig hinnehmen, ertragen [**mortem**].

dēgō, dēgere, – – *(de u. ago)* ❶ *(eine Zeit)* verbringen, verleben [**aetatem; vitam in egestate; senectam turpem; omne tempus aetatis sine molestia**];
❷ *(abs.)* leben.

dē-gradō, gradāre *(gradus) (Eccl.; spätl.)* herabsetzen, degradieren.

dē-grandinat *(unpers.) (Ov.)* es hört auf zu hageln.

dē-gravō, gravāre ❶ niederdrücken, zu Boden drücken;
❷ *(übtr.)* belästigen, beschweren, niederbeugen.

dē-gredior, gredī, gressus sum *(gradior)* ❶ herabschreiten, -marschieren, -ziehen [**de montibus; ex arce; colle; castello; in vallum; in aequum; ad pedes** absitzen *(v. Reitern)*];
❷ weggehen, wegziehen.

dē-grunniō, grunnīre *(Phaedr.)* sein Stückchen hergrunzen.

dē-gustō, gustāre ❶ (von) etw. kosten *(alqd);*
❷ oberflächlich berühren, streifen [**summum corpus**];
❸ etw. probieren, versuchen [**genus hoc exercitationum; de fabulis** von der Unterhaltung; **hanc vitam**].

de-hibeō, hibēre *(habeo) (Plaut.)* schulden.

de-hinc *Adv.* ❶ *(räuml.)* von hier aus, von hier an;
❷ *(zeitl.)* **a)** von nun an, künftig; **b)** seitdem; **duplex ~ fama est; c)** hierauf, nachher; **Eurum ad se Zephyrumque vocat, ~ talia fatur** *(Verg.)*; **mors quoque, de qua ~ dicam, ostentis praecognita est** *(Suet.)*.

de-hīscō, hīscere, – – aufklaffen, aufplatzen, sich öffnen, sich spalten; **unda** *(od.* **terra**) **dehiscens; terra** *(od.* **tellus**) **dehiscat mihi** *(Verg.)* die Erde möge mich verschlingen.

dehonestāmentum, ī *n (dehonesto)* ❶ Schande, Entehrung; **vivere in nos -o iubet** uns zur Schande;
❷ Verunstaltung [**corporis**].

de-honestō, honestāre entehren, schänden, beschimpfen [**artes; imperium Romanum; proavum infami operā**].

de-hortor, hortārī ❶ jmdm. abraten *(alqm a re, m. ne od. Inf.);* **dehortatus est me, ne illam tibi darem** *(Ter.)*; **plura de Iugurtha scribere me dehortatur fortuna mea** *(Sall.);*
❷ entfremden *(alqm ab alqo);* **multa me dehortantur a vobis** *(Sall.)*.

Dēianīra, ae *f ätolische Königstochter, Schwester des Meleager, Gattin des Herkules.*

● **dē-iciō,** icere, iēcī, iectum *(iacio)* ❶ abwerfen, herab-, niederwerfen [**alqm praecipitem de porticu in forum; alqm (de) saxo; alqm equo; libellos** herabreißen; **crines** unordentlich herabfallen lassen; **equum in viam** hinabtreiben]; – *se deicere u. mediopass. deici* **a)** *(v. Personen)* herab-, niederstürzen, herunterspringen [**de muro; in mare**]; **b)** *(v. Wasser)* herabstürzen; **tanta vis aquae se deiecit; deiectis lacrimis; c)** *(v. Wind)* herabstürzen; **venti ab utriusque terrae praealtis montibus se deiciunt** *(Liv.)*; **tempestas cum grandine ac tonitribus caelo deiecta** *(Liv.)* mit Hagel u. Donner; **deiecti nubibus turbines;**
❷ *(Statuen, Grenzsteine, Bäume, Pfähle)* herabwerfen, umwerfen, umstürzen; **statuam ~; fulmine deiectum est Iovis signum** *(Liv.)*; **insani deiecta viribus austri trabs** *(Ov.)* v. den Stürmen des wilden Südwindes; **arbores ~** fällen;
❸ *(Gebäude)* ein-, niederreißen, abtragen [**muros; turrim; arces; hostium castra**]; – *pass.* einstürzen;
❹ *(Suet.) (ein Gewand)* herabfallen lassen [**togam ab umeris**];
❺ *(den Kopf, den Blick)* senken, niederschlagen; **deiecto capite; deiecti in terram militum vultus;**
❻ in die Urne werfen [**sortes**];
❼ in die Flucht schlagen, vertreiben [**hostes muro turribusque; praesidium ex saltu; nostros ex utraque munitione**];
❽ *(naut. t. t.)* vom Kurs abbringen, verschlagen *(meist pass.);* **Menelaus ad terram Libyam deiectus est** *(Tac.);*
❾ *jmd. aus seiner Stellung* werfen, bringen, verdrängen [**alqm de omni vitae statu**]; **alqm de statu omni ~** jmd. ganz aus der Fas-

sung bringen;
⑩ jmd. aus seinem Besitz vertreiben, verdrängen [**aratores; alqm de possessione fundi; alqm de agro communi**];
⑪ *jmd. aus seinem Amt* verdrängen, vertreiben [**(de) honore, principatu, aedilitate, praetura**];
⑫ *(polit.)* stürzen [**de possessione imperii**];
⑬ abwenden von [**oculos nusquam a re publica; vitia a se** fern halten];
⑭ jmd. v. etw. abbringen [**alqm de sententia**];
⑮ töten; **paucis deiectis;**
⑯ *(Verg.)* (her)abschießen, erlegen [**avem ab alto caelo**];
⑰ *(Verg.)* abschlagen, abhauen [**caput uno ictu; ense sinistram**].

deicō *(Kom.) = dico.*

Dēidamīa, ae *f Tochter des Lycomedes, des Königs v. Skyros, Mutter des Pyrrhus v. Achilles.*

dē-iēcī *Perf. v. deicio.*

dēiectiō, ōnis *f (deicio)* ① Vertreibung aus dem Besitztum;
② *(nachkl.) (med. t. t.)* Durchfall.

dēiectus¹, a, um *(P. Adj. v. deicio)* ① gesenkt, tief liegend [**loca**];
② *(Verg.)* mutlos, verzagt.

dēiectus², ūs *m (deicio)* ① das Herabwerfen, -stürzen, Sturz [**arborum; aquae** Wasserfall]; **in ira ~ animorum est** ein Sich-Überstürzen *(Sen.)*;
② (abschüssiger) Abhang [**collis**].

dē-ierō, ierāre *(iuro)* einen Eid leisten, schwören; **deiera te argentum mihi daturum** *(Plaut.)*.

dei-ficus, a, um *(deus u. facio) (spätl.)* v. Gott gemacht, gegeben.

● **de-in** *Kurzform v. deinde.*

dein-ceps *Adv. (deinde u. capio)* ① hintereinander, der Reihe nach; **quinque ~ viri interfecti sunt;**
② demnächst, unmittelbar darauf; **dicam ~ de periculo.**

● **de-inde** *Adv.* ① *(zeitl.)* dann, darauf, hierauf, danach; **incipe Damoeta; tu ~ sequere, Menalca** *(Verg.)*; **plebs montem sacrum prius, ~ Aventinum occupavit;**
② *(räuml.)* von da an, von dort an; **iuxta Hermunduros Narisci ac ~ Marcomanni et Quadi agunt** *(Tac.)*;
③ *(b. einer Reihenfolge, in Aufzählungen)* hierauf, sodann, ferner *(primum ... deinde ... tum ... postremo).*

de-intus *Adv. (spätl.)* von innen.

Dēionidēs, ae *m* Miletus, *Sohn der Deione.*

Dēiotarus, ī *m Tetrarch (Fürst) in Galatien (Kleinasien), Pompeius bestätigte ihm den Königstitel u. erweiterte sein Herrschaftsgebiet; Feind Cäsars im Bürgerkrieg, wurde des angeblichen Mordversuchs an Cäsar angeklagt, v. Cicero verteidigt (Pro rege Deiotaro).*

Dēiphobē, ēs *f Tochter des Meergottes Glaukos.*

Dēiphobus, ī *m Sohn des Priamus u. der Hekuba, Ehemann der Helena nach dem Tode des Paris.*

D

deitās, ātis *f (deus) (August.)* Gottheit.

dē-iugis, e *(iugum) (spätl.)* abwärts geneigt.

dē-iungō, iungere, iūnxī, iūnctum abspannen [**se a labore** sich losmachen].

dēiūrium, ī *n (deiero) (Gell.)* Eid.

dē-iūrō = *deiero.*

dē-iuvō, iuvāre, – – *(Plaut.)* nicht mehr unterstützen.

dē-lābor, lābī, lāpsus sum ① herabgleiten, -sinken, -fallen, entgleiten, -fallen; **signum de caelo delapsum; de manibus delapsi libelli; e corpore ~** *(v. Gewand)*; **ex equo ~; in flumen ~;**
② herabschweben, sich herabschwingen, herabfliegen [**(de) caelo; aetheriis ab astris; ab aethere; superas per auras; in terram**];
③ herabfließen; **ex utraque parte tecti aqua delabitur; Nilus lato delapsus in alveo;**
④ v. etw. herkommen, entstehen; **illa sunt ab his delapsa plura genera vocum;**
⑤ *(in der Rede)* abschweifen; **scribere saepe aliud cupiens delabor eodem;**
⑥ *(poet.)* (hinein)geraten [**medios in hostes**]; *übtr.:* **si foret hoc nostrum fato delapsus in aevum** *(Hor.)*.

dē-lāmentor, lāmentārī *(Ov.)* bejammern, beklagen.

dēlāpsus *P. P. Akt. v. delabor.*

dē-lassō, lassāre *(poet.)* jmd. völlig ermüden, ermatten.

dēlātiō, ōnis *f (defero)* das Angeben, Verrat(en), Denunziation; **delationem nominis postulare.**

dē-lātō, lātāre *(latus) (spätl.)* verbreitern [**viam**].

dēlātor, ōris *m (defero)* Verräter, Ankläger, Denunziant; **criminum auctores delatoresque.**

dē-lātus *P.P.P. v. defero.*

dēlēbilis, e *(deleo) (Mart.)* zerstörbar.

dēlectābilis, e *(m. Komp.) (delecto) (nachkl.)* erfreulich, köstlich, wohlschmeckend, lecker [**cibus** Lieblingsspeise].

dēlectāmentum, ī *n (delecto)* erheiternde Unterhaltung, Zeitvertreib, Kurzweil.

dēlectātiō, ōnis *f (delecto)* Vergnügen, Genuss, Zeitvertreib.

● **dēlectō,** dēlectāre *(deliciae)* erfreuen, erheitern, unterhalten, vergnügen, fesseln; **litterae eius incredibiliter me delectaverunt** *(Cic.)*; **me status hic rei publicae non delectat** *(Cic.)*; – *unpers.* dēlectat es freut, es macht Freude; – *mediopass.* dēlectārī sich erfreuen, seine Freude haben, sich vergnügen *(an jmdm. od. an etw.: Abl.)* [**filiolā suā; disputatione; suis bonis**].

dēlēctus[1] *P.P.P. v. deligo*[1].

● **dēlēctus**[2], ūs *m (deligo*[1]*)* ① (Aus-)Wahl; ② *(milit. t. t.)* Aushebung.

dēlēgātiō, ōnis *f (delego)* Zahlungsanweisung.

dēlēgātus, ī *m (mlt.)* Gesandter, Beauftragter des Papstes.

dē-lēgī *Perf. v. deligo*[1].

dē-lēgō, lēgāre ① hinsenden, -schicken; ② jmdm. etw. *od.* jmd. anvertrauen, zuweisen, übertragen, jmdm. zu etw. den Auftrag *od.* Befehl geben [**rem ad senatum; obsidionem in curam collegae; fortunae spes suas; filium amico**]; ③ *(eine Schuld, ein Verdienst)* jmdm. zuschreiben, zuschieben, übertragen *(Dat.; ad alqm)* [**crimen alci; adversa casibus incertis belli et fortunae** Unglück den Zufällen des Krieges u. Schicksals]; ④ *jmd. auf eine Schrift* verweisen [**studiosos ad illud volumen**]; ⑤ *(Plaut.)* jmd. beauftragen; **delegati, ut plauderent.**

dēlēni-ficus, a, um *(delenio u. facio) (Plaut.)* besänftigend, (um)schmeichelnd, bezaubernd.

dēlēnīmentum, ī *n (delenio)* ① Linderungsmittel, Besänftigungsmittel, Beschwichtigung [**periculorum**]; ② Reiz(mittel), (Ver-)Lockung [**vitiorum**].

dē-lēniō, lēnīre ① lindern, besänftigen, beschwichtigen [**dolorem his remediis; alqm suis dictis**]; ② jmd. gewinnen, für sich einnehmen, günstig stimmen, locken [**muneribus multitudinem; popularium animos praedā; milites blande appellando**].

dēlēnītor, ōris *m (delenio) (alcis)* derjenige, der jmd. für sich einnimmt.

● **dēleō,** dēlēre, dēlēvī, dēlētum ① zerstören, vernichten [**oppida; aedificia; epistulas**]; ② *(übtr.)* auslöschen, (ver)tilgen [**Volscum nomen; memoriam alcis; suspicionem ex animo; bellum** gänzlich beenden; **omnes leges unā rogatione**]; ③ *(Personen)* vertilgen, vernichten, aufreiben [**hostes; exercitum; senatum**]; ④ *(Geschriebenes)* auslöschen, tilgen; **versūs ~; lacrimis prope ~ epistulam.**

dēlētiō, ōnis *f (deleo) (vorkl.)* Vernichtung.

dēlētrīx, īcis *f (deleo)* Zerstörerin, Vernichterin.

dēlēvī *Perf. v. deleo u. delino.*

Dēlia, Dēliacus *s. Delos.*

dēlīberābundus, a, um *(delibero)* in tiefes Nachdenken versunken.

dēlīberātiō, ōnis *f (delibero)* ① Erwägung, Überlegung, Beratung; **res habet deliberationem** bedarf der Überlegung; **habere deliberationes de alqa re;** ② *(rhet. t. t.)* beratende Rede.

dēlīberātīvus, a, um *(delibero)* zur Erwägung gehörig, erwägend, überlegend.

dēlīberātor, ōris *m (delibero)* derjenige, der immer Bedenkzeit braucht.

● **dē-līberō,** līberāre ① erwägen, überlegen, beratschlagen, bedenken, sich besinnen *(de; Akk.; indir. Frages.);* **deliberandi spatium** Bedenkzeit; **cum ea parte animi ~; de Corintho cum imperatore Romano ~; diem ad deliberandum sumere; deliberando tempus terere; maxima de re ~; delibera hoc, dum ego redeo** *(Ter.);* ② sich entscheiden, beschließen, bestimmen *(m. Inf.; A. C. I.; alqd); – P. Adj.* **dēlīberātus,** a, um entschieden, bestimmt; ③ um Rat fragen, befragen *(bes. ein Orakel);* **Delphos deliberatum** *(Sup.)* **missi sunt.**

dē-lībō, lībāre ① von etw. ein wenig wegnehmen, kosten, entnehmen, entlehnen [**paululum carnis; philosophiae doctrinas**]; ② genießen [**novum honorem; artes suas**]; ③ vermindernd wegnehmen, schmälern, verringern [**alqd de gloria; pudicitiam**].

dē-librō, librāre *(liber*[1]*)* abschälen.

dē-libūtus, a, um benetzt, befeuchtet [**capillus** gesalbt; **unguentis; sanguine; gaudio** freudetrunken]; **-o senio luxu** *(Plin.)* nachdem sie im Alter geschwelgt haben.

dēlicātus *(deliciae)* **I.** *Adj.* a, um ① köstlich, angenehm, reizend, elegant, fein, luxuriös, lecker, üppig [**sermo; merces** Luxusartikel; **convivium; cibus**]; ② sinnlich, wollüstig, genusssüchtig, schlüpfrig [**-e vivere; versus; iuventus; adulescens**]; ③ verwöhnt, verzogen, wählerisch; ④ *(poet.; nachkl.)* zart, sanft [**capella; amnis**];
II. *Subst.* ī *m* Genießer, Schlemmer.

● **dēliciae,** ārum *f (vor- u. nachkl. auch Sg.) u. (poet.)* **dēlicium,** ī *n (vgl. delecto)* ① Genuss, Vergnügen, (heitere) Unterhaltung, Liebhaberei, Luxus; **-as facere** scherzen; **esse alci in -is** jmds. Zuneigung haben; **habere alqm in -is** an jmdm. seine Freude haben; **aut supellectilis ad -as aut epularum ad voluptates** *(Cic.);* **multarum -arum comes est extrema saltatio** *(Cic.);* ② *(meton.)* **a)** Liebling(ssklave) [**meae**]; **b)** Kleinod.

dēliciolae, ārum *f (Demin. v. deliciae) u. (Sen.)* **-olum,** ī *n (Demin. v. delicium)* Liebling, Herzblatt, Herzchen.

dēlicium, ī *n s. deliciae.*

dē-licō, licāre *s. deliquo.*

dēlictum, ī *n (delinquo)* Vergehen, Fehler; **-a fateri nolle.**

dēlictus *P.P.P. v. delinquo.*

dē-licuī *Perf. v. deliquesco.*

dēlicuus = *deliquus.*

● **dē-ligō**[1], ligere, lēgī, lēctum *(lego¹)* ❶ (aus)wählen, erwählen; **locum domicilio idoneum ~; diem ad inimicos opprimendos ~; consulem ~;** *(m. dopp. Akk.)* **alqm ducem ~;** – *P. Adj.* **dēlēctus,** a, um auserlesen; – *Subst.* **dēlēctī,** ōrum *m* Ausschuss;
❷ *(milit. t. t.) (Truppen)* ausheben; **delecti pedites;**
❸ *(poet.)* (ab)pflücken, abnehmen [**maturam uvam; fructūs; primam rosam; astra** herabholen];
❹ *(poet.) (als untauglich)* aussondern, entfernen [**senes**].

dē-ligō[2], ligāre anbinden, befestigen *(an etw.: ad; in m. Abl.)* [**naves ad terram; alqm ad palum; viros ac feminas ad stipitem**].

dē-līneō, līneāre *(nachkl.)* zeichnen, skizzieren.

dē-lingō, lingere, – – *(Plaut.)* (ab)lecken, auslecken; – *sprichw.:* ~ **salem** magere Kost haben.

dē-līniō = *delenio u. delineo.*

dē-linō, linere, lēvī, litum ❶ *(nachkl.)* bestreichen;
❷ *(nur im P.P.P. gebräuchlich)* abwischen.

● **dē-linquō,** linquere, līquī, lictum sich vergehen, einen Fehler begehen, eine Schuld auf sich laden, verschulden; **miles in bello propter hostium metum deliquerat; si cunctatione deliqui, virtute corrigam;** *(in Bezug auf etw.: Akk.)* **nihil deliquerunt; si quid iracundiā deliquēre.**

dē-liquēscō, liquēscere, licuī, – zerschmelzen, zerfließen; *übtr.* vergehen, dahinschwinden [**alacritate futtili** in nichtiger Fröhlichkeit].

dē-līquī *Perf. v. delinquo.*

dēliquiō, ōnis *f (delinquo) (poet.; nachkl.)* Mangel.

dē-liquō, liquāre *u.* **dē-licō,** licāre *(vorkl.)* ❶ *(eine trübe Flüssigkeit)* klären [**vinum**];
❷ *(übtr.) (nur in der Form dēlicō)* klar machen, erläutern; **ut tu ipse me dixisse delices** *(Plaut.).*

dēliquus, a, um *(delinquo)* mangelnd, ausgehend.

dēlīrāmentum, ī *n (deliro) (Kom.)* albernes Zeug.

dēlīrātiō, ōnis *f (deliro)* Albernheit, Wahnsinn.

dē-līrō, līrāre wahnsinnig sein, irr reden.

dēlīrus, a, um *(m. Komp.) (deliro)* wahnsinnig, verrückt.

dē-litēscō, litēscere *u.* **-litīscō,** litīscere, lituī, – *(latesco)* sich verbergen, sich verstecken, sich unterducken [**noctu in silvis; in quadam cauponula**].

dē-lītigō, lītigāre *(Hor.)* zanken, sich austoben.

dē-litīscō *s. delitesco.*

dē-lituī *Perf. v. delitesco.*

dēlitus *P.P.P. v. delino.*

Dēlium, ī *n Ort in Böotien (Mittelgriechenland).*

Dēlius *s. Delos.*

Delmat ... = *Dalmat* ...

delongaris, is *m (mlt.)* Admiral *(in Byzanz).*

Dēlos *u.* **Dēlus,** ī *f (Akk. -on u. -um) Insel des Ägäischen Meeres, eine der Zykladen, Geburtsort Apollos u. Dianas u. Hauptsitz ihrer Verehrung; – Einw.* **Dēlius,** ī *m* der Delier *(bes. Apollo) u.* **Dēlia,** ae *f* die Delierin *(bes. Diana); – Adj.* **Dēli(ac)us,** a, um [**vates, deus** Apollo; **dea** Diana].

Delphī, ōrum *m Stadt am Fuß des Parnass u. Orakel Apollos in Phokis; – Einw.* **Delphī,** ōrum *m; – Adj.* **Delphicus,** a, um [**mensa** Prunktisch *in der Form des delphischen Dreifußes*], *als Subst.:* Apollo.

delphīnus, ī *u. (poet.; nachkl.)* **delphīn,** īnis *m (gr. Fw.)* Delphin *(auch als Sternbild).*

Delta *n (undekl.)* das Nildelta.

deltōton, ī *n (gr. Fw.)* Dreieck *(Sternbild).*

dēlūbrum, ī *n (deluo)* Tempel, Heiligtum.

dē-luctō, luctāre *u.* **dē-luctor,** luctārī *(Plaut.)* bis zur Entscheidung ringen, ringend kämpfen.

dē-lūdificō, lūdificāre *u.* **dē-lūdificor,** lūdificārī *(Plaut.)* jmd. zum Besten haben, foppen.

dē-lūdō, lūdere, lūsī, lūsum mit jmdm. sein Spiel treiben, jmd. zum Besten haben, foppen, verspotten, täuschen.

dē-lumbō, lumbāre *(lumbus)* lendenlahm machen, schwächen.

dē-luō, luere, luī, – *(Gell.)* abspülen.

dē-lūsī *Perf. v. deludo.*

dēlūsus *P.P.P. v. deludo.*

Dēmādēs, is *m griech. Redner, Zeitgenosse des Demosthenes.*

dē-madēscō, madēscere, maduī, – *(Ov.)* ganz feucht werden.

dē-mandō, mandāre anvertrauen, übertragen, überweisen, auftragen, empfehlen [**pueros curae alcis; curam legatorum tribunis; testamentum virgini Vestali**].

dē-mānō, mānāre *(poet.; nachkl.)* herabfließen.

Dēmarātus *(u.* Dāmarātus), ī *m* ❶ *König v. Sparta (um 500 v. Chr.);*
❷ *Korinther, Vater des Tarquinius Priscus.*

dēmarchus, ī *m (gr. Fw.) (Plaut.)* ❶ *in Athen: Vorsteher eines Demos;*
❷ *in Rom: = tribunus plebis.*

● **dē-mēns,** *Gen.* mentis *(< de mente)* wahnsinnig, verrückt, verblendet, sinnlos, unsinnig *(v. Personen u. Sachen)* [**summi viri; consilium**].

dēmēnsum, ī *n (demensus; erg. frumentum) (Ter.) die dem Sklaven monatl. zugemessene* Getreideration.

dēmēnsus, a, um zugemessen.

dēmentia, ae *f (demens)* Wahnsinn, Torheit.

dēmentiō, dēmentīre *(demens) (Lucr.; Mart.)* verrückt sein, sich unsinnig gebärden.

dē-meō, meāre *(nachkl.)* hinabgehen; **Venus caelo demeat; ad inferos ~.**

dē-mereō, merēre, meruī, meritum *u.* **dē-mereor,** merērī, meritus sum ❶ jmd. für sich gewinnen, sich jmd. verpflichten, sich jmd. verbindlich machen, sich um jmd. sehr verdient machen *(alqm)* [**servos; avunculum**]; **crimine te potui demeruisse meo** *(Ov.)*;
❷ *(nur demereo) (Plaut.; Gell.)* etw. verdienen.

dē-mergō, mergere, mersī, mersum ❶ ein-, untertauchen, versenken; – *mediopass.* versinken, ertrinken; **Marius in palude demersus; equus, in quo vehebar, mecum unā demersus rursus apparuit; dapes in alvum ~** hinunterschlingen;
❷ ins Verderben stürzen, herabdrücken; – *mediopass.* sinken.

dē-mersō, mersāre *(Mart.)* untertauchen *(trans.)*; – *mediopass. (v. Gestirnen)* untergehen.

dē-metō, metere, messuī, messum abmähen, abernten [**segetes; frumentum; fructūs; hordeum**]; **tempora demetendis fructibus accommodata** *(Cic.)*; – abpflücken [**florem**]; abschneiden [**caudam**]; abhauen [**ense caput**].

Dēmētrius, ī *m* ❶ ~ Poliorcētēs, *Sohn des Antigonos Monophthalmos, König v. Makedonien (293–287, gest. 283 v. Chr.)*;
❷ ~ Phalērēus *aus Phaleron (344 – etwa 280 v. Chr.), Staatsmann, Gelehrter, Schüler des Aristoteles u. Theophrast, Statthalter v. Athen 317–307;*
❸ *kynischer Philosoph z. Zt. der ersten röm. Kaiser.*

dēmigrātiō, ōnis *f (demigro)* Auswanderung.

dē-migrō, migrāre auswandern, wegziehen, weggehen [**de oppidis; ex insula; loco; in alia loca; in urbem ex agris; ad virum optimum; hinc** aus dem Leben scheiden, sterben].

● **dē-minuō,** minuere, minuī, minūtum ❶ vermindern, verringern, schmälern, beeinträchtigen, schwächen [**numerum copiarum; vires militum; potentiam alcis**]; – *pass. auch:* abnehmen, zusammenschmelzen: **res familiaris deminuta est; copiae sunt deminutae;**
❷ wegnehmen [**de voluptate quicquam**];
❸ **capite se deminuere** *u.* **capite deminui** seine Rechte als Bürger teilweise verlieren;
❹ stückweise verkaufen, teilweise veräußern [**de bonis**];
❺ *(gramm. t. t.)* eine Wortform verkleinern.

dēminūtiō, ōnis *f (deminuo)* ❶ Verminderung, Verringerung, Beeinträchtigung, Schmälerung, Schwächung [**civium; luminis** abnehmender Mond; **vectigalium** Steuerermäßigung; **capitis ~ maxima** Verlust der bürgerlichen Rechte u. der Freiheit; **capitis ~ media** *od.* **minor** Verlust der bürgerlichen Rechte; **sui** seiner Würde, Ehre]; **neque de bonis privatorum publice ~ fiat** *(Cic.)* man das Privateigentum nicht schmälere;
❷ Verkürzung der gesetzlichen Amtszeit [**provinciae** in der Provinz];
❸ Veräußerungsrecht;
❹ *(Suet.) mentis* Geistesabwesenheit;
❺ *(gramm. t. t.)* Verkleinerungsform, Deminutiv.

dē-mīror, mīrārī ❶ sich sehr wundern *(m. A. C. I.; Akk.)*; **nihil te ad me postea scripsisse demiror** *(Cic.)*; **quod demiror;**
❷ *(Kom.)* wissen wollen, neugierig sein.

dē-mīsī *Perf. v. demitto.*

dēmissīcius, a, um *(demitto) (Plaut.)* herabhängend.

dēmissiō, ōnis *f (demitto)* ❶ das Herablassen;
❷ *animi* Niedergeschlagenheit.

dēmissus *s. demitto.*

dē-mītigō, mītigāre zur Milde stimmen.

● **dē-mittō,** mittere, mīsī, missum ❶ hinab-, herabschicken, herab-, niederlassen; **ex caelo nimbos ~** regnen lassen; **castra ad ripam fluminis ~** das Lager hinabverlegen; **alqm ad imos manes** *od.* **Stygiae nocti ~** in die Unterwelt hinabschicken = töten; **alqm per tegulas ~; aures suas ad preces alcis ~** jmds. Bitten gnädig anhören; **navem secundo amni ~** stromabwärts segeln lassen; **navem ~** landen lassen; **lacrimas ~** vergießen;
❷ hinabgehen lassen, hinabziehen lassen [**agmen in inferiorem campum; exercitum in planitiem; equum in flumen**]; – *mediopass. demitti* hinabgehen, -ziehen, -steigen: **de muris per manus demitti;**
❸ sinken lassen, senken [**vultum; oculos (in terram)** niederschlagen];
❹ etw. in den Boden einschlagen, einrammen [**stipites**];
❺ *(poet.; nachkl.) (eine Waffe)* tief hineinstoßen, hineinbohren [**ferrum in pectus; gladium iugulo**];
❻ *(Verg.)* in die Tiefe graben [**puteum** einen Brunnen graben];
❼ *(Kleider, Haare)* herabhängen lassen, lang herabfallen lassen, herabwallen lassen [**barbam; tunicam usque ad talos; togam usque in pedes**]; – *pass.* lang herabhängen, lang herabfallen, herabwallen: **laena demissa ex umeris;**
❽ *animum (mentem od. se animo)* den Mut sinken lassen, die Zuversicht verlieren;
❾ *se demittere* **a)** sich hinabbegeben, hinabsteigen [**in Ciliciam; ad aures alcis** sich bücken; **manibus** sich mit den Händen hinablassen]; **b)** sich auf etw. einlassen *(in alqd)* [**in causam; in res turbulentas**]; **c)** sich zu etw. erniedrigen [**in (ad) adulationem**];

⑩ *se demittere u. mediopass. demitti* **a)** *(v. Gewässern)* (her)abfließen, -strömen; **se demittunt rivi; b)** *(v. Hügeln, Tälern)* sich senken, sich herabziehen; **quā se montium iugum paulatim ad planiora demittit;**
⑪ *pass. (poet.; nachkl.)* von jmdm. abstammen, seinen Ursprung herleiten; **Romanus Troiā demissus; a magno demissum nomen Iulo;**
⑫ aufnehmen, (ver)senken [**alqd in pectus** sich tief einprägen; **spem animo** Hoffnung ins Herz aufnehmen];
/ P. Adj. **dēmissus,** a, um **a)** (herab)gesenkt, herabhängend [**umeri; aures**]; **b)** niedrig gelegen [**loca** Niederungen]; **c)** niedrig, tief [**demissius volare**]; **d)** *(v. der Stimme)* gedämpft, schwach, leise [**vox**]; **e)** bescheiden, anspruchslos, schlicht [**sermo; titulus; orator**]; **f)** niedergeschlagen, mutlos [**animus**].

dēmiūrgus, ī *m (gr. Fw.) höchster Beamter in einigen griech. Staaten.*

● **dēmō,** dēmere, dēmpsī, dēmptum (< *de-emo)* ① wegnehmen, abnehmen [**iuga bobus; fetūs (ab) arbore** pflücken; **aristas** abernten; **amictum ex umeris**];
② *(übtr.)* beseitigen, nehmen; **alci molestiam ~; metum ~; dempto fine** ohne Ende.

Dēmocritus, ī *m Philosoph aus Abdera in Thrakien (etwa 460–370 v. Chr.), Schüler des Leucippus, Hauptvertreter der Atomlehre; – Adj.* **Dēmocritēus** *u.* **-tīus,** a, um; – **Dēmocritēī** *u.* **-tiī,** ōrum *m* Anhänger, Schüler des Demokrit; – **Dēmocritēa,** ōrum *n* Lehren, Lehrsätze des Demokrit.

● **dē-mōlior,** mōlīrī ① ab-, ein-, niederreißen, zerstören *(konkr. u. übtr.)* [**simulacrum; munitiones; columnam**];
② herabnehmen [**signum**];
③ *(Plaut.) (übtr.)* abwälzen [**culpam**].

dēmōlītiō, ōnis *f (demolior)* das Niederreißen, Abnehmen [**castelli**].

dēmōnstrātiō, ōnis *f (demonstro)* ① das Zeigen, Hinweisen;
② Darlegung, Schilderung, Beweis, Veranschaulichung;
③ *(rhet. t. t.)* Prunkrede *(eine Rede zur Demonstration der rhet. Fähigkeiten).*

dēmōnstrātīvus, a, um *(demonstro) (rhet. t. t.)* verherrlichend.

dēmōnstrātor, ōris *m (demonstro)* derjenige, der etw. zeigt, angibt, darlegt.

● **dē-mōnstrō,** mōnstrāre ① genau zeigen, bezeichnen, auf etw. *od.* jmd. hinweisen *(m. Akk.)* [**figuram digito; alqm digito; viam**];
② *(m. Worten)* bezeichnen, darlegen, vorstellen, zu erkennen geben, deutlich angeben *(m. Akk.; A. C. I.; indir. Frages.; abs. in Zwischensätzen wie: ut supra od. ante demonstravimus, ut* [*supra, ante*] *demonstratum est* wie oben [bereits] gesagt wurde); **earum navium modum formamque ~; magnum periculum rei publicae ~; mihi Fabius demonstravit te id cogitare facere** *(Cic.)*; **ad ea castra, quae supra demonstravimus, contendit** *(Caes.);*
③ nachweisen, beweisen;
④ genau bestimmen [**fines**];
⑤ der Bedeutung nach bezeichnen, bedeuten; **vocabula rufum colorem demonstrantia; verba usitata ac proprie demonstrantia ea, quae significari ac declarari volemus** *(Cic.).*

dē-mordeō, mordēre, mordī, morsum *(nachkl.)* abbeißen.

dē-morior, morī, mortuus sum ① (weg)sterben *(aus einem Kollegium, einer Familie usw.);* **cum esset ex veterum numero quidam senator demortuus;**
② *(Plaut.) (übtr.)* schwinden, sterbend vergehen; **paene sum fame demortuus;**
③ *(Plaut.)* unsterblich in jmd. verliebt sein *(alqm).*

dē-moror, morārī **I.** *trans.* ab-, aufhalten, verzögern; **~ alqm et detinere; novissimum agmen ~; iter ~; Teucros armis** *(Abl.)* **~** vom Kampf abhalten; **repentinas eorum eruptiones ~; mortalia arma ~** abwarten; **II.** *intr. (Tac.)* sich aufhalten, verweilen, zögern; **ille nihil demoratus** (ohne Zögern) **exsurgit.**

dēmorsus *P.P.P. v. demordeo.*

dēmortuus *Part. Perf. v. demorior.*

dēmos, ī *m (gr. Fw.) (nachkl.)* Volk.

> *i* Kultur **Dēmosthenēs,** is *u.* ī *m athen. Staatsmann u. Redner, Vertreter der antimakedonischen Politik (384–322 v. Chr.).*

dē-moveō, movēre, mōvī, mōtum ① wegbringen, entfernen [**de loco**];
② jmd. aus seinem Besitztum vertreiben, verdrängen [**ex ea possessione rem publicam**];
③ abbringen, abwenden *(a, de, auch m. bl. Abl.)* [**culpam, molestiam ab alqo; odium a nobis ac nostris; alqm de sententia** von seiner Meinung; **alqm lucro**];
④ *(t. t. der milit. od. Gladiatorenspr.)* jmd. aus seiner festen Stellung vertreiben, beseitigen [**alqm suo loco; vigilantem consulem de rei publicae praesidio**];
⑤ **animum loco et certo de statu ~ = mentem ex sua sede et statu ~** aus der Fassung bringen;
⑥ *(Tac.)* jmd. absetzen [**alqm praefecturā; centuriones**];
⑦ *(Tac.)* jmd. verbannen [**in insulam**];
⑧ *(Tac.)* jmd. beiseite schieben [**matrem**].

dēmpsī *Perf. v. demo.*

D

dēmptus *P.P.P. v. demo.*

dē-mūgītus, a, um *(mugio) (Ov.)* mit Gebrüll erfüllt [**paludes**].

dē-mulceō, mulcēre, mulsī, mulsum *u.* mulctum ❶ streicheln [**dorsum equis; alci caput**];
❷ *(Gell.)* liebkosen, schmeicheln [**animum; aures omnium mentesque**].

dēmum *(altl.* dēmus) *Adv.* ❶ schließlich, zuletzt, endlich, erst; **tum ~** dann endlich; **nunc ~** jetzt erst; **post ~** *m. Fut.* später dann; **modo ~** eben erst; **decimo ~ pugnavimus anno** *(Ov.);*
❷ *(zur nachdrücklichen Hervorhebung) (meist m. Pron.)* eben, gerade, erst; **hac ~ terrā; ea ~ firma amicitia est; ea ~ Romae libertas est;**
❸ *(steigernd)* vollends, erst recht;
❹ *(nachkl.) (einschränkend)* nur, wenigstens; **post somnum ~ lectionemque non vehiculo, sed equo vehor** *(Plin.).*

dē-mūneror, mūnerārī *(Ter.)* reichlich beschenken.

dē-murmurō, murmurāre *(Ov.)* hermurmeln.

dēmus *s. demum.*

dēmūtātiō, ōnis *f (demuto)* Veränderung; Entartung [**morum**].

dē-mūtō, mūtāre **I.** *trans. (vor- u. nachkl.)* verändern, abändern [**imperium; nihil instituto flaminum**];
II. *intr. (Plaut.)* ❶ *(der Beschaffenheit nach)* von etw. abweichen, anders sein;
❷ *(in der Gesinnung)* sich ändern; **non demutabo** es bleibt dabei.

dēnārius *(deni)* **I.** *Subst.* ī *m* der Denar: ❶ *röm. Silbermünze v. urspr. 10, seit der Zeit der Gracchen 16 asses;*
❷ *(nachkl.) als Gewicht = 3,5 g;*
II. *Adj.* a, um je zehn enthaltend [**nummus** Zehn-As-Münze; **fistulae** zehn Zoll starke Röhren].

dē-narrō, narrāre *(poet.; nachkl.)* genau erzählen.

dē-nāsō, nāsāre *(nasus) (Plaut.)* der Nase berauben.

dē-natō, natāre *(Hor.)* hinabschwimmen.

dē-negō, negāre ❶ (ab)leugnen [**obiecta**];
❷ verweigern, abschlagen, sich weigern, entschieden versagen *(m. Akk.; Inf.; A. C. I.; quominus);* **denegat hoc genitor; operam** (seine Dienste) **rei publicae ~; alci praemium dignitatis ~; sibi eam gloriam ~.**

dēnī, ae, a *(decem) (Gen. Pl.* -ûm, *selten* -ōrum) ❶ je zehn;
❷ *(poet.)* zehn auf einmal;
❸ *(poet.) Sg.* jedes Mal der zehnte; **dena luna.**

dē-nicālis, e *(nex)* den Tod betreffend; **feriae denicales** Totenfest *(Reinigungsfest nach der Beerdigung eines Familienangehörigen).*

dē-nigrō, nigrāre *(niger) (nachkl.)* ganz schwarz machen, schwärzen.

● **dēnique** *Adv.* ❶ *(am Ende v. Aufzählungen)* schließlich, endlich, zuletzt, *bes.: primum … deinde … tum … denique;*
❷ *(als Abschluss einer Gedankenreihe)* kurz, mit einem Wort; **incolae domos, agros, ~ omnia, quae possidebant, motu terrae perdiderunt;**
❸ *(verallgemeinernd)* überhaupt; **qui non civium, non ~ hominum numero essent** *(Liv.)* die nicht zu den Bürgern … zählten; **vel ~** oder überhaupt;
❹ *(steigernd)* ja sogar, außerdem noch;
❺ *(einschränkend)* wenigstens;
❻ *(zeitl.)* **a)** am Ende, zuletzt; **b)** endlich, erst; **c)** gerade, eben, erst.

dēnōminātīvē *Adv. (Mart.)* durch Ableitung *(übtr.).*

dē-nōminō, nōmināre *(Hor.; Gell.)* benennen.

dē-nōrmō, nōrmāre *(< de norma) (Hor.)* unregelmäßig machen.

dē-notō, notāre ❶ deutlich bezeichnen, kenntlich machen;
❷ *(Suet.)* beschimpfen, brandmarken [**alqm omni probro**].

● **dēns,** dentis *m* ❶ Zahn [**eburneus, Libycus** *od.* **Indus** Elfenbein]; **evulsio dentium; rari dentes** einzeln stehende Zähne;
❷ *(poet.) aevi* Zahn der Zeit;
❸ *(übtr.)* Zahn des Neides = Neid;
❹ *(meton.)* Zahnähnliches: **a)** *ancorae* Haken; **b)** *Saturni* Winzermesser; **c)** *vomeris od. curvus* Spitze der Pflugschar; *dens uncus* der Karst; **d)** *dentes perpetui* Sägezähne; **e)** *insecti dentes* Zähne des Weberkammes; **f)** *densus dens* dicht gezahnter Haarkamm.

Dēnsēlētae, ārum *m = Dentheleti.*

dēnseō, dēnsēre *(densus)* ❶ *(poet.)* verdichten; – *pass.* sich verdichten; **densetur caelum** bedeckt sich; **densentur tenebrae;**
❷ dicht aufstellen [**agmina**];
❸ *(poet.; nachkl.)* dicht nacheinander folgen lassen; dicht nacheinander werfen [**hastilia; ictūs**]; **mixta senum ac iuvenum densentur funera** *(Hor.)* häufen sich; – *pass.* rasch folgen, sich drängen.

dēnsitās, ātis *f (densus) (Plin.)* Dichte.

dēnsō, dēnsāre *(densus)* ❶ dicht machen, verdichten; **glomerata corpus in unum densatur;**
❷ *(milit. t. t.)* dicht aneinander reihen, -stellen [**scuta; ordines; catervas**];
❸ *(Ov.) ein Gewebe m. dem Kamm* dicht schlagen; **rarum pectine denset opus.**

● **dēnsus,** a, um ❶ dicht [**silva; umbra; aequor** gefroren; **aër; imber**];
❷ *(poet.; nachkl.)* dicht gedrängt, gehäuft [**hostes; arma; aristae; agmen**];
❸ *(Verg.)* häufig, zahlreich, ununterbrochen

[**ictūs; suboles**];
④ *(Ov.)* dicht besetzt, voll von etw.; **caput -um caesarie;**
⑤ *(Ov.)* anhaltend, stark, heftig [**frigoris asperitas**].

dentālia, ium *n (dens)* Scharbaum *am Pflug,* Pflugsohle *(Verg.); meton.* Pflugschar *(Pers.).*

dentātus, a, um *(dens)* ① m. Zähnen, Zacken, Zinken (versehen); **capillos meos dentatā manu duxit** *(Petr.)* sie durchkämmte mit ihren Fingern mein Haar;
② m. Elfenbein geglättet [**charta**];
③ **Dentātus** *Beiname derjenigen, die mit Zähnen geboren werden wie* M'. Curius Dentatus *(s. Curius).*

Denthēlēthī, ōrum *m thrak. Volk am Strymon.*

denticulātus, a, um *(denticulus) (Plin.)* m. kleinen Zähnen, Zacken, Spitzen versehen [**concha**].

denticulus, ī *m (Demin. v. dens) (nachkl.)* kleiner Zahn, kleine Zacke.

denti-frangibula, ōrum *n (dentifrangibulus; erg. instrumenta) (Plaut.)* Fäuste.

denti-frangibulus *(dens u. frango) (Plaut.)*
I. *Adj.* a, um Zähne ausbrechend;
II. *Subst.* ī *m* jmd., der einem die Zähne ausschlägt.

denti-fricium, ī *n (dens u. frico) (nachkl.)* Zahnpulver.

denti-legus, a, um *(dens u. lego[1]) (Plaut.)* seine ausgeschlagenen Zähne zusammenlesend; **-os facere** die Zähne ausschlagen.

dentiō, dentīre *(dens) (vor- u. nachkl.)* Zähne bekommen, zahnen.

denti-scalpium, ī *n (dens u. scalpo) (Mart.)* Zahnstocher.

dē-nūbō, nūbere, nūpsī, nūptum *(poet.; nachkl.)* (aus dem Elternhaus) wegheiraten, sich verheiraten [**in domum alcis; in nullos thalamos**].

dē-nūdō, nūdāre ① entblößen [**ossa**];
② *(übtr.)* aufdecken, offenbaren [**alci consilium suum; arcana**]; **multa incidunt, quae invitos denudent** *(Sen.)*;
③ plündern, berauben [**cives Romanos crudelissime**].

dē-numerō = *dinumero.*

dēnūntiātiō, ōnis *f (denuntio)* ① Ankündigung, Anzeige [**belli** Kriegserklärung];
② (An-)Drohung [**periculi; belli; terroris**];
③ Verordnung; **huic denuntiationi ille pareat?** *(Cic.)*;
④ Voranzeige v. etw. Zukünftigem; **quae est enim a dis profecta significatio et quasi ~ calamitatum?** *(Cic.)*;
⑤ *(Suet.)* Aussage *(vor Gericht);* **accusatorum denuntiationes.**

dē-nūntiō, nūntiāre ① ankündigen, anzeigen, verkündigen, erklären *(alci alqd; A. C. I.; indir. Frages.)*;
② androhen [**direptionem; alci catenas; alci inimicitias; periculum**];
③ befehlen *(m. ut, ne, bl. Konj., Inf.)*; **tribuno exsequi caedem ~;**
④ prophezeien, drohend verkündigen [**alci mortem; nigram horam; tristes iras**];
⑤ *(jur. t. t.)* **a)** Anzeige erstatten; **b)** *alci testimonium* jmd. zur Zeugenaussage auffordern, *ebenso: testibus ~.*

dē-nuō *Adv. (< * de-novo)* von neuem, wieder, nochmals; **urbes terrae motu subversas ~ condidit** *(Suet.).*

dē-nūpsī *Perf. v. denubo.*

dēnūptum *P.P.P. v. denubo.*

Dēō, ūs *f* = Ceres; – *Adj.* **Dēōius,** a, um der Ceres geweiht; – **Dēōis,** idis *f Tochter der Ceres,* Proserpina.

de-onerō, onerāre entlasten, abnehmen.

de-orsum *u.* **de-orsus** *Adv. (< * devorsum, -us v. devorto)* ① abwärts; **sursum (ac) ~** auf u. nieder;
② unten.

de-ōsculor, ōsculārī *(Plaut.)* abküssen.

dē-pacīscor = *depeciscor.*

dē-pangō, pangere, –, pactum ① *(Plin.)* in die Erde einschlagen, einsetzen;
② *(Lucr.) (übtr.) (Ziel, Grenze)* setzen; **vitae depactus terminus alte.**

dē-parcus, a, um *(Suet.)* knauserig.

dē-pāscō, pāscere, pāvī, pāstum ① *(v. Vieh)* abweiden, abfressen *(= depascor)* [**agros**];
② *(poet.) (v. Hirten)* abweiden lassen, abfressen lassen [**saltūs; luxuriem segetum**];
③ *(übtr.)* beschneiden [**luxuriem orationis stilo**].

dē-pāscor, pāscī, pāstus sum *(poet.; nachkl.)* abweiden, abfressen, verzehren.

dē-pecīscor, pecīscī, pectus sum *(paciscor)*
① einen Vertrag schließen, sich einigen;
② sich etw. ausbedingen [**tria praedia sibi**].

dē-pectō, pectere, –, pexum ① *(poet.; nachkl.)* (her)abkämmen [**crines; barbam**];
② *(Ter.)* durchprügeln.

dēpecūlātor, ōris m *(depeculor)* Plünderer [**aerarii**].

dēpecūlātus, ūs *m (depeculor) (Plaut.)* das Ausplündern.

dē-pecūlor, pecūlārī ausplündern, berauben [**fana; alqm omni argento;** *übtr.* **laudem familiae** schädigen].

● **dē-pellō,** pellere, pulī, pulsum ① hinabtreiben [**ovium fetus Mantuam**]; herabstoßen, -werfen [**simulacra deorum**];
② vertreiben, verdrängen *(von: m. Abl.; a; de; ex)* [**oppidanos muris; defensores vallo munitionibusque; de loco**];
③ *(ein Übel)* vertreiben, verscheuchen, verdrängen, beseitigen [**periculum; dolorem; famem sitimque; morbum; crimen** abweisen;

itinerum atque agrorum latrocinia abstellen];
④ abwehren, fern halten, abhalten [**impetum; incendium; rapinas ab alqo; suspicionem a se; alci timorem**];
⑤ *(von einer Tätigkeit, aus einem Amt)* verdrängen, ausstoßen, ausschließen [**alqm tribunatu, senatu, de provincia**];
⑥ jmd. aus seiner Stellung verdrängen, vertreiben [**gradu; loco**];
⑦ *(milit. t. t.) den Feind* aus seiner Stellung werfen, vertreiben [**hostem loco; barbarorum praesidia ex his regionibus**];
⑧ *(Tac.)* verbannen [**(ex) urbe; Italiā**];
⑨ jmd. v. etw. abbringen [**de sententia**];
⑩ *(Tac.) (naut. t. t.) vom Kurs* abtreiben, verschlagen; **eum obvii aquilones depellunt; adversante vento portum depelli** genötigt werden, in den Hafen einzulaufen;
⑪ *(das säugende Junge)* entwöhnen *(a lacte; ab ubere matris)* [**agnum**].

dē-pendeō, pendēre, – – ① herabhängen [**ex umeris**]; **vitis, cui aureae uvae, aurea folia dependent** *(Sen.)*;
② *(poet.; nachkl.) (übtr.)* von etw. abhängen, abhängig sein, auf etw. beruhen; **fides dependet a die; ex hoc malo dependet illud vitium** *(Sen.)*;
③ *(Sen.)* sich zu etw. neigen *(in alqd)*.

dē-pendō, pendere, pendī, pēnsum ① ab-, bezahlen;
② *poenas* büßen;
③ *(Sen.)* auf etw. verwenden, für etw. hingeben; **libertas patriae, salus omnium, pro quibus dependit animam.**

dē-perdō, perdere, perdidī, perditum ① *(poet.; nachkl.)* zugrunde richten, verderben *(meist im P. P. P.)*; **sutor inopiā deperditus** ganz heruntergekommen, verarmt; **deperditus alcis amore** (*od.* **in alqa, alqā**) in jmd. unsterblich verliebt;
② verlieren, einbüßen [**paucos ex suis; nihil sui; apud alqm de existimatione sua; linguae usum; non solum bona, sed etiam honestatem**].

dē-pereō, perīre, periī, peritūrus zugrunde gehen, umkommen, verloren gehen, verderben *(v. Personen u. Sachen)*; **magna pars illius exercitūs deperiit; gens hominum vitio deperitura fuit** *(Ov.)*; **amore ~** vor Liebe vergehen; **in alqo** *u.* **alqm ~** in jmd. unsterblich verliebt sein.

dēpexus *P.P.P. v. depecto.*

dē-pilis, e *(pilus) (Mart.)* haarlos.

dē-pilō, pilāre *(Sen.)* enthaaren.

dē-pingō, pingere, pīnxī, pictum ① (ab)malen;
② schildern, beschreiben, darstellen [**vitam**];
③ *cogitatione alqd* sich etw. vorstellen;
④ *(Suet.)* besticken;
⑤ *nimium depicta* allzu künstlich gruppiert.

dē-plangō, plangere, plānxī, plānctum *(Ov.)* beklagen, bejammern.

dē-plexus, a, um *(plecto) (Lucr.)* umklammernd.

dēplōrābundus, a, um *(deploro) (Plaut.)* heftig klagend, jammernd.

dēplōrātiō, ōnis *f (deploro) (Sen.)* das Beweinen, Bejammern.

dē-plōrō, plōrāre **I.** *intr.* laut weinen, heftig klagen [**lamentabili voce**];
II. *trans.* ① laut beweinen, beklagen, über etw. wehklagen [**patrem; alcis interitum; domum incensam**];
② etw. verloren geben, aufgeben [**spem; libertatem; agros**].

dē-pluō, pluere, pluī, – *(poet.)* herabregnen.

● **dē-pōnō,** pōnere, posuī *(u. poet.* posīvī), positum ① niederlegen, -setzen, -stellen [**lecticam; onus; caput terrae; corpora sub ramis arboris altae; coronam in aram**];
② in Sicherheit bringen, sicher unterbringen, in Verwahrung geben, deponieren [**signa apud amicos; pecuniam apud alqm; impedimenta citra flumen Rhenum; amphoras in templo Dianae; saucios; obsides apud eos; liberos, uxores suaque omnia in silvis**];
③ anvertrauen, übergeben; **pecunias in publica fide ~; ius populi Romani in vestra fide ac religione depono** *(Cic.)*; **in eo omnes sollicitudines meas deposui;**
④ niederlegen, aufgeben, ablegen, verzichten, unterlassen [**luctum; bellum** beenden; **imperium; triumphum** verzichten; **amicitias; gloriam; spem; consilium; curas doloresque; molestias; memoriam alcis rei**];
⑤ *ein Amt* niederlegen [**magistratum; tutelam**];
⑥ *(ein Amt, eine Ehre)* ausschlagen, ablehnen, auf etw. verzichten [**provinciam; triumphum**];
⑦ weg-, ablegen, beiseite legen [**arma** die Waffen strecken *(v. Besiegten) u.* die Waffen ablegen];
⑧ (ab)nehmen [**onera iumentis** *(Abl.)*; **librum de manibus**];
⑨ *(Ov.) sitim* löschen, stillen;
⑩ *animam* den Geist aufgeben;
⑪ *comas* abschneiden;
⑫ *(poet.)* gebären [**fetus; onus naturae**];
⑬ *(poet.) (Kranke, Sterbende)* aufgeben, *nur im P.P.P. depositus, a, um* im Sterben liegend; verstorben; *übtr.* aufgegeben, (rettungslos) verloren [**victoria**];
⑭ *(Verg.) als Kampfpreis* einsetzen [**vitulam**].

dēpopulātiō, ōnis *f (depopulor)* (Aus-)Plünderung, Verwüstung, Verheerung *(m. Gen. subi. u. Gen. obi.)* [*Gen. subi.:* **Tiberini fluminis igniumque;** *Gen. obi.:* **aedium sacrarum**].

dēpopulātor, ōris *m (depopulor)* Plünderer.

dē-populor, populārī u. **dē-populō,** populāre verwüsten, (aus)plündern, verheeren [**regionem; fines; agrum**].

● **dē-portō,** portāre ❶ hinabtragen, -bringen, -führen, hintragen, -bringen, -schaffen, *(naut. t. t.)* übersetzen; **decumas ad aquam ~; argentum ad mare ex oppido ~; frumentum in castra ~; legatum vinctum Romam ~; naves exercitum in Italiam deportant;**
❷ fortbringen, -führen, -tragen;
❸ *(aus der Provinz od. aus einem eroberten Land)* heimbringen, -führen, mitbringen [**exercitum victorem; ex provincia triumphum; aliud nihil ex tanta praeda domum suam**];
❹ *(v. Flüssen)* mit sich führen;
❺ *(Tac.)* verbannen [**alqm in insulam; alqm Italiā** aus Italien];
❻ *(spätl.)* niederdrücken.

● **dē-poscō,** poscere, poposcī, – ❶ dringend fordern, ungestüm verlangen [**pugnam; caedem alcis; unum ad id bellum imperatorem; disceptatorem**];
❷ die Auslieferung jmds. verlangen, herausfordern *(alqm)* [**auctorem culpae; Hannibalem; alqm ad mortem; alqm morti; in poenam**]; **talia ausum ~** *(Ov.)* die Bestrafung dessen, der solches gewagt hat, verlangen;
❸ sich ausbedingen, ausdrücklich verlangen;
❹ *(t. t. der Fechterspr.)* jmd. zum Kampf herausfordern.

dēpositiō, ōnis *f (depono) (nachkl.; spätl.)* das Nieder-, Ablegen.

dēpositum, ī *n (depono) (nachkl.)* anvertrautes Gut.

dēpositus *P.P.P. v. depono.*

dē-posuī *Perf. v. depono.*

dēpraedātiō, ōnis *f (depraedor) (Eccl.; spätl.)* (Aus-)Plünderung.

dē-praedor, praedārī *(nachkl.)* ausplündern.

dē-praesentiārum *Adv. (Petr.)* jetzt gleich.

dēprāvātiō, ōnis *f (depravo)* Verzerrung, Entstellung [**oris** Grimassen]; Verschlechterung.

dē-prāvō, prāvāre *(pravus)* ❶ verzerren, verdrehen, entstellen, verunstalten; **depravata imitatio** Karikatur; **depravari in malum;**
❷ verderben, verführen, verschlechtern [**sensūs; mores; puerum indulgentiā**].

dēprecābundus, a, um *(deprecor) (Tac.)* inständig bittend.

dēprecātiō, ōnis *f (deprecor)* ❶ das bittende Abwehren, Abwenden [**periculi**];
❷ Bitte um Gnade, um Verzeihung [**facti** für eine Tat; **inertiae**];
❸ Fürbitte, -sprache;
❹ Anrufung [**deorum**];
❺ *(nachkl.)* Verwünschung; **defigi diris deprecationibus.**

dēprecātor, ōris *m (deprecor)* Fürsprecher [**miseriarum; huius periculi**]; **praebere se deprecatorem pro alcis periculo; eo deprecatore** auf seine Fürsprache hin.

● **dē-precor,** precārī ❶ durch Bitten abzuwenden suchen, abwehren [**mortem; periculum; aerumnas; iram senatūs** durch Bitten besänftigen];
❷ um Verzeihung bitten, Fürbitte für jmd. einlegen; **numina ~; dispensatorem ~, ut servo poenam remitteret;**
❸ um etw. bitten, flehen, erbitten, erflehen, losbitten [**pacem; civem a civibus; fratris salutem a populo Romano; vitam ab alqo**]; **deprecor, ne me tantā iniuriā dignum indicetis** *(Liv.)*;
❹ jmd. flehentlich bitten, anflehen *(m. ut, ne)*;
❺ als Entschuldigung anführen *(m. A. C. I.)* [**regem erravisse**];
❻ *(Cat.)* jmd. verwünschen.

● **dē-prehendō,** prehendere, prehendī, prehēnsum *(u.* dē-prēndō, prēndere, prēndī, prēnsum) ❶ ergreifen, aufgreifen, weg-, auffangen [**litteras; multos in agris inopinantes; tabellarios; alqm ex itinere; partem nuntiorum**];
❷ jmd. überraschen, ertappen, antreffen [**alqm in adulterio, in facinore, in scelere**];
❸ etw. finden, entdecken [**venenum; arma apud hospitem; coniurationem** aufdecken];
❹ überfallen, überraschen *(bes. v. Seesturm)*; **Argolico mari deprensus; hostes ~ ;**
❺ *pass. deprehendi* in die Enge getrieben werden, in Verlegenheit gebracht werden; **se deprehensum non potuisse negat;**
❻ *(geistig)* erfassen, bemerken, wahrnehmen [**res magnas in minimis rebus; totam rem manifesto**]; – *pass.* sich zeigen.

dēprehēnsiō, ōnis *f (deprehendo)* das Vorfinden, Entdeckung [**veneni**].

dē-prēndō *s. deprehendo.*

dē-pressī *Perf. v. deprimo.*

dēpressus, a, um *(P. Adj. v. deprimo)* niedrig (gelegen).

● **dē-primō,** primere, pressī, pressum *(premo)* ❶ herab-, niederdrücken, eindrücken [**aratrum** *(erg. in terram)*]; **lanx in libra ponderibus impositis deprimitur** *(Cic.)*; **figere in terram oculos et ~** *(Sen.)* die Blicke nieder zur Erde heften;
❷ *(übtr.)* unterdrücken, niederdrücken, niederhalten [**ius ac libertatem; animos; veritatem; fortunam suam; ingenium et virtutem; preces** zum Schweigen bringen; **hostem**];
❸ *(naut. t. t.)* versenken [**naves; classem**];
❹ (tief in die Erde) einsenken, tief hineingraben [**vites in terram**]; **locus circiter duodecim pedes humi depressus** *(Sall.)*;
❺ *(Sen.) (die Stimme)* dämpfen.

dē-proelior, proeliārī *(Hor.)* heftig kämpfen.

dē-prōmō, prōmere, prōmpsī, prōmptum ① hervorholen, herausnehmen [**pecuniam ex aerario; sagittam pharetrā; venenum sinu; gramina loculis; Caecubum cellis**];
② *(übtr.)* entnehmen, entlehnen [**orationem ex iure civili; vel a peritis vel de libris; verba domo patroni**].

dē-properō, properāre **I.** *intr. (Plaut.)* sich beeilen;
II. *trans. (poet.)* etw. eilig besorgen, etw. eilig herstellen [**coronas** flechten].

depsō, depsere, depsuī, depstum *(gr. Fw.)* kneten.

depstīcius, a, um *(depso) (vorkl.)* geknetet [**panis**].

dē-pudet, pudēre, puduit *(unpers.) (poet.; nachkl.)* sich nicht mehr schämen *(alqm, m. Inf.)*.

dē-pūgis, e *(puga) (Hor.)* ohne Hinterbacken, m. dünnen Lenden.

dē-pūgnō, pūgnāre **I.** *intr.* bis zur Entscheidung, auf Leben u. Tod kämpfen; **cum egressis haud procul moenibus ~; haud quaquam certamine dubio cum Gallis ~** ;
II. *trans.* ① *(Plaut.)* auskämpfen [**proelium**];
② *(Enn.)* auf Leben u. Tod bekämpfen.

dē-pulī *Perf. v. depello.*

dēpulsiō, ōnis *f (depello)* ① das Abstoßen, Zurückwerfen, -prallen;
② Abwehr, Abweisung [**mali; servitutis; doloris**];
③ *(rhet. t. t.)* Abweisung, Abwälzung der Schuld.

dēpulsō, dēpulsāre *(Intens. v. depello) (Plaut.)* fortstoßen.

dēpulsor, ōris *m (depello)* Zerstörer [**dominatūs**].

dēpulsus *P.P.P. v. depello.*

dē-pungō, pungere, – – *(Pers.)* abgrenzen.

dē-pūrgō, pūrgāre *(Plaut.)* reinigen.

deputatum, ī *n (spätl.)* Abgabe.

deputātus, a, um *(mlt.)* auf Deputat gestellt, hörig (ohne Besitz).

dē-putō, putāre ① *(Ov.)* ab-, beschneiden [**umbras** = *ramos;* **vineam**];
② *(Kom.)* genau abschätzen, für etw. halten [**operam alcis parvi pretii; me malo esse dignum**];
③ *(nachkl.; spätl.)* jmdm. etw. zuweisen, bestimmen.

dē-que *s. sus²*.

dē-rādō, rādere, rāsī, rāsum *(vor- u. nachkl.)* ① abschaben, -reiben;
② *capillum ex capite u. bl. caput* das Haar abscheren; – *P. Adj.* **dērāsus,** a, um kahl.

Derbētēs, is *m Einw. v. Derbe in Lykaonien (Kleinasien).*

Derbicēs, cum *m Volk am Kasp. Meer.*

Dercetis, is *f syr. Göttin.*

dērēctus, a, um = *directus.*

dērelictiō, ōnis *f (derelinquo)* Vernachlässigung.

dē-relinquō, relinquere, relīquī, relictum ① ganz verlassen, im Stich lassen; **agros ~; solum derelictum** herrenlos; **ab omni non modo fortuna, verum etiam spe derelicti;**
② vernachlässigen; **derelictus ab amicis;**
③ *(spätl.)* zurücklassen, hinterlassen.

dē-repente *(Adj.)* urplötzlich.

dē-rēpō, rēpere, rēpsī, – herabkriechen, -schleichen.

dēreptus *P.P.P. v. deripio.*

dē-rīdeō, rīdēre, rīsī, rīsum aus-, verlachen, verspotten.

dērīdiculum, ī *n (deridiculus) (vor- u. nachkl.)* Gespött [**-o esse** *od.* **haberi** ausgelacht werden]; **quid tu me -i gratia sic salutas?** *(Plaut.)*; – lächerliches Wesen, Lächerlichkeit.

dērīdiculus, a, um *(derideo)* höchst lächerlich.

dē-rigēscō, rigēscere, riguī, – *(poet.; nachkl.)* ganz erstarren; **derigescit cervix; derigescunt mihi comae** stehen zu Berge; **deriguēre oculi; derigescit formidine sanguis.**

dē-rigō = *dirigo.*

dē-riguī *Perf. v. derigesco.*

dē-ripiō, ripere, ripuī, reptum *(rapio)* (her)ab-, los-, fort-, entreißen [**alqm de ara; alqm de provincia; signum de manu; ensem vaginā; lunam caelo** herabholen; **spolia Romanis; de auctoritate** schmälern; **tergora costis**].

dē-rīsī *Perf. v. derideo.*

dērīsor, ōris *m (derideo) (nicht klass.)* Spötter, Witzbold, Spaßvogel.

dērīsus¹, ūs *m (derideo) (poet.; nachkl.)* Spott, Gespött, das Verlachen.

dērīsus² *P.P.P. v. derideo.*

dērīvātiō, ōnis *f (derivo)* ① Ableitung [**aquae Albanae**];
② *(nachkl.) (gramm. t. t.)* etymologische Ableitung v. Wörtern.

dē-rīvō, rīvāre ① ab-, wegleiten [**aquam**];
② *(übtr.)* abwälzen [**crimen; culpam in alqm; iram alcis in se** auf sich laden; **partem curae in Asiam; responsionem alio**].

dērogātiō, ōnis *f (derogo)* Beschränkung *eines Gesetzes.*

dērogātor, ōris *m (derogo) (spätl.)* Tadler.

● **dē-rogō,** rogāre ① *(Gesetze)* beschränken, teilweise aufheben; **ex hac lege alqd derogari potest;**
② absprechen, entziehen [**fidem alci** *od.* **de fide alcis; alqd ex aequitate** etw. der Gerechtigkeit absprechen].

dē-rōsus, a, um *(rodo)* abgenagt.

dē-runcinō, runcināre *(Plaut.)* übers Ohr hauen, betrügen.

dē-ruō, ruere, ruī, rutum herabwerfen; **hiems immensam vim aquarum ruptis nubibus**

deruat *(Sen.)*; *(übtr.)* **cumulum de laudibus Dolabellae ~.**

dērupta, ōrum *n (deruptus)* abschüssige Stellen, Abgründe.

dē-ruptus, a, um *(rumpo)* abschüssig.

dēs. *Abk. für designatus.*

dē-saeviō, saevīre, saeviī, saevītum *(poet.; nachkl.)* ❶ heftig wüten, sich austoben; ❷ aufhören zu toben, verrauchen; **dum tempestas prima desaevit** *(Sen.)*.

dē-saltō, saltāre *(Suet.)* tanzend aufführen [**canticum**].

● **dē-scendō,** scendere, scendī, scēnsum *(scando)* ❶ herabsteigen, -gehen, -kommen [**de rostris; de Capitolio; de castello; (ex) equo; ad mare; in naves; ad naviculas; ad imas umbras Erebi**]; **per os specus oraculo utentes sciscitatum deos descendunt** *(Liv.)*; ❷ *(milit.)* herabmarschieren, nach der Küste marschieren [**ex superioribus locis in planitiem; in Graeciam; in campum**]; ❸ *(in Rom) (in, ad forum)* auf den Markt, aufs Forum kommen, gehen; ❹ *(poet.)* sich zum Beischlaf niederlegen; ❺ *(v. Waffen)* eindringen; **totum descendit in ilia ferrum** *(Ov.)*; ❻ *(übtr.)* eindringen; **cura in animos descendit; verbum in pectus descendit;** ❼ *(v. Kleidern, Haaren)* herabfallen, -reichen, -wallen; ❽ *(poet.; nachkl.) (v. Gebirgen, Wäldern)* sich senken, sich herabziehen; **mons descendit ex alto in aequum; silvae cum ipso monte descendunt;** ❾ *(nachkl.) (v. Gewässern)* hinabfließen, sich ergießen; **mare in campos descendit;** ❿ sich auf etw. einlassen, sich zu etw. erniedrigen, sich herablassen, sich entschließen [**ad vim atque arma** zur Waffengewalt greifen; **in certamen; in causam; ad inimicitias; ad eius modi consilium; ad ultimum (extremum) auxilium; ad supplicia innocentium**]; ⓫ *(v. Krankheiten)* sich verbreiten; **toto descendit corpore pestis;** ⓬ *(v. Tönen, Stimmen)* sinken.

dēscēnsiō, ōnis *f (descendo)* ❶ das Herabsteigen, -fahren, Abstieg [**Tiberina** Tiberfahrt]; ❷ *(Plin.) (meton.) (in den Boden eingelassene)* Badewanne.

dēscēnsum *P. P. P. v. descendo.*

dēscēnsus, ūs *m (descendo)* ❶ das Herabsteigen, Abstieg; ❷ abwärts führender Weg.

dē-sciō, scīre *(mlt.)* vergessen, nicht mehr kennen.

dē-scīscō, scīscere, scīvī *u.* sciī, scītum ❶ sich lossagen, abfallen, abtrünnig werden [**a senatu; a Latinis ad Romanos; a populo Romano**]; ❷ abweichen, sich abwenden, sich lossagen [**a veritate; a virtute; a consuetudine parentum; a se** seinen Grundsätzen untreu werden; **ad fortunam inclinatam**].

dē-scrībō, scrībere, scrīpsī, scrīptum ❶ aufschreiben, -zeichnen [**geometricas formas in arena; carmina in cortice** einritzen; **caeli meatūs radio**]; **factorum dictorumque eius descripta** *(Tac.)* ein über seine Taten und Reden geführtes Tagebuch; ❷ abschreiben, -zeichnen, kopieren [**litteras; tabulas**]; ❸ beschreiben, schildern, darstellen [**certamen; flumen Rhenum; hominum mores; facta versibus; alqm sicarium** jmd. als Meuchelmörder]; ❹ etw. bestimmen, erklären, definieren [**verba; rem verbis; officia**]; ❺ festsetzen, anordnen, vorschreiben, abgrenzen [**iura; leges; rationem belli; iudicia**]; ❻ *Lieferungen* ausschreiben, auferlegen [**civitatibus pro numero militum pecuniarum summas; vecturas frumenti finitimis civitatibus; sociis quindecim milia peditum**]; ❼ zuschreiben, zukommen lassen, zuteilen, zuweisen [**suum cuique munus; bona suis comitibus; frumentum populo**]; ❽ *(= discribo)* ein-, verteilen, ordnen, gliedern [**populum censu, ordinibus; urbis partes ad incendia; annum in duodecim menses**]; ❾ einreihen [**milites in legiones**].

dēscrīptiō, ōnis *f (describo)* ❶ Zeichnung, Abriss [**aedificandi** Bauplan]; **numeri aut descriptiones** geometrische Figuren; ❷ Abschrift, Kopie [**tabularum**]; ❸ Beschreibung, Schilderung, Darstellung [**regionum** Topografie; **locorum**]; ❹ Begriffsbestimmung, Definition [**nominis**]; ❺ Abgrenzung, Bestimmung [**expetendarum fugiendarumque rerum**]; ❻ Einteilung, Gliederung, Ordnung [**aedificiorum; urbis; legionum et auxiliorum**]; ❼ Verteilung [**privatarum possessionum**].

dēscrīptiuncula, ae *f (Demin. v. descriptio) (Sen.)* hübsche Beschreibung.

dēscrīptus, a, um *(P. Adj. v. describo)* geordnet, gegliedert.

dē-secō, secāre, secuī, sectum abschneiden, -hauen [**herbas; aures**].

dē-sēdī *Perf. v. desideo u. desido.*

dē-senēscō, senēscere, senuī, – hinschwinden; **ira belli desenuit** *(Sall.)*.

dēsentia, ae *f (mlt.)* Abwesenheit.

● **dē-serō,** serere, seruī, sertum ❶ verlassen, im Stich lassen, aufgeben; **omnes amici me deserunt; desertus coniuge; desertus suis; inamabile regnum ~; agrum ~** brach liegen lassen;

D

❷ *(milit. t. t.) exercitum, castra u. Ä. (auch abs.)* das Heer, das Lager verlassen, desertieren;
❸ vernachlässigen, aufgeben [**officium; causam; promissa; inceptum; curam belli; vitam; vadimonium** den Termin versäumen; **rem publicam libertatemque suam**]; **a mente deseri** den Kopf verlieren; **Petreius non deserit se** *(Caes.)* gibt sich nicht auf.

dēserta, ōrum *n (desertus) (poet.; nachkl.)* öde Gegenden, Wüsten, Steppen.

dēsertiō, ōnis *f (Eccl.)* Abfall *(von Gott).*

dēsertor, ōris *m (desero)* ❶ *(milit. t. t.)* Deserteur;
❷ *(poet.) übh.* Ausreißer, Flüchtling;
❸ derjenige, der etw. vernachlässigt *(m. Gen.)* [**amicorum; communis utilitatis**].

● **dēsertus,** a, um *(P. Adj. v. desero)* verlassen, öde, einsam [**vita -a ab amicis** Leben ohne Freunde; **locus; via; ager; fana** verfallen].

dē-seruī *Perf. v. desero.*

dē-serviō, servīre eifrig dienen, sehr ergeben sein, sich hingeben [**divinis rebus; studiis; amicis**].

dē-ses, *Gen.* sidis *(desideo)* träge, müßig, untätig.

dē-siccō, siccāre *(Plaut.)* abtrocknen [**vasa**].

dē-sideō, sidēre, sēdī, sessum *(sedeo) (vor- u. nachkl.)* müßig dasitzen, untätig sein.

dēsīderābilis, e *(desidero)* ❶ wünschenswert;
❷ unvergesslich.

dēsīderānter *Adv. (nachkl.)* erwünscht.

dēsīderātiō, ōnis *f = desiderium.*

● **dēsīderium,** ī *n (desidero)* ❶ Sehnsucht, Wunsch, Verlangen *(nach: m. Gen.)*; ~ **Athenarum me cepit; miserum ~ urbis me tenet; -i poculum** Liebestrank; **esse in -o rerum sibi carissimarum** Verlangen haben nach; *ebenso:* **-o alcis rei teneri; esse in -o civitatis** verlangt, ersehnt werden von; **-o tabescere** vor Sehnsucht; ~ **ad sanandum vulnus iniuriae; facere alqd cum -o;**
❷ Gegenstand der Sehnsucht, Geliebte(r) [**meum**];
❸ Bedürfnis [**naturale**];
❹ *(nachkl.)* Wunsch, Anliegen, Bitte [**provinciarum**].

● **dē-sīderō,** sīderāre ❶ sich sehnen, verlangen, wünschen, begehren; **pacem ~; haec scire desidero; rem ad se importari desiderant; ab Chrysippo nihil magnum desideravi;**
❷ vermissen; **ex me audies, quid in oratione tua desiderem** *(Cic.)*; – *pass.* auf sich warten lassen, fehlen: **desideror** ich lasse auf mich warten; **ex fano signum desideratum est** fehlte;
❸ einbüßen, verlieren [**milites; classem**]; **fortiter ~ suos** *(Sen.)* den Verlust der eigenen Leute tapfer ertragen; – *pass.* verloren gehen.

dē-sīdī *s. desido.*

● **dēsidia,** ae *f (desideo)* ❶ das Nichtstun, Faulheit, Trägheit, Untätigkeit;
❷ *(Prop.)* langes Sitzen, Verweilen *an einem Ort.*

dēsidiābulum, ī *n (desidia) (Plaut., scherzh.)* Faulenzerort.

dēsidiōsus, a, um *(desidia)* träge, müßig, lässig.

dē-sīdō, sīdere, sēdī *u.* sīdī, – sich senken, (ein)sinken; **urbs desedit;** *übtr:* **mores desidentes** dekadent.

dēsīgnātiō, ōnis *f (designo)* ❶ Bezeichnung, Angabe [**personarum et temporum**];
❷ Einrichtung, Anordnung [**totius operis; librorum**];
❸ *(nachkl.)* Designation, Ernennung, Bestimmung *zu einem Amt* [**consulatūs; annua**].

dēsīgnātor, ōris *m (designo)* Kampfrichter.

● **dē-sīgnō,** sīgnāre ❶ bezeichnen, abgrenzen, angeben [**fines templo; urbem aratro; oppidum sulco; alqm digito** auf jmd. hindeuten];
❷ *(zu einem Amt)* bestimmen, ernennen *(m. dopp. Akk.)* [**alqm consulem, praetorem**]; – *bes. P.P.P.* **dēsīgnātus** designiert, erklärt *(Bez. bis zum Amtsantritt)* [**consul; tribunus plebis**];
❸ andeuten, anspielen auf [**oratione Dumnorigem; nimiam luxuriam; alqm notā ignaviae**];
❹ einrichten, anordnen; ~ **et conficere** entwerfen u. ausführen;
❺ *(Ov.)* im Umriss darstellen, nachbilden.

dē-siī *Perf. v. desino.*

● **dē-siliō,** silīre, siluī, sultum (*salio*) ❶ herabspringen; **de (ex) navibus ~; de raeda ~; ex essedis ~; ex (ab) equo ~; in mare ~; in artum ~** sich verrennen; **equites ad pedes desiliunt;**
❷ *(v. Sachen) (poet.)* herabstürzen; **ex alto desiliens aqua; unde loquaces lymphae desiliunt tuae** *(Hor.).*

● **dē-sinō,** sinere, siī, situm ❶ aufhören, ein Ende nehmen;
❷ mit etw. aufhören, v. etw. ablassen, etw. unterlassen *(m. Akk.; Gen.; Abl.; in m. Abl.; m. Inf., wobei desinere oft durch* „nicht mehr, nicht weiter" *zu übersetzen ist)* [**artem; bellum; oppugnationem; querellarum**]; **illud timere desino** fürchte ich nicht mehr; **desiit defendere** verteidigte nicht mehr, nicht weiter;
❸ in etw. übergehen, umschlagen; **aestas in autumnum desinit; in aliud corpus ~;**
❹ zu sprechen aufhören.

dēsioculus, ī *m (desino u. oculus; „jmd., dem ein Auge fehlt") (Mart.)* der Einäugige.

dēsipientia, ae *f (desipio) (Lucr.)* Wahnsinn.

dē-sipiō, sipere, – – *(sapio)* ① unsinnig, töricht sein *od.* handeln;
② *(Hor.)* ausgelassen sein; **dulce est ~ in loco.**

● **dē-sistō,** sistere, stitī, stitum ① v. etw. abstehen, ablassen, m. etw. aufhören *(m. Abl.; de; a; Gen.; Inf., wobei desistere oft durch* „nicht mehr, nicht weiter" *zu übersetzen ist);* **negotio ~; accusatione ~; de sententia ~; ab incepto ~; pugnae ~; mortem timere ~** nicht mehr fürchten;
② *(Ov.) (v. der Stimme)* stocken; **destitit sonus.**

dēsitus *P.P.P. v. desino.*

dēsōlātiō, ōnis *f (desolo) (Eccl.)* das Alleinsein, die Verödung; *meton.* Einöde, Wüste.

dē-sōlō, sōlāre *(solus) (poet.; nachkl.)* einsam machen, verlassen [**agros**]; – *bes. im P.P.P.* **dēsōlātus,** a, um vereinsamt, verlassen, verödet [**terrae; templa**]; **manipli desolati** von ihren Führern verlassen.

dē-somnis, e *(somnus) (Petr.)* schlaflos.

dē-sorbeō, sorbēre, – – *(Mart.)* verschlingen.

dē-spectō, spectāre *(Intens. v. despicio)* ① *(poet.)* auf etw. herabsehen, -blicken *(m. Akk.)* [**terras ex alto**];
② *(v. Örtl.)* etw. überragen, beherrschen; **Taurus mons Lyciae Pisidiaeque agros despectat;**
③ *(nachkl.)* auf jmd. m. Verachtung herabsehen, jmd. verachten; **ne ut victi et ignavi despectarentur** *(Tac.).*

dēspectus¹, a, um *(P. Adj. v. despicio)* verachtet; verächtlich.

dēspectus², ūs *m (despicio)* ① Aussicht, Fernsicht [**in campum; in mare**];
② *(nachkl.)* Verachtung; **alci despectui esse** v. jmdm. verachtet werden.

dēspēranter *Adv. (desperans v. despero)* voll Verzweiflung.

dēspērātiō, ōnis *f (despero)* Hoffnungslosigkeit, Verzweiflung *(an etw.: Gen.)* [**victoriae; vitae; salutis; rei publicae; recuperandi**]; **magnam pacis desperationem afferre** *(Caes.)* den Frieden höchst unwahrscheinlich machen; **ad summam desperationem pervenire; adducere alqm ad desperationem** jmd. zur Verzweiflung bringen.

dēspērātus, a, um *(P. Adj. v. despero)* ① hoffnungslos, verzweifelt [**captivi**];
② aufgegeben [**res publica**]; – *Subst.* **-ī,** ōrum *m* aufgegebene Kranke.

● **dē-spērō,** spērāre ① (die Hoffnung auf) etw. aufgeben, an etw. verzweifeln *(m. de; Dat.; Akk.; Inf.; A. C. I.)* [**de exercitu; de Italicis commeatibus; de re publica; suis fortunis; oppido** an der Behauptung der Stadt; **honores; reditum; pacem**];
② *einen Kranken* aufgeben;
/ *s. auch desperatus u. desperanter.*

dē-spēxī *Perf. v. despicio.*

dēspicābilis, e *(despicor) (spätl.)* verächtlich.

dēspicātiō, ōnis *f (despicor)* Verachtung.

dēspicātus¹, a, um *(P. Adj. m. Superl. v. despicor)* verachtet.

dēspicātus², ūs *m (despicor)* Verachtung.

dēspicientia, ae *f (despicio)* Verachtung [**rerum externarum**].

● **dē-spiciō,** spicere, spēxī, spectum *(specio)* ① auf etw. herabsehen, -blicken *(trans. u. intr.)* [**de vertice montis in valles; a summo caelo in aequor; varias gentes et urbes**];
② m. Geringschätzung herabsehen, gering schätzen, verachten, verschmähen [**munus; servos; divitias**]; – dēspiciendus, a, um verächtlich;
③ sich über etw. verächtlich äußern *(m. Akk.)* [**copias Caesaris**];
④ wegblicken.

dē-spicor, spicārī *(despicio) (nicht klass.)* verachten, verschmähen; – *s. auch despicatus¹.*

dēspoliātor, ōris *m (despolio) (Plaut.)* Plünderer, Räuber.

dē-spoliō, spoliāre berauben, plündern [**templum; alqm armis;** *übtr.* **alqm triumpho**].

dē-spondeō, spondēre, spondī, spōnsum ① förmlich versprechen, zusagen [**Romanis imperium orientis**]; **bibliothecam tuam cave cuiquam despondeas** *(Cic.);*
② *sibi alqd* sich etw. ausbedingen [**consulatum**];
③ *ein Mädchen* verloben; **filiam alci ~; sororem in tam fortem familiam ~; alci invito filiam suam ~** aufdrängen; *v. Bräutigam:* **sibi alqam ~** sich m. einem Mädchen verloben;
④ aufgeben [**animum** *od.* **animos** den Mut verlieren].

dē-spōnsō, spōnsāre *(Intens. v. despondeo)* ① *(nachkl.)* verloben;
② *(spätl.)* verheiraten.

dēspōnsus *P.P.P. v. despondeo.*

dē-spūmō, spūmāre *(poet.; nachkl.)* **I.** *trans.* abschäumen;
II. *intr. (übtr.)* verbrausen, vergehen.

dē-spuō, spuere, spuī, spūtum *(nicht klass.)* ① ausspucken, *bes. um ein Unglück abzuwenden;*
② zurückweisen [**preces**];
③ verabscheuen [**divitias**].

dē-squāmō, squāmāre *(squama)* ① *(Plaut.)* abschuppen [**pisces**];
② *(Plin.)* abschälen, abreiben, reinigen [**corticem; vestem**].

dēstīllātiō, ōnis *f (destillo) (nachkl.)* Katarr, Schnupfen.

dē-stīllō, stīllāre *(poet.; nachkl.)* herabträufeln; v. etw. triefen.

dē-stimulō, stimulāre heftig anspornen.

dēstinātiō, ōnis *f (destino)* ① Bestimmung,

Festsetzung; **nulli placere partium ~;**
② Entschluss.
dēstinātum, ī *u.* **-a,** ōrum *n (destino)* ① Vorhaben, Vorsatz; **(ex) destinato** mit reiflicher Überlegung, vorsätzlich; **-is alcis adversari** den Absichten;
② Ziel; **-um petere.**
dēstinātus, a, um *(P. Adj. v. destino) (poet.; nachkl.)* ① zu etw. entschlossen [**ad obsequium**]; auf etw. gefasst; **debiti destinatique morti** unfehlbar dem Tod geweiht;
② hartnäckig, dickköpfig;
③ *(v. Sachen)* bestimmt, fest [**sententia**].
● **dē-stinō,** stināre ① festmachen, anbinden, befestigen [**antemnas ad malos; rates ancoris**];
② festsetzen, bestimmen [**tempus locumque ad certamen; Hannibali provinciam; alqm ad mortem; aurum in aliud**]; **eum animo auctorem caedis ~** *(Liv.)* ihn sicher halten für;
③ beschließen, sich fest vornehmen, die feste Absicht haben *(m. Inf.)*; **si destinarent potiorem populi Romani quam regis Persei amicitiam habere;**
④ erwarten *(m. A.C.I.)*; **urbes direpturos se destinaverant;**
⑤ als Ziel bestimmen, nach etw. zielen [**alqm ad ictum; locum oris**];
⑥ *zu einem Amt* bestimmen, ausersehen [**alqm praetorem; alqm Pompeio collegam**];
⑦ zu kaufen beabsichtigen;
⑧ *(poet.; nachkl.) ein Mädchen* verloben [**alci filiam suam**].
dē-stituō, stituere, stituī, stitūtum *(statuo)* ① (unten) hinstellen, aufstellen, hin-, antreten lassen [**alqm ante tribunal regis; cohortes extra vallum**]; *übtr.:* **destitui inter patrum et plebis odia;**
② allein lassen, zurücklassen; **alqm in convivio ~; navigia (aestu) destituta** gestrandet; **freta nudos in litore pisces destituunt** werfen aus;
③ im Stich lassen, hilflos zurücklassen, preisgeben, verlassen; **alqm in ipso discrimine periculi ~; destituti inermes; urbem ~; alqm fortuna destituit; ventus destituit navem;**
④ *(bei Bewerbungen)* jmd. fallen lassen; **alqm in septemviratu ~** *(Cic.)*;
⑤ hinters Licht führen, täuschen, hintergehen, betrügen; **quorum ego consiliis, promissis, praeceptis destitutus in hanc calamitatem incidi** *(Cic.)*; **(a) spe destitui** in seiner Hoffnung getäuscht werden;
/ *P. Adj.* **dēstitūtus,** a, um **a)** verlassen, vereinsamt, hilflos; **destitutus morte liberorum** *od.* **parentum; b)** beraubt, ohne *(m. Abl.; Gen.; ab)* [**sociis; parentum** verwaist; **a re familiari; ab omni spe**]; **c)** v. jmdm. *od.* in etw. getäuscht *(ab alqo, [a] re)*.
dēstitūtiō, ōnis *f (destituo)* ① Täuschung;
② *(nachkl.)* treuloses Verlassen.
dēstrictus, a, um *(P. Adj. v. destringo) (nachkl.)* scharf, streng, entschieden [**accusator**].
dē-stringō, stringere, strīnxī, strictum ① *(poet.; nachkl.)* abstreifen, abziehen [**tunicam ab umeris**];
② *(nachkl.) (Badende) (mit dem Badestriegel)* abreiben, striegeln, frottieren;
③ *(Waffen)* zücken [**ensem; ferrum**];
④ *(poet.; nachkl.)* streifen, leicht berühren [**aequora alis; pectus sagittā**];
⑤ *(poet.) (übtr.)* durchhecheln, bekritteln [**alqm mordaci carmine; alcis versūs**].
dēstrūctiō, ōnis *f (destruo) (nachkl.)* ① das Niederreißen [**murorum**];
② *(übtr.)* Entkräftung, Widerlegung [**sententiarum**].
dēstrūctor, ōris *m (destruo) (nachkl.)* Zerstörer.
dē-struō, struere, strūxī, strūctum ① nieder-, einreißen, abbrechen, zerstören [**theatrum; navem; moenia**];
② zugrunde richten, vernichten, stürzen, unschädlich machen [**senem; ius; regnum; tyrannidem; constantiam alcis** jmdm. den Lebensmut rauben].
dē-subitō *Adv.* ganz plötzlich.
dē-sūdāscō, sūdāscere, – – *(Incoh. v. desudo) (Plaut.)* stark in Schweiß geraten.
dē-sūdō, sūdāre ① stark schwitzen [**in balneo**];
② sich abmühen, sich abarbeiten.
dē-suē-fīō, fierī, factus sum entwöhnt werden; **multitudo desuefacta iam a contionibus.**
dēsuētūdō, dinis *f (desuetus)* Entwöhnung.
dē-suētus, a, um ① entwöhnt; **-a triumphis agmina; ~ Samnis clamorem Romani exercitus pati** *(Liv.)*;
② ungewohnt, aus dem Gebrauch gekommen, ungewöhnlich; **arma -a; voces iam mihi -ae; sidera -a cerno** *(Ov.)* ich sehe die mir fremd gewordenen Sterne.
dēsultor, ōris *m (desilio)* ① Kunstreiter *(der beim Wettreiten von einem Pferd auf das andere sprang)*;
② *(Ov.) amoris* Schürzenjäger.
dēsultōrius *(desultor)* **I.** *Adj.* a, um einem Kunstreiter gehörig, Kunstreiter- [**equus**];
II. *Subst.* ī *m* Pferd eines Kunstreiters.
dēsultūra, ae *f (desilio) (Plaut.)* das Abspringen vom Pferd.
● **dē-sum,** esse, fuī, futūrus ① fehlen, weg sein, abwesend sein, nicht vorhanden sein, mangeln; **non ratio, verum argentum deerat; hoc unum ad pristinam fortunam**

Caesari defuit; barbaris consilium non defuit *(Caes.)*; **paulum ad summam felicitatem defuit;**
② im Stich lassen, vernachlässigen, preisgeben, versäumen *(m. Dat.)*; **neque amicis neque etiam alienioribus operā, consiliō, labore ~; nullo loco ~ alci** überall dienen; **rei publicae ~; bello ~** nicht mitmachen; **convivio ~** nicht teilnehmen an; **officio ~** vernachlässigen; **occasioni temporis ~** eine Gelegenheit verstreichen lassen; **nulla in re saluti communi ~; sibi ~** seinen Vorteil vernachlässigen; **sibi non ~** tun, was zum eigenen Besten dient; **dolori alcis ~** gleichgültig sein gegen;
③ *bei Negation* (non, nihil deesse *u. Ä.) m. quin, quominus m. Konj. od. m. Inf.* es nicht fehlen lassen, nicht versäumen, alles tun, um; **~ mihi nolui quin …** ich wollte es nicht versäumen, …;
/ *Kontraktionen, z. B. dēsse < deesse; dēst < deest; dērat < deerat; dēro < deero.*

dē-sūmō, sūmere, sūmpsī, sūmptum sich aussehen, aussuchen, auf sich nehmen [**sibi hostem**].

dē-super *Adv. (poet.; nachkl.)* von oben her(ab).

dē-surgō, surgere, surrēxī, surrēctum *(poet.)* sich erheben, aufstehen von [**cenā**]; *übtr. (v. der Sonne)* **certā parte sol desurgit** aufgehen.

dē-tegō, tegere, tēxī, tēctum ① ab-, aufdecken, bloßlegen, sichtbar machen, enthüllen; **artūs ~; ventus detexit villam; iuga montium detexerat nebula;**
② *(übtr.)* enthüllen, offenbaren, verraten, aufdecken [**culpam; insidias; fraudem; coniurationem**].

dē-tendō, tendere, (tendī), tēnsum abspannen, abbrechen [**tabernacula**].

dētentiō, ōnis *f (detineo) (spätl.)* das Zurückhalten, Aufhalten.

dē-tergeō, tergēre *(u.* **dē-tergō,** tergere), tersī, tersum ① ab-, wegwischen [**lacrimas; sudorem frontis bracchio**];
② verscheuchen, verjagen; **notus deterget nubila caelo; detersit sidera nubes;**
③ reinigen [**cloacas; mensam**];
④ zerbrechen [**remos**];
⑤ abreißen [**pinnas**];
⑥ *(in der Umgangsspr.) (Geld)* aus etw. herausschlagen.

dēterior, ius *(Adv. -ius), Gen.* dēteriōris, *Komp.* weniger gut, geringer, schlechter, schwächer; – *Superl.:* **dēterrimus,** a, um der schlechteste, letzte, tiefste.

dēterminātiō, ōnis *f (determino)* ① Abgrenzung, Grenze [**mundi**];
② Ende, Schluss [**orationis**].

dē-terminō, termināre ① ab-, begrenzen;
② festsetzen, bestimmen.

dē-terō, terere, trīvī, trītum *(nicht klass.)* ① abreiben, -scheuern, -feilen;
② abnutzen [**vestem**];
③ *(übtr.)* vermindern, schmälern [**laudes**]; – *Pass.* schwinden, vergehen.

• **dē-terreō,** terrēre, terruī, territum ① abschrecken, -halten, zurückschrecken, hindern *(a; de; bl. Abl.; Inf.; ne; nach Negation quominus, quin)* [**alqm a dimicatione, a proposito; alqm de sententia; alqm caedibus**]; **nefarias eius libidines commemorare deterreor; quin loquar haec, numquam me potes ~;**
② etw. abwehren, fern halten [**vim a censoribus; nefas; iram deorum**].

dē-tersī *Perf. v. detergeo u. detergo.*

dētersus *P.P.P. v. detergeo u. detergo.*

dētestābilis, e *(m. Komp.) (detestor)* verabscheuenswert, abscheulich.

dētestātiō, ōnis *f (detestor)* ① Verwünschung, das Verfluchen;
② Sühne [**scelerum**];
③ das Abwehren, das Abwenden.

• **dē-testor,** testārī ① *unter Anrufung der Götter etw. Böses auf jmd.* herabwünschen [**minas periculaque in alcis caput; deorum iram in caput pueri**];
② *unter Anrufung der Götter jmd. od. etw.* verwünschen, verfluchen, verabscheuen [**Ambiorigem; caput euntis hostili prece; exitum belli civilis**]; – dētestandus, a, um verwünschenswert, verabscheuenswert [**fraus**];
③ etw. abweisen, abwehren; **a se quandam prope iustam patriae quaerimoniam ~ ac deprecari** *(Cic.)*.

dē-tēxī *Perf. v detego.*

dē-texō, texere, texuī, textum ① *(poet.)* fertig weben, fertig flechten;
② vollenden.

• **dē-tineō,** tinēre, tinuī, tentum *(teneo)* ① auf-, zurück-, festhalten; **Romano bello in Italia detineri; naves tempestatibus detinebantur;**
② abhalten [**alqm ab incepto, de negotio**];
③ beschäftigen, fesseln; **in alienis negotiis detineri; alqm in admiratione sui ~; manus in lyricis modis ~; nisi quid te detinet** wenn dich nicht etw. aufhält;
④ *(Ov.) eine Zeit m. etw.* ausfüllen [**sermone diem**];
⑤ *(nachkl.)* vorenthalten [**regnum; pecuniam**];
⑥ *(nachkl.)* beibehalten, belassen; **minus triennio in ea legatione detentus;**
⑦ *(Tac.) se detinere* sein Leben fristen;
⑧ *(nachkl.)* innehaben [**locum; terras**].

dē-tondeō, tondēre, tondī, tōnsum ① *(Sen.)* abscheren [**capillos**];
② *(poet.; nachkl.)* scheren [**oves; virgulta** be-

D

schneiden];
3 *(Ov.)* **frondes detonsae frigore** entlaubt, entblättert;
4 *(Enn.)* verwüsten, verheeren [**agros**].

dē-tonō, tonāre, tonuī, – *(poet.)* 1 herabdonnern, losdonnern;
2 zu donnern aufhören;
3 sich austoben; **Aeneas nubem belli, dum detonet omnis, sustinet** *(Verg.)*.

dētōnsus *P.P.P. v. detondeo.*

dē-torqueō, torquēre, torsī, tortum 1 wegdrehen, weg-, abwenden, *auch übtr. (alqd a re; alqd ad, in alqd);* **proram ad undas ~; cervicem ad oscula ~; voluptates animos a virtute detorquent** *(Cic.);* **voluntas testium nullo negotio detorqueri potest** *(Cic.);* **verba parce detorta** *(Hor.)* nicht allzu frei abgeleitete Wörter;
2 verdrehen, -renken, verkrüppeln; **corporis partes detortae; detorto corpore; detorta hastilia** krumm;
3 *(übtr.)* verdrehen; **verba prave detorta** verdrehte Äußerungen.

dētractātiō, dētractātor *s. detrect …*

dētractiō, ōnis *f (detraho)* 1 Wegnahme;
2 Entziehung, Beeinträchtigung [**alieni** fremden Eigentums];
3 *(Gell.)* Befreiung von [**doloris**].

dē-tractō = *detrecto.*

dētractor, ōris *m (detraho) (nachkl.)* Verkleinerer [**laudum suarum**]; Verleumder.

dētractus, *Abl.* ū *m (detraho) (Sen.)* Hinwegnahme [**syllabae**].

● **dē-trahō,** trahere, trāxī, tractum 1 herabziehen, herunter-, niederreißen [**alqm equo, de curru**];
2 entziehen, -reißen, wegnehmen, *auch übtr.* [**scutum militi; equos equitibus; honorem alci**];
3 wegziehen, abziehen, -reißen [**sacerdotem ab ara; de digito anulum; pellem**];
4 entwenden [**(ex) templo arma**];
5 wegziehen, wegschleppen [**alqm spectaculis**]; wegbringen, entfernen [**Hannibalem ex Italia**];
6 hinschleppen, -bringen [**alqm in iudicium**];
7 nötigen, zwingen [**alqm ad aequum certamen**];
8 erniedrigen [**regum maiestatem**];
9 Abbruch tun, schädigen, schmälern, vorenthalten; **multum ei detraxit, quod alienae erat civitatis; alci Armeniam a senatu datam ~; alci dignitatem ~; multa de suis commodis ~; ne quid de summo meo erga te amore detractum esse videatur** *(Cic.)* als hätte meine unbegrenzte Liebe zu dir Abbruch erlitten;
10 verleumden; **detrahendi causā maledice contumelioseque dicere;**
11 *(nachkl.) (Bauwerke)* niederreißen [**muros; castella; pontes**].

dētrectātiō, ōnis *f (detrecto)* Verweigerung, Ablehnung.

dētrectātor, ōris *m (detrecto)* 1 Verkleinerer [**laudum**];
2 *(Petr.)* Verweigerer [**ministerii**].

dē-trectō, trectāre *(Intens. v. detraho)* 1 verweigern, ablehnen, zurückweisen [**pugnam; sacramentum; principem**];
2 herabsetzen, schmälern, verkleinern, in den Schatten stellen [**ingenium; virtutes; bene facta**].

dētrīmentōsus, a, um *(detrimentum)* sehr nachteilig, voll Schaden.

● **dētrīmentum,** ī *n (detero)* 1 Verlust, Schaden, Nachteil, Einbuße [**rei publicae; Africani exercitūs**];
2 *(milit.)* Niederlage, Schlappe;
/ **-um accipere, capere, facere** erleiden; **-um inferre, afferre** zufügen.

dētrītus *P.P.P. v. detero.*

dē-triumphō, triumphāre *(spätl.)* über jmd. triumphieren, jmd. besiegen.

dē-trīvī *Perf. v. detero.*

dē-trūdō, trūdere, trūsī, trūsum 1 herab-, wegstoßen, hinabtreiben [**naves scopulo** vom Felsen; **alqm in mare; alqm Stygias ad undas; alqm sub inania Tartara**];
2 vertreiben, -drängen, fortdrängen *(konkr. u. übtr.)* [**alqm de saltu agroque communi; alqm ex praedio; alqm de sua sententia; hostem finibus**];
3 hindrängen, hineintreiben; **in luctum et laborem ~; ad necessitatem belli ~ ; vi tempestatum Cythnum insulam detrusus** zur Insel C. verschlagen; **alqm ad id ~, quod facere possit;**
4 etw. verschieben, hinausschieben [**comitia in adventum Caesaris**].

dētruncātiō, ōnis *f (detrunco) (nachkl.)* das Abhauen [**ramorum**].

dē-truncō, truncāre 1 abhauen [**caput**];
2 stutzen, verstümmeln [**arbores; corpora**].

dē-trūsī *Perf. v. detrudo.*

dētrūsus *P. P. P. v. detrudo.*

dē-tulī *Perf. v. defero.*

dē-tumēscō, tumēscere, tumuī *(Petr.)* zu schwellen aufhören, *übtr.* ruhig werden, nachlassen.

dē-turbō, turbāre 1 herabtreiben, -stürzen, -drängen, -werfen [**alqm de tribunali; alqm de ponte in Tiberim; alqm ab alta puppi in mare**];
2 niederreißen [**aedificium**];
3 *(milit. t. t.)* den Feind aus seiner Stellung werfen, vertreiben, verjagen; **Pompeianos ex vallo ~; Macedones ex praesidiis stationibusque ~; deturbatis Samnitibus;**
4 jmd. *aus seinem Besitztum* vertreiben, ver-

drängen [**alqm possessione; alqm de fortunis omnibus**];
5 jmd. *einer Sache* berauben [**(ex) spe**]; **tempestas verecundiam mihi et virtutis modum deturbavit** *(Plaut.)* hat mir die Keuschheit und das Maß der Tugend zerstört.

dē-turpō, turpāre *(nachkl.)* verunstalten.

Deucaliōn, ōnis *m Sohn des Prometheus, König v. Phthia in Thessalien, m. seiner Gattin Pyrrha, der Tochter des Epimetheus, aus der Sintflut gerettet;* – *Adj.* **Deucaliōnēus,** a, um.

de-ungō, ungere, – – *(Plaut.)* tüchtig einölen.

de-ūnx, ūncis *m (de [esse] u. uncia, eigtl. wobei eine uncia, d. i. ein Zwölftel, fehlt)* elf Zwölftel.

de-ūrō, ūrere, ussī, ustum 1 ab-, verbrennen [**vicos; frumenta; libros**];
2 *(v. der Kälte)* erstarren lassen; **aquilone deuri.**

• **deus,** ī *m (Nom. Pl.* dei, dii, dī; *Gen. Pl.* deorum *u.* deûm; *Dat. u. Abl. Pl.* deis, diis, dīs) *(vgl. divus)* 1 Gott, Gottheit; **alqm ut deum colere; naturam tamquam deum sequi; di hominesque** alle Welt; **ita me di ament** so wahr mir Gott helfe; **cum dis volentibus** m. Gottes Hilfe; **di meliora piis** *(erg. dent)* Gnade, o Götter, den Frommen!; **si di volunt, si dis placet** so Gott will *(iron.* = man sollte es kaum glauben); **di meliora (ferant, dent)** Gott bewahre!; **di tibi faciant bene!; dent tibi di multa bona!; D.O.M. = Deo optimo maximo** *(röm. Tempelinschrift)* dem besten, höchsten Gott, *d. h. Jupiter,* geweiht;
2 Beschützer, Schutzgott;
3 *(v. weibl. Gottheiten)* **ducente deo** *(v. Venus);* **nec dextrae erranti deus afuit** *(v. Alekto);* **audentes deus ipse iuvat** *(v. Fortuna);*
4 *(Kom.)* glücklicher Mensch;
5 *(Hor.)* Machthaber *im Staat.*

i Kultur **deus** Gott, Gottheit – für den Römer die Macht, die er ehrfürchtig in Familie und Staat mit genau festgelegten Kultformen verehrt. Oberste Gottheiten auf dem Kapitol: die Göttertrias (Dreiheit) von Jupiter, Juno und Minerva. Röm. Religiosität: ein Vertrag: Do, ut des. Ich opfere, damit du gnädig bist.
In der Kaiserzeit wird der Herrscher kultisch verehrt. Noch vor dem siegreichen Christentum erscheinen orientalische Erlösergottheiten (Mithras).

de-ussī *Perf. v. deuro.*

deustus *P.P.P. v. deuro.*

de-ūtor, ūtī, ūsus sum jmdm. übel mitspielen, mit jmdm. übel umgehen *(alqo).*

dē-vāstō, vāstāre gänzlich verwüsten, ausplündern.

dē-vehō, vehere, vēxī, vectum herabfahren, -führen, hinbringen [**naves a castris; commeatum in castra ex urbe; frumentum; exercitum Rheno; alqm in ultimas oras**]; – *Pass.: dēvehor* herab-, hinfahren, segeln [**in fines sociorum secundo amne**].

dē-vellō, vellere, vellī *(u.* vulsī, volsī), vulsum *(u.* volsum) *(poet.; nachkl.)* abrupfen, -reißen [**ramum trunco**].

dē-vēlō, vēlāre *(Ov.)* enthüllen, entschleiern [**ora sororis**].

dē-veneror, venerārī 1 *(Ov.)* anbetend verehren [**deos**];
2 *(Tib.) durch Bitte zu Gott* abwenden [**somnia**].

dē-veniō, venīre, vēnī, ventum 1 herab-, herunterkommen;
2 wohin kommen [**ad legionem; in castra**];
3 *(übtr.)* wohin geraten [**in alcis potestatem; in alienas manus**];
4 *(übtr.)* sich wenden [**ad hanc rationem; ad iuris studium**].

dē-venustō, venustāre *(Gell.)* verunstalten.

dē-verberō, verberāre *(Ter.)* durchprügeln.

dē-verbium = *diverbium.*

dēvergentia, ae *f (Gell.)* Neigung.

dēversitō, dēversitāre *(Intens. v. deverto) (Gell.)* bei jmdm. *od.* irgendwo einkehren; bei etw. verweilen.

dēversitor, ōris *m (deversor) (Petr.)* Gast *(im Wirtshaus).*

dē-versor[1] versārī verweilen, sich aufhalten, als Gast wohnen [**apud alqm; domi suae; in taberna**].

dēversor[2], ōris *m* Gast *(im Wirtshaus).*

dēversōriolum, ī *n (Demin. v. deversorium)* kleine Herberge.

dēversōrium, ī *n (deversorius)* Herberge, Gasthaus; Schlupfwinkel, Zufluchtsort [**flagitiorum**].

dēversōrius, a, um *(deversor)* zum Einkehren geeignet [**taberna**].

dēversus *s. deverto.*

dē-vertī *s. deverto.*

dēverticulum, ī *n (deverto)* 1 Neben-, Seitenweg;
2 Herberge;
3 Zufluchtsort;
4 *(Iuv.) (in der Rede)* das Abschweifen *vom Thema;*
5 *(Gell.)* das Abweichen *eines Wortes v. der gewöhnlichen Bedeutung* [**significationis**].

dē-vertō *(altl.* dēvortō), vertere, vertī, versum *(in den Präsensformen meist mediopass. dēvertor)* 1 sich abwenden, sich abkehren;
2 absteigen, einen Abstecher machen, einkehren [**in tabernam; ad alqm in hospitium; ad hospitem; domum Charonis** = sterben];

3 *(Ov.)* seine Zuflucht nehmen [**ad artes**];
4 *(vom Thema)* abschweifen, abgehen, abkommen; **ea, a quibus devertit oratio.**

dē-vēxī *Perf. v. deveho.*

dēvexiō, ōnis *f (mlt.)* Abhang.

dēvexitās, ātis *f (devexus) (Plin.)* abschüssige Lage, Neigung [**loci**].

dēvexum, ī *n (devexus) (Sen.)* Senkung, Abhang.

dēvexus, a, um *(m. Komp.) (deveho)* 1 *(der Bewegung nach)* sich abwärts bewegend, abwärts gehend, abwärts fließend [**amnis ~ ab Indis**]; *(v. Gestirnen)* sich neigend [**sol paulum a meridie ~**]; *übtr. (v. der Zeit)* **aetas iam a diuturnis laboribus -a ad otium;**
2 *(der Lage nach)* sich abwärts hinziehend, gesenkt, abschüssig [**litus**].

dē-vīcī *Perf. v. devinco.*

dēvictus *P.P.P. v. devinco.*

dē-vinciō, vincīre, vinxī, vinctum 1 festbinden, fesseln, befestigen [**servum; leonem; manus**];
2 umwinden; **devinctus tempora** (Schläfen) **lauro;**
3 *(übtr.)* eng verbinden, verknüpfen [**homines inter se rei publicae societate; se affinitate cum alqo**]; **sanguinis coniunctio benevolentiā homines et caritate devincit;**
4 *(übtr.)* jmd. an sich binden, fesseln, verbindlich machen, verpflichten [**alqm beneficio; alqm iure iurando**]; **se cupiditate malā ~** sich verstricken in; – *P. Adj.* **dēvinctus,** a, um ergeben [**uxori; studiis**];
5 *(rhet. t. t.)* kurz zusammenfassen, zusammendrängen [**verba comprehensione**].

dē-vincō, vincere, vīcī, victum 1 völlig besiegen, überwinden [**Hannibalem; Poenos classe**]; **bonum publicum privatā gratiā devictum** *(Sall.)*;
2 siegreich durchkämpfen [**bellum**];
3 die Oberhand behalten, es siegreich durchsetzen; **Catonis sententia devicit, ut in decreto perstaretur.**

dēvinctus *s. devincio.*

dē-vinxī *Perf. v. devincio.*

dē-viō, viāre *(via) (spätl.)* abirren.

dē-virginō, virgināre *(virgo) (nachkl.)* entjungfern.

dēvītātiō, ōnis *f (devito)* das Vermeiden, Ausweichen [**legionum**].

dē-vītō, vītāre vermeiden, umgehen [**turpia; dolorem; hoc malum**].

dē-vius, a, um *(< de via)* 1 abseits gelegen, entlegen [**rura; itinera** Schleichwege; **oppidum; saltus; limina** unzugängliche]; – *Subst.* **dēvia,** ōrum *n* ungebahnte Wege, Schleichwege; **per aspera ac -a;**
2 entlegen wohnend, einsam (lebend, hausend) [**gens; avis; civitas**]; **Anagnini, cum essent devii;**
3 verlaufen, verirrt [**capellae**];
4 unstet, rastlos, wechselhaft [**animus; homo; vita**];
5 *(nachkl.)* v. Thema abschweifend.

dē-vocō, vocāre 1 herabrufen, herabkommen lassen [**suos a tumulo; deos ad auxilium**];
2 (weg)rufen, abberufen [**alqm de provincia ad gloriam; omnes ex praesidiis**];
3 jmd. von etw. weglocken, zu etw. verleiten [**alqm ab instituto cursu ad praedam; ad perniciem**]; **status mutatione in id devocari, ut …** *(Sen.)* dahin gebracht werden, dass …;
4 jmd. zu Tisch laden.

dē-volō, volāre 1 herabfliegen; herabeilen, -stürzen [**de tribunali; in forum**];
2 wegfliegen; weg-, davoneilen.

dē-volvō, volvere, volvī, volūtum herabwälzen, -rollen (lassen), fortwälzen [**saxa; corpora in humum; verba** dahinströmen lassen]; – *mediopass.: dēvolvor* sich herabwälzen, herabsinken, herabrollen, -stürzen [**monte devolutus torrens**]; **eo devolvi rem, ut** es komme so weit, dass.

dē-vorō, vorāre 1 hinunterschlucken, -schlingen, verschlucken;
2 *(übtr.)* durchbringen, verschwenden, vertun, verprassen [**patrimonium; pecuniam**];
3 gierig nach etw. trachten *(m. Akk.)* [**praedam; fortunas; hereditatem**];
4 begierig aufnehmen, verschlingen [**orationem; libros**];
5 *etw. Unangenehmes* geduldig ertragen, hinnehmen, schlucken [**hominum stultitias; molestiam paucorum dierum**];
6 etw. nicht ganz verstehen [**orationem**];
7 *(Plaut.)* vergessen [**alcis nomen**];
8 *(poet.; nachkl.) (Tränen u. Ä.)* hinunterwürgen, unterdrücken;
9 *(v. lebl. Subj.)* verschlingen; **aquae devorant terras; quot oppida in Syria devorata sunt** *(Sen.)* sind versunken; **devorent vos arma vestra.**

dēvortium, ī *n (devorto) (Tac.)* das Abweichen; **-a itinerum** Umwege.

dē-vortō, vortere *s. deverto.*

dēvōtiō, ōnis *f (devoveo)* 1 Weihung, Weihe, Aufopferung [**Decii consulis** Opfertod];
2 Gelübde; **eius devotionis esse convictum;**
3 Verwünschung, Fluch;
4 *(nachkl.)* Zauberei, Zauber(spruch);
5 *(Eccl.)* Gottergebenheit, Andacht, Frömmigkeit.

dēvōtō, dēvōtāre *(Intens. v. devoveo)* 1 als Opfer geloben, zum Sühneopfer bestimmen, weihen;
2 *(Plaut.)* verzaubern;
3 *(nachkl.)* gelobend anrufen.

● **dē-voveō,** vovēre, vōvī, vōtum **I.** *trans.* ① *einer Gottheit* als Opfer geloben, zum Sühneopfer bestimmen, weihen [**praedam Marti; filiam Dianae; sacerdotes ad mortem**];
② *(poet.; nachkl.)* preisgeben, hingeben, aufopfern [**vitam pro patria; morti pectora**];
③ verfluchen, verwünschen [**scelerata arma; suas artes**];
④ *(Tib.)* verzaubern;
II. *se* ~ ① sich aufopfern, den Opfertod erleiden [**se dis immortalibus pro re publica; se pro populo Romano legionibusque**];
② sich hingeben [**se alcis amicitiae**];
/ *P. Adj.* **dēvōtus,** a, um *(poet.; nachkl.)* **a)** verflucht, verwünscht [**sanguis**]; **b)** sehr ergeben, anhänglich; *Subst.* dēvōtī, ōrum *m* die Getreuen.

dēxtāns, antis *m (de [esse] u. sextans, eigtl. wobei ein Sechstel fehlt)* fünf Sechstel.

dextella, ae *f (Demin. v. dextra)* das rechte Händchen.

● **dexter,** t(e)ra, t(e)rum *(Komp.* dexterior, ius; *Superl.* dextumus *u.* dextimus, a, um) ① rechts (befindlich, gelegen), rechtsseitig [**ripa**]; **-a parte; a -o latere hostium; apud dextumos** auf der äußersten Rechten;
② *(poet.) als glückliches Anzeichen* rechts erscheinend = Glück bringend, gnädig, glücklich [**omen; Apollo; sidera**];
③ *(poet.)* passend, günstig, recht [**tempus; modus; potestas** Gelegenheit];
④ geschickt, gewandt; **officia dextre obire; dexterius fortunā uti;**
/ *Subst.* **dext(e)ra,** ae *f (erg. manus)* **a)** die rechte Hand, die Rechte; **-as coniungere, miscere** sich die Hände geben; **ad -am** zur Rechten, rechts; **(a) -a laevaque** rechts u. links; **b)** Handschlag; **c)** *(meton.)* feierliches Versprechen, Zusage, Treue; **-as renovare** das Bündnis erneuern; **-as fallere** das Wort brechen; **d)** *(poet.)* Faust = Tapferkeit, Stärke.

dextera *s. dexter.*

dexteritās, ātis *f (dexter 4.)* Gewandtheit.

dextimus, a, um *Superl. v. dexter.*

● **dextra** *s. dexter.*

dextrārius, ī *m (mlt.)* Streitross.

dextrōrsum *u.* **-us** *Adv. (< dextrōvorsum, v. vorto)* nach rechts.

dextumus, a, um *Superl. v. dexter.*

Dīa[1], ae *f alter Name der Insel Naxos.*

Dīa[2], ae *f Göttin, Spenderin der Ernten.*

diabathrārius, ī *m (diabathrum) (Plaut.)* Hersteller leichter Schuhe.

diabathrum, ī *n (gr. Fw.) (vorkl.)* leichter Frauenschuh.

diabolicus, a, um *(gr. Fw.) (Eccl.)* des Teufels; teuflisch.

diabolus, ī *m (gr. Fw.) (Eccl.)* Teufel.

diachrisma, matis *n (gr. Fw.) (Plin.)* Salbe.

diācōn, onis *u.* **-onus,** ī *m (gr. Fw.) (Eccl.)* Hilfsgeistlicher, Diakon.

diāconissa, ae *f (diacon) (Eccl.)* Diakonisse.

diadēma, matis *n (gr. Fw.)* Kopfbinde *(bes. an der Tiara der Perserkönige);* Diadem.

diadēmātus, a, um *(diadema) (nachkl.)* m. einer Kopfbinde, einem Diadem geschmückt [**Apollo; statua**].

diadūmenus, a, um *(nachkl.) = diadematus.*

diaeta, ae *f (gr. Fw.)* ① geregelte Lebensweise; *(übtr.)* **sed ego diaetā curare incipio** *(Cic.)* durch gelinde Maßnahmen;
② *(nachkl.)* Aufenthaltsort, Wohnung, Zimmer.

diagōnālis, e *u.* **-nios,** on *(gr. Fw.)* quer hindurchlaufend, diagonal [**linea** Diagonale].

dialectica[1], ae *f (dialecticus, erg. ars)* Kunst der Diskussion, Dialektik.

dialectica[2], ōrum *n (dialecticus)* dialektische Untersuchungen, dialektische Lehrsätze.

dialecticus *(gr. Fw.)* **I.** *Adj.* a, um zum Disputieren gehörig, dialektisch;
II. *Subst.* ī *m* Kenner u. Lehrer der Dialektik, Dialektiker.

dialectos (-us), ī *f (gr. Fw.) (Suet.)* Dialekt, Mundart.

Diālis, e *(Diespiter)* zu Jupiter gehörig, Jupiters; – (flamen) Diālis *m* Priester des Jupiter.

dialogus, ī *m (gr. Fw.)* Unterredung, wissenschaftliches Gespräch, Dialog.

> *i* Kultur **Diāna,** ae *f* ① Jagd-, Mond- u. Geburtsgöttin, der griech. Artemis gleichgesetzt, Tochter Jupiters u. der Latona; – *Adj.* **Diānius,** a, um [**turba** Jagdhunde der Diana]; – *Subst.* **Diānium,** ī *n* Dianatempel;
> ② *(meton.)* **a)** Jagd; **b)** Mond.

dianomē, ēs *f (gr. Fw.) (Plin.)* Verteilung, Spende.

diapasma, matis *n (gr. Fw.) (nachkl.)* wohlriechendes Streupulver.

diapāsōn *undekl. (gr. Fw.)* Oktave *(in der Musik).*

diapente *undekl. (gr. Fw.) (Mart.)* die Quinte *(in der Musik).*

diārium, ī *n (dies)* ① tägliche Kost, Ration *(der Soldaten, Sklaven u. a.);*
② *(Gell.)* Tagebuch.

diastēma, matis *n (gr. Fw.) (Mart.)* das Intervall *(in der Musik).*

diastēmaticus, a, um *(gr. Fw.) (Mart.)* zum Intervall gehörig.

diasyrticus, a, um *(gr. Fw.) (poet.)* verhöhnend, spöttisch.

diatessarōn *undekl. (gr. Fw.) (Mart.)* die Quart *(in der Musik).*

diatrēta, ōrum *n (gr. Fw.)(Mart.)* die Glasbecher *m. tief ausgeschliffenen Verzierungen.*

diatriba, ae *f (gr. Fw.) (Gell.)* Philosophen- *od.* Rhetorenschule.

dibaphus *(gr. Fw.)* **I.** *Adj.* a, um *(nachkl.)* zweimal gefärbt;
II. *Subst.* ī *f (erg. vestis)* das mit Purpur besetzte Staatskleid *(höherer Beamter).*

dica, ae *f (gr. Fw.)* Prozess, Klage; **alci dicam scribere** förmlich (schriftlich) verklagen; **alci dicam impingere** jmd. in einen Prozess verwickeln.

dicācitās, tātis *f (dicax)* (beißender) Witz; das Witzeln, Witzelei.

dicāculus, a, um *(Demin. v. dicax) (Plaut.)* witzig, schnippisch.

dicātiō, ōnis *f (dico[2])* (Bewerbung um) Einbürgerung.

dicāx, *Gen.* ācis *(dico[1])* witzig, beißend, schnippisch, witzelnd.

dichorēus, ī *m (gr. Fw.)* Doppeltrochäus (– ⏑ – ⏑).

● **diciō,** ōnis *f (dico[1])* Gewalt, Macht, Herrschaft, Gerichtsbarkeit; **esse dicionis** *od.* **in (sub) dicione alcis** jmdm. untertan sein; **alqm suae dicionis facere, alqm in (sub) dicionem suam redigere** *od.* **alqm dicioni suae subicere** jmd. in seine Gewalt bringen; **omnes gentes, nationes, provincias, regna X virum dicioni, iudicio, potestati permittere et condonare** *(Cic.)*; **urbes multas sub imperium populi Romani dicionemque subiungere** *(Cic.).*

dicis causā *od.* **grātiā** (nur) zum Schein, der Form wegen, sozusagen.

● **dīcō[1],** dīcere, dīxī, dictum ① sagen, sprechen, vorbringen, erwähnen, erzählen, erklären *(m. A. C. I., im Pass. m. N. C. I.; indir. Frages.; m. ut, ne* = befehlen, ankündigen); **dicunt** man sagt; **ut dico; ut ante (supra) diximus; incredibile dictu** unglaublich zu sagen; **ne dicam** um nicht zu sagen; **sententiam ~** im Senat seine Stimme abgeben; **illa, quae dixi** jene erwähnten Grundsätze; **versūs in oratione ~** vor-, anbringen; – *Pass.* **dicor, diceris, dicitur** *usw.* man sagt von mir, dir, ihm *usw.*, es geht das Gerücht, man behauptet, ich, du, er *usw.* soll *(m. N. C. I.)*; **Aesculapius primus vulnus dicitur obligavisse; dictum (ac) factum** gesagt getan = ohne Verzug;
② reden, eine Rede halten; **ad populum ~; ars dicendi** Rhetorik; **pro alqo ~** jmd. verteidigen; **contra alqm ~** jmd. angreifen; **dicendo valere** als Redner Erfolg haben; **qui ante me dixerunt** Vorredner;
③ (be)nennen *(m. dopp. Akk.)* [**alqm felicem; me Caesaris militem dici volui**]; *im Pass. auch* heißen;
④ singen, dichten, vortragen [**carmina**];
⑤ besingen, preisen, lobend erzählen [**amores; facta; alqm carmine**];
⑥ vorhersagen [**futura**];
⑦ versichern, als gewiss behaupten;
⑧ (an)zeigen, weisen [**alci viam; ius** Recht sprechen, Gericht halten];
⑨ bestimmen, festsetzen, anberaumen [**diem operi; multam** Strafe festsetzen; **diem alci** Gerichtstermin festsetzen]; **dictum inter nos fuit, ne** … verabredet;
⑩ zu etw. ernennen, bestimmen *(m. dopp. Akk.)* [**alqm dictatorem, aedilem, tribunum militum**];
⑪ versprechen, zusagen [**alci dotem**]; **pecuniae Appio dictae; doti Valeria pecuniam omnem suam dixerat;**
⑫ *(in der Phonetik)* aussprechen [**hanc litteram**].

dicō[2], dicāre ① *(einer Gottheit)* zusprechen, weihen, widmen [**donum Iovi; Veneri carmen**];
② jmdm. widmen, zueignen [**studium suum alcis laudi; operam alci; librum alci**]; *se ~* sich widmen [**se Crasso**];
③ *(nachkl.)* zur Gottheit erheben; **ille inter numina dicatus Augustus; Ianus geminus a Numa dicatus;**
④ *(Tac.)* einweihen [**nova signa novamque aquilam**].

dicrepo = *discrepo.*

dicrotum, ī *n (erg. navigium) u.* **-a,** ae *f (erg. navis) (gr. Fw.)* Zweiruderer, -decker *(Galeere m. zwei Reihen v. Ruderbänken).*

Dicta, ae *u.* **Dictē,** ēs *f Berg auf Kreta m. einer tiefen Höhle, auf dem nach dem Mythos Jupiter geboren u. erzogen wurde.*

Dictaeus, a, um diktaeisch, vom Berg Dikte, *auch* kretisch [**rex** Jupiter *u.* Minos].

dictāmen, minis *n (mlt.)* Gedicht.

dictamnus, ī *f u.* **-um,** ī *n (gr. Fw.)* Diptam *(Heilpflanze v. Berg Dicta).*

dictāta, ōrum *n (dicto)* Diktat, *(den Schülern zum Auswendiglernen diktierte)* Lehrsätze, Regeln, Lektion.

i Kultur ● **dictātor,** ōris *m (dicto)*
Diktator: ① *in Rom:* **a)** *außerordentlicher höchster Magistrat in Notzeiten, um die gesamte Macht in einer Hand zu vereinen, auf Senatsbeschluss f. höchstens sechs Monate v. einem der beiden Konsuln ernannt* [**dictatorem dicere, facere, creare**]; **b)** *höchster Magistrat f. besondere Aufgaben;* **dicere dictatorem comitiorum habendorum causā, ludorum faciendorum causā, feriarum constituendarum causā;**
② *in latinischen Städten höchster Magistrat;*
③ Suffet *(einer der zwei höchsten Magistrate in Karthago).*

dictātōrius, a, um *(dictator)* diktatorisch, des Diktators [**gladius; invidia** gegen den D.; **iuvenis** Sohn des Diktators].

dictātrīx, rīcis *f (dictator) (Plaut.) (scherzh.)* Gebieterin; **hic tu eris ~ nobis.**

dictātūra, ae *f (dictator)* ① Diktatur, Würde eines Diktators; **-ā se abdicare** *od.* **-am abdicare;**
② das Diktieren.

dictātus, ūs *m (mlt.)* Aufzeichnung.

Dictē, ēs *f s. Dicta.*

dictērium, ī *n (Mart.)* beißend-spöttische Bemerkung.

dictiō, ōnis *f (dico[1])* ① das (An-)Sagen, Vortragen, Vortrag [**sententiae; multae** Festsetzung der Strafe];
② Rede [**subita** aus dem Stegreif]; **mediam dictionem fletu interrumpere; dictioni operam dare;**
③ Rede-, Vortragsweise [**forensis**];
④ Orakel(spruch);
⑤ *(Tac.)* Gespräch, Unterhaltung;
⑥ *(nachkl.)* Redensart, Ausdruck.

dictitō, dictitāre *(Frequ. v. dicto)* ① immer wieder sagen, zu sagen pflegen, fort u. fort behaupten;
② *causas* oft Prozesse führen.

dictō, dictāre *(Frequ. v. dico[1])* ① wiederholt sagen;
② befehlen, diktieren [**versus; carmina**];
③ verfassen, anfertigen.

dictum, ī *n (dico[1])* ① das Gesagte, Ausgesprochene, Äußerung, Wort; **-a testium** Zeugenaussagen; **-a tristia** Klagen; **mutua -a reddere** sich unterreden; **-o citius** schneller als gesagt = sofort, im Nu;
② (Aus-)Spruch [**Catonis**]; *auch poet.* Spruch eines Orakels [**triste**];
③ Witz(wort); **-a dicere in alqm** Witze über jmd. machen; **arcessitum ~** gesuchter Witz;
④ Befehl; **contra -um suum; -o parēre;**
⑤ Versprechen, Versicherung;
⑥ *(Kom.)* Schimpfwort;
⑦ *(Enn.)* Redegewandtheit [**-i studiosus**].

dictus *P.P.P. v. dico[1].*

Dictynna, ae *f (Dicta, Dicte)* ① die „Netzstellerin", *kretische Höhen- u. Geburtsgöttin, die am Diktegebirge verehrt wurde;*
② *Beiname der Göttin Artemis;* – **Dictynnēum,** ī *n Artemisheiligtum b. Sparta.*

didicī *Perf. v disco.*

dīdidī *Perf. f v. dido.*

dīditus *s. dido.*

> *i* Kultur **Dīdō,** dūs *od.* ōnis *f (auch Theiosso u. phöniz. Elis(s)a)* Tochter des Königs Belus v. Tyrus, Gründerin u. Königin v. Karthago *(Verg. Aen.).*

dī-dō, dī-dere, dī-didī, dī-ditum *(nicht klass.)* verteilen; *mediopass.* sich verbreiten, sich ausbreiten.

dī-dūcō, dūcere, dūxī, ductum *(dis[1])* ① auseinander ziehen, -dehnen, öffnen, weit aufmachen [**pugnum; summam arenam** die oberste Sandschicht wegräumen; **vestem; nodos**];
② trennen, teilen, absondern [**assem in partes centum; hostem** zerstreuen]; **diductae terrae** Erdschlund;
③ *(milit.)* auseinander treten lassen, nach beiden Seiten verteilen [**cornua; naves; ordines; aciem in cornua**]; – *Pass.* auseinander treten;
④ gewaltsam trennen, auseinander reißen [**civitatem; matrimonium** auflösen].

dīductiō, ōnis *f (diduco)* ① Weiterführung einer Folgerung;
② *(Sen.)* Ausdehnung;
③ *(Sen.)* Trennung [**rerum**].

Didymēon, ēī *n Apolloheiligtum von Didyma b. Milet (Kleinasien).*

diēcula, ae *f (Demin. v. dies)* kurze Frist; Zahlungsfrist.

dī-ērēctus, a, um *(dis u. erigo) (Plaut.)* hoch aufgerichtet *(v. Gekreuzigten);* **abi ~** geh zum Henker!

● **diēs,** ēī *m u. f* **I.** *m* ① Tag [**festus** Festtag; **dies fasti** Gerichtstage *(Ggstz.* dies nefasti); **natalis** Geburtstag; **medius** Mittag]; **multo die** spät am Tag; **ad multum diem** *od.* **diei** bis spät in den Tag; **ad diem** auf den Tag; **dies noctesque** Tag und Nacht; **in dies** von Tag zu Tag; **cum die** m. Tagesanbruch; **in diem vivere** in den Tag hinein; **carpe diem** *(Hor.)* genieße den Tag;
② Ereignisse des Tages; **diem exercere** Tagesarbeit; **diei poenas dare; in disponendo die** bei der Einteilung des Tages;
③ *(poet.; nachkl.)* Tageslicht; *übtr.* Leben; **diem videre** das Licht der Welt erblicken;
④ Tagesmarsch, Tagereise; **dierum plus triginta in longitudinem patere** *(Liv.)*;
⑤ Tag des Unterganges, Todestag [**supremus**]; **diem obire** sterben; **diem proferre Ilio** den Untergang;
II. *f* ① festgesetzter Tag, Zeitpunkt, Termin [**certa; pecuniae** Zahltag; **iudicii** Gerichtstag; **indutiarum** letzter Tag des Waffenstillstandes]; **diem obire** abwarten; **in diem emere; diem dicere alci** jmd. auf einen bestimmten Tag vor Gericht laden; **diem statuere ante quam** einen Termin bestimmen, bis zu welchem; **diem ex die ducere** den Termin von einem Tag zum andern hinziehen;
② Frist [**annua** Jahresfrist *(zur Bezahlung)*]; **prodicere diem** die Frist verlängern;
③ Zeit(raum); **quod est dies allatura;**
④ Briefdatum; **habet diem epistula** ist datiert; **negat summo bono afferre incrementum diem** *(Cic.);*

/ *altl. Gen. Sg.* diē *u.* diī, *Dat.* diē.

Diēs, ēī *m (dies, personif.) Gott des Tages.*

Diēs-piter, tris *m* = Jupiter.

dieta, ae *f* ❶ = *diaeta;*
❷ Tagereise.

dif-fāmō, fāmāre *(dis¹ u. fama)* ❶ *(poet.; nachkl.)* in Verruf bringen, über jmd. *od.* über etw. Gerüchte verbreiten *(m. Akk.)* [**alqm procacibus scriptis; alqm carminibus**];
❷ *(August.)* preisen, rühmen [**religionem Christianam**].

differēns *s. differo.*

differentia, ae *f (differo II.)* Verschiedenheit, Unterschied.

differitās, ātis *f (Lucr.)* = *differentia.*

● **dif-ferō,** dif-ferre, dis-tulī, dī-lātum **I.** *trans.*
❶ auseinander tragen, verbreiten [**ignem; arbores** verpflanzen];
❷ auf -, verschieben, verzögern [**triumphum; bellum; contionem in posterum diem; tempus** Frist geben]; **alqm ~, donec** nicht verurteilen bis; **consul differendum negat** behauptet, man dürfe nicht säumen;
❸ jmd. vertrösten, verweisen, hinhalten [**alqm in tempus aliud; legatos ad novos magistratus**];
❹ *(poet.; nachkl.)* zerstreuen, zerreißen, auseinander bringen, trennen, zerteilen; **insepulta membra differunt lupi; aquilo differt nubila; castra vi fluminis differebantur** wurde auseinander gerissen;
❺ verbreiten [**rumorem**];
❻ *(poet.; nachkl.)* ins Gerede bringen [**alqm turpi famā; alqm variis rumoribus**];
❼ **differri alqa re** fast vergehen vor [**doloribus; laetitiā; amore**];
II. *intr. (nur im Präsensstamm)* verschieden sein, sich unterscheiden *(inter se; ab; Dat.; cum; durch etw.: Abl.); unpers.:* **differt** es besteht ein Unterschied; **nihil differt** es besteht kein Unterschied; – *Adj.* **differēns,** *Gen.* ntis verschieden, abweichend, unähnlich *(abs. od. mit ab)* [**genera; causae**].

dif-fertus, a, um *(dis¹ u. farcio)* voll gestopft, wimmelnd von *(m. Abl.)*; **forum -um nautis; corpus -um odoribus.**

● **dif-ficilis,** e *(dis¹ u. facilis) (Adv.* difficulter, *selten* difficiliter *u.* difficile) ❶ schwierig, schwer, mühsam [**ad eloquendum**]; **difficile dictu, factu** schwer zu sagen, zu tun; **in omni re difficillimum est formam exponere optimi;**
❷ *(v. wissenschaftlichen Untersuchungen u. Ä.)* schwierig, verwickelt [**res; quaestio**];
❸ *(v. Örtl.)* schwer zu passieren, gefährlich, beschwerlich [**via; aditus; iter**];
❹ *(v. der Zeit)* gefährlich; **difficillimis temporibus;**
❺ *(v. Personen u. Char.)* mürrisch, unzugänglich, griesgrämig, ärgerlich, eigenwillig, spröde [**senex; puella; alci; precibus; pater in liberos**].

diffictus *P.P.P. v. diffingo.*

● **difficultās,** ātis *f (difficilis)* ❶ Schwierigkeit, Hindernis [**tempestatis** Widrigkeit; **discendi; dicendi**]; **erat in magnis Caesaris difficultatibus res, ne maiorem aestatis partem flumine impediretur** *(Caes.)*; **haec res Caesari difficultatem ad consilium capiendum afferebat;**
❷ Mangel, (Geld-)Not [**rerum** schwierige Lage; **navium; pecuniaria; domestica** drückende Lage];
❸ mürrisches Wesen, Empfindlichkeit, Starrköpfigkeit;
❹ Beschwerlichkeit, Beschwerde [**corporis**].

difficulter *Adv. v. difficilis.*

diffīdēns, *Gen.* entis *(P. Adj. v. diffido)* misstrauisch; ängstlich.

diffīdentia, ae *f (diffidens)* Misstrauen; Mangel an Selbstvertrauen; **-am rei simulare; non tam -ā, futura, quae imperavisset.**

dif-fidī *Perf. v. diffindo.*

● **dif-fīdō,** fīdere, fīsus sum *(dis¹)* misstrauen, nicht trauen, (ver)zweifeln an *(m. Dat.; Abl.; A. C. I.)*; **veteri exercitui patriaeque~; sibi ~; saluti ~** an der Rettung; **rem posse confici diffido** *(Cic.)*.

dif-findō, findere, fidī, fissum ❶ (zer)spalten, zerschlagen, zerteilen [**truncum; portas muneribus** durch Bestechung öffnen];
❷ *(jur. t. t.) diem* die Gerichtsverhandlung auf einen anderen Tag verschieben.

dif-fingō, fingere, fīnxī, fictum *(Hor.)* ❶ umbilden [**ferrum** umschmieden];
❷ *(übtr.)* umändern; **neque diffinget infectumque reddet, quod fugiens semel hora vexit.**

diffissus *P.P.P. v. diffindo.*

diffīsus *P. P. Akt. v. diffido.*

dif-fiteor, fitērī *(dis¹ u. fateor)* in Abrede stellen, leugnen.

dif-flāgitō, flāgitāre *(Plaut.)* heftig verlangen.

dif-flō, flāre *(Plaut.)* auseinander blasen.

dif-fluō, fluere, flūxī, – ❶ auseinander fließen, sich fließend ausbreiten; **quasi extra ripas diffluens;** *auch übtr.:* **quod efficiatur aptum illud, quod fuerit ante diffluens ac solutum** *(Cic.)* gleichsam auseinander geflossen und lose gewesen ist;
❷ zerfließen, sich auflösen;
❸ *(v. Personen)* in ausschweifendem Leben verkommen [**luxuriā** in Saus u. Braus leben, ausschweifend leben];
❹ verschwinden; **diffluunt iuga montium;** *auch übtr.:* **ubi per socordiam vires, tempus, ingenium diffluxerunt** *(Sall.)*;
❺ *(Phaedr. u. Plin.)* von etw. triefen [**sudore**].

dif-fringō, fringere, frēgī, frāctum *(frango)* zerbrechen, zerschlagen; **gubernaculo diffracto;**

crura alci ~ *(Plaut.).*

dif-fūdī *Perf. v. diffundo.*

dif-fugiō, fugere, fūgī, fugitūrus auseinander fliehen, sich zerstreuen; **metu perterriti repente diffugimus** *(Cic.);* **diffugiunt stellae; diffugēre nives.**

diffugium, ī *n (diffugio) (Tac.)* das Auseinanderstieben, Entfliehen.

dif-funditō, funditāre *(Plaut.)* verschwenden.

● **dif-fundō,** fundere, fūdī, fūsum ① ausgießen, auseinander fließen lassen;
② *se ~ u. mediopass. diffundi* ausströmen, sich ergießen; **glacies liquefacta se diffundit; freta diffundi iussit; medicamentum in venas diffunditur;**
③ aus-, verbreiten *(konkr. u. übtr.)* [**comas** zerzausen]; **equitem campis ~** zerstreuen; – *mediopass.* sich verbreiten, sich ausbreiten: **rami diffunduntur; lux diffunditur;**
④ *(übtr.)* zerstreuen, erleichtern, aufheitern [**bonis amicos; vultum; iram; dolorem suum flendo**];
/ *P. Adj.* **diffūsus,** a, um *(m. Komp.)* **a)** ausgedehnt, weit(läufig), ausgebreitet; **luce diffusā toto caelo; in omne latus diffusa flamma; b)** *(übtr.)* weitläufig, ausführlich [**ius civile**]; **diffusius dicere.**

diffūsilis, e *(diffundo) (Lucr.)* sich leicht verbreitend [**aether**].

diffūsiō, ōnis *f (diffundo)* ① *(Mart.)* das Auseinanderfließen, Sich-Ausbreiten [**maris**];
② *(Sen.)* Aufheiterung, Heiterkeit [**animi**].

diffūsus *s. diffundo.*

dif-futūtus, a, um *(futuo) (Cat.)* durch häufigen Beischlaf geschwächt.

digamma, *undekl. n u.* ae *f* (δίγαμμα) *altgriech. Buchstabe F; meton.* Zinsbuch *(wegen der Aufschrift Fenus).*

Dīgentia, ae *f Bach am sabin. Landgut des Horaz, fließt in den Anio, j.* Licenza.

dī-gerō, gerere, gessī, gestum *(dis[1])* ① *(poet.; nachkl.)* auseinander treiben, trennen, (zer)teilen [**nubes**];
② verteilen [**novem volucres in belli annos; poenam in omnes; pulverem in catinos**]; **Crete centum digesta per urbes;**
③ einteilen [**populum in partes; ius civile in genera**];
④ abteilen, ordnen [**rem publicam bene; carmina in numerum; senes orbos in litteram** nach dem Alphabet];
⑤ ordnungsmäßig eintragen [**nomina in codicem**];
⑥ in gehöriger Ordnung durchführen, ausführen [**mandata**];
⑦ *(Verg.)* auslegen, deuten [**omina**];
⑧ *(Verg.)* verpflanzen [**arborem per agros**];
⑨ *(nachkl.)* verdauen [**cibos**].

dīgestiō, ōnis *f (digero)* ① Einteilung, Anordnung;
② *(als rhet. Figur)* Aufzählung *der einzelnen Punkte;*
③ *(nachkl.)* Berechnung [**annorum**];
④ *(nachkl.)* Verdauung.

dīgestus *P.P.P. v. digero.*

digitālis, e *(digitus) (Plin.)* fingerdick.

Digitī Īdaeī *(Übersetzung v.* Δάκτυλοι Ἰδαῖοι*) Dämonen am Ida, Kybelepriester.*

digitulus, ī *m (Demin. v. digitus)* Fingerchen.

● **digitus,** ī *m* ① Finger [**index** Zeigefinger]; **-o se caelum attigisse putare** fast im Himmel zu sein glauben, heilfroh sein; **-um intendere ad** m. dem Finger zeigen; **computare -is** *u.* **numerare per -os** an den Fingern abzählen, berechnen; **venire ad -os** ausgerechnet werden; **-um tollere** den Finger hochheben *(beim Abstimmen);* **novi tuos -os** ich kenne deine Geschicklichkeit im Rechnen; **-os comprimere pugnumque facere;**
② *(poet.; nachkl.)* Zehe; **insistere -is** auf die Zehen treten; **insistere summis -is** auf die Zehenspitzen treten;
③ *(als Maß)* die Fingerbreite, der Zoll *(= 18,5 mm); sprichw.:* **non -um (transversum) discedere a re.**

dī-gladior, gladiārī *(dis[1] u. gladius)* sich herumschlagen [**inter se sicis**]; *übtr.* sich in den Haaren liegen; **digladientur illi, per me licet.**

dīgnātiō, ōnis *f (digno)* ① Würdigung, Anerkennung, Auszeichnung; **dignatione alqm diligere;**
② Rang, Stellung, Würde, Hochachtung; **de dignatione laborare; reddere honorem sacerdotiis dignatione sua.**

● **dīgnitās,** ātis *f (dignus)* ① das Würdigsein, Tüchtigkeit, Verdienst [**consularis** zum Konsulat]; **alqm pro dignitate laudare; honor dignitate impetratus;**
② Achtung, Ansehen, *äußere* Ehre; **neque suae neque populi Romani dignitatis esse** vertrage sich nicht mit; **civitatis dignitatem et decus sustinere;**
③ *(v. menschl. Körper)* würdevolles Aussehen [**corporis**];
④ *(v. Gebäuden u. Örtl.)* Pracht [**portūs; urbis**];
⑤ Stellung, Rang; **secundum locum dignitatis obtinere; altus dignitatis gradus** erhabene Stellung; **alqm ad summam dignitatem perducere; dignitati servire;**
⑥ Ehrenstelle, amtliche Würde; **summa cum dignitate esse** ein hohes Amt bekleiden; **dignitates** Männer von Rang und Würden;
⑦ *(sittl.)* Würde, *innere* Ehre, ehrenhafte Gesinnung; **dignitatem servare** *od.* **obtinere** seine Würde behaupten; **res non habet dignitatem** verträgt sich nicht m. der Ehre;
⑧ *(Tac.) (v. Ausdruck)* das Würdevolle, Eindruckmachende [**orationis**].

dīgnitōsus, a, um *(dignitas) (Petr.)* ansehnlich [**homo**].

dīgnō, dīgnāre *(dignus)* würdigen.

dīgnor, dīgnārī *(dignus) (poet.; nachkl.)*
① würdigen, für würdig halten [**alqm honore; alqm non sermone, non visu; libellum venia**];
② sich entschließen, wollen, geruhen *(m. Inf.)*; **Aeneae se pulchra viro dignatur iungere Dido.**

dī-gnōscō *(u.* **dī-nōscō**), (g)nōscere, (g)nōvī, – *(dis[1] u. nosco) (poet.; nachkl.)* unterscheiden, erkennen, wahrnehmen [**veri speciem; bonum malumque**].

● **dīgnus,** a, um ① würdig, wert *(m. Abl.; ut; qui u. Konj.; Sup.; selten m. Gen. od. Inf.)*; **laude ~; maioribus suis ~; fabulae -ae, quae iterum legantur; dictu, memoratu -um** der Erwähnung, der Erinnerung wert; **salutis ~; laudari ~;**
② verdient, zukommend, angemessen, geziemend; **-a indigna pati** Verdientes u. Unverdientes; **dignum est** *(m. Inf. od. A. C. I.)* es schickt sich, passt.

● **dī-gredior,** gredī, gressus sum *(dis[1] u. gradior)* ① weggehen, sich trennen, sich entfernen [**ab alqo; a colloquio; domo**];
② abweichen; abschweifen; **sed eo, unde huc digressi sumus, revertamur.**

dīgressiō, ōnis *f (digredior)* ① das Weggehen, Trennung, das Scheiden;
② *(in der Rede)* Abschweifung, Episode [**a proposita oratione**].

dīgressus[1], ūs *m* = *digressio.*

dīgressus[2] *P. P. Akt. v. digredior.*

diiūdicātiō, ōnis *f (diiudico)* Entscheidung.

dī-iūdicō, iūdicāre ① entscheiden [**inter duas sententias; diiudicatā belli fortunā**]; **diiudicari non potuit, uter utri virtute anteferendus videretur;**
② unterscheiden [**vera et falsa; vera a falsis**].

diiun … *s. disiun* …

● **dī-lābor,** lābī, lāpsus sum ① auseinander fallen, zerfallen, verfallen, sich auflösen; **moenia vetustate dilapsa; aedificium dilabens; fax in cineres dilapsa;**
② vergehen, (ver)schwinden; **rem familiarem ~ sinere; dilapsa robora corporum animorumque; concordiā parvae res crescunt, discordiā maxumae dilabuntur** *(Sall.)*; **vectigalia publica neglegentiā dilabebantur** zerflossen;
③ zerfließen, -rinnen, sich auflösen; **dilapsus calor** verglommen; **nebula dilabitur** verzieht sich;
④ abfließen; **dilabente aestu** als die Flut zurücktrat;
⑤ *(v. Personen, bes. v. Soldaten)* entweichen, entwischen, entschlüpfen, sich zerstreuen [**a signis; ex praesidio; in civitates; nocte in sua tecta** sich verlaufen; **pabulatum**];
⑥ *(übtr.)* entgleiten, entweichen; **dilapsis curis;**
⑦ *(v. der Zeit)* entschwinden; **dilapso tempore.**

dī-lacerō, lacerāre ① zerreißen, zerfleischen; **corpus tormentis dilacerari iubet;**
② *(übtr.)* zerrütten [**rem publicam; opes**]; hart treffen *(alqm).*

dī-lāminō, lāmināre *(dis[1] u. lamina) (Ov.)* spalten [**nuces**].

dī-laniō, laniāre zerfleischen, zerreißen, zerfetzen.

dīlapidātiō, ōnis *f (dilapido) (Hor.)* das Verschleudern, Verschwenden [**patrimonii**].

dī-lapidō, lapidāre vertun, verschwenden [**pecuniam publicam**].

dīlāpsiō, ōnis *f (dilabor) (August.)* das Verfallen, Vergehen.

dīlāpsus *P. P. Akt. v. dilabor.*

dī-largior, largīrī freigebig austeilen, freigebig verschenken [**foedera sociis; bona**].

dilatatus, a um bekannt, berühmt.

dīlātiō, ōnis *f (differo)* Verzögerung, Aufschub [**belli; legis agrariae**]; **sine dilatione; res dilationem non recipit** *od.* **non patitur** duldet keinen Aufschub.

dī-lātō, lātāre *(dis[1] u. latus[2])* ausbreiten, (aus)dehnen, erweitern *(konkr. u. übtr.)* [**manum; litteras** lang aussprechen, dehnen; **orationem; gloriam; legem; nomen in continentibus terris**].

dīlātor, ōris *m (differo) (Hor.)* Zauderer.

dī-laudō, laudāre nach allen Seiten hin loben.

dīlēctiō, ōnis *f (diligo) (Hor.; nachkl.)* Liebe.

dīlēctor, ōris *m (diligo) (nachkl.)* Verehrer.

dīlēctus[1] *s. diligo.*

● **dīlēctus**[2], ūs *m (dis[1] u. lego[1])* ① *(milit. t. t.)* Aushebung; **dilectum habere, agere** abhalten;
② *(meton.)* die ausgehobene Mannschaft, die Ausgehobenen;
③ (Aus-)Wahl.

dī-lēxī *Perf. v. diligo.*

dī-līdō, līdere *(dis[1] u. laedo) (Plaut.)* zerschlagen.

● **dīligēns,** *Gen.* entis ① sorgfältig, genau, gründlich, gewissenhaft, umsichtig *(in etw.: Gen. od. in m. Abl.)* [**veritatis** wahrheitsliebend; **in omni genere; ad declarandum benevolentiam**]; **alqd diligentissime facere;**
② sparsam, wirtschaftlich [**homo**].

● **dīligentia,** ae *f (diligens)* ① Sorgfalt, Achtsamkeit, Aufmerksamkeit, Gründlichkeit, Genauigkeit *(m. Gen.; in re; erga)*; **~ sacrorum; mea in re publica ~; summā cum -ā** sehr sorgfältig; **-am adhibere** *od.* **conferre ad** *u.* **in alqd;**
② Wirtschaftlichkeit; **res familiaris conser-**

vari debet -ā et parsimoniā.

● **dī-ligō,** ligere, lēxī, lēctum *(dis[1] u. lego[1])* hoch achten, schätzen, lieb und wert halten, lieben [**alqm ~ et carum habere; se ipsum; inter se** gegenseitig; **aurum; hunc locum**]; – *P. Adj.* **dīlēctus,** a, um lieb, wert, teuer *(m. Dat.)*; **dilecti tibi poetae;** – *Subst.* **dīlēctī,** ōrum *m (Suet.)* Lieblinge.

dī-liquēscō = *deliquesco.*

dī-lōrīcō, lōrīcāre *(dis[1] u. lorica)* auseinander reißen, aufreißen [**tunicam**].

dī-lūceō, lūcēre, – – klar sein *(nur übtr.)*; ~ **deinde brevi fraus coepit** klärte sich auf.

dī-lūcēscō, lūcēscere, lūxī, – *(Incoh. v. diluceo)* hell werden; *unpers.:* **dilucescit** es wird hell, es tagt.

dī-lūcidus, a, um *(m. Komp.) (diluceo)* ① hell;
② *(übtr.)* deutlich [**verba; expositio**]; **quo brevior eo dilucidior et cognitu facilior narratio erit.**

dīlūculum, ī *n (diluceo)* Morgendämmerung.

dī-lūdium, ī *n (dis[1] u. ludus) (poet.)* Ruhetag *(der Gladiatoren)*, Spielpause; *(übtr.)* Aufschub.

dī-luō, luere, luī, lūtum ① aufweichen, auflösen [**vulnus aceto** aufweichen; **colorem** verwaschen];
② zerwaschen, wegspülen [**sata**];
③ *durch Lösung* bereiten, verdünnen [**venenum** Gifttrank; **vinum**];
④ verscheuchen, entfernen [**curam mero; alcis auctoritatem** untergraben; **vitium ex animo**];
⑤ entkräften, unhaltbar machen [**crimen**]; ~ **alqd et falsum esse docere;**
⑥ *(übtr.)* auflösen [**amicitiam**];
⑦ *(Plaut.)* deutlich auseinander setzen.

dīluviēs, ēī *f (diluo)* ① Überschwemmung, Wasserflut;
② Vernichtung, Verderben;
③ Sintflut.

dīluviō, dīluviāre *(diluvium) (Lucr.)* überschwemmen.

dīluvium, ī *n* = *diluvies.*

dī-lūxī *Perf. v dilucesco.*

dimachae, ārum *m* (διμάχαι) *(nachkl.) makedon.* „Doppelkämpfer" *(zu Pferd u. zu Fuß).*

dī-mānō, mānāre auseinander fließen; sich ausbreiten.

dīmēnsiō, ōnis *f (dimetior)* Vermessung [**geometrica quadrati**].

dī-mētior, mētīrī, mēnsus sum vermessen, aus-, abmessen [**terram**]; **studium dimetiendi caeli; campum ad certamen ~;** – *Part. Perf.* dīmēnsus *auch pass.* vermessen [**domus**].

dī-mētō, mētāre *u.* **dī-mētor,** mētārī abgrenzen, abmessen [**signa**].

dīmicātiō, ōnis *f (dimico)* ① (gefährlicher) Kampf; ~ **universa** *u.* **universae rei** Entscheidungsschlacht; **haec duorum opulentissimorum in terris populorum ~ ;**
② das Ringen *(um: m. Gen.)* [**famae fortunarumque**].

● **dī-micō,** micāre *(Perf. poet. auch* -cuī*)* ① kämpfen, fechten [**cum Latinis de imperio; acie** in offener Schlacht; **ferro; pro patria; pro aris et focis**];
② *(übtr.)* ringen, riskieren, sich abmühen [**de vita; de fortuna; de liberis**].

dīmidia, ae *f (dimidius; erg. pars)* die Hälfte; der halbe Ertrag.

dīmidiātus, a, um *(dimidium)* halbiert, halb.

dīmidium, ī *n (dimidius; = dimidia pars)* die Hälfte [**pecuniae; militum**]; **-o** *(m. Komp.)* um die Hälfte [**carius; plus**].

dīmidius, a, um *(dis[1] u. medius)* halb, zur Hälfte [**spatium; pars** die Hälfte].

dī-minuō, minuere, (minuī), minūtum *(vor- u. nachkl.)* zerschmettern, zerspalten.

dīminūtiō = *deminutio.*

dī-mīsī *Perf. v. dimitto.*

dīmissiō, ōnis *f (dimitto)* ① Entsendung [**libertorum ad diripiendas provincias**];
② Abdankung, Entlassung aus dem Dienst [**remigum**].

dīmissus, *Dat.* uī *m (dimitto)* Entlassung.

● **dī-mittō,** mittere, mīsī, missum ① ausschicken, herumschicken, aussenden [**pueros circum amicos; nuntios in omnes partes; ex omni parte flagella** die Fangarme ausstrecken; **animum ignotas in artes; litteras in alias urbes; aciem (oculorum) in omnes partes** umherblicken];
② wegschicken, entlassen [**legionem; regem spoliatum**];
③ *(Versammlungen)* entlassen, aufheben, auseinander gehen lassen [**senatum; exercitum; ludos** beenden];
④ **a)** *einen Beamten* entlassen, absetzen [**legatos**]; **b)** *(Schüler)* entlassen; **c)** *(Suet.) scholam* eine Schule aufgeben;
⑤ *(die Gattin)* verstoßen, sich von ihr trennen [**uxorem; alqam e matrimonio**];
⑥ *(Gefangene)* gehen lassen [**alqm a se; hostem ex manibus; alqm ex custodia; alqm incolumem; Rhodios domum**]; *(nachkl.) (Verbrecher)* ungestraft entlassen;
⑦ loslassen, fallen lassen, wegwerfen [**arma; signa ex metu**];
⑧ aufgeben, unterlassen, beseitigen, auf etw. verzichten [**quaestionem; iniuriam ignominiamque nominis Romani inultam impunitamque** ungerächt u. ungestraft hingehen lassen; **vim suam; oppida; occasionem** ungenützt lassen; **tributa** erlassen; **provinciam; praeterita oblivione** sich aus dem Sinn schlagen, vergessen].

dim-minuō = *diminuo.*

D

dī-moveō, movēre, mōvī, mōtum ❶ *(poet.; nachkl.)* auseinander schieben, -teilen, trennen [**undas; terram aratro** durchpflügen; **rauca ora talibus sonis** auftun, öffnen; **aquam corpore** durchfurchen; **obstantes propinquos** sich hindurchdrängen durch];
❷ *(poet.; nachkl.)* entfernen, fortbringen, fortschaffen; **dimotis omnibus paulum requievit;**
❸ zur Treulosigkeit bringen, zum Abfall bewegen; **spes societatis equites Romanos a plebe dimoverat.**

Dindymēnē, nēs *f* = *Cybele.*

Dindymus, ī *m u.* **-a,** ōrum *n Gebirge in Phrygien (Kleinasien) m. Kybelekult.*

dī-nōscō *s. dignosco.*

dī-notō, notāre unterscheiden.

dīnumerātiō, ōnis *f (dinumero)* Aufzählung.

dī-numerō, numerāre ❶ her-, aufzählen [**stellas; sententias**];
❷ *(Zeitabschnitte)* berechnen [**tempora; noctes; horas**];
❸ *(Geld)* auszahlen [**viginti minas**].

Diō = *Dion.*

diōbolāris, e *(gr. Fw.) (Plaut.)* für 2 Obolen käuflich.

Diocharēs, is *m Freigelassener Cäsars; – Adj.* **Diocharīnus,** a, um.

Dioclētiānus, ī *m:* C. Aurelius Valerius ~ *(nach 230–316 n. Chr.), röm. Kaiser v. 284–305, Begründer des Dominats und der Tetrarchie (Vierkaiserherrschaft), legte freiwillig die Kaiserwürde nieder.*

Diodōrus, ī *m* ❶ *ein Dialektiker aus Karien (Kleinasien), um 300 v. Chr.;*
❷ *ein Peripatetiker aus Tyrus (Syrien), um 100 v. Chr.;*
❸ *griech. Historiker aus Sizilien (dah. Siculus genannt), Zeitgenosse des Augustus.*

dioecēsānus, a, um *(dioecesis) (spätl.)* zur Diözese gehörig.

dioecēsis, is *f (gr. Fw.)* ❶ Bezirk, Distrikt;
❷ *(spätl.)* Diözese, Bistum.

dioecētēs, ae *m (gr. Fw.)* Verwalter *der königl. Einkünfte.*

> *i* Kultur **Diogenēs,** is *m* ❶ ber. kynischer Philosoph aus Sinope (404–323 v. Chr.), der sein Ideal der Bedürfnislosigkeit provokativ vorlebte, um die Konventionen zu verspotten u. zu sprengen;
> ❷ Stoiker, Schüler des Chrysipp, Lehrer des Karneades, 155 v. Chr. als athenischer Gesandter in Rom.

Diomēdēs, is *m Sohn des Tydeus, Königs von Ätolien, Held vor Troja, Gründer v. Arpi in Apulien; – Adj.* **Diomēdēus,** a, um.

Diōn, ōnis *m v. Syrakus (409–354 v. Chr.), Schwiegersohn des älteren Dionysius, des Tyrannen von Syrakus, befreite die Stadt von der Herrschaft seines Schwagers, des jüngeren Dionysius, 354 ermordet; Verehrer Platos, den er nach Syrakus einlud; sein Versuch, Platos Idealstaat in Syrakus rücksichtslos zu verwirklichen, scheiterte an der Opposition aller Gruppen, da Dions Herrschaft immer mehr zur Tyrannis wurde.*

Diōna, ae *u.* **Diōnē,** ēs *f* ❶ *Titanin, Mutter der Venus;*
❷ Venus; – *Adj.* **Diōnaeus,** a, um [**mater** Venus, *Mutter des Äneas;* **Caesar** *als Nachk. des Äneas;* **antrum** der Venus geweiht].

Dionȳsia, ōrum *n (Dionysus)* Bacchusfest.

Dionȳsius, ī *m Herrscher v. Syrakus:* ❶ *der Ältere, seit 406 v. Chr. Tyrann v. Syrakus, gest. 367;*
❷ *der Jüngere, sein Sohn, wurde zuerst v. Dion 357 v. Chr., dann endgültig v. Timoleon 343 nach Korinth vertrieben.*

Dionȳsus, ī *m* = *Bacchus 1.; – Adj.* **Dionȳsius,** a, um.

dioptra, ae *f (gr. Fw.)* Visierinstrument.

diōta, ae *f (gr. Fw.) (Hor.)* zweihenkliger Weinkrug, Henkelkrug.

Dīphilus, ī *m* ❶ *griech. Komödiendichter aus Sinope, um 300 v. Chr., nachgeahmt v. Plautus;*
❷ *Baumeister in Rom.*

diplinthius, a, um *(gr. Fw.) (spätl.)* zwei Ziegel dick [**paries**].

diplōma, atis *n (gr. Fw., eigtl. ein Schreiben auf zwei zusammengelegten Blättern)* ❶ Diplom, (Ernennungs-, Beglaubigungs-, Begnadigungs-)Urkunde, Urkunde über das verliehene röm. Bürgerrecht; Patent; Empfehlungsbrief;
❷ *(z. Zt. der Republik)* Geleitschreiben *(v. Senat f. die in die Provinz Reisenden ausgestellt);*
❸ *(nachkl.) (in der Kaiserzeit)* Pass *zur Benutzung der Staatspost.*

dipsas, adis *f (gr. Fw.) (nachkl.) eine giftige Schlange.*

dipteros, on *(gr. Fw.)* m. zwei Säulenreihen [**aedes**].

diptychum, ī *n (gr. Fw.* „doppelt Zusammengelegtes") *(spätl.)* ❶ eine aus zwei Täfelchen bestehende Schreibtafel;
❷ Verzeichnis [**episcoporum; mortuorum**].

Dipylon, ī *n Doppeltor im Nordwesten Athens.*

dipyros, on *(gr. Fw.) (Mart.)* zweimal gebrannt.

dīrae, Dīrae *s. dirus.*

Dircē, ēs *f* ❶ *Quelle b. Theben; – Adj.* **Dircaeus,** a, um *auch* thebanisch, böotisch [**cycnus** = Pindar];
❷ *Gattin des Lykos, des Königs v. Theben, die in die Quelle verwandelt worden sein soll.*

D

dīrēctim *Adv. (directus) (spätl.)* gerade.

dīrēctiō, ōnis *f (dirigo)* ① Richtung;
② Gerechtigkeit;
③ Aufrichtigkeit.

dīrēctus, a, um *(P. Adj. m. Komp. v. dirigo; Adv.* -ē *u.* -ō) ① gerade (gerichtet) [**via**]; *Adv.* dīrēctē *u.* -ō: **a)** in gerader Richtung, direkt; **b)** geradezu, unbedingt;
② waagrecht, horizontal [**trabes**];
③ senkrecht, vertikal, gerade abwärts laufend, steil abfallend [**locus; crates; latera; cornu**]; **urbs Henna tota ab omni aditu circumcisa atque -a est** *(Cic.)* rings steil abgeschnitten;
④ *(übtr.)* direkt, geradeheraus, einfach, schlicht [**percunctatio** unmittelbare Anfrage];
⑤ streng [**ratio; homo**].

dir-ēmī *Perf. v. dirimo.*

dirēmptus¹, ūs *m (dirimo)* Trennung.

dirēmptus² *P.P.P. v. dirimo.*

● **dīreptiō,** ōnis *f (diripio)* Plünderung, Raub [**urbis; bonorum; sociorum et civium**]; **urbs relicta direptioni et incendiis.**

dīreptor, ōris *m (diripio)* Plünderer.

dīreptus *P.P.P. v. diripio.*

dī-rēxī *Perf. v. dirigo.*

dir-ibeō, ibēre, ibuī, ibitum *(dis¹ u. habeo)* ① trennen, auslesen, sortieren [**tabellas** die Stimmtäfelchen];
② *(Plin.)* ver-, austeilen [**gentes et regna**].

diribitiō, ōnis *f (diribeo)* das Sortieren, Zählung der Stimmtäfelchen.

diribitor, ōris *m (diribeo)* Zähler der Stimmtäfelchen.

diribitōrium, ī *n (diribeo) (nachkl.) Gebäude in Rom, wo urspr. die Stimmtäfelchen gesondert, später Geschenke an das Volk und Löhne an die Soldaten ausgeteilt wurden.*

dī-rigēscō = *derigesco.*

● **dī-rigō,** rigere, rēxī, rēctum *(dis¹ u. rego)* ① gerade richten [**flumina** regulieren; **finem**];
② gerade, in gerader Richtung aufstellen [**suos in Veientem hostem; naves in pugnam**];
③ senden, schicken [**duas litteras**];
④ hinwenden, -lenken [**vela ad castra; ratem in ripam**];
⑤ *(poet.)* zielen, werfen, schießen [**in corpus tela; validam hastam Ilo** *(Dat.)* auf den Ilus];
⑥ *(abs.)* Richtung nehmen, sich erstrecken; **planities hinc dirigens** sich ausdehnend;
⑦ nach etw. einrichten, bestimmen, beurteilen *(alqd ad alqd od. alqd re)* [**omnia ad rationem civitatis; utilitate (ad utlilitatem) officia; ad illius similitudinem artem et manum**].

dir-imō, imere, ēmī, ēmptum *(dis¹ u. emo)* ① auseinander bringen, trennen, scheiden; **dirempti** verfeindet;
② *(einen Kampf)* abbrechen, unterbrechen [**pugnam**];
③ unterbrechen, stören, verhindern; **comitia consularia certamen patrum et plebis diremit;**
④ *(eine Verbindung)* aufheben, auflösen [**amicitias; societatem; veterem coniunctionem**];
⑤ *(einen Streit)* schlichten, beseitigen, ausgleichen [**certamen; controversiam; bellum inter Philippum atque Aetolos; simultates; consiliorum diversitatem**].

● **dī-ripiō,** ripere, ripuī, reptum *(dis¹ u. rapio)* ① *(poet.)* auseinander reißen, zerreißen, in Stücke reißen;
② *(poet.; nachkl.)* wegzerren, losreißen, entreißen [**a pectore vestem; funem litore; arma militibus**];
③ plündern, zerstören [**aras; castra; villas; provincias**];
④ wegschleppen, rauben [**res ex Asia; bona**].

dīritās, ātis *f (dirus)* ① Unglück, Unheil, das Grauenvolle;
② Grausamkeit; **quanta in altero ~, in altero comitas; ~ morum eius.**

dī-rumpō, rumpere, rūpī, ruptum ① zerreißen, zerbrechen, zerschmettern [**imagines**]; – *mediopass.* dīrumpī bersten, platzen *(auch übtr. vor Ärger, Unwillen, Neid u. Ä.);* **dirumpi plausu alcis** vor Ärger über den Beifall jmds.;
② *(übtr.)* abbrechen [**amicitiam; societatem**].

● **dī-ruō,** ruere, ruī, rutum auseinander reißen, einreißen, zerstören; **aedificium ~; domum ~; agmina ~** auseinander treiben; **aere dirutus** *(beim Spiel)* bankrott; **homo dirutus** bankrott.

dī-rūpī *Perf. v. dirumpo.*

dīruptus *P.P.P. v. dirumpo.*

● **dīrus,** a, um ① Unheil verkündend, unheilvoll, verderblich, grauenhaft [**cometae; funus; aves; preces** Verwünschungen; **deae, sorores** Erinnyen, Furien];
② grauenvoll, schrecklich [**bellum; nefas; fames**]; **dira fremere** furchtbar knirschen;
/ *Subst.* **dīrae,** ārum *f (auch* **dīra,** ōrum *n)* **a)** Unheil verkündende Vorzeichen; **b)** Verwünschungen; **dira alci precari** Verwünschungen geg. jmd. ausstoßen; **Dīrae,** ārum *f* Erinnyen, Furien.

dis-¹ *Präfix (volle Form vor c, p, t, s [außer den Verbindungen sc, sp, st]: dis-curro, dis-cido, dis-sero; vor sc, sp, st di-: di-stinguo; vor f durch Assimilation dif-: dif-fundo; vor den übrigen Konsonanten dī-: dī-ruo, dī-gero; vor Vokalen dir-: dir-imo)* ① *(zur Bez. der Trennung od. Entfernung)* weg-, zer-, auseinander [**diduco, discedo, discerpo, dilabor**];

2 *(als Verneinung)* un- [**dispar**];
3 *(zur Steigerung)* ganz, durchaus, sehr [**discupio**].

dīs² *m u. f, n:* dīte, *Gen.* dītis *(< dives) (Komp.* dītior, *Superl.* dītissimus) 1 reich; **ditis hominis bona; in diti domo;** *(m. Gen.: an)* **ditissimus agri;**
2 *(übtr.)* reich(lich), lohnend; **opulenta ac ditia stipendia facere; ditissimi belli victoria; delubra ditia donis; nulla res publica umquam bonis exemplis ditior fuit** *(Liv.).*

Dīs, Dītis *m* 1 Pluto, *Gott der Unterwelt* [**Dis pater**];
2 *(Verg.) (meton.)* Unterwelt; **atri ianua Ditis.**

dis-calceātus, a, um *(nachkl.)* unbeschuht.

● **dis-cēdō,** cēdere, cessī, cessum 1 auseinander gehen, treten, sich trennen, sich teilen; **in duas partes ~; in manipulos ~; discedit terra** *od.* **caelum** öffnet sich;
2 sich zerstreuen; **hostes ex fuga in civitates discedunt;**
3 fortgehen, sich entfernen [**de foro; e Gallia**];
4 *(milit. t. t.)* abmarschieren, abziehen [**ex hibernis; a Brundisio; ab armis** die Waffen niederlegen; **a bello** sich vom Kriegsschauplatz entfernen];
5 *(siegreich, besiegt, verwundet aus dem Kampf u. ähnlichen Situationen)* hervorgehen, abziehen; **aequo Marte discesserunt** der Kampf blieb unentschieden; **victor discedit; inferior discedit** unterliegt; **graviter vulneratus discedit; sine detrimento ~; consulum iudicio probatus discessit** trat mit dem Beifall der K. ab; **iniuria impunita discedit** bleibt ungestraft;
6 v. jmdm. abfallen, jmd. verlassen *(ab alqo)* [**ab amicis; ab imperatore**];
7 *(im Senat)* **in sententiam alcis ~** der Meinung jmds. beitreten; **in alia omnia ~** ganz für das Gegenteil stimmen; **ad quod senatūs consultum numquam ante discessum est** *(Caes.)* zu welchem Senatsbeschluss man früher nie geschritten ist;
8 v. etw. abweichen, absehen, etw. aufgeben [**a consuetudine; a constantia;** *(v. Redner)* **a proposito** vom Thema abschweifen; **a sua sententia**]; *auch übtr.:* **cum a vobis discesserim** euch ausgenommen;
9 scheiden, (ver)schwinden, vergehen; **sol, lux discedit; ex (a) vita ~ ; hostibus spes discessit.**

disceptātiō, ōnis *f (discepto)* 1 Erörterung, Meinungsaustausch, Diskussion, Verhandlung [**civium** privatrechtliche Streitigkeiten]; **rationum et firmamentorum contentio adducit in angustam disceptationem;**
2 Streitfrage;
3 Entscheidung, Urteilsspruch.

disceptātor, ōris *m (discepto)* Schiedsrichter [**iuris; agrorum**].

disceptātrīx, īcis *f (disceptator)* Schiedsrichterin.

dis-ceptō, ceptāre *(capto)* 1 erörtern, debattieren, verhandeln [**de iure**]; **multum invicem disceptato** nach langen gegenseitigen Erörterungen; **de controversiis suis iure potius quam bello ~;** – *unpers. Pass.* **quanto periculo de iure publico armis disceptaretur** *(Cic.);*
2 entscheiden, schlichten [**controversias; inter amicos**];
3 beruhen auf; **in uno proelio omnis fortuna rei publicae disceptat** *(Cic.).*

● **dis-cernō,** cernere, crēvī, crētum 1 absondern, scheiden, trennen; **duae urbes magno inter se maris terrarumque spatio discretae** *(Liv.);* **sedes discretae** abgelegen;
2 unterscheiden [**fas atque nefas; auditorem ab iudice; suos** erkennen]; **animus discernit, quid sit eiusdem generis, quid alterius;**
3 auszeichnen, schmücken; **Agrippina discreta velo;**
4 *(nachkl.)* entscheiden, schlichten.

dis-cerpō, cerpere, cerpsī, cerptum *(carpo)* 1 zerpflücken, -teilen, -reißen [**corpus ferro**];
2 *(in der Rede)* zerstückeln [**rem in membra**];
3 *(Cat.; Gell.) (übtr.)* herunterreißen, beschimpfen, schlecht machen [**alqm dictis**];
4 *(poet.)* zerstreuen, vernichten.

dis-cessī *Perf. v. discedo.*

discessiō, ōnis *f (discedo)* 1 das Auseinandergehen, Trennung, Spaltung [**populi in duas partes**];
2 *(im Senat)* Abstimmung *(durch Auseinandertreten);* **discessionem facere** abstimmen lassen; **~ fit** es wird abgestimmt; **senatus consultum facere per discessionem** nur durch Abstimmung, ohne Diskussion;
3 *(Ter.)* Ehescheidung;
4 *(Tac.) (milit. t. t.)* Abmarsch.

discessum *P.P.P. v. discedo.*

● **discessus,** ūs *m (discedo)* 1 das Auseinandergehen, Trennung [**caeli** Wetterleuchten];
2 das Weggehen, Scheiden, Entfernung, Abreise [**subitus; voluntarius; omnis nobilitatis**];
3 *(milit. t. t.)* Abmarsch, Abzug [**exercituum a Dyrrachio**];
4 Verbannung [**de domo**].

di-scidī¹ *Perf. v. discindo.*

dis-cīdī² *Perf. v. discido.*

discidium, ī *n (discindo)* 1 *(Lucr.)* das Zerreißen, Bersten [**nubis**];
2 Trennung;
3 Ehescheidung, Trennung Liebender;
4 Zerwürfnis.

dis-cīdō, cīdere, cīdī, cīsum *(caedo) (Lucr.)* zerhauen, -schlagen.

discīnctus *s. discingo.*

di-scindō, scindere, scidī, scissum ① auseinander reißen, zerreißen, -spalten;
② *(übtr.)* plötzlich abbrechen, lösen [**amicitiam]; oratio inter respondentem et interrogantem discissa est** durch Frage und Antwort unterbrochen;
③ *ein Gewand* weg-, aufreißen [**vestem a pectore**].

dis-cingō, cingere, cīnxī, cīnctum ① los-, aufgürten [**tunicam**];
② *(Sen.)* entnerven, weichlich machen [**ingenium**];
/ *P. Adj.* **discīnctus,** a, um **a)** ungegürtet; **b)** ohne Waffe in der Tunika *(als Zeichen der Trauer)*; **c)** m. blankem Schwert ohne Scheide u. Wehrgehenk *(als milit. Strafe)*; **d)** *(poet.) (übtr.)* liederlich, leichtsinnig.

● **disciplīna,** *(altl.* discipulīna), ae *f (discipulus)* ① Unterweisung, Unterricht, Lehre [*(m. Gen. subi.)* **magorum; furis atque divisoris;** *(in etw.: Gen. obi.)* **virtutis**]; **-am adhibere alci** zukommen lassen; **nec -am** (Unterweisung, Theorie) **modo, sed exemplum** (Beispiel, Praxis) **a me petere;**
② Bildung, Kenntnis, Fertigkeit, Kunst; **quaedam insitiva ~** aus der Fremde eingeführt;
③ Schule, *bes.* Philosophenschule, Methode, System [**Stoicorum**];
④ Wissenschaft, wissenschaftliches Fach; *Pl.* Wissenschaften [**iuris civilis** Rechtswissenschaft; **militaris** *u.* **bellica** Kriegswissenschaft; **navalis** theoretische Kenntnisse im Seewesen; **populorum** die Kunst, die Völker zu lenken, **dicendi** Rhetorik];
⑤ strenge Erziehung, Disziplin [**domestica; maiorum**];
⑥ milit. Disziplin [**militaris; populi Romani**];
⑦ Sitte, Gewohnheit, Einrichtung [**sacrificandi** Opferritus; **certa vivendi** bestimmte Lebensordnung];
⑧ Staatsverfassung, -ordnung [**rei publicae**].

disciplīnātus, a, um *(disciplina) (nachkl.)* gebildet.

discipula, ae *f (discipulus) (poet.; nachkl.)* Schülerin.

● **discipulus,** ī *m* Schüler.

discissus *P.P.P. v. discindo.*

discīsus *P.P.P. v. discido.*

dis-clūdō, clūdere, clūsī, clūsum *(claudo)* ① voneinander abschließen, trennen, absondern; **mons, qui Arvernos ab Helvetiis discludit** *(Caes.)*; **Nerea ponto ~; Plato iram et cupiditatem locis disclusit;**
② *(poet.)* spalten, zerreißen [**turres**].

● **discō,** discere, didicī, – ① lernen, etw. studieren; kennen lernen; sich in *od.* über etw. unterrichten, etw. erfahren *(etw. v. jmdm.: alqd ab, de, ex alqo; m. Inf.; A. C. I.; indir. Frages.)* [**ius civile; artes; litteras** lesen u. schreiben lernen; **dialecticam ab eo Stoico; id ex istis fastis; virtutem a (ex) patre; alqd ex testibus; apud alqm litteras**]; – *im Perf.:* kennen, wissen, verstehen; – **discentēs,** tium *m* Schüler, Lehrlinge;
② *(poet.)* untersuchen, erforschen [**crimina**].

discobolos, ī *m (gr. Fw.) (nachkl.)* Diskuswerfer *(eine berühmte Statue des Myron).*

dis-color, *Gen.* lōris ① verschiedenfarbig, bunt [**vestis; signa**];
② *(poet.; nachkl.)* verschieden, unähnlich [**matrona meretrici**].

dis-condūcō, condūcere, – – *(Kom.)* nicht zuträglich sein, schaden.

dis-conveniō, convenīre, – – *(Hor.)* nicht übereinstimmen; **vitae disconvenit ordine toto** ist unharmonisch in seiner Lebensführung; – *unpers.* es besteht ein Unterschied: **eo disconvenit inter meque et te** darin besteht zwischen mir und dir ein Unterschied.

dis-cooperiō, cooperīre, cooperuī, coopertum *(spätl.)* enthüllen, entblößen.

discordābilis, e *(discordo) (Plaut.)* nicht übereinstimmend.

discordāntia, ae *f (mlt.)* Widerspruch.

● **discordia,** ae *f (discors)* ① Uneinigkeit, Zwietracht, Streit [**animi** Inkonsequenz; **-ae civiles**];
② *(Prop.)* Ursache des Streites, Zankapfel;
③ *(Tac.)* Meuterei, Aufsässigkeit; **semina -ae** Elemente der Meuterei.

Discordia, ae *f (discordia) Göttin der Zwietracht.*

discordiōsus, a, um *(discordia)* streitsüchtig [**vulgus**].

discordō, discordāre *(discors)* ① uneinig sein; **cum Cheruscis ~; animus secum discordans; inter se ~;**
② *(Hor.)* im Widerspruch stehen, nicht übereinstimmen *(mit: Dat.)*;
③ *(Tac.)* meutern, aufsässig sein.

● **dis-cors,** *Gen.* cordis *(cor)* ① uneinig, zwieträchtig, unverträglich; **cum matre ~; civitas secum ipsa ~;**
② widersprechend, verschieden, ungleich; **tam discordia inter se responsa;**
③ *(Tac.)* aufrührerisch [**legiones**].

discrepantia, ae *u.* **discrepātiō,** ōnis *f (discrepo)* ① Nichtübereinstimmung, Uneinigkeit [**inter consules**];
② Widerspruch [**voluntatis**].

dis-crepitō, crepitāre *(Intens. v. discrepo) (Lucr.)* gar nicht übereinstimmen, gänzlich im Widerspruch stehen.

● **dis-crepō,** crepāre, crepāvī *(u. poet.* crepuī), – ① *(musikal.)* nicht übereinstimmen, disharmonieren;

❷ *(übtr.)* uneins sein, abweichen, verschieden sein *(inter se; cum; ab; Dat.); unpers.:* **discrepat** man ist uneins, es besteht ein Widerspruch [**inter scriptores; inter auctores**] *(m. de; A. C. I.; quin; indir. Frages.);* **nec discrepat, quin dictator eo anno A. Cornelius fuerit.**

discrētim *Adv. (zu discretus v. discerno) (nachkl.)* abgesondert, getrennt.

discrētiō, ōnis *f (discerno) (spätl.)* Unterscheidung(svermögen) [**boni et mali**]; Unterschied.

discrētus *P.P.P. v. discerno.*

dis-crēvī *Perf. v. discerno.*

di-scrībō, scrībere, scrīpsī, scrīptum ❶ einteilen, ordnen, gliedern [**agrum in iugera dena; populum censu, ordinibus**];

❷ *(Personen)* ein-, zuteilen, einreihen [**veteres milites in legiones**];

❸ zu-, verteilen, zuweisen, zuschreiben, zukommen lassen [**agros; bona suis comitibus; suum cuique munus**];

❹ festsetzen, anordnen, vorschreiben, bestimmen [**iura; leges; iudicia**].

● **dis-crīmen,** minis *n (discerno)* ❶ Scheidelinie, -punkt; **discrimen murus facit; ~ leti** der Rand des Todes; **cum pertenui discrimine duo maria separarentur** *(Cic.);*

❷ Unterschied; **nullum discrimen habere** aufweisen; ~ **inter gratiosos cives atque fortes;**

❸ Unterscheidung(svermögen); **non est ~ in vulgo;**

❹ Entscheidung [**pugnae**]; **alqd in discrimen venit** *od.* **adducitur, utrum** es muss sich entscheiden, ob;

❺ Entscheidungskampf [**extremum; vehemens**];

❻ Gefahr, gefährliche Lage; **in summo discrimine rerum** in sehr gefährlicher Lage; **ad ipsum discrimen eius temporis** gerade im entscheidenden Augenblick jener kritischen Lage; – *auch:* Entscheidungspunkt: **in ultimo discrimine vitae esse** in den letzten Zügen liegen;

❼ *(Ov.)* Probe; **discrimine aperto;**

❽ *(poet.)* Abstand, Zwischenraum [**discrimina fallere** Abstände verbergen];

❾ *(Verg.) (in der Musik)* Intervall; **septem discrimina vocum** die siebensaitige Leier.

discrīminō, discrīmināre *(discrimen)* ❶ trennen, absondern, auslesen; **late agros ~** weithin erhellen; **vigiliarum somnique tempora ~;**

❷ *(nachkl.)* unterscheiden.

discrīptiō, ōnis *f (discribo)* Ein-, Verteilung, Gliederung [**civitatis; populi; privatarum possessionum**]; *oft als Variante v. descriptio.*

discrīptus *P.P.P. v. discribo.*

dis-cruciō, cruciāre (zer)martern, quälen, peinigen; – *se ~ u. mediopass. discruciārī (m. u. ohne animi; m. A. C. I.)* sich ängstigen; sich quälen.

dis-cumbō, cumbere, cubuī, cubitum *(cubo)* sich niederlegen; sich zu Tisch legen [**ad cenandum; in convivio**], *im Perf. auch* speisen.

dis-cupiō, cupere, cupīvī, cupītum sehnsüchtig wünschen [**te videre**].

dis-currō, currere, (cu)currī, cursum ❶ auseinander laufen, sich ausbreiten, sich zerstreuen, abschwenken [**ad praedam; ad portas; ad diripiendam urbem**]; **Nilus manu canalibus factis per totam discurrit Aegyptum** *(Sen.);*

❷ *(poet.; nachkl.)* hin u. her laufen, -rennen, -fahren, -reiten [**hic atque illuc; per omnes silvas**].

discursātiō, ōnis *f (discurso) (Sen.)* das Hin- u. Herlaufen, das Hin- u. Herrennen [**per urbem**].

dis-cursō, cursāre *(Intens. v. discurro) (nachkl.)* hin u. her laufen.

discursus, ūs *m (discurro)* ❶ das Auseinanderlaufen [**militum**];

❷ das Umherlaufen, Hin- u. Herfahren.

discus, ī *m (gr. Fw.)* ❶ Wurfscheibe, Diskus; **-um audire quam philosophum malunt** sie wollen lieber den Diskus sausen als einen Philosophen reden hören;

❷ *(nachkl.)* Teller, Platte.

dis-cussī *Perf. v. discutio.*

discussiō, ōnis *f (discutio)* ❶ *(Sen.)* Erschütterung;

❷ *(spätl.)* Untersuchung, Prüfung, Revision *der Staatseinnahmen in den Provinzen.*

dis-cutiō, cutere, cussī, cussum *(quatio)* ❶ zerschlagen, zertrümmern, zerspalten, zersprengen [**murum; ossa saxo**]; **delubra fulmine discussa sunt;**

❷ auseinander treiben, sprengen, vertreiben, verjagen [**nefarios coetus**];

❸ *(übtr.)* beseitigen, zerstreuen, vereiteln, unterdrücken [**famam; caedem**]; **res discussa est** zerschlug sich; **eorum captiones ~** widerlegen; **eorum advocationem manibus, ferro, lapidibus ~;**

❹ *(spätl.)* erörtern, untersuchen.

disdiapāsōn *undekl. (gr. Fw.) (Mart.)* Doppeloktave.

disertus, a, um *(Adv. auch -tim) (dissero²)* ❶ *(v. der Rede u. Ä.)* wohl gefügt, wohl formuliert, deutlich [**oratio; historia; epistula; -e dicere**];

❷ beredt, redegewandt [**orator**]; **disertissimum cognovi avum tuum;**

❸ *(Cat.)* geschickt *(in etw.: Gen.)* [**facetiarum**].

dis-iciō, icere, iēcī, iectum *(iacio)* ❶ zertrümmern, zerschmettern, zerstören, einreißen [**statuas; munitiones; moenia**];

❷ auseinander treiben, -jagen, auflösen, zerstreuen [**aciem; naves; obvios; arenas** aus-

einander wehen; **capillos** zerraufen]; **disiecti equi; disiectae catervae; disiecta comas** m. fliegendem Haar; – *P. Adj.* **disiectus,** a, um **a)** *(v. Örtl.)* zerstreut liegend [**aedificia; moenia**]; **b)** *(Tac.)* zerstreut wohnend;
③ vereiteln, hintertreiben [**novarum tabularum exspectationem; consilia ducis**].

dis-iectō, iectāre *(Intens. v. disicio) (Lucr.)* auseinander sprengen, zerstreuen; ~ **solet magnum mare antemnas.**

disiectus¹ *s. disicio.*

disiectus², ūs *m (disicio) (Lucr.)* das Zerstreuen.

disiūnctiō, ōnis *f (disiungo)* ① Trennung; **in tanta disiunctione meorum;**
② Verschiedenheit [**animorum; sententiae**];
③ *(in der Dialektik)* Gegensatz;
④ *(rhet. t. t.)* Asyndeton.

● **dis-iungō** *(u.* **dī-iungō**), iungere, iūnxī, iūnctum ① losspannen, abschirren [**iuvencos**];
② trennen, sortieren, auslesen, scheiden; **intervallo locorum et temporum diiuncti sumus; alqm ab alcis amicitia ~;**
③ unterscheiden;
/ *P. Adj.* **disiūnctus,** a, um *(u.* diiūnctus) **a)** getrennt, entfernt, fern: **in locis disiunctissimis; Aetolia procul barbaris disiuncta gentibus; b)** *(übtr.)* entfernt, abweichend, sich v. etw. unterscheidend: **vita disiuncta a cupiditate; homines Graeci, longe a nostrorum hominum gravitate disiuncti** *(Cic.)*; **nihil est ab ea cogitatione disiunctius; c)** *(t. t. der Dialektik)* entgegengesetzt, ausschließend; **d)** *(rhet. t. t.)* unzusammenhängend, abgebrochen.

dis-marītus, ī *m* (δίς) *(Plaut.)* Gatte zweier Frauen, Doppelgatte, Bigamist.

dis-pālēscō, pālēscere, – – *(Incoh. v. dispalor) (Plaut.)* sich weithin verbreiten, überall bekannt werden.

dis-pālor, pālārī zerstreut, überall umherschweifen; **multitudo in artes vitasque varias dispalata.**

dis-pandō, pandere, pandī, pānsum *(poet.; nachkl.)* ausspannen, -dehnen, -breiten.

dis-pār, *Gen.* paris ungleich, unähnlich, verschieden(artig) *(inter se; m. Dat. u. Gen.)*; **transfertur in multa disparia** auf viele verschiedene Gegenstände.

disparātum, ī *n (disparo) (rhet. t. t.)* kontradiktorischer Gegensatz *(sapere – non sapere).*

dis-parilis, e ungleich, unähnlich, verschieden(artig).

dis-parō, parāre absondern, trennen.

dispart … *s. dispert …*

dispectus¹, ūs *m (dispicio) (Sen.)* allseitige Erwägung, Berücksichtigung.

dispectus² *P.P.P. v. dispicio.*

dis-pellō, pellere, pulī, pulsum auseinander treiben, jagen, zerstreuen, vertreiben, verscheuchen *(konkr. u. übtr.)* [**pecudes; tenebras; curas**].

dispendium, ī *n (dispendo¹)* überflüssiger Aufwand; Verlust, Schaden, Nachteil [**morae** Zeitverlust, Zeitaufwand]; **plus -i facere** mehr verlieren.

dis-pendō¹, pendere, –, pēnsum *(vorkl.)* auswiegen, abwiegen.

dis-pendō², pendere, –, pessum *u.* **dis-pennō,** pennere, –, pessum *(vorkl.; poet.)* ausspannen, ausbreiten, ausdehnen.

dispēnsātiō, ōnis *f (dispenso)* ① genaue, gleichmäßige Einteilung [**inopiae** des geringen Getreidevorrates]; **est autem in eximendis favis necessaria ~;**
② Verwaltung [**pecuniae; annonae**];
③ Schatzmeisteramt [**regia** beim König].

dispēnsātor, ōris *m (dispenso)* (Haus-)Verwalter; Schatzmeister.

dispēnsō, dispēnsāre *(Intens. v. dispendo¹)*
① ver-, austeilen [**fontem inter incolas; oscula per natos**];
② einteilen, sorgsam einrichten [**victoriam** Verfügungen hinsichtlich der Ausnutzung des Sieges treffen];
③ verwalten, bewirtschaften [**res domesticas; fila mortalia** *(von den Parzen)* in den Händen haben]; wirtschaften.

dis-percutiō, percutere, – – *(Plaut.)* zerschlagen, zerschmettern [**cerebrum**].

dis-perdō, perdere, perdidī, perditum völlig zugrunde richten, verderben [**carmen** verhunzen; **rem** verschwenden]; **me mea disperdat nullo prohibente puella, si;** – *Pass. meist ersetzt durch dispereo.*

dis-pereō, perīre, periī, – ganz zugrunde gehen, umkommen, verderben *(v. Lebewesen u. v. Sachen)*; **cibus disperiit; serpens disperit; disperii** *(Kom.)* ich bin verloren!, wehe mir!

● **di-spergō,** spergere, spersī, spersum *(spargo)* ① auseinander streuen, aus-, zerstreuen; **cur deus tam multa pestifera terra marique disperserit?;**
② aus-, verbreiten [**rumores**];
③ *(Ter.)* zerschmettern [**cerebrum**];
④ *(Ter.)* bespritzen, bestreuen;
/ *P. Adj.* **dispersus,** a, um *(Adv.* -ē *u.* -im) überall zerstreut, versprengt; **quae disperse a me multis in locis dicentur.**

dispersiō, ōnis *f (dispergo)* Zerstörung [**urbis**].

dispersus¹ *s. dispergo.*

dispersus², *Abl.* ū *m (dispergo)* Zerstreuung.

dis-pertiō, pertīre *(u.* **-pertior,** pertīrī) *(partio¹)* ① zer-, verteilen [**proxima loca tribunis** zur Bewachung zuteilen; **funditores inter manipulos**];
② zerlegen;
③ aus-, zuteilen [**bona militibus**]; **Ceres et**

Libera, a quibus initia vitae atque victus hominibus dispertita sunt *(Cic.)*;
④ *(Plaut.) mediopass.* auseinander gehen.

dispertītiō, ōnis *f (dispertio) (nachkl.)* Zerteilung.

dispessus *P.P.P. v. dispendo[2] u. dispenno.*

di-spiciō, spicere, spexī, spectum *(specio)* ① zu sehen beginnen, die Gegenstände um sich herum mit den Augen unterscheiden; **catuli, qui iam dispecturi sint; tanta oborta caligo est, ut ~ non posset** *(Suet.)*;
② *(Lucr.; Plaut.)* sich umsehen, umherspähen;
③ erspähen, ausfindig machen, wahrnehmen *(konkr. u. übtr.)* [**libertatem**];
④ erkennen, ermitteln, herausfinden [**illa in cognitione mentem principis**]*;* **sed ego quod sperem non dispicio;**
⑤ erwägen, überlegen, prüfen [**res Romanas**]; **quorum nihil cum dispexisset caecata mens subito terrore.**

displicentia, ae *f (displiceo) (Sen.)* Missfallen, Unzufriedenheit [**sui** Unzufriedenheit m. sich selbst].

● **dis-pliceō,** plicēre, plicuī, (plicitum) *(placeo)* missfallen [**sibi** m. sich selbst nicht zufrieden sein, schlechter Laune sein].

dis-plōdō, plōdere, plōsī, plōsum *(plaudo) (poet.)* zersprengen.

dispoliātiō, ōnis *f (dispolio[1])* Ausplünderung.

dī-spoliō[1], spoliāre *(Sen.)* ausplündern.

dis-poliō[2], polīre *(Plaut.)* verprügeln.

● **dis-pōnō,** pōnere, posuī, positum *(u. postum)* ① hier- und dahin stellen, verteilen [**tormenta in muris; tabernas per litora; vigilias per urbem; praesidia ad ripas; cohortes castris praesidio**];
② in Ordnung bringen, einrichten, einteilen [**tellurem quinque in partes; otium**]; **dispositi milites** in Schlachtordnung; **disposita congeries;**
③ anordnen, bestimmen;
④ *(poet.)* geordnet darstellen [**carmina; modos**]; – *P. Adj.* **dispositus,** a, um wohl geordnet [**oratio; vir** der wohl geordnet spricht].

dispositiō, ōnis *f (dispono)* Anordnung, Gliederung, Einteilung; *(rhet. t. t.)* Disposition.

dispositor, ōris *m (dispono) (Sen.)* Ordner, Lenker [**mundi**].

dispositūra, ae *f (dispono) (Lucr.)* Stellung.

dispositus[1] *s. dispono.*

dispositus[2], *Abl.* ū *m (dispono) (Tac.)* Anordnung.

dis-posuī *Perf. v. dispono.*

dis-pudet, pudēre, puduit, – *unpers. (Kom.)* sich sehr schämen; **me dispudet id facere.**

dis-pulī *Perf. v. dispello.*

dispulsus *P.P.P. v. dispello.*

dis-pulverō, pulverāre *(pulvis) (vorkl.)* zu Staub machen [**montes**].

dispūnctiō, ōnis *f (dispungo) (spätl.)* Untersuchung, Prüfung.

dis-pungō, pungere, pūnxī, pūnctum durch Punkte unterscheiden, auseinander setzen [**rationes** die Rechnungen durchgehen; **dies vitae** überrechnen, erwägen].

disputābilis, e *(disputo) (Sen.)* worüber sich sprechen lässt, der Erörterung wert.

disputātiō, ōnis *f (disputo)* Erörterung, Unterredung, Abhandlung; **in hac disputatione de fato; ~ illa contra Gorgiam; haec in utramque partem ~.**

disputātiuncula, ae *f (Demin. v. disputatio) (nachkl.)* kurze Abhandlung.

disputātor, ōris *m (disputo)* Denker, der etw. gründlich erörtert; Verfechter *einer Meinung.*

● **dis-putō,** putāre ① auseinander setzen, erörtern, etw. *od.* über etw. abhandeln *(m. de; A. C. I.; indir. Frages.; trans. meist Neutra wie multa, id u. a.)* [**de honestate; in contrarias partes** *od.* **in utramque partem** für u. wider sprechen];
② *(Plaut.)* abrechnen, ins Reine bringen [**rationem cum alqo** abrechnen].

dis-quīrō, quīrere, – – *(quaero) (Hor.; nachkl.)* untersuchen.

disquīsītiō, ōnis *f (disquiro)* Untersuchung.

dis-rumpō *= dirumpo.*

dis-saepiō, saepīre, saepsī, saeptum abzäunen, trennen.

dissaeptiō, ōnis *f (dissaepio)* das Ziehen einer Zwischenwand; *übtr.* Trennung.

dissaeptum, ī *n (dissaepio)* Zwischenwand.

dis-sāvior, sāviārī abküssen [**oculos**].

dis-secō, secāre, secuī, sectum *(nachkl.)* zerschneiden, -hauen.

dis-sēdī *Perf. v. dissideo u. dissido.*

dis-sēminō, sēmināre aussäen; *übtr.* ausstreuen, verbreiten [**malum**].

dis-sēnsī *Perf. v. dissentio.*

dissēnsiō, ōnis *f u.* **dissēnsus,** ūs *m (dissentio)* ① Meinungsverschiedenheit [**inter homines de iure**]; **nulla mihi tecum potest esse ~;**
② Uneinigkeit, Misshelligkeit, Verfeindung, Spaltung [**civilis** Bürgerkrieg; **huius ordinis**];
③ Widerspruch [**actionum**].

dissentāneus, a, um *(dissentio)* nicht übereinstimmend *(mit etw.: Dat.).*

● **dis-sentiō,** sentīre, sēnsī, sēnsum ① anderer Meinung sein, nicht beistimmen, nicht beipflichten *(inter se; ab; cum; Dat.)*; **ipsum sibi in sua oratione ~** sich nicht gleich bleiben;
② uneinig sein, streiten;
③ nicht übereinstimmen, widersprechen *(ab; Dat.; cum)* [**a more maiorum; orationi**].

dis-serēnāscit, serēnāvit *unpers. (Incoh. v. disserenat; serenus)* es heitert sich auf.

dis-serēnat *unpers. (serenus) (Plin.)* es ist heiter.

dis-serō[1], serere, sēvī, situm ① *(vor- u.*

nachkl.) in Abständen säen; **dissita pars animae per totum corpus;**
❷ in Abständen in die Erde setzen [**taleas** Pfähle].

● **dis-serō[2],** serere, seruī, sertum auseinander setzen, erörtern, besprechen; sprechen, sich erklären *(m. de; Akk.; A. C. I.; indir. Frages.)* [**de alqa re in contrarias partes; de amicitia; de re publica; libertatis bona; seditiosa** aufrührerische Reden führen].

dis-serpō, serpere, – – *(Lucr.)* sich unmerklich verbreiten.

dissertātiō, ōnis *f (disserto) (Gell.)* Erörterung.

dissertiō, ōnis *f (dissero[2])* ❶ allmähliche Auflösung [**iuris humani**];
❷ *(Gell.)* Erörterung, Erklärung, Auslegung.

dissertō, dissertāre *(Intens. v. dissero[2])* gründlich auseinander setzen, erörtern, besprechen *(de re; alqd).*

dissertus *P.P.P. v. dissero[2].*

dis-seruī *Perf. v. dissero[2].*

dis-sēvī *Perf. v. dissero[1].*

dissiciō = *disicio.*

dis-sideō, sidēre, sēdī, – *(sedeo)* ❶ verschiedener Meinung sein, nicht übereinstimmen *(inter se; ab, cum alqo; Dat.; de re u. in re);* **nobiles dissident a nobis; plebi ~;**
❷ uneinig sein, in Zwietracht leben *(inter se; ab, cum alqo; Dat.; de re u. in re)* [**a propinquis; a se ipso** m. sich selbst uneins sein];
❸ *(v. Lebl.)* im Widerspruch stehen, nicht übereinstimmen, widerstreben *(inter se; ab, cum re);* **scriptum a sententia dissidet; fama a fide dissidet; cupiditates inter se dissident;** – *P. Adj.* **dissidēns,** entis widerspenstig [**ambitio**];
❹ entfernt sein, getrennt liegen *(alci rei);* **Hypanis dissidet Eridano;**
❺ *(Hor.)* **toga dissidet impar** die Toga sitzt schief.

dis-sīdō, sīdere, sēdī, – mit jmdm. in Feindschaft geraten *(ab alqo).*

dissīgnātiō, ōnis *f (dissigno)* Einrichtung, Anordnung.

dissīgnātor, ōris *m (dissigno) (nicht klass.)*
❶ Anordner, Platzanweiser;
❷ Besorger der Bestattung.

dis-sīgnō, sīgnāre ❶ anordnen, einrichten [**discriptionem**]; **ut nec domus nec res publica ratione quadam et disciplina dissignata videatur** *(Cic.)*;
❷ *(Hor.)* anrichten, anstiften.

dis-siliō, silīre, siluī, sultum *(salio)* ❶ *(poet.; nachkl.)* zerspringen, zerplatzen; **dissilit omne solum** Boden; **~ risu;**
❷ *(poet.)* sich spalten, sich teilen;
❸ *(poet.) (übtr.)* sich auflösen, zerrinnen; **gratia fratrum dissiluit.**

● **dis-similis,** e unähnlich, ungleichartig, verschieden *(m. Gen.; Dat.; inter se; in alqm: geg. jmd., im Vergleich m. jmdm.);* **cives tui dissimillimi; quam ~ exitus initiis adest** *(Sen.).*

dissimilitūdō, dinis *f (dissimilis)* Unähnlichkeit, Verschiedenartigkeit [**caeli**]; **hanc habet ius civile ab illis rebus dissimilitudinem, quod; inter oratores ~ est.**

dissimulābiliter *(Plaut.) u.* **dissimulanter** *Adv. (dissimulo)* unbemerkt, heimlich.

dissimulantia, ae *f (dissimulo)* Verstellung.

dissimulātiō, ōnis *f (dissimulo)* ❶ Verstellung, Schein; Ironie; **sermo, qualem ira et ~ gignit;**
❷ *(Tac.)* das Unkenntlichmachen; **veste servili in dissimulationem sui compositus** in Sklaventracht verkleidet, um sich unkenntlich zu machen;
❸ *(Plin.)* Nichtbeachtung.

dissimulātor, ōris *m (dissimulo)* Verleugner [**opis propriae; alienae etiam culpae**]; **cuius rei lubet simulator ac ~** *(Sall.)* ein Meister der Heuchelei u. Verstellung.

● **dis-simulō,** simulāre ❶ verhehlen, verheimlichen, verschweigen, verleugnen *(m. Akk.; A. C. I.; indir. Frages.)* [**alqd silentio; nomen suum**];
❷ sich verstellen, heucheln; **non ~** kein Hehl machen; **ex dissimulato** unbemerkt;
❸ *(Ov.)* unkenntlich machen, verbergen; **nec se dissimulat** und er nimmt keine andere Gestalt an; **tauro dissimulante deum;**
❹ *(Tac.)* etw. nicht beachten, übersehen, übergehen, unberücksichtigt lassen;
❺ *(August.)* vernachlässigen.

dissipābilis, e *(dissipo)* leicht zerstreubar, zerteilbar.

dissipātiō, ōnis *f (dissipo)* ❶ Zerstreuung [**civium**];
❷ Zerteilung, Zersplitterung, Verschwendung [**pecuniae; corporum**];
❸ *(rhet. t. t.)* Zerlegung eines Begriffes in einzelne Teile.

dis-sipō, sipāre *(altl.* **dis-supō)** *(altl. supo, supare werfen)* ❶ auseinander streuen, verbreiten, verteilen [**piceum per ossa venenum**]; **Medea in fuga fratris sui membra in locis dissipavit;**
❷ *(ein Gerede usw.)* ausstreuen, verbreiten [**famam**];
❸ auseinander jagen, zersprengen [**milites**];
❹ verschwenden, vergeuden, verschleudern [**rem familiarem; hereditatem**];
❺ zerstören, zertrümmern [**tecta**]; **homo fractus et paene dissipatus;**
/ *P. Adj.* **dissipātus,** a, um **a)** zerstreut, zersprengt [**milites**]; **b)** nicht zusammenhängend [**oratio**]; **facilius est apta dissolvere quam dissipata conectere.**

dissitus *P.P.P. v. dissero[1].*

dissociābilis, e *(dissocio)* ① *(Tac.)* unvereinbar;
② *(Hor.)* trennend, scheidend [**Oceanus**].

dissociātiō, ōnis *f (dissocio) (nachkl.)* Trennung [**spiritūs corporisque**].

dis-sociō, sociāre ① trennen, spalten, auflösen, entzweien [**barbarorum copias**]; **morum dissimilitudo dissociat amicitias;**
② *(poet.) (räuml.)* trennen, scheiden [**montes valle**];
/ *P. Adj.* **dissociātus,** a, um ungesellig (lebend), vereinzelt.

dissolūbilis, e *(dissolvo)* auflösbar, zerlegbar [**coagmentatio**].

dissolūtiō, ōnis *f (dissolvo)* ① Auflösung, Zerfall;
② Mangel an Energie, Schwäche, Schlaffheit [**animi**];
③ Aufhebung, Vernichtung [**imperii; iudiciorum**];
④ *(vor Gericht)* Widerlegung;
⑤ *(rhet. t. t.)* Asyndeton.

dissolūtus, a, um *(P. Adj. v. dissolvo)* ① aufgelöst;
② energielos, schlaff;
③ sorglos, leichtsinnig, gleichgültig;
④ nachlässig, liederlich, ausschweifend, zügellos;
⑤ ausgelassen, frech [**filius; consilia**];
⑥ *(v. der Rede)* ungebunden.

● **dis-solvō,** solvere, solvī, solūtum ① auflösen [**membra** ausrenken; **monumenta** auseinander sprengen];
② *(Lucr.; Plin.)* schmelzen, flüssig machen [**resinam oleo**];
③ abbrechen, abreißen [**pontem; simulacrum Veneris**];
④ *(übtr.)* aufheben, abschaffen, trennen, auflösen, vernichten [**leges; interdictum; imperium; amicitiam**];
⑤ entkräften, widerlegen, zunichte machen [**controversiam controversiā; obiecta**];
⑥ ab-, bezahlen [**aes alienum; pro sua parte**]; **Scapulis difficiliore condicione** ~die Sk. unter ziemlich nachteiligen Umständen befriedigen;
⑦ *(Fragen, Probleme)* lösen, klären [**captiosas interrogationes; causam**];
⑧ *(Kom.)* befreien, freimachen;
⑨ *(rhet. t. t.)* ohne periodische Verbindung lassen, auflösen, zerlegen [**argumenta; orationem**];
/ *s. auch dissolutus.*

dis-sonus, a, um ① unharmonisch, verworren, verschieden tönend [**clamor; strepitus**];
② nicht im Einklang stehend, verschieden, abweichend *(in, an, durch etw.: Abl.; von etw.: ab)*; **gentes sermone moribusque -ae.**

dis-sors, *Gen.* sortis *(Ov.)* nicht gemeinsam, fremd; **mea gloria a milite ~ est.**

● **dis-suādeō,** suādēre, suāsī, suāsum abraten *(abs.; m. Akk.; de; A. C. I.; ne)* [**pacem; suis bellum; de captivis**].

dissuāsiō, ōnis *f (dissuadeo)* das Abraten, Gegenrede [**rogationis; legis agrariae** Rede gegen das Ackergesetz].

dissuāsor, ōris *m (dissuadeo)* derjenige, der v. etw. abrät, Redner gegen etw.; ~ **honesti;** *(auch übtr.)* **Auster quasi ~ consilii mei** der Südwind gewissermaßen ein Widersacher meines Planes.

dissuāsus *P. P. P. v. dissuadeo.*

dis-suī *Perf. v. dissuo.*

dis-sultō, sultāre *(Intens. v. dissilio) (poet.; nachkl.)* ① auseinander springen, zerspringen, zerplatzen; **dissultat utrimque ferrum;**
② sich überallhin verbreiten;
③ *(Sen.)* abprallen; **tela dissultant grandinis more** wie Hagel.

dis-suō, suere, suī, sūtum ① allmählich auflösen [**amicitias**];
② weit öffnen.

dissupō *s. dissipo.*

dissūtus *P.P.P. v. dissuo.*

dis-tābēscō, tābēscere, tābuī, – *(vor- u. nachkl.)* zerschmelzen, zerfließen *(konkr. u. übtr.).*

dis-taedet, taedēre, – – *unpers. (Kom.)* ganz überdrüssig sein [**me tui** ich bin deiner ganz überdrüssig].

distantia, ae *f (disto)* ① Verschiedenheit, Unterschied [**morum studiorumque; formarum**];
② *(nachkl.)* Abstand, Zwischenraum.

dis-tendō, tendere, tendī, tentum *(u.* tēnsum) ① ausspannen, -dehnen, -strecken [**hominem; aciem**];
② zerteilen, zerstreuen [**animos** verwirren];
③ *(milit. t. t.) (die feindl. Truppen)* auseinander halten, an mehreren Punkten zugleich binden [**copias hostium**];
④ *(poet.)* voll füllen [**horrea**];
⑤ *(Suet.)* ausgedehnt foltern [**alqm tormento**].

distentiō, ōnis *f (distendo) (spätl.)* Ausdehnung, Verzerrung [**membrorum; oris**].

distentus[1], a, um *(P. Adj. m. Komp. v. distendo)* gespannt, zum Platzen voll [**uber** strotzend; **cenā**].

distentus[2], a, um *(P. Adj. v. distineo)* vielseitig beschäftigt, in Atem gehalten [**libro scribendo; circa summa scelera**].

dis-terminō, termināre scheiden, abgrenzen; **flumen Dahas Ariosque disterminat.**

i Kultur **distichon** *(u.* **-um**), ī *n (gr. Fw.) (poet.; nachkl.)* Distichon: *aus einem Hexameter u. einem Pentameter zusam-*

mengesetzter Doppelvers.

dī-stimulō, stimulāre *(Plaut.)* zugrunde richten [**bona**].

distīnctiō, ōnis *f (distinguo)* ❶ Absonderung, Scheidung, Unterscheidung [**solis, lunae siderumque** die gesonderten Bahnen]; **lex est iustorum iniustorumque ~;**
❷ Unterschied, Verschiedenheit [**sonorum**];
❸ *(rhet. t. t.)* Einschnitt, Pause;
❹ *(Plin.)* Schmuck, Zierde; ~ **honosque civitatis.**

distīnctus[1]**,** ūs *m (distinguo) (Tac.)* Abwechslung in den Farben, Zeichnung.

distīnctus[2]**,** a, um *(P. Adj. m. Komp. v. distinguo)* ❶ gesondert, unterschieden, verschieden, mannigfaltig; **intervalla ratione distincta** *(Cic.)* durch genaue Berechnung gesonderte Abstände; **civitas distinctos dignitatis gradus non habebat** *(Cic.)*;
❷ streng gegliedert [**acies**];
❸ *(v. Rede u. Redner)* mit klarer Gedankenfolge vorgetragen, deutlich, bestimmt [**oratio; -e scribere**];
❹ geschmückt [**urbs delubris**];
❺ *(Plin.)* wohl geordnet [**vitae genus**].

● **dis-tineō,** tinēre, tinuī, tentum *(teneo)* ❶ auseinander halten, trennen, spalten *(konkr. u. übtr.)*; **mare terrarum distinet oras; legiones distinebat flumen** hinderte ihre Vereinigung; **copias Caesaris ~; unanimos ~; duae senatum distinebant sententiae** spalteten den Senat in zwei Parteien; **Galbam duae sententiae distinebant** ließen zu keinem Entschluss kommen;
❷ fern halten [**a domo**];
❸ vielseitig beschäftigen, zerstreuen; **litibus distineri; multitudine iudiciorum et novis legibus distineri;**
❹ auf-, hinhalten, verhindern [**rem; victoriam**].

● **di-stinguō,** stinguere, stīnxī, stīnctum ❶ unterscheiden, trennen [**voces in partes** Laute in einzelne Teile zerlegen; **artificem ab inscio; veri similia ab incredibilibus; falsum vero**]; *unpers.:* **quid inter naturam et rationem intersit, non distinguitur** *(Cic.)*;
❷ genau bezeichnen, bestimmen [**locum**];
❸ (bunt) verzieren, (aus)schmücken [**vaginam gemmis; orationem; vestem auro** durchwirken; **litora tectis et urbibus**];
❹ verschieden färben [**poma vario colore**];
❺ einer Sache Abwechslung geben, etw. beleben [**historiam varietate locorum**];
❻ *(Suet.) (gramm. t. t.)* m. Satzzeichen versehen [**exemplaria**];
❼ *(Sen.) das Haar* ordnen [**crinem doctā manu**].

● **di-stō,** stāre, – – ❶ *(räuml.)* getrennt, entfernt sein *(von: ab od. Dat.; inter se)* [**a castris; foro**]; **castra modico inter se distantia intervallo; sol ex aequo metā distabat utrāque;**
❷ *(zeitl.) (poet.; nachkl.)* auseinander liegen;
❸ sich unterscheiden, verschieden sein *(m. ab od. Dat.; inter se)*; **vocabula nomina rerum ~ voluerunt;** – **distat** es ist ein Unterschied.

dis-torqueō, torquēre, torsī, tortum *(poet.; nachkl.)* ❶ verdrehen, verzerren [**oculos; os; alqm** jmdm. die Glieder verrenken];
❷ quälen.

distortiō, ōnis *f (distorqueo)* Verdrehung, Verzerrung [**membrorum**].

distortus, a, um *(P. Adj. v. distorqueo)* ❶ verdreht, verzerrt, verwachsen [**corpus**]; **solos sapientes esse, si distortissimi sint, formosos** *(Cic.)*;
❷ *(übtr.)* verschroben.

distractiō, ōnis *f (distraho)* ❶ Trennung, Absonderung [**animae corporisque**];
❷ Zerwürfnis, Uneinigkeit [**civium**];
❸ *(Gell.)* Verzerrung [**membrorum**].

dis-trahō, trahere, trāxī, tractum ❶ auseinander ziehen, -bringen, zerreißen, teilen, trennen [**pugnantes; turmas** auflösen, sich zerstreuen lassen; **saxa; lumina** zerkratzen; **genas** zerfleischen]; **fuga distrahit alqos** zerstreut;
❷ *(Verbindungen, Freunde)* auflösen, aufheben, zerreißen, trennen, entfremden [**societatem; collegia** Innungen; **Caesarem et Pompeium**]; – **distrahi cum alqo** sich entzweien, zerfallen mit jmdm. [**cum filio**];
❸ *(Streitigkeiten)* schlichten, beilegen [**controversias**];
❹ *(übtr.)* in verschiedene Richtungen hinziehen [**Caesarum domum in partes** in Parteien spalten; **industriam in plura studia** zersplittern]; **animus in contrarias sententias distrahitur** schwankt zwischen verschiedenen Meinungen; **distrahi** in Zweifel geraten; **in subtilitatem inutilem distrahi** sich in unnützen Spitzfindigkeiten verlieren;
❺ etw. vereiteln [**hanc rem**];
❻ los-, entreißen, gewaltsam trennen, entfernen [**alqm a complexu suorum**]; **vi anima distrahitur a corpore** trennt sich; **non potui ab illo tam cito distrahi** mich losreißen;
❼ *(nachkl.)* einzeln verkaufen, durch Verkauf zersplittern, versteigern [**agros**];
❽ *(Plaut.) (Vermögen)* verschleudern, vergeuden;
❾ *(Tac.) alqm famā* jmd. in üblen Ruf bringen;
❿ *voces* den Hiatus zulassen.

● **dis-tribuō,** tribuere, tribuī, tribūtum ❶ ver-, austeilen, zuteilen [**pecunias exercitui; frumentum civitatibus** zu liefern auferlegen; **naves in legiones ac socios; milites in legiones** verteilen unter; **sanguinem in cor-**

D

pus; **minutas summulas flentibus servis** verteilen unter];
② einteilen [**se in duas partes; copias in tres partes**];
③ logisch einteilen, ordnen; – *P. Adj.* **distribūtus,** a, um geordnet [**expositio**].

distribūtiō, ōnis *f (distribuo)* ① Verteilung [**quadripertita** in vier Teile];
② logische Einteilung;
③ *(rhet. t. t.)* Auflösung eines Begriffes *in mehrere ähnliche.*

distribūtus *s. distribuo.*

districtus, ūs *m (distringo) (spätl.)* Umgebung der Stadt; (Bann-)Bezirk.

di-stringō, stringere, strīnxī, strictum ① auseinander ziehen, strecken, zerren, ausdehnen;
② *(milit. t. t.) (den Feind)* auf mehrere Punkte zerstreuen, an mehreren Punkten zugleich binden [**Romanos**];
③ *(übtr.)* auf die Folter spannen, quälen; **sollicitudine districtus;**
④ *(nachkl.)* zerstreuen, stören, vielseitig beschäftigen [**officiis; votis** überhäufen]; – *P. Adj.* **districtus,** a, um *(m. Komp.)* **a)** vielseitig in Anspruch genommen, vielseitig beschäftigt, zerstreut [**bellis; contentione ancipiti**]; **b)** = *destrictus (v. destringo)* streng.

dis-truncō, truncāre *(Plaut.)* zerhauen.

dis-tulī *Perf. v. differo.*

disturbātiō, ōnis *f (disturbo)* Zerstörung [**Corinthi**].

dis-turbō, turbāre ① auseinander treiben, werfen, zerstreuen; **contionem gladiis ~; auster disturbat freta; sortes ~;**
② zertrümmern, zerstören [**aedificium; porticum; opera**];
③ zerschlagen, zunichte machen, vereiteln, hintertreiben [**vitae societatem; legem**].

disyllaba, ōrum *n (disyllabus; erg. verba) u.* **-ae,** ārum *f (erg. voces) (Mart.)* zweisilbige Wörter.

disyllabus, a, um *(gr. Fw.)(Mart.)* zweisilbig.

dītēscō, dītēscere *(dis[2]) (poet.; nachkl.)* reich werden.

dīthyrambicus, a, um *(gr. Fw.)* dithyrambisch [**poëma**].

dīthyrambus, ī *m (gr. Fw.)* Dithyrambus, Hymnus, Tanzlied, *bes. zu Ehren des Bacchus; der Dithyrambus ist eine der Wurzeln der Tragödie.*

dītiae, ārum *f = divitiae.*

ditiō *abweichende Schreibung für dicio.*

dītior, dītissimus *s. dis[2].*

dītis, e = *dis[2].*

dītō, dītāre *(dis[2])* bereichern *(auch übtr.)* [**militem ex hostibus; sermonem patrium**] – *mediopass. dītārī* sich bereichern, reich werden.

diū[1] *Adv. (dies; vgl. interdiu)* bei Tage.

● **diū[2]** *Adv. (Komp.* diūtius, *Superl.* diūtissimē)
① lange (Zeit), einige Zeit lang;
② seit langer Zeit.

dīum, ī *n (dius[2]) (vor- u. nachkl.)* Himmelsraum, Weltall; **sub dio** *u.* **sub diu** unter freiem Himmel; *klass.: sub divo, s. divum.*

diurna, ōrum *n (diurnus; erg. acta)* Tagesberichte, *eine Art* Zeitung, Staatszeitung.

diurnum, ī *n (diurnus)* ① *(erg. frumentum) (Sen.)* tägliche Verpflegung, Tagesration;
② *(erg. commentariolum) (Iuv.)* Tagebuch *(eines Sklaven üb. die häuslichen Angelegenheiten).*

diurnus, a, um *(zu diu[1], wie nocturnus zu noctu)* ① bei Tage geschehend, bei Tage, Tages- [**labores; stella** Morgenstern];
② täglich, für einen Tag [**opus**].

diūs[1] *Adv. (dies) (Plaut.)* am, bei Tage.

dīus[2], a, um *(Nbf. v. divus)* göttlich, himmlisch; edel [**dius Fidius,** *vgl. Fidius*].

diūtinus *u.* **diutinus,** a, um *(Adv. -ē u. -ō; diu[2])* lange dauernd, langwierig [**amicus** langjähriger].

diūturnitās, ātis *f (diuturnus)* ① lange Dauer, dauernder Bestand [**temporis; pacis; belli; rei publicae**];
② dauernder Besitz.

● **diūturnus,** a, um *(m. Komp.; diu[2])* lange dauernd, lange bestehend, anhaltend, langlebig; **diuturniores venti** länger anhaltende Winde; **diuturnior impunitas** Straflosigkeit auf längere Zeit.

dīva = *dea.*

dī-vagor, vagārī *(spätl.)* überall umherschweifen.

Dīvālia, ium *n Fest der diva Angerona am 21. Dezember.*

dī-vāricō, vāricāre ① auseinander spreizen;
② aufreißen, verzerren [**os et oculos**].

dī-vāstō, vāstāre *(spätl.)* ganz zerstören, ganz zugrunde richten.

dī-vellō, vellere, vellī (vulsī, volsī), vulsum (volsum) ① *(poet.; nachkl.)* auseinander reißen, zerreißen [**vulnus** den Verband der Wunde aufreißen];
② wegreißen, losreißen, abreißen [**ramum suo trunco; membra ab alqo**]; – *se divellere u. mediopass. divelli* sich losreißen [**ab otio; a voluptate**];
③ *(übtr.)* aufheben, auflösen, vernichten [**amicitiam; affinitatem; somnos** unterbrechen].

dī-vendō, vendere, vendidī, venditum einzeln verkaufen *od.* versteigern [**bona; praedam**].

dī-ventilō, ventilāre *(nachkl.)* ausstreuen *(übtr.).*

dī-verberō, verberāre *(poet.; nachkl.)* auseinander schlagen, sprengen, zerteilen [**terram; ferro umbras; noctis umbras**].

dī-verbium, ī *n (dis u. verbum)* Wechselgesprāch *zweier Schauspieler auf der Bühne,* Dialog *im Drama (gr.* διάλογος).

dīversicolor, *Gen.* lōris *(diversus u. color) (Mart.)* verschiedenfarbig; – *Nbf.* dīversicolōrus, a, um.

dīversiō, ōnis *f (diverto) (spätl.)* Ablenkung, Abschweifung.

dīversitās, ātis *f (diversus) (nachkl.)* ❶ Verschiedenheit, Unterschied *(m. Gen.)* [**ciborum; animorum** verschiedene Stimmung];
❷ Gegensatz, Widerspruch *(m. Gen. od. inter)* [**naturae; inter exercitum imperatoremque**]; der Widerspruch in den Ansichten, die widersprechenden Ansichten *od.* Angaben [**auctorum; tradentium; inter medicos**].

dīversitor, dīversor, dīversōrium = *dev...*

dīversum, ī *n (diversus)* Gegenpartei; **e -o** im Gegenteil; **transferre invidiam in -um.**

● **dī-versus** *(altl.* dīvorsus), a, um *(P. Adj. v. diverto)* ❶ *(dis-: weg, ab)* nach der entgegengesetzten, nach einer anderen Richtung gerichtet: **a)** entgegengesetzt, gegenüberliegend, abgewandt; **-i flebant servi** *(Ov.)* abgewandt; **-a petere** die entgegengesetzte Richtung einschlagen; **per -um** auf der entgegengesetzten Seite; **b)** *(poet.; nachkl.)* abseits gelegen, entlegen; **-o orbe** am anderen Ende der Erde; **colunt diversi; c)** *(nachkl.)* gegnerisch, feindlich [**acies; factio** Gegenpartei]; **Armenia diversis praesidiis vacua; diversae partis advocatus** Rechtsanwalt der Gegenpartei; **d)** entgegengesetzt = im Widerspruch stehend, ganz verschieden; **per -a** aus ganz verschiedenen Gründen; **duo tela -orum operum** v. entgegengesetzter Wirkung; **nullo in -um auctore** für ein entgegengesetztes Interesse;
❷ *(dis-: auseinander)* nach verschiedenen Richtungen gerichtet: **a)** hierhin u. dorthin gerichtet, gewandt; **-i pugnabant; -i discedunt; -i circumspiciunt; proelium -um** an verschiedenen Orten geliefert; ~ **agebatur** wurde hin und her gerissen; **b)** voneinander getrennt, zerstreut, einzeln; **ex locis tam longinquis tamque -is; Corinthus duo maria maxime navigationi -a paene coniungit; c)** *(v. Personen)* unstet; uneinig, zerstritten.

dīverticulum = *deverticulum.*

dīvertium = *divortium.*

dī-vertō, vertere, vertī, versum *(altl.* dīvortō) *(vor- u. nachkl.)* ❶ auseinander gehen, weggehen, scheiden, sich trennen;
❷ verschieden sein, voneinander abweichen.

● **dīves,** *Gen.* dīvitis *(vgl. dis²) (Komp.* dīvitior, *Superl.* dīvitissimus) ❶ reich *(v. Personen) (an etw.: m. Abl. od. Gen.)* [**agris; pecoris; opum** an Macht]; **ex pauperrimo ~ factus est;**
❷ reichhaltig, reichlich, fruchtbar [**ager; Nilus** wasserreich; **epistula** viel versprechend; **spes; vena** reiche, glückliche Ader];
❸ *(poet.; nachkl.)* prächtig, von hohem Wert [**cultus** Kleidung; **opus**].

dī-vexō, vexāre ❶ misshandeln [**matrem; agros**];
❷ *(vorkl.)* hin und her zerren.

Dīviciācus, ī *m* ❶ *römerfreundlicher Häduerfürst, Bruder u. Gegner des Dumnorix, m. Cäsar geg. die Helvetier, Ariovist u. die Belger verbündet;*
❷ *König der belgischen Suessionen (um 80 v. Chr).*

dīvidia, ae *f (divido) (vor- u. nachkl.)* ❶ Zerwürfnis, Streit;
❷ Verdruss, Sorge.

● **dī-vidō,** videre, vīsī, vīsum *(vgl. viduus)* ❶ (zer)teilen, spalten [**marmor cuneis; alqm medium securi** mitten durchhauen; **omne caelum**]; **animum nunc huc nunc illuc dividit** sein Geist denkt hin und her; **nos alio mentes, alio divisimus aures** richteten zerstreut anderswohin den Sinn, anderswohin das Ohr;
❷ *(polit.)* spalten, trennen, teilen; **divisi in factiones; divisus senatus** zerspalten; **populum in duas partes ~;**
❸ ab-, einteilen [**spatium urbis in regiones vicosque; copias**]; **Gallia est omnis divisa in partes tres** *(Caes.);* **vicus in duas partes flumine dividebatur;**
❹ *(rhet. t. t.)* gliedern, zerlegen [**verba** die Wörter in Silben; **Naevii Punicum bellum in septem libros**]; **accusationis tuae membra** ~ *(Cic.)* in ihre einzelnen Teile zerlegen;
❺ aus-, zu-, verteilen [**munera; nummos; praedam per milites; vinum per tribus; agros per veteranos**];
❻ *(an mehrere Orte)* verteilen, verlegen; **equitatum in omnes partes ~; Romanos in custodiam civitatum ~;**
❼ *sententiam* den Vorschlag *eines Senators, der mehrere Punkte enthält,* trennen, teilen;
❽ trennen, scheiden, (ab)sondern; **exiguo divisa freto Asia; Gallos ab Aquitanis Garumna dividit; patriā** ~ fern halten;
❾ unterscheiden, trennen [**iniuriam a calumnia**];
❿ *(Hor.)* vortragen, spielen [**citharā carmina**].

dīviduus, a, um *(divido)* ❶ teilbar, trennbar;
❷ *(poet.; nachkl.)* geteilt, getrennt [**aqua** das sich in zwei Arme teilt]; **dividuom fac** bezahle die Hälfte.

dīvīna, ae *f (divinus) (Petr.)* Seherin.

dīvīnātiō, ōnis *f (divino)* ❶ Sehergabe; Weissagung, höhere Eingebung;
❷ *(jur. t. t.)* Bestimmung des Anklägers.

dīvīnitās, ātis *f (divinus)* ❶ Göttlichkeit, göttl. Wesen;
❷ *(meton.)* göttl. Weisheit; **divinitatis auctores;**
❸ übermenschliche Vollkommenheit, unüber-

treffliche Meisterschaft.

dīvīnitus *Adv. (divinus)* ❶ von Gott, durch göttl. Fügung, durch göttl. Eingebung; **non partum per nos, sed ~ ad nos delatum;** ❷ außerordentlich, vortrefflich [**scribere; dicta**].

dīvīnō, dīvīnāre *(divinus)* weissagen, prophezeien, Sehergabe haben; vermuten, erraten *(alqd; de; A. C. I.; indir. Frages.)* [**futura; de exitu**].

dīvīnum, ī *n (divinus)* ❶ das Göttliche; ❷ Gottesdienst, Opfer.

● **dīvīnus** *(divus)* **I.** *Adj.* a, um ❶ göttlich [**numen; stirps**]; **res -a** *u.* **res -ae** Gottesdienst, Opfer; **iura -a** Naturrecht; **scelera -a** gegen die Götter; **non sine ope -a bellum gerere;** ❷ von göttlicher Eingebung erfüllt, gottbegeistert, prophetisch, ahnend, weissagend [**poeta; pectus**]; ❸ außerordentlich, unvergleichlich, vortrefflich, herrlich [**consilium; studia**]; **II.** *Subst.* ī *m* ❶ Wahrsager, Seher, Prophet; ❷ *(spätl.)* Theologe.

dī-vīsī *Perf. v. divido.*

dīvīsiō, ōnis *f (divido)* ❶ Teilung [**orbis terrae**]; ❷ *(philos. u. rhet. t. t.)* Einteilung, Aufzählung der einzelnen Punkte; ❸ *(Tac.)* Verteilung [**agrorum; praediorum**].

dīvīsor, ōris *m (divido)* Verteiler *(v. Äckern unter die Kolonisten, v. Wahlgeldern).*

dīvīsus¹ *P.P.P. v. divido.*

dīvīsus², *Dat.* uī *m (divido)* (Ver-)Teilung; **facilis divisui** leicht teilbar; **divisui esse** verteilt werden.

Dīvitiăcus, ī *m = Diviciacus.*

● **dīvitiae,** ārum *f (dives)* Reichtum, Schätze, Kostbarkeiten, Kleinodien; **Delos referta -is;** *übtr.:* **~ ingenii** Fruchtbarkeit des Geistes; **~ verborum** Fülle des Ausdrucks; **~ aquarum** Wasserreichtum; **~ soli** Fruchtbarkeit des Bodens.

Dīvodūrum, ī *n Hauptstadt der Mediomatriker in Gallia Belgica, seit dem 4./5. Jahrh. Mettis (Mettensis urbs) nach Mediomatrica, j.* Metz.

dī-volgō, volgāre = *divulgo.*

dīvorsus *s. diversus.*

dīvortium, ī *n (diverto)* ❶ Trennung, Scheidung; ❷ Weg-, Wasserscheide [**aquarum**]; *übtr.:* **haec, ut ex Apennino fluminum, sic ex communi sapientium iugo sunt doctrinarum facta -a** *(Cic.);* ❸ *(Tac.)* Grenze [**inter Europam Asiamque**]; ❹ Ehescheidung; **-um facere cum uxore** sich scheiden von; **~ Octaviae; subitum ~;** ❺ Bruch, Trennung *(Liebender, Verwandter).*

dī-vortō *s. diverto.*

dī-vulgō, vulgāre bekannt machen, veröffentlichen, verbreiten [**consilium alcis**]; **divulgato ingenio** da sein Talent bekannt geworden war; – *P. Adj.* **dīvulgātus,** a, um **a)** gemein; **b)** *(poet.; nachkl.)* allgemein verbreitet.

dīvulsiō, ōnis *f (divello) (Sen.)* das Zerreißen, Trennung [**familiarum**].

dīvulsus *P.P.P. v. divello.*

dīvum, ī *n (divus)* freier Himmel, das Freie; *nur in den Redewendungen:* **sub -o** unter freiem Himmel, im Freien; **sub -um rapere** ans Licht.

● **dīvus I.** *Adj.* a, um ❶ göttlich, von göttlicher Natur [**parens; Ilia**]; ❷ unter die Götter aufgenommen, entrückt *(Beiname der röm. Kaiser)* [**divus Augustus**]; **II.** *Subst.* ī *m* Gott.

dīxī *Perf. v. dico¹.*

● **dō,** dare, dedī, datum ❶ geben, (dar)reichen, überreichen [**dextram; librum; munus; dotes; frumentum plebi; agros** austeilen]; ❷ geben, gewähren, erweisen [**alci quietem; beneficia; alci civitatem** das Bürgerrecht; **aditum ad caelum; servis libertatem; honores**]; ❸ (über)geben, auftragen, (über)lassen [**id alci cogitandum** zu bedenken geben; **tantas res alci scribendas; librum legendum**]; ❹ anvertrauen, übergeben [**infantem nutrici**]; ❺ hingeben, preisgeben, überlassen, aussetzen [**urbem militibus diripiendam; captum oppidum praedae; alqd oblivioni aut neglegentiae; vela ventis; alqm morti**]; ❻ *epistulam od. litteras* **a)** *alci* jmdm. (zur Besorgung) mitgeben; **erit cotidie, cui des** du wirst ja täglich die Möglichkeit haben; **b)** *ad alqm od. alci* an jmd. senden, schreiben; **discedens dabo ad te aliquid;** ❼ hinhalten, (hin)reichen [**alci cervices** *od.* **iugulum; manūs** (zur Fesselung); **cervices crudelitati nefariae** sich fügen; **terga** fliehen]; ❽ weihen, opfern [**Apollini donum; deo templum; exta deo; inferias manibus; patriae sanguinem**]; ❾ (be)zahlen, entrichten, ausgeben [**pecuniam; aes**]; **alci pecuniam mutuam ~** jmdm. Geld leihen; **in pontibus pro transitu ~** Passierzoll geben; **~ milia terna macello** *(Dat.)* auf dem Fleischmarkt; – *übtr.* Strafe leiden: **~ poenas** bestraft werden; **alci exilium ~** jmd. mit Verbannung bestrafen; ❿ zugestehen, bewilligen, gewähren, gestatten [**alci vitam; iura** Recht sprechen; **veniam** Erlaubnis, Verzeihung *od.* Gnade gewähren; **veniam diei** einen Tag gewähren; **soli et lunae divinitatem; solacia; laetitiam; alci senatum** Audienz beim Senat; **alci contionem;**

alci pacem]; *bes. v. Prätor:* **do** (ich gewähre, *erg.* Klagen, Rechte), **dico** (ich spreche, *erg.* das Urteil), **addico** (ich spreche zu, *erg.* das Eigentum); – **alci dare ut** *m. Konj. u.* **datur** *m. Inf. od. ut m. Konj.* es ist erlaubt;
⑪ anweisen, bestimmen, zuweisen [**locum colloquio; alci locum in theatro; alci sedem inter inferos; condiciones alci** die Bedingungen vorschreiben; **requiem voce remis** gebieten];
⑫ *(Zeugen, Geiseln u. a.)* stellen [**testem; obsides; arbitrum; iudicem; militem**];
⑬ geben wollen, anbieten *(nur Präs. u. Imperf.);*
⑭ *(einen Auftrag, ein Amt u. Ä.)* übergeben, zuteilen, übertragen, anweisen [**negotium; mandata; potestatem; imperium; legationem**];
⑮ *(Zeit) einer Sache* widmen, auf etw. verwenden [**corpori omne tempus; noctem somno; reliquam partem diei tribunali**]; *bes.* ~ **operam alci rei** Mühe auf etw. verwenden;
⑯ (an)melden [**nomen** sich melden *(bes. v. Soldaten zum Kriegsdienst u. v. neuen Kolonisten)*];
⑰ *alci m. präd. Dat.* als etw. anrechnen *od.* auslegen [**alci alqd laudi, vitio, ignaviae; alci alqd crimini** zum Vorwurf machen];
⑱ etw. v. sich geben, hören-, verlauten-, vernehmen lassen [**sonum; fragorem; clamorem; dicta; mugitum; plausum**];
⑲ etw. v. sich geben [**cruorem, lacrimas** vergießen]; **ara dabat fumos** ließ aufsteigen;
⑳ ablegen, geben [**specimen** Probe ablegen; **documentum** Beweis geben; **exemplum**];
㉑ hervorbringen, schaffen, entstehen lassen [**fetus**]; **tellus dedit ferarum ingentia corpora partu; quercus singulos ramos dedit** *(Suet.)* trieb;
㉒ veranstalten [**ludos; exsequias; fabulam** aufführen; **nataliciam in hortis**];
㉓ etw. wohin geben, bringen, legen, werfen *(auf, in etw.: m. Präp. od. Dat.)* [**corpus tumulo; urnae ossa; bracchia collo; retro capillos; scripta foras** herausgeben];
㉔ jmd. wohin bringen [**alqm in hanc domum**]; jmd. wohin strecken, stürzen, schleudern [**alqm ad terram**];
㉕ *(poet.) in einen Zustand* versetzen [**alqm in timorem; animum in luctus** in Trauer versenken];
㉖ machen, tun [**fugam** die Flucht ergreifen; **impetum in hostem; cursum in medios** eilen, stürmen];
㉗ machen, bilden [**locum** Platz machen (Raum geben); **viam** einen Weg bahnen];
㉘ geben, (ver)schaffen, einflößen [**animos** Mut; **spiritūs; vires; spem**];
㉙ bereiten, machen, verursachen, veranlassen [**alci tussim; risūs** Stoff geben zu; **alci somnum; alci curas; alci dolorem; bello finem** ein Ende machen];
㉚ *(Ov.)* bewirken;
㉛ *(poet.) die Zügel* schießen lassen [**frena**];
㉜ *Speisen* auftragen lassen, vorsetzen;
/ **sē dare a)** sich einer Sache hingeben, ergeben, sich widmen *(m. Dat.; in u. Akk.; ad u. Akk. des Gerundivs)* [**vitae rusticae; voluptatibus; philosophiae; ad docendum; ad defendendos homines**]; **b)** sich jmdm. hingeben, ergeben, sich jmds. Willen fügen [**regibus; legionibus**]; **c)** sich *einem Zustand* hingeben, überlassen [**somno; quieti**]; **d)** sich wohin begeben, stürzen [**in bella**]; **e)** sich in etw. einlassen, in etw. eintreten [**in consuetudinem; dare alci se in adoptionem** sich von jmdm. adoptieren lassen]; **f)** sich zeigen *(konkr. u. übtr.)* [**populo; se placidum**]; **g)** sich finden, sich einstellen, sich zeigen; **quocumque tempore se dabunt vires; h)** sich fügen; **iudices se dant.**

● **doceō,** docēre, docuī, doctum *(vgl. disco)*
① (be)lehren, unterrichten, unterweisen *(alqm alqd; alqm re; de re: über etw. belehren; m. Inf.; A. C. I.; indir. Frages.; m. Adv.)* [**discipulos; ius civile; puerum elementa, litteras; alqm fidibus** im Saitenspiel; **alqm equo armisque** im Reiten u. Fechten; **alqm Graece** *(erg. loqui)*];
② zeigen, darlegen;
③ jmd. v. etw. benachrichtigen, jmd. v. etw. unterrichten *(alqm alqd od. alqm de re)* [**alqm causam** vortragen; **iudices de eius iniuriis**];
④ *(ein Theaterstück)* einstudieren, aufführen [**fabulam**];
⑤ Vorträge, Vorlesungen halten.

dochmius, ī *m (gr. Fw.)* Dochmius, *fünffüßiger Versfuß m. der Grundform* ⏑ – – ⏑ –.

docibilis, e *(doceo) (spätl.)* gelehrig.

docilis, e *(m. Komp.) (doceo)* ① gelehrig *(zu, für, in etw.: ad; Gen.; Abl.)* [**belua; ad agriculturam; modorum; Graeco sermone**];
② *(Prop.)* leicht begreiflich [**usus**].

docilitās, ātis *f (docilis)* Gelehrigkeit, Empfänglichkeit [**ingenii; ad omnes fere artes**].

doctor, tōris *m (doceo)* ① Lehrer [**gladiorum** Fechtmeister; **liberalium artium**];
② *(mlt.)* **a)** *gentium: Apostel Paulus als Lehrer der Heiden;* **b)** Kirchenlehrer; **c)** Universitätslehrer; **d)** *akadem. Grad.*

● **doctrīna,** ae *f (doctor)* ① *(wissenschaftliche)* Belehrung, Unterricht, Unterweisung *(in etw.: Gen.)* [**rerum** Sachunterricht; **verborum** Wortunterricht];
② Lehre, Wissenschaft, Kunst [**Graeca**];
③ Gelehrsamkeit, wissenschaftliche Bildung, theoretische Bildung, Kenntnisse; **cum in virtute nostri multi valuerunt, tum plus etiam doctrinā.**

● **doctus** *(doceo)* **I.** *P. Adj.* a, um ① gebildet, geschult, geschickt, gelehrt *(in etw.: Abl.; Gen.; in m. Abl.; ad; Inf.)* [**virgines** die Musen; **vir; Graecis litteris; fandi** im Reden; **tendere sagittas**];
② *(v. Lebl.)* das v. Unterricht, Schule zeugt, auf Bildung schließen lässt, gelehrt [**libelli; lingua** beredt; **carmina; sermones**];
II. *Subst.* ī *m* Gelehrter *(klass. nur im Pl.).*

documen, minis *n (Lucr.) = documentum.*

● **documentum,** ī *n (doceo)* ① Lehre;
② Warnung *(vor etw.: m. Gen.)* [**cavendae similis iniuriae**];
③ Beispiel; **P. Rutilius ~ fuit hominibus nostris virtutis** *(Cic.)*;
④ Beweis, Probe, Zeugnis; **dare -a; -o esse** beweisen; **patientiae -um dare;**
⑤ *(spätl.) antiquum* das Alte Testament.

Dōdōna, ae *f* ① *Stadt der Molosser in Epirus am Berg Tomaros (im Westen Nordgriechenlands) m. Eichenhain u. Zeus-Orakel;*
② *(meton.)* **a)** der Eichenhain v. Dodona; **b)** die Priester v. Dodona;
/ *Adj.* **Dōdōnaeus** a, um, *fem. auch* **Dōdōnis,** idis.

dōdrāns, antis *m (de u. quadrans „wobei ein Viertel fehlt")* ① drei Viertel; **heres ex dodrante** Erbe zu drei Vierteln des Vermögens; **aedificii reliquus ~;**
② *(als Flächenmaß)* ¾ Morgen;
③ *(als Längenmaß) (Suet.)* ¾ Fuß;
④ *(als Zeitmaß) (Plin.)* Dreiviertelstunde.

dōdrantārius, a, um *(dodrans)* zu drei Vierteln gehörig, um drei Viertel ermäßigt [**tabulae** Schuldbücher, *in denen nach der lex Valeria feneratoria drei Viertel der Schulden getilgt waren*].

dogma, atis *n (gr. Fw.)* ① philos. Lehrsatz; philos. Meinung;
② *(spätl.)* Glaubenssatz; christl. Lehre.

dogmatistēs, ae *m (dogma) (spätl.)* ① Dogmatiker;
② Lehrer des christl. Glaubens.

Dolābella, ae *m* („kleine Hacke") *urspr. Individualcognomen, dann Familienname in der röm. gens Cornelia:* P. Cornelius ~ *(69–43 v. Chr.), Schwiegersohn Ciceros.*

dolābra, ae *f (dolo[1])* Picke, Brechaxt.

dōlatura, ae *f (mlt.)* Schnitz-, Böttchermesser.

dolēns, *Gen.* entis *(P. Adj. v. doleo)* schmerzlich, mit Trauer.

● **doleō,** dolēre, doluī, dolitūrus ① betrübt sein, trauern, leiden, *(geistig)* Schmerz empfinden, bedauern *(über, wegen: m. Abl., Akk., de, ex, A. C. I., quod)* [**dolore alcis; alcis mortem; de febricula; ex commutatione rerum; pro gloria imperii**]; **tuam vicem doleo** *(Cic.)* du tust mir in der Seele weh;
② *(v. Gliedern)* schmerzen, Schmerz bereiten; **caput mihi dolet;**
③ *(körperl.)* Schmerz empfinden;
④ *(Prop.)* jmd. betrüben, jmdm. wehtun; **dictum mihi dolet;** – *unpers.:* **dolet mihi, quod** es tut mir Leid, dass.

dōliāris, e *(dolium) (Plaut.)* einem Fass ähnlich, dick wie ein Fass [**anus**].

dōliolum, ī *n (Demin. v. dolium)* ① Fässchen;
② *(Plin.)* Blumenkelch [**floris**].

dōlium, ī *n* Fass, *bes.* Weinfass, *in dem der Most mehrere Monate gärte;* **de -o haurire; ~ a fundo pertusum.**

dolō[1], dolāre ① behauen, zurechthauen, m. der Axt bearbeiten [**robur; materiem;** *übtr:* **dolum** *(Plaut.)* Ränke schmieden];
② roh ausarbeiten [**opus**];
③ *(poet.)* durchprügeln.

dolō[2] *(u.* **dolōn**), ōnis *m (gr. Fw.)* ① Dolch, Stockdegen;
② *(Phaedr.)* Stachel *(der Fliege);*
③ Vordersegel.

Dolopes, pum *m Volk am Pindosgebirge, den Thessaliern benachbart, an Epirus grenzend (Nordgriechenland); das Land:* **Dolopia,** ae *f.*

● **dolor,** lōris *m (doleo)* ① *(körperl.)* Schmerz [**laterum; capitis; dentium**];
② *(geistig)* Schmerz, Kummer, Betrübnis, Teilnahme, Ärger *(über: m. Gen. od. ex)* [**coniugis amissae** über den Verlust der Gattin; **ex** *od.* **in alqa re**]; **mihi dolori est** es macht mir Kummer; **dolorem alci facere, efficere, dare, afferre;**
③ *(poet.) (meton.)* Gegenstand des Schmerzes; **esse ~ potest** kann Schmerz bringen;
④ Pein, Qual;
⑤ Groll, Rachegefühl, Erbitterung;
⑥ Kränkung; **dolore incensus;**
⑦ *(rhet. t. t.)* Leidenschaft, Pathos.

dolōrōsus, a, um *(dolor) (spätl.)* ① schmerzensreich [**mater** Maria];
② schmerzhaft.

dolōsus, a, um *(dolus)* (arg)listig, trügerisch, (heim)tückisch *(v. Personen u. Sachen)* [**gens; consilia**].

● **dolus,** ī *m (gr. Fw.)* ① List, Hinterlist, Betrug, Heimtücke, Täuschung; **-o** *u.* **per -um** hinterlistigerweise; **ne dicam -o** um es ehrlich zu sagen; **haud -o** unverhohlen;
② *(jur. t. t.)* **dolus malus** böswillige Täuschung;
③ *(Ov.) (meton.)* Trugmittel.

domābilis, e *(domo) (poet.)* zähmbar, bezwingbar.

domestica, ōrum *n (domesticus)* ① einheimische Beispiele;
② *(Plin.)* einheimische Erzeugnisse, Produkte.

domesticātim *Adv. (domesticus) (Suet.)* in Privathäusern [**apparare alqd**].

● **domesticus** *(domus)* **I.** *Adj.* a, um ① häuslich, des Hauses, zum Haus, zur Familie gehörig, Haus-, Familien- [**vestis** Hauskleid; **tem-**

pus im Haus verbracht; **luctus** Haustrauer; **successores** aus dem Hause, aus der Familie; **iudicium** das Urteil, die Meinung der Seinigen, seiner Umgebung];
2 privat, persönlich, eigen; **cepi consilium -um** einen Entschluss auf meine eigene Gefahr hin; **exemplis -is** aus eigener Erfahrung; **-o praeconio** durch sein eigenes Ausrufergeschrei, als sein eigener Herold; **canes -os alere** auf eigene Kosten halten;
3 einheimisch, heimatlich [**certamen; copiae rei frumentariae** Proviant, den die Heimat darbietet; **hostis** im eigenen Lager; **insidiae; crudelitas** gegen die Mitbürger];
4 innerlich = in der eigenen Brust wohnend [**Furiae**];
II. *Subst.* ī *m* Familienmitglied; (Haus-) Freund; – *Pl.* Familie; Hausfreunde; Hausgenossen; Hausgesinde; häusliche Umgebung.

domicella, ae *f (domina) (spätl.)* 1 junge Herrin; junges Mädchen;
2 Jungfrau Maria.

domicellus, ī *m (dominus) (spätl.)* Knappe.

domicēnium, ī *n (domus u. cena) (Mart.)* Mahlzeit zu Hause [**triste**].

domicilium, ī *n (domus u. colo)* 1 Wohnung, Wohnsitz; Palast, Schloss; **-um collocare** *od.* **constituere in alqo loco; aliud -um petere; quibus in oppidis erant -a regis;**
2 *(übtr.)* Sitz, Stätte [**imperii** *v. Rom;* **superbiae**].

● **domina,** ae *f (dominus)* 1 Herrin, Gebieterin *(bes. als ehrendes Beiwort v. Göttinnen; auch übtr.);* **voluptates blandissimae -ae; cupiditas honoris quam dura est ~!; iuncti currum -ae subierunt leones** *(v. Kybele);* **Fors ~ campi;**
2 Hausfrau;
3 Ehefrau; Frau; *(poet.)* Geliebte;
4 *(Suet.)* Dame aus dem kaiserl. Hause.

domināns, antis *m (dominor) (Tac.)* Gebieter, Herrscher.

● **dominātiō,** ōnis *f (dominor)* 1 Herrschaft;
2 Gewalt-, Alleinherrschaft, Zwingherrschaft [**crudelis**];
3 *(meton.) Pl.* die Herrscher, Herren; **ne fortuna magnam nimis in nos habeat dominationem** *(Cic.);* **haec te omnis ~ regnumque iudiciorum tanto opere delectat** *(Cic.)* über die Gerichte zu gebieten und wie ein König zu herrschen.

dominātor, tōris *m (dominor)* Beherrscher, Regent.

dominātrīx, rīcis *f (dominator)* Beherrscherin, *auch. übtr.:* **caeca ac temeraria ~ animi cupiditas.**

dominātus, ūs *m = dominatio.*

dominica, ae *f (dominicus; erg. dies) (Eccl.)* der Tag des Herrn, Sonntag.

dominicus *(dominus)* **I.** *Adj.* a, um 1 herrschaftlich, des Herrn;
2 *(spätl.)* kaiserlich;
3 *(Eccl.)* des Herrn (Christi) [**passio; praecepta; cena** Abendmahl; **dies** Sonntag];
II. *Subst.* ī *m (erg. dies) (spätl.)* der Tag des Herrn, Sonntag.

dominium, ī *n (dominus)* 1 *(Sen.)* Besitz, Eigentum(srecht);
2 *(Sen.)* Herrschaft, Gewalt; **omnia ista, in quae ~ casus exercet;**
3 *(Sen.) (meton.) Pl.* die Gebieter;
4 Gastmahl; **huius argento -a vestra ornari** *(Cic.).*

● **dominor,** dominārī *(dominus)* 1 herrschen, Herr sein, den Herrn spielen, gebieten [**Alexandriae; summa arce; in suos; in adversarios; in cetera (animalia); in capite fortunisque; in his sartis tectisque** in solchen Bauangelegenheiten eine Herrschaft ausüben]; **dominante homine furioso; dominandi avidus;**
2 *(übtr.)* herrschen, die größte Geltung haben; **libido, fortuna dominatur; quod unum in oratore dominatur** worin die Hauptstärke des Redners liegt;
3 *(poet.)* beherrscht werden.

● **dominus** *(domus)* **I.** *Subst.* ī *m* 1 (Haus-) Herr; *(Plaut.)* Sohn des Hauses, der junge Herr [**rerum suarum**]; – *Pl.* Herrschaft = Herr u. Herrin vom Hause;
2 Besitzer, Eigentümer [**navis; insularum; dites domini** Grundbesitzer];
3 Herr, Gebieter, Machthaber [**terrarum; gentium; vitae necisque** über Leben u. Tod]; *v. Richter:* **rei ~.**
4 Veranstalter *(öffentl. Spiele);*
5 Gastgeber [**convivii**];
6 Bauherr;
7 *(Ov.)* Gatte; Geliebter; **domino erat anxia rapto;**
8 *(poet.; nachkl.)* Herr *(als Kaisertitel);*
9 *(Eccl.)* Gott; Christus;
10 *(mlt.)* Lehnsherr;
II. *Adj.* a, um *(poet.)* herrschaftlich, des Herrn.

domi-porta, ae *f (domus u. porto)* Hausträgerin *(v. der Schnecke).*

Domitiānus, ī *m:* T. Flavius ~ Augustus, *röm. Kaiser (81–96 n. Chr.), Sohn des Vespasian, Bruder des Titus.*

Domitius, a, um *Name einer pleb., seit Augustus durch Adoption ins julisch-claudische Haus patriz. gens, hervorgetreten sind die Zweige mit den cogn. A(h)enobarbi („Rotbärte") u. Calvini („Kahlköpfe"):* 1 Cn. ~ A(h)enobarbus Allobrogicus, *Konsul 122 v. Chr.;*
2 L. ~ A(h)enobarbus, *Konsul 54 v. Chr., Anhänger des Pompeius und erbitterter Cäsargegner;*
3 Cn. ~ Calvinus, *59 v. Chr. Volkstribun, 58 v. Chr. Prätor, 53 v. Chr. Konsul, zuerst Geg-*

ner, dann Anhänger Cäsars;
/ *Adj.* **Domitiānus,** a um.

domitō, domitāre *(Intens. v. domo) (poet.; nachkl.)* bändigen, zähmen, überwinden [**boves; elephantos**].

domitor, ōris *m (domo)* Bändiger, Bezähmer [**ferarum; serpentium**]; Bezwinger, Überwinder [**generis humani; terrarum marisque; belli externi**].

domitrīx, rīcis *f (domitor) (poet.; nachkl.)* Bändigerin [**ferarum**]; Überwinderin.

domitus[1] *P.P.P. v. domo.*

domitus[2], *Abl.* ū *m (domo)* Zähmung, Bändigung; **efficimus domitu nostro quadrupedum vectiones** *(Cic.).*

domna, domnus = *domina, dominus.*

● **domō,** domāre, domuī, domitum ① zähmen, bändigen [**feras; leones**];
② *(Völker)* bezwingen, überwinden, niederwerfen, untertänig machen, besiegen [**Britannos; maximas nationes virtute**]; **fame domiti Samnites;**
③ *(übtr.)* überwinden, bezähmen [**invidiam; libidines; iracundias; terram rastris** urbar machen, bebauen; **arbores** veredeln; **durum saporem** mildern; **vim fluminis** brechen; **carnem** gar kochen; **uvas prelo** keltern].

domu-itiō, ōnis *f (= domum itio)* Heimkehr.

domuncula, ae *f (Demin. v. domus)* Häuschen.

● **domus,** ūs *f (altl. Gen.* -ī; *Dat. auch* -ō *u.* -ū; *Abl.* -ō, *selten* -ū; *Lok.* -ī; *Gen. Pl.* -uum *u.* -ōrum; *Akk. Pl.* -ōs *u.* -ūs) ① Haus; Wohnsitz, Wohnung, Aufenthalt [**avium** Nest; **cornea** Schale der Schildkröte]; **domum aedificare; alqm tecto et domo invitare;**
② *(meton.)* **a)** Hausgenossenschaft, Familie, Geschlecht; **b)** philos. Schule; **c)** Partei; **d)** Hauswesen, Haushalt; **~ ratione regitur;**
③ Heimat, Vaterland, Vaterstadt; **foris bella, domi seditiones; accire a domo novos milites; domi splendidus** im Vaterland;
/ *Adverbialformen:* **a) domum** *(Pl.* **domōs***)* nach Hause, ins Haus, in die Heimat: **reverti domum; b) domō** vom Hause, von zu Hause, aus der Heimat: **alqm domo eicere; domo proficisci; c) domī** *u. (selten)* **domuī** zu Hause, daheim, im Hause, in der Heimat: **domi bellique** *od.* **militiaeque** im Krieg u. Frieden.

dom-ūsiō, ōnis *f (domus u. usus) (Petr.)* Hausbedarf.

dōnābilis, e *(dono) (Plaut.)* würdig, beschenkt zu werden.

dōnārium, ī *n (donum) (poet.; nachkl.)* ① Opferaltar, Tempel; **-a manibus puris contingere** *(Ov.)* den Altar mit reiner Hand berühren;
② Weihgeschenk.

dōnātiō, ōnis *f (dono)* ① Schenkung;
② Gabe, (Ehren-)Geschenk.

dōnātīvum, ī *n (dono) kaiserl.* Geldgeschenk, *das vom Kaiser bei besonderen Anlässen (Thronbesteigungen u. a.) an die Soldaten ausgeteilt wurde.*

dōnātor, ōris *m (dono) (Sen.)* Schenker.

Dōnātus, ī *m:* ① Aelius ~, *röm. Grammatiker des 4. Jahrhs. n. Chr., Kommentator des Terenz;*
② Tiberius Claudius ~, *röm. Grammatiker um 400 n. Chr., Kommentator des Vergil.*

● **dōnec,** *(altl.)* **dōnicum,** *(Lucr.)* **dōnique** *Kj.* ① solange (als);
② solange bis, bis (endlich).

● **dōnō,** dōnāre *(donum)* ① schenken;
② beschenken [**equites insignibus donis; urbes civitate; cohortem militaribus donis**];
③ verleihen, vergönnen, gewähren, gestatten [**alci aeternitatem immortalitatemque; alci gaudia; mutis piscibus cygni sonum**]; **alia membra videntur propter eorum usum a natura esse donata;**
④ erlassen, jmdm. etw. ersparen [**mercedes habitationum annuas creditoribus; poenam**];
⑤ *(poet.; nachkl.)* jmdm. die Strafe erlassen, vergeben, jmd. begnadigen *(jmdm. zuliebe: alci)* [**scelera; patrem filio**]; **culpa gravis precibus donatur suorum** *(Ov.);*
⑥ etw. jmdm. zuliebe aufgeben, fahren lassen *(alqd alci)* [**inimicitias rei publicae**];
⑦ *(poet.)* weihen, opfern [**caput Iunoni**].

● **dōnum,** ī *n (do)* ① Gabe, Geschenk; **~ regale; -a dotalia; -a militaria; -um alci dare, alqd -o dare** zum Geschenk machen;
② Opfer(gabe), Weihgeschenk [**Apollinis** für Apollo]; **-a magnifica Delphos ad Apollinem mittere;**
③ Totenopfer; **-a feralia; exstincto cineri sua -a ferre** *(Ov.).*

Donūsa, ae *f Insel b. Naxos im Ägäischen Meer.*

dorcas, adis *f (gr. Fw.) (poet.)* Gazelle.

Dōrēs, rum *m* die Dorer, *einer der Hauptstämme der Griechen; aus mehreren Stämmen, die aus dem dalmatinisch-albanischen Raum nach Griechenland eingewandert waren, vereinigt, breitete er sich üb. Nord-, Mittelgriechenland u. die Peloponnes aus; – Adj.* **Dōri(c)us,** a, um, *fem. auch* **Dōris,** idis dorisch, *poet. auch* griechisch.

Dōris I. idis *f Tochter des Oceanus u. der Tethys, Gemahlin des Nereus, Mutter der 50 Nereiden, auch Name einer der Nereiden; meton. (poet.)* = Meer;
II. *Adj., s. Dores.*

● **dormiō,** dormīre ① schlafen; **in medios dies ~; dormientem excitare;** *sprichw.:* **non omnibus dormio** ich übe nicht gegen alle

gleiche Nachsicht;
2 *(poet.)* verschlafen, durchschlafen [**noctem; hiemem**];
3 untätig sein; **beneficia dormientibus deferuntur** im Schlafe = ohne ihr Zutun;
4 unbekümmert sein.
dormītātor, ōris *m (dormito) (Plaut.)* Träumer, Phantast.
dormītō, dormītāre *(dormio)* 1 schläfrig sein, einnicken, -schlafen; **dormitanti mihi epistula illa reddita;**
2 die Hände in den Schoß legen, sich gehen lassen.
dormītor, ōris *m (dormio) (Mart.)* Schläfer.
dormītōrium, ī *n (dormitorius)* 1 *(Plin.)* Schlafzimmer;
2 *(mlt.)* Schlafsaal *der Mönche.*
dormītōrius, a, um *(dormitor) (Plin.)* Schlaf-.
dorsum, ī *n u. (selten)* **-us,** ī *m* 1 Rücken *(der Tiere, selten der Menschen)* [**equi**]; **clipeum ad -um accommodare;**
2 Rückenähnliches, buckelartige Erhöhung: **a)** Bergrücken, Kamm [**montis**]; **b)** *(poet.) (beim Pflug)* Rücken des Scharbaumes; **c)** *(Verg.) vadi* Sandbank; **d)** *(Plin.) saxeum* Steindamm; *(Verg.) immane* Riff.
Dorylaeum, ī *n Stadt in Phrygien (Kleinasien) am Fluss Thymbris;* – *Einw.* **Dorylēnsēs,** nsium *m.*
doryphorus *u.* **-os,** ī *m (gr. Fw.)* 1 Lanzenträger, *Bronzestatue, bes. die des Polyklet, als Kanon bezeichnet, weil an ihr die Haltung v. Stand- u. Spielbein kanonisch (= mustergültig) dargestellt wurde;*
2 *(nachkl.)* Leibwächter.
dōs, dōtis *f (do)* 1 Mitgabe bei der Heirat, Aussteuer; **uxor sine dote; filiarum dotes;**
2 *(poet.; nachkl.) (übtr.)* Gabe, Begabung, Wert, Vorzug [**ingenii; corporis animique**].
Dossennus, ī *m (v. dorsum, vulgär dossum)* der Bucklige, *komische Figur der röm. Atellane.*
dōtālis, e *(dos)* zur Aussteuer gehörig [**agri; dona** Brautgeschenke].
dōtō, dōtāre *(dos) (poet.; nachkl.)* eine Aussteuer geben, ausstatten; **sanguine Troiano dotari** Trojanerblut gleichsam als Mitgift erhalten; – *P. Adj.* **dōtātus,** a, um reich ausgestattet; *übtr.:* **dotatissimā formā** v. strahlender Schönheit; **vite dotata ulmus.**
drachma, *altl.* **drachuma,** ae *f (gr. Fw.)* 1 Drachme, *griech. Silbermünze, etwa im Wert eines röm. Denars;*
2 *(Plin.) (Gewicht)* ⅛ Unze = $^{1}/_{96}$ As.
drachumissō, drachumissāre *(drachma, altl. drachuma) (Plaut.)* für eine Drachme arbeiten.
dracō, ōnis *m (gr. Fw.)* 1 Schlange, Drache;
2 Drache *als Sternbild.*
Dracō, ōnis *m* Drakon, *Athens Gesetzgeber (um 620 v. Chr.).*
dracōni-gena, ae *m u. f (draco u. gigno) (poet.)* von Schlangen erzeugt, von Drachen abstammend.
Drangae, ārum *m Bew. der pers. Provinz Drangiana.*
drāpeta, ae *m (gr. Fw.) (Plaut.)* entlaufener Sklave.
drappus, ī *m (spätl.)* Tuch.
Drepanum, ī *u.* **-a,** ōrum *n Stadt an der westl. Küste Siziliens, j.* Trapani; – *Einw. u. Adj.* **Drepanitānus,** ī *m bzw.* a, um.
dromas, adis *m (gr. Fw.)* Dromedar.
Dromos, ī *m* (δρόμος, *eigtl.* „der Lauf") *Ebene b. Sparta, wo die Jugend sich im Lauf übte.*
drōpax, acis *m (gr. Fw.) (Mart.)* Pechpflaster *(Enthaarungsmittel).*
Druentia, ae *m Nebenfluss der Rhône, in den Cottischen Alpen entspringend, j.* Durance.
Druidae, ārum *u.* **Druidēs,** dum *m* Druiden *(kelt. Priester).*
Drūsus, ī *m cogn. in der gens Livia u. später auch der gens Claudia:* 1 M. Livius ~, *Konsul 112 v. Chr., war als Volkstribun Gegner seines Kollegen C. Gracchus;*
2 M. Livius ~, *Sohn von 1., erneuerte als Volkstribun (91 v. Chr.), obwohl er auf der Seite der Aristokratie stand, einige Gesetzesvorschläge der Gracchen;*
3 Nero Claudius ~ Germanicus, *gew. Drusus genannt, Bruder des Tiberius, Stiefsohn des Augustus, kämpfte in Germanien, (38 – 9 v. Chr.);*
/ *Adj.* **Drūsiānus** *u.* **Drūsīnus,** a, um; / **Drūsilla,** ae *f Name v. Frauen in der Familie der Drusi.*
Dryas, adis *f (meist Pl.)* Baumnymphe.
Dryopes, pum *m Volk am Öta in Thessalien (Nordgriechenland).*
Dūbis, is *m Nebenfluss der Saône, j.* Doubs.
dubitābilis, e *(dubito) (Ov.)* zweifelhaft [**virtus**].
dubitanter *Adv. (dubito)* zweifelnd, zögernd, zaudernd.
dubitātiō, ōnis *f (dubito)* 1 Zweifel, Ungewissheit *(an, in etw.: Gen. od. de; m. indir. Frages.; b. vorhergehender Negation m. quin);* ~ **adventūs legionum;** ~ **iuris; illa Socratica** ~ **de omnibus rebus; sine (ulla) dubitatione** ohne (jeden) Zweifel, ganz gewiss;
2 das Bedenken, Zögern, Zaudern, Unschlüssigkeit; ~ **crucis** Bedenken wegen der Kreuzigung; **sine dubitatione** ohne zu zögern.
● **dubitō,** dubitāre *(dubius)* 1 (an-, be-)zweifeln *(de; m. Akk., klass. nur Pron. eines Neutrums, z. B. id, haec, nihil; m. indir. Frages.; b. vorhergehender Negation m. quin; nicht klass. A. C. I.);* **de animo Ciceronis ~; de tua erga me voluntate dubito;** *auch im Pass.:* **de hac re dubitatur; dubitatus parens** angezweifelt;

❷ Bedenken tragen, unschlüssig sein, schwanken, zaudern *(m. Inf., selten quin nach vorhergehender Negation);*
❸ erwägen, über etw. nachdenken.

dubium, ī *n (dubius)* ❶ Zweifel; **sine -o** ohne Zweifel; **in -o esse** zweifelhaft sein; **in -um vocare** in Zweifel ziehen; **in -um venire** in Zweifel gezogen werden; **nihil -i est, quin** es besteht kein Zweifel, dass; **haud pro -o Sextium consulem esse** unzweifelhaft;
❷ Gefahr; **in -o esse** in Gefahr schweben; **in -um (de)vocare** etw. aufs Spiel setzen, gefährden; **in -um venire** *u.* **in -um futurum esse** in Gefahr kommen.

● **dubius,** a, um ❶ zweifelnd, schwankend, unentschlossen, unsicher *(m. Gen.; m. indir. Frages.; negiert m. quin; m. A. C. I.);* **vitae ~** am Leben verzweifelnd; **animi ~; mentis ~; ~ inter spem metumque** schwebend zwischen; **~ sum, quid faciam; haud ~ facilem victoriam fore** *(Liv.);*
❷ zweifelhaft, ungewiss, unentschieden, unbestimmt [**victoria; consilia; caelum** trüb; **dubiae crepuscula lucis** Morgendämmerung; **nox** Dämmerung; **auctor** unzuverlässig; **haud dubius** (unzweifelhaft) **praetor**]; **non -um est, quin** dass; **dubiumne est, quin?; cui dubium est, quin?; haud dubio** da es nicht zweifelhaft war;
❸ bedenklich, misslich, gefährlich [**res** schwierige Lage; **tempora**]; **loca dubia nisu videbantur;**
❹ *(poet.)* in misslicher Lage befindlich, in Gefahr schwebend [**aeger** der bedenklich Kranke].

ducālis, e *(dux)* zum Feldherrn gehörig, Feldherrn-.

ducātus, ūs *m (dux)* Feldherrnwürde, Kommando.

ducēnārius, a, um *(duceni) (nachkl.)* 200 enthaltend; 200 000 Sesterze besitzend [**iudex** *od.* **procurator** m. 200 000 Sesterzen Vermögen *(od.* Gehalt)].

ducēnī, ae, a *(ducenti)* ❶ je zweihundert;
❷ *(nachkl.)* zweihundert (auf einmal).

ducentēsima, ae *f (ducentesimus; erg. pars) (nachkl.)* $^1/_{200}$, Abgabe *od.* Steuer v. ½%.

ducentēsimus, a, um *(ducenti)* der zweihundertste.

● **du-centī,** ae, a *(duo u. centum)* zweihundert; *allg.* unzählige, tausend.

ducentiē(n)s *Adv. (ducenti)* zweihundertmal; *allg.* tausendmal.

ducissa, ae *f (dux) (spätl.)* Herzogin.

● **dūcō,** dūcere, dūxī, ductum *(Imp.* dūc, *altl.* dūce) ❶ führen, leiten: **a)** *(v. Lebewesen)* führen [**alqm domum; alqm ante currum; principes obsidum loco; equum loro**]; **ducente deo** unter Führung; **b)** *(poet.; nachkl.) (v. Lebl.)* wohin führen; **via** *od.* **iter ducit ad urbem; via in editum leniter collem duxit; quo via ducit; c)** hinführen, hinbringen [**exercitum ad urbem**]; **d)** mitnehmen, mitbringen [**in provinciam poetas; in Hispaniam secum filium**]; **duxit sua praemia victor** nahm mit = erhielt; **e)** *(jur. t. t.) jmd. vor Gericht, ins Gefängnis, zum Tode, zur Bestrafung* (ab)führen [**alqm in ius** vor Gericht; **in vincula, ad supplicium**]; **f)** *(Truppen)* führen, marschieren lassen, ziehen lassen [**cohortes ad munitiones; recto itinere exercitum ad alqm**]; **g)** anführen, befehligen [**milites; ordinem** Zenturio sein]; **h)** *abs. (v. Feldherrn)* marschieren, ziehen [**contra hostes**]; *(v. Soldaten)* vorausmarschieren; **pars equitum ducebant; i)** *(v. Mann)* heiraten [**filiam (in matrimonium); ex plebe** eine Plebejerin]; **j)** jmd. zu etw. bringen, bewegen, bestimmen; **me ad credendum ducit oratio;** – *pass. duci re* sich *v.* etw. leiten lassen: **amore, suspicione ductus** aus Liebe (Argwohn); **k)** *(poet.)* herbeiführen *(konkr. u. übtr.)* [**pecudes; soporem** verursachen]; **l)** *(Wasser)* leiten, führen [**aquam non longe a villa; aquam per fundum alcis**]; **m)** *(poet.)* jmd. an der Nase herumführen, täuschen; **n)** anführen, aufführen [**funera; exsequias; choros**];
❷ ziehen: **a)** ziehen, hinter sich her ziehen [**navem per adversas undas** stromaufwärts; **capellam**]; **sidera crinem ducunt; b)** anziehen, an sich ziehen [**alterna bracchia** schwimmen; **remos** rudern]; **c)** heraus-, hervorziehen [**alqm** *od.* **alqd sorte** durch das Los bestimmen; **ferrum vaginā; gemitūs** aufseufzen; **verba** hervorstammeln]; **d)** *(eine Zeit)* hinbringen, zubringen [**aetatem in litteris; vitam**]; **e)** *(zeitl.)* in die Länge ziehen, hinausziehen [**bellum; animam** hinschleppen; **spiritum** hinschmachten; **diem ex die; tempus; amores in longum** die Sehnsucht hinhalten]; **f)** *(Mauern, Gräben u. Ä.)* ziehen, (er)bauen [**murum; vallum ex castris ad aquam; viam; fossam**]; **g)** her-, ableiten *(übtr.)* [**nomen ex alqa re; principium ab alqo; originem ab alqo**]; **ab eodem verbo ducitur oratio** geht aus, beginnt; **h)** ziehend hervorbringen, schaffen, herstellen, gestalten, bilden [**lineam; orbem** einen Kreis beschreiben; **litteram in pulvere**]; **flamma apicem ducit** läuft in eine Spitze aus; **i)** *(poet.)* kunstvoll gestalten [**de marmore vultūs; thoracas argento**]; dichten, verfassen [**epos; versūs**]; **j)** *(poet.) stamina od. filum* spinnen; **k)** bekommen, annehmen [**rimam; formam; colorem** sich färben]; **l)** reizen, fesseln; **errore duci; pocula ducentia somnos; fabellarum auditione ducuntur; m)** einziehen, in sich ziehen [**aëra spiritu; somnos** schlafen; **frigus ab umbra**]; *(poet.)* (ein)schlürfen, saugen [**nectaris sucos**]; **n)** verziehen [**os** das Gesicht];

❸ *(Ausdruck der Geschäftssprache, zur Bez. der Zugehörigkeit)* **a)** glauben, meinen, halten für, betrachten als; *(m. Gen. pretii)* **alqd parvi (pluris)** ~ gering (höher) achten; *(m. Gen. qual.)* **id continentis debet duci** muss als Genügsamkeit gelten; **alqd pro nihilo ~;** *(m. Dat.)* **despicatui** ~ für verächtlich halten, verachten; **alqd laudi** ~ für rühmlich halten; *(m. dopp. Akk.)* **alqm victorem ~; alqd optimum ~;** *(m. A. C. I.)* **illa ficta esse ducimus;** – *Pass. auch:* gelten für *(m. dopp. Nom.);* **b)** rechnen, zählen unter [**alqm (in) hostium numero; alqm loco affinium; alqd in malis**]; **c)** (be)rechnen, schätzen [**fenus quaternis centesimis**]; **oratores in ratione non** ~ nicht mitrechnen; **d) rationem alcis** *od.* **alcis rei**~ Rücksicht nehmen auf [**non ullius rationem sui commodi; suam rationem** an seinen eigenen Vorteil denken].

ductilis, e *(duco) (Mart.)* leitbar [**flumen**].

ductim *Adv. (duco) (Plaut.)* in vollen Zügen.

ductiō, ōnis *f (duco)* das (Weg-)Führen; Leitung [**aquae**].

ductitō, ductitāre *(Intens. v. ducto) (Plaut.)* ❶ führen, mit sich führen;
❷ *(v. Mann)* heiraten;
❸ *(übtr.)* anführen, betrügen.

ductō, ductāre *(Intens. v. duco)* ❶ führen, mit sich führen [**exercitum per saltuosa loca**];
❷ *(eine Konkubine)* bei sich aufnehmen;
❸ *(milit. t. t.)* anführen, befehligen;
❹ *(Plaut.)* zum Besten haben, täuschen [**alqm dolis**];
❺ *(Enn.)* jmd. an sich ziehen, locken.

ductor, ōris *m (duco)* ❶ Führer [**itineris; leonis**];
❷ *(milit. t. t.)* Anführer, Heerführer [**ordinum** Zenturio; **classis**].

ductrīx, īcis *f (ductor) (spätl.)* (An-)Führerin.

ductus¹ *P.P.P. v. duco.*

ductus², ūs *m (duco)* ❶ *(milit. t. t.)* (An-)Führung, Kommando; **alcis ductu** unter jmds. Führung;
❷ das Ziehen, Führung, Leitung [**muri; aquarum** Wasserleitung];
❸ das Ziehen, Zug; **ductūs oris** Gesichtszüge.

dū-dum *Adv.* ❶ vorher, vorhin, vor kurzem; **iam** ~ vorhin schon; **ut** ~ *od.* ~ **ut** eben als;
❷ lange, längst; **iam** ~ schon längst, *poet. auch:* sofort, sogleich; **quam** ~ wie lange, seit wann?

Duēlius, Duellius = *Duilius.*

duellātor, ōris *m (duellum) (altl. f bellator)* Krieger.

duellicus, a, um *(duellum) (altl. f. bellicus)* Kriegs-; kriegerisch.

duellum, ī *n (altl., poet. u. in Gesetzesformeln f. bellum)* ❶ Krieg; Schlacht; Streit;
❷ *(mlt.)* Zweikampf, Duell.

Duīlius, a, um *Name einer pleb. gens, die im 3. Jahrh. v. Chr. verschwand; C. ~ besiegte als Konsul 260 v. Chr. die Karthager in der Seeschlacht b. Mylä im 1. Pun. Krieg (erster Einsatz von Enterbrücken).*

duim, duis, duit, duint *altl. f. dem, des, det, dent (v. do).*

dulce, cis *n (dulcis) (poet.)* etw. Süßes, Süßigkeit, *bes.* süßer Wein; *klass. nur Pl.* dulcia, ium *n* Süßigkeiten.

dulcēdō, dinis *f (dulcis)* ❶ Süßigkeit, süßer Geschmack [**frugum; mellis; sanguinis**];
❷ Lieblichkeit, Reiz, Anmut [**orationis; vocis**];
❸ Lust, Trieb, Bedürfnis [**plebeios creandi; praedandi**].

dulcēscō, dulcēscere, – – *(dulcis)* süß werden.

dulciāmen, minis *n (dulcis) (mlt.)* Süßigkeit, Leckerbissen.

dulciārius, a, um *(dulcis) (Mart.)* Zucker-, Kuchen- [**pistor** Konditor].

dulciculus, a, um *(Demin. v. dulcis)* ziemlich süß [**potio**].

dulci-fer, fera, ferum *(dulcis u. fero) (vorkl.)* süß.

● **dulcis,** e ❶ süß *(im Geschmack)* [**mel; merum; sapor**];
❷ lieblich, angenehm [**nomen; somnus; sonus**];
❸ freundlich, liebevoll, liebenswürdig [**amicus; conviva**]; **amicitia dulcior esse debet.**

dulci-sonus, a, um *(dulcis) (spätl.)* lieblich tönend.

dulcitūdō, dinis *f (dulcis)* Süßigkeit.

dulcium, ī *n (dulcis) (nachkl.)* Kuchen.

dulcor, ōris *m (dulcis) (spätl.)* Süße, Süßigkeit.

dulcōrō, dulcōrāre *(dulcor) (spätl.)* versüßen.

Dulgubniī, ōrum *m germ. Volk an der Weser.*

dūlicē *Adv. (gr. Fw.) (Plaut.)* nach Sklavenart.

Dūlichium, ī *n u. (Prop.)* **-a,** ae *f Insel südöstl. v. Ithaka (Ionisches Meer), zum Reich des Odysseus gehörig; – Adj.* **Dūlichius,** a, um *poet. auch:* des Odysseus [**rates; dux** Odysseus].

● **dum** I. *Kj.* ❶ *(in Temporalsätzen)* **a)** während, indem *(meist m. Ind. Präs.);* **Alexander, dum inter primores pugnat, sagitta ictus est; dum haec geruntur** (unterdessen), **tempestas orta est; b)** solange (als) *(m. Ind. aller Tempora);* **abite, dum erit facultas; dum Galli longius aberant munitione, plus multitudine telorum proficiebant; c)** (solange) bis *(rein temporal: m. Ind. Präs., Perf. u. Fut. II.; b. finalem Nebensinn: m. Konj. Präs. u. Imperf.); temporal:* **pasce capellas, dum redeo** *(od.* **rediero***); final:* **exspectavit Caesar, dum naves convenirent;**
❷ *(in konditionalen Wunschsätzen)* wenn nur, wofern nur *(m. Konj.); verneint:* dum ne; *oft verstärkt:* **dummodo; oderint, dum me-**

tuant;
II. *Adv. (enklitisch)* ❶ *(nach anderen Partikeln)* noch [**nondum** noch nicht; *ebenso* **necdum** *od.* **nequedum; nullusdum, nulladum** noch keiner; **vixdum** kaum noch; **nihildum** noch nichts];
❷ *(nach dem Imperativ)* doch, doch noch [**agedum, agitedum; dicdum**].

dūmētum, ī *n (dumus)* Dickicht, Hecke, Gebüsch *(auch übtr. v. unverständlichen Behauptungen);* **in -a correpere** *(Cic.)* sich ins Dickicht verkriechen = zu unverständlichen Behauptungen seine Zuflucht nehmen.

● **dum-modo** *s. dum I. 2.; verneint:* dummodo ne.

Dumnorīx, īgis *m Bruder u. Gegner des Häduers Diviciacus, Schwiegersohn des Helvetiers Orgetorix, Feind der Römer.*

dūmōsus, a, um *(dumus) (poet.)* m. Gestrüpp bewachsen [**saxa**].

dum-taxat *Adv. (dum u. taxo „indem man es genau abschätzt")* ❶ bloß, lediglich, nur: **non ~ ... sed etiam** nicht nur ... sondern auch;
❷ freilich nur, wenigstens, mindestens; **coluntur (tyranni) simulatione ~ ad tempus;**
❸ *(poet.; nachkl.)* natürlich, versteht sich;
❹ insofern, wofern nur.

dūmus, ī *m* Gestrüpp, Gebüsch, Busch.

● **duo,** duae, duo zwei; beide, die beiden *(Gen.:* duōrum [*altl.* duum], duārum; *Dat. u. Abl.:* duōbus, duābus; *Akk.* duōs *u.* duo, duās); **duo senatores mihi obviam sunt facti, ambos salutavi, uterque resalutavit** *(Liv.).*

duo-deciē(n)s *Adv.* zwölfmal.

● **duo-decim** *(decem)* zwölf [**tabulae** die Zwölftafelgesetze].

duodecimus, a, um *(duodecim)* der zwölfte.

duo-dēnī, ae, a *(duodecim)* ❶ je zwölf;
❷ *(poet.)* zwölf (zusammen).

duodennis, e *(duodecim u. annus) (spätl.)* zwölfjährig.

duo-dē-quadrāgēsimus, a, um der achtunddreißigste.

duo-dē-quadrāginta achtunddreißig.

duo-dē-quīnquāgēsimus, a, um der achtundvierzigste.

duo-dē-trīciēns *Adv.* achtundzwanzigmal.

duo-dē-trīgintā achtundzwanzig.

duo-dē-vīcēnī, ae, a je achtzehn.

duo-dē-vīcē(n)simum zum achtzehnten Mal.

duo-dē-vīcē(n)simus, a, um der achtzehnte.

duo-dē-vīgintī achtzehn.

duo-et-vīcēsimānī, ōrum *m (duoetvicesimus) (Tac.)* Soldaten der 22. Legion.

duo-et-vīcēsimus, a, um der zweiundzwanzigste.

duo-virī, ōrum *m s. duumviri.*

dupla, ae *f (duplus; erg. pecunia) (vor- u. nachkl.)* doppelter Preis, doppeltes Kaufgeld; **-am dare.**

du-plex *(duo u. plico)* **I.** *Adj. Gen.* plicis *(Adv.* dupliciter) ❶ doppelt, doppelt gefaltet, doppelt zusammengelegt, Doppel- [**pannus; acies; rates; vallum** Doppelwall];
❷ doppelt, zweifach, doppelt so groß, doppelt so viel [**fenus; frumentum** doppelte Ration];
❸ *(poet.)* beide [**palmae; oculi**];
❹ *(poet.; nachkl.)* doppelzüngig, verschlagen [**Ulixes**];
II. *Subst.* plicis *n* das Doppelte.

duplicārius *(duplex)* **I.** *Adj.* a, um doppelte Ration, doppelten Sold erhaltend;
II. *Subst.* ī *m* Gefreiter.

duplicātiō, ōnis *f (duplico)* Verdoppelung.

duplicō, duplicāre *(duplex)* ❶ verdoppeln, um das Doppelte vergrößern, -vermehren, -verlängern, -erweitern [**numerum equitum; tributa provinciis; copias; exercitum; crescentes umbras** *(v. der Sonne);* **iter**];
❷ vergrößern, vermehren, erhöhen, verlängern [**curam; bellum** erneuern];
❸ *(poet.)* doppelt zusammenfalten, in zwei Teile spalten, krümmen, knicken; **duplicato poplite;**
❹ *(rhet. t. t.) verba:* **a)** unmittelbar nacheinander wiederholen; **b)** zusammensetzen.

dupliō, ōnis *f (duplus)* das Doppelte, doppelter Ersatz *(als Strafe).*

duplum, ī *n (duplus)* das Doppelte; doppelter Betrag, doppelte Summe *(bes. als Strafe);* **poenam -i subire** *od.* **in -um ire** das Doppelte der Strafe zahlen; **iudicium dare in -um; populo in -um praediis cavere** *(Tac.).*

du-plus, a, um *(duplex)* zweifach, doppelt so viel, doppelt so groß.

dupondiārius, a, um *(dupondius) (nachkl.)* zwei As wert.

du-pondius, ī *m (= duo asses pondo)* Zwei-As-Stück.

dūra, ōrum *n (durus)* bedrängte Lage, Not *(= res durae).*

dūrābilis, e *(m. Komp.) (duro) (Ov.)* dauerhaft.

dūracinus, a, um *(durus u. acinus) (nachkl.)* hartschalig [**uva**].

dūrāmen, minis *n (duro) (Lucr.)* Verhärtung [**aquarum**].

dūrāmentum, ī *n (duro) (Sen.)* Dauerhaftigkeit.

dūrateus, a, um *(gr. Fw.) (Lucr.)* hölzern [**equus** *v. trojan. Pferd*].

dūrēscō, dūrēscere, dūruī, – *(durus)* hart, steif werden; **frigoribus durescit umor** gefriert; **limus durescit.**

dūrēta, ae *f (span. Fw.) (Suet.)* hölzerne Badewanne.

dūritās, ātis *f (durus)* Härte, Strenge [**orationis**].

dūriter *Adv. v. durus.*

dūritia, ae *u.* **-tiēs,** ēī *f (durus)* ❶ Härte, Hart-

herzigkeit, Strenge [**animi; veterum**]; **-ā ferrum ut superes adamantaque** *(Ov.)*;
❷ Abhärtung, strenge Lebensweise, Enthaltsamkeit, Ausdauer; **a pueritia -am voluptati habuisse;**
❸ *(nachkl.)* Beschwerlichkeit [**operum; caeli militiaeque**];
❹ Härte [**lapidis**].

dūriusculus, a, um *(Demin. v. durus) (Plin.)* etw. hart, *(übtr.)* etw. steif, etw. ungelenk [**versus**].

● **dūrō,** dūrāre *(durus)* **I.** *trans.* ❶ härten, hart machen, verhärten [**ferrum; hastas igne; ossa in scopulos; lac** zum Gerinnen bringen];
❷ *(poet.; nachkl.)* trocken machen, austrocknen, dörren, rösten [**Albanam fumo uvam; Cererem in foco** backen];
❸ *(übtr.)* abhärten, kräftigen; **se labore ~; durati usu armorum; umeros ad vulnera ~;**
❹ *(poet.; nachkl.)* abstumpfen, gefühllos machen *(geg. etw.: ad)*; **ad omne facinus duratus;**
❺ aushalten, ertragen [**laborem; imperiosius aequor**];
II. *intr.* ❶ hart werden; **pontus frigore durat;**
❷ trocken werden, ausdörren; **solum durat;**
❸ *(übtr.)* sich verhärten [**in necem alcis** zu der Ermordung jmds.; *ebenso* **usque ad caedem**]; **crudeles manus in hoc supplicium durant;**
❹ aushalten, ausdauern; **~ nequeo in aedibus; sub Iove ~** unter freiem Himmel; **~ in opere et labore sub pellibus;**
❺ dauern, Bestand haben, vorhanden sein, bleiben; **durat simulacrum; durant colles** ziehen sich ganz hindurch; **vinum durat per annos** hält sich; **a matutino tempore durant in occasum.**

Dūrocortorum, ī *n Hauptstadt der Remer in Gallien, dann der Gallia Belgica, später Remi(s) genannt, j.* Reims.

Durrachium = *Dyrr(h)achium.*

dūruī *Perf. v. duresco.*

● **dūrus,** a, um *(Adv.* dūrē *u.* dūriter) ❶ hart [**lapis; cautes**];
❷ *(übtr.)* abgehärtet, ausdauernd, stark, kräftig [**Scipiadae; -um a stirpe genus; bos**];
❸ plump, roh, schroff, derb, ungebildet, ungeschliffen; **dicendi genere ~ et rusticus; versūs -i;**
❹ unempfänglich *(für etw.: ad)* [**ad haec studia**];
❺ gefühllos, grausam, unfreundlich, hartherzig, streng *(geg. jmd.: in alqm od. alci)* [**miles; pater; ingenium; animus; in plebem**]; **animo agresti et -o esse;**
❻ *(nicht klass.)* unverschämt, dreist; **-i oris** mit frechem Gesicht;
❼ knauserig [**pater**]; **~ attentusque;**
❽ beschwerlich, mühsam, drückend, lästig, ungünstig [**labor; dolor; via; vita; res -ae** Unglück; **lex; tempora rei publicae; condiciones**];
❾ *(v. Wetter u. Jahreszeiten)* rau, unfreundlich [**tempestas; frigus**];
❿ *(f. das Gehör)* hart, derb, schwerfällig [**vocis genus; oratio**];
⓫ ungefällig, steif [**signa** Statuen];
⓬ *(vorkl.; poet.) (im Geschmack)* herb [**vinum**].

duumvirātus, ūs *m (duumviri) (Plin.)* Duumvirat.

duumvirī *u.* **duovirī,** ōrum *m* Duumvirn, *Kommission v. zwei Männern* ❶ *in Rom:* **a) ~ perduellionis** Untersuchungsrichter bei Hochverrat; **b) ~ aedi faciendae** *od.* **locandae** für den Bau eines Tempels; **c) ~ sacrorum** *od.* **sacris faciundis** Aufsichtskommission über die Sibyllinischen Bücher; *seit 367 v. Chr. aus 10, seit Sulla aus 15 Personen bestehend;* **d) ~ navales** zur Ausrüstung der Flotte;
❷ *in den Munizipien u. Kolonien:* **~ municipiorum** Bürgermeister.

● **dux,** ducis *m u. f (duco)* ❶ Führer(in), Leiter(in); **magistra ac duce naturā; dis ducibus** unter Leitung der Götter; **~ superum** *(v. Jupiter)*; **~ locorum; ~ gregis** *v.* Stier, Widder; **armenti ~** *v.* Stier;
❷ Anführer, Feldherr [**agminis; classis; praedonum; alaribus cohortibus**];
❸ Anführer *(zu etw.: m. Gen.)* [**facti; impietatis**];
❹ *(poet.)* Fürst, Kaiser;
❺ *(spätl.)* Herzog(in);
❻ *(spätl.) Pl. duces* die Großen des Reiches.

dūxī *Perf. v. duco.*

Dȳmae, ārum *u.* **Dȳmē,** ēs *f Seestadt in Achaia (im Norden der Peloponnes); – Einw. u. Adj.* **Dȳmaeus,** ī *m bzw.* a, um.

Dymās, antis *m Vater der Hekuba (die dah. auch Dymantis, idis f hieß).*

dynamis, is *f (Akk.* -in) *(gr. Fw.)(Plaut.)* Menge.

dynastēs, ae *m (gr. Fw.)* Herrscher, Gebieter, Machthaber, Fürst.

Dyrr(h)achium, ī *n späterer Name der Küstenstadt Epidamnus in Illyrien (im heutigen Albanien), 626 v. Chr. als korinthisch-kerkyranische Kolonie gegründet, j. italienisch* Durazzo, *albanisch* Durres; *– Einw. u. Adj.* **Dyrr(h)achīnus,** ī *m bzw.* a, um.

E

E, e[1] *(Abk.)* ❶ = *emeritus;*
❷ = *evocatus;*
❸ **E. M. V.** = *egregiae memoriae vir,*
❹ **E. Q. R.** = *eques Romanus.*

● **e**[2] *Präp., s. ex.*

eā *Adv. (Abl. fem. v. is, erg. viā od. parte)* dort, da.

eādem *Adv. (Abl. fem. v. idem)* ❶ *(erg. viā)* ebenda, auf demselben Wege; ~ **regreditur**;
❷ *(erg. operā) (Kom.)* **a)** zugleich; ~ **eadem… eadem** bald … bald; **b)** ebenso.

eampse *(Plaut.)* = *eam ipsam.*

eā-propter *Adv. (Ter.; Lucr.)* deshalb *(= propterea).*

eāpse *(Plaut.)* = *ea ipsa.*

eā-tenus *Adv. (erg. parte)* (in)soweit, insofern.

ebenum, ī *n (ebenus) (poet.)* Ebenholz.

ebenus, ī *f (gr. Fw.) (poet.; nachkl.)* Ebenholz(-baum).

ē-bibō, ēbibere, ēbibī, – ❶ austrinken, leeren, aussaugen [**aquam; poculum; ubera; cruorem e vulneribus; Nestoris annos** so viele Becher, wie Nestor Jahre gelebt hat];
❷ vertrinken, verprassen;
❸ durch Trinken vergessen [**imperium**].

ē-blandior, ēblandīrī erschmeicheln, durch Schmeichelei erlangen [**unum diem consulatūs**]; *Part. Perf.* ēblandītus *auch pass.* erschmeichelt [**suffragia; aures nostrae**].

eboreus, a, um *(ebur) (nachkl.)* aus Elfenbein.

ēbrietās, ātis *f (ebrius)* Trunkenheit, Rausch.

ēbriolus, a, um *(Demin. v. ebrius) (Plaut.)* angetrunken.

ēbriōsitās, ātis *f (ebriosus)* Trunksucht.

ēbriōsus *(ebrius)* **I.** *Adj.* a, um *(m. Komp.)* ❶ trunksüchtig;
❷ *(Cat.)* saftig [**acina**];
II. *Subst.* ī *m* Trunkenbold.

ēbrius I. *Adj.* a, um ❶ betrunken, berauscht; *sprichw.:* **qui peccat ebrius, luat sobrius;**
❷ *(poet.)* taumelnd [**gradus; vestigia**];
❸ *(poet.) verba* im Rausch gesprochen;
❹ *(Kom.)* (über)satt;
❺ *(poet.)* (über)reichlich [**cena**];
❻ *(poet.; nachkl.) (übtr.)* trunken, berauscht, betäubt v. etw. [**ocelli** liebestrunken; **sanguine civium; dulci fortunā; curis**];
II. *Subst.* ī *m* Betrunkener.

ē-bulliō, ēbullīre *(bulla)* ❶ *(nachkl.)* hervorsprudeln [**animam** den Geist aufgeben, sterben];
❷ m. etw. prahlen, groß tun mit *(alqd)* [**virtutes**].

ebulum, ī *n* Zwergholunder.

ebur, eboris *n* ❶ Elfenbein; **signum ex ebore;**
❷ *(poet.) (meton.) Gegenstand aus Elfenbein:* Elfenbeinbild; Elfenbeinflöte [**inflare ebur**]; Schwertscheide aus Elfenbein [**ab ense vacuum**]; m. Elfenbein besetzter Stuhl [**premere ebur** darauf sitzen];
❸ *(Iuv.)* Elefant.

eburātus, a, um *(ebur) (Plaut.)* m. Elfenbein verziert, ausgelegt [**lecti; vehicula**].

eburneolus, a, um *(Demin. v. eburneus)* (nett) aus Elfenbein [**fistula**].

eburn(e)us, a, um *(ebur)* ❶ elfenbeinern [**signum; dens** Elefantenzahn];
❷ m. Elfenbein verziert [**ensis**];
❸ weiß wie Elfenbein [**bracchia; colla**].

Eburōnēs, num *m Volk in Gallia Belgica zw. Rhein u. Maas.*

Eburovīcēs, cum *m kelt. Stamm in der Normandie, einer der vier Stämme der Aulerci.*

Ebusus, ī *f die Insel* Ibiza.

ec[1] *s. ex II.*

ec[2] *proklitische Demonstrativpartikel (z. B. in ecce, ecquis).*

ē-castor *Interj.* beim Kastor!

Ecbatana, ōrum *n Hauptstadt v. Medien, auch Residenz der pers. Großkönige, j.* Hamadan.

eccam *s. ecce.*

● **ecce** *Adv. Demonstrativpartikel* da!, siehe (da)! [**ecce me** da bin ich]; *umgangssprachlich und in der Komödie oft m. einem Pron. verschmolzen: eccum, eccam, eccos, eccillum, eccillam = ecce eum usw.* da ist er *usw.*

eccentros, on *(gr. Fw.) (Mart.) (math. t. t.)* außerhalb des Mittelpunktes befindlich, exzentrisch.

ecce-rē *Adv.* fürwahr!, in der Tat!

ecc-illam, -illum *s. ecce.*

ecclēsia, ae *f (gr. Fw.)* ❶ *(Plin.)* griech. Volksversammlung;
❷ *(Eccl.)* christl. Gemeinde; *(meton.)* Kirche; **mulier taceat in -a.**

ecclēsiasticus, a, um *(gr. Fw.) (Eccl.)* kirchlich [**beneficium** kirchliche Pfründe].

eccōs, eccum *s. ecce.*

ecdicus, ī *m (gr. Fw.)* Staatsanwalt.

ec-dūrus, a, um = *edurus.*

Ecetra, ae *f Hauptstadt der Volsker (Volksstamm südl. von Rom); – Einw.* **Ecetrānus,** ī *m.*

ecf … = *eff…*

Echecratēs, ae *m griech. Philosoph, Pythagoreer des 4. Jahrhs. v. Chr.*

echenēis, idis *f (gr. Fw.) (poet.; nachkl.)* Saugefisch, *ein Fisch, der sich an den Schiffen festsaugt.*

echidna, ae *f (gr. Fw.) (Ov.)* Schlange, Natter.

Echidna, ae *f (echidna) Urschlange, Ungeheuer der Unterwelt, Mutter des Cerberus, der Hydra, der Chimaera u. anderer Ungetüme; – Adj.* **Echidnēus,** a, um [**canis** Cerberus].

Echīnades, dum *f Inselgruppe östl. v. Ithaka,*

heute Dragonara-Inseln.
echīnus, ī *m (gr. Fw.)* ❶ Seeigel;
❷ Spülnapf.
Echīōn, onis *m* ❶ *Vater des thebanischen Königs Pentheus; – Nachk.* **Echīonidēs,** ae *m* Pentheus; – *Adj.* **Echīonius,** a, um *auch:* thebanisch [**arces**];
❷ *Sohn des Merkur, Argonaut, Teilnehmer an der kalydonischen Jagd.*
ēchō, ēchūs *f (gr. Fw.)* Widerhall, Echo.
Ēchō, Ēchūs *f böotische Waldnymphe.*
eclīpsis, is *f (gr. Fw.)(nachkl.)* das Ausbleiben, Verschwinden; Sonnen- *od.* Mondfinsternis.

i Kultur **ecloga,** ae *f (gr. Fw.) (nicht klass.)* Gedicht; kleines auserlesenes Gedicht, Epistel; bukolisches Gedicht, Ekloge (z. B. Vergils Eklogen).

eclogāriī, ōrum *m (ecloga)* ausgewählte Stellen einer Schrift *(zum Vorlesen bestimmt).*
ec-quandō *Adv.* wann denn?, wohl jemals?
ec-quī¹, -quae *(u.* -qua), -quod *Pron. interr. (adj.)* etwa irgendein(er)?, wohl irgendwelcher? *verstärkt durch angehängtes nam (z. B. ec-quī-nam).*
ecquī² *Adv. (im dir. Frages.)* wohl irgendwie?; *(im indir. Frages.)* ob wohl irgendwie.
ec-quis, -quid *Pron. interr. (meist subst., selten adj.)* etwa jemand?, wohl irgendetwas?; *(indir.)* ob jemand, ob etwas; **ecquis in aedibus est?; ecquis me hodie vivit fortunatior?** gibt es heute einen Glücklicheren als mich?; – *verstärkt durch angehängtes nam (z. B. ec-quis-nam);* – **ecquid**? etwa?, wohl?; *(indir.)* ob etwa, ob wohl.
ecquō *Adv.* wohin wohl?
ectypus, a, um *(gr. Fw.) (nachkl.)* reliefartig, erhaben (gearbeitet).
eculeus, ī *m (Demin. v. equus)* ❶ junges Pferd, Füllen;
❷ hölzernes Folterpferd, Folter.
ecus = *equus.*
edācitās, tātis *f (edax)* Gefräßigkeit.
edāx, *Gen.* ācis *(edo²)* ❶ gefräßig [**hospes; animalia**];
❷ *(poet.) (übtr. v. Lebl.)* nagend, verzehrend, vernichtend [**curae; imber**]; **tempus ~ rerum.**
ē-dentō, ēdentāre *(dens) (Plaut.)* zahnlos machen.
ēdentulus, a, um *(e u. dens) (Plaut.)* ❶ zahnlos;
❷ alt [**vinum**].
edepol *Interj. (Kom.)* beim Pollux!
edera = *hedera.*
Edessa, ae *f* ❶ *alte Hauptstadt Makedoniens;* – *Adj.* **Edessaeus,** a, um;
❷ *Stadt in Syrien.*

ēdī *Perf. v. edo².*
● **ē-dīcō,** ēdīcere, ēdīxī, ēdictum ❶ verkündigen, bekannt machen, ansagen *(alqd; m. A. C. I.; m. indir. Frages.);*
❷ bestimmen, festsetzen, verordnen, verfügen *(kraft eines Amtes oder Gesetzes) (alqd; de re* Verfügungen treffen über etw.; *m. ut, ne)* [**diem comitiis; senatum in posterum diem**];
❸ *(spätl.)* erklären [**sensum huius sermonis**];
/ *Imp.:* ēdīc *u. (poet.)* ēdīce.
ēdictiō, ōnis *f (edico) (Plaut.)* Bekanntmachung.
ēdictō, ēdictāre *(Intens. v. edico)* offen sagen.
● **ēdictum,** ī *n (edico)* ❶ Bekanntmachung, amtliche Verordnung, Verfügung, Edikt: **a)** *eines Magistrats, Feldherrn, Königs;* **b)** *des Prätors beim Antritt seines Amtes, worin er die Grundsätze seiner Rechtsprechung angab;* **c)** das zensorische Edikt;
❷ *(nachkl.)* Anschlag, *auf dem die öffentl. Spiele bekannt gegeben wurden;*
❸ *(Sen.)* dialektischer Ausspruch, Satz.
ēdictus *P. P. P. v. edico.*
ē-didī *Perf. v. edo¹.*
edim *altl. Konj. Präs. v. edo².*
ē-discō, ēdiscere, ēdidicī, – ❶ auswendig lernen [**magnum numerum versuum; alqd ad verbum**];
❷ gründlich (kennen) lernen, erlernen; *im Perf.* kennen, wissen [**istam artem**].
ē-dis-serō, serere, seruī, sertum ausführlich erörtern, gründlich besprechen.
ēdissertō, ēdissertāre *(Intens. v. edissero)* = *edissero.*
ēditīcius, a, um *(edo¹)* vorgeschlagen, angegeben.
ēditiō, ōnis *f (edo¹)* ❶ *(nachkl.)* Herausgabe, Ausgabe *einer Schrift* [**libri**];
❷ Angabe, Mitteilung [**discrepans**]; *(jur.)* Vorschlag [**tribuum**].
ēditum, ī *n (edo¹)* ❶ *(nachkl.)* (An-)Höhe [**-a montium**];
❷ *(Ov.)* Befehl.
● **ēditus,** a, um *(P. Adj. v. edo¹)* ❶ emporragend, hoch [**collis ex planitie; conclave; arbor** aufgeschossen];
❷ *(Hor.) (übtr.)* **viribus editior** überlegen.
ē-dīxī *Perf. v. edico.*
● **ē-dō**¹, ēdere, ēdidī, ēditum ❶ von sich geben, heraus tun [**animam** den Geist aushauchen, sterben; **risum; sonum, voces** hören lassen; **latratūs** bellen; **se ex aedibus** sich hinausbegeben]; **cuniculus armatos repente edidit** brachte zu Tage; **flumen editur in mare** ergießt sich;
❷ gebären, zur Welt bringen [**geminos**]; **in lucem edi** zur Welt kommen; – (er)zeugen [**editus alqo** jmds. Sohn *od.* Nachkomme];

hervorbringen; **terra edit innumeras species** *(Ov.)*; **arbor frondem edit;**
③ *(Befehle)* ergehen lassen, befehlen [**mandata**];
④ äußern, sagen, angeben, nennen, aussprechen, bekannt machen [**haec verba; indicium; bella** erzählen; **consilia hostium** verraten; **nomen alcis** sich ausgeben für; **alqm auctorem alcis rei**];
⑤ *(Schriften)* herausgeben, veröffentlichen, verbreiten [**librum de vita alcis; orationem scriptam; carmina; annales suos**];
⑥ *(Gerüchte)* verbreiten, ausstreuen, bekannt machen; **opinio in vulgus edita;**
⑦ *(Orakel)* verkünden; **Apollo oraculum edidit Spartam perituram; ita ex fatalibus libris editum erat;**
⑧ *(jur t. t.)* vorlegen, angeben, bestimmen, vorschlagen [**iudices; quaesitorem; tribūs; actionem** die Klage; **formulas** die Klageformeln];
⑨ verursachen, vollbringen, verrichten, anrichten, veranstalten [**immortalia opera; operam** einen Dienst leisten; **fortium virorum operam** sich als tapfere Männer erweisen; **tumultum** verursachen; **spectaculum** veranstalten; **gladiatores** auftreten lassen; **scelus; proelium** liefern; **ruinas** Verwüstungen anrichten; **magnam caedem** anrichten];
⑩ *(Tib.)* emporheben [**corpus super equum** sich aufs Pferd schwingen].

● **edō²,** edere, ēdī, ēsum ① essen, verzehren, *(v. Tieren)* fressen; **ardor edendi** Heißhunger; **penuria edendi** Mangel an Speisen;
② *(v. lebl. Subj.)* verzehren, zerstören [**corpora; animum**]; **ignis carinas edit;**
/ *Nebenformen: altl. Konj. Präs.* edim, edis, edit, edimus, edint; *Kurzformen:* es, est, estis, *Inf.* esse, *Konj. Imperf.* essem, *Präs. Pass.* estur.

ē-doceō, ēdocēre, ēdocuī, ēdoctum ① gründlich (be)lehren, in etw. genau unterweisen, genau zeigen, genau berichten *(gew. alqm alqd; auch alqm m. Inf.; m. A. C. I.; m. indir. Frages.; m. bl. Akk. der Ps. od. Sache)* [**iuventutem mala facinora; alqm omnes artes; praecepta parentis**];
② jmd. v. etw. benachrichtigen, in Kenntnis setzen, genaue Auskunft geben *(alqm alqd u. de re; m. A. C. I.; m. indir. Frages.)*;
/ *P. Adj.* **ēdoctus,** a, um genau unterrichtet in *od.* v. etw. *(alqd; in u. de re; m. A. C. I.; m. indir. Frages.)* [**artes belli; in disciplina; de origine sua**].

ē-dolō, ēdolāre ① *(nachkl.)* zurechthauen;
② fertig machen.

ē-domō, ēdomāre, ēdomuī, ēdomitum völlig bezwingen, bezähmen.

Ēdōnī, ōrum *m thrak. Volk am Pangaion-Gebirge lebend, dem Bacchuskult ergeben; – Adj.* **Ēdōnus,** a, um, *fem. auch* Ēdōnis, idis *auch* thrakisch.

ē-dormiō, ēdormīre **I.** *intr.* ausschlafen;
II. *trans.* ① durch Schlafen vertreiben, ausschlafen, verschlafen [**crapulam** Rausch; **nocturnum vinum**];
② *(poet.; nachkl.)* schlafend hinbringen [**dimidium ex hoc tempore**].

ēdormīscō, ēdormīscere, – – *(Incoh. v. edormio) (Kom.) = edormio.*

ēducātiō, ōnis *f (educo¹)* Erziehung [**liberorum; infantis**]; *(v. Tieren)* das Auf-, Großziehen.

ēducātor, ōris *m (educo¹)* Erzieher; *(nachkl.)* Hauslehrer *(eines Prinzen).*

ēducātrīx, īcis *f (educator)* Erzieherin *(auch übtr.)*; **earum rerum parens est educatrixque sapientia** *(Cic.).*

● **ē-ducō¹,** ēducāre ① auf-, erziehen, (er)nähren [**alqm liberaliter; alqm humili cultu; animalia**]; – *Pass.* aufwachsen;
② *(poet.) (v. lebl. Subj.)* hervorbringen, wachsen lassen; **non ager hic pomum, non dulces educat uvas.**

● **ē-dūcō²,** ēdūcere, ēdūxī, ēductum ① heraus-, hinaus-, hin-, wegführen [**ex urbe; e carcere; hominem de senatu; copias ex navibus** ausschiffen; **alqm huc foras; alqm secum rus** mitnehmen];
② *(milit. t. t.) (Truppen)* ausrücken lassen, ausmarschieren lassen [**cohortes ex urbe; copias (e) castris; copias in aciem; exercitum in expeditionem**];
③ jmd. vor Gericht führen [**alqm ex domo in ius; alqm ad consules**];
④ *(Schiffe)* auslaufen lassen [**classem ex portu**];
⑤ *(Wasser)* ableiten [**lacum; aquam in fossas**];
⑥ *(Tac.) (Bauwerke)* vorziehen [**molem in Rhenum; turres**];
⑦ *(poet.; nachkl.) (Bauten)* errichten [**turres; aram**];
⑧ *(poet.)* in die Höhe führen, -ziehen, emporführen [*bildl.:* **mores aureos in astra** bis zu den Sternen erheben, preisen];
⑨ *(= educo¹)* aufziehen, erziehen [**alqm a parvulo; alqm bene et pudice**];
⑩ *(poet.; nachkl.) (eine Zeit)* zubringen, verleben [**annos; insomnem noctem**];
⑪ herausziehen [**gladium e vagina** zücken; **radicem e terra; oculos** ausreißen];
⑫ (aus)losen [**sortem** ziehen; **alqm ex urna; tribus**];
⑬ *(Plaut.)* austrinken;
/ *Imp.* ēdūc, *altl.* ēdūce.

edūlia, ium *n (edulis) (poet.; nachkl.)* Esswaren.

edūlis, e *(edo²) (Hor.)* essbar.

ē-dūrō, ēdūrāre *(nachkl.)* fortdauern.

ē-dūrus, a, um *(poet.)* ziemlich hart; *übtr.* hart(herzig).
ē-dūxī *Perf. v. educo²*.
Ēetiōn, ōnis *m König der Kilikier, Vater der Andromache, der Gattin Hektors; – Adj.* **Ēetiōnēus,** a, um.
ef-farciō = *effercio*.
effascinātiō, ōnis *f (effascino) (Plin.)* Verhexung.
ef-fascinō, fascināre *(nachkl.)* behexen, verzaubern.
effātum, ī *n (effor)* ❶ Ausspruch, Prophezeiung;
❷ *(philos.)* Satz, Behauptung.
effātus¹ *s. effor.*
effātus², ūs *m (effor) (nachkl.)* Ausspruch.
ef-fēcī *Perf. v. efficio.*
effectiō, ōnis *f (efficio)* ❶ Ausübung;
❷ wirkende Kraft;
❸ *(August.)* das Zustandebringen, Bewirken.
effector, ōris *m (efficio)* Urheber, Schöpfer [**mundi**].
effectrīx, īcis *f (effector)* Urheberin, Schöpferin.
effectuōsus, a, um *(effectus) (Plin.)* wirksam.
effectus¹, ūs *m (efficio)* ❶ Ausführung, Durchführung, Vollendung; **alqd ad effectum adducere** etw. verwirklichen; **ad effectum operis venire;**
❷ Wirkung, Erfolg, Effekt; ~ **eloquentiae est audientium approbatio; cessante causā cessat effectus** entfällt die Folge;
❸ Wirksamkeit.
effectus², a, um *(P. Adj. v. efficio) (nachkl.)* verarbeitet, ausgeführt.
effēminātus, a, um *(P. Adj. v. effemino)* verweichlicht, weibisch.
● **ef-fēminō,** fēmināre *(femina)* ❶ weiblich machen;
❷ weibisch machen, verweichlichen [**corpus animumque virilem; vultum**].
efferātus, a, um *(P. Adj. v. effero²)* verwildert, wild [**gentes; mores; ritus**].
ef-ferbuī *Perf. v. effervesco.*
ef-ferciō, fercīre, fersī, fertum *(farcio)* voll stopfen, ausfüllen [**intervalla saxis**].
efferitās, ātis *f (efferus)* Wildheit.
● **ef-ferō¹,** efferre, extulī, ēlātum ❶ hinaustragen, herausbringen, -führen, mitnehmen [**cibaria sibi domo** für sich mitnehmen; **sua** sein Geld mitnehmen; **caput antro** hervorstrecken aus; **in lucem** zur Welt bringen; **frumentum ex hibernis; alqm de templo; arma** ausrücken; **pedem** *od.* **se** sich entfernen; **alqm ex acie**];
❷ zu Grabe tragen, beerdigen [**alqm prope regio funere**];
❸ *(Früchte)* tragen, hervorbringen [**fruges**]; **id, quod agri efferunt;**
❹ *(übtr.)* hervorbringen, aufbieten [**laborem**], zum Vorschein bringen; **virtus fructum effert;** – *se efferre u. mediopass. efferri* zum Vorschein kommen;
❺ von sich geben, aussprechen, ausdrücken [**clamorem; sententias verbis**]; *(Geheimnisse)* ausplaudern [**clandestina consilia**]; *(Gerüchte)* verbreiten;
❻ emportragen, -heben, hinaufführen [**alqm in murum**]; **pennis sublime elatus;** – *se efferre u. mediopass. efferri* emporsteigen;
❼ *(übtr.)* erheben, erhöhen [**alqm ad summum imperium; alqm honore et pecuniā** auszeichnen; **alqm in summam invidiam** mit höchster Missgunst betrachten];
❽ stolz, hochmütig machen; – *se efferre u. mediopass. efferri* stolz, übermütig, überheblich werden, sich brüsten, sich rühmen [**insolenter**];
❾ rühmen, preisen [**alqm summis laudibus; verbis**];
❿ *(über das Ziel)* hinausführen, zu weit führen; **Messium impetus per hostes extulit ad castra;**
⓫ *(v. Affekten)* fortreißen, hinreißen; **dolor, spes vana alqm effert;** – *mediopass. efferri* sich hinreißen lassen [**laetitiā; iracundiā; studio**].
ef-ferō², ferāre *(ferus)* ❶ wild machen, verwildern lassen [**speciem oris; vultum**]; – *Pass.* wild werden, verwildern;
❷ *(übtr.)* wütend machen, erbittern; **odio irāque efferati** wütend vor.
ef-fersī *Perf. v. effercio.*
effertus, a, um *(P. Adj. v. effercio)* voll (gestopft), reich an *(m. Abl.);* **fame** ~ sehr hungrig; **hereditas effertissima** sehr reiche.
ef-ferus, a, um *(poet.)* wild, rasend, verwildert, roh [**proles; facinus**].
ef-fervēscō, fervēscere, ferbuī *(u.* fervī), – ❶ siedend aufwallen, sieden, aufbrausen; **aquae effervescunt subditis ignibus;**
❷ *(Ov.)* aufflackern, aufleuchten; **sidera coeperunt toto ~ caelo;**
❸ *(übtr.)* leidenschaftlich aufbrausen [**iracundiā**].
ef-fervō, fervere, – – *(poet.)* ❶ hervorbrausen, -wallen [**in agros** *(v. Ätna)*];
❷ herausströmen, ausschwärmen; **apes effervunt.**
ef-fētus, a, um ❶ *(nachkl.)* durch Geburten geschwächt [**uxor**];
❷ *übh.* erschöpft, entkräftet, kraftlos [**corpus; solum**]; **saeculis -a senectus; terra -a calore;**
❸ *(Verg.)* abgestumpft, unempfänglich für etw. *(m. Gen.)* [**veri**].
efficācia, ae *f (efficax) (Plin.)* Wirksamkeit; erfolgreiche Tätigkeit.
efficācitās, tātis *f (efficax)* Wirksamkeit, Erfolg.

E

efficāx, *Gen.* ācis *(efficio)* ① wirksam, erfolgreich [**preces**]; **imperator ~ ad invidiam faciendam;**
② tätig, tatenreich [**Hercules**].
efficiēns, *Gen.* entis *(P. Adj. m. Komp. v. efficio)* bewirkend, wirksam [**causa** Entstehungsgrund].
efficientia, ae *f (efficio)* Wirksamkeit [**solis**].
● **ef-ficiō,** ficere, fēcī, fectum *(facio)* ① heraus-, hervorbringen, erzeugen [**aestūs; rerum commutationes**];
② schaffen, herstellen, errichten, bauen, bilden [**columnam; pontem; turres; castella**];
③ aufbringen, auftreiben [**legiones; cohortes; pecuniam**];
④ zu etw. machen *(m. dopp. Akk.)* [**alqm consulem**]; **montem murus arcem efficit;**
⑤ jmdm. etw. antun;
⑥ zustande bringen, durchsetzen, vollenden, aus-, durchführen, erreichen, bewirken, verursachen *(alqd; m. ut, ne)* [**iussa parentis; facinora**]; **nihil non ~** alles zustande bringen;
⑦ *(philos. t. t.)* folgern, schließen, beweisen, darlegen *(alqd ex re; m. A. C. I., auch m. ut)* [**deos esse immortales**]; **hoc** *od.* **ita** *od.* **ex quo efficitur** daraus ergibt sich, daraus folgt.
effictus *P. P. P. v. effingo.*
effigia, ae *f (altl.) = effigies.*
effigientia, ae *f (effingo) (Mart.)* Schöpfung; *meton.* Schöpfer.
● **effigiēs,** ēī *f (effingo)* ① Bild(nis) [**deorum; animalium; saxea**];
② Abbild, Ebenbild [**Veneris; patris; humanitatis; virtutis paternae**];
③ Schattenbild;
④ Phantasiebild, Vorbild [**iusti imperii**];
⑤ *(poet.; nachkl.)* Gestalt, Erscheinung [**Herculis; humana; delphini**]; **statua triumphali effigie.**
effigiō, effigiāre *(effigies) (nachkl.)* bilden, formen, gestalten.
ef-fingō, fingere, fīnxī, fictum ① nachformen, abbilden [**illum argento; deorum imagines**];
② ausdrücken, darstellen, schildern [**alcis mores; vim Demosthenis**]; **primi Aegyptii per figuras animalium sensūs mentis effingebant** drückten durch Tiergestalten Vorstellungen ihres Geistes aus;
③ aus-, wegwischen, abreiben [**sanguinem**];
④ *(poet.)* etw. streicheln [**manūs alcis**].
efflāgitātiō, ōnis *f (efflagito)* dringende (Auf-)Forderung, heftiges Verlangen.
efflāgitātus, *Abl.* ū *m = efflagitatio.*
ef-flāgitō, flāgitāre dringend verlangen, heftig fordern, dringend zu etw. auffordern [**ensem; epistulam; mortem ab alqo; misericordiam alcis; sibi reique publicae auxilium**].
ef-flammāns, *Gen.* flammantis *(flammo) (Mart.)* aufflammend, aufleuchtend [**stellae**].
efflātus, ūs *m (efflo) (Sen.)* das Aufkommen eines Windes.
efflīctim *Adv. (effligo) (vor- u. nachkl.)* heftig, zum Sterben [**amare**].
ef-flīctō, flīctāre *(Intens. v. effligo) (Plaut.)* totschlagen.
ef-flīgō, flīgere, flīxī, flīctum ① totschlagen;
② *(Gell.) sittl.* verderben.
ef-flō, flāre ① ausblasen, -hauchen [**animam** sterben];
② *(Lucr.) colorem* verlieren.
ef-flōrēscō, flōrēscere, flōruī, – aufblühen, hervorsprießen, emporkommen *(übtr.)*; **adulescentia ingenii laudibus efflorescit; hinc efflorescunt genera virtutum.**
ef-fluō, fluere, flūxī, – **I.** *intr.* ① herausfließen, aus-, entströmen;
② *(poet.; nachkl.)* den Händen entfallen, entgleiten; **effluit telum (manibus);**
③ entschwinden, verschwinden, entschlüpfen; **vires effluunt** versagen;
④ dem Gedächtnis entfallen, vergessen werden *(abs. od. ex animo alcis);*
⑤ *(v. Zuständen)* vergehen;
⑥ *(v. der Zeit)* verrinnen, verstreichen, vergehen; **ne effluat aetas; multi anni mecum effluxerant;**
⑦ in die Öffentlichkeit kommen, bekannt werden;
II. *trans. (Petr.)* ausfließen -, ausströmen lassen; **ne amphorae effluant vinum.**
effluvium, ī *n (effluo) (Tac.)* Ausfluss *(aus einem Gewässer)* [**lacūs**].
ef-flūxī *Perf. v. effluo.*
● **ef-fodiō,** fodere, fōdī, fossum ① aus-, aufgraben [**mortuum; lapides; thesaurum; lacum**];
② ausstechen, auskratzen [**oculos** *od.* **lumen alci**];
③ umgraben [**terram**];
④ durchwühlen [**sepulcra**]; **spoliatis effossisque domibus.**
ef-for, fārī, fātus sum *(1. Ps. Präs. kommt nicht vor)* ① aussprechen, sagen;
② weihen, bestimmen für [**templum**]; – *auch pass., bes. Part. Perf.* **effātus,** a, um geweiht, bestimmt; **locus templo effatus.**
effossus *P. P. P. v. effodio.*
effrāctārius, ī *m (effringo) (Sen.)* Einbrecher.
effrāctus *P. P. P. v. effringo.*
ef-frēgī *Perf. v. effringo.*
ef-frēnātiō, ōnis *f (frenum)* Zügellosigkeit [**animi**].
ef-frēnātus *u.* **ef-frēnus,** a, um *(frenum)* ① ohne Zügel, abgezäumt [**equus**];
② *(übtr.)* zügellos, unbändig [**homo; multitudo; cupiditas; furor**].
ef-fringō, fringere, frēgī, frāctum *(frango)* ① aufbrechen [**portam; carcerem**];
② zerschmettern, zerbrechen [**cerebrum; crus**].

ef-fūdī *Perf. v. effundo.*

● **ef-fugiō,** fugere, fūgī, fugitūrus **I.** *intr.* aus etw. entfliehen, entkommen [**ex urbe; ex vinculis; e proelio; e caede; ad delubra**];
II. *trans.* ① einer Sache *od.* jmdm. entfliehen, entkommen, entgehen [**hostem; equitatum Caesaris; patrem; invidiam; mortem; incendium; alcis manūs**] *(auch m. ne u. quin);* **res me effugit** es entgeht mir etw., ich beachte etw. nicht;
② etw. vermeiden; **parum** ~ kaum vermeiden können.

effugium, ī *n (effugio)* ① Fluchtweg; **si ~ patuisset in publicum** *(Liv.);*
② Gelegenheit, Mittel zur Flucht, Rettungsmöglichkeit; **-um alci dare; -um mortis assequi** Gelegenheit, dem Tod zu entgehen; **fuit ~ interim in castra** *(Tac.);*
③ *(Lucr.)* das Entfliehen, Flucht.

ef-fugō, fugāre *(spätl.)* in die Flucht schlagen, vertreiben.

ef-fulgeō, fulgēre, fulsī, – hervorleuchten, -glänzen, -schimmern; v. etw. erglänzen *(m. Abl.)* [**ornatu**].

ef-fultus, a, um *(fulcio) (Verg.)* auf etw. gestützt, liegend *(m. Abl.)* [**velleribus stratis; foliis**].

● **ef-fundō,** fundere, fūdī, fūsum ① aus-, vergießen [**lacrimas; multum sanguinem**]; – *se effundere u. mediopass. effundi* sich ergießen [**in Oceanum**], hervorbrechen, herausströmen, *(v. Flüssen auch)* über die Ufer treten; **tempestas effusa; Tiberis super ripas effusus;**
② ausschütten [**anulos; saccos** ausleeren];
③ *(sein Herz)* ausschütten *(alci: jmdm., vor jmdm.);* **effudit omnia, quae tacuerat;**
④ herausschicken, aussenden, forttreiben [**omnem equitatum; currūs in hostes** loslassen; **impetum in hostem** den Feind stürmisch angreifen]; – *se effundere u. mediopass. effundi* herausströmen, -stürzen, -eilen; **equitatus se ex castris effundit; obviam effundi** entgegeneilen; **in nostras provincias se effundere** überschwemmen; **late effusum incendium** der weit um sich griff;
⑤ *(Töne)* von sich geben, hören lassen, erklingen lassen [**tales voces; carmina**];
⑥ *(Früchte)* hervorbringen, spenden; **autumnus effundit fruges;**
⑦ *(Leidenschaften)* auslassen [**odium**]; – *se effundere u. mediopass. effundi* sich gehen lassen, sich ganz hin-, ergeben [**in lacrimas; in questūs; in amorem**];
⑧ *(Atem, Leben)* aushauchen [**animam; vitam; spiritum**];
⑨ loslassen, lockern [**sinum togae**]; **effusus crinem** m. fliegendem Haar;
⑩ schleudern, werfen [**tela**];
⑪ niederwerfen, zu Boden werfen, niederschlagen [**alqm solo** auf den Boden; **equitem super caput** den Reiter abwerfen *(v. Pferd)*];
⑫ *(Besitz, Kraft, Arbeit)* verbrauchen, verschwenden, verschleudern, vergeuden [**patrimonium; aerarium; omnes fortunas; vires in ventum; laborem**]; **quantumcumque virium habebat, primo impetu effudit.**

effūsiō, ōnis *f (effundo)* ① das Ausgießen, Erguss, Vergießen [**aquae; sanguinis**];
② Verschwendung [**pecuniarum**];
③ maßlose Sucht [**alqd faciendi**];
④ Ausgelassenheit [**animi in laetitia**];
⑤ das Herausströmen *(einer Menschenmenge)* [**hominum ex oppidis**].

effūsus, a, um *(P. Adj. v. effundo)* ① weit (ausgedehnt) [**mare; cursus**]; **loca -a** Flächen, Ebenen; **agrum -e vastare** weit u. breit, weithin;
② zerstreut, unordentlich [**agmen; exercitus; -e ire; fuga, caedes** wild, unordentlich];
③ losgelassen; **-is habenis** m. verhängtem Zügel = im gestreckten Galopp; ~ **cursus** rasch; **comae -ae** aufgelöst, herabhängend;
④ verschwenderisch [**homo; -e donare**]; **quis in largiendo effusior?;**
⑤ zügellos, maßlos, übertrieben [**sumptus; honores; laetitia**].

ef-fūtiō, fūtīre *(vgl. futilis)* in den Tag hinein schwatzen; ausplaudern [**foris**].

ē-gelidus, a, um *(poet.; nachkl.)* ① lau, warm [**notus**];
② kühl [**flumen**].

egēns, *Gen.* egentis *(P. Adj. v. egeo)* bedürftig, dürftig, sehr arm [**captivi**]; *(m. Gen.)* ohne etw., arm an etw.; **multarum rerum ~; servus consilii ~; verborum non ~; insulae cultorum egentes** unbewohnte.

ēgēnus, a, um *(egeo)* bedürftig, an etw. Mangel habend, arm an etw. *(m. Gen.);* hilflos; **lucis ~ Tartarus; -a aquarum regio.**

● **egeō,** egēre, eguī, – ① Mangel haben, Not leiden; **semper avarus eget** *(Hor.);*
② bedürfen, nötig haben *(m. Abl. od. Gen.)* [**auxilio; medici; custodis**];
③ entbehren, nicht haben *(m. Abl. od. Gen.)* [**auctoritate; classis**]; **rationis egens** der Besinnung beraubt;
④ sich sehnen, verlangen nach, wünschen *(m. Abl. od. Gen.)* [**pane; tui amantis**].

Ēgeria, ae *f Quellnymphe, Ratgeberin des Königs Numa, vor allem in kultischen Fragen.*

ē-gerō, ēgerere, ēgessī, ēgestum ① heraustragen, hinausbringen, herausführen, fortschleppen [**pecuniam ex aerario; praedam; aurum ex templis**];
② ausspeien, von sich geben [**sanguinem**]; – *pass.* sich ergießen, münden: **lacus in flumen egeritur;**
③ v. etw. *(Abl.)* entleeren [**castra rogis**];
④ *(Ov.) (übtr.)* vertreiben [**dolorem lacri-**

mis];
❺ *(übtr.)* eine Zeit verbringen, überstehen [**noctem metu**].
● **egestās,** ātis *f (egeo)* ❶ Dürftigkeit, Armut, Elend; **deduci in egestatem;**
❷ *(m. Gen.)* Mangel an etw. [**cibi; pabuli; pecuniae; rationis**].
ēgestiō, ōnis *f (egero)* das Wegschaffen, Wegräumen; Plünderung.
ēgestus *P. P. P. v. egero.*
ēgī *Perf. v. ago.*
ē-gignō, ēgignere, – – *(Lucr.)* hervorbringen; – *pass.* hervorwachsen.
● **egō** *u.* **ego** (ἐγώ) ich *(casus obliqui vom Stamm me: Gen.* meī, *Dat.* mihi, *Akk. u. Abl.* mē) *(nur bei stärkerer Betonung verwendet); – verstärkt durch -met u. -pte;* **alter ego** zweites Ich.
● **ē-gredior,** ēgredī, ēgressus sum *(gradior)* **I.** *intr.* ❶ hinausgehen, herauskommen [**e curia; a Tarento; extra fines; ad portam** zum Tor hinausgehen; **foras; hinc**];
❷ *(milit. t. t.)* **a)** vorrücken, abmarschieren [**(e) castris; ex hibernis; ex provincia; adversus hostes; ad proelium; ad oppugnandum**]; **b) ordine ~** aus der Reihe treten;
❸ *(naut. t. t.)* **a)** landen, an Land gehen, aussteigen [**(ex) navi, in terram, in litus**]; **b)** absegeln [**e portu**];
❹ *(vom Thema)* abschweifen [**a proposito**];
❺ hinaufgehen, -steigen [**ad summum montis; in altitudinem; in vallum**];
II. *trans.* ❶ verlassen, räumen [**urbem; navem; tecta**];
❷ etw. überschreiten *(konkr. u. übtr.)* [**flumen; modum; fines**]; **vix septemdecim annos egressus.**
ēgregia, ōrum *n (egregius)* Vorzüge, Tugenden.
ēgregium, ī *n (egregius) (Tac.)* rühmliche Tat, Ruhm [**publicum** Ruhm des Staates].
● **ē-gregius,** a, um *(e grege* „aus der Herde ausgelesen") ❶ auserlesen, ausgezeichnet, außerordentlich, vorzüglich [**civis; virtus; fides; liberalitas**]; *(durch, an etw.: m. Abl.)* [**moribus; pietate; formā**]; *(in etw.: in m. Abl.)* [**in bellica laude; in aliis artibus**]; *(m. Gen.)* [**militiae** im Krieg; **animi** an Mut];
❷ *(nachkl.)* ruhmreich, ehrenvoll [**et sibi et cunctis**].
ēgressiō, ōnis *f (egredior) (Eccl.)* das Herausgehen, Auszug [**ex Aegypto**].
ēgressus¹, ūs *m (egredior)* ❶ das Hinausgehen, Ausgang; **rarus in publicum egressus;**
❷ *(Ov.)* das Fortströmen der Winde;
❸ Abgehen *im Reden vom Thema,* Abschweifung; **libero egressu;**
❹ *(naut. t. t.)* Landung *(v. Schiffen),* das Anlandgehen; **in egressu navis;**
❺ *(nachkl.)* Ausgang *(als Ort);* **obsidere omnes egressūs;**
❻ *(Ov.)* Mündung [**fluminis**].
ēgressus² *P. P. Akt. v. egredior.*
ē-gurgitō, ēgurgitāre *(gurges) (Plaut.)* herausschütten.
ehem *Interj. (Ausruf der freudigen Überraschung)* ha!, sieh da!
ēheu *Interj. (Ausruf der Klage, des Schmerzes)* o!, ach!, o weh! [**~ me miserum**].
eho(dum) *Interj. (Kom.)* he!, heda!, holla!, hör mal!
ei *Interj. (poet.) (Ausruf der Klage u. des Schmerzes)* ach!, wehe! [**~ mihi!**].
ēia *u.* **hēia** *Interj.* ❶ *(Ausruf der Aufforderung)* auf!, los!;
❷ *(Kom.) (Ausruf der Verwunderung)* ei!
ē-iaculor, ēiaculārī *(poet.; nachkl.)* herausschleudern, -werfen [**se in altum** hoch emporschießen *(v. Blut)*].
● **ē-iciō,** ēicere, ēiēcī, ēiectum *(iacio)* ❶ hinaus-, herauswerfen [**alqm de navi; sessores urbe; cadaver domo**];
❷ hinaus-, vertreiben, verbannen, ausstoßen [**cohortes; tyrannum; uxorem** verstoßen; **alqm ex oppido; de senatu** ausstoßen; **ex patria** *od.* **e re publica** verbannen; **alqm in exilium;** *übtr.* **curam, amorem ex animo**]; – *se eicere* **a)** hinauseilen, herausstürzen [**ex castris; portā; in agros; foras**]; **b)** *(übtr.)* hervorbrechen; **voluptates se eiciunt;**
❸ hervorstoßen, stoßweise aussprechen [**vocem**];
❹ ausrotten [**superstitionis stirpes omnes**];
❺ *linguam* herausstrecken;
❻ ausspeien [**sanguinem**];
❼ von sich geben, auswerfen [**magnos fluctūs**]; **mare eicit undam;**
❽ *(naut. t. t.)* landen (lassen), anlegen [**classem; navem eo**]; – *pass.* stranden; – **ēiectus: a)** *P. Adj.* a, um schiffbrüchig; **b)** *Subst.* ī *m* Schiffbrüchiger;
❾ jmd. auspfeifen [**actores**];
❿ etw. verwerfen, abweisen; **iam explosae eiectaeque sententiae Pyrrhonis;**
⓫ verrenken, verstauchen [**armum**].
eid. = *eidus, ältere Schreibweise für Idus.*
ē-iēcī *Perf. v. eicio.*
ēiectāmentum, ī *n (eiecto) (Tac.)* Auswurf [**maris**].
ēiectiō, ōnis *f (eicio)* Vertreibung, Verbannung [**de domo**].
ēiectō, ēiectāre *(Intens. v. eicio) (poet.)* ❶ (her)auswerfen [**arenas**];
❷ ausspeien [**ore dapes**].
ēiectum, ī *n (eicio)* Vorsprung.
ēiectus¹ *P. P. P. v. eicio.*
ēiectus², ūs *m (eicio) (Lucr.)* das Hervorstoßen *(des Atems).*
ēier ... = *eiur...*
ēiulātiō, ōnis *f u.* **ēiulātus,** ūs *m (eiulo)* das

Heulen, Wehklagen.

ēiulō, ēiulāre *(ei)* heulen, wehklagen [**magnitudine dolorum**].

ēiūrātiō *u.* **ēierātiō,** ōnis *f (eiuro, eiero) (nachkl.)* das feierliche Entsagen.

ē-iūrō, ēiūrāre *u. (älter)* **ē-ierō,** ēierāre ① abschwören [**bonam copiam** sich eidlich zahlungsunfähig erklären, sich als bankrott erklären];
② ablehnen, verwerfen [**iudicem**];
③ *(nachkl.) (ein Amt)* niederlegen [**consulatum; imperium**];
④ *(nachkl.)* sich lossagen, verleugnen *(m. Akk.)* [**nomen patriae**].

ēiusdem-modī *(idem u. modus)* v. derselben Art, ebenso beschaffen.

ēius-modī *(is u. modus)* von der Art, derart(ig), so (beschaffen), solcher.

ē-lābor, ēlābī, ēlāpsus sum ① herausgleiten, -schlüpfen, (her)abgleiten; **anguis ex columna elapsus**;
② entgleiten, entfallen [**(de) manibus**];
③ entkommen, entrinnen, entwischen, entschlüpfen *(v. Personen, übtr. auch v. Sachen) (m. Präp.; Dat.; Akk.)* [**inde; e proelio; e vinculis; de** *(od.* **e) manibus alcis; custodiae; villae; telis; vincula**]; **disciplina elapsa est de manibus** den Händen entglitten;
④ *(vor Gericht)* ohne Strafe davonkommen [**ex tot tantisque criminibus; ex iudicio**];
⑤ in etw. geraten [**in servitutem**];
⑥ schwinden, vergehen, aufhören; **assensio, spes elabitur;**
⑦ vergessen werden;
⑧ *(nachkl.) (v. Gliedern)* verrenkt werden;
⑨ *(Verg.)* hinaufschlagen, emporgleiten; **ignis frondes elapsus in altas.**

ē-labōrō, ēlabōrāre **I.** *trans.* sorgfältig ausführen, aus-, bearbeiten, bereiten; – *P. Adj.* **ēlabōrātus,** a, um **a)** sorgfältig ausgearbeitet [**versūs; in verbis**]; **b)** gekünstelt [**concinnitas**]; **c)** herausgeputzt;
II. *intr.* arbeiten, sich bemühen, sich anstrengen *(m. in u. Abl.; ut)* [**in his disciplinis**].

Elaea, ae *f Stadt in Äolis (Kleinasien), gegenüber v. Lesbos.*

ē-lāmentābilis, e sehr kläglich, voll Wehklagen [**gemitus**].

ē-languēscō, ēlanguēscere, ēlanguī, – ermatten, schlaff werden, ins Stocken geraten; **proelium elanguerat; elanguescit vis.**

ē-lapidō, ēlapidāre *(lapis) (Plin.)* v. Steinen reinigen [**solum**].

ēlāpsus *P. P. Akt. v. elabor.*

ē-largior, ēlargīrī *(Pers.)* spenden, verschenken.

ēlātiō, ōnis *f (effero[1])* ① Hebung [**maris**];
② Beerdigung [**mortui**];
③ (Auf-)Schwung, Elan [**animi; vocis**];
④ das Überordnen, Überordnung.

ē-lātrō, ēlātrāre *(Hor.)* herausbellen, -poltern.

ēlātus, a, um *(P. Adj. v. effero[1])* ① erhaben, edel [**animus**];
② *(v. der Rede)* pathetisch [**verba**];
③ *(nachkl.)* stolz, übermütig [**spe victoriae**].

Elaver, eris *n Fluss in Aquitanien, linker Nebenfluss der Loire, j.* Allier.

ē-lavō, ēlavāre, ēlāvī, ēlautum = *eluo.*

Elea, ae *f Stadt in Lukanien (Süditalien), Geburtsort der Philosophen Parmenides u. Zeno; nach Elea ist die v. Xenophanes um 540 v. Chr. begründete philosophische Schule genannt;* – *Einw.* **Eleātēs,** ae *m, auch* = Zeno; – *Adj.* **Eleāticus,** a, um.

ēlecebra, ae *f (elicio) (Plaut.)* Entlockerin *des Geldes.*

ēlēctilis, e *(eligo) (Plaut.)* auserlesen.

ēlēctiō, ōnis *f (eligo)* (Aus-)Wahl.

ēlectō[1], ēlectāre *(Intens. v. elicio) (Plaut.)* lockend ausforschen, herauslocken.

ēlēctō[2], ēlēctāre *(Intens. v. eligo) (Plaut.)* auswählen.

ēlēctor, ōris *m (eligo) (mlt.)* Wähler; Kurfürst.

Ēlectra, ae *f* ① *eine der Plejaden, Tochter des Atlas, Mutter des Dardanus;*
② *Tochter des Agamemnon u. der Klytämnestra, Schwester des Orestes u. der Iphigenie.*

ēlectridēs, dum *f (petrae)* Bernsteinfelsen, -inseln.

ēlectrum, ī *n (gr. Fw.) (poet.; nachkl.)* ① Bernstein; – *Pl.* Bernsteintropfen;
② Silbergold, Elektron *(künstliches Metall aus Gold mit einem Fünftel Silber vermischt).*

ēlēctus[1], a, um *(P. Adj. v. eligo)* auserlesen, gewählt, ausgesucht [**verba; viri**].

ēlēctus[2], ūs *m (eligo) (Ov.)* Wahl [**necis**].

eleēmosyna, ae *f (gr. Fw.) (Eccl.)* Almosen.

● **ēlegāns,** *Gen.* antis *(eligo)* ① *(v. Personen)* **a)** fein, geistreich, geschmackvoll [**poeta; familia; scriptor**]; **b)** *(im üblen Sinne)* wählerisch [**homo**];
② *(v. Sachen)* gewählt, fein, geschmackvoll [**artes; lingua; comoedia**].

ēlegantia, ae *f (elegans)* ① feiner Geschmack, Feinheit, feines Benehmen, feines Auftreten [**morum; ingenii; cenarum; figurarum**];
② Gewähltheit, Gründlichkeit, Korrektheit [**verborum; loquendi; disserendi**].

elegē(i)a = *elegia.*

elegēum, ī *n (gr. Fw.)* elegisches Gedicht.

elegī[1], ōrum *m (gr. Fw.) (poet.; nachkl.)* elegische Verse, Elegie.

ē-lēgī[2] *Perf. v. eligo.*

i Kultur **elegīa,** ae *f (auch* elegēa) *(gr. Fw.: elegos* Klagelied, Klagegesang) *(poet.; nachkl.)* elegisches Gedicht, Elegie, Gedicht in Distichen; ursprünglich mit Flötenbegleitung gesungen, später

rezitiert. Die griech. Elegie hatte verschiedene Themen; urspr. Totenklage, dann – ab der griech. Vorklassik – Ausdrucksmittel für starkes Gefühl, Liebesdichtung, Klagelied, Darstellung aus Sage und Geschichte, polit. Aufrufe.
In der röm. Literatur ist die Liebe das vorherrschende Thema der Elegie. Bedeutende röm. Elegiker sind Tibull, Catull, Properz, Ovid.

elegiacus, a, um *(gr. Fw.) (Mart.)* elegisch.
ē-lēgō, ēlēgāre *(Petr.)* letztwillig vermachen.
Eleleûs, eī *m (von* ἐλελεῦ *Ruf der Bacchanten) Beiname des Bacchus;* – **Eleleïdes,** dum *f* Bacchantinnen.
elementārius, a, um *(elementum) (Sen.)* zu den Anfangsgründen gehörig [**litterae** Elementarkenntnisse].
elementum, ī *n* ❶ *(Ov.)* Grundstoff, Urstoff, Element; **-a quattuor: tellus atque unda … aër atque ignis;**
❷ *Pl.* **a)** Buchstaben; Alphabet; **b)** Anfangsgründe, Anfänge; **-a loquendi; pueros -a docere; prima -a Romae.**

i Kultur **elementa,** ōrum nennen die Römer alle Anfangsgründe, etwa das Alphabet. Man übersetzt so die „Grundbausteine des Kosmos" aus der griech. Naturphilosophie. Daher benützen wir bis heute in der Chemie für die **Elemente** Zeichen für lat. Benennungen: z. B. Au = Aurum = Gold.
Unwissenschaftlich sprechen wir von **4 Elementen:** Feuer – ignis; Luft – aer; Wasser – unda; Erde – tellus.

elenchus, ī *m (gr. Fw.) (nachkl.)* ❶ Tropfenperle *(als Ohrgehänge);*
❷ Verzeichnis.
elephāns *s. elephas.*
Elephantīnē, ēs *f Nilinsel in Oberägypten.*
elephantus, ī *m u. f (gr. Fw.)* ❶ Elefant;
❷ *(Verg.) (meton.)* Elfenbein.
elephās *u.* **elephāns,** antis *m (gr. Fw.)* ❶ Elefant;
❷ *(Lucr.) (meton.) (die Krankheit)* Elephantiasis.
Ēlēus *s. Elis.*
Eleusīn, īnis *f* Eleusis, *Stadt in Attika, m. Athen durch die „Heilige Straße" verbunden, ber. durch Demeter- u. Kore-Kult;* – *Adj.* **Eleusīn(i)us,** a, um.
Eleutheria, ōrum *n (erg. sacra) griech.* Befreiungsfest *zur Erinnerung an den Sieg b. Platää üb. die Perser.*
Eleuthero-cilicēs, licum *m* die freien Kilikier.

ēlevātiō, ōnis *f (elevo) (nachkl.)* ❶ das Aufheben [**manuum**];
❷ ironische Lobeserhebung, Verhöhnung.
ē-levō, ēlevāre ❶ auf-, emporheben [**oculos**];
❷ mildern, erleichtern, einer Sache den Stachel nehmen [**aegritudinem; suspiciones**];
❸ vermindern, verkleinern, herabsetzen, (ab)schwächen, beeinträchtigen [**alcis facta; adversarium; famam; verbis**].
Ēlias *s. Elis.*
● **ē-liciō,** ēlicere, ēlicuī, ēlicitum ❶ heraus-, hervor-, herbeilocken [**hostem ex paludibus; litteris** durch ein Schreiben; **foras; ad (in) proelium**];
❷ entlocken, abgewinnen, abringen [**responsum; sententiam alcis; epistulas; arcana**];
❸ jmd. zu etw. verlocken, reizen [**alqm ad disputandum; alqm ad querelas**];
❹ hervorbringen, erregen [**sonos; lapidum ictu ignem; viriditatem; iram regis; misericordiam; lacrimas**];
❺ herausbringen, -holen [**ferrum e terrae cavernis; levi ictu cruorem**];
❻ *(durch Zauberformeln)* herbeirufen, her(ab)zaubern [**Iovem caelo; deos; inferorum animas; fulmina**];
❼ etw. erforschen [**causam alcis rei**].
Ēlicius, a, um der im Blitz Niederfahrende *(Beiname Jupiters).*
ē-licuī *Perf. v. elicio.*
ē-līdō, ēlīdere, ēlīsī, ēlīsum *(laedo)* ❶ herausschlagen, -stoßen [**aurigam e curru; vina prelis** auspressen];
❷ heraus-, vertreiben [**morbum; tussim**];
❸ zerschlagen, zerschmettern, zerschellen, zerdrücken [**caput alcis; artūs; fauces** erwürgen; **herbas**]; **naves tempestate eliduntur;**
❹ *(übtr.)* vernichten, abtöten [**nervos virtutis**]; **aegritudine elidi;**
❺ *(Gell.) (gramm. t. t.)* durch Synkope ausstoßen, elidieren [**litteras**].
● **ē-ligō,** ēligere, ēlēgī, ēlēctum *(lego¹)* ❶ auslesen, -wählen, aussuchen [**locum ad pugnam; urbi condendae locum; imperatorem; ex omnibus legionibus fortissimos viros**];
❷ ausjäten, herausziehen [**gramina manu;** *übtr.* **stirpes superstitionis** Wurzeln des Aberglaubens].
ē-līminō, ēlīmināre *(limen)* ❶ *(Enn.)* über die Schwelle setzen, aus dem Haus treiben, ausstoßen [**domo; se extra aedes** sich entfernen];
❷ *(Hor.)* ausplaudern [**dicta foras**].
ē-līmō, ēlīmāre *(lima)* ❶ ausfeilen [**catenas;** *übtr.* **versūs**];
❷ *(wissenschaftliche Werke)* verfertigen, ausarbeiten.
ē-linguis, e *(lingua)* sprachlos, stumm; nicht redegewandt.

ē-linguō, ēlinguāre *(lingua) (Plaut.)* der Zunge berauben.

ē-liquō, ēliquāre *(nachkl.)* ① klären, durchseihen [**fontem**];
② ins Reine bringen;
③ sittlich läutern.

Ēlis, idis *f Landschaft im Nordwesten der Peloponnes m. der erst 471 v. Chr. gegründeten gleichnamigen Hauptstadt u. den heiligen Stätten Olympias; – Einw. u. Adj.* **Ēlēus** *u.* **Ēlīus,** ī *m bzw.* a, um, *fem. auch* **Ēlias,** adis elisch, olympisch.

ē-līsī *Perf. v. elido.*

ēlīsiō, ōnis *f (elido)* ① *(Sen.)* das Herausstoßen, Auspressen;
② *(spätl.) (gramm. t. t.)* Elision.

Elissa, ae *f anderer Name der Dido.*

ēlīsus *P. P. P. v. elido.*

ē-lix, icis *m (vgl. liqueo)* Wasserfurche *(in Feldern zur Ableitung des Wassers),* Abzugsgraben.

ēlixus, a, um *(vgl. liqueo)* ① gesotten, gekocht;
② stark schwitzend, sehr nass [**balneator**].

ellebor ... *s. hellebor...*

ellum, ellam *(< em illum, illam)* da ist er, sie.

ē-locō, ēlocāre verpachten [**fundum; boves**].

ēlocūtiō, ōnis *f (eloquor)* Ausdruck(sweise), Stil.

ēlocūtus *P. P. Akt. v. eloquor.*

ēlogium, ī *n* ① (Aus-)Spruch, *(rühmende)* (Grab-)Inschrift [**in sepulcro incisum**];
② Zusatz im Testament, Klausel, Enterbungsgrund [**ultimum** letztwillige Verfügung];
③ *(nachkl.)* Belastungsbericht *(über einen Verbrecher),* Schuldregister.

ē-longō, ēlongāre *(longus) (spätl.)* entfernen, fern halten.

ēloquēns, *Gen.* entis *(P. Adj. v. eloquor)* beredt, redegewandt.

● **ēloquentia,** ae *f (eloquens)* Redegewandtheit.

ēloquium, ī *n (eloquor)* ① Redegewandtheit;
② Ausdruck(sweise), Sprache, Rede.

ē-loquor, ēloquī, ēlocūtus sum heraussagen, aussprechen, ausdrücken; vortragen, reden; **id quod sentit ~ non potest.**

ēlōtus = *elutus, s. eluo.*

Elpēnōr, oris *m Gefährte des Odysseus.*

ē-lūceō ēlūcēre, ēlūxī, – ① hervorleuchten, -strahlen;
② *(übtr.)* sich deutlich zeigen, sichtbar hervortreten, sich auszeichnen [**virtutibus**]; **ex quo elucebit omnis constantia omnisque moderatio.**

ē-lūcēscō, ēlūcēscere, ēlūxī, – *(Incoh. v. eluceo) (nachkl.)* hervorleuchten; **quotiens sol inter nubila eluxit** *(Sen.)*; – *unpers.:* **elucescit** es wird Tag.

ē-lūcidō, ēlūcidāre *(Vulg.)* ins Licht setzen, ermitteln.

ēluctābilis, e *(eluctor) (Sen.)* überwindbar.

ē-luctor, ēluctārī **I.** *trans.* sich einer Sache entwinden, m. Mühe überwinden [**locorum difficultates**];
II. *intr. (poet.; nachkl.)* sich heraus-, hervorringen [**per angusta** sich durchwinden *(v. Nil)*].

ē-lūcubrō, ēlūcubrāre *u.* **ēlūcubror,** ēlūcubrārī etw. bei Licht ausarbeiten [**librum; per omnes dies**].

ē-lūdificor, ēlūdificārī *(Plaut.)* zum Besten haben.

ē-lūdō, ēlūdere, ēlūsī, ēlūsum **I.** *intr.* spielend hervorkommen, herausplätschern; **fluctus eludunt;**
II. *trans.* ① ausweichen, vermeiden, zu entgehen suchen [**pugnam; vim legis**];
② sein Spiel treiben mit, necken, verspotten [**alqm omnibus contumeliis; artem**];
③ vereiteln [**bellum quiete invicem**];
④ hintergehen;
⑤ *(b. Fechten)* ausweichen, parieren [**hastas**];
⑥ *(Plaut.)* im Spiel abgewinnen *(m. dopp. Akk.)* [**alqm anulum**].

ē-lūgeō, ēlūgēre, ēlūxī, – die übliche Zeit trauern; betrauern [**patriam; virum**].

ē-luī *Perf. v. eluo.*

ē-lumbis, e *(lumbus) (nachkl.)* lendenlahm; *(rhet.)* kraftlos, schleppend.

ē-luō, ēluere, ēluī (ēlāvī), ēlūtum (ēlautum) *(lavo)* **I.** *trans.* ① ausspülen, aus-, abwaschen, reinigen [**corpus; os; vulnera; sanguinem; vascula**];
② tilgen, entfernen [**vitia; crimen; amicitias** auflösen; **animi labes**];
II. *intr.* ① Schiffbruch erleiden [**in mari**];
② sich durch Verschwendung ruinieren.

ēlūtus, a, um *(P. Adj. m. Komp. v. eluo) (poet.; nachkl.)* saftlos, kraftlos, wässerig.

ēluviēs, ēī *f (eluo)* ① Ausspülung, Ausfluss, Überschwemmung [**aquarum**]; **eluvie mons est deductus in aequor;**
② (Wasser-)Lache;
③ *(nachkl.)* (ausgespülte) Schlucht.

ē-luviō, ōnis *f (eluo)* Überschwemmung.

ē-lūxī *Perf. v. eluceo, elucesco u. elugeo.*

Elymaeus I. *Subst.* ī *m Einw. der pers. Landschaft Elymäa;*
II. *Adj.* a, um elymäisch.

Ēlysium, ī *n* das Elysium *(Sitz der Seligen im Totenreich); – Adj.* **Ēlysius,** a, um.

i Kultur **Ēlysium** Eine Insel der Seligen dachten sich die Menschen des Altertums am Westrand der Erde (= Scheibe!), paradiesisch, im ewigen Frühling. Ebenso erhofften sie sich ein Leben nach dem Tod an einem Ort ewig dauernder Glückseligkeit, vereint mit den Helden der

Vorzeit.
In der röm. Kaiserzeit erschienen den Menschen die Kanarischen Inseln wie die „Fortunatae insulae“. Campi Elysaei = Champs Elysées!

em *Interj.* (< *Imp. v. emo, eme* nimm!, da hast du!) da!, sieh da!

ē-macerō, ēmacerāre *(macer) (nachkl.)* ausmergeln.

emācitās, tātis *f (emax) (Plin.)* Kaufsucht.

ēmānātiō, ōnis *f (emano) (spätl.)* das Ausfließen, Ausströmen.

ēmancipātiō, ōnis *f (emancipo)* ① Entlassung des Sohnes aus der väterlichen Gewalt, Freilassung;
② Abtretung v. Grundstücken [**fundorum**].

i Kultur **ēmancipātiō** Entlassung „aus der Hand“, aus der väterl. Gewalt nannten die Römer den Beginn der Volljährigkeit eines jungen Römers – mit einem umständlichen juristischen Vorgang! Ähnlich wurde auch die Freilassung eines Sklaven – gleichsam aus väterl. Macht – verstanden.
Emanzipation heißt daher in der Neuzeit die Gleichstellung von Gruppen, besonders der Weg der Selbständigkeit der Frauen.

ē-mancipō, ēmancipāre *(altl.* ēmancupō) ① den Sohn aus der väterlichen Gewalt entlassen, für selbstständig erklären;
② *(ein Kind)* in fremde Gewalt geben, jmdm. überlassen [**filium in adoptionem**];
③ überlassen, abtreten [**tribunatum; fundos; agrum**].

ē-mancō, ēmancāre *(mancus) (Sen.)* verstümmeln.

ē-maneō, ēmanēre, ēmānsī, ēmānsum *(Sen.)* ausbleiben.

● **ē-mānō,** ēmānāre ① herausfließen;
② entspringen, hervorgehen, entstehen;
③ sich verbreiten; **contagiones malorum latius emanarunt;**
④ bekannt werden [**in vulgus**]; **indicia coniurationis Romam emanarunt.**

ē-marcēscō, ēmarcēscere, ēmarcuī, – *(nachkl.)* dahinschwinden.

Ēmathia, ae *f makedon. Kernlandschaft um Pella u. Edessa, auch = Makedonien (m. Einschluss Thessaliens); – Adj.* **Ēmathius,** a, um, *fem. auch* **Ēmathis,** idis; – **Ēmathides,** dum *f (Ov.)* die Musen, die Pieriden.

ē-mātūrēscō, ēmātūrēscere, ēmātūruī, – ① *(Plin.; Gell.)* ausreifen;
② *(Ov.) (übtr.)* sich mildern; **si modo laesi ematuruerit Caesaris ira.**

emāx, *Gen.* ācis *(emo)* kauflustig.

emblēma, atis *n (gr. Fw.)* ① Einlegearbeit;
② Relief, Reliefplatte *(an Gefäßen);*
③ Mosaik.

embolium, ī *n (gr. Fw.)* ① Zwischenspiel *(zw. den Akten des Dramas);*
② *Pl.* Liebeshändel.

embolum, ī *n (gr. Fw.) (Petr.)* Schiffsschnabel.

embolus, ī *m (gr. Fw.)* Kolben.

ēmendābilis, e *(emendo)* verbesserungsfähig [**error; aetas**].

ēmendātiō, ōnis *f (emendo)* ① Verbesserung; **correctio philosophiae veteris et ~;**
② *(moral.)* Besserung; **eo maiore animo ad emendationem nostri debemus accedere; poena constituitur in emendationem hominum** wird auferlegt.

ēmendātor, ōris *m (emendo)* (Ver-)Besserer, Vervollkommner [**civitatis**].

ēmendātrīx, īcis *f (emendator)* (Ver-)Besserin; **vitiorum emendatricem legem esse oportet** *(Cic.).*

ēmendātus, a, um *(P. Adj. v. emendo)* ① fehlerfrei, korrekt, richtig [**opus; locutio; carmina**];
② *(moral.)* tadellos [**mores**].

ē-mendīcō, ēmendīcāre *(nachkl.)* erbetteln [**pecuniam**].

ē-mendō, ēmendāre *(mendum)* ① *v.* Fehlern befreien, verbessern, vervollkommnen [**annales; exemplaria**];
② *(moral.)* bessern [**civitatem; consuetudinem**].

ēmēnsiō, ōnis *f (emetior) (spätl.)* das Durchlaufen der Bahn [**lunaris**].

ēmēnsus *s. emetior.*

ē-mentior, ēmentīrī, ēmentītus sum ① erlügen, erdichten, vorgeben, täuschen [**falsa naufragia**]; – *Part. Perf.* ēmentītus *auch pass.* erlogen, erdichtet, vorgetäuscht [**auspicia; lassitudo**];
② *(m. dopp. Akk.)* fälschlich angeben als [**auctorem eius doli Sullam**];
③ *(abs.)* falsche Aussagen machen.

ēmentus *P. P. Akt. v. eminiscor.*

ē-mercor, ēmercārī *(Tac.)* erkaufen [**hostes ad exuendam fidem**].

ē-mereō, ēmerēre, ēmeruī, ēmeritum *u.* **ē-mereor,** ēmerērī, ēmeritus sum ① *(poet.; nachkl.)* (sich) etw. verdienen [**libertatem; favorem; pecuniam**];
② sich verdient machen *(um jmd.: alqm);*
③ *(milit. t. t.)* aus-, abdienen [**stipendia** seine Dienstzeit ableisten].

ē-mergō, ēmergere, ēmersī, ēmersum **I.** *intr.* ① auftauchen; **emersus e palude; navigia fundo emergunt;**
② zum Vorschein kommen, sichtbar werden, sich zeigen; **emergit rursum dolor;**

❸ *(Lucr.) (übtr.)* emporkommen, -steigen [**ad summas opes**];
❹ sich erholen, v. etw. loskommen, sich aufraffen, sich herausarbeiten [**ex paternis probris; ex iudicio peculatūs**];
II. *trans. (Cat.)* auftauchen lassen;
III. *se emergere u. mediopass. emergi* ❶ auftauchen, emporkommen [**e flumine**];
❷ *(übtr.)* sich emporarbeiten, sich losmachen [**ex malis**].

ēmeritus *(emereo bzw. emereor)* **I.** *Adj.* a, um ❶ ausgedient [**miles**];
❷ *(poet.; nachkl.) (übtr.)* ausgedient, alt, unbrauchbar geworden [**equus; aratrum; puppis; acus**];
❸ beendet [**stipendia**];
II. *Subst.* ī *m (poet.; nachkl.)* ❶ Veteran;
❷ ein verdienter Mann.

ē-mersī *Perf. v. emergo.*

ēmersus *P. P. P. v. emergo.*

ē-mētior, ēmētīrī, ēmēnsus sum *(Part. Perf. emensus auch pass.)* ❶ *(poet.; nachkl.)* ab-, ausmessen [**oculis spatium; longitudines et altitudines vocis**];
❷ durchwandern, zurücklegen [**terras; silvas**]; **una nocte aliquantum itineris ~;**
❸ *(poet.; nachkl.) (eine Zeit)* verbringen, verleben, durchmachen [**quinque principes** erleben]; **emensae noctes;**
❹ zumessen, zuteilen; jmdm. etw. zukommen lassen.

ē-metō, ēmetere, –, ēmessum *(Hor.)* abmähen [**frumentum; fruges**].

ēmī *Perf. v. emo.*

ē-micō, ēmicāre, ēmicuī, ēmicātum ❶ *(poet.; nachkl.) (v. der Flamme u. Ä.)* hervorblitzen, -zucken, -schießen; **ex turri ignes emicant; flamma emicat ex oculis; fulmina emicuerunt;**
❷ *(v. Quellen, Blut u. Ä.)* hervorschießen, -quellen, emporspritzen; **magna vis sanguinis emicat;**
❸ *(v. Geschossen)* abschnellen; **emicuit nervo telum; saxa tormento emicant;**
❹ *(poet.)* hinausspringen, -eilen, hervorrennen [**in litus; carcere**];
❺ *(poet.)* aufspringen [**in currum**];
❻ *(Tac.) (übtr.)* hervorbrechen; **alci pavor emicat;**
❼ *(Hor.) (übtr.)* hervorglänzen, -leuchten; **inter haec verba emicuit decorum;**
❽ *(Sen.) (v. Geist)* sich *(zu großen Taten, künstlerischen Leistungen)* emporschwingen; **animus ad summa emicaturus; animus in** (zu) **cogitationes divinas emicat.**

ē-migrō, ēmigrāre auswandern, -ziehen.

ēminātiō, ōnis *f (eminor) (Plaut.)* Androhung.

ēminēns *(emineo)* **I.** *Adj., Gen.* entis ❶ herausragend, -stehend, vorspringend [**saxa; genae**];
❷ *(nachkl.) (übtr.)* hervorragend, ausgezeichnet, außerordentlich [**orator; vir; auctor; eloquentia**];
II. *Subst.* ❶ entis *n* Vorsprung; **per inaequaliter eminentia rupis** ungleiche Vorsprünge;
❷ *(Tac.) Pl.* **ēminēntēs,** tium *m* hervorragende Persönlichkeiten; **eminentissimi Graecorum.**

ēminentia, ae *f (emineo)* ❶ das Hervorragende, Erhöhung, herausragende Gestalt;
❷ *(t. t. der Malerei)* das Licht, die Lichtpartien.

● **ē-mineō,** ēminēre, ēminuī, – *(mons)* ❶ heraus-, hervorragen; **rupes aequore eminent; stipites ex terra eminent; eminentibus promunturiis;**
❷ stark hervortreten, sichtbar *od.* vernehmlich werden *od.* sein, sich zeigen; **primum metus eius, mox gaudium eminuit** *(Plin.)*; **toto ex ore crudelitas eminebat; per confusa frementis verba tamen vulgi vox eminet una** *(Ov.)*;
❸ sich auszeichnen, sich hervortun; **Demosthenes unus eminet inter omnes in omni genere dicendi** *(Cic.)*; **tantum eminebat peregrina virtus** *(Liv.)*;
❹ *(t. t. der Malerei)* den Vordergrund bilden.

ē-minīscor, ēminīscī, ēmentus sum ersinnen, ausdenken.

ēminulus, a, um *(emineo)* etw. hervorstehend [**dens**].

ē-minus *Adv. (manus; vgl. comminus)* von fern, aus, in der Ferne.

ē-mīror, ēmīrārī *(poet.)* anstaunen [**aequora**].

ē-mīsī *Perf. v. emitto.*

ēmissārium, ī *n (emitto)* Abzugsgraben, Kanal.

ēmissārius, ī *m (emitto)* Späher, Spion.

ēmissīcius, a, um *(emitto) (Plaut.)* spähend [**oculi** Späheraugen].

ēmissiō, ōnis *f (emitto)* ❶ das Schleudern, Werfen, Wurf [**lapidum**];
❷ das Laufenlassen [**serpentis**].

ēmissus, ūs *m (emitto) (Lucr.)* das Entsenden.

● **ē-mittō,** ēmittere, ēmīsī, ēmissum ❶ heraus-, abschicken, fortschicken, aus-, entsenden, *(milit.)* ausrücken lassen [**portis equitatum; essedarios ex silvis; equites in hostem**];
❷ ausweisen, ausstoßen, verjagen, fortjagen [**Catilinam ex urbe; alqm ex domo**];
❸ *(aus der Gefangenschaft, aus seiner Gewalt)* entlassen, freilassen, -geben [**alqm ex vinculis, e (de) carcere, e custodia**];
❹ *(aus einem Rechtsverhältnis)* freilassen [**manu** (aus seiner Gewalt) **adoptatos; servum**];
❺ *(milit. t. t.)* frei abziehen lassen, freien Abzug gewähren [**alqm ex obsidione**];
❻ herauslassen, laufen lassen [**alqm noctu**

per vallum; agnos foras; anguem];
❼ *de (ex) manibus* aus den Händen lassen, sich entgehen lassen, entkommen lassen [**certamen; adversarium**];
❽ *(Geschosse)* abschießen, schleudern, werfen [**iacula, saxa in alqm**];
❾ *(Flüssiges)* ablaufen lassen, ablassen [**aquam ex lacu Albano; lacrimas** vergießen]; **Pomptinam paludem in mare ~;**
❿ *(Töne)* von sich geben, ausstoßen [**sonitum**]; **vox caelo emissa;**
⓫ loslassen, fallen lassen [**scutum manu; caseum ore**];
⓬ *animam* aushauchen;
⓭ herausgeben [**elegos**].

● **emō,** emere, ēmī, ēmptum ❶ kaufen, durch Kauf erwerben [**aedes ab alqo; servos; magno** teuer, **parvo** billig; **pluris** teurer, **minoris** billiger]; **empti dentes** falsche Zähne;
❷ erkaufen, *durch Geld* erwerben, für sich gewinnen, auf seine Seite bringen [**pacem pretio; iudices pecuniā; animos; percussorem in eum**].

ē-moderor, ēmoderārī *(Ov.)* ermäßigen.

ē-modulor, ēmodulārī *(Ov.)* besingen, feiern.

ē-mōlior, ēmōlīrī ❶ *(Plaut.)* zustande bringen [**negotium**];
❷ *(Sen.)* aufwühlen [**fretum**].

ē-molliō, ēmollīre ❶ erweichen, weich machen;
❷ mildern [**mores; severa praecepta**];
❸ schwächen, verweichlichen [**exercitum; auctoritatem principis**].

ēmolumentum, ī *n* Gewinn, Vorteil, Nutzen, gute Wirkung.

ē-moneō, ēmonēre, – – ermahnen *(alqm; m. ut).*

ē-morior, ēmorī, ēmortuus sum ❶ (ab)sterben *(v. Ps. u. Sachen)*; ~ **per virtutem** heldenhaft; **arente culmo sterilis emoritur seges;**
❷ *(übtr.)* vergehen, verlöschen; **laus ~ non potest.**

ēmortuālis, e *(emorior) (Plaut.)* zum Sterben gehörig, Sterbe-.

ē-moveō, ēmovēre, ēmōvī, ēmōtum ❶ hinaus-, wegschaffen, hinaustreiben, beiseite schaffen, entfernen [**arma tectis; multitudinem e foro**];
❷ *(übtr.)* vertreiben, verscheuchen [**pestilentiam ex agro; curas dictis**];
❸ in Bewegung setzen, herausheben, erschüttern, aufwühlen [**muros fundamentaque; postes cardine** aus den Angeln heben];
❹ *(Sen.)* aus-, verrenken [**articulos**];
❺ *(Sen.)* **mens emota** verrückt.

Empedoclēs, is *m griech. Naturphilosoph aus Agrigent in Sizilien (etwa 483–423 v. Chr.).*

empīricē, ēs *f (gr. Fw.) (Plin.)* auf bloße Erfahrung sich stützende Heilkunde.

empīricī, ōrum *m (gr. Fw.)* empirische Ärzte, Empiriker *(Ärzte, die sich auf die Erfahrung stützen).*

emplastrum, ī *n (gr. Fw.) (vor- u. nachkl.) (med. t. t.)* Pflaster.

Emporiae, ārum *f Küstenstadt im Nordosten Spaniens;* – *Einw.* **Emporitānī,** ōrum *m.*

emporitica, ae *f (gr. Fw.; erg. charta) (Plin.)* Packpapier.

emporium, ī *n (gr. Fw.)* Handelsplatz, Markt.

emporos, ī *m (gr. Fw.)* Kaufmann.

ēmpta, ae *f (emo) (Prop.)* Sklavin.

ēmptīcius, a, um *(emo) (vor- u. nachkl.)* gekauft.

ēmptiō, ōnis *f (emo)* Kauf [**equina** Pferdekauf].

ēmptitō, ēmptitāre *(Frequ. v. emo) (vor- u. nachkl.)* kaufen; durch Bestechung erwerben.

ēmptor, ōris *m (emo)* Käufer [**fundi; bonorum**].

ēmptum, ī *n (emo)* Kauf, Kaufvertrag; **ex -o** gemäß dem Kaufvertrag.

ēmptus *P. P. P. v. emo.*

empyrius, a, um *(gr. Fw.) (August.)* feurig.

ē-mulgeō, ēmulgēre, –, ēmulsum *(Cat.)* ausschöpfen.

ēmūnctiō, ōnis *f (emungo) (nachkl.)* das Ausschnäuzen.

ēmūnctus, a, um *(emungo) (poet.; nachkl.)* scharf witternd.

ē-mundō, ēmundāre *(nachkl.)* gründlich reinigen.

ē-mungō, ēmungere, ēmūnxī, ēmūnctum ❶ ausschnäuzen; – *se emungere u. mediopass. emungi* sich die Nase putzen;
❷ jmd. betrügen *(um etw.: m. Abl.)* [**alqm auro, argento**].

ē-mūniō, ēmūnīre ❶ vermauern, stark befestigen [**locum**];
❷ *(nachkl.)* gangbar machen, mit Wegen versehen [**silvas ac paludes**].

ē-mūnxī *Perf. v. emungo.*

ēmussitātus, a, um *(amussis) (Plaut.)* genau abgemessen, tadellos, vollkommen.

ē-mūtō, ēmūtāre *(nachkl.)* ändern.

en *Interj.* ❶ *(hinweisend)* siehe (da)! *(m. Nom., Akk. od. m. vollem Satz)*; **en ego** da bin ich; **en Priamus; en causam; en crimen;**
❷ *(auffordernd)* wohlan!, auf!; **en age!;**
❸ *(fragend) (im dir. u. indir. Frages.)* wohl?, denn?, ob wohl.

ēnārrābilis, e *(enarro) (poet.; nachkl.)* erzählbar, darstellbar.

ēnārrātiō, ōnis *f (enarro) (Sen.) syllabarum* das Skandieren, Betonen *beim Lesen.*

ē-nārrō, ēnārrāre ❶ vollständig erzählen, beschreiben [**alci somnium**];
❷ *(Gell.)* interpretieren [**versum Plauti**].

ē-nāscor, ēnāscī, ēnātus sum hervorwachsen, entstehen; **enata inter iuncturas lapidum**

palma *(Suet.)*.

ē-natō, ēnatāre ① herausschwimmen, sich schwimmend retten; ② sich heraushelfen, sich zu helfen wissen.

ēnātus *Part. Perf. v. enascor.*

ē-nāvigō, ēnāvigāre **I.** *intr.* absegeln, hinausfahren; **II.** *trans.* befahren, durchfahren [**undam**].

encaustus, a, um *(gr. Fw.) (nachkl.)* eingebrannt.

Enceladus, ī *m einer der Giganten, den Jupiter m. dem Blitzstrahl tötete u. unter dem Ätna begrub.*

encomium, ī *n (mlt.)* Loblied, -rede.

encyclios, on *(gr. Fw.)* umfassend.

endo *altl. Präp.* in.

endo-plōrō, plōrāre *(altl.) = imploro.*

endromis, idis *f (gr. Fw.) (poet.)* wollener Überwurf.

Endymiōn, ōnis *m schöner Jüngling, v. der Mondgöttin (Luna) geliebt u. durch Jupiter in ewigen Schlaf versenkt.*

ē-necō, ēnecāre, ēnecuī *(u.* ēnecāvī), ēnectum ① umbringen, töten; ② fast zu Tode quälen, entkräften, erschöpfen; **siti, fame, frigore enectus.**

ēnervis, e *(enervo) (nachkl.)* kraftlos, matt [**corpus; voluptas**].

ē-nervō, ēnervāre *(nervus)* entnerven, entkräften; – **ēnervātus,** a, um kraftlos, schwach, matt [**civitas; oratio**].

Engonasin *m undekl. (gr. Fw. < ὁ ἐν γόνασι)* der Kniende *(Sternbild der nördl. Halbkugel), seit Eratosthenes Herkules genannt.*

Enguīnus I. *Adj.* a, um aus Engyon, *einer Stadt auf Sizilien;* **II.** *Subst.* ī *m Einw. v. Engyon.*

ēnicō, ēnicāre = *eneco.*

● **enim I.** *Kj. (steht gewöhnlich an der zweiten oder folgenden Stelle des Satzes)* ① *(explikativ)* nämlich; ② *(kausal)* denn; **haec sunt non nugae, non enim mortualia;** ③ **quid enim?** was denn?; wieso?; **II.** *Adv. (affirmativ)* in der Tat, sicherlich, wirklich, freilich, allerdings, jedenfalls; **at enim, sed enim** aber freilich, aber ja.

enim-vērō *Adv.* in der Tat, wirklich, allerdings; (aber) freilich; ja sogar.

Enīpeūs, eī *u.* eos *m* ① *Nebenfluss des Peneus in Thessalien; Gott dieses Flusses;* ② *kleiner thessalischer Fluss, der am Olymp entspringt.*

ēnīsus *Part. Perf. v. enitor.*

ē-niteō, ēnitēre, ēnituī, – ① *(poet.; nachkl.)* hervorleuchten, -schimmern, erglänzen; **enitet campus;** ② *(übtr.)* hervorleuchten; **Crassi magis enitebat oratio** *(Cic.);* **in eo bello et virtus et fortuna enituit Tulli** *(Liv.).*

ēnitēscō, ēnitēscere, ēnituī, – *(Incoh. v. eniteo)* erglänzen, hervorleuchten.

ē-nītor, ēnītī, ēnīxus *u.* ēnīsus sum **I.** *intr.* ① sich anstrengen, sich bemühen, streben *(m. ut);* **quantum facere enitique potui;** ② sich heraus-, emporarbeiten [**per adversos fluctus ingenti labore remigum**]; ③ *(poet.; nachkl.)* emporsteigen, -klimmen [**in altiora;** *übtr.* **in summum ambitionis**]; **II.** *trans.* ① etw. erstreben, durchsetzen; ② gebären, werfen; – *Part. Perf.* ēnīxus *auch pass.* geboren; ③ *(Tac.)* ersteigen, erklimmen [**Alpes**].

ē-nituī *Perf. v. eniteo u. enitesco.*

ēnīxus[1]**,** a, um *(P. Adj. v. enitor)* angestrengt, eifrig [**-o studio**].

ēnīxus[2]**,** ūs *m (enitor) (Plin.)* Geburt.

Enna = *Henna.*

> *i* Kultur **Ennius,** ī *m* Q. ~, *Dichter aus Rudiä in Kalabrien (239–169 v. Chr.), seit 204 in Rom ansässig, schuf das röm. Epos (Annales, in 18 Büchern die Geschichte Roms v. der Ankunft des Äneas bis in seine eigene Zeit in Hexametern darstellend), schrieb auch Tragödien, Komödien, Satiren, Lehrgedichte.*

ennosigaeus, ī *m (gr. Fw.) (Iuv.)* Erderschütterer, *Beiname des Neptun.*

ē-nō, ēnāre ① herausschwimmen, schwimmend entkommen; ② *(poet.)* herausfliegen, entfliegen.

ēnōdātiō, ōnis *f (enodo)* Entwirrung, Erklärung.

ēnōdātus, a, um *(P. Adj. v. enodo)* verdeutlicht, deutlich; **praecepta -a diligenter.**

ē-nōdis, e *(nodus)* ① knotenlos, glatt [**truncus; arbores**]; ② *(übtr.)* geschliffen, ausgefeilt [**elegi**].

ē-nōdō, ēnōdāre *(nodus)* ① *(vor- u. nachkl.)* entknoten; ② entwirren, erklären [**veterum scriptorum sententias**].

ē-nōrmis, e *(norma) (nachkl.)* ① unregelmäßig [**versus**]; ② übermäßig (groß), ungeheuer [**spatium**].

ēnōrmitās, ātis *f (enormis) (nachkl.)* ① Unregelmäßigkeit; ② ungeheure Größe.

ē-nōtēscō, ēnōtēscere, ēnōtuī, – *(notus) (nachkl.)* bekannt werden.

ē-notō, ēnotāre *(Plin.)* aufzeichnen.

ē-nōtuī *Perf. v. enotesco.*

ēnsiculus, ī *m (u.* **-a,** ae *f) (Demin. v. ensis) (Plaut.)* kleines Schwert.

ēnsi-fer, fera, ferum *u.* **ēnsi-ger,** gera, gerum *(ensis u. fero bzw. gero) (Ov.)* Schwert tragend, führend.

● **ēnsis,** is *m* Schwert; **lateri accommodat ensem** *(Verg.)*.
Entellīnus, a, um aus Entella *auf Sizilien*.
enterocēlē, lēs *f (gr. Fw.) (nachkl.)* Darmbruch.
enterocēlicus, a, um *(enterocele) (nachkl.)* m. einem Darmbruch.
entheātus *u.* **entheus,** a, um *(gr. Fw.) (Mart.)* begeistert [**turba**].
enthēca, ae *f (spätl.)* Schatulle, Reisesack, -tasche.
enthȳmēma, atis *n (gr. Fw.) (nachkl.)* (gedanklicher) Schluss, Betrachtung, Argumentation.
ē-nūbō, ēnūbere, ēnūpsī, ēnūptum heraus-, wegheiraten *(v. Frauen)* [**e patribus** aus dem Patriziat].
ēnucleātus, a, um *(P. Adj. v. enucleo)* schlicht, sachlich, nüchtern.
ē-nucleō, ēnucleāre *(nucleus)* ① erläutern, verdeutlichen [**rem**]; sorgfältig behandeln [**suffragia** sorgfältig abgeben];
② austüfteln [**argumenta**];
③ *(nachkl.)* entkernen [**olivas**].
ēnumerātiō, ōnis *f (enumero)* ① Aufzählung [**singulorum argumentorum; factorum**];
② *(rhet. t. t.)* zusammenfassende Wiederholung.
ē-numerō, ēnumerāre ① aus-, berechnen [**dies**];
② aufzählen [**multitudinem beneficiorum; singulorum nomina**].
ēn-umquam? *(Kom.)* etwa jemals?
ēnūntiātiō, ōnis *f (enuntio)* Aussage, Satz.
enūntiātīvus, a, um *(enuntio) (Sen.)* zur Aussage gehörig, ausgesagt.
ēnūntiātum, ī *n (enuntio)* Satz, Ausspruch.
ē-nūntiō, ēnūntiāre ① weiter verbreiten, verraten, ausplaudern [**mysteria**]; **sociorum consilia adversariis ~;**
② aussagen, angeben, aussprechen, ausdrücken; **breviter enuntiatae sententiae.**
ēnūptiō, ōnis *f (enubo)* das Heraus-, Wegheiraten.
ē-nūtriō, ēnūtrīre ernähren, aufziehen.
● **eō**[1] *Adv. (erstarrter Abl. v. is)* ① dorthin, dahin [**pervenire**];
② *(übtr.)* bis zu dem Punkt, bis zu dem Grad, so weit; **eo consuetudinis res est adducta, ut; eo irā processit, ut; res eo crevit;**
③ so lange *(m. folg. dum, quoad, donec* bis);
④ (noch) dazu; **eo accedit, ut** *od.* **quod** hierzu kommt noch, dass; **eo accessit studium doctrinae;**
⑤ deswegen, deshalb; **eo quod, quia; eo dico, ne;**
⑥ *(b. Komp.)* desto, um so [**magis; maior**]; – **quo ... eo** je ... desto;
⑦ dort *(selten, klass. nur übtr.);* **res erat eo iam loci, ut** es war so weit gekommen, dass.

● **eō**[2], īre, iī *(u.* īvī), itum **I.** *(v. lebenden Wesen)* ① gehen, einhergehen, reisen [**domum; ad forum; eodem itinere** auf demselben Weg; **viā sacrā; pedibus** zu Fuß]; – *unpers. Pass.: itur* man geht;
② fahren [**curru; in raeda**];
③ *(zu Wasser)* fahren, segeln [**puppi per undas; in portum** einlaufen; **cum classe**];
④ reiten [**equo**]; **contra hostem ~** *(v. der Reiterei)* gegen den Feind;
⑤ *(poet.; nachkl.)* fliegen [**per auras; ad caelum**];
⑥ kommen; **unde is?; subsidio ~** zu Hilfe;
⑦ *(milit. t. t.)* **a)** marschieren, ziehen [**bello** in den Krieg ziehen; **viā** *od.* **pedibus** auf dem Landweg, zu Lande; **cum exercitu; maximis itineribus** in Eilmärschen]; **b)** geg. jmd. rücken, jmdm. entgegen marschieren, auf jmd. *od.* etw. losgehen [**alci obviam; adversus alqm; contra hostes; ad muros**]; **c) ad arma, ad saga ~** zu den Waffen, zum Kriegsmantel greifen = sich zum Kampf rüsten;
⑧ *(poet.)* zu Grabe geleiten;
⑨ *(jur. t. t.)* **~ in ius, ad iudicium** vor Gericht gehen;
⑩ *(meist übtr.)* an etw. gehen, zu etw. schreiten [**in consilium** zur Beratung schreiten; **in suffragium** zur Abstimmung schreiten; **in scelus** ein Verbrechen begehen; **in sententiam** jdms. Meinung beipflichten; **in alia omnia** f. die entgegengesetzte Meinung stimmen; **in lacrimas** in Tränen ausbrechen; **in poenas** zur Bestrafung schreiten; **per medium** den Mittelweg nehmen]; – *m. Sup.* auf etw. ausgehen: **dominationem raptum ire;**
II. *(v. Sachen u. Zuständen) (meist poet. u. nachkl.)* ① gehen; **it clamor ad aethera; per oppida rumor it; fama per urbes it;**
② *(v. Schiffen)* fahren, segeln [**per aequora**]; **euntes** die Absegelnden;
③ *(v. Geschossen)* fliegen, dringen; **hasta per corpus it** dringt;
④ *(v. Wind)* stürmen, toben, brausen; **tempestas per campos it;**
⑤ *(v. Flüssen u. Flüssigkeiten)* fließen, strömen [**aliā ripā**]; **it naribus ater sanguis;**
⑥ *(v. Sternen)* gehen, laufen, wandeln;
⑦ vergehen, dahinschwinden; **eunt anni; dies it;**
⑧ vorwärts gehen, vonstatten gehen, verlaufen; **prorsus ibat res; res eodem cursu eunt;**
⑨ in etw. übergehen, zu etw. werden [**in melius**]; **odia in perniciem ibunt.**
eōdem *Adv. (erstarrter Abl. v. idem)* ① ebendorthin, an dieselbe Stelle [**proficisci; alqm mittere**];
② ebendazu [**addere**];
③ ebendort; **eodem loci** an derselben Stelle, an demselben Punkt; **arduum est eodem lo-**

ci potentiam et concordiam esse *(Tac.).*
eōpse = *eo ipso.*
Ēōs *u.* **Eōs** *f (nur Nom.)* Morgenröte; – **Ēōus** *u.* **Eōus,** a, um **a)** morgendlich, am Morgen; **b)** morgenländisch, östlich [**Indi; domus Aurorae**]; – **Eōus,** ī *m* **a)** Morgenstern; **primo Eoo** m. Aufgang des Morgensterns, m. Anbruch des Tages; **b)** Orient, die Orientalen; **c)** *ein Ross am Sonnenwagen.*
Epamīnōndās, ae *m Feldherr u. Staatsmann der Thebaner, der b. Mantinea 362 v. Chr. über die Spartaner siegte u. fiel.*
epaphaeresis, is *f (gr. Fw.) (Mart.)* wiederholtes Wegnehmen.
ēpāstus, a, um *(pascor) (Ov.)* aufgefressen.
Epēus, ī *m Konstrukteur des trojan. Pferdes.*
ephēbus, ī *m (gr. Fw.)* Ephebe, junger Mann *v. 16–20 Jahren (gew. v. Griechen);* **exire ex -is** das Mannesalter erreichen.
ephēmeris, idis *f (gr. Fw.)* Tagebuch, Wirtschaftsbuch *(f. Arbeiten, Begebenheiten, Einnahmen, Ausgaben).*
Ephesus, ī *f Stadt in Kleinasien, gegenüber v. Samos, m. Dianatempel; – Einw. u. Adj.* **Ephesius,** ī *m bzw.* a, um.
ephippiātus, a, um *(ephippium)* auf gesatteltem Pferd reitend.
ephippium, ī *n (gr. Fw.)* Reitdecke, Sattel.
ephorus, ī *m (gr. Fw.)* Aufseher, Ephor, *einer der fünf höchsten Beamten in Sparta.*
Ephorus, ī *m griech. Geschichtsschreiber des 4. Jahrhs. v. Chr., verfasste eine griech. Universalgeschichte bis 358 v. Chr.*
Ephyra, ae *u.* **Ephyrē,** ēs *f* ① *alter Name v. Korinth; – Adj.* **Ephyraeus** *u.* **Ephyrēius,** a, um korinthisch, aus Korinth,
② *(Verg.) eine Meernymphe.*
epibata, ae *m (gr. Fw.)* Schiffssoldat.
Epicharmus, ī *m griech. Komödiendichter in Syrakus um 470 v. Chr.*
epichysis, is *f (Akk. -in, Abl. -ī) (gr. Fw.) (vorkl.)* Gefäß zum Eingießen.
Epiclērus, ī *f* (ἐπίκληρος) „die Erbtochter", *Komödie des Menander.*
epicōpus, a, um *(gr. Fw.)* m. Rudern versehen.
Epicratēs, is *m* (ἐπικρατής) „der Übermächtige", *Cic. von Pompeius.*
epicrocus, a, um *(gr. Fw.) (vorkl.)* m. dünnen Einschlagfäden *(v. Geweben);* dünn *(scherzh. v. einer Suppe);* fadenscheinig.

> *i* Kultur **Epicūrus,** ī *m griech. Philosoph aus Samos (342–271 v. Chr.), seit 323 (endgültig 306) in Athen, Gründer der Epikureischen Philosophenschule; Ziel seiner Lehre war die individuelle Glückseligkeit des Menschen; – Adj.* **Epicūrēus,** a, um epikureisch; – *Subst.* **Epicūrēī,** ōrum *m* die Schüler, Anhänger des Epikur, die Epikureer.

epicus, a, um *(gr. Fw.)* episch; – *Subst.* **epicī,** ōrum *m* epische Dichter.
epicyclus, ī *m (gr. Fw.) (Mart.)* Nebenkreis.
Epidamnus *u.* **-os,** ī *f Stadt im griech. Illyrien, später Dyrrachium (im heutigen Albanien); – Adj.* **-nius,** a, um *u.* **-niēnsis,** e.
Epidaphna, ae *f Vorort v. Antiochia.*
Epidaurus *u.* **-os,** ī *f Stadt in der Argolis auf der Peloponnes, Kultstätte des Äskulap; – Adj.* **Epidaurius,** a, um [**litora; deus** Äskulap]; – **Epidaurius,** ī *m* Äskulap.
Epidicazomenos, *Akk.* -on *m* (ἐπιδικαζόμενος) „der sich etw. zusprechen lässt", *Theaterstück des Apollodor.*
epidīcticus, a, um *(gr. Fw.)* prunkvoll, Prunk- [**orationis genus** Redegattung zur Schaustellung rhet. Fähigkeiten].
epidīpnis, nidis *f (gr. Fw.) (nachkl.)* Nachtisch.
Epigonī, ōrum *m* (Ἐπίγονοι „die Nachgeborenen") die Epigonen, die Söhne der „Sieben gegen Theben" *(Tragödie des Aischylos).*
epigramma, atis *n (gr. Fw.)* ① Auf-, Inschrift; ② Sinn- *od.* Spott-Gedicht, Epigramm.
epigrus, ī *m (Sen.)* hölzerner Nagel.
epilogus, ī *m (gr. Fw.)* Schluss der Rede; Schlussrede, Epilog.
epimēnia, ōrum *n (gr. Fw.) (Iuv.)* monatliche Kost *(f. die Sklaven).*
Epimenidēs, is *m kretischer Wundertäter um 600 v. Chr.*
epimerismos, ī *m (gr. Fw.) (spätl.) (rhet. t. t.)* Aufzählung der Hauptbeweise *in einer Rede.*
Epimēthis, idis *f* Pyrrha, *die Gattin Deukalions, als Tochter des Epimetheus (des Bruders des Prometheus).*
epinīcia, ōrum *n* (ἐπινίκια) *(Suet.)* Siegeslieder.
Epiphanēa, ae *f Stadt in Kilikien (Kleinasien).*
epiphanīa, ae *f u.* ōrum *n (gr. Fw.) (spätl.)* Fest der Erscheinung Christi, Epiphaniasfest.
epiphōnēma, atis *n (gr. Fw.) (Sen.)* Ausruf.
epiphora, ae *f (gr. Fw.) (Plin.)* Schnupfen, Katarr.
epi-raedium *u.* **-rēdium,** ī *n (gr. Fw.) (Iuv.)* Zugriemen.
Ēpīrus, ī *f Landschaft an der Westküste Nordgriechenlands, deren Bewohner m. Illyrern, Makedonen, Thessaliern verwandt u. schon früh griech. beeinflusst waren; – Einw.* **Ēpīrōtēs,** ae *m* Epirot; – *Adj.* **Ēpīrōticus,** a, um *u.* **Ēpīrēnsis,** e.
episcaenium, ī *n (gr. Fw.) (spätl.) das obere Stockwerk der Bühne.*
episcopālis, e *(episcopus) (spätl.)* bischöflich.
episcopātus, ūs *m (episcopus) (Eccl.)* Bischofswürde.
episcopus, ī *m (gr. Fw.) (spätl.)* Bischof.
epistola, ae *f* = *epistula.*

epistolāris, e *(epistola) (nachkl.)* zum Brief gehörig.

epistolium, ī *n (gr. Fw.) (Cat.)* Briefchen.

● **epistula,** ae *f (gr. Fw.) (nachkl. auch Pl.)* Brief, Zuschrift; ~ **ad alqm missa ab alqo; commercium -arum** Briefwechsel; **-am inscribere alci** an jmd. richten; **-am reddere** abgeben, zustellen.

epistȳlium, ī *n (gr. Fw.)* auf Säulen ruhender, den Oberbau tragender Querbalken, Bindebalken, Architrav.

epitaphium, ī *n (gr. Fw.) (spätl.)* Grabschrift.

epitaphius, ī *m (gr. Fw.)* Leichenrede.

epithēca, ae *f (gr. Fw.) (Plaut.)* Zugabe.

epitoma, ae *u.* **epitomē,** ēs *f (gr. Fw.)* Auszug *(aus einem Schriftwerk).*

epitonion, ī *n (gr. Fw.)* Hahn *an einer Röhre.*

Epitrepontes (οἱ ἐπιτρέποντες „die [*einer Entscheidung eines Schiedsgerichts*] Anheimstellenden“) „das Schiedsgericht“, *Komödie des Menander.*

epitȳrum, ī *n (gr. Fw.) (Plaut.)* Olivensalat.

epodes, dum *m (poet.; nachkl.) eine Art v. Seefischen.*

> *i* Kultur **epōdos** *u.* **-us,** ī *m (gr. Fw.) (nachkl.)* ① *kürzerer Vers, der auf einen längeren folgt;*
> ② Epode, *Gedichtform m. regelmäßig wechselnden längeren u. kürzeren Versen, von Archilochus erfunden und von Horaz in die röm. Literatur übernommen.*

Epona, ae *f (gall. epos = equus) (urspr. als „Stute“ verehrte kelt.) Schutzgöttin der Pferde u. Esel.*

epops, opis *m (gr. Fw.) (poet.)* Wiedehopf.

Eporedia, ae *f röm. Kolonie in Gallia Transpadana nördl. v. Turin, j.* Ivrea.

> *i* Kultur **epos** *n (nur Nom. u. Akk.) (gr. Fw.) (poet.)* Heldengedicht, Epos, längere erzählende Dichtung in Versen, meist in Hexametern. Die ältesten erhaltenen Epen sind die „Ilias“ und die „Odyssee“ des Homer. Die Themen des Epos sind die Mythologie und geschichtl. Ereignisse. Das röm. Epos setzt mit Livius Andronicus ein (Übersetzung der „Odyssee“). Der Höhepunkt der röm. Epik ist mit Vergils „Aeneis“ erreicht. Weitere röm. Epen: „Annales“ des Ennius, das Lehrgedicht „De rerum natura“ von Lukrez.

ē-pōtō, ēpōtāre, ēpōtāvī, ēpōtum, ēpōtātūrus ① austrinken; *klass. nur im P. P. P.* ēpōtus, a, um ausgetrunken, geleert [**venenum; medicamentum; poculum**];
② *(poet.) (v. lebl. Subj.)* einsaugen;
③ *(Plaut.)* vertrinken [**argentum**].

● **epulae,** ārum *f* ① Speisen, Gerichte; **vino et epulis onerati;**
② Mahl(zeit), Schmaus, Festmahl; **-as a medio die ad mediam noctem protrahere.**

epulāris, e *(epulae)* zum Mahl gehörig, beim Mahl, beim Essen [**accubitio amicorum**].

epulātiō, ōnis *f (epulor)* Festschmaus.

epulō, ōnis *m (epulum)* ① Ordner des Festmahls: *Priesterkollegium, seit 198 v. Chr. drei (tresviri), später sieben (septemviri), zu Cäsars Zeiten zehn Mitglieder (decemviri epulones), welche die m. den öffentl. Spielen verbundenen feierlichen Mahlzeiten besorgten;*
② Fresser.

● **epulor,** epulārī *(epulae)* **I.** *intr.* essen, speisen, schmausen [**cum alqo; modice; more Persarum luxuriosius**];
II. *trans. (poet.; nachkl.)* verspeisen, verzehren.

epulum, ī *n* Festmahl, Gastmahl; **alci -um dare.**

equa, ae *f (equus)* Stute.

● **eques,** equitis *m u. f (equus)* ① Reiter(in); *(milit.)* Kavallerist; – *Adj.* beritten, zu Pferd;
② *(Pl. u. Sg. koll.)* Reiterei, Kavallerie;
③ Ritter;
④ *(koll.)* Ritterstand, Ritterschaft, Reiteradel *(im Rang zwischen dem Senat und der Plebs);*
⑤ *(poet.)* Pferd;
⑥ *(mlt.)* Springer *(Figur im Schachspiel).*

● **equester,** tris, tre, *selten* **equestris,** e *(eques)* ① die Reiterei betreffend, beritten, Reiter- [**copiae; arma; proelium** Reiterkampf; **tumultus; procella**];
② ritterlich, Ritter- [**ordo** Ritterstand; **dignitas** Ritterwürde]; – *Subst. m (Tac.)* Ritter.

> *i* Kultur **equites, (ordo) equester**
> Die „Berittenen“ im Militär wurden im Laufe der röm. Republik zu einer Gesellschaftsklasse wohlhabender Bürger von Bankiers und Großkaufleuten, die, dem Senatorenstand als „Ritterstand“ gleichgestellt, mit dieser Kaste gemeinsam die Nobilität, den „Adelskreis“ bildete. – Insgesamt waren die equites mehr an ihrem Reichtum als am Staat interessiert (Ausnahme: Cicero). – In der Kaiserzeit ohne Bedeutung.

equestria, ium *n (equester; erg. loca)* Sitze der Ritter *im Theater.*

● **e-quidem** *Adv. (verstärktes quidem)* allerdings, in der Tat, freilich; **id equidem ego certo scio.**

equīle, lis *n (equus) (vor- u. nachkl.)* Pferdestall.

equīnus, a, um *(equus)* Pferde-, Ross- [**cauda; emptio** Pferdekauf].

equirria, ōrum *u.* ium *n (equus u. curro)* Pferderennen *in Rom zu Ehren des Mars, jedes Jahr am 27. Februar u. 14. März.*

equitābilis, e *(equito) (nachkl.)* für die Reiterei geeignet.

equitātiō, ōnis *f (equito) (Plin.)* das Reiten.

● **equitātus,** ūs *m (equito)* ❶ Reiterei; ❷ Ritterschaft, die Ritter.

equitō, equitāre *(eques)* ❶ reiten; ❷ plänkeln, ein leichtes (Vor-)Gefecht führen *(contra alqm);* ❸ *(poet.) (v. Wind)* daherstürmen, -brausen [**per undas**].

equola *u.* **equula,** ae *f (Demin. v. equa) (vorkl.)* kleine Stute.

equuleus, ī *m = eculeus.*

● **equus** *u.* **ecus,** ī *m (Gen. Pl. auch equûm, equôm, ecûm)* ❶ Pferd, Ross, Hengst [**bellator** Streitross]; **(in) -o vehi** reiten; **ex -o pugnare** zu Pferd; **-o merere** bei der Reiterei dienen; *sprichw.:* **-i donati dentes non inspiciuntur** „einem geschenkten Gaul schaut man nicht ins Maul"; ❷ *Pl.* **a)** Reiterei; **-i virique** Reiterei u. Fußvolk; – *sprichw.:* **viris equisque** m. aller Macht; **b)** *(Verg.)* Gespann, Streitwagen; ❸ *(poet.)* ~ **bipes** Seepferd.

Equus Tuticus, ī *m Ort nordöstl. v. Benevent (in der Nähe v. Neapel), j.* Castel Franco.

era, ae *f (erus)* ❶ *(vorkl.)* Hausfrau, Herrin [**maior** Frau des Hauses; **minor** Tochter des Hauses]; ❷ *(poet.)* Herrin, Gebieterin, Geliebte.

ē-rādīcō, ērādīcāre *(radix) (Kom.)* ❶ m. der Wurzel ausreißen, herausreißen, zerreißen; ❷ *(übtr.)* ausrotten, vertilgen.

ē-rādō, ērādere, ērāsī, ērāsum ❶ aus-, abkratzen; rasieren [**terram; genas**]; ❷ (aus)streichen, (aus)tilgen [**alqm albo senatorio** aus der Senatorenliste streichen]; ❸ vertilgen, in Vergessenheit bringen [**vitae tempora; vitia**].

eranus, ī *m (gr. Fw.) (nachkl.)* Wohltätigkeitsverein, Almosenkasse.

ē-rāsī *Perf. v. erado.*

Erasīnus, ī *m Fluss in der Argolis auf der Peloponnes, j.* Kephalari.

ērāsus *P. P. P. v. erado.*

Eratō, ūs *f Muse, bes. des Liebesliedes.*

Eratosthenēs, is *m griech. Mathematiker, Geograph, Dichter u. Philosoph (etwa 275–194 v. Chr.), Leiter der alexandrinischen Bibliothek.*

ercīscō, erctum *s. herc ...*

Erebus, ī *m* ❶ *Gott der Finsternis, Sohn des Chaos, Bruder der Nox (Nacht); meton.* Unterwelt; ❷ *(mlt.)* Hölle.

Erechtheūs, eī *m König v. Athen; – Adj.* **Erechthēus,** a, um *auch* athenisch [**arces** Athen]; – **Erechthīdae,** ārum *m* die Athener; – **Erechthis,** idis *f Tochter des Erechtheus =* Prokris *u.* Orithyia.

ērēctiō, ōnis *f (erigo) (spätl.)* Aufrichtung, Aufstellung [**tabernaculi**]; Hochmut.

ērēctus, a, um *(P. Adj. m. Komp. v. erigo)* ❶ aufgerichtet, aufrecht, gerade; ❷ *(übtr.)* hoch, erhaben, großartig [**ingenium**]; ❸ hochmütig; ❹ mutig, entschlossen [**animus**]; ❺ aufmerksam, gespannt.

ē-rēmigō, ērēmigāre *(nachkl.)* durchrudern.

erēmīta, ae *m (gr. Fw.) (nachkl.)* Einsiedler, Eremit.

erēmus, ī *f (gr. Fw.) (spätl.)* ❶ Einöde; ❷ Zurückgezogenheit *(der Mönche).*

ē-rēpō, ērēpere, ērēpsī, ērēptum *(nicht klass.)* **I.** *intr.* ❶ hervorkriechen [**a cubili; e ruinis**]; ❷ emporklettern [**per aspera et devia ad alqm**]; **II.** *trans.* ❶ durchkriechen [**agrum**]; ❷ erklimmen [**montes**].

ēreptiō, ōnis *f (eripio)* Raub.

ēreptor, ōris *m (eripio)* Räuber [**libertatis; bonorum**].

ēreptus[1] *P. P. P. v. eripio.*

ērēptus[2] *P. P. P. v. erepo.*

ērēs *= heres.*

Eretria, ae *f* ❶ *Stadt in Thessalien (Nordgriechenland);* ❷ *Stadt auf Euböa in Mittelgriechenland; – Einw.* **Eretriēnsis,** is *m; – Adj.* **Eretricus,** a, um *u.* **Eretriēnsis,** e; – **Eretri(a)cī,** ōrum *m Anhänger des Philosophen Menedemus aus Eretria.*

Ērētum, ī *n sabin. Stadt am Tiber, j.* Cretona; – *Adj.* **Ērētīnus,** a, um.

ē-rēxī *Perf. v. erigo.*

● **ergā** *Präp. b. Akk.* gegen, gegenüber, für *(klass. nur im freundlichen, später auch im feindl. Sinne);* **benignum esse erga alqm; fides erga populum Romanum; amor erga te suus; odium erga Romanos.**

ergastērium, ī *n (gr. Fw.) (nachkl.)* Werkstatt.

ergastulum, ī *n (gr. Fw.)* ❶ Arbeits-, Zuchthaus *(f. Sklaven u. Schuldner);* **apud alqm in -o esse;** ❷ *(nachkl.) (meton.)* Sträflinge.

● **ergō** ❶ *Adv. (im Vers auch* ergŏ) folglich, also, deshalb; **negat haec filiam me suam esse: non ergo haec mater mea est;** ❷ *Postp. m. Gen.* wegen, um ... willen; **eius legis ergo;** – *(mlt.)* **obsidis ergo** als Geisel.

erīcē, ēs *f (gr. Fw.) (nachkl.)* Heidekraut, Erika.

Erichthō, ūs *f thessalische Zauberin.*

Erichthonius, ī *m* ❶ *König v. Athen, Erfinder*

E

des Viergespanns u. des Wagenrennens; – als Adj. athenisch;
② *Sohn des Dardanos, Vater des Tros.*

ēricius, ī *m* ① *(vor- u. nachkl.)* Igel;
② Balken m. Eisenspitzen *zum Abhalten der Angreifer,* spanischer Reiter.

Ēridanus, ī *m (im Mythos:) Strom im Westen, Sohn des Oceanus und der Tethys; wurde von Geographen des Altertums mit verschiedenen Flüssen gleichgesetzt, u. a. mit dem Po; poet. Name des Po.*

eri-fuga, ae *m (erus u. fugio) (Cat.)* seinem Herrn entlaufen.

● **ē-rigō,** ērigere, ērēxī, ērēctum *(rego)* ① aufrichten, in die Höhe richten, emporheben, erheben [**scalas ad moenia; iacentem; hastas; aures** spitzen; **oculos** aufschlagen, erheben]; *– se erigere u. mediopass. erigi* sich aufrichten, sich erheben; **insula Sicanium iuxta latus erigitur;**
② in die Höhe hinaufführen [**viam in montem**];
③ *(Bauten)* errichten, aufführen [**villas; castra**];
④ *(milit. t. t.)* hinaufziehen lassen, hinaufrücken lassen [**agmen in adversum clivum**];
⑤ erregen; aufmerksam machen [**mentes auresque; auditorem; senatum**]; **dolor erigitur** bricht hervor;
⑥ aufrichten, ermutigen [**fiduciam; animos ad (in) spem**]; *– se erigere u. mediopass. erigi* Mut fassen [**ad spem libertatis**].

Ērigonē, ēs *f Tochter des Atheners Icarus (2.), die als Sternbild (Virgo: Jungfrau) an den Himmel versetzt wurde, ihr Vater wurde als Bootes an den Himmel versetzt; – Adj.* **Ērigonēius,** a, um.

Erigōnus, ī *m Nebenfluss des Axius in Makedonien.*

erīlis, e *(erus, era) (poet.)* des (Haus-)Herrn *od.* der Herrin, der Hausfrau [**metus** vor dem Herrn *od.* vor der Herrin].

Ērillus, ī *m stoischer Philosoph aus Karthago, um 260 v. Chr.; –* **Ērilliī,** ōrum *m Schüler des Erillus.*

Ērinnē, ēs *u.* **-a,** ae *f griech. Dichterin (Mitte 4. Jahrh. v. Chr.).*

Erīnȳs, yos *f* ① *poet. für Furia,* Rachegöttin, Furie;
② *(übtr.)* **a)** Fluch, Geißel *(patriae),* Verderben; **b)** Rachedrang, Wut, Zorn.

Eriphȳla, ae *u.* **-ē,** ēs *f Gattin des Sehers Amphiaraus in Argos, sie bewog ihn, v. Polyneikes mit einem goldenen Halsband bestochen, zur Teilnahme am Zug der Sieben geg. Theben, wurde deshalb v. ihrem Sohn Alkmäon ermordet.*

● **ē-ripiō,** ēripere, ēripuī, ēreptum *(rapio)* ① heraus-, wegreißen, herausziehen [**alqd e (de) manibus alcis; ensem vaginā; tibias ex ore; vocem ab ore loquentis** jmdm. das Wort aus dem Mund nehmen];
② fort-, entreißen, gewaltsam wegnehmen, rauben [**alci gladium; omne frumentum ab alqo; imperium; ornamenta ex urbibus; virginem ab alqo** v. jmds. Seite reißen, entführen]; **ereptis omnibus copiis** den Wohlstand;
③ *Übles* entfernen, (weg)nehmen [**alci timorem, errorem**];
④ hinraffen; **ereptus fato** vom Schicksal; **matre mihi erepta;**
⑤ losreißen, retten, befreien aus *od.* vor etw. [**alqm ex vinculis; alqm ex periculo; alqm ex servitute; alqm ex obsidione; filium a morte; se fugā; se calamitatibus; se ex pugna; legibus reum**]; **eripe fugam** rette die Möglichkeit der Flucht = fliehe, solange es möglich ist.

erithacē, ēs *f (gr. Fw.) (Plin.)* Bienenbrot.

ē-rīvō, ērīvāre *(rivus) (Plin.)* durch Gräben ableiten [**aquas pluvias**].

ē-rōdō, ērōdere, ērōsī, ērōsum ① abnagen [**vites**];
② *(nachkl.) (übtr.)* zerfressen; **arbores erosae sale.**

ērogātiō, iōnis *f (erogo)* Ausgabe, Auszahlung [**pecuniae**]; **necessitas erogationum** notwendige Ausgaben.

ē-rogitō, ērogitāre *(Plaut.)* ausfragen, -forschen, erforschen *(ex alqo m. indir. Frages.).*

ē-rogō, ērogāre ① ausgeben *(in alqd: für etw.)* [**pecuniam in classem**];
② *(nachkl.)* eintreiben [**tributa**];
③ *(nachkl.)* durch Bitten erweichen.

errābundus, a, um *(erro[1])* umherirrend, -ziehend [**agmen; bovis vestigia**].

errāticus, a, um *(erro[1])* umherirrend, -ziehend, unstet [**homo** Landstreicher; **stella** Planet].

errātiō, ōnis *f (erro[1])* das Umherirren, Verirrung, Abweichung.

errātor, ōris *m (erro[1]) (Ov.)* der Umherirrende.

errātum, ī *n (erro[1])* ① Irrtum, Fehler [**fabrile**];
② *(moral.)* Irrtum, Verirrung; **-a aetatis meae** meiner Jugend; **-a officiis superare.**

errātus, ūs *m (erro[1]) (Ov.)* Irrfahrt; **longis erratibus actus.**

● **errō[1],** errāre **I.** *intr.* ① umherirren, -schweifen *(konkr. u. übtr.)* [**per lucos; per litora**]; **errantes stellae** Planeten; **non per dubias errant mea carmina laudes** *(Tib.);*
② schwanken *(bes. übtr.);* **sententia errans; dubiis affectibus ~; errantes oculi** unstet; **errantes male ferre pedes** sich kaum auf den schwankenden Füßen halten können;
③ sich verirren; **erranti viam monstrare; viā ~** vom Wege abkommen; *übtr.:* **oratio errans;**

④ sich irren *(in etw.: re u. in re, m. Akk. n eines Pron.; poet. auch m. Akk. eines Nomens);* **valde ~; in alteram partem ~; tempora ~** sich in der Zeitrechnung irren; **quid erro?** inwiefern befinde ich mich im Irrtum?;
⑤ *(moral.)* einen Fehler machen, irren;
⑥ *(Ov.)* sich verbreiten; **ignis errat;**
II. *trans. (poet.)* etw. irrend durchstreifen [**litora**]; **terrae erratae.**

errō², ōnis *m (erro¹)* ① Landstreicher;
② *(poet.)* treuloser Liebhaber.

errōneus, a, um *(erro²) (nachkl.)* umherirrend, -ziehend, sich umhertreibend.

● **error,** ōris *m (erro¹)* ① Irrtum, Missverständnis, Täuschung; **errore duci** in einem Irrtum befangen sein; **in errorem induci, rapi; per errorem** aus Irrtum; **opinionis ~** irrige Vorstellung; *(in Bezug auf: m. Gen.)* **~ veri;**
② das Abirren, Abweichen vom rechten Wege; **alqm ex errore in viam reducere; ~ viae** das Verfehlen des Weges;
③ das Schwanken, Ungewissheit *(m. indir. Frages.; in, über etw.: m. Gen.);* **sequitur hunc errorem alius ~, Papiriusne ... an ...; ~ nominum; errorem facere alci** jmd. irremachen;
④ Wahn, Verblendung, Irrsinn [**mentis**];
⑤ *(poet.)* Liebeswahn [**malus**];
⑥ Missgriff, Fehler; **sive ipsorum perturbatio sive error aliquis;**
⑦ *(moral.)* Verirrung, Vergehen; **corrigere errorem paenitendo** wieder gutmachen durch Reue; **errorem misero detrahe;**
⑧ das Umherirren, -ziehen, Irrfahrt; **~ ac dissipatio civium; ~ pelagi** auf dem Meer; **ad quos Ceres in illo errore venisse dicitur;**
⑨ *(poet.)* Irrgang *(eines Labyrinths);*
⑩ *(poet.)* Windung, Krümmung; **errorem volvere** im Zickzack fließen; **implere errore vias** Wege voller Windungen bauen;
⑪ *(Lucr.)* unstete Bewegung *(der Atome);*
⑫ Fehlschuss, -wurf [**iaculi; teli**];
⑬ *(Ov.)* **Error** *(personif.)* Verblendung *(als Dämon, Urheber törichter Handlungen).*

ē-rubēscō, ērubēscere, ērubuī, – **I.** *intr.* ① rot werden, erröten;
② schamrot werden, sich schämen *(über, wegen: m. Abl.; in u. Abl.; propter)* [**rustica dote**];
II. *trans.* ① achten, scheuen [**iura fidemque**];
② *(poet.; nachkl.)* ērubēscendus, a, um worüber man zu erröten, dessen man sich zu schämen hat [**amores** gemeine Liebschaften].

ērūca, ae *f (nachkl.)* ① Kohlraupe;
② Rauke *(eine Kohlart),* Wirsing.

ē-ructō, ēructāre ① ausspeien, (aus)rülpsen, von sich geben [**saniem; caedem** rülpsend androhen];
② *(poet.; nachkl.)* ausstoßen, -werfen [**vaporem; fumum**]; **Aetna scopulos eructans.**

● **ē-rudiō,** ērudīre *(rudis; eigtl. „aus dem rohen Zustand herausbringen")* (aus)bilden, unterrichten, lehren *(alqm re, in re; alqm alqd)* [**iuventutem; iuvenes doctrinis, in re militari; filios omnibus artibus; prolem artes; exercitum** schulen]; *(alqm de re)* aufklären über; – *P. Adj.* **ērudītus,** a, um gebildet, gelehrt, kenntnisreich, fein.

ērudītiō, ōnis *f (erudio)* Unterricht, Unterweisung; Bildung, Gelehrsamkeit; *Pl.* Kenntnisse.

ērudītulus, a, um *(Demin. v. eruditus, s. erudio) (Cat.)* ausgebildet.

ērudītus *s. erudio.*

ē-rūgō, ērūgāre *(ruga) (Plin.) v.* Runzeln befreien, entrunzeln.

ē-ruī *Perf. v. eruo.*

● **ē-rumpō,** ērumpere, ērūpī, ēruptum **I.** *intr.* ① aus-, hervor-, losbrechen, hervorstürmen [**ex carcere**]; **ignes ex Aetnae vertice erumpunt; ex latebris ~;**
② *(milit. t. t.)* einen Ausfall machen, herausbrechen [**duabus simul portis; ex castris; ad Catilinam; inter tela hostium; per hostes** sich durchschlagen];
③ *(v. Zuständen, Leidenschaften u. a.)* aus-, losbrechen, zum Ausbruch kommen, offenbar werden; **furor, scelus, seditio erupit; coniuratio ex latebris erupit** kam ans Licht; **ex me vera vox erumpit;**
④ zu *od.* in etw. übergehen, ausarten [**in** *od.* **ad perniciem alcis; ad ultimum seditionis; in omne genus crudelitatis**];
⑤ *(v. Personen)* in etw. ausbrechen [**in lacrimas; ad minas** in Drohungen; **in iurgia patris** gegen den Vater];
II. *trans.* ① *(poet.)* heraus-, hervorbrechen lassen [**fontibus dulces liquores**];
② *(poet.; nachkl.)* durchbrechen [**nubem; vincula**];
③ *(Gefühle an jmdm.)* auslassen, Luft machen [**iram in hostes; gaudium**];
III. *se erumpere* ① herausstürzen, -stürmen [**portis foras**];
② zu etw. führen; **invidiosa coniunctio ad bellum se erumpit.**

● **ē-ruō,** ēruere, ēruī, ērutum ① (her)ausgraben, herauswühlen [**aurum terrā; humanorum corporum reliquias**];
② *(poet.; nachkl.)* aufgraben, -wühlen [**humum; sepulcra**];
③ *(poet.; nachkl.)* ausreißen [**segetem; alci oculos**];
④ *(poet.; nachkl.)* zerstören [**urbem totam**];
⑤ *(poet.; nachkl.)* umstürzen [**regnum**];
⑥ *(poet.; nachkl.)* durchbohren [**latus hastā**];
⑦ etw. aufstöbern, -suchen, ausfindig machen, erforschen, ermitteln, ans Tageslicht bringen [**arcana; coniurationem; ex tenebris**];

❸ jmd. aufstöbern, aufjagen [**alqm ex latebris**].

ē-rūpī *Perf. v. erumpo.*

● **ēruptiō,** ōnis *f (erumpo)* ❶ Ausbruch [**Aetnaeorum ignium;** *übtr.* **vitiorum**];
❷ *(milit. t. t.)* Ausfall, Vorstoß [**hostium; ex oppido; in provinciam**].

ēruptus *P. P. P. v. erumpo.*

erus, ī *m* (Haus-)Herr, Gebieter.

ērutus *P. P. P. v. eruo.*

ervilia, ae *f (Demin. v. ervum) (vor- u. nachkl.) eine Art Kichererbsen.*

ervum, ī *n (poet.)* Erve *(eine Wickenart).*

Erycīnus, Erycus *s. Eryx.*

Erymanthus, ī *m* ❶ *Gebirge im Nordwesten Arkadiens auf der Peloponnes; – Adj.* **Erymanthius,** a, um, *fem. auch* **Erymanthis,** idis;
❷ *Nebenfluss des Alpheus.*

Erysichthōn, onis *m thessalischer Königssohn, der im Hain der Ceres Bäume fällte u. deshalb v. dieser m. ewigem Heißhunger bestraft wurde, so dass er sich selbst verzehrte.*

Erythēa, ae *f Insel in der Bucht v. Gades (Spanien); – Adj. fem.* **Erythēis,** idis [**boves** die *(v. Hercules)* entführten Rinder *(des Geryon)*].

erythīnus, ī *m (gr. Fw.) (poet.; nachkl.)* rote Meerbarbe.

Erythrae, ārum *f* ❶ *Stadt in Ätolien (nördl. vom Korinthischen Golf);*
❷ *Küstenstadt in Ionien (Kleinasien), gegenüber v. Chios; – Einw. u. Adj.* **Erythraeus,** ī *m bzw.* a, um; – **Erythraea,** ae *f (erg. terra)* das Gebiet v. Erythrae.

Erythrās, ae *u.* **-thrus,** ī *m myth. König des südl. Asien, nach dem das Erythräische od. Rote Meer (mare Erythraeum od. rubrum = Indisches Meer, vom heutigen Roten Meer bis nach Ceylon) benannt sein soll; – Adj.* **Erythraeus,** a, um *auch* indisch.

Eryx, ycis *m* ❶ *Berg (auch* Erycus mons) *u. Stadt an der Westküste Siziliens m. berühmtem Venustempel; – Adj.* **Erycīnus,** a, um; – **Erycīna,** ae *f = Venus;*
❷ *Heros des Ortes, Sohn der Venus.*

ēsca, ae *f (edo²)* Speise, Essen; Futter; Köder.

ēscāria, ōrum *n (escarius) (Iuv.)* Essgeschirr.

ēscārius, a, um *(esca)* ❶ *(Plin.)* zur Speise gehörig, Speise-, Ess- [**vasa**];
❷ *(Plaut.)* zum Köder gehörig.

ē-scendō, ēscendere, ēscendī, ēscēnsum *(scando)* **I.** *intr.* ❶ hinauf-, emporsteigen [**in currum; in navem** sich einschiffen; **in tribunal**];
❷ *(v. der Küste nach dem Innern)* hinaufziehen, -reisen [**Pergamum**];
II. *trans.* besteigen [**equos; vehiculum; rostra**].

ēscēnsiō, ōnis *f (escendo)* Landung; **escensionem facere a navibus in terram.**

ēscēnsus¹, ūs *m (escendo) (Tac.)* das Ersteigen, Aufstieg; **capta escensu munimenta.**

ēscēnsus² *P. P. P. v. escendo.*

eschatocollion, ī *n (gr. Fw.) (Mart.)* die letzte Seite *(einer Schrift).*

escit, escunt *(altl. Incoh. v. est, sunt)* er ist, sie sind (vorhanden); *auch = erit, erunt.*

ēscula, ae *f (Demin. v. esca) (spätl.)* Bissen.

ēsculenta, ōrum *n (esculentus)* die Speisen.

ēsculentus, a, um *(esca)* essbar.

ēsculētum, ēsculeus, ēsculus *s. aescul…*

ēsitō, ēsitāre *(Frequ. v. edo²) (vor- u. nachkl.)* zu essen pflegen, essen.

esox, ocis *m (nachkl.)* Hecht.

Esquiliae, ārum *f (ex u. colo, eigtl. „Außensiedlung, Vorstadt")* der Esquilin, *größter der sieben Hügel Roms (im Nordosten Roms, außerhalb der servianischen Mauer); – Adj.* **Esquilīnus, Esquiliārius, Esquilius,** a, um.

> *i* Kultur **Esquilīnus** (**mons**)
> einer der 7 Hügel Roms, im Osten der Stadt; „Esquilina" hieß nach ihm einer der 4 Stadtbezirke der Republikzeit (neben „Suburana", „Collina" und „Palatina").

● **esse** *Inf. Präs. v. sum.*

esseda, ae *f = essedum.*

essedārius, ī *m (essedum)* Wagenkämpfer *als Soldat der Gallier oder Britannier u. als röm. Gladiator.*

Essēdones, num *m skyth. Volk.*

essedum, ī *n (kelt. Wort) zweirädriger* Streitwagen *der Gallier u. Britannier, später auch der röm. Gladiatoren; auch als* Reisewagen *gebraucht.*

essentia, ae *f* ❶ das Wesen einer Sache;
❷ *(mlt.) (philos. t. t.)* das So-Sein.

essentialiter *Adv.* wesentlich.

essitō, essur … *s. esito, esur…*

ēstrīx, īcis *f (edo²) (Plaut.)* Esserin, Fresserin.

estur = *editur (v. edo²).*

Esubiī, ōrum *m kelt. Volk in der Normandie.*

ēsuriālis, e *(esuries) (Plaut.)* Hunger-.

ēsuriēs, ēī *f (esurio¹) (spätl.)* Hunger.

ēsuriō¹, ēsurīre *(edo²)* ❶ essen wollen, Hunger haben, hungern;
❷ *(poet.; nachkl.)* begehren, haben wollen.

ēsuriō², ōnis *m (esurio¹) (Plaut.)* Hungerleider.

ēsurītiō, ōnis *f (esurio¹) (poet.; nachkl.)* das Hungern.

ēsurītor, ōris *m (esurio¹) (nachkl.)* Hungerleider.

ēsus¹ *P. P. P. v. edo².*

ēsus², ūs *m (edo²) (vor- u. nachkl.)* das Essen.

● **et I.** *Kj.* ❶ und, und auch, und ferner, und zugleich; **se et suos tutari; annos octoginta et quattuor;** – *nach multi, pauci, unus wird*

es nicht übersetzt: **multae et magnae res; multa et improbissima facinora** viele Schandtaten; – *et im Hendiadyoin:* **ardor et impetus** hitziger Angriff; **relinquere et deserere** treulos verlassen;
② *(erklärend)* und zwar, nämlich; **laudat, et saepe, virtutem; id, et facile, effici potest;**
③ *(kontrastierend)* und doch, und dabei, und trotzdem; **plurimum facere et minimum ipse de se loqui;**
④ *(bestätigend)* und wirklich, und in der Tat, und wahrlich; **et erat, ut rettuli, clementior;**
⑤ *(konsekutiv)* und so, und daher, und folglich; **pons est interruptus et reliqua multitudo equitum interclusa;**
⑥ *(nach Ausdrücken der Gleichheit u. Ähnlichkeit wie z. B. idem, par, similis, alius [gebräuchlicher: ac od. atque])* wie, als; **nunc tu mihi es germanus pariter corpore et animo; haec eodem tempore Caesari referebantur et legati veniebant; non eadem nobis et illis necessitudo impendet;**
⑦ *(adversativ nach Negation)* sondern *(= sed);* **populi potentiae non amicus et optimatium fautor erat;**
⑧ *(im Syllogismus)* nun aber;
⑨ **et non** und nicht *(Negation eines einzigen Wortes im Ggstz. zu neque, das einen ganzen Satz negiert);*
⑩ **et ... et** sowohl ... als auch; **et audax et malus;** – teil ... teils; **neque ... et** einerseits nicht ... andererseits aber; nicht nur nicht ... sondern (auch); **et ... neque** einerseits (zwar) ... andererseits nicht;
II. *Adv.* ① auch; **salve et tu;**
② sogar.

● **et-enim** *Kj. (in Prosa am Satzanfang, poet. auch nachgest.)* nämlich, denn; ja auch; und allerdings, und in der Tat.

Eteoclēs, is *u.* eos *m Sohn des Ödipus.*

etēsiae, ārum *m (gr. Fw.)* ἐτησίαι, *eigtl.* „Jahreswinde") Passatwinde, *bes. die in den Hundstagen 40 Tage lang wehenden Nordwinde im Ägäischen Meer*.

etēsius, a, um *(gr. Fw.) (Lucr.)* jährlich.

ēthica, ae *u.* **ēthicē,** ēs *f (gr. Fw.) (nachkl.)* Moralphilosophie; Ethik.

ēthicus, a, um *(Adv.* -cōs) *(gr. Fw.) (nachkl.)* ethisch [**res** Ethik].

ēthologia, ae *f (gr. Fw.) (nachkl.)* karikierende Darstellung v. Sitten, Gewohnheiten u. Verhaltensweisen, *um sie lächerlich zu machen.*

ēthologus, ī *m (gr. Fw.)* karikierender Darsteller v. Gewohnheiten, Charaktertypen, *um sie lächerlich zu machen.*

● **etiam** *(< et u. iam)* **I.** *Kj.* ① auch, sogar, selbst *(vor od. hinter dem betonten Wort stehend);* **placidissimus etiam** *od.* **etiam placidissimus; quin etiam** ja sogar;
② auch, ferner, außerdem, überdies, dazu; **addam et illud etiam** auch jenes noch; **praeclara oratio, egregia etiam voluntas;** – **non modo** *(od.* **solum**) **... sed** *(od.* **verum**) **etiam** nicht nur ... sondern auch; **tenebat non modo auctoritatem, sed etiam imperium in suos;**
③ *(b. Komp.)* noch; **etiam maior; etiam magis; etiam clariora; maiores etiam difficultates;**
④ *(unwillig fragend)* noch obendrein, gar, auch noch; **etiam clamas?;**
II. *Adv.* ① (auch) noch, noch immer; **etiam nunc** *od.* **nunc etiam** auch jetzt noch, noch immer; **etiam tum** *od.* **tum etiam** auch damals noch, dann auch;
② nochmals, noch einmal, wieder; **etiam atque etiam videre (cogitare, dicere)** immer wieder, wiederholt; **circumspice etiam** sieh dich noch einmal um;
③ *(in Antworten)* ja, allerdings.

etiam-dum *Adv. (Kom.)* auch jetzt noch.

etiam-num *u.* **etiam-nunc** *Adv.* ① auch jetzt noch, noch immer;
② *(Plaut.)* nochmals; ~ **vale!** lebe nochmals wohl!;
③ *(nachkl.)* ferner, außerdem.

● **etiam-sī** *Kj.* auch wenn, wenn auch, selbst wenn *(meist m. Ind.).*

etiam-tum *u.* **etiam-tunc** *Adv.* ① (auch) damals noch;
② *(Ter.)* damals erst.

Etrūria, ae *f die Landschaft* Etrurien *in Italien, j.* Toscana; – *Einw. u. Adj.* **Etrūscus,** ī *m bzw.* a, um.

● **et-sī** *Kj.* wenn auch, wenngleich, obschon, obwohl *(meist m. Ind.); (korrigierend in Hauptsätzen)* jedoch, indessen.

etymologia, ae *f (gr. Fw.) (vor- u. nachkl.)* Ableitung eines Wortes, Etymologie.

eû *Interj.* (εὖ) gut!, schön!, brav!, *verstärkt* **eugae, euge, eugepae** herrlich!, vortrefflich!

Euadnē, ēs *f Tochter des Iphis, Gattin des Kapaneus, eines der Sieben vor Theben, die sich b. seiner Verbrennung in den Scheiterhaufen stürzte.*

eûān *u.* **eûhān** *Interj.* (εὐάν) *(vorkl.; poet.) Jubelruf der Bacchantinnen;* Euan, Euhan *Beiname des Bacchus.*

Euander, drī *u.* **Euandrus,** ī *m Sagengestalt, Sohn des Mercurius u. der Seherin Carmentis, der ungefähr 60 Jahre vor der Eroberung Trojas von Pallantion in Arkadien Auswanderer nach Italien geführt haben u. in der Gegend des späteren Rom auf dem Palatin die erste Siedlung (Pallanteum) gegründet haben soll;* – *Adj.* **Euandrius,** a, um.

eûangel . . . *s. evangel . . .*

eûāns, *Gen.* antis *(euan) (poet.)* euan rufend, jauchzend *(v. den Bacchantinnen).*

eûax *Interj. (Plaut.; Enn.)* juchhei!

Euboea, ae *f Insel an der Küste v. Böotien (Mittelgriechenland);* – *Adj.* **Euboïcus,** a, um **a)** euböisch [**urbs** Cumae *(als euböische Kolonie)*]; **b)** Euböa gegenüberliegend [**Aulis**]; **c)** kumäisch [**carmen** Weissagung der Sibylle v. Cumae].

eūcharistia, ae *f (gr. Fw.) (Eccl.)* das heilige Abendmahl; Hostie.

Euclīdēs, is *m* ① *Philosoph aus Megara b. Athen, Schüler des Sokrates (etwa 450–380 v. Chr.);*
② *griech. Mathematiker in Alexandria, um 300 v. Chr.*

eudaemōn, *Gen.* onis *(gr. Fw.) (nachkl.)* glücklich, reich, fruchtbar [**Arabia**].

Eudosēs, osum *m germ. Volk in Jütland.*

Eudoxus, ī *m Schüler des Plato.*

Euēnus, ī *m* ① *König v. Ätolien (Mittelgriechenland);*
② *nach diesem König benannter Fluss in Ätolien;* – *Adj.* **Euēnīnus,** a, um.

Euergetae, ārum *m (gr. Fw.)* Wohltäter *(als Beiname).*

eugae, euge, eugepae *s. eu.*

Euganeī, ōrum *m Volk im östl. Oberitalien.*

eūhān, eūhāns = *ēuan, ēuans.*

Euhēmerus, ī *m griech. Philosoph u. Historiker, um 300 v. Chr. im Dienste des Diadochen Kassander.*

Euhias *u.* **Euias,** adis *f (Hor.)* Bacchantin.

Euhius *u.* **Euius,** ī *m (vgl. euoe) (poet.) Beiname des Bacchus.*

eūhoē *s. ēuoē.*

eulogia, ae *f (gr. Fw.) (spätl.)* ① Geschenk, Gabe;
② gesegnetes Mahl *od.* Brot.

Eumenēs, is *m* ① *Feldherr Alexanders des Gr., einer der Diadochen;*
② *Name v. Königen v. Pergamon.*

i Kultur **Eumenides,** dum *f* (Εὐμενίδες „die Wohlwollenden") Rachegöttinnen, Rächerinnen allen Unrechts = Erinnyen, Furien *(Alecto, Tisiphone, Megaera).*

Eumolpus, ī *m Thrakier, Stifter der eleusinischen Mysterien;* – *Nachk.* **Eumolpidae,** ārum *m Priesterfamilie in Athen, die auf E. zurückgeführt wurde.*

eumpse *(altl.) = eum ipsum.*

eunūchus, ī *m (gr. Fw.)* ① Eunuch, Kastrat;
② *(mlt.)* Kämmerer *am Hof v. Byzanz.*

eūoē *u.* **eūhoē** *Interj.* (εὐοῖ) juchhei *(Jubelruf der Bacchantinnen).*

Euphorbus, ī *m Trojaner, Sohn des Panthus; Pythagoras, der die Lehre v. der Seelenwanderung vertrat, behauptete, eine Verkörperung des E. zu sein u. wollte so den Trojanischen Krieg erlebt haben.*

Euphoriōn, ōnis *m Dichter aus Chalkis auf Euböa (etwa 275–244 v. Chr.).*

Euphrānor, oris *m Bildhauer u. Maler z. Zt. des Praxiteles.*

Euphrātēs, is *u.* ī *m (Akk.* -em *u.* -ēn) ① der Euphrat;
② *ein stoischer Philosoph.*

Eupolis, idis *m Dichter der älteren att. Komödie, Zeitgenosse des Aristophanes.*

i Kultur **Eurīpidēs,** is *m Tragödiendichter in Athen (480–406 v. Chr.); zeitlich nach Aeschylus und Sophocles der jüngste der bedeutenden griech. Tragödiendichter.*
Dieser bereits aufgeklärte, vernunftorientierte Autor wirkt bis heute auf Literatur und Musik: „Iphigenie" (Goethe), „Medea" (Anouilh), „Elektra" (Richard Strauss). – *Adj.* **Eurīpidēus,** a, um.

eurīpus *u.* **-os,** ī *m (gr. Fw.)* ① Meerenge; *bes.* Eurīpus *die Meerenge zw. Euböa u. dem griech. Festland;*
② Wassergraben, Kanal.

euro-auster, trī *m (eurus u. auster) (nachkl.)* Südostwind.

Eurōmus, ī *f Stadt in Karien (Kleinasien);* – *Einw.* **Eurōmēnsēs,** nsium *m.*

euro-notus, ī *m (eurus u. notus²) (nachkl.)* Südostwind.

i Kultur **Eurōpa,** ae *u.* **-ē,** ēs *f* ① Tochter des phöniz. Königs Agenor, v. Zeus in Stiergestalt nach Kreta entführt; Mutter des Minos, Rhadamanthus u. Sarpedon;
② der nach ihr benannte Erdteil Europa; / *Adj.* **Eurōpaeus,** a, um a) v. der Europa stammend [**dux** Minos]; b) europäisch.

Eurōtās, ae *m Hauptfluss Lakoniens (südl. Peloponnes).*

eurōus, a, um *(eurus) (Verg.)* östlich.

eurus, ī *m (gr. Fw.)* Südostwind; *(poet.)* Ostwind.

Eurybiadēs, ae *m Spartaner, Führer der griech. Flotte geg. Xerxes 480 v. Chr.*

i Kultur **Eurydicē,** ēs *f Gattin des Orpheus, starb jungverheiratet an einem Schlangenbiss; als Orpheus, der sie m. Persephones Einwilligung aus der Unterwelt zurückholen wollte, geg. das Verbot, den Blick zu wenden, verstieß u. sich nach ihr umsah, musste sie in der Unterwelt bleiben. In der bildenden Kunst, in der Musik u. in der Literatur wurde der*

Stoff immer wieder aufgegriffen, z. B. in der Oper von Gluck: Orpheus und Eurydice.

Eurymedōn, ontis *m Fluss in Pamphylien (Kleinasien).*
Eurymidēs, ae *m der Seher* Telemus, *Sohn des Eurymus, eines Augurs.*
Eurypylus, ī *m* ① *Sohn des Hercules, König der Insel Kos;*
② *thessalischer Heerführer vor Troja.*
Eurystheūs, eī *m König v. Tiryns od. Mykenä, der dem Hercules auf Befehl der Juno die zwölf Arbeiten auferlegte.*
Eurytus, ī *m König in Öchalia auf Euböa;* – **Eurytis,** idos *f seine Tochter* Jole.
euschēmē *Adv. (gr. Fw.) (Plaut.)* mit Anstand.
Euterpē, ēs *f Muse der Musik.*
euthygrammum, ī *n (gr. Fw.) (spätl.)* Lineal, Richtscheit.
Eutrapelus, ī *m* (εὐτράπελος gewandt, witzig) *Beiname des Römers P. Volumnius.*
euxīnus, a, um *(gr. Fw.)* gastfreundlich; – **Pontus Euxīnus** *(auch mare od. aequor -um, undae od. aquae -ae)* das Schwarze Meer.
● **ē-vādō,** ēvādere, ēvāsī, ēvāsum **I.** *intr.* ① herausgehen, -kommen *(ex; selten m. bl. Abl.)* [**ex illis sedibus in haec loca; oppido; undis; in terram** landen; **in mare** münden];
② hinaufsteigen, emporklimmen [**in muros; ad auras; ad fastigia**];
③ entkommen, entgehen, entrinnen *(m. Präp., bl. Abl. od. Dat.)* [**ex manibus hostium; ex insidiis; ex iudicio; ex morbo; (e) periculo; pugnae; ante ora parentum** sich zu den Eltern retten];
④ ausgehen, -fallen, enden; **pestilentia in morbos evadit** endet in; **quorsum haec evaderent** wie das enden sollte;
⑤ *(v. Personen)* sich zu etw. entwickeln, etw. werden, (als etw.) hervorgehen *(m. dopp. Nom.)* [**oratores** zu Rednern]; **ex infami ganeone maximus philosophus evasit;**
II. *trans.* ① zurücklegen, durchgehen, -schreiten, passieren [**viam; spatium; amnem**];
② entkommen, entgehen [**necem; insidias; flammam**];
③ erklettern, ersteigen [**ardua**].
ēvagātiō, ōnis *f (evagor) (nachkl.)* Ausbreitung.
ē-vāgīnō, ēvāgīnāre *(< e vagina; erg. traho) (nachkl.)* aus der Scheide ziehen [**gladium**].
ē-vagor, ēvagārī **I.** *intr.* ① umherziehen [**effuse**];
② sich verbreiten, um sich greifen; **evagata est vis morbi;**
③ *(milit. t. t.)* schwenken, ausschwärmen;
④ *(nachkl.)* vom Thema abschweifen;
II. *trans. (Hor.)* überschreiten [**ordinem rectum**].
ē-valēscō, ēvalēscere, ēvaluī, – *(poet.; nachkl.)* ① erstarken, (an)wachsen, zunehmen; **affectatio quietis in tumultum evaluit** *(Tac.)*;
② zur Geltung gelangen;
③ *Perf.* vermögen, im Stande sein *(m. Inf.).*
ē-validus, a, um ganz stark.
ē-vānēscō, ēvānēscere, ēvānuī, – verschwinden, vergehen, sich verlieren [**in auras** sich auflösen]; **vinum evanescit** verdunstet; **orationes evanuerunt; fama evanuit.**
ēvangelicus, a, um *(gr. Fw.) (Eccl.)* das Evangelium betreffend.
ēvangelista, ae *m (gr. Fw.) (Eccl.)* Evangelist.
ēvangelium, ī *n (gr. Fw.) (Eccl.)* Evangelium; *(mlt.)* Evangelienbuch.
ēvangelizō, evangelizāre *(gr. Fw.) (Eccl.)* das Evangelium verkündigen.
ēvānidus, a, um *(evanesco) (poet.; nachkl.)* entschwindend, vergehend [**amor; ignis** verlöschend]; *(v. Personen)* hinfällig.
ē-vānuī *Perf. v. evanesco.*
ēvapōrātiō, ōnis *f (evaporo) (nachkl.)* Ausdünstung.
ē-vapōrō, ēvapōrāre *(vapor) (Gell.)* ausdampfen, -dünsten.
ē-vāsī *Perf. v. evado.*
ē-vāstō, ēvāstāre völlig verwüsten [**agrum; omnia**].
ēvāsus *P. P. P. v. evado.*
ēvectiō, ōnis *f (eveho) (nachkl.)* das Aufwärtsfahren, -fliegen.
ē-vehō, ēvehere, ēvēxī, ēvectum ① hinausführen, herausbringen, fortschaffen [**statuas et picturas; ex planis locis aquas**];
② hinaufführen, emporbringen, erheben *(bes. übtr.)* [**alqm ad honores, ad consulatum, ad aethera, in sidera; imperium ad summum fastigium**];
③ *mediopass. evehi u. (selten) se evehere:* **a)** hinausfahren, -reiten, -segeln, abfahren [**curru; equo; navi; ex portu** auslaufen; **ad regem; in altum**]; **b)** *(feindl.)* losstürzen, -reiten, -fahren [**in hostem**]; **c)** *(übtr.) v.* irgendwo ausgehen; **e Piraeo eloquentia evecta est; lanas ~ Tarento non licet** auszuführen; **d)** *(nachkl.)* über etw. hinausfahren, -segeln *(alqd)* [**insulam; ōs amnis** an der Mündung vorbeisegeln]; **e)** *(nachkl.) (übtr.)* sich über etw. hinaus verbreiten *(alqd)*; **fama insulas evehitur** dringt über die Inseln hinaus; **f)** *(nachkl.) (übtr.)* etw. überschreiten, übersteigen [**modum**]; **g)** sich hinreißen lassen [**spe vana**]; *(v. der Rede)* zu weit gehen [**longius** vom Thema abschweifen]; **h)** hinauffahren, -reiten [**in collem**].
ē-vellō, ēvellere, ēvellī, ēvulsum ① (her)ausreißen, herausziehen [**arborem terrā; truncos** entwurzeln; **hastam ex corpore**];

② *(übtr.)* (ver)tilgen, beseitigen [**alqd ex hominum memoria; tristitiam**];
③ ab-, losreißen [**poma ex arboribus**].

● **ē-veniō,** ēvenīre, ēvēnī, ēventum ① eintreffen, in Erfüllung gehen; **eveniunt optata; utinam istud evenisset;**
② sich ereignen, eintreten, geschehen; **pax evenit;**
③ ablaufen, ausgehen, enden; **res feliciter evenit;**
④ jmdm. zustoßen, begegnen; **si quid sibi eveniret** wenn ihm etw. geschehen = wenn er sterben sollte;
⑤ zufallen, zuteil werden; **provincia sorte evenit ei;**
⑥ *(Hor.)* heraus-, hervorkommen;
⑦ *(Plaut.)* hinkommen, hingelangen [**Capuam; in Asiam; ad mare**];
/ *altl. Konj. Präs.* ēvenat, -nant.

ē-ventilō, ēventilāre *(nachkl.) durch Schwingen u. Lüften* reinigen [**aëra**].

ēventum, ī *n (evenio)* ① Ausgang, Ergebnis, Erfolg;
② Ereignis; **-orum memoria.**

● **ēventus,** ūs *m (evenio)* ① Ausgang, Ergebnis; **belli ~ prosper; ~ eius diei; pugnare (cum) dubio eventu;**
② günstiger Ausgang, Erfolg, Gelingen; **nec ~ defuit;**
③ Vorfall, Ereignis;
④ Schicksal, Geschick, Los [**Decii; navium**];
⑤ Abschluss, Ende;
⑥ *(personif.)* Bonus Eventus *Gottheit des röm. Landmanns,* das fruchtbare Gedeihen der Feldfrüchte.

ē-verberō, ēverberāre *(poet.; nachkl.)* ① aufpeitschen, emporschlagen [**fluctūs**];
② (zer)schlagen [**clipeum; os oculosque hostis**];
③ abschütteln [**cineres alis**].

ē-vergō, ēvergere, – – hervorsprudeln lassen.

ēverriculum, ī *n (everro)* Kehrbesen.

ē-verrō, ēverrere, ēverrī, ēversum auskehren, reinigen [**stabulum**]; *(bildl.)* ausplündern [**fanum**].

ēversiō, ōnis *f (everto)* ① das Umwerfen [**columnae**];
② Vernichtung, Zerstörung [**templorum; urbis**];
③ Umsturz, Zerrüttung [**patriae**].

ēversor, ōris *m (everto)* ① Zerstörer [**regnorum Priami; tot civitatum**];
② jmd., der die Regierung (um)stürzen will, Revolutionär [**civitatis**].

● **ē-vertō,** ēvertere, ēvertī, ēversum ① umstürzen, umwerfen [**statuam; currum; naviculam**];
② zerstören, niederreißen [**Pergama; castellum; domum**];
③ zugrunde richten, zerrütten, untergraben [**imperium; rem publicam; tribuniciam potestatem; provincias; amicitiam**];
④ jmd. vertreiben, verdrängen *(aus etw.: m. Abl.)* [**sedibus** v. Haus u. Hof vertreiben; **alqm agro; bonis** *od.* **fortunis** jmd. um sein Vermögen bringen]; **pupillum fortunis patriis ~** *;*
⑤ *(poet.)* umkehren, umdrehen, verdrehen [**cervices**];
⑥ *(Verg.) (Wogen)* aufwühlen [**aequora ventis; aquas**].

ē-vestīgātus, a, um *(vestigo) (poet.; nachkl.)* aufgespürt, erforscht.

ē-vēxī *Perf. v. eveho.*

ē-vīcī *Perf. v. evinco.*

ēvictus *P. P. P. v. evinco.*

ēvidēns, *Gen.* dentis *(ex u. video)* ① augenscheinlich, einleuchtend, offenbar *(Ggstz. dubius)* [**narrationes; argumentum; numen; causa victoriae**]; **quid est evidentius;**
② sichtbar;
③ *(nachkl.) (übtr.)* hervorragend, glänzend.

ēvidentia, ae *f (evidens)* ① *(rhet. t. t.)* Veranschaulichung;
② Ersichtlichkeit, Klarheit;
③ Sichtbarkeit.

ē-vigilō, ēvigilāre **I.** *intr.* ① wachen, wach bleiben, unermüdlich tätig sein;
② *(nachkl.)* auf-, erwachen [**maturius**];
II. *trans.* ① *(Tib.)* durchwachen, wachend zubringen [**noctem**];
② *(poet.; nachkl.)* bei Nacht ausarbeiten [**libros**];
③ genau erwägen [**consilia**].

ē-vigōrō, ēvigōrāre *(vigor) (nachkl.)* entkräften.

ē-vīlēscō, ēvīlēscere, ēvīluī, – *(vilis) (nachkl.)* wertlos werden.

ē-vinciō, ēvincīre, ēvīnxī, ēvīnctum *(poet.; nachkl.)* ① umbinden, -winden; **caput alcis diademate ~; viridi evinctus olivā;**
② binden, fesseln.

ē-vincō, ēvincere, ēvīcī, ēvictum ① völlig besiegen, ganz überwinden [**hostes; difficultates; sociorum superbiam**];
② durchsetzen *(m. ut); summa ope* **evicerunt, ut M. Furius Camillus crearetur;**
③ *(poet.; nachkl.)* überreden, erweichen, bewegen; – *Pass.* *evinci* sich bewegen lassen, sich erweichen lassen [**lacrimis; dolore; precibus; donis**]; **supremus eius necessitatibus ad miserationem evinci** sich zum Mitleid erweichen lassen;
④ *(poet.; nachkl.)* über etw. hinausgelangen, -treten, -ragen *(m. Akk.)* [**aequora; litora**]; **arbor celso vertice evincit nemus;**
⑤ *(Hor.)* darlegen, klarlegen *(m. A. C. I.).*

ēvīnctus *P. P. P. v. evincio.*

ē-vīnxī *Perf. v. evincio.*

ē-virō, ēvirāre *(vir) (nicht klass.)* entmannen, entkräften [**corpus**].

ē-vīscerō, ēvīscerāre *(viscera)* ① zerfleischen, zerreißen; **eviscerata corpora;**
② *(Sen.)* auswaschen [**terras**].

ēvītābilis, e *(evito¹) (poet.; nachkl.)* vermeidbar [**telum; mala**].

ēvītātiō, ōnis *f (evito¹) (Sen.)* das Vermeiden [**impendentis periculi**].

ē-vītō¹, ēvītāre vermeiden, ausweichen, entgehen, sich entziehen *(m. Akk.)* [**tela amictu; suspicionem; periculum fugā; impendentem tempestatem; imperium**].

ē-vītō², ēvītāre *(vita)* das Leben rauben *(alqm u. vitam alci).*

ēvocātiō, ōnis *f (evoco) (nachkl.)* Aufruf, Vorladung.

ēvocātor, ōris *m (evoco)* Aufwiegler [**servorum**].

● **ē-vocō,** ēvocāre ① heraus-, herbeirufen [**alqm e curia; ad se undique mercatores; alqm litteris; cantibus Auroram**];
② (hervor)locken, zu etw. verlocken, reizen; **cupiditas multos longius evocabat; alqm in saevitiam** ~ verleiten; **iram alci ~; lacrimas, alci risum** ~ entlocken; **alqm in laetitiam ~;**
③ jmd. vorladen [**alqm ad se; alqm ad senatum**];
④ *jmd. zu einer Ehrenstelle* berufen, befördern [**alqm ad eum honorem; alqm in locum alcis**];
⑤ *(milit. t. t.) Soldaten zum Kriegsdienst* aufbieten, aufrufen [**equites; oppidanos ad bellum; legiones ex hibernis**]; – *Subst.* ēvocātī, ōrum *m ausgediente Soldaten, die in Notzeiten zum Kriegsdienst eingezogen wurden;*
⑥ *(milit.)* jmd. zum Kampf herausfordern; **magnā cum contumeliā nostros ad pugnam ~ ;**
⑦ *(Verstorbene)* erwecken [**manes; proavos sepulcris; Metellos ab inferis**];
⑧ *eine Gottheit* auffordern, *den ihr in einer belagerten Stadt geweihten Platz m. einem anderen zu vertauschen.*

ē-volō, ēvolāre ① heraus-, hervorfliegen;
② hervorstürzen, -brechen, herauseilen [**foras; e senatu; ex omnibus partibus silvae; rus ex urbe**];
③ enteilen, entfliehen, entrinnen [**e vinculis; e conspectu; ex alcis severitate; e poena** entgehen];
④ emporfliegen, sich emporschwingen.

ēvolūtiō, iōnis *f (evolvo)* das Aufrollen *einer Buchrolle* = das Lesen [**poëtarum**].

ē-volvō, ēvolvere, ēvolvī, ēvolūtum ① hervor-, hinauswälzen, herausrollen, hinauswinden; – *se evolvere u. mediopass. evolvi* sich hinauswälzen, hinausrollen; *(bildl., v. Nachrichten)* hinausgelangen; **ad aures militum dicta evolvebantur;** – sich aus etw. heraushelfen: **evolutus periculo;**
② entströmen lassen [**fluctūs in litus; aquas per campos**]; – *se evolvere* entströmen [**in mare**];
③ vertreiben, verdrängen [**alqm sede patriā; alqm ex praeda** berauben];
④ aufrollen, auseinander rollen, auswickeln [**volumina; vestes** auseinander schlagen]; **anguis repente evoluta;** – *(ein Buch)* aufschlagen, lesen [**auctores; libellos; librum; versūs**];
⑤ *(übtr.)* enthüllen, klar machen, schildern, darlegen [**alqd accuratius in litteris; rem propositam; ingentes causas belli; seriem fati**];
⑥ *(poet.) (Spindeln)* abspinnen, den Faden aufwickeln [**fusos**];
⑦ *(poet.; nachkl.) (Punkt für Punkt)* überdenken, überlegen;
⑧ ermitteln, entwirren [**exitum criminis**];
⑨ *(Plaut.)* auftreiben.

ē-vomō, ēvomere, ēvomuī, ēvomitum ① ausspeien [**haustum venenum**];
② *(Worte)* ausstoßen [**orationem in alqm** gegen jmd.];
③ *(poet.; nachkl.)* ausstoßen, -werfen, von sich geben [**arenam** *(v. Meer);* **flammas** *(v. Vulkan)*].

ē-vortō = *everto.*

ē-vulgō, ēvulgāre ① veröffentlichen, bekannt machen [**ius civile; iniurias alcis**];
② *(nachkl.)* preisgeben [**arcanum**].

ēvulsiō, ōnis *f (evello)* ① das Herausreißen [**dentis** Zahnziehen];
② *(Vulg.)* Ausrottung *(eines Volkes).*

ēvulsus *P. P. P. v. evello.*

● **ex, ē I.** *Präp. b. Abl. (vor Konsonanten ex und e, vor Vokalen und vor h nur ex)* ① *(räuml.)* **a)** aus, aus … heraus; **e civitate expulsus; venire ex urbe, ex navi; exire e vita** sterben; **b)** aus … herab, von … hinab; **eicere alqd e saxo; delabi ex equo; prospicere e summo; e curru trahitur; c)** aus … herauf, von … hinauf, aus … empor; **surgere e lectulo; globus terrae eminens e mari; d)** von … her, von … aus, aus, von; **lucus ex insula conspiciebatur; ex arido** vom Land aus; **ex vallo tela iacere; ex diverso** aus verschiedenen Richtungen; **ex regione; ex parte; ex equo, ex prora, ex puppi pugnare; ex vinculis causam dicere** in Fesseln; **Rhenus oritur ex Alpibus** in den Alpen; **ex Aethiopia; Philocrates ex Alide; e) ex itinere** auf dem Marsch, unterwegs; **f)** *(b. den Verben des Nehmens u. Empfangens)* von, aus; **ex populo Romano bona accipere; fructum capere ex otio; praedam ex sociis agere; ex oppido signa tollere; g)** *(b. den Verben des Hörens, Vernehmens u. Ä.)* von, aus dem Munde jmds.; **haec audivi ex amico; vidi, non ex audito arguo; h)** *bei „hängen" (intr. u. trans.)* an; **pendēre ex arbore; suspende-**

re alqd ex quercu;
② *(zeitl.)* a) von … an, seit; **ex illo** seit jener Zeit; **ex quo** seitdem; **ex longo** seit langem; **ex Metello consule** seit dem Konsulat des M.; **ex adulescentia tua;** b) unmittelbar nach, (sogleich) nach; **ex praetura urbem relinquere; ex consulatu profectus in Galliam; statim ex somno; aliud ex alio** eins nach dem anderen; **aliam rem ex alia cogitare; diem ex die** von Tag zu Tag, Tag für Tag; **ex labore se reficere; animus requiescit ex miseriis;**
③ *(übtr.)* a) *(die Herkunft, Abstammung bezeichnend)* aus, von; **e plebe esse; soror ex matre** mütterlicherseits; **filius ex serva natus**; b) *(partitiv)* von, aus, unter; **alqs ex nobis; unus ex filiis; audacissimus ex omnibus; pars ex Rheno** Rheinarm; c) *(zur Bez. des Stoffes, der Mittel)* aus, von; **statua ex aere facta; muros restituere ex hostium praeda; domum ex aerario aedificare** aus Staatsmitteln; **vivere ex rapto** von Raub; d) *(zur Bez. der Ursache, des Beweggrundes)* aus, infolge von, auf Grund, wegen, durch, an; **ex quo fit, efficitur, accidit, ut** daher kommt es, dass; **ex ea re, qua ex re, ex ea causa** daher, deshalb, deswegen; **laborare ex invidia; ex alqo dolere; ex vulnere mori (perire); ex nuntiis cunctari** auf … hin; **ex doctrina nobilis et clarus; Liger (flumen) ex nivibus creverat** infolge der Schneefälle; e) gemäß, zufolge, kraft, nach, in Hinsicht auf; **iudicare** *od.* **aestimare alqd ex re** etw. beurteilen nach; **e natura** naturgemäß; **e virtute esse; ex libidine** nach Willkür; **ex usu esse** vorteilhaft sein; **e re publica** zum Nutzen des Staates; **ex edicto; ex decreto; ex lege; ex iure; e mea, tua … re** zu jmds. Vorteil; **ex senatūs consulto; ex more (consuetudine)** nach dem Brauch; f) *bei „triumphare, triumphum agere" u. Ä.: ex alqo* über jmd.; g) *(in Adverbialausdrücken)* **e contrario** im Gegenteil; **ex composito** nach, gemäß der Verabredung; **ex improviso** unversehens; **e vestigio** sogleich; **ex memoria** auswendig; **ex industria** vorsätzlich; **ex animo** von Herzen, aufrichtig; **ex parte** teilweise; **magna ex parte** zum großen Teil; **ex professo** ausdrücklich;
II. *als Präfix (vor Vokalen, h, c, p, t: ex-; nach ex kann der Stammanlaut s ausfallen* [*exsanguis u. exanguis*]; *vor f: ec- od. assimiliert* [*ecfero u. effero; effugio*]; *sonst ē-)* ① aus-, hinaus-, heraus- [**educo²; elido; eloquor; emigro**];
② empor-, er- [**exstruo**];
③ völlig, ganz [**enarro; exacerbo**];
④ sehr, ziemlich [**edurus**];
⑤ ent-, ver- [**enervo; exarmo; effemino**].

ex-acerbō, acerbāre völlig erbittern, hart treffen, erzürnen [**contumeliis hostes**].

exāctiō, ōnis *f (exigo)* ① Vertreibung, Austreibung [**regum**];
② Einziehung, Erhebung [**pecuniae**];
③ Besteuerung [**frumenti**];
④ Einnahme, Steuer; Abgabe;
⑤ Beaufsichtigung *öffentl. Bauten durch eine Behörde.*

exāctor, ōris *m (exigo)* ① Vertreiber [**regum**];
② Steuereinnehmer;
③ *promissorum* Mahner an die Erfüllung der Versprechungen;
④ Aufseher;
⑤ Vollstrecker [**supplicii** *od.* **mortis** der Todesstrafe; **disciplinae gravissimus**].

exāctrīx, īcis *f (exactor) (spätl.)* Mahnerin; Aufseherin.

exāctus, a, um *(P. Adj. v. exigo)* genau, pünktlich; vollkommen [**numerus**].

ex-acuō, acuere, acuī, acūtum ① schärfen, spitzen [**palatum**];
② (auf)reizen, anspornen, antreiben [**animos in bella**]; **exacui irā.**

ex-adversum *u.* **-us** *Adv. u. Präp. b. Akk.* gegenüber [**Athenas**].

exaedificātiō, ōnis *f (exaedifico)* ① *(nachkl.)* das Aufbauen *eines Gebäudes* [**theatri**];
② *(übtr.)* Aufbau; vollendete Ausführung [**humani corporis**].

ex-aedificō, aedificāre ① aus-, aufbauen, fertig bauen [**urbem; templa**];
② vollenden [**opus**];
③ *(Plaut.)* jmd. hinausbefördern, hinauskomplimentieren [**ex aedibus**].

exaequātiō, ōnis *f (exaequo)* Gleichstellung.

ex-aequō, aequāre ① gleichmachen, ausgleichen [**aciem cornibus hostium**];
② gleichstellen, vergleichen *(m. Dat. od. cum)* [**se dis**]; **neminem secum dignitate ~;**
③ *(poet.)* gleichkommen, erreichen *(m. Akk.).*

ex-aestuō, aestuāre **I.** *intr.* ① aufbrausen, wogen; **exaestuat fretum;**
② erglühen [**calore solis**];
③ *(poet.) (v. Leidenschaften)* erglühen, aufbrausen; **mens irā exaestuat; dolor exaestuat intus;**
II. *trans. (poet.; nachkl.)* aufwallend ausströmen lassen [**aestūs**].

exaggerātiō, ōnis *f (exaggero)* ① Erhebung, (Auf-)Schwung *(im geistigen Sinne)* [**animi**];
② *(Gell.)* Häufung der Ausdrücke.

ex-aggerō, aggerāre *(agger)* ① m. Dammerde auffüllen, zu einem Damm aufschütten [**planitiem humo; spatium** ausfüllen];
② aufhäufen, vermehren [**rem familiarem; opes**];
③ steigern, vergrößern;
④ rühmend erwähnen, hervorheben [**artem oratione; beneficium verbis**];
⑤ *(übtr.)* erhöhen, erheben [**orationem** größere Lebendigkeit geben; **animum virtuti-**

bus].
exagitātor, ōris *m (exagito)* Tadler.
ex-agitō, agitāre ① jmd. hetzen, verfolgen; **exagitatus a tota Asia;**
② *(Ov.) (ein Wild)* aufscheuchen, -jagen [**leporem; feras**];
③ beunruhigen, quälen; **a Suebis exagitati;**
④ tadeln, verspotten [**nobilitatem; Demosthenem**];
⑤ aufregen, aufreizen, aufwiegeln [**seditionibus rem publicam**];
⑥ *(eine Leidenschaft)* erregen [**odium**];
⑦ etw. nicht ruhen lassen [**dissensionem**];
⑧ eifrig erörtern.
exagōga, ae *f (gr. Fw.) (Plaut.)* Ausfuhr, Transport.
ex-albēscō, albēscere, albuī, – *(albus)* ① erblassen;
② *(Gell.)* weiß werden.
ex-altō, altāre *(altus) (nachkl.)* erhöhen.
ex-alūminātus, a, um *(alumen) (Plin.)* alaunfarbig.
ex-ambulō, ambulāre *(Plaut.)* herausspazieren, -gehen [**hinc foras**].
exāmen, minis *n (exigo)* ① Schwarm [**apium**];
② Menge, Schar [**iuvenum**];
③ *(poet.; nachkl.)* Zünglein an der Waage *(eigtl. das Heraustreiben aus der Ruhelage);*
④ *(poet.)* Untersuchung, Prüfung; **examina legum servare** an den geprüften Gesetzen festhalten;
⑤ *(mlt.)* **a)** Urteil; **b)** *ultimum* das Jüngste Gericht; **c)** *mortis* Todesstunde.
exāminātiō, ōnis *f (examino)* Prüfung, Untersuchung.
exāminō, exāmināre *(examen)* ① abwiegen; **animus tamquam paribus examinatus ponderibus** *(Cic.)* im Gleichgewicht schwebend;
② abwägen, untersuchen, prüfen [**verborum pondera; diligenter**].
ex-amussim *Adv. (amussis) (Plaut.)* genau.
ex-ancillor, ancillārī *(ancilla) (nachkl.)* sklavisch dienen.
ex-anclō, anclāre ① *(vorkl.)* ausschöpfen [**vinum** austrinken; **maternum sanguinem** vergießen];
② *(übtr.)* aushalten, erdulden [**omnes labores; annos belli**].
exanguis, e = *exsanguis.*
exanimālis, e *(exanimo) (Plaut.)* ① entseelt, tot;
② tödlich [**cura**].
exanimātiō, ōnis *f (exanimo)* Entsetzen, Angst; Mutlosigkeit.
ex-animis, e *(anima)* atemlos: ① entseelt, leblos, tot [**corpus; artus**]; **aspexit matrem exanimem;**
② *(poet.)* entsetzt, betäubt [**metu**].
ex-animō, animāre *(anima, animus)* ① den Atem nehmen; – *Pass.* außer Atem kommen; – *P. P. P.* atemlos; **milites cursu exanimati;**
② betäuben, erschrecken, entmutigen;
③ entseelen, töten [**servum verberibus** zu Tode prügeln]; – *Pass.* sterben; **cum gravi vulnere exanimari se videret;** – *P. P. P.* entseelt, tot;
④ peinigen;
⑤ hervorhauchen; **verba exanimata** gelispelt.
ex-animus, a, um = *exanimis.*
ex-ante *(auch getr.) Präp. b. Akk.* von … an.
ex-antlō, antlāre = *exanclo.*
ex-ārdēscō, ārdēscere, ārsī, ārsūrus ① sich entzünden, in Brand geraten; **cinis exstinctus et iam diu frigidus exarsit repente** *(Suet.);*
② *(poet.; nachkl.)* sich erhitzen;
③ *(v. Personen)* entbrennen, in Glut geraten, heftig ergriffen werden [**dolore; libidinibus; iracundiā; amore; desiderio**]; **in alqm ~** für jmd. in Liebe entbrennen; **ad, in alqd ~** für etw. entbrennen, sich zu etw. hinreißen lassen [**in perniciosam seditionem; in proelium; ad spem libertatis**];
④ *(v. Zuständen, Affekten u. Ä.)* entbrennen, ausbrechen, auflodern; **bellum exarsit; benevolentiae magnitudo exardescit;**
⑤ *(Suet.) (vom Preis)* steigen, zunehmen [**in immensum**].
ex-ārēscō, ārēscere, āruī, – ① ganz austrocknen, versiegen; **exarescunt amnes, fontes, lacrimae;**
② *(übtr.)* versiegen, verschwinden.
ex-armō, armāre *(nachkl.)* ① entwaffnen [**cohortes**];
② etw. entkräften [**accusationem**];
③ abtakeln [**navem**].
ex-arō, arāre ① *(durch Ackerbau)* gewinnen, ernten [**tantum frumenti**];
② ausgraben [**radices**];
③ *(vor- u. nachkl.)* umpflügen [**terram**];
④ *(Hor.)* durchfurchen [**frontem rugis**];
⑤ schreiben, entwerfen [**librum**].
ex-ārsī *Perf. v. exardesco.*
ex-āruī *Perf. v. exaresco.*
ex-asciō, asciāre *(ascia) (Plaut.)* (m. der Axt) sorgfältig behauen; *übtr.* ausklügeln, genau durchdenken.
ex-asperō, asperāre ① jmd. verwildern lassen; – *Pass.* verwildern, verrohen;
② aufhetzen, aufwiegeln [**canes** hetzen; **animos; Ligures**];
③ *(das Meer)* aufwühlen; **fretum quietum saeva ventorum rabies motis exasperat undis** *(Ov.);*
④ *(nachkl.) (med. t. t.)* rau machen, entzünden [**fauces**].
ex-auctōrō, auctōrāre *(milit. t. t.)* jmd. verab-

E

schieden, entlassen [**militem**]; – *se* ~ den Dienst quittieren.

ex-audiō, audīre ① deutlich hören, vernehmen [**clamorem**]; – *Pass.* zu jmds. Ohren dringen;
② erhören, Gehör schenken *(m. Akk.)* [**preces; monitorem**]; – *Pass.* Gehör finden;
③ auf etw. hören, gehorchen *(alqd).*

ex-augeō, augēre, – – *(poet.)* stark vermehren, vergrößern, verstärken.

exaugurātiō, ōnis *f (exauguro)* Aufhebung der Weihe, Entweihung.

ex-augurō, augurāre der Weihe entkleiden, profanieren [**fana; sacerdotes**].

ex-auspicō, auspicāre *(Plaut.)* unter günstigen Vorzeichen, glücklich herauskommen [**ex vinculis**].

ex-ballistō, ballistāre *(ballista) (Plaut.)* über den Haufen schießen; *übtr.* zum Besten haben.

ex-bibō = *ebibo.*

ex-caecō, caecāre ① blind machen, blenden;
② *(Ov.) (Flüsse, Quellen)* verstopfen [**flumina; venas in undis**];
③ *(nachkl.) (geistig)* (ver)blenden;
④ *(nachkl.)* verdunkeln; unansehnlich machen [**formam**].

ex-calceō, calceāre *(poet.; nachkl.)* entschuhen: *pedes u. mediopass.* die Schuhe ausziehen; – *Adj.* excalceātus, a, um ohne Schuhe; – *Subst.* **excalceātī,** ōrum *m* volkstümliche Schauspieler *(weil sie nur Sandalen, nicht cothurni, wie die Schauspieler in der Tragödie u. nicht socci, wie die Schauspieler in der Komödie, trugen).*

excandēscentia, ae *f (excandesco)* das Aufbrausen, Jähzorn.

ex-candēscō, candēscere, canduī, – *(v. Personen)* in Glut geraten, entbrennen; in Jähzorn geraten.

ex-cantō, cantāre *(poet.)* heraus-, hervor-, herabzaubern.

ex-carnificō, carnificāre ① zu Tode martern;
② *(Ter.; Sen.) (übtr.)* jmd. auf die Folter spannen.

excavātiō, ōnis *f (excavo) (Sen.)* Aushöhlung.

ex-cavō, cavāre aushöhlen.

● **ex-cēdō,** cēdere, cessī, cessum **I.** *intr.* ① herausgehen, weggehen, sich entfernen, einen Ort räumen, auswandern [**urbe; finibus; e medio; ex pugna** verlassen];
② scheiden [**(ex) vita** sterben; **e pueris** aus dem Knabenalter treten; **e memoria** entschwinden; **possessione** den Besitz aufgeben];
③ heraus-, emporragen, sich erheben; **rupes excedit;**
④ in etw. übergehen, ausarten; **res parva studiis in magnum certamen excedit;**
⑤ *(in eine Zeit)* fallen [**in annum Flaminii** in das Konsulat des F.];
⑥ *(vom Thema)* abschweifen;
⑦ *(übtr.)* hervorragen [**ultra alqd** über etw. hinaus];
⑧ *(Tac.) (übtr.)* zu etw. gelangen [**ad clarissimum gloriae lumen**];
II. *trans.* ① verlassen, räumen [**urbem; curiam**];
② überschreiten [**terminos**]; **Olympus nubes excedit;**
③ *(übtr.)* über etw. hinausgehen, überschreiten [**modum; triennium vitae**].

excellēns, *Gen.* entis *(excello)* hervorragend, vorzüglich, vortrefflich, ausgezeichnet [**dux; ingenium; scientia; virtus**].

excellentia, ae *f (excellens)* ① Vorzüglichkeit, Vorzug, Vortrefflichkeit [**picturae**];
② Erhabenheit, Großartigkeit [**animi**];
③ hohe persönliche Stellung;
④ *Pl.* hervorragende Persönlichkeiten.

● **ex-cellō,** cellere *(u.* **ex-celleō,** cellēre), – – ① hervorragen, sich auszeichnen *(vor jmdm.: inter, praeter, super; durch etw.: re; in etw.: in re)* [**inter omnes; praeter ceteros; pulchritudine; in arte**];
② übertreffen *(m. Dat.).*

excelsitās, ātis *f (excelsus)* ① Erhabenheit, Großartigkeit [**animi**];
② *(Plin.)* Höhe [**montium**].

excelsum, ī *n (excelsus)* ① Höhe, hoch gelegene Stelle; **ab -o aspicere; simulacrum in -o collocare;**
② hoher Rang, hohe Stellung, hohe Würde; **in -o aetatem agere.**

● **excelsus,** a, um *(excello)* ① emporragend, hoch [**mons; rupes**];
② *(übtr.)* hervorragend, ausgezeichnet, großartig [**homo; animus**].

ex-cēpī *Perf. v. excipio.*

exceptiō, ōnis *f (excipio)* ① Ausnahme, Einschränkung, einschränkende Bedingung; **cum (ea) exceptione; sine (ulla) exceptione; alci exceptionem dare** mit jmdm. eine Ausnahme machen;
② *(jur. t. t.)* Einrede *(Einwand des Beklagten gegen den Anspruch des Klägers)* [**doli** Arglisteinwand]; **exceptionem alci dare; exceptione excludi.**

exceptiuncula, ae *f (Demin v. exceptio) (Sen.)* kleine Einschränkung.

exceptō, exceptāre *(Intens. v. excipio)* ① herausnehmen;
② aufnehmen, zu sich hinaufziehen [**singulos**];
③ *(Sen.)* auffangen;
④ *(Verg.) ore auras* einatmen.

exceptus *P. P. P. v. excipio.*

ex-cerebrō, cerebrāre *(nachkl.)* betäuben, vor den Kopf schlagen.

ex-cernō, cernere, crēvī, crētum aussondern; **ex captorum numero excreti Saguntini**

(Liv.).

ex-cerpō, cerpere, cerpsī, cerptum *(carpo)* ❶ auswählen; **ex malis ~, si quid inest boni;**
❷ herausschreiben, exzerpieren [**ex epistulis; nomina ex tabulis**];
❸ weglassen, streichen, aussondern [**alqd de numero**]; **ego me illorum numero excerpo;**
❹ herausnehmen;
❺ *(nachkl.)* hervorheben [**paucos**].

ex-cessī *Perf. v. excedo.*

excessus, ūs *m (excedo)* ❶ das Scheiden aus dem Leben, Tod;
❷ *(nachkl.) (rhet. t. t.)* Abschweifung *vom Thema.*

excetra, ae *f* Schlange; *auch als Schimpfw. f. ein böses Weib.*

ex-cidī1 *Perf. v. excido1.*

ex-cīdī2 *Perf. v. excīdo2.*

excidiō, ōnis *f (exscindo) (Plaut.)* Zerstörung [**oppidi**].

excidium, ī *n (exscindo)* Zerstörung, Vernichtung, Fall, Untergang [**arcis; Carthaginis; gentis; legionum**]; – *Pl.* Trümmer, Ruinen [**castellorum; fumantia -a Troiae**].

ex-cidō1, cidere, cidī, – *(cado)* ❶ heraus-, herabfallen [**equo**]; **gladius de manu excidit; in flumen ~; puppi ~; vox per auras excidit** klang herab; **sol excidisse mihi e mundo videtur;**
❷ *(v. Los) aus der Urne* fallen; **sors excidit; nomen alcis sorte excidit;**
❸ entschlüpfen, entwischen, entfallen [**vinculis** entkommen];
❹ *(dem Gedächtnis)* entfallen, entschwinden [**(ex) animo**]; **nomen tuum mihi excidit;**
❺ vergehen, verloren gehen, entschwinden; **vera virtus excidit; spes alci excidit;**
❻ *(Hor.)* ausarten in; **libertas in vitium excidit;**
❼ um etw. kommen, etw. verlieren, einbüßen *(m. Abl.)* [**regno**];
❽ *(poet.; nachkl.)* die Besinnung verlieren, hinsinken [**metu**];
❾ *(Prop.)* sterben.

● **ex-cīdō2,** cīdere, cīdī, cīsum *(caedo)* ❶ (heraus)aushauen, -schneiden, -brechen, abhauen, abschneiden [**lapides e terra; columnas rupibus; arbores** fällen; **caput; portas** aufbrechen, sprengen];
❷ aushöhlen [**montem**];
❸ zerstören, vernichten, ausrotten [**murum; urbem; hostem; multorum statūs** den Wohlstand];
❹ entfernen, beseitigen [**alqm numero civium** ausstoßen aus; **illud tristissimum tempus ex animo; iram animis**];
❺ *(poet.; nachkl.)* kastrieren.

ex-cieō, ciēre, cīvī, citum *u.* **ex-ciō,** cīre, ciī, cītum ❶ in Bewegung setzen, heraustreiben, herausjagen, aufscheuchen [**suem latebris; ventos; Cyclopes e silvis; homines sedibus**];
❷ herausrufen; wegholen [**foras**];
❸ jmd. kommen lassen, berufen [**principes Romam; artifices e Graecia**];
❹ aufrufen, aufbieten, zu Hilfe rufen [**reges bello** zum Krieg; **omnium civitatum vires; deos**];
❺ jmd. auf-, erschrecken, reizen, aufregen [**iuventutem largitionibus; hostes ad dimicandum**]; **mens excita** erregt; **excita anus;**
❻ aufwecken [**(ex) somno**]; – *Pass.* erwachen;
❼ erschüttern, aufrütteln [**tellurem**];
❽ verursachen, erregen [**tumultum**].

excindō = *exscindo.*

ex-ciō *s. excieo.*

● **ex-cipiō,** cipere, cēpī, ceptum *(capio)* ❶ ausnehmen, eine Ausnahme machen *(m. Akk.)*; **amicos ~; excepi de antiquis neminem; nihil ~; excepto, quod** ausgenommen, dass; **excepto alqo** m. Ausnahme jmds., *z. B.* **excepto Cicerone; excepta virtute;**
❷ als Bedingung festsetzen, bestimmen; **rogum ac tumulum ~** sich ausbedingen;
❸ v. etw. befreien [**alqm servitute**];
❹ auffangen [**labentem; regis corpus; se pedibus** *od.* **in pedes** sich auf den Beinen halten];
❺ herausnehmen, -ziehen [**natantes e mari; vidulum e mari; telum e vulnere**];
❻ abfangen, gefangen nehmen [**fugientes; uros** einfangen; **bestias; litteras**];
❼ abwehren, abhalten [**vim fluminis** brechen; **impetum hostium** dem Angriff der Feinde standhalten; **aprum**];
❽ *(poet.; nachkl.)* treffen [**aves** im Flug erlegen; **alqm in latus** verwunden];
❾ *(nachkl.)* überfallen, angreifen [**bello**];
❿ *(poet.; nachkl.)* hören, aufschnappen, belauschen [**rumores; voces; clamorem**]; **laudem avidissimis auribus excipit;**
⓫ *(nachkl.)* wahrnehmen [**vestigia**];
⓬ etw. auf sich nehmen, übernehmen, sich aufbürden; aushalten, ertragen, bestehen [**dolores; vim frigorum; labores magnos; rem publicam** die Verteidigung des Staates; **has partes** diese Rolle; **invidiam** sich zuziehen]; **equus regem excipiebat** ließ aufsitzen;
⓭ empfangen, aufnehmen [**alqm manu** m. Handschlag; **ex fuga; fugientes; alqm epulis, hospitaliter**];
⓮ *(nachkl.)* auffassen, auslegen; **vox assensu populi excepta;**
⓯ *(poet.; nachkl.)* jmd. in Beschlag, in Anspruch nehmen; **dolor alqm excipit; quis te casus excipit?;**
⓰ jmdm. bevorstehen, jmd. erwarten; **bellum grave, labor eum excipit;**

⑰ fortsetzen, -führen [**pugnam; gentem** fortpflanzen**; memoriam illius viri; vices alcis**];
⑱ sich anschließen, folgen *(alqd, auch abs.);* **tristem hiemem pestilens aestas excepit; turbulentior annus excepit;**
⑲ jmd. ablösen [**alios**];
⑳ erwidern, antworten, entgegnen *(alqm, auch abs.);* **hunc locutum excepit Labienus.**

excīsiō, ōnis *f (excido[2])* Zerstörung [**urbium**].

excīsus *P. P. P. v. excido[2].*

excitātor, ōris *m (excito) (spätl.)* derjenige, der *jmd. od. etw.* erregt, aufwiegelt; Erwecker; Ermunterer.

excitātōrius, a, um *(excito) (August.)* ermunternd.

● **ex-citō,** citāre ① aufjagen, -scheuchen, herausjagen, -treiben [**cervum nemorosis cubilibus; feras**];
② aufwecken; **dormientes spectatores e (de) somno ~;** – *Pass.* erwachen;
③ *(übtr.)* wecken, erneuern [**alci memoriam caram**];
④ jmd. aufschrecken [**militem**]; **nuntio excitatus;**
⑤ heraus-, weg-, herbei-, aufrufen [**alqm a porta; alqm a cena; alqm ab inferis** heraufrufen; **testem**];
⑥ *(eine Wache)* anrufen, alarmieren, aufstören [**vigilem; canes**];
⑦ sich erheben lassen, aufstehen lassen [**legatos; reum**]; – *Pass.* aufstehen;
⑧ anfeuern, antreiben, begeistern [**diffidentes ad spem; alqm ad virtutem; alqm ad laborem et laudem**];
⑨ trösten, aufrichten [**amici iacentem animum**];
⑩ *(Feuer)* anfachen [**ignem; sopitas ignibus aras** die schlummernde Glut auf dem Altar anfachen];
⑪ *(Leidenschaften, Zustände)* erregen, wecken, entfachen [**alcis libidines; amores; invidiam; bellum; tumultum**];
⑫ etw. hervorrufen, verursachen *(alci alqd)* [**risūs; spem; motum in animis; discordiam**];
⑬ aufwirbeln, aufsteigen lassen [**humo arenam; vapores**]; – *Pass.* aufsteigen;
⑭ *(Gebäude)* errichten, erbauen [**turres; aras**];
/ *P. Adj.* **excitātus,** a, um heftig, stark [**clamor; odor**].

excitus *P. P. P. v. excieo.*

ex-cīvī *Perf. v. excieo.*

exclāmātiō, ōnis *f (exclamo)* Ausruf [**admirationis**]; Ausspruch [**Epicuri**].

ex-clāmō, clāmāre ① aufschreien, laut schreien [**maius** lauter; **maximum** sehr laut; **alci ~** jmdm. zurufen]; in ein Beifallsgeschrei ausbrechen; **in stadio cursores exclamant quam maxime possunt;**
② ausrufen *(m. A. C. I.; ut; indir. Frages.);*
③ laut nennen, anrufen [**Ciceronem; uxorem tuam**];
④ *(nachkl.)* etw. laut vortragen [**cantica; multa memoriā digna**].

● **ex-clūdō,** clūdere, clūsī, clūsum *(claudo)* ① ausschließen, aussperren, abweisen [**populum foro; alqm a domo sua; a portu; a re publica; alqm ab hereditate** enterben; **petitorem**];
② trennen, absondern [**locum; partes urbis**];
③ ab-, fern halten [**a conspectu; fervidos ictūs** Sonnenstrahlen];
④ jmd. v. etw. abschneiden, an etw. hindern [**alqm reditu; cohortes ab acie; a perfugio; Romanos a re frumentaria**];
⑤ verhindern, unmöglich machen [**discrimen; cupiditatem**];
⑥ ausbrüten [**pullos ex ovis**]; – *mediopass. excludi* ausschlüpfen;
⑦ *(nachkl.)* herausstrecken, herausstehen lassen.

exclūsiō, ōnis *f (excludo)* Ausschließung, Abweisung.

excoctus *P. P. P. v. excoquo.*

excōgitātiō, ōnis *f (excogito)* das Ausdenken, Erfinden.

excōgitātus, a, um *(P. Adj. v. excogito) (Suet.)* ausgesucht, vorzüglich.

● **ex-cōgitō,** cōgitāre ausdenken, ersinnen, erfinden [**omnia** alles Mögliche; **novum atque inauditum genus spectaculi; nova officia**].

ex-colō, colere, coluī, cultum ① *(poet.; nachkl.)* sorgfältig bebauen, bearbeiten [**agrum; praedia; regionem; vineas; lanas rudes**];
② *(poet.; nachkl.)* (aus)schmücken, verfeinern, verzieren [**parietes marmoribus; orationem**];
③ (aus)bilden, veredeln, verfeinern, vervollkommnen [**animos doctrinā; ingenia disciplinis; se philosophiā; vitam per artes**];
④ *(nachkl.)* äußeren Glanz verleihen, erhöhen, zu Ansehen bringen [**gloriam**]; **alqm ornare et ~;**
⑤ *(poet.)* verehren [**deos**].

excommūnicātiō, ōnis *f (excommunico) (Eccl.)* Kirchenbann.

ex-commūnicō, commūnicāre *(Eccl.)* aus der Kirche ausschließen, m. dem Kirchenbann belegen, exkommunizieren.

ex-concinnō, coninnāre *(Plaut.)* gründlich herrichten.

ex-cōnsul, lis *m (spätl.)* ehemaliger Konsul.

ex-coquō, coquere, coxī, coctum ① auskochen [**ferrum** ausglühen; **argentum**];
② schmelzen [**harenas in vitrum** zu Glas];
③ ausdörren; **sol excoquit terram;**
④ herausschmelzen [**vitium metallis** die

Schlacken ausscheiden];
5 ausdenken;
6 (be)ängstigen [**mentem**].
ex-coriō, coriāre *(corium) (nachkl.)* abhäuten, *übtr.* abschinden.
ex-cors, *Gen.* cordis *(cor)* töricht, einfältig, dumm.
excrēmentum, ī *n (excerno) (nachkl.)* Ausscheidung, Auswurf [**oris** Speichel].
excreo = *exscreo.*
ex-crēscō, crēscere, crēvī, crētum *(nachkl.)*
1 heraus-, emporwachsen;
2 *(übtr.)* zunehmen, überhand nehmen.
excrētus *s. excerno u. excresco.*
ex-crēvī *Perf. v. excerno u. excresco.*
excruciābilis, e *(excrucio) (Plaut.)* die Folter verdienend.
ex-cruciō, cruciāre 1 foltern, martern [**legatum igni; alqm vinculis ac verberibus**];
2 quälen, peinigen.
excubiae, ārum *f (excubo)* 1 das Wachen, Wachehalten; **-as agere alci** bei jmdm. Wache halten, jmd. bewachen;
2 *(meton.)* Wachtposten, Wache;
3 *(Plaut.)* das Schlafen außer dem Hause.
excubitor, ōris *m (excubo)* Wächter, Wachtposten.
excubitrīx, rīcis *f (excubitor) (Sen.)* Wächterin.
ex-cubō, cubāre, cubuī, cubitum 1 im Freien liegen [**in agris**];
2 Wache halten, wachen [**pro castris; in armis**]; **cohortes ad munitionem excubant;**
3 wachsam, besorgt sein [**pro alqo**];
4 *(mlt.)* die Vigilien halten *(im Kloster).*
ex-cucurrī *s. excurro.*
ex-cūdō, cūdere, cūdī, cūsum 1 *(poet.; nachkl.)* herausschlagen, -treiben [**scintillam silici**];
2 *(schlagend)* gestalten, verfertigen, schmieden [**ferrum; aera** formen; **ceras** *von Bienen*];
3 *schriftl.* ausarbeiten, verfertigen [**librum**];
4 ausbrüten [**pullos**].
ex-culcō, culcāre 1 *(Plaut.)* etw. austreten, heraustreiben;
2 festtreten, -stampfen.
excultus *P. P. P. v. excolo.*
ex-cūrātus, a, um *(curo) (Plaut.)* gut besorgt, versorgt, wohlgepflegt.
ex-currō, currere, (cu)currī, cursum **I.** *intr.* 1 hinauslaufen, -eilen [**domo; foras**];
2 *(milit.)* hervorbrechen, einen Ausfall machen [**in fines Romanos** einfallen]; **sine signis in omnibus portis ~ ;**
3 einen Ausflug, eine Reise machen [**in Pompeianum; Tusculum**];
4 hinausragen, sich erstrecken, vorspringen; **Sicania excurrit in aequor; regio usque ad rubrum mare excurrit** erstreckt sich; **paeninsula ab intimo sinu excurrit; promunturium in altum excurrens;**
5 sich zeigen; **campus, in quo ~ virtus possit** *(Cic.);*
6 *(rhet. t. t.)* abschweifen [**longius**];
7 *(nachkl.)* entspringen; **fons ex summo montis cacumine excurrens;**
II. *trans.* durchlaufen [**spatium**].
excursiō, ōnis *f (excurro)* 1 das Losstürmen, Ausfall, Streifzug, Einfall [**ex oppido; equitatūs**]; **excursionem facere; excursiones et latrocinia hostium;**
2 das Vorschreiten *(des Redners zur Rednerbühne od. auf die Zuhörer);*
3 *(nachkl.)* Ausflug.
excursor, ōris *m (excurro)* Kundschafter.
excursus[1], ūs *m (excurro)* 1 Ausfall, Streifzug, Einfall [**militum**];
2 *(Verg.)* das Ausschwärmen [**apium**];
3 *(nachkl.)* das Herausragen, Vorsprung [**montis**];
4 *(nachkl.)* Ausfluss [**fontis**];
5 *(rhet. t. t.) (nachkl.)* Abschweifung;
6 *(nachkl.)* das Auslaufen *(v. Schiffen)* [**navigiorum**].
excursus[2] *P. P. P. v. excurro.*
excūsābilis, e *(excuso) (poet.; nachkl.)* verzeihlich.
excūsātiō, ōnis *f (excuso)* 1 Entschuldigung, Rechtfertigung [**criminis; peccati**]; **excusationem accipere** gelten lassen;
2 Entschuldigungsgrund, Ausrede, Vorschützen [**adulescentiae**]; **nullae istae excusationes sunt;**
3 Ablehnung.
excusatus, a, um *(P. Adj. v. excuso) (nachkl.)* entschuldigt, gerechtfertigt.
● **ex-cūsō,** cūsāre *(causa)* 1 entschuldigen, rechtfertigen *(weg. etw.: de re; bei jmdm.: alci u. apud alqm)* [**se de consilio; verba Alexandro**];
2 als Entschuldigung anführen, vorschützen, sich m. etw. entschuldigen *(alqd)* [**morbum; inopiam; aetatem; vires** die geringen Streitkräfte];
3 *(nachkl.)* etw. m. Entschuldigungsgründen ablehnen, abschlagen [**reditum**]; – *se ~ u. mediopass. excusari* sich einer Sache entziehen.
ex-cussī *Perf. v. excutio.*
excussus *P. P. P. v. excutio.*
excūsus *P. P. P. v. excudo.*
ex-cutiō, cutere, cussī, cussum *(quatio)* 1 abschütteln [**pulverem digitis; poma**];
2 herausschlagen, -reißen [**alci oculum; dentes**];
3 *(poet.; nachkl.)* vertreiben *(konkr. u. übtr.)* [**hostes vallo; patriā; feras; cursu excuti** verschlagen werden; **propriis** aus dem Eigentum; **somno** aufrütteln; **metum de corde** verscheuchen];

❹ aus-, (hin)abwerfen, hinabstoßen, herabschleudern; **equitem equus excutit; ancoram e nave** ~ auswerfen; – *Pass.* herab-, herausfallen, -stürzen;
❺ herabschütten, -gießen;
❻ abschießen, schleudern [**tela**];
❼ entreißen, entfernen [**agnam ore lupi; studia alci de manibus; sensum alci** die Besinnung nehmen; **opinionem; Senecam** S. als Lektüre verdrängen];
❽ *(poet.)* berauben [**alqm sceptris**]; **navis excussa magistro** des Kapitäns;
❾ heraustreiben, auspressen [**sudorem**]; entlocken [**risum; sibi opinionem**];
❿ schütteln [**caesariem; pennas**];
⓫ entfalten, ausbreiten, ausstrecken [**bracchia**];
⓬ *(schüttelnd)* durchsuchen [**pallium; gremium**];
⓭ genau untersuchen, prüfen, erforschen [**verbum; verum**];
/ *P Adj.* **excussus**, a, um *(nachkl.)* ausgestreckt, straff; **excusso lacerto** mit ausgestrecktem Arm.

ex-dorsuō, dorsuāre *(dorsum) (Plaut.)* entgräten.

exe … *s. auch exse …*

ex-edō, edere, ēdī, ēsum ❶ *(Kom.)* aus-, aufessen, verzehren; – *alqm* ~ jmds. Vermögen durchbringen;
❷ *(v. lebl. Subj.)* zerfressen, zernagen; aushöhlen [**locum**]; **monumenta vetustas exederat; –** *P. Adj.* **exēsus,** a, um zerfressen, hohl [**mons** zerklüftet; **arbor; saxa**];
❸ *(übtr.)* aufreiben, quälen; **aegritudo exedit animum; exspectando exedor;**
❹ *(poet.; nachkl.)* zerstören, vernichten [**urbem odiis; rem publicam**].

exedra, ae *f (gr. Fw.) in griech. Gymnasien eine halbrunde, m. Sitzen ausgestattete Erweiterung der Säulengänge,* halbrunder Anbau, Rotunde; – *in röm. Privathäusern* Gesellschaftszimmer *m. ähnlicher baulicher Anordnung; – in der christl. Kirche* die Apsis.

exedrium, ī *n (gr. Fw.; Demin. v. exedra)* halbrunde Nische *m. Sitzplätzen,* kleine Rotunde.

ex-efficiō, efficere, effēcī, effectum *(Plaut.)* ganz vollenden.

ex-ēgī *Perf. v. exigo.*

ex-ēmī *Perf. v. eximo.*

exemplar *u. (Lucr.)* **exemplāre,** āris *n (exemplaris)* ❶ Vorbild, Muster, Beispiel;
❷ Ebenbild, Abbild;
❸ Abschrift, Kopie [**testamenti; epistulae**].

exemplāris, e *(exemplum) (nachkl.)* als Abschrift dienend; – *Subst.* **exemplārēs,** rium *m (erg. libri)* Abschriften.

exemplō, exemplāre *(exemplum) (nachkl.)* als Beispiel anführen.

● **exemplum,** ī *n (eximo)* ❶ Vorbild, Beispiel, Modell, Muster [**utile; virtutis; bonitatis; innocentiae; pudicitiae; fidei publicae**]; **hoc -o** auf dieses Beispiel hin; **-um edere, prodere, dare** *u.* **-o esse alci** jmdm. ein (gutes) Beispiel geben; **-um capere** *(od.* **petere, sumere***)* **ab alqo** sich an jmdm. ein Beispiel nehmen; **alcis -um sequi;**
❷ warnendes Beispiel [**crudelitatis**]; **-o esse** zur Warnung dienen;
❸ *(erläuterndes, beweisendes)* Beispiel [**praeclarum; antiquum**]; **-o uti** ein Beispiel anführen; **-i causā** *(od.* **gratiā***)* zum Beispiel; **magna -a casuum humanorum;**
❹ Verfahren, Vorgang, Art u. Weise; **more et -o populi Romani** nach Sitte u. Brauch; **omnia -a belli** im Krieg gewöhnliche Maßregeln; **eodem -o vivere** auf dieselbe Weise; **vetus** ~ alter Vorgang;
❺ Abschrift, Kopie [**litterarum**];
❻ Kopie, Nachbildung, Abdruck, Porträt *(in der Kunst u. übtr.)* [**pingere; dei**];
❼ *(in der Malerei u. Bildhauerei)* Original;
❽ Entwurf, Konzept *zu einer Schrift;* **litterarum -um componere;**
❾ Wortlaut, Inhalt *einer Schrift* [**scripti**]; **eodem -o** gleichen Wortlauts;
❿ Strafe [**novissimum** äußerste]; **edere -a in alqm;**
⓫ Präzedenzfall, Präjudiz; **nullo -o** ohne Präzedenzfall; **huius urbis iura et -a** Rechtsbestimmungen u. Präzedenzfälle; **nullum ~ est idem omnibus** kein Präzedenzfall ist völlig gleich.

exēmptus *P. P. P. v. eximo.*

exenterō, exenterāre *(gr. Fw.) (vor- u. nachkl.)*
❶ *ein Tier* ausweiden;
❷ ausleeren;
❸ martern, quälen.

● **ex-eō,** īre, iī, itum **I.** *intr.* ❶ heraus-, hinausgehen, weggehen, ausziehen [**obviam** entgegengehen; **ex urbe; e patria; de provincia; domo; praedatum in agrum**];
❷ *(milit.)* ausrücken, ins Feld ziehen [**extra vallum; in aciem; ad bellum**];
❸ an Land gehen, landen [**de (ex) nave**];
❹ *(v. Schiffen)* auslaufen; **classis exiit;**
❺ verlassen, aufgeben *(m. ex, de, bl. Abl.)* [**de (e) vita** sterben; **memoriā** aus dem Gedächtnis schwinden, vergessen werden; **ex hac aerumna; servitio** entgehen];
❻ *(v. Gewässern)* entspringen; aus den Ufern treten; münden; **fons solo exit; amnis exit; in mare ~;**
❼ *(poet.; nachkl.) (v. Gewächsen)* hervorwachsen; **folia a radice exeunt;**
❽ herauskommen; **exit sors; aere alieno** ~ aus den Schulden herauskommen; **nihil insolens exit** kein übermütiges Wort;
❾ sich verbreiten, bekannt werden; **fama (opinio) exierat** hatte sich verbreitet; **libri ita**

exierunt;
⑩ *(poet.; nachkl.)* emporsteigen, -ragen; **domus exit; ignis in auras exiit; in altitudinem ~;**
⑪ ablaufen, zu Ende gehen; **indutiarum dies exierat;**
II. *trans. (poet.)* ① überschreiten [**valles; modum**];
② entgehen, ausweichen [**tela; vim viribus** Gewalt m. Gewalt bekämpfen].

exeq... = *exseq...*

● **ex-erceō,** ercēre, ercuī, ercitum *(arceo, arx)* ① in Bewegung setzen, halten [**turbinem** kreisen lassen; **aquas** strömen lassen];
② umhertreiben [**equos**]; **apes exercet labor;** – *mediopass. exerceri* sich tummeln: **pueri exercentur equis;**
③ unaufhörlich beschäftigen, abhetzen, in Atem halten [**milites operibus; ancillas**];
④ aufwühlen [**undas; fluctūs**];
⑤ *(Land)* bearbeiten, pflügen, bestellen, bebauen [**solum; campos; praedia**];
⑥ aufstören, beunruhigen, plagen, quälen [**candidatos**]; **alqm curis ~; exerceri poenis** heimgesucht werden; **ambitio animos exercet; lex civitatem exercet;**
⑦ anfachen [**ignem**];
⑧ *(durch Tätigkeit)* üben, ausbilden *(in etw.: re u. in re)* [**iuventutem; membra; stilum; memoriam; ingenium; vires**]; – *mediopass.* sich üben [**armis; cotidianis commentationibus; in venando; in mandatis**];
⑨ *(milit.)* exerzieren, ausbilden [**copias**];
⑩ ausüben, betreiben, handhaben, verrichten [**artem; eloquentiam; commercium; labores; regnum; licentiam; iudicium** Gericht halten; **quaestionem** anstellen; **vectigalia** Steuern verwalten; **cantūs** ertönen lassen; **vices** abwechselnd den Dienst versehen; **pacem** halten; **inimicitias cum alqo** in Feindschaft m. jmdm. stehen; **victoriam** verfolgen; **diem** sein Tagewerk verrichten; **choros** leiten];
⑪ handhaben, anwenden [**arma contra patriam** führen];
⑫ bearbeiten [**ferrum** schmieden; **telas** spinnen];
⑬ (an jmdm.) auslassen, jmd. fühlen lassen *(alqd in alqm u. in alqo)* [**iras; libidinem; avaritiam; odium; victoriam foede in captis; in alqo suam vim (suas opes)** an jmdm. zeigen]; **fortuna exercet in alqo vim suam** zeigt seine Macht.

exercitātiō, ōnis *f (exercito)* ① Übung [**iuventutis; corporis; ingenii**]; Leibesübung, Sport;
② Geübtheit, Gewandtheit *(in etw.: m. Gen. od. in u. Abl.)* [**dicendi; linguae; in armis**];
③ Ausübung [**virtutis**].

exercitātor, ōris *m (exercito) (Plin.)* Lehrmeister.

exercitātōrius, a, um *(exercito)* Übungs-.

exercitātus, a, um *P. Adj. v. exercito)* ① geübt, geschult, erfahren [**proeliis; in armis; in dicendo; in arithmeticis; in maritimis rebus; ad pulsandos homines**];
② beunruhigt, heimgesucht, geplagt [**animus curis; Syrtes noto** vom Wind]; **senex -i vultūs.**

exercitium, ī *n (exerceo)* ① militärische Übung, das Exerzieren [**equitum**]; **frequentibus -is praeparare milites ad proelia;**
② *(Gell.)* eifrige Beschäftigung.

exercitō, exercitāre *(Intens. v. exerceo)* ① tüchtig üben [**corpus atque ingenium**];
② ausüben, betreiben.

exercitor, ōris *m (exerceo) (Plaut.)* Sportlehrer, Trainer.

● **exercitus[1],** ūs *m (exerceo)* ① eingeübte Mannschaft, Heer [**voluntarius** der Freiwilligen; **terrestris; navalis; fortissimorum militum**]; **exercitui praeesse; exercitūs ducere; exercitum scribere** *u.* **conscribere** ausheben; – *Pl.:* Truppen, Armeekorps *(größerer Truppenverband);*
② Landheer, -macht; **cum classe et exercitu;**
③ Fußvolk, Infanterie; **exercitum castris continuit, equestri proelio contendit;**
④ *(poet.)* Menge, Schar, Gruppe, Schwarm, Bande [**perditorum civium; corvorum; Phorci** Seegetier];
⑤ *(Plaut.)* Übung;
⑥ *(Plaut.)* Unruhe, Qual.

exercitus[2], a, um *(P. Adj. v. exerceo)* ① *(vor- u. nachkl.)* geübt, geschult [**bello; militiā; ad flagitium**];
② hart mitgenommen, geplagt [**curis**];
③ mühevoll, schwer [**aestas; militia**].

exēsor, ōris *m (exedo) (Lucr.)* Zerfresser, Zerstörer.

exest = *exedit, v. exedo.*

exēsus *P. P. P. v. exedo.*

ex-fafillō, fafillāre *(Plaut.)* aus dem Gewand hervorstrecken.

ex-fodiō = *effodio.*

exfr ... = *effr...*

ex-gignō = *egigno.*

ex-haerēd ... = *exhered ...*

exhaeresimus, a, um *(gr. Fw.)* ausscheidbar, ausschaltbar [**dies** Schalttag].

exhālātiō, ōnis *f (exhalo)* Ausdünstung.

ex-hālō, hālāre ausdünsten, aushauchen [**odores; vaporem; nebulam; vinum** *u.* **crapulam** den Rausch verfliegen lassen, nüchtern werden; **animam** *u.* **vitam** sterben]; – *abs.* sterben.

● **ex-hauriō,** haurīre, hausī, haustum *(Part. Fut. Akt. auch* exhausūrus) ① (her)ausschöpfen, (aus)leeren, austrinken [**poculum; vinum; aquam; uber** ausmelken];

E

2 hinaus-, fortschaffen, herausnehmen, -heben, -graben [**terram manibus; humum; pecuniam ex aerario**];

3 nehmen, entziehen [**vitam sibi; dolorem; amorem**];

4 erschöpfen, aufreiben, quälen [**aerarium; homines sumptu; plebem impensis** aussaugen; **patriae facultates; vires populi Romani**];

5 überstehen, durchmachen [**pericula; labores; dura et aspera belli**];

6 vollenden, aus-, durchführen [**mandata; aes alienum** abzahlen]; **exhausto anno.**

exhed... = *exed...*

ex-hērēdō, hērēdāre *(exheres)* enterben; **fratrem exheredans te faciebam heredem** *(Cic.).*

ex-hērēs, *Gen.* rēdis enterbt [**paternorum bonorum**].

ex-hibeō, hibēre, hibuī, hibitum *(habeo)* 1 herbeischaffen, -bringen [**testem; pupillum**];

2 (her)ausgeben, ausliefern, aushändigen [**servum; uxorem; liberos**];

3 wahrnehmen lassen, (vor)zeigen, vernehmbar machen, erkennen lassen, darbieten [**linguam paternam** verraten; **ore sonos** hören lassen; **veritatem** ermitteln; **se auctorem** auftreten als; **se admirabilem** sich erweisen]; **dea Pallada exhibuit** gab sich als Pallas zu erkennen; **quid me putas populo nostro exhibiturum?** wie soll ich mich zeigen?;

4 verursachen, bereiten, machen [**alci molestiam; alci negotium; curam; vias tutas** sichern];

5 gestatten, gewähren [**tectum; liberam contionem**];

6 darbringen, darreichen, liefern, stellen [**librum; cibum; potum**];

7 betätigen, ausüben, erweisen [**imperium; virtutem; alci humanitatem; regi fidem; se tribunum**]; **promissa exhibent fidem** erfüllen sich; **vicem tortoris** ~ die Rolle eines Peinigers spielen;

8 *(nachkl.) (Schauspiel u. Ä.)* auf-, vorführen [**comoediam publicis spectaculis; naumachiam**];

9 *(nachkl.) (Lebewesen)* auftreten lassen [**Africanas** afrikan. Panther].

exhibitiō, ōnis *f (exhibeo) (Gell.; spätl.)* Aushändigung, Auslieferung.

ex-hilarō, hilarāre aufheitern.

ex-hinc *Adv. (nachkl.)* seither.

exhodium = *exodium.*

ex-horrēscō, horrēscere, horruī, – sich entsetzen, erschaudern *(vor jmdm.: in alqo; vor etw.: alqd)* [**metu; vultūs alcis**].

exhortātiō, ōnis *f (exhortor)* Auf-, Ermunterung, Ermahnung.

ex-hortor, hortārī 1 auf-, ermuntern, anfeuern [**suos; dolentem; equos**];

2 aufhetzen [**cives in hostem**].

exi ... *auch* = *exsi ... ;* **exibeō** = *exhibeo;* **exicō** = *exseco.*

● **ex-igō,** igere, ēgī, āctum *(ago)* 1 heraus-, wegtreiben, vertreiben, verjagen [**alqm domo; foras; reges ex civitate; hostem campo; morbos; aquas** ergießen; *übtr.* **otium** stören];

2 eintreiben, einfordern [**vectigalia; quaternos denarios; tributa; pensionem; frumentum;** *übtr.* **poenas, supplicium ab, de alqo** *od.* **alci** an jmdm. vollziehen]; **equitum peditumque certum numerum ~;**

3 aufbieten, auf die Beine bringen, aufstellen [**obsides a civitatibus; pedites; nautas**];

4 verlangen, fordern, dringen auf [**officia a suis** Erfüllung v. Pflichten; **disciplinam; rationem** Rechenschaft; **ius iurandum; a teste veritatem; promissum** die Erfüllung des Versprechens];

5 *(Zeiträume)* zurücklegen, zubringen, durchleben [**annos; vitam sine cura; aerumnam** durchleben, erdulden]; **triginta dies in exspectatione mortis ~;** – *Pass.* vergehen, ablaufen, zu Ende gehen: **dies exactus erat; tertiā vigiliā exactā** nach Ablauf; **ante exactas ferias** vor Ende; **temporibus exactis; homo exacta aetate** *u.* **exactae aetatis** hochbetagt;

6 abmessen, abwiegen [**pondus margaritarum manu**];

7 *(übtr.)* untersuchen, beurteilen *(nach etw.: ad)* [**humanos ritus ad caelestia; ius ad veritatem; opus ad vires suas**];

8 sich beraten, verhandeln [**de his rebus cum alqo** eine Abmachung treffen];

9 überlegen, erwägen [**talia secum**]; **mecum exigo;**

10 *(poet.; nachkl.)* (er)fragen, herausbekommen [**causam tristitiae; exacta** Erkundigungen];

11 bestimmen, festsetzen [**tempus; de alqa re coram**]; **haec exigentes** während sie das beschlossen;

12 zu Ende führen, zustande bringen, vollenden [**opus; cultum; ad magnificentiam** zu voller Prachtentfaltung bringen];

13 *(poet.) (Waffen)* ganz hineinstoßen, durchstoßen [**ferrum per ilia** durch die Eingeweide];

14 *(Ov.) (ein Schwert)* schwingen [**ensem**];

15 *(Waren)* vertreiben, verkaufen [**agrorum fructūs**];

16 beaufsichtigen [**aedes privatas** den Bau von Privathäusern].

exiguitās, ātis *f (exiguus)* 1 Kleinheit [**castrorum; terrae**];

2 geringe Zahl [**copiarum**];

3 Kürze, Knappheit [**temporis**];

4 *(nachkl.)* Dürftigkeit [**cibi**].

● **exiguus,** a, um *(exigo 6.)* 1 klein *od.* ge-

ring *an Größe, Länge, Umfang,* knapp, eng, kurz, wenig ausgedehnt, unbedeutend [**aedificia; pars terrae; campi; casa; civitas; fines; spatium**]; – *Subst.* **exiguum,** ī *n* ein Geringes [**campi; spatii**];
❷ winzig [**mus**];
❸ mager, schmächtig [**corpus; femur**];
❹ *(quant.)* gering, unbedeutend, wenig, dürftig [**pars populi; copiae; numerus oratorum; haustūs**];
❺ *(v. der Zeit)* kurz [**tempus; dies** Frist];
❻ *(qual.)* unbedeutend, schwach, unwirksam, belanglos [**ingenium; laus; facultates**].

ex-iī *Perf. v. exeo.*

exiliō = *exsilio.*

exīlis, e *(exiguus)* ❶ mager, schmächtig, dürr, dünn [**membra**];
❷ *(übtr.)* gehaltlos, kümmerlich, dürftig, ärmlich, kraftlos [**domus; oratio** trocken, dürftig; **solum** *u.* **ager** magerer Boden; **res** beschränkte Mittel].

exīlitās, ātis *f (exilis)* Dürftigkeit, Trockenheit *(der Rede).*

● **exilium,** ī *n (exul)* ❶ Verbannung; **in -um ire** *od.* **proficisci; in -um (ex)pellere, eicere, mittere; de -o alqm revocare** *od.* **reducere; ab** *od.* **de -o redire** *od.* **reverti; alqm -o multare** *od.* **afficere;**
❷ Verbannungsort, Exil; Zufluchtsstätte;
❸ *(Tac.)* exilia = *exules* die Verbannten; **plenum -is mare.**

exim = *exinde.*

● **eximius,** a, um *(eximo)* ❶ ausgenommen; **tu unus ~ es;**
❷ außerordentlich, ausgezeichnet [**laus; belli scientia; ingenium; -e diligere alqm**].

● **ex-imō,** imere, ēmī, ēmptum *(emo)* ❶ heraus-, wegnehmen [**biduum ex mense; rem acervo; favos; acinos de dolio; anulum digito** abziehen];
❷ (aus *einer Liste u. Ä.)* herausnehmen, (aus)streichen [**nomen alcis de tabulis; alqm ex** *od.* **de reis**];
❸ beseitigen, entfernen [**famem epulis** stillen; **alci curas** abnehmen]; **exempta dubitatio est;**
❹ losmachen, befreien, entbinden *(von: ex, de, bl. Abl., Dat.)* [**cives ex servitio; urbem (ex) obsidione; alqm ex cruciatu; e vinculis; agros de vectigalibus; alqm supplicio; alqm poenae** entziehen]; **milites exempti** freie Ritter;
❺ *(Zeit)* verbrauchen [**diem dicendo**]*;* **aetas male exempta;**
❻ *se* ~ sich absondern von jmdm. [**hominibus**].

exin = *exinde.*

ex-inānīō, inānīre *(inanis)* ausleeren [**navem** ausladen; **aciem** entblößen]; *übtr.* ausplündern, aussaugen [**agros; domos; gentes**].

exinānītiō, ōnis *f (exinanio) (Plin.)* Entleerung; Erschöpfung.

ex-inde, *verkürzt* **exim** *u.* **exin** *Adv.* ❶ *(räuml.) (Plaut.; Tac.)* von da (aus); ~ **Cappadociam petivit;**
❷ *(zeitl.)* **a)** hierauf, (so)dann, nachher; **b)** *(nachkl.)* von da an, seitdem;
❸ *(anreihend)* hierauf, dann;
❹ *(folgernd)* daher, daraufhin.

exinterō = *exentero.*

● **exīstimātiō,** ōnis *f (existimo)* ❶ Meinung, Beurteilung, Urteil [**omnium; militum de imperatore; communis omnibus**];
❷ Ruf, Ansehen [**bona; integra; magna**]; guter Ruf; **alcis existimationem violare** *od.* **offendere;**
❸ Kredit [**debitorum**].

exīstimātor, ōris *m (existimo)* Beurteiler, Kritiker.

● **ex-īstimō,** īstimāre *(altl.* ex-īstumō, īstumāre) *(aestimo)* ❶ (ab)schätzen, veranschlagen *(alqd; m. Gen. pretii, z. B. parvi, magni, pluris);*
❷ beurteilen, halten für, ansehen als, *im Pass.:* gelten für, als, angesehen werden als *(im Akt.: m. dopp. Akk.; im Pass.: m. dopp. Nom.; im Akt. u. Pass.: m. Gen. qual.);* **alqm hostem ~; alqm avarum ~; alqm idoneum ~; alqd verum ~; optimarum partium existimari** als Anhänger der Aristokraten; **in hostium numero ~** rechnen, zählen unter; **in probro existimari;**
❸ entscheiden, urteilen *(de; indir. Frages.; nach etw.: ex)* [**de ingeniis; de scriptoribus; ex eventu de alcis consilio; bene de re** ein günstiges Urteil über etw. haben, für etw. eingenommen sein; **male de re** ein Vorurteil haben]; – *Subst.* **exīstimantēs,** ntium *m* die Kritiker;
❹ meinen, glauben *(meist m. A. C. I.; Pass. m. N. C. I.);* **nihil precibus te perfecturum esse existimo; quod ego nullo modo existimo; qui vivere existimantur.**

existō = *exsisto.*

exīstum ... *(altl.)* = *existim* ...

exitiābilis *u.* **exitiālis,** e *(exitium)* unheilvoll, verderblich [**tyrannus; bellum; scelus; morbus**] *(für: Dat. od. in m. Akk.).*

exitiō, ōnis *f (exeo) (Plaut.)* das Herauskommen, Ausgang.

exitiōsus, a, um *(exitium)* unheilvoll, verderblich *(für: Dat. od. in m. Akk.);* **coniuratio -a; -um esse rei publicae; in publicum -i** für den Staat.

● **exitium,** ī *n (exeo)* ❶ das Hinausgehen, Ausgang;
❷ Untergang, Verderben, Vernichtung, Sturz [**gentis; principum; urbis; alci -o esse**];
❸ *(meton.)* Verderben = Zerstörer; **Catilina ~ rei publicae; ~ Troiae Achilles.**

● **exitus,** ūs *m (exeo)* ❶ das Hinausgehen, Ausgang; **exitum sibi parere;**
❷ die Möglichkeit hinauszuziehen; **omni exitu interclusi; insula, quae undique exitus maritimos habet;**
❸ Ausgang *(als Ort)* [**portarum; aedificii; portūs**];
❹ *(übtr.)* Ausgang, Ende, (Ab-)Schluss, Ziel [**vitae; anni; argumenti; oppugnationis**]; **verba, quae similes casus habent in exitu;**
❺ Lebensende, Tod, Untergang [**Caesaris; humanus**];
❻ Resultat; Erfolg; Schicksal [**belli; causae; incertus; bonus**]; **sine exitu esse; de exitu divinare** das Ergebnis ahnen.

exlecebra = *elecebra.*

ex-lēx, *Gen.* lēgis an kein Gesetz gebunden.

ex-līdō = *elido.*

ex-loquor = *eloquor.*

ex-moveō = *emoveo.*

ex-obsecrō, obsecrāre *(Plaut.)* inständig bitten *(m. ut u. Konj.).*

ex-oculō, oculāre *(oculus) (Plaut.)* die Augen ausschlagen.

exodium, ī *n (gr. Fw.)* heiteres Nachspiel, *bes. in den Atellanen.*

ex-olēscō, olēscere, olēvī, olētum *(alo)* ❶ heranwachsen; – *P. Adj.* **exolētus,** a, um erwachsen, reif; – *Subst.* **exolētus,** ī *m* Lustknabe;
❷ vergehen, (ver)schwinden, in Vergessenheit geraten, außer Gebrauch kommen, veralten; **disciplina exolevit; favor patris exolescit;** – *P. Adj.* **exolētus,** a, um veraltet [**instituta; annalium exempla vetustate**].

exolō = *exulo.*

ex-onerō, onerāre ❶ entlasten, ent-, abladen [**navem; alvum; stomachum; colos** abspinnen]; – *se ~ (v. Flüssen)* sich ergießen, münden;
❷ erleichtern, befreien [**civitatem metu; animum sollicitudine**];
❸ *(Plaut.; Tac.)* fortschaffen [**alqm ex agro; multitudinem in proximas terras**].

ex-opīnissō, opīnissāre *(opinio) (Petr.)* meinen, urteilen.

exoptābilis, e *(exopto) (Plaut.)* wünschenswert [**nuntius**].

ex-optō, optāre ❶ sehnlich wünschen, herbeiwünschen, ersehnen *(alqd; alci alqd; ut; Inf.)* [**ea maxime; Samnitium adventum; civile bellum; sibi honorem, imperium**]; **omnes te oderunt, tibi pestem exoptant** *(Cic.)*; – *P. Adj.* **exoptātus,** a, um ersehnt, erwünscht, willkommen [**gratulatio**];
❷ *(Plaut.)* auswählen.

exōrābilis, e *(exoro)* nachgiebig, leicht zu erbitten *(geg. jmd.: in alqm).*

exōrābulum, ī *n (exoro) (Plaut.)* Bitte.

exōrātiō, iōnis *f (exoro) (spätl.)* (Für-)Bitte.

exōrātor, ōris *m (exoro)* ❶ *(Ter.)* Bittsteller;
❷ *(mlt.)* Fürsprecher.

exorbeō = *exsorbeo.*

ex-orbitō, orbitāre *(orbita) (nachkl.)* ❶ seitwärts springen;
❷ *(v. einer Bahn)* abweichen [**a tramite veritatis**];
❸ (von der Wahrheit) abweichen [**a regula**].

exorcismus, ī *m (gr. Fw.)* Exorzismus: ❶ *(nachkl.)* Beschwörung böser Geister;
❷ *(mlt.)* Austreibung böser Geister.

exorcizō, exorcizāre *(gr. Fw.)* ❶ *(spätl.)* böse Geister beschwören;
❷ *(mlt.)* böse Geister austreiben.

ex-ōrdior, ōrdīrī, ōrsus sum ❶ *(ein Gewebe)* anfangen; **pertexe** (webe zu Ende), **quod exorsus es;**
❷ anfangen, beginnen [**facinus; orationem; narrare; dicere;** *(mit etw.: a re)* **bellum a causa nefanda**]; – *Subst.* **exōrsa,** ōrum *n (Verg.)* das Beginnen; Einleitungen.

exōrdium, ī *n (exordior)* ❶ Anfang, Beginn [**vitae; huius mali; pugnae**]; **-um (-a) capere, sumere;**
❷ *(rhet. t. t.)* Einleitung *(einer Rede od. Abhandlung)* [**dicendi; fabulae**]; **ergo ita nascetur ~.**

ex-orior, orīrī, ortus sum ❶ sich erheben, aufstehen;
❷ *(v. Sternen)* aufgehen [**sol exoriens**]; – *Subst.* **exoriēns,** entis *m (erg. sol) (Prop.)* die aufgehende Sonne, der Morgen;
❸ hervor-, losbrechen, sich Bahn brechen; **exorti repente insidiatores; ventus a mari exoritur;**
❹ *(unerwartet)* auftreten, erscheinen, sich zeigen; **exortus est servus** trat *(als Ankläger)* auf; **species Homeri exoritur; repentinus Sulla nobis exoritur;**
❺ entstehen, zum Vorschein kommen, auftauchen, eintreten; **amnis exoriens** entspringend; **exoritur clamor, fama, discordia inter cives; tot bella exoriebantur;**
❻ herrühren, entspringen *(ab alqo; ex re);* **ex iniustitia perturbatio exorta est.**

exōrnātiō, ōnis *f (exorno)* ❶ Ausschmückung, Verzierung [**urbis**];
❷ *(rhet. t. t.)* **a)** Redeschmuck [**verborum**]; **b)** Prunkrede *(zur Darstellung der rhet. Fähigkeiten des Redners).*

exōrnātor, ōris *m (exorno)* Ausschmücker; glänzender Redner.

exōrnātulus, a, um *(Demin. v. exornatus, dem P. P. P. v. exorno) (Plaut.)* reich geschmückt.

ex-ōrnō, ōrnāre ❶ ausrüsten, ausstatten, m. etw. versehen [**classem; vicinitatem armis**];
❷ (an)ordnen, herrichten, bereiten, ausrichten [**aciem** aufstellen; **convivium omni opulentiā**]; – *abs.* Anordnungen treffen [**provi-**

denter];
③ ausschmücken, (ver)zieren [**orationem; urbem signis; locum in palaestra**];
④ verherrlichen [**dignitatem rei publicae; alqm praeturā** befördern; **philosophiam falsā gloriā; Graeciam**].

ex-ōrō, ōrāre ① jmd. anflehen, durch Bitten bewegen, besänftigen [**deos; patrem**] *(m. ut, ne, nach Negation quin);* – *Pass.* sich durch Bitten erweichen lassen;
② *(poet.)* etw. erbitten, erflehen [**pacem**].

exors = *exsors.*

exōrsa, ōrum *n s. exordior.*

exōrsus[1] *P. P. Akt. v. exordior.*

exōrsus[2]**,** ūs *m (exordior)* ① Anfang, Beginn;
② *(rhet. t. t.)* erster Teil *(einer Rede od. Abhandlung)* [**orationis**].

exortus[1] *P. P. Akt. v. exorior.*

exortus[2]**,** ūs *m (exorior) (vor- u. nachkl.)* ① Aufgang *(eines Sternes)* [**solis; lunae; siderum**];
② Erhebung *auf den Thron;*
③ das Entstehen, Beginn, Ursprung [**Danuvii; Romae**].

ex-os, *Gen.* ossis *(Lucr.)* knochenlos.

ex-ōsculor, ōsculārī *(nachkl.)* ① abküssen, herzlich küssen;
② m. Lob überhäufen.

ex-ossō, ossāre *(os) (poet.)* entgräten.

exostra, ae *f (gr. Fw.)* Rollmaschine *im Theater, durch die den Zuschauern ein Raum hinter der Bühne als das Innere eines Hauses gezeigt wurde.*

ex-ōsus, a, um *(odi) (poet.; nachkl.)* ① sehr hassend, verabscheuend [**Troianos; patrios mores; arma**];
② verhasst [**ob scelera**].

exōtericus, a, um *(gr. Fw.)(nachkl.)* äußerlich.

exōticus, a, um *(gr. Fw.) (Plaut.; Gell.)* ausländisch [**unguenta; vinum; Graecia** Großgriechenland]; – *Subst.* **-um,** ī *n* ausländisches Gewand.

ex-pallēscō, pallēscere, palluī, – ① *(Ov.)* ganz blass werden, erbleichen [**toto ore**];
② *(Hor.) (m. Akk.)* blass werden, erschrecken vor.

ex-palliātus, a, um *(pallium) (Plaut.)* des Mantels beraubt.

ex-pallidus, a, um *(Suet.)* sehr blass.

ex-palpor, palpārī *u.* **ex-palpō,** palpāre *(Plaut.)* erschmeicheln.

ex-pandō, pandere, pandī, pānsum *u.* passum ① *(nachkl.)* ausbreiten, ausspannen [**alas**];
② *(nachkl.)* weit öffnen [**fores**];
③ *(Lucr.)* klar darlegen, verkünden [**rerum naturam dictis**].

ex-papillātus, a, um *(papilla) (Plaut.)* bis zur Brust entblößt; **-o bracchio.**

ex-patrō, patrāre *(Cat.)* vergeuden.

ex-pave-faciō, facere, fēcī, factum *(nachkl.)* scheu machen.

ex-pavēscō, pavēscere, pāvī, – sich entsetzen, zurückschrecken, erschrecken *(vor: Akk. od. ad)* [**insidias; mortem; ad id**].

expectātiō, expectō = *exspect ...*

ex-pectorō, pectorāre *(pectus)* aus der Brust vertreiben [**sapientiam**].

ex-pecūliātus, a, um *(peculium) (Plaut.)* des Vermögens beraubt [**servi**].

● **ex-pediō,** pedīre **I.** *trans.* ① losmachen, loswickeln, entwirren, herauswinden [**nodum** lösen; **caput laqueis mortis; illigatum**];
② freimachen, befreien, retten [**alqm occupatione; nos omni molestia; ex servitute filium**]; *(in schwieriger Situation)* herauswinden, durchhelfen [**alqm per acuta belli**]; – *se ~ u. mediopass. expediri* sich heraushelfen, entkommen [**curā; crimine; ex turba**];
③ *(Schwieriges)* abwickeln, ausführen, zustande bringen, erledigen, besorgen [**res; negotia; commeatūs; rem frumentariam** die Verproviantierung ordnen; **exitum orationis**]; **haec quaestio facile expedietur;**
④ *(Lästiges)* beseitigen, abtun [**curas**]; *(Schwierigkeiten)* überwinden [**quod instat**];
⑤ ermöglichen, fördern, ausfindig machen, auftreiben [**iter fugae; alci vicarium; sibi locum** sich Raum schaffen];
⑥ (heraus)holen, herbeischaffen [**virgas; Cererem canistris** Brot aus den Körben];
⑦ zum Kampf rüsten, in Bereitschaft setzen; herausholen [**arma, ferrum** sich kampfbereit machen; **legiones; exercitum; vela; naves** segelfertig machen; **se ad pugnam**];
⑧ entwickeln, darlegen, erläutern, melden [**initia et causas morbi; ea de caede**]; **age, hoc mihi expedi;**
⑨ *(poet.)* werfen, schleudern [**discum**];
⑩ *(Plaut.) se ~* sich entwickeln; ablaufen;
II. *intr.* ① förderlich sein, nützen [**rei publicae**], *meist unpers.* **expedit** es nützt, es ist zuträglich *(m. Inf.; A. C. I.; ut; Subj. nur Neutr. eines Pron. od. allgemeinen Adj. wie z. B. id, nihil, aliud);* **ubi vinci necesse est, expedit cedere; expedit rei publicae, ne sua re quis male utatur;** *(abs.)* **sic magis expedit;**
② *(Tac.)* sich bereitmachen, ausziehen [**ad bellum**];
③ *(Plaut.)* sich entwickeln, ablaufen.

expedītiō, ōnis *f* Feldzug [**nocturna**]; **expeditionem obire, suscipere; milites in expeditionem mittere, educere.**

● **expedītus,** a, um *(P. Adj. v. expedio)* **I.** *(v. Personen)* ① frei, ungehindert, ungebunden;
② *(milit.)* **a)** leicht bewaffnet [**iaculatores; pedites**]; – *Subst.* **-ī,** ōrum *m* Leichtbewaffnete; **b)** leicht bepackt; **c)** kampfbereit, schlagfertig [**copiae; legiones; manus** Mannschaft; **navis; classis** seetüchtig, klar zum Gefecht];

E

❸ rüstig, beschwingt, schwungvoll [**viator**]; – *Subst. m* rüstiger Fußgänger: **iter patet -o;**
❹ bereit, fertig [**ad dicendum; ad pronuntiandum**];
II. *(v. Sachen)* frei v. Hindernissen, bequem, leicht, bereit [**locus; res frumentaria; negotia** in Ordnung gebracht; **senatūs consultum** unbeanstandet; **victoria** entschieden, sicher; **celeritas dicendi**]; **alqd (copias) in -o habere** in Bereitschaft haben; **in -o esse** leicht sein; **via expeditior ad honores**.

● **ex-pellō,** pellere, pulī, pulsum ❶ hinaus-, wegtreiben, vertreiben, verjagen [**alqm manibus; pecus portā; agris; hostes finibus; naves a litore in altum; sagittam arcu** abschießen; **alqm domo patriāque; alqm (ex) re publicā; regem regno; alqm in provinciam** zum Rückzug in die Provinz zwingen];
❷ berauben [**alqm vitā, potestate**];
❸ verbannen [**alqm civitate**]; **Sulla, quos voluit, expulit, quos potuit, occidit;** – **expulsī,** ōrum *m* die Verbannten;
❹ aus-, verstoßen [**uxorem e matrimonio**];
❺ *(Stimmungen, Zustände)* vertreiben, verdrängen, beseitigen [**famem; somnum; morbum; laetitias (curas) ex pectore; memoriam alcis rei; sententiam** verwerfen];
❻ *(vom Meer)* ans Land werfen, auswerfen [**navigia in ripam; corpora; alqm naufragio**]; – *Pass.* Schiffbruch erleiden.

ex-pendō, pendere, pendī, pēnsum ❶ abwiegen *(bes. Geld u. Edelmetalle)* [**bacam**]; **expendantur, non numerentur pecuniae;** *sprichw.:* **hunc hominem decet auro expendi** *(Plaut.)*;
❷ abwägen, erwägen, prüfen, beurteilen *(nach etw.: m. Abl.)* [**consilia belli; verba; singula animo suo; omnes casus; testem** die Glaubwürdigkeit eines Zeugen];
❸ auszahlen, ausgeben [**nummos**]; **alci alqd expensum (expensam pecuniam) ferre** für jmd. etw. als ausbezahlt ins Rechnungsbuch eintragen, verbuchen;
❹ leihen; **sine faenore pecunias expensas ferre** Geld ohne Zinsen leihen;
❺ büßen, (er)leiden, erdulden, bezahlen [**supplicia;** *(für etw.: Gen.)* **poenas scelerum; poenas capite; scelus** den Frevel abbüßen, f. den Frevel büßen].

expēnsum, ī *n u.* **-a,** ae *f (expendo 3.)* Ausgabe, Aufwand.

expēnsus *P. P. P. v. expendo.*

expergē-faciō, facere, fēcī, factum *(Pass.* expergē-fīō, fierī, factus sum) ❶ *(nachkl.)* aufwecken, erwecken; – *Pass.* aufwachen [**e somno**];
❷ *se* ~ zur Besinnung kommen;
❸ *(Lucr.)* ins Leben rufen, hervorlocken;
❹ *(Plaut.) flagitium* begehen.

expergificō, expergificāre *(Gell.)* erwecken, ermuntern [**ingenium**].

expergīscor, expergīscī, experrēctus sum ❶ aufwachen, erwachen [**simul cum sole**];
❷ *aus der Untätigkeit* erwachen, sich ermuntern.

experiēns, *Gen.* entis *(experior)* ❶ unternehmend, tätig, geschäftig [**vir; arator; ingenium**];
❷ *(Ov.)* ausdauernd [**Ulixes;** *(in etw.: Gen.)* **laborum**];
❸ *(August.)* erfahren, kundig.

experientia, ae *f (experior)* ❶ Versuch, Probe *(m. Gen.)* [**patrimonii amplificandi; veri**];
❷ *(poet.; nachkl.)* Erfahrung *(in: Gen.)* [**multarum rerum; proeliorum; mentis**].

● **experīmentum,** ī *n (experior)* ❶ Versuch, Probe [**morum**];
❷ Beweis(mittel) [**ingenii; virtutis**];
❸ Erfahrung; **discimus -o.**

● **ex-perior,** perīrī, pertus sum *(vgl. peritus, comperio)* ❶ versuchen, erproben, prüfen [**fidem alcis; fortunam belli; iudicium discipulorum**];
❷ *(im Kampf)* sich m. jmdm. messen, seine Kraft an jmdm. erproben *(inter se od. alqm)* [**Romanos**];
❸ streiten, vor Gericht gehen [**legibus** gerichtlich; **gravi iudicio; de tantis iniuriis**];
❹ wagen, aufs Spiel setzen, versuchen [**omnia de pace** alle Mittel; **ultima** *od.* **extrema** das Äußerste; **aera pennis** sich in die Lüfte wagen; **licentiam** sich erlauben; **imperium** aufs Spiel setzen; **sua propria mala bonaque** geltend machen]; *(m. Inf. od. m. ut)*;
❺ durch Erfahrung kennen lernen *(m. Akk.; dopp. Akk.; A. C. I.; indir. Frages.)* [**alcis vires; mala captivitatis; alqm fortem inimicum; animum alcis** jmds. Gesinnung];
❻ durchmachen, erleiden, aushalten [**accusandi molestiam; labores**].

experrēctus *P. P. Akt. v. expergiscor.*

● **ex-pers,** *Gen.* pertis *(pars)* ❶ unbeteiligt, ohne Anteil *(an: Gen., selten Abl.)* [**consilii** nicht eingeweiht in; **publici consilii** nicht zugelassen zu; **periculorum**];
❷ frei von, ohne *(m. Gen., selten m. Abl.)* [**humanitatis** ungebildet; **Graeci sermonis** unkundig; **ingenii** ohne Talent; **culpae** schuldlos; **sui** außer sich; **metu** furchtlos].

expertus[1]**,** a, um *(P. Adj. v. experior)* ❶ erfahren *(in etw.: Gen. od. Abl.)* [**belli** kriegserfahren; **tribuniciis certaminibus**];
❷ erprobt, bewährt [**exercitus; virtus**].

expertus[2] *P. P. Akt. v. experior.*

expetendus, a, um *(expeto)* erstrebens-, wünschenswert [**gloria**].

expetēns, *Gen.* tentis *(expeto)* heftig wünschend, gierig.

expetessō, expetessere, – – *(Intens. v. expeto) (Plaut.)* heftig wünschen, verlangen [**consi-**

lium ab alqo; preces (Erfüllung der Bitten) a patrona].

expetibilis, e *(expeto) (Sen.)* erstrebbar, wünschbar.

● **ex-petō,** petere, petīvī, petītum **I.** *trans.* ① erstreben, heftig wünschen, verlangen, fordern [**gloriam; alcis mortem** *od.* **vitam** jmdm. nach dem Leben trachten; **poenas ab alqo** jmd. bestrafen; **supplicia** vollziehen]; *(auch m. Inf., A. C. I., ut);*
② zu erreichen suchen [**Asiam**];
II. *intr.* ① jmdm. zustoßen, jmd. treffen *(in alqm; alci);* **omnes belli clades in eum expetunt; in servitute expetunt multa iniqua** widerfahren;
② *(Plaut.)* dauern.

expiātiō, ōnis *f (expio)* Sühne, Vergeltung [**scelerum**].

expictus *P. P. P. v. expingo.*

expīlātiō, ōnis *f (expilo)* Ausplünderung, Beraubung [**Asiae; sociorum; fanorum**].

expīlātor, ōris *m (expilo)* Plünderer.

ex-pīlō, pīlāre *(vgl. compilo)* ① ausplündern, berauben [**aerarium; socios**];
② *(vorkl.; poet.)* (her)ausreißen [**oculos; crines**].

ex-pingō, pingere, pīnxī, pictum ① *(nachkl.)* aus-, bemalen, schminken [**genas; cutem**];
② *(übtr.)* ausmalen, anschaulich schildern.

ex-pio, piare ① durch Sühne reinigen, entsühnen [**civitatem; forum a sceleris vestigiis**];
② wieder gut machen, sühnen, büßen, abbüßen (lassen) [**legatorum iniurias; caedem regis; incommodum virtute; scelus supplicio; consulum ignominiam**];
③ durch Opfer sühnen, unschädlich machen, *(die bösen Folgen v. etw.)* abwenden [**prodigium; vocem nocturnam**]; **arma nondum expiatis uncta cruoribus;**
④ *durch Sühnopfer* versöhnen, besänftigen [**poenis manes mortuorum; iram caelestium**].

expīr ... = *exspir...*

ex-piscor, piscārī ausforschen [**omnia ab alqo**].

explānābilis, e *(explano) (Sen.)* deutlich, artikuliert [**vox**].

explānātiō, ōnis *f (explano)* ① Auslegung, Deutung [**portentorum; religionis**];
② Verdeutlichung, Erläuterung, Erklärung [**naturae**];
③ *(nachkl.)* deutliche Aussprache [**verborum; vocum**].

explānātor, ōris *m (explano)* Ausleger, Deuter, Erklärer [**oraculorum**].

ex-plānō, plānāre ① verdeutlichen, erklären, erläutern [**obscuram rem interpretando**]; **hoc facilius intellegi quam explanari potest;**
② deutlich darstellen [**de alcis moribus pauca**];
③ deuten, auslegen [**carmen; responsa**];
④ deutlich aussprechen [**verba**];
– *P. Adj.* **explānātus,** a, um deutlich [**vocum impressio** die Fähigkeit, deutlich zu artikulieren]; **parum explanatis vocibus sermo praeruptus.**

ex-plaudō = *explodo.*

explēmentum, ī *n (expleo)* ① *(Sen.)* Ausfüllung(smittel);
② *(Plaut.; Sen.)* Sättigungsmittel.

● **ex-pleō,** plēre, plēvī, plētum *(vgl. compleo, plenus)* ① aus-, anfüllen, füllen [**fossam aggere; cavernas; locum** vollständig besetzen];
② *(übtr.)* erfüllen [**animum gaudio; condicionem**];
③ *(Pflichten, Aufgaben)* erfüllen [**officium; munus; mortalitatem** sein Schicksal als Sterblicher];
④ voll erreichen [**muri altitudinem; quadraginta annos** *od.* **quadragesimum annum** volle 40 Jahre erreichen; **centurias** *od.* **tribūs** die volle Anzahl der Stimmen bekommen; **quinque orbes cursu** durchlaufen];
⑤ vervollständigen, ergänzen [**nautarum numerum; exercitum**];
⑥ sättigen, stillen, befriedigen [**sitim; iram; cupiditatem; alcis spem; avaritiam pecuniā; dolorem lacrimis; alqm divitiis** zufrieden stellen];
⑦ *(Zeiten)* erfüllen, vollenden, überstehen [**supremum diem** sterben; **annos fatales**];
/ *P. Adj.* **explētus,** a, um vollkommen, vollständig; **expleta rerum comprehensio.**

explētiō, ōnis *f (expleo)* Vervollständigung.

expletus *s. expleo.*

ex-plēvī *Perf. v. expleo.*

explicābilis, e *(explico) (nachkl.)* entwirrbar; erklärbar.

explicātiō, ōnis *f (explico)* ① das Abrollen [**rudentis** eines Seiles];
② Entwicklung, Auseinandersetzung, Erörterung;
③ Erklärung, Deutung [**quaestionum obscurarum; verborum; naturae**].

explicātor, ōris *m (explico)* Erklärer.

explicātrīx, rīcis *f (explicator)* Erklärerin.

explicātus, ūs *m (explico)* Erörterung.

explicit (liber) *(wohl Abk. für explicitus [est]) (spätl.; mlt.)* das Buch ist zu Ende *(Vermerk am Ende einer Abschrift).*

explicitus, a, um *s. explico.*

● **ex-plicō,** plicāre, plicāvī, plicātum *u.* plicuī, plicitum *(vgl. complico, implico)* ① auseinander falten, -rollen, ausbreiten, auseinander legen, entfalten [**vestem; velum; plagas; volumen** *od.* **librum** aufschlagen; **frontem sollicitam** glätten, aufheitern];
② heraus-, loswickeln; **ex his laqueis se ~** sich herausziehen;

❸ entwirren, ordnen, in Ordnung bringen [**confusum agmen**];
❹ ausdehnen, ausbreiten; **montes se explicant;** – *Pass.* sich ausbreiten;
❺ *(milit. t. t.) Truppen* entfalten *(aus enger Formation in weitere),* in der gehörigen Breite aufstellen [**ordines; aciem; equitatum; classem**];
❻ *(Schwieriges)* abwickeln, zustande bringen, fertig bringen [**consilium; iter** zurücklegen; **elegos** verfassen; **fugam**];
❼ befreien, erlösen, retten [**rem publicam; Siciliam; legatos**]; **da operam, ut te explices;**
❽ auseinander setzen, erklären, darlegen, erörtern, beschreiben, schildern [**alqd aperte; res gestas narrando; causam; crimen; vitam totam alcis; philosophiam; Graecas orationes** frei übersetzt wiedergeben]; *de re* ~ sich aussprechen über [**de officiis**];
/ *P. Adj.* **explicātus,** a, um **a)** geordnet, geregelt [**provincia**]; **b)** deutlich, klar [**responsum; -e dicere**]; **explicitus,** a, um leicht auszuführen, einfach.

ex-plōdō, plōdere *(u.* ex-plaudō, plaudere), plōsī, plōsum *(plaudo)* ❶ jmd. auspfeifen [**histrionem**]; **per sibilos explodi;**
❷ *(übtr.)* verwerfen, ablehnen [**sententiam**];
❸ *(poet.; nachkl.)* schlagend hinaus-, forttreiben, vertreiben.

explōrātiō, iōnis *f (exploro) (nachkl.)* ❶ Erkundung [**equestris** zu Pferde];
❷ Untersuchung, Erforschung [**veri**].

● **explōrātor,** ōris *m (exploro)* ❶ *(vor- u. nachkl.)* Kundschafter, Beobachter [**rerum**];
❷ *(milit. t. t.) Pl.* Spähtrupp;
❸ *(Suet.) viae* Vorreiter *aus dem Gefolge des Kaisers, der dafür sorgte, dass nichts die Reise des Kaisers behinderte.*

explōrātōrius, a, um *(explorator) (Suet.)* Kundschafter- [**corona** *als Belohnung f. den Kundschafter*].

● **ex-plōrō,** plōrāre ❶ auskundschaften [**insidias; cubiculum**]; **itinera hostium ~; explorato** nach dem Einholen v. Erkundungen;
❷ ausfindig machen [**locum castris idoneum; fugam** Gelegenheit zur Flucht];
❸ erkunden, erforschen, ausforschen, ermitteln [**onera vehiculorum; ambitum Africae; alcis consilia; regis animum** Gesinnung]; *de re* ~ über etw. Nachforschungen anstellen [**de eius voluntate**]; **explora rem totam** erforsche die Sache gründlich;
❹ *(poet.; nachkl.)* prüfen, untersuchen, erproben [**portas; epulas gustu**];
/ *P. Adj.* **explōrātus,** a, um sicher, feststehend, ausgemacht, gewiss [**pax; victoria; ratio**]; **mihi exploratum est** es steht f. mich fest *(m. A. C. I.);* **exploratum** *od.* **pro explorato habere** sicher wissen.

ex-plōsī *Perf. v. explodo.*

explōsiō, iōnis *f (explodo)* das Auspfeifen [**ludorum**].

explōsus *P. P. P. v. explodo.*

ex-poliō, polīre ❶ glätten [**libellum pumice**]; tünchen, bemalen;
❷ ausbilden, verfeinern [**alqm doctrinis; artes**];
❸ *(rhet.)* ausschmücken, ausmalen.

expolītiō, ōnis *f (expolio)* ❶ das Glätten; Bemalen, Anstrich;
❷ *(rhet.)* Ausschmückung; **inest in numero** (Rhythmus) ~.

● **ex-pōnō,** pōnere, posuī, positum ❶ offen hinstellen, zur Schau stellen [**rem venditioni; copias**];
❷ vor Augen stellen, aufstellen [**rem ante oculos; alqd in publico; factum** zur Nachahmung];
❸ *(Belohnungen)* aussetzen [**praemium alci**];
❹ *(Kinder)* aussetzen [**puellam ad necem**];
❺ *(naut. t. t.)* an Land setzen, ausschiffen [**milites (ex) navibus; frumentum; merces suas; tegulas de navibus; copias in litus**]; – *Pass.* landen;
❻ zur Verfügung stellen [**commeatūs; alci DCCC**];
❼ bloßstellen, aussetzen, preisgeben, *meist Pass.;*
❽ auseinander setzen, darlegen, erörtern, darstellen, beschreiben [**causam; omnem antiquitatem in uno volumine; mores alcis; mandata in senatu; rem breviter; narrationem; vitam alcis**]; **de re** ~handeln *od.* Mitteilung machen v. etw. [**de vita imperatorum**]; *(auch m. A. C. I.; indir. Frages.; dopp. Akk.);*
❾ *(poet.; nachkl.)* herausstellen, auslegen [**scalas** Schiffstreppen aus-, anlegen];
/ *P. Adj.* **expositus,** a, um **a)** offen, frei daliegend [**Sunion; urbes; limen**]; **b)** bloßgestellt, preisgegeben, ausgesetzt [**rupes ponto** der Brandung; **provincia barbaris nationibus; ager ventis; nomen ad invidiam**]; **c)** jedermann zur Benutzung überlassen; **d)** *(poet.; nachkl.)* allen verständlich, alltäglich; **e)** *(poet.; nachkl.)* leutselig, zugänglich [**homo**].

ex-poposcī *Perf. v. exposco.*

ex-porrigō, porrigere *(u. [Kom.]* ex-porgō, porgere), porrēxī, porrēctum ❶ hervor-, ausstrecken;
❷ ausdehnen, ausbreiten [**lumbos**];
❸ glätten; **exporge frontem** sei freundlich.

exportātiō, ōnis *f (exporto)* ❶ Ausfuhr [**mercium**];
❷ *(Sen.)* Verbannung.

ex-portō, portāre ❶ hinaustragen, fortschaffen [**signa ex fanis**];
❷ ausführen, exportieren *(Ggstz. importare)*

[**frumentum; vinum; aurum ex Italia**];
❸ verbannen.

ex-poscō, poscere, poposcī, – ❶ dringend verlangen, fordern, erbitten [**signum proelii; misericordiam**];
❷ jmds. Auslieferung verlangen *(alqm)* [**ad poenam**];
❸ *(durch Gebet, Gelübde etw. v. den Göttern)* erflehen, um etwas anflehen [**pacem precibus; victoriam a dis**];
❹ *(Ov.)* etw. erfordern; **tempus exposcit opes; maior pecunia, quam ratio singulorum exposcit.**

expositīcius, a, um *(expono) (Plaut.)* ausgesetzt [**liberi**].

expositiō, ōnis *f (expono)* ❶ Darlegung, Erklärung, Schilderung [**sententiae**];
❷ *(Vulg.)* Auslegung; **expositiones psalmorum.**

expositor, tōris *m (expono) (spätl.)* Erklärer, Kommentator, Deuter.

expositus *s. expono.*

expostulātiō, iōnis *f (expostulo)* ❶ dringende Forderung, dringendes Verlangen *(nach etw.: Gen.);*
❷ Beschwerde, Vorwurf [**singulorum**]; **expostulationes facere** vorbringen.

ex-postulō, postulāre ❶ *(nachkl.)* dringend fordern, verlangen *(alqd; ut; A. C. I.);* **causam expostulatus** gefragt nach der Ursache;
❷ *(nachkl.)* jmds. Auslieferung verlangen [**alqm ad poenam**];
❸ sich beschweren, sich beklagen *(cum alqo alqm od. alqd u. de re: bei jmdm. über jmd. od. über etw.; m. A. C. I.; indir. Frages.)* [**cum illo iniuriam; de nostris cupiditatibus**].

ex-posuī *Perf. v. expono.*

ex-pōtō = *epoto.*

ex-pressī *Perf. v. exprimo.*

expressiō, ōnis *f (exprimo)* das Auspressen, Ausdrücken [**pomorum**].

expressus¹, a, um *(P. Adj. v. exprimo)* ❶ herausgequetscht, gepresst;
❷ deutlich, anschaulich, ausdrucksvoll, sichtbar, handgreiflich [**sceleris vestigia**]; **-e dicere; corpora expressa** muskulös; **omnibus membris expressus infans** ausgebildetes.

expressus², ūs *m (exprimo)* bergauf gehende Wasserleitung, Druckwerk.

● **ex-primō,** primere, pressī, pressum *(premo)* ❶ (her)ausdrücken, -pressen [**sucum e semine; sudorem de corpore; spongiam; madidas imbre comas; vinculo spiritum** sich erhängen];
❷ erpressen, erzwingen, jmdm. etw. abnötigen [**vocem** ein Wort; **deditionem; veritatem tormentis; confessionem alci**]; **pecunia vi expressa et coacta;**
❸ *(m. Worten)* wiedergeben, anschaulich beschreiben, schildern, darstellen [**mores alcis oratione; bellum**]; übersetzen [**alqd Latine; verbum e verbo** Wort für Wort];
❹ (deutlich) aussprechen [**verba**];
❺ nachahmen, nachbilden [**alcis vitam et consuetudinem**];
❻ plastisch bilden, gestalten, darstellen *(in Wachs, Metall, Farbe)* [**imaginem in cera; simulacra ex auro; vultūs per aenea signa; effigiem de signis; imagines hominis gypso e facie ipsa**]; **vestis exprimens artūs** plastisch hervortreten lassend;
❼ emportreiben, -heben [**turres; aquam in altum**].

exprobrātiō, iōnis *f (exprobro)* das Vorwerfen, Vorwurf [**vitiorum; stultitiae**].

exprobrātor, ōris *m (exprobro) (Sen.)* Tadler.

exprobrātrīx, īcis *f (exprobrator) (Sen.)* Tadlerin; *attrib.:* vorwerfend, vorwurfsvoll.

ex-probrō, probrāre *(probrum)* ❶ jmdm. etw. vorwerfen, vorhalten, Vorwürfe machen *(alci alqd; wegen: de; A. C. I.)* [**casus bellicos; officia; fugam amico; alci periurium; de uxore**];
❷ vorwurfsvoll aufzählen *od.* erwähnen [**sua merita cicatricesque acceptas; suam militiam**].

ex-prōmō, prōmere, prōmpsī, prōmptum ❶ hervorholen, -nehmen [**apparatus supplicii; supplicia in cives** anwenden; **vinum in urceum**];
❷ etw. an den Tag legen, entfalten, deutlich zeigen, betätigen [**sensūs; amorem; crudelitatem in inimico**];
❸ eröffnen, darlegen, äußern [**sententiam; preces; suum; causas et ordinem belli; leges de religione**]; *(auch m. A. C. I.; indir. Frages.);*
❹ *(poet.) (Töne)* hervorstoßen, hören lassen [**maestas voces**];
/ *P. Adj.* **exprōmptus,** a, um *(Ter.)* bei der Hand, bereit.

expudōrātus, a, um *(pudor) (Petr.)* schamlos.

expūgnābilis, e *(expugno)* bezwingbar [**arx**].

expūgnātiō, ōnis *f (expugno)* Eroberung, Erstürmung, Einnahme [**castrorum; oppidi**].

expūgnātor, ōris *m (expugno)* Eroberer [**urbis**].

expūgnāx, *Gen.* ācis *(expugno) (Ov.)* bezwingend, wirksam [**herba**].

● **ex-pūgnō,** pūgnāre ❶ erobern, erstürmen, einnehmen [**oppidum vi** *od.* **per vim; naves; Cirtam armis**];
❷ jmd. besiegen, unterwerfen, überwinden, überwältigen [**tyrannos**]; **fames obsessos expugnavit** zwang zur Übergabe;
❸ etw. überwinden, bezwingen, brechen [**pertinaciam legatorum**];
❹ erzwingen, durchsetzen, erringen [**aurum a patre; coepta**].

ex-pulī *Perf. v. expello.*

E

expulsiō, ōnis *f (expello)* Vertreibung.
ex-pulsō, pulsāre *(Intens. v. expello) (Mart.)* heraus-, forttreiben, *(einen Ball)* abschlagen.
expulsor, ōris *m (expello)* Vertreiber [**tyranni; civium;** *(aus etw.: Gen.)* **bonorum**].
expulsus *P. P. P. v. expello.*
expultrīx, īcis *f (expulsor)* Vertreiberin [**vitiorum** *(v. der Philosophie)*].
ex-pungō, pungere, pūnxī, pūnctum ① *(Plaut.) (die Buchstaben auf der Wachstafel)* ausstreichen [**nomen** *(im Schuldbuch)*];
② *(Plaut.)* abdanken, aus dem Dienst entlassen [**manipulum**];
③ *(Pers.)* aus dem Wege räumen [**pupillum**];
④ *(nachkl.)* aufheben, ausgleichen [**munus munere; hunc diem**];
⑤ *(ein Verzeichnis)* prüfend durchgehen, (nach)prüfen;
⑥ *(Plin.)* herrechnen, aufzählen [**sidera ad nomen**].
expuō = *exspuo.*
expūrgātiō, ōnis *f (expurgo) (Plaut.)* Rechtfertigung, Entschuldigung.
ex-pūrgō, pūrgāre ① reinigen, säubern [*übtr.* **sermonem**];
② rechtfertigen, entschuldigen; **sui expurgandi causā** zu seiner Rechtfertigung; **non facile est expurgatu.**
expūrigātiō, expūrigō = *expurg …*
ex-pūtēscō, pūtēscere, – – *(Plaut.)* verfaulen.
ex-putō, putāre erwägen, ergründen.
ex-quaerō *(altl.)* = *exquiro.*
● **ex-quīrō,** quīrere, quīsīvī, quīsītum *(quaero)* ① aussuchen, auswählen, aufsuchen [**ex amicis unum**];
② untersuchen, prüfen [**tabulas; alcis facta**];
③ erforschen, ermitteln, ergründen [**veritatem; ambages**]; **rationes agitare et ~** ;
④ durchsuchen [**locum**];
⑤ sich erkundigen, (er)fragen *(m. Akk.)* [**consilium alcis**]; **exquire quidquid** du kannst mich nach allem fragen; **idem ego dicam, si me exquiret miles;**
⑥ verlangen, erflehen [**pacem per aras**];
/ *P. Adj.* **exquīsītus,** a, um **a)** (aus)gesucht, auserlesen, ausgezeichnet [**epulae; dicendi genus; munditia** gesucht; **comitas; iudicium litterarum**]; **b)** sorgfältig, genau [**doctrina; rationes** scharfsinnige Gründe].
exquīsīta, ōrum *n (exquiro)* Erkundigungen.
exquīsītor, ōris *m (exquiro) (spätl.)* Erforscher.
exquīsītus *s. exquiro.*
ex-quīsīvī *Perf. v. exquiro.*
ex-rādīcitus *Adv. (radix) (Plaut.)* m. der Wurzel.
ex-sacrificō, sacrificāre ein Opfer darbringen.
ex-saeviō, saevīre, – – sich austoben, sich beruhigen *(vom Unwetter).*
ex-sanguis, e ① blutlos, blutleer [**animae**]; **hostes enervati atque exsangues;**
② leblos, ohnmächtig;
③ tot, entseelt [**corpus**];
④ entkräftet, erschöpft [**homines; senectus; tot acceptis vulneribus**];
⑤ *(nachkl.) (übtr.)* kraftlos, ohne Leben [**vox; sermo; imperium**];
⑥ bleich, blass, fahl [**ōs; genae; visū**];
⑦ *(poet.)* bleich machend [**herbae; horror**].
ex-saniō, saniāre *(sanies) (nachkl.) (v. Eiter od. v. Jauche)* reinigen.
ex-sarciō, sarcīre, –, sartūrus ausbessern; ersetzen.
ex-satiō, satiāre = *exsaturo.*
exsaturābilis, e *(exsaturo) (Verg.)* zu sättigen; **non exsaturabile pectus** unersättlich.
ex-saturō, saturāre ① völlig sättigen;
② völlig befriedigen, ganz zufrieden stellen.
ex-scalpō, scalpere, – – ausschnitzen, ausmeißeln, in Stein hauen.
exscen … = *escen …*
ex-scindō, scindere, scidī, scissum ausrotten, zerstören, vernichten [**urbem; coloniam; hostem**].
ex-screō, screāre *(poet.; nachkl.)* sich räuspern.
ex-scrībō, scrībere, scrīpsī, scrīptum ① abschreiben [**tabulas**];
② aufschreiben, aufzeichnen [**sacra; nomina**];
③ *(nachkl.)* abzeichnen, abmalen.
ex-sculpō, sculpere, sculpsī, sculptum *(scalpo)* ① ausschnitzen, ausmeißeln [**simulacrum e quercu; signum ex lapide**];
② wegmeißeln, auskratzen, beseitigen, tilgen [**versūs**];
③ *(vorkl.) durch Fragen* etw. herauspressen [**verum ex testibus**].
ex-secō, secāre, secuī, sectum ① (her)aus-, abschneiden [**linguam; cornu**];
② entmannen, kastrieren;
③ *(Hor.) (Gewinn, Geld)* herausschlagen [**quinas capiti mercedes** monatl. 5% Zinsen aus dem Kapital].
exsecrābilis, e *(exsecror)* ① verflucht, verwünscht [**fortuna**];
② verfluchend, verwünschend [**carmen** Verwünschungsformel; **ira; odium** tödlich].
exsecrātiō, ōnis *f (exsecror)* ① Verwünschung, Verfluchung [**belli**];
② Beteuerung, Schwur;
③ *(mlt.)* Kirchenbann.
exsecrātus, a, um *(P. Adj. v. exsecror)* verwünscht, verflucht, abscheulich [**populo Romano** verabscheut von; **columna** auf der ein Fluch ruht, Säule des Fluchs].
ex-secror, secrārī *(sacer)* ① verwünschen, verfluchen [**consilia Catilinae; gentem; bellum**]; – *Part. Perf.* **exsecrātus** *auch pass.* verwünscht *(von jmdm.: alci);*
② *abs.* Verwünschungen ausstoßen, fluchen;

③ *(Hor.)* unter Verwünschungen etw. schwören; **haec exsecrata civitas.**

ex-sectiō, ōnis *f (exseco)* das Aus-, Abschneiden.

exsectus *P. P. P. v. exseco.*

ex-secuī *Perf. v. exseco.*

exsecūtiō, ōnis *f (exsequor) (nachkl.)* ① Ausführung [**negotii**];
② Durchführung, Behandlung [**sententiae** des Antrags];
③ Verwaltung, vollziehende Gewalt [**Syriae** in Syrien].

exsecūtor, ōris *m (exsequor) (nachkl.)* Vollstrecker, Rächer.

exsecūtus *P. P. Akt. v. exsequor.*

● **exsequiae,** ārum *f (exsequor)* Leichenbegängnis, Leichenzug.

ex-sequiālis, e *(exsequiae) (Ov.)* Leichen-, Begräbnis- [**carmen**].

● **ex-sequor,** sequī, secūtus sum ① zu Grabe geleiten [**alqm laude**];
② verfolgen [**Tarquinium; alqm ferro ignique**];
③ strafen, rächen [**violata iura; iniurias**];
④ etw. erstreben [**aeternitatem; alcis aspectum** sich nach jmds. Anblick sehnen];
⑤ *(sein Recht)* geltend machen [**ius suum armis; causam**];
⑥ etw. zu ermitteln suchen, erforschen [**alqd quaerendo, cogitando**]; *(m. indir. Frages.);*
⑦ ausführen, vollziehen, -strecken [**iussa; imperium; mandata alcis; munus; rem iudicatam; pompas** begehen; **mortem** sich töten, Selbstmord begehen];
⑧ etw. fortsetzen [**incepta**]; **difficile est id non ~ ad extremum;**
⑨ erdulden, mitmachen [**aerumnam; cladem illam fugamque** jene unheilvolle Flucht];
⑩ beschreiben, erzählen, erörtern [**sententias; vera; diligentius; subtiliter numerum** genau angeben]; *(m. indir. Frages.);* **ea vix verbis ~ possunt;**
⑪ *(Cat.) einer Partei* anhängen *(m. Akk.).*

ex-serciō = *exsarcio.*

ex-serō, serere, seruī, sertum ① heraus-, hervorstrecken [**linguam; enses; caput altius** erheben];
② entblößen, zeigen [**umeros; bracchia**];
③ losmachen, erlösen, befreien [**alqm vinculis**];
④ *(nachkl.)* offenbaren, zeigen, fühlen lassen [**principem** sich als Fürst]; **secreta mentis ore confuso exserit.**

exsertō, exsertāre *(Frequ. v. exsero) (Verg.)* wiederholt hervorstrecken [**ora**].

exsertus *P. P. P. v. exsero.*

ex-seruī *Perf. v. exsero.*

ex-sībilō, sībilāre ① jmd. auszischen, auspfeifen;
② *(nachkl.)* etw. hervorzischen [**nescio quid taetrum**].

ex-siccō, siccāre ① austrocknen [**arbores**]; – *P. Adj.* **exsiccātus,** a, um **a)** vertrocknet; **b)** *(übtr.)* trocken [**genus dicendi**];
② austrinken, leeren [**vina; amphoram**].

ex-sīgnō, sīgnāre aufzeichnen.

ex-siliō, silīre, siluī *(auch:* silīvī *u.* siliī), sultum *(salio)* ① hinaus-, herausspringen [**e cunis; ad alqm**]; **piscis e mari exsiluit; foras ~ ; protinus ~ ; oculi exsiluere;**
② auf-, emporspringen [**de sella; stratis** vom Lager; **gaudio** vor Freude].

exsilium = *exilium.*

ex-siluī *Perf. v. exsilio.*

exsistentia, ae *f (exsisto) (Eccl.)* das Dasein, Existenz.

● **ex-sistō,** sistere, stitī, – ① heraus-, hervortreten [**ex arvis; de terra; cornu a media fronte; ab inferis** v. den Toten auferstehen];
② auf-, emportauchen; **armati terrā** (aus der Erde) **exstiterunt;**
③ *(milit.)* hervorbrechen [**e latebris**];
④ *(v. Personen)* erscheinen, sich zeigen, werden; **ex amicis inimici exsistunt;**
⑤ zum Vorschein kommen; **occultum malum exstitit;**
⑥ entstehen, eintreten, aufkommen, werden; **motus repente exstitit; intolerabilis aestus exsistit; summa utilitas exsistit; alqd verum exsistit** stellt sich als wahr heraus; **ex rege dominus, ex optimatibus factio, ex populo turba et confusio exsistit;** – *Perf. auch:* vorhanden sein, stattfinden.

exsolūtiō, ōnis *f (exsolvo) (Sen.)* Erlösung, Befreiung.

ex-solvō, solvere, solvī, solūtum ① (auf)lösen *(konkr. u. übtr.)* [**vincula; catenas vi; nexūs** entwirren; **famem** vertreiben; **obsidium** aufheben];
② *(poet.)* losmachen, befreien [**alqm vinculis; pugionem a latere**];
③ erlösen, befreien [**alqm poenā, curis; populum (animos) religione; alqm errore; se voto; contumeliā**];
④ *(Schulden, Verpflichtungen)* (ab-)bezahlen, abtragen [**aes alienum; stipendium praeteritum** den rückständigen Sold];
⑤ erfüllen, leisten [**ius iurandum; vota; promissum; pretium**]; **debitum munus exsolvit;**
⑥ *(Dank)* abstatten, erweisen [**gratiam**];
⑦ büßen [**poenas morte**];
⑧ *(Tac.) (Wohltaten)* vergelten [**beneficia**];
⑨ *(nachkl.)* öffnen [**bracchia ferro** die Adern der Arme];
⑩ *(Lucr.)* erklären.

ex-somnis, e *(somnus) (poet.)* schlaflos, wach.

ex-sonō, sonāre, sonuī, – *(Petr.)* ertönen, erschallen.

ex-sorbeō, sorbēre, sorbuī *u. (selten)* sorpsī, – ① ausschlürfen, einsaugen; **civilem sanguinem ~** bis zur Neige trinken;
② *(übtr.)* verschlingen, auskosten [**praedas; vectigal** verschwenden].

ex-sors, *Gen.* sortis ① ohne Anteil, v. etw. ausgeschlossen *(m. Gen.)* [**amicitiae; dulcis vitae; culpae**];
② *(poet.)* auserlesen, außerordentlich [**honores**].

ex-spatior, spatiārī ① *(poet.)* v. der Bahn abweichen; **equi exspatiantur;**
② *(nachkl.)* sich ausbreiten;
③ *(poet.; nachkl.)* über die Ufer treten; **lacus exspatians; exspatiata ruunt per apertos flumina campos.**

exspectātiō, ōnis *f (exspecto)* ① Erwartung, Spannung, Neugier; Sehnsucht [**vestrarum litterarum** *(Gen. obi.)*]; **pro exspectatione omnium** wie alle erwartet hatten; **contra omnium exspectationem** wider aller Erwarten; **in exspectatione alcis rei esse** auf etw. gespannt sein;
② das Erwartetwerden; **in exspectatione esse** erwartet werden.

● **ex-spectō,** spectāre **I.** *intr.* warten [**ad portam; paucos dies**];
II. *trans.* ① erwarten [**legatos; adventum alcis; eventum pugnae; aliud tempus; ventum** günstigen Wind; **transitum tempestatis; praemia a rege; iniurias**]; **exspectandus erit annus** ich muss ein Jahr warten;
② auf etw. gespannt sein **a)** befürchten [**maiorem Galliae motum; supplicium**]; **b)** erhoffen, ersehnen, wünschen [**alcis auxilium; finem laborum omnium**]; **quod magna cum spe exspectamus;**
③ *(nachkl.)* bevorstehen, erwarten; **alqm exspectat tranquilla senectus; nos praemia exspectant** uns erwarten Belohnungen;
④ *(poet.)* erfordern, verlangen; **oleae falcem exspectant;**
/ *P. Adj.* **exspectātus,** a, um **a)** erwartet; **ante exspectatum** ehe man es erwartete; **b)** erwünscht, willkommen [**adventus; triumphus**].

ex-spergō, spergere, spersī, spersum *(spargo) (poet.)* ① über u. über bespritzen;
② zerstreuen, zersprengen.

ex-spēs *(nur Nom.) (poet.; nachkl.)* hoffnungslos, ohne Hoffnung *(auf etw.: m. Gen.)* [**vitae**].

exspīrātiō, ōnis *f (exspiro)* Ausdünstung [**terrae**].

ex-spīrō, spīrāre **I.** *trans. (poet.; nachkl.)* aushauchen, -blasen [**auras** *od.* **animam** den Geist aufgeben; **flammas pectore**];
II. *intr.* ① sterben [**inter verbera**]; *übtr.* vergehen, in Vergessenheit geraten; **exspirante iam libertate;**
② *(poet.)* hervorstürzen; **vis ventorum exspirat; exspirant ignes; exspirantes pectoris irae.**

ex-splendēscō, splendēscere, splenduī, – *(nachkl.)* ① hervorleuchten;
② *(übtr.)* sich rühmlich hervortun.

ex-spoliō, spoliāre ausplündern, völlig berauben *(alqm u. alqd re)* [**urbem; Pompeium exercitu et provinciā**].

ex-spuō, spuere, spuī, spūtum ① ausspeien [**vina; sanguinem**];
② *(übtr.)* v. sich geben, loslassen [**spiritum; vitam; miseriam ex animo** verbannen].

exstasis, is *f (gr. Fw.) (spätl.)* Verzückung.

ex-sternō, sternāre *(poet.)* außer Fassung bringen, heftig erschrecken, scheu machen [**animum alcis; equos**]; – *Pass.* außer Fassung geraten, sich entsetzen, scheu werden.

ex-stillēscō, stīllēscere, – – *(Incoh. v. exstillo) (poet.)* zu triefen beginnen.

ex-stīllō, stīllāre *(Kom.)* stark triefen [**lacrimis** in Tränen zerfließen].

exstimulātor, ōris *m (exstimulo) (Tac.)* derjenige, der jmd. aufwiegelt, Rädelsführer.

ex-stimulō, stimulāre *(poet.; nachkl.)* aufstacheln; **talis laudatio animos adulescentium exstimulat** *(Sen.)*.

exstīnctiō, ōnis *f (exstinguo)* Vernichtung.

exstīnctor, ōris *m (exstinguo)* ① (Aus-)Löscher [**incendii**];
② *(übtr.)* Vernichter, Zerstörer, Unterdrücker [**patriae; coniurationis; domestici belli**].

● **ex-stinguō,** stinguere, stīnxī, stīnctum ① (aus)löschen [**lumen; faces accensas; sitim** löschen, stillen]; – *mediopass.* *exstingui* erlöschen: **sol exstinguitur;**
② austrocknen, aufsaugen [**aquam; sucum**];
③ (aus)tilgen, vertilgen, vernichten, unterdrücken [**furorem alcis; omnes leges; pestem; populi Romani nomen**]; – *mediopass.* zugrunde gehen, untergehen;
④ umbringen, töten; **iuvenem fortuna morbo exstinxit;** – *mediopass.* umkommen: **Dareo exstincto;**
⑤ in Vergessenheit bringen [**crimina sua; memoriam publicam; gloriam**]; – *mediopass.* in Vergessenheit geraten, verstummen: **rumor exstinguitur.**

ex-stirpō, stirpāre *(stirps)* ausrotten [**vitia; perturbationes**].

ex-stitī *Perf. v. exsisto.*

● **ex-stō,** stāre, – – ① heraus-, hervorstehen, herausragen; **ossa exstabant; signa exstantia** erhaben gearbeitet; **serpens exstat** bäumt sich auf;
② sich zeigen, bestehen, vorhanden sein; *unpers.* es ist klar, sicher *(m. A. C. I. od. indir. Frages.)*; **hominum nemo exstat, qui;**
③ noch vorhanden sein; **exstant epistulae**

Philippi ad Alexandrum; exstant eius orationes;
④ *(mlt.)* = *sum.*

exstrūctiō, ōnis *f (exstruo)* Aufbau, Bau.

● **ex-struō,** struere, strūxī, strūctum ① aufbauen, erbauen, errichten [**muros; aedificium; theatrum; mare** im Meer Bauten errichten];
② aufschichten, aufhäufen, auftürmen [**rogum; acervum librorum; aggerem; montes ad sidera**];
③ beladen [**mensas epulis**].

exsūctus *P. P. P. v. exsugo.*

ex-sūcus, a, um *(nachkl.)* saftlos.

ex-sūdō, sūdāre **I.** *trans.* ① *(Plin.)* ausschwitzen [**acidum liquorem**];
② im Schweiß seines Angesichts etw. durchführen [**certamen; causas** Prozesse];
II. *intr. (poet.; nachkl.)* abfließen; **umor exsudat.**

ex-sūgō, sūgere, sūxī, sūctum *(vor- u. nachkl.)* aussaugen [**alci sanguinem; venena**]; **infirmum corpus et exsuctum** ausgemergelt.

exsul, exsulō = *exul, exulo.*

exsultābundus, a, um *(exsulto) (nachkl.)* jubelnd, jauchzend.

exsultāns, *Gen.* antis *(P. Adj. v. exsulto) (nachkl.)* ausgelassen.

exsultātiō, ōnis *f (exsulto)* laute Fröhlichkeit, Ausgelassensein, Jubel.

exsultim *Adv. (exsilio) (Hor.)* in ausgelassenen Sprüngen.

● **ex-sultō,** sultāre *(salto)* ① aufspringen [**ferocitate** *(v. Pferden)*; **in numerum** tanzen];
② sich sehr freuen, (auf)jauchzen, jubeln *(vor, wegen, über etw.: Abl.)* [**laetitiā; victoriā**]; *(bei etw.: Abl. od. in m. Abl.)* [**luctu alcis; in alcis ruinis**];
③ übermütig sein, prahlen [**successu**]; – *Part.* exsultāns übermütig, trotzig: **homo furens exsultansque; Hannibal iuveniliter exsultans; furor exsultans;**
④ *(poet.; nachkl.) (von Gewässern u. Ä.)* aufbrausen, emporsprudeln;
⑤ *(poet.; nachkl.)* sich tummeln [**per catervas** scharenweise];
⑥ *(v. Rede u. Redner)* sich frei ergehen.

exsultum *s. exsilio.*

exsuperābilis, e *(exsupero) (Verg.)* überwindbar.

exsuperāns, *Gen.* antis *(P. Adj. v. exsupero)* hervorragend, außerordentlich, vorzüglich [**forma**].

exsuperantia, ae *f (exsupero)* das Hervorragen, Vorzüglichkeit [**virtutis**].

ex-superō, superāre **I.** *trans.* ① *(poet.; nachkl.)* etw. überragen, über etw. emporragen; **angues exsuperant undas; vites exsuperant ulmos;**
② überschreiten, übersteigen [**amnem; angustias; clivum; iugum**];
③ *(übtr.)* überragen, übersteigen, übertreffen, über etw. hinausgehen [**alqd latitudine; summum Iovem** Jupiters Macht; **genus morum nobilitate; laudes alcis**]; **magnitudo sceleris omnium ingenia exsuperat** übersteigt alles Denken; **materia vires meas exsuperat;**
④ *(Verg.)* bewältigen, überwinden, besiegen [**moras; consilium caecum**];
⑤ *(nachkl.)* überleben, überdauern; **tu, vero, pater, vive et me exsupera;**
II. *intr.* ① *(Verg.)* emporragen, -schlagen; **exsuperant flammae, furit aestus ad auras;** *übtr.:* **violentia alcis exsuperat** flammt auf;
② *(Verg.) (übtr.)* hervorragen [**virtute; astu**];
③ *(poet.; nachkl.) (im Kampf)* die Oberhand behalten, siegen; **si non poterunt ~, cadant** *(Ov.).*

ex-surdō, surdāre *(surdus) (poet.; nachkl.)* ① taub machen [**aures**];
② *(übtr.)* betäuben, abstumpfen [**palatum** Gaumen, *d. h.* Geschmack]; **tantis clamoribus exsurdatus.**

ex-surgō, surgere, surrēxī, surrēctum ① sich erheben, aufstehen, sich aufrichten; *(milit.)* losbrechen [**a genibus; foras; ex insidiis; in collem** hinaufrücken];
② *(v. Lebl.)* aufsteigen, sich erheben; **petra in cacumen exsurgit;**
③ *(polit.)* sich gegen etw. erheben, einen Aufstand machen; **plebs rursus exsurgit;**
④ sich erholen, wieder zu Kräften *od.* zu Ansehen kommen; **auctoritate vestrā res publica exsurget.**

ex-suscitō, suscitāre ① (auf)wecken;
② anfachen [**flammam**]; *übtr.:* **ne quando parvus hic ignis magnum incendium exsuscitet** *(Liv.)*;
③ erregen, anregen [**animos**].

ex-sūxī *Perf. v. exsugo.*

exta, ōrum *n* ① *(v. den Opfertieren) die edleren* Eingeweide *(Herz, Lunge, Leber), aus denen geweissagt wurde* [**victimae; tauri; laeta, tristia** Glück, Unglück verkündend]; **-a inspicere, consulere;**
② *(Plaut.) (meton.)* Opferschmaus.

ex-tābēscō, tābēscere, tābuī, – ① mager werden, verfallen; **corpus macie extabuit; is fame extabuit;**
② nach u. nach (ver)schwinden, sich verlieren.

extāris, e *(exta) (Plaut.)* zum Kochen der Eingeweide dienend [**aula**].

● **ex-templō** *Adv.* sogleich, sofort, augenblicklich.

extemporālis, e *(ex tempore) (nachkl.)* aus dem Stegreif, unvorbereitet [**declamatio**].

extemporālitās, ātis *f (extemporalis) (Suet.)* die Fähigkeit, aus dem Stegreif zu reden *od.* zu dichten.

ex-tempulō *(Plaut.)* = *extemplo.*

ex-tendō, tendere, tendī, tentum *u.* tēnsum ① ausspannen, ausstrecken, ausdehnen, ausbreiten [**bracchium; manum; pennas nido** die Flügel; **funem; cervicem**];
② *(milit.)* auseinander ziehen, sich entwickeln, entfalten lassen [**agmen ad mare; phalangem in duo cornua; classem**]; – *mediopass. extendi* sich ausdehnen, sich erstrecken;
③ *(poet.; nachkl.)* erweitern, vergrößern, ausdehnen, verlängern [**agros; munimenta castrorum; epistulam; verba; spem in Africa quoque**]; **cupiditas gloriae extenditur** wächst;
④ *(zeitl.)* hinziehen, in die Länge ziehen, verlängern [**labores in horam quintam; consulatum suum; bellum; luctūs in aevum; vitae spatium; suam aetatem**];
⑤ *(poet.; nachkl.) der Länge nach* zu Boden strecken [**alqm arenā** in den Sand]; – *mediopass.* sich lang hinstrecken *od.* lang hingestreckt daliegen;
⑥ *(poet.)* verbreiten [**nomen in ultimas oras; famam factis**];
⑦ *se* ~ sich anstrengen [**se supra vires; se magnis itineribus** in Gewaltmärschen vorrücken].

ex-tentō[1], tentāre *(Intens. v. extendo) (Lucr.)* ausdehnen, ausstrecken [**umeros angustos; nervos**].

ex-tentō[2], tentāre *(Plaut.)* erproben, prüfen [**vires**]; **venisti huc te extentatum?** ein Probestück zu machen.

extentus *P. P. P. v. extendo.*

extenuātiō, ōnis *f (extenuo)* ① *(rhet. t. t.)* Verkleinerung, verkleinernde Darstellung; **distincte concisa brevitas et ~** *(Cic.)*;
② *(nachkl.)* Verdünnung [**aëris**].

ex-tenuō, tenuāre ① verdünnen, dünn machen, ver-, zerkleinern, klein machen [**cibum dentibus**]; – *mediopass. extenuari* sich verdünnen, dünn werden, zerfließen, zergehen [**in aquas** zu Wasser]; **aer extenuatus sublime fertur, tum autem concretus in nubes cogitur** *(Cic.)*;
② *(milit.)* auseinander ziehen, ausdehnen [**mediam aciem; agmen**];
③ *(übtr.)* verkleinern, vermindern, schwächen [**vires; spem**]; **sumptu fructum non extenuabunt;**
④ *(in der Darstellung)* verkleinern, schmälern, herabsetzen [**famam belli; crimen; facta; opes**];
/ *P. Adj.* **extenuātus,** a, um gering, schwach.

● **exter** *u.* **exterus,** tera, terum **I.** *(Pos.)* auswärtig, ausländisch, außen befindlich [**civitates**]; **mare exterum** der Ozean *(im Ggstz. zum Mittelmeer)*; – *Subst.* **exterī,** ōrum *m (nachkl.)* Fremde, Ausländer;
II. *(Komp.)* **exterior,** ius, *Gen.* iōris der äußere, weiter außen befindlich, weiter draußen [**orbis; hostis**]; **in exteriora;**
III. *(Superl.)* **extrēmus,** a, um *u. (selten)* **extimus** *(älter* **extumus),** a, um ① *(räuml.)* der äußerste, entfernteste, letzte [**gentes; pars**]; *oft part.:* der letzte Teil, Ende [**fines, fossa, pons** Ende des Gebietes, des Grabens, der Brücke]; **in extrema India** im fernsten I.; **in extremo libro** am Ende des Buches; **extremis digitis alqd attingere** mit Fingerspitzen; – *Subst.* **extrēmī,** ōrum *m* die Nachhut; **extrēmum,** ī *n* Ende, der äußerste Punkt; **in extremo montis;**
② *(zeitl.)* der letzte [**mensis; aetas; bellum**]; – *oft part.:* Ende; **in extrema oratione** am Ende der Rede; **extrema hieme** am Ende des Winters; **extremo tempore;** – *Subst.* **extrēmum,** ī *n* Ende [**anni**]; – *Adv.* extrēmō *u.* extrēmum endlich, zuletzt, zum letzten Mal; ad extrēmum bis zuletzt; am Ende, zuletzt, schließlich;
③ *(graduell)* **a)** der äußerste, ärgste, gefährlichste, schlimmste; **extrema pati, sustinere; extrema metuere; plura de extremis loqui; perventum erat ad extrema** zum Äußersten; **ad extremum** (äußerst) **tenax; extrema desperatio** größte Verzweiflung; **extrema periculorum** äußerste Gefahren; **auxilium extremum** das letzte Mittel; **per omnia extrema** durch das äußerste Elend; **res publica in extremo sita** in höchster Gefahr; **b)** der geringste, niedrigste, schlechteste, verächtlichste [**latrones**]; **servus notae extremae.**

ex-terebrō, terebrāre ① (her)ausbohren [**aurum**];
② *(Plaut.)* erzwingen *(m. ut).*

ex-tergeō, tergēre, tersī, tersum ① *(Plaut.)* abwischen [**manus; lacrimas**];
② *(übtr.)* ausfegen, ausplündern [**fanum**].

● **exterior,** ius *s. exter II.*

ex-terminō, termināre *(terminus)* ① vertreiben, verjagen, verbannen [**reges; alqm urbe, e civitate, ex hominum communitate**];
② *(übtr.)* entfernen, abweisen [**auctoritatem senatūs e civitate**].

externus, a, um *(exter)* ① der äußere, äußerlich; **mare -um** der Ozean; – *Subst.* **externa,** ōrum *n* die äußeren Angelegenheiten;
② ausländisch, auswärtig, fremd(artig) [**populus; bellum; religio; hostis; timor** vor einem auswärtigen Feind; **victoria** über auswärtige Feinde]; – *Subst.* **externus,** ī *m* Fremder, Ausländer; **externa,** ōrum *n* Fremdes, Fremdartiges, die Fremde, Ausland.

ex-terō, terere, trīvī, trītum ① herausreiben;
② zerreiben;
③ zermalmen, zertreten, zerquetschen [**magno pondere**].

ex-terreō, terrēre, terruī, territum ① auf-

schrecken, aufscheuchen [**armenta;** *übtr.* **freta conchā** m. dem Tritonshorn]; **exterritus somno;**
② heftig erschrecken, einschüchtern; **repentino hostium incursu exterreri; exterritus aspectu.**

extersus, ūs *m (extergeo) (Plaut.)* das Auswischen.

exterus *s. exter.*

ex-texō, texere, – – *(Plaut.) (scherzh.)* jmdm. Geld abnehmen, jmd. schröpfen *(alqm).*

exti … *auch = exsti …*

ex-timēscō, timēscere, timuī, – in Furcht geraten, (sich) sehr fürchten *(m. Akk.)* [**tyrannum; victorem orbis terrarum; periculum; victoriae ferocitatem**]; *(m. de: um)* [**de fortunis communibus**]; *(auch m. ne; quod; Inf.).*

extimus *s. exter III.*

exti-spex, spicis *m (exta u. specio)* Eingeweideschauer *(derjenige, der aus den Eingeweiden der Tiere weissagt).*

extispicium, ī *n (extispex) (nachkl.)* Eingeweideschau *(Betrachtung der Eingeweide der Tiere, um daraus zu weissagen).*

extō = *exsto.*

● **ex-tollō,** tollere, tulī, – ① auf-, emporheben, erheben [**caput; pugionem**]; *übtr.* erhöhen [**alqm supra ceteros**]; **ii, qui superiores sunt, debent inferiores ~;**
② loben, rühmen, preisen [**meritum alcis verbis; alqd oratione, laudibus; Hannibalis fortunam**];
③ *alqm od. animum alcis* jmd. aufrichten, ermutigen, jmds. Selbstgefühl heben [**alqm secundā oratione**];
④ *(Tac.)* **animum alcis ad superbiam ~** jmd. übermütig machen;
⑤ **se magis ~** nach Höherem streben;
⑥ *(Plaut.)* verschieben, aufschieben [**res serias ex hoc die in alium diem; nuptias**];
⑦ *(poet.)* herausnehmen, -setzen.

ex-torqueō, torquēre, torsī, tortum ① herausdrehen, -winden, entwinden [**arma, tela de (e) manibus; mucronem dextrae**];
② *(übtr.)* entreißen, abnötigen, abringen, erpressen [**alci regnum; consulatum senatui; obsides; victoriam hosti; beneficium; alci veritatem**];
③ foltern;
④ *(nachkl.)* aus-, verrenken [**articulum**].

ex-torris, e *(terra)* aus dem Land vertrieben, landesflüchtig, heimatlos, verbannt [**patriā; regno**].

ex-torsī *Perf. v. extorqueo.*

extortor, ōris *m (extorqueo) (Ter.)* Erpresser.

extortus *P. P. P. v. extorqueo.*

● **extrā** *(Abl. Sg. fem. v. exter [statt exterā], erg. viā)* **I.** *Adv.* außen, außerhalb; **~ et intus hostem habere;** – **extra quam** außer; **extra quam si** außer wenn; **extra quam qui** ausgenommen jene, die;
II. *Präp. b. Akk.* ① außerhalb, außer, vor; **~ muros;** *übtr.:* **~ coniurationem esse** der Verschwörung fern stehen; **~ periculum esse;**
② außer, ausgenommen, mit Ausnahme von; **omnes ~ ducem; ~ unum te;**
③ über … hinaus *(konkr. u. übtr.);* **progredi ~ munitiones; ~ modum** über die Maßen; **~ honorem; ~ consuetudinem** außergewöhnlich.

ex-trahō, trahere, trāxī, tractum ① herausziehen, -reißen [**telum e corpore; gladium e vulnere; dentes; retia;** *übtr.* **religionem ex animis** auslöschen];
② herausführen, -schleppen, hervorzerren [**alqm domo; senatores in publicum; copias in aciem; alqm cubili**];
③ *(etw. Verborgenes)* ans Licht ziehen [**scelera in lucem; secreta mentis** offenbaren];
④ *(übtr.)* emporbringen, fördern [**alqm ad honorem, ad consulatum**];
⑤ befreien, retten [**urbem ex periculis; se ex alqo malo**];
⑥ in die Länge ziehen, hinziehen, hinhalten [**obsidionem; bellum in tertium annum; certamen usque ad noctem**];
⑦ *(Zeit)* nutzlos hinbringen, vergeuden [**tempus morando; triduum disputationibus; diem cunctando**];
⑧ jmd. hinhalten.

extrāneus *(extra)* **I.** *Adj.* a, um ① außerhalb liegend, äußerer, v. außen kommend, äußerlich [**ornamenta**];
② auswärtig, ausländisch, fremd;
③ nicht in Beziehung zur Familie stehend, fremd [**mulieres; heres** nicht der nächste];
II. *Subst.* ī *m* Ausländer, Fremder.

extrā-ōrdinārius, a, um *(extra ordinem)* ① außerordentlich, außergewöhnlich [**cura; honor; potestas; munus** außer der Ordnung übertragenes Amt; **reus** unüblich behandelt];
② *(milit.)* auserlesen [**equites; cohortes**]; – *Subst.* **extrāōrdināriī,** ōrum *m (= milites -i)* Elitetruppen; *ihre Zelte befanden sich neben der porta praetoria od. extraordinaria des Lagers.*

extrārius = *extraneus.*

ex-trāxī *Perf. v. extraho.*

extrēmitās, ātis *f (extremus)* das Äußerste:
① die äußerste Grenze [**Aethiopiae**];
② der äußere Umkreis [**mundi**];
③ *(Plin.)* Rand [**lacūs**];
④ *(Plin.)* Umriss [**circuli**];
⑤ *(geom. t. t.)* Fläche;
⑥ *(Gell.) (gramm. t. t.)* Endung.

extrēmum, ī *n s. exter III.*

● **extrēmus** *s. exter III.*

ex-trīcō, trīcāre *(tricae)* ① *(poet.; nachkl.)* herauswickeln, -winden; – *mediopass.* *extricari*

sich herauswickeln;
② *(übtr.)* auftreiben, beschaffen, m. Mühe ausfindig machen [**nummos**]; **nihil** ~ nichts erreichen.

extrīn-secus *Adv.* *(exter)* ① von außen; *(übtr.)* **belli causa ~ venit, non orta inter ipsos est;**
② außen, auf der Außenseite; **columna ~ inaurata.**

extrītus *P. P. P. v. extero.*

ex-trīvī *Perf. v. extero.*

ex-trūdō, trūdere, trūsī, trūsum ① hinausstoßen, -treiben, -drängen [**alqm ex aedibus; alqm foras; mare aggere** zurückdrängen];
② *(Hor.)* sich vom Halse schaffen;
③ *(Lucr.)* verdrängen; **rerum novitate extrusa vetustas.**

ex-tūberō, tūberāre *(tuber[1])* *(nachkl.)* emporwölben.

ex-tudī *Perf. v. extundo.*

ex-tulī *Perf. v. effero[1] u. extollo.*

extume-factus, a, um *(extumeo u. facio)* angeschwollen.

ex-tumeō, tumēre, – – *(Plaut.)* anschwellen.

extumus, a, um = *extimus, s. exter III.*

ex-tundō, tundere, tudī, (tūsum) herausschlagen: ① *(in Metall)* treiben, ziselieren, in Relief arbeiten [**ancilia**];
② m. Mühe durchsetzen, zustande bringen, verschaffen, erringen [**honorem alci**];
③ abnötigen; **ex duro pectore gratiam extundit;**
④ vertreiben [**fastidia**];
⑤ zerschlagen, einschlagen [**calcibus frontem**].

ex-turbō, turbāre ① gewaltsam hinausjagen, -treiben, vertreiben [**homines e possessionibus; civem (ex) civitate; plebem ex agris; alqm foras;** *übtr.* **spem pacis** vereiteln; **mentem alcis** außer Fassung bringen; **alci ex animo aegritudinem**];
② verstoßen [**Octaviam**]; **matrimonio ~.**

ex-ūberō, ūberāre *(uber[2])* ① *(v. Gewässern)* reichlich hervorströmen, überströmen, Wellen hochtreiben; **exuberat amnis;**
② reichlich vorhanden sein, sich reichlich zeigen; *(ex)* aus etw. hervorquellen; **luxuriā foliorum exuberat umbra** *(Verg.)* durch den Reichtum an Blättern ist reichlich Schatten vorhanden; **ex eruditione eloquentia exuberat;**
③ Überfluss haben *(an etw.: Abl.).*

ex-uī *Perf. v. exuo.*

● **exul,** ulis *m u. f (ex u. solum)* der, die Verbannte; – *attrib.* **a)** verbannt, landesflüchtig, landesverwiesen, heimatlos; ausgewandert *(m. Abl. u. Gen.)* [**patriā; mundi**]; **exules damnatique; exules reducere; b)** *(Ov.)* v. etw. ausgeschlossen, ohne etw. *(m. Gen.)* [**mentis domūsque**].

exulcerātiō, ōnis *f (exulcero) (nachkl.)* das Aufreißen, Eiternlassen einer Wunde.

ex-ulcerō, ulcerāre *(ulcus)* ① *(vor- u. nachkl.)* zum Eitern bringen; wund machen;
② verschlimmern [**dolorem alcis**];
③ aufbringen, erbittern *(alqm od. animum alcis);* **ira exulceratos ignominiā stimulabat animos;**
④ *(Petr.)* tief betrüben.

exulō, exulāre *(exul)* ① verbannt sein, in der Verbannung leben; im Ausland leben; **exulatum (ab)ire;**
② *(mlt.)* eine Auslandsreise machen.

exultābundus, exultātiō, exultim, exultō = *exsult …*

ex-ululō, ululāre *(poet.)* aufheulen; – *P. Adj.* **exululātus,** a, um **a)** m. Heulen geweckt; **b)** aufheulend.

exūnctus *P. P. P. v. exung(u)o.*

exundātiō, ōnis *f (exundo) (nachkl.)* Überschwemmung [**fluminum**].

ex-undō, undāre ① hinaus-, hervorströmen;
② *(übtr.)* überströmen, überreichlich vorhanden sein; **largus et exundans ingenii fons; exundantes opes; exundat furor.**

ex-ung(u)ō, ung(u)ere, –, ūnctum *u.* **-ung(u)or,** ung(u)ī, – *(Plaut.)* durch Salben (sein Geld) vertun.

ex-uō, uere, uī, ūtum *(vgl. ind-uo)* ① etw. ausziehen, ablegen [**vestem; vincula sibi** sich abstreifen; **arma**];
② *(übtr.)* etw. ablegen, aufgeben, beseitigen, sich entledigen [**metum; societatem** aufgeben; **mores antiquos; hominem** die Menschengestalt; **pacem, fidem** brechen; **patriam** sich lossagen von; **iussa** sich nicht kümmern um; **obsequium in alqm** verweigern; **animam** aushauchen; **pacta**];
③ jmd. *od.* etw. ausziehen, entkleiden, entblößen; losmachen [**lacertos; membra pellibus; se iugo** das Joch abschütteln; **se ex laqueis**]; – *mediopass.* *exui* sich entkleiden;
④ jmd. berauben [**alqm armis; alqm agro paterno; hostem praedā** die Beute wegnehmen]; **omnibus fortunis exutus** im Stich gelassen.

ex-urgeō, urgēre, – – *(Plaut.)* ausdrücken, -pressen.

ex-ūrō, ūrere, ussī, ustum ① *(poet.)* (her)ausbrennen [**genas; scelus igni**];
② völlig verbrennen, niederbrennen [**villas; oppida; classem**];
③ austrocknen, -dörren [**lacūs; paludem**];
④ *(vom Durst)* verschmachten lassen, quälen [**fatigatos**]; **fervidā exustus siti;**
⑤ *(Ov.)* erwärmen, erhitzen; **antra exusta caminis;**
⑥ wegätzen, zerfressen, verzehren, zerstören; **vis veneni exurit ferrum;**
⑦ *(Tib.)* zur Liebe entflammen [**deos**];

❸ *(Sen.) (v. Sorgen)* zermürben, quälen; **magis exurunt curae.**

exūstiō, ōnis *f (exuro)* Brand [**terrarum**].

exustus *P. P. P. v. exuro.*

exūtus *P. P. P. v. exuo.*

exuviae, ārum *f u. (Prop.)* **-um,** ī *n (exuo)* ❶ die dem Feind abgenommene Waffenrüstung, Waffenbeute *(als Zeichen des Sieges);* Beute [**hostiles; Achillis; nauticae** erbeutete Schiffsschnäbel]; **alcis -is ornatus;** ❷ abgelegte Kleidung [**uxoris**]; ❸ abgezogene *od.* abgelegte Tierhaut [**serpentis; leonis**]; **-as ponere** sich häuten.

E

F

F. *(Abk.)* ① = *filius;*
② = *fecit (oft auf Grabinschriften);*
③ **FF.** = *fecerunt;*
④ **F.I.** = *fieri iussit;*
⑤ **FL.** *Flavius; Flaviā (tribū)* aus der Flavischen Tribus;
⑥ **FR.** *od.* **FRU.** = *frumentum, frumentarius.*

Fab. = *Fabiā (tribū)* aus der Fabischen Tribus.

faba, ae *f* ① Bohne;
② *(meton.)* **a)** *(Enn.)* Bohnenfeld; **b)** *(Mart.)* Bohnenbrei.

fabālis, e *(faba) (Ov.)* Bohnen- [**stipulae** Bohnenstroh].

Fabaris, is *m Nebenfluss des Tiber im Sabinerland (sabin.* Farfarus, ī *m), j.* Farfa.

fābella, ae *f (Demin v. fabula)* ① kleine Erzählung;
② *(poet.)* Fabel, Märchen;
③ kleines Drama.

● **faber**[1], brī *m* ① Handwerker, Künstler, Arbeiter *(meist m. einem bestimmenden Adj. od. Gen.)* [**tignarius** Zimmermann; **ferrarius** Schmied; **aeris, marmoris, eboris** Künstler *od.* Arbeiter in Erz, in Marmor, in Elfenbein]; *auch:* Schmied; ~ **volans** Ikarus; – *Pl.* Handwerker, *bes.* Bauhandwerker: **praefectus fabrūm** Werkmeister;
② *(milit.) Pl.* Pioniere: **praefectus fabrūm** Pionierkommandant.

faber[2], bra, brum *(poet.)* geschickt, kunstfertig, künstlerisch.

Fabius, a, um *Name einer röm. patriz. gens, ähnlich bedeutendes Adelshaus der röm. Republik wie die Cornelii, Aemilii, Claudii u. Valerii:* ① Q. ~ Maximus Cunctator, *Gegner Hannibals im 2. Pun. Krieg, Diktator 217, gest. 203 v. Chr. (Ennius zu seinem Beinamen, den er selbst nicht trug: „Unus homo nobis cunctando restituit rem.“);*
② Q. ~ Pictor, *Senator, geb. um 250 v. Chr., stellte als Erster die röm. Geschichte v. der Urzeit an dar (in griech. Spr.), Quelle f. Polybius u. Livius;*
③ Q. ~ Maximus Allobrogicus, *Konsul 121 v. Chr., siegte mit Cn. Domitius Ahenobarbus üb. die Allobroger, Triumph 120 v. Chr.;*
/ **Fabiānus,** a, um fabianisch, des Fabius [**milites**]; **Fabiānī,** ōrum *m* Soldaten des Fabius; Leute aus der Fabia tribus.

Fabrāteria, ae *f Ort der Volsker;* – *Einw.* **Fabrāternī,** ōrum *m.*

fabrē-faciō, facere, fēcī, factum *(Pass.* -fīō, fierī, factus sum) geschickt, kunstvoll verfertigen, bearbeiten [**alqd ex auro; argentum**].

fabrica, ae *f (faber)* ① Werkstatt; Schmiede;
② Kunst, Metier, Handwerk *eines faber;* Baukunst;
③ kunstvolle Bearbeitung [**aeris**];
④ kunstvoller Bau [**membrorum**];
⑤ *(Kom.)* Kunstgriff, List; **fingere alqam fabricam;**
⑥ *(spätl.)* Bauwerk; Bauhütte.

fabricātiō, ōnis *f (fabricor)* ① kunstvolle Gestaltung, Bildung, kunstvoller Bau [**hominis**];
② künstliche Veränderung [**in verbo**];
③ Kunstgriff;
④ *(August.)* das Verfertigte, Fabrikat.

fabricātor, ōris *m (fabricor)* ① Verfertiger, Hersteller, Schöpfer [**operis; mundi; templorum**];
② *(Verg.)* Urheber [**doli**];
③ *(Lucr.)* Ursache; **dolor ac morbus leti ~ uterque est.**

Fabricius, a, um *Name einer pleb. röm. gens:* ① C. ~ Luscinus *(Konsul 282, Zensor 275 v. Chr.), siegreicher Feldherr geg. die Samniten (Triumph 282 v. Chr.) u. Pyrrhus, galt in späterer Zeit als Urbild röm. Tugend u. Sittenstrenge;*
② L. ~, *62 v. Chr. als curator viarum Erbauer des pons ~, der Steinbrücke vom linken Tiberufer (Marsfeld) zur Tiberinsel;*
/ *Adj. auch* **Fabriciānus,** a, um.

fabricor, fabricārī *u. (poet.; nachkl.)* **fabricō,** fabricāre *(fabrica)* ① verfertigen, herstellen; schmieden [**signa; arma; gladium**]; bauen [**moenia**]; zimmern; – *Part. Perf.* fabricātus *auch pass.;*
② bilden [**verba** neue Wörter];
③ *(Kom.)* etw. Böses ausdenken [**fallaciam**].

fabrīlia, lium *n (fabrilis) (Hor.)* Schmiedearbeiten, Bildwerke.

fabrīlis, e *(faber*[1]*)* des Handwerkers, des Künstlers, Handwerker-, Schmiede- [**opera** Schmiedearbeit].

● **fābula**[1], ae *f (fari)* ① Gerede, Geschwätz [**urbis; sine auctore sparsa** Gerücht]; **in -is esse** Thema des Geredes sein; **~ est** *(m. A.C.I.)* man erzählt sich; **-am fieri, esse** Stadtgespräch werden, sein;
② *(nachkl.)* Unterhaltung, Gespräch; **tempus -is conterere; -ae convivales;**
③ *(nachkl.)* Gegenstand des Geredes;
④ erdichtete Erzählung, Geschichte, Märchen [**ficta**];
⑤ Sage [**sine auctore edita**]; **-ae ferunt** *od.* **produnt, in -is est** die Sage berichtet; – *Pl.* Mythologie [**Graecae**];
⑥ *(Phaedr.)* Fabel [**Aesopi**]; **haec ~ significat;**
⑦ *(Hor.)* Gegenstand der Dichtung, Stoff, Sujet;
⑧ Drama, Schauspiel, (Theater-)Stück; **-am agere** ein Stück aufführen, spielen *(v. den Schauspielern);* **-am dare** ein Stück aufführen lassen; **alcis nova ~;**
⑨ Epos, Heldengedicht;

⑩ *(Kom.)* **a) -ae!** Unsinn! dummes Zeug!; **b) quae haec est ~ ?** was geht hier vor?
⑪ *adj. (poet.)* **-ae Manes** das nichtige Reich der Schatten.

i Kultur **fābula** lehrhafte Erzählung: Tiere vertreten die Menschen, ihre Eigenschaften und Schwächen (schlauer Fuchs, stolzer Rabe). Diese Lieblingsliteratur der Völker aus dem Orient wird im 1. Jahrh. v. Chr. durch Phaedrus (nach dem Griechen Aesopus) in Italien heimisch.
Die Fabeldichtung der Neuzeit knüpfte an die Fabeln des Äsop u. Phädrus an (La Fontaine, Lessing).
Neben der heute noch geschätzten Tierfabel bedeutet heute „die Fabel eines Romans" die Inhaltsangabe (wie engl. „plot").

fabula², ae *f (Demin. v. faba) (Plaut.)* kleine Bohne.
fābulāris, e *(fabula¹) (nachkl.)* sagenhaft, Sagen-.
fābulātor, ōris *m (fabulor) (nachkl.)* Erzähler.
fābulor, fābulārī *u. (Plaut.)* **fābulō,** fābulāre *(fabula¹)* plaudern, reden, sich unterhalten [**inter sese; cum alqo**].
fābulōsus, a, um *(fabula¹) (poet.; nachkl.)* ① reich an Sagen, mythenreich [**carmina Graecorum; narrationes**];
② in der Mythologie berühmt, (sagen)berühmt;
③ die Sagen, Mythen liebend [**antiquitas**];
④ sagenumwoben, unglaublich, unerhört [**multitudo**];
⑤ der Sage angehörig.
fabulus, ī *m (Gell.) = fabula².*
facessō, facessere, facessīvī *u.* facessī, facessītum *(Intens. v. facio)* **I.** *trans.* ① *(poet.)* ausführen, verrichten [**rem; iussa, matris praecepta** befolgen];
② *(Übles)* bereiten, machen, verursachen [**alci periculum, negotium**];
II. *intr.* sich entfernen, sich davonmachen [**aedibus; hinc Tarquinios; ab omni societate rei publicae**].
facētiae, ārum *u.* **-a,** ae *f (facetus)* Scherz, Witz.
facētum, ī *n (facetus) (Hor.)* Anmut, Grazie.
facētus, a, um *(zu fax, eigtl. „glänzend")* ① fein, anmutig, graziös, elegant [**orator; oratio; meretrix**];
② witzig, scherzhaft; **alqd -e dicere**;
③ *(Hor.)* freundlich, nett.
● **faciēs,** ēī *f (facio)* ① äußere Erscheinung, das Äußere, Aussehen [**hominis; locorum**];
② Gestalt, Figur, Form [**arboris; vehiculi**];
③ Gesicht [**rubida**];
④ *(poet.)* schönes Gesicht;
⑤ *(poet.)* Schönheit, Anmut [**digna deā**]; **cura dabit faciem;**
⑥ Art, Beschaffenheit, Gestaltung [**laborum; scelerum**]; **non una pugnae facies** der Kampf gestaltet sich unterschiedlich; **qua facie sunt?;**
⑦ *(Tac.)* äußerer Schein; **publici consilii facie** unter dem Schein.
● **facilis,** e *(Adv.* facile, *nachkl.* faciliter) *(facio)* ① leicht, mühelos *(zu tun, zu erlangen),* bequem, geeignet [**descensus Averno; aditus; favor** leicht zu gewinnen; **humus** leicht zu bestellen; **remedium** gelinde; **iactura** leicht zu ertragender Verlust; **saevitia** leicht zu bezwingen]; **urbes faciles capi; nihil est dictu facilius;**
② beweglich, gewandt, geschickt, geschmeidig [**manus; canes; in inventione; ad dicendum** gewandt im Reden];
③ freundlich, leutselig, nachgiebig, gefällig, gütig *(in etw.: re u. in re)* [**nymphae; civis; pater; sermone**];
④ willig, bereit *(zu etw.: ad, in alqd od. alci rei)* [**ad gaudia; ad, in bella; in suum cuique tribuendo**]; **facilem populum habere;**
⑤ *(mlt.)* leicht empfänglich für *(ad);*
/ *Adv.* **facile,** *nachkl.* faciliter **a)** leicht, mühelos; **b)** bereitwillig, gern [**credere alci alqd; egestatem ferre**]; **facillime agitare; c)** angenehm, behaglich [**vivere**]; **d)** *(b. Gradbegriffen)* sicher, unbestritten: *(b. Adj.)* **virtute facile princeps; genere facile primus; facile doctissimus; facile deterrimus;** *(b. Verben des Übertreffens)* **alqm facile superare;** *(b. Zahlen)* **facile mille homines; e)** *m. Negation:* **non** *(od.* **haud***)* **facile** schwerlich, kaum, mit Mühe.
● **facilitās,** tātis *f (facilis)* ① *(nachkl.)* Leichtigkeit, leichte Ausführung [**camporum** Zugänglichkeit, leichte Passage; **soli** leicht zu bearbeiten];
② Leutseligkeit, Umgänglichkeit, Freundlichkeit, Gefälligkeit, Gutmütigkeit, Bereitwilligkeit [**animi**];
③ *(nachkl.) (rhet.)* Gewandtheit, Geläufigkeit;
④ Trieb, Neigung *(zu etw.: Gen.);*
⑤ *(nachkl.)* Leichtfertigkeit [**fornicationis**].
facinorōsus *u.* **facinerōsus** *(facinus)* **I.** *Adj.* a, um verbrecherisch, lasterhaft, ruchlos [**vir; animus; vita**];
II. *Subst.* ī *m* Verbrecher.
● **facinus,** noris *n (facio)* ① Tat, Handlung [**nefarium; egregium; praeclarum**];
② Schandtat, Übeltat, Untat, Verbrechen; **facinus facere, committere, obire; facinoris suspicio;**
③ *(meton.)* **a)** Missetäter, Verbrecher, Bösewicht; **b)** *(poet.)* Werkzeug des Verbrechens;

facinus excussit ab ore den Giftbecher;
④ *(Kom.)* Ding, Sache; **quod facinus video?**

● **faciō,** facere, fēcī, factum **I.** *trans.* ① tun, machen; **hoc perfacile est factu; quid faciam?** was soll ich tun?; **quid hoc homine facias?; quid fecisti scipione?;**
② etw. durchführen [**multa crudeliter avareque**];
③ verfertigen, herstellen, errichten, bauen [**arma; signum de marmore; vasculum; castra** aufschlagen; **classem; aggerem; moenia; templa**];
④ *(etw. Abstr.)* tun, machen, leisten, zustande bringen, ausführen [**promissa** erfüllen; **imperata; furtum; fraudem; iniuriam** zufügen; **comitia** abhalten; **indutias; pacem** schließen; **seditionem; proelium** liefern; **bellum alci** Krieg m. jmdm. anfangen, *auch:* Krieg geg. jmd. führen; **finem pretio** eine Grenze setzen; **vim** Gewalt anwenden; **deditionem** sich ergeben; **iactum; facinus** verüben; **significationem** ein Zeichen geben; **impetum in alqm; iudicium** ein Urteil abgeben *od.* Gericht halten; **iter** eine Reise unternehmen *od.* marschieren; **mentionem facere** *(de od. Gen.)* erwähnen; **insidias** nachstellen, verfolgen]; **ego plus quam feci facere non possum;**
⑤ verfassen, schreiben [**carmina; poëma; versūs** dichten; **litteras; orationem**];
⑥ sagen, reden [**verba** eine Rede halten];
⑦ veranstalten, feiern, begehen [**ludos; cenas; mysteria; sacrificium; res divinas** opfern];
⑧ *(Stoffe)* bearbeiten, verarbeiten [**ebur; aurum**]; *(Geld)* prägen [**argentum**];
⑨ hervorbringen, erzeugen, schaffen [**laetas segetes; ignem** anzünden];
⑩ *(Geld, Beute u. Ä.)* erwerben, verdienen, erzielen, gewinnen [**rem** Vermögen; **divitias ex alqa re; praedam; stipendia** Kriegsdienste leisten];
⑪ *(Truppen, Geld)* aufbringen, auftreiben, auf die Beine bringen [**manum; auxilia; exercitum; summam**];
⑫ *(Geschäfte, Berufe)* betreiben, ausüben [**argentariam** ein Bankgeschäft betreiben; **medicinam** als Arzt praktizieren; **piraticam**];
⑬ *(Affekte, Zustände)* hervorrufen, verursachen, bewirken, erregen, erwecken [**alci dolorem** bereiten; **oblivia rei** vergessen lassen; **alci fidem** überzeugen; **spem; curam; admirationem alcis rei; metum; suspicionem; iram**];
⑭ verschaffen, verleihen, gewähren [**alci decorem; silentium; transitum** den Durchzug gestatten];
⑮ (er)leiden [**detrimentum; damnum; difficultatem; naufragium**];
⑯ *(nachkl.) (Zeit)* zubringen, verleben, vollenden [**annum in fuga**];
⑰ *(nachkl.) (eine Strecke)* zurücklegen [**cursu quingenta stadia**];
⑱ *(poet.)* opfern [**liba Pali**];
II. *intr.* ① tun, handeln, tätig sein [**iure; animo optimo**]; **ratio faciendi;**
② sich betragen, sich benehmen [**contra legem; amice; fraterne; iucunde**];
③ *(cum od. ab alqo)* es mit jmdm. halten, jmds. Partei ergreifen, auf jmds. Seite stehen, jmd. unterstützen; **omnes cum senatu faciunt;** *übtr.:* **veritas cum hoc facit** ist auf seiner Seite;
④ *(contra od. adversus alqm)* geg. jmd. Partei ergreifen, die Gegenpartei begünstigen;
⑤ *(poet.; nachkl.)* geeignet sein, förderlich sein, wohl bekommen, zu etw. dienen, nützen; **nec caelum nec aquae mihi faciunt** bekommt mir; **dura corona capiti meo non facit;**
⑥ opfern *(re: mit etw.)* [**pro populo; dis; vitulā; agnis**];
⑦ *(Ter.)* Feldarbeit verrichten;
⑧ *(spätl.) (cum alqa)* verheiratet sein;
III. *m. besonderen Konstr.* ① *(m. dopp. Akk.)* zu etw. machen; zu etw. ernennen, erwählen [**Siciliam provinciam; alqm reum** anklagen; **alqm testem** zum Zeugen nehmen; **alqd planum** (auf)klären; **alqd reliquum** übrig lassen; **alqm certiorem** benachrichtigen *(de re);* **eam terram suam** sich unterwerfen; **alqm oratorem** jmd. zu einem Redner *od.* aus jmdm. einen Redner machen; **alqm consulem; alqm regem**];
② *(m. präd. Gen.)* zu jmds. Eigentum machen [**optionem Carthaginiensium** die Wahl den Karthagern überlassen; **agrum Gallicum suae dicionis** *(od.* **potestatis)** in seine Gewalt bringen; **alqd sui muneris** als sein Geschenk geltend machen; **alqm sui iuris** jmd. sich untertan machen];
③ *(m. Gen. pretii od. pro re)* achten, schätzen, anrechnen *(alqd magni, pluris, plurimi, parvi, tanti …)* [**alqd lucri** als Gewinn ansehen; **alqd pro nihilo**]; **te cottidie pluris feci;**
④ *(m. ut od. bloßem Konj., m. ne, quin, A. C. I.)* bewirken, verursachen, sorgen für; **moenia, fac, condas!; facite, ut recordemini!** erinnert euch!; **invitus feci, ut eum e senatu eicerem** ich ließ mich ungern dazu herbei; **facere non possum, ut** es ist mir nicht möglich, etw. zu tun; **facere non possum** *(od.* **fieri non potest***)* **quin** ich kann nicht umhin, ich muss durchaus;
⑤ *(m. dem Akk. des Part. od. m. A. C. I.)* jmd. etw. tun lassen, jmd. handelnd darstellen; **Xenophon Socratem disputantem facit;**
⑥ *(m. A. C. I.)* annehmen, den Fall setzen; **faciamus deos non esse.**

facteon *(scherzh. griech. gebildet) = facien-*

dum, v. facio.

● **factiō,** ōnis *f (facio)* ❶ *(Plaut.)* das Machen, Tun, Handeln; **quae haec factio est?** was geht hier vor?;
❷ das Recht etw. zu tun [**testamenti** das Recht zur Abfassung eines Testaments];
❸ politisches Treiben, Umtriebe, Parteiwesen, politische Entzweiung;
❹ Partei [**paucorum** aristokratische Partei];
❺ *(nachkl.)* Anhängerschaft [**histrionum**].

factiōsus *(factio)* **I.** *Adj.* a, um ❶ herrschsüchtig, an politischen Unruhen interessiert;
❷ *(Plaut.)* zum Handeln aufgelegt, zum Handeln bereit;
II. *Subst.* ī *m* Parteiführer, -gänger.

factitō, factitāre *(Frequ. v. facio)* ❶ zu machen, zu tun pflegen, gewöhnlich tun, ausüben [**simulacra; sacrificia; accusationem; versūs**];
❷ *(m. dopp. Akk.)* jmd. gewöhnlich zu etw. machen *od.* einsetzen [**alqm heredem**];
/ *P. Adj.* **factitātus,** a, um gewöhnlich, üblich.

factō, factāre *(Intens. v. facio) (Plaut.)* machen, ausführen, erledigen.

factor, ōris *m (facio)* ❶ *(vor- u. nachkl.)* Verfertiger, Schöpfer [**rerum; mundi**];
❷ *(Plaut.) (erg. pilae) derjenige, der den (ihm zugeworfenen) Ball schlägt oder weiter wirft.*

● **factum,** ī *n (facio) (näher bestimmt meist durch Adv., manchmal durch Adj.)* ❶ Tat, Handlung, Werk, Verfahren [**illustre; bene facta; egregium**];
❷ Vorfall, Ereignis; **post id -um;**
❸ Tatsache.

factūra, ae *f (facio)* ❶ *(Plin.)* Bearbeitung;
❷ *(Gell.)* Bau(art) [**corporis** Körperbau].

factus, a, um *(P. Adj. v. facio)* ❶ *(Kom.)* getan, gemacht, geschehen; **dictum -um** gesagt, getan; **factius nihilo facit** „er macht es um nichts geschehener", es wird nicht anders;
❷ kunstvoll verarbeitet, kunstvoll gearbeitet [**argentum**];
❸ *(rhet.)* kunstvoll, -gerecht [**oratio; versiculi**];
❹ *(v. Personen)* **a)** zu *od.* für etw. geschaffen; **b)** gebildet.

facula, ae *f (Demin. v. fax) (vor- u. nachkl.)* Kienspan, Fackel.

● **facultās,** tātis *f (facilis)* ❶ Möglichkeit, Gelegenheit *(etw. zu tun: Gen.; ad; ut)* [**fugae; iudicandi; redimendi; ad dicendum**]; **alci facultatem dare (facere, concedere, offerre) ut; facultatem efficiendi habere; hinc abite, dum est ~; ~ offertur** bietet sich;
❷ Erlaubnis [**itineris faciendi**];
❸ Geschick(lichkeit), Anlage, Talent, Fähigkeit, Wirksamkeit [**ingenii** *(Gen. subi.); (in, zu etw.: Gen. obi., selten in m. Abl.)* **dicendi; medicamentorum**];
❹ *(Ter.)* (körperl.) Kraft;
❺ Rednertalent, Beredsamkeit; **facultate florens;**
❻ Vorrat, Fülle, Menge [**omnium rerum in oppido; navium; virorum**];
❼ *Pl.* die Mittel, Hilfsquellen, Kosten [**Italiae; belli** zum Krieg]; Geldmittel, Vermögen; **pro facultatibus dare.**

fācundia, ae *f (facundus)* Redegewandtheit, Beredsamkeit.

fācunditās, tātis *f (facundus) (Plaut.)* Redegewandtheit.

fācundus, a, um *(fari)* ❶ redegewandt, beredt; **loquax magis quam ~;**
❷ geläufig, gefällig [**oratio**].

faeceus, a, um *(faex) (Plaut.)* gemein, unanständig [**mores**].

faecula, ae *f (Demin. v. faex) (poet.; nachkl.)* gebrannter Weinstein, Weinsteinsalz *(als Arznei od. Gewürz).*

faeculentus, a, um *(faex) (nachkl.)* voll Hefe, voll Bodensatz, trüb.

faelēs *u.* **-lis** = *feles u. -lis.*

faen . . . = *fen . . .*

Faesulae, ārum *f Stadt nordöstl. v. Florenz, j.* Fiesole; – *Einw. u. Adj.* **Faesulānus,** ī *m bzw.* a, um.

faex, faecis *f* ❶ *(poet.)* (Wein-)Hefe;
❷ *(übtr.)* Abschaum [**plebis**];
❸ *(poet.; nachkl.)* Bodensatz, Niederschlag;
❹ *(Hor.)* Weinstein(salz);
❺ *(Mart.)* **dies sine faece** wolkenloser, heiterer Tag.

fāgin(e)us, a, um *(fagus)* buchen, aus Buchenholz.

fāgus, ī *f (gr. Fw.)* Buche; *meton.* Buchenholz.

faida, ae *f (germ. Wort) (mlt.)* Fehde.

faila, ae *f (mlt.)* Mantel.

fala, ae *f* ❶ *(vorkl.)* hölzerner Belagerungsturm;
❷ *(Iuv.)* hölzerne Säule.

falārica, ae *f (fala)* ❶ *(iberischer)* Wurfspeer;
❷ Brandpfeil.

falcārius, ī *m (falx)* Sichelmacher, Sensenmacher; **inter -os** in der Sensenmacherstraße.

falcātus, a, um *(falx)* ❶ mit Sicheln versehen, Sichel- [**quadrigae**];
❷ *(poet.)* sichelförmig gekrümmt [**ensis; cauda**].

Falcidius, a, um *Name einer röm. gens:* C. ~, *Volkstribun zu Ciceros Zeit; – Adj. auch* **Falcidiānus,** a, um.

falci-fer, fera, ferum *(falx u. fero) (poet.)* ❶ Sichel tragend [**manus; deus** Saturn];
❷ m. Sicheln versehen [**currus** Sichelwagen *als Streitwagen*].

falcō, ōnis *m (spätl.)* Falke.

falconarius, ī *m (falco) (mlt.)* Falkner.

faler . . . = *phaler . . .*

Faleriī, ōrum *m Stadt der Falisker in Südetruri-*

en, j. Cività Castellana; – *Einw. u. Adj.* **Faliscus,** ī *m bzw.* a, um; – **Faliscum,** ī *n* Gebiet v. Falerii.

Falernus ager falernisches Gebiet *(an der Grenze v. Latium u. Kampanien);* – **Falernus,** a, um falernisch [**tribus; vites; uvae; vinum**]; – **Falernum,** ī *n* **a)** *(erg. vinum)* Falernerwein; **b)** *(erg. praedium)* das Falernum, *Landgut des Pompeius.*

Faliscus *s. Falerii.*

fallācia, ae *f (fallax)* Täuschung, Trug, Betrug, Verstellung, Intrige; ~ **alia aliam trudit.**

fallāci-loquus, a, um *(fallax u. loquor)* betrügerisch redend.

fallāciōsus, a, um *(fallacia) (Gell.)* hinterhältig, betrügerisch.

● **fallāx,** *Gen.* ācis *(fallo)* (be)trügerisch, täuschend, verräterisch, hinterhältig [**homines; nuntius; spes; vadum;** *(in etw.: Gen.)* **amicitiae**].

● **fallō,** fallere, fefellī (falsum *gew. Adj.; P.P.P. durch* dēceptum *ersetzt)* ① täuschen, betrügen, hintergehen, hinter's Licht führen; **cives suos ~; alqm dolis ~; alqm fructu ~** bringen um; **alcis faciem ~** täuschend nachahmen; **spem** *(od.* **opinionem***)* **alcis ~** jmd. in seiner Hoffnung (Vermutung) täuschen; **spes (opinio, dies, tempus) alqm fallit** jmd. täuscht sich in, jmd. irrt sich in; *unpers.:* **me fallit** ich täusche mich, irre mich; **non est regula, quin fallit** die nicht täuscht; – *mediopass.* sich täuschen, sich irren: **nisi fallor** wenn ich mich nicht täusche = **nisi me fallo** = **nisi me fallit (animus, memoria);**
② *(poet.)* unkenntlich, unmerklich machen, vergessen lassen [**furta** verbergen; **discrimina; laborem** nicht fühlen lassen; **luctum** unterdrücken; **horas sermonibus** sich vertreiben; **curam vino et somno**];
③ sich entziehen, verborgen, unentdeckt, unbemerkt bleiben, entgehen; *abs.:* **aetas fallit** vergeht unbemerkt; *m. Akk.:* **ducem, dominum, custodes, oculos ~; nihil me fallis** ich kenne dich wohl; *m. Part.:* **hostis fallit incedens** der Feind kommt unbemerkt heran; **Pan te fefellit vocans** lockte dich heimlich; **moriens fefellit** unbekannt gestorben; – **alqm (non) fallit** *(m. A. C. I.)* es entgeht jmdm. (nicht), dass;
④ etw. nicht leisten, nicht erfüllen, brechen, versagen [**promissum; mandata; ius iurandum; fidem** die Treue brechen]; *(Schwurformel)* **si fallo;**
⑤ *(poet.)* unwirksam machen [**omen**];
⑥ zu Fall bringen, ausgleiten lassen; **glacies fallit pedes; gradus instabilis fallit alqm.**

falsārius, ī *m (falsus) (nachkl.)* Fälscher *(bes. von Handschriften und Testamenten).*

falsi-dicus, a, um *(falsus u. dico) (Plaut.; spätl.)* lügenhaft [**homo; fallaciae**].

falsi-ficus, a, um *(falsus u. facio) (Plaut.)* falsch handelnd.

falsi-iūrius, a, um *(falsus u. iuro) (Plaut.)* falsch schwörend.

falsi-loquus *u.* **-locus,** a, um *(falsus u. loquor) (Plaut.)* lügenhaft.

falsimōnia, ae *f (falsus) (Plaut.)* Betrug.

falsi-parēns, *Gen.* entis *(falsus) (Cat.)* einen erfundenen Vater habend.

falsitās, tātis *f (falsus) (spätl.)* Unwahrheit; Fälschung.

falsō *Adv. v. falsus, s. falsus.*

falsum, ī *n (falsus) (nachkl.)* Fälschung, Betrug; Unwahrheit, Lüge; Irrtum; **-um dicere; -um iudicare** falsches Urteil abgeben; **-um iurare** falsch schwören; **ex -is verum effici non potest.**

● **falsus** *(fallo)* **I.** *Adj.* a, um *(Adv. gew.* falsō, *selten* falsē*)* ① *(akt.)* falsch, betrügerisch, lügenhaft, heuchlerisch [**accusator; verba; simulacrum; sensus; visus; avis** trügerisches Omen];
② *(medial)* **a)** sich irrend; **illi -i sunt** sind im Irrtum; **ea res me -um habuit** täuschte mich; **b)** *(v. Abstr.)* irrig, nichtig, leer, unbegründet [**fama; metus; spes**];
③ *(pass.)* **a)** unwahr, erfunden, erdichtet, gefälscht, unecht, nicht wirklich [**dicta; rumores; litterae; crimen; argumentum**]; **falsus in uno, falsus in omnibus; b)** *(v. Personen)* untergeschoben, unecht, erlogen [**pater; genitor; testis**];
/ *Adv.* **falsō** fälschlich, irrtümlich [**suspicari**]*; (als abgekürzter Satz)* falsch! mit Unrecht!;
II. *Subst.* ī *m (poet.)* Betrüger, Lügner.

falx, falcis *f* ① Sichel, Sense;
② *(poet.)* Winzer-, Gartenmesser;
③ *(milit.)* **a)** Brechhaken, Mauerhaken *(als Mauerbrecher);* **b)** *(Lucr.; Gell.)* Sichel am Streitwagen.

● **fāma,** ae *f (fari)* ① Gerücht, Reden der Leute, Sage; geschichtliche Überlieferung, Tradition [**incerta;** *(über etw.: m. Gen.; de)* **rerum** die Geschichte; **circumventi exercitūs; de victoria Caesaris**]; ~ **est** *(m. A. C. I.)* es geht das Gerücht, die Sage, es wird überliefert; ~**fuit** es ging die Rede; ~ **tenet, obtinet** herrscht, besteht; ~ **pervenerat Tarentum; -ae per omnem provinciam ibant;**
② öffentliche Meinung, Urteil der Menge [**omnium; hominum; forensis**];
③ Ruhm, Berühmtheit [**aeterna**]; **posteritas famaque** Ruhm bei der Nachwelt;
④ Ruf [**bona; mala; integra; crudelitatis; eloquentiae**];
⑤ guter Ruf, guter Name; **-ae servire** auf guten Ruf bedacht sein; **fundamentum est -ae iustitia;**
⑥ Frauenehre, unbescholtener Ruf; **-am sororis defendere;**

⑦ schlechter Ruf, üble Nachrede [**sinistra**]; ~ **atque invidia** gehässige Nachrede; **-am in se transferre.**

Fāma, ae *f (fama) (poet.) Göttin des Gerüchts, des Geredes.*

famēlicus *(fames)* **I.** *Adj.* a, um *(poet.; nachkl.)* hungrig, verhungert [**senex; canes; iumenta**];
II. *Subst.* ī *m (Kom.)* Hungerleider.

fāmen, minis *n (fari) (nachkl.)* Rede, Ansprache.

● **famēs,** mis *f* ① Hunger; **plebem fame necare; fame interire** *(od.* **mori***)* verhungern; **famem tolerare, sustentare, perferre** Hunger leiden; **fame vinci** durch Aushungern; **famem explere, depellere** stillen;
② Hungersnot; **per totum famis tempus;**
③ *(Ter.; Mart.)* Armut;
④ Dürftigkeit *(im Ausdruck);*
⑤ *(poet.; nachkl.)* Begierde, Gier, Verlangen *(nach etw.: m. Gen.)* [**argenti**].

fāmi-gerātiō, ōnis *f (fama u. gero) (Plaut.)* Geschwätz.

fāmi-gerātor, ōris *m (fama u. gero) (Plaut.)* Schwätzer.

i Kultur ● **familia,** ae *f (famulus)* ① Hausgenossenschaft *(Herrschaft u. Dienerschaft);* **pater familias** Hausherr; **mater -as** *u.* **-ae** Hausfrau; **filius, filia -as** *u.* **-ae** Sohn, Tochter des Hauses;
② Familie *(als Unterabteilung der gens)* [**nobilissima; antiquissima; honesta**];
③ Geschlecht, Stamm *(= gens)* [**Aemiliorum et Fabiorum -ae**];
④ Sklaven, Dienerschaft, Gesinde;
⑤ Leibeigene, Hörige;
⑥ Hausstand;
⑦ Vermögen, Besitz; **decem dierum vix mihi est** ~ Lebensunterhalt;
⑧ (Fechter-)Truppe, (Gladiatoren-) Schar;
⑨ Philosophenschule [**Peripateticorum**]; **-ae dissentientes inter se.**

● **familiāris** *(familia)*
I. *Adj.* e ① zum Haus gehörig, Haus- [**focus; filius; servus; dignitas; copiae** Vermögen; **res -is** Hauswesen, Vermögen; **res -es** Vermögensverhältnisse];
② zur Familie gehörig, Familien- [**res -es** Familienangelegenheiten; **convivium; cena**];
③ *(v. Personen)* vertraut, geläufig, bekannt, freundschaftlich *(m. Dat.)* [**amicus; medicus**]; **vir optimus mihique familiarissimus;**
④ *(v. Sachen)* vertraut, vertraulich, freundlich [**sermo; epistulae; usus** Umgang; **iura** Rechte der Freundschaft]; **familiari vultu** mit freundlicher Miene; **familiariter vivere cum alqo;**
⑤ *(Plaut.)* zur Dienerschaft gehörig, Sklaven-;
⑥ *(t. t. der Eingeweideschau)* einheimisch, vaterländisch;
II. *Subst.* ① is *m u. f* Vertraute(r), Freund(in);
② is *m* Sklave, Diener; *Pl.* Dienerschaft, Sklaven;
③ familiārēs, rium *m (Plaut.)* die Hausgenossen.

familiāritās, tātis *f (familiaris)* ① Freundschaft, vertrauter Umgang; **in alcis familiaritatem venire** *od.* **intrare; mihi cum alqo ~ est** *od.* **intercedit;**
② *(nachkl.) (meton.)* Vertraute, Hausfreunde.

fāmōsus, a, um *(fama)* ① berühmt, ruhmvoll [**urbs; vir**];
② berüchtigt, anrüchig [**largitio; poeta**];
③ ehrenrührig, schmähend [**libelli** Schmähschriften; **carmen** Schmähgedicht].

famul *(altl.) = famulus.*

famula, ae *f (famulus)* Dienerin; *(übtr.)* **virtus ~ fortunae est.**

famulāmen, minis *n (mlt.)* Bedienung.

famulāris, e *(famulus)* Sklaven-, Bedienten- [**vestis** Sklaventracht; **fides** Dienertreue]; **iura famularia dare** zu Sklaven machen.

famulātus, ūs *m (famulor)* das Dienen, Dienstbarkeit, Knechtschaft.

famulor, famulārī *(famulus)* dienstbar sein, dienen *(alci u. alci rei)* [**deo**].

famulus I. *Subst.* ī *m* Diener [**sacrorum**];
II. *Adj.* a, um *(poet.)* dienend, aufwartend [**aqua; manus**].

fānāticus, a, um *(fanor, fanum)* v. einer Gottheit in Entzückung, in Raserei versetzt, rasend, fanatisch, begeistert, schwärmerisch [**Galli** Kybelepriester; **philosophi; agmen; cursus**].

fandum, ī *n (for)* Recht.

fandus *s. for.*

Fannius, a, um *Name einer pleb. gens; – Adj. auch* **Fanniānus,** a, um.

fānor, fānārī *(fanum) (nachkl.)* umherrasen.

● **fānum,** ī *n (fas)* Heiligtum, Tempel; heiliger, der Gottheit geweihter Ort; **-a templaque deūm; sacerdotes -i.**

Fānum (Fortunae), ī *n Stadt in Umbrien, j.* Fano.

far, farris *n (Abl. Sg.* farre; *Pl.: Nom.* farra, *Gen.* farrium) ① Spelt, Dinkel *(Weizenart); Pl.* Dinkelkörner;
② *(meton.)* **a)** Schrot, Mehl, *bes.* Opfermehl [**pium**]; **b)** aus Spelt Gebackenes, Brot [**salsum**].

farcīmen, minis *n (farcio) (vor- u. nachkl.)* Wurst.

farciō, farcīre, farsī, fartum (voll) stopfen, füllen.

Farfarus, ī *m s. Fabaris.*

farferus, ī *m (Plaut.)* Huflattich.

fārī *inf. v. for.*

farīna, ae *f (far) (nicht klass.)* Mehl.
farīnārius, a, um *(farina) (Plin.)* zum Mehl gehörig, Mehl-.
farīnula, ae *f (Demin. v. farina) (spätl.)* ein wenig Mehl.
farrāgō, ginis *f (far)* ① *(Verg.)* Mischfutter;
② *(Iuv.)* vermischter Inhalt, Allerlei;
③ *(Pers.)* Bagatelle.
farrāta, ōrum *n (farratus) (Iuv.)* Mehlspeise.
farrātus, a, um *(far) (nachkl.)* mit Getreide (-speise) versehen, mit Brei angefüllt; aus Getreide gemacht.
farreum, ī *n (farreus; erg. libum) (Plin.)* Speltkuchen.
farreus, a, um *(far) (nachkl.)* aus Getreide, aus Spelt.
fars (*u.* **fartis**), fartis *f (farcio) (Kom.)* Füllung.
farsī Perf. v. *farcio.*
fartis *s. fars.*
fartor, ōris *m (farcio) (poet.)* Geflügelmäster.
fartus *P.P.P. v. farcio.*
● **fās** *n (nur Nom. u. Akk. Sg.) (fari)* ① göttl. Recht, göttl. Gebot, göttl. Gesetz; **contra ius fasque** gegen menschl. u. göttl. Recht; **ius ac fas omne delere, violare; ~ omne mundi** alle Götter;
② Pflicht, Recht, heilige Ordnung; **omne fas abrumpere; per omne fas ac nefas** im Guten u. Bösen; **fas est** es ist Pflicht;
③ das sittlich Gute, Erlaubte; **fas est** *(m. Inf.; A. C. I.; Sup.)* es ist erlaubt, es ist recht, man darf; es ist möglich;
④ *(poet.)* Schicksal, Verhängnis; ~ **obstat; fas est** *(m. Inf. od. A. C. I.)* es ist vom Schicksal bestimmt.
fascia, ae *f (fascis)* ① Binde, Band, Bandage;
② Bein-, Schenkelbinde;
③ Schuhband;
④ Bettgurt;
⑤ *(poet.; nachkl.)* Busenband, Büstenhalter;
⑥ *(nachkl.)* Kopfbinde, Diadem [**purpurea**];
⑦ *(Plaut.)* Windel;
⑧ *(Gell.)* Gürtel; Leibgurt;
⑨ *(Iuv.)* Wolkenstreif(en), -fetzen [**nigra**].
fasciculus, ī *m (Demin. v. fascis)* Bündelchen, Paket [**epistularum; librorum; florum** Blumenstrauß].
fascinātiō, ōnis *f (fascino) (nachkl.)* Behexung.
fascinō, fascināre *(poet.; nachkl.)* verzaubern, behexen [**alci teneros agnos**].
fascinum, ī *n u.* **-us,** ī *m (poet.)* das männliche Glied.
fasciō, fasciāre *(fascia) (nachkl.)* umwickeln, umwinden.
fasciola, ae *f (Demin. v. fascia)* kleine Binde, Bandage, kleines Band.

i Kultur ● **fascis,** is *m* ① Bündel, Paket [**lignorum; librorum**];
② Bürde, Last; **ultro animam sub fasce dedere;**
③ *Pl.* **a)** Rutenbündel *(aus denen ein Beil herausragte, den höchsten Magistraten als Symbol der Herrscher- und Strafgewalt v. den Liktoren vorangetragen); in vielen Wappen der Neuzeit Symbole des Staates – seit Mussolini, dem Duce der ital. Diktatur (1922–1945), werden fasces zu Zeichen des Faschismus (ital. fascismo), des totalitären Staates;* **fasces alci praeferre; fasces submittere** *od.* **demittere alci** vor jmdm. senken *(als Zeichen der Ehrfurcht), (übtr.)* jmdm. den Vorzug geben; **b)** *(meton.)* Konsulat, Konsulargewalt; **alcis fasces esse** die Regierung innehaben; **fasces corripere** das Konsulat an sich reißen; **alci fasces dare; c)** *(poet.; nachkl.) übh.* hohe Ämter.

fasēlus = *phaselus.*
fassus *P. P. Akt. v. fateor.*

i Kultur **fāstī,** ōrum *m (Akk. Pl. auch fāstūs)* ① Gerichtstage *des Prätors;* **omnibus -is legem ferre;**
② *(meton.)* Verzeichnis der Gerichtstage *(urspr. in den Händen der pontifices und daher nur Patriziern zugänglich, erst 304 v. Chr. von Cn. Flavius, dem Schreiber des Appius Claudius Caecus, veröffentlicht);*
③ Kalender; **in fastos referre; – Fāstī** „die Fasten", *Titel eines Werkes v. Ovid, das den Festkalender darstellt;*
④ Amtskalender, *fortlaufendes Verzeichnis der jährlichen obersten Magistrate, v. 508 v. Chr. bis 354 n. Chr., meist fasti consulares od. fasti Capitolini (nach ihrem jetzigen Aufbewahrungsort in Rom) genannt; an sie knüpfte die annalistische röm. Geschichtsschreibung an;*
⑤ *(poet.)* Jahrbücher, Annalen.

fastīdiō, fastīdīre *(fastidium)* ① *(poet.; nachkl.)* Ekel, Widerwillen, Abneigung empfinden *(vor etw.: Akk.)* [**vinum; olus; pulmentarium**];
② verschmähen, zurückweisen [**alcis amicitiam; vitium amici; mores Macedonum**] *(auch m. Inf. od. A. C. I.)*;
③ etw. auszusetzen haben *(an etw.: in m. Abl.)* [**in recte factis**];
④ *(Plaut.)* sich brüsten, vornehm tun.
fastīdiōsus, a, um *(fastidium)* ① voll Ekel, voll Widerwillen, einer Sache überdrüssig *(m. Gen.)* [**litterarum Latinarum; terrae**];

❷ wählerisch, mäkelnd *(in etw.: in m. Abl.)* [**aedilis; aestimator**];
❸ *(nachkl.)* hochmütig;
❹ *(poet.)* eklig, widerwärtig [**aegrimonia; copia**].

● **fastīdium,** ī *n* ❶ Ekel, Überdruss, Widerwille *(geg. etw.: Gen.)*;
❷ Abneigung, Verachtung, Antipathie *(geg.: Gen.)* [**domesticarum rerum; sui**];
❸ das Vornehmtun, Hochmut, Dünkel, Blasiertheit;
❹ verwöhnter Geschmack.

fastīgātus, a, um *(P. Adj. v. fastigo)* ❶ auf-, ansteigend;
❷ in eine Spitze auslaufend [**testudo**];
❸ abgedacht, schräg; **collis leniter ~.**

● **fastīgium,** ī *n* ❶ Steigung, Erhebung; **molli -o** in stumpfem Winkel;
❷ Senkung, Neigung, Abdachung; **tenui -o** sanft abgedacht;
❸ Höhe, Spitze, Gipfel [**montis; muri**];
❹ Tiefe, Grund;
❺ Giebel(dach), Giebelfeld [**aedificii; delubri**]; *(übtr.)* **operi -um imponere** die letzte Hand anlegen;
❻ *(übtr.)* Höhe(punkt) [**fortunae**]; **pari -o stare** auf gleicher Höhe stehen; **in -o eloquentiae stare;**
❼ hohe Stellung, Würde [**regium; dictaturae**];
❽ *(Verg.)* Hauptpunkt; **summa sequar -a rerum.**

fastīgō, fastīgāre ❶ aufsteigen lassen;
❷ giebelförmig zuspitzen.

fastōsus, a, um *(fastus²) (nachkl.)* ❶ kalt, spröde;
❷ vorzüglich, prächtig.

fāstus¹, a, um *(fas)* **diēs fāstī** Gerichtstage.

fāstus², ūs *m (poet.; nachkl.)* ❶ Hochmut, stolze Verachtung;
❷ Sprödigkeit.

Fāta, ōrum *n (fatum) (poet.)* Schicksalsgöttinnen, Parzen.

● **fātālis,** e *(fatum)* ❶ vom Schicksal bestimmt [**calamitas; terminus**]; *Adv.* durch Schicksalsbeschluss: **fataliter definitum est;**
❷ des Schicksals, Schicksals- [**hora** Schicksalsstunde = Todesstunde; **stamina** die Fäden des Schicksals; **libri** die sibyllinischen Bücher; **deae** die Parzen; **responsum** Schicksalsspruch];
❸ verhängnisvoll, verderblich, tödlich [**dies** Todestag; **bellum; monstrum; vincula**].

● **fateor,** fatērī, fassus sum *(fari)* ❶ gestehen, bekennen, zugeben [**verum; culpam suam; peccatum**]; **testis, qui tacet, non fatetur;** – *(de re)* ein Bekenntnis ablegen [**de facto turpi**]; *(auch m. dopp. Akk.; Inf.; A. C. I.; indir. Frages.)*; **fassus huius se spectaculi debitorem; fatetur se peccasse;**
❷ *(poet.; nachkl.)* zu erkennen geben, an den Tag legen, zeigen, verraten [**iram vultu; animum; deum** sich als Gott].

fāti-canus *u.* **-cinus,** a, um *(fatum u. cano) (Ov.)* schicksal(ver)kündend, weissagend [**sortes**].

fāti-dicus *(fatum u. dico¹)* **I.** *Adj.* a, um weissagend [**vates; anus; deus; puella**];
II. *Subst.* ī *m* Wahrsager.

fāti-fer, fera, ferum *(fatum u. fero) (poet.)* todbringend, tödlich [**arcus; ensis**].

fatīgātiō, ōnis *f (fatigo)* Ermüdung; **fatigatione deficiens.**

● **fatīgō,** fatīgāre ❶ müde machen, ermüden, zermürben [**membra in iactando**]; **magno aestu (stando, itinere) fatigati; boves fatigati; dentem in dente ~** unaufhörlich reiben;
❷ quälen, plagen, heimsuchen, zusetzen, nicht zur Ruhe kommen lassen [**animum consiliis; suppliciis; carcere; tormentis; die noctuque animum; noctem** schlaflos zubringen; **terga iuvencorum hastā** anstacheln; **silvas** unablässig durchjagen];
❸ bis zur Erschöpfung herumtreiben, abhetzen [**equos; cervos iaculo cursuque**];
❹ erweichen, mürbe machen, bestürmen [**prece Vestam**]; **lacrimis fatigari;**
❺ *(Verg.)* unaufhörlich antreiben [**socios; Martem** stürmisch nach Kampf verlangen].

fāti-loqua, ae *f (fatum u. loquor)* Wahrsagerin.

fatīscō, fatīscere, – – *u.* **fatīscor,** fatīscī, – *(fatigo)* ❶ Risse bekommen, auseinander gehen, zerfallen, bersten; **tellus fatiscit; ianua fatiscit** öffnet sich; **aes fatiscit** zerspringt; **naves rimis fatiscunt;**
❷ erschlaffen, ermatten; **seditio fatiscit** legt sich.

fatua, ae *f (fatuus) (poet.; nachkl.)* Närrin, dumme Gans.

Fātua, ae *f (Fatuus)* = *Fauna.*

fatuitās, ātis *f (fatuus)* Albernheit, Einfalt.

● **fātum,** ī *n (fari)* ❶ Götterspruch, Weissagung *(meist Pl.)*; **-a caeca; -a Sibyllina; -a implere** in Erfüllung gehen lassen; **-is, ominibus oraculisque portendere;**
❷ Weltordnung, Schicksal, Lebenslos, Geschick, Bestimmung [**insuperabile; inevitabile**]; **Stoici omnia -o fieri dicunt; fatum est** *(m. A. C. I. od. ut)* es ist vom Schicksal bestimmt; **fatum mihi instat triste;**
❸ Verhängnis, Unheil, Verderben, Untergang, Tod *(oft Pl.)* [**-a Troiana** *od.* **Troiae** Untergang Trojas; **extremum rei publicae**]; **ad -a novissima** bis zum Augenblick des Todes; **-o (con)cedere, obire, (per)fungi** eines natürlichen Todes sterben; **-a alcis proferre** jmds. Leben verlängern; **perfuncti iam fato** die Toten; – *(konkr.) Pl.* Unglücksdämonen: **duo illa rei publicae paene -a;**
❹ *(Verg.)* Wille der Gottheit [**Iovis**].

F

fatuor[1], fatuārī *(fatuus) (Sen.)* albern schwatzen.
fātuor[2], fātuārī *(Fatuus) (nachkl.)* begeistert sein *(v. Seher gesagt).*
fātus[1], ūs *m (fari) (nachkl.)* ① das Reden, die Worte;
② Weissagung, Orakel [**Apollinis**];
③ Schicksal.
fātus[2] *P. P. Akt. v. for.*
fatuus I. *Adj.* a, um ① albern, einfältig, töricht, narrenhaft; **monitor non ~** *;*
② *(Mart.)* fade, geschmacklos [**placenta**];
II. *Subst.* ī *m (poet.; nachkl.)* Narr, Dummkopf.
Fātuus, ī *m (fari) Beiname des Faunus als des weissagenden Wald- u. Feldgottes.*
● **faucēs,** cium *f (Sg.* faux, faucis *f, im Sg. nur Abl.* fauce) ① Schlund, Kehle, Rachen, Hals; **sitis urit fauces; merum ingurgitare faucibus plenis;** *(übtr.)* **alqm eripere ex faucibus belli; faucibus teneor** ich fühle das Messer am Hals; **cum inexplebiles populi fauces exaruerunt libertatis siti** *(Cic.)*;
② *(Phaedr.)* Heißhunger, Fressbegierde; **lupus fauce improba incitatus;**
③ enger Eingang, Zugang [**portūs; urbis**];
④ Engpass, Schlucht [**montis**];
⑤ Landenge;
⑥ Meerenge [**Hellesponti; Bospori**];
⑦ Höhle, Kluft, Krater [**Aetnae**]; **patefactis terrae faucibus;**
⑧ *(poet.; nachkl.)* Mündung eines Gewässers, Flussmündung [**siccae**].
Fauna, ae *f Tochter od. Gemahlin des Faunus.*
Fauni-gena, ae *m (Faunus u. geno)* Latinus, *Sohn des Faunus.*

> *i* Kultur **Faunus,** ī *m* sagenhafter König v. Latium, Enkel des Saturnus, Vater des Latinus, der nach seinem Tod ähnlich wie Silvanus als weissagender Feld- und Waldgott verehrt u. später m. dem griech. Pan gleichgesetzt wurde; er erhielt 194 v. Chr. in Rom auf der Tiberinsel einen Kult; – *Pl.* **Faunī,** ōrum *m* nackte gehörnte, bocksfüßige Waldgeister.

Fausta, ae *f s. Faustus.*
Faustitās, ātis *f (faustus) Göttin der Fruchtbarkeit.*
Faustulus, ī *m Oberhirte des Amulius, fand u. erzog Romulus u. Remus.*
● **faustus,** a, um *(faveo)* günstig, gesegnet, Glück bringend, v. guter Vorbedeutung [**tempus; exitus; omen**]; *Eingangsspruch:* **quod bonum, faustum, felix fortunatumque sit** möge es gut, günstig, glücklich u. gedeihlich sein.
Faustus, ī *m (faustus) Beiname des L. Cornelius Sulla, des Sohnes des Diktators;* – **Fausta,** ae *f Name einer Tochter Sullas.*
fautor, ōris *m (faveo)* ① Gönner, Beschützer [*m. Gen.:* **bonorum; laudis alcis;** *adj. m. Dat.:* **accusationi** günstig gestimmt];
② Anhänger [**nobilitatis**];
③ Claqueur, gemieteter, bezahlter Beifallklatscher.
fautrīx, īcis *f (fautor)* Gönnerin, Beschützerin; *adj.* gewogen, günstig; **regio suorum ~.**
fautum *P.P.P. v. faveo.*
faux, faucis *f s. fauces.*
favea, ae *f (faveo) (Plaut.)* Lieblingssklavin.
● **faveō,** favēre, fāvī, fautum ① gewogen, geneigt, gnädig, günstig sein, begünstigen, befördern *(m. Dat.)* [**nobilitati; alcis gloriae; rebus Gallorum; precibus alcis**]; **si tibi dei favent** *(Cat.)*; **tu modo nascenti puero casta fave Lucina** *(Verg.)* der Geburt des Kindes; **venti faventes** günstige; **tellus favet Baccho** ist geeignet zum Weinbau;
② sich widmen, sich hingeben [**operi**];
③ *(poet.) (bei rel. Handlungen)* andächtig schweigen *(ore, linguā od. linguis)* [**linguis animisque** sich böser Worte und Gedanken enthalten];
④ Beifall klatschen, applaudieren; **turba faventium; tu Veneri dominae plaude favente manu;**
⑤ *(poet.) (m. Inf. od. A. C. I.)* begehren, wünschen [**spectare**].
favilla, ae *f (foveo)* ① glühende Asche, *übh.* Asche; **-ae Aetnaeae;**
② *(übtr.)* Funke, Ursprung [**mali**].
favitor *(altl.) = fautor.*
favōnius, ī *m (foveo)* lauer Westwind *(Vorbote des Frühlings).*
● **favor,** ōris *m (faveo)* ① Gunst, Begünstigung, Sympathie, Anerkennung [**plebis; partium Pompeii**]; **in favorem alcis venire;**
② Beifall [**audientium**];
③ *(poet.) (b. rel. Handlungen)* andächtige Stille, Andacht, Aufmerksamkeit.
favōrābilis, e *(favor) (nachkl.)* ① *(pass.)* beliebt, angenehm;
② *(akt.)* einnehmend, gewinnend [**eloquentia**].
favus, ī *m* Honigwabe, -scheibe, -kuchen; *(meton.)* Honig.
● **fax,** facis *f* ① Kienspan, Fackel; **facem incendere; cum facibus ambulare;** *(übtr.)* **alci ad libidinem facem praeferre** jmd. zum Vergnügen verleiten, verführen;
② Hochzeitsfackel [**nuptialis; marita; legitimae**]; *(meton.) (poet.)* Hochzeit;
③ Leichenfackel *beim Leichenbegängnis* [**funebris**];
④ Brandfackel [**ad inflammandam urbem**]; **faces castris inicere;**
⑤ *(meton.)* Urheber, Anstifter [**belli; accusa-**

tionis];
6 Sternschnuppe, Meteor; **faces caeli; stella facem ducens** Komet;
7 *(poet.)* Licht *der Gestirne* [**Phoebi**]; **crescens face noctiluca;**
8 *(übtr.)* Flamme, Glut, Feuer *(meist Pl.)* [**dicendi** flammende Beredsamkeit]; Liebesglut [**mutua** erwiderte Liebe; **furoris** Anzeichen zu]; **flagrantibus animis faces addere** Öl ins Feuer gießen.

faxim, faxitur, faxō = *fecerim, factum erit, fecero.*

febricitō, febricitāre *(febris) (nachkl.)* Fieber haben.

febricula, ae *f (Demin. v. febris)* leichtes Fieber; **-am habere.**

febriculōsus, a, um *(febricula) (poet.; nachkl.)* fiebrig.

febris, is *f* Fieber(anfall); **in febrim incidere; febrim habere; febrim nancisci; in Achaia febrim habere coepisse** Fieber bekommen; – *personif.* **Febris,** is *f Göttin des Fiebers.*

februa, ōrum *n (poet.; nachkl.)* 1 Reinigungs-, Sühnemittel;
2 Reinigungs-, Sühnefest *(jährl. im Februar gefeiert).*

februārius, a, um *(februa)* zur Sühne, zum Sühnefest gehörig; – *Subst.* **Februārius,** ī *m (erg. mensis)* Sühnemonat, Februar *(bis 450 v. Chr. der letzte, von da an der zweite Monat im Jahr).*

fēcī *Perf. v. facio.*

fēcunditās, ātis *f (fecundus)*
1 Fruchtbarkeit [**mulieris; equarum; terrarum**]; **fecunditatem dare;** *(übtr., des Geistes)* **magna ~ animi; volo se efferat in adulescente ~** *(Cic.)*; – *personif.* **Fēcunditās,** ātis *f Göttin der Fruchtbarkeit;*
2 *(Plin.)* reicher Vorrat, Fülle [**voluminum**].

fēcundō, fēcundāre *(fecundus) (poet.; nachkl.)* befruchten, fruchtbar machen.

fēcundus, a, um *(vgl. fe-lix, fe-tus)* 1 fruchtbar [**coniunx; virgo; gens; solum; lepus** trächtig];
2 reich, üppig, voll [**seges; colles; calix; fons** wasserreich];
3 reich an, voll von *(m. Gen. od. Abl.)* [**tellus metallorum**];
4 *(übtr.)* fruchtbar, ergiebig, reich [**studia**];
5 befruchtend [**imbres; Nilus**].

fefellī *Perf. v. fallo.*

fel, fellis *n* 1 Gallenblase, Galle [**nigrum**];
2 *(übtr.)* Bitterkeit;
3 Zorn [**atrum**];
4 *(Ov.)* Schlangengift, *übh.* Gift.

fēlēs *u.* **fēlis,** is *f* 1 Katze; Marder;
2 *(Plaut.)* Räuber [**virginaria**].

felicātus, a, um = *filicatus.*

● **fēlīcitās,** ātis *f (felix)* 1 *(nachkl.)* Fruchtbarkeit [**arboris**];
2 Glück(seligkeit); – *personif.* **Fēlīcitās,** ātis *f Göttin des Glücks;*
3 Segen, Gedeihen, Gelingen, Erfolg [**rerum gestarum**]; **pari felicitate uti** gleichen Erfolg haben.

fēlis *s. feles.*

● **fēlīx,** *Gen.* īcis 1 fruchtbar [**arbor; regio; Arabia**];
2 glücklich, beglückt, vom Glück begünstigt, glückselig [**vir; aetas; tempora; saecula**]; **donec eris ~, multos numerabis amicos** *(Ov.)*; *(m. Abl.; Gen.; in re)* [**amando; in bello**]; *als Zuruf:* **feliciter** Glück auf!;
3 beglückend, Glück bringend, verheißend, günstig [**omen; mālum** heilkräftig *(als Gegengift)*];
4 erfolgreich, glücklich ablaufend, ausgeführt *(v. Sachen)* [**seditio; victoria**]; **feliciter rem gerere;**
5 *(Ov.)* köstlich, labend [**poma**];
6 *(Verg.)* befruchtend [**limus**].

Felsina, ae *f* = *Bononia.*

fēmella, ae *f (Demin. v. femina) (Cat.)* Frauenzimmerchen.

femen, minis *n (altl.)* = *femur.*

● **fēmina,** ae *f* 1 Frau;
2 *(v. Tieren)* Weibchen.

feminālia, lium *n (femur) (Suet.)* Binden um die Oberschenkel, Unterhosen.

femineus, a, um *(femina) (poet.; nachkl.)* 1 weiblich, weiblichen Geschlechts [**genus; sexus; nomen**];
2 Weiber-, Frauen- [**voces, clamor** Weibergeschrei; **dolor**];
3 *(poet.)* Frauen betreffend, zum Weibe [**amor** *od.* **venus** Liebe zum Weibe; **sors**];
4 weibisch, unmännlich [**pectus**].

fēminīnus, a, um *(femina) (vor- u. nachkl.)* weiblich.

femorālia, ium *n* = *feminalia.*

femur, moris *u.* minis *n* (Ober-)Schenkel.

fēnebris, e *(fenus)* die Zinsen betreffend, Zinsen- [**lex** Zinsengesetz; **res** *od.* **malum** Wucher; **pecunia** auf Zins ausgeliehen].

fēnerātiō, ōnis *f (feneror)* das Ausleihen gegen Zinsen, Wucher.

fēnerātō *Adv. (feneror) (Plaut.)* mit Wucherzinsen.

fēnerātor, ōris *m (feneror)* Geldverleiher; Wucherer; Kapitalist; **violentia et crudelitas feneratorum.**

fēneror, fēnerārī *u.* **fēnerō,** fēnerāre *(fenus)*
1 auf Zinsen ausleihen;
2 Wucher treiben;
3 Gewinn bringen, reichlich ersetzen; **feneratum beneficium** reichlich ersetzt.

Fenestella, ae *f (Ov.)* „Fensterchen", *kleine Pforte am Palatin.*

● **fenestra,** ae *f* 1 Fenster *(m. Läden od. Gittern, später m. durchsichtigem Gips, ab dem*

1. Jahrh. n. Chr. m. Glas); **lucem admitte -is;**
❷ *(poet.) übh.* Öffnung, Loch; **telum dedit -am;**
❸ *(Enn.; Petr.)* enger Eingang, Zugang;
❹ Schießscharte [**ad tormenta mittenda**];
❺ *(übtr.)* Gelegenheit; **-am ad nequitiem patefacere** den Weg bahnen.

fenestrō, fenestrāre *(fenestra)* m. Fenstern versehen.

fēneus, a, um *(fenum)* aus Heu [**corona;** *übtr.* **homines** Strohmänner].

fēniculārius, a, um *(feniculum)* Fenchel-; – *Fēniculārius campus* „Fenchelfeld“ = Spanien.

fēniculum, ī *n (vor- u. nachkl.)* Fenchel.

fēnīlia, lium *n (fenum) (poet.)* Heuboden.

fēnum, ī *n* Heu; *(übtr., sprichw.)* **-um edere** Heu fressen = dumm wie ein Ochse sein; **-um in cornu habere** bösartig, gefährlich wie ein stößiger Ochse sein *(weil man stößigen Ochsen in Rom Heu um die Hörner band).*

fēnus, noris *n* ❶ Zinsen [**grave; grande; iniustum**]; **pecuniam sine fenore credere** (leihen) **alci; pecuniam fenore (in fenus) dare** auf Zinsen ausleihen; *(übtr.)* **cum fenore reddere alqd;**
❷ *(meton.)* **a)** *(vor- u. nachkl.)* zinstragendes Kapital, Geld; **b)** Schulden, Schuldenlast; **fenore obrutus; fenoris onere oppressa plebes; c)** Zinsgewerbe, Wucher(geschäft); **fenore lacerare homines; fenore trucidare plebem.**

fēnusculum, ī *n (Demin. v. fenus) (Plaut.)* niedrige Zinsen.

fera, ae *f s. ferus.*

fērālis, e *(poet.; nachkl.)* ❶ zu den Toten gehörig, Toten- [**carmen; sacra; cupressus; reliquiae** Asche der Toten]; – *Subst.* **Fērālia,** ium *n* Totenfest *(in Rom jährl. am 21. Februar gefeiert);* fērālia, ium *n (Tac.)* Leichenbestattung;
❷ todbringend, verderblich [**dona; annus; bellum**];
❸ traurig, schrecklich [**tenebrae**].

ferāmina, num *n (mlt.)* Wild.

ferāx, *Gen.* ācis *(fero)* reichtragend, fruchtbar, (erträgnis)reich, ergiebig [**ager; regio; annus;** *(m. Gen. od. Abl.)* **arborum; oleo**].

ferbuī *Perf. v. ferveo.*

ferctum *s. fertum.*

ferculum, ī *n (fero)* ❶ Traggestell, -bahre, Trage [**pomparum** *f. Götterbilder b. Prozessionen*];
❷ *(poet.; nachkl.)* Tablett;
❸ *(poet.; nachkl.) (meton.) (bei Tisch)* Gang, Gericht; **iam sublatum erat ~** es war schon abgetragen worden.

● **ferē** *Adv.* ❶ ungefähr, etwa; **centum ~ pedites; eodem ~ tempore; abhinc menses decem ~; quinta ~ hora;**
❷ beinahe, fast; **nemo ~** so gut wie niemand; **totius fere Galliae legati; omnes ~ civitates Graeciae; nigra ~ terra;**
❸ beinahe immer, in der Regel, gewöhnlich, meistens; **fit ~, ut; non ~** nur ausnahmsweise; **~ libenter homines id, quod volunt, credunt.**

ferentārius, ī *m (meist Pl.)* leicht bewaffneter Wurfschütze, Plänkler; *(scherzh.) (Plaut.)* Helfer in der Not.

Ferentīnum, ī *n* ❶ *(auch* Ferentium) *Stadt in Etrurien in Norditalien, j.* Ferento;
❷ *Stadt der Herniker in Latium, j.* Ferentino; – *Einw. u. Adj.* **Ferentīnās,** ātis *(m)*;
❸ *Gegend westl. vom Albanersee (südl. v. Rom) m. heiligem Hain der latinischen Göttin* **Ferentīna,** ae *f u. Quelle eines Flüsschens, der aqua Ferentina, wo in alter Zeit Versammlungen des Latinerbundes stattfanden.*

Feretrius, ī *m* „Schleuderer“ *Beiname des Jupiter.*

feretrum, ī *n (fero,* φέρετρον*)* Trage, Bahre.

● **fēriae,** ārum *f* ❶ Fest-, Feiertage (= *dies festi),* Ferien(tage) [**scholarum; forenses** Gerichtsferien; **messium** Ernteferien; **Latinae** Bundesfest der latinischen Städte];
❷ *(poet.) (meton.)* Ruhe, Friede; **praestare patriae longas -as;**
❸ *(Plaut.) esuriales* Hungerferien, Fasten.

fēriālis, e *(feriae) (spätl.)* festlich.

fēriātus, a, um *(P. Adj. v. ferior)* ❶ feiernd, frei v. der Arbeit, müßig [**male** zur Unzeit; *(auch auf Sachen bezogen)* **toga** nicht gebraucht]; **~ non ab suis studiis; animus ~ ad legendum; ~ a negotiis publicis** frei von;
❷ *(nachkl.)* festlich [**dies** Feiertag].

fericulum *u.* **-us** = *ferculum.*

ferīna, ae *f (ferinus)* Wildbret.

ferīnus, a, um *(fera)* ❶ von wilden Tieren, der wilden Tiere [**pellis; rabies; caro** Wildbret];
❷ *(Ov.)* an wilden Tieren vollbracht [**caedes** Weidwerk, Jagd].

● **feriō,** ferīre, – – ❶ schlagen, hauen, stoßen, treffen [**adversarium; alqm sagittā; parietem; caput** sich vor den Kopf schlagen; **partem corporis sibi; femur** an den Schenkel; **venam** öffnen; **carmina** zur Laute singen]; **feriri a serpente** gebissen werden; *(übtr.)* **alqd ferit oculos, sensum** *od.* **animum** macht Eindruck auf;
❷ *(nachkl.) Münzen* prägen [**asses**];
❸ schlachten [**agnam; foedus** ein Bündnis schließen, *wobei ein Opfertier geschlachtet wird*];
❹ erlegen, töten [**feras; hostem**]; hinrichten, enthaupten [**securi**];
❺ *(Kom.)* jmd. um etw. prellen, betrügen [**munere**].

fērior, fēriārī *(feriae) (vorkl.; spätl.)* feiern, müßig sein; – *s. auch feriatus.*

ferita, ae *f* Schlag.

feritās, ātis *f (ferus)* Wildheit, Rohheit.

● **fermē** *Adv.* = *fere.*

fermentō, fermentāre *(fermentum) (vor- u. nachkl.)* ① gären lassen; **panis fermentatus** gesäuertes Brot;
② in Gärung geraten.

fermentum, ī *n* ① *(nachkl.)* Gärung;
② *(nachkl.)* Gärungsmittel, Sauerteig;
③ *(poet.)* gärendes Getreide, Malz;
④ *(poet.)* gegorenes Getränk, (Malz-)Bier;
⑤ *(Plaut.)* Erbitterung, Zorn; **in -o esse.**

● **ferō,** ferre, tulī, lātum ① tragen [**onus; sacra Iunonis; faces in Capitolium; arma in sarcinis; nuces sinu laxo**]; **qui arma ~ poterant (possunt)** die Waffenfähigen; **arma ~ adversus (contra, in) alqm** kämpfen gegen; **signa ~ in hostem** angreifen; *(übtr.)* **nomen alcis ad sidera** *od.* **ad, in astra ~** erheben, verherrlichen; *(sprichw.)* **in silvam ligna ~ ;**
② auf, an, bei, in sich tragen [**aure duos lapides; census suos** (sein Vermögen) **corpore; ventrem** schwanger sein];
③ hervorbringen, erzeugen; **ferens arbor** Fruchtbaum; **terra** *od.* **ager fruges fert;** *(übtr.)* **ea aetas oratorem prope perfectum tulit;**
④ *(Abstr.)* tragen, führen [**nomen; imaginem alcis** sich fälschlich ausgeben für; **alqm in oculos** jmd. sehr lieben];
⑤ **prae se ~** *(übtr.)* zur Schau tragen, offen zeigen, merken lassen, verraten, an den Tag legen [**dolorem; vultu laetitiam**]; *(m. A. C. I. od. indir. Frages.)*; **ut se fert ipse** wie er sich selbst gibt; – *Ggstz.:* **alqd obscure** *od.* **clam ferre** verheimlichen, verhehlen;
⑥ *(mündl. od. schriftl.)* verbreiten, überall erzählen [**bella sermonibus**]; **fama fertur** verbreitet sich; **sicut fama fert** wie die Rede geht; **ut fertur** wie es heißt; **vivus per ora feror** *(Enn.)* lebe im Munde des Volkes;
⑦ allgemein behaupten, sagen; **haud dubie ferebant** sie erklärten unzweideutig; – **ferunt** *(m. A. C. I.)* man erzählt, man sagt, es soll = *fertur u. feruntur (m. N. C. I.);*
⑧ preisen, rühmen; **alqm praecipuā laude ~; nostra feretur pugna;** *(m. dopp. Akk.: als)* **Mercurium omnium artium inventorem ~;**
⑨ ertragen, erdulden, hinnehmen, aushalten [**iniurias; contumaciam alcis; frigus; sitim; famem; vetustatem** das Alter vertragen, sich lange halten *(z. B. von Büchern, Wein); mili***tiam et bella**]; *(m. A. C. I.)*; **alqm non ~** unausstehlich finden; **non ferendus** unerträglich, unzulässig, unstatthaft; *–(m. adv. Zusätzen)* **alqd aequo animo ~** gleichmütig hinnehmen; **clementer, humaniter ~; alqd aegre** *(od.* **iniquo animo, inique, moleste***)* **~** sich über etw. ärgern, sich gekränkt fühlen, etw. übel nehmen;
⑩ davontragen, gewinnen, erhalten, empfangen [**laudem; victoriam ex hoste; gratiam alcis rei** Dank für etw.; **praemium; palmam** Sieg davontragen; **fructum ex fortuna; suffragia** die Stimmen erhalten; **tribūs, centuriam** die Stimmen der Tribus, Zenturie erhalten];
⑪ weg-, forttragen, mitnehmen [**cibaria;** *übtr.* **spem tui** von dir (er)hoffen];
⑫ *(als Beute)* wegtragen, rauben, (aus)plündern [**Pergama**]; **~ et rapere** gänzlich ausplündern;
⑬ gewaltsam forttragen, entreißen, entführen; **armenta fert aqua;** *(übtr.)* **omnia fert aetas** nimmt hinweg; **Daphnin fata tulerunt;**
⑭ herumtragen; *pass.* herumgehen; **eius scripta feruntur;**
⑮ bringen [**alci epistulam; argentum ad alqm; venenum;** *übtr.* **alci oscula** küssen; **matri complexum** umarmen; **opem, auxilium** *od.* **subsidium** Hilfe bringen; **alci fidem** Glauben schenken];
⑯ verursachen, schaffen [**alci luctum; fastidia; alci vim** Gewalt antun; **alci vulnera** jmd. verwunden; **animos** ermutigen; **alci plagam** versetzen];
⑰ anbieten [**condicionem tristem**];
⑱ darbringen, entrichten [**tributum; suprema cineri** die letzte Ehre erweisen];
⑲ darbringen, weihen [**tura altaribus, in aras; crinem Diti** weihen; **munera templis; dis preces**];
⑳ hinterbringen, melden, berichten [**responsa Turno**]; *(m. A. C. I.);*
㉑ bewegen, in Bewegung setzen [**gressūs per urbem** einherschreiten; **oculos, ora** lenken, wenden; **manus ad colla** *od.* **caelo** ausstrecken];
㉒ treiben, führen, leiten; **ventus ferens** günstiger Fahrwind; **navis tempestate Naxum ferebatur; eum tulit ad scaenam gloria; rem in maius ~** übertreiben; *(m. Inf.)* **in nova fert animus mutatas dicere formas corpora** *(Ov.)* es treibt mich … zu besingen;
㉓ *se ~ u. mediopass.* sich rasch bewegen, (sich) stürzen, eilen; **domum se ~; se ~ obviam alci** jmdm. entgegeneilen; **in hostes ferri** sich stürzen; **praecipites equi feruntur** stürmen; **Rhenus fertur** strömt rasch; **columba fertur** entfliegt; **super astra ferri** sich aufschwingen;
㉔ *pass.* fortgeführt, fortgerissen werden [**equo (equis)** reiten, fahren; **pronā aquā (flumine)** stromabwärts treiben]; *(übtr.)* sich fortreißen lassen; **odio in Ciceronem ferri** sich zum Hass auf C. hinreißen lassen; **per mala praeceps ferri** in Gefahren hineingerissen werden;
㉕ *(Gesetze, Anträge)* einbringen, beantragen, vorschlagen [**legem; rogationem de alqa re**]; *(m. ut); auch bloß:* **ferre ad populum (in ple-**

bem) de re etw. beim Volk beantragen;
㉖ *(seine Stimme)* abgeben [**suffragium** *(in der Volksversammlung);* **sententiam** *(v. Richtern u. Kollegien)*];
㉗ *(Richter)* vorschlagen;
㉘ jmd. verklagen, anklagen;
㉙ *(m. abstr. Subj.)* mit sich bringen, verlangen, erfordern, erheischen; **tempus (aetas) hoc fert; adulescentia id fert; si ita res feret** wenn es so sein muss; *(m. ut)* **natura fert, ut;**
㉚ *(im Rechnungsbuch)* eintragen, verbuchen [**acceptum et expensum**].

ferōcia, ae *f (ferox)* trotziger Mut, Trotz, Wildheit, Übermut, Unerschrockenheit; Unbändigkeit, Zügellosigkeit; ~ **verborum militem incendebat.**

ferōciō, ferōcīre *(ferox) (nachkl.)* toben, wüten.

ferōcitās, ātis *f = ferocia.*

Fērōnia, ae *f altital. Schutzgöttin der Sklaven u. Freigelassenen, bes. verehrt am Berg Soracte in Etrurien u. bei Tarracina in Latium.*

● **ferōx,** *Gen.* ōcis *(ferus)* ① wild, trotzig, ungestüm, unbändig [**iuvenis; equus; oratio**]; *(m. Abl. od. Gen.: in etw., in Bezug auf etw.)* [**viribus; scelerum; animi**]; **aetas ~ currit** enteilt unaufhaltsam;
② unerschrocken, mutig, kampflustig [**bello; ad bellandum; adversus pericula**].

ferrāmentum, ī *n (ferrum)* Eisengerät, eisernes *od.* m. Eisen beschlagenes Werkzeug.

ferrāria, ae *f (ferrarius I.; erg fodina)* Eisengrube, -bergwerk.

ferrārius *(ferrum)* **I.** *Adj.* a, um *(nachkl.)* zum Eisen gehörig, Eisen- [**faber** Schmied; **metalla** Eisenbergwerke];
II. *Subst.* ī *m (nachkl.)* Schmied.

ferrātilis, e *(ferrum) (Plaut.)* mit Eisen versehen [**genus** gefesselte Sklaven].

ferrātus, a, um *(ferrum)* ① m. Eisen beschlagen, m. Eisen versehen [**hasta; orbes; calx** sporenbewehrt];
② *(poet.; nachkl.)* gepanzert, geharnischt [**agmina**]; – ferrātī, ōrum *m* Geharnischte, Gepanzerte;
③ *(Sen.)* eisenhaltig [**aquae**];
④ *(vor- u. nachkl.)* aus Eisen, eisern [**saecula**].

ferre *Inf. v. fero.*

● **ferreus,** a, um *(ferrum)* ① eisern, aus Eisen [**securis; ensis; clavi; fores; catenae; manus** Enterhaken; **imber** Regen v. Geschossen];
② *(übtr.)* **a)** fest, stark, unerschütterlich, unabänderlich, dauerhaft [**vox; decreta; iura**]; **b)** hart(herzig), gefühllos, grausam [**saeculum, proles** eisernes Zeitalter; **praecordia; ōs** unverschämt; **bellum**]; **c)** *(poet.)* hart, drückend [**sors vitae; iura**]; **d)** *(rhet.)* hart im Ausdruck, unbeholfen [**scriptor**].

ferri-crepīnus, a, um *(ferrum u. crepo) (Plaut.)* eisenklirrend [*(scherzh.)* **insulae** Gefängnis].

ferri-terium, ī *n (ferrum u. tero) (Plaut.) (scherzh.)* „Eisenreibwerk“ = Gefängnis.

ferri-terus, ī *(ferrum u. tero) u.* **ferri-trībāx,** ācis *m (ferrum u.* τρίβω*) (Plaut.)* „der das Eisen Reibende“, Gefesselter, Sklave.

ferrūgineus *u. (Lucr.)* **ferrūginus,** a, um *(ferrugo)* rostfarbig; *übh.* dunkel(farbig).

ferrūgō, ginis *f (ferrum) (poet.; nachkl.)* (Eisen-)Rost; *(meton.)* dunkle, dunkelbraune, dunkelblaue Farbe.

● **ferrum,** ī *n* ① Eisen;
② *(meton.)* **a)** eiserne Waffe: Schwert, Dolch, Speer; **in alqm cum -o invadere** bewaffnet; **-um stringere** (blank) ziehen; **-o ignique** *od.* **-o flammāque** m. Feuer u. Schwert; – Eisenpanzer; Lanzen-, Pfeilspitze; **b)** *(poet.)* eisernes Gerät: Ketten; **homines in -um conicere;** – Riegel; **-o claudentur Belli portae;** – Schreibgriffel; **dextra -um tenet;** – Messer, Schere; Pflug(schar);
③ *(übtr.)* **a)** Waffengewalt; **(de)cernere -o; b)** *(poet.)* Gefühllosigkeit, Härte; **-um in pectore gerere; c)** *(poet.)* eisernes Zeitalter.

ferrūmen (*u.* ferūmen), minis *n (nachkl.)* Bindemittel, Kitt, Leim.

ferrūminō (*u.* ferūminō), ferrūmināre *(ferrumen) (nachkl.)* zusammenkitten, -leimen, (ver)löten, *(auf ähnliche Art)* verbinden [**muros bitumine**].

● **fertilis,** e *(fero)* ① (er)tragfähig, fruchtbar, ergiebig [**ager; terra; seges; arbores;** *übtr.* **annus; urbs** reich; *(an etw.: m. Gen. od. Abl.)* **fructuum; hominum**];
② *(poet.)* befruchtend, segenspendend [**Nilus; dea** *(Ceres);* **Bacchus**].

fertilitās, ātis *f (fertilis)* Fruchtbarkeit [**agrorum**].

ferto, ōnis *m (mlt.)* Münze (= ¼ Mark).

fertum *u. (altl.)* **ferctum,** ī *n (vor- u. nachkl.)* Opferfladen *(bereitet aus Gerstenschrot, Öl u. Honig).*

ferula, ae *f (poet.; nachkl.)* Pfriemenkraut; *(meton.)* Gerte, Rute, Stange, Stab, Stock.

● **ferus I.** *Adj.* a, um ① wild, ungezähmt [**bestiae**];
② wild wachsend, Wald- [**fructus; arbor**];
③ wild, öde [**montes; silvae**];
④ roh, ungeschlacht [**homines; vita**];
⑤ wild, hart, grausam *(gegen jmd.: Dat.)* [**tyrannus; mores; cor; ingenium; dolores; bellum; caedes; Britanni hospitibus**];
II. *Subst.* ī *m (selten) u. (gew.)* **fera,** ae *f* wildes Tier, *übh.* Tier; **ferarum ritu** nach Art der Tiere; *(übtr.)* **magna minorque ferae** die beiden Bären *(Gestirne).*

fervē-faciō, facere, fēcī, factum *(ferveo)* siedend heiß, glühend machen [**oleum; iacula**].

fervēns, *Gen.* ventis *(P. Adj. v. ferveo)* = fervi-

dus.

● **ferveō,** fervēre, ferbuī, – *u. (vorkl.; poet.)* **fervō,** fervere, fervī, – *(intr.)* ❶ sieden, kochen; **aqua fervens;**
❷ *(poet.)* (auf)wallen, brausen, branden, zischen; **aequor fervet; ferventes undae;**
❸ *(poet.; nachkl.)* glühen, brennen;
❹ *(in Leidenschaft)* (er)glühen, (ent)brennen, aufbrausen *(durch, v. etw.: re u. a re);* **fervet avaritiā pectus; caede** ~ v. Mordlust; **animus ab iracundia fervet;**
❺ *(poet.)* hitzig, eifrig betrieben werden; **opus fervet;**
❻ *(Verg.)* glänzen; **aurum fervet;**
❼ *(Verg.) (v. Örtl.)* wimmeln von;
❽ *(Ov.)* schwärmen; **fervent apes de bove** schwärmen hervor;
❾ *(Lucr.)* hin u. her wogen.

fervēscō, fervēscere, – – *(Incoh. v. ferveo) (nicht klass.)* heiß, glühend werden, zu sieden beginnen; **saxum fervescit.**

ferveus, a, um *(mlt.)* glühend, erfüllt von.

● **fervidus,** a, um *(ferveo)* ❶ *(poet.; nachkl.)* siedend, kochend [**aqua**];
❷ glühend, brennend [**axis; rotae; aestas**];
❸ *(übtr.)* feurig, hitzig, heißblütig, leidenschaftlich; **-a animi natura; -i animi vir; -a imperatorum ingenia; iuvenes -i;**
❹ *(poet.)* wallend, wogend, brausend, tosend, brandend [**aequor; mare; Aetna**];
❺ glänzend, hell [**fax; signa; dies**];
❻ *(v. der Rede u. dem Redner)* aufbrausend [**genus dicendi**].

fervō *s. ferveo.*

fervor, ōris *m (ferveo)* ❶ siedende Hitze, Glut [**solis**]; **mediis fervoribus** in der Mittagshitze; **usta fervoribus terra;**
❷ Leidenschaft, Feuer, Heftigkeit, Wut [**iuventae; animi**];
❸ das Wogen, Wallen, Brausen [**Oceani**].

Fescennia, ae *f u.* **-um,** ī *n Ort im südl. Etrurien; – Adj.* **Fescennīnus,** a, um [**carmina** *od.* **versūs** ausgelassene, aggressive Spottlieder].

● **fessus,** a, um *(fatisco)* ❶ müde, matt, abgespannt, erschöpft [**milites; viator; boves; artus** schwach; **proelio; longitudine viae; de via; plorando; malis**]; *auch:* einer Sache müde [**vitā** *od.* **vivendo** lebensmüde];
❷ morsch [**puppes**].

festīnābundus, a, um *(festino) (spätl.)* sich beeilend, eilend, eilig.

festīnanter *Adv. (festino)* eilends, in Eile.

festīnātiō, ōnis *f (festino)* Eile, Hast, Ungeduld; *Pl.* eilige Fälle.

festīnātō *Adv. (festino) (nachkl.)* eilig, schnell.

festīnō, festīnāre **I.** *intr.* eilen, sich beeilen, sich sputen *(m. Inf.; ad)* [**abire; ad effectum operis**];
II. *trans. (poet.; nachkl.)* beschleunigen [**fugam; iter**]; etw. eilig tun, schleunig herstellen [**soleas** eilig anlegen].

festīnus, a, um *(festino) (poet.)* eilend, hastig, eilfertig.

fēstīvitās, ātis *f (festivus)* ❶ *(Plaut.)* Festgenuss, Vergnügen; *als Kosewort: mea* ~ meine Wonne!;
❷ Fröhlichkeit, Heiterkeit, gute Laune; Witz [**sermonis**];
❸ *(Ter.; Suet.)* Niedlichkeit, Anmut; Schalkhaftigkeit, schelmisches Wesen [**patris mei**]; **infans insigni festivitate;**
❹ Redeschmuck, Aufputz; **festivitatibus abuti.**

fēstīvus, a, um *(festus)* ❶ festlich;
❷ fröhlich, heiter, lustig; witzig, scherzhaft [**homo; poëma; sermo**];
❸ hübsch, nett;
❹ *(v. Personen)* angenehm, gemütlich [**pater**].

festūca, ae *f* ❶ *(vor- u. nachkl.)* Grashalm;
❷ *(Plaut.)* Stäbchen, *m. dem ein Sklave zum Zeichen seiner Freilassung berührt wurde;*
❸ *(auch* fistūca) Ramme.

fēstum, ī *n (festus) (poet.; nachkl.)* Fest(tag), Feier.

● **fēstus,** a, um *(vgl. feriae)* ❶ festlich, feierlich, Fest- [**dies** Festtag; **tempus**];
❷ *(poet.)* festlich geschmückt [**domus**];
❸ *(nachkl.)* fröhlich; **-is vocibus excipi** m. freudigem Zuruf.

fēta, ae *f (fetus) (Verg.)* Muttertier.

fēteō = *foeteo.*

fētiālis I. *Subst.* is *m* Kriegsherold, Verkünder der Kriegserklärung; – **Fētiālēs,** lium *m* die Fetialen, *zwanzigköpfiges Priesterkollegium in Rom, zuständig f. die rituelle Sicherung der völkerrechtlichen Beziehungen des röm. Staates (Friedensschlüsse, Waffenstillstände, Bündnisse, Kriegserklärungen und bestimmte Schlichtungen);*
II. *Adj.* e Fetial- [**ius** Fetialrecht].

fētidus, fētor *s. foet …*

fētūra, ae *f (fetus²)* Fortpflanzung, Zucht; *(meton.)* Nachwuchs, Jungvieh.

fētus¹, a, um *(vgl. fe-cundus, fe-lix)* ❶ *(vorkl.; poet.)* schwanger, trächtig [**pecus; canis**];
❷ *(poet.)* fruchtbar, ergiebig [**ager; regio**];
❸ reich an, voll von, angefüllt mit *(m. Abl.);* **terra frugibus -a; machina -a armis** *(vom trojan. Pferd);* **praecordia irā -a;**
❹ *(poet.)* die Junge geworfen hat, säugend [**lupa**].

fētus², ūs *m* ❶ das Gebären, Werfen, Geburt;
❷ die Frucht **a)** *(v. Menschen u. Tieren)* Leibesfrucht, Kind, Sprössling, Junges [**geminus** Zwillinge]; **b)** *(v. Pflanzen) (poet.)* Trieb, Spross [**olivae**]; **c)** *(vom Erdboden)* Erzeugnis, Ertrag [**terrae**]; **fetūs edere** *od.* **dare;**
❸ Fruchtbarkeit [**terrae**];

F

④ *(Verg.)* Wachstum; **fetūs adimere arbori** rauben;
⑤ *(übtr.)* Frucht, Ertrag [**animi** Geistesfrucht; **Musarum**];
⑥ Zuwachs [**oratorum** an Rednern].

feudalis, e *(mlt.)* zu Lehen gegeben, Lehns- [**bona**].

feudum, ī *n (mlt.)* Lehen.

fiber, brī *m (vor- u. nachkl.)* Biber.

fibra, ae *f* ① Faser, Wurzelfaser; **omnes radicum -as evellere;**
② Lappen *an den Eingeweiden, bes. der Leber;*
③ *(poet.; nachkl.) (meton.) Pl.* Eingeweide [**bidentis**]; **-as inspicere.**

Fibrēnus, ī *m Flüsschen in Latium b. Arpinum, j.* Fibreno, *mündet in den Liris.*

fībula, ae *f* ① Fibel, Spange, Schnalle, Agraffe;
② *(in der Baukunst)* Klammer, Bolzen, Keil, Riegel.

Fīcāna, ae *f Stadt in Latium.*

fīcēdula, ae *f (ficus) (nicht klass.)* Feigendrossel, -schnepfe *(Grasmückenart).*

Fīcēdulēnsēs, nsium *m (ficedula) (Plaut.)* „Schnepfentaler" *(scherzh. Truppenname).*

fīcētum, ī *n (ficus) (nicht klass.)* Feigenpflanzung.

fictile, lis *n (fictilis) (poet.; nachkl.)* irdenes Gefäß, Tongefäß.

fictilis, e *(fingo)* tönern, irden [**vasa**].

fictiō, ōnis *f (fingo) (poet.; nachkl.)* ① *(Phaedr.)* Bildung, Gestaltung;
② *(Gell.) (rhet. t. t.) vocum fictiones* Wortbildungen;
③ Erdichtung [**poetarum**];
④ erdichtete Annahme, Fiktion [**voluntatis; legis**]; ~ **naturam imitatur, quantum potest.**

fictor, ōris *m (fingo)* ① Gestalter, Bildhauer;
② Opferkuchenbäcker;
③ *(vor- u. nachkl.)* Schöpfer, Urheber [**fortunae; poëmatis**];
④ *(Verg.) fandi* Lügenmeister [**Ulixes**].

fictrīx, rīcis *f (fictor)* Bildnerin, Gestalterin.

fictum, ī *n (fictus) (poet.)* Erdichtung, Lüge; **-a rerum** lauter Lügen.

fictūra, ae *f (fingo) (vor- u. nachkl.)* ① *(Plaut.)* Bildung, Gestaltung [**fortunae**];
② *(Plaut.)* Erfindung, Erdichtung;
③ *(Gell.)* Wortbildung.

fictus, a, um *(fingo)* **I.** *Adj.* a, um ① gebildet, geformt [**signum ex auro**];
② erdichtet, erlogen, erheuchelt [**fabula; amor; dii; cunctatio**];
③ heuchlerisch, falsch [**testis**]; **alqm -um loqui;**
II. *Subst.* ī *m (Hor.)* Heuchler.

fīcula, ae *f (Demin. v. ficus) (Plaut.)* kleine Feige.

Fīculea, ae *f Stadt der Sabiner; – Adj.* **Fīculēnsis,** e.

fīculnea, ae *f (ficulnus) (Eccl.)* Feigenbaum.

fīculnus, a, um *(ficula) (poet.; nachkl.)* vom Feigenbaum, Feigen- [**truncus; folia**].

fīcus, ī *u.* ūs *f* ① Feigenbaum;
② *(vorkl.; poet.)* Feige; ~ **prima** *(Hor.)* „die erste Feige" = Herbstanfang.

fidēlia, ae *f* ① irdenes Gefäß, Topf;
② Tünchgefäß *(zum Anstreichen).*

● **fidēlis,** e *(Adv.* fidēliter *u.* fidēle) *(fides[1])* ① (ge)treu, zuverlässig, aufrichtig, ehrlich [**amicus; amicitia; mens; canis; consilium**]; – *Subst.* fidēlēs, lium *m* die Getreuen, Vertrauten;
② *(poet.; nachkl.)* sicher, haltbar, dauerhaft, tüchtig [**lorica; navis; portus**];
③ *(mlt.)* gläubig; – *Subst.* fidēlis, is *m* Christ; / *Adv.* fidēliter *auch:* tüchtig, gehörig; ~ **discere artes;** ~ **continere; alqd** ~ **curare.**

fidēlitās, ātis *f (fidelis)* ① Treue, Zuverlässigkeit [**erga amicum; erga patriam**];
② *(mlt.)* Lehnstreue, Treueid.

Fīdēnae, ārum *u.* **-a,** ae *f Stadt der Sabiner in Latium am Tiber, nördl. v. Rom, angeblich v. albanischen Königen gegründet; – Einw. u. Adj.* **Fīdēnās,** ātis *(m).*

fīdēns, *Gen.* entis *(P. Adj. v. fido)* zuversichtlich, entschlossen, dreist [**homo; animus; impetus**].

fīdentia, ae *f (fido)* Selbstvertrauen, Zuversicht.

● **fidēs[1],** eī *f (fido)* ① Vertrauen, Glaube, Zutrauen; **fidem habere** *(od.* **tribuere, adiungere)** Glauben, Vertrauen schenken; ~ **fit alci** es wird jmdm. glaubhaft; **fidem facere (alci)** Glauben erwecken (bei jmdm.), jmd. überzeugen; **bona** ~ der gute Glauben; **cum fide** vertrauensvoll; **propter fidem decepta** durch Missbrauch des Vertrauens; **per fidem fallere, violare;**
② Vertrauen, *das jmd. genießt,* Glaube, *den jmd. bei anderen findet;* **alqs fidem habet** jmd. findet Glauben, genießt Vertrauen; **si qua** ~ **mihi est** wenn ich Glauben verdiene;
③ Treue, Ehrlichkeit, Zuverlässigkeit, Gewissenhaftigkeit, Redlichkeit *(in etw.: Gen.);* ~ **rerum et verborum** in Wort u. Tat; ~ **erga populum Romanum; fidem servare; de fide queri** über Treubruch; **cum fide** ehrlich, gewissenhaft; – **Fidēs,** eī *f Göttin der Treue;*
④ Glaubwürdigkeit; ~ **verborum; res fidem habet** ist glaubwürdig; **alci rei fidem facere** *od.* **afferre** eine Sache glaubhaft machen;
⑤ Versprechen, (Ehren-)Wort, Zusage, Eid, Schwur; **fidem conservare, exsolvere** sein Wort halten, einlösen; **fidem mutare, violare, fallere** *od.* **frangere** sein Wort brechen; **fidem dare alci** jmdm. sein Wort geben; **fidem dare et accipere** sich gegenseitig das Wort geben; **fide meā** auf mein Wort;

⑥ Bestätigung, Gewährleistung, Erfüllung, Beweis, Gewissheit; **in (ad) fidem rei** zur Bestätigung, zum Beweis; **alci rei fidem addere** etw. bestätigen *od.* beglaubigen; **fidem reportare** zuverlässige Nachrichten; **promissa exhibuere fidem** wurden erfüllt; **dictis addere fidem** die Worte in Erfüllung gehen lassen;
⑦ Kredit; **res fidesque** Vermögen u. Kredit; **alcis ~ concidit** jmds. Kredit sinkt; **fidem renovare;**
⑧ (persönliche) Sicherheit, Unverletzlichkeit, freies, sicheres Geleit; **fidem publicam postulare; alci fidem publicam dare;**
⑨ Schutz, Beistand; **alcis fidem sequi, in fidem alcis venire** *od.* **se conferre** sich unter jmds. Schutz begeben, stellen; **in alcis fide esse** unter jmds. Schutz stehen; **deorum fidem implorare** die Götter um ihren Beistand anrufen;
⑩ *(spätl.)* der christliche Glaube.

fidēs[2], is *f* ① *(nicht klass.)* Darmsaite, Saite;
② *(meist Pl.)* Saiteninstrument, Lyra, Laute; **fidibus canere** die Laute spielen; – *auch als Sternbild:* Lyra, Leier;
③ *(meist Pl.)* Saitenspiel.

fidī *Perf. v. findo.*

fidi-cen, cinis *m (fides[2] u. cano)* Lautenspieler; *(poet.)* lyrischer Dichter.

fidicina, ae *f (fidicen) (Kom.)* Lautenspielerin.

fidicinius, a, um *(fidicen) (Plaut.)* des Lautenspielers.

fidicula, ae *f (Demin. v. fides[2])* ① *(meist Pl.)* kleine Laute;
② *(nachkl.) ein Folterwerkzeug, bestehend aus Seilen, durch die dem Delinquenten die Glieder aus den Gelenken gerissen wurden.*

Fidius, ī *m (fides[1]) vollst.* Dius Fidius, *Gott der Treue; Bekräftigungsformeln beim Schwur:* **per Dium Fidium; me Dius Fidius** *(erg. iuvet)* so wahr mir Gott helfe!, bei Gott!

● **fīdō,** fīdere, fīsus sum trauen, vertrauen, sich verlassen *(auf: Dat. od. Abl.; m. A. C. I.)* [**nemini; sibi; prudentiā; ingenio suo**]; *(m. Inf.)* sich getrauen, wagen [**pugnam committere**].

fīdūcia, ae *f (fido)* ① Vertrauen, Zuversicht *(zu jmdm., zu, auf etw.: m. Gen.)* [**sui** Selbstvertrauen; **victoriae**];
② Selbstvertrauen, Mut [**vana**]; **alci -am afferre** jmd. ermutigen;
③ Zuverlässigkeit;
④ Verpfändung;
⑤ Pfand, Unterpfand, Sicherheit, Bürgschaft [**vitae nostrae; regni**].

fīdūciālis, e *(fiducia) (spätl.)* zuversichtlich.

fīdūciārius, a, um *(fiducia)* auf Treu u. Glauben anvertraut.

● **fīdus,** a, um *(fido)* ① treu, zuverlässig, gewissenhaft [**amicus; coniunx**];
② *(v. Sachen)* verlässlich, sicher [**litora**]; **mons ~ nivibus** m. ewigem Schnee.

fierī *Inf. Präs. v. fio.*

figlīnus, a, um *(figulus) (nicht klass.)* Töpfer-, Ton-.

fīgmentum, ī *n (fingo) (nachkl.)* Bildnis, (Ab-)Bild, Gestalt, Erdichtung.

● **fīgō,** fīgere, fīxī, fīxum ① (an)heften, befestigen, fest anschlagen [**spolia; arma thalamo; hominem in cruce;** *übtr.* **oscula** küssen; **vestigia** fest einhergehen]; *Pass.* (fest)haften: **telum figitur (in) pectore; alto sub aethere fixae stellae;**
② *(zur Bekanntmachung)* öffentl. anschlagen [**decretum; senatūs consultum aere publico**];
③ *(als Weihgeschenk od. Trophäe)* aufhängen, weihen [**spolia (arma) in postibus (ad postem)**];
④ (fest) auf etw. richten *(alqd in re, in rem od. re)* [**oculos** *od.* **lumina in terra** *(od.* **in terram, solo); oculos in virgine** ruhen lassen; *übtr.* **mentem** *(od.* **studia, curam, industriam, cogitationem) in re; fixus in silentium** in Schweigen versunken];
⑤ (hin)einschlagen, -stoßen, -bohren [**clavum; palum in parietem; iaculum tellure; in acumine dentes**];
⑥ *(übtr.)* fest einprägen *(alqd penitus animo, in animo, alqd animis; m. A. C. I.)* [**dicta animis**];
⑦ durchbohren, -stechen, treffen, verwunden [**pectora telo; alqm sagittā; animalia; cervam, columbam** schießen; *übtr.* **alqm maledictis**];
⑧ *(Bauwerke)* errichten, erbauen [**moenia; domos** Häuser errichten, *d. h.* sich niederlassen];
⑨ **modum ~ alci rei** einer Sache ein Ziel setzen.

figulāris, e *(figulus) (Plaut.)* Töpfer- [**rota**].

figulīnus, a, um = *figlinus.*

figulus, ī *m (fingo)* Töpfer.

Figulus *röm. cogn., s. Nigidius.*

● **figūra,** ae *f (fingo)* ① Gestalt, Aussehen [**humana; virginea; tauri; cervi; navium; lapidis**];
② *(Ov.)* schöne Gestalt, Schönheit [**dei; fallax**];
③ Gebilde, Bild, Figur [**fictilis** Tonfigur, Tonbild];
④ *(poet.)* Schatten *eines Verstorbenen,* Erscheinung;
⑤ Gestaltung, Beschaffenheit, Art u. Weise [**loci; negotii; orationis, dicendi** Gepräge; **pereundi** Todesart; **condicionis**];
⑥ *(rhet. t. t.)* Redefigur, Wendung; **-as variare;**
⑦ *(Sen.)* Ironie;
⑧ *(Sen.) (philos. t. t.)* Urbild, Idee;
⑨ *(nachkl.)* Allegorie, Anspielung.

figūrātiō, ōnis *f (figuro)* ① Gestaltung, Darstellung;
② Gestalt.

figūrō, figūrāre *(figura)* ① eine Gestalt geben, bilden, formen [**corpus; equum (Troianum); mundum; caseum; anūs in volucres** verwandeln];
② *(nachkl.) (im Geiste)* sich etw. vorstellen [**inanes species animo**];
③ *(nachkl.) (rhet. t. t.)* m. Redefiguren ausschmücken [**orationem**]; **plurima mutatione figuramus.**

fīlātim *Adv. (filum) (Lucr.)* fadenweise.

● **fīlia,** ae *f (filius)* Tochter [**familias** Tochter des Hauses].

fīliālis, e *(filia) (Eccl.)* kindlich.

filicātus, a, um *(filix)* m. Farnkrautmuster verziert.

fīliola, ae *f (Demin. v. filia)* Töchterchen; *(iron.)* weibischer Mensch.

fīliolus, ī *m (Demin. v. filius)* Söhnchen.

● **fīlius,** ī *m* Sohn [**familias** Sohn des Hauses; **naturalis; terrae** Mensch v. unbekannter Herkunft; **fortunae** Glückskind]; *Pl. auch:* Kinder; **adoptare sibi alqm -um.**

filix, licis *f (poet.; nachkl.)* Farnkraut; Unkraut.

fīlum, ī *n* ① Faden, Garn; **-a croci** Staubfäden; **-um pollice deducere; -a ducere;**
② *(poet.) (auch Pl.)* Lebensfaden, *den die Parzen dem Menschen spinnen* [**trium sororum**];
③ *(poet.; nachkl.)* Gewebe; **caput velatum -o** m. einer wollenen Binde;
④ *(v. der Rede)* Form, Art u. Weise, Gepräge [**orationis**]; **argumentandi tenue ~; tenui deducta poëmata -o** feinfädig gesponnen: fein, sorgfältig ausgearbeitet;
⑤ *(nicht klass.)* Gestalt, Form [**mulieris; corporis; solis**]; **bono -o;**
⑥ *(poet.)* Faser *(v. Pflanzen);*
⑦ *(Ov.)* Saite [**lyrae**].

fimbria, ae *f* ① *(nachkl.)* Troddel, Franse;
② *Pl.* Gekräusel; **madentes cincinnorum -ae** feuchtes Haargekräusel.

Fimbria *röm. cogn., s. Flavius 2.*

fimbriātus, a, um *(fimbria) (nachkl.)* m. Fransen.

fimum, ī *n u.* **-us,** ī *m* Mist, Dünger; Kot, Schmutz.

fīnālis, e *(finis) (spätl.)* die Grenzen betreffend; End-, endgültig [**causa**].

findō, findere, fidī, fissum ① spalten, (zer)teilen [**saxa; corticem**]; – *mediopass. u. se ~* **a)** sich spalten, sich teilen: **via se findit in ambas partes; b)** bersten: **navis fissa** leck geworden; **ferula fissa; caelum findi visum** schien zu bersten;
② *(poet.)* durchfurchen, -strömen, -segeln, -fliegen [**agros vomere; fretum; aëra**].

● **fingō,** fingere, finxī, fictum ① gestalten, bilden, formen, verfertigen *(bes. in Ton u. Wachs)* [**pocula de humo; alqd ex argilla**]; **venuste pingere et ~ ;**
② *(vom Bildhauer u. Erzgießer)* künstlerisch bilden, schaffen, darstellen [**simulacra**]; **ars fingendi** Bildhauerkunst, Plastik; **imago ficta** Statue;
③ bilden, gestalten, schaffen [**carmina, versūs** dichten; **se ad alqd** sich nach etw. richten]; **natura fingit hominem;**
④ bauen, machen [**favos**]; **aves nidos fingunt;**
⑤ *(im Geiste)* sich vorstellen, sich einbilden [**maleficium**];
⑥ erdichten, sich ausdenken [**causas** Vorwände; **verba**];
⑦ erheucheln, vorgeben [**fugam; se pavidum** sich ängstlich stellen];
⑧ trügerisch verstellen [**vultum; benignum; stultitiam**];
⑨ streicheln, sanft berühren [**manūs aegras**];
⑩ *(poet.) (das Haar)* ordnen, frisieren [**comas; vitem** zurechtstutzen]; *Pass.* sich frisieren lassen: **fingi curā mulierum;**
⑪ zurechtmachen, einrichten, schmücken, bereiten [**equum**];
⑫ *(m. dopp. Akk.)* zu etw. machen [**alqm miserum**];
⑬ *(durch Unterricht)* (aus)bilden [**ingenium; animum; vocem**]; **artibus fingi; voce paternā ad rectum fingi;**
⑭ *(poet.) (Tiere)* dressieren, zähmen;
⑮ umbilden, umwandeln [**vitam**].

fīniēns, entis *m (finio; erg. orbis)* Horizont.

● **fīniō,** fīnīre *(finis)* **I.** *trans.* ① begrenzen, abgrenzen; **Rhenus finit imperium populi Romani; cavernas ~** schließen;
② einschränken, beschränken [**cupiditates; potestatem**];
③ ein Ende machen, beenden, beschließen [**bellum; alci vitam; studia; famem, sitim** stillen; **dolores; iras; odium**];
④ festsetzen, bestimmen [**diem; tempus; locum; modum**]; **mors est omnibus finita;**
⑤ *(rhet. t. t.)* periodisch abschließen, abrunden [**verba; sententias**];
⑥ *(philos. t. t.) (Sen.)* definieren; **non aliter finiri potest** nicht anders (= nicht genauer);
II. *intr.* ① *(poet.; nachkl.)* zu reden *od.* zu schreiben aufhören, (be)schließen;
② *(Tac.)* sterben; **sic Tiberius finivit;**
③ *(Petr.)* enden, aufhören;
/ **fīnītus,** a um bestimmt; begrenzt; beendet.

● **fīnis,** is *m, selten f (figo)* ① Grenze, Grenzlinie; **Rubico ~ est Galliae;** *(meist Pl.)* **fines agrorum; fines regere** *od.* **terminare** feststellen; – **fīne** *(m. Gen.) (auch* **fīnī**) bis an [**Orientis; genūs** bis ans Knie];
② *(meton.) Pl.* Gebiet, Land; Grundstücke, Grundbesitz [**Carthaginiensium; angusti;**

primi *od.* **extremi** Grenzgebiet]; **in alienis finibus decertare;**
③ das Höchste, Gipfel [**bonorum** das höchste Gut]; **honorum populi finis est consulatus;**
④ *(zeitl.)* Ende [**epistulae; operis; vitae** *od.* **vivendi**]; **labor in fine est** geht zu Ende; **belli** *(Gen.) od.* **iniuriis** *(Dat.)* **finem facere** ein Ende machen; **ad finem venire** *zu* Ende, zustande kommen; **sine fine** = **nullo (cum) fine** endlos, ohne Ende;
⑤ *(übtr.)* Grenze, Schranke [**humanae naturae; officiorum**]; **finem et modum transire; fines iuris transcedere; sine ulla fine** unumschränkt;
⑥ Ziel, Zweck, Absicht [**laudis; medicinae; artium**]; **ad** *od.* **in eum finem;**
⑦ *(Tac.)* Lebensende, Tod [**voluntarius**]; **septem menses a fine Neronis.**

fīnītē *Adv. v. finitus, s. finio.*

● **fīnitimus** *(älter* **fīnitumus**), a, um *(finis)*
① angrenzend, benachbart [**civitas; regio; bellum** in der Nachbarschaft; **arma** der Grenznachbarn]; – *Subst.* **-ī,** ōrum *m* (Grenz-) Nachbarn;
② *(übtr.)* nahe stehend, nahe liegend, verwandt, ähnlich [**oratori poëta; huic generi historia**].

fīnītiō, ōnis *f (finio)* ① *(Sen.)* Erklärung, Definition;
② *(Gell.)* Regel, Gesetz;
③ *(Vulg.)* Lebensende.

fīnītīvus, a, um *(finio) (Mart.)* auf Bestimmung, Erklärung beruhend [**causa; quaestio**].

fīnītor, ōris *m (finio)* ① Feldmesser, Vermesser;
② *(Sen.)* Horizont.

fīnitumus *s. finitimus.*

fīnxī *Perf. v. fingo.*

● **fīō,** fierī, factus sum ① werden, entstehen, geboren, geschaffen werden; **planta fit; ossa lapis fiunt;**
② *(v. Zuständen u. Ereignissen)* entstehen, geschehen, sich ereignen, eintreten, bewirkt werden; **clamor fit; fluctūs, ignes fiunt; alci furtum fit; nihil fit; id interdum fit; factum volo** ich bin damit zufrieden; – *Wendungen:* **fit, ut** es geschieht, dass; **quo facto** nachdem dies geschehen war, hierauf; **factum!** es ist geschehen! = ja!; **fieri (non) potest, ut** es ist möglich (unmöglich), dass; möglicherweise (unmöglich); **fieri non potest, quin** *od.* **ut non** es ist notwendig, dass; **ut (fere) fit (= ut fieri solet)** wie es so geht, wie gewöhnlich; **ita fit, ut** daraus folgt, dass;
③ *(als Pass. v. facio)* gemacht, getan, verfertigt werden; **pons fit; testudo ex ligno fit; impetus factus est; castra fiunt** wird aufgeschlagen; **statua ei fit** wird errichtet; **insidiae alci fiunt** werden bereitet; – *Wendungen:* **bene factum!** gut gemacht! brav!; **male factum!** das war schlecht!;
④ zu etw. werden; **alqs fit inimicus alci; homo fieri non potest formosior!;**
⑤ zu etw. gemacht, ernannt, erwählt werden; **Themistocles praetor fit; consules facti sunt;**
⑥ *(m. Gen. pretii)* geschätzt werden *(magni, pluris, plurimi …)*;
⑦ *(math. t. t.) (beim Rechnen)* herauskommen, ergeben; **quid fit?;**
⑧ geopfert werden; **fit diis.**

firmāmen, āminis *n (firmo) (poet.; nachkl.)* Stütze.

firmāmentum, ī *n (firmo)* ① Befestigungsmittel, Stütze; **-o esse** als Stütze dienen; **ossa sunt -a corporis;**
② *(übtr.)* Stütze, Stärke [**rei publicae; accusationis**]; **legionem -um** (als Verstärkung) **adduxit;**
③ bestätigender Beweis, Hauptgrund, Hauptpunkt;
④ *(August.)* Himmel(sgewölbe), Firmament.

firmātor, ōris *m (firmo) (nachkl.)* Befestiger [**disciplinae militaris**].

firmitās, ātis *f (firmus)* ① Festigkeit, Stärke [**corporis; materiae; vocis; imperii**];
② Standhaftigkeit, Ausdauer [**exercitūs**]; **ea amicitia non satis habet firmitatis.**

firmiter *Adv. v. firmus.*

firmitūdō, dinis *f = firmitas.*

● **firmō,** firmāre *(firmus)* ① fest machen, stärken, (be)festigen [**locum munitionibus; castra munimentis; aciem subsidiis**];
② sichern, decken [**imperium; opes; urbem colonis; gradum** festen Fuß fassen];
③ dauerhaft, unantastbar machen [**amicitiam; regnum; pacem; memoriam; soporem**];
④ *(körperl. u. geistig)* stärken, kräftigen [**corpus; animum adulescentis; milites cibo, quiete**]; – *Pass.* stark werden, sich stärken;
⑤ bekräftigen, bestätigen, beglaubigen, behaupten [**alqd iure iurando; ius; foedera dictis**];
⑥ beweisen, darlegen;
⑦ ermutigen, ermuntern; erheben *(alqm od. animum alcis re; zu etw.: ad od. in alqd)* [**suos; populum**]; *Pass.* sich fassen; **firmato vultu** mit gefasster Miene.

Firmum, ī *n Stadt in Picenum in Mittelitalien (Adria), südl. v. Ancona, j.* Fermo; – *Einw. u. Adj.* **Firmānus,** ī *m bzw.* a, um.

● **firmus,** a, um *(Adv.* firmē, *selten* firmiter)
① fest, stark [**carina; ianua; fundamenta; res publica; consolatio** wirksam];
② dauerhaft [**vinum** haltbar; **assensio; opinio**];
③ *(körperl.)* stark, kräftig [**corpus; catuli**];
④ stark, widerstandsfähig, tüchtig [**legiones; exercitus**];

❺ fest, beharrlich, standhaft [**animus; adversus** *(od.* **contra) pericula**];
❻ zuverlässig, sicher, treu [**copiae; amicitia; auxilium**].

fiscālis, e *(fiscus) (nachkl.)* zur Staatskasse gehörig.

fiscālus, ī *m (mlt.)* Höriger, Zinsbauer.

fiscella, ae *f (Demin. v. fiscina)* (geflochtenes) Körbchen.

fiscina, ae *f (fiscus)* (geflochtener) Korb [**ficorum**].

fiscus, ī *m* ❶ (geflochtener) Korb;
❷ Geldkorb, Kasse;
❸ *(z. Zt. der Republik)* Staatskasse, Staatsgelder; *sprichw.:* ~ **non erubescit;**
❹ *(in der Kaiserzeit)* kaiserl. Privatkasse, Fiskus; **bona in -um cogere** eintreiben.

fissilis, e *(findo)* spaltbar; gespalten [**lignum**].

fissiō, ōnis *f (findo)* das Spalten, Zerteilen [**glebarum**].

fissum, ī *n (findo)* Spalt, Einschnitt, *bes. in der Leber (als t. t. der Eingeweideschau)* [**iecorum**].

fissus *P.P.P. v. findo.*

fistūca, ae *f* Ramme.

fistula, ae *f* ❶ Röhre, hohles Rohr [**ferrea**];
❷ **a)** hohler Rohrstängel; *daraus hergestellt:* **b)** Rohrpfeife, Hirtenpfeife, Hirtenflöte [**eburneola**]; **c)** *(Pers.)* Schreibfeder, Griffel;
❸ Wasser(leitungs)rohr;
❹ *(med. t. t.)* Geschwür, Fistel.

fistulātor, ōris *m (fistula) (Suet.)* Pfeifer, Hirtenflötenspieler.

fistulātus, a, um *(fistula) (Suet.)* m. Röhren versehen, hohl.

fistulōsus, a, um *(fistula)* ❶ porös;
❷ m. einer Röhre versehen.

fīsus *P. P. Akt. v. fido.*

fītilla, ae *f (nachkl.)* Opferbrei.

fīxī *Perf. v. figo.*

fīxus, a, um *(P. Adj. v. figo)* fest, bleibend, unabänderlich [**vestigia; decretum**].

flābelli-fera, ae *f (flabellum u. fero) (Plaut.)* Fächerträgerin.

flābellulum, ī *n (Demin. v. flabellum) (Ter.)* kleiner Fächer.

flābellum, ī *n (flabra)* Fächer, Wedel.

flābilis, e *(flo)* hauchbar, luftartig.

flābra, ōrum *n (flo) (poet.)* das Blasen, Wehen.

flacceō, flaccēre, – – *(flaccus)* schlaff, matt sein.

flaccēscō, flaccēscere, – – *(Incoh. v. flacceo)* erschlaffen, ermatten, welk werden; **voluptates flaccescebant; flaccescebat oratio; frons flaccescit.**

flaccidus, a, um *(flaccus) (poet.; nachkl.)* matt, schwach, kraftlos.

flaccus, a, um schlaff, schlapp; schlappohrig.

Flaccus, a, um *(flaccus) röm. cogn., s. Horatius.*

flagellō, flagellāre *(flagellum) (poet.; nachkl.)* peitschen, schlagen.

flagellum, ī *n (Demin. v. flagrum)* ❶ Peitsche, Geißel;
❷ *(Verg.)* Wurfriemen;
❸ *(Ov.) Pl.* Fangarme *(des Polypen);*
❹ *(poet.)* Ranke, Schössling.

flāgitātiō, ōnis *f (flagito)* (dringende) Forderung.

flāgitātor, ōris *m (flagito)* ❶ (drängender) Forderer [**pugnae; triumphi**];
❷ Mahner.

flāgitiōsus, a, um *(flagitium)* schändlich, schmachvoll, ehrenrührig; lasterhaft [**vita; factum**].

● **flāgitium,** ī *n (flagito)* ❶ schändliches Vergehen, Schandtat, Niederträchtigkeit, Skandal; **plenus -i; -um facere** *od.* **committere; nihil -i praetermittere;**
❷ Schimpf, Schande;
❸ *Pl.* niederträchtige Äußerungen, schmähliche Behauptungen;
❹ Bösewicht; **-orum catervae.**

● **flāgitō,** flāgitāre *(flagitium)* ❶ heftig verlangen, dringend fordern; dringend auffordern [**arma; consulis auxilium**]; *(alqd ab alqo od. alqm alqd; m. ut; Inf.* [*Hor.*]; *A. C. I.* [*nachkl.*]*);* **praemia a civibus ~; ab amico promissa per litteras ~; flagitas me, ut eloquar** *(Plaut.);*
❷ *(m. abstr. Subj.)* dringend verlangen, notwendig machen; **quae tempus et necessitas flagitat** *(Cic.)*; **quid artes a te flagitent, tu videbis** *(Cic.);*
❸ zu wissen verlangen [**nomen; crimen; quae sint ea numina**];
❹ jmd. dringend verlangen, jmds. Auslieferung verlangen [**filium ab alqo; testes** zustellen];
❺ *(Tac.)* jmd. vor Gericht ziehen, belangen.

flagrāns, *Gen.* antis *(P. Adj. v. flagro)* ❶ brennend, flammend [**aestus**];
❷ glühend, leidenschaftlich, heftig, lebhaft, erregt [**cupiditas; tumultus; studium; cupido gloriae;** *(von etw.: Abl.)* **invidiā**];
❸ leuchtend, glänzend, strahlend [**oculi; genae; vultus; crinis;** *(von etw.: Abl.)* **clipeo**].

flagrantia, ae *f (flagro)* ❶ (brennende) Glut [**oculorum; solis; aestatis; montis**];
❷ *(vor- u. nachkl.) (übtr.)* Glut, Feuer; glühende Liebe, Inbrunst [**materna; caritatis**].

flagri-triba, ae *m (flagrum u. τρίβω) (Plaut.) (scherzh.)* „Geißelabnutzer“, oft geprügelter Sklave.

● **flagrō,** flagrāre ❶ brennen, lodern; **flagrabant ignes, onerariae;**
❷ *(poet.)* funkeln, glänzen; **flagrant lumina nymphae;**
❸ *(übtr.)* lodern, *(leidenschaftlich)* glühen, brennen *(in, vor, von etw.: Abl.)* [**pugnandi**

cupiditate; amore; inopiā schwer heimgesucht werden];
④ *(von Zuständen)* entflammt, entfacht sein, heftig aufflammen; **bellum flagrat.**

flagrum, ī *n* Peitsche, Geißel.

flāmen[1], minis *n (flo) (vorkl.; poet.)* ① das Blasen, Wehen *des Windes;*
② *(meton.)* Wind [**hibernum**];
③ das Blasen auf der Flöte, *Pl.* Flötentöne.

> *i* Kultur **flāmen[2],** minis *m* Flamen, Priester *einer einzelnen Gottheit,* Eigenpriester *(es gab 3 maiores aus patriz. Geschlecht, Dialis für Jupiter, Martialis für Mars, Quirinalis für Romulus, u. 12 minores aus pleb. Geschlecht für geringere Gottheiten, auch für göttl. verehrte Kaiser)*; **flaminem inaugurare, prodere.**

flāminica, ae *f (flamen[2])* Gattin eines Flamen.

Flāminīnus *s. Quinctius.*

flāminium *u.* **flāmōnium,** ī *n (flamen[2])* Amt des Flamen.

Flāminius, a, um *Name einer pleb. gens:* C. ~ *legte als Zensor 220 v. Chr. die via Flaminia (v. Rom nach Ariminum) an u. baute den circus Flaminius, fiel als Konsul 217 v. Chr. geg. Hannibal am Trasimenischen See; – Adj. auch:* **Flāminiānus,** a, um.

● **flamma,** ae *f (flagro)* ① Flamme, Feuer; **-am concipere** Feuer fangen; **-am sedare; -ā torreri; ferro flammāque** m. Feuer u. Schwert;
② Fackel; **-am alci de manibus extorquere; -as ad culmina iactant;**
③ *(poet.)* Blitz [**trifida**];
④ *(poet.)* Stern(schnuppe);
⑤ *(poet.)* Glanz, Schein [**galeae; solis**];
⑥ *(übtr.)* Glut, Feuer, Heftigkeit [**amoris; oratoris; belli; invidiae; gulae** Heißhunger; **ultrix** brennende Rache]; **ira spirat pectore flammas;**
⑦ *(poet.)* Liebesglut; *(meton.)* die Geliebte;
⑧ Verderben [**duorum bellorum**].

flammābundus, a, um *(flamma) (Mart.)* flammend.

flamm(e)ārius, ī *m (flammeum) (Plaut.)* Verfertiger v. Brautschleiern.

flammeolum, ī *n (Demin. v. flammeum) (Iuv.)* kleiner Brautschleier.

flammēscō, flammēscere, – – *(flamma) (Lucr.)* feurig werden, Flammen fangen.

flammeum, ī *n (flammeus) (nicht klass.)* ① (feuerroter) Brautschleier; **puellae caput involvere -o;**
② *übh.* das Feuerrote.

flammeus, a, um *(flamma)* ① flammend, brennend, feurig *(konkr. u. übtr.)* [**stella; versus; carmen**];
② *(poet.)* glänzend, leuchtend [**lumina**];
③ *(poet.)* feuerrot [**vestimentum**].

flammi-fer, fera, ferum *(flamma u. fero) (poet.; nachkl.)* ① Flammen tragend, brennend, feurig;
② glühend, heiß [**aestus; vis**];
③ leuchtend, glänzend [**crinis**].

flammi-vomus, a, um *(flamma u. vomo) (nachkl.)* Flammen speiend [**draco**].

flammō, flammāre *(flamma)* **I.** *trans.* ① anzünden, verbrennen;
② *(übtr.)* entzünden, entflammen [**cor**]; **flammatus amore;**
II. *intr. (poet.) (nur Part. Präs.)* flammen, brennen, lodern; **fenum flammans; flammantia lumina.**

flammula, ae *f (Demin. v. flamma)* Flämmchen.

flāmōnium *s. flaminium.*

flascō, ōnis *m (germ. Wort) (spätl.)* (Wein-)Flasche.

flātūra, ae *f* das Schmelzen, Gießen, Guss [**auri; aeris**].

flātus, ūs *m (flo)* ① das Wehen *des Windes;* Wind, das Blasen [**aestivus; secundus** günstiger; **adversus** ungünstiger; **austri**]; **flatu figuratur vitrum;**
② *(übtr.)* Hauch [**fortunae**];
③ *(poet.; nachkl.)* das Atmen, Schnauben [**equorum**]; Atem, Hauch;
④ *(poet.)* das Blasen der Flöte, Flötenspiel;
⑤ *(nachkl.)* Blähung;
⑥ *(poet.)* Aufgeblasenheit, Hochmut *(meist Pl.)*; **flatūs remittere.**

flāvēns, *Gen.* entis *(flavesco) (poet.)* (gold)gelb, blond [**cera; arena; coma**].

flāvēscō, flāvēscere, – – *(flavus) (poet.; nachkl.)* (gold)gelb werden; blond werden, sich blond färben.

Flāviālis, Flāviānus *s. Flavius.*

Flāvīnius, a, um *v.* der Stadt Flavina *(in Etrurien),* flavinisch [**arva**].

Flāvius, a, um *Name einer röm. (urspr. sabin.) gens:* ① Cn. ~, *um 300 v. Chr., Sohn eines Freigelassenen, Sekretär des Appius Claudius Caecus, später (als erster Freigelassener) kurulischer Ädil, gab den ersten röm. Kalender heraus;*
② C. ~ Fimbria, *Anhänger des Marius u. Cinna, besiegte Mithridates u. zerstörte Ilion, v. Sulla bekämpft, galt als verwegen u. ruchlos;*
③ T. ~ Vespasianus, *Kaiser 69–79 n. Chr.;*
④ *gleichnamiger Sohn des vorigen, Kaiser 79–81 n. Chr., bekannt als Kaiser Titus;*
⑤ T. ~ Domitianus, *Bruder des vorigen, Kaiser 81–96 n. Chr.;*
/ *Adj. auch:* **Flāviānus,** a, um;
/ **Flāviālis,** is *m der Flamen (Eigenpriester) der gens Flavia.*

F

i Kultur **Flāvius** T. ~ Vespasianus, *röm. Kaiser (9–79 n. Chr.; seit 69 Kaiser). Von den Legionen des Ostens zum Kaiser ausgerufen. Als Feldherr im Auftrag Neros Niederwerfung des jüdischen Aufstandes, den sein Sohn Titus im Jahr 70 mit der Zerstörung Jerusalems beendete.*

flāvus, a, um *(poet.; nachkl.)* (gold)gelb, rötlich gelb, blond [**arva; coma**].

flēbilis, e *(fleo)* ① Tränen hervorrufend [**cepa**];
② beweinenswert, beklagenswert;
③ weinend, klagend; **flebiliter respondere** unter Tränen;
④ *(v. Sachen)* kläglich, rührend [**vox; elegia**].

● **flectō,** flectere, flexī, flexum **I.** *trans.*
① biegen, beugen, krümmen [**membra; artūs; ramum; arcum** spannen]; – *mediopass. flecti* sich krümmen, sich beugen; **anguis flectit sinūs** windet sich in Krümmungen; **flexi crines** gekräuseltes Haar; **flexum mare** Bucht;
② drehen, wenden, lenken, richten [**equos; currum; plaustrum; navem; cursūs in orbem; oculos** *od.* **lumina a re ad alqm** *od.* **in alqd; ora retro; vultūs ad illum; se** sich wenden];
③ (ver)ändern [**iter** *od.* **viam** die Marschrichtung ändern, vom Weg abbiegen; **vitam**];
④ jmd. v. etw. abbringen [**alqm a proposito; alqm a studio ad imperium**];
⑤ etw. abwenden [**fatum**];
⑥ *(übtr.)* umstimmen, erweichen, rühren [**superos; iudices; alqm precibus, donis; ingenium aversum alcis**];
⑦ *(Töne)* modulieren [**vocem**]; **flexo sono** mit veränderter Tonstärke;
⑧ *(naut.)* umfahren, (her)umsegeln [**promunturium**];
⑨ *(Tac.)* etw. auf jmd. beziehen; **versus, qui in Tiberium flectuntur;**
⑩ *(Gell.) (gramm. t. t.)* bilden, formen; **hoc vocabulum de Graeco flexum est;**
II. *intr.* sich irgendwohin wenden, marschieren [**Cremonam; ad Oceanum; in Capitolium**]; *(übtr.)* sich etw. zuwenden [**ad sapientiam**].

flēmina, num *n (Plaut.; Plin.)* Krampfadern.

● **fleō,** flēre, flēvī, flētum **I.** *intr.* ① weinen; **alqd flens ab alqo petere; quid fles, Asterie?;**
② *(Lucr.) (v. Lebl.)* tränen, träufeln;
II. *trans.* ① beweinen, beklagen [**amissum fratrem; filii necem; casum rei publicae; inultos dolores; servitutem tristem**];
② *(Prop.)* weinend bitten.

flētus¹ *P.P.P. v. fleo.*

● **flētus²,** ūs *m (fleo)* ① das Weinen, Wehklagen [**tacitus**]; **fletum alci movere** (bis) zu Tränen rühren; **fletum reprimere** unterdrücken; **magno fletu** (unter lautem Weinen) **auxilium petere;**
② *(meton.) (auch Pl.)* die Tränen, Tränenstrom; **fletibus ora rigare; fletūs fundere;**
③ Rührung.

flēvī *Perf. v. fleo.*

Flēvum, ī *n Kastell der Friesen.*

flex-animus, a, um *(flecto) (poet.)* ① herzerweichend;
② gerührt.

flexī *Perf. v. flecto.*

flexibilis, e *(flecto)* ① biegsam, geschmeidig [**arcus;** *übtr.* **vocis genus; oratio**];
② lenkbar [**aetas; ingenium**]; unbeständig.

flexilis, e *(flecto) (poet.; nachkl.)* biegsam, geschmeidig [**cornu; ulmus**].

flexi-loquus, a, um *(flecto u. loquor)* doppeldeutig (redend) [**oracula**].

flexiō, ōnis *f (flecto)* ① Biegung, Krümmung;
② *Pl. (übtr.)* krumme Wege, Ausflüchte; **flexiones quaerere;**
③ Modulation *der Stimme, des Gesangs* [**vocis; modorum**].

flexi-pēs, *Gen.* pedis *(Ov.)* m. gewundenen Ranken [**hederae**].

flexuōsus, a, um *(flecto)* voll Krümmungen [**iter; Taurus mons**].

flexūra, ae *f (flecto)* Biegung, Krümmung, Windung.

flexus¹ *P. P. P. v. flecto.*

flexus², ūs *m (flecto)* ① Biegung, Krümmung, Windung, Umbiegung [**cervicis; manūs; viae; vallium**];
② Umweg, Seitenweg, Abweg; **flexu Armeniam petunt; in nullos flexūs recedere** nicht abschweifen;
③ Wendepunkt [**autumni** Spätherbst; **aetatis**];
④ Wendung, Modifikation [**rerum publicarum**].

flīctus, ūs *m (fligo) (Verg.)* das Anschlagen, Zusammenschlagen, Anprall [**navium**].

flīgō, flīgere, – – (an)schlagen, zu Boden schlagen.

flō, flāre **I.** *intr.* blasen *(vom Wind, v. der Flöte, v. Personen);* **ventus flat** bläst, weht; **tibia flabit** wird ertönen; *sprichw.:* **simul flare sorbereque haud factu facile est;**
II. *trans.* ① *(vorkl.; poet.)* herausblasen, *(Feuer)* speien [**acrem flammam** *(v. der Chimära)*]; **anima, quae flatur** der Hauch aus dem Mund;
② *(poet.) (die Flöte)* blasen [**tibiam**];
③ m. dem Blasebalg *(Metalle)* schmelzen, *(Geld)* gießen [**argentum; aes; nummos**]; **flata signataque pecunia.**

floccus, ī *m (vor- u. nachkl.)* ① Flocke, Faser;

❷ *(übtr.)* Kleinigkeit; **alqd, alqm non -i facere** auf etw. pfeifen, sich nicht um etw. kümmern, sich aus jmdm. nichts machen.

Flōra, ae *f (flos) Göttin der Blumen; – Adj.* **Flōrālis,** e [**ludi** = *Floralia*]; – *Subst.* **Flōrālia,** ium *u.* iōrum *n* das Fest der Flora, Blumenfest *der Römer m. Volksfestcharakter (in der frühen Kaiserzeit vom 28. April bis 3. Mai dauernd).*

flōrēns, *Gen.* entis *(P. Adj. v. floreo)* ❶ blühend [**corona** Blumenkranz];
❷ jugendlich blühend, frisch, schmuck [**adulescens; iuventa**]; **femina ~ aetate;**
❸ *(übtr.)* ausgezeichnet durch, glänzend ausgestattet m. etw. [**ingenio; eloquentiā; aetate; honoribus**];
❹ mächtig, angesehen, einflussreich, auf der Höhe stehend [**civitas; opes Etruscorum; homo; amicitia**]; **Macedones imperio terrarum florentes;**
❺ *(rhet.)* blumenreich [**orationis genus; oratores**].

Flōrentia, ae *f* Florenz, *Stadt am Arno, j.* Firenze; – *Einw. u. Adj.* **Flōrentīnus,** ī *m bzw.* a, um.

florenus, ī *m (mlt.) zuerst die in Florenz geprägte Goldmünze, später der nach ihrer Vorlage in Deutschland geprägte Gulden* [**aureus**].

● **flōreō,** flōrēre, flōruī, – *(flos)* ❶ blühen; **arbor floret; papavera florent; annus floret** ist in voller Blüte;
❷ *(übtr.)* blühen, angesehen, mächtig sein, sich auszeichnen [**in patriā; in re militari** als Feldherr];
❸ etw. im hohen Grad genießen, besitzen, m. etw. glänzend ausgestattet sein, an etw. Überfluss haben *(m. Abl.)* [**aetate** in der Blüte seiner Jahre; **gratiā et auctoritate; gloriā; favore; honoribus; laudibus**];
❹ *(poet.)* voll sein *(von etw.)*, prangen; **ager autumno floret; Hybla multis thymis floret; mare florebat navibus (velis);**
❺ *(poet.)* schimmern, glänzen; **florentes aere catervae; florentia lumina flammis;**
❻ *(vom Wein)* schäumen; **vina florent.**

flōrēscō, flōrēscere, – – *(Incoh. v. floreo)* auf-, erblühen *(konkr. u. übtr.)*; **patria nostra florescit.**

flōreus, a, um *(flos) (poet.)* ❶ aus Blumen (bestehend) [**corona**];
❷ blumig, blumenreich [**rura; crines**].

flōridulus, a, um *(Demin. v. floridus) (Cat.)* schön blühend.

flōridus, a, um *(flos)* ❶ *(poet.)* blühend [**pinus; ramuli**];
❷ *(poet.)* aus Blumen (bestehend) [**serta**];
❸ *(vorkl.; poet.)* blumig, blumenreich [**prata; montes**];
❹ *(poet.; nachkl.) (übtr.)* blühend, in Jugendfrische, frisch [**aetas; filia; forma**];
❺ *(rhet.)* blühend, blumig [**sententiae**]; **floridiorem esse** eine blühendere Sprache haben; **floridior in declamando quam in agendo;**
❻ *(von den Farben)* lebhaft;
/ *Subst. n Pl.* **florida et varia** bunte Blumenfülle.

flōri-fer, fera, ferum *(flos u. fero) (poet.; nachkl.)* Blumen tragend, blumenreich [**saltus; ver**].

flōri-legus, a, um *(flos u. lego[1]) (Ov.)* Blütenstaub sammelnd [**apes**].

flōrus, a, um *(floreo)* ❶ blühend;
❷ glänzend, prächtig [**crines**].

Flōrus, ī *m* L. Annaeus ~, *röm. Geschichtsschreiber z. Zt. Trajans u. Hadrians, Verf. eines Abrisses der röm. Gesch. bis Augustus.*

● **flōs,** flōris *m* ❶ Blume, Blüte [**thymi; rosae**]; **florum omnium varietas; flores legere;**
❷ Blüte der Jahre, Jugendblüte, -fülle, -frische; **senectus redit in florem** wird wieder jung;
❸ *(übtr.)* blühender Zustand, Gipfelpunkt, Glanzzeit, der beste Teil von etw. [**Graeciae; vini; cenae; aetatis** die besten Jahre];
❹ *(meton.)* junge Mannschaft, Jugend, Blüte [**nobilitatis et iuventutis; Italiae**];
❺ Glanz, Schmuck, Zierde, Kleinod; **ager Sabinus, ~ Italiae;**
❻ *(poet.; nachkl.)* Blütenstaub, -saft; **apis tulit collectos flores;**
❼ *(poet.)* die ersten zarten Barthaare, Flaum [**iuvenilis**];
❽ *(Lucr.)* Schimmer, Glanz.

flōsculus, ī *m (Demin. v. flos)* ❶ Blümchen, Blütchen;
❷ *(übtr.)* Zierde, Schmuck [**vitae** Jugend]; *(v. der Rede)* schmückender Ausdruck, schöne Redewendung; **omnes undique -os carpere atque delibare;**
❸ *(Sen.)* Denkspruch, Sentenz.

flūcti-fragus, a, um *(fluctus u. frango) (Lucr.)* Wellen brechend.

flūcti-gena, ae *m u. f (fluctus u. gigno) (Mart.)* in Wellen Geborene(r).

flūcti-ger, gera, gerum *(fluctus u. gero)* Wellen ertragend.

flūcti-sonus, a, um *(fluctus u. sono) (Sen.)* wellenrauschend.

flūctuātiō, ōnis *f (fluctuo)* ❶ *(Sen.)* unruhige Bewegung [**corporis**];
❷ *(übtr.)* schwankende Stimmung, Unentschlossenheit [**animorum**].

flūctuō, flūctuāre *u.* **flūctuor,** flūctuārī *(fluctus)* ❶ *(poet.; nachkl.)* Wellen schlagen, wogen, wallen; **mare fluctuat; aër fluctuat; fluctuat Zephyro seges;** *(übtr.)* **turba, populus fluctuans** hin u. her wogend;
❷ *(poet.) (übtr., v. Leidenschaften u. Perso-*

F

nen) aufbrausen; **irarum fluctuat aestu;**
❸ *(übtr.)* schwanken, unschlüssig sein; **acies fluctuans; inter spem metumque ~; inter varia consilia ~; in suo decreto ~; animo nunc huc, nunc fluctuat illuc;**
❹ in der See treiben.

flūctuōsus, a, um *(fluctus) (vor- u. nachkl.)* wogend, stürmisch.

● **flūctus,** ūs *m (fluo)* ❶ (Meeres-)Woge, Flut; **fluctu operiri; fluctūs sedare, frangere; medio fluctū** mitten auf dem Meer;
❷ *(Lucr.)* das Wogen, das Strömen, Strömung [**aquae**];
❸ *(übtr.) (meist Pl.)* Unruhen, Gefahren, Strudel [**belli; civiles** des polit. Lebens; **irarum** stürmische Leidenschaften]; **rerum fluctibus in mediis.**

fluēns, *Gen.* entis *(P. Adj. v. fluo)* ❶ gleichmäßig dahinfließend, ruhig [**elegi**];
❷ einförmig, eintönig [**oratio**];
❸ erschlafft, schlaff [**membra; buccae** Hängebacken].

fluenti-sonus, a, um *(fluentum u. sono) (Cat.)* wogenumbraust [**litus**].

fluentum, ī *n (fluens) (poet.)* Strömung, Flut [**Iordanis; flammarum** Feuerstrom].

fluidus, a, um *(fluo)* ❶ *(poet.)* fließend, flüssig [**liquor**]; triefend [**sanguine** von Blut];
❷ *(Lucr.)* niederwallend [**frondes**];
❸ schlaff, schlotternd [**lacerti; caro; corpora**];
❹ *(Ov.)* erschlaffend, verflüchtigend [**calor**].

fluitō, fluitāre *(Intens. v. fluo)* ❶ *(poet.)* (hin u. her) fließen, wogen; **undae fluitantes; aequor fluitans;**
❷ auf dem Wasser treiben, schwimmen; **fluitans alveus, materia; ebenus in aquis non fluitat;**
❸ *(poet.; nachkl.)* schlaff herabhängen; wallen, flattern; **vela fluitantia; vestis fluitans; fluitantia lora** lockere Zügel;
❹ *(poet.; nachkl.)* schwanken, wanken *(körperlich u. geistig);* **animus incerto errore fluitans; fides fluitans.**

● **flūmen,** minis *n (fluo)* ❶ fließendes Wasser, Strömung, Flut [**vivum** Flusswasser; **fontis** Quellwasser; **curvum** Flusskrümmung]; **flumina limosa potare;**
❷ Fluss, Strom; Gewässer; **flumine secundo** stromabwärts; **flumine adverso** stromaufwärts; **flumina publica sunt;**
❸ *(poet.) (personif.)* Flussgott;
❹ *(übtr.)* Strom [**lacrimarum; sanguinis; aeris**];
❺ *(vom Geist)* reiche Fülle, Strom, Erguss [**ingenii**];
❻ Redestrom [**orationis; gravissimorum verborum**].

Flūmentāna porta, ae *f* das „Flusstor" *in Rom am Tiber (südwestl. vom Kapitol).*

flūmineus, a, um *(flumen) (Ov.)* im *od.* am Fluss befindlich, Fluss- [**avis** Schwan].

● **fluō,** fluere, flūxī, (flūxum, *altl.* flūctum) ❶ fließen, strömen, rinnen; **aqua, imber fluit; lacrimae fluunt; inter Helvetiorum fines et Allobrogum Rhodanus fluit; fluit de corpore sudor; fluit in terram cruor;**
❷ v. etw. triefen, nass sein [**sudore; cruore**];
❸ *(übtr.)* hervorströmen, entströmen; **oratio ex ore alcis fluit;**
❹ *(übtr.)* dahinfließen, vor sich gehen; **cuncta fluunt** alles ist in stetem Wandel; **rebus ad voluntatem fluentibus** da alles nach Wunsch läuft;
❺ *(v. der Rede)* **a)** einförmig dahinfließen; **ne fluat oratio; cum flueret lutulentus** im schmutzigen Strom seiner Verse; **b)** *(Sen.)* gleichmäßig, ruhig fließen; **oratio fluens leniter;**
❻ *(poet.) (v. der Zeit)* verfließen, entfliehen; **fluunt tempora;**
❼ *(poet.; nachkl.) (v. einer Menschenmenge)* sich ergießen, heranfluten, strömen; **turba fluit castris** aus dem Lager;
❽ *(v. Abstr.)* sich aus-, verbreiten, um sich greifen, übergreifen; **multi sermones fluunt** verschiedene Äußerungen werden laut; **Pythagorae doctrina longe lateque fluxit;**
❾ *(poet.) (übtr.)* überaus reich an etw. sein; **Graeculae vites acinorum exiguitate minus fluunt** tragen nur wenig;
❿ entstehen, herrühren, ausgehen v. etw.; **nomen ex Graeco fluit; omnia ex natura rerum fluunt; haec omnia ex eodem fonte fluxerunt;**
⓫ auf etw. hinauslaufen; auf etw. ausgehen, hinauswollen, endlich zu etwas kommen; **videamus, illius rationes quorsum fluant;**
⓬ *(übtr.)* zerfließen, zerrinnen, sich auflösen, vergehen, erschlaffen; **vires lassitudine fluunt; mollitiā** ~ aufgehen, zerfließen in; **membra fluunt;**
⓭ niedersinken [**ad terram**]; **arma de manibus fluunt;**
⓮ *(poet.)* niederwallen, herabhängen; **coma, tunica, balteus fluens; rami fluentes; vestitū fluens** im langen Gewand.

fluor, ōris *m (fluo) (nachkl.)* das Fließen, Strömen, Strömung.

flūtō, flūtāre = *fluito.*

fluviālis, e = *fluviatilis.*

fluviātilis, e *(fluvius)* im *od.* am Fluss, Fluss- [**aqua; testudo**].

fluvidus = *fluidus.*

fluvius, ī *m (fluo)* ❶ *(poet.; nachkl.)* fließendes Wasser;
❷ Fluss, Strom [**rapidus**]; **de -o aquam derivare;**
❸ *(poet.)* Strömung; **-o secundo** stromabwärts;

④ *(poet.) (personif.)* Flussgott [**corniger**].
flūxī *Perf. v. fluo.*
flūxus¹, a, um *(fluo)* ① *(nachkl.)* fließend, flüssig [**sucus**]; **elementa arida atque -a;**
② *(poet.; nachkl.)* (herab)wallend, flatternd, locker [**crines; amictus**];
③ schlaff (herabhängend) [**habena**];
④ *(nachkl.) (übtr.)* schlaff, hinfällig [**corpus**];
⑤ haltlos, schwankend, unsicher [**fides; divitiarum gloria; auctoritas; animus**];
⑥ zerfallend, verfallend [**muri;** *übtr.* **auctoritas** zerrüttet]; **murorum fluxa** verfallende Teile; **studia inania et -a** von vorübergehendem Erfolg.
flūxus², ūs *m (fluo) (nachkl.)* das Fließen.
fōcāle, lis *n (fauces) (poet.; nachkl.)* Halstuch.
focilō, focilāre *(focus) (nachkl.) (durch Wärme)* wieder beleben, ins Leben zurückbringen.
fōculum, ī *n (focus) (Plaut.)* Gefäß *od.* Mittel zum Wärmen.
foculus, ī *m (Demin. v. focus)* ① kleiner Opferherd, kleine Opferpfanne;
② *(Plin.)* kleiner Herd;
③ *(Iuv.)* Herdfeuer.
● **focus,** ī *m* ① Feuerstätte *des Hauses,* Herd; **ad -um sedere;**
② *(übtr.)* Heim(stätte), Haus u. Hof, Besitztum, Familie; **pro aris et -is pugnare; domo et -is patriis alqm eicere;**
③ Opferpfanne, -herd, Brandaltar; **dare tura** (Weihrauch) **in -os;**
④ *(nachkl.)* Pfanne;
⑤ *(Verg.)* Brandstätte des Scheiterhaufens;
⑥ *(poet.; nachkl.)* Feuer, Glut; **-um facere.**
fōdī *Perf. v. fodio.*
fodicō, fodicāre *(Intens. v. fodio)* ① *(poet.; nachkl.)* stoßen [**latus** in die Seite];
② *(übtr.)* beunruhigen [**animum**].
fodīna, ae *f (fodio) (nachkl.)* Grube, Bergwerk.
● **fodiō,** fodere, fōdī, fossum ① graben [**fossam**]; **in fundo ~ aut arare;**
② auf-, umgraben, aufwühlen [**terram; arva; hortum; murum** untergraben];
③ ausgraben [**argentum**];
④ stechen [**equum calcaribus**];
⑤ durchstechen, -bohren [**alqm stimulis; guttura cultro; hostem pugionibus; militem hastā; pectora telis**];
⑥ *(poet.)* ausstechen [**lumina alci**];
⑦ *(vom Schmerz)* wühlen, brennen; **cor stimulo foditur.**
foederātus, a, um *(foedus²)* verbündet [**civitas; gentes**]; – *Subst.* **foederātī,** ōrum *m* die Verbündeten.
foedi-fragus, a, um *(foedus² u. frango)* vertragsbrüchig.
foeditās, ātis *f (foedus¹)* Hässlichkeit, Abscheulichkeit *(in physischer u. in moral. Hinsicht)* [**vestitūs; odoris; animi; decreti; supplicii**].
foedō, foedāre *(foedus¹)* ① verunstalten, entstellen, zurichten [**agros** verwüsten; **crines** zerraufen; **bracchia tabo; alqm verberibus; ferro volucres** töten]; **foedant et proterunt hostium copias;**
② trüben, verdunkeln [**lumen; serenos vultūs**];
③ *(poet.; nachkl.)* besudeln, beflecken [**sanguine tellurem**];
④ schänden, entehren, entweihen [**alqm scelere**]; **rem patriam et gloriam maiorum ~.**
● **foedus¹,** a, um hässlich, abstoßend, scheußlich, abscheulich, grauenhaft *(in physischer u. moral. Hinsicht)* [**locus; odor; facinus; bellum; homo**].
● **foedus²,** deris *n* ① Vertrag, Bündnis *zw. Staaten* [**pacis; duorum populorum; aequum** unter gleichen Bedingungen geschlossen]; **foedus facere, icere, ferire** *od.* **componere cum alqo** schließen; **de foedere decedere; foedus frangere, rumpere** *od.* **violare** brechen; **foedus accipere** annehmen; **ex foedere** kraft des Bündnisses; **se in foedera mittere** sich einlassen auf;
② Verbindung, Bund, Übereinkunft, Vertrag *zw. Einzelnen* [**coniugale, thalami** Ehebund; **hospitii; amicitiae** Freundschaftsbündnis]; **foedus inter se facere; foedere iuncti** Verwandte;
③ *(poet.)* Bestimmung, Gesetz [**naturae**]; **foedera caeli.**
foen ... = *fen ...*
foeteō, foetēre, – – *(Plaut.)* stinken; *(übtr.)* Ekel verursachen.
foetidus, a, um *(foeteo)* übel riechend, stinkend [**anima; corpus**].
foetor, tōris *m (foeteo)* ① Gestank;
② *(Suet.) (übtr.) Pl.* das Ekelhafte, Widrige.
foetus = *fetus.*
foliātum, ī *n (foliatus; erg. unguentum) (nachkl.) (aus den Blättern der Narde, einer indischen Pflanze, gewonnenes)* Parfüm.
foliātus, a, um *(folium) (nachkl.)* m. Blättern versehen, blätterreich; aus Blättern bestehend, gemacht.
● **folium,** ī *n* Blatt *(einer Pflanze); Pl.* Laub.
folliculus, ī *m (Demin. v. follis)* ① kleiner lederner Schlauch, kleiner Ledersack;
② *(Suet.)* Ballon;
③ *(vor- u. nachkl.)* Hülse; Hülle.
follis, is *m* ① lederner Schlauch, Ledersack;
② Blasebalg;
③ *(Mart.)* Ballon;
④ *(Plaut.; Iuv.)* lederner Geldbeutel;
⑤ *(Plaut.)* Schlagball;
⑥ Lunge; Magen; *sprichw.:* **folles spirant mendacia** bringen Lügen vor.
follītus, a, um *(follis) (Plaut.)* m. einem Geldsack.
fōmentum, ī *n (meist Pl.) (foveo)* ① *(poet.;*

nachkl.) Umschlag, Verband [**aquae calidae**];
② *(übtr.)* Linderungsmittel, Besänftigung [**dolorum**].

fōmes, mitis *m (foveo) (poet.; nachkl.)* Zündstoff, Zunder.

● **fōns,** fontis *m* ① Quelle [**calidus; frigidus**];
② *(poet.) (meton.)* Quellwasser, *übh.* Wasser;
③ *(übtr.)* Quelle, Ursprung, Ursache [**gloriae; iuris; mali**];
④ *(personif.)* **Fōns,** Fontis *m* Quellgott; **Fontis delubrum;** – *Adj.* **Fontinālis,** e dem Quellgott geweiht [**porta** „Quelltor" *im Süden des Marsfeldes*]; – **Font.** = **Fontinālia,** lium *n* Fest des Quellgottes, Brunnenfest *(am 13. Oktober);*
⑤ *(mlt.) (sacer)* Taufe.

fontānus, a, um *(fons) (poet.; nachkl.)* zu einer Quelle gehörig, Quell- [**numina** Quellgottheiten].

Fontēius, a, um *Name einer pleb. röm. u. sonst in Italien vorkommenden gens:* M. ~, *Legat Sullas, 69 v. Chr. v. Cicero geg. die Anklage der Erpressung u. Unterschlagung verteidigt; – Adj. auch* **Fontēiānus,** a, um.

fonticulus, ī *m (Demin. v. fons)* kleine Quelle, kleiner Brunnen.

Fontinālis, e *s. fons.*

for, fārī, fātus sum ① sprechen, sagen; **fando accepisse** *od.* **audisse** vom Hörensagen wissen; – **fāndus,** a, um **a)** sagbar, aussprechlich; **non fandus** unaussprechlich, namenlos; **b)** erlaubt, recht; **non fanda timemus;**
② verkünden, erzählen;
③ *(Prop.)* besingen [**Tarpeium nemus**];
④ *(vorkl.; poet.)* weissagen [**fata**].

forābilis, e *(foro) (poet.; nachkl.)* durchbohrbar, verwundbar.

forāmen, minis *n (foro)* (Bohr-)Loch, Öffnung [**operculi; terrae**].

● **forās** *Adv. (foris¹)* ① hinaus, heraus, nach draußen [**ire; alqm pellere; alqm proicere; ambulare hinc**];
② in die Öffentlichkeit [**alqd (scripta) efferre** *od.* **dare** bekannt machen];
③ *(Petr.) (= foris² 1.)* draußen, auswärts; **~ cenare; omnia ~ parata sunt.**

for-ceps, cipis *m u. f* (Feuer-)Zange.

forda, ae *f (fordus) (Ov.)* trächtige Kuh.

fordus, a, um *(vorkl.; poet.)* trächtig [**bos**].

fore, forem *s. fuo.*

forēnsia, ium *n (forensis; erg. vestimenta) (Suet.)* Staatskleider, Prunkgewänder.

forēnsis *(forum)* **I.** *Adj.* e ① zum Forum, zum Markt gehörig, Markt-;
② zum Ausgehen bestimmt, öffentlich; **vestitu forensi ad portam egredi;**
③ gerichtlich, Gerichts- [**labor; opera; feriae** Gerichtsferien; **Mars** öffentliche Beredsamkeit];
II. *Subst.* is *m* öffentlicher Redner, Anwalt, Rechtsanwalt.

Forentum, ī *n Ort in Apulien b. Venusia, j.* Forenzo.

forfex, forficis *m u. f* Zange, Schere.

forica, ae *f (Iuv.)* öffentlicher Abort.

● **foris¹,** is *f* ① Türflügel, einflügelige Tür;
② *Pl.* **forēs,** rium *f* (zweiflügelige) Tür; *auch* die Türflügel [**invisae; asperae**];
③ *(übtr.)* Zugang, Eingang, Öffnung *(zu, in etw.: Gen.)* [**antri; amicitiae**].

● **forīs²** *Adv. (foris¹)* ① **a)** draußen, außerhalb; **intra vallum et ~ ; b)** außer Haus, nicht zu Hause, auswärts [**cenare**]; **domi forisque; c)** außerhalb der Stadt; außerhalb Roms; außerhalb des Staates, im Ausland; **d)** außerhalb des Senates;
② von draußen, von auswärts [**venire**].

● **fōrma,** ae *f* ① Form, Gestalt, Figur, Umriss, Äußeres [**virginea; corporis**];
② schöne Gestalt, Schönheit [**insignis**];
③ Gesicht, Profil; **-ae dignitas;**
④ *(poet.)* Erscheinung, Vision [**deorum** Göttererscheinungen];
⑤ Gebilde, Bild, Abbildung [**ferarum; deorum**];
⑥ Art, Beschaffenheit, Gepräge, Charakter, Form, Gestaltung, Einrichtung [**terrae; rerum publicarum; tyranni; officii; sollicitudinum; pugnae** Kampfweise; **ingenii; dicendi**]; **duae -ae matrimoniorum; in provinciae -am redigere** zur Provinz machen; **speciem principatus in regni -am convertere;**
⑦ math. Figur [**geometrica**]; **-as in pulvere describere;**
⑧ Entwurf, Abriss, (Ab-)Fassung [**scripti; totius negotii**];
⑨ Ideal, Bild, Vorstellung [**beatae vitae; rei publicae**];
⑩ *(nachkl.)* Guss-, Modellform, Modell;
⑪ *(poet.; nachkl.)* Stempel [**nummi**]; **denariorum -ae** Denarstücke;
⑫ *(poet.)* (Schuster-)Leisten [**sutorum; muliebris** für Frauenschuhe].

fōrmāceus, a, um *(forma) (Plin.)* aus Lehmbacksteinen geformt [**paries**].

fōrmālis, e *(forma) (nachkl.)* an eine Form, an ein Formular gebunden, förmlich [**epistula** förmliches Schreiben, Verfügung des Landesherrn].

fōrmāmentum, ī *n (Lucr.) = formatio.*

fōrmātiō, ōnis *f (formo)* Gestaltung, Bildung [**aedium sacrarum; morum**].

fōrmātor, tōris *m (formo) (nachkl.)* Gestalter, Erbauer, Schöpfer [**universi; morum**].

fōrmātūra, ae *f (Lucr.) = formatio.*

Formiae, ārum *f für ihren Wein berühmte, villenreiche Küstenstadt im südl. Latium, j.* Formia; – *Einw. u. Adj.* **Formiānus,** ī *m bzw.* a, um; – **Formiānum,** ī *n Landgut Ciceros b. Formiae.*

formīca, ae *f* Ameise.
formīcīnus, a, um *(formica) (Plaut.)* Ameisen-.
formīdābilis, e *(formido¹) (poet.; nachkl.)* furchtbar, fürchterlich, grausig [**sonus; aspectus**].
formīdō¹, formīdāre *(formido²)* Grausen empfinden, sich heftig fürchten, sich entsetzen *(vor: Akk.)* [**omnia; alcis iracundiam**]; **et intus paveo et foris formido;** – **formīdātus,** a, um *(poet.; nachkl.)* gefürchtet *(von jmdm.: alci)* [**aquae -ae** Wasserscheu].
formīdō², dinis *f* ❶ Grausen, Furcht, Schrecken, Entsetzen *(vor: Gen.)* [**tyranni; mortis; poenae**]; **formidinem alci inicere;**
❷ *(meton.)* Gespenst, Schreckbild, Vogelscheuche;
❸ religiöse Ehrfurcht, religiöse Scheu, heiliger Schauer.
formīdolōsus *u.* **-dulōsus,** a, um *(formido²)* ❶ furchterregend, furchtbar, grauenhaft [**bellum**];
❷ *(vor- u. nachkl.)* ängstlich, scheu, scheuend *(vor: Gen.)* [**equus; hostium**].
● **fōrmō,** fōrmāre *(forma)* ❶ formen, gestalten [**materiam; terram; ceram; in anguem** zur Schlange]; **verba recte ~;**
❷ darstellen [**Ammonem cum cornibus; versūs citharā** zur Kithara singen];
❸ gewöhnen, einrichten nach, anpassen [**se in alterius (allos in suos) mores**];
❹ (aus)bilden, unterweisen, zu etw. anleiten, abrichten [**disciplinam filii; puerum praeceptis; animos** stimmen; **boves ad usum agrestem** abrichten]; **artibus formatus;**
❺ schaffen, hervorbringen, verfertigen [**signum e marmore; simulacrum hominis; classem** bauen; *übtr.* **gaudia tacitā mente** sich vorstellen, sich einbilden; **personam** einen Charakter schaffen; **librum** verfassen].
fōrmō(n)sitās, ātis *f (formosus)* Schönheit.
● **fōrmō(n)sus,** a, um *(forma)* wohlgestaltet, schön [**puella; iuvenca; domus; tempus** Frühling].
fōrmula, ae *f (Demin. v. forma)* ❶ Regel, Vorschrift, Gesetz, Maßstab [**argumenti; scribendi; Stoicorum**]; **ad -am vivere;**
❷ herkömmliche Einrichtung *od.* Beschaffenheit [**disciplinae**];
❸ Vertrag(sbedingungen); **ex -a** dem Vertrag gemäß; **in sociorum -am referre** durch Vertrag zum Bundesgenossen machen;
❹ Steuerformel, Tarif [**censendi**]; **censum agere ex -a;**
❺ Rechtsformel [**testamentorum; postulationum**]; gerichtliches Verfahren, Verfahrensnorm; **formulā cadere** *od.* **excidere** den Prozess verlieren;
❻ *(Plaut.)* Schönheit;
❼ *(mlt.)* Glaubensformel.
fornācālis, e *(fornax)* zum (Back-)Ofen gehörig [**dea** = *Fornax, Göttin der Backöfen, Ofengöttin*]; – **Fornācālia,** ium *n* Dankfest der Ofengöttin *im Februar.*
fornācula, ae *f (Demin. v. fornax)* kleiner Ofen; *(Iuv.) übtr. vom grimmigen Kopf des Tiberius.*
fornāx, ācis *f* ❶ (Back-, Kalk-, Schmelz-)Ofen;
❷ *(poet.)* Feuerschlund *des Ätna;* Esse *des Vulcanus;*
❸ *(poet.) (personif.)* **Fornāx** *Göttin der Backöfen, Ofengöttin.*
fornicātiō¹, tiōnis *f (fornix)* Wölbung, Bogen *(zw. Wänden).*
fornicātiō², tiōnis *f (fornico) (Eccl.)* Unzucht, Ehebruch.
fornicātus, a, um *(fornix)* gewölbt [**paries; via** bogengedeckte Straße].
fornicō, fornicāre *u.* **fornicor,** fornicārī *(Eccl.)* Unzucht treiben, ehebrechen.
fornix, icis *m* ❶ Wölbung, Gewölbe, Bogen [**lapideus; aedificii; caeli; saxi** Höhle]; **aqua fornicibus structis perducta;**
❷ Triumphbogen;
❸ *(milit. t. t.)* überwölbte Ausfallspforte;
❹ überwölbter Weg;
❺ *(poet.; nachkl.)* unterirdisches Gewölbe, Kellerkneipe, Bordell.
forō, forāre *(vor- u. nachkl.)* (durch)bohren; *(übtr.)* **forati animi** *(Sen.)* löcherige, die nichts bewahren.
forpex, picis *f (Suet.)* Feuerzange.
● **fors,** *Abl.* forte *f (fero)* ❶ Zufall [**fortuna** glücklicher Zufall]; **ut ~ fert** wie der Zufall es mit sich bringt;
❷ *(personif.) (dea)* **Fors,** Fortis *f* Schicksalsgöttin; *Fors Fortuna* die glückliche Fügung;
❸ *Adv.* **a)** *(Abl.)* **forte** zufällig, von ungefähr; **forte temere** auf gut Glück; *(bes. nach si, sin, nisi, ne)* vielleicht, etwa; **b)** *(Nom.)* **fors** *(poet.)* vielleicht; **fors et** vielleicht auch.
fors-an = *forsitan.*
forsit *(< fors sit) (poet.)* = *forsitan.*
● **forsitan** *Adv. (fors sit, an)* vielleicht.
● **fortasse** *u. (selten)* **fortassis** *Adv. (fors)* ❶ vielleicht, wohl, hoffentlich;
❷ *(b. Zahlenangaben)* ungefähr, etwa.
forte *s. fors.*
fortēscō, fortēscere, – *(fortis) (Gell.)* tapfer werden.
fortia, ium *n (fortis)* Heldentaten.
forticulus, a, um *(Demin. v. fortis)* recht mutig, ziemlich standhaft.
● **fortis,** e ❶ stark, kraftvoll, kräftig, rüstig [**agricola; corpus; equus** Rennpferd; **herbae** kräftig wirkend]; **loris fortius uti** stärker anziehen; *sprichw.:* **fortior est custodia legis quam hominis;**
❷ dauerhaft, fest [**pons; ligna; castra; vincula**];
❸ unerschrocken, mutig, tapfer, tatkräftig,

kühn, tüchtig [**vir; gladiator; imperator; animus; oratio; acta, facta** Kriegstaten]; **ut virum fortem decet** einem Ehrenmann;

4 *(nachkl.)* mächtig, einflussreich [**res publica**];

5 *(poet.)* gewaltsam; **placidis miscere fortia dictis.**

● **fortitūdō,** dinis *f (fortis)* 1 Unerschrockenheit, Tapferkeit, Mut; *Pl.* tapfere Taten [**Germanorum**];

2 *(poet.; nachkl.)* Stärke, Tüchtigkeit [**corporis; nervorum**].

● **fortuītus,** a, um *(Adv.* -ō) *(fors)* zufällig, planlos [**mors; malum** unverschuldet; **oratio** unvorbereitete; **sermo** Zufallsgespräch]; – *Subst.* **fortuīta,** ōrum *n (Tac.)* Zufälligkeiten; – *Adv.* **fortuītō** zufällig, aufs Geratewohl; **casu et fortuito.**

● **fortūna,** ae *f (fero; fors)* 1 Schicksal, Geschick, Zufall, Glücksfall [**utraque** Glück u. Unglück; **altera** Wechsel des Glückes]; **fortes fortuna adiuvat** die Tapferen = wer wagt, gewinnt;

2 Glück; **-am sibi facere; eum ~ ex hostium telis eripuit;**

3 *(personif.)* **Fortūna,** ae *f* Schicksals-, Glücksgöttin, Fortuna; ~ **mala;** ~ **bona;**

4 Unglück, Missgeschick; **commiserari -am Graeciae;**

5 Lage, Los, Verhältnisse, Umstände [**prospera; adversa; corporis** Körperzustand];

6 (Lebens-)Stellung, Stand, Herkunft [**humilis** arme Familien; **magna** hoher Stand];

7 *(meist Pl.)* Vermögen, Habe, Hab u. Gut, Güter; **-is maximis ornatus; alci bona fortunasque adimere; gratiā fortunāque crescere;**

8 Verlauf, Ausgang, Erfolg [**belli** Kriegsglück].

i Kultur **Fortūna** Göttin des Glücks, des Zufalls, des Gelingens.
Die bildenden Künstler stellten sie mit Steuerruder, mit Füllhorn, auf dem Rad dar, auch auf rollender Kugel oder mit Flügeln – Ausdruck ihres flüchtigen Erscheinens im Menschenleben.
In der röm. Kaiserzeit auch mit der ägypt. Isis gleichgesetzt – heute Beiname von Sportvereinen.

● **fortūnō,** fortūnāre *(fortuna)* beglücken, segnen; – *P. Adj.* **fortūnātus,** a, um **a)** beglückt, glücklich, in glücklicher Lage, gesegnet [**homo; vita; res publica**]; **fortunatorum insulae (nemora)** Inseln (Haine) der Seligen, Elysium; – *Subst.* Glückskind; **b)** begütert, wohlhabend, reich [**urbs**]; – *Subst.* der Begüterte, Reiche.

Foruli, ōrum *m sabin. Ort in der Nähe Roms.*

forulī, ōrum *m (forus) (nachkl.)* Bücherbrett, -bord, -schrank.

i Kultur ● **forum,** ī *n* 1 Marktplatz, Markt, Geschäfts-, Wechslermarkt; *fora in Rom:* **a)** *forum (Romanum)* das Forum, *154 m lang u. 52 m breit, zw. Kapitol u. palatinischem Hügel, später mit zahllosen Porträtstatuen bedeckt und von öffentl. Gebäuden und Tempeln umbaut, Mittelpunkt des öffentl. u. geschäftl. Lebens;* **b)** *forum bo(v)arium* Rindermarkt, Viehmarkt *zw. Circus Maximus u. Tiber;* **c)** *forum (h)olitorium* Gemüsemarkt *zw. Kapitol u. Tiber;* **d)** *forum pisca(to)rium* Fischmarkt *zw. der basilica Porcia u. dem Vestatempel;* **e)** *seit der Kaiserzeit: forum Iulium (Cäsars), forum Augusti, Traiani, Nervae;*

2 *(meton.)* Handelsplatz [**rerum venalium**];

3 Kreisstadt *einer Provinz,* Gerichtsstadt, *wo Markttage abgehalten wurden; danach benannte Orte:* **Forum Appii** *an der via Appia in Latium;* **Forum Aurelii** *od.* **Aurelium** *in Etrurien;* **Forum Cassii** *an der via Cassia;* **Forum Cornelii** *od.* **Cornelium** *v. L. Cornelius Sulla gegründet, j.* Imola, *zw. Bologna u. Faenza;* **Forum Flaminii** *an der via Flaminia;* **Forum Gallorum** *b. Castelfranco;* **Forum Iulii** *od.* **Iulium** *südwestl. v. Nizza, v. Cäsar 49 v. Chr. angelegt, j.* Fréjus;

4 Gerichtstag; **-um agere** halten, Recht sprechen;

5 Gerichtswesen, Gerichtsverhandlungen, Prozesse; **-um indicere** Zeit u. Ort f. die Gerichtssitzungen bestimmen; **in alieno -o litigare** nicht ein noch aus wissen *(wie der Kläger vor fremdem Forum);*

6 Geschäftsleben, Geld- u. Wechslergeschäfte; **in -o versari** Geldgeschäfte treiben;

7 öffentliches Leben, Staatsangelegenheiten, Staatsgeschäfte; **-um attingere** anfangen, Staatsgeschäfte zu treiben; **in -o esse** am öffentl. Leben teilnehmen; **-o carere** *od.* **de -o decedere** sich vom öffentl. Leben zurückziehen;

8 *(vorkl.)* Platz vor einem Grabe.

forus, ī *m* 1 *(meist Pl.)* Gang, Schiffsgang;

2 *Pl.* Sitzplätze, -reihen *im Theater u. im Zirkus;*

3 *(Verg.) Pl.* Gänge *zw. den Bienenwaben;*

4 *(Suet.) aleatorius* Spielbrett, Würfelbrett.

Fōsī, ōrum *m germ. Volk in der Gegend des heutigen Hildesheim.*

● **fossa,** ae *f (fodio)* ① Graben; **-am facere, fodere, percutere; oppidum vallo et -a circumdedi;**
② *(Verg.)* Abzugsgraben;
③ Flussbett [**Rheni**];
④ Kanal [**navigabilis**];
⑤ Grube, Loch;
⑥ *(vorkl.; poet.)* Furche.
fossātum, ī *n (fossa) (spätl.)* (Befestigungs-)Graben.
fossilis, e *(fodio)* ausgegraben.
fossiō, iōnis *f (fodio)* das Umgraben [**agri**].
fossor, ōris *m (fodio) (poet.)* ① „Gräber", Landmann, Winzer;
② *(übtr.)* roher, ungebildeter Mann.
fossūra, ae *f (fodio)* ① das Graben;
② *(meton.)* der Graben.
fossus *P.P.P. v. fodio.*
fōtus[1] *P. P. P. v. foveo.*
fōtus[2], ūs *m (foveo) (spätl.)* das Wärmen.
fovea, ae *f* ① *(poet.)* Grube;
② Fallgrube *für das Wild;* **ursos -is capere; iacens in -a lupus; in -am incidere.**
● **foveō,** fovēre, fōvī, fōtum ① (er)wärmen, warm halten [**epulas foculis; pullos pennis; aras ignibus** das Opferfeuer auf den Altären unterhalten];
② warm baden [**genua**];
③ hegen, pflegen, heilen [**matrem; vulnus; se luxu** es sich gut gehen lassen; **sensūs hominum** die Sinne kitzeln];
④ *(poet.)* hüten, nicht verlassen [**castra** sich verschanzt halten; **larem sub terra** das Lager haben, sich aufhalten];
⑤ begünstigen, unterstützen, fördern, unterhalten [**Romanos; ingenia et artes; alias partes; bellum** in die Länge ziehen];
⑥ *(poet.)* umarmt halten, liebkosen [**sinu filiam**].
frāctāria, ae *f (frango) (Plin.)* Sprenghammer.
frāctiō, ōnis *f (frango) (Eccl.)* das Brechen [**panis**].
frāctūra, ae *f (frango) (vorkl.; spätl.)* das Zerbrechen, Brechen [**calculi**]; *(med. t. t.)* Knochenbruch, Fraktur.
frāctus, a, um *(P. Adj. v. frango)* ① kraftlos, schwach, matt [**animus; pronuntiatio**];
② *(poet.; nachkl.)* weichlich, weibisch; **-e loqui.**
fragilis, e *(frango)* ① *(poet.; nachkl.)* zerbrechlich, brüchig [**aquae** Eis; **rami; cadus; ratis**];
② *(übtr.)* gebrechlich, schwach, kraftlos, entnervt [**corpus**];
③ vergänglich, unbeständig [**gloria divitiarum; res humanae; vita**];
④ *(poet.) (vgl. fragor)* knatternd, prasselnd [**sonitus**].
fragilitās, tātis *f (fragilis)* ① *(nachkl.)* Zerbrechlichkeit;
② *(übtr.)* Hinfälligkeit, Schwäche;
③ Vergänglichkeit.
fraglo = *fragro.*
fragmen, minis *n* = *fragmentum.*
fragmentum, ī *n (frango)* Bruchstück, Splitter; *Pl. auch:* Trümmer [**lapidis; saxi; panis** Brocken].
● **fragor,** ōris *m (frango)* ① *(Lucr.)* das Zerbrechen;
② das Krachen, Bersten, Knattern, Prasseln, Dröhnen, Getöse [**aequoris; pelagi; ruentium tectorum**].
fragōsus, a, um *(fragor) (poet.)* ① voller Brüche, brüchig, zerbröckelt;
② rau, uneben, holperig [**mons; versus**];
③ tosend, krachend, dröhnend, rauschend, brausend [**torrens; murmura leonum**].
fragrantia, ae *f (fragro) (nachkl.)* Duft.
fragrō, fragrāre stark riechen, duften *(nach etw.: Abl.)* [**gemma vinum**]; – *P. Adj.* **frāgrāns,** antis wohl riechend, duftend.
frāgum, ī *n (poet.; nachkl.)* Erdbeere.
framea, ae *f (germ. Fw.) (nachkl.)* Wurfspieß *der Germanen;* **hastas vel ipsorum vocabulo -as gerunt** *(Tac.).*
Francī, ōrum *m* die Franken.
● **frangō,** frangere, frēgī, frāctum ① (zer)brechen; zerschmettern, zertrümmern, zermalmen [**anulum aureum; hastas; corpora ad saxum; cerebrum; alci talos; crus, bracchium** sich das Bein, den Arm brechen; **ianuam** aufbrechen; **simulacrum**]; – *Pass.* (zer)brechen, zerschellen, zerspringen: **unda frangitur** bricht sich;
② *(poet.) (Getreide, Früchte)* mahlen, zerstoßen, zerquetschen [**fruges saxo; frumenta**];
③ *(Versprechen, Treue u. Ä.)* brechen, verletzen [**fidem; mandata** den Aufträgen zuwiderhandeln];
④ schwächen, entkräften, hemmen [**alcis vim, nervos mentis; audaciam; se laboribus; sententiam alcis** den Vorschlag entkräftigen]; – *se frangere u. mediopass. frangi* nachlassen, abnehmen: **calor se frangit; fracti aestus;**
⑤ bändigen, bezähmen, überwinden [**nationes; cupiditates; impetum; furorem; se** sich selbst bezwingen];
⑥ entmutigen, demütigen, (nieder)beugen [**infamiā**]; **animo frangi** mutlos werden; **contumelia eum non frangit;**
⑦ erweichen, rühren, bewegen [**alqm misericordiā**]; **alqa re animo frangi.**
● **frāter,** tris *m* ① Bruder [**germanus** leiblicher; **gemini** *od. (poet.)* **gemelli** Zwillingsbrüder; **uterini** von derselben Mutter]; *Pl. auch:* **a)** die Dioskuren Kastor u. Pollux; **b)** *(nachkl.)* Geschwister;
② Vetter;
③ *(Tac.)* Neffe;

F

④ Blutsverwandter; Mitbürger; **perfusi sanguine fratrum;**
⑤ *(als Kosewort)* lieber Freund, Bruder;
⑥ *(als Ehrentitel)* Bundesgenosse; **Haedui fratres nostri pugnant;**
⑦ *(mlt.)* Ordens-, Klosterbruder, Mönch;
⑧ *Pl. (poet.; nachkl.) v. zusammengehörigen und gleichartigen Dingen:* **fratres libri** Bücher ein und desselben Verfassers; **positi ex ordine fratres** *(von Schriften).*

frāterculus, ī *m (Demin. v. frater)* Brüderchen *(auch als Kosewort).*

frāternitās, ātis *f (fraternus) (nachkl.)* Brüderlichkeit.

frāternus, a, um *(frater)* ① brüderlich, des Bruders, der Brüder, Bruder- [**nomen; amor** Liebe des Bruders *od.* zum Bruder; **nex** Brudermord];
② *(poet.)* verwandtschaftlich;
③ eng befreundet, freundschaftlich.

frātri-cīda, ae *m (frater u. caedo)* Brudermörder.

fraudātiō, ōnis *f (fraudo)* Betrug, Betrügerei.

fraudātor, ōris *m (fraudo)* Betrüger.

fraudō, fraudāre *(fraus)* ① betrügen, hintergehen, übervorteilen [**creditores**];
② etw. entziehen, unterschlagen, vorenthalten [**stipendium**]; **fraudata restituere;**
③ *(m. Abl.)* jmd. um etw. bringen, jmd. einer Sache berauben, jmdm. etw. vorenthalten [**milites praedā; se victoriae fructū; alqm cibo victuque; alqm somno**].

fraudulenter *s. fraudulentus.*

fraudulentia, ae *f (fraudulentus) (Plaut.)* Neigung zum Betrug.

fraudulentus, a, um *(Adv.* fraudulenter) *(fraus)* betrügerisch [**homo; venditio; malitia**].

● **fraus,** fraudis *f* ① Betrug, Täuschung, Bosheit, Hinterlist; **sine fraude** ohne Betrug, ehrlich; **fraude malā** betrügerisch; **occasio fraudis; fraudis plenus; legi fraudem facere** das Gesetz umgehen; *(übtr.)* **fraude loci et noctis;** *sprichw.:* **fraus omnia corrumpit;**
② *(Kom.) (meton.)* Betrüger, Gauner;
③ Selbstbetrug, Irrtum, Verblendung; **in fraudem incidere** *od.* **delabi; in fraudem se induere; alqm in fraudem impellere, deducere;**
④ Schaden, Nachteil; **alci fraudi esse** schaden; **in fraudem agere** ins Verderben stürzen;
⑤ Vergehen, Verbrechen, Frevel; **fraudem committere.**

frausus, a, um *(Plaut.)* der etw. ausgeheckt hat; **metuo, ne quam fraudem frausus sit.**

fraxineus, a, um *(fraxinus²) (poet.; nachkl.)* eschen, aus Eschenholz.

fraxinus¹, a, um *(Ov.) = fraxineus.*

fraxinus², ī *f* ① Esche;
② *(Ov.)* eschener Speer.

Fregellae, ārum *f Volskerstadt am Liris südl. v. Rom; – Einw. u. Adj.* **Fregellānus,** ī *m bzw.* a, um.

Fregēnae, ārum *f Küstenstadt im südl. Etrurien, westl. v. Rom, j.* Maccarese.

frēgī *Perf. v. frango.*

fremebundus, a, um *(fremo)* rauschend; *(vor Zorn)* schnaubend.

fremidus, a, um *(fremo) (Ov.)* tobend [**turba**].

● **fremitus,** ūs *m (fremo)* ① dumpfes Getöse, Geräusch [**armorum** Waffengeklirr], Lärm, das Summen [**apium**], Rauschen, Brausen, Brummen, Murmeln [**aequoris**];
② das Schnauben [**equorum**];
③ das Murren [**indignantium; egentium; militum**].

● **fremō,** fremere, fremuī, (fremitum) **I.** *intr.* ① dumpf tosen, dröhnen, lärmen, rauschen, brausen, summen, schwirren, brummen; **mare fremit; fremunt venti; fremunt ripae** rauschen; **rumor fremit in theatro;**
② murren, murmeln [**adversus iniuriam**]; **laetitiā fremunt** erheben ein freudiges Gemurmel;
③ (vor Zorn) schnauben;
④ wiehern, schnauben; **fremit equus;**
⑤ brüllen, heulen; **leo, lupus ad caulas fremit;**
II. *trans.* ① etw. murmeln, ertönen lassen, vernehmen lassen, äußern, erklären;
② über etw. murren, seinen Unwillen äußern, sich gegen etw. auflehnen [**imperia**]; **hoc frementes Galli;**
③ lärmend, tobend, laut verlangen [**arma; bellum**].

fremor, ōris *m (fremo) (poet.)* das Murmeln, Stimmengewirr.

fremuī *Perf. v. fremo.*

frēnātor, ōris *m (freno) (nachkl.) (konkr. u. übtr.)* Lenker [**equorum**].

frendō, frendere, –, frēsum *(spätl. auch* **frendeō,** frendēre, – –) m. den Zähnen knirschen [**irā** vor Zorn]; *(darüber, dass: m. A. C. I.).*

frēnī, ōrum *m s. frenum.*

frēnō, frēnāre *(frenum)* ① *(poet.)* (auf)zäumen [**equos**]; **equites frenati** m. aufgezäumten Rossen;
② zügeln, zähmen, bändigen [**spes avidas; voluptates temperantiā; alcis furores; luctantes ventos vinculis et carcere** *(v. Äolus)*];
③ *(poet.)* lenken, leiten, regieren [**gentes iustitiā; legibus**];
④ *(Ov.)* lenken, richten.

Frentānī, ōrum *m samnitisches Volk in Mittelitalien an der Adria, 319 v. Chr. von den Römern unterworfen; – Adj.* **Frentānus,** a, um.

● **frēnum,** ī *n (Pl. auch* -ī, ōrum *m)* Zaum, Zügel; Gebiss *(des Pferdes);* **-um inhibere, ducere** *od.* **retinere** anziehen; **-os dare** *od.* **remittere** schießen lassen; **-um accipere** *od.*

-os recipere sich fügen; **-a imperii** Zügel = Leitung der Regierung.

● **frequēns,** *Gen.* entis ① zahlreich, in großer Zahl versammelt, in Masse anwesend [**senatus** gut besucht, beschlussfähig; **convivium**]; **cives frequentes in forum convenerunt;**
② volkreich, dicht bevölkert, viel besucht [**provincia; municipium; vici; ludi**];
③ gedrängt voll, dicht besetzt, angefüllt mit *(meist m. Abl., selten m. Gen.)* [**loca custodiis; emporium**];
④ häufig anwesend, häufig; **erat Romae ~** hielt sich häufig auf;
⑤ *(v. Sachen)* häufig, zahlreich, wiederholt, gewöhnlich [**litterae; edicta; fama; sententia** der viele beipflichten; **familiaritas** innig].

frequentātiō, ōnis *f (frequento)* Häufung [**verborum; consequentium**].

frequentātīvus a, um *(frequento) (Gell.)* eine Wiederholung bezeichnend [**verba**].

frequentia, ae *f (frequens)* ① *(v. Personen)* zahlreiche Versammlung, Menschenmenge, Andrang, zahlreicher Besuch [**hominum; auditorum; vulgi**];
② *(v. Sachen)* Häufigkeit, Menge.

frequentō, frequentāre *(frequens)* ① zahlreich besuchen, scharenweise zulaufen, in großer Menge aufsuchen, zusammenströmen *(m. Akk.)* [**domum Catilinae; Marium**]; **iuventutis concursu frequentari; coetu salutantium frequentari** umdrängt werden;
② oft, regelmäßig besuchen *od.* aufsuchen [**domum; scholas**];
③ in großer Anzahl zusammenbringen, zahlreich versammeln [**populum; scribas; ad aerarium**];
④ bevölkern, stark besetzen, beleben [**solitudinem Italiae; urbes; templa; piscinas** bevölkern];
⑤ etw. oft tun, häufig gebrauchen, etw. gewöhnlich vornehmen, wiederholen [**Hymenaee** wiederholt rufen];
⑥ *(Feste)* in Scharen feiern [**ludos; sacra; Cererem**];
⑦ *(Plaut.)* jmd. häufig bei sich sehen.

frēsum *P.P.P. v. frendo.*

fretēnsis, e *(fretum)* zur Meerenge gehörig [**mare** Straße v. Messina].

● **fretum,** ī *n* ① Meerenge, Sund, Kanal [**Hesperium** *od.* **Gaditanum** Straße v. Gibraltar];
② Meerenge von Sizilien, Straße v. Messina (= *~ Siculum, Siciliae od. Siciliense);*
③ Brandung, Strömung;
④ *(poet.)* Meer, Meeresflut;
⑤ *(poet.; nachkl.) (übtr.)* Hitze; das Überschäumen [**adulescentiae; aetatis; invidiae**].

frētus¹, a, um *(m. Abl., selten m. Dat.; m. A. C. I.)* ① vertrauend, sich verlassend, im Vertrauen auf [**gratiā Bruti; intelligentiā vestrā; vobis**];
② pochend, trotzend.

fretus², ūs *m* = *fretum.*

fricātiō *u.* **frictiō,** ōnis *f (frico) (spätl.)* das (Ab-)Reiben, Frottieren.

fricō, fricāre, fricuī, fric(ā)tum (ab)reiben, frottieren [**corpus oleo**].

frictiō *s. fricatio.*

frīctus¹ *P.P.P. v. frigo.*

frictus² *P.P.P. v. frico.*

fricuī *Perf. v. frico.*

frīgē-factō, factāre *(frigus) (Plaut.)* kühlen.

frīgeō, frīgēre, – – ① kalt, erstarrt sein, frieren; **frigente sanguine; manūs frigent;**
② *(poet.)* leblos, tot sein; *frigens* der Tote;
③ schlaff, matt sein, untätig sein; **frigent vires; frigens animis;**
④ stocken; **cum omnia consilia frigerent** da guter Rat teuer war;
⑤ unbeachtet bleiben, bei jmdm. in Ungunst stehen [**ad populum**].

frīgerō, frīgerāre *(frigus) (Cat.)* kühlen, erfrischen.

frīgēscō, frīgēscere, frīxī, – *(Incoh. v. frigeo) (nicht klass.)* ① erkalten, erstarren;
② *(übtr.)* ermatten, erschlaffen.

frīgidārius, a, um *(frigidus)* abkühlend, zum Kaltbaden [**cella**].

frīgide-factō, factāre *(frigidus) (Plaut.)* (ab)kühlen.

frigiditās, ātis *f (frigidus) (spätl.)* Kälte.

frīgidiusculus, a, um *(frigidus) (Gell.)* etw. matt.

frīgidulus, a, um *(Demin. v. frigidus) (Cat.)* etw. matt.

● **frīgidus,** a, um *(frigeo)* ① kalt [**annus** kalte Jahreszeit, Winter; **locus; aqua; fons**]; **caelum est hieme -um et gelidum;**
② kühl, frisch [**umbra; aura**];
③ *(poet.; nachkl.)* Kälte, Frost bringend, eisig; *(übtr.)* Schauer erregend, schauerlich [**sidera; aquilo; horror** eisiger Schauer; **mors**];
④ matt, schlaff, lässig [**solacia**];
⑤ fade, trivial [**verba**]; **dies -is rebus absumere;**
⑥ erstarrt, starr, tot [**sanguis; membra; lumina** gebrochen].

frīgō, frīgere, frīxī, frīctum *(vor- u. nachkl.)* rösten, dörren.

● **frīgus,** goris *n (frigeo)* ① Kälte; **vis frigoris; frigora tolerare; nec calor nec frigus metuere;**
② *(poet.)* Kühlung, Frische [**umbrae; amabile**];
③ *(poet.) Pl.* kalte Tage, kaltes Wetter, kaltes Klima; **propter frigora frumenta matura non erant;**
④ Winterkälte, Frost; *(meton.) (poet.)* Winter; **frigore** *od.* **frigoribus** im Winter; **frigoribus parto agricolae plerumque fruuntur;**
⑤ *(poet.) (meton.)* kaltes Land, kalter Ort

[**non habitabile**];
⑥ *(poet.)* Kälte des Todes, Todesschauer, Tod [**letale; aeternum leti**];
⑦ *(poet.)* Angstschauer, Erstarrung, Entsetzen [**glaciale**];
⑧ Schlaffheit, Lauheit, Lässigkeit [**caritatis**];
⑨ *(poet.; nachkl.)* Ungunst, Ungnade; **me-tuo, ne quis amicus frigore te feriat** *(Hor.)*.

friguttiō, friguttīre *(vor- u. nachkl.)* ① zwitschern;
② lispeln, stottern.

fringillus, ī *m (vor- u. nachkl.) ein kleiner Vogel,* Fink *od.* Spatz.

Friniātēs, tium *m ligurischer Volksstamm in Norditalien.*

friō, friāre *(nicht klass.)* zerreiben, zerbröckeln; **glebae terrarum friatae.**

Frīsiī, ōrum *m* die Friesen, *germ. Volk an der Nordsee; – Adj.* **Frīsius,** a, um.

frit *n (nur im Nom. u. Akk. Sg.) (vorkl.)* oberstes Korn der Ähre, Körnchen.

fritillus, ī *m (nachkl.)* Würfelbecher; **-um movere** schütteln.

fritinniō, fritinnīre *(vor- u. nachkl.)* ① zwitschern;
② *(v. kleinen Kindern)* lallen.

frīvolum, ī *n (frivolus) (nachkl.)* ① wertlose Kleinigkeit, Bagatelle;
② *Pl.* ärmlicher Hausrat.

frīvolus, a, um *(frio) (poet.; nachkl.)* ① wertlos, bedeutungslos *(übtr.)*;
② albern, nichts sagend, nichtig [**insolentia**].

frīxī *Perf. v. frigo.*

frondātor, tōris *m (frons¹) (poet.; nachkl.) derjenige Gärtner, welcher das Laub der Bäume beschneidet.*

frondeō, frondēre, – – *(frons¹) (poet.)* belaubt sein, grünen.

frondēscō, frondēscere, – – *(Incoh. v. frondeo)* sich belauben, ausschlagen.

frondeus, a, um *(frons¹) (poet.)* belaubt, m. Laub bedeckt, Laub- [**nemus; casa**].

frondi-fer, fera, ferum *(frons¹ u. fero) (nicht klass.)* belaubt [**nemus**].

frondōsus, a, um *(frons¹)* reich belaubt, laubreich [**ramus**].

frōns¹, frondis *f* ① Laub, Laubwerk [**nigra** Nadeln] *(auch Pl.)*;
② *(poet.) (meton.)* Laubkranz, -krone, Lorbeerkranz; **tempora** (Schläfen, Stirn) **frondibus ornare, cingere.**

● **frōns²,** frontis *f* ① Stirn; **frontem contrahere** runzeln; **frontem explicare, remittere** glätten; **capillos a fronte retroagere; adversis frontibus** Stirn geg. Stirn; **taurus torva fronte;**
② Stirn *als Charakter- und Stimmungsausdruck,* Gesicht, Gesichtsausdruck [**laeta; tristis; sollicita; tranquilla; proterva** „freche Stirn“, Frechheit; **urbana** Dreistigkeit des Städters]; **verissimā fronte alqd dicere** m. dem aufrichtigsten Gesicht;
③ Stirn-, Vorderseite [**ianuae; castrorum; pontis; scaenae; navium**]; **a fronte** vorn;
④ das Äußere, der erste Anblick, Anschein; **~ politus; decipit ~ prima multos; minime blanda ~** das sehr wenig ansprechende Äußere;
⑤ Außenseite, Rand [**anuli**]; **frontes geminae** die beiden Außenränder *(der Bücherrollen)*;
⑥ *(milit. t. t.)* Front, vordere Linie; **aequā fronte** in gerader Schlachtordnung; **(in) frontem dirigere (dirigi)** (sich) in vorderer Linie aufstellen;
⑦ *(poet.) (vom Acker)* Breite; **mille pedes in fronte** in die Breite *(Ggstz.: in agrum* in die Tiefe*)*.

frontālia, ium *n (frons²)* Stirnschmuck *der Pferde.*

Frontīnus, ī *m* S. Iulius ~ *(40–103 n. Chr.), Feldherr in Britannien u. Germanien, unter Nerva u. Trajan Vorsteher der Wasserversorgung in Rom (curator aquarum), im J. 100 Konsul; Verf. v. Schriften über die Feldmesskunst u. über die Wasserleitungen Roms sowie über Kriegslisten.*

frontō, tōnis *m (frons²)* der Breitstirnige; – **Frontō** *als Beiname:* M. Cornelius ~ *aus dem numidischen Cirta in Afrika, Rhetor, Erzieher v. Marc Aurel, 143 n. Chr. Konsul.*

frontōsus, a, um *(frons²) (August.)* vielstirnig *(v. Janus)*.

frūcti-fer, fera, ferum *(fructus u. fero) (nachkl.)* fruchttragend, fruchtbar [**vitis**].

frūcti-ficō, ficāre *(fructus u. facio) (nachkl.)* Früchte treiben *od.* tragen.

fructua, ōrum *n (fructus¹) (spätl.)* Gutserzeugnisse.

frūctuārius, a, um *(fructus)* fruchttragend.

frūctuōsus, a, um *(fructus)* ① reich an Früchten, fruchtbar, ertragreich [**ager; locus**];
② *(übtr.)* einträglich, ersprießlich, ergiebig, nützlich [**philosophia; virtus; dos**].

● **frūctus¹,** ūs *m (fruor)* ① Nutzung, Nutznießung; Genuss [**animi** geistiger Genuss]; **oculis fructum capere** eine Augenweide haben; **meus est ~ prior** das Recht auf erste Nutzung;
② Ertrag, Gewinn; *Pl.* Erzeugnisse *der Landwirtschaft und des Bergbaus* [**agrorum; metallorum**]; **fructum edere** Ertrag bringen; **gallinarum fructus sunt ova et pulli;**
③ Frucht, Feld-, Baumfrucht; **rami fructus tulēre; ver ostendit futuros fructūs; fructus demetere** ernten;
④ Kapitalzinsen [**pecuniae**];
⑤ Nutzen, Vorteil, Gewinn, Erfolg [**divitiarum; studiorum; alcis amoris**]; **alci fructum ferre** *od.* **fructui esse** Nutzen bringen; **fruc-**

tum capere *od.* **percipere ex re** ziehen.

frūctus[2] *P. P. Akt. v. fruor.*

frūgālis, e ① *(frugi)* ordentlich, rechtschaffen, brav; wirtschaftlich, sparsam;
② *(frux) (nachkl.)* Frucht-.

frūgālitās, tātis *f (frugalis)* Wirtschaftlichkeit, Sparsamkeit, Genügsamkeit; Ordnungssinn; Besonnenheit; **homo summae frugalitatis; frugalitatem colere.**

● **frūgēs,** gum *f s. frux.*

frūgī *undekl. (erstarrter Dat. v. frux, als Adj. gebraucht)* wirtschaftlich, sparsam; ordentlich; besonnen, brav; **alqs frugi** *od.* **bonae frugi est; atrium, cena frugi** einfach; – **Frūgī** *als Beiname, s. Calpurnius.*

frūgi-fer, fera, ferum *u. (Lucr.)* **frūgi-ferēns,** *Gen.* ferentis *(frux u. fero)* ① fruchttragend, -bringend, fruchtbar [**ager; messis; numen** segenbringende] *(an etw.: Abl.)*; **alimentis frugifera insula;**
② *(übtr.)* nutzbringend [**philosophia**].

frūgi-legus, a, um *(frux u. lego*[1]*) (Ov.)* Früchte sammelnd.

frūgi-parus, a, um *(frux u. pario) (Lucr.)* fruchtbringend.

fruitus *P. P. Akt. v. fruor.*

● **frūmentārius** *(frumentum)* **I.** *Adj.* a, um ① das Getreide betreffend, Getreide-, den Proviant betreffend [**navis** Proviantschiff; **praesidia** Kornkammern; **largitio** Kornspenden; **lex** Getreidegesetz; **res** Verpflegung, Verproviantierung; **quaestus** Getreidehandel; **inopia** Getreidemangel];
② getreidereich [**loca; provincia**];
II. *Subst.* ī *m* Getreidehändler.

frūmentātiō, ōnis *f (frumentor)* ① das Getreideholen, Verproviantierung;
② *(Suet.)* Getreideausteilung.

frūmentātor, ōris *m (frumentor)* ① Getreidehändler;
② *(milit.)* Getreideholer, Furier.

● **frūmentor,** frūmentārī *(frumentum)* Getreide *od.* Proviant holen, furagieren; **milites frumentatum mittere** zum Proviantholen.

● **frūmentum,** ī *n (fruor)* ① Getreide, Ähren-, Halmfrucht;
② *Pl.* Getreidearten; *(Verg.)* Getreidekörner;
③ *(nachkl.)* Weizen.

frūnīscor, frūnīscī, frūnītus sum *(fruor) (vor- u. nachkl.)* genießen *(m. Abl. u. Akk.).*

● **fruor,** fruī, fruitus *u.* frūctus sum, *Part. Fut.* fruitūrus *(m. Abl., altl. m. Akk.)* ① genießen, sich an etw. laben, erfreuen [**urbis conspectu; pace; vitā**];
② benutzen, gebrauchen [**campis**];
③ m. jmdm. verkehren, Umgang haben [**Attico; cara coniuge**];
④ *(jur. t. t.)* den Nießbrauch, die Nutznießung, das Nutzungsrecht v. etw. haben [**certis fundis**]; **agrum fruendum locare.**

Frusino, ōnis *m Stadt im östl. Latium, j.* Frosinone; – *Einw. u. Adj.* **Frusinās,** ātis *(m).*

frūstātim *Adv. (frustum) (nachkl.)* stückweise.

frūstil(l)ātim *Adv. (frustum) (Plaut.)* stückweise, brockenweise.

● **frūstrā** *(altl.* frūstra) *Adv. (fraus)* ① irrtümlich, im Irrtum; ~ **esse** sich getäuscht sehen; ~ **habere alqm** jmd. in seiner Erwartung täuschen;
② vergeblich, nutzlos, erfolglos, umsonst; ~ **esse** fehlschlagen; ~ **habere alqd** etw. außer Acht lassen; ~ **rogare;** ~ **tantum laborem sumere; nullum telum** ~ **missum est;**
③ zwecklos, grundlos.

frūstrāmen, minis *n (frustror) (Lucr.)* Täuschung.

frūstrātiō, ōnis *f (frustror)* ① *(Plaut.)* Täuschung, Irreführung;
② Vereitelung, Verhinderung;
③ das Hinhalten, absichtliche Verzögerung [**Gallorum**].

frūstrātus, ūs *m (frustror) (Plaut.)* Täuschung; **frustratui habere alqm** jmd. zum Besten haben, foppen.

● **frūstror,** frūstrārī *(frustra)* ① *(auch* frūstrō, frūstrāre) täuschen, betrügen, hintergehen, necken, hinhalten [**spem alcis; se ipsum; alqm spe auxilii**]; **clamor frustratur hiantes** erstirbt im offenen Munde;
② vereiteln, verhindern, zunichte machen [**improbas spes hominum; exspectationem alcis; laborem**].

frūstulentus, a, um *(frustum) (Plaut.)* voller Stückchen (Fleisch) [**aqua** Fleischbrühe].

frūstum, ī *n* Stückchen, Brocken, Bissen [**panis; capreae**]; **-a esculenta** Speisebrocken; **in -a secare;** *(Plaut.) (scherzh.)* ~ **pueri!** du halbe Portion!; – *(Sen.) Pl.* zu kleine Unterteilung *einer log. Gliederung:* **philosophiam in partes, non in -a dividam.**

frutectum, ī *n (frutex) (nachkl.)* Gesträuch, Gebüsch.

frutex, ticis *m* ① Strauch, Busch [**olerum**], *Pl. auch* Gesträuch, Gebüsch;
② *(Suet.)* Stammende *eines Baumes, oft m. frischen Trieben;*
③ *(Plaut.) (als Schimpfw.)* Klotz, Dummkopf.

fruticētum, ī *n (frutex) (poet.; nachkl.)* Gesträuch, Gebüsch.

fruticor, fruticārī *u. (nachkl.)* **fruticō,** fruticāre *(frutex)* Zweige treiben, ausschlagen; **arbor fruticatur.**

fruticōsus, a, um *(frutex) (poet.; nachkl.)* ① *(v. Pflanzen)* voll junger Zweige, buschig [**vimina**];
② *(v. Örtl.)* voll Gebüsch [**litora; mare**].

● **frūx,** frūgis *f (fruor) (Nom. Sg. selten, meist Pl.* **frūgēs)** ① Frucht, Acker-, Erd-, Feld-, Hülsenfrucht, Getreide [**terrae; tosta** Brot]; **sterilis sine fruge, sine arbore tellus** *(Ov.)*;

ager frugum fertilis; medicatae fruges Zauberkräuter; – *(meton.) (poet.)* Mehl, Opferschrot; *(Hor.)* Baumfrucht;

② *(übtr.)* Frucht, Ertrag, Nutzen; **fruges industriae; fruges animi; carmina expertia frugis** ohne lehrhaften Gehalt, ohne moral. Nutzen; **bonam frugem libertatis ferre;**

③ sittliche Tüchtigkeit, Besserung; **ad bonam frugem se recipere** sich bessern, vernünftiger werden; **alqm ad frugem compellere** *od.* **corrigere** zur Vernunft bringen; – *Dat. Sg.* frūgī (*auch* bonae frugi) *als Adj., s. frugi.*

fū *Interj. (Plaut.)* pfui!

fuam, fuās, fuat … *s. fuo.*

Fūcinus lacus *m See in den Abruzzen, im Gebiet der Marser, östl. v. Rom, j.* Lago di Celano.

fūcō, fūcāre *(fucus[1])* **I.** *(poet.; nachkl.)* färben [**tabulas colore** übertünchen];

② schminken;

③ *(übtr.)* aufputzen, übertünchen, (ver)fälschen.

fūcōsus, a, um *(fucus[1])* geschminkt, *(übtr.)* verfälscht, Schein- [**amicitia; vicinitas**].

fūcus[1], ī *m (gr. Fw.)* ① *(nachkl.) (bot.)* Orseille *(zur dauerhaften Purpurfärbung von Wolle verwendet);*

② *(meton.)* **a)** *(poet.)* rote Farbe, Purpurfarbe; **b)** *(Prop.)* rote Schminke; **c)** *(Verg.)* Bienenharz;

③ *(übtr.)* Schein, Falschheit, Verstellung; **sine -o ac fallaciis.**

fūcus[2], ī *m* Drohne.

fūdī *Perf. v. fundo[2].*

fūfae *Interj. (Kom.)* pfui!

Fūfius, a, um *pleb. nomen gentile:* Q. ~ Calenus, *Volkstribun 61 v. Chr., Legat Cäsars seit 51 v. Chr.*

● **fuga,** ae *f* ① Flucht, das (Ent-)Fliehen, Entweichen [**desperata; servorum**]; **-ā salutem petere** sein Heil in der Flucht suchen; **hostes in -am convertere, conicere, dare; se in -am convertere, conferre, conicere, dare, -ae se mandare, -am capere, petere** die Flucht ergreifen; **in -a esse; -am reprimere;**

② *(meton.)* Gelegenheit, Möglichkeit zur Flucht; **alci -am dare** entfliehen lassen; **alci -am claudere;**

③ Flucht aus dem Vaterland; Verbannung, Exil; *(meton.) (Ov.)* Verbannungsort, Zufluchtsort;

④ *(poet.)* Schnelligkeit, flüchtige Eile, rascher Lauf, rasche Fahrt [**equorum; temporum**]; **fugā** in Eile, schleunig; **abire fugā;**

⑤ Scheu vor etw., Abneigung geg. etw. *(m. Gen.)* [**laboris; turpitudinis; periculi; culpae**].

fugāx, *Gen.* ācis *(fugio)* ① schnell fliehend, flüchtig, fluchtbereit, scheu [**hostis; ferae; cervi**];

② rasch dahineilend [**nymphae**];

③ vergänglich [**bona; anni**];

④ *(poet.; nachkl.)* etw. vermeidend, verschmähend *(m. Gen.)* [**rerum; ambitionis; gloriae**];

⑤ *(poet.)* spröde [**Pholoë**].

fūgī *Perf. v. fugio.*

fugiēns, *Gen.* entis *(P. Adj. v. fugio)* fliehend *(vor: m. Gen.)* [**laboris** arbeitsscheu].

● **fugiō,** fugere, fūgī, fugitūrus *(fuga)* **I.** *intr.* ① fliehen, entfliehen, sich auf- und davonmachen, entkommen [**ex oppido; a foro; ex caede; ex proelio; per tela; domo; in provinciam; ad Tiberim; avis in auras;** *übtr.* **a turpitudine** sich fern halten v.];

② *(v. Sklaven)* entlaufen; **fugit mihi servus;**

③ *(polit.)* fliehen, (landes)flüchtig werden, in die Fremde, in die Verbannung gehen [**ex patria**];

④ *(poet.)* enteilen, davoneilen, *(v. Örtl.)* dem Blicke enteilen, zurückweichen; **fugiens anima; navis fugit per undas; portus fugiens;**

⑤ (ent)schwinden, vergehen; **fugiens hora** flüchtig; **mensis fugiens** Monatsende; **vita, amor fugiens; fugit memoria; fugit ore color; fugientes ocelli** brechende, sterbende; **vires fugiunt; vinum fugiens** abstehender Wein;

II. *trans.* ① jmd. *od.* vor jmdm., etw. *od.* vor etw. fliehen, davonlaufen, zu entgehen suchen [**hostem; patriam; arma Iovis**]; **cerva fugiens lupum;**

② entgehen, entrinnen [**enses; iudicium; insidiatorem**];

③ *(der Wahrnehmung, Erkenntnis)* entgehen, unbekannt bleiben *(alqm u. alqd; m. Inf.; A. C. I.; indir. Frages.)* [**Ciceronem; visus; memoriam alcis**]; **fugit me** *(m. A. C. I.)* es entgeht mir;

④ (ver)meiden, ausweichen, sich v. etw. fern halten [**imbrem; caedem; conventūs hominum; percontatorem; caelum** das Tageslicht];

⑤ *(Örtl.)* vermeiden, verlassen;

⑥ verwerfen, verschmähen, ablehnen, sich verbitten [**procurationem rei publicae; iudicium; iudicem** ablehnen]; **fuge quaerere** lass ab zu forschen; **fuge suspicari.**

fugitāns, *Gen.* antis *(P. Adj. v. fugito) (Ter.)* fliehend, scheu vor *(m. Gen.)* [**litium**].

● **fugitīvus** *(fugito)* **I.** *Adj.* a, um flüchtig, entflohen, entlaufen [**servus; canis; piscis;** *übtr.* **a iure et legibus**];

II. *Subst.* ī *m* entlaufener Sklave, Flüchtling, Ausreißer *(auch als Schimpfw. f. Sklaven).*

fugitō, fugitāre *(Intens. v. fugio)* **I.** *intr.* ① *(Ter.)* eilig fliehen;

② *(Ter.; Lucr.) (m. Inf.)* sich scheuen, etw. zu tun;

II. *trans.* (ver)meiden, scheuen [**necem; alcis conspectum; quaestionem**].

fugitor, ōris *m (fugio) (Plaut.)* Ausreißer, Flüchtling.

● **fugō,** fugāre *(fuga)* ① in die Flucht schlagen [**equitatum; hostes**];
② vertreiben, verjagen, verscheuchen, entfernen [**nubes; tenebras; timorem; maculas ore**]; **Phoebus fugat astra;**
③ *(poet.)* verbannen.

fuī *Perf. v. sum u. fuo.*

fulcīmen, minis *n (fulcio) (Ov.)* Stütze, Pfeiler.

fulciō, fulcīre, fulsī, fultum ① stützen, emporhalten [**porticum**]; **Atlas, qui caelum vertice fulcit;**
② *(übtr.)* aufrechterhalten, unterstützen, bestärken [**amicum; rem publicam labentem; imperium**];
③ *(poet.)* befestigen, verwahren, versperren [**postes; ianuam serā**];
④ *(Prop.)* festtreten [**pedibus pruinas**];
⑤ *(Sen.) (durch Essen u. Trinken)* stärken [**stomachum frequenti cibo; vino venas cadentes**].

fulci-pedia, ae *f (fulcio u. pes) (Petr.)* Schwankebein, *v. einer betrunkenen Frau, die einer Stütze bedarf.*

fulcrum, ī *n (fulcio) (poet.; nachkl.)* Stütze, Gestell des Bettes *od.* Speisesofas; *(meton.)* Bett, Speisesofa.

fulgēns, *Gen.* entis *(P. Adj. v. fulgeo) (nachkl.)* glänzend, strahlend; ausgezeichnet.

● **fulgeō,** fulgēre, fulsī, – *u. (poet.)* **fulgō,** fulgere, – – *(verw. m. flagro)* ① blitzen; **Iove** *od.* **caelo fulgente** wenn es blitzt;
② glänzen, strahlen, leuchten, schimmern; **luna fulgebat; fulgentia signis castra; oculi fulgentes; purpurā ~;**
③ *vor anderen* glänzen, sich hervortun; **fulgebat iam in adulescentia indoles** (Anlage) **virtutis; sacerdotio fulgens.**

fulgētrum, ī *n (fulgeo) (nachkl.)* das Wetterleuchten.

fulgidus, a, um *(fulgeo) (poet.)* blitzend, schimmernd.

fulgō *s. fulgeo.*

fulgor, ōris *m (fulgeo)* ① Blitz, Wetterleuchten;
② Glanz, das Leuchten, Schimmer [**auri; speculorum; armorum; vestis; oculorum**];
③ *(poet.; nachkl.) (übtr.)* Glanz, Ruhm [**gloriae; nominis**].

fulgur, guris *n (fulgeo)* ① Blitz, Wetterleuchten; **caelo ceciderunt fulgura;**
② Blitzschlag;
③ *(poet.)* Glanz, Schimmer, Schein [**solis; galeae**].

fulgurālis, e *(fulgur)* die Blitze betreffend [**libri** Blitzbücher; *sie behandeln die Deutung und Sühnung der Blitze*].

fulgurātiō, ōnis *f (fulguro) (Sen.)* das Blitzen, Wetterleuchten.

fulgurātor, ōris *m (fulguro)* der die Blitze deutende Priester.

fulgurītus, a, um *(fulgur) (vor- u. nachkl.)* vom Blitz getroffen [**arbores**].

fulgurō, fulgurāre *(fulgur)* ① blitzen; – *P. Adj.* **fulgurātus,** a, um *(Sen.)* vom Blitz getroffen; – *Subst.* **fulgurāta,** ōrum *n* vom Blitz getroffene Gegenstände;
② *(poet.; nachkl.) (übtr.)* hervorleuchten.

fulica, ae *f* Wasserhuhn, Blässhuhn.

fūlīgō, ginis *f* ① Ruß;
② *(Iuv.)* Augenbrauenfarbe.

fulix, icis *f (poet.)* = *fulica.*

fullō, ōnis *m (vor- u. nachkl.)* Tuchwalker.

fullōnia, ae *f (fullonius) (Plaut.)* Walkerhandwerk, Walkerei.

fullōnius, a, um *(fullo) (vor- u. nachkl.)* zum Walker gehörig, Walker-.

● **fulmen**[1], minis *n (fulgeo)* ① Blitz(schlag), Donnerkeil; **fulmine percutere alqm; fulmen iacere; fulmen e caelo ictum; fulmine tactus;**
② *(Ov.)* feuriger Hauch, glühender Atem; **~ ab ore venit;**
③ *(übtr.)* Schlag [**fortunae** Schicksalsschlag];
④ zerschmetternde Kraft; **vires fulminis; fulmen habent in dentibus apri;**
⑤ unwiderstehliche Kraft [**verborum**];
⑥ *(poet.)* hartes Strafurteil;
⑦ *(meton.)* Kriegsheld; **duo fulmina imperii nostri** *(v. den beiden Scipionen).*

fulmen[2], minis *n (fulcio)* Stütze.

fulmenta, ae *f (fulcio) (Plaut.)* Absatz *(am Schuh).*

fulminātiō, ōnis *f (fulmino) (Sen.)* das Blitzeschleudern, das Blitzen, Blitz.

fulmineus, a, um *(fulmen*[1]*) (poet.)* ① zum Blitz gehörig, des Blitzes [**ignes**];
② tödlich, mörderisch [**ensis**].

fulminō, fulmināre *(fulmen*[1]*) (poet.; nachkl.)* ① blitzen, Blitze schleudern; **Iuppiter fulminans;** *(unpers.)* **fulminat** es blitzt;
② *(übtr.)* toben; **Marte fulminante;**
③ *(pass.)* vom Blitz getroffen werden *(auch übtr.)*; **fulminati** vom Blitz Getroffene; **fulminatus hac pronuntiatione.**

fulsī *Perf. v. fulcio u. fulgeo.*

fultūra, ae *f (fulcio)* ① Stütze;
② *(übtr.)* Stärkung.

fultus *P.P.P. v. fulcio.*

Fulviaster, trī *m* der Nachahmer eines Fulvius *(im Lügen).*

Fulvius, a, um *Name einer pleb. gens aus Tusculum:* ① M. ~ Flaccus, *Konsul 125 v. Chr., Anhänger der Gracchen;*
② M. ~ Nobilior, *Konsul 189 v. Chr., siegte üb. den Ätolischen Bund, Gönner des Ennius;*
③ Fulvia, *die unversöhnliche Feindin Ciceros, die zuerst m. dem Cäsaranhänger P. Clodius Pulcher, dann m. C. Curio, zuletzt m.*

F

dem Triumvirn M. Antonius verheiratet war.

fulvus, a, um *(verw. m. flavus) (poet.; nachkl.)* rotgelb, braungelb, bräunlich; blond; funkelnd, schimmernd [**cera; comae; sidera**].

fūmārium, ī *n (fumus) (poet.)* Rauchkammer.

fūmeus, a, um *(fumus) (poet.)* rauchig [**flatus**]; im Rauch aufbewahrt, geräuchert [**vinum**].

fūmidus, a, um *(fumus) (poet.; nachkl.)* rauchend, dampfend [**taeda; altaria**].

fūmi-fer, fera, ferum *(fumus u. fero) (poet.)* rauchend, qualmend, dampfend [**ignes**].

fūmificō, fūmificāre *(fumificus) (Plaut.)* räuchern.

fūmi-ficus, a, um *(fumus u. facio)* ① *(Plaut.)* Rauch machend [**cocus**];
② *(Ov.)* rauchend, dampfend.

fūmō, fūmāre *(fumus)* rauchen, dampfen, qualmen; **agger fumat; villae incendiis fumabant; arae sacrificiis fumant.**

fūmōsus, a, um *(fumus)* ① *(poet.)* voll Rauch, rauchend, dampfend, qualmend [**focus; arae**];
② verräuchert, rauchgeschwärzt, rußig [**paries; imagines** *im Atrium stehende Bilder der Vorfahren*];
③ *(Hor.)* geräuchert [**perna**];
④ *(Plin.)* nach Rauch riechend.

● **fūmus,** ī *m* ① Rauch, Dampf, Qualm, Dunst *(auch übtr.)*; **-o dare signum;** – *Pl.* Rauch-, Dampfwolken, Nebel;
② *(Plaut.)* dummes Geschwätz, Unsinn;
③ *sprichw.:* **a) vendere -um** *od.* **-os** m. leeren Versprechungen abspeisen; **b)** *(Hor.)* **alqd in -um et cinerem vertere** in Rauch aufgehen lassen, durchbringen, verprassen;
④ *(Mart.)* **fumi Massiliae** in Rauch aufbewahrter Wein aus Marseille.

fūnāle, lis *n (funalis)* ① Strick *an der Schleuder;*
② *(Hor.)* Fackel;
③ *(Ov.)* Kronleuchter.

fūnālis, e *(funis)* zum Strick, zum Seil gehörig:
① aus einem Strick, Seil bestehend;
② *(poet.; nachkl.)* an der Leine gehend, ziehend.

fūn-ambulus, ī *m (funis u. ambulo) (vor- u. nachkl.)* Seiltänzer.

fūnctī *s. fungor.*

fūnctiō, ōnis *f (fungor)* Verrichtung, Ausführung [**muneris**].

fūnctus *P. P. Akt. v. fungor.*

funda, ae *f* ① Schleuder, Schleuderriemen; **lapides -ā mittere; hostes -is propellere;**
② *(meton.)* Schleudergeschoss; **-ā vulnerari;**
③ *(Verg.)* Wurfnetz; ~ **verberat amnem;**
④ *(Phaedr.)* Geldbeutel.

fundāmen, minis *n (fundo[1])* Grund(lage) *(oft Pl.)* [**rerum**]; **fundamina alcis rei ponere.**

● **fundāmentum,** ī *n (fundo[1])* ① Unterbau, Grund, Fundament *(meist Pl.)* [**maximorum operum**]; **-a agere; -a iacere** den Grund legen *(zu etw.: m. Dat. od. Gen.)*;
② *(übtr.)* Grund, Grundlage; ~ **iustitiae est fides; ponere -um philosophiae (eloquentiae).**

fundātor, ōris *m (fundo[1]) (Verg.)* Gründer [**urbis**].

fundātus, a, um *(P. Adj. v. fundo[1])* fest begründet [**familia**].

Fundī, ōrum *m Seestadt im südl. Latium, j.* Fondi; – *Einw. u. Adj.* **Fundānus,** ī *m bzw.* a, um.

fundibulārius, ī *m (fundibulum) (spätl.)* Schleuderer.

fundibulum, ī *n (funda u.* βάλλω) *(spätl.)* Schleuder.

funditō, funditāre *(Intens. v. fundo[2]) (Plaut.)* ① hinschleudern, niederstrecken [**volantes illos**];
② über die Lippen kommen lassen [**verba**].

funditor, ōris *m (funda)* Schleuderer.

funditus *Adv. (fundus)* ① v. Grund aus [**monumenta delere; templum destruere**];
② *(übtr.)* gänzlich, ganz u. gar, völlig [**evertere amicitiam**];
③ *(Lucr.)* im Grunde, in der Tiefe;
④ *(Cat.)* im Innersten.

fundō[1], fundāre *(fundus)* ① *(poet.)* m. einem Boden versehen [**navem**];
② den Grund zu etw. legen, gründen [**arces; urbem; aedes**];
③ *(übtr.)* begründen [**disciplinam**];
④ (be)festigen, sichern [**rem publicam; nostrum imperium; suas opes**];
⑤ *(Verg.)* am Grund befestigen; **dente tenaci ancora fundabat naves.**

● **fundō[2],** fundere, fūdī, fūsum ① gießen, aus-, vergießen, fließen lassen, ausströmen lassen [**vina pateris; lacrimas; sanguinem**]; – *mediopass. fundi* sich ergießen, fließen, strömen: **fusus imber** strömend; **flumen late funditur; sanguine ob rem publicam fuso;**
② aus-, herabschütten, herabwerfen, ausstreuen [**picem; segetem in Tiberim**]; – *mediopass.:* **crines fusi** (lang) herabfallend;
③ *(poet.) (Geschosse u. Ä.)* schleudern [**tela; sagittam**];
④ *(Tib.)* mit etw. benetzen [**tempora mero** die Schläfen m. Wein];
⑤ gießen, schmelzen [**aera**]; *(meton.)* etw. gießen [**glandes; fistulas; vitrum** Glas machen];
⑥ *(Worte, Töne)* von sich geben, dichten [**verba in auras; preces a pectore; carmen**];
⑦ hervorbringen, erzeugen, gebären; **terra fundit fruges; Mercurium Maia fudit;**
⑧ aus-, verbreiten [**lumen; incendium**]; – *meist.: se fundere u. mediopass.* sich ausbreiten, sich ausdehnen: **flamma e capite fusa;**
⑨ *(Feinde)* zerstreuen, vertreiben, schlagen

[**hostium copias; alqm arcu; Gallos de delubris**]; **exercitus caesus fususque;**
⑩ *(poet.; nachkl.)* zu Boden werfen, niederstrecken [**manu alqm**]; – *mediopass.* sich ausstrecken, sich lagern [**humi**]: **fusus in herba; fundi in alga; fusa membra toro** gelagert;
⑪ *(poet.)* verschwenden, vergeuden [**opes**];
⑫ ausströmen lassen [**vitam cum sanguine**].

● **fundus,** ī *m* ① Grund, Boden [**ollae; armarii; amnis;** *(übtr.)* **cenae** Hauptgericht]; *(übtr.)* **res -o vertere** v. Grund aus;
② *(meton.)* Grundstück, Landgut; **fundos decem reliquit;**
③ Maß u. Ziel; **largitio -um non habet;**
④ Autorität;
⑤ *(Mart.) (meton.)* Trinkgefäß.

fūnebria, ium *n (funebris)* Leichenbegängnis, Bestattungsfeierlichkeiten.

fūnebris, e *(funus)* ① zum Leichenbegängnis gehörig, Leichen-, Toten- [**cupressus; contio; lamentatio; epulum; sacra** Menschenopfer];
② *(poet.; nachkl.)* todbringend, unheilvoll, verderblich [**munera; bellum**].

fūnereus, a, um *(funus) (poet.) = funebris.*

fūnerō, fūnerāre *(funus)* ① *(nachkl.)* bestatten;
② *(poet.)* töten.

fūnestō, fūnestāre *(funestus) durch Blutvergießen* beflecken, besudeln, entehren, entweihen [**templa hostiis humanis; gentem**].

fūnestus, a, um *(funus)* ① *(poet.; nachkl.) (durch Tod, Mord)* verunreinigt, befleckt, besudelt [**manus; capilli**];
② *(poet.)* todbringend, tödlich [**morsus; venenum; manus; securis**];
③ unheilvoll, verderblich [**latro; dies; omen; epistula; victoria**];
④ trauervoll, traurig [**littera**];
⑤ in Trauer versetzt [**familia; domus**].

fungīnus, a, um *(fungus) (Plaut.)* v. Pilzen [**genus** Pilzart].

● **fungor,** fungī, fūnctus sum *(m. Abl., selten m. Akk.)* ① verrichten, verwalten, ausführen, vollziehen, besorgen, vollbringen [**consulatu, quaestura** bekleiden; **populari munere; officiis iustitiae; sacris** darbringen; **virtute** beweisen, an den Tag legen; **sepulcro** begraben; **morte** *od.* **vita** sterben; **senatoria munera; hominum officia; ex more**]; **stipendio functum esse** ausgedient haben;
② *(poet.; nachkl.)* erleiden, überstehen [**laboribus; periculis; fato** sterben; **mala**];
③ *(poet.; nachkl.)* erlangen, erreichen [**fato** sein Lebensziel erreichen; **sepulcro** ein Begräbnis erhalten];
/ **fūnctī,** ōrum *m* die Verstorbenen.

fungus, ī *m* ① Pilz, Schwamm;
② *(Plaut.) als Schimpfw.* = Dummkopf;
③ *(Verg.) (übtr.)* verkohltes Dochtende.

fūniculus, ī *m (Demin. v. funis)* dünnes Seil.

fūnis, is *m* Seil, Tau, Strick [**nauticus; ancorarius** Ankertau]; **funem solvere;** *sprichw.:* **funem ducere** befehlen, herrschen; **funem sequi** gehorchen, dienen; **funem reducere** seine Meinung ändern.

● **fūnus,** neris *n* ① Leichenbegängnis, feierliche Beerdigung, Leichenfeier, -zug; **funus celebrare, ornare; funere efferri** feierlich bestattet werden; **funus facere alci** besorgen; ~ **procedit** setzt sich in Bewegung; **corpus crematum publico funere;**
② *(poet.)* Leiche, Leichnam *(auch v. Tieren); – Pl. auch* Schatten der Verstorbenen, Manen;
③ *(poet.)* Tod; **sub ipsum funus** schon dem Tode nahe;
④ *(poet.)* das Sterben;
⑤ *(poet.)* Mord; **funera edere** morden; **crudeli funere exstinctus;**
⑥ Verderben, Untergang *(auch Pl.);* **funera lacrimosa Troiae; funus imperio parare;**
⑦ *(v. Personen)* Zerstörer [**rei publicae**].

● **fuō,** fore, fuī, futūrus ① werden, *klass. nur in der Form* fore;
② sein; *dient als Ergänzung von esse in:* **a)** *allen Formen des Perf.-Stammes u. futurus, a, um;* **b)** *Konj. Imperf. forem, forēs usw. = essem, esses usw.;* **c)** *(vor- u. nachkl.) Konj. Präs. fuam, fuās usw. = sim, sis usw.;* **d)** *Inf. Fut. fore = futurum, am, um esse;*
③ *futūrus, a, um* (zu)künftig [**tempus; res; malum**]; **post futuri** noch Ungeborene.

● **fūr,** fūris *m u. f (verw. m. gr.* φώρ*)* Dieb, Diebin [**nocturnus**]; *als Schimpfw.:* Schurke, Spitzbube.

fūrātim *Adv. (fur) (Plaut.)* diebischerweise.

fūrātrīna, ae *f (furor²) (nachkl.)* Diebstahl.

fūrāx, *Gen.* ācis *(furor²)* diebisch [**homo; manus**].

furca, ae *f* ① zweizackige Gabel, *bes.* Heu- *od.* Mistgabel;
② gabelförmige Stütze, Stützpfahl; **-as subdere vitibus;**
③ Gabelholz, Halsblock *(in Form eines Λ, auf den Nacken des Auszupeitschenden gelegt);* **ire sub -am** in Knechtschaft geraten;
④ *(Plaut.)* Trageholz *(f. Lasten).*

furci-fer, ferī *m (furca u. fero, eigtl.* „Gabelholzträger"*) als Schimpfw.* Galgenstrick.

furcilla, ae *f (Demin. v. furca)* kleine Gabel, Heugabel.

furcula, ae *f (Demin. v. furca) (nachkl.)* ① gabelförmige Stütze, Stützpfahl;
② *(meton.) Pl.* Engpässe, Schluchten.

furenter *Adv. (furo)* rasend, wütend.

furfur, furfuris *m (vor- u. nachkl.)* ① Hülse *des Getreides u. der Hülsenfrüchte;*
② *(meist Pl.)* Kleie.

furia, ae *f (furo)* ① Wut, Raserei, Wahnsinn *(meist Pl.)*; **-as concipere** in Wut geraten; **-is accensus et irā;**

F

2 *(poet.)* Liebeswut;
3 Verzückung, Begeisterung [**Cassandrae** Weissagungen];
4 böser Geist, Dämon;
/ *personif.* Furia, ae *f*, *meist Pl.* **Furiae** Furien, Rachegöttinnen, *m. den Erinnyen gleichgesetzt (Alecto, Megära u. Tisiphone):* **parricidas agitant Furiae.**

furiālis, e *(furia)* 1 rasend, wütend, wahnsinnig [**vox; malum** entsetzlich]; *(bacchantisch)* begeistert [**Erichtho**];
2 *(poet.)* in Raserei versetzend [**aurum**];
3 der Furien, Furien- [**taedae**].

Fūriānī *s. Furius.*

furibundus, a, um *(furo)* 1 wütend, rasend [**homo; taurus; impetus**];
2 begeistert, enthusiastisch [**praedicatio**].

Furīna (*u.* **Furrīna**), ae *f röm. Göttin, deren Bedeutung unbekannt ist.*

fūrīnus, a, um *(fur) (Plaut.)* Diebes- [**forum**].

furiō¹, furiāre *(furia) (poet.)* in Raserei versetzen [**vulgum**]; – *P. Adj.* **furiātus,** a, um wütend, rasend, unsinnig [**mens**].

furiō², furīre *(furia) (August.)* wütend, rasend sein.

furiōsus, a, um *(furia)* 1 wütend, rasend, leidenschaftlich [**orator; cupiditas; genus dicendi; vultus**];
2 *(Ov.)* begeisternd [**tibia**].

> *i* Kultur **Fūrius,** a, um *Name einer patriz. gens in Rom:* M. ~ Camillus, *bedeutender Feldherr u. Staatsmann der röm. Republik, Eroberer v. Veji 396 u. v. Falerii 394 v. Chr., Befreier Roms v. den Galliern 387;* – **Fūriānī,** ōrum *m* die Soldaten des M. Furius Camillus.

furnāceus, a, um *(furnus) (Plin.)* im Backofen hergestellt, gebacken.

furnāria, ae *f (furnus)* Bäckerei.

furnus, ī *m (vgl. fornax)* Ofen, *bes.* Backofen, Backhaus.

● **furō,** furere, – – 1 *(poet.; nachkl.)* dahinstürmen, hineilen, -rasen [**per urbem; contra tela**];
2 *(übtr.)* wüten, rasen, toben *(vor etw.: Abl.; darüber, dass: A. C. I.)* [**audaciā; libidinibus; id** darüber; *(m. innerem Obj.)* **furorem** die Wut austoben]; *(m. Gen.)* **furens animi;** *(poet.) auch v. Sachen:* **furentes austri; flammae furentes;**
3 *(poet.; nachkl.)* leidenschaftlich verliebt sein *(in jmd.: Abl. od. in m. Abl.)*; **furens puer;**
4 *(poet.)* begeistert, entzückt sein, schwärmen;
5 *(poet.)* ausgelassen sein; **recepto dulce mihi ~ est amico** *(Hor.)*.

● **furor¹,** ōris *m (furo)* 1 Raserei, das Wüten, Toben, Leidenschaft, Wutausbruch [**Catilinae; tribunicii**]; **furore atque amentiā impulsus;** *(poet.) auch v. Sachen:* ~ **boreae;** ~ **caeli marisque** Aufruhr; – *(poet.) personif.* **Furor** Rachegeist [**nocturnus**];
2 *(poet.)* Kampfwut; **animis iuvenum ~ additus;**
3 Zorn, Wut; **Iuno acta furore gravi** *(Verg.)*;
4 Wahnsinn, Verrücktheit, Tollheit, Verblendung; **velut captus furore;**
5 *(poet.)* Liebe, Liebeswahnsinn, -begierde [**igneus**]; **puellarum furores** Liebschaften mit; – *(meton.)* die Geliebte: **mihi Phyllis est ~;**
6 Begeisterung, Verzückung; **feminae in furorem turbatae;**
7 *(poet.; nachkl.)* heftige Begierde, Gier *nach Besitz* [**lucri**]; **prodigus ~ vitae.**

fūror², fūrārī *(fur)* 1 stehlen, entwenden; **ad furandum venire;**
2 *(übtr.)* etw. erschleichen [**civitatem; speciem alcis** jmds. Gestalt annehmen];
3 *(poet.; nachkl.)* entziehen [**oculos labori**];
4 *(Tac.) (im Krieg)* Handstreiche *(Überfälle m. wenigen Leuten)* ausführen; **exercitus furandi melior.**

Furrīna *s. Furina.*

fūrti-ficus, a, um *(furtum u. facio) (Plaut.)* diebisch.

fūrtim *Adv. (fur)* verstohlen, heimlich, unvermerkt.

fūrtīvus, a, um *(furtum)* 1 gestohlen, entwendet [**res; virgines**]; – fūrtīva, ōrum *n* gestohlene Gegenstände;
2 *(übtr.)* verstohlen, heimlich [**amor; victoria** erschlichen; **iter per Italiam; libertas** jmdm. heimlich gegeben].

● **fūrtum,** ī *n (fur)* 1 Diebstahl; **(alci) -um facere** (jmd.) (be)stehlen;
2 *(meton.)* Gestohlenes, Raub *(meist Pl.)*; **navis onusta** (beladen) **-is; -a reddere;**
3 Heimlichkeit;
4 heimliche Liebschaft;
5 *(poet.)* Schelmenstreich, Gaunerei;
6 Kriegslist, Handstreich; **-is decipere hostem; -a belli; furto, non proelio opus esse.**

fūrtus, ūs *m (fur) (Iuv.)* Diebstahl.

fūrunculus, ī *m (Demin. v. fur)* Spitzbube.

furvus, a, um *(verw. m. fuscus)* schwarz, dunkel, finster [**equus; nubes; antra** Unterwelt; **Proserpina** *als Unterweltsgöttin*].

fuscina, ae *f* Dreizack.

fuscō, fuscāre *(fuscus) (poet.; nachkl.)* bräunen, schwärzen, verdunkeln [**corpus**]; **ne fuscet inertia** (Trägheit im Putzen) **dentes** *(Ov.)*; **audimus detestabili parricidio fuscatum diem** *(Sen.)*.

fuscus, a, um *(verw. m. furvus)* dunkel, schwärzlich; *(vom Ton)* dumpf, heiser [**genus**

vocis].

fūsilis, e *(fundo²)* flüssig, geschmolzen, gegossen [**aurum**].

fūsiō, ōnis *f (fundo²)* Guss, Ausguss, Ausfluss *(auch übtr.)*.

fūstibalus, ī *m (fustis u.* βάλλω*) (nachkl.)* Schleuderstock.

fūsticulus, ī *m (Demin. v. fustis) (nachkl.)* Holzstückchen, Scheit.

fūstīgō, fūstīgāre *(fustis) (spätl.) m. dem Stock* prügeln.

fūstis, is *m (Abl. Sg.* fūstī *u.* fūste) Knüppel, Stock.

fūsti-tudīnus, a, um *(fustis u. tundo) (Plaut.)* m. dem Stock schlagend.

fūstuārium, ī *n (fustis) (erg. supplicium)* Prügelstrafe, *die in der Regel tödlich verlief,* das Totprügeln.

fūsus¹, ī *m* Spindel, *bes. der Parzen.*

fūsus², a, um *(P. Adj. v. fundo²)* ① *(poet.) (v. Personen)* lang hingestreckt [**humi**]; ② *(poet.) (v. Örtl.)* sich weithin erstreckend, ausgedehnt; **campi -i in omnem partem;** ③ *(poet.; nachkl.) (v. Haar u. Gewand)* (lang) herabfallend, fliegend [**crines; toga**]; ④ *(vom Körper)* breit, stark; **Gallorum fusa et candida corpora;** ⑤ *(v. der Rede)* ruhig, gleichmäßig [**oratio; orationis genus**]; ⑥ ausführlich, weitläufig, zwanglos; **-e disputare; poema initio fusum; in descriptionibus fusi ac fluentes.**

fūtātim *Adv. (Plaut.)* reichlich, häufig.

fūtilis *u.* **futtilis,** e ① *(poet.)* durchlässig [**canis** nicht stubenrein; **glacies** zerbrechlich]; ② unzuverlässig [**servus; haruspex**]; ③ wertlos, gehaltlos, nichtig, vergeblich [**opes; laetitia**]; – *Adv.* **-e** vergeblich.

fūtilitās *u.* **futtilitās,** ātis *f (futilis)* Nichtigkeit, leeres Geschwätz.

futuō, futuere, futuī, futūtum *(poet.)* mit einer Frau schlafen, den Beischlaf ausüben *(abs. u. alqam)*.

futūra, ōrum *n (fuo)* = *futurum.*

futūrum, ī *n (fuo)* Zukunft.

● **futūrus,** a, um *(fuo)* (zu)künftig, bevorstehend, kommend; – futūrum esse: *Inf. Fut. v. esse.*

futūtiō, ōnis *f (futuo) (poet.)* Beischlaf, Geschlechtsverkehr.

G

G, g *gegen Mitte des 3. Jahrhs. v. Chr. als siebenter Buchstabe im lat. Alphabet erscheinend, aus C entstanden;* G *als Abk. (auf Inschr.):* ❶ *(statt C) = Gaius;*
❷ *b. Legionsbezeichnungen:* **a)** *= Gallica;* **b)** *= Gemina;*
❸ *Provinznamen:* **a) G. I.** *= Germania Inferior;* **b) G. S.** *= Germania Superior.*

Gabalī, ōrum *m kelt. Volk in Aquitanien, südl. v. den Arvernern in den Cevennen lebend.*

gabata, ae *f (Mart.)* Schale, Schüssel.

Gabiī, ōrum *m Stadt in Latium zw. Rom u. Praeneste; – Adj.* **Gabīnus,** a, um [**saxum** Tuffstein; **cinctus** *bei rel. Festen übliche Art, die Toga zu tragen; der sonst üb. die linke Schulter hängende Zipfel wurde unter dem rechten Arm durchgezogen*]; *– Einw.* **Gabīnī,** ōrum *m.*

Gabīniānus¹, ī *m gall. Rhetor z. Zt. Kaiser Vespasians.*

Gabīniānus² *s. Gabinius.*

Gabīnius, a, um *pleb. nomen gentile:* A. ~, *Volkstribun 67 v. Chr., verschaffte Pompeius den Oberbefehl geg. die Seeräuber u. Pompeius' Kollegen M. Aelius Glabrio den Befehl im Mithridatischen Krieg; – Adj. auch* **Gabīniānus,** a, um.

Gādēs, dium *f phöniz. (tyrische) Kolonie im südwestl. Spanien, j.* Cadiz; *– Einw. u. Adj.* **Gādītānus,** ī *m bzw.* a, um; *–* **Gādītānae,** ārum *f* Tänzerinnen aus ~.

gaesum, ī *n (kelt. Wort) schwerer* Wurfspieß *der Gallier;* **Alpina coruscant -a manu.**

Gaetūlī, ōrum *m Berbervolk in Nordwestafrika; – Adj.* **Gaetūlus,** a, um afrikanisch.

Gāius, ī *m (b. Catull auch dreisilbig Gāïus),* **Gāia,** ae *f röm. Vorname, abgekürzt C.*

Galaesus, ī *m Fluss b. Tarent in Süditalien, j.* Galaso.

Galatae, ārum *m* die Galater, *um 275 v. Chr. nach Kleinasien eingewanderte Kelten, seit der Niederlage geg. Attalus I. von Pergamon (235 v. Chr.) am Mittellauf des Halys siedelnd; –* **Galatia,** ae *f Land der Galater (= Gallograecia), das durch Augustus 25 v. Chr. röm. Provinz wurde.*

Galatēa, ae *f Tochter des Nereus, Meernymphe, v. ungeschlachtem Polyphem geliebt.*

galba¹, ae *f (kelt. Wort) (Suet.)* Larve des Eschenspinners.

galba², ae *m (kelt. Wort) (Suet.)* Schmerbauch; *–* **Galba** *cogn. der gens Sulpicia:* Ser. Sulpicius Galba *(5 v. Chr. – 69 n. Chr.), röm. Kaiser Juni 68 – Januar 69; –* **Galbiānī,** ōrum *m* Anhänger des Galba.

galbaneus, a, um *(galbanum) (Verg.)* aus, vom Galban [**odores; nidor**].

galbanum, ī *n (gr. Fw.) (nachkl.)* Galban *(wohlriechendes Harz).*

galbeum, ī *n u.* **-us,** ī *m (nachkl.)* m. Heilmitteln getränkte wollene Armbinde.

galbinātus, a, um *(galbinum) (Mart.)* grüngelb, *d. h.* modisch *od.* weibisch gekleidet, mit einem galbinum.

galbinum, ī *n (galbinus) (Iuv.)* grüngelbes Modegewand *der Männer.*

galbinus, a, um *(galbus) (nachkl.)* ❶ grüngelb [**avis; cingulum**];
❷ *(übtr.)* weichlich [**mores**].

galbulus, ī *m (galbus) (poet.; nachkl.) kleiner Vogel m. grüngelbem Gefieder, viell. Goldamsel.*

galbus, a, um *(Plin.)* grüngelb, grünlich.

galea, ae *f* (Leder-)Helm.

Galēnus, ī *m aus Pergamon (129 bis um 200 n. Chr.), ber. Arzt der Kaiserzeit, Leibarzt der Kaiser Marc Aurel u. Verus.*

galeō, galeāre *(galea)* m. einem Helm bedecken, den Helm aufsetzen; *– klass. nur* **galeātus,** a, um mit Helm [**Minerva; centuriones**].

Galeōtae, ārum *m* sizil. Wahrsager.

galēriculum, ī *n (Demin. v. galerum) (nachkl.)* ❶ kleine Fellkappe;
❷ kleine Perücke.

galērītus, a, um *(galerum) (poet.; nachkl.)* m. einer Fellkappe bedeckt.

galērum, ī *n u.* **-us,** ī *m (gr. Fw.)* ❶ Pelzkappe;
❷ Perücke.

Galilaeī, ōrum *m* die Galiläer, *Bew. v. Galiläa (in Palästina, westl. vom See Genezareth).*

galla, ae *f* Gallapfel.

Galla *s. Galli¹.*

Gallaecia, ae *f Landschaft im nordwestl. Spanien, die heutige Provinz Galicia; – Einw.* **Gallaecī,** ōrum *m.*

Gallī¹, ōrum *m (vgl. Galatae)* Gallier, Kelten, *lat. Gesamtbezeichnung f. die kelt. Stämme, bes. im heutigen Oberitalien, in Frankreich u. Belgien; Sg.* **Gallus,** ī *m* Gallier, **Galla,** ae *f* Gallierin; *ihr Land:* **Gallia,** ae *f* Gallien, *die Alpen scheiden es in* **Gallia cisalpīna** *(od.* **citerior,** togāta) *= Oberitalien u.* **Gallia trānsalpīna** *(od.* **ulterior,** comāta *od. Pl.* Galliae) *= Frankreich; Gallia cisalpina wurde nach der Lage diesseits od. jenseits des Po in* **Gallia cispadāna** *u.* **trānspadāna** *unterteilt; in Gallia transalpina wurden unterschieden:* **a) G. Nārbōnēnsis** *od.* **Prōvincia** *= die Provence bis zur Rhône, seit 121 v. Chr. römisch;* **b) Aquītānia** *= Südwestgallien bis zur Loire;* **c) G. Celtica** *od.* **Lugdūnēnsis** *zw. Loire, Seine u. Marne;* **d) G. Belgica** *um den unteren Rhein;*
/ *Adj.* **a) Gallicus,** a, um gallisch [**ager** *od.* **provincia** *ein Küstenstrich Umbriens b. Ari-*

minum; **bellum** Krieg der Römer geg. die Gallier]; *Subst.* **gallica,** ae *f (erg. solea)* gallische Holzsandale, Galosche; **b) Gallicānus,** a, um in *od.* aus der Gallica provincia; **c) Gallus,** a, um gallisch [**miles**].

Gallī[2], ōrum *m u. (scherzh. b. Cat.)* **Gallae,** ārum *f* kastrierte Priester der Kybele; – *Adj.* **Gallicus,** a, um.

galliambus *u.* **-os,** ī *m (Galli[2] u. iambus) (Mart.) ein v. den Galli (Priestern der Kybele) gesungenes Lied,* ein Galliambus.

gallica *s. Galli[1].*

Gallicānus, a, um *s. Galli[1].*

galli-cinium, ī *n (gallus u. cano) (nachkl.)* Zeit des ersten Hahnenschreis.

Gallicus, a, um *s. Galli[1] u. Galli[2].*

gallīna, ae *f (gallus)* Henne, Huhn; *bei Plaut. als Kosewort;* ad Gallinas „Hühnerhof" *(Landhaus am Tiber b. Rom).*

gallīnāceus, a, um *(gallina)* Hühner- [**gallus** Haushahn].

gallīnārius *(gallina)* **I.** *Adj.* a, um Hühner- [**scala; vasa**]; – silva Gallinaria *Fichtenwald in Kampanien;*

II. *Subst.* ī *m* ❶ Hühnerwärter;

❷ Hühnerstall.

Gallo-graecī, ōrum *m = Galatae.*

Gallo-graecia, ae *f = Galatia, s. Galatae.*

gallus, ī *m* Hahn, Haushahn; **-i** *od.* **-orum cantus** Hahnenschrei; **ad cantum galli secundum;** – *sprichw. (Sen.)* ~ **in suo sterquilino plurimum potest** jeder ist Herr in seinem Haus.

Gallus, ī *m* ❶ Gallier, *s. Galli[1];*

❷ Kybelepriester, *s. Galli[2];*

❸ *röm. cogn.:* C. Cornelius ~ *aus Forum Iulii (Fréjus) in Gallien (69–26 v. Chr.), Politiker, Elegiker, Freund des Augustus u. des Vergil;*

❹ *Fluss in Phrygien.*

Gamala, ae *f Bergfestung in Palästina.*

gamēliōn, ōnis *m* (γαμηλιών) *der siebente Monat des att. Kalenders (vom 15. Januar–14. Februar).*

gānea, ae *f u.* **-um,** ī *n* Kneipe; Bordell; Garküche; *(meton.)* Schlemmerei, Völlerei.

gāneō, ōnis *m (ganea)* Schlemmer.

gangaba, ae *m (pers. Wort) (nachkl.)* Lastträger.

Gangaridae *u.* **-dēs,** dum *m (Akk.* -as) *Volk am unteren Ganges.*

Gangēs, is *m* Ganges, *Hauptstrom Indiens;* – *Adj.* **Gangēticus,** a, um *u. (f)* **Gangētis,** idis vom Ganges, *(poet.) übh.* indisch.

ganniō, gannīre, – – kläffen; *(v. Menschen)* laut schimpfen, keifen; schwatzen, schäkern.

gannītus, ūs *m (gannio)* ❶ *(Lucr.)* Gekläff *kleiner Hunde;*

❷ *(nachkl.) (v. Menschen)* lautes Schimpfen, Keifen, Gezänk;

❸ das Schäkern.

ganta, ae *f (Plin.)* Gans.

Ganymēdēs, is *u.* ī *m Sohn des Tros od. Laomedon, seiner Schönheit wegen v. Jupiter in den Olymp entführt u. zu seinem Mundschenk gemacht.*

Garamantes, tum *m Berbervolk im Inneren Libyens;* – *Adj. (f)* **Garamantis,** idis garamantisch, afrikanisch.

garci-fer, ferī *m (fero) (spätl.)* Koch.

garciō, ōnis *m (mlt.)* Knappe, Diener.

Gargānus, ī *m apulisches Vorgeb.*

Gargaphiē, ēs *f ein der Diana geheiligtes Tal m. Quelle in Böotien.*

Gargara, ōrum *n Spitze des Ida in Mysien m. einer gleichnamigen Stadt am Fuß des Berges.*

Gargēttius, ī *m* der Gargettier = Epikur, *so benannt nach seinem Geburtsort Gargēttus in Attika.*

garriō, garrīre **I.** *intr.* schwatzen, plaudern; **II.** *trans.* herplappern [**nugas; fabellas** zum Besten geben].

garritus, ūs *m (spätl.)* Gezwitscher; *(übtr.)* Geschwätzigkeit.

garrulitās, ātis *f (garrulus) (poet.; nachkl.)* Redseligkeit, Geschwätzigkeit.

garrulus *(garrio)* **I.** *Adj.* a, um geschwätzig, schwatzhaft;

II. *Subst.* ī *m* Schwätzer.

garum, ī *n (gr. Fw.) (poet.; nachkl.)* pikante Fischsauce, Fischtunke.

Garumna, ae *f Fluss in Südwestfrankreich, j.* Garonne; – *Anw.:* **Garumnī,** ōrum *m.*

gastaldius, ī *m (mlt.)* königl. Gutsverwalter.

gastrimargia, ae *f (gr. Fw.) (Eccl.)* Gefräßigkeit, Schlemmerei.

gastrum, ī *n (gr. Fw.) (nachkl.)* bauchiges Tongefäß.

• **gaudeō,** gaudēre, gāvīsus sum ❶ sich (innerlich) freuen, froh sein *(über etw.: Abl., in m. Abl., selten Gen., de m. Abl., Akk. des Neutr. eines Pron.;* [darüber] *dass: quod, A.C.I., Inf., Part.);* **equo acri** ~ vergnügt auf … reiten; **virtutis exemplis ~ ; gaudeat in puero; id ~ ; gaudet potitus** er freut sich über den Raub; **gaudent scribentes** sie freuen sich über ihr Schaffen, sie schreiben nach Herzenslust; **in sinu** *od.* **in se** ~ sich im Stillen freuen;

❷ *(poet.) (in briefl. Begrüßungsformel) z. B. Celso gaudere refer* grüße C. von mir;

❸ *(v. lebl. Subj.)* etw. lieben, gern sehen *od.* hören; **umore omnia hortensia gaudent; scaena gaudet miraculis.**

gaudibundus, a, um *(gaudeo) (nachkl.)* sich freuend.

gaudimōnium, ī *n (gaudeo) (nachkl.)* Freude.

• **gaudium,** ī *n (gaudeo)* ❶ (innere) Freude, Vergnügen *(oft Pl.);* **-o lacrimare; -is exsultare** vor Freude jubeln; **triumphare -o; -o esse alci** jmdm. Freude machen; **-um atque laeti-**

G

tiam agitare;
② *(poet.; nachkl.)* Genuss, sinnliche Lust, Wollust *(meist Pl.)* [**corporis; Veneris**];
③ *(poet.) (meton.)* Wonne = Gegenstand der Freude, Liebling *(meist Pl.)*.

gaulus, ī *m (gr. Fw.) (Plaut.)* kahnförmiges Trinkgefäß, Trinkschale.

Gaurus, ī *m Gebirge in Kampanien, j.* Monte Gauro.

gausapa, ae *f*, **gausape,** pis *u.* **gausapum,** ī *n*, **gausapēs,** is *m (gr. Fw.) (poet.; nachkl.)* Fries *(Wollgewebe als Decke od. Kleid)*.

gausapātus, a, um *(gausapa) (nachkl.)* ① m. Fries *(Wollstoff)* bekleidet;
② zottig, borstig [**apri**].

gausapina, ae *f (gausapinus) (nachkl.)* Gewand aus Fries *(Wollstoff)*.

gausapinus, a, um *(gausapa) (Mart.)* aus Fries *(Wollstoff)*.

gāvia, ae *f (nachkl.) ein Vogel, viell. Möwe.*

gāvīsus sum *Perf. v. gaudeo.*

gaza, ae *f (pers. Wort)* ① Schatz *(urspr. der pers. Könige, dann jedes Königs od. Fürsten)*; **custos -ae regiae** königl. Schatzmeister;
② *Pl. (poet.)* Kleinodien, Schätze, Vermögen;
③ *(poet.)* Besitz, Vorrat [**agrestis**].

Gaza, ae *f Stadt in Palästina.*

Gebenna *s. Cebenna.*

gehenna, ae *f (Eccl.)* Hölle.

Gela, ae *f Stadt an der Südwestküste Siziliens am Fluss* **Gelās,** ae *m; – Einw.* **Gelēnsēs,** nsium *m; – Adj.* **Gelōus,** a, um.

gelasīnus, ī *m (gr. Fw.) (Mart.)* Grübchen *(das beim Lächeln auf der Wange entsteht)*.

Gelduba, ae *f Ort der Ubier am Rhein.*

gelida, ae *f (gelidus; erg. aqua) (Hor.)* kaltes Wasser.

● **gelidus,** a, um *(gelu)* ① (eis)kalt, eisig [**aqua; hiems; Scythes** die in kalten Regionen wohnen; **partes -ae Aquilonis**];
② kühl, frisch [**saxum; montes; antrum**];
③ *(poet.)* kalt (machend), starr [**mors; metus; formido** kalter Schauer].

Gellius, a, um *Name einer röm. gens:* A. ~, *röm. Schriftsteller des 2. Jahrhs. n. Chr., v. dem das Werk „Noctes Atticae" in 20 Büchern (m. Ausnahme des 8. Buches) erhalten ist, in dem er auch Zitate u. Auszüge nicht überlieferter Werke, bes. aus der Zeit vor Cicero, gesammelt hat.*

gelō, gelāre *(gelu) (nachkl.)* zum Gefrieren bringen; *P.P.P.* gelātus gefroren [**amnis**].

Gelōnī, ōrum *m skyth. Volk am Dnjepr.*

Gelōus, a, um *s. Gela.*

gelū, ūs *n (meist im Abl. Sg.) (poet.; nachkl.) u.* **gelum,** ī *n (Lucr.)* ① Frost; **gelu rigere** starr sein; **rura gelu claudit hiems** *(Verg.)*;
② *(meton.)* Eis;
③ *(übtr.)* Kälte, Erstarrung; **tarda gelu senectus.**

gemebundus, a, um *(gemo)* seufzend, stöhnend.

gemelli-para, ae *f (gemellus u. pario) (Ov.)* Zwillingsmutter.

gemellus *(Demin. v. geminus) (poet.; nachkl.)*
I. *Adj.* a, um ① Zwillings- [**fratres**];
② doppelt, Doppel- [**vites; legio** Doppellegion];
③ wie Zwillinge ähnlich, völlig gleich;
II. *Subst.* ī *m* Zwilling, Zwillingsbruder.

gemінātiō, ōnis *f (gemino)* Verdoppelung [**verborum; vocalium**].

geminō, gemināre *(geminus)* **I.** *trans.* ① verdoppeln [**honorem; urbem** aus zwei eine machen]; *P.P.P.* geminātus verdoppelt, doppelt [**victoria** Doppelsieg];
② (zu einem Paar) vereinigen, wiederholen, unmittelbar aneinander reihen [**castra legionum; consulatus** unmittelbar aufeinander folgen lassen; **aera** zusammenschlagen];
③ *(Hor.)* paaren *(mit: m. Dat.)* [**serpentes avibus; tigribus agnos**];
II. *intr. (Lucr.)* doppelt sein, sich verdoppeln.

● **geminus I.** *Adj.* a, um ① Zwillings- [**filii; sorores; fratres; proles** Zwillingsgeschlecht];
② doppelt, zweifach, beide, Doppel- [**portae; nares; pedes; nuptiae; sidus** Sternenpaar; **Arcti** Großer u. Kleiner Bär];
③ *(Ov.)* zweigestaltig [**Centauri**];
④ (wie Zwillinge) ähnlich, gleich [**audacia; cupido laudis**];
II. *Subst.* ī *m* Zwilling, Zwillingsbruder; *gemini* Kastor u. Pollux *(auch als Gestirn)*.

● **gemitus,** ūs *m (gemo)* ① das Seufzen, Stöhnen, Ächzen, Wehklagen *(oft Pl.)* [**morientium; leonis;** *(über, um jmd. od. etw.: Gen.)* **ereptae virginis; vulnerum**]; **gemitūs edere** *od.* **dare** ausstoßen; **clamore et gemitu templum resonat caelitum;**
② *(Verg.)* Schmerz, Betrübnis, Trauer *(über: Gen.)* [**morientium**];
③ *(Verg.) (v. Sachen)* Brausen, Getöse, Dröhnen [**pelagi**]; **tellus dat gemitum; gemitum dedēre cavernae equi Troiani.**

gemma, ae *f* ① Knospe, Auge *einer Pflanze, bes. des Weinstocks;*
② Edelstein; Juwel;
③ *(poet.; nachkl.) (meton.)* aus Edelsteinen gefertigtes *od.* m. Edelsteinen besetztes Trinkgefäß; **-ā bibere; in -a posuere merum;**
④ *(Ov.) (meton.)* Siegelring, Siegel; **-am imprimere; -ā signari** *(vom Brief)*;
⑤ *(übtr.)* Kleinod, Schmuck, Zierde;
⑥ *(Prop.; Mart.)* Perle;
⑦ *(Ov.)* Auge *des Pfauenschweifes.*

gemmātus, a, um *(gemma)* m. Edelsteinen *od.* Perlen besetzt [**monilia**].

gemmeus, a, um *(gemma)* ① aus Edelsteinen;
② *(poet.; nachkl.)* m. Edelsteinen geschmückt

[**anulus**];
③ *(poet.; nachkl.)* einem Edelstein ähnlich: **a)** wie Juwelen glänzend, schimmernd [**cauda** *des Pfaues*]; **b)** juwelenförmig.

gemmi-fer, fera, ferum *(gemma u. fero) (poet.; nachkl.)* ① Perlen m. sich führend [**amnes**];
② m. Edelsteinen *od.* Perlen geschmückt [**aures**].

gemmō, gemmāre *(gemma)* ① Knospen treiben;
② *(Ov.)* m. Edelsteinen besetzt sein, v. Edelsteinen funkeln; **sceptra gemmantia;**
③ *(Lucr.; Mart.)* wie Edelsteine glänzen; **herbae gemmantes rore recenti** von frischem Tau; **alae gemmantes pavonis.**

gemmōsus, a, um *(gemma) (nachkl.)* voll von Edelsteinen, m. Edelsteinen besetzt [**monilia**].

gemmula, ae *f (Demin. v. gemma) (nachkl.)*
① kleine Knospe;
② kleiner Edelstein.

● **gemō,** gemere, gemuī, gemitum **I.** *intr.* ① seufzen, stöhnen, ächzen *(v. Personen, selten v. Tieren);*
② *(poet.) (v. Tieren)* krächzen, brüllen, wiehern, gurren;
③ *(poet.; nachkl.) (v. Sachen)* dumpf tönen, sausen, tosen, dröhnen, knarren *u. Ä.;* **gubernacula gemunt; plaustra gemunt;**
④ *(Sen.)* brummen, schelten;
II. *trans.* beseufzen, beklagen, betrauern [**plagam acceptam; ignominiam**].

Gemōniae, ārum *f (erg. scalae) Treppe am Kapitol neben dem Carcer, üb. welche die Leichen hingerichteter Verbrecher zum Tiber geschleppt wurden.*

gemuī *Perf. v. gemo.*

● **gena,** ae *f (meist Pl.)* ① Wange;
② *(Ov.)* Augenhöhle; **-is oculos expilare** aus den Augenhöhlen herausreißen;
③ *(poet.)* Auge;
④ *(vor- u. nachkl.)* Augenlid.

Genaunī, ōrum *m rätisches Volk am Inn.*

Genava, ae *f Stadt der Allobroger, j.* Genf.

geneālogia, ae *f (gr. Fw.) (nachkl.)* Geschlecht, Sippe; Abstammung.

geneālogus, ī *m (gr. Fw.)* Verfasser v. Stammbäumen.

● **gener,** generī *m* ① Schwiegersohn;
② Schwager;
③ *(Tac.)* Mann der Enkelin *od.* Urenkelin.

generāle, lis *n (generalis) (mlt.)* Universität.

generālis, e *(genus)* ① zum Geschlecht, zur Gattung gehörig, Geschlechts-, Gattungs-;
② allgemein; – *Adv.* generāliter im Allgemeinen, überhaupt.

generāscō, generāscere, – – *(genero) (Lucr.)* sich der Gattung des Erzeugers anpassen, sich entwickeln.

generātim *Adv. (genus)* ① nach Gattungen (Stämmen, Ständen, Klassen); **copias ~ constituere;**
② im Allgemeinen, überhaupt.

generātiō, ōnis *f (genero) (nachkl.)* ① Zeugungsfähigkeit;
② Generation.

generātor, ōris *m (genero)* ① Erzeuger, Schöpfer; Ahn(herr), Vorfahr, Stammvater;
② *(Verg.)* Züchter [**equorum**].

● **generō,** generāre *(genus)* (er)zeugen, erschaffen, hervorbringen; *Pass.* abstammen, *bes. P. P. P.* generātus abstammend, entsprossen v. jmdm. *(ab alqo od. nur alqo).*

generōsitās, ātis *f (generosus) (nachkl.)* edle Art, edles Aussehen.

generōsus, a, um *(genus)* ① aus edlem Geschlecht, adlig, vornehm, von edler Herkunft;
② *(nachkl.) (v. Tieren)* v. edler Rasse, edel [**equus**];
③ *(v. Sachen)* v. edler Art, edel, vorzüglich [**arbor; flos; vinum; forma dicendi**];
④ *(v. Gesinnung)* edel(mütig), großmütig [**mens**].

genesis, is *f (gr. Fw.) (nachkl.)* ① Schöpfung;
② Konstellation;
③ Genesis, erstes Buch Moses.

genesta, ae *f = genista.*

genethliacus *(gr. Fw.) (nachkl.)* **I.** *Adj.* a, um zur Geburt, zum Geburtstag gehörig;
II. *Subst.* ī *m* Horoskopsteller.

genetīvus, a, um *(gigno) (poet.; nachkl.)* angeboren, ursprünglich [**nota** Muttermal; **nomen** Stammname; **casus** Genitiv].

genetrīx, īcis *f (genitor) (poet.; nachkl.)* ① Erzeugerin, Mutter [**magna deum** = Kybele; **Venus** *als Ahnfrau der Julier;* ~ **Priami**];
② *(übtr.)* Schöpferin [**frugum** = Ceres; **urbium** = Mutterstadt].

geniālis *(genius)* **I.** *Adj.* e ① dem Genius heilig, hochzeitlich, ehelich [**lectus** Ehebett; **pulvinar divae**];
② *(poet.)* (den Genius erfreuend =) fröhlich, heiter, festlich [**rus; festum; dies** Freudentag, Festtag; **serta** festliche Kränze];
II. *Subst.* is *m (erg. torus)* Ehebett.

geniculātus, a, um *(geniculum)* mit Knoten versehen, knotig [**culmus; arundo**].

geniculum, ī *n (Demin. v. genu)* Knie *(eines Kindes).*

genista, ae *f (poet.; nachkl.)* Ginster.

genitābilis, e *(gigno)* befruchtend.

genitāle, lis *n, meist Pl.* **genitālia,** lium *n (genitalis) (nachkl.)* Genitalien.

genitālis, e *(gigno) (poet.; nachkl.)* zur Zeugung, zur Geburt gehörig, (er)zeugend, befruchtend, Geburts- [**semina; membra; loca; dies** Geburtstag; **dea** Geburtsgöttin]; – **Genitālis,** is *f* Geburtsgöttin *(Beiname der Diana).*

genitīvus, a, um = *genetivus.*

genitor, ōris *m (gigno) (meist poet.)* ① Erzeu-

ger, Vater [**deûm** *v. Jupiter*];
② Schöpfer, Urheber.
genitrīx = *genetrix.*
genitūra, ae *f (gigno) (nachkl.)* ① Zeugung;
② Geburtsstunde; Stand der Gestirne bei der Geburt.
genitus *P.P.P. v. gigno.*
genius, ī *m (gigno)* ① Genius *(urspr. „der Erzeuger" als Symbol des männl. Samens, dann die Verkörperung der männl. Kraft),* Schutzgeist des Mannes, *der ihn durchs Leben begleitet u. Freude u. Leid m. ihm teilt; man schwor bei ihm, man opferte ihm, bes. an Geburtstagen u. bei Hochzeiten;* **-um piare, placare; -um mero curare** sich am Wein laben; **-um suum defraudare** seinen Genius betrügen = sich nichts gönnen;
② Schutzgeist *v. Städten, Völkern, Staaten, Familien, Herden u. a.;*
③ *(Plaut.)* Wohltäter, Gastgeber.
genō, genere, (genuī, genitum) *(altl.)* = *gigno.*

i Kultur ● **gēns,** gentis *f (gigno)* **I.** *familienrechtlich:* ① Geschlecht, Sippe, *Vereinigung mehrerer durch gleiche Abstammung u. gemeinsamen Familiennamen zueinander gehöriger Familien, urspr. nur v. Patriziern* [**Claudia; Aemilia; patricia**]; **sine gente** v. niederem Stand, v. niederer Herkunft, ahnenlos, unbekannt; **patres maiorum gentium** Senatoren, die alten patriz. Familien angehörten; **patres minorum gentium** Senatoren, die pleb. Familien angehörten, *deren Ahnen erst unter Tarquinius Priscus in den Senat aufgenommen worden waren; (übtr.)* **di maiorum et minorum gentium** höhere u. niedere Götter;
② *(poet.) (meton.)* Abkömmling, Sprössling; **vigilasne, deûm ~, Aenea?;**
II. *völkerrechtlich:* ① (Volks-)Stamm, Volk, Völkerschaft *(Verband v. Menschen m. gemeinsamem Wohnsitz, gemeinsamer Sprache u. gemeinsamen Sitten);* ~ **Germanorum, Thraciae; ex utraque gente (Romana, Latina) unus populus, una res publica facta est; tot populorum, tot gentium; ubi gentium sumus** wo in aller Welt sind wir?; **ius gentium** Völkerrecht;
② Gemeinde, Bürgerschaft; **eius gentis cives;**
③ Landschaft, Gegend; **Danuvius** (Donau) **per innumeras lapsus gentes;**
④ *Pl. (nachkl.)* Ausland, die Ausländer, Barbaren *(= klass.: exterae gentes);* **et populus Romanus et exterae gentes; populum Romanum di omnibus gentibus imperare voluerunt;**
III. *naturrechtlich:* ① Geschlecht [**animantium; humana** Menschengeschlecht]; **tota surget ~ aurea mundo;**
② *(v. Tieren)* Art, Gattung; ~ **pecudum; gentes apium** Bienenvölker;
IV. *(Eccl.)* (*auch* gentes) die Heiden.

gentiāna, ae *f (Plin.)* Enzian.
genticus, a, um *(gens) (nachkl.)* einem Volk eigen, national [**mos**].
gentīlicius, a, um *(gentilis)* ① zu einem Geschlecht (gens) gehörig, Geschlechts- [**sacra; nomen; tumulus**];
② *(Gell.)* national, Volks-;
③ *(spätl.)* heidnisch.
● **gentīlis** *(gens)* **I.** *Adj.* e ① *(poet.; nachkl.)* zu derselben gens, Sippe gehörig [**nomen; domus**];
② *(nachkl.)* aus demselben Stamm, zu demselben Volk gehörig, national, vaterländisch [**solum; imperium; religio**];
③ *(spätl.)* nichtrömisch, barbarisch;
④ *(Eccl.)* heidnisch [**libri** der antiken Schriftsteller];
II. *Subst.* is *m* ① Angehöriger derselben gens, Verwandter;
② *(Gell.)* Landsmann;
③ *Pl. (spätl.)* Nichtrömer, Barbaren;
④ *Pl. (Eccl.)* Heiden.
gentīlitās, ātis *f (gentilis)* ① Sippenverwandtschaft;
② *(spätl.)* Volkstum, Nationalität;
③ *(Eccl.)* Heidentum; *(meton.)* die heidnische Religion; die Heiden.
genū, ūs *n* Knie; **genuum orbis** Kniescheibe; **ad genua alcis procumbere; genu ponere** *od.* **submittere** das Knie beugen *(vor jmdm.: alci);* **corde et genibus tremit.**
Genua, ae *f Küstenstadt in Ligurien, j.* Genova (Genua).
genuāle, lis *n (genu) (Ov.)* Kniebinde.
genuī *Perf. v. gigno.*
genuīnus[1], a, um *(gigno)* ① angeboren, natürlich [**virtutes; pietas**];
② *(Gell.)* unverfälscht, echt [**Plauti comoedia**].
genuīnus[2] *(gena)* **I.** *Adj.* a, um zu den Wangen gehörig, Wangen-, Backen- [**dentes** Backenzähne];
II. *Subst.* ī *m (poet.)* Backenzahn.
● **genus[1],** neris *n (gigno)* ① Geburt, Abstammung, Herkunft [**magnum; summum; patricium; plebeium**]; **Graecus genere** v. Geburt; **genus (de)ducere** *od.* **trahere ab alqo** v. jmdm. abstammen; **nobile duco genus de gente Catonis; avus paterno** *od.* **materno genere** väterlicherseits *od.* mütterlicherseits; **genere et nobilitate et pecunia primus; a matris genere et nomine;**

❷ hohe Geburt, Adel; **virtute, non genere populo commendari** sich durch Tüchtigkeit, nicht durch Adel dem Volk empfehlen; **nec minus in sese generis esse quam in Hercule;**
❸ Geschlecht, Familie, Haus [**Marcellorum**]; **auctores generis mei** meine Ahnen; **genus prodere** fortpflanzen;
❹ *(poet.)* Nachkommenschaft; Nachkomme, Sprössling, Kind, Enkel [**Iovis** = Bacchus; **Adrasti** = Diomedes];
❺ Stamm, Volk, Nation [**Graecorum; bellicosum; fallacissimum Phoenicum**];
❻ natürliches Geschlecht [**virile; muliebre**];
❼ Gattung, Klasse, Art: **a)** *(v. Menschen)* Gattung, Klasse, Sorte [**hominum; humanum; colonorum**]; **hostes omnium generum; b)** *(v. Tieren)* Art, Rasse, Gattung [**animale; ferarum; vipereum; equarum**]; **c)** *(v. Sachen)* Gattung, Art [**locorum** Beschaffenheit; **frugum; pomorum; herbarum**]; **in omni genere vitae** Lebenslage; **aliquid id genus** etw. Derartiges; **genere, non numero** *bzw.* **magnitudine** qualitativ, nicht quantitativ;
❽ *(Oberbegriff zu species)* Gattung; **genus in species partiri;**
❾ Art u. Weise, Verfahrensweise [**praedandi; dicendi** Redeweise; **scriptorum; scribendi**];
❿ Beschaffenheit, Wesen;
⓫ Hinsicht, Beziehung; **in omni genere diligens.**

genus², ūs *m od. n = genu.*

Genūsus, ī *m Fluss in Illyrien (Balkan), südl. v. Dyrrachium.*

geōgraphia, ae *f (gr. Fw.)* Erdbeschreibung, Geografie.

geōmetrēs, ae *m (gr. Fw.)* Land-, Feldmesser, Mathematiker.

geōmetria, ae *f (gr. Fw.)* Feldmesskunst, Geometrie, Mathematik.

geōmetrica, ōrum *n (geometricus)* Geometrie.

geōmetricus, a, um *(gr. Fw.)* geometrisch [**formae** Figuren; **rationes** Beweise]; **-um quiddam explicare.**

geōrgicus, a, um *(gr. Fw.)(poet.; nachkl.)* den Landbau betreffend, vom Landbau; – **Geōrgica,** ōrum *n Vergils Dichtung vom Landbau.*

Geraesticus portus *Hafen v. Teos in Ionien (an der Küste von Kleinasien).*

Geraestus, ī *f Hafenstadt u. Vorgeb. auf Euböa in Mittelgriechenland.*

Gergovia, ae *f Stadt der Arverner in Mittel-Gallien (Auvergne), v. Cäsar 52 v. Chr. erfolglos belagert, j.* Gergovie.

Germalus, ī *m Vorsprung am Palatin.*

germāna, ae *f (germanus)* leibliche Schwester, Halbschwester; **Magni Iovis ~ et coniunx.**

Germānī, ōrum *m* die Germanen; – **Germānia,** ae *f Land der Germanen,* Germanien; *Pl.* Ober- u. Niedergermanien; – *Adj.* **Germānicus,** a, um *(Subst. Ehrenname f. erfolgreiche Kriegführung in Germanien),* **Germānus,** a, um *u.* **Germāniciānus,** a, um.

germānitās, ātis *f (germanus)* ❶ *(Verbindung zw. Geschwistern)* Bruderschaft, Schwesterschaft, Geschwisterschaft, Brüderlichkeit [**nexus germanitatis**];
❷ Verwandtschaft *v. Städten (auf Grund einer gemeinsamen Mutterstadt).*

germanitus, a, um *(spätl.)* echt, aufrichtig.

germānus I. *Adj.* a, um ❶ leiblich, echt, recht [**frater; soror**];
❷ *(Plaut.)* geschwisterlich, verschwistert;
❸ leibhaftig, echt, wahr, wirklich [**iustitia; germanissimus Stoicus**];
II. *Subst.* ī *m* leiblicher Bruder, Halbbruder.

germen, minis *n* ❶ *(poet.; nachkl.)* Keim, Spross, Knospe, Stängel, Zweig;
❷ *(Lucr.) (übtr.)* Keim [**virtutis**];
❸ *(Ov.)* Sprössling, Abkömmling; *(koll.)* Geschlecht, Stamm.

germinō, germināre *(germen) (poet.; nachkl.)* keimen, sprießen.

● **gerō,** gerere, gessī, gestum ❶ tragen [**sarcinas; clipeum; cuspidem; hastas; pharetram; Sisyphio labore saxa**]; **caelum omne Atlas gerens;**
❷ an sich tragen, haben, m. sich führen *(etw., was am Körper ist)* [**crines; barbam; cornua; vestem; coronam Olympiacam capite; clavam dextra manu; ornamenta; angues immixtos crinibus; vincula; iaculum;** *übtr.* **vulnera; falsum cognomen; nomen decusque** genießen]; *Part. Präs.* gerēns *auch* = mit: **ora pallidiora buxo gerens;**
❸ hintragen, herbeischaffen [**amicis argentum; procul hinc simulacra**];
❹ *(übtr.) (prae se)* offen an den Tag legen, offen zeigen, zur Schau tragen [**mores; animum altum et erectum; in rebus adversis vultum secundae fortunae**];
❺ *(v. Lebl.)* **a)** (auf sich) tragen; hervorbringen; **gerit India lucos; terra viros urbesque gerit; silva frondes gerens; arbores gesserat Oete; b)** in sich tragen, enthalten; **terra multos lacus multasque lacunas in gremio gerit;**
❻ *(übtr.)* in sich tragen, hegen, empfinden [**amicitiam** *u.* **inimicitias cum alqo; curam pro alqo; odium in alqm; animum infirmum, muliebrem**];
❼ erdulden, ertragen; **tibi sunt gerendae aerumnae;**
❽ ausführen, ausüben, verrichten, betreiben, besorgen, machen, tun [**scelus; nefas; res magnas; omnia per servos; nihil pro salute alcis**]; **Ulixis consilio haec gerunt;** – *Pass.* geschehen, vorgehen: **dum haec geruntur** während dies geschieht, unterdessen; **his re-**

G

bus gestis nachdem dies geschehen war; **quid negotii geritur?** was geht vor?; **res quemadmodum gesta sit, exponemus;**
⑨ *(Ämter)* bekleiden, ausüben [**praeturam; aedilitatem; potestatem; munus egregie**];
⑩ *(Versammlungen)* abhalten [**comitia; concilium; synodum; censum**];
⑪ lenken, leiten, verwalten, führen [**rem publicam; imperium**];
⑫ *(Krieg)* führen [**bellum; proelia** liefern];
⑬ *(Geschäfte)* machen [**suum negotium; male rem** das Vermögen schlecht verwalten];
⑭ *(sein Leben, seine Zeit)* verbringen [**vitam; aetatem; tempus; annos**];
⑮ *(Feste u. a.)* feiern [**diem festum; nuptias**];
⑯ **sē gerere** *(mit Adv. od. adv. Ausdruck)* sich betragen, sich benehmen, sich zeigen [**honeste; contumacius; liberius; excellentius** eine hervorragende Stellung einnehmen; **turpissime; pro cive** als (wie) ein Bürger; **se medium** sich neutral verhalten];
⑰ *rem* ~ **a)** eine Tat vollbringen; – *Subst.* rēs gesta Vorfall, Ereignis; *Pl.* **rēs gestae** *(selten* gesta, ōrum *n)* Taten, *bes.* Kriegstaten *(nähere Bestimmung durch Adv. od. Adj.)* [**bene, audacter; magnae, animosae, memorabiles**]; **memoria rerum gestarum populi Romani; res gestas scribere; b)** *(vom Feldherrn)* kommandieren, das Kommando führen [**eo cornu**]; **Gnaeus terrā, Publius navibus** (zur See) **rem gerit; c)** *(v. Soldaten)* kämpfen [**rem comminus** *u.* **eminus** im Nah-, Fernkampf; **gladiis**].

geronticōs *Adv. (gr. Fw.) (Suet.)* nach Greisenart, Altherrenart.

gerrae, ārum *f (gr. Fw.) (nicht klass.)* Unfug, dummes Zeug.

gerrēs, is *m (nachkl.) kleiner minderwertiger Seefisch;* **addere garo gerrem** Kostbares zu Wertlosem gesellen.

gerrō, ōnis *m (gerrae) (Kom.)* Witzbold.

gerula, ae *f (gerulus) (nachkl.)* Trägerin, *bes.* Tragbiene.

geruli-figulus, ī *m (gerulus) (Plaut.)* Helfershelfer.

gerulus, ī *m (gero) (poet.; nachkl.)* Träger; Bote [**lecticae; litterarum**].

gerūsia, ae *f (gr. Fw.)* ① Rathaus;
② *Pflegeheim f. alte, um den Staat verdiente Männer,* Altersheim.

Gēryōn, ōnis *u.* **Gēryonēs,** ae *m dreileibiger Riese auf der Insel Erythea b. Cadiz, Herkules tötete ihn u. entführte seine Rinderherden.*

Gesoriacus, ī *m (erg. portus) Hafenort in der nördl. Pikardie, später Bononia, j.* Boulogne.

gessī *Perf. v. gero.*

gesta, ōrum *n s. gero 17.*

gestāmen, minis *n (gesto) (poet.; nachkl.)* ① *das Getragene:* Last, Bürde; Schmuck; Waffen;
② Trage, Bahre [**sellae** Tragsessel; **lecticae** tragbares Sofa]; Sänfte.

gestātiō, ōnis *f (gesto) (nachkl.)* ① Ausfahrt *(das Gefahrenwerden)* [**vehiculorum** auf Gefährten]; **in gestatione disserere;**
② Spazierweg, Allee, Reit-, Fahrbahn.

gestātor, ōris *m (gesto)* ① *(nachkl.)* Träger;
② *(Mart.)* der Ausgefahrene, Reisende.

gestātōrius, a, um *(gesto) (nachkl.)* zum Tragen dienend [**sella** Sänfte].

gesticulātiō, ōnis *f (gesticulor) (nachkl.)* ausdrucksvolle Bewegung, Gebärdenspiel, Geste.

gesticulor, gesticulārī *(gestus[2]) (nachkl.)* **I.** *intr.* gestikulieren;
II. *trans.* durch Gesten, durch Gebärden ausdrücken.

gestiō[1], ōnis *f (gero)* Ausführung [**negotii**].

gestiō[2], gestīre *(gestus[2])* **I.** *intr.* ① sich freuen, jubeln, ausgelassen, übermütig sein [**otio; laetitiā**]; **laetitia gestiens** ausgelassene Freude; **animus gestiens rebus secundis;**
② *(Gell.)* Gebärden machen, gestikulieren;
II. *trans.* heftig verlangen, begehren, wünschen *(m. Akk., Inf. od. A. C. I.)* [**tibi agere gratias**].

gestitō, gestitāre *(Frequ. v. gesto)* zu tragen pflegen [**anulum; pectus purum et firmum**].

gestō, gestāre *(Intens. v. gero)* **I.** *trans.* ① tragen [**onera; regem lecticā;** *übtr.* **in sinu** *od.* **in oculis** abgöttisch lieben]; – *Pass.* sich tragen lassen, fahren, reiten;
② *(Kleidung, Schmuck, Waffen)* an sich tragen, mit sich führen [**diadema; sceptrum**];
③ *(Tac.)* herbeischaffen;
④ *(Plaut.) als Neuigkeit* hinterbringen [**crimina; verba**];
⑤ *(Sen.)* verbreiten [**vitia**];
II. *intr. (Suet.)* sich tragen *od.* fahren lassen.

gestor, ōris *m (gero)* ① *(Plaut.)* Zuträger der Nachrichten, „Plaudertasche“;
② *(August.)* Besorger, Führer [**bellorum civilium**].

gestus[1] *P. P. P. v. gero.*

gestus[2], ūs *m (gero)* ① Haltung; **gestum imitari;**
② Geste, Gebärde, Gebärdenspiel.

Getae, ārum *m (Sg.* **Geta** *u.* **Getēs,** ae *m) thrak. Reitervolk nördl. der unteren Donau;* – *Adj.* **Geticus,** a, um.

gibba, ae *f (gibbus) (Suet.)* Buckel, Höcker.

gibber *(gibbus)* **I.** *Adj.* era, erum *(vor- u. nachkl.)* buckelig, höckerig;
II. *Subst.* eris *m (nachkl.)* Buckel, Höcker.

gibberōsus, a, um *(gibber) (nachkl.)* buckelig.

gibbus I. *Subst.* ī *m (Iuv.)* Buckel, Höcker; Rundung; Geschwulst;
II. *Adj.* a, um *(nachkl.)* gewölbt.

Gigās, antis *m* Gigant, *gew. im Pl.* **Gigantēs,** tum Giganten, *schlangenfüßige Riesen, Söhne der Erde; als sie den Olymp stürmen wollten,* *wurden sie v. den Göttern besiegt; – Adj.* **Gigantēus,** a, um gigantisch, der Giganten [**bellum**]; riesig.

• **gignō,** gignere, genuī, genitum ❶ (er)zeugen, gebären *(v. Menschen u. v. Tieren)* [**ova** legen]; – *P.P.P.* genitus v. jmdm. entsprossen, jmds. Sohn, Sprössling [**(ex) matre; de sanguine nostro; Amphione; dis**];
❷ *(v. Sachen, bes. v. der Erde u. v. Pflanzen)* hervorbringen; **quae terra gignit;** – *Pass.* entstehen, wachsen; – *Subst.* gignentia, ium *n* Gewächse, Geschöpfe: **loca nuda gignentium** ohne Vegetation;
❸ verursachen, bewirken [**permotionem animorum; odium; sitim**]; – *Pass.* entstehen.

gilvus, a, um *(nicht klass.)* bräunlich gelb, blassgelb *(v. Pferden)* [**equi**].

gingiliphus, ī *m (Petr.)* Gelächter.

gingīva, ae *f* Zahnfleisch.

ginnus, ī *m (gr. Fw.) (nachkl.)* kleiner, verkrüppelter Maulesel.

gīrō, gīrāre = *gyro.*

gizēria, ōrum *n (Petr.)* Eingeweide v. Hühnern, Hühnerklein.

glabellus, a, um *(Demin. v. glaber) (nachkl.)* glatt (rasiert), unbehaart.

glaber, bra, brum *(nicht klass.)* glatt, unbehaart, kahl; – *Subst.* glabrī, ōrum *m* enthaarte Sklaven, Lustknaben.

glabraria, ae *f (glaber) (Mart.) (im scherzh. Doppelsinn v. einer Frau)* ❶ diejenige, die glatt geschorene Sklaven liebt;
❷ *(diejenige, die glatt geschoren worden ist =)* diejenige, die ihres Vermögens beraubt worden ist.

glaciālis, e *(glacies) (poet.; nachkl.)* eisig, eiskalt, Eis- [**hiems; oceanus** Eismeer].

glaciēs, ēī *f (verw. m. gelu)* ❶ Eis; *Pl.* Eisfelder;
❷ *(Lucr.) (übtr.)* Sprödigkeit, Härte [**aeris**].

glaciō, glaciāre *(glacies) (poet.; nachkl.)* zu Eis machen, in Eis verwandeln [**nives**]; *(übtr.)* **metus corda glaciat.**

• **gladiātor,** ōris *m (gladius)* ❶ Gladiator *(meist Kriegsgefangene, Sklaven od. Verbrecher, die in den Gladiatorenkämpfen auftreten mussten);*
❷ *(als Schimpfw.)* Bandit;
❸ *Pl. (meton.)* Gladiatorenkämpfe, -spiele; **gladiatores dare** *od.* **edere** veranstalten; **edendis gladiatoribus praesedit; gladiatoribus** bei den Gladiatorenkämpfen.

i Kultur **gladiātor** Fechter, Gladiator – aus etrusk. Vorzeit zuerst Schaukämpfer bei Beerdigungen, dann eine berufsmäßig, streng ausgebildete Fechtertruppe; später wurden Sklaven, Verbrecher, Christen zum Gladiatorenkampf gezwungen – auf Leben und Tod. Die Begeisterung der Römer für massenhafte Zweikämpfe in der Kaiserzeit zeigt Menschenverachtung: Die Zuschauer entschieden durch Daumenbewegungen: Gnade↑, Tod↓.

gladiātōrium, ī *n (gladiatorius)* Handgeld *f. Freie, die sich als Gladiatoren anwerben ließen.*

gladiātōrius, a, um *(gladiator)* der Gladiatoren, Gladiatoren- [**spectaculum** Kampf der Gladiatoren; **familia** Fechtergruppe; **locus** Schauplatz bei den Gladiatorenkämpfen].

gladiātūra, ae *f (gladiator) (nachkl.)* Gladiatorenkampf.

gladiolus, ī *m (Demin. v. gladius)* kleines Schwert.

• **gladius,** ī *m* ❶ *kurzes, zweischneidiges* Schwert; **-um (de)stringere** *u.* **educere** ziehen, zücken; **-um condere** einstecken; *sprichw.:* **ignem -o scrutari** „Öl ins Feuer gießen"; **plumbeo -o iugulari** m. schwachen Beweisen widerlegt werden; **suo -o iugulare** m. seinen eigenen Waffen schlagen;
❷ *(meton.)* Mord(tat); **licentia -orum; -orum impunitas;**
❸ Gladiatorenkampf; **locare ad -um; servus ad -um damnatus.**

glaeba, ae *f* ❶ Erdscholle; **-as fecundas vertere vomere;**
❷ **a)** *(meton.)* Acker, Boden; **b)** Landstrich, Gefilde;
❸ *(übtr.)* Klumpen, Stück, Stückchen [**turis; marmoris**].

glaebula, ae *f (Demin. v. glaeba)* ❶ kleine Scholle, Äckerchen;
❷ Klümpchen, Stückchen.

glaesārius, a, um *(glaesum) (Plin.)* Bernstein liefernd, Bernstein- [**insula**].

glaesum, ī *n (nachkl.)* Bernstein.

glandi-fer, fera, ferum *(glans u. fero)* Eicheln tragend [**quercus**].

glandiōnida, ae *m (Plaut.) = glandium.*

glandium, ī *n (glans) (vor- u. nachkl.)* Drüsenstück *(vom Schweinehals, als Leckerbissen).*

glandulae, ārum *f (Demin. v. glans)* ❶ *(spätl.)* Drüsen am Hals, Mandeln;
❷ *(Mart.) = glandium.*

glāns, glandis *f* ❶ Eichel;
❷ Bleikugel, Schleuderblei [**plumbea**].

glārea, ae *f* grober Sand, Kies.

glāreōsus, a, um *(glarea)* voller Kies, kiesig.

glaucōma, atis *n u. (altl.)* **glaucūma,** ae *f (gr. Fw.)* ❶ *(nachkl.) (med. t. t.)* grüner Star;
❷ *(Plaut.) (übtr.)* blauer Dunst; **-am alci ob oculos obicere** vormachen.

glaucus, a, um *(gr. Fw.) (poet.; nachkl.)* blaugrau; graugrün; leuchtend, schillernd.

G

Glaucus, ī *m böotischer Fischer, in einen wahrsagenden Meergott (halb Fisch, halb Mensch) verwandelt.*

glēba, glēbula = *glaeba, glaebula.*

glēsum = *glaesum.*

glīs, glīris *m (nicht klass.)* Haselmaus, Siebenschläfer.

glīscō, glīscere, – – ❶ aufflammen, entbrennen, aufglimmen; **ad iuvenilem libidinem copia voluptatum gliscit illa, ut ignis gliscit oleo;**
❷ allmählich zunehmen, unmerklich wachsen, anschwellen, überhand nehmen; **seditio gliscit; ventus gliscens; ~ numero; gliscentibus negotiis; invidia gliscit; accenso gliscit violentia Turno** *(Verg.)*; **gliscente in dies seditione** *(Liv.); auch v. Personen:* **singuli gliscunt** wachsen an Reichtum u. Macht.

globō, globāre *(globus) (Plin.)* runden.

globōsus, a, um *(globus)* kugelförmig, -rund [**mundus**].

globulus, ī *m (Demin. v. globus) (vor- u. nachkl.)* Kügelchen.

globus, ī *m (verw. m. glaeba)* ❶ Kugel, Ball [**terrae; solis et lunae**];
❷ *(poet.; nachkl.)* Klumpen [**nubium**];
❸ *(übtr.)* Menge, Haufen, Schar [**militum**];
❹ Verein(igung), Klub, *(pejor.)* Clique [**nobilitatis ; coniurationis**].

glomerāmen, āminis *n (glomero) (Lucr.)* zusammengeballtes Kügelchen; *Pl.* runde Atome.

glomerō, glomerāre *(glomus)* ❶ zu einem Knäuel zusammenballen, aufwickeln, ballen [**lanam in orbes**];
❷ *(übtr.)* zusammendrängen, -häufen, -scharen [**legiones in testudinem; manum** (Schar) **bello** zum Kampf]; – *se ~ u. mediopass. glomerari* sich zusammendrängen [**circum alqm**]; **collecti Troes glomerantur eodem;**
❸ *(Ov.)* dicht m. etw. vermengen [**frusta mero**];
❹ *(Verg.)* **gressūs superbos ~** stolz einhertraben.

glomus, meris *n (poet.)* Knäuel [**lanae**].

● **glōria,** ae *f* ❶ Ruhm, Ehre [**belli; doctrinae et ingenii; in re militari; posteritatis** bei der Nachwelt]; **-ae certamen** Wettstreit um Ruhm, Rang; **-am sequi; -am petere; alqm -ā afficere** jmdm. Ruhm verleihen; **-ae esse** ruhmvoll sein;
❷ *(vor- u. nachkl.) (meton.) Pl.* Ruhmestaten;
❸ *(poet.; nachkl.)* Gegenstand des Ruhmes, Zierde, Stolz *(v. Lebewesen u. Sachen)* [**frontis** stolzer Stirnschmuck]; **taurus, armenti ~;**
❹ Ruhmsucht, Ehrgeiz; **-ā duci; studio et -ā;**
❺ Prahlerei, Ruhmredigkeit.

glōriātiō, ōnis *f (glorior)* Prahlerei, Ruhmredigkeit.

glōrificātiō, ōnis *f (glorifico) (Eccl.)* Verherrlichung.

glōri-ficō, glōrificāre *(gloria u. facio) (Eccl.)* verherrlichen, preisen.

glōriola, ae *f (Demin. v. gloria)* ein bisschen Ruhm.

● **glōrior,** glōriārī *(gloria)* sich rühmen, sich brüsten, prahlen *(mit, wegen: Abl.; de; m. Akk. des Neutr. eines Pron.* [*haec; idem*]; *m. A. C. I., selten m. quod od. Inf.; bei, vor jmdm.: ad alqm); ~ in m. Abl.* seinen Ruhm in etw. setzen *od.* suchen [**in virtute**]; – glōriandus, a, um rühmenswert [**vita**].

glōriōsus, a, um *(gloria)* ❶ ruhmvoll, rühmlich [**factum; honores**];
❷ prahlerisch, ruhmredig; – Miles Gloriosus *beliebte Komödienfigur und Titel einer Komödie des Plautus;*
❸ ruhmsüchtig.

glōssa, ae *f (gr. Fw.) (spätl.)* Erläuterung, Erklärung einer Textstelle, Kommentar.

glōssārium, ī *n (gr. Fw.) (Gell.)* Glossar, *Wörterbuch zur Erklärung veralteter und fremder Wörter.*

glōssēma, atis *n (Gen. Pl.* -atum *u.* -atōrum*) (gr. Fw.) (vor- u. nachkl.) veraltetes od. fremdartiges Wort, das einer Erklärung durch ein bekanntes bedarf.*

glōssula, ae *f (spätl.)* Worterklärung.

glūbō, glūbere, (glūpsī, glūptum) *(vorkl.; poet.)* ❶ abschälen [**grana de cortice** herausschälen]; *auch:* sich abschälen, Rinde abstoßen;
❷ *(übtr.)* jmd. berauben.

glūten, tinis *n (nicht klass.)* Leim.

glūtināmentum, ī *n (glutino)* geleimte Stelle.

glūtinātor, ōris *m (glutino)* Buchbinder.

glūtinō, glūtināre *(gluten)* ❶ *(Plin.)* (zusammen)leimen [**chartas**];
❷ *(med. t. t.)* fest verheilen machen; *Pass.* sich schließen; **vulnera glutinantur.**

glūtinum, ī *n* Leim.

gluttiō, gluttīre *u.* **glūtiō,** glūtīre hinunterschlürfen, verschlingen [**epulas**].

Gnaeus, ī *m Vorname (abgekürzt Cn.).*

gnāritās, ātis *f (gnarus)* Kenntnis [**locorum**].

gnāruris, e *(altl.)* = *gnarus.*

gnārus, a, um *(vgl. (g)nosco, ignoro)* ❶ kundig, erfahren *(m. Gen.; indir. Frages.; A. C. I.)* [**loci; rei publicae; Latinae linguae**];
❷ *(nachkl.)* bekannt [**Caesari**].

gnascor = *nascor.*

Gnathō, ōnis *m Name eines Schmarotzers bei Terenz; übh.* Schmarotzer.

Gnātia, ae *f Hafenstadt in Apulien (Süditalien).*

gnātus, gnāta = *natus, nata s. nascor.*

gnāvus = *navus.*

Gnidus *s. Cnidus.*

gnōmōn, monis *m (gr. Fw.)* Zeiger der Sonnenuhr.

gnōmonica, ae *f u.* **gnōmonicē,** -ēs *f (gr.*

Fw.) (nachkl.) Herstellung v. Sonnenuhren.

gnōscō *(Kom.)* = *nosco.*

Gnōs(s)us, ī *f* Knossos, *eine der ältesten Städte Kretas, Residenz des Minos; – Einw.* **Gnōsius,** ī *m;* **– Gnōsias,** adis *u.* **Gnōsis,** idis *f* die Kreterin, Ariadne; – *Adj.* **Gnōsius** *u.* **Gnōsiacus,** a, um aus, von Gnosus, *übh.* kretisch.

gnōveris = *noveris s. nosco.*

gōbius, ī *u.* **gōbiō,** ōnis *m (gr. Fw.) (poet.; nachkl.)* Gründling *(Fisch).*

Golgī, ōrum *m ein der Venus heiliger Bezirk auf Zypern.*

Gomphī, ōrum *m Stadt in Thessalien (Nordgriechenland) am Fuß des Pindus; – Einw.* **Gomphēnsēs,** nsium *m.*

gonger = *conger.*

Gonnī, ōrum *m (auch Sg.) Stadt in Thessalien (Nordgriechenland).*

Gordium, ī *n Residenz der phrygischen Könige, ber. durch den gordischen Knoten (s. Gordius), später zu Galatien gehörend.*

Gordius, ī *m myth. König v. Großphrygien, der an seinem Wagen einen unauflösbar geknüpften Knoten hatte, v. dem die Sage ging, dass derjenige, der ihn löste, Herrscher üb. ganz Asien werden würde; Alexander d. Gr. hieb diesen Knoten m. dem Schwert durch.*

Gordiūtīchos *n (undekl.) ein kleiner Ort in Karien (Kleinasien).*

Gordyaeī, ōrum *m* Kurden; **Gordyaei montes** die Berge v. Kurdistan.

Gorgiās, ae *m* ① *griech. Sophist aus Leontini in Sizilien, Lehrer der Redekunst z. Zt. des Sokrates;*
② *Rhetor in Athen, Lehrer Ciceros.*

i Kultur **Gorgō,** Gorgonis, *selten* Gorgūs *f, meist Pl.* **Gorgones,** num drei Töchter des Phorkys (Stheno, Euryale, Medusa), schlangenhaarige, geflügelte Schreckgestalten, deren Blick in Stein verwandelte; insbesondere hieß Gorgo die allein sterbliche Medusa; Perseus schlug ihr m. Athenes Hilfe das Haupt ab; aus ihrem Blut entsprang das Flügelross Pegasus; das abgeschlagene Medusenhaupt trug Pallas Athene auf ihrem Schild od. Panzer *(dah.* Gorgo *meton.* Medusenhaupt); – *Adj.* **Gorgoneus,** a, um gorgonisch, medusisch [**equus** = Pegasus; **lacus** *die durch den Hufschlag des Pegasus entsprungene Quelle Hippocrene*].

Gorgobina, ae *f Stadt der Bojer im Gebiet der Häduer (zw. Saône und Loire).*

Gortȳni(ac)us, a, um aus der Stadt Gortȳna *(auf Kreta), auch übh.* kretisch; – *Einw. v. Gortyna:* **Gortȳniī,** ōrum *m.*

gōrȳtus, ī *m* = *corytus.*

gossypinus, ī *f,* **-um,** ī *n u.* **gossypion,** ī *n (Plin.)* Baumwollstaude.

Gotīnī, ōrum *m germ. Volk an der March.*

Gotōnēs, num *m germ. Volk an der unteren Weichsel* (Goten).

grabātus, ī *m (gr. Fw.)* niedriges Ruhebett.

i Kultur **Gracchus,** ī *m cogn. der gens Sempronia, am bekanntesten die Volkstribunen u. Brüder Tib. (getötet 133 v. Chr.) u. C. Sempronius (153–121 v. Chr.) Gracchus, Söhne des Tib. Sempronius Gracchus u. der Cornelia, der Tochter des älteren Scipio Africanus; – Adj.* **Gracchānus,** a, um gracchisch, der Gracchen.

gracili-pēs, *Gen.* pedis *(gracilis) (spätl.)* schlankfüßig.

gracilis, e ① schlank, schmal, dünn, *(pejor.)* mager, hager, dürr *(v. Personen, Tieren u. Sachen)* [**virgo; equa; comae; crura; via**];
② *(Plin.) (übtr.)* dürftig, mager [**ager**];
③ *(poet.; nachkl.) (v. der Rede u. vom Redner)* schlicht, schmucklos;
④ *(poet.)* dünn, fein, flüchtig [**umbra**].

gracilitās, ātis *f (gracilis)* ① Schlankheit, *(pejor.)* Magerkeit [**corporis**];
② *(nachkl.) (rhet.)* Einfachheit, Schlichtheit [**narrationis**].

grāculus, ī *m (poet.; nachkl.)* Dohle.

gradārius, a, um *(gradus) (nachkl.)* Schritt für Schritt gehend, im Schritt.

gradātim *Adv. (gradus)* ① Schritt für Schritt;
② stufenweise, nach u. nach [**honores assequi; ~ istuc pervenire**].

gradātiō, ōnis *f (gradus) (rhet. t. t.)* Steigerung *im Ausdruck,* Klimax.

gradātus, a, um *(gradus) (Plin.)* abgestuft.

gradior, gradī, gressus sum schreiten, (einher)gehen.

Grādīvus, ī *m (aus metr. Gründen auch -ă-) Beiname des Mars.*

● **gradus,** ūs *m (gradior)* ① Schritt; **modico, presso, citato gradu; gradum celerare; gradūs ferre** lenken; **gradum referre** zurückgehen; **gradum proferre** vorwärts gehen; **suspenso gradu** auf den Zehen; **gradum inferre** vorrücken; **gradum conferre** den Kampf beginnen; **pleno gradu** im Sturmschritt; *(übtr.)* **primus ~ capessendae rei publicae** der erste Schritt in der polit. Laufbahn; **gradum facere ex aedilitate ad censuram** den Sprung machen *(polit.)*;
② Stellung; *übtr.* Standpunkt; **stabili gradu impetum hostium excipere; alqm gradu depellere** *od.* **(de)movere, de gradu deice-**

re jmd. aus seiner Stellung verdrängen *od.* aus der Fassung bringen; **hostes gradu demoti; stare in gradu; de gradu pugnare** in fester Stellung;
❸ *(Hor.)* das Nahen; **mortis timuit gradum;**
❹ Stufe, Sprosse; *Pl.* Treppe, Leiter; **per gradus deici; in gradibus delubri stare;**
❺ *(nachkl.)* stufenförmige Sitzreihe *(im Theater),* (Zuschauer-)Tribüne [**spectaculorum**];
❻ *(übtr.)* Stufe, Stufung, Grad [**aetatis** Altersstufe; **sonorum** Tonstufe; **temporum**]; **mille argumentorum gradus; gradibus, per gradus** stufenweise; **tertio gradu heres** Erbe dritten Grades;
❼ Rang, Würde, Dienststufe, Titel [**senatorius; equester; summus; ultimus; idem**]; **ad altiorem gradum dignitatis pervenire; alqm per omnes honorum gradus efferre; eodem gradu fuit** er bekleidete dieselbe Würde.

Graecī, ōrum *m* die Griechen; *selten Sg.:* **Graecus,** ī *m* Grieche; **Graeca,** ae *f* Griechin; – *Adj.* **a) Graecus,** a, um griechisch [**mos; litterae**]; *Adv.* **Graecē** griechisch, in griechischer Sprache [**scribere; loqui; scire** griechisch sprechen können]; **Graecum,** ī *n* das Griechische, die griechische Sprache: **e Graeco in Latinum convertere; b) Graeculus,** a, um *(Demin. v. Graecus)* griechisch *(meist abschätzig od. iron.); als Subst. m* „Griechlein"; **c)** *(vor- u. nachkl.)* **Graecānicus,** a, um nach Art der Griechen [**toga**].

Graecia, ae *f* ❶ Griechenland;
❷ Großgriechenland [**magna, maior** das v. Griechen kolonisierte Unteritalien];
❸ *(meton.)* = die Griechen.

Graecigena, ae *m (Graecus u. geno) (August.)* Grieche v. Geburt.

graecissō, graecissāre *(gr. Fw.) (Plaut.)* griechische Art nachahmen.

graecor, graecārī *(Graecus) (Hor.)* auf griechische Art leben, die Griechen nachahmen.

Graecostasis, is *f (gr. Fw.)* „Griechenstand", *Halle in der Nähe der Kurie in Rom f. fremde, bes. griech. Gesandte.*

Graeculiō, ōnis *m* = *Graeculus, s. Graeci.*

Graeculus, Graecus *s. Graeci.*

Grāiī *u.* **Grāī,** ōrum *(poet. auch* Graium) *m* = *Graeci,* die Griechen *(bes. der myth. Vergangenheit);* – *Adj.* **Grāius,** a, um [**urbes; saltus**].

Grāiocelī, ōrum *m gall. Volk in den Grajischen Alpen m. der Hauptstadt Ocelum, der letzten Stadt der Provinz Gallia citerior.*

Grāiu-gena, ae *m (Graius[1] u. geno) (poet.)* Grieche v. Geburt.

Grāius[1], a, um *s. Graii.*

Grāius[2] a, um grajisch [**Alpes** die Grajischen Alpen *zw. Mont Cenis u. Aosta*].

grallātor, ōris *m (vorkl.)* Stelzenläufer.

grāma, ae *f (nicht klass.)* Augenbutter *(Absonderung aus dem Auge).*

grāmen, minis *n* ❶ Gras, *poet. auch* Rasen; *Pl.* Wiesen; **graminis herba** Grashalm;
❷ Pflanze, Kraut [**mala** Giftpflanzen]; **Arabum de gramine odores.**

grāmineus, a, um *(gramen)* ❶ aus Gras *od.* Rasen [**sedile** Rasenbank; **corona**];
❷ *(Verg.)* m. Gras bewachsen [**campus; palaestra**];
❸ aus Rohr [**hasta** aus Bambusrohr].

grammatica, ae *f u.* **-a,** ōrum *n (grammaticus)* Sprachwissenschaft, Philologie.

grammaticus *(gr. Fw.)* **I.** *Adj.* a, um *(Hor.)* sprachwissenschaftlich, grammatisch [**tribūs** die Zünfte der Grammatiker];
II. *Subst.* ī *m* Sprachwissenschaftler, Philologe.

grammatista, ae *m (gr. Fw.) (nachkl.)* Elementarlehrer.

grānārium, ī *n (granum)* Kornspeicher.

grānātim *Adv. (granum) (nachkl.)* körnerweise, Korn für Korn.

grand-aevus, a, um *(grandis u. aevum) (poet.; nachkl.)* hochbetagt.

grandēscō, grandēscere, – – *(grandis)* groß werden, wachsen.

grandiculus, a, um *(Demin. v. grandis) (Kom.)* ziemlich groß [**globi**]; ziemlich erwachsen [**virgo**].

grandi-fer, fera, ferum *(grandis u. fero)* sehr einträglich [**arationes**].

grandi-loquus *(grandis u. loquor)* **I.** *Adj.* a, um ❶ großsprecherisch;
❷ *(v. Rednern u. Dichtern)* erhaben, feierlich *im Stil;*
II. *Subst.* ī *m* Prahler, Großsprecher.

grandinat, grandināre *(grando) (Sen.)* es hagelt.

grandiō, grandīre, – – *(grandis) (vorkl.)* vergrößern.

● **grandis,** e ❶ groß [**saxum; membra**];
❷ *(poet.) (v. Getreide)* großkörnig [**hordea; seges**];
❸ herangewachsen, erwachsen [**puer; alumnus; bestia**];
❹ *(v. Alter)* vorgerückt, bejahrt, betagt *(mit u. ohne natu od. aevo);*
❺ groß, bedeutend, stark [**peditatus; pondus argenti; pecunia; aes alienum**];
❻ *(übtr.)* bedeutend, wichtig [**res; certamen**];
❼ *(rhet.)* feierlich, erhaben, großartig [**carmen; oratio; orator; Ciceronis verba; sententiae**];
❽ *(der Gesinnung nach)* erhaben, edel.

grandi-scāpius, a, um *(grandis u. scapus) (Sen.)* großstämmig [**arbores**].

granditās, ātis *f (grandis)* Großartigkeit, Erhabenheit, Feierlichkeit [**verborum**].

grandō, dinis *f* Hagel.

grangium, ī *n (mlt.)* Getreidespeicher.
Grānīcus, ī *m Fluss in Mysien (Kleinasien); Sieg Alexanders des Gr. üb. die Perser unter Darius 334 v. Chr.*
grāni-fer, fera, ferum *(granum u. fero) (Ov.)* Körner tragend [**agmen** *v. Ameisen*].
grānum, ī *n* ❶ *(poet.)* Korn, Körnchen [**hordei; salis**];
❷ Kern [**fici; piperis; uvae**];
❸ Beere.
graphiārium, ī *n (graphiarius) (Mart.)* Griffelbüchse = *theca graphiaria.*
graphiārius, a, um *(graphium) (Suet.)* zum Schreibgriffel gehörig [**theca** Griffelbüchse].
graphicē, ēs *f (gr. Fw.) (Plin.)* Zeichenkunst.
graphicus, a, um *(gr. Fw.)*
❶ malerisch; fein;
❷ *(Plaut.) (v. Personen)* leibhaftig [**mortalis; servus**].
graphis, idis *u.* idos *f (gr. Fw.)* Griffel, Zeichenstift.
graphium, ī *n (gr. Fw.) (poet.; nachkl.)* Schreibgriffel.
grassātor, ōris *m (grassor)* ❶ Wegelagerer, Straßenräuber [**nocturnus**];
❷ *(Gell.)* Müßiggänger, Vagabund;
❸ *(mlt.)* Feind, Peiniger.
grassātūra, ae *f (grassor) (nachkl.)* nächtliches Herumschwärmen, das Wegelagern.
grassor, grassārī *(Intens. v. gradior)* ❶ schreiten [**ad gloriam viā virtutis**];
❷ eifrig losgehen auf;
❸ auf etw. erpicht sein [**in possessionem agri publici**];
❹ herumschwärmen, sich herumtreiben; **iuventus grassans in Subura; per omnia clandestina scelera latrociniorum ~;**
❺ *(Petr.) (v. Straßenräubern)* herumstreichen, wegelagern;
❻ vorgehen, zu Werke gehen, verfahren [**iure, non vi; ferro** mit blutiger Gewalt vorgehen; **consilio; dolo**];
❼ *(nachkl.)* wüten; **vis grassatur.**
grātanter *Adv. (grator) (spätl.)* mit Freuden.
grātēs *f Pl. (nur Nom., Akk. u. Abl.* grātibus) *(gratus)* ❶ Dank *(bes. geg. die Götter);* **alci grates agere, dicere, referre; pro tantis his totque victoriis grates dis immortalibus agere habereque** *(Liv.)* Dank sagen u. wissen;
❷ *(Ov.)* Dankfest; **superis decernere grates.**
● **grātia,** ae *f (gratus)* ❶ Anmut, Liebreiz, Wohlgefälligkeit, Beschwingtheit, Liebenswürdigkeit, Grazie [**oris; corporis; carminis**]; – *personif., meist Pl.* **Grātiae,** ārum *f* (Χάριτες) *die drei* Grazien, Göttinnen der Anmut, *Euphrosyne, Aglaia u. Thalia, Töchter des Zeus;*
❷ Gunst *(in der man bei jmdm. steht),* Beliebtheit, Ansehen, Einfluss; **(in) -ā esse apud alqm** bei jmdm. beliebt sein; **mihi ~ est** ich bin beliebt; **-am ab alqo inire** *od.* **parĕre** sich bei jmdm. beliebt machen; **alqm in -a ponere** jmd. beliebt machen; **-am quaerere; in antiquum locum -ae restitui; quantum -ā, auctoritate, pecuniā valent; eum triumphum magis -ae quam rerum gestarum magnitudini datum constabat** *(Liv.)*;
❸ Freundschaft, Liebe, Wohlwollen; **in -am redire** *od.* **reverti cum alqo** sich wieder aussöhnen; **cum bona -a** in aller Güte; **cum mala -a** in Hass; **alcis -am sequi;**
❹ Gunst *(die man jmdm. erweist),* Gefälligkeit, Gnade, Entgegenkommen, Hilfsbereitschaft; **alci -am dicendi facere** jmdm. zu reden gestatten; – *auch* Nachsicht: **-am exercere** walten lassen; **-am petere ab alqo; alci -am delicti facere** einen Fehltritt verzeihen, nachsehen; **eis senatus belli -am fecerat;** – *Adv.* **grātiā** *(Abl.) (dem abhängigen Gen. nachgest.)* um … willen, zuliebe, wegen [**amicorum; exempli** beispielsweise; *jedoch:* **meā, tuā … -ā** meinetwegen *usw.;* **eā -ā** deswegen];
❺ Dank, Dankbarkeit, Erkenntlichkeit; **deis -am debere** schulden; **-am alcis rei ferre** davontragen; **-am referre** durch die Tat sich dankbar zeigen, Dank abstatten; **-as alci agere** (*pro re od. ob rem; de; quod od. A. C. I.)* jmdm. Dank sagen, danken; **-am (-as) alci habere** jmdm. Dank wissen, dankbar sein; **-am reddere** abtragen; **immortales ago tibi -as agamque dum vivam, nam relaturum me affirmare non possum** *(Cic.)*; **renuntiate -as regi me agere, referre -am aliam nunc non posse** *(Liv.)*; **~ deo** *(od.* **dis**) *(erg. sit)* Gott sei Dank; – *Adv.* **grātīs** *(aus* grātiīs) *(Abl. Pl.,* „für bloßen Dank") ohne Bezahlung, ohne Entgelt, unentgeltlich, umsonst;
❻ Freude, Beglückung, Wohlgefühl, Genuss, Lust; **cum omnium -a** zur Freude aller; **cum -a praetoris** zur Freude des Prätors.
Grātidius, a, um *Name einer röm. gens aus Arpinum;* Grātidia, ae *f Großmutter Ciceros;* – *Adj.* **Grātidiānus,** a, um.
grātificātiō, ōnis *f (gratificor)* ❶ Gefälligkeit;
❷ Schenkung, Landanweisung [**Sullana**].
grātificor, grātificārī *(gratus u. facio)* **I.** *intr.* willfahren, sich gefällig erweisen;
II. *trans.* etw. freudig darbringen *od.* gewähren; willig (auf)opfern [**potentiae paucorum libertatem suam**].
grātiīs = *grātīs s. gratia 5.*
gratiola, ae *f (mlt.)* Gnade.
grātiōsus *(gratia)* **I.** *Adj.* a, um ❶ in Gunst stehend, begünstigt, beliebt, angesehen [**in sua tribu; in provincia**];
❷ Gunst erweisend, gefällig, freundlich;
3. aus Gnade gegeben [**missio**];

II. *Subst.* ī *m* Günstling.

grātīs *Adv. s. gratia 5.*

grātor, grātārī *(gratus) = gratulor.*

Grattius, ī *m* Faliscus *(aus Falerii), Dichter des liber cynegeticōn (Lehrgedicht v. der Jagd), Zeitgenosse Ovids.*

grātuītus, a, um *(Adv. -ō) (gratis)* ohne Entgelt, ohne Lohn, unentgeltlich, umsonst, uneigennützig, ohne Absicht auf Gewinn [**pecunia** ohne Zinsen geliehen; **suffragia, comitia** ohne bezahlte Stimmen; **milites** Freiwillige; **amicitia; in circo loca** Freiplätze].

grātulābundus, a, um *(gratulor)* Glück wünschend.

grātulātiō, ōnis *f (gratulor)* ① (offen bekundete) Freude [**civium**];
② Glückwunsch *(zu, wegen etw.: Gen.)* [**victoriae**]; **mutua gratulatione fungi** sich gegenseitig beglückwünschen; **in sua gratulatione** am Tag seines Amtsantritts *(als man ihm Glück wünschte)*;
③ Danksagung, Dankfest; **gratulationem decernere; ~, quam tuo nomine ad omnia deorum templa fecimus.**

grātulātor, ōris *m (gratulor) (Mart.)* Gratulant.

grātulātōriē *Adv. (gratulor) (August.)* Glück wünschend.

● **grātulor,** grātulārī ① Glück wünschen *(jmdm. zu, wegen etw.: alci alqd od. de re; m. quod od. A. C. I.)* [**amico; alci recuperatam libertatem; de reditu; de victoria; de filia; de nostro statu; sibi** sich freuen, sich beglückwünschen];
② *(nicht klass.)* freudig danken [**dis immortalibus; eius iudicio** für].

● **grātus,** a, um ① *(poet.)* anmutig, lieblich, bezaubernd [**Venus; carmen; dies; loca; artes**];
② dankenswert, willkommen, erwünscht, erfreulich, beliebt, wert, lieb *(meist v. Sachen, selten v. Personen)* [**victoria; munus; conviva**]; **-um alci (alqd) facere** jmdm. (m. etw.) einen Gefallen erweisen *(gratius* einen größeren, *gratissimum* den größten Gefallen); – *Adv.* gern;
③ dankbar *(alci od. in, erga, adversus alqm)* [**homo; animus; pro beneficiis**];
④ *(poet.)* freundlich gesinnt;
⑤ *(Plin.)* ergiebig [**terrae**].

Graupius mōns *Berg in Schottland, Schlachtfeld, auf dem Agricola 84 n. Chr. die nordbritannischen Kelten besiegte.*

gravāmen, minis *n (gravo) (spätl.)* Beschwerlichkeit, drückende Last.

grāvastellus, ī *m = ravistellus.*

gravātē *u.* **gravātim** *Adv. (gravor)* ungern.

gravēdinōsus, a, um *(gravedo)* verschnupft.

gravēdō, dinis *f (gravis)* ① *(nachkl.)* Gliederschwere, Mattigkeit;
② Stockschnupfen.

graveolentia, ae *f (gravis u. oleo) (Plin.)* starker, übler Geruch, Gestank.

gravēscō, gravēscere, – – *(gravis) (poet.; nachkl.)* ① schwer werden [**fetu** v. Früchten strotzen];
② *(übtr.)* sich verschlimmern; **gravescit aerumna, malum.**

gravida, ae *f (gravidus) (Plaut.; Plin.)* die Schwangere.

graviditās, tātis *f (gravidus)* Schwangerschaft.

gravīdō[1] *(Cat.) = gravedo.*

gravidō[2], gravidāre *(gravidus)* befruchten; **terra gravidata seminibus.**

gravidus, a, um *(gravis)* ① schwanger; trächtig;
② voll, angefüllt, beladen (mit), reich, fruchtbar (an) [**nubes** regenschwer; **olivae; uber** strotzend; *(von, an etw.: Abl.)* **metallis** reich an]; **pharetra -a sagittis; -ae semine terrae; urbs bellis -a; tempestas fulminibus atque procellis -a.**

● **gravis,** e I. *(akt.)* ① schwer [**sarcina; argentum; corpora;** *übtr.* **tellus** schwerer, fetter Boden]; **cum gravius dorso (aselli) subiit onus** *(Hor.)*;
② *(übtr.)* drückend, lästig, beschwerlich, mühsam [**labor; senectus; vita; onus officii; oppugnatio; sol** drückende Hitze; **aestas** Sommerschwüle; **hiems; frigus; crimen** belastend; **morbus**];
③ schwer (zu ertragen), schlimm, hart, traurig [**fatum; casus; servitium; tyrannis; superbia; supplicium; poena; bellum; ruina; nuntius; edictum; sententia; verba**]; **habemus senatūs consultum in te, Catilina, vehemens et grave** *(Cic.)*;
④ *(v. Personen)* lästig, unangenehm [**hospes; accola**]; **senes ad ludum adulescentium descendant, ne sint iis odiosi et graves** *(Cic.)*; ~ **popularibus esse coepit** *(Liv.)*;
⑤ gewichtig, wichtig, bedeutend, wertvoll [**testis; auctor; causa; auctoritas; argumentum; civitas; oratio; defensio; supellex**]; **non tulit ullos haec civitas aut gloriā clariores aut auctoritate graviores aut humanitate politiores** *(Cic.)*; **gravius erit tuum unum verbum ad eam rem quam centum mea** *(Plaut.)*;
⑥ angesehen, (ehr)würdig, würdevoll;
⑦ *(rhet.)* nachdrücklich, energisch [**orator; poeta; oratio; laudatio**]; **vehemens et ~;**
⑧ ernst, charakterfest, besonnen, streng [**iudex; praetor; sententia; genus epistularum; senatūs consultum**]; **liber graviter scriptus;**
⑨ erhaben, feierlich, majestätisch [**numen; caerimonia**];
⑩ schwer, heftig, stark, gewaltig [**ictus; tempestas; ira; odium; curae**]; **graviter ferire hostem; graviter aegrotare; graviter amare**

alqm; cives gravissime dissentientes; graviter crepuerunt fores; graviter pertentat tremor terras; gravissime afflictae erant naves; neque is sum, qui gravissime ex vobis mortis periculo terrear *(Caes.)*;

⓫ *(v. Tönen)* tief, dumpf [**vox; sonus**]; **graviter sonare; vocem ab acutissimo sono usque ad gravissimum sonum recipiunt** *(Cic.)*;

⓬ ungesund, unzuträglich, nicht bekömmlich, gefahrvoll [**caelum** Himmelsstrich, Gegend; **locus; anni tempus; autumnus; annus pestilentiā**];

⓭ widerlich, ekelhaft, abstoßend [**odor; hircus; helleborus**];

⓮ schwerfällig;

⓯ *(v. Körperbau)* riesig, kräftig, korpulent;

II. *(pass.)* ❶ beschwert, schwer beladen; *(übtr.)* gedrückt, gebeugt [**navis spoliis; pharetrae; gemmis auroque patera; aere manus** m. Geld gefüllt; **miles armis** schwer bewaffnet; **agmen praedā; vinculis captivus; imbre nubes; fructu vites;** *übtr.* **vulnere; morbo; aetate** vom Alter gebeugt; **malis annisque; somno epulisque** betäubt v.];

❷ *(poet.; nachkl.)* vom Alter gebeugt, hochbetagt;

❸ schwanger; **Lara fit ~ geminosque parit;**

❹ *Adv.* graviter ungern; **graviter ferre** *(alqd; m. quod od. A. C. I.)*; **graviter accipere, tolerare alqd.**

Graviscae, ārum *f sumpfiger Ort in Etrurien (Toscana).*

● **gravitās,** ātis *f (gravis)* ❶ Gewicht, Schwere, Last [**oneris; armorum; rerum;** *übtr.* **annonae** hoher Preis];

❷ *(übtr.)* Belastung, Druck;

❸ *(Ov.)* Schwangerschaft;

❹ Mattigkeit, Schwere [**corporis; sensuum; capitis; aurium; soporis; senilis** Altersschwäche];

❺ Beschwerlichkeit, Widrigkeit, Unannehmlichkeit [**temporum; belli; morbi** Heftigkeit; **odoris; halitūs**];

❻ Belastung *(f. die Gesundheit)*, schädlicher Einfluss [**loci; caeli**];

❼ Härte, Strenge, Gewalt [**legum; verborum; linguae; iudiciorum**];

❽ Bedeutung, Bedeutsamkeit, (Ge-)Wichtigkeit, Einfluss [**civitatis; sententiae**];

❾ Charakterstärke, Ernst, Würde, Erhabenheit *(v. Personen u. Sachen)* [**parentis; Caesaris; oratoris; orationis; dicendi**].

gravitūdō, dinis *f (gravis)* Beschwerde, das Leiden.

gravō, gravāre *(gravis)* ❶ *(poet.; nachkl.)* beschweren, beladen, belasten [**alqm sarcinis; caput**];

❷ *(poet.; nachkl.) (übtr.)* erschweren, verschlimmern, verstärken, erhöhen [**aes alienum; invidiam matris; mala alcis; fortunam alcis**];

❸ belästigen, bedrängen, bedrücken; **labor gravat alqm; gravari iniuriis militum; officium, quod me gravat** *(Hor.)*; – *P.P.P.* gravātus re mit etw. beschwert, durch (von) etw. schwer [**vino somnoque** trunken u. schläfrig; **vulneribus** bedeckt; **telis** überschüttet; **ebrietate; cibo**].

gravor, gravārī *(gravo)* **I.** *intr. (= mediopass. v. gravo)* ❶ sich beschwert fühlen, verdrießlich sein [**militiā** nicht gern Soldat sein];

❷ Schwierigkeiten machen, sich weigern *(abs., m. Inf. od. quod)*;

II. *trans. (nachkl.)* ❶ ungern gewähren, verweigern;

❷ ungern übernehmen;

❸ ungern ertragen, jmd. *od.* etw. nicht mögen, lästig finden [**dominum; aspectum civium**]; **spem ac metum iuxta gravatus.**

gregālis *(grex)* **I.** *Adj.* e ❶ *(nachkl.)* zur Herde gehörig [**equae**];

❷ *(nachkl.)* v. gewöhnlicher Sorte [**poma; siligo**];

❸ eines gemeinen Soldaten [**amiculum; habitus** Uniform]; **gregali sagulo amictus;**

II. *Subst.* is *m* Kamerad, *(pejor.)* Spießgeselle [**Catilinae**].

gregārius *(grex)* **I.** *Adj.* a, um ❶ zur Herde gehörig;

❷ gemein [**milites** Gemeine];

II. *Subst.* ī *m (Tac.)* der gemeine Soldat.

gregātim *Adv. (grex)* haufen-, scharenweise.

● **gremium,** ī *n* ❶ Schoß; **in -o matris sedere; -o accipere alqm** auf den Schoß nehmen;

❷ *(übtr.)* Schoß *als Ort der Geborgenheit u. Sicherheit;* **abstrahi e -o patriae; in vestris pono gremiis** ich gebe es in eure Hand;

❸ das Innerste; **-um terrae mollire; medio Graeciae -o** mitten in Griechenland;

❹ *(Eccl.)* Bündel, Garbe.

gressus[1] *P. P. Akt. v. gradior.*

gressus[2]**,** ūs *m (gradior)* ❶ *(poet.)* das Schreiten, Schritt, Gang; **gressum ferre** gehen; **gressum ante ferre** vorausgehen; **gressum recipere** zurückgehen; **gressum comprimere** still stehen; **gressum inferre** hineingehen;

❷ *(Verg.)* Fahrt des Schiffes; **huc dirige gressum;**

❸ *(Gell.) Pl.* Gang *der Rede.*

● **grex,** gregis *m* ❶ Herde [**pecorum; armentorum; equarum; cervorum** Rudel; **avium** Schwarm];

❷ Schar, Gruppe, Kreis, Gesellschaft, Clique [**amicorum** Freundeskreis; **iuvenum; servorum; praedonum**]; **obsceni greges** *(von den Begleitern des Bacchus)*;

❸ *(Kom.; nachkl.)* Schauspielertruppe;

❹ *(philos.)* Sekte [**philosophorum**];

❺ *(milit.)* Schar, Trupp, Rotte; **grege facto** in

G

geschlossenem Zug;
6 *(poet.; nachkl.) (v. Lebl.)* Menge [**virgarum**].
grīphus, ī *m (gr. Fw.) (Gell.)* Rätsel.
grossus, a, um *(spätl.)* dick, grob, rau.
Grudiī, ōrum *m belg. Volk in Ostflandern.*
gruis, is *f (Phaedr.) = grus.*
grūmulus, ī *m (Demin. v. grumus)* kleiner Erdhaufe, kleiner Hügel.
grūmus (*u.* grummus), ī *m* Erdhaufe, Hügel.
grundītus, ūs *m* das Grunzen.
grunniō, grunnīre grunzen.
grūs, gruis *f u. (selten) m* Kranich.
Grȳnium, ī *n Stadt in Äolis (Westküste Kleinasiens); – Adj.* **Grȳnēus,** a, um.
grȳps, grȳpis *m (Akk. Pl.* grȳpas) *(gr. Fw.) (poet.; nachkl.)* Greif *(Fabeltier m. Löwenleib, Flügeln u. Adlerkopf).*
gubernābilis, e *(guberno) (Sen.)* lenkbar, leitbar.
gubernāculum *u. (poet. synk.)* **gubernāclum,** ī *n (guberno)* 1 Steuerruder; **navis -o parens;**
2 *(übtr.) (meist Pl.)* Lenkung, Leitung, Regierung; **ad rei publicae -a accedere.**
gubernātiō, ōnis *f (guberno)* 1 das Steuern [**navis**];
2 *(übtr.)* Lenkung, Leitung, Regierung [**civitatis**].
gubernātor, ōris *m (guberno)* 1 Steuermann; **gubernatoris ars;**
2 *(übtr.)* Lenker, Leiter.
gubernātrīx, īcis *f (gubernator)* Lenkerin, Leiterin; **ista praeclara ~ civitatum, eloquentia** *(Cic.).*
● **gubernō,** gubernāre *(gr. Fw.)* 1 das Steuerruder führen, steuern [**tranquillo mari; navem**];
2 *(übtr.)* lenken, leiten, regieren [**rem publicam; orbem terrarum**].
gubernum, ī *n = gubernaculum.*
guerra, ae *f (germ. Wort) (mlt.)* Streit, Krieg.
gula, ae *f* 1 Kehle, Schlund, Gaumen; **-am laqueo frangere** erdrosseln; **irritamenta -ae** Reizmittel des Gaumens;
2 *(meton.)* Gefräßigkeit, Schlemmerei, Genusssucht;
3 *(mlt.) Cerberi* Höllenschlund.
gulōsus, a, um *(gula) (nachkl.)* 1 gefräßig, genusssüchtig;
2 wählerisch [**lector** wählerischer Leser, literarischer Feinschmecker].
gumia, ae *m u. f* Schlemmer.
gurges, gurgitis *m* 1 reißende Strömung, Strudel, Wirbel [**rapidus**]; **rapi gurgite; sub gurgite vasto** in der Tiefe eines gewaltigen Strudels;
2 tiefes Wasser, Gewässer, Meer, Flut; **~ curvos sinuatus in arcus** bogenförmige Meeresbucht;
3 Abgrund, Schlund, Tiefe [**Stygius**];
4 *(übtr.)* Abgrund, Schlund [**libidinum**];
5 Schlemmer, Verschwender [**altissimus; patrimonii** des väterlichen Erbes].
gurgitulus, ī *m (mlt.)* Meer.
gurguliō¹, ōnis *m (gurges)* Gurgel, Luftröhre.
gurguliō², ōnis *m = curculio.*
gurgustium, ī *n (gurges)* ärmliche Wohnung, Hütte; Kneipe.
gūrus = *gyrus.*
gūstātiō, ōnis *f (gusto)* 1 das Genießen, Kosten;
2 Vorspeise.
gūstātōrium, ī *n (gusto) (nachkl.)* Essgeschirr, Schüssel.
gūstātus, ūs *m (gusto)*
1 Geschmackssinn, Geschmack; **~, qui sentire eorum, quibus vescimur, genera debet;** *(übtr.)* **verae laudis gustatum non habere** echtes Lob nicht zu würdigen wissen;
2 Geschmack *einer Sache* [**pomorum; uvae**].
gūstō, gūstāre 1 kosten, ein paar Bissen zu sich nehmen, schmecken, genießen [**aquam; gallinam; anserem**];
2 *(übtr.)* etw. zu schmecken bekommen, versuchen, erproben, kennen lernen, genießen [**amorem vitae; studia litterarum** Geschmack finden an].
gūstus, ūs *m (gusto) (nachkl.)* 1 das Kosten *einer Speise,* das Schmecken; **gustu explorare cibum; gustu libata potio;**
2 *(übtr.)* Vorgeschmack, Probe; **dare alci gustum;**
3 Vorspeise;
4 Geschmack *einer* **Sache** [**vini**];
5 Geschmackssinn.
gutta, ae *f* 1 Tropfen [**-ae lacrimarum; -ae imbrium**]; **~ cavat lapidem non vi, sed saepe cadendo;**
2 Fleck *(am Tierkörper od. an Steinen);*
3 *(Plaut.)* ein Tröpfchen, ein bisschen.
guttātim *Adv. (gutta) (vorkl.)* tropfenweise.
guttātus, a, um *(gutta) (nachkl.)* gesprenkelt [**gallinae** Perlhühner].
guttula, ae *f (Demin. v. gutta)* Tröpfchen.
guttur, gutturis *n (vorkl. auch m)* 1 Gurgel, Kehle; **guttur alci frangere** jmdm. das Genick brechen;
2 *(Iuv.)* Schlemmerei.
gūtus (*u.* guttus), ī *m (gutta) (poet.; nachkl.)* enghalsiger Krug.
Gyaros, ī *f u.* **Gyara,** ōrum *n Zykladeninsel südl. v. Andros (im Ägäischen Meer).*
Gyās *u.* **Gyēs,** ae *m ein hundertarmiger Riese.*
Gȳgēs, is *u.* ae *m König v. Lydien um 680 v. Chr., Besitzer eines Zauberrings; – Adj.* **Gȳgaeus,** a, um lydisch.
Gylippus, ī *m spartan. Feldherr, 414 v. Chr.*

auf Seiten der Syrakusaner geg. Athen stehend.

gymnasiarchus, ī *m (gr. Fw.)* Leiter einer Sportschule.

gymnasium, ī *n (gr. Fw.) öffentl.* Sportplatz *od.* Schule f. Leibesübungen, Ringschule, *auch Treffpunkt der Philosophen u. Rhetoren; übh.* Tummelplatz *der Jugend.*

gymnasticus, a, um *(gr. Fw.) (Plaut.)* gymnastisch, Turn-.

gymnicus, a, um *(gr. Fw.)* gymnastisch, Turn- [**ludi; certamen**].

gynaecēum *u.* **gynaecīum,** ī *n (gr. Fw.)* Frauenwohnung, *der innere Teil des griech. Hauses.*

gynaecōnītis, tidis *f (gr. Fw.) = gynaeceum.*

Gyndēs, is *m Nebenfluss des Tigris.*

gypsō, gypsāre *(gypsum)* vergipsen, übergipsen *(m. Gipsstaub);* **gypsatissimis manibus** *(v. Schauspielern, die Frauenrollen spielten).*

gypsum, ī *n (gr. Fw.)* ① Gips; ② *(meton.)* Gipsbild.

gȳrō, gȳrāre *(gyrus) (spätl.)* im Kreis herumdrehen.

gyrovagus, a, um *(spätl.)* umherstreifend, fahrend.

Gyrtōn, ōnis *u.* **Gyrtōnē,** ēs *f Stadt in Thessalien (Nordgriechenland).*

gȳrus, ī *m (gr. Fw.)* ① Kreis(linie), Ring, Windung; **telum volat ingenti -o;** ② Kreiswendung *(beim Reiten);* **in -os ire** *od.* **-um carpere** im Kreis laufen, traben; ③ *(poet.) (übtr. v. der Zeit)* Kreislauf, Zeitlauf; **bruma nivalem interiore diem -o trahit** *(Hor.)* im inneren, kleineren Kreis *(so dass der Tag kürzer ist).*

Gythēum, Gythīum *u.* **Gythium,** ī *n Stadt u. Hafen in Lakonien (Peloponnes), Waffenlager u. Haupthafen Spartas.*

G

H

H, h *(Abk.)* ① *= hic[1] u. seine casus obliqui;*
② *= hastata (cohors);*
③ *= heres;*
④ *= hora;*
⑤ **H. C.** *= Hispania citerior;*
⑥ **H. H.** *= heredes;*
⑦ **H. E. T.** *= heres ex testamento.*

● **habēna,** ae *f (habeo)* ① Halteriemen, Zügel *(meist Pl.);* **-as dare, effundere, immittere** schießen lassen; **-is immissis** im Galopp; **-as adducere** *od.* **premere** anziehen; *(übtr.)* **amicitiae -as adducere, remittere; classi -as immittere** m. vollen Segeln fahren; **quam potuit effusissimis -is stationem hostium invadit;**
② *(poet.)* Riemen, *bes. der Schleuder; (meton.)* Schleuder;
③ *(poet.)* Schnur der Peitsche; Peitsche, Geißel;
④ *(poet.) (übtr.) Pl.* Lenkung, Leitung, Führung [**rerum** des Staates; **populi**].

● **habeō,** habēre, habuī, habitum ① *an sich (in der Hand, am Hals usw.)* haben, halten, tragen [**iaculum manibus; tunicam; coronam in capite**];
② *(übtr.)* (fest)halten [**alqm in custodiis** gefangen halten; **milites in castris; milites in armis; urbem in obsidione, in potestate**];
③ behalten [**hereditatem; honores; alqd secum** geheim halten]; **habeant sibi arma** für sich behalten; *Ehescheidungsformel:* **coniugem suas res sibi habere iussit** er verstieß seine Frau *od.* ließ sich v. seiner Frau scheiden;
④ haben, enthalten, umfassen, zeigen, aufweisen; **ea regio montes non habet; alqs habet satis eloquentiae;**
⑤ *(v. Schriften)* etw. enthalten;
⑥ *(Versammlungen u. Ä.)* (ab)halten [**contionem; comitia; senatum; concilia**]*; übh.* etwas abhalten, veranstalten, vornehmen [**quaestionem; auspicia; censum; delectum militum; ludos**];
⑦ *(Reden)* halten, vortragen [**orationem; querimoniam; verba** sprechen; **verba cum alqo** sich unterreden, Worte an jmd. richten];
⑧ *(m. adv. Bestimmung)* jmd. behandeln [**alqm bene, male; exercitum luxuriose nimisque liberaliter; superbe; omnes nullo discrimine** alle gleich behandeln];
⑨ *(m. präd. Bestimmung)* halten für, ansehen, betrachten als, rechnen unter; *pass.* gehalten werden für, gelten als *(selten Akt. m. dopp. Akk., häufig Pass. m. dopp. Nom.);* **maximam illam voluptatem habemus; quae habuit venalia; Cato clarus atque magnus habetur;** – *andere Konstruktionen: (m. pro)* **alqm pro amico ~; alqd pro certo ~** für gewiss halten; **pro non dicto haberi** als ungesagt gelten; *(m. [in] loco od. [in] numero alcis)* **alqm (in) numero hostium ~;** *(m. in u. Abl.)* **alqm in summis ducibus ~;** *(m. Dat. des Zwecks)* **alqd honori (laudi) ~** als Ehre betrachten; **alqm ludibrio ~** jmd. zum Besten halten; **alqd voluptati ~** an etw. sein Vergnügen finden; *(m. Gen. qual.)* **alqs habetur magnae auctoritatis** gilt als ein Mann v. großem Ansehen; *(m. Gen. pretii)* **eius auctoritas magni habebatur;**
⑩ *(se) habere u. (selten) mediopass. haberi* **a)** *(v. Sachen)* sich verhalten, stehen; **res se male (ita, sic) habet** steht schlecht (so); **bene habet** es steht gut; **sic habet** so steht es; **b)** *(v. Personen)* sich befinden; **ego me bene habeo; se graviter ~** schwer krank sein;
⑪ besitzen, haben [**fundum; pecuniam; tantas divitias; uxorem; potestatem; copiam**]; **amor (cura) habendi** Habsucht; *(übtr.)* **animus habet cuncta neque ipse habetur; habentes** die Wohlhabenden;
⑫ *(poet.)* zur Frau haben; **alqam habere in matrimonio; di habuere suas sorores;**
⑬ innehaben, besetzt halten; **hostis habet muros;**
⑭ beherrschen; **Romam reges habuere; urbem Romam condidere atque habuere initio Troiani;**
⑮ bewohnen [**Capuam**]; *abs.* wohnen, sich aufhalten [**ibi**];
⑯ Besitzungen, Vermögen haben [**in Veiente agro; in nummis** Barvermögen];
⑰ *(poet.) (Vieh)* halten, züchten; **pecora habens** Viehzüchter;
⑱ *(v. Zuständen u. Ä.)* jmd. ergriffen haben, beherrschen, gefangen halten, fesseln; **omnia languor habet;**
⑲ *jmd. od. etw. in einem Zustand* (er)halten [**alqm in magno honore; alqm sollicitum** in Aufregung halten; **Numidas intentos proelio** auf den Kampf gespannt halten; **alqm suspectum** im Verdacht haben; **falsum alqm** irreführen]; – *bes. m. P.P.P. zur Hervorhebung des dauernden Zustandes:* **portas clausas ~; vectigalia redempta ~** in Pacht haben; **aciem instructam ~; alqd cognitum (notum) ~** etw. durchschaut, erkannt haben; **sibi persuasum ~** die Überzeugung haben; **omnia pericula consueta habeo** ich bin gewöhnt an;
⑳ etw. zu erdulden haben, erleiden [**vulnus; aes alienum; suspicionem adulterii** im Verdacht stehen];
㉑ etw. *od.* jmd. bei sich *od.* um sich haben, zur Seite *od.* auf seiner Seite haben [**equitatum; secum senatorem; duos servos**];
㉒ *(m. dopp. Akk.) als etw. od. zu etw.* haben, an jmdm. etw. haben [**alqm collegam; deos faciles** willfährig finden];
㉓ *(Seelenzustände)* hegen, haben, zeigen [**al-**

ci gratiam dankbar sein; **alci fidem** glauben; **spem in armis** auf Waffen setzen; **odium in equestrem ordinem**]; **res fidem habuit** fand Glauben;
㉔ *(als Eigenschaft)* an sich haben; **locus nihil religionis habet; virtus hoc habet, ut ...** hat die eigentümliche Wirkung;
㉕ etw. erwecken, verursachen [**magnam invidiam** großen Unwillen erwecken];
㉖ wissen, kennen [**nostras sententias**]; **regis matrem habemus, ignoramus patrem;** *(m. indir. Frages.)* **non habeo, quid dicam, faciam, sentiam;**
㉗ *(m. Inf.)* vermögen, können; **haec habeo dicere; de re publica nihil habeo ad te scribere;**
㉘ *(m. dem Neutr. des Gerundivs)* müssen; **habeo dicendum; cum respondendum haberent;**
㉙ *(Zeit)* zubringen, verleben [**adulescentiam; aetatem procul a re publica; vitam**].

habilis, e *(habeo)* ① leicht zu handhaben, leicht zu lenken, handlich, geschmeidig [**currus; gladius; arcus**];
② bequem;
③ passend, geeignet, tauglich *(v. Personen u. Sachen) (zu, für etw.: m. ad od. Dat.).*

habilitās, ātis *f (habilis)* geschickte Anlage, Geschicklichkeit.

habitābilis, e *(habito)* bewohnbar, wohnlich [**regiones; casae; orae**].

habitāculum, ī *n (habito) (spätl.)* Wohnplatz, Wohnung [**pastorum; leonis**].

habitātiō, ōnis *f (habito)* ① Wohnung; **sumptus habitationis;**
② *(Suet.)* Miete [**annua**].

habitātor, ōris *m (habito)* ① Bewohner, *bes.* Mieter; **tumultu habitatorum territus;**
② Einwohner [**civitatis**].

● **habitō,** habitāre *(Frequ. v. habeo)* **I.** *trans.* bewohnen [**casas; silvas**];
II. *intr.* ① wohnen [**in urbe; ruri; ad litora; apud alqm; cum alqo; bene** bequem]; **quanti habitas** wie viel Miete zahlst du?;
② sich aufhalten, heimisch sein, zu Hause sein [**in foro; in subselliis; in oculis** immer vor Augen stehen]; **mens in corde habitat;**
③ sich eifrig m. etw. beschäftigen [**in hac una ratione tractanda; in eo genere rerum**].

habitūdō, dinis *f (habeo)* Gestalt, das Äußere [**corporis**].

habituriō, habiturīre *(Desider. v. habeo) (Plaut.)* haben wollen, begehren.

● **habitus**[1], ūs *m (habeo)* ① äußere Erscheinung, Aussehen, Haltung, Gestalt [**corporis; virginis**];
② Tracht, Kleidung; **~ vestitusque;** *sprichw.:* **suo habitu vitam degere** in der eigenen Haut stecken;
③ Zustand, Lage, Beschaffenheit, Befinden, Stimmung [**locorum; maris; corporis; animae; naturae** Anlage];
④ Stimmung, Gesinnung [**provinciarum** der Provinzbewohner; **civitatis**];
⑤ Eigentümlichkeit, Eigenschaft;
⑥ *(spätl.)* **habitum (com)mutare** ins Kloster gehen.

habitus[2], a, um *(P. Adj. v. habeo) (Kom.)* beleibt, korpulent.

habrodiaetus, ī *m (gr. Fw.) (Plin.)* weichlich Lebender.

habrotonum = *abrotonum.*

hāc *Adv. (hic*[1]*; erg. parte od. viā)* auf dieser Seite, auf diesem Wege, hier; **~ atque illac** *(Ter.)* überall.

● **hāc-tenus** *Adv. (eigtl. hāc parte tenus) (auch in Tmesis)* ① *(räuml.) (poet.; nachkl.)* bis hierher, bis dahin, so weit; **hac Troiana tenus fuerit Fortuna secuta;**
② *(zeitl.)* bis jetzt;
③ *(abschließend in Rede u. Schrift)* bis hierher, bis zu diesem Punkt, so weit; **~ de amicitia dixi;**
④ *(graduell beschränkend)* bis zu dem Grade, insoweit, insofern.

Hadria *u.* **Adria,** ae ① *f* **a)** *Stadt in Picenum, j.* Atri; – *Einw. u. Adj.* **Hadriānus,** ī *m bzw.* a, um; **b)** *einst wichtiger Hafen an der Pomündung, gab dem Adriatischen Meer seinen Namen;* – *Einw.* **Hadriānus,** ī *m;* – *Adj.* **Hadriānus, Hadriāticus** *u.* **Hadriacus,** a, um [**mare**]; *abs.* **Hadriāticum,** ī *n* das Adriatische Meer;
② *m* das Adriatische Meer, die Adria.

> *i* Kultur **Hadriānus,** ī *m* P. Aelius ~, *geb. 76 n. Chr., röm. Kaiser (117–138), stammte aus Spanien. Er bereiste jahrelang fast alle römischen Provinzen. Philosoph und ein großer Verehrer der griechischen Kultur. Er ließ in Rom und Athen prächtige Bauwerke errichten. In Rom ließ er u. a. das Pantheon wiederaufbauen, sein Mausoleum (die heutige Engelsburg) bauen, bei Tivoli wurde die Villa Hadriana/Adriana errichtet. Der Hadrianswall wurde zwischen England und Schottland zum Schutz der röm. Provinz unter Hadrian angelegt.*

Hadrūmētum *s. Adrumetum.*

haedilia, ae *f (haedus) (Hor.)* Geißlein, Zicklein.

haedillus, ī *m (Demin. v. haedus) (Plaut.)* Böckchen *(als Kosewort).*

haedīnus, a, um *(haedus)* v. jungen Ziegenböcken.

Haeduī *u.* **Aeduī,** ōrum *m* die Häduer, *kelt. Volk zw. Loire u. Saône;* – *Adj.* **Haeduus,** a, um [**civitas**].

haedulus, ī *m (Demin. v. haedus) (Iuv.)* Ziegenböckchen.

haedus, ī *m* Böckchen, junger Ziegenbock; *(übtr.) Pl.* Haedī *(poet.; nachkl.) zwei Sterne im Zeichen des Fuhrmanns, deren Aufgang im Oktober den Beginn der Herbststürme anzeigte.*

Haemonia, ae *f älterer poet. Name Thessaliens; – Adj.* **Haemonius,** a, um thessalisch [**iuvenis** Jason; **puer** *od.* **heros** Achilles; **equi** die Pferde des Achilles; **puppis** die Argo; **culter** Zaubermesser *der Medea*]; – **Haemonis,** idis *f* Thessalierin.

Haemus, ī *m thrak. Name des Balkan-Gebirges.*

● **haereō,** haerēre, haesī, haesūrus ① hängen bleiben, stecken bleiben, haften, kleben *(in m. Abl.; ad; Dat.)*; **terra ima sede semper haeret; haerent parietibus scalae; navis in vado** (Untiefe) **haerebat; in equo** ~ im Sattel sitzen; **haesit in corpore ferrum; in vestigio** ~ sich nicht vom Fleck rühren; **fames utero haeret meo; in oculis** ~ immer vor Augen schweben; **in criminibus** ~ sich verfangen; **complexibus** *od.* **in complexu alcis** ~ jmd. fest umschlungen halten; ~ **in luto** im Dreck feststecken, in Schwierigkeiten stecken; **dolor animo haeret; in medullis populi Romani ac visceribus** ~; *unpers.:* **haeret in alcis mente** *od.* **alci in animo** *(m. A. C. I.)* jmd. hegt den festen Glauben; *abs.:* **hasta haeret**;
② festsitzen, verweilen, sich dauernd aufhalten [**circa muros urbis; fontibus** umlagern];
③ fest an etw. *od.* an jmdm. hängen, jmdm. auf den Fersen bleiben, nicht loskommen können von, bei etw. beharren *(in m. Abl.; apud alqm; selten m. Dat. u. Abl.)* [**in eadem sententia; in virgine;** *(feindl.)* **in tergo alcis** jmdm. auf dem Nacken sitzen; **lateri alcis** jmdm. nicht v. der Seite weichen]; **alci in animo haesit** bei jmdm. hat sich die Meinung festgesetzt;
④ *wie angewurzelt od. festgebannt* stehen bleiben, stecken bleiben, stocken; **alqs territus haeret; lingua metu haeret; vox faucibus haesit;** *sprichw.:* **hic aqua haeret** hier hapert es;
⑤ *(poet.)* stocken, aufhören; **amor haesit; Hectoris manu victoria Graiûm haesit** *(Verg.)*;
⑥ ratlos sein, schwanken [**in nominibus** nicht erraten können].

haerēscō, haerēscere, – – *(Incoh. v. haereo)* hängen-, stecken bleiben.

haeresiarcha, ae *m (spätl.)* Erzketzer.

haeresis, is *u.* eos *f (gr. Fw.)* ① Lehre, Dogma;
② Philosophenschule, Sekte;
③ *(Eccl.) v. der Kirche abweichendes* Dogma, Irrlehre; Sekte.

haereticus *(gr. Fw.) (Eccl.)* **I.** *Adj.* a, um ketzerisch;
II. *Subst.* ī *m* Ketzer.

haesī *Perf. v. haereo.*

haesitābundus, a, um *(haesito) (Plin.)* verlegen stotternd.

haesitantia, ae *f (haesito)* das Stocken [**linguae** das Stottern].

haesitātiō, ōnis *f (haesito)* ① das Stocken *beim Reden;*
② *(übtr.)* das Schwanken, Unentschlossenheit;
③ *(Plin.)* Zweifel.

haesitātor, ōris *m (haesito) (Plin.)* der Unentschlossene.

haesitō, haesitāre *(Intens. v. haereo)* ① festhängen, festsitzen, hängen bleiben, stecken bleiben [**in vadis**];
② stottern [**linguā**];
③ schwanken, zweifeln, unentschlossen, verlegen sein.

hāgētēr, tēris *m (gr. Fw.) (Plin.)* Wegweiser, Führer.

hahae, hahahae *(Kom.)* haha! *(Ausdruck der Freude).*

Halaesa, ae *f Stadt auf Sizilien; – Adj.* **Halaesīnus,** a, um.

halagora, ās *f (gr. Fw.) (Plaut.)* Salzmarkt.

halcēdō, halcyōn *s. alcedo, alcyon.*

hālēc = *allec.*

Halēs, ētis *m Fluss in Lukanien (Süditalien).*

Haliacmōn, ōnis *m Fluss in Makedonien.*

haliaeëtos (-us) *u.* **haliāetos** (-us), ī *m (gr. Fw.) (poet.; nachkl.)* Seeadler; *in einen solchen wurde Nisus v. Megara, der Vater der Scylla, verwandelt.*

Haliartus, ī *f Stadt am Südufer des Kopaissees in Böotien (Mittelgriechenland); – Einw.* **Haliartiī,** ōrum *m.*

Halicarnassus *u.* **Halicarnāsus,** ī *f Stadt in Karien (Kleinasien), j.* Bodrum, *Geburtsort der Historiker Herodot u. Dionysios sowie des Dichters Kallimachos; ber. durch das Grabmal des Mausolos, das Mausoleion; – Einw. u. Adj.* **Halicarnas(s)ēnsis,** is *m* (e), **Halicarnas(s)eûs,** eī *m* (a, um) *u.* **Halicarnas(s)ius,** ī *m* (a, um).

Halicyae, ārum *f Stadt auf Sizilien b. Lilybäum; – Einw. u. Adj.* **Halicyēnsis,** is *m bzw.* e.

hālitus, ūs *m (halo)* ① Hauch, Atem;
② Dunst, Dampf, Ausdünstung.

hallēc, hallēx[1] = *allec.*

hallex[2]**,** hallicis *m (nicht klass.)* große Zehe.

hallūcinātiō = *alucinatio.*

hālō, hālāre *(poet.)* **I.** *intr.* ① hauchen, wehen; **aurae, quae de gelidis halabant vallibus** *(Ov.)*;
② duften *(von etw.: Abl.)*; **arae sertis recentibus** (von frischen Kränzen) **halant** *(Verg.)*;

II. *trans.* aushauchen, ausdünsten [**nectar; graves sulphuris auras; vapores**].

halophanta, ae *m (im Vers auch hā-) (gr. Fw.) (Kom.) (eigtl. „Angeber derjenigen, die geg. das Verbot Salz ausführen")* Gauner, Schurke.

halōs, ō *m (Akk. -ō) (gr. Fw.) (Sen.)* Hof *um Sonne od. Mond.*

halōsis, *Akk.* -in *f (gr. Fw.) (Petr.)* Eroberung.

haltēres, rum *m (Akk.* -ēras) *(gr. Fw.) (Mart.)* Hanteln.

hālūcinor = *alucinor.*

Haluntium = *Aluntium.*

Halus, ī *f Stadt in Assyrien.*

Halys, yos *m längster Fluss Kleinasiens, j.* Kisil-Irmak.

hama, ae *f (gr. Fw.) (nachkl.)* Feuer-, Löscheimer.

hamadryas, adis *f (Dat. Pl.* -asin, *Akk. Pl.* -adas) *(gr. Fw.) (poet.)* Baumnymphe.

hāmātilis, e *(hamus) (Plaut.)* mit Angeln.

hāmātus, a, um *(hamus)* ❶ *(Ov.)* m. Haken versehen [**harundo, sagitta** Pfeil m. Widerhaken; **sentis** stacheliger Dornbusch];
❷ hakenförmig, gekrümmt [**ensis; corpora**];
❸ *(Plin.) (übtr.)* **munera -a** Köder;
❹ *(mlt.)* **lorica -a** Kettenhemd.

Hamilcar, aris *m pun. Name:* ~ Barcas (der „Blitz"), *Vater Hannibals, Feldherr der Karthager im 1. Pun. Krieg; 229 v. Chr. fiel er im Kampf.*

hāmiōta, ae *m (hamus) (vorkl.)* Angler.

Hammōn *u.* **Ammōn,** ōnis *m (ägypt. Amūn) urspr. Stadtgott v. Theben, der Hauptstadt Oberägyptens, später widderköpfiger libysch-ägypt. Orakelgott, v. den Griechen als Zeus Ammon, v. den Römern als Iuppiter Hammon verehrt;* – **Hammōniī,** ōrum *m Einw. der Oase Siwa (m. dem Heiligtum des Hammon).*

hammo-nitrum, ī *n (gr. Fw.) (Plin.)* Mischung v. Sand u. Soda.

hāmulus, ī *m (Demin. v. hamus) (Plaut.)* Häkchen [**piscarius** Angel].

hāmus, ī *m* ❶ Haken; Ringel *(des Kettenpanzers);*
❷ Angel(haken); *(meton.) (Hor.)* Köder;
❸ *(Ov.)* gekrümmter Schwertgriff;
❹ *Pl. (Ov.)* Krallen des Habichts [**curvi**];
❺ *(Ov.)* Dorn, Stachel.

> *i* Kultur **Hannibal,** balis *m pun. Name:* Sohn des Hamilkar Barkas, Feldherr der Karthager im 2. Pun. Krieg (lebte v. 247–183 v. Chr.); *appell.* = Todfeind der Römer; – „Hannibal ad portas" *röm. Schreckensruf im 2. Pun. Krieg nach der Niederlage b. Cannae 216 v. Chr.; übtr. zitiert, um drohende Gefahr anzuzeigen.*

hapalopsis, idis *f (gr. Fw.) (Plaut.) Name eines Gewürzes.*

haphē, ēs *f (gr. Fw.)* ❶ *(Mart.)* feiner Sand;
❷ *(Sen.)* Staub.

hapsis = *absis.*

hara, ae *f* (Schweine-)Stall.

harēn ... = *aren ...*

hariola (ariola), ae *f (hariolus)* Wahrsagerin.

hariolātiō (ariolātiō), ōnis *f (hariolor) (vor- u. nachkl.)* Wahrsagung.

hariolor, hariolārī (ariolor, ariolārī) ❶ wahrsagen;
❷ *(Kom.)* faseln.

hariolus (ariolus), ī *m (vgl. haru-spex)* Wahrsager.

harispex = *haruspex.*

Harmodius, ī *m einer der Mörder des Tyrannen Hipparch (514 v. Chr.); appell. (Sen.)* Tyrannenmörder.

harmonia, ae *f (gr. Fw.)* Einklang, Harmonie.

Harmonia, ae *f Tochter des Mars u. der Venus, Gemahlin des Kadmus, des Gründers v. Theben.*

harpa, ae *f (germ. Wort) (spätl.)* Harfe.

harpagō¹, harpagāre *(gr. Fw.; vgl. harpago²) (Plaut.)* rauben.

harpagō², ōnis *m (gr. Fw.)* ❶ Hakenstange *(zum Niederreißen v. Mauern);*
❷ Enterhaken;
❸ *(Plaut.) (übtr. als Schimpfw.)* Räuber.

harpastum, ī *n (gr. Fw.) (Mart.)* Fangball.

harpax, *Gen.* pagis *(Akk.* -paga) *(gr. Fw.) (Plin.)* räuberisch.

harpē, ēs *f (gr. Fw.) (poet.)* Sichelschwert.

Harpocratēs, is *m der junge Horus, Sonnengott der Ägypter; als Kind m. dem Finger im Mund dargestellt, daher v. den Römern als das „Schweigen" aufgefasst; übtr. (Cat.)* **alqm reddere Harpocratem** jmdm. Schweigen auferlegen.

Harpȳia, ae *f* Harpyie, *menschenraubendes Ungeheuer (geflügeltes weibl. Wesen).*

Harūdēs, dum *m germ. Stamm nördl. vom Bodensee.*

hārunc *(Kom.)* = *harum, s. hic¹.*

harund ... = *arund ...*

haru-spex, spicis *m* Opferschauer *(der aus den Eingeweiden der Opfertiere weissagte); übh.* Wahrsager, Seher.

haruspica, ae *f (haruspex) (Plaut.)* Wahrsagerin.

haruspicīna, ae *f (haruspicinus; erg. ars)* Opferschau.

haruspicīnus, a, um *(haruspex)* die Opferschau betreffend [**libri**].

haruspicium, ī *n (haruspex) (poet.; nachkl.)* Opferschau.

Hasdrubal, balis *m pun. Name:* ❶ *jüngerer Bruder Hannibals, Feldherr im 2. Pun. Krieg, fiel 207 v. Chr.;*
❷ *Schwiegersohn des Hamilkar Barkas.*

● **hasta,** ae *f* ① Stange, Stab, Schaft, *bes.* Lanzenschaft [**graminea** *v.* Bambusrohr; ~ **pampineis frondibus velata** Thyrsosstab];
② (Wurf-)Spieß, Speer, Lanze [**pura** Lanze ohne eiserne Spitze *(Auszeichnung f. Tapferkeit)*]; **-am iactare, dirigere in alqm, contendere;** *sprichw.:* **-am abicere** „die Flinte ins Korn werfen";
③ *(meton.)* Versteigerung *(nach der dabei aufgesteckten Lanze);* **-am ponere** die Lanze aufstecken = eine Auktion abhalten; **emptio ab -a; ad -am publicam accedere** an einer Versteigerung teilnehmen; **sub -a vendere** *od.* **-ae subicere** öffentlich versteigern; **ius -ae** Auktionsrecht;
④ ~ **recurva** *(Ov.)* Haarpfeil *(zum Ordnen des Haares der Braut).*

Hasta = *Asta.*

hastātus *(hasta)* **I.** *Adj.* a, um *(Tac.)* m. Speeren *od.* m. einem Speer bewaffnet [**Bellona; acies**];
II. *Subst.* ī *m* ① *(nachkl.)* Speerträger;
② *(meist Pl.)* die Hastaten = *Legionssoldaten des ersten Gliedes;*
③ Hastatenmanipel.

hastīle, lis *n (hasta)* ① *(poet.; nachkl.)* Stange, Stütze *der Reben;*
② (Lanzen-)Schaft;
③ *(poet.)* Wurfspieß, Speer, Lanze;
④ *(Verg.)* Ast, Zweig; **densis hastilibus horrida myrtus.**

hastiludium, ī *n (mlt.)* Turnier.

hastula = *assula.*

hau[1] = *au.*

● **haud, haut, hau**[2] *(hau: altl. u. nur vor Kons.) Adv.* nicht, nicht eben, nicht gerade *(meist steht es als Wortnegation vor Adj. u. Adv., z. B. haud magnus ≈ parvus; es wird selten als Negation vor Verben gebraucht, klass. meist nur in Verbindung m. scio:* **haud scio an** vielleicht; **haud scio an non** schwerlich).

haud-dum *Adv.* noch nicht.

haud-quāquam *Adv.* keineswegs, durchaus nicht.

● **hauriō,** haurīre, hausī, haustum ① *(Flüssigkeiten)* (heraus)schöpfen [**aquam galeā; lymphas de gurgite**];
② *(poet.)* (aus)trinken [**vinum**];
③ *(poet.) (ein gefülltes Gefäß)* leeren, austrinken [**pateram; pocula**];
④ *(poet.)* einsaugen, einatmen [**auras; suspiratūs** tief seufzen; **lucem** das Tageslicht erblicken = geboren werden];
⑤ *(poet.)* aufnehmen, (auf)sammeln [**pulverem palmis; cineres; terram** aufwerfen];
⑥ *(Blut)* vergießen [**sanguinem**];
⑦ (ent)nehmen [**alqd ex parvo; ex magno acervo**];
⑧ *(übtr.)* entnehmen, entlehnen [**ex natura legem; alqd ex vano** aus unzuverlässigen Quellen];
⑨ in die Tiefe ziehen, verschlingen; *Pass. auch* versinken; **equi gurgitibus hauriuntur;**
⑩ *(übtr.)* verzehren, verschlingen; **flamma multos hausit; miratur et haurit pectore ignes;**
⑪ entkräften, erschöpfen [**provincias** aussaugen];
⑫ *(Besitz)* durchbringen [**sua** sein Vermögen vertun; **patrias opes**];
⑬ empfinden, genießen, erdulden [**voluptates; dolorem; luctum; supplicia; spem inanem**];
⑭ *(m. den Sinnen od. m. dem Geist)* gierig in sich aufnehmen, verschlingen [**strepitum** vernehmen; **alqd cogitatione; dicta auribus; vocem**];
⑮ *(poet.; nachkl.)* verwunden, durchbohren [**pectora ferro; rostro femur adunco; latus gladio**]; *(übtr.)* **pavor haurit corda** durchdringt;
⑯ *(poet.; nachkl.)* zu Ende bringen, vollenden; **medium sol orbem hauserat** *(Verg.)* den halben Tageskreis; **vastum iter ~.**

hau-sciō = *haud scio.*

hausī *Perf. v.* haurio.

haustrum, ī *n (haurio) (Lucr.)* Schöpfrad.

haustus[1], ūs *m (haurio)* ① das (Wasser-)Schöpfen [**aquae**];
② *(jur t. t.) aquae* das Recht des Wasserschöpfens *(aus einer Quelle),* Recht der Quellenbenutzung, Schöpfrecht;
③ *(poet.) (meton.)* das Geschöpfte [**aquarum** geschöpftes Wasser; **undarum; arenae** eine Handvoll Sand];
④ *(poet.; nachkl.)* das Einatmen [**caeli** der Luft; **aetherius** ätherischer Hauch];
⑤ das Trinken; Trunk, Schluck [**aquae; veneni**].

haustus[2] *P.P.P. v.* haurio.

haut, haut … *haud, haud …*

haveō = *aveo.*

Heautontīmōrūmenos, ī *m* (ἑαυτόν τιμωρούμενος) der Selbstpeiniger *(Lustspiel des Terenz).*

hebdomada, ae *f (hebdomas) (Gell.)* ① Anzahl v. sieben [**annorum; librorum**];
② Anzahl v. sieben Tagen, Woche.

hebdomas, adis *f (Akk. Sg.* -ada) *(gr. Fw.)* der siebente (kritische) Tag *b. Krankheiten* [**quarta** der 28. Tag].

Hēbē, ēs *f (lat. Iuventas) gr. Göttin der Jugend, Tochter der Juno (Iunonia) u. des Jupiter, Mundschenkin der Götter, Gemahlin des vergöttlichten Hercules.*

heben … = *eben …*

hebeō, hebēre, – – *(hebes)* ① stumpf sein; **ferrum nunc hebet;**
② *(poet.; nachkl.) (übtr.)* träge, matt sein; **hebet homo; hebet sanguis; temporis adversi**

sic mihi sensus hebet.

hebes, *Gen.* hebetis ① stumpf [**mucro; gladius; telum**];
② *(übtr.) (v. Sinnen, Empfindungen, Geisteskräften)* stumpf, schwach [**sensus; acies oculorum; memoria**];
③ schwach, matt, träge, ungeübt, ohne Feuer *(v. Personen u. Sachen)* [~ **ad sustinendum laborem miles; exercitus; ōs** appetitlos; **adulescentia**];
④ stumpfsinnig, blöd, dumm [**homo; puer; ingenium**];
⑤ *(v. Redner)* schwerfällig, oberflächlich;
⑥ *(poet.; nachkl.) (v. Farben)* matt [**color**].

hebēscō, hebēscere, – – *(Incoh. v. hebeo)* ① stumpf, schwach werden, ermatten, erlahmen; **hebescunt sensus; hebescebant oculi; mentis acies hebescit;**
② *(v. Sternen)* erblassen.

hebetātiō, ōnis *f (hebeto) (nachkl.)* Stumpfheit, Schwäche, Abstumpfung.

hebetō, hebetāre *(hebes)* ① stumpf machen, abstumpfen [**gladios; aciem ferri**];
② *(übtr.)* schwächen, entkräften [**flammas; sidera** verdunkeln; **vires rei publicae**]; **umbrā terrae luna hebetatur.**

hebetūdō, dinis *f (hebes) (nachkl.)* Abgestumpftheit, Gefühllosigkeit.

Hebraeus, a, um *(nachkl.)* hebräisch, jüdisch.

Hebrus, ī *m Hauptfluss Thrakiens im Grenzgebiet v. Bulgarien, Griechenland, Türkei, j.* Maritza.

> *i* Kultur **Hecatē,** ēs *u.* **-a,** ae *f* Göttin der Jagd, des Fischfangs, der Hirten, der Dreiwege, Tore u. als chthonisch-dämonische Göttin der Zauberei gefürchtet, bald der Diana, bald der Proserpina gleichgesetzt, dreigestaltig od. dreiköpfig u. sechsarmig dargestellt; – *Adj.* **Hecatēius,** a, um [**carmina** Zaubersprüche], *fem. auch* **Hecatēis,** idis *u.* idos.

hecatombē, ēs *f (Akk.* -ēn) *(gr. Fw.) (vor- u. nachkl.)* Opfer v. 100 Ochsen *od. anderen Tieren; übh.* großes öffentl. Opfer, Hekatombe.

Hecatompylos, ī *f Hauptstadt v. Parthien (im heutigen Iran).*

Hecatōn, ōnis *m stoischer Philosoph.*

> *i* Kultur **Hector,** oris *m* Sohn des Priamus u. der Hekuba, Gatte der Andromache, Heerführer der Trojaner, v. Achilles im Zweikampf getötet, als Heilheros kultisch verehrt; – *Adj.* **Hectoreus,** a, um des Hektor; *auch* trojanisch.

Hecuba, ae *f Gattin des Königs Priamus v. Troja, nach dem Fall Trojas in einen Hund verwandelt; (appell.) (Mart.)* Typ der hässlichen Alten.

Hecyra, ae *f* „die Schwiegermutter" *(Lustspiel des Terenz).*

hedera, ae *f* Efeu; *Pl.* Efeuranken.

hederi-ger, gera, gerum *(hedera u. gero) (Cat.)* Efeu tragend.

hederōsus, a, um *(hedera) (Prop.)* reich an Efeu [**antrum**].

hēdychrum, ī *n (gr. Fw.)* duftende Salbe, Parfüm, Balsam.

hei, heia = *ei, eia.*

he͡ic *(altl.)* = *hic²*.

hēiul … *eiul* …

helciārius, ī *m (gr. Fw.) (Mart.)* Treidler.

> *i* Kultur **Helena,** ae *u.* **-ē,** ēs *f* Tochter des Jupiter u. der Leda, Schwester der Klytaemnestra, des Kastor u. Pollux, Gattin des Königs v. Sparta, Menelaos, wurde ihrer Schönheit wegen v. Paris nach Troja entführt; diese Entführung verursachte (im Mythos) den Trojanischen Krieg.

Helenus, ī *m Sohn des Priamus, Wahrsager.*

Hēliades, dum *f die drei Töchter des Sonnengottes Sol, Schwestern Phaëtons; sie wurden in Pappeln, ihre Tränen, die sie üb. den Tod des Bruders vergossen, in Bernstein verwandelt;* **nemus Heliadum** Pappelhain; **lacrimae Heliadum** *(Ov.)* Bernstein.

helica, ae *f (gr. Fw.)* Windung des Schneckengehäuses.

Helicē¹, ēs *f (= Arctos),* die Große Bärin, der Große Bär; *(meton.) (Sen.)* der Norden.

Helicē², ēs *f Küstenstadt (korinth. Golf) in Achaja, 372 v. Chr. durch ein Erdbeben vernichtet.*

Helicōn, ōnis *m Gebirge in Böotien, den Musen heilig, die dort einen Kult hatten; – Adj.* **Helicōnius,** a, um; – **Helicōniades,** dum *f* die Musen.

hēliocamīnus, ī *m (gr. Fw.) (Plin.)* nach der Sonnenseite gelegenes Zimmer.

Hēliopolis, is *f Stadt in Unterägypten, 12 km nordöstl. v. Kairo.*

Hēlios *u.* **-ius,** ī *m* = *Sol.*

hēliotropium, ī *n (gr. Fw.) (nachkl.)* ① Sonnenwendblume;
② Bandjaspis *(Halbedelstein).*

Helladicus, a, um *(Hellas) (nachkl.)* griechisch.

Hellas, ados *u.* adis *f* Mittelgriechenland.

Hellē, ēs *f Tochter des Athamas u. der Nephele, floh m. ihrem Bruder Phrixos auf dem Widder Merkurs m. dem goldenen Vlies vor ihrer Stiefmutter Ino nach Kolchis; Helle fiel herab*

u. ertrank in der nach ihr benannten Meerenge pontus Helles „Hellespont".
helleborōsus, a, um *(helleborus) (Plaut.)* der Nieswurz nötig hat, nicht recht bei Verstand, wahnsinnig.
helleborus, ī *m u.* **-um,** ī *n (gr. Fw.) (poet.; nachkl.)* Nieswurz *(Heilmittel geg. Wahnsinn u. Epilepsie; Brechmittel).*
Hellēspontus, ī *m* (Ἑλλήσποντος = „Meer der Helle"; *s. Helle)* Hellespont, *j.* Dardanellen; – **Hellēspontius,** ī *m Anw. des Hellespont;* – *Adj.* **Hellēsponti(ac)us,** a, um.
helluātiō, ōnis *f (helluor)* genießerisches Leben, üppiges Essen und Trinken, Schwelgerei.
helluō, ōnis *m* Genießer, Prasser [**patrimonii**].
helluor, helluārī *(helluo)* üppig leben, reichlich essen und trinken.
helops, opis *m (gr. Fw.) (nicht klass.) eine Art Stör.*
Helōrus, ī ① *m Fluss im Osten Siziliens;*
② *f Stadt an seiner Mündung;* – *Einw.* **Helōrīnī,** ōrum *m;*
/ *Adj.* **Helōrius,** a, um.
Hēlōtēs = *Hilotae.*
helvella, ae *f* Küchenkraut, Grünzeug.
Helvētiī, ōrum *m kelt. Volk zw. Jura, Genfer See, Rhône u. Rhein (Schweiz);* – *Adj.* **Helvēti(c)us,** a, um.
Helviī, ōrum *m kelt. Volk der Provincia (Provence).*
hem *Interj.* hm! ei! o!
hēmerodromus, ī *m (gr. Fw.)* „Tagläufer", Eilbote, Kurier.
hēmicillus, ī *m (gr. Fw.)* ein halber Esel *(als Schimpfw.).*
hēmicrānia, ae *f (gr. Fw.)* halbseitiger Kopfschmerz, Migräne.
hēmicyclium, ī *n (gr. Fw.)* ① Halbkreis;
② (halbrunder) Lehnsessel; (halbrunde) Gartenbank;
③ (halbkreisförmige) Sonnenuhr.
hēmīna, ae *f (gr. Fw.)* halber Sextarius, Becher, Viertelchen *(0,274 Liter).*
hēmisphaerium, ī *n (gr. Fw.) (vor- u. nachkl.)* Halbkugel, Hemisphäre.
hēmistichium, ī *n (gr. Fw.)* Halbvers.
hēmitonium, ī *n (gr. Fw.)* Halbton.
hēmitritaeus (-os) *(gr. Fw.) (nachkl.)* **I.** *Subst.* ī *m* das (2½ Tage dauernde) Wechselfieber;
II. *Adj.* a, um am Wechselfieber leidend.
hendecasyllabus, ī *m (gr. Fw.) (poet.; nachkl.)* elfsilbiger Vers, Elfsilbler.
Henetī = *Veneti.*
Hēniochī, ōrum *m Reitervolk am Kaukasus;* – *Adj.* **Hēniochus,** a, um.
Henna, ae *f Stadt auf Sizilien m. Cerestempel;* – *Einw.* **Hennēnsēs,** ium *m;* – *Adj.* **Hennēnsis,** e *u.* **Hennaeus,** a, um.
hēpatia, ōrum *n (gr. Fw.)* Leber(teilchen) *(ein Gericht).*
hēpatiārius, a, um *(hepatia) (Plaut.)* Leber- [**morbus**].
Hēphaestia, ae *f Stadt auf Lemnos (nördl. Ägäisches Meer).*
Hēphaestiō, ōnis *m Feldherr u. Freund Alexanders des Gr.*
heptēris, is *f (gr. Fw.)* Siebenruderer, Siebendecker.
hera = *era.*
Hēraclēa *u.* **-īa,** ae *f (eigtl.* „Heraklesstadt" [„Herkulesstadt"]) ① *Seestadt in Lukanien (Süditalien), Kolonie v. Tarent (Schlacht geg. Pyrrhus 280 v. Chr.);*
② ~ Minoa *an der sizil. Südküste;*
③ ~ Pontica *in Bithynien, am Südwestufer des Schwarzen Meeres;*
④ ~ Trachinia *in Phthiotis in Thessalien (Mittelgriechenland);*
⑤ ~ Sintica *am Strymon (Makedonien);*
/ *Einw.* **Hēracleōtēs,** ae *m;* / *Adj.* **Hēracleēnsis,** e.
Hēraclēum, ī *n Stadt im südl. Makedonien (Nordgriechenland).*
Hēraclīdēs, ae *m* Ponticus *aus Heraclea Pontica (etwa 399–310 v. Chr.), griech. Philosoph, Schüler des Plato u. Aristoteles.*
Hēraclītus, ī *m Philosoph aus Ephesus um 500 v. Chr.*
Hēraea[1], ae *f Stadt in Arkadien (Peloponnes).*
Hēraea[2], ōrum *n* Herafest.
● **herba,** ae *f* ① Halm, Stängel [**graminis**];
② *(Sg. u. Pl.)* Gras, Rasen; **-ā requiescere; ~ viridis; -ae tenerae;**
③ *Pl.* Weide, Anger; **armenta per -as errant;**
④ *(Sg. u. Pl.)* junge Saat [**recens; sterilis; -ae non fallaces**]; **frumenta in -is sunt; segetes primis moriuntur in -is** im ersten Halm, gleich beim Aufsprießen; **Ceres dominum primis fallebat in -is;**
⑤ Kraut, Pflanze [**palustres** Sumpfpflanzen; **veneni** Giftpflanze];
⑥ Küchenkraut; **-as condire;**
⑦ Heilkraut [**salutaris; fortis**]; **vulnus -is curare;**
⑧ *(poet.; nachkl.)* Unkraut [**mala**];
⑨ *(poet.; nachkl.)* Zauberkraut [**potens**]; **revocatus -is.**
herbāceus, a, um *(herba) (Plin.)* grasartig, -farbig, -grün.
herbānus, a, um *(herba)* Gras fressend.
herbārius *(herba) (Plin.)* **I.** *Adj.* a, um Kräuter- [**ars** Kräuterkenntnis, Botanik];
II. *Subst.* ī *m* Botaniker.
herbēscō, herbēscere *(herba)* Halme treiben, hervorsprießen; **campi herbescunt; viriditas herbescens.**
herbeus, a, um *(herba) (Plaut.)* grasgrün [**oculi** grün unterlaufen].
herbidus, a, um *(herba)* grasreich, Gras- [**lo-**

cus; mons].

herbi-fer, fera, ferum *(herba u. fero) (poet.; nachkl.)* grasreich, kräuterreich [**colles**].

herbi-gradus, a, um *(herba u. gradior) (poet.)* im Gras wandelnd *(v. der Schnecke).*

Herbita, ae *f Stadt auf Sizilien; – Einw. u. Adj.* **Herbitēnsis,** is *m bzw.* e.

herbōsus, a, um *(herba)* 1 *(vorkl.; poet.)* gras-, kräuterreich [**campus; flumen; pascua; arae** aus Rasen; **moretum** Kräuterkloß];
2 *(spätl.)* grasgrün.

herbula, ae *f (Demin. v. herba)* Kräutlein, Pflänzchen.

hercēus, a, um *(gr. Fw.) (poet.; nachkl.)* zum Vorhof gehörig: Iuppiter Herceus *als Beschützer v. Haus, Hof u. Herd (Altar im Vorhof).*

hercīscō, hercīscere, – – die Erbschaft teilen; *meist nur in der Verbindung:* **familia herciscunda** Erbschaftsteilung.

hercle *s. Hercules.*

herctum, ī *n (vgl. hercisco)* Erbgut, Erbschaft, Erbe; **-um ciere** die Erbschaft teilen.

Herculāneum, ī *n Stadt in Kampanien, 79 n. Chr. bei dem Ausbruch des Vesuv wie Pompeji v. der Lava begraben; – Adj.* **Herculānēnsis,** e *u.* **Herculāneus,** a, um.

i Kultur **Herculēs,** is *u.* ī *m* (Ἡϱακλῆς) Sohn des Jupiter u. der Alkmene, der Gattin des Amphitryon, Gatte der Deianira, vollbrachte die zwölf Arbeiten *(s. Eurystheus),* nach seinem Tod vergöttlicht u. Gemahl der Hebe; griech. Held der Tapferkeit u. Stärke, Geber des Reichtums, auch Führer der Musen *(Suet.); – Beteuerungsformeln (nur v. Männern gebraucht): hercle, herculē(s), mehercle, mehercule(s)* beim Herkules! bei Gott! wahrhaftig! fürwahr!; *– Adj.* **Herculeus,** a, um [**labor; urbs** = Herculaneum; **litora** bei Herculaneum; **hospes** = Kroton, *der den H. aufnahm;* **arbor** *die dem H. heilige* Silberpappel; **gens** die gens Fabia, *die in H. ihren Stammvater sah*].

Hercȳnia silva, ae *f u.* saltus Hercȳnius, ī *m die Mittelgebirge vom Schwarzwald (Donauquellen) bis zu den Karpaten.*

Herdonia, ae *f Stadt in Apulien (Süditalien), j.* Ordona.

here = *heri.*

hērēditārius, a, um *(hereditas)* 1 erblich, ererbt, geerbt [**agri; cognomen; regnum**];
2 erbschaftlich, Erbschafts- [**auctio; lites**].

hērēditās, ātis *f (heres)* Erbschaft; **hereditatem concedere, accipere, tradere, relinquere.**

heredito, hereditare *(Vulg.; Eccl.)* (ver)erben.

hērēdium, ī *n (heres)* Erbgut.

Herennius, a, um *Name einer röm. gens:* 1 C. ~, *Volkstribun 80 v. Chr.;*
2 ~ Senecio, *Geschichtsschreiber;*
/ *Adj.* **Herenniānus,** a, um.

● **hērēs,** hērēdis *m u. f* 1 Erbe, Erbin; **heredem alqm facere, scribere** *od.* **(testamento) instituere; alqm heredem testamento relinquere; ~ ex asse** Universalerbe; **~ ex dodrante** Dreiviertelerbe; **~ secundus** Ersatzerbe *(f. den Fall, dass der eigentliche Erbe die Erbschaft nicht antreten kann);*
2 Nachfolger [**regni; Academiae**];
3 *(Plaut.) (scherzh.)* Besitzer, Eigentümer;
4 *(poet.)* Nachwuchs [**geminus** zwei Nachwachsende *(v. den Köpfen der Hydra)*].

● **herī** *Adv.* 1 gestern;
2 kürzlich, neulich; **hodie atque heri** noch vor kurzem.

herifuga, herīlis, e = *er …*

Hermae, ārum *m* Hermessäulen, Hermen, *viereckige Pfeiler m. bärtigem Hermeskopf u. Phallus.*

Hermaeum, ī *n („Hermestempel")* 1 *Ort in Böotien;*
2 *(Suet.) Name eines Pavillons.*

Hermagorās, ae *m griech. Rhetor aus Rhodos im 2. Jahrh. v. Chr.; –* **Hermagorēī,** ōrum *m seine Schüler.*

Hermaphrodītus, ī *m Sohn des Hermes u. der Aphrodite, m. dem sich die Quellnymphe Salmakis aus Liebe zu ihm zu einem einzigen Körper vereinigt hat;* Zwitter, zweigeschlechtliches *(androgynes)* Wesen.

Hermarchus, ī *m Philosoph aus Mytilene (3. Jahrh. v. Chr.), Schüler u. Nachfolger Epikurs.*

Herm-athēna, ae *f Doppelbüste des Hermes (Merkur) u. der Athene (Minerva).*

Hermēraclēs, is *m Doppelbüste des Hermes (Merkur) u. des Heracles (Hercules).*

Herminonēs *u.* **Hermionēs,** num *m germ. Völkergruppe an der mittleren Elbe.*

Hermionē, ēs *f* 1 *Tochter des Menelaos u. der Helena;*
2 *Küstenstadt in der Argolis (Peloponnes); – Adj.* **Hermionicus,** a, um [**ager**].

Hermundūrī, ōrum *m germ. Volk in Thüringen u. Franken, zum Teil in den Thüringern u. Alemannen aufgegangen.*

Hermus, ī *m goldführender Hauptfluss Lydiens, j.* Sarabat.

hernia, ae *f* Nabel-, Leistenbruch.

Hernicī, ōrum *m Volk in Latium; – Adj.* **Hernicus,** a, um.

herniōsus, a, um *(hernia) (poet.; nachkl.)* einen Bruch habend.

Hērō, ūs *f Priesterin der Aphrodite in Sestos am Hellespont, Geliebte Leanders.*

Hērōdēs, is *m Name jüdischer Fürsten; Herodes d. Gr., als Bundesgenosse Roms König v.*

H

Judäa (37–4 v. Chr.).

i Kultur **Hērodotus,** ī *m* aus Halikarnass *(um 484–424 v. Chr.),* Begründer der griech. Geschichtsschreibung. Streben nach historischer Wahrheit. Auf ausgedehnten Reisen sammelte er historisches und ethnographisches Material. Er schrieb die Geschichte der Perser, Babylonier, Ägypter, Griechen und anderer Völker. Sein Werk hatte schon zu seiner Zeit sehr großen Erfolg.

hērōicus, a, um *(gr. Fw.)* ❶ heroisch, Helden-, mythisch [**saeculum**];
❷ *(nachkl.) (meton.)* episch [**carmen; metrum**].

hērōīnē, ēs *u.* **hērōis,** idis *f (gr. Fw.) (poet.; nachkl.)* Halbgöttin, Heroine; – *Pl.* **Hērōides** *Heroinenbriefe Ovids.*

Hērophilos, ī *m aus Chalkedon, Arzt um 290 v. Chr. in Alexandria.*

hērōs, ōis *m (gr. Fw.)* ❶ *(poet.) Held aus der vorhomerischen Zeit halb göttlicher, halb menschlicher Abkunft,* Heros, Halbgott [**Troius** = Äneas; **Laërtius** = Odysseus];
❷ *(übtr.)* ausgezeichneter Mann, Held, Ehrenmann; ~ **ille noster Cato**.

hērōus *(gr. Fw.)* **I.** *Adj.* a, um heroisch, episch [**labores; carmen** Epos; **versus** epischer Vers, Hexameter];
II. *Subst.* ī *m (nachkl.)* epischer Vers, Hexameter.

Hersilia, ae *f Gemahlin des Romulus.*

herus, ī *m = erus.*

i Kultur **Hēsiodus,** ī *m* epischer Dichter aus Askra (Ascraeus) in Böotien (Griechenland) um 700 v. Chr. Er verfasste das Epos „Theogonie" (eine mythologische Welterklärung) und das Lehrgedicht „erga kai hämẹrai/Werke und Tage". Themen der „Theogonie" sind die Weltentstehung und der Ursprung der Götter. Die „Werke und Tage" haben das Verhalten und die Arbeit des Menschen zum Thema, auch persönliche Probleme werden dargestellt, Lebensregeln und Anweisungen für den Landbau werden angeführt. – *Adj.* **Hēsiodēus,** a, um.

Hēsionē, ēs *u.* **-a,** ae *f Tochter des trojan. Königs Laomedon, Gattin des Telamon, v. Herkules vor einem Seeungeheuer gerettet.*

Hesperus, ī *m* Abendstern; – *Adj.* **Hesperius,** a, um, *fem. auch* **Hesperis,** idis abendländisch, westlich; *(aus griech. Sicht)* italisch [**terra** Latium]; *(aus röm. Sicht)* spanisch, westafrikanisch; – **Hesperia,** ae *f (erg. terra) (poet.)* Abendland *(Italien, Spanien, Westafrika);* – **Hesperides,** dum *f* die Hesperiden, *Töchter der Nacht od. des Atlas u. der Hesperia, die auf einer Insel im fernen Westen in der Nähe des Atlasgebirges den Baum m. den goldenen Äpfeln (Hesperidum mala) bewachten, die Herkules raubte.*

hesternus, a, um *(vgl. heri)* gestrig; **-o sermone;** – *Adv.* hesternō *(erg. die)* gestern (= *heri).*

hetaeria, ae *f (gr. Fw.) (nachkl.)* Genossenschaft, Verein.

hetaericē, ēs *f (gr. Fw.* „Kameradschaft") Reiterei *aus vollbürtigen Makedonen.*

heū *Interj. (der Verwunderung, des Schmerzes u. der Klage)* ach! weh! o!; **heu me miserum** ich Unglücklicher!; **heu miser** Unglücklicher!

heureta *u.* **-ēs,** ae *m (gr. Fw.) (Plaut.)* Erfinder.

heūs *Interj.* he! holla! höre!

hexaclīnon, ī *n (gr. Fw.) (Mart.)* sechssitziges Sofa.

hexameter *(gr. Fw.) (metr. t. t.)* **I.** *Adj.* tra, trum sechsfüßig [**versus**];
II. *Subst.* trī *m (nachkl.)* sechsfüßiger Vers, Hexameter.

hexaphorum, ī *n (gr. Fw.) (Mart.)* v. sechs Männern getragene Sänfte.

hexapylon, ī *n (gr. Fw.)* Tor m. sechs Durchgängen *in Syrakus.*

hexēris, is *f (gr. Fw.)* sechsruderige Galeere, Sechsruderer, Sechsdecker.

hiātus, ūs *m (hio)* ❶ Öffnung, Kluft, Schlund [**terrarum**];
❷ offener Mund; Rachen; **auras captare hiatu;**
❸ *(meton.) (rhet. t. t.)* Hiat, *Zusammentreffen zweier Vokale;*
❹ *(nachkl.)* Gier *(m. Gen.)* [**praemiorum**];
❺ *(poet.)* Aufschneiderei, Großsprecherei.

Hibēria, ae *f* ❶ Land der Iberer *(des Volkes am Ebro); übh.* Spanien; – *Einw.* **Hibēr,** ēris *u.* **Hibērus,** ī *m* Iberer, Spanier; – *Adj.* **Hibērus** *u.* **Hibēricus,** a, um iberisch, spanisch; – **Hibērus,** ī *m* der Ebro;
❷ *Landschaft südl. vom Kaukasus; – Einw.* **Hibērus,** ī *m.*

● **hīberna,** ōrum *n (hibernus)* ❶ *(erg. castra)* Winterlager, -quartier; **exercitum in -is collocare; cohortes in -a mittere;**
❷ *(meton.)* Aufenthalt im Winterlager;
❸ Wintermagazine;
❹ *(poet.)* Winter(zeit).

hībernāculum, ī *n (hiberno)* ❶ *(nachkl.)* Winterzelt, -wohnung;
❷ *Pl.* Winterlager, -quartier.

Hibernia, ae *f* Irland.

hībernō, hībernāre *(hibernus)* überwintern; **naves in sicco hibernant;** – *(als milit. t. t.)* in Winterquartieren liegen.

hībernum, ī *n (hibernus)* Winterzeit.

● **hībernus,** a, um *(vgl. hiems)* ① winterlich, Winter- [**tempus; mensis; annus** Winterzeit; **legio** in Winterquartieren liegend; **tunica**]; ② *(poet.)* stürmisch, rau, kalt [**mare; ventus; nox**].

Hibērus *s. Hiberia.*

hibiscum, ī *n (gr. Fw.) (poet.; nachkl.)* Eibisch.

hibrida = *hybrida.*

● **hic**[1]**, haec, hoc** *(im Vers auch hĭc, hŏc) Demonstrativpron.* dieser, diese, dieses *(bezieht sich auf eine dem Sprechenden räumlich, zeitlich od. vorstellungsmäßig nächststehende Person od. Sache):* ① *(räuml.)* dieser hier, mein, unser; **hic liber** dieses (mein) Buch; **haec urbs** unsere Stadt (hier);
② *(zeitl.)* gegenwärtig, jetzig, heutig; **hic dies; hāc annonā** bei der gegenwärtigen Teuerung; **haec** (die jetzigen Zustände) **talia sunt; hi mores; his temporibus** in unserer Zeit, in heutiger Zeit; – *auf die gerade vergangene Zeit bezogen:* **per hos annos** in den letzten Jahren; **hoc triduo** in den letzten drei Tagen;
③ vorliegend, uns beschäftigend [**haec causa**];
④ der eben erwähnte;
⑤ der folgende;
⑥ *bei Subst. statt eines Gen. (meist eines Gen. obi.);* **hic dolor** der Schmerz darüber; **hic timor** die Furcht davor;
⑦ **hic … ille …** **a)** der eine … der andere *(poet. auch hic … hic);* **b)** *(in Beziehung auf zwei vorher genannte Gegenstände)* dieser … jener, der letztere … der erstere; *selten bezieht sich hic auf den zuerst genannten Gegenstand, u. zwar nur dann, wenn derselbe dem Redenden nähersteht, z. B. cave Catoni anteponas Socratem, h u i u s enim facta, i l l i u s dicta laudantur;*
⑧ ein derartiger, ein solcher;
⑨ *Neutr.* **hoc** *(Nom. od. Akk.)* **a)** (nur) so viel; **hoc constat** *od.* **certum est; b)** *m. Gen. part.:* **hoc honoris** dieser Grad v. Ehre; **hoc terrae** dieses Stück Land; **c)** **hoc est** das heißt; **honor amplissimus, hoc est consulatus;**
⑩ *Neutr.* **hōc** *(Abl.)* **a)** *(als Abl. mensurae beim Komp.)* desto, um so *(stärker als eo);* **hoc maior; quo … hoc** je … desto; **b)** *(als Abl. instrumentalis)* dadurch; *(als Abl. causae)* deshalb, deswegen *(m. folg. quod);*
⑪ **hōc** *Adv.* = *huc;*
/ das am Ende vieler Formen stehende -c ist Rest der Hinweissilbe -ce, die „hier" bedeutet; die volle Hinweissilbe ist gelegentlich b. den auf -s ausgehenden Formen zu finden, z. B. huiusce = huius, hisce = his, hosce = hos; / altl. Formen: Nom. Pl. m hīsce, f haec; Gen. Pl. hōrunc, hārunc; Dat. hībus; / verstärkt fragend: hīcine, haecine, hōcine.

● **hīc**[2] *Adv. (altl. heic; urspr. Lok. v. hic*[1]*)* ① *(räuml.)* hier, an diesem Ort; **hic ante aedes;**
② *(zeitl.)* jetzt, da (nun), hierauf; **hic regina poposcit pateram** *(Verg.);*
③ *(übtr.)* hierbei, bei dieser Gelegenheit, unter solchen Umständen;
④ *(spätl.)* hier auf Erden.

hice, haece, hoce *verstärktes hic*[1]*.*

hīcine, haecine, hōcine *(interr.)* = *hic*[1] *u. -ne*[3]*, s. hic*[1]*.*

hiemālis, e *(hiems)* ① winterlich, Winter- [**tempus; vis** Winterkälte]; **amnis nimbis hiemalibus auctus;**
② stürmisch; dem Sturm ausgesetzt [**navigatio**].

hiemātus, a, um *(mlt.)* winterlich.

● **hiemō,** hiemāre *(hiems)* **I.** *intr.* ① *(poet.; nachkl.)* überwintern [**in urbe**];
② *(milit.)* Winterquartiere beziehen, im Winterquartier liegen;
③ *(poet.; nachkl.)* stürmisch sein; **mare hiemat;**
II. *trans. (Plin.)* gefrieren lassen [**aquas**]; **hiematur lacus** friert zu.

hiemps *s. hiems.*

Hiempsal, alis *m* ① *Sohn des Königs Micipsa in Numidien, Enkel des Masinissa, auf Befehl Jugurthas 117 v. Chr. ermordet;*
② *König v. Numidien, Freund des Pompeius, schrieb eine numidische Geschichte in pun. Sprache.*

● **hiems,** hiemis *f (auch* hiemps*)* ① Winter [**tristis**]; **hiemem castris agere** überwintern;
② *(poet.) (meton.)* Kälte, Frost [**letalis** Todesschauer]; **hiemem et aestatem pati** Kälte u. Hitze;
③ *(Ov.) (übtr.)* das Erkalten [**amoris**];
④ Sturm, Unwetter, Gewitter, Regen(wetter) [**intonata** v. Donner begleitet]; **saevit ~;** – *personif. (poet.)* **Hiems** *Gott der Stürme u. Gewitter;*
⑤ *(poet.)* Jahr; **plures hiemes; ultima ~.**

hierāticus, a, um *(gr. Fw.) (Plin.)* heilig, zum religiösen Gebrauch [**charta**].

Hiericūs, ūntis *f* Jericho.

Hierō *u.* **Hierōn,** ōnis *m Könige v. Syrakus:*
① ~ I., *478–466 v. Chr.;*
② ~ II., *269–215 v. Chr.; – Adj.* **Hierōnicus,** a, um.

Hierocaesarēa, ae *f Stadt in Lydien (Kleinasien); – Einw.* **Hierocaesariēnsis,** is *m.*

Hieroclēs, is *m griech. Rhetor, Zeitgenosse Ciceros.*

hieronīcae, ārum *m (gr. Fw.) (Suet.)* die Sieger in den heiligen Festspielen.

Hierosolyma, ōrum *n* Jerusalem; – *Adj.* **Hierosolymitānus,** a, um; – **Hierosolymārius** *scherzh. Beiname des Pompeius* = Held v. Jerusalem *(weil sich Pompeius viel auf seine asiatischen Eroberungen einbildete).*

hietō, hietāre *(Intens. v. hio) (Plaut.)* den

H

Mund aufsperren, gähnen.

hilarēscō, hilarēscere *(hilarus)* **I.** *intr.* heiter, fröhlich werden;

II. *trans. (August.)* auf-, erheitern.

hilariculus, a, um *(Demin. v. hilarus) (Sen.)* ziemlich heiter [**vultus**].

hilaris, e = *hilarus.*

hilaritās, tātis *u. (Plaut.)* **-tūdō,** dinis *f (hilarus)* Heiterkeit, Fröhlichkeit.

hilarō, hilarāre *(hilarus)* auf-, erheitern.

hilarulus, a, um *(Demin. v. hilarus)* recht heiter.

hilarus, a, um *(gr. Fw.)* heiter, fröhlich [**homo; animus; vita**].

hīlla, ae *f (Hor.)* Würstchen.

Hīlōtae, ārum *m* Heloten, Staatssklaven der Spartaner, *Abkömmlinge der ursprünglichen Landesbewohner.*

hīlum, ī *n (vorkl.; = filum)* Fäserchen; *(übtr. meist m. einer Negation)* etw. Geringes, Kleinigkeit: **non proficit hilum** es nützt nicht das Geringste.

Hilur ... = *Illyr* ...

Himella, ae *f Bach im Sabinerland b. Reate (nördl. von Rom).*

Hīmera, ae ① *m Name zweier Flüsse in Sizilien;*

② *f Stadt an der Nordküste Siziliens am nördl. Himera (bei Ov. auch Hīmera, ōrum n).*

● **hinc** *Adv.* ① *(räuml.)* von hier (aus), von dieser Stelle; ~ **a nobis profecti in caelum;**

② *(zeitl.) (poet.; nachkl.)* **a)** von jetzt an, von nun an; **b)** dann, darauf; **hinc anni labor** hier beginnt ... ;

③ *(übtr.)* daher, infolgedessen; ~ **illae lacrimae;**

④ hier, auf dieser Seite *(bes. in Verbindung m. illinc);* **hinc ... illinc** *od.* **hinc ... hinc** hier ... dort, auf dieser Seite ... auf jener Seite: **hinc pudicitia pugnat, illinc stuprum; hinc atque illinc** *od.* **hinc illincque** auf beiden Seiten.

hinniō, hinnīre wiehern.

hinnītus, ūs *m (hinnio)* das Wiehern *(auch Pl.);* **hinnitum tollere, edere, effundere.**

hinnuleus *u.* **hīnuleus,** ī *m (gr. Fw.)* ① *(poet.; nachkl.) männl.* Hirschkalb, junger Rehbock;

② *(vorkl.)* Mauleselfohlen.

hinnulus, ī *m (Demin. v. hinnus) (nachkl.)* junger Maulesel.

hinnus, ī *m (gr. Fw.) (vorkl.)* Maulesel.

hīnuleus *s. hinnuleus.*

hiō, hiāre **I.** *intr.* ① klaffen, offen stehen; **concha hians; flos hiat;**

② *(poet.; nachkl.) (v. Menschen u. Tieren)* den Mund (den Rachen) auftun, gähnen, den Schnabel aufsperren;

③ *(poet.; nachkl.)* gaffen, staunen *(über: ad);* **vulgus ad magnitudinem praemiorum hiabat** *(Tac.);*

④ nach etw. lechzen, schnappen; gierig trachten; **emptor, corvus hians** gierig;

⑤ *(v. der Rede)* zusammenhanglos, lückenhaft sein; **hians compositio** lückenhafter Aufbau; **hiantia loqui;**

⑥ *(nachkl.)* den Hiat zulassen; **oratio hiat;** ~ **semper vocalibus;**

II. *trans. (poet.)* m. geöffnetem Mund hervorbringen, ertönen lassen, hervorhauchen, vortragen [**fabulam; carmen**].

hippagōgoe *(Nom. Pl.),* ōn *f (Akk. -ūs) (gr. Fw.)* Transportschiffe für Pferde.

Hipparchus, ī *m* ① *Tyrann v. Athen, 514 v. Chr. v. Harmodius u. Aristogiton ermordet;*

② *griech. Mathematiker u. Astronom (2. Jahrh. v. Chr.).*

Hippō, ōnis *m* ① ~ regius *Stadt in Numidien, j. Ruinen bei Bone, Algerien;*

② ~ diarrhytus *Stadt in Afrika bei Utika, j.* Biserta; – *Adj.* **Hippōnēnsis,** e;

③ *Stadt in Spanien, j.* Yepes.

hippocampus, ī *m (gr. Fw.) (Plin.)* Seepferdchen.

hippocentaurus, ī *m (gr. Fw.)* Kentaur *(Fabelwesen, halb Mensch, halb Pferd).*

i Kultur **Hippocratēs,** is *m* griech. Arzt aus Kos *(um 460–370 v. Chr.),* berühmtester Arzt des Altertums.

Hippocrēnē, ēs *f* (ἵππου κρήνη, *eigtl.* „Rossquelle", *nämlich des Pegasus) Musenquell am Helikon, der durch Hufschlag des Pegasus entstanden sein soll.*

Hippodamē, ēs *u.* **Hippodamīa** *u.* **-ēa,** ae *f* ① *Tochter des Oenomaus, des Königs v. Pisa in Elis (Peloponnes), Gattin des Pelops;*

② *Gattin des Pirithous.*

hippodamus, ī *m (gr. Fw.) (Mart.)* Rossebändiger; Reiter.

hippodromos *u.* **-us,** ī *m (gr. Fw.) (vor- u. nachkl.)* Rennbahn.

Hippolytē, ēs *f* ① *Königin der Amazonen, Gattin des Theseus, Mutter des Hippolytus;*

② *Gattin des thessalischen Königs Akastus.*

Hippolytus, ī *m Sohn des Theseus u. der Hippolyte; als er die Liebe seiner Stiefmutter Phaedra zurückgewiesen hatte, verleumdete sie ihn in einem Brief an Theseus, H. habe ihrer Ehre nachgestellt; Theseus bat Poseidon, H. zu strafen; Poseidon ließ die Rosse des H. scheuen, so dass er v. seinen eigenen Rossen zu Tode geschleift wurde; er wurde aber auf Bitten Dianas v. Aesculapius wieder zum Leben erweckt u. v. Diana nach Latium gebracht, wo er als Gott Virbius in ihrem Hain b. Aricia verehrt wurde.*

hippomanes, is *n (gr. Fw.) (poet.; nachkl.)*

① Brunstschleim der Stuten;
② Auswuchs *auf der Stirn neugeborener Füllen.*

Hippōnax, actis *m aus Ephesus, Verf. v. Spottgedichten (2. Hälfte des 6. Jahrhs. v. Chr.), Erfinder des Hinkjambus; – Adj.* **Hippōnactēus,** a, um beißend, Spott-; – **Hippōnactēī,** ōrum *m* Hinkjamben.

hippopērae, ārum *f (gr. Fw.) (Sen.)* Packsattel *eines Reiters.*

Hippopodes, dum *m „Pferdefüßler", sagenh. Volk im Norden.*

hippopotamus, ī *m (gr. Fw.)* Flusspferd, Nilpferd.

hippotoxota, ae *m (gr. Fw.)* berittener Bogenschütze.

hippūrus *u.* **-os,** ī *m (gr. Fw.) (poet.; nachkl.) ein Fisch (viell. Goldkarpfen).*

hīra, ae *f (vgl. hernia, haruspex)* leerer Darm; *Pl.* Eingeweide.

hircaritia, ae *f (mlt.)* Bockherde, -haltung.

hircīnus, a, um *(hircus)* ① vom Bock, Bocks-;
② wie ein Bock stinkend [**alae**].

hirci-pēs, pedis *m (hircus)* der Bocksfüßige *(v. Pan).*

hirco-salius, ī *m (hircus u. salio) (Plaut.)* springender Bock.

hircōsī, ōrum *m (hircosus)* Stinkböcke.

hircōsus, a, um *(hircus) (poet.)* wie ein Bock stinkend.

hircuōsus, a, um *(hircus) (spätl.)* bocksartig [**deus** *(v. Pan)*].

hircus, ī *m (nicht klass.)* Ziegenbock; *(meton.)* Bocksgestank; *(übtr., als Schimpfw.)* Stinkbock; geiler Bock.

hirnea, ae *f (Plaut.)* Krug.

Hirpīnī, ōrum *m Volksstamm im südl. Samnium (westl. von Neapel); – Adj.* **Hirpīnus,** a, um.

hirqu ... = *hirc ...*

hirsūtus, a, um ① stachelig [**castaneae; frondes**];
② rau, struppig, borstig [**comae; barba; canis; ora** bärtig; **Getae**];
③ *(poet.; nachkl.)* roh, ungebildet, streng.

Hirtius, a, um *röm. nomen gentile:* A. ~, *Legat Cäsars, fiel als Konsul 43 v. Chr. im siegreichen Kampf geg. Antonius b. Mutina; er ist Verfasser des 8. Buches v. Cäsars Bellum Gallicum; – Adj.* **Hirtiānus** *u.* **Hirtīnus,** a, um.

hirtus, a, um = *hirsutus.*

hirūdō, dinis *f* ① *(nicht klass.)* Blutegel;
② *(übtr.)* Blutsauger [**aerarii**]; **non missura cutem, nisi plena cruoris, ~.**

hirundinīnus, a, um *(hirundo)* Schwalben- [**nidus**].

hirundō, dinis *f* Schwalbe.

hīsce *altl. Nom. Pl. m v. hic*[1].

hīscō, hīscere, – – *(Incoh. v. hio)* **I.** *intr.* ① *(poet.)* sich auftun, sich öffnen; **aedes hiscunt;**
② den Mund auftun, mucksen, einen Laut von sich geben; **respondebisne aut omnino ~ audebis?** *(Cic.)*;
II. *trans. (poet.)* sagen, vorbringen, besingen, hauchen [**reges et regum facta**].

Hispalis, is *f Stadt in Südwestspanien, j.* Sevilla; – *Einw.* **Hispaliēnsēs,** nsium *m.*

Hispānia, ae *f* Spanien *(Pyrenäen-Halbinsel), geteilt in H. citerior (od. Tarraconensis) u. ulterior (Lusitania et Baetica), wobei der Ebro die Grenze bildete; Pl.* Hispaniae: die beiden spanischen Provinzen; – *Einw.* **Hispānus,** ī *m* Spanier; – *Adj.* **a) Hispān(ic)us,** a, um spanisch [**populi; gladius**]; **b) Hispāniēnsis,** e mit Spanien zusammenhängend, in Spanien sich aufhaltend, in Spanien befindlich, in Spanien vorgefallen [**legatus** röm. Legat in Spanien; **iter** nach Spanien; **exercitus** röm. Heer in Spanien].

Hispellātēs, tium *m Einw. v. Hispellum in Umbrien (nördl. von Rom).*

hispidus, a, um *(poet.; nachkl.)* rau, struppig, borstig [**facies; frons; sus**].

Hister (Ister), trī *m* Unterlauf der Donau.

● **historia,** ae *f (gr. Fw.)* ① Forschung, Untersuchung; **in omni -a curiosus;**
② Kenntnis, Wissen;
③ Erzählung, Bericht;
④ *(poet.) (meton.)* Gegenstand der Erzählung [**nobilis** Stadtgespräch];
⑤ Geschichte, Geschichtsforschung, -schreibung; **fides -ae** historische Wahrheit;
⑥ Geschichtswerk;
⑦ Sage;
⑧ *(meist Pl.)* Anekdote, Erzählung.

historiālis, e *(historia) (spätl.)* geschichtlich.

historicus *(gr. Fw.)* **I.** *Adj.* a, um geschichtlich;
II. *Subst.* ī *m* Geschichtsforscher, -schreiber.

historiographus, ī *m (gr. Fw.) (nachkl.)* Geschichtsschreiber.

Histria (Istria), ae *f* Istrien, *Halbinsel im Adriatischen Meer, – Einw.* **Histrī** *u.* **Histriānī,** ōrum *m; – Adj.* **Histricus,** a, um.

histricus, a, um *(histrio) (Plaut.)* zu den Schauspielern gehörig, Theater- [**imperator** Theaterdirektor; **imperium** Theaterdirektion].

histriō, ōnis *m* ① Schauspieler [**aulae** *od.* **aulicus** Hofschauspieler]; **ex pessimo histrione bonum comoedum fieri; histriones** (tragische Schauspieler) **et comoedi;**
② Gaukler, Spielmann, Possenreißer.

histriōnālis, e *(histrio) (Tac.)* Schauspieler-.

histriōnia, ae *f (histrio) (vor- u. nachkl.)* Schauspielkunst.

hiulcō, hiulcāre *(hiulcus) (Cat.)* spalten [**agros**].

hiulcus, a, um *(hio)* ① *(poet.)* klaffend, rissig [**arva**];
② *(v. der Rede)* unzusammenhängend; mit

H

Hiat; **-e loqui;**
③ *(Plaut.)* gierig [**gens**].

hōc *Adv.* = *huc.*

● **hodiē** *Adv.* *(< hō[c] diē)* ① an diesem Tag, am heutigen Tag, heute;
② heutzutage, in unserer Zeit, gegenwärtig, jetzt;
③ noch heute, noch heutzutage, bis auf den heutigen Tag;
④ sogleich;
⑤ *(Kom.) (b. Drohungen u. Beteuerungen)* jemals;
⑥ **hodie quoque** auch heute noch, noch heutzutage, noch in unserer Zeit;
⑦ **hodieque: a)** und noch heute, und auch noch heute; **b)** *(nachkl. = klass. hodie quoque)* auch noch heute, noch heutzutage.

hodiēque *s. hodie 7.*

hodiernus, a, um *(hodie)* ① heutig; **-o die; ad -um diem;**
② gegenwärtig.

hol ... *s. auch ol* ...

holocaustum, ī *n (gr. Fw.) (Eccl.)* (Brand-)Opfer.

Homērida, ae *m (Plaut.)* Nachahmer Homers.

Homērista, ae *m (Petr.) jemand, der Homers Gedichte vorträgt,* Rhapsode.

Homēromastīx, īgis *m (Plin.)* „Geißel Homers", Kritiker Homers.

Homērōnida, ae *m (Plaut.)* Nachahmer Homers.

> *i* Kultur **Homērus,** ī *m* Homer, der älteste griech. Dichter (8. Jahrh. v. Chr.), „Vater" der epischen Dichtkunst; – *Adj.* **Homēricus, Homērius** *u.* **Homēriacus,** a, um.

homi-cīda, ae *m u. f (homo u. caedo)* ① Mörder, Mörderin;
② *(Hor)* männermordend [**Hector**].

homicīdium, ī *n (homicida) (nachkl.)* Mord, Totschlag.

homīlia, ae *f (gr. Fw.) (spätl.)* Rede vor dem Volk; Predigt.

hominium, ī *n (mlt.)* Lehnsmannschaft, Lehnseid, Lehnsdienst, Ergebenheit, Gefolgschaft.

● **homō,** hominis *m* ① Mensch; *Pl.* Menschen, Leute; **genus hominum** Menschengeschlecht; **hominum coetus; inter homines esse** am Leben sein *od.* m. Leuten verkehren; **paucorum hominum esse** m. nur wenigen verkehren; **post hominum memoriam** seit Menschengedenken; **monstrum hominis** Ungeheuer v. einem Menschen; ~ **nemo** *od.* **nemo** ~ kein Mensch, keine Menschenseele; **summi sunt, homines tamen** schwache Menschen; **hominem ex homine tollere** jmdm. das nehmen, was ihn zum Menschen macht; **pro deum atque hominum fidem!;**
② Mann [**factiosus; plebeius** Mann aus dem einfachen Volk; **novus** Mann ohne Ahnen, *(spätl.)* Neuling, Emporkömmling; **Romanus** Römer; **homines nominis Latini**];
③ tüchtiger Mann, ein ganzer Mann, Mann v. Verstand *od.* Geschmack;
④ Sklave, Bursche;
⑤ *Pl.* **a)** die Angehörigen, Personal; **tui homines; b)** Kolonisten m. ihren Familien; **c)** *(milit.)* Fußvolk; **capti multi homines equitesque;**
⑥ Einwohner, Bewohner;
⑦ *(verächtl.)* Kerl, Person;
⑧ *(spätl.)* Lehnsmann, Vasall.

> *i* Kultur **homo novus** „Neuling" nannten die patrizischen Familien Roms denjenigen verächtlich, der aus dem Ritterstand, wie Cicero, als erster seiner Familie das Konsulat erreichte: „Emporkömmling". Heute klingt „Newcomer", „Aufsteiger" positiv.

homocentus, a, um *(mlt.)* konzentrisch.

homoeomerīa, ae *f (Akk. -ān) (gr. Fw.) (Lucr.)* Ähnlichkeit der Teile.

Homolē, ēs *f Berg in Thessalien (Nordgriechenland).*

homullus, ī, **homunciō,** ōnis *u.* **homunculus,** ī *m (Demin. v. homo)* Menschlein, Schwächling; erbärmliches, schwaches Geschöpf.

honesta, ōrum *n (honestus) (Sen.)* das sittlich Gute.

honestāmentum, ī *n (honesto) (nachkl.)* Schmuck, Zierde; Anstand.

● **honestās,** ātis *f (honestus)* ① Ehre, Ansehen; **honestatem amittere** verlieren;
② *Pl.* **a)** Auszeichnungen; **alqm honestatibus privare; b)** *(meton.)* angesehene Bürger; **omnes honestates civitatis;**
③ Ehrbarkeit, Ehrenhaftigkeit, Anstand;
④ *(philos. t. t.)* Sittlichkeit, Tugend;
⑤ Schönheit *(v. Sachen)* [**in rebus**].

honestī, ōrum *m (honestus)* angesehene, ehrenwerte Leute.

honestō, honestāre *(honestus)* ehren, auszeichnen, zieren [**alqm laude; currum**].

honestum, ī *n (honestus)* ① Anstand, Würde, das sittlich Gute, Sittlichkeit, Tugend;
② *(Hor.)* etw. Schönes, Schönheit, das Schöne.

● **honestus,** a, um *(honos)* ① geehrt, angesehen, geachtet, vornehm [**homo; familia**]; **-o loco natus;**
② ehrenhaft, ehrenvoll [**laudatio; victoria; mores**]; **vita -e acta; -um est** es macht *od.*

bringt Ehre;
3 ehrbar, schicklich, anständig, würdig [**res** standesgemäße Mittel; *(m. Sup.)* **factu**];
4 sittlich gut, tugendhaft [**vita**]; **-e vivere;**
5 schön, hübsch, edel *(v. Sachen)* [**facies; forma; caput; oratio** schön klingend].

● **honor** *u. (älter)* **honōs,** honōris *m* 1 Ehre, Ehrenbezeigung, Ehrerbietung, Ehrung, Auszeichnung [**summus; triumphi**]; **honorem alci tribuere, habere, dare, reddere** *od.* **honore alqm afficere** jmdm. Ehre erweisen; **honoris causā** *(od.* **gratiā***)* ehrenhalber; **honori alci est** es ist für jmd. ehrenvoll; **honori ducitur** gilt als Ehre;
2 *(personif.)* **Honor** *Gott der Ehre;*
3 *(poet.)* (Hoch-)Achtung, Wertschätzung, Verehrung, Ehrfurcht, Scheu; **templum miro honore colere; honore dignari** der Hochachtung für würdig halten; **gratiā, dignitate, honore auctus** überhäuft;
4 Ansehen, guter Ruf, Unbescholtenheit, Berühmtheit, Ruhm [**pugnae** Kriegsruhm; **gentis**]; **in honore esse apud alqm, in honore vigere** in Ansehen stehen; **alqd in honorem adducere; avidus honoris;**
5 (Ehren-)Amt, Ehrenstelle, Ehrenposten, Würde [**censurae; praeturae; aedilitatis; curulis**]; **cursus honorum** Laufbahn der Ehrenämter *od.* Ämterlaufbahn; **honoris gradus** Ehrenstufe; **honores (ap)petere** erstreben; **honorem inire** ein (Ehren-)Amt antreten; **ad honores ascendere** *od.* **pervenire; honore abire; deposito honore; honoribus amplissimis perfunctus; equites Romanos in tribunicium restituit honorem** *(Caes.);* **alci honores mandare; qui (populus) stultus honores saepe dat indignis** *(Hor.);* **magistratūs atque honores capere; largiri opes, honores;**
6 auszeichnendes Abzeichen, Auszeichnung, Orden, (Ehren-)Titel [**militaris**]; **honorem dare; honore contentus; amplissimis honoribus et praemiis decorari;**
7 Ehrenpreis, -sold, Belohnung, Honorar [**medici**]; **honoris sui causā laborare; hoc pretium atque hunc reddebamus honorem; mirantur infernos virtutis honores;**
8 *(rel. t. t.)* **a)** Opfer(gabe), Ehren-, Dankopfer; **supplex aris imponit honorem; perfecto honore; honores mactare** Opfertiere schlachten; **turis honorem ferre; arae sacrificiis fument, honore, donis cumulentur** *(Liv.);* **b)** *(poet.)* Opfer-, Ehren-, Dankfest; **divum templis indicit honorem; c)** *(Verg.)* Loblied; **honorem Baccho dicere; ipsa mone ne tuus erret ~ ;**
9 *(poet.)* Zierde, Schmuck, Schönheit, Glanz, Pracht, Grazie [**formae; eximiae frontis; ruris** Früchte; **frondis** Laubschmuck, Kranz]; **cinctus honore caput** *(gr. Akk.)* m. einem Kranz; **silvis Aquilo decussit honorem** *(Verg.);*
10 *(mlt.)* Lehen; Besitz; Recht.

honōrābilis, e *(honoro)* ehrenvoll, ehrenhaft.

honōrārium, ī *n (honorarius) (nachkl.)* Ehrengeschenk [**decurionatūs** Eintrittsgeld, Abgabe an den Fiskus f. die Ratsherrenwürde].

honōrārius, a, um *(honor)* ehrenhalber geschehend, geschenkt, gewählt, Ehren- [**frumentum; tumulus; arbiter**].

honōrātus *(honoro)* **I.** *Adj.* a, um 1 geehrt, angesehen;
2 ehrenvoll [**praefectura; decretum; rus** als Ehrengeschenk verliehen; **sedes**];
3 hoch gestellt, m. einem Ehrenamt bekleidet [**vir; senes**];
II. *Subst.* ī *m* Würdenträger.

honōrificentia, ae *f (honorificus) (spätl.)* Ehrbezeigung.

honōri-ficus, a, um *(honor u. facio)* Ehre bringend, ehrenvoll, ehrend [**oratio; verba**]; – *Komp.* honōrificentior; *Superl.* honōrificentissimus.

honōrō, honōrāre *(honor)* 1 ehren, auszeichnen, belohnen [**hominem sellā curuli; populum congiariis**];
2 verherrlichen [**virtutem; diem; mortem alcis**].

honōrus, a, um *(honor) (poet.; nachkl.)* ehrenvoll.

honōs *s. honor.*

hoplītēs, ae *m (gr. Fw.) (nachkl.)* Schwerbewaffneter, Hoplit.

hoplomachus, ī *m (gr. Fw.) (nachkl.)* schwer bewaffneter Gladiator.

● **hōra,** ae *f (gr. Fw.)* 1 Stunde *(b. den Römern der 12. Teil des v. Sonnenaufgang bis Sonnenuntergang reichenden Tages, je nach der Jahreszeit verschieden lang);* **~ quarta** etwa 10 Uhr; **~ nona** etwa 15 Uhr; **quota ~ est?** wie viel Uhr ist es?; **in -a** innerhalb einer Stunde; **in -am** *od.* **in -as** v. Stunde zu Stunde, stündlich; **nuntiare -as** die Tageszeit mitteilen; **ad -am venire** pünktlich kommen;
2 *(poet.)* Zeit(abschnitt), Frist *(oft Pl.);* **ad opem ferendam brevis ~ est;**
3 *(poet.; nachkl.)* Jahreszeit;
4 *(meton.) Pl.* Uhr(werk); **machinatione -ae moventur;**
5 *(nachkl.)* **-ae canonicae** die (7) Gebetsstunden *der Geistlichen u. Mönche;* **ab -a ad -am** einmal am Tage.

Hōra, ae *f Name der vergötterten Hersilia, der Gemahlin des Romulus.*

Hōrae, ārum *f* die Horen, *die drei jungfräulichen Töchter des Jupiter u. der Themis, die Göttinnen des Wachstums, Blühens u. Reifens, des Jahreszeitenwechels (bes. des Frühlings, Sommers u. Herbstes).*

hōraeus *u.* **-os,** a, um *(od.* on) *(gr. Fw.)*

(Plaut.) rechtzeitig eingesalzen, mariniert.

i Kultur **Horātius:** *Q. ~ Flaccus (65–8 v. Chr.), röm. Lyriker, Verf. v. Oden u. Epoden, Satiren u. Episteln.*

Horātius, a, um *Name einer röm. gens:* ❶ *die drei Horatii, die unter Tullus Hostilius die drei Curiatii aus Alba Longa besiegten;*
❷ P. ~ Cocles *s.* Cocles.

hordeāceus *u.* **-cius,** a, um *(hordeum) (vor- u. nachkl.)* Gersten- [**farina; panis**].

hordeārius, a, um *(hordeum)* ❶ zur Gerste gehörig, Gersten-;
❷ *(Suet.)* (der Gerste ähnlich =) aufgebläht [**rhetor**].

hordēia, ae *f (Plaut.) ein unbekannter Fisch.*

hordēius, a, um *(Plaut.) = hordeaceus.*

hordeum, ī *n* Gerste *(poet. oft Pl.).*

hōria *u. (Demin.)* **hōriola,** ae *f (vor- u. nachkl.)* Fischerkahn.

horizōn, zontis *m (Akk.* -zontem *u.* -zonta) *(gr. Fw.) (nachkl.)* Gesichtskreis, Horizont.

hōrnōtinus, a, um *(hornus)* diesjährig, heurig [**vinum; frumentum**]; **-ae nuces virides sunt.**

hōrnus, a, um *(Adv.* -ō) *(vorkl.; poet.)* diesjährig, heurig [**vina; agni**]; – *Adv.* -ō in diesem Jahr, heuer.

hōrologium, ī *n (gr. Fw.)* Uhr.

hōroscopos *(gr. Fw.) (nachkl.)* **I.** *Subst.* ī *m* der Stand der Gestirne in der Geburtsstunde eines Menschen, Nativität;
II. *Adj.* on die Stunde anzeigend [**vasa** Sonnenuhren].

horrendus, a, um *(eigtl. Gerundiv v. horreo)* ❶ *(poet.; nachkl.)* schaudervoll, schrecklich [**monstrum; carmen**]; **-um dictu;** *(Neutr. als Adv.)* **-um stridens belua;**
❷ *(Verg.)* erstaunlich, bewundernswert, ehrwürdig.

● **horreō,** horrēre, horruī, – **I.** *intr.* ❶ v. etw. starren, starr sein, emporstarren; *(v. Haaren)* sich sträuben; **horret seges aristis; phalanx horrens hastis; horrebant saevis verba minis** *(Ov.)* strotzten von; **horrebant densis aspera crura pilis; duris cautibus horrens Caucasus;** – *Part. Präs.* **horrēns,** entis *(poet.; nachkl.)* (empor)starrend, stachelig, struppig, schauerlich [**capillus; barbae**];
❷ *(vor Frost)* schaudern, zittern;
❸ *(vor Furcht)* schaudern, beben, sich entsetzen;
II. *trans.* ❶ zurückschaudern vor, sich scheuen vor [**alcis crudelitatem; tela; iudicium**]; *(m. Inf.)* **horreo dicere; horret animus referre; non horreo in hunc locum progredi;**
❷ anstaunen.

horrēscō, horrēscere, horruī, – *(Incoh. v. horreo)* **I.** *intr.* ❶ starr werden, starren; **horruerunt comae** sträubten sich; **mare horrescit** wallt auf; **segetes horrescunt** wogen; **horrescit telis exercitus;**
❷ schaudern, zittern, vor Furcht zusammenfahren [**visu**]; **ferae terrore mortis horrescunt;**
II. *trans.* ❶ schaudern vor [**procellas; mortem**];
❷ *(Petr.)* m. Staunen, m. Verwunderung wahrnehmen.

horreum, ī *n* ❶ Scheune; **ruperunt -a messes;**
❷ Speicher, Lager, Magazin;
❸ Vorratskammer *(der Ameisen, Bienen, Mäuse).*

● **horribilis,** e *(horreo)* ❶ schrecklich, schauerlich, entsetzlich [**sonitus; spectaculum;** *(m. Sup.)* **dictu** zu sagen];
❷ erstaunlich;
❸ *(Petr.)* ehrwürdig [**secretum**].

horridicus, a, um *(mlt.)* entsetzlich.

horridulus, a, um *(Demin. v. horridus)* ❶ starrend, strotzend [**papillae**];
❷ *(Mart.)* rau, struppig;
❸ *(v. der Rede)* ungehobelt, ungefeilt; schlicht;
❹ *(Pers.) vor Kälte* schaudernd.

● **horridus,** a, um *(horreo)* ❶ starrend, struppig, zottig, rau [**caesaries; myrtus; sus** borstig]; *(m. Abl.)* v. etw. starrend, m. etw. dicht bedeckt; **silva dumis -a;**
❷ unkultiviert [**locus**];
❸ wild, roh, ungebildet, ungeschliffen [**gens; miles; virgo; ingenium**];
❹ einfach, schlicht, schmucklos [**oratio; verba; vita** Landleben]; **-e dicere;**
❺ schauderhaft, schrecklich, entsetzlich [**aspectus; procella; fata belli; arma; paupertas**];
❻ *(poet.) (vor Kälte)* schaudernd, zitternd, *(v. Sachen)* schaurig, eiskalt; **bruma -a gelu.**

horri-fer, fera, ferum *(horror u. fero) (poet.)* ❶ schaurig kalt [**boreas**];
❷ schauderhaft, schrecklich [**aestus**].

horrificō, horrificāre *(horrificus) (poet.)* ❶ Entsetzen erregen, erschrecken;
❷ rau machen [**mare** aufwallen lassen].

horri-ficus, a, um *(horror u. facio) (poet.; nachkl.)* schrecklich, schauerlich, entsetzlich [**letum; poena**].

horri-sonus, a, um *(horreo u. sono)* schaurig tönend [**fretum** schaurig brausend; **fragor**].

● **horror,** ōris *m (horreo)* ❶ Rauheit; **ille ~ dicendi** jene raue Sprache;
❷ Schauer, Schauder, Grausen, Entsetzen, Schrecken; **ea res me horrore afficit;**
❸ Frostschauer; Fieberschauer;
❹ heilige Scheu, Ehrfurcht; **arboribus suus ~ inest; horrore animos imbuere** *od.* **alqm**

perfundere erfüllen;
5 *(Lucr.)* Wonneschauer.
horruī *Perf. v. horreo u. horresco.*
hōrsum *Adv. (Kom.)* hierher.
hortāmen, minis *u.* **hortāmentum,** ī *n (hortor)* Ermunterung(smittel).
hortātiō, ōnis *f (hortor)* Ermunterung, Ermahnung.
hortātor, ōris *m (hortor)* 1 Mahner, Anreger, Ermunterer *(zu etw.: m. Gen. od. ad)* [**studii; pugnae**]; **alqo hortatore** auf jmds. Anraten *od.* Antrieb;
2 *(milit.)* Anfeuerer, Ermutiger *(der Soldaten);* **rex ipse** ~ (als E.) **aderat;**
3 *(vorkl.; poet.)* Rudermeister *(der die Ruderer durch Zuruf zur Arbeit ermuntert).*
hortātōrius, a, um *(hortor) (August.)* ermunternd.
hortātus, ūs *m (hortor)* Ermunterung.
hortēnsia *u.* **hortēsia,** ōrum *n (hortensius)* Gartengewächse, -früchte.
hortēnsius, a, um *(hortus) (Plin.)* zum Garten gehörig, im Garten wachsend, Garten-.
Hortēnsius, a, um *Name einer röm. gens:* Q. ~ Hortalus *(114–50 v. Chr.), Konsul 69 v. Chr., Redner, Verteidiger des Verres, Rivale Ciceros;* – *Adj.* **Hortēnsiānus,** a, um; – **Hortēnsiāna,** ōrum *n Ciceros philos. Schrift* „Hortensius".
hortēsia *s. hortensia.*
Hortīnus, a, um *(Verg.)* von der Stadt Horta *(in Südetrurien)* [**classes**].
● **hortor,** hortārī *(vor- u. nachkl. auch:* hortō, hortāre) 1 ermuntern, ermutigen, anfeuern, antreiben, ermahnen *(zu etw.: ad; in m. Akk.; selten bl. Akk.; ut);* **alqo hortante** auf jmds. Antrieb *od.* Zureden;
2 *(Soldaten)* anfeuern, zum Kampf ermuntern;
3 *(v. Sachen als Subj.)* auffordern, zu etw. veranlassen; **multae res ad hoc consilium Gallos hortabantur** *(Caes.).*
hortulus, ī *m (Demin. v. hortus)* Gärtchen; *Pl.* kleiner Park.
● **hortus,** ī *m* 1 Garten; *Pl.* Gartenanlagen, Park;
2 *(nicht klass.) (meton.)* Gemüse.
● **hospes,** pitis **I.** *Subst. m, selten f* 1 Gastfreund, Gast;
2 Fremder, Ausländer;
3 Wirt; Quartiergeber *(der Soldaten);*
II. *Adj.* 1 gastfreundlich;
2 in etw. unerfahren, m. etw. unbekannt *(in m. Abl.; Gen.)*;
3 fremd, ausländisch.
hospita, ae *f (hospitus)* 1 *(weiblicher)* Gast;
2 eine Fremde;
3 Wirtin.
hospitāle, lis *n (hospitalis)* 1 *(nachkl.)* Gastzimmer; *Pl.* Gastwohnung;
2 *(spätl.)* Kranken-, Armenhaus.
hospitālis, e *(hospes)* 1 des Gastfreundes, des Gastes, Gast- [**cubiculum; beneficia** gegen Gastfreunde; **tessera** Erkennungsmarke für Gastfreunde];
2 gastlich, gastfreundlich [**domus; Iuppiter** Beschützer des Gastrechts; **cena Augusti;** *übtr.* **umbra** einladend].
hospitālitās, ātis *f (hospitalis)* Gastlichkeit, Gastfreundlichkeit.
● **hospitium,** ī *n (hospes)* 1 Gastfreundschaft; **-um habere; -i iura; -um cum alqo facere** *od.* **(con)iungere** schließen; **vetus -um renovare; -o alcis uti;**
2 gastliche Aufnahme, Bewirtung [**liberale; modicum**]; **-um alci praebere; alqm -o recipere, excipere** *od.* **accipere** jmd. gastlich aufnehmen;
3 Herberge, Quartier, Gastzimmer [**publicum**]; **cohortes per -a dispersae** verteilt;
4 *(poet.; nachkl.)* Ruheplatz, Lager *(der Tiere);*
5 *(Plaut.) (übtr., scherzh.)* Einkehr, Unterkunft [**confidentiae** *(Dat.)*].
hospitor, hospitārī *(hospes) (nachkl.)* als Gast einkehren; sich aufhalten, verweilen.
hospitus, a, um *(nur f Sg. u. n Pl.) (hospes) (poet.)* 1 gastlich, gastfreundlich [**tellus; litora**]; **unda** (zugefrorener Fluss) **plaustris -a** Wagen tragend;
2 fremd [**navis; aequora**]; *(m. Dat.)* **coniunx -a Teucris** *(Verg.)* eine Fremde, eine Ausländerin für die T.
hostia, ae *f* 1 Opfertier; Schlachtopfer [**humana** Menschenopfer]; **-as immolare, mactare, caedere; per -as dis supplicare;**
2 *(spätl.)* Hostie.
hostiātus, a, um *(hostia) (Plaut.)* mit Opfertieren versehen.
hosticum, ī *n (hosticus)* Feindesland.
hosticus, a, um *(hostis)* 1 feindlich, des Feindes [**ager; moenia; ensis**];
2 *(Plaut.)* fremd, ausländisch [**domicilium**].
hosti-ficus, a, um *(hostis u. facio)* feindselig, feindlich [**bellum**].
Hostīlia, ae *f Ort am unteren Po südl. v. Verona, Geburtsort des Cornelius Nepos, j.* Ostiglia.
hostīlia, lium *n (hostilis)* Feindseligkeiten.
hostīlis, e *(hostis)* 1 feindlich, des Feindes, der Feinde [**terra; naves; condiciones** m. den Feinden vereinbart; **metus** vor dem Feind; **monumenta** die auf Feinde hinweisen];
2 feindselig [**animus; odium; spiritus**].
Hostīlius, a, um *Name einer röm. gens:* Tullus ~, *der dritte röm. König.*
hostīmentum, ī *n (hostio) (vorkl.)* Vergeltung.
hostiō, hostīre *(vorkl.)* vergelten.

● **hostis,** is *m, selten f* ① Feind **a)** Staatsfeind, Landesfeind, Feind *im Krieg* [**socii atque hostes** Freund und Feind]; *(koll.)* die Feinde [**externus**]; **b)** offener Feind, Gegner, Widersacher [**bonorum** der Konservativen; **patriae** Hochverräter; **veritatis;** *(auch m. Dat.)* **dis hominibusque**]; **c)** *(Plaut.) (vor Gericht)* Prozessgegner; **d)** *(poet.) (in der Liebe)* Nebenbuhler, Rivale;
② *(vorkl.; poet.)* Fremder, Ausländer; **cives atque hostes;**
③ *(spätl.)* der Teufel.

H. S. *eigtl. L L S (d. h. libra libra semis) od. II S (d. h. duo semis), daraus H S (2½ As):* Sesterz *(Münze).*

● **hūc,** *altl. u. vulgär auch* **hōc** *Adv.* ① *(räuml.)* hierher, hierhin; **huc homines veniebant; nunc huc, nunc illuc** bald hierhin, bald dorthin;
② *(übtr.)* hierzu, dazu; **huc accedit timor; huc adde** *od.* **adice;**
③ bis zu dem Punkt, bis dahin, so weit; **res huc erat deducta;**
/ **hūc-i-ne** *fragend* bis hierhin? so weit?: **hucine evasere beneficia tua?** so weit ist es mit ... gekommen?
/ **hūc-usque** *(nachkl.)* bis hierher, so weit.

hui hui! ei! *(Ausruf des Erstaunens, des Hohns).*

hūius-modī *u.* **hūiusce-modī** *(hic[1] u. modus)* derartig.

hūmāna, ōrum *n (humanus)* die menschlichen Dinge, Angelegenheiten, das Menschliche, Irdische, Menschenschicksal; **divina et -a** göttliches u. menschliches Recht.

● **hūmānitās,** tātis *f (humanus)* ① Menschentum, menschliche Natur, menschliche Würde; **sensum omnem humanitatis ex animo amittere; omnem humanitatem exuere** ablegen;
② Menschlichkeit, Milde, (Menschen-) Freundlichkeit, Humanität, Höflichkeit; **summā in alqm humanitate esse; ut summa severitas summa cum humanitate iungatur;** ③ höhere, feine Bildung, Geistes- u. Herzensbildung; **a cultu atque humanitate provinciae longissime absunt;**
④ feiner Geschmack, Gefühl f. Anstand u. Schicklichkeit, feine Lebensart.

hūmānitus *Adv. (humanus)* ① menschlich, auf menschliche Art;
② *(Ter.)* leutselig, freundlich; **non** ~ (unmenschlich) **tractare alqm.**

humānor, humānārī *(Eccl.)* Mensch werden; **Christus humanatus.**

hūmānum, ī *n (humanus)* menschliches Gefühl, menschliches Wesen *(bes. im Gen. bei nihil u. a.).*

● **hūmānus** *(zu homo, humus)* **I.** *Adj.* a, um *(Adv. -ē u. -iter)* ① menschlich, des (der) Menschen, Menschen- [**genus** Menschengeschlecht; **hostia** Menschenopfer; **scelus** gegen die Menschen; **vita**]; **non -a audacia** übermenschlich; **res -ae** menschliche Dinge *od.* Angelegenheiten, das Irdische, die irdischen Güter;
② gebildet, fein, edel, kultiviert [**homines; voluptates**];
③ mild, (menschen)freundlich, leutselig, höflich [**homo; ingenium**];
④ gelassen, gleichmütig, ruhig, ergeben; **alqd humaniter ferre;**
II. *Subst.* ī *m (poet.)* Mensch, Sterblicher; **Romulus -o maior** *(Ov.).*

i Kultur **hūmānus – hūmānitās**
Cicero nennt so einen Mann von höherer Bildung und vornehmer Lebensart. – Erst durch die stoische Philosophie erhält der Begriff ab der Kaiserzeit allmählich den modernen Sinn von „mitmenschlich“, „menschenfreundlich“, „hilfreich“, ohne Bildungsbedeutung. So sprechen wir heute von einer „humanen Tat“, von einer „humanitären Organisation“, von „Humanität“.

humātiō, ōnis *f (humo)* Beerdigung.

hūmectō, hūmeō, humerus, hūmēscō, hūmidus, hūmifer = *um ...*

humiliātiō, ōnis *f (humilio) (nachkl.)* Erniedrigung.

humiliō, humiliāre *(humilis) (spätl.)* erniedrigen.

● **humilis,** e *(Superl.* humillimus) *(humus)* ① niedrig, klein [**munitio; casae; arbores; statura**];
② *(poet.; nachkl.) (v. Örtl.)* niedrig *od.* tief gelegen [**Myconos**];
③ *(poet.; nachkl.)* flach, seicht [**fossa**];
④ *(übtr.) (v. Stand, Ansehen, Macht)* tief gestellt, niedrig, unbedeutend, gering, schwach [**civitas; manūs** Sklavenhände]; **humili fortunā (loco) ortus** v. niedriger Herkunft; **alqm humiliorem redigere** erniedrigen;
⑤ *(v. der Gemütsstimmung)* **a)** kleinmütig, verzagt, feige [**mens**]; **b)** demütig, unterwürfig [**preces**]; **humiliter servire, sentire;**
⑥ *(v. der Gesinnung)* kleinlich, gemein [**animus; apparitor**];
⑦ *(v. der Rede)* schmucklos, schwunglos [**sermo; genus dicendi**];
⑧ *(v. Sachen)* alltäglich, gemein, dürftig [**vestitus**]; **humilia atque vulgaria verba.**

humilitās, ātis *f (humilis)* ① Niedrigkeit, geringe Höhe, Kleinheit [**arborum; animalium; siderum** tiefer Stand; **lunae**];
② *(übtr.)* niederer Stand, niedere Abkunft [**generis ac nominis**];

❸ geringe Macht, Schwäche, Ohnmacht, Erniedrigung;
❹ Niedergeschlagenheit, Verzagtheit; **habet humilitatem metus** Furcht drückt nieder;
❺ Unterwürfigkeit;
❻ *(spätl.)* Demut.

humō, humāre *(humus)* beerdigen, bestatten.

hūmor = *umor.*

● **humus,** ī *f* ❶ Erdboden, Boden, Erde; **-um ore mordere** „ins Gras beißen"; **aridum atque harenosum humi** dürrer u. sandiger Boden; **locus humi depressus** unterirdisch;
❷ Ackerland, Grund u. Boden;
❸ Fußboden;
❹ *(poet.)* Gegend, Land [**grata Minervae** = Attika; **Pontica**];
❺ *(poet.) (übtr.)* das Niedrige, Gemeine; **-um vitare**;
/ *Adv.* **a) humī** *(Lok.)* auf dem Boden [**iacēre; requiescere**]; *auch* auf die Erde, zu Boden [**prosternere; se abicere**]; **b) humō** vom Boden, von, aus der Erde [**surgere**]; **Troia fumat humo** von Grund auf; *poet. auch als Abl. loc.* auf dem Boden, auf, in der Erde *(= humi)* [**sedere**].

Hyacinthia, ōrum *n (Hyacinthus)* die Hyakinthien, *ein dreitägiges Vegetationsfest im Juli im dorischen Siedlungsgebiet, bes. in Sparta zu Ehren Apollos u. des v. ihm geliebten Hyacinthus.*

hyacinthinus, a, um *(gr. Fw.) (poet.)* Hyazinthen- [**flos**].

Hyacinthus *u.* **-os,** ī *m lakedämonischer Jüngling, Sohn des spartan. Königs Amyklas od. Öbalus, Liebling Apollos, der ihn durch einen unglücklichen Diskuswurf tötete; aus dem Blut des H. ließ Apollo die Hyazinthe wachsen.*

hyacinthus, ī *m (gr. Fw.) (poet.; nachkl.)* Hyazinthe *(violettblaue Schwertlilie [Iris] od. Garten-Rittersporn, nicht unsere Hyazinthe) (vgl. Hyacinthus).*

Hyades, dum *f* die Hyaden, *Töchter des Atlas, Schwestern der Plejaden u. des Hyas, aus Schmerz üb. dessen Tod töteten sie sich u. wurden unter die Sterne versetzt, Siebengestirn am Kopf des Stieres, dessen Aufgang im Mai Regen bringt.*

hyaena, ae *f (gr. Fw.) (poet.; nachkl.)* Hyäne.

hyalopyrrichum, ī *n (gr. Fw.) (Plin.)* rötlicher Bernstein.

hyalus, ī *m (gr. Fw.)* ❶ *(Verg.)* Glas; **color -i** glasgrüne Farbe;
❷ *(spätl.)* Trinkglas.

Hyampolis, is *f Stadt in Phokis (Mittelgriechenland).*

Hyantes, tum *m alter Volksstamm in Böotien;* – **Hyantius,** ī *m (Ov.)* der Böotier, *von Aktäon, dem Enkel des böotischen Königs Kadmus;* – *Adj.* **Hyantēus,** a, um böotisch.

Hyarōtis, idis *m Fluss in Indien.*

Hyās, antis *m Sohn des Atlas, Bruder der Hyaden.*

Hybla, ae *u.* **Hyblē,** ēs *f* ❶ *Berg auf Sizilien, sprichw. für seine Bienen, die vorzüglichen Honig lieferten;* – *Adj.* **Hyblaeus,** a, um [**apes; mella**];
❷ *Name dreier Städte auf Sizilien (parva, maior u. minor);* – *Einw.* **Hyblēnsēs,** ium *m.*

hybrida, ae *m u. f (gr. Fw.) (poet.; nachkl.)* Mischling, Bastard *(v. Menschen u. Tieren);* – Hybrida *röm. cogn.*

Hydaspēs, is *m Nebenfluss des Indus im Pandschab (Fünfstromland), j.* Dschilam.

hydra, ae *f (gr. Fw.)* ❶ Wasserschlange, *(poet.) übh.* Schlange; *bes. hydra Lernaea od. bl. hydra: die v. Hercules erlegte vielköpfige Schlange vom See Lerna;*
❷ **Hydra: a)** *Ungeheuer m. 50 Köpfen, Mutter des Cerberus;* **b)** Wasserschlange *als Sternbild.*

hydraulēs, ae *m (gr. Fw.) (nachkl.)* Wasserorgelspieler.

hydraulicus, a, um *(gr. Fw.)* m. Wasser betrieben, hydraulisch [**machinae** Wasserorgeln].

hydraulus, ī *m (gr. Fw.)* Wasserorgel.

hydreuma, atis *n (gr. Fw.) (nachkl.)* Brunnen(station), *wo die Karawanen Wasser schöpften.*

hydria, ae *f (gr. Fw.)* (Wasser-)Krug.

hydrochous *u.* **-os,** ī *m (gr. Fw.) (Cat.)* Wassermann *als Sternbild.*

hydrōpicus, a, um *(gr. Fw.)* wassersüchtig.

hydrōps, ōpis *m (gr. Fw.)* Wassersucht.

hydrus, ī *m (gr. Fw.) (poet.; nachkl.)* Wasserschlange, *übh.* Schlange.

Hydrūs, ūntis *f u.* **Hydrūntum,** ī *n Stadt an der Ostküste v. Kalabrien (Süditalien), j.* Otranto.

Hygīa, ae *f als Göttin personif.* „Gesundheit" .

Hȳlaeus, ī *m ein Kentaur;* – *Adj.* **Hȳlaeus,** a, um des Hylaeus [**ramus** Keule].

Hylās, ae *m Liebling des Herkules, sein Begleiter auf der Argonautenfahrt, beim Wasserschöpfen in Mysien v. Nymphen aus Liebe in ihre Quelle hineingesogen.*

hȳlē, ēs *f (gr. Fw.) (nachkl.)* schriftliche Materialien.

Hyllus, ī *m Sohn des Herkules u. der Deianira.*

Hymēn, enis *m* Gott der Ehe, Hochzeitsgott, *Personifikation eines alten Kultrufs (vgl. Hymenaeus); (meton.)* Hochzeitslied.

hymenaeus *u.* **-os,** ī *m (gr. Fw.) (poet.)* ❶ Hochzeitslied, -gesang;
❷ *(meton.)* Hochzeit(sfeier);
❸ *(v. Tieren)* Begattung;
❹ **Hymenaeus,** ī *m* Hochzeitsgott *(= Hymen), auch: Hymen Hymenaeus.*

Hymēttus, ī *m Berg südöstl. v. Athen, ber. durch seinen weißen u. bläulichgrauen*

H

Marmor, Honig, Holz u. Thymian; – Adj. **Hymēttius,** a, um.

hymnus, ī *m (gr. Fw.)* ❶ *(nachkl.)* Lobgesang auf eine Gottheit;
❷ *(Eccl.)* geistliches Lied.

Hypaepa, ōrum *n Städtchen am südl. Abhang des Tmolus in Lydien (Kleinasien); – Einw.* **Hypaepēnī,** ōrum *m.*

hypaethros, ī *f (gr. Fw.) Tempel, dessen Cella in der Mitte ohne Dach ist.*

Hypanis, is *m Fluss in der Ukraine, j.* Bug.

Hypasis, is *m Fluss im Pandschab (Fünfstromland) in Indien.*

Hypata, ae *f Stadt in Thessalien (Nordgriechenland); – Einw.* **Hypataeī,** ōrum *m; – Adj.* **Hypataeus,** a, um *u.* **Hypatēnsis,** e.

hyperbaton, ī *n (gr. Fw.) (nachkl.) (rhet. Figur)* Hyperbaton, Sperrung, Wortversetzung, *Trennung zweier gramm. zusammengehöriger Wörter od. Satzteile durch andere.*

hyperbolē, ēs *f (gr. Fw.) (Sen.) (rhet. t. t.)* Hyperbel, Übertreibung *(als Stilmittel).*

Hyperboreī, ōrum *m („die jenseits des Boreas Wohnenden") myth. Volk im hohen Norden; – Adj.* **Hyperborēus,** a, um hyperborëisch, nördlich [**glacies**].

Hyperīdēs, is *m att. Redner z. Zt. des Demosthenes, Anhänger der makedonenfeindlichen Partei, 322 v. Chr. hingerichtet.*

Hyperīōn, onis *m* ❶ *einer der Titanen, Vater des Helios (Sol), der Selene (Luna) u. der Eos (Aurora); –* **Hyperīonis,** nidis *f* Aurora;
❷ *der Sonnengott selbst (= Helios od. Sol).*

Hypermēstra, ae *u.* **-ē,** ēs *f Tochter des Danaus, die einzige der 50 Danaiden, die ihren Gatten (Lynkeus) nicht ermordete.*

hypocaustum *u.* **-on,** ī *n (gr. Fw.)* Heizanlage unter dem Fußboden.

hypocrisis, is (eōs) *f (Eccl.)* Heuchelei.

hypocritēs *u.* **-ta,** ae *m (gr. Fw.)* ❶ *(nachkl.)* Mime *(der den Vortrag eines Schauspielers m. Gebärden begleitete);*
❷ *(Eccl.)* Heuchler.

hypodidascalus, ī *m (gr. Fw.)* Unterlehrer.

hypogaeum, ī *n (gr. Fw.)* unterirdisches Gewölbe, *bes.* Grabgewölbe.

hypographum, ī *n (gr. Fw.) (spätl.)* Entwurf, Konzept.

hypomnēma, atis *n (gr. Fw.)* schriftliche Bemerkung, Notiz.

hypothēca, ae *f (gr. Fw.)* Unterpfand, Pfand, Hypothek.

Hypsipylē, ēs *f Königin des Frauenstaates auf Lemnos; – Adj.* **-lēus,** a, um [**tellus** Lemnos].

Hyrcānia, ae *f Landschaft am Südostufer des Kasp. Meeres; – Einw.* **Hyrcānī,** ōrum *m, aber: Macedones Hyrcani Bew. der makedon. Kolonie Hyrcania in Lydien; – Adj.* **Hyrcān(i)us,** a, um.

Hyriē, ēs *f Stadt u. See in Ätolien (Mittelgriechenland).*

Hyrieūs, eī *m Sohn Neptuns, Vater des Orion; – Adj.* **Hyriēus,** a, um [**proles** Orion].

Hyrtacidēs, ae *m* Nisus *(Sohn des Hyrtakus).*

Hystaspēs, is *u.* ī *m Vater des pers. Königs Darius I.*

hystericus, a, um *(gr. Fw.) (Mart.)* hysterisch.

I

I *(Abk.)* ❶ = *idem, infra, Iuno, Iuppiter u. a.;*
❷ **I D Q.** = *iidemque;*
❸ **I. H. F. C.** = *ipsius heres faciundum curavit;*
❹ **I M.** = *immunis;*
❺ **I M P.** = *imperium, imperator.*

Iacchus, ī *m Kultname des Gottes der Eleusinischen Mysterien, m. Bacchus identifiziert; (meton.) (poet.)* Wein.

● **iaceō,** iacēre, iacuī, iacitūrus *(iacio)*
❶ liegen, daliegen [**humi; in gramine; sub arbore; ad pedes alcis** *od.* **alci**];
❷ ruhen, schlafen, im Bett liegen [**ad quartam** bis gegen 10 Uhr];
❸ zu Tisch liegen, ruhen *(v. Speisenden)* [**in conviviis**];
❹ krank liegen, krank sein; **iacebat morbo confectus rex** *(Phaedr.);*
❺ tot daliegen; im Kampf gefallen sein [**pro patria**]; – iacentēs, tium *m* die Gefallenen: **iacentibus insistere** auf die Gefallenen treten;
❻ *(als Besiegter)* auf dem Boden liegen; **per me iacet inclitus** (berühmt) **Hector** *(Ov.)*;
❼ *(übtr.)* am Boden liegen, überwunden sein; **victa iacet pietas;**
❽ *(übtr.)* in etw. versunken sein, in einem Zustand liegen; **vita in tenebris et in maerore iacet; in amore ~;**
❾ niedergeschlagen, gedrückt, bedrückt sein; **iacens animus;**
❿ machtlos, ohnmächtig sein, ohne Einfluss *od.* Bedeutung sein; **pauper ubique iacet; ratio iacet;**
⓫ *(übtr.)* brachliegen, darniederliegen, unbeachtet daliegen; **philosophia iacuit;**
⓬ aufhören, ins Stocken geraten sein; **vestrum studium iacet;**
⓭ ungebraucht, unbenutzt sein; **pecuniae otiosae iacent** sind ohne Ertrag; **hereditas iacet;**
⓮ *(v. Völkern)* wohnen; **gens iacet supra Ciliciam;**
⓯ *(v. Reisenden)* sich untätig aufhalten, verharren [**in oppido**];
⓰ *(v. Örtl.)* **a)** liegen, gelegen sein, sich erstrecken; **inter castra Punica ac Romana iacebat campus; b)** flach, frei daliegen; **c)** tief liegen, tief gelegen sein, tief stehen;
⓱ *(v. Städten, Bauten)* in Trümmern liegen, in Schutt u. Asche liegen; **iacet Ilion ingens;**
⓲ *(v. Gewändern)* schlaff, lose hängen, nachschleppen; **praeverrunt veste iacente vias** *(Ov.)*;
⓳ *(poet.) (v. Augen u. Blicken)* gesenkt sein, am Boden haften;
⓴ *(dem Wert nach)* niedrig stehen, gedrückt sein; **pretia praediorum iacent.**

Iacetānī, ōrum *m Volk im nordöstl. Spanien, im heutigen Katalonien.*

● **iaciō,** iacere, iēcī, iactum ❶ werfen, schleudern [**lapides in murum; tela; se mediis fluctibus** mitten in; **faces de muro; oscula**];
❷ hinabwerfen, -stürzen [**se in profundum** in die Tiefe; **se e culmine turris**]; **arbor poma iacit** lässt fallen;
❸ auswerfen [**ancoram**];
❹ von sich werfen, wegwerfen [**vestem; scuta; arma**];
❺ *(poet.)* hin-, ausstreuen [**flores; semina** säen]; **nix iacta** gefallener Schnee;
❻ aufwerfen, errichten, bauen [**aggerem; vallum; muros; fundamenta domūs** den Grund legen zu; *übtr.* **fundamenta pacis; salutem in arte**];
❼ *(Worte, Drohungen u. Ä.)* schleudern, ausstoßen [**verba superba; minas; contumeliam in alqm; ridiculum**];
❽ eine Äußerung fallen lassen, hinwerfen, vorbringen, sich äußern [**voces; sermones; querelas; suspicionem; pacis condiciones**]; *(auch: de alqa re od. mit A. C. I.).*

iactābundus, a, um *(iacto) (Gell.)* ❶ hin u. her werfend [**mare** stürmisch];
❷ gern prahlend.

iactāns, *Gen.* tantis *(iacto)* prahlerisch, überheblich [**homo; epistulae**].

iactantia, ae *f (iacto) (nachkl.)* ❶ *(akt.)* das Anpreisen [**sui** Selbstverherrlichung];
❷ *(medial)* das Sichrühmen, Prahlen, Prahlerei, Ruhmredigkeit;
❸ *(pass.)* das Gerühmtwerden, Beifall.

iactātiō, ōnis *f (iacto)* ❶ das Hin- u. Herwerfen, das Schütteln, Erschüttern [**cervicum**];
❷ gestikulierende Bewegung, Gebärdenspiel [**corporis**];
❸ *(nachkl.)* Prahlerei *(mit etw.: Gen.)* [**virtutis; verborum** Großsprecherei];
❹ Erschütterung, Schwanken, Wogen [**maritima; navis**];
❺ *(übtr.)* das Schwanken [**animi** Wankelmut];
❻ (seelische) Erregung [**animorum**];
❼ Beifall [**popularis** Volksgunst]; **iactationem habere in populo;**
❽ *(Sen.)* unsteter Aufenthalt.

iactātor, ōris *m (iacto) (Suet.)* Prahler.

iactātus, ūs *m (iacto) (poet.; nachkl.)* das Schütteln, Schwingen [**pennarum**].

iactitō, iactitāre *(Intens. v. iacto)* öffentlich vortragen.

● **iactō,** iactāre *(Intens. u. Frequ. v. iacio)* ❶ *(wiederholt od. in Eile, m. Schwung, Wucht, heftig)* werfen, schleudern [**fulmina; tela; lapides; se e muris; faces in consulis domum; ardentes taedas ad fastigia; basia** Kusshändchen zuwerfen; **cinerem per agros** ausstreuen];
❷ weg-, herab-, abwerfen [**onus; iugum; ar-**

I

ma multa passim; libellum; frusta zuwerfen];
3 hin u. her werfen, schwingen, schwenken, schütteln [**bracchia; caput, cervicem** den Kopf schütteln; **manūs; cornua; caestūs**]; **aestu febrique iactari** v. Fieberhitze geschüttelt werden;
4 hin u. her treiben, hin u. her schleudern; **iactata flamine** (vom Wind) **navis; et terris iactatus et alto** *(Verg.)*; *(übtr.)* **curas pectore** ~ wälzen; **per labores iactari** sich durcharbeiten; **nummus iactabatur** der Geldkurs schwankte; **inter spem metumque iactari** schwanken; **opiniones se iactantes** widersprüchliche;
5 *(vom Redner) Arme usw.* gestikulierend hin u. her bewegen, *(vom Tänzer)* im Takt bewegen [**manūs; se**];
6 hinwenden, -richten [**oculos**];
7 *(poet.) (Geruch, Licht)* verbreiten [**odorem; lucem**];
8 *(Worte)* ausstoßen, aussprechen, vorbringen, schleudern [**voces; maledictionem; minas; preces; versūs; probra in alqm**];
9 etw. wiederholt zur Sprache bringen, laut äußern, wiederholt sagen, wiederholt erwähnen, diskutieren, allgemein bekannt machen, -geben, verbreiten [**rem in senatu, ad populum; victorem beatum** den Sieger glücklich preisen; **querimonias ultro citroque**]; **fabulā iactaris in urbe** du bist das Stadtgespräch;
10 mit etw. prahlen, sich m. etw. brüsten, etw. zur Schau tragen *(alqd od. m. A. C. I.)* [**urbanam gratiam dignitatemque; gloriam verbis; vires regni; nomen inutile**]; – *se iactare:* **a)** sich brüsten, großtun, sich rühmen *(dopp. Akk.; in u. Abl.; bl. Abl.; de)* [**se formosum** m. seiner Schönheit; **se in pecuniis insperatis; in eo se in contione**]; **b)** sich prahlerisch benehmen [**immoderate; intolerantius; magnificentissime**];
11 beunruhigen, quälen, plagen, peinigen; **morbo, multis iniuriis, contumeliis iactari;**
12 *se iactare u. mediopass. iactari* viel m. etw. beschäftigt sein, sich eingehend m. etw. beschäftigen, sich betätigen *(in u. Abl. od. bl. Abl.)* [**in causis centumviralibus; in re publica; forensi labore**].

● **iactūra,** ae *f (iacio)* 1 das Überbordwerfen; **in mari -am facere;**
2 *(übtr.)* das Aufgeben, Einbuße, Verlust, Opfer [**suorum; rei familiaris; dignitatis; equitum**]; **-am facere** *u.* **accipere** Schaden erleiden, etw. verlieren, hingeben; eine Niederlage erleiden; **-as afferre;**
3 *(meton.) (Sg. u. Pl.)* Aufwand, Geldopfer, Kosten.

iactus[1] *P. P. P. v. iacio.*

iactus[2]**,** ūs *m (iacio)* 1 das Werfen, Schleudern, Wurf [**fulminum; teli**]; **iactu in aequor se dare** sich ins Meer hinabstürzen;
2 Wurf *(im Würfelspiel)* [**tesserarum; talorum**];
3 *(poet.; nachkl.) (milit.)* Schuss-, Wurfweite; **intra** *u.* **extra teli iactum; ad teli iactum venire** auf Schussweite; **teli iactu abesse;**
4 *(Sen.)* das Wegwerfen; *(meton.)* das Weggeworfene; **inter purgamenta et iactūs cenantium.**

iaculābilis, e *(iaculor) (Ov.)* zum Werfen geeignet, Wurf- [**telum**].

iaculātiō, ōnis *f (iaculor) (nachkl.)* das Werfen, Schleudern.

iaculātor, ōris *m (iaculor)* 1 Schleuderer;
2 Speerschütze.

iaculātrīx, īcis *f (iaculator) (poet.)* Schützin *(v. der Diana).*

iaculor, iaculārī *(iaculum)* **I.** *intr.* 1 den Wurfspieß schleudern, Speere werfen; **magnam laudem consequi iaculando;**
2 *(übtr.) (m. Worten)* gegen jmd. losziehen; **probris in alqm ~;**
II. *trans. (poet.; nachkl.)* 1 werfen, schleudern [**ignem in hostes** *od.* **puppibus;** *übtr.* **verba in alqm** ausstoßen];
2 nach etw. werfen, schießen, erlegen, treffen [**cervos; arces** m. dem Blitz treffen; **alqm ferro acuto; aëra disco** spalten, durchschneiden];
3 nach etw. jagen, streben [**multa**];
4 *se iaculari* sich stürzen.

iaculum, ī *n (iacio)* 1 Wurfspieß, Speer;
2 *(poet.)* Wurfnetz.

iaculus *(iacio)* **I.** *Adj.* a, um *(Plaut.)* was geworfen wird, Wurf- [**rete** Wurfnetz];
II. *Subst.* ī *m (Plin.) Schlangenart, die auf ihr Opfer zuschießt.*

iāientāculum = *ientaculum.*

iāiūnus = *ieiunus.*

Iālysus, ī 1 *f Stadt auf Rhodos; – Adj.* **Iālysius,** a, um *auch* rhodisch;
2 *m ihr Gründer.*

● **iam** *Adv.* 1 *(v. der Vergangenheit, Gegenwart u. Zukunft)* **a)** schon, bereits; **iam tum** schon damals; **iam diu, iam pridem** schon lange, schon längst; **iam dudum** schon lange; sofort; **b)** nun, nunmehr, v. nun an;
2 *(v. der Gegenwart)* schon jetzt, eben jetzt;
3 *(v. der Vergangenheit)* soeben (erst), gerade; **cum iam** als eben, als gerade;
4 *(v. der Zukunft)* bald; **iam te premet nox;**
5 *(v. der Vergangenheit u. Zukunft)* sogleich, alsbald, schleunigst, augenblicklich; **iam carpe viam; id tu iam intelleges, cum domum veneris;** – **iamiam(que)** sofort, im nächsten Augenblick;
6 *(poet.)* **iam … iam** bald … bald;
7 *(neg.)* **nōn** *(od. nihil, nemo, nullus)* **iam** *u.* **iam nōn** *(od. nihil, nemo, nullus):* **a)** nicht mehr, nicht länger, nicht weiter; **iam non sa-**

lutis spem, sed solacium exitii quaerunt; bellum iam nullum haberemus keinen mehr; b) noch nicht; – **vix iam** kaum noch, kaum mehr;
⑧ *(in Übergängen)* a) nun, ferner, weiter, dann, außerdem; **videte iam cetera; b)** *(steigernd)* vollends, sogar, wirklich, *verstärkt* **iam vērō;** – **iam ut** gesetzt, dass nun gar;
⑨ *(im Untersatz des Syllogismus)* nun aber.

iambēus *u.* **iambicus,** a, um *(gr. Fw.) (poet.)* jambisch.

iambus, ī *m* ① *(Hor.)* Jambus (⏑ –);
② *(Sg. u. Pl.)* jambisches Gedicht (= Spottgedicht).

iam-dictus, a, um *(mlt.)* oben erwähnt.

Iānālis, e *s. Ianus.*

Iāniculum, ī *n u.* **mōns Iāniculus,** ī *m (eigtl. „dem Janus geweihter Berg") einer der sieben Hügel Roms, am rechten Tiberufer.*

Iāni-gena, ae *m u. f (Ianus u. gigno) (Ov.)* Kind des Janus.

iānitor, ōris *m (ianus)* ① Türhüter, Pförtner [**caelestis aulae** = Janus; **Orci** = Cerberus; **carceris** Kerkermeister];
② *(mlt.)* Küster.

iānitrīx, rīcis *f (ianitor) (vor- u. nachkl.)* Pförtnerin.

ianthina, ōrum *n (ianthinus) (Mart.)* violette Kleider.

ianthinus, a, um *(gr. Fw.) (nachkl.)* veilchenfarbig, violett.

● **iānua,** ae *f (ianus)* ① (Haus-)Tür [**patens**]; **-am aperire, claudere; quaerere alqm ab ianua** an der Tür nach jmdm. fragen;
② Eingang, Zugang *(zu, in etw.: m. Gen.)* [**animi; Asiae**].

Iānuārius, a, um *s. Ianus.*

Iānus, ī *m* Janus, *Gott des Ein- u. Ausgangs, des Tages- u. Jahresbeginns, Hauptheiligtum: Doppeltor an der Nordseite des Forum; doppelköpfig dargestellt* [**biceps, bifrons**]; **-i mensis** Januar; – *Adj.* **Iānālis,** e des Janus [**virga** v. Janus erhalten]; **Iānuārius,** a, um dem Janus gehörig *od.* geweiht [**mensis** Januar]; zum Januar gehörig [**Kalendae, Nonae, Idus**]; – **Iānuārius,** ī *m* Januar.

iānus, ī *m* überwölbter Durchgang, Torbogen, *bes.:* ① der Janusbogen, *nördl. vom Forum (in Kriegszeiten offen, im Frieden geschlossen);*
② *eine der drei gedeckten Torhallen am Forum* [**summus, medius** *(Sitz der Wechsler),* **imus**].

Īapetus, ī *m Titan, Vater des Atlas, Menoitios, Deukalion, des Prometheus u. des Epimetheus;* – *Patron.* **Īapetīonidēs,** ae *m Sohn des Iapetus* (= Atlas*).*

Iāpydēs, dum *m Volk im nordwestl. Illyrien;* – **Iāpydia,** ae *f das Gebiet der Japyder;* – *Adj.* **Iāpys,** *Gen.* ydis.

Iāpygia, ae *f* Südapulien.

Iāpyx, ygis **I.** *Subst. m* ① *Sohn des Daedalus, der sich in Italien niederließ u. der Landschaft Iapygia (in Süditalien) den Namen gab;*
② *Bew. der Landschaft Iapygia,* (Süd-)Apulier, *bes. Daunus, myth. König v. Apulien;*
③ Nordwestwind, *der v. Iapygia (Südapulien) nach Epirus in Griechenland wehte;*
④ *Fluss in Apulien;*
II. *Adj. auch* **Iāpygius,** a, um japygisch, (süd)apulisch.

Iarba *u.* **Iarbās,** ae *m afrikan. König, Verehrer der Dido, Nebenbuhler des Äneas.*

Iardanis, idis *f* Omphale, *Tochter des Iardanus.*

Īasidēs, ae *m* der Jaside, *Nachkomme des Iasius.*

Īasis, idos *f* Atalanta, *Tochter des argivischen Königs Iasius.*

Īasius, ī *u.* **Īasiōn,** ōnis *m* ① *ein argivischer König, Vater der Atalanta;*
② *ein kretischer Landmann, Geliebter der Ceres.*

Iāsō(n), onis *m* ① *Neffe des Pelias, Führer der Argonauten;* – *Adj.* **Iāsonius,** a, um des Jason [**carina** das Schiff Argo];
② *ein Tyrann in Pherä in Thessalien.*

iaspis, pidis *f (gr. Fw.) (poet.; nachkl.)* Jaspis *(Halbedelstein).*

iaspius, a, um *(iaspis) (spätl.)* aus Jaspis.

Iassus, ī *f Hafenstadt in Karien (Kleinasien);* – *Einw.* **Iassēnsēs,** ium *m.*

iātralīptēs, ae *m (gr. Fw.)* Masseur, Badearzt.

iātralīpticē, ēs *f (gr. Fw.)* Kunst des Badearztes.

iātronīcēs, ae *m (gr. Fw.) (Plin.)* Besieger der Ärzte.

Iāzyges, gum *m sarmatisches Volk an der Donau;* – **Iāzyx,** ygis *m* Jazygier; – *Adj.* **Iāzyx,** *Gen.* ygis jazygisch.

ib. *u.* **ibd.** *(Abk.) = ibidem.*

Ibēr, Ibērus = *Hiber, Hiberus s. Hiberia.*

● **ibi** *u.* **ibī** *Adv.* ① *(räuml.)* da, dort;
② *(zeitl.)* da, damals, dann; **ibi demum** dann erst; **ibi vero** dann vollends, dann erst recht;
③ *(übtr.)* darin, dabei, in diesem Punkt.

ibī-dem *Adv.* ① ebendort, ebenda, ebendaselbst, an derselben Stelle; ebendahin;
② *(übtr.)* ebendarin, bei derselben Gelegenheit.

ībis, *Gen.* ībis *u.* ībidis *f (Akk.* -im) *(gr. Fw.)* der Ibis *(Wasservogel); Titel eines Schmähgedichts des Ovid.*

ibrida = *hybrida.*

ībus *altl. Dat. u. Abl. Pl. v. is.*

Ībycus, ī *m griech. Lyriker aus Regium, 6. Jahrh. v. Chr., lebte auf Samos; nach der Sage wurde er v. Räubern erschlagen, was durch Kraniche an den Tag kam.*

Īcarius, ī *m* ① *Vater der Penelope;* – **Īcaris,**

idos *u.* **Īcariōtis,** tidis *f Tochter des Icarius,* Penelope; – *Adj.* **Īcariōtis,** *Gen.* tidis der Penelope;
❷ = *Icarus 2.*

Īcarus, ī *m* ❶ *Sohn des Daedalus, floh m. seinem Vater, der für sich u. für ihn Flügel angefertigt hatte, aus Kreta u. stürzte beim Flug ins Meer, das der Sage nach nach ihm das Ikarische Meer (mare Icarium – südöstl. Teil des Ägäischen Meeres um die Insel Icaria) benannt wurde; ebenso soll die Insel* **Īcaria,** ae *f ihren Namen nach Icarus bekommen haben;*
❷ *(od.* Īcarius) *ein Athener, der v. Bacchus die Rebe erhielt u. der erste Weinbauer in Attika wurde; wurde v. Hirten, die ihre berauschten Gefährten f. vergiftet hielten, erschlagen, v. seiner Tochter mit Hilfe seines Hundes wieder gefunden u. als Arcturus od. Bootes, m. ihm seine Tochter als Jungfrau u. sein Hund als Hundsstern an den Himmel versetzt;* – *Adj.* **Īcarius,** a, um [**canis**].

īcas, adis *f (gr. Fw.) der 20. Tag jedes Monats, Epikur zu Ehren gefeiert.*

iccircō = *idcirco.*

Icelos, ī *m* ❶ *griech. Traumgott, Bruder des Morpheus;*
❷ *Freigelassener des Galba.*

Icēnī, ōrum *m Volk in Britannien.*

ichneumōn, onis *m (gr. Fw.)* Ichneumon *(Schleichkatze an der Nordküste v. Afrika, bes. in Ägypten heimisch).*

● **īcō** *u.* **īciō,** īcere, īcī, ictum *(in Prosa sind nur die Perf.-Formen u. das P.P.P. gebräuchlich)* ❶ treffen, schlagen, stoßen; **lapide, fulmine ictus; telo venenato ictus; aether ululatibus ictus** von Geheul erschüttert;
❷ **foedus** ~ ein Bündnis schließen;
❸ *(übtr.) P. Adj.* **ictus,** a, um schwer getroffen, betroffen, beunruhigt, aufgeregt; **ictus rebellione, metu; ictum caput** *(vom Wein)* umnebelt, berauscht.

īcōn, onis *f (gr. Fw.) (nachkl.) (rhet. t. t.)* Bild = Gleichnis.

īconicus, a, um *(gr. Fw.) (nachkl.)* lebensgetreu dargestellt.

īconismus, ī *m (gr. Fw.) (Sen.)* Abbildung, getreue Darstellung.

Iconium, ī *n Stadt in Lykaonien (Kleinasien).*

ictericus, a, um *(gr. Fw.) (nachkl.)* gelbsüchtig.

ictis, tidis *f (Akk. Sg.* -tim, *Akk. Pl.* -tidas) *(gr. Fw.)* Frettchen *(eine Art Wiesel).*

ictus[1] *P. P. P. v. ico u. icio.*

● **ictus**[2]**,** ūs *m (ico)* ❶ Schlag, Stoß, Streich, Hieb, Stich, Wurf [**lapidum; securis; telorum; gladii; pedis** *u.* **calcis** Fußtritt, Hufschlag; **fulminis** *u.* **fulmineus** Blitzschlag; **solis** *od.* **Phoebi** Sonnenstrahl; **contrarius** Stoß des Gegners; **irritus** Fehlstoß; **falsus** falsch gezielter Wurf; **certus** sicher gezielter Wurf]; **sine ictu** ohne zu treffen *od.* zu verwunden; **ictibus** stoßweise;
❷ Biss, Stich *(eines Tieres)* [**serpentis**];
❸ Verwundung;
❹ *(poet.)* Sturz, Fall *eines Baumes;*
❺ *(übtr.)* Schlag, Schicksalsschlag [**calamitatis; fortunae**];
❻ starker Reiz; **voluptas non habet ictum** *(Cic.);*
❼ feindlicher Ansturm, Angriff; **sub ictu esse** in Gefahr sein; **sub ictum dari** dem feindlichen Angriff ausgesetzt werden;
❽ *(poet.; nachkl.)* Anschlag, Taktschlag *beim Lautenspiel* [**pollicis**]; Takt [**digitorum; pedum**].

Īda, ae *u.* **-ē,** ēs *f* ❶ *Gebirge auf Kreta;*
❷ *Gebirge in Mysien u. Troas (Kleinasien), Hauptkultstätte der Kybele; hier soll bei Antandros das Parisurteil gefallen sein;*
/ *Adj.* **Īdaeus,** a, um [**mater** *od.* **parens deum** = Kybele; **pastor** *od.* **iudex** = Paris; **mons**].

Īdalium, ī *n Vorgeb. u. Stadt auf Zypern m. Venuskult;* – *Adj.* **Īdalius,** a, um; – **Īdaliē,** ēs *f* Venus; – **Īdalia,** ae *f (erg. terra) Gegend um Idalium.*

● **id-circō** *Adv.* darum, deshalb, deswegen.

idea, ae *f (gr. Fw.)* Urbild, Idee, Ideal.

● **īdem, eadem, idem** ❶ (eben)derselbe *(subst. u. adj.);* **idem velle atque idem nolle, ea demum est firma amicitia; amicus est tamquam alter idem** ein zweites Ich; **idem ille** eben jener; **unus atque idem** *(od.* **idemque**) ein u. derselbe; **idem atque** *od.* **ac, et, qui** derselbe wie; *m. cum:* **in eadem mecum Africa geniti** wie ich; *m. Dat.:* **eadem nobis iuratus** dasselbe wie wir; *Neutr.* idem *m. Gen.* dieselbe Art, derselbe Grad: **idem iuris** dasselbe, das gleiche Recht; **eodem loci** auf derselben Stelle;
❷ *zu übersetzen durch:* zugleich, gleichfalls, auch; **id vetat idem ille Plato;**
❸ *(beim Gegensatz) zu übersetzen durch:* dennoch; **non concedo neque Bruto neque magistris, ut, cum ea, quae supra enumeravi, in malis numerent, iidem dicant semper beatum esse sapientem.**

identidem *Adv.* immer wieder, zu wiederholten Malen, wiederholt.

● **id-eō** *Adv.* deswegen, daher, deshalb.

id est *(Abk. i. e.)* das ist, das heißt.

I D I B. *(Abk.)* = *Idibus, s. Idus.*

idiōma, atis *n (gr. Fw.) (spätl.)* ❶ das Eigentümliche, Charakteristische im Ausdruck;
❷ Mundart, Sprache.

idiōta *u.* **-tēs,** ae *m (gr. Fw.)* unwissender, unerfahrener Mensch, Stümper, Laie, Pfuscher.

Idistavīsō (campus) *Ebene auf dem rechten Weserufer (Schlacht 16 n. Chr.).*

Idmōn, onis *m Vater der Arachne;* – *Adj.*

Idmonius, a, um.

īdōlum *u.* **-lon,** ī *n (gr. Fw.)* ❶ *(Plin.)* Schattenbild *eines Verstorbenen,* Gespenst;
❷ *(stoischer t. t.)* Vorstellung;
❸ *(Eccl.)* Götzenbild, Götze.

Īdomeneūs, eī *m Sohn des Deukalion, Enkel des Minos, König v. Kreta, Anführer der Kreter vor Troja.*

idōneitās, ātis *f (idoneus) (spätl.)* Eignung.

● **idōneus,** a, um *(ad alqd; m. Dat.; m. Relativsatz im Konj.; selten m. Inf.)* ❶ *(v. Sachen)* passend, geeignet [**locus castris**];
❷ *(v. Personen)* geeignet, tauglich, geschickt, fähig [**dux; testis** zuverlässig; **iudex** kompetent]; **milites idonei qui mittantur** geeignet, geschickt zu werden;
❸ für etw. empfänglich, einer Sache wert, würdig; **tibi fortasse ~ fuit nemo, quem imitarere …** würdig, ihn nachzuahmen;
❹ straffällig.

īdos *n (undekl.) (gr. Fw.) (Sen.)* Aussehen, Gestalt, Bild.

Idūmaeus, a, um zur Landschaft Idumaea in Palästina gehörig, palästinisch.

> *i* Kultur ● **Īdūs,** uum *f* die Iden, der 15. Tag im März, Mai, Juli u. Oktober, sonst der 13.; Zahltermin f. Zinsen u. Kündigungstermin f. Darlehen.

īdyllium, ī *n (gr. Fw.) (Plin.)* kleines Gedicht, *oft bukolischen Charakters.*

i. e. *(Abk.) = id est* das ist, das heißt.

iēcī *Perf. v. iacio.*

iecur, iecoris *u.* **iocur,** iocineris *n* Leber.

iecusculum, ī *n (Demin. v. iecur)* kleine Leber.

iēientāculum = *ientaculum.*

iēiūnidicus, a, um *(ieiunus u. dico) (Gell.)* kraftlos redend.

iēiūniōsus, a, um *(ieiunium) (Plaut.)* nüchtern, hungrig.

iēiūnitās, ātis *f (ieiunus)* ❶ *(Plaut.)* Nüchternheit; das Hungern;
❷ *(in der Rede)* Trockenheit, Dürftigkeit; Schlichtheit;
❸ Mangel an Kenntnissen *(in etw.: Gen.)* [**bonarum artium**].

iēiūnium, ī *n (ieiunus)* ❶ das Fasten;
❷ *(Ov.) (meton.)* Hunger;
❸ Magerkeit *eines Tieres.*

iēiūnō, iēiūnāre *(ieiunus) (spätl.)* fasten.

iēiūnus, a, um ❶ nüchtern, m. leerem Magen;
❷ *(meton.)* hungrig; *(poet.)* durstig;
❸ mager, dürr, trocken [**ager**];
❹ *(bes. v. der Rede u. vom Redner)* trocken, fade, dürftig, langweilig [**oratio; eloquentia; concertatio verborum**]; **-e disputare;**
❺ geringfügig, kärglich [**sanies** wenig];
❻ *(Lucr.)* leer von etw., ohne etw.; **corpora suco -a** saftlos, kraftlos;
❼ *(übtr.)* nach etw. hungrig, verlangend, mit etw. unbekannt; **-ae huius orationis aures;**
❽ *(geistig u. moral.)* armselig, erbärmlich.

ientāculum, ī *n (iento) (nachkl.)* Frühstück.

ientō, ientāre *(ieiunus) (vor- u. nachkl.)* frühstücken.

Īgilium, ī *n kleine Insel an der Küste v. Etrurien (Toscana), j.* Giglio.

● **igitur** *Kj.* ❶ *(schlussfolgernd)* also, folglich, daher, demnach; **e Lacedaemoniis unus, cum Perses hostis dixisset glorians: „solem prae iaculorum multitudine non videbitis", „in umbra igitur, inquit, pugnabimus"** *(Cic.);*
❷ *(b. Aufforderungen)* also, so … denn; **agite igitur;**
❸ *(in Fragesätzen)* also, denn; **quid igitur faciam?;**
❹ *(b. Wiederaufnahme der Rede)* also, wie gesagt;
❺ *(zusammenfassend)* kurz, m. einem Wort; **pro imperio, pro exercitu, pro provincia …, pro his igitur omnibus rebus …**

● **ī-gnārus,** a, um *(in-²)* ❶ *(akt.)* unkundig, unwissend, unerfahren *(m. Gen.; de; A. C. I.; indir. Frages.)* [**litterarum; belli; de caede Galbae**]; *abs. auch* ohne etw. zu wissen, ahnungslos: **me -o** ohne mein Wissen; **omnibus -is** ohne dass jmd. etw. ahnte; **imperium ad -os** (unfähig) **pervenit;**
❷ *(pass.) (nachkl.)* unbekannt, fremd; **regio hostibus -a.**

īgnāvia, ae *f (ignavus)* ❶ Trägheit, Energielosigkeit; **aetatem agere per -am** in Trägheit;
❷ Feigheit, Mutlosigkeit; **per -am** *(Sall.)* mit Hilfe von Feiglingen.

● **ī-gnāvus** *(in-² u. gnavus, s. navus)* **I.** *Adj.* a, um *(Adv. -ē u. -iter)* ❶ träge, energielos, untätig, faul, untüchtig *(zu etw.: ad od. Gen.);* **ignavissimus ad opera ac muniendum hostis; legiones operum et laboris -ae;**
❷ feige, mutlos [**miles; hostis**];
❸ *(poet.; nachkl.) (v. Lebl.)* kraftlos, schlaff [**gravitas** unbeweglich];
❹ träge machend [**frigus; aestus; dolor**];
II. *Subst.* ī *m* Feigling.

īgnēscō, īgnēscere, – – *(ignis)* ❶ sich entzünden, in Brand geraten;
❷ *(Verg.) (übtr. v. Leidenschaften)* entbrennen; **ignescentia odia.**

īgneus, a, um *(ignis)* ❶ feurig, glühend, brennend heiß [**sol; aestas; sitis** brennend; **vis; Chimaera** feuerschnaubend];
❷ *(poet.) (übtr.)* hitzig, glühend, feurig, lebhaft [**vigor**].

īgniāria, ōrum *n (ignis) (Plin.)* Zündstoffe.

īgni-comus, a, um *(ignis u. coma) (spätl.)* m.

Strahlen (versehen).

īgniculus, ī *m (Demin. v. ignis)* ① *(nachkl.)* Flämmchen, Funke;
② *(übtr.)* **a)** Glut, Heftigkeit [**desiderii** brennende, heiße Sehnsucht]; **b)** *Pl.* erste Anfänge, Keime [**virtutum; viriles** Funken männlichen Charakters].

īgni-fer, fera, ferum *(ignis u. fero)* Feuer tragend, feurig [**aether**].

īgni-gena, ae *m (ignis u. gigno) (poet.)* der Feuergeborene [**Bacchus**].

īgni-pēs, *Gen.* pedis *(ignis) (Ov.)* feuerfüßig, blitzschnell [**equi**].

īgni-potēns, *Gen.* entis *(ignis) (Verg.)* feuergewaltig [**Vulcanus**].

● **īgnis,** is *m (Abl. Sg.* igne *u.* ignī, *ignī bes. in Redewendungen)* ① Feuer *(oft Pl.)* [**vivus** brennende Kohlen]; **ignem facere** *od.* **accendere; ignem concipere** *u.* **comprehendere** Feuer fangen; **aquā et igni interdicere alci** jmd. ächten;
② Wachfeuer; **ignes fieri prohibuit** *(Caes.)*;
③ Herdfeuer;
④ Opferfeuer;
⑤ Feuer des Scheiterhaufens, brennender Scheiterhaufen [**supremi; nigri**]; **alqm igni cremare, necare;**
⑥ Feuersbrunst, Brand *(oft Pl.)*; **deorum templis ignes inferre** in Brand stecken; **ferro ignique** m. Feuer u. Schwert;
⑦ brennendes Scheit, (Hochzeits-)Fackel;
⑧ *Pl.* Brände *zur Folterung;* **ignes admovere alci;**
⑨ *(poet.)* Blitz(strahl); **fulsere ignes et aether;**
⑩ Stern, Sternbild; **inter ignes luna minores; aeterni ignes** Gestirne;
⑪ feuriger Schimmer, Glut, das Funkeln, feurige Farbe [**oculorum**]; Sternenglanz [**siderum**]; Fackelschein;
⑫ *(poet.)* Glut, Hitze [**solis; aetheris**];
⑬ *(übtr.)* Feuer [**ingenii et mentis**];
⑭ Begeisterung;
⑮ Zornesglut, Wut; **exarsere ignes animo** *(Verg.)*;
⑯ Liebesglut, glühende Liebe; **ignes trahere** in Liebe erglühen; **Dido caeco carpitur igni** *(Verg.)*; *übtr.:* **ignes recitare** Liebesgedichte vortragen;
⑰ *(meton.)* Geliebte(r);
⑱ *(übtr.)* Feuerbrand, Unglück, Verderben *(v. einem Verderben bringenden Menschen od. Gegenstand)*; **ne parvus hic** ~ *(v. Hannibal)* **incendium ingens exsuscitet** *(Liv.)*; **illum ignem** (Krieg) **obrutum relinquere;**
⑲ *(poet.) sacer* das heilige Feuer, Antoniusfeuer *(Krankheit m. bösartigen brandigen Geschwüren)*;
⑳ *(spätl.)* Hölle(nfeuer).

īgnītus, a, um *(ignis)* feurig, glühend.

● **ī-gnōbilis,** e *(in-² u. nobilis)* ① unbekannt, unberühmt, unbedeutend [**homo; urbs**];
② v. niederer Herkunft, niedrig, gemein, gewöhnlich [**vulgus; nobilis atque ignobilis**].

īgnōbilitās, ātis *f (ignobilis)* ① Ruhmlosigkeit;
② niedere Herkunft, niederer Stand [**generis**].

● **īgnōminia,** ae *f (in-² u. nomen, eigtl. „Verlust des guten Namens")* Schimpf, Beschimpfung, Schande, Schmach, Entehrung; **-am accipere, suscipere; -am alci inferre; -ā alqm afficere.**

īgnōminiōsus, a, um *(ignominia)* ① schimpflich, ehrenrührig [**dominatio; fuga**];
② *(nachkl.)* durch öffentliche Beschimpfung gebrandmarkt, entehrt.

īgnōrābilis, e *(ignoro)* unbekannt.

īgnōrantia, ae *f (ignoro)* Unkenntnis, Unwissenheit *(in etw.: Gen.)* [**locorum; viae**].

īgnōrātiō, ōnis *f (ignoro)* ① Unbewusstheit, Unfreiwilligkeit;
② Unkenntnis *(in etw.: Gen.)* [**locorum; iuris**].

● **īgnōrō,** īgnōrāre *(verw. m. ignarus)* nicht wissen, nicht kennen *(m. Akk.; de; A. C. I.; indir. Frages.)* [**ius; causam; faciem alcis** jmd. persönlich nicht kennen; **de filio**]; *Pass.* unbekannt *od.* unbemerkt bleiben: **fuga ab omnibus ignorabatur;** – **non ignorare** wohl wissen, gut kennen; – *P. Adj.* **īgnōrātus,** a, um **a)** unbekannt, unerkannt [**ars** Unkenntnis der Kunst]; **ignoratus evasit; b)** unbemerkt; **ignoratus Romanos aggreditur; c)** unbewusst, unfreiwillig, unverschuldet.

īgnōscēns, *Gen.* entis *(P. Adj. v. ignosco) (Ter.)* versöhnlich [**animus**].

● **ī-gnōscō,** īgnōscere, īgnōvī, īgnōtum *(in-¹ u. nosco)* verzeihen, vergeben, Nachsicht haben *(m. Dat.; alci alqd nur beim Neutr. eines Pron. od. allg. Adj.; m. quod)* [**matri; vitiis; haesitationi meae; haec sociis**]; – **īgnōscendus,** a, um *(poet.)* verzeihlich [**dementia; culpa**].

● **ī-gnōtus** *(in-² u. notus)* **I.** *Adj.* a, um ① *(pass.)* **a)** unbekannt, fremd [**terra; maria; ius; in vulgus** beim Volk]; ~ **plerisque et obscurus; b)** ungewohnt [**forma**]; **c)** v. unbekannter, niederer Herkunft;
② *(akt.)* unkundig, m. etw. unbekannt, in etw. unerfahren;
II. *Subst.* ī *m* ① ein Unbekannter;
② *(Hor.) Pl.* Leute v. unbekannter, niederer Herkunft, Menschen ohne Ahnen;
③ der Unkundige.

ī-gnōvī *Perf. v. ignosco.*

Iguvium, ī *n Stadt in Umbrien, j.* Gubbio; – *Einw.* **Iguvīnī,** ōrum *u.* **Iguvīnātēs,** tium *m.*

iī *Perf. v. eo u. Nom. Pl. m von is.*

īle, *Gen.* īlis, **īleum** *u.* **īlium,** ī *n (selten, poet.) (Sg. v. ilia)* Scham(gegend).

Ilerda, ae *f Stadt im nordöstl. Spanien, Hauptstadt der Ilergetes, j.* Lerida.

Ilergavonēnsēs, ium *m span. Volk am unteren Ebro; – Adj.* **Ilergavonēnsis,** e.

Ilergētēs, tum *m span. Volk zw. Ebro u. Pyrenäen.*

īlex, īlicis *f* Steineiche; *(meton.) (Mart.)* Eicheln.

īlia, īlium *n (nicht klass.)* ❶ Unterleib, Weichen;
❷ Eingeweide.

Īlia, Īliacus, Īliadēs, Īlias *s. Ilion.*

īlicet *Adv. (< ire licet)* ❶ *(Kom.)* lasst uns gehen!, es ist aus, es ist vorbei; weg damit!;
❷ *(poet.)* sogleich, sofort *(= ilico).*

īlicētum, ī *n (ilex) (Mart.)* (Stein-)Eichenwald.

ī-licō *Adv. (< in loco)* ❶ *(räuml.) (Kom.)* auf der Stelle, dort;
❷ *(zeitl.)* sogleich, sofort.

Īliēnsēs, ium *m* ❶ *Volk auf Sardinien;*
❷ *s. Ilion.*

īlignus, a, um *(ilex) (poet.)* v. der Steineiche, Eichen-.

Īlion *u.* **Īlium,** ī *n u.* **Īlios,** ī *f poet. Name v. Troja, Hauptstadt der Landschaft Troas im Nordwesten Kleinasiens, der Sage nach v. Tros u. seinem Sohn Ilos gegründet; – Adj.* **Īliacus** *u.* **Īlius,** a, um, **Īliēnsis,** e, *fem. auch* **Īlias,** adis ilisch, troisch, trojanisch; – *Einw.* **Īlienses,** ium *u.* **Īliī,** ōrum *m* die Troer, Trojaner; *fem.* **Īlias,** adis die Troerin, Trojanerin *u.* **Īlia,** ae die Trojanerin, *bes.* Rea Silvia; – **Īliadēs,** ae *m* **a)** *Sohn der Ilia* = Romulus, Remus; **b)** Ganymedes, *Sohn des Tros;* – **Īlias,** adis *f* die Ilias, *Homers Epos vom Trojanischen Krieg.*

Īliona, ae *u.* **-ē,** ēs *f* ❶ *Tochter des Priamus u. der Hecuba; Titel einer Tragödie des Pacuvius;*
❷ *(nur Iliona) = Hecuba.*

Īlioneūs, eī *m Sohn der Niobe.*

Īlios *s. Ilion.*

Īlīthyia, ae *f Geburtsgöttin.*

Iliturgī, ōrum *m u.* **Iliturgis,** is *f Stadt in Hispania Baetica; – Einw.* **Iliturgitānī,** ōrum *m.*

Īlium *s. Ilion.*

illā *Adv., s. ille 9.*

il-labefactus, a, um *(in-*[2] *u. P.P.P. v. labefacio) (poet.)* unerschüttert, unerschütterlich, fest [**concordia**].

il-lābor, lābī, lāpsus sum ❶ hineingleiten, -schlüpfen, auf etw. gleiten, sinken, eindringen [**in hominum animos; ad sensus; urbi**]; **animis illapsa voluptas;**
❷ *(poet.)* einstürzen; **si fractus illabatur orbis** *(Hor.).*

il-labōrātus, a, um *(nachkl.)* ❶ unbearbeitet [**terra**];
❷ mühelos.

il-labōrō, labōrāre *(Tac.)* sich bei etw. *(Abl.)* abmühen [**domibus** beim Bau der Häuser].

illāc *Adv.* ❶ *(Ter.)* da, dort;
❷ dorthin [**facere** auf jener Seite stehen, zu jener Partei gehören].

il-lacessītus, a, um *(in-*[2] *u. P.P.P. v. lacesso) (Tac.)* ungereizt, unangefochten.

il-lacrimābilis, e *(Hor.)* ❶ unbeweint;
❷ durch Tränen nicht erweicht, nicht zu erweichen, unerbittlich [**Pluto**].

il-lacrimō, lacrimāre *u.* **il-lacrimor,** lacrimārī bei *od.* über etw. weinen, beweinen *(m. Dat.; A. C. I.; quod)* [**caedibus parentum; malis**].

il-laesus, a, um *(in-*[2] *u. P.P.P. v. laedo) (poet.; nachkl.)* unverletzt, unangefochten.

il-laetābilis, e unerfreulich, traurig.

illāpsus *P. P. Akt. v. illabor.*

il-laqueō, laqueāre *(laqueus)* verstricken, umgarnen; **illaqueatus omnium legum periculis.**

il-latebrō, latebrāre *(latebra) (Gell.)* verbergen, verstecken.

illātus *P.P.P. v. infero.*

il-laudātus, a, um *(poet.; nachkl.)* ❶ ungelobt, ungerühmt, ruhmlos;
❷ fluchwürdig.

il-lautus = *illutus.*

● **ille, illa, illud** *(Gen. Sg.* illīus, *poet. meist illius; Dat. Sg.* illī*) Demonstrativpron.* ❶ jener, jene, jenes *(Ggstz. zu hic*[1]*, es dient zur Bez. des Entfernteren);*
❷ *(zeitl.)* damalig, früher, vergangen; **ille dies; illi consules** die damaligen; **ex illo (tempore)** seitdem; **illorum temporum historia; non antiquo illo more, sed hoc nostro;**
❸ jener bekannte, berühmte *od.* berüchtigte *(oft nachgest.);* **magnus ille Alexander; illa Medea; Solonis illud** jener berühmte Ausspruch des Solon;
❹ *(in der Rede zurückverweisend)* (schon) früher erwähnt, schon genannt;
❺ *(b. Zurückverweisung auf einen schon genannten Begriff)* er, sie es, *bes. in Verbindung m. quidem* (allerdings, freilich);
❻ *(vorweisend)* folgender; **illud te hortor;**
❼ *bei Subst. statt eines Gen., z. B.* **ille dolor** der Schmerz darüber; **illa fama** die Kunde davon;
❽ *Neutr.* **illud** so viel, nur so viel; **illud constat;**
❾ *Adverbialformen:* **a) illā** *(erg. viā od. parte)* auf jener Seite, dort; *auch* dorthin; **b) illō** *(erg. locō)* dahin, dorthin, *übtr.* dahin = zu jener Sache; **c) illim** *(räuml.)* von dort; *(zeitl.)* v. da an; **d) illī** *(altl. Lok.) (Kom.)* dort; *übtr.* dabei, in jener Sache.

illecebra, ae *f (illicio)* ❶ Lockung, Verführung, Reiz; **dedere se vitiorum -is** *(Cic.);*
❷ *(Plaut.) (v. einer Person)* Lockvogel.

illecebrōsus, a, um *(illecebra) (vor- u. nachkl.)* verführerisch.

illectus[1] *P.P.P. v. illicio.*

illectus[2], ūs *m (illicio) (Plaut.)* (Ver-)Lockung.

il-lēctus[3], a, um *(in-*[2] *u. P.P.P. v. lego*[1]*)* ungelesen.

il-lepidus, a, um *(poet.; nachkl.)* unfein, geschmacklos, witzlos.

il-lēvī *Perf. v. illino.*

illex, illicis *m u. f (illicio) (Plaut.)* Verführer(in), Lockvogel.

il-lēxī *Perf. v. illicio.*

illī *Adv., s. ille 9.*

il-lībātus, a, um unvermindert, ungeschmälert, unversehrt [**divitiae; vires**].

il-līberālis, e ① eines Freien unwürdig, unedel, gemein [**homo; quaestus; facinus; cibus**];
② unhöflich, ungefällig;
③ knauserig, geizig.

illīberālitās, tātis *f (illiberalis)* ① Ungefälligkeit;
② Knauserei, Geiz.

illic[1]**, illaec, illuc** *(ille u. -ce) (Kom.) Demonstrativpron.* jener da.

illīc[2] *Adv. (Lok. v. illic*[1]*)* ① an jenem Ort, dort, da; **hic illic** hier u. dort;
② *(poet.)* in jener Welt, im Jenseits;
③ *(übtr.)* in jener Sache, bei dieser Gelegenheit;
④ *(nachkl.) (auf Personen bezogen)* auf jener Seite, dort; **profana illic omnia, quae apud nos sacra** *(Tac.).*

il-liciō, licere, lēxī, lectum *(vgl. lacesso)* ① an-, herbeilocken [**singulos pretio**];
② verlocken, verführen [**populum ad bellum; coniugem in stuprum; alqm in fraudem**]; *(m. ut; bl. Konj.; Inf.).*

il-licitātor, ōris *m (Vermischung v. licitor u. illicio)* Scheinkäufer *(der nur zum Schein bietet, um den Preis in die Höhe zu treiben).*

il-licitus, a, um *(nachkl.)* unerlaubt, unzulässig.

illicō *Adv. = ilico.*

il-līdō, līdere, līsī, līsum *(in-*[1] *u. laedo)* ① anschlagen, anstoßen [**caput foribus**]*;* **aequora scopulis illisa;**
② *(poet.)* hineinschlagen, -stoßen;
③ zerschlagen, zerschmettern.

illigātiō, ōnis *f (illigo) (Mart.)* das An-, Festbinden.

il-ligō, ligāre ① anbinden, anknüpfen, festbinden [**aratra iuvencis** die Stiere an den Pflug spannen; **manūs post tergum; tigna**];
② *(übtr.)* jmd. binden, an etw. fesseln, an sich ketten, durch etw. verpflichten [**alqm pignoribus; alqm conscientiā; alqm stupro; sociali foedere se cum Romanis**];
③ *an gewisse Bedingungen* knüpfen; **iis condicionibus illigabatur pax;**
④ einfügen, anbringen, befestigen [**emblemata in poculis;** *übtr.* **sententiam verbis**];
⑤ *(übtr.)* umgarnen, verwickeln, verstricken, hemmen; **illigatus praedā** beladen; **illigari bello; sunt angustis et concisis disputationibus illigati** haben sich verstrickt, verfangen.

illim *Adv., s. ille 9.*

il-līmis, e *(in-*[2] *u. limus*[1]*) (Ov.)* schlammfrei, rein [**fons**].

illinc *Adv.* ① v. jener Seite her, v. dort;
② auf jener Seite, dort; **illinc ... hinc** dort ... hier: **illinc cupiditas pugnat, hinc veritas;**
③ *(zeitl.)* seit jener Zeit; **illinc usque ad nostram memoriam;**
④ ~ **facere** jener Partei angehören.

il-linō, linere, lēvī, litum ① *(poet.; nachkl.)* aufstreichen, auf, in etw. streichen, schmieren *(alqd alci rei od. alci)* [**collyria oculis** die Augen m. Augensalbe einreiben; **alqd chartis** etw. auf das Papier hinschmieren; **aurum vestibus** einweben in; **aurum tecto; sociis ceram** Wachs den Gefährten in die Ohren streichen];
② m. etw. bestreichen, m. etw. überziehen [**pocula ceris; faces pice**].

il-liquefactus, a, um flüssig gemacht, geschmolzen, in Fluss gebracht [*übtr.* **voluptates**].

illīs-ce *altl. Nom. Pl. m u. Abl. Pl. v. illic*[1]*.*

il-līsī *Perf. v. illido.*

illīsus *P.P.P. v. illido.*

il-litterātus **I.** *Adj.* a, um ① ungelehrt, ohne wissenschaftliche Bildung, ungebildet;
② *(v. Sachen)* unwissenschaftlich;
II. *Subst.* ī *m (spätl.)* Laie.

illitus *P.P.P. v. illino.*

illō *s. ille 9.*

illōc = *illuc.*

il-locābilis, e *(in*[2] *u. loco) (Plaut.)* nicht an den Mann zu bringen, nicht zu verkaufen.

il-lōtus = *illutus.*

● **illūc** *Adv. (illic*[1]*)* ① dorthin, dahin, an jenen Ort, in jene Gegend; **huc (et) illuc** hierhin u. dorthin, nach allen Seiten;
② ins Jenseits; **cum illuc ex his vinculis emissi feremur** *(Cic.)*;
③ *(übtr.)* dahin, dorthin; **illuc intendere** darauf ausgehen; **illuc reverti** *(zum Thema)*; **illuc cuncta vergunt** auf ihn *(Tiberius)*;
④ *(vor- u. nachkl.) (zeitl.)* bis dahin.

il-lūceō, lūcēre, – – *(Plaut.; spätl.)* auf etw. leuchten *(m. Dat.).*

il-lūcēscō, lūcēscere, lūxī, – **I.** *intr.* ① zu leuchten beginnen; **illucescit dies** bricht an; *(unpers.)* **illucescit** es wird hell, es wird Tag;
② *(übtr.)* hervorleuchten, sich zeigen; **cum populo Romano vox et auctoritas consulis repente in tantis tenebris illuxerit** *(Cic.)*;
II. *trans. (Plaut.)* bescheinen.

il-lūdō, lūdere, lūsī, lūsum ① *(Tib.)* an etw. hinspielen, umspielen *(m. Dat.)*; **ima videbatur talis ~ palla;** *übtr.:* **illusae auro vestes** spielerisch mit Gold durchwebt;

❷ *(Hor.)* etw. spielend hinschreiben [**alqd chartis**];
❸ *(übtr.)* sein Spiel treiben, verhöhnen, verspotten *(m. Dat.; Akk.; in alqm)* [**capto; dignitati alcis; miseros; praecepta rhetoricorum; voces Neronis**]; *abs.* spotten;
❹ täuschen, betrügen *(m. Akk. u. Dat.)*;
❺ *(poet.; nachkl.)* übel mitspielen, verderben, sich an jmdm. *od.* etw. vergreifen *(m. Dat. u. Akk.)* [**pecuniae** mutwillig durchbringen; **matri; vitam filiae**].

illūminātē *Adv. (illumino)* lichtvoll, klar [**dicere**].

illūminātiō, ōnis *f (illumino) (spätl.)* Erleuchtung.

il-lūminō, lūmināre *(lumen)* ❶ erleuchten, erhellen; **ab eo (sole) luna illuminata** *(Cic.)*;
❷ *(übtr.)* schmücken, verherrlichen [**orationem sententiis**].

il-lūnis, e *(in-*[2] *u. luna)* ohne Mondschein [**nox**].

Illurgavonēnsēs = *Ilergavonenses.*

il-lūsī *Perf. v. illudo.*

illūsiō, ōnis *f (illudo)* ❶ Verspottung, Ironie;
❷ *(spätl.)* Täuschung.

illūstrātiō, ōnis *f (illustro) (rhet. t. t.)* anschauliche Darstellung.

illūstrātor, ōris *m (illustro) (spätl.)* Erleuchter; Verherrlicher.

● **illūstris,** e *(illustro)* ❶ hell, erhellt, licht, strahlend [**stella; solis candor; locus; dies; caelum**];
❷ einleuchtend, deutlich, klar, anschaulich [**exemplum; oratio**];
❸ bekannt, berühmt [**homines; nomen; factum**]; berüchtigt [**furta**];
❹ vornehm, angesehen [**familia; homo**]; **illustri loco natus;**
❺ ausgezeichnet, hervorragend, bedeutend [**legatio; ingenium**].

● **il-lūstrō,** lūstrāre ❶ erleuchten, erhellen; **sol illustrat oras;**
❷ *(übtr.)* ans Licht bringen, aufdecken, offenbaren [**consilia alcis; maleficium**]; *Pass.* ans Licht kommen;
❸ anschaulich machen, aufhellen, aufklären, erläutern [**verum; ius obscurum; philosophiam veterem Latinis litteris**];
❹ Glanz verleihen, verschönern *(m. Akk.)*; **illustrant eam orationem quasi stellae quaedam translata verba atque immutata** *(Cic.)*; **quid admirabilius quam res splendore illustrata verborum** *(Cic.)*;
❺ verherrlichen, preisen [**consulem laudibus; populi Romani nomen; familiam; eloquentiam**].

illūsus *P.P.P. v. illudo.*

il-lūtilis, e *(illutus) (Plaut.)* nicht abwaschbar [**odor**].

il-lūtus, a, um *(in-*[2] *u. lautus v. lavo)* ❶ ungewaschen, schmutzig, unrein;
❷ *(übtr.)* unanständig [**sermo**];
❸ *(Verg.)* nicht abgewaschen [**sudor**].

il-luviēs, ēī *f* ❶ *(in-*[2] *u. lavo)* Schmutz;
❷ *(in-*[1] *u. lavo)* **a)** Überschwemmung; *(meton.)* überströmendes Wasser [**placida**]; **b)** Morast, aufgeweichter Boden.

il-lūxī *Perf. v. illucesco.*

Illyriī, ōrum *m indoeuropäische Völkergruppe in Dalmatien u. Albanien;* – **Illyria,** ae *f,* **Illyricum,** ī *n u.* **Illyris,** idis *f* Illyrien; – *Adj.* **Illyrius** *u.* **Illyricus,** a, um, *fem. auch* **Illyris,** idis illyrisch.

Īlōtae, ārum *m = Hilotae.*

Īlus, ī *m* ❶ *Sohn des Tros, Vater des Laomedon, König v. Troja;*
❷ *= Iulus (Ascanius).*

Ilva, ae *f Insel im Tyrrhenischen Meer., j.* Elba.

Imacharēnsis, e *aus der Stadt Imachara auf Sizilien.*

imāginārius, a, um *(imago)* nur in der Einbildung bestehend, Schein- [**paupertas; fasces**].

imāginātiō, ōnis *f (imaginor) (nachkl.)* Einbildung, Vorstellung, Phantasie.

imāginor, imāginārī *(imago) (nachkl.)* sich einbilden, sich vorstellen.

imāginōsus, a, um *(imago) (Cat.)* voller Einbildungen.

● **imāgō,** ginis *f (vgl. imitor)* ❶ Bild, Bildnis *(als Werk der Plastik od. der Malerei)* [**ficta** Büste; **picta** Gemälde, Porträt; **cerea** Wachspuppe];
❷ Ahnenbild, Wachsmaske *der Vorfahren*;
❸ Abbild, Ebenbild [**antiquitatis; animi et corporis tui**];
❹ Schatten(bild) *der Verstorbenen,* Schemen [**mortuorum; coniugis**];
❺ Traumbild [**nocturnae quietis**];
❻ Trugbild, -gestalt, bloßer Schein, Scheinbild [**vana; rei publicae; industriae**];
❼ *(nachkl.)* Vorspiegelung; **imagine pacis decipere alqm;**
❽ Echo *(m. u. ohne vocis)*; **recinit nomen imago;**
❾ *(poet.; nachkl.)* Erscheinung, Anblick, Gestalt [**mortis; venientis Turni; insepultorum**];
❿ *(rhet. t. t.) (poet.; nachkl.)* bildliche Darstellung, Gleichnis, Metapher;
⓫ *(poet.; nachkl.)* Vorstellung von etw., Gedanke an etw., Einbildung [**caedis**].

i Kultur **imāgō,** ginis *f* Ahnenbild, Wachsmaske *der Vorfahren;* **ius imaginum:** *es bestimmte, dass nur diejenigen das Recht hatten, Ahnenbilder im Atrium aufzustellen, v. deren Vorfahren mindestens einer ein kurulisches Amt (vom Ädilen aufwärts) bekleidet hatte; b. feierlichen Leichenzügen wurden sie v.*

I

Männern, die den Verstorbenen an Figur glichen, vor dem Gesicht getragen; **homo multarum imaginum** mit vielen Ahnen.

imāguncula, ae *f (Demin. v. imago)* Bildchen.
imbēcillitās, ātis *f (imbecillus)* ① Schwäche [**corporis; valetudinis; materiae** des Bauholzes];
② *(nachkl.)* Kränklichkeit;
③ *(übtr.)* Schwäche, Ohnmacht [**sociorum; generis humani**]; Bewusstsein der Schwäche;
④ Mutlosigkeit, Haltlosigkeit [**animi; consilii; magistratuum**].
im-bēcillus, a, um *u.* **-is,** e ① schwach, kraftlos, gebrechlich [**senex; aetas; oculi**];
② schwächlich, kränklich;
③ haltlos, ohnmächtig, hinfällig, energielos, unselbstständig [**regnum; suspicio; animus; accusator**];
④ *(v. Heilmitteln u. Getränken)* schwach, unwirksam.
im-bellis, e *(in-*[2] *u. bellum)* ① unkriegerisch, dem Krieg abgeneigt, zum Krieg untauglich [**di** Venus u. Amor; **exercitus; telum** kraftlos];
② feige; **imbelles timidique; res imbelles** feiges Benehmen;
③ friedlich, ruhig, still [**annus; columba; fretum; somnus**].
● **imber,** bris *m* ① Regen(guss), Platzregen, Gewitterregen; *Pl.* Regentropfen, -wetter;
② *(poet.)* Unwetter, Gewitter;
③ *(meton.)* Regenwasser;
④ *(poet.)* Wasser, Feuchtigkeit [**fontis; gelidus; calidus; pluvius** Regenwasser];
⑤ Tränenstrom; **imbre per genas cadente;**
⑥ *(übtr.) telorum od. ferreus* Hagel v. Geschossen.
im-berbis, e *u.* **im-berbus,** a, um *(in-*[2] *u. barba)* bartlos.
im-bibō, bibere, bibī, – ① *(Plin.)* einsaugen [**nidorem**];
② *(übtr.)* annehmen, sich aneignen [**animo malam opinionem de alqo**];
③ sich etw. vornehmen.
im-bītō, bītere, – – *(Plaut.)* hineingehen.
imbrex, bricis *f u. m (imber)* ① *(vor- u. nachkl.)* Hohlziegel *zur Ableitung des Regenwassers;* **tempestas confringit tegulas imbricesque;**
② *(Verg.) (meton.)* Dach v. Hohlziegeln;
③ *(Suet.)* Beifallsklatschen m. hohlen Händen;
④ *(Mart.)* Rippenstück [**porci** Schweinerippchen].
imbricitor, ōris *m (imber u. cieo) (Enn.)* Erreger des Regens; **spiritus austri ~.**
imbricus, a, um *u.* **imbrifer,** fera, ferum *(imber u. fero) (poet.)* regenbringend [**auster**].
Imbros *u.* **Imbrus,** ī *f Insel im nördl. Ägäischen Meer; – Adj.* **Imbrius,** a, um.
im-buō, buere, buī, būtum ① m. etw. benetzen, befeuchten, tränken [**vestem sanguine; guttura lacte**];
② *(übtr.)* erfüllen mit [**alqm admiratione; pectora religione**];
③ *(übtr.)* beflecken, besudeln [**gladium scelere**];
④ an etw. gewöhnen, in etw. einweihen, mit etw. vertraut machen, zu etw. heranbilden *(alqm od. alqd re, ad alqd; m. Inf.)* [**se studiis; militem licentiā saevitiāque; socios ad officia legum**];
⑤ *(poet.)* einweihen, beginnen [**opus; exemplum** das erste Beispiel geben; **bellum sanguine**].
imitābilis, e *(imitor)* nachahmbar [**orationis subtilitas; non imitabile fulmen**].
imitāmen, āminis *n (imitor) (Ov.)* Nachahmung.
imitāmentum, ī *n (imitor) (nachkl.)* Nachahmung, Abbild.
imitātiō, ōnis *f (imitor)* Nachahmung.
imitātor, ōris *m (imitor)* Nachahmer, Nachäffer.
imitātrīx, rīcis *f (imitator)* Nachahmerin.
● **imitor,** imitārī ① nachahmen [**praeclarum factum; mores; instituta; vitia; oratorem**]; *Part. Perf.* imitātus *pass.* nachgeahmt;
② nachahmend darstellen, nachbilden [**capillos aere**];
③ *(v. Lebl.)* gleichkommen, ähnlich sein *(m. Akk.);* **umor potest imitari sudorem; cornua lunam imitata** mondförmig; **triumphos imitans** ähnlich wie bei Triumphzügen;
④ *(Verg.)* ersetzen [**ferrum sudibus** Knüppel statt der Schwerter gebrauchen];
⑤ etw. übersetzen; **exprimere quaedam verba imitando;**
⑥ *(poet.; nachkl.)* an den Tag legen, zeigen [**gaudia falsa; maestitiam**].
im-maculātus, a, um *(nachkl.)* unbefleckt.
im-madēscō, madēscere, maduī, – *(poet.; nachkl.)* nass, feucht werden *(von etw.: Abl.).*
● **im-mānis,** e *(Adv. -e u. (spätl.) -iter)* ① *(der Größe u. Menge nach)* ungeheuer (groß), riesig, unermesslich, außerordentlich, gewaltig [**belua; anguis; corpus; poculum** Humpen; **pecunia; praeda; aedificium**];
② *(dem Wesen nach)* **a)** *(v. Personen)* unmenschlich, grausam [**hostis; gens**]; **b)** *(v. Tieren)* wild; **c)** *(v. Lebl.)* schrecklich, furchtbar, grausig, entsetzlich [**audacia; scelus; crudelitas; avaritia**].
immānitās, tātis *f (immanis)* ① *(dem Wesen nach)* Furchtbarkeit, Entsetzlichkeit, Wildheit, Rohheit, Unmenschlichkeit [**facinoris; morum; animi; gentium**];
② *(meton.)* Unmenschen; **in tanta immanitate versari** unter solchen Unmenschen le-

ben;

③ *(Gell.) (der phys. Größe, Beschaffenheit nach)* Entsetzlichkeit, ungeheuerliche Größe; **serpens inusitatae immanitatis.**

im-mānsuētus, a, um ungezähmt, roh [**gens; ingenium; ventus** stürmisch].

im-marcēscibilis, e *(in-^{2} u. marcesco) (spätl.)* unverwelklich, unvergänglich.

immātūritās, ātis *f (immaturus)* ① *(Suet.)* Unreife;

② vorschnelles Benehmen.

im-mātūrus, a, um ① *(poet.; nachkl.)* unreif *(v. Personen, Früchten, Geschwüren);*

② vorzeitig, zu früh [**mors; consilium**]; **alci -o vita erepta est.**

im-mediātus, a, um *(in^2 u. medius) (spätl.)* unvermittelt; *Adv.* -e unmittelbar.

im-medicābilis, e *(poet.)* unheilbar [**vulnus; telum** das eine unheilbare Wunde verursacht].

● **im-memor,** *Gen.* oris ① uneingedenk, nicht (mehr) denkend an, nicht gedenkend, vergessend, unbekümmert um, achtlos, unbesorgt, ohne Rücksicht auf *(m. Gen. od. abs.)*; *abs. auch* rücksichtslos, pflichtvergessen [*m. Gen.:* **beneficii; Romanarum rerum; libertatis** die Freiheit nicht achtend; *abs.* **mens**];

② vergesslich [**ingenium** Vergesslichkeit];

③ ohne sich dankbar zu erinnern, undankbar *(m. Gen. od. abs.)* [*m. Gen.:* **beneficii; tanti meriti;** *abs.* **posteritas**].

im-memorābilis, e ① *(Plaut.)* nicht erwähnenswert;

② *(Lucr.)* unaussprechlich, unermesslich [**spatium**];

③ *(Plaut.)* schweigsam.

im-memorātus, a, um *(poet.)* unerwähnt, noch nicht erzählt; – *Subst.* immemorāta, ōrum *n* noch nicht Erzähltes, Neues.

immēnsitās, ātis *f (immensus)* Unermesslichkeit, unermessliche Größe [**freti**].

immēnsum, ī *n (immensus)* das Unermessliche, unermesslicher Raum, ungeheure Strecke; – *Adv.: in od. ad -um od. bl. immensum* ungeheuer [**mons in immensum editus** sehr hoch].

● **im-mēnsus,** a, um unermesslich (groß), ungeheuer, unendlich [**spatium; mare; sitis** unstillbar].

im-merēns, *Gen.* rentis *(in-^{2} u. mereo)* unschuldig.

im-mergō, mergere, mersī, mersum ① ein-, untertauchen, versenken [**manūs in aquam**];

② *(poet.; nachkl.)* tief hineinstecken, versenken [**manum in ōs leonis**];

3. *se ~ u. mediopass.* sich einschleichen, eindringen [**in contionem;** *übtr.* **in consuetudinem alcis** sich einnisten; **studiis** sich vertiefen in].

im-meritus, a, um *(Adv. -ō)* ① *(medial) (poet.)* der etw. nicht verdient hat *(m. Inf.)* [**mori**]; unschuldig [**gens; agni**];

② *(pass.)* unverdient, unverschuldet [**triumphus; laudes; querelae**]; – *Adv. immerito* unverdient, mit Unrecht; *non -o* mit (vollem) Recht.

im-mersābilis, e *(in-^{2} u. merso) (Hor.)* unversenkbar *(re: durch, in etw.)* [**undis**].

im-mersī *Perf. v. immergo.*

immersus *P.P.P. v. immergo.*

im-mētātus, a, um *(in-^{2} u. meto^2) (Hor.)* unabgemessen [**iugera**].

im-migrō, migrāre einwandern, einziehen.

imminentia, ium *n (immineo) (nachkl.)* das Bedrohende, die drohende Nähe.

● **im-mineō,** minēre, – – *(mons)* ① hereinragen, über etw. ragen, sich hinneigen *(m. Dat.);* **pinus villae imminens; imminente luna** im Mondschein;

② über etw. emporragen, *(einen Ort)* beherrschen, bedrohen, an etw. dicht grenzen *(m. Dat.);* **caelum imminet orbi; tumulus moenibus imminens;**

③ *(übtr.) (v. Personen)* jmdm. auf dem Nacken, auf den Fersen sitzen, jmd. hart bedrängen *(m. Dat.)* [**fugientium tergis**]; **ei imminet fortuna** verfolgt ihn;

④ nach etw. trachten, streben, sich zu bemächtigen suchen, auflauern *(m. Dat.; in od. ad alqd)* [**fortunis civium; toti Asiae; in victoriam; ad caedem**];

⑤ *(v. Unglück u. Gefahren)* über jmds. Haupt schweben, drohen, bedrohen, drohend bevorstehen; **imbres imminentes; mors imminet; imminens princeps** der künftige.

im-minuō, minuere, minuī, minūtum ① vermindern, verringern [**numerum praetoriarum cohortium; pretium**];

② *(übtr.)* beeinträchtigen, schmälern [**libertatem; honorem; maiestatem; pacem**];

③ schwächen, entkräften [**animum libidinibus; vires**]; **mens paulum imminuta** schwachsinnig;

④ *(Tac.)* geringschätzig behandeln.

imminūtiō, ōnis *f (imminuo)* ① Verminderung; **pravitas imminutioque corporis** Verkrüppelung;

② *(übtr.)* Beeinträchtigung, Schmälerung [**dignitatis**];

③ *(rhet. t. t.)* scheinbar verkleinernder Ausdruck, Litotes [*z. B.* **non minime = maxime**].

im-misceō, miscēre, miscuī, mixtum ① hinein-, einmischen, einmengen, einflechten, verknüpfen, verbinden *(alqd alci rei u. cum re)* [**ima summis; manibus manūs** ins Handgemenge kommen; **se nocti** in der Nacht verschwinden; **se nubi atrae;** *übtr.* **vitia virtutibus**];

② einreihen *(m. Dat.)* [**veteribus militibus tirones** die Rekruten];

③ *se ~ u. mediopass. immisceri* sich auf *od.*

in etw. einlassen, an etw. teilnehmen, sich beteiligen *(m. Dat.)* [**colloquiis; alcis periculis; negotiis alienis**].

im-miserābilis, e nicht bemitleidet, ohne Erbarmen zu finden.

im-misericors, *Gen.* cordis unbarmherzig.

im-mīsī *Perf. v. immitto.*

immissārium, ī *n (immitto)* Verteilerkasten der Wasserleitungsrohre.

immissiō, ōnis *f (immitto)* das Wachsenlassen [**sarmentorum**].

immissus *s. immitto.*

im-mītis, e ❶ unsanft, streng, hart, rau, grausam, wild [**tyrannus; mandata; ventus; ara** *(weg. der Menschenopfer)*; **locus**];
❷ *(poet.; nachkl.)* herb, unreif [**uva**].

im-mittō, mittere, mīsī, missum ❶ hineinschicken, -lassen *(in u. ad alqd; alci rei)* [**alqm in urbem, in tecta; corpus in undas** sich hineinstürzen; **collum in laqueum** eine Schlinge um den Hals legen; **coronam caelo** versetzen an];
2. *se ~ u. mediopass. immitti* sich hineinstürzen, eindringen [**equo in hostes** hineinsprengen; **undis; superis** sich begeben unter];
❸ (hinein)schleudern, hineinwerfen [**pila in hostes; fruges in ignes**];
❹ *(Wasser)* hin(ein)leiten [**aquam canalibus; mare in lacum**];
❺ einsetzen, einsenken, einlassen, einfügen *(in alqd u. alci rei)* [**tigna in flumen** einrammen; **plantas** einpfropfen; **aurum filis** einweben];
❻ loslassen, aufhetzen, anspornen, anstiften [**equum in alqm; impetūs in domos; naves in hostium classem** treiben lassen]; **immissis canibus agitare** mit der Meute hetzen;
❼ *(die Zügel)* schießen lassen *(auch übtr.)* [**(equo) frena, habenas; rudentes**]; **immissa iuga** das dahinschießende Gespann; **immissis habenis** mit verhängten Zügeln;
❽ vorrücken lassen [**equitatum in hostes**];
❾ verursachen, erregen [**iniuriam; timorem; curas; amorem; vires**];
❿ sich etw. entschlüpfen lassen;
⓫ wachsen lassen, emporschießen lassen [**vitem**]; – **immissus,** a, um *(vom Haar)* lang herabhängend, herabwallend.

immixtus *P.P.P. v. immisceo.*

● **immō** *Adv.* ❶ *(bestätigend)* aber ja, gewiss doch, allerdings;
❷ *(ablehnend)* nein im Gegenteil, keineswegs;
❸ *(steigernd)* ja vielmehr, ja sogar; **vivit? immo in senatum venit;**
/ häufig verstärkt: immo vero, immo etiam u. a.

● **im-mōbilis,** e ❶ unbeweglich;
❷ *(übtr.)* unerschütterlich [**pietas; phalanx**];
❸ empfindungslos, schwer zu rühren; **princeps ~ precibus;**
❹ untätig, ruhig, still [**Ausonia**].

immōbilitās, ātis *f (immobilis) (spätl.)* Unbeweglichkeit [**aquae**]; Unveränderlichkeit [**consilii**].

im-moderantia, ae *f (in*^{2} *u. moderor) (spätl.)* Maßlosigkeit.

immoderātiō, ōnis *f (immoderatus)* Maßlosigkeit [**verborum**].

im-moderātus, a, um ❶ unbegrenzt, unermesslich [**aether**];
❷ *(übtr.)* maßlos, unmäßig, unbändig, zügellos [**fortitudo; libertas; incendium**];
❸ ohne Maß und Regel [**oratio**].

immodestia, ae *f (immodestus)* ❶ *(vor- u. nachkl.)* Unbescheidenheit, Maßlosigkeit, Übermut;
❷ *(milit.)* Ungehorsam, Disziplinlosigkeit [**militum**].

im-modestus, a, um unbescheiden, übermütig, frech, zügellos, maßlos [**mores**].

im-modicus, a, um ❶ übermäßig groß, übermäßig lang [**rostrum; oratio; frigus; fluctus**];
❷ *(übtr.)* maßlos, zügellos [**voluptas;** *(mit, durch etw.: m. Abl.)* **saevitiā;** *(in, bei etw.: Gen. od. in m. Abl.)* **laetitiae; in augendo numero; in appetendis honoribus**].

im-modulātus, a, um *(Hor.)* unmelodisch [**poëmata**].

immoenis, e *(altl.) = immunis.*

immolātiō, ōnis *f (immolo)* Opferung; *Pl.* Opferhandlungen.

immolātor, ōris *m (immolo)* der Opfernde.

im-mōlītus, a, um *(in-*^{1} *u. molior)* hineingebaut.

im-molō, molāre *(in-*^{1} *u. mola, eigtl. „m. Opferschrot bestreuen")* ❶ opfern *(etw.: alqd od. re)* [**Musis bovem; Iovi tauro**];
❷ *(poet.) (übtr.)* hinopfern, dem Tode weihen, töten *(alqm).*

im-morior, morī, mortuus sum *(poet.; nachkl.) (m. Dat.)* ❶ in, auf, an, über, bei etw. sterben [**sorori** auf der Leiche der Schwester];
❷ sich bei etw. halb totarbeiten, sich abquälen [**studiis**].

im-moror, morārī *(nachkl.)* bei etw. verweilen, sich aufhalten *(auch übtr.) (m. Dat.).*

im-morsus, a, um *(in-*^{1} *u. mordeo) (poet.)* ❶ gebissen [**collum**];
❷ *(übtr.)* gereizt [**stomachus**].

● **im-mortālis** **I.** *Adj.* e ❶ unsterblich [**di; animi; natura**];
❷ *(übtr.)* unvergänglich, ewig, unauslöschlich [**gloria; facinora; memoria**];
❸ *(Prop.)* selig;
II. *Subst.* is *m* Unsterblicher, Gott.

immortālitās, ātis *f (immortalis)* ❶ Unsterblichkeit [**animorum**];
❷ *(übtr.)* Unvergänglichkeit, Ewigkeit, unvergänglicher Ruhm [**rei publicae**]; **immortalita-**

ti commendare *od.* **tradere** verewigen;
3 Vergöttlichung;
4 *(Kom.)* höchstes Glück, Seligkeit.

immortuus *Part. Perf. v. immorior.*

im-mōtus, a, um 1 unbewegt, unbeweglich, ruhig [**mare** Eismeer; **aquae** gefroren; **dies** windstill];
2 *(übtr.)* ungestört [**pax**];
3 unerschütterlich, unabänderlich, fest, sicher [**mens; fata**]; **mihi animo -um sedet** *(Verg.)* es steht für mich unerschütterlich fest;
4 unerschüttert, ungerührt [**animus**].

im-mūgiō, mūgīre *(poet.)* brüllend einstimmen, dröhnend widerhallen, erdröhnen *(von etw.: Abl.)*; **regia luctu immugit.**

im-mulgeō, mulgēre, – – hineinmelken *(alqd alci rei)* [**ubera labris**].

immunditia, ae *f (immundus)* 1 *(vor- u. nachkl.)* Unsauberkeit;
2 *(spätl.) (übtr.)* Unreinheit, Unanständigkeit.

im-mundus, a, um unrein, unsauber.

im-mūniō, mūnīre *(Tac.)* hineinbauen [**praesidium**].

im-mūnis, e *(in-² u. munus, munia)* 1 frei v. Leistungen, *bes. an den Staat,* abgaben-, steuerfrei *(meist abs., selten m. Gen., Abl. od. a re)* [**cives; ager; portoriorum; ab omni opere**];
2 *(poet.; nachkl.)* frei von Beiträgen, nichts beitragend; ohne Geschenke zu geben;
3 *(Verg.)* schmarotzend [**fucus**];
4 dienstfrei [**centuria;** *(m. Gen. od. Abl.)* **militarium operum; militiā**];
5 pflichtvergessen [**virtus; Grai**];
6 *(übtr.)* v. etw. frei *od.* befreit, verschont, unberührt, rein *(m. Gen.; Abl.; a re)* [**mali; vitiorum; calamitate; a periculo;** *abs.* **tellus** unbebaut].

immūnitās, ātis *f (immunis)* 1 das Freisein *v. Leistungen,* Abgaben-, Steuerfreiheit [**omnium rerum** *v.* allen Leistungen; **a tributis**];
2 Vergünstigung, Privileg; **veteres immunitates adimere;**
3 *(übtr.)* das Freisein v. etw. *(m. Gen.)* [**muneris**].

im-mūnītus, a, um 1 unbefestigt [**oppidum; castellum**];
2 ungepflastert [**via**].

im-murmurō, murmurāre *(poet.; nachkl.)*
1 hineinmurmeln, -rauschen, zumurmeln *(abs. od. m. Dat.)*; **silvis immurmurat auster;**
2 murren; **immurmurat agmen.**

im-mūtābilis¹, e unveränderlich, unwandelbar [**causa; aeternitas**].

immūtābilis², e *(immuto) (Plaut.)* veränderlich.

immūtābilitās, ātis *f (immutabilis¹)* Unveränderlichkeit, Unwandelbarkeit.

immūtātiō, ōnis *f (immuto)* 1 Veränderung, Vertauschung [**verborum**];
2 *(rhet. t. t.)* Metonymie.

im-mūtātus¹, a, um *(in-² u. P. P. P. v. muto)* unverändert.

immūtātus², a, um *(immuto)* verändert.

im-mūtēscō, mūtēscere, mūtuī, – *(nachkl.)* verstummen.

im-mūtō, mūtāre 1 verändern, umwandeln; verschlechtern [**formas; consuetudinem; ordinem verborum; voluntatem**];
2 *(rhet. t. t.)* **a)** metonymisch gebrauchen [**verba; Africam pro Afris**]; **b)** allegorisch gebrauchen; **immutata oratio** Allegorie.

im-mūtuī *Perf. v. immutesco.*

I M P. *(Abk.) = imperator od. imperium.*

im-pācātus, a, um *(poet.; nachkl.)* nicht friedlich, unruhig [**vita**].

im-pār, *Gen.* paris *(Abl. Sg. -ī u. -e)* 1 ungleich, verschieden(artig) [**modi** Hexameter u. Pentameter; **arma; benevolentia;** *(an etw.: Abl.)* **magnitudine**];
2 *(v. Zahlen)* ungerade [**numerus; Musae** Neunzahl der Musen]; **ludere par impar** Gerade od. Ungerade spielen;
3 *(Hor.)* schief sitzend [**toga**];
4 *(der Kraft od. Bedeutung nach)* nicht gewachsen, schwächer, unterlegen, nachstehend *(m. Dat.)* [**Achilli; dolori; honoribus;** *(in, an etw.: Abl.)* **viribus**];
5 nicht ebenbürtig *(an etw., in Bezug auf etw.: Abl.)* [**materno genere**]; **Iulia spreverat Tiberium ut imparem;**
6 *(poet.) (v. Dingen)* worin man nicht gewachsen ist [**fata; pugna**].

im-parātus, a, um unvorbereitet, ungerüstet, nicht versehen mit *(mit, an, in Bezug auf: Abl. od. ab m. Abl.)* [**res publica; a militibus; a pecunia**]; **omnibus rebus imparatissimis** ohne irgendwelche Vorbereitung; **alqm -um confodere** wehrlos; ~ **aggredior ad dicendum** *(Cic.).*

impartiō, -ior = *impertio, -ior.*

im-pāstus, a, um *(Verg.)* ungefüttert, hungrig [**pisces**].

im-patibilis, e = *impetibilis.*

im-patiēns, *Gen.* entis *(poet.; nachkl.)* 1 unfähig, etw. zu leiden, zu ertragen, auszuhalten; einer Sache nicht mächtig, nicht gewachsen *(m. Gen.)* [**laborum; viae** unfähig, die Strapazen der Reise zu ertragen; **viri** voller Abneigung gegen; **societatis** ungesellig];
2 *abs.* **a)** ungeduldig [**animus**]; **b)** *(stoischer t. t.)* leidenschaftslos.

impatientia, ae *f (impatiens) (nachkl.)* 1 Unvermögen, etw. zu ertragen *(m. Gen.)* [**silentii; frigorum**];
2 Ungeduld *(bei etw.: m. Gen.)*;
3 Schwäche;
4 *(stoischer t. t.)* Leidenschaftslosigkeit.

● **im-pavidus,** a, um unerschrocken, furchtlos [**vir; pectora**].

I

● **impedīmentum,** ī *n (impedio)* ① Hindernis; **-a naturae diligentiā industriāque superare; -um alci facere, inferre** *od.* **afferre;**
② *Pl.* **a)** (Reise-)Gepäck, *bes. milit.* Bagage; **b)** Tross; **c)** Packpferde; **-a mulique.**

● **im-pediō,** pedīre *(in-¹ u. pes, vgl. expedio)*
① *(poet.)* umwickeln, umstricken, fesseln, festhalten [**pedes; frenis equos**];
② *(poet.)* umwinden, umflechten [**caput myrto; cornua sertis**];
③ *(Örtl.)* unzugänglich machen, versperren [**saltum munitionibus**];
④ *(übtr.)* verwickeln, verwirren [**orbes orbibus** verschlungene Kreise bilden; **mentem dolore**];
⑤ *(übtr.)* aufhalten, (ver)hindern, hemmen, abhalten *(alqm a od. in re, re, ad alqd: in, an, bei etw.; durch etw.: Abl.)* [**a delectatione; a vero bonoque; a re publica bene gerenda; se a suo munere** sich in seiner Tätigkeit stören lassen; **in iure suo; ad fugam capiendam; comitia auspiciis; iussa** die Ausführung der Befehle verhindern]; *(m. quominus; ne; quin; selten m. Inf.).*

impedītiō, ōnis *f (impedio)* Verhinderung, Hemmung.

● **impedītus,** a, um *(P. Adj. v. impedio)* ① aufgehalten, gehindert, gehemmt [**animi** beschäftigt; **oratio** stockend, schwerfällig];
② *(v. Örtl.)* unzugänglich, versperrt, unwegsam [**silva; itinera**];
③ schwer bepackt, *bes. milit.* nicht kampfbereit [**milites; agmen**];
④ schwierig, beschwerlich, verwickelt, misslich [**bellum; disceptatio; tempora rei publicae**].

im-pēgī *Perf. v. impingo.*

● **im-pellō,** pellere, pulī, pulsum ① *(poet.)* (an)stoßen, schlagen [**pollice chordas** Saiten; **alqm gladio; portas manu**]; **maternas impulit aures luctus Aristaei** *(Verg.)* traf das Ohr der Mutter;
② bewegen, antreiben, schütteln, erschüttern [**navem remis; puppim remis velisque; remos** rudern; **aequora remis** schlagen; **equum calce; sagittam nervo** abschießen; **mugitibus auras** erschüttern; **animum labantem** ins Wanken bringen; **legentem** (auf)stören];
③ *(übtr.)* jmd. zu etw. antreiben, veranlassen, bewegen, verleiten [**ad facinus; in fraudem; alqm in fugam; alqm ad societatem belli; ad deditionem**]; *(m. ut; Inf.);* **irā impulsus** aus Zorn;
④ *(einen Feind)* zum Weichen bringen [**hostes; aciem**];
⑤ niederwerfen, zu Fall bringen [**hominem clipeo; praecipitantem** *od.* **ruentem** den schon Fallenden = einen Unglücklichen noch unglücklicher machen; **mores** den letzten Stoß versetzen = zugrunde richten].

● **im-pendeō,** pendēre, – – ① herüberhängen, über etw. hängen *od.* schweben *(abs. od. m. Dat.);* **gladius cervicibus impendet** über dem Nacken; **saxum Tantalo impendet; montes impendentes;**
② *(übtr.)* bevorstehen, nahe sein, drohen *(abs.; m. Dat.; in m. Akk.; Akk.);* **impendens patriae periculum; in me terrores impendent; subito tanta te impendent mala** *(Ter.);* **impendente supplicio.**

im-pendī *Perf. v. impendo.*

impendiō *Adv. (beim Komp.) (impendium)* bei weitem, weit [**magis** weit mehr; **minus**].

impendiōsus, a, um *(impendium) (Plaut.)* großen Aufwand machend.

impendium, ī *n (impendo)* ① Aufwand, Kosten [**privatum; publicum**];
② *(nachkl.)* Verlust, Schaden; **tantulo -o victoria stetit** war erkauft;
③ Zinsen.

im-pendō, pendere, pendī, pēnsum ① *(Kosten)* aufwenden, verwenden, (Geld) ausgeben [**sumptum; pecuniam;** *(für etw.: in alqd)* **in res vanas; nummos in navem**];
② *(übtr.) (Mühe, Zeit u. Ä.)* aufwenden, opfern, anwenden, verwenden *(für etw.: in u. ad alqd, alci rei od. in re)* [**operam; sanguinem in socios; vitam vero**].

im-penetrābilis, e ① undurchdringlich *(für etw.: Dat. od. adversus alqd)* [**ferro; adversus ictūs**];
② *(übtr.)* unüberwindlich, unbezwingbar, unzugänglich [**mens irae; pudicitia**].

impēnsa, ae *f (impensus)* ① Ausgaben, Kosten, Aufwand [**publica** Staatskosten]; **-ā alcis** auf jmds. Kosten; **-am facere in alqd** Kosten auf etw. verwenden;
② *(übtr.)* Aufopferung, Verwendung [**cruoris; operum; officiorum**]; **meis ~is** auf Kosten meines guten Namens.

impēnsus, a, um *(P. Adj. v. impendo)* ① *(vom Preis)* teuer, hoch; **-o pretio** *od. bloß* **-o vendere, emere alqd;** – *Adv.* impēnsē m. großem Aufwand, kostspielig: **bibliothecas impensissime reparare** *(Suet.)*;
② *(übtr.)* reichlich, bedeutend, groß, heftig, dringend, inständig, eifrig [**voluntas** entschieden; **cura**]; – *bes. Adv.* impēnsē außerordentlich, dringend, heftig, inständig [**cupere; petere; milites retinere** m. Strenge]; *nicht klass.* = sehr: **impense improbus.**

i Kultur ● **imperātor,** ōris *m (impero)*
① Gebieter, Herr, Herrscher [**gentium; terrarum; vitae**];
② Feldherr, Oberbefehlshaber;
③ siegreicher Feldherr *(Ehrentitel, den ein Feldherr nach einem großen Sieg vom Heer u. Senat verliehen bekam,*

meist dem Namen nachgest.);
④ *Beiname Jupiters;*
⑤ *(nachkl.) seit Cäsar Titel der röm. Herrscher, dem Namen vor- od. nachgest.; abs.* = röm. Kaiser;
⑥ *im christl. Mittelalter auch eine Bezeichnung des Kaisers. Noch 1804 nannte sich Napoleon Bonaparte „empereur".*

imperātōrius, a, um *(imperator)* ① des Feldherrn, Feldherrn- [**virtutes; forma** gebieterisch; **partes** Rolle; **haud- um** eines Feldherrn unwürdig];
② *(nachkl.)* kaiserlich [**uxor; decus**].

imperātrīx, īcis *f (imperator)* Gebieterin, Herrscherin; **fortuna ~ mundi.**

imperātum, ī *n (impero)* Befehl, Auftrag; **-um** *u.* **-a facere** gehorchen, sich unterwerfen.

im-perceptus, a, um *(poet.; nachkl.)* undurchschaut, unentdeckt [**fraus**].

im-percō, percere, – – *(parco) (Plaut.)* schonen *(alci); abs.* sich schonen.

im-percussus, a, um *(Ov.)* nicht angestoßen, geräuschlos; **-os nocte movere pedes.**

im-perditus, a, um nicht getötet, noch verschont.

im-perfectus, a, um ① unvollendet, unvollkommen [**pons; corpus; verba; commentarius; res** unverrichtet; **bellum**];
② *(Sen.)* sittlich unvollkommen;
③ *(Iuv.)* unverdaut [**cibus**].

im-perfossus, a, um *(Ov.)* undurchbohrt; **Caeneus manet ~ ab ictu.**

imperiālis, e *(imperium) (spätl.)* Kaiser-.

imperiōsus, a, um *(imperium)* ① gebietend, herrschend, mächtig [**populus** Großmacht; **virga** die Fasces; **sibi** sich selbst beherrschend];
② herrisch, gebieterisch, tyrannisch, hart [**dictatura; aequor** stümisch; **cupiditas**].

imperītia, ae *f (imperitus)* Unerfahrenheit, Ungeschicklichkeit, Unwissenheit [**hostium; iuvenum;** *(m. Gen. obi.)* **rerum; verborum**].

imperitō, imperitāre *(Intens. v. impero)* **I.** *intr.* gebieten, befehlen, beherrschen, kommandieren *(m. Dat.)* [**legionibus; oppido; nemori; equis** lenken];
II. *trans.* etw. befehlen, verlangen [**aequam rem**].

● **im-perītus** **I.** *Adj.* a, um unerfahren, unkundig, ungeschickt, nichts ahnend, unvorbereitet *(in, mit etw.: Gen.)* [**iuris civilis; equitandi; omnium rerum** ohne alle Lebenserfahrung];
II. *Subst.* ī *m* Laie, Pfuscher.

● **imperium,** ī *n (impero)* ① Befehl, Vorschrift, Auftrag, Verordnung, Anordnung [**tyranni; imperatoris; patris; decumarum** Auferlegung v. Zehnten]; **-um accipere** bekommen; **-o** *u.* **ad -um** auf Befehl; **-um observare** den Befehl beachten; **-um abnuere** den Gehorsam verweigern;
② *(meton.)* Macht, Gewalt *(über: Gen. od. in m. Akk.)* [**custodiae** über die Gefängnisse; **in suos; summum ~** *od.* **summa -i** höchste Gewalt]; **-i cupido; acerbitas -i; pro -o** gebieterisch;
③ (höchste) Gewalt *im Staat, in einer Stadt u. Ä.,* Herrschaft, Regierung *(über: Gen.)* [**provinciae; orbis terrarum; unius** Alleinherrschaft]; **-um petere** zu erlangen suchen; **-um suscipere** antreten; **in -o esse** herrschen; **summo -o esse** die höchste Gewalt in Händen haben; **-o eius** unter seiner Regierung; **de -o decertare; sub populi Romani -um cadere; -um deponere; sub -um alcis redigere; ~ penes alqm est** liegt in jmds. Hand; **-um alci extorquere; -o natus** zum Herrschen geboren; *auch Pl.:* **novis -is studere** nach Veränderung der Herrschaft streben;
④ *(milit.)* Oberbefehl, Kommando [**belli; navium; maritimum** zur See; **summum ~** *od.* **summa -i** Oberkommando]; **-a et honores** Militär- u. Zivilämter; **-a magistratūsque** Ämter im Krieg u. Frieden; **cum -o esse** den Oberbefehl haben; **alci -um dare; alqm -o praeficere;**
⑤ Amtsgewalt, Amt; **fasces ceteraque insignia huius -i;**
⑥ *(meton.)* Beamter; Behörde *(nur Pl.);* **plena -orum provincia;**
⑦ Amtsjahr, -dauer, -führung; **carcer ille in istius -o domicilium civium fuit** *(Cic.);*
⑧ Herrschaftsgebiet, Staat, Reich, Kolonialreich; **fines -i propagare; urbes -o adiungere;**
⑨ *(mlt.)* **a)** Kaisertum; **b)** Kaiser.

im-periūrātus, a, um *(Ov.)* bei dem man keinen Meineid zu schwören wagt [**aquae** Wasser des Styx].

im-permeābilis, e *(spätl.)* unzugänglich, undurchdringlich.

im-permissus, a, um *(Hor.)* unerlaubt.

● **im-perō,** perāre *(in-[1] u. paro[1])* ① befehlen, gebieten [**tribunis militum; multa;** *(m. Akk. der Person)* **exercitum** berufen, beordern], *abs.* Befehle erteilen; **vis imperandi; alqo imperante** auf jmds. Befehl; **ad imperandum vocari** um Befehle zu empfangen; *(m. ut; bl. Konj.; A. C. I.* [*meist nur bei pass. od. deponentialem Inf.*]*; Inf.; indir. Frages.; im Pass. manchmal auch persönl.)* **impero, ut laboret** ich befehle ihm zu arbeiten; **stringerent ferrum imperavit; frumentum comportare imperavit; quantum quisque daret, pro facultatibus imperabat** bestimmte; **haec procurare imperor** man befiehlt mir;
② (be)herrschen, gebieten, befehligen, den Oberbefehl haben *(m. Dat.)* [**classi; omnibus**

gentibus; irae beherrschen]; **Lucullo imperante** unter dem Kommando des L.; **Tiberio imperante** unter Kaiser T.;
③ *(eine Leistung, Lieferung)* auftragen, auferlegen [**puero cenam** die Besorgung der Mahlzeit; **obsides civitatibus** v. den Staaten fordern; **alci frumentum**].

im-perpetuus, a, um *(Sen.)* unbeständig.

im-perspicuus, a, um *(Plin.)* undurchschaubar, versteckt.

im-perterritus, a, um unerschrocken.

im-pertiō, pertīre *u. (nicht klass.)* **-ior,** īrī *(partio[1], partior)* ① jmdm. etw. zuteilen, gewähren, zukommen lassen, schenken, widmen *(alci alqd jmdm. etw. od. de re v. etw.)* [**alci civitatem** Bürgerrecht; **alci multam salutem** jmd. herzlich grüßen lassen; **alci tempus; se talem alci** sich zeigen, sich erweisen; **indigentibus** (den Armen) **de re familiari**];
② *(vor- u. nachkl.) alqm re* jmd. m. etw. ausrüsten [**aetatem puerilem doctrinis** bekannt machen mit].

impertīta, ōrum *n (impertio)* Vergünstigungen, Zugeständnisse.

im-perturbābilis, e *(in-[2] u. perturbo) (spätl.)* ungestört.

im-perturbātus, a, um *(poet.; nachkl.)* ungestört, ruhig [**animus**]; **-a occupationibus quies** *(Sen.)*.

im-pervius, a, um *(poet.; nachkl.)* unwegsam, unpassierbar [**amnis; iter; lapis ignibus** feuerfest].

impete *s. impetus.*

im-petibilis, e *(in-[2] u. patibilis)* unerträglich [**dolor**].

impetīgō, ginis *f (impeto)* chronischer Hautausschlag, Räude.

im-petō, petere, – – *(vor- u. nachkl.)* anfallen, angreifen.

impetrābilis, e *(impetro)* ① *(pass.)* leicht erreichbar [**venia; triumphus**];
② *(akt.)* leicht erreichend; überzeugend [**orator**]; günstig, nutzbringend [**dies**].

impetrātiō, ōnis *f (impetro)* Erlangung, Auswirkung, Vergünstigung.

impetriō, impetrīre *(Desider. v. impetro)* etw. durch günstige Vorzeichen zu erlangen suchen.

● **im-petrō,** petrāre *(patro) (durch Bitten)* erreichen, erlangen, bewirken, durchsetzen, *de re* in Betreff einer Sache Gehör finden, Erfolg haben [**optatum; veniam a dictatore; civitatem** Bürgerrecht; **de indutiis**]; *(m. ut, ne; bl. Konj.; Inf.; A. C. I.);* **non ~ ab animo potuit, ut ...** er konnte es nicht über sich bringen,...; **tandem impetravi abiret** *(Plaut.)*.

impetuōsē *Adv.* heftig, ungestüm.

● **impetus,** ūs *m (poet. Abl. Sg. impete, Dat. Sg. impetū) (impeto)* ① Andrang, Ansturm, Ungestüm, ungestümes Vordringen, stürmischer Lauf [**militum; maris, fluminis** starke Strömung; **navis** das Vorbeischießen; **hastae** Schwung; **ventorum** Anprall; *auch übtr.:* **rerum** der Ereignisse]; **continenti impetu** ununterbrochen laufend; **impetum capere** einen Anlauf nehmen;
② Angriff, Überfall; **in hostem impetum facere** *od.* **dare** angreifen;
③ *(übtr.)* Schwung, Begeisterung [**dicendi**];
④ Leidenschaft, leidenschaftliches Wesen [**animi; offensionis** Empörung über eine Beleidigung];
⑤ Drang, Verlangen, Trieb, Neigung, Eifer [**animi; imperii delendi**]; **est mihi ~** *(m. Inf.)* es treibt mich;
⑥ *(meton.)* rascher Entschluss; **impetum capere regis occidendi.**

im-pexus, a, um *(poet.; nachkl.)* ① ungekämmt, wirr, zottig [**barba**];
② *(übtr.)* schmucklos, rau [**antiquitas**].

impietās, ātis *f (impius)* ① Pflichtvergessenheit, Gottlosigkeit, Ruchlosigkeit;
② Mangel an Ehrfurcht *(in alqm)* [**in principem** Majestätsbeleidigung].

im-piger, gra, grum rastlos, unermüdlich, eifrig [**ingenium; lingua; equus; in laborando;** *(m. Lok.)* **militiae**]; **alqd impigre exsequi; vir ad labores belli ~;** *(m. Inf.)* **~ hostium vexare turmas.**

impigritās, ātis *f (impiger)* Unermüdlichkeit, Eifer.

im-pingō, pingere, pēgī, pāctum *(pango)* ① hinein-, einschlagen, etw. anschlagen, gegen etw. stoßen *(alqd alci u. alci rei)* [**alci fustem** jmd. m. dem Stock schlagen; **lapidem Aesopo; alci calcem** jmdm. einen Fußtritt geben; **alci compedes** Fußfesseln anlegen; *übtr.* **alci dicam** Prozess anhängen]; **saxis (vadis) impactus** auf Felsen (in Untiefen) geraten;
② *(poet.; nachkl.)* wohin treiben, drängen, jagen [**agmina muris; hostes in vallum**]; – *mediopass.* auf etw. stoßen;
③ jmdm. etw. aufdrängen, aufnötigen *(meist im Scherz)* [**alci calicem mulsi** vor die Nase halten].

im-piō, piāre *(Plaut.)* m. Schuld beflecken [**se** sündigen].

● **im-pius,** a, um pflichtvergessen, gottlos, ruchlos, frevelhaft [**civis; bellum; saecula; facta; dii** die man bei Zauberei u. Verwünschungen anruft].

im-plācābilis, e unversöhnlich, unerbittlich *(abs.; m. Dat.; in m. Akk.)* [**animus; veteri odio**].

im-plācātus, a, um unbesänftigt, unversöhnlich [**gula** unersättlich].

im-placidus, a, um *(poet.)* unsanft, kriegerisch, wild, rau [**genus**].

im-plectō, plectere, –, plexum *(poet.; nachkl.)* hinein-, einflechten, verflechten; **aurum crini-**

bus implexum; manibus implexis m. verschlungenen Händen; *übtr.:* **series implexa causarum** die ineinander greifende Kette v. Ursachen.

● **im-pleō,** plēre, plēvī, plētum ❶ an-, voll füllen, voll gießen [**vas; fossas; amphoram ad summum**]; **luna impletur** es wird Vollmond;
❷ *(übtr.)* erfüllen, voll machen [**vestigia alcis** in jmds. Spuren treten]; **acta magni Herculis impleverant terras** *(Ov.);*
❸ mit etw. (an)füllen *(mit etw.: Abl.; Gen.; de)* [**mero pateram; venas cibis; ollam denariorum** den Topf mit Denaren füllen]; *(übtr.)* erfüllen mit [**animum spe; pectora curis; urbem terrore; clamore aedes; orbem terrarum gloriā; scopulos lacrimosis vocibus; animum religionis; omnia erroris mutui; hostes formidinis**]; **hostis oppidum sanguine militum implevit; is vomens frustis esculentis gremium suum et totum tribunal implevit** *(Cic.);* **Neptunus ventis implevit vela secundis** *(Verg.)* schwellte; **celeriter adulescentem suae temeritatis implet** *(Liv.);* **alter de ipsa iustitia quattuor implevit sane grandes libros** *(Cic.);*
❹ vollzählig machen, vervollständigen, ergänzen [**cohortes**]; **luna quater iunctis impleverat cornibus orbem** *(Ov.);*
❺ *(eine Zahl, Größe, ein Maß u. Ä.)* ausfüllen, erreichen, vollenden [**finem vitae, cursum vitae** sterben]; **puer, qui nondum impleverat annum** *(Ov.);*
❻ *(eine Stelle)* ausfüllen, jmd. in seinem Amt vertreten [**locum principem; censorem**];
❼ vollbringen, durchführen, (ein)halten, verwirklichen [**consilium; fata** die Prophezeiung in Erfüllung gehen lassen, Wirklichkeit werden lassen; **promissum** sein Versprechen erfüllen; **leges; munia**]; **ne id profiteri videar; quod non possim implere** *(Cic.);*
❽ *(poet.; nachkl.)* sättigen, *Pass.* sich sättigen *(mit, an etw.: Abl. od. Gen.), meist übtr.* befriedigen, stillen, zufrieden stellen [**se sanguine regum; milites praedā; dolorem suum lacrimis; desideria naturae; odium**]; **praeparatā nos implevimus cenā** *(Petr.);* **implentur veteris Bacchi pinguisque ferinae** *(Verg.);* **non semper implet (Demosthenes) aures meas** *(Cic.);*
❾ *(poet.)* schwängern, befruchten [**feminam; uterum generoso semine**].

implētiō, ōnis *f (impleo) (Eccl.)* Erfüllung.

implexus, *Abl.* ū *m (implecto) (Plin.)* Verwicklung, Verschlingung, Verknüpfung.

implicātiō, ōnis *f (implico)* ❶ Verflechtung [**nervorum**];
❷ *(übtr.)* Verwirrung, Verworrenheit [**rei familiaris**].

implicātus, a, um *(P. Adj. v. implico)* verwickelt, verworren [**partes orationis**].

implicīscor, implicīscī, – *(implico)* in Verwirrung geraten.

implicitē *Adv. (zu implicitus v. implico)* verwickelt, verworren.

implicitō, implicitāre *(Intens. v. implico)* verwickeln.

● **im-plicō,** plicāre, plicāvī *u.* plicuī, plicātum *u.* plicitum ❶ (hin)einwickeln, verwickeln, verschlingen [**orbes** verworrene Kreise schlingen; **acies inter se** untereinander mischen; **se dextrae alcis** sich anschmiegen an];
❷ *(übtr.)* verknüpfen, verbinden, an etw. fesseln *(alqd cum re od. alci rei); – pass. implicari re:* **impudentia inscientiā implicata** verbunden mit;
❸ *in einen Zustand* verwickeln, verstricken *(alqm re)* [**alqm bello, erroribus**]; *– pass. bzw. mediopass. implicari* in etw. verstrickt werden, in etw. geraten, sich einlassen in *(m. Abl. od. in m. Akk.)* [**negotiis; tua defensione; consiliis alcis** sich einlassen in; **morbo** *od.* **in morbum** fallen; **multarum aetatum oratoribus** in Berührung kommen mit];
❹ in Unordnung bringen, verwirren [**animos; alqm responsis**]; **tanti errores nos implicant;**
❺ *(poet.)* umwickeln, umwinden, umschlingen, umfassen [**pedes; tempora ramo**];
❻ *(poet.)* etw. um etw. wickeln, schlingen, winden [**bracchia collo** *(Dat.)* die Arme um den Hals legen].

implōrātiō, ōnis *f (imploro)* das Anflehen, Anrufung *(m. Gen. subi. u. Gen. obi.)* [**deorum; illius; acerba**].

● **im-plōrō,** plōrāre ❶ flehentlich anrufen, anflehen [**deos; leges** sich berufen auf; **iura libertatis**];
❷ unter Tränen u. Klagen rufen [**nomen filii; nomine Turnum**];
❸ etw. erflehen, erbitten [**auxilium a Romanis**]; *(m. ut, ne).*

im-pluī *Perf. v. impluo.*

im-plūmis, e *(pluma) (poet.; nachkl.)* ungefiedert, nackt, kahl [**pulli**].

im-pluō, pluere, pluī, – hineinregnen, auf etw. herabregnen *(m. Dat.)* [**hortis**]; *(übtr., scherzh.)* **alci malum impluit** es regnet Schläge für jmd.

impluviātus, a, um *(impluvium) (Plaut.)* v. der Form eines impluvium, viereckig.

> *i* Kultur **impluvium,** ī *n (impluo) in altröm. Häusern in den Fußboden des Atriums eingelassenes Becken zum Auffangen des Regenwassers,* das Impluvium.

im-polītus, a, um ❶ ungeglättet; *(übtr., rhet.)* ungefeilt, schmucklos;

② un(aus)gebildet [**forma ingenii; genus hominum**];
③ unvollendet [**res**].

im-pollūtus, a, um unbefleckt [**virginitas**].

● **im-pōnō,** pōnere, posuī, pos(i)tum *(altl.: Inf. Perf. imposīsse, Perf. imposīvī) (m. in u. Akk.; in u. Abl.; Dat.)* ① in, auf, an etw. setzen, legen, stellen, hineinlegen, -setzen, in etw. stecken [**dextram in caput alcis; pedem in undam; mortuos in rogum; milites in equos; alqm in plaustrum, in eculeum; dona aris; clitellas bovi; artūs mensis; frontibus ancillarum vittas**];
② aufsetzen, aufdrücken [**victori coronam; Caesari diadema**];
③ aufstellen, errichten, anlegen, (hin)bauen; **coloniam in agro Samnitium ~; arces montibus impositae; impositum saxis Anxur; pontibus praesidiisque impositis;**
④ einschiffen, an Bord bringen *(auch m. dem Zusatz: in naves, in navem)* [**milites; equites; exercitum**]; **aeris magno pondere in naves imposito** *(Caes.);* **quicquid domi fuit in navem imposivit** *(Plaut.);*
⑤ *(als Wächter, Aufsichtführenden, -behörde, Regenten u. a.)* einsetzen, bestimmen, setzen über [**custodem in hortis; centuriones ad portas; regem Macedoniae; Cappadociae consularem rectorem**]; **itaque imposuistis cervicibus nostris sempiternum dominum** *(Cic.);*
⑥ *(Hand)* anlegen, ansetzen [**manum calathis; manum pensis** Wollarbeiten betreiben; *übtr.* **rei extremam, summam, ultimam manum** die letzte Hand anlegen];
⑦ *finem, modum od. fastigium* ein Ende, ein Ziel setzen, beenden *(m. Dat.)* [**volumini; spei; dolori; operi incohato**];
⑧ *(Unangenehmes)* auferlegen, aufbürden, aufhalsen [**alci gravem laborem; leges duras; consulem populo; asello onus; servitutem civibus; consuli invidiam belli; culpam omnem in alqm** auf jmd. schieben];
⑨ *(Schlimmes)* jmdm. antun, zufügen [**alci vulnus, vim, iniuriam, contumelias**];
⑩ jmd. hintergehen, hinters Licht führen, täuschen, betrügen *(m. Dat.)* [**populo**];
⑪ *(Namen, Beinamen, Anschein u. Ä.)* beilegen, geben [**filio Philippum nomen; victori cognomen; labori nomen inertiae; fraudi speciem iuris; cognata vocabula rebus**];
⑫ *(Geldsummen)* für etw. aufwenden [**impensam alci rei**].

im-portābilis, e *(spätl.)* unerträglich [**onus; malum**].

im-portō, portāre ① *Fremdes aus dem Ausland* einführen [**vinum; frumentum;** *übtr.* **artes; linguam Graecam**];
② *(übtr.)* etw. herbeiführen, bringen, verursachen, zufügen, aufbürden *(alci alqd)* [**alci detrimentum, calamitatem; alci suspicionem** bei jmdm. erregen].

importūnitās, ātis *f (importunus)* ① Rücksichtslosigkeit, Schroffheit [**matris; animi**];
② *(Gell.)* ungünstige Lage [**loci**].

im-portūnus, a, um *(vgl. op-portūnus)* ① ungünstig gelegen, unzugänglich [**locus**];
② *(v. der Zeit)* ungünstig;
③ *(poet.; nachkl.) (übtr.)* ungünstig, ungelegen, lästig, beschwerlich [**pauperies; fata**];
④ rücksichtslos, schroff, barsch, unverschämt, frech [**hostis; libido; natura**].

im-portuōsus, a, um ohne Hafen [**mare; litus; insula**].

im-pos, *Gen.* potis *(in-² u. potis) einer Sache* nicht mächtig *(m. Gen.)* [**animi** unfähig, sich zu beherrschen; **sui** seiner nicht Herr].

impositiō, ōnis *f (impono) (spätl.)* das Auflegen [**manuum**].

impositus *P.P.P. v. impono.*

im-possibilis, e *(nachkl.)* unmöglich.

impostor, tōris *m (impono 10.) (spätl.)* Betrüger.

impostūra, ae *f (impono 10.) (spätl.)* Betrügerei, Fälschung.

impostus *s. impono.*

im-posuī *Perf. v. impono.*

im-potābilis, e *(spätl.)* nicht trinkbar.

● **im-potēns,** *Gen.* entis *(Abl. Sg. -ī u. e)* ① machtlos, ohnmächtig, schwach;
② *(m. Gen.) einer Sache* nicht mächtig, nicht Herr über [**irae; equi regendi**];
③ ohne Selbstbeherrschung, maßlos, zügellos, unbändig [**dominatio; rabies; invidia; avaritia; iniuria; postulatum; iussa; amor; freta**].

impotentia, ae *f (impotens)* ① *(Ter.)* Unvermögen, Ohnmacht;
② Unbändigkeit, Zügellosigkeit [**animi; libidinum; astri** unbändige Glut]; Despotismus.

im-praemeditātus, a, um *(Mart.)* unvorbereitet.

impraesentiārum *Adv. (< in praesentia rerum)* für jetzt, vorläufig, vorerst.

im-prānsus, a, um *(poet.)* ohne Frühstück, nüchtern.

imprecātiō, ōnis *f (imprecor) (nachkl.)* Verwünschung, Verfluchung.

im-precor, precārī *(Gutes od. Böses)* wünschen [**homini diras** verfluchen; **alci mortem**]; fluchen.

impressē *Adv. (imprimo) (spätl.)* eindringlich, nachdrücklich.

im-pressī *Perf. v. imprimo.*

impressiō, ōnis *f (imprimo)* ① Eindruck;
② das Eindringen, Angriff; **impressionem dare** angreifen;
③ *(rhet. t. t.)* **a)** Artikulation [**vocum**]; **b)** *Pl.* Hebungen u. Senkungen.

impressus *P.P.P. v. imprimo.*

● **im-prīmīs** *Adv. (< in primis, eigtl. „unter den Ersten")* vor allem, hauptsächlich, ganz besonders.

● **im-primō,** primere, pressī, pressum *(in-¹ u. premo)* ❶ hinein-, ein-, aufdrücken, einprägen *(oft übtr.) (alqd in re, in rem od. alci rei)* [**sigillum in cera; signum pecori; anulum litteris** siegeln; *übtr.* **rem menti** einprägen; **osculum labiis**];
❷ m. einem eingedrückten Zeichen versehen, besiegeln, bezeichnen [**signo tabellas;** *übtr.* **rem publicam dedecore** m. einem Schandmal]; **crater impressus signis** Krug m. erhabenen Figuren;
❸ *(mlt.)* **litteras ~** schreiben; **libros ~** drucken.

im-probābilis, e *(nachkl.)* verwerflich [**motus animi; argumentum**].

improbātiō, ōnis *f (improbo)* Missbilligung, Verwerfung.

improbitās, ātis *f (improbus)* Schlechtigkeit, Unredlichkeit; Verwegenheit, Frechheit.

im-probō, probāre missbilligen, verwerfen, zurückweisen [**multorum opera; mores alcis; consilium; iudicium;** *(in. dopp. Akk.)* **alqm testem** als Zeugen].

improbulus, a, um *(Demin. v. improbus) (Iuv.)* etw. dreist.

● **im-probus I.** *Adj.* a, um ❶ schlecht, v. schlechter Beschaffenheit, mangelhaft [**merces; panis; coquus**];
❷ sittl. schlecht, unredlich, böse, boshaft [**homo; facinus; furtum; mores; largitio**];
❸ unverschämt, frech, dreist, tückisch [**puer** = Amor; **fortuna** launisch]; *v. Tieren auch* gefräßig, unersättlich, gierig [**lupus; Iovis ales; aquila**];
❹ *(poet.)* unanständig, schamlos [**carmina; dicta; verba**];
❺ maßlos, übertrieben, übermäßig [**labor** anhaltend; **rabies ventris** wütender Hunger];
II. *Subst.* ī *m* Bösewicht, Schuft.

im-prōcērus, a, um *(nachkl.)* v. niedrigem Wuchs, unansehnlich.

im-prōdictus, a, um nicht verschoben [**dies**].

im-professus, a, um *(nachkl.)* der sich nicht zu etw. bekannt hat.

im-prōmptus, a, um nicht bei der Hand, nicht rasch, nicht schlagfertig, ungewandt.

im-properātus, a, um *(Verg.)* unbeschleunigt, langsam.

im-properō, properāre *(probrum) (nachkl.)* jmdm. etw. vorwerfen.

impropria, ōrum *n (improprius) (nachkl.)* unpassende Ausdrücke.

im-proprius, a, um *(nachkl.)* uneigentlich, unpassend [**cognomen**].

im-prōsper(us), era, erum *(nachkl.)* unglücklich, ungünstig [**fama**].

im-prōtēctus, a, um unverteidigt.

im-prōvidus, a, um ❶ nicht voraussehend, nicht(s) ahnend, ahnungslos *(abs. od. m. Gen.)* [**certaminis; mali**]; **-a pectora; -os incautosque hostes opprimere;**
❷ unvorsichtig, arglos, unbekümmert *(abs. od. m. Gen.)* [**futuri; consilii**]; **-i et neglegentes duces; -as hominum mentes occupare.**

im-prōvīsa, ōrum *n (improvisus) (Tac.)* unvorhergesehene Fälle.

● **im-prōvīsus,** a, um unvorhergesehen, unvermutet [**adventus**]; – *Adv.* (de, ex) **im-prōvīsō** unversehens, unvermutet.

● **im-prūdēns,** *Gen.* entis ❶ nicht(s) ahnend, ahnungslos; **imprudente Sulla** ohne Wissen Sullas;
❷ unabsichtlich; **imprudenter illud factum est;**
❸ unkundig, *(in etw.)* unerfahren *(abs. od. m. Gen.)* [**adulescens; legis; religionis; maris**];
❹ *(poet.; nachkl.)* unklug, unverständig, unvorsichtig, unbesorgt.

● **imprūdentia,** ae *f (imprudens)* ❶ Ahnungslosigkeit;
❷ Unabsichtlichkeit; **per -am** unabsichtlich;
❸ Unwissenheit, Unkenntnis [**eventūs**];
❹ Unklugheit, Unüberlegtheit, Unvorsichtigkeit [**praetorum**].

im-pūbēs, *Gen.* pūberis *u. (poet.; nachkl.)* **im-pūbis,** e nicht erwachsen, unreif, jugendlich, keusch, unschuldig [**puer; corpus; genae** bartlos; **anni** junge]; – *Subst. Pl.* Kinder, Knaben.

im-pudēns, *Gen.* entis schamlos, unverschämt [**homo; epistula; mendacium;** *übtr.* **pecunia** unverschämt viel Geld].

impudentia, ae *f (impudens)* Schamlosigkeit, Unverschämtheit.

impudīcitia, ae *f (impudicus)* Unzüchtigkeit, Unkeuschheit, Unzucht.

im-pudīcus, a, um ❶ unzüchtig, unkeusch;
❷ *(Plaut.; Mart.)* schamlos, unverschämt [**facinus**].

impūgnātiō, ōnis *f (impugno)* Bestürmung.

impūgnātor, ōris *m (impugno) (spätl.)* Bekämpfer.

im-pūgnō, pūgnāre ❶ angreifen, bestürmen [**patriam; terga hostium**];
❷ *(übtr.)* bekämpfen, ankämpfen gegen *(m. Akk.)* [**regem; dignitatem consulis; sententiam; morbum**].

im-pulī *Perf. v. impello.*

impulsiō, ōnis *f (impello)* Antrieb, Anregung, Anstoß.

impulsor, ōris *m (impello)* Antreiber, Anreger *(zu etw.: m. Gen.)* [**profectionis**]; **me impulsore** auf meinen Antrieb.

impulsus¹ *P. P. P. v. impello.*

impulsus², ūs *m (impello)* ❶ Anstoß, Stoß [**scutorum; ianuae** das Anklopfen an die Tür;

turbae das Drängen der Menge];
② *(übtr.)* Antrieb, Anregung [**deorum; libidinum**];
③ plötzlicher Einfall.

im-pūne *Adv. (in-^{2} u. poena)* ① ungestraft, straflos; ~ **facere alqd;** ~ **esse (alci)** ungestraft bleiben, straflos ausgehen; ~ **ferre** ungestraft davonkommen;
② *(übtr.)* ohne Schaden, ohne Gefahr.

impūnitās, ātis *f (in-^{2} u. punio)* ① Straflosigkeit [**peccandi**]; **alci veniam et impunitatem dare**;
② Zügellosigkeit, Ungebundenheit [**flagitiorum**].

im-pūnītus, a, um ① ungestraft, straflos [**scelera; ignominia**];
② zügellos, ungebunden [**omnium rerum libertas**].

impūrātus *(impurus) (Kom.)* **I.** *Adj.* a, um schmutzig, schuftig;
II. *Subst.* ī *m* Schuft.

impūritās, ātis *u. (Plaut.)* **impūritia,** ae *f (impurus)* Lasterhaftigkeit.

im-pūrus, a, um ① unrein, schmutzig [**corpus**];
② *(übtr.)* lasterhaft, gemein, schändlich, verworfen [**animus**].

imputātor, ōris *m (imputo) (Sen.)* „der Anrechner“, der Selbstgerechte *(der sich damit brüstet, anderen Gutes zu tun)*.

im-putātus, a, um *(in-^{2} u. puto 6.) (poet.; nachkl.)* unbeschnitten [**buxus; vinea**].

im-putō, putāre *(poet.; nachkl.)* ① anrechnen, in Rechnung stellen;
② schenken, widmen [**alci otia parva**];
③ *(übtr.) (als Verdienst od. Schuld)* anrechnen, zuschreiben [**alci culpam**].

im-putribilis, e *(in-^{2} u. putresco) (Eccl.)* unverweslich.

īmulus, a, um *(Demin. v. imus) (Cat.)* der allerunterste.

īmum, ī *n (imus)* ① der unterste Teil, das Unterste, Grund, Boden, Tiefe *(auch Pl.)*; **ima fontis; ima montis** der Fuß des Berges; **ab** *od.* **ex imo** v. unten an; **ab imo suspirare** tief; **ab imo vertere** v. Grund aus; **petere ima** in die Tiefe sinken; **imō** unten, in der Tiefe; **qui regit ima** *(Ov.)* Gott der Unterwelt;
② Ende, Schluss; **ad imum** (bis) zuletzt.

● **īmus,** a, um ① *(räuml.)* der unterste, niedrigste, tiefste, ganz unten [**sedes; dii** *od.* **tyranni** der Unterwelt]; *part.* = der unterste Teil [**cauda** Schwanzspitze; **tellus** die Tiefe der Erde; **gurges** Tiefe des Strudels; **quercus** Wurzel der Eiche; **pectus, cor** Tiefe der Brust, des Herzens]; **per ima ossa** durch Mark und Bein; **in imis vallibus** auf dem Talgrund;
② *(zeitl.) (poet.)* der letzte [**mensis**];
③ *(nach Rang, Grad, Reihenfolge) (poet.; nachkl.)* der unterste, niedrigste; **superi imique deorum.**

● **in** *Präp.* **I.** *(b. Abl.)* ① *(räuml. zur Bez. der Ruhe auf die Frage „wo?“)* **a)** in, an, auf; **in Sicilia esse; in urbe ambulare; in senatu litteras recitare; coronam in capite habere; in Sequanis** im Lande der Sequaner, bei den S.; **Caesaris in barbaris** (bei den Barbaren) **nomen erat obscurius; navigare in Italia** an der Küste v. Italien; **in armis esse** unter Waffen stehen; **in vinculis esse; in custodiis teneri; alqd in manibus habere** in seiner Gewalt; **in oculis (situm) esse** vor Augen stehen; – *der Lateiner fragt wo?, während wir wohin? fragen u. setzt in m. Abl. bei den Verben des Setzens, Stellens, Festheftens, Eingrabens u. Einreihens wie z. B. bei pono, (col)loco, constituo, inscribo:* **vasa in mensa ponere; statuam in foro ponere; mensam in horto constituere; in sepulcro inscribere** eine Inschrift auf das Grabmal setzen; **legionem in urbe collocare; pontem facere in flumine** über einen Fluss; **b)** innerhalb; **copias in castris continere;**
② *(zeitl.)* in, während, innerhalb; **hoc in tempore; in omni aetate** zu jeder Zeit; **in multis annis; semel in vita; ter in hora;**
③ *(übtr.)* **a)** *(b. Angabe v. Zuständen u. Umständen)* in, an, bei, unter; **in adulescentia; in consulatu; horum in imperio; in tali tempore; in tempore venire** zur rechten Zeit; **in pace; in timore, in periculo, in motu esse; in maximis luctibus esse; in magna paupertate decessit; isti in magno aere alieno** (während sie viele Schulden haben) **magnas etiam possessiones habent; in rebus secundis, adversis; in itinere; in ipso negotio; in oppido oppugnando; in deliberando; amicus certus in re incerta cernitur** *(Enn.)*; *(b. der Kleidung = cum)* **esse in veste domestica, candida; feminam in matrimonio habere** zur Frau haben; **alqd in animo habere** etw. vorhaben; **(res) in eo (loco) est, ut** es verhält sich so, dass; **b)** *(zur Bez. der Person od. Sache, an der sich etw. findet)* in, an, bei; **est in alqo summa auctoritas, summa eloquentia; in navibus est firmitudo; fortitudo cernitur in periculis subeundis; c)** *(zur Angabe der Zugehörigkeit zu einer Klasse od. Anzahl)* unter, zu; **Caesarem in deis numerare; alqd in bonis habere** *od.* **numerare; alqd in beneficio numerare; d)** bezüglich, hinsichtlich, bei; **accusare, vituperare, laudare alqm in alqa re; laetari, exsultare in alqa re;**

II. *(b. Akk. als Kasus der Richtung)* ① *(räuml., wenn „wohin?“ gefragt wird)* in, in … hinein, auf, nach … hin, zu; **in urbem exercitum adducere; legatos in Asiam mittere; in castellum ascendere; in septentriones spectare** nach Norden hin; **in longitudinem cres-**

cere in die Länge; – *der Lateiner fragt wohin?, während wir wo? fragen u. setzt in m. Akk. bei den Verben: advenio, pervenio, convenio, concurro, appello, cogo, contraho, nuntio, bei abdo kann sowohl in m. Akk. als auch m. Abl. stehen:* **in forum advenire; copias in unum locum cogere** die Truppen an einem Punkt zusammenziehen; **in urbem nuntiatum est** in der Stadt traf die Meldung ein; **me abdo in silvam** *(u.* **in silva***); – auch b. Subst.:* **adventus in oppidum; ascensus in Capitolium; iter in Graeciam;** *– selten in m. Akk. bei Verben der Ruhe:* **adesse in senatum; in potestatem alcis esse** (= **venisse**)**; mihi in mentem est** es fällt mir ein; **alqm in carcerem asservare; in medium relinquere** unentschieden lassen;

❷ *(zeitl.)* **a)** in ... hinein, bis, bis in; **in lucem dormire** in den hellen Tag; **in horam vivere** in den Tag hinein; **in multam noctem pugnare** bis tief in die Nacht; **bellum in hiemem ducere; b)** für, auf; **alqd in alterum diem differre; in longiorem diem** für eine spätere Zeit; **in perpetuum** für alle Zeit; **magistratum in annum creare; in tempus** auf kurze Zeit, für den Augenblick; **concilium in diem certam indicere; alqm in posterum mensem invitare; c) in (singulos) dies** von Tag zu Tag, täglich [**milites amittere; rem familiarem amplificare; regiones propagare**]; *so auch:* **in (singulos) annos** *od.* **menses, in horas** *u. Ä.;* **d) in diem** in den Tag hinein [**vivere**]; v. Tag zu Tag [**poenas reservare**]; alle Tage [**rapto vivere**]; auf den bestimmten Tag [**fundum emere**]; nur für einen Tag [**alqd rogare**];

❸ *(übtr.)* **a)** *(b. Einteilungen)* in; **Gallia est omnis divisa in partes tres** *(Caes.)*; **annum in duodecim menses discribere; b)** *(distributiv b. einer Verteilung auf Einzelne)* unter, an, auf, für; **frumentum in cives distribuere; censores binos in singulas civitates discribere** zwei Zensoren auf jeden einzelnen Staat; **c)** *(beim Übergang aus einem Zustand in einen anderen)* in, zu; **hominem in deforme animal mutare** *(od.* **convertere***);* **in avem verti; d)** *(zur Bez. v. Zweck, Absicht, Ziel, Bestimmung, zur Angabe des beabsichtigten od. unbeabsichtigten Erfolges einer Handlung)* auf ... hin, zu, für, wegen; **pecunia in rem militarem data; alqd in dotem offerre; in hoc** *(od.* **in haec***)* dazu, dafür, deshalb; **sumptum facere in classem; classis in supplementum data; alqd in exemplum** (zum Vorbild) **assumere; turres in propugnaculum villae subiectae; legionem in praesidium mittere** als Besatzung; **eos in consilium dare** als Beiräte; **alqm in id certamen legere; decem milia Atheniensium in coloniam** (= **ad coloniam constituendam** als Ansiedler) **misit; ad Caesarem in ius adire** um sich Recht sprechen zu lassen; **ad praetorem in ius adire** um klagbar zu werden; **in incertum eventum patres auctores fiunt; in imperium magnum missus** um ... zu erwerben; **e)** hinsichtlich, bezüglich; **praecepta dare in alqd** in Beziehung auf etw.; **f)** *(zur Bez. der Einstellung od. des Verhaltens gegenüber jmdm.)* gegen, auf, für, zu *(freundlich u. feindl.);* **liberalis (crudelis) in plebem; aequus in socios; severus, indulgens in alqm; impietas in deos; clementia in captivos; bono animo esse in alqm; carmina scribere in alqm; lex est scripta in eos** gegen sie; **in alqm peccare; potestatem in alqm habere; imperium in Latinos affectare; in utramque partem disputare** für u. wider; **g)** *(zur Angabe der Übereinstimmung m. etw., der Angemessenheit, der Art u. Weise)* in, gemäß, nach, auf, wie; **in fidem alcis regnum tradere** auf jmds. Wort; **hostilem in modum** auf feindliche Art; **mirum in modum** auf wunderbare Weise; **praeclara classis in speciem; in eandem sententiam loqui** in demselben Sinne; **in** (nach) **morem; in plumam** wie eine Feder; **in numerum** nach dem Takt; **in universum** im Allgemeinen, im Ganzen; **in vicem, in vices** wechselweise; **villas in urbium modum aedificare; in quantum** inwieweit; **in tantum** insoweit; **in barbarum** nach Art eines Barbaren, wie ein B.; **vaticinantis in modum; foedus in haec verba fere conscriptum.**

in-[1] *Präfix* ❶ *(b. Verben der Ruhe; Frage: wo?)* in, an, auf, bei [**insum**];

❷ *(b. Verben der Bewegung, Frage: wohin?)* hinein, ein- [**infero; inveho**].

in-[2] *Präfix, Negation in Zusammensetzungen meist m. Adj. od. Adv.* = nicht, ohne, un- *(oft Voll- od. Teilassimilation: vor l > il-; vor r > ir-; vor b, p, m > im-; vor gn > ī; vor f u. s > īn)* [**ingratus; inglorius; indocilis; indomitus; illaesus; illiberalis; illicitus; imperitus; improvidus**].

in-accēnsus, a, um *(in-*[2] *u. accendo)* nicht angezündet.

in-accessibilis, e *(in-*[2] *u. accedo) (spätl.)* unzugänglich.

in-accessus, a, um *(poet.; nachkl.)* unzugänglich [**lucus; arx**]; – *Subst. Neutr. Pl.* *inaccessa mapalium (Tac.)* unzugängliche Wohnungen.

in-acēscō, acēscere, acuī, – *(poet.; nachkl.)* sauer werden; *übtr.* verdrießen *(alci: jmd.).*

Īnachus, ī *m Fluss in Argolis (Peloponnes), j.* Najo, *im Mythos Flussgott u. König v. Argos, Vater der Io;* – *Adj.* **Īnachius,** a, um v. Inachus stammend [**iuvenca** *u.* **bos** = Io], *übh.* griechisch [**urbes**]; *fem. auch* **Īnachis,** idis; – *Patron.* **Īnachidēs,** ae *m* (Epaphus *als Sohn der Io,* Perseus *als Nachk. argivischer Könige)*

u. **Īnachis,** idis *f* Io.
ināctus *P.P.P. v. inigo.*
in-ads . . ., in-adt . . . = *in-ass . . ., in-att . . .*
in-adustus, a, um nicht angebrannt, nicht versengt [**corpus**].
in-aedificō, aedificāre ① anbauen; in, an, bei etw. aufbauen;
② zu-, verbauen, verbarrikadieren.
in-aequābilis, e ① uneben [**solum**];
② *(übtr.)* ungleichmäßig [**motus**].
in-aequālis, e ① ungleich, uneben, schief [**colles; mensa** wackelig];
② ungleich groß [**portūs; triangula; calices** bald volle, bald halbvolle Becher];
③ *(übtr.)* ungleich, wechselnd, wechselvoll, veränderlich, unbeständig;
④ *(Hor.)* uneben machend [**tonsor** der Stufen schneidet; **procella** das Meer aufwühlend].
inaequālitās, tātis *f (inaequalis) (vor- u. nachkl.)* Ungleichheit, Unähnlichkeit.
in-aequātus, a, um ungleich.
in-aequō, aequāre gleich machen.
in-aequus *(altl.)* = *iniquus.*
in-aestimābilis, e ① unberechenbar [**animus multitudinis**];
② v. unschätzbarem Wert, unschätzbar, außerordentlich [**gaudium**];
③ *(philos. t. t.)* wertlos, nicht beachtenswert.
in-aestuō, aestuāre in etw. aufbrausen *(m. Dat.).*
in-affectātus, a, um *(nachkl.)* ungekünstelt, ungeziert.
in-agitābilis, e *(Sen.)* bewegungsunfähig.
in-agitātus, a, um *(Sen.)* ① unbewegt; **-a remigio vastitas (maris);**
② *(übtr.)* nicht beunruhigt [**terroribus**].
in-algēscō, algēscere, – – erkalten.
Inalpīnī, ōrum *m (inalpinus)* Alpenbewohner, -völker.
in-alpīnus, a, um *(Alpes)* in den Alpen wohnend, Alpen- [**gentes**].
in-amābilis, e *(poet.; nachkl.)* nicht liebenswürdig, unangenehm, widerlich, verhasst [**regnum** Unterwelt; **palus** Styx].
in-amārēscō, amārēscere, – – *(Hor.)* bitter werden; *übtr.* anekeln; **inamarescunt epulae sine fine petitae.**
in-ambitiōsus, a, um *(Ov.)* anspruchslos [**rura**].
inambulātiō, ōnis *f (inambulo)* das Auf- u. Abgehen; *(Cat.)* das Hin- u. Herschaukeln, Schwanken [**lecti**].
in-ambulō, ambulāre auf- u. abgehen, umhergehen, spazieren.
in-āmissibilis, e *(in-² u. amitto)* unverlierbar.
in-amoenus, a, um *(poet.; nachkl.)* ohne Anmut, unerfreulich, reizlos [**genus operis**].
ināne, inānis *n (inanis)* ① leerer Raum, Luftraum;
② *(übtr.)* das Unwesentliche; *Pl.* Nichtigkeiten.
ināniae, ārum *f (inanis) (Plaut.)* die Leere.
ināni-logista, ae *m (inanis u.* λογιστής*) (Plaut.)* Phrasendrescher.
ināni-loquus, a, um *(inanis u. loquor) (Plaut.)* vergeblich redend.
in-animālis, e = *inanimus.*
inānīmentum, ī *n (inanio) (Plaut.)* die Leere.
in-animus, a, um *(in-² u. anima)* unbeseelt, unbelebt, leblos.
ināniō, inānīre *(inanis) (poet.; nachkl.)* leer machen.
● **in-ānis,** e ① leer, ledig, inhaltlos *(meist abs., oft übtr.; m. Abl., ab od. m. Gen.)* [**navis** unbeladen *od.* unbemannt; **mensa; agri** unbebaut; **currus** ohne Lenker; **corpus** tot; **laeva** ohne Ring; **simulacrum** Trugbild; **umbra; imago; lumina** blind; **vulnus** klaffend; **regna** das Reich der Schatten]; – *Subst.* inane, is *n* der Luftraum;
② m. leeren Händen; **legati inanes ad regem reverterunt;**
③ *(poet.)* m. leerem Magen, nüchtern, hungrig [**venter**];
④ arm, unbemittelt [**civitas**]; ausgeplündert [**Sicilia**];
⑤ *(übtr.)* leer [**verba**];
⑥ gehaltlos, wertlos, nichts sagend [**nomen**];
⑦ wertlos, nichtig, vergeblich [**opera; cogitationes**]; **inaniter artes exercere;**
⑧ eingebildet, selbstgefällig, prahlerisch; – *Subst. m Pl.* eitle Narren.
inānitās, tātis *f (inanis)* leerer Raum; *(übtr.)* Leere, Gehaltlosigkeit, Nichtigkeit.
in-aquōsus, a, um *(spätl.)* wasserarm.
in-arātus, a, um *(poet.)* ungepflügt.
in-ārdēscō, ārdēscere, ārsī, – *(poet.; nachkl.)* ① sich einbrennen *(in etw.: Dat.);* **vestis umeris Herculis inarsit;**
② sich entzünden, erglühen *(durch, von etw.: Abl.);* **nubes inardescit solis radiis;**
③ *(übtr.)* leidenschaftlich entbrennen; **amor inarsit.**
in-ārēscō, ārēscere, āruī, – *(vor- u. nachkl.)* eintrocknen, versiegen *(auch übtr.).*
Īnarimē, ēs *f* = *Aenaria, j.* Ischia *(Insel vor Neapel).*
in-ārsī *Perf. v. inardesco.*
in-artificiālis, e *(nachkl.) (rhet. t. t.)* nicht kunstgerecht [**genus argumentorum**].
in-āruī *Perf. v. inaresco.*
in-ascēnsus, a, um *(Plin.)* nicht bestiegen, nicht betreten.
in-assuētus, a, um ungewohnt, ungewöhnlich [**equus**].
in-attenuātus, a, um *(Ov.)* ungeschwächt, unvermindert [**fames**].
in-audāx, *Gen.* dācis *(Hor.)* zaghaft.
in-audiō, audīre hören, vernehmen, munkeln hören, gelegentlich erfahren *(alqd, de alqa re;*

de alqo, ex alqo; m. A. C. I.).

in-audītus, a, um ① ungehört, noch nicht gehört; **tibi non -a vox;**
② *(übtr.)* unerhört, bis jetzt noch unbekannt, noch nicht da gewesen, ungewöhnlich [**clementia; volucres; verba**];
③ *(nachkl.)* unverhört; **alqm -um damnare.**

in-augurō, augurāre **I.** *intr.* Augurien anstellen; *Abl. abs.:* **inaugurato** nach Anstellung v. Augurien;
II. *trans.* durch Augurien einweihen [**locum; urbem; templum**].

in-aurēs, rium *f (in-¹ u. auris) (vor- u. nachkl.)* Ohrgehänge, Ohrringe.

in-aurō, aurāre *(aurum)* ① vergolden *(meist im P.P.P.);* **lectus inauratus; vestis inaurata** m. Gold durchwirkt;
② *(übtr., scherzh.)* jmd. sehr reich machen.

in-auspicātus, a, um *(Adv.* -ō) ① ohne Anstellung v. Auspizien (gutgeheißen *od.* angenommen) [**lex**];
② *(nachkl.) (übtr.)* v. schlimmer Vorbedeutung [**locus; nomen**].

in-ausus, a, um *(poet.; nachkl.)* ungewagt, unversucht.

inb ... *s. auch imb ...*

inbeneficiō, inbeneficiāre *(mlt.)* zu Lehen geben; belehnen.

in-caeduus, a, um *(caedo) (poet.)* ungehauen, nicht abgeholzt [**lucus**].

in-calēscō, calēscere, caluī, – ① warm, heiß werden, erglühen; **sole incalescente; toga lacrimis incaluit** wurde v. heißen Tränen benetzt;
② *(übtr.)* erglühen, entbrennen, begeistert werden *(durch, in etw.: Abl.; zu, für etw.: ad alqd; für jmd.: Dat.)* [**vino; nocte ac laetitiā** durch die nächtliche Fröhlichkeit; **ad magnas cogitationes; deo**].

in-calfaciō, calfacere, – – *(Ov.)* erwärmen, erhitzen.

in-callidus, a, um unklug, nicht gescheit, ungeschickt *(meist m. vorhergehender Negation);* **servus non ~; non -i homines.**

in-caluī *Perf. v. incalesco.*

in-candēscō, candēscere, canduī, – *(poet.; nachkl.)* ① weiß werden, weiß erglänzen; **torta remigio spumis incanduit unda** *(Cat.)* schäumte weiß auf;
② erglühen, sich entzünden; **pars magna terrarum alto pulvere incanduit** *(Plin.).*

in-cānēscō, cānēscere, cānuī, – weiß(grau) werden.

incantātrīx, īcis *f (incanto) (mlt.)* Zauberin, Hexe.

in-cantō, cantāre ① *(Plin.)* eine Zauberformel gegen jmd. hersagen, hersingen [**carmen malum**];
② *(Hor.)* durch Zaubersprüche weihen [**vincula** Liebesknoten];
③ bezaubern.

in-cānuī *Perf. v. incanesco.*

incānus, a, um *(incanesco) (poet.; nachkl.)* ergraut, grau [**homo; caput**].

in-capāx, *Gen.* pācis *(spätl.)* zu etw. unfähig, für etw. nicht empfänglich *(m. Gen.).*

incarnātiō, ōnis *f (incarno) (Eccl.)* Fleischwerdung, Menschwerdung *Christi,* Inkarnation.

in-carnō, carnāre *(caro¹) (Eccl.)* zu Fleisch machen; *im Pass.* zu Fleisch werden = Mensch werden *(v. Christus); bes. P.P.P.* incarnātus Fleisch geworden.

in-cassum *s. cassus 3.*

in-castīgātus, a, um *(Hor.)* ungezüchtigt, ungetadelt.

in-cautus, a, um ① *(akt.)* **a)** unvorsichtig, unbedacht, sorglos [**a fraude** nicht auf der Hut vor]; **b)** unbekümmert *(um: Gen.)* [**futuri**];
② *(pass.)* **a)** ungeschützt, unbewacht, unsicher; **repente -os agros invasit** *(Sall.);* **b)** *(poet.)* unvorhergesehen, unvermutet [**scelus**].

● **in-cēdō,** cēdere, cessī, cessum **I.** *intr.* ① einherschreiten, -gehen [**propius** herantreten; **equis** einherreiten]; **incedunt per ora vestra magnifici** marschieren stolz an euren Augen vorüber;
② *(milit.)* marschieren, (her)anrücken, vorrücken [**cum signis; in hostes; ad portas urbis; munito agmine**];
③ *(übtr.) (v. Zuständen)* auf-, eintreten, hereinbrechen, sich verbreiten; **incessit pestilentia, commutatio;**
④ *(v. Affekten)* jmd. überkommen, befallen, ergreifen *(m. Dat.);* **cura patribus incessit; animis formido incessit;** – *abs.* aufkommen, eintreten: **timor, lascivia, lubido incessit;**
⑤ *(nachkl.) (v. Nachrichten, Gerüchten)* sich verbreiten; **occultus rumor incedebat;**
II. *trans.* ① *(nachkl.)* betreten [**maestos locos; scaenam**];
② *(v. Zuständen u. Affekten)* jmd. befallen, überkommen *(alqm od. alcis animum);* **magnus plebem metus incessit** *(Liv.);* **inopia ambos incessit; legiones seditio incessit** *(Tac.)* verbreitete sich unter.

in-celeber, bris, bre unbekannt, unberühmt.

in-celebrātus, a, um unveröffentlicht; nicht erwähnt.

in-cēnātus, a, um der noch nicht gegessen hat, hungrig.

in-cendī *Perf. v. incendo.*

incendiārius, ī *m (incendium)* Brandstifter.

● **incendium,** ī *n (incendo)* ① Brand, Feuer, Feuersbrunst *(oft Pl.);* **-um facere, parare, excitare, conflare** legen; **-um restinguere** löschen; **cunctos ~ hausit** verzehrte;
② Brandstiftung;
③ *(poet.)* brennendes Scheit, Fackel; **iactare -a dextrā;**

I

④ *(übtr., v. Leidenschaften)* Feuer, Glut [**cupiditatum; invidiae; irae**]; *(poet.)* Liebesglut;
⑤ äußerste Gefahr, Verderben, Untergang [**urbis; civitatis; belli** Kriegsgreuel].

● **in-cendō,** cendere, cendī, cēnsum *(vgl. candeo)* ① anzünden, in Brand setzen, anbrennen; *Pass.* in Brand geraten;
② verbrennen, einäschern [**urbem; aedificia vicosque; classem**];
③ erleuchten, erhellen; **luna incensa radiis solis;**
④ *(übtr.)* entzünden, entflammen, aufregen, reizen [**alcis iram; iuventutem ad facinora; alqm studio litterarum; equum calcaribus** anspornen; **plebem largiundo**]; *Pass.* entbrennen; *bes. P.P.P. incensus* entflammt [**odio; amore**];
⑤ aufhetzen, reizen, erbittern [**animos iudicum in alqm**];
⑥ steigern, vergrößern [**vires; luctum**];
⑦ m. etw. erfüllen [**caelum clamore**];
⑧ verderben, zugrunde richten.

in-cēnō, cēnāre *(Suet.)* darin speisen.

incēnsiō, ōnis *f (incendo)* Brand; Einäscherung; **incensione urbem liberare.**

incēnsum, ī *n (incendo) (spätl.)* Räucherwerk, Weihrauch; Opfer.

incēnsus[1], a, um *(P. Adj. v. incendo)* entbrannt, heiß, *(vom Redner)* feurig.

in-cēnsus[2], a, um *(in-[2] u. censeo)* vom Zensor nicht geschätzt, ungeschätzt; **populus per multos annos ~; hominem -um vendere.**

incentor, ōris *m (incino) (spätl.)* ① Anstimmer, Vorsänger;
② *(übtr.)* Anstifter.

in-cēpī *Perf. v. incipio.*

inceptiō, ōnis *f (incipio)* ① das Beginnen [**tam praeclari operis**];
② *(Ter.)* das Vorhaben, Unternehmen.

inceptō, inceptāre *(Intens. v. incipio) (Kom.)* **I.** *trans.* anfangen, beginnen;
II. *intr.* mit jmdm. anbinden, Streit suchen *(cum alqo).*

inceptor, ōris *m (incipio)* derjenige, der etw. beginnt.

inceptum, ī *n u.* **inceptus[1],** ūs *m (incipio)*
① das Beginnen, Beginn, Anfang;
② das Vorhaben, Unternehmen [**prosperum**]; **(ab) -o desistere; ab -o retinere.**

inceptus[2] *P.P.P. v. incipio.*

in-cernō, cernere, crēvī, crētum daraufsieben, darüberstreuen [**piper**].

in-cērō, cērāre *(cera)* m. Wachs überziehen; *(übtr., scherzh.)* **genua deorum ~** *die Knie der Götter durch beständiges Berühren u. Küssen schmierig, schmutzig machen* = inbrünstig zu den Göttern flehen.

incertō[1], incertāre *(incertus)* ungewiss machen *(alqm od. alcis animum).*

incertō[2] *Adv. v. incertus.*

incertum, ī *n (incertus)* das Ungewisse, Ungewissheit; **alqd in -o relinquere; ad -um revocare** in Frage stellen; **in -o esse** ungewiss sein; **in -o habere** unentschlossen sein; **-i auctorem esse** Ungewisses melden; **in -um creari** auf unbestimmte Zeit; – *Pl.* **incerta** Wechselfälle, Veränderungen [**belli; fortunae**].

● **in-certus,** a, um *(Adv. -ē u. -ō)* ① *(v. Sachen)* **a)** ungewiss, unsicher, unentschieden, unzuverlässig [**responsum; spes; vultus** verstört; **crines** unordentlich]; **amicus certus in re -a cernitur** *(Enn.)* in der Not; **sedibus -is vagari** ohne feste Wohnsitze; **b)** *(poet.)* noch nicht ganz sichtbar, trübe, düster [**sol** unbeständig; **luna**];
② *(v. Personen)* unschlüssig, ratlos, schwankend, in Ungewissheit [**dictator;** *(m. Gen.)* **consilii** im Unklaren über]; *(m. indir. Frages.).*

in-cessābilis, e *(in-[2] u. cesso) (spätl.)* unablässig, unaufhörlich.

in-cessanter *Adv. (in-[2] u. cesso) (Eccl.)* unablässig.

in-cessī *Perf. v. incedo u. incesso.*

incessō, incessere, incessīvī *u.* incessī, – *(Intens. v. incedo)* ① *auf jmd. od. etw.* losgehen, anfallen, angreifen *(m. Akk.)* [**hostes iaculis saxisque; feras telis; muros**];
② *(poet.; nachkl.) (m. Worten)* angreifen, schmähen, tadeln [**alqm dictis protervis** mit frechen Worten];
③ *(Tac.)* beschuldigen, anklagen [**alqm criminibus; alqm occultis suspicionibus**].

incessus[1], ūs *m (incedo)* ① das Einherschreiten, -gehen, Gang [**citus; tener; erectus**]; **incessu furiali** als Furien einherschreitend;
② das Gehen;
③ *(Tac.)* feindliches Vordringen, An-, Vorrücken, Einfall; **primo incessu** sogleich beim Anrücken;
④ *(Tac.) (meton.)* Marschlinie, Route;
⑤ *(Tac.)* Eingang, Zugang; **alios incessūs claudere.**

incessus[2] *P.P.P. v. incedo.*

incesti-ficus, a, um *(incestus[1] u. facio) (Sen.)* sich verunreinigend, eine böse Tat begehend.

incestō, incestāre *(incestus[1]) (poet.; nachkl.)* beflecken, schänden [**classem funere; puellam; thalamos novercae**].

incestum, ī *n (incestus[1])* Unzucht, Blutschande *(alcis: mit jmdm.)*; **-um facere; alqm -i damnare; alqm -o liberare** freisprechen von.

in-cestus[1] *(in-[2] u. castus)* **I.** *Adj.* a, um ① *(moral. u. rel.)* befleckt, unrein [**manūs**]; **optimum virum -o ore lacerare** beleidigen;
② unzüchtig, unkeusch [**iudex** Paris; **stuprum; sermo**]; **-e sacrificium facere;**
II. *Subst.* ī *m (Hor.)* Frevler.

incestus[2], ūs *m (incestus[1])* Unzucht, Blutschande.

inchoō = *incoho.*

● **in-cidō[1],** cidere, cidī, – *(in-[1] u. cado)* ① in, auf etw. *od.* auf jmd. fallen, hineinfallen *(abs.; m. Präp.; m. Dat.; alqm)* [**in foveam; in segetem; in oculos; ad terram; capiti alcis; iacenti; arae**]; **eos inciderat ballista;** *(abs.)* **tela incidunt** schlagen ein, treffen;
② *(in eine Zeit)* fallen; **in hunc diem inciderunt mysteria;**
③ sich hineinstürzen *(in: Dat.)* [**castris**];
④ sich ergießen in *(m. Dat.)* [**flumini**];
⑤ überfallen, angreifen *(m. Dat. od. in u. Akk.)* [**ultimis; in hostem**];
⑥ *(unvermutet)* in etw. geraten, auf jmd. stoßen *(in m. Akk.)* [**in insidias; in miserias; in morbum; in suspicionem; in aes alienum; in furorem; in gloriae cupiditatem; in amicitiam alcis; in sermonem** dazukommen];
⑦ *(v. Zuständen u. Affekten)* jmd. befallen, überkommen, jmdm. begegnen *(m. Dat., selten in u. Akk.);* **terror incidit exercitui; pestilentia in urbem incidit;**
⑧ vorfallen, sich ereignen, sich zutragen; **bellum, calamitas incidit; mentio incidit de uxoribus** es kam das Gespräch auf die Frauen.

● **in-cīdō[2],** cīdere, cīdī, cīsum *(in-[1] u. caedo)* ① einschneiden, -graben, -meißeln, -ritzen *(alqd in alqd, in re od. alci rei)* [**leges in aes; nomina in tabula; carmen in sepulcro; litteras in fago; verba ceris** in Wachstafeln; **amores arboribus**];
② Einschnitte in etw. machen, etw. m. einem Einschnitt *od.* m. Einschnitten versehen *(alqd)* [**arborem**]; **marmora notis incisa** m. Inschriften versehen;
③ zerschneiden, durchschneiden, hauen [**linum; funem** kappen; **alci venas** öffnen]; **favi incisi** Honigscheiben; **nervi incisi;**
④ *(poet.)* durch Einschneiden etw. herstellen, ausschneiden [**dentes** Zähne in die Säge schneiden];
⑤ beschneiden [**arbores; vites; pinnas**];
⑥ unterbrechen, abbrechen, stören [**ludum; sermonem alci** jmdm. das Wort abschneiden; **novas lites** verhüten];
⑦ *(die Hoffnung)* rauben; **omni spe incisā.**

incīle, lis *n (incido[2])* Abzugsgraben; *(übtr.)* Sumpf(loch).

incīlō, incīlāre schelten, tadeln.

in-cingō, cingere, cīnxī, cīnctum ① (um)gürten; **incingi zonā** sich gürten; **incinctus tunicā mercator;**
② *(Ov.)* um-, bekränzen [**aras verbenis**]; *mediopass.* **incingi** sich bekränzen: **incingere lauro** bekränze dich mit L.;
③ *(Ov.) (übtr.)* umgeben, umschließen [**urbes moenibus**]; **fons margine gramineo incinctus** von Grasrand.

in-cinō, cinere, – – *(cano) (poet.; nachkl.)* ertönen lassen, anstimmen.

● **in-cipiō,** incipere, incēpī, inceptum *(Perf. Akt. meist durch coepi ersetzt) (capio)* **I.** *trans.* etw. anfangen, beginnen, unternehmen [**proelium; oppugnationem; opus; iter; deditionem**];
II. *intr.* ① anfangen, seinen Anfang nehmen, ansetzen, sich anschicken; **ver incipit; frigoribus incipit annus;** *(m. Inf.)* **bella gerere ~; loqui** ~ das Wort ergreifen;
② zu reden beginnen, anfangen *(zu jmdm.: Dat.; mit: ab)* [**a Iove**]; **sic rex incipit.**

incipissō, incipissere, – – *(Intens. v. incipio) (Plaut.)* eifrig beginnen.

incīsē *u.* **incīsim** *Adv. (incido[2]) (rhet. t. t.)* kurz gegliedert, in kurzen Sätzen [**dicere**].

incīsiō, ōnis *f u.* **incīsum,** ī *n (incido[2]) (rhet. t. t.)* Abschnitt einer Periode.

incīsūra, ae *f (incido[2]) (nachkl.)* Einschnitt.

incīsus *P.P.P. v. incido[2].*

incitāmentum, ī *n (incito)* ① Anreiz, Reizmittel, Antrieb, Triebfeder, Ansporn *(zu etw.: m. Gen.; [nachkl.] ad)* [**laborum; victoriae; ad honeste moriendum**];
② *(meton., v. Personen)* Anstifter(in).

incitātiō, ōnis *f (incito)* ① Anregung, Anfeuerung, Erregung [**populi; animi iudicis**];
② Schwung *(konkr. u. übtr.)* [**orationis**];
③ innerer Trieb, Drang [**animi**].

incitātus, a, um *(P. Adj. v. incito)* ① beschleunigt, schnell, rasch; **equo -o** im Galopp;
② *(übtr.)* rasch, lebhaft [**cursus in oratione**];
③ erregt, aufgeregt.

● **in-citō,** citāre ① in schnelle Bewegung setzen, antreiben [**equum calcaribus; naves remis; currentem**]; **amnis incitatus** reißend; – *mediopass. u. se* ~ sich in schnelle Bewegung setzen, seinen Lauf beschleunigen, eilen, stürzen *(v. Personen u. Sachen):* **milites se ex castris incitant; stellarum motūs tum incitantur, tum retardantur;**
② *(übtr.)* antreiben, anspornen, anfeuern, erregen, reizen [**cives; mentem alcis ad spem praedae; alqm ad studium**];
③ aufregen; **incitatā mente;**
④ aufwiegeln, aufreizen, aufbringen gegen; **incitari odio, contra rem publicam, ad direptionem, in consules;**
⑤ steigern, vergrößern [**metum; libidinem; perturbationes; poenas** verschärfen].

incitus[1], a, um *(in-[1] u. cieo)* stark bewegt, schnell [**hasta; delphini**].

in-citus[2], a, um *(in-[2] u. cieo) (Kom.)* unbeweglich; **alqm ad -as** *(erg. calces: Steine im Brettspiel)* **redigere** jmd. schachmatt setzen.

in-cīvīlis, e *(nachkl.)* ungebührlich, tyrannisch, ungerecht, hart [**verba; ingenium**].

inclāmitō, inclāmitāre *(Intens. v. inclamo) (Plaut.)* jmd. anschreien.

in-clāmō, clāmāre ① laut rufen, schreien;
② jmdm. zurufen [**puellae**];

③ jmd. anrufen, anschreien; um Hilfe (an)rufen [**alqm nomine**].

in-clārēscō, clārēscere, clāruī, – *(nachkl.)* bekannt, berühmt werden.

in-clēmēns, *Gen.* mentis schonungslos, hart, streng [**dictator; signifer; verbum**].

inclēmentia, ae *f (inclemens) (poet.; nachkl.)* Schonungslosigkeit, Härte, Strenge [**divûm; mortis; caeli** raues Klima].

inclīnābilis, e *(inclino) (Sen.)* sich leicht neigend [**animus in pravum**].

inclīnātiō, ōnis *f (inclino)* ① Neigung, Biegung;
② *(rhet. t. t.) vocis* Heben u. Senken der Stimme;
③ *(übtr.)* Zuneigung, Hinneigung [**in alqm; animi ad asperiora**];
④ Wechsel, Veränderung [**temporum; ad meliorem spem**];
⑤ *(Tac.)* veränderte Stimmung.

inclīnātus, a, um *(P. Adj. v. inclino)* ① geneigt, sinkend;
② *vox* tief, hohl; *auch:* steigend u. sinkend, wechselnd;
③ *(übtr.)* sinkend, gesunken [**fortuna**];
④ zugeneigt, zugetan, jmdm. *od.* für etw. günstig gestimmt [**ad pacem; ad Poenos**]; **-ae ad suspicionem mentes** (leicht) geneigt, Verdacht zu schöpfen.

inclīnis, e *(inclino)* sich neigend, sich bückend.

● **in-clīnō,** clīnāre ① neigen, beugen [**genua; cursum** im Bogen fliegen; **aquas ad litora** hinleiten];
② *(intr., se ~ u. mediopass. inclinari)* **a)** sich neigen [**in unum locum**]; **sol se inclinat** neigt sich zum Untergang; **dies inclinatur** neigt sich (zum Abend); **b)** *(milit.)* ins Wanken kommen, weichen; **acies inclinatur; timore inclinari; c)** sich mindern, abnehmen; **morbus, febris inclinat;**
③ *(übtr.)* hinwenden, (hin)lenken [**omnem culpam in collegam** zuschieben; **onera a pauperibus in divites** wälzen]; für etw. geneigt machen, günstig stimmen, gewinnen [**animos in hanc sententiam; iudicem**]; – *intr., se ~ u. mediopass.* sich hinneigen, sich zuneigen, geneigt sein *(ad; in m. Akk.; alci rei);* **sententia senatūs inclinat ad pacem;**
④ zum Sinken *od.* zu Fall bringen, herunterbringen; **omnia inclinat fortuna;** – *intr., se ~ u. mediopass.* sinken, sich zum Schlechten wenden: **fortuna se inclinat** schlägt um;
⑤ den Ausschlag geben, entscheiden; **fraus rem inclinavit.**

inclitus, a, um = *inclutus.*

● **in-clūdō,** clūdere, clūsī, clūsum *(in-[1] u. claudo)* ① einschließen, einsperren *(in m. Akk.; in m. Abl.; bl. Abl.; Dat.)* [**consulem in carcerem** *u.* **in carcere; se moenibus**]; **dux regiā inclusus; animus in corpus** *u.* **in corpore inclusus; inclusae libidines** geheim;
② *(übtr.)* einengen, einschränken [**alqm angustiis temporis**];
③ umringen, umgeben [**Teucros densā coronā**];
④ umschließen, umgeben [**ebur buxo** umrahmen mit; **ebur auro** durchwirken mit; **alqd aere** einfassen mit; **smaragdum auro** in Gold fassen];
⑤ einfügen, einlassen, hineingeben [**emblemata in scaphiis aureis; sui similem speciem in clipeo Minervae**];
⑥ *(als Episode)* einfügen [**orationem in epistulam; alqd orationi; tempora fastis** verzeichnen in];
⑦ verschließen, versperren [**viam**];
⑧ *(poet.; nachkl.)* beenden.

inclūsiō, ōnis *f (includo)* Einschließung, Einsperrung.

inclusive *Adv. (mlt.)* einschließlich.

in-clutus, a, um *(clueo)* bekannt, berühmt [**Ulixes; poeta; templum**].

in-coāctus, a, um *(Sen.)* ungezwungen.

incoctus[1] *P. P. P. v. incoquo.*

in-coctus[2], a, um *(in-[2] u. coquo) (vor- u. nachkl.)* ungekocht.

in-cōgitābilis, e *(in-[2] u. cogito) (vor- u. nachkl.)* ① unbedacht, unbesonnen;
② undenkbar, unbegreiflich [**immensitas**].

in-cōgitāns, *Gen.* antis *(in-[2] u. cogito)* unbedacht, unbesonnen.

incōgitantia, ae *f (incogitans) (Plaut.)* Unbedachtheit.

in-cōgitātus, a, um ① *(Plaut.)* unbedacht, gedankenlos [**animus**];
② *(Sen.)* unüberlegt [**opus**];
③ *(Sen.)* undenkbar [**supplicia**].

in-cōgitō, cōgitāre *(Hor.)* sich etw. gegen jmd. ausdenken [**fraudem socio**].

in-cōgnitus, a, um ① unbekannt [**natura hominum; sagitta** ungeahnt; *(m. Dat.)* **Gallis**]; **-ae ad id tempus insulae** *(Tac.);* **habere alqm -um** nicht kennen;
② unerkannt, ungesehen;
③ *(jur. t. t.)* ununtersucht; **alqm causā -ā condemnare** ohne gerichtliche Untersuchung; **-ā re iudicare;**
④ nicht *(als Eigentum)* anerkannt.

incohātiō, ōnis *f (incoho) (mlt.)* Anfang.

in-cohibilis, e *(in-[2] u. cohibeo) (nachkl.)* ① unhandlich [**genus oneris**];
② unaufhaltbar.

in-cohō, cohāre ① etw. anfangen, beginnen [**annum** antreten; **aras** schnell errichten; **statuam**]; **luna incohatur** es ist Neumond; – *P. Adj.* **incohātus,** a, um (nur) angefangen, unvollendet, unvollständig [**opus; quaestio**];
② *schriftl. od. mündl.* zu beschreiben beginnen, zu reden anfangen, etw. einleiten;

3 (Tac.) die Sache im Senat zur Sprache bringen, im Senat den Antrag stellen (abs. od. de re).

● **incola,** ae m u. f (incolo) 1 Einwohner(in), Bewohner(in) (auch v. Tieren) [**insulae; maris; mundi** Weltbürger]; – adj. (ein)heimisch [**turba; aquilones**];

2 nicht eingebürgerter Insasse; **cives atque -ae.**

incolātus, ūs m (incolo) (spätl.) das Wohnen, Aufenthalt.

● **in-colō,** colere, coluī, cultum **I.** trans. bewohnen [**urbem; insulam**];

II. intr. wohnen, sesshaft sein [**trans Rhenum; inter mare Alpesque**];

/ **incolentēs,** tium m die Einwohner.

● **in-columis,** e heil, unverletzt, unversehrt, wohlbehalten, ohne Verlust; **incolumem se recipere.**

incolumitās, ātis f (incolumis) Unverletztheit, Unversehrtheit, Erhaltung, Wohlbefinden; **gaudere patriae incolumitate.**

in-comitātus, a, um unbegleitet, ohne Begleitung.

in-comitiō, comitiāre (in-[1] u. comitium) (Plaut.) öffentlich beschimpfen.

in-commendātus, a, um (Ov.) preisgegeben [**tellus** (erg. ventis)].

in-commodesticus, a, um (scherzh. Bildung) (Plaut.) lästig (= incommodus 1.).

incommoditās, ātis f (incommodus) 1 Unbequemlichkeit, Unannehmlichkeit [**temporis**];

2 (Ter.) Nachteil, Schaden;

3 (Plaut.) Unhöflichkeit.

in-commodō, commodāre (incommodus) unbequem, beschwerlich, lästig sein.

● **incommodum,** ī n (incommodus) 1 Unbequemlichkeit, Unannehmlichkeit, Beschwerlichkeit [**loci**]; **-o tuo** so dass es dir lästig wäre;

2 Nachteil, Schaden, Unglück, Niederlage; **-o affici** erleiden; **alci -um (of)ferre** zufügen; **-um capere** od. **accipere; -a patriae lugere; sociorum pericula aut -a.**

in-commodus, a, um 1 unbequem, unangenehm, lästig, beschwerlich [**iter; valetudo** Unpässlichkeit; **severitas morum**]; **non -um videtur** es scheint (recht) passend; **-e venire** ungelegen;

2 unfreundlich [**pater; vox**].

in-commūtābilis, e unveränderlich [**rei publicae status**].

in-comparābilis, e (nachkl.) unvergleichlich.

in-compertus, a, um unerforscht, noch unbekannt, unsicher; **aedificia -a hostibus.**

in-compositus, a, um 1 ungeordnet [**pes** stolpernd; **agmen** nicht geschlossen; **hostes; gladiator** nicht in gehöriger Stellung];

2 plump, kunstlos [**versus; oratio**].

in-comprehēnsibilis, e (nachkl.) unfassbar; unendlich, unbeschränkt [**opus** Aufgabe; **vita**].

in-cōmptus, a, um 1 ungepflegt [**ungues** unbeschnitten; **apparatus; signa** ungeputzt];

2 (poet.; nachkl.) ungekämmt, ungeordnet [**capilli**];

3 (übtr.) schmucklos, kunstlos, schlicht, einfach [**versus; oratio**];

4 (Tac.) (v. der Gesinnung) schlicht, ungekünstelt, geradeheraus [**sensūs**].

in-concessus, a, um (poet.; nachkl.) 1 unerlaubt [**voluptas; spes**];

2 unerreichbar, unmöglich.

in-conciliō, conciliāre 1 jmd. verführen, ins Unglück bringen;

2 etw. betrügerisch an sich bringen.

in-concinnus, a, um (Adv. -ē u. -iter) ungeschickt, plump, unharmonisch.

in-concussus, a, um (nachkl.) 1 unerschüttert; **terrae -ae manent** (Sen.);

2 (übtr.) unerschütterlich, unangefochten, fest [**valetudo; gaudium; pax** ungestört].

in-conditus, a, um 1 ungeordnet, wirr [**acies; senatorum turba;** übtr. **libertas; vita**];

2 einfach, schlicht [**genus dicendi**]; regellos, kunstlos, plump [**carmina**];

3 nicht bestattet, nicht begraben.

in-cōnfūsus, a, um nicht verwirrt; (übtr.) nicht außer Fassung.

in-congruēns, Gen. entis (nachkl.) ungereimt, nicht folgerichtig [**sententia alcis**].

incōnsīderantia, ae f (in-[2] u. considero) Unbesonnenheit.

incōnsīderātiō, ōnis f (spätl.) = inconsiderantia.

in-cōnsīderātus, a, um 1 unüberlegt, übereilt [**cupiditas; temeritas**];

2 unbesonnen.

in-cōnsōlābilis, e (poet.; nachkl.) untröstlich, durch keinen Trost heilbar [**vulnus; maeror**].

in-cōnstāns, Gen. antis unbeständig, wankelmütig, schwankend, unsicher, nicht folgerichtig [**populus; ventus; litterae**].

incōnstantia, ae f (inconstans) Unbeständigkeit, Wankelmut, Inkonsequenz [**mentis**].

in-cōnsultus[1], a, um 1 nicht befragt [**senatus**];

2 unberaten, ratlos; **-i abeunt;** – Subst. Pl. die Orakelsuchenden;

3 unüberlegt, unbesonnen [**homo; audacia; ratio** Verfahren].

in-cōnsultus[2], Abl. ū m das Nichtbefragen; **inconsultu meo** ohne mich befragt zu haben.

in-cōnsūmptus, a, um (Ov.) 1 unverbraucht [**pars turis**];

2 (übtr.) unvergänglich, ewig [**iuventa**].

in-cōnsūtilis, e (in-[2] u. consuo) (spätl.) nicht zusammengenäht, ohne Naht.

in-contāminātus, a, um unbefleckt, rein.

I

in-contentus, a, um *(in-² u. contendo)* ungespannt [**fides** Saite].

in-continēns, *Gen.* entis nicht enthaltsam, ungenügsam, unmäßig [**manus** frech; **Tityos** lüstern]; **nihil incontinenter facere.**

incontinentia, ae *f (incontinens)* Ungenügsamkeit, Eigennutz.

in-contrectābilis, e *(spätl.)* nicht betastbar.

in-conveniēns, *Gen.* entis nicht übereinstimmend, unähnlich.

in-convulsus, a, um *(spätl.)* unerschüttert, unverändert.

in-coquō, coquere, coxī, coctum *(poet.; nachkl.)* ① in etw. (hinein)kochen, darunterkochen *(in etw.: Abl.)* [**radices Baccho** Wurzeln in Wein];
② *durch Kochen* färben; **vellera incocta rubores** *(gr. Akk.)* m. Purpur gefärbt;
③ kräftig kochen, braten.

in-corōnātus, a, um *(nachkl.)* unbekränzt.

in-corporālis, e *(nachkl.)* unkörperlich.

in-corporeus, a, um *(nachkl.)* unkörperlich, körperlos.

in-corrēctus, a, um *(Ov.)* unverbessert [**opus**].

in-corruptibilis, e *(Eccl.)* unvergänglich.

in-corruptiō, ōnis *f (Eccl.)* Unvergänglichkeit.

in-corruptus, a, um ① unverdorben, unversehrt [**praeda**]; **-ā sanitate esse** kerngesund sein;
② *(übtr.)* unverfälscht, echt [**litterae; monumenta** geschichtl. Denkmäler];
③ unbefangen, ehrlich [**iudicium; animus**]; **-e iudicare;**
④ unbestochen, unbestechlich, unbescholten [**testis; custos; virgo** rein; **fides; vita**]; ~ **adversus blandientes.**

in-coxī *Perf. v. incoquo.*

in-crēb(r)ēscō, crēb(r)ēscere, crēb(r)uī, – häufig werden, zunehmen, überhand nehmen, sich verbreiten; **increbrescit ventus** frischt auf; **fama belli increbrescit; increbruit proverbio** *(m. A. C. I.)* es ist zum Sprichwort geworden.

in-crēbrō, crēbrāre *(creber) (Plaut.)* häufig tun.

● **in-crēdibilis,** e ① unglaublich [*(m. Sup.)* **dictu, memoratu, auditu**]; **incredibile hoc mihi obtigit** unerwartet;
② außerordentlich, erstaunlich [**altitudo ingenii; fides; furor**];
③ *(Plaut.)* unglaubwürdig, unzuverlässig *(v. Personen).*

incrēdulitās, ātis *f (incredulus) (nachkl.)* Unglaube.

in-crēdulus, a, um *(poet.; nachkl.)* ① ungläubig [**patronus**];
② unglaublich [**res**].

incrēmentum, ī *n (incresco)* ① Wachstum [**vitium** der Reben];
② *(übtr.)* das Wachsen, Zunahme [**urbis**]; **in -o esse** wachsen;
③ Zuwachs, Nachwuchs, Ergänzung; **exercitum -o renovare;**
④ *(poet.; nachkl.) (übtr.)* Stamm, Same, Keim [**populi futuri**];
⑤ *(poet.)* Sprössling, Nachkomme [**Iovis**].

increpātiō, ōnis *f (increpo) (spätl.)* das Schelten.

increpitō, increpitāre *(Intens. v. increpo)* **I.** *intr. (poet.)* ① ermunternd zurufen;
② jmd. anfahren, schelten *(alci);*
II. *trans.* ① anfahren, schelten, tadeln, verhöhnen [**Belgas; pertinaciam praetoris**];
② jmdm. etw. vorwerfen *(alci alqd).*

● **in-crepō,** crepāre, crepuī, crepitum, *vor- u. nachkl. auch* crepāvī, crepātum **I.** *intr.* ① rauschen, rasseln, klappern, klirren, lärmen, krachen [**mālis** m. den Zähnen knirschen; **clipeo** m. dem Schild];
② *(Verg.)* laut zurufen;
③ *(übtr.)* laut werden, sich regen; **suspicio tumultūs increpuit;**
II. *trans.* ① erschallen *od.* erdröhnen lassen, ertönen *od.* hören lassen [**lyram; manūs** Beifall klatschen; **tubā ingentem sonitum; minas**];
② jmd. hart anfahren, schelten, verhöhnen [**legatos; alqm voce gravissima; maledictis omnes bonos; equitem nomine;** *(nachkl. m. dopp. Akk.)* **alqm proditorem;** *(wegen etw.: m. Gen.)* **alqm avaritiae**]; *(m. A. C. I.; quod; ut, ne; m. indir. Frages.)*;
③ etw. vorwerfen, tadeln [**alcis perfidiam, ignaviam**]; *(alci alqd; alqd in alqm; m. A. C. I.)*;
④ *(poet.)* über etw. klagen, sich beklagen [**aevum**];
⑤ *(poet.)* ermuntern, antreiben [**morantes; boves stimulo**].

in-crēscō, crēscere, crēvī, – ① *(poet.; nachkl.)* in *od.* an etw. wachsen, einwachsen, anwachsen; **squamae cuti increscunt;**
② *(poet.)* empor-, aufwachsen; **(telorum seges) iaculis increvit acutis** *(Verg.)* schoss auf zu spitzen Lanzen;
③ *(übtr.)* wachsen, steigen, zunehmen; **flumina increscunt; audacia, dolor, certamen increvit.**

incrētus *P.P.P. v. incerno.*

in-crēvī *Perf. v. incresco u. incerno.*

in-cruentātus, a, um *(poet.; nachkl.)* unblutig, nicht m. Blut befleckt.

in-cruentus, a, um *(meist in Verbindung m. einer Negation)* ① unblutig, ohne Blutvergießen; **haud -o proelio certare; non -a victoria fuit; -a pax** ohne Blutvergießen gestiftet;
② *(v. Soldaten)* ohne Blut zu vergießen, unverwundet, ohne Verlust; **exercitu -o** ohne Blutvergießen für das Heer.

in-crūstō, crūstāre *(crusta) eigtl.* m. einer

Kruste *od.* Schicht überziehen: ① m. Marmor täfeln [**parietem**];
② beschmutzen [**vas sincerum**].

incubitō, incubitāre *(Intens. v. incubo)* bebrüten.

in-cubō¹, cubāre, cubuī, cubitum ① in *od.* auf etw. liegen *(alci rei od. super alqd)* [**cortici; stramentis; ovis** *od.* **nido** brüten];
② *an einem heiligen Ort, bes. in einem Tempel* sich zum divinatorischen Schlaf niederlegen, schlafen *(um durch Träume göttl. Offenbarung zu erhalten)* [**in Aesculapii fano**];
③ *(poet.)* sich aufhalten [**rure; Erymantho**];
④ *(v. Örtl.)* dicht an einem Ort liegen, dicht angrenzen; **iugum incubans mari;**
⑤ *(übtr., v. Lebl.)* sich *über einem Ort* gelagert haben; **ponto nox incubat atra;**
⑥ eifrig hüten, bewachen *(m. Dat.)* [**auro; pecuniae; divitiis; publicis thesauris**];
⑦ sich widmen, etw. hegen *(m. Dat.);* **dolori suo haerere et ~** seinem Schmerz nachhängen u. ihn hegen.

incubō², ōnis *m (incubo¹) (poet.)* Schatzgeist *(der auf vergrabenen Schätzen liegt u. sie bewacht).*

in-cubuī *Perf. v. incubo u. incumbo.*

incubus, ī *m (incubo¹)* Alb, nächtlicher Dämon.

in-cucurrī *Perf. v. incurro.*

in-cūdō, cūdere, cūdī, cūsum *(poet.)* schmieden, bearbeiten; **lapis incusus** geschärft; **incusa auro dona.**

inculcātiō, ōnis *f (inculco) (spätl.)* das Einprägen.

in-culcō, culcāre *(in-¹ u. calco)* ① *(nachkl.)* einstampfen, hineinpressen;
② *(übtr.) (in die Rede)* einschieben, einschalten, einflicken [**Graeca verba; inania verba**];
③ einprägen, einschärfen [**oculis imagines**];
④ aufdrängen, aufnötigen [**se auribus alcis; libertatem**].

in-culpābiliter *Adv. (in-² u. culpa) (Eccl.)* ohne sich schuldig zu machen, ohne Tadel.

in-culpātus, a, um *(poet.; nachkl.)* unbescholten, untadelig.

in-culpō, culpāre *(spätl.)* beschuldigen.

inculta, ōrum *n (incultus¹)* Einöde(n).

● **in-cultus¹,** a, um ① unbebaut, unkultiviert, unbearbeitet, öde [**agri; via** ungebahnt; **regio**];
② *(übtr.)* ungeordnet, schmucklos, kunstlos [**versus** ungefeilt]; **-e horrideque dicere;**
③ ungepflegt, verwildert, vernachlässigt [**homines; comae**]; *(von Pflanzen)* wild;
④ ungebildet, roh [**Gaetuli; ingenium; mores**];
⑤ einfach [**vita**]; **-e vivere.**

in-cultus², ūs *m* ① Verwahrlosung; Unsauberkeit;
② Mangel an Bildung.

incultus³ *P.P.P. v. incolo.*

● **in-cumbō,** cumbere, cubuī, cubitum *(vgl. cubo)* ① sich auf *od.* an etw. legen, lehnen, stützen *(m. in u. Akk.; Dat.)* [**remis** schnell rudern];
② *(poet.; nachkl.)* sich in etw. stürzen, auf jmd. losstürzen *od.* losgehen [**in hostes; in Graeciam; ferro** ins Schwert];
③ *(poet.; nachkl.)* auf, über etw. hereinstürzen, hereinbrechen, eindringen *(m. in u. Akk.; Dat.)* [**in litus; pelago**]; **tempestas silvis incumbit;**
④ *(poet.; nachkl.)* sich hinneigen, sich herabbeugen über; **laurus incumbens arae** über … geneigt; – dicht an etw. stehen *od.* stoßen: **silex** (Fels) **ad amnem incumbit;**
⑤ *(übtr.)* sich auf etw. verlegen *od.* werfen, sich zuwenden, sich widmen *(ad od. in m. Akk.; Dat.; m. Inf. od. ut)* [**ad salutem rei publicae; in alcis cupiditatem** jmds. ehrgeizige Wünsche unterstützen; **aratris** aufs Pflügen; **novae cogitationi**];
⑥ sich hinneigen zu [**ad virum bonum**];
⑦ auf jmdm. schwer lasten *(in alqm od. alci).*

in-cūnābula, ōrum *n* ① *(Plaut.)* Windeln, Wickelbänder;
② erste Kindheit; **ab -is;**
③ Geburtsort, frühester Aufenthalt [**Iovis**];
④ Ursprung, Anfang [**doctrinae**].

in-cūnctanter *Adv. (in-² u. cunctor) (spätl.)* ohne Zaudern.

in-cūnctātus, a, um *(in-² u. cunctor) (nachkl.)* ungesäumt.

in-cūrātus, a, um *(Hor.)* ungeheilt, unheilbar [**ulcera**].

in-cūria, ae *f (in-² u. cura)* ① Mangel an Sorgfalt, Nachlässigkeit;
② Mangel an Pflege, Vernachlässigung;
③ Sorglosigkeit, Leichtsinn.

incūriōsus, a, um *(incuria)* ① *(nachkl.)* sorglos, unbekümmert, gleichgültig, leichtsinnig *(abs.; in m. Abl.; Gen.; Dat.)* [**famae** unbekümmert um; **rerum antiquarum; serendis frugibus** bei der Aussaat]; **castra -e posita;**
② vernachlässigt, nachlässig behandelt [**finis; historia**].

● **in-currō,** currere, currī u. *(selten)* cucurrī, cursum ① hineinlaufen, an *od.* gegen etw. rennen [**in columnas** *(sprichw.)* m. dem Kopf gegen die Wand rennen];
② gegen jmd. (her)anstürmen, jmd. angreifen *(in m. Akk.; Dat.; Akk.)* [**in hostes; levi armaturae hostium; hostium latus**];
③ *(übtr.)* m. Worten angreifen, gegen jmd. losziehen [**in tribunos militares**];
④ einfallen [**in agrum alcis; in Macedoniam**];
⑤ jmdm. begegnen, auf jmd. stoßen *(in alqm);*
⑥ *(übtr.) in oculos* in die Augen fallen;
⑦ *(beim Lesen, Reden, Schreiben)* auf etw.

stoßen, auf etw. zu sprechen kommen *(in alqd)*;
❽ *(v. Örtl.)* an etw. stoßen, angrenzen; **agri in publicum Cumanum incurrebant;**
❾ *(in einen Zustand)* geraten, verfallen [**in morbos; in odia hominum; in fraudem**];
❿ *(v. Zeiten u. Ereignissen)* eintreffen, eintreten;
⓫ *(zeitl.)* fallen in *(in m. Akk.; Dat.)*;
⓬ *(übtr.)* jmd. treffen, betreffen, jmdm. begegnen;
⓭ *(v. Flüssen)* sich ergießen.

incursiō, ōnis *f (incurro)* ❶ Andrang, Anprall;
❷ Angriff, Einfall, Streifzug [**armatorum; latronum**]; **incursionem facere in fines Romanos**.

incursitō, incursitāre *(Intens. v. incurso) (Sen.)* ❶ *(absichtlich)* auf jmd. losgehen;
❷ *(zufällig)* gegen jmd. anrennen;
❸ *(übtr.)* anstoßen.

incursō, incursāre *(Intens. v. incurro)* ❶ *(poet.)* anrennen, stoßen an *(m. Dat.)* [**rupibus; ramis;** *übtr.* **oculis** begegnen, treffen];
❷ anstürmen, angreifen *(m. Akk. od. in u. Akk.)* [**aciem; in hostem**];
❸ einfallen [**in agros** *od.* **agros Romanorum; latera**];
❹ *(übtr.)* jmd. befallen, auf jmd. übergehen; **incursabit in te dolor** *(Cic.)*.

incursum *P.P.P. v. incurro.*

incursus, ūs *m (incurro)* ❶ *(poet.; nachkl.)* Andrang, Ansturm, Anprall [**aquarum**];
❷ Angriff [**equitum; luporum**];
❸ *(Ov.)* Entschluss.

incurvēscō, incurvēscere (*u.* incurvīscō, incurvīscere), – *(incurvus) (vorkl.)* sich krümmen.

in-curvō, curvāre *(curvus)* ❶ krümmen, (ein)biegen [**arcum**]; **membra incurvata dolore;** – *pass. (Sen.)* gebückt gehen;
❷ *(übtr.)* niederbeugen; **magnum animum non incurvat iniuria;**
❸ jmd. zum Mitleid bewegen, erschüttern.

incurvus, a, um *(incurvo)* gekrümmt, krumm [**falx**], *(v. Personen)* gebeugt, gebückt.

incūs, ūdis *f (incudo)* Amboss; *(übtr.)* **versūs incudi reddere** umarbeiten; **eandem incudem tundere** immer dasselbe treiben.

incūsātiō, ōnis *f (incuso)* Beschuldigung.

● **incūsō,** incūsāre *(causa)* beschuldigen, anklagen, sich beschweren, sich beklagen über *(m. Akk.; alqm alcis rei od. ob alqd; m. quod; m. A. C. I.)* [**milites; iniurias Romanorum; alqm probri**].

in-cussī *Perf. v. incutio.*

incussus[1], *Abl.* ū *m (incutio) (nachkl.)* das Anschlagen, Anstoßen [**armorum**].

incussus[2] *P.P.P. v. incutio.*

in-cūstōdītus, a, um *(poet.; nachkl.)* ❶ unbewacht *(auch übtr.)* [**boves; urbs** unbesetzt; **limina; amor** nicht geheim gehalten];
❷ unvorsichtig.

incūsus *P.P.P. v. incudo.*

in-cutiō, cutere, cussī, cussum *(quatio)* ❶ anschlagen, anstoßen;
❷ (hin)schleudern, (hin)werfen [**saxa; nuntium alci** zuschleudern];
❸ *(übtr.) (Affekte u. Ä.)* einjagen, einflößen, verursachen, erregen [**alci timorem; religionem animo; bellum** drohen mit; **vim ventis** verleihen].

indāgātiō, ōnis *f (indago[1])* Erforschung [**veri; initiorum**].

indāgātor, ōris *m (indago[1])* Erforscher.

indāgātrīx, īcis *f (indagator)* Erforscherin; **philosophia, ~ virtutis** *(Cic.)*.

indāgō[1], indāgāre *(indago[2])* ❶ *(v. Jagdhund)* aufspüren;
❷ *(übtr.)* erforschen [**indicia; intervalla siderum a terra**];
❸ *(Gell.)* zu erlangen suchen [**misericordiam**].

indāgō[2], ginis *f* ❶ Umzingelung, Einschließung, Umstellung *(des Wildes od. des Waldes)*, Kesseltreiben, Treibjagd *(auch übtr.)*; **saltūs indagine cingere; velut indagine** (wie bei einer Treibjagd) **dissipatos Samnites agere** *(Liv.)*;
❷ *(nachkl.)* Erforschung, Untersuchung.

ind-audiō *(altl.)* = *inaudio.*

● **inde** *Adv.* **I.** *räuml.* ❶ von dort, von da (aus); **inde discessum est; inde colles insurgunt; hinc militum, inde locorum asperitas** hier . . . dort;
❷ daraus; **fontem invenerunt aquamque inde hauserunt;**
II. *zeitl.* ❶ von da an, seitdem;
❷ *inde ab* von … an; **iam inde ab initio; iam inde ab incunabulis;**
❸ dann, hierauf; **inde damnatus est;**
III. *übtr.* daraus, davon, daher; **inde omnia scelera ac maleficia gignuntur** *(Cic.)*;
IV. *kausal* deshalb, daher; **inde fit, ut** daher kommt es, dass.

in-dēbitus, a, um *(poet.)* nicht gebührend, unverdient [**praemia**].

indecēns, *Gen.* centis *(P. Adj. v. indeceo)* unschicklich, unanständig, unpassend [**risus**].

indecentia, ae *f (indecens)* Unschicklichkeit, Unanständigkeit.

in-deceō, decēre, – – *(Plin.)* übel anstehen *(alqm)*.

in-dēclīnābilis, e *(nachkl.)* unbeugsam, fest [**animus; iustitia**].

in-dēclīnātus, a, um *(Ov.)* unverändert, beständig [**amicitia;** *(gegen jmd.: Dat.)* **amico** treu].

in-decoris, e *(in-[2] u. decus) (poet.)* unrühmlich, schmählich *(für: Dat.)*; **non erimus regno indecores** *(Verg.)*; **indecoris genus** *(gr. Akk.)* unedel v. Geschlecht, von einfacher Herkunft.

indecorō, indecorāre *(indecoris)* entstellen, schänden.

in-decōrus, a, um ① unschön, hässlich [**forma**];
② unschicklich, unrühmlich, unanständig, unehrenhaft [**genus** unedel].

in-dēfatīgābilis, e *(in-[2] u. defatigo) (Sen.)* unermüdlich.

in-dēfatīgātus, a, um *(Sen.)* unermüdet.

in-dēfēnsus, a, um unverteidigt, unbeschützt; **Capuam -am Romanis tradere; -um se telis hostium praebere** ohne Verteidigung.

in-dēfessus, a, um *(poet.; nachkl.)* unermüdet, unermüdlich.

in-dēficiēns, *Gen.* entis *(in-[2] u. deficio) (Eccl.)* unaufhörlich.

in-dēflētus, a, um *(Ov.)* unbeweint, unbeklagt [**animae**].

in-dēflexus, a, um ungebeugt, ungeschwächt [**maturitas aetatis** das reife, ungeschwächte Alter].

in-dēiectus, a, um *(Ov.)* nicht niedergeworfen, nicht eingestürzt; **domus tanto -a malo.**

in-dēlēbilis, e unvertilgbar, unvergänglich [**decus; nomen**].

in-dēlībātus, a, um unvermindert, unberührt [**opes**].

in-demnātus, a, um *(in-[2] u. damno)* ohne verurteilt worden zu sein, ohne Urteil(sspruch); ~ **in exilium a consule eiectus est** *(Cic.)*.

in-demnis, e *(in-[2] u. damnum) (nachkl.)* schadlos, ohne Verlust.

in-dēnūntiātus, a, um *(Sen.)* unangekündigt [**sors**].

in-dēplōrātus, a, um *(Ov.)* unbeweint.

in-dēprāvātus, a, um *(Sen.)* unverdorben [**virtus**].

in-dēprecābilis, e *(in-[2] u. deprecor) (Gell.)* durch Bitten unabwendbar.

in-dēprēnsus, a, um *(in-[2] u. deprendo)* unfassbar, unbegreiflich [**error**].

indeptus *P. P. Akt. v. indipiscor.*

in-dēsertus, a, um *(Ov.)* nie verlassen = unvergänglich, ewig.

in-dēsinenter *Adv. (in-[2] u. desino) (spätl.)* unaufhörlich.

in-dēstrictus, a, um *(in-[2] u. destringo) (Ov.)* unberührt, unverletzt.

in-dētōnsus, a, um *(Ov.)* ungeschoren, m. wallendem Haar.

in-dēvītātus, a, um *(Ov.)* unvermeidbar [**telum**].

● **index,** indicis *(indico[1])* **I.** *Subst. m u. f* ① Anzeiger(in), Angeber(in) [**sceleris**];
② Verräter, Spion; **nullo sub indice** v. keinem angezeigt;
③ *(meton., v. Sachen)* Anzeige, Anzeichen, Kennzeichen; **vox,** ~ **stultitiae**;
④ Zeigefinger;
⑤ Titel [**libri**], Aufschrift *(auf einem Gemälde, einer Statue)*;
⑥ Inhalt(sangabe) [**legis**];
⑦ *(vor- u. nachkl.)* Verzeichnis, Register, Katalog [**philosophorum; rerum gestarum**];
⑧ *(Ov.)* Probierstein;
II. *Adj. (v. Sachen)* anzeigend, angebend, verratend [**digitus** Zeigefinger].

India, ae *f* Indien; – *Einw.* **Indus,** ī *m* Inder *(auch* Äthiopier, Araber); – *Adj.* **Indicus** *u.* **Indus,** a, um indisch [**elephanti; cornu; dentes** Elfenbein].

indicātiō, ōnis *f u. (Plin.)* **indicātūra,** ae *f (indico[1])* Preis(angabe), Gebühr.

in-dīcēns, *Gen.* entis *(in-[2] u. dico[1])* nicht sagend, *nur im Abl. abs.:* **me indicente** ohne meine Aufforderung.

● **indicium,** ī *n (index)* ① Anzeige, Angabe, Aussage [**coniurationis**]; **-um facere; -um deferre ad alqm; rem per -um enuntiare**;
② Anzeichen, Kennzeichen, Merkmal, Beweis [**certum; virtutis; sceleris**]; **-o esse** *(alcis rei, alci rei od. de re; m. A. C. I. od. m. indir. Frages.)* zum Beweis f. etw. dienen, etw. beweisen;
③ Erlaubnis, Angaben zu machen; **-um postulare; -um dare alci;**
④ Belohnung f. eine Aussage; **partem -i accipere.**

indicīva, ae *f (indico[1]) (spätl.)* Angeberlohn.

● **indicō[1],** indicāre *(indico[2])* ① anzeigen, angeben, aussagen, melden, aufdecken, verraten [**consilium patri; alci de epistulis; de coniuratione** Anzeige machen; **dolorem lacrimis; se** sich zeigen, wie man ist]; *(m. A. C. I.; m. indir. Frages.)*; **vultus indicat mores;**
② den Wert *od.* Preis *einer Sache* bestimmen, etw. taxieren [**fundum alci**].

● **in-dīcō[2],** dīcere, dīxī, dictum ① ansagen, ankündigen, öffentlich bekannt machen [**supplicationem; spectaculum finitimis; diem comitiis; concilium** einberufen; **exercitum Pisas** nach Pisa beordern; **alci bellum** den Krieg erklären]; *(m. A. C. I. od. ut, ne)*;
② auferlegen [**gentibus tributa; supplicium alci**].

indictiō, ōnis *f (indico[2])* ① außerordentliche Steuer;
② *(spätl.)* Indiktion *(Zyklus v. 15 Jahren, der auf einer Steuerperiode gleichen Zeitumfangs beruhte)*.

indictus[1] *P. P. P. v. indico[2].*

in-dictus[2], a, um *(in-[2] u. dico[1])* ① ungesagt, ungenannt [**carminibus** unbesungen];
② *(jur. t. t.)* **indictā causā** ohne Verhör, ohne Verteidigung.

Indicus *s. India.*

indi-dem *Adv. (< * inde-dem, vgl. idem)* ebendaher, ebenfalls aus [**Thebis; Ameriā**].

in-didī *Perf. v. indo.*

in-differēns, *Gen.* rentis ① gleichgültig, indifferent;
② *(stoischer t. t.)* weder gut noch böse.
indifferentia, ae *f (indifferens)* Gleichheit.
indi-gena, ae *m u. f (< * indu-gena; geno)* Eingeborener, Inländer; – *adj.* einheimisch, inländisch [**vinum; venti**].
indigentia, ae *f (indigeo)* ① Bedürfnis, Not;
② Unbescheidenheit, Habsucht.
● **ind-igeō,** igēre, iguī, – *(indu u. egeo)* ① an etw. Mangel haben *(m. Gen. od. Abl.)*; *abs.* bedürftig sein; – *indigentes* Bedürftige; – *P. Adj.* indigēns, entis **a)** bedürftig, Not leidend; **b)** *(v. Sachen)* mangelhaft, unzulänglich;
② bedürfen, nötig haben, brauchen *(m. Gen. od. Abl.)* [**consilii alcis; pecuniā**];
③ nach etw. verlangen [**auri**].
indiges¹, *Gen.* etis *(vgl. indigena)* **I.** *Adj.* einheimisch; altrömisch;
II. *Subst. m* einheimischer Heros, Stammvater [**Aeneas**].
indiges², *Gen.* is *(indigeo) (vorkl.)* bedürftig.
in-dīgestus, a, um *(poet.; nachkl.)* ungeordnet [**turba**].
indīgnābundus, a, um *(indignor)* voller Unwillen.
indīgnāns, *Gen.* antis *(P. Adj. v. indignor) (Ov.)* unwillig, entrüstet [**verba; venti; aequor**].
indīgnātiō, ōnis *f (indignor)* ① Unwille, Unmut, Entrüstung; **indignationem movere** erregen;
② *Pl.* Äußerungen des Unwillens;
③ *(rhet. t. t.)* Erregung des Unwillens.
indīgnātiuncula, ae *f (Demin. v. indignatio) (Plin.)* Anflug v. Entrüstung.
indīgnitās, ātis *f (indignus)* ① Unwürdigkeit, Niederträchtigkeit [**accusatoris**];
② Erniedrigung, Entwürdigung;
③ *(übtr.)* das Unwürdige, Empörende, Schmach [**iniuriae**];
④ *(meton.)* Unwille, Unmut, Entrüstung, Erbitterung.
● **indīgnor,** indīgnārī *(indignus)* für unwürdig, für empörend halten, über etw. entrüstet sein, sich entrüsten *(abs.; m. Akk.; de; m. A. C. I.; quod)* [**casum amici**]; **fluvius pontem indignatur** will nicht tragen; – **indīgnandus,** a, um *(poet.)* worüber man sich entrüsten muss, Unwillen verdienend, empörend.
● **in-dīgnus,** a, um ① unwürdig, unwert, etw. nicht verdienend *(m. Abl.; Gen.; Relativs.; ut; Inf.)* [**cive Romano; praemio; qui laudetur** unwürdig, gelobt zu werden];
② unverdient; **-um est** *(m. Inf. od. A. C. I.)* es ist eine Ungerechtigkeit; – *Subst.* indīgna, ōrum *n* unverdientes Geschick, unverdiente Strafe, Unverschuldetes;
③ unpassend, unangemessen, ungeziemend [**hiems** zu hart]; **-um est** *(m. Inf. od. A. C. I.)* es ziemt sich nicht;
④ schmachvoll, schändlich, empörend [**caedes; facinus; fortuna**]; **indignum!** welche Schmach!; **-um est** *(m. Inf. od. A. C. I.)* es ist *(od.* wäre) schändlich, empörend, dass *(od.* wenn);
⑤ **-e ferre** *(od.* **pati***)* m. Unwillen ertragen, entrüstet, empört sein *(alqd; m. A. C. I. od. quod)*.
indigus, a, um *(indigeo) (poet.; nachkl.)* bedürftig *(abs. od. m. Gen.)*.
in-dīligēns, *Gen.* entis ① nachlässig, langsam;
② leichtsinnig *in der Vermögensverwaltung.*
indīligentia, ae *f (indiligens)* Nachlässigkeit, Sorglosigkeit *(in etw.: m. Gen.)* [**veri** in der Untersuchung der Wahrheit].
ind-ipīscor, ipīscī, eptus sum *(indu u. apiscor)* ① erreichen, erlangen, einholen [**navem; divitias**];
② *(Gell.) (geistig)* erfassen.
in-dīreptus, a, um *(Tac.)* nicht geplündert.
in-disciplīnātus, a, um *(in-² u. disciplina) (Eccl.)* zuchtlos, liederlich.
in-discrētus, a, um ① ungetrennt, unzertrennlich;
② nicht unterscheidbar, ohne Unterschied, einerlei [**similitudo; proles**].
in-discussus, a, um *(in-² u. discutio 4.) (Eccl.)* unerörtert.
in-disertus, a, um nicht beredt, nicht redegewandt, ohne viele Worte [**homo; prudentia**].
in-dispositus, a, um *(Tac.)* ungeordnet, in Unordnung.
in-disputābilis, e *(spätl.)* unbestreitbar.
in-dissolūbilis, e unauflöslich.
in-dissolūtus, a, um unaufgelöst.
in-distīnctus, a, um *(poet.; nachkl.)* ungeordnet; verworren, undeutlich, unklar.
inditus *P.P.P. v. indo.*
indīviduum, ī *n (individuus)* ① Atom;
② *(spätl.)* Einzelding; Einzelwesen.
in-dīviduus, a, um ① unteilbar, untrennbar [**corpora** Atome];
② *(nachkl.)* unzertrennlich [**familiares**].
in-dīvīsus, a, um *(vor- u. nachkl.)* ungeteilt; **pro -o** zu gleichen Teilen, gleichmäßig.
in-dīxī *Perf. v. indico².*
in-dō, dere, didī, ditum ① hineintun, -stecken, -geben, -setzen, -legen [**venenum potioni; in aquam salem; alqm lecticae**];
② *(vor- u. nachkl.)* an *od.* auf etw. legen, setzen, anlegen, beigeben [**castella rupibus** erbauen auf; **ignem in aram; vincula; pontes** darüberschlagen; **alci custodes** beigeben];
③ *(übtr.) (Namen)* beilegen, geben *(von, nach etw.: ex od. ab)*;
④ *(Tac.)* einführen [**novos ritus**];
⑤ *(Tac.) (Affekte u. Ä.)* einflößen, verursachen, bewirken *(alci alqd)* [**sociis iram; alci**

odium].

in-docilis, e ❶ ungelehrig, schwer lernend [**homo; grex**];
❷ ungebildet, unwissend, unerfahren, roh, einfach;
❸ nicht lehrbar *(v. dem, das nicht gelehrt werden kann);*
❹ *(poet.)* kunstlos, einfach.

● **in-doctus,** a, um ❶ ungelehrt, nicht wissenschaftlich gebildet [**iuvenes**];
❷ ungebildet, roh [**multitudo**];
❸ ungeschickt, ungeübt [**pilae** *(Gen.)* im Ballspiel];
❹ *(poet.)* kunstlos, einfach; **canere -um.**

in-dolentia, ae *f (in-² u. doleo)* Unempfindlichkeit gegen Schmerz.

ind-olēs, is *f (indu u. alo)* ❶ angeborene, natürliche Beschaffenheit;
❷ Naturanlage, Charakter, Begabung, Talent [**virtutis** *od.* **ad virtutem** angeborene Tüchtigkeit].

in-dolēscō, dolēscere, doluī, – *(Incoh. v. doleo)* ❶ sich betrüben *(über: m. Abl. od. Akk.)* [**facto; nostris malis; id ipsum**];
❷ *(nachkl.)* Schmerz empfinden, schmerzen, wehtun; **oculi indolescunt.**

indolōria, ae *f = indolentia.*

in-domābilis, e unbezähmbar.

in-domitus, a, um ❶ ungezähmt, ungebändigt, wild [**pastores; iuvencae; ager** unbebaut];
❷ unbezwungen [**nationes**];
❸ zügellos [**cupiditates; ingenia Gallorum**];
❹ *(poet.; nachkl.)* unbezwinglich, unbändig, unüberwindlich [**Achilles; mors; irae**].

in-dormiō, dormīre ❶ *(poet.)* auf etw. schlafen *(m. Dat.)* [**congestis saccis**];
❷ bei etw. schlafen, etw. verschlafen = etw. nachlässig betreiben *(m. Dat. od. in u. Abl.)* [**tantae causae; tempori** den richtigen Zeitpunkt verschlafen].

in-dōtātus, a, um ❶ *(poet.; nachkl.)* unausgestattet, ohne Aussteuer [**soror**];
❷ *(übtr.)* **a)** *ars* arm, ohne die Gabe der Beredsamkeit; **b)** *(Ov.) corpora* ohne Totengaben.

indu *altl. Präp. b. Abl., noch älter endo* in *(öfter in Zusammensetzungen wie z. B. indi-gena, ind-oles).*

in-dubitātus, a, um *(nachkl.)* außer Zweifel, unzweifelhaft.

in-dubitō, dubitāre an etw. zweifeln *(m. Dat.)* [**suis viribus**].

in-dubius, a, um unzweifelhaft [**innocentia**].

● **in-dūcō,** dūcere, dūxī, ductum ❶ etw. darüberziehen, über etw. ziehen *(alqd; alqd super alqd; alqd alci rei)* [**pontem flumini** schlagen über; *übtr.* **umbram terris** verbreiten über; **humanam formam membris** Menschengestalt annehmen]; **cortex inductus** darüberwachsend;
❷ etw. m. etw. überziehen [**scuta pellibus**];
❸ *(Kleidungsstücke, Waffen)* anziehen, anlegen [**sibi calceum**];
❹ *(auf der Wachstafel)* aus-, durchstreichen [**nomina**];
❺ *(übtr.)* aufheben, rückgängig machen, tilgen [**senatūs consultum**];
❻ hineinführen, -bringen, *(übtr.)* einführen *(m. Dat. od. in u. Akk.)* [**messorem arvis; legatos in regiam;** *übtr.* **discordiam in civitatem**];
❼ *(als Gattin)* heimführen;
❽ in den Kampf führen [**exercitum in Macedoniam**];
❾ öffentlich auftreten lassen, auf die Bühne *od.* in die Arena bringen [**gladiatores; iuvenes armatos**]; aufführen [**comoediam**];
❿ *(Personen in einem Schrift- od Bühnenstück)* redend *od.* handelnd einführen [**gravem personam; senem disputantem**];
⓫ etw. in das Rechnungsbuch eintragen, verrechnen;
⓬ *(übtr.)* zu etw. bewegen, veranlassen [**animum in spem, ad misericordiam**];
⓭ verlocken, verleiten [**alqm in errorem; alqm promissis; alcis animum ad bellum, in peccatum**];
⓮ **(in) animum inducere** sich zu etw. entschließen, sich etw. vornehmen, sich zum Grundsatz machen *(alqd, nur id, quod, nihil u. Ä.; m. Inf.; m. ut, ne bzw. quin od. quominus); (m. A. C. I.)* sich überzeugen.

inductiō, ōnis *f (induco)* ❶ das Hineinführen, Einführung;
❷ das Zuleiten [**aquarum** Bewässerung];
❸ das Auftretenlassen im Zirkus;
❹ Verleitung zu etw. *(alcis rei);*
❺ *animi* fester Vorsatz, Entschluss;
❻ *(philos. t. t.)* Induktion, induktive Beweisführung, *Schlussfolgerung vom Besonderen, vom Einzelfall (aus einer Reihe v. Beispielen od. Tatsachen) auf das Allgemeine.*

inductor, ōris *m (induco)* ❶ *(Plaut.)* Prügler;
❷ *(August.) litterarum* Einführer in die Schriften.

inductus¹, a, um *(P. Adj. v. induco) (Plin.)* fremd, gesucht [**sermo**].

inductus², *Abl.* ū *m (induco)* Antrieb; **huius persuasu et inductu.**

indūcula, ae *f (induo) (Plaut.)* Unterkleid der Frauen.

indu-gredior, gredī, – *(Lucr.) = ingredior.*

induī *Perf. v. induo.*

indulgēns, *Gen.* entis *(P. Adj. v. indulgeo)* nachsichtig, gütig, gnädig.

indulgentia, ae *f (indulgens)* ❶ Nachsicht, Milde, Güte, Gnade [**dei**]; *(gegen jmd.: alcis u. in alqm);* **tanta Hannibalis in captivos ~;** *(übtr.)* ~ **caeli** Milde des Klimas;
❷ Zärtlichkeit [**matris**];

I

3 *(spätl.)* **a)** Ablass; **b)** Lossprechung vom Bann.

indulgentiarius, ī *m (indulgentia) (mlt.)* Ablasshändler.

● **indulgeō,** indulgēre, indulsī, indultum **I.** *intr.* 1 nachsichtig, gewogen, geneigt sein, nachgeben, jmd. begünstigen *(m. Dat.)* [**Aeduorum civitati; ardori legionum; dolori; amori**];
2 *(einer Sache)* nachhängen, sich widmen, frönen [**somno; novis amicitiis; vino; aleae** ein Spieler sein];
3 Sorge tragen für, besorgen, etw. pflegen [**valetudini; labori**];
II. *trans.* etw. gewähren, bewilligen, gestatten, opfern [**sanguinem suum** zum Opfer bringen].

indūmentum, ī *n (induo) (nachkl.)* 1 Kleidung, Anzug; Hülle;
2 *(übtr.)* Umkleidung, Hülle [**carnis**].

● **induō,** induere, induī, indūtum *(vgl. exuo)* 1 etw. anziehen, anlegen [**alci tunicam; loricam; sibi torquem; galeam** aufsetzen; **anulum** anstecken; **alci insignia Bacchi; scalas** über die Achsel nehmen *od.* den Kopf durch die Leiter stecken; **umeris purpuram; arma alci;** *übtr.* **beluae formam hominum**]; – indūtus *(re od. rem)* m. etw. angetan *od.* bekleidet;
2 **se induere a)** *in alqd* sich in etw. kleiden *od.* hüllen; **venti se in nubem induunt; b)** *(übtr.) in alqd* in etw. (hinein)geraten, sich verwickeln in [**in laqueos**]; **c)** *re* sich in etw. (hinein)stürzen, in etw. fallen, an etw. hängen bleiben [**hastis; mucrone** sich in das Schwert stürzen];
3 *(übtr.)* m. etw. umgeben, bedecken, versehen [**animum bonis artibus**]; **di induti specie humana;**
4 jmdm. etw. zuteilen, beilegen [**sibi cognomen; alci speciem latronis** jmd. als Räuber auftreten lassen];
5 *(sibi) alqd* etw. annehmen, anlegen, sich etw. aneignen [**spem; personam iudicis** die Rolle des Richters spielen].

indu-pediō, pedīre *(Lucr.) = impedio.*

induperātor, ōris *m (altl.) = imperator.*

in-dūrēscō, dūrēscere, dūruī, – *(poet.; nachkl.)* 1 hart, fest werden, sich verhärten, erstarren [**saxo** zu Stein];
2 *(übtr.)* sich abhärten; **corpus usu indurescit;**
3 *(Perf.)* unerschütterlich treu zu jmdm. halten *(pro alqo);*
4 *(übtr.)* festbleiben.

in-dūrō, dūrāre 1 *(poet.; nachkl.)* hart machen, härten; **nivem indurat Boreas;**
2 *(übtr.)* härten, stählen [**animum; alcis timorem resistendo**].

Indus¹ *s. India.*

Indus², ī *m* 1 *Fluss in Indien, j.* Sind(h);
2 *Fluss in Karien (Kleinasien).*

indūsiārius, ī *m (indusium) (Plaut.)* Hersteller v. Übertuniken.

indūsiātus, a, um *(indusium) (Plaut.)* m. einer Übertunika bekleidet.

indūsiō, indūsiāre *(indusium) (nachkl.)* bekleiden.

indūsium, ī *n (induo) (vorkl.)* Übertunika.

● **industria,** ae *f (industrius)* eifrige Tätigkeit, Fleiß, Betriebsamkeit; **de (ex) -a** *(auch bloß industriā)* absichtlich, vorsätzlich; **sine -a** unabsichtlich.

industriōsus, a, um *(industria) (nachkl.)* sehr tätig, geschäftig.

industrius, a, um tätig, fleißig, eifrig, beharrlich *in der Arbeit.*

indūtiae, ārum *f* 1 Waffenstillstand; **-as facere cum alqo** schließen; **-as dare alci** bewilligen; **-as agitare** halten; **per -as** während der Zeit des Waffenstillstandes; **-as per scelus violare;**
2 *(vor- u. nachkl.) (übtr.)* Stillstand, Ruhe.

indūtus¹, ūs *m nur Dat.* indutui *(induo) (vor- u. nachkl.)* das Anziehen des Kleides; Kleidung, Anzug.

indūtus² *s. induo.*

induviae, ārum *f (induo)* Kleidung.

in-dūxī *Perf. v. induco.*

in-ēbriō, ēbriāre *(ebrius) (nachkl.)* 1 trunken machen, berauschen; *Pass.* trunken werden, sich berauschen; **multo vino inebriari;**
2 *aurem* die Ohren voll schwatzen.

in-edia, ae *f (in-² u. edo²)* das Hungern, Fasten.

in-ēditus, a, um *(Ov.)* noch nicht herausgegeben *(v. Schriften).*

in-effābilis, e *(in-² u. effor)* unaussprechlich.

in-efficāx, *Gen.* ācis *(nachkl.)* unwirksam, schwach [**ratio**].

● **in-ēlabōrātus,** a, um *(nachkl.)* nicht ausgearbeitet [**oratio**].

in-ēlegāns, *Gen.* antis unfein, geschmacklos *(meist m. vorhergehender Negation);* **sermo non ~; ratio non ~.**

in-ēluctābilis, e *(poet.; nachkl.)* 1 unabwendbar, unvermeidlich [**fatum**];
2 undurchdringbar; **ineluctabiles navigio paludes.**

in-ēmendābilis, e unverbesserlich, unheilbar [**affectus**].

in-ēmorior, ēmorī, – *(Hor.)* bei etw. sterben *(m. Dat.)* [**spectaculo**].

in-ēmptus, a, um nicht gekauft [**dapes; corpus** ohne Lösegeld; **consulatus** nicht erkauft].

in-ēnārrābilis, e unbeschreiblich, unerklärlich [**labor**].

in-ēnōdābilis, e *(in-² u. enodo)* nicht entwirrbar, verworren, unerklärlich.

● **in-eō,** īre, iī *(selten* īvī*),* itum **I.** *intr.* 1 hineingehen, einziehen *(in m. Akk.)* [**in urbem;**

in villam];
❷ anfangen, beginnen; **vere ineunte** bei Frühlingsanfang; **ab ineunte adulescentia** von früher Jugend an;
II. *trans.* ❶ etw. betreten [**agrum Romanum; domum;** *übtr.* **iter** antreten; **somnum** einschlafen; **convivia** besuchen];
❷ *(v. Tieren)* bespringen [**vaccam**];
❸ *(eine Zeit)* beginnen; **initā tertiā vigiliā; initā aestate, hieme** nach Beginn;
❹ *(eine Tätigkeit, ein Amt u. a.)* antreten, übernehmen, beginnen [**magistratum; consulatum; proelium; suffragia** zur Abstimmung schreiten, abstimmen];
❺ *(Bündnis, Verträge, Geschäfte)* eingehen, (ab)schließen [**societatem; Veneris foedus** Liebesbund; **nexum** sich verpflichten *(als Schuldknecht)*];
❻ **consilium ~** einen Entschluss (Plan) fassen *(alcis rei od. de re; m. Inf. od. indir. Frages.)*;
❼ **gratiam ab alqo** *u.* **apud** *od.* **ad alqm ~** bei jmdm. Gnade finden *od.* sich beliebt machen.

ineptiae, ārum *f (Kom. auch Sg.* **-a,** ae Albernheit *im Reden u. Handeln) (ineptus)* Albernheiten, Torheiten, Possen, Unsinn, Phantastereien, Geschwätz.

ineptiō, ineptīre *(ineptus)* albern reden, faseln, töricht handeln.

in-eptus, a, um *(in-² u. aptus)* ❶ *(Hor.)* unbrauchbar, untauglich [**chartae** Makulatur];
❷ unpassend, unschicklich, abgeschmackt [**sententiae; ioca**];
❸ töricht, albern; **-e dicere.**

in-equitābilis, e *(nachkl.)* für Reiterei ungeeignet [**campus**].

in-equitō, equitāre *(nachkl.)* dahinreiten.

● **in-ermis,** e *u.* **in-ermus,** a, um *(in-² u. arma)* ❶ unbewaffnet, wehrlos, ungerüstet;
❷ *(v. Personen)* ohne Waffenmacht, ohne Heer [**legati**]; *(v. Ländern)* v. Truppen entblößt [**ager; Achaia**];
❸ *(übtr.)* **a)** *carmen* unkriegerisch, niemanden verletzend; **b)** *in re* in etw. nicht gut beschlagen [**in philosophia**].

in-errāns, *Gen.* antis *(in-² u. erro)* nicht (umher)irrend, feststehend [**stellae** Fixsterne].

in-errō, errāre *(nachkl.)* in, an, auf etw. umherirren *(m. Dat.)* [**montibus; oculis** vor den Augen schweben]; **ignis aedibus inerrans.**

● **in-ers,** *Gen.* ertis *(in-² u. ars)* ❶ ungeschickt;
❷ untätig, untüchtig, träge, faul [**exercitus; vita** tatenlos; **aqua** stehend; **terra** unbeweglich];
❸ kraftlos, schwach, wehrlos [**senectus; corpora**];
❹ *(poet.) (meton.)* träge machend, erschlaffend [**frigus; somnus**];
❺ verzagt, zaghaft, schüchtern, mutlos [**homo; corda**];
❻ feige [**furtum**];
❼ unnütz, bedeutungslos [**querelae**].

● **inertia,** ae *f (iners)* ❶ Ungeschicklichkeit;
❷ Untätigkeit, Trägheit;
❸ Feigheit.

in-ērudītus, a, um ungebildet, roh.

in-ēscō, ēscāre *(esca)* (an)ködern, *meist übtr.* = (verführerisch) anlocken.

in-euschēmē *Adv. (Plaut.)* ohne Anstand.

in-ēvectus, a, um *(in-¹ u. evehor, s. eveho)* hinaufgefahren, -gestiegen.

in-ēvītābilis, e *(poet.; nachkl.)* unvermeidlich [**fulmen; malum**].

in-ēvolūtus, a, um *(in-² u. evolvo) (Mart.)* unaufgerollt, ungeöffnet [**liber**].

in-excitābilis, e *(in-² u. excito) (Sen.)* unerweckbar [**somnus** tief].

in-excītus, a, um *(poet.)* nicht aufgeregt, ruhig, friedlich.

in-excūsābilis, e unentschuldbar.

in-excussus, a, um unerschüttert, unerschrocken.

in-exercitātus, a, um ❶ ungeübt [**copiae; ad dicendum**];
❷ *(nachkl.)* unbeschäftigt.

in-exēsus, a, um *(Min. Fel.)* unverzehrt.

in-exhaustus, a, um *(in-² u. exhaurio)* ❶ *(nachkl.)* unerschöpft;
❷ *(Verg.)* unerschöpflich [**metalla**].

in-exōrābilis, e unerbittlich, streng, unversöhnlich [**iudex; disciplina; odium; fatum** unabwendbar].

in-expedībilis, e *(in-² u. expedio) (spätl.)* unumgänglich.

in-expedītus, a, um verwickelt [**pugna**].

in-experrēctus, a, um *(Ov.)* unerweckbar.

in-expertus, a, um ❶ *(medial)* (in etw.) unerfahren, m. etw. unbekannt *(abs.; m. Dat.; Gen.; ad)*;
❷ *(pass.) (v. Sachen)* **a)** unversucht, unerprobt, unbewährt [**puppis; fides; legiones**]; **b)** unbekannt [**genus quaestionis**].

in-expiābilis, e *(in-² u. expio)* ❶ unsühnbar [**religio; fraus; scelus**];
❷ unversöhnlich [**homo; odium; bellum** hartnäckig].

in-explēbilis, e *(in-² u. expleo)* unersättlich, unstillbar *(meist übtr.)* [**stomachus; populi fauces; cupiditas; animus;** *(m. Gen.)* **laudis**].

in-explētus, a, um *(in-² u. expleo) (poet.)* unersättlich, maßlos.

in-explicābilis, e ❶ *(nachkl.)* unentwirrbar, unauflöslich [**vinculum**];
❷ unüberwindlich, unausführbar [**morbus** unheilbar; **bellum** endlos]; **inexplicabiles continuis imbribus viae** ungangbar;
❸ unerforschlich, unerklärlich.

in-explicitus, a, um unerklärlich, unerforsch-

I

lich, dunkel.

in-explōrātus, a, um unerkundet, ununtersucht, unbekannt [**vada; agmen**]; – *Adv.* **-ō** ohne vorher Kundschaft eingezogen zu haben [**pabulatum cohortes mittere**].

in-expūgnābilis, e ① unbezwingbar, unüberwindlich [**urbs; murus; incolae;** *übtr.* **via** ungangbar; **gramen** unausrottbar];
② *(v. Personen)* unerschütterlich, fest.

in-exspectātus, a, um unerwartet.

in-exstīnctus, a, um *(in-[2] u. exstinguo) (Ov.)*
① unausgelöscht [**ignis**];
② unauslöschlich, unvergänglich [**nomen**];
③ unstillbar, unersättlich [**fames; libido**].

in-exstinguibilis, e *(in-[2] u. exstinguo)* unauslöschlich.

in-exsuperābilis, e ① unübersteigbar, unersteigbar, unüberwindlich [**Alpes; munimentum**];
② *(übtr.)* unüberwindlich [**vis fati**];
③ unübertrefflich [**bonum**].

in-extimābilis, e *(spätl.)* unschätzbar.

in-extrīcābilis, e *(in-[2] u. extrico)* unentwirrbar.

īn-fabrē *Adv.* *(in-[2] u. faber[2])* ungeschickt, kunstlos; **vasa non ~ facta.**

īn-fabricātus, a, um unbearbeitet, roh [**robora**].

īnfacētiae, ārum *f (infacetus) (Cat.)* Geschmacklosigkeiten.

īn-facētus, a, um unfein, plump, witzlos, geschmacklos.

īnfācundia, ae *f (infacundus) (Gell.)* Ungeläufigkeit in der Sprache, Mangel an Leichtigkeit des Ausdrucks.

īn-fācundus, a, um nicht redegewandt, sprachlich ungeschickt.

● **īnfāmia,** ae *f (infamis)* ① übler Ruf, Schmach, Schande; **in summa -a esse; alci ignominiam et -am ferre; alqd ad -am trahere** *(Tac.)*; **libellos ad -am alcis edere** *(Suet.)*;
② *(Ov.) (meton., konkr. v. Personen)* Schandfleck.

īn-fāmis, e *(fama)* ① verrufen, berüchtigt [**carmen** Zauberformel];
② *(meton.)* üblen Ruf bringend, entehrend, schmachvoll [**palmae; nuptiae**].

īn-fāmō, fāmāre *(in-[1] u. fama)* ① in üblen Ruf, in Schande bringen;
② verdächtigen, verleumden.

īn-fandus, a, um ① *(poet.)* unsagbar, unerhört [**dolor; amor**];
② abscheulich, schrecklich, grässlich [**caedes**];
③ *(Verg.) (als Ausruf)* infandum! *od.* infanda! o Schmach! o Gräuel!;
④ *Subst. n Pl.* Untaten.

● **īn-fāns,** *Gen.* antis *(in-[2] u. for)* **I.** *Adj.* *(Abl. Sg.* -ī*)* ① stumm [**statua**];
② noch nicht sprechend, lallend, stammelnd [**os**];
③ unberedt;
④ sehr jung, noch klein;
⑤ *(Ov.)* kindlich, des Kindes [**ossa**];
⑥ kindisch;
II. *Subst. m u. f (Abl. Sg.* -e*)* kleines Kind.

īnfantārius, a, um *(infans) (Mart.)* sich m. Kindern abgebend, kinderlieb.

īnfantia, ae *f (infans)* ① *(Lucr.)* die Unfähigkeit zu sprechen [**linguae**];
② Mangel an Redetalent;
③ Kindheit; **prima ab -a;**
④ *(Suet.)* kindisches Wesen.

īnfantīlis, e *(infans) (spätl.)* kindlich.

īnfantulus, ī *m (Demin. v. infans) (nachkl.)* kleines Kind.

īn-farciō = *infercio.*

īn-fatīgābilis, e *(in-[2] u. fatigo) (nachkl.)* unermüdlich [**animus; cursus**].

īn-fatuō, fatuāre *(fatuus)* betören.

īnfaustum, ī *n (infaustus) (Plin.)* Unglück.

īn-faustus, a, um *(poet.; nachkl.)* ① unheilvoll [**nomen; auspicium; inceptum**];
② unglücklich.

īn-fēcī *Perf. v. inficio.*

īnfector, ōris *m (inficio)* Färber.

● **īn-fectus[1],** a, um *(in-[2] u. facio)* ① ungetan, ungeschehen; **alqd pro -o habere** für ungeschehen halten; **reddere -um** ungeschehen machen;
② unvollendet, unausgeführt; **-a re** unverrichteter Dinge; **-o negotio; -ā pace** ohne den Frieden zustande gebracht zu haben; **-o bello** ohne den Krieg fortzusetzen; **-ā victoriā** ohne gesiegt zu haben;
③ unausführbar, unmöglich *(für jmd.: Dat.)*;
④ unbearbeitet, roh [**argentum** in Barren].

īnfectus[2] *P.P.P. v. inficio.*

īnfēcunditās, ātis *f (infecundus)* Unfruchtbarkeit.

īn-fēcundus, a, um unfruchtbar, unergiebig *(an etw.: m. Abl.)*; **ager arbore ~;** *(übtr.)* **ingenii fons ~.**

īnfēlīcitās, ātis *f (infelix)* ① Unglück, Elend;
② *(nachkl.)* Unfruchtbarkeit.

īnfēlīc(it)ō, īnfēlīc(it)āre *(infelix) (Kom.)* unglücklich machen, strafen.

● **īn-fēlīx,** *Gen.* līcis ① unglücklich, unglückselig, elend;
② unglückbringend, unheilvoll [**Erinys; fama; consilium**];
③ *(poet.; nachkl.)* unfruchtbar, unergiebig [**tellus frugibus**];
④ **arbor ~** Galgen *(keine essbaren Früchte tragender Baum, den unterirdischen Göttern geweiht).*

īnfēnsō, īnfēnsāre *(infensus) (Tac.)* beunruhigen [**Armeniam bello**]; *abs.* zürnen: **quasi infensantibus deis.**

īnfēnsus, a, um feindselig, erbittert, aufgebracht, gehässig *(v. Personen, übtr. auch v. Sachen)* [**hostis; animus; valetudo** schlecht; **servitium** drückend].

īn-ferbuī *Perf. v. infervesco.*

īn-ferciō, fercīre, fersī, fersum *(in-¹ u. farcio)* hineinstopfen [*übtr.* **verba** einflicken].

īnferī *s. inferus.*

īnferiae, ārum *f (infero 9.)* Totenopfer.

īnferiālis, e *(inferiae) (nachkl.)* Bestattungs-.

īnferior, īnferius *s. inferus u. infra.*

īnferna, ōrum *n (infernus)* ❶ *(poet.; nachkl.)* Unterwelt;
❷ *(Eccl., auch Sg.)* Hölle.

īnfernālis, e *(infernus) (spätl.)* ❶ unterirdisch [**dii**];
❷ höllisch.

īnfernī *(poet.) = inferi, s. inferus.*

īnfernus *(inferus)* **I.** *Adj.* a, um ❶ unten befindlich, der untere;
❷ *(poet.; nachkl.)* unterirdisch: **a)** unter der Erde befindlich [**gurges**]; **b)** zur Unterwelt gehörig, der Unterwelt [**dei; rex** = Pluto; **palus** = Styx; **lacus** = Avernersee; **monstra; canes**];
II. *Subst.* ī *m (spätl.)* Hölle.

● **īn-ferō,** īnferre, intulī, illātum ❶ hineintragen, -bringen, -werfen, in, an, auf etw. werfen, bringen, setzen [**ligna in ignem; scalas ad moenia; spolia opima templo; semina arvis; alqm in equum** aufs Pferd setzen; **fontes urbi** hineinleiten];
❷ *(milit.)* **a) bellum alci** ~ *u.* **arma alci** ~ m. jmdm. Krieg anfangen, angreifen [**Scythis; patriae**]; arma inferre *abs.* (den) Krieg anfangen, offensiv vorgehen; **b) bellum in alqd** ~ den Krieg nach einer Gegend verlegen [**in Italiam; in patriam**]; **c) signa** ~ zum Angriff vorrücken, angreifen *(alci u. in alqm od. in alqd)* [**hostibus; patriae urbi; in urbem**]; **d) pedem** *od.* **gradum** ~ angreifen;
❸ **manus alci** *od.* **in alqm** ~ an jmd. Hand legen;
❹ *(Böses)* zufügen, antun, verursachen *(alqd alci, seltener in alqm)* [**hostibus vulnera; alci vim** Gewalt antun; **civibus periculum** in Gefahr stürzen; **calamitatem; dolorem; iniuriam; turpitudines; poenam alci** verhängen über; **alci crimina** beschuldigen];
❺ **se inferre** *od. mediopass.* (sich) stürzen, sich werfen, sich begeben, eilen, einfallen *(in u. Akk. od. m. Dat.)* [**in urbem; in contionem; in medios enses; stantibus; praesidiis; in vitae discrimen** sein Leben aufs Spiel setzen; **se socium** sich als Gefährten einreihen]; **flumen mari infertur;**
❻ *(Affekte)* erregen, einflößen *(alqd alci od. in alqm)* [**alci spem**];
❼ etw. verursachen, herbeiführen [**tumultum; moram**];
❽ *(Verg.)* opfern, darbringen [**honores Anchisae; spumantia cymbia lacte** v. Milch schäumende Becher];
❾ bestatten, begraben;
❿ *(Rechnungen)* aufstellen; eintragen [**rationes**]; anrechnen [**sumptum civibus**];
⓫ *(in der Rede)* vorbringen, äußern, anführen [**mentionem rei** erwähnen; **sermonem de re** das Gespräch auf etw. bringen; **causam alci** eine Sache gegen jmd.; **causam belli alci** einen Vorwand zum Krieg gegen jmd. suchen];
⓬ *(rhet.)* folgern, schließen.

īn-fersī *Perf. v. infercio.*

īnfersus *P.P.P. v. infercio.*

● **īnferus,** a, um, *Komp.* **īnferior,** ius, *Superl.* **īnfimus** *u.* **īmus,** a, um **I.** *Pos.* **īnferus,** a, um ❶ unten befindlich, der untere [**loca; mare** das Tyrrhenische Meer *(mare superum: das Adriatische Meer)*];
❷ unterirdisch [**dii** Götter der Unterwelt]; – *Subst.* **īnferī,** ōrum *u.* rum *m* die Unterirdischen, die Unterwelt: **ad inferos descendere; ab inferis alqm evocare, excitare** aus der Unterwelt;
II. *Komp.* **īnferior,** ius ❶ *(räuml.)* tiefer, niedriger gelegen [**ripa; labrum** Unterlippe; **Germania**]; **in inferius ferri** nach unten, in die Tiefe; – *Subst.* **a)** inferiores *m* die Bewohner des unteren Stadtteiles; **b)** inferiora *n* die unteren Teile [**muri**];
❷ *(zeitl.)* später, jünger;
❸ *(an Zahl, Rang, Kraft, Wert)* geringer, schwächer, nachstehend, unterlegen [**ordo; ordines** die unteren Zenturionenstellen; **causa;** *(an, in etw.: Abl.)* **virtute; dignitate; numero navium**]; **acie** *od.* **proelio inferiorem discedere** eine Schlacht verlieren;
III. *Superl.* ❶ **īnfimus,** a, um **a)** *(räuml.)* der unterste, niedrigste, tiefste [**terra; auricula** Ohrläppchen]; *oft part.* = der unterste Teil, das untere Ende [**mons** Fuß des Berges; **aequora** Tiefen des Meeres; **forum** das untere Ende des F.]; **in infimo mari** auf dem Meeresgrund; – *Subst.* īnfimum, ī *n* der unterste Teil; **b)** *(übtr.)* der niedrigste, geringste, schlechteste; **cives infimo loco nati** v. sehr niedriger Herkunft; – *Subst. m* der Niedrigste, Geringste *(bes. Pl.)*: **nemo infimus** keiner, auch der Geringste nicht;
❷ **īmus,** a, um *s. d.*

īn-fervēscō, fervēscere, ferbuī, – zu sieden beginnen.

īnfēstātiō, ōnis *f (infesto) (spätl.)* Anfeindung, Beunruhigung.

īn-fēstō, fēstāre *(infestus)* beunruhigen, angreifen, gefährden [**latus dextrum** den rechten Flügel].

● **īn-fēstus,** a, um ❶ *(pass.)* **a)** *(v. Örtl.)* Angriffen ausgesetzt, unruhig, unsicher [**civitas**]; **agrum -um facere (efficere, reddere)** beunruhigen; **b)** beunruhigt, bedroht, gefährdet [**vi-**

ta; salus];

② *(akt.)* **a)** beunruhigend, feindlich, feindselig, bedrohlich, gefährlich [**hostis; in suos; huic imperio**]; **b)** *(milit.)* kampfbereit, angriffsbereit, schlagfertig [**milites; pilum** geschwungen; **mucro** gezückt]; **-o agmine proficisci** in Agriffskolonnen formiert; **-is signis inferri** *od.* **impetum facere** im Sturm; **-is pilis procurrere; -is oculis conspici.**

īnficētiae *u.* **īnficētus,** a um = *infacetiae u. infacetus.*

īn-ficiō, ficere, fēcī, fectum *(facio)* ① *(poet.; nachkl.)* (ver)mischen, tränken, benetzen;

② färben, bemalen [**se vitro; arma sanguine** röten; **locum sanguine**]; **pallor ora inficit** überzieht; **fumus diem inficit** verdunkelt;

③ *(poet.; nachkl.)* vergiften [**pabula; herbas**]; **Allecto venenis infecta** m. giftigem Schlangenhaar (angetan);

④ *(übtr.)* vergiften, verpesten, anstecken, beflecken [**teneros animos; spolia** durch Berührung entweihen; **alcis animum languore**].

īn-fidēlis, e ① untreu, treulos, unzuverlässig [**socii**];

② *(spätl.)* ungläubig, heidnisch.

īnfidēlitās, ātis *f (infidelis)* ① Untreue, Treulosigkeit, Unzuverlässigkeit;

② *(Eccl.)* Unglaube.

īn-fidī *Perf. v. infindo.*

īn-fīdus, a, um treulos, unzuverlässig, unsicher [**amicus; gentes; fuga; mare** tückisch].

● **īn-fīgō,** figere, fīxī, fixum ① hineinheften, -stoßen, -schlagen, -bohren [**gladium hosti in pectus; hominem scopulo** aufspießen *od.* schmettern an; **vulnus** beibringen]; **sidera certis infixa sedibus** befestigt;

② *(übtr.)* einprägen, befestigen, *meist im P.P.P.;* **res memoriae infixa.**

īnfimātis, is *m (infimus, s. inferus) (Plaut.)* Angehöriger der untersten Volksklasse.

īnfimus *s. inferus.*

īn-findō, findere, fidī, fissum *(Verg.)* einschneiden [**sulcos telluri** Furchen ziehen; *übtr.* **sulcos (mari)** das Meer durchfurchen].

īnfīnitās, ātis *f (in-²* *u. finis)* Unbegrenztheit, Unendlichkeit, endlose Weite [**locorum**]; *abs.* Weltall.

īn-fīnītiō, ōnis *f (infinitus)* Unendlichkeit.

īnfīnītum, ī *n (infinitus)* das Unendliche, Unermessliche.

● **īn-fīnītus,** a, um ① unbegrenzt: **a)** *(räuml.)* grenzenlos, unendlich [**loca; altitudo**]; **b)** *(zeitl.)* endlos, unaufhörlich [**tempus** Ewigkeit; **bellum**]; **c)** *(der Zahl nach)* zahllos, unzählig, unendlich (viel) [**multitudo; causarum varietas**]; **d)** *(dem Maß, Grad nach)* unermesslich, maßlos [**magnitudo; odium; cupiditas; labor; occupationes; imperium, potestas** uneingeschränkt]; **infinitum est** *(m. Inf.)* es würde kein Ende nehmen;

② unbestimmt, allgemein [**genus quaestionum**].

īnfirmātiō, ōnis *f (infirmo)* ① Entkräftung, Widerlegung [**rationis**];

② das Ungültigmachen, Aufhebung [**rerum iudicatarum**].

īnfirmitās, ātis *f (infirmus)* ① Schwäche, Kraftlosigkeit, Gebrechlichkeit, Ohnmacht [**corporis; valetudinis; puerorum**];

② *(nachkl.)* Krankheit, Unpässlichkeit;

③ *(meton.)* das schwache Geschlecht, die Frauen;

④ geistige Schwäche;

⑤ moralische Schwäche, Wankelmut, Kleinmut [**Gallorum; animi; consilii**].

īnfirmō, īnfirmāre *(infirmus)* ① schwächen, entkräften [**munimenta; legiones**];

② *(übtr.)* schwächen, erschüttern [**fidem testis; gratiam**];

③ widerlegen [**res leves**];

④ außer Kraft setzen, für ungültig erklären [**legem; acta**].

● **īn-firmus,** a, um ① schwach, kraftlos, ohnmächtig [**senex; corpus; valetudo; vires; classis; ad resistendum**];

② *(nachkl.)* krank, unpässlich, abgespannt;

③ mutlos, zaghaft [**animus; reus; exercitus**];

④ unzuverlässig [**fides**];

⑤ unbedeutend, gering, wertlos [**senatūs consultum; causa**];

⑥ *(poet.)* abergläubisch.

īnfissus *P.P.P. v. infindo.*

īn-fit *(zu fio)* er beginnt (zu reden).

īnfitiae, ārum *f (vgl. fateor)* das Leugnen; *nur:* **infitias ire** ableugnen, in Abrede stellen, abstreiten; *m. Negation* = anerkennen, zugestehen.

īnfitiālis, e *(infitiae)* ablehnend [**quaestio**].

īnfitiātiō, ōnis *f (infitior)* das Leugnen.

īnfitiātor, ōris *m (infitior)* Ableugner [**lentus** zäher].

īnfitior, īnfitiārī *(infitiae)* (ver)leugnen, in Abrede stellen, abstreiten, nicht anerkennen [**crimen; rem manifestam;** *(m. dopp. Akk.)* **nos amicos** uns als Freunde verleugnen; **notitiam alcis**].

īn-fīxī *Perf. v. infigo.*

īnfīxum, ī *n (infigo) (Tac.)* fester Entschluss.

īnfīxus *P.P.P. v. infigo.*

īnflammātiō, ōnis *f (inflammo)* ① das Anzünden, Brandstiftung, Brand;

② *(übtr.)* Glut, Erregung [**animorum** flammende Begeisterung];

③ *(med. t. t.)* Entzündung.

● **īn-flammō,** flammāre ① in Flammen, in Brand setzen, anzünden [**classem; Atheniensium fana; horrea; epistulam alcis**];

② *(übtr.)* entflammen, entzünden, erregen,

reizen [**animos; civem; cupiditates; populum in improbos; alqm ad gloriam**]; **inflammatus insolitā victoriā.**

īnflātiō, ōnis *f (inflo)* ❶ das Aufblähen;
❷ *(med. t. t.)* **a)** Blähung; **b)** *(Suet.) praecordiorum* Brustfellentzündung;
❸ *(übtr.)* das Sich-Aufblähen, der Hochmut.

īnflātus¹, a, um *(P. Adj. v. inflo)* ❶ aufgeblasen, geschwollen [**collum; amnis; capilli** fliegend];
❷ stolz, hochmütig;
❸ aufgebracht, zornig [**animus**];
❹ übertrieben;
❺ *(nachkl.) (rhet.)* schwülstig [**explicatio; rhetor**].

īnflātus², ūs *m (inflo)* ❶ das Blasen [**tibicinis**];
❷ Eingebung [**divinus**].

īn-flectō, flectere, flexī, flexum ❶ biegen, krümmen [*übtr.* **oculos alcis** auf sich ziehen]; – *se ~ u. mediopass. inflecti* sich biegen, sich krümmen, einen Bogen bilden;
❷ *(die Stimme)* modulieren [**voces cantu; orationem** der Rede einen milderen Ton geben]; **sonus inflexus** der mildere Ton der Rede, die mittlere Tonart;
❸ (ver)ändern [**suum nomen e Graeco** verändernd ableiten, umwandeln];
❹ *(übtr.)* beugen [**ius civile; magnitudinem animi** vermindern];
❺ *(den Sinn od. jmd.)* rühren, bewegen [**alqm leviter; sensūs alcis**]; – *Pass.* sich rühren lassen [**precibus**];
❻ *(nachkl.; spätl.)* gedehnt aussprechen.

īn-flētus, a, um *(in-² u. fleo) (poet.)* unbeweint.

īn-flexī *Perf. v. inflecto.*

īn-flexibilis, e *(nachkl.)* unbeugsam [**dolor; iudicium; obstinatio**].

īnflexiō, ōnis *f (inflecto)* ❶ das Biegen, Beugen, Biegung [**laterum** Körperhaltung];
❷ Geflecht, die Ranken;
❸ *(gramm. t. t.)* Abwandlung, Umbildung [**verborum**].

īnflexus¹, ūs *m (inflecto)* ❶ Biegung, Krümmung;
❷ *(Sen.)* Veränderung [**modulationis**].

īnflexus² *P.P.P. v. inflecto.*

īn-flīgō, flīgere, flīxī, flīctum ❶ hineinschlagen, -stoßen, etw. an, gegen, auf etw. schlagen, stoßen, schleudern *(alqd alci rei u. in alqd);* **puppis inflicta vadis** in Untiefen;
❷ *durch Schlagen* zufügen, versetzen [**alci plagam, vulnus**];
❸ *(übtr.)* zufügen, antun [**alci sempiternam turpitudinem**].

īn-flō, flāre ❶ *(ein Instrument)* blasen [**tibias; tubam**]; *(abs.)* **tibicen inflat** bläst, beginnt zu blasen;
❷ *(Töne, Signale u. Ä.)* blasen = blasend hervorbringen, angeben [**sonum**];
❸ aufblasen, (auf)blähen [**buccas; se validius** *(v. Frosch)*]; **capilli inflati** aufgebauscht;
❹ anschwellen lassen, *P.P.P. inflatus* angeschwollen, aufgedunsen; **amnis inflatus**;
❺ *(übtr.)* aufgeblasen, stolz, hochmütig machen *(alqm od. animum alcis)* [**falsa spe ad insolentiam**];
❻ anfeuern, ermutigen, begeistern [**mendaciis regis spem**].

● **īn-fluō,** fluere, flūxī, flūxum ❶ hineinfließen, -strömen *(in alqd; alqd; selten ad alqd od. alci rei)* [**in Sequanam; lacum**];
❷ *(übtr.)* unvermerkt eindringen, sich einschleichen, sich einschmeicheln [**in aures contionis; in universorum animos**]; **oratio in sensūs audientium influxit;**
❸ *(v. Personen) (in großer Anzahl)* eindringen, hineinströmen, -stürzen; **copiae in Italiam influentes;**
❹ *(nachkl.) (v. Abstr.)* zuströmen; **negotia influentia; tantum bonum nobis influens.**

īn-fodiō, fodīre, fōdī, fossum ein-, vergraben *(in u. Akk.; m. Dat.)* [**fruges; taleas** (Pfähle) **in terram; corpora terrae** bestatten].

īnfōrmātiō, ōnis *f (informo)* ❶ *(philos. t. t.)* Vorstellung, Begriff; **in animo insita ~ quaedam dei** *(Cic.);*
❷ Darlegung, Erläuterung, Deutung [**verbi**];
❸ *(spätl.)* Unterweisung, Belehrung.

īn-fōrmis, e *(in-² u. forma)* ❶ unförmig, formlos [**alvei**];
❷ *(poet.; nachkl.)* unschön, hässlich *(auch übtr.)* [**monstrum; hiems; exitus** Selbstmord; **sors**].

īn-fōrmō, fōrmāre ❶ *(poet.; nachkl.)* formen, bilden, gestalten [**clipeum**]; *(übtr.)* **animus a natura bene informatus;**
❷ heran-, ausbilden, unterrichten *(alqm ad alqd)* [**aetatem puerilem ad humanitatem**];
❸ darstellen, schildern [**oratorem; proscriptionem**];
❹ sich etw. vorstellen.

īn-forō, forāre *(forum)* auf das Forum bringen, *d. h.* anklagen.

īn-fortūnātus, a, um unglücklich.

īn-fortūnium, ī *n (fortuna)* ❶ Unglück, Leid;
❷ Strafe, Prügel.

● **īnfrā** *(inferus)* **I.** *Adv. (mit Komp.)* ❶ *Pos.* **a)** unten, unterhalb, darunter [**descendere** tief hinabsteigen]; **b)** *(poet.)* in der Unterwelt; **c)** *(in Schriften u. Reden)* weiter unten, nachher; **d)** *(nachkl.)* später; **e)** *(nachkl.) (dem Rang nach)* geringer; **alqm ut multum ~ despectare** als viel geringer;
❷ *Komp. (poet.; nachkl.)* **inferius** weiter unten, niedriger, tiefer, zu tief; **id persequar** (erzählen) **inferius;**
II. *Präp. b. Akk.* ❶ unter(halb); **~ eum locum; ~ alqm cubare, accumbere** *(bei Tisch)*

zur Rechten;
❷ bis unterhalb;
❸ nach, später als, nachfolgend; **Homerus non ~ Lycurgum fuit;**
❹ *(an Größe, Rang, Wert)* unter, nachstehend, geringer als; **uri magnitudine sunt ~ elephantos.**

īnfrāctiō, ōnis *f (infringo)* das Zerbrechen [**animi** Kleinmut, Niedergeschlagenheit].

īnfrāctus, a, um *(P. Adj. v. infringo)* ❶ zerbrochen, gebrochen;
❷ *(Ov.)* gekrümmt [**cornu**];
❸ geschwächt, entkräftet [**vires; veritas** verfälscht; **fides**];
❹ entmutigt, niedergeschlagen [**animus**];
❺ *(rhet.)* abgehackt, abgerissen; **-a loqui** in abgehackten, kurzen Sätzen reden.

īn-fragilis, e *(poet.; nachkl.)* ungebrochen, ungeschwächt [**vox; animus**].

īn-frēgī *Perf. v. infringo.*

īn-fremō, fremere, fremuī, – *(poet.)* brummen; knirschen; brausen; grunzen; schnauben.

īnfrēnātus[1] *P. P. P. v. infreno.*

īn-frēnātus[2], a, um *(in-[2] u. freno)* ungezäumt, ohne Zaum [**equites** auf ungezäumten Pferden].

īn-frendō, frendere, – – *(u.* īn-frendeō, frendēre, – –*) (Verg.)* knirschen [**dentibus**].

īn-frēnis, e *u.* **īn-frēnus,** a, um *(in-[2] u. frenum)* ❶ ohne Zaum [**equus**];
❷ *(vor- u. nachkl.) (übtr.)* ungezügelt, ungezähmt [**lingua**].

īn-frēnō, frēnāre ❶ (auf)zäumen, anschirren [**equum; currūs** anspannen];
❷ *(übtr.)* im Zaum halten, bändigen.

īn-frēnus *s. infrenis.*

īn-frequēns, *Gen.* entis ❶ nicht zahlreich, in geringer Anzahl (versammelt, anwesend) [**cives; hostes; agmen; senatus** nicht beschlussfähig];
❷ *(v. Örtl.)* schwach bevölkert, schwach bewohnt, wenig besucht, schwach besetzt [**colonia; theatrum; causae** gerichtl. Verhandlungen m. wenig Zuhörern]; – *Subst. infrequentissima urbis (erg. loca)* die einsamsten Gegenden der Stadt;
❸ *(zeitl.)* nicht oft erscheinend, selten anwesend [**deorum cultor** (nach)lässig];
❹ *(Gell.)* unerfahren *(in etw.: Gen.)* [**vocum Latinarum**];
❺ *(Gell.)* nicht gebräuchlich, selten [**vocabulum; usus**].

īnfrequentia, ae *f (infrequens)* ❶ geringe Anzahl, *(v. Versammlungen)* schlechter Besuch, geringe Beteiligung, nicht beschlussfähige Anzahl [**senatūs**];
❷ *(Tac.) (v. Örtl.)* Einsamkeit, Öde [**locorum**].

īn-fringō, fringere, frēgī, frāctum *(frango)* ❶ um-, ein-, ab-, zerbrechen, (ein)knicken [**hastam; remum; lilia; vestes** zerreißen];
❷ *(übtr.)* beugen, schwächen, entkräften, lähmen [**animum, spem alcis; exercitūs virtutem; furorem alcis; famam; tributa** herabsetzen]; **veritas infracta** verfälscht; **oratio infracta** kleinmütig;
❸ *(einen polit. od. moral. Zustand)* erschüttern, untergraben, vereiteln [**alcis potentiam; Drusi tribunatum; conatūs adversariorum; alcis gloriam**];
❹ *(rhet.) (den Rhythmus od. eine Periode der Rede)* kurz abbrechen, unterbrechen [**numeros; verborum ambitum**]; **infracta loqui** in kurzen, abgebrochenen Sätzen;
❺ *(poet.)* (zer)schlagen an *(an: Dat. od. in alqd)* [**cratera viro; aulam in caput**].

īn-frōns, *Gen.* frondis *(Ov.)* unbelaubt, ohne Sträucher u. Bäume [**ager**].

īn-frūctuōsus, a, um *(nachkl.)* fruchtlos *(übtr.)*, erfolglos, unnütz [**preces; epistula**].

īn-frūnītus, a, um *(in-[2] u. fruniscor) (nachkl.)* ungenießbar, albern, einfältig [**animus**].

īn-fūcātus, a, um *(fuco)* geschminkt, übertüncht *(übtr.)* [**vitia**].

īn-fūdī *Perf. v. infundo.*

> *i* Kultur **īnfula,** ae *f weiße* Kopfbinde *m. roten Streifen, m. der vitta um die Stirn gewunden; v. Priestern, den Vestalinnen u. Schutzflehenden getragen; auch Opfertiere wurden damit geschmückt; in der späteren Kaiserzeit wurde sie auch vom Kaiser u. den Beamten getragen; übtr.* Ehrenzeichen [**imperii Romani**].

īnfulātus, a, um *(infula) (nachkl.)* m. einer infula geschmückt.

īn-fulciō, fulcīre, fulsī, fultum *(nachkl.)* ❶ hineinstopfen [**alci cibum**];
❷ *(übtr.)* einfügen, anbringen [**alqd epistulae**].

īn-fundō, fundere, fūdī, fūsum ❶ (hin)eingießen, einschütten [**aquam in vas; vinum** einschenken; **poculum** füllen];
❷ *(übtr.)* einströmen lassen, eindringen lassen [**vitia in civitatem; in aures orationem**]; *mediopass.* einströmen, eindringen: **infusus populus** zahlreich versammelt;
❸ *(poet.; nachkl.)* auf, über etw. hingießen, -schütten *(m. Dat.)* [**margaritas litoribus** ans Ufer werfen]; *P.P.P. infusus* in, über etw. hingegossen, angeschmiegt: **infusa collo mariti** den Gatten umschlingend; **umeris infusa capillos** *(Ov.)* die Schultern umwallt von.

īn-fuscō, fuscāre ❶ verdunkeln, dunkel färben, bräunen, schwärzen [**aquam atramento**]; **barba infuscat pectus** beschattet;
❷ *(übtr.)* trüben, entstellen, verderben [**gloriam saevitiā**]; **vicinitas non infuscata ma-**

levolentiā;
③ *sprachlich* entstellen, verderben;
④ *(nachkl.) klanglich* dämpfen.

īnfūsus *P.P.P. v. infundo.*

Ingaevonēs, num *m germ. Völkerstämme an der Nordsee.*

Ingaunī, ōrum *m ligurisches Volk südwestl. v. Genua.*

in-gemēscō, gemēscere, gemuī, – = *ingemisco.*

in-geminō, gemināre *(poet.)* **I.** *trans.* verdoppeln, wiederholen [**vulnera** wiederholt verwunden; **ictūs; terrorem** vermehren]; **ingeminat me miserum!** *(Ov.)* er wiederholt die Worte „ich Unglücklicher!";
II. *intr.* sich verdoppeln, sich wiederholen, sich vermehren [**plausu** wiederholt Beifall klatschen]; **ingeminant curae.**

ingemīscō, ingemīscere, ingemuī, – *(Incoh. v. ingemo)* **I.** *intr.* aufseufzen, aufstöhnen *(abs.; bei, über, unter: in u. Abl.; ad; m. Dat.; m. Abl.)*; **nemo ingemuit; in hoc ~** dabei; **multitudo ad conspectum regis fletumque miserabilem ingemuerat; condicioni suae ~** über seine Lage; **alcis minis ~; aratro ~** unter dem Pflug;
II. *trans.* beseufzen, beklagen, bedauern *(m. Akk.; m. A. C. I.)* [**interitum alcis**].

in-gemō, gemere, – – **I.** *intr. (poet.; nachkl.)* bei, über etw. seufzen, stöhnen *(m. Dat.)* [**aratro; laboribus; agris** sich ächzend abmühen auf];
II. *trans. (Sen.)* beseufzen [**caesos patres**].

ingemuī *Perf. v. ingemisco.*

in-generō, generāre einpflanzen, einflößen, einhauchen, schaffen; **societas, quam ingeneravit natura;** – *P.P.P. ingeneratus* angeboren: **ingenerata familiae frugalitas.**

ingeniarius *u.* **ingenierius,** ī *m (ingenium) (mlt.)* Festungsbaumeister.

ingeniātus, a, um *(ingenium) (vor- u. nachkl.)* von Natur geartet [**lepide**].

ingenierius *s. ingeniarius.*

ingeniolum, ī *n (Demin. v. ingenium) (Eccl.)* geringer Geist, geringe Begabung.

ingeniōsus, a, um *(ingenium)* ① geistreich, talentiert, scharfsinnig, erfinderisch [**homo; argumentum** geistreich erdacht];
② *(Ov.)* zu etw. geeignet *(ad od. Dat.)* [**ager ad segetes; vox sonis mutandis**].

ingenitus *P.P.P. v. ingigno.*

● **ingenium,** ī *n (ingigno)* ① Gemütsart, Sinnesart, Charakter, Temperament [**bonum; malum; placidum; acerrimum; lenissimum; nobile; humanum**]; **-o suo vivere** nach eigener Art u. Weise; **pro -o cuiusque** jeder nach seiner Eigenart;
② angeborene Fähigkeit, natürlicher Verstand, Scharfsinn, Begabung; **-i acumen** Scharfsinn; **expers -i; homo extremi -i** Schwachkopf;
③ schöpferischer Geist, Genie, Talent; **summo -o et prudentiā praeditus; natura et ~** natürliches Talent; **-i sollertia** gewandter Geist;
④ *(meton.)* **a)** geistreicher Mensch, Genie, Talent, kluger Kopf; **scriptorum magna -a; praeclara -a; b)** *(nachkl.)* kluger Einfall, geistreiche Erfindung;
⑤ angeborener Mut [**firmum**];
⑥ *(poet.; nachkl.) (v. Sachen)* natürliche Beschaffenheit, Natur [**arvorum; campi; loci**].

● **in-gēns,** *Gen.* gentis ungeheuer (groß), gewaltig, außerordentlich *(konkr. u. übtr.)* [**campus; pecunia; numerus; aquae** Überschwemmung; **clamor; bellum; metus; opus;** *(durch, an, in etw.: Abl. od. Gen.)* **armis; rerum** groß an Taten].

in-genuī *Perf. v. ingigno.*

ingenuitās, ātis *f (ingenuus)* ① Stand des Freigeborenen, freie, edle Geburt; **ornamenta ingenuitatis;**
② Aufrichtigkeit, Offenheit.

● **ingenuus,** a, um *(ingigno)* ① freigeboren; – *Subst. m* der Freie;
② *(meton.)* edel, anständig [**animus; vita; studia**];
③ aufrichtig, offen(herzig) [**homo**]; **-e confiteri;**
④ *(poet.)* einheimisch, nicht fremd;
⑤ *(poet.)* angeboren, natürlich [**indoles; color**];
⑥ *(Ov.)* schwächlich, verzärtelt [**vires**].

in-gerō, gerere, gessī, gestum ① hineintragen, -bringen, in, auf etw. tragen, bringen, schütten, gießen *(in m. Akk.; Dat.)* [**humum; lapides; ligna foco; vinum oribus** einflößen];
② werfen, schleudern [**saxa in subeuntes; iacula in hostem**];
③ *(Worte)* ausstoßen, schleudern [**probra in alqm** Beschimpfungen; **voces graves; contumelias**];
④ erwähnen, anführen [**praeterita; magnitudinem imperatoris**];
⑤ aufdrängen, aufnötigen [**nomen patris patriae Tiberio**];
⑥ *(nachkl.) (übtr.)* verhängen [**supplicia; sibi mortem**].

in-gīgnō, gīgnere, genuī, genitum einpflanzen; **natura ingenuit homini cupiditatem veri videndi** *(Cic.)*; – *P.P.P. ingenitus* angeboren [**nobilitas; vitia**].

in-glōriōsus, a, um = *inglorius.*

in-glōrius, a, um *(in-[2] u. gloria)* unrühmlich, ruhmlos [**vita; imperium;** *(m. Gen.)* **militiae** im Krieg].

ingluviēs, ēī *f* ① Schlund, Rachen, Kehle;
② *(meton.)* Gefräßigkeit.

ingrāti-ficus, a, um *(ingratus u. facio)* undankbar.

I

in-grātiīs *u. (selten)* **in-grātīs** *Adv.* wider Willen, ungern.

ingrātitūdō, dinis *f (ingratus) (nachkl.)* Undankbarkeit.

● **in-grātus,** a, um ❶ unangenehm, unwillkommen, unerfreulich, lästig, unbeliebt [**oratio; vita**];
❷ undankbar [**cives; patria; in amicos; in principem; adversus beneficium**]*;* **alqd -e ferre** sich für etw. undankbar zeigen; – *Subst. m* der Undankbare;
❸ *(v. Sachen)* nicht m. Dank aufgenommen, nicht anerkannt, nutzlos [**labor; pericula; dona**].

in-gravēscō, gravēscere ❶ schwerfälliger werden; **corpora exercitationum defatigatione ingravescunt;**
❷ ernsthafter, strenger werden; **studium cottidie ingravescit;**
❸ drückender, lästiger werden; **annona, aetas, fenus ingravescens;**
❹ *an Heftigkeit* zunehmen, steigen, sich verschlimmern; **ingravescit morbus; fames, tussis, bellum ingravescens;**
❺ es immer ärger treiben;
❻ *(Plin.)* schwerer werden;
❼ *(Lucr.)* schwanger werden;
❽ *(Plin.)* kränker werden.

in-gravō, gravāre *(poet.; nachkl.)* ❶ beschweren, belasten, belästigen, lästig sein; **ingravantibus annis** durch die Last der Jahre; **saevitia hiemis ingravat;**
❷ verschlimmern, steigern.

● **in-gredior,** gredī, gressus sum *(gradior)*
I. *intr.* ❶ einherschreiten, -gehen [**tarde**];
❷ hineingehen, eintreten, einziehen *(in od. intra alqd; m. Dat.)* [**in urbem; intra fines; castris**];
❸ *(übtr.)* sich auf etw. einlassen, sich einer Sache zuwenden, auf etw. zu sprechen kommen [**in sermonem; in bellum; in spem libertatis**]; *abs.* zu reden beginnen;
II. *trans.* ❶ beschreiten, betreten [**urbem; viam, iter** einschlagen; **mare** in See stechen; *übtr.* **pericula; vestigia patris** in die Fußstapfen des Vaters treten];
❷ angreifen; einrücken;
❸ antreten, beginnen, anfangen [**viam vivendi; consulatum**]; *(m. Inf.).*

ingressiō, ōnis *f u.* **ingressus,** ūs *m (ingredior)* ❶ das Einherschreiten, Einhergehen, Gang; **ingressu prohiberi** keinen freien Schritt tun können; **praebere ingressum;**
❷ Eintritt, Einzug, Zugang *(in, auf etw.: Gen.; in m. Akk.)* [**fori; in castra**]*;*
❸ *(nachkl.)* Einfall [**hostilis**];
❹ Anfang; **prima ingressio mea; ingressūs capere** anfangen.

in-gruō, gruere, gruī, – ❶ losstürzen, losstürmen, losbrechen;
❷ *(übtr.)* hereinbrechen, befallen *(abs.; in m. Akk.; Dat.);* **fatum, periculum, bellum ingruens; nox ingruebat; morbi ingruunt in remiges** *(Liv.) od.* **gentibus** *(Plin.).*

inguen, inguinis *n* ❶ *(poet.) (meist Pl.* **inguina,** num*)* die Weichen, Leistengegend;
❷ *(poet.)* Unterleib, *Pl.* Genitalien;
❸ Geschwulst *in der Leistengegend.*

in-gurgitō, gurgitāre *(in-[1] u. gurges)* ❶ *(vor- u. nachkl.)* in einen Strudel, in die Tiefe (hinab)stürzen;
❷ *(übtr.)* **se** ~ *u. mediopass.* **ingurgitari a)** sich stürzen [**in tot flagitia** in einen Strudel des Lasters; **in copias alcis** in jmds. Reichtum schwelgen]; **b)** sich voll fressen u. saufen.

in-gūstātus, a, um *(Hor.)* noch nie genossen.

in-habilis, e ❶ schwer zu handhaben, unhandlich, plump, schwer zu lenken [**navis**];
❷ untauglich, unfähig, ungeschickt *(m. ad; Dat.);* **multitudo ~ ad consensum; ~ labori et audaciae valetudo.**

in-habitābilis, e unbewohnbar [**insula**].

in-habitō, habitāre *(poet.; nachkl.)* bewohnen [**regionem**]; – *Subst.* **inhabitantēs,** tium *m* Bewohner, Einwohner.

in-haereō, haerēre, haesī, haesūrus ❶ in, an etw. (fest)hängen, haften, festsitzen, haften-, stecken bleiben *(abs.; in m. Abl.; ad; Dat.)* [**ad saxa**]; **sidera sedibus suis inhaerent;**
❷ *(übtr.)* festsitzen [**tergo (fugientis)** jmdm. auf dem Nacken sitzen; **alci** jmdm. treu ergeben sein; **oculis** immer vor Augen schweben; **in mentibus**]*;* **inhaeret in visceribus illud malum** *(Cic.);*
❸ in etw. begründet sein, in etw. seine Wurzel haben; **virtutes voluptatibus inhaerent** *(Cic.).*

inhaerēscō, inhaerēscere, inhaesī, inhaesūrus *(Incoh. v. inhaereo)* in, an etw. hängen-, stecken- *od.* haften bleiben.

in-hālō, hālāre jmdm. etw. zuhauchen.

in-hibeō, hibēre, hibuī, hibitum *(habeo)* ❶ zurück-, anhalten [**manu suos; equos; frenos**];
2. a) rückwärts rudern; **navis (retro) inhibita; b)** zu rudern aufhören; **remiges inhibent;**
❸ *(übtr.)* hemmen, hindern, aufhalten [**impetum victoris; lacrimas; facinus; cursum** Halt machen; **cruorem** stillen; **spem** dämpfen; **tela** ruhen lassen];
❹ etw. anwenden, gebrauchen, ausüben [**imperium** (Gewalt) **in deditos; damnum** Geldstrafe verhängen].

inhibitiō, ōnis *f (inhibeo)* das Hemmen [**remigum** das Rückwärtsrudern].

in-hiō, hiāre ❶ *vor Begierde nach etw.* den Mund aufsperren, nach etw. schnappen *(m. Dat.)* [**uberibus; omnibus cadaveribus** *(v. Raben)*]*; (abs.)* **inhiavit acrius lupus** *(Plaut.);*
❷ *(übtr.)* nach etw. lechzen, nach etw. gierig

trachten, etw. begehren *(m. Dat. od. Akk.)* [**lucro; dominationi; aurum; alcis hereditatem**];
❸ *vor Neugierde, Erwartung* m. weit geöffnetem Mund nach etw. hinsehen *od.* hinhören *(m. Dat. od. Akk.)*;
❹ *(Verg.)* erstaunt anstarren, (hin)gaffen; **turba inhiat.**

inhonestō, inhonestāre *(inhonestus) (Ov.)* entehren, schänden.

in-honestus, a, um ❶ unehrenhaft, unrühmlich, unanständig, schändlich [**vita; mors; responsum; cupiditas; homo; sibi** sich selbst entehrend]; **-a vela parare** schimpflich fliehen; **honesta atque -a** Ehre und Schande;
❷ *(poet.)* hässlich, garstig [**vulnus**].

in-honōrātus, a, um ❶ ungeehrt, unangesehen, ohne Ehrenamt [**homo; vita**];
❷ durch keine Belohnung geehrt, unbelohnt, unbeschenkt; **alqm -um dimittere.**

in-honōrificus, a, um *(Sen.)* ehrenrührig.

in-honōrus, a, um *(nachkl.)* ❶ nicht in Ehren stehend, nicht angesehen [**civitas**];
❷ ungeziert, ungeputzt [**signa**].

in-horreō, horrēre, – – *(von etw.)* starren.

in-horrēscō, horrēscere, horruī, – *(Incoh. v. inhorreo)* ❶ *(poet.; nachkl.)* erstarren, emporstarren; **aper inhorruit armos** *(gr. Akk.)* sträubte die Borsten an der Schulter;
❷ *(Ov.)* von Frost starren, rau sein; **cum tristis hiems aquilonis inhorruit alis;**
❸ *(poet.; nachkl.)* Wellen aufwerfen, sich kräuseln, erbeben, erzittern; **fluctibus inhorruit mare;**
❹ *(poet.)* erbeben, erzittern; **inhorruit aër;**
❺ *(übtr.) (vor Furcht)* erschauern, zusammenfahren, erbeben; **domus principis inhorruerat.**

in-hospitālis, e unwirtlich, ungastlich [**litus**].

inhospitālitās, ātis *f (inhospitalis)* Ungastlichkeit.

in-hospitus, a, um *(poet.)* unwirtlich, ungastlich [**tecta**].

inhūmānitās, tātis *f (inhumanus)* ❶ Unmenschlichkeit, Grausamkeit;
❷ Mangel an Bildung, Rohheit;
❸ Unhöflichkeit, Unfreundlichkeit, Rücksichtslosigkeit, Grobheit;
❹ Knauserei.

● **in-hūmānus,** a, um ❶ unmenschlich, grausam, hart [**homo; scelus; barbaria**];
❷ unhöflich, unfreundlich, rücksichtslos;
❸ unkultiviert, ungebildet, roh [**locus; aures**].

in-humātus, a, um unbeerdigt, unbegraben.

in-ibī *Adv.* ❶ *(räuml.)* dort, gerade da;
❷ *(zeitl.)* ~ **esse** nahe daran sein;
❸ *(der Zahl nach)* darunter, darin, dabei.

● **in-iciō,** icere, iēcī, iectum *(in-¹ u. iacio)* ❶ hineinwerfen, -bringen, -legen, -tun *(in m. Akk.; Dat.)* [**lapides; tela; milites in naves** einschiffen; **ignem tectis; opus flammis; vestem flammae**]; – *se* ~ sich (hinein)stürzen [**in medios hostes; morti**];
❷ *(übtr.) (Affekte)* einjagen, einflößen [**alci timorem, spem, formidinem, terrorem mortis, religionem**];
❸ verursachen, hervorrufen, bewirken [**certamen; tumultum civitati; arma regnis**];
❹ *(im Gespräch od. in einer Rede)* einfließen lassen, erwähnen [**mentionem de re; periculum mortis** m. dem Tode drohen];
❺ auf, an, über etw. werfen *od.* legen *(m. Dat.)* [**alcis collo bracchia** umarmen; **alci terram** jmd. beerdigen; **alci vim telorum** entgegenschleudern; **(flumini) pontem**];
❻ *(Fesseln)* anlegen [**alci catenas, vincula; cervicibus laqueum** Strick um den Hals; *(übtr.)* **frena licentiae**];
❼ *(Kleider)* über-, umwerfen, anlegen [**sibi vestem; alci pallium**];
❽ **manum** *(od.* manūs) ~ *(m. Dat.)* **a)** gewaltsam Hand legen an [*übtr.* **quieti alcis** jmd. aus der Ruhe reißen]; **mihi veritas manum iniecit** *(Cic.)*; **b)** jmd. vor Gericht laden *od.* schleppen; **c)** *(alci rei)* etw. *ohne richterl. Entscheidung* in Besitz nehmen, von etw. Besitz ergreifen, etw. für sein Eigentum erklären [**spoliis alcis**], *(alci)* sich jmds. bemächtigen [**virgini**].

iniectus¹, ūs *m (inicio) (poet.; nachkl.)* ❶ das Daraufwerfen, Überwerfen [**vestium**];
❷ das Hineinwerfen, -fügen [*übtr.* **animi in corpus**].

iniectus² *P.P.P. v. inicio.*

in-igō, igere, ēgī, āctum *(in-¹ u. ago)* hineintreiben [**oves in stabula**].

inimīca, ae *f (inimicus)* Feindin.

● **inimīcitia,** ae *f (inimicus) (meist Pl.)* Feindschaft, feindselige Gesinnung, feindseliges Verhalten, Feindseligkeiten; **-as cum alqo exercere, gerere; -as suscipere.**

inimīcō, inimīcāre *(inimicus)* verfeinden, entzweien; **ira miseras inimicat urbes.**

● **in-imīcus** *(in-² u. amicus)* **I.** *Adj.* a, um ❶ feindlich (gesinnt), feindselig [**consul; animus;** *(gegen jmd.: Dat.)* **Clodio; huic imperio**];
❷ ungünstig, nachteilig, verderblich [**consilia; odor nervis**];
❸ *(poet.)* feindlich, des Feindes, der Feinde [**terra; tela**];
❹ unbeliebt, verhasst [**nomen;** *(m. Dat.)* **dis**];
II. *Subst.* ī *m* Feind; **inimicissimus** größter Feind, Todfeind.

in-imitābilis, e *(nachkl.)* unnachahmlich.

in-intellegēns, *Gen.* gentis unverständig.

inīqua, ae *f (iniquus)* Feindin.

inīquitās, ātis *f (iniquus)* ❶ Unebenheit *(des Bodens)*, Ungleichheit *(der Lage)* [**locorum**];

② *(übtr.)* Ungleichheit [**condicionis**];
③ Schwierigkeit, Ungunst [**temporum**];
④ Ungerechtigkeit, Unrecht, Härte [**ducum; exitii**].

● **in-īquus** *(in-² u. aequus)* **I.** *Adj.* a, um ① uneben, ungleich, schief, abschüssig *od.* ansteigend [**locus; collis; ascensus**];
② ungünstig, nachteilig, beschwerlich, schwierig [**locus; palus; tempus; sors** ungleich bemessen; **tributum;** *(für jmd.: Dat.)* **nostris**]; **-e comparare alqd cum re** unpassend;
③ *(v. der Zeit)* ungelegen;
④ *(poet.; nachkl.)* übermäßig, zu groß, zu stark [**pondus** zu schwer; **hiems** zu streng; **sol** zu heiß];
⑤ ungerecht, unbillig [**iudex; lex; causa**]; **-e pacisci; per aequa per -a** durch billige od. unbillige Zugeständnisse, so oder so;
⑥ abgeneigt, feindselig, feindlich, gehässig, neidisch [**caelestes; animus; fata; sermones**];
⑦ nicht gelassen, ungeduldig, unwillig, erbittert [**animus** Unwille, Widerwille]; **animo -o ferre** ungehalten sein; **animo iniquissimo** m. dem größten Widerwillen; **haud -o animo** gleichmütig; **-ae mentis asellus** störrisch;
II. *Subst.* ī *m* Gegner, Feind.

initiālis, e *(initium) (nachkl.)* anfänglich.

initiāmenta, ōrum *n u.* **initiātiō,** ōnis *f (initio) (nachkl.)* Einweihung in einen Geheimkult.

initiō, initiāre *(initium)* ① *in einen geheimen Gottesdienst* einweihen *(in etw.: Abl.)* [**ritu Cereris; sacris; Bacchis**];
② *(vor- u. nachkl.) (übtr.)* einführen [**puerum** in die Bürgerliste eintragen lassen]; **aliis litteris initiari** andere Studien treiben.

● **initium,** ī *n (ineo)* ① Eingang, Anfang, Beginn *(örtl. u. zeitl.)* [**silvae; belli; anni; orationis**]; **~ rei oritur, nascitur** *od.* **proficiscitur a re** etw. geht aus von; – *Pl.* die Anfänge; – *Adv.* **a) initiō** anfänglich, am Anfang; **b) ab initiō** von Anfang an;
② *Pl.* **initia,** ōrum *n* **a)** Grundstoffe, Elemente; **b)** *(Tac.)* Ursprung, Abstammung, Herkunft [**obscura; clara**]; **c)** *(Tac.)* Regierungsantritt [**Tiberii**]; **d)** Anfangsgründe *(einer Wissenschaft)*, die ersten Lehrsätze [**philosophiae**]; **e)** *(philos. t. t.)* Prinzip [**cognoscendi** Erkenntnisprinzip]; **f)** (Einführung in einen) Geheimkult, Mysterien [**Cereris; Bacchi**]; *(meton.)* Kultgeräte, *die b. derartigen Zusammenkünften gebraucht wurden.*

initus¹ *P. P. P. v. ineo.*

initus², ūs *m (ineo)* ① *(Lucr.)* Ankunft; Anfang;
② *(poet.; nachkl.)* Begattung.

iniūcunditās, ātis *f (iniucundus)* das Unangenehme, Unannehmlichkeit; **ne quid habeat iniucunditatis oratio** *(Cic.).*

in-iūcundus, a, um ① unangenehm, lästig *(für jmd.: Dat.)*; **minime nobis ~ labor** *(Cic.)*;
② *(Tac.)* unfreundlich *(adversus alqm)*; **ut erat comis bonis, ita adversus malos ~.**

in-iūdicātus, a, um *(nachkl.)* unentschieden.

in-iungō, iungere, iūnxī, iūnctum ① (hin)einfügen;
② anfügen, anschließen [**aggeres muro** m. der Mauer verbinden]; **tecta muro iniuncta** die bis an die Mauer reichen;
③ *(übtr.)* etw. zufügen [**alci iniuriam, ignominiam**];
④ jmdm. etw. auferlegen, aufbürden [**civitatibus servitutem; alci laborem, leges**]; *(m. ut).*

in-iūrātus, a, um unvereidigt.

● **iniūria,** ae *f (iniurius)* ① Unrecht, Ungerechtigkeit *(gegen jmd.: Gen.)*; **-am accipere, facere, ulcisci; -ā** m. Unrecht; **haud -ā** nicht ohne Grund; **per -am** widerrechtlich;
② Gewalttat [**Verris; sociorum** gegen die Bundesgenossen]; **alqm ab -a defendere** *od.* **prohibere;**
③ Beleidigung, Entehrung, Kränkung [**virtutum**]; **-arum damnatus** wegen Ehrenbeleidigung;
④ *(poet.; nachkl.) (v. Sachen)* Schaden, Zerstörung; **foribus facere -am** *(Plaut.)*;
⑤ *(meton.)* m. Unrecht Erworbenes, widerrechtlicher Besitz; **-am obtinere**;
⑥ Rache *f. erlittenes Unrecht,* Strafe *(für etw.: Gen.)* [**caedis**]; *(an jmdm.: Gen.)* [**consulis**]; **-am exercere.**

iniūriōsus, a, um *(iniuria)* ungerecht, widerrechtlich (handelnd) [**vita; in proximos; adversus patrem**].

in-iūrius *u. (vorkl.)* **in-iūrus,** a, um *(in-² u. ius)* ungerecht.

● **in-iussū** *Adv.* ohne Befehl, ohne Auftrag [**imperatoris; ~ pugnare**].

in-iussus, a, um *(in-² u. iubeo) (poet.)* ohne Befehl, unaufgefordert, von selbst; **-ae veniunt ad mulctra capellae** *(Hor.)*; **-a virescunt gramina** *(Verg.).*

iniūstitia, ae *f (iniustus)* Ungerechtigkeit, ungerechte Strenge.

iniūstum, ī *n (iniustus)* Ungerechtigkeit, Unrecht.

● **in-iūstus,** a, um ① ungerecht, widerrechtlich *(v. Personen u. Sachen)* [**rex; iracundia; bellum; regna** unrechtmäßig erworben];
② *(übtr., v. Sachen)* hart, drückend, schwer, lästig [**fascis; onus; fenus**].

in-l ... *s. ill ...*

in-m ... *s. imm ...*

in-nābilis, e *(in-² u. no) (Ov.)* zum Beschwimmen nicht geeignet [**unda**].

in-nāscor, nāscī, nātus sum ① in, an, auf etw. geboren werden, wachsen, entstehen *(abs.; in*

m. Abl.; Dat.); **filix innascitur agris neglectis; salicta innata ripis; murex innatus** angewachsen;
② *(übtr.)* naturgemäß entstehen; **in hac elatione animi cupiditas innascitur** *(Cic.)*; **cupiditas belli gerendi innata est** *(Caes.)*; – *P. Adj.* **innātus,** a, um angeboren, natürlich [**iracundia; alacritas; temeritas**].

in-natō, natāre ① hineinschwimmen;
② *(poet.; nachkl.)* in, auf etw. fließen, hineinströmen, sich in, über etw. ergießen *(m. Dat.)*; **Tiberis innatat campis; innatat unda dulcis freto;**
③ *(poet.; nachkl.)* auf, in etw. schwimmen *(m. Dat. od. Akk.)*; **homines flumini innatant; undam innatat alnus;** – *abs.* darauf, obenauf schwimmen: **innatant insulae;** – *übtr.:* **innatans** oberflächlich [**verborum facilitas**].

innātus, a, um *s. innascor.*

in-nāvigābilis, e nicht schiffbar.

in-nectō, nectere, nexuī, nexum ① umschlingen, umknüpfen, umbinden [**comas; tempora sertis; umeros amictu; fauces laqueo**];
② etw. um etw. schlingen *(alqd alci rei)* [**diadema capiti; vincula gutturi; bracchia collo;** *übtr.* **fraudem clienti** den Schutzbefohlenen mit ... umgarnen];
③ verknüpfen, verbinden *(konkr. u. übtr.)*; **inter se innexi rami;** *(übtr.)* **causas morandi** ~ eine Reihe v. Gründen für ... vorbringen;
④ *(nachkl.)* *(übtr.)* verwickeln, verstricken [**mentem**]; *(alqm alci rei)*; **innexus conscientiae** Mitwisser.

in-nītor, nītī, nīxus *u.* nīsus sum ① sich auf etw. *od.* jmd. stützen, sich auf, an etw. stemmen, lehnen *(m. Abl.; in u. Akk.; Dat.)* [**hastā; baculo; in fratrem**]; **templa innixa columnis** ruhend auf;
② *(übtr.)* auf etw. beruhen *(Konstr. wie 1.)* [**incolumitate Pisonis**]; **uni viro, Messio, fortuna hostium innititur** *(Liv.)*.

in-nō, nāre ① *(poet.)* hineinschwimmen *(alqd)* [**fluvium** in einen Fluss];
② *(poet.)* befahren [**Stygios lacūs**];
③ auf, in etwas schwimmen, fahren *(m. Dat. od. Akk.)* [**aquae; mari; rapaces fluvios**];
④ *(abs.)* darauf, obenauf schwimmen;
⑤ *(poet.)* dahinströmen.

● **in-nocēns,** *Gen.* entis *(in-[2] u. noceo)* ① unschädlich, harmlos [**cibus; epistula**];
② unschuldig [**servus**];
③ unsträflich, rechtschaffen, unbescholten [**vir**]; **innocenter agere;**
④ uneigennützig [**praetor; nobilitas**].

● **innocentia,** ae *f (innocens)* ① Unschädlichkeit, Harmlosigkeit;
② Unschuld, Schuldlosigkeit;
③ *(meton.)* die Unschuldigen; **-am poenā liberare;**
④ Rechtschaffenheit, Unbescholtenheit; Uneigennützigkeit.

in-nocuus, a, um ① *(poet.; nachkl.)* unschädlich [**herba**]; ungefährlich, sicher [**litus**];
② *(poet.)* unschuldig, unbescholten, rechtschaffen [**homo**]; **agere causas -as** der Unschuldigen;
③ *(poet.; nachkl.)* unbeschädigt, unversehrt, unangefochten [**carinae; iter**].

in-nōtēscō, nōtēscere, nōtuī, – bekannt werden.

in-novō, novāre erneuern; *(übtr.)* **se ad suam intemperantiam** ~ sich seiner früheren Zügellosigkeit von neuem hingeben.

in-noxius, a, um ① *(poet.; nachkl.)* unschädlich, harmlos [**anguis; potio**]; gefahrlos [**iter**];
② unschuldig, schuldlos *(an etw.: Gen.)* [**criminis**];
③ rechtschaffen;
④ unbeschädigt, unverletzt, unversehrt, unangefochten [**navigia**];
⑤ unverschuldet, unverdient [**paupertas; mors**].

in-nūbilus, a, um *(Lucr.)* unbewölkt [**aether**].

in-nūbis, e *(in-[2] u. nubes) (Sen.)* wolkenlos, heiter [**dies**].

in-nūbō, nūbere, nūpsī, nūptum *(in eine Familie)* einheiraten.

innubus, a, um *(in-[2] u. nubo) (poet.)* ① unverheiratet, unvermählt, ledig *(v. weibl. Personen)*;
② jungfräulich [**laurus** Lorbeer *(weil Daphne, die in einen Lorbeerbaum verwandelt worden war, unverheiratet blieb)*].

in-nuī *Perf. v. innuo.*

in-numerābilis, e unzählig, zahllos, massenhaft [**homines; exempla**].

innumerābilitās, tātis *f (innumerabilis)* zahllose Menge [**atomorum**].

in-numerālis, e *(in-[2] u. numerus) (Lucr.)* unzählig.

in-numerus, a, um *(poet.; nachkl.)* unzählig, zahllos [**gentes**].

in-nuō, nuere, nuī, – zuwinken.

in-nūpsī *Perf. v. innubo.*

innūpta, ae *f (innuptus) (poet.)* Jungfrau.

innūptum *P.P.P. v. innubo.*

in-nūptus, a, um *(in-[2] u. nubo)* unverheiratet, unvermählt [**puella; nuptiae** eine Ehe, die keine Ehe ist, eine unglückliche, unselige Ehe].

in-nūtriō, nūtrīre *(nachkl.)* bei etw. aufziehen *(alqm alci rei)*; – *Pass.* bei, auf, in etw. aufwachsen *(alci rei)* [**mari** am Meer; **pessimis** in allen Lastern; **armis**].

Īnō, Īnūs *u.* Īnōnis *f Tochter des Kadmos, Gattin des Athamas, des Königs v. Theben, Mutter des Learchos u. Melikertes, Stiefmutter des Phrixos u. der Helle; Ino suchte die Stiefkinder zu töten; Athamas wurde rasend u. tötete den Learchos; Ino stürzte sich, vor ihm* *fliehend, m. Melikertes ins Meer u. wurde in die Meergöttin Leukothea, die „helle Göttin", verwandelt; sie hatte in Böotien, auf dem Isthmus v. Korinth u. auf Kreta Kultstätten; – Adj.* **Īnōus,** a, um der Ino.

in-oblītus, a, um *(in-² u. obliviscor) (Ov.)* nicht vergessend, eingedenk.

in-oboedientia, ae *f (Eccl.)* Ungehorsam.

in-obrutus, a, um *(in-² u. obruo) (Ov.)* nicht überschüttet.

in-obsequēns, *Gen.* entis *(Sen.)* ungehorsam *(m. Dat.)*; **materia saepe ~ arti est; inobsequentes frenis equi.**

in-observābilis, e *(poet.; nachkl.)* unmerklich [**error**].

in-observantia, ae *f (nachkl.)* ① Unachtsamkeit;
② Unordnung, Unregelmäßigkeit.

in-observātus, a, um *(poet.; nachkl.)* unbeobachtet, unbemerkt [**sidera**].

in-offēnsus, a, um *(poet.; nachkl.)* ① unangestoßen, ohne Anstoß; **pedem -um referre** ohne angestoßen zu haben; **mare -um** klippenlos;
② *(übtr.)* ungehindert, ungestört [**vita; iter; oratio; cursus honorum** ununterbrochen].

in-officiōsus, a, um ① pflichtwidrig;
② ungefällig, rücksichtslos *(in alqm).*

in-olēns, *Gen.* entis *(Lucr.)* geruchlos.

in-olēscō, olēscere, olēvī, olitum *(in-¹ u. alo; vgl. adolesco)* **I.** *intr. (poet.; nachkl.)* in etw. (hin)einwachsen, m. etw. verwachsen *(abs. od. m. Dat.)*;
II. *trans. (Gell.)* einpflanzen; **natura induit nobis inolevitque amorem nostri et caritatem.**

in-ōminālis, e *(omen)* v. schlechter Vorbedeutung, unheilvoll [**dies** Unglückstag].

in-ōminātus, a, um *(ominor) (Hor.)* fluchbeladen, unselig, Unglücks-.

in-opertus, a, um unverhüllt [**veritas**].

● **inopia,** ae *f (inops)* ① Mittellosigkeit, Mangel, Not, Armut; **suis opibus aliorum -am levare;**
② Mangel an Nahrungsmitteln;
③ geringe Zahl, geringe Menge [**frumentaria; auri; frugum; navium; amicorum**];
④ *(übtr.)* Hilflosigkeit, Ratlosigkeit;
⑤ Gedankenarmut *(des Redners)*;
⑥ Dürftigkeit [**sermonis** Wortkargheit in der Unterhaltung].

in-opīnāns, *Gen.* antis *(in-² u. opinor)* nichts ahnend, ahnungslos, wider Vermuten; **alqm inopinantem aggredi.**

inopīnātum, ī *n (inopinatus)* Unvermutetes; **ex -o** unversehens.

● **in-opīnātus,** a, um *(Adv.* -ō *u.* [*August.*] -ē) *(in-² u. opinor)* ① *(pass.)* unvermutet, unerwartet *(für jmd.: Dat.)* [**malum; bellum; finis vitae**];
② *(akt.)* = *inopinans.*

in-opīnus, a, um *(in-² u. opinor) (poet.; nachkl.)* unvermutet, unerwartet.

inopiōsus, a, um *(inopia) (Plaut.)* bedürftig [**consilii**].

● **in-ops,** *Gen.* opis ① mittellos, arm, bedürftig [**insula; aerarium; cupido** die nie zu stillende Habsucht]; ~ **alienas opes exspecto** *(Sall.)*;
② arm an etw., etw. entbehrend, ohne etw. *(m. Gen.; selten m. Abl. od. ab)* [**pecuniae; somni** schlaflos; **verborum** *u.* **verbis** wortarm, -karg; **amicorum** *u.* **ab amicis;** *übtr.* **humanitatis; consilii** ratlos; **pacis; mentis** ohne Verstand];
③ machtlos, ohnmächtig;
④ hilflos, ratlos;
⑤ *(übtr., v. Sachen)* arm an Worten *od.* an Gedanken [**oratio; causa**];
⑥ dürftig, armselig, gehaltlos [**vita; animus; versūs**].

in-optātus, a, um *(Sen.)* unerwünscht.

in-ōrātus, a, um nicht vorgetragen; **re -ā** ohne die Sache vorgetragen zu haben.

inōrdinātum, ī *n (inordinatus)* Unordnung; **ex -o in ordinem adducere.**

in-ōrdinātus, a, um ungeordnet, *(v. Soldaten)* nicht in Reih u. Glied stehend *od.* marschierend.

in-ōrnātus, a, um ① ungeschmückt, schmucklos [**comae**];
② *(übtr.)* schlicht [**verba; orator**];
③ *(Hor.)* ungerühmt.

Īnōus, a, um *s. Ino.*

inp ... *s. imp ...*

● **inquam** *Verb. defect.* ① *(in dir. Rede eingeschoben)* sage ich, *oft auch durch* antworten, entgegnen, einwenden, fortfahren, ausrufen *zu übersetzen;*
② *(b. nachdrücklicher Wiederholung eines Wortes)* ich wiederhole es, ich betone es; **virtus, virtus inquam conciliat amicitias;**
③ *(b. der Occupatio, der Einführung eines voraussichtlichen Einwandes)* inquit *od.* inquies: sagt man, heißt es, wird man sagen; **non solemus, inquit, ostendere;**
/ *gebräuchliche Formen: Ind. Präs.:* inquam, inquis, inquit, inquiunt; *Ind. Perf.:* inquit; *Fut.:* inquiēs, inquiet.

in-quiēs¹, *Gen.* ētis unruhig *(v. Personen u. Sachen)* [**nox; dies**]; ~ **animi** *od.* **animo** ein unruhiger Kopf.

in-quiēs², ētis *f (nachkl.)* Unruhe [**nocturna**]; **labor vigiliarum et ~** anstrengende u. rastlose Nachtstudien.

inquiētātiō, ōnis *f (inquieto) (Sen.)* Beunruhigung.

inquiētō, inquiētāre *(inquietus) (nachkl.)* ① beunruhigen, belästigen [**alqm litibus; mentem**];

② erschweren [**victoriam**].
inquiētūdō, dinis *f (inquietus) (spätl.)* Unruhe, Beunruhigung, Störung.
in-quiētus, a, um ① unruhig, in Bewegung [**aquae; aër; ventus**];
② *(übtr.)* unruhig, ohne Ruhe [**animus**].
in-quilīnus, ī *m (vgl. colo, incola)* ① Insasse, Mieter [**praediorum alcis**];
② fremder, eingewanderter Bürger; **Cicero, ~ civis Romae** *(weil er nicht in Rom geboren war);*
③ *(nachkl.)* Mitbewohner *eines Hauses,* Hausgenosse.
inquināmentum, ī *n (inquino)* Schmutz, Unrat.
inquinātus, a, um *(inquino)* ① verunreinigt, schmutzig [**aqua cadaveribus**];
② *(übtr.)* schmutzig, schändlich, gemein [**sermo; ratio**]; **homo vitā omni ~ ; omnibus flagitiis vita -a** befleckt;
③ *(vom Ausdruck)* unrein = inkorrekt.
in-quinō, quināre ① verunreinigen, beschmutzen [**vestem; manus**];
② *(übtr.)* beflecken, besudeln, beschimpfen [**omnem splendorem honestatis; famam alcis; innoxios** anschwärzen; **agros ereptos rei publicae turpissimis possessoribus; victoriam crudelitate**];
③ *(Hor.)* verfälschen, entarten lassen [**aere tempus aureum**];
④ überstreichen, -tünchen *(konkr. u. übtr.).*
● **in-quīrō,** quīrere, quīsīvī, quīsītum *(quaero)*
① aufsuchen, nach etw. suchen *(m. Akk.)* [**auctorem; corpus alcis;** *übtr.* **veram honestatem**];
② untersuchen, erforschen, nachforschen, prüfen *(in m. Akk.; Akk.; de re; m. indir. Frages.)* [**in patrios annos; in se; vitia**];
③ *(jur. t. t.)* Beweise zur Klage sammeln *(in alqm: geg. jmd.)* [**in competitores; in Siciliam**];
④ *(spätl.)* *inquisito* nach erfolgter Untersuchung.
inquis *s. inquam.*
inquīsītiō, ōnis *f (inquiro)* ① *(vor- u. nachkl.)* das Aufsuchen [**militum**];
② *(philos. t. t.)* Untersuchung, Erforschung [**veri; opinionum**];
③ *(jur. t. t.)* Einleitung einer gerichtl. Untersuchung, Beschaffung der nötigen Beweismittel *(geg. jmd.: Gen.)* [**accusatoris; candidati**]; **inquisitionem annuam impetrare** ein Jahr Zeit, um Beweismittel herbeizuschaffen.
inquīsītor, ōris *m (inquiro)* ① Kläger; Anwalt; Untersuchungsrichter;
② *(philos. t. t.)* (Er-)Forscher [**rerum naturae**];
③ *(nachkl.)* Spitzel, Spion.
in-quīsītus[1], a, um *(in-*[2] *u. quaero) (Plaut.)* ununtersucht.
inquīsītus[2] *P.P.P. v. inquiro.*
in-quīsīvī *Perf. v. inquiro.*
inquit *s. inquam.*
inr … *s. irr …*
īn-saepiō, saepīre, –, saeptum *(Sen.)* einzäunen.
īn-salūber, bris, bre *u.* **īn-salūbris,** e *(nachkl.)* ungesund [**aestas**].
īn-salūtātus, a, um ungegrüßt, ohne Abschiedsgruß.
in-sānābilis, e ① unheilbar [**morbus; vulnus**];
② *(übtr.)* unverbesserlich [**ingenium**].
īnsānia, ae *f (insanus)* ① Wahnsinn, Tollheit, Raserei [**belli** Kriegswut];
② tolles Treiben; – *Pl.* tolle Streiche [**populares**]; **-ae agitant senem** *(Plaut.)*;
③ unsinnige Übertreibung, unsinniger, übertriebener Aufwand [**villarum; vestium; libidinum** irrsinnige Ausschweifungen];
④ *(Hor.)* poetische Begeisterung, Verzückung [**amabilis**].
īnsāniō, īnsānīre *(insanus)* verrückt, wahnsinnig, toll sein, rasen, außer sich sein; **statuas emendo ~** verrückt sein auf den Ankauf v. Statuen; **insanit in libertinas** *(Hor.)* vergeudet an Freigelassene unsinnig sein Vermögen; **errorem similem ~** auf ähnliche Art toll sein; **ex iniuria ~** infolge erlittenen Unrechts; *(v. lebl. Subj.)* **insaniens Bosporus** tobend.
īnsānitās, tātis *f (insanus)* schlechte Gesundheit.
● **īn-sānus,** a, um ① wahnsinnig *(als krankhafter Zustand);* – *Subst.* īnsānī, ōrum *m* Wahnsinnige;
② toll, rasend; **homo flagitiis ~; contio -a;** – *Subst. m* Narr;
③ *(poet.)* verzückt, begeistert [**vates**];
④ *(poet.; nachkl.)* *(v. Sachen)* tobend [**fluctus; ventus; forum** toll lärmend];
⑤ unsinnig groß, unmäßig, riesig, übertrieben (heftig), ungeheuer [**moles; labor; montes** Bergkolosse; **amores; trepidatio**];
⑥ *(poet.; nachkl.)* wahnsinnig machend [**aqua; herba**].
īn-satiābilis, e ① unersättlich [**lupus;** *übtr.* **cupiditas; avaritia**];
② nicht sättigend, keinen Überdruss erregend, unerschöpflich [**gaudium; varietas**].
īn-satietās, ātis *f (Plaut.)* Unersättlichkeit.
īn-saturābilis, e *(in-*[2] *u. saturo)* unersättlich [**abdomen**].
īn-scendō, scendere, scendī, scēnsum *(in-*[1] *u. scando)* **I.** *intr.* hinein-, hinaufsteigen, besteigen, betreten *(in alqd)* [**in currum; in arborem; in rogum ardentem**];
II. *trans.* besteigen [**equum; navem; quadrigas**].
īnscēnsiō, ōnis *f (inscendo) (Plaut.)* das Einsteigen [**in navem** das Anbordgehen].

īn-sciēns, *Gen.* entis ① nicht wissend, ohne Wissen; **Caesare insciente** ohne Wissen Cäsars; **feci ~ ;**
② unverständig, töricht, einfältig;
③ *(Ter.)* ungeschickt.

īnscientia, ae *f (insciens)* ① Unwissenheit, Unverstand [**hostium; vulgi; ducum**];
② Unkenntnis *(abs. od. m. Gen. obi.)* [**locorum**];
③ *(philos. t. t.)* das Nichtwissen, *das zur Erforschung der Wahrheit treibt.*

īnscītia, ae *f (inscitus)* ① Ungeschicklichkeit [**regendi**];
② Unwissenheit, Unverstand;
③ Unkenntnis [**aedificandi**].

īn-scītus, a, um ① ungeschickt, unverständig;
② *(Gell.)* unkundig, unwissend.

● **īn-scius,** a, um unwissend, unkundig; **medici -i imperitique; culpae ~** frei von; **me -o** ohne mein Wissen.

● **īn-scrībō,** scrībere, scrīpsī, scrīptum ① auf etw. schreiben, als Aufschrift *od.* als Inschrift setzen *(in u. Abl. od. m. Dat.)* [**epigramma; nomen in libellis; nomina monumentis;** *übtr.* **orationem in animo** einprägen];
② jmdm. etw. zuschreiben *od.* beilegen [**sibi nomen philosophi**];
③ *(poet.)* jmd. als Urheber v. etw. bezeichnen [**deos sceleri** die Götter als Vorwand f. den Frevel gebrauchen];
④ etw. m. einer Inschrift *od.* Aufschrift versehen, beschreiben [**statuam; columnam litteris**];
⑤ *(einen Brief)* adressieren [**epistulam patri**];
⑥ *(ein Buch)* betiteln [**librum; librum alci** jmdm. widmen, zueignen]; **liber inscribitur** hat den Titel;
⑦ *(poet.; nachkl.)* kenntlich machen, deutlich bezeichnen;
⑧ *(nachkl.)* brandmarken.

īnscrīptiō, ōnis *f (inscribo)* ① das Daraufschreiben [**nominis**];
② Aufschrift, Überschrift, Titel, Inschrift;
③ *(nachkl.)* Brandmarkung [**frontis**].

īn-scrīptus[1], a, um *(in-[2] u. scribo)* im Gesetzbuch nicht verzeichnet, nicht besonders erwähnt [**maleficium**].

īnscrīptus[2] *P.P.P. v. inscribo.*

īn-sculpō, sculpere, sculpsī, sculptum ① eingraben, einschnitzen, einschneiden, einmeißeln *(alqd in re od. alci rei, selten re)* [**elogium tumulo**];
② *(übtr.)* einprägen *(alqd in mentibus od. in animo).*

īn-secābilis, e *(in-[2] u. seco)* unteilbar.

● **īn-secō[1],** secāre, secuī, sectum ein-, zerschneiden.

īnsecō[2] *(u.* īnsequō) *(arch.)* ansagen *(Imp.* īnsece *u.* īnseque; *Perf.* īnsexit).

īnsecta, ōrum *n (inseco[1]) (Plin.)* Insekten, Kerbtiere.

īnsectātiō, ōnis *f (insector)* ① Verfolgung [**hostis**];
② *(übtr.)* Verhöhnung [**temporum**]; *Pl.* Spottreden: **per insectationes et nuntios ad proelium vocari.**

īnsectātor, ōris *m (insector)* Verfolger, Gegner, Tadler [**plebis**].

īnsector, īnsectārī *(altl.* -ō, āre) *(Intens. v. insequor)* ① heftig *od.* andauernd verfolgen; **aquila insectans alias aves et agitans; impios insectantur Furiae;** *(übtr.)* **herbam rastris ~** dem Unkraut mit dem Karst gründlich zu Leibe rücken;
② *(übtr.)* fortwährend bedrängen [**vehementius**];
③ verhöhnen; **nullius insector calamitatem** *(Cic.).*

īnsectus *P.P.P. v. inseco[1].*

īn-secuī *Perf. v. inseco[1].*

īnsecūtor, ōris *m (insequor) (nachkl.)* Verfolger.

īnsecūtus *P. P. Akt. v. insequor.*

īnsēdābiliter *Adv. (in-[2] u. sedo) (Lucr.)* unstillbar, unauslöschlich.

īn-sēdī *Perf. v. insideo u. insido.*

īn-segestus, a, um *(in-[2] u. seges) (Plaut.)* ungesät.

īn-sēminō, sēmināre *(Gell.)* einsäen, einpflanzen [*übtr.* **morbum visceribus**].

īn-senēscō, senēscere, senuī, – *(poet.; nachkl.)* in, bei, über etw. alt werden *(m. Dat.)* [**negotiis**].

īn-sēnsātus, a, um *(spätl.)* unvernünftig, gefühllos [**lapis**].

īn-sēnsibilis, e *(nachkl.)* unbegreiflich.

īn-sēnsilis, e gefühllos, empfindungslos.

īn-sēparābilis, e *(nachkl.)* untrennbar.

īn-sepultus, a, um *(in-[2] u. sepelio)* unbestattet, ohne Bestattung.

īnsequō *s. inseco[2].*

● **īn-sequor,** sequī, secūtus sum ① unmittelbar, auf dem Fuß folgen *(räuml. od. zeitl.) (m. Akk.)* [**agmen; alqd oculis** m. den Augen folgen]; **anno insequente; insequentibus consulibus** im nächsten Konsulatsjahr; **somnus insequitur** tritt sofort ein;
② *(feindl.)* verfolgen, nachsetzen [**hostem; alqm gladio**];
③ angreifen [**alqm bello**];
④ tadeln, verhöhnen [**homines benevolos contumeliā; vitae alcis turpitudinem**];
⑤ fortsetzen, fortfahren, bei etw. verharren [**longius** die Sache *od.* seinen Weg weiter verfolgen; **arva** dauernd pflegen]; *(m. Inf.)*;
⑥ sich bemühen, sich daranmachen *(m. ut od. Inf.)*;
⑦ erreichen, ereilen; **mors alqm insequitur.**

● **īn-serō[1],** serere, sēvī, situm ① einsäen, -pflanzen *(in alqd od. alci rei)* [**frumentum;**

ramos terrae]; einpfropfen;
② pfropfen [**vitem; arbutum fetu nucis**]; **pirus insita** veredelt;
③ *(übtr.)* einpflanzen, einprägen [**novas opiniones**]; – *P. Adj.* **īnsitus,** a, um angeboren, angestammt, eingewurzelt, eigen [**virtus; amor; animi furor**].

īn-serō[2], serere, seruī, sertum ① einfügen, hineinstecken, -tun *(in alqd od. alci rei)* [**telum** hineinstoßen; **fenestras** in die Wand einlassen; **collum in laqueum; catenam collo** um den Hals legen; *übtr.* **oculos in pectora alcis** hineinblicken lassen];
② *(übtr.)* einflechten, einschalten, einfügen [**iocos historiae; nomen famae** berühmt machen]; – *se* ~ sich einmischen [**bellis**];
③ *(poet.; nachkl.)* einreihen, aufnehmen *(m. Dat.)* [**alqm vatibus; Liviorum familiae; numero civium; stellis** unter die Sterne versetzen].

īnsertō, īnsertāre *(Intens. v. insero[2]) (poet.; nachkl.)* hineinstecken [**sinistram clipeo; manum leonibus** in den Rachen der Löwen].

īnsertus *P.P.P. v. insero[2].*

īn-seruī *Perf. v. insero[2].*

īn-serviō, servīre ① *(Tac.) (als Untertan od. Vasall)* dienstbar sein; **reges inservientes;**
② zu Diensten stehen, zu Willen sein, sich fügen, nachgeben *(m. Dat. od. Akk.)* [**legibus; temporibus** sich nach den Umständen richten; **optimatibus; amantem**];
③ etw. eifrig betreiben, fördern *(m. Dat.)* [**artibus**].

īnsessus *P.P.P. v. insideo u. insido.*

īn-sēvī *Perf. v. insero[1].*

īn-sībilō, sībilāre *(Ov.)* hineinsausen, pfeifen *(vom Wind).*

īn-sideō, sidēre, sēdī, sessum *(in-[1] u. sedeo)* **I.** *intr.* ① in, auf etw. sitzen *(m. Dat. od. Abl.)* [**beluae; equo; curru**];
② sesshaft sein;
③ *(übtr.)* festsitzen, (an)haften; **dolor pedibus insidebat; insidet quaedam in optimo quoque virtus** *(Cic.)*; **his insidentibus malis;**
II. *trans.* ① *(milit.)* besetzt halten [**locum; vias praesidiis**];
② *(Tac.)* bewohnen [**ea loca**].

● **īnsidiae,** ārum *f (insideo)* ① Hinterhalt: **a)** *als Ort (Versteck zum Auflauern):* **ex -is consurgere; locus ad -as aptus; milites in -is collocare; b)** *die im Hinterhalt liegenden Personen:* ~ **cooriuntur** brechen hervor;
② *(übtr.)* Nachstellung(en), Falle, Hinterlist, heimtückischer Anschlag, geheimer Mordplan, Attentat, Tücke *(alcis jmds. od. gegen jmd.)*; **per -as** *od.* **(ex) -is** hinterlistig(erweise); **-as alci facere, parare, tendere, ponere; in -as incidere;** ~ **caedis** heimliche Ausführung; ~ **noctis** Trug der Nacht.

īnsidiātor, ōris *m (insidior)* ① Soldat im Hinterhalt; Wegelagerer, Räuber [**viae; imperii**];
② *(Hor.)* Erbschleicher.

īnsidior, īnsidiārī *(insidiae)* ① im Hinterhalt liegen, auflauern *(m. Dat.)* [**hostibus**];
② jmdm. nach dem Leben trachten;
③ jmdm. nachstellen, einen Anschlag machen gegen, es auf jmd. *od.* etw. abgesehen haben *(m. Dat.)* [**Piraeo** einen Handstreich beabsichtigen gegen; **somno maritorum; tempori** auf einen günstigen Augenblick warten].

īnsidiōsus, a, um *(insidiae)* hinterlistig, hinterhältig, tückisch, gefährlich [**bellum; itinera; clementia alcis; verba; princeps; amicus**].

īn-sīdō, sīdere, sēdī, sessum **I.** *intr.* ① sich auf etw. setzen, sich niederlassen *(in m. Abl.; Dat.)* [**in dorso equi; floribus**];
② *(Verg.)* sich ansiedeln [**iugis Etruscis**];
③ *(milit.)* in Stellung gehen;
④ *(übtr.)* sich festsetzen, sich einprägen, Wurzel fassen; **oratio in animo, in memoria** *od.* **memoriae insedit; macula penitus insedit** hat sich eingefressen, sitzt tief;
II. *trans.* ① *(poet.; nachkl.)* etw. besetzen, sich niederlassen in, auf [**cineres patriae**];
② *(milit.)* besetzen [**tumulos; arcem**].

īnsīgne, gnis *n (Abl. Sg. -ī) (insignis)* ① Zeichen, Kenn-, Abzeichen;
② *(übtr.)* (Kenn-)Zeichen, Merkmal [**laudis; morbi; veri**];
③ Abzeichen *eines Amtes, eines Standes u. Ä.,* Ehrenzeichen [**imperatoris** *od.* **imperii; regni** *od.* **regium** = Diadem, Krone; **sacerdotum; praeturae; triumphi**];
④ Auszeichnung [**virtutis; gloriae**];
⑤ Wappen *(im Schild); (b. Schiffen)* Flagge *od.* Wappenfigur *am Bug,* Admiralsflagge; **navem ex insigni cognoscere;**
⑥ Zierde, Schmuck, *Pl.* Schmuckstücke, *z. B. Statuen;*
⑦ Signal [**nocturnum**].

īn-sīgniō, sīgnīre *(signum)* ① kenntlich machen, bezeichnen, kennzeichnen; brandmarken;
② auszeichnen, verzieren [**clipeum auro**];
③ einprägen;
/ *P. Adj.* **īnsīgnītus,** a, um **a)** kenntlich, deutlich [**imago**]; **in animis tamquam insignitae notae veritatis; b)** auffallend, außerordentlich, unerhört [**iniuriae; ignominia**].

● **īnsīgnis,** e *(insignio)* ① gekennzeichnet, kenntlich, auffallend, hervorstechend; geschmückt, geziert; **Phoebus ~ crinibus; uxores auro et purpurā insignes; ad deformitatem ~** auffallend hässlich;
② *(übtr.)* auffallend, außerordentlich, hervorstechend, unerhört, ohnegleichen *(im pos. u. neg. Sinn)* [**virtus; titulus; periurium; impudentia; supplicium; improbitas; calamitas**];
③ gebrandmarkt; **homo omnibus notis tur-**

pitudinis ~.

īnsīgnītus[1], a, um *s. insignio.*

īn-sīgnītus[2], a, um *(signum) (vorkl.)* m. einer Fahne (versehen).

īn-siliō, silīre, siluī (*u.* silīvī), – *(in-[1] u. salio) (trans. u. intr.)* ❶ in *od.* auf etw. springen [**in equum; tergo** *(Dat.)*; **undas**];
❷ *(August.) (übtr.)* auf etw. losziehen [**in nostram religionem protervissime**].

īn-simul *Adv.* zugleich.

īnsimulātiō, ōnis *f (insimulo)* Beschuldigung, Anklage.

● **īn-simulō,** simulāre beschuldigen, bezichtigen, verdächtigen, anklagen, *bes. fälschlich od. irrtümlich (alqm u. alqd; m. Gen. od. Abl. der Schuld; m. A. C. I.)* [**callidam malitiam inimici; alqm probri; alqm (falso) crimine**].

īn-sincērus, a, um ❶ unrein, verdorben [**cruor** verwesend];
❷ *(übtr.)* unaufrichtig [**philosophus**].

īnsinuātiō, ōnis *f (insinuo)* eindringlicher Eingang einer Rede, Einschmeichelung, Empfehlung.

īn-sinuō, sinuāre *(sinus)* ❶ eindringen lassen; **ordines quācumque intervalla data essent ~** *(Liv.)* in die Lücken der Feinde; **tibi insinuentur opes** *(Prop.)* mögen zufallen;
❷ *intr., se ~ u. mediopass.* **a)** sich eindrängen, eindringen *(in m. Akk.; Dat.; inter)* [**in forum; penitus in causam; inter equitum turmas**]; **cunctis pavor insinuat** befällt alle; **b)** *(übtr.)* sich einschleichen, sich einschmeicheln *(bei jmdm.: alci; in etw.: in alqd)* [**plebi; in alcis familiaritatem** jmds. Freundschaft gewinnen].

īn-sipiēns, *Gen.* entis *(in-[2] u. sapiens)* unverständig, unklug, töricht, albern.

īnsipientia, ae *f (insipiens)* Unverstand, Torheit.

● **īn-sistō,** sistere, stitī, – ❶ sich in, auf etw. (hin)stellen, hintreten *(in m. Abl.; Dat.)* [**in iugo; alcis vestigiis** in jmds. Fußstapfen treten]; *selten* stehen: **in luco Cereris simulacrum insistebat;** *(übtr.)* **in tanta gloria** ~ fußen auf;
❷ auftreten [**digitis** sich auf die Zehen stellen];
❸ etw. betreten [**limen**]; *(einen Weg)* einschlagen [**viam; iter**];
❹ *(übtr.) einen Weg od. ein Verfahren* einschlagen, befolgen [**rationem pugnae**];
❺ etw. eifrig betreiben, sich hingeben *(m. Akk. od. Dat.)* [**negotium; spei**];
❻ sich *einer Sache* zuwenden, sich *einer Aufgabe* unterziehen *(in od. ad alqd; m. Inf.)* [**in bellum; ad spolia legenda; oppidum oppugnare**];
❼ jmd. verfolgen, (hart) bedrängen, jmdm. nachsetzen, auf dem Nacken sitzen *(m. Dat.)* [**hostibus; fugientibus**];
❽ stehen bleiben, stillstehen, Halt machen;
❾ *(vom Redner u. v. der Rede)* innehalten, stocken;
❿ auf etw. bestehen, bei etw. fest verharren, beharren *(alci rei od. in re).*

īnsitīcius, a, um *(insero[1])* eingepfropft; aus dem Ausland eingeführt, übernommen, ausländisch [**sermo**].

īnsitiō, ōnis *f (insero[1])* ❶ das (Ein-)Pfropfen; *Pl.* Arten des Pfropfens;
❷ *(Ov.)* Zeit des Pfropfens.

īnsitīvus, a, um *(insero[1])* ❶ *(Hor.)* gepfropft, veredelt [**pira**];
❷ v. auswärts eingeführt, fremd [**quaedam disciplinae**];
❸ unecht, untergeschoben [**liberi; heres** durch Adoption angenommen].

īnsitor, ōris *m (insero[1]) (poet.; nachkl.) (eigtl. „Pfropfer")* Gärtner.

īnsitus *s. insero[1].*

īn-sociābilis, e unvereinbar, unverträglich, ungesellig; **indomita et ~ gens;** *(m. Dat.)* **homines generi humano insociabiles.**

īn-sōlābiliter *Adv. (in-[2] u. solor) (Hor.)* untröstlich.

● **īn-solēns,** *Gen.* entis *(Abl. Sg.* -ī *u.* -e) *(in-[2] u. soleo)* ❶ ungewohnt, an etw. nicht gewöhnt, m. etw. nicht vertraut *(m. Gen.; in u. Abl.)* [**belli; audiendi; malarum artium; in dicendo** ungeübt im Reden]; *abs.* gegen die Gewohnheit;
❷ ungewöhnlich, neu, auffallend [**verbum**];
❸ übertrieben, unmäßig [**laetitia**];
❹ übermütig, dreist, frech, unverschämt [**homines; exercitus** siegesstolz; **ostentatio; alacritas; victoria**].

īnsolentia, ae *f (insolens)* ❶ das Ungewohnte [**disputationis**];
❷ Ungewöhnlichkeit, Neuheit [**verborum; dominatūs**];
❸ Übertreibung, Verschwendung, Aufwand;
❹ Übermut, Unverschämtheit; **~ capit alqm** befällt.

īnsolēscō, īnsolēscere, – – *(insolens)* übermütig werden.

īn-solidus, a, um *(Ov.)* ohne Festigkeit, haltlos, schwach [**herba**].

īn-solitus, a, um ❶ *(akt.)* ungewohnt, an etw. nicht gewöhnt, m. etw. nicht vertraut *(m. Gen.; ad), abs.* gegen die Gewohnheit; **~ rerum bellicarum; -i eius tumultūs equi; ~ ad laborem exercitus; -ae fugiunt in flumina phocae** *(Verg.)*;
❷ *(pass.) (v. Sachen)* **a)** unbekannt, fremd [**genus dicendi; libertas; metus; facies**]; **b)** ungewöhnlich, selten [**victoria; clamor**].

īn-solūbilis, e *(nachkl.)* ❶ unauflöslich;
❷ unbezahlbar [**creditum**];
❸ unwiderlegbar, unstreitig [**signum**].

īn-solūtus, a, um *(in-[2] u. solvo)* ungelöst [**quaestio**].

īnsomnia, ae *f (insomnis)* Schlaflosigkeit; *(meton.)* schlaflose Nacht; **vigilari neque -is fatigari.**

īn-somnis, e *(in-[2] u. somnus) (poet.; nachkl.)* schlaflos [**draco; nox** durchwacht].

īn-somnium[1], ī *n (poet.; nachkl.)* Traum(bild).

īnsomnium[2], ī *n (poet.; nachkl.)* = *insomnia.*

īn-sonō, sonāre, sonuī, – *(poet.; nachkl.)* **I.** *intr.* (dabei) ertönen, erschallen, erdröhnen, rauschen; **unda insonuit; insonuit vento nemus; flagello ~** m. der Peitsche knallen; **calamis agrestibus ~** auf der Hirtenflöte blasen; **II.** *trans.* etw. ertönen *od.* erschallen lassen [**verbera** Schläge klatschen lassen].

īn-sōns, *Gen.* sontis *(Abl. Sg.* -ī *u.* -e) ① unschuldig, schuldlos *(an etw.: Gen.; Abl.)* [**culpae; probri; crimine regni**];
② *(poet.)* unschädlich, ohne zu schaden [**Cerberus**].

īn-sonuī *Perf. v. insono.*

īn-sōpītus, a, um *(in-[2] u. sopio[1]) (Ov.)* der sich nicht einschläfern lässt, stets wach(sam) [**draco**].

īn-sopor, *Gen.* pōris *(Ov.)* schlaflos [**vigil**].

īn-speciōsus, a, um *(Petr.)* missgestaltet, hässlich.

īnspectiō, ōnis *f (inspicio) (nachkl.)* ① Durchsicht, Prüfung;
② Überlegung.

īnspectīvus, a, um *(inspicio) (spätl.)* betrachtend, erwägend.

īnspectō, īnspectāre *(Intens. v. inspicio)* **I.** *intr.* zuschauen, zusehen; **inspectante alqo** vor jmds. Augen: **inspectante exercitu interfici;**
II. *trans.* etw. erblicken, anblicken; **inspectata spolia** der Anblick.

īnspector, ōris *m (inspicio)* Betrachter.

īnspectus[1] *P. P. P. v. inspicio.*

īnspectus[2], ūs *m (inspicio)* Betrachtung [**universi**].

īn-spērāns, *Gen.* antis *(in-[2] u. spero)* nicht hoffend, wider Erwarten.

īn-spērātus, a, um *(Adv.* -ō) unverhofft, unerwartet, unvermutet [**malum; gaudium; pax; praesidium**]; **ex -o** *(Adv.)* unverhofft, unerwartet.

īn-spergō, spergere, spersī, spersum *(in-[1] u. spargo)* daraufstreuen, -spritzen.

● **īn-spiciō,** spicere, spexī, spectum *(in-[1] u. specio)* ① hineinschauen, auf etw. hinsehen *(m. Akk. od. in u. Akk.)*;
② etw. *Geschriebenes* einsehen, (nach)lesen [**libros; leges**];
③ ansehen, betrachten, besichtigen [**signa; equos** *(als Käufer)*; **venalem domum; exta** Eingeweide *(vom Opferschauer)*; **viscera**];
④ *(milit.)* mustern [**viros; classem; arma militis**];
⑤ erwägen, untersuchen, prüfen [**querelam**];
⑥ kennen lernen, erkennen [**alqm propius; sententiam alcis**].

īn-spīcō, spīcāre *(spica) (Verg.)* zuspitzen, rings einschneiden.

īnspīrātiō, ōnis *f (inspiro) (spätl.)* das Einhauchen [**animae**]; Eingebung [**divina**].

● **īn-spīrō,** spīrāre *(poet.; nachkl.)* **I.** *intr.* hineinblasen, in, auf etw. blasen, wehen *(m. Dat.)* [**conchae; ramis arborum**];
II. *trans.* ① etw. einhauchen, einblasen, einflößen [**animam; venenum**];
② *(Affekte u. Ä.)* anfachen, einflößen [**alci fortitudinem; magnam mentem** Mut];
③ einen Ton *auf einem Blasinstrument* angeben.

īn-spoliātus, a, um ungeraubt [**arma**]; ungeplündert [**fanum**].

īn-spuō, spuere, spuī, spūtum *(nachkl.)* hineinspeien, in, auf etw. speien [**alci in frontem; in faciem alcis**].

īn-spurcō, spurcāre *(Sen.)* besudeln.

īn-spūtō, spūtāre *(Plaut.)* jmd. anspeien.

● **īn-stabilis,** e ① ohne festen Stand, nicht fest stehend, schwankend [**pedes; naves**]; *(übtr.)* **hostis ~ ad conserendas manus** der beim Handgemenge nicht standhält;
② *(übtr.)* schwankend, unstet, unbeständig [**animus; fortuna**];
③ *(Tac.)* zum Stehen ungeeignet, unbetretbar [**locus**].

īnstāns, *Gen.* antis *(P. Adj. v. insto)* ① unmittelbar bevorstehend, drohend [**bellum; periculum**];
② gegenwärtig [**tempus**]; – *Subst. n im Sg. u. Pl.* gegenwärtige Lage;
③ *(poet.; nachkl.)* dringend, drohend, heftig [**tyrannus; cura**].

īnstantia, ae *f (instans)* ① Gegenwart;
② *(Plin.)* Heftigkeit *der Rede;*
③ *(Plin.)* Emsigkeit, rastloser Fleiß, Eifer, Ausdauer, Beharrlichkeit;
④ *(Eccl.)* inständiges Bitten, Drängen.

īnstar *n undekl. (aus instare, s. insto) (eigtl. „das Einstehen", das Sich-Einstellen des Züngleins an der Waage:* gleiches Gewicht; gleiche Größe *od.* Zahl; gleiche Bedeutung) ① *(abs.) (Verg.)* der Gehalt, Gestalt, Aussehen; **quantum ~ in ipso!** welch würdevolle Erscheinung in ihm selbst! welch stattliche Erscheinung!;
② *(m. Gen. eines Subst.)* der Gehalt v. etw., *oft zu übersetzen durch:* nach Art von, gerade wie, gleichwie, so groß wie, so schwer wie, so viel wie; **epistula ~ voluminis** so groß wie ein Buch; **~ montis equus; alcis** *od.* **alcis rei ~ esse, habere** *od.* **obtinere** das Aussehen, die Größe, die Bedeutung v. etw. haben, so groß, so viel, so gut sein wie etw., so viel gelten wie: **navis urbis ~ habet.**

īnstaurātiō, ōnis *f (instauro)* Erneuerung, Wiederholung [**sacrorum; pugnae**].
īnstaurātīvus, a, um *(instauro)* erneuert, wiederholt.
īn-staurō, staurāre ① *(poet.; nachkl.)* etw. anstellen, veranstalten, bereiten [**sacrum diis; choros; epulas**];
② von neuem veranstalten, erneuern [**sacrificium; ludos**];
③ wiederholen [**scelus**];
④ *(Suet.) (Bündnis)* erneuern [**societatem**];
⑤ *(poet.; nachkl.) (übtr.)* wieder aufrichten [**animos**].
īn-sternō, sternere, strāvī, strātum ① bedecken, überdecken; **equus instratus** gesattelt; **instrata cubilia fronde;** – *mediopass.* sich bedecken, sich umhüllen [**pelle leonis**];
② *(poet.)* darüberbreiten.
īnstīgātiō, ōnis *f (instigo) (nachkl.)* Anstachelung, Antrieb, Ansporn.
īnstīgātor, ōris *m (instigo) (nachkl.)* Antreiber, Aufwiegler.
īnstīgātrīx, rīcis *f (instigator) (nachkl.)* Aufwieglerin.
īn-stīgō, stīgāre ① antreiben, anspornen [**canem in alqm**]; **deā instigante** auf Antrieb der Göttin;
② an-, aufreizen, anstacheln, aufhetzen, aufwiegeln [**exercitum in hostem; milites contra rem publicam; alqm in arma** zum Kampf; **iracundiam; iram iudicis, libidines** erregen].
īn-stīllō, stīllāre ① einträufeln [**merum in ignes; oleum lumini**]; *übtr.* einflüstern [**praeceptum auribus**];
② beträufeln, benetzen [**saxa**].
īnstimulātor, ōris *m (instimulo)* Aufreizer, Anstifter *(zu etw.: Gen.)* [**seditionis**].
īn-stimulō, stimulāre anstacheln, anreizen [**alqm verbis; voce**].
īnstīnctor, ōris *m (instinguo)* Anstifter *(zu etw.: Gen.)* [**sceleris**].
īnstīnctus[1] *P. P. P. v. instinguo.*
īnstīnctus[2]**,** ūs *m (instinguo)* Anreiz, Antrieb, Eingebung; **instinctu divino; instinctu decurionum.**
īn-stinguō, stinguere, stīnxī, stīnctum anstacheln, anreizen, antreiben, anfeuern, begeistern *(meist im P.P.P.);* **furore et audaciā instinctus; tibiarum cantu instinctus.**
īn-stipulor, stipulārī *(Plaut.)* sich ausbedingen.
īnstita, ae *f (poet.)* ① Besatz, Volant *an der Tunika röm. Frauen;*
② *(meton.)* vornehme röm. Dame.
īn-stitī *Perf. v. insisto u. insto.*
īnstitiō, ōnis *f (insto)* Stillstand [**stellarum**].
īnstitor, ōris *m (insto)* Krämer, Kleinhändler, Trödler.
īnstitōrium, ī *n (institor) (Suet.)* Geschäft eines Krämers.

● **īn-stituō,** stituere, stituī, stitūtum *(in-*[1] *u. statuo)* ① hinein-, hinstellen [**vestigia pedis** fest auftreten];
② *(übtr.)* **alqm in animum** ~ jmd. ins Herz schließen; **alqd in animum** ~ sich in den Kopf setzen;
③ errichten, (er)bauen, anlegen [**turres; pontem; templum Phoebo**];
④ anfertigen, herstellen [**amphoram**];
⑤ *(Truppen)* aufstellen, formieren [**aciem**];
⑥ jmd. zu *od.* als etw. anstellen, einsetzen [**alqm liberis tutorem; magistratum; alqos sibi amicos** machen; **remiges ex provincia; alqm heredem**];
⑦ veranstalten, einrichten, unternehmen, in Angriff nehmen, beginnen [**delectum; quaestionem; amicitiam cum alqo** schließen; **sermonem** anknüpfen];
⑧ *(m. Inf.)* sich vornehmen, beabsichtigen [**castra munire**];
⑨ *(etw. Neues)* einsetzen, einführen, einrichten, anordnen, bestimmen [**legem; sacrificia; dies festos; ludos**]; *(m. ut; Inf.; A. C. I.);*
⑩ *(etw. schon Vorhandenes)* ordnen, organisieren [**civitatem; civitatis mores**];
⑪ jmd. unterweisen, lehren, unterrichten, (aus)bilden *(in etw.: Abl.; zu etw.: ad alqd)* [**pueros litteris Graecis; ad humanitatem; ad dicendum; alqm ita** jmdm. diese Lehre geben]; *(m. Inf. od. A. C. I.)* lehren [**Latine loqui**];
⑫ *(nachkl.) (Tiere)* abrichten, dressieren [**elephantos**].
īnstitūtiō, ōnis *f (instituo)* ① Einrichtung, Anordnung [**rerum**]; **institutionem suam conservare** seiner Gewohnheit treu bleiben;
② Unterricht, Unterweisung, Anweisung;
③ *(Suet.)* Methode.
īnstitūtor, ōris *m (instituo) (nachkl.)* der etw. betreibt *(m. Gen.).*
● **īnstitūtum,** ī *n (instituo)* ① Einrichtung, Sitte, Brauch, Gewohnheit [**maiorum**]; **ex -o** dem Brauch gemäß; **contra -um**;
② Vorhaben, Absicht, Plan, Unternehmen;
③ Anweisung, Unterweisung, Unterricht; *meist Pl.* Lehrmeinungen, Grundsätze, Unterrichtsmethoden;
④ *(nachkl.)* Verordnung.
īnstitūtus *P.P.P. v. instituo.*
● **īn-stō,** stāre, stitī, stātūrus *(trans. u. intr.)*
① in *od.* auf etw. stehen *od.* stehen bleiben *(in u. Abl.; bl. Abl.; m. Akk.);* **in inimicissima civitate instant** *(Cic.);* **iugis ~; rectam instas viam** *(Plaut.)* du bist auf dem rechten Wege;
② dicht hinterher sein, nachsetzen [**vestigiis** auf dem Fuße folgen *(übtr.)*];
③ jmd. bedrängen, jmdm. zusetzen, auf jmd. eindringen *(m. Akk. od. m. Dat.)* [**hostes; fugientibus**];

❹ jmd. *m. Bitten od. Forderungen* bestürmen [**vehementius**];
❺ nahe bevorstehen, drohen; **instat poena, hiems, bellum**;
❻ eifrig betreiben, auf etw. bestehen, v. etw. nicht ablassen *(m. Dat.; Akk.; de)* [**operi; obsidioni; currum alci** den Bau eines Wagens für jmd. eifrig betreiben; **de indutiis**].

īnstrātus1 *P. P. P v. insterno.*

īn-strātus2, a, um *(in-2 u. sterno) (Verg.)* unbedeckt, unbestreut [**cubile**].

īn-strāvī *Perf. v. insterno.*

īn-strēnuus, a, um ❶ *(Kom.)* untätig, lässig;
❷ *(Suet.)* unentschlossen, feige; **non ~ dux** mutig.

īn-strepō, strepere, strepuī, strepitum ächzen, krachen, knarren; **sub pondere axis instrepit.**

īn-stringō, stringere, strīnxī, strictum ❶ *(nachkl.)* umbinden;
❷ *(Ov.)* einfassen; **instricta fides** (Lyra) **gemmis;**
❸ *(nachkl.)* anreizen.

īnstrūctiō, ōnis *f (instruo)* ❶ Aufstellung, das Ordnen [**militum; signorum**];
❷ Erbauung, Bau.

īnstrūctor, ōris *m (instruo)* Ordner [**convivii**].

īnstrūctus1, a, um *(P. Adj. v. instruo)* ❶ aufgestellt, eingerichtet, geordnet [**exercitus; acies; naves**];
❷ m. etw. versehen, ausgerüstet, ausgestattet; **domus rebus necessariis -a; Graecia -a copiis; vitiis instructior** reicher an;
❸ unterrichtet, unterwiesen *(re, in re od. a re; zu etw.: ad alqd)* [**artibus; in iure civili; a doctrina; ad mortem contemnendam; ad dicendum**].

īnstrūctus2, ūs *m (instruo)* Ausstattung.

● **īnstrūmentum,** ī *n (instruo)* ❶ Werkzeug(e), Rüstzeug, Gerätschaften, *selten das einzelne* Gerät [**militare; rusticum; nauticum; venatorium**];
❷ Hausgerät, Hausrat, Mobiliar [**villae**];
❸ *(poet.)* Kleidung, Tracht, Schmuck;
❹ *(poet.; nachkl.)* Zierrat an Büchern; **ornent -a libellos;**
❺ *(übtr.)* (Hilfs-)Mittel [**regni; luxuriae; virtutis; dicendi; oratoris** Fertigkeiten];
❻ Vorrat [**causarum**];
❼ Beweismittel *(für etw.: Gen.)* [**tribunatūs**].

● **īn-struō,** struere, strūxī, strūctum ❶ (hi-n)einbauen, -fügen, darauf legen [**tigna; contabulationes in parietes**];
❷ erbauen, aufführen, errichten, anlegen [**arces; aedes; muros**];
❸ herstellen, herrichten, einrichten, bereiten, beschaffen, anstellen, veranstalten, ordnen, zustande bringen [**epulas; convivium; accusationem** die zur Klage nötigen Beweise herbeischaffen; **insidias; fraudem; dicta factaque ad fallendum**];
❹ *(meist milit.)* aufstellen, in Schlachtordnung aufstellen [**copias; aciem; legiones; elephantos; insidias** legen]; – *P. P. P. instructus* geordnet;
❺ jmd. zu etw. anstellen, vorbereiten [**alqm ad caedem alcis**];
❻ m. etw. versehen, ausstatten [**mensas epulis; vias copiis** besetzen; **domum** einrichten; **agrum** m. Gerät versehen; **fidem gemmis** schmücken mit; **amicum consiliis idoneis**];
❼ (aus)rüsten [**classem omnibus rebus; socios, milites armis**];
❽ unterrichten, unterweisen, anweisen [**reginam dei ritibus; alqm in iure civili; alqm ad omne officii munus**].

īn-suāvis, e nicht lieblich, reizlos, unangenehm [**vita; homo** ungefällig].

Īnsubrēs, rum *u.* rium *m Keltenstamm im Transpadanischen Gallien m. der Hauptstadt Mediolanum (Mailand), nach schweren Kämpfen (ab 225 v. Chr.) 194 v. Chr. endgültig v. Rom unterworfen; – Sg.* Insuber, bris *m.*

īn-sūdō, sūdāre bei etw. schwitzen *(m. Dat.)* [**libellis**].

īnsuē-factus, a, um *(zu insuesco; vgl. assuefacio)* daran gewöhnt, dazu abgerichtet [**equi**].

īn-suēscō, suēscere, suēvī, suētum **I.** *intr.* sich an etw. gewöhnen *(m. ad; Dat.; Inf.)* [**ad disciplinam; imperare**];
II. *trans.* jmd. an etw. gewöhnen; **insuevit pater hoc me** *(Hor.).*

īn-suētus1, a, um ❶ an etw. nicht gewöhnt, in etw. ungeübt *(m. Gen.; ad; Dat.; Inf.)* [**navigandi; ad pugnam; moribus Romanis; vera audire**];
❷ ungewöhnlich [**species; solitudo; limen** fremd].

īnsuētus2 *P.P.P. v. insuesco.*

īn-suēvī *Perf. v. insuesco.*

īn-suī *Perf. v. insuo.*

● **īnsula,** ae *f* ❶ Insel; **-ae fortunatorum** Inseln der Seligen;
❷ *Name eines Stadtteils v. Syrakus, der durch einen schmalen Meeresarm v. der übrigen Stadt getrennt war;*
❸ *Allobrogum: das Gebiet zw. Rhône u. Isère;*
❹ Mietshaus; Häuserblock.

i Kultur **īnsula** „Insel" nannten die Römer auch einen Wohnblock, ein Mietshaus im Straßen„meer": Läden (tabernae) im Erdgeschoss, darüber gleichförmige Fensterreihen, oft Balkone, Wohnungen mit Treppenhäusern wie heute. Wegen der oft auch schon in Rom hohen Grundstückspreise bis 20 m hoch – oft unsolide gebaut und einsturzgefährdet.

īnsulānus, ī *m (insula)* Inselbewohner.
īnsulārius, ī *m (insula 4.) (nachkl.)* Bewohner eines Mietshauses.
īnsuliō = *insilio.*
īnsulsitās, ātis *f (insulsus)* Abgeschmacktheit, Geschmacklosigkeit.
īn-sulsus, a, um *(in-[2] u. salsus)* ❶ ungesalzen;
❷ **gula -a** die an unschmackhaften Gerichten Geschmack findet;
❸ *(übtr.)* geschmacklos, witzlos, fade.
īnsultātiō, ōnis *f (insulto) (nachkl.)* ❶ *(rhet. t. t.)* Anlauf;
❷ Verhöhnung.
īn-sultō, sultāre *(Intens. v. insilio)* ❶ *(nachkl.)* hineinspringen *(m. Dat.)* [**aquis** ins Wasser];
❷ *(poet.)* in, auf etw. umherspringen, hüpfen, tanzen *(m. Dat.)* [**floribus**]; *(bildl.)* **carinae insultavere fluctibus;** – *(m. Akk.)* etw. in wildem Taumel durchtanzen [**nemora**];
❸ verhöhnen, verspotten *(m. Dat.; Akk.; in u. Akk.)* [**casibus alcis; alcis patientiam; in rem publicam**]; *abs.* höhnen, spotten.
īnsultūra, ae *f (insilio) (Plaut.)* das Aufspringen *aufs Pferd.*
● **īn-sum,** in-esse, (īn-)fuī ❶ in, auf, an etw. sein, sich befinden *(in m. Abl.; Dat.);* **inerant cornua fronti** *(Ov.);*
❷ *(übtr.)* innewohnen, anhaften *(in u. Abl.; selten m. Dat.), oft durch* „besitzen, haben" *zu übersetzen;* **in superstitione inest timor** *(Cic.);* **auctoritas sermoni inerat** die Worte hatten Gewicht.
īn-sūmō, sūmere, sūmpsī, sūmptum aufwenden, auf etw. verwenden *(auf etw.: in m. Akk.; in m. Abl.; Dat.)* [**sestertios tricenos in cenam; paucos dies reficiendae classi**].
īn-suō, suere, suī, sūtum ❶ einnähen;
❷ einsticken [**aurum vestibus**].
īn-super **I.** *Adv.* ❶ darüber, oben darauf; **trabes ~ immittere; ~ inicere humum;**
❷ v. oben her; **iugum ~ imminens;**
❸ *(übtr.)* überdies, obendrein;
II. *Präp. b. Akk.* oben auf, über.
īn-superābilis, e ❶ unübersteigbar, ungangbar [**Alpium transitus**];
❷ *(poet.; nachkl.) (übtr.)* unüberwindlich [**fatum** unentrinnbar; **valetudo** unheilbar].
īn-surgō, surgere, surrēxī, surrēctum ❶ *(poet.; nachkl.)* sich aufrichten, sich erheben, aufstehen [**remis** sich in die Ruder legen];
❷ *(v. Lebl.)* sich erheben, aufsteigen; **inde colles insurgunt;** – *(vom Wind)* sich erheben: **aquilo insurgit;**
❸ *(übtr.) (feindl.)* sich erheben gegen *(m. Dat.)* [**regnis alcis**];
❹ *(Tac.)* aufstreben *(nach Macht u. Ansehen),* mächtiger werden;
❺ *(nachkl.) (vom poet. od. rhet. Aufschwung)* einen höheren Schwung nehmen *(v. Personen u. Sachen).*
īn-susurrō, susurrāre ein-, zuflüstern [**in** *od.* **ad aurem alcis; alci nomen**].
īnsūtus *P.P.P. v. insuo.*
in-tābēscō, tābēscere, tābuī, – *(poet.; nachkl.)* ❶ schmelzen; **cera igni intabescit;**
❷ *(übtr.)* sich verzehren, vergehen [**diuturno morbo**]; **Invidia … intabescit videndo** *(Ov.).*
in-tāctilis, e *(Lucr.)* unberührbar, unfühlbar.
in-tāctus[1] a, um *(in-[2] u. tango)* ❶ unberührt, unangetastet [**cervix iuvencae** vom Joch noch unberührt; **saltus** noch unbetreten, *poet.* noch unbesungen; **Britannus** unbezwungen];
❷ *(poet.)* jungfräulich, keusch, rein [**Pallas; virgo**];
❸ unversehrt, unverletzt, ungeschmälert [**vires; muri; urbs** ungeplündert; **fines; regio** vom Krieg verschont]; **integri intactique fugerunt;**
❹ *(m. Abl. od. ab)* v. etw. nicht betroffen, (noch) frei von, unberührt; **homo cupiditate, infamiā ~; animus religione ~** f. religiöse Gefühle unzugänglich; **regnum bello -um; ab alieno imperio ~;**
❺ unversucht; **nihil -um pati; bellum -um trahere** den Krieg, ohne dass es zum Kampf kommt, hinziehen;
❻ *(v. Personen)* noch kräftig, noch frisch [**iuventus**];
❼ *(Hor.) (v. geistigen Stoffen)* noch nicht behandelt; **-um Graecis carmen** v. den G. noch nicht behandelte Dichtungsart.
in-tāctus[2]**,** ūs *m (Lucr.)* Unberührbarkeit.
in-tāminātus, a, um *(vgl. con-tamino)* unbefleckt [**honores**].
in-tēctus[1]**,** a, um ❶ ungedeckt, unbedeckt [**domus** ohne Dach];
❷ unbekleidet, ohne Rüstung [**pedes; corpus**];
❸ *(Tac.) (übtr.)* offen(herzig), aufrichtig *(gegen jmd.: Dat.).*
intēctus[2] *P.P.P. v. intego.*
integellus, a, um *(Demin. v. integer)* ziemlich unangetastet.
● **in-teger,** gra, grum *(in-[2] u. tango)* unberührt, unangetastet: ❶ unversehrt, unverletzt [**fides** unverbrüchlich]; **gens a cladibus belli -a** verschont geblieben von;
❷ unbeschädigt [**monumentum**];
❸ unverwundet;
❹ unverletzlich, unantastbar [**ius**];
❺ ungeschwächt, frisch, gesund, blühend [**exercitus; corpus; valetudo; aetas; vires**]; **~ aevi** in blühender Jugend; **amnis ~ perfluit** in gleicher Stärke; – *Subst. Pl.* **integrī,** ōrum *m* gesunde Leute, *bes.* frische Truppen;

6 unvermindert, ungeschmälert, ungeschwächt, (noch) ganz, voll [**praeda; opes; fortuna; regnum**]; ~ **famā et fortunis** im vollen Besitz seines Rufes u. Vermögens; **re -ā** *u.* **rebus -is** als alles noch gut stand;
7 frisch, neu [**labor; bellum**]; **de (ab) integrō** von neuem;
8 *(geistig)* noch ein Neuling [**discipulus**]; *(in etw.: ab; Gen.)*;
9 *(v. Speisen u. Ä.)* **a)** *(poet.)* frisch [**aper**]; **b)** unvermischt, rein [**vinum; fontes**];
10 (noch) unentschieden, unerledigt, (noch) frei [**consilium; causa; offensiones** nicht beigelegt];
11 *(poet.)* jungfräulich, keusch [**Diana; virgo**];
12. unbescholten, unverdorben, unbestechlich, (sitten)rein, ehrlich, redlich [**iudex; consulatus** uneigennützig; **vita**]; **labor integre versatus;**
13 leidenschaftslos, unparteiisch, vorurteilslos, unbefangen [**iudicium; quaestio**]; **-o animo.**

integimentum = *integumentum.*

in-tegō, tegere, tēxī, tēctum 1 bedecken, überdecken [**stramento omnia tecta**]; **densa nebula saltum omnem camposque circa intexit** *(Liv.)*;
2 *(übtr.)* schützen [**Romanos vallo**].

integrāscō, integrāscere, – – *(integer) (Ter.)* sich erneuern.

integrātiō, ōnis *f (integro) (Ter.; spätl.)* Erneuerung, Wiederherstellung.

● **integritās,** ātis *f (integer)* 1 Unversehrtheit [**valetudinis** Gesundheit];
2 Reinheit [**sermonis Latini**];
3 Redlichkeit, Unbescholtenheit, Uneigennützigkeit;
4 geistige Frische;
5 *(August.)* Unberührtheit, Jungfräulichkeit [**virginitatis**].

integrō, integrāre *(integer)* wiederherstellen:
1 wieder aufnehmen, v. neuem beginnen, erneuern [**seditionem; carmen; pugnam; bellum; inimicitiam**];
2 (geistig) auffrischen; **animus defessus audiendo admiratione integratur** *(Cic.)*;
3 *(Tac.) (ein Glied)* wieder einrenken [**artūs elapsos**];
4 *(Lucr.)* ergänzen.

integrum, ī *n (integer)* 1 unverletzter Rechtszustand; **alqm in -um restituere** jmd. wieder in seine Rechte einsetzen;
2 freie Hand, volle Gewalt; **-um sibi reservare de re** sich freie Hand wahren; **-um dare alci** jmdm. freie Hand lassen; **res in -o est** ist noch unerledigt, steht in unserer Macht.

integumentum, ī *n (intego)* 1 Decke, Hülle;
2 *(übtr.)* Hülle, Maske [**flagitiorum**];
3 *(Plaut.)* Schutz, Schirm.

intellēctuālis, e *(intellectus²) (nachkl.; spätl.)* geistig.

intellēctus¹ *P. P. P. v. intellego.*

intellēctus², ūs *m (intellego) (nachkl.)* 1 das Wahrnehmen, Erkennen, Empfinden;
2 das Verstehen, Verständnis, Erkenntnis, Einsicht, Vorstellung, Idee [**boni; mali; deorum**];
3 das Verstandenwerden, Sinn, Bedeutung, *die in etw., bes. in einem Wort, liegt,* Begriff; **intellectum habere** verstanden werden; **intellectu carere** unverständlich sein.

intellegēns, *Gen.* gentis *(intellego)* **I.** *Adj.* 1 einsichtig, verständig, kundig;
2 sach-, kunstverständig;
II. *Subst. m* Kenner, Sachverständiger.

intellegentia, ae *f (intellegens)* 1 Einsicht, Erkenntnis(vermögen), Verstand, Fassungskraft [**communis** *od.* **popularis** der gesunde Menschenverstand]; **res -am alcis fugit** übersteigt die Fassungskraft jmds.;
2 Kenntnis, Kennerschaft, Verständnis *(m. Gen.; in u. Abl.)* [**iuris civilis; in rusticis rebus**]; Kunstverständnis, Geschmack;
3 *(meton.)* Vorstellung, Begriff, Idee.

intellegibilis, e *(intellego) (nachkl.)* verständlich, begreiflich, denkbar.

● **intel-legō,** legere, lēxī *(poet.* lēgī), lēctum *(inter u. lego¹)* 1 wahrnehmen, merken, erkennen, empfinden *(alqd; m. A. C. I. od. indir. Frages.; im Pass. m. N. C. I.)* [**ignes**]; **ex quo intellegitur** *(m. A. C. I. od. indir. Frages.)* hieraus ersieht man;
2 einsehen, verstehen, begreifen; **facile intellectu est; ex se intellegi** sich von selbst verstehen; *(m. A. C. I. od. indir. Frages.)* **intellego, quid loquar** ich weiß wohl, was ich sage;
3 sich auf etw. verstehen [**nihil; non multum in re**]; *abs.* Kenner, Sachverständiger sein;
4 meinen, sich etw. denken, sich vorstellen, sich einen Begriff v. etw. machen; *(m. dopp. Akk., im Pass. m. dopp. Nom.)* etw. unter etw. verstehen, sich etw. unter etw. vorstellen; **quem intellegimus sapientem?;**
5 *(nachkl.) alqm* jmds. Wesen verstehen, jmd. richtig zu beurteilen wissen;
6 *(vor- u. nachkl.) eine Sprache* verstehen [**alcis linguam**].

intellig … *s. intelleg* …

Intemeliī *(u.* -miliī), ōrum *m ligurischer Stamm am Ostabhang der Seealpen; Hauptstadt* **Albintimilium,** ī *n j.* Ventimiglia.

in-temerātus, a, um *(poet.; nachkl.)* unbefleckt, unverletzt, makellos, rein.

in-temperāns, *Gen.* antis maßlos, zügellos, unbesonnen [**vir; animus; adulescentia**].

● **intemperantia,** ae *f (intemperans)* Unmäßigkeit, Zügellosigkeit, Übermut [**civitatis** Anarchie; *(in etw.: m. Gen.)* **vini** im Weintrin-

I

ken; **litterarum**].

in-temperātus, a, um ① unmäßig, maßlos, übertrieben; **-ā nocte** mitten in der Nacht; **-e vivere**;
② *(v. Personen)* ungehalten.

intemperiae, ārum *f (vgl. intemperies) (vor- u. nachkl.)* ① Unwetter;
② *(übtr.)* Tollheit, Verrücktheit.

in-temperiēs, ēī *f* ① Übermaß [**solis** der Sonnenwärme; **aquarum** maßlose Regengüsse];
② unbeständige Witterung, schlechtes Wetter [**verna** im Frühling]; *übtr. (Plaut.)* Unwetter = Unglück;
③ Zügellosigkeit, Übermut [**exercitūs**].

in-tempestīvitās, ātis *f (intempestivus) (Gell.)* Unzeit.

in-tempestīvus, a, um „unzeitig", ungelegen [**epistula; honos**].

in-tempestus, a, um *(in-² u. tempus)* ① „unzeitig", ungünstig [**nox** tiefe Nacht];
② *(Verg.)* ungesund [**Graviscae**].

in-temptātus, a, um unangetastet, unberührt, *übtr.* unerprobt.

● **in-tendō,** tendere, tendī, tentum ① (an)spannen, straff anziehen [**arcum; chordas**]; **venti vela intendunt** blähen, schwellen;
② m. etw. überspannen, überziehen [**tabernacula velis; locum sertis** m. Gewinden bekränzen];
③ *(übtr.)* anspannen, anstrengen [**animum**];
④ vermehren, steigern [**officia** den Diensteifer; **curam; leges** verschärfen; **vocem**]; **tenebrae se intendunt** die Dunkelheit nimmt zu;
⑤ ausspannen, ausstrecken [**dextram ad statuam; bracchia remis** die Ruder ergreifen];
⑥ richten, wenden, lenken *(in alqm; in od. ad alqd; selten alci rei)* [**oculos in vultum legentis; iter in Italiam; fugam ad Euphratem; aures ad verba**]; seine Richtung wohin nehmen, sich wohin wenden, gehen, ziehen [**quocumque**]; *(eine Waffe)* zücken, *(Geschosse)* abschießen;
⑦ *(den Geist, die Aufmerksamkeit u. a.)* eifrig wohin richten, lenken *(in u. Akk.; ad; selten m. Dat.)* [**curam in apparatum belli; oculos et mentes ad pugnam; animum rebus honestis**];
⑧ *(eine Tätigkeit) feindl.* gegen jmd. richten, jmdm. etw. zuzufügen suchen *(in m. Akk.; Dat.)* [**periculum in omnes; probra in iuvenem; bellum in Hispaniam**];
⑨ seine Aufmerksamkeit auf etw. richten, auf etw. achten *(in od. ad alqd)* [**in philosophiam; ad laborem**];
10. sein Streben auf etw. richten, wohin streben, etw. anstreben, beabsichtigen [**fugā salutem petere**]; **eius dicta eo intendunt** zielen darauf;
⑪ behaupten, versichern, zu beweisen suchen;
⑫ *(poet.; nachkl.)* etw. an etw. legen *od.* fügen *(auch übtr.) (alqd alci rei)* [**vincula collo; telum nervo** den Pfeil an die Sehne legen]; **nubes se intendunt** *(erg. caelo)* überziehen den Himmel.

intēnsiō, ōnis *f (intendo)* Spannung.

intentātiō, ōnis *f (intento) (nachkl.)* das Ausstrecken *nach etw.*

in-tentātus¹, a, um = *intemptatus.*

intentātus² *P.P.P. v. intento.*

intentiō, ōnis *f (intendo)* ① das Gespanntsein, Spannung [**corporis**];
② *(übtr.)* Anspannung, Anstrengung [**animi; cogitationum** des Denkens];
③ Aufmerksamkeit *(auf etw.: Gen.)* [**lusūs**];
④ Vorhaben, Absicht [**hostium**];
⑤ *(nachkl.)* Hebung, Steigerung, Zunahme [**vocis; doloris**];
⑥ *(Plin.)* Sorgfalt, Eifer *(m. Gen. obi.)* [**rei familiaris obtinendae**];
⑦ *(spätl.)* Anklage, Beschuldigung.

intentō, intentāre *(Intens. v. intendo)* ① ausstrecken *(bes. drohend),* richten gegen, *(eine Waffe)* zücken [**gladium in consulem; in alqm manūs**];
② *(übtr.)* jmdm. etw. androhen [**arma Latinis** m. Krieg bedrohen; **alci mortem**].

intentus¹, a, um *(P. Adj. v. intendo)* ① (an)gespannt [**chorda**];
② *(übtr.)* groß, heftig, stark [**labor; impetus**];
③ *(übtr.)* gespannt, aufmerksam, wachsam [**custodia; oculi; aures; ad pugnam**];
④ eifrig m. etw. beschäftigt, eifrig auf etw. bedacht, rastlos *(abs.; m. Dat.; ad; Abl.)* [**operi; officiis; ad curas; castris muniendis**];
⑤ kampfbereit, schlagfertig [**dimicationi; ad proelium**];
⑥ *(v. Abstr.)* angestrengt, eifrig, rastlos [**cura**];
⑦ *(Tac.)* streng, stramm [**disciplina**].

intentus², ūs *m (intendo)* das Ausstrecken [**palmarum**].

in-tepeō, tepēre, – – *(poet.)* lau sein.

intepēscō, intepēscere, intepuī, – *(Incoh. v. intepeo) (poet.; nachkl.)* ① lau, warm werden;
② *(übtr.)* abnehmen; **paulatim intepescente saevitiā** *(Petr.).*

● **inter, inter-** **I. inter** *Präp. b. Akk.* ① *(räuml.)* **a)** *(zur Bez. des Zustandes der Ruhe auf die Frage „wo?")* inmitten, zwischen, unter; **mons Iura est inter Sequanos et Helvetios; erat inter planitiem mons saxeus** mitten in der Ebene; **ager Tarquiniorum inter urbem ac Tiberim fuit; insula inter vada sita; inter equites proeliari; inter homines esse** auf Erden weilen; **inter feras aetatem degere;** *(jur.)* **alqm inter sicarios accusare** wegen Mordes; *(zur Angabe der Wohngegend)* **inter falcarios** in der Sensenmacherstraße; **inter lignarios** in der Holzhändlerstraße; **b)** *(zur Bez. des Zustands der Bewegung auf die Frage „wohin?")* zwischen … hinein, unter; **inter fagos venire; inter medios hostes se conicere; inter stationes hostium emissi;**

❷ *(zeitl.)* **a)** zwischen; **inter binos ludos; b)** während, bei, unter, im Verlauf von, mitten in; **inter noctem; inter cenam; inter omne tempus; inter colloquia; inter vinum et epulas;**

❸ *(übtr.)* unter, zwischen **a)** *(b. Angabe einer Anzahl od. Klasse)* **inter philosophos haberi; feroces et inquieti inter socios, ignavi et imbelles inter hostes erant; adulescens inter suos et honestus et nobilis; inter exempla esse** als Beispiel dienen; *(beim Superl. statt des Gen. part.)* **optimus inter scriptores; ipse honestissimus inter suos numerabatur; b)** *(distributiv b. einer Verteilung auf einzelne)* unter, an, auf, für; **inter se bona publica dividere; inter cives officia partiri; c)** *(b. Angabe der Beziehung)* **inter Hectorem et Achillem ira fuit; inter eos magna fuit contentio; pacem inter duas civitates conciliare; d)** *(b. Angabe v. Umständen, Zuständen)* unter, bei, während, in; **inter gaudia; inter haec parata** während dieser Vorbereitungen; **inter haec** *od.* **inter quae** inzwischen, unterdessen (= *interea); inter has* **turbas; inter vilia** in ärmlichem Zustand; **inter strepitus nocturnos; e)** *(b. Angabe des Unterschiedes sowie des Unschlüssigseins u. des Entscheidens)* zwischen; **discrimen est inter gratiosos cives atque fortes; inter bellum et pacem dubitare; inter metum et iram cunctari; inter duas sententias diiudicare; f)** *(b. Angabe des Vorrangs)* unter, vor; **inter omnes excellens; inter cetera** *(od.* **inter cuncta, omnia**) vor allem, besonders; **inter paucos** wie nur wenige; **g)** *(das wechselseitige Verhältnis bezeichnend)* **inter nos, inter vos, inter se** (inter ipsos) (unter)einander, gegenseitig; **inter se colloqui;**

II. inter- *Präfix* ❶ zwischen (… hinein), dazwischen [**intercurro; intericio; intermitto**];
❷ inmitten [**intersum**];
❸ unter(einander) [**interiungo**];
❹ hin u. wieder, ab und zu [**interdum**];
❺ zugrunde-, nieder-, unter- [**interficio; intereo; interitus**].

inter-aestuō, aestuāre *(nachkl.)* keuchen, asthmatisch sein.

interāmenta, ōrum *n (intra)* Holzwerk im Schiffsinneren.

Inter-amna, ae *f (amnis)* ❶ *Stadt in Umbrien, vom Nar u. einem Kanal umflossen, Geburtsort des Tacitus (etwa 80 km nördl. v. Rom), j.* Terni;
❷ *Stadt der Volsker am Liris (etwa 100 km südöstl. v. Rom); / Einw. u. Adj.* **Interamnās,** ātis *(m).*

interānea, ōrum *n (intra) (nachkl.)* Eingeweide.

inter-aptus, a, um *(Lucr.)* miteinander verbunden *(in Tmesis).*

inter-ārēscō, ārēscere, – – vertrocknen, versiegen.

inter-bibō, bibere, – – *(vorkl.)* austrinken.

inter-bītō, bītere, – – *(Plaut.)* untergehen.

intercalāris, e *u.* **intercalārius,** a, um *(intercalo)* eingeschaltet, Schalt- [**mensis** Schaltmonat; **Kalendae** der erste Tag des Schaltmonats].

inter-calō, calāre ❶ *(durch Ausruf [calando])* einschalten [**diem; mensem**]; *abs.* einen Schalttag *od.* Schalttage einschieben; **intercalandi licentia;**
❷ *(übtr.)* aufschieben [**poenam**].

intercapēdō, dinis *f (intercipio)* Unterbrechung [**molestiae**]; **intercapedinem scribendi facere** eine Unterbrechung im Schreiben eintreten lassen.

● **inter-cēdō,** cēdere, cessī, cessum ❶ dazwischengehen, -treten, dazwischen einherziehen; **impedimenta inter singulas legiones intercedebant;**
❷ sich dazwischen erstrecken, hinziehen; **palus intercedebat;**
❸ *(zeitl.)* dazwischen eintreten; *Perf.* dazwischen liegen; **pauci dies intercesserunt;**
❹ *(v. Ereignissen)* **a)** dazwischenkommen, -fallen, -eintreten; **casus intercedunt** es treten Zwischenfälle ein; **b)** stattfinden, bestehen; **bella intercedunt; inter alqos** *od.* **alci cum alqo amicitia intercedit;**
❺ *(v. Personen)* **a)** hindernd dazwischentreten, widersprechen, sich widersetzen; *(abs.)* **tribunus intercessit;** *(m. Dat.: gegen)* **consulibus, praetori ~; legi ~;** *(m. quominus od. ne); – Pass.* **interceditur** es findet Einspruch statt, es steht etw. im Wege; **b)** *(als Vermittler)* eintreten; **c)** sich für jmd. verbürgen, für jmd. haften *(pro alqo, auch m. Akk. der Geldsumme, z. B. magnam pecuniam);*
❻ *(übtr., v. Sachen)* mit im Spiele sein.

inter-cēpī *Perf. v. intercipio.*

interceptiō, ōnis *f (intercipio)* Wegnahme.

interceptor, ōris *m (intercipio)* jmd., der etw. unterschlägt [**frumenti**].

interceptus *P.P.P. v. intercipio.*

inter-cessī *Perf. v. intercedo.*

intercessiō, ōnis *f (intercedo)* ❶ *(Gell.)* das Dazwischentreten;
❷ Einspruch [**tribunicia**];
❸ Vermittlung, Bürgschaft, Kaution.

intercessor, ōris *m (intercedo)* ❶ jmd., der durch Einspruch etw. verhindert [**legis**];
❷ Vermittler, Bürge.

intercessum *s. intercedo.*

inter-cīdō[1], cīdere, cīdī, cīsum *(caedo)* ❶ mit-

ten durchschneiden, -stechen, -graben, -brechen [**pontem** abbrechen];
❷ *(vor- u. nachkl.) (übtr.)* ab-, unterbrechen [**plura rogantis verba** den Bittenden nicht weiter reden lassen, nicht ausreden lassen];
❸ *(nachkl.)* Blätter aus einem Rechnungsbuch herausschneiden u. es so fälschen [**commentarios**].

inter-cidō², cidere, cidī, – *(cado)* ❶ dazwischenfallen; **nullum telum vanum inter arma et corpora intercidit** *(Liv.)*;
❷ *(übtr.)* dazwischen eintreten;
❸ zugrunde gehen, umkommen;
❹ verloren gehen, außer Gebrauch kommen; **litterae intercidunt;**
❺ *(dem Gedächtnis)* entfallen, vergessen werden *(m. u. ohne memoriā)*.

inter-cinō, cinere, – – *(cano) (Hor.)* dazwischen singen.

● **inter-cipiō,** cipere, cēpī, ceptum *(capio)* ❶ *(mitten auf dem Weg)* auf-, abfangen, wegnehmen [**pila; epistulam; naves; hastam** v. der (für einen anderen bestimmten) Lanze getroffen werden; **hostes in fuga**]; **a suis interceptus** abgeschnitten v.;
❷ unterbrechen, abschneiden [**medium iter; omnia opportuna loca inter consulum castra; hostiles ingressus**];
❸ entreißen, rauben [**agrum ab alqo; alci urbem; pecunias e publico** unterschlagen; **laudem** f. sich in Anspruch nehmen; **alqm neci** dem Tod];
❹ *(nachkl.)* jmd. vor der Zeit *od.* unverhofft wegraffen, umbringen [**regem veneno**].

intercīsē *Adv. (intercido¹)* unterbrochen, nicht zusammenhängend [**dicere**].

intercīsiō, ōnis *f (intercido¹) (August.)* das Zerschneiden, Zerhauen [**securis** m. dem Beil].

intercīsus *P.P.P. v. intercido¹.*

inter-clāmō, clāmāre *(spätl.)* dazwischen schreien.

● **inter-clūdō,** clūdere, clūsī, clūsum *(claudo)* ❶ jmdm. etw. versperren, abschneiden [**alci iter, fugam;** *übtr.* **animam, spiritum** nehmen];
❷ jmd. v. etw. abschneiden, trennen [**hostem commeatu, re frumentariā, itinere; legiones a castris; alqm ab exercitu, ab oppido, a suis**];
❸ jmd. durch etw. einschließen; **angustiis intercludi;**
❹ *(übtr.)* jmd. hindern; **intercludor dolore, quominus ad te plura scribam** *(Cic.)*.

interclūsiō, ōnis *f (intercludo)* Absperrung, Hemmung.

interclūsus *P.P.P. v. intercludo.*

inter-columnium, ī *n (columna)* Säulenabstand.

inter-currō, currere, currī, cursum ❶ dazwischenlaufen, sich dazwischenwerfen, dazwischentreten;
❷ *(übtr.)* sich einmischen, dazukommen; **dolor his laboriosis exercitationibus intercurrit** *(Cic.)*;
❸ in der Zwischenzeit wohin eilen.

inter-cursō, cursāre *(Intens. v. intercurro)* ❶ dazwischenlaufen, sich dazwischenwerfen;
❷ *(Lucr.; Plin.)* dazwischenliegen, sich dazwischen befinden *(bei Lucr. in Tmesis)*.

intercursus, *Abl.* -ū *m (intercurro)* schnelle Dazwischenkunft; **intercursu consulum.**

inter-cus, *Gen.* cutis *(cutis)* unter der Haut (befindlich) [**aqua** Wassersucht].

● **inter-dīcō,** dīcere, dīxī, dictum ❶ untersagen, verbieten [*(alci re)* **Romanis omni Galliā** den Aufenthalt in G.; **alci domo** jmdm. das Haus verbieten; **meretriciis amoribus iuventuti; alci aquā et igni** jmd. ächten, verbannen; **alci sacrificiis** jmd. vom Gottesdienst ausschließen; *(alci alqd)* **hoc liberis; histrionibus scaenam;** *(alci alqo* jmdm. den Verkehr m. jmdm. untersagen) **socero** *(Dat.)* **genero** *(Abl.)*]; – interdictus, a, um verboten, versagt [**spes; voluptas**];
❷ verordnen, befehlen, einschärfen *(ut)*.

interdictiō, ōnis *f (interdico)* Verbot [**finium nostrorum** unser Gebiet zu betreten; **aquae et ignis** Ächtung].

interdictum, ī *n (interdico)* ❶ Verbot;
❷ vorläufige Verfügung des Prätors; **-o contendere cum alqo.**

interdictus *P.P.P. v. interdico.*

inter-diū u. *(vor- u. nachkl.)* **-diūs** *(dies) Adv.* bei Tage, den Tag über.

inter-dīxī *Perf. v. interdico.*

inter-dō, dare, –, datum dazwischen geben; verteilen.

inter-ductus, ūs *m (duco)* Trennungszeichen, Interpunktion.

interduim *s. interduo.*

● **inter-dum** *Adv.* manchmal, mitunter.

inter-duō, duāre, – – *(Konj. Präs.* -duim) *(Plaut.)* dafür, darum geben.

● **inter-eā** *Adv. (eā ist Abl. Sg. fem. v. is)* ❶ *(zeitl.)* unterdessen, inzwischen;
❷ *(adversativ)* indessen, jedoch; **cum** ~ während doch.

inter-ēmī *Perf. v. interimo.*

inter-emō *(poet.)* = *interimo.*

interemptor, ōris *m (interimo) (nachkl.)* Mörder.

interēmptus *P.P.P. v. interimo.*

● **inter-eō,** īre, iī, itūrus ❶ zugrunde gehen, untergehen, umkommen, verloren gehen; **naves naufragio intereunt; res publica interit; vita morbo interitura** bestimmt unterzugehen;
❷ (ver)schwinden, untergehen; **luna, aetas interit; ignis interit** geht aus.

inter-equitō, equitāre dazwischenreiten;

trans. durchreiten [**ordines; agmina**].

interest *s. intersum.*

interfātiō, ōnis *f (interfor)* das Dazwischenreden, Ins-Wort-Fallen, Unterbrechung *einer Rede.*

inter-fēcī *Perf. v. interficio.*

interfectiō, ōnis *f (interficio)* Ermordung.

interfector, ōris *m (interficio)* Mörder.

interfectrīx, īcis *f (interfector) (nachkl.)* Mörderin.

● **inter-ficiō,** ficere, fēcī, fectum *(facio)* ① niedermachen, töten, umbringen, zugrunde richten, vernichten [**alqm suā manu, veneno, insidiis; messes**];
② *(vor- u. nachkl.)* jmd. einer Sache berauben *(alqm re).*

inter-fīō, fierī umkommen, zugrunde gehen.

inter-fluō, fluere, flūxī, – ① *(abs.)* dazwischenfließen; **amne interfluente;**
② *(m. Akk., selten m. Dat.)* zwischen *od.* durch etw. fließen [**medium oppidum; pinguibus arvis**].

inter-fodiō, fodere, –, fossum durchgraben, zerstechen.

inter-for, fārī dazwischenreden, jmdm. ins Wort fallen, jmd. *im Reden* unterbrechen *(alqm).*

inter-fugiō, fugere, – – *(Lucr., in Tmesis)* dazwischen fliehen.

inter-fuī *Perf. v. intersum.*

inter-fūsus, a, um *(fundo) (poet.)* dazwischen fließend, dazwischen strömend *(abs. od. alqd);* **-um mare; maculis (sanguineis) -a genas** *(Verg.)* die Wangen (m. Blut) befleckt.

inter-gerīvus, a, um *(gero) (Plin.)* dazwischengefügt, – *Subst.* -ī, ōrum *m (erg. parietes)* Zwischenwände.

inter-gressus, *Abl.* ū *m (gradior) (Min.Fel.)* das Dazwischentreten, Zwischenbemerkung.

inter-iaceō, iacēre, – – dazwischen liegen *(abs.; m. Dat.; m. Akk.; inter);* **interiacebat campus; regio, quae duas Syrtes interiacet.**

inter-iaciō *(Tac.) = intericio.*

inter-ibī *Adv. (vor- u. nachkl.)* unterdessen.

● **inter-iciō,** icere, iēcī, iectum *(iacio)* ① *(räuml.)* dazwischenwerfen, -stellen, -legen, -setzen, -einfügen [**saxa; rubos** dazwischenpflanzen; **cohortes; sagittarios inter equites**]; – *Pass.* dazwischentreten; *Perf. Pass.* dazwischen liegen: **nasus oculis interiectus est;**
② *(m. Worten)* einmischen, einmengen [**preces et minas; pleraque sermone Latino**];
③ *(zeitl.)* einschieben, -fügen [**moram; librum** in der Zwischenzeit schreiben].

interiectus¹, a, um *(P. Adj. v. intericio)* ① *(räuml.)* dazwischen liegend, -stehend, -befindlich *(abs.; m. Dat.; inter);* **aër inter mare et caelum ~** ; *(Abl. abs.)* **aequalibus intervallis -is** in gleichen Zwischenräumen;
② *(zeitl., nur im Abl. abs.)* nach Verlauf einer Zeit; **-o anno** nach Verlauf eines Jahres; **-is aliquot diebus; -o brevi spatio** nach kurzer Zeit.

interiectus², ūs *m (intericio)* ① *(räuml.)* das Dazwischentreten [**terrae** *zw. Sonne u. Mond*];
② *(zeitl.) (Tac.)* eingetretener Verlauf [**noctis**], Zwischenzeit, Frist [**paucorum dierum**].

inter-iī *Perf. v. intereo.*

● **inter-im** *Adv.* ① unterdessen, inzwischen;
② vorläufig, einstweilen;
③ *(nachkl.)* manchmal, zuweilen (= *interdum); ~ . . . ~* bald … bald;
④ *(Plaut.)* (je)doch.

inter-imō, imere, ēmī, ēmptum *(emo)* ① jmd. aus dem Wege räumen, beseitigen, töten [**stirpem fratris virilem; alqm ferro, laqueo, veneno**];
② jmd. m. Todesangst erfüllen;
③ etw. vernichten, aufheben [**sacra; vitam suam** ein Ende machen].

● **interior,** ius, *Gen.* ōris *Komp., Adv.* -ius; *Superl.* **intimus,** a, um, *Adv.* -e *(inter)* **I. interior** ① der innere, mehr nach innen gelegen, tiefer drinnen [**vestis** Unterkleid; **pars aedium; parietes** die Innenseiten der Wände; **portus** der innere Teil des Hafens];
② dem Mittelpunkt *od.* dem Ziel näher [**meta; gyrus** kürzer]; *alci rei* einer Sache näher *od.* zu nahe: **ictibus tormentorum** *u.* **periculo vulneris:** *entweder* innerhalb der Schussweite *od.* zu nahe, um getroffen zu werden, *d. h.* vor, außerhalb der Schussweite; – *Subst.* interiōrēs *m* die Feinde in der Stadt; interiōra *n* das Innere, die inneren Teile [**aedium; urbis**];
③ mehr im Innern des Landes gelegen, binnenländisch [**nationes**]; – *Subst.* interiōrēs *m* die Bewohner des Binnenlandes;
④ *(übtr.)* enger, vertrauter, inniger [**vicini; amicitia; societas**];
⑤ geheimer [**consilia**];
⑥ tiefergehend, gründlicher [**vis vocabuli** tieferer Sinn];
II. intimus ① der innerste [**Macedonia** der innerste Teil v. M.; **spelunca** der tiefste Teil der Höhle];
② *(übtr.)* am tiefsten eindringend, der tiefste, innerste, die eindringendste Forschung verlangend, äußerst gründlich [**sensūs; disputatio** erschöpfend];
③ der geheimste [**cogitationes**];
④ der wirksamste [**vis**];
⑤ der vertrauteste [**amicus; familiaritas**]; – *Adv.* intimē herzlichst [**uti alqo** m. jmdm. in vertraulichem Umgang stehen]; – *Subst.* **intimus,** ī *m* bester Freund.

interitiō, ōnis *f (intereo)* Untergang, Vernichtung, das Zugrunderichten *(v. Personen).*

● **interitus,** ūs *m (intereo)* Untergang, Vernichtung *(v. Personen u. Sachen)* [**immaturus; voluntarius; consulum; legum; vitae; urbium**].

inter-iungō, iungere, iūnxī, iūnctum ❶ (untereinander) verbinden [**dextras**];
❷ *(nachkl.) (Zugtiere)* eine Zeit lang rasten lassen; *(abs.)* rasten.

interius *Adv., s. interior u. intra.*

inter-lābor, lābī, lāpsus sum *(Verg., in Tmesis)* dazwischen gleiten, dazwischen fließen; **inter enim labentur aquae.**

inter-lateō, latēre, – – *(Sen.)* dazwischen verborgen sein.

inter-legō, legere, – – *(Verg., in Tmesis)* hier u. da abbrechen [**frondes**].

inter-linō, linere, lēvī, litum ❶ in den Zwischenräumen bestreichen, überziehen;
❷ *(Urkunden) durch Überschmieren einzelner Wörter, durch Ausstreichen od. Ausradieren* fälschen [**codicem**].

interlocūtiō, ōnis *f (interloquor)* Zwischenrede, Einwurf *vor Gericht.*

inter-loquor, loquī, locūtus sum ❶ ins Wort fallen, *im Reden* unterbrechen;
❷ *(nachkl.) (vor Gericht)* einen Einwurf machen.

inter-lūceō, lūcēre, lūxī, – ❶ dazwischen hervorscheinen, durchschimmern; *unpers.:* **noctu interlucet** es wird plötzlich hell u. gleich wieder dunkel;
❷ durchsichtig sein *(infolge mangelnder Dichte);* **interlucet corona militum; acies interlucet;**
❸ **aliquid interlucet inter** es zeigt sich ein deutlicher Unterschied.

inter-lūnium, ī *n (luna) (poet.; nachkl.)* Zeit des Neumonds, Neumond.

inter-luō, luere, – – *(vor- u. nachkl.)* zwischen etw. fließen, etw. durchströmen *(m. Akk.).*

inter-lūxī *Perf. v. interluceo.*

intermēnstruum, ī *n (intermenstruus)* Neumond.

inter-mēnstruus, a, um zwischen zwei Monaten [**tempus** Zeit des Mondwechsels].

inter-micō, micāre *(nachkl.)* zw. etw. hindurchscheinen, hervorschimmern.

in-terminābilis, e *(in-² u. termino) (spätl.)* unbegrenzt, unendlich *(räuml. u. zeitl.).*

interminātiō, ōnis *f (interminor) (spätl.)* Androhung.

in-terminātus¹, a, um unbegrenzt, unendlich [**magnitudo regionum**].

interminātus², a, um *s. interminor.*

inter-minor, minārī *(nicht klass.)* ❶ (an)drohen *(m. A. C. I.);*
❷ unter Drohungen untersagen; – *Part. Perf. pass.* **interminātus,** a, um untersagt, versagt [**cibus**].

in-terminus, a, um *(in-² u. termino) (nachkl.)* unbegrenzt [**Oceanus**]; unendlich, ewig [**felicitas**].

inter-misceō, miscēre, miscuī, mixtum unter-, dazu-, einmischen *(m. Dat.)* [**turbam indignorum dignis**].

inter-mīsī *Perf. v. intermitto.*

intermissiō, ōnis *f (intermitto)* das Nachlassen, Aussetzen, Unterbrechung [**epistularum** des Briefwechsels; **verborum** das Abgebrochene der Sätze; **consuetudinis; officii** Unterlassung].

● **inter-mittō,** mittere, mīsī, missum ❶ dazwischenlegen, dazwischentreten lassen; *Pass.* dazwischenliegen; **valle intermissā** da ein Tal dazwischen lag; **nocte intermissā** da die Nacht inzwischen eingetreten war;
❷ *einen Raum* dazwischen leer *od.* offen lassen; *meist im P.P.P.* leer, offen dazwischenliegend; **planities intermissa collibus** zwischen Hügeln; **mediocribus spatiis intermissis** in mäßigen Abständen; **hoc spatio intermisso** in dieser Entfernung; **per intermissa moenia urbem intrare** durch die Lücken der Mauern;
❸ *(übtr.)* unterbrechen, zeitweilig aussetzen lassen, einstellen [**navigationem; iter; studia; proelium; admirationem rerum**]; **libertas intermissa** zeitweilig aufgegeben; **verba intermissa** abgebrochen; **in pace, etiam si non finiuntur odia, intermittantur** *(Liv.);* **non multum refert utrum omittas philosophiam an intermittas** *(Sen.);* – *(m. Inf.)* unterlassen, aufhören: **obsides dare intermiserant** *(Caes.);* – *mediopass. intermitti u. intr.* zeitweise nachlassen, aussetzen, ruhen: **negotia forensia intermittunt; vento intermisso** nachdem der Wind sich gelegt hatte; **flumen intermittit** fließt nicht; **flamma intermittit** lässt nach; **non intermittunt hostes** rücken gleichmäßig heran;
❹ *(eine Zeit)* vorübergehen lassen, ungenutzt verstreichen lassen [**diem; noctem; tempus**]; **intermisso spatio** nach Verlauf einiger Zeit; **triduo intermisso;** *bei vorhergehender Negation m. quin:* **nullum tempus intermiserunt, quin legatos mitterent;**
❺ *(ein Amt)* zeitweilig unbesetzt lassen [**magistratum**].

intermixtus *P.P.P. v. intermisceo.*

inter-morior, morī, mortuus sum ❶ hinsterben, zugrunde gehen; **civitas intermoritur;**
❷ ohnmächtig werden; **in ipsa contione intermortuus haud multo post exspiravit** *(Liv.);*
❸ *(übtr.)* absterben, ausgehen, erlöschen; **intermortuae contiones** ohne Leben; **memoria intermortua; candor, in hoc aevo res intermortua paene** *(Ov.).*

inter-mundia, ōrum *n (mundus)* Zwischenräume zw. den Welten, Zwischenwelten *(nach*

Epikur v. den Göttern bewohnt).

inter-mūrālis, e zwischen den Mauern (befindlich); **divisa est arx intermurali amni** *(Liv.).*

interna, ōrum *n (internus) (nachkl.)* das Innere.

inter-nātus, a, um *(nascor)* dazwischen gewachsen [**virgulta**]; *(m. Dat.)* **herbae saxis -ae.**

interneciō *u.* **-niciō,** ōnis *f (interneco)* Niedermetzelung, vollständige Vernichtung, völliger Untergang [**civium; exercitūs**]; **ad internecionem deleri** vernichtend geschlagen werden; **ad internecionem gentem adducere** gänzlich vernichten; **iter in Hispaniam Gallorum internecione patefactum est** *(Cic.).*

internecīvus, a, um *(interneco)* alles vernichtend, mörderisch, tödlich, Vernichtungs- [**bellum; genus morbi**].

inter-necō, necāre *(vor- u. nachkl.)* hinmorden, vernichten [**hostes**].

inter-nectō, nectere, – – verknüpfen, durchschlingen [**crinem auro**].

interniciō *s. internecio.*

inter-niteō, nitēre, – – *(nachkl.)* dazwischen hervorleuchten, hindurchscheinen, -schimmern.

inter-nōdium, ī *n (nodus)* Raum zw. zwei Gelenken, Gelenkhöhle.

inter-nōscō, nōscere, nōvī, – (voneinander) unterscheiden [**geminos**]; **blandus amicus a vero internosci potest** *(Cic.)*; **internosci a falsis non possunt.**

internūntia, ae *f (internuntius)* Unterhändlerin, Vermittlerin; **haec sunt aves -ae Iovis** *(Cic.)*; **columbae -ae fuere** *(Plin.)*; **Iudaea, summi fida ~ caeli** *(Iuv.).*

inter-nūntiō, nūntiāre unterhandeln.

internūntius, ī *m (internuntio)* Unterhändler, Vermittler; **per -um; -is ultro citroque missis** *(Caes.)*; **ne a militibus ~ invisae pacis interficeretur** *(Tac.).*

internus, a, um *(inter) (poet.; nachkl.)* ❶ der innere, innen befindlich, im Innern [**ara** im Innern des Hauses befindlich; **mare** Binnenmeer];
❷ *(übtr.)* inländisch, einheimisch [**discordiae; mala; bellum**].

in-terō, terere, trīvī, trītum *(vor- u. nachkl.)* hineinreiben, einbrocken [**alqd potioni**]; *(übtr.) sprichw.:* **tute hoc intristi, tibi omne est exedendum** *(Ter.).*

inter-ōscitō, ōscitāre *(Ter.)* unterdessen gähnen; *übtr.* die Hände in den Schoß legen.

interpellātiō, ōnis *f (interpello)* Unterbrechung: ❶ *im Reden,* das In-die-Rede-Fallen;
❷ *einer Tätigkeit,* Störung; **in litteris sine ulla interpellatione versari** *(Cic.).*

interpellātor, ōris *m (interpello)* jmd., der eine Rede stört *od.* unterbricht.

● **inter-pellō,** pellāre *(vgl. ap-pello[1])* ❶ jmdm. in die Rede fallen, jmd. im Reden unterbrechen *(m. Akk.)* [**dicentem**]; *abs.* dazwischenreden, Einspruch erheben;
❷ etw. einwenden;
❸ unterbrechen, stören [**otium bello; orationem; silentium; victoriam** vereiteln]; *(m. ne, quin, quominus; m. Inf.)*;
❹ *(nachkl.)* jmd. m. Bitten *od.* Fragen bestürmen.

interpolātiō, ōnis *f (interpolo) (Plin.)* Umgestaltung, Veränderung.

interpolātor, ōris *m (interpolo) (Eccl.)* Verfälscher, Verderber.

interpolis, e *(interpolo) (vor- u. nachkl.)* neu hergerichtet, aufgefrischt [**ars** neugestaltet].

inter-polō, polāre ❶ neu herrichten, auffrischen [**togam praetextam**];
❷ (ver)fälschen, abändern.

● **inter-pōnō,** pōnere, posuī, positum ❶ dazwischensetzen, -stellen, -legen; **ne interpositi quidem elephanti militem Romanum deterrebant** *(Liv.)*;
❷ einschieben, einschalten [**menses intercalarios;** *(in der Rede)* **nullum verbum**];
❸ im Zusammenhang erwähnen, anführen; **interponatur nomen civitatis?** *(Cic.)*;
❹ unterschieben [**falsas tabulas**]; (ver)fälschen [**rationes populorum**];
❺ *(eine Zeit)* dazwischen verstreichen lassen, dazwischen eintreten lassen [**spatium ad recreandos animos**]; – *Pass.* dazwischenfallen, -liegen; – *bes. P. P. P.:* **paucis diebus interpositis** nach Verlauf weniger Tage; **hoc spatio interposito** mittlerweile; **tridui morā interpositā** nach einer Verzögerung von drei Tagen; **hac nocte interposita**;
❻ jmd. *als Helfer, Vermittler, Teilnehmer* hinzuziehen [**testes; iudices**]; – **sē interpōnere** sich einmischen, sich eindrängen *(abs.; m. Dat.; in u. Akk.; m. quominus od. ne)* [**bello; audaciae alcis** entgegentreten; **in pacificationem**]; **semper se interposuit;**
❼ *(übtr.)* etw. eintreten lassen, geltend machen, einsetzen, einlegen [**auctoritatem suam; decretum** Entscheidung treffen; **iudicium suum**]; **pro sociis operam, studium, laborem ~; nullā interpositā dubitatione** ohne weiteres Bedenken; **nullā suspicione interpositā** da kein Verdacht vorlag;
❽ *(Gründe)* anführen, vorschützen, vorgeben [**causam; gladiatores** als Vorwand gebrauchen]; **causā interpositā** unter dem Vorwand;
❾ *(sein Wort, Eide u. Ä.)* als Pfand einsetzen, zum Pfand geben [**ius iurandum; fidem suam in alqd** *od.* **in re** sein Wort auf etw. geben].

interpositiō, ōnis *f (interpono)* ❶ das Einschieben, Einschaltung *(bes. in die Rede)* [**cer-**

tarum personarum];
❷ *(meton.)* Einschub, Einschiebsel.
interpositus[1] *P.P.P. v. interpono.*
interpositus[2], *Abl.* ū *m (interpono)* das Dazwischentreten; **luna interpositu interiectuque terrae repente deficit** *(Cic.).*
● **interpres,** pretis *m u. f* ❶ Vermittler(in), Unterhändler(in) [**pacis; divûm** Bote der Götter, *v. Merkur*]; **alqo interprete** durch jmds. Vermittlung; **linguā interprete** mittels der Sprache;
❷ Ausleger, Erklärer, Deuter [**iuris; legis; verborum; extorum** der Eingeweide *(b. Opfern) zur Ermittlung der Zukunft;* **divûm** = Wahrsager(in); **comitiorum** ob die Komitien gültig sind od. nicht *(v. den Haruspices)*];
❸ Dolmetscher, Übersetzer.
inter-pressī *Perf. v. interprimo.*
interpressus *P.P.P. v. interprimo.*
interpretātiō, ōnis *f (interpretor)* ❶ Auslegung, Erklärung, Deutung [**verborum; iuris; somniorum**]; Beurteilung;
❷ Übersetzung; das Übersetzte.
● **interpretor,** interpretārī *(interpres)* ❶ auslegen, erklären, deuten [**monstra aut fulgura; religiones; somnia**]; *(de re)* eine Erklärung v. etw. geben [**de liberalitate alcis**]; *(alqd ex re)* aus etw. auf etw. schließen; *(m. A. C. I.)* zur Erklärung sagen; – *Part. Perf.* interpretātus *auch pass.;*
❷ dolmetschen, (erklärend) übersetzen *(m. Akk.; ex)* [**epistulam; scriptores; ex Graeco carmine**]; – *pass.:* **ut ex libris interpretatum nobis est;**
❸ begreifen, verstehen, auffassen [**alcis sententiam; alqm** jmds. Charakter *od.* Handlungsweise begreifen];
❹ beurteilen, etw. f. etw. ansehen, etw. in etw. hineinlegen [**alcis verba mitiorem in partem** milder beurteilen; **omnia alio modo; alcis felicitatem grato animo** freudig anerkennen; *(m. dopp. Akk.)* **hominem simulatorem** als Heuchler betrachten; **sapientiam eam** unter Weisheit etw. derartiges verstehen];
❺ entscheiden *(m. indir. Frages.)*;
❻ *(Plaut.)* den Mittler für jmd. machen, zu Hilfe kommen [**memoriae alcis**].
inter-primō, primere, pressī, pressum *(premo)* ❶ *(Plaut.)* eindrücken, zudrücken [**alci fauces** die Kehle];
❷ *(Min. Fel.)* unterdrücken, zu verheimlichen suchen.
interpūnctiō, ōnis *f (interpungo)* Trennung *der Wörter* durch Punkte.
inter-pungō, pungere, pūnxī, pūnctum durch Punkte abteilen; – *P. Adj.* **interpūnctus,** a, um gehörig abgeteilt, unterschieden [**intervalla; clausulae**]; – *Subst.* interpūncta (ōrum *n*) verbōrum Satzteilzeichen, Interpunktion.
inter-quiēscō, quiēscere, quiēvī, – dazwischen, unterdessen (aus)ruhen, eine Pause machen; **cum haec dixissem et paulum interquievissem** *(Cic.)*; **dolor interquiescit; Padi fons mediis diebus aestivis velut interquiescens semper aret** *(Plin.).*
inter-rādō, rādere, rāsī, rāsum *(nachkl.)* ❶ hier u. da beschneiden [**oleas**];
❷ m. durchbrochener Arbeit versehen, durchbrochen arbeiten [**vasa**].

> *i* Kultur **inter-rēgnum,** ī *n* Interregnum, Zwischenregierung *eines Senators bis zur Ernennung des neuen Königs bzw. neuer Konsuln;* **res ad -um venit** *od.* **adducitur** es kommt zu einem Interregnum; **per -um renovare auspicia.**

inter-rēx, rēgis *m* Zwischenkönig *(vgl. interregnum);* **interregem creare.**
in-territus, a, um *(in-*[2] *u. terreo) (poet.; nachkl.)* unerschrocken, furchtlos [**omni periculo** in jeder Gefahr]; *(m. Gen. obi.)* **mens -a leti** nicht fürchtend.
interrogātiō, ōnis *f (interrogo)* ❶ Befragung, Frage;
❷ *(jur. t. t.)* **a)** Verhör [**testium**]; **b)** *(Sen.)* Kontrakt;
❸ *(in der Dialektik)* Schluss(folgerung), Syllogismus [**fallax**].
interrogātiuncula, ae *f (Demin. v. interrogatio)* kurze *od.* unbedeutende Frage; **-as nectere** Konsequenzen ziehen.
interrogātum, ī *n (interrogo)* Frage.
● **inter-rogō,** rogāre ❶ (be)fragen *(alqm de re; alqm alqd: nur sententiam* einen Senator nach seiner Meinung befragen, *sonst nur, wenn das Objekt das Neutr. eines Pron. od. allg. Adj. ist, z. B. alqm illud);* **quod cum interrogatus Socrates esset** *(Cic.);* **avium voces volatūsque ~** *;*
❷ *(jur. t. t.)* **a)** verhören [**testem**]; **b)** gerichtlich belangen, anklagen *(m. u. ohne lege, legibus; weg.: Gen.)* [**repetundarum** wegen Erpressungen]; **designati consules legibus ambitūs interrogati** *(Sall.);*
❸ *(philos. t. t.)* einen Schluss ziehen, schließen.
inter-rumpō, rumpere, rūpī, ruptum ❶ auseinander reißen, zerreißen, abbrechen [**pontem; aciem hostium; venas** öffnen];
❷ unterbrechen, abbrechen [**itinera**]; **opera interrupta** stockend;
❸ *(Reden u. Ä.)* abbrechen;
❹ unterbrechen, stören [**tumultum; consuetudinem**];
❺ trennen; **ignes interrupti** vereinzelt.
interruptē *Adv. (interrumpo)* mit Unterbrechung(en); **non ~ narrare** ohne Unterbrechungen, zusammenhängend.

interruptiō, ōnis *f (interrumpo) (nachkl.; spätl.)* Unterbrechung [**Oceani**].

interruptus *P.P.P. v. interrumpo.*

inter-saepiō, saepīre, saepsī, saeptum ❶ ab-, versperren, einschließen, verstopfen [**foramina**]; **legio densis arbustis intersaepta** *(Tac.)* gedeckt;
❷ *(übtr.)* abschneiden [**urbem vallo ab arce; iter; civibus conspectum abeuntis exercitūs** entziehen].

inter-scindō, scindere, scidī, scissum ❶ auseinander reißen, ab-, einreißen [**pontem; aggerem; venas** öffnen];
❷ trennen; **Chalcis freto interscinditur.**

inter-scrībō, scrībere, scrīpsī, scrīptum *(nachkl.)* ergänzen, durch Zusätze verbessern.

inter-secō, secāre, secuī, sectum *(v. Örtl.)* (durch)schneiden; **Tiberis intersecans urbem aeternam.**

inter-serō¹, serere, – – dazwischen-, einfügen, einschieben [**oscula verbis; causam** vorgeben].

inter-serō², serere, sēvī, situm *(Lucr.)* dazwischensäen, -pflanzen *(m. Dat.).*

inter-sistō, sistere, stitī, – *(nachkl.)* mitten innehalten, absetzen *(v. Redner u. der Rede).*

inter-situs, a, um *(nachkl.)* dazwischen gelegen.

inter-spergō, spergere, spersī, spersum *(nachkl.)* hier u. da bestreuen.

inter-spīrātiō, ōnis *f (spiro)* Atempause.

inter-sternō, sternere, strāvī, strātum *(nachkl.)* dazwischenstreuen, -breiten, -legen.

inter-stīnctus¹, a, um *(nachkl.)* hier u. da besetzt mit; **facies -a medicaminibus** m. Pflastern wie besät.

inter-stīnctus² *P.P.P. v. interstinguo.*

inter-stinguō, stinguere, –, stīnctum auslöschen; *Pass.* erlöschen.

interstitiō, ōnis *f (intersisto) (Gell.)* Stillstand [**negotiorum; iuris**].

interstitium, ī *n (intersisto) (nachkl.; spätl.)* das Dazwischenliegen, Zwischenraum [**temporis**].

inter-stringō, stringere, – – *(Plaut.)* zuschnüren [**alci gulam**].

● **inter-sum,** esse, fuī ❶ dazwischen sein, -liegen *(räuml. u. zeitl.)*; **mons inter eas gentes interest;**
❷ sich unterscheiden *(meist m. dem Neutr. eines Pron. od. allg. Adj. als Subj.)*; **interest** *(hoc, multum u. Ä.)* es ist ein Unterschied *zw. od. in, bei etw.:* **inter meam sententiam et tuam multum interest** großer Unterschied; **inter hominem et beluam hoc maxime interest; in his rebus nihil omnino interest;**
❸ dabei, zugegen sein, an etw. teilnehmen, einer Sache beiwohnen *(m. Dat.; in m. Abl.)* [**convivio; ludis; proelio; pugnae** *od.* **in pugna; in testamento faciendo**];
❹ *unpers.* **interest** es ist f. jmd. wichtig, es ist daran gelegen, es liegt daran; – *auf die Frage: wem ist daran gelegen? steht* **a)** *Gen.* [**omnium nostrum; patris; rei publicae**]; **b)** *folgende Possessivpronomina in der Form des Abl. Sg. fem. treten an Stelle der Personalpronomina:* **meā, tuā, suā, nostrā, vestrā interest** es ist für mich (dich ...) wichtig; – *die Sache, an der jmdm. liegt, wird ausgedrückt* **a)** *durch das Neutr. eines Pron.:* **id rei publicae interest; b)** *durch den Inf. u. bei versch. Subj. durch A. C. I.:* **mea interest Romae tutum esse** ich habe ein Interesse daran, in Rom in Sicherheit zu sein; **mea interest te Romae tutum esse** mir ist daran gelegen, dass du in Rom in Sicherheit bist; **c)** *durch den indir. Fragesatz.:* **hoc populorum interest, utrum comi domino an aspero serviant; d)** *selten durch ut, ne;* – *auf die Frage: wie viel liegt daran? steht:* **a)** *adverbial gebrauchtes Neutr., wie z. B. multum, plus, plurimum, tantum, nihil;* **b)** *Adv.: minime, magnopere, maxime;* **c)** *Gen. pretii: magni, parvi, pluris, minoris;* – *ad alqd, selten alcis rei* in Rücksicht auf etw., für etw.: *ad nostrûm laudem.*

inter-texō, texere, texuī, textum *(poet.; nachkl.)* ❶ dazwischenweben, einflechten *(alqd alci rei)* [**flores hederis**];
❷ m. etw. durchweben [**chlamydem auro**].

inter-trahō, trahere, trāxī, tractum *(Plaut.)* entziehen.

inter-trīmentum, ī *n (tero)* ❶ Abgang *vom Metall durch Abreiben od. Einschmelzen* [**argenti**];
❷ *(übtr.)* Verlust, Schaden, Einbuße; **sine ullo -o.**

inter-turbō, turbāre *(Kom.)* Verwirrung stiften, stören.

inter-utrāsque *Adv. (uterque) (Lucr.)* zwischen beiden.

● **inter-vallum,** ī *n (vallus, eigtl. „Zwischenraum zw. zwei Schanzpfählen")* ❶ Zwischenraum, Abstand, Entfernung [**siderum a terra**]; **ex -o** von fern; **pari -o** in gleicher Entfernung;
❷ Zwischenzeit, Frist, Pause; **(ex) tanto -o** nach so langer Zeit; **ex -o** nach geraumer Zeit; **per -a** zeitweilig; **sine -o** ohne abzusetzen;
❸ freie Zeit, Erholung; **-a dare;**
❹ Unterschied;
❺ *(t. t. der Geometrie)* Raum;
❻ *(t. t. der Musik)* Intervall [**sonorum**].

inter-vellō, vellere, vellī *u.* vulsī, vulsum *(vor- u. nachkl.)* ❶ mitten herausreißen;
❷ hier u. da rupfen, zupfen [**alas; barbam**].

● **inter-veniō,** venīre, vēnī, ventum ❶ dazwischenkommen, -treten, *während eines Vorgangs* erscheinen, hinzukommen *(m. Dat.)* [**alcis orationi; incendio**]; *(abs.)* **quam orationem cum ingressus esset, Cassius intervenit** *(Cic.)*;

I

② einschreiten, sich einmischen *(m. Dat.; ne)* [**rebus hominum** einwirken auf];
③ entgegentreten, unterbrechen, stören, hindern, aufhalten *(m. Dat. od. Akk.)* [**cognitionem**]; **hiems aspera rebus gerendis intervenit; nox proelio intervenit; bellum coeptis intervenit.**

interventor, ōris *m (intervenio)* störender Besucher.

interventus, ūs *m (intervenio)* ① Dazwischenkunft [**noster; hominis; noctis** Eintritt; **malorum**];
② *(nachkl.)* Vermittlung, Beistand.

inter-vertō, vertere, vertī, versum ① unterschlagen, entwenden, entziehen [**argentum; regale donum; publica vectigalia**];
② etw. übergehen; **interversā aedilitate;**
③ *(Plaut.; Gell.)* jmd. um etw. bringen, prellen [**alqm argento; alqm possessione fundi**];
④ *(nachkl.)* verschwenden, vergeuden [**pecuniam**].

inter-vīsō, vīsere, vīsī, vīsum ① v. Zeit zu Zeit nach etw. sehen [**domum** nach Hause gehen u. nachsehen]; **ego intervisam, quid faciant coqui** *(Plaut.)*;
② jmd. v. Zeit zu Zeit auf-, besuchen.

inter-volitō, volitāre dazwischen umherfliegen.

inter-vomō, vomere, – – *(poet.; nachkl.)* dazwischen ergießen, v. sich geben.

inter-vortō *(altl.)* = *interverto.*

in-testābilis[1], e *(in-² u. testor)* ① *(nicht klass.)* unfähig, Zeuge zu sein *od.* ein Testament zu machen;
② *(übtr.)* ehrlos, infam, verächtlich, *v. Sachen auch* abscheulich [**homo; periurium**].

in-testābilis[2] e *(in-² u. testis²) (Plaut.)* zeugungsunfähig.

in-testātus[1], a, um *(in-² u. testor)* ① ohne Testament (gemacht zu haben); **-ō** *(Abl.)* **mori;**
② *(Plaut.)* nicht durch Zeugen überführt.

in-testātus[2], a, um *(in-² u. testis²) (Plaut.)* zeugungsunfähig.

intestīnum, ī *n (intestinus)* ① Darm [**medium** Zwerchfell; **duodenum** Zwölffingerdarm; **caecum** Blinddarm; **rectum** Mastdarm]; *meist Pl.* Eingeweide *(in der Bauchhöhle)*;
② *(Plaut.) Pl.* eingelegte Arbeit.

intestīnus, a, um *(intus)* innerlich, der innere, im Inneren befindlich, in der Familie, im Staat, einheimisch [**malum; caedes** in der Familie; **bellum** Bürgerkrieg].

in-tēxī *Perf. v. intego.*

in-texō, texere, texuī, textum ① (hin)einweben, -sticken, -wirken, -flechten -fügen [**aurum vestibus; vimina** ineinander flechten];
② *(übtr.)* einflechten, -fügen [**parva magnis; alqd in causa**]; **venae toto corpore intextae;**
③ jmd. redend einführen;
④ *(poet.; nachkl.)* umflechten, umwinden, umschlingen [**hastas foliis**]; *übtr.* umschließen, umgeben.

intibum, ī *n (poet.; nachkl.)* Zichorie, Endivie.

intimātiō, ōnis *f (intimo) (nachkl.; spätl.)* Mitteilung, Bekanntmachung, Anzeige.

intimō, intimāre *(nachkl.; spätl.)* ① beibringen, einprägen [**cuncta eius auribus**];
② mitteilen, berichten.

intimus, a, um *s. interior.*

in-tingō, tingere, tīnxī, tīnctum eintauchen, benetzen [**faces sanguine; alqd in aqua**].

in-tolerābilis, e ① unerträglich [**tyrannus; dolor; saevitia**];
② unwiderstehlich [**vis Romanorum**].

in-tolerandus, a, um unerträglich.

in-tolerāns, *Gen.* antis ① *(akt.)* unfähig, etw. zu ertragen *(m. Gen.)*; **corpora intolerantissima laboris; vir aequalium ~** unduldsam gegen;
② *(pass.)* unerträglich *(für jmd.: Dat.)* [**curae; servitus victis**].

intoleranter *Adv. (intolerans)* maßlos, unmäßig [**gloriari; dolere**].

intolerantia, ae *f (intolerans)* Unerträglichkeit, maßloses Benehmen, Übermut [**regum; morum**].

in-tonō, tonāre, tonuī, tonātum **I.** *intr.* ① donnern; **hic pater omnipotens ter caelo clarus ab alto intonuit** *(Verg.)*; **Fortuna intonat** grollt; *(unpers.)* **intonat** es donnert;
② laut ertönen, erschallen, dröhnen, krachen, tosen, rauschen; **polus intonat; vox tribuni intonat; silvae intonuere; concussa arma intonuere;**
II. *trans.* ① laut ertönen lassen, m. Donnerstimme rufen; auf der Laute besingen [**tumultūs**];
② *(poet.)* sausend auf, in etw. *(Dat.)* herabfahren lassen, *mediopass. intonari* sausend herniederfahren; **Eois intonata fluctibus hiems** in die östlichen Fluten.

in-tōnsus, a, um ① ungeschoren [**capilli; caput**]; *(v. Personen)* m. langem Haar *od.* Bart [**Cato; avi; deus** *(v. Apollo)*]; *(v. unkultivierten Völkern)* **homines -i et inculti; -i Getae;**
② *(übtr.) (v. Bäumen)* dicht belaubt, *(v. Bergen)* dicht bewaldet.

in-tonuī *Perf. v. intono.*

in-torqueō, torquēre, torsī, tortum ① hineindrehen, einflechten [**angues capillis** in das Haar];
② hineinbohren [**hastam tergo**];
③ flechten, winden, wickeln [**pallium circum bracchium**]; **capilli intorti** gekräuselt, in Locken gelegt;
④ schwingen, schleudern [**iaculum alci** auf,

gegen jmd.; **hastam; telum in hostem; pila;** *übtr.* **contumelias**];
⑤ herumdrehen, verdrehen [**ramos; talum** verrenken; **mentum in dicendo** das Kinn schief ziehen; **oculos** rollen; *übtr.* **mores** verderben].

● **intrā** **I.** *Adv. (nachkl.)* innerhalb, innen; ~ **forisque; pro rostris aurata aedes . . . intraque lectus eburneus;** – *Komp.* **interius** mehr nach innen, weiter drinnen;
II. *Präp. b. Akk.* ① *(räuml.)* **a)** innerhalb; ~ **Oceanum** im Bereich des Ozeans; ~ **extraque munitiones;** ~ **iactum teli; b)** *(b. Verben der Bewegung)* in ... hinein; ~ **munitiones se recipere; alqm** ~ **moenia compellere;**
② *(zeitl.)* innerhalb, binnen, vor Ablauf; ~ **viginti dies;** ~ **iuventam** mitten im Jugendalter;
③ *(übtr.)* **a)** innerhalb, beschränkt auf; ~ **modum;** ~ **verba peccare** nur m. Worten; ~ **fortunam manere** in seinem Stand; ~ **gloriam fuit facinus;** ~ **silentium se tenere; b)** unter, weniger als [**intra centum**].

intrābilis, e *(intro[2])* zugänglich [**amnis os**].

in-tractābilis, e *(poet.; nachkl.)* ① schwer zu behandeln, unbändig, nicht zu überwinden; **genus bello intractabile;**
② rau [**bruma**].

in-tractātus, a, um ① unbehandelt, unberührt [**equus** nicht zugeritten];
② *(Verg.)* unversucht [**scelus**].

in-trācursus, a, um *(in-[2] u. transcurro) (Sen.)* nicht durchlaufen.

in-trahō, trahere, trāxī, tractum *(nachkl.)* schleifen, schleppen [**gressūs**].

in-tremō, tremere, – – *u. (Incoh.)* **intremīscō,** intremīscere, intremuī, – *(poet.; nachkl.)* (er)zittern, (er)beben; **genua timore intremuere; terra intremuit.**

in-trepidus, a, um ① ruhig, in Ruhe, in Ordnung; **-e se recipere** in Ruhe u. Ordnung;
② unerschrocken, unverzagt [**dux; verba;** *(m. Dat.: gegen)* **minantibus**].

in-tribuō, tribuere, – – *(Plin.)* eine Abgabe auferlegen.

in-trīcō, trīcāre *(tricae)* in Verlegenheit bringen.

intrīn-secus *Adv.* ① im Inneren, inwendig;
② einwärts, nach innen.

in-trītus[1], a, um *(in-[2] u. tero)* noch ungeschwächt; **cohortes a labore -ae.**

intrītus[2] *P.P.P. v. intero.*

in-trīvī *Perf. v. intero.*

intrō[1] *Adv. (intra)* hinein, herein; ~ **ire; alqm** ~ **ducere; cibum** ~ **ferre.**

● **intrō[2],** intrāre *(intra)* **I.** *intr.* ① hineingehen, eintreten *(auch übtr.)* [**in hortum; in tabernaculum; in portum** einlaufen]; **dolor, somnus intrat; mox segnitia cum otio intravit** *(Tac.)* schlich sich ein;
② *(übtr.)* in etw. eindringen [**in rerum naturam; in alcis familiaritatem** vertraulichen Umgang m. jmdm. beginnen; **in suum animum** in sich gehen; **in sensum; in mentem; in pectus; magis** tiefer];
II. *trans.* ① etw. betreten, *(milit.)* in etw. einrücken, eindringen [**limen; silvam; urbem; curiam; portum** erreichen; **maria** befahren];
② *(nachkl.) (übtr., v. Affekten) alqm od. animum alcis* jmd. ergreifen, befallen; **metus pavidos intravit; animum gloriae cupido intrat;**
③ *(Mart.)* durchstechen [**ursos**].

intrō-cēdō, cēdere, cessī, – eintreten.

intrō-currō, currere, currī, cursum hineinlaufen.

intrō-dūcō, dūcere, dūxī, ductum ① (hin)einführen, vorlassen [**ad regem; legatos in senatum**];
② *(Truppen)* einrücken lassen [**copias in fines hostium; milites in urbem**];
③ hineinbringen [**equum Troianum**];
④ *(übtr.)* etw. einführen [**philosphiam in domos; consuetudinem; ambitionem in senatum**];
⑤ *(in der Rede)* etw. anführen [**exemplum; comparationem**];
⑥ behaupten, erklären *(m. A. C. I.).*

intrōductiō, ōnis *f (introduco)* das Einführen.

intrōductus *P.P.P. v. introduco.*

intrō-dūxī *Perf. v. introduco.*

● **intro-eō,** īre, iī, itum ① hineingehen, eintreten [**in senatum; in forum; in urbem; in tabernaculum;** *übtr.* **in vitam**]; *trans.* betreten [**domum; curiam**];
② *(milit.)* einziehen, einrücken.

intrō-ferō, ferre, tulī, – hineintragen, -bringen [**liberis cibum**]; **lecticā introferri.**

intrō-gredior, gredī, gressus sum *(gradior) (poet.; nachkl.)* hineingehen, eintreten.

intro-iī *Perf. v. introeo.*

introitus[1] *P. P. P. v. introeo.*

introitus[2], ūs *m (introeo)* ① Eingang, Eintritt, Einzug, *(v. Schiffen)* das Einlaufen [**militum; navium; in urbem;** *übtr.* **in causam**];
② Anfang, Einleitung [**fabulae; operis**];
③ *(nachkl.)* Amtsantritt;
④ *(meton.)* Eingang, Zugang [**aedis**];
⑤ *(spätl.)* Eingangsgebet *od.* -gesang; Eintrittsgeld.

intrō-mittō, mittere, mīsī, missum ① hineinschicken, einmarschieren lassen [**exercitum portis accensis**];
② ein-, vorlassen [**legatos**];
③ *(nachkl.) (übtr.)* einführen [**verba in usum linguae Latinae**].

intrōrsum *u.* **-sus** *Adv. (< intrō vorsum u. vorsus)* ① nach innen zu, hinein, ins Innere,

landeinwärts;
❷ innerlich, inwendig, drinnen.
intrō-rumpō, rumpere, rūpī, ruptum einbrechen, eindringen [**in aedes; in Syriam**].
intrō-spectō, spectāre *(Plaut.)* hineinschauen.
intrō-spiciō, spicere, spexī, spectum *(specio)* ❶ hineinschauen, -blicken, auf etw. hinsehen, etw. besichtigen [**casas omnium** allen in die Fenster schauen];
❷ betrachten, mustern, prüfen *(Akk. od. in m. Akk.)* [**aliorum felicitatem aegris oculis**]; **introspice in mentem tuam ipse** *(Cic.)* sieh in dein eigenes Herz.
intrōsum = *introrsum.*
intrō-tulī *Perf. v. introfero.*
intrō-vocō, vocāre hereinrufen.
intubum, ī *n* = *intibum.*
● **in-tueor,** tuērī, tuitus sum ❶ hinschauen, ansehen, betrachten *(m. Akk.; ad od. in u. Akk.)* [**deos patrios; terram** zu Boden sehen; **caelum; alqm contra** jmdm. gerade ins Gesicht sehen; **huc atque illuc**];
❷ *(Plin.) (v. Örtl.)* liegen nach *(m. Akk.);* **cubiculum montes intuetur;**
❸ anstaunen;
❹ betrachten, erwägen [**se ipsum; veritatem**];
❺ etw. berücksichtigen, beachten [**tempestatem impendentem**].
intuitus, ūs *m (intueor) (vorkl.; spätl.)* ❶ das Ansehen, Anblick;
❷ Hinsicht, Rücksicht; **intuitu alcis rei** in Rücksicht auf.
in-tulī *Perf. v. infero.*
in-tumēscō, tumēscere, tumuī, – *(poet.; nachkl.)* ❶ anschwellen; **venter intumuit;**
❷ *(übtr.)* anschwellen, steigen, zunehmen, wachsen; **intumescente fluctu; intumescunt rivis flumina; intumuerat subitis tempestatibus mare; quo plenior et gravior vox repercussu intumescat** *(Tac.);*
❸ sich aufblasen, überheblich werden;
❹ aufgebracht, zornig werden *(gegen jmd.: Dat.).*
in-tumulātus, a, um *(Ov.)* unbeerdigt.
intumus, a, um *(altl.)* = *intimus.*
intuor, intuī, – = *intueor.*
in-turbātus, a, um *(Plin.)* nicht bestürzt.
in-turbidus, a, um *(Tac.)* ❶ ungestört, ruhig; ~ **externis rebus annus; tutā et -ā iuventā frui;**
❷ Unruhen abgeneigt, friedfertig [**vir**].
intus *Adv.* ❶ innen, drinnen, im Inneren, darin, inwendig; daheim, zu Hause; in der Stadt, im Lager *u. Ä.;* **frumentum ~ est;**
❷ *(Kom.)* von innen (heraus), von drinnen; **evocare alqm ~ ad se; ~ egredi;**
❸ *(poet.; nachkl.)* nach innen, hinein; **duci ~.**
in-tūtus, a, um ❶ ungesichert, schutzlos, unverwahrt [**castra; urbs**]; – *Subst. n Pl.:* **intuta moenium firmare** *(Tac.)* die schwachen Stellen;
❷ unsicher, unzuverlässig [**latebrae; amicitia**].
inula, ae *f (gr. Fw.) (poet.; nachkl.)* Alant *(Heilpflanze).*
īnuleus, ī *m* = *hinnuleus.*
in-ultus, a, um ❶ ungerächt; **cives -i perierunt;**
❷ ungestraft, straflos; **alqm -um esse pati; hostes -os abire sinere.**
in-umbrō, umbrāre **I.** *trans.* ❶ beschatten, verdunkeln [**ora coronis**]; **nemora, quibus Anio inumbratur;**
❷ *(übtr.)* in den Schatten stellen; **imperatoris adventu legatorum dignitas inumbratur** *(Plin.);*
II. *intr.* dunkeln; **inumbrante vesperā** da der Abend einbrach.
inūnctus *P.P.P. v. inungo.*
inundātiō, ōnis *f (inundo) (nachkl.)* Überschwemmung.
in-undō, undāre **I.** *trans.* überschwemmen, -fluten; **Tiberis campum inundavit;** *(übtr.)* **mens ingenti flumine litterarum inundata** *(Petr.);* – *abs.* Überschwemmungen anrichten: **imbres inundantes;**
II. *intr. (Verg.)* ❶ v. etw. überfließen; **inundant sanguine fossae;**
❷ *(ins Land)* strömen; **Troës inundant.**
in-ungō, ungere (*u.* -unguō, unguere), ūnxī, ūnctum einsalben, -reiben, bestreichen.
in-urbānus, a, um ❶ unfein, ungebildet, unhöflich, roh, ungefällig;
❷ geschmacklos, ohne Witz [**dictum**].
in-urgeō, urgēre (*u.* **-urgueō,** urguēre), ursī, – hindrängen, auf jmd. eindringen, hineindrängen.
in-ūrō, ūrere, ussī, ustum ❶ *(poet.; nachkl.)* einbrennen [**notam vitulo**];
❷ *(übtr.)* aufdrücken, einprägen [**alci ignominiam; notam turpitudinis vitae alcis; alci superbiae crudelitatisque famam**];
❸ m. etw. kennzeichnen, bezeichnen, brandmarken; **inuri notā censoriae severitatis** m. dem Zeichen zensorischer Strenge;
❹ *(Übel)* verursachen, zufügen [**alci dolorem; mala rei publicae; leges** aufdrängen];
❺ (an)brennen, versengen, erhitzen; **loca inusta; sanguis vulnere inustus;**
❻ *(übtr.)* **calamistris ~** *(die Rede)* aufputzen, m. erkünsteltem Redeschmuck versehen.
in-ūsitātus, a, um ungebräuchlich, ungewöhnlich, selten [**verbum; consilium; supplicia; species navium**].
in-ussī *Perf. v. inuro.*
inustus *P.P.P. v. inuro.*
● **in-ūtilis,** e ❶ unnütz, unbrauchbar, nutzlos *(für jmd.: Dat.; zu, für etw.: ad od. Dat.)* [**cor-**

pus kampfunfähig; **ferrum**];
② untauglich [**milites**]; **valetudine aut aetate inutiles bello; equitatus ad rem gerendam ~;**
③ nachteilig, schädlich, verderblich [**civis; aurum; rogationes;** *(für jmd.: Dat.)* **civitati**].

inūtilitās, ātis *f (inutilis)* ① Unbrauchbarkeit; ② Schädlichkeit, Verderblichkeit.

Inuus, ī *m Beiname des Pan;* – Castrum (Inuī) *Küstenstadt in Latium.*

● **in-vādō,** vādere, vāsī, vāsum ① *gewaltsam* hin(ein)gehen, eindringen *(in m. Akk. od. bl. Akk.)* [**in urbem cum copiis; portūs**];
② *(poet.) (einen Ort)* betreten, *(nach einem Ort)* gelangen *(m. Akk.)* [**urbem; aedes; viam**];
③ losgehen auf, eindringen, überfallen, angreifen *(in m. Akk. od. bl. Akk.)* [**(in) hostes; in oppidum antiquum et vetus; castra; fines**];
④ raubend überfallen, an sich reißen *(in m. Akk. od. bl. Akk.)* [**in alcis praedia; in alienam pecuniam; in nomen Marii** sich bemächtigen wollen];
⑤ *(poet.; nachkl.)* unternehmen [**pugnam; Martem** beginnen; **aliquid magnum**];
⑥ *(v. Affekten, Übeln, Krankheiten)* befallen, überkommen *(in m. Akk.; bl. Akk.; selten Dat.);* **morbus in corpus alcis invadit** befällt jmd.; **metus alqm invadit; pestilentia populum invasit;** – *abs.* hereinbrechen, sich verbreiten: **tantus repente terror invasit;**
⑦ *(poet.; nachkl.)* jmd. *(m. Worten)* anfahren, zur Rede stellen [**consules**];
⑧ **in collum alcis ~** jmdm. stürmisch um den Hals fallen;
⑨ *(Petr.)* stürmisch umarmen.

in-valēscō, valēscere, valuī, – *(nachkl.)* erstarken, die Oberhand gewinnen, zunehmen; **libido et luxuria coërcente nullo invaluerat** *(Suet.).*

in-validus, a, um ① kraftlos, schwach, kränklich [**vires**]; **~ senectā, vulnere;**
② *(übtr.)* zu schwach zum Widerstand [**exercitus**]; **moenia -a adversus irrumpentes.**

in-valuī *Perf. v. invalesco.*

in-vāsī *Perf. v. invado.*

invāsiō, ōnis *f (invado) (spätl.)* ① Ansturm, Angriff;
② Vergewaltigung *(einer Frau);*
③ gewaltsame Besitznahme.

invāsor, ōris *m (invado) (spätl.)* Angreifer; Eroberer.

invāsus *P.P.P. v. invado.*

invectīcius, a, um *(inveho) (nachkl.)* ① eingeführt, nicht einheimisch [**columba**];
② *(übtr.)* oberflächlich, nicht herzlich [**gaudium**].

invectiō, ōnis *f (inveho)* ① Einfuhr;
② Einfahrt.

● **in-vehō,** vehere, vēxī, vectum **I.** *akt.* ① hineinfahren, -führen, -bringen, -tragen [**frumenta** *(in die Scheunen)* einfahren; **pecuniam in aerarium;** *übtr.* **bellum totam in Asiam** über ganz Asien bringen]; **Euphrates novos agros invehit** schwemmt an;
② *(Waren)* einführen [**vinum in Galliam; marmor Romam**];
③ *(Übel)* über jmd. bringen, jmdm. zufügen, über jmd. hereinbrechen lassen *(alci alqd);* **divitiae avaritiam invexere** *(Liv.);* **quae (mala) tibi casus invexerat** *(Cic.)*; – *Pass.* hereinbrechen;
II. *se ~ u. mediopass. invehi* ① hinein-, heran-, einherfahren, -reiten, -segeln, -fliegen, -fließen, *meist m. Abl. wie curru, equo u. Ä. (abs.; in od. ad alqd; alqd; alci rei)* [**carpento in forum; in portum** einlaufen; **nave ad ostium portūs, urbem; moenia triumpho** triumphierend in die Mauern einziehen; **litori**];
② losgehen auf, losreiten, losfahren, eindringen, angreifen *(in alqm u. in alqd; alci rei)* [**in phalangem; levi agmine; navibus**]; **equitum acies invecta in dissipatos;**
③ *(m. Worten)* jmd. anfahren, losziehen gegen, schelten *(in m. Akk.)* [**in eam artem; multis verbis in perfidiam alcis; vehementius in causam principum; multa in Thebanos** vielfach; **nonnulla** mannigfach];
④ auf, über etw. fahren *od.* reiten *(m. Abl. od. Dat.)* [**nantibus beluis** auf Delphinen]; **Venus invecta iunctis columbis** auf einem Taubengespann fahrend.

in-vendibilis, e *(Plaut.)* unverkäuflich [**merx**].

● **in-veniō,** venīre, vēnī, ventum ① auf jmd. *od.* etw. stoßen, (vor)finden, auffinden *(meist zufällig, manchmal durch Suchen)* [**hostem populabundum; alqm mortuum in cubiculo; vestigium; argenti venas; vadum**]; *Pass.* gefunden werden, sich finden, sich zeigen, erscheinen;
② geschrieben finden, *beim Lesen* auf etw. stoßen;
③ etw. ausfindig machen, ermitteln, erfahren [**coniurationem; causam morbi**]; *(m. A. C. I.; indir. Frages.)*;
④ entdecken, erfinden, ausdenken [**verba nominaque; viam** Mittel u. Wege];
⑤ zustande bringen, ermöglichen, schaffen, begründen [**artes; auspicia; viam ferro** sich bahnen];
⑥ *(zufällig od. gelegentlich)* etw. bekommen, erlangen, gewinnen, erwerben, sich zuziehen [**opes; cognomen ex re; fraude culpam; merita** den verdienten Lohn bekommen; **mortem manu** durch feindliche Hand];
⑦ jmd. irgendwie finden *(m. dopp. Akk.; im Pass. m. dopp. Nom.)* [**alqm idoneum** tauglich];
⑧ *(poet.; nachkl.) se ~ u. mediopass. inveniri*

I

a) sich dareinfinden; **b)** *(übtr.)* sich legen, nachlassen, aufhören; **dolor se invenit; lacrimae inveniebantur.**

inventiō, ōnis *f (invenio)* ❶ das Erfinden, Erfindung;
❷ *(meton.)* **a)** Erfindungsgabe; **b)** *(nachkl.)* *(konkr.)* Erfindung, das Erfundene.

inventor, ōris *m (invenio)* Erfinder, Begründer, Urheber [**novorum verborum; legis**].

inventrīx, īcis *f (inventor)* Erfinderin, Urheberin; **tu (philosophia) ~ legum fuisti** *(Cic.)*.

inventum, ī *n (invenio)* ❶ Erfindung, Entdeckung; *Pl.* Lehren, Ansichten;
❷ *(Hor.) Pl.* das Erworbene.

inventus[1] *P. P. P. v. invenio.*

inventus[2], *Abl.* ū *m (invenio) (Plaut.; Plin.)* Erfindung.

in-venustus, a, um ❶ ohne Anmut;
❷ *(Ter.)* unglücklich in der Liebe.

in-verēcundus, a, um schamlos, unverschämt, rücksichtslos [**animus; deus** = Bacchus, *der schamlos alles ausplaudert*].

in-vergō, vergere, – – *(poet.) (rel. t. t., b. Opfern u. Sühnen)* auf, in etw. gießen *(m. Dat.)* [**vina fronti; pelago vina**].

inversiō, ōnis *f (inverto)* ❶ *(nachkl.)* Umstellung [**verborum**];
❷ Ironie;
❸ *(nachkl.)* Allegorie;
❹ *(spätl.)* Umkehrung, umgekehrte Ordnung.

in-vertō, vertere, vertī, versum ❶ umwenden, umkehren, umdrehen [**anulum**]; **annus inversus** Jahreswende;
❷ *(poet.)* aufwühlen [**mare** *(v. Wind)*; **solum vomere** Boden umpflügen; **campum**];
❸ ausleeren [**vinaria**];
❹ *(übtr.)* umkehren, umstürzen, verderben [**ordinem; mores**];
❺ übel deuten, anders auffassen, verdrehen [**virtutes; verba** ironisch verdrehen, ironisch gebrauchen];
❻ *(nachkl.)* verändern, umgestalten, etw. m. anderen Worten ausdrücken.

in-vesperāscit, vesperāscere, – – es wird Abend.

investīgātiō, ōnis *f (investigo)* Erforschung [**naturae; veri**].

investīgātor, ōris *m (investigo)* Aufspürer, Entdecker, Erforscher [**coniurationis; antiquitatis**].

● **in-vestīgō,** vestīgāre ❶ aufspüren;
❷ *(übtr.)* auskundschaften, ausfindig machen, erkunden, erforschen [**coniurationem; insidias; verum**].

in-vestiō, vestīre *(vor- u. nachkl.)* bekleiden.

in-vestis, e *(nachkl.)* ❶ unbekleidet;
❷ unbehaart.

investitura, ae *f (mlt.)* Einsetzung, Investitur.

● **inveterāscō,** inveterāscere, inveterāvī, – *(invetero)* ❶ alt werden; **inveteraverant hi omnes compluribus bellis** *(Caes.)*;
❷ *(übtr.)* sich festsetzen, ein-, verwurzeln, sich einbürgern; **aes alienum, consuetudo inveteravit; inveteravit iam opinio perniciosa rei publicae** *(Cic.)*; **in Gallia ~** sich eingewöhnen; – *m. Dat.* m. etw. verwachsen: **honor huic urbi inveteravit;**
❸ veralten, auf die lange Bank geschoben werden.

inveterātiō, ōnis *f (invetero)* Ein-, Verwurzelung; *(meton.)* eingewurzelter Fehler.

in-veterāvī *Perf. v. inveterasco u. invetero.*

in-veterō, veterāre *(vetus)* alt machen, alt werden lassen; – *Pass.* alt werden, *übtr.* ein-, verwurzeln, sich festsetzen: **opinio inveteratur**; – *P. Adj.* **inveterātus,** a, um alt, eingewurzelt, altgewohnt [**error; consuetudo; amicitia; auctoritas; ira; invidia**].

in-vēxī *Perf. v. inveho.*

in-vicem *Adv. (auch getr.; vicis)* ❶ abwechselnd, wechselweise; **multis ~ casibus victi victoresque;**
❷ (unter)einander, gegenseitig, einer den anderen; **~ salutare; ~ inter se gratulantes;**
❸ auf beiden Seiten; **multae ~ clades;**
❹ umgekehrt, andererseits, hingegen, dagegen; **requiescat tandem Italia, uratur ~ Africa** *(Liv.)*.

● **in-victus,** a, um ❶ unbesiegt [**Germani**]; **~ bello, armis; ~ ab hostibus;**
❷ unbesiegbar, unüberwindlich [**Caesar; acies**];
❸ *(übtr.)* unerschütterlich [**fides; defensio** unwiderlegbar; **Medea** unerbittlich]; **~ ab ea cupiditate animus; -a sibi quaedam facere** sich bestimmte undurchbrechbare Schranken setzen; *(in Bezug auf etw.: ad)* **corpus -um ad laborem.**

invidentia, ae *f (invideo)* Missgunst, Eifersucht, Neid.

● **in-videō,** vidēre, vīdī, vīsum ❶ *(Cat.)* scheel, neidisch ansehen, durch bösen Blick Unheil bringen;
❷ *(übtr.)* beneiden, missgönnen, eifersüchtig sein *(alci u. alci rei; jmd. um etw.: alci rei alcis, auch: alci alqd, re, in re od. alcis rei; m. quod, ut, ne; alci m. Inf. od. A. C. I.)* [**amicis; divitiis tuis; honori fratris; alcis virtuti; alci honorem; alci usum lignorum; alci rem secundam obtingere**]; – *Pass. klass. unpers. invidetur alci u. alci rei, nicht klass. auch persönl., bes. Gerundiv* **invidendus,** a, um beneidenswert; – *Subst.* **invidēns,** entis *m* der Neider;
❸ *(aus Neid)* jmdm. etw. versagen, vorenthalten, verweigern.

● **invidia,** ae *f (invideo)* ❶ *(akt.)* das Beneiden, Missgönnen, Neid, Eifersucht [**civium**]; **deorum -am movere; sine -a** gern; **-ae erga eum** Eifersüchteleien;

② *(pass.)* Neid, *der geg. jmd. gehegt wird,* das Beneidetwerden, Verhasstsein, Hass, Missgunst, Unwille *gegen jmd.,* Unzufriedenheit *m. jmdm.* [**dictatoria** gegen den D.]; **in -a esse** *od.* **-am habere** verhasst sein; **-ae esse alci** jmdm. verhasst sein; **alqm in -am vocare** *od.* **adducere** verhasst machen; **in magnam -am venire** *od.* **incidere** sehr verhasst werden;
③ das Gehässige *einer Sache* [**huius facti; nominis regii**]; Anfeindung, üble Nachrede, Vorwurf [**crudelitatis**];
④ *(meton.)* **a)** Gegenstand des Neides; **b)** *(poet.)* Neider, neidische Person(en); – *personif.* **Invidia** Dämon des Neides.

● **invidiōsus,** a, um *(invidia)* ① *(akt.)* **a)** neidisch, missgünstig; **b)** *(Ov.)* gehässig, aufsässig;
② *(pass.)* **a)** *(poet.; nachkl.)* beneidet, beneidenswert [**opes;** *(m. Dat.)* **suis**]; **b)** verhasst, unbeliebt, widerwärtig, verrufen [**consulare imperium; possessiones; iudicium; atrocitas verborum**]; *a re: infolge v. etw.;*
③ Hass (Missfallen, Unwillen) erregend, in Misskredit bringend, bloßstellend [**crimen; nomina; ioci**].

● **invidus,** a, um *(invideo)* neidisch, missgünstig, eifersüchtig *(m. Dat.); (übtr.)* **nox coeptis -a nostris** *(Ov.)* ungünstig; – *Subst. m* der Neider [**laudis**].

in-vigilō, vigilāre *(m. Dat.)* ① bei etw. wachen [**malis** bei der Krankheit];
② *(übtr.)* etw. überwachen, auf etw. bedacht sein, große Sorge auf etw. verwenden [**custodiendis domibus; rei publicae**].

in-vincibilis, e *(nachkl.)* unbesiegbar, unüberwindlich.

in-violābilis, e *(poet.; nachkl.)* unverletzlich.

in-violātus, a, um ① unverletzt, unversehrt; **invulnerati inviolatique vixerunt; -ā vestrā amicitiā** unbeschadet eurer Freundschaft;
② unverletzlich [**nomen legatorum; tribunus plebis**].

in-vīsī *Perf. v. inviso.*

in-vīsibilis, e *(spätl.)* unsichtbar.

in-vīsitātus, a, um noch nie gesehen, ungewöhnlich, selten [**magnitudo; forma; species; spatia camporum**]; **nova acies, inaudita ante id tempus invisitataque** *(Liv.); (m. Dat.)* **Galli alienigenis -i.**

in-vīsō, vīsere, vīsī, vīsum ① nach etw. sehen, nachsehen, besichtigen;
② besuchen, aufsuchen [**suos; Delum; urbes**];
③ *(Cat.)* etw. erblicken.

in-vīsus¹, a, um noch nicht gesehen, noch nie gesehen [**sacra**].

● **invīsus²,** a, um *(P. Adj. v. invideo)* ① *(pass.)* verhasst, hassenswert [**accusator; aurum; negotia**]; ~ **deo; iudicium -um etiam iudicibus; munera mihi -a; alqm -um habere** jmd. hassen;
② *(akt.) (poet.)* hassend, feindlich (gesinnt), gehässig [**fratres**].

invītāmentum, ī *n (invito)* (An-)Reiz, (Ver-)Lockung *(zu etw.: Gen. obi. od. ad)* [**temeritatis; pacis; ad res necessarias; ad luxuriam**].

invītātiō, ōnis *f (invito)* Einladung.

invītātiuncula, ae *f (Demin. v. invitatio) (Gell.)* Einladung.

invītātor, ōris *m (invito) (Mart.) Angestellter, der die Einladungen zu Gastmählern vorzunehmen hatte.*

invītātus, *Abl.* ū *m (invito)* Einladung; **invitatu tuo** auf deine Einladung hin.

● **invītō,** invītāre ① einladen, zu Gast bitten [**comites; ad prandium; in hospitium**];
② jmd. bewirten, verpflegen [**alqm epulis, liberaliter, benigne; legatos hospitaliter**]; – *se* ~ sich gütlich tun, es sich gut schmecken lassen, sich laben [**cibo vinoque**];
③ *(Plin.)* höflich behandeln;
④ zu etw. auffordern [**ad pacem; in legationem** zur Annahme einer Legatenstelle];
⑤ reizen, (ver)locken, verleiten [**militem praemiis ad proditionem; somnos** herbeilocken]; **ingenia, quae gloriā invitantur;** *(m. ut; Inf.).*

● **in-vītus,** a, um ① wider Willen, ungern, unfreiwillig; **me -o** gegen meinen Willen;
② *(poet.)* erzwungen, ungern geleistet [**ops**].

in-vius, a, um *(in-² u. via)* unwegsam, ungangbar, unzugänglich [**saltus**]; **Gallia paludibus -a; maria -a Teucris; -a virtuti nulla est via** *(Ov.);* – *Subst.* **invia,** ōrum *n* unwegsames Gelände.

invocātiō, ōnis *f (invoco) (nachkl.)* Anrufung [**deorum**].

invocātus¹ *P. P. P. v. invoco.*

in-vocātus², a, um *(in-² u. voco)* ungerufen, uneingeladen.

in-vocō, vocāre ① anrufen, anflehen [**opem deorum; in pariendo Iunonem Lucinam;** *m. dopp. Akk.:* **deos testes**];
② *(vor- u. nachkl.)* nennen [**alqm regem**].

involātus, ūs *m (involo)* Flug.

in-volgō = *invulgo.*

involitō, involitāre *(Intens. v. involo)* auf, über etw. flattern *(alci rei);* **umeris involitant comae.**

in-volō, volāre ① *(feindl.)* loseilen, sich in, auf etw. stürzen *(alqd u. in alqd)* [**alci in oculos** fahren; **in possessionem vacuam**]; **cupido animos involat** ergreift;
② anfallen, angreifen *(m. Akk.)* [**castra**].

involūcre, ris *n (involvo) (Plaut.)* Serviette; Friseurmantel.

involūcrum, ī *n (involvo)* ① Hülle, Decke [**clipei**];
② *(übtr.)* Hülle, Schleier [**simulationum**]; **per -a atque integumenta perspicere alqd;**

I

③ *(Plaut.)* Serviette.

involūtus, a, um *(involvo)* in Dunkel gehüllt, schwer verständlich [**res**].

in-volvō, volvere, volvī, volūtum ① hineinwälzen, -rollen, hinaufwälzen, -rollen [**silvas secum** mit sich fortwälzen, -reißen]; – *Pass.* niederstürzen auf [**aris**]; *übtr.* sich einschleichen, eindringen: **iniquitas involvitur**;
② einwickeln, -hüllen, verhüllen, bedecken *(konkr. u. übtr.)* [**caput; vera obscuris** das Wahre in dunkle Worte hüllen; **se laqueis interrogationis** sich verstricken in; **se foliis ac frondibus; se litteris** sich in die Wissenschaften vergraben]; **ignis flammis involvit nemus** *(Verg.)*; **nimbi involvēre diem** *(Verg.)*; – *mediopass. involvi* sich hüllen.

involvulus, ī *m (involvo) (Plaut.)* Wickelraupe.

in-vulgō, vulgāre *(in-[1] u. vulgus) (Gell.)* unter die Leute bringen, bekannt machen.

in-vulnerābilis, e *(in-[2] u. vulnero) (Sen.)* unverwundbar [**hostis;** *übtr.* **animus**].

in-vulnerātus, a, um unverwundet.

iō (ἰώ, ἰού) *Ausruf der Freude* juchhe! *u. des Schmerzes* oh! ah! ach!

Īō, ūs *u.* ōnis *f Tochter des argivischen Königs Inachus, v. Jupiter geliebt, v. Juno in eine Kuh verwandelt u. vom hundertäugigen Argus bewacht; ihn tötete Merkur auf Jupiters Befehl; später irrte sie, v. einer Bremse verfolgt, bis nach Ägypten, wo sie zurückverwandelt u. als Isis verehrt wurde; – Adj.* **Īōnius,** a, um, *poet.* **Īonius,** a, um.

iocātiō, ōnis *f (iocor)* das Scherzen, Scherz.

iocator, oris *m (iocor) (mlt.)* Spaßmacher, Spielmann.

iocineris *Gen. v. iocur, s. iecur.*

iocor, iocārī *(iocus)* **I.** *intr.* scherzen, spaßen [**cum alqo per litteras**]; **in alqd ~** auf etw. scherzend anspielen [**in oculorum valetudinem**];
II. *trans.* scherzend sagen, -vorbringen *(klass. nur beim Neutr. eines Pron.)* [**haec; permulta in alqd; multa de stultitia alcis**].

iocōsus, a, um *(iocus)* scherzhaft, spaßig, neckisch [**Maecenas; res; verba**].

ioculāria, ium *n (iocularis)* Späße, Scherze.

ioculāris, e *u.* **-ārius,** a, um *(ioculus)* scherzhaft, spaßig, lustig.

ioculātor, ōris *m (ioculor)* Spaßmacher.

ioculor, ioculārī *(ioculus)* scherzen, spaßen.

ioculus, ī *m (Demin. v. iocus) (Plaut.)* kleiner Scherz; **-o** im Scherz; **alqm oblectare per -um et ludum**.

iōcund . . . *s. iucund . . .*

iocur *s. iecur*

● **iocus,** ī *m (Pl.* iocī *m u.* ioca *n)* ① Scherz, Spaß; **alci -os dare** *u.* **movere** jmd. belustigen, erheitern; **-o** *u.* **per -um** im Scherz; **extra -um** *u.* **remoto -o** Scherz beiseite; **hospes multi -i** spaßiger, lustiger;
② *(meton.)* **a)** *(poet.)* Gegenstand des Scherzes; **b)** *(vorkl.; poet.) (personif.)* **Iocus** *Gott des Scherzes;*
③ *(poet.; nachkl.)* Zeitvertreib, Kurzweil, Spiel;
④ *(poet.; nachkl.)* scherzhaftes Gedicht, Scherzlied [**castrensis**];
⑤ *(poet.; nachkl.)* Liebesspiel; **apta verba -o**;
⑥ Kinderspiel, Kleinigkeit; *sprichw.:* **ludum et -um esse** ein Kinderspiel sein.

Iolāus, ī *m Freund des Herkules.*

Iōlcus, ī *f Stadt in Thessalien; – Adj.* **Iōlciacus,** a, um.

Iōnes, Iōnum *m* die Ionier, *einer der vier griech. Hauptstämme; – Adj.* **Iōnius, Iōnicus, Iōniacus,** *poet. auch* **Īonius,** a, um [**mare Ionium,** *poet. auch bloß* **Ionium** das Ionische Meer *zw. Griechenland u. Süditalien*]; – **Iōnia,** ae *f* Ionien, *Landschaft an der Westküste Kleinasiens.*

Iordānēs, is *m* der Jordan.

iōta *n (undekl.)* das Jota, *ein griech. Buchstabe.*

Iovis, is *m (altl.) = Iuppiter.*

Īphianassa, ae *(altl.* ai) *f (Lucr.) = Iphigenia.*

Īphigenīa, ae *f Tochter des Agamemnon, die in Aulis geopfert werden sollte, aber v. Diana nach Tauris entführt wurde, wo sie als Priesterin den Dienst der Göttin verrichtete, bis Orestes u. Pylades sie befreiten.*

● **ipse,** ipsa, ipsum *(Gen. Sg.* ipsīus, *Dat Sg.* ipsī; *altl. Nom. Sg.* ipsus *u. Superl.* [*scherzh.*] ipsissimus) ① selbst, persönlich, leibhaftig; **rex ipse aderit;**
② *(b. Hervorhebung der persönl. Bedeutung)* = Hausherr, Herr, Meister, Gebieter, *fem.* Hausfrau, Herrin;
③ *(zur Umschreibung eines Possessivverhältnisses)* eigen **a)** *im Gen.:* **mea ipsius domus** mein eigenes Haus; **nostra ipsorum decreta** unsere eigenen Beschlüsse; **ipsius nutu** auf seinen Wink; **b)** *im Nom., wenn die Person des Subjekts u. die des Poss.Pron. eine u. dieselbe ist:* **ille imprudens suus ipse accusator fuit;**
④ v. selbst, v. sich aus; **valvae ipsae se aperuerunt; cur incitas me ipsum currentem?; ipse per se** ganz aus eigenem Antrieb;
⑤ an u. für sich, allein schon, bloß; **facinus ipsum; nomen ipsum Romanum** der bloße Name;
⑥ *(hervorhebend)* schon; **ipsā naturā** schon von Natur aus; **saepe metus ipse affert calamitatem;**
⑦ *(steigernd)* selbst, sogar; **a multis ipsa virtus contemnitur;**
⑧ gerade, eben, genau, lediglich, eigentlich; **sub ipsa profectione** gerade im Moment des Aufbruches; **post ipsum proelium ingens tempestas coorta est** unmittelbar nach;

nunc ipsum gerade jetzt; **tum ipsum** gerade damals; **vita ipsa** das nackte Leben; **ad ipsum mane** bis zum hellen Morgen; *bes. in Verbindung m. is:* **in eo ipso bello; ex eo ipso intellegere; ea ipsa causa belli fuit;**
⑨ *ipse, ipse quoque, et (atque) ipse* gleichfalls, ebenfalls, auch; **frater meus Romae est, ego ipse quoque propediem Romam proficiscar.**

ipsus *(altl.) = ipse.*

● **īra,** ae *f* ① Zorn, Erbitterung, Wut; **alqd per iram facere** im Zorn; **acuere -am; -am concitare; -am exstinguere; irā commotus, impulsus, incensus, inflammatus** aus Zorn; **alci irae esse** jmdm. verhasst sein; – *gegen jmd.: Gen. obi., adversus od. in alqm* [**in Romanos**], *attrib.* [**sua** gegen sich; **paterna** gegen den Vater]; *wegen od. über etw.: Gen. obi.* [**praedae amissae**]*; auch Pl.* Zornausbrüche [**graves; caelestes** der Götter];
② *(Ov.) (meton.)* Ursache, Grund zum Zorn; **dic aliquam iram;**
③ *(nachkl.)* Kampfeswut;
④ Heftigkeit [**maris; fulminis; belli**].

● **īrācundia,** ae *f (iracundus)* ① Neigung zum Zorn, Jähzorn; **-am sedare, excitare;**
② Zornesausbruch, Zorn *(über etw.: Gen.).*

● **īrācundus,** a, um *(ira)* ① jähzornig, aufbrausend, hitzig, heftig [**senex; mens; leones; fulmina**];
② *(poet.)* ärgerlich, zornig, aufgebracht, wütend.

● **īrāscor,** īrāscī, – – *(ira)* zürnen, zornig werden, zornig sein [**tibi iure; terrae, montibus** wüten gegen; **in cornua** m. den Hörnern wütend stoßen].

● **īrātus,** a, um *(ira)* erzürnt, zornig [**deus; iudex; animus; mare** stürmisch; **preces** Flüche; **venter** knurrend]; *(m. Dat.; ob alqd; propter alqd; de re u. de alqo).*

● **īre** *Inf. Präs. v. eo².*

Īris, Īridis *f Tochter des Thaumas, Botin der Götter, Göttin des Regenbogens (Akk.* Īrim *u.* Īrin; *Vok.* Īri; *Abl.* Īride *u.* Īrī).

īris ① is *m (Kom.)* Igel;
② is *u.* idis *f* **a)** *(vor- u. nachkl.)* Iris *(eine wohl riechende Pflanze);* **b)** *(Plin.)* Regenbogenstein *(ein Edelstein).*

īrōnīa, ae *f (gr. Fw.)* Ironie, *auch als rhet. Figur;* **per -am** ironisch.

irquus = *hircus.*

ir-radiō, radiāre *(nachkl.)* bestrahlen.

ir-rāsus, a, um *(Plaut.)* ungeschoren.

ir-ratiōnālis, e *(nachkl.) u.* **ir-ratiōnābilis,** e *(spätl.)* unvernünftig.

ir-raucēscō, raucēscere, rausī, – *(raucus)* heiser werden.

ir-religātus, a, um *(Ov.)* nicht aufgebunden *(m. griech. Akk.)* [**comas** m. nicht aufgebundenem Haar].

ir-religiōsus, a, um gottlos, ohne Ehrfurcht, respektlos.

ir-remeābilis, e *(remeo) (poet.; nachkl.)* keine Rückkehr gewährend [**viae; unda** = Styx; **error** Irrweg].

ir-remediābilis, e *(in-² u. remedium) (nachkl.)* unheilbar; unversöhnlich [**factio**].

ir-reparābilis, e *(poet.; nachkl.)* unwiederbringlich, unersetzlich [**tempus; vita**].

ir-repertus, a, um *(poet.; nachkl.)* nicht gefunden, unentdeckt [**aurum**].

ir-rēpō, rēpere, rēpsī, (rēptum) ① hineinkriechen, -schleichen, in, auf etw. kriechen;
② *(übtr.)* sich einschleichen *(abs., in m. Akk, bl. Akk. od. Dat.)* [**in mentes hominum**]; **veneno paulatim irrepente** *(Tac.)*; **dolor irrepit paulatim requiescenti animo** *(Sen.);*
③ *(Tac.)* sich beliebt machen [**per luxum**].

ir-reprehēnsus, a, um *(Ov.)* untadelig [**responsa**].

ir-rēpsī *Perf. v. irrepo.*

ir-requiētus, a, um *(poet.; nachkl.)* unruhig, rastlos [**dea; eques; sidera; bella** unablässig].

ir-resectus, a, um *(in-² u. reseco) (Hor.)* unbeschnitten.

ir-resolūtus, a, um *(in-² u. resolvo) (poet.; spätl.)* unaufgelöst, unauflösbar [**vincula**].

ir-rētiō, rētīre *(rete)* ① im Netz fangen;
② *(übtr.)* fangen, verwickeln, verstricken [**se erratis; alqm illecebris corruptelarum; alqm cantiunculis**].

ir-retortus, a, um *(Hor.)* nicht zurückgewandt; **oculo -o** ohne zurückzusehen.

ir-reverēns, *Gen.* entis *(nachkl.)* ohne Ehrfurcht, respektlos, gleichgültig *(gegen etw.: Gen.)* [**operis**].

irreverentia, ae *f (irreverens) (nachkl.)* Respektlosigkeit, Unbescheidenheit [**studiorum** Gleichgültigkeit gegen].

ir-revocābilis, e ① *(poet.)* unwiderruflich [**verbum; aetas**];
② unerbittlich [**casus; constantia**];
③ unversöhnlich [**natura alcis**].

ir-revocātus, a, um ① *(Hor.)* nicht wieder aufgefordert;
② *(Ov.)* unwiderruflich, unwiederbringlich [**ab acri caede lupus**].

● **ir-rīdeō,** rīdēre, rīsī, rīsum **I.** *trans.* auslachen, verspotten;
II. *intr.* bei etw. lachen, spotten [**in re tanta**].

ir-rīdiculē *Adv.* ohne Witz; **non ~ dixit.**

irrīdiculum, ī *n (irrideo) (Plaut.)* Spott, Gespött.

irrigātiō, ōnis *f (irrigo)* Bewässerung [**agrorum**].

ir-rigō, rigāre ① *(vorkl.; poet.) (eine Flüssigkeit) irgendwohin* leiten [**imbres**];
② *(Verg.) (übtr.)* verbreiten [**quietem alci per membra** über jmd.];
③ bewässern, überschwemmen [**hortulos**

fontibus]; Aegyptum Nilus irrigat;
④ *(Lucr.) (übtr.)* erfüllen; **sol irrigat caelum candore** m. Helligkeit;
⑤ *(poet.; nachkl.)* erquicken, erfrischen [**fessos artūs**];
⑥ *(Plaut.) (scherzh.)* **alqm plagis** ~ jmd. tüchtig verprügeln.

irriguus, a, um *(irrigo) (poet.; nachkl.)* ① *(akt.)* bewässernd [**fons; aqua;** *übtr.* **somnus** = erfrischend];
② *(pass.)* bewässert, befeuchtet [**hortus; prata; valles;** *übtr.* **corpus mero**].

ir-rīsī *Perf. v. irrideo.*

irrīsiō, ōnis *f (irrideo)* Verspottung, Verhöhnung, Hohn.

irrīsor, ōris *m (irrideo)* Spötter, Verhöhner; **isti irrisores huius orationis et sententiae** *(Cic.)*.

irrīsus¹ *P.P.P. v. irrideo.*

irrīsus², ūs *m (irrideo)* Spott, Verspottung, Verhöhnung; **irrisui esse** zum Gespött dienen; **ab irrisu linguam exserere** zum Spott.

irrītābilis, e *(irrito¹)* leicht erregbar, reizbar.

irrītāmen, minis *u.* **-mentum,** ī *n (irrito¹)* Reizmittel *(zu etw.: Gen.)* [**certaminum equestrium; malorum** zum Bösen; **pacis; invidiae**].

irrītātiō, ōnis *f (irrito¹)* ① *(nachkl.)* Reizung, Anreiz [**naturalis**];
② Erbitterung.

irrītātor, ōris *m (irrito¹) (nachkl.)* derjenige, der reizt, verlockt.

ir-rītō¹ rītāre ① reizen, antreiben, bewegen [**alqm ad certamen; virum telis**];
② erregen, hervorrufen, verursachen [**seditionem; odium; rabiem; flammas** anfachen];
③ zum Zorn reizen, erzürnen, aufbringen [**hostem ad iram; animos barbarorum**].

irritō², irritāre *(irritus) (spätl.)* ungültig machen.

irritum, ī *n (irritus)* Erfolglosigkeit, Misslingen, *auch Pl.;* **alqd ad -um redigere** vereiteln; **ad** *(od.* **in***)* **-um cadere** *od.* **redigi** fehlschlagen; **ludibrium -i** Spott über das Misslingen.

● **ir-ritus,** a, um *(ratus)* ① ungültig [**testamentum**]; **-um facere alqd**;
② vergeblich, erfolglos, unwirksam, unnütz [**inceptum; remedium; praeda** ohne Vorteil; **ictus** Fehlstoß]; **quis non -a tura dedit?** wer brachte nicht vergeblich Weihrauchopfer?;
③ *(v. Personen)* nichts ausrichtend, ohne Erfolg, unverrichteter Dinge; **legati -i redierunt;** – **alcis rei** ~ getäuscht in etw. [**legationis; spei**].

irrogātiō, ōnis *f (irrogo)* Auferlegung, Zuerkennung [**dupli vel quadrupli**].

ir-rogō, rogāre ① etw. gegen jmd. beim Volk beantragen *(alci)* [**privilegium**];
② *(eine Strafe)* m. Genehmigung des Volkes auferlegen, verhängen [**alci supplicium, multam**];
③ *übh.* etw. auferlegen, zuerkennen [**poenas peccatis; sibi mortem** sich töten; **plus labori** verwenden auf].

ir-rōrō, rōrāre *(poet.)* ① betauen, *übh.* benetzen, besprengen, befeuchten [**terras; crinem aquis**];
② (herab)träufeln; *alqd alci rei:* **liquores capiti** ~; *intr. m. Dat.:* **lacrimae foliis irrorant** träufeln herab auf.

ir-rotō, rotāre *(Min. Fel.)* hinrollen, schleudern [**testam super undas**].

ir-rūctō, rūctāre *(Plaut.)* hineinrülpsen.

ir-ruī *Perf. v. irruo.*

irrumātiō, ōnis *f (irrumo) (Cat.) = actio irrumandi.*

irrumātor, ōris *m (irrumo) (poet.) = qui irrumat.*

irrumō, irrumāre *(Cat.; Mart.) = fascinum in ōs alterius insero.*

● **ir-rumpō,** rumpere, rūpī, ruptum ① (hin)einbrechen, einfallen, hineinstürzen, -stürmen [**medios in hostes; in castra;** *m. Dat.:* **thalamo** ins Gemach; *trans.:* **oppidum; Italiam; limina** aufreißen];
② *(übtr.)* eindringen [**in animos hominum**]; **luxuries in domum irrupit;**
③ sich hindernd in etw. eindrängen, etw. gewaltsam unterbrechen [**in fletum alcis; quietem alcis**].

ir-ruō, ruere, ruī, – ① hineinstürzen, -rennen, eindringen *(konkr. u. übtr.)* [**in aciem hostium; in aedes; in odium populi Romani** gleichsam blind hineinrennen = sich zuziehen]; **ne quo irruas** damit du nicht über etw. strauchelst;
② losstürmen auf;
③ *(übtr.)* sich eindrängen [**in alienas possessiones**].

ir-rūpī *Perf. v. irrumpo.*

irruptiō, ōnis *f (irrumpo)* Einfall, Einbruch.

irruptus¹ *P. P. P. v. irrumpo.*

ir-ruptus², a, um unzerbrochen, unzerrissen, unzerreißbar [**copula**].

Īrus, ī *m Bettler im Hause des Odysseus auf Ithaka; meton. (poet.)* Bettler.

● **is, ea, id I.** *Demonstrativ- u. Personalpron., subst. u. adj.* ① dieser, diese, dieses; der, die, das; er, sie, es; der (die, das) genannte; **eā mente** in der Absicht; **ob eam causam, eā de re** deshalb; **mihi venit obviam puer tuus, is mihi litteras reddidit** *(Cic.)*;
② ein solcher, derartiger, so beschaffen, so gesinnt *(auf einen folgenden Konsekutivsatz hinweisend);* **non is sum, ut mortis metu terrear; non is es, qui glorieris** du bist nicht so (beschaffen), dass;
③ *bei Subst. statt eines Gen. subi. od. obi.:* **is numerus** = *eorum numerus;* **ea spes** die

Hoffnung darauf; **ea mentio** die Erwähnung dieser Sache;

④ **isque, et is, atque is** u. zwar, u. noch dazu *(verneint* nec is); **cum una legione, eaque vacillante; litterae nec eae vulgares;** *bezieht sich der Ausdruck auf das Verb od. den ganzen Satz, so steht idque:* **Apollonium doctum hominem cognovi et studiis optimis deditum, idque a puero** *(Cic.);*

⑤ *Neutr.* **id** a) **id quod** was *in erklärenden Parenthesen in Bezug auf ein Verb od. einen ganzen Gedanken;* **si nos, id quod debet, patria nostra delectat;** b) **id est** das heißt; **mollitia animi, id est laborum fuga;** c) *m. Gen. quant.:* **id hostium** eine solche Zahl v. Feinden; **id honoris** ein solches Maß v. Ehre; **homo id aetatis** v. solchem Alter; **ad id loci** *od.* **locorum** bis dahin, bis jetzt; **post id locorum** darauf; d) **ad id** bis jetzt; **in id** dazu, deswegen; **ex eo** daraus, daher; **eo** dadurch; **in eo est, ut** die Sache steht auf dem Punkte, dass: **iam in eo erat, ut milites in muros ascenderent;**

⑥ *Gen.* **ēius** sein, ihr *(nicht refl.);*

II. *Determinativpron.* **is, qui** der(jenige), welcher; **is, qui iudicat** = der Prätor; **eum, qui amico obtrectat absenti, caveto.**

Isara, ae *m Nebenfluss der Rhône, j.* Isère.

Isauria, ae *f gebirgige Landschaft im Süden Kleinasiens; – Einw.* **Isaurī,** ōrum *m; – Adj.* **Isauricus** *u.* **Isaurus,** a, um.

īselasticum, ī *n (iselasticus) (Plin.)* kaiserl. Geschenk für den einziehenden Sieger.

īselasticus, a, um *(gr. Fw.)* zum Einzug des Siegers gehörig [**certamen** Wettkampf zu Ehren des einziehenden Siegers].

Īsēum (*u.* **Īsēon**), ī *n (Isis)* Isistempel.

> *i* Kultur **Īsis,** idis *u.* is *f (Akk.* Īsim *u.* Īsin; *Vok.* Īsi; *Abl.* Īsī *u.* Īside) Hauptgöttin Ägyptens, Spenderin v. Fruchtbarkeit u. Segen aller Art, Schwester u. Gattin des Osiris, v. den Griechen u. a. mit der Io gleichgesetzt, auch im röm. Reich zur Kaiserzeit verehrt; weg. der leinenen Gewänder ihrer Priester auch dea linigera genannt; – *Adj.* **Īsiacus,** a, um.

Ismarus, ī *m u.* **-a,** ōrum *n Stadt u. Berg in Thrakien am Hebrus; – Adj.* **Ismarius,** a, um [**tyrannus** = Tereus; **gentes**].

Ismēnus, ī *m Bach in Böotien b. Theben (Mittelgriechenland); – Adj.* **Ismēnius,** a, um *(poet.)* thebanisch; – **Ismēnis,** idis *f* Thebanerin.

Īsocratēs, is *u.* ī *m Rhetor in Athen, 436–338 v. Chr.; – Adj.* **Īsocratēus** *u.* **-tīus,** a, um.

Issa, ae *f Insel an der dalmatischen Küste, j.* Lissa; – *Adj.* **Issaeus** *od.* **Issaicus,** a, um *u.* **Issēnsis,** e; – *Einw.* **Issaeī,** ōrum *u.* **Issēnsēs,** ium *m.*

Issus, ī *f Seestadt in Kilikien (Kleinasien), siegreiche Schlacht Alexanders des Gr. gegen Darius III. 333 v. Chr.*

istāc *Adv. (istic[1]) (Kom.)* da, auf diesem Wege, auf dieser Seite; ~ **iudico** ich stimme für dich.

istāc-tenus *Adv. (Plaut.)* bis dorthin.

Istaevonēs (Istvaeonēs), num *m* Istäwonen, *westgerm. Völkergruppe.*

● **is-te,** is-ta, is-tud *Demonstrativpron.* ① *(zur Bez. des im Bereich des Angesprochenen Befindlichen, dah. oft m. tuus od. vester verbunden)* dieser (da), jener (dort), dein, euer; **iste furor tuus; ista vestra simulatio;**

② *(in Briefen, Reden od. Dialogen zur Andeutung v. Orten u. Verhältnissen, an od. in denen sich der Angeredete befindet)* dortig; **iste locus** diese Stelle, wo du bist *od.* ihr seid; **istae res** die Verhältnisse bei euch; **perfer istam militiam** harre aus bei deinem dortigen Dienst;

③ *(verächtl.)* der da, ein solcher; *oft auch* = der Angeklagte; **nostri isti nobiles; Mars alter, ut isti volunt** diese Leutchen;

/ *Gen. Sg.* istīus, *poet. istius, Dat.* istī.

ister *etr. Wort für ludio, vgl. histrio.*

Ister, trī *m = Hister.*

Isthmus *u.* **-os,** ī *m* Landenge, *bes.* die Landenge v. Korinth; – *Adj.* **Isthmius,** a, um; – *Subst.* **Isthmia,** ōrum *n* die Isthmischen Spiele, die Isthmien, *die nach den Olympischen Spielen bedeutendsten panhellenischen Spiele, welche alle zwei Jahre auf der Landenge v. Korinth dem Neptun zu Ehren gefeiert wurden.*

istī *Adv. (Lok. v. iste) (poet.)* dort.

istic[1], istaec, istoc *u.* istuc *(durch enklitisches -ce verstärktes iste; verstärkt istice, in Fragen isticine)* ① dieser dort, der da; **quid istic narrat?;** – *Abl.* istōc *(beim Komp.)* desto;

② *(Kom.)* ein solcher *(nur subst.).*

● **istīc[2]** *Adv. (Lok. v. istic[1])* ① *(zur Bez. des Ortes, der dem Angeredeten nahe ist)* dort, da, bei dir *od.* bei euch, *bes. in Briefen;*

② *(übtr.)* dabei [~ **esse** dabei sein, ganz Ohr sein].

istim *Adv. (iste) = istinc.*

istī-modī *(altl.) = istiusmodi.*

● **istinc** *Adv. (istim u. ce)* ① von dort, von da, *bes. v. dem Ort, wo sich der Angeredete befindet;*

② *(poet.)* davon; **memento ergo dimidium ~ mihi de praeda dare** *(Plaut.);*

③ *(vorkl.)* (fort) v. hier; **ilico ~!** schnell fort v. hier!; **non tu ~ abis?** *(Plaut.).*

istīus-modī v. der Art, so beschaffen.

istō *Adv. (iste)* ① dorthin, dahin, *bes.* dahin, wo du bist (wo ihr seid), in deine (eure) Gegend; ~ **venire, proficisci;**

② darein, da hinein.

istōc *Adv.* *(istic¹)* ① *(vor- u. nachkl.)* dorthin; **is quem ~ misi;**
② *(Ter.)* *(beim Komp.)* desto.

istōrsum *Adv.* *(isto u. vorsum)* *(Ter.)* dorthin.

Istrī, Istria = *Histri, Histria, s. Histria.*

istuc¹ *Neutr. v. istic¹.*

● **istūc²** *Adv.* *(iste; vgl. huc)* ① dahin, dorthin *(bes. wo du bist od. ihr seid)*; ~ **ire, pervenire;**
② *(übtr.)* dazu; ~ **ibam** ich wollte eben davon reden.

● **ita** *Adv.* I. *qualitativ* ① so, auf diese Weise, derart, so beschaffen, von der Art; **quae cum ita sint** da es sich so verhält; **res ita est** *od.* **se habet** die Sache verhält sich so; **ita aiunt; ita vita hominum est;**
② *(vergleichend)* **a) ita … ut** so … wie; **res ita evenit ut dixi; ut** *(od. sicut, quomodo, quemadmodum)* **… ita** wie … so: **ut sementem feceris, ita metes;** *oft auch* = zwar … aber, wenngleich … so doch: **Pausanias, ut virtutibus eluxit, ita vitiis est obrutus;** *auch* = wie … so auch, sowohl … als auch: **Hercules ut Eurysthei filios, ita suos configebat sagittis; b) ut quisque** *(m. Superl.)***…, ita** *(m. Superl.)* je *(m. Komp.)* (jemand)…, desto *(m. Komp.)*; **ut quisque amplissimus est, ita plurimos amicos habet; ut quidque est optimum, ita est rarissimum;**
③ *(b. Wünschen u. Schwüren)* **ita** *(m. Konj.)* **… ut** *(m. Ind. od., wenn ein neuer Wunsch folgt, m. Konj.)* so wahr … wie, so wahr ich wünsche, dass … so gewiss;
④ *(in Frageformeln)* **itane** (est)? ist es so? also wirklich?; **itane vero** *od.* **tandem?** ist's denn wirklich so?; **quid ita?** wieso? warum denn? inwiefern?;
⑤ *(als Antwort)* **ita, ita est, ita vero est** so ist es = ja, jawohl, freilich, allerdings; **non (est) ita** nein;
⑥ *(einen folg. Gedanken einleitend)* so, also, folgendermaßen, *bes. m. folg. A.C. I.;* **ita scripsit ad me sibi meam condicionem maximo adiumento fuisse** *(Cic.)*;
⑦ *(Vorausgehendes hervorhebend od. zusammenfassend)* so, unter solchen Umständen, infolgedessen, demnach, daher; **pater aegrotare coepit et ita mortuus est;**
⑧ *(die zeitl. od. logische Folge nachdrücklich hervorhebend)* da, dann, erst dann;
⑨ *(einschränkend)* **ita … ut** *od.* **si** *(verneint: ut non, ne tamen)* unter der Bedingung *od.* Voraussetzung, m. der Beschränkung, (nur) insofern; **homines ita nati sunt, ut virtutem studiose colerent; honesta oratio, sed ita, si bonos cives salvos velis** aber nur dann, wenn; **legati ita admissi sunt, ne tamen iis senatus daretur;**
II. *(zur Bez. des Grades)* so, so sehr, in solchem Grade, dermaßen; **ita fatuus et amens es; ita conscientia mentem excitam vastabat; ita non** so wenig: **captivus minis ita non est motus, ut subrideret; non ita** *od.* **haud ita** *(bei Adj. u. Adv.)*, **non ita valde** *(bei Verben)* nicht eben, nicht gerade.

Italia, ae *f* Italien, *meton.* die Bewohner Italiens; – **Italus,** ī *m* Italer, Italiker, *Pl.* **Italī,** ōrum *u.* um, *fem.* **Italis,** idis Italerin; **Italicī,** ōrum *m* die verbündeten Völker Italiens, *bes. z. Zt. des Bundesgenossenkriegs;* – *Adj.* **Italicus,** a, um [**stirps, socii; bellum** Bundesgenossenkrieg], **Italius,** a, um [**terra** Italien] *u.* **Italus,** a, um [**gens; mare**];
/ das I ist im Vers auch lang.

Italica, ae *f Stadt in Hispania Baetica (Südspanien);* – *Einw. u. Adj.* **Italicēnsis,** is *m bzw.* e *(das I ist im Vers auch lang).*

● **ita-que** I. *Adv.* *(= et ita)* und so; **eodem te rediturum dixeras itaque fecisti;**
II. *Kj.* daher, deshalb, demnach, also, infolgedessen; **nemo ausus est eum sepelire, itaque a servis sepultus est** *(Nep.)*.

● **item** *Adv.* *(< ita u. -em; vgl. idem)* ① *(vergleichend)* ebenso, auf gleiche Weise; **fecisti item ut praedones solent;**
② ebenfalls, gleichfalls, auch, desgleichen; **litterae mittuntur a patre, ab amicis item;**
③ *(gleiche Dinge anreihend)* ebenso, gleichermaßen, auch; **beneficiis affectus itemque ornamentis praeditus;**
④ *(vorkl.)* v. der Art, dergleichen.

● **iter,** itineris *n* *(ire)* ① *(abstr.)* das Gehen, Weg, Gang *(den man nach einem Ort od. Ziel macht)*;
② Reise, Marsch, Fahrt; **iter facere** eine Reise *od.* einen Marsch machen, reisen, marschieren; **iter tendere, tenere** eilen; **iter pergere, ingredi; iter habere** auf dem Wege sein *od.* eine Reise, einen Marsch vorhaben; **in itinere** *u.* **ex itinere** auf dem Marsch, während der Reise, unterwegs; **itinere pedestri** auf dem Landweg;
③ *(meton.)* **a)** Tagereise, Tagemarsch *(als Wegstrecke od. Längenmaß)* [**paucorum dierum** wenige Tagemärsche; **dierum ~ quadraginta; magnum** Eilmarsch]; **magnis diurnis nocturnisque itineribus contendere; quam maximis itineribus in Galliam contendere** in Eilmärschen; **b)** das Recht, irgendwo zu gehen, freier Durchgang, Durchgangsrecht; **negat se posse iter ulli per provinciam dare** *(Caes.)*;
④ *(konkr.)* Weg *(der nach einem Ort od. Ziel führt)*, Straße, Bahn [**(di)rectum; longum; angustum; devium; pedestre** Fußweg]; **iter facere** bahnen; **iter ferro aperire;**
⑤ *(übtr.)* Weg; **omnibus patet ~ ad civitatem** zum Bürgerrecht; ~ **salutis** Weg zum Heil;

⑥ Art u. Weise, Verfahren, Methode, Ausweg; **nova itinera eloquentiae;**
⑦ Gang, Fortgang, Bahn;
⑧ *(nachkl.) (v. Flüssen)* Lauf.

iterātiō, ōnis *f (itero)* Wiederholung [**verborum; ludorum**].

iterātō *Adv. (itero) (spätl.)* abermals.

iterō, iterāre *(iterum)* ① wiederholen, erneuern, etw. zum zweiten Mal tun [**pugnam; aequor** wieder befahren; **cursūs** wieder aufnehmen; **ortūs** wiederum aufgehen; **tumulum** wieder errichten; **lanam muricibus** zweimal färben]; – *mediopass. iterari* sich wiederholen, sich erneuern;
② *agrum, solum* nochmals pflügen;
③ nochmals sagen, wiederholen.

● **iterum** *Adv.* ① zum zweiten Mal, abermals, wiederum, wiederholt; **primo (semel) ... iterum ... tertio; semel atque** ~ *od.* **semel iterumque** zu wiederholten Malen, ein paarmal; ~ **iterumque** immer wieder, mehrmals; **numquam** ~ niemals wieder; **Caepione et Philippo** ~ **consulibus**;
② *(im Gegensatz)* andererseits, dagegen.

Ithaca, ae *u.* **Ithacē,** -ēs *f Insel im Ionischen Meer, j.* Ithaki, *Heimat des Ulixes; – Einw. u. Adj.* **Ithacus,** ī *m bzw.* a, um *u.* **Ithacēnsis,** is *m bzw.* e.

iti-dem *Adv. (< ita u. dem; vgl. idem)* ebenso, auf dieselbe Weise, gleichfalls.

itiner, eris *n (altl.) = iter.*

itineror, itinerārī *(iter) (spätl.)* reisen.

itiō, ōnis *f (eo²)* das Gehen, Gang, Reise [**domum** ~ das Nachhausegehen].

Itius portus *m Hafen der gall. Moriner (im heutigen Belgien).*

itō, itāre *(Intens. v. eo²)* gehen.

Itōnus, ī *m Ort in Böotien (Mittelgriechenland) m. einem Tempel der Athene (Minerva); – Adj.* **Itōnius,** a, um.

itum *P.P.P. v. eo².*

Itūraeī, ōrum *m Volk in Palästina am Oberlauf des Jordan; – Adj.* **Itūraeus,** a, um.

itus, ūs *m (eo²)* das Gehen, Gang, Abreise.

Itys, yos *u. (Cat.)* **Itylus,** ī *m Sohn des thrak. Königs Tereus, seine Mutter Prokne tötete ihn u. setzte ihn dem Vater zum Mahl vor; (Akk.* Itym *u.* -yn, *Abl.* -ȳ).

iuba, ae *f* ① Mähne **a)** *v. Tieren;* **b)** *(Sen.) scherzh. v. buschigem Haupthaar;*
② *(poet.) (meton.)* **a)** Kamm *(am Kopf der Schlange);* **b)** Helmbusch.

Iuba, ae *m Name v. Königen v. Numidien:* ① ~ I., *Sohn Hiempsals II., Pompejaner, beging nach Cäsars Sieg bei Thapsus (46 v. Chr.) Selbstmord;*
② ~ II., *Sohn des vorigen, in Italien erzogen, v. Augustus als mauretanischer König eingesetzt; hatte große Verdienste um die Ausbreitung der griech. Kultur im Westen Nordafrikas (gest. wohl 23 od. 24 n. Chr.);*
③ *Mauretanier (Ende des 2. Jahrhs. n. Chr.), Verf. eines Lehrbuchs der Metrik.*

iubar, aris *n (poet.)* ① helles Licht, strahlender Glanz [**lunae; aurorae**];
② *(meton.)* leuchtender Himmelskörper, Sonne, Stern.

iubātus, a, um *(iuba)* m. einer Mähne *od.* einem Kamm (versehen) [**leo; anguis; stella**].

● **iubeō,** iubēre, iussī, iussum ① befehlen, verordnen, auftragen, gebieten, *auch* auffordern [**tributum** auftragen]; *meist m. A. C. I.:* **pontem iubet rescindi;** *m. bloßem Inf. Akt., wenn die den Auftrag erhaltende Person selbstverständlich od. unbestimmt ist:* **dux receptui canere iussit; lex recte facere iubet;** *(im Pass. m. N. C. I.);*
② gutheißen, genehmigen, beschließen, einführen [**legem; rogationem; bellum alci** gegen jmd.; **alci provinciam** zuerkennen]; *(m. ut; A. C. I.);*
③ jmd. zu etw. wählen *od.* erklären *(m. Akk. od. dopp. Akk.)* [**tribunos; alqm regem**];
④ **alqm salvere** *(od.* **salvum esse, valere***)* **iubere** jmd. grüßen (lassen); v. jmdm. Abschied nehmen.

iūbilaeum, ī *n (hebr. Fw.) (spätl.)* Jubelzeit, -feier; **annus -i** Jubeljahr.

iūbilātiō, ōnis *f (iubilo) (nachkl.)* das Jauchzen, Frohlocken, Jubel.

iūbilō, iūbilāre *(vorkl.; spätl.)* ① laut u. wild lärmen;
② jauchzen, frohlocken, jubeln.

iūbilum, ī *n (iubilo) (spätl.)* Jubel.

iūcunditās, ātis *f (iucundus)* ① Annehmlichkeit [**vitae; urbis; agri**]; **se iucunditati dare** sich dem Vergnügen hingeben;
② Liebenswürdigkeit, Freundlichkeit, Fröhlichkeit [**naturae** Liebenswürdigkeit des Charakters]; **erat in homine** ~ *(Cic.); – Pl.* Beweise v. freundlicher Gesinnung, v. Güte;
③ Beliebtheit.

iūcundor, iūcundārī *(iucundus) (spätl.)* sich vergnügen.

● **iūcundus,** a, um *(zu iuvo)* ① erfreulich, angenehm, ergötzlich [**odor; ludi**]; *(zu, für etw.: ad; Dat.; Sup.; für jmd.: Dat.);* **verba ad audiendum -a; aqua potui -a;**
② *(v. Personen)* liebenswürdig, heiter;
③ beliebt *(bei: Dat.)* [**multitudini**].

Iudaea, ae *f* Judäa *(der Süden Palästinas), auch = ganz* Palästina; – *Einw.* **Iūdaeus,** ī *m* Jude; – *Adj.* **Iūdaicus,** a, um jüdisch [**aurum** *das als Abgabe in den Provinzen v. den Juden gezahlte*].

● **iūdex,** dicis *m, selten f (ius u. dico)* ① Richter [**iustus; corruptus; verissimus; severus;** *(in, über etw.: Gen.; de)* **vitae necisque**]; **esse iudicem; alci iudicem dare** bestimmen; **alci iudicem ferre** jmdm. vorschlagen; **iudi-**

cem reicere ablehnen; **iudicem dicere** angeben, wen man zum Richter haben möchte; **sedere iudicem in alqm; te iudice** vor deinem Richterstuhl; **apud iudicem causam agere** vor dem Richter; **iudices nullos habere** so gut wie keine = schlechte Richter haben; **aequum se iudicem rei alci praebere;**
2 Schiedsrichter;
3 Beurteiler, Kenner, Kritiker [**studiorum**]; **me iudice** nach meinem Urteil;
4 *(mlt.)* Verwalter, Amtmann.

iūdicātiō, ōnis *f (iudico)* 1 richterliche Untersuchung;
2 Urteil, Urteilsspruch.

iūdicātum, ī *n (iudico)* 1 richterliches Urteil, Urteilsspruch; **-um non facere** dem Urteilsspruch nicht Folge leisten; **-um negare;**
2 *(meton.)* gerichtlich festgesetzte Summe.

iūdicātus, ūs *m (iudico)* Richteramt.

iūdiciālis, e *(iudicium)* gerichtlich, Gerichts- [**causa; genus dicendi; porta**].

iūdiciārius, a, um *(iudicium)* gerichtlich, Gerichts- [**controversiae** Streitigkeiten über das Gerichtsverfahren].

● **iūdicium,** ī *n (iudex, iudico)* 1 Urteil, Urteilsspruch, Richterspruch, Erkenntnis, Entscheidung [**senatūs; populi;** *(über jmd.: de alqo; über etw.: alcis rei od. de re)* **de capite fortunisque alcis**]; **-um facere** *od.* **dicere** ein Urteil fällen;
2 gerichtliche Untersuchung, Gerichtsverhandlung, Gericht, Prozess *(wegen, über etw.: alcis rei u. de re)* [**capitis** *u.* **de capite** über *od.* auf Leben u. Tod; **repetundarum** *u.* **de pecuniis repetundis** wegen Bestechung; **publicum** in Strafsachen; **privatum** in Zivilsachen; **inter sicarios** wegen Meuchelmordes]; **-o praeesse** den Vorsitz führen; **-um dare** *u.* **reddere** eine gerichtl. Untersuchung gestatten *(vom Prätor)*; **qui -um dat** = Prätor; **-um committere** anstellen; **-um accipere** sich in eine gerichtl. Untersuchung einlassen; **alqm in -um deducere (adducere, vocare)** verklagen; **-um effugere** dem Strafgericht entrinnen; **-um facere** *u.* **exercere** Gericht (ab)halten; **-um nullum habuit** war nie in einen Prozess verwickelt;
3 *(meton.)* **a)** Gerichtsbarkeit, richterliches Amt; **-a manere apud ordinem senatorium volunt; b)** Gerichtsort, -stätte; **in -um venire; multum in -is versari; c)** die Richter, Richterkollegium; **-um implorare; d)** Prozess, Rechtsstreit; **-um habere** einen Prozess haben = verklagt sein; **-um vincere;**
4 *(übtr.)* **a)** Meinung, Ansicht, Urteil [**vulgi; erroris** irriges Urteil; **animi** innerste Überzeugung]; **omnium -o** nach allgemeinem Urteil; **intellegentium -o** nach dem Urteil der Kenner; **b)** Urteilskraft, -vermögen, Geschmack [**subtile**]; **magni -i esse; c)** Einsicht, Überlegung; **-o alqd facere** m. Vorbedacht, absichtlich;
5 *(spätl.)* das Jüngste Gericht.

● **iūdicō,** iūdicāre *(iudex)* 1 Recht sprechen, urteilen, gerichtlich entscheiden; **iudicandi potestas; qui iudicat** Richter, *bes.* Prätor; **alci tabellas dare ad iudicandum** zur Abstimmung; **verum** *od.* **falsum** ~ ein richtiges *od.* falsches Urteil fällen; **rem** *od.* **res** ~ das Richteramt ausüben; – wegen, zu etw. verurteilen *alci alqd od. alcis rei:* **alci perduellionem** *u.* **perduellionis ~;** *(m. de; Gen. criminis; A. C. I., im Pass. N. C. I.; m. indir. Frages.)*;
2 jmd. verurteilen, eine Sache entscheiden [**lites; causas**]; **res iudicata** abgeurteilte Sache, Präzedenzfall;
3 *(übtr.)* urteilen, glauben, meinen *(de; A. C. I., im Pass. N. C. I.)*;
4 entscheiden, beschließen, bestimmen *(de; A. C. I.; indir. Frages.)* [**ex alqo de ceteris** v. jmdm. auf die Übrigen schließen; **sibi ipsi** eigenmächtig]; **iudicatum est** es ist entschieden, es steht fest;
5 beurteilen, schätzen *(nach etw.: re u. ex re)* [**de viro suspicionibus** auf bloße Verdachtsgründe hin; **hominem ex habitu**]; **ex quo iudicari potest** man kann daraus schließen;
6 *(m. dopp. Akk.)* f. etw. halten *od.* erklären [**alqd pulcherrimum; frugalitatem virtutem maximam; alqm hostem**].

iugālēs, lium *m (iugalis)* Gespann [**gemini** Zweigespann].

iugālis, e *(iugum) (poet.)* 1 Joch-, Zug- [**equus; iumenta**];
2 *(übtr.)* ehelich, hochzeitlich, Ehe-, Braut- [**taeda; sacra** Hochzeitsfest; **dona** Brautgeschenke; **ignes** Feuerbrand (= Paris, *der das Kriegsfeuer durch die Entführung der Helena üb. Kleinasien brachte*)].

Iugārius vicus *Straße in Rom am Fuß des Kapitols, benannt nach der ehestiftenden Göttin Iuno Iuga, die dort einen Altar hatte.*

iugātiō, ōnis *f (iugo)* das Anbinden der Reben an Querbalken.

iūgerum, ī *n (iungo, iugum)* ein Morgen Landes *(= ¼ Hektar); – Gen. Pl.* iugerum, *Dat. u. Abl. Pl.* iugeribus.

iūgis, e *(iungo)* 1 *(vom Quellwasser)* nie versiegend, immer sprudelnd [**aqua; puteus**];
2 *(vor- u. nachkl.)* dauernd, beständig [**thesaurus; concordia**].

iūgitās, ātis *f (iugis) (nachkl.; spätl.)* Beständigkeit.

iū-glāns, glandis *f (= Iovis glans)* Walnuss.

iugō, iugāre *(iugum)* 1 verknüpfen, verbinden; **omnes virtutes inter se nexae et iugatae sunt** *(Cic.)* sind miteinander eng verbunden;
2 *(poet.)* verehelichen.

iugōsus, a, um *(iugum) (Ov.)* gebirgig [**silvae**].

iugulae, ārum *f (iungo, erg. stellae)* der *(aus drei Sternen bestehende)* Sterngürtel des Orion.

iugulātiō, ōnis *f (iugulo)* das Erstechen, Ermorden.

iugulō, iugulāre *(iugulum)* ① die Kehle durchschneiden, (ab)schlachten, abstechen [**pecudes**];
② erstechen, ermorden, *abs.* morden;
③ *(übtr.)* vernichten, verderben [**alqm factis decretisque; Falernum**].

iugulum, ī *n u. (nicht klass.)* **-us,** ī *m (iungo)*
① Kehle; **-um dare** *(od.* **porrigere, offerre***)* sich töten lassen; **-um alcis petere** jmd. erstechen wollen;
② *(Plin.) (übtr.)* ~ **causae** Hauptpunkt, -argument.

● **iugum,** ī *n (iungo)* ① Joch *(Krummholz an der Deichsel, das auf den Nacken der Zugtiere gelegt wird), oft Pl.;* **bestiis -a imponere; bos -a detractans;**
② *(meton.)* Gespann; *übtr.* Paar [**impiorum** v. Schurken; **aquilarum**];
③ *(übtr.)* **a)** Joch, Pflicht; **b)** *(poet.)* Ehejoch; **c)** Sklavenjoch *(auch übtr.);* **-um pati** *u.* **accipere** sich gefallen lassen; **-um exuere** abschütteln; **-o premere** knechten, unterdrücken;
④ Querholz, -balken **a)** *(milit.) das aus drei Lanzen in der Form Π gebildete Joch, unter dem besiegte Feinde hindurchgehen mussten;* **copias sub -o (e)mittere** unter dem Joch entlassen; **b)** Querholz an der Waage, *übh.* Waage *(an der Deichsel u. als Gestirn);*
⑤ *(Ov.)* Webebaum; **telam -o vincire;**
⑥ *(Verg.)* Ruderbank; **per -a longa sedere;**
⑦ Gebirgszug, Kamm, Bergrücken, -kette, *übh.* Anhöhe, Berg [**montis; Alpium; -a silvarum** bewaldete Höhen].

iugūmentō, iugūmentāre *(iungo) (durch Querbalken)* miteinander verbinden [**parietes**].

> *i* Kultur **Iugurtha,** ae *m* König v. Numidien *(etwa das heutige Ostalgerien u. Tunis),* Enkel des Massinissa, führte mit den Römern 112–105 v. Chr. Krieg; anfangs siegreich, wurde er schließlich von Marius geschlagen. Er floh zu seinem Schwiegervater Bocchus, dem König v. Mauretanien *(etwa das heutige Marokko),* wurde von diesem an Sulla ausgeliefert; er wurde nach Rom gebracht u. 104 v. Chr. im Tullianum erdrosselt; – *Adj.* **Iugurthīnus,** a, um.

Iūlēus, a, um *(poet.)* ① des Iulus [**avi**];
② des Iulius Caesar [**Kalendae** 1. Juli];
③ des Augustus [**carina** Flotte des A.];
④ kaiserlich [**oliva; habenae** die röm. Herrschaft].

Iūlius, a, um *patriz. nomen gentile in Rom, am bekanntesten: C. ~ Caesar sowie sein Großneffe u. Adoptivsohn C. ~ Caesar Octavianus, s. Caesar;* – **Iūlia,** ae *f* **a)** *einzige Tochter Caesars u. Cornelias, m. Pompeius verheiratet, 54 v. Chr. gest.;* **b)** *einzige Tochter des Augustus v. seiner zweiten Gattin Scribonia (39 v. Chr.–14 n. Chr.), verheiratet m. Marcellus, dann m. Agrippa, zuletzt m. Tiberius, ihrer verschwörerischen Pläne wegen v. Augustus verbannt;* – *Adj.* **Iūlius,** a, um [**leges** Cäsars; **mensis** der Juli *(früher Quintilis; Geburtsmonat Cäsars);* **portus** *Kriegshafen zw. Puteoli u. Baiae in Kampanien; dah.* **unda** der Bucht *v.* Baiae] *u.* **Iūliānus,** a, um; *Subst. Pl.* -ī, ōrum *m* Cäsars Soldaten.

Iūlus, ī *m Sohn des Äneas u. der Crëusa =* Ascanius, *Gründer v. Alba Longa u. Stammvater der gens Iulia;* – *Adj.* **Iūlēus,** a, um julisch, des Iulus.

● **iūmentum,** ī *n (iungo)* Zug-, Lasttier [**onustum; -a oneraria**]; *Pl., auch Sg. Koll.* Zug-, Lastvieh [**iuncta** Zweigespann].

iunceus, a, um *(iuncus)* ① aus Binsen, Binsen- [**vincula**];
② *(Plin.)* binsenartig;
③ *(übtr.)* binsenschlank.

iuncōsus, a, um *(iuncus) (poet.; nachkl.)* voller Binsen [**litora; ager**].

iūnctim *Adv. (iungo)* ① vereint, beisammen;
② *(nachkl.)* hintereinander.

iūnctiō, ōnis *f (iungo)* Verbindung [**verborum**].

iūnctūra, ae *f (iungo)* ① Verbindung, Band, Fuge [**genuum** Gelenk; **verticis** Naht; **tignorum** Fuge, Riegel; **laterum -ae** Gürtelschnalle];
② *(Ov.) (übtr.)* Verwandtschaft [**generis**];
③ *(Hor.)* Zusammensetzung *eines Wortes.*

iūnctus, a, um *(P. Adj. v. iungo; Adv.* iūnctim, *s. d.)* ① zusammengefügt, vereinigt, vereint, verbunden *(mit etw.: cum; Dat.; Abl.);* **sapientia eloquentiae -a; ponto iunctior** näher;
② angrenzend, benachbart;
③ verwandt; befreundet, vertraut, verbunden [**sanguine** blutsverwandt; **alci amore**]; – *Subst.* *iunctissimi m (Tac.)* die nächsten Angehörigen;
④ *(rhet. t. t.)* wohl gefügt [**oratio**].

iuncus, ī *m (poet.; nachkl.)* Binse.

● **iungō,** iungere, iūnxī, iūnctum ① verbinden, vereinigen, zusammenfügen, -knüpfen [**dextram dextrae** sich die Hand geben, sich begrüßen; **libellum epistulae** beifügen; **naves** aneinander befestigen; **oscula** sich küssen; **cursum equis** Schritt m. den Pferden halten; **opes** die Macht; **urbem** die beiden Stadtteile; **fenestras** schließen; **dolorem cum al-**

I

qo teilen; **fluvium ponte** eine Brücke über den Fluss schlagen]; **crescendo iungi** zusammenwachsen; **iuncta facere** verbinden;

② *(poet.; nachkl.) (Tiere)* ins Joch spannen, anspannen, anschirren [**equos ad currum** *u.* **curru** *(Dat.)* an den Wagen]; **iuncti boves** Ochsengespann; **iumenta iuncta** Zweigespann;

③ *(einen Wagen)* bespannen; **currus albis equis iunctus;**

④ anfügen, anschließen;

⑤ *(milit.) Truppen* zusammenstoßen lassen, vereinigen [**copias** *od.* **arma alci** zu jmdm. stoßen; **agmina** anschließen];

⑥ ehelich verbinden, verheiraten *(alqm cum alqo, selten alci)* [**feminam secum matrimonio**]; *se ~ u. mediopass. iungi (m. cum od. Dat.)* sich verheiraten;

⑦ *(durch Verwandtschaft, Freundschaft)* verbinden, vereinigen; **amicitiā vetustā puer puero iunctus; alqm hospitio ~** mit jmdm. Gastfreundschaft schließen;

⑧ *(Verwandtschafts-, Freundschaftsbündnis u. Ä.)* knüpfen, schließen [**affinitatem cum alqo; amicitiam cum alqo**];

⑨ *(ein Bündnis, Frieden u. Ä.)* schließen, eingehen [**foedus; pacem**];

⑩ *se ~ u. mediopass. (polit.)* sich m. jmdm. verbinden, sich vereinigen, sich an jmd. anschließen; **foedere alci iungi;**

⑪ *(zeitl.)* verbinden, aneinander reihen, unmittelbar folgen lassen [**somnum morti; laborem** nicht unterbrechen];

⑫ *(Wörter)* zusammensetzen, durch Zusammensetzung bilden.

Iūniānus, a, um nach Iunius benannt.

iūnior *s. iuvenis.*

iūniperus, ī *f (poet.; nachkl.)* Wacholder.

Iūnius, a, um ① *Name einer alten patriz. gens, zu der der sagenhafte Gründer der röm. Republik zählte; die geschichtlichen Vertreter der gens sind Plebejer; s. Brutus u. Iuvenalis;* ② *(mensis)* Juni.

i Kultur **Iūnō,** ōnis *f* Tochter des Saturnus u. der Rhea, Schwester u. Gemahlin Jupiters, Ehe- u. Geburtsgöttin, Königin des Himmels (~ Regina), der griech. Hera gleichgesetzt; **urbs Iunonis** = Argos; – *Adj.* **Iūnōnius,** a, um *u.* **Iūnōnālis,** e der Juno gehörig *od.* geweiht [**ales** = Pfau; **custos** Argus; **stella** Venus; **mensis** *u.* **tempus** = der Juni]; – *Subst.* **Iūnōnicola,** ae *m u. f (colo)* Verehrer(in) der Juno; **Iūnōni-gena,** ae *m (gigno)* Sohn der Juno (= Vulcanus).

iūnxī *Perf. v. iungo.*

i Kultur **Iuppiter** (Iūpiter), Iovis *m (daneben Nom.* Diēspiter) ① Sohn des Saturnus u. der Rhea, Bruder des Neptunus u. des Pluto, Bruder u. Gemahl der Juno, Herr des Himmels, König der Götter, Vater der Götter u. Menschen, Gott des Himmelslichtes (der Gestirne u. des Blitzes), der älteste u. höchste Gott der Römer, dem Zeus der Griechen gleichgesetzt; **Iuppiter optimus maximus** *(als oberster Herr u. Schirmer der Römer);* **Iovis stella** der Planet Jupiter; *(übtr.)* ~ **Stygius** = Pluto;
② *(poet.) (meton.)* Himmel, Luft, Klima; **sub Iove** unter freiem Himmel; ~ **metuendus uvis** Regen.

Iūra, ae *m, auch* Iura mons *m* Jura (Schweizer Jura).

iūrāmentum, ī *n (iuro) (spätl.)* Eid.

iūrātiō, ōnis *f (iuro) (spätl.)* Eid, Vereidigung.

iūrātor, ōris *m (iuro)* vereidigter Begutachter *(bes. als Gehilfe des Zensors).*

iūrātus, a, um *(iuror)* vereidigt [**iudices; magistratūs**]; – *Subst. m* Geschworener.

iūre-cōnsultus, a, um, **iūre-perītus,** a, um rechtskundig.

iūrgium, ī *n (iurgo)* ① Zank, Streit, Wortwechsel; **in -o respondere; causam -i inferre; -o lacessere alqm; -a cum alqo exercere;**

② Streit vor Gericht, Prozess.

iūrgō, iūrgāre *(altl.* iūrigō) streiten, zanken; *trans. (poet.)* jmd. (aus)schelten.

iūridiciālis, e *(iuridicus)* rechtlich, gerichtlich [**causa**].

iūri-dicus, a, um *(ius u. dico[1])* Recht sprechend; – *Subst. m* Richter.

iūrigō *(altl.) = iurgo.*

iūris-cōnsultus, a, um rechtskundig.

iūris-dictiō, ōnis *f* Rechtsprechung, Zivilgerichtsbarkeit.

iūris-perītus, a, um rechtskundig.

iurista, ae *m (ius[1]) (mlt.)* Jurist.

● **iūrō,** iūrāre *(ius[1])* **I.** *intr.* ① schwören, einen Eid ablegen [**per deos** bei den Göttern; **in verba** auf die Eidesformel; **in verba magistri** blind folgen]; **iurantia verba** Worte des Schwurs;

② *(poet.)* **a)** *in alqd* sich zu etw. verschwören [**in facinus** zum Verbrechen]; **b)** *in alqm* sich gegen jmd. verschwören *(m. A. C. I.; Inf.)*;

II. *trans.* ① schwören *(m. innerem Obj.)* [**ius iurandum** einen Eid; **falsum** *u.* **falsa** einen Meineid];

② etw. m. einem Schwur bekräftigen, eidlich aussagen [**morbum** schwören, dass man krank (gewesen) ist]; – *Subst.* **iūrāta,** ōrum *n* eidlich Versichertes;

❸ *(poet.)* bei jmdm. *od.* etw. schwören, jmd. m. einem Schwur zum Zeugen der Wahrheit anrufen [**deos; maria aspera; sidera**]; **arae iurandae** an denen geschworen werden muss; **iurata numina** bei denen man geschworen hat; **dis iuranda palus** bei dem die Götter schwören müssen = Styx;
❹ etw. abschwören [**calumniam** schwören, dass man nicht aus böser Absicht als Kläger auftrete].

iūror, iūrārī *(ius¹; nur im Perf.-Stamm)* schwören.

● **iūs¹,** iūris *n* ❶ Recht *(als Inbegriff v. Gesetzen u. Verordnungen)*, Satzung; **principia iuris; ius ac fas colere** menschl. u. göttl. Recht; **contra ius fasque** gegen Recht u. Pflicht; **ius bonumque** Recht u. Gerechtigkeit; **iura dare, condere** *od.* **statuere** eine Verfassung geben; **ius et leges; iuris scientia; iuris** *od.* **iure consultus** rechtskundig;
❷ Rechtsanschauungen, Rechtsnormen, Recht [**gentium** Völkerrecht; **civile** bürgerliches Recht *od.* Privatrecht; **publicum** Staatsrecht; **hominum** *od.* **humanum** Naturrecht; **cognationis**]; **iura violare;**
❸ Recht *als Gegenstand richterlicher Entscheidung;* **summum ius** (das strengste u. höchste Recht) **summa iniuria; summo iure agere cum alqo** nach dem strengsten Recht m. jmdm. verfahren; **ius dicere** *od.* **reddere** Recht sprechen; **ius petere** einen Rechtsentscheid verlangen; **iura dare, de iure respondere** *od.* **iura promere alci** jmdm. Rechtsbescheide geben; **ex iure** streng nach dem Recht, nach dem Gesetz; **contra ius;**
❹ *(meton.)* Gericht, Gerichtsstätte, Gerichtshof; **in ius (ad)ire; in ius duci; in ius vocare, trahere alqm** jmd. vor Gericht ziehen, verklagen; **in iure ac praetorum tribunalibus haerere;**
❺ Rechtsformeln der Juristen, Gesetzsammlung [**Flavianum**];
❻ rechtliche Befugnis, (persönliches) Recht, Anrecht, Anspruch auf etw.; **ius suum tenere, obtinere** *od.* **retinere, ius suum persequi** *od.* **armis exsequi** geltend machen; **iura communia** gleiche Rechte; **iure** m. Recht, rechtmäßig; **meo, tuo, suo** *usw.* **iure** m. vollem Recht = **iure meritoque** *od.* **optimo (iusto) iure; de iure suo cedere** *od.* **suo iure decedere; ius suum recuperare; eodem, meliore iure esse; ius stat ab alqo** jmd. hat das Recht auf seiner Seite; *(auf etw.: Gen.)* **ius testandi; ius materiae caedendae; ius aquam ducendi** die rechtliche Befugnis, eine Wasserleitung zu legen; **ius est** *(m. ut od. Inf.)* man hat das Recht, es ist gestattet, zu ... : **ius est belli** (es ist Kriegsrecht), **ut victis victores imperitent;**
❼ Vorrecht, Vergünstigung, Privileg [**populi; mulierum**];
❽ Gewalt, Macht; **sui iuris esse** sein eigener Herr sein, selbstständig, unabhängig sein; **iuris alcis esse** unter jmds. Macht stehen, von jmdm. abhängig sein; **alqm proprii iuris facere** jmd. unabhängig machen; **alqm sui iuris facere** jmd. sich untertan machen, v. sich abhängig machen; **ius** *m. Gen. od. in u. Akk. (vorkl. auch m. ad)* Macht, Gewalt über jmd. *od.* etw.: **ius libertorum, in aequora, ad mulieres; homines recipere in ius dicionemque; sub ius iudiciumque regis venire; in paucorum ius concedere** geraten in;
❾ rechtliche Stellung;
❿ rechtmäßige, richtige Aussage [**peieratum** Meineid].

iūs², iūris *n* Brühe, Suppe, Tunke [**Verrinum** Schweinebrühe *u.* Rechtsprechung des Verres *(Wortspiel)*].

iūscellum, ī *n (Demin. v. ius²) (spätl.)* Brühe, Tunke.

● **iūs iūrandum,** iūris iūrandī *n (auch zus. geschrieben)* Eid, Schwur; **ius iurandum concipere** eine Eidesformel abfassen; **ius iurandum dare alci** jmdm. ein eidliches Versprechen geben; **ius iurandum accipere** sich schwören lassen; **iure iurando interposito** mittels.

iussī *Perf. v. iubeo.*

iussiō, ōnis *f (iubeo) (spätl.)* Befehl, Anordnung.

iussō *(altl.) = iussero (v. iubeo).*

● **iussū** *(m) (iubeo)* auf Befehl, im Auftrag [**consulis; vestro**].

iussum, ī *n (iubeo)* ❶ Befehl, Geheiß; **-a abnuere, exuere** den Gehorsam verweigern;
❷ Verordnung, Beschluss des Volkes;
❸ *(Ov.)* ärztliche Verordnung.

iussus *P.P.P. v. iubeo.*

iūsta, ōrum *n (iustus)* ❶ das Gebührende, Förmlichkeiten [**militaria; ludorum**];
❷ die letzte Ehre *(b. Totenbestattungen)* [**funebria**]; **-a facere alci** jmdm. die letzte Ehre erweisen;
❸ Totenopfer, -feier.

iūstificātiō, ōnis *f (iustifico) (Eccl.)* Rechtfertigung.

iūstificō, iūstificāre *(iustificus) (Eccl.)* ❶ recht handeln *(gegen jmd.: alqm);*
❷ rechtfertigen, *gew. im P. P. P.* iūstificātus, a, um *(m. Komp.).*

iūsti-ficus, a, um *(iustus u. facio) (Cat.)* recht tuend.

● **iūstitia,** ae *f (iustus)* ❶ Gerechtigkeit; **-am colere** üben; ~ **erga parentes;**
❷ *(personif.)* **Iūstitia** *Göttin der Gerechtigkeit.*

iūstitium, ī *n (ius u. sto; Bildung wie sol-stitium)* ❶ Einstellung aller Rechtsgeschäfte, Gerichtsstillstand; **-um edicere** verordnen; **-um**

I

indicere ankündigen; **-um remittere** aufheben;
② *übh.* Stillstand [**omnium rerum** aller Geschäfte];
③ *(nachkl.)* Landestrauer.

iūstum, ī *n (iustus)* Recht, Gerechtigkeit.

● **iūstus,** a, um *(ius[1])* ① gerecht, Gerechtigkeit übend [**iudex; in socios**]; **-e imperare;**
② recht-, gesetzmäßig, recht(lich) [**uxor** legitime; **hostis** der das Recht hat, Krieg zu führen; **dies** gesetzlich bestimmt; **bellum; supplicium**]; **-a arma capere** m. Recht;
③ gebührend, wohl begründet, triftig [**poena; triumphus; odium; causa; honores** verdient; **ira; lacrimae**]; **-e timere** m. Recht;
④ richtig, ordentlich, gehörig [**numerus; altitudo; exercitus** vollzähliges]; **plus -o** mehr als recht, über Gebühr; **-o iure** m. vollem Recht.

Iūturna, ae *f Quellnymphe, Schwester des Turnus;* **lacus Iuturnae** *Quellbassin auf dem Forum in Rom.*

iūtus *P.P.P. v. iuvo.*

iuvāmen, minis *n (iuvo) (spätl.)* Hilfe.

iuvenālis, e *(iuvenis)* jugendlich, Jugend- [**animus; vitia; studia**]; ludi iuvenales *od. Subst.* **iuvenālia,** ium *n v. Nero eingeführte, urspr. theatralische, Spiele.*

i Kultur **Iuvenālis,** is *m röm. cogn.:* D. Iunius ~, *röm. Satiriker, Zeitgenosse des Domitian, Trajan u. Hadrian.*

iuvenca, ae *f (iuvencus) (poet.)* ① junges Mädchen;
② junge Kuh, *die noch nicht gekalbt hat.*

iuvencula, ae *f (iuvenculus) (spätl.)* junges Mädchen.

iuvenculus *(Demin. v. iuvencus) (spätl.) = iuvencus.*

iuvencus *(iuvenis)* **I.** *Adj.* a, um jung;
II. *Subst.* ī *m* ① junger Mann;
② junger Stier.

iuvenēscō, iuvenēscere, – – *(iuvenis) (poet.; nachkl.)* ① heranwachsen;
② wieder jung werden.

iuvenīlis, e *(iuvenis)* jugendlich [**anni** Jugendjahre; **femur; error; licentia**].

● **iuvenis,** is **I.** *Adj. (Komp.* iūnior *u.* [*nachkl.*] iuvenior) jung, jugendlich [**anni** Jugendjahre];
II. *Subst. m u. f* ① *m* junger Mann; – *Komp. Pl.* **iūniōrēs,** rum *m* junge Mannschaft;
② *f (poet.)* junges Mädchen, junge Frau;
③ *(Suet.)* **iuvenes utriusque sexūs** junge Leute beiderlei Geschlechts.

iuvenīx, nīcis *f (iuvenis) (Plaut.)* junge Kuh, *die noch nicht gekalbt hat.*

iuvenor, iuvenārī *(iuvenis) (Hor.)* den Jüngling spielen, tändeln.

iuventa, ae *u. (poet.)* **iuventās,** ātis *f (iuvenis)* ① Jugend, Jugendalter, -zeit; **robur -ae; a (ab) -a** v. Jugend auf;
② *(meton.)* **a)** Jugendkraft, -frische, -mut; **b)** *(poet.)* Jugend, junge Leute [**imbellis**]; **c)** *(Verg.)* Bartflaum [**prima**];
③ *(personif.)* **Iuventa** *u.* **Iuventās** *Göttin der Jugend.*

● **iuventūs,** tūtis *f (iuvenis)* ① Jugend, Jugendalter, -zeit;
② *(meton.)* **a)** Jugend, junge Leute; **b)** junge Mannschaft.

● **iuvō,** iuvāre, iūvī, iūtum *(Part. Fut.* iuvātūrus) ① unterstützen, helfen, fördern *(abs.; m. Akk.)* [**alqm frumento; armis ac manu victoriam** zum Sieg beitragen]; **herba iuvans** nützlich; **dis iuvantibus** m. Hilfe der Götter; **audentes fortuna iuvat** *(Verg.);* **mulier domum iuvat** sorgt fürs Haus; *Pass. iuvor* mir wird geholfen; *unpers.* **iuvat** *(m. Inf.)* es nützt; **ad alqd** ~ zu etw. beitragen;
② förderlich sein *(m. Akk.);* **eos nox iuvit;**
③ erfreuen, erheitern, ergötzen; **multos castra iuvant; temperie caeli corpusque animusque iuvantur** *(Ov.); – unpers.* **iuvat** *(m. Inf. od. A. C. I.)* es (er)freut, es macht Freude *od.* Vergnügen.

● **iūxtā** *(verw. m. iungo)* **I.** *Adv.* ① nebenan, daneben, nahe dabei, ganz in der Nähe; **legio ~ constiterat; sellam ~ ponere; forte fuit ~ tumulus; thermis ~ celeriter constructis;** – *(poet.; nachkl.) auch* in die Nähe [**accedere**];
② *(übtr.)* **a)** auf gleiche Art, ebenso(gut), (so)wie, gleich(mäßig), unterschiedslos *(häufig m. ac, atque, et, -que; manchmal auch m. cum od. Dat.);* **castella ~ ignobilia; ~ rei publicae ac sibi consulere; die ac nocte ~ intentus; litteris Graecis atque Latinis ~ eruditus; hiemem et aestatem ~ pati; solo caeloque ~ gravi; plebi patribusque ~ carus; ~ obsidentes obsessosque inopia vexavit** *(Liv.);* **~ mecum omnes intellegitis** ebenso gut wie ich; **~ tecum aeque scio** *(Plaut.)* ich weiß es ebenso gut wie du; **parva res ~ magnis** *(Dat.)* **difficilis; ~ ac si** *(m. Konj.)* gleich als wenn, gerade wie wenn: **~ ac si meus frater esset** *(Cic.);* **b)** gleich wenig, gleich gering; **eorum vitam mortemque ~ aestimo; suae hostiumque vitae ~ parcere;**
II. *Präp. b. Akk. (manchmal auch nachgest.)* ① *(räuml.)* dicht neben, nahe bei, nächst, entlang an; **castra ponere ~ murum; totos dies ~ focum atque ignem agunt** *(Tac.);* **aequora ~** dicht über dem Meeresspiegel; **Tiberim ~;** – *auch* bis dicht in die Nähe von: **provehi vicina Ceraunia ~;**
② *(zeitl.)* **a)** gegen; **b)** unmittelbar nach; **c)** *(Tac.)* unmittelbar vor; **~ finem vitae;**
③ *(zur Bez. der Reihenfolge, der Rangordnung)* unmittelbar nach, nächst; **Nigidius Fi-**

gulus, homo ~ M. Varronem doctissimus; ~ divinas religiones fides humana colitur; ❹ *(zur Bez. v. Annäherung u. Ähnlichkeit)* nahe an, nahezu, beinahe zu; ~ **seditionem ventum erat** es war beinahe zu einem Aufstand gekommen; **populi imperium ~ libertatem est** kommt beinahe gleich, ähnelt; ❺ *(nachkl.)* gemäß, nach, entsprechend [~ **leges, nocturnum visum**].

iūxtim *Adv. (iuxta)* daneben.

Ixīōn, onis *m König der Lapithen in Thessalien, Stammvater der Kentauren, zur Strafe f. einen Frevel geg. Juno in der Unterwelt an ein wirbelndes Feuerrad geflochten;* – *Adj.* **Ixīonius,** a, um [**orbis** Rad des Ixion]; – *Patron.* **Ixīonidēs,** ae *m* Sohn des Ixion (= Pirithous).

I

K

K. *(Abk.) = Kaeso (röm. Vorname).*
Kal. = *Kalendae, s. Calendae.*
Karthāgō *s. Carthago.*
Katholicus *s. catholicus.*

L

L. *(Abk.)* ❶ *(als Vorname)* = *Lucius;*
❷ *(als Zahlzeichen)* = 50.

labāscō, labāscere *(Incoh. v. labo) (poet.)* zu sinken drohen, ins Wanken geraten; *übtr.* nachgeben; **labascit victus uno verbo.**

labea, ae *f (labium) (nicht klass.)* Lippe.

Labeātēs, tium *u. (selten)* tum *u.* **Labeātae,** ārum *m Volk im südl. Illyrien; – Adj.* **Labeātis,** idis *(f)* [**terra; palus**].

lābēcula, ae *f (Demin. v. labes)* kleiner Schandfleck.

labe-faciō, facere, fēcī, factum *(Pass.* -fīō, -fierī, -factus sum) *(labo)* ❶ zum Schwanken bringen, erschüttern [**arborem; partem muri; munimenta incussu arietum**]; **charta sit a vinculis non labefacta suis** nicht geöffnet;
❷ *(übtr.)* **a)** *(physisch)* schwächen, erschüttern [**corpora**]; **b)** wankend machen, erschüttern, zu Fall bringen, zugrunde richten [**iura plebis; res secundas**]; **c)** *(geistig)* erschüttern [**animum**]; **d)** *(Tac.)* aufwiegeln [**primores classiariorum**].

labefactātiō, ōnis *f (labefacto) (nachkl.)* Erschütterung.

labefactō, labefactāre *(Intens. v. labefacio)* ❶ zum Wanken (Schwanken) bringen, erschüttern [**signum vectibus; horrea bellicis machinis**]; **ad iudicem causa labefactatur;** – *Pass.* wanken, schwanken;
❷ *(übtr.)* **a)** zugrunde richten, stürzen, erschüttern [**aratores** den Wohlstand der Pflanzer erschüttern; **patriam; alcis dignitatem; amicitiam; rem publicam**]; **b)** *(poet.) jmd. in der Gesinnung* wankend machen, erschüttern, aufwiegeln [**animum alcis**].

labefactus *P.P.P. v. labefacio.*

labe-fēcī *Perf. v. labefacio.*

labe-fīō *Pass. v. labefacio.*

labellum¹, ī *n (Demin. v. labrum¹)* (kleine) Lippe, *Plaut. auch als Kosewort: meum labellum.*

lābellum², ī *n (Demin. v. labrum²)* kleines Opferbecken.

Labeō, ōnis *m (labea) röm. cogn.:* ❶ Q. Fabius ~, *Konsul 183 v. Chr.;*
❷ Q. Antistius ~, *Jurist der augusteischen Zeit, Republikaner.*

labeōsus, a, um *(labea) (Lucr.)* m. dicken Lippen.

Laberius, a, um *Name einer pleb. gens in Rom:* D. ~, *röm. Ritter u. Mimendichter z. Zt. Cäsars.*

lābēs, is *f (labor¹)* ❶ das Hin-, Einsinken, Fall, Sturz [**terrarum** Erdrutsch; *ebenso* **multis locis labes factae sunt;** *übtr.* **mali** Unglücksfall]; **labem dare** einstürzen;
❷ *(übtr.)* Sturz = Untergang, Unheil *(auch Pl.)* [**innocentiae; in tabella**]; *(meton.) (v. einer verderblichen Sache od. einer verderblichen Person):* ~ **civitatis, provinciae;**
❸ *(poet.)* (Schmutz-)Fleck, Makel; **sine labe columbae** schneeweiße;
❹ *(übtr.)* Schandfleck, Schmach [**rei publicae**]; **sine labe** ohne Schuld, untadelig; **labem inferre, imponere** *od.* **aspergere alci** *u.* **alci rei** anhängen; **labem abolere** auswetzen; **vita sine labe peracta; donec longa dies concretam eximit labem** *(Verg.); (meton., v. Personen)* ~ **illa atque caenum.**

Labīcī, ōrum *m Ort südöstl. v. Rom; – Adj.* **Labīcānus,** a, um [**via** *Straße v. Rom über Labici nach Benevent*]; *– Einw.* **Labīcānī,** ōrum *m.*

lābidus, a, um *(labor¹)* schlüpfrig, rutschig [**itinera**].

Labiēnus, ī *m (labium) röm. cogn.:* T. Attius ~, *Volkstribun 63 v. Chr., Legat Cäsars in Gallien, ging 49 zu Pompeius über, fiel 45 b. Munda.*

lābilis, e *(labor¹) (spätl.)* schlüpfrig [**limus**].

labium, ī *n (labrum¹) (vor- u. nachkl.)* Lippe.

labō, labāre *(Intens. v. labor¹)* ❶ wanken, schwanken, zu stürzen drohen; **labat ariete crebro ianua; genua labant; labant vincula** fangen an zu sinken; **turres sub gurgite labant; sermone** ~ stottern;
❷ *(übtr.)* **a)** wanken, zu sinken beginnen, zusammenzubrechen drohen; **rei publicae partes labantes; labans acies; labante re** Glück; **labante disciplina; memoria labat** das Gedächtnis ist unzuverlässig; **si unam litteram moves, labant omnia; b)** *(v. Personen, Gesinnung, Plan, Treue)* schwanken, wanken, unzuverlässig sein; **spes labat; labamus sententiam; labantem ordinem confirmare; animus** *od.* **consilium alcis labat; fides sociorum** ~ **coepit.**

● **lābor¹,** lābī, lāpsus sum ❶ gleiten, schweben **a)** herabgleiten, -schweben, sinken [**ex rupe; de caelo; per funem; per gradus** herunterfallen]; **ex oculis** ~ *(v. Tränen)* rinnen; **anima labens** schwindend; **sub sidera** ~ entschweben; **super terram** ~ hinsinken; **b)** dahingleiten, -fließen, -schweben, -fliegen; **anguis circum tempora labitur** schlängelt sich um die Schläfen; **per auras** ~; **sub terras** ~; **labuntur assidue flumina;** *(übtr.)* **oratio labitur;**
❷ *(poet.; nachkl.)* zusammensinken, einsinken, verfallen; **domus, aedes labitur; labuntur leto lumina** brechen;
❸ *(poet.; nachkl.)* entgleiten, entschwinden; **mente** ~ wahnsinnig werden; **labi memoriā** sich nicht mehr erinnern; **custodiā** ~;
❹ sich verbreiten; **dolor lapsus ad artus; somnus labitur in artus;**
❺ *(poet.) (v. der Zeit u. dem Leben)* dahingleiten, verfließen, entrinnen; **tempora la-**

L

buntur; tardo pede lapsa vetustas labitur;
⑥ *(poet.; nachkl.)* ausgleiten, straucheln, *ausgleitend* fallen [**pede**];
⑦ *(übtr.)* straucheln, unrecht tun, sich vergehen [**in officio; opinione**]; **in alqa re consilio** *od.* **casu lapsum esse** *(Cic.)*; **spe lapsus** in der Hoffnung getäuscht;
⑧ zu stürzen drohen, *übtr.* dem Untergang nahe sein; **alqm labentem excipere et sustinere; ferre praesidium labenti rei publicae;**
⑨ *(in einen Zustand)* geraten, sinken [**in luxuriam; in errorem; in externum morem**];
⑩ *(poet.; nachkl.)* verfallen, nachlassen; **labitur disciplina; labens domus; fides lapsa; lapsum genus** Verfall des Volkes; **lapsis rebus** im Unglück;
⑪ *(poet.)* sterben.

● **labor²** *u. (arch.)* **labōs,** ōris *m (labo)* ① Arbeit, Anstrengung, Mühe [**itineris; militiae; operis** der Belagerung; **corporis** Strapazen; **animi** geistige Anstrengung]; **fugiens laboris** arbeitsscheu; **laborem suscipere** *od.* **subire; tot adire labores; capere tantum laborem** sich so sehr bemühen; **exercere se tantis laboribus; ex labore se reficere; nullo** *od.* **sine (ullo) labore** mühelos; **(summo) cum labore; per laborem** unter Strapazen; **multo labore fatigatus;**
② *(ausgeführte)* Arbeit, Werk [**anni** Jahresertrag; **boum** *u.* **hominum** bestellte Felder; **domūs; operum**];
③ Arbeitsamkeit, Ausdauer; **iumenta summi laboris; homo magni laboris;**
④ Beschwerlichkeit, Mühseligkeit [**viae; militiae**];
⑤ Unternehmung, Tat [**belli**];
⑥ Not, Unglück, Pein [**Troiae** *u.* **Iliaci** die Leiden Trojas; **solis, lunae** Sonnen-, Mondfinsternis]; **in tantum luctum et laborem detrusus; eius erga me benevolentiam in labore meo perspexi;** – *poet. auch* Schmerz [**Lucinae** Wehen *(Lucina: Geburtsgöttin)*], Krankheit, Betrübnis;
⑦ *(personif.) (Verg.)* **Labōs,** ōris *m* Mühsal *(eine unterirdische Gottheit)*.

labōrātiō, ōnis *f (laboro) (nachkl.)* Arbeit, Anstrengung.

labōri-fer, fera, ferum *(labor² u. fero) (Ov.)* Arbeit, Strapazen ertragend [**Hercules; iuvencus**].

labōriōsus, a, um *(labor²)* ① mühsam, beschwerlich [**opus; fabula**]; **vitae genus -um sequi;**
② arbeitsam, tätig;
③ geplagt, viel Not ausstehend [**remiges Ulixei; aegritudo** quälender Gram]; **quid nobis duobus laboriosius?**

● **labōrō,** labōrāre *(labor²)* **I.** *intr.* ① arbeiten, sich anstrengen, sich abmühen, auf etw. hinarbeiten *(pro, de re)* [**pro salute alcis**]; *in re* m. etw. beschäftigt sein; *id* darauf hinarbeiten; *m. ut, ne;* – *non laboro (m. indir. Frages.)* ich frage nicht, es ist mir gleichgültig; **laborantem imitari** geschäftig tun; **sibi et populo Romano, non Verri ~ ;**
② leiden, bedrängt, in Not sein, geplagt werden, in Sorge sein; **Luna laborat** der Mond verfinstert sich; **laboranti subvenire; undique suis laborantibus succurrere; laboratur vehementer** man ist sehr besorgt; **non laboremus** es würde nicht so misslich um uns stehen; **acies laborat;** – *das Übel u. die Krankheit stehen im Abl.:* **morbo, frigore, malis, pestilentiā ~; multis vitiis ~; odio apud hostes ~** verhasst sein; – *der kranke Körperteil u. die Ursache des Leidens wird m. ex, selten m. a angegeben:* **ex capite, ex pedibus, ex desiderio, ex invidia ~; ex aere alieno ~** in Schulden stecken; **ex inscientia ~; a re frumentaria ~** keine Lebensmittel haben; – *in u. Abl. hinsichtlich einer Sache od. Person* leiden: **in re familiari ~; laborant duae in uno** *(Hor.)* zwei sind in einen Mann verliebt;
II. *trans. (poet.; nachkl.)* etw. bearbeiten, verarbeiten, verfertigen [**fructus** Früchte anbauen; **vestes auro** m. Gold durchwirken]; **laborata Ceres** = Brot; **noctibus hibernis castrensia pensa laboro.**

labōs *s. labor².*

labrum¹, ī *n* ① Lippe [**superius** Oberlippe; **inferius** Unterlippe]; *sprichw.:* **primis** *(od.* **primoribus***)* **-is attingere** *(od.* **gustare***)* **alqd** sich nur oberflächlich m. etw. beschäftigen; **-a comprimere; -a quatiuntur** zittern; **non a summis -is ista venerunt** *(Sen.)* sind nicht so obenhin gesprochen;
② Rand *(eines Gefäßes od. Grabens)* [**fontis**].

lābrum², ī *n (Schnellsprechform von lavabrum; lavo)* Becken, (Bade-)Wanne, Bottich, Zuber, Kübel; *meton. (Ov.)* Bad [**Dianae**].

labrusca, ae *f u.* **labrusca ūva** *od.* **vītis** *(poet.; nachkl.)* wilde Rebe, wilder Wein.

labyrinthēus, a, um *(labyrinthus) (Cat.)* labyrinthisch.

> *i* Kultur **labyrinthus,** ī *m (gr. Fw.)* Labyrinth, *bes. das der Sage nach v. Daedalus im Auftrag des Königs Minos für den Minotaurus in Knossos (Gnosus) auf Kreta geschaffene Gebäude m. vielen Irrgängen.*

lac *(altl.* lacte), lactis *n* ① Milch [**concretum** geronnene; **pressum** Käse]; **lacte vesci** sich v. Milch ernähren; **lac dare** säugen; **cum lacte nutricis errorem suxisse;**
② *(poet.; nachkl.)* milchiger Saft *(v. Kräutern,*

Blumen u. Ä.) [**herbarum; veneni** giftiger Saft];
❸ *(Ov.) (meton.)* Milchfarbe.
Lacaena, ae *f* Lakonierin, Spartanerin; *auch als Adj.:* lakonisch, spartanisch [**virgines**].
laccus, ī *m (lacus) (mlt.)* Zisterne.
Lacedaemōn, onis *f* Sparta; – *Einw.* **Lacedaemonius,** ī *m* Lakonier, Spartaner; – *Adj.* **Lacedaemonius,** a, um lakonisch, spartanisch [**Tarentum** *als Gründung v. Sparta*].
lacer, era, erum ❶ *(pass.)* zerfetzt, zerfleischt, verstümmelt [**artus; puppes; currus** zertrümmert]; *auch übtr.:* **sparsae atque lacerae gentilitates;**
❷ *(akt.) (Ov.)* zerfetzend, zerfleischend [**morsus**].
lacerātiō, ōnis *f (lacero)* das Zerfetzen, Zerreißen, Zerfleischen [**membrorum**]; **muliebres lacerationes genarum.**
lacerna, ae *f* mantelartiger Überwurf *m. Kapuze.*
lacernātus, a, um *(lacerna) (nachkl.)* m. einer lacerna bekleidet.
● **lacerō,** lacerāre *(lacer)* ❶ zerfetzen, zerreißen, zerfleischen, verstümmeln [**vestem; nasum auresque; ora; alqm dentibus; alqm omni cruciatu; alqm verberibus**]; **lacerari morsibus canum; toto corpore laceratus;**
❷ zertrümmern [**rates; pontem; classem**];
❸ zerzausen [**capillos**];
❹ zugrunde richten, zerrütten, gewaltig schmälern, quälen, misshandeln [**imperium; rem publicam largitionibus** durch Bestechung; **famam alcis; alqm fame**];
❺ *(Vermögen)* durchbringen, verschleudern [**pecuniam; bona patria**];
❻ *(m. Worten)* herunterreißen, beleidigen, verunglimpfen, tadeln [**alqm litteris; alqm probris; carmina alcis**]; **obtrectatio ~ solet;**
❼ *(Petr.)* verhunzen [**canticum**].
lacerta, ae *f* ❶ *(poet.; nachkl.)* Eidechse;
❷ Stöcker *(Seefisch).*
lacertōsus, a, um *(lacertus[1])* muskulös [**vir; centurio**].
lacertus[1], ī *m* ❶ Oberarm, *übh.* Arm; **-os excutere** schwingen; **-is colla complecti; Milo Crotoniates nobilitatus ex lateribus et -is suis** *(Cic.);*
❷ *(meton.) Pl.* Stärke, Kraft [**oratoris** Überzeugungskraft]; **aptare -os** sich zum Kampf rüsten;
❸ *(Ov.)* Schere *des Skorpions.*
lacertus[2], ī *m (poet.; nachkl.) = lacerta.*
● **lacessō,** lacessere, lacessīvī *u.* lacessiī, lacessītum ❶ reizen, herausfordern, angreifen, anklagen [**ferro regna** bekämpfen; **Teucros** angreifen; **alqm capitaliter apud centumviros** auf Leben u. Tod anklagen; **pacem** stören; **pelagus carinā** sich auf das Meer wagen, das Meer befahren]; *zu etw.: m. Abl. od. ad* [**pugnā** *u.* **ad pugnam; scripto** *u.* **ad scribendum** zum Schreiben]; **manibus lacessunt pectora plausa cavis** *(Verg.)* sie klatschen die Pferde auf die Brust und reizen sie so zum Mut;
❷ etw. beginnen, veranlassen [**pugnam; sermones**].
Lacetānī, ōrum *m Volk in Nordostspanien zw. Pyrenäen u. Ebro;* – *Landschaft:* **Lacetānia,** ae *f.*
lachanizō, lachanizāre *(gr. Fw.) (Suet., vulgär) = langueo.*
Lachesis, is *f eine der drei Parzen.*
Laciadēs, ae *m* der Lakiade *(aus dem lakischen Demos in Attika).*
lacinia, ae *f (verw. m. lacer)* ❶ Zipfel [**togae**]; *sprichw.:* **-ā obtinere alqd** m. knapper Not;
❷ *(Plin.)* Fetzen, Streifen.
Lacīnium, ī *n Vorgeb. an der Ostküste v. Bruttium (Süditalien) südöstl. v. Kroton m. Tempel der Iuno Lacinia (erst 1520 zerstört), j.* Capo delle Colonne; – *Adj.* **Lacīnius,** a, um.
Lacō *(u.* Lacōn), ōnis *m* Lakonier, Lakedämonier, Spartaner; – **Lacōnis,** idis *f* Lakonierin, Spartanerin; – *Adj.* **Lacōnicus,** a, um, *fem. auch* **Lacōnis,** idis lakonisch, spartanisch; – **Lacōnica,** ae *u.* **-ē,** ēs *f* Lakonien *als peloponnesische Landschaft;* – **Lacōnicum,** ī *n* **a)** *(erg. balneum)* Schwitzbad *in einer Badeanstalt;* **b)** *(Plaut.) (erg. vestimentum)* lakonisches Gewand.
● **lacrima** *(altl.* lacruma), ae *f* ❶ Träne; **-as dare** weinen; **alci -am** *od.* **-as dare** weihen; **-as fundere, profundere, effundere** vergießen; **-as demittere** fließen lassen; **cum -is** unter Tränen; **hinc illae -ae** daher diese Tränen, *fast sprichw.* daher stammt der Verdruss; **-ae per ora volvuntur; in morte misera alcis -as non tenere; alci -as movere** jmd. zum Weinen bringen; **prae laetitia -ae prosiliunt mihi** *(Plaut.);* **prae -is loqui non posse;** – *um jmd., um etw.: Gen.: Crëusae;*
❷ *(poet.; nachkl.)* ausschwitzende Feuchtigkeit, Harz [**Heliadum** Bernstein; **turis** Weihrauchkörner; **narcissi**].
lacrimābilis, e *(lacrimo) (poet.; nachkl.)* ❶ beweinenswert, unglücklich [**tempus**];
❷ jammervoll, kläglich [**gemitus**].
lacrimābundus, a, um *(lacrimo)* in Tränen ausbrechend, weinend.
lacrimātiō, ōnis *f (lacrimo)* ❶ *(Plin.; spätl.)* das Tränen *(als Augenkrankheit);*
❷ *(spätl.)* das Weinen.
lacrimō, lacrimāre *(lacrima)* ❶ weinen; **oculis lacrimantibus; multum** *u.* **multa ~** sehr, heftig; **~ gaudio; num id** (deshalb) **lacrimat virgo?;**
❷ *(poet.; nachkl.) (v. Pflanzen)* (herab)träufeln; **calamus lacrimans; lacrimatae cortice myrrhae** herabgeträufelte, herabgeronnene.

L

lacrimōsus, a, um *(lacrima) (poet.; nachkl.)* ① tränenreich, weinerlich, kläglich [**voces; carmen** Trauergesang];
② tränenerregend, vielbeweint [**funera; bellum; iussa** traurig];
③ tränenerregend *(durch physische Einwirkung)* [**fumus**];
④ *(krankhaft)* tränend [**oculi**].

lacrimula, ae *f (Demin. v. lacrima)* Tränchen [**falsa** Krokodilsträne].

lacrum … *(altl.) = lacrim* …

Lactantius, ī *m* L. Cae(ci)lius Firmianus ~, *Kirchenschriftsteller, Zeitgenosse Konstantins des Gr.*

lacte *(altl.) = lac.*

lactēns, *Gen.* entis *(lac)* ① saugend [**Romulus; porcus**]; **viscera lactentia** *(Ov.)* saugende Kinder; – *Subst.* lactentēs, tium *f (erg. hostiae)* noch saugende Tiere: **lactentibus rem divinam facere;**
② *(poet.; nachkl.) (v. Pflanzen)* milchig, saftig [**herba; frumenta; sata**].

lacteolus, a, um *(Demin. v. lacteus) (Cat.)* milchweiß.

lactēs, tium *f (lac)* ① *(poet.)* Eingeweide der Tiere, Gekröse, *scherzh. vom Eingeweide der Menschen;*
② *(Suet.)* Milch *als Samenflüssigkeit männlicher Fische.*

lactēscō, lactēscere *(lac)* ① zu Milch werden, in Milch übergehen; **omnis fere cibus matrum ~ incipit** *(Cic.);*
② *(nachkl.)* Milch *(zum Säugen)* bekommen.

lacteus, a, um *(lac)* ① *(poet.)* milchig [**umor** Milch];
② *(Verg.)* voller Milch [**ubera**];
③ *(Mart.)* Milch trinkend [**porcus**];
④ milchweiß [**cervix; via, orbis** *od.* **circulus** Milchstraße].

lactitō, lactitāre *(Intens. v. lacto¹) (Mart.)* säugen.

lactō¹, lactāre *(lac)* ① Milch geben, säugen;
② Milch saugen; **infans lactans;**
③ *(Mart.)* aus Milch bestehen, mit Milch bereitet sein; **metae lactantes** Käse.

lactō², lactāre *(Kom.)* an sich locken, hintergehen, zum Besten haben; **sollicitando et pollicitando eorum animos ~** *(Ter.).*

lactūca, ae *f (lac) (nachkl.)* Lattich, Kopfsalat.

lactūcula, ae *f (Demin. v. lactuca) (nachkl.)* zarter Kopfsalat.

lacūna, ae *f (lacus)* ① Vertiefung, Loch, Lücke, Höhlung;
② Abgrund, Schlund [**cavae; salsae**];
③ Lache, Sumpf, Teich, See; **totae solidam in glaciem verterunt -ae** *(Verg.);*
④ *(Ov.)* Grübchen;
⑤ *(übtr.)* Nachteil, Verlust; **ne qua ~ in auro sit** dass bei dem Handel an dem Gold kein Verlust herauskomme.

lacūnar, nāris *n (Abl. Sg.* -ī; *Nom. Pl.* -ia; *Gen. Pl.* -ium) *(lacuna)* getäfelte Zimmerdecke, Kassettendecke; **lacunaria ebore fulgentia; lacunaria auro gravia;** *sprichw. (Iuv.)*: **lacunar spectare** an die Decke sehen = zerstreut sein.

lacūnō, lacūnāre *(lacuna)* ① *(Ov.)* m. vertieften Feldern täfeln;
② *(Plin.)* vertiefen.

lacūnōsus, a, um *(lacuna)* lückenhaft.

● **lacus,** ūs *m* ① See, *der Ab- u. Zufluss hat* [**Avernus; Lemannus** der Genfer See], Teich; Lache;
② *(poet.) (meton.)* Wasser, Gewässer;
③ Flussbett; **lacu fluvius se condidit;**
④ Wasserbecken, Brunnen;
⑤ Wanne, Kübel, Trog, Bottich; *übtr.:* **nova ista quasi de musto ac lacu fervida oratio** *(Cic.);*
⑥ *(Verg.)* Lösch-, Kühltrog *der Schmiede.*

Lācydēs, is *m Philosoph aus Cyrene, Begründer der neuen Akademie.*

Lādōn, ōnis *m Fluss in Arkadien (Peloponnes), Nebenfluss des Alpheus.*

laecasīn *(gr. Fw.) (Petr.)*: ~ **dico** [*frigori*] ich pfeife auf…, ich schere mich nicht um …

● **laedō,** laedere, laesī, laesum ① *(poet.)* verletzen, beschädigen [**cursu aristas; collum zonā** sich erhängen; **laesus ignis** gestört]; **te pulvis laedet** anwidern; **via laedit** ist langweilig *od.* beschwerlich;
② *(übtr.)* verletzen [**fidem** sein Wort brechen; **laesa maiestas** Hochverrat; **alqm periurio; dignitatem alcis**];
③ beleidigen, kränken, wehtun [**numen**].

Laelius, a, um *Name einer pleb. gens in Rom:*
① C. ~ Sapiens, *Freund des jüngeren Scipio Africanus;*
② D. ~, *Befehlshaber der asiatischen Flotte des Pompeius;* – *Adj.* **Laeliānus,** a, um [**naves**].

laena, ae *f (gr. Fw.) langhaariger* Wollmantel.

Lāërtēs, ae *(selten* is) *m Vater des Odysseus (Ulixes);* – *Adj.* **Lāërtius,** a, um [**regna** = Ithaca]; – *Patron.* **Lāërtiadēs,** ae *m* Sohn des Laërtes (= Odysseus).

laesī *Perf. v. laedo.*

laesiō, ōnis *f (laedo) (rhet.)* Verletzung, das absichtliche Reizen *des Gegners.*

Laestrȳgones, num *m menschenfressende Riesen, b. Homer im fernen Westen lebend, später in der Gegend v. Formiae in Mittelitalien lokalisiert (Sg.* Laestrȳgōn, onis); – *Adj.* **Laestrȳgonius,** a, um [**amphora** Krug formianischen Weines].

laesus *P.P.P. v. laedo.*

laetābilis, e *(laetor)* erfreulich.

laetābundus, a, um *(laetor) (nachkl.)* voller Freude, fröhlich.

laetātiō, ōnis *f (laetor)* das Frohlocken, Jubel [**diutina**].

laetificō, laetificāre *(laetificus)* ① erfreuen, mit Freude erfüllen [**corda**];
② befruchten, gedeihen lassen; **Indus agros aquā laetificat; ~ agrum suis manibus.**

laeti-ficus, a, um *(laetus u. facio) (poet.; nachkl.)* erfreulich.

● **laetitia,** ae *f (laetus)* ① *laute, nach außen gezeigte* Freude, Fröhlichkeit [**maximae pugnae**]; **gaudium atque -am agitare** sich der Freude u. Fröhlichkeit überlassen; **ingenia in -am evocare** freudig stimmen; **-am capere ex alqa re; alqd alci -ae est** etw. macht jmdm. Freude;
② *(poet.)* Liebesglück;
③ *(Tac.)* Schönheit, Anmut [**membrorum; orationis**];
④ *(nachkl.)* Fruchtbarkeit, üppiger Wuchs *(v. Pflanzen u. vom Boden).*

● **laetor,** laetārī *(laetus)* ① sich freuen, fröhlich sein, an etw. Freude finden, seine Freude zeigen *(über, wegen etw.: re; de re; m. Akk. des Neutr. eines Pron. od. allg. Adj.; m. quod u. A. C. I.; in, bei, an etw.: in re)* [**bonis rebus; malo alieno; de communi salute; illud; utrumque** über beides; **in omnium gemitu** trotz allg. Trauer]; **laetor tandem longi erroris finem factum esse** *(Liv.)* zu meiner großen Freude ist endlich … ;
② *(Lucr.) (übtr.)* **laetantia loca** heitere Gegenden.

● **laetus,** a, um ① fröhlich, froh, freudig, heiter [**animus; oratio; dies; clamor; oculi; sedes** Wohnsitze der Seligen]; *(über etw.: re; de re; alcis rei; ob alqd; m. quod u. A. C. I.);* **dono ~; -a deûm partu** stolz auf; **animal pabulo -um; laborum ~** arbeitsfroh; **servatam ob navem ~;**
② erfreuend, erfreulich, angenehm, glückverheißend, beglückend, begünstigend [**facta; pax; augurium; omen; prodigium**]; **quid potest esse fructu** (f. den Genuss) **laetius?** *(Cic.);*
③ fruchtbar, üppig, ergiebig [**arbores; flores; tellus** fett]; reich an etw.: *Gen. od. Abl.:* **pabuli ~ ager; lucus laetissimus umbrae;**
④ *(poet.) (v. Tieren)* wohl genährt, fett [**armenta**];
⑤ *(vom Dichter, Redner, v. der Rede)* von reicher Fülle, lebendig, anmutig, gefällig [**ingenium; genus verborum**]; **loci laetiores** lebendigere Partien.

laeva, ae *f (laevus; erg. manus, pars)* linke Hand, die Linke, linke Seite; **ad -am** *u.* **(a) -a** zur Linken, links; **in -am** nach der Linken, links; **dextrā laevāque** rechts u. links; **-am petere** nach links fahren; **cognovi clipeum -ae gestamina nostrae.**

laevum, ī *n (laevus) (poet.; nachkl.)* linke Seite; **in -um flectere cursūs;** – *Pl.* laeva, ōrum die links liegende Gegend [**Mauretaniae; maris**]; **-a Propontidos intrare.**

● **laevus,** a, um ① linker, links liegend [**manus; auris; ripa**];
② *(poet.) (übtr.)* linkisch, ungeschickt, töricht [**mens**]; **o ego laevus** ich Tor!;
③ *(Hor.)* unbequem [**tempus** Unzeit];
④ *(poet.)* ungünstig [**picus** der Unglück verkündende]; **Sirius -o contristat lumine caelum** *(Verg.);*
⑤ *(poet.) (in der Auguralspr.)* günstig *(da der Augur nach Süden blickte u. zur Linken der Osten, die glückbringende Seite, lag)* [**numina; tonitrus**]; **-a prospera existimantur, quoniam laevā parte mundi ortus est** *(Plin.).*

laganum, ī *n (gr. Fw.) (Hor.)* dünner, in Öl gebackener Kuchen, Eierkuchen.

lagēos, ī *f (gr. Fw.)(poet.; nachkl.)* Hasenwein *(eine griech. Rebenart, nach der Farbe der Trauben benannt).*

lagoena, ae *f (gr. Fw.)* Flasche, Krug *(weitbauchiges, enghalsiges Gefäß m. Henkeln, aus Ton od. Glas).*

lagōis, idis *f (gr. Fw.) (Hor.)* Schneehuhn.

lagōna *u.* **lagūna** = *lagoena.*

laguncula, ae *f (Demin. v. lagoena) (nachkl.)* Fläschchen.

lāïcālis, e *(laicus) (Eccl.)* weltlich.

lāïcus *(gr. Fw.) (Eccl.)* **I.** *Adj.* a, um weltlich; **II.** *Subst.* ī *m* Laie; Laienbruder.

Lāius, ī *m König v. Theben, Vater des Ödipus;* – *Patron.* **Lāiadēs,** ae *m* = Ödipus.

lalīsiō, ōnis *m (afrikan. Wort.) (nachkl.)* Fohlen des Waldesels.

lāma, ae *f (poet.)* Lache, Pfütze, Sumpf.

lamberō, lamberāre *(lambo) (vorkl.)* belecken; *sprichw.:* **meo me ludo lamberas** du zahlst mir m. gleicher Münze.

lambō, lambere, lambī, lambitum ① (be)lecken *(trans. u. intr.);* **lupa linguā pueros lambit; sibila linguis vibrantibus ora lambit** *(v. Schlangen);*
② *(poet.; nachkl.) (übtr., v. Sachen)* leicht berühren, umzüngeln, *(vom Fluss)* bespülen; **ignis lambens** züngelndes; **flamma properabat ~ tectum; Aetna sidera lambit** *(Verg.)* ragt empor zu; **Oceanus terras lambit.**

lāmella, ae *f (Demin. v. lamina) (nachkl.)* Metallblättchen.

lāmellula, ae *f (Demin. v. lamella) (Petr.)* Metallblättchen.

lāmenta, ōrum *n (lamentor)* das Wehklagen, Jammern.

lāmentābilis, e *(lamentor)* ① *(poet.)* beklagenswert, beweinenswert [**tributum**];
② jammernd, klagend, weinerlich [**vox; gemitus; mulierum comploratio**].

lāmentārius, a, um *(lamenta) (Plaut.)* Klagen erregend [**aedes**].

lāmentātiō, ōnis *f (lamentor)* das Wehklagen,

L

Jammern; **lamentationem sedare** hemmen; **plangore et lamentatione forum complere** *(Cic.)*.

lāmentor, lāmentārī **I.** *intr.* wehklagen, jammern; **clamor lamentantium mulierum;** **II.** *trans.* wehklagen über, bejammern [**fratrem; se ipsum; calamitatem; vitam**]; *(m. A. C. I.)*.

lamia, ae *f (gr. Fw.)(Hor.) weibl. Vampir, der Kindern das Blut aussaugte u. sie verzehrte (meist Pl.)*.

Lamia[1], ae *m cogn. der gens Aelia; – Adj.* **Lamiānus,** a, um [**horti** *vor der Stadt Rom auf dem Esquilin*].

Lamia[2], ae *f Stadt in Thessalien.*

lām(i)na *(u.* lammina), ae *f* ① Platte, Scheibe *(v. Metall, Marmor, Horn u. a.)*, Blatt, Brett, Blech [**fulva** Goldblech; **aenea; serrae** Sägeblatt]; **ex argento -as ducere; aes in -as tenuare; -ae ardentes** *u.* **candentes** glühende Eisenplatten *als Instrument zum Foltern u. Brandmarken;* **tigna laminis religare** Eisenklammer;

② *(Hor.) (verächtl.)* ungemünztes Gold *od.* Silber; **inimicus -ae;**

③ *(Ov.)* Schwertklinge.

lampada, ae *f (vorkl.; spätl.) = lampas.*

lampas, padis *f (gr. Fw.)* ① *(poet.)* Leuchte, Fackel, Kerze; **quasi cursores vitae lampada tradunt** *(Lucr.)* enden ihre Lebensbahn;

② *(poet.) (übtr.)* Glanz, Schimmer, Schein, Licht [**Phoebea** Sonnenlicht, Sonne];

③ *(poet.) (meton.)* Leuchter; **lampades praecinctae auro;**

④ *(Sen.)* Meteor;

/ *Akk. Sg. auch* -pada; *Akk. Pl. auch* -padas.

Lampsacum, ī *n u.* **-us,** ī *f Stadt in Mysien (Kleinasien) am Hellespont, Zentrum des Priaposkultes, der am Hellespont, bes. in der Troas, heimisch war, j.* Lapseki; *– Einw.* **Lampsacēnī,** ōrum *m.*

lamptēr, ēris *m (gr. Fw.) (Plin.)* Leuchter.

Lamptēr, ēris *m Hafenort v. Phokäa in Ionien (Kleinasien).*

Lamus, ī *m myth. König der Lästrygonen, Gründer v. Formiae (an der Küste v. Mittelitalien);* **urbs -i** = Formiae.

lamyrus, ī *m (poet.; nachkl.) ein Seefisch.*

lāna, ae *f* ① Wolle [**mollis; rudis; aurea** das goldene Widderfell; *(übtr.)* **vellera lanae** *(Verg.)* Schäfchenwolken]; *sprichw.:* **de -a caprina rixari** um des Kaisers Bart streiten; **-am sufficere medicamentis quibusdam;**

② *(meton.)* aus Wolle Hergestelltes: **a)** Wollkleid; **bracchia -is obvolvere; b)** Wollfaden; **-am ducere** *od.* **facere** spinnen; **c)** *Pl.* Wollstoffe;

③ Wollarbeit; **-ae dedita Lucretia; -ā ac telā victum quaeritare; cogitare de -a sua** nur an seine Wollarbeit denken;

④ *(poet.) (übtr.)* das Wollige *an Früchten u. Pflanzen, bes.* Baumwolle.

lānārius, ī *m (lana) (spätl.)* Wollarbeiter.

lānātae, ārum *f (lanatus) (Iuv.)* Schafe.

lānātus, a, um *(lana)* ① mit Wolle versehen, Wolle tragend [**animalia**];

② *(poet.; nachkl.)* m. Wolle gefüttert, -umwickelt; *sprichw.:* **dii pedes -os habent** haben m. Wolle umwickelte Füße, kommen wie auf Wollsocken, kommen unvermerkt zur Rache.

lancea, ae *f (kelt. Wort)* Lanze, Speer *(in der Mitte m. einem Riemen versehen);* **sparos aut -as portabant.**

lanceārius, ī *m (lancea) (spätl.)* Lanzenträger.

lanceola, ae *f (Demin. v. lancea) (nachkl.)* kleine Lanze.

lancinō, lancināre *(lacer)* ① *(nachkl.)* zerfleischen, zerreißen [**gentes totas; alqm morsu**];

② *(Cat.) (übtr.)* verschlemmen, durchbringen [**paterna bona**].

lancula, ae *f (Demin. v. lanx) (spätl.)* kleine Waagschale.

lāneus, a, um *(lana)* ① aus Wolle [**pallium; infula; effigies**];

② *(Cat.)* weich wie Wolle.

Langobardī, ōrum *m germ. Volk aus Gotland od. Schonen, seit dem 1. Jahrh. v. Chr. an der unteren Elbe, seit 568 n. Chr. in Norditalien.*

langue-faciō, facere, – – *(langueo u. facio)* einschläfern.

languēns, *Gen.* entis *(P. Adj. v. langueo)* schlaff, matt, schläfrig [**senatus; vox**]; schwermütig [**cor**]; welkend [**hyacinthus**].

langueō, languēre, languī, – ① ermattet, erschlafft, abgespannt, kraftlos sein; **bracchia, corpora morbo languent; languet flos** ist verwelkt;

② *(übtr.)* kraftlos, abgespannt, untätig sein; **(in) otio ~; languent vires; amor languet** ist erkaltet.

languēscō, languēscere, languī, – ① erschlaffen, träge, schwach werden; **lecto ~** siechen; **senectute ~; color in luteum languescens** matt werdend; **flos languescit** welkt; **vinum** *od.* **Bacchus in amphora languescit** wird milder; **fluctus languescit; luna languescit** verdunkelt sich;

② *(übtr.)* erschlaffen, abnehmen; **languescunt animi** der Mut sinkt; **voluptates languescunt; quin ipse per se etiam languentibus nobis concidat** *(Cic.)* selbst wenn wir die Hände in den Schoß legen.

languī *Perf. v. langueo u. languesco.*

languidulus, a, um *(Demin. v. languidus)* ① schon welk [**corona**];

② *(Cat.)* matt [**somni**].

● **languidus,** a, um *(langueo)* ① matt, lässig, träge, schwach [**pecus; membra; ventus** lau; **vinum** mild; **lumina** matte Augen; **ignis; otia** träge Muße; **quies** einschläfernd];

❷ *(übtr.)* untätig, lau [**senectus; pax; animus; studium**].

languor, ōris *m (langueo)* ❶ Abspannung, Ermattung, Schlaffheit, Trägheit, Entkräftung [**corporis; aquosus** ermattende Wassersucht; **faucium** Heiserkeit]; **deambulatio me ad languorem dedit** *(Ter.)* hat mich ermattet;
❷ *(übtr.)* Untätigkeit, Schläfrigkeit, Lauheit [**bonorum**]; **gaudium in languorem vertere** Sorglosigkeit; **languorem afferre alci;**
❸ *(Hor.)* Schwermut; **amantem ~ arguit;**
❹ *(Sen.)* Ruhe, Stille *des Meeres.*

laniātiō, ōnis *f (Sen.) = laniatus.*

laniātus, ūs *m (lanio)* Zerfleischung, Zerreißen.

laniēna, ae *f (lanius)* Fleischerei, Metzgerei.

lānificium, ī *n (lanificus) (nachkl.)* Wollarbeit.

lāni-ficus, a, um *(lana u. facio)* mit Wolle sich beschäftigend, spinnend, webend [**manus; ars** Webekunst; **sorores** Parzen, *ebenso* **tres puellae**].

lāni-ger *(lana u. gero) (poet.; nachkl.)* **I.** *Adj.* gera, gerum Wolle tragend, mit Wolle bedeckt [**arbor** Baumwollbaum; **apices** m. Wolle umwickelte];
II. *Subst.* gerī *m* Schaf, Widder.

laniō[1], laniāre zerfleischen, zerreißen, zerfetzen [**hominem; artūs dentibus; unguibus ora; corpus; comas; crura** zerstückeln; *übtr.* **carmina** *m. Worten* herunterreißen].

laniō[2], ōnis *m (lanio[1]) (nachkl.)* Fleischer.

laniōnius, a, um *(lanio[2]) (Suet.)* Fleischer-, Henkers-.

lanista, ae *m* ❶ Gladiatorenmeister *(Besitzer u. Trainer einer Gladiatorentruppe, die er zu den Gladiatorenspielen vermietete);*
❷ *(übtr.)* Aufwiegler; **-ā Cicerone** v. C. aufgehetzt; **-is Aetolis** auf Antrieb der Ä.

lanisticius, a, um *(lanista) (Petr.)* dem Gladiatorenmeister gehörig [**familia** Gladiatorentruppe].

lānitium, ī *n (lana) (poet.; nachkl.)* Wolle [**silvarum** Baumwolle].

lanius, ī *m (lanio[1])* ❶ Fleischer, Metzger; **pendēre ad -um** *(vom geschlachteten Vieh);* **cultrum ab -o arripere;**
❷ *(Plaut.)* Opferschlächter;
❸ *(Plaut.)* Henker.

lanterna, ae *f (gr. Fw.)* Laterne, Lampe [**linea**].

lanternārius, ī *m (lanterna)* Laternenträger; *übtr.* Spießgeselle [**Catilinae**].

lantgravius, ī *m (germ. Wort) (mlt.)* Landgraf.

lānūgō, ginis *f (lana) (poet.; nachkl.)* ❶ das Wollige *der Bäume, der Früchte u. Ä.;*
❷ Bartflaum.

Lānuvium, ī *n Stadt in Latium, südl. vom Albaner See, m. Tempel der Iuno Sospita, j.* Lanuvio; – *Einw. u. Adj.* **Lānuvīnus,** ī *m bzw.* a, um; – **Lānuvīnum,** ī *n ein Landgut b. Lanuvium.*

lanx, lancis *f* ❶ Schüssel, Schale;
❷ Waagschale; **vitam aequā lance pensitare** *(Plin.).*

> *i* Kultur **Lāocoōn,** ontis *m* Bruder des Anchises, Priester des Poseidon in Troja, der die Trojaner vor dem hölzernen Pferd warnte u. zusammen m. seinen zwei Söhnen v. zwei Schlangen getötet wurde.

Lāodamīa, ae *f Gattin des Protesilaus, dem sie aus Liebe in den Tod folgte.*

Lāodicēa *(u.* -cīa), ae *f* ❶ *Stadt in Großphrygien (Kleinasien);*
❷ *Stadt in Syrien;*
/ *Einw.* **Lāodicēnī,** ōrum *m;* / *Adj.* **Lāodicēnsis,** e.

Lāomedōn, dontis *m König v. Troja, Sohn des Ilos, Vater des Priamus;* – *Adj.* **Lāomedontēus** *u.* **-tius,** a, um des Laomedon, *poet. auch* trojanisch [**heros** = Äneas]; – *Patron.* **Lāomedontiadēs,** ae *m* = Priamus; *Pl.* = die Trojaner.

lapathum, ī *n u.* **-us,** ī *f (gr. Fw.)* Sauerampfer.

lapi-cīda, ae *m (lapis u. caedo)* Steinmetz.

lapicīdīnae, ārum *f (lapicida)* Steinbrüche.

lapidārius, a, um *(lapis) (vor- u. nachkl.)* Stein- [**navis** Steine führendes].

lapidātiō, ōnis *f (lapido)* ❶ das Steinwerfen, Steinwürfe, *auch Pl.* [**magna** Hagel v. Steinen]; **~ facta est** man warf m. Steinen;
❷ *(spätl.)* Steinigung *(Hinrichtung).*

lapidātor, ōris *m (lapido)* Steinschleuderer.

lapideus, a, um *(lapis)* ❶ steinern, Stein- [**arca; imber** Steinhagel]; *(übtr.)* **-o corde esse** ein Herz aus Stein haben, unbarmherzig sein;
❷ *(vorkl.) (übtr.)* versteinert *(vor Entsetzen);* **~ sum, commovere me miser non audeo** *(Plaut.);*
❸ *(Plin.) (= lapidosus)* steinig, voller Steine [**campi**].

lapidō, lapidāre *(lapis)* ❶ *(unpers.) lapidat* es regnet Steine *(Perf. lapidavit u. lapidatum est);*
❷ nach jmdm. *od.* etw. Steine schleudern, jmd. steinigen *(m. Akk.)* [**templa**].

lapidōsus, a, um *(lapis) (nicht klass.)* ❶ steinig, voller Steine [**terra; undae**];
❷ hart wie Stein [**panis**].

lapillus, ī *m (Demin. v. lapis) (poet.; nachkl.)*
❶ Steinchen; **-i crepitantes;**
❷ Mosaiksteinchen;
❸ Edelstein, *auch* Perle [**nivei viridesque** Perlen u. Smaragde]; **caris aures onerare -is** *(Ov.);*
❹ Stimmstein *(b. Abstimmen über Leben u. Tod)* [**nivei atrique**].

● **lapis,** idis *m* ❶ Stein [**ardens** Meteor; **fundae** Schleuderstein; **bibulus** Bimsstein; **varii** bunte Mosaiksteinchen]; **lapide ictum** (durch

Steinwurf) **ex muro perire; lapidibus alqm obruere; ad lapides et arma discurrere;**
❷ *(poet.)* Marmor [**Parius** weißer Marmor; **Phrygius** bunter Marmor; **albus** weiße Marmorplatte *als Tisch*];
❸ *(meton.) Gegenstand aus Stein:* **a)** Grenzstein [**sacer**]; **b)** *(m. Ordinalzahlen)* Meilenstein *(in einem Abstand v. je 1 röm. Meile an den Heerstraßen aufgestellt);* **ad quintum lapidem** 5 röm. Meilen v. Rom; **intra vicesimum lapidem; c)** *(poet.)* Grabstein, *auch lapis ultimus;* **d)** der steinerne Tritt, *auf dem der praeco stand, wenn Sklaven verkauft wurden; übtr.:* **tribunos de lapide emere** in aller Öffentlichkeit sich kaufen, bestechen;
❹ *(poet.; nachkl.)* Edelstein, Perle; **lapidum fulgor;**
❺ *(übtr., als Schimpfw.)* Tropf, Klotz;
❻ *Iuppiter* ~ Jupiterstein, ein Donnerkeil, *den man beim Schwur als Symbol in der Hand hielt;* **Iovem lapidem iurare** beim Jupiterstein schwören.

Lapitha *u.* **-ēs,** ae *m, Pl.* **-ae,** ārum *u.* Lapithûm *thessalisches Bergvolk, ber. durch den Kampf m. den Kentauren, der sich auf der Hochzeit des Perithous u. der Hippodamia entspann; – Adj.* **Lapithaeus** *u.* **-thēius,** a, um.

lappa, ae *f (poet.; nachkl.)* Klette.

lāpsiō, ōnis *f (labor¹)* Neigung zum Fall.

lāpsō, lāpsāre *(Intens. v. labor¹) (poet.; nachkl.)* fallen, wanken; **equi sanguine suo et lubrico paludum lapsantes** *(Tac.).*

lāpsus¹ *P. P. Akt. v. labor¹.*

● **lāpsus²,** ūs *m (labor¹)* ❶ allmähliche Bewegung, das Gleiten, das Fallen [**volucrum** Flug; **fluminum** *u.* **siderum** Lauf; **rotarum** das Rollen der Räder];
❷ Fall, Sturz, Einsturz [**urbis; montium; terrae** Erdrutsch; **puerilium dentium** das Ausfallen];
❸ *(übtr.)* Fehltritt, Verstoß, Versehen; **populares lapsūs** gegen die Volksgunst; **ab omni lapsu continere temeritatem** sich nicht von seiner Leichtgläubigkeit einen Streich spielen lassen.

laquear, āris *n (poet.; nachkl.)* getäfelte Zimmerdecke, *meist Pl.*

laqueātus, a, um *(laquear)* getäfelt [**tectum**], m. einer getäfelten Decke ausgestattet; **antra tophis -a et pumice vivo.**

laqueō, laqueāre *(nachkl.; spätl.)* umstricken, verstricken, fesseln.

laqueus, ī *m* ❶ Schlinge, Strick; **-o gulam frangere alci; -um inicere cervicibus; -o captare feras;**
❷ *(übtr.)* Fallstrick, Falle, *meist Pl.* [**iudicii; interrogationum**]; **in -os cadere; alci -os ponere** *od.* **disponere; in -os se induere;**
❸ *(nachkl.) (übtr.)* Fessel.

Lār, Laris *m* der Lar: ❶ *meist Pl.* Larēs, rum *u.* rium die Laren, Hausgötter, Feld- u. Weggötter, *vergötterte Seelen der Verstorbenen, Schutzgottheiten;* **Lares compitales** an Kreuzwegen, **viales, (per)marini** Schutzgötter zur See;
❷ *(meton.) meist Sg.* **a)** Haus, Wohnung, Herd [**certus** fester Wohnsitz]; **larem relinquere; lare recipere; pelli lare** vertrieben werden; **b)** *(poet.)* Vogelnest, Bienenstock.

> *i* Kultur **Lār,** Laris *m, meist Pl.* Larēs, rum *u.* rium die Laren, Hausgötter, Feld- u. Weggötter, *vergötterte Seelen der Verstorbenen, Schutzgottheiten, bes. des Hauses u. der Hausbewohner, auch der Felder, der Kreuzwege, Reisewege, der Wege übh., der Haine; die „guten Geister" der röm. Bauerngüter – am Kreuzweg zwischen den Zufahrten war den Lares compitales ein „Heiligenhäuschen" errichtet, damit sie das Ackerland u. den Weinbau schützten. Als Lares familiares beschützten sie das Haus; bei Familienfeiern wurden sie durch Opfer in der Nähe des Herdes als Mittelpunkt des Hauses verehrt. In einem kapellenartigen Schrein des Atriums waren kleine Figuren der Laren aufgestellt. Es gab auch Lares publici od. urbani, die die Obhut über den ganzen Staat od. über eine Stadt hatten; zu ihnen zählten bes. Romulus, Remus u. Acca Larentia.*

Lara, ae *f eine geschwätzige Nymphe.*

lārdātus, a, um *(laridum) (mlt.)* mit Speck gekocht.

lārdum = *laridum.*

Lārentālia, ium *n Fest zu Ehren der Acca Larentia, Gattin des Hirten Faustulus, die Romulus u. Remus erzog.*

Lārentia *s. Acca Larentia.*

Larēs *s. Lar.*

largi-ficus, a, um *(largus u. facio)* reichlich [**stips**].

largi-fluus, a, um *(largus u. fluo) (Lucr.)* reichlich fließend [**fons**].

largi-loquus, a, um *(largus u. loquor) (Plaut.)* geschwätzig.

● **largior,** largīrī *(largus)* ❶ (reichlich) schenken, spenden, austeilen [**bona; pecuniam in servos; agros emeritis**]; *abs.* bedeutende Geschenke austeilen [**ex alieno**]; **largiundo alqd parare** durch Bestechung;
❷ *(übtr.)* einräumen, gestatten, zugestehen, verleihen [**patriae suum sanguinem** verspritzen für das Vaterland; **alci occasionem; rei publicae iniurias** verzeihen; **rationem homini**]; *(m. ut).*

largitās, tātis *f (largus)* Freigebigkeit; **terra cum maxima largitate fruges fundit** *(Cic.).*
largiter *Adv. v. largus.*
● **largītiō,** ōnis *f (largior)* ① freigebiges Schenken, Spenden, Freigebigkeit [**beneficiorum; in cives**]; **largitione benevolentiam alcis consectari; minime beneficiorum honesta ~ est** *(Sen.)* im Erweisen von Wohltaten besteht keineswegs eine ehrenhafte Freigebigkeit; *sprichw.:* **~ fundum non habet** Schenken hat keinen Boden;
② Bestechung [**pessimi exempli** der schlechtesten Art; **magistratuum**]; **largitione plurimum posse; largitioni resistere;**
③ Gewährung, Erweisung, Verleihung [**aequitatis; civitatis** des Bürgerrechts];
④ *(nachkl.) (meton.)* Spendenkasse des Kaisers.
largītor, ōris *m (largior)* ① freigebiger Spender; **praedae erat ~** die Beute verteilte er freigebig; – *attrib.* freigebig;
② Bestecher; **exsistunt in re publica plerumque largitores et factiosi** *(Cic.).*
● **largus,** a, um *(Adv.* largē *u.* largiter) ① freigebig, gern gebend *od.* schenkend; **vir ~ animo** v. freigebigem Charakter; **large donare;**
② reichlich [**pabulum; imber**]; **sol terras -a luce complet; vino largiore uti;**
③ reich an etw. *(m. Gen. od. Abl.)* [**lacrimarum**]; **homo ~ linguā** geschwätzig.
lāridum, ī *n* Speck.
lari-fuga, ae *m (Lar u. fugio) (Petr.)* Herumtreiber [**nocturnus**].
Lārīnum, ī *n Stadt in Samnium (in Mittelitalien, südl. v. Rom), j.* Larino; – *Einw. u. Adj.* **Lārīnās,** nātis *(m).*
Lārīs(s)a, ae *f* ① *thessalische Stadt am Südufer des Peneus (Nordgriechenland);* – *Adj.* **Lārīsaeus,** a, um; – *Einw.* **Lārīsaeī,** ōrum *u.* **Lārīsēnsēs,** ium *m;*
② ~ Cremastē *hochgelegene Stadt am Malischen Busen;*
③ *eine Burg v. Argos.*
Lārius, ī *m* der Comer-See, *See in Oberitalien, heute benannt nach der an seinem Südufer gelegenen Stadt Comum, dem Geburtsort der beiden Plinii, j.* Lago di Como; – *Adj.* **Lārius,** a, um [**litus; lacus**].
larix, icis *f* Lärche.
Lars, Lartis *m* Herr, Fürst *(etr. Titel od. Beiname), z. B.* Lars Tolumnius *König der Vejenter.*
lārua, lāruālis, lāruātus *(altl.) = larv...*
lārva, ae *f* ① böser Geist, Gespenst; *als Schimpfw.* Fratzengesicht: **loquere, larva!** *(Plaut.);*
② *(meton.)* Maske *der Schauspieler,* Larve;
③ *(Petr.)* Skelett, Gerippe.
lārvālis, e *(larva) (Sen.)* gespensterhaft [**habitus**].
lārvātus, a, um *(larva) (poet.)* besessen, behext.
Lās, *Akk.* Lān *f Stadt in Lakonien.*
lasanum, ī *n (gr. Fw.) (poet.)* Nachtgeschirr.
lāsar ... = *laser ...*
● **lascīvia,** ae *f (lascivus)* ① Ausgelassenheit, Fröhlichkeit, Mutwille; **lusus atque ~; paribus -is** gleich launenhaft;
② Zügellosigkeit, Ausschweifungen, zügellose Lebensweise; **eos soluto imperio licentia atque ~ corruperat** *(Sall.);*
③ *(nachkl.)* Geziertheit *im Ausdruck.*
lascīvībundus, a, um *(lascivio) (Plaut.)* ausgelassen.
lascīviō, lascīvīre *(lascivus)* ausgelassen, lustig, fröhlich, übermütig sein; sich gehen lassen; **agnus lascivit fugā** hüpft fort; **principio lascivit miles; luxu, pecuniā ~.**
lascīvus, a, um ① ausgelassen, fröhlich, lose, mutwillig [**iuvenes; haedo; capella; verba; hedera** üppig rankend; **carmina** *u.* **poëta** tändelnd; **aetas**];
② zügellos, frech, ausschweifend, wollüstig [**oscula; corporis motus; puella**];
③ *(nachkl.) (v. der Rede)* üppig, geziert [**oratio**].
lāser, eris *n (nachkl.) harziger* Saft der Pflanze laserpicium.
lāserpīci-fer, fera, ferum *(laserpicium u. fero) (Cat.)* Laserpicium tragend [**Cyrenae**].
lāserpīcium, ī *n Wolfsmilchart (Arznei- u. Gewürzpflanze).*
Lasēs *(altl.) = Lares, s. Lar.*
lassēscō, lassēscere *(lassus) (Plin.)* müde werden.
lassitūdō, dinis *f (lassus)* Müdigkeit, Ermattung, Mattigkeit [**viatoris; amorum; itinerum**]; **ingenii lassitudinem sentire.**
lassō, lassāre *(lassus) (poet.; nachkl.)* müde, matt machen, abspannen; **longior infirmum ne lasset epistola corpus** *(Ov.)*; **iam vitia primo fervore adulescentiae indomita lassavit** *(Sen.);* – *Pass.* ermüden, ermatten.
lassulus, a, um *(Demin. v. lassus) (Cat.)* sterbensmatt, todmüde.
lassus, a, um müde, matt, schlaff [**viator; animus; humus fructibus assiduis** erschlafft; **res** schwach; *(durch etw.: Abl.; de; ab; Gen.)* **proelio; de via; ab equo; ab hoste; maris et viarum**].
lastaurus, ī *m (gr. Fw.) (Suet.)* liederlicher, unzüchtiger Mensch.
● **latebra,** ae *f meist Pl. (lateo)* ① Schlupfwinkel, Versteck [**teli** der heimliche Gang des Pfeiles; **animae** geheimer Sitz des Lebens]; **-is aut saltibus se eripere;**
② Zuflucht, Zufluchtsort;
③ *(übtr.)* Ausflucht, Deckmantel [**mendacii**]; **-am quaerere periurio; -am dare vitiis;**
④ das Verstecksein, Verborgenheit; **~ imminens exitium differebat.**

L

latebri-cola, ae *m (latebra u. colo) (Plaut.)* Besucher übler Kneipen.

latebrōsus, a, um *(latebra)* voller Verstecke, versteckt [**via; loca** Bordelle].

latēns, *Gen.* entis *(P. Adj. v. lateo)* verborgen, heimlich [**saxa; causa**].

● **lateō,** latēre, latuī, – ① verborgen sein, sich versteckt halten, versteckt liegen [**in silvis**]; **latet anguis in herba** *(sprichw. v. verborgener Gefahr);* **latet sub classibus aequor** *(Verg.)* ist m. Schiffen bedeckt;
② *(Ov.)* verborgen, im Stillen leben;
③ geborgen, sicher sein; **portu latent puppes; in tutela ac praesidio bellicae virtutis ~;**
④ unbekannt sein, verborgen bleiben, ein Geheimnis sein *od.* bleiben; **causa latet;** *unpers.:* **latet** *(m. indir. Frages. u. A. C. I.; m. Dat. u. Akk.)* es ist unbekannt, verborgen.

later, eris *m* Ziegel(stein) *(bes. der an der Sonne getrocknete im Ggstz. zum gebrannten Ziegelstein [testa]);* **parietes lateribus exstruere; ~ aut caementum;** *sprichw.:* **laterem lavare** *(Ter.)* einen Mohren weiß waschen, sich vergeblich bemühen.

laterāmen, minis *n (later) (Lucr.)* Steingut, Ton.

Laterānus, a, um *cogn. in der gens Claudia, Sextia u. Plautia, am bekanntesten: Plautii Laterani, die auf dem Caelius ein aufwendiges Haus besaßen, egregiae Lateranorum aedes od. Lateranae aedes, später basilica Laterana, die Konstantin d. Gr. dem Bischof v. Rom schenkte, lange Zeit Sitz der Päpste, j.* Laterano.

laterculus, ī *m (Demin. v. later)* ① Ziegelstein;
② *(Plaut.)* Pfannkuchen, Eierkuchen.

laterīcium, ī *n (latericius)* Ziegelwerk, -bau.

laterīcius, a, um *(later)* aus Ziegeln, Ziegel- [**murus**].

latericulus, ī *m = laterculus.*

Laterium, ī *n Landgut des Q. Cicero (des Bruders des Redners) b. Arpinum.*

latēscō, latēscere, – – *(Incoh. v. lateo)* sich verbergen.

latex, ticis *m (gr. Fw.)* Flüssigkeit, Nass, *oft Pl.;* **~ Lyaeus** *od.* **Lenaeus** *od.* **~ meri** Wein; **latices gelidi** der kühle Quell; **cupido laticum frugumque** Durst und Hunger; **copia laticum** der Flüsse.

Latiālis, Latiar, Latiāris *s. Latium.*

latialiter *Adv. (mlt.)* heimlich.

latibulum, ī *n (lateo)* Schlupfwinkel, Versteck [**ferarum**]; **paludis secreta -a.**

lāti-clāvius *(latus[2] u. clavus) (nachkl.)* **I.** *Adj.* a, um ① *m.* einem breiten Purpurstreifen versehen [**tunica** *(wie sie die Senatoren, die Militärtribunen u. Söhne patrizischer Familien trugen);* **tribunus**];
② *(Petr.)* senatorisch [**patrimonium**];
II. *Subst.* ī *m* Senator, Patrizier.

lāti-fundium, ī *n (latus[2] u. fundus) (nachkl.)* großes Landgut.

Latīnitās, ātis *f* ① die reine lateinische Sprache, gutes Latein;
② das latinische Recht *(Zwischenstufe zw. dem Recht des civis Romanus u. dem des peregrinus, es gewährte den latinischen, später auch den außeritalischen Gemeinden Autonomie im Handel u. im Erbrecht, jedoch kein conubium m. den cives).*

Latīnus *s. Latium.*

lātiō, ōnis *f (latus[1])* das (Ein-)Bringen [**auxilii** Hilfeleistung; **legis** Gesetzesvorschlag; **suffragii** Stimmrecht; **expensi** Eintragung eines gezahlten Darlehens].

latitō, latitāre *(Intens. v. lateo)* sich versteckt halten, verborgen sein *(bes. oft im Part. Präs.:* verborgen, versteckt), *auch: um nicht vor Gericht zu erscheinen;* **extrahitur domo latitans Oppianicus a Manlio** *(Cic.)*; **latitantes amici; latitans aper; latitantia sidera.**

● **lātitūdō,** dinis *f (latus[2])* ① Breite [**fluminis; silvae**];
② Ausdehnung, Größe, Umfang [**regionum; Hercyniae silvae**];
③ breite Aussprache [**verborum**];
④ *(Plin.)* Fülle, Reichtum des Ausdrucks.

Latium, ī *n* Latium, *urspr. das Land zw. Rom u. Fidenae, zw. Tiber u. den Pontinischen Sümpfen (ager Latinus), Heimat der Latiner; später wurde ~ antiquum erweitert um die Gebiete der Äquer, Herniker, Volsker u. Aurunker (vom Tiber im Norden bis Suessa u. Sinuessa im Süden); meton.* = die Latiner;
I. *Subst.* ① **Latīnus,** ī *m* **a)** der Latiner, Bew. v. Latium, *Pl.* die Latiner, *zunächst die Bew. v. Latium, später auch Bew. außeritalischer Gemeinden, alle diejenigen, die das ius Latii (= Latinitas 2.) besaßen;* **Latīna,** ae *f* die Latinerin, latinische Frau *od.* latinisches Mädchen; **b)** *myth. König v. Laurentum in Latium, Schwiegervater des Äneas;* **c)** *myth. König v. Alba Longa;*
② **Latīniēnsis,** is *m = Latinus a;*
③ **Latīnum,** ī *n* das Lateinische, Latein; **convertere in Latinum** ins Lateinische übersetzen;
II. *Adj.* ① **Latīnus,** a, um **a)** zu Latium gehörig, latinisch [**feriae** Fest des latinischen Bundes *auf dem Albanerberg*]; **b)** lateinisch, römisch [**lingua; litterae** röm. Literatur; **poëtae**]; **diligenter Latine loqui** ein gewähltes Latein sprechen; **Latine scire** Latein verstehen; **c)** gut lateinisch [**locutio**]; **Latine loqui; d)** *(übtr.)* deutlich;
② *(poet.; nachkl.)* **Latius,** a, um = *Latinus;*
③ **Latiāris,** e *u.* **Latiālis,** e zu Latium gehörig, latinisch, *bes. Iuppiter Latiaris als Schutz-*

gott des Latinerbundes; dav. **Latiar,** āris *n* Fest des Iuppiter Latiaris;
④ **Latīniēnsis,** e = *Latinus a.*
Latmus, ī *m Berg in Karien; – Adj.* **Latmius** *u.* **Latmiadēus,** a, um.
Lātō, ūs *u. (meist)* **Lātōna,** ae *f Tochter des Titanen Coeus u. der Phoebe, v. Jupiter Mutter des Apollo u. der Diana; – Adj.* **Lātōus, Lātōius, Lētōius, Lātōnius,** a, um, *fem. auch* **Lātōis,** idis; **– Lātōus** *u.* **Lātōius,** ī *m* = Apollo; – **Lātōia,** ae, **Lātōis** *u.* **Lētōis,** idis *u.* idos *f* = Diana; – **Lātōni-gena,** ae *m u. f* Kind der Latona (= Apollo *od.* Diana).
lātomiae = *lautumiae.*
Lātōna *s. Lato.*
lātor, ōris *m (latus[1])* ① Antragsteller [**legis; rogationis**];
② *(mlt.)* Überbringer.
Latovīcī, ōrum *m germ. Volk im heutigen südlichen Baden.*
lātrātor, ōris *m (latro[1])* „Beller“ = Hund [**Anubis** *(weil m. einem Hundekopf dargestellt)*].
lātrātus, ūs *m (latro[1])* das Bellen, Gebell, *auch Pl.* [**apros latratu turbare**]; *übtr.* Gezänk.
latria, ae *f (spätl.)* Dienst, Verehrung, Gottesdienst.
lātrīna, ae *f (< * lavātrīna, v. lavo) (vor- u. nachkl.)* Abort, Toilette; Abwasserkanal.
lātrō[1], lātrāre *(im Vers auch latrŏ)* ① bellen, *trans.* anbellen [**senem adulterum**]; – *Subst.* lātrāns, rantis *m (poet.)* = Hund;
② *(übtr., v. Menschen)* schreien, zanken; **rumperis et latras** *(Hor.)* du schreist dich fast zu Tode; – *trans. (poet.) alqm* jmd. beschimpfen;
③ *(Lucr.)* heftig fordern;
④ *(poet.) (v. Sachen)* lärmen, rauschen, toben; **undae latrantes; stomachus latrans** knurrend.
● **latrō[2],** ōnis *m* ① *(vorkl.)* Söldner;
② Straßenräuber, Wegelagerer, Strolch; **expeditus ~; latronibus circumventum defendere;**
③ *(poet.; nachkl.)* Mörder [**servatorum**];
④ *(im Krieg)* Freibeuter; **latrones magis quam iusti hostes; ~ gentiumque vastator** *(v. Alexander dem Gr.);*
⑤ *(Verg.) (im Hinterhalt lauernder)* Jäger;
⑥ *(poet.)* Stein *im Brettspiel.*
latrōcinātiō, ōnis *f (latrocinor) (Plin.)* Straßenraub.
● **latrōcinium,** ī *n (latro[2])* ① Räuberei, Straßenraub, Seeräuberei [**hostium; privatum** auf eigene Hand unternommen; **domesticum**]; Raubzug;
② Ränke; **-o tribunorum;**
③ *(meton.)* Räuberbande; **unus ex tanto -o;**
④ *(Plaut.)* Kriegsdienst;
⑤ *(Ov.)* Brettspiel.
latrōcinor, latrōcinārī *(latro[2])* ① *(Plaut.)* Soldat sein, Kriegsdienste leisten;
② Straßen-, Seeraub treiben; **piratae simul terras ac maria latrocinantes** *(Sen.)* durch Raubzüge unsicher machend.
latrunculārius, a, um *(latrunculus) (Sen.)* zum Brettspiel gehörig [**tabula** Spielbrett].
latrunculus, ī *m (Demin. v. latro[2])* ① Straßenräuber;
② *(vor- u. nachkl.)* Stein *im Brettspiel.*
lātūra, ae *f (latus[1]) (nachkl.)* das Tragen *v. Lasten.*
lātus[1] *P.P.P. v. fero.*
● **lātus[2],** a, um ① breit [**fossa; frons; umeri; aurum** breiter Goldstreifen]; *(m. Akk. der Ausdehnung)* **murus ducentos pedes ~;** – *Subst.* **lātum,** ī *n* Breite: **in latum crescere;**
② weit ausgedehnt, sich weit und breit erstreckend [**moenia; fundus; locus; regnum**];
③ *(übtr.)* **a)** *(v. der Aussprache)* breit [**verba** breit ausgesprochen]; – *Subst.* **lāta,** ōrum *n* breite Aussprache; **b)** *(v. Ausdruck, Stil)* weitläufig, ausführlich, reichhaltig [**oratio; quaestio; interpretatio; genus orandi; materia**]; **c)** *(poet.; nachkl.) (v. Personen)* prahlerisch; / *Adv.* **lātē** *(m. Komp. u. Superl.)* **a)** breit, weit, weithin; **~ vagari; ~ ire** nicht in Reih und Glied; **longe lateque** *u.* **late longeque** weit u. breit; **quam latissime** möglichst weit; **Sullanus ager latissime continuatus;** *(poet.; nachkl.) auch bei Subst.:* **late rex** weithin; *übtr.:* **fidei bonae nomen latissime manat; b)** *(übtr., v. der Rede)* weitläufig, ausführlich; **latius loqui; c)** *(poet.; nachkl.)* reichlich; **sibi indulgere latius.**
● **latus[3],** teris *n* ① Seite *(des Körpers);* **lateris dolor** Seitenstechen; **ensem lateri accommodare; occidisse ex equo dicitur, et latus offendisse vehementer** *(Cic.);* **undis dat latus** *(Verg.)* gibt die Seite den Wellen preis; **latus tegere alci** *(Hor.)* neben jmdm. gehen; *(übtr.)* **lateri alcis haerere** *od.* **iunctum esse** jmdm. nicht von der Seite gehen; **latus mutare** sich auf die andere Seite werfen; **latus dare alci** sich bloßstellen; **malo latus obdere apertum;**
② Brust, Lunge; Hüften; **laterum magna contentio;**
③ *(poet.) (meton.)* Körper, Leib; **~ fessum militiā; latus submittere in herba** sich niederlegen; **brevi latere** stämmig;
④ nächste Umgebung = die Vertrauten;
⑤ *(poet.; nachkl.)* Verwandtschaft;
⑥ *(übtr.)* Seite, Seitenfläche, Flanke [**viae; castrorum; ab lateribus terrae** auf den Seiten]; **insula, cuius unum ~ est contra Galliam; ex utraque parte lateris** *(v. einem Hügel);*
⑦ *(milit.)* Flanke des Heeres; **ad latus apertum hostium constitui; naves ad latera disponit; nostros latere aperto aggressi; a** *u.*

L

ex latere v. der Flanke her, in *od.* auf der Flanke;

❸ *(math. t. t.)* Seite.

latusculum, ī *n (Demin. v. latus³) (poet.)* (kleine) Seite.

laudābilis, e *(laudo)* lobenswert, rühmlich [**orator; ratio; carmen**]; glücklich zu preisen [**vita**].

laudamentum, ī *n (mlt.)* Gelöbnis.

laudātiō, ōnis *f (laudo)* ❶ das Loben, Lobrede *(m. Gen. subi. u. obi.)* [**hominis turpissimi** des sehr schändlichen Menschen; **eorum** eine Lobrede auf sie]; **laudationes modulatae** Lobgesänge;

❷ *(vor Gericht)* die für jmd. abgelegte günstige *od.* entlastende Aussage, Verteidigungsrede [**iudicialis; gravissima atque ornatissima**]; **laudationem falsam esse dicebat;**

❸ Leichenrede *(auf jmd.: Gen.)* [**exsequiae; sollemnis; matronarum** auf die ...];

❹ Dankschreiben *(v. Bewohnern einer röm. Provinz f. das Wirken eines Statthalters an den Senat geschickt);*

❺ *(mlt.)* Zustimmung, Beifall.

laudātīva, ae *f (laudativus) (nachkl.)* Gattung der Lobreden.

laudātīvus, a, um *(laudo) (nachkl.)* lobend.

laudātor, ōris *m (laudo)* ❶ Lobredner, *(pejor.)* Lobhudler [**rerum; integritatis et elegantiae; voluptatis; formae**];

❷ *(vor Gericht)* Entlastungszeuge; **excitabo laudatores, quos ad hoc iudicium deprecatores huius periculi missos videtis** *(Cic.);*

❸ Leichenredner.

laudātrīx, īcis *f (laudator)* Lobrednerin; **illa plerumque peccatorum vitiorumque ~ fama popularis** *(Cic.).*

laudicēnī, ōrum *m (laudo u. cena) (Plin.) die eine Mahlzeit loben, um dazu eingeladen zu werden (im Wortspiel m. Laodiceni, Einw. v. Laodicea).*

● **laudō,** laudāre *(laus)* ❶ loben, preisen, rühmen *(alqm u. alqd), alqd alcis jmd. wegen etw. = alqm propter (ob) rem od. (selten) in re od. alqd in alqo;* **sententiam Cottae ~; id maxime in Agrippina ~, quod** (dass); **(abi,) laudo** *(Kom.)* recht so! schön!; **quod viris fortibus honor habitus est, laudo** *(Cic.);*

❷ lobend anerkennen, gutheißen [**consilium alcis**];

❸ *(Hor.)* glücklich preisen, beneidenswert finden, beneiden [**agricolam**]; *m. Gen. obi.: leti* wegen;

❹ *(einem Toten)* eine Leichenrede halten *(alqm);* **alqm e more pro rostris ~; alqm scripto meo ~** nach meinem Konzept;

❺ jmd. *vor Gericht* entlasten;

❻ jmd. lobend erwähnen, *übh.* jmd. zitieren, anführen, nennen [**alqm auctorem; alqm testem**];

/ *P. Adj.* **laudātus,** a, um gepriesen, gerühmt *(alci: von jmdm.)* [**dux cunctis laudatus**]; lobenswert, vortrefflich, löblich [**virgo; facies; vir**].

laudula, ae *f (mlt.)* Lerche.

● **laurea,** ae *f (laureus)* ❶ Lorbeer(baum), *dem Apollo heilig;*

❷ Lorbeerkranz, -zweig *(als Schmuck Apollos u. seiner Priester, der Dichter, der Triumphatoren u. der Ahnenbilder);* **-ā coronatus; -am in manu tenentes; linguae -am meritus** der Beredsamkeit;

❸ *(meton.)* Triumph, Sieg; **-ae cupidus; -am deportare; -am conferre.**

laureātus, a, um *(laurea)* lorbeerbekränzt, m. einem Lorbeerkranz *od.* -zweig geschmückt *(bes. als Siegeszeichen)* [**lictores; imago; litterae -ae,** *auch bloß* **laureatae** Siegesnachricht].

Laurēns, *Gen.* entis, **Laurentīnus** *u.* **Laurentius,** a, um, *fem. auch* **Laurentis,** idis von Laurentum *(Stadt in Latium südöstl. der Tibermündung b. Ostia), auch* latinisch; – **Laurentēs,** tium *u.* tum *m Einw. v. Laurentum;* – **Laurentīnum,** ī *n ein Landgut des Plinius des Jüngeren b. Laurentum.*

laureola, ae *f (Demin. v. laurea)* ❶ kleiner Lorbeerkranz, -zweig *(als Siegeszeichen);*

❷ *(meton.)* Triumph.

laurētum *(u.* lōrētum), ī *n (laurus) (vor- u. nachkl.)* Lorbeerhain, *bes.* Laurētum *(u.* Lōrētum) *als Name eines Lorbeerhains auf dem Aventin (in Rom).*

laureus, a, um *(laurus)* Lorbeer- [**nemus**].

lauri-comus, a, um *(laurus u. coma) (Lucr.) m.* Lorbeer belaubt [**mons**].

lauri-ger, gera, gerum *(laurus u. gero) (poet.)* lorbeerbekränzt, mit Lorbeer umwunden [**Phoebus**].

● **laurus,** ī *u.* ūs *f = laurea.*

● **laus,** laudis *f* ❶ Lob, Ruhm, Verherrlichung [**maxima; falsa; Pompeiana** Verherrlichung des Pompeius; **imperatoria**]; **laudis cupidus; laus dicendi; laus patriae in libertatem vindicandae; cum ego ab ista laude non absim** *(Cic.)* da mir dieser Ruhm nicht abgesprochen werden dürfte; **affingere alci falsam laudem; laude dignus; laudem adipisci** erringen; **afferre alci laudem; laude affici** Lob ernten; **capere ex alqa re laudem** Lob ernten; **communicare bellicas laudes cum multis** vielen einen Anteil am Kriegsruhm zugestehen; **conferre laudem in medium** alle an dem eigenen Ruhm teilnehmen lassen; **vera laus detrahitur** (wird geschmälert) **alci oratione alcis; laudem alcis rei habere** wegen etw. berühmt sein; **laudi esse** rühmlich sein, Ruhm bringen (bedeuten);

❷ *(meton.) Pl.* Lobsprüche, Lobrede [**meritae; funebres**]; **alqm** *od.* **alqd laudibus (ef)-**

ferre *u.* **extollere** preisen; **habere laudes de alqo** eine Lobrede auf jmd. halten;
❸ Ruhmestat, Verdienst [**liberatarum Thebarum** Theben befreit zu haben; **bellicae**].
Laus, Laudis *f Stadt in der Poebene, j.* Lodi.
lautia, ōrum *n* Bewirtung, Verpflegung auf Staatskosten *(die in Rom fremden Gesandten u. anderen vornehmen Gästen auf öffentl. Kosten gewährt wurde).*
lautitia, ae *f (lautus)* Pracht, großer Aufwand, luxuriöses Leben.
Lautulae, ārum *f Ort der Volsker in Latium b. Fundi.*
lautumiae, ārum *f (gr. Fw.)* Steinbruch, Steingruben *(bes. als Strafort f. Sklaven u. Gefangene);* **in -is agere aetatem;** – *(in Rom)* Gefängnis: **carcer -arum.**
lautus, a, um *(P. Adj. v. lavo)* ❶ *(vorkl.; poet.)* sauber [**manūs**];
❷ *(v. Sachen)* stattlich, ansehnlich [**mensa; opera; patrimonium**];
❸ *(meist v. Abstr.)* anständig, angesehen [**negotium; liberalitas**]; **-e vivere;**
❹ *(v. Personen)* vornehm, fein, ansehnlich [**homines; liberti; civitas**]; *Subst.* lautī, ōrum *m* die Vornehmen.
lavābrum, ī *n (lavo) (Lucr.)* Badewanne.
lavācrum, ī *n (lavo)* Bad: ❶ *(Gell.)* Badezimmer;
❷ *(Min. Fel.)* Badewasser;
❸ *(spätl.)* Taufe.
lavātiō, ōnis *f (lavo)* ❶ das Waschen, Baden;
❷ Badewasser; **ut ~ parata sit;**
❸ *(Phaedr.)* Badegeschirr [**argentea**].
Laverna, ae *f Schutzgöttin der Diebe.*
lāvī *Perf. v. lavo.*
Lāvīnia, ae *f Tochter des laurentischen Königs Latinus u. der Amata, zweite Gattin des Äneas;* – **Lāvīnium,** ī *n Stadt in Latium südl. v. Rom, v. Äneas erbaut u. nach Lavinia benannt;* – *Adj.* **Lāvīnius** *u.* **Lāvīnus,** a, um.
● **lavō,** lavāre, lāvī, lautum, lōtum *u.* lavātum *(poet. Präs. auch* lavō, lavere) ❶ **a)** *(trans.)* waschen, baden [**lanas; Xantho amne crines; corpus; vestimenta**]; *sprichw.:* **manus manum lavat** eine Hand wäscht die andere; **b)** *(intr. u. mediopass.)* sich waschen, (sich) baden; **saepius in die lavare; lavatum ire** baden gehen; **cum soceris generi non lavantur;**
❷ *(poet.; nachkl.)* befeuchten, benetzen [**vultum lacrimis; ora**];
❸ *(poet.)* ab-, wegwaschen [**sudorem;** *übtr.* **mala vino** vertreiben; **peccatum precibus** entschuldigen].
laxāmentum, ī *n (laxo)* ❶ Erleichterung, Schonung, Erholung, Spielraum; **legi -um dare; lex nihil -i habet;**
❷ *(Sen.)* Erweiterung.
laxitās, tātis *f (laxus)* ❶ Weite, Geräumigkeit [**loci; urbium; maris**];
❷ *(Sen.) (übtr.)* Gelassenheit; **naturalis animi remissio et ~.**
laxō, laxāre *(laxus)* ❶ schlaff machen, lockern, lösen, öffnen, lüften [**arcum; navigii compages undique; intestina concreta** erweichen; **habenas**]; *Pass.* schlaff werden: **corpora laxantur rugis** werden runzelig;
❷ erweitern, geräumig machen [**foramina**]; **laxatae custodiae** weit auseinander gestellte Posten;
❸ *(Sen.) (zeitl.)* verlängern;
❹ *(übtr.)* mäßigen, erleichtern [**annonam** den Getreidepreis ermäßigen, herabsetzen; **iram**]; *intr.* nachlassen: **annona laxat;**
❺ mit etw. nachlassen, lässiger betreiben [**pugnam; custodias**];
❻ erleichtern, sich erholen lassen, entspannen [**animum curamque; membra quiete; se molestiis**].
laxus, a, um *(verw. m. langueo)* ❶ schlaff, schlapp, locker [**catena; toga** schlotterig; **calceus; ianua** offen]; **manus -e vincire;** *(übtr.)* **laxissimas habenas amicitiae habere;**
❷ *(übtr.)* zwanglos, schlaff; **annona laxior** niedrigerer Getreidepreis, geringere Teuerung; **milites laxiore imperio habere;**
❸ weit, geräumig [**anulus; rus; casses; agmen** gelöst];
❹ *(zeitl.)* lang, weit, geraum; **diem statuo satis -um** setze einen ziemlich geraumen Termin;
❺ *(Gell.) (v. Worten)* weitläufig [**verba**].
lea, ae *f (leo) (poet.)* Löwin.
leaena, ae *f (gr. Fw.)* Löwin.
Lēander, drī *m Geliebter der Hero, der allnächtlich durch den Hellespont zu seiner Geliebten schwamm u. schließlich seinen Tod in den Wellen fand.*
Learchus, ī *m Sohn des Athamas u. der Ino, v. seinem wahnsinnigen Vater getötet;* – *Adj.* **Learchēus,** a, um.
Lebadīa, ae *f Stadt in Böotien.*
Lebedus, ī *f Stadt in Ionien.*
lebēs, bētis *m (Akk. Pl.* -bētes *u.* -bētas) *(gr. Fw.) (poet.)* Metallbecken.
Lebinthos, ī *f Sporadeninsel nördl. v. Kos (im Ägäischen Meer).*
leccator, ōris *m u.* **leccatrix,** icis *f (mlt.)* Schmarotzer; Schwätzer.
Lechaeum, ī *n Hafen v. Korinth.*
lectarium, ī *n (mlt.)* Bettstelle; Bettdecke.
lectīca, ae *f (lectus[1])* ❶ Tragebett, Sänfte; **-ā per agros ferri; in forum -ā deferri; -am deponere;**
❷ Totenbahre.
lectīcāriola, ae *f (Demin. v. lecticarius, scherzh. Bildung) (Mart.)* Geliebte eines Sänftenträgers.
lectīcārius, ī *m (lectica)* Sänftenträger.

L

lectīcula, ae *f (Demin. v. lectica)* ❶ kleine Sänfte; **-ā in curiam deferri;**
❷ (ärmliche) Totenbahre;
❸ *(Suet.)* Ruhebett *(zum Schreiben u. Studieren).*

lēctiō, ōnis *f (lego¹)* ❶ das Auswählen, Auswahl [**iudicum**];
❷ das (Durch-)Lesen *einer Schrift* [**epistulae**]; das Lesen, Lektüre [**multa** Belesenheit; **librorum**]; ~ **sine ulla delectatione;**
❸ das Vorlesen *eines Buches u. Ä.;* **senatūs** ~ das Verlesen der Senatsliste *durch den Zensor;*
❹ *(Gell.) Pl. (als Büchertitel)* Lesefrüchte, Kommentare [**antiquae lectiones** Sammlung *od.* Erklärung alter Ausdrücke].

lectisterniātor, ōris *m (lectisternium) (Plaut.) der die Tafelsofas mit Polstern belegt,* Tafeldecker.

lecti-sternium, ī *n (lectus¹ u. sterno)* Göttermahl *(b. dem bekränzte Götterbilder auf Polster gelegt u. ihnen Speisen vorgesetzt wurden).*

lēctitō, lēctitāre *(Intens. v. lego¹)* ❶ eifrig, m. Aufmerksamkeit lesen [**Pyrrhi libros**];
❷ *(Plin.)* vorlesen [**orationes**].

lēctiuncula, ae *f (Demin. v. lectio)* flüchtiges Lesen, leichte Lektüre, *auch Pl.;* **per eos dies matutina tempora -is consumpseris** *(Cic.).*

Lecton *u.* **Lectum,** ī *n Vorgeb. in Mysien (Kleinasien).*

lēctor, ōris *m (lego¹)* Leser, Vorleser.

lectulus, ī *m (Demin. v. lectus¹)* ❶ kleines Bett;
❷ *(Mart.)* Braut-, Ehebett;
❸ Ruhebett, -lager *(zum Schreiben u. Studieren);*
❹ Speisesofa; **-os sternere;**
❺ *(Tac.)* Leichenbett.

● **lectus¹,** ī *m* ❶ Bett [**cubicularis** Schlafbett; **caelebs** eines Junggesellen]; **-o teneri** *od.* **in -o esse** das Bett hüten;
❷ Braut-, Ehebett [**iugalis; genialis**];
❸ Ruhelager, Sofa *(zum Schreiben u. Studieren);*
❹ Speisesofa [**convivalis; triclinaris**]; **-os sternere;**
❺ *(poet.; nachkl.)* Totenbett; **in -o componi.**

lēctus², a, um *(P. Adj. v. lego¹)* (aus)gewählt, ausgesucht, erlesen [**verba**]; *übtr.* auserlesen, musterhaft [**adulescens; vinum; argentum** gutes Geld].

lēcythus, ī *m (gr. Fw.) (spätl.)* Krug.

Lēda, ae *u.* **-ē,** ēs *f Gattin des spartan. Königs Tyndareos, Mutter der Helena, der Klytaemnestra u. der Dioskuren (Kastor u. Pollux); – Adj.* **Lēdaeus,** a, um v. Leda stammend [**Hermione** *(Enkelin der Leda);* **dii** die Dioskuren]; *poet. auch* spartanisch.

lēgālis, e *(lex) (nachkl.)* gesetzlich.

lēgātārius, ī *m (legatum) (Suet.)* Vermächtnisinhaber.

● **lēgātiō,** ōnis *f (lego²)* ❶ Gesandtschaft, Amt eines Gesandten; **legationem suscipere, obire; cum legatione in provinciam proficisci; legationis officium conficere; munus legationis recusare;**
❷ Botschaft, *sowohl* der Auftrag, *den ein Gesandter bekommt, als auch die Antwort, die er bringen soll,* der Gesandtschaftsbericht; **legationem renuntiare** *u.* **referre:** *sowohl* den Auftrag eröffnen *als auch* die Antwort bringen;
❸ Gesandtschaft, die Gesandten *(= legati);* **legationem mittere;** ~ **Romam venit; a Treveris Germani crebris legationibus sollicitantur;**
❹ Legatenstelle *(beim Feldherrn od. beim Statthalter einer Provinz);* **legationem obire.**

lēgātor, ōris *m (lego²) (Suet.)* Erblasser.

lēgātōrius, a, um *(legatus)* eines Legaten [**provincia**].

lēgātum, ī *n (lego²)* Vermächtnis, Legat; **-um ex testamento alcis irritum facere** *(Suet.).*

● **lēgātus,** ī *m (lego²)* ❶ Gesandter; **-os mittere;**
❷ Legat: **a)** *(milit.)* Unterfeldherr; *gewöhnlich zwei, die die beiden Flügel befehligten;* ~ **pro praetore** Legat im Prätorenrang, der m. selbstständigem Kommando betraute Legat; **b)** *oberster Amtsgehilfe u. Stellvertreter eines Statthalters,* Unterstatthalter; **-um sibi legare;**
❸ *(Tac.) in der Kaiserzeit:* Statthalter *einer kaiserl. Provinz;*
❹ *(mlt.)* päpstl. Gesandter.

legenda, ae *f (lego¹) (spätl.)* Heiligenerzählung, Legende.

lēgī *Perf. v. lego¹.*

lēgi-fer, fera, ferum *(lex u. fero) (poet.)* Gesetze gebend.

● **legiō,** ōnis *f (lego¹, eigtl. „ausgehobene Mannschaft")* ❶ Legion;
❷ *(nichtröm.)* Heer, Truppen *(anderer Nationen);*
❸ *(Plaut.)* Hilfsmittel; **legiones parat.**

> *i* Kultur **legiō,** ōnis *f* Legion, röm. Heeresabteilung v. 4200 bis 6000 Mann, seit Marius bestand sie aus 10 Kohorten (= 30 Manipel = 60 Zenturien), dazu kamen 300 Reiter; die Legion wurde anfangs v. einem Militärtribunen, später v. einem Legaten befehligt; benannt nach Nummern (nona, decima ...), nach dem Inhaber (Galbiana), nach Gottheiten (Minervia, Martia), nach Schlachtfeldern (Cannensis); ihr Heerzeichen war der Adler (aquila); ~ **veterana; legiones conscribere;**

● **legiōnārius,** a, um *(legio)* zur Legion gehörig, Legions- [**miles** Legionssoldat; **militia** Dienst in der Legion]; – *Subst. m Pl.* Legionssoldaten.

lēgi-rupa, ae *m (lex u. rumpo) (Plaut.)* Gesetzesbrecher.

lēgi-rupiō, ōnis *f (lex u. rumpo) (Plaut.)* Gesetzesverletzung.

legista, ae *m (mlt.)* Rechtskundiger.

lēgitimus *u. (altl.)* **lēgitumus,** a, um *(lex)* ❶ gesetz-, rechtmäßig, gesetzlich, durch Gesetze bestimmt [**liberi** eheliche; **coniunx; dies; potestas; controversia; hora**]; – *Subst.* **lēgitima,** ōrum *n* gesetzliche Formalitäten, Satzungen;
❷ (zu)treffend, gehörig, richtig [**poëma; vox; verba**]; *unpers. (Plin.)* **legitimum est** es ist recht, es gehört sich;
❸ *(Gell.)* das Gesetz betreffend [**verba**].

legiuncula, ae *f (Demin. v. legio)* armselige Legion.

● **legō¹,** legere, lēgī, lēctum ❶ zusammenlesen, sammeln [**uvas; vinum; spolia caesorum; flores in calathos** pflücken; **mala ex arbore; fructum sub arbore**];
❷ *(Phaedr.) capillos* ausraufen;
❸ *(poet.)* aufwickeln, zusammenwickeln, aufwinden [**funem; vela** einziehen, reffen]; **Parcae extrema fila legunt** winden die letzten Fäden auf, spinnen die letzten Lebensfäden; **stamen** ~ auf ein Knäuel wickeln;
❹ auslesen, aussuchen, auswählen [**iudices; alqm in senatum, in patres** *od.* **inter patres; alqm ducem; milites** ausheben; **sibi domum; de classe biremes; supplementum in alias legiones; soceros; viros ad bella; condiciones**];
❺ lesen, durchlesen [**librum; epistulam**];
❻ vorlesen, ablesen [**alci orationes; volumen suum; senatum** die Senatorenliste verlesen *(vom Zensor)*]; **princeps in senatu lectus est** wurde als der Erste im Senatorenverzeichnis verlesen;
❼ *(Suet.)* **a)** über etw. eine Vorlesung halten; **b)** *apud alqm* bei jmdm. eine Vorlesung hören;
❽ durchsegeln, -fahren; längs eines Ortes segeln [**oram Asiae; terram; aequor;** *übtr.* **oram litoris primi** sich nicht zu weit einlassen];
❾ durchwandern, -laufen [**saltūs** durchstreifen; **caelum; vestigia alcis** in jmds. Fußstapfen treten; **orbes tortos** gewundene Kreise];
❿ *(Hor.)* stehlen [**sacra divûm**];
⓫ *(Plaut.)* belauschen [**sermonem alcis**];
⓬ *(Verg.)* mustern, ins Auge fassen [**omnes adversos**].

● **lēgō²,** lēgāre *(lex)* ❶ jmd. als Gesandten abschicken [**alqm in Asiam; alqm Romam ad senatum; alqm ad Apronium**];
❷ jmd. zum Legaten *(d. h. zum Amtsgehilfen des Feldherrn od. Statthalters)* machen, ernennen [**sibi homines nobiles**];
❸ testamentarisch vermachen [**alci pecuniam; signa; tabulas; regnum**]; **usumfructum omnium bonorum Caesenniae legat** *(Cic.)*;
❹ *(Plaut.)* auftragen [**alci negotium**];
❺ *(Gell.) verba ad alqm* durch Gesandte sagen lassen.

lēgulēius, ī *m (lex)* Gesetzeskrämer, Paragraphenreiter.

legūmen, minis *n (lego¹)* Hülsenfrucht.

Lelegēs, gum *m vorgriech. Wandervolk in Kleinasien u. Griechenland;* – *Adj.* **Lelegēius,** a, um *u. (fem.)* **Lelegēis,** idis.

Lemannus lacus *m* der Genfer See.

lembunculus, ī *m* = *lenunculus²*.

lembus, ī *m (gr. Fw.)* Boot, Kutter, Nachen; **classis -orum; -o advehi.**

lēmma, atis *n (gr. Fw.) (nachkl.)* ❶ Stoff *einer Schrift;* **lemma sibi sumpsit, quod ego interdum versibus ludo** *(Plin.)*;
❷ Überschrift;
❸ Epigramm.

Lēmni-cola, ae *m (Lemnos u. colo) (Ov.)* Bewohner der Insel Lemnos *im Ägäischen Meer (= Vulcanus).*

lēmniscātus, a, um *(lemniscus)* m. Bändern geschmückt [**corona**].

lēmniscus, ī *m (gr. Fw.)* Band, Schleife *(als bes. Auszeichnung für Gäste od. für einen einziehenden Sieger).*

Lēmnos *u.* **-us,** ī *f vulkanische Insel des Ägäischen Meeres, dem Vulcanus heilig;* – *Einw.* **Lēmnius,** ī *m u.* **Lēmnias,** adis *f;* – *Adj.* **Lēmnius,** a, um *u.* **Lēmniēnsis,** e [**pater** = Vulcanus; **furtum** *des Prometheus, der dem Vulcanus das Feuer aus Lemnos raubte*].

Lemōnia tribus *ländliche röm. Tribus an der via Latina.*

Lemovīcēs, cum *m kelt. Volk im heutigen Limousin (um Limoges).*

> *i* Kultur **lemurēs,** rum *m* Lemuren, Seelen der Abgeschiedenen, Geister der Verstorbenen; *die guten Geister der Verstorbenen wurden als Lares verehrt, während die bösen (larvae) als Gespenster gefürchtet wurden; um sie zu versöhnen u. aus den Häusern zu bannen, feierte man im Mai das Fest der Lemuren, die* **Lemuria,** ōrum *n (im Vers* Lemūria*).*

lēna, ae *f (poet.)* Kupplerin [**callida**]; *adj. übtr.* lockend, reizend; **vox sua -a fuit.**

Lēnaeus, a, um (ληναῖος *„zur Kelter gehörig") (poet.)* bacchisch [**pater** = Bacchus; **latices** Wein]; *auch subst.* = Bacchus.

lēnīmen, minis *n (poet.) u.* **lēnīmentum,** ī *n*

(nachkl.) (lenio) Linderung(smittel), Besänftigung.

● **lēniō,** lēnīre, lēnīvī *u.* lēniī, lēnītum *(lenis)* **I.** *trans.* ① linder *od.* sanfter machen, lindern, mildern [**morbum; vulnera; somno curas; facinus** im milden Licht darstellen];
② *(übtr.)* besänftigen, beschwichtigen [**animum; iram iudicis; seditionem** abwiegeln];
③ jmd. nachgiebig machen;
II. *intr. (Plaut.)* sich mildern, sich geben, sich besänftigen; **dum irae leniunt;**
/ *(poet.) Imperf.* lēnībam, *Fut.* lēnībō.

● **lēnis,** e ① mild, (ge)lind, sanft *(v. Sachen)* [**vox; color** milde; **vocis genus; vinum**]; **lene** *(adv. verwendetes Neutr.)* **sonans aqua;**
② langsam [**gradus**]; **leniter iter facere;** – sanft (ruhig) fließend [**stagnum**]; nicht heftig wirkend [**venenum**];
③ *(übtr.)* mild, sanft, ruhig *(v. Personen u. Sachen)* [**virtutes; ingenium; oratio;** *(geg. jmd.: in alqm)* **in hostes**]; **lenius agere** allzu langsam; **leniter ire per excubias** leise; **collis leniter editus** *od.* **acclivis** sanft ansteigend; **leniter alloqui** freundlich zureden; **leniorem sententiam dicere.**

lēnitās, ātis *f (lenis)* ① Milde [**vocis; vini**];
② *(vom Fluss)* Langsamkeit, Ruhe, ruhiges Dahinfließen; **Arar in Rhodanum influit incredibili lenitate;**
③ *(übtr.)* Milde, Sanftmut, Gelassenheit [**patris; verborum; in decernendo**]; **dare se ad lenitatem** Milde walten lassen.

lēnitūdō, dinis *f (lenis)* Milde.

lēnō, ōnis *m (lena)* Kuppler; *übtr.* Verführer.

lēnōcinium, ī *n (leno)* ① Kuppelei [**domesticum** in seinem Hause]; **-um facere** treiben; – *(meton.)* Kupplerlohn: **-um petere ab alqo;**
② *(übtr.)* Verlockung, Verführung, (verführerischer) Prunk, Reiz [**corporum; cupiditatum**]; **omnis -i neglegens** alle Toilettenkünste verschmähend;
③ Verschönerung, Schmuck;
④ *(nachkl.)* gewinnende Worte; **orationi -um addere.**

lēnōcinor, lēnōcinārī *(lenocinium) (m. Dat.)* ① durch niedrige Lockungen schmeicheln, locken;
② *(nachkl.)* einer Sache einen höheren Reiz geben, verleihen, etw. fördern [**gloriae meae**].

lēnōnius, a, um *(leno) (Plaut.)* zum Kuppeln gehörig.

lēns, lentis *f (poet.; nachkl.) (bot.)* Linse.

lentēscō, lentēscere, – – *(lentus)* ① *(poet.; nachkl.)* zäh, klebrig werden; **sucinum in picem resinamve lentescit** *(Tac.)*;
② *(Ov.) (übtr.)* nachlassen; **lentescunt tempore** (mit der Zeit) **curae.**

lentīgō, ginis *f (lens) (Plin.)* linsenförmiger Fleck; *bes. als Koll.* Sommersprossen.

lentisci-fer, fera, ferum *(lentiscus u. fero) (Ov.)* Mastixbäume tragend.

lentiscus, ī *f u.* **-um,** ī *n* ① Mastixbaum;
② *(Mart.)* Zahnstocher aus Mastixholz.

lentitūdō, dinis *f (lentus)* ① *(nachkl.)* Langsamkeit [**coniuratorum**]; *im Stil od. Vortrag:* das Schleppende, Steifheit, Schwerfälligkeit;
② Gleichgültigkeit; **non irasci lentitudinis est.**

lentō, lentāre *(lentus) (poet.)* biegen.

Lentulitās *s. Lentulus.*

lentulus, a, um *(Demin. v. lentus)* etw. zäh; *übtr.* etw. langsam im Bezahlen.

Lentulus, ī *m cogn. in der gens Cornelia;* – *(scherzh. wie Appietas zu Appius)* **Lentulitās,** ātis *f* der uralte Adel der Lentuli.

● **lentus,** a, um ① *(Verg.)* zäh, klebrig [**gluten**];
② biegsam, geschmeidig [**vimen; argentum; bracchia; umor** geschmeidig machend];
③ *(übtr.)* langsam, träge *(v. Personen u. Sachen)* [**venenum** schleichend; **amor** matt glimmend; **color** matt; **amnis; pugna; marmor** *(v. Meer)* ruhig, unbeweglich]; **lente procedere; lentiorem spem facere** die Erfüllung der Hoffnung verzögern;
④ *(poet.; nachkl.)* lange dauernd, (lang)anhaltend [**militiae**]; **tranquillitatis lentissimae taedium;**
⑤ *(v. Stil u. Vortrag)* schwerfällig, schleppend, steif [**in dicendo**];
⑥ ruhig, gelassen, geduldig; ~ **in suo dolore** bei persönlicher Kränkung nachsichtig;
⑦ gleichgültig, unempfindlich, phlegmatisch, lässig [**iudex; pectora** kalt; **pro salute alcis** unbekümmert];
⑧ *(poet.; nachkl.)* starrköpfig, dickköpfig, eigensinnig [**Nais** spröde; **fastus**].

lēnullus, ī *m (Demin. v. leno) (Plaut.)* Kuppler.

lēnunculus[1] , ī *m (Demin. v. leno) (Plaut.)* Kuppler.

lēnunculus[2], ī *m (Demin. v. lembus)* Barke, Boot.

● **leō,** ōnis *m (gr. Fw.)* Löwe; *auch als Sternbild.*

Leōcorion, ī *n Tempel im Kerameikos in Athen, errichtet zu Ehren der drei Töchter* (κόραι) *des Leos, die b. einer Hungersnot f. die Rettung des Landes freiwillig den Opfertod erlitten.*

Leōnidās *u.* **-a,** ae *m König v. Sparta, fiel b. der Verteidigung des Thermopylenpasses geg. Xerxes 480 v. Chr.*

leōnīnus, a, um *(leo)* Löwen- [**cavum** Löwenhöhle; **pellis**].

Leonnātus, ī *m Feldherr Alexanders des Gr.*

Leontīnī, ōrum *m Stadt auf Sizilien, v. Naxos aus gegründet, nordwestl. v. Syrakus, j.* Lentini; – *Einw. u. Adj.* **Leontīnus,** ī *m bzw.* a, um.

leopardus, ī *m (gr. Fw.) (spätl.)* Leopard.

lepidus, a, um *(lepos)* ① niedlich, zierlich, nett, anmutig [**puella; dies; locus**]; *(im negativen Sinn)* verweichlicht [**pueri**];
② *(poet.) (übtr.)* witzig [**dictum; versus**].

Lepidus, ī *m cogn. der gens Aemilia (in der Kaiserzeit auch in anderen Familien):* M. Aemilius ~, *Anhänger Cäsars, schloss 43 v. Chr. m. Antonius u. Oktavian das zweite Triumvirat, bald wurde er jedoch v. beiden Partnern zurückgedrängt u. 36 als Triumvir abgesetzt, er starb 13 v. Chr.*

Lepontiī, ōrum *m Alpenvolk am St. Gotthard.*

lepōs *u.* **lepor,** ōris *m* Liebenswürdigkeit, Anmut, gefälliger Scherz, Humor.

lepra, ae *f (gr. Fw.) (nachkl.)* Aussatz.

leprōsus, a, um *(lepra) (spätl.)* aussätzig.

Leptis, is *f Name zweier Städte an der Nordküste v. Afrika:* ① ~ Magna *östl. v. Tripolis (im heutigen Libyen);*
② ~ Minor *phöniz. Kolonie zw. Hadrumetum u. Thapsus, j.* Lemta;
/ Einw. **Leptitānī,** ōrum *m; / Adj.* **Leptīnus,** a, um.

lepus, poris *m* Hase *(auch als Sternbild).*

lepusculus, ī *m (Demin. v. lepus)* Häschen.

Lerna, ae *u.* **-ē,** -ēs *f See, Fluss u. Stadt b. Argos (Peloponnes), wo Herkules die Hydra (belua Lernae) erlegte; – Adj.* **Lernaeus,** a, um.

Lesbos, *u.* **-us,** ī *f Insel im Ägäischen Meer an der kleinasiatischen Küste, Heimat des Arion, Alcaeus, der Sappho u. des Theophrastus; – Adj.* **Lesbius,** a, um [**vinum; vates** = Sappho; **civis** = Alcaeus; **pes** sapphisches Versmaß; **plectrum** alkäisches Versmaß, lyrisches Gedicht], **Lesbiacus, Lesbōus,** a, um *u. (fem.)* **Lesbis,** idis [**lyra** = des Arion]; – **Lesbias,** adis *u.* **Lesbis,** idis *f* Lesbierin.

lessus, *Akk.* -um *m (altl.)* Totenklage.

lētālis, e *(letum)* tödlich, todbringend [**vulnus; venenum; sonus** Todesruf der Eule]; – **lētālia,** ium *n* todbringende Mittel.

lēthargicus, ī *m (gr. Fw.) (poet.; nachkl.)* Schlafsüchtiger.

lēthargus, ī *m (gr. Fw.) (Hor.)* Schlafsucht.

i Kultur **Lēthē,** ēs *f* Strom des Vergessens in der Unterwelt, aus dem die Seelen der Verstorbenen trinken, um das Vergangene zu vergessen; – *Adj.* **Lēthaeus,** a, um: **a)** zum Fluss Lethe *od.* zur Unterwelt gehörig [**amnis; ratis** der Kahn des Charon]; **b)** Vergessenheit bringend [**somnus; sucus**].

lēti-fer, fera, ferum *(letum u. fero) (poet.)* todbringend, tödlich [**certamen; arcus**].

lētō, lētāre *(letum) (poet.)* töten.

Lētō = *Lato.*

Lētōis, Lētōius *s. Lato.*

● **lētum,** ī *n* ① Tod; **turpi leto perire; pro patria -um oppetere; -o absumi; -um ferre** den Tod (mit sich) bringen, verursachen;
② *(Verg.) (übtr.)* Untergang, Vernichtung; **Teucrûm res eripe -o.**

Leucadia, ae *f (auch* Leucas, adis *f) Insel u. Stadt im Ionischen Meer (vor der griech. Westküste); – Einw. u. Adj.* **Leucadius,** ī *m bzw.* a, um [**deus** = Apollo].

Leucas, adis *f* ① = *Leucadia;*
② = *Leucatas.*

leucaspis, *Gen.* idis *(gr. Fw.)* weiß beschildet [**phalanx**].

Leucātās *u.* **-tēs,** ae *m von den antiken Seefahrern gefürchtetes Vorgeb. auf der Insel Leukas (Leucadia).*

Leucī, ōrum *m kelt. Volk im belg. Gallien; – Adj.* **Leuconicus,** a, um *(Mart.)* [**lanae**]; – **Leuconicum,** ī *n (Mart.)* leukonische Wolle.

Leucippus, ī *m* ① *König v. Messene; –* **Leucippis,** idis *f Tochter des Leucippus;*
② *griech. Philosoph um 450 v. Chr.*

leuconotus, ī *m (gr. Fw.) (Sen.)* trockener Südwind, Südsüdwest.

Leucopetra, ae *f Vorgeb. in Bruttium.*

leucophaeātus, a, um *(gr. Fw.) (Mart.)* aschgrau gekleidet.

leucophaeus, a, um *(gr. Fw.) (Plin.)* aschgrau, fahl.

Leucophrȳna, ae *f (Tac.) Beiname der Diana b. den kleinasiatischen Magnesiern.*

Leucōsia, ae *f Insel südl. v. Paestum.*

Leucosyrī, ōrum *m die Kappadozier am Taurus u. am Schwarzen Meer.*

Leucothea, ae *u.* **-ē,** ēs *f Meeresgöttin, v. Homer mit Ino gleichgesetzt, v. den Römern mit der altital. Mater Matuta verschmolzen.*

Leuctra, ōrum *n Ebene u. Ort in Böotien (Schlacht zw. Theben u. Sparta 371 v. Chr.); – Adj.* **Leuctricus,** a, um.

Levācī, ōrum *m belg. Volk.*

levāmen, minis *n (levo[1])* Linderung(smittel), Erleichterung [**mali**]; *(Verg., v. Personen)* Linderer: **omnis curae casūsque ~** *(v. Anchises)* Linderer jeglicher Sorge u. Not.

levāmentum, ī *n (levo[1])* Linderung(smittel), Erleichterung [**miseriarum; tributi in posterum**]; **alci -o esse.**

levātiō, ōnis *f (levo[1])* ① Erleichterung [**aegritudinum**]; **alci esse levationi** Erleichterung verschaffen; **habere** (verschaffen) **levationem; invenire levationem molestiis;**
② Verminderung [**vitiorum**].

levātor, ōris *m (levo[1]) (Petr.)* Dieb.

lēvī *Perf. v. lino.*

leviculus, a, um *(Demin. v. levis[1])* ① ziemlich eitel [**Demosthenes**];
② *(Gell.)* ziemlich unbedeutend [**res**].

levidēnsis, e *(levis[1])* geringfügig [**munusculum**].

levi-fidus, a, um *(levis[1] u. fides[1]) (Plaut.)* v. geringer Glaubwürdigkeit, unzuverlässig.

levigō[1], levigāre *(levis[1] u. ago) (nachkl.)* erleichtern.

lēvigō[2], lēvigāre *(levis[2] u. ago) (vor- u. nachkl.)* glätten.

leviō, leviāre *(mlt.)* erleichtern, befreien von.

levi-pēs, *Gen.* pedis *(levis[1])* leichtfüßig [**lepus**].

● **levis[1],** e ① leicht *(v. Gewicht);* leicht bewaffnet [**armatura** leichte Rüstung, *meton.* leicht bewaffnete Soldaten; *ebenso* **leves armis**];
② leicht *(dem physischen Gehalt nach)* [**terra** mager; **stipulae; populi** die körperlosen Schatten];
③ leichtbeweglich, gewandt, flink [**cervi; hora** flüchtig];
④ mild, sanft, (ge)lind [**ventus; exilium** erträglich; **somnus; vinum; morbus; malvae** leicht verdaulich]; **ut levissime dicam** um den mildesten Ausdruck zu gebrauchen; **exulcerata et aegra corpora, quae ad tactus levissimos gemunt** *(Sen.);*
⑤ unbedeutend, geringfügig [**causa; labor; dolor; ictus; praesidium; periculum**]; **pecunia alci levissima est** spielt bei jmdm. gar keine Rolle; **alqd in levi habere** etw. gering achten; **levia conquirere; levis pauper** kreditlos; **leviorem futurum apud patres reum** *(Liv.)* würde weniger gelten;
⑥ nicht ernsthaft, leichtsinnig, unbeständig, haltlos [**iudices; sententia; amicitia**]; **leviter velle** nicht ernstlich.

lēvis[2], e ① glatt [**pocula** blank; **mundus**]; **coma pectine levis; nascuntur leves per digitos umerosque plumae** *(Hor.);*
② unbehaart, bartlos [**colla; iuventas** bartlos; **senex** glatzköpfig];
③ *(Verg.)* jugendlich, zart, schön [**umeri; pectus**];
④ *(Ov.)* geputzt, galant;
⑤ glatt, glitschig, schlüpfrig [**sanguis**];
⑥ *(rhet. t. t.)* fließend [**oratio**]; – *Subst. Neutr. Pl. (Hor.)* Glätte.

levi-somnus, a, um *(levis[1]) (Lucr.)* m. leichtem Schlaf.

● **levitās[1],** ātis *f (levis[1])* ① Leichtigkeit *(v. Gewicht)* [**armorum** leichte Bewaffnung];
② *(poet.)* Leichtigkeit *(in der Bewegung),* Geschwindigkeit; **summa levitate ferri;**
③ Leichtsinn, Leichtfertigkeit, Haltlosigkeit, Wankelmut, Unbeständigkeit, *auch Pl.* [**animi; vulgi; comicae** leichtfertige Streiche in der Komödie]; ~ **nobis insita;** ~ **temere assentientium; levitatem alcis experiri;**
④ Wertlosigkeit, Unhaltbarkeit [**opinionis**].

lēvitās[2], ātis *f (levis[2])* ① Glätte [**speculorum; intestinorum**]; **mundi corpus levitate continua lubricum;**
② *(übtr., rhet.)* Glätte, Geschliffenheit, Leichtigkeit im Ausdruck.

● **levō[1],** levāre *(levis[1])* ① leichter machen, erleichtern [**onus; alqm fasce** jmdm. das Bündel abnehmen];
② (empor)heben [**membra humo**]; – *se ~ u. mediopass. levari* sich erheben: **se de caespite ~; se attollere ac levare; se (alis) ~** sich emporschwingen;
③ *(übtr.)* erleichtern, abhelfen, mildern, lindern [**sollicitudinem; dolorem; morbum mulieri; luctum; curam; calamitatem innocentium; omen** erträglicher machen; **annonam** *u.* **frugum pretia** verbilligen];
④ entlasten, v. etw. befreien [**alqm molestiā, supplicio, magnā curā; civitatem hibernis; se vitā aereo ense; nemus fronde** entlauben];
⑤ *(poet.)* etw. weg-, abnehmen [**alci vincula; ictum dextrā** abwenden];
⑥ (ver)mindern, herabmindern, schwächen, verkleinern [**alcis fidem; regis facinus** die Schuld an der Tat herabmindern];
⑦ *(übtr.)* aufrichten, stärken, erquicken, erheitern; **animus levatur exercendo; cantūs corpora fessa levant;**
⑧ *(Verg.)* unterstützen [**viros auxilio;** *übtr.* **membra cubito**];
⑨ *(mlt.) de fonte* aus der Taufe heben;
/ altl. Fut. II Akt. levassō = levāverō.

lēvō[2], lēvāre *(levis[2])* glatt machen, polieren [**tigna;** *(Hor. übtr., in der Schrift)* **aspera cultu**].

lēvor, ōris *m (levis[2]) (poet.; nachkl.)* Glätte [**chartae**].

● **lēx,** lēgis *f (lego[1])* ① Gesetzesvorschlag, Antrag zu einem Gesetz; **legem ferre** *od.* **rogare** einen Gesetzesantrag machen, ein Gesetz beantragen; **legem perferre** einen Gesetzesantrag durchsetzen; **legem promulgare** (durch Anschlag) öffentl. bekannt machen; **legem accipere; legem scribere** verfassen; **legem repudiare, antiquare** verwerfen;
② Gesetz, gesetzliche Bestimmung, Verordnung; **leges regiae** aus der Zeit der Könige; **lege carens civitas** gesetzlos; **genus hominum agreste, sine legibus, sine imperio** *(Sall.);* **legem abrogare** abschaffen; **leges dare** erlassen; **legem figere** anschlagen; **legibus alqm solvere** entbinden; **(ex) lege** *u.* **(ex) legibus** gesetzmäßig, nach dem Gesetz; **lege agere** gesetzlich, kraft des Gesetzes verfahren *(vom Liktor, wenn er das Urteil des Richters vollzog) u.* gesetzlich, gerichtlich klagen *(vom Kläger);* **per leges ire** sich die Gesetze gefallen lassen; **lege uti** gesetzlich verfahren;
③ *Pl.* Verfassung; **leges libertasque** republikanische Verfassung; **suis legibus uti** eine eigene Verfassung haben;
④ das geschriebene Recht;
⑤ Gesetz, Vorschrift, *die man sich selbst gibt;* **legem sibi statuere;** – Gewohnheit, Art,

nach der jmd. lebt: **meā lege utar;**
⑥ Regel, Vorschrift, Gebot, Satzung [**veri; philosophiae; grammatica**]; **hanc ad legem formanda est oratio** *(Cic.)*; **legem dicere alci** eine Vorschrift geben;
⑦ *(Ov.)* Art u. Weise, Beschaffenheit; **ex lege loci; sub lege loci;**
⑧ *(poet.; nachkl.)* Regelmäßigkeit, Ordnung; **sine lege** unregelmäßig, unordentlich; **equi sine lege ruunt** *(Ov.)*; **capilli iacent sparsi sine lege** *(Ov.)*; **legem dare capillis** *(Sen.)* ordnen;
⑨ juristische Formel *(f. Kaufverträge)*;
⑩ Bedingung, Punkt *eines Vertrages* [**foederis; pacis**]; **pax data in has leges** unter folgenden Bedingungen; **accipiunt legem; lege certā; leges et foedera iungere; se sub leges pacis iniquae tradere** *(Verg.)*; *übtr.* **lex vitae;**
⑪ Vertrag, Kontrakt [**mancipii** Kaufvertrag];
⑫ *(mlt.)* **a)** *vetus* das Alte Testament; *nova* das Neue Testament; **b)** *generalis* allgemeines Gesetz.

lexis, lexeos *f (gr. Fw.) (vor- u. nachkl.)* Wort.

Lexoviī, ōrum *m Volk in Gallien an der Seinemündung.*

lībāmen, minis *n (libo) (poet.)* Opfer(gabe); **prima libamina** die v. der Stirn des Opfertieres abgeschnittenen Haare; *(übtr.)* **tu nova servatae carpes libamina famae** *(Ov.)* du wirst meine Ehre zuerst opfern.

lībāmentum, ī *n (libo)* ① Opfer(gabe); **-a servare;**
② *(nachkl.) (übtr.)* Probe(stück).

Libanus, ī *m Gebirge im südl. (antiken) Syrien,* der Libanon.

libanus, ī *m u. f (spätl.)* Weihrauch.

lībārius, ī *m (libum) (Sen.)* Kuchenbäcker,- verkäufer.

lībātiō, ōnis *f (libo)* Trankopfer.

lībella, ae *f (Demin. v. libra)* ① *röm.-kampanische Silbermünze im Wert v.* $^1/_{10}$ Denar; **heres ex -a** Erbe eines Zehntels des Nachlasses;
② kleine Münze, *im Deutschen* Heller, Cent; **ad -am** auf Heller u. Pfennig, ganz genau; **tibi -am argenti numquam credam;**
③ Wasserwaage.

● **libellus,** ī *m (Demin. v. liber[1])* ① Büchlein, kleines Schriftstück; **comes -i** nette Komödienbücher; – *meton. (poet.) Pl.* Buchladen;
② Notizbuch, Heft, Verzeichnis; **ex -o respondere**;
③ Brief, Schreiben; **ex -is animadverti;**
④ Bittschrift, Gesuch; **-os signare**;
⑤ *(nachkl.)* Klage(schrift), Anklage [**accusatorum**];
⑥ Programm *zu einem Schauspiel* [**gladiatorum** zu den Fechterspielen]; **-os dispergere;**
⑦ öffentliche Bekanntmachung, Anschlag; **edere per -os; suspensis amici bonis ~;**
⑧ *(nachkl.)* Schmäh-, Spottschrift; **-os aut carmina ad infamiam alcis sub alieno nomine edere.**

● **libēns** *u. (altl.)* **lubēns,** *Gen.* entis (*Abl.* -ente *u.* -entī) *(libet)* ① gern, willig, m. Vergnügen, aus freiem Antrieb; **libenti animo** gern; **libentissimis Graecis; me libente** meinetwegen;
② *(Kom.)* vergnügt, lustig; **faciam illos lubentiores.**

libentia *u. (altl.)* **lubentia,** ae *f (libens) (Plaut.; Gell.)* Fröhlichkeit, Vergnügen.

Libentīna, ae *f Beiname der Venus als Göttin der sinnl. Lust.*

● **liber**[1], brī *m* ① Bast [**tenuis; mollis**];
② *(meton.)* Geschriebenes *(da die Alten auf Bast schrieben)*: **a)** Buch, Schrift; **Demetrii ~ de concordia; is ~, quem de rebus rusticis scripsi** *(Cic.)*; – *auch* Abschnitt, Teil *eines Buches:* **tres libri perfecti sunt de natura deorum** *(Cic.)*; **b)** *Pl.* Religionsbücher [**Etruscorum; Sibyllini**], Augural-, Rechtsbücher; **c)** Schreiben, Brief [**grandior**]; **d)** Verzeichnis, Register, Katalog; **e)** *(Plin.)* Erlass [**principis**].

● **līber**[2], era, erum ① frei, ungehindert, unbeschränkt, zwanglos, selbstständig *(v. Personen u. Sachen)* [**aqua liberior** das freier fließende Wasser = Meer; **tempus; otia liberrima** ganz geschäftsfrei; **caelum** freie Luft; **mandata** unbeschränkte Vollmacht; **sententiae** zwangfreie Abstimmung; **liberā fide** durch kein gegebenes Wort gebunden; **fenus** durch kein Gesetz eingeschränkter Wucherzins; **res familiaris** schuldenfrei; **~ ab omni sumptu** steuer-, abgabenfrei; **aedes** unbewohnt]; **liberum habere alqd** etw. in seiner freien Gewalt haben; **neque liberum id vobis permittet** wird euch darin keine freie Wahl lassen; **liberum est mihi** *(m. Inf., indir. Frages.)* es steht mir frei = es liegt in meiner Gewalt; **ad scribendi licentiam liber;**
② freimütig, offen, unbefangen [**animus; litterae; iudicium senatūs**]; **liberrime confiteri; vocem liberam mittere; liberā linguā uti; comitia libera;**
③ zügellos, ausschweifend, ausgelassen [**mores; convivium**]; **liberius vivere;**
④ freiwillig; **libere omnia ferre;**
⑤ frei von, ohne *(ab alqo; a re u. re; alcis rei: v. etw.)* [**patria a tyrannis; curā; fati** des Schicksalsspruches entbunden; **laborum**]; **loca ab arbitris libera; vina libera** frei machend = von Sorgen befreiend; **provincia a praedonibus libera**;
⑥ freigeboren, unabhängig [**possessio; civitas; Achaiae populi** m. republikanischer Verfassung]; **libera vestis** das Kleid eines Freien; **libera toga** die männliche Toga; – *Subst. m* der Freie, Freigeborene; **alqm non liberum putare** nicht für einen Freien halten.

Līber, erī *m altital. Gott der Zeugung, Fruchtbarkeit u. des Wachstums, schon früh m. Dionysus als Gott des Weines gleichgesetzt, später m. Bacchus identifiziert; meton. (poet.)* Wein.

Lībera, ae *f (Liber)* ❶ = *Proserpina als Schwester des Liber (= Bacchus);*
❷ = *Ariadne als Gemahlin des Bacchus.*

Līberālia, ium *n (Liber) Fest des Liber u. der Libera am 17. März, an dem Frauen Opferkuchen anboten u. die jungen Männer die toga virilis empfingen.*

● **līberālis,** e *(liber²)* ❶ die Freiheit betreffend, Freiheits- [**causa** Prozess um Freiheitsrechte; **nuptiae** zwischen Freien];
❷ eines freigeborenen Mannes würdig: **a)** edel, anständig, vornehm [**eruditio; studia; viaticum** anständiges; **fortuna** anständiges Leben; **mens; sumptus** standesgemäß]; **pulcher est et ~** *(Plaut.)* von vornehmem Aussehen; **b)** gütig [**responsum**]; **c)** freigebig *(m. Gen.)* [**pecuniae** m. Geld];
❸ *(Tac.)* reichlich [**epulae**].

● **līberālitās,** tātis *f (liberalis)* ❶ edle Gesinnung, Güte, leutseliges Wesen; **homo non liberalitate popularis** *(Cic.);*
❷ Freigebigkeit; **quid dicam de liberalitate in sorores?** *(Cic.);*
❸ *(nachkl.) (meton.)* Geschenk; **decima pars liberalitatis apud quemque eorum relinquitur** *(Tac.).*

līberātiō, ōnis *f (libero)* ❶ Befreiung *(von etw.: Gen.)* [**culpae**];
❷ Freispruch *vor Gericht.*

līberātor, ōris *m (libero)* Befreier [**urbis**].

● **līberī,** ōrum *u.* ûm *m (liber²)* die Kinder.

● **līberō,** līberāre *(liber²)* ❶ befreien *(v. Sklaven od. Eingesperrten, v. Fesseln u. Ä.),* frei machen, -lassen [**servos; pullos caveā**];
❷ befreien, retten, frei machen *(aus, von: ex; ab; bl. Abl.)* [**ex incommodis alqm pecuniā; patriam a tyranno; mundum ab omni erratione; rem publicam dominatu regio; alqm suspicione, aere alieno**]; **Buthrotios decreto suo ~** *(Cic.)* von der Proskription und Austeilung ihrer Äcker;
❸ von Abgaben befreien [**Byzantios**];
❹ *(jur. t. t.)* freisprechen, lossprechen *(von etw.: Abl. od. Gen.)* [**alqm supplicio; liberatum discedere** freigesprochen; **alqm voti** jmd. seines Gelübdes entbinden]; – *im Pass. m. N. C. I.:* **Milo liberatur ... profectus esse** wird v. der Beschuldigung freigesprochen, ...;
❺ v. Verbauung der Aussicht befreien [**templa liberata**];
❻ *(übtr.)* etw. aufheben [**obsidionem urbis**];
❼ *fidem* das Versprechen erfüllen;
❽ *promissa* ungültig machen;
❾ *nomina* Schulden regeln.

līberta, ae *f (libertus)* die Freigelassene [**Veneris** ehemalige Tempelsklavin der Venus].

● **lībertās,** ātis *f (liber²)* Freiheit: ❶ bürgerliche Freiheit *des röm. Bürgers, wozu das Stimmrecht in den Komitien u. die Teilnahme am Laiengericht gehörten;* **servos ad libertatem vocare** den Sklaven die Freiheit versprechen; **libertatem alci donare, eripere; alqm e servitute in libertatem vindicare** befreien; **ad usurpandam libertatem vocare** abstimmen lassen; **omnes homines naturā libertati studere et condicionem servitutis odisse** *(Caes.);*
❷ Freiheit *eines Staates,* republikanische Verfassung, Selbständigkeit, Autonomie, Unabhängigkeit; **libertati favere; libertatem perdere, repetere, restituere;**
❸ Freiheitsliebe [**innata; timefacta**];
❹ Ungebundenheit, Zügellosigkeit *(in etw.: Gen.)* [**nimia; omnium rerum**];
❺ Erlaubnis [**loquendi**];
❻ Freimut, Unerschrockenheit [**ingenii**]; **quasi per libertatem; libertatem requirere;**
❼ *(personif.)* **Lībertās** *Göttin der Freiheit.*

> *i* Kultur **lībertās** „Freiheit“ eines Staates = Unabhängigkeit von der Macht anderer Staaten, Staatssouveränität; „Freiheit“ des Bürgers = seine bürgerl. Freiheitsrechte: Stimmrecht bei Versammlungen u. beim Laiengericht. – In den Forderungen der französischen Revolution 1789: als „liberté“ bis heute demokratisches Merkmal. Aber für die Römer noch kein Begriff für die „Willensfreiheit“ der Philosophen.

lībertīna, ae *f (libertinus) (poet.; nachkl.)* die Freigelassene.

● **lībertīnus** *(libertus)* **I.** *Adj.* a, um freigelassen;
II. *Subst.* ī *m* der Freigelassene.

libertō, libertāre *(mlt.)* die Freiheit schenken.

● **lībertus,** ī *m (liber²)* Freigelassener *(in Bezug auf seinen früheren Herrn)* [**Fausti; tuus**].

> *i* Kultur **lībertus,** auch „libertinus“ heißt der von seinem Herrn durch →manumissio freigelassene, vormalige Sklave. Freier Bürger konnte nach röm. Recht erst sein Sohn werden. So erinnerte der Dichter Horaz gerne an seinen gesellschaftlichen Aufstieg mit dem Hinweis auf seine Herkunft von einem Freigelassenen: „libertino patre natus“.

● **libet** *(altl.* **lubet**), libuit *u.* libitum est *(unpers.)* es beliebt, es gefällt.

Lībēthrides, dum *f Beiname der Musen nach dem Gebirge Libethrion (westl. Teil des Helikon in Böotien), wo ihnen eine Quellgrotte heilig war.*

libīdinor, libīdinārī *(libido) (poet.; nachkl.)* geschlechtlich erregt sein, geil sein.

libīdinōsus, a, um *(libido)* ❶ genusssüchtig, ausschweifend, lüstern [**adulescentia; voluptates; amor; domina**];
❷ willkürlich, zügellos, frech [**tyrannus**].

● **libīdō** *(altl.* **lubīdō**), dinis *f (libet)* ❶ Begierde, Lust, Verlangen, Reiz *(nach etw.: Gen.)* [**voluptatum; ulciscendi; sanguinis** Blutdurst]; **libidinem in armis habere** Lust an den Waffen haben; **tanta ~ cum Mario eundi plerosque invaserat** *(Sall.)*;
❷ sinnliche Lust, Sinnlichkeit, Genusssucht, Ausschweifung, Lüsternheit; **libidine incensus; providendum, ne quod in vita vestigium libidinis appareat** *(Cic.)*;
❸ Willkür, Belieben, Laune, Zügellosigkeit [**suffragandi; iudicum**]; **libidines frangere, refrenare; ad libidinem** *u.* **(ex) libidine** nach Laune, nach Belieben.

libita, ōrum *n (libet) (Tac.)* Belieben, Gelüste; **vim suaque -a exercere in alqm.**

Libitīna, ae *f* ❶ *Leichengöttin (in deren Heiligtum alles zur Beerdigung Nötige aufbewahrt wurde u. die Totenlisten geführt wurden)*;
❷ *(meton.)* **a)** Leichengeräte; **b)** *(Hor.)* Tod.

libitīnārius, ī *m (Libitina) (nachkl.)* Leichenbestatter.

libitus, ūs *m (libet) (spätl.)* Verlangen, Gelüste.

● **lībō,** lībāre ❶ ein wenig v. etw. wegnehmen, *übtr.* entnehmen, entlehnen; **a natura deorum libatos animos habemus** unsere Seelen sind aus dem Wesen Gottes;
❷ *(poet.)* leicht berühren [**oscula natae** küssen; **pede summam arenam**];
❸ kosten, genießen [**cibos; dapes; amnem;** *übtr.* **artes** oberflächlich kennen lernen];
❹ *(poet.)* als Trankopfer ausgießen, ein Trankopfer spenden [**pateras Iovi**];
❺ *(Verg.) (durch Ausgießen beim Opfern)* benetzen [**altaria pateris**];
❻ opfern, weihen [**frugem Cereri; tura dis; certas fruges certasque bacas publice;** *übtr.* **carmina aris**];
❼ vermindern [**nil de corpore; vires**].

lībra, ae *f* ❶ Waage; **per aes et -am** *od.* **-ā et aere mercari alqd** in gesetzlicher Form, durch förmlichen Kauf; **sine -a et tabulis testamentum facere** ohne gesetzliche Form; **tuus librā et aere magis** *(Ov.)* mehr als bloß gekauft;
❷ Wasserwaage; **ad -am facere turres** in gleicher Höhe;
❸ *(poet.; nachkl.)* Waage *als Sternbild;*
❹ *(Plin.) (meton.)* Gleichgewicht;
❺ das röm. Pfund *(= 0,326 kg)*; **coronam auream -am pondo ex publica pecunia in Capitolio Iovi donum posuit** *(Liv.)*;
❻ *(mlt.)* karolingisches Silberpfund.

lībrālis, e *(libra) (nachkl.)* ein (röm.) Pfund schwer.

lībrāmentum, ī *n (libro)* ❶ Gewicht [**plumbi**];
❷ *(Tac.)* Schwungriemen [**tormentorum**];
❸ *(Plin.)* Gefälle *des Wassers;*
❹ *(math. t. t.)* waagrechte Ebene *od.* Linie; **sub eodem -o stare** *(Sen.)*.

librāria[1], ae *f (librarius[1])* ❶ *(Mart.)* (Ab-)Schreiberin;
❷ *(Gell.) (erg. taberna)* Buchladen.

lībrāria[2], ae *f (libra) (Iuv.)* Werkmeisterin, *die den Sklavinnen die Wolle zuwiegt.*

librāriolus, ī *m (Demin. v. librarius)* Bücherabschreiber, Schreiber, Kopist.

librārium, ī *n (liber[1])* Bücherkasten, -schrank.

librārius[1] *(liber[1])* **I.** *Adj.* a, um Bücher-, Buch- [**taberna** Buchladen; **doctor** *od.* **magister** Schreiblehrer; **scriptor** Bücherabschreiber; **scriba** Buchhalter; **atramentum** Schreibtinte];
II. *Subst.* ī *m* Schreiber, Kopist, Buchhändler, Bücherverkäufer.

lībrārius[2], a, um *(libra) (Gell.)* ein Pfund schwer.

lībrātor, ōris *m (libro) (nachkl.)* ❶ Feldmesser;
❷ *(milit.)* Steinwerfer, Wurfschütze.

lībrīlis, e *(libra)* pfundschwer [**funda** *Schleuder, m. der man pfundschwere Steine warf*].

lībripēns, pendis *m (libra u. pendo) (nachkl.) derjenige, der beim Kauf die Waage hält.*

lībritor, ōris *m (libro) (Tac.)* Wurfschütze.

lībrō, lībrāre *(libra)* ❶ im Gleichgewicht halten *od.* bewegen; **tellus ponderibus librata suis** *(Ov.)*; *(übtr.)* **si immensum imperii corpus stare ac librari sine rectore posset** *(Tac.)*;
❷ schwingen, schleudern [**telum; caestus; corpus in alas** sich auf die Flügel schwingen; **se per nubila** fliegen]; – *P. Adj.* **lībrātus,** a, um in Schwung gebracht, schwungvoll.

libuit *Perf. v. libet.*

lībum, ī *n* Kuchen, *bes.* Opferkuchen.

Liburnia, ae *f Küstenland Illyriens zw. Istrien u. Dalmatien, dessen Bewohner eher zu der indoeuropäischen Sprachgruppe der Veneter als der Illyrer gehörten;* – *Bew.* **Liburnī,** ōrum *m;* – *Adj.* **Liburnicus,** a, um; – **Liburna** *u.* **Liburnica,** ae *f* Liburnerschiff *(schnelles röm. Kriegsschiff m. zwei Ruderdecks, nach dem Vorbild der Seeräuberschiffe der Liburni).*

Libya, ae *u.* **-ē,** ēs *f* Libyen; *auch* Nordafrika; – *Einw.* **Libys,** yos *m* Libyer; – *Adj.* **Liby(c)us,** a, um, **Libys,** yos, *fem. auch* **Libyssa,** ae *u.* **Libystis,** tidis libysch, afrikanisch.

Libyphoenīces, cum *m die in Libyen siedelnden Phönizier.*

licēns, *Gen.* entis *(P. Adj. v. licet)* ❶ frei, ungebunden, uneingeschränkt;
❷ zügellos, frech, ausgelassen [**turba**].

● **licentia,** ae *f (licet)* ❶ Freiheit, Ungebundenheit [**pecuniarum eripiendarum; ludendi**]; **magnis et divinis bonis hanc -am** (Vorrecht) **assequebantur** *(Cic.)*; **tantum -ae dabat gloria**;
❷ Erlaubnis;
❸ Macht [**tanta** schrankenlose; **necis et vitae civium** über Leben u. Tod];
❹ Willkür [**oratorum** Ausschreitungen; **poëtarum; fortunae** Laune];
❺ Zügellosigkeit, Frechheit, Ausgelassenheit [**Alexandrina vita et ~; ponti; indomita; nocturni temporis** von der Nachtzeit begünstigt]; **coërcere militarem -am; augere alci -am; comprimere hominum -am;**
❻ *(personif.)* **Licentia** *Göttin der Zügellosigkeit.*

licentiō, licentiāre *(mlt.)* die Erlaubnis geben; entlassen, verjagen.

licentiōsus, a, um *(licentia) (nachkl.)* ausgelassen, ausschweifend, willkürlich.

liceō, licēre, licuī, – ❶ zum Verkauf angeboten werden;
❷ *(Hor.)* wert sein [**pluris**];
❸ *(nachkl.) (eine Ware)* anbieten; *(für eine Ware)* verlangen [**parvo pretio**]; **percontans, quanti liceret opera effecta.**

liceor, licērī, licitus sum *(liceo) bei einer Versteigerung* auf etw. bieten *(auf etw.: Akk.)* [**hortos; contra** überbieten]; **in auctione nemo voluit ~** *(Sen.)*; **liciti sunt usque eo** sie boten so lange *od.* so viel darauf.

● **licet,** licēre, licuit *u.* licitum est ❶ es ist erlaubt, es steht frei, man darf, es ist möglich; *(abs.)* **per me licet** meinetwegen; *(m. Inf. u. A. C. I.)* **id Roscio facere non licet** Roscius darf es nicht tun; **ei consulem fieri licebat; nos frui liceret;** *(m. dem Neutr. eines Pron. od. allg. Adj. als Subj., z. B. quid, id, quod, nihil)* **quod per leges licet**; *(alci m. Inf. u. Dat.)* **licet illis incolumibus discedere; Themistocli licuit esse otioso;** *(selten m. Konj.)* **sequatur licebit** er mag folgen; **fremant omnes licet; amet licet;**
❷ *als konzessiver Ausdruck m. Konj. Präs. od. Perf.:* wenn auch, mag auch, obgleich; **omnia licet concurrant;** – *verstärkt:* **quamvis licet** *m. Konj.:* wenn auch noch so sehr; *(poet.) ohne verbum finitum b. Adj. od. Part.:* obschon: **isque, licet caeli regione remotos, mente deos adiit.**

Lichās, ae *m Diener des Herkules.*

līchēn, ēnis *m (gr. Fw.) (nachkl.)* Flechte *(bot. u. med.).*

Licinius, a, um *Name einer pleb. gens in Rom, auch in Etrurien vorkommend:* ❶ C. ~ Stolo, *Vorkämpfer der Plebs geg. die Patrizier, Miturheber der „lizinisch-sextischen Gesetze", Volkstribun 367–366 v. Chr., Konsul 364 od. 361;*
❷ L. ~ Crassus *(140–91 v. Chr.), Optimat u. bedeutender Redner, Konsul 95, Zensor 92;*
❸ M. ~ Crassus Dives *(115–53 v. Chr.), schloss 60 (od. 59) m. Pompeius u. Cäsar das erste Triumvirat, wurde 53 südl. v. Carrhae v. den Parthern vernichtend geschlagen u. ermordet;*
❹ L. ~ Lucullus Ponticus *(117–56 v. Chr.), Feldherr im Krieg geg. die Bundesgenossen u. geg. Mithridates u. Tigranes, bekannt durch seinen sprichwörtlichen Reichtum und Luxus, starb in geistiger Umnachtung;*
❺ L. ~ Murena, *Legat des Lucullus, 63 v. Chr. als designierter Konsul der Amtserschleichung angeklagt, v. Cicero erfolgreich verteidigt, 62 Konsul.*

licitātiō, ōnis *f (licitor)* das Bieten *(b. Versteigerungen).*

licitātor, ōris *m (licitor)* der Bietende *(b. Versteigerungen).*

licitor, licitārī *(Intens. v. liceor)* ❶ *(Plaut.)* auf etw. bieten *(b. Versteigerungen)*;
❷ *(Enn.)* streiten [**inter se**].

licitus¹, a, um *(licet) (poet.; nachkl.)* erlaubt; – *Subst.* **-a,** ōrum *n* Erlaubtes; **ipse per licita atque illicita foedatus** *(Tac.).*

licitus² *P. P. Akt. v. liceor.*

līcium, ī *n* ❶ Querfäden im Gewebe, Einschlag; **-a telae addere** ein neues Gewebe beginnen;
❷ *übh.* Faden;
❸ Band; **-a dependent longas velantia sepes** *(Ov.)*; **tum cantata ligat cum fusco -a plumbo** *(Ov.)*;
❹ Gewebe [**varii coloris**].

i Kultur ● **līctor,** ōris *m* ❶ Liktor, öffentl. Diener der höheren Beamten u. einiger Priester; die Liktoren waren meist Freie niedrigen Standes od. Freigelassene; sie gingen m. den fasces als Symbol der Gerichtsbarkeit u. Strafgewalt einzeln hintereinander vor dem Beamten, um Platz zu machen u. etwaige Strafen zu vollziehen; die Zahl der Liktoren richtete sich nach dem Rang des Magistrates: der Diktator hatte 24, der Konsul 12, der Prätor 6, der kaiserl. Legat 5 Liktoren, der flamen Dialis u. jede Vestalin hatten je einen Liktor ohne fasces [**primus** *od.* **proximus** der *dem Beamten* unmittelbar vorausgehende];
❷ *(übtr.)* Vertrauter.

licuī *Perf. v. liceo, liqueo u. liquesco.*
licuit *Perf. v. licet.*
liēn, ēnis *m (vor- u. nachkl.)* Milz.
liēnōsus, a, um *(lien) (vor- u. nachkl.)* milzkrank.
ligāmen, minis *u.* **ligāmentum,** ī *n (ligo[1]) (poet.; nachkl.)* Band, Binde, Verband.
Ligārius, a, um *Name einer röm. gens:* Q. ~, *Anhänger des Pompeius, später des Hochverrats angeklagt, v. Cicero 46 v. Chr. erfolgreich verteidigt, einer der Verschwörer geg. Cäsar; – Adj. auch* **Ligāriānus,** a, um.
Liger, eris *m* die Loire *(in Gallien).*
līgnārius, ī *m (lignum)* Holzhändler; **inter -os** auf dem Holzmarkt, in der Holzmarktstraße *(Örtl. in Rom).*
līgnātiō, ōnis *f (lignor)* das Holzfällen, -holen; **lignationis causa in silvas discedere** *(Caes.).*
līgnātor, ōris *m (lignor)* Holzfäller.
līgneolus, a, um *(Demin. v. ligneus)* v. feiner Holzarbeit.
līgneus, a, um *(lignum)* ① hölzern, aus Holz, Holz- [**columna; lectus**];
② *(Plaut.)* auf eine Holztafel geschrieben;
③ *(poet.) (übtr.)* saftlos, dürr [**coniunx**].
līgnor, līgnārī *(lignum)* Holz holen.
● **līgnum,** ī *n (lego[1])* ① Holz *(als Material);* Stück Holz, Scheit; **calcei ex -o facti; fascis -orum; ignem ex -is viridibus fieri iubere; exstruere focum -is;** – *sprichw.:* **-a in silvam ferre** etw. Überflüssiges tun;
② *(poet.; nachkl.) (meton.) hölzerner Gegenstand:* **a)** Schaft *des Speeres od. Pfeiles;* **b)** trojanisches Pferd; **inclusi -o Achivi; c)** Schreibtafel; **d)** *(Ov.)* Holzbild (einer Kuh);
③ *(poet.; spätl.)* Baum;
④ *(Ov.)* Pfropfreis.
● **ligō[1],** ligāre *(poet.; nachkl.)* ① (zusammen)binden [**manūs post terga**]; **catenis ligatus; sudarium circum collum ~;**
② an-, festbinden [**mulam** anschirren; **alqm vinculo**]; **pisces in glacie ligati** festgefroren;
③ verbinden, zubinden, umbinden, umwinden [**vulnera veste; guttura laqueo** zuschnüren]; **digitos ligat iunctura; caementa in tectis ligantur** werden gebunden;
④ *(Ov.) (übtr.)* verbinden, vereinigen [**dissociata**]; **vinculo tecum propiore ligari;**
⑤ *(übtr.)* knüpfen, schließen [**pacta; coniugia**].
ligō[2], ōnis *m* ① *(poet.; nachkl.)* Hacke;
② *(Iuv.) (meton.)* Ackerbau.
ligula[1], ae *f (vor- u. nachkl.)* Löffel.
ligula[2] = *lingula.*
Ligurēs, rum *m, Sg.* **Ligus** *(später* **Ligur**), uris *m u. f Volk im westl. Oberitalien um Genua; – ihr Land:* **Liguria,** ae *f; – Adj.* **Ligus,** uris, **Ligusticus** *u.* **Ligustīnus,** a, um.
ligurriō, ligurrīre *(auch* ligūriō, ligūrīre) *(lingo) (nicht klass.) (m. Akk.)* ① (be)lecken, v. etw. naschen;
② *(übtr.)* nach etw. lüstern sein [**curationem agrariam**].
ligurrītiō, ōnis *f (ligurrio)* Leckerhaftigkeit, Naschhaftigkeit.
Ligus, uris *s. Ligures.*
ligustrum, ī *n (poet.; nachkl.)* Liguster, Rainweide.
līlium, ī *n* ① Lilie;
② *(übtr., milit.) eine Art v. trichterförmigen Fallgruben, in die Spitzpfähle eingeschlagen wurden.*
Lilybaeum *u.* **-on,** ī *n Vorgeb. u. von den Karthagern gegründete Stadt im Westen Siziliens, j.* Marsala *(Name aus arabischer Zeit); – Adj.* **Lilybēius** *u.* **Lilybītānus,** a, um.
līma, ae *f (poet.; nachkl.)* ① Feile; **-ā polire alqd;**
② künstlerische Ausarbeitung *einer Schrift;* **labor -ae.**
līmātulus, a, um *(Demin. v. limatus)* ausgefeilt *(übtr.).*
līmātus, a, um *(P. Adj. v. limo[1]) (übtr.)* ausgefeilt, sorgfältig ausgearbeitet, (ab)geschliffen; **limatius dicendi genus; limatius ingenium; homo oratione ~.**
limbulārius, ī *m (limbus) (Plaut.)* Bordürenmacher.
limbus, ī *m (poet.)* Besatzstreifen, Bordüre, Saum; **Sidoniam picto chlamydem circumdata -o** *(Verg.).*
● **līmen,** minis *n (verw. m. limes)* ① (Tür-)Schwelle *(auch Pl.)* [**cubiculi; curiae**]; **intra limen** innerhalb seiner vier Wände; *sprichw.:* **prospicere tantum et a limine salutare** *(Sen.) (eine Wissenschaft u. Ä.)* nur berühren;
② *(meton.)* Wohnung, Haus [**sceleratum** Wohnung der Gottlosen *in der Unterwelt*]; **limine pelli; limen intrare; limine contineri; tua limina adirem;**
③ *(Verg.)* Schranken *in der Rennbahn;* **equi limen relinquunt;**
④ *(poet.; nachkl.) (übtr.)* Schwelle, Anfang [**portūs** des Hafens der Ruhe; **belli**]; **in primo limine;**
⑤ *(poet.; nachkl.)* Grenze; **extra limen Apuliae.**
● **līmes,** mitis *m* ① Rain, Querweg, Grenzlinie *(zwischen zwei Äckern od. Weinbergen),* Grenzweg; **partiri limite campum;**
② *(nachkl.)* befestigte Grenzlinie, Grenze, Grenzwall, Limes [**limitem scindere**];
③ *(Ov.) (übtr.)* Unterschied; **iudicium brevi limite falle tuum;**
④ (Feld-)Weg, Straße [**Appiae; acclivis; transversus** Seitenweg; **fluminis** Flussbett; **sectus** Tierkreis]; **limite recto fugere; eo limite signa extulerunt;** *(übtr.)* ~ **ad caeli aditum patet; eundem limitem agere** diesel-

ben Mittel gebrauchen; **lato te limite ducam.**

> *i* Kultur **limes/Limes** Aus dem „Grenz"**weg** zwischen zwei Grundstücken wurde in der röm. Kaiserzeit die **Reichs**„grenze" in Form einer Grenzbefestigung mit Wällen, Gräben, Palisaden, Wachtürmen u. Kastellen. Der obergerman.-rätische Limes (bis 260) verlief vom Rhein (Rheinbrohl) über Westerwald, Taunus (Saalburg) zum Neckar, über Schwäb. Alb (Aalen) u. Fränk. Alb (Gunzenhausen) bis an die Donau bei Kelheim. Ebenfalls ein Limes in Nordengland.

līmi-genus, a, um *(limus¹ u. gigno) (spätl.)* im Schlamm erzeugt, schlammentsprossen.

Limnaeum, ī *n Hafenort in Akarnanien (Ostküste Mittelgriechenlands).*

Limnātis, tidis *f Beiname der Diana als Schutzgöttin der Fischer.*

līmō¹, līmāre *(lima)* ❶ *(vor- u. nachkl.)* feilen, glätten, polieren, abschleifen [**gemmas**]; reiben, wetzen [**cornua ad saxa**]; **plumbum limatum** Bleispäne;
❷ *(übtr.)* **a)** feilen, glätten; **vir urbanitate limatus; b)** gründlich untersuchen, zu ergründen suchen [**veritatem**]; **c)** vermindern, schmälern [**commoda alcis**]; *(alqd de alqo u. de re)* etw. v. jmdm. *od.* v. etw. wegnehmen [**tantum de altero**]; **de tua prolixa beneficaque natura limavit aliquid posterior annus** *(Cic.)*; – **se ad alqd ~** sich auf etw. beschränken.

līmō², līmāre *(limus¹) (Plaut.)* m. Kot bespritzen [**caput alci**].

līmōsus, a, um *(limus¹)* schlammig [**planities; lacus**].

limpidus, a, um klar, hell [**lacus; aer; vox**].

līmulus, a, um *(Demin. v. limus²) (Plaut.)* etw. schielend; **-is** *(erg. oculis)* **intueri** kokett anschauen.

līmus¹, ī *m* ❶ Schlamm [*übtr.* **malorum**];
❷ Schmutz; Kot.

līmus², a, um schief, schielend [**oculi**].

līmus³, ī *m (limus²) (poet.; nachkl.) schräg m. Purpur besetzter* Schurz *der Opferdiener.*

Limyrē, ēs *f Stadt in Lykien.*

līnāmentum, ī *n (linum) (Plin.)* Leinwand.

līnārius, ī *m (linum) (Plaut.)* Leinweber.

līnctus *P.P.P. v. lingo.*

Lindos *u.* **-dus,** ī *f Stadt auf Rhodos.*

līnea, ae *f* ❶ (Richt-)Schnur, Lot; **-ā uti; ad -am** *u.* **rectis -is** senkrecht;
❷ *(poet.)* Angelschnur; *sprichw.:* **sensim mittam -am** *(Plaut.)* ich will die Angel auswerfen, ihn zu fangen suchen;
❸ *(nachkl.) Pl.* Netz;
❹ Linie, Strich;
❺ *Pl.* Skizze, Entwurf; **primas -as ducere;**
❻ *(übtr.) (in der Rennbahn)* Linie, Schranke; **-as transire** die Schranken überspringen;
❼ Ziel, Ende; **mors ultima ~ rerum; admoveri -as sentio** ich fühle das Ziel nahe = ich werde bald sterben;
❽ *(Ov.)* Einschnitt *(zw. den Sitzreihen im Theater)*; **cogit nos ~ iungi;**
❾ *(mlt.)* Alba *(weißes Chorhemd der Priester).*

līneāmentum, ī *n (linea)* ❶ Linie, Strich;
❷ *Pl.* **a)** Umrisse, Konturen, Skizze, Entwurf *einer Zeichnung, einer Statue u. Ä.* [**deorum** skizzenhafte Konturen; **operum**]; **numerus quasi extrema -a orationi attulit** rundet die Rede gleichsam ab; **b)** Umrisse des Körpers, (Gesichts-)Züge [**corporis; animi**]; **ut homunculis similem fingeret deum, -is tantum extremis, non habitu solido** *(Cic.).*

līneāris, e *(linea) (nachkl.)* Linien- [**cognitio** Geometrie].

līneō, līneāre *(linea)* ❶ *(Plaut.)* nach dem Lot (ein)richten;
❷ *(mlt.) (Buchstaben)* zeichnen.

līneus, a, um *(linum)* aus Leinen, leinen [**vestis; vincula**].

lingō, lingere, līnxī, līnctum *(poet.; nachkl.)* (be)lecken [**mel; digitos**].

Lingonēs, num *m kelt. Volk in der Gegend v. Langres zw. Senonen u. Sequanern; Sg.* **Lingonus,** ī *m;* – *Adj.* **Lingonicus,** a, um.

● **lingua,** ae *f* ❶ Zunge; **-ā lambere alqd;**
❷ das Reden, Rede, Sprache, Worte [**historica; magica** Zauberworte; **mala** Behexung]; **-am tenere, continere** schweigen; **favete -is** schweigt; **~ astricta mercede; -am acuere et procudere** *(Cic.)* der Rede Bildung und Form geben;
❸ Redegabe, Redegewandtheit;
❹ Lästerzunge, Neigung zum Beschimpfen;
❺ *(Ov.)* Ruhmredigkeit;
❻ *(Ov.)* Geschwätzigkeit; **poenam -ā commeruisse;**
❼ Sprache [**Latina; Graeca**]; **-ae pastorum peritus; -ae Latinae gnarus** *od.* **sciens;**
❽ Mundart, Dialekt;
❾ *(Verg.)* Laut, Ton, Gesang [**volucrum**];
❿ Landzunge.

linguārium, ī *n (lingua) (Sen.)* Zungengeld *(scherzh.) = Strafe f. unbesonnene Rede.*

lingula, ae *f (Demin. v. lingua)* ❶ Landzunge; **in extremis -is promunturiisque** *(Caes.)*;
❷ *(poet.; nachkl.) (zungenförmig zugespitzter)* Schuhriemen;
❸ *(Plaut.) (als Schimpfw.)* Schlappschwanz.

lingulāca, ae *m u. f (lingula) (Plaut.)* Plappermaul, *als Adj.:* geschwätzig.

linguōsus, a, um *(lingua) (nachkl.)* geschwätzig.

līnia = *linea.*

līniāmentum = *lineamentum.*

līni-ger, gera, gerum *(linum u. gero) (poet.)* leinentragend, in Leinen gekleidet, in leinenem Gewand [**Isis; turba** Priester der Isis; **iuvenca**].

linō, linere, lēvī *u.* līvī, litum ① (be)schmieren, bestreichen [**ferrum pice; vinum** verpichen; **faciem; spicula vipereo felle**];
② *(poet.)* besudeln [**ora luto;** *übtr.* **splendida facta foedo carmine**];
③ *(poet.)* überziehen, bedecken [**tecta auro** vergolden]; **lita corpora guttis** gesprenkelt, gefleckt;
④ *(Ov.) (Geschriebenes)* ausstreichen.

● **linquō,** linquere, līquī, – zurücklassen: ① hinterlassen; *(m. dopp. Akk.) etw. in einem bestimmten Zustand* lassen [**alqd intentatum**];
② verlassen, im Stich lassen [**patriae fines; lumen** sterben]; **animo linqui** *u. bloß* **linqui** ohnmächtig werden; *auch aktivisch:* **animus linquit** die Besinnung schwindet; **linquentem animum revocare** sich von der Ohnmacht erholen;
③ etw. aufgeben, sein lassen [**severa; naturam**];
④ *(poet.)* überlassen [**socios ignotae terrae; promissa procellis** nicht halten];
⑤ *(Lucr.) unpers.* linquitur, ut *(m. Konj.)* es bleibt übrig; **linquitur, ut totis animalibus assimulentur.**

linteāmen, minis *n (linteum) (nachkl.)* Leinenkleid, -tuch.

linteātus, a, um *(linteum)* in Leinwand gekleidet [**legio; senex**].

linteō, ōnis *m (linteum) (Plaut.)* Leinweber.

linteolum, ī *n (Demin. v. linteum) (vor- u. nachkl.)* leinenes Tüchlein.

linter, tris *f u. m* ① Kahn, Nachen; **ingens vis navium lintriumque;** *(übtr.)* **in** *od.* **e lintre loqui** beim Sprechen hin- u. herschaukeln; *sprichw. (Ov.):* **navigat hinc aliā iam mihi ~ aquā** = ich beginne etw. Neues; *(Tib.)* **in liquida nat tibi ~ aqua** du hast jetzt eine gute Gelegenheit;
② Trog, Mulde.

Linternum = *Liternum.*

linteum, ī *n (linteus)* ① Leinwand;
② Leinentuch, Laken; **locus -is contectus est;**
③ *(meton.)* **a)** *(poet.)* Segel, *meist Pl.;* **-a ventis dare; dextrā lintea dare** rechts ausspannen; **conversa domum dare -a** die Segel nach Hause umkehrend spannen; **b)** *(Mart.)* leinener Vorhang.

linteus, a, um *(linum)* leinen, Leinwand- [**vestis; libri** auf Leinwand geschriebene Chronik].

lintriculus, ī *m (Demin. v. linter)* kleiner Kahn.

līnum, ī *n* ① Flachs, Lein; **~ umidulum** ein saftiger Leinstängel;
② *(meton.) aus Flachs Gefertigtes:* **a)** Schnur, Faden; *(Ov.)* Angelschnur; **b)** *(poet.)* Leinen, Leinwand; **vina -o vitiata** durch Leinwand gefiltert; **flumineam -o celantes ulvam; c)** *(poet.)* Leinentuch; **d)** *(Ov.)* Seil, Tau [**tortum**]; **e)** *(Sen.)* Segel; **f)** *(poet.) Pl.* Netz.

Linus *u.* **-os,** ī *m Sohn des Apollo, Sänger, Lehrer des Herkules in der Musik; auch kleinasiatische Klagelied-Form.*

līnxī *Perf. v. lingo.*

Lipara, ae *u.* **-ē,** ēs *f die größte der Liparischen od. Äolischen Inseln im Nordosten v. Sizilien, seit 252 v. Chr. unter röm. Herrschaft, j.* Lipari; *Pl.* die Liparischen Inseln; – *Bew. u. Adj.* **Liparēnsis,** is *m bzw.* e *u.* **Liparaeus,** ī *m bzw.* a, um.

lippiō, lippīre *(lippus)* triefäugig sein, entzündete Augen haben; **cum leviter lippirem, has litteras dedi;** – *(übtr., Plaut.) (scherzh.)* brennen: **lippiunt fauces fame** vor Hunger.

lippitūdō, dinis *f (lippus)* Augenentzündung.

lippus, a, um ① *(poet.)* triefend [**oculus**];
② *(poet.)* triefäugig, m. entzündeten Augen [**senex**];
③ *(Pers.) (übtr.)* geistig blind, blödsinnig, verschroben;
④ *(Mart.)* saftig [**ficus**].

liquāmen, minis *n (liquo) (nachkl.)* Flüssigkeit, Brühe, Saft.

lique-faciō, facere, fēcī, factum, *Pass.* -fīō, fierī, factus sum *(liqueo)* ① flüssig machen, schmelzen [**ceram**]; – *P. Adj.* liquefactus, a, um flüssig, geschmolzen [**glacies**]; *auch* in Fäulnis geraten [**viscera**]; **caeca tabe liquefactae medullae;**
② *(übtr.)* entkräften, schwächen; **pectora liquefiunt curis.**

liqueō, liquēre, liquī *u.* licuī, – ① flüssig, klar sein, *fast nur Part. Präs.* **liquēns,** *Gen.* entis flüssig, klar [**vina; campi** Wasser, Meer];
② *(übtr.)* klar, einleuchtend sein, *bes. unpers.* **liquet** es ist klar *(alci; m. A. C. I. u. indir. Frages.);* **negat habere, quod liqueat; neutrum liquet nec esse deos nec non esse** *(Cic.).*

liquēscō, liquēscere, licuī, – *(Incoh. v. liqueo)* ① flüssig werden, schmelzen; **nix, cera liquescit; volnificusque chalybs vasta fornace liquescit** *(Verg.);*
② *(Ov.)* verwesen; **corpora dilapsa liquescunt;**
③ *(poet.; nachkl.) (übtr.)* vergehen, sich verflüchtigen; **mens, fortuna liquescit; incommodum summum est minui et deperire et ~** *(Sen.);*
④ weichlich werden [**voluptate**].

līquī¹ *Perf. v. linquo.*

liquī² *Perf. v. liqueo.*

liquidiusculus, a, um *(Demin. v. liquidior, Komp. v. liquidus) (Plaut.)* milder, sanfter.

liquidum, ī *n (liquidus)* ❶ *(poet.)* Flüssigkeit, Wasser;
❷ *(übtr.)* Klarheit, Gewissheit; **ad -um explorata** mit Gewissheit.

● **liquidus,** a, um *(Adv. -ē u. -ō) (liqueo)* ❶ *(poet.; nachkl.)* flüssig, fließend [*übtr.* **nymphae** Quellnymphen; **genus sermonis**];
❷ klar, hell, heiter *(bes. v. Flüssigkeiten u. der Luft)* [**fons; caelum; iter** durch die Luft *(Verg.) od.* durch das Wasser *(Prop.)*; **vinum** rein, unvermischt; **ignis; tempestas;** *übtr.* **vox** helle, reine Stimme];
❸ *(übtr.)* klar, rein [**oratio; fides** reine, wahre; **voluptas**];
❹ *(poet.)* heiter, ruhig [**animus; homo**];
/ *Adv.* **a) liquidē** *(m. Komp. u. Superl.)* rein, klar, hell; unbedenklich, zuversichtlich, gewiss; **liquidius negare; b) liquidō** m. Gewissheit, ohne Bedenken, bestimmt.

liquō, liquāre *(liqueo)* ❶ flüssig machen, schmelzen [**aes; vitrum**];
❷ *(poet.; nachkl.)* klären, durchseihen, filtern [**vinum**].

liquor[1], ōris *m (liqueo)* ❶ flüssiger Zustand [**aquae**];
❷ Flüssigkeit [**mellis; virgineus** Wasser der *Wasserleitung* Aqua Virgo; **in liquorem solvere** in Dünste auflösen]; *(poet.)* Saft [**fluidus**]; Wein; Meer.

līquor[2], līquī, – *(liqueo) (poet.; nachkl.)* flüssig sein, fließen, schmelzen; **liquentia mella; glacies liquitur;** – *übtr.* vergehen: **liquitur aetas.**

Līris, is *m Fluss in Latium, j.* Liri *(Oberlauf),* Garigliano *(Unterlauf).*

● **līs,** lītis *f (Gen. Pl.* lītium) ❶ Streit, Zank; **adhuc sub iudice lis est; lis est cum forma magna pudicitiae; lites sedare** *u.* **componere** beilegen; **litem discernere** entscheiden; **aetatem in litibus conterere** in Streitigkeiten verbringen;
❷ gerichtliche Streitigkeit, Prozess [**capitis** Kapitalprozess; **privata**]; **litem habere cum alqo; litem contestari** einen Prozess *durch Herbeirufen der Zeugen* in Gang bringen; **litem intendere alci** *u.* **inferre in alqm** gegen jmd. erheben; **litem orare** führen; **litem suam facere** sich selbst verteidigen; **litem dare secundum alqd** den Prozess entscheiden; **litem amittere** *u.* **perdere; litem obtinere** gewinnen; **contrahere lites** sich zuziehen; **contractas lites iudicare;**
❸ *(meton.)* Gegenstand des Prozesses, Streitsache, -frage; **litem in suam rem vertere** das Streitobjekt *(als Richter)* selbst behalten; **litem lite resolvere** eine streitige Sache durch eine ebenso streitige entscheiden wollen; **litem alci** *od.* **alcis aestimare** die Strafsumme bestimmen; **interceptor alienae litis.**

Lissus, ī *f Stadt im heutigen Albanien.*

litābilis, e *(lito) (Min. Fel.)* zum Opfern tauglich [**hostia**].

Litāna *(silva),* ae *f Waldgebiet in Gallia Cisalpina.*

litātiō, ōnis *f (lito)* das Opfern m. günstigen Vorzeichen, das glückliche Opfern; **hostiae maiores sine litatione caesae; senatus maioribus hostiis usque ad litationem sacrificari iussit** *(Liv.).*

lītera *ältere Form f. littera.*

Līternum, ī *n Küstenstadt in Kampanien unweit der Mündung des Flusses* **Līternus,** ī *m;* – *Adj.* **Līternus,** a, um; – **Līternīnum,** ī *n Landgut b. Liternum.*

lithostrōtum, ī *n (gr. Fw.) (Plin.)* Mosaikfußboden.

liti-cen, cinis *m (lituus u. cano)* Signalhornbläser.

lītigātor, ōris *m (litigo)* Prozessführender, prozessführende Partei.

lītigiōsus, a, um *(litigo)* voller Streit: ❶ *(v. Sachen)* **a)** wobei viel Streit ist, zänkisch [**disputatio**]; **b)** *(Ov.)* voller Prozesse [**forum**]; **c)** strittig [**praediolum; ager**];
❷ *(v. Personen)* streitsüchtig, zänkisch; prozesssüchtig.

lītigium, ī *n (litigo) (Plaut.)* ein bisschen Streit, Zank.

lītigō, lītigāre *(lis u. ago)* ❶ streiten, zanken [**acerrime cum alqo; inter se de alqa re**]; *sprichw. (Petr.)* ~ **cum ventis** sich nutzlos mühen;
❷ *gerichtl.* streiten, prozessieren [**de agro cum vicino**].

litō, litāre **I.** *intr.* ❶ unter günstigen Vorzeichen opfern *(abs.; alci; m. Abl. des Opfers)* [**humanis hostiis**];
❷ *(poet.; nachkl.) (vom Opfer)* glücklichen Ausgang versprechen; **sacrificio non litante; victima Diti patri caesa litavit;**
II. *trans. (poet.; nachkl.)* ❶ glücklich opfern [**exta bovis**];
❷ widmen, weihen [**honorem deo**];
❸ durch Opfer besänftigen [**sacris deos**];
❹ sühnen, rächen.

lītorālis, e *(poet.; nachkl.) u.* **lītoreus,** a, um *(poet.) (litus[1])* Ufer-, Strand- [**arena; aves**].

littea, ae *f (mlt.)* Band.

● **littera,** ae *f* ❶ Buchstabe [**maxima** Unzialbuchstabe; **salutaris** *(das A als Abk. f. absolvo);* **tristis** *(das C als Abk. f. condemno)*]; **nullam -am ad alqm mittere** keine Zeile an jmd. schreiben; **facere -am** *od.* **-as** schreiben; **nescire -as** nicht schreiben können; **verba ac -as legis; sine -is** ohne buchstäbliches Gesetz; **ea** ~ (Wort) **solet dari iudici; -is non exstat;** *scherzh.:* **homo trium -arum** = *fur;* **-am longam ex me faciam** = ich werde mich aufhängen;
❷ Schriftzüge, Handschrift; **Alexidis manus**

prope accedebat ad similitudinem tuae -ae *(Cic.)* war deiner Handschrift ganz ähnlich;
③ *Pl., poet. auch Sg.* Geschriebenes, Schrift, Aufzeichnung(en); **rarae per ea tempora -ae erant; alqd -is mandare, tradere, consignare** schriftl. verzeichnen; **-is confidere; artem -is percipere; quod -is exstet** soweit Aufzeichnungen vorhanden sind;
④ *Pl.* **a)** Alphabet; **quattuor et viginti -ae Graecae** das griechische Alphabet; **b)** Schrift; **epistula Graecis -is scripta; c)** Brief, Schreiben, *auch* Briefe; **unae -ae** ein Brief; **binae -ae** zwei Briefe; **-is** *u.* **per -as** brieflich; **-ae domesticae** Familienbriefe; **reddere alci -as; -as dare, scribere, mittere ad alqm; -ae consulum ingenti laetitia auditae; -as remittere alci** zurückschreiben; **d)** amtliche(s) Schreiben, Akte(n), Dokument(e) [**imperatorum**], Urkunde(n) [**publicae**], Protokoll(e), Bericht [**ex litteris** infolge des Berichtes], Ernennungsschreiben, schriftliche Beweise, Rechnungsbücher, Listen *u. Ä.;* **e)** *(Ov.)* (Kauf-)Vertrag; **f)** *(Ov.)* Grabschrift; **in sepulcro nos littera iunget; g)** Schriftdenkmäler, Schrifttum, Literatur; **abest historia nostris -is; Latinis -is illustrare philosophiam; Graecae de philosophia -ae** die griechische philosophische Literatur; **h)** Wissenschaft(en), wissenschaftliche Studien, wissenschaftliche Beschäftigung, Schriftstellerei, Gelehrsamkeit, Belesenheit; **sit mihi orator -is tinctus; erant in eo plurimae -ae; cognitio, studia, scientia -arum; nescire -as** ohne wissenschaftliche Bildung sein; **domesticae -ae** theoretische, wissenschaftliche Bestrebungen; **illae -ae conticuerunt, forenses et senatoriae; nonnihil temporis tribuit -is; ea est ratio decumanorum, ut sine plurimis -is confici non possit.**

litterālis, e *(littera) (spätl.)* zu den Buchstaben, zum Schreiben gehörig.

litterārius, a, um *(littera)* zum Lesen u. Schreiben gehörig [**ludus** Elementarschule].

litterātor, ōris *m (littera)* ① *(Cat.)* Sprachgelehrter, Grammatiker;
② **a)** Elementarlehrer; **b)** Halbgebildeter; **alter ~ fuit, alter litteras sciens** *(Gell.).*

litterātōrius, a, um *(litterator) (spätl.)* grammatisch.

litterātūra, ae *f (littera)* ① das Geschriebene, Schrift; **~ constat ex notis litterarum et ex eo, in quo imprimuntur illae notae** *(Cic.);*
② *(Tac.)* Alphabet [**Graeca**];
③ *(Sen.)* Sprachunterricht;
④ *(spätl.)* **a)** Sprachwissenschaft, Grammatik; **b)** Brief.

litterātus, a, um *(littera)* ① *(Plaut.)* m. Buchstaben bezeichnet; – *Adv.* **-ē: a)** m. deutlichen Buchstaben, deutlich; **b)** buchstäblich, wörtlich;
② wissenschaftlich gebildet, gelehrt, schriftkundig [**servus**]; **-e dicta** geistreiche Einfälle; **litteratius Latine loqui** korrekter; **lanius nec infacetus et satis ~ ; quibus ineptiis nec litteratior fit quisquam nec melior** *(Sen.);*
③ *(v. Sachen)* den gelehrten Studien gewidmet [**otium**].

litterula, ae *f (Demin. v. littera)* ① kleiner Buchstabe [**minutae; clarissimae**];
② *Pl.* **a)** Briefchen; **b)** etw. wissenschaftliche Studien, einige Sprachgelehrsamkeit [**meae** mein bisschen Schriftstellerei].

litūra, ae *f (lino)* ① das Ausstreichen *(des Geschriebenen),* das Korrigieren, Verbessern; *übtr. (Sen.)* Änderung [**unius nominis**];
② *(meton.)* die ausgestrichene Stelle, das ausgestrichene Wort; **videtis extremam partem nominis demersam esse in -a** *(Cic.);*
③ *(poet.)* Tränenfleck; **littera suffusas quod habet maculosa -as;**
④ *(Mart.)* Fleck, Runzel.

● **lītus**[1], toris *n* ① Meeresufer, Strand; **naves in litus agere;** *sprichw.:* **litus arare** Vergebliches tun; **in litus arenas fundere** Überflüssiges tun; **se per litus in oppidum recepit;**
② *(poet.; nachkl.)* Küste(ngegend); **ei litus arandum dedimus; de electione litorum loqui;**
③ See-, Flussufer.

litus[2] *P.P.P. v. lino.*

lituus, ī *m* ① Krummstab der Auguren, Augurstab;
② *(milit.)* Signalhorn *der Reiterei (trompetenähnliches Instrument);*
③ *(meton.)* Signal;
④ *(v. Personen)* Signalgeber [**profectionis meae**];
⑤ *(mlt.)* Krummstab des Bischofs.

līveō, līvēre, – – *(poet.; nachkl.)* ① bleifarbig, bläulich sein; – *meist Part. Präs.* līvēns bleifarbig, bläulich [**plumbum; pruna; margarita**];
② neidisch sein, *(m. Dat.)* beneiden [**studiis**]; – *Part. Präs.* līvēns neidisch.

līvēscō, līvēscere *(Incoh. v. liveo) (Lucr.)* bleifarbig, bläulich werden.

līvī *Perf. v. lino.*

Līvia, Līvilla, Līviānus *s. Livius.*

līvidulus, a, um *(Demin. v. lividus) (Iuv.)* etw. neidisch.

līvidus, a, um *(liveo) (poet.; nachkl.)* ① bleifarbig, bläulich, blau [**aquae; vada** *(v. Styx in der Unterwelt);* **manus** *(v. einem Kranken)*]; blau geschlagen, -gedrückt [**bracchia; ora**];
② *(übtr.)* neidisch [**lingua; sententia**].

i Kultur **Līvius,** a, um *Name einer röm. gens:* ① M. ~ Salinator, *Konsul u. Diktator 207 v. Chr., Besieger Hasdrubals am Metaurus; seinen Beinamen Salinator erhielt er, weil er als Zensor 204 v. Chr.*

die Salzsteuer einführte;
2 M. ~ Drusus *s. Drusus;*
3 Livia Drusilla *(58 v. – 29 n. Chr) zuerst m. Tib. Claudius Nero verheiratet, Mutter des Tiberius u. Drusus, dann Gattin des Kaisers Augustus;*
4 Livia *od.* Livilla, *Schwester des Germanicus (gest. 31 n. Chr);*
5 ~ Andronīcus, *ein gefangener Grieche aus Tarent, Sklave des Livius Salinator, v. dem er freigelassen wurde; der erste röm. Dichter, übersetzte die Odyssee in Saturniern u. begründete die röm. Dramatik (um 240 v. Chr. erste dramatische Aufführung);*
6 T. ~ Patavinus, *röm. Geschichtsschreiber aus Patavium (= Padua) (59 v. – 17 n. Chr.); v. den 142 Büchern seiner röm. Geschichte v. der Gründung Roms bis zum Tod des Drusus (9 v. Chr.) sind 35 (1 – 10 bis 293 v. Chr.; 21–45: 218–167 v. Chr.) u. Inhaltsangaben des Gesamtwerkes erhalten;*
/ Adj. auch **Liviānus,** a, um.

līvor, ōris *m (liveo)* 1 *(poet.; nachkl.)* blauer Fleck *am Körper (durch Schlagen, Drücken, Quetschen, Stoßen);* **si tumore et livore decoloratum est corpus mortui;**
2 *(übtr.)* Neid.

līxa, ae *m* Marketender; *Pl.* der ganze Tross.

locālis, e *(locus) (spätl.)* örtlich.

locārius, ī *m (locus) (Mart.)* Vermieter *v. Theaterplätzen.*

locātiō, ōnis *f (loco)* 1 Vermietung, Verpachtung;
2 *(meton.)* Pachtvertrag; **locationem inducere** f. ungültig erklären.

locātor, ōris *m (loco)* Vermieter, Verpachter [**fundi**].

locātum, ī *n (loco)* Vermietung, Verpachtung.

locellus, ī *m (Demin. v. loculus)* Kästchen.

locitō, locitāre *(Intens. v. loco) (Ter.)* verpachten.

● **locō,** locāre *(locus)* 1 (auf)stellen, legen, setzen, errichten *(auf, in etw.: in m. Abl.)* [**castra** aufschlagen; **se** sich lagern; **milites in munimentis; milites super vallum; membra suo quaeque loco; hominem in insidiis**]; (er)bauen [**fundamenta urbis**]; gründen [**moenia; vicos**];
2 *(übtr.)* stellen, setzen [**homines in amplissimo gradu dignitatis** auf die höchste Rangstufe; **omnem curam in magistratu** verwenden auf; **alqm in regno** einsetzen; **alqm in parte regni (caeli)** jmdm. Anteil geben an]; – **locatum esse in re** auf etw. beruhen: **prudentia locata est in delectu bonorum et malorum** *(Cic.)*; **res certis in personis ac temporibus locata** *(Cic.)*; **civitas in Catonis et Bruti fide locata** *(Cic.);*
3 *(vor- u. nachkl.) (ein Mädchen)* verheiraten;
4 *(Tac.)* einquartieren, verlegen [**cohortes novis hibernaculis**];
5 vermieten, verpachten [**agrum Campanum fruendum; vectigalia; fundum; tabernas civitatibus ad stationem;** *(in. Abl. pretii)* **agrum frumento** gegen den Zehnten; **praedia non nummo**];
6 besiedeln [**partem Romae**];
7 *Aufträge* übertragen, *Arbeit* vergeben [**secanda marmora; murum**];
8 *jmd. zu einer Arbeit* verpflichten [**se ad gladium**];
9 *(Geld) auf Zinsen* anlegen; ausleihen [**argenti nummum**].

Locrī, ōrum *m Stadt in Unteritalien (heutiges Kalabrien), eine Kolonie der griech. Lokrer; – Einw.* **Locrī,** ōrum *u.* **Locrēnsēs,** nsium *m.*

Locris, idis *u.* idos *f Name zweier Landschaften in Mittelgriechenland; – Einw.* **Locrī,** ōrum (Λοκροί [*Locrōe*] *Komödie des Menander) u.* **Locrēnsēs,** nsium *m.*

loculāmentum, ī *n (loculus) (Sen.)* Bücherbrett, Regal.

loculus, ī *m (Demin. v. locus)* 1 *(Plaut.)* Plätzchen, kleiner Raum;
2 *Pl.* Kästchen *(zum Aufbewahren v. Geld, Schmuck u. a.),* Schatulle; **-i, in quibus erant claves** Schränkchen; **-is integris ac illaesis conflatur argentum** *(Sen.);*
3 *(Plin.)* Sarg.

● **locuplēs,** *Gen.* ētis *(locus u. plenus)* 1 begütert, reich, wohlhabend [**urbs; regio; provincia; munera** reichliche]; *auch Subst. m;*
2 *(übtr.)* reich (ausgestattet), reich an etw, wohl bestellt [**annus frugibus; in dicendo; oratio; Lysias oratione** reich im Ausdruck]; **locupletior hominum natura ad bene vivendum** *(Cic.);*
3 *(v. Personen)* glaubwürdig, zuverlässig [**reus; tabellarius; auctor** Gewährsmann].

locuplētō, locuplētāre *(locuples)* bereichern, reichlich versehen [**milites praedā; templum picturis;** *übtr.* **eloquentiam**].

● **locus,** ī *m (Pl.* loca *n, seltener* locī*)* **I.** *räuml.* 1 Ort, Platz, Stelle; ~ **editus** Hügel; **loca superiora** Anhöhen; ~ **superior** Rednerbühne *od.* Tribunal; **ex -o superiore dicere** *(vom Redner od. vom Richter);* **-um facere in turba** Platz machen; **-o cedere** weichen, seinen Platz verlassen; **-o movere** vom Ort wegtreiben, vertreiben; **-um habere** stattfinden; **nullum misericordiae -um habere** kein Mitleid aufkommen lassen; **locus est nemini** niemand kann dazu gelangen; **male dicto nihil -i est** findet nicht statt; **-um urbi eligere; in unum -um convenire; loca communia** öf-

fentliche Orte *od.* Plätze;
❷ Posten, Stellung, *bes. als Ausdruck der Militär- u. Fechtersprache;* **-um tenere, relinquere; se -o tenere; suo -o pugnare** in günstiger Stellung; *(übtr.)* **virtutis -um deserere;**
❸ Wohnung, Wohnraum; **primus ~ aedium** der vorderste Raum; **loca lautiaque** Unterkunft u. Verpflegung auf Staatskosten; **loca tacentia** Unterwelt; **-i laeti** Wohnsitze der Seligen;
❹ Gut, Grundstück, Acker;
❺ Ortschaft; **opportunitas -i; -i fertilitas;** – *Pl.* **loca** Gegend: **loca patentia** Ebenen; **loca temperatiora; loca incolere;**
❻ Gelände [**aequus; iniquus**]; **natura -i** Beschaffenheit des Geländes; **suo -o pugnare** auf günstigem Gelände;
❼ der geeignete Ort, die passende Stelle; **non hic ~ est, ut multa dicantur = non est huius -i** *(m. Inf.);* **(in) loco** an rechter Stelle; **suo loco de amplificatione dicere;**
II. *übtr.* ❶ Stelle *in einer Reihenfolge;* **primo -o** an erster Stelle, erstens; **secundo -o** an zweiter Stelle; **priore, posteriore -o dicere** zuerst, später; **nunc tuus ~ est** jetzt bist du an der Reihe; **suo -o sententiam dicere; praetorio -o sententiam dicere** als Prätor; **antiquior sententiae dicendae ~** vorangehende Stelle, Vortritt;
❷ Stelle, Abschnitt, Gedanke *im Buch u. Ä.,* Punkt *(Pl.* loci, *selten* loca *n);* **varietas -orum; omnes philosophiae loci** das ganze Gebiet der Philosophie;
❸ *Pl.* **loci** Beweismittel, Beweisquellen; **-i communes** allgemeine Beweisquellen; **-os novisse;**
❹ Rang, Ansehen, Stellung, Stand; **maiorum -um restituere alci; -o movere** absetzen, aus seiner Stellung *(im Staat)* vertreiben; **eodem -o habere** ebenso behandeln; **habuit eum scribae -o** als Schreiber; **-o movit signiferos** entsetzte ihrer Stellen; – **(in) locō** *(m. Gen. od. Pron.)* wie, als, anstatt: **filii -o esse; alci parentis -o esse; habere eo -o** so schätzen; **nullo -o numerare** nicht schätzen; **sunt qui criminis -o putent esse quod vivam** *(Cic.)* die es mir zum Vorwurf machen mögen, dass ich lebe;
❺ Stand, Geburt, Herkunft [**equester; senatorius**]; **honesto -o natus;**
❻ Gelegenheit, Veranlassung [**gaudendi; ad fugam**]; **multis -is** bei vielen Gelegenheiten; **-um mendacio facere; -um dare** Gelegenheit geben; **-um dare nocendi; -um aperire suspicioni** sich dem Verdacht aussetzen; **-um aperire hosti ad occasionem** Gelegenheit geben, einen Handstreich auszuführen;
❼ Lage, Zustand, Umstände, Standpunkt, Verfassung; **graviter tuli in eum me -um adduci** auf den Standpunkt zu kommen; **meliore -o erant res nostrae;**
III. *zeitl.* ❶ Zeit(raum); **ad id -orum** bis auf diese Zeit; **inde -i** hierauf; **ad -um** auf der Stelle;
❷ günstiger Zeitpunkt; **(in) loco** zur rechten Zeit.

lōcusta, ae *f* Heuschrecke.

Lōcusta, ae *f Giftmischerin z. Zt. Neros.*

locūtiō, ōnis *f (loquor)* ❶ das Sprechen, Sprache, Rede [**cottidiana**];
❷ Aussprache [**emendata et Latina**];
❸ *Pl. (Gell.)* Redensarten.

Locūtius *s. Aius.*

locūtus *P. P. Akt. v. loquor.*

lōdīcula, ae *f (Demin. v. lodix) (nachkl.)* kleine gewebte Decke.

lōdīx, īcis *f (nachkl.)* gewebte (Bett-)Decke.

loedus, ī *m (altl.) = ludus.*

logēum *u.* **logium,** ī *n (gr. Fw.)* Archiv.

logica, ōrum *n (logicus)* Logik.

logicus, a, um *(gr. Fw.) (Mart.)* logisch.

logium *s. logeum.*

logus *u.* **logos,** ī *m (gr. Fw.)* ❶ *(Kom.)* Wort; **non longos logos** nicht viele Worte; – *Pl.* dummes Geschwätz;
❷ Scherzrede, Wortspiel;
❸ *Pl. (Sen.)* Fabeln [**Aesopei**].

lolium, ī *n* Lolch, Schwindelhafer.

lollīgō, ginis *f* Tintenfisch.

lollīguncula, ae *f (Demin. v. lolligo) (Plaut.)* kleiner Tintenfisch.

Lollius, a, um *Name einer pleb. röm. gens:* M. ~ Paullinus, *Konsul 21 v. Chr., als Legat 16 v. Chr. v. den Germanen am Rhein geschlagen, Freund des Horaz u. Günstling des Augustus;* – *Adj. auch* **Lolliānus,** a, um [**clades**].

lōmentum, ī *n (lavo)* Waschmittel.

Londinium, ī *n* London.

long-aevus, a, um *(longus u. aevum) (poet.)* hochbetagt.

● **longē** *Adv. (v. longus)* ❶ *(räuml.)* **a)** weit(hin), fern *(auf die Frage „wo?" u. „wohin?"; auch übtr.);* **~ abesse** *od.* **esse; ~ gradi** weit ausschreiten; **~ a Tiberi; oppidum est non ~ a Syracusis; ~ lateque** weit u. breit; **abes ~ gentium** du bist weit entfernt in der Welt; *(übtr.)* **ne longius abeam** um die Beispiele nicht weiter herzuholen; **res nos longius trahit ab incepto; b)** *(poet.)* v. weitem; **~ agnoscere regem;** *(übtr.)* **principia alcis rei ~ repetere** weit herholen;
❷ *(zeitl.)* weit, lange; **~ ante, post** lange vorher, nachher;
❸ *(verstärkend)* weit, bei weitem, weitaus [**nobilissimus; primus civitatis; antecellere; alius**];
❹ *(übtr.)* weitläufig, ausführlich; **longius dicere; longius fari.**

longinqua, ōrum *n (longinquus) (poet.; nachkl.)* weite Strecken.

L

longinquitās, ātis *f (longinquus)* ① *(nachkl.)* Länge, Weite [**itineris; navigandi**];
② weite Entfernung, Abgelegenheit [**regionum**]; **quo propter longinquitatem tardissime omnia perferuntur** *(Cic.)*;
③ Länge, lange Dauer, Langwierigkeit [**temporis; belli; doloris**].

• **longinquus,** a, um *(longus)* ① *(räuml.)* **a)** *(nachkl.)* lang, weit [**amnes** m. langem Lauf; **linea**]; **b)** weit entfernt, entlegen [**regio; hostis; cura** um weit entfernte Gegenstände]; **ex -o** aus der Ferne, v. weitem;
② entfernt lebend, auswärtig, fremd [**homo; hostis; piscis**];
③ *(in der Beziehung zu jmdm.)* fern stehend;
④ *(zeitl.)* **a)** lange dauernd, langwierig [**oppugnatio; morbus**]; **b)** weit, entfernt [**spes**]; **in -um tempus differre.**

Longīnus, ī *m röm. cogn. in der gens Cassia, in der Kaiserzeit in zahlreichen gentes, vgl. Cassius.*

longiter *Adv. (Lucr.) = longe.*

• **longitūdō,** dinis *f (longus)* Länge *(räuml. u. zeitl.)* [**itineris; noctis; orationis**]; **per longitudinem** in die Länge, der Länge nach = *longitudine;* **in longitudinem diffindere.**

longiusculus, a, um *(Demin. zum Komp. v. longus)* ziemlich lang.

Longobardī = *Langobardi.*

Longula, ae *f Stadt der Volsker b. Corioli (südöstl. v. Rom).*

longulus, a, um *(Demin. v. longus)* etw. lang, weit [**iter**].

longum, ī *n (longus) (poet.; nachkl.)* lange Zeit; **ex -o** seit langem; **in -um** auf lange.

longurius, ī *m (longus)* lange Stange, Latte.

• **longus,** a, um ① *(räuml.)* **a)** lang [**spatium; via; vestis; navis** Kriegsschiff]; **b)** *(poet.)* sich weit u. breit erstreckend, weit [**freta; pontus; fluctus**]; – *adv.:* **-um clamare** weithin, laut;
② weitläufig [**oratio**]; **-um est enumerare** es wäre zu weitläufig; **-um est persequi ceteros; ne -um faciam** um nicht weitschweifig zu werden; **-um me in enumerando putatis;**
③ *(zeitl.)* lang(dauernd), langwierig [**vita; hora; mora; morbus** chronisch; **error**]; **in longiorem diem conferre** auf einen späteren Termin verschieben;
④ *(b. der Silbenmessung)* lang [**syllaba**].

lopas, adis *f (Akk. Pl.* -adas) *(gr. Fw.) (Plaut.)* Napfschnecke.

loquācitās, tātis *f (loquax)* Geschwätzigkeit.

loquāculus, a, um *(Demin. v. loquax) (Lucr.)* etw. geschwätzig.

• **loquāx,** *Gen.* ācis *(loquor)* geschwätzig, redselig [**senectus; ranae** quakend; *übtr. v. Sachen:* **vultus** redend; **nidus** voll piepender Jungen; **oculi** sprechende, ausdrucksvolle; **lymphae** murmelnd; **stagna** v. den Stimmen zwitschernder Vögel ertönend]; **~ magis quam facundus; homo omnium loquacissimus.**

loquēla *u.* **loquella,** ae *f (loquor) (poet.)* das Reden, Rede; Wort; Sprache [**Graia**].

loquentia, ae *f (loquor) (nachkl.)* Zungenfertigkeit.

loquitor, loquitārī *(Intens. v. loquor) (Plaut.)* sprechen.

• **loquor,** loquī, locūtus sum **I.** *intr.* sprechen, reden *(bes. im Gesprächston im Ggstz. zur Rede)* [**linguā Graecā; Latine; male** übel nachreden; **magnifice; vere ac libere**]; **pinūs loquentes** rauschende; **ut fama loquitur** wie die Sage geht; **ut consuetudo loquitur** wie man gewöhnlich sagt;
II. *trans.* ① sagen [**pauca apud alqm; vera**]; **hospitibus te dare iura loquuntur** *(Verg.)* man erzählt; **rem loquere** *(Plaut.)* du hast ganz recht;
② etw. besprechen, v. etw. *od.* v. jmdm. reden [**Catilinam**];
③ besingen [**proelia**];
④ heraussagen, nennen [**nomen; pugnantia**];
⑤ immer im Munde führen, immer von etw. sprechen [**classes; proelia**].

lōrāmentum, ī *n (lorum) (spätl.)* Riemen.

lōrārius, ī *m (lorum) (vor- u. nachkl.)* Zuchtmeister *der Sklaven.*

lōrētum *s. lauretum.*

lōreus, a, um *(lorum)* aus Riemen.

• **lōrīca,** ae *f (lorum)* ① Panzer, Panzerhemd *(urspr. aus Leder, dann auch m. Schuppen aus Eisen od. Bronze überzogen); (übtr.)* **libros mutare -is** *(Hor.)* die Studien mit den Waffen eintauschen;
② *(übtr.)* Brustwehr *an Festungen, Schanzen u. Ä.;* **pinnae loricaeque ex cratibus attexuntur** *(Caes.);* **-am vallumque struxerunt.**

lōrīcātus, a, um *(lorica)* gepanzert, Panzer-.

lōrīcula, ae *f (Demin. v. lorica) (nachkl.)* kleine Brustwehr.

lōrī-pēs, *Gen.* pedis *(lorum)* humpelnd.

lōrum, ī *n* ① Lederriemen; **-a restrictis lacertis sentit** *(Hor.)*;
② Zügel; **equum -o ducere; -a dare** schießen lassen;
③ Peitsche; **-is non ureris** die Peitsche brennt (zerfleischt) dich nicht;
④ *(nachkl.)* lederne Kapsel m. Amulett;
⑤ *(Mart.)* Gürtel der Venus.

lōtium, ī *n* Urin.

lōtos *u.* **lōtus,** ī *(gr. Fw.)* ① *f* **a)** Lotos(frucht, -baum); **b)** *(poet.) (meton.)* Flöte *aus Lotosholz;* **c)** *(Verg.)* Steinklee;
② *m italienische* Dattelpflaume.

lotrix, icis *f (mlt.)* Wäscherin.

lōtus[1] *s. lotos.*

lōtus[2] = *lautus, s. lavo.*

Lua, ae *f* (mater) *altröm. Göttin der Sühne, der*

zu Ehren man die erbeuteten Waffen verbrannte.

lubēns, lubentia, Lubentīna, lubet, lubīdō = *lib ...*

lūbricō, lūbricāre *(lubricus) (Iuv.)* schlüpfrig, glatt machen.

lūbricum, ī *n (lubricus)* ❶ *(nachkl.)* das Schlüpfrige, schlüpfriger Boden, Glätte; **-o viae** *od.* **-o itinerum** auf schlüpfrigen Wegen; **-o paludum** auf schlüpfrigem Sumpfboden; **in -o locare;**
❷ *(übtr.)* Unsicherheit [**aetatis**]; **in -o versari.**

lūbricus, a, um ❶ schlüpfrig, glatt [**glacies; lapis; piscis; fastigium**];
❷ *(übtr.)* **a)** leicht beweglich, flüchtig, leicht entgleitend [**oculi; Simois** rasch fließend]; **alia propter subtilitatem -a sunt** *(Sen.)* entfallen leicht; **b)** unsicher, bedenklich, gefährlich, wankend [**locus; viae adulescentiae; vultus** verführerisch]; **c)** *(Verg.) (v. Personen)* betrügerisch.

Lūca[1], ae *f Stadt in Etrurien, j.* Lucca; – *Einw. u. Adj.* **Lūcēnsis,** is *m bzw.* e.

Lūca[2] **bōs,** Lūcae bovis *m* lukanischer Ochse = Elefant.

Lūcānia, ae *f Landschaft in Unteritalien m. Bewohnern samnitischer Abstammung;* – *Einw.* **Lūcānī,** ōrum *m;* – *Adj.* **Lūcān(ic)us,** a, um.

lūcānica, ae *f (Lucania, eigtl. „Lukanerwurst")* Räucherwurst.

Lūcānus, ī *m* M. Annaeus ~ *(39–65 n. Chr.), epischer Dichter unter Nero, Verf. der Pharsalia (üb. den Bürgerkrieg).*

lūcar, āris *n (lucus) (Tac.)* Schauspielergage *(urspr. aus der Forststeuer bestritten).*

lūcāria, ium *n (lucus) (spätl.)* Waldfest.

lucellum, ī *n (Demin. v. lucrum)* kleiner Gewinn.

Lūcēnsis *s. Luca*[1].

● **lūceō,** lūcēre, lūxī, – *(lux)* **I.** *intr.* ❶ (hervor)leuchten, hell sein; **stella lucet; luceat igne rogus; lucet in ore rubor;** – *unpers.:* **lucet** es ist Tag;
❷ *(übtr.)* sichtbar, deutlich sein; **res lucet argumentis; nunc imperii nostri splendor illis gentibus lucet** *(Cic.);*
II. *trans. (vorkl.)* leuchten lassen [**candida lumina; novae nuptae facem**].

Lūcerēs, rum *m Angehörige einer der drei patriz. Urtribus in Rom (neben Ramnes u. Titienses).*

Lūceria, ae *f Stadt in Apulien, j.* Lucera; – *Einw. u. Adj.* **Lūcerīnus,** ī *m bzw.* a, um.

lucerna, ae *f (luceo)* ❶ (Öl-)Lampe, Leuchte;
❷ *Pl. (meton.)* **a)** *(Hor.)* nächtliches Gelage; **vino et -is; b)** *(Iuv.)* Nachtarbeit.

lūcēscō *(u.* **lūcīscō,** lūcīscere), lūcēscere, lūxī, – *(Incoh. v. luceo)* ❶ *(poet.)* zu leuchten beginnen, *(vom Tageslicht)* anbrechen; **novus sol lucescit;**
❷ *unpers.* **lucescit** es wird hell, es wird Tag.

lūcī *(Lok. v. lux)* am hellen Tag.

lūcidō, lūcidāre *(lucidus) (spätl.)* deutlich machen, aufklären.

lūcidus, a, um *(lux)* ❶ hell, leuchtend [**domus; aether; gemma; amnis** klar]; – *Adv.:* **lucidum fulgentes oculi** *(Hor.);*
❷ *(übtr.)* deutlich, klar [**ordo**].

lūci-fer, fera, ferum *(lux u. fero)* ❶ *(poet.)* lichtbringend [**equi** die Pferde der Luna];
❷ ans Licht bringend [**manūs** der Geburtsgöttin Lucina; **Diana Lucifera** *als Geburtsgöttin angerufen*].

Lūcifer, ferī *m (lucifer)* ❶ Morgenstern, Planet Venus; *im Mythos Sohn der Aurora;*
❷ *(poet.) (meton.)* Tag.

lūci-fuga, ae *m (lux u. fugio) (Sen.)* Nachtschwärmer.

lūci-fugus, a, um *(lux u. fugio)* ❶ *(Verg.)* lichtscheu;
❷ *(übtr.)* menschenscheu [**natio**]; *auch subst.*

Lūcīlius, a, um *pleb. röm. Gentilname:* ❶ C. ~ *aus Suessa Aurunca (180–102 v. Chr.), Begründer der röm. Satire;* – *Adj.* **Lūcīliānus,** a, um;
❷ Q. ~ Balbus, *Anhänger der stoischen Philosophie.*

Lūcīna, ae *f (lux)* ❶ *Geburtsgöttin in Gestalt der Juno od. Diana; meton. (poet.)* das Gebären: **-am pati** kalben;
❷ = *Hekate als Urheberin böser, dunkler Träume.*

lūcīscō *s. lucesco.*

Lūcius, ī *m (lux) röm. Vorname, Abk. L.*

Lucmō(n) *(synk.)* = *Lucumo.*

lucrātīvus, a, um *(lucrum)* gewinnbringend, gewonnen, erübrigt.

i Kultur **Lucrētia,** ae *f* Tochter des Sp. Lucretius Tricipitinus, Gattin des Tarquinius Collatinus, wurde v. Sextus Tarquinius, einem Sohn des Königs Tarquinius Superbus, vergewaltigt; nachdem sie die Schmach ihrem Gatten u. ihrem Vater berichtet hatte, beging sie Selbstmord; daraufhin riefen die Männer das Volk zur Rache auf, u. das Geschlecht der Tarquinier wurde vertrieben (der Überlieferung nach: 510 v. Chr.). Ende der Königsherrschaft in Rom.

Lucrētilis, is *m Berg im Sabinerland, nördl. v. Tivoli (östl. v. Rom).*

Lucrētius, a, um *Name einer urspr. patriz., später pleb. röm. gens:* ❶ Sp. ~ Tricipitinus, *Senator unter Tarquinius Superbus, Interrex 509 v. Chr., Vater der Lucretia;*

L

❷ T. ~ Carus *(etwa 96–55 v. Chr.), röm. Dichter, Verf. des philos. Lehrgedichts „De rerum natura".*

lucri-fer, fera, ferum *(lucrum u. fero) (Plaut.)* gewinnbringend.

lucri-ficābilis, e *(lucrum u. facio) (Plaut.)* gewinnbringend.

lucri-ficus, a, um *(lucrum u. facio) (Plaut.)* gewinnbringend.

lucri-fuga, ae *m (lucrum u. fugio) (Plaut.)* derjenige, der den Gewinn flieht.

Lucrīnus, ī *m (m. u. ohne lacus)* Lukrinersee, *in der Nähe v. Bajä (westl. v. Neapel); – Adj.* **Lucrīnus,** a, um *u.* **Lucrīnēnsis,** e.

lucriōsus, a, um *(lucrum) (mlt.)* gewinnsüchtig.

lucri-peta, ae *m (lucrum u. peto) (Plaut.)* Gewinnsüchtiger.

lucror, lucrārī *(lucrum)* ❶ gewinnen, profitieren [**stipendium;** *abs.* **ex annonae caritate**];
❷ *(poet.) (übtr.)* erlangen.

lucrōsus, a, um *(lucrum) (poet.; nachkl.)* gewinnbringend, vorteilhaft.

● **lucrum,** ī *n* ❶ Gewinn, Vorteil; **-i causā; -i cupidus; alci (in) -o esse** f. jmd. vorteilhaft sein; **in -o** *u.* **in -is ponere** als Gewinn betrachten; **ad -um revocare alqd** etw. zu seinem Nutzen verwenden; **-a facere ex vectigalibus** Nutzen ziehen aus; **frumentaria -a exigere; lucri** *bei dare, facere, addere, conferre, numerare, auferre* als Gewinn; **-i facere alqd** etw. gewinnen; **de -o vivere** v. anderer Leute Gnade leben;
❷ *(poet.) (meton.)* **a)** Reichtum; **omne -um tenebris alta premebat humus** *(Ov.);* **b)** Gewinnsucht, Habsucht; **domus ob -um concidit** *(Hor.).*

lucta, ae *f (luctor) (spätl.)* Ringkampf.

luctāmen, minis *n (luctor) (poet.)* das Ringen; *übtr.* Anstrengung.

luctātiō, ōnis *f (luctor)* ❶ das Ringen, Ringkampf; **sine adversario nulla ~ est** *(Cic.);* **quid prodest multos vincere luctatione vel caestu** *(Sen.);*
❷ *(übtr.)* das Ankämpfen *geg. Schwierigkeiten,* Kampf; **tetra ibi ~ erat** *(Liv.);*
❸ Wortstreit.

luctātor, ōris *m (luctor) (poet.; nachkl.)* Ringer.

luctātus, ūs *m (luctor) (Plin.)* Bemühung, Anstrengung.

lūcti-fer, fera, ferum *(luctus u. fero) (Sen.)* Traurigkeit bringend, Traurigkeit verkündend, traurig [**bubo**].

lūcti-ficus, a, um *(luctus u. facio)* unheilvoll, verderblich [**clades; Alecto**].

lūcti-sonus, a, um *(luctus u. sono) (Ov.)* traurig klingend, kläglich [**mugitus**].

luctor, luctārī *(altl.* luctō, luctāre*)* ❶ ringen [**fulvā arenā; Olympiis**]; **luctando exerceri** sich durch Ringen trainieren; **adversis cornibus inter se ~** *(von Böcken) (Verg.);*
❷ *(übtr.) (geg. Schwierigkeiten od. Widerstand)* (an)kämpfen, sich abmühen, seine Not haben *(cum re u. alci rei: mit, gegen etw.; cum alqo: m. jmdm.; m. Inf.)* [**cum morbo; cum vitiis; plaustris; telum eripere**];
❸ *(Ov.)* sich widersetzen, widerstreben.

lūctuōsus, a, um *(luctus)* ❶ voller Trauer, traurig, kläglich [**bellum; dies**];
❷ *(Hor.)* trauervoll, tiefbetrübt [**Hesperia**].

● **lūctus,** ūs *m (lugeo)* ❶ Trauer; **luctu perditus** ganz in Trauer aufgelöst; **luctum minuere** *od.* **levare;** *(m. Gen. obi.: um)* **~ Memnonis amissi;**
❷ *(meton.)* **a)** Trauerkleidung; **in luctu esse; b)** *Pl.* Äußerungen der Trauer; **in maximos luctus incidere; c)** *(Ov.)* Grund zur Trauer; **d)** *(Gell.)* trauriges Ereignis; **e)** *(personif.)* **Lūctus** *(Verg.) Gott der Trauer.*

lūcubrātiō, ōnis *f (lucubro)* Arbeit bei Licht, Nachtarbeit.

lūcubrātōrius, a, um *(lucubro) (Suet.)* zur Nachtarbeit geeignet [**lecticula**].

lūcubrō, lūcubrāre *(luceo)* **I.** *intr.* bei Licht, bei Nacht arbeiten; **inter lucubrantes ancillas sedere; per totam noctem ~;**
II. *trans.* etw. bei Licht, bei Nacht ausarbeiten.

lūculentus, a, um *(Adv.* -ē *u.* luculenter*) (lux)* ❶ reich an Licht, hell [**caminus; vestibulum**];
❷ *(übtr.)* glänzend, stattlich, tüchtig, ansehnlich, bedeutend [**patrimonium; factum; oratio; legio tironum; auctor** Gewährsmann]; **hoc quidem satis luculente** *(Cic.)* das ist ganz gut, das lässt sich hören; **-e dicere** treffend.

Lūcullus, ī *m cogn. in der gens Licinia, s. Licinius; – Adj.* **Lūcullēus** *u.* **Lūculliānus,** a, um.

lūculus, ī *m (Demin. v. lucus) (Suet.)* kleiner Hain, kleiner Wald.

Lucumō, ōnis *m etr. Königstitel, später Titel der etr. Adligen, die zugleich Priester waren.*

● **lūcus**[1], ī *m (luceo, eigtl. Lichtung)* ❶ der einer Gottheit heilige Hain; **vos iam, Albani tumuli atque luci, imploro; ~ frequenti silvā saeptus;**
❷ *(poet.)* Wald.

lūcus[2], *Abl.* ū *m (luceo) (vorkl.)* Licht; **cum primo lucu** m. Anbruch des Tages.

lūcusta = *locusta.*

i Kultur **lūdī** öffentl. Veranstaltungen auf Staatskosten, an Festtagen, jährlich wiederholt, um die Gunst der Götter zu erlangen oder zur Erfüllung eines Orakels. Der Ablauf war genau vorgeschrieben (ein Ritual); Abweichung bedeutete Wiederholung! – Beispiele: ludi Romani/ludi magni mit Prozession zu Ehren Jupiters: Wagenrennen, vier Theatertage (zwei Tragödien, zwei Komödien); ludi saeculares – vom Kaiser Augustus 17 v. Chr. als Jahrhundertfeier mit Opfern, Hymnen, Theaterszenen belebt, zuletzt 248 n. Chr. als Tausendjahrfeier Roms veranstaltet.

lūdia, ae *f (ludius)* ① *(Mart.)* Tänzerin *auf der Bühne;*
② *(Iuv.)* Frau eines Fechters.

● **lūdibrium,** ī *n (ludus)* ① Spiel(zeug), Zeitvertreib; **-a fortunae; inter magna rerum verborumque -a** *(Suet.);*
② Spott, Gespött, Hohn; **-o esse alci** jmdm. zum Gespött dienen; **per -um auditi** mit Hohn angehört; **hoc quoque -um casus ediderit fortuna** *(Liv.)* auch diesen Fall lässt mich das Schicksal gleichsam zu meinem Hohn erleben; **eis mihi -o fuisse videntur divitiae** *(Sall.);* **in ora hominum pro -o abire** *(Liv.);*
③ *(nachkl.)* Vorspiegelung [**oculorum** optische Täuschung];
④ *(nachkl.)* Entehrung [**meorum**]; Schändung [**corporum**].

lūdibundus, a, um *(ludo)* ① spielend, sich die Zeit vertreibend, lustig; **virgo Nausicaa -a inter familiares puellas;**
② *(übtr.)* spielend, ohne Gefahr, unbemerkt; **postero die in Italiam -i venimus** *(Cic.);* **~ efficio alqd.**

lūdicer *od.* **lūdicrus** *(Nom. Sg. m ungebräuchlich),* cra, crum *(ludus)* ① kurzweilig [**sermo; certamen** Kampfspiel; **consuetudo; simulacrum pugnae**];
② zum Schauspiel gehörig, Schauspiel-, Bühnen- [**ars** Schauspielkunst; **res** Bühnendichtung; **spectaculum** Schauspiel]; **-as partes sustinere** im Schauspiel auftreten; **-um in modum** nach Art der Schauspieler.

lūdicrum, ī *n (ludicer)* ① Spielerei, Belustigung, Zeitvertreib;
② Schauspiel *(im Zirkus, im Theater u. a.)* [**Isthmiorum** die Isthmischen Spiele]; **-um circense edere** veranstalten; **coronae -o quaesitae** in öffentlichen Spielen errungen.

lūdicrus, a, um *s. ludicer.*

lūdificābilis, e *(ludificor) (Plaut.)* neckend, foppend [**ludi**].

lūdificātiō, ōnis *f (ludificor)* das Necken, Verspotten [**hostis; veri**].

lūdificātor, ōris *m (ludificor) (Plaut.)* der jmd. zum Besten hat.

lūdificātus, ūs *m (ludificor) (Plaut.)* Gespött; **alqm sibi habere ludificatui** zum Gespött haben.

lūdificō, lūdificāre *(ludus u. facio)* necken, foppen, täuschen, hintergehen, zum Besten haben; **ludificati incerto proelio.**

lūdificor, lūdificārī *(ludus u. facio)* ① zum Besten haben, foppen, necken [**hostem omnibus artibus belli; aperte; Romanum fessum impune**];
② vereiteln, hintertreiben [**locationem; ea, quae hostes agerent**].

lūdī-magister, trī *m (auch getr.) (ludus)* Schulmeister.

lūdiō, ōnis *m (ludus)* pantomimischer Tänzer, pantomimischer Schauspieler.

lūdius, ī *m (ludus)* ① pantomimischer Tänzer, pantomimischer Schauspieler; **si ~ constitit;**
② *(Iuv.) = gladiator.*

● **lūdō,** lūdere, lūsī, lūsum **I.** *intr.* ① *(m. etw.)* spielen [**pilā; aleā; nucibus**]; **eburnis quadrigis cottidie in abaco ~** *(Suet.);*
② *(poet.)* tanzen [**in numerum** im Takt]; **iubae ludunt** die Mähnen flattern; **cumba ludit in lacu;**
③ scherzen, Possen treiben, sich die Zeit vertreiben, Spielereien treiben; **arma ad ludendum sumere** zum Spaß;
④ spielend sich in etw. üben, zum Zeitvertreib sich m. etw. beschäftigen [**armis; palaestrā; versibus**];
⑤ im Schauspiel auftreten; **ludis circensibus ursi et elephanti luserunt;**
⑥ *(Sen.) (übtr.)* m. etw. spielen, etw. verschleudern [**viribus imperii**];
II. *trans.* ① *(poet.; nachkl.)* etw. spielen [**Troiam; ducatus et imperia** Generalissimus und Kaiser; **ludum insolentem** ein übermütiges Spiel treiben];
② etw. spielend (be)treiben, verfertigen, ausführen, sich zum Zeitvertreib in etw. üben [**causam disputationemque; carmina; opus** Häuschen bauen; **pericula**]; **luserunt ista poetae** solches haben die Dichter gefabelt; **illa ipsa ludens conieci in communes locos** *(Cic.);*
③ necken, zum Besten haben, verspotten [**orationem; verbum; illam aetatem**]; **Domitius in senatu lusit Appium collegam** *(Cic.);*
④ *(poet.)* jmd. täuschen, betrügen, hintergehen [**alqm dolis**];
⑤ *(Mart.)* spielend zubringen [**otium**];
⑥ *(Kom.)* vergeblich anwenden [**operam**].

● **lūdus,** ī *m (ludo)* ① Spiel *(als Zeitvertreib od. Erholung)* [**militaris** der Soldaten]; **novum -um sibi excogitant;**
② *meist Pl.* öffentl. Spiele, Schauspiele, Wettkämpfe [**gladiatorii; circenses; Olympii**]; **-is** zur Zeit der Spiele; **-os facere, dare** *od.* **edere** veranstalten; **-os committere** beginnen; **-os spectatum ire** *(Nep.)* ins Theater gehen; – *meton.* Drama, Satire [**Naevii**];
③ *(übtr.)* Spiel, Zeitvertreib, Scherz, Spaß, Schäkerei; **per -um** im Scherz; **amoto -o** Scherz beiseite; **ut -os facit** wie spaßt er; **-os**

L

praebere Stoff zum Lachen geben; **-os alci facere** *od.* **reddere** jmdm. einen Streich spielen; **-os facere alqm** m. jmdm. sein Spiel treiben, jmd. zum Besten haben;
④ *(übtr.)* Kinderspiel, Kleinigkeit; **illa perdiscere ~ est; per -um** spielend, mühelos;
⑤ Schule: **a)** Gladiatorenschule [**gladiatorius**]; **b)** Elementarschule; **-um habere, exercere** Schule halten; **-i magister** *u.* **magister -i** Schulmeister; **Isocrates, cuius e -o meri principes exierunt** *(Cic.)*; **ibi namque in tabernis litterarum -i erant** *(Liv.)*.

luella, ae *f (luo[1]) (Lucr.)* Buße.

luēs, is *f (luo[1])* ① *(poet.)* Seuche, Pest; **dira ~ quondam Latias vitiaverat auras** *(Ov.)*; **~ et pestifer annus** *(Verg.)*;
② *(übtr., als Schimpfw.)* Pest;
③ *(nachkl.)* Übel, Unglück, Verderben [**belli; asperrima** *vom Erdbeben*];
④ *(Petr.)* geschmolzener Schnee.

Lugdūnum, ī *n Stadt in Gallien, j.* Lyon; – *Adj.* **Lugdūnēnsis,** e.

● **lūgeō,** lūgēre, lūxī, lūctum **I.** *intr.* trauern, in Trauer sein *(v. der Trauer, die sich in lauter Klage u. in konventionellen Äußerlichkeiten zeigt, während maereo das stille Trauern ausdrückt)*; **senatus luget** hat Trauerkleidung angelegt; **lugendi modum facere; ad rogum filii lugetur; rami positis ~ videntur frondibus** *(Ov.)*;
II. *trans.* betrauern, f. jmd. Trauer(kleider) tragen [**mortem alcis; vitam hominum; interitum rei publicae**].

lūgubria, ium *n (lugubris)* Trauerkleider.

lūgubris, e *(lugeo) (poet.)* ① zur Trauer gehörig, Trauer- [**lamentatio** Totenklage; **cantus; vestis; nuntii**];
② trauernd, traurig [**domus; genitor**];
③ *(poet.)* unheilvoll [**bellum**], Unheil verkündend [**ales**];
④ *(poet.)* kläglich [**vox; verba**].

luī *Perf. v. luo[1].*

lumbi-fragium, ī *n (lumbus u. frango) (Plaut.)* zerschlagene Lenden.

lumbrīcus, ī *m (Plaut.)* Regenwurm; *übtr. von Menschen, die aus niedrigem Stand zu hohen Ehrenstellen gelangten.*

lumbus, ī *m* Lende.

● **lūmen,** minis *n (luceo)* ① Licht [**solis; lunae; lucernae**]; **tamquam tabulas bene pictas collocare in bono** (vorteilhaftes) **lumine; ~ diurnum** die Sonne; **accretio et deminutio luminis** (des Mondlichts); **clarum lumen transmittere** vollkommen durchsichtig sein; **caeli ~; clarissima mundi lumina** (Sonne und Mond); **mobile vulgus sequitur fortunae lumina; nocturna in lumina** zur Erhellung der Nacht;
② Leuchte, Kerze, Fackel; **lumini oleum instillare; lumen accendere; ad lumina** bei Licht; **sub lumina prima** wenn die Lichter angezündet werden; **ad lumina prima** bis zur ersten Abenddämmerung;
③ Tageslicht [**obscurum** *u.* **incertum** Zwielicht]; – *meton. (poet.)* Tag: **lumine quarto** am vierten Tag; **~ supremum**;
④ *(poet.)* Leben(slicht), auch *Pl.*; **lumen alci adimere; lumen relinquere; lumina vitae attingere;**
⑤ Augenlicht; *meton.* Auge, Sehkraft; **lumina effodere alci** jmdm. die Augen ausstechen; **caecitas luminis; lumina aegra;**
⑥ Licht in *od.* vor Gebäuden; **obstruere luminibus alcis** das Licht verbauen; *übtr.* **mentis luminibus officere; Catonis luminibus obstruxit oratio** verdunkelte den Ruhm Catos;
⑦ Lichtschacht, Fenster [**latum**];
⑧ Glanz, Schimmer [**ferri**];
⑨ *(übtr.)* Klarheit, klare Einsicht; **lumen adhibere alci rei;**
⑩ *(übtr.)* Glanz(punkt), Zierde, Schmuck, glänzendes Beispiel [**dicendi; probitatis; virtutis**]; **illorum praediorum scito mihi vicinum Marium ~ esse** *(Cic.)*; **quasi ~ aliquod probitatis et virtutis** *(Cic.)*; **lumina civitatis** *(v. vornehmen Bürgern)*; **Caesar clarissimum ~ omnium gentium; ~ animi, ingenii consiliique tui; lumina verborum et sententiarum** Tropen u. Figuren *(die der Rede Glanz verleihen)*; **maiorum gloria posteris ~ est; Corinthus totius Graeciae ~;**
⑪ *(rhet.)* Glanz, Klarheit, Deutlichkeit; **~ litterarum Latinarum; ordo lumen memoriae affert**;
⑫ Rettung, Hilfe, Heil [**gentium**]; **hunc ~ rebus nostris dubiis futurum;**
⑬ *(mlt.)* **lumina ecclesiae** Kirchenväter.

lūminar, āris *n (lumen) (spätl.)* Licht, Leuchte.

lūmināria, rium *n (lumen)* ① Fensterläden;
② *(August.)* Sterne, Sternbilder.

lūminō, lūmināre *(lumen) (nachkl.)* erhellen, erleuchten.

lūminōsus, a, um *(lumen)* hervorstechend [**partes orationis**].

● **lūna,** ae *f (luceo)* ① Mond [**nova** Neumond; **tertia** der dritte Tag nach Neumond; **plena** Vollmond; **minor** abnehmend; **crescens** zunehmend]; **per (ad) -am** im Mondschein; **~ deficit** *od.* **laborat** verfinstert sich; **ortus aut obitus -ae**; – *meton. (Verg.)* Nacht [**roscida**];
② *(poet.; nachkl.)* Monat [**centesima**];
③ *Pl. (poet.)* Mondphasen; **sequentes ordine -ae;**
④ *(Iuv.)* halbmondförmiges Schildchen *aus Elfenbein auf den Schuhen der patriz. Senatoren;*
⑤ *personif.* **Lūna** *Mondgöttin.*

Lūna[1] *s. luna 5.*

Lūna[2], ae *f Stadt im nordwestl. Etrurien;* –

Adj. **Lūnēnsis,** e.

lūnāris, e *(luna)* ① Mond- [**cursus** *od.* **orbita** Mondbahn; **equi**];
② *(Ov.)* halbmondförmig [**cornua**].

lūnō, lūnāre *(luna) (poet.)* halbmond-, sichelförmig krümmen [**arcum; acies**]; – *P. Adj.* **lūnātus,** a, um **a)** halbmond-, sichelförmig [**pelta; ferrum** sichelförmiges Schwert; **cornua**]; **b)** m. einem *(elfenbeinernen)* Halbmond geschmückt *(vgl. luna 4.)* [**pellis** Schuh].

lunter = *linter.*

lūnula, ae *f (Demin. v. luna) (Plaut.)* halbmondförmiges Halsband.

● **luō**[1], luere, luī, luitūrus ① etw. (ab)büßen [**stuprum morte; noxam pecuniā; delicta maiorum**];
② durch Buße abwenden [**pericula publica**];
③ *(nachkl.)* bezahlen [**aes alienum**]; **in singulas arbores aeris XXV** *(als Strafe);*
④ **poenam** *u.* **poenas** ~ Strafe (er)leiden, büßen *(alcis: für jmd.; alcis rei u. pro re: für etw.)* [**peccati; pro caede**].

-luō[2], -luere, -luī, -lūtum = *lavo (nur in den Komposita v. lavo gebräuchlich, z. B. ab-luo).*

lupa, ae *f (lupus)* ① Wölfin;
② Dirne.

lupānar, nāris *n (lupa 2.) (poet.; nachkl.)* Bordell.

lupāta, ōrum *n u.* **lupātī,** ōrum *m (lupatus) (poet.)* Wolfsgebiss *(Kandare m. scharfen Zacken).*

lupātria, ae *f (Petr.) (als Schimpfw.)* Luder.

lupātus, a, um *(lupus) (poet.)* m. Wolfszähnen *(d. h. m. eisernen Stacheln)* versehen [**frena** Wolfsgebiss, Brechzaum].

Lupercus, ī *m altröm. Herden- u. Fruchtbarkeitsgott, dem Faunus gleichgesetzt; – seine Priester:* **Lupercī,** ōrum *m; – Adj.* **Lupercālis,** e; – **Lupercal,** ālis *n urspr. dem Pan geweihte Höhle wohl am Nordwestabhang des Palatin; hier hat der Sage nach die Wölfin Romulus u. Remus gesäugt;* – **Lupercālia,** ium *u.* ōrum *n (= Lupercal ludicrum od. sacrum Lupercale)* Fest des Lupercus *(= Faunus) am 15. Februar.*

Lupia, ae *f* die Lippe, *Fluss in Westfalen.*

lupīllus, ī *m (Demin. v. lupinus) (Plaut.)* kleine Wolfsbohne, kleine Lupine.

lupīnum, ī *n (lupinus) (poet.; nachkl.)* Wolfsbohne, Lupine; Spielmarke *(da die Lupine im Spiel als Geld benutzt wurde).*

lupīnus *(lupus)* **I.** *Adj.* a, um des Wolfes, der Wölfin, Wolfs- [**pellis**];
II. *Subst.* ī *m* Wolfsbohne, Lupine; Spielmarke *(da die Lupine im Spiel anstatt des Geldes gebraucht wurde).*

lupula, ae *f (Demin. v. lupa) (nachkl.)* kleine Wölfin, *als Schimpfw.* Zauberin, Hexe.

● **lupus,** ī *m* ① Wolf *(dem Mars heilig)* [**Martialis** *od.* **Martius**]; *sprichw.:* ~ **in fabula** = **eccum tibi -um in sermone** der Wolf kommt, wenn man v. ihm redet *(wenn derjenige, v. dem man gerade spricht, plötzlich erscheint);* **credere ovile -o** den Bock zum Gärtner machen; ~ **non curat numerum** der Wolf frisst auch die gezählten Schafe; **-um auribus tenere** sich in großer Verlegenheit befinden;
② Seebarsch *(gefräßiger Fisch);*
③ *(Ov.)* Wolfsgebiss *eines Pferdezaumes;* **equus -os accipit;**
④ Feuerhaken [**ferreus**].

lurcō, ōnis *m (vor- u. nachkl.)* Schlemmer [**edax**].

lūridus, a, um ① *(poet.; nachkl.)* gelb, blassgelb, leichenblass;
② *(poet.) (übtr.)* leichenblass machend [**horror**].

lūror, ōris *m (vgl. luridus) (Lucr.)* Leichenblässe.

luscinia, ae *f (poet.; nachkl.)* Nachtigall.

lusciniola, ae *f (Demin. v. luscinia) (Plaut.)* kleine Nachtigall.

luscinius, ī *m (poet.; nachkl.)* Nachtigall.

luscitiōsus, a, um *(luscus) (Plaut.; Gell.)* nachtblind, schwachsichtig.

luscus, a, um ① einäugig;
② *(Mart.)* schwachsichtig;
③ *(Iuv.) beim Zielen* ein Auge zudrückend, blinzelnd.

lūsī *Perf. v. ludo.*

lūsiō, ōnis *f (ludo)* das Spielen, Spiel [**pilae** Ballspiel].

Lūsitānia, ae *f südwestlicher Teil (darunter Portugal) der Pyrenäenhalbinsel; – Einw. u. Adj.* **Lusitānus,** ī *m bzw.* a, um.

lūsitō, lūsitāre *(Intens. v. ludo) (vor- u. nachkl.)* spielen.

lūsor, ōris *m (ludo)* ① *(poet.; nachkl.)* Spieler;
② *(Ov.)* **tenerorum** ~ **amorum** Dichter spielerischer Liebeslieder;
③ *(Plaut.)* Spötter; **te ut deludam contra, lusorem meum.**

lūsōriae, ārum *f (lusorius, erg. naves) (Sen.)* Vergnügungsjachten.

lūsōrius, a, um *(lusor) (nachkl.)* ① Spiel- [**pila**];
② kurzweilig, zum Zeitvertreib dienlich [**spectaculum**]; *Subst. Pl.* lūsōria, ōrum *n* Kindereien;
③ nichtig, ungültig [**nomen**].

lustra, ae *f (lustrum*[1]*) (Plaut.)* Bordell.

lūstrālis, e *(lustrum*[2]*)* ① zum Sühnopfer gehörig, sühnend [**sacrificium** Sühn-, Reinigungsopfer; **aqua** Weihwasser; **exta**];
② *(Tac.)* alle fünf Jahre stattfindend [**certamen**].

lūstrātiō, ōnis *f (lustro*[2]*)* ① Sühnopfer, Sühne, Reinigung durch Opfer; **lustrationis sacro peracto;**

L

❷ Musterung *(weil sie m. einem Sühnopfer verbunden war)* [**populi Romani**]*;*
❸ (Durch-)Wanderung, Durchreise [**municipiorum; solis** Sonnenlauf].

lūstricus, a, um *(lustrum²)* Reinigungs-.

lustri-vagus, a, um *(lustrum¹ u. vagor) (spätl.)* in der Wildnis umherschweifend.

lūstrō¹, lūstrāre *(luceo)* beleuchten, hell machen; **lustrabat lampade terras orta dies** *(Verg.).*

lūstrō², lūstrāre *(lustrum²)* ❶ reinigen, durch Reinigungsopfer sühnen *od.* weihen [**urbem; populum; Capitolium**]; **terque senem flammā, ter aquā, ter sulphure lustrat** *(Ov.);*
❷ mustern *(da die Musterung m. einem Sühnopfer verbunden war)* [**exercitum**];
❸ *(poet.)* besichtigen, betrachten [**alqd lumine**]; **respicio et quae sit me circum copia lustro** *(Verg.);*
❹ erwägen, bedenken [**omnia ratione animoque**];
❺ *(poet.; nachkl.)* umgehen, umtanzen, tanzend umringen [**regem choreis; agros** um die Felder ziehen];
❻ bereisen, durchwandern [**terras; aequor navibus** befahren]; **quando luna lustrato suo cursu solem consecuta est** *(Cic.)*; **latitudinem lustrans signiferi orbis** *(Cic.)*; **pede barbaro lustrata Rhodope** *(Hor.);*
❼ *(übtr.)* durchmachen [**pericula**].

lustror, lustrārī *(lustrum¹) (Plaut.)* sich in Bordellen herumtreiben.

lustrum¹, ī *n (lutum¹)* ❶ *(vorkl.)* Morast, Pfütze;
❷ *(poet.)* Wildlager, -höhle [**ferarum; horrentia**];
❸ Bordell.

lūstrum², ī *n* ❶ Reinigungs-, Sühnopfer *(das v. den Zensoren alle fünf Jahre am Schluss ihrer Amtszeit dargebracht wurde); **-um condere*** die Zensur beenden;
❷ *(meton.)* Zeitraum v. fünf Jahren, Lustrum, *bes.:* **a)** Steuer-, Finanzperiode; **hoc ipso -o; b)** *(Plin.)* Pachtzeit.

lūsus¹, ūs *m (ludo) (poet.; nachkl.)* ❶ das Spielen, Spiel [**aleae; calculorum** Brettspiel];
❷ Spielerei, das Scherzen, das Schäkern; **apti lusibus anni** zu Scherz und Liebe; **inepti lusūs** poetische Spielereien;
❸ *(poet.)* Liebeständelei, Liebesspiel.

lūsus² *P.P.P. v. ludo.*

Lutātius, a, um *Name einer pleb. gens in Rom:* ❶ C. ~ Catulus, *als Konsul Sieger üb. die Karthager 241 v. Chr. bei den Ägatischen Inseln;*
❷ Q. ~ Catulus, *Konsul 102 v. Chr., siegte zusammen m. Marius 101 v. Chr. üb. die Cimbern bei Vercellae.*

lūteolus, a, um *(Demin. v. luteus²) (Verg.)* gelblich.

Lūtētia (Parīsiōrum), ae *f Hauptstadt der Parisii, urspr. auf der Seine-Insel gegründet, j.* Paris.

luteus¹, a, um *(lutum¹)* ❶ *(poet.; nachkl.)* lehmig, schlammig, voll Kot [**Rheni caput**];
❷ *(Mart.)* aus Ton, Lehm [**glebae** Lehmstücke; **toreuma**];
❸ *(übtr.)* nichtsnutzig; nichtswürdig [**negotium** Bagatelle; **meretrix**].

lūteus², a, um *(lutum²)* (gold)gelb [**Aurora; pallor** bleich; **panis**]; rosarot [**papaver; soccus**].

lutitō, lutitāre *(Intens. v. luto) (Plaut.)* besudeln.

lutō, lutāre *(lutum¹) (Mart.; Pers.) (m. Salben)* beschmieren [**capillos**].

lutōsus, a, um *(lutum¹) (Iuv.)* kotig, lehmig, schmutzig.

lutra, ae *f (Plin.)* Fischotter.

lutulentus, a, um *(lutum¹)* ❶ kotig, schmutzig [**sus; amnis; humus; tellus diluvio recenti**];
❷ *(Mart.)* m. Salben beschmiert;
❸ *(übtr.)* schmutzig, hässlich [**homo; vitia**].

lutum¹, ī *n* ❶ Kot, Lehm, Dreck; **in -o volutari** *(v. Verres); sprichw.:* **in -o esse, haerere** *od.* **haesitare** in der Tinte sitzen; **pro -o esse** einen Dreck wert sein; **pro -o habere** für Dreck halten; – *übtr. als Schimpfw.:* Schmutzfink, Miststück;
❷ Ton-, Lehmerde, Torf.

lūtum², ī *n* Wau *(eine gelbfärbende Pflanze); meton.* gelbe Farbe.

● **lūx,** lūcis *f* ❶ Licht, Helligkeit [**solis; lunae; aestiva** Sommer; **brumalis** Winterzeit]; **luce clarius** sonnenklar; **sub luce maligna** *(vom Licht des Mondes u. der Sterne); (übtr.)* **haec urbs ~ orbis terrarum;**
❷ Glanz [**lynchorum; aena**];
❸ Tageslicht [**meridiana** Mittagslicht]; Tag [**natalis; iugalis**]; **ad lucem** bis zum hellen Morgen; **prima luce** bei, mit Tagesanbruch; *ebenso:* **luce novā** *od.* **sub luce; a prima luce** v. Tagesanbruch an; **multa luce** mitten am Tag; **luce** *u.* **luci** *(Lok.)* am Tag;
❹ Leben(slicht), Licht der Welt [**ultima** Tod]; **lucem propriam accipere; alqm luce privare; lucem intueri** *od.* **videre** leben; **in lucem edi** *od.* **suscipi; cum luce dolor finit; corpora luce carentia;** – *auch als Kosewort:* **mea ~;**
❺ *(poet.)* Augenlicht;
❻ *(übtr.)* Klarheit, Erleuchtung, Aufklärung; **historia ~ veritatis; qui lucem eripere conantur** Klarheit in Nacht zu verwandeln;
❼ Öffentlichkeit [**forensis**]; **lucem non aspicere, carere publico; res occultas in lucem proferre; e tenebris in lucem vocare** bekannt machen; – *(v. Örtl.)* **in luce Italiae cog-**

nosceris *(Cic.)* im Angesicht Italiens; **in luce Asiae** *(Cic.)*;
8 Ruhm, Glanz; **genus sine luce;**
9 Rettung, Heil, Hilfe [~ **Dardaniae** Trojas = Hektor]; **lucem afferre rei publicae; lucem dispicere; lucem ingenii porrigere civibus.**

lūxī *Perf. v. luceo, lucesco u. lugeo.*

luxō, luxāre *(luxus²) (vor- u. nachkl.)* verrenken.

luxor, luxārī *(luxus¹) (Plaut.)* üppig, in Luxus leben.

● **luxuria,** ae *u.* **luxuriēs,** ēī *f (luxus¹)* 1 üppiges Wachstum [**segetum; umoris** Überfluss];
2 Prunkliebe, Genusssucht, Überfluss, üppiges Leben, Üppigkeit, Ausschweifung [**conviviorum**]; – *meton.:* ~ **agrestis** verschwenderische Bauern;
3 Zügellosigkeit, Übermut.

luxuriō, luxuriāre *u.* **luxurior,** luxuriārī *(luxus¹)* 1 *(poet.)* üppig wachsen, üppig sein *(v. Gewächsen u. v. der Erde)*; **luxuriat humus, seges;** ~ **in comas;** – *übtr. v. der Rede:* **luxuriantia compescere** den üppigen Schmuck zurückdrängen;
2 *(poet.)* strotzen, schwellen; **pectus luxuriat toris** v. Muskeln; **facies deliciis luxuriat;**
3 schwelgen, ausschweifen, ausarten, übermütig sein *(in, infolge v. etw.: Abl.)* [**nimiā gloriā**]; **Capua luxurians felicitate; luxuriant animi rebus secundis; laetitia luxuriat** steigt zu Kopf; **laeta principia nimis luxuriavere;**
4 *(poet.) (v. Tieren)* übermütig springen; **in pratis luxuriat pecus.**

luxuriōsus, a, um *(luxuria)* 1 üppig (wachsend) *(v. Gewächsen u. v. der Erde)* [**frumenta; seges**];
2 *(übtr.)* üppig, ausschweifend, verschwenderisch [**civitas; cena**]; **otio -o esse; exercitum -e habere;**
3 ausgelassen, übermütig [**laetitia**]; **-os reprehendere.**

luxus¹, ūs *m* 1 *(poet.; nachkl.)* üppige Fruchtbarkeit *(v. Gewächsen u. v. der Erde)*;
2 Pracht, überflüssiger Aufwand [**regalis**];
3 Üppigkeit, Ausschweifung, Schlemmerei, Sittenlosigkeit; ~ **atque libido; in vino ac luxu; luxui et saginae mancipatus; per luxum aetatem agere; luxu atque desidiā corrupta civitas.**

luxus², a, um *(luctor)* verrenkt [**pes**].

Lyaeus, ī *m Beiname des Bacchus; meton. (poet.)* Wein; – *adj.:* **latex** ~ = Wein.

Lycaeus, ī *m Gebirge in Arkadien (Peloponnes) an der messenischen Grenze, Zeus u. Pan heilig;* – *Adj.* **Lycaeus,** a, um [**collis; nemus**].

Lycambēs, ae *m ein Thebaner, der dem Archilochos seine Tochter Neobule verweigerte u. daraufhin v. ihm durch seine Spottverse in den Tod getrieben wurde.*

Lycāōn, onis *m König in Arkadien, Vater der Kallisto;* – **Lycāonis,** idis *f* Kallisto, *Tochter des Lycaon;* – *Adj.* **Lycāonius,** a, um.

Lycāonia, ae *f Landschaft in Kleinasien;* – *Adj.* **Lycāonius,** a, um.

Lycēum *u.* **Lycīum,** ī *n* 1 *Gymnasion in Athen, in dem Protagoras u. Aristoteles lehrten, dem Apollo geweiht;*
2 *das danach genannte obere Gymnasium im Tusculanum Ciceros.*

lychnobius, ī *m (gr. Fw.) (Sen.)* Nachtschwärmer.

lychnūchus, ī *m (gr. Fw.)* Leuchter, Lampe.

lychnus, ī *m (gr. Fw.)* Leuchter, Lampe.

Lycia, ae *f* Lykien, *Landschaft im Südwesten Kleinasiens;* – *Einw.* **Lyciī,** ōrum *m;* – *Adj.* **Lycius,** a, um [**deus** = Apollo; **sortes** des Apollo-Orakels *in Patara;* **hasta, catervae** des *lykischen Königs* Sarpedon].

Lycīum *s. Lyceum.*

Lycomēdēs, is *m König der Insel Skyros.*

Lycormās, ae *m Fluss in Ätolien (Mittelgriechenland).*

Lyctius, a, um *(nach der Stadt Lyctos auf Kreta) (poet.)* kretisch.

Lycūrgus, ī *m* 1 *sagenhafter Gesetzgeber der Spartaner (um 800 v. Chr.);*
2 *König der Edoner in Thrakien;*
3 *athen. Redner (etwa 390–324 v. Chr.), Schüler Platos u. des Isokrates.*

Lycus, ī *m Name mehrerer Flüsse Asiens.*

Lȳdia, ae *f* Lydien, *Landschaft im westl. Kleinasien m. der Hauptstadt Sardes, der Sage nach Stammland der Etrusker;* – *Einw.* **Lȳdus,** ī *m* Lyder, *poet. auch* Etrusker; – *Adj.* **Lȳd(i)us,** a, um lydisch, *poet. auch* etruskisch.

lygdos, ī *f (gr. Fw.) (Mart.)* weißer parischer Marmor.

lympha, ae *f (gr. Fw.) (poet.)* 1 klares Wasser, Fluss-, Quellwasser; **vulnera -is abluere;**
2 *personif. Pl.* Lymphae Quellnymphen;
3 *(spätl.) sacra* Taufwasser.

lymphāceus, a, um *(lympha) (Mart.)* hell wie klares Wasser, hell wie Kristall.

lymphāticus *u.* **lymphātus,** a, um wahnsinnig, außer sich, wie besessen, besinnungslos [**metus; somnia; pavor** panische Angst].

Lyncēstae, ārum *m Volk in Makedonien;* – *Adj.* **Lyncēstius,** a, um [**amnis** *eine Quelle im Gebiet der Lyncestae, deren Wasser betrunken machte*].

Lyncēus, eī *m (verw. m. lynx) scharfsichtiger messenischer Heros, einer der Teilnehmer an der kalydonischen Jagd u. der Argonautenfahrt;* – *Adj.* **Lyncēus,** a, um scharfsichtig, luchsäugig: **Lynceum esse** Augen haben wie ein Luchs; – *Patron.* **Lyncīdēs,** ae *m* = Per-

L

seus.

Lyncus, ī ① *m skyth. König;*
② *f Hauptstadt der Lyncestae.*

lynx, lyncis *m u. f (gr. Fw.) (poet.; nachkl.)* Luchs; **lynces Bacchi:** *als Gespann am Triumphwagen des Bacchus.*

lyra, ae *f (gr. Fw.)* ① Lyra, Leier, Laute *(der Sage nach v. Merkur erfunden u. dem Apollo geschenkt);*
② *(poet.) (meton.)* lyrische Dichtung, Lied; **iocosae -ae** Scherzlieder; **Aeoliae -ae amica;**
③ *(übtr.)* Lyra *als Sternbild.*

Lyrcēus, a, um *(Ov.)* lyrkeisch, vom Lyrkeion, *einem Gebirge zw. Arkadien u. Argolis* [**arva**].

lyrica, ōrum *n (lyricus) (poet.; nachkl.)* lyrische Gedichte, Oden.

lyricus *(gr. Fw.)* **I.** *Adj.* a, um zur Lyra gehörig, lyrisch [**soni; vates** *u.* **poëta** lyrischer Dichter; **senex** Anakreon];
II. *Subst.* ī *m* lyrischer Dichter.

lyristēs, ae *m (gr. Fw.) (nachkl.)* Lautenspieler.

Lyrnēsos *u.* **Lyrnēssus,** ī *f Stadt in Troas (b. Troja), Geburtsort der Brisëis;* – **Lyrnēsis,** idis *f* Brisëis; – *Adj.* **Lyrnēsius,** a, um [**moenia**].

Lȳsander, drī *m* ① *spartan. Feldherr, entschied den Peloponnesischen Krieg u. eroberte 404 v. Chr. Athen;*
② *Ephor in Sparta, weg. Rechtsbeugung verbannt (um 240 v. Chr.).*

Lȳsiās, ae *m athen. Redner z. Zt. des Sokrates.*

Lȳsimachīa, ae *f Stadt in Thrakien, v. Lysimachus gegründet;* – *Einw.* **Lȳsimachīēnsēs,** nsium *m.*

Lȳsimachus, ī *m Feldherr Alexanders des Gr., nach dessen Tod Herrscher in Thrakien u. Pontus.*

Lȳsippus, ī *m Bildhauer u. Erzgießer aus Sikyon (4. Jahrh. v. Chr.); er soll als einziger Alexander den Gr. plastisch dargestellt haben.*

M

M. *(Abk.)* ❶ *(als Vorname)* **a) M.** = *Marcus;* **b) M.'** = *Manius;*
❷ *(als Zahlzeichen)* = 1000 *(mille);*
❸ *(in Ciceros Tuskulanen)* = *magister.*

Macareūs, eī *m Sohn des Äolus.*

maccis, idis *f (Plaut.) ein Gewürz.*

Macedonia, ae *f* Makedonien, *Landschaft zw. Thessalien u. Thrakien im Norden Griechenlands; – Bew.* **Macedō,** onis *m* Makedonier, *bes. Philipp, Vater Alexanders des Gr., od. Alexander d. Gr.; – Adj.* **Macedonicus,** a, um [**montes; praeda; legiones**], *(poet.)* **Macedonius,** a, um [**miles**] *u. (Plaut.)* **Macedoniēnsis,** e.

macellārius, ī *m (macellum) (Suet.)* Fleischwarenhändler.

macellum, ī *n (gr. Fw.)* Fleischmarkt.

maceō, macēre, – – *(macer) (Plaut.)* mager sein.

macer, macra, macrum *(gr. Fw.)* ❶ mager [**taurus; solum**];
❷ *(Hor.)* voller Sorgen;
❸ *(Mart.) (v. Sachen)* dünn [**libellus**].

Macer, crī *m röm. cogn.:* ❶ C. Licinius ~, *Geschichtsschreiber u. Redner, Volkstribun 73 v. Chr.;*
❷ Aemilius ~ *aus Verona (gest. 16 v. Chr.), Dichter, Freund Vergils, Ovids u. Tibulls.*

mācerātiō, ōnis *f (macero)* das Mürbemachen.

māceria, ae *f* (Lehm-)Mauer [**horti**]; *(milit.)* Behelfsverschanzung.

mācerō, mācerāre ❶ mürbe machen, einweichen, wässern;
❷ *(übtr.)* aufreiben, schwächen [**alqm fame**]; **multos iste morbus macerat** *(Plaut.);*
❸ *(geistig)* quälen, abhärmen [**desiderio**].

macēscō, macēscere, – – *(Incoh. v. maceo) (vor- u. nachkl.)* mager werden, abmagern.

machaera, ae *f (gr. Fw.)* Schwert.

machaerophorus, ī *m (gr. Fw.)* Schwertträger.

Machāōn, onis *m Heros des Heilens, Sohn des Äskulap, Arzt der Griechen vor Troja; – Adj.* **Machāonius,** a, um.

māchina, ae *f (gr. Fw.)* ❶ Maschine *(als Vorrichtung, um etw. in Bewegung zu setzen, emporzuheben, niederzureißen u. Ä.)* [**navalis** Schiffsmaschine, *um Schiffe ins Meer zu ziehen*]; **-as promovere;** *(übtr.)* **omnes -as adhibere ad alqd** alle Hebel in Bewegung setzen;
❷ *jedes mechanische Werkzeug, wie z. B.* Rolle, Hebel, Winde, Walze;
❸ Maschine *(im Krieg)* = grobes Geschütz, Belagerungsmaschine;
❹ Schaugerüst *zur Ausstellung verkäuflicher Sklaven;*
❺ *(Plin.)* Baugerüst; Staffelei;
❻ *(übtr.)* Kunstgriff, List.

māchināmentum, ī *n (machinor)* ❶ Maschine;
❷ *(Sen.)* Marterwerkzeug.

māchinātiō, ōnis *f (machinor)* ❶ Mechanismus, mechanisches Getriebe; **machinatione movere alqd;**
❷ *(meton.)* Maschine [**navalis** Schiffsmaschine, *um Schiffe zu ziehen*];
❸ *(übtr.)* Kunstgriff, List.

māchinātor, ōris *m (machinor)* ❶ Maschinenbauer, Baumeister [**bellicorum tormentorum**]; **machinatore alqo** unter der baulichen Leitung jmds.; **machinatores, qui pegmata per se surgentia excogitant;**
❷ *(übtr.)* Anstifter, Urheber [**scelerum; belli**]; **omnium architectus et ~** Bewerkstelliger und Anstifter.

māchinātrīx, rīcis *f (machinator) (Sen.)* Anstifterin [**malorum facinorum**].

māchinor, māchinārī *(Part. Perf. auch pass.) (machina)* ❶ ausdenken, anstiften, bewerkstelligen [**opera; versum ad voluptatem**];
❷ etw. Böses gegen jmd. im Schilde führen, Böses ersinnen [**pestem in alqm; alci necem; alci perniciem; universis civibus atrocissimam calamitatem**].

māchinōsus, a, um *(machina) (Suet.)* kunstvoll zusammengefügt [**navigium**].

maciēs, ēī *f (macer)* Magerkeit, Dürre; **equi macie corrupti; corpus macie extabuit; seges macie deficit; –** *übtr. (nachkl.) v. der Rede.*

macilentia, ae *f (macilentus) (mlt.)* Magerkeit.

macilentus, a, um *(maceo) (vor- u. nachkl.)* abgemagert, mager.

Macra[1]**,** ae *m Fluss in Italien zw. Ligurien u. Etrurien, j.* Magra.

Macra[2] **cōmē** *Ort in Lokris (Mittelgriechenland).*

macrēscō, macrēscere, macruī, – *(macer) (Hor.)* mager werden, abmagern.

Macrī Campī, ōrum *m Ebene in Gallia cispadana (südl. des Po).*

macriculus, a, um *(Demin. v. macer) (vorkl.)* schmächtig.

macritūdō, dinis *f (macer) (Plaut.)* Magerkeit.

Macrobius, ī *m* Ambrosius Theodosius ~, *lat. Schriftsteller Anfang des 5. Jahrhs. n. Chr., Kommentator v. Ciceros Somnium Scipionis u. Verf. der teilweise erhaltenen Saturnalia.*

Macrochīr, chīris *m* (μακρόχειρ) Langhand, *Beiname des Perserkönigs Artaxerxes.*

macrocollum, ī *n (gr. Fw.)* großformatiges Papier, Großfoliopapier.

macruī *Perf. v. macresco.*

mactābilis, e *(macto) (Lucr.)* tödlich.

mactātor, ōris *m (macto) (Sen.)* Schlächter, Mörder [**senum**].

mactātus, *Abl.* ū *m (macto) (Lucr.)* das Opfern, Schlachten.

macte *s. mactus.*

mactō, mactāre *(mactus)* ❶ verherrlichen, feiern, ehren, beschenken [**hospites honoribus; alqm magno triumpho**]; *bes. in der Opfersprache eine Gottheit durch ein Opfer* ehren, versöhnen [**extis deos**];
❷ *(poet.) (ein Tier)* opfern, *als Opfer* weihen, schlachten [**hostiam; bidentes; taurum Neptuno**];
❸ jmd. als Opfer weihen [**alqm Orco; hostium legiones dis**];
❹ (hin)schlachten, morden;
❺ zugrunde richten, heimsuchen, treffen, (be)strafen [**alqm aeternis suppliciis; castra in mare** ins Meer stürzen; **alqm morte; ius civitatis** aufheben].

mactus, a, um ❶ verherrlicht, geehrt, gefeiert *(fast nur Vok. macte, sowohl für Sg. als auch für Pl.)*; **macte virtute (esto, estote)** Heil deiner Tapferkeit! Glückauf! bravo!; **iuberem (te) macte virtute esse** ich würde deiner Tapferkeit „Glückauf" zurufen; **macte virtute diligentiāque esto** wohl dir, dass du so brav und achtsam bist;
❷ *(Lucr.)* (wie ein Opfertier) getroffen.

macula, ae *f* ❶ Fleck; **equus -is albis; -as auferre de vestibus; in ipsis quasi -is (terrae) ubi habitatur** auf den kleinen bewohnten Flecken *(Cic.)*;
❷ entstellender Fleck, Mal;
❸ Schandfleck, Makel [**familiae; avaritiae**];
❹ *(Hor.)* Fehler in der Darstellung;
❺ Masche *eines Netzes.*

maculō, maculāre *(macula)* ❶ fleckig machen, beflecken [**terram tabe; ferrum sanguine**];
❷ *(übtr.)* beflecken, besudeln, entehren [**partus suos parricidio; sacra loca stupro; belli gloriam morte turpi**].

maculōsus, a, um *(macula)* ❶ gefleckt, voller Flecke, bunt(gefleckt) [**vellus; marmor**];
❷ befleckt, beschmutzt [**vestis; -ae sanguine arenae**];
❸ *(übtr.)* befleckt, besudelt, entehrt, berüchtigt [**senatores**]; **avaritiā et libidine ~.**

made-faciō, facere, fēcī, factum, *Pass.* madefīō, fierī, factus sum *(madeo)* ❶ nass machen, einweichen, benetzen, tränken [**spongiam**]; **sanguis madefecerat herbas;**
❷ *(Plaut.)* betrunken machen [**se vino**].

madefactō, madefactāre *(Intens. v. madefacio) (Plaut.)* befeuchten.

madeō, madēre, maduī, – ❶ nass sein, triefen *(v. etw.: Abl.)* [**metu** v. Angstschweiß]; **parietes vino madebant; terra madet sanguine;** – *Part. Präs.* madēns feucht, nass [**campi** sumpfig; **auster** regnerisch];
❷ *(poet.) (v. Speisen)* weich, gar sein;
❸ betrunken sein;
❹ *(Ov.)* schmelzen *(vom Schnee)*; **nix sole madens;**
❺ *(poet.; nachkl.)* (über)voll sein *(v. etw.)*, Überfluss haben *(an etw.) (konkr. u. übtr.)*; **pocula Baccho madent; arte madent simulacra.**

madēscō, madēscere, maduī, – *(Incoh. v. madeo) (poet.; nachkl.)* nass werden; **comae maduerunt nardo; musta madescunt robora.**

madidō, madidāre *(madidus) (nachkl.)* feucht machen, benetzen.

madidus, a, um *(madeo)* ❶ nass, feucht *(von etw.: Abl.)* [**comae** salbentriefend; **genae** tränende; **fossa** wasserreich]; **fasciculus epistularum aquā ~; -i lacrimis ocelli; radix suco -a** voll;
❷ *(Plaut.) (v. Speisen)* weich(gekocht), mürbe;
❸ *(vino)* betrunken;
❹ *(Mart.) (übtr.)* voll, erfüllt v. etw. [**Minervae artibus; iocis**].

mador, ōris *m (madeo)* Feuchtigkeit, Nässe.

maduī *Perf. v. madeo u. madesco.*

madulsa, ae *f (madeo) (Plaut.)* Rausch.

Maeander *u.* **Maeandros,** drī *m* ❶ *Fluss in Karien u. Lydien (Kleinasien) m. vielen Krümmungen, mündet b. Milet in das Ägäische Meer; j.* Menderez; – *Adj.* **Maeandrius,** a, um [**unda**];
❷ *(appell.)* **a)** Windung, Krümmung; **b)** Besatz *des Gewandes* m. verschlungener Stickerei.

> *i* Kultur **Maecēnās,** nātis *m* ❶ C. Cilnius ~ aus etr. Adel, röm. Ritter, Freund des Kaisers Augustus, Schriftsteller, Politiker, vor allem aber Förderer u. Gönner der Dichter (Vergil, Horaz, Properz u. a.) u. Gelehrten, um 70–8 v. Chr. Sein Name lebt im „Mäzenaten"tum, der Freigebigkeit von Industriellen oder Bankiers, von Banken und Stiftungen. Ohne wirtschaftliche Absichten spendet der „Mäzen"; anders heute der „Sponsor". – *Adj.* **Maecēnātiānus,** a, um;
> ❷ *(appell.) (nachkl.)* Beschützer u. Förderer der Kunst u. Wissenschaft.

Maecius, a, um Sp. ~ Tarpa, *Kunstkenner u. Kritiker, Zeitgenosse Ciceros.*

Maedī, ōrum *m thrak. Volk am Strymon; – ihr Gebiet:* **Maedica,** ae *f.*

Maelius, a, um *Name einer röm. gens:* Sp. ~ *wurde 439 v. Chr. getötet, weil er beschuldigt worden war, nach der königl. Gewalt zu streben;* – *Adj.* **Maeliānus,** a, um; – **Maeliānī,** ōrum *m* Anhänger des Maelius.

maena, ae *f (gr. Fw.)* Sardelle; – *Plaut. als*

Schimpfw.

Maenalus, ī *m u.* **Maenala,** ōrum *n Gebirge u. Stadt in Arkadien (Peloponnes) zw. Tegea u. Megalopolis, Lieblingsaufenthalt des Pan u. ihm heilig; – Adj.* **Maenalius,** a, um [**deus** = Pan; **versus** arkadische Hirtenlieder; **ramus** *Keule des Herkules, die er sich vom Mänalus geholt hatte*], *fem. auch* **Maenalis,** idis [**ursa** = Kallisto; **diva** = Carmenta; **ora** Arkadien].

Maenas, adis *f* (μαινάς die Rasende) *(poet.) myth. Begleiterin des Dionysos bzw. Bacchus,* Mänade, Bacchantin; Seherin; Priesterin *der Kybele od. des Priapos.*

maeniāna, ōrum *n s. Maenius.*

Maenius, a, um *Name einer röm. gens:* C. ~, *Konsul 338 v. Chr., beendete m. dem Sieg üb. Antium den Latinerkrieg; er erhielt deshalb eine Ehrensäule auf dem Forum, die columna Maenia; als Zensor 318 veranlasste er den Bau v. Galerien, Erkern u. Balkonen an den Gebäuden um das Forum herum, dah.* **maeniāna,** ōrum *n* Balkon, Erker.

Maeonia, ae *f älterer Name für* Lydien *in Kleinasien, poet. auch* = Etrurien *(da die Etrusker v. den Lydern hergeleitet wurden); –* **Maeonidēs,** ae *m* **a)** Lydier, *bes.* Homer; **b)** Etrusker; – **Maeonis,** idis *f* Lydierin (= Arachne *u.* Omphale); – *Adj.* **Maeonius,** a, um **a)** lydisch [**vates** = Homer]; homerisch, *übh.* episch, heroisch [**carmen**]; **b)** etruskisch.

Maeōtis, idis *f* das Asowsche Meer *(nördl. Schwarzes Meer); –* **Maeōtae,** ārum *m skyth. Volk am Asowschen Meer; –* **Maeōtidae,** ārum *m Anw. des Asowschen Meeres; – Adj.* **Maeōtius,** a, um [**unda; tellus**], **Maeōticus,** a, um, *fem. auch* **Maeōtis,** idis.

● **maereō,** maerēre, maeruī, – *(vgl. maestus, miser)* **I.** *intr.* trauern, betrübt sein *(v. stiller Trauer, während lugeo die Trauer ausdrückt, die sich in lauter Klage u. in konventionellen Äußerlichkeiten zeigt) (über etw.: Abl.; m. A. C. I. od. quod)* [**suo incommodo; alienis bonis; sibi** für *od.* bei sich];
II. *trans.* ❶ etw. betrauern [**casum; filii mortem**];
❷ *(Ov.)* wehmütig vorbringen [**talia**].

● **maeror,** ōris *m (maereo)* (stille) Trauer, Betrübnis, Wehmut *(über, bei etw.: Gen.)* [**funeris; orationis**]; **maerore confici** vor Trauer vergehen; **maerorem deponere; in maerore esse, iacēre** *od.* **versari; a maerore recreari.**

maestitia, ae *f (maestus)* Traurigkeit, Wehmut, Niedergeschlagenheit; **in -a esse; -am alci inicere; alqm a -a avocare; orationis quasi -am sequi** *(Cic.)* der Rede eine düstere Färbung zu geben suchen.

maestitūdō, dinis *f (maestus) (Plaut.)* Traurigkeit.

● **maestus,** a, um *(Adv. -ē u. -iter) (vgl. maereo)* ❶ traurig, betrübt, wehmütig, niedergeschlagen [**senex; domus; vultus; silentium;** *(m. Abl. der Ursache)* **amissis liberis; morte Tigelli; clade Variana**];
❷ *(poet.)* Trauer verursachend, betrübend, Unheil bringend [**tectum; funus**];
❸ *(poet.)* trauerkündend, Trauer- [**avis; arae; vestis** Trauerkleid; **tuba**].

Maesūliī = *Massyli.*

maga, ae *f (magus) (August.)* Zauberin.

māgālia, ium *n (pun. Fw.) = mapalia.*

Māgālia *u.* **Māgāria,** ium *n Vorstadt Karthagos.*

mage *Adv. (vorkl.; poet.) = magis.*

magicē, ēs *f (magicus) (Plin.)* Zauberei, Zauberkunst.

magicus, a, um *(gr. Fw.) (poet.; nachkl.)* magisch, Zauber- [**artes; terrores; lingua** zaubermächtig; **dii** die bei Zaubereien angerufenen *(wie z. B. Pluto, Proserpina)*].

● **magis** *Adv. (zu magnus)* **I.** mehr, in höherem Grade: ❶ *b. Adj. u. Adv.* **a)** *zur Umschreibung des Komp.:* **magis necessarius; magis pie; b)** *(Plaut.) b. Komp. zur Verstärkung* = bei weitem: **magis dulcius;**
❷ *b. Verben, oft auch* = stärker, heftiger, besser *u. a.:* **magis intellegere, gaudere;**
❸ *in Verbindungen:* **a) non magis ... quam** ebenso sehr ... wie, nicht nur ... sondern auch *(wenn beide Glieder bejahenden Sinn haben):* **hoc non magis pro Lysone quam pro omnibus scripsi;** ebenso wenig ... wie *(wenn beide Glieder einen neg. Sinn haben):* **animus, qui in morbo aliquo est, non magis sanus est quam corpus;** nicht so sehr ... als vielmehr *(wenn das erste Glied als weniger bedeutend dargestellt wird):* **ius apud veteres Romanos non legibus ~ quam naturā valebat; b)** *m. Abl. mensurae:* – **eo** *(od.* **hoc, tanto) magis** desto mehr, umso mehr *(m. folg. quod, quo, quoniam, si, ut, ne);* – **quo magis ... eo (magis)** je mehr ... desto (mehr); **quo minus ... eo magis** je weniger ... desto mehr; – **multo magis** viel mehr; **nihilo magis** ebenso wenig; **solito magis** mehr als gewöhnlich; **c) magis magisque,** *selten* **magis et** *(od.* **ac, atque) magis, magis magis** immer mehr; **in dies** *(od.* **cottidie) magis** von Tag zu Tag mehr; **magis etiam** mehr noch; **magis minusve** mehr od. weniger;
II. eher, lieber, vielmehr (= *potius);* **non invideo, miror magis** *(Verg.).*

● **magister,** trī *m* ❶ Vorsteher, Vorgesetzter, Anführer, Aufseher, Meister [**populi** Diktator; **equitum** Amtsgehilfe des Diktators *u. zugleich* Reiteroberst; **sacrorum** Oberpriester; **militiae** Heerführer; **pecoris** Oberhirt; **navis** Kapitän; **morum** Sittenvorsteher *(v. Zensor);* **cenandi** Vorsitzender bei der Tafel; **auctionis; societatis** *od.* **in societate** Vorsteher einer

M

Gesellschaft von Generalpächtern];
2 Lehrer, Lehrmeister [**religionis; virtutis; officii; artium**]; **stilus optimus dicendi ~;**
3 *(übtr.)* Führer, Ratgeber; **habeo auctores et magistros maiores nostros** *(Cic.);*
4 **a)** *civium* Bürgermeister; **b)** *operis* Baumeister; **c)** *rusticorum* Bauernvogt; **d)** *mensae regiae* Truchsess; **e)** *primus* Elementarlehrer.

magisterium, ī *n (magister)* 1 Amt eines Vorstehers, Aufsehers, Vorsitz, Aufsicht [**sacerdotii** Amt eines Oberpriesters; **morum** Sittenaufsicht, Zensur; **municipale** Amt eines Wegeaufsehers; **pedestre** Amt eines Befehlshabers über die Infanterie];
2 *(Plaut.)* Erzieheramt;
3 *(August.)* Lehramt;
4 *(poet.)* Unterricht, Rat, Lehre.

magistra ae *f (magister)* 1 *(vorkl.)* Vorsteherin, Vorgesetzte, Leiterin;
2 *(übtr.)* Lehrerin, Lehrmeisterin; **arte -a** m. Hilfe der Kunst; **vita rustica parsimoniae, diligentiae, iustitiae ~ est** *(Cic.).*

● **magistrātus,** ūs *m (magister)* 1 obrigkeitliche Würde, öffentliches Amt; **magistratum adipisci, inire, petere; magistratum deponere, magistratu abire** *od.* **abdicare se magistratu; magistratūs et imperia** Zivil- u. Militärämter, Beamten- u. Offizierstellen;
2 *(meton.)* Beamter, Magistrat; **alqo magistratu** unter jmds. Amtsführung; **magistratūs creare; oppida per magistratus administrare;**
3 Behörde, Obrigkeit; **summo magistratui praeesse** an der Spitze der Regierung stehen.

> *i* Kultur **magistrātus** hießen die röm. Spitzenpolitiker, weil sie – nach der Wahl zu obersten Beamten – mehr (magis) Macht (→potestas) als ihre Mitbürger hatten, vergleichbar den heutigen **Ministern** (die ihren Titel als „Staatsdiener" von „minus" herleiten!). Zum →cursus honorum, der Laufbahn vom quaestor bis zum censor, gehörte die Aufnahme in den Senat (→senatus). In der Republik konnten wegen der Wahlkampfkosten nur Wohlhabende dieses „Ehrenamt" erreichen. Heute sitzen im Magistrat (Gemeindeverwaltung) nur weisungsgebundene Beamte u. Angestellte.

magmentārius, a, um *(magmentum)* als Opferbeigabe geweiht.

magmentum ī *n (vor- u. nachkl.)* Opferzusatz.

māgnālia, ium *n (magnus) (spätl.)* große Dinge, große Werke, Wundertaten.

māgnanimitās, tātis *f (magnanimus)* Hochherzigkeit, Seelengröße, Großmut.

māgn-animus, a, um *(magnus)* hochherzig, großmütig, edel, mutig.

Magnēsia, ae *f* 1 *thessalische Halbinsel vom Peneios bis zum Golf v. Pagasai, südöstl. vom Ossa (Nordgriechenland), m. Vorkommen v. Magneteisenstein (Magnetit); – höchste Obrigkeit:* **Magnētarchēs,** ae *m;*
2 *Stadt in Karien am Mäander (Kleinasien);*
3 *Stadt in Lydien (Kleinasien);*
/ *Einw.* **Magnēs,** ētis *m* der Magnesier, **Magnēssa,** ae *u.* **Magnētis,** idis *f* die Magnesierin; / *Adj.* **Magnēs,** *Gen.* ētis magnesisch, v. Magnesia, lapis Magnēs *u. bl.* Magnēs, ētis *m* Magnet(stein), **Magnēsius,** a, um [**saxum** Magnet], *fem. auch* **Magnētis,** idis [**Argo**].

māgni-dicus, a, um *(magnus u. dico[1]) (Plaut.)* großsprecherisch, prahlerisch.

● **māgnificentia,** ae *f (magnificus)* 1 Großartigkeit, Pracht, Prunk [**ludorum; operum; epularum**];
2 *(meton.)* Prunkliebe;
3 Hochherzigkeit;
4 Großtuerei, Prahlerei;
5 *(rhet.)* Pathos, Erhabenheit [**verborum**];
6 *(mlt.) als Anrede:* Hoheit, Magnifizenz.

māgnificō, māgnificāre *(magnificus)* 1 *(vorkl.; spätl.)* hoch schätzen;
2 *(nachkl.; spätl.)* rühmen, erheben.

● **māgni-ficus,** a, um *(Komp.* magnificentior, ius, *Superl.* magnificentissimus, a, um; *Adv.* -ē *u.* -enter) *(magnus u. facio)* 1 großartig, prächtig, glänzend [**res gestae; apparatus; aedes; funus; imperium; aedilitas** durch Taten glänzend; *ebenso* **vir factis**];
2 prachtliebend [**in suppliciis deorum**];
3 hochherzig, erhaben [**animus**];
4 prahlerisch, hochfahrend [**miles; adhortator; verba**]; **-e loqui;**
5 *(v. der Rede)* pathetisch, erhaben [**genus dicendi**].

māgniloquentia, ae *f (magniloquus)* 1 erhabene, pathetische Sprache [**Homeri**];
2 Großsprecherei, Prahlerei.

māgni-loquus, a, um *(magnus u. loquor) (poet.; nachkl.)* großsprecherisch, prahlerisch.

● **māgnitūdō,** dinis *f (magnus)* 1 *(räumliche)* Größe [**mundi; regionum; corporis; fluminis** hoher Wasserstand]; **silva magnitudinis infinitae;**
2 *(numerische)* Größe, große Menge [**copiarum; causarum; pecuniae; aeris alieni; quaestus; fructuum**];
3 *(übtr.)* Stärke *(zur Bez. der Intensität)* [**venti; frigoris; supplicii** Härte; **vulneris** Gefährlichkeit; **ingenii; consilii** tiefe Einsicht; **amoris; odii**];
4 Bedeutung, Wichtigkeit [**rerum gestarum**];
5 Würde, Ansehen, Macht [**imperatoria; rei publicae**].

● **māgnopere** *od.* **māgnō opere** *Adv. (magnus u. opus), Superl.* **maximopere** *od.*

maximō opere *(nur b. Verben)* ❶ sehr, überaus, dringend, nachdrücklich [**expetere; desiderare; alqm hortari; alci suadere**]; ❷ *(im negierten Satz)* sehr, erheblich; **nemo ~ eminebat; ut mihi … dicendum nihil ~ videatur** nicht eben etw., nichts Erhebliches; **nulla ~ exspectatio** eben keine große.

● **māgnus,** a, um, *Komp.* **māior,** māius, *Superl.* **maximus,** a, um *(altl.* maxumus*)* ❶ *(räuml.)* groß, weit, hoch, lang [**aedificium; oppidum; navis; agri; barba; aquae** Hochwasser; **iter** Eilmarsch]; **-o corpore esse** hoch gewachsen;
❷ *(vom Alter)* alt; **-o natu** bejahrt, hochbetagt; **filius maximo natu** der älteste Sohn; **filius maior (natu)** der ältere, **maximus (natu)** der älteste Sohn; **liberi maiores quam quindecim annos nati** über 15 Jahre alt; **maxima virgo** die älteste der Vestalischen Jungfrauen; – *Subst.* **māiōrēs,** rum *m* die Alten: **a)** Vorfahren, Ahnen [**mos maiorum**]; **b)** der Senat;
❸ *(v. Zahl, Gewicht, Menge)* beträchtlich, bedeutend, zahlreich, viel, teuer [**gentes** volkreich; **populus** zahlreich versammelt; **copiae; comitatus; pecunia; pretium** hoher Preis; **pondus auri**]; **maior pars** die Mehrheit; **-a parte** *u.* **-am partem** großenteils; **maxima parte** *u.* **maximam partem** größtenteils; **-i aestimare, ducere, putare** hoch schätzen; **-i esse** viel gelten; **-o emere, vendere** teuer kaufen, verkaufen;
❹ *(zeitl.)* lang [**menses; annus** *auch (bei Cic.)* das große Weltjahr];
❺ *(übtr.)* stark, heftig, gewaltig *(zur Bez. der Intensität)* [**imber; ventus; incendium; vinculum** enges Band; **argumentum** schlagender Beweis; *ebenso* **testimonium; auctoritas; virtus; casus** reiner Zufall; **opinio** hohe Meinung; **preces** dringende Bitten; **suspicio** dringender Verdacht]; **-a voce** laut; **-o fletu** laut weinend; **in maius credi** f. schlimmer gehalten werden;
❻ bedeutend, wichtig, beträchtlich [**rei publicae tempus** kritische Lage; **locus** ein wichtiger philosophischer Punkt; **vetustas** ein sehr altes Verhältnis; **consuetudo** ein genauer Umgang; **labor** schwierig; **iactura** schwerer Verlust; **ratio** triftiger Grund; **scientia** umfassende Kenntnisse]; **-um est** *(m. Inf.)* es ist eine große Aufgabe; **maximum est** *(m. Inf.)* es ist die Hauptsache; **quod maius est** *(als Parenthese)* was noch mehr sagen will; – *Subst.* magna *n = res -ae* große Dinge *od.* Taten; maiora *n = res maiores* wichtigere Dinge; maxima *n* das Größte, Höchste;
❼ *(übtr.)* hoch stehend, groß, erhaben, angesehen, mächtig [**cognatio; spectaculum**]; **invidiā maior** über den Neid erhaben; **maiorum fames** Hunger nach mehr Gutem; – *Subst. maiores* die Höhergestellten, Mächtigeren; – *bes. als Beiname: Alexander Magnus;*
❽ *(v. der Gesinnung)* **a)** *(lobend)* hochherzig, edel [**vir; animus**]; **b)** *(tadelnd)* hochfahrend, prahlend, vermessen [**verba; lingua**]; **-a loqui;**
❾ übertrieben, übermäßig [**consulum imperia; minae**];
❿ *(mlt.)* **a)** *maior domus* Hausmeier; **b)** *maior villae* Gutsverwalter, -pächter; **c)** *ecclesia maior* Dom.

Māgō, ōnis *m Name zahlreicher karthagischer Persönlichkeiten:* ❶ ~ d. Gr., *karthag. Feldherr um 550 v. Chr., Begründer der karthag. Macht;*
❷ *jüngster Bruder Hannibals.*

magūdaris, is *f (gr. Fw.) (Plaut.; Plin.)* Stängel der Pflanze laserpicium.

magus *(gr. Fw. pers. Herkunft)* **I.** *Subst.* ī *m*
❶ Magier, *Mitglied einer pers. Priesterkaste;*
❷ Weiser;
❸ *(poet.)* Zauberer;
❹ *(mlt.) Pl.* die Heiligen Drei Könige;
II. *Adj.* a, um *(poet.; nachkl.)* magisch, Zauber- [**artes; carmen**].

Maharbal, balis *m Offizier Hannibals, Befehlshaber der pun. Reiterei in der Schlacht b. Cannä (216 v. Chr.).*

Māia, ae *f Tochter des Atlas, Mutter des Merkur, eine der Plejaden, schon früh vermischt m. der Vulkanus verbundenen altröm. Wachstums- u. Naturgöttin, der am 1. Mai, dem nach ihr benannten Monat, geopfert wurde.*

māiālis, is *m* ❶ *(vorkl.)* kastrierter Eber;
❷ *als Schimpfw.*

● **māiestās,** tātis *f (maius, s. magnus)* ❶ Größe, Hoheit, Würde, Erhabenheit, Ansehen [**deorum; divina; iudicum; matronarum; patria** väterliche Gewalt; **senatūs; orationis**];
❷ Hoheit des Staates, *in Republiken des Volkes, in Monarchien des Monarchen* [**populi Romani; regia; regum; consulis**]; **alcis maiestatem (im)minuere** schmälern, beeinträchtigen; **maiestatem populi Romani laedere;**
❸ Majestätsbeleidigung, Hoheitsverletzung, Hochverrat; **crimen, iudicium, poenae maiestatis; laesae maiestatis damnari** wegen eines Majestätsverbrechens;
❹ *(poet.; nachkl.) (meton.)* Hoheit, Majestät *(Titel des Kaisers)* [**tua** *v. Augustus;* **ducis** *v. Tiberius*].

● **māior, māiōrēs, māius** *s. magnus.*

i Kultur **māiōrēs** Die „Größeren" der Vorzeit, die Vorfahren, die Ahnen, waren den Römern immer Vorbild, Verpflichtung, Maßstab in Familie u. Staat. Höchstes Lob erhielt, wer „more maiorum", „nach Sitte der Vorfahren", lebte: Die Kultur Roms war also traditionsgelenkt.

M

Kenntnis dieser Hochschätzung von Tradition könnte Ahnenkult und Achtung vor dem Alter in asiatischen Kulturen verstehen helfen.

Māius, a, um *(vgl. Maia)* zum Mai gehörig, des Mai [**Calendae; Nonae**]; – *(mēnsis)* **Māius** *m* Mai.

māiusculus, a, um *(Demin. v. maius, s. magnus)* ① etw. groß [**cura**];
② *(nachkl.)* etw. größer;
③ *(Ter.)* etw. älter.

māla, ae *f (poet.)* ① Kinnlade, Kinnbacke; **leonis horribilis** ~ Rachen;
② Wange *(meist Pl.)* [**tenerae**].

Malaca, ae *f Stadt in Spanien, j.* Malaga.

malacia, ae *f (gr. Fw.)* Windstille über dem Meer, Meeresstille.

malacissō, malacissāre *(gr. Fw.) (Plaut.)* weich, geschmeidig machen.

malacus, a, um *(gr. Fw.) (vorkl.)* ① weich, zart [**corpusculum**];
② geschmeidig, gelenkig [**ad saltandum**];
③ *(übtr.)* üppig [**aetas**].

malaxō, malaxāre *(gr. Fw.) (vor- u. nachkl.)* weich, geschmeidig machen.

● **male** *Adv. v. malus*[1], *Komp.* **pēius,** *Superl.* **pessimē** *(altl.* pessumē) ① schlecht, schlimm, übel; nicht recht; unsittlich, unehrenhaft; ~ **vivere** ärmlich *od.* unsittlich; ~ **dicere, loqui** verleumden; ~ **facere alci** jmdm. unrecht tun; ~ **esse** schlecht stehen; ~ **alci est** es geht jmdm. schlecht; ~ **sit ei** ihn soll der Henker holen!; **o factum** ~ **de Alexione; adversarios** ~ **habere** belästigen; **suppliciis** ~ **haberi** übel mitgenommen werden; **animo** ~ **est** *(Ter.)* es verdrießt mich; ~ **consulere in alqm;** ~ **mori** schmerzvoll; ~ **vagari** in Gefahr; ~ **alci accidit** es ergeht jmdm. schlecht; **alqm** ~ **accipere** jmdm. übel mitspielen; ~ **audire ab alqo** in schlechtem Ruf bei jmdm. stehen;
② *(vom Erfolg)* unglücklich, ungünstig [**pugnare; rem gerere; cadere** schlecht ausfallen; **emere** (zu) teuer; **vendere** (zu) billig]; *(poet.)* vergeblich: ~ **sublato ense;**
③ *(poet.)* zur unrechten Zeit, am unrechten Ort [**feriati; dicax**];
④ *(vom Maß u. Grad)* unrichtig, nicht gehörig: **a)** zu viel, (all)zu, (zu) sehr, überaus, stark, heftig [**parvus** viel zu klein; **raucus** ganz heiser; **metuere; odisse**]; **b)** zu wenig, kaum (noch), nicht besonders [**fidus** unzuverlässig; **sanus** nicht recht gescheit; **percepti fructus** im geringen Maße; **parens** ungehorsam; **gratus** undankbar; **legio** ~ **plena** nicht vollzählig].

Malea, Malēa, ae *f u.* **Maleae,** ārum *f Vorgeb. Lakoniens (Peloponnes).*

male-dicāx, *Gen.* dicācis *(poet.) u.* **-dīcēns,** *Gen.* dīcentis *(maledico)* schmähsüchtig, schmähend, (gern) beleidigend [**carmina**].

● **male-dīcō,** dīcere, dīxī, dictum lästern, schmähen, beleidigen *(abs. od. m. Dat.).*

maledictiō, ōnis *f (maledico)* Schmähung, Beleidigung.

maledictum, ī *n (maledico)* Schimpfwort, Beschimpfung, Schmähung, Schmährede, üble Nachrede; **-a in alqm dicere** *od.* **conferre; alqm -is lacerare; vexare alqm probris et -is.**

maledictus *P.P.P. v. maledico.*

maledicus, a, um *(maledico)* lästernd, schmähend, schmähsüchtig, beleidigend, beschimpfend; – *Komp.* maledīcentior, *Superl.* maledīcentissimus.

male-dīxī *Perf. v. maledico.*

male-faciō, facere, fēcī, factum *(vor- u. nachkl.)* Böses zufügen.

malefactor, ōris *m (malefacio) (vor- u. nachkl.)* Übeltäter.

malefactum, ī *n (malefacio)* Übeltat.

● **maleficium,** ī *n (maleficus)* ① Übeltat, Verbrechen; **-um committere** begehen; **supplicia pro -is metuere;**
② zugefügter Schaden; **sine ullo -o** ohne irgend Schaden zu tun; **pro -o beneficium reddere;**
③ Feindseligkeit; **-i causā** in feindlicher Absicht;
④ *(nachkl.) Pl.* Zaubermittel, Zauberei.

maleficus, a, um *(malefacio) (Komp.* maleficentior, *Superl.* maleficentissimus) ① übel handelnd, bösartig, gottlos [**homo** Übeltäter; **mores**];
② missgünstig [**natura**];
③ schädlich [**superstitio**];
④ *(nachkl.)* Zauber-; – *Subst.* **-a,** ōrum *n* Zaubermittel.

male-fīdus, a, um *(spätl.)* unzuverlässig, treulos.

male-suādus, a, um *(suadeo) (poet.)* übelratend, verführerisch.

Maleventum, ī *n alter Name für Beneventum.*

male-volēns, *Gen.* entis *(volo*[2]*)* übel wollend, neidisch.

malevolentia, ae *f (malevolens)* Übelwollen, Missgunst, Neid, Hass, Schadenfreude.

male-volus, a, um *(volo*[2]*) (Superl.* malevolentissimus) übel wollend, missgünstig, abgeneigt, gehässig *(geg. jmd.: alci u. in alqm).*

malficium = *maleficium.*

Māliacus sinus *m Meerbusen im Süden Thessaliens, Euböa gegenüber (östl. Mittelgriechenland);* – *Adj.* **Māliēnsis,** e *u.* **Mālius,** a, um.

māli-fer, fera, ferum *(malum*[2] *u. fero) (Verg.)* Äpfel tragend, reich an Apfelbäumen [**Abella**].

malific... = *malefic...*
malīgnitās, tātis *f (malignus)* ❶ Bosheit, Missgunst;
❷ Knauserei [**patrum;** *(bei etw.: Gen.)* **praedae partitae** bei der Teilung der Beute].
malīgnō, malīgnāre *(malignus) (spätl.)* böswillig sein.
malīgnus, a, um *(malus[1] u. gigno) (poet.; nachkl.)* ❶ böswillig, missgünstig, neidisch [**vulgus; sermo**];
❷ schädlich, verderblich [**leges**];
❸ unfruchtbar, karg [**terra; collis**];
❹ knauserig [**dux**]; **ager -e plebi divisus;**
❺ karg, spärlich [**lux; aditus** schmal];
❻ *(im Verhalten)* kühl, spröde, abweisend;
❼ *(spätl.) spiritus* Teufel.
malitia, ae *f (malus[1])* ❶ Bosheit, Schlechtigkeit, böswillige Gesinnung;
❷ Arglist, Tücke;
❸ Schalkhaftigkeit, schelmisches Wesen.
malitiōsus, a, um *(malitia)* boshaft, arglistig, heimtückisch.
Mālius, a, um *s. Maliacus.*
malivolentia, malivolus = *malevolentia, malevolus.*
● **mālle** *Inf. v. malo.*
malleātor, ōris *m (malleus) (Mart.)* Hämmerer, Pocher.
malleolus, ī *m (Demin. v. malleus, eigtl. „Hämmerchen")* ❶ Setzling;
❷ Brandpfeil.
malleus, ī *m* Hammer, Schlachtbeil.
Mallŏea, ae *f Stadt in Thessalien (Nordgriechenland).*
Mallus *u.* **Mallos,** ī *f Stadt in Kilikien (Kleinasien).*
● **mālō,** mālle, māluī *(< magis volo)* ❶ lieber wollen, vorziehen *(alqd; m. Inf., A. C. I. od. bl. Konj.);*
❷ *(m. Dat.)* gewogener sein [**Asiae**]; *(alci alqd)* jmdm. etw. lieber gönnen [**illi omnia**].
mālobathron *u.* **-um,** ī *n (gr. Fw.) (poet.; nachkl.)* wohl riechendes Salböl, Zimtöl.
māluī *Perf. v. malo.*
● **malum[1],** ī *n (malus[1])* ❶ Fehler, Gebrechen [**corporis**]; **bona aut -a** Vorzüge od. Fehler; ~ **publicum** das allgemeine Gebrechen;
❷ Übel, Leid, Unheil [**externum** Krieg]; **alqs -um habet** *od.* **alci -um est** es ergeht jmdm. übel;
❸ Schaden, Verderben; **-um dare** Schaden zufügen; **nihil -i accidisse Scipioni; -a civilia; alci -o esse** jmd. schädigen; **-o rei publicae** zum Schaden *od.* Verderben des Staates; **-a publica** öffentl. Schulden;
❹ *(poet.)* Übeltat, Laster; **irritamenta -orum** zu Übeltaten; **famam exstingui veterum -orum;**
❺ Strafe, Züchtigung; **-um militibus minitari** androhen;
❻ *(poet.)* Beleidigung, Schimpfwort; **-a alci dicere;**
❼ *als Ausruf des Unwillens* zum Henker! zum Teufel!; **quae, ~, est ista voluntaria servitus?**
mālum[2], ī *n (gr. Fw.)* ❶ Apfel; **-o me Galatea petit** *(Verg.) zum Zeichen der Zuneigung (Äpfel waren der Venus heilig);*
❷ *(poet.; nachkl.) jede apfelähnliche Frucht* [**aureum** Quitte; **felix** Zitrone].
● **malus[1],** a, um, *Komp.* **pēior,** ius, *Superl.* **pessimus,** a, um *(Adv.* **male, pēius, pessimē** *s. male)* schlecht: ❶ *(moral.)* schlecht, böse, niederträchtig [**servus; mores; fraus; ingenium**];
❷ unwahr, unehrlich, unzuverlässig, hinterlistig [**auctor; ambitio** falscher Ehrgeiz]; **-a fide agere cum alqo;**
❸ *(polit.)* übel gesinnt, schlecht denkend [**cives**]; – *Subst.* **malī,** ōrum *m (je nach Standpunkt)* Volks- *od.* Adelspartei;
❹ *(poet.)* pfiffig, schalkhaft, schelmisch;
❺ untüchtig, untauglich [**philosophi; poēta**];
❻ mangelhaft, unbrauchbar [**versus**];
❼ *(im Kampf)* untüchtig, schwach; **boni malique;**
❽ gering, niedrig, nichtsnutzig [**vinum**]; **-o genere natus;**
❾ *(dem Aussehen nach)* unansehnlich, hässlich; **ancilla formā -ā;**
❿ schlimm, übel, ungünstig, nachteilig, unglücklich [**valetudo** schlechtes Befinden; **nuntius** schlimme Nachricht; **pugna; exitus; fatum; facinus** schimpflich]; **in peiorem partem mutari** sich zum Schlimmen wenden; **in peius ruere** sich verschlimmern;
⓫ schädlich, verderblich [**exemplum; gramina** giftig; **carmen** Schmähgedicht; **avis** unheilvoll; **lingua** behexend; **res** Strafe];
⓬ *(poet.)* lästig, drückend [**tempestas; tussis; aetas** drückendes Alter *(Ggstz. bona aetas Jugend)*].
mālus[2], ī *f (vgl. malum[2])* Apfelbaum; Obstbaum [**Assyria** Zitronenbaum].
mālus[3], ī *m* ❶ Mastbaum, Mast;
❷ *aufrecht stehender* Eckbalken *der Türme;*
❸ Mast *im Theater u. Zirkus.*
malva, ae *f* Malve *(im Altertum als Abführmittel geschätzt).*
Mām. *Abk. des Namens Mamercus, altertümliche (oskische) Form des Namens Marcus.*
Māmercus, ī *m* ❶ *Tyrann v. Katane (j. Catania) auf Sizilien um 350 v. Chr.;*
❷ *Vorname u. cogn. in der gens Aemilia.*
Māmers, rtis *m (oskisch)* = *Mars.*
Māmertīnī, ōrum *m (Mamers) kampanische Söldner, die sich nach dem Tod ihres Führers Agathokles (289 v. Chr.) der Stadt Messana auf Sizilien bemächtigten u. sich weg. ihrer Kriegstaten „Söhne des Mars" nannten; –*

M

Adj. **Māmertīnus,** a, um mamertinisch [**civitas** Messana].

mamilla, ae *f (Demin. v. mamma) (vor- u. nachkl.)* Brustwarze, Brust; Zitze; *bei Plaut. auch als Kosewort.*

mamillāre, ris *n (mamilla) (Mart.)* Büstenhalter.

mamma, ae *f* ① Brust;
② Euter, Zitze;
③ *(Mart.) (in der Kinderspr.)* Mama, Mutter.

mammeātus, a, um *(mamma) (Plaut.)* vollbusig.

mammicula, ae *f (Demin. v. mamma) (Plaut.)* (niedliches) Brüstchen.

mammōna *od.* **-ās,** ae *m (Eccl.)* Reichtum, Vermögen.

mammōsus, a, um *(mamma) (vorkl.; poet.)* vollbusig.

Māmurius Veturius *Bronzekünstler, der im Auftrag des Numa Nachbildungen des ancile (s. d.) verfertigt haben soll u. zur Belohnung in das Carmen Saliare (Salierlied) aufgenommen wurde.*

Māmurra, ae *m reicher röm. Ritter aus Formiä, der Pompeius u. Cäsar diente, v. Catull angegriffen;* – *(appell.) (poet.)* Schlemmer.

mānābilis, e *(mano) (Lucr.)* einströmend [**frigus**].

mānāmen, minis *n (mano) (spätl.)* Strömung.

manceps, cipis *(altl.* -cupis*)* *m (manus u. capio)* ① Aufkäufer v. Staatsgütern;
② Pächter öffentlicher Abgaben [**agri**];
③ Unternehmer öffentlicher Bauten;
④ *(Plaut.)* Bürge.

mancipātiō, ōnis *f (mancipo) (Plin.)* feierliche Übereignung.

● **mancipium** *(altl.* -cupium*)*, ī *n (Gen. Sg. oft mancipī, bes. in jur. Ausdrücken) (manceps)* ① Eigentumserwerb, förmlicher Kauf *(indem der Käufer in Gegenwart von fünf Zeugen und dem libripens (= Waagehalter) den zu erwerbenden Gegenstand mit der Hand ergreift);* **-o dare** *bzw.* **accipere alqd** etw. in aller Form verkaufen *bzw.* kaufen; **lex -i** Kaufvertrag; **ius -i** Kaufrecht;
② *(meton.)* **a)** Eigentum(srecht), Besitz; **ius -i** Eigentumsrecht; **sui -i esse** sein eigener Herr sein; **res mancipī** *(Gen.)* m. vollem Eigentumsrecht *(Ggstz. res nec mancipī);* **b)** Sklave.

mancipō, mancipāre *(altl.* mancupō, mancupāre*)* *(manceps)* ① zu eigen geben, verkaufen [**servos actori publico**]; **quaedam mancipat usus** erwirbt; **agrum actori ~** durch einen Scheinkauf;
② *(übtr.)* hingeben; **saginae mancipatus** seiner Fressgier hingegeben.

mancup ... *s. mancip ...*

mancus, a, um ① gebrechlich, verkrüppelt [**senex**]; – *Subst. m.* Krüppel;
② *(übtr.)* schwach, unvollständig, mangelhaft [**cognitio; virtus**].

mandātor, ōris *m (mando¹) (nachkl.)* ① Auftraggeber;
② Anstifter.

● **mandātum,** ī *n (mando¹)* ① Auftrag, Befehl, Weisung [**consulis; publicum**]; **-a dare alci; -um accipere, habere ab alqo; -a exsequi, exhaurire, efficere, perficere; -a neglegere, fallere** außer Acht lassen, nicht vollziehen; **-o meo;**
② Übernahme der unentgeltlichen Ausführung eines Geschäftes, Geschäftsauftrag; **iudicium -i** wegen nicht erfüllten Geschäftsauftrags;
③ *(Plin.)* Befehl des Kaisers, Mandat;
④ *(poet.)* anvertrautes Paket; **-a frangere.**

mandātus, *Abl.* ū *m (mando¹)* Auftrag, *nur im Abl. Sg.* **mandātū** im Auftrag [**meo; praetoris**].

Mandēla, ae *f Ort im Sabinerland an der Digentia.*

mandī *Perf. v. mando².*

mandibula, ae *f (mando²) (spätl.)* Kinnlade, Kinnbacken.

● **mandō¹,** mandāre *(manus u. do)* ① übergeben, anvertrauen, überlassen [**alci magistratum; honores; filiam viro** zur Frau geben; **alqm aeternis tenebris; scriptis, historiae, versibus; alqd litteris** schriftlich aufzeichnen; **fruges vetustati** alt werden lassen; **corpus humo** begraben; **se fugae** fliehen; **vitam fugae** sein Heil in der Flucht suchen; **alqd animis** *od.* **mentibus** einprägen; **alqd memoriae** im Gedächtnis behalten, sich merken; der Nachwelt überliefern];
② auftragen, anweisen, befehlen *(alci alqd od. de re; m. ut, ne od. m. bl. Konj.; m. Inf. od. A. C. I.);* **res mandata** Auftrag; – **alqd ad alqm ~** jmd. v. etw. benachrichtigen lassen.

mandō², mandere, mandī, mānsum ① kauen [**omnia minima** ganz klein kauen];
② essen, verzehren [**lora** *vor Hunger*].

mandra, ae *f (gr. Fw.) (poet.)* Zug von Packtieren.

Mandūbiī, ōrum *m kelt. Volk westl. v. Dijon m. der Hauptstadt Alesia, j. Alise-Sainte-Reine.*

mandūcō, mandūcāre *(mando²) (vor- u. nachkl.)* kauen; essen.

mandūcus, ī *m (mando²) (Plaut.)* Vielfraß *(komische Gestalt in der Komödie u. bei Umzügen).*

● **māne I.** *Subst. n (undekl., nur im Nom., Akk. u. Abl. Sg.)* der Morgen, die Frühe; **~ est** es ist noch früh; **ad ispum ~; multo ~** sehr früh; **a mane** *u.* **a mānī** von früh an;
II. *Adv.* morgens, früh.

● **maneō,** manēre, mānsī, mānsum **I.** *intr.* ① bleiben, verweilen [**in patria; domi; ad urbem; ad exercitum**];

② übernachten [**sub Iove frigido**];
③ *(in einem Zustand)* verbleiben; **manet imperterritus ille; munitiones integrae manebant;**
④ fortbestehen, (an)dauern, Bestand haben, sich erhalten, erhalten bleiben; **nihil suo statu manet; parietes, quorum ornatus tot saecula manserat; bellum manet; urbs mansura** die Bestand haben soll;
⑤ *(v. Personen)* fest bei *od.* in etw. bleiben, verharren *(in u. Abl. od. m. bl. Abl.)* [**in condicione ac pacto; in amicitia; in voluntate; promissis**];
⑥ jmdm. sicher beschieden sein; **cuius fatum tibi manet; munera vobis certa manent;**
⑦ *(Kom.)* warten;
II. *trans.* ① erwarten [**adventum hostium**];
② jmdm. bevorstehen, jmd. erwarten; **mors sua quemque manet** jeden erwartet sein eigener Tod; **te triste manebit supplicium.**

i Kultur ● **mānēs,** nium *m* ① die Manen, die *göttlich verehrten* Seelen der Verstorbenen, *bes. die wohl wollenden* [**dii manes**];
② *(poet.)* Unterwelt [**profundi**];
③ *(poet.)* Strafen der Unterwelt;
④ Leichnam; **omnium nudati manes; inhumatos condere manes.**

mangō, ōnis *m (nachkl.)* ① betrügerischer Händler;
② Sklavenhändler.
mangōnicō, mangōnicāre *(mango) (Plin.) (die Waren)* aufputzen, äußerlich verschönern *(um die Käufer anzulocken).*
mangōnicus, a, um *(mango) (nachkl.)* eines betrügerischen Händlers.
mānī *s. mane.*
manibiae = *manubiae.*
manica, ae *f (manus)* ① langer Ärmel *an der Tunika, der bis üb. die Hand hinabhing u. so zugleich unseren Handschuh ersetzte;*
② *(poet.)* Handfessel;
③ *(Plin.)* Handschuh.
manicātus, a, um *(manica)* m. langen Ärmeln [**tunica**].
manicula, ae *f (Demin. v. manus)* Händchen.
maniculus, ī *m (manus) (Sen.)* Handvoll.
manifestārius, a, um *(manifestus)* ① *(Plaut.; Gell.) (v. Sachen)* handgreiflich, augenscheinlich;
② *(Plaut.) (v. Personen)* auf frischer Tat ertappt [**fur**].
manifestātiō, ōnis *f (manifesto) (Eccl.)* Offenbarung.
manifestō, manifestāre *(manifestus) (Ov.)* offenbaren, sichtbar machen.
manifestus, a, um *(Adv. -ē u. -ō) (manus)* handgreiflich: ① *(v. Personen)* **a)** bei etw. ertappt, überführt [**nocens** Verbrecher; *(m. Gen.)* **sceleris; ambitionis; coniurationis; rerum capitalium**]; **b)** etw. sichtbar verratend [*(m. Gen.)* **offensionis; doloris; vitae** m. unverkennbaren Zeichen des Lebens; *(m. Inf.)* **dissentire** den Widerspruch verratend];
② *(v. Sachen)* augenscheinlich, offenbar, deutlich [**audacia; maleficium; caedes; fraus; crimina**].
Mānīlius, a, um *Name einer röm. gens:* ① M'. ~, *Konsul 149 v. Chr., begann m. seinem Kollegen den 3. Pun. Krieg, Jurist, zählte zu den Begründern der röm. Rechtswissenschaft;* – *Adj.* **Mānīliānus,** a, um [**leges** gerichtl. Formeln *(als Anweisung f. Kaufverträge)*];
② C. ~, *Volkstribun 66 v. Chr., brachte, unterstützt v. Cicero, die lex Manilia ein, durch die Pompeius die unumschränkte Befehlsgewalt geg. Mithridates u. Tigranes erhielt.*
maniplāris, e *(poet.)* = *manipularis.*
maniplus, ī *m (poet.)* = *manipulus.*
manipretium = *manupretium.*
manipulāris, e *u.* **-lārius,** a, um *(manipulus)* zu einem Manipel gehörig, Manipel- [**miles** gemeiner Soldat; **iudex** aus einem Manipel, aus den gemeinen Soldaten erwählt]; – *Subst. m* Gemeiner, einfacher Soldat; Manipelkamerad, Kriegskamerad.
manipulātim *Adv. (manipulus)* ① manipelweise; **~ structa acies; ~ alloqui;**
② *(Plaut.)* in Haufen, truppweise.
manipulus, ī *m (manus)* ① Handvoll, Bündel [**feni; filicum**];
② *(milit.)* Manipel, *ein Drittel einer Kohorte (der Sage nach so genannt nach dem Bündel Heu, das z. Zt. des Romulus statt der Fahne vorangetragen wurde);*
③ *(Ter.)* Schar [**furum**].
Mānius, ī *m röm. Vorname, Abk. M'.*
Manlius, a, um *patriz. röm. nomen gentile:* ① M. ~ Capitolinus, *Konsul 392 v. Chr., Retter des Kapitols 387 beim Kampf geg. die Gallier unter Brennus; der Überlieferung nach plebejerfreundlicher u. sozialreformerischer Politiker, 385 wegen Strebens nach Alleinherrschaft angeklagt, im Folgejahr verurteilt u. vom Tarpejischen Felsen gestürzt;*
② L. ~ Capitolinus, *Diktator 363 v. Chr. u. sein Sohn* T. ~ Capitolinus, *angeblich dreimal Diktator (353, 349, 320 v. Chr.), erhielten weg. ihrer Strenge den Beinamen Imperiosus, letzterer ließ 340 seinen Sohn T. ~ trotz seines Sieges hinrichten, weil dieser befehlswidrig gehandelt hatte, u. er trug den Beinamen Torquatus, weil er der Überlieferung nach einem Gallierführer im Zweikampf eine goldene Halskette (torquis) abgenommen hatte;* – *Adj.* **Manliānus,** a, um [**imperia** = strenge Befehle]; – **Manliānum,** ī *n ein Landgut Ciceros.*

M

mannulus, ī *m (Demin. v. mannus) (nachkl.)* niedliches Pony.

mannus, ī *m (illyr. Wort) (poet.; nachkl.)* kleines gallisches Pferd, Pony.

Mannus, ī *m erster Mensch in der germ. Sage.*

mānō, mānāre **I.** *intr.* ① fließen, rinnen; **fons nigra sub ilice manat; amnis manat; lacrimae alci gaudio manant;**
② v. etw. triefen [**cruore**];
③ *(übtr.)* entstehen, entspringen, herrühren; **peccata ex vitiis manant; a Socrate haec omnis philosophia manavit; unde omnia manant, videre;**
④ sich verbreiten, um sich greifen; **rumor tota urbe manat; fidei nomen manat latissime;**
⑤ *(Hor.) (übtr.)* entschwinden, entfallen; **omne supervacuum pleno de pectore manat;**
II. *trans. (poet.; nachkl.)* ausströmen lassen, vergießen [**lacrimas**].

mānsī *Perf. v. maneo.*

mānsiō, ōnis *f (maneo)* ① das Bleiben, Aufenthalt;
② *(poet.; nachkl.)* Aufenthaltsort;
③ *(nachkl.)* Nachtquartier; Tagereise;
④ *(spätl.)* Wohnung.

mānsitō, mānsitāre *(Intens. v. maneo) (nachkl.)* sich beständig aufhalten, wohnen [**sub eodem tecto**].

mānsiuncula, ae *f (Demin. v. mansio 4.) (spätl.)* kleine Wohnung, Kämmerlein.

mānstrūga = *mastruca.*

mānsuē-faciō, facere, fēcī, factum, *Pass.* -fīō, fierī, factus sum *(mansues u. facio)* ① *(Tiere)* zähmen; – *Pass.* zahm werden;
② *(Menschen)* **a)** besänftigen, beruhigen [**plebem**]; **b)** zivilisieren.

mān-suēs, *Gen.* is *u.* ētis *(manus u. suesco) (vor- u. nachkl.)* zahm.

mān-suēscō, suēscere, suēvī, suētum *(manus)* **I.** *trans.* ① zähmen;
② ergiebiger machen [**terram**];
II. *intr.* ① zahm werden; **ferae mansueverunt;**
② sanfter, milder werden; **mansuescunt corda** lassen sich erweichen;
③ ergiebiger werden; **mansuescit tellus.**

mānsuētūdō, dinis *f (mansuetus)* ① *(Plin.)* Zahmheit [**delphini**];
② Sanftmut, Milde [**animorum; morum; in hostes**];
③ Zivilisation [**populi Romani**].

mānsuētus, a, um *(P. Adj. v. mansuesco)* ① *(v. Tieren)* gezähmt, zahm [**sus**];
② *(v. Personen u. Sachen)* sanft, mild, friedlich [**litora** ruhig]; **numinis ira mansuetior fit** lässt nach; **~ in senatu fuit; malum -um** weniger gefährlich.

mān-suēvī *Perf. v. mansuesco.*

mānsus *P.P.P. v. maneo u. mando²*.

mantēle, lis *u.* **-tēlium,** ī *n (manus u. tergeo)* Handtuch.

mantellum *u.* **-tēlum,** ī *n (Plaut.)* Hülle, Decke.

mantica, ae *f (poet.)* Ranzen, Rucksack.

mantīle = *mantele.*

Mantinēa, ae *f Stadt in Arkadien (Peloponnes), ber. durch die Schlacht 362 v. Chr., in der Epaminondas v. Theben üb. die Spartaner siegte u. fiel.*

mantīsa (*u.* mantissa), ae *f (vor- u. nachkl.)* Zugabe, Beilage; *übtr.* Gewinn.

mantiscinor, mantiscinārī *(Plaut.)* wahrsagen.

mantō, mantāre *(Frequ. v. maneo) (Kom.)* **I.** *intr.* warten, verharren;
II. *trans.* auf jmd. warten.

Mantō, ūs *f* ① *Seherin, Tochter des thebanischen Sehers Teiresias;*
② *weissagende Nymphe, deren Sohn Ocnus Mantua erbaute u. es nach seiner Mutter benannte.*

Mantua, ae *f Stadt am Mincio in Oberitalien, angeblich etr. Ursprungs, Heimat Vergils.*

manuāle, lis *n (manualis) (Mart.)* Bücherfutteral.

manuālis, e *(manus) (nachkl.)* m. der Hand gefasst, eine Hand füllend, m. der Hand geworfen [**lapides**].

manubiae, ārum *f (manus u. habeo)* ① *(vor- u. nachkl.)* Kriegsbeute;
② der Erlös der *verkauften* Beute, Beuteertrag; **porticum de -is Cimbricis fecit** *(Cic.)*; **his ex -is arx Athenarum est ornata;**
③ *(übtr.)* Raub(anteil), Beute, unrechtmäßiger Erwerb, *bes. eines Beamten;* **-as concedere alci; qui -as sibi tantas ex L. Metelli -is fecerit;**
④ *Sg.* **-a,** ae *f (t. t. der Auguralspr.) (nicht klass.)* Blitz- u. Donnerschlag.

manubiālis, e *(manubiae) (Suet.)* Beute- [**pecunia**].

manubiārius, a, um *(manubiae) (Plaut.)* Beute-, Gewinn bringend [**amicus** von dem ich Vorteil habe].

manubrium, ī *n (manus)* Henkel, Griff, Stiel [**aureum vasis**].

manuciolus, ī *m (manus) (Petr.)* Bündelchen.

manuf … = *manif …*

manuleārius, ī *m (manuleus) (Plaut.)* Verfertiger v. langen Ärmeln, Ärmelschneider.

manuleātus, a, um *(manuleus) (vor- u. nachkl.)* m. langen Ärmeln [**tunica**].

manuleus, ī *m (manus) (vor- u. nachkl.)* der *(die Hand bedeckende)* Tunikaärmel.

manū-mīsī *Perf. v. manumitto.*

i Kultur **manūmissiō,** ōnis *f (manumitto)* ① Freilassung eines Sklaven für treue Dienste, wie aus der Hand (manus) losgelassen; ursprünglich vor dem Prätor mit festen Formeln oder im Testament des Herrn als Wertminderung der Hinterlassenschaft für den Erben. Seit Kaiser Konstantin fand die Freilassung durch Erklärung vor einem Bischof statt. – Auch nach der Freilassung gab es Zugehörigkeitsgefühle: Bestattung im Grab der familia des Herrn.

② *(Sen.)* Erlass der Strafe, Verzeihung.

manū-mittō, mittere, mīsī, missum *(manus) einen Sklaven* freilassen.

manupl ... = *manipul ...*

manu-pretium *u.* **manūs pretium,** ī *n (manus)* ① Arbeitslohn;
② *(übtr.)* Lohn, Entgelt *(für etw.: Gen.)* [**castrensium laborum**].

● **manus,** ūs *f* ① Hand **a)** *konkr.* **alqm manu tenere** an der Hand halten; **alqm manu ducere; alqd manibus accipere; manum dare alci** jmdm. die Hand reichen; **(de) manibus elabi; alci sicam de manibus extorquere; manus ad caelum tollere; manus alci (ad alqm) tendere; manus iactare** *(beim Tanzen);* **manus post tergum vincire; meā, tuā, suā ...) manu** *od.* **de manu alqd facere** mit eigener Hand; **per manus** m. den Händen [*alqm trahere*], v. Hand zu Hand [*alqd tradere*], *(übtr.)* v. Geschlecht zu Geschlecht [*religiones tradere*]; **manūs dare** *od.* **dedere** sich fesseln lassen, *übtr.* sich ergeben; **alcis rei causā ne manum quidem vertere** einer Sache wegen die Hand nicht umdrehen = sich nicht die geringste Mühe geben, keinen Finger krumm machen; **b)** *übtr.* **alqm in manibus habere** jmd. auf den Händen tragen, schätzen; **in manibus esse** in aller Händen sein, bekannt sein: **oratio in manibus est;** gegenwärtig sein, jetzt vorgehen; in jmds. Hand liegen: **in manibus vestris victoria est** der Sieg befindet sich in euren Händen = der Ausgang des Kampfes hängt von euch ab; bearbeitet werden: **liber mihi in manibus est** ich arbeite an einem Buch; **ad manum esse** zur Hand sein; **ad manum habere** zur Hand haben [*scribae loco* als Sekretär bei sich haben]; **ad manum venire** unter die Hände kommen; **ad manum accedere** an jmd. herankommen; *(v. Tieren)* aus der Hand fressen; **inter manus est** es liegt auf der Hand; **manu tenere** sicher sein; **plenā manu alcis laudes in astra tollere** jmdm. reichlich Lob spenden; **manibus pedibusque** *od.* **manibus pedibus** m. Händen u. Füßen, m. allen Kräften, m. aller Anstrengung;
② bewaffnete Hand, Faust; **manum** *od.* **manūs conferre** *od.* **conserere** den Kampf beginnen; **manu fortis, manu promptus** tapfer; **manu sternere alqm;**
③ Tapferkeit, Kühnheit, Wagemut; **manu superare alqm; manu urbem capere;**
④ Handgemenge, Kampf; **res ad manus venit** es kommt zu offenem Kampf; **proelium in manibus facere** im Handgemenge kämpfen; **manibus aequis pugnare** unentschieden; **manum Teucris committere** den Kampf beginnen mit;
⑤ Gewalttat; **manus ab alqo continere** fern halten; **manibus temperare** es nicht zu Gewalttaten kommen lassen; **vim et manus afferre** zu Gewalt u. zu Gewalttaten schreiten; **manu vindicare iniurias;**
⑥ Gewalt, Macht *(auch Pl.);* **in alcis manu esse; in imperatoris manus** *(od.* **manum)** **arx venit;**
⑦ **a)** Gewalt des Vaters über die Gattin, die Söhne und Töchter; **b)** Gewalt des Hausherrn über die Hausangestellten;
⑧ Arbeit, Tätigkeit; **manum ultimam** *(od.* **summam, extremam)** **operi imponere** letzte Hand an die Arbeit legen;
⑨ Händearbeit; **manu** durch Menschenhand, künstlich: **portus manu factus** künstlich angelegt;
⑩ *(poet.)* (kunstvolles) Werk; **artificum manūs mirari;**
⑪ Handschrift; **amici manum imitari;**
⑫ Wurf *(im Würfelspiel);*
⑬ Handvoll, Schar, Gruppe; Bande [**sceleratorum**]; Mannschaft;
⑭ *Handähnliches:* **a)** Rüssel *des Elefanten;* **b)** Enterhaken [**ferrea**];
⑮ *(spätl.)* Urkunde, Eid.

mapālia, ium *n (pun. Fw.)* ① Hütten, Nomadenzelte;
② *(Sen.)* unnütze Dinge, Possen.

mappa, ae *f (pun. Fw.) (nicht klass.)* Serviette, Abwischtuch; *(im Zirkus)* Signaltuch, Flagge *(f. den Start b. Zirkusrennen).*

Marathōn, ōnis *m (u. f) Ort an der Ostküste v. Attika (nicht identisch m. dem heutigen Marathona), Schlacht 490 v. Chr; – Adj.* **Marathōnius,** a, um.

Marathos, ī *f Stadt in Phönizien; – Adj.* **Marathēnus,** a, um.

Mārcellus, ī *m röm. cogn. in der gens Claudia (Demin. v. Marcus):* ① M. Claudius ~, *berühmtester Träger des Namens (zw. 222 u. 208 v. Chr. fünfmal Konsul), siegte b. Nola üb. Hannibal, hatte 213–211 den Oberbefehl in Sizilien, eroberte Syrakus 212 v. Chr. (Tod des Archimedes); fiel 208 im Kampf geg. Hannibal bei Petelia; in Sizilien wurde seiner Familie zu Ehren das Fest* **Mārcellīa,** ōrum *n gefeiert;*
② M. Claudius ~, *Freund des jüngeren Cato, Gegner Cäsars, als Konsul 51 v. Chr. beantragte er das S. C. de revocando Caesare, später v. Cäsar begnadigt, Cicero hielt dafür die Dank-*

M

rede pro Marcello; M. Claudius ~ wurde 45 v. Chr. in Piräus ermordet;
❸ M. Claudius ~, *Neffe u. Adoptivsohn des Augustus, Gatte der Julia, gest. 23 v. Chr.;*
/ Adj. **Mārcelliānus,** a, um.

marceō, marcēre, – – ❶ matt, schlaff, kraftlos, träge sein; **marcens pax;**
❷ *(Mart.)* welk sein.

marcēscō, marcēscere, – – *(Incoh. v. marceo)*
❶ matt, kraftlos werden, erschlaffen;
❷ *(Plin.)* welk werden.

marcidus, a, um *(marceo)* ❶ matt, schlaff, entkräftet, träge [**vino; vigiliis**];
❷ welk [**lilia**]; morsch [**domus**].

Mārcius, a, um *(Marcus) röm. nomen gentile (teils patriz., teils pleb.):* ❶ Ancus ~, *vierter röm. König;*
❷ C. ~ Coriolanus, *sagenhafter Held der frühröm. Geschichte, er eroberte der Überlieferung nach 493 v. Chr. die Volskerstadt Corioli u. erhielt danach seinen Beinamen;*
❸ L. ~, *röm. Ritter, übernahm nach dem Tod der Scipionen 211 v. Chr. den Oberbefehl in Spanien;*
/ Adj. **Mārciānus,** a, um.

Marcomannī, ōrum *m Suebenstamm in Germanien, später in Böhmen u. Pannonien.*

marcor, ōris *m (marceo) (nachkl.)* Schlaffheit, Trägheit.

marculus, ī *m (vor- u. nachkl.)* Hämmerchen.

Mārcus, ī *m (Mars) röm. Vorname, Abk. M.*

Mardī, ōrum *m Volk am Kasp. Meer.*

Mardonius, ī *m pers. Feldherr, Neffe u. Schwiegersohn Darius' I., fiel 479 v. Chr. b. Plataä.*

● **mare,** ris *n (Abl.* marī *u.* mare) ❶ Meer [**placidum; latum; nostrum** das Mittelmeer; **superum** das Adriatische; **inferum** das Tyrrhenische; **externum** Atlantischer Ozean; **angustum** Meerenge]; ~ **clausum** nicht schiffbar; **mari** zur See; **terrā marique** zu Wasser u. zu Lande; **mare ingredi** zur See gehen; *sprichw.:* **aquas in mare fundere** = etw. Überflüssiges tun;
❷ *(poet.; nachkl.) (meton.)* Meer-, Seewasser.

Marea, ae *f See u. Stadt in Unterägypten b. Alexandria, Weinbaugebiet; – Adj.* **Mareōticus,** a, um, *fem. auch* **Mareōtis,** idis mareotisch [**vites**]; *– Subst.* **Mareōticum,** ī *n* mareotischer Wein.

marescalcus *u.* **marscalcus,** ī *m (germ. Wort) (mlt.)* Pferdeknecht; Marschall.

margarīta, ae *f u. (nachkl.)* **-um,** ī *n (gr. Fw.)* Perle.

marginō, margināre *(margo)* einfassen.

margō, ginis *m u. f* ❶ Rand [**scuti**];
❷ *(poet.; nachkl.)* Grenze, Mark [**imperii**].

Marīca, ae *f altital. Göttin od. Nymphe, der b. Minturnä am Liris (etwa 120 km südöstl. v. Rom) ein Eichenhain (lucus Maricae) geweiht war.*

marīnus, a, um *(mare)* Meer-, Meeres-, See- [**Venus** dem Meer entstiegen; **canis** Seehund].

marisca, ae *f (mariscus) (vor- u. nachkl.)* ❶ = *ficus marisca;*
❷ *(med.)* Feigwarze.

mariscus, a, um *(vor- u. nachkl.)* v. der größeren u. schlechteren Sorte [**ficus**].

marīta, ae *f (maritus) (poet.; nachkl.)* Ehefrau, Gattin.

marītālis, e *(maritus) (Ov.)* ehelich, Ehe-.

maritima, ōrum *n (maritimus)* Küstengegenden.

● **maritimus** *u. (altl.)* **maritumus,** a, um *(mare)* zum Meer gehörig, im Meer befindlich, am Meer gelegen, Meer-, See-, Küsten- [**pars** Seeküste; **officium** Seedienst; **imperium** Oberbefehl zur See; **res** Seewesen; **praedones** Seeräuber; **cursus** Schifffahrt; **oppugnatio** v. der Seeseite; **homines** Küstenbewohner]; ~ **ille et navalis hostis** der zur See und zu Schiff kommt.

marītō, marītāre *(maritus)* ❶ *(nachkl.)* verheiraten [**filiam**];
❷ *(Hor.) (übtr.)* einen Baum m. einem Weinstock verbinden [**populos vitium propagine** Pappeln m. einem Rebenschössling].

maritumus *s. maritimus.*

● **marītus I.** *Adj.* a, um ❶ ehelich, Ehe- [**lex** Ehegesetz; **torus** Ehebett; **faces; foedus; fides; caedes** Gattenmord];
❷ *(Cat.) (v. Bäumen, an die die Weinstöcke angebunden werden)* angebunden [**ulmus**];
II. *Subst.* ī *m* ❶ Ehemann, Gatte;
❷ *(poet.)* Bräutigam; Freier.

i Kultur **Marius,** a, um *Name einer pleb. gens:* C. ~ *(etwa 157–86 v. Chr.), Sieger üb. Jugurtha 106, die Teutonen 102 (bei Aquae Sextiae) u. die Kimbern 101 (bei Vercellae), Führer der Volkspartei, Gegner Sullas, zw. 107 u. 86 v. Chr. siebenmal Konsul; – Adj. auch* **Mariānus,** a, um.

Marmaridēs, ae *m* aus Marmarica *(in Nordafrika)* gebürtig.

● **marmor,** oris *n (gr. Fw.)* ❶ Marmor; *– Pl.* Marmorplatten, -blöcke; *(poet.; nachkl.)* Marmorbrüche;
❷ *(poet.; nachkl.) (meton.) aus Marmor Verfertigtes:* **a)** Kunstwerk aus Marmor, Marmordenkmal, -bild; **b)** Marmorgebäude; **c)** Marmorfußboden; **d)** Meilenstein aus Marmor;
❸ Marmorart;
❹ *(poet.) übh.* Stein;
❺ *(poet.) (übtr.)* glänzende Meeresfläche.

marmorārius, ī *m (marmor) (Sen.)* Marmorarbeiter.

marmoreus, a, um *(marmor)* 1 aus Marmor, marmorn, Marmor- [**signum; domus; columnae**];
2 *(poet.) (übtr.)* marmorweiß, glänzend [**aequor; pes**].

Marō, ōnis *m röm. cogn., auch des Dichters Vergilius; – Pl. (Mart.) appell.* = große Dichter.

Maroboduus, ī *m* Marbod, *König der Sueben, v. Arminius geschlagen, b. seinen Untertanen verhasst, fand seine Zuflucht b. den Römern, v. Kaiser Tiberius wurde ihm 19 n. Chr. Ravenna als Zwangsaufenthaltsort angewiesen, wo er 37 n. Chr. starb.*

Marōnēa *u.* **Marōnīa,** ae *f Stadt in Thrakien (nordöstl. v. Griechenland), durch Weinbau ber.; – Einw.* **Marōnītēs,** ae *m; – Adj.* **Marōnēus,** a, um.

Marpēssius, a, um 1 marpessisch, vom Marpessus *(Berg auf Paros im Ägäischen Meer)* [**cautes**];
2 marpessisch, aus Marpessus *(Ort in Phrygien in Kleinasien).*

marra, ae *f (nachkl.)* 1 Hacke;
2 eiserner Haken.

Marrūcīnī, ōrum *m samnitisches Volk am Adriatischen Meer; – Adj.* **Marrūcīnus,** a, um [**ager** *ihr Gebiet*].

Marruvia gens das marsische Volk, die Marser *am Fucinersee östl. v. Rom (Marruvium: alte Hauptstadt der Marser).*

Mārs, Mārtis *m (daneben* Māvors, *oskisch* Māmers) 1 *röm. Kriegsgott;*
2 *(meton.)* **a)** Krieg, Kampf [**Hectoreus** m. Hektor; **apertus** offene Feldschlacht; *übtr.* **forensis** Rechtsstreit]; **collato Marte** im Handgemenge; **Martem accendere** zum Kampf anfeuern; **Martem invadere** beginnen; **b)** Kampfart; Kriegsglück; **aequo Marte** unter gleichen Kampfbedingungen; **meo (tuo, suo** *usw.)* **Marte pugnare** auf eigene Faust; **ancipiti Marte bellum gerere** *u.* **aequo (pari) Marte pugnare** unentschieden; **c)** *(poet.)* kriegerischer Mut, Tapferkeit; **alci Marte secundum esse** jmdm. an Tapferkeit nachstehen;
3 der Planet Mars (= *stella Martis).*

> *i* Kultur **Mārs,** Mārtis *m (daneben* Māvors, *oskisch* Māmers) röm. Gott des Landbaus (rusticus, silvanus), zugleich Beschützer im Krieg, Kriegsgott (ferus), dem der März heilig war; mit Ares gleichgesetzt; Sohn des Jupiter u. der Juno; als Vater des Romulus Stammvater des röm. Volkes.

marscalcus *s. marescalcus.*

Mārsī[1], ōrum *m* die Marser, *Völkerschaft in Latium um den Fucinersee (östl. v. Rom), bekannt als heilkundige Zauberer; – Adj.* **a) Mārsus,** a, um marsisch [**nenia** Zauberformel; **duellum** Bundesgenossenkrieg]; **b) Mārsicus,** a, um.

Marsī[2], ōrum *m Völkerschaft im nordwestl. Germanien, bes. an Rhein, Ruhr u. Lippe.*

marsuppium *u.* **marsūpium,** ī *n (gr. Fw.) (vor- u. nachkl.)* Geldbeutel.

Mārsus, ī *m röm. cogn.:* Domitius ~, *Dichter z. Zt. des Augustus.*

Marsyās *u.* **Marsya,** ae *m* 1 *ein phrygischer Satyr, Flötenspieler, der Apollo großsprecherisch zum Wettstreit herausforderte; Apollo, der Kithara spielte, sang begleitend zu seinem Spiel, was Marsyas nicht vermochte; es war ausgemacht, der Sieger solle m. dem Besiegten nach Belieben verfahren dürfen; Marsyas unterlag, u. Apollo zog ihm b. lebendigem Leibe die Haut ab;*
2 *Nebenfluss des Mäander in Phrygien (Kleinasien).*

Mārtiālis, e *(Martius)* 1 zum Mars gehörig, des Mars [**flamen; lupi** dem Mars geweiht]; – *Subst. m Pl.* die Priester des Mars;
2 zur Martischen Legion gehörig [**milites**].

> *i* Kultur **Mārtiālis** *röm. cogn.:* M. Valerius ~ Martial, *röm. Epigrammdichter aus Bilbilis in Spanien (etwa 40–98 n. Chr.).*

Mārti-cola, ae *m (Mars u. colo) (Ov.)* Verehrer des Mars.

Mārti-gena, ae *m (Mars u. gigno) (Ov.)* Sohn des Mars *(Romulus od. Remus).*

Mārtius, a, um *(Mars)* 1 zum Mars gehörig, dem Mars geweiht, des Mars, des März [**campus** Marsfeld; **mensis** März; **Idus** 15. März; **legio** die Martische Legion; **proles** Romulus u. Remus; **miles** = römisch *(nach Mars als dem Stammvater der Römer)*];
2 *(meton.)* kriegerisch, Kriegs-;
3 zum Planeten Mars gehörig.

martyr, yris *m u. f (gr. Fw.) (Eccl.)* (Glaubens-, Blut-)Zeuge, Märtyrer(in).

martyrium, ī *n (gr. Fw.) (Eccl.)* (Blut-)Zeugnis, Martertod, Martyrium.

mās, maris **I.** *Subst. m* Mann, *(b. Tieren)* Männchen;
II. *Adj.* 1 männlichen Geschlechts, männlich;
2 *(poet.) (übtr.)* mannhaft, mutig, kräftig [**animus**].

Masaesylī, ōrum *m Volk in Westnumidien (Afrika).*

masculīnus, a, um *(masculus) (poet.; nachkl.)* männlichen Geschlechts, männlich.

masculus *(Demin. v. mas)* **I.** *Adj.* a, um 1

M

männlichen Geschlechts, männlich [**nomen; genus**];
❷ *(übtr.)* mannhaft, mutig, kräftig [**proles**];
II. *Subst.* ī *m* Mann, *(b. Tieren)* Männchen.
Masinissa, ae *m König v. Numidien (etwa 240–148 v. Chr.), Großvater Jugurthas, m. Scipio geg. Karthago verbündet, am Sieg b. Zama 201 v. Chr. beteiligt.*
māssa, ae *f (gr. Fw.)* ❶ Teig, Klumpen, Masse [**picis; salis; lactis coacti** Käse; **auri**];
❷ *(poet.)* Chaos.
Massagetae, ārum *m Skythenvolk am Kasp. Meer.*
Massicus, ī *m Berg zw. Latium u. Kampanien, weg. seines Weines ber., j.* Monte Massico; – *Adj.* **Massicus,** a, um; – **Massicum,** ī *n* massischer Wein; – Massica, ōrum *n Gegend um den Massicus.*
Massilia, ae *f Handelsstadt in Gallia Narbonensis, j.* Marseille; – *Einw. u. Adj.* **Massiliēnsis,** is *m bzw.* e.
Massinissa = *Masinissa.*
Massӯlī, ōrum *u. (poet.)* lum *m Völkerschaft in Ostnumidien (Afrika); – Adj.* **Massӯlus,** a, um *poet. auch* numidisch.
masticō, masticāre *(spätl.)* kauen.
mastīgia, ae *m (gr. Fw.) (Kom.)* Schlingel, Taugenichts.
mastrūca, ae *f* Schafpelz; *b. Plaut. als Schimpfw.*
mastrūcātus, a, um *(mastruca)* m. einem Schafpelz bekleidet.
Masurius Sabīnus, ī *m Jurist z. Zt. des Kaisers Tiberius.*
matara, ae *u.* **mataris,** is *f (kelt. Wort)* Wurfspieß der Gallier.
matella, ae *f (Demin. v. matula) (nicht klass.)* Topf, *bes.* Nachttopf.
matelliō, ōnis *m (matula)* Nachtgeschirr.
● **māter,** tris *f (Gen. Pl.* -trum) ❶ Mutter [**familiae** *od.* **familias** Hausfrau];
❷ Gattin, Frau;
❸ *(poet.; nachkl.)* mütterliche Liebe;
❹ *als Ehrentitel f. Frauen; als Beiname v. Göttinnen* [**Matuta; Vesta**]; *Mater magna u. bl. Mater (erg. deorum)* Kybele;
❺ Muttertier;
❻ *(poet.) (v. Pflanzen)* Mutterstock;
❼ Mutterstadt; Mutterland; **Brixia, Veronae ~; terra, quam matrem appellamus;**
❽ Schöpferin, Urheberin, Ursprung, Quelle [**iusti; avaritiae**]; **natura, ~ omnium rerum; sapientia, ~ bonarum artium.**
mātercula, ae *f (Demin. v. mater)* Mütterchen.
● **māteria,** ae *u.* **māteriēs,** ēī *f (mater, eigtl. „Mutterstoff")* ❶ Stoff, Materie, Material;
❷ *(poet.)* Brennstoff; **-am praebet seges arida** *(Ov.)*;
❸ Baumaterial, (Bau-)Holz [**navalis** Schiffbauholz; **bipedalis** zwei Fuß lange Balken; **vitis** Stammholz = Stamm]; **ligna et ~** Brenn- u. Bauholz;
❹ *(Ov.)* Vorräte, Lebensmittel; **-am consumere;** *(übtr.)* ~ **ficti** Vorrat an Ausflüchten;
❺ *(übtr.)* Nahrung; **temeritati -am dare;**
❻ *(übtr.)* Stoff, Gegenstand, Thema [**sermonum; ad iocandum**]; *wissenschaftliche* Materialien; **crescit mihi ~** der Stoff wächst mir unter den Händen;
❼ Ursache, Veranlassung, Quelle [**seditionis; omnium malorum**]; **-am dare** *(od.* **praebere***)* **invidiae** Anlass geben zu; **-am gloriae eripere alci; pro -a** der Sache gemäß; **aurum, summi materies mali;**
❽ geistige Anlage, Talent *(zu etw.: Gen. od. ad)* [**ingentis decoris; ad audaciam**].
māteriālis, e *(materia) (spätl.)* materiell; weltlich.
māteriārius, ī *m (materia) (Plaut.)* Holzhändler.
māteriēs *s. materia.*
māteriō, māteriāre *(materia)* aus Holz bauen; **aedes male materiatae** aus schlechtem Holz, baufällig.
māterior, māteriārī *(materia)* Holz fällen, Holz holen.
māternus, a, um *(mater)* zur Mutter gehörig, mütterlich, Mutter-, v. mütterlicher Seite [**tempora** Zeit der Schwangerschaft; **avus** v. mütterlicher Seite; **myrtus** der Venus heilig].
mātertera, ae *f (Komparativbildung zu mater)* Schwester der Mutter, Tante.
mathēmatica, ae *f (mathematicus; erg. ars) (nachkl.)* ❶ Mathematik;
❷ Astrologie.
mathēmaticē, ēs *f (mathematicus) (Sen.)* Mathematik.
mathēmaticus *(gr. Fw.)* **I.** *Adj.* a, um mathematisch;
II. *Subst.* ī *m* ❶ Mathematiker;
❷ *(nachkl.)* Astrologe.
Matīnus, a, um zum Matinus *(Berg im süditalienischen Apulien, reich an Honig)* gehörig [**apis; cacumina; litus** *die östl. Küste Apuliens*].
Mātius, a, um *röm. nomen gentile.*
Mātrālia, ium *n (mater) Fest der röm. Frauen zu Ehren der Mater Matuta, in Rom am 11. Juni gefeiert.*
mātri-cīda, ae *m (mater u. caedo)* Muttermörder.
mātricīdium, ī *n (matricida)* Muttermord.
mātrimōniālis, e *(matrimonium) (August.)* ehelich, Ehe-.
● **mātrimōnium,** ī *n (mater)* ❶ Ehe; **alqam in -um ducere** heiraten *(vom Mann)*; **alqam in -o habere** zur Frau haben; **alqam alci in -um dare** *od.* **in -um** *u.* **in -o collocare** zur Frau geben; **dimittere alqam e -o** sich von

seiner Frau scheiden lassen;
❷ *(Tac.) (meton.) Pl.* Ehefrauen.

mātrīmus, a, um *(mater)* dessen Mutter noch lebt [**puer**].

mātrīx, īcis *f (mater) (vor- u. nachkl.)* ❶ Muttertier, Zuchttier;
❷ Stamm, aus dem Zweige kommen;
❸ Gebärmutter.

● **mātrōna,** ae *f (mater)* ❶ ehrbare verheiratete Frau, vornehme, würdevolle Dame, Matrone; – *Beiname der Juno als Beschützerin der Frauen;*
❷ Ehefrau, Gattin [**tyranni**].

Mātrona, ae *f Nebenfluss der Seine (in Gallien), j.* Marne.

mātrōnālis, e *(matrona)* einer Ehefrau zukommend, Frauen-, Matronen- [**decus**].

mattea, ae *f (gr. Fw.) (nachkl.)* Leckerbissen.

Mattium, ī *n Hauptstadt der* **Mattiacī,** *eines Chattenstammes zw. Rhein, Main u. Lahn;* – *Adj.* **Mattiacus,** a, um [**fontes** *u.* **aquae** *das heutige Wiesbaden*].

matula, ae *f (vorkl.; spätl.)* Topf, *bes.* Nachttopf, *auch als Schimpfw.*

mātūrātē *Adv. (maturo) (Plaut.)* schleunig.

mātūrēscō, mātūrēscere, mātūruī, – *(maturus)* ❶ *(v. Früchten)* reif werden, reifen;
❷ heranreifen, sich entwickeln [**nubilibus annis** heiratsfähig werden];
❸ zur geistigen Reife gelangen.

mātūritās, ātis *f (maturus)* ❶ Reife [**frugum**];
❷ Vollendung, Höhe [**audaciae; temporum** Höhe der Not];
❸ reifes Urteil [**senectutis**];
❹ ausgereifte Beredsamkeit;
❺ rechte Zeit, richtiger Zeitpunkt [**gignendi; partūs; temporum** regelmäßiger Verlauf, regelmäßiger Eintritt];
❻ *(Suet.)* baldiger Eintritt; **maturitatem poenae precari.**

● **mātūrō,** mātūrāre *(maturus)* **I.** *trans.* ❶ *(Früchte)* reif machen, zur Reife bringen [**pomum**]; – *Pass.* reif werden, reifen;
❷ *(Verg.)* rechtzeitig verrichten [**laborem**];
❸ bald zur Reife bringen, beschleunigen, schnell zur Ausführung bringen [**coepta; fugam; iter; mortem** *od.* **necem** schnellen Tod bringen; **insidias consuli**];
II. *intr.* ❶ sich beeilen [**ab urbe proficisci**]; **non potest ita** ~ frühzeitig kommen;
❷ zu früh etw. tun.

mātūruī *Perf. v. maturesco.*

● **mātūrus,** a, um *(Superl.* mātūrissimus *u.* mātūrrimus) reif: ❶ *(v. Früchten)* reif [**uvae**];
❷ erwachsen, reif *(an etw.: alcis rei u. re; zu, für etw.: alci rei; für jmd.: alci)* [**virgo** erwachsen; **patres, senex** betagt]; **animo et aevo (aevi)** ~ an Einsicht u. Jahren; **progenies militiae, bello -a; filia viro -a;**
❸ reif, vollendet, tauglich *(zu, für etw.: alci rei u. in alqd)* [**partus** zur Geburt reif; **seditio** zum Ausbruch reif; **missio** bevorstehend; **gloria** auf seinem Höhepunkt];
❹ rechtzeitig;
❺ früh(zeitig) [**hiems; honores**];
❻ vorzeitig; **-e decedere** sterben.

matus, a, um *(Petr.)* betrunken.

Mātūta, ae *f gew. Mater Matuta, Göttin der Frühe, des Morgenlichts, auch der Reife, dah. auch Geburtsgöttin; später der griech. Ino Leukothea gleichgesetzt; ihre Kultfeierlichkeiten hießen Matralia.*

mātūtīnum, ī *n (matutinus; erg. tempus) (nachkl.)* der (frühe) Morgen.

mātūtīnus, a, um *(Adv. -ō) (Matuta)* morgendlich, Morgen-, Früh- [**nebula; frigus; radii; equi** der Aurora; **ales** Hahn].

Mauretānia *u.* **Mauritānia,** ae *f Landschaft im Nordwesten Afrikas, etwa das heutige Marokko u. westl. Algerien, Königreich; in der Kaiserzeit zwei Provinzen;* – *Einw.* **Maurī** *u.* **Maurūsiī,** ōrum *m* die Mauren; – *Adj.* **Maurus** *u.* **Maurūsius,** a, um maurisch, *auch* afrikanisch *od.* punisch.

> *i* Kultur **Mausōlus,** ī *m persischer Satrap in Karien (reg. 377–353 v. Chr.) u. Herrscher v. Halikarnass, dessen Gattin u. Schwester Artemisia ihm ein prächtiges Grabmal errichten ließ:* das **Mausōlēum,** ī *n, auch appell.* = prächtiges Grabmal.

māvelim *altl. Konj. Präs. v. malo.*

māvolō *(altl.) = malo.*

Māvors, ortis *m (altl.; poet.) = Mars;* – *Adj.* **Māvortius,** a, um = *Martius* [**proles** *die Thebaner, die aus den Zähnen des v. Mars erzeugten Drachens entstanden waren;* **moenia** Rom; **tellus** Thrakien]; – *Subst.* **Māvortius,** ī *m* Marssohn = Meleager, *der als Sohn des Mars galt.*

maxilla, ae *f (Demin. v. mala)* Kinnbacke, Kinnlade; *(Pers.)* Kinn.

● **maximē,** *altl.* **maxumē** *Adv.* ❶ am meisten, *als Elativ* sehr, überaus, *es dient bes. b. Adj. u. Adv. zur Umschreibung v. Superlativformen, b. Verben zur Steigerung des Begriffs;* ~ **necessarius;** *b. Superl.:* ~ **liberalissima doctoque homine dignissima** weitaus, bei weitem; ~ **colere alqm;** ~ **cupere, velle;** ~ **praestare alci;** ~ **confidere alci;** *selten b. Subst.:* ~ **ludius** Erzkomödiant; – *Verbindungen:* **multo** ~ bei weitem am meisten; **quam** ~ so sehr wie möglich, möglichst viel; **vel** ~ am allermeisten; **ut** ~ … **ita** ~ je mehr … desto mehr;
❷ *(zur Hervorhebung eines Begriffs)* (ganz) besonders, hauptsächlich; **cum – tum vel** ~

M

sowohl – als auch ganz besonders;
❸ am liebsten, möglichst; **Iugurtham ~ vivum capere;**
❹ gerade, eben; **cum ~** eben jetzt, eben erst;
❺ im Wesentlichen, ungefähr; **hoc ~ modo** *u.* **in (ad) hunc ~ modum;**
❻ *(in Antworten der Umgangsspr.)* sehr gern, sehr wohl.

maximitās, tātis *f (maximus) (Lucr.)* Größe.

maximopere *s. magnopere.*

● **maximus,** *altl.* **maxumus,** a, um *Superl. v. magnus.*

Maximus, ī *m cogn. der gens Fabia, s. Fabius;* – *Pl. appell.* Männer wie Q. Fabius ~.

māzonomus, ī *m (gr. Fw.) (vorkl.; poet.)* Schüssel f. Speisen.

mē *s. ego.*

meābilis, e *(meo) (Plin.)* ❶ gangbar [**transitus**];
❷ durchdringend [**aër**].

meātus, ūs *m (meo) (poet.; nachkl.)* ❶ das Gehen, Bewegung, Gang, Lauf, Strömung, Flug [**solis lunaeque; siderum; animae** das Atemholen]; **lenis ~ aquilae;**
❷ *(meton.)* **a)** Weg, Bahn; **meatūs caeli** Bahnen der Sterne; **b)** *(v. Flüssen)* Mündung, Arm; **Danuvius in mare sex meatibus erumpit.**

mē-castor *(Kom.)* beim Kastor!

mēchanica *(mechanicus) (spätl.)* ❶ ae *f* Mechanik;
❷ ōrum *n* Kunstwerke.

mēchanicus *(gr. Fw.) (nachkl.)* **I.** *Adj.* a, um zur Mechanik gehörig;
II. *Subst.* ī *m* Mechaniker.

mēd *(altl.) = me, s. ego.*

meddix = *medix.*

i Kultur **Mēdēa,** ae *f* Tochter des Königs Aietes in Kolchis, Zauberin, m. deren Hilfe Jason, der Führer der Argonauten, das goldene Vlies raubte; darauf floh sie m. ihm; um den verfolgenden Vater aufzuhalten, tötete sie ihren Bruder Absyrtus u. warf ihn in Stücke zerschnitten ins Meer; während Aietes diese Stücke sammelte, konnte sie m. Jason entkommen; später, v. Jason verschmäht, der die korinth. Königstochter Krëusa vorzog, tötete sie die Rivalin u. die Kinder, die sie m. Jason hatte; – *übtr. ~ Palatina* = Clodia.

Mēdēis, *Gen.* idis *(Medea) (Ov.)* Zauber- [**herbae** Zauberkräuter].

medēla, ae *f (medeor) (nachkl.)* ❶ Heilung, Heilmittel;
❷ *(übtr.)* Abhilfe.

● **medeor,** medērī, – – *(m. Dat.)* ❶ heilen, Heilung bringen [**morbo**]; – *Subst.* **medentes** *m* Ärzte;
❷ helfen [**afflictae rei publicae**];
❸ abhelfen [**inopiae; incommodis; labori** erleichtern];
/ Perf. ersetzt durch sanavi.

Mēdī, ōrum *m* die Meder, *poet. auch* = Perser, Parther, Assyrer; – *ihr Land:* **Mēdia,** ae *f* Medien, *asiatische Landschaft südl. des Kaspischen Meeres;* – *Adj.* **Mēdicus** *u.* **Mēdus,** a, um medisch, *auch* persisch, assyrisch [**flumen** = Euphrat]; – **Mēdica,** ae *f (erg. herba)* aus Medien stammende Kleeart, Luzerne.

mediānus, a, um *(medius)* in der Mitte befindlich, der mittlere.

mediast(r)īnus, ī *m (medius)* Knecht.

mediātor, ōris *m (medius) (nachkl.)* Mittelsperson, Mittler.

Mēdica *s. Medi.*

medicābilis, e *(medicor) (Ov.)* heilbar.

medicāmen, minis *u.* **medicāmentum,** ī *n (medicor)* ❶ Heilmittel, Medikament, Arznei, Pflaster, Salbe [**salutare**]; **-um componere; facies medicaminibus interstincta** mit Pflastern übersät;
❷ Gift(trank); **-o sagittas tingere** tränken;
❸ *(poet.; nachkl.)* Zaubermittel, -trank;
❹ Färbemittel, -saft, Farbe; Schönheitsmittel, Schminke;
❺ *(übtr.)* Hilfsmittel *(geg. etw.: Gen.)* [**laborum; doloris**].

medicātus[1], ūs *m (medico) (Ov.)* Zaubermittel.

medicātus[2], a, um *(P. Adj. v. medico) (nachkl.)* ❶ heilkräftig, heilsam [**aquae; fontes**];
❷ Zauber-, durch Zauberei verursacht [**virga** Zauberstab; **fruges** Zauberkräuter; **somnus** durch Zauberei verursacht].

medicīna, ae *f (medicinus)* ❶ *(erg. ars)* Heilkunst, -kunde, -verfahren; **-am exercere** *od.* **facere** betreiben; **-am facere alci** *od.* **alci rei** [**morbo**] heilen; **-ae studere;**
❷ *(erg. res)* Heilmittel, Medizin, Arznei(mittel);
❸ *(übtr.)* Heilmittel, Abhilfe *(geg. etw.: Gen.)* [**furoris; doloris; periculorum**]; **-am petere a litteris;**
❹ *(Prop.)* Verschönerungsmittel [**figurae**];
❺ *(Plaut.) (erg. officina)* Sprechzimmer des Arztes; Klinik.

medicīnus, a, um *(medicus) (vor- u. nachkl.)* zur Heilung gehörig.

medicō, medicāre *(medicus) (poet.)* ❶ heilen [**metum**];
❷ *m. Kräutersäften u. Ä.* versetzen, vermischen, benetzen, heilkräftig, wirksam machen [**semina**];
❸ m. Zauberkräften versehen [**amnem**];
❹ färben [**lanam fuco; capillos**].

medicor, medicārī *(medicus) (poet.; nachkl.)* ① heilen *(alci; alqd)* [**ictum**];
② *(übtr.)* helfen [**in hac re sibi**].

● **medicus I.** *Subst.* ī *m* Arzt;
II. *Adj.* a, um *(poet.; nachkl.)* heilsam, heilend [**ars** Heilkunst; **vis** Heilkraft].

Mēdicus, a, um *s. Medi.*

medietās, ātis *f (medius)* ① Mitte;
② *(spätl.)* Hälfte.

medimnum, ī *n u.* **-us,** ī *m (gr. Fw.)* attischer Scheffel *(Hohl-, Getreidemaß = 6 modii = 52,5 l) (Gen. Pl. meist* medimnūm).

● **mediocris,** e *(medius)* ① mittelmäßig, mittelgroß [**spatium; latitudo; castellum; copiae**];
② *(pejor.)* mittelmäßig, unbedeutend, gering [**orator; ingenium; eloquentia; artes; studia vel officia; animus** Kleinmut; **familia** niedrig]; **mediocria gerere** Unbedeutendes ausführen; – *Subst.* **mediocres** *m* Leute niederen Standes;
③ *(positiv)* gemäßigt, genügsam, gelassen; **animus non ~** nach oben strebend.

mediocritās, ātis *f (mediocris)* ① Mittelmäßigkeit, Bedeutungslosigkeit, Kleinheit [**ingenii; rei familiaris**];
② das Maß(halten), Mittelweg *(in etw.: alcis rei u. in re)* [**dicendi** *u.* **in dicendo**].

Mediōlānum *u.* **-nium,** ī *n* Mailand, *Stadt in Oberitalien, j.* Milano; – *Einw. u. Adj.* **Mediōlānēnsis,** is *m bzw.* e.

Mediomatricī, ōrum *m kelt. Volk um Metz (im heutigen Lothringen).*

medioximus *u.* **-xumus,** a, um *(Superl. zu mediocris) (Plaut.)* der mittelste.

meditābundus, a, um *(meditor) (spätl.)* eifrig etw. planend, erwägend *(m. Akk.)* [**bellum**].

meditāmenta, ōrum *n (meditor) (nachkl.)* Vorübungen [**belli**].

meditātiō, ōnis *f (meditor)* ① das Nachdenken, Nachsinnen *(über etw.: Gen.)* [**futuri mali**];
② Vorbereitung auf etw., Vor-, Einübung *(m. Gen.)* [**mortis; belli**].

meditātus, a, um *s. meditor.*

medi-terrāneus, a, um *(medius u. terra)* binnenländisch [**loca; urbs**]; – *Subst.* **mediterrānea,** ōrum *n* Binnenland, das Innere [**Galliae; Hispaniae**].

● **meditor,** meditārī ① über etw. nachdenken, nachsinnen, etw. überdenken *(m. Akk.; de; indir. Frages.)*;
② auf etw. sinnen, sich auf etw. vorbereiten *(m. Akk.; ad; m. Inf.)* [**fugam; bellum; ad praedam; proficisci**];
③ einüben, einstudieren [**accusationem; versūs**];
/ *P. Adj.* **meditātus,** a, um einstudiert, durchdacht, ausgedacht, vorbereitet [**doli; verbum; scelus; commentationes** sorgfältig ausgearbeitet].

meditullium, ī *n (medius u. tellus)* ① Binnenland;
② Mitte, Mittelpunkt.

● **medium,** ī *n (medius)* ① Mitte, Mittelpunkt; **-o caeli terraeque** in der Mitte zwischen; **-o montium** mitten in; **diei ~** Mittag; **-o temporis** unterdessen; **in -o (in -um) relinquere** unentschieden lassen; **sarcinas in -um conicere;**
② Öffentlichkeit, Publikum; **in -um proferre alqd** bekannt machen; **in -um vocare** vor Gericht ziehen; **in -um venire** *u.* **procedere** öffentl. erscheinen *od.* auftreten; **de -o recedere** aus dem Wege gehen; **de -o tollere** aus dem Wege räumen; **de -o removere** auf die Seite bringen; **dicendi ratio in -o posita; pellere e -o;**
③ Gemeinwohl, -gut; **in -um consulere** für das allgemeine Wohl sorgen; **in -um cedere** Gemeingut werden; **alqd in -um dare** *od.* **quaerere** zu gemeinschaftlichem Gebrauch; **res in -o (po)sita** Gemeingut; **in -um afferre communes utilitates;**
④ *(vor- u. nachkl.)* Hälfte.

● **medius,** a, um **I.** *räuml.* ① der mittlere, in der Mitte stehend, in der Mitte gelegen [**digitus; mundi (terrae) locus** Mittelpunkt];
② mitten, in der Mitte [**acies** Zentrum]; **in colle -o** mitten auf dem Hügel; **per -os fines proficisci** mitten durch das Gebiet; **-o oppido fluere** in der Mitte der Stadt; **in -o foro** mitten auf dem Markt; **per -a hostium tela** mitten durch; **in -os hostes** mitten unter die Feinde; **e -is Caesaris partibus** mitten aus;
II. *zeitl.* ① der mittlere, dazwischenliegend [**tempus** Zwischenzeit; **-is diebus** in den Zwischentagen; **aetas** mittlere Jahre, Mannesalter, „die besten Jahre"];
② mitten [**dies** Mittag]; **-ā nocte** um Mitternacht; **-ā aestate** im Hochsommer;
III. *übtr.* ① mitten in, während; **-a in pace** im tiefsten Frieden;
② der innerste, tiefste; **-o in dolore** im tiefsten Schmerz;
③ in der Mitte stehend, in der Mitte schwebend; **inter pacem et bellum -um nihil interest; si quid -um mortis fugaeque;**
④ unparteiisch, neutral; **-um agere** *od.* **se gerere** neutral bleiben;
⑤ zweideutig, unentschieden [**responsum**];
⑥ mittelmäßig, unbedeutend, gewöhnlich [**plebs; sermones; ingenium**]; **gratia non -a** nicht gewöhnliche;
⑦ *(poet.)* vermittelnd; **~ fratris et sororis** Vermittler zwischen; **-um paci se offerre** als Vermittler; **-is dis;**
⑧ *(poet.)* dazwischentretend, störend; **quos inter ~ venit furor** *(Verg.)* entzweite sie;
⑨ *(poet.; nachkl.)* halb, zur Hälfte [**pars** die

M

Hälfte].

mēdius Fidius = *me Dius Fidius, s. Fidius.*

medix (tuticus), icis *m* Bundesoberhaupt *(der Osker).*

medulla, ae *f* ① *(poet.; nachkl.)* Mark *der Knochen u. Pflanzen;*
② *(übtr.)* das Innerste, Herz *(meist Pl.);* **alci haerere in -is** sehr am Herzen liegen; **alqd in -as demittere** ins Mark des Herzens dringen lassen, so recht zu Herzen nehmen;
③ *(vor- u. nachkl.)* das Beste, Vorzüglichste.

Medullia, ae *f Städtchen in Latium, j.* St. Angelo.

medullitus *Adv. (medulla) (vor- u. nachkl.)* innig, herzlich [**amare**].

medullula, ae *f (Demin. v. medulla) (Cat.)* zartes Mark [**anseris**].

Mēdus, ī *m* ① *s. Medi;*
② *Fluss in Persien;*
③ *Sohn der Medea; – Tragödie des Pacuvius.*

Medūsa, ae *f s. Gorgo; – Adj.* **Medūsaeus,** a, um [**equus** *u.* **praepes** = Pegasus, *der aus ihrem Blut entsprang;* **fons** die Quelle Hippokrene, *die durch den Hufschlag des Pegasus entstand*].

mefītis, is *f = mephitis.*

Megaera, ae *f eine der Furien.*

Megalē polis, *Akk.* Megalēn polin = *Megalopolis.*

Megalē(n)sia, ium *n Kybelefest am 4. April.*

Megalopolis, is *f Stadt in Arkadien (Peloponnes), Geburtsort des Polybios; – Adj.* **Megalopolitānus,** a, um; – *Einw.* **Megalopolitānī,** ōrum *u.* **Megalopolītae,** ārum *m.*

Megara, ōrum *n u.* ae *f* ① *Hauptstadt der Landschaft Megaris, westl. v. Athen, die einzige Stadt auf der Landbrücke zw. Attika u. der Peloponnes, Geburtsort des Philosophen (Sokratesschülers) Euklid; – Einw.* **Megarēnsis,** is *u.* **Megareūs,** eī *od.* eos *m; – Adj.* **Megaricus,** a, um; – **Megaricī,** ōrum *m* die Anhänger des Euklid;
② *Stadt an der Ostküste Siziliens, auch Hybla genannt; – Adj.* **Megarus** *u.* **Megarēus,** a, um; – **Megarēa,** ōrum *n* die Gegend v. Megara.

Megaris, idis *f* ① *Landschaft in Mittelgriechenland;*
② = *Megara 2.*

megistānes, num *m (gr. Fw.) (nachkl.)* Würdenträger, Magnaten.

mehercle, meherculē(s) *s. Hercules.*

mēiō, mēiere, – – *(mingo) (poet.)* Urin lassen; *übtr. vom angeschlagenen Nachtgeschirr.*

mel, mellis *n* Honig; *übtr.* Süßigkeit, Lieblichkeit, Annehmlichkeit; – *auch als Kosewort;* **mella poëtica** Gedichte wie Honig; **hoc melli est** ist angenehm; – *Abl. Sg.* melle; *Nom. u. Akk. Pl.* mella; *Gen. u. Dat. Pl. ungebräuchlich.*

Melampūs, podis *m myth. Wahrsager u. Arzt.*

melancholicus, a, um *(gr. Fw.)* schwermütig, melancholisch.

melandryum, ī *n (gr. Fw.) (vor- u. nachkl.)* ein Stück eingesalzener Thunfisch.

Melanthius, ī *m Ziegenhirt des Odysseus.*

melanūrus, ī *m (gr. Fw.) (nicht klass.)* Schwarzschwanz *(Seefisch).*

Melās, *Akk.* ana *u.* an *m Name verschiedener Flüsse:* ① *auf Sizilien b. Mylae;*
② *in Thessalien (Nordgriechenland);*
③ *in Thrakien;*
④ *in Böotien (Mittelgriechenland).*

melculum, ī *n (Demin. v. mel) (Plaut.)* Honigpüppchen *(Kosewort).*

Meldī, ōrum *m kelt. Volk an der unteren Marne.*

Meleager *u.* **-gros,** grī *m Sohn des Königs v. Kalydon, Öneus, u. der Althäa, Teilnehmer an der Argonautenfahrt, erlegte den Kalydonischen Eber.*

Melēs¹, lētis *m Fluss in Ionien (Kleinasien) b. Smyrna, dem angeblichen Geburtsort Homers; – Adj.* **a) Melētēus,** a, um homerisch; **b) Melētīnus,** a, um [**deae** die am M. wohnenden].

Melēs², lium *f Ort in Samnium.*

Meliboea, ae *f Stadt in der thessalischen Landschaft Magnesia (Nordgriechenland) am Fuße des Ossa, Geburtsort des Philoktet, des Gefährten des Herkules u. Teilnehmers am Trojanischen Krieg; – Adj.* **Meliboeus,** a, um [**dux** Philoktet].

melica, ae *f (melicus) (Petr.)* Lied.

Melicerta *u.* **-ēs,** ae *m Sohn des Athamas u. der Ino, als Meergott unter dem Namen Palaemon u. Portunus verehrt.*

melicus *(gr. Fw.)* **I.** *Adj.* a, um lyrisch [**poëma**]; musikalisch;
II. *Subst.* ī *m (Plin.)* lyrischer Dichter.

melilōtos, ī *m (gr. Fw.) (poet.; nachkl.)* süßer Steinklee.

melimēlum, ī *n (gr. Fw.)* in Honig eingemachtes Obst.

mēlīnum, ī *n (Melos) (vor- u. nachkl.)* melisches Weiß *als trockene Farbe u. als Schminke.*

● **melior,** ius *Komp. v. bonus.*

meliōrō, meliōrāre *(melior) (spätl.)* verbessern.

melisphyllum, ī *n (gr. Fw.) (Verg.) u.* **melissophyllon,** ī *n (gr. Fw.) (Plin.)* Melisse.

Melissus, ī *m* ① *Philosoph aus Samos um 450 v. Chr.;*
② C. Maecenas ~ *aus Spoletium, Freigelassener des Mäcenas, Grammatiker u. Dichter, Bibliothekar des Augustus.*

Melita, ae *f* Malta; – *Adj.* **Melitēnsis,** e maltesisch; – *Subst.* **Melitēnsia,** ium *n* Decken, Teppiche von Malta.

Melitē, ēs *f* ① *Insel b. Dalmatien;*
② *eine Meernymphe.*

Melitēnē, ēs *f Stadt am Oberlauf des Euphrat.*

melius *s. bonus u. bene.*

Mēlius, a, um *s. Melos.*

meliusculus, a, um *(Demin. v. melius)* etw. besser; **-e** *(Adv.)* **alci est** es geht jmdm. etw. besser.

mella, ae *f (mel) (Plaut.)* Honigtrank.

Mella, ae *m Fluss in Oberitalien.*

melleus, a, um *(mel) (nachkl.)* honigartig, -süß.

melliculus, a, um *(mel) (Plaut.)* honigsüß.

melli-fer, fera, ferum *(mel u. fero) (Ov.)* Honig (ein)tragend [**apes**].

melli-ficō, ficāre *(mel u. facio) (poet.; nachkl.)* Honig bereiten *(v. Bienen).*

melli-fluus, a, um *(mel u. fluo) (spätl.)* lieblich tönend, angenehm (schön) redend; **-i oris Homerus.**

mellīgō, ginis *f (mel) (Plin.)* ① Bienenharz;
② der noch nicht reife Saft der Trauben.

mellilla, ae *f (mellina) (Plaut.)* Honigpüppchen *(als Kosewort).*

mellīna, ae *f (mel) (Plaut.)* Honigwein.

mellīnia, ae *f (mel) (Plaut.)* Süßigkeit, Vergnügen, Genuss.

mellītus, a, um *(mel)* m. Honig versüßt, Honig- [**placenta** Honigkuchen; **sucus**]*; übtr.* süß, lieblich [**oculi**].

melōdia, ae *f (gr. Fw.) (Mart.)* Melodie, Weise, Lied.

Melodūnum, ī *n gall. Stadt im Land der Senonen, j.* Melun *an der Seine.*

melōdus, a, um *(melodia) (spätl.)* melodisch, wohlklingend [**carmen**].

melos *n (gr. Fw.)* Gesang, Lied *(Dat. u. Abl. Sg.* melō; *Akk.* melos *u.* melum; *Nom. Pl.* melē).

Mēlos, ī *f Insel im Ägäischen Meer, eine der Zykladen; – Adj.* **Mēlius,** a, um.

Melpomenē, ēs *f Muse der tragischen u. der lyrischen Dichtkunst.*

membrāna, ae *f (membrum)* ① Häutchen, Haut;
② *(poet.; nachkl.)* Pergament;
③ *(Lucr.)* Oberfläche.

membrāneus, a, um *(membrana) (Mart.)* aus Pergament.

membrānula, ae *f (Demin. v. membrana)* dünnes Pergament.

membrātim *(membrum) Adv.* ① *(poet.; nachkl.)* gliedweise;
② *(übtr.)* stückweise, einzeln, nach u. nach; *(rhet.)* in kurzen Sätzen [**dicere**].

• **membrum,** ī *n* ① (Körper-)Glied; *Pl.* Glieder, Gliedmaßen, Körper; **-a exercere;**
② *(übtr.)* Glied, Teil [**carinae**];
③ Gemach, Zimmer;
④ *(rhet. t. t.)* Glied der Rede, Satzglied;
⑤ *(poet.; nachkl.)* Teilnehmer *einer Gesellschaft.*

mementō *Imp. zu memini.*

mē-met *verstärktes me.*

• **meminī,** meminisse *Verb. defect.* ① sich erinnern, sich noch auf jmd. *od.* etw. besinnen *(alcis, selten: de alqo u. alqm; alcis rei, alqd, selten: de re; m. A. C. I.; m. indir. Frages.)* [**vivorum; mei** an mich; **Cinnam; constantiae; suam rem; officium suum; dicta**]; **ut memini** soweit ich mich erinnere; **meministi, quanta esset;**
② daran denken, etw. zu tun *(m. Inf.; ut);*
③ erwähnen *(alcis, de alqo; alcis rei)* [**de exulibus; huius iudicii**].

Memmius, a, um *röm. pleb. nomen gentile:* C. ~, *Prätor 58 v. Chr., neoterischer Dichter, Freund Ciceros u. des Dichters Lukrez, der ihm sein Lehrgedicht „De rerum natura" widmete, gest. spätestens 46 v. Chr.; – Adj.* **Memmiānus,** a, um; *– Subst.* **Memmiadēs,** ae *m* einer aus dem Geschlecht des M.

Memnōn, onis *m Sohn des Tithonus u. der Aurora, myth. König der Äthiopier, Neffe des Priamos, vor Troja v. Achilles getötet; – Adj.* **Memnonius,** a, um, *fem. auch* **Memnonis,** idis des Memnon; morgenländisch [**domūs** = Äthiopien]; – **Memnonides,** dum *f (erg. aves) die aus der Asche des M. entstandenen Vögel.*

• **memor,** *Gen.* oris *(Adv.* memoriter) *(vgl. memini)* ① sich erinnernd, denkend an *(m. Gen.; m. indir. Frages.)* [**gloriae; officii**];
② *(v. Sachen)* etw. beachtend, m. Rücksicht auf *(m. Gen.);* **exemplum parum ~ legum humanarum** grausames; **~ libertatis vox** ein Freiheitsliebe beweisendes Wort, **responsum senatūs amicitiae Samnitium ~ ; oratio maiestatis patrum ~;**
③ dankbar [**mens**];
④ nachtragend, unversöhnlich, rächend [**ira; poena**];
⑤ *(poet.)* vorsorgend, bedacht;
⑥ m. gutem Gedächtnis (begabt) [**oratores**];
⑦ *(poet.)* erinnernd, mahnend *(an etw., an jmd.: Gen.)* [**tabellae** Gedenktäfelchen; **versus; nota** bleibend]; **indicii ~ poena;**
/ *Abl. Sg.* memorī; *Nom. Pl. n ungebräuchlich; Gen. Pl.* memorum.

memorābilis, e *(memoro)* ① erwähnenswert, denkwürdig; merkwürdig, sonderbar [**vir; facinus**];
② *(poet.)* gepriesen [**numen**].

memorandus, a, um *(memoro)* erwähnenswert, denkwürdig.

memorātor, ōris *m (memoro) (Prop.)* Erzähler.

memorātus[1], a, um *(P. Adj. v. memoro)* bekannt, berühmt.

memorātus[2], ūs *m (memoro) (Plaut.)* Erwähnung, Erzählung.

M

● **memoria,** ae *f (memor)* Gedächtnis: ① Erinnerungsvermögen; **-ae studere** das Gedächtnis üben; **-am perdere** das Gedächtnis verlieren; **alqd -ā tenere** im Gedächtnis behalten; **alqd -ā repetere** sich ins Gedächtnis zurückrufen; **alqd -ae mandare** sich merken; **alqd ex -a deponere** etw. vergessen; **ex -a narrare** aus dem Kopf erzählen;
② Erinnerung, Andenken *(an: Gen.)* [**Cn. Pompei; dedecoris**]; **post hominum -am** seit Menschengedenken; **res -ā dignae** Denkwürdiges; **primam -am deponere** die erste Erinnerung vergessen; **-am prodere** die Erinnerung weitergeben; **-ae prodere (tradere) alqd** der Nachwelt überliefern;
③ Gedanke *an etw. Zukünftiges* [**periculi**];
④ *(Tac.)* Bewusstsein [**sceleris; bonae societatis**];
⑤ Zeit *(als Gegenstand der Erinnerung);* **patrum -ā** zur Zeit der Väter; **supra hanc -am** vor unserer Zeit; **meā, nostrā -ā** zu meiner, zu unserer Zeit; **philosophi huius -ae; in omni memoriā; pueritiae -am repetere;**
⑥ Ereignis, Vorfall;
⑦ Nachricht, Mitteilung; **alqd -ā prodere** mündlich; **-ā ac litteris** mündlich u. schriftlich;
⑧ Geschichte *als Überlieferung,* geschichtl. Bericht; **omnis rerum ~** Weltgeschichte; **-am rerum Romanarum tenere** der römischen Geschichte mächtig sein; **~ rerum gestarum** Geschichtsschreibung;
⑨ *(August.)* Denkmal, Grabmal.

memoriālis, e *(memoria) (nachkl.)* zum Gedächtnis gehörig [**libellus** Denkschrift].

memoriola, ae *f (Demin. v. memoria)* schwaches Gedächtnis.

memoriter *Adv. (v. memor)* m. gutem Gedächtnis; aus dem Gedächtnis, auswendig.

● **memorō,** memorāre *(memor)* ① *(Tac.)* an etw. erinnern, mahnen *(alqd)* [**amicitiam**];
② erwähnen, berichten, darlegen, nennen *(m. Akk.; de; m. A. C. I.; m. indir. Frages.)* [**laudes alcis; de magna virtute**];
③ *(poet.)* besingen, preisen;
④ *(Hor.) vocabula* gebrauchen;
⑤ *(mlt.)* auswendig lernen.

Memphis, idis *f Stadt in Mittelägypten; – Adj.* **Memphīticus,** a, um, *mask.* **Memphītēs,** ae [**bos** Apis], *fem.* **Memphītis,** tidis *u.* tidos *auch übh.* ägyptisch [**vacca** Io].

i Kultur **Menander** *u.* **-drus,** drī *m* der bedeutendste Dichter der neueren att. Komödie (etwa 342–292 v. Chr.), Zeitgenosse Epikurs, Vorbild der röm. Komödie, des Plautus u. des Terenz; – *Adj.* **Menandrēus,** a, um.

Menapiī, ōrum *m kelt. Volk in der Gallia Belgica, an der Nordseeküste, zw. Maas u. Schelde.*

menda = *mendum.*

mendāci-loquus *u.* **-locus,** a, um *(mendacium u. loquor) (Plaut.)* lügenhaft.

mendācium, ī *n (mendax)* ① Lüge;
② Täuschung [**famae**]; Sinnestäuschung, Trug [**oculorum; sensuum**].

mendāciunculum, ī *n (Demin. v. mendacium)* kleine Unwahrheit.

mendāx, *Gen.* ācis *(mentior)* ① lügnerisch, lügenhaft; – *Subst. m* Lügner;
② täuschend, (be)trügerisch [**forma** Truggestalt; **somnus; fundus** weniger tragend als man erwartete];
③ *(poet.)* erlogen, erdichtet, unverdient [**infamia; damnum**];
④ *(poet.)* nachgemacht [**pennae**].

mendīcābulum, ī *n (mendico) (Plaut.)* Bettler(gestalt).

mendīcātiō, ōnis *f (mendico) (Sen.)* das Betteln *(um etw.: Gen.)* [**vitae**].

mendīcitās, ātis *f (mendicus)* Bettelarmut.

mendīcō, mendīcāre *u.* **mendīcor,** mendīcārī *(mendicus) (nicht klass.)* **I.** *intr.* betteln; – *Subst.* **mendīcāntēs,** tium *m* Bettler, *(mlt., = fratres mendīcāntēs)* Bettelmönche;
II. *trans.* erbetteln, erflehen.

mendīculus, a, um *(Demin. v. mendicus) (Plaut.)* bettlerisch, Bettler-.

mendīcus, a, um *(mendum)* ① bettelarm; – *Subst. m* Bettler; *(Ter. als Schimpfw.)* Lump; *Pl. (Hor.)* bettelnde Priester der Kybele;
② *(übtr., v. Sachen)* **a)** armselig, ärmlich; **b)** *(Mart.)* erbettelt [**prandia**].

mendōsus, a, um *(mendum)* ① fehlerhaft, voller Fehler [**exemplar testamenti; historia**];
② Fehler machend.

mendum, ī *n* ① (Schreib-, Rechen-)Fehler, Versehen;
② *(poet.)* körperliches Gebrechen.

Meneclēs, is *m asianischer Rhetor aus Alabanda in Kleinasien (um 100 v. Chr.); – Adj.* **Meneclīus,** a, um.

Menedēmus, ī *m* ① *Philosoph aus Eretria, Schüler Platos;*
② *athen. Rhetor um 100 v. Chr.*

i Kultur **Menelāus,** ī *m* König v. Sparta, Sohn des Atreus, Bruder Agamemnons, Gatte der Helena; – *Adj.* **Menelāēus,** a, um.

Menēnius, a, um *Name einer patriz. gens in Rom, s. Agrippa; – Adj.* **Menēniānus,** a, um.

Mēninx, ingis *u.* **Mēnix,** igis *f Insel in der Kleinen Syrte.*

Menippus, ī *m* ❶ *kynischer Philosoph, 3. Jahrh. v. Chr., bekannt f. seine Ironie u. seinen Spott, Verf. von Satiren in einer Mischform v. Prosa u. Versen (menippeische Satire);*
❷ *Redner z. Zt. Ciceros.*

Menoeceus, eī *u.* eos *m Sohn des thebanischen Königs Kreon.*

Menoetiadēs, ae *m* Patroklus, *Sohn des Menoetius.*

● **mēns,** mentis *f* ❶ Denkvermögen, Verstand, denkender Geist; ~ **et ratio** Verstand u. Vernunft; **mente comprehendere alqd** begreifen; **suae** *od.* **sanae mentis esse** bei gesundem Verstand sein; **suae mentis compos** bei vollem Verstand; **mente captus** *u.* **mentis inops** verrückt, wahnsinnig;
❷ Überlegung, Einsicht;
❸ Besinnung; **alci effluit** ~ jmd. verliert die Besinnung; **furori tuo non mentem aliquam obstitisse** eine Anwandlung von Besinnung;
❹ Denkart, Sinnesart, Gesinnung, Gemüt, Charakter [**benigna; mala; inimica; Allobrogum**]; ~ **cuiusque is est quisque** die Denkart ist das Ich eines jeden; *oft zur Umschreibung der Person:* **civium mentes** = *cives;* **multas mente expromam querelas** aus tiefer Brust;
❺ Gewissen; **mentem suam testem adhibere;**
❻ Mut; **mentem deponere (demittere)** den Mut sinken lassen; **addere mentem** ermutigen;
❼ Zorn, Leidenschaft; **mentem compescere** bezähmen; **dolor quod suaserit et mens** Leidenschaft;
❽ *(übtr.)* Seele, Geist [**civitatis; publica** Staatsgesinnung];
❾ *(meton.)* **a)** das Gedachte, Gedanke(n), Vorstellung, Erinnerung, *auch Pl.;* **hac mente** in diesem Gedanken; **mentem dare, inicere; in mentem venire** in den Sinn kommen, einfallen; **venit mihi in mentem alqd** *od.* **alcis rei,** *auch* **de re** es fällt mir etw. ein, ich erinnere mich an etw. *(auch m. Inf., A. C. I., m. ut, m. indir. Frages.);* **b)** Meinung, Ansicht; **mentes militum sanare** umstimmen; **eādem mente esse; mihi longe alia ~ est; c)** Absicht, Plan, Vorsatz [**deorum** Wille]; **eā** *od.* **hac mente** in dieser Absicht, in diesem Sinne; **muta** (ändere) **istam mentem; consuetudo mensque sermonis** üblicher Sprachgebrauch und Sinn des Wortes.

● **mēnsa,** ae *f* ❶ Tisch, Tafel: **a)** Esstisch; **cibos in -am alci apponere; -as cibis onerare; -am tollere, auferre, (re)movere** die Tafel aufheben; **b)** Opfertisch, Altar [**deorum**]; **c)** Verkaufsbank der Fischer *(Hor.),* der Fleischer *(Suet.);* **d)** Wechslertisch [**publica** öffentl. Bank];
❷ Essen, die Speisen, *auch Pl.* [**divites; secunda** Nachtisch; **Italicae** Schlemmereien]; **apud (super) -am** bei Tisch, während des Essens; **parciore -ā uti** sparsamer essen.

mēnsālis, e *(mensa) (spätl.)* zum Tisch gehörig, Tisch- [**vinum**].

mēnsārius, ī *m (mensa)* Wechsler, Bankier; **tresviri** *od.* **quinqueviri -i** *Bankiers zur Regulierung der Staatsfinanzen.*

mēnsiō, ōnis *f (metior)* Messung [**vocum** Silbenmaß].

● **mēnsis,** is *m* Monat *(Gen. Pl.* mēnsium *u.* mēnsum, *auch* mēnsuum).

mēnsor, ōris *m (metior)* ❶ *(poet.; nachkl.)* Vermesser [**maris et terrae; itinerum**]; Feldmesser;
❷ *(Plin.)* Baumeister.

mēnstrua, ōrum *n (menstruus)* monatliche Opfer.

mēnstruālis, e *(menstruus) (vor- u. nachkl.)* monatlich.

mēnstruum, ī *n (menstruus)* ❶ *(erg. frumentum)* Lebensmittel f. einen Monat;
❷ *(Plin.)* monatl. Amtsausübung, Monatsdienst.

mēnstruus, a, um *(mensis)* ❶ monatlich;
❷ einen Monat dauernd, auf einen Monat berechnet [**spatium; cibaria**].

mēnsula, ae *f (Demin. v. mensa) (vor- u. nachkl.)* Tischchen.

mēnsūra, ae *f (metior)* ❶ Messung [**ex aqua** m. der Wasseruhr]; **-am alcis rei facere** vornehmen;
❷ Maß, *womit gemessen wird;*
❸ Maß (Länge, Breite, Größe, Umfang *u. a.)* [**verborum** Quantität; **roboris** Umfang; **itinerum**];
❹ *(poet.; nachkl.) (übtr.)* Größe, Würde [**nominis; legati**].

mēnsus *Part. Perf. v. metior.*

ment(h)a, ae *f* Krauseminze.

● **mentiō,** ōnis *f (mens, memini)* ❶ Erwähnung, Erinnerung; **mentionem facere (inferre) alcis rei** *od.* **de re** etw. erwähnen, auf etw. zu sprechen kommen; **mentionem habere accusatorum;**
❷ Vorschlag, Antrag; **mentionem facere (agitare) alcis rei** *od.* **de re** etw. zur Sprache bringen [*in senatu*].

● **mentior,** mentīrī, mentītus sum *(mens)* **I.** *intr.* ❶ lügen, *übtr. auch v. Sachen;* **vultus, oratio mentitur;**
❷ sein Wort nicht halten *(alci);*
❸ *(poet.) (vom Dichter)* erdichten, dichten; **ita mentitur Homerus;**
❹ *(Plaut.)* sich täuschen, irren;
II. *trans.* ❶ erlügen, erdichten, fälschlich vorbringen [**gloriam**]; – *Part. Perf.* **mentītus,** a, um *auch pass.* erlogen, erdichtet, nachgemacht [**figurae; tela**];
❷ fälschlich zeigen, vorgeben, vorspiegeln [**puerum** das Aussehen eines Knaben anneh-

M

men; **se filium alcis** sich fälschlich ausgeben für];
③ täuschen [**spem**].

Mentōr, oris *m ber. Künstler, fertigte getriebene Silbergefäße; seine Herkunft u. Lebenszeit sind unklar; – Adj.* **Mentoreus,** a, um.

mentula, ae *f (poet.)* männliches Glied.

mentum, ī *n (vgl. e-mineo)* Kinn; *meton. (poet.)* Bart.

meō, meāre *(poet.; nachkl.)* gehen, wandeln, ziehen, sich fortbewegen, fließen, strömen *(v. Lebewesen u. v. Sachen, z. B. v. Wagen, Schiffen, Flüssen, Planeten).*

mephītis, is *f* schädliche Ausdünstung der Erde; – *personif.* **Mephītis** *Schutzgöttin gegen diese.*

merāc(u)lus, a, um *(Demin. v. meracus) (vor- u. nachkl.)* ziemlich unvermischt.

merācus, a, um *(merus)* ① rein, unvermischt, pur [**vinum; uva**];
② *(übtr.)* unverfälscht [**libertas**].

mercābilis, e *(mercor) (Ov.)* käuflich.

● **mercātor,** ōris *m (mercor)* Kaufmann; Aufkäufer.

mercātōrius, a, um *(mercator) (Plaut.)* kaufmännisch [**navis** Handelsschiff].

mercātūra, ae *f (mercor)* ① Handel, *auch Pl.;* **-as facere** Handel treiben; **ad -as** beim Handeln;
② die Ware.

mercātus, ūs *m (mercor)* ① Handel;
② (Jahr-)Markt, Messe; **mercatum habere** abhalten.

mercēdārius, ī *m (merces) (Sen.)* Lohn-, Arbeitgeber.

mercēdula, ae *f (Demin. v. merces)* ① armseliger Lohn;
② *Pl.* geringe Einkünfte.

mercennārius (*u.* mercēnārius) *(merces)* **I.** *Adj.* a, um gemietet, bezahlt [**comes; milites** Söldner; **testes** bestochene; **arma** die man für Sold ergreift; **praetor; liberalitas** erkauft];
II. *Subst.* ī *m* Tagelöhner.

● **mercēs,** ēdis *f (merx)* ① Lohn, Sold, Preis [**diurna** Tagelohn; *(für etw.: Gen.)* **operae;** *(übtr., pejor.)* **proditionis**]; **sine mercede** umsonst; **milites mercede arcessere (conducere)** in Sold nehmen; *(übtr.)* **non aliā mercede bibam** um keinen anderen Preis; **magna mercede pacisci cum alqo;**
② Lehrgeld, Gehalt, Honorar; **mercede docere; rhetori magnam mercedem dare; mercedibus scenicorum recisis;**
③ Strafe *(für etw.: Gen.)* [**temeritatis**];
④ Schaden, Nachteil; **non sine magna mercede; mercede suorum** zum Nachteil der Ihrigen;
⑤ Zins, Miete, Pacht, Einkünfte [**praediorum; ex fundo; habitationum** Mietzins]; – *Pl. auch* Zinsen *eines Kapitals.*

mercimōnium, ī *n (merx) (vor- u. nachkl.)* Ware.

● **mercor,** mercārī *(merx)* **I.** *intr. (vor- u. nachkl.)* handeln, Handel treiben;
II. *trans.* erhandeln, (er)kaufen [**magnā pecuniā** *od.* **magno** teuer; **alqd praesenti pecuniā** bar; *übtr.* **honores**]; **hoc magno mercentur Atridae** würden viel darum geben; – *Part. Perf.* **mercātus,** a, um *auch pass.* erkauft, erhandelt.

> *i* Kultur **Mercurius,** ī *m (merx, mercor)* Gott der Kaufleute, des Handels u. Gewinnes, später als Götterbote dem griech. Hermes gleichgesetzt; Sohn des Jupiter u. der Maia; – **aqua -i** *Quelle an der via Appia;* **stella -i** *der Planet Merkur;* **tumulus -i** *Erhebung b. Carthago Nova in Spanien;* **promunturium -i** *Vorgeb. im Osten des Golfs v. Karthago, j.* Kap Bon; – *Adj.* **Mercuriālis,** e des Merkur [**viri** *die Dichter als Günstlinge des M., der als Erfinder der Leier galt*]; – *Subst.* **Mercuriālēs,** lium *m* die Kaufmannszunft *in Rom.*

merda, ae *f (poet.)* Kot, Exkremente.

merenda, ae *f (vorkl.)* Vesperbrot.

● **mereō,** merēre, meruī, meritum *u.* **mereor,** merērī, meritus sum ① verdienen, erwerben, gewinnen [**gratiam alcis; nardo vina** eintauschen]; **alci alqd ~** jmdm. etw. einbringen; **~ alqm dote** *(v. der Frau)* durch die Aussicht auf ihre Mitgift;
② *(milit.) (stipendia)* ~ Sold verdienen, als Soldat dienen, Kriegsdienst tun [**equo** *od.* **equis** als Reiter dienen; **pedibus** zu Fuß]; **vicena stipendia meriti** die 20 Jahre gedient hatten;
③ verdienen, sich einen Anspruch auf etw. erwerben, einer Sache würdig sein *(abs.; alqd; m. ut; Inf.; A. C. I.)* [**laudem; praemia; immortalitatem; multos triumphos**];
④ etw. verschulden, sich etw. zuziehen [**odium; poenam scelere; iram alcis; scelus** verüben, auf sich laden; **supplicium;** *(m. Inf.)* **mori**];
⑤ *(meist Depon.)* sich Verdienste erwerben, sich verdient machen um [**bene (melius, optime, male, peius, pessime** *u. Ä.)* **~ de**]; *abs.* Gefälligkeit erweisen;
/ *P. Adj.* **a) merēns,** rentis würdig: **laurea decreta merenti;** schuldig: **increpare merentes; b) meritus,** a, um würdig; (wohl)verdient, gerecht, gebührend, rechtmäßig [**praemium; poena; mors; fama**].

meretrīcium, ī *n (meretricius) (Suet.)* Gewerbe einer Dirne.

meretrīcius, a, um *(meretrix)* (zu) einer Dirne

gehörig, dirnenhaft, Dirnen-.

meretrīcula, ae *f (Demin. v. meretrix)* niedliche Dirne, *verächtl.:* elende Dirne.

meretrīx, īcis *f (mereo)* Dirne, Freudenmädchen.

mergae, ārum *f (Plaut.)* zweizackige Getreidegabel.

merges, gitis *f (mergae) (poet.; nachkl.)* Ährenbündel, Garbe.

● **mergō,** mergere, mersī, mersum ① (ein-)tauchen, versenken [**pullos in aquam** ersäufen; **se in mari, aequore, sub aequora**]; – *mediopass. mergi* untertauchen, versinken: **naves merguntur;**
② hineinstecken, verbergen, verstecken [**rostra in corpore** tief einschlagen; **caput in terram; vultūs in cortice**]; – *mediopass. (v. Gestirnen)* untergehen: **sidera merguntur;**
③ *(übtr.)* versenken, stürzen; **se** ~ *u.* **mergi in voluptates; alqm malis** ~ ins Unglück stürzen; **mersus vino somnoque** sehr betrunken und in tiefem Schlaf; **viros** ~ ins Verderben stürzen; **mersa et obruta fenore pars civitatis** durch Wucher tief in Schulden geraten; **mersae res** *(Ov.)* die versunkene Welt; **mersus rebus secundis** m. Glück überhäuft.

mergus, ī *m (mergo)* Taucher *(ein Wasservogel).*

merīdiānus, a, um *(meridies)* ① mittägig, Mittags- [**tempus; sol; somnus**];
② südlich [**regio**].

merīdiātiō, ōnis *f (meridio)* Mittagsruhe, -schläfchen.

● **merīdiēs,** ēī *m (medius u. dies)* ① Mittag(szeit); **ante, post meridiem; meridie** zur Mittagszeit, mittags;
② *(meton.)* Süden; **a meridie** auf der Südseite; **inflectens sol cursum ad meridiem.**

merīdiō, merīdiāre *u.* **merīdior,** merīdiārī *(meridies) (poet.; nachkl.)* Mittagsruhe, Mittagsschlaf halten.

Mērionēs, ae *m Kreter, Wagenlenker des Idomeneus vor Troja.*

● **meritō**[1] *Adv. (Abl. v. meritum) (Superl. meritissimō)* verdientermaßen, m. Recht [**iratus; laudari**].

meritō[2], meritāre *(Intens. v. mereo)* verdienen; einbringen.

meritōria, ōrum *n (meritorius)* Räume, die auf kurze Zeit vermietet werden.

meritōrius, a, um *(mereo)* bezahlt, Miet- [**raeda** Mietwagen; **vehicula; pueri** Lustknaben; **scorta**].

● **meritum,** ī *n (mereo)* ① der Verdienst, Lohn, *(pejor.)* verdiente Strafe;
② das Verdienst, Würdigkeit; **pro (ex) -o** nach Verdienst *od.* Würdigkeit;
③ Wohltat, Gefälligkeit *(erga od. in m. Akk.)*;
④ Schuld, Verschulden, Vergehen; **non meo -o, nullo meo -o** ohne mein Verschulden;
⑤ *(poet.) (v. Sachen)* Bedeutung, Wert.

meritus *s. mereo.*

Merō, ōnis *m (merum) dem Kaiser Tiberius weg. seiner Trunksucht gegebener Spottname (= merobibus), Wortspiel m. dem cogn. Nero.*

mero-bibus, a, um *(merum u. bibo) (Plaut.)* unvermischten Wein trinkend.

Meroē, ēs *f große Nilinsel in Äthiopien, die jetzige Provinz Atbar.*

Meropē, ēs *f Tochter des Atlas u. der Pleione, Gemahlin des Sisyphus, eine der Plejaden.*

merops, opis *m (gr. Fw.) (poet.; nachkl.)* Bienenspecht.

Merops, opis *m äthiopischer König, Gatte der Klymene.*

mers *(altl.)* = *merx.*

mersī *Perf. v. mergo.*

mersō, mersāre *(Intens. v. mergo) (poet.; nachkl.)* eintauchen, versenken [**gallinam** ersäufen; **gregem fluvio** baden]; *(übtr.) mediopass.:* **civilibus undis mersari** sich in die Wogen der Politik stürzen.

mersus *P.P.P. v. mergo.*

merula, ae *f* ① Amsel;
② Meeramsel *(ein Fisch).*

meruleus, a, um *(merula) (Plaut.)* schwarz wie eine Amsel.

merum, ī *n (merus; erg. vinum) (poet.; nachkl.)* nicht m. Wasser vermischter Wein, *übh.* Wein.

merus, a, um ① *(poet.)* unvermischt, rein [**vinum; lac**];
② *(übtr.)* uneingeschränkt [**libertas**];
③ unverfälscht, echt [**virtus**];
④ nichts weiter als, nur [**sermo** reiner Gesprächston; **spes; scelera**]; **-um bellum loqui** v. nichts als v. Krieg sprechen; **-a mendacia narrare;**
⑤ *(Iuv.)* bloß, unbedeckt [**pes**].

● **merx,** mercis *f* ① Ware; **navem mercibus implere; merces mutare** Tauschhandel treiben; **merces femineae** weibliche Schmucksachen;
② *(Plaut.) (übtr.)* Sache, Ding [**mala**].

Mesēmbriacus, a, um *(Ov.)* v. Mesembria *(Stadt in Thrakien, nordöstl. v. Griechenland).*

Mēsia silva, ae *f bewaldete Hügelkette am rechten Tiberufer, westl. v. Rom.*

mesochorus, ī *m (gr. Fw.) (nachkl.)* ① Chorführer;
② Vorklatscher, Claqueur.

Mesopotamia, ae *f* Mesopotamien, *das Land zw. den Strömen Euphrat u. Tigris.*

Messalla (Messāla), ae *m cogn. in der gens Valeria, s. Valerius;* – **Messālīna,** ae *f dritte Gattin des Kaisers Claudius, deren Name infolge ihrer Sittenlosigkeit berüchtigt u. sprichw. wurde (etwa 25–48 n. Chr.).*

Messāna, ae *f Stadt auf Sizilien, j.* Messina; – *Adj.* **Messēnius,** a, um [**moenia**].

Messēna, ae *u.* **-ē,** ēs *f Hauptstadt v. Messenien im Südwesten der Peloponnes; – Einw. u. Adj.* **Messēnius,** ī *m bzw.* a, um.

messis, is *f (meto[1])* ❶ Ernte;
❷ *(meton.)* **a)** Ernte(ertrag) *(auch übtr.);* **mali messem metere** Undank ernten; **b)** *(poet.; nachkl.)* Erntezeit; **messibus** zur Erntezeit; – *(Mart.)* Jahr.

messor, ōris *m (meto[1])* Schnitter.

messōrius, a, um *(messor)* Schnitter- [**corbis**].

messus *P.P.P. v. meto[1].*

-met *Suffix zur Betonung eines Pron., bes. eines Personalpron.* selbst, eigen [**egomet**].

mēta, ae *f* ❶ *(vorkl.; poet.)* Ziel, Grenze, Ende [**viarum; aevi; ultima**]; **ad -am properare; sol ex aequo metā distabat utrāque** es war Mittag; **nox mediam caeli -am contigerat** es war Mitternacht;
❷ Kegel, Pyramide; **~ lactis** *od.* **lactans** Käse; **umbra terrae est ~ noctis;**
❸ Spitzsäule *(am oberen u. unteren Ende des röm. Zirkus, um die die Wettfahrer siebenmal herumfahren mussten);* **-am rotis evitare;** *(übtr.)* **interiorem -am curru tenere** in der Rede nicht abschweifen;
❹ *(Verg.)* vorspringender Ort, wo man herumlenkt; **-as lustrare Pachyni** das Vorgebirge P. umfahren;
❺ Wendepunkt [**solis**];
❻ *(Sen.)* Mēta sūdāns *ein der meta im Zirkus ähnlicher Springbrunnen vor dem Kolosseum in Rom.*

Metabus, ī *m König der Volsker, Vater der Camilla.*

metallum ī *n (gr. Fw.)* ❶ Metall, Gold, Silber [**aeris**]; **libertas potior -is** wertvoller als Gold u. Silber;
❷ *(meton.)* Grube, Bergwerk; Steinbruch; **damnare in -um** *od.* **condemnare ad -a** zur Arbeit in den Bergwerken *od.* Steinbrüchen verurteilen.

metamorphōsis, is *f (gr. Fw.) (poet.; nachkl.)* Verwandlung; – *Pl.* **Metamorphōsēs,** eōn *f Titel einer Dichtung Ovids u. eines Romans des Apuleius.*

Metapontum, ī *n Stadt am Golf v. Tarent (Süditalien); – Einw. u. Adj.* **Metapontīnus,** ī *m bzw.* a, um.

mētātor, ōris *m (metor)* Vermesser [**urbis**].

Metaurus, ī *m Fluss in Umbrien (Niederlage Hasdrubals 207 v. Chr.), j.* Metauro; *auch als Adj.*

Metellus, ī *m cogn. in der gens Caecilia.*

Meterēa turba *Volk an der unteren Donau.*

methodus, ī *f (gr. Fw.)* nach bestimmten Regeln *od.* Grundsätzen geordnetes Verfahren, Lehrverfahren, Methode.

Mēthymna, ae *f neben Mytilene bedeutendste Stadt auf Lesbos, Geburtsort des Dichters Arion; – Adj.* **Mēthymnaeus,** a, um *u. (fem.)* **Mēthymnias,** adis.

meticulōsus, a, um *(metus) (vor- u. nachkl.)*
❶ furchtsam;
❷ fürchterlich.

● **mētior,** mētīrī, mēnsus sum ❶ (aus)messen, abmessen [**agrum**];
❷ zumessen, zuteilen [**frumentum exercitui**];
❸ *(poet.; nachkl.) (übtr.)* durchmessen, -gehen, -schreiten, -wandern, -fahren [**sacram viam; aquas carinā** m. einem Schiff];
❹ *(Ov.) (eine Zeit)* zurücklegen;
❺ (ab)schätzen, ermessen, beurteilen *(nach etw.: re u. ex re)* [**homines virtute; omnia quaestu, suis commodis**]; **fidelitatem ex mea conscientia metior** ermesse ich infolge meines eigenen Bewusstseins.

metō[1], metere, (messem fēcī), messum ❶ (ab)mähen [**pabula falce; arva**];
❷ (ab)ernten; *sprichw.:* **ut sementem feceris, ita metes** wie man sät, so wird man ernten;
❸ *(poet.)* abschneiden, abhauen, abpflücken [**lilia virgā; farra** abfressen; **capillos**];
❹ *(poet.) (übtr.)* niederhauen, -metzeln [**proxima quaeque gladio**].

mētō[2], mētāre = *metor.*

Metō(n), ōnis *m athen. Astronom um 430 v. Chr., Erfinder des Metonzyklus v. 19 Jahren zum Ausgleich des Sonnen- und Mondjahres.*

metōposcopus, ī *m (gr. Fw.) (nachkl.)* „Stirnbeschauer", *der Schicksal u. Charakter eines Menschen aus der Stirn bestimmt.*

mētor, mētārī *(meta)* ❶ *(einen Ort, einen Raum)* abstecken, abmessen [**regiones; agros; castra** ein Lager abstecken, aufschlagen]; – *Part. Perf.* mētātus *auch pass.* abgesteckt [**porticus**];
❷ *(poet.; nachkl.)* (aus)messen, abmessen [**caelum; Indiam**];
❸ *(nachkl.) (übtr.)* durchwandern [**nemoris alti densa loca**].

metrēta, ae *f (gr. Fw.) (poet.)* ❶ Tonne;
❷ Wein- *od.* Ölgefäß *(40 l fassend).*

metricus, a, um *(gr. Fw.) (nachkl.)* metrisch.

Mētrodōrus, ī *m* ❶ *Freund u. Anhänger Epikurs, 330–277 v. Chr.;*
❷ *aus Stratonikeia in Karien um 110 v. Chr., Schüler des Philosophen Karneades;*
❸ *Rhetor u. Staatsmann aus Skepsis in Mysien um 100 v. Chr., Anhänger der Akademie, Geschichtsschreiber am Hof des Mithridates Eupator.*

Mētropolis, is *f Stadt in Thessalien (Nordgriechenland); – Einw.* **Mētropolītae,** ārum *m; – Adj.* **Mētropolītānus,** a, um.

mētropolis, *Akk.* -im *f (gr. Fw.) (spätl.)* ❶ Mutterstadt;
❷ Provinzialhauptstadt;
❸ Sitz eines Erzbischofs.

metrum, ī *n (gr. Fw.) (nicht klass.)* Versmaß, Silbenmaß.

Mettius, a, um *Name eines sagenh. sabin. Geschlechts:* ① ~ Curtius, *Führer der Sabiner nach dem Raub der Sabinerinnen unter Romulus;*
② ~ Fufetius, *letzter Diktator v. Alba Longa, als Verräter der Römer zur Strafe in Stücke gerissen.*

Mettus = *Mettius 2.*

metuculōsus, a, um = *meticulosus.*

metuendus, a, um *s. metuo.*

metuēns *s. metuo.*

metuī *Perf. v. metuo.*

mētula, ae *f (Demin. v. meta) (Plin.)* kleine Pyramide.

● **metuō,** metuere, metuī, – *(metus)* **I.** *intr.* ① (sich) fürchten, besorgt sein *(abs.; um, für, wegen: Dat., de od. pro; vor jmdm.: ab alqo; m. ne: dass; ne non, ut: dass nicht)* [**moenibus patriae; senectae; de vita; de coniuge; ab Hannibale**];
② *(m. indir. Frages.)* m. Furcht erwarten;
II. *trans.* ① befürchten, sich fürchten vor [**bellum; periculum; insidias ab (ex) hostibus** vonseiten der Feinde; **supplicia a vobis; umbram suam** seinen eigenen Schatten];
② *(nicht klass.)* sich scheuen, nicht wollen *(m. Inf.);* **metuunt credere omnes; metuit tangi** lässt sich nicht anfassen;
③ *(Ter.)* Ehrfurcht vor jmdm. haben [**patrem**];
④ *(Hor.)* sich hüten vor;
/ *Part. Präs.* **metuēns,** *Gen.* entis fürchtend, um etw. besorgt *(m. Gen.; Inf.)* [**deorum** gottesfürchtig; **legum; virgae**];
/ *Gerundiv* **metuendus,** a, um furchtbar, drohend *(in Bezug auf etw.: Gen.)* [~ **belli** im Kampf].

● **metus,** ūs *m* ① Furcht, Befürchtung, Besorgnis *(vor etw.: Gen., a re; vor jmdm.: Gen., ab, ex alqo; für, um, wegen: de alqo u. de re, pro re, propter alqm)* [**calamitatis; a vi atque ira deorum; hostium; a Romanis; ex imperatore; de fratre; pro re publica; caecus; hostilis** vor dem Feind; **regius** vor dem König; **alienus** vor anderen; **Parthicus** vor einem Krieg m. den Parthern; **is** ~ die Furcht davor]; **metum alci afferre (inferre, inicere, facere); alqm in metum adducere; cadit in alqm** ~ es trifft jmd. die Furcht; **demere fratris metum; in metu esse** *u.* **metum habere** gefürchtet werden, *(selten)* in Furcht sein, Furcht haben, sich fürchten; – *Pl.* Befürchtungen, Besorgnisse, Schreckbilder;
② *(poet.)* Ehrfurcht; **mens trepidat metu; laurus multos metu servata per annos** *(Verg.);*
③ *(meton.)* Gegenstand der Furcht; besorgniserregende Lage, kritischer Augenblick, drohende Gefahr; ~ **maximi belli; anceps ~ et a cive et ab hoste; in metu** in dieser gefährlichen Lage;
/ *altl. Gen. Sg.* metuis; *Dat. Sg.* metū.

● **meus,** a, um ① mein [**liber; ager; amicus** mein Freund *od.* ein Freund v. mir; **amor** Liebe zu mir (= *amor mei – Gen. obi.);* **desiderium** nach mir; **amicitia** m. mir]; **non est meum** es ist nicht meine Art; **meum est** *m. Inf.* es ist meine Sache, es ist meine Art, es ist meine Pflicht (Aufgabe); **meum est** *m. folg. quod* es ist mein Werk (dass);
② mein lieber *(bes. in der Anrede);* **mi Attice, mi frater;**
③ gegen mich; **iniuria mea** Unrecht gegen mich; **crimina mea** Beschuldigungen gegen mich;
④ *(Plaut.)* mir gewogen; **quis homo sit magis meus quam tu es?**;
⑤ mich betreffend, mir zukommend; **meo iure** m. vollem Recht; **pugnabo meo loco** auf einem mir günstigen Terrain;
/ *Subst.* **a)** *Pl.* **meī,** ōrum *m* die Meinigen (meine Angehörigen, meine Gefährten, meine Freunde *u. Ä.);* **b) mea** *(als Anrede)* meine Liebe; **c) meum,** ī *n u. Pl.* **mea,** ōrum *n* das Meinige, meine Habe; / *Vok. Sg. m* mī *u.* meus.

Mēvānia, ae *f Stadt in Umbrien.*

Mezentius, ī *m Tyrann v. Cäre in Etrurien; floh, weg. Grausamkeit aus seinem Reich vertrieben, zu Turnus, fiel im Kampf m. Äneas.*

mī ① = *mihi;*
② *Vok. Sg. m v. meus.*

mia (μία) *(Lucr.)* eine: **Chariton mia** eine der Grazien.

mīca, ae *f* ① Krümchen, ein bisschen [**panis; auri; salis** ein paar Körner Salz, *übtr.* ein bisschen Verstand];
② *(übtr.)* kleines Speisezimmer.

mīcārius, a, um *(mica) (Petr.)* Krümchen- [**homo** Krümchensammler *v. einem sparsamen Menschen*].

micātus, ūs *m (mico) (Mart.)* schnelle, zuckende Bewegung.

Micipsa, ae *m ältester Sohn u. Nachfolger des Masinissa, König v. Numidien (gest. 118 v. Chr.), Onkel des Jugurtha.*

micō, micāre, micuī, – ① zucken, zittern, zappeln; **venae micant** pulsieren; **linguis** ~ züngeln; **corda timore micant; metu micuere sinūs; equus auribus micat** spitzt die Ohren;
② *(digitis)* ~ mit den Fingern schnellen *(ein Moraspiel), sprichw. v. einem grundehrlichen Menschen:* **dignus est, quicum in tenebris mices** = m. dem kannst du im Finstern würfeln;
③ schimmern, funkeln, blinken, blitzen; **oculis micat ignis** sprüht aus den Augen; **stellae micant; aether ignibus micat; fulmina (flammae) micabant; micant gladii; vultum**

M

hostis ardore animi micantem ferre non potuit den von innerer Glut funkelnden Blick.

mictum *P.P.P. v. mingo.*

micuī *Perf. v. mico.*

Midās, ae *m myth. König v. Phrygien; Bacchus erfüllte ihm, weil er den gefangenen Silenus gut behandelt hatte, den Wunsch, dass alles, was er berühre, zu Gold werde; als aber auch Speise u. Trank zu Gold wurden, flehte er den Gott an, jene unheilvolle Gabe wieder v. ihm zu nehmen; dieser rettete Midas dadurch, dass er ihn im Fluss Paktolos baden ließ, wodurch der Fluss goldreich wurde.*

migrātiō, ōnis *f (migro)* ❶ Wanderung, Auswanderung, Umzug;
❷ Wanderung ins Jenseits, Tod;
❸ *(rhet.)* übertragener Gebrauch eines Wortes.

● **migrō,** migrāre **I.** *intr.* ❶ (aus)wandern, aus-, wegziehen, übersiedeln [**ex urbe rus; ad generum**];
❷ **ex (de) vita** ~ aus dem Leben scheiden, sterben;
❸ *(poet.; nachkl.) (v. Sachen)* sich (ver)ändern, übergehen in [**in colorem marmoreum**]; **cornua in mucronem migrantia** auslaufend;
II. *trans.* ❶ wegbringen, fortschaffen, transportieren; **migratu difficilia** schwer zu transportieren;
❷ *(übtr.)* übertreten, verletzen [**ius civile**].

mihi *s. ego.*

mihi-met *verstärktes mihi.*

Mīlaniōn, ōnis *m Arkader, Gatte der Atalante, die er durch eine List (m. den Äpfeln der Aphrodite od. der Hesperiden) im Wettlauf bezwungen hatte.*

mīle = *mille.*

● **mīles,** litis *m* ❶ Soldat, Krieger [**novus** neu ausgehoben]; **tribuni militum;**
❷ Gemeiner, einfacher Soldat;
❸ Fußsoldat, Infanterist; **milites equitesque;**
❹ *(koll.)* Heer, *bes.* Infanterie;
❺ *(Ov.) (übtr.)* Soldat (Stein) im Brettspiel;
❻ *f (poet.)* **a)** Begleiterin; **b)** *nova* Neuling.

Mīlētus, ī *f* Milet, *Handelsstadt in Karien (Kleinasien), Geburtsort des Thales; – Einw. u. Adj.* **Mīlēsius,** ī *m bzw.* a, um, *fem. auch* **Mīlētis,** tidis [**urbs** Tomi *(milesische Kolonie)*].

mīlia *s. mille.*

mīliārius, a, um = *milliarius.*

mīliē(n)s = *millie(n)s.*

● **mīlitāris,** e *(miles)* ❶ militärisch, kriegerisch, Soldaten-, Militär-, Kriegs- [**res** Kriegswesen; **tribunus; mos; leges; genus** Soldaten; **signa** Feldzeichen; **aetas** dienstfähiges Alter *(vom 17. bis zum 46. Jahr)*; **via** Heerstraße, Hauptstraße; **disciplina** Kriegszucht]; *Adv.* mīlitāriter nach Soldatenart [**loqui**];
❷ kriegserfahren, kriegsgeübt [**vir; iuvenis**]; / *Subst.* **mīlitārēs,** rium *m* Soldaten, Krieger.

mīlitārius, a, um *(miles) (Plaut.)* Soldaten-.

● **mīlitia,** ae *f (miles)* ❶ Kriegsdienst(e), Felddienst; **-am facere** Kriegsdienst tun; – *Pl.* verschiedene Arten des Kriegsdienstes;
❷ *(übtr.)* Dienst [**urbana**];
❸ Krieg; **-ae** *(Lok.)* im Krieg, im Feld; **domi militiaeque** in Krieg u. Frieden;
❹ Feldzug; **-ae magister** Führer des Feldzugs;
❺ Soldaten, Miliz; **pars -ae;**
❻ *(mlt.)* **a)** Rittertum, -schaft, -dienst, -würde; Schwertleite, Ritterschlag; **b)** *caelestis* die himmlischen Heerscharen.

mīlitō, mīlitāre *(miles)* ❶ als Soldat dienen, Kriegsdienste tun [**in exercitu alcis; sub alqo** unter jmds. Kommando; **apud Persas**]; *(trans.)* **bellum** ~ den Krieg mitmachen *od.* bestehen; – *Subst.* **mīlitāntēs,** ium *m* Soldaten, Krieger;
❷ *(poet.; nachkl.) (übtr.)* dienen;
❸ *(mlt.)* Lehnsdienste leisten.

milium, ī *n (gr. Fw.) (nicht klass.)* Hirse.

● **mīlle** *Kardinalzahl (Sg. undekl.) Pl.* **mīlia,** lium *n* ❶ *adj. (nur mille)* **a)** tausend [**equites**]; **b)** sehr viele, unzählige [**colores**];
❷ *subst. m. Gen.* Tausend, Tausende; sehr viele, unzählige; **mille hominum; mille passuum** = 1 röm. Meile *(etwa 1,5 km)*; **viginti milia peditum.**

mīllēnārius, a, um *(mille) (nachkl.; spätl.)* tausend enthaltend.

mīllēnī, ae, a *(mille) (spätl.)* je tausend, tausendfach [**gaudia**].

mīllēsimus, a, um *Ordinalzahl (mille)* der tausendste; – *Adv.* **-um** zum tausendstenmal.

mīlliārium, ī *n (milliarius)* ❶ Meilenstein [**aureum** der vergoldete, *Zentralmeilenstein auf dem Forum Romanum, v. Augustus errichtet*];
❷ *(meton.)* röm. Meile *(etwa 1,5 km).*

mīlliārius, a, um *(mille)* tausend enthaltend [**ala** v. tausend Reitern].

milliē(n)s *Adv. (mille)* tausendmal; unzählige Male.

Milō, ōnis *m* ❶ *(auch* Milōn*) berühmtester Athlet des Altertums, aus Kroton in Süditalien um 540 v. Chr.;*
❷ *röm. cogn.:* T. Annius ~, *Gegner des Cäsaranhängers P. Clodius, den er 52 v. Chr. im Straßenkampf erschlug; von Cicero verteidigt (pro Milone), doch nach Massilia verbannt; – Adj.* **Milōniānus,** a, um; – **Milōniāna,** ae *f (erg. oratio) Ciceros Rede pro Milone.*

Miltiadēs, is *u.* ī *m Feldherr der Athener gegen die Perser, Sieger b. Marathon 490 v. Chr.*

mīluīna, ae *f (miluinus; erg. fames) (Plaut.)* Heißhunger.

mīluīnus *(später* mīlvīnus*)*, a, um *(miluus)* ❶ zum Falken gehörig, Falken-;

❷ räuberisch, diebisch.

mīluus *(später* mīlvus), ī *m* ❶ Gabelweihe, Taubenfalke;
❷ *(poet.; nachkl.)* Meerweihe *(Raubfisch);*
❸ *(poet.; nachkl.) ein Sternbild in der Nähe des Großen Bären.*

mīlvīnus, a, um *s. miluinus.*

mīlvus *s. miluus.*

Milyas, adis *f Landschaft in Kleinasien.*

mīma, ae *f (mimus)* Schauspielerin im Mimus.

Mimallonis, idis *f (Ov.)* Bacchantin.

Mimās, antis *m* ❶ *Vorgeb. in Ionien (Kleinasien);*
❷ *ein Gigant.*

mīmiambī, ōrum *m (gr. Fw.) (poet.; nachkl.)* Mimiamben, *meist dialogische Gedichte im iambischen od. choliambischen Versmaß.*

mīmicus, a, um *(gr. Fw.)* ❶ mimisch, schauspielerisch [**iocus** übertrieben];
❷ *(nachkl.)* affektiert, Schein-.

Mimnermus, ī *m Elegiker aus Kolophon in Kleinasien, 2. Hälfte des 7. Jahrhs., in hellenistischer Zeit als Erfinder der erzählenden Elegie angesehen.*

mīmographus, ī *m (gr. Fw.) (nachkl.)* Verfasser mimischer Gedichte.

mīmula, ae *f (Demin. v. mima)* kleine Schauspielerin.

mīmus, ī *m (gr. Fw.)* ❶ Schauspieler im Mimus, Possenreißer;
❷ Mimus, Posse *(derb-komisches Bühnenstück);*
❸ *(übtr.)* Possenspiel, Farce [**vitae humanae**];
❹ *(mlt.)* Spielmann.

> *i* Kultur **mīmus** So nannten die Römer (griech.: mimos) ihre liebste Form des Theaterspielens: Männer und Frauen traten barfuß u. ohne Masken auf und spielten Szenen aus dem Alltag oder Sagen – mit Situationskomik und anzüglichen Zweideutigkeiten. Die Figuren der Handlung waren gleichbleibende Typen: Ehemann, treulose Gattin, ihr Liebhaber, das Dienstmädchen. – Der Mimus wurde – wohl wegen seiner derben Volkstümlichkeit – im 6. Jahrh. n. Chr. verboten. – Kein Zusammenhang bestand zur Pantomime!

mina, ae *f (gr. Fw.)* Mine *(nicht geprägte griech. Rechenmünze = 100 att. Drachmen).*

mināciae, ārum *f (minax) (Plaut.)* Drohungen.

● **minae,** ārum *f (vgl. e-mineo, pro-mineo, mons)* ❶ *(poet.)* Zinnen [**murorum**];
❷ *(übtr.)* Drohungen; **verba plena -arum;** *(m. Gen. subi.)* **tantae fortunae -ae;** *(m. Gen. obi.)* **-ae vinculorum et mortis** mit … ;
❸ *(poet.)* Unglück drohende Vorbedeutungen.

minanter *Adv. (minor[1]) (Ov.)* drohend.

minātiō, ōnis *f (minor[1])* Drohung.

mināx, *Gen.* ācis *(minor[1])* ❶ *(Verg.)* ragend, überragend [**scopulus**];
❷ *(übtr.)* drohend [**reges; verba; oculi; fluvius**].

Mincius, ī *m Nebenfluss des Po b. Mantua, j.* Mincio, *bzw. Sarca, bevor er den Gardasee durchfließt.*

mīnctum *P.P.P. v. mingo.*

mineō, minēre, – – *(Lucr.)* ragen.

> *i* Kultur **Minerva,** ae *f* ❶ Tochter Jupiters, als sabin. Stadtgöttin m. der latinischen Juno u. Jupiter auf dem Kapitol verehrt, Göttin der Weisheit, der Künste u. Wissenschaften, der Gewerbe u. der weibl. Handarbeiten, bes. des Webens u. Spinnens, auch des Krieges, Erfinderin des Öls, später der griech. Athene gleichgesetzt; *sprichw.:* **crassā** *od.* **pingui Minervā** = einfacheren Verstandes, ohne feinere Bildung; **invitā Minervā** ohne innere Berufung;
> ❷ *(poet.) (meton.)* **a)** Wollarbeit, *bes.* Spinnen *u.* Weben; **b)** Ölbaum, Olive, Öl;
> ❸ *(Örtlichkeiten)* **a) Minervae arx** = *Minervium;* **b) Minervae promunturium** *Vorgeb. in Kampanien, Sitz der Sirenen.*

Minervium, ī *n Stadt u. Burg in Kalabrien (Süditalien) m. altem Athenetempel, wo Aeneas zuerst italischen Boden betreten haben soll.*

mingō, mingere, mīnxī, mīnctum *u.* mictum *(poet.)* Harn, Wasser lassen.

miniātulus, a, um *(Demin. v. miniatus)* etw. (zinnober)rot (gefärbt) [**cerula** Rotstift].

miniātus, a, um *(minium)* (zinnober)rot (gefärbt) [**cerula** Rotstift].

● **minimē** *s. parum.*

● **minimus** *s. parvus.*

Miniō, ōnis *m Fluss im südl. Etrurien.*

● **minister,** trī *m (minor[2])* Diener, Untergebener, Gehilfe, Helfer [**sermonum** Unterhändler; **legum** Diener, Handhaber; **sceleris; vini** Mundschenk; *(beim Gottesdienst)* **Martis**]; **ministros se praebere in iudiciis oratoribus** den Rednern sagen, was Rechtens ist; **ales fulminis** ~ *vom Adler Jupiters als Träger des Blitzes;* **Calchante -o** mit Hilfe des Kalchas; **-o baculo** m. Hilfe des Stabes.

● **ministerium,** ī *n (minister)* ❶ Dienst(leistung), Amt, Arbeit, Tätigkeit [**nauticum** Matrosendienst; **imperii; facinorum; belli**]; **-o fungi** ausüben;
❷ *(meton.)* Gehilfen, Dienstpersonal;

③ *(mlt.)* Hilfsgerät; Amtsbezirk; Gottesdienst, Messe.

ministra, ae *f (minister)* Dienerin, Gehilfin; **pacis bellique -ae.**

ministrātor, ōris *m (ministro)* ① Diener *(bes. bei Tisch),* Servierer;
② Beistand, Ratgeber;
③ *(mlt.) poculorum* Mundschenk.

ministrātrīx, īcis *f (ministrator)* Gehilfin.

● **ministrō,** ministrāre *(minister)* ① bedienen, aufwarten;
② *(bei Tisch)* bedienen, servieren, einschenken, *(Speisen)* auftragen [**cibos; convivis pocula; Iovi nectar**];
③ darreichen, hergeben, verschaffen [**viros armaque imperio; populo Romano belli adiumenta**]; **vinum, quod verba ministret** *(Hor.)* zu Worten verhilft;
④ besorgen, ausführen, bedienen, handhaben [**naves velis** ausrüsten; **iussa medicorum**];
⑤ *(mlt.)* bei der Messe dienen, Ministrant sein.

minitābundus, a, um *(minitor)* drohend, unter Drohungen.

minitor, minitārī *u. (vorkl.)* **minitō,** minitāre *(Intens. v. minor[1])* (an)drohen [**omnibus bonis cruces et tormenta; urbi ferro ignique**].

minium, ī *n (poet.; nachkl.)* Zinnober, Mennig.

minō, mināre *(nachkl.; spätl.)* (an)treiben [**asinum; equum**].

● **minor[1],** minārī *(minae)* ① *(Verg.)* (drohend) emporragen; **scopulus in caelum minatur;**
② drohen, androhen [**arma** m. Krieg drohen; **alci crucem; alci malum** Schläge; **baculo**];
③ *(Hor.)* bedrohen;
④ *(poet.)* prahlend versprechen, ankündigen, geloben [**multa et praeclara**].

● **minor[2],** minus *Komp. v. parvus.*

minōrō, minōrāre *(minor) (spätl.)* verkleinern, verringern, vermindern; erniedrigen.

i Kultur **Mīnōs,** ōis *m* ① Sohn des Zeus *u.* der Europa, König u. Gesetzgeber auf Kreta, nach seinem Tode Richter in der Unterwelt;
② Enkel des vorigen, König auf Kreta, Gatte der Pasiphaë, ließ Daedalus das Labyrinth erbauen; Nr. 1 u. 2 werden auch als eine myth. Person angesehen, die m. sehr unterschiedlichen Zügen ausgestattet u. erst später aufgespalten wurde; – *Patron.* **Mīnōis,** idis *f* Tochter des Minos = Ariadne *u.* Phädra; – *Adj.* **Mīnō(i)us,** a, um *auch übh.* kretisch.

i Kultur **Mīnōtaurus,** ī *m* Sohn der Pasiphaë u. eines v. Poseidon gesandten Stiers, halb Mensch, halb Stier, v. Minos im Labyrinth v. Knossos *(lat. Gnosus)* auf Kreta eingesperrt, v. Theseus m. Hilfe der Ariadne getötet.

Minturnae, ārum *f Stadt im südl. Latium, in der Nähe der Mündung des Liris, oft v. Cicero aufgesucht;* – *Adj.* **Minturnēnsis,** e.

Minucius, a, um *röm. nomen gentile:* ① Minucia, *eine Vestalin, 337 v. Chr. weg. Übertretung des Keuschheitsgebots des Amts enthoben, verurteilt u. lebendig begraben;*
② M. ~ Rufus, *217 v. Chr. Befehlshaber der Reiterei (magister equitum) unter dem Diktator Q. Fabius Maximus Cunctator im 2 Pun. Krieg;*
③ M. ~ Felix, *röm. christl. Schriftsteller des 3. Jahrhs. n. Chr., Verf. des Dialogs „Octavius" zw. einem Heiden u. einem Christen;*
/ *Adj.* via Minucia *Straße v. Rom nach Brundisium.*

minum … = *minim …*

● **minuō,** minuere, minuī, minūtum *(minus[1])* ① *(poet.)* zerkleinern, zerspalten, zerknicken [**ligna; ramalia**];
② verkleinern, vermindern, verringern [**sumptūs; pretium frumenti** herabsetzen; **gradum**]; – *mediopass., se minuere, auch bloß minuere* sich vermindern, abnehmen, nachlassen, fallen: **minuente aestu** bei eintretender Ebbe; **luna minuens;**
③ *(übtr.)* schwächen, verringern, einschränken, schmälern, beeinträchtigen [**laudem alcis; maiestatem populi; spem; religionem** verletzen; **controversiam** mildern; **potentiam senatūs** beeinträchtigen; **iram** mäßigen; **luctum** dämpfen];
④ *alqm* jmd. schwächen; **consul vulnere minutus.**

● **minus[1]** *Komp. n v. parvus u. Komp. v. parum.*

minus[2], a, um *(vorkl.)* am Bauch kahl [**ovis**].

minusculus, a, um *(Demin. v. minor[2])* etw. klein [**villa; ostium**], etw. kurz [**epistula**].

minūtal, ālis *n (minutus) (nachkl.)* Ragout.

minūtātim *Adv. (minutus)* ① *(vor- u. nachkl.)* stückweise;
② *(übtr.)* schrittweise, nach u. nach [**alqd addere; discere**].

minūtia, ae *f (minutus) (nachkl.)* Kleinheit.

minūtim *Adv. (minutus) (vor- u. nachkl.)* in kleine Stückchen [**frangere**].

minūtiō, ōnis *f (minuo) (Gell.)* Verminderung, Verringerung.

minūtulus, a, um *(Demin. v. minutus) (Plaut.)* ganz klein.

minūtus, a, um *(P. Adj. v. minuo)* ① bis ins Kleinste gehend, minuziös; **-e grandia dicere; minutius rem tractare** allzu detailliert;

2 ganz klein, winzig [**litterae** kleine Schrift; **folia**];
3 *(übtr.)* unbedeutend, kleinlich [**res** Kleinigkeit; **causae** Bagatellprozesse; **plebes** niederes Volk; **imperatores; philosophi; animus** Kleinmut; **versus**].

mīnxī *Perf. v. mingo.*

Minyās, ae *m König v. Orchomenos in Böotien, myth. Stammvater der Minyer, zu denen auch die Argonauten gerechnet wurden;* – **Minyae,** ārum *m* die Minyer, *poet.* = Argonauten; – *Patron.* **Minyēias,** adis *u.* **Minyēis,** idis *f* Tochter des Minyas; – *Adj.* **Minyēius,** a, um des Minyas [**proles**].

mīrābilis, e *(miror)* 1 wunderbar;
2 sonderbar;
3 bewundernswert, erstaunlich, außerordentlich [**pugnandi cupiditas; opus**]; *(m. Sup.)* **mirabile dictu (auditu, visu)** erstaunlich zu sagen (zu hören, zu sehen);
4 *(v. Personen)* verehrungswürdig.

mīrābundus, a, um *(miror)* verwundert, voll Verwunderung.

● **mīrāculum,** ī *n (miror)* 1 Wunder, Wunderding, -werk; **alci -o esse** jmds. Erstaunen erwecken; **adiciunt -a huic pugnae** *(Liv.)*; ~ **magnitudinis** ein Wunder an Größe;
2 *(poet.)* Wundergestalt; **verti (se transformare) in -a;**
3 wunderliche Ansicht; **-a philosophorum;**
4 das Wunderbare, Auffallende *einer Sache* [**victoriae**].

mīrandus, a, um *(miror)* bewundernswert, wunderbar [**altitudo**].

mīrātiō, ōnis *f (miror)* Verwunderung.

mīrātor, ōris *m (miror) (poet.; nachkl.)* Bewunderer [**virtutis etiam in hoste**].

mīrātrīx, īcis *f (mirator) (poet.; nachkl.)* Bewunderin; – *attrib.* bewundernd, sich wundernd.

● **mīri-ficus,** a, um *(mirus u. facio)* bewundernswert, wunderbar, außerordentlich, erstaunlich; sonderbar.

mīri-modīs *Adv. (mirus u. modus) (Kom.)* auf erstaunliche Art.

mirmillō, ōnis *m = murmillo.*

● **mīror,** mīrārī *(mirus)* 1 sich (ver)wundern, staunen *(abs.; m. Akk.; m. A. C. I.; indir. Frages.; quod; si)* [**stultitiam; neglegentiam alcis**]; – *miratus* verwundert;
2 verwundert fragen, gern wissen wollen; etw. auffallend finden;
3 bewundern, anstaunen [**tabulas pictas; Graecarum artium opera**]; – *alqm alcis rei* ~ jmd. wegen etw.;
4 verehren.

● **mīrus,** a, um 1 wunderbar, erstaunlich, auffallend [**alacritas; magnitudo**]; **-um in modum** auf wunderbare Weise, wunderbar; **-um non est** es ist kein Wunder; **-um est, ut** es ist wunderbar, dass; **vixerunt -ā concordiā** *(Tac.)*; **-e gratum** außerordentlich angenehm;
2 seltsam, sonderbar; **sibi -um videri** es käme ihm sonderbar vor;
/ *Verbindungen:* **a) mirum quantum, mirum quam** *od.* **mire quam** *Adv.* erstaunlich, außerordentlich: **mirum quam inimicus erat** außerordentlich feindselig; **mirum quantum profuit; b) quid mirum?** was Wunder? natürlich!; **non (nec) mirum** kein Wunder! natürlich!; **c) mirum nisi** *(od.* **ni***)* es sollte mich wundern, wenn nicht = höchstwahrscheinlich, unstreitig; **d)** *(vorkl.)* **mirum quin** ein Wunder, weshalb nicht = das fehlte noch, dass; doch wohl nicht.

mīs *(altl.) = meis (v. meus).*

Mīsargyridēs, ae *m* (μισαργυρία *„Verachtung des Geldes") (Plaut.) (scherzh. Bildung)* „Geldverächter" *(als Name eines Wucherers).*

miscellānea, ōrum *n (miscellus) (Iuv.)* Mischgericht *(die einfachste Kost der Gladiatoren).*

miscellus, a, um *(misceo) (vor- u. nachkl.)* gemischt [**ludi** *aus mehreren Gattungen v. Spielen zusammengesetzt*].

● **misceō,** miscēre, miscuī, mixtum (*u.* mistum) 1 (ver)mischen, vermengen [**dulce et amarum; picem sulpure; humanis divina; sacra profanis; falsa veris; iram cum luctu**]; **gravitate mixtus lepos; mixta metu spes; mixta modestiā gravitas; mixtus gaudio et metu animus;**
2 vereinigen [**mala cum bonis; tres legiones in unam; alqm dis superis** zuordnen; **curas cum alqo** teilen; **sanguinem et genus cum alqo** sich verheiraten; **manūs** miteinander kämpfen; **vulnera inter se** einander Wunden beibringen]; **se miscere viris** dazukommen; **circa regem misceri** sich scharen um; **mixta corpora** aneinander geschmiegt;
3 *(poet.) misceri (m. Abl.)* verwandelt werden in;
4 zurechtmischen [**pocula; aconita** Gifttränke aus Eisenhut];
5 hervorrufen, erregen, erzeugen [**motūs animorum; mala; incendia; proelia (certamina)** sich einlassen in];
6 verwirren, in Unordnung bringen [**caelum terramque** heftigen Sturm erregen; **caelum ac terras** Himmel und Erde erregen, großen Lärm machen; **omnia** alles über den Haufen werfen; **animos** beunruhigen; **omnia maria caelo** zum Himmel türmen, heftigen Sturm erregen; **plura** mehr Unordnung erregen, *(polit.)* weitere Unruhen stiften; **plurima** alles in Unordnung bringen; **malis contionibus rem publicam**];
7 m. etw. erfüllen [**domum gemitu; omnia flammā ferroque**].

misellus, a, um *(Demin. v. miser)* recht unglücklich, elend.

M

Mīsēnum, ī *n (erg. promunturium),* **Mīsēnus,** ī *m (erg. mons) u.* **Mīsēna,** ōrum *n Stadt u. Vorgeb. in Kampanien an der Bucht v. Bajä (westl. v. Neapel), seit Augustus wichtiger Kriegshafen, j.* Cap di Miseno; – *Adj.* **Mīsēnēnsis,** e.

● **miser,** era, erum *(Adv.* -ē *u.* -iter) ❶ elend, unglücklich [**cultūs** *(Gen.)* in der Lebensweise]; **habere alqm miserum (miserrimum)** jmd. plagen (sehr plagen);
❷ *(v. Sachen)* kläglich, ärmlich, armselig, erbärmlich [**praeda; carmen; fortuna; mors** bitter; **consolatio**]; **-e vivere; miserum est** *(m. Inf.)* es ist ein Elend; **usque adeone mori miserum est?** ist denn der Tod ein so großes Elend?; **ita vivere miserrimum est** ist ein wahrer Jammer; *als Ausruf:* **miserum!** wie traurig! wie schmerzvoll!;
❸ *(poet.)* krank, leidend [**latus caputve**];
❹ *(Ter.) (übtr.)* erbärmlich, verachtenswert; **hominem perditum miserumque!** der verworfene Kerl!;
❺ *(poet.)* leidenschaftlich [**amor**].

● **miserābilis,** e *(miseror)* ❶ *(pass.)* beklagenswert, kläglich, jämmerlich [**aspectus**]; *(m. Sup.)* **miserabile visu** zu sehen;
❷ *(akt.)* klagend [**vox; elegi**]; **litterae miserabiliter scriptae; miserabiliter deflere orbitatem suam.**

miserandus, a, um *(miseror)* beklagenswert, jämmerlich [**fortuna**]; **-um in modum** auf jämmerliche Art; *(m. Sup.)* **-um auditu** zu hören.

miserātiō, ōnis *f (miseror)* ❶ das Bedauern, Beklagen, Mitgefühl;
❷ *(meton.)* rührender Vortrag, ergreifende Schilderung.

● **misereor,** miserērī, miseritus sum, *auch* misereō, miserēre, miseruī, miseritum *(miser)* sich erbarmen, Mitleid haben mit *(m. Gen.)* [**laborum tantorum; sociorum**]; – *unpers.* me **miseret,** *seltener* me **miserētur** *(m. Gen.)* es tut mir Leid um, ich bedauere [**tui; illius**].

miserēscō, miserēscere, – – *(Incoh. v. misereo) (poet.)* sich erbarmen, Mitleid haben mit *(m. Gen.)* [**regis; generis tui**]; – *auch unpers.* **miserēscit** me [**mei**].

miseret, miserētur *s. misereor.*

● **miseria,** ae *f (miser)* ❶ Elend, Unglück, Leid, Jammer; **in -a esse; in -is versari; alqm ex -is eripere; spes sola hominem in -is consolari solet** *(Cic.);*
❷ *(Ter.)* Beschwerde, Mühe, Last;
❸ Ängstlichkeit;
❹ *personif.* **Miseria** *Tochter des Erebus u. der Nox.*

● **misericordia,** ae *f (misericors)* ❶ Mitleid, Barmherzigkeit *(mit, gegen: Gen.)* [**viri**]; **-ā commoveri; ad alcis -am confugere;**
❷ das Bemitleidetwerden, Mitgefühl anderer; **-am habere** verdienen; **alqd magna cum -a pronuntiare** unter großer Anteilnahme; **-ā valere.**

miseri-cors, *Gen.* cordis *(miser u. cor)* mitleidig, barmherzig [**animus; mendacium; mors; leges;** *(in m. Akk., selten in m. Abl.)* **in suos; in furibus**]; **testis in re misericordem se praebuit** *(Cic.).*

miseriter *Adv. v. miser.*

● **miseror,** miserārī *(miser)* bemitleiden, beklagen, bedauern, bejammern [**fortunam alcis; casum; se**].

mīsī *Perf. v. mitto.*

missa, ae *f (Eccl.)* Messe.

missale, lis *n (missa) (mlt.)* Messbuch.

missīcius, a, um *(mitto) (nachkl.)* aus dem Kriegsdienst entlassen, abgedankt.

missiculō, missiculāre *(mitto) (Plaut.)* oft schicken.

missile, lis *n, meist Pl.* missilia *(missilis)* Geschoss.

missilis, e *(mitto)* werfbar, Wurf- [**lapis** *u.* **saxum** Schleuderstein; **ignis** Brandpfeil; **telum** *u.* **ferrum** Wurfgeschoss].

missiō, ōnis *f (mitto)* ❶ das Abschicken, Absenden [**legatorum**];
❷ Freilassung *eines Gefangenen;*
❸ Abschied aus dem Kriegsdienst; Dienstentlassung [**iniusta; gratiosa** aus Gunst; **honesta**];
❹ Befreiung der Gladiatoren *vom weiteren Fechten f. einen Tag;* Pardon, Gnade; **gladiatori laeso missionem petere; sine missione** ohne Begnadigung, bis zum Tode;
❺ Schluss [**ludorum**];
❻ *(nachkl.) sanguinis* Aderlass;
❼ *(Petr.)* Befreiung v. der Strafe; **missionem rogare; missionem dedit puero.**

missitō, missitāre *(Frequ. v. mitto)* wiederholt schicken [**auxilia**].

missor, ōris *m (mitto)* Schütze.

missus[1] *P. P. P. v. mitto.*

missus[2]**,** ūs *m (mitto)* ❶ Sendung, Auftrag, *nur Abl.:* **missu alcis** in jmds. Auftrag [**regis**];
❷ Wurf, Schuss [**pili; sagittae**];
❸ *(nachkl.)* Gang *(der Gladiatoren);*
❹ *(nachkl.)* Wagenrennen.

mistus *s. misceo.*

mīte *Adv. v. mitis.*

mitella, ae *f (Demin. v. mitra) (nachkl.) seidene* Kopfbinde, *die griech. Frauen, später röm. Freudenmädchen trugen.*

mitellīta cēna, ae *f (mitella) (Suet.)* Festmahl, *bei dem den Gästen Kopfbinden überreicht wurden.*

mītēscō, mītēscere *(mitis)* ❶ mild, reif werden; **uvae, mala, piri, poma mitescunt;**
❷ *(poet.; nachkl.)* weich werden;
❸ *(übtr.)* sich mildern, nachlassen, sich legen;

mitescit seditio, ira, discordia;
④ zahm, friedlich werden; **ferae quaedam numquam mitescunt** *(Liv.)*; **nemo adeo ferus est, ut non ~ possit** *(Hor.)*.

i Kultur **Mithrās** *u.* **-ēs,** ae *m pers.* Lichtgott, später als Sonnengott (= Sol invictus) in Rom verehrt u. über das ganze Reich verbreitet; zahlreiche Altäre haben sich auch im röm. Germanien gefunden.

i Kultur **Mithridātēs,** tis *m* (= Mithradates) Name der Könige v. Pontus: ~ VI. Eupator (etwa 132–63 v. Chr.), langjähriger, in vielen Kämpfen siegreicher Feind Roms; v. Pompeius besiegt, ließ er sich durch einen seiner Söldner töten; – *Adj.* **Mithridāticus** *u.* **Mithridātēus,** a, um.

mīti-ficō, ficāre *(mitis u. facio)* ① weich machen; verdauen [**cibum**];
② *(Gell.) (übtr.)* zur Reife bringen [**ingenium**];
③ *(nachkl.)* zähmen [**elephantum**];
④ *(Gell.) alqm* besänftigen.

mītigātiō, ōnis *f (mitigo)* Milderung, Besänftigung.

mītigō, mītigāre *(mitis u. ago)* ① mild, reif, weich, locker machen [**fruges; cibum** weich kochen; **agros** auflockern];
② mildern, lindern [**dolorem; legis acerbitatem; tristitiam et severitatem; militum iras; molestiam; labores**]; – *Pass.* milder werden;
③ besänftigen, versöhnen [**alqm pecuniā; alcis animum**].

● **mītis,** e ① mild, weich, reif [**poma; sucus; solum** locker; **caelum** mildes Klima]; *(übtr.)* **Thucydides fuerat maturior et mitior** reifer und milder, genießbarer;
② zahm, friedlich [**lupa; taurus**];
③ sanft, mild [**verba; responsa; oratio; ingenium; fluvius** sanftströmend].

mitra, ae *f (gr. Fw.)* ① Kopfbinde, Mitra, Turban *der Orientalen, in Griechenland u. Italien nur v. Frauen u. weibischen Männern getragen;*
② *(spätl.)* Bischofshut.

mitrātus, a, um *(mitra) (poet.; nachkl.)* eine Mitra (einen Turban) tragend.

● **mittō,** mittere, mīsī, missum ① schicken, senden [**legatos ad Caesarem; alci subsidium** *od.* **auxilia; damnatum in exilium; exercitum sub iugum** unter das Joch; **alqm ad bellum; alqm in negotium** jmd. handeln lassen; **alqm alci auxilio** *od.* **subsidio** jmd. jmdm. zu Hilfe schicken; **orbem sub leges** unterwerfen; **iudices in consilium** sich beraten lassen; **centurias in suffragium** abstimmen lassen; *(wegen etw.: de)* **legatos de deditione;** *(der Zweck wird ausgedrückt durch: Dat. finalis; Sup.; ut; qui m. Konj.; Inf.)* **equitatum praesidio** zum Schutz; **eum in Asiam bellatum**]; **misit legatos, ut nuntiarent; misit nuntios, qui postularent; legati auxilii rogandi causa** *(od.* **ad auxilium rogandum)** **missi sunt;**
② werfen, schleudern, stoßen, stürzen [**pila; discum in auras; lapides; tela; alqm praecipitem ex arce; corpus e turribus in castra; corpus saltu ad terram** zu Boden springen; **panem cani** hinwerfen; **arma** wegwerfen]; – *se ~ u. mediopass. mitti* sich stürzen [**in flumen; ab aethere; in eos** angreifen];
③ *(übtr.)* stürzen, treiben, bringen [**alqm in pericula; alqm in fabulas** ins Gerede bringen; **alqm in iambos** jmd. zu Schmähliedern hinreißen; **Hesperiam sub iuga** unterjochen]; – *se ~ u. mediopass.* sich stürzen [**in foedera** sich einlassen in];
④ geleiten; **Mercurius animas in (sub) Tartara mittit; fines Italos mittēre (= mitteris)** du wirst unter dem Schutz der Götter gelangen zu;
⑤ bereiten [**funera Teucris**];
⑥ einflößen, schenken [**mentem alci**];
⑦ schenken, widmen, zusenden [**munera; librum ad alqm**];
⑧ *(poet.)* liefern, stellen [**ebur; electra**];
⑨ sagen lassen, melden [**alci salutem** grüßen lassen];
⑩ an jmd. schreiben [**epistulam**];
⑪ entsenden, v. sich geben, v. sich ausströmen lassen [**timoris signa; vocem pro alqo** *od.* **apud alqm** erheben]; **luna mittit lucem in terras; mittit animus mortalia signa** gibt Merkmale sterblicher Abkunft von sich;
⑫ gehen lassen, laufen lassen, loslassen [**quadrigas** aus den Schranken lassen; **leonem e cavea**];
⑬ *(Versammlungen)* aufheben, entlassen [**senatum**];
⑭ *aus dem Dienst* entlassen [**tribunos; exercitum**], *meist* **alqm missum facere: tribunos missos facere;**
⑮ jmd. freilassen, freigeben [**exercitum; servum manu**];
⑯ etw. aufgeben, sein lassen, bleiben lassen [**certamen;** *(m. Inf.)* **precari**]; **missis ambagibus** ohne Umschweife, geradeheraus;
⑰ *(in der Rede) m. Stillschweigen* übergehen *(m. Akk.; de; quod)* [**proelia**];
⑱ *(med. t. t.)* **sanguinem ~** einen Aderlass vornehmen.

mītulus, ī *m (gr. Fw.) (poet.; nachkl.)* Miesmu-

M

schel.

mixtim *Adv. (misceo) (Lucr.)* vermischt.

mixtūra, ae *f (misceo)* (Ver-)Mischung, Vereinigung [**vitiorum atque virtutum**].

mixtus *P.P.P. v. misceo.*

Mnēmōn, onis *Beiname des Artaxerxes II.*

Mnēmonides, dum *f (Akk. Pl.* -as) die Musen, *Töchter der Mnemosyne.*

Mnēmosynē, ēs *f Göttin der Erinnerung, des Gedächtnisses, Mutter der Musen.*

mnēmosynum, ī *n (gr. Fw.)(Cat.)* Andenken.

● **mōbilis,** e *(moveo)* ❶ beweglich, leicht zu bewegen, biegsam [**oculi; aër; folia; lingua; digiti**];

❷ *(poet.; nachkl.)* schnell, flink [**manibus; pedibus; rivi; venti**]; **mobiliter excitari** leicht; – *übtr.* rege [**ingenium**];

❸ heftig [**ardor**];

❹ leicht erregbar [**mens**];

❺ lenkbar [**aetas**];

❻ unbeständig, wankelmütig [**populus; animus; voluntas; in consiliis capiendis**].

mōbilitās, ātis *f (mobilis)* ❶ Beweglichkeit, Schnelligkeit, Gewandtheit [**linguae; corporum; animi; fulminis; venti**];

❷ Veränderlichkeit, Unbeständigkeit, Wankelmut [**fortunae; animi; vulgi**].

mōbilitō, mōbilitāre *(mobilis) (Lucr.)* beweglich machen.

moderābilis, e *(moderor) (Ov.)* gemäßigt.

moderāmen, minis *n (moderor) (Ov.)* ❶ Lenkungsmittel, *bes.* Steuerruder [**navis**];

❷ Lenkung.

moderāmentum, ī *n (moderor) (nachkl.)* Lenkungsmittel; Längenmessung [**vocum**].

moderanter *Adv. (moderans, Part. Präs. v. moderor) (Lucr.)* m. Mäßigung, maßvoll.

moderātim *Adv. (moderatus) (Lucr.)* gemäßigt, allmählich.

● **moderātiō,** ōnis *f (moderor)* ❶ Mäßigung, das Maßhalten, Selbstbeherrschung [**animi**];

❷ rechtes Maß *od.* Verhältnis, Harmonie [**dicendi; vocis** Artikulation];

❸ Milde, Schonung [**imperii; animi**];

❹ das Zügeln [**effrenati populi; rei familiaris** Einschränkung];

❺ Regelung, Lenkung, Leitung, Herrschaft, Regierung [**mundi; divina in homines**].

moderātor, tōris *m (moderor)* ❶ Lenker, Leiter [**rei publicae; equorum; exercitūs** Anführer; **harundinis** Fischer; **iuventae** Lehrer; **gentium**];

❷ *(nachkl.)* der Mäßigung übt *od.* der etw. mäßigt *(abs. od. m. Gen.).*

moderātrīx, īcis *f (moderator)* ❶ Lenkerin, Leiterin;

❷ die Mäßigung übt *(m. Gen.)*; **temperantia est ~ omnium commotionum** *(Cic.).*

● **moderātus,** a, um *(moderor)* ❶ *(v. Sachen)* gemäßigt, mäßig, Maß haltend [**oratio; convivium; venti; imperium; doctrina**];

❷ *(v. Personen)* besonnen, ruhig, gefasst, mäßig, taktvoll; **-e ius dicere.**

modernus, a, um *(modo) (spätl.)* neu, jetzig, heutig.

● **moderor,** moderārī *(modus)* ❶ mäßigen, zügeln, in Schranken halten, im Zaume halten *(m. Dat. od. Akk.)* [**leonibus; orationi; irae; cursui navium** langsamer segeln; **gentibus; incitatos equos; animos in rebus secundis; linguam**];

❷ lenken, leiten *(abs., m. Akk. od. Dat.)* [**frena imperii; fidem** die Saiten melodisch schlagen; **religionem** Bestimmungen über Religion treffen];

❸ etw. nach etw. einrichten *(alqd re od. ex re)* [**suo arbitrio cantūs; non voluptate, sed officio consilia**].

● **modestia,** ae *f (modestus)* ❶ Mäßigung, Selbstbeherrschung, Besonnenheit, Milde, Schonung;

❷ maßvolle Haltung, Bescheidenheit, Anspruchslosigkeit [**in omni vita; in dicendo**]; *(übtr.)* ~ **vitae** anspruchsloses Leben;

❸ (williger) Gehorsam, *(milit.)* Fügsamkeit, bereitwillige Folgsamkeit; **in milite -am et continentiam desiderare; militum in agmine laudare -am;**

❹ Anstand, Wohlverhalten, Ehrbarkeit, Sittsamkeit; **neque sumptui neque -ae suae parcere** kein Opfer an Geld u. Ehre scheuen;

❺ *(stoischer t. t.)* Zeitgemäßheit (= εὐταξία), *Fähigkeit, zur rechten Zeit das Richtige zu tun u. zu sagen;*

❻ *(nachkl.)* Milde [**hiemis**].

● **modestus,** a, um *(vgl. moderor)* ❶ Maß haltend, maßvoll, besonnen, gelassen [**imperium; ius**]; **rebus secundis -e uti;**

❷ bescheiden, anspruchslos [**mores; servitia**];

❸ loyal, gesetzestreu [**civis; plebs**];

❹ *(bes. milit.)* gehorsam, an Unterordnung gewöhnt;

❺ den Sitten entsprechend, ehrbar [**vultus; oculi; verba; pudor** Zartgefühl].

modiālis, e *(modius) (Plaut.)* einen Scheffel fassend.

● **modicus,** a, um *(modus)* ❶ maßvoll, gemäßigt, mäßig [**genus dicendi; equites, senatores** von mäßigem Vermögen]; **-e locuples** ziemlich wohlhabend; **-o gradu ire;**

❷ passend, angemessen [**supellex**];

❸ mittelmäßig;

❹ klein, gering(fügig), wenig [**murus** niedrig; **amnis** nicht tief; **acervus;** *(in Bezug auf etw.: Gen.)* **virium; originis** v. geringer Abkunft]; **Graecis hoc -um est** nicht häufig bei den Griechen;

❺ gemäßigt, besonnen, gelassen *(in etw.: Gen. od. Abl.)* [**voluptatum; zephyri**]; **ferre**

modice;
6 bescheiden, anspruchslos; **animus belli ingens, domi ~; contentus nomine -o tutoris;**
7 *(polit.)* loyal, gesetzestreu.

modificātiō, ōnis *f (modifico) (nachkl.)* richtige Abmessung; **versuum lex et ~.**

modi-ficō, ficāre *(modus u. facio)* 1 richtig abmessen;
2 umformen.

modius, ī *m (Gen. Pl. meist* modiûm) *(modus)* der Scheffel *(röm. Getreidemaß, 8,75 l, 16 sextarii enthaltend); übtr.:* **pleno -o** reichlich.

● **modo** *(im Vers auch modō; Abl. Sg. v. modus, eigtl. „m. Maßen")* **I.** *Adv.* 1 *(zeitl.)* **a)** *(v. der Vergangenheit)* eben (gerade), eben erst, jüngst, vor kurzem; **~ egens, repente dives; ex tanto ~ regno** unmittelbar nach dem Besitz eines so großen Reiches; **b)** *(selten v. der Zukunft)* sogleich, bald darauf, in Kürze; **vagabitur ~ tuum nomen longe; ~ perturbatus; c)** *(selten v. der Gegenwart)* jetzt, eben, gerade (jetzt); **d)** *(korrespondierend)* **modo ... modo** bald ... bald;
2 *(modal)* **a)** nur; **nam circi ~ spectaculum fuerat; res delectationem ~ habet, non salutem;** – *in neg. Sätzen:* auch nur: **impetum ~ ferre non potuerunt; nemo eorum progredi ~ extra agmen audeat; b)** *beim Komp.* nur noch; **~ magis** nur noch mehr; **c)** *in Aufforderungs- u. Wunschsätzen beim Imp. u. Konj.* nur, doch nur; **vide ~** sieh doch nur!; **veniat ~; d)** *in Relativsätzen:* **qui modo** wer überhaupt, vorausgesetzt dass er nur; **e)** *Verbindungen:* **si modo** *m. Ind.* wenn nur; **modo ut** *m. Konj.* nur vorausgesetzt dass, *verneint:* modo ne; **modo non** fast, beinahe; **non modo ... sed** *(od.* **verum) etiam** nicht nur ... sondern auch; **non modo ... sed** *entweder positiv* nicht nur ... nein sogar *(od.* nein vielmehr, sondern vielmehr) *od. negativ* ich will nicht sagen ... sondern (auch) nur; **non modo non ... sed etiam** (sed; sed potius) nicht nur nicht ... sondern sogar (sondern vielmehr): **dies non ~ non levat hunc luctum, sed etiam auget; non modo (non) ... sed ne ... quidem** nicht nur nicht ... sondern nicht einmal: **non ~ tibi non irascor, sed ne reprehendo quidem tuum factum;**
II. *Kj. m. Konj.* wenn nur, wofern nur, *verneint:* modo ne; **~ Iuppiter adsit.**

modulāmen, minis *u.* **modulāmentum,** ī *n (modulor) (Gell.)* Melodie; Wohlklang.

modulātiō, ōnis *f (modulor)* Takt, Rhythmus.

modulātor, tōris *m (modulor) (Hor.)* Komponist, Musiker.

modulātus, a, um *(P. Adj. v. modulor)* taktmäßig, musikalisch, melodisch [**carmen; vox**]; **tibiae -e canentes.**

modulor, modulārī *(modulus)* 1 nach dem Takt abmessen; **sonum vocis pulsu pedum ~** zum Gesang den Takt m. den Füßen schlagen; **hominum aures vocem modulantur** fühlen das Melodische;
2 *(poet.; nachkl.)* melodisch singen [**carmina**], taktmäßig spielen [**lyram**], melodisch begleiten [**arundine carmen**];
3 *(Plin.)* einrichten, regeln; **ita modulante naturā.**

modulus, ī *m (Demin. v. modus)* Maß, Maßstab.

● **modus,** ī *m* 1 Maß, Maßstab [**fortunae**];
2 *(konkr.)* Maß, Größe, Menge, Länge, Umfang [**agri; hastae; trunci; humanarum virium**];
3 Zeitmaß, Takt, Rhythmus, Melodie, Weise, Musik, *meist Pl.* [**lyrici; citharae**]; **vertere -um** den Ton umstimmen; **ad tibicinis -os saltare; flebilibus -is concinere;** *übtr.* **-os numerosque vitae ediscere;**
4 *(übtr.)* Ziel, Grenze, Einschränkung [**in dicendo; ludendi; vitae** Lebensziel]; **extra** *(od.* **praeter, supra**) **-um** übermäßig, über die Maßen; **sine -o** maßlos; **-um facere** *(m. Dat.)* Maß u. Ziel, eine Grenze setzen [*sumptibus; irae*], *ebenso:* **-um imponere** *(alci, alci rei od. alcis rei)* [*magistratui; rebus secundis; inimicitiarum*];
5 das Maßhalten, Mäßigung; **-um habere** *od.* **adhibere** Maß halten, sich beschränken; **~ et constantia;**
6 Vorschrift, Regel; **-um belli et pacis facere alci;**
7 Art u. Weise [**vitae** Lebensweise]; **mirum in -um** wunderbarerweise; **nullo -o** keineswegs, keinesfalls; **omni modo** auf jede Art u. Weise; **aliquo -o** einigermaßen; **quodam -o** gewissermaßen; **multis -is** vielfach; **maiorem in -um** in höherem Grade, mehr; **quem ad -um** wie; – **modo, ad modum, in modum** *m. Gen.* nach Art von, wie: **servorum -o; torrentis -o; in vaticinantis -um; – hoc modo, ad (in) hunc modum** auf diese Weise, folgendermaßen: **ad hunc -um loqui;**
8 *(spätl.)* **a)** in Strophen gefasster Gesang; **b)** Inhalt [**epistulae**].

moecha, ae *f (moechus) (poet.)* Ehebrecherin.

moechissō, moechissāre *(gr. Fw.) (Plaut.)* m. jmdm. Ehebruch treiben, jmd. vergewaltigen *(m. Akk.).*

moechor, moechārī *(moechus) (poet.)* Ehebruch treiben; huren.

moechus, ī *m (gr. Fw.) (poet.)* Ehebrecher.

● **moenia**[1], ium *n (altl. auch Sg.* moene; *vgl. munio)* 1 Stadtmauer(n) [**altissima**]; **moenibus urbem cingere; scalas moenibus admovere;**
2 Mauerdamm;
3 Festungswerke, Befestigung;

M

4 *(übtr.)* Schutz(wehr); **Alpes ~ Italiae;**
5 die Gebäude in der Stadt, Stadt [**circumdata muro**]; **moenia condere;**
6 Gebäude, Haus, Wohnsitz;
7 *(poet.)* Wände, Umfang [**navis** Schiffswände; **theatri; mundi; caeli**].

moenia², ium *n (altl.) = munia.*

moenīmentum, ī *n (altl.) = munimentum.*

moeniō, moenīre *(altl.) = munio.*

Moenus, ī *m* der Main.

moenus, neris *n (altl.) = munus.*

moerus, ī *m (altl.) = murus.*

Moesia, ae *f röm. Provinz an der unteren Donau (Serbien, Bulgarien u. Rumänien); – Einw.* **Moesī,** ōrum *m; – Adj.* **Moesiacus,** a, um.

Mogontiacum, ī *n* Mainz.

mola, ae *f (molo)* 1 Mühlstein, *Pl.* Mühle;
2 *(meton.)* (Opfer-)Schrot, grob gemahlenes Mehl [**salsa**];
3 *(Plaut.) (personif.)* **Mola** *(Gen. -ās) Mühlgöttin.*

molāris *(mola) (poet.; nachkl.)* **I.** *Adj.* e Mühlstein-, so groß wie ein Mühlstein [**saxum**]; zum Mahlen gehörig [**dens**];
II. *Subst.* is *m (Abl. Sg. -e u. -ī)* 1 *(erg. lapis)* Mühlstein; Felsblock;
2 *(erg. dens)* Backenzahn.

molendīnum, ī *n (molo) (spätl.)* Mühle.

● **mōlēs,** is *f* 1 Masse, Last, Wucht [**rudis; clipei**]; **tantae corporum moles** Kolosse;
2 Steindamm, Mole; **molem in mare iacere** *od.* **agere; ~ naturalis obiecta** Sandbank; **mole lapidum a mari disiunctus;**
3 *(poet.)* Klippe, Felsenriff;
4 massiger Bau [**equi** des Trojanischen Pferdes]; **sepulcrum ingenti mole; insanae substructionum moles** ungeheure Kolosse von Bauten; **exstructae moles;**
5 riesiges Gebäude [**marmoreae; regiae; propinqua nubibus**];
6 *(poet.)* sich türmende Wogenmasse, Sturmwoge; **venti moles tollunt;**
7 Kriegsmaschine; **urbem molibus oppugnare;**
8 Heeresmasse; **densa mole ad muros ferri; totā mole belli secuturus;**
9 *(übtr.)* Schwere, Stärke, Größe [**mali; curarum; belli; imperii** Riesenmacht]; **belli molem ciere** die ganze Kriegsmacht aufbieten;
10 Anstrengung, Mühe, Schwierigkeit, Not; **maiore mole pugnare; minor ~ fuit; tantae molis erat** *(m. Inf.)* so viel Mühe kostete es, so schwer war es;
11 *(mlt.) Hadriani* Grabmal des Hadrian, *sog.* Engelsburg.

● **molestia,** ae *f (molestus)* 1 Beschwerlichkeit, Last, Belästigung [**navigandi** Seekrankheit]; **sine -a tua** ohne dich zu belästigen;
2 Verdruss, Ärger, Unannehmlichkeit, Unwille [**animi**]; **afferre alci -am; augere vitae -as; -am capere ex alqa re; consequi nihil -ae** keine Beschwerde nach sich ziehen; **habeo illam -am, quod** (dass); **vindicare alqm a -a** machen, dass jmd. unbehelligt bleibt;
3 *(rhet.)* Affektiertheit, das Gesuchte, Künstelei; **Latine loquendi accurata et sine -a diligens elegantia.**

molestō, molestāre *(molestus) (Petr.)* belästigen, stören.

● **molestus,** a, um *(moles)* 1 beschwerlich, lästig, unangenehm, langweilig [**onus; labor**];
2 verdrießlich, ärgerlich [**lites**]; *Adv.* ungern; **-e ferre alqd** über etw. unwillig sein;
3 gesucht, affektiert, gekünstelt [**verba; veritas**]; **-e scribere.**

mōlīmen, minis *u.* **mōlīmentum,** ī *n (molior)* 1 Bemühung, Anstrengung, Beschwerlichkeit, Gewalt; **molimen sceleris** verbrecherisches Bemühen; **res suo ipsa molimine gravis** durch ihre Ausführung; **pinum revellere magno molimine; rerum molimina** Staatsumsturz; **adminicula parvi molimenti** Maschinen v. geringer Kraft; **non sine magno molimento** mit vielen Umständen;
2 *(Ov.)* Bau [**vastum**].

● **mōlior,** mōlīrī *(moles)* **I.** *trans.* 1 *(eine Last)* in Bewegung setzen, mühsam fortbewegen [**currum; terram aratro** umpflügen; **ancoras** aufwinden, lichten; **habenas** handhaben; **gentes (classem)** mobilmachen; **montes sede suā** versetzen; **corpora ex somno** aus dem Schlaf reißen];
2 schwingen, schleudern [**bipennem in vites** schwingen gegen; **ferrum; ignem; fulmina; sagittas in pectus**];
3 sprengen, zerstören [**portas; fundamenta murorum ab imo**];
4 *(übtr.)* untergraben [**fidem** den Kredit];
5 (mühsam) zustande bringen, errichten, bauen, schaffen, bewältigen [**arcem; muros; classem; iter** den Weg fortsetzen; **viam** *od.* **aditum** sich bahnen; **laborem** bestehen]; **flumen insulas molitur** bildet; **aggere tecta ~** Stadt und Wall bauen;
6 *(Zustände)* erzeugen, erregen, bereiten, erwecken [**moram; morbos**]; **hae sunt in animis iudicum oratione molienda;**
7 etw. unternehmen, beginnen, beabsichtigen, vorhaben, erstreben [**insidias avibus** nachstellen; **bellum; sibi imperium** sich zu verschaffen suchen; **proficisci in Persas**]; **nihil est quod moliare** dein Bemühen ist vergeblich; **~ crimina et accusatorem** anstiften; **~ alci alqd calamitatis;**
II. *intr.* 1 sich in Bewegung setzen, aufbrechen [**hinc**];
2 sich abarbeiten, sich rühren, sich abmühen *(abs., de od. in re)* [**adversus fortunam** ankämpfen; **in insulam navibus** sich heranarbeiten].

mōlītiō, tiōnis *f (molior)* ❶ das Niederreißen [**valli**];
❷ Vorbereitung [**muneris**].

mōlītor, tōris *m (molior)* Erbauer, Unternehmer, Veranstalter, Urheber [**mundi; ratis; caedis; scelerum**].

mōlītrīx, rīcis *f (molitor) (Suet.)* Veranstalterin.

molitus *P.P.P. v. molo.*

mollēscō, mollēscere, – – *(mollis) (poet.; nachkl.)* ❶ weich werden; **mollescit ebur;**
❷ sanft werden, kultiviert werden; **pectora artibus mollescunt;**
❸ weichlich werden, erschlaffen.

mollicellus, a, um *(Demin. v. mollis) (Cat.)* recht zart [**manus**].

molliculus, a, um *(Demin. v. mollis) (poet.)* recht zart; zärtlich.

mollīmentum, ī *n (mollio) (Sen.)* Linderungsmittel.

● **molliō,** mollīre *(mollis)* ❶ weich machen, erweichen, geschmeidig machen [**ceram pollice; artūs oleo; ferrum** schmelzen; **agros** auflockern; **cibum vapore**];
❷ mildern, mäßigen [**clivum** die Steilheit; **opus** erleichtern; **imperium; poenam**]; **frumenti et tributorum exactionem ~;**
❸ *(poet.)* veredeln [**fructūs feros colendo**];
❹ verweichlichen [**legionem**];
❺ besänftigen, zähmen, bändigen, zügeln [**iras; animos; impetum**]; **Hannibalem exsultantem patientiā suā molliebat;**
/ *Imperf. Akt. (Ov.) mollībam = molliēbam.*

molli-pēs, *Gen.* pedis *(mollis)* weichfüßig, schleppfüßig [**boves**].

● **mollis,** e ❶ weich, locker, zart [**cera; gramen; litus** mit lockerem Sand; **genae; cervix; humus; pratum** grasreich];
❷ biegsam, elastisch, gelenkig, geschmeidig [**bracchia; artūs digitorum; colla equorum; arcus** schlaff, leicht zu spannen; **internodia; iuncus**]; **molliter membra movere;**
❸ mild, sanft, gelind, lind [**zephyri, aurae** sanft wehend; **vinum; aestas; Euphrates**];
❹ sanft sich erhebend *od.* abfallend [**litus; iugum**];
❺ behaglich, angenehm [**somni; otia; quies; inertia**];
❻ *(rhet.)* weich, fließend [**oratio; versūs; genus sermonis; carmen**];
❼ sanft, freundlich, gelassen, ruhig [**verba; animus; preces; vultus; sententiae**]; **molliter loqui; iussa** *(od.* **imperia) haud mollia** hart; **rem in mollius referre** gemildert darstellen; **mollissimā viā** auf die schonendste Weise;
❽ zärtlich, rührend [**versūs** Liebeslieder; **verba**];
❾ *für Eindrücke* leicht empfänglich (für *etw.: ad u. in alqd),* nachgiebig, zartfühlend [**homo; cor, pectus** empfindsam; **auriculae** den Schmeicheleien leicht zugänglich]; **animus ~ ad accipiendam offensionem; ~ in obsequium** leicht geneigt zu; **hora mollior votis** günstiger; **homo mollissimo animo** leicht zu rühren; **nimis molliter aegritudinem pati** sich dem Unmut allzu sehr hingeben;
❿ weichlich, schwach, verzärtelt, energielos [**corpora Gallorum; disciplina; inertia**]; **infirmus mollisque naturā; solutus et ~ in gestu; in dolore mollior;** – *Subst. m* Weichling, Schwächling;
⓫ ängstlich, zaghaft;
⓬ wollüstig, unzüchtig.

mollitia, ae *u.* **mollitiēs,** ēī *f (mollis)* ❶ Beweglichkeit, Biegsamkeit, Geschmeidigkeit;
❷ Zärtlichkeit, Sanftmut, Empfindsamkeit [**animi**];
❸ Weichlichkeit, Schwäche, Schlaffheit, Mangel an Energie [**animi; decretorum** schwächliche Erlasse];
❹ Üppigkeit, Ausschweifung; **civitatum mores lapsi ad -am;**
❺ Wollust [**corporis**].

mollitūdō, dinis *f (mollis)* Weichheit; Zartheit, Empfindsamkeit [**humanitatis**].

molō, molere, moluī, molitum mahlen.

Molō, ōnis *m Beiname des griech. Rhetors Apollonius v. Rhodos.*

molocinārius, ī *m (gr. Fw.) (Plaut.)* Schneider v. Malvenkleidern *(v. Kleidern, die aus den Stängelfasern der Malven gewebt waren).*

Molorchus, ī *m armer Winzer b. Nemea in Griechenland (Herkulessage);* – *Adj.* **Molorchēus,** a, um [**tecta**].

Molossis, idis *f Landschaft im östl. Epirus (Nordgriechenland);* – *Einw.* **Molossī,** ōrum *m;* – *Adj.* **Molossus** *u.* **Molossicus,** a, um; – *Subst.* **Molossus,** ī *m* Molosserhund.

moluī *Perf. v. molo.*

mōly, yos *n (gr. Fw.) (poet.; nachkl.) Wunderkraut, das Hermes als Gegenmittel gegen die Zauberei der Kirke benutzte.*

mōmen, mōminis *n (moveo) (Lucr.)* Bewegung; Anstoß.

● **mōmentum,** ī *n (moveo)* ❶ Bewegungskraft;
❷ Druck, Stoß; **arbores levi -o impulsae occiderunt; ut -a parva sequantur;**
❸ Verlauf, Umlauf; **horae -o** im Verlauf einer Stunde;
❹ Zeitabschnitt, Zeitraum; **natura parvis -is multa mutat;**
❺ Augenblick, Moment; **in occasionis -o** im günstigen Augenblick; **-o (temporis)** im Nu;
❻ Beweggrund;
❼ Wichtigkeit, Gewicht, Bedeutung, Wert, Geltung; **magno -o esse ad alqd; levioris -i consultatio** unwichtigere; **ne quid -i gratia faceret; parvo -o antecedere** um eine geringe Distanz; **haud parvum -um adicere tuen-**

M

dae Africae Beihilfe von entscheidender Wirkung; **-um habere** *od.* **afferre ad alqd** entscheidend sein für etw.; **nullius -i esse** keinen Einfluss haben; **levi -o aestimare** gering schätzen; – *meton.* ausschlaggebende Sache *od.* Person;

8 Aufwand an Kraft, Aufwand an Hilfe; **Galli haud magno -o fusi sunt;**

9 Bewegung; Ausschlag *(des Züngleins an der Waage);*

10 *(übtr.)* Ausschlag, Entscheidung;

11 (Ver-)Änderung, Wechsel [**fortunae; annonae** im Getreidepreis].

momordī *Perf. v. mordeo.*

Mona, ae *f Name zweier Inseln zw. England u. Irland:* 1 *j.* Anglesey;

2 *j.* Isle of Man.

monacha, ae *f (gr. Fw.) (spätl.)* Nonne.

monachālis, e *(monachus) (spätl.)* Mönchs-.

monachātus, ūs *m (monachus) (spätl.)* Mönchsstand, Mönchtum.

monachicus, a, um *(gr. Fw.) (spätl.)* mönchisch.

monachus, ī *m (gr. Fw.) (Eccl.)* Mönch.

Monaesēs, is *m Feldherr der Parther, siegte 36 v. Chr. über ein röm. Heer.*

monarchia, ae *f (gr. Fw.) (spätl.)* Alleinherrschaft, Monarchie.

monastēriālis, e *(monasterium) (Eccl.)* klösterlich.

monastērium, ī *n (gr. Fw.) (spätl.)* Kloster; Münster, Dom.

monasticus, a, um *(gr. Fw.) (spätl.)* klösterlich, mönchisch.

monaulos *u.* **-us,** ī *m (gr. Fw.) (nachkl.)* einfache Flöte *(aus einem einzigen Rohr).*

monēdula, ae *f* Dohle.

● **moneō,** monēre, monuī, monitum *(vgl. memini, mens)* 1 jmd. an etw. erinnern, mahnen, auf etw. aufmerksam machen *(alqm de re od. alcis rei; m. Akk. des Neutr. eines Pron. od. allg. Adj.; m. A. C. I. od. indir. Frages.)* [**de retinenda Sestii gratia; alqm temporis ac necessitatis; hoc; multa**];

2 ermahnen, auffordern, zureden, anraten, *(neg.)* warnen, abraten *(abs.; alqm; m. ut, ne, bl. Konj.; m. Inf.; m. Akk. des Neutr. eines Pron. od. allg. Adj.);* **bene monenti oboedire** auf guten Rat hören; **monuit Pyrrhum, caveret insidias** *(Sen.);*

3 *(Tac.)* zurechtweisen, strafen; **puerili verbere moneri;**

4 *(v. göttl. Eingebungen)* **a)** verkündigen, vorhersagen *(de re od. alqd; m. Inf.);* **b)** *vatem* begeistern.

monēris, is *f (gr. Fw.)* Einruderer, Eindecker *(Schiff m. einer Reihe v. Ruderbänken).*

monērula = *monedula.*

Monēta, ae *f* 1 = *Mnemosyne;*

2 *Beiname der auf dem Kapitol verehrten Juno, in deren 345 v. Chr. gestiftetem Tempel sich die Münzstätte befand.*

monēta, ae *f (Moneta)* 1 Münzstätte;

2 *(poet.; nachkl.)* gemünztes Geld, Münze;

3 *(nachkl.) (übtr.)* Gepräge.

monētālis, is *m (moneta)* Münzmeister; *(scherzh.)* Geldmann.

monīle, lis *n* Halsband, Halskette.

monimentum = *monumentum.*

monita, ōrum *n (moneo)* Erinnerungen, Ermahnungen; Prophezeiungen.

monitiō, ōnis *f (moneo)* Erinnerung, (Er-)Mahnung, Warnung.

monitor, tōris *m (moneo)* 1 der *(an etw.)* erinnert *(an etw.: Gen.)* [**officii**];

2 Mahner, Warner;

3 Rechtskonsulent;

4 = *nomenclator.*

monitōrius, a, um *(moneo) (Sen.)* mahnend, warnend [**fulmen**].

monitus, ūs *m (moneo)* 1 *(poet.)* Erinnerung, (Er-)Mahnung, Warnung;

2 Wille der Götter, göttl. Warnung, Andeutung; **monitu Fortunae; monitu deorum.**

monobiblos, ī *m (gr. Fw.) (Mart.)* einbändiges Buch.

monochrōmatos, on *(gr. Fw.) (Plin.)* einfarbig [**pictura**]; – *Subst.* **monochrōmata,** ōrum *n* einfarbige Gemälde.

Monoecus, ī *m* (μόνοικος *„der allein Wohnende") ein Beiname des Herkules;* – arx, portus Monoeci *Vorgeb. u. Hafen an der ligurischen Küste, j.* Monaco.

monogrammos, on *(gr. Fw.)* aus bloßen Umrissen bestehend, skizziert [**dii** unkörperliche, Schattengötter].

monopodium, ī *n (gr. Fw.)* einfüßiges Tischchen.

monopōlium, ī *n (gr. Fw.) (nachkl.)* Alleinverkauf(srecht), Monopol.

monosyllabum, ī *n (gr. Fw.) (nachkl.)* einsilbiges Wort.

monotropus, ī *m (gr. Fw.) (Plaut.)* Einsiedler.

monoxylus, a, um *(gr. Fw.) (Plin.)* aus einem Stamm bestehend [**lintres**].

● **mōns,** montis *m (vgl. e-mineo, pro-mineo, minae, mentum)* 1 Berg, Gebirge [**altissimus; impendens; silvestris; summus** Berggipfel];

2 *(poet.) (meton.)* Fels, Gestein;

3 *(poet.) (übtr.)* (berghohe) Masse [**aquarum; argenti; frumenti;** *übtr.* **mali**]; *sprichw.:* **maria montesque** *(od.* **montes auri***)* **polliceri** goldene Berge versprechen.

mōnstrābilis, e *(monstro) (Plin.)* bemerkenswert.

mōnstrātiō, ōnis *f (monstro) (Ter.)* das Zeigen, das Wegweisen.

mōnstrātor, ōris *m (monstro) (poet; nachkl.)* 1 Wegweiser, Führer;

② Erfinder [**aratri**].

mōnstrātus, a, um *(P. Adj. v. monstro) (Tac.)* sich auszeichnend, auffallend.

mōnstri-fer, fera, ferum *(monstrum u. fero) (nachkl.)* Ungeheuer hervorbringend.

mōnstri-ficus, a, um *(monstrum u. facio) (Plin.)* seltsam, wunderbar.

• **mōnstrō,** mōnstrāre ① zeigen, weisen [**viam erranti, alteri**];
② angeben, bezeichnen, auf etw. hinweisen [**fesso militi Cremonam** auf C. vertrösten; **indiciis abdita rerum**];
③ unterweisen, lehren;
④ *(poet.)* verordnen, bestimmen, vorschreiben [**piacula; aras; ignes; alci herbam**];
⑤ *(poet.)* anraten, antreiben *(m. Inf. od. ut)*; **conferre manum pudor iraque monstrat** *(Verg.)*;
⑥ *(Tac.) (gerichtl. weg. eines Vergehens)* anzeigen, angeben, anklagen [**Neroni fratres ad exitium**]; **ab amicis monstrari.**

• **mōnstrum,** ī *n (moneo)* ① Wunderzeichen; **-o exterritus;**
② Ungeheuer, Scheusal, Monstrum [**horrendum; ingens; deûm** ägyptische Gottheiten m. Tierköpfen];
③ Ungeheuerliches, Unglaubliches; **-a dicere;**
④ Gespenst.

mōnstruōsus, a, um *(monstrum)* ① ungeheuerlich, widernatürlich, scheußlich [**libidines; miracula; corpus** verstümmelt];
② *(nachkl.)* abenteuerlich, seltsam; wunderbar; **~ vitā scriptisque.**

montāna, ōrum *n (montanus)* Gebirgsgegenden.

montānus *(mons)* **I.** *Adj.* a, um ① auf Bergen befindlich (heimisch, wohnend, entspringend), Berg-, Gebirgs- [**flumen; cacumina; homines; gentes**];
② *(poet.)* gebirgig [**Dalmatia**];
II. *Subst.* ī *m* Berg-, Gebirgsbewohner.

Montānus, ī *m (montanus) röm. cogn.*

monti-cola, ae *m (mons u. colo) (Ov.)* Bergbewohner.

monticulus, ī *m (Demin. v. mons) (spätl.)* kleiner Berg.

monti-fer, fera, ferum *(mons u. fero) (Sen.)* bergtragend.

monti-vagus, a, um *(mons)* Berge durchschweifend [**fera**].

mont(u)ōsus, a, um *(mons)* gebirgig [**regio**].

• **monumentum,** ī *n (moneo)* ① Denkmal, Andenken, Erinnerungszeichen [**laudis**]; **-i causā** als Andenken, zur Erinnerung;
② Siegeszeichen, -denkmal (Tempel, Statue, Weihgeschenk) [**maiorum** Trophäen; **senatūs** das Haus Ciceros, *das ihm der Senat bauen ließ*]; **-a Cn. Pompei** das Theater des Pompeius;
③ Grabmal, Gruft; Begräbnis;
④ *(Ter.)* Erkennungszeichen;
⑤ *(übtr.) Pl.* Urkunden, Akten [**rerum gestarum** Geschichtswerke; **annalium** Jahrbücher der Geschichte]; **-um belli componere** eine Geschichte des Krieges verfassen.

Mopsopius, a, um (Μοψοπία *alter Name v. Attika)* attisch, athenisch [**iuvenis** = Triptolemus].

• **mora**[1], ae *f* ① Aufenthalt, Verzögerung, Aufschub [**dicendi** weitläufige Reden]; **sine (ulla) -a** *od.* **nullā -ā interpositā** ohne Verzug, sofort; **nulla** *od.* **non ~ est** *(quin m. Konj.; quominus m. Konj.)* es kann sofort geschehen; **(longa) ~ est** es würde (zu lange) aufhalten; **-am inferre ad alqd** etw. aufschieben; **-as agitare** *od.* **-am trahere** zögern; **nihil in -a habere, quominus** nicht zögern, zu; **hoc mihi -ae est** hält mich auf; **in -a tribuni erant** waren hinderlich; **nulla in me est ~** ich halte es nicht auf; **in iudice nulla ~ est** der Richter lässt nicht auf sich warten;
② *(meton.)* **a)** Rast(tag); **b)** *(in der Rede)* Pause;
③ *(poet.; nachkl.)* Zeit(raum) [**medii temporis** Zwischenzeit]; **morā** m. der Zeit, allmählich: **dolor finitus est mora;**
④ Hindernis, Hemmnis *(auch v. Personen)*; **restituendae Romanis Capuae ~ atque impedimentum es** *(Liv.)*; **~ pugnae** Verzögerer; **praecipitare** *od.* **rumpere -as** beseitigen.

mora[2], ae *f (gr. Fw.) Abteilung des spartan. Heeres.*

mora[3] *s. morus*[2].

mōrālis, e *(mos)* moralisch, ethisch.

morātor, tōris *m (moror*[1]*)* ① Verzögerer [**publici commodi**];
② *(nachkl.) (milit.)* Nachzügler, Marodeur;
③ *(vor Gericht)* Winkeladvokat.

morātus[1] *P. P. Akt. v. moror*[1].

mōrātus[2], a, um *(mos)* ① *irgendwie* gesittet, geartet, beschaffen; **homo bene ~; venter male ~** unersättlich; **ita ~, ut** dessen Charakter so beschaffen ist, dass;
② charaktervoll [**poëma**]; **fabula recte -a** *(Hor.)* m. richtiger Zeichnung der Charaktere.

morbidus, a, um *(morbus)* ① *(vor- u. nachkl.)* krank, siech [**corpus**]; **animo magis quam corpore -i;**
② *(Lucr.)* krank machend, ungesund [**vis**].

morbōsus, a, um *(morbus) (nicht klass.)* krank.

Morbōvia, ae *f (morbus) (Suet.)* „Krankheitsland", Pestland *(b. Verwünschungen)*; **abire -am** zum Henker gehen.

• **morbus,** ī *m* ① Krankheit [**longus; insanabilis; gravis; mortifer**]; **in -um cadere (incidere, delabi); in -um de integro incidere** einen Rückfall bekommen; **-o laborare** an einer Krankheit leiden; **ex -o evadere** *od.* **con-**

M

valescere; -um simulare sich krank stellen; ② (krankhafte) Leidenschaft, Sucht; ③ *(Plaut.)* Kummer, Verdruss; ④ *(Verg.) caeli* ungesundes Klima; ⑤ *personif.* **Morbus** Krankheitsdämon.

mordāx, *Gen.* ācis *(mordeo)* ① bissig [**canis**]; ② *(poet.) (übtr.)* beißend, bissig *m. Worten (v. Personen u. Sachen)* [**Cynicus; carmen; lividus et ~**]; ③ *(poet.)* scharf, schneidend [**ferrum**]; ④ *(poet.; nachkl.)* beizend, ätzend [**pulvis; pumex**]; ⑤ *(poet.; nachkl.)* stechend, brennend [**urtica** Brennnessel]; ⑥ *(poet.; nachkl.)* zehrend [**sollicitudines**]; ⑦ *(poet.; nachkl.) (v. Geschmack)* scharf, bitter [**acetum; fel**].

mordeō, mordēre, momordī, morsum ① beißen [**humum ore**]; kauen; benagen [**vitem**]; ② *(poet.; nachkl.) (v. Schnallen, Haken u. a.)* etw. fassen, greifen, zusammenhalten; **fibula vestem mordet; vomer mordet terram;** ③ *(poet.) (v. Hitze, Kälte, Luft u. a.)* angreifen, verletzen, brennen, sengen, beißen; **parum cautos frigora mordent** *(Hor.)*; **quia oleam momorderit aestus;** ④ *(Hor.) (v. Flüssen)* bespülen [**rura**]; ⑤ kränken, weh tun [**alqm opprobriis falsis**]; **conscientiā morderi** gepeinigt werden; **paupertas mordet.**

mordex, dicis *m (mordeo) (Plaut.)* Zahn.

mordicus *Adv. (mordeo)* ① beißend, m. den Zähnen; ② *(übtr.)* verbissen; **tenere alqd ~** an etw. m. aller Kraft festhalten.

morētum, ī *n (poet.)* Kräuterkloß.

moribundus, a, um *(morior)* ① im Sterben liegend, sterbend; ② *(Verg.)* sterblich [**membra**]; ③ *(Cat.)* tödlich, ungesund [**sedes**].

mōri-geror, gerārī *u. (Plaut.)* **mōri-gerō,** gerāre *(mos u. gero)* willfährig sein, gefügig sein, sich richten nach [**adulescenti; voluptati aurium; servituti** sich schicken in].

mōri-gerus, a, um *(mos u. gero)* willfährig, gefügig.

Morinī, ōrum *m belg. Küstenvolk an der Schelde.*

mōriō, iōnis *m (morus²) (nachkl.)* Narr, Hofnarr.

● **morior,** morī, mortuus sum, *Part. Fut. Akt.* moritūrus ① sterben *(re od. ex re)* [**morbo; desiderio; frigore; ex vulnere; pro amico; in armis; bene** in Ehren]; – **mortuus a)** *Adj.* a, um tot; **b)** *Subst.* ī *m* Toter, Leichnam; – **moritūrus,** a, um im Begriff zu sterben, entschlossen zu sterben, bestimmt zu sterben; ② *(poet.)* unsterblich verliebt sein; ③ *(v. Pflanzen u. Gliedern)* absterben; **segetes moriuntur in herbis; morientes artūs;** ④ sich verlieren, erlöschen, verschwinden; **memoria moritur; leges mortuae** verschollene; **morientia lumina** brechende Augen.

mormyr, yris *f (Akk. Pl. -yras) (gr. Fw.) (poet.; nachkl.) ein Seefisch.*

mōrologus, a, um *(gr. Fw.) (Plaut.)* närrisch (redend), töricht; **sermonibus -is uti.**

● **moror¹,** morārī *(mora¹)* **I.** *intr.* ① sich aufhalten, verweilen [**paucos dies in oppido**]; ② zögern *(m. Inf., quominus od. quin)* [**alci bellum inferre**]; **nihil moror, quominus abeam** ich will gleich gehen; **haud multa moratus** ohne lange zu zögern; ③ ausbleiben; **auxilia morantur;** – *Subst. Pl.* **morātī,** ōrum *m* Nachzügler;

II. *trans.* ① aufhalten, hindern, verzögern *(abs.; m. Akk.; m. quominus od. quin)* [**victoriam; alqm a fuga** an der Flucht; **alqm ab itinere; tempora** Zeit rauben]; **ne multis morer** um es kurz zu machen; **ne multis te morer** um dich nicht aufzuhalten; ② **nihil moror: a)** *Entlassungsformel des Konsuls im Senat bzw. des freilassenden Richters* ich will euch nicht weiter aufhalten, ihr seid entlassen: **C. Sempronium nihil moror** ich habe nichts weiter gegen; **b)** ich bin sogleich bereit; **c)** meinetwegen, mag *od.* mögen *(m. A. C. I.)* [**eos salvos esse**]; **d)** das kann mir vom Halse bleiben, ich mache mir nichts aus, ich will nichts wissen von *(m. Akk.; quominus; A. C. I.; indir. Frages.)* [**vina; dona; istius modi clientes**]; ③ fesseln, unterhalten [**oculos auresque**].

mōror² mōrārī *(morus²) (vor- u. nachkl.)* ein Narr sein.

mōrōsitās, ātis *f (morosus)* Eigensinn, Pedanterie, Kleinlichkeit.

mōrōsus, a, um *(mos)* ① eigensinnig, pedantisch, wunderlich [**senes**]; ② *(poet.; nachkl.) (übtr., v. Sachen)* hartnäckig [**morbus**].

Morpheūs, eī *u.* eos *m Gott der Träume.*

● **mors,** mortis *f (morior)* ① Tod [**honesta; repentina**]; **mortem alci afferre (inferre, offerre), alci morti esse** jmdm. den Tod bringen; **alqm morte afficere; morte multare (punire) alqm; mortis poena; mortem expetere** den Tod suchen; **mortem obire, morte sua mori** *u.* **sua morte defungi** eines natürlichen Todes sterben; **mortem occumbere** einen gewaltsamen Tod finden; **mortis periculum; mortem servituti anteponere; mortem deprecari** um sein Leben bitten; **in mortem destringere ferrum** zum Todesstoß; **in morte** (noch) im Tod, (noch) nach dem Tod; **in extrema morte** *od.* **supremā morte** in Todesnähe, in den letzten Augenblicken; **mediā in morte** im Sterben; – *Pl.* Todesfälle, -arten; ② *(poet.; nachkl.) (meton.)* Leiche; ③ *(Verg.)* (Mord-)Blut; **ensem multa morte**

recepit bluttriefend;
4 *(personif.)* **Mors** *Todesgöttin, Tochter des Erebus u. der Nox.*

morsa, ōrum *n (mordeo) (Cat.)* Bisschen, Stückchen.

morsiuncula, ae *f (Demin. v. morsus[1]) (Plaut.)* das Beißen, Biss *in die Lippen (beim Küssen).*

morsus[1], ūs *m (mordeo)* 1 Biss [**serpentis**]; **morsu appetere alqd** nach etw. beißen; **morsu necare, violare; morsu premere alqd** sich fest einbeißen in;
2 *(poet.)* das Essen [**mensarum**];
3 *(Verg.)* das Fassen, Eingreifen *(einer Schnalle, eines Ankers); – meton. (Verg.) Festhaltendes: uncus* gebogener Zahn *des Ankers; roboris* Baumspalte, *die den Speer einklemmt;*
4 *(nachkl.)* das Beißen, Brennen, die Schärfe *(als scharfe Empfindung);*
5 Schmerz, Bitterkeit *(über etw.: Gen.);*
6 *(Hor.)* hämischer Angriff, Kränkung.

morsus[2] *P.P.P. v. mordeo.*

● **mortālis,** e *(mors)* 1 sterblich [**corpus**]; – *Subst. m* Sterblicher, Mensch;
2 vergänglich, vorübergehend [**inimicitiae; simulacra** hinfällig];
3 irdisch, menschlich [**facta; malum; mucro; vulnus** v. der Hand eines Menschen beigebracht]; – *Subst.* **mortālia,** ium *n (selten Sg.* mortāle, lis*) (poet.; nachkl.)* das Menschliche, Irdische, Menschenschicksal.

mortālitās, ātis *f (mortalis)* 1 Sterblichkeit, Vergänglichkeit;
2 *(poet.; nachkl.)* sterbliche Natur, Zeitlichkeit, Endlichkeit; **mortalitatem explere** das Zeitliche segnen;
3 *(nachkl.)* menschliche Schwäche, menschliche Hinfälligkeit;
4 *(nachkl.)* Menschheit, die Menschen.

mortārium, ī *n (vor- u. nachkl.)* Mörser.

morticīnus, a, um *(mors) (vor- u. nachkl.)* abgestorben, tot [**volucres; caro**]; *– als Schimpfw.:* Aas.

morti-fer(us), fera, ferum *(mors u. fero)* todbringend, tödlich [**vulnus; morbus; poculum; bellum**]; – *Subst. Pl.* **-a,** ōrum *n (nachkl.)* tödliche Stoffe.

mortificātiō, ōnis *f (mortifico) (Eccl.)* Tötung.

mortificō, mortificāre *(mors u. facio) (Eccl.)* töten.

mortuālia, ium *n (mortuus) (vorkl.)* 1 Totenlieder, Totenklage;
2 Trauerkleider.

morturiō, morturīre *(mors)* gern sterben wollen.

● **mortuus** *s. morior.*

morula, ae *f (Demin. v. mora) (August.)* kleiner Verzug.

mōrulus, a, um *(Demin. v. morus[1]) (Plaut.)* tiefschwarz.

mōrum, ī *n (verw. m.* μόρον, μῶρον*) (poet.; nachkl.)* 1 Maulbeere;
2 Brombeere.

mōrus[1], ī *f (morum) (poet.; nachkl.)* Maulbeerbaum.

mōrus[2], a, um *(gr. Fw.) (Plaut.)* närrisch, albern; – *Subst.* **a) -us,** ī *m* Narr; **b) -a,** ae *f* Närrin.

● **mōs,** mōris *m* 1 Sitte, Gewohnheit, Brauch [**antiquus; militaris; maiorum**]; **in morem venire** *od.* **vertere** zur Gewohnheit werden; **quod in patriis est moribus** nach der Väter Weise; **contra morem maiorum; sine more, supra (praeter) morem** ungewöhnlich; **more, moribus, ex (de) more** nach der Sitte *od.* Gewohnheit;
2 (guter) Wille, Gehorsam; **alci morem gerere** willfährig sein, zu Willen sein, den Willen tun;
3 Eigenwille;
4 *(poet.; nachkl.)* Vorschrift, Gesetz(mäßigkeit), Regel; **sine more** regellos; **in morem** regelmäßig;
5 Art u. Weise, Beschaffenheit [**caeli**]; **(in) more, ad (in) morem** *(m. Gen.)* nach Art, wie [**latronum; torrentis**];
6 *Pl.* Betragen, Benehmen, Lebensart; Denkart, Charakter; **abire in avi mores** dem Großvater nachgeraten.

Mosa, ae *m* die Maas.

Moschus, ī *m Rhetor aus Pergamum.*

Mosella, ae *m u. f* die Mosel.

Mōstellāria, ae *f (< * mōstellum, Demin. v. monstrum)* „Gespensterstück“, *Komödie des Plautus.*

Mostēnī, ōrum *m Einw. v. Mostena (Mostene) in Lydien (Kleinasien).*

mōtiō, iōnis *f (moveo)* Bewegung; *übtr.* Gemütsbewegung, Erregung, Eindruck.

mōtiuncula, ae *f (Demin. v. motio) (nachkl.)* leichter Fieberanfall.

mōtō, mōtāre *(Intens. v. moveo) (poet.; nachkl.)* hin u. her bewegen.

mōtor, tōris *m (moveo) (Mart.)* jmd., der etw. bewegt; **~ fueras cunarum mearum.**

● **mōtus[1],** ūs *m (moveo)* 1 Bewegung [**rerum; siderum; caudae**];
2 Erschütterung [**terrae** Erdbeben];
3 Körperbewegung, Geste, Tanz [**decens** anmutiger Gang; **palaestrici**]; **motūs Cereri dare** Tänze aufführen;
4 *(milit.)* Heeresbewegung, Schwenkung [**militum**];
5 *(poet.)* Aufbruch, Abreise, Abfahrt;
6 geistige Tätigkeit [**animorum, mentis**]; **celer ~ cogitationis** schneller Gedankenflug; **ingenii motūs** Kräfte; **et animi et ingenii celeres quidam motūs esse debent** Herz und Verstand müssen ihre Kräfte mit Leichtigkeit gebrauchen können;

M

⑦ Gemütsbewegung, Gefühlserregung, Leidenschaft, Aufregung, Empfindung [**animi**]; ~ **mentis meae** Unruhe meines Gemütes;
⑧ Trieb, Antrieb [**divinus; naturae**];
⑨ *(Plin.)* Beweggrund [**consilii**];
⑩ Wendung, Wechsel; **ad motus fortunae se movere** sich nach den Wendungen des Glückes richten = den Mantel nach dem Winde hängen;
⑪ Aufruhr, Unruhe, Aufstand [**populi; urbanus; Galliae; servilis** Sklavenaufstand; **civicus** Bürgerkrieg]; **hic tantus ~ rerum** bewegte Zeit;
⑫ polit. Umwälzung [**concussi orbis** welterschütternde Umwälzung]; **rei publicae motum afferre;**
⑬ *(polit., im pos. Sinne)* Erhebung; **Italiae magnificentissimus ille ~.**

mōtus[2] *Part. Perf. v. moveo.*

● **moveō,** movēre, mōvī, mōtum bewegen, in Bewegung setzen: **I.** *(vom Ort)* ① (fort)bewegen, fortbringen, entfernen [**signa** zum Kampf vorrücken; **castra** das Lager abbrechen, weiterziehen, vorrücken; **armenta stabulis** hinaustreiben aus]; **fluctibus moveri** fortgetrieben werden; **res quae moveri possunt = res moventes** bewegliche Habe; – *movere intr., se movere u. mediopass. moveri* sich entfernen, aufbrechen, fortgehen: **se ex (ab) urbe ~; se de Cumano ~; in arma moveri** zum Kampf ausrücken;
② jmd. bewegen, bestimmen, drängen [**alqm ad bellum**]; – *Pass.* beeinflusst, veranlasst werden: **aeris alieni magnitudine moveri; consilio eius motus est; irā, amore motus** aus ... ; – *Subst.* **moventia,** ium *n* Triebfedern, Antrieb;
③ verjagen, verdrängen, verstoßen [**alqm (de) senatu, loco senatorio** ausschließen; **signiferum loco** absetzen; **loco motus** verbannt; **alqm tribu** ausstoßen; **veros heredes** verdrängen; **hostem gradu (statu)** aus der Stellung werfen; **corpus statu** aus der Lage bringen]; **possessionibus, sedibus moveri;**
④ *(übtr.)* jmd. v. etw. abbringen [**alqm de sententia, a vero**];
⑤ herbeischaffen, -bringen [**vina;** *übtr.* **fatorum arcana** hervorholen = enthüllen];
II. *(an derselben Stelle)* ① (hin u. her) bewegen, rühren, schütteln, erschüttern, schlagen [**membra; corpus ad numeros; facem; humum saltu** aufrühren; **caput; ora vana** m. leerem Mund kauen; **terram** erschüttern; **crinem per aëra** flattern lassen; **agros (tellurem)** bearbeiten; **mare** durchrudern; **pennas per auras** schwingen; **arma** zu den Waffen greifen; **tympana** schlagen]; **urbs tremoribus mota** erschüttert; *(übtr.)* **leo arma movet** setzt sich zur Wehr; **neutra arma ~** neutral bleiben; – *se movere, mediopass. moveri u. movere intr.* **a)** sich bewegen: **fluctus motos** (aufgewühlt) **componere; glaebae coepere moveri; mons movetur** zittert; **terra movet** bebt; **venae moventur** schlagen; *(übtr.)* **se in nullam (neutram) partem movere** sich für keine Partei entscheiden; **b)** hüpfen, tanzen: **ranae moventur** hüpfen; **moveri propter aquam** *(v. Fröschen)* hüpfen; **festis diebus moveri** tanzen; **histrio paulum se movit extra numerum** in Bewegung und Gebärde ein wenig die Regel überschreitet;
② verwandeln, verändern [**formam; vultum**];
③ *(poet.; nachkl.)* überlegen, erwägen [**multa animo; eadem** dieselben Pläne hegen];
④ Eindruck machen auf, Einfluss haben auf, einwirken; – *Pass.* sich beeinflussen lassen: **iisdem rebus moveri** für gleiche Eindrücke empfänglich sein; **multum moveri** stark beeinflusst werden; **populus gratiā movetur;**
⑤ jmd. rühren, erweichen, zum Mitleid bewegen [**Manes fletu**]; **misericordiā moveri;**
⑥ begeistern [**alqm thyrso**];
⑦ erschrecken, ängstigen [**alqm minis**]; – *Pass.* besorgt, bestürzt werden *(m. Abl.)* [**hostium clamore**];
⑧ empören, erzürnen, reizen;
⑨ *(polit.)* in Aufruhr bringen, in Unruhe versetzen, bewegen [**omnia; quieta**]; – *Pass.* in Unruhe, in Aufruhr geraten, unruhig werden: **civitas moveri coepit;**
⑩ wankend machen, erschüttern [**fidem; fatum; alcis sententiam**];
⑪ verursachen, erwecken, erregen, erzeugen, anstiften [**seditionem; fletum populo; exspectationem; misericordiam; risum** sich lächerlich machen; **odium ad alqm** bei jmdm.];
⑫ anfangen, beginnen [**bellum; cantūs** anstimmen; **ab Iove carmina** anfangen mit *od.* bei; **opus**]; in Gang bringen, anregen, zur Sprache bringen [**historias** vortragen; **quaestionem; iocum** scherzen].

● **mox** *Adv.* ① *(zur Bez. der Zukunft)* bald, nächstens;
② *(v. der Vergangenheit u. in Aufzählungen)* bald darauf, dann;
③ *(mlt.)* sogleich; **mox ubi, mox ut** sobald als.

Mōȳsēs, is *m (Akk.* -ēn) Moses.

m. p. *(Abk.) (mlt.)* = *manu propria* eigenhändig.

mucc ... *s. mūc ...*

mūcidus, a, um *(mucus) (vor- u. nachkl.)* ① schleimig, rotzig;
② schimmelig.

Mūcius, a, um *röm. nomen gentile:* ① C. ~ Scaevola, *Held der röm. Frühgeschichte, der einen Mordversuch geg. den Etruskerkönig Porsenna unternahm; als er aber dabei ergrif-*

fen wurde, ließ er als Zeichen seines Mutes seine rechte Hand im Opferfeuer verbrennen; dah. erhielt er den Beinamen Scaevola (Linkshand), den alle Mucii beibehielten; Porsenna ließ ihn frei u. gab, als ihm M. erklärte, außer ihm bedrohten 300 Mitverschworene sein Leben, die Belagerung Roms auf;
② Q. ~ Scaevola *(um 140–82 v. Chr.), Jurist u. Staatsmann, Pontifex Maximus, als Statthalter verwaltete er die Provinz Asien im Jahre 94 v. Chr. so gerecht, dass die Provinzbewohner zur Erinnerung an seine Verwaltung das Fest* **Mūcia** (ōrum *n) feierten;*
/ *Adj.* **Mūciānus,** a, um.

mucrō, ōnis *m* ① Spitze, Schneide *eines Schwertes, Degens, Dolches;*
② *(meton.)* Schwert, Degen, Dolch; **strictis mucronibus; mucrone pugnare;**
③ *(übtr.)* Spitze, Schneide, Schärfe [**defensionis tuae; tribunicius** Schärfe der Tribunenmacht; **ingenii**];
④ *(vor- u. nachkl.)* das Äußerste, Grenze, Ende.

mūcus, ī *m (vgl. emungo)* Rotz, Schleim.

mūgil *u. (selten)* **mūgilis,** gilis *m (poet.; nachkl.)* Meeräsche *(Seefisch).*

mūginor, mūginārī sich hin und her besinnen, über etw. brüten, zögern.

mūgiō, mūgīre ① brüllen *(v. Rindern); – Subst.* **mūgientes,** tium *m* Rinder;
② *(poet.) (übtr.)* (er)dröhnen, krachen, tosen, *(v. Trompeten)* schmettern.

mūgītus, ūs *m (mugio)* ① *(poet.; nachkl.)* das Brüllen *(der Rinder), auch Pl.;*
② das Dröhnen, Getöse [**terrae**].

mūla, ae *f (mulus)* Mauleselin.

mulceō, mulcēre, mulsī, mulsum *(verw. m. mulgeo)* ① streichen, streicheln [**barbam**]; sanft belecken [**pueros linguā**];
② leicht berühren [**capillos virgā**]; *(v. Wind)* sanft bewegen [**flores**];
③ besänftigen, beschwichtigen, lindern, zur Milde stimmen [**animos dictis; iras; vulnera; pectora equorum**];
④ erfreuen, bezaubern [**puellas carmine; alqm fistulā**];
⑤ *(Ov.)* sanft einwiegen [**corpora**].

Mulciber, beris *u.* berī *m (mulceo, viell. als* „Erweicher, Schmelzer" *der Metalle zu deuten od. als* „Besänftiger" *des Feuers) Beiname Vulkans; meton.* Feuer.

mulcō, mulcāre ① prügeln, misshandeln [**alqm usque ad mortem; prostratos verberibus**];
② übel zurichten, zerschinden, zerquetschen [**naves; scriptores**];
③ *(Plaut.) (ein Übel)* durchmachen [**miserias**];
/ *altl. mulcassitis = mulcaveritis.*

mulctra, ae *f,* **mulctrum** *u.* **mulctrārium,** ī *n (mulgeo) (poet.)* Melkkübel; Milch.

mulgeō, mulgēre, mulsī, mulctum *(nicht klass.)* melken; – *sprichw.:* **hircos ~** *v. etw. Unmöglichem.*

● **muliebris,** e *(mulier)* ① weiblich, Frauen- [**vox; venustas; comitatus; bellum** im Namen einer Frau *od.* um eine Frau *(der trojan. Krieg);* **iniuria** Unrecht, dem eine Frau ausgesetzt ist]; **muliebria pati** sich wie Frauen gebrauchen lassen; – *Subst.* **muliebria,** ium *n* weibliche Scham;
② weibisch, unmännlich [**sententia**].

muliebrōsus, a, um = *mulierosus.*

● **mulier,** eris *f* ① Frau; Ehefrau;
② *(Plaut.) (als Schimpfw. v. einem Mann)* Memme.

mulierārius *(mulier)* **I.** *Adj.* a, um zu einer Frau gehörig, v. einer Frau gemietet [**manus**];
II. *Subst.* ī *m (Cat.)* Schürzenjäger.

muliercula, ae *f (Demin. v. mulier)* ① kleine, schwache Frau;
② Dirne.

mulierōsitās, ātis *f (mulierosus)* Weibstollheit.

mulierōsus, a, um *(mulier)* weibstoll.

mūlīnus, a, um *(mulus)* ① Maultier- [**nares**];
② stumpfsinnig.

mūliō, ōnis *m (mulus)* Maultiertreiber.

mūliōnius, a, um *(mulio)* eines Maultiertreibers [**paenula**].

mullus, ī *m (gr. Fw.)* Meerbarbe *(ein Fisch).*

mulsī *Perf. v. mulceo u. mulgeo.*

mulsum, ī *n (mulsus¹; erg. vinum)* Honigwein, Met.

mulsus¹, a, um *(mel)* ① m. Honig vermischt, (honig)süß;
② lieblich; – *Subst. (Plaut., als Kosewort)* **mulsa,** ae *f* Liebste.

mulsus² *P.P.P. v. mulceo.*

multa, ae *f* ① Strafe am Eigentum, Geldbuße; **-am alci dicere** bestimmen; **-am petere** beantragen; **-am committere** sich zuziehen; **-ae certatio;**
② *(Plaut.)* Strafe durch Entbehrung.

mult-angulus, a, um *(multus) (Lucr.)* vieleckig.

multātīcius, a, um *(multa)* Straf-, Buß- [**pecunia**].

multātiō, ōnis *f (multo)* Bestrafung.

multēsimus, a, um *(multus) (Lucr.)* nur einer v. vielen [**pars** nur ein Bruchteil].

multi-angulus, a, um *(Mart.) = multangulus.*

multi-bibus, a, um *(multus u. bibo) (Plaut.)* versoffen.

multi-cavus, a, um *(multus) (Ov.)* löcherig, porös [**pumex**].

multīcius, a, um *(nachkl.)* fein gewebt; – *Subst.* **multīcia,** ōrum *n* fein gewebte Gewänder.

multi-colōrus, a, um *(multus u. color) (Gell.)*

vielfarbig, bunt.
multifāriam *Adv. (multus)* an vielen Stellen, an vielen Orten.
multi-fer, fera, ferum *(multus u. fero) (Plin.)* viel hervorbringend = fruchtbar.
multi-fidus, a, um *(multus u. findo) (poet.; nachkl.)* ① vielgespalten;
② vielfach, mannigfach [**suavitates**].
multi-fōrmis, e *(multus u. forma)* ① vielgestaltig;
② *(nachkl.)* vielfältig, mannigfaltig [**artes**].
multi-forus, a, um *(multus u. foro) (poet.; nachkl.)* viellöcherig.
multi-generis, e *(Plaut.) u.* **multi-genus,** a, um *(Lucr.) (multus u. genus)* verschiedenartig.
multi-iugus, a, um *u.* **-iugis,** e *(multus u. iugum)* ① vielspännig [**equi; quadrigae**];
② *(übtr.)* vielfältig, mannigfach [**litterae**].
multi-loquium, ī *n (multus u. loquor) (Plaut.)* Geschwätzigkeit.
multi-loquus, a, um *(multus u. loquor) (Plaut.)* geschwätzig [**anus**].
multi-modīs *Adv. (< multis modis)* auf vielerlei Art, vielfach, mannigfach.
multi-modus, a, um *(multus) (August.)* vielfältig [**vita**].
multi-nōdus, a, um *(multus) (nachkl.)* verknotet, verschlungen.
multi-plex, *Gen.* plicis *(multus u. plico)* ① vielfältig, vielfach, mannigfaltig; vielfach verschlungen [**domus** *vom Labyrinth;* **lorica** Kettenpanzer];
② vielmal so groß [**clades**]; *m. quam:* **damnum ~ quam pro numero est;** – *Subst. n* das Vielfache;
③ *(übtr.)* vielseitig, verschiedenartig, kompliziert [**orationis genus; res; ingenium; cura**]; **Plato, qui varius et ~ fuit;**
④ vieldeutig, schwer zu ergründen [**hominum naturae**];
⑤ unbeständig, vielfach wechselnd [**animus; natura; ingenium**].
multiplicābilis, e *(multiplico)* vielfältig.
multiplicātiō, ōnis *f (multiplico) (Sen.)* Vervielfältigung, Vermehrung.
multiplicō, multiplicāre *(multiplex)* vervielfältigen, vermehren, vergrößern [**aes alienum; gloriam; exercitūs** verstärken; **domum** erweitern].
multi-potēns, *Gen.* entis *(multus) (Plaut.)* sehr mächtig.
multi-sonus, a, um *(multus) (Mart.)* wortreich.
● **multitūdō,** dinis *f (multus)* ① Menge, große Anzahl, Masse [**beneficiorum; hominum**];
② Pöbel; – *Pl.* Pöbelhaufen.
multi-vagus, a, um *(multus) (nachkl.)* viel umherschweifend, umherziehend [**avis; Scythiae domus**].
multi-vidus, a, um *(multus u. video) (Mart.)* viel sehend.
multi-vira, ae *f (multus u. vir) (Min. Fel.)* diejenige, die viele Männer geheiratet hat.
multi-volus, a, um *(multus u. volo²) (Cat.)* viel begehrend [**mulier**].
multō, multāre *(multa)* (be)strafen *(m. etw.: Abl.)* [**alqm morte, exilio; vitia hominum damnis, vinculis, verberibus; alqm pecuniā, parte agri**].
● **multum¹,** ī *n (multus) (Komp.* plūs, *Superl.* plūrimum) **I.** *Pos.* ① ein großer Teil, ein großes Stück, viel *(im Nom. od. Akk. m. Gen.)* [**militum; temporis**]; **multum posse (valere)** viel gelten; **multum est** es nützt viel; **in (ad) multum diei** bis weit in den Tag; **in multum vini processerat** war ziemlich angetrunken; **post ~ vulnerum** nach vielen Wunden;
② *Abl.* **multō a)** *beim Komp.* um vieles, viel, weitaus: **multo maior, minor, plures;** *auch b. Wörtern m. komparativem Sinn:* **multo aliter** ganz anders; **multo ante, post** lange vorher, nachher; **multo praestare, malle** *u. Ä.;* **b)** *beim Superl.* bei weitem: **multo optimus;**
II. *Komp.* **plūs,** plūris *n* ① ein größerer Teil, ein größeres Stück, mehr *(m. Gen.)* [**hominum; pecuniae; hostium; detrimenti**]; **plus posse (valere)** mehr gelten; **plus est** es will mehr sagen; **plus minus(ve)** mehr od. weniger; **paulo, multo plus;**
② plūris *als Gen. pretii* höher, teurer [**emere; vendere; aestimare; esse; putare; ducere; conducere**];
III. *Superl.* **plūrimum,** ī *n* ① der größte Teil, das meiste, sehr viel *(m. Gen.)* [**exercitūs; studii; auctoritatis**]; **plurimum posse (valere); quam plurimum** möglichst viel;
② plūrimī *als Gen. pretii* am höchsten, sehr hoch, am teuersten, sehr teuer [**emere; vendere; aestimare; esse; putare; ducere; conducere**].
● **multum²** *Adv. (multus)* **I.** *Pos.* ① *(graduell) (poet. auch* multa) sehr, viel, weit [**adiuvare, desiderare alqm; superare**]; **non ~** nicht sonderlich, wenig [*confidere*]; – *selten beim Komp. od. beim Adj. im Pos.:* **~ maius; ~ dissimilis;**
② *(zeitl.)* **a)** häufig, viel, oft [**loqui de alqa re; scriptitare; mecum sunt**]; **b)** lange [**morari**];
II. *Komp.* **plūs** mehr, in höherem Grade [**cupere**]; *(b. Zahlen m. u. ohne quam)* über, öfter, länger; **plus quam semel; non plus quam in tres partes distribui; plus mille capti; plus parte tertia; plus (quam) decem dies abesse;**
III. *Superl.* **plūrimum** ① am meisten, sehr viel;
② *(zeitl.)* meistens, größtenteils; **domum ire pergam, ibi plurimum est.**

● **multus,** a, um *(Komp.* **plūrēs,** *Superl.* **plūrimus;** *Adv.* **multum** *s. d.)* **I.** *Pos.* ❶ *(nach Zahl u. Menge)* viel, zahlreich, *meist Pl.;* **multae pecuniae alienae; multa verba facere** ausführlich reden; **multis verbis** weitläufig; **bene multi** ziemlich viele; **minime multi** äußerst wenige; *oft in Verbindung m. einem anderen Adj.:* **multi fortes viri** viele Helden; **multa secunda proelia** viele Siege; *oft m. einem anderen Adj. durch et od. -que verbunden:* **multa et mira aedificia** viele wunderbare Gebäude; – im *Sg. nur b. Stoffnamen u. Abstr., poet. auch sonst* [**labor; caro; sudor; aurum;** *poet.* **miles** = *multi milites;* **avis**]; – *Subst.* **a) multī** *m* die Menge, die große Masse: **unus e multis; numerari in multis; b) multa** *n* vieles, viele Dinge: **multa scribere; ne multa** *od.* **ne multis** *(erg. dicam)* kurz (gesagt); **quid multa** *(erg. dicam)* wozu viele Worte?;

❷ *(übtr.)* groß, stark, bedeutend [**sermo** viel Gerede; **cura; libertas; risus** heftiges]; **multa pace** im tiefen Frieden; **multum est** *(m. Inf.)* es ist bedeutend, es ist wichtig;

❸ *(räuml.)* groß, weit;

❹ *(zeitl.)* vorgerückt, spät; **multo die** spät am Tag; **multā nocte** tief in der Nacht; **multa lux** heller Tag; **ad multum diem** bis weit in den Tag hinein;

❺ *(rhet.)* weitläufig, ausführlich, weitschweifig [**oratio**]; **ne in re nota multus sim;**

❻ eifrig, unablässig, emsig, viel beschäftigt; **ad vigilias multus aderat; eum cum Timaeo Locro multum fuisse** habe viel verkehrt mit; – *pejor.* aufdringlich, lästig *(v. Personen);*

II. *Komp.* **plūrēs,** *n* plūra, *Gen.* plūrium ❶ mehr, die Mehrheit, Majorität; **pluribus verbis** weitläufiger, ausführlicher; **quid plura** *(erg. dicam)* kurz (gesagt); **plures armati** in größerer Anzahl; **displicuit pluribus** der Mehrheit;

❷ *(nicht klass.) ohne komparativen Sinn* mehrere *(= complures);* **plura castella;**

III. *Superl.* **plūrimus,** a, um der meiste, sehr viel [**coma** sehr üppig; **silva** dichtester]; **quā fons plurimus exit** am reichlichsten; – *meist Pl.* **plūrimī** ae, a die meisten, sehr viele [**hostes** *u.* **hostium; saecula**]; **plurimis verbis** sehr ausführlich; – *poet. auch Sg. statt Pl.* [**rosa**].

Muluccha, ae *m Fluss in Mauretanien (Nordafrika).*

mūlus, ī *m* ❶ Maultier;

❷ *(poet.) (als Schimpfw.)* Kamel = Dummkopf.

Mulvius pōns *Tiberbrücke im Norden Roms, seit dem 14. Jahrh.* Ponte Molle *genannt.*

Mummius, a, um *röm. pleb. nomen gentile:* ❶ Lucius ~ Achaicus, *eroberte u. zerstörte Korinth (146 v. Chr.) u. ließ die Bewohner versklaven;*

❷ Mummia, *dessen Urenkelin, Gattin des Kaisers Galba.*

Mūnātius, a, um *Name einer pleb. röm. gens:* Lucius ~ Plancus *(um 90– nach 15 v. Chr.), Legat Cäsars, Freund Cäsars u. Ciceros, später Anhänger des Antonius, trat vor der Schlacht b. Aktium zu Oktavian über, für den er am 16.1. 27 v. Chr. den Titel Augustus vorschlug.*

Munda, ae *f Stadt in Hispania Baetica b. Córdoba (j.* Montilla), *Sieg Scipios üb. die Karthager 214 v. Chr., Cäsars Sieg üb. die Pompejaner 45 v. Chr. beendete den Bürgerkrieg;* – *Adj.* **Mundēnsis,** e [**proelium**].

mundānus *(mundus²)* **I.** *Subst.* ī *m* Weltbürger;

II. *Adj.* a, um *(spätl.)* weltlich, irdisch.

mundiālis, e *(mundus²) (Eccl.)* weltlich, irdisch.

munditer *Adv. s. mundus¹.*

munditia, ae *u.* **munditiēs,** ēī *f (mundus¹)* ❶ *(vor- u. nachkl.)* Sauberkeit, Reinlichkeit;

❷ Zierlichkeit, nettes Aussehen, Eleganz;

❸ Putzsucht, Eitelkeit;

❹ *(rhet.)* Zierlichkeit im Ausdruck;

❺ feine, gepflegte Lebensart, Wohlerzogenheit, feine Manieren.

mundō, mundāre *(mundus¹) (nachkl.)* reinigen, säubern, pflegen.

mundulus, a, um *(Demin. v. mundus¹) (Plaut.)* sauber, geputzt, gepflegt.

mundus¹, a, um *(Adv.* -ē *u.* -iter) ❶ sauber, rein(lich);

❷ fein, geschmückt, nett, elegant [**homo; cultus**],

❸ *(v. Ausdruck)* zierlich, fein [**verba**].

● **mundus²,** ī *m* ❶ Toilettenartikel, Putz *der Frauen* [**muliebris**];

❷ Welt, Weltall, Weltordnung [**immensus**]; **ornatus -i** schöne Harmonie;

❸ die Himmelskörper, Himmel [**lucens; ardens**];

❹ *(poet.)* Erde, Erdkreis; **pars -i** Zone; **quicumque -o terminus obstitit;**

❺ *(poet.)* Menschheit, Menschen.

mūnerārius, ī *m (munus) (nachkl.)* Veranstalter, Spender v. Gladiatorenspielen.

mūneri-gerulus, ī *m (munus u. gero) (Plaut.)* Überbringer v. Geschenken.

mūnerō, mūnerāre *u.* **mūneror,** mūnerārī *(munus)* ❶ schenken [**beneficium merenti**];

❷ beschenken [**uvā Priapum**].

mūnia, ium *n (munus)* Pflichten, Leistungen, Berufsgeschäfte; **munia belli pacisque facere; munia vitae servare; munia consulatūs obire.**

mūni-ceps, cipis *m u. f (munia u. capio)* ❶ Bürger(in) eines Munizipiums, Munizipialbürger(in), Kleinstädter(in);

M

❷ mit jmdm. aus demselben Munizipium stammend, Mitbürger(in), Landsmann, Landsmännin.

mūnicipālis, e *(municipium)* ❶ zu einem Munizipium gehörig, kleinstädtisch; – *Subst. m* Kleinstädter;
❷ *(Iuv.) (verächtl.)* spießbürgerlich.

mūnicipātim *Adv. (municipium) (nachkl.)* munizipienweise.

i Kultur ● **mūnicipium,** ī *n (municeps)* Landstadt, Munizipium, *ital.* Kleinstadt *m. röm. Bürgerrecht, aber m. eigenen Gesetzen u. örtl. Selbstverwaltung.*

mūnificentia, ae *f (munificus)* Freigebigkeit; Mildtätigkeit; Gnadenakt.

mūnificō, mūnificāre *(munificus) (Lucr.)* beschenken.

mūni-ficus, a, um *(Komp.* -ficentior, *Superl.* -ficentissimus) *(munus u. facio)* freigebig, mildtätig [**in dando**].

● **mūnīmentum,** ī *u. (poet.)* **mūnīmen,** minis *n (munio)* ❶ Befestigung(smittel), Bollwerk, Schutzbau; **domūs -is saeptae; fossa, haud parvum ~;**
❷ *(übtr.)* Schutz, Stütze; **legiones imperii -a; alci -o esse** zur Deckung dienen.

● **mūniō,** mūnīre, mūnīvī *u.* mūniī, mūnītum *(moenia)* **I.** *intr.* mauern, Befestigungen bauen, Mauern, Schanzen errichten; **utrimque summā vi muniunt et pugnant; muniendo fessus;** – *Subst.* **munientes** *m (nachkl.)* Bauleute;
II. *trans.* ❶ *(Mauern, Städte)* bauen [**Albam** gründen], *(Wege)* anlegen, bahnen [**itinera;** *übtr.* **alci viam ad consulatum; aditum sceleribus**], *(Örtl.)* gangbar machen [**rupem**]*;*
❷ befestigen, verschanzen [**arcem; locum castellis; castra vallo fossaque**]*;* **turris tecta et munita ab** (vor) **omni hostium ictu;**
❸ *(übtr.)* schützen, sichern, decken [**sese ab insidiis hostium; se contra perfidiam**]*;* **naturā loci muniebatur oppidum.**

mūnis, e *(munus) (Plaut.)* gefällig, dienstbereit.

● **mūnītiō,** ōnis *f (munio)* ❶ Befestigung, Mauerbau, Verschanzung [**oppidi**]; **milites munitione prohibere; qui lignationis munitionisque causā in silvas discessissent** um das zur Vervollständigung der Befestigung nötige Material zu holen;
❷ Festungswerk, Schanze; **castella et munitiones; urbem munitionibus saepire; munitiones incendere;**
❸ Gangbarmachung [**viarum** Wegebau].

mūnītō, mūnītāre *(Intens. v. munio)* bahnen [**sibi viam**].

mūnītor, ōris *m (munio)* ❶ Befestiger, Erbauer [**Troiae** = Apollo];
❷ Schanzarbeiter;
❸ *(milit.)* Mineur.

mūnītus, a, um *(P. Adj. v. munio)* ❶ befestigt, fest [**castra; castella**]; – *Subst.* **mūnīta** *n* gebahnte Wege;
❷ *(übtr.)* geschützt, sicher; **et loci naturā et manu munitissima castra.**

● **mūnus,** mūneris *n (vgl. munia)* ❶ Bestimmung, Funktion, Aufgabe, Amt, Dienst, Posten [**civium; principum; consulare; legationis** Gesandtschaftsposten; **militiae** *od.* **militare** Kriegsdienst; **vitae**]*;* **munus explere** *od.* **exsequi, munere fungi** versehen; **munere vacare** dienstfrei sein *(v. Soldaten);* **functus est aedilicio maximo munere** machte als Ädil sehr großen Aufwand; **rem publicam sui muneris facere** die Leitung des Staates übernehmen; **munera rei publicae** polit. Wirkungskreis; ~ **alcis est** *(m. Inf. od. ut)* es ist jmds. Aufgabe *od.* Bestimmung;
❷ Last, Abgabe, Leistung; **munus alci imponere** auferlegen; **liber ab omni munere; omni munere solvi;**
❸ Gefälligkeit, Liebesdienst, Gnade; **munere** mit Hilfe [**sortis**]*;*
❹ *(poet.; nachkl.)* letzter Liebesdienst, Bestattung, *auch Pl.* [**supremum; sollemne**]*;* **cineri haec mittite nostro munera** Totenopfer;
❺ Geschenk, Gabe [**nuptiale; Bacchi** = Wein; **Cereris** = Brot; **Veneris** = Schönheit]; **alci munus mittere; alci alqd muneri dare** zum Geschenk;
❻ *(poet.; nachkl.)* Opfer(gabe); **munera templis ferre;**
❼ Fest-, Gladiatorenspiele, öffentl. Schauspiel, *meist Pl. (als Spende eines Beamten an das Volk)* [**Scipionis; gladiatorium; populare**]*;* **magna munera dare** *(v. Geber);* **munera praebere** aufführen *(v. den Gladiatoren);*
❽ *(poet.; nachkl.)* öffentl. Gebäude, *bes.* Theater;
❾ *(übtr.)* Wunderwerk *des Weltalls;* **moderator tanti muneris.**

mūnusculum ī *n (Demin. v. munus)* kleines Geschenk.

Mūnychia, ae *f Hafen v. Athen zw. Piraeus u. Phalerum;* – *Adj.* **Mūnychius,** a, um.

mūraena = *murena.*

mūrālis, e *(murus)* Mauer- [**corona** Mauerkranz *als Auszeichnung f. denjenigen, der bei Erstürmung einer Stadt zuerst die Mauer erstieg;* **falx** Mauerhaken; **tormentum** Geschütz *zur Beschießung der Mauer*].

Murcia, ae *f altröm. Göttin, später Beiname der Venus;* **ad -ae** *(erg. aedem).*

mūrcidus, a, um *(< muricidus) (nachkl.)* träge.

murcus, a, um *(spätl.)* verstümmelt.

mūrēna, ae *f (gr. Fw.)* ❶ Muräne *(Seefisch);*

❷ *(Plin.)* schwarze Ader im Holz.

Mūrēna, ae *m cogn. in der gens Licinia u. Terentia, s. Licinius.*

mūrex, ricis *m (poet.; nachkl.)* ❶ Purpurschnecke *m. gewundener stacheliger Schale;* die Schale als Tuba Tritons;
❷ *(meton.)* Purpurfarbe [**rubens**]*;*
❸ Stachelschnecke;
❹ spitzer Stein, Riff [**acutus**]*;*
❺ *(m. Spitzen versehene)* Fußangel [**ferreus**].

Murgantia, ae *f* ❶ *Stadt in Samnium (südöstl. v. Rom);*
❷ *Stadt auf Sizilien (auch* Murgentia).

muria, ae *f* Salzlake, Salzwasser.

muriāticus, a, um *(muria) (Plaut.)* in Salzlake eingelegt.

mūricīdus, a, um *(Plaut.)* träge, energielos.

mūrīnus, a, um *(mus) (Plin.)* Mäuse-, Marder- [**pellis**].

murmillō, ōnis *m* Gladiator *m. gall. Helm, auf dessen Spitze ein Fisch (*μορμύλος *= ein Seefisch) zu sehen war.*

● **murmur,** uris *n* ❶ das Murmeln, Gemurmel, Geflüster [**populi**]*;* **murmura comprimere; murmura parva dare;**
❷ das Summen [**apium**];
❸ das Rauschen [**maris**], Getöse, Schmettern [**cornuum**]; **Aetnaea murmura flammarum;**
❹ *(Mart.)* Gebrüll *(des Löwen).*

murmurātiō, onis *f (murmuro) (nachkl.)* das Murren [**servi**].

murmurillō, murmurillāre *(murmuro) (Plaut.)* murmeln.

murmurillum, ī *n (Demin. v. murmur) (Plaut.)* Gemurmel.

murmurō, murmurāre *(murmur)* ❶ murmeln, murren, brummen; **servi murmurant;**
❷ rauschen, (er)tönen; **murmurans mare;**
❸ *(Plin.)* knistern; **murmurantes ignes.**

murra¹, ae *f (Mart.)* ❶ Flussspat, Achat *(woraus Gefäße hergestellt wurden);*
❷ *(meton.)* Murragefäß.

murra², ae *f (gr. Fw.) (poet.; nachkl.)* ❶ Myrrhenbaum;
❷ *(meton.) Saft des Myrrhenbaumes,* Myrrhe.

murreus¹, a, um *(murra¹) (poet.; nachkl.)* aus Flussspat [**pocula**].

murreus², a, um *(murra²) (poet.)* ❶ m. Myrrhe gesalbt [**crinis**];
❷ myrrhenfarbig, dunkelgelb [**onyx**].

murrh ... *= murr...*

murrinus¹, a, um *(murra¹) (nachkl.)* aus Flussspat [**calix**]; – *Subst.* **murrina,** ōrum *n (erg. vasa)* Murragefäße.

murrinus², a, um *(murra²) (vor- u. nachkl.)* Myrrhen-; m. Myrrhe parfümiert; – *Subst.* **murrina,** ae *f (erg. potio) u.* **murrinum,** ī *n (erg. vinum)* süßer, m. Myrrhe angemachter Wein.

murtētum, ī *n (murtus)* Myrtengebüsch, -hain; – *Pl.* **Murtēta** *Ort b. Bajä (westl. v. Neapel) m. Schwefelbädern.*

murteus, a, um *(murtus) (poet.; nachkl.)* ❶ v. Myrten, Myrten- [**silva**]*;*
❷ myrtenfarbig, kastanienbraun [**coma**].

murtum, ī *n (gr. Fw.)(Verg.)* Myrtenbeere.

murtus, ī *u.* ūs *f (gr. Fw.) (poet.; nachkl.)* ❶ Myrte, Myrtenbaum;
❷ *(meton.)* **a)** Myrtenhain; **b)** Myrtenkranz; **c)** Stab *od.* Speer aus Myrtenholz.

● **mūrus,** ī *m (verw. m. moenia¹)* ❶ Mauer, Stadtmauer; **-i urbis; -um ducere;** – *meton. (poet.)* Stadt: **patrii -i;**
❷ Erdwall, Damm; **-um perducere;**
❸ *(übtr.)* Schutz(wehr); **audacia pro -o habetur; Graium ~** *(v. Achill).*

mūs, mūris *m* Maus [**rusticus** Feldmaus; **urbanus** Stadtmaus], *auch* Ratte, Marder, Zobel *u. Ä.; b. Mart. als Kosewort, b. Petr. als Schimpfw.;* – Mus *Beiname der Decii, s. Decius.*

> *i* Kultur **Mūsa,** ae *f* (Μοῦσα) ❶ Muse, *meist Pl. Göttinnen der Künste (bes. des Gesanges, überhaupt der Musik, des Tanzes, der Dichtkunst) u. Wissenschaften (die Zuordnungen der in der Zahl schwankenden Musen – drei bis neun – zu einzelnen Künsten sind vielfach fließend), Töchter des Zeus u. der Mnemosyne;*
> ❷ *(meton.)* **a)** Lied, Gesang, Musik, Gedicht, Dichtung; **b)** Gelehrsamkeit, reiches Wissen, Studien.

mūsaeus, a, um *(Musa) (vor- u. nachkl.)* dichterisch, musikalisch.

Mūsaeus, ī *m myth. Sänger in Attika, Schüler des Orpheus.*

musca, ae *f* ❶ Fliege;
❷ *(übtr.)* **a)** zudringlicher Mensch; **b)** *(Plaut.)* neugieriger Mensch.

muscārium, ī *n (musca) (nachkl.)* Fliegenwedel; Kleiderbürste.

mūs-cipula, ae *f (capio)* ❶ *(vor- u. nachkl.)* Mausefalle;
❷ *(spätl.)* **a)** Falle, Fallstrick; **b)** Katze.

mūs-cipulum, ī *n (capio)* ❶ *(vor- u. nachkl.)* Mausefalle;
❷ *(spätl.)* Falle, Fallstrick.

muscōsus, a, um *(muscus)* moosig, bemoost [**lapis**].

mūsculōsus, a, um *(musculus) (nachkl.)* muskulös.

mūsculus, ī *m (Demin. v. mus)* ❶ Mäuschen;
❷ *(Plin.)* Muskel;
❸ Minierhütte *(Schutzdach f. Belagerer);*
❹ *(Plaut.)* Miesmuschel.

M

muscus, ī *m* Moos [**mollis**].
mūsēum, ī *n (gr. Fw.) (vor- u. nachkl.)* Musensitz (Museum, Bibliothek, Akademie).
mūsica, ae *f,* **-a,** ōrum *n u.* **-ē,** ēs *f (gr. Fw.)* Musik, Tonkunst, Dichtkunst, Geistesbildung.
mūsicus *(gr. Fw.)* **I.** *Adj.* a, um ❶ die Musik betreffend, musikalisch [**leges; sonus**];
❷ *(Ter.)* die Dichtkunst betreffend, dichterisch [**studium** Dichtkunst];
❸ *(Gell.)* gelehrt, wissenschaftlich [**ludus**];
II. *Subst.* ī *m* Musiker, Komponist.
mūsīum = *museum.*
Mūsōnius Rufus, ī *m stoischer Philosoph z. Zt. des Tiberius, Vespasian u. Titus, Lehrer des Epiktet.*
mussitō, mussitāre *(Intens. v. musso)* ❶ murmeln, leise sprechen;
❷ *(Kom.)* etw. schweigend dulden [**iniuriam**].
mussō, mussāre ❶ leise sprechen, vor sich hinmurmeln; *(Verg.) (v. Bienen)* summen;
❷ *(Plaut.)* verschweigen [**alqd per metum**];
❸ unschlüssig sein, sich bedenken *(abs., m. Inf. od. indir. Frages.);*
❹ *(Verg.) (v. Tieren)* stumm warten.
mustāceum, ī *n (mustax)* (auf Lorbeerblättern gebackener) Hochzeitskuchen; – *sprichw.:* **laureolam in -o quaerere** sich auf eine billige Weise ein Lorbeerkränzchen, *d. h.* einen leichten Sieg zu gewinnen versuchen.
mustāx, ācis *f (Plin.) eine Lorbeerart.*
mūstēla *u.* **mūstella,** ae *f* ❶ Wiesel;
❷ *(vor- u. nachkl.) ein Seefisch.*
mūstēlīnus *u.* **mūstellīnus,** a, um *(mustela) (vor- u. nachkl.)* Wiesel-.
musteus, a, um *(mustum) (vor- u. nachkl.)* neu, frisch [**caseus; piper**].
mustulentus, a, um *(mustum) (Plaut.)* mostreich.
mustum, ī *n* junger Wein, Most; *meton. (poet.)* Weinlese, Herbst; **ter centum -a videre.**
Musulāmiī, ōrum *m Volk in Numidien.*
mūtābilis, e *(muto)* veränderlich, wandelbar, launisch [**forma rei publicae; vulgi animus; pectus**].
mūtābilitās, ātis *f (mutabilis)* Veränderlichkeit [**mentis**].
● **mūtātiō,** ōnis *f (muto)* ❶ (Ver-)Änderung [**coloris; rerum in deterius** unglückliche Wendung der Dinge; **consilii; rerum** Staatsumwälzung]; **facere mutationem alcis rei** etw. ändern;
❷ Austausch, Vertauschung, Wechsel [**officiorum** gegenseitige Dienstleistungen; **vestis**].
mutilō, mutilāre *(mutilus)* ❶ verstümmeln, stutzen [**nasum; caudam; ramos**];
❷ *(übtr.)* vermindern, verkürzen [**exercitum**].
mutilus, a, um ❶ verstümmelt;
❷ *(v. der Rede)* abgehackt.
Mutina, ae *f Stadt in Oberitalien, j.* Modena; – *Adj.* **Mutinēnsis,** e.
mūtiō, mūtīre = *muttio.*
● **mūtō¹,** mūtāre ❶ weg-, fortbringen, entfernen, vertreiben [**alqm civitate** aus dem Staat jagen; **arbores** verpflanzen]; – *mediopass. u. se mutare* sich entfernen, wegkommen: **hinc dum muter** wenn ich nur v. hier wegkomme;
❷ wechseln, (ver)tauschen, eintauschen, *alqd re u. pro re* etw. mit, für, gegen etw. vertauschen, für, gegen etw. eintauschen [**patriam** auswandern; **terram** in ein anderes Land ziehen; **locum (solum)** in die Verbannung gehen; **vellera murice** färben; **vestem** *od.* **vestimenta** sich umziehen *od.* Trauerkleider anlegen; **res inter se** Tauschhandel treiben; **merces; orationem** *od.* **genus eloquendi** im Ausdruck abwechseln; **personam** die Maske abwerfen = sich in seiner wahren Natur zeigen; **exilio urbem; vitam mercede** hingeben; **pro Macedonibus Romanos dominos**]; **magno mutari** im Tausch viel gelten, einen hohen Preis haben;
❸ (ver)ändern [**sententiam; consilium; colorem** die Gesichtsfarbe; **cultum** eine andere Lebensweise annehmen; **iter** einen anderen Weg einschlagen; **fidem** sein Wort brechen]; **nec nunc muto** ich bleibe dabei, mich reut es nicht; **cibus mutatur** *(im Magen)* **et concoquitur** bekommt eine andere Gestalt; **mutata suos flumina cursus** die ihren Lauf änderten; – *mediopass. u. akt. intr.* sich ändern, umschlagen: **voluntas, fortuna mutata est; annona nihil mutavit** der Preis blieb gleich; **mores mutant; aestus mutabat;** – **in alqd ~** in etw. übergehen;
❹ verwandeln [**socios Ulixis**]; **mutari in alitem; mutatus ab illo** verschieden von;
❺ umstimmen [**animos ad misericordiam**];
❻ *(Ter.)* verbessern;
❼ *(Hor.)* verderben; **vinum mutatum** umgeschlagener, schimmeliger.
mūtō², ōnis *m (Hor.)* das männliche Glied.
muttiō, muttīre *(vorkl.)* mucksen; **nihil ~ audeo** *(Ter.).*
muttītiō, ōnis *f (muttio) (Plaut.)* das Mucksen.
muttō, ōnis *m* = *muto².*
mūtuātiō, ōnis *f (mutuor)* das Borgen, Anleihe.
mūtuitāns, *Gen.* antis *(mutuor) (Plaut.)* der borgen will.
mūtulus, ī *m* = *mitulus.*
mūtuō¹ *s. mutuus.*
mūtuō², mūtuāre = *mutuor.*
mūtuor, mūtuārī *(mutuus)* ❶ v. jmdm. borgen, leihen [**pecuniam ab alqo; domum** mieten; **auxilia ad bellum**];
❷ *(übtr.)* entlehnen [**consilium ab amore; subtilitatem ab Academicis**]; **virtus nomen a viris mutuata.**

mūtus, a, um ❶ stumm, sprachlos, schweigend *(v. Lebewesen)* [**pecudes; bestia**]; ❷ *(übtr., v. Sachen)* still, lautlos [**silentia noctis; artes** die bildenden Künste *u.* Künste, die wenig Ruhm bringen; **sepulcra**]; **-a dolore lyra est** *(Ov.)*.

Mutusca, ae *f Sabinerstadt.*

mūtuum, ī *n (mutuus)* ❶ *(vor- u. nachkl.)* Darlehen; **-um sumere, accipere;** ❷ Gegenseitigkeit, Wechselseitigkeit [**in amicitia**]; **pedibus per -a nexis** ineinander.

● **mūtuus,** a, um *(Adv. -ō, selten -ē) (muto[1])* ❶ geborgt, geliehen [**pecunia**]; **pecuniam -am dare** leihen; **-am pecuniam exigere** als Darlehen fordern; **-am pecuniam praecipere;** – *Adv.* **mūtuō** leihweise; ❷ wechselseitig, gegenseitig, beiderseitig [**benevolentia; beneficia; amor; accusatio**]; – *Adv.* **mūtuō,** *selten* **-ē** gegenseitig, wechselseitig: **aestūs maritimi mutuo accedentes et recedentes; officia cum multis mutuo exercere.**

Mutycēnsis, e zu Mutyke *(Stadt auf Sizilien)* gehörig.

Mycalē, ēs *f Vorgeb. in Ionien (Kleinasien), der Insel Samos gegenüber, j.* Samsun daği, *Seesieg der Griechen üb. die Perser 479 v. Chr.*

Mycēnae, ārum, *selten* **-a,** ae *f Stadt in Argolis, Königssitz des Agamemnon, gab der späthelladischen „Mykenischen Kultur" (1580–1200 v. Chr.) den Namen; – Einw.* **Mycēnēnsēs,** ium *m; – Adj.* **Mycēnaeus,** a, um [**dux** *u.* **ductor** Agamemnon]; – *Patron.* **Mycēnis,** idis *f* = Iphigenie.

Myconos *u.* **-us,** ī *f Zykladeninsel b. Delos; – Adj.* **Myconius,** a, um.

Mygdonidēs, ae *m Sohn des phrygischen Königs Mygdon; – Adj.* **Mygdonius,** a, um thrakisch *od.* phrygisch *u. fem.* **Mygdonis,** idis lydisch.

Mȳlae, ārum *f Halbinsel und Stadt an der Nordküste Siziliens, j.* Milazzo.

Mylasa, ōrum *n Stadt in Karien (Kleinasien); – Einw.* **Mylasēnī,** ōrum *u.* **Mylasēnsēs,** ium *m; – Adj.* **Mylasius,** a, um.

Myndus, ī *f Hafenstadt in Karien (Kleinasien); – Einw.* **Myndiī,** ōrum *m.*

Myonnēsus, ī *f Stadt u. Vorgeb. in Ionien (westl. Kleinasien).*

myoparō, ōnis *m (gr. Fw.)* Kaperschiff.

myrīca, ae *u.* **-ē,** ēs *f (gr. Fw.) (poet.; nachkl.)* Tamariske *(Pflanze).*

Myrīna, ae *f Hafenfestung in Mysien (Kleinasien).*

Myrmēcidēs, ae *m ein Elfenbeinschnitzer.*

Myrmidones, num *m Volksstamm aus Phthia in Thessalien, b. Homer Gefolgsleute des Achilles.*

myrmillō, ōnis *m* = *murmillo.*

> *i* Kultur **Myrō,** ōnis *m* Myron, *griech. Bronzegießer aus Eleutherä um 450 v. Chr., bes. bekannt der Diskuswerfer (röm. Kopie).*

myrobalanum, ī *n (gr. Fw.) (nachkl.) Frucht der arab. Behennuss u. das aus ihr bereitete Parfüm.*

myrobrechārius, ī *m (gr. Fw.) (Plaut.)* Salben-, Parfümeriehändler.

myrobrechīs *(nur Akk. Pl.) (gr. Fw.) (Suet.)* salbentriefend, parfümiert.

myropōla, ae *m (gr. Fw.) (Kom.)* Salben-, Parfümeriehändler.

myropōlium, ī *n (gr. Fw.) (Plaut.)* Parfümerie.

myrothēcium, ī *n (gr. Fw.)* Salbenbehälter.

myrrha = *murra[2].*

Myrrha, ae *f die in einen Myrrhenbaum verwandelte Tochter des Cinyras.*

myrrheus, myrrhinus = *murreus[2], murrinus[2].*

myrt ... = *murt ...*

Myrtilus, ī *m Sohn des Merkur, Wagenführer des Oenomaus.*

Myrtōum mare *Teil des Ägäischen Meeres zw. Euböa u. dem Kretischen Meer.*

Mȳs, Myos *m ber. Ziseleur in Athen, Zeitgenosse des Phidias.*

Myscelus, ī *m Gründer v. Kroton in Süditalien.*

Mȳsia, ae *f Landschaft im nordwestl. Kleinasien mit vorgriech. Bewohnern; – Einw.* **Mȳsī,** ōrum *m; – Adj.* **Mȳsius** *u.* **Mȳsus,** a, um.

mystagōgus, ī *m (gr. Fw.)* Fremdenführer an heiligen Orten.

mystērium, ī *n (gr. Fw.)* ❶ Geheimnis; ❷ *Pl.* Geheimkult, geheime Götterverehrung, Mysterien *(bes. die der Ceres in Eleusis); übtr.* geheime Künste, Geheimlehren [**rhetorum; dicendi**].

mystēs, ae *m (gr. Fw.) (poet.)* Priester bei geheimen Gottesdiensten.

mysticus, a, um *(gr. Fw.) (poet.)* zu den Mysterien gehörig, mystisch, geheimnisvoll.

Mytilēnae, ārum *u.* **-ē,** ēs *f Hauptstadt der Insel Lesbos im Ägäischen Meer, Heimat des Alcaeus; – Einw. u. Adj.* **Mytilēnaeus,** ī *m bzw.* a, um *u.* **Mytilēnēnsis,** is *m bzw.* e.

Myūs, ūntis *f (Akk.* -ūnta) *Stadt in Karien (Kleinasien), j.* Bujük Menderes.

M

N

N. *(Abk.)* ❶ = *Numerius (Vorname)*;
❷ = *nepōs*;
❸ = *Nōnae.*

Nabalia, ae *f ein Rheinarm.*

Nabataeī, ōrum *m* Nabatäer, *Araberstamm östl. der Sinaihalbinsel;* – *Adj.* **Nabataeus,** a, um nabatäisch, *poet.* arabisch, morgenländisch.

Nābis, idis *m König v. Sparta um 200 v. Chr.*

nablium, ī *n (gr. Fw.) phöniz. Saiteninstrument, eine Art Harfe.*

nactus *s. nanciscor.*

nae *falsche Schreibung für ne*[1].

naenia = *nenia.*

Naevius, a, um *röm. nomen gentile:* Cn. ~, *röm. Dramatiker u. Epiker, geb. um 265 v. Chr., der Überlieferung nach weg. eines Streites m. den Metellern nach Utica verbannt, wo er um 200 starb;* – *Adj.* **Naevius,** a, um [**porta** *röm. Stadttor am Aventin*] *u.* **Naeviānus,** a, um.

naevulus, ī *m (Demin. v. naevus) (Gell.)* kleines Muttermal.

naevus, ī *m* Muttermal.

Nah(an)arvalī, ōrum *m germ. Volk an der oberen Weichsel.*

Nāias, iadis *u.* **Nāis,** idis *f (poet.)* ❶ Wasser-, Flussnymphe, Najade; – *Adj.* **Nāicus,** a, um der Najaden;
❷ *(meton.)* Wasser;
❸ *übh.* Nymphe.

● **nam** ❶ *Kj. (begründend u. erläuternd)* denn, nämlich *(in Prosa immer am Satzanfang); verstärkt:* namque;
❷ *(an Fragewörter angehängt)* denn [**quisnam** wer denn?; **ubinam** wo denn?; **quandonam** wann denn? *u. a.*];
❸ *Adv.* **a)** *(b. Erwiderungen)* ja, freilich; **b)** in der Tat, tatsächlich, wirklich, allerdings.

Namnetēs, tum *m kelt. Volk an der Loire-Mündung.*

nam-que *(verstärktes nam)* ❶ *Kj. (begründend u. erklärend)* denn, nämlich;
❷ *Adv. (versichernd)* ja, freilich, wahrlich, wahrhaftig.

● **nancīscor,** nancīscī, na(n)ctus sum ❶ *(ohne Mühe u. Absicht)* erreichen, erlangen [**nomen poetae; portum; sorte provinciam Hispaniam; auctoritatem; imperium; potestatem; libertatem**];
❷ (zufällig) bekommen [**morbum; febrim; praedam; copiam frumenti; fundi possessionem; hospitium**];
❸ (vor)finden, antreffen [**naviculam; turbidam tempestatem; ventum idoneum; castra Gallorum intuta** unbewacht; **Siciliam vacuam; naturam maleficam** die Ungunst der Natur erfahren; **alqm otiosum**];
/ *Part. Perf.* na(n)ctus, a, um *auch pass.*

Nantuātēs, tium *m kelt. Volk südl. des Genfer Sees.*

nānus, ī *m (gr. Fw.) (poet.; nachkl.)* Zwerg.

Napaeae, ārum *f (poet.)* Talnymphen.

nāpus, ī *m (gr. Fw.) (Plin.)* Rübe.

Nār, Nāris *m schwefelhaltiger Nebenfluss des Tiber an der Grenze zw. Umbrien u. dem Sabinerland, j.* Nera.

Nārbō, ōnis *m röm. Kolonie in dem nach ihr benannten narbonensischen Gallien, j.* Narbonne; – *Adj.* **Nārbōnēnsis,** e.

narcissus, ī *m (gr. Fw.) (poet.; nachkl.)* Narzisse.

> *i* Kultur **Narcissus,** ī *m* ❶ der schöne Sohn des Flussgottes Kephisos u. der Najade Liriope; er wies die Liebe der Bergnymphe Echo ab u. wurde deshalb durch unstillbare Selbstliebe bestraft; er verliebte sich in das eigene Spiegelbild, als er es in einem Bach erblickte u. verzehrte sich immer mehr vor Sehnsucht, bis er in die nach ihm benannte Narzisse verwandelt wurde *(Ov. Met.)*;
> ❷ einflussreicher Freigelassener des Kaisers Claudius.

nardinum, ī *n (nardinus; erg. vinum) (Plaut.)* Nardenwein.

nardinus, a, um *(gr. Fw.) (Plin.) v.* Narden gemacht [**unguentum**].

nardus, ī *f u.* **-um,** ī *n (gr. Fw.)* ❶ Narde, *Name verschiedener wohlriechender Pflanzen, u. a. Lavendel*;
❷ Nardenbalsam, -öl, -wasser.

nāris, is *f* ❶ **a)** *Sg. (poet.; nachkl.)* Nüster, Nasenloch; Nase; **de nare loqui** durch die Nase sprechen; **b)** *Pl.* Nase, Nüstern; **fasciculum florum ad nares admovere; nares corrugare** rümpfen;
❷ *(poet.; nachkl.) (übtr.)* feine Nase, Scharfsinn, feines Urteil; **homo emunctae naris** ein Mann v. scharfer Beobachtungsgabe; **naribus uti** spotten.

Naristī, ōrum *m sueb. Völkerschaft.*

Narnia, ae *f Stadt in Umbrien am Nar, j.* Narni; – *Adj.* **Narniēnsis,** e.

nārrābilis, e *(narro) (Ov.)* erzählbar.

nārrātiō, ōnis *f (narro)* ❶ Erzählung *(sowohl das Erzählen als auch das Erzählte)*;
❷ *(rhet. t. t.) der Teil der Rede, welcher die Darstellung des Sachverhalts enthält.*

nārrātiuncula, ae *f (Demin. v. narratio) (nachkl.)* kurze Erzählung, Anekdote.

nārrātor, ōris *m (narro)* Erzähler.

nārrātus, ūs *m (narro) (Ov.)* Erzählung.

● **nārrō,** nārrāre ❶ erzählen, berichten, schildern *(m. Akk.; de; A. C. I.; im Pass. m. N. C. I.; indir. Frages.)*; **alci somnium, fabellam, virtutes ~; asello surdo fabellam ~** tauben Ohren predigen, gegen die Wand reden; **de tua sollicitudine narravit; probe, bene (male) ~** gute (schlechte) Nachricht bringen; **male narras de Nepotis filio; narrant** *(m. A. C. I.)* man erzählt; **narror, narraris** man erzählt von mir, von dir; **narratur** *m. N. C. I. u. m. A. C. I.* man erzählt; **narratur venisse venefica; eo terrore aves siluisse narratur;**

② sagen, erwähnen, nennen, v. etw. *od.* v. jmdm. sprechen; **illa tempora ~; filium narras mihi?** sprichst du von meinem Sohn?; **narra mihi** sag mir einmal; **narro tibi** lass dir sagen, das muss ich dir sagen; **quid narrat?** *(Ter.)* was sagt er?; **narra, quid est, quid ait?** *(Plaut.)*.

narthēcium, ī *n (gr. Fw.)* Salbendose, Schminkkästchen.

nārus, a, um = *gnarus.*

Nārycum, ī *n u.* **Nāryx,** ycis *f Stadt der ozolischen Lokrer (nördl. vom Golf v. Korinth), Geburtsort des Ajax; – Adj.* **Nārycius,** a, um [**heros** Ajax, *Sohn des Oileus*]; **Nārycia,** ae *f (erg. urbs) die Stadt* Lokri *in Süditalien.*

Nasamōnes, num *m* Nasamonen, *Volk in Nordafrika; – Adj.* **Nasamōniacus,** a, um nasamonisch, *poet.* afrikanisch.

nascentia, ae *f (nascor)* Geburt.

● **nāscor,** nāscī, nātus sum ① gezeugt, geboren werden; abstammen, entstammen; **in libero populo inter iura legesque ~ ; sub alio caelo ~; impares nascimur, pares morimur;** *(m. ex, de, bl. Abl., selten m. ab)* **ex serva ~; ex eisdem parentibus ~ ; ex improbo patre ~ ; ex fratre et sorore nati** Geschwisterkinder; **de paelice ~; libertino patre ~; amplissimā familiā ~** v. sehr vornehmer Familie; **a principibus ~ ; civis in civitate ~** *(Cic.)* als Bürger; *(m. Angabe der Bestimmung: m. Dat., m. ad, m. in u. Akk.)* **non nobis solum nati sumus** nicht f. uns allein; **~ aerumnis; ad laborem ~; in miseriam nascimur sempiternam** *(Cic.)*;

② *(übtr.)* entstehen, entspringen, seinen Anfang nehmen, herrühren, erwachsen *(v. Konkr. u. Abstr); **ex palude nascitur amnis; ab eo flumine collis nascitur** erhebt sich; **haec postulata ex iniuriis tuis nata sunt** *(Cic.)*; **ex hoc nascitur, ut** daraus folgt, dass;

③ *(poet.) (v. Gestirnen)* aufgehen, erscheinen; **luna nascente** bei Mondaufgang;

④ *(poet.) (vom Wind)* sich erheben; **auster nascitur;**

⑤ vorkommen, wachsen, vorhanden sein; **plumbum ibi nascitur; in ea silva multa genera ferarum ~ constat** *(Caes.);*

⑥ *(v. Personen)* beginnen, werden; **nascens poeta;**

/ *Part. Perf.* **nātus,** a, um **a)** geboren, entsprossen; **Macedo natus** ein Makedone von Geburt; **mortalis natus** als Sterblicher geboren; **post homines natos** *u.* **post hominum genus natum** seit Menschengedenken; **Hercules Iove natus; summo loco natus** von vornehmer Herkunft; **antiquo genere natus; pulchra origine natus; b)** zu etw. geschaffen, v. Natur zu etw. bestimmt *(m. Dat., ad od. in u. Akk.; m. Inf.)* [**imperio** zum Herrscher *od.* zum Feldherrn; **ad regendum**]; **natio nata servituti; bos ad arandum natus; homo ad agendum natus est; Scipio natus ad interitum Carthaginis** *(Cic.)*; **viri in arma nati; boves nati tolerare labores; c)** geeignet zu (für); **loca insidiis nata; d)** (v. Natur) geartet, beschaffen; **alius ager bene natus, alius male; locus ita natus; versūs male nati; pro re nata** unter den gegenwärtigen Umständen, nach Lage der Dinge; **e)** *(m. Zeitangabe im Akk.)* alt, im Alter von; **decem annos natus**; / *Subst.* **nātus,** ī *m* Sohn; **nāta,** ae *f* Tochter; **nātī,** ōrum *m* Kinder, *(v. Tieren, poet.)* Junge; **nāta,** ōrum *n* Erzeugnisse: **terrā nata** Erzeugnisse der Erde.

Nāsīca, ae *m Beiname in der Familie der Scipionen; s. Scipio.*

Nāsidius, a, um *Name einer röm. gens; – Adj.* **Nāsidiānus,** a, um.

Nāsō, ōnis *m (nasus; eigtl. „großnasig“) röm. Individualcogn.; s. Ovidius.*

Nāsos *u.* **Nāsus,** ī *f („Insel“, gr.) Stadtteil v. Syrakus (die Insel Ortygia) auf Sizilien.*

nassa, ae *f* Fischreuse; *übtr.* Netz, Schlinge.

nassiterna, ae *f (vorkl.)* Gießkanne.

nāsturcium, ī *n* Kresse.

nāsus, ī *m (altl. auch -um, ī n) (vgl. naris)* ① Nase; **-o clamare** schnarchen;

② *(Hor.) Nase als Geruchssinn;* **~ illis nullus erat;**

③ feine Nase, scharfes Urteil; Spöttelei, Witz; **alqm -o suspendere** über jmd. die Nase rümpfen.

nāsūtus, a, um *(nasus) (poet.; nachkl.)* ① mit großer Nase, großnasig;

② naseweis, witzig, spöttisch.

nāta, ae *f s. nascor.*

nātāle, lis *n (natalis) (Plin.)* Geburtsort.

nātālēs, lium *m (natalis) (poet.; nachkl.)* ① Geburt, Entstehung;

② Herkunft, Stand, Familie; **homo claris natalibus; mulier natalibus clara.**

nātālicia, ae *f (natalicius; erg. cena)* Geburtstagsessen.

nātālicium, ī *n (natalicius)* ① Geburtstagsgeschenk;

② Geburtstagsfest.

nātālicius, a, um *(natalis)* zur Geburtsstunde gehörig, Geburts-, Geburtstags- [**sidera; dies; munus**].

N

● **nātālis** *(natus²)* I. *Adj.* e zur Geburt gehörig, Geburts- [**dies** Geburtstag, Jahrestag; **hora; domus; humus** *u.* **solum** Heimat; **Iuno** Geburtsgöttin; **morbus** angeboren];
II. *Subst.* is *m* ① Geburtstag; **natalem agere, celebrare** feiern;
② Gründungstag, Jahrestag, Gedenktag;
③ *(poet.)* Geburtsgott, -genius;
④ *(poet.)* Geburtsort.

natātiō, ōnis *f (nato)* das Schwimmen, Schwimmübung.

natātor, ōris *m (nato)* Schwimmer.

natātus, ūs *m (nato) (nachkl.)* das Schwimmen.

● **nātiō,** ōnis *f (nascor)* ① Geburt, Herkunft; **natione Numida;** – *personif.* **Nātiō** *Göttin der Geburt;*
② Volk(sstamm), Völkerschaft, Nation; **exterae nationes; nationes natae servituti; immanes ac barbarae nationes; per omnes gentes nationesque; eiusdem nationis esse** ein Landsmann sein;
③ Gattung, Klasse, Art, Sippschaft, Schar *(häufig im verächtl. Sinne)* [**candidatorum; optimatium; Epicureorum**]; *(v. Tieren)* Art, Rasse.

natis, is *f (vorkl.; poet.)* Hinterbacke; *Pl.* Gesäß.

nātīvitās, ātis *f (nativus) (spätl.)* ① Geburt, Entstehung;
② Generation.

nātīvus, a, um *(natus²)* ① geboren, durch Geburt *od.* auf natürlichem Wege entstanden [**dii; verba** Stammwörter];
② angeboren, natürlich, ursprünglich [**lepor; sermo** Muttersprache; **urbis praesidia**].

● **natō,** natāre *(Frequ. v. no)* I. *intr.* ① schwimmen; – *Subst.* **natantēs,** tium *u.* tum *f (erg. bestiae) (poet.)* Schwimmtiere, Fische;
② überströmen, überfließen, überschwemmt sein, triefen, voll sein; **natabant pavimenta vino; rura natant** sind überschwemmt;
③ *(poet.)* wogen, wallen, wanken, schwanken *(v. Gewässern, Saatfeldern, Laub, Feuer, Kleidern);* **Tiberis natat; segetes, campi natantes;**
④ *(übtr.)* schwanken, ungewiss sein; **tu mihi ~ visus es** *(Cic.)*; **mutatio voluntatis indicat animum ~** *(Sen.)*;
⑤ *(poet.) (v. den Augen)* schwimmen, matt sein, glasig sein, gebrochen sein; **vinis oculi natabant;**
II. *trans. (poet.)* durch, über, auf etw. schwimmen [**fretum; aquas**].

natrix, icis *f* ① Wasserschlange;
② *(Suet.) (übtr., v. Menschen)* Schlange.

● **nātūra,** ae *f (nascor)* ① Natur, (natürliche) Beschaffenheit, Wesen, Eigenart; Lage [**humana; animi; corporis; aeris; mortis; rerum** das Wesen der Dinge; **loci; oppidi; fluminis**]; **-ā** von Natur; **locus -ā munitus; omnes homines -ā libertati student; -am studio vincere;**
② Gestalt, Äußeres [**serpentium**]; natürliche Schönheit; **~ deest margaritis;**
③ Charakter, Sinnesart, Gesinnung, Naturell, Eigenschaft, Veranlagung; **homo difficillimā -ā; -ā optimus; crudelitas -ae; alcis ~ moresque; vehemens feroxque -ā; in -am vertere** zur zweiten Natur werden; *sprichw.:* **consuetudo est secunda ~ ;**
④ Naturgesetz, Weltordnung [**mundi** *od.* **rerum** der Welt]; **secundum -am; contra (praeter) -am; -ae ratio; mundus -ā administratur; ius in -a positum est; -ae satisfacere (concedere)** sterben;
⑤ Möglichkeit; **in rerum -ā est** *u.* **in rerum -am cadit** es ist möglich;
⑥ Naturkraft, Schöpferkraft der Natur;
⑦ Natur, Welt(all), Schöpfung, *meist* rerum natura; **mens totius -ae;**
⑧ (Grund-)Stoff, Element, Substanz;
⑨ Geschöpf, Kreatur, Individuum; Ding; **-ae rerum** wirkliche Dinge;
⑩ Geburt; **-ā frater;**
⑪ Geschlechtsorgan, *meist Pl.* Genitalien;
⑫ Organ; **alvi ~ subiecta stomacho;**
⑬ *(Lucr.)* Geschlecht, Gattung.

● **nātūrālis,** e *(natura)* ① von Geburt, leiblich [**filius; pater**];
② natürlich, *v.* der Natur verliehen, angeboren, naturgemäß [**motus; pavor; sensus; societas; bonitas; mors**]; **alci naturale est;**
③ natürlich, v. Natur entstanden [**portus; moles**];
④ die Natur betreffend, Natur- [**quaestiones; philosophia; lex; ius**].

nātus¹, a, um *u.* ī *m s. nascor.*

● **nātus²,** *Abl.* ū *m (nascor)* Geburt, Alter, Jahre; **grandis natu** alt, bejahrt; **homo magno natu** alter Mann; **maior natu** älter; **minor natu** jünger; **maximus natu** der älteste; **minimus natu** der jüngste; **maiores natu** ältere Leute.

nauarchus, ī *m (gr. Fw.)* Schiffsführer, Kapitän.

nauclēricus, a, um *(gr. Fw.) (Plaut.)* des Schiffsherrn [**ornatus** Schiffsherrnkleidung].

nauclērus, ī *m (gr. Fw.) (Plaut.)* Schiffsherr, -eigner.

Naucratēs, is *m griech. Redner, Schüler des Isokrates.*

naucula *(nachkl.) = navicula.*

nauculor, nauculārī *(naucula) (Mart.)* auf einem Schiffchen fahren.

naucum, ī *n* Nussschale, *nur übtr.* etw. ganz Geringes, Wertloses, „taube Nuss“, *nur im Gen. u. verneint gebraucht;* **non -i esse** nichts wert sein; **homo non -i** Taugenichts; **non -i habere (facere, putare) alqm** gering schätzen, nichts halten von.

● **nau-fragium,** ī *n (navis u. frango)* ①

Schiffbruch; **-um facere** erleiden; **naves ad unam omnes -o interierunt** *(Caes.)*;
❷ *(übtr.)* **a)** Niederlage; **-um facere** erleiden; **b)** Zusammenbruch, Verfall, Ruin, Unglück, Elend, Untergang [**fortunarum; gloriae; rei familiaris; nobilitatis**]; **c)** *(meton.) Pl.* Trümmer, Überreste; **-a rei publicae colligere.**

naufragō, naufragāre *(naufragus) (nachkl.)* Schiffbruch erleiden.

naufragus *(naufragium)* **I.** *Adj.* a, um ❶ *(pass.)* **a)** schiffbrüchig; **b)** *(übtr.)* verarmt, ruiniert, verloren, verzweifelt;
❷ *(akt.) (poet.)* Schiffe zerschellend, Schiffbruch verursachend [**mare; tempestas**];
II. *Subst.* ī *m* der Schiffbrüchige.

Naulochus, ī *f Ort an der Nordküste Siziliens.*

naulum, ī *n (gr. Fw.) (Iuv.)* Fährgeld.

naumachia, ae *f (gr. Fw.) (nachkl.)* ❶ Seegefecht *(als Schauspiel)*;
❷ Ort des Seegefechts.

naumachiārius *(naumachia) (nachkl.)* **I.** *Adj.* a, um zum Seegefecht gehörig [**pons**];
II. *Subst.* ī *m* Kämpfer in einem Seegefecht.

Naupactus (-os), ī *f Hafenstadt im ozolischen Lokris am Golf v. Korinth; – Adj.* **Naupactōus,** a, um.

Nauplius, ī *m König v. Euböa, Sohn des Neptun; – Patron.* **Naupliadēs,** ae *m* Palamedes, *Sohn des Nauplius.*

nauplius, ī *m (gr. Fw.) (Plin.) ein Muscheltier.*

Nauportum, ī *n Stadt in Pannonien.*

nausea, ae *f (gr. Fw.)* ❶ Seekrankheit;
❷ *(poet.)* Übelkeit, Brechreiz; Erbrechen;
❸ *(Mart.) (übtr.)* Ekel, (ekelerregende) Langeweile.

nauseābundus, a, um *(nausea) (Sen.)* ❶ seekrank;
❷ an Magenverstimmung leidend.

nauseātor, ōris *m (nauseo) (Sen.)* der Seekranke.

nauseō, nauseāre *(nausea)* ❶ seekrank sein; sich erbrechen;
❷ *(übtr.)* **a)** Ekel empfinden; **b)** *(Phaedr.)* sich übel benehmen.

nauseola, ae *f (Demin. v. nausea)* leichte Übelkeit.

nausi ... = *nause ...*

Nausicaa, ae *f Tochter des Phäakenkönigs Alkinous, der Odysseus auf seinen Irrfahrten begegnete.*

● **nauta,** ae *m (gr. Fw.)* ❶ Seemann, Matrose, Schiffer;
❷ *(poet.)* Schiffseigentümer, Reeder;
❸ *(poet.)* Kaufmann;
❹ *(poet.)* Fischer.

nautea, ae *f (gr. Fw.) (Plaut.)* ❶ Seekrankheit, Erbrechen;
❷ Bilgewasser *(Leckwasser im Kielraum des Schiffes).*

Nautēs, ae *m Stammvater der Nautii (s. d.).*

nauticus, a, um *(gr. Fw.)* zum Schiff, zum Seemann, zur Seefahrt gehörig, Schiffs-, Seemanns-, Seefahrts-, See- [**clamor** der Seeleute; **pinus** Schiff; **castra** Schiffslager; **res** Seewesen]; – *Subst.* **nauticī,** ōrum *m* Seeleute, Matrosen.

Nautiī, ōrum *m* die Nautier, *röm. Familie, v. dem Trojaner Nautes abstammend.*

Nāva, ae *f* die Nahe, *Nebenfluss des Rheins.*

● **nāvāle,** lis *n (navalis) (poet.)* ❶ Standort der Schiffe, Hafen;
❷ Werft, Dock.

● **nāvālia,** ium *n (navalis)* ❶ Werft, Dock, *bes. die röm. Werft jenseits des Tiber am Marsfeld*;
❷ Schiffsausrüstung, Takelwerk.

● **nāvālis,** e *(navis)* zum Schiff gehörig, Schiffs-, See- [**proelium; castra** Schiffslager; **praetor** Admiral; **socii** Seeleute, Matrosen, *auch* Seesoldaten].

nāvē *Adv., s. navus.*

nāvicula, ae *f (Demin. v. navis)* kleines Schiff, Boot, Kahn.

nāviculāria, ae *f (navicularius; erg. res)* Frachtschifffahrt, Reederei; **-am facere** betreiben.

nāviculārius *(navicula)* **I.** *Adj.* a, um zum Schiffswesen gehörig, Schiffs-, Schiffer-;
II. *Subst.* ī *m* Schiffseigner, Frachtschiffer, Reeder.

nāvi-fragus, a, um *(navis u. frango) (poet.)* Schiffe zerschellend.

nāvigābilis, e *(navigo)* schiffbar [**amnis; mare; litora**].

nāvigātiō, ōnis *f (navigo)* Schifffahrt, Seereise; Fahrgelegenheit.

nāvigātor, ōris *m (navigo) (nachkl.)* Schiffer, Seemann.

nāvi-ger, gera, gerum *(navis u. gero) (Lucr.)* Schiffe tragend, schiffbar, befahren [**mare**].

nāvigiolum, ī *n (Demin. v. navigium)* kleines Schiff, Boot, Kahn.

● **nāvigium,** ī *n (navigo) jedes Wasserfahrzeug,* Schiff, Boot, Kahn.

● **nāvigō,** nāvigāre *(navis u. ago)* **I.** *intr.* ❶ segeln, fahren *(v. Personen u. Schiffen)* [**e portu; navi; in Asiam; in alto; plenissimis velis; incerto cursu**]; **classis in Italiam navigat;** *sprichw.:* **in portu ~** in Sicherheit sein;
❷ in See stechen, abfahren;
❸ *(Ov.)* schwimmen;
❹ *(übtr.)* sich ausbreiten, übergreifen; **belli impetus navigavit** ging los; **in Africam navigabat bellum;**
II. *trans.* ❶ durchsegeln, befahren, durchfahren [**aequor; terram**];
❷ durch Schifffahrt erwerben.

● **nāvis,** is *f (Akk.* nāvem, *selten* nāvim; *Abl.* nāvī, *selten* nāve) Schiff [**longa** Kriegsschiff; **oneraria** Last-, Transportschiff; **actuaria**

N

Schnellsegler; **praetoria** *od.* **ducis** Admiralschiff; **piratica** Seeräuberschiff; **constrata (tecta)** m. Verdeck]; **navem appellere** *(m. ad od. m. Dat.) od.* **ad terram applicare** landen; **e navi egredi** von Bord gehen, an Land gehen; **navem** *u.* **in navem conscendere** an Bord gehen; **navem deducere** vom Stapel lassen; **navem subducere** ans Land ziehen; **navem solvere** *od.* **ex portu educere** absegeln; **navibus rem gerere** Seekrieg führen; *sprichw.:* **navibus et quadrigis** m. aller Macht, m. aller Gewalt; – *übtr. vom Staat, v. der Gemeinsamkeit des Schicksals:* ~ **rei publicae** Staatsschiff; **una est ~ bonorum omnium; in eadem nave esse** = dasselbe Schicksal haben.

nāvita, ae *m = nauta.*

nāvitās, tātis *f (navus)* Regsamkeit, Eifer.

nāviter *Adv., s. navus.*

nāvō, nāvāre *(navus)* etw. eifrig tun, betreiben, erweisen [**opus; rem publicam** dem Staat eifrig dienen; **operam** sich erfolgreich bemühen; **operam** *od.* **studium alci** jmdm. helfen, beistehen; **fortiter in acie operam** tapfer mitkämpfen; **benevolentiam in alqm** zeigen, an den Tag legen].

nāvus *(altl.* gnāvus), a, um *(Adv.* nāviter *u.* nāvē) eifrig, regsam, emsig, tatkräftig; ~ **in malitia** im Bösen.

Naxos, ī *f größte Zykladeninsel (Ägäis); ber. durch Marmor u. Wein, Hauptgott der Insel war Dionysos bzw. Bacchus, der hier wie seine Gattin Ariadne besonders verehrt wurde; – Adj.* **Naxius,** a, um.

nē[1] *Versicherungspartikel* wirklich, tatsächlich, ja, wahrhaftig, *immer an der Spitze des Satzes u. nur vor Pron.;* **ne illi vehementer errant; ne ego fortunatus homo sum.**

● **nē**[2] *Verneinungspartikel* **I.** *Adv.* nicht ① *in Zusammensetzungen wie:* nē-quam, nē-quāquam *u. a.;*

② *in Aussagesätzen:* **nē ... quidem** *(der betonte Begriff steht dazwischen)* nicht einmal, selbst nicht, auch nicht; **ne in templis quidem;** – *im Ggstz.* keineswegs, durchaus nicht: **is utitur ne suorum quidem consilio, sed suo** keineswegs – sondern;

③ *in Befehlssätzen* **a)** *m. Konj. Präs. od. Perf.:* **ne me moneatis; hoc ne feceris; b)** *m. Imp. (poet. u. altl.):* **fratrem ne desere; ne crucia te;**

④ *in Wunschsätzen:* **(utinam) ne venisset;** *auch in Beteuerungen:* **ne vivam, si scio** ich will des Todes sein, wenn; **ne sim salvus, si aliter scribo ac sentio;**

⑤ *in Konzessivsätzen m. Konj.* zugegeben, dass nicht; wenn auch nicht; **ne sit sane summum malum dolor, malum certe est** *(Cic.);*

II. *Kj. (m. Konj.)* ① *in abhängigen Wunschsätzen* dass nicht *od.* nicht zu *u. Inf.;* **oro te, ne venias** ich bitte dich, nicht zu kommen;

② *nach Ausdrücken der Furcht u. Besorgnis* dass; *ne non* dass nicht; **vereor ne fratris animum offendam; vereor, ne sufficere non possim;**

③ *nach Ausdrücken des Hinderns, Untersagens, Sichweigerns, Sichhütens* dass *od. Inf. m.* zu; **Regulus sententiam ne diceret recusavit** weigerte sich zu sagen; **plura ne scribam, dolore impedior;**

④ *in Finalsätzen* damit nicht, (auf) dass nicht, um nicht; **gallinae pennis fovent pullos, ne frigore laedantur.**

● **-ne**[3] *enklitische Fragepartikel (oft apokopiert zu -n, wobei auch ein davor stehendes s ausfällt:* viden = videsne, ain = aisne, vin = visne, satin = satisne) **I.** *in einfachen Fragen* ① *(dir.) meist unübersetzbar, meist ist vom Fragenden aus gesehen bejahende u. verneinende Antwort möglich* **a)** *bejahende u. verneinende Antwort ist möglich: unübersetzbar* **nihilne id valebit?** wird das nichts nützen?; **totane urbs arsit?; b)** *bejahende Antwort erwartend (= nonne)* (denn, etwa) nicht; **videtisne ut apud Homerum saepissime Nestor de virtutibus suis praedicet?** *(Cic.);* **c)** *verneinende Antwort erwartend (= num)* doch nicht; **censen (= censesne) posse me affirmare?** du glaubst doch nicht?; **d)** *an allein stehende Wörter angehängt:* **egone?** ich? doch ich nicht?; **itane?** so? so doch nicht?; **e)** *manchmal an fragende Partikeln od. Pron. angehängt:* **numne, utrumne, quine, quantusne, uterne;**

② *(indir.)* ob (nicht), ob vielleicht (nicht); **Epaminondas quaesivit, salvusne esset clipeus;**

II. *in disjunktiven Fragen* **-ne ... an** *u.* -ne ... -ne = *utrum ... an* ① *(dir.) erstes Glied unübersetzt, zweites u. evtl. folgende Glieder:* oder; **quidquid terra profert, ferarumne an hominum causa gignit?; deorumne immortalium populine Romani vestramne fidem implorem?;**

② *(indir.)* ob ... oder; **quaeritur, virtus suamne propter dignitatem an propter aliquos fructus expetatur; dubitavi, verumne an falsum esset;** *das 1. Glied unbezeichnet:* **albus aterne ille fuerit ignoras; -ne ... necne,** – ... **necne** ob ... oder nicht: **dubito, Parthi transierint necne.**

ne-[4] *unbetonte Wortnegation, nur in Zusammensetzungen wie z. B.* neque, nefas, nescio, *m. verändertem Vokal in* nisi, nihil, nimius, *m. Elision od. Kontraktion vor Vokal in* nullus *(< *ne-ullus),* numquam *(< *ne-umquam),* nolo *(< *ne-volo).*

Neāpolis, is *f* (Νέα πόλις, *eigtl.* „Neustadt") *(Akk.* -im, *Abl.* -ī) ① *Stadtteil v. Syrakus;*

② Neapel, *Seestadt in Kampanien, Kolonie der griech. Stadt Cumae; – Einw. u. Adj.* **Neāpolitānus,** ī *m bzw.* a, um; – **Neāpolitānum,** ī *n* Landgut bei N.

nebula, ae *f* ① Dunst, Nebel [**densa**];
② *(poet.)* Rauch(wolke);
③ *(poet.)* Wolke [**pulveris** Staubwolke].

nebulō, ōnis *m (nebula)* Windbeutel, Taugenichts; Schuft.

nebulōsus, a, um *(nebula)* ① dunstig, neblig, trübe, dunkel [**caelum**];
② *(Gell.) (übtr.)* dunkel, schwer verständlich [**nomen**].

● **nec** *s. neque.*

necātor, ōris *m (neco) (spätl.)* Mörder.

nec-dum *s. nequedum.*

● **necessārius I.** *Adj.* a, um *(Adv.* -ō, *selten* -ē*)* ① notwendig, nötig *(für jmd.: Dat.; zu, für etw.: ad od. Dat.)* **a)** unumgänglich, erforderlich, unentbehrlich [**lex**]; **-um est Pompeium certiorem fieri** *(Caes.); – Subst.* **necessāria,** ōrum *n* Lebensbedürfnisse, Lebensmittel; **b)** unvermeidlich, unausweichlich, notgedrungen; **-am mortem exspectare** *(Cic.)*;
② dringend, zwingend [**causa; tempus** bedrängte Lage, Not; **alci** jmdm. dringend am Herzen liegend];
③ *(v. Personen)* eng verbunden, nahe stehend, verwandt, gut befreundet; **pepercit homini amico et -o** *(Cic.)*;
④ *(v. Sachen)* in enger Verbindung stehend mit; **locus huic disputationi ~;**
/ *Komp.* magis necessarius, *Superl.* maxime necessarius; / *Adv.* **-ō,** *selten* **-ē** notwendigerweise, notgedrungen;
II. *Subst.* ī *m* naher Angehöriger, Verwandter, (guter) Freund.

● **necesse** *(ne-[4] u. cedo „kein Ausweichen")* notwendig, *nur in Verbindung m. esse u. habere* ① **necesse esse** nötig, notwendig sein, müssen *(nie m. einem Subst. als Subj., sondern nur m. dem Neutr. eines Pron.; m. Inf.; A. C. I.; Dat. m. Inf.; auch m. bl. Konj.; selten m. ut)*; **quod mihi non est ~; non ~ est omnes commemorare; eum condemnari ~ erat; ~ est te regem venerari; ~ est Miloni proficisci; homini ~ est mori; pugna Leutrica immortalis sit ~ est; condemnetur, necesse est;**
② **necesse habere** nötig haben, für nötig halten, müssen *(m. Inf.)*; **non ~ habeo dicere.**

● **necessitās,** ātis *f (necesse)* ① Notwendigkeit, Unvermeidlichkeit, Zwang; **necessitati parere** *od.* **servire** sich in die Notwendigkeit schicken; **necessitatis crimen, non voluntatis** *(Cic.)*; **mors est naturae ~** *(Cic.)* Naturnotwendigkeit; **necessitate coactus** notgedrungen;
② Verhängnis, Schicksal [**divina; extrema** *od.* **ultima** der Tod]; – *personif.* **Necessitās**;
③ Not(lage), Bedrängnis [**temporis**]; **in magna necessitate esse;**
④ Notdurft; **ipsi naturae ac necessitati negare;**
⑤ Mangel, Armut; **fames et ceterae necessitates** *(Tac.)*;
⑥ *Pl.* dringende Bedürfnisse, notwendige Ausgaben, Lasten; **necessitates et largitiones;**
⑦ verbindende Kraft; **magnam necessitatem possidet paternus sanguis** *(Cic.)*;
⑧ enge Verbindung, gutes Verhältnis.

● **necessitūdō,** dinis *f (necesse)* ① Notwendigkeit, Unvermeidlichkeit; **non eadem nobis et illis ~ impendet; alci acerbam necessitudinem demere; ad necessitudinem rei satis dictum est;**
② Not(lage), Bedrängnis [**rei publicae; sociorum**]; **omnibus necessitudinibus circumventus;**
③ enge Verbindung, nahes Verhältnis [**rerum** Zusammenhang; **amicitiae**];
④ Freundschaft, Verwandtschaft, Kollegialität, Klientel; *Pl.* freundschaftliche *od.* geschäftliche Beziehungen;
⑤ *Pl. (nachkl.)* Verwandte, Freunde.

necessum *u.* **necessus est** = *necesse est* es ist notwendig, es ist nötig, es ist unausweichlich, es ist unumgänglich *(m. Inf.; A. C. I.; Dat. m. Inf.; m. bl. Konj.; m. ut)*.

neclegō = *neglego.*

● **nec-ne** oder nicht ① *in indir. Doppelfrage:* **ex te quaero, utrum imperio ducis parere velis necne;**
② *(selten) in dir. Doppelfrage:* **sunt haec tua verba necne?**

nec … nōn *s. neque 7.*

● **necō,** necāre *(nex)* ① töten, umbringen [**plebem fame; alqm igni, veneno; alqm verberibus** totpeitschen];
② *(vor- u. nachkl.) (übtr.)* vernichten; **imbres necant frumenta;**
/ *Perf.* necāvī *u. (altl. u. poet.)* necuī.

nec-opīnāns, *Gen.* antis *(auch getr.; opinor)* nichts vermutend, ahnungslos.

nec-opīnātus, a, um *(Adv.* -ō*) (opinor)* unvermutet, unerwartet [**gaudium; bona**]; **(ex) necopinato hostem invadere;** – **necopīnāta,** ōrum *n* das Unvorhergesehene.

nec-opīnus, a, um *(opinor) (poet.)* ① *(pass.)* unvermutet [**mors**];
② *(akt.)* ahnungslos.

Nectanabis, idis *m Name zweier ägyptischer Könige der 30. Dynastie im 4. Jahrh. v. Chr.*

nectar, aris *n (gr. Fw.)* ① Nektar, Göttertrank, *auch (Ov.)* Götterbalsam;
② *(poet.) (übtr.)* Süßes, Süßigkeit, Köstlichkeit *wie* Honig, Milch, Wein, lieblicher Geruch. .

nectareus, a, um *(nectar) (poet.)* aus Nektar;

N

süß wie Nektar.

● **nectō,** nectere, nexuī *u.* nexī, nexum ① (ver)knüpfen, (ver)flechten, (ver)binden [**flores; bracchia** beim Tanzen verschlingen; **vincula gutturi** um die Kehle; **colla lacertis** umschlingen; **alci catenas**];
② *(poet.)* umwinden, umschlingen [**bracchia nodis vipereis; comam myrto**];
③ fesseln, verhaften *(v. der Schuldhaft);* **nexum se alci dare ob aes alienum** sich fesseln lassen; – **nexus,** ī *m* der in Schuldhaft Befindliche, Schuldknecht; – **nexum,** ī *n* Schuldverbindlichkeit [**civium**]; *meton.* Eigentumsanspruch;
④ *(übtr.)* **a)** anknüpfen, anfügen [**ex alio alia** eins an das andere]; **b)** verknüpfen, verbinden; **omnes virtutes inter se nexae sunt; c)** *(poet.; nachkl.)* ausdenken, anzetteln [**dolum; causas inanes** Scheingründe vorbringen; **iurgia cum alqo** anfangen].

nē-cubī *(ne^2 u. ubi)* damit nicht irgendwo.

nē-cunde *(ne^2 u. unde)* damit nicht irgendwoher.

necuter *(Mart.) = neuter.*

nē-dum *(ne^2)* ① *Kj. m. Konj. (nachkl. auch* nēdum ut) geschweige denn, dass; **mortalia facta peribunt, nedum sermonum stet honos** *(Hor.);*
② *Adv.* geschweige denn **a)** *(nach Negation)* noch viel weniger; **b)** *(nach Affirmation)* noch viel mehr, umso mehr; **adulationes victis graves sunt, nedum victoribus**;
③ *(am Satzanfang) = non solum* nicht nur; **nedum hominum humilium, sed etiam amplissimorum virorum consilia ex eventu, non ex voluntate, probari solent** *(Cic.).*

ne-faciō, facere, – – *(ne-^{4}) (Plaut.)* anders handeln.

nefandum, ī *n (nefandus)* Frevel.

ne-fandus, a, um *(ne-^{4} u. Gerundiv v. for)* ruchlos, gottlos, verbrecherisch *(v. Sachen)* [**scelus; odium**].

nefārium, ī *n (nefarius)* Frevel, Verbrechen, Ruchlosigkeit.

● **nefārius** *(nefas)* **I.** *Adj.* a, um ruchlos, gottlos, frevelhaft, verbrecherisch *(v. Personen u. Sachen)* [**homo; bellum**];
II. *Subst.* ī *m* Frevler.

● **ne-fās** *n (undekl., nur im Nom. u. Akk. Sg.) (ne-^{4})* **I. 1.** Frevel, Sünde, Unrecht, Gottlosigkeit, Ruchlosigkeit, Verbrechen [**maculosum** Ehebruch; **dirum** Selbstmord]; ~ **est patriae bellum inferre; fas et ~** Gutes u. Böses; *sprichw.:* **per omne fas ac nefas alqm sequi** in allem Guten u. Bösen; *als Ausruf eingeschoben (poet.)* **nefas!** o Gräuel! entsetzlich! unerhört!;
② *(poet.) (meton., v. Personen)* Scheusal;
II. *(im Deutschen adj.)* ① nicht erlaubt, unerlaubt, unrecht; **dictu ~ prodigium**;
② *(poet.)* unmöglich, unerreichbar, nicht durchführbar.

ne-fāstus, a, um *(ne-^{4})* ① unerlaubt, verboten [**dies** gesperrter Tag, *an dem aus rel. Gründen weder Gerichtssitzungen noch Volksversammlungen abgehalten werden durften*];
② unheilvoll, Unglücks- [**terra; dies**];
③ sündhaft, frevelhaft, verbrecherisch.

negantia, ae *f (nego)* Verneinung.

negātiō, ōnis *f (nego)* Verneinung, das Leugnen.

negitō, negitāre *(Intens. v. nego)* beharrlich leugnen, verneinen *(abs. od. m. A. C. I.).*

neglēctiō, ōnis *f (neglego)* Vernachlässigung, Gleichgültigkeit *(gegen: Gen.)* [**amicorum**].

neglēctus^1, a, um *(P. Adj. v. neglego)* vernachlässigt, unbeachtet [**coma, capilli** ungepflegt; **ager**].

neglēctus^2, ūs *m (neglego) (vor- u. nachkl.)* Vernachlässigung.

neglegēns, *Gen.* entis *(P. Adj. v. neglego)* ① nachlässig, sorglos, leichtsinnig; gleichgültig *(geg., in etw.: alcis rei u. in re; geg. jmd.: alcis u. in alqm)* [**officii** pflichtvergessen; **in amicis eligendis; in oratione; sociorum atque amicorum; in patrem**]; **neglegenter facere alqd;**
② verschwenderisch.

neglegentia, ae *f (neglegens)* ① Nachlässigkeit, Sorglosigkeit [**in accusando**];
② Vernachlässigung, Geringschätzung, Gleichgültigkeit *(geg.: Gen.)* [**deûm; sui** das Sich-gehen-Lassen].

● **neg-legō,** legere, lēxī, lēctum *(selten Konj. Plusquamperf. -lēgissem) (nec u. lego^1)* ① vernachlässigen, sich nicht kümmern um *(alqm u. alqd, selten de alqo)* [**suos; rem familiarem; mandatum**];
② *(m. Inf.)* versäumen *zu tun,* unterlassen [**promissa persequi**];
③ *(m. A. C. I.)* gleichgültig zusehen, *dass etw. geschieht;*
④ gering schätzen, nicht achten, missachten [**deos; leges; auctoritatem senatūs; periculum**];
⑤ übersehen, ungestraft lassen *(m. Akk. od. A. C. I.)* [**iniurias alcis; ereptam vitam** Tod, Mord; **pecuniam captam** den Raub des Geldes]; **Galliam a Germanis vastari neglexit;** – *Pass.* ungestraft bleiben.

● **negō,** negāre **I.** *intr.* nein sagen *(zu etw.: Dat.); alci* jmdm. eine abschlägige Antwort geben;
II. *trans.* ① verneinen, sagen, dass nicht, leugnen, bestreiten *(m. Akk.; m. A. C. I.; verneint auch m. quin; Pass. m. N. C. I. u. unpers. m. A. C. I.);* **peccatum tuum ~ non potes** *(Cic.);* **non ~** gern zugestehen, zugeben; **~ non posse, quin** dass;
② abschlagen, versagen, verweigern *(abs.;*

alqd; m. Inf.; neg. m. quin) [**nihil miseris; auxilium Veientibus; alci civitatem** das Bürgerrecht; **vela ventis** die Segel einziehen; **se vinculis** sich entziehen; **se alci** jmd. abweisen; **ferre opem**]; **ei ~ non potuit, quin; officium alci ~ non posse;** *(übtr. v. Sachen, poet.)* **regio poma negat; seges negat victum** bringt nicht hervor.

negōtiālis, e *(negotium)* geschäftlich.

negōtiātiō, ōnis *f (negotior)* Großhandel, Bankgeschäft; *(in der Kaiserzeit) übh.* Handel(sgeschäft).

negōtiātor, ōris *m (negotior)* Großhändler, Bankier; *(in der Kaiserzeit) übh.* Händler, Kaufmann.

negōtiolum, ī *n (Demin. v. negotium)* Geschäftchen; kleine Aufträge.

negōtior, negōtiārī *(negotium)* ❶ Handels-, Geldgeschäfte im großen treiben;
❷ *übh.* Handel treiben, handeln;
/ *Subst.* **negōtiāns,** antis *m = negotiator.*

negōtiōsitās, ātis *f (negotiosus) (Gell.)* Vielgeschäftigkeit.

negōtiōsus, a, um *(negotium)* geschäftig, sehr beschäftigt, voller Geschäfte, tätig; *v. Sachen auch* mühevoll [**homo; provincia; dies** Werktag]; – *Subst. Pl. m (Tac.)* Geschäftsleute.

● **neg-ōtium,** ī *n (nec)* ❶ Beschäftigung, Tätigkeit, Arbeit; **in -o esse** beschäftigt sein; **quid -i mihi est?** was habe ich zu tun?; **satis -i habere in re** genug zu tun haben m. etw.; **nihil -i habere** Ruhe haben;
❷ Auftrag, Aufgabe; **-um gerere** *od.* **agere; -um suscipere; -o praeesse; -o desistere; -um dare** beauftragen; **negotia quae ingenio exercentur; infecto -o** unverrichteter Sache;
❸ Unternehmung, Geschäft, *Sg. oft Koll. (= Pl.)* Geschäfte, Aufgabe; **-um agere** *u.* **gerere** seine Geschäfte betreiben *od.* besorgen;
❹ schwieriges Geschäft, Mühe, Unannehmlichkeit; **magnum ~ est** *(m. Inf.)* es hat große Schwierigkeit; **nihil -i est** *(m. Inf.)* es hat keine Schwierigkeit, es ist leicht; **-um alci facessere** *od.* **exhibere** jmdm. Schwierigkeiten machen; **nullo (sine) negotio** ohne viel Mühe, leicht; **magno -o** m. großer Schwierigkeit;
❺ Angelegenheit; *(Sg. u. Pl.)* Verhältnisse, Umstände, Lage; **ita ~ est** so ist die Lage; **in atroci -o;**
❻ Staatsgeschäft(e), Staatsdienst, *meist Pl.* [**publicum** *u.* **publica**]; **in -o** im Staatsdienst;
❼ Handels-, Geldgeschäft, *Sg. u. Pl.* [**maritima** überseeische Handelsgeschäfte]; **-i gerentes** Geschäftsleute; **-i bene gerentes** gute Geschäftsleute;
❽ häusliche Angelegenheit; *(Sg. u. Pl.)* Hauswesen; **-um bene (male) gerere** gut (schlecht) wirtschaften;
❾ Kampf; **-a bene gerere** glücklich kämpfen; **facies -i** der Anblick des Kampfes;
❿ *(v. Menschen)* Wesen; **homo sine sensu…, inhumanum ~** *(Cic.).*

Nēleūs, eī *m König v. Pylos auf der Peloponnes, Sohn des Poseidon u. der Tyro, Vater Nestors;* – *Adj.* **Nēlē(i)us,** a, um; – *Patron.* **Nēlīdēs,** ae *u.* **Nēlēius,** ī *m.*

Nemausus, ī *f u.* **-um,** ī *n* Nîmes, *Stadt in der Gallia Narbonensis, deren Name sich vom Quellgott Nemausus herleitete;* – *Einw.* **Nemausēnsēs,** ium *m.*

Nemea, ae *f bewaldetes Tal in der Argolis (Peloponnes) m. einem alten Zeusheiligtum (das zu Kleonai u. später zu Argos gehörte), wo alle zwei Jahre die Nemeischen Spiele gefeiert wurden;* – *Adj.* **Nemeaeus,** a, um; – **Nemea,** ōrum *n* die Nemeischen Spiele.

Nemesis, is *u.* eos *f Göttin der Vergeltung.*

Nemetēs, tum *m germ. Volksstamm am Mittelrhein.*

● **nēmō** *m (auch f) (< ne u. altl. hemo (= homo), eigtl. „kein Mensch")* niemand, keiner; **~ omnium** kein einziger; **~ nostrum** keiner von uns; **~ alius** kein anderer; **non ~** mancher; **~ non** jeder(mann); **~ est qui** *m. Konj.:* **~ est qui nesciat; ~ est quin** *u. Konj.* es ist keiner, der nicht: **~ est quin intellegat ruere rem publicam;** – *adj.* kein: **~ civis; ~ Romanus; ~ hostis;** *(Dat.* nēminī, *Akk.* nēminem, *Gen. klass.* nūllīus, *Abl. klass.* nūllō, nūllā).

nemorālis, e *(nemus) (poet.)* ❶ zum Hain (Wald) gehörig, Wald- [**antrum; umbrae**];
❷ zum Hain der Diana *(bei Aricia)* gehörig [**templum Dianae; regnum**].

Nemorēnsis, e *(nemus)* zum Hain der Diana *(bei Aricia)* gehörig [**lacus** *j.* Lago di Nemi, Nemisee], – *Subst.* in Nemorensi: auf dem Gebiet des Dianahains *v. Aricia.*

nemori-cultrīx, īcis *f (nemus) (Phaedr.)* Waldbewohnerin [**sus** Wildsau].

nemori-vagus, a, um *(nemus) (Cat.)* im Wald herumstreifend [**aper**].

nemorōsus, a, um *(nemus)* ❶ waldreich [**vallis**];
❷ *(Ov.)* baumreich [**silvae**];
❸ *(Plin.)* dicht belaubt.

nempe *Adv.* denn doch, allerdings, freilich, sicherlich, natürlich, offenbar.

● **nemus,** nemoris *n (gr. Fw.)* ❶ Hain, Wald *m. Weiden f. das Vieh;* **nemora silvaeque; agri et nemora;**
❷ *(poet.)* Wald [**gelidum**]; *(vom sich waldartig ausbreitenden Baum)* **ingens quercus, una ~** *(Ov.)* sie allein ein Wald;
❸ *einer Gottheit* geweihter Hain [**Dianae** der Diana *bei Aricia*];
❹ *(poet.)* Park *(im Innenhof des röm. Hauses)*;
❺ *(Verg.)* Baumpflanzung;
❻ *(Sen.) (meton.)* Holz.

nēnia, ae *f (gr. Fw.)* ❶ Totenklage, Totenlied;

N

② *(poet.) übh.* Trauerlied, Klagelied;
③ *(poet.)* Zauberlied, -formel;
④ *(poet.)* (Volks-)Lied, Schlaf-, Wiegenlied, Kinderlied.

neō, nēre, nēvī, nētum *(gr. Fw.) (Ov.)* spinnen [**stamina; fila**]; weben [**tunicam auro**].

Neoclēs, is *u.* ī *m Vater des Themistocles; – Patron.* **Neoclīdēs,** ae *m* = Themistocles.

Neontīchos *n Kastell in Thrakien (nördl. v. Griechenland).*

neophytus, ī *m (gr. Fw.) (spätl.)* Neubekehrter.

Neoptolemus, ī *m* ① („Junger Krieger") *Sohn des Achilles und der Deidamia, auch Pyrrhos (der Rothaarige) genannt;*
② *König der Molosser in Nordgriechenland (um 370 v. Chr.), Großvater Alexanders des Gr.;*
③ *Feldherr Alexanders des Gr.*

neōtericī, ōrum *m (gr. Fw., „die Neueren") (spätl.)* die Neoteriker, *Dichterkreis des 1. Jahrhs. v. Chr. in Rom, der sich im Stil an die hellenistisch-alexandrinische Dichtung anschloss (der bedeutendste war Catull).*

nepa, ae *f* ① Skorpion *als Tier u. als Sternbild;*
② Krebs *als Tier u. als Sternbild.*

Nepete, tis *n Ort in Südetrurien, j.* Nepi; – *Einw. u. Adj.* **Nepesīnus,** ī *m bzw.* a, um.

Nepheleis, idos *f* Helle, *Tochter der Nephele.*

● **nepōs,** ōtis *m* ① Enkel [**Atlantis** = Merkur; **ex filio** *od.* **ex filia**];
② *(poet.)* Nachkomme, *meist Pl.;*
③ *(nachkl.)* Neffe;
④ Verschwender.

> *i* Kultur **Nepōs,** ōtis *m röm. cogn.:* Cornēlius ~, *etwa 100– nach 27 v. Chr., röm. Biograph u. Geschichtsschreiber, Freund des Cicero, Catull, Varro, Atticus.*

nepōtātus, ūs *m (nepotor) (nachkl.)* Verschwendung, Ausschweifung.

nepōtor, nepōtārī *(nepos 4.) (nachkl.)* verschwenden, schwelgen.

nepōtulus, ī *m (Demin. v. nepos) (Plaut.)* Enkelchen.

neptis, is *f (nepos)* Enkelin [**Veneris** = Ino]; **doctae neptes** die Musen.

> *i* Kultur **Neptūnus,** ī *m* Neptun *(zunächst – als Landwassergott – Gott der Flüsse, Quellen u. Seen, durch Gleichsetzung m. dem Meeresgott Poseidon auch des Meeres); meton. (poet.)* Meer; – *Adj.* **Neptūnius,** a, um des Neptun [**arva** = Meer; **moenia** v. Troja, *das v. Poseidon (u. Apollo) befestigt war;* **aquae** *Quelle b. Tarracina;* **proles; heros** = Theseus *als Nachk. des Neptun;* **dux** = Sextus Pompeius, *der sich als Sohn Neptuns ausgab*].

nē-quam *undekl., Komp.* nēquior, *Superl.* nēquissimus *(Adv.* nēquiter *m. Komp. u. Superl.) (ne[2])* ① nichtsnutzig, nachlässig, unordentlich, leichtfertig, Taugenichts [**servus; iuvenes; liberti**]; **nequiter bellum suscipere;**
② *(poet.)* nichts wert [**libellus**].

● **nē-quāquam** *Adv. (ne[2] u. quisquam)* in keiner Weise, keineswegs, gar nicht.

● **ne-que** *u.* **nec** *(ne-[4] u. -que)* ① und nicht, auch nicht; **neque quisquam** u. niemand; **neque ullus** u. keiner; **neque umquam** u. niemals; **neque usquam** u. nirgendwo;
② *(nach vorhergehendem bejahenden Satz)* aber nicht, jedoch nicht; **nostri hostem in fugam dederunt neque persequi potuerunt;**
③ *Verbindungen:* **neque vero** aber nicht; **neque enim** denn nicht; **neque tamen** dennoch nicht; **neque etiam** u. sogar nicht;
④ **neque ... neque** *u.* **nec ... nec** weder ... noch;
⑤ **neque ... et** zwar nicht ... aber, nicht ... sondern vielmehr; **et ... neque** zwar ... aber nicht, teils ... teils nicht;
⑥ **neque aut ... aut** *u.* neque vel... vel und weder ... noch; *auch* et neque ... neque;
⑦ **nec ... non** und (gewiss) auch, und in der Tat;
⑧ *(altl.) = non* nicht *(klass. nur in Zusammensetzungen: nec-opinatus, neg-otium).*

neque-dum *u.* **nec-dum** *Kj.* und noch nicht, (auch, aber) noch nicht.

● **nequeō,** nequīre, nequīvī *u.* nequiī, nequitum *(aus unpers. nequit < neque it „es geht durchaus nicht" zu persönl. Verb umgeformt; vgl. queo)* nicht können, nicht im Stande sein, nicht vermögen *(sofern es die Umstände nicht erlauben, dagegen non posse, non valere: nicht im Stande sein, sofern die Kräfte u. Mittel fehlen); – nequeo wird nach ire „gehen" konjugiert.*

nēquior *Komp. v. nequam.*

nē-quīquam *Adv.* ① vergeblich, umsonst, erfolglos [**auxilium alcis implorare**];
② unnötigerweise, ohne Grund [**civitatem exterrere**].

nēquissimus *Superl. v. nequam.*

nēquiter *Adv. v. nequam.*

nēquitia, ae *u. (poet.)* **nēquitiēs,** ēī *f (nequam)* Nichtsnutzigkeit, Nachlässigkeit, Leichtfertigkeit, Verschwendungssucht; **me ipsum inertiae nequitiaeque condemno.**

nequitum *P.P.P. v. nequeo.*

nequīvī *s. nequeo.*

Nerētum, ī *n Stadt in Kalabrien (Süditalien), j.* Nardo.

Nēreūs, eos *u.* eī *m (Akk.* -ea, *Vok.* -eū) *greiser Meeresgott, weissagend, Sohn des Oceanus* *od. Pontus, Gemahl der Ozeanide Doris, Vater der Nereiden; meton.* Meer; – *Patron.* **Nērēis,** idis *u.* **Nēr(ē)īnē,** ēs *f* Nereide; – *Adj.* **Nērēius,** a, um des Nereus [**genetrix** = Thetis; **nepos** = Achilles].

Neriō, iēnis *f Begleiterin des Mars, zusammen m. ihm verehrt.*

Nēritos, ī *f Insel b. Ithaka (mit Leukas gleichgesetzt);* – *Adj.* **Nēritius,** a, um von Ithaka, ithakisch [**dux** Odysseus]; des Odysseus [**domus; ratis**]; *Subst. m* Odysseus.

> *i* Kultur **Nerō,** ōnis *m cogn. in der gens Claudia:* Tib. Claudius **~**, *Kaiser Nero (Kaiser 54–68); der wegen seiner Morde (Mutter, Gemahlin u. a.) berüchtigte röm. Kaiser begann als ein Mann sinnvoller Reformen; sein Lehrer war der stoische Philosoph Seneca. Seine vielseitige musische Begabung führte ihn in den Größenwahn als Künstler mit luxuriösen neuen Spielen („Neronia") zur eigenen Darstellung, als Bauherrn zum Pomp eines „goldenen Rom". Erster „Christenverfolger", zwingt Seneca zum Selbstmord – entzieht sich einem Aufstand durch Freitod.* – **Nerōnia,** ōrum *n* Festspiele des Nero, *vom Kaiser Nero sich selbst zu Ehren eingeführt u. alle fünf Jahre gefeiert.* – *Adj.* **Nerōnēus, Nerōnius** *u.* **Nerōniānus,** a, um.

Nerō, ōnis *m cogn. in der gens Claudia:* ① C. Claudius ~, *als Konsul Sieger üb. Hasdrubal 207 v. Chr. am Metaurus, Zensor 204 v. Chr.,* ② Tib. Claudius ~, *Flottenbefehlshaber Cäsars, erster Gatte der Livia Drusilla; aus dieser Ehe stammten Tib. ~ (der spätere Kaiser Tiberius) u. Drusus ~ (Vater des Kaisers Claudius), dadurch Mitbegründer des julisch-claudischen Hauses, gest. 33. v. Chr.;*
/ *Adj.* **Nerōnēus, Nerōnius** *u.* **Nerōniānus,** a, um.

Nersae, ārum *f Stadt in Latium.*

Nerthus, ī *f germ. Fruchtbarkeitsgöttin, v. den Römern als Erdmutter (Terra Mater) gedeutet.*

Nerulum, ī *n Ort in Lukanien (Süditalien);* – *Adj.* **Nerulonēnsis,** e.

Nerva, ae *m röm. cogn.; s. Cocceius.*

Nerviī, ōrum *m keltisiertes Germanenvolk zw. Schelde u. Sambre in der Gallia Belgica;* – *Adj.* **Nervicus,** a, um.

nervōsus, a, um *(nervus)* ① *(poet.)* sehnig, muskulös;
② *(übtr., vom Redner)* kraftvoll, schwungvoll.

nervulus, ī *m (Demin. v. nervus) nur Pl.* Kräfte.

● **nervus,** ī *m (gr. Fw.)* ① Sehne, Muskel; **-i, a quibus artus** (Glieder) **continentur;**
② *(poet.)* das männliche Glied;
③ Saite; **cantus -orum; -os pellere** schlagen;
④ *(Hor.)* Faden, Draht *(der Marionetten);* **-is alienis mobile lignum;**
⑤ *(poet.)* Bogensehne; **-o aptare sagittas** Pfeile auf die Sehne legen;
⑥ *(Tac.)* Leder *als Schildüberzug;* **scuta -o firmata;**
⑦ Riemen *zum Fesseln; meton.* Fesseln, Gefängnis, *Sg. u. Pl.;* **-o vinctus; in -is teneri; de -o cives eximere;**
⑧ *(übtr.) Pl.* **a)** Kraft, Stärke, Energie, Schwung; **opes ac -i** Mittel u. Macht; **-i virtutis; b)** Kraft der Rede, Nachdruck [**oratorii**]; **c)** Triebfeder, Spannkraft, Lebenskraft [**coniurationis**]; **vectigalia rei publicae -i.**

Nesactium, ī *n Stadt an der Ostküste Istriens.*

ne-sapius, ī *m (ne-⁴ u. sapio) (Petr.)* Unwissender, Ignorant.

● **ne-sciō,** scīre *(ne-⁴)* ① nicht wissen *(m. Akk.; de; m. A. C. I.; m. indir. Frages.)* [**nomen alcis**]; **quid nobis agendum sit, nescio** *(Cic.)*; **nescis, quanta cum exspectatione sim te auditurus** *(Cic.)* du glaubst nicht; – **non ~** recht wohl wissen; – *besondere Redewendungen:* **a)** *ohne Einfluss auf die Konstr.:* **nescio quis** irgendjemand: **misit ad Caesarem nescio quem; nescio qui** irgendein; **nescio quid** irgendetwas; **nescio quando** irgendwann; **nescio quomodo** *od.* **quo pacto** unwillkürlich, unbegreiflich; **b) nescio an** *(m. Konj.)* vielleicht, möglicherweise; **nescio an non** schwerlich;
② nicht kennen [**deos**];
③ nicht können, nicht verstehen *(m. Akk. od. m. Inf.)* [**linguam; versūs** keine Verse schreiben können; **Graece** *(erg. loqui);* **quiescere**].

● **ne-scius,** a, um *(ne-⁴ u. scio; vgl. inscius)* ① *(akt.)* **a)** unwissend, ohne zu wissen, unkundig *(abs.; m. Gen.; de; m. A. C. I.; m. indir. Frages.)* [**fati; impendentis mali**]; **non ~ sum** ich weiß recht wohl; **b)** *(poet.; nachkl.)* nicht im Stande, unfähig *(m. Inf. od. m. Gen. des Gerundiums)* [**vinci** unbesiegbar; **cedere** unerbittlich; **fallere; tolerandi; orandi**]; **c)** *(poet.)* unempfindlich *(m. Inf. od. A. C. I.)*; **-a humanis precibus mansuescere corda;**
② *(pass.)* unbekannt [**loca; causa**]; **non -um habere** *(m. A. C. I.)* recht wohl wissen.

Nēsis, idis *f kleine Insel östl. v. Neapel.*

Nessus, ī *m* ① *Kentaur, v. Herkules getötet;* – *Adj.* **Nessēus,** a, um des Nessus;
② *Fluss in Thrakien.*

Nestor, oris *m König v. Pylos auf der Peloponnes, Held der Griechen vor Troja;* – *Adj.* **Nestoreus,** a, um.

Nētum, ī *n Stadt südwestl. v. Syrakus auf Sizilien;* – *Einw.* **Nētīnī,** ōrum *m.*

nētus *P.P.P. v. neo.*

● **neū** *s. neve.*

N

Neurī, ōrum *m Volk in Skythien; – Adj.* **Neuricus,** a, um [**hostis**].

ne-uter, utra, utrum *(Gen.* neutrīus, *Dat.* neutrī) *(ne-4)* ❶ kein(er) (von beiden); **homo neutrius partis** neutral; **neutra acies laeta ex eo certamine abiit** *(Liv.)*; **neuter consulum;** – *Pl.* **neutri** keine v. beiden Parteien: **neutris auxilia mittere** neutral bleiben;
❷ *(philos. t. t.)* gleichgültig, indifferent [**res** weder gut noch böse];
❸ *(gramm. t. t.)* sächlichen Geschlechts, sächlich; – *Subst.* **neutra,** ōrum *n* sächliche Wörter.

ne-utiquam *Adv. (vorkl. getr.)* keineswegs.

neutrō *Adv. (neuter)* nach keiner von beiden Seiten; ~ **inclinaverat fortuna;** ~ **inclinata spes.**

neutr-ubī *Adv. (neuter) (Plaut.)* an keiner von beiden Stellen.

● **nē-ve** *u.* **neu** *Kj.* und nicht, oder nicht, noch *(leitet das zweite Glied eines dir. od. indir. Aufforderungs- od. Finalsatzes ein);* **peto a te, ne abeas neve nos deseras;** – **neve … neve** weder … noch; **(ut) neve … neve** damit weder … noch: **ut id neve in hoc neve in alio requiras** *(Cic.)*; **milites obsecrat, neu se neu imperatorem tradant.**

ne-vīs, ne-volt *(altl.) = non vis, non vult.*

● **nex,** necis *f* ❶ gewaltsamer Tod, Ermordung, Mord [**iniusta**]; **alci necem inferre, parare; alci diem necis** (Hinrichtung) **destinare;** *Pl.* **multorum civium neces;**
❷ *(Ov.) (meton.)* Blut des Erschlagenen; **manūs imbutae nece Phrygiā;**
❸ *(nachkl.)* natürlicher Tod.

nexī *s. necto.*

nexilis, e *(necto) (poet.)* zusammengeknüpft, -gebunden, verschlungen, gewunden [**vestis; crines; hederae**].

nexuī *s. necto.*

nexum, ī *n (necto)* Darlehensvertrag, Darlehen; Schuldverbindlichkeit; Eigentumsanspruch.

nexus[1] *P.P.P. v. necto.*

nexus[2], ī *m (necto)* der in Schuldhaft Befindliche, Schuldknecht.

nexus[3], ūs *m (necto)* ❶ Verknüpfung, Verschlingung, Windung [**bracchiorum**]; **serpens baculum nexibus ambit** *(Ov.)*;
❷ *(übtr.)* **a)** *(nachkl.)* Verbindung, Verwicklung, Zusammenhang [**legis; naturalium causarum**]; **b)** *(jur t. t.)* Schuldverpflichtung; **nexu se obligare**; – *meton.* Schuldknechtschaft: **nexu vincti** Schuldknechte; **nexum inire.**

● **nī** ❶ *arch. Nbf. für ne*²**a)** nicht, *bes. in* quidni wie nicht? warum nicht?, nimirum; **b)** *(final)* dass nicht;
❷ *= si non (od. nisi)* wenn nicht; **plures cecidissent, ni nox proelio intervenisset;** *bes. bei Drohungen, Wetten, Beteuerungen, Verwünschungen:* **peream, ni ita est.**

Nīcaea, ae *f* ❶ *Stadt in Bithynien (Kleinasien), urspr. Elikore od. Ankore, v. Antigonos Monophthalmos (Diadoche, gest. 301 v. Chr.) Antigoneia genannt, schon bald (301 v. Chr.) v. Lysimachos aus Antigoneia nach seiner Frau Nikaia umbenannt, j.* Iznik; – *Einw. u. Adj.* **Nīcaeēnsis,** is *m bzw.* e;
❷ *Stadt in Lokris (Mittelgriechenland)*;
❸ *Stadt in Ligurien, j.* Nizza.

Nīcaeus *m* (νικαῖος *siegreich)* „Siegverleiher", *Beiname Jupiters.*

Nīcander, drī *m Dichter, Grammatiker u. Arzt aus Kolophon (um 150 v. Chr.).*

nīcātor, oris *m (Akk. Pl.* -oras) *(gr. Fw.)* Sieger, *als Beiname* **a)** *des Königs Seleukus;* **b)** *im Pl. der Leibwache des Königs Perseus v. Makedonien.*

Nīcēphorium, ī *n* ❶ *Hain b. Pergamum (Kleinasien)*;
❷ *Stadt am Euphrat.*

Nīcēphorius, ī *m östl. Nebenfluss des Euphrat.*

nīcētērium, ī *n (gr. Fw.) (Iuv.)* Siegespreis.

Nīciās, ae *m athen. Staatsmann u. Feldherr, schloss 421 v. Chr. den nach ihm benannten Frieden m. Sparta.*

Nīcomēdēs, is *m Name mehrerer Könige in Bithynien (Kleinasien).*

Nīcomēdīa, ae *f Hauptstadt v. Bithynien (Kleinasien); – Einw. u. Adj.* **Nīcomēdēnsis,** is *m bzw.* e.

Nīcopolis, is *f Stadt in Akarnanien.*

nictō, nictāre *u.* **nictor,** nictārī *(vgl. co-niveo) (nicht klass.)* ❶ m. den Augen zwinkern, (zu)blinzeln;
❷ *(übtr., vom Feuer)* flackern; **nictantia fulgura flammae.**

nīdāmentum, ī *n (nidus) (Plaut.)* Baustoff zum Nest.

nīdificō, nīdificāre *(nidificus) (nachkl.)* nisten, Nest bauen.

nīdi-ficus, a, um *(nidus u. facio) (Sen.)* nistend, Nest bauend.

nīdor, ōris *m* Dampf, Dunst, Qualm, Bratenduft [**culinae**].

nīdulus, ī *m (Demin. v. nidus)* Nestchen.

nīdus, ī *m* ❶ Nest [**aquilae; columbarum**]; **-um facere, construere;** – *(Hor., übtr.)* angeborener Stand: **maiores pennas -o extendere** über den angeborenen Stand hinausstreben;
❷ *(poet.; nachkl.) (meton.) Pl.* junge Vögel im Nest [**loquaces; queruli**];
❸ *(Hor.)* Wohnsitz, Haus; **-um servare** das Haus hüten, zu Hause bleiben;
❹ *(poet.)* Felsennest [**Acherontiae**];
❺ *(Mart.)* Bücherschrank.

nigellus, a, um *(Demin. v. niger) (August.)* schwärzlich.

● **niger,** gra, grum ❶ schwarz, dunkel(farbig)

[**crinis; oculi; nubes; nox; umbra; silvae** dunkel, düster; **canis; ovis**];
② *(poet.) (meton.)* verdunkelnd [**imber; ventus**];
③ *(übtr.)* **a)** *(poet.)* unheilvoll, schrecklich, düster, traurig [**Tartara; avis; ignes** Scheiterhaufen; **hora** Todesstunde; **dies** Todestag, Unglückstag]; **b)** böse, boshaft, tückisch; **c)** *(Hor.)* scharf, beißend [**sal** Witz].

Nigidius, a, um *pleb. röm. Gentilname:* P. ~ Figulus, *Grammatiker u. Naturforscher, Freund Ciceros (um 100–45 v. Chr.).*

nigrāns, *Gen.* antis *(nigro) (vorkl.; poet.)* schwarz, dunkel(farbig); **nigrantes iuvenci; nigrantes alae corvi.**

nigrēdō, dinis *f (niger) (Mart.)* Schwärze, schwarze, dunkle Farbe.

nigrēscō, nigrēscere, nigruī, – *(niger) (poet.; nachkl.)* schwarz werden; **nigrescunt sanguine venae.**

nigricō, nigricāre *(niger) (Plin.)* schwärzlich, dunkel sein; – **nigricāns** schwärzlich, dunkel.

nigritia, ae *f (niger) (Plin.)* Schwärze, schwarze Farbe [**capilli**].

nigrō, nigrāre *(niger) (poet.)* schwarz sein; – **nigrāns** schwarz, dunkel.

nigror, ōris *m (niger) (vor- u. nachkl.)* Schwärze.

nigruī *Perf. v. nigresco.*

nigrum, ī *n (niger) (Ov.)* schwarzer Fleck.

● **nihil,** *kontrahiert* **nīl,** *undekl., nur als Nom. u. Akk. (Gen., Dat. u. Abl. ergänzt durch: nullius rei, nulli rei, nulla re)* ① nichts; ~ **honestum, mortale;** *(m. Gen.)* ~ **vini** kein Wein; ~ **mali, doli, temporis;** ~ **agere** nichts ausrichten; ~ **loqui;** – *Verbindungen:* **a) non nihil** etwas, manches, einiges [**temporis** einige Zeit]; **nihil non** alles (mögliche); **b) nihil nisi** nichts als, nur; **nihil aliud nisi** *(od.* **quam, praeterquam***)* nichts anderes als, nur, lediglich; **c) hoc nihil ad me (attinet, pertinet)** das geht mich nichts an; **hoc nihil ad rem (pertinet)** das tut nichts zur Sache; **d) nihil est, quod** *(od.* **cur, quamobrem***) m. Konj.* es ist kein Grund (vorhanden), dass *od. Inf. m.* zu; **e) nihil minus** *u.* **nihil sane** gar nicht, durchaus nicht;
② ein Nichts, eine Null, etwas Bedeutungsloses; ~ **esse** eine Null sein, nichts gelten, nichts bedeuten; **alqm ~ putare** für nichts halten, gering schätzen;
③ *nihil als Adv.* **a)** in keiner Weise, keineswegs; **Catilinam ~ metuo; b)** aus keinem Grund; ~ **nisi** *u.* ~ **aliud nisi** *(od.* **quam***)* aus keinem anderen Grund als; **c)** umsonst, vergeblich.

nihil-dum *Adv.* noch nichts.

● **nihilō-minus** *s. nihilum.*

● **nihilum,** *kontrahiert* **nīlum,** ī *n (im Nom. u. Dat. ungebräuchlich)* nichts, das Nichts: ① **nihilī** *(als Gen. pretii)* für nichts [**facere, putare, aestimare** gering schätzen, nicht achten; **esse** nichts wert sein]; **homo -i** ein nichtswürdiger Mensch;
② **nihilum** *(Akk., meist m. ad od. in)* **ad -um redigere** zunichte machen, vernichten; **ad -um recidere** *od.* **venire** *u.* **in -um interire** *od.* **occidere** zunichte werden; – *als Adv.:* in keiner Hinsicht, keineswegs;
③ **nihilō** *(Abl.)* **a)** für nichts *(als Abl. pretii);* **-o emere, aestimare; b)** um nichts *(als Abl. mensurae);* **-o maior, minor; -o magis** ebensowenig: **-o magis minis quam precibus moveri** *(Cic.)*;
④ **prō nihilō** für nichts [**putare, ducere, habere** gering schätzen, nicht achten; **esse** nichts gelten, nichts wert sein];
⑤ **dē nihilō** aus nichts; ohne Grund, grundlos; ex nihilō aus nichts;
⑥ **nihilōminus** *u.* nihilō sētius *Adv.* nichtsdestoweniger, trotzdem.

● **nīl** *s. nihil.*

nīlum *s. nihilum.*

Nīlus, ī *m* ① Nil, *Fluss in Ägypten* [**septemfluus, septemplex** *nach den sieben Mündungen*]; *personif. als Flussgott;* – *Adj.* **Nīliacus, Nīlōticus,** a, um *u. fem.* **Nīlōtis,** tidis *auch* ägyptisch;
② *(übtr., appell.)* Wassergraben.

nimbātus, a, um *(nimbus) (Plaut.)* in Nebel gehüllt.

nimbi-fer, fera, ferum *(nimbus u. fero) (poet.)* sturmbringend, stürmisch [**ignis** Blitzstrahl].

nimbōsus, a, um *(nimbus) (poet.; nachkl.)* ① wolkig [**cacumina montis** in Wolken];
② stürmisch, regenbringend [**ventus**].

nimbus, ī *m (vgl. nebula, imber)* ① Wolke, Gewölk; **cinxerunt aethera nimbi** *(Verg.)*; – *(poet.)* Nebel(hülle): **Venus obscuro faciem circumdata -o** *(Verg.)*;
② *(poet.)* Staub-, Rauchwolke;
③ Sturm-, Regenwolke;
④ Sturm, starker Wind, Unwetter;
⑤ Platzregen, Regenguss, Regenschauer [*übtr.* **ferreus** v. eisernen Geschossen]; **densi funduntur ab aethere -i** *(Ov.)* ergießen sich;
⑥ Schar, Menge [**equitum peditumque**];
⑦ plötzlich hereinbrechendes Unglück; **hunc quidem -um cito transisse laetor** *(Cic.)*.

nimietās, ātis *f (nimius) (nachkl.)* Übermaß.

nimiopere *(auch getr. nimiō opere) Adv.* zu sehr.

nī-mīrum *Adv.* ① allerdings, freilich, ohne Zweifel;
② *(iron.)* selbstverständlich, natürlich.

● **nimis** *Adv.* ① zu sehr, allzu sehr, zu, zu viel, *bei Adj., Adv. u. Verben;* ~ **multa;** ~ **dixi;** ~ **atrociter sociis imperare;** *(m. Gen.)* ~ **insidiarum;** – **non nimis** nicht sonderlich;
② sehr, überaus.

N

● **nimius,** a, um ① zu groß, zu viel, übermäßig [**calor; imber; vitis** zu üppig]; *(v. Personen)* maßlos, übermütig *(in etw.: in m. Abl., Gen. od. Abl.)* [**in honoribus decernendis; imperii; pugnae; rebus secundis; verbis**]; zu mächtig, zu gewaltig [**legio**]; – *Adv.* **nimium** *u.* **nimiō** zu sehr, allzu sehr, (all)zu, zu viel: **nimium diu** allzu lange; **nimium breves flores** zu schnell verblühend; – *Subst.* **nimium,** ī *n* das Zuviel;
② sehr groß, sehr viel, außerordentlich; – *Adv.* **a) nimium** *u.* **nimiō** sehr, überaus: **fortunati nimium agricolae; b) nimium quantum** außerordentlich, sehr.

ningit, ningere *u.* **ninguit,** ninguere, *Perf.* nīnxit *(nix) (poet.; nachkl.) unpers.* es schneit; *übtr., persönl.:* **ningunt floribus rosarum** *(Lucr.)* sie streuen haufenweise Rosen.

ninguis, is *f (ningit) (poet.; nachkl.)* Schnee; *Pl.* Schneemassen.

Ninnius, a, um *Name eines urspr. kampanischen Geschlechtes:* L. ~ Quadratus, *Volkstribun 58 v. Chr., Gegner des Clodius.*

Ninus *u.* **-os,** ī ① *f* Ninive, *alte Hauptstadt v. Assyrien am Tigris;*
② *m nach jüngerer griech. Überlieferung: König v. Assyrien, Gatte der Semiramis (nach keilschriftlicher Überlieferung keine historisch nachweisbare Persönlichkeit).*

nīnxit *Perf. v. ningit.*

Ninyās, ae *m (Akk. -ān) Sohn des Ninus u. der Semiramis.*

Nioba, ae *u.* **Niobē,** ēs *f Tochter des Tantalus, Gattin des Amphion; weg. ihrer Arroganz geg. Latona wurde sie v. Latonas Zwillingskindern Apollo u. Artemis m. dem Tod ihrer vielen (zwölf od. vierzehn) Kinder bestraft u. in Stein verwandelt; – Adj.* **Niobēus,** a, um.

Niphātēs, ae *m Gebirge in Armenien.*

Niptra, ōrum *n (gr. Fw.)* „Das Waschwasser", *Tragödie des Pacuvius.*

Nīreūs, eī *m neben Achilles der schönste Grieche vor Troja.*

● **ni-sī** *Kj.* ① wenn nicht, wofern nicht, *als Satznegation;*
② *(nach Negationen od. in rhet. Fragen)* außer, als; **Catilina nihil cogitavit nisi caedem, rapinas, incendia; in Caesaris victoria nemo cecidit nisi armatus; quis istud credat nisi stultus?** wer glaubt das schon – er sei denn ein Dummkopf?; **nihil aliud nisi** nichts weiter als; **nōn ... nisī** *od.* **nisī . . . nōn** nur, bloß, lediglich, *so auch: nemo ... nisi, nihil ... nisi u. Ä.;*
③ **nisī sī** außer wenn; **nisī quod** außer dass, nur dass; **nisī forte** *u.* **nisī vērō** es müsste denn sein, dass; wenn nicht etwa.

Nisibis, is *f Stadt in Mesopotamien.*

Nīsus, ī *m* ① *König in Megara (Mittelgriechenland), Vater der Skylla, die ihm aus Liebe zu Minos seine purpurne (lebens- u. herrschaftsspendende) Locke abschnitt; beide in Raubvögel verwandelt; – Adj.* **Nīsēius,** a, um [**virgo** Skylla], **Nīsaeus,** a, um *u. fem.* **Nīsias,** adis des Nisus; megarisch; – *Patron.* **Nīsēis,** idis *f* Tochter des Nisus, Skylla;
② *Troer, Sohn des Hyrtakus, Begleiter des Aeneas, Freund des Euryalus (in Vergils Äneis).*

nīsus[1] *P. P. Akt. v. nitor*[2].

nīsus[2] *u. (selten)* **nīxus,** ūs *m (nitor*[2]*)* ① das Anstemmen, festes Auftreten, Anspannung des Körpers, Anstrengung; **pedetentim et sedato nisu;**
② das Emporsteigen, Hinaufklimmen [**per saxa**];
③ *(poet.)* das Fliegen, Flug; **insolitos nisus docere aquilam** *(Hor.)*;
④ *(nachkl.)* Schwung; **tela nisu vibrare, mittere;**
⑤ Umschwung *der Sterne;* **astra nisu conglobata;**
⑥ *(poet.; nachkl.)* Geburtswehen, das Gebären, *Sg. u. Pl.;* **hunc stirps Oceani maturis nisibus Aethra edidit** *(Ov.);*
⑦ *(Tac.)* Drang zum Erbrechen;
⑧ *(Plin.)* Nachdruck.

nītēdula, ae *f* Haselmaus.

nitēns, *Gen.* entis *(P. Adj. v. niteo)* ① glänzend [**arma**];
② *(übtr.)* **a)** *(poet.)* prächtig, schön [**femina; oculi; flos; campi** blühend, reich Früchte tragend]; **b)** glänzend [**oratio**].

● **niteō,** nitēre, nituī, – ① glänzen, blinken, strahlen *(von etw.: Abl.)*; **nitent templa marmore; aera nitent usu; luna nitet;**
② *(übtr.)* glänzen, hervorstechen, in die Augen fallen; **Lucretius recenti gloriā nitens; ubi plura nitent in carmine;**
③ stattlich aussehen, hübsch sein;
④ fett, fettig sein;
⑤ *(poet.)* wohl genährt sein, blühend aussehen;
⑥ reichlich vorhanden sein, reichlichen Ertrag geben.

nitēscō, nitēscere, – – *(Incoh. v. niteo)* ① (er)glänzen, glänzend werden; **iuventus oleo nitescit; caelum nitescit;**
② *(Plin.)* fett werden, gedeihen; **armenta nitescunt.**

nitidiusculus, a, um *(Demin. v. nitidior, Komp. v. nitidus) (Plaut.) (v. Salböl)* etwas glänzender [**caput**].

● **nitidus,** a, um *(niteo)* ① glänzend, schimmernd [**ebur; dies** hell, sonnig; **caesaries;** *(von etw.: Abl.)* **auro; coma nardo**];
② stattlich, schön, hübsch;
③ schmuck, nett, geschmackvoll, sauber, gepflegt, *auch übtr., bes. v. der Rede* [**oratio; verba**]; – *Subst. m* gepflegter Städter;

④ üppig, strotzend [**campi; fruges**];
⑤ fett, wohl genährt [**equi; vacca; rusticus**];
⑥ glatt; **serpens ~ iuventā** *(Hor.) (nach der Häutung)* glatt u. verjüngt.

Nitiobrogēs, gum *m kelt. Volk in Aquitanien an der Garonne (südwestl. Gallien).*

nitor¹, ōris *m (niteo)* ① Glanz, Schimmer [**diurnus** des Tages; **aurorae; argenti**];
② *(übtr.)* Glanz, Ansehen, Adel [**generis**];
③ Schönheit, Eleganz;
④ Gewandtheit, Eleganz *(in der Darstellung)* [**orationis; descriptionum**];
⑤ *(Ter.)* Wohlgenährtheit.

● **nītor²,** nītī, nīxus *u.* nīsus sum ① sich stemmen, sich stützen *(auf etw.: Abl., in m. Abl. od. in m. Akk.)* [**genibus** knien; **hastā** *u.* **in hastam**];
② sich aufrichten; **~ modo et statim concidere;**
③ *(v. Kämpfenden)* Fuß fassen, sich halten; **virtute et patientiā nitebantur atque omnia vulnera sustinebant** *(Caes.);*
④ auftreten [**humi**]; **serpentes nituntur** fangen an zu kriechen;
⑤ emporklimmen, klettern;
⑥ *(Verg.) in der Luft* schweben; **paribus nitens Cyllenius alis constitit;**
⑦ (empor)steigen, emporstreben [**pennis in aëra; ad sidera**];
⑧ vorwärts streben, vorwärts drängen [**porro; in adversum**];
⑨ *(poet.)* in den Wehen liegen;
⑩ nach etw. trachten, auf etw. hinarbeiten *(ad od. in alqd)* [**ad gloriam; ad sollicitandas civitates**];
⑪ sich eifrig bemühen, sich anstrengen, streben *(pro; de; contra; adversus; m. ut, ne, Inf.)* [**pro libertate** kämpfen; **de causa regia; contra verum** ankämpfen; **adversus foedera naturae; patriam recuperare**];
⑫ auf etw. beruhen *(auf etw.: bl. Abl.; in m. Abl.)* [**regno**]; **salus civitatis nititur in vita alcis;**
⑬ sich verlassen auf *(auf: bl. Abl.; in m. Abl.)* [**animo** auf seinen Mut].

nitrātus, a, um *(nitrum) (Mart.)* m. Natron vermischt.

nitrum, ī *n (gr. Fw.) (Plin.)* Laugensatz, Natron, Soda.

nivālis, e *(nix)* ① schneeig, Schnee- [**ventus** Schneegestöber; **dies; aurae** Schneeluft];
② *(poet.; nachkl.)* schneebedeckt [**Othrys; iuga**];
③ *(poet.)* schneeweiß; **equi candore nivali;**
④ *(Mart.) (übtr.)* eiskalt [**osculum**].

nivārius, a, um *(nix) (Mart.)* Schnee- [**colum** *u.* **saccus** Schneedurchschlag, Schneesack *zum Filtern des Weins*].

nivātus, a, um *(nix) (nachkl.)* m. Schnee gekühlt [**potio; aqua**].

nī-ve¹ *Kj.* oder wenn nicht.

nīve² *Kj. (Lucr.) = neve.*

● **niveus,** a, um *(nix) (poet.; nachkl.)* ① Schnee-, aus Schnee [**agger** Schneehaufen];
② schneebedeckt [**mons**];
③ schneeweiß [**vestis**];
④ hell, klar [**flumen; unda**].

nivōsus, a, um *(nix)* schneereich [**hiems; Scythia**].

● **nix,** nivis *f (Gen. Pl.* nivium*)* ① Schnee [**nova; vetus; alta**]; *Pl.* Schneemassen, -gestöber;
② *(Prop.) Pl.* kaltes Klima;
③ *(Hor.) Pl. capitis* (schnee)weißes Haar.

Nīxī (diī), ōrum *m (nitor²) drei Geburtsgottheiten, deren Statuen in kniender Stellung sich in Rom auf dem Kapitol vor dem Heiligtum der Minerva befanden.*

nīxor, nīxārī *(Intens. v. nitor²) (poet.) = nitor².*

nīxus¹, ūs *m s. nisus².*

nīxus² *P. P. Akt. v. nitor².*

nō, nāre ① schwimmen *(v. Lebewesen u. v. Lebl.)*; **nandi peritus; ~ discere; ~ per undas; bestiae nantes;**
② *(poet.)* segeln [**cymbā**];
③ *(Verg.) (v. Bienen)* hin u. her wogen, fliegen;
④ *(Cat.)* fließen.

● **nōbilis,** e *(zu nosco)* ① *(vor- u. nachkl.)* kenntlich, erkennbar, offensichtlich, sichtbar [**gaudium**];
② bekannt [**gladiator**];
③ berühmt, gepriesen, hoch angesehen, ruhmvoll, denkwürdig [**rex; rhetor; oppidum**];
④ berüchtigt, in schlechtem Ruf stehend [**taurus**]; **~ clade Romanā Caudina pax; se scelere nolunt fieri nobiles** *(Plaut.);*
⑤ adlig, edel, vornehm, aristokratisch, von vornehmer Herkunft, aus guter Familie [**gens; familia; iuvenis**]; **homo nobilissimus** v. altem Adel; **nobili genere nati;**
⑥ vorzüglich, vortrefflich, ausgezeichnet [**equae; phalerae; fundi**].

● **nōbilitās,** ātis *f (nobilis)* ① Berühmtheit, Ruhm; **alqm nobilitate praecurrere;**
② Adel, aristokratische Herkunft, vornehmer Stand *od.* Rang; **adulescens summa nobilitate;**
③ *(meton.)* Aristokratie, Oberschicht, die Adligen; *Pl. (Tac.)* **nobilitates externae** ausländische Hoheiten, Fürsten;
④ *(nachkl.)* adlige Gesinnung, Haltung; **nobilitate ingenitā;**
⑤ Vortrefflichkeit, Vorzüglichkeit [**discipulorum**]; **signa summā nobilitate.**

i Kultur **nōbilitās** Adel – mit der Herkunft aus einer alten röm. Familie begründeten die nobiles ihre Machtstellung. Es dauerte Jahrhunderte, bis reiche,

N

erfolgreiche Plebejer mit den vornehmen Patriziern zusammen den neuen Adel bildeten und sich dann gegen Emporkömmlinge (homines novi) abgrenzten – eigentlich snobistisch, was aber sine nobilitate (ohne Adel) heißen soll!

nōbilitō, nōbilitāre *(nobilis)* ① bekannt machen [**famam**];
② berühmt machen [**virtutem alcis**]; – *Pass.* berühmt werden: **poëtae nobilitari volunt;**
③ ins Gerede bringen, in schlechten Ruf bringen [**crudelitatem alcis; alqm flagitiis**].

nocēns, *Gen.* entis *(P. Adj. v. noceo)* ① schädlich, verderblich [**aurum**];
② schuldig, verbrecherisch, strafbar [**reus**]; ruchlos [**victoria**]; – *Subst. m* der Schuldige, Übeltäter.

● **noceō,** nocēre, nocuī, nocitum ① schaden [**rei publicae; nemini; nihil iis; noxam** eine Schuld auf sich laden]; **quid temptare nocebit?** *(Ov.)* was kann ein Versuch noch schaden?; **nocet esse deum** *(Ov.)* zu meinem Nachteil bin ich ein Gott;
② hinderlich sein; **nocet esse sororem** es ist mir hinderlich, dass ich Schwester bin.

nocīvus, a, um *(noceo) (poet.; nachkl.)* schädlich.

Nocti-fer, ferī *m (nox u. fero) (Cat.)* Abendstern.

nocti-lūca, ae *f (nox u. luceo) (vorkl.; poet.)*
① Nachtleuchte, Laterne;
② Mond.

nocti-vagus, a, um *(nox) (poet.)* bei Nacht umherziehend, nachts kreisend [**faces caeli**]; **curru -o Phoebe medium pulsabat Olympum** *(Verg.)*.

● **noctū** *Adv. (nox)* nachts, bei Nacht; ~ **diuque.**

noctua, ae *f (nox) (poet.; nachkl.)* Nachteule, Käuzchen.

noctuābundus, a, um *(nox)* nachts reisend [**tabellarius**].

noctuīnus, a, um *(noctua) (Plaut.)* vom Käuzchen [**oculi**].

nocturnum, ī *n (nocturnus) (mlt.)* Nokturn *(liturg. Nachtgebet)*.

● **nocturnus,** a, um *(noctu)* nächtlich, bei Nacht, Nacht- [**fur; vigiles; Bacchus** bei Nacht verehrt; **convivium; contio; seditio**]; *poet. oft Adj. statt Adv., z. B.:* **lupus gregibus -us obambulat;** – *Subst.* **Nocturnus,** ī *m (Plaut.) Gott der Nacht.*

noctū-vigilus, a, um *(vigilo) (Plaut.)* bei Nacht wachend.

nocuus, a, um *(noceo) (Ov.)* schädlich.

nōdō, nōdāre *(nodus)* ① *(Verg.)* in einen Knoten knüpfen, (ver)knoten [**crines in aurum** in ein goldenes Netz];
② *(Ov.)* zusammenschnüren, fesseln [**collum laqueo**];
③ *(Plin.)* m. Knoten versehen.

nōdōsus, a, um *(nodus)* ① *(poet.; nachkl.)* knotig, knorrig [**stipes; ramus**];
② *(nachkl.) (übtr.)* verwickelt, voller Schwierigkeiten [**verba**];
③ *(Hor.) (v. Personen) m.* allen Rechtskniffen vertraut.

● **nōdus,** ī *m* ① Knoten; **-um solvere; -os rumpere; alqm in -um complecti** jmd. eng umschlingen;
② *(poet.)* Gürtel;
③ *(poet.)* Haarwulst; **crinem -o substringere;**
④ Knöchel;
⑤ Knoten, Knorren *am Holz;* **baculum sine -o;**
⑥ *(poet.)* Knospe, Auge *an Pflanzen;*
⑦ *(übtr.)* Verbindung, Band [**amicitiae**];
⑧ Verpflichtung; **-os imponere;**
⑨ Verwicklung, Schwierigkeit, Hindernis, *auch (poet.)* Verwicklung im Drama; **-um alcis rei exsolvere** *od.* **expedire** lösen, beseitigen; **maximus in re publica ~ est inopia rei frumentariae;** – *meton. (poet.) (v. Personen) v. jmdm., der etw. erschwert od. hemmt:* **Abas pugnae ~.**

noenu *u.* **noenum** *(ne-⁴ u. oenus) arch.* = *non* nicht.

Nōla, ae *f Stadt in Kampanien, Sterbeort des Augustus, dessen Sterbehaus zum Tempel wurde, auch j.* Nola; *später Wirkungsstätte des Kirchenvaters Paulinus von ~ (gest. 431 n. Chr.);* – *Einw. u. Adj.* **Nōlānus,** ī *m bzw.* a, um; – **Nōlānum,** ī *n* Gebiet v. Nola.

nola, ae *f (spätl.)* Schelle, Glöckchen.

● **nōlō,** nōlle, nōluī, – *(ne-⁴ u. volo)* ① nicht wollen *(abs.; alqd; Inf.; A. C. I.; Konj.);* nōlī, nōlīte *m. Inf. zum Ausdruck des Verbotes:* **noli putare** glaube ja nicht; **noli turbare circulos meos!** *(Archimedes)* störe mir meine Kreise nicht!;
② **alci nolle** jmdm. abgeneigt sein, ein Vorurteil gegen jmd. haben.

Nomades, dum *m* Nomaden, wandernde Hirtenvölker, *bes.* Numidier; *Sg.* **Nomas,** adis *f* Numidierin.

● **nōmen,** minis *n* ① Name, Benennung; **nomen dare, imponere, indere; ex re (a re) nomen accipere, capere, trahere; ~ mihi est Marcus, Marci** *od.* **Marco** *(Dat.)* ich heiße M.; **nomen alci dare Lucio** *(Dat.) od.* **Lucium; ei morbo ~ est avaritia; ~ calamitatis** das Wort calamitas; **nomen (nomina) dare, edere** *od.* **profiteri** sich melden *(bes. zum Kriegsdienst);* **ad nomina non respondere** dem Aufruf keine Folge leisten; **nomen accipere** in die Wahlliste eintragen; *im Gerichtswesen:* **nomen alcis deferre** jmd. gerichtlich

belangen, anklagen; **nomen recipere** die Klage annehmen;
② Gentilname *eines freigeborenen Römers, auch* Vorname *(praenomen),* Beiname *(cognomen);* **alqm in nomen asciscere; alqm in familiam nomenque adoptare;**
③ Titel [**imperatoris**];
④ *(meton.) der benannte Gegenstand:* **a)** Geschlecht [**Fabium** das Geschlecht der Fabier]; **b)** Volk, Nation [**Romanum** die Römer, Römertum]; **c)** Person; **~ vestrum** = *vos*; **nomina fortissima** die tapfersten Helden;
⑤ berühmter Name, Ruhm, guter Ruf [**sociorum; familiae; patrum**]; **multi nominis** viel gerühmt; **tanti nominis rex; sine nomine** unbekannt;
⑥ Rang, Würde [**regale**];
⑦ bloßer Name, Schein; **reges nomine magis quam imperio;**
⑧ Vorwand;
⑨ Veranlassung, Grund;
⑩ Name eines Schuldners *im Schuldbuch*;
⑪ *(meton.)* **a)** Schuldverschreibung, Schuldposten, Schulden; **nomen facere** *od.* **in tabulas nomen referre** die Schuldposten eintragen, buchen; **nomen solvere** *(od.* **dissolvere, exsolvere, expedire***)* seine Schulden bezahlen, tilgen; **nomina exigere** Gelder eintreiben; **nomen locare** Geld aufnehmen; **b)** Schuldner [**certum; lentum** schlechter Zahler];
⑫ *Abl.* **nomine: a)** m. Namen, namens; **b)** *(nur)* dem Namen nach; **alci nomine notum esse; c)** in jmds. Namen *od.* Auftrag [**imperatoris**]; **nomine atque arbitrio alcis bellum gerere; d)** unter dem Namen, als [**obsidum** als Geiseln; **praedae** als Beute]; **e)** unter dem Vorwand; **nomine sceleris damnati sunt; f)** auf Grund, auf Veranlassung, m. Rücksicht auf [**rei publicae**]; **eo (hoc) nomine** aus diesem Grund, deswegen; **suspectus nomine neglegentiae** wegen Nachlässigkeit; **g) meo** *(tuo, suo usw.)* **nomine** ich meinerseits, für mich persönlich.

nōmen-clātiō, ōnis *f (calo¹)* Benennung m. Namen.

nōmen-clātor *u.* **-culātor,** ōris *m (calo¹)* „Namennenner", *ein Sklave, der seinem Herrn die Namen der ihm Begegnenden nennen musste.*

nōmenclātūra, ae *f (vgl. nomenclatio) (Plin.)* Namenverzeichnis.

Nōmentum, ī *n Ort nordöstl. v. Rom, durch Weinbau ber., j.* Mentana; – *Einw. u. Adj.* **Nōmentānus,** ī *m bzw.* a, um; – **Nōmentānum,** ī *n* Landgut bei Nomentum.

nōminātim *Adv. (nomino)* namentlich, mit Namen, ausdrücklich; **centuriones ~ appellare.**

nōminātiō, ōnis *f (nomino)* das Vorschlagen, Vorschlag *(eines Kandidaten)* zu einem Amt.

nōminitō, nōminitāre *(Intens. v. nomino) (Lucr.)* (be)nennen.

● **nōminō,** nōmināre *(nomen)* ① (be)nennen, bezeichnen *(mit: Abl.; nach jmdm., nach etw.: ex, ab)* [**rem proprio vocabulo; filium ex patre**]; *Pass.* heißen; **amor, ex quo amicitia est nominata;**
② beim Namen nennen, namentlich anführen, erwähnen; **quis me nominat?** *(Plaut.)*; **ad flumen, quod supra nominavimus;**
③ rühmen; **nominari volunt omnes;**
④ jmd. *(zu einem Amt)* vorschlagen [**Hannibali parem consulem** einen dem Hannibal gewachsenen Konsul; **candidatos praeturae duodecim;** *(m. dopp. Akk.)* **alqm augurem**];
⑤ jmd. ernennen [**alqm dictatorem** zum Diktator; **alqm interregem**];
⑥ angeben, anklagen [**alqm apud dictatorem; alqm inter coniuratos; alqm inter socios Catilinae**]; **nominatus profugit.**

Nomios *u.* **-us,** ī *m (νόμιος weidend)* „der Hirt", *Beiname Apollos als Helfer der Hirten u. Beschützer der Herden, angeblich weil er die Herden des Admetus geweidet hatte.*

nomisma, atis *n (gr. Fw.) (poet.)* ① Münze, Geldstück;
② Marke, *die die Ritter im Theater f. Wein usw. erhielten.*

nomos, *Akk.* -on *m (gr. Fw.) (Suet.)* Weise, Lied.

nomus, ī *m (gr. Fw.) (Plin.)* Bezirk, Kreis.

Non. *Abk. v. Nonae.*

● **nōn** *Adv.* ① nicht; **non invitus** recht gern; **non parvus** = *maximus*; **non male** recht gut; **non sine** = *cum*; **non parum** = *satis*; **non nolle** gern wollen; **non ignorare** recht wohl wissen; – *besondere Verbindungen:* **a)** *m. dem folgenden Wort zu einem Begriff verschmelzend:* **non amicus** Gegner; **non sutor** Nichtschuster; **non honesta** Unehrenhaftes, Schlechtes; **b)** *b. Superl.* = nicht gerade: **homo non beatissimus** nicht gerade sehr reich; **non aptissimum** nicht gerade sehr passend; **c) non nemo** mancher; **nemo … non** jeder; **non nihil** etwas, einiges; **nihil … non** alles; **non numquam** manchmal; **numquam … non** immer; **non nusquam** an manchen Orten; **nusquam … non** überall; **d) non … nisi** *u.* **nisi … non** nur, lediglich; **e) non possum non** *(m. Inf.)* ich kann nicht umhin, ich muss unbedingt [**vos vituperare**]; **f) ut non** dass nicht *in Konsekutivsätzen;* **g) ne non** *(= ut)* dass nicht *b. den Verben des Fürchtens*;
② *(poet.) b. Imp. u. Konj. hortat. od. optat.* = *ne²:* **non petito; non scribas; ab officio non recedamus;**
③ *als Antwort* nein; **aut etiam aut non respondere** entweder ja oder nein.

Nōna, ae *f (nonus) eine der drei Parzen (N.,*

N

Decima bzw. Decuma, Morta), Göttin des f. die Geburt entscheidenden neunten Monats.

Nōnacrius *u.* **-crīnus,** a, um von Nonacris *(Stadt in Arkadien auf der Peloponnes);* arkadisch [**heros** Euander]; – *Subst.* **Nōnacria,** ae *f* = Atalanta.

Nōnae, ārum *f (nonus)* die Nonen, *der neunte Tag vor den Iden, der siebte Monatstag im März, Mai, Juli u. Oktober, in den übrigen Monaten der fünfte Tag.*

nōnāgēnārius, a, um *(nonageni) (spätl.)* neunzigjährig.

nōnāgēnī, ae, a *(nonaginta) (Plin.)* je neunzig.

nōnāgēsimus, a, um *(nonaginta)* der neunzigste.

nōnāgiē(n)s *Adv. (nonaginta)* neunzigmal.

nōnāgintā *undekl.* neunzig.

nōnānus *(nonus) (Tac.)* **I.** *Adj.* a, um zur neunten Legion gehörig [**miles**];
II. *Subst.* ī *m* Soldat der 9. Legion.

● **nōn-dum** *Adv.* noch nicht.

nōngentī, ae, a neunhundert.

● **nōn-ne** *Fragepartikel:* ① *(in dir. Fragen)* nicht? *(eine bejahende Antwort erwartend);* **nonne animadvertis?** siehst du nicht?; **ex aede Iovis religiosissimum simulacrum nonne abstulisti?** *(Cic.)*; – *allein stehend:* nicht wahr?;
② *(in indir. Fragen)* ob nicht.

nōn-nēmō *(auch getr.)* mancher, einige.

nōn-nihil *(auch getr.)* ① etwas, manches;
② *Adv.* einigermaßen.

● **nōn-nūllus,** a, um *(auch getr.)* mancher; beträchtlich, ziemlich groß *od.* viel [**pars militum**]; *meist Pl.* einige, manche: **nonnullae cohortes.**

● **nōn-numquam** *(auch getr.) Adv.* manchmal, bisweilen.

nōnus, a, um *(novem)* der neunte; – *Subst.* **nōna,** ae *f (erg. hora)* die neunte Stunde *(gegen 15 Uhr, als man die Hauptmahlzeit einnahm).*

Nōra, ōrum *n* ① *Kastell in Kappadozien (Kleinasien)*;
② *Stadt auf Sardinien; – Einw.* **Nōrēnsēs,** ium *m.*

Nōrba, ae *f Stadt in Latium; – Einw. u. Adj.* **Nōrbānus,** ī *m bzw.* a, um.

Nōrēia, ae *f Stadt in den Ostalpen, Hauptort v. Noricum, Niederlage der Römer geg. die Kimbern 113 v. Chr.*

Nōricum, ī *n röm. Provinz, v. keltisierten Illyrern bewohnt, in den Ostalpen östl. vom Inn;* – *Adj.* **Nōricus,** a, um; – **Nōrica,** ae *f* Frau aus Noricum.

norma, ae *f* ① Winkelmaß, rechter Winkel;
② *(übtr.)* Richtschnur, Maßstab, Regel, Vorschrift [**iuris**]; **Demosthenes ~ oratoris.**

normālis, e *(norma) (nachkl.)* rechtwinklig [**angulus** rechter Winkel].

normula, ae *f (Demin. v. norma) (spätl.)* Regel, Richtschnur.

Nortia, ae *f etr. Schicksalsgöttin, bes. in Volsinii verehrt.*

● **nōs** *Personalpron. (Gen.* nostrī, *part.* nostrum, *altl. auch* nostrōrum, *Dat. u. Abl.* nōbīs, *Akk.* nōs) ① wir;
② ich *(als Pl. modestiae).*

nōscitābundus, a, um *(noscito) (Gell.)* genau untersuchend.

nōscitō, nōscitāre *(Intens. v. nosco)* ① bemerken, wahrnehmen, erkennen;
② wieder erkennen [**alqm facie, voce**];
③ *(Plaut.)* betrachten, untersuchen [**aedes; vestigia**].

● **nōscō,** nōscere, nōvī, nōtum *(altl. gnōscō)* ① kennen lernen, erkennen, erfahren, wahrnehmen [**se; malefacta sua; philosophiae partes**]; – *Perf.* kennen, wissen [**Romae neminem; alcis facta; nomen alcis; viam; leges**];
② wieder erkennen [**res suas**];
③ anerkennen, gelten lassen, als gültig ansehen [**partem excusationis**];
④ *(Plaut.)* betrachten, prüfen, untersuchen [**signum; imaginem**];
⑤ *(Tac.) (als Richter)* untersuchen, entscheiden [**causam**];
/ Perf. Formen meist zusammengezogen: nōsse = nōvisse, nōssem = nōvissem, nōsti = nōvisti, nōram = nōveram u. a.

nōs-met *verstärktes nos.*

● **noster,** tra, trum *Poss. Pron. (nos)* ① unser [**ager; consilia; provincia; homines** unsere Landsleute], *auch objektivisch* zu, gegen uns *(= nostri);* **amor noster** Liebe zu uns; **iniuria nostra** Unrecht gegen uns; – *Subst.* **a) noster,** trī *m* der Unsrige, unser Angehöriger (Verwandter, Freund, Landsmann *u. Ä.), meist Pl.* die Unsrigen, unsere Leute, unsere Landsleute *u. Ä.:* **quisquis es, noster eris; castris nostri potiti sunt; b) nostra,** ōrum *n* das Unsrige, unser Eigentum; meine Schriften: **nos nostraque omnia; nostra legens** beim Lesen meiner Schriften;
② *(zeitl.)* gegenwärtig [**tempora; aetas**];
③ uns günstig, gewogen [**loca; Mars** Kriegsglück; **numen**];
④ *(als Pl. modestiae) = meus;*
⑤ *(Ter.) (in der Anrede)* **o noster!** mein Lieber!

nostrās, *Gen.* ātis *(noster)* aus unserem Land, inländisch, (ein)heimisch [**philosophi; nummus**].

nota, ae *f* ① Merkmal, (Kenn-)Zeichen [**locorum;** *übtr.* **generis dicendi**]; **-ae oris** Gesichtszüge; *(übtr.)* **-ae facinorum, argumentorum;**
② *(am Körper)* Mal, Fleck [**genitiva** Muttermal]; **verberum -ae** Narben v. Schlägen;

3 *(nachkl.)* Gepräge; *(übtr.)* Prägung, Eigenart; **nummi omnis -ae;** *übtr.:* **patefacere interiorem animi -am** die innersten Gedanken seines Herzens zeigen, eröffnen;
4 *(in Büchern)* Zeichen, *um seinen Beifall od. sein Missfallen üb. eine Stelle auszudrücken;* **-am apponere ad malum versum;**
5 Schriftzeichen, Buchstabe;
6 Interpunktionszeichen [**librariorum**];
7 *Pl. (meton.)* **a)** *(poet.)* Brief, Schrift; **-ae acceptae ab hoste; b)** *(poet.)* Inschrift(en); **marmora -is publicis incisa; c)** *(nachkl.)* Geheimschrift; **d)** *(nachkl.)* Kurzschrift;
8 *(poet.)* Etikett, Aufschrift *an Gefäßen, bes. an Weingefäßen; (meton.)* (Wein-)Sorte, Qualität, Marke;
9 *(poet.; nachkl.) (übtr.)* Art, Qualität; **ex hac -a corporum est aër** *(Sen.)*;
10 eingestochenes *od.* eingebranntes Zeichen, Brandmal; **vitulis -as inurere; barbarus -is compunctus** tätowiert;
11 *(übtr.)* Schandfleck; **homo omnibus -is turpitudinis insignis;**
12 zensorische Rüge, Anmerkung [**censoria**]; **-am ascribere alci;**
13 Schimpf, Beschimpfung [**tristis**]; **adiectae mortuo -ae sunt;**
14 *(Ov.)* ehrender Beiname; **ille Numantinā traxit ab urbe -am;**
15 *(Ov.)* gegebenes Zeichen, Wink; **-as reddere** erwidern.

notābilis, e *(noto)* 1 bemerkenswert, merkwürdig, auffallend;
2 *(nachkl.)* berüchtigt;
3 *(Sen.) (übtr.)* merklich; **civitatum fundamenta vix notabilia.**

notārius, ī *m (nota)* 1 *(nachkl.)* Stenograph, (Schnell-) Schreiber, Sekretär;
2 *(mlt.)* öffentlicher Schreiber, Schreiber der deutschen Kaiser.

notātiō, ōnis *f (noto)* 1 Bezeichnung, Kennzeichnung;
2 *censoria* zensorische Rüge;
3 Beobachtung, Beachtung [**naturae; temporum**]; **notatione digna** Beachtenswertes;
4 Untersuchung, Prüfung; **dilectus et ~ iudicum;**
5 Etymologie.

notātus, a, um *(P. Adj. v. noto)* gekennzeichnet, kenntlich.

nōtēscō, nōtēscere, nōtuī, – *(notus) (poet.; nachkl.)* bekannt werden.

nothus *(gr. Fw.) (poet.)* **I.** *Adj.* a, um 1 unehelich;
2 *(übtr.)* unecht, fremd, falsch;
II. *Subst.* ī *m* Bastard, *(v. Tieren)* Mischling.

nōti-ficō, ficāre *(notus u. facio) (poet.)* bekannt machen; melden.

nōtiō, iōnis *f (nosco)* 1 *(Plaut.)* das Kennenlernen;
2 Kenntnisnahme, Untersuchung [**populi**];
3 Kenntnis, Begriff, Vorstellung *v. etw.* [**deorum**];
4 Rüge [**censoria; censorum**].

nōtitia, ae *u. (poet.)* **nōtitiēs,** ēī *f (notus[1])*
1 *(pass.)* **a)** das Bekanntsein, Bekanntschaft; **propter -am intromissi sunt** als Bekannte; **b)** Ruf, Ruhm [**posteritatis** bei der Nachwelt]; **-ā non carere;**
2 *(akt.)* **a)** Bekanntschaft *m. jmdm. od. m. etw.,* Kenntnis *v. etw.,* Wissen *v. etw. (m. Gen.)* [**locorum** Ortskenntnis; **clarorum virorum** mit der Geschichte; **antiquitatis**]; **in -am populi pervenire** beim Volk bekannt werden; **b)** Begriff, Vorstellung *(v. etw.);* **-am aperire** den Begriff erklären; **dei -am habere.**

● **notō,** notāre 1 kenntlich machen, kennzeichnen, bezeichnen [**loca diligenter; chartam** beschreiben; **genas ungue** zerkratzen];
2 auszeichnen [**alqm decore**];
3 (nieder)schreiben [**nomina; verba**];
4 *etw. schriftl.* anmerken, aufzeichnen [**legem**];
5 *m. Worten* bezeichnen, angeben, anführen, beschreiben [**res singulas; res nominibus; alqd verbis Latinis** ausdrücken; **voces sensusque verbis**];
6 auf jmd. anspielen *(m. Akk.)* [**senatum gestu**];
7 wahrnehmen, bemerken, beobachten [**sidera; cantūs avium; alqd ex vultu; lacrimas alcis**]; *(m. A.C.I.; m. indir. Frages.)*; **hostes ducem circumire notant;**
8 *(Ov.)* sich etw. merken, sich etw. einprägen [**dicta mente; alqd oculis**];
9 *(vom Zensor)* jmdm. eine Rüge erteilen *(m. Akk.)*;
10 tadeln, zurechtweisen, beschimpfen [**alqm verbis; ignominiā** brandmarken];
11 *(Wörter)* etymologisch erklären.

nōtor, tōris *m (nosco) (nachkl.)* Identitätszeuge.

nōtōrius, a, um *(nosco) (spätl.)* 1 anzeigend;
2 allgemein bekannt.

nōtuī *Perf. v. notesco.*

nōtum, ī *n (nosco)* Erfahrung.

● **nōtus[1],** a, um *(P. Adj. v. nosco)* 1 bekannt *(weg. etw.: m. Gen.)*; **alqd -um habere** kennen, wissen; **alqd -um facere alci; miles** *(koll.)* **~ inter se; urbibus ~ et populis** stadt- u. weltbekannt; – *Subst.* **a)** nōtus, ī *m* Bekannter; **b)** nōta, ōrum *n* Bekanntes;
2 bewährt, als zuverlässig erwiesen [**virtus**];
3 *(Verg.)* freundschaftlich [**voces**];
4 *(poet.)* gewohnt [**sedes; munera**];
5 *(poet.; nachkl.)* berühmt [**gladiator; scriptor; Lesbos**];
6 berüchtigt [**furta**].

notus[2], ī *m (gr. Fw.) (poet.; nachkl.)* 1 Südwind *(stürmisch u. Regen bringend)*;

N

2 *übh.* (Sturm-)Wind; **tendunt vela -i.**

novācula, ae *f* scharfes Messer, *bes.* Rasier-, Schermesser; *(Mart.)* Dolch.

Novaesium, ī *n als Standlager eingerichtetes röm. Legionslager b. Düsseldorf, j.* Neuß.

novālis, is *f (erg. terra) u.* **novāle,** lis *n (erg. solum) (novus) (poet.; nachkl.)* Brachfeld; neuer Acker; *übh.* Acker.

novātrīx, īcis *f (novo) (Ov.)* Erneuerin [**rerum**].

novellō, novellāre *(novellus) (Suet.)* neue Weinstöcke setzen.

novellus, a, um *(Demin. v. novus)* 1 jung, zart *(v. Tieren u. Pflanzen)* [**vitis; arbor**];
2 neu, neu erworben, neu erobert [**oppida** neu erobert].

● **novem** neun; decem novem *(Caes.),* decem et novem *(Liv.)* neunzehn.

November *(novem)* **I.** *Subst.* bris *m (erg. mensis)* November *(der neunte Monat des altröm. Jahres)*;
II. *Adj.* bris, bre zum November gehörig, des November [**Kalendae**].

noven-diālis (*u.* **novem-diālis**), e *(novem u. dies)* 1 neuntägig [**feriae; sacrificium**];
2 *(poet.; nachkl.)* am neunten Tag (stattfindend) *(Tag der Beisetzung)* [**cena** Leichenschmaus; **pulveres** frisch beigesetzt].

novēnī, ae, a *(novem)* je neun.

Novēnsilēs *u. (vorkl.)* **Novēnsidēs dīvī** *m (novus u. insideo)* neue, *nicht einheimische, später v. den Römern aufgenommene* Gottheiten.

noverca, ae *f (novus)* Stiefmutter.

novercālis, e *(noverca) (nachkl.)* 1 stiefmütterlich;
2 *(übtr.)* feindselig, lieblos [**oculi; odia**].

nōvī *Perf. v. nosco.*

novīcius *(novus)* **I.** *Adj.* a, um neu; *bes.* erst jüngst in den Sklavenstand gekommen [**puellae; gladiatores**];
II. *Subst.* ī *m* 1 Neuling;
2 *(mlt.)* Novize *(Mönch während der Probezeit)*.

noviē(n)s *Adv. (novem)* neunmal.

Noviodūnum, ī *n Name gall. Städte:* 1 *im Gebiet der Suessiones, später Augusta Suessionum, j.* Soissons;
2 *Stadt der Biturīges, j.* Nouan *b. Orléans*;
3 *im Gebiet der Haedui, j.* Nevers.

● **novitās,** ātis *f (novus)* 1 Neuheit, das Neue [**anni** Jahresanfang, Frühjahr];
2 das Ungewöhnliche, Überraschende [**ornatūs** ungewöhnlicher Aufzug; **pugnae**]; **novitate rei permotus**;
3 *Pl.* neue Bekanntschaften;
4 Neuadel, Stand des homo novus; **contemnunt novitatem meam**;
5 *Pl. (nachkl.)* Neuerscheinungen.

novō, novāre *(novus)* 1 neu machen, erneuern [**ardorem; transtra; vulnus** aufreißen; **agrum** neu pflügen]; – *Pass.* sich erneuern;
2 erfrischen, beleben, erquicken [**membra; animum risu**];
3 neu schaffen, erfinden [**verba** neue Wörter bilden; **tecta; tela** neue Waffen schmieden; **honores** neue Verehrung aufbringen];
4 verändern [**pugnam equestrem; fidem** brechen; **res** die bestehende Verfassung umstürzen, Unruhen erregen; **alqd in legibus** in der Gesetzgebung];
5 *(poet.)* verwandeln [**corpus; formam**].

Novocōmēnsēs, ium *m Bew. v. Novum Comum, s. Comum.*

Novum Cōmum *s. Comum.*

● **novus,** a, um 1 neu, jung, frisch [**miles** Rekrut; **legiones** neu angeworbene; **nupta** Neuvermählte, Braut; **consules; luna** Neumond; **aestas** Frühsommer; **aetas** Jugend; **aedes; navis; monumenta; frumentum** frisch geerntet; **frons** grüner Zweig; **lac** frische Milch]; **-a res** Neuigkeit; **-ae res** Neuigkeiten; Neuerungen, *bes.* Staatsumwälzung, Revolution, Umsturz; **-is rebus studere; -ae leges** Umwälzung der Gesetzgebung; **homo ~** Emporkömmling, Neuadliger *(aus einer Familie, in der noch keiner ein kurulisches Amt bekleidet hatte)*; **novae tabernae** *u. nur* **Novae** Wechselbuden *auf der Nordseite des röm. Forums (211 v. Chr. nach einem Brand neu aufgebaut)*; **Nova via** *Straße vom Palatin zum Velabrum;* – *Subst.* **a) novi veteresque** Rekruten u. gediente Soldaten; **b) novum,** ī *n* Neuigkeit; neuer Vorfall; *Pl.* Neuerungen;
2 unerhört, ungewöhnlich, unerwartet, sonderbar, beispiellos [**crimen; genus dicendi; consilium; flagitium; ars; furor**]; **-um et inauditum; novum est, ut** es ist ungewöhnlich, dass;
3 unerfahren, m. etw. unbekannt *(abs.; in, mit etw.: Abl. od. ad)* [**equus** nicht zugeritten];
4 ein neuer, ein anderer, ein zweiter *(= alter, alius)* [**Hannibal**];
5 *Superl.* **novissimus a)** der äußerste, hinterste, letzte [**agmen** Nachhut; **acies** Hintertreffen; **cauda** Spitze des Schwanzes]; – *Subst.* **novissimi** *m* Nachhut; **b)** *(zeitl.)* der letzte, jüngste [**proelium; tempus; verba**]; **c)** *(Tac.)* der äußerste, größte, ärgste [**casus; exempla**]; **novissima exspectare**;
6 *Adv.* **novē** neu, *fast nur im Superl.* **novissimē** neuerdings, jüngst; *(in der Reihenfolge)* zuletzt: **primum … deinde … novissime.**

● **nox,** noctis *f* 1 Nacht; **(de) nocte, noctu** nachts, bei Nacht; **diem noctemque** *bzw.* **dies noctesque** Tag u. Nacht; **sub noctem** spätabends; **prima nocte** m. Einbruch der Nacht; **(de) multa nocte** tief in der Nacht; **ad multam noctem** bis tief in die Nacht; **(de) nocte media** um Mitternacht; **~ alqm opprimit** überrascht jmd.; **noctem pervigilare;**

noctem vario sermone trahere; – *personif.* **Nox** *Göttin der Nacht;*
❷ *(poet.)* nächtliche Ruhe, Schlaf; ~ **Aenean somnusque reliquit** *(Verg.);*
❸ nächtlicher Beischlaf;
❹ *(Prop.)* nächtliches Herumtreiben, Nachtgeschrei;
❺ *(poet.; nachkl.)* Dunkelheit, Finsternis [**fumifera**]; **imber noctem ferens;**
❻ *(poet.)* Todesnacht, Tod [**aeterna**]; **nos omnes una manet nox** *(Hor.);*
❼ *(Verg.)* Unterwelt; **ire per umbram noctemque profundam;**
❽ *(poet.; nachkl.)* Blindheit;
❾ *(Ov.) (übtr.)* Dunkelheit, Unverständlichkeit; **mei versūs aliquantum noctis habebunt;**
❿ *(poet.)* Verblendung, Mangel an Einsicht, Unüberlegtheit, Torheit [**animi; caeca**];
⓫ traurige Lage, Verwirrung [**rei publicae**].

noxa, ae *f (noceo)* ❶ Schaden; **-ae esse** schaden;
❷ Schuld, Vergehen; **in -a esse** schuldig sein;
❸ Strafe; **-ā liberari, exsolvi; -am merere; -am pecuniā luere.**

noxia, ae *f (noxius)* ❶ Schuld, Vergehen; **alci -ae esse** jmdm. als Schuld angerechnet werden; **in -a esse; -ā carere;**
❷ *(Plin.)* Schaden.

noxiālis, e *(noxia) (spätl.)* schädlich.

noxiōsus, a, um *(noxia) (nachkl.)* ❶ verschuldet, sündhaft [**corpus**];
❷ schädlich [**animal**].

noxius, a, um *(noxa)* ❶ schädlich [**tela; animal**]; **crimina -a cordi** Schaden anrichtende, verderbliche Verleumdungen;
❷ schuldig, strafbar [**nobilitas; homines** Verbrecher; **corda;** *(m. Gen.)* **coniurationis**]; **alqm -um iudicare;** – *Subst. Pl. m* Schuldige, Verbrecher.

nūbēcula, ae *f (Demin. v. nubes)* ❶ *(nachkl.)* Wölkchen;
❷ *(übtr.)* finsterer Ausdruck [**frontis tuae**].

● **nūbēs,** is *f* ❶ Wolke, Regenwolke [**atra**]; **graves imbre nubes;**
❷ Staub-, Rauchwolke [**pulveris; Aetnae**];
❸ *(Hor.) (übtr.)* Schleier, Hülle; **fraudibus obice nubem;**
❹ dichte Menge, Schar, Schwarm [**volucrum; columbarum; peditum equitumque; belli** Schlachtgetümmel]; **nube facta** dichtgeschart;
❺ *(Hor.)* finsteres Aussehen, trauriger Ausdruck, ernste Miene; **deme supercilio nubem** heitere deine Miene auf;
❻ *(Verg.)* hereinbrechendes Unglück [**belli**];
❼ traurige Lage, Unglück [**rei publicae**];
❽ *(Hor.)* inhaltloser Schwulst; **nubes et inania captare.**

nūbi-fer, fera, ferum *(nubes u. fero) (Ov.)* ❶ Wolken tragend [**Appenninus**];
❷ Wolken bringend [**noti**].

nūbi-gena, ae *m (nubes u. gigno)* Wolkensohn *als Beiname der Kentauren.*

nūbilis, e *(nubo)* heiratsfähig [**virgo**].

nūbilōsus, a, um *(nubilus) (nachkl.)* bewölkt, trübe, düster [**aër; caelum**].

nūbilum, ī *n (nubilus) (poet.; nachkl.)* Gewölk, trübes Wetter, *oft Pl.;* **involuti -o dies; omnis dies caelum -o gravat; -o** *(Abl.)* bei trübem Wetter.

nūbilus, a, um *(nubes) (poet.; nachkl.)* ❶ wolkig, bewölkt [**caelum**];
❷ Wolken bringend [**auster; aquilo**];
❸ dunkel, trübe [**Styx; dies; color**]; **via -a taxo** beschattet;
❹ *(übtr.)* finster, düster, traurig [**mens**]; **toto -a vultu;**
❺ ungünstig; **Parca mihi -a;**
❻ unglücklich [**tempora**].

● **nūbō,** nūbere, nūpsī, nūptum *(v. der Frau)* heiraten, sich vermählen *(m. Dat.)*; **nuptam esse cum alqo** *od.* **alci** m. jmdm. verheiratet sein; **filiam alci nuptum collocare (dare)** jmdm. zur Ehe geben, m. jmdm. verheiraten; **in familiam clarissimam ~** hineinheiraten; – *Subst.* **nūpta,** ae *f* Ehefrau, Gattin, *auch* Braut.

Nūceria, ae *f Stadt in Kampanien in der Nähe v. Pompeji;* – *Einw. u. Adj.* **Nūcerīnus,** ī *m bzw.* a, um.

nuci-frangibulum, ī *n (nux u. frango) (Plaut.)* Nussknacker *(scherzh. v. einem Zahn).*

nuc(u)leus, ī *m (nux) (vor- u. nachkl.)* Kern, *bes.* Nusskern.

nūditās, ātis *f (nudus) (spätl.)* Nacktheit, Blöße.

nu-diūs *Adv., immer m. einer Ordinalzahl verbunden* es ist jetzt der … Tag; ~ **tertius** vorgestern; ~ **quartus** vorvorgestern; ~ **sextus** vor fünf Tagen.

● **nūdō,** nūdāre *(nudus)* ❶ entblößen, entkleiden [**hominem; corpus; caput**]; **superiore parte corporis nudata** ohne Panzer u. Helm;
❷ bloßlegen, enthüllen [**viscera; gladium** (blank)ziehen; **messes** ausdreschen; **litora** trockenlegen; **agros** verwüsten]; **arbores nudatae** ohne Laub; **ventus nudaverat vada** *(erg. aquā) (Liv.);*
❸ *(milit.) (v. Verteidigern)* entblößen, unverteidigt (unbesetzt) lassen [**murum defensoribus; castra; litora; collem**];
❹ berauben, plündern [**provinciam; fana donis; hostem praesidiis** seiner Stützpunkte; **parietes ornamentis;** *übtr.* **tribuniciam potestatem omnibus rebus** aller Macht berauben];
❺ verraten, merken lassen [**voluntates hominum; consilia; cladem**].

● **nūdus,** a, um ❶ unbekleidet, nackt, ent-

N

blößt, bloß [**pars corporis**]; **-is pedibus;** *(m. gr. Akk.)* ~ **bracchia;**
② leichtgekleidet, in bloßer Tunika;
③ unbedeckt, kahl, unbesetzt [**arbor, stipes** ohne Laub; **ensis** blank; **domus** leer; **subsellia** unbesetzt]; **sedit humo -ā** auf bloßer Erde;
④ *(Verg.)* unbeerdigt; ~ **iacebis in arena;**
⑤ unbewaffnet, ungedeckt, unbesetzt, ungeschützt [**dextra; corpus; colles; vallis**]; **-o corpore pugnare** ohne Schild;
⑥ *(übtr.)* beraubt, leer von, ohne *(abs.; re, alcis rei, a re; ab alqo);* **urbs praesidio -a; regio agris -a; Othrys ~ arboris** ohne Baumwuchs; **res publica a magistratibus -a; domus a propinquis -a; in -o arvo** baumleer;
⑦ allein, nur, lediglich, ausschließlich [**ira** weiter nichts als Wut]; **hoc -um relinquitur** da bleibt nur die Frage übrig;
⑧ mittellos, arm, dürftig; hilflos [**senecta**];
⑨ schmucklos, einfach, unverhüllt, ungeschminkt [**capilli; commentarii Caesaris; veritas**].

nūgae, ārum *f* ① Scherz, Unfug, Dummheiten, Lappalien; **-as agere; -as (agis)!** Unsinn!; **-as postulare** Unmögliches verlangen;
② *(poet.)* poetische Kleinigkeiten, Bagatellen, Spielerei;
③ *(meton.)* Possenreißer, Witzbold.

nūgātor, ōris *m (nugor)* Schwätzer, Aufschneider.

nūgātōrius, a, um *(nugator)* läppisch, nichtig, unnütz, wertlos [**artes; accusatio**].

nūgāx, *Gen.* ācis *(nugor)* Scherze machend, Unfug treibend, lustig, drollig; – *Adv. Superl. (Plaut.)* nūgācissumē: höchst kurzweilig.

nūgi-gerulus, ī *m (nugae) (Plaut.)* Schnickschnackkrämer.

nūgi-vendus, ī *m (nugae u. vendo)* Schnickschnackverkäufer.

nūgō, ōnis *m (nugor) (nachkl.)* Schwätzer, Possenreißer, Witzbold.

nūgor, nūgārī *(nugae)* ① scherzen, Unfug treiben, schwatzen, schäkern, flirten;
② *(Plaut.)* aufschneiden, lügen.

nūllā-tenus *Adv. (nullus) (nachkl.)* keineswegs.

● **nūllus,** a, um *(< ne-ullus) (Gen. Sg.* nūllīus *u.* nūllī, *Dat.* nūllī *u.* nūllō, nūllae) ① kein, keinerlei [**urbs; consilium; civis**], *auch m. Gen.:* ~ **imperatorum;** – *im Deutschen bisw. durch negative abstr. Substantive wiedergegeben, z. B.:* **-a religio** Gewissenlosigkeit; ~ **metus** Furchtlosigkeit;
② *Subst.* **a) nūllus** *m (im Gen., Dat. u. Abl.)* keiner, niemand *(= nemo)*; **nullius consilio uti; nulli fides defuit; -o resistente; b) nūllum** *n* nichts *(= nihil)*; **Grai nullius avari** nach nichts begierig;
③ *b. einem Subst. im Abl.* = ohne; **-o comite** ohne Begleiter; **-o custode; -o periculo;**
④ **nullus non** jeder; **non nullus** mancher, *Pl.* manche, einige; **nullus unus** kein einzelner;
⑤ keinesfalls, auf keinen Fall, gar nicht, überhaupt nicht; **nullus dubito** ich zweifle gar nicht;
⑥ unbedeutend, gering, nichts sagend, wertlos, nichtig, eine Null; **-o numero esse** nichts gelten; **patre -o natus** unbekannt;
⑦ vergangen, tot, dahin, verloren, zugrunde gegangen; **de mortuis loquor, qui -i sunt** *(Cic.)*.

nūllus-dum, nūlladum, nūllumdum (bis jetzt) noch kein.

● **num** ① *Fragepartikel:* **a)** *(dir.; eine verneinende Antwort wird erwartet)* denn?, etwa?, doch (wohl) nicht?; **num barbarorum Romulus rex fuit?;** – *verstärkt* numne, numquid: **deum ipsum numne vidisti?; numquid duas habetis patrias?; b)** *(indir.)* ob (nicht), ob wohl (nicht), ob etwa (nicht); **Caesar e perfugis quaesivit, num hostes postridie aggressuri essent;**
② *Adv. (nur in einigen zusammengesetzen Wörtern erhalten)* nun, noch jetzt, noch: nunc, etiamnum, etiamnunc.

Num. *(Abk.)* = *Numerius (Vorname).*

> *i* Kultur **Numa Pompilius** *m* der zweite röm. König, dem eine lange Zeit der Friedensherrschaft u. die ältesten sakralen Gesetze zugeschrieben werden; er war nach der röm. Überlieferung ein Sabiner aus Cures, wurde vom röm. Volk zum Herrscher gewählt; – *Adj.* Pompilius sanguis: Nachkommen des Numa Pompilius.

Numantia, ae *f Stadt im nordöstl. Spanien, 133 v. Chr. vom jüngeren Scipio Africanus (Numantinus) zerstört; – Einw. u. Adj.* **Numantīnus,** ī *m bzw.* a, um.

numella, ae *f (Plaut.)* Halseisen *(f. Sklaven).*

● **nūmen,** minis *n (nuo)* ① Wink, Wille, Auftrag, Befehl, Gebot [**Caesareum; senatūs; dominae**];
② göttl. Wille; **deus, cuius numini parent omnia;**
③ göttl. Walten, göttl. Macht; **dii suo numine atque auxilio urbis tecta defendunt; in hostiles domos numen vertite;**
④ *(poet.) (meton.)* Gottheit, göttl. Wesen; **simulacra numinum; numina montis;**
⑤ *(poet.; nachkl.)* die Manen *geliebter Personen;*
⑥ *(poet.; nachkl.) (v. röm. Kaisern u. v. Angehörigen der Kaiserfamilie)* Hoheit, Majestät, Schutzgeist [**Augusti; Othonis; Drusillae**].

numerābilis, e *(numero) (poet.)* zählbar; leicht zählbar, klein [**populus**].

numerātiō, ōnis *f (numero) (nachkl.)* Barzahlung, Auszahlung.
numerātum, ī *n s. numero.*
Numerius, ī *m oskisch-röm. Vorname, bes. in der gens Fabia; – Adj.* **Numeriānus,** a, um des Numerius.
● **numerō**[1], numerāre *(numerus)* ① zählen [**pecus; alqd per digitos** an den Fingern; **senatum** auszählen, *um festzustellen, ob er beschlussfähig ist*];
② *(poet.; nachkl.)* haben [**multos amicos**];
③ hinzählen, (aus)zahlen [**alci pecuniam; militibus stipendium**]; – *P. Adj.* **numerātus,** a, um bar [**pecunia; argentum**]; – *Subst.* **numerātum,** ī *n* bares Geld: **numerato solvere** bar bezahlen;
④ aufzählen, einzeln anführen [**auctores suos**]; *(poet.)* erzählen [**amores**];
⑤ zu *od.* unter etw. zählen, rechnen *(inter od. in m. Abl.)* [**alqm inter honestos homines, inter suos, inter amicos; voluptatem in bonis**];
⑥ als etw. ansehen, betrachten, für etw. halten *(m. dopp. Akk.; Pass. m. dopp. Nom.)* [**Sulpicium accusatorem; caelum deum; singulas stellas deos**]; **ipsi principes numerabantur; – alqd nullo loco ~** für nichts halten; **mortem in beneficii loco ~.**
numerō[2] *Adv. (Abl. v. numerus) (Kom.)* ① alsbald, rechtzeitig;
② zu früh.
numerōsitās, ātis *f (numerosus) (spätl.)* große Anzahl, Menge.
numerōsus, a, um *(numerus)* ① *(nachkl.)* zahlreich [**amici**];
② *(nachkl.)* volkreich [**civitas**];
③ *(nachkl.)* umfangreich, weitläufig;
④ im Takt, rhythmisch [**oratio**]; **-e sonare; bracchia -e ducere;** – *(Ov.)* rhythmenreich, reich an Versmaßen [**Horatius**].
● **numerus,** ī *m* ① Zahl, Anzahl [**magnus**]; **-um inire** eine Zählung vornehmen; **-um deferre, exsequi** angeben; **ad -um** vollzählig; **ad eorum -um** in gleicher Anzahl; **naves habent suum -um** die entsprechende Anzahl *(v. Leuten);* **numero** *(Abl.)* an der Zahl, im Ganzen: **quingenti -o; pauci -o;**
② *(meton.) Pl.* **a)** Mathematik, Astrologie; **b)** *(Ov.)* die m. Zahlen bezeichneten Würfel;
③ Menge, Schar [**copiarum; hominum**];
④ *(nachkl.)* Truppenabteilung; **-i legionum; in -os distribuere; sparsi per provinciam -i; nomen in -os referre** in die Legion einreihen;
⑤ Vorrat, Masse, Menge [**frumenti; vini**];
⑥ Klasse, Reihe, Zahl, Kategorie; **in amicorum -o esse** zu den Freunden gehören; **alqm (in) hostium -o ducere, habere** unter die Feinde rechnen; **-o equitum esse; singula sidera in -o deorum reponere; -o sapientium haberi** unter die Weisen gezählt werden; **ex suo -o legatos mittere;**
⑦ Rang, Stand, Geltung, Wert, Stelle; **in aliquo -o et honore esse** einiges Ansehen u. Einfluss haben; **homo nullo -o; aliquem -um obtinere;** – **(in) numero** *m. Gen.* = als, wie, für, anstatt [**militis** als Soldat; **obsidum** als Geiseln; **parentis** an Vaters Statt];
⑧ *(poet.)* Amt, Pflicht; **Veneri -os suos eripere;**
⑨ *(poet.)* Ordnung, Regel, *Sg. u. Pl.;*
⑩ *Pl.* Verzeichnis, Liste, Register;
⑪ *(Hor.)* bloße Zahl, Null(en); **nos ~ sumus;**
⑫ Teil *eines Ganzen,* Glied, Bestandteil; **poëma omni -o elegans** in jeder Hinsicht; **omnes -os habere** vollkommen sein; **-is suis carere** mangelhaft sein; **per omnes -os eloquentiae ire;**
⑬ Takt, Rhythmus; **ad (in) -um** nach dem Takt; **in -um exsultare;**
⑭ *(poet.)* Melodie; **-os memini;**
⑮ *(in der Rede)* rhythmischer Tonfall, Wohlklang, Harmonie [**oratorius**]; **etiam in verbis solutis** (in der Prosa) **inest ~;**
⑯ Versfuß, Vers; *Pl.* Versmaß; **-i graves** heroische Verse, Hexameter; **-i impares** elegische Verse, Distichen; **-i lege soluti** freie Rhythmen;
⑰ *(im Benehmen)* Takt; **nihil extra -um facere** nichts Taktloses;
⑱ *(Plin.)* Beweggrund.

N

Numīcus *u.* **-īcius,** ī *m Fluss in Latium.*
Numidia, ae *f* Numidien *(westl. u. südl. von Karthago, etwa das jetzige Ostalgerien u. Tunis); – Einw.* **Numida,** ae *m* Numidier; *auch adj.* [**dens** Elfenbein]; – *Adj.* **Numidicus,** a, um numidisch *(auch als Beiname).*
numisma, atis *n = nomisma.*
Numitor, ōris *m König v. Alba Longa, Sohn des Procas, Vater der Rea Silvia (Ilia), Großvater des Romulus u. Remus.*
nummārius, a, um *(nummus)* ① Geld-, Münz- [**res** Geld-, Münzwesen; **theca; difficultas** Geldverlegenheit];
② *(übtr.)* bestochen [**iudex; tribunal**].
nummātus, a, um *(nummus)* m. Geld versehen, reich.
Nummos-expalpōnidēs, ae *m (nummus u. expalpo) (Plaut.) scherzh.* „Gelderschmeichler".
nummulārius *u. (Demin.)* **-lāriolus,** ī *m (nummulus) (nachkl.)* ① Geldmakler;
② Münzprüfer.
nummulus, ī *m (Demin. v. nummus)* Geldstückchen; *(meist Pl.)* schnödes, elendes Geld.
● **nummus,** ī *m* ① Münze, Geldstück [**aureus**]; *Pl.* Geld, Barvermögen; **habere in -is** in bar; **in suis -is esse** *u.* **versari** bares Vermögen haben; **-o** für, um Geld;
② Geldkurs; **illis temporibus ~ iactabatur** in jener Zeit schwankte der Geldkurs;

❸ Sesterz;
❹ *(Kom.) als griech. Münze:* **a)** Drachme; **b)** Didrachme;
❺ *(übtr.) v. einer Kleinigkeit:* Groschen, Heller, Pfennig, Cent; **ad -um convenit** es stimmte auf den Heller;
/ Gen. Pl. selten nummōrum, *meist* nummum.

num-ne *s. num.*

● **numquam** *Adv. (< ne-umquam)* ❶ niemals, nie; ~ **non** immer; **non** ~ manchmal;
❷ *(als starke Negation)* nie u. nimmer, nimmermehr, m. Sicherheit nicht; ~ **te patiar perire** *(Plaut.)*; ~ **factum est.**

Numquam-ēripidēs, ae *m (gebildet aus numquam u. eripio wie ein gr. Patronymikum) (Plaut.) scherzh.* „Niemalsloslasser".

num-quī *Adv. (Plaut.)* wohl irgendwie.

num-quid *Fragepartikel, s. num.*

num-quid-nam *(dir.)* (irgend)etwas?; *(indir.)* ob (irgend)etwas.

num-quis-nam denn jemand?

● **nunc** *Adv.* ❶ *(zeitl.)* **a)** jetzt, nun; **etiam** ~ *od.* ~ **etiam** auch jetzt noch, immer noch; ~ **demum, tandem, denique** jetzt endlich; ~ **primum** jetzt erst; ~ **cum maxime** jetzt mehr als je; – *bisw. v. der Vergangenheit od. Zukunft;* **b)** heutzutage, zu unserer Zeit; **patres conscripti qui** ~ **sunt** unsere heutigen; **c) nunc … nunc** bald … bald; **nunc huc, nunc illuc curro; nunc fraudem nunc neglegentiam accusabant;**
❷ *(übtr.)* **a)** *(adversativ)* nun aber, so aber, *verstärkt* nunc autem, nunc vero; **b)** *(poet.) (b. Übergang zu etw. Neuem)* nun also, *bes. b. Imp.*

nunc-iam *Adv. (Kom.)* jetzt gleich.

nunci-ne jetzt? *(= nuncne).*

nun-cubī *Adv. (= num alicubi) (vorkl.)* wohl irgendwo?, ob irgendwo.

nūncupātiō, ōnis *f (nuncupo)* ❶ (feierliches) Aussprechen, Ablegen *v. Gelübden* [**votorum**];
❷ *(nachkl.)* Ernennung zum Erben.

nūncupō, nūncupāre *(nomen u. capio)* ❶ feierlich aussprechen, ansagen, ankündigen, öffentl. erklären [**vota** ablegen; **adoptionem pro rostris**];
❷ (be)nennen [**mensem e suo nomine**];
❸ *(nachkl.)* ernennen [**alqm heredem**].

nūndinae, ārum *f s. nundinus.*

nūndinālis, e *(nundinae) (Plaut.)* nur alle neun Tage gemietet [**coquus**].

nūndinātiō, ōnis *f (nundinor)* das Schachern, Feilschen *(alcis rei: mit od. um etw.).*

nūndinor, nūndinārī *(nundinae)* ❶ handeln, schachern, feilschen;
❷ erhandeln, erschachern [**imperium; ius ab alqo**];
❸ *(übtr.) scherzh.* verkehren; **angues ad focum** ~ **solent.**

nūndinum, ī *n s. nundinus.*

nūn-dinus, a, um *(novem u. dies)* zu neun Tagen gehörig; *nur subst.:* ❶ **nūndinae,** ārum *f (erg. feriae)* **a)** Wochenmarkt, Markttag *(alle neun Tage abgehalten);* **b)** *(meton.) übh.* Markt; **-as obire** besuchen; **c)** Handel, Schacher, das Feilschen [**vectigalium**];
❷ **nūndinum,** ī *n (erg. tempus)* achttägige Woche; *meist* **trīnum nūndinum,** ī *n* ein Zeitraum *v.* drei achttägigen Wochen = gesetzliche Ankündigungsfrist, Frist v. drei Markttagen; **in tr. n. comitia indicere** auf den dritten Markttag.

nunquam = *numquam.*

nūntia, ae *f (nuntius)* Botin, Verkünderin.

nūntiātiō, ōnis *f (nuntio) (rel. t. t.)* Verkündigung, Meldung, Anzeige *v. Wahrzeichen durch den Augur.*

● **nūntiō,** nūntiāre *(nuntius)* ❶ verkünden, anzeigen, melden, ankündigen, Nachricht bringen *(alqd; de re; m. A. C. I.; Pass. meist unpers. m. A. C. I., seltener persönl. m. N.C.I.; m. indir. Frages.)* [**prodigia; alci salutem** jmd. grüßen; **proelium; periculum; initia vigiliarum; de alcis adventu; de morte alcis; de futura victoria; in Asiam; Romam**]; **qua re nuntiata** *u. bloß* **nuntiato** auf diese Nachricht hin; **nuntiato** *m. A. C. I.* da die Nachricht einlief;
❷ *(m. ut, ne od. bl. Konj.)* den Befehl überbringen; **consuli nuntiavit, ut sine lictoribus ad dictatorem veniret; nuntiavit militibus, ne hostes lacesserent.**

nūntium, ī *n (nuntius) (poet.)* Nachricht, Anzeige.

● **nūntius** **I.** *Adj.* a, um verkündend, anzeigend, meldend [**littera; rumor**]; *(m. Gen.)* **prodigia malorum -a; verba -a animi;**
II. *Subst.* ī *m* ❶ Bote, Kurier [**volucer** Eilbote]; **-os mittere ad alqm; alqm per -um certiorem facere;**
❷ **a)** Botschaft, Nachricht, Meldung [**falsus; recens; expugnati oppidi** v. der Eroberung der Stadt]; **-um (af)ferre, apportare, perferre** (über)bringen; **-um accipere; malum -um audire; b)** Befehl, Auftrag; **c)** Ehevertrag; **-um uxori remittere** sich scheiden lassen; **d)** *(übtr.)* **virtuti -um remittere** der Tugend entsagen.

nuō, nuere, nuī, nūtum *(nur in Komposita gebräuchlich)* nicken, winken: ab-nuo, ad-nuo.

● **nū-per** *Adv. (Superl. nūperrimē)* ❶ neulich, unlängst, jüngst, vor kurzem;
❷ einst, vor Zeiten.

nūperus, a, um *(nuper) (Plaut.)* neu (gekauft).

nūpsī *Perf. v. nubo.*

nūpta *s. nubo.*

● **nūptiae,** ārum *f (nubo)* Hochzeit, Vermählung *(alcis: jmds. u. m. jmdm.);* **dies -arum; -arum expers** unverheiratet; **femina multa-**

rum -arum oft verheiratet.

nūptiālis, e *(nuptiae)* hochzeitlich, Hochzeits- [**fax; dies; donum; pactio** Ehevertrag; **tabulae** Eheurkunde].

Nursia, ae *f Stadt der Sabiner (etwa 120 km nordöstl v. Rom), j.* Norcia; – *Einw.* **Nursīnī,** ōrum *m.*

nurus, ūs *f* ❶ Schwiegertochter;
❷ *(poet.)* junge Frau.

● **nusquam** *Adv. (< ne-usquam)* ❶ **a)** nirgends; ~ **esse** nicht vorhanden sein; **b)** nirgendsher; ~ **nisi a Lacedaemoniis auxilium petere; c)** nirgendshin; ~ **abire, discedere;**
❷ *(übtr.)* **a)** bei keiner Gelegenheit; ~ **minus quam in bello; b)** zu nichts; **plebs ~ alio nata quam ad serviendum** *(Liv.)* zu weiter nichts als.

nūtātiō, ōnis *f (nuto) (nachkl.)* das Schwanken [**montium;** *übtr.* **rei publicae** Verfall].

nūtō, nūtāre *(Frequ. v. nuo)* ❶ (zu)nicken, winken; **capite nutat;**
❷ schwanken, wanken; **rami pondere nutant;** *(übtr.)* **acies nutans; urbs tanto discrimine nutabat** schwebte in so großer Gefahr;
❸ in seinem Urteil schwanken; **animus nutat;**
❹ *(nachkl.)* in der Treue wanken, unzuverlässig sein; **civitates nutantes et dubiae.**

nūtrīcātiō, ōnis *f (Gell.) = nutricatus.*

nūtrīcātus, ūs *m (nutricor) (vorkl.)* das Säugen.

nūtrīcium, ī *n (nutricius) (Sen.)* Ernährung, Pflege.

nūtrīcius, ī *m (nutrix)* Erzieher.

nūtrīcor, nūtrīcārī *u. (vor- u. nachkl.)* **nūtrīcō,** nūtrīcāre *(nutrix)* säugen, (er)nähren, aufziehen [**pueros**].

nūtrīcula, ae *f (Demin. v. nutrix)* ❶ *(poet.; nachkl.)* Amme;
❷ *(übtr.)* Ernährerin, Nährmutter.

nūtrīmen, minis *n (Ov.) = nutrimentum.*

nūtrīmentum, ī *n (nutrio)* ❶ *(nachkl.)* Nahrung(smittel), Ernährung, *Sg. u. Pl.;*
❷ *(nachkl.) (übtr.)* Nahrung [**sollicitudinis**];
❸ *(nachkl.) Pl.* das Aufziehen, Erziehung; **locus -orum;**
❹ *Pl.* Pflege; **educata huius -is eloquentia.**

● **nūtriō,** nūtrīre *u. (Verg.)* **nūtrior,** nūtrīrī ❶ (er)nähren, füttern [**alqm lacte**]; **aper nutritus glande;** *(übtr.)* **terra herbas nutrit; ignes cortice ~;**
❷ säugen; **lupa pueros nutrivit;**
❸ auf-, großziehen, erziehen; **nutritus in armis;**
❹ pflegen, warten, gedeihen lassen [**corpora; capillos; flores; damnum naturae** durch Pflege beseitigen]; **Ceres arva nutrit;**
❺ fördern, hegen [**carmen; pacem**];
/ *Imperf. auch* nūtrībam.

nūtrītor, ōris *m (nutrio) (nachkl.)* Ernährer, Erzieher.

nūtrītōrius, a, um *(nutritor) (August.)* zur Erziehung gehörig [**cunae**].

nūtrīx, īcis *f (nutrio)* ❶ Ernährerin, Amme; **capra ~ Iovis;** *(übtr.)* **Sicilia ~ populi Romani** Kornkammer; **Africa leonum ~;** – *Pl. (Cat.)* Brüste;
❷ *(übtr.)* Nährerin, Förderin [**oratoris**]; **nox ~ curarum; discordia ~ belli.**

● **nūtus,** ūs *m (nuo)* ❶ das Nicken, Winken; **nutu vocibusque vocare; alqm nutu aspernari;**
❷ *(übtr.)* Wink, Wille, Aufforderung, Befehl; **alcis nutu omnia geruntur** nach jmds. Willen; **ad nutum alcis** auf den Wink jmds.; **auctoritate nutuque legum;**
❸ Zustimmung;
❹ Schwerkraft; **terra vi sua nutuque tenetur; terrena suopte nutu et suo pondere in terram feruntur.**

nux, nucis *f* ❶ Nuss *(sowohl Walnuss als auch Haselnuss)* [**cassa** taube Nuss = Kleinigkeit];
❷ hartschalige Frucht: Mandel, Kastanie, Eichel;
❸ *(meton.)* **a)** Nussbaum; **b)** *(Verg.)* Mandelbaum.

Nyctēis, idis *f Tochter des Nykteus,* Antiope.

Nyctelius, a, um (νυκτέλιος „der Nächtliche") *Beiname des Bacchus.*

Nycteūs, eī *m König in Böotien, Vater der Antiope.*

nympha, ae *f (gr. Fw.) (poet.; nachkl.)* ❶ Braut;
❷ *auch* **-ē,** ēs *f* Nymphe, *weibl. Naturgottheit (der Quellen, Flüsse, Wälder, Berge usw.) niederen Ranges;*
❸ *(Mart.) (meton.)* Seewasser.

Nymphaeum, ī *n Vorgeb. u. Hafen in Illyrien.*

nymphaeum, ī *n (gr. Fw.) (nachkl.) (den Nymphen geweihtes)* Brunnenhaus.

Nȳs(s)a, ae *f Stadt u. Berg in Indien (auch nach Thrakien, Äthiopien, Libyen, Arabien, Skythien verlegt), wo der Sage nach Bacchus v. den Nymphen erzogen worden war;* – *Adj.* **Nȳsaeus,** a, um *auch* bacchisch; *fem. auch* **Nȳsēis,** idis *u.* **Nȳsias,** adis; – *Subst.* **Nȳseūs,** eī *bzw.* eos *u.* **Nȳsius,** ī *m Beiname des Bacchus;* **Nȳsigena,** ae *m* in Nysa geboren.

N

O

ō *(vor Vokalen auch* **o***)* u. **ōh** *Interj.* o! ach! *(als Ausdruck lebhafter Gefühlsäußerung wie z. B. der Freude, Trauer, Verwunderung); m. Nom.:* **o vir fortis atque amicus!; o magna vis veritatis!; o spes fallaces!; o frustra mihi suscepti labores!;** *m. Vok.:* **o fortunate adulescens!;** *m. Akk.:* **o me miserum!; o ingentem confidentiam!;** *m. Gen. (poet.):* **o mihi nuntii beati!; o miserae sortis!;** *vor Fragen:* **o quid agis?;** *vor Wunschsätzen* o dass doch, o wenn doch: **o parcas supplicibus!;** o si *m. Konj.* o wenn doch: **o mihi praeteritos referat si Iuppiter annos** *(Verg.).*

Ōariōn, ōnis *m (Cat.) = Orion.*

Oaxēs, is *m Fluss auf Kreta.*

● **ob** I. *Präp. b. Akk.* ① *(räuml.)* **a)** *(auf die Frage „wohin"?)* entgegen, gegen … hin, nach … hin; **ob Romam legiones ducere; b)** *(auf die Frage „wo"?)* gegenüber, vor; **ob oculos versari** vor Augen schweben;
② *(übtr.)* **a)** (zum Entgelt) für; **ob asinos ferre argentum** *(Plaut.)*; **b)** *(kausal)* wegen, um … willen; **ob rem publicam labores suscipere; di poenas ob delictum expetunt; ob metum** aus Furcht; **ob rem iudicandam pecuniam accipere; ob eam rem (causam), quam ob rem, ob ea, ob hoc, ob id** deswegen, deshalb; **non ob aliud** aus keinem anderen Grund;
II. *Präfix in Zusammensetzungen* entgegen, gegen … hin [**obeo, obduco, obnitor, obicio**]; gegenüber [**obiaceo**] *(urspr. op-: operio; vor c u. f assimiliert zu occ- u. off-: occurro, offero; verkürzt zu o-: omitto).*

ob-aerātus, a, um *(aes [alienum])* verschuldet; – *Subst.* **-ī,** ōrum *m* Schuldner.

ob-ambulō, ambulāre ① *(Verg.)* entgegengehen; **lupus gregibus obambulat;**
② herumspazieren [**ante vallum**];
③ vor, an etw. umhergehen, -wandeln *(m. Dat. od. Akk.)* [**muris; Aetnam**].

ob-armō, armāre *(Hor.)* gegen den Feind bewaffnen [**dextras securi**].

ob-arō, arāre umpflügen.

Obba, ae *f Stadt b. Karthago.*

ob-brūtēscō, brūtēscere, brūtuī, – *(brutus) (Lucr.)* den Verstand verlieren, stumpf werden.

ob-c … = *occ …*

ob-dō, dere, didī, ditum ① entgegenstellen;
② vor etw. legen, vorschieben *(alqd alci rei)* [**pessulum foribus;** *übtr.* **forem vocibus**];
③ (ver)schließen [**fores**].

ob-dormiō, dormīre, – – *(Plin.)* einschlafen [**sub taxo**].

ob-dormīscō, dormīscere, dormīvī, – *(Incoh. v. obdormio)* ① einschlafen [**post cibum**];
② *(übtr.)* entschlafen.

ob-dūcō, dūcere, dūxī, ductum ① gegen etw. *od.* jmd. führen;
② vor etw. ziehen, vorlegen *(alqd alci rei)* [**fossam castris; vallum viis; seram** den Riegel vorlegen, die Tür verschließen];
③ über etw. ziehen, ausbreiten *(alqd alci rei)* [**vestem corpori;** *übtr.* **callum dolori; tenebras clarissimis rebus** in Dunkelheit hüllen];
④ m. etw. überziehen, bedecken, verhüllen [**pascua iunco**]; *(abs.)* **nocte obductā** unter dem Schleier der Nacht; – *P. Adj.* **obductus,** a, um umwölkt [**frons** finster, traurig]; vernarbt, verheilt [**cicatrix;** *übtr.* **luctus annis**]; verheimlicht [**dolor**]; verdeckt [**obstructio**];
⑤ schlürfen, trinken [**venenum**];
⑥ *(poet.; nachkl.)* runzeln [**frontem**];
⑦ *(poet.; nachkl.)* verschließen [**fores**].

obductiō, ōnis *f (obduco)* Verhüllung, *bes. des Kopfes b. der Hinrichtung* [**capitis**].

obductō, obductāre *(Intens. v. obduco) (Plaut.)* herbeiführen, bringen.

obductus *s. obduco.*

ob-dulcēscō, dulcēscere, dulcuī, – *(August.)* süß werden.

ob-dūrēscō, dūrēscere, dūruī, – *(Incoh. v. obduro)* ① *(poet.)* hart, steif werden;
② *(übtr.)* hart, unempfindlich werden.

ob-dūrō, dūrāre ① ausharren, aushalten; **perfer et obdura;**
② *(spätl.)* misshandeln [**mentis aciem**].

ob-dūruī *Perf. v. obduresco.*

ob-dūxī *Perf. v. obduco.*

obeliscus, ī *m (gr. Fw.) (nachkl.)* Spitzsäule, Obelisk.

● **ob-eō,** īre, iī *(u.* īvī*)*, itum I. *intr.* ① hingehen [**in infera loca**];
② entgegengehen, -treten [**ad hostium conatūs; ad omnia simul** nach allen Seiten gleichzeitig beschäftigt sein];
③ *(v. Gestirnen)* untergehen; **obeuntis solis partes;**
④ sterben; **tecum obeam libens** *(Hor.);*
II. *trans.* ① an etw. herangehen;
② begehen [**ordines; tentoria** inspizieren; **vigilias** die Runde machen, inspizieren];
③ besuchen, bereisen [**provinciam; terras; urbes**];
④ *als Teilnehmer* etw. besuchen, sich bei etw. einfinden, an etw. teilnehmen [**comitia; nundinas; cenam**];
⑤ erreichen; **quantum flamma ~ non potuit;**
⑥ mustern, betrachten [**omnia visu, oculis**];
⑦ *(in der Rede)* etw. durchgehen [**omnes civitates oratione**];
⑧ *(poet.) (v. Sachen)* etw. umgeben; **maria obeuntia terras;**
⑨ *(übtr.)* etw. übernehmen, antreten, sich *einer Sache* unterziehen [**negotium; legationem; pericula; hereditatem; diem** einhal-

ten; **facinoris locum** abwarten; **mortem** *od.* **diem (supremum)** eines natürlichen Todes sterben]; **morte obitā** nach dem Tod.

ob-equitō, equitāre heranreiten *(usque ad od. m. Dat.)* [**usque ad portam; castris; portis; Romanis**].

ob-errō, errāre *(poet.; nachkl.)* ❶ hin u. her irren, herumirren *(abs. od. m. Dat.)* [**tentoris**];
❷ *(übtr.)* **a)** hin u. her gehen [**oculis** vorschweben]; **b)** irren, fehlgreifen [**chordā eādem** fehlgreifen auf].

obēsitās, ātis *f (obesus) (nachkl.)* Beleibtheit.

ob-ēsus, a, um *(edo²) (poet.; nachkl.)* ❶ fett, wohl genährt [**venter**];
❷ geschwollen [**fauces**];
❸ unfein, dumm; **iuvenis non naris -ae.**

obex *u.* **obiex,** obicis *m u. f (obicio)* ❶ *(poet.; nachkl.)* Querbalken, Riegel [**portarum**];
❷ *(poet.)* Damm, Wall; **obicibus ruptis; se tegere obice saxi** Felswand;
❸ Barrikade; **per obices viarum; via clausa suā obice;**
❹ *(Plin.) (übtr.)* Hindernis.

ob-f... *s. off...*

ob-fuī *Perf. v. obsum.*

ob-ganniō, gannīre *(Kom.)* vorschwatzen.

ob-gero, gerere, gessī, gestum *(Plaut.)* darbringen, darbieten.

ob-haereō, haerēre, – – *(Suet.)* in etw. feststecken.

obhaerēscō, obhaerēscere, obhaesī, obhaesum *(Incoh. v. obhaereo) (poet.; nachkl.)* ❶ stecken bleiben, hängen bleiben [**in medio flumine**];
❷ *(übtr.)* ans Herz wachsen.

ob-iaceō, iacēre, iacuī, – ❶ gegenüberliegen, vor etw. liegen *(abs. od. m. Dat.)*; **insula obiacens; saxa obiacentia pedibus;**
❷ *(spätl.) (übtr.)* verfallen.

● **ob-iciō,** icere, iēcī, iectum *(iacio)* ❶ entgegenwerfen, -stellen [**equitatum hosti; se Hannibali; se copiis; se ad currum** sich stürzen auf]; **visu repentino obiecto** bei dem unerwarteten Anblick; – *mediopass. obici* entgegentreten; sich zeigen: **difficultas miseris obicitur; obicitur monstrum oculis;**
❷ entgegnen, erwidern;
❸ vorwerfen, hinwerfen; ausliefern [**corpus feris; praedam hosti**]; – *P.P.P.* obiectus, a, um vorliegend, vor etw. liegend, vorgelagert, vorn befindlich [**insula portui; silva**];
❹ preisgeben, aussetzen [**exercitum flumini; legatum barbaris; consulem morti; alqm insidiis coniuratorum; se periculis**];
❺ *(zum Schutz, zur Verteidigung)* vorhalten, -legen, -ziehen [**scutum; fossam; carros pro vallo; novum pro diruto muro;** *übtr.* **noctem peccatis** breiten über];
❻ einjagen, einflößen, verursachen, hervorrufen, erwecken [**alci laetitiam, religionem; hostibus terrorem; furorem Roscio; canibus rabiem**];
❼ darbieten;
❽ Vorwürfe machen, vorwerfen, *(tadelnd)* vorhalten *(alci alqd, de re, de alqo; selten alqd in alqm; m. quod od. A. C. I.)* [**alci luxuriam, avaritiam, furtum; alci de morte Caesaris**];
❾ *(Hor.) als Beispiel* vor Augen stellen [**unum ex iudicibus selectis**].

obiectātiō, ōnis *f (obiecto)* Vorwurf.

obiectiō, ōnis *f (obicio) (nachkl.)* ❶ das Vorwerfen, Vorrücken;
❷ Einwand.

obiectō, obiectāre *(Intens. v. obicio)* ❶ *(Verg.)* entgegenwerfen, -halten [**caput fretis** in die Meeresflut tauchen];
❷ preisgeben, aussetzen [**se hostium telis; caput (alqm) periculis; alqm dolo; corpora bello; animam pro cunctis** opfern];
❸ *(übtr.)* vorwerfen, vorhalten [**alci probrum; ignominiam; vecordiam; natum** den Tod des Sohnes].

obiectum, ī *n (obicio)* Vorwurf.

obiectus¹ *P.P.P. v. obicio.*

obiectus², ūs *m (obicio)* ❶ das Entgegenstellen, Vorlegen, Vorschieben [**plutei** vorgestellte Schirmwand];
❷ das Davorliegen, das Vorgelagertsein [**montis** vorliegendes Gebirge, Gebirgswand; **molium** Vorsprung].

obiex *s. obex.*

ob-iī *Perf. v. obeo.*

ob-īrāscor, īrāscī, īrātus sum zornig werden, sich erzürnen *(über: Dat.)* [**fortunae**].

obīrātiō, ōnis *f (obirascor)* Groll.

obīrātus, a, um *(P. Adj. v. obirascor)* zornig, ergrimmt, erzürnt *(m. Dat.)* [**potentibus**].

obiter *Adv. (ob) (nachkl.)* ❶ darüberhin;
❷ nebenbei, gelegentlich [**dicere**];
❸ zufällig;
❹ zugleich.

obitus¹ *P. P. P. v. obeo.*

obitus², ūs *m (obeo)* ❶ Untergang *der Gestirne* [**lunae; stellarum**];
❷ das Sterben, Tod [**Tulliae filiae; immaturus**]; **ante obitum nemo dici debet beatus** *(Ov.)*;
❸ Vernichtung [**Cimbrorum**];
❹ *(Ter.)* Besuch.

obiūrgātiō, ōnis *f (obiurgo)* Tadel, Verweis.

obiūrgātor, ōris *m (obiurgo)* Tadler.

obiūrgātōrius, a, um *(obiurgator)* tadelnd, scheltend, Schelt- [**epistula; verba**].

obiūrgitō, obiūrgitāre *(Intens. v. obiurgo) (Plaut.)* heftig schelten.

ob-iūrgō, iūrgāre *(altl.* **ob-iūrigō,** iūrigāre) ❶ tadeln, schelten, zurechtweisen *(alqm; alqd; alqm de od. in re; m. quod od. ut)* [**amicos; fatum; naturam; verecundiam alcis**];

O

2 *(m. ut)* scheltend ermahnen, im Ton des Vorwurfs auffordern;
3 *(Plaut.)* durch Vorwürfe abzuhalten suchen, abmahnen; **obiurgans me a peccatis**;
4 *(nachkl.)* züchtigen, schlagen [**alqm verberibus**].

ob-languēscō, languēscere, languī, – ermatten, erschlaffen.

oblātrātrīx, īcis *f (oblatro) (Plaut.)* kläffende Hündin *(v. einer Frau)*.

ob-lātrō, lātrāre *(nachkl.)* anbellen, anfahren, schelten, widersprechen *(alci)*; vorwerfen *(alqd)*.

ob-lātus *P.P.P. v. offero.*

oblectāmen, minis *n (oblecto) (Ov.)* 1 Erheiterung, Unterhaltung, Zeitvertreib;
2 Beruhigung(smittel), Trost.

oblectāmentum, ī *n = oblectatio.*

oblectātiō, ōnis *f (oblecto)* Erheiterung, Genuss, Lust, Unterhaltung; **requies plena oblectationis fuit.**

oblectātōrius, a, um *(oblectatio) (Gell.)* erheiternd, unterhaltend.

ob-lectō, lectāre *(vgl. de-lecto)* 1 erheitern, unterhalten, belustigen [**se scriptis; se cum alqo; senectutem; populum; legentium animos**]; – *mediopass.* sich erheitern [**ludis**];
2 *(poet.; nachkl.) (Zeit)* angenehm zubringen [**tempus studio; otium**].

oblēnīmen, minis *n (oblenio) (poet.)* Beruhigungsmittel.

ob-lēniō, lēnīre, – – *(Sen.)* besänftigen.

ob-lēvī *Perf. v. oblino.*

oblīcus, a, um = *obliquus.*

ob-līdō, līdere, līsī, līsum *(laedo)* 1 zudrücken [**fauces**];
2 *(nachkl.)* erwürgen; erdrücken.

obligātiō, ōnis *f (obligo)* das Gebundensein, Verpflichtung, Verbürgung.

● **ob-ligō,** ligāre 1 zu-, verbinden [**oculos; vulnus; crus**]; (an)binden;
2 *(übtr.)* binden, verpflichten [**alqm militiae sacramento** *(einen Soldaten)* vereidigen; **hostes beneficio; alqm foedere; alqm sibi liberalitate**];
3 *eines Vergehens* schuldig machen [**se scelere; ludos scelere**]; – *mediopass. u. se ~* sich einer Sache schuldig machen *(m. Abl.)* [**fraude impiā**];
4 verpfänden, zum Pfand geben [**aedes; praedia fratri; se alci; caput perfidum votis** verwünschen; **fortunas suas; fidem** sein Wort];
5 *(Hor.)* feierlich versprechen, geloben [**dapem**].

ob-līmō, līmāre *(limus[1])* 1 mit Schlamm überziehen [**agros; fossas**];
2 *(Hor.) (übtr.)* verschlemmen, verprassen.

ob-linō, linere, lēvī, litum 1 beschmieren, bestreichen [**unguentis; luto; faciem cruore**];
2 *(übtr.)* überladen, überhäufen, erfüllen; **actor divitiis oblitus**;
3 besudeln, beflecken [**se externis moribus; alqm versibus atris** schmähen]; **parricidio oblitus; vita libidine oblita**;
4 *(Gell.) (Geschriebenes)* ausstreichen.

oblīquitās, ātis *f (obliquus) (Plin.)* Winkel, Ecke.

oblīquō, oblīquāre *(obliquus) (poet.; nachkl.)* seitwärts, schräg richten, krümmen, beugen [**oculos** schielen; **ensem in latus** einen Seitenhieb führen; **crines** seitwärts streichen; **sinūs in ventum** die Segel schräg gegen den Wind spannen].

oblīquus, a, um 1 schräg, schief, seitlich, Seiten-, Quer- [**motus corporis; sublicae; iter** Seitenweg; **lux** schräg einfallend]; **in (per) -um** seitwärts, schief; **ex (ab) -o** von der Seite; **-o claudicare pede** *(Ov.)*; **-o dente timendus aper** *(Ov.)*;
2 gekrümmt, gewunden [**ripa**]; **amnis cursibus -is fluens**;
3 *(poet.)* schielend [**oculi**]; *übtr.* scheel, neidisch;
4 *(v. der Rede)* **a)** *(nachkl.)* verblümt, versteckt, zweideutig [**verba**]; **b)** *(vor- u. nachkl.) (gramm. t. t.)* indirekt, abhängig [**oratio; casūs**].

ob-līsī *Perf. v. oblido.*

oblīsus *P.P.P. v. oblido.*

ob-litēscō, litēscere, lituī, – *(latesco)* sich verbergen, sich verstecken [**a nostro aspectu** *(v. Planeten)*].

oblitterātiō, ōnis *f (oblittero) (Plin.)* das Vergessen.

ob-litterō, litterāre *(littera)* aus dem Gedächtnis tilgen, in Vergessenheit bringen; *Pass.* in Vergessenheit geraten.

ob-lituī *Perf. v. oblitesco.*

oblitus[1] *P. P. P. v. oblino.*

oblītus[2] *Part. Perf. Akt. u. Pass. v. obliviscor.*

oblīviō, ōnis *f (obliviscor)* 1 Vergessenheit, das Vergessen; **in oblivionem rei venire** etw. vergessen; **in oblivionem ire** in Vergessenheit geraten; **alqm in oblivionem rei adducere** jmd. etw. vergessen lassen; **~ alcis rei me capit** ich vergesse etw.; **alqd ab oblivione vindicare** der Vergessenheit entreißen;
2 Amnestie, Begnadigung, Straferlass; **lex oblivionis**;
3 *(nachkl.)* Vergesslichkeit, schwaches Gedächtnis.

oblīviōsus, a, um *(oblivio)* 1 vergesslich;
2 *(Hor.)* (Sorgen) vergessen machend [**vinum**].

● **oblīvīscor,** oblīvīscī, oblītus sum 1 vergessen *(m. Gen. od. Akk.; m. Inf.; m. A. C. I.; m. indir. Frages.)* [**controversiarum; veteris contumeliae; iniurias; inimicorum sermo-**

nes]; – *Part. Perf.* oblītus *auch pass. (poet.):* **oblita carmina**;

❷ *(übtr.)* nicht beachten, übersehen *(m. Gen.)* [**consuetudinis suae; foederis; feritatis ingenitae; armorum hostiumque; sui** sich selbst untreu werden].

oblīvium, ī *n (poet.; nachkl.) = oblivio.*

ob-locō, locāre *(spätl.)* verdingen.

oblocūtor, ōris *m (obloquor) (Plaut.)* Widersprecher.

oblongulus, a, um *(Demin. v. oblongus) (Gell.)* etwas länglich.

ob-longus, a, um länglich [**hastile**]; **urbs -ā formā.**

obloquium, ī *n (obloquor) (spätl.)* Widerspruch.

ob-loquor, loquī, locūtus sum ❶ widersprechen;

❷ *(nachkl.)* tadeln;

❸ *(Cat.)* schimpfen;

❹ *(poet.)* dazu singen, dazu spielen [**numeris septem discrimina vocum** zur Melodie die siebensaitige Leier erklingen lassen].

ob-luctor, luctārī *(poet.; nachkl.)* gegen etw. ankämpfen, ringen *(abs. od. m. Dat.)* [**genibus** (m. den Knien) **adversae arenae**].

ob-lūdiō, lūdiāre *(ludus) (Plaut.)* scherzen.

ob-mōlior, mōlīrī ❶ *(zur Verteidigung)* vorschieben;

❷ etw. verbarrikadieren.

ob-murmurō, murmurāre *(poet.; nachkl.)* ❶ „entgegenmurmeln", murmelnd widersprechen, über etw. murren *(m. Dat.)*; **ventus obmurmurat precibus meis**;

❷ etw. dabei murmeln.

ob-mūtēscō, mūtēscere, mūtuī, – *(mutus)* verstummen, schweigen; *übtr.* aufhören; **obmutuit dolor.**

ob-nātus, a, um angewachsen *(an etw.: Dat.)*; **salicta ripis -a.**

ob-nītor, nītī, nīxus sum ❶ sich entgegenstemmen *(geg.: Dat.)* [**trunco arboris**]; **obnixo genu scuto** das Knie geg. den Schild gestemmt;

❷ *(poet.; nachkl.) (übtr.)* Widerstand leisten, sich widersetzen [**hostibus**].

obnīxus, a, um *(P. Adj. v. obnitor)* standhaft, beharrlich; ~ **corde curam premebat** *(Verg.)*; – *m. Inf.:* fest entschlossen [**non cedere**].

obnoxiōsus, a, um *(obnoxius) (vorkl.)* unterwürfig, gehorsam.

● **ob-noxius,** a, um ❶ straffällig, schuldig *(weg. etw.: Gen.)* [**pecuniae debitae**];

❷ verfallen [**libidini; culpae**];

❸ unterworfen, abhängig, verpflichtet *(m. Dat.)* [**uxoris amori**];

❹ *(einem Übel)* ausgesetzt, preisgegeben [**periculis; bello; insidiis; irae**]; **corpora morbis -a; -um est** *(m. Inf.)* es ist gefährlich;

❺ unterwürfig, knechtisch [**animus**];

❻ demütig, furchtsam; **-e sententias dicere.**

ob-nūbilō, nūbilāre *(nubilus) (nachkl.)* umwölken, verfinstern [**serenitatem vultūs**].

ob-nūbilus, a, um umwölkt.

ob-nūbō, nūbere, nūpsī, nūptum *(nubes)* verhüllen, bedecken [**comas amictu; caput** *(in der Hinrichtungsformel)*].

obnūntiātiō, ōnis *f (obnuntio) (t. t. der Auguralspr.)* Meldung böser Vorzeichen, Warnung.

ob-nūntiō, nūntiāre ❶ *(Ter.)* Schlimmes, Unangenehmes melden;

❷ *(t. t. der Auguralspr.)* böse Vorzeichen melden.

ob-nūpsī *Perf. v. obnubo.*

obnūptus *P.P.P. v. obnubo.*

oboediēns, *Gen.* entis *(P. Adj. v. oboedio)* gehorsam, fügsam *(m. Dat.; ad)*; **imperiis oboedientissimus miles; nulli est naturae ~ aut subiectus deus** *(Cic.)*; **gens ad nova consilia ~**; – *Subst. m* Untergebener.

oboedientia, ae *f (oboediens)* Gehorsam *(geg. etw.: Gen.)* [**imperiorum**].

● **ob-oediō,** oedīre *(audio)* ❶ Gehör schenken;

❷ gehorchen, sich fügen [**magistratibus; praecepto; legi; ventri** frönen].

ob-oleō, olēre, oluī, – riechen *(nach etw.: Akk.)* [**alium** nach Knoblauch]; *(übtr.)* **marsuppium huic obolet** sie riecht den Geldbeutel.

obolus, ī *m (gr. Fw.)* Obolus *(kleine griech. Münze = $\frac{1}{6}$ Drachme).*

ob-orior, orīrī, ortus sum entstehen, hervorbrechen, zum Vorschein kommen, sich zeigen, aufgehen; **tenebrae oboriuntur; lacrimis obortis**; *(übtr.)* **lux liberalitatis mihi oboritur.**

ob-rēpō, rēpere, rēpsī, rēptum sich heranschleichen, sich einschleichen, überraschen *(m. Dat.; ad; Akk.)*; *(übtr.)* **adulescentiae senectus obrepit** folgt unvermerkt; **ad honores ~** Ehrenstellen erschleichen; **vitia nobis sub virtutum nomine obrepunt** *(Sen.)*.

obrēptō, obrēptāre *(Intens. v. obrepo) (vor- u. nachkl.)* beschleichen.

ob-rētiō, rētīre *(rete) (Lucr.)* ins Netz ziehen, verstricken.

ob-rigēscō, rigēscere, riguī, – erstarren.

ob-rōdō, rōdere, – – *(Plaut.)* benagen.

obrogātiō, ōnis *f (obrogo) (spätl.)* Änderungsvorschlag *(zu einem Gesetz)*, Gegenantrag.

ob-rogō, rogāre *ein Gesetz* aufheben, einen Gegenantrag stellen *(m. Dat.)* [**antiquae legi**].

● **ob-ruō,** ruere, ruī, rutum, ruitūrus ❶ überschütten, bedecken [**alqm lapidibus, telis; se arenā; aegros veste**]; **iuga montium nive obruta**;

❷ ver-, eingraben, versenken [**alqm vivum; thesaurum**]; **classis obruta aquis**;

❸ überladen, überhäufen [**se vino**]; **vino**

epulisque obrui sich überladen;
④ *(übtr.)* **a)** verhüllen, verbergen, verdunkeln, in Vergessenheit bringen [**nomen alcis; malum sapientiā**]; **b)** erdrücken, niederdrücken, überwältigen; vernichten, zugrunde richten [**alqm verbis**]; **testem risus obruit** brachte außer Fassung; **obrui aere alieno** in Schulden versinken; **magnitudine negotii obrui; copiā sententiarum obrutum esse; c)** *(Tac.)* in den Schatten stellen, übertreffen [**famam alcis**].

obrussa, ae *f (gr. Fw.)* Feuerprobe des Goldes; *übtr. (Sen.)* Prüfstein, Probe.

obrutus *P.P.P. v. obruo.*

ob-saepiō, saepīre, saepsī, saeptum verzäunen, versperren, unzugänglich machen; **hostium agmina obsaepiunt iter;** *(übtr.)* **coniuratio obsaepiatur insidiis** *(Cic.)*; **plebi ad curules magistratūs iter obsaepsit** *(Liv.).*

ob-saturō, saturāre *(Ter.)* sättigen.

obscaen ... = *obscen ...*

ob-scaevō, scaevāre *(scaevus) (Plaut.)* böse Vorzeichen melden.

obscēna, ōrum *n (obscenus) (poet.; nachkl.)*
① Genitalien;
② unzüchtige Handlungen;
③ unzüchtige Worte, Zoten, unzüchtige Lieder;
④ der Hintern;
⑤ Kot.

obscēnitās, ātis *f (obscenus)* Unanständigkeit, Anstößigkeit [**rerum; verborum**].

obscēnum, ī *n (obscenus) (poet.)* Scham (Glied).

obs-cēnus, a, um *(caenum)* ① schmutzig, scheußlich, ekelhaft [**fetus** Missgeburt; **risus; cruor**];
② unanständig, unzüchtig, unsittlich, schamlos, anstößig [**versūs; voluptates; sermones; adulterium; greges** *v. den Priestern der Kybele;* **puellae** Straßenmädchen];
③ unheilvoll, verderbenbringend, ungünstig [**omen; volucris** Nachteule].

obscoen ... = *obscen ...*

obscūrātiō, ōnis *f (obscuro)* ① Verdunkelung, Verfinsterung [**solis; lunae**];
② *(übtr.)* das Unbemerktbleiben.

obscūritās, ātis *f (obscurus)* ① Dunkelheit [**latebrarum**], Verdunkelung [**lucis**];
② *(übtr.)* Undeutlichkeit, Unverständlichkeit [**verborum; naturae**];
③ Unbekanntheit, Unberühmtheit; **humilitas et ~.**

obscūrō, obscūrāre *(obscurus)* ① verdunkeln [**regiones; lumen lucernae; aethera pennis;** *übtr.* **pectus** verwirren];
② verbergen, verhüllen [**caput; magnitudinem periculi; coniurationem**];
③ undeutlich, unkenntlich machen [**alqd dicendo**];
④ undeutlich aussprechen [**litteram**];
⑤ in den Schatten stellen, zurückdrängen, in Vergessenheit bringen [**alcis gloriam, laudes**]; **obscurata vocabula** veraltet.

obscūrum, ī *n (obscurus)* das Dunkel, Dunkelheit, Finsternis [**noctis**]; **-o coeptae lucis** im Dunkel des grauenden Tages; *(übtr.)* **in -o** (im Verborgenen) **vitam agere.**

● **obscūrus,** a, um ① dunkel, finster [**nox; lucus; caelum; nubes; luna** erblassend]; **-ā luce** *u.* **-o lumine** in der Dämmerung; **ibant -i** im Dunkel;
② versteckt, verborgen, heimlich [**antrum; taberna** Winkelkneipe]; **alqd non -e ferre** = sich etw. anmerken lassen;
③ *(poet.)* unkenntlich [**Pallas**];
④ undeutlich, unverständlich, unklar [**oracula; res**]; **non -um est** es ist offenbar;
⑤ *(vom Char.)* verschlossen, zurückhaltend;
⑥ unbekannt, ruhmlos [**maiores; gens; nomen**]; **-is parentibus** *od.* **-o loco natus;**
⑦ unsicher, ungewiss [**spes**].

obsecrātiō, ōnis *f (obsecro)* ① inständiges Bitten, Flehen, Beschwörung [**humilis ac supplex**]; **alcis obsecrationem repudiare;**
② öffentl. Bettag, Bußtag.

● **ob-secrō,** secrāre *(sacro)* jmd. bei allem, was ihm heilig ist, beschwören, inständig bitten, anflehen [**alqm multis cum lacrimis; pro fratris salute; per amicitiam** bei der Freundschaft; **per fratris cinerem**]; *(m. dopp. Akk.)* **illud unum vos obsecro;** *(m. ut, ne od. m. bl. Konj.);* – **obsecrō a)** = ich bitte (dich, euch), hör(t) mal *(oft parenthetisch eingeschoben):* **Attica, obsecro te, quid agit?; ubi est? obsecro vos; b)** *als Ausdruck des Staunens* = um Himmels willen! *(Ter.):* **obsecro, quem video?**

ob-secundō, secundāre begünstigen, fördern, gefügig sein *(m. Dat.).*

obsecūtus *P. P. Akt. v. obsequor.*

ob-sēdī *Perf. v. obsideo u. obsido.*

obsequēla, ae *f (obsequor)* Nachgiebigkeit, Willfährigkeit.

obsequēns, *Gen.* entis *(P. Adj. v. obsequor)* ① nachgiebig, willfährig, gefügig *(m. Dat.)* [**patri; amicae; imperatori**];
② *(Plaut.) (v. der Gottheit)* gnädig.

obsequentia, ae *f (obsequens)* Nachgiebigkeit, Willfährigkeit.

obsequiōsus, a, um *(obsequium) (Plaut.)* sehr nachgiebig, gefügig.

obsequium, ī *n (obsequor)* ① Nachgiebigkeit, Willfährigkeit, Gefälligkeit, Fügsamkeit, Gehorsam *(geg.: Gen.; in m. Akk.; erga)* [**ventris** Schlemmerei; **in principem; erga Romanos**]; **in alcis -um iurare** jmdm. Gehorsam schwören; **-um rumpere; alci -um tribuere;**
② *(Tac.)* milit. Gehorsam, Unterordnung; **mos -i;**

③ Preisgabe, Hingabe [**flagitiosa -a**].

ob-sequor, sequī, secūtus sum ① nachgeben, gefügig sein, gefällig sein, gehorchen [**patri; senibus; centurioni; senatui; legibus; fortunae; naturae**]; *(m. ut);*
② sich hingeben [**studiis suis; irae; gloriae; alcis voluntati**].

ob-serō¹, serāre *(sera)* verriegeln, verschließen [**fores;** *übtr.* **aures; palatum** schweigen].

ob-serō², serere, sēvī, situm ① besäen, bepflanzen [**terram frugibus**]; – *P. Adj.* **obsitus,** a, um **a)** besät, bepflanzt [**rura pomis; loca virgultis**]; **b)** ganz bedeckt, voll von [**montes nivibus; squalore vestis; homo aevo** bejahrt];
② *(Plaut.)* (aus)säen [**frumentum;** *übtr.* **mores malos; pugnos** Faustschläge austeilen].

observābilis, e *(observo) (Sen.)* bemerkbar.

observāns, *Gen.* antis *(P. Adj. v. observo) (m. Gen.)* ① hoch achtend, verehrend [**tui**];
② *(Plin.)* be(ob)achtend [**omnium officiorum**].

observantia, ae *f (observans)* Ehrerbietung, Hochachtung, Aufmerksamkeit gegen jmd. [**in regem**].

observātiō, ōnis *f (observo)* ① Beobachtung [**siderum**];
② Gewissenhaftigkeit, Sorgfalt [**in bello movendo**];
③ *(nachkl.)* Einhaltung [**dierum**];
④ *(nachkl.)* Regel [**sermonis antiqui**].

observātor, ōris *m (observo) (nachkl.)* Beobachter.

observitō, observitāre *(Intens. v. observo)* aufmerksam beobachten [**motūs stellarum**].

● **ob-servō,** servāre ① beobachten, achten auf *(m. Akk.)* [**auspicia; vestigia; volatum aquilae; neque signa neque ordines; alcis occupationem** lauern auf]; *(m. ut, ne; m. indir. Frages.)*;
② hüten, bewachen [**armenta; greges; draconem**];
③ *(übtr.)* etw. beachten, befolgen, einhalten [**praecepta; leges; edicta imperatorum; diem** einhalten]; **observatum est, ut** man achtete darauf, dass;
④ jmd. hoch achten, schätzen, (ver)ehren [**regem**];
⑤ berechnen [**dies natales**].

● **ob-ses,** sidis *m u. f (sedeo)* ① Geisel; **obsides dare, accipere, poscere; obsides alci imperare** jmdm. die Stellung v. Geiseln befehlen; **alqm retinere obsidem**;
② Bürge *(für etw.: Gen.)* [**futurae pacis**]; **rei obsidem esse** für etw. einstehen;
③ Gewähr, Unterpfand *(für etw.: Gen.)*; **habemus a Caesare sententiam tamquam obsidem voluntatis** *(Cic.)*.

obsessiō, ōnis *f (obsideo)* Einschließung, Blockade [**castrorum; arcis; viae; hominum**].

obsessor, ōris *m (obsideo)* ① Belagerer [**curiae**];
② *(poet.)* Bewohner; **hydrus ~ vivarum aquarum;** *scherzh.:* **solus ~ fori fui** *(Plaut.)* ich blieb allein auf dem Markt sitzen.

obsessus *P.P.P. v. obsideo u. obsido.*

ob-sēvī *Perf. v. obsero².*

obsidātus, ūs *m (obses) (spätl.)* Geiselschaft.

● **ob-sideō,** sidēre, sēdī, sessum *(sedeo)* **I.** *trans.* ① vor, an, auf etw. sitzen, sich aufhalten [**aram**]; **ranae stagna obsident**;
② belagern, einschließen [**urbem; domum regis**];
③ besetzt halten, innehaben [**vias; omnes aditūs; insulam armis; totam Italiam praesidiis**]; **palus obsessa salictis** bedeckt mit;
④ *(übtr.)* beherrschen, in seiner Gewalt haben; **amicum ~; ab oratore obsessi**;
⑤ auf etw. lauern, die Zeit (Gelegenheit) abpassen für [**stuprum**];
⑥ *(übtr.)* bedrängen, einengen; **alcis tribunatum ~** beschränken; **omnibus rebus obsessus** in jeder Beziehung bedrängt;
II. *intr. (Kom.)* sitzen, sich aufhalten [**domi**].

obsidiālis, e *(obsidium²)* Belagerungs-; **graminea corona ~** Kranz aus Gras *f. die Befreiung einer Truppe aus feindlicher Einschließung.*

obsidiō, ōnis *f (obsideo)* ① Belagerung(szustand), Einschließung, Blockade; **castellum in obsidione tenere; urbem ingenti obsidione premere; urbi obsidionem inferre; patriam obsidione liberare, solvere; obsidionem ferre, pati, sustinere**;
② Bedrängnis, Not; **rem publicam obsidione liberare.**

obsidiōnālis, e *(obsidio) (Gell.)* Belagerungs-.

obsidium¹, ī *n (obses) (Tac.)* Geiselschaft; **alqm -o dare** als Geisel.

obsidium², ī *n (obsideo)* ① Einschließung, Belagerung; **-o decedere** die Belagerung aufheben;
② *(Plaut.)* Gefahr.

ob-sīdō, sīdere, sēdī, sessum ① besetzen *(bes. milit.)* [**pontem; litus; loca opportuna armatis hominibus**];
② *(Tib.)* in seinen Besitz bringen; **praedator cupit immensos ~ campos**;
③ *(übtr.)* annehmen [**vim regiae potestatis**].

obsīgnātor, ōris *m (obsigno)* Unterzeichner *(einer Urkunde)* [**testamenti**].

ob-sīgnō, sīgnāre ① versiegeln, m. Siegel verschließen [**epistulam; pecuniam**];
② *(eine Urkunde)* untersiegeln [**testamentum; litteras publico signo**]; **tabellis obsignatis agere cum alqo** förmlich, in strenger Form m. jmdm. verhandeln;
③ *(Lucr.)* eindrücken, einprägen *(konkr. u. übtr.)* [**formam verbis** eine Gestalt geben].

ob-sipō, sipāre *(vgl. dis-sipo) (Plaut.)* ins Gesicht spritzen.

O

● **ob-sistō,** sistere, stitī, – ① sich entgegenstellen, in den Weg treten [**abeunti; hosti;** *übtr.* **alcis famae** verdunkeln]; *Perf.* entgegenstehen;
② sich widersetzen, Widerstand leisten, bekämpfen *(m. Dat.)* [**barbaris; opinioni, consiliis alcis; sceleri alcis; libidini; dolori**]; *(m. ne od. quominus; m. Inf.).*

obsitus *s. obsero*[2].

obsole-fīō, fierī, factus sum = *obsolesco.*

obsolēscō, obsolēscere, obsolēvī, – sich abnutzen, veralten, Ansehen, Wert verlieren; **obsolevit iam oratio.**

obsolētus, a, um *(obsolesco)* ① abgenutzt, abgetragen, schäbig [**vestitus**];
② *(poet.)* morsch, baufällig [**tectum**];
③ *(poet.; nachkl.)* besudelt, schmutzig; **dextra -a sanguine;**
④ veraltet [**verba**];
⑤ alltäglich, gemein [**oratio; honores; gaudia**].

obsolēvī *Perf. v. obsolesco.*

obsōnātor, tōris *m (obsono*[1]*) (vor- u. nachkl.)* Einkäufer für die Küche.

obsōnātus, ūs *m (obsono*[1]*) (Kom.)* Einkauf für die Küche.

obsōnium, ī *n (gr. Fw.)* Beilage, *bes.* Fische, Gemüse u. Obst.

obsōnō[1]**,** obsōnāre *u. (Plaut.)* **obsōnor,** obsōnārī *(gr. Fw.)* ① als Beilage einkaufen; **obsonatum ire;** *(übtr.)* **ambulando famem ~;**
② schmausen.

ob-sonō[2]**,** sonāre *(Plaut.)* dreinreden [**alcis sermoni**].

ob-sorbeō, sorbēre, sorbuī, – *(vor- u. nachkl.)* begierig einschlürfen.

obstāculum, ī *n (obsto) (Sen.)* Hindernis.

obstetrīx, īcis *f (obsto)* Hebamme.

obstinātiō, ōnis *f (obstino)* Festigkeit, Beharrlichkeit; Hartnäckigkeit [**animi; fidei** unerschütterliche Treue; **taciturna** beharrliches Schweigen].

obstinātus, a, um *(P. Adj. v. obstino)* ① beharrlich, fest entschlossen [**mori; ad mortem; ad decertandum; ad resistendum**]; **-um est** es ist fest beschlossen;
② fest, unerschütterlich [**fides; pudicitia**]; **-e credere;**
③ hartnäckig, verstockt, unbeugsam [**aures; animus**]; **-e negare; -e alqd recusare.**

ob-stinō, stināre *(sto; vgl. de-stino)* auf etw. bestehen, fest beschließen *(ad; m. Inf.)* [**ad obtinendas iniquitates; aut vincere aut mori**].

ob-stipēscō = *obstupesco.*

ob-stīpus, a, um *(stipo)* ① seitwärts geneigt [**caput** *auch* eingezogen, geduckt];
② *(nachkl.)* rückwärts geneigt [**cervix**].

obstita, ōrum *n* vom Blitz getroffene Gegenstände.

ob-stitī *Perf. v. obsisto u. obsto.*

● **ob-stō,** stāre, stitī, stātūrus entgegenstehen, im Wege stehen, hinderlich sein [**consiliis alcis; bono publico; sceleri; furori** hemmen]; *(m. ne od. quominus, verneint auch m. quin);* **obstantes iuvenum catervae; obstante naturā; diis obstitit Ilium** war verhasst; **obstantes nebulae;** – *Subst.: (nachkl.)* **obstantia,** ium *n* Hemmnisse, Hindernisse [**silvarum; maris**].

obstrāgulum, ī *n (Plin.)* Schuhriemen *(zum Befestigen der Schuhsohle).*

ob-strepō, strepere, strepuī, strepitum ① entgegenrauschen, -brausen, -lärmen, -tönen; **milites portis obstrepunt** lärmen an den Toren; **ventis obstrepentibus; mare Baiis obstrepens;** – *Pass. (poet.; nachkl.)* **obstrepi re** v. etw. umrauscht werden: **locus aquis obstrepitur;**
② überschreien, übertönen, *durch Lärm od. Geschrei* unterbrechen *(m. Dat.)* [**decemviro**]; *Pass. trans.;* **clamore militum obstrepi** übertönt werden; **Bacchei ululatūs sono citharae obstrepunt;**
③ hinderlich sein, stören *(m. Dat.)* [**alci litteris** jmd. m. Briefen belästigen]; **obstrepente conscientiā.**

obstri(n)gillō, obstri(n)gillāre *(vor- u. nachkl.)* hinderlich sein, im Wege stehen.

● **ob-stringō,** stringere, strīnxī, strictum ① *(Plaut.)* vorbinden [**follem ob gulam**];
② *(Plaut.)* (zu)binden, zuschnüren [**collum laqueo**];
③ *(Hor.)* eingeschlossen halten [**ventos**];
④ *(übtr.)* binden, verpflichten [**cives donis, legibus; milites iure iurando; socios foedere; populum religione; fidem suam alci** sein Wort verpfänden]; **fide obstrictum teneri** durch Eid gebunden sein; **alqm beneficio obstrictum habere;**
⑤ *(übtr.)* verwickeln, verstricken [**se periurio; amicos aere alieno** in Schulden verwickeln; **alqm nefario scelere** in eine Freveltat verstricken]; **aere alieno obstrictus** verschuldet.

obstrūctiō, ōnis *f (obstruo)* Verbauung, Verschließung, Einschließung.

obstrūctus *P.P.P. v. obstruo.*

obs-trūdō *s. obtrudo.*

● **ob-struō,** struere, strūxī, strūctum ① (da)vorbauen [**novum murum pro diruto; luminibus alcis** jmdm. die Fenster *od.* das Licht verbauen, *auch übtr.* jmds. Ruhm vermindern]; **obstructa saxa** Damm;
② verbauen, verrammeln, versperren, verschließen, unzugänglich machen [**valvas aedis; portas castrorum; curiam; portum; flumina magnis operibus; iter Poenis corporibus suis;** *übtr.* **aures alcis** gegen Bitten taub machen]; *(übtr.)* **obstructae mentes** verstockt.

ob-stupe-faciō, facere, fēcī, factum *(Pass.* -fiō, fierī, factus sum) in Erstaunen setzen, betäuben, stutzig machen; **Britannos visa classis obstupefaciebat; obstupefecit ea alacritas ducem Romanum;** *(übtr.)* **metus maerorem obstupefacit** stumpft ab, betäubt.

ob-stupēscō, stupēscere, stupuī, – (*u.* ob-stipēscō, stipēscere, stipuī –) ① erstarren, betäubt werden; **obstipui steteruntque comae; animus timore obstipuit;**
② (er)staunen, stutzen; **obstipuit visu Aeneas.**

ob-stupidus, a, um *(vor- u. nachkl.)* starr, betäubt, verblüfft.

ob-stupuī *Perf. v. obstupesco.*

ob-suī *Perf. v. obsuo.*

● **ob-sum,** obesse, obfuī hinderlich sein, schaden.

ob-suō, suere, suī, sūtum *(poet.; nachkl.)* an-, zunähen.

ob-surdēscō, surdēscere, surduī, – *(surdus)* taub werden; *übtr. (v. Personen)* taub bleiben, kein Gehör schenken.

obsūtus *P.P.P. v. obsuo.*

ob-taedēscit, taedēscere, – – *(taedet) (Plaut.) unpers.* es ekelt an.

ob-tegō, tegere, tēxī, tēctum ① bedecken, verbergen; *(übtr.)* verschleiern; **domus arboribus obtecta;** *(übtr.)* **scelera verbis ~;**
② *(übtr.)* decken, (be)schützen; **militum armis obtectus.**

obtemperātiō, ōnis *f (obtempero)* Gehorsam *(gegen: Dat.)* [**legibus**].

● **ob-temperō,** temperāre gehorchen [**magistratibus; imperio alcis; legibus**].

ob-tendō, tendere, tendī, tentum ① *(poet.; nachkl.)* (da)vorspannen, (da)vorziehen, (da)vorhalten [**sudarium ante faciem**]; **obtentā nocte** unter dem Mantel der Nacht; – *mediopass. (nachkl.)* gegenüberliegen: **Britannia Germaniae obtenditur;**
② verdecken, verhüllen, einhüllen [**diem nube**];
③ *(nachkl.) (übtr.)* **a)** etw. vorschützen [**valetudinem corporis; preces matris; rationem turpitudini**]; **b)** vorziehen [**curis luxum**].

obtentus[1] *P. P. P. v. obtendo u. obtineo.*

obtentus[2], ūs *m (obtendo)* ① *(poet.; nachkl.)* das Vorziehen, Vorstecken [**vestis; frondis** Schutz des Laubdaches];
② *(übtr.)* Vorwand, Deckmantel, Beschönigung; **sub obtentu liberationis; sub eius obtentu cognominis;**
③ Hülle, Verschleierung.

ob-terō, terere, trīvī, trītum ① zertreten, zerquetschen, zermalmen; **obtritae catenis manūs;**
② *(übtr.)* aufreiben, vernichten [**hostem bello; legionarios**];
③ schmälern, herabsetzen, herabwürdigen [**invidiā laudem virtutis; iura populi; maiestatem populi Romani; alqm verbis; voluptates** verachten].

obtestātiō, ōnis *f (obtestor)* ① Beschwörung *durch Anrufung einer Gottheit* [**tibicinis** feierliche Götteranrufung unter Flötenspiel]; *meton.* Beschwörungsformel: **obtestationem componere;**
② inständiges Bitten, Flehen.

ob-testor, testārī ① beschwören, inständig bitten, anflehen [**suos; regem**]; *(alqm de re jmd. um, wegen etw.; m. ut, ne od. m. bl. Konj.)*; **per ego haec genua te obtestor** *(Plaut.)*; **nunc te obtestor, ut mihi ignoscas** *(Plaut.)*;
② zum Zeugen anrufen [**deûm hominumque fidem**];
③ *(nachkl.)* feierlich versichern.

ob-tēxī *Perf. v. obtego.*

ob-texō, texere, texuī, textum *(poet.; nachkl.)* überweben; *übtr.* überziehen, bedecken, verhüllen; **caelum obtexitur umbrā.**

ob-ticeō, ticēre, – – *(taceo) (Ter.)* schweigen.

obticēscō, obticēscere, obticuī, – *(Incoh. v. obticeo) (poet.)* verstummen.

ob-tigī *Perf. v. obtingo.*

● **ob-tineō,** tinēre, tinuī, tentum *(teneo)* **I.** *trans.* ① festhalten;
② einnehmen, innehaben, besitzen [**imperium; proverbii locum** als Sprichwort gelten; **numerum deorum** zu den Göttern gehören]; **ea fama plerosque obtinet** hat die meisten Anhänger;
③ *(milit.)* besetzt halten [**castra; collem; partem Germaniae; vada custodiis**];
④ erlangen, erhalten, bekommen [**principatum provinciae; regnum**];
⑤ *(Ämter u. Ä.)* bekleiden, verwalten [**magistratum; provinciam**];
⑥ beibehalten, behaupten, festhalten [**nomen; libertatem; equestrem ordinem; principatum; auctoritatem in perpetuum; provinciam** halten; **pontem; hereditatem; fasces et imperium; silentium** fortsetzen];
⑦ *(Recht, Sache)* durchsetzen, behaupten [**ius suum contra alqm; causam** *od.* **litem** den Prozess gewinnen];
⑧ *(eine Behauptung)* aufrechthalten, beweisen [**duas contrarias sententias**];
II. *intr.* sich behaupten, sich halten, gelten; **pro vero obtinebat** es galt für richtig; **fama obtinuit.**

ob-tingō, tingere, tigī, – *(tango)* ① zuteil werden, zufallen; **hereditas alci obtingit; alci sorte obtingit provincia; alci obtingit consulatus; alqs alci obtingit quaestor** als Quästor;
② zustoßen, widerfahren; **quod cuique obtigit, id quisque teneat** *(Cic.)*.

ob-torpēscō, torpēscere, torpuī, – erstarren

O

(körperl. u. geistig); **manus prae metu obtorpuerunt; animi obtorpuerant.**

ob-torqueō, torquēre, torsī, tortum (her)umdrehen [**collum** *od.* **gulam alcis** jmd. würgen]; **obtorto collo ad praetorem trahi; obtortā gulā in vincula abripi.**

obtrectātiō, ōnis *f (obtrecto)* Missgunst, Neid, Eifersucht; ~ **laudis alienae** *(Gen. obi.)*; ~ **atque invidia adversus crescentem in dies gloriam alcis.**

obtrectātor, ōris *m (obtrecto)* Neider, Nebenbuhler, Gegner, Widersacher [**beneficii; laudum mearum**].

ob-trectō, trectāre *(tracto)* ① entgegenarbeiten, bekämpfen *(m. Dat.)* [**legi; inter se**];
② herabsetzen, verkleinern *(m. Dat. od. Akk.)* [**gloriae alcis; laudes**].

obtrītus *P.P.P. v. obtero.*

ob-trīvī *Perf. v. obtero.*

ob-trūdō *(u.* obs-trūdō), trūdere, trūsī, trūsum
① *(Plaut.)* herunterwürgen, hastig verschlingen [**glandium**];
② *(Kom.) (übtr.)* jmdm. etw. aufdrängen;
③ *(Ov.) (Kleider)* säumen, einfassen, verbrämen; **obstrusa carbasa pullo** schwarz verbrämte Kleider.

ob-truncō, truncāre niederhauen, -metzeln [**regem; dominum**].

ob-trūsī *Perf. v. obtrudo.*

obtrūsus *P.P.P. v. obtrudo.*

ob-tudī *Perf. v. obtundo.*

ob-tueor, tuērī, – *(Plaut.)* hinsehen, ansehen; erblicken *(ad alqm u. alqm).*

ob-tulī *Perf. v. offero.*

ob-tundō, tundere, tudī, tū(n)sum ① *(Plaut.)* gegen, auf etw. schlagen *(alqd)* [**os alci**]*;*
② *(poet.) durch Schlagen* stumpf machen [**telum**];
③ *(übtr.)* abstumpfen, betäuben [**mentem; vocem** sich heiser schreien; **aures alcis** jmdm. in den Ohren liegen];
④ mildern, schwächen [**aegritudinem**];
⑤ belästigen, behelligen [**alqm longis epistulis; alqm rogando**].

obtūnsus = *obtusus.*

ob-tuor, tuī, – *(altl.)* = *obtueor.*

ob-turbō, turbāre ① *(Tac.)* in Unordnung bringen, verwirren [**hostes**];
② *(nachkl.)* überschreien; **obturbabatur militum vocibus;** – *abs.* dagegen schreien, dagegen lärmen: **patres obturbabant;**
③ stören, unterbrechen [**oratorem**];
④ betäuben [**alqm** jmds. Schmerz];
⑤ *(Plin.) (eine Flüssigkeit)* trüben.

ob-turgēscō, turgēscere, tursī, – *(Lucr.)* (an)schwellen.

obtūrō, obtūrāre verstopfen [**foramina;** *übtr.* **aures alci** gegen jmd. =jmd. nicht hören wollen; **amorem edendi** stillen].

ob-tursī *Perf. v. obturgesco.*

obtūsus, a, um *(P. Adj. v. obtundo)* ① abgestumpft, stumpf [**pugio**];
② schwach, matt [**lunae cornua** matt leuchtend; **acies stellarum**];
③ *(Tac.)* oberflächlich [**iurisdictio**];
④ *(geistig)* abgestumpft [**animi acies**];
⑤ *(Verg.)* gefühllos, unempfindlich [**pectora**];
⑥ dumm; **quid dici potuit obtusius?** was hätte man Dümmeres sagen können?

obtūtus, ūs *m (obtueor)* das Hinsehen, Betrachtung, Blick.

obumbrātiō, ōnis *f (obumbro) (spätl.)* Verdunkelung.

ob-umbrō, umbrāre *(poet.; nachkl.)* ① beschatten; **lucus templum obumbrans; arbor amnem obumbrat; coma umeros obumbrat;**
② verdunkeln [**aethera telis;** *übtr.* **nomen**]; **nubes solem obumbrant; luna obumbratur;**
③ *(übtr.)* verhüllen, verhehlen, vertuschen, bemänteln [**erroris sub imagine crimen**];
④ schützen; **(Turnum) reginae nomen obumbrat** *(Verg.).*

ob-uncus, a, um *(poet.)* einwärts gekrümmt [**pedes aquilae**].

ob-ustus, a, um *(uro) (poet.)* angebrannt [**sudes** im Feuer gehärtet]; **glaeba -a gelu** angegriffen von.

ob-vāgiō, vāgīre *(Plaut.)* (vor)wimmern.

ob-vallō, vallāre verschanzen.

ob-veniō, venīre, vēnī, ventum ① sich einfinden, eintreffen *(m. Dat.)* [**pugnae** bei der Schlacht];
② *(übtr.)* eintreten, widerfahren, sich zutragen, vorfallen; **consuli vitium obvenit** *(b. den Auspizien);*
③ zuteil werden, zufallen; **provincia alci (sorte) obvenit; hereditas alci obvenit.**

ob-versor, versārī ① vor etw. umhergehen, sich herumtreiben, sich zeigen *(m. Dat. od. in u. Abl.)* [**castris; Carthagini; in urbe**];
② *(übtr.)* vorschweben *(m. Dat. od. m. Präp.)* [**animis; ante oculos**].

ob-vertō, vertere, vertī, versum ① zuwenden, zukehren [**arcum in alqm; pelago proras**];
② *mediopass.* *obverti* **a)** sich (hin)wenden [**ad matrem; in aciem**]; **b)** *(milit. t. t.)* Front machen [**in hostem**]; **c)** *(Tac.)* seine Neigung, seine Aufmerksamkeit zukehren, sich hingeben, entgegenkommen *(alci; ad alqd);* **Antonio obversa militum studia; milite ad sanguinem et caedes obverso.**

● **ob-viam** *Adv.* entgegen *(meist b. Verben der Bewegung);* **alci obviam proficisci, currere, venire; alci obviam dari** in den Wurf kommen; – **obviam ire** *(m. Dat.)* **a)** entgegengehen, begegnen [**candidatis**]; **b)** *(übtr.)* entgegentreten, sich widersetzen [**temeritati; peri-**

culis; irae; cupiditati hominum]; c) *(nachkl.) (einem Übel)* abhelfen, steuern [timori; fraudibus; infecunditati terrae].

ob-vigilō, vigilāre *(Plaut.)* wachsam sein.

ob-viō, viāre *(spätl.)* ❶ entgegengehen, -kommen, begegnen;
❷ *(übtr.)* entgegentreten, sich widersetzen.

● **obvius,** a, um *(obviam)* ❶ entgegenkommend, -tretend, begegnend [**flamina** *u.* **aquilones** entgegenwehend; **litterae** unterwegs eintreffend]; **alci obvius sum, obvius eo, obvium me fero** ich gehe entgegen, begegne; **consuli litteras -as mittere** entgegenschicken; **classi in -o esse** der Flotte begegnen;
❷ *(v. Sachen)* im Wege liegend [**arbos; montes**];
❸ *(nachkl.)* zur Hand, in der Nähe [**opes; testes**]; **arripiunt quidquid -um est**;
❹ *(Verg.)* preisgegeben, ausgeliefert [**ventorum furiis**];
❺ *(nachkl.)* freundlich, gefällig;
❻ *(nachkl.)* sich aufdrängend, offensichtlich; **-ā rerum similitudine.**

ob-volvō, volvere, volvī, volūtum ❶ einwickeln, verhüllen [**caput togā**];
❷ *(poet.) (übtr.)* verschleiern, vertuschen, beschönigen [**vitium verbis decoris**].

ob-vortō *(altl.) = obverto.*

oc-caecō, caecāre ❶ blenden; **hostis pulvere occaecatus;**
❷ *(übtr.)* verblenden; **occaecat animos fortuna; occaecati cupiditate;**
❸ verdunkeln, verfinstern; **densa caligo diem occaecaverat;**
❹ *(übtr.)* unverständlich machen [**orationem**];
❺ unsichtbar machen, verdecken; **terra semen occaecatum cohibet.**

oc-callātus, a, um *(ob u. callum) (Sen.)* dickhäutig; *(übtr.)* abgestumpft, gefühllos.

oc-callēscō, callēscere, calluī, – *(calleo¹)* ❶ *(poet.)* dickhäutig werden, sich verhärten [**rostro** sich zu einem Rüssel verhärten]; **occallescunt latera plagis;**
❷ *(übtr.) (v. Personen)* unempfindlich, gefühllos werden.

oc-canō, canere, canuī, – dazu-, dazwischenblasen; **iussu Metelli cornicines occanuere** *(Sall.).*

● **occāsiō,** ōnis *f (occido¹)* ❶ Gelegenheit, günstiger Zeitpunkt *(zu etw.: Gen. od. ad alqd)* [**dimicandi; victoriae; liberandae Graeciae; ad Asiam occupandam**]; **occasionem habere, nancisci, amittere, praetermittere, alci dare, praebere; per occasionem** bei Gelegenheit; **occasione datā** *od.* **oblatā** bei gegebener Gelegenheit; **ad occasionem aurae evehi** bei günstigem Wind;
❷ *(milit.)* Handstreich; **res occasionis est** es kommt dabei nur auf einen Handstreich an.

occāsiuncula, ae *f (Demin. v. occasio) (Plaut.)* hübsche Gelegenheit.

occāsum *P.P.P. v. occido¹.*

● **occāsus,** ūs *m (occido¹)* ❶ Untergang *der Gestirne;* **solis occasu** bei Sonnenuntergang; **ortus occasusque siderum;**
❷ *(meton.)* Abend *als Himmelsgegend,* Westen; **ab occasu;**
❸ *(übtr.)* Untergang, Verderben, Fall [**rei publicae; Troiae**];
❹ Ende; **senectus ~ vitae;**
❺ Tod.

occātiō, ōnis *f (occo)* das Eggen.

occātor, ōris *m (occo) (Plaut.)* derjenige, der m. der Egge arbeitet *(auch übtr.).*

oc-cecinī *s. occino.*

oc-cēdō, cēdere, cessī, cessum *(vorkl.)* entgegengehen, -treten.

oc-centō, centāre *(ob u. canto)* ❶ ein Spottlied singen;
❷ *(Plaut.)* ein Ständchen bringen;
❸ *(Plaut.)* vor dem Haus *ein Lied* anstimmen [**hymenaeum**].

oc-cēpī *Perf. v. occipio.*

occeptō, occeptāre *(Intens. v. occipio) (Plaut.)* anfangen.

occeptus *P.P.P. v. occipio.*

oc-cessī *Perf. v. occedo.*

occessum *P.P.P. v. occedo.*

● **occidēns,** entis *m (eigtl. Part. Präs. v. occido¹; erg. sol)* ❶ Westen;
❷ *(nachkl.) (meton.)* Abendland.

occidentālis, e *(occidens) (nachkl.)* westlich, abendlich [**ventus** Abendwind].

oc-cidī¹ *Perf. v. occido¹.*

oc-cīdī² *Perf. v. occido².*

occīdiō, ōnis *f (occido²)* Niedermetzelung, Vernichtung; **occidione occidere copias** völlig vernichten.

● **oc-cidō¹,** cidere, cidī, cāsum *(ob u. cado)* ❶ niederfallen, hinfallen [**in glacie**]; **alii super alios occiderunt;**
❷ *(v. Gestirnen)* untergehen; **sole occidente** bei Sonnenuntergang; **ab orto usque ad occidentem solem;**
❸ tot niederfallen, im Kampf fallen [**in bello pro patria**];
❹ zugrunde gehen, umkommen;
❺ verloren gehen, verschwinden, untergehen; **occidit spes** ist dahin; **beneficia occidunt** sind verschwendet; **ornatus mundi occidat; ne sacrorum memoria occideret** *(Cic.)*; **oculorum lumen occidit; vita occidens** Lebensabend.

● **oc-cīdō²,** cīdere, cīdī, cīsum *(ob u. caedo)* ❶ *(vorkl.)* zu Boden schlagen [**alqm pugnis**];
❷ erschlagen, niederhauen, töten, umbringen [**hospitem; ad unum omnes; alqm inermem; copias hostium; fratrem in conspectu patris; alqm suis manibus; alqm vene-

O

no];
❸ *(poet.) (übtr.)* peinigen, quälen, martern [**alqm rogando, legendo; alqm fallaciis suis**];
❹ zugrunde richten, verderben; **occidit se et eum, quem defendit.**

occiduus, a, um *(occido¹) (poet.; nachkl.)* ❶ untergehend [**sol; dies**];
❷ *(meton.)* westlich [**sol** Westen];
❸ *(übtr.)* hinfällig, dem Tode nahe [**senecta**].

occillō, occillāre *(occo) (Plaut.)* zerschlagen [**alci os**].

oc-cinō, cinere, cecinī *u.* cinuī, – *(ob u. cano)* seine Stimme hören lassen *(v. Weissagevögeln)*; **ante consulem haec dicentem corvus voce clara occinuit.**

oc-cipiō, cipere, cēpī (*u.* coepī), ceptum *(ob u. capio)* **I.** *trans.* etw. anfangen, unternehmen [**quaestum; magistratum** antreten]; **regnare occepit;**
II. *intr.* seinen Anfang nehmen, anfangen, beginnen; **hiems occipiebat; dolores occipiunt; a meridie nebula occepit.**

occipitium, ī *n (occiput) (vor- u. nachkl.)* Hinterkopf.

oc-ciput, pitis *n (Abl.* -pitī) *(ob u. caput) (Pers.)* Hinterkopf.

occīsiō, ōnis *f (occido²)* Totschlag, Mord [**parentis**].

occīsissumus, a, um *(Superl. vom P.P.P. v. occido²) (Plaut.)* ganz verloren.

occīsor, ōris *m (occido²) (Plaut.)* Totschläger, Mörder [**regum**].

occīsus *P.P.P. v. occido².*

oc-clāmitō, clāmitāre *(Plaut.)* laut schreien.

oc-clūdō, clūdere, clūsī, clūsum *(ob u. claudo)* ❶ (ver)schließen, zuschließen [**aedes; tabernas; armarium**];
❷ einschließen, einsperren [**alqm domi**];
❸ *(Kom.) (übtr.)* hemmen, zurückhalten [**linguam**].

occō, occāre *(nicht klass.)* eggen, *übh. (Land)* bestellen [**segetem**].

oc-cubō, cubāre, cubuī, cubitum ❶ *(Plaut.)* vor etw. liegen, vor etw. wachen;
❷ tot daliegen.

oc-cubuī *Perf. v. occubo u. occumbo.*

oc-cucurrī *s. occurro.*

oc-culcō, culcāre *(ob u. calco)* niedertreten [**signa ordinesque** *(v. Elefanten)*].

oc-culō, culere, culuī, cultum *(zu celo)* ❶ verdecken, verbergen, verstecken [**vulnera; classem; se silvā**];
❷ *(übtr.)* verheimlichen, geheim halten.

occultātiō, ōnis *f (occulto)* ❶ das Verbergen;
❷ *(übtr.)* Verheimlichung.

occultātor, ōris *m (occulto)* „Verberger“ [**latronum** Versteck v. Räubern].

● **occultō,** occultāre *(Intens. v. occulo)* ❶ verbergen, verborgen, versteckt halten [**milites silvis; se ramis; se in hortis suis**]; – *mediopass. occultari* sich verborgen halten: **stellae occultantur;**
❷ *(übtr.)* verheimlichen, geheim halten [**consilium; fugam; iter; neminem** = *nullius nomen*].

occultum, ī *n (occultus) meist Pl.* ❶ Versteck; **-a templi** verborgene Räume; **-a saltuum** verborgene Schluchten; **ex -o invadere alqm;**
❷ Geheimnis [**coniurationis**]; **in (ex) -o** *u.* **per -um** insgeheim, heimlich.

● **occultus,** a, um *(P. Adj. v. occulo)* ❶ versteckt, verborgen, geheim [**iter; aditus**]; **-e proficisci** heimlich; *(übtr.)* **-e loqui** sich unklar ausdrücken;
❷ *(übtr.)* geheim, heimlich [**caerimoniae; odia; cupiditas**];
❸ *(v. Personen u. vom Char.)* verschlossen [**homines**]; *(m. Gen.)* etw. geheim haltend, verbergend [**odii; consilii**].

oc-culuī *Perf. v. occulo.*

oc-cumbō, cumbere, cubuī, cubitum ❶ (hin)fallen, niedersinken, sterben [**alcis ferro; honeste; pro libertate**]; **mortem (morte, morti)** ~ in den Tod gehen, sterben [**pro patria**];
❷ unterliegen.

● **occupātiō,** ōnis *f (occupo)* ❶ Besetzung, Einnahme [**fori**];
❷ *(übtr.)* Inanspruchnahme, Beschäftigung *(mit etw.: Gen.)* [**rei publicae** *(als Gen. obi.)* Staatsgeschäfte, *(als Gen. subi.)* Staatswirren; **tantularum rerum** m. so geringfügigen Dingen]; **maximis occupationibus impediri.**

● **occupātus,** a, um *(P. Adj. v. occupo)* in Anspruch genommen, beschäftigt [**homo;** *(mit etw.: in u. Abl.)* **in munitione castrorum**].

● **oc-cupō,** cupāre *(altl. Konj. Perf. occupassis) (ob u. capio)* ❶ einnehmen, besetzen, *bes. milit.* [**Italiam praesidiis; collem; urbem cohortibus**];
❷ *(poet.)* besteigen [**currum**];
❸ m. etw. besetzen, anfüllen [**oppidum aedificiis; caementis mare; aream fundamentis**];
❹ an sich reißen, in Besitz nehmen, sich bemächtigen *(m. Akk.)* [**possessiones; naves; regnum; regiam; urbem viribus** m. Gewalt; *übtr.* **honores**]; – *Perf. auch* in Besitz haben, innehaben; – **alqm** ~ sich jmds. bemächtigen: **mors hominem occupat** ereilt;
❺ ergreifen, fassen [**alqm per suos** ergreifen lassen; **alqm amplexu** umarmen; **feram** fangen];
❻ angreifen, überfallen [**alqm gladio**]; **sopor occupat artūs;**
❼ *(Hor.)* jmd. (angenehm) überraschen;
❽ beanspruchen, in Anspruch nehmen [**nomen beati**];
❾ *(v. Zuständen, Affekten u. Ä.)* jmd. erfassen, ergreifen; **timor exercitum occupavit;**

rabies animum occupat; omnium oculos animosque certamen occupavit;
⑩ *(übtr.)* beschäftigen, fesseln; **animos eorum, qui audiunt, magnitudine rei ~; res occupat hominum cogitationes;**
⑪ *(poet.)* erlangen, gewinnen [**aditum; portum; cibum** auftreiben];
⑫ *(Geld)* anlegen, unterbringen, ausleihen [**magnas res in vectigalibus; pecuniam apud alqm**];
⑬ *(Sen.)* beschleunigen, rasch ausführen [**preces**];
⑭ zuvorkommen *(m. Akk.)* [**rates; diem fati** sich das Leben nehmen; **hostium manūs voluntariā morte**]; *auch m. Inf.:* mit etw. zuvorkommen [**bellum facere** zuerst beginnen; **Padum traicere**]; – *Pass. occupor ab alqo* jmd. kommt mir zuvor;
⑮ *(poet.)* jmd. zuerst anreden;
⑯ etw. zuerst verrichten [**ministerium**];
⑰ **occupatum esse in alqa re** auf etw. beschränkt sein.

● **oc-currō,** currere, currī *u.* cucurrī, cursum ① entgegenlaufen, -eilen, begegnen [**Caesari; alci subsidio; signis**]; **equites hostibus occurrebant** stießen auf;
② *(feindl.)* losgehen auf, sich entgegenwerfen, gegen jmd. vorrücken, angreifen *(m. Dat.)* [**legionibus; armatis**];
③ zu etw. hinkommen, eintreffen, sich einfinden, beiwohnen *(m. Dat. od. ad)* [**neutri proelio; comitiis; negotiis; concilio** *od.* **ad concilium; ad cenam**]; in etw. hineingeraten [**graviori bello**];
④ vor Augen treten, sich zeigen, sich darbieten *(konkr u. übtr.)* [**oculis; animo; in mentem**]; **nulla arbor occurrit;** – *unpers.* **occurrit** *u.* **alci (ad animum) occurrit** es drängt sich der Gedanke auf, es fällt jmdm. ein, es kommt jmdm. in den Sinn;
⑤ *(übtr.)* entgegentreten, -arbeiten [**alcis consiliis; vitio**];
⑥ vorbeugen, abhelfen, Einhalt tun [**periculo; supplicibus; utrique rei** beiden Übelständen; **avaritiae alcis; incendio**];
⑦ zu Hilfe kommen [**alcis exspectationi**];
⑧ entgegnen, einwenden, erwidern [**orationi alcis**].

occursātiō, ōnis *f (occurso)* (freundliches) Entgegenkommen; Glückwunsch.

occursiō, ōnis *f (occurro) (Sen.)* Anfechtung, Versuchung [**fortunae**].

occursō, occursāre *(Intens. v. occurro)* ① *(poet.; nachkl.)* begegnen, auf jmd. stoßen *(m. Dat.)* [**fugientibus**];
② heranlaufen, eilend herankommen, sich nähern [**huc; portis**];
③ *(übtr.)* widerstreben, entgegenwirken;
④ *(Plin.) (übtr.)* sich darbieten, einfallen;
⑤ *(Gell.) (feindl.)* sich entgegenwerfen, angreifen; Widerstand leisten.

occursum *P.P.P. v. occurro.*

occursus, ūs *m (occurro)* ① Begegnung [**hominum;** *übtr.* **stipitis** das Anstoßen an];
② das Herbeieilen [**militum**].

> *i* Kultur **Ōceanus,** ī *m* ① Ozean, *nach antiker Vorstellung das die Erdscheibe umströmende* Weltmeer, *urspr. als Fluss verstanden;* **-i ostium** die Straße v. Gibraltar;
> ② *personif. als Meeresgott, Gott des Weltmeeres, Gemahl der Tethys, Vater der Flüsse u. Okeaniden, der Meernymphen;* – *Patron.* **Ōceanītis,** tidis *f* Meernymphe.

ocellātus, a, um *(ocellus) (vor- u. nachkl.)* mit Augen versehen; – *Subst.* **-ī,** ōrum *m (erg. lapilli) Spielsteinchen (wie die Würfel m. Augen bezeichnet):* **ludere -is.**

ocellus, ī *m (Demin. v. oculus)* ① *(poet.)* Äuglein;
② *(übtr.)* **a)** *v. etw. Vortrefflichem* Augapfel, Perle [**insularum**]; **b)** *(Plaut.) als Kosewort* Augapfel; **-e mi** mein Augapfel.

Ocelum, ī *n Stadt in Gallia cisalpina, j.* Oulx *westl. v. Turin.*

ōcior, ius *(Komp.; Superl.:* ōcissimus, a, um) schneller, geschwinder; – *Adv.: Pos.* **ōciter** *(selten)* schnell; *Komp.* **ōcius** schneller [**properare**]; auf der Stelle, sogleich [**imperio parēre; respondere**]; früher [**serius ocius** früher od. später]; eher, leichter; *Superl.* **ōcissimē** am schnellsten.

ocli-ferius, a, um *(oculus u. ferio) (Sen.)* augenfällig.

Ocnus, ī *m myth. Erbauer der Stadt Mantua, Sohn des Tiberis u. der Manto 2.*

ocrea, ae *f* Beinschiene.

ocreātus, a, um *(ocrea) (poet.; nachkl.)* m. Beinschienen bekleidet.

Ocrēsia, ae *f Mutter des Servius Tullius.*

Ocriculum, ī *n Stadt in Umbrien am Tiber, j. Ruinen bei Otricoli;* – *Einw. u. Adj.* **Ocriculānus,** ī *m bzw.* a, um.

octaphoron, ī *n (octaphoros)* eine v. acht Sklaven getragene Sänfte; **alqm -o portare.**

octaphoros, on *(gr. Fw.)* v. acht Mann getragen [**lectica**].

octastȳlos, on *(gr. Fw.)* achtsäulig.

octāva, ae *f (octāvus; erg. hora) (Iuv.)* die achte Stunde.

Octāvius, a, um *röm. nomen gentile:* ① C. ~, *nannte sich durch Cäsars Adoption C. Iulius Caesar Octavianus, der spätere Kaiser Augustus (Ehrenname seit 27 v. Chr.), Begründer des Prinzipats, geb. 63 v. Chr., röm. Kaiser 31 v. Chr. bis 14 n. Chr.;*

② Octāvia *(um 70–11 v. Chr.), seine ältere Schwester, in erster Ehe m. C. Marcellus, in zweiter Ehe m. M. Antonius verheiratet;* / *Adj.* **Octāvius** *u.* **Octāviānus,** a, um.

octāvus *(octo)* **I.** *Adj.* a, um der achte [**hora** zwei Uhr nachmittags; **legio**]; **ager efficit cum -o** *(erg. grano)* gibt achtfachen Ertrag; – *Adv.* octāvum zum achtenmal;
II. *Subst.* ī *m (erg. lapis) (nachkl.)* der achte Meilenstein *(v. Rom aus).*

octiē(n)s *Adv. (octo)* achtmal.

octingentēsimus, a, um *(octingenti)* der achthundertste.

octingentī, ae, a *(octo u. centum)* achthundert.

octi-pēs, *Gen.* pedis *(octo) (poet.)* achtfüßig [**cancer**].

octi-plicātus = *octuplicatus.*

● **octō** *undekl. Kardinalzahl* acht.

Octōber, bris, bre *(octo)* den achten Monat betreffend, zum Oktober gehörig, des Oktobers *(urspr. der achte Monat)* [**mensis** Oktober; **Kalendae; Idus; Nonae**].

octō-decim *(decem)* achtzehn.

Octodūrus, ī *m Stadt der Veragri in Wallis an der Rhône, j.* Martigny.

octōgēnārius, a, um *(octogeni) (Plin.)* achtzigjährig.

octōgēnī, ae, a *(octoginta)* je achtzig.

octōgē(n)simus, a, um *(octoginta)* der achtzigste.

octōgiē(n)s *Adv. (octoginta)* achtzigmal.

octōgintā *(octo)* achtzig.

octō-iugis, e *(iugum)* ① achtspännig;
② *(übtr.) Pl.* acht Mann hoch.

octōnārius, a, um *(octoni) (vor- u. nachkl.)* aus acht bestehend.

octōnī, ae, a *(octo)* ① je acht; **huius generis -i ordines;**
② *(Ov.)* acht auf einmal.

octōphoros, on = *octaphoros.*

octuplicātiō, ōnis *f (octuplicatus) (Mart.)* Verachtfachung.

octu-plicātus, a, um *(octo u. plico)* verachtfacht.

octuplum, ī *n (octuplus)* das Achtfache, achtfache Strafsumme; **-i iudicium dare; damnari -i.**

octuplus, a, um *(gr. Fw.)* achtfach [**pars**].

octussibus *(= octo assibus) (Hor.)* für acht As.

oculāris, e *u.* **-ārius,** a, um *(oculus) (spätl.)* Augen- [**medicus**].

oculātus, a, um *(oculus) (vor- u. nachkl.)* ① sehend [**testis** Augenzeuge];
② sichtbar, augenfällig;
③ m. Sternen versehen.

oculeus, a, um *(oculus)* ① *(Plaut.)* voller Augen, vieläugig [**Argus**];
② *(Mart.)* m. Sternen versehen.

oculissimus, a, um *(oculus) (Plaut.)* lieb (wie ein Augapfel).

● **oculus,** ī *m* ① Auge [**acres; vigiles; loquaces; fulgentes**]; **-orum acies; -orum morbus; -orum orbes** Augenränder; **-is aeger; -i intenti in alqm; -os demittere** niederschlagen; **-os deicere de alqo** *u.* **a re** abwenden; **-os circumferre** umherschauen; **-os re pascere** seine Augen an etw. weiden; **sub -os cadere; in -is esse, ante -os esse, (po)situm esse** vor Augen liegen, sichtbar sein; *(übtr.)* **in -is alcis** *u.* **alci esse** bei jmdm. sehr beliebt sein, v. jmdm. sehr geschätzt werden; **omnium -os in se convertere** aller Augen auf sich lenken = die allg. Aufmerksamkeit auf sich ziehen; **alqd alci** *od.* **sibi ante -os ponere** vergegenwärtigen; **ante -os alcis** *u.* **sub (in) -is alcis** vor jmds. Augen, in jmds. Gegenwart; **ante -os** *u.* **in -is positum est** es ist augenscheinlich, es ist offenbar;
② Blick; **ex -is tollere, auferre** den Blicken entziehen; **tanta erat gravitas in -o; veloci -o alqd percurrere** m. schnellem Blick;
③ *(meton.)* Augenlicht, Sehkraft, *meist Pl.;* **-is captus** blind; **-os amittere** *u.* **perdere;**
④ *(Verg.) (an Pflanzen)* Auge, Knospe;
⑤ *(übtr.)* **a)** *(poet.; nachkl.)* Leuchte [**mundi** *v. der Sonne u. dem Sonnengott*]; **b)** Perle *(v. etw. Vorzüglichem);* **-i orae maritimae** *(v. Karthago u. Korinth).*

ōdārium, ī *n (gr. Fw.) (Petr.)* Gesang, Lied.

> *i* Kultur **ōdē,** ēs *f (Akk.* -ēn) *(gr. Fw.) (poet.; nachkl.)* Lied, lyrische Dichtung. *Bedeutende Odendichter der Antike: Horaz in Rom, Sappho u. Pindar in Griechenland.*

ōdēum *u.* **ōdīum,** ī *n (gr. Fw.) Gebäude f. musikal. Wettkämpfe,* Odeon.

● **ōdī,** ōdisse, ōsūrus *(Perf. vereinzelt ōdīvī; altl. Part. Perf. ōsus verhasst* [*pass.*] *u. hassend* [*akt.*]*)* ① hassen [**Persicos apparatūs; rem publicam; vetera; arrogantiam alcis**];
② *(poet.)* verschmähen [**dona**];
③ *(m. Inf.) = nolle.*

odiōsicus, a, um *(Plaut.) scherzh. Bildung = odiosus.*

odiōsus, a, um *(odium*[1]*)* ① verhasst, widerwärtig, lästig [**genus hominum; senectus; verbum**]; – *Subst.* -a, ōrum *n* verdrießliche Geschichten;
② langweilig [**orator**].

● **odium**[1]**,** ī *n (odi)* ① Hass *(gegen: m. Gen. obi., m. Präp., m. Poss. Pron. od. m. Adj.; wegen etw.: Gen.)* [**tyranni** gegen den T.; **in (erga, adversus) Romanos; vestrum** gegen euch; **decemvirale** gegen die Dezemvirn; **implacabile; diuturnum**]; **in -um alcis (per)venire, -um alcis subire** sich jmds. Hass zu-

ziehen; **(in) -o esse alci** *u.* **apud alqm** jmdm. verhasst sein; **-um habere** verhasst sein; **-um alcis rei** *od.* **in alqm habere** *u.* **-o habere alqm** Hass hegen gegen; **-o incensus; -o flagrare; -um lenire, sedare; ~ mihi est cum alqo** es besteht Feindschaft zwischen mir u. …; *m. Gen. subi.:* **in -um Graeciae pervenit;**
② Abneigung, Widerwille, Unzufriedenheit [**suarum rerum; maris atque viarum** Abneigung gegen See- u. Landreisen];
③ *(meton.)* widerwärtiges Wesen, gehässiges Benehmen, Widerwärtigkeit [**dictatoris**];
④ Gegenstand des Hasses, verhasste Person; **deorum ~ atque hominum.**

ōdĭum² *s. odeum.*

● **odor** *u. (altl.)* **odōs,** odōris *m (vgl. oleo)* ① Geruch [**suavis; taeter**]; **odorem trahere naribus;**
② Gestank;
③ *(poet.)* Wohlgeruch, Duft;
④ *(meton.) Pl.* wohlriechende Stoffe, Salben, Gewürze, Räucherwerk; **odores incendere; altaria odoribus cumulare;**
⑤ Dampf, Dunst, Qualm [**ater; culinarum**];
⑥ *(übtr.)* Vermutung, Ahnung, Vorgefühl [**legum** schwache Hoffnung auf; **urbanitatis** schwache Spur, Hauch von]; **~ alcis rei est** man munkelt v. etw. [*dictaturae*].

odōrāmentum, ī *n (odoro) (nachkl.)* Räucherwerk.

odōrātiō, iōnis *f = odoratus¹.*

odōrātus¹, ūs *m (odoror)* ① das Riechen, Geruch;
② Geruchssinn.

odōrātus², a, um *(odor) (poet.; nachkl.)* wohlriechend, duftend [**cedrus; capilli** parfümiert; **imbres**].

odōri-fer, fera, ferum *(odor u. fero) (poet.; nachkl.)* ① wohlriechend, duftend;
② Wohlgerüche (Räucherwerk, Weihrauch *u. a.*) erzeugend [**gens** *v. den Persern;* **insulae**].

odōrō, odōrāre *(odor) (poet.; nachkl.)* m. Wohlgeruch erfüllen [**aëra fumis**].

odōror, odōrārī *(odor) (m. Akk.)* ① *(Plaut.)* an etw. riechen [**pallam**];
② *(Hor.)* wittern [**cibum**];
③ *(Tac.) (übtr.)* in etw. nur hineinriechen, etw. nur oberflächlich kennen lernen [**philosophiam**];
④ etw. auskundschaften, ausfindig machen, erforschen, *meist geringschätzig* [**pecuniam; quid futurum sit; quid sentiant**];
⑤ nach etw. trachten *(verächtl.)* [**decemviratum**].

odōrus, a, um *(odor) (poet.; nachkl.)* ① wohlriechend, duftend [**flos; arbor**];
② witternd [**canum vis**].

odōs *s. odor.*

Odrusae *u.* **Odrysae,** ārum *m thrak. Volk am Hebrus;* – *Adj.* **-sius,** a, um *(Ov.)* thrakisch [**rex**]; -siī, ōrum *m (Ov.)* die Thraker.

Odyssēa *u.* **-īa,** ae *f* ① die Odyssee *(Epos Homers über die Irrfahrten des Odysseus; ins Lat. übersetzt v. Livius Andronicus);*
② *Vorgeb. an der Südspitze Siziliens.*

Oeagrus, ī *m König in Thrakien, Vater des Orpheus;* – *Adj.* **Oeagrius,** a, um *auch* thrakisch [**Hebrus**].

Oebalus, ī *m König v. Sparta, Vater des Tyndareus;* – *Nachk.* **Oebalidēs,** ae *m v. den Dioskuren u. Hyacinthus;* – *Adj.* **Oebalius,** a, um **a)** spartanisch [**vulnus** *des Hyacinthus;* **arx** Tarent, *der Sage nach v. Spartanern gegründet*]; **b)** sabinisch *(da die Sabiner v. Sparta abstammen sollen); fem. auch* **Oebalis,** idis **a)** spartanisch [**nympha** Helena]; **b)** sabinisch [**matres**].

Oechalia, ae *f Stadt auf Euböa;* – **Oechalis,** idis *f Einwohnerin v. Oechalia.*

Oeclīdēs, ae *m Sohn des Oecleus,* Amphiaraus.

oeconomia, ae *f (gr. Fw.) (nachkl.)* harmonische Einteilung *einer Rede od. eines Theaterstückes.*

Oeconomicus, ī *m (gr. Fw.)* „der Haushalter" *(Titel einer Schrift Xenophons üb. das Wirtschaften eines Gutsbesitzers).*

oeconomus, ī *m (gr. Fw.) (spätl.)* Verwalter, Wirtschafter.

> *i* Kultur **Oedipūs,** podis *u.* ī *m* König in Theben, Sohn des Laios u. der Iokaste; unglücklich verstrickt tötet er seinen Vater u. heiratet die Mutter; Eteokles u. Polyneikes sind seine Söhne, Antigone u. Ismene seine Töchter; – *Adj.* **Oedipodīonius,** a, um des Ödipus.

Oeēnsēs, ium *m Einw. der Stadt Oea (j. Tripolis) in Nordafrika.*

Oeneūs, eī *u.* eos *m König v. Kalydon in Ätolien, Vater des Meleager, des Tydeus u. der Deianira;* – *Nachk.* **Oenīdēs,** ae *m v. Meleager u. Diomedes;* – *Adj.* **Oenē(i)us,** a, um.

Oenomaus, ī *m König v. Pisa in Elis (bei Olympia), Sohn des Ares (Mars), Vater der Hippodamia; verlorene Tragödien des Sophokles, Euripides u. Accius.*

oenophorum, ī *n (gr. Fw.) (poet.)* Weinkorb.

Oenopia, ae *f alter Name der Insel Ägina;* – *Adj.* **Oenopius,** a, um.

Oenopiōn, ōnis *m König auf Chios.*

oenopōlium, ī *n (gr. Fw.) (Plaut.)* Weinschenke.

Oenōtrus, ī *m Sohn des Lykaon aus Arkadien, König der Sabiner;* – **Oenōtria,** ae *f alter Name des südöstl. Italiens (Bruttium u. Lukanien);* – *Adj.* **Oenōtr(i)us,** a, um italisch, rö-

O

misch.

Oenūs, *Akk.* ūnta *m Fluss in Lakonien.*

oenus, a, um *(altl.) = unus.*

oestrus, ī *m (gr. Fw.) (poet.; nachkl.)* ① Pferdebremse;
② Raserei, Begeisterung.

oesus, ūs *m (altl.) = usus.*

oesypum, ī *n (gr. Fw.) (poet.; nachkl.) (aus dem Schweiß u. Schmutz der Schafswolle hergestelltes)* Heil- u. Schönheitsmittel.

Oeta, ae *u.* **Oetē,** ēs *f Gebirge im südl. Thessalien; – Adj.* **Oetaeus,** a, um [**mons; rex** = Ceyx]; – **Oetaeus,** ī *m* Herkules, *der sich auf dem Öta verbrannte.*

ofella, ae *f (Demin. v. offa) (Mart.)* Bissen, Stückchen.

offa, ae *f* ① Bissen; Mehlkloß, Knödel;
② *(nachkl.)* Klumpen, formlose Masse;
③ *(Plin.)* Kügelchen;
④ *(Iuv.)* Geschwulst.

offātim *Adv. (offa) (Plaut.)* bissen-, stückweise.

of-fēcī *Perf. v. officio.*

offectum *P.P.P. v. officio.*

of-fendī *Perf. v. offendo.*

offendiculum, ī *n (offendo) (nachkl.)* Anstoß, Hindernis.

● **of-fendō,** fendere, fendī, fēnsum *(vgl. defendo)* **I.** *intr.* ① anstoßen, anschlagen *(an etw.: Dat. od. in m. Abl.)*; **dens offendit solido** beißt auf Hartes;
② einen Unfall erleiden, verunglücken; eine Niederlage erleiden; **naves in redeundo offenderunt; in exercitu offensum est** das Heer kam zu Schaden; **apud iudices** ~ verurteilt werden;
③ Anstoß nehmen, zu tadeln haben, unzufrieden sein *(in m. Abl.; an etw. bei jmdm. Anstoß nehmen: alqd in alqo)*; **in me offenditis**;
④ Anstoß erregen, verstoßen, Unwillen erregen; **nihil** ~ in nichts; **in alqa re** *od.* **aliquid** ~ in etw.; **apud plebem de aerario** ~*;*
⑤ *(v. Sachen)* anstößig sein, missfallen; **consulare nomen offendit**;
II. *trans.* ① etw. anstoßen, anschlagen [**caput; pedem ad lapidem; alqm pede**]; **scuta strepunt offensa** tönen beim Anstoßen; **vocis offensa imago** zurückprallendes Echo, Widerhall;
② *(übtr.)* auf jmd. *od.* etw. stoßen, jmd. *od.* etw. antreffen, (vor)finden [**omnes imparatos; rem publicam perturbatam; templum nondum perfectum; omnia aliter**];
③ verletzen, beschädigen [**latus vehementer**];
④ *(übtr.)* verletzen, kränken, beleidigen [**animum alcis; tribunos**]; **eae statuae populi oculos animosque offendunt***; – mediopass.* sich gekränkt fühlen, an etw. Anstoß nehmen, über etw. unwillig sein *(m. in u. Abl. od. m. bl. Abl.)*; / *P. Adj.* **offēnsus,** a, um **a)** beleidigt, gekränkt, aufgebracht, unwillig; **b)** anstößig, zuwider, verhasst [**argumentum; leges;** *(m. Dat.)* **populo; sociis**].

offēnsa, ae *f (offendo)* Anstoß: ① *(nachkl.)* Unbequemlichkeit, unangenehmer Zufall;
② *(Sen.)* Anfall *einer Krankheit,* Unpässlichkeit, Unwohlsein; **leves -ae**;
③ Kränkung, Beleidigung, Ärger(nis) [**mea** mir zugefügte]; **-as ense vindicare; -am suscipere, subire**;
④ Ungnade, Ungunst, gespanntes Verhältnis; **in magna -a esse apud alqm**;
⑤ *(Sen.)* Widerwärtigkeit.

offēnsātiō, ōnis *f (offenso) (nachkl.)* ① das Anstoßen;
② *(übtr.)* Verstoß.

offēnsātor, ōris *m (offenso) (nachkl.)* Stümper.

● **offēnsiō,** ōnis *f (offendo)* ① das Anstoßen;
② Unpässlichkeit, Unwohlsein, Erkrankung [**corporis; gravis**];
③ Anstoß, Ärgernis, Missstimmung, Unwille, Verdruss, Widerwille; **magna cum offensione civium**;
④ Ungnade, Ungunst [**populi** des Volkes *u.* beim Volk]; **in alcis offensionem irruere** *(v. Personen)*; **in alcis offensionem cadere** *(v. Sachen)*; **alcis offensionem effugere**;
⑤ gesunkene Achtung [**ordinis senatorii**];
⑥ Widerwärtigkeit, Unfall, Unglück, unglücklicher Ausgang; Niederlage, Schlappe [**belli** Niederlage im Krieg; **iudicii** vor Gericht]; **offensione permotus.**

offēnsiuncula, ae *f (Demin. v. offensio)* ① kleiner Anstoß, kleines Ärgernis, leichter Verdruss;
② kleine Widerwärtigkeit, kleine Schlappe.

offēnsō, offēnsāre *(Intens. v. offendo)* ① anstoßen [**capita**];
② *(nachkl.) (in der Rede)* stocken.

offēnsor, ōris *m (spätl.)* Beleidiger; Feind; Teufel.

offēnsum, ī *n (offendo)* Verstoß.

offēnsus[1]**,** a, um *s. offendo.*

offēnsus[2]**,** ūs *m (offendo) (Lucr.)* ① das Anstoßen;
② *(übtr.)* Anstoß.

● **of-ferō,** offerre, obtulī, oblātum *(ob u. fero)* ① entgegenbringen, vorführen, zeigen [**aciem strictam venientibus; poenam oculis deorum** vor den Augen der Götter vollziehen]; **cohortes fors offert** führt der Zufall entgegen; **res oblata** Erscheinung;
② *se* ~ *u. mediopass. offerri* **a)** sich zeigen, erscheinen; **Allecto se offert iuveni; b)** entgegengehen, begegnen; *(feindl.)* entgegentreten, sich widersetzen [**se hostibus**];
③ *(übtr.)* anbieten, darbieten, zur Verfügung stellen [**alci pecuniam; populo pacem; alci**

operam suam; se seine Dienste anbieten; **se medium paci** als Friedensvermittler]; **occasio offertur; oblata facultate;**
④ *(übtr.)* aussetzen, preisgeben, weihen [**caput suum periculis; se proelio; se telis; se morti** *u.* **ad mortem; se invidiae pro salute alcis; maiestatem suam contumeliae; se manibus hostium**];
⑤ erweisen, gewähren, zufügen, verursachen [**auxilium; optata; terrorem** einjagen; **incendium; alci laetitiam, beneficium; alci iniuriam, luctum**];
⑥ gegen jmd. vorbringen; **oblato falso crimine.**

offerūmentae, ārum *f (offero) (Plaut.)* Geschenke; *scherzh.* Schläge.

officiālis *(officium) (spätl.)* **I.** *Adj.* e Pflicht-, Amts-;
II. *Subst.* is *m* Unterbeamter.

officīna, ae *f (< opi-ficina zu opifex)* ① Werkstatt [**armorum** Waffenfabrik];
② *(übtr.)* Schule [**eloquentiae; rhetorum**]; *pejor.* Brutstätte, Herd [**nequitiae**].

of-ficiō, ficere, fēcī, fectum *(ob u. facio)* ① in den Weg treten, sich entgegenstellen, den Weg versperren [**hostium itineri; sibi ipsi in angustiis** einander; **luminibus alcis** jmdm. die Aussicht verbauen; *übtr.* **mentis luminibus** jmd. blenden];
② *(übtr.)* beeinträchtigen, hinderlich sein, hindern *(m. Dat.)* [**alcis commodis; libertati**]; **eius gloria iam imperatoris famae officiebat** überstrahlte.

officiōsus, a, um *(officium)* ① diensteifrig, willig, gefällig [**homo; natio; epistula**];
② willig übernommen [**labores; dolor**].

● **officium,** ī *n (ops u. facio)* ① Dienst, Verrichtung, Tätigkeit [**scribae; agricolarum; itineris** Verrichtungen auf dem Marsch];
② Gefälligkeit, Liebesdienst, Höflichkeit; **alci -um negare non posse; litterae -i plenae; homo summo -o praeditus; supremum** *od.* **triste** ~ letzter Liebesdienst *an Toten;*
③ Dienstfertigkeit, *bes. Pl. (in etw.: Gen.)* [**belli** im Krieg]; **-is suis prosequi alqm;**
④ Ehrenbezeigung, -dienst [**praetoris** Ehrengeleit beim Amtsantritt]; **-i causā** ehrenhalber;
⑤ Amt, Geschäft, Dienst, Beruf [**legationis; privatum** Privatgeschäft; **publicum; maritimum** Seedienst]; **-o praeesse** *u.* **in -o esse** seinen Dienst tun;
⑥ Pflicht, Verpflichtung, Verbindlichkeit, Schuldigkeit [**iudicis; militis; patroni**]; **-um suum facere, servare, exsequi, -o fungi, satisfacere** seine Pflicht erfüllen; **ab -o discedere, -um deserere, -o deesse** versäumen; – *Adv.* **-o** pflichtmäßig;
⑦ *(meton.)* Pflichterfüllung, pflichtmäßige Handlung;
⑧ Pflichtgefühl, Pflichttreue [**ducis**]; **vita rustica cum -o coniuncta est;**
⑨ Unterwürfigkeit, Gehorsam *der Besiegten;* **alqm in -o tenere** *u.* **continere; -o assuefactus.**

> *i* Kultur **officium** ursprünglich „opus facere“ – „sein Werk machen“, eine Verrichtung, dann sogar der lebenslange Beruf bis zu dem, was man zu tun pflegt = die „Pflicht“ als ethischer Grundbegriff der Neuzeit. Cicero schrieb eine philos. Abhandlung „de officiis“. – Im engl. Wort für „Büro“ im Alltag wichtig: office! Als Berufsstand im Offizier/officer überzeitlich am „officium“ festgehalten; offiziell = verpflichtend.

of-fīgō, fīgere, fīxī, fīxum einschlagen, befestigen.

of-firmō, firmāre **I.** *trans.* festmachen [**animum** sich aufraffen]; – *P. Adj.* **offirmātus,** a, um **a)** fest, standhaft; **b)** hartnäckig, eigensinnig, dickköpfig, verbissen;
II. *intr. u. se* ~ sich fest entschließen.

of-flectō, flectere, – – *(Plaut.)* umlenken [**navem**].

of-fōcō, fōcāre *(ob u. fauces) (nachkl.)* jmd. ersticken, erwürgen.

of-frēnātus, a, um *(ob u. freno) (Plaut.) eigtl.* „am Zaum gefasst u. beliebig geführt“, *übtr.* an der Nase herumgeführt, getäuscht.

of-fūcia, ae *f (ob u. fucus) (vor- u. nachkl.)* ① Schminke;
② *(übtr.) Pl.* Blendwerk, Täuschung.

of-fūdī *Perf. v. offundo.*

offula, ae *f (Demin. v. offa) (vor- u. nachkl.)* Stückchen, Bissen.

of-fulgeō, fulgēre, fulsī, – *(Verg.)* entgegenleuchten, -scheinen.

of-fundō, fundere, fūdī, fūsum ① *(Plaut.)* hingießen, hinschütten [**aquam; cibum avibus**];
② verbreiten *(alqd alci rei)* [**noctem rebus**]; **altitudo caliginem oculis offundit** macht schwindlig; *(übtr.)* **tenebras ~ iudicibus** hinters Licht führen; – *mediopass.* sich verbreiten, sich ausbreiten, sich ergießen: **aër nobis offunditur** umgibt uns; **terror oculis auribusque offusus est; tamquam si offusa rei publicae sempiterna nox esset;**
③ *(übtr.)* m. etw. erfüllen, überschütten; **pavore offusus.**

of-fuscō, fuscāre *(spätl.)* ① verdunkeln;
② *(übtr.)* herabwürdigen.

og-ganniō = *obgannio.*

og-gerō = *obgero.*

Ōgygius, a, um *(Ōgygēs: myth. König v. Theben)* thebanisch.

ōh *s. o.*

ōhē *Interj. (poet.)* halt (ein)!

oho *Interj. (Kom.)* oho!
oiei *Interj. (Kom.)* o weh!
Oīleūs, eos *u.* eī *m König der Lokrer, Vater des Aiax 2; – Nachk.* **Oīlīdēs** *u.* **Oīliadēs,** ae *m* = Ajax.
Olbia, ae *f Stadt auf Sardinien; – Adj.* **Olbiēnsis,** e [**epistula** aus Olbia; **ager** das Gebiet v. Olbia].
olea, ae *f* = *oliva.*
oleāginus, a, um *(olea)* vom Ölbaum [**virgula** Ölzweig].
oleārius *(oleum)* **I.** *Adj.* a, um Öl- [**cella**]; **II.** *Subst.* ī *m (Plaut.)* Ölhändler.
Ōlearos, ī *f Zykladeninsel westl. v. Paros, j.* Antiparos.
oleaster, trī *m (olea)* wilder Ölbaum.
olēns, *Gen.* entis *(P. Adj. v. oleo) (poet.)* ❶ wohlriechend, duftend;
❷ übel riechend, stinkend.
Ōlenus, ī *f Stadt in Ätolien, gehörte zu den zwölf alten Städten Achaias; – Adj.* **Ōlenius,** a, um ätolisch.
oleō, olēre, oluī, – *(vgl. odor)* ❶ einen Geruch von sich geben, riechen *(nach etw.: Akk. od. Abl.)* [**bene; male; suave; ceram; vina; hircum; nihil** nach nichts; **sulpure**];
❷ *(übtr.)* etw. verraten, erkennen lassen, an den Tag legen [**malitiam; nihil peregrinum**];
❸ sich bemerkbar machen; **aurum huic olet** *(Plaut.)* er riecht es, merkt, dass ich Geld habe.
olētum, ī *n (oleo) (Pers.)* Kot, Exkremente.
● **oleum,** ī *n* Öl, Olivenöl, Baumöl; *sprichw.:* **-um et operam perdere** vergebliche Mühe aufwenden; **-um addere camino** Öl ins Feuer gießen; **genus verborum palaestrae et -i est** verrät Schule u. Feile.
ol-faciō, facere, fēcī, factum *(oleo)* ❶ riechen;
❷ *(übtr.)* wittern, spüren, bemerken [**nummum**].
olfactō, olfactāre *(Intens. v. olfacio) (vor- u. nachkl.)* beriechen.
olfactus[1]**,** a, um *P.P.P. v. olfacio.*
olfactus[2]**,** ūs *m (olfacio) (Plin.)* ❶ das Riechen, Geruch;
❷ Geruchssinn.
ol-fēcī *Perf. v. olfacio.*
Ōliaros = *Olearos.*
olidus, a, um *(oleo) (poet.; nachkl.)* übel riechend, stinkend [**caprae**].
● **ōlim** *Adv.* ❶ einst, vor Zeiten, ehemals;
❷ *(nicht klass.)* seit langem, längst;
❸ in Zukunft, dereinst, künftig, einstmals; ~ **meminisse iuvabit; utinam coram tecum ~ potius quam per epistulas colloquar;**
❹ *(poet.)* manchmal, bisweilen;
❺ *(poet.) (in Frage- u. Konditionalsätzen)* je, jemals, einmal.
olitor, tōris *m (olus)* Gemüsegärtner.
olitōrius, a, um *(olitor)* Gemüse- [**forum** Gemüsemarkt].
olīva, ae *f* ❶ *(poet.; nachkl.)* Olive;
❷ Ölbaum, Olivenbaum;
❸ *(poet.)* Olivenzweig;
❹ *(Verg.) Hirtenstab aus Olivenholz.*
olīvētum, ī *n (oliva)* Ölpflanzung, Olivengarten, -hain.
olīvi-fer, fera, ferum *(oliva u. fero) (poet.)* Oliven tragend, ölbaumreich [**arva; corona** v. Olivenzweigen].
olīvitās, ātis *f (oliva) (Min. Fel.)* Olivenlese.
olīvō, olīvāre *(oliva) (Plin.)* Oliven lesen.
olīvum, ī *n (oliva) (poet.)* ❶ Öl, Olivenöl, *bes.* Salböl der Ringkämpfer; *meton.* Ringplatz, -schule;
❷ wohlriechende Salbe.
ōlla, ae *f* (Koch-)Topf *(= aula*[2]*).*
ōllāris, e *(olla) (Mart.)* Topf- [**uvae** *in Töpfen aufgehoben*].
olle *u.* **ollus,** a, um *(altl.)* = *ille (Dat. Sg.* ollī; *Nom. Pl.* ollī; *Dat. Pl.* ollīs; *Akk. Pl.* ollōs, olla).
olō, olere, oluī, – = *oleo.*
olor, olōris *m (poet.; nachkl.)* Schwan.
olōrīnus, a, um *(olor) (poet.)* des Schwanes, von Schwänen, Schwanen- [**pennae; alae**].
olus *u.* **holus,** leris *n (poet.; nachkl.)* Grünzeug, Gemüse *(bes.* Kohl *u.* Rüben).
olusculum, ī *n (Demin. v. olus)* Grünzeug, Gemüse.
Olympia, ae *f dem Zeus heiliger Bezirk in Elis am Alpheus, Schauplatz der Olympischen Spiele, die alle vier Jahre gefeiert wurden; erste Siegerliste 776 v. Chr., Ende der Spiele im 4. Jahrh. (Verbot durch Theodosius 334 n. Chr.); – Adj.* **Olympius, Olympicus** *u.* **Olympiacus,** a, um olympisch; – **Olympia,** ōrum *n* die Olympischen Spiele; – **Olympias,** adis *f* Olympiade, *Zeitraum v. vier Jahren zw. den Olympischen Spielen; (poet.)* Zeitraum v. fünf Jahren; – **Olympionīcēs,** ae *m* Sieger bei den Olympischen Spielen.
Olympus *u.* **-os,** ī ❶ *m Berg an der makedon.-thessalischen Grenze (Hauptgipfel 2918 m), in der Mythologie Sitz der Götter; – meton.* Himmel;
❷ *f Stadt Lykiens in Kleinasien; – Einw.* **Olympēnī,** ōrum *m.*
Olynthus, ī *f Stadt auf Chalkidike, nahe des jetzigen Myriophyto; – Einw.* **Olynthiī,** ōrum *m.*
O. M. *(Abk.) = optimus maximus (Beiname Jupiters).*
omāsum, ī *n (poet.; nachkl.)* Rinderkaldaunen.
● **ōmen,** ōminis *n* ❶ Vorzeichen, Vorbedeutung [**laetum; triste; pugnae; victoriae**]; **omen vertere in alqd** für etw. auslegen; **omen capere** zu bekommen suchen, abwarten; **omen accipere** annehmen;
❷ Wunsch *als gutes Omen,* Glückwunsch;
❸ *(Ter.)* Bedingung;

④ *(Verg.) (m. Auspizien verbundener)* feierlicher Brauch.

ōmentum, ī *n (nachkl.) die Eingeweide umhüllende* Haut; *meton.* (fette) Eingeweide; Fett.

ōminātor, ōris *m (ominor) (Plaut.)* Wahrsager.

ōminor, ōminārī *(omen)* ① weissagen, prophezeien [**felix faustumque imperium; alci in proximum annum consulatum**];
② anwünschen [**melius**]; **verba male ominata** Unheil kündend; ~ **horreo** mich schaudert, das verhängnisvolle Wort auszusprechen.

ōminōsus, a, um *(omen) (nachkl.)* unheilvoll, v. böser Vorbedeutung.

omissus, a, um *(P. Adj. v. omitto) (Ter.)* nachlässig.

• **o-mittō,** mittere, mīsī, missum ① fallen lassen, fahren lassen, loslassen, wegwerfen [**pila; arma; maritum** verlassen; **animam** sterben]; **omitte me** lass mich in Ruhe;
② *(übtr.)* unterlassen, sein lassen, aufgeben [**belli consilia; spem; pietatem; obsessionem** einstellen; **scelus impunitum** ungestraft lassen; **occasionem** ungenutzt lassen]; – *m. Inf.* aufhören, *dtsch. oft* = nicht mehr, nicht weiter: **omitte mirari** wundere dich nicht mehr;
③ unerwähnt lassen, übergehen *(m. Akk.; de; m. A. C. I. u. indir. Frages.)* [**gratulationes; epulas; de reditu alcis**]; **omitto, quid ille tribunus fecerit; ut … omittam** abgesehen von;
④ aus den Augen lassen, außer Acht lassen [**hostem**].

omni-ciēns, *Gen.* entis *(omnis u. cieo) (Lucr.)* alles erregend.

omni-gena, ae *(m u. f) (Gen. Pl.* -genum) *(omnis u. genus) (poet.)* von allerlei Art, allerlei; **omnigenûm deûm monstra; omnigenûm genitor deûm.**

omni-genus *(nicht klass.) = omne genus (Akk.)* allerlei.

omni-modīs *Adv. (omnis u. modus) (poet.)* auf jede Weise, in jeder Hinsicht.

omni-modō *(Gell.) = omnimodis.*

omni-modus, a, um *(omnis) (vor- u. nachkl.)* v. allerlei Art, allerlei.

• **omnīnō** *Adv. (omnis)* ① gänzlich, ganz u. gar, völlig, durchaus, in jeder Hinsicht; ~ **aut magna ex parte; egregius vir ~; non** ~ nicht völlig, *auch* gar nicht; ~ **non** überhaupt nicht, durchaus nicht; ~ **nemo** überhaupt niemand; ~ **nihil** überhaupt nichts; ~ **provinciam neglexit; me ~ lapidem, non hominem putas** *(Ter.)*;
② im Ganzen, im Allgemeinen, überhaupt; *auch* überhaupt nur; **duo ~ itinera erant**;
③ allerdings;
④ *(Plaut.) (zur Zusammenfassung)* kurz, m. einem Wort.

omni-parēns, *Gen.* entis *(omnis u. parens²) (poet.)* alles erzeugend, alles hervorbringend, Allmutter [**terra**].

omni-potēns, *Gen.* entis *(omnis)* allmächtig [**Iuppiter; fortuna**].

• **omnis,** e ① jeder, *meist Pl.* alle; **omni tempore** jederzeit; **omnibus mensibus** jeden Monat; **sine omni periculo** ohne jede Gefahr; **ceterae omnes copiae;** – *Subst.* **omnēs,** omnium *m* alle zusammengenommen, die Gesamtheit: **ad unum omnes** alle ohne Ausnahme, alle bis auf den letzten Mann; **constat inter omnes** allgemein; **omnium sententia** allgemeine; **omnium maximus** allergrößter; **omnia** *n* alles *(Gen. omnium rerum, vereinzelt omnium; Dat. u. Abl. omnibus rebus, vereinzelt omnibus):* **in eo sunt omnia** darauf beruht alles; **alqs alci omnia est** jmd. bedeutet jmdm. alles; **alia omnia** ganz das Gegenteil; **ante omnia** vor allem; **ad, per omnia** *u. nur* **omnia** in jeder Hinsicht; **omnia facere** *od.* **experiri** alles versuchen; **omne, quod** alles, was;
② allerlei [**opiniones**]; **omnibus precibus petere; omnibus tormentis necare; omnis exempli documenta**;
③ ganz, all, vollständig, gesamt [**Gallia** in seiner Gesamtheit; **provincia; commeatus; pecunia**]; **terras omni dicione tenere** uneingeschränkt; **in omni vita; timor omnem exercitum occupavit**;
④ lauter, nichts als; **laeta omnia** nur Erfreuliches; **per omnia deserta proficisci.**

omni-sonus, a, um *(omnis u. sono) (Mart.)* überall ertönend.

omni-tenēns, *Gen.* entis *(omnis u. teneo) (August.)* allbeherrschend.

omni-tuēns, *Gen.* entis *(omnis u. tueor) (Lucr.)* allschauend.

omni-vagus, a, um *(omnis)* überall umherschweifend [**Diana**].

omni-volus, a, um *(omnis u. volo²) (Cat.)* alles begehrend [**Iuppiter**].

omphacium, ī *n (gr. Fw.) (Plin.)* Öl *od.* Saft unreifer Oliven *od.* Trauben.

Omphalē, ēs *f Königin v. Lydien, bei der Herkules zur Sühne des Mordes an Iphitos in Frauenkleidung dienen musste.*

onager *u.* **onagrus,** grī *m (gr. Fw.)* Wildesel.

onāgos, ī *m (gr. Fw.) (Plaut.)* Eseltreiber.

Onchēsmītēs, ae *m von Onchesmus in Epirus nach Italien wehender günstiger Wind.*

Onchēstius, a, um *aus Onchestus in Böotien (Mittelgriechenland).*

onerāria, ae *f (onerarius; erg. navis)* Lastschiff.

• **onerārius,** a, um *(onus)* lasttragend, Last-, Fracht- [**navis; iumenta**].

• **onerō,** onerāre *(onus)* ① beladen, bepacken, belasten [**servos; iumenta; currum; naves commeatu; plaustra; mensas auro;**

O

ventrem überladen; **manum iaculis** bewaffnen; **membra sepulcro** bedecken]; **onerari epulis, vino** sich überladen mit;
❷ *(übtr.)* überhäufen, überschütten [**alqm laudibus, promissis, contumeliis, iniuriā, maledictis, spe praemiorum**];
❸ etw. erschweren, vergrößern, unerträglicher machen [**alcis curas, inopiam; iniuriam; bellum Latinorum defectione**];
❹ belästigen [**iudices argumentis; aures; aethera votis** ermüden];
❺ anklagen [**Seianum**];
❻ reizen [**saevitiam**];
❼ bedecken [**ossa aggere; umerum pallio; hostes saxis** bewerfen];
❽ etw. in etw. (hinein)laden, in etw. füllen *(alqd re)* [**vina cadis; Cereris dona canistris** aufhäufen in].

onerōsus, a, um *(onus) (poet.; nachkl.)* ❶ schwer, drückend; **sit humus cineri non -a tuo** *(Ov.)*;
❷ *(übtr.)* lästig, beschwerlich [**sors**].

onocrotalus, ī *m (gr. Fw.) (nachkl.)* Kropfgans.

● **onus,** oneris *n* ❶ Last, Ladung, Fracht; **onera transportare; iumentis onera imponere; onus dorso subire; onera vehiculorum; ~ urget** drückt; – *(poet.)* **ventris** *od.* **uteri ~** Leibesfrucht;
❷ Gewicht, Schwere [**armorum**]; **tanta onera navium** so schwere Schiffe; **turris tanti oneris** so wuchtig;
❸ *(übtr.)* Last, Schwierigkeit, Beschwerlichkeit, schwere Aufgabe; **onus alci iniungere** aufbürden; **onere officii opprimi; oneri esse alci** jmdm. beschwerlich fallen;
❹ *Pl.* Abgaben, Steuern, Schulden; **oneribus premi;**
❺ *(Suet.) Pl.* Ausgaben, Unkosten; **onera bellorum civilium.**

● **onustus,** a, um *(onus)* ❶ bepackt, beladen, belastet *(mit etw.: Abl. u. Gen.)*; **naves -ae frumento; currus quinque liberis ~; magna vis camelorum -a frumenti;**
❷ voll v. etw. *(m. Abl. u. Gen.)* [**pharetra telis; tergum vulneribus; ager praedā** beutereich; **aula auro** *u.* **auri**];
❸ *(nicht klass.)* bedrückt *(m. Abl.)* [**sacrilegio**].

onyx, ychis *m (Akk. Sg.* -cha, *Akk. Pl.* -chas) *(gr. Fw.) (poet; nachkl.)* ❶ Onyx;
❷ *(meton.)* Onyxgefäß, -büchschen als Salbenbüchschen *(Mart.: fem.)*.

opācitās, tātis *f (opacus) (nachkl.)* Beschattung, Schatten [**arborum; ramorum**].

opācō, opācāre *(opacus)* beschatten [**locum**].

opācus, a, um ❶ schattig: **a)** Schatten spendend [**nemus; arbor**]; **b)** beschattet [**ripa**];
❷ *(poet.; nachkl.) (übtr.)* finster, dunkel [**Tartara; nox**];
❸ *(Cat.)* dicht [**barba**].

opella, ae *f (Demin. v. opera) (poet.)* geringfügige Arbeit, kleine Mühe.

● **opera,** ae *f (vgl. opus)* ❶ Arbeit, Tätigkeit, Mühe; **res erat multae -ae** war sehr mühsam; **-am suscipere; -am ponere** *od.* **(col)locare in re** verwenden auf; **linguā factiosi, inertes -ā** *(Plaut.)*; – **operam dare, navare** *od.* **tribuere** *(m. Dat.)* Mühe auf etw. verwenden, sich Mühe geben [**legibus condendis; honoribus; valetudini; auctioni, funeri** beiwohnen; **sermoni**]; *m. ut, ne od. bl. Konj.* sich bemühen, dass; **datā (deditā) operā** absichtlich; – **operae pretium facere** sich ein Verdienst erwerben; **-ae pretium est** *(m. Inf.)* es ist der Mühe wert; – **non operae est** *(m. Inf.)* es lohnt sich nicht; – **operā alcis** durch jmds. Zutun, durch jmds. Bemühung *od.* Schuld, durch jmd.; **sine -a alcis** ohne jmds. Zutun; **eādem -ā** zugleich;
❷ Dienst(leistung), Hilfe, *selten Pl.* [**imperatoris; forensis** vor Gericht = Verteidigung]; **-am dare alci** erweisen, *(vom Richter)* jmds. Sache untersuchen, schlichten; **-am praestare in re militari** Kriegsdienste leisten; **-ā alcis uti; -as reddere alci** jmdm. wieder Dienste leisten; **-am fortium virorum edere** sich als tapfere Männer zeigen;
❸ *(meton.)* Zeit, *die man auf etw. verwenden kann,* Muße, Gelegenheit, Lust *zu etw.;* **est mihi -ae** *(m. Inf.)* ich habe Zeit *od.* Lust dazu, es passt mir gut; **deest mihi ~** ich habe keine Zeit *od.* keine Lust;
❹ *(meton.)* Arbeiter, Knecht, *meist Pl.* [**-ae mercennariae** Lohnarbeiter]; *(pejor.)* Helfershelfer [**-ae theatrales** gemietete Beifallklatscher, Claqueure].

operārius *(opera)* **I.** *Adj.* a, um Arbeits-;
II. *Subst.* ī *m* Arbeiter, Tagelöhner, Handlanger.

operātiō, ōnis *f (operor)* Arbeit, Verrichtung, Betätigung; das Wirken.

operātor, ōris *m (operor) (spätl.)* Verfertiger.

operculum, ī *n (operio)* Deckel.

operīmentum, ī *n (operio)* Decke; Deckel.

● **operiō,** operīre, operuī, opertum *(vgl. aperio)* ❶ bedecken, zudecken, verhüllen [**corpus chlamyde; amphoras auro; casam fronde; classem lapidum nimbo**]; **capite operto; opertus tunicā; mons opertus nubibus; nox operit terras umbrā;**
❷ verschließen [**lecticam**]; **opertis valvis;**
❸ *(Tac.)* begraben [**reliquias malae pugnae**];
❹ *(übtr.)* überhäufen, beladen; **infamiā, contumeliis opertus;**
❺ verbergen, verhehlen, verheimlichen [**luctum; dolorem**]; – *P. Adj.* **opertus,** a, um verborgen, geheim [**bella** geheime Zwietracht].

operor, operārī *(opera, opus)* ❶ m. etw. beschäftigt sein, an etw. arbeiten, etw. betreiben *(abs., m. Dat. od. in u. Abl.)* [**studiis; capillis**

ornandis; rei publicae f. den Staat arbeiten; **malis** verwickelt sein in; **in cute curanda**]; – *Subst. operantes (Tac.)* die Schanzarbeiter;
② *(rel. t. t.)* **a)** der Gottheit dienen, opfern [**deo; in arvis**]; **b)** eine gottesdienstliche Handlung ausführen [**sacris; superstitionibus** abergläubische Gebräuche].

operōsitās, ātis *f (operosus) (nachkl.)* Geschäftigkeit, (übertriebene) Sorgfalt.

operōsus, a, um *(opera)* ① geschäftig, tätig [**senectus**];
② mühsam, mühevoll, beschwerlich [**labor; negotia; ars**];
③ kunstvoll [**templa; aes** kunstvoll gebildet];
④ *(poet.) (übtr.)* wirksam [**herba**].

opertōrium, ī *n (operio) (Sen.)* Decke.

opertum ī *n (operio)* ① geheimer Ort; **telluris -a subire** in die Tiefen der Erde, in die Unterwelt hinabsteigen;
② Geheimnis [**Apollinis** dunkler Spruch, Orakel].

opertus *s. operio.*

operuī *Perf. v. operio.*

● **opēs,** opum *f s. ops.*

ophītēs, ae *m (gr. Fw.) (nachkl.)* Marmor m. Schlangenflecken.

Ophiūsius, a, um *(Ophiūsa: alter Name der Insel Zypern) (Ov.)* zypriotisch [**arva**].

ophthalmiās, ae *m (gr. Fw.) (Plaut.)* Neunauge *(eine Fischart).*

ophthalmicus, ī *m (gr. Fw.) (Mart.)* Augenarzt.

opicus, a, um *(zu Osci, älter Opici) (nachkl.)* roh, bäurisch.

opi-fer, fera, ferum *(ops u. fero) (poet.; nachkl.)* hilfeleistend, hilfreich [**deus** *v. Äskulap*].

opi-fex, ficis *m (opus u. facio)* ① Werkmeister, Erbauer [**mundi** *od.* **rerum** Schöpfer der Welt; *übtr.* **verborum** Wortbildner];
② Handwerker, bildender Künstler.

opificīna = *officina.*

opificium, ī *n (opifex) (vorkl.; spätl.)* Arbeit.

ōpiliō, ōnis *m (ovis u. pello) (poet.)* Schaf-, Ziegenhirt.

opīmitās, ātis *f (opimus) (Plaut.)* Reichtum, Herrlichkeit.

opīmus, a, um *(ops)* ① fett, wohl genährt [**boves**];
② *(v. Feldern)* fruchtbar [**ager; campus**], *(v. Ländern)* reich [**Asia; provincia**];
③ *(v. der Rede)* überladen;
④ reichlich, herrlich, köstlich, ansehnlich, stattlich [**res** Vermögen; **praeda; divitiae; regnum; dapes; triumphus; spolia** Ehrenrüstung, *die ein Feldherr dem feindl. Anführer abnahm, nachdem er ihn im Zweikampf getötet hatte*];
⑤ reich an [**copiis; praedā**]; **opus casibus -um** reich an Wechselfällen.

opīnābilis, e *(opinor)* auf Vorstellung beruhend, eingebildet [**artes**].

opīnātiō, ōnis *f (opinor)* Vermutung, Vorstellung, Einbildung.

opīnātor, ōris *m (opinor)* Phantast.

opīnātus[1]**,** a, um *(P. Adj. v. opinor)* eingebildet, vermeintlich, Schein- [**bona; mala**].

opīnātus[2]**,** ūs *m (opinor) (Lucr.)* Vermutung.

● **opīniō,** ōnis *f (opinor)* ① Meinung, Vermutung, Annahme, Ansicht [**vulgi; falsa;** *(von, über: m. Gen. od. de)* **honestatis; deorum** *u.* **de deis** Vorstellung von]; **opinionem habere, in opinione esse** *od.* **opinione duci** der Meinung sein; **in opinionem incidere** *u.* **adduci** zu der Ansicht kommen; **opinionem timoris praebere** den Eindruck der Ängstlichkeit erwecken;
② Erwartung, Ahnung [**impendentis mali**]; **contra** *od.* **praeter omnium opinionem** wider aller Erwarten; **opinione celerius** schneller als man erwartete, über Erwarten schnell;
③ Einbildung, Wahn; **in opinione versari** auf Einbildung beruhen;
④ Meinung, *die andere von jmdm. haben,* Ruf; gute Meinung, guter Ruf [**populi Romani; equitum**]; **opinionem alcis fallere, superare, vincere; summam iustitiae opinionem habere** im Ruf der höchsten Gerechtigkeit stehen; **opinionem capere** sich erwerben; **in Gallia maximam virtutis opinionem habere;**
⑤ Gerücht *(von etw.: Gen.)* [**calamitatis**]; **~ erat edita in vulgus** hatte sich verbreitet.

● **opīnor,** opīnārī *u. (altl.)* **opīnō,** opīnāre meinen, glauben, vermuten *(alqd; de alqo u. de re; m. A. C. I.; abs., bes. parenthetisch)* [**multa falso; de alqo male**]; **sapiens nihil opinatur** *(Cic.);* **ut opinor** *(als Parenthese)* wie ich vermute.

opi-parus, a, um *(ops u. paro*[1]*) (poet.)* herrlich, prächtig, reichlich [**Athenae; cena**].

opisthographus, a, um *(gr. Fw.) (Plin.)* auf der Rückseite beschrieben [**libri**].

Opitergium, ī *n Stadt in Venetien.*

opitulor, opitulārī *(ops u. tuli [v. fero])* helfen, beistehen [**amico**]; *einer Sache* abhelfen [**inopiae plebis**].

opium, ī *n (gr. Fw.) (Plin.)* Mohnsaft, Opium.

opobalsamētum, ī *n (opobalsamum) (spätl.)* Balsampflanzung.

opobalsamum, ī *n (gr. Fw.) (nachkl.)* Balsam.

● **oportet,** oportēre, oportuit, – *unpers.* es ist nötig, es gebührt sich, man soll *(m. Inf., A. C. I. od. Konj.).*

oportūn … = *opportūn …*

op-pectō, pectere, – – *(Plaut.)* abnagen, abknabbern.

op-pēdō, pēdere, – – *(Hor.)* verhöhnen *(alci).*

op-pēgī *Perf. v. oppingo.*

op-perior, perīrī, pertus sum *u. (altl.)* perītus

O

sum *(vgl. experior)* **I.** *intr.* warten [**paululum**]; **II.** *trans.* erwarten, abwarten [**agmen peditum; alcis adventum; eventum alienarum fortunarum; tempora sua**].

op-pessulātus, a, um *(ob u. pessulus) (Petr.)* verriegelt.

op-petō, petere, petīvī *u.* petiī, petītum entgegengehen, etw. erleiden *(m. Akk.)* [**pestem; poenas superbiae** seinen Übermut büßen; **mortem** *u. abs.* sterben].

● **oppidānus** *(oppidum)* **I.** *Adj.* a, um städtisch; kleinstädtisch;
II. *Subst.* ī *m* Städter.

oppidātim *Adv. (oppidum) (Suet.)* städteweise.

oppidō *Adv.* völlig, ganz, sehr, äußerst; *verstärkt:* **oppido quam** überaus, ungemein.

oppidulum, ī *n (Demin. v. oppidum)* Städtchen.

● **oppidum,** ī *n* ❶ *(milit.)* Befestigung, Verschanzung;
❷ *(meton.)* fester Platz, Stadt, *selten v. großen Städten, v. Rom nur Liv. 42, 20, 3, meist* kleinere Landstadt.

op-pīgnerō, pīgnerāre *(pignus)* als Pfand einsetzen, verpfänden [**libellos pro vino**].

oppīlō, oppīlāre versperren, verrammeln, verschließen.

op-pingō, pingere, pēgī, – *(pango) (Plaut.)* aufdrücken [**savium**].

op-pleō, plēre, plēvī, plētum *(vgl. compleo)*
❶ (an)füllen [**aedes spoliis**]; **nives omnia oppleverant;**
❷ *(übtr.)* erfüllen; **totam urbem luctus opplevit; mentes oppletae tenebris.**

op-plōrō, plōrāre etw. vorweinen [**auribus meis** mir die Ohren voll weinen].

● **op-pōnō,** pōnere, posuī, positum ❶ entgegenstellen, -setzen, -legen, vor etw. legen, vor etw. halten *(Pass.* gegenüberstehen, -liegen) [**manūs oculis** *od.* **ante oculos; manum fronti; auriculam** hinhalten; **equites adversariis; armatos ad omnes introitus; castra ante moenia**]; **fores oppositae** verschlossen; **oppidum oppositum Thessaliae** gegenüberliegend; **venientibus in itinere se opponere;** – schützend entgegenstellen: **turrim ad portum ~; moles fluctibus oppositae; urbs barbaris ut propugnaculum opposita;**
❷ *(übtr.) (einer Gefahr u. Ä.)* aussetzen, preisgeben [**alqm morti; se invidiae, ad periculum, ad tumultus**];
❸ *(m. Worten)* **a)** dagegen anführen, vorbringen, einwenden; **quid habes, quod mihi opponas?** was kannst du gegen meine Worte einwenden?; **b)** *(als Schreckbild)* vor Augen halten [**alci formidines**];
❹ *(vergleichend u. als Gegensatz)* gegenüberstellen [**multis secundis proeliis unum adversum**]; **vitium omni virtuti opponitur;**
❺ verpfänden; als Pfand einsetzen.

opportūnitās, ātis *f (opportunus)* ❶ günstige Lage [**loci; montis; regionis**]; *meton. (nachkl.)* günstig gelegener Ort;
❷ günstige Gelegenheit, günstiger Zeitpunkt; **magnas opportunitates corrumpere;**
❸ Vorteil, Bequemlichkeit, günstiger Umstand [**belli** militärischer Vorteil]; **opportunitates habere ad alqd** Vorteile bieten für etw.; **opportunitates maritimae** die Vorteile des Meeres;
❹ *(v. körperl. u. geistiger Beschaffenheit)* günstige Anlage [**membrorum**]; **quanta ~ in animis hominum ad res maximas** *(Cic.).*

● **op-portūnus,** a, um *(< [ventus] ob portum [veniens], urspr. Ausdruck der Seemannsspr.)*
❶ *(räuml.)* günstig, bequem, geeignet (gelegen) *(für jmd.: alci; zu, für etw.: Dat. od. ad)* [**locus; urbs; vadum; hostibus; ad aciem instruendam**]; **collis opportunior fugae;**
❷ *(zeitl.)* günstig, gelegen, rechtzeitig [**tempus; victoria**]; **-e venire; nox -a est eruptioni;**
❸ *(der Beschaffenheit nach)* passend, geeignet, brauchbar [**res; opera** Dienstleistung];
❹ *(v. Personen)* geschickt, gewandt; **ad haec magis ~ nemo est** *(Ter.);*
❺ *(feindl. Angriffen)* ausgesetzt, preisgegeben [**hostibus; iniuriae; praefectis insidiantibus**]; – *Subst.* **-a,** ōrum *n (milit.)* bedrohte Punkte [**moenium; locorum**].

oppositus[1] *P.P.P. v. oppono.*

oppositus[2]**,** ūs *m (oppono)* ❶ das Entgegenstellen [**corporum**];
❷ das Vortreten [**lunae**].

op-posuī *Perf. v. oppono.*

op-pressī *Perf. v. opprimo.*

oppressiō, ōnis *f (opprimo)* ❶ Unterdrückung [**legum et libertatis**];
❷ Überrumpelung *eines Ortes* [**curiae**];
❸ *(Ter.)* Gewalttat, Überfall *auf eine Person.*

oppressiuncula, ae *f (Demin. v. oppressio) (Plaut.)* zärtliches Drücken [**papillarum**].

oppressor, ōris *m (opprimo)* Unterdrücker; **vindices et oppressores dominationis.**

oppressus, *Abl.* ū *m (opprimo) (Lucr.)* Druck.

● **op-primō,** primere, pressī, pressum *(ob u. premo)* ❶ niederdrücken, zu Boden drücken [**classem** versenken; **ora loquentis** zuhalten]; **onere armorum oppressus;**
❷ erdrücken, ersticken [**senem iniectu vestis**];
❸ *(ein Feuer)* ersticken [**flammam aquā**];
❹ *(Buchstaben)* verschlucken, nicht aussprechen;
❺ *(übtr.)* unterdrücken, niederhalten, nicht aufkommen lassen [**invidiam; dolorem; libertatem; rei memoriam, mentionem; iram; desiderium**];
❻ *(ein Übel)* vereiteln, unterdrücken [**tumul-**

tum; orientem ignem; perniciosam potentiam; fraudem];
7 verbergen, verheimlichen, verhehlen, vertuschen;
8 jmd. hart bedrängen, niederdrücken, fast erdrücken; **opprimi aere alieno, invidiā, onere officii, difficultate hiemis; calamitas eum oppressit; timore, doloribus oppressus**;
9 knechten, unterdrücken [**patriam; rem publicam**];
10 *(Feinde)* niederwerfen, überwältigen, vernichten, aufreiben [**legionem; nationem Allobrogum; Graeciam bello**];
11 *(im polit. Leben u. vor Gericht)* jmd. stürzen, unterliegen lassen [**alqm iniquo iudicio; insontem oblato falso crimine**]; – *Pass.* unterliegen;
12 überfallen [**hostem inopinantem; barbaros incautos**]; *übtr.* überraschen, plötzlich ereilen; **clade opprimi; alqm mors oppressit**;
13 jmd. aus der Fassung bringen [**alqm consilio**].

opprobrāmentum, ī *n (opprobro) (Plaut.)* Schimpf, schimpflicher Vorwurf.

opprobrātiō, ōnis *f (opprobro) (Gell.)* Vorwurf.

op-probrium, ī *n (ob u. probrum)* 1 Beschimpfung, Vorwurf; **-a dicere**;
2 *abstr.* Schimpf, Schande; **alci -o esse** jmdm. Schande bereiten;
3 *(meton., v. Personen)* Schandfleck [**maiorum**].

op-probrō, probrāre *(probrum) (vor- u. nachkl.)* (schimpfend) vorwerfen.

oppūgnātiō, ōnis *f (oppugno)* 1 Bestürmung, Sturmangriff, Belagerung [**castelli; oppidi; maritima** *v.* der Seeseite]; **oppugnationem inferre; oppugnationem relinquere** aufgeben; **oppugnationem propulsare; oppidum oppugnationibus premere**;
2 *(meton.)* Belagerungsmethode, -kunst;
3 *(polit. u. vor Gericht)* Anklage, Widerspruch.

oppūgnātor, ōris *m (oppugno)* Angreifer *(milit. u. [übtr.] polit.)*.

● **op-pūgnō,** pūgnāre 1 bestürmen, angreifen, bekämpfen [**castra; oppidum; exercitum; rates; Aegyptum**];
2 *(übtr.)* angreifen, anfechten [**populi salutem; iura; consilia alcis; aequitatem verbis; alqm pecuniā** zu bestechen suchen].

● **ops,** opis *f (Nom. u. Dat. Sg. ungebräuchlich) (vgl. opus, opera, copia, in -opia, in -ops)*
I. *Sg. u. Pl.* 1 Macht, Kraft, Stärke, Vermögen; **non est opis meae** *(m. Inf.)* es steht nicht in meiner Macht; **omni** *od.* **summā, maximā ope** *u.* **omnibus** *od.* **summis opibus** m. aller Macht, m. allen Kräften;
2 *meist Sg.* Hilfe, Beistand [**deorum**]; **ope alcis** m. jmds. Hilfe; **opem alci ferre; opem dare; opem ab alqo petere; opis indigere** brauchen; **alienarum opum indigens; sine ope divina**;
II. *Pl.* **opēs,** opum 1 Mittel, Vermögen, Reichtum, Besitz [**ruris**]; **homo magnis (parvis) opibus; opibus valere; opum egentes; urbium opes exhaurire** die reichen Städte ausplündern;
2 polit. Macht, einflussreiche Stellung, Einfluss [**Catilinae; rei publicae**]; **patriae opes augere; alcis opes evertere; opes Gallorum frangere; opes et dignitatem tenere**;
3 Truppenmacht, Streitkräfte; **regiis opibus praeesse**.

Ops, Opis *f (ops) Göttin der Ernte u. der Fruchtbarkeit, Schutzgottheit Roms, ihr Kult der Sage nach v. Titus Tatius eingeführt.*

opsc ... = *obsc...*

opsōn ... = *obson ...*

opst ... = *obst ...*

optābilis, e *(opto)* wünschenswert.

optātiō, ōnis *f (opto)* Wunsch.

optātum, ī *n (opto)* Wunsch; **-o** *(Abl.)* nach Wunsch; **mihi in -is est** *(m. Inf.)* ich wünsche.

optātus, a, um *s. opto.*

opthalm ... = *ophthalm...*

opticē, ēs *f (gr. Fw.)* Optik.

optigō = *obtego.*

● **optimās,** *Gen.* ātis *(optimus)* **I.** *Adj.* zu den Besten gehörig, vornehm, aristokratisch [**genus; matronae; status rei publicae** Aristokratie];
II. *Subst. m* Aristokrat, Optimat, Konservativer; Patriot; *meist Pl.* **optimātēs,** tum *u.* tium die Optimaten, die aristokratische Partei *im Ggstz. zu der Volkspartei (populares).*

> *i* Kultur **optimātēs** „Die Besten“ nannten sich mit Eigenlob die Politiker der röm. Aristokratie (aristoi = „die Besten“ griech.), der Adelspartei. Ihre Vormachtstellung wurde durch Politiker der → populares (Volkspartei) seit der Zeit der Gracchen (ab 133 v. Chr.) in Frage gestellt. Als „konservative“ Partei wollten sie die Interessen der Oberschicht (Senatspartei) erhalten (konservieren).

optimē *Superl. v. bene.*

● **optimus** *Superl. v. bonus.*

optiō, ōnis *(opto)* **I.** *f* (freie) Wahl, freier Wille, Wunsch;
II. *m* Gehilfe, *den man sich wählt:* 1 *(Plaut.)* Assistent;
2 *(Tac.) (milit.)* Stellvertreter *u.* Adjutant *des Zenturio.*

optīvus, a, um *(opto) (Hor.)* erwählt, er-

O

wünscht.

● **optō,** optāre ① wählen, aussuchen [**locum tecto** für das Haus];
② wünschen [**divitias; ampliorem felicitatem a dis; mortem** sich den Tod wünschen]; *(m. ut, ne od. bl. Konj., m. Inf. u. A. C. I.); alci alqd ~ meist pejor.* jmdm. etw. anwünschen [**alci mortem; furorem et insaniam**]; – **optandus,** a, um wünschenswert; – *P. Adj.* **optātus,** a, um *(Adv.* -ō) erwünscht, ersehnt, willkommen, angenehm.

optu ... *oft = obtu ...*

optumās, optumē, optumus *(altl.) = optimas, optime, optimus.*

opulēns, *Gen.* entis *(ops)* ① reich, wohlhabend, vermögend;
② mächtig, angesehen [**civitas**].

opulentia, ae *f (opulens)* ① Reichtum, Pracht;
② (politische) Macht.

opulentitās, ātis *f (Plaut.) = opulentia.*

opulentō, opulentāre *(opulens) (Hor.)* reich machen, bereichern.

● **opulentus,** a, um *(ops)* ① reich, wohlhabend, vermögend [**oppidum; templum; aerarium** gefüllt; **Etruriae arva;** *(an etw.: Abl. od. Gen.)* **adulescens auro; exercitus praedā; copia honorum; provincia pecuniae**];
② reichlich (vorhanden), ansehnlich, glänzend, herrlich [**dona; stipendia; victoria**];
③ stark [**agmen**];
④ mächtig, angesehen [**reges; factio**].

Opūntius *s. Opus.*

● **opus,** operis *n* Werk **I.** *abstr.* ① Arbeit, Tätigkeit, Beschäftigung [**censorium** Tätigkeit des Zensors; **diurnum** Tagewerk; **militare; manuum; rusticum** Feldarbeit]; **opus facere** arbeiten; **operi favere** fleißig arbeiten; **operis expers; famuli operum soluti** vom Dienst befreit;
② Land-, Feldarbeit; **patrio rure opus facere; opere se exercere;**
③ Bautätigkeit, das Bauen; **opus facere** bauen; ~ **fit** es wird gebaut;
④ Schanzarbeit, Befestigungsarbeit; **miles in opere occupatus** mit Schanzarbeit beschäftigt;
⑤ *(poet.)* Kriegshandwerk, Kampf; **grave Martis** *~;*
⑥ Tat, Unternehmung [**egregium**]; **opera immortalia edere; operibus alqm anteire;**
⑦ Ausführung, Kunst, Stil; **materiam superabat** ~ den Stoff übertraf die Ausführung; **simulacrum singulari opere;**
⑧ *(im Ggstz. zur Natur)* menschl. Arbeit, Menschenhand; **locus naturā et opere munitus;**
⑨ Anstrengung, Mühe *(nur im Abl. Sg.);* **magno** *u.* **maximo opere** sehr, überaus *(vgl. magnopere u. maximopere);* **tanto opere** so sehr *(vgl. tantopere);* **quanto opere** wie sehr *(vgl. quantopere);* **nimio opere** zu sehr;
⑩ Aufgabe, Leistung, Wirksamkeit [**censorium; oratorium**];
⑪ Wirkung, Effekt [**hastae**];
⑫ *(Plaut.)* Arztpraxis;
⑬ *(Hor.)* Weidwerk, Jagd;
II. *konkr.* ① das vollendete Werk, fertige Arbeit [**magnificum**]; **opus in manibus habeo** *(Cic.)* ein Buch, eine Schrift;
② Bau(werk), Gebäude [**publicum; urbanum**]; **opus facere** aufführen;
③ Verschanzung, Befestigungslinie [**castrorum; hibernorum**]; **tumulum magnis operibus munire;**
④ Belagerungswerk; **urbem operibus claudere;**
⑤ Belagerungsmaschine; **oppidum operibus oppugnare;**
⑥ Damm; **flumen operibus obstruere;**
⑦ Kunstwerk [**marmoreum** Statue]; **opera efficere** schaffen;
⑧ Literaturwerk;
III. opus est es ist nötig, man braucht *(meist unpers. m. Abl. od. Gen., seltener persönl. m. Nom.; m. Inf., A. C. I. od. ut): – m. Abl.:* **mihi libris opus est; auctoritate tuā nobis opus est; facto, non consulto in tali periculo opus est;** *– m. Gen.:* **argenti opus fuit;** *– m. Nom.:* **dux nobis et auctor opus est; nobis exempla opus sunt.**

Opūs, ūntis *f Stadt im nordöstl. Lokris (Mittelgriechenland); – Einw. u. Adj.* **Opūntius,** ī *m bzw.* a, um.

opusculum, ī *n (Demin. v. opus)* kleines Werk, kleine Schrift.

● **ōra¹,** ae *f* ① Küste, Küstenland, -gegend [**Italiae**]; – *meton.* die Küstenbewohner;
② ferne Gegend, Himmelsgegend, Zone [**orientis; supera** Oberwelt; **Acheruntis** Unterwelt]; *(poet.) übh.* Gegend [**gelida; umbrosa; belli** Kriegsschauplatz];
③ Saum, Rand, Grenze, Ende [**vestis; poculi; clipei; silvae**].

ōra², ae *f (naut. t. t.)* Tau, Schiffsseil; **oras resolvere.**

● **ōrāculum** *(synk.* **ōrāclum**), ī *n (oro)* ① Orakel(stätte) [**Delphicum**]; **-um adire;**
② Orakel(spruch), Götter-, Schicksalsspruch; **Apollo -um edidit;**
③ Weissagung, Prophezeiung; **somnii et furoris -a;**
④ Ausspruch, aufgestellter Satz [**physicorum**].

i Kultur **ōrāculum** Weissagung über die Zukunft an einem heiligen Orakelort suchten die Menschen der Antike: im griech. Delphi bei der Apollonpriesterin Pythia, in der ägypt. Oase Siwa (Alexan-

der der Große), aber auch in Cumae/Unteritalien bei den Sibyllen.
Sonst „orakelten“ die Römer ortsunabhängig duch das → augurium (Vogelschau aus etruskischer Tradition). Das Christentum bekämpfte das Orakelwesen.

ōrārium, ī *n (ōs¹ Gesicht) (August.)* Schweißtuch, Taschentuch.

ōrārius, a, um *(ora¹) (Plin.)* Küsten- [**navis** Küstenschiff].

● **ōrātiō,** ōnis *f (oro)* ① das Reden, Sprechen, Sprache *als Fähigkeit, sich in Worten auszudrücken;* **ferae rationis et orationis expertes sunt;**
② Sprechweise, sprachliche Darstellung, Ausdruck, Stil [**concinna; contorta**]; **utriusque orationis facultas** Fertigkeit in beiden Arten des Ausdrucks *(des philos. u. des rhet.)*;
③ Aussage, Äußerung, Worte, Behauptung; **hac oratione habita** nach diesen Worten; **captivorum ~ cum perfugis convenit** *(Caes.)*;
④ *(nach den Regeln der Kunst ausgearbeitete)* Rede, Vortrag [**acris et vehemens; accurata; perpetua** zusammenhängend; **contumeliosa; magnifica; Verrinae; Philippicae; contionum; senatūs**]; **orationem habere** *u.* **dicere de re** halten; **orationem comparare; orationem facere** *u.* **conficere** ausarbeiten; **orationem recitare; oratione mores alcis exprimere; in extrema oratione nostra** im letzten Teil unserer Rede;
⑤ Gegenstand der Rede, Thema;
⑥ Beredsamkeit, Redegewandtheit; **alqm oratione vincere; satis in eo fuit orationis;**
⑦ *(im Ggstz. zur Poesie)* Prosa;
⑧ Entschuldigungsrede, Entschuldigung;
⑨ *(nachkl.)* kaiserl. Handschreiben, kaiserl. Erlass;
⑩ *(Eccl.)* Gebet.

ōrātiuncula, ae *f (Demin. v. oratio)* kleine, hübsche Rede.

● **ōrātor,** ōris *m (oro)* ① *(kunstmäßiger)* Redner [**illustris**];
② Sprecher *einer Gesandtschaft,* Unterhändler; **Veientes oratores Romam mittunt;**
③ *(Plaut.)* Bittsteller.

ōrātōria, ae *f (oratorius, erg. ars) (nachkl.)* Redekunst, Rhetorik.

ōrātōrium, ī *n (oratorius) (Eccl.)* Bethaus, Kapelle, Kirche; Betsaal.

ōrātōrius, a, um *(orator)* ① rednerisch, Redner- [**ornamenta; ars; oratio** den Regeln der Rhetorik entsprechend]; **-e dicere;**
② *(Eccl.)* zum Beten gehörig.

ōrātrīx, īcis *f (orator)* ① Unterhändlerin, Fürsprecherin [**pacis et foederis**];
② *(Plaut.)* Bittstellerin.

ōrātum, ī *n (oro) (Ter.)* Bitte.

ōrātus, ūs *m (oro)* das Bitten; **oratu alcis** auf jmds. Bitten.

orba ae *f (orbus)* ① Waise;
② Witwe.

orbātiō, ōnis *f (orbo) (Sen.)* Beraubung, Entziehung.

orbātor, ōris *m (orbo) (Ov.) derjenige, der jmd. der Kinder bzw. der Eltern beraubt.*

orbiculātus, a, um *(orbiculus)* kreisrund.

orbiculus, ī *m (Demin. v. orbis) (Plin.)* kleine Scheibe.

Orbilius, ī *m, vollst.* L. ~ Pupillus, *Grammatiker, seit 63 v. Chr. Lehrer in Rom, auch des Horaz.*

● **orbis,** is *m (Abl. Sg.* orbe, *selten* orbī) ① Kreis, das Rund, Rundung: **a)** Kreislinie [**rotae** die Felgen; **muri** Ringmauer; **saltatorius** Tanzreif; *am Himmel:* **lacteus** Milchstraße; **signifer** Tierkreis; **orbes finientes** Horizont]; **alqd in orbem torquere; in orbem equitare** im Kreis; **digitum iusto orbe terit anulus** passt gerade an den Finger; **b)** *(poet.; nachkl.)* kreisförmige Bewegung, Windung; **anguis rapit orbīs** windet sich; **c)** *(milit.)* kreisförmige Stellung, Karree; **orbem facere, in orbem consistere, in orbem coire** ein Karree bilden; **d)** *(übtr.)* Kreislauf, Kreisbahn [**annuus**]; **sidera orbes suos conficiunt; e) orbis terrarum** Erdkreis, bewohnte Welt, *bes. vom röm. Reich;* **f)** *(in der Rede)* Periode, periodische Abrundung [**verborum; orationis**];
② *(meton.)* Scheibe: **a)** runde Fläche [**solis; lunae; clipei; genuum** Kniescheibe; **mensae** runde Tischplatte]; **b) orbis (terrae)** Erdscheibe, das Erdenrund, die Erde, *meton.* ▪ Menschengeschlecht; **toti salutifer orbi cresce puer** *(Ov.)*; – *(poet.)* Gebiet, Gegend, Land [**Eous** Morgenland; **Hesperius; peregrinus**]; **c)** Scheibenförmiges: – *(poet.)* Sonne, Mond, Diskus(scheibe); – Rad, *bes. der Fortuna* = Glücksrad: **Fortuna stans in orbe;** – *(poet.)* Himmel(sgewölbe) [**medius; aestivus**]; – *(poet.)* der Schild; – *(Mart.; Iuv.)* runder Tisch; – *(Mart.)* Spiegel.

orbita, ae *f (orbis)* ① Wagengleis;
② *(poet.)* Pfad;
③ *(Iuv.) (übtr.)* Beispiel;
④ *(Sen.)* Kreislauf, Bahn [**lunaris** Mondbahn].

orbitās, ātis *f (orbus)* das Verwaistsein, Elternlosigkeit; Kinderlosigkeit.

orbitōsus, a, um *(orbita) (Verg.)* voller Wagengleise.

orbō, orbāre *(orbus)* ① verwaist machen, der Eltern *od.* Kinder berauben *(alqm alqo)*;
② *(übtr.)* berauben [**Italiam iuventute; rem publicam multis fortibus civibus; amicum omni spe salutis**].

Orbōna, ae *f (orbus) Göttin, die v. Eltern angerufen wurde, welche ein Kind verloren hatten*

O

u. wieder Kinder zu bekommen wünschten od. welche befürchteten, ein Kind zu verlieren.

orbus I. *Adj.* a, um ❶ verwaist, elternlos, vaterlos *(alqo, ab alqo od. alcis)* [**pueri parentibus; filii**];
❷ kinderlos [**senex**];
❸ verwitwet;
❹ *(übtr.)* verwaist, beraubt, ohne *(m. Abl., ab od. Gen.)* [**terra mortalibus; forum litibus; lintea ventis; contio ab optimatibus; luminis ~**];
II. *Subst.* ī *m* Waise.

orca, ae *f* Tonne.

Orcades, dum *f* die Orkney-Inseln *bei Schottland, nach Tac. von Agrippa entdeckt.*

orchas, adis *f (gr. Fw.) (Verg.)* länglich runde Olive.

orchēstra, ae *f (gr. Fw.)* Sitzplatz der Senatoren im röm. Theater; *meton.* Senat.

Orchomenos *u.* **-us,** ī *m* ❶ *Stadt in Böotien (Mittelgriechenland); – Einw.* **Orchomeniī,** ōrum *m;*
❷ *Stadt in Arkadien (Peloponnes).*

Orcīniānus, a, um *(Orcus) (Mart.)* zum Totenreich gehörig, Toten- [**sponda** Totenbahre].

orcīnus *u.* **orcīvus,** a, um *(Orcus) (nachkl.)* Toten- [**liberti** testamentarisch Freigelassene; **senatores** *nach Cäsars Tod, nämlich durch sein Testament, in den Senat gekommene*].

Orcus, ī *m* ❶ *(poet.; nachkl.)* Unterwelt, Toten-, Schattenreich;
❷ *(meton.)* Tod; **Orcum morari** *(Hor.)* den Tod noch auf sich warten lassen = weiterleben;
❸ *Gott der Unterwelt* = Pluto *(gr.* Hades), Dis Pater [**pallidus**].

ōrdinārius, a, um *(ordo)* ❶ ordnungsgemäß, ordentlich [**consilium**];
❷ *(Sen.)* vorzüglich.

ōrdinātim *Adv. (ordinatus, s. ordino)* ❶ reihenweise; **trabes ~ structae**;
❷ *(milit. t. t.)* gliedweise.

ōrdinātiō, ōnis *f (ordino)* ❶ Ordnung; Anordnung, Regelung;
❷ Amtseinsetzung, Bestallung;
❸ *(Eccl.)* Ordination eines Priesters; Bischofsweihe.

ōrdinātor, ōris *m (ordino)* ❶ *(Sen.) (jur. t. t.)* Einleiter eines Prozesses [**litis**];
❷ *(August.)* Ordner; **summus ille creator ordinatorque.**

ōrdinātus, a, um *s. ordino.*

ōrdinō, ōrdināre *(ordo)* ❶ in Reih u. Glied aufstellen, in Reihen bringen [**milites; copias; agmina**];
❷ *(Hor.)* in Reihen anpflanzen [**arbusta sulcis**];
❸ *(übtr.)* ordnen, in einer gewissen Reihenfolge aufstellen [**publicas res** in ihrer Reihenfolge darstellen; **annos** seine Jahre zählen; **partes orationis; magistratūs** die Reihenfolge der Beamten feststellen; **diem** gut, geschickt einteilen];
❹ regeln [**artem praeceptis; provincias; pacem inter eos** abschließen]; – *P. Adj.* **ōrdinātus,** a, um geordnet, ordentlich, regelmäßig;
❺ *(nachkl.) (Beamte)* in ein Amt einsetzen [**consules in futurum annum; candidatum**];
❻ *(ein Amt)* vergeben [**magistratūs in plures annos**];
❼ *(nachkl.) (jur. t. t.)* abfassen, aufsetzen [**testamentum**];
❽ *(spätl.)* **clericum ~** zum Priester weihen;
❾ *(mlt.)* **militem ~** zum Ritter schlagen.

● **ōrdior,** ōrdīrī, ōrsus sum *(verw. m. ordo)* ❶ anfangen, beginnen [**orationem; fabulam; defensionem; bellum; reliquas res; reliquos** die Lebensbeschreibungen der übrigen; **loqui; de alqa re disputare;** *(alqd ab alqo od. a re* etw. mit jmdm. *od.* mit etw.) **omnia a Iove**];
❷ zu reden beginnen, anheben; **unde ordiar?;** – *(poet.) übh.* reden, sprechen, sagen: **sic Iuppiter orsus;** *(zu jmdm.: alci)* **miranti sic orsa dea.**

● **ōrdō,** ōrdinis *m (ordior)* ❶ Reihe [**arborum; vehiculorum**]; **vites ordine ponere;** – Schicht, Lage [**caespitum**];
❷ **a)** Reihe der Sitze *od.* Bänke *im Theater;* **quattuordecim ordines** Theatersitzreihen der Ritter, *dah.:* **in quattuordecim ordinibus sedere** = Ritter sein; **b)** Reihe der Ruderbänke;
❸ *(milit.)* **a)** Glied, Reih u. Glied, Linie; **ordines (ob)servare, habere** Reih u. Glied halten; **ordine egredi** aus Reih u. Glied treten; **nullo ordine** nicht in Reih u. Glied gestellt, ungeordnet; **ordinem commutare** die Stellung ändern; **ordines (per)turbare, perrumpere; ordines pugnantium dissipare; b)** Zenturie, Kompanie, Abteilung; **eiusdem ordinis esse; ordinem ducere** eine Zenturie befehligen, Zenturio sein; **honestum ordinem ducere** Zenturio v. höherem Rang sein, ein höheres Kommando haben; **alqm in ordinem cogere** degradieren, *übtr.* kränken; **c)** Zenturionenstelle; Zenturio; **spes ordinum** auf Zenturionenstellen; **inferiores ordines** geringere Kommandos; **primi ordines** Zenturionen der ersten Zenturien *(= centuriones primorum ordinum);* **octavi ordines** Zenturionen der achten Kohorte;
❹ *(polit., in der Gesellschaft)* Stand, Klasse, Rang, Stellung [**equester; pedester; senatorius** *u.* **amplissimus** der Senat; **publicanorum** Klasse der Steuerpächter; **scribarum**]; **omnium ordinum homines; ordine homines tractare** nach ihrer Stellung; **homo mei ordinis; mearum rerum ~** *(Plaut.)* die mei-

nen Vermögensverhältnissen entsprechende Stellung;
❺ *(abstr.)* Ordnung, gehörige Reihenfolge, Anordnung, Regel [**fatorum** Gang des Schicksals; **saeculorum** Zeitenfolge]; **res in ordinem adducere** *od.* **referre** in Ordnung bringen; **in ordinem se referre** wieder in Ordnung kommen; **ordinem servare, tenere, sequi; nullo ordine** ungeordnet, durcheinander, unordentlich; **ordine, in ordinem** *u.* **in ordine** der Reihe nach [*enumerare*], ordnungsgemäß, nach Gebühr, wie es sich gehört; **ex ordine** nach der Reihe u. Ordnung, *poet. auch* sofort, sogleich; **extra ordinem** außer der Reihe u. Ordnung, außergewöhnlich;
❻ *(Plaut.)* Verfassung, Zustand;
❼ *(mlt.)* **a)** kirchlicher Stand, Mönchsorden; **b)** göttl. Weltordnung.

Ordovicēs, cum *m britannisches Volk im nördl. Wales.*

orēas, adis *f (Akk. Sg.* -ada, *Akk. Pl.* -adas) *(gr. Fw.) (poet.)* Bergnymphe, Oreade.

Orestae, ārum *m Volk im westl. Makedonien (nördl. Griechenland).*

Orestēs, ae *u.* is *m Sohn des Agamemnon u. der Klytämnestra, rächte auf den Befehl des Orakels zusammen m. seinem Freund Pylades die Ermordung seines Vaters an seiner Mutter u. deren Geliebten Aegisthus; er wurde weg. des Muttermordes v. den Erinyen verfolgt u. schließlich m. Athenas bzw. Apollos Hilfe entsühnt; – Adj.* **Orestēus,** a, um.

orexis, is *f (Akk.* -im *u.* -in) *(gr. Fw.) (Iuv.)* Verlangen, Appetit.

organicus *(gr. Fw.) (Lucr.)* **I.** *Adj.* a, um musikalisch;
II. *Subst.* ī *m* Musiker, Künstler im Saitenspiel.

organum, ī *n (gr. Fw.) (nachkl.)* ❶ Werkzeug *jeder Art*;
❷ Musikinstrument; Orgel.

Orgetorīx, īgis *m vornehmer, einflussreicher Helvetier, der 61 v. Chr. sein Volk für seinen Plan gewann, das in Besitz genommene Land zu verlassen u. neue Wohnsitze in Gallien zu suchen (58 v. Chr. von Cäsar verhindert).*

orgia, ōrum *n (gr. Fw.) (poet.)* ❶ nächtliche Bacchusfeier;
❷ *(übtr.)* Geheimnisse.

orichalcum, ī *n (gr. Fw.)* Messing.

ōricilla, ōricula = *auri ...*

Ōricum, ī *n u.* **-cos,** ī *f Hafenstadt in Epirus; – Einw.* **Ōricīnī,** ōrum *m; – Adj.* **Ōricius,** a, um.

● **oriēns,** entis *m (eigtl. Part. Präs. v. orior, erg. sol:* „die aufgehende Sonne") ❶ Osten; **in orientem versum esse;**
❷ *(meton.)* **a)** Morgenland, Orient; **orientis incolae; b)** *(poet.)* **Oriēns** *Sonnengott.*

orientālis, e *(oriens) (Gell.)* morgenländisch, orientalisch; östlich.

ōrificium, ī *n (os[1] u. facio) (nachkl.)* ❶ Mündung;
❷ Deckel.

orīginālis, e *(origo)* ❶ *(nachkl.)* ursprünglich;
❷ *(spätl.)* ererbt [**peccatum** Erbsünde].

● **orīgō,** ginis *f (orior)* ❶ Ursprung [**virtutum; doloris; eloquentiae**]; – *Origines* Urgeschichte *(Titel eines Geschichtswerkes des älteren Cato)*;
❷ Abstammung, Herkunft; **clarus origine;**
❸ *(meton.)* **a)** Stamm, Geschlecht, Familie; **ab ultima origine stirpis Romanae generatus** aus einer uralten Familie; **b)** *(poet.; nachkl.)* Stammvater, Ahnherr; **Aeneas Romanae stirpis ~** *(Verg.)*; **c)** Mutterstadt, -land, Stammvolk; **d)** *(Ov.)* Urheber [**melioris mundi** Schöpfer]; **Pegasus huius ~ fontis.**

Ōriōn, ōnis *m (jeder Vokal im Vers nach Bedarf auch kurz) Jäger aus Böotien, Sohn des Neptun u. der Euryale, v. Diana getötet, als Sternbild m. seinem Hund (dem Hundsstern Sirius) an den Himmel versetzt.*

● **orior,** orīrī, ortus sum, oritūrus *(Ind. Präs. geht nach der dritten Konjugation: orior, orĕris, orĭtur, orĭmur, orimini, oriuntur; Konj. Imperf. geht nach der dritten u. vierten Konjugation: orĕrer u. orīrer)* ❶ sich erheben *(v. Personen)*; **consul oriens de nocte;**
❷ *(v. Gestirnen)* aufgehen; **orta luce** am Morgen; **sol oriens** Osten, *auch* Orient, Morgenland; **oriente sole** mit Sonnenaufgang;
❸ entstehen, ausbrechen, herrühren; **oritur tempestas, clamor, rumor, incendium; initium inferendi belli a Massiliensibus ortum est** ging aus von;
❹ *(poet.)* sichtbar werden, sich zeigen, erscheinen; **monstrum oritur;**
❺ *(v. Flüssen)* entspringen; **Rhenus oritur ex Lepontiis; fons in monte oritur;**
❻ geboren werden, abstammen *(m. bl. Abl., ab u. ex alqo)*; **nobili genere ortus; summo, equestri loco ortus; ex concubina ortus;**
❼ wachsen *(v. Bäumen u. Früchten)*; **oriens uva, pinus;**
❽ anfangen, ausgehen, beginnen, seinen Anfang nehmen; **Belgae a Galliae finibus oriuntur; initium turbandi a femina ortum.**

Ōrīthȳia, ae *f Tochter des athen. Königs Erechtheus.*

oriundus, a, um *(orior)* abstammend, herstammend, entsprossen [**ex Etruscis; a Troia; Albā**].

● **ōrnāmentum,** ī *n (orno)* ❶ (Aus-)Rüstung, Ausstattung, *Pl.* Ausrüstungsgegenstände, Bedürfnisse [**pacis**], Kriegsvorräte;
❷ Schmuck, Kostbarkeit; **pecuniam omnem omniaque -a ex fano in oppidum conferre;** – weiblicher Schmuck, Geschmeide;
❸ *(übtr.)* Schmuck, Zierde [**rei publicae; urbis; amicitiae; senectutis**]; **-o esse alci** jmd.

schmücken;
④ *Pl.* **a)** Schönheiten *der Rede* [**orationis**]; **b)** Ehrenzeichen, Insignien [**triumphalia; consularia; praetoria**];
⑤ äußere Ehre, Auszeichnung [**populi Romani; consulare**]; **maximis -is afficere alqm.**

ōrnātrīx, īcis *f (orno) (poet.; nachkl.)* Friseuse.

ōrnātus[1]**,** a, um *(P. Adj. v. orno)* ① (aus)gerüstet, ausgestattet [**exercitus; elephantus** angeschirrt; **equus** aufgezäumt; **naves armis**];
② (aus)geschmückt, zierlich, schön, geschmackvoll [**oratio; versus**]; **-e dicere**;
③ ehrenvoll, rühmlich, würdevoll [**locus ad dicendum**];
④ geehrt, geachtet [**civis;** *(durch, wegen etw.: Abl.)* **virtute, loco, nomine**]; **ornatissimus adulescens** hoch geehrt.

● **ōrnātus**[2]**,** ūs *m (orno)* ① Ausrüstung, Ausstattung;
② Ausschmückung, Schmuck, Zierrat [**publicorum locorum; urbis**];
③ *(übtr.)* Schmuck, Zierde [**aedilitatis; caeli; verborum**]; **ornatum orationi afferre**;
④ Kleidung, Tracht [**muliebris; militaris** Rüstung]; Rüstung *(bes. der Gladiatoren).*

Ornī, ōrum *m Kastell in Thrakien.*

● **ōrnō,** ōrnāre ① ausrüsten, ausstatten [**exercitum; navem armatis** bemannen; **classes; militem armis; convivium; Athenienses divitiis** bereichern; **fugam** alles zur Flucht anordnen; **res Italas moribus** veredeln];
② schmücken, (ver)zieren [**templum; aedem frondibus; sepulcrum floribus; hortos** verschönern; **capillos** frisieren];
③ *(übtr.)* (aus)schmücken [**orationem**]; **alienis laudibus se ornare** sich m. fremden Federn schmücken;
④ fördern [**civitatem omnibus rebus**];
⑤ auszeichnen, ehren, loben [**alqm laudibus; alqm gloriae insignibus; res gestas alcis**].

ornus, ī *f (poet.; nachkl.)* Bergesche.

● **ōrō,** ōrāre ① reden, sprechen; **orandi nescius** schlechter Redner; **orandi validus** tüchtiger Redner; **talibus dictis orabat;** – *Subst.* ōrantēs *m (Tac.)* die Redner;
② beten; **fanum adire orandi causā**;
③ bitten, ersuchen *(alqd: um etw.; alqd alci u. alci rei: um etw. für jmd. od. für etw.; m. ut, ne od. bl. Konj.; [poet.; nachkl.] m. Inf. od. A. C. I.)* [**auxilium; finem malorum; multa deos; auxilia regem; alqm libertatem; tempus sermoni; veniam dapibus**]; **oranti aures praebere** Gehör schenken;
④ verhandeln, vortragen [**litem, causam** vor Gericht führen].

Oroanda, ōrum *n Stadt in Pisidien; – Einw.* **Oroandēnsēs,** ium *m; – Adj.* **Oroandicus,** a, um.

Orōdēs, is *u.* ī *m König der Parther.*

Orontēs, is *u.* ī *m Fluss in Syrien, j.* Nahr el Asi; – *Adj.* **Orontēus,** a, um *auch* syrisch [**murra**].

orphanus, ī *m (gr. Fw.) (spätl.)* Waise.

i Kultur **Orpheus,** eī *u.* eos *m* myth. thrak. Sänger u. Dichter, der sogar Tiere und Pflanzen mit seinem Gesang bezauberte. Als Sohn Apollos und Kalliopes galt er als Erfinder der Musik u. als Zauberer; Gatte der Eurydike. Nachdem Eurydike an einem Schlangenbiss gestorben war, beweinte sie Orpheus u. bat die Gottheiten der Unterwelt um Rückgabe seiner Gattin. Orpheus rührte die Unterweltgottheiten mit seinen Klagen und sie erlaubten ihm, seine Gattin zur Erde zurückzuführen unter der Bedingung, dass Orpheus sich nach Eurydike nicht umsieht, bevor sie die Oberwelt erreicht haben. Als er gegen dieses Gebot verstößt, entschwindet ihm die Gattin u. bleibt in der Unterwelt. In der bildenden Kunst, in der Musik u. in der Literatur wurde der Stoff immer wieder aufgegriffen, z. B.: Jacques Offenbach: Orpheus in der Unterwelt (Operette); Gluck: Orpheus und Eurydice (Oper). – *Adj.* Orphēus *u.* Orphicus, a, um.

orphus, ī *m (gr. Fw.) (poet.; nachkl.)* Orfe *(ein Seefisch).*

ōrsa, ōrum *n (ordior)* ① das Beginnen, Unternehmen;
② *(poet.)* Worte, Rede.

ōrsus[1] *P. P. Akt. v. ordior.*

ōrsus[2]**,** ūs *m (ordior)* ① *(poet.)* Zettel *(Anfang des Gewebes)*;
② *übh.* Anfang, das Beginnen, Unternehmen.

orthodoxus, a, um *(gr. Fw.) (spätl.)* rechtgläubig.

orthographia, ae *f (gr. Fw.) (nachkl.)* Rechtschreibung.

Ortōna, ae *f Stadt in Latium.*

ortus[1] *P. P. Akt. v. orior.*

● **ortus**[2]**,** ūs *m (orior)* ① Aufgang *eines Gestirns* [**solis; lunae; stellarum**];
② *(meton.)* **a)** Osten; **ab ortu ad occasum; b) ~ solis** Orient, Morgenland;
③ *(übtr.)* Entstehung, Ursprung, Anfang [**mundi; fluminis; tribuniciae potestatis; amicitiae**];
④ Geburt, Herkunft [**animantium**]; **primo ortu** gleich nach der Geburt; **ortum ducere ab alqo** v. jmdm. abstammen;
⑤ *(Lucr.)* das Wachsen.

ortus[3]**,** ī *m* = *hortus.*

Ortygia, ae *u.* **-ē,** ēs *f mit dem Kult der Diana*

verbundener Ortsname ① *ältester Stadtteil v. Syrakus auf einer Insel*;
② *alter Name der Insel Delos;* – *Adj.* **Ortygius,** a, um [**dea** = Diana];
③ *heiliger Hain b. Ephesus.*

oryx, ygis *m (gr. Fw.) (Mart.; Iuv.)* wilde Ziege *od.* Gazelle.

orȳza, ae *f (gr. Fw.) (poet.; nachkl.)* der Reis.

● **ōs¹,** ōris *n* ① Mund, Maul, Rachen, Schnabel [**hominis; canum; cornicis**]; *(übtr.)* **in ore alcis (omnium, vulgi) esse** in jmds. Mund sein, v. jmdm. im Mund geführt werden; **alqm** *od.* **alqd in ore habere** im Mund führen; **in ora hominum venire** ins Gerede kommen; **uno ore** einstimmig; **per ora hominum ferri** *(v. Schriften);* **pendere ab ore narrantis;**
② Sprache, Rede; **arrogantia oris** anmaßende Rede; **libero ore loqui** freimütig; **eum ex tuo ore admiror** nach deiner Schilderung; **ore placido;**
③ *(nachkl.)* Mundart, Dialekt [**Latinum**];
④ Gesicht, Antlitz, Miene; **in os adversum** gerade ins Gesicht; **alqm in os laudare; ora oculosque in alqm convertere; praebere os alci ad contumeliam** *(Liv.)* sich von jmdm. öffentlich verhöhnen lassen;
⑤ Augen, Gegenwart; **in ore** *od.* **ante ora alcis** vor jmds. Augen; **in ore omnium versari (agere)** sich öffentlich zeigen, öffentlich auftreten;
⑥ *(poet.)* Aussehen, Gestalt;
⑦ *(übtr.)* Maske, Larve [**Gorgonis**]; **ora corticibus cavatis;**
⑧ *(übtr.)* Rachen, Schlund; **ex ore ac faucibus belli;**
⑨ Öffnung, Eingang, Ausgang [**domūs; portūs; ponti**];
⑩ Mündung *(eines Flusses)* [**Tiberis**];
⑪ *(Verg.)* Quelle;
⑫ *(Hor.)* Schnabel *eines Schiffes;* **ora navium rostrata;**
⑬ Frechheit, Dreistigkeit; **duri puer oris; os hominis insignemque impudentiam cognoscite.**

● **os²,** ossis *n* ① Knochen, Bein; *Pl.* ossa, *ossium* Gebeine; **ossa legere** einsammeln; **calor ossa reliquit; ossa atque pellis sum** (ich bin nur noch Haut und Knochen) **miser aegritudine** *(Plaut.)*; *(übtr.)* **cineres atque ossa Troiae;**
② *Pl. (übtr.)* das Innerste, Mark (u. Bein); **per ima cucurrit ossa tremor; exarsit dolor ossibus** im Herzen;
③ *Pl.* Gerippe *(auch übtr.)* [**beluae**]; *(übtr., vom Redner)* **imitari non ossa solum, sed etiam sanguinem.**

Osca, ae *f Stadt südl. der Pyrenäen;* – *Adj.* **Oscēnsis,** e [**argentum**]; – *Einw.* **Oscēnsēs,** ium *m.*

ōs-cen, cinis *m (< obs- [ob] u. cano)* Weissagevogel *(z. B. Rabe, Krähe, Eule), aus dessen Geschrei die Auguren weissagten.*

Oscēnsēs *u.* **Oscēnsis** *s. Osca.*

Oscī, ōrum *m (älter* Opicī*)* die Osker, *Volk in Kampanien; oskisch ist die Sprache der Samniten, Mamertiner, Bruttier;* – *Adj.* **Oscus,** a, um oskisch [**ludi** die Atellanen].

oscillātiō, ōnis *f (Petr.)* das Schaukeln.

ōscillum, ī *n (Demin. v. osculum) (Verg.)* kleine Maske, *bes.* Wachsbildchen des Bacchus, *das in der Feldmark zur Abwehr böser Geister aufgehängt wurde.*

ōscitanter *Adv. (oscito)* schläfrig; teilnahmslos.

ōscitātiō, ōnis *f (oscito) (nachkl.)* das Gähnen.

ōscitō, ōscitāre *u.* **ōscitor,** ōscitārī *(< ōs citō „bewege den Mund")* gähnen; – **ōscitāns** schläfrig, teilnahmslos.

ōsculābundus, a, um *(osculor) (Suet.)* küssend.

ōsculātiō, ōnis *f (osculor)* das Küssen.

ōsculor, ōsculārī *(osculum)* küssen; liebkosen, verwöhnen; zärtlich lieben [**scientiam iuris tamquam filiolam**].

● **ōsculum,** ī *n (Demin. v. os¹)* ① *(poet.; nachkl.)* Mündchen;
② *(meton.)* Kuss [**supremum** Abschiedskuss].

Oscus *s. Osci.*

> *i* Kultur **Osīris,** ris *u.* ridis *m* Hauptgott Ägyptens, Gemahl u. Bruder der Isis, Totenherrscher u. Totenrichter.

Osismī, ōrum *m kelt. Volk in der Bretagne.*

ōsor, ōsōris *m (odi) (Plaut.; August.)* Hasser.

Ossa, ae *f (u. [Ov.] m) Gebirge in Thessalien, dem Olymp benachbart;* – *Adj.* **Ossaeus,** a, um.

osseus, a, um *(os²) (poet.; nachkl.)* knochig, knöchern, knochendürr, -hart.

ossiculum, ī *n (Demin. v. os²) (nachkl.)* Knöchelchen.

ossi-fraga, ae *f u.* **-fragus,** ī *m (os² u. frango) (poet.; nachkl.)* Seeadler.

● **os-tendō,** tendere, tendī, tentum *u. (später)* tēnsum *(< obs [ob] -tendo)* ① *(poet.)* entgegenstrecken, -halten, vorhalten [**manūs; dextram; glaebas Aquiloni** aussetzen]; *übtr.* entgegenhalten: **mihi praeclara eius defensio ostenditur;**
② zeigen, sehen lassen, darbieten [**epistulam; tabellas; lapidem** hinzeigen auf; **telum inimico; iuvenes foro** einführen auf; **captos hostes civibus** *im Triumph* zeigen, aufführen; **iambos Latio** in Latium einführen; **se in armis; aciem ad terrorem hostium; vocem** hören lassen]; – *se ~ u. mediopass. ostendi* er-

O

scheinen, zu Tage treten, sichtbar werden;
❸ *(übtr.)* vor Augen halten, in Aussicht stellen, versprechen, ankündigen [**alci spem praemiorum; munus; spem falsam** vorspiegeln; **viam salutis**]; **victoria ostenditur** steht in Aussicht;
❹ offenbaren, erkennen lassen, an den Tag legen [**sententiam suam; se alci inimicum**]; **odium patris ostenditur** zeigt sich;
❺ erklären, eröffnen, darlegen, deuten, veranschaulichen *(abs.; m. Akk.; A. C. I.; indir. Frages.)* [**siderum motūs; potestatem suam in alqm**];
❻ einwenden.

ostēnsiō, ōnis *f (ostendo) (nachkl.)* das Zeigen, Offenbaren.

ostentāneus, a, um *(ostento) (Sen.)* zeigend, gefahrdrohend [**fulmina**].

ostentātiō, ōnis *f (ostento)* ❶ das Zeigen, Offenbaren [**virium** absichtliche Entfaltung; **saevitiae** die zur Schau getragene Wildheit]; **ostentationis causā** um sich zu zeigen;
❷ Prahlerei *(mit etw.: Gen.)* [**ingenii; scientiae**];
❸ Täuschung, Vorspiegelung, Schein [**inanis; doloris** verstellter Schmerz].

ostentātor, ōris *m (ostento)* ❶ *(Tac.)* derjenige, der auf etw. aufmerksam macht *(auf etw.: Gen.)* [**periculorum**];
❷ Prahler *(mit etw.: Gen.)* [**factorum**].

● **ostentō,** ostentāre *(Intens. v. ostendo)* ❶ (wiederholt, auffällig) hinhalten, entgegenhalten, darbieten [**alci iugula sua pro alterius capite**];
❷ zeigen, sehen lassen [**Germanici liberos**];
❸ prahlend zeigen, zur Schau stellen, m. etw. prahlen *(m. Akk.)* [**cicatrices; arma capta; prudentiam**];
❹ *(übtr.)* zeigen, an den Tag legen, offenbaren [**gaudium; aequitatem integram; se comem et magnificum**];
❺ *(übtr.)* jmdm. etw. vor Augen halten [**militibus Italiam**];
❻ in Aussicht stellen: **a)** versprechen [**agrum; praemia; mercedem**]; **b)** androhen [**caedem; bellum**];
❼ *(prahlend)* sich auf jmd. *od.* etw. berufen *(m. Akk.)* [**Ambiorigem; aetatis honorem**];
❽ *(Ov.)* als Muster vorhalten *(alqm alci)*;
❾ erklären, aufzeigen, beweisen *(m. A. C. I. od. indir. Frages.)*.

ostentum, ī *n (ostendo)* ❶ Anzeichen, Wunder(zeichen); **deorum -a**;
❷ *(Tac.)* Scheusal, Ungeheuer.

ostentus[1] *P. P. P. v. ostendo.*

ostentus[2], *Dat.* uī, *Abl.* ū *m (ostendo)* ❶ das Zeigen, Schaustellung, *meist Dat. ostentuī* zur Schau; **corpora ostentui abiecta; ostentui clementiae suae** um seine Milde zu zeigen;
❷ *ostentuī* zum Beweis [**esse** dienen];
❸ *ostentuī* zum Schein; **deditionis signa ostentui credere** für Blendwerk halten.

Ōstia, ae *f u.* ōrum *n (ostium) Hafenstadt Roms an der Tibermündung, angeblich v. Ancus Marcius gegründet; – Adj.* **Ōstiēnsis,** e [**provincia** die Verwaltung v. Ostia].

ōstiārium, ī *n (ostium)* Türsteuer.

ōstiārius, ī *m (ostium) (Sen.)* Pförtner.

ōstiātim *Adv. (ostium)* v. Tür zu Tür, v. Haus zu Haus [**compilare totum oppidum**].

ōstiolum, ī *n (Demin. v. ostium) (nachkl.)* kleine Tür.

● **ōstium,** ī *n (os[1])* ❶ Tür [**carceris**]; ~ **crepuit**;
❷ *(übtr.)* Eingang, Zugang [**portūs; Oceani** Straße v. Gibraltar];
❸ Mündung *eines Flusses* [**Tiberinum**].

ostrea, ae *f (gr. Fw.)* Muschel, Auster.

ostreārius, a, um *(ostrea) (Plin.)* zu den Austern gehörig [**panis** *Brot, das zu den Austern gegessen wurde*].

ostreātus, a, um *(ostrea) (Plaut.)* m. Austernschalen besetzt; **quasi -um tergum ulceribus** *(v. Schlägen)*.

ostreōsus *u.* **ostriōsus,** a, um *(ostrea) (poet.)* austernreich [**ora Hellespontia**].

ostreum, ī *n (vor- u. nachkl.) = ostrea.*

ostri-fer, fera, ferum *(ostreum u. fero) (poet.)* austernreich.

ostrīnus, a, um *(ostrum) (poet.)* purpurn [**tunica**].

ostrum, ī *n (gr. Fw.) (poet.)* ❶ Purpur *(aus dem Saft der Purpurschnecke gewonnener Farbstoff)*;
❷ *(meton.)* Purpurgewand, -decke.

ōsūrus *Part. Fut. v. odi.*

ōsus, a, um *(odi) (nicht klass.)* ❶ *(akt.)* hassend;
❷ *(pass.)* verhasst.

Othō, ōnis *m röm. cogn.:* ❶ L. Roscius ~, *Volkstribun 67 v. Chr., dessen Gesetz den Ritterzensus auf 400 000 Sesterzen festsetzte u. den Rittern die ersten 14 Sitzreihen im Theater zuwies*;
❷ M. Salvius ~, *röm. Kaiser im Dreikaiserjahr 69 n. Chr.; – Adj.* **Othōniānus,** a, um.

Othrys, yos *m Gebirge im südl. Thessalien (nördl. Griechenland).*

ōtiolum, ī *n (Demin. v. otium)* das bisschen Muße.

ōtior, ōtiārī *(otium)* Muße haben, Muße genießen, faulenzen.

● **ōtiōsus,** a, um *(otium)* ❶ müßig, unbeschäftigt, untätig [**homines; miles; urbani** großstädtische Müßiggänger]; *v. Sachen:* in Untätigkeit zugebracht, der Muße gewidmet [**tempus; dies; senectus; pecunia** nicht angelegt]; **alci -um est** *(m. Inf.)* jmd. vertreibt sich die Zeit damit; **in foro -e ambulare**;
❷ frei *v.* Staatsgeschäften, ohne öffentl. Amt;

❸ literarisch beschäftigt, wissenschaftlich tätig;
❹ ruhig, friedlich *(v. Personen u. Sachen)*; **annus ab hoste ~** ungestört; **alqm -um reddere** zur Ruhe bringen; – *Subst.* otiosi *m* friedliche Bürger;
❺ sorglos, unbekümmert; **animo -o esse;**
❻ *(polit.)* neutral; – *Subst.* otiosi *m* Neutrale;
❼ *(nachkl.) (vom Redner u. vom Stil)* weitschweifig;
❽ *(nachkl.)* überflüssig, nutzlos [**quaestio**].

● **ōtium,** ī *n* ❶ Muße, Ruhe v. Berufstätigkeit, Freizeit *(Ggstz.: negotium)* [**urbanum** müßiges Stadtleben]; **se in -um conferre** sich ins Privatleben zurückziehen; **-o frui; -um habere ad alqd; -um in historia scribenda consumere;**
❷ Müßiggang, müßiges Leben; **in -o languescere; -um sequi** müßig sein;
❸ literarische Beschäftigung, wissenschaftliche Betätigung, Studium; **abundare -o studioque;**
❹ *(Ov.) (meton.) Pl. otia nostra* Früchte meiner Muße *(v. seinen Gedichten)*;
❺ polit. Ruhe, Friede; **in -o esse** *u.* **vivere; per -um** während der Friedenszeit; **ab hoste ~ est** man hat Ruhe vor; **~ ab urbanis seditionibus; rem ad -um deducere** friedlich beilegen; **diuturnitas pacis -um confirmavit;**
❻ *(Hor.)* Windstille.

ovātiō, ōnis *f (ovo) (Gell.)* kleiner Triumph.

> *i* Kultur **Ovidius,** a, um *röm. nomen gentile:* P. ~ Naso, *Dichter der Metamorphosen, Amores, Fasten, Tristien, Heroiden u. a., geb. 43 v. Chr. in Sulmo, gest. in der Verbannung in Tomi am Schwarzen Meer 17 n. Chr.*

ovīle, lis *n (ovis)* ❶ *(poet.)* Schafstall, *auch* Ziegenstall;
❷ *eingezäunter* Abstimmungsplatz *auf dem Marsfeld.*

ovillus, a, um *(ovis)* Schaf- [**grex**].

● **ovis,** is *f* ❶ Schaf;
❷ *(poet.) (meton.)* Wolle.

ovō, ovāre ❶ jubeln, frohlocken *(über etw.: Abl.)* [**victoriā; spoliis exercituum**];
❷ feierlich einziehen.

ōvum, ī *n* ❶ Ei; *sprichw.:* **ab ovo usque ad mala** v. der Vorspeise bis zum Nachtisch = während der ganzen Mahlzeit;
❷ *in Bezug auf den Ledamythos:* **~ geminum** Doppelei *der Leda (aus dem der Sage nach die Zwillingsbrüder Kastor u. Pollux geboren waren)*; **ovo prognatus eodem:** *v. Pollux*;
❸ **septem ova:** *im Zirkus sieben eiförmige Figuren, nach denen die Umläufe der Wagen gezählt wurden, wobei man je eine von ihrem Gestell herabnahm.*

Oxus, ī *m Fluss in Asien, über den trotz des Alexanderzuges in der Antike unklare Vorstellungen herrschten, j.* Amu-Darja.

oxygarum, ī *n (gr. Fw.) (nachkl.)* Fischbrühe.

P

P. *(Abk.)* ① = *Publius (Vorname)*;
② **P. C.** = *patres conscripti*;
③ **P. M.** = *pontifex maximus*;
④ **P. R.** = *populus Romanus.*

pābulātiō, ōnis *f (pabulor) (milit. t. t.)* das Futterholen, Furagieren.

pābulātor, ōris *m (pabulor) (milit. t. t.)* Futterholer, Furier.

● **pābulor,** pābulārī *(pabulum) (milit. t. t.)* Futter holen, furagieren.

● **pābulum,** ī *n (pasco)* ① Futter, *poet. meist Pl., bes.* Gras, Kräuter [**caelestia** Ambrosia]; **-um supportare, comparare, consumere; -a carpit ovis;**
② *(milit. t. t.)* Furage; **-um convehere;**
③ *(übtr.)* Nahrung [**doctrinae; morbi**].

pācālis, e *(pax[1]) (Ov.)* Friedens- [**olea; laurus; flammae** *auf dem Altar der Friedensgöttin*].

pācātor, ōris *m (paco) (Sen.)* Friedensstifter, -bringer; **ille victor pacatorque gentium populus.**

pācātum, ī *n (pacatus)* Freundesland.

pācātus, a, um *(P. Adj. v. paco)* beruhigt, ruhig, friedlich [**vultus; civitas; provincia; coloni; mare**] *(gegen jmd.: alci).*

Pachȳnos, ī *f u.* **-um,** ī *n südl. Vorgeb. Siziliens, j.* Paco Passero.

pāci-fer, fera, ferum *(pax[1] u. fero) (poet.; nachkl.)* Frieden bringend [**oliva; laurus; sermo**].

pācificātiō, ōnis *f (pacifico)* Friedensstiftung.

pācificātor, ōris *m (pacifico)* Friedensstifter.

pācificātōrius, a, um *(pacificator)* den Frieden vermittelnd, Friedens- [**legatio**].

pācificor, pācificārī *u.* **pācificō,** pācificāre *(pax[1] u. facio)* **I.** *intr.* Frieden schließen; Frieden vermitteln; **Iugurthā pacificante; legati venerunt pacificatum;**
II. *trans.* besänftigen, versöhnen [**caelestes**].

pāci-ficus, a, um *(pax[1] u. facio)* Frieden stiftend.

● **pacīscor,** pacīscī, pactus sum *(pax[1], pango)* **I.** *intr.* einen Vertrag schließen, eine Abrede treffen, übereinkommen, sich einigen, abmachen *(de; m. ut, ne, auch m. Inf.)* [**de mercedibus**];
II. *trans.* ① etw. festsetzen, etw. verabreden [**pecuniam cum alqo; rem; argentum; pacem cum deditis**]; sich etw. ausbedingen *(alqd ab alqo, auch sibi alqd; m. ut, ne)* [**vitam a Iugurtha**]; – *Part.* **pactus,** a, um *(pass.)* verabredet, ausbedungen, durch Vergleich versprochen [**pretium; praemium; dies; indutiae; foedus**]; *Abl. abs.* pacto *(m. ut)* nach getroffener Verabredung;
② *(m. Inf.)* sich verpflichten [**stipendium dare**];
③ sich m. jmdm. verloben *(vom Mann)* [**puellam**]; – pacta verlobt *(mit jmdm.: alci); – Subst.* **pacta,** ae *f (poet.)* die Verlobte, Braut;
④ *(poet.)* vertauschen, hingeben [**vitam pro laude**], eintauschen [**letum pro laude**].

● **pācō,** pācāre *(pax[1])* ① friedlich machen, beruhigen [**mare; dolorem**];
② unterwerfen [**Galliam**];
③ *(poet.)* urbar machen [**silvas incultas vomere**].

Pacorus, ī *m Name dreier parthischer Könige, am bekanntesten der Sohn des Orodes, der 40 v. Chr. Syrien eroberte u. 38 v. Chr. von Ventidius besiegt wurde.*

pacta, ae *f (paciscor) (Verg.)* die Verlobte, Braut.

pactiō[1], ōnis *f (paciscor)* ① Übereinkunft, Vertrag, Vergleich, Verabredung [**verborum; praemiorum**]; **pactionem facere cum alqo** *(de re od. ut);*
② Kapitulation; **arma per pactionem tradere** kapitulieren;
③ Kontrakt *zw. den Generalpächtern u. den Provinzialbewohnern;* **pactiones conficere;**
④ geheimes Abkommen; **pactionis suspicio; spe pactionis;**
⑤ Versprechen [**provinciae**].

pāctiō[2], ōnis *f (pango)* Fügung, Formel; **ex pactione verborum, quibus ius iurandum comprehenditur.**

Pactōlus *u.* **-os,** ī *m (Akk.* -on*) goldführender Fluss in Lydien, an dem Sardes liegt, j.* Sart Çayi; – *Adj. (f)* **Pactōlis,** idis [**nymphae**].

pactor, ōris *m (paciscor)* Unterhändler, Vermittler, Stifter [**societatis**].

● **pactum,** ī *n (paciscor)* ① Übereinkunft, Vertrag, Vergleich; **ex -o** vertragsmäßig; **-o stare** am Vertrag festhalten; **manere in -o;**
② *nur im Abl. Sg.* Art u. Weise; **nullo -o** durchaus nicht; **eodem, alio, isto -o.**

pactus[1], a, um *s. paciscor.*

pāctus[2], a, um *s. pango.*

Pactyē, ēs *f Stadt an der Propontis in Thrakien, in die Alkibiades sich 407 v. Chr. zurückzog.*

Pācuvius, ī *m* M. ~, *röm. Tragiker (13 gesicherte Titel) aus Brundisium (um 220 – vor 130 v. Chr.), Neffe (Schwestersohn) des Ennius; – Adj.* **Pācuviānus,** a, um.

Padus, ī *m Hauptfluss Oberitaliens u. größter Fluss Italiens, j.* Po.

Padūsa, ae *f der südlichste Arm der Pomündung.*

Paeān, ānis *m altgriechischer* Heilgott; *später Beiname Apollos (auch des Äskulap) als Retters vor Krankheiten u. Übeln u. heilenden Arztes.*

paeān, ānis *m (Paean)* ① Päan, Hymnus *zu Ehren einer Gottheit, bes.* Lob- *od.* Bittgesang an Apollo, *übh.* Jubelgesang, Sieges-, Lobge-

sang;
② Päan, *Versfuß v. drei kurzen und einer langen Silbe.*

paedagōgium, ī *n (gr. Fw.) (nachkl.)* ① Pagenschule;
② *(übtr.)* Verführung;
③ *(meton.)* Pagen, Edelknaben.

paedagōgus, ī *m (gr. Fw.)* ① Knabenführer, *Sklave, der die Söhne seines Herrn in die Schule begleitete, v. der Schule abholte u. zu Hause beaufsichtigte;*
② *(nachkl.) (übtr.)* Erzieher.

paedīcātor, ōris *m (paedico¹)* Knabenschänder, Päderast.

paedīcō¹, paedīcāre *(gr. Fw.) (poet.)* m. Knaben Unzucht treiben *(abs.), (einen Knaben)* schänden *(m. Akk.).*

paedīcō², ōnis *m (paedico¹) (Mart.)* Knabenschänder, Päderast.

paedor, ōris *m* ① Schmutz, Unrat;
② *(August.)* Gestank.

paegniārius, a, um *(gr. Fw.) (Suet.)* zum Scherz fechtend.

paelex, licis *f (gr. Fw.)* ① Nebenfrau, Konkubine [**Oebalia** = Helena; **Tyria** = Europa; **barbara** = Medea]; Nebenbuhlerin [**sororis; matris**];
② *(Suet.)* Lustknabe *eines Mannes.*

paelicātus, ūs *m (paelex)* Konkubinat.

Paelīgnī, ōrum *m sabin.-illyrische Völkerschaft in Mittelitalien; – Adj.* **Paelīgnus,** a, um pälignisch [**cohors; miles**]; zauberkundig [**anus**].

Paemānī, ōrum *m belg. Volk östl. der Maas.*

● **paene** *Adv.* ① beinahe, fast, so gut wie, sozusagen; **paene dicam** fast möchte ich sagen; *bes. m. Ind. Perf.:* **paene perlit** beinahe wäre er umgekommen; **periculis paene oppressa est res publica;** *bei Adj. u. Adv.:* **paene orbus; paene simul cum patre triumphavit;**
② gänzlich, ganz u. gar *(Superl. paenissimē);* **non paene sum deceptus.**

paen-īnsula, ae *f* Halbinsel; *auch getr.* paene insula.

paenitentia, ae *f (paeniteo)* Reue *(wegen etw.: Gen.).*

● **paeniteō,** paenitēre, paenituī, – **I.** *(persönl.)* Missfallen finden, missbilligen, bereuen; **paenitendus** verwerflich; **haud paenitendus** anerkennenswert; **id paenitendum est;** *(m. Gen.)* **paenitens consilii;**
II. *(unpers.) alqm* **paenitet** es reut, verdrießt, ärgert jmd., jmd. bereut etw., ist m. etw. unzufrieden, ärgert sich über etw. *(m. Gen.; alqd nur beim Neutr. eines Pron.; m. Inf., m. quod od. m. indir. Frages.)*; **populum iudicii paenitebat; me paenitet consilii; me meorum factorum numquam paenitebit;** *ohne Akk. der Person:* **aetatis maxime paenitebat** am meisten missfiel seine Jugend; – **alqm non paenitet** *oft* = jmd. ist nicht abgeneigt, es gefällt jmdm., jmd. ist zufrieden.

paenitūdō, dinis *f (paeniteo) (spätl.)* Reue.

paenula, ae *f (gr. Fw.)* Oberkleid, Reisemantel, Paenula; *sprichw.:* **scindere alci -am** einem die Paenula zerreißen = einen Gast dringend zum Bleiben auffordern.

paenulātus, a, um *(paenula)* m. einem Reisemantel bekleidet, im Reisemantel, in einer Paenula.

paeōn, ōnis *m = paean.*

Paeōn¹, ōnis *m = Paean; – Adj.* **Paeōnius,** a, um *(poet.)* **a)** des Apollo; **b)** der Ärzte [**mos**]; heilsam [**herbae**].

Paeōn², onis *m Pl.* **Paeonēs,** num die Päonier, *eine Völkerschaft in Makedonien in der Landschaft Emathia; –* **Paeonis,** idis *f* Päonierin; *– Landschaft:* **Paeonia,** ae *f.*

Paestum, ī *n Stadt in Lukanien, im Süden des Golfs v. Salerno, Ruinenstadt m. Stadtmauer u. drei gut erhaltenen dorischen Tempeln; der Heratempel („Poseidon"-Tempel) zählt neben dem Theseion in Athen u. dem Concordiatempel in Agrigent zu den besterhaltenen der Antike; – Einw. u. Adj.* **Paestānus,** ī *m bzw.* a, um.

paetulus, a, um *(Demin.) = paetus.*

paetus, a, um *(vorkl.; Hor.)* verliebt blinzelnd, leicht schielend.

pāgānica, ae *f (paganicus; erg. pila²) (Mart.)* m. Federn ausgestopfter Ball.

pāgānicus, a, um *(paganus)* ① *(vorkl.)* zum Dorf gehörig, ländlich;
② *(Eccl.)* heidnisch.

pāgānus *(pagus)* **I.** *Adj.* a, um ① *(poet.; nachkl.)* dörflich, ländlich, Land- [**focus; lex**];
② *(Plin.)* bäurisch, ungebildet;
③ *(Eccl.)* heidnisch;
II. *Subst.* ī *m* ① Dorfbewohner, Bauer;
② *(nachkl.)* Zivilist;
③ *(nachkl.)* Spießbürger;
④ *(Eccl.)* Heide.

Pagasae, ārum *u.* **Pagasē,** ēs *f Seestadt in Thessalien, im Mythos: Bauplatz der Argo; – Adj.* **Pagasaeus,** a, um [**puppis** *u.* **carina** = die Argo; **coniunx** = Alkestis]; *als Subst. m* = Jason.

pāgātim *Adv. (pagus)* dorfweise, gemeindeweise.

pāgella, ae *f (Demin. v. pagina)* Blatt (Papier), Seite *des Papiers.*

pāgina, ae *f* ① Blatt (Papier), Seite *des Papiers;*
② *(Mart.) (meton.)* Geschriebenes;
③ *(Iuv.)* ~ **honorum** eherne Platte *am Fuß v. Statuen, auf der die Titel, innegehabte Ehrenstellen u. Verdienste eingemeißelt waren;*
④ *(mlt.)* **a)** Urkunde; **b)** ~ **sancta** Heilige Schrift.

pāginula, ae *f (Demin.) = pagina.*

● **pāgus,** ī *m* ① Gau, Bezirk, Kanton; **unum**

P

pagum adoriri; omnis civitas Helvetia in quattuor -os divisa est *(Caes.); – meton.* die Bewohner des Gaus;
② Dorf; **pagi foraque**; – *meton.* die Dorfbewohner, Landvolk: ~ **agat festum**.

pāla, ae *f* ① Spaten;
② Fassung *eines Edelsteins am Ring.*

Palaemōn, onis *m* ① *der in einen Meergott verwandelte Melicerta, Sohn der Leukothea (Ino), später m. dem röm. Portunus identifiziert;*
② Remmius ~, *Freigelassener aus Vicetia (Vicenza) in Oberitalien, Grammatiker z. Zt. des Tiberius u. Claudius, Lehrer des Persius u. des Quintilianus.*

Palae-pharsālus, ī *f* Alt-Pharsalus, *Stadt in Thessalien, in der Nähe v. Pharsalus.*

Palae-polis, is *f eigtl.* „Altstadt", *der ältere Teil v. Neapel („Neustadt"); – Einw.* **Palaepolītānī,** ōrum *m.*

Palaestē, ēs *f Hafenstadt in Epirus in Nordgriechenland; – Adj.* **Palaestīnus,** a, um [**deae** die Furien].

Palaestīna, ae *u.* **-ē,** ēs *f* Palästina; – *Adj.* **Palaestīnus,** a, um [**aqua** vom Euphrat]; – *Einw.* **Palaestīnī,** ōrum *m auch übh.* Syrer.

palaestra, ae *f (gr. Fw.)* ① Ringschule, -platz; **in -a atque in foro; in -am venire**;
② *(meton.)* Ringkunst; **-am discere;**
③ *(übtr.)* Schule, *bes.* der Redekunst;
④ Übung, Bildung, Kunst, *bes.* Redeübung, Gewandtheit im Reden;
⑤ Kunststück;
⑥ *(Kom.) (scherzh.)* Bordell.

palaestricus, a, um *(gr. Fw.)* ① zur Ringschule gehörig, in der Ringschule üblich [**exercitus; magister** Lehrer der Ringkunst; **motūs** angelernte Bewegungen];
② der Palästra ergeben [**praetor** *ironisch über Verres, der zugunsten einer Ringschule tätig wurde*].

palaestrīta, ae *m (gr. Fw.)* Ringer.

palaestrō, palaestrāre *(palaestra) (spätl.)* sich in der Palästra üben.

Palae-tyros, ī *f* Alt-Tyrus *auf dem Festland.*

● **palam I.** *Adv.* ① öffentlich, vor aller Augen; ~ **ante oculos omnium**;
② *(übtr.)* **a)** offen, unverhohlen; ~ **dicere; mortem ~ praedicare; b)** offenkundig, bekannt; **testamentum ~ facere** bekannt machen; ~ **fieri** *(m. A.C. I.)* bekannt werden;
II. *Präp. b. Abl.* vor, in Gegenwart von [**populo; senatu; omnibus**].

Palamēdēs, is *m Sohn des euböischen Königs Nauplius.*

i Kultur **Palātium,** ī *n* ① der Palatinische Hügel *in Rom, der die älteste Ansiedlung u. später die Kaiserpaläste getragen hat; – Adj.* **Palātīnus,** a, um palatinisch [**collis; gens** = die Römer];
② *(poet.) (meton.)* Palast; **-a fulgent;** – *Adj.* **Palātīnus,** a, um **a)** kaiserlich [**laurus; domus**]; **b)** *(mlt.)* zur kaiserl. Pfalz gehörig, fürstlich, königlich, Hof- [**comes** Pfalzgraf].

palātum, ī *n u.* **palātus,** ī *m* ① Gaumen [**subtile**];
② *(übtr.)* Wölbung [**caeli**].

palea, ae *f* Spreu, *auch Pl.;* **-arum navis** eine Schiffsladung Spreu.

palear, āris *n (poet.; nachkl.)* Wamme *(vom Hals des Rindes herabhängende Hautfalte), meist Pl.*

Palēs, is *f altital. Göttin der Weiden u. Schützerin der Herden; – Adj.* **Palīlis,** e der Pales geweiht.

Palīcī, ōrum *m (selten auch Sg.) Zwillingsbrüder, Söhne des Jupiter, an einem See (Lago dei Palici) bei der Stadt Palica auf Sizilien verehrt.*

Palīlia *(auch* Parīlia), ium *n (Pales)* die Palilien, *Hirtenfest der Römer am 21. April, dem Gründungstag Roms, auch Tag des Regierungsantritts des Kaisers Caligula.*

Palīlis, e *s. Pales.*

palimpsēstus, ī *m (gr. Fw., eigtl.* „wieder abgekratzt") Palimpsest, *nach Abkratzen der älteren Schrift neu beschriebenes Pergament.*

Palinūrus, ī *m Steuermann des Äneas, der am Steuerruder einschlief, an der Küste v. Lukanien ins Meer stürzte u. ertrank; nach ihm wurde das Vorgeb. an der Westküste Lukaniens benannt.*

pālitor, pālitārī *(Frequ. v. palor) (Plaut.)* umherschweifen.

paliūrus, ī *m u. f (gr. Fw.) (poet.; nachkl.) (bot.)* Christdorn.

i Kultur **palla,** ae *f* ① langes, vorn offenes Obergewand, Mantel *der röm. Frauen u. der tragischen Schauspieler auf der Bühne;*
② *(Sen.)* Vorhang.

pallaca, ae *f (gr. Fw.) (nachkl.)* Geliebte, Konkubine.

Pallas[1]**,** adis *u.* ados *f (poet.)* ① *Beiname der Athene (Minerva);* **Palladis arbor** Ölbaum, **ars** Spinnen u. Weben, **ales** Eule, **ignes** im Vestatempel *(weil das Palladium im Vestatempel stand);*
② *(meton.)* **a)** Ölbaum [**bacifera**]; **b)** Öl; **c)** Kunstfertigkeit; **d)** das Bild der Pallas, das Palladium; **e)** Tempel der Pallas;
/ *Adj.* **Palladius,** a, um der Pallas (geweiht) [**ramus** Ölzweig; **corona** aus Ölzweigen; **silva** Olivenwald; **latices** Öl; **arces** Athen; **ratis** die

Argo];
/ *Subst.* **Palladium,** ī *n das vom Himmel gefallene Bild der Pallas in Troja, das die Sicherheit der Stadt garantieren sollte; nach seinem Raub durch Odysseus u. Diomedes soll es später durch Äneas nach Rom gekommen u. im Vestatempel aufgestellt worden sein.*

Pallās², antis *m* ① *Ahnherr des Euander; – Adj.* **Pallantius** *u.* **Pallantēus,** a, um; – *Subst.* **Pallantēum,** ī *n* **a)** *Stadt in Arkadien, nach Pallas, dem Ahnherrn des Euander, benannt;* **b)** *Stadt an der Stelle des späteren Rom, v. Euander erbaut;*
② *Sohn des Euander.*

Pallēnē, ēs *f westl. der drei Halbinseln der Chalkidike; – Adj.* **Pallēnēnsis,** e.

pallēns, *Gen.* entis *(P. Adj. v. palleo) (poet.; nachkl.)* ① blass, bleich, fahl, *bes. v. dem, was sich in der Unterwelt befindet* [**animae; undae**]; ~ **terrore;**
② gelblich, gelbgrün, grünlich [**herbae; olivae; violae** Levkojen];
③ *(meton.)* blass machend [**morbus; fama** sorgenbringend; **curae**].

palleō, pallēre, palluī, – ① blass, bleich, fahl sein; **metu ~;**
② *(poet.)* gelblich, grünlich sein; **saxum palluit auro;**
③ *(poet.)* sich entfärben, seine natürliche Farbe verlieren; **ne vitio caeli palleat aegra seges** *(Ov.);*
④ *(poet.; nachkl.)* krank sein [**argenti amore**]; **corpora ignaviā pallentia** vom Nichtstun;
⑤ *(poet.) (meton.)* sich ängstigen, sich fürchten, besorgt sein *(vor etw.: alqd; für, um jmd.: alci)* [**pontum** vor; **pueris** um; **ad** (bei) **omnia fulgura**].

pallēscō, pallēscere, palluī, – *(Incoh. v. palleo) (poet.; nachkl.)* ① erblassen, fahl werden [**curis**]; **in femina ~** in Liebe erblassen = heftig verliebt sein;
② gelblich werden; **pallescunt frondes;**
③ *(übtr.)* in Furcht geraten, besorgt sein, sich ängstigen; **omnes futurā morte pallescunt** *(August.).*

palliātus, a, um *(pallium)* m. einem griech. Mantel bekleidet, im griech. Mantel.

pallidulus, a, um *(Demin. v. pallidus) (Cat.)* ziemlich blass.

pallidus, a, um *(palleo) (poet.; nachkl.)* ① blass, bleich, *bes. v. dem, was sich in der Unterwelt befindet* [**Ditis regna; turba; stellae**]; ~ **in alqa** blass vor Liebe = sterblich verliebt in jmd.;
② *(meton.)* bleich machend [**mors; cura**];
③ gelb, grünlich; **hospes inauratā pallidior statuā** *(Cat.);*
④ unscheinbar;
⑤ hässlich.

palliō, palliāre *(pallium) (spätl.)* verdecken, verbergen, bemänteln.

palliolātim *Adv. (palliolum) (Kom.)* m. einem Mäntelchen; ~ **saltare.**

palliolātus, a, um *(palliolum) (nachkl.)* m. einer Kapuze.

palliolum, ī *n (Demin. v. pallium)* ① *(Plaut.)* griech. Mäntelchen;
② *(poet.; nachkl.)* Kapuze.

pallium, ī *n* ① griech. Mantel, ein weiter Überwurf; *sprichw.: (Plaut.)* **tunica propior -o** das Hemd ist mir näher als der Rock; **a toga ad -um** *(im Sinne von einem Rangverlust);* **-um in collum conicere;**
② *(poet.; nachkl.)* Hülle, Bedeckung; Bettdecke;
③ *(mlt.)* **a)** Krönungsmantel; **b)** Pallium *(Schulterbinde des päpstl. u. erzbischöflichen Ornats).*

pallor, ōris *m (palleo)* ① Blässe [**gelidus**]; ~ **ora occupat;**
② *(poet.)* gelbliche Farbe; **pallorem ducunt rami** *(Ov.)* werden gelb;
③ *(meton.)* Angst, Furcht; – Pallor *personif. als Gottheit.*

palluī *Perf. v. palleo u. pallesco.*

pallula, ae *f (Demin. v. palla) (Plaut.)* Mäntelchen.

● **palma¹,** ae *f* ① (flache) Hand; **passis -is; primae -ae** Fingerspitzen; **alqm -ā concutere;**
② *(poet.)* Ruder(blatt), Schaufel;
③ Palme [**viridis**]; **stirpes -arum;**
④ *(poet.; nachkl.)* Palmfrucht, Dattel [**rugosae**];
⑤ **a)** Palmzweig; **b)** Besen;
⑥ Siegespalme, Siegespreis [**Olympiaca**]; **-am dare, accipere;**
⑦ Vorzug; Sieg; Ruhm; **praemia -ae** des Sieges;
⑧ *(Verg.)* Bewerber um den Siegespreis, Sieger; **tertia ~ Diores** dritter Sieger;
⑨ Schössling, äußerster Zweig.

palma², ae *f* = *parma.*

palmāris, e *(palma¹)* des Sieges-, Ehrenpreises würdig, vorzüglich [**statua; dea** *die einen Palmzweig tragende* Siegesgöttin].

palmārium, ī *n (palma¹) (Ter.)* Meisterstück; Hauptwerk.

palmātus, a, um *(palma¹)* m. Palmzweigen bestickt [**toga; vestis**].

palmes, mitis *m (palma¹) (poet.)* Zweig [**arboris**]; Rebschössling; Weinstock.

palmētum, ī *n (palma¹) (poet.; nachkl.)* Palmenhain, Dattelpflanzung.

palmi-fer, fera, ferum *(palma¹ u. fero) (poet.) u.* **palmi-ger,** gera, gerum *(palma¹ u. gero) (Plin.)* Palmen tragend, palmenreich [**Thebae**].

palmōsus, a, um *(palma¹) (Verg.)* reich an Palmen.

palmula, ae *f (Demin. v. palma¹)* ❶ *(poet.)* Ruder(schaufel);
❷ *(vorkl.)* Palme, Palmzweig;
❸ *(vorkl.) (meton.)* Dattel.

Palmȳra, ae *f Stadt in Syrien.*

pālor, pālārī ❶ sich zerstreuen, umherschweifen; **agmen palatur per agros; palantia sidera;**
❷ *(übtr.)* irren, schwanken; **animi palantes.**

palpātiō, ōnis *f (palpo¹) (Plaut.)* das Streicheln, Liebkosung; das Schmeicheln.

palpātor, ōris *m (palpo¹) (Plaut.)* Schmeichler.

palpebra, ae *f (palpito)* Augenlid.

palpitātiō, ōnis *f (palpito) (nachkl.)* das Zucken, Blinzeln [**oculorum; cordis** das Klopfen].

palpitō, palpitāre *(Intens. v. palpo¹)* zucken; **lingua palpitat; cor palpitat** klopft; *(übtr.)* **animus palpitans.**

palpō¹, palpāre *u.* **palpor,** palpārī liebkosend streicheln, liebkosen; schmeicheln.

palpō², ōnis *m (palpo¹) (Pers.)* Schmeichler.

palpum, ī *n u.* **-us,** ī *m (palpo¹) (Plaut.)* das Streicheln.

palūdāmentum, ī *n* Kriegs-, Soldaten-, Feldherrnmantel.

palūdātus, a, um im Kriegsmantel [**lictores; duces**].

palūdōsus, a, um *(palus²) (Ov.)* sumpfig [**Nilus**].

palumbēs *u.* **palumbis,** is *m u. f* Holz-, Ringeltaube; *sprichw.:* **palumbem alci ad aream adducere** jmdm. eine gute Gelegenheit zu etw. geben.

palumbīnus, a, um *(palumbes) (Plin.)* von Holztauben [**caro**].

palumbus, ī *m (nachkl.) = palumbes.*

pālus¹, ī *m (pango)* Pfahl; **alqm ad -um alligare** *od.* **deligare; -is vitem adiungere.**

● **palūs²,** ūdis *f* ❶ Sumpf, Morast, Pfütze, Pfuhl; See; Fluss [**nigra; alta**]; ~ **erat non magna inter nostrum atque hostium exercitum** *(Caes.);*
❷ *(Mart.) (meton.)* Sumpfrohr.

palūster, tris, tre *(palus²)* ❶ sumpfig, Sumpf- [**ager; loca; herbae; ulva**]; – *Subst.* **palūstria,** ium *n (Plin.)* sumpfige Stellen, Sumpfgegend;
❷ *(Hor.)* im Sumpf lebend, Sumpf- [**ranae**].

Pamphȳlia, ae *f Landschaft im südl. Kleinasien; – Adj.* **Pamphȳlius,** a, um.

pampineus, a, um *(pampinus) (poet.; nachkl.)* von, aus Weinlaub, reich an Weinlaub [**corona; uvae; vites; frondes** Weinlaub; **autumnus; umbrae**].

pampinus, ī *m* ❶ junger Trieb des Weinstocks; **-os detergere;**
❷ Weinlaub, -ranke.

i Kultur **Pān,** Pānos *u.* Pānis *m (Akk.* Pāna) arkadischer Wald- u. Hirtengott, Sohn des Hermes (Merkur), Erfinder der Syrinx, dargestellt m. Bocksfüßen u. Hörnern; – *Pl.* Pānes dem Pan ähnliche Wald- u. Feldgottheiten, die zusammen m. Satyrn auftreten.

panaca, ae *f (Mart.)* Trinkgeschirr.

panacēa, ae *f (gr. Fw.) (poet.; nachkl.)* Allheilkraut *(erdichtete Pflanze); – (personif.)* **Panacea** *eine der vier Schwestern des Äskulap.*

Panaetius, ī *m stoischer Philosoph aus Rhodos (etwa 185–112 v. Chr.), Freund des jüngeren Scipio.*

Panaetōli(c)us, a, um zu ganz Ätolien gehörig, das gesamte Ätolien betreffend [**concilium**].

pānāriolum, ī *n (Demin. v. panarium) (Mart.)* Brotkörbchen.

pānārium, ī *n (panis) (vor- u. nachkl.)* Brotkorb.

Panathēnāicus, ī *m* Festrede *des Isokrates an den Panathenäen, den Festspielen zu Ehren der Athene, entstanden 342–339 v. Chr.*

Panchāia, ae *f myth. Insel im Roten Meer od. im Indischen Ozean; – Adj.* **Panchaeus** *u.* **Panchāius,** a, um.

panchrēstus, a, um *(gr. Fw.)* zu allem gut, zu allem nützlich.

pancratiastēs, ae *m (gr. Fw.) (nachkl.)* Pankratiast (Ring- u. Faustkämpfer).

pancraticē *Adv. (pancration) (Plaut.)* nach Art der Pankratiasten [**valere** kerngesund sein].

pancration *u.* **-ium,** ī *n (gr. Fw.) (poet.; nachkl.)* Pankration (Ring- u. Faustkampf), Doppelringen.

Pandāteria, ae *f kleine Insel vor der kampanischen Küste (westl. v. Cumae).*

pandī *Perf. v. pando¹.*

pandiculor, pandiculārī *(Plaut.)* sich *(beim Gähnen)* recken u. strecken.

Pandīon, onis *m der dritte myth. König v. Athen, Vater der Prokne u. Philomela; – Adj.* **Pandīonius,** a, um.

● **pandō¹,** pandere, pandī, passum *u.* pānsum *(pateo)* ❶ ausbreiten, ausstrecken, ausspreizen, ausspannen [**manūs; alas; pennas ad solem; aciem** entwickeln]; ~ **palmas ante delubrum dei; manibus passis** m. ausgebreiteten Armen; **velis passis; crines passi** *u.* **capillus passus** aufgelöst, fliegend; – *se ~ u. mediopass. pandi* sich ausbreiten, sich ausdehnen: **planities panditur;** *(übtr.)* **longe lateque se ~** weiten Einfluss gewinnen;
❷ öffnen, auftun [**ianuam; limen; moenia urbis; guttura** aufreißen]; – *mediopass.* sich öffnen: **portae panduntur; via panditur** liegt frei, ist offen;
❸ gangbar machen [**rupem ferro**], *(einen*

Weg) eröffnen, bahnen [**viam fugae, salutis, ad dominationem**];
④ offenbaren, kundtun, eröffnen [**requirenti nomen; oraculum; fata; primordia rerum**];
⑤ *(poet.)* trocknen; **ficos ~; uva passa** getrocknete Weintraube, Rosine; **lac passum** Käse.

pandō², pandāre *(nachkl.)* krümmen, biegen; – *mediopass.* sich krümmen.

Pandōra, ae *f* (Πανδώρα „die alles Gebende") *die erste Frau, die Hephaistos auf Befehl des Zeus erschuf und m. großer Schönheit versah; sie wurde zur Erde geschickt, um die bis dahin glücklichen Menschen f. den Feuerraub des Prometheus zu strafen, dessen Bruder Epimetheus sie geg. seinen Rat zur Frau nahm; sie brachte nämlich eine Büchse mit, in die die Götter alle Leiden eingesperrt hatten; voller Neugier öffnete sie diese Büchse, Unglück u. Plagen entwichen u. verbreiteten sich über die ganze Welt, nur die Hoffnung blieb zurück.*

pandus, a, um *(pando²) (poet.)* gekrümmt, eingedrückt, (ein)gebogen, gewölbt [**cornua; lances** hohl; **carina; rami; asellus; homo** bucklig].

pāne, nis *n (altl.) = panis.*

Panēgyricus, ī *m (gr. Fw.)* Festrede *des Isokrates zur Verherrlichung Athens, später allg.* Festrede, Lobgedicht *zur Verherrlichung v. Kaisern u. anderer Personen.*

Pangaea, ōrum *n Gebirge in Makedonien m. bedeutenden Silbergruben.*

pangō, pangere, pepigī *(vereinzelt* pānxī *u.* pēgī), pāctum ① einschlagen, einsenken, befestigen [**clavum; ancoram litoribus**]; (be-)pflanzen [**ramulum; colles** m. Weinstöcken];
② *(nur in den Perfektformen)* festsetzen, bestimmen [**fines provinciae**];
③ etw. verabreden, sich ausbedingen [**indutias; pacem** *u.* **foedus cum alqo** schließen]; *(m. ut, ne od. m. bl. Konj.); – m. Inf.* geloben, versprechen; sich versprechen lassen [**fraudem ulcisci**]; **resumere libertatem occultis insidiis pepigerant** *(Tac.)*;
④ *(Ehevertrag)* schließen, verloben [**se alci**]; **haec mihi se pepigit;**
⑤ verfassen, dichten [**poëmata**]; **facultas pangendi;**
⑥ *(Enn.)* besingen [**facta patrum**].

Panhormus, ī *f = Panormus.*

pānic(e)us, a, um *(panis) (Plaut.)* aus Brot gemacht.

pāniculus, ī *m (Plaut.)* Schilfrohrbüschel [**tectorius** auf dem Dach].

pānicum, ī *n* Hirse.

pāni-ficium, ī *n (panis u. facio)* ① *(vorkl.)* das Brotbacken;
② *(nachkl.)* Backwerk, *bes.* Opferkuchen.

● **pānis,** is *m* ① Brot [**militaris; rusticus**]; **panem fingere, coquere;**
② *(mlt.)* ~ **angelicus** Manna, Abendmahlsbrot.

Pāniscus, ī *m* kleiner Pan.

panniculus, ī *m (Demin. v. pannus) (nachkl.)* ein Stückchen Tuch, Läppchen, Fetzen.

Pannonia, ae *f Landschaft zw. Dakien, Norikum u. Illyrien, seit 8/9 n. Chr. bis zum Ende des 4. Jahrhs. röm. Provinz; – Einw.* **Pannoniī,** ōrum *m; – Adj.* **Pannonicus,** a, um.

pannōsus, a, um *(pannus)* ① zerlumpt, armselig [**homines**];
② *(nachkl.)* schlaff, welk [**mammae**].

pannūceus *u.* **-cius,** a, um *(nachkl.) = pannosus.*

pannulus, ī *m (Demin. v. pannus) (spätl.)* Lumpen, Fetzen.

pannus, ī *m* ① Stück Tuch, Lappen, Lumpen [**lineus**];
② ärmliches Kleid.

Panomphaeus, ī *m* (Παν-ομφαῖος „Allverkünder") *Beiname Jupiters als Weissagegott.*

Panopē¹, ēs *f Stadt in Phokis.*

Panopē², ēs *u.* **-pēa,** ae *f eine Meernymphe.*

Panormus, ī *f* ① *Stadt im Norden Siziliens, j.* Palermo; – *Adj.* **Panormitānus,** a, um;
② *Hafenort bei Ephesus.*

pānsa, ae *m (pando¹)* Plattfuß, Breitfuß; – Pānsa *als röm. Beiname.*

Pantagiēs *u.* **Pantagiās,** ae *m kleiner Fluss an der Ostküste Siziliens.*

pantex, ticis *m (poet.)* Wanst; *Pl.* Gedärme.

panthēra, ae *f (gr. Fw.)* Panther.

panthērīnus, a, um *(panthera) (vor- u. nachkl.)* vom Panther; gefleckt [**pellis**].

i Kultur **Panthēum,** ī *n* das Pantheon, „Tempel aller Götter", *das am vollkommensten erhaltene antike Bauwerk Roms, 25 v. Chr. v. Agrippa erbaut, unter Domitian 89 n. Chr. und abermals unter Hadrian 115–125 n. Chr. neuerrichtet u. 608 unter Papst Bonifatius IV. zur Kirche gemacht.*

pantomīmicus, a, um *(pantomimus) (Sen.)* pantomimisch.

pantomīmus, ī *m (gr. Fw.) (nachkl.)* ① der Pantomime; Ballett-Tänzer;
② die Pantomime, pantomimisches Stück.

pantopōlium, ī *n (gr. Fw.) (Plaut.)* Warenhaus.

pāpa, ae *u.* ātis *m (spätl.)* Bischof, Bischof v. Rom, Papst; **optime papa.**

papae *Interj. (poet.)* potztausend!

pāpās *m (gr. Fw.) (Iuv.)* Erzieher.

papāver, veris *n (auch m) (nicht klass.)* Mohn [**luteum**]; *Pl.* Mohnkörner, -blumen, -arten.

papāvereus, a, um *(papaver) (Ov.)* Mohn-.

Paphlagonia, ae *f kleinasiatische Landschaft*

an der Südküste; – Bew. **Paphlagō(n),** onis *m.*

Paphus *u.* **-os,** ī ① *f Stadt auf Zypern m. berühmtem Aphroditeheiligtum; – Adj.* **Paphius,** a, um *auch übh.* zyprisch [**Venus; myrtus** der Venus heilig; **heros** Pygmalion];
② *m Sohn des Pygmalion, myth. Gründer v. Paphos.*

pāpiliō, ōnis *m* ① *(poet.; nachkl.)* Schmetterling;
② *(spätl.)* Zelt.

papilla, ae *f (poet.; nachkl.)* Brustwarze; Zitze; Brust.

Papīrius, a, um *röm. nomen gentile:* ① L. ~ Cursor, *Feldherr der Samniterkriege, fünfmal Konsul u. zweimal Diktator; – Adj.* **Papīri(ā-n)us,** a, um;
② C. ~ Carbo, *Volkstribun 131, Konsul 120 v. Chr.*

papista, ae *m (papa) (mlt.)* Anhänger des Papstes.

Pāpius, a, um *röm. nomen gentile:* ① C. ~, *65 v. Chr. Volkstribun, Urheber der lex Papia de peregrinis exterminandis*;
② M. ~ Mutilus, *Konsul 9 n. Chr., m. seinem Mitkonsul Poppaeus Urheber der lex Papia Poppaea de maritandis ordinibus.*

pappō, pappāre *(vor- u. nachkl.)* pappen, essen.

papula, ae *f (poet.; nachkl.)* (Hitze-)Bläschen; Blatter; **rubentes -as sanare**.

papȳri-fer, fera, ferum *(papyrus u. fero)* Papyrusstauden tragend [**Nilus**].

papȳrus, ī *m u. f u.* **-um,** ī *n (gr. Fw.) (poet.; nachkl.)* Papyrusstaude; *meton.* Papier; Kleid aus Papyrusbast.

● **pār,** *Gen.* paris **I.** *Adj. (Adv.* pariter, *s. d.)* ① gleich, gleichkommend, gleichgroß [**magnitudo; animus; ratio; officia; dignitas; fortuna**]; **pari modo** *od.* **ratione** gleicherweise, ebenso; **par et aequalis** *od.* **par et aequus** vollkommen gleich; – *alci jmdm.* [**summis philosophis**]; *alci rei einer Sache; cum alqo m. jmdm.* [**cum liberis**]; *re u. in re* an *od.* in etw. [**aetate; libertate; eloquentiā**]; *ad alqd in Bezug auf etw.* [**ad virtutem**]; *inter se; m. Inf.* [**cantare** im Gesang]; *– m. folg. ac, atque od. et* wie;
② *(poet.)* gepaart, ähnlich; **imago par ventis**;
③ *(v. Zahlen)* gerade, paarig;
④ gleich stark, gewachsen, ebenbürtig [**nostro exercitui; principibus; imperio alcis; in facultate;** *(alci re: jmdm. an, in etw.)* **armis; eloquentiā; bonitate**]; **alci parem esse** standhalten, sich messen; **pari proelio discedere** unentschieden kämpfen;
⑤ entsprechend, angemessen, recht [**fama** gebührend]; **par est** *(m. A. C. I.)* es ziemt sich;
II. *Subst.* ① *m u. f* **a)** der *od.* die Gleiche; *sprichw.:* **pares cum paribus facillime congregantur** gleich u. gleich gesellt sich gern; **b)** Genosse, Genossin, *bes.* Altersgenosse [**opulentus** Tischnachbar]; *(Ov.)* Gatte, Gattin; **c)** Gegner; **parem aspernari, qui se offeret**;
② *n Sg. u. Pl.* **a)** Gleiches, das Gleiche; **par pari** *od.* **pro pari referre** *od.* **paria paribus respondere** Gleiches m. Gleichem vergelten; **par pari respondere** bar bezahlen; **paria facere** die Rechnung ausgleichen; **paria pessimis audere** es den Schlechtesten gleichzutun suchen; *m. Gen.:* **paria horum** gleiche Vorgänge wie diese; **b)** das Paar [**columbarum; consulum; nobile fratrum; oculorum**].

parābilis, e *(paro[1])* leicht zu beschaffen, leicht zu haben, leicht zu gewinnen [**res; divitiae naturae**].

parabola, ae *u.* **-ē,** ēs *f (gr. Fw.) (nachkl.)* Gleichnis.

paraclētus, ī *m (gr. Fw.)* ① *(spätl.)* Beistand, Tröster;
② *(mlt.)* Heiliger Geist.

paradīsus, ī *m (gr. Fw.) (spätl.)* ① Park, Tiergarten;
② Paradies;
③ Wohnsitz der Seligen, Himmelreich.

paradoxa, ōrum *n (gr. Fw.)* scheinbar widersinnige Sätze [**Stoicorum**]; **~, quae sunt mirabilia contraque opinionem omnium** *(Cic.).*

Paraetacēnē, ēs *f Berggegend in Medien nördl. v. Persepolis; – Einw.* **Paraetacae,** ārum *m.*

Paraetonium, ī *n nordafrikanische Hafenstadt westl. v. Alexandria.*

paralysis, is *u.* eos *f (gr. Fw.) (nachkl.)* Lähmung.

paralyticus, a, um *(gr. Fw.) (nachkl.)* gelähmt.

paranymphus, ī *m (gr. Fw.) (August.)* Brautführer.

Parapamisus *s. Paropamisus.*

paraphrasis, is *f (Akk.* -im *u.* -in; *Abl.* -ī) *(gr. Fw.) (nachkl.)* Umschreibung; **paraphrasi vertere.**

parārius, ī *m (paro[1]) (Sen.)* Unterhändler, Makler.

parascēuē, ēs *f (gr. Fw.) (spätl.)* Vorbereitung (für den Sabbat); *(mlt.)* **dies parasceues** Karfreitag.

parasīta, ae *f (parasitus) (poet.; nachkl.)* Schmarotzerin.

parasītaster, trī *m (parasitus) (Ter.)* elender Schmarotzer.

parasītātiō, ōnis *f (parasitor) (Plaut.)* das Schmarotzen.

parasīticus, a, um *(gr. Fw.) (poet.; nachkl.)* Schmarotzer- [**ars**].

parasītor, parasītārī *(parasitus) (Plaut.)* schmarotzen.

parasītus, ī *m (gr. Fw.)* ① Schmarotzer;
② *(nachkl.)* Tischgenosse, Gast; **-i Iovis.**

parastichis, idis *f (gr. Fw.) (Suet.)* Akrostichon.

parātiō, ōnis *f (paro[1])* ① Vorbereitung, Zube-

reitung [**rerum**];
② das Streben nach etw. *(m. Gen.)* [**regni**].

paratragoedō, paratragoedāre *(gr. Fw.) (Plaut.)* tragisch, wie in der Tragödie reden.

● **parātus**[1], a, um *(P. Adj. v. paro*[1]*)* ① vorbereitet, bereit(stehend), fertig, gerüstet [**mors; domus; auxilium**] *(zu, für etw.: ad, in alqd, alci rei; m. Inf.)*; ~ **imperio; vel bello vel paci** ~; **in verba** ~ zum Sprechen; ~ **audire**;
② gut vorbereitet, wohl gerüstet, geübt, geschult, in etw. bewandert [**ad navigandum; ad dicendum; ad usum forensem; in omnes causas; in iure**]; **-e respondere; ad omnem eventum paratus sum** *(Cic.)*;
③ zu etw. entschlossen, auf etw. gefasst, bereitwillig, geneigt *(ad u. in alqd, selten alci rei; m. Inf.; m. ut)* [**ad facinus; ad bellum gerendum; ad pericula subeunda; in novas res; in utrumque**]; **milites ad dimicandum -i; acies -a neci**;
④ kampf-, schlagfertig [**adversarii; legiones**];
⑤ leicht, leicht zu Diensten stehend, bequem [**victoria; praeda**].

parātus[2], ūs *m (paro*[1]*)* ① Vorbereitung, Veranstaltung, Einrichtung [**militum et armorum; triumphi; funebris** Leichenbegängnis];
② *(poet.)* Kleidung.

parazōnium, ī *n (gr. Fw.) (Mart.)* kurzes Schwert, Dolch.

Parca, ae *f* Parze, Schicksalsgöttin.

> *i* Kultur **Parcae** Die Parzen: altröm. Geburtsgöttinnen: Nona (schickt die Frühgeburt) – Decuma (schenkt die Normalgeburt – 9. Monat vollendet = 10. Monat) – Morta (verhängt die Totgeburt). Sie werden den Moiren, den griech. Schicksalsgöttinnen gleichgesetzt: Klotho, „die Spinnerin“, stellt den „Lebensfaden“ her – Lachesis, die „Zuteilerin“ zieht den Lebensfaden – Atropos, die „Unabwendbare“ schneidet ihn ab. Gegen die Entscheidung der Parzen können sogar die Götter dem Menschen keine längere Lebenszeit erwirken.

parce-prōmus, a, um *(parcus u. promo) (Plaut.)* knickerig, knauserig.

parci-loquium, ī *n (parcus u. loquor) (spätl.)* Verschwiegenheit.

parcimōnia = *parsimonia.*

parcitās, tātis *f (parcus) (nachkl.)* Sparsamkeit [**ciborum; animadversionum**].

● **parcō,** parcere, pepercī *(seltener* parsī), parsūrus *(die Perf.-Formen des Passivs werden durch temperare ersetzt)* ① sparen, aufsparen, m. etw. sparsam umgehen [*(m. Dat.)* **operae; viribus** haushalten mit; **sumptu** *(Dat.)*; **futuro** für die Zukunft; *(m. Akk.)* **pecuniam; talenta gnatis** für die Kinder]; *sprichw.:* **qui parcit virgae odit filium**;
② etw. unterlassen, sich zurückhalten, sich hüten vor etw. *(m. Dat., selten ab; m. Inf.)* [**bello; auxilio** keinen Gebrauch machen von; **metu = metui** sich nicht fürchten; **ab incendiis; procedere; defundere vinum**];
③ (ver)schonen, nicht verletzen *(m. Dat.)* [**sibi; subiectis; civibus victis**];
④ berücksichtigen, Rücksicht nehmen auf *(m. Dat.)* [**alcis auribus**].

● **parcus,** a, um *(parco)* ① sparsam; karg, knauserig [**pater;** *(m. etw.: Gen.)* **donandi; pecuniae**]; **-e vivere; -a manu offerre alqd**;
② *(poet.; nachkl.) (meton.)* spärlich, kärglich, knapp, wenig [**tellus; victus; lucerna**]; **lintea -a vento dare** nur selten; **-o sale contingere; -e laedere** nur leicht; **-e gaudere**;
③ enthaltsam, genügsam, sich zurückhaltend, sich einschränkend [**deorum cultor; aestimator beneficiorum;** *(in etw.: Gen. od. in re)* **cibi; honorum; sanguinis civium; in laudando; in largiendo**]; **-e dicere** sich zurückhaltend äußern;
④ *(im Ausdruck)* knapp, schlicht; wortkarg; **Crassus erat elegantium parcissimus**.

pardalis, is *f (gr. Fw.) (nachkl.)* Pantherweibchen.

pardus, ī *m (gr. Fw.) (nachkl.)* Panther.

parēns[1], *Gen.* entis *(P. Adj. v. pareo)* gehorsam; – *Subst.* **parentēs,** tium *m* Untertanen; **parentes vi regere.**

● **parēns**[2], entis *m u. f (pario)* ① Vater, Mutter, Erzeuger(in), *Pl.* **parentēs,** tum *u. (seltener)* tium Eltern; **parentes cum liberis; pietas in parentes**;
② Großvater, Ahnherr, *Pl.* Vorfahren; **more parentum**;
③ *(übtr.)* Schöpfer, Urheber, Gründer, Stifter; *(v. Lebl.)* Quelle, Grund [**operum; litterarum; lyrae** *v. Merkur*]; **Socrates ~ philosophiae; earum rerum ~ est sapientia**;
④ Mutterland, -stadt *(als Ausgangspunkt einer Kolonie).*

parentālia, ium *n (parentalis)* Totenfeier f. Eltern *od.* Verwandte.

parentālis, e *(parens*[2]*) (poet.)* ① elterlich, der Eltern [**umbrae**];
② zur Totenfeier für Eltern *od.* Verwandte gehörig [**dies; mos**].

parentātiō, ōnis *f (parento) (spätl.)* Totenfeier.

parentēla, ae *f (parens*[2]*) (spätl.)* Verwandtschaft.

parenti-cīda, ae *m (parens*[2] *u. caedo) (Plaut.)* Vater-, Eltern- *od.* Verwandtenmörder.

parentō, parentāre *(parens*[2]*)* ① *(den Eltern od. Verwandten am Grab)* ein Totenopfer bringen; **hostiā maximā ~**;
② *(übtr.)* Sühnopfer darbringen, jmd. rächen *(m. Dat.)* [**civibus; iniuriae suae; irae** befrie-

P

digen].

● **pāreō,** pārēre, pāruī, (pāritūrus) ① *(poet.; nachkl.)* erscheinen, sich zeigen; **parebit signum filii hominis in caelo** *(Vulg.); – unpers.* **pāret** es zeigt sich, es ist klar, es ist erwiesen, es steht fest;
② gehorchen [**imperatori; legibus; religionibus; dicto**];
③ untertan sein, dienen [**Caesari; perpetuo imperio**]; **oppidum, quod regi paret**;
④ nachgeben, sich leiten lassen *(m. Dat.)* [**irae; dolori; naturae; cupiditatibus; necessitati; promissis** nachkommen].

parergon, ī *n (gr. Fw.) (spätl.)* Beiwerk.

Pariānus, a, um *s. Parium.*

pāri-cīd ... *ältere Form für parricid. . .*

● **pariēs,** etis *m* ① Wand [**cubiculi; templi**]; **parietem ducere** ziehen; **parietem transfodere; intra parietes** innerhalb der vier Wände, auf privatem, auf gütlichem Wege;
② *(vor- u. nachkl.) (übtr.)* Scheidewand.

parietārius, a, um *(paries) (spätl.)* Wand-.

parietinae, ārum *f (paries)* altes Gemäuer, Ruinen [**villarum; Corinthi**]; *(übtr.)* **quid me ista res consolatur in tantis tenebris ei quasi -is rei publicae?** *(Cic.).*

Parīlia, ium *n = Palilia.*

parilis, e *(par)* gleich(förmig); **parili nitore; parili aetate.**

● **pariō,** parere, peperī, partum, (paritūrus) ① gebären [**sine doloribus**];
② *(übtr.)* erzeugen, hervorbringen [**spiritum**]; **terra fruges parit**;
③ *(geistig)* erfinden, aushecken [**verba nova**]; **quae ab oratore pariuntur**;
④ erwerben, gewinnen, (sich) verschaffen [**amicos; divitias; sibi decus; honores; libertatem; pacem; praedam; spolia; consulatum; alci somnum mero**]; **parta bona; male partae opes**;
⑤ sich zuziehen; verursachen, stiften [**odium; discidium; taedium; dolorem; suspicionem** erwecken, erregen; **laetitiam; alci fiduciam** einflößen]; **letum sibi manu ~** Selbstmord begehen.

> *i* Kultur **Paris,** idis *m (Akk.* Paridem, Parim *u.* Parin; *Abl.* Paride *u.* Parī; *Vok.* Pari) Sohn des trojan. Königs Priamus u. der Hecuba, Entführer der Helena, im trojan. Krieg durch einen Giftpfeil des Philoktetes getötet.

Parīsiī, ōrum *m gall. Völkerschaft an der mittleren Seine um Lutetia, das heutige Paris.*

pariter *Adv. (v. par)* ① ebenso, in gleicher Weise, gleich; **~ volens; caritate non ~ omnes egemus; –** *m. ac, atque od. et:* wie; *cum alqo od. alci:* wie jmd.; ~ ac *si od. ut si* gleich als wenn;
② gleichzeitig, zugleich; ~ **nobiscum progredi; ~ cum occasu solis; ~ cum vita sensus amittitur; studia doctrinae ~ cum aetate crescunt**;
③ *(poet.)* ebenfalls, auch.

paritō, paritāre *(Intens. v. paro[1]) (Plaut.)* vorbereiten; *(m. Inf. od. ut)* im Begriff sein zu tun, beabsichtigen; **quo nunc ire paritas?**

Parium, ī *n Hafenstadt in Mysien am Hellespont; – Adj.* **Pariānus,** a, um.

Parius, a, um *s. Paros.*

parma, ae *f (gr. Fw.)* ① (kleiner) Rundschild *der leichten Infanterie u. Reiterei; (poet.) übh.* Schild; **-am ferre**;
② *(Mart) (meton.)* Gladiator.

Parma, ae *f Stadt in Oberitalien, noch j.* Parma; *– Einw. u. Adj.* **Parmēnsis,** is *m bzw.* e.

parmātus *(parma)* **I.** *Adj.* a, um m. Rundschilden bewaffnet [**cohors**];
II. *Subst.* ī *m* Rundschildträger.

> *i* Kultur **Parmenidēs,** is *m* griech. Philosoph aus Elea, neben Zenon Hauptrepräsentant der eleatischen Philosophie (um 500 v. Chr.).

Parmeniō(n), ōnis *m Feldherr unter Philipp u. Vertrauter Alexanders des Gr.*

parmula, ae *f (Demin. v. parma) (Hor.)* kurzer, runder Schild, Schildchen.

parmulārius, ī *m (parmula) (nachkl.)* Anhänger der m. der parma bewaffneten Gladiatoren.

Parnās(s)us, ī *m vielgipfliger Berg in Phokis b. Delphi, Apollo, Dionysos u. den Musen heilig* [**biceps** *weg. der zwei höchsten Gipfel*]; *– Adj.* **Parnās(s)ius,** a, um *u. fem.* **Parnāsis,** idis parnassisch, *auch* apollinisch, delphisch.

● **parō[1],** parāre ① vorbereiten, Vorkehrungen treffen, rüsten *(alqd: etw. od. sich zu etw.)* [**ludos; naves; copias; fugam; incendia; alci necem** jmdm. nach dem Leben trachten; **orationem; convivium; bellum; dolum** anstiften; *(gegen .jmd.: alci)* **insidias alci; leges** einführen]; *– alqd contra alqm* etw. gegen jmd. unternehmen; *selten: se ad alqd od. m. Dat.* [**se ad discendum**]; **foro se parant; omne paratum est, ut iussisti**;
② *(m. Inf. od. ut)* sich zu etw. anschicken, etw. beabsichtigen, vorhaben [**litteras Romam mittere; in nemus ire**];
③ (sich) verschaffen, erwerben, gewinnen [**argentum; divitias; commeatum; exercitum, copias, auxilia** aufbringen; **locum; sibi regnum; testes; amicos**];
④ anschaffen, kaufen [**praedia; iumenta; frumentum; servos**].

parō[2], parāre *(par)* ① *(Plaut.)* gleichschätzen;

② **se cum alqo** ~ sich m. jmdm. vergleichen, verständigen *(über Amtsgeschäfte)* [**se cum collega**].

parō³, ōnis *m (gr. Fw.)* Barke.

parochia, ae *f (gr. Fw.) (Eccl.)* ① Parochie, Pfarrbezirk, Gemeinde;
② Pfarrei, Pfarrkirche.

parochus, ī *m (gr. Fw.)* ① Gastwirt, *der durchreisenden hochgestellten Persönlichkeiten wie Staatsbeamten, Gesandten, Unterkunft zu gewähren hatte;*
② *(poet.) übh.* Wirt, Gastgeber.

paroecia, ae *f = parochia.*

Paropamisus, ī *m Gebirge Asiens,* der Hindukusch; – *Bew.* **Paropamisadae,** ārum *m.*

paropsis, idis *f (gr. Fw.) (nachkl.)* kleine Schüssel.

Paros *u.* **-us,** ī *f eine der Zykladeninseln des Ägäischen Meeres m. gleichnamiger Hauptstadt, ber. durch ihren weißen Marmor, Heimat des Jambendichters Archilochos; – Adj.* **Parius,** a, um [**lapis** parischer Marmor; **iambi** des Archilochos]; – *Einw.* **Pariī,** ōrum *m.*

parra, ae *f (poet.; nachkl.)* Schleiereule.

Parrhasius¹, a, um *u. fem.* **Parrhasis,** idis ① parrhasisch *(nach der Stadt u. Landschaft Parrhasia im südl. Arkadien); (poet.)* arkadisch [**Euander; dea** = Carmenta; **Arctos** *u.* **ursa** = Kallisto, *Tochter des arkadischen Königs Lycaon;* **stellae** der Große Bär];
② *(Mart.)* palatinisch, kaiserlich *(weil der arkadische König Euander auf dem palatinischen Hügel eine Stadt gegründet haben soll)* [**domus; aula**].

Parrhasius², ī *m griech. Maler aus Ephesus (etwa 440 390 v. Chr.).*

• **parri-cīda,** ae *m u. f* (πηός, *dorisch* παός „Verwandter" *u. caedo)* ① Mörder(in) eines nahen Verwandten, *z. B.* Vater-, Eltern-, Kindesmörder [**fratris**];
② *(übtr.)* Verbrecher, (Hoch-)Verräter [**patriae; civium**].

parricīdālis, e *(parricida) (nachkl.)* mörderisch, verrucht, gottlos [**gladius**].

parricīdium, ī *n (parricida)* ① Verwandtenmord, *bes.* Mord an einem nahen Verwandten [**fratris** *od.* **fraternum** Brudermord; **patris; matris**], *übh.* Mord;
② *(übtr.)* Hochverrat, Versündigung, Verbrechen [**patriae**].

• **pars,** partis *f (Akk. Sg.* partem, *bisw.* partim; *Abl. Sg.* parte, *selten* partī; *Akk. Pl.* partēs, *auch* partīs) ① Teil, Abteilung, Stück [**frumenti; urbis; fluminis; diei; populi; imperii; de nobis**]; **bona pars; mulla pars mei; copias in quattuor partes distribuere; magnas partes publicorum habere; partes facere** ab- *od.* einteilen; **in interiore parte aedium** innerhalb; **omnibus partibus maior** unendlich viel größer; – *besondere Verbindungen:* **magna (maior)** ~ Mehrzahl, die meisten; **minor** ~ Minderheit; **dimidia** ~ Hälfte; **tertia** ~ Drittel; **tres partes** drei Viertel; **novem partes** neun zehntel; – *adverbial:* **magnam partem** *od.* **magnā (ex) parte** großenteils; **maiore ex parte** zum größeren Teil; **maximam partem** *od.* **maximā (ex) parte** größtenteils; **per partes** *od.* **(ex, in) parte** zum Teil, teilweise; **ex aliqua** *(od.* **quadam***)* **parte** einigermaßen; **nulla parte** gar nicht; **ad nullam partem** ganz und gar nicht; **nonnullā parte** teilweise; **omni ex parte** völlig;
② *(poet.) Pl.* Genitalien [**naturae** *od.* **obscenae**];
③ *(v. Personen, ohne Gen. part.)* ein Teil, einige; ~ **fugā evasit**; *– das Prädikat steht oft im Pl. (log. Subj.):* **magna ~ caesi sunt**;
④ Anteil *(an etw.: Gen.)* [**iuris; muneris**]; **in parte alcis rei esse** an etw. teilnehmen; **in partem alcis rei venire** Anteil an etw. bekommen; **pro mea parte** für mein Teil; **pro virili parte** nach Kräften; **aequā parte** mit gleichem Risiko;
⑤ Geschäftsanteil, Aktie; **partes dare**;
⑥ Landesteil, Gegend, Gebiet; **nullā parte** nirgends; **orientis partes; in extremis ignoti partibus orbis**;
⑦ Richtung, Seite; **a sinistra (dextra) parte** links (rechts); **ab (ex) utraque parte** rechts u. links; **una ex parte** von der einen Seite; **omnibus (in) partibus** überall; **ea parte** dort; **qua ex parte** wo; **quam in partem** wohin; **ex omnibus partibus advolare; in aliam partem** in die entgegengesetzte Richtung;
⑧ *(übtr.)* Hinsicht, Beziehung, Fall; **nullā parte** *od.* **nullam in partem** *od.* **in neutram partem** keinesfalls; **ea ex parte** deswegen; **in partibus** stellenweise; **in omnes partes, omnibus partibus** *od.* **omni ex parte** in jeder Hinsicht, völlig; **in utramque partem** für und wider; **in optimam partem; neque ego ullam in partem disputo; in eam partem accipere** in diesem Sinne; **qua ex parte homines bellandi cupidi magno dolore afficiebantur** *(Caes.)* in dieser Beziehung;
⑨ Unterabteilung, Art *einer Gattung;* **partes eiusdem generis**;
⑩ Partei, *meist Pl.* [**Carthaginiensium; populi; optimae** Optimatenpartei]; ~ **adversa** Gegenpartei; **in duas partes discedere; transire in partes** zur Volkspartei; **a parte alcis esse** auf jmds. Seite stehen; **nullīus** *bzw.* **neutrīus partis esse** neutral bleiben;
⑪ *Pl.* Amt, Stelle, Pflicht, Aufgabe [**imperatoris** *od.* **imperatoriae**]; **suas partes implere** seine Pflicht erfüllen; **defensionis partes suscipere; partes accusatoris obtinere;** ~ **consilii pacisque; priores partes** Vorrang;
⑫ *Pl.* Rolle *des Schauspielers* [**primae** Hauptrolle]; **partes recipere** übernehmen.

parsī *s. parco.*

● **parsimōnia,** ae *f (parco)* ❶ Sparsamkeit *(in etw.: Gen.)*;

❷ *(Plaut.) Pl.* Ersparnisse.

Parthāōn, onis *m König in Kalydon in Ätolien, Vater des Öneus; – Adj.* **Parthāonius,** a, um [**domus** *des Öneus*].

parthenicē, ēs *f (gr. Fw.) (Cat.) (bot.)* Jungfernkraut.

Parthenius, ī *m* ❶ *Gebirge zw. Argolis u. Arkadien, wo Herkules die Hindin der Artemis fing; – Adj.* **Parthenius,** a, um [**nemus; valles; antra**];

❷ *Fluss in Paphlagonien*;

❸ *griech. Dichter u. Grammatiker aus Nikäa, der 73 v. Chr. kriegsgefangen nach Rom kam, Lehrer Vergils.*

i Kultur **Parthenōn,** ōnis *m* Tempel der Athene Parthenos (Jungfrau Athene) auf der Akropolis v. Athen.

Parthenopaeus, ī *m einer der Sieben vor Theben.*

Parthenopē, ēs *f alter Name Neapels (nach der gleichnamigen Sirene); – Adj.* **Parthenopēius,** a, um.

Parthia, ae *f Landschaft südl. vom Kasp. Meer; – Einw.* **Parthī** *u.* **-thyaeī,** ōrum *m skyth. Völkerschaft, bekannt weg. ihrer vorzüglichen Reiter u. Bogenschützen; – Adj.* **Parth(ic)us,** a, um.

Parthīnī, ōrum *m illyr. Volk bei Dyrrachium.*

Parthus, Parthyaeī *s. Parthia.*

● **parti-ceps,** *Gen.* cipis *(Abl. Sg.* -cipe; *Gen. Pl.* -cipum; *Neutr. Pl. ungebräuchlich) (pars u. capio)* **I.** *Adj.* Anteil habend, teilnehmend, beteiligt *(m. Gen.)* [**praedae ac praemiorum; artis; fortunarum omnium**];

II. *Subst. m* Teilnehmer, Genosse, Kamerad [**meus**]; **praedam participes petunt.**

participō, participāre *(particeps)* ❶ jmd. an etw. teilnehmen lassen *(alqm alcis rei od. re)* [**alqm consilii; alqm sermone**];

❷ etw. m. jmdm. teilen [**laudes cum alqo; regnum cum alqo**]; **participato imperio**;

❸ *(poet.; nachkl.)* an etw. teilhaben *(alqd)* [**lucrum; damnum**];

❹ *(Plaut.)* mitteilen.

particula, ae *f (Demin. v. pars)* Teilchen, Stückchen, ein bisschen [**arenae; caeli**].

particulātim *Adv. (particula) (vorkl.)* stückweise; ~ **narrare.**

particulātiō, ōnis *f (particula) (Mart.)* Zerteilung, Zerstückelung.

● **partim** *Adv. (pars)* ❶ zum Teil, teils;

❷ einige; **eorum partim** ein Teil; **e quibus partim … partim** von denen die einen … die anderen.

partiō[1], partīre *(altl.)* = *partior.*

partiō[2], ōnis *f (pario) (vor- u. nachkl.)* das Gebären.

● **partior,** partīrī, partītus sum *(pars)* ❶ teilen, zerlegen, trennen [**regnum**]; **partita classe**;

❷ einteilen;

❸ ver-, austeilen [**praedam sociis** *od.* **in socios**]; **id opus inter se partiuntur**;

❹ etw. m. jmdm. teilen [**bona cum alqo; regnum inter se; officia inter se**]; **suum honorem cum Scipione partitur** *(Caes.)*;

❺ seinen Teil bekommen [**merces**].

partītē *Adv. (partior)* m. gehöriger *od.* m. bestimmter Einteilung [**dicere**].

partītiō, ōnis *f (partior)* ❶ Teilung [**defensionis**];

❷ *(philos. u. rhet. t. t.)* Einteilung; Verteilung des Stoffes; **partitionem artium facere; de partitione oratoria** *(Schrift von Cicero)*;

❸ Verteilung [**praedae; aerarii**].

partitūdō, dinis *f (pario) (Plaut.)* das Gebären.

partum, ī *n (pario)* ❶ Vorrat; **-o frui**;

❷ *Pl.* Erworbenes, Erwerbungen; **patris mei bene parta; -a a Lucullo** Eroberungen des Lukull; **-a retinere, amittere.**

parturiō, parturīre *(Desider. v. pario)* ❶ *(poet.)* gebären wollen, kreißen; **parturiens canis**; *sprichw.:* **parturiunt montes, nascetur ridiculus mus** *(Hor.)*;

❷ *(übtr.)* sich ängstigen;

❸ *(poet.; nachkl.)* gebären; *übtr.* erzeugen [**fetūs**]; *(übtr.)* **Notus parturit imbres**; *(abs.)* **arbor parturit** schlägt aus; **ager parturit** grünt;

❹ *(übtr.)* etw. vorhaben; **quod diu parturit animus vester, aliquando pariat.**

partus[1] *P.P.P. v. pario.*

partus[2], ūs *m (Dat. Sg.* -uī *u.* -ū; *Dat. u. Abl. Pl.* partubus) *(pario)* ❶ das Gebären, Geburt, Niederkunft [**abiectus** Fehl-, Frühgeburt]; **alqm partu edere, reddere, eniti** gebären; **ex partu decedere** im Kindbett sterben; – *Pl.* Geburtswehen;

❷ *(meton.)* Geburtszeit; ~ **adest**;

❸ Zeugung;

❹ *(übtr.)* Ursprung, Entstehung;

❺ *(konkr.)* Leibesfrucht, Kind(er), Junges *od.* die Jungen, Brut [**deûm; animalium**]; **partum ferre, gerere** schwanger, trächtig sein; **partum edere** gebären; **partum abigere** abtreiben; **ferae partus suos diligunt; partus terrae** die Giganten.

● **parum** *(parvus)* **I.** *Pos.* zu wenig, nicht genug ❶ *als Subst., nur im Nom. u. Akk.* Sg.: ~ **roboris, animi, sapientiae, splendoris**; *(m. Inf. od. A. C. I.)* **parum est aegrum non esse** es ist zu wenig, es genügt nicht; **parum habere** *(m. Inf.)* sich nicht begnügen, nicht zufrieden sein; **alqd parum facere** etw. als zu unwichtig betrachten;

❷ *als Adv.:* ~ **diligenter**; ~ **callide** nicht

schlau genug; ~ **attendere;** ~ **firmus (validus)** zu schwach; ~ **iusta causa;** ~ **diu** zu kurz; **non (haud)** ~ genug, ziemlich; **non saepe** ziemlich oft; **scripsit non** ~ **multa** ziemlich viel; – *(nachkl.)* nicht sonderlich, nicht sehr, nicht recht: ~ **credere alci; homo non parum sciens** wohl unterrichteter;
II. *Komp.* **minus** ① *als Subst.* etw. Geringeres, weniger; **minus dubitationis; minus posse, valere; minus ceciderunt (quam) duo milia;**
② *als Adv.* **a)** weniger, minder; **minus credibile; minus admirabilis; minus placet; minus bonum vinum; minus diu vivunt;** – *besondere Verbindungen:* **minus saepe; plus minus** mehr oder weniger, ungefähr; **minus minusque** immer weniger; **nihilo minus** nichtsdestoweniger; **multo minus** viel weniger; **paulo minus** etwas weniger; **eo minus** desto weniger; **quo minus** je weniger; **minus multi** nicht so viele; – *b. Zahlen u. Ä. mit od. ohne quam* weniger als, nicht ganz: **minus (quam) ducenti milites; minus quindecim dies sunt, quod** noch keine fünfzehn Tage; **dimidio minus; b)** *(statt der Negation)* nicht genug, nicht recht, nicht besonders; **res minus prospere gerere; si minus** wenn nicht: **monebo, si quem meministi minus; sin minus** wenn aber nicht; **c) haud minus** *od.* **non minus** ebenso; **laudibus haud minus quam praemio militum animi gaudent; d)** zu wenig; **minus facere;**
III. *Superl.* **minimē** *Adv.* ① am wenigsten, sehr wenig; **quam minime multa** möglichst wenig; **minime saepe** äußerst selten; **ad te minime omnium pertinebat** am allerwenigsten; **minime mirandum est;**
② durchaus nicht, keineswegs, ganz und gar nicht; **minime omnes; minime malus; homo minime ambitiosus; non minime** besonders; **haec non credis? minime vero** nein, überhaupt nicht.

parum-loquium, ī *n (loquor) (Plaut.)* Wortkargheit.

parum-per *Adv.* auf kurze Zeit; **tace** ~; ~ **animum a molestiis abducere.**

Parus *s. Paros.*

parvitās, ātis *f (parvus)* ① Kleinheit;
② *(Gell.)* Bedeutungslosigkeit [**quaestionis**];
③ *(spätl.)* **nostra (mea)** ~ meine Wenigkeit = ich.

parvulum, ī *n (parvulus)* Kleinigkeit; *Pl. (Hor.)* beschränkte Verhältnisse.

parvulus *(altl.* parvolus), a, um *(Demin. v. parvus)* ① sehr klein, sehr wenig, unbedeutend [**res; navicula; castellum; pecunia; causa** Bagatellsache]; **erat** ~ **staturā;** – *Adv.* **parvulum** nur ein wenig;
② sehr jung [**soror**]; – *Subst. m* (kleines) Kind: **a -o** *u.* **a -is** v. klein auf; **a -ā aetate;**
③ *(Plaut.)* (noch) zu jung *(für etw.: Dat.).*

● **parvus I.** *Adj.* a, um *(Komp.* **minor,** minus, *Superl.* **minimus,** a, um) ① *(räuml.)* klein [**oppidum; insula; navicula; aves; manūs; tela; libellus**]; **in parvum et angustum locum concludi; Zachaeus staturā** ~ **erat;**
② *(zeitl.)* kurz [**pars noctis; vita; consuetudo**]; **in -o tempore;**
③ *(dem Alter nach)* jung [**virgo; filius; liberi**]; *bes.:* **minor (natu, aetate)** jünger; **minimus (natu)** der jüngste; **uno mense minor** (um) einen Monat jünger; **minor triginta annis** jünger als dreißig Jahre;
④ *(quant.)* gering, unbeträchtlich [**numerus navium; merces; cibus** wenig; **copiae**];
⑤ *(dem Wert, der Bedeutung nach u. Ä.)* unbedeutend, gering, unerheblich [**pretium; dona; pericula; momenta; voluptas; vitia**]; **res -a dictu; -o pretio vendere; minimo sumptu;**
⑥ *(dem Stand, Rang nach)* gering, niedrig, ärmlich, *meist im Komp.* [**domus; senator; numen**]; **di minores; minores duces;**
⑦ *(poet.)* demütig, bescheiden [**verba**];
⑧ kleinmütig [**animus**];
⑨ *(poet.)* *minor* unterlegen, nachstehend, sich unterordnend [**in certamine**]; **te minor;**
⑩ *(poet.) (v. Tönen)* leise, schwach [**vox; murmur**];
⑪ *(poet.) (v. der Dichtungsart)* leicht, niedrig [**carmen; modi**];
II. *Subst.* ① **parvus,** ī *m* **a)** (kleines) Kind, Junge, Bursche; **a -o** *u.* **a -is** v. Jugend auf; – **parva,** ae *f* kleines Mädchen; **b)** *(poet.)* der Geringe, der geringe Mann; **parvum parva decent; neque est aut magno aut parvo leti fuga;**
② *(poet.; nachkl.)* **minōrēs,** rum *m* **a)** jüngere Leute, junge Leute; **b)** Nachwelt; **c)** untere Stände; **misericordia apud minores magis valebat; d)** die Untergebenen;
③ **parvum,** ī *n* etw. Geringes, ein Weniges, Kleinigkeit, geringes Vermögen; **-o uti** m. wenigem haushalten; **-o beati; vivitur -o bene** m. geringem Vermögen; **-o contentus esse possum;** – **parvi** *u.* **parvo** als *Gen. u. Abl. pretii:* **alqd -i aestimare, ducere, facere** etw. gering achten, wenig Gewicht auf etw. legen; **-o curare; -i esse** wenig gelten; **-o constare** wenig kosten; **haud -o stare** teuer zu stehen kommen; **-o (minoris, minimo) emere, vendere, vēnire** billig; **-i refert** es liegt wenig daran; **quanti emptus? parvo;**
III. *Adv.* **minimum** ① *(auch* minimē) am wenigsten, sehr wenig [**valere**];
② *(nachkl.)* sehr kurze Zeit; sehr selten.

Pasargadae, ārum *f von Kyros angelegte alte Hauptstadt Persiens.*

pasceolus, ī *m (gr. Fw.) (Plaut.)* Geldsäckchen.

P

pascha, ae *f u.* atis *n (hebr. Fw.) (spätl.)* ❶ Passah-, Osterfest;
❷ Osterlamm.

paschālis, e *(pascha) (spätl.)* Oster-, österlich.

● **pāscō,** pāscere, pāvī, pāstum ❶ (das Vieh) weiden, hüten [**gregem; porcos; oves; armentum**]; **in privato** ~ auf eigenem Boden;
❷ Viehzucht treiben [**bene**];
❸ *(poet.)* abweiden, fressen, verzehren;
❹ *(poet.)* abweiden lassen [**agros**];
❺ füttern, (er)nähren, aufziehen [**iumenta; equos; servos**]; **fundus pascit erum**;
❻ jmd. bereichern [**alqm rapinis**];
❼ *(übtr.)* nähren, wachsen lassen [**ignes** unterhalten; **barbam, crinem** lang wachsen lassen; **spes inanes** hegen; **ieiunia** stillen]; **flamma pascitur** wächst;
❽ erfreuen, ergötzen [**animum picturā**].

pāscor, pāscī, pāstus sum **I.** *intr.* ❶ *(vom Vieh) abs.* weiden, grasen, fressen; **pecora pastum propellere; capellae pascentes;**
❷ sich nähren *(von etw.: Abl.)*; **boves frondibus pascuntur;** *(übtr.)* **maleficio** ~ leben von;
❸ *(übtr.)* sich an etw. weiden, seine Freude haben *(m. Abl.)* [**alcis dolore; alcis maleficio; seditione**]; **ego his rebus pascor**;
II. *trans. (poet.; nachkl.)* abweiden [**silvas; mala gramina**].

pāscuum, ī *n, gew. Pl. (pascuus)* Weide(land).

pāscuus, a, um *(pasco)* Weide- [**ager**].

Pāsiphaē, ēs *u.* **Pāsiphaa,** ae *f Tochter des Helios (Sol), Gemahlin des Minos u. Mutter des Minotaurus; – Adj.* **Pāsiphaēius,** a, um; *– Subst.* **Pāsiphaēia,** ae *f* Phädra, *Tochter der Pasiphaē.*

Pāsithea, ae *f eine der drei Grazien.*

Pasitigris, is *m Fluss bei Susa (in Persien).*

passer, eris *m* ❶ Spatz, Sperling; Blaudrossel; *(Plaut.) übtr. als Kosewort*;
❷ *(Plaut.)* ~ **marinus** der *Vogel* Strauß;
❸ *(poet.; nachkl.)* Flunder *(ein Plattfisch).*

passerculus, ī *m (Demin. v. passer)* Spätzlein; *(Plaut.) übtr. als Kosewort.*

● **passim** *Adv. (pando¹)* ❶ weit u. breit, ringsumher, überall, zerstreut; nach allen Seiten; **ignis totis se** ~ **dissipavit castris** *(Liv.)*; **in vicos** ~ **suos diffugiunt** *(Liv.)*;
❷ *(poet.; nachkl.)* durcheinander, ohne Unterschied; **minora navigia** ~ **amiserunt** *(Tac.)*.

passiō, ōnis *f (patior) (Eccl.)* ❶ das Leiden, Martyrium, *bes.* Leiden(sgeschichte) Christi, Passion; **post passionem suam**;
❷ Affekt.

passum, ī *n (pando¹) (nicht klass.)* Wein aus getrockneten Trauben, Sekt.

passus¹ *P. P. P. v. pando¹.*

passus² *P. P. Akt. v. patior.*

● **passus³,** ūs *m (pando¹)* ❶ Schritt; **passu anili procedere; rapidis passibus ferri;** *(übtr.)* **passibus ambiguis fortuna erat; strepitum passu non faciente venit senectus**;
❷ *(Ov.) (meton.)* Fußspur, Tritt [**tenax**];
❸ Klafter (1,5 m); **mille passūs** eine röm. Meile = 1,5 km.

pāstillus, ī *m* ❶ *(poet.; nachkl.)* Pille, Pastille, Kaubonbon;
❷ *(Plin.)* Kügelchen aus Mehl.

pastinō, pastināre *(Plin.)* umgraben [**vineas**].

pāstiō, ōnis *f (pasco)* Weide(platz).

● **pāstor,** ōris *m (pasco)* ❶ Hirt [**populi; Aetnaeus** *v. Polyphem*]; **pastorum domina** *(v. der Göttin Pales)*;
❷ *(mlt.)* Pfarrer, Bischof.

pāstōrālis, e, **pāstōricius,** a, um *u. (Ov.)*
pāstōrius, a, um *(pastor)* ❶ Hirten- [**habitus; vita; fistula; carmen**];
❷ *(mlt.)* seelsorgerisch, geistlich.

pāstus¹ *Part. Perf. v. pasco u. pascor.*

pāstus², ūs *m (pasco)* ❶ Fütterung; **ad pastum accedere**;
❷ *(meton.)* **a)** Futter; *(Lucr.)* Nahrung *(der Menschen), auch übtr.* [**animorum**]; **b)** *(poet.; nachkl.)* Weide(platz).

patagiārius, ī *m (patagium) (Plaut.)* Bortenmacher.

patagiātus, a, um *(patagium) (Plaut.)* mit einer Borte besetzt [**tunica**].

patagium, ī *n (gr. Fw.) (vorkl.)* Borte.

Patara, ōrum *n Hafenstadt in Lykien m. Apollo-Orakel; –* **Patareūs,** eī *u.* eos *m* der Pataräer = Apollo; *– Einw.* **Patarānī,** ōrum *m; – Adj.* **Patarēus,** a, um.

Patavium, ī *n* Padua, *Stadt in Venetien, Geburtsort des Livius; – Einw. u. Adj.* **Patavīnus,** ī *m bzw.* a, um.

● **pate-faciō,** facere, fēcī, factum, *Pass.* patefīō, fierī, factus sum *(pateo)* ❶ (er)öffnen, aufmachen [**portas hostibus; oculos; sulcum aratro** aufreißen; **aciem** entfalten]; *(übtr.)* **illa ianuam famae patefecit** *(Plin.)*;
❷ gangbar, zugänglich machen, bahnen [**vias; loca; terga occasioni** bloßstellen]; **iter per Alpes patefieri volebat**;
❸ sichtbar machen; **lux patefecerat orbem; ex cubiculo alqo Misenum** ~ eine Aussicht eröffnen nach;
❹ *(übtr.)* enthüllen, aufdecken, offenbaren, verraten [**verum; odium suum in alqm; coniurationem**]; *(m. A. C. I. u. indir. Frages.)*.

patefactiō, ōnis *f (patefacio)* Enthüllung.

patella, ae *f (Demin. v. patera)* Schale, *bes.* Opferschale.

patellārius, a, um *(patella) (Plaut.)* zur Opferschale gehörig; **dii -i** die Laren u. Penaten, *denen b. Familienfesten Opfergaben dargebracht wurden.*

patena, ae *f (gr. Fw.) (Phaedr.)* Krippe.

patēns, *Gen.* entis *(P. Adj. v. pateo)* ❶ offen, frei, gangbar, unversperrt [**via; urbs** ohne Be-

festigung; **vallis; caelum** freie Luft; **campi; pelagus; conspectus**]; – *Subst. n* weiter Raum;
2 *(übtr.)* für etw. offen *(m. Dat.)*; **domus cupiditati et voluptatibus ~;**
3 *(Ov.) (übtr.)* offenbar, klar [**causa**].

● **pateō,** patēre, patuī, – 1 offen stehen; **patent portae, aedes; patent vulnera** klaffen; **omnibus haec ad visendum patebant cotidie** *(Cic.)*;
2 zugänglich, gangbar sein; **patet via nuntiis; aditus patuit;**
3 sich erstrecken, sich ausdehnen; **planities late patet; fines patent;** – *(übtr.)* **late ~** einen weiten Spielraum, Umfang haben, eine weite Anwendung finden: **ista ars late patet et ad multos pertinet; hoc praeceptum latius patet;**
4 *(übtr.)* frei-, offen stehen; **patet reditus in amicitiam; iis fuga patet; nobis is cursus patet; honores alci patent; praemia, quae pateant stipendiariis** *(Cic.)*;
5 zur Disposition stehen, ausgesetzt sein [**insidiis alcis; periculis; in arma** den Waffen];
6 offen vor Augen liegen, sichtbar sein; **res patet;**
7 offenbar, klar sein, sich zeigen; **causa patet; nulla tum patebat coniuratio; vera patuit dea** zeigte sich als; – *unpers.* **patet** *(m. A. C. I.)* es ist klar, offenbar.

● **pater,** tris *m* *(Gen. Pl.* -trum) *(verw. m.* πατήρ) 1 Vater [**durus; familiae** *u.* **familiās**]; **a patre deduci; pauci milites patresque familiae recepti;** – *Pl. auch* Eltern;
2 *(Tac.)* Schwiegervater;
3 *Pl.* Ahnen, Vorfahren; **vetuere patres; aetas patrum nostrorum; fortia facta patrum;**
4 *Pl.* Senatoren, Senat, *bes. (als Anrede)* patres conscripti; **patres maiorum (minorum) gentium** Senatoren aus den ersten (geringeren) Geschlechtern;
5 Patrizier *(Ggstz.: plebeii)*;
6 *(übtr.)* Vater, Schöpfer, Gründer, Urheber [**rerum; cenae** Gastgeber]; **Zeno ~ Stoicorum; Herodotus ~ historiae;**
7 *als Ehrentitel:* **~ Iuppiter; ~ optime Olympi; divum ~ atque hominum rex; Bacche ~; ~ Tiberine; ~ patriae** Vater, Retter des Vaterlandes: **Marius, quem vere patrem patriae possumus dicere; ~ senatūs;**
8 *(mlt.)* **a)** *kath.* Ordensgeistlicher; **b) patres veteres** Kirchenväter.

i Kultur **pater familias** der röm. „Patriarch", das Oberhaupt der röm. familia. Seine „väterliche Gewalt" (patria potestas) war in der frühen Republik unbeschränkt: alleiniger Eigentümer des Vermögens der Familie, Verwalter der Mitgift der Ehefrau; Gewalt über Leben u. Tod der Kinder. Ab der Spätrepublik Emanzipation (→ emancipatio) der erwachsenen Söhne, Verfügung der Frauen über ihr eigenes Vermögen.

patera, ae *f (pateo)* flache Schale, *bes.* Opferschale.

● **paternus,** a, um *(pater)* 1 väterlich, des Vaters, vom Vater (übernommen, ererbt) [**nomen; possessiones; horti; ager; servi; odium** gegen den Vater];
2 *(poet.)* vaterländisch, heimatlich [**terra**]; **-i fluminis ripae;**
3 *(spätl.)* zu den Vorfahren, Vätern gehörig [**mos**]; **sepulcra -a.**

patēscō, patēscere, patuī, – *(Incoh. v. pateo)*
1 *(poet.; nachkl.)* offen werden, sich öffnen; **atria patescunt; portus patescit;**
2 *(poet.; nachkl.) (übtr.)* sich zeigen, offenbar werden; **insidiae patescunt; eorum vitia patescunt;**
3 sich ausdehnen, sich erstrecken; **campus patescit; civitates, in quas Germania patescit; acies patescit; latius patescente imperio.**

pathicus, a, um *(gr. Fw.) (poet.)* der Unzucht mit sich treiben lässt; **libelli pathicissimi** voller Zoten.

patibilis, e *(patior)* 1 erträglich [**dolor**];
2 empfindsam [**natura**].

patibulātus, a, um *(patibulum) (Plaut.)* m. dem Marterholz beladen.

patibulum, ī *n u.* **-us,** ī *m (pateo)* 1 Marterholz *(Verbrechern und Sklaven um den Hals gelegtes gabelförmiges Holz, an das die Hände gebunden wurden; der Verurteilte wurde dann an diesem Holz den Richtpfahl hinaufgezogen und gekreuzigt)*; **suspende eos contra solem in -is** *(Vulg.)*;
2 *(mlt.)* Galgen.

● **patiēns,** *Gen.* entis *(P. Adj. v. patior)* 1 erduldend, ertragend, ausharrend *(m. Gen.)* [**laborum; doloris; servitutis; vetustatis**]; **equus ~ sessoris; amnis navium ~** schiffbar; **campus vomeris ~** leicht zu pflügen;
2 ausdauernd, geduldig [**animus; rex; aures**]; **patienter ferre alqd;**
3 genügsam, enthaltsam [**exercitus; Lacedaemon**];
4 *(poet.) (übtr.)* fest, hart; unempfindlich; **patientior saxo.**

● **patientia,** ae *f (patiens)* 1 das Erleiden, Erdulden, Ertragen [**paupertatis; frigoris; famis; contumeliarum**];
2 Ausdauer, Arbeitsamkeit [**animi; corporis**]; **alci rei -am adhibere** für etw. Ausdauer beweisen;
3 *(Hor.)* Genügsamkeit, Entsagung;
4 Geduld, Nachsicht, Nachgiebigkeit; **pa-**

P

tientiā alcis abuti;
❺ *(nachkl.)* Gleichgültigkeit, Indolenz;
❻ wollüstige Hingabe;
❼ *(nachkl.)* Unterwürfigkeit [**hostium**]; **Britanniam uno proelio veteri patientiae restituit** *(Tac.).*

patina, ae *f (gr. Fw.)* Pfanne, Schüssel.

patinārius *(patina)* **I.** *Adj.* a, um *(Plaut.)* Pfannen-, Schüssel-;
II. *Subst.* ī *m (Suet.)* Vielfraß.

patiō, patere, – – *(altl.) = patior.*

● **patior,** patī, passus sum ❶ (er)leiden, (er)dulden, ertragen, aushalten, hinnehmen [**supplicium; morbum; vulnera; exilium; Lucinam** gebären; **ultima, extrema** sterben]; **alqd moleste, facile, aequo (iniquo) animo ~; aliae nationes servitutem ~ possunt, populi Romani propria est libertas** *(Cic.)*;
❷ *(poet.) (eine Zeit)* überleben, aushalten, überstehen [**saecula; in silvis** ein karges Leben führen]; **sine armis ~ posse**;
❸ *(übtr.)* etw. erfahren, v. etw. betroffen werden *(alqd)* [**naufragium; iniurias belli; illorum delicta; cladem; famem**];
❹ sich gefallen lassen, gestatten, geschehen lassen, zulassen, zugeben *(meist m. A. C. I., selten m. ut u. neg. m. quin)*; **liberos suos ad se adire non patiuntur** *(Caes.)*;
❺ (sein) lassen [**nihil intactum** nichts unversucht lassen]; **non ~ tacitum, quod** nicht schweigend übergehen, dass;
❻ *(mlt.)* als Märtyrer sterben.

Patrae, ārum *f* Patras, *Küstenstadt in Achaia;* – *Einw. u. Adj.* **Patrēnsis,** is *m bzw.* e.

patrātor, ōris *m (patro) (Tac.)* Vollstrecker [**necis**].

patrātus *s. patro.*

Patrēnsis *s. Patrae.*

● **patria,** ae *f (patrius; erg. terra od. urbs)* Vaterland, -stadt, Heimat; **~ est, ubicumque est bene** *(Cic.)*; **dulce et decorum est pro -a mori** *(Hor.).*

patriarcha *u.* **-ēs,** ae *m (gr. Fw.) (Eccl.)* Erzvater, Patriarch *(kirchliche Würde).*

patricē *Adv. (pater) (Plaut.)* väterlich.

patricia, ae *f (patricius)* Patrizierin.

patriciātus, ūs *m (patricius) (Suet.)* Patrizierstand, Patriziat.

patri-cīda, ae *m (pater u. caedo)* Vatermörder.

● **patricius** *(pater)* **I.** *Adj.* a, um patrizisch, adlig [**gens; puer; sanguis; magistratus** das Konsulat];
II. *Subst.* ī *m* ❶ Patrizier; *Pl.* Adelsstand, Patriziat; **exire e -is** durch Adoption aus dem Adelsstand in den plebejischen überwechseln;
❷ *(spätl.) hoher Ehrentitel.*

i Kultur **patricius** der Patrizier: Angehöriger des röm. Uradels – mit traditionellen Formen: kultische Eheschließung, feierliche Bestattung mit einem Leichenzug, in dem die Masken der Ahnen getragen wurden; ihre politischen Vorrechte erwarben im Laufe der Republik auch reiche → plebei. – In der Kaiserzeit nur noch ein Ehrentitel wie „Durchlaucht“. – Im Mittelalter Bezeichnung für die vornehmeren bürgerlichen Familien.

Patricolēs, is *m altl. f. Patroclus.*

patrimōnium, ī *n (pater)* ❶ vom Vater ererbtes Vermögen, väterliches Erbgut; **-um augere; -um amplificare; -um conficere** verbrauchen; **-um eripere**;
❷ Vermögen; **in populi Romani -o**;
❸ *(mlt.)* **~ Petri** Grundbesitz der röm. Kirche; Kirchenstaat.

patrīmus, a, um *(pater)* dessen Vater noch lebt.

patrissō, patrissāre *(gr. Fw.) (Kom.)* dem Vater nachgeraten.

patrītus, a, um *(pater)* väterlich, vom Vater ererbt; **-a illa atque avita philosophia.**

● **patrius,** a, um *(pater)* ❶ väterlich, des Vaters [**auctoritas; maiestas; animus; benevolentia**];
❷ von den Vätern stammend, ererbt [**res** Vermögen; **mos; leges**];
❸ vaterländisch, heimatlich [**dii; sermo** Muttersprache; **ritus**].

patrō, patrāre vollbringen, zustande bringen, ausführen, vollenden [**opera; incepta; iussa; promissa; pacem** schließen; **victoriam** erringen; **bellum** beenden; **ius iurandum** das durch Eid bekräftigte Bündnis schließen]; – **pater patrātus** Bundesvater, Bundespriester, der höchste der Fetialen, *der die Bündnisse durch Eidesleistung schloss.*

patrōcinium, ī *n (patrocinor)* ❶ Patronat, Schutz durch einen Patron; **cuius -o civitas plurimum utebatur** *(Sall.)*;
❷ Vertretung, Verteidigung vor Gericht; **feneratorum -um suscipere;** – *(meton.) Pl.* Schützlinge, Klienten;
❸ *(übtr.)* Schutz, Schirm [**pacis; mollitiae; pudoris**]; **-um voluptatis repudiare; susceptum -um libertatis Graecorum non deserere.**

patrōcinor, patrōcinārī *(patronus) (vor- u. nachkl.)* beschützen, verteidigen *(m. Dat.).*

Patroclus *u.* **-os,** ī *m Sohn des Menoitios, Freund des Achilles, v. Hektor vor Troja getötet.*

patrōna, ae *f (patronus)* ❶ Beschützerin, Gönnerin [**sociorum**];
❷ *(Plin.)* Herrin *eines Freigelassenen.*

i Kultur ● **patrōnus,** ī *m (pater)* ❶ Schutzherr, Schirmherr, Patron: **a)** *in der*

röm. Frühzeit der Adlige, der seine clientes *(Halbfreien) vor Gericht vertrat; darüber hinaus bestand eine moralische Bindung* (fides), *die den Patron zum Beistand verpflichtete; der Halbfreie schuldete seinerseits Respekt und Dankbarkeit; diese rechtliche Beziehung löste sich später auf und führte in der Kaiserzeit zu einer nur sozialen und wirtschaftlichen Bindung des Armen an den frei gewählten vornehmen Bürger;* **b)** *frei gewählter Beschützer, Vertreter v. Städten u. Provinzen* [**agri Piceni**];
② gerichtl. Vertreter, Verteidiger vor Gericht, Anwalt; **alqm -um causae dare; ~ partis adversae;**
③ *(übtr.)* Verteidiger, Beschützer [**iustitiae; plebis; foederatorum**].

patruēlis *(patruus)* **I.** *Adj.* e *(Abl. Sg. -ī)* ① *v.* des Vaters Bruder *od. (selten)* Schwester (ab)stammend [**frater** Vetter]; **frater tuus erat frater ~ meus;**
② *(Ov.)* Vettern gehörig [**dona** *nennt Ajax die Waffen des Achilles, der sein Vetter war;* **regna** des Danaus];
II. *Subst.* is *m (Abl. Sg. -e) (nachkl.)* Vetter *(väterlicherseits).*

patruus *(pater)* **I.** *Subst.* ī *m* ① Onkel *(väterlicherseits; avunculus: mütterlicherseits)* [**maior** Großonkel]; **tutor et ~;**
② *(übtr.)* (strenger) Sittenrichter; **ne sis ~ mihi** *(Hor.);*
II. *Adj.* a, um des Onkels, dem Onkel gehörig [**ensis; lingua**].

patuī *Perf. v. pateo u. patesco.*

Patulcius, ī *m (pateo) Beiname des Janus als Aufschließer; auch: seltener röm. Personenname.*

patulus, a, um *(pateo)* ① offen (stehend) [**locus; fenestra; os; nares; latitudo**];
② *(Hor.)* allen zugänglich [**orbis**];
③ weit (ausgebreitet), breit [**loca urbis; quercus; rami; plaustra; mundus; lacus; boves** breitgehörnte].

pauca, paucī *s. paucus.*

pauci-loquium, ī *n (paucus u. loquor) (Plaut.)* Wortkargheit.

● **paucitās,** tātis *f (paucus)* geringe Zahl, Anzahl [**hostium; amicorum; portuum**].

pauculus, a, um *(Demin. v. paucus)* sehr wenig; *meist Pl.* sehr wenige, ein paar [**verba; dies; anni**]; – *Subst.* **-a,** ōrum *n (Kom.)* wenige Worte, ein paar Wörtchen.

● **paucus,** a, um *meist Pl.* ① *Sg. (nicht klass.)* wenig, gering, klein;
② *Pl.* **a)** wenige [**milites; castella; bona**]; **urbs inter -as munita** wie wenige; *ebenso:* **pugna memorabilis inter -as; pauciores** geringere Anzahl, Minorität: **pauciora navigia;** *(m. Gen. part. od. ex, de)* **-ae bestiarum; pauci ex (de) his oratoribus; b)** einige wenige; **-is diebus; in diebus -is Chrysis moritur; -i de nostris cadunt; causae modicae et -ae** einige;
③ *Subst.* **a) paucī,** ōrum *m* (nur) wenige [**ordinis senatorii; de nostris**]; **pauci sciebant; -orum potentia;** – *auch* die Oligarchen, Optimaten(partei), Nobilität: **factio -orum;** – *Komp.* *pauciores* die Vornehmeren; **b) pauca,** ōrum *n* ein wenig, weniges; **-a possidere;** – *bes.* wenige Worte: **-a loqui; -a respondere; audite, pueri, -a; licetne -a** darf ich nur ein paar Worte sagen?

● **paul(l)ātim** *Adv. (paulus)* ① allmählich, nach u. nach; **colles ~ rarescunt; ~ licentia crevit; ~ haec consuetudo prodire coepit; ~ se coniungere; ~ longius itur** kommt man weiter;
② einzeln, einer nach dem anderen; **~ ex castris discedere coeperunt, non omnes simul, sed subinde pauci** *(Caes.).*

paul(l)is-per *Adv. (paulus)* ein Weilchen [**manere; proelium intermittere; lecticam deponere**]; *(m. folg. dum, quoad, donec)* **~ mane, dum edormiscat; sedit tacitus ~, donec nuntiatum est.**

paul(l)ulum *(paululus)* **I.** *Subst.* ī *n* ein wenig, eine Kleinigkeit [**pecuniae; operae; morae**];
II. *Adv.* ein wenig, ein Weilchen [**respirare; progredi**]; **abscede ~ istuc.**

paul(l)ulus, a, um *(Demin. v. paulus)* gering, klein, winzig, wenig [**equi; spatium; pecunia**]; **da mihi -um bibere.**

● **paul(l)um** *(paulus)* **I.** *Subst.* ī *n* wenig, (nur) etwas, eine Kleinigkeit [**morae**]; **de -o paululum hoc tibi dabo; nihil aut -um auferre;** – *bes. Abl.* **paulo** *(beim Komp. u. bei steigerndem Sinn)* (um) ein wenig: **-o maior; -o melior; -o minus; -o ante** kurz vorher; **-o post** bald darauf;
II. *Adv.* ein wenig, etwas, nur wenig [**progredi; decedere; requiescere**]; **post ~** etwas später; **~ tardius.**

paul(l)us, a, um *(vorkl.)* gering, klein, wenig [**sumptus**]; **-o momento huc vel illuc impelli.**

Paul(l)us, ī *m cogn., bes. in der gens Aemilia gebräuchlich, s. Aemilius.*

● **pauper,** *Gen.* eris *(Abl. Sg.* paupere; *Neutr. Pl. fehlt, Gen. Pl.* pauperum) ① arm, bedürftig [**homo;** *(an etw.: Gen.)* **argenti**]; **servus domini pauperis;** – *als Subst. m* der Arme, *meist Pl.:* **pauperum tabernae;**
② *(nicht klass.) (übtr., v. Sachen)* ärmlich, armselig, dürftig, mäßig [**mensa; ager; eloquentia; voluntas**].

pauperculus, a, um *(Demin. v. pauper) (poet.)* arm, ärmlich, armselig [**senex; anus**].

P

pauperiēs, ēī *f (poet.) = paupertas.*
pauperō, pauperāre *(pauper) (poet.)* arm machen *(alqm); (alqm alqa re)* jmd. einer Sache berauben, um etw. bringen.
● **paupertās,** tātis *f (pauper)* ① Armut; **in paupertate vivere;**
② *(übtr.)* Dürftigkeit, Mangel, Not [**infelix**]; **paupertate sermonis laboramus.**
pausa, ae *f (gr. Fw.) (nicht klass.)* Pause, Rast, Stillstand, Ende [**vitae; pugnandi**]; **-am dare conciliis.**
Pausaniās, ae *m* ① *spartan. Feldherr, Sieger b. Platää 479 v. Chr.;*
② *Mörder Philipps II. von Makedonien (336 v. Chr.).*
pausārius, ī *m (pausa) (Sen.)* Rudermeister.
pausātiō, ōnis *f (pauso) (nachkl.)* das Pausieren, Aufhören.
pausia, ae *f (Verg.) (fleischige)* Olive.
Pausiacus, a, um des Pausias *(griech. Maler um 350 v. Chr.).*
pausill ... = *pauxill...*
pausō, pausāre *(pausa) (spätl.)* pausieren, ruhen.
pauxillātim *Adv. (pauxillus) (Plaut.)* allmählich *(= paulatim).*
pauxillisper *Adv. (pauxillus) (Plaut.)* ein Weilchen *(= paulisper).*
pauxillulum, ī *n (pauxillulus) (Kom.)* ein bisschen, ein wenig, Kleinigkeit [**nummorum**].
pauxillulus, a, um *(Demin. v. pauxillus) (Plaut.)* ganz wenig, ganz klein, winzig [**poculum; lembus**].
pauxillus, a, um *(Demin. v. paulus) (poet.)* ganz wenig, ganz klein, winzig; – *Adv.* **pauxillum** ein wenig.
pave-factus, a, um *(paveo u. facio) (poet.; nachkl.)* erschreckt, geängstigt.
● **paveō,** pavēre, pāvī, – beben, zittern, sich ängstigen [*(m. Akk. resp.: vor, wegen)* **omnia; lupos; vana miracula; mortem; funera;** *(m. Abl. causae: infolge v. etw.)* **novitate;** *(m. ad: bei, vor)* **ad singulos nuntios; ad omnia; ad necopinatum tumultum**]; **paveo mihi** meinetwegen; *(übtr.)* **venae pavent** beben, schließen sich; – *m. ne: dass;* – *m. Inf.* sich scheuen, etw. zu tun.
pavēscō, pavēscere, – – *(Incoh. v. paveo)* erschrecken, in Angst geraten, sich ängstigen, zittern [*(m. Abl. causae)* **omni strepitu;** *(m. Akk. resp.: vor, wegen)* **bellum; iudicium magistratuum;** *(m. ad: bei, vor)* **ad caeli fragorem; ad nocturnas imagines**].
pāvī *Perf. v. pasco u. paveo.*
● **pavidus,** a, um *(paveo)* ① *(vor Angst)* zitternd, furchtsam, ängstlich, schüchtern [**lepus; aves; miles; matres;** *(m. Gen.: wegen, in etw.)* **maris; nandi;** *(ad alqd)* **ad omnes suspiciones**]; ~ **ex somno** aufgeschreckt aus; – *m. ne: dass;*
② *(poet.)* ängstigend, mit Angst verbunden, Schrecken erregend [**religio**]; **-os excute corde metūs** *(Ov.).*
pavīmentātus, a, um *(pavimentum)* m. Estrich versehen [**porticus**].
pavīmentum, ī *n (pavio)* Estrich.
paviō, pavīre schlagen, (fest)stampfen [**terram; arenam**].
pavitō, pavitāre *(Intens. v. paveo) (poet.; nachkl.)* heftig zittern, sich sehr ängstigen; Schüttelfrost haben.
pāvō, ōnis *m* Pfau *(der Juno heilig)* [**Iunonia avis**].
pāvōnīnus, a, um *(pavo) (vor- u. nachkl.)* ① vom Pfau [**ova**];
② *(übtr.)* buntfarbig [**lectus**].
● **pavor,** ōris *m (paveo)* ① Angst, Furcht, Entsetzen [**caecus; simulatus;** *(vor etw.: Gen.)* **aquae**]; **alci pavorem inicere; tantus terror pavorque omnes occupavit, ut; pavorem sedare;** ~ **est** *od.* ~ **alqm capit** *(m. ne);*
② *(Verg.)* Erwartung, Spannung;
/ **Pavor** *personif. als Gottheit des Schreckens* [**Pavorii** Priester dieser Gottheit].
pavōs, ōris *m (arch.) = pavor.*
pāvus, ī *m (nicht klass.) = pavo.*
● **pāx**[1], pācis *f (verw. m. paciscor)* ① Friede, friedlicher Zustand [**perpetua; alta; inhonesta; civilis** nach einem Bürgerkrieg]; **pacis commoda** *od.* **bona** Segnungen; **pacis condiciones; reconciliator pacis** Friedensstifter; **pacem cum alqo facere** *od.* **componere** schließen; **pacem conficere, confirmare cum alqo, iungere, servare; pacem petere ab alqo** um Frieden bitten; **pace uti** Frieden halten; **pace deae** m. Zustimmung; **pacis temporibus** in Friedenszeiten; **(in) media pace** mitten im Frieden; **multa pace** im tiefen Frieden; **pace belloque** *u.* **bello ac pace (rem publicam regere)** in Krieg u. Frieden; **cum bona pace populo imperitare** ungestört, in Ruhe;
② *Pl.* Friedensschlüsse; **paces perficere;**
③ *(übtr.)* Ruhe *(v. Lebl.);* **pacem vultus habet; flumen cum pace delabens in mare;**
④ Seelen-, Gemütsruhe [**mentis**]; **pacem animis afferre; semper in animo sapientis est placidissima pax; pace loquar Veneris** Venus verzeihe diese Worte;
⑤ Beistand, Gnade *der Götter;* **votis pacem deae exposcere; a dis immortalibus pacem petere;**
⑥ *personif.* **Pāx** *Friedensgöttin.*
pax[2] *Interj. (pax*[1]*) (vor- u. nachkl.)* still! genug! basta!
paxillus, ī *m (Demin. v. palus*[1]*)* kleiner Pfahl, Pflock.
peccāmen, minis *n (pecco) (Eccl.)* Sünde.
peccātiō, ōnis *f (pecco) (Gell.)* das Sündigen, Sünde.

peccātor, ōris *m (pecco) (Eccl.)* Sünder.
peccātrīx, īcis *f (peccator) (Eccl.)* Sünderin.
peccātum, ī *n (pecco)* ❶ Vergehen, Sünde; ~ **est patriam prodere;**
❷ Irrtum, Versehen, Fehler; **-um suum confiteri.**
peccātus, *Abl.* ū *m (pecco)* das Vergehen.
● **peccō,** peccāre ❶ verkehrt handeln, sich irren, sündigen [*(m. Akk. des Neutr. eines Pron. od. allg. Adj.)* **eadem** dieselben Fehler machen; **plura; nihil;** *(re: durch, mit etw.)* **libidine; verbo;** *(in re: in, an, bei etw.)* **in syllaba; in re publica** in Sachen des Staates; *(erga od. in alqm; in alqd)* **in rem publicam;** *(in alqo: an jmdm.)* **in servo necando**]; – *subst.* peccantes die Sünder;
❷ sich an jmdm. vergreifen *(in alqo)* [**in togata (muliere); in matrona; in Valerio**];
❸ *(poet.)* straucheln, stolpern, stürzen; **ne equus peccet.**
pecorōsus, a, um *(pecus[1]) (Prop.)* reich an Vieh.
pecten, tinis *m (pecto) (nicht klass.)* ❶ Kamm; **deducere pectine crines; flectere comas pectine** kräuseln;
❷ *(übtr.)* kammähnliche Gegenstände: **a)** Weberkamm; *meton.* das Weben; **b)** Rechen, Harke; **c)** *(in der Musik)* Schlegel, Plektron; *meton.* Lied; **alterno pectine** in Distichen; **d)** Schamhaare; **e)** Kammmuschel;
❸ Zusammenfalten der Hände *(in großer Angst);* **digiti inter se pectine iuncti.**
pectinātim *Adv. (pecten) (Plin.)* kammförmig, -artig.
pectō, pectere, pexī, pexum *(gr. Fw.)* ❶ *(poet.)* kämmen [**longas comas; barbam; caesariem**]; **tunica pexa** wollig, noch neu;
❷ *(Plin.) (Wolle)* krempeln;
❸ *(Plaut.)* **alqm fusti** *od.* **pugnis** ~ verprügeln, durchprügeln.
pectorālis, e *(pectus) (nachkl.)* Brust-.
● **pectus,** toris *n* ❶ Brust [**latum**]; **reserato pectore** im Innern der Brust; **meum cor coepit in pectus emicare;**
❷ Herz, Gemüt, Gefühl, Seele [**forte** Mut]; **toto pectore amare; pectore anxius; metus insidens pectoribus;**
❸ Geist, Einsicht, Verstand [**doctum**]; **toto pectore cogitare; pectore arripere artes;**
❹ *poet. v. Personen:* **mortalia pectora** = *mortales;* **pectus consulis gerere;**
❺ Gesinnung, Charakter [**purum**].
pecu *n (Dat. u. Abl. Sg.* -ū; *Pl.* pecua, uum) = *pecus[1].*
pecuāria[1], ae *f (pecuarius)* Viehzucht.
pecuāria[2], ōrum *n (pecuarius) (poet.; nachkl.)* Viehherden.
pecuārius *(pecu)* **I.** *Adj.* a, um Vieh- [**res** Viehzucht; **canis**];
II. *Subst.* ī *m* Viehzüchter; Weidepächter.
pecūlātor, ōris *m (de-peculor)* Veruntreuer öffentlicher Gelder.
pecūlātus, ūs *m (de-peculor)* ❶ Unterschlagung öffentlicher Gelder; **peculatum facere; accusari peculatūs;**
❷ *(Plaut.) (übtr.)* Betrug; **amor in me peculatum facit.**
pecūliāris, e *(peculium)* ❶ *(Plaut.; Suet.)* eigen [**oves; servus; vinum**];
❷ eigenartig, -tümlich, ungewöhnlich [**testis; cognomen**];
❸ außerordentlich [**edictum**].
pecūliātus, a, um *(P. Adj. v. peculio)* begütert.
pecūliō, pecūliāre *(peculium) (Plaut.)* m. Eigentum versehen, beschenken.
pecūliōsus, a, um *(peculium) (Plaut.)* begütert.
pecūlium, ī *n (pecu, pecunia)* ❶ *(urspr. hauptsächlich aus Vieh bestehendes)* (Privat-)Vermögen, Eigentum; **cupiditas -i;**
❷ Sondervermögen *der Ehefrau od. der Kinder;*
❸ Spargut, Sparpfennig *des Haussklaven;* **adimere servis -um.**
● **pecūnia,** ae *f (pecu; eigtl.* „Vermögen an Vieh") ❶ Vermögen, Eigentum [**magna; ampla atque praeclara**]; **-am facere** erwerben; **-ae magnitudo; alienam -am invadere;**
❷ Geld(summe) [**ingens; innumerabilis; parvula; praesens** *od.* **numerata** Bargeld; **certa** bestimmte Summe; **captiva** erbeutetes; **publica** Staatseinkünfte, -kasse, Kriegskasse; **credita** Darlehen]; **dies -ae** Zahltag; **-am (dis)solvere** (be)zahlen; **cupidus -ae; -am cogere a civitatibus;** – *Pl.* Gelder, Geldsummen: **-as accipere** *u.* **capere** sich bestechen lassen.
pecūniārius, a, um *(pecunia)* Geld- [**dona; quaestiones; poena**]; **res -a** Geldgeschäft, Geld; **inopia rei -ae** Geldmangel.
pecūniōsus, a, um *(pecunia)* ❶ wohlhabend, reich, bemittelt [**feminae; senectus**]; **homines copiis rei familiaris locupletes et -i;**
❷ *(Mart.)* gewinnbringend [**ars**].
● **pecus[1],** coris *n* ❶ *(koll.)* Vieh, *(bes. der Ernährung dienendes)* Kleinvieh, Wollvieh [**lanigerum** Schafe; **saetigerum** Schweine]; **ager bonus pecori;** – *auch* Viehherde; *Pl.* Viehherden; – *auch v. Seetieren, Hummeln u. a.:* **Proteus pecus** (Seetiere) **agit;**
❷ *(poet.)* Stück Vieh; ~ **magnae parentis** *(vom jungen Löwen);*
❸ *(poet.) (übtr.) v. Menschen, verächtl. u. als Schimpfw.:* **imitatorum servum** ~ *(Hor.)* die Nachäfferherde.
● **pecus[2],** udis *f* ❶ einzelnes Stück Vieh, das Tier; **Neptuni pecudes** Fische; **pecudes et bestiae** zahme u. wilde Tiere; – *poet. auch v. Bienen:* **pecudum sollertia;**
❷ *(poet.)* ein Stück Kleinvieh, *bes.* Schaf; **ar-**

P

menta et pecudes; ~ et caprae;
③ *(Verg.) Pl.* Landtiere; **genus aequoreum, pecudes pictaeque volucres;**
④ *(übtr.) als Schimpfw. vom einfältigen od. stumpfsinnigen Menschen;* **stupor hominis vel dicam pecudis.**

pedālis, e *(pes)* einen Fuß lang (breit, dick) [**trabes**].

pedārius, a, um *(pes)* zum Fuß gehörig, Fuß-; – *(senator) pedarius m* niederer Senator, Senator zweiten Ranges, *der noch kein kurulisches Amt innehatte u. dah. kein eigenes Votum abgeben darf (= sententiam dicere), sondern sich nur dem anderen anschließt.*

pedātus[1], *Abl.* ū *m (pes) (Plaut.)* Angriff.

pedātus[2], a, um *(pes) (Suet.)* m. Füßen versehen [**male** schlecht zu Fuß].

● **pedes,** ditis *m (pes)* ① Fußgänger, zu Fuß;
② *(milit.)* Fußsoldat, Infanterist; **equitum et peditum copiae;** – *(koll.)* Fußvolk, Infanterie;
③ Plebejer *(weil die Plebejer zu Fuß dienten, die Patrizier zu Pferd);* **equites peditesque** Patrizier u. Plebejer, Adel u. Volk.

● **pedester,** tris, tre *(pedes)* ① zu Fuß, Fuß- [**copiae** *u.* **exercitus** Fußvolk; **ordo** zu Fuß dienend; **pugna** das Fechten zu Fuß]; **stipendia pedestria facere** zu Fuß dienen;
② des Fußvolkes [**arma; acies**];
③ zu Lande, Land- [**copiae** *u.* **exercitus** Landheer, -macht; **pugna; transitus; iter**];
④ *(Hor.) (übtr.)* einfach, gewöhnlich [**opus; fabulae**]; prosaisch [**historiae**].

pede-temptim *u.* **pede-tentim** *Adv. (< pede temptare „m. dem Fuß tasten")* ① Schritt für Schritt;
② *(übtr.)* allmählich, vorsichtig, bedächtig; **timide et ~ istuc descendunt.**

pedica, ae *f (pes)* Fußfessel, -schlinge.

pēdīcātor, pēdīcō = *paedic...*

pedis, is *m u. f (vorkl.)* Laus.

pedisequa, ae *f (pedisequus)* Dienerin, Zofe, *auch übtr.*

pedi-sequus, ī *m (pes u. sequor, eigtl.* „auf dem Fuße folgend") Diener, Lakai, *auch übtr. verwendet;* **clamor pedisequorum nostrorum.**

peditastellus, ī *m (pedes) (Plaut.)* gewöhnlicher Fußsoldat; *Pl.* gemeines Fußvolk.

● **peditātus,** ūs *m (pedes)* Fußvolk, Infanterie; **alqm peditatu, equitatu, copiis instruere.**

pēditum, ī *n (subst. P.P.P. v. pedo) (Cat.)* Furz.

pēdō, pēdere, pepēdī, pēditum *(poet.)* furzen.

Pedō, ōnis *m s. Albinovanus.*

pedum, ī *n (Verg.)* Hirtenstab.

Pedum, ī *n Stadt in Latium zw. Tibur u. Praeneste;* – *Einw. u. Adj.* **Pedānus,** ī *m bzw.* a, um; – **Pedānum,** ī *n* Landgut bei Pedum.

Pēgasus *u.* **-os,** ī *m geflügeltes Ross des Bellerophon, das aus dem Blut der Medusa entstand, als Perseus ihr das Haupt abschlug, durch dessen Hufschlag die Quelle Hippokrene entsprang;* – *appell.* geflügelter = rascher Bote; – *Adj.* **Pēgasēus,** a, um des Pegasus *u. fem.* **Pēgasis,** idis [**undae** Musenquellen]; Pēgasis *als Subst.* Muse, Quellnymphe.

pēgī *s. pango.*

pēgma, atis *n (gr. Fw.)* ① Bücherbrett;
② *(poet.; nachkl.)* Versenkungseinrichtung *im Theater.*

pēierātiuncula, ae *f (peiero) (Plaut.)* kleiner Meineid.

pē-ierō, ierāre *(iuro)* **I.** *intr.* ① falsch schwören, meineidig sein;
② *(Plaut.) übh.* falsch aussagen, lügen;
II. *trans. (poet.)* durch Meineid verletzen [**deos**]; **ius peieratum** Meineid.

● **pēior,** ius *Komp. v. malus*[1].

pē-iūrō = *peiero.*

● **pēius** *Komp. n v. malus*[1].

pelagium, ī *n (Plin.)* Purpurfarbe.

pelagius, a, um *(gr. Fw.) (nicht klass.)* zur See, See-, Meer- [**cursus**].

Pelagonēs, num *m Volk im nördl. Makedonien;* – *Landschaft u. Stadt:* **Pelagonia,** ae *f.*

● **pelagus,** ī *n (Nom. u. Akk. Pl.* pelagē) *(gr. Fw.) (nicht klass.)* ① Meer, offene See; **pelago terrāque pericula passus;**
② Wassermasse, Fluten.

pēlamys, ydis *f (gr. Fw.) (vor- u. nachkl.)* junger Thunfisch.

Pelasgī, ōrum *u. (poet.)* um *m in der Antike Sammelbezeichnung f. die vorgriech. Bevölkerung vieler Teile Griechenlands; (poet.) übh.* Griechen; – *Adj.* **Pelasgus,** a, um, *fem.* **Pelasgis,** idis *u.* **Pelasgias,** adis pelasgisch, *übh.* griechisch.

Pelethronius, a, um *aus der thessalischen Landschaft Pelethronium.*

Pēleūs, eī *u.* eos *m Sohn des Aeacus, König in Thessalien, Vater des Achilles;* – *Patron.* **Pēlīdēs,** ae *m* der Pelide: Achilles *als Sohn des Peleus.*

pēlex, licis *f* = *paelex.*

Peliās[1], ae *m König v. Iolkos in Thessalien, sandte Jason, den Sohn seines Halbbruders Äson aus, das Goldene Vlies zu holen;* – *Patron.* **Peliades,** dum *f* Töchter des Pelias, *die ihren Vater auf Anraten Medeas zerstückelten, um ihm durch Kochen seine Jugendkraft wiederzugeben.*

Pelias[2], adis *s. Pelion.*

pelicānus, ī *m (gr. Fw.) (Eccl.)* Pelikan.

pēlicātus, ūs *m* = *paelicatus.*

Pēlīdēs *s. Peleus.*

Pēlion, ī *n u.* **-ius** *od.* **-ios,** ī *m Gebirge auf der thessalischen Halbinsel Magnesia, Heimat des Kentauren Chiron;* – *Adj.* **Pēliacus,** a, um [**trabs** die Argo; **cuspis** des Achilles; **axis** der Wagen des Achilles], **Pēlius,** a, um [**ne-**

mus] *u. fem.* **Pēlias,** adis [**arbor**] *auch übh.* thessalisch.

Pella, ae *u.* **-ē,** ēs *f Stadt in Emathia (Makedonien), Geburtsort u. Residenz Alexanders des Gr.; – Adj.* **Pellaeus,** a, um *poet. auch* makedonisch, alexandrinisch, ägyptisch *(weil Alexander Ägypten erobert u. Alexandria erbaut hatte).*

pellācia, ae *f (pellax) (Lucr.)* Lockung.

pellāx, *Gen.* ācis *(pellicio) (Verg.)* verführerisch, listenreich [**Ulixes**].

pellecebrae, ārum *f (pellicio) (Plaut.)* Verlockung, Verführung.

pellēctiō, ōnis *f (pellego)* das Durchlesen [**epistulae**].

pellectus *P.P.P. v. pellicio.*

pel-legō = *perlego.*

Pellēnē, nēs *f östlichste Stadt in Achaia.*

pel-liciō, licere, lēxī, lectum *(< per-licio; vgl. lacesso)* anlocken, verführen, an sich ziehen, für sich einnehmen [**senem per epistulas; animum adulescentis; mulierem ad se; populum in servitutem; militem donis; alqm ad belli societatem;** *übtr.* **maiorem partem sententiarum** auf seine Seite bringen].

pellicius *u.* **-ceus,** a, um *(pellis) (spätl.)* aus Fellen gemacht.

pellicula, ae *f (Demin. v. pellis)* kleines Fell, Häutchen [**caprina**]; **-am curare** seine Haut pflegen, sich gütlich tun.

pelliō, ōnis *m (pellis) (Plaut.)* Kürschner.

● **pellis,** is *f (Abl. Sg.* pelle *u.* pellī) ❶ Pelz, Fell, Haut [**leonina; caprina**]; **pellem detrahere;** *sprichw.:* **in propria pelle quiescere** mit dem eigenen Stand (der eigenen Verfassung) zufrieden sein; – *Pl.* Pelzwerk;
❷ Fell, Haut, Leder *(nach der Verarbeitung);* **sub pellibus durare, hiemare** in Winterzelten; **pelles pro velis;**
❸ *(übh.)* aus Pelz, aus Leder Verfertigtes: **a)** Lederschild; **b)** *(poet.)* Schuh; **pes natat in pelle** schlottert; **c)** *(poet.)* Schuhriemen [**nigrae**]; **d)** *(Ov.)* Pelzmütze; **pellibus tecta tempora; e)** *(Mart.)* Pergament;
❹ *(Hor.) (übtr.)* Hülle; **pellem detrahere alci** jmds. Fehler aufdecken.

pellītus, a, um *(pellis)* m. Fellen bedeckt, m. einem Pelz bekleidet [**oves** *zum Schutz der Wolle;* **Sardi**].

● **pellō,** pellere, pepulī, pulsum ❶ stoßend *od.* schlagend in Bewegung setzen [**nervos in fidibus** rühren; **lyram** schlagen; **classicum** ertönen lassen];
❷ *(poet.) (Pfeile)* abschießen, absenden [**sagittam**];
❸ stoßen, schlagen, klopfen [**vada remis; fores** an die Tür klopfen; **humum pedibus** stampfen]; **arbor ventis pulsa; vulnere (ramo) pulsus** getroffen von; **pueri pulsi;** *(übtr.)* **iniuria alqm pellit** trifft jmd.;
❹ *(geistig)* treffen, bewegen, erregen, beeindrucken; **iuvenem forma captivae pepulerat; non mediocri curā Scipionis animum pepulit;**
❺ vertreiben, (ver)jagen, verstoßen [**a sacris; ex Galliae finibus; (de) agro; (ab) urbe; loco; domo; regno; possessionibus; civitate**]; **Athenienses Diagoram philosophum pepulerunt; (patriā)** ~ verbannen;
❻ zum Weichen bringen, zurückdrängen, schlagen, besiegen [**hostes; adversariorum copias; aquam de agro**]; **pulsi fugatique; ~ et superare;**
❼ *(übtr.)* verscheuchen, vertreiben [**frigora** fern halten; **corde dolorem; tenebras; turpia crimina a vobis; umbras noctis; somnum; amores**]; **pelle moram!** zögere nicht länger; **pulso pudore** schamlos;
❽ *(poet.) (Durst, Hunger)* löschen, stillen [**sitim; famem glande**];
❾ antreiben; *(übtr.)* **sermonis initium** ~ das Gespräch in Gang bringen.

pel-lūceō = *perluceo.*

Peloponnēsus, ī *f* (Πελοπόννησος „Pelopsinsel") *die südl. Halbinsel Griechenlands; – Einw.* **Peloponnēsiī,** ōrum *u.* **Peloponnēnsēs,** ium *m; – Adj.* **Peloponnēsi(ac)us,** a, um [**bellum; civitates**].

> *i* Kultur **Pelops,** opis *m* Sohn des phrygischen Königs Tantalus, Gemahl der Hippodamia, Vater des Atreus u. Thyestes; v. seinem Vater wurde er geschlachtet, gekocht u. den Göttern zum Mahl vorgesetzt, um ihre Allwissenheit zu prüfen; sie erkannten den Frevel u. gaben dem Pelops das Leben zurück; die fehlende Schulter, welche Ceres unachtsam gegessen hatte, ersetzten sie durch Elfenbein, dah.: **umero ~ insignis eburno** *(Verg.); – Patron.* **Pelopidae,** ārum *m* Nachkommen des Pelops; – *Adj.* **Pelopē(i)us,** a, um, *fem. auch* **Pelopēis,** idis *u.* **Pelopēias,** adis *auch* peloponnesisch *od.* phrygisch [**virgo** = Iphigenie; **moenia** Argos].

pelōris, idis *f (gr. Fw.) (nicht klass.)* Riesenmuschel.

Pelōros, ī *m,* **Pelōris,** idis *f u.* **Pelōrias,** adis *f die Nordostspitze Siziliens.*

pelta, ae *f (gr. Fw.)* leichter, halbmondförmiger Schild.

peltastae, ārum *m (gr. Fw.) m. einer pelta (s. d.) bewaffnete Soldaten,* Peltasten; *übh.* Leichtbewaffnete.

peltātus, a, um *(pelta) (poet.)* m. der pelta bewaffnet.

Pēlūsium, ī *n Stadt in Unterägypten; – Adj.*

P

Pēlūsi(ac)us, a, um.

pēlvis, is *f (vor- u. nachkl.)* Becken, Schüssel.

penārius, a, um *(penus)* Vorrats- [**cella** Vorratskammer, *übtr.* Kornkammer].

penātēs, tium *m (penes)* ❶ *mit u. ohne dii* Penaten, Hausgötter, *Schutzgottheiten der Familie* [**familiares, minores** *od.* **privati**] *und des Staates* [**publici** *od.* **maiores**]; *ihre Bilder befanden sich am Herd des Hauses;* ~ **iniqui; in mensa penatium deorum;**
❷ *(meton.)* **a)** Haus, Wohnung, Hof; **penates relinquere; alqm in paternos penates deducere; a suis penatibus eiectus; b)** *(Verg.)* Herd; **flammis adolere penates.**

> *i* Kultur **penātēs** die Penaten – die „Götter der Vorratskammer" im röm. Haus; ihre Bilder befanden sich im Atrium – ihr Kult wurde bei den Mahlzeiten gepflegt: für sie wurden Teile der Speisen, Salz und Früchte zum Brandopfer. Bei der Heimkehr nach einer Reise begrüßte man die Bilder der Penaten wie Personen. – Im staatlichen Leben: Penates publici – Schutzgötter Roms im Vestatempel. Aeneas hatte sie nach der Sage nach Italien gebracht.

penāti-ger, gera, gerum *(penates u. gero)* *(Ov.)* die Penaten tragend [**Aeneas**].

● **pendeō,** pendēre, pependī, – *(vgl. pendo)* ❶ (herab)hängen *(von ... herab, an etw.: ex, ab, de, in u. Abl. od. bl. Abl.)* [**ab alto; a naso; tigno**]; **nubila pendentia** tief herabhängende; *(übtr.)* **narrantis ab ore** ~ am Mund hängen, m. gespannter Aufmerksamkeit zuhören; **pendens** gespannt;
❷ *(poet.)* hängen, (auf)gehängt sein [**pinu; de collo; in cruce**]; **capite deorsum** ~ mit dem Kopf nach unten; **alqm pendentem ferire** *(v. Sklaven, die an den oberen Türpfosten gehängt wurden, um Prügel zu bekommen);* **tu iam pendebis** *(Ter.)* wirst an den Türpfosten kommen, wirst Prügel erhalten; **alqs e trabe pependit** *(vom Selbstmörder);* **quaerit altos, unde pendeat, ramos** *(Mart.)*;
❸ *(poet.; nachkl.) (zum Verkauf)* aushängen;
❹ *(poet.; nachkl.)* schlaff herabhängen, herabwallen; **genae pendent; lacerti pendent; chlamys pendet;**
❺ *(poet.; nachkl.)* schweben; **avis in aëre pendet; nubila pendent; naves pendentes** schaukelnd;
❻ *(poet.)* nicht stabil sein, einzustürzen drohen; **pendet litus algā opertus;**
❼ *(vor- u. nachkl.)* wiegen, schwer sein, *(übtr.)* schwer wiegen;
❽ *(poet.; nachkl.)* sich fortwährend aufhalten, weilen; **circa montem ~;**
❾ *(übtr.)* abhängig sein von, auf etw. beruhen *(ex od. ab alqo; ex re, re, in re)* [**momento**]; **tyrannus, ex quo factum amici pendebat; ex quo verbo tota causa pendebat; spes pendet ex fortuna;**
❿ an jmdm. hängen, jmdm. ergeben sein *(ex, de alqo)* [**ex patre; tota mente** mit der ganzen Seele];
⓫ aufmerksam zuhören; **attentus et pendens;**
⓬ unentschlossen sein, schwanken; **plebs spe et exspectatione pendet; exspectando pendemus animis; ne diutius pendeas;**
⓭ *(poet.; nachkl.)* ungewiss sein, zweifelhaft sein; **belli fortuna pendet; iudicium, causa pendet; diu ~;**
⓮ *(poet.; nachkl.)* unerledigt liegen bleiben, auf lange Zeit verschoben werden; **opera interrupta pendent.**

● **pendō,** pendere, pependī, pēnsum **I.** *trans.* ❶ *(vorkl.; poet.)* abwiegen [**aurum**];
❷ *(übtr.)* ab-, erwägen, beurteilen, achten [**alqm non ex fortuna, sed ex virtute; consilium ex opibus; alqd magni, quanti, parvi, nihili**]; **nihil, non quicquam pensi habere** sich kein Gewissen daraus machen;
❸ *(Geld)* (be)zahlen [**stipendium; tributum; pretium; mercedem alci**];
❹ *(übtr.) (Strafe)* (er)leiden, büßen [**poenas pro scelere; crimen; culpam; poenam temeritatis** *(wegen, für);* **poenam nece**]; **parum ignominiae pensum est;**
II. *intr.* wiegen, schwer sein; **tandundem ~ par est.**

pendulus, a, um *(pendeo) (poet.; nachkl.)* ❶ (herab)hängend, schwebend [**libra; genae; tela** Webstuhl];
❷ *(übtr.)* schwankend, ungewiss, zweifelhaft [**spe; turba**].

Pēnēis, Pēnēius *s. Peneus.*

Pēnelopa, ae *u.* **-ē,** ēs *f Gattin des Ulixes/Odysseus, Mutter des Telemach; – Adj.* **Pēnelopēus,** a, um.

penes *Präp. b. Akk. (manchmal nachgest.)* ❶ im Besitz, in der Gewalt jmds., bei jmdm.; ~ **eos laus fuit; ~ alqm est potestas; ~ alqm sunt divitiae; ~ se esse** bei sich sein, bei Sinnen sein;
❷ aufseiten jmds.; **nullam ~ se culpam esse.**

Penestae, ārum *m illyr. Volksstamm; – Landschaft:* **Penestia,** ae *f.*

pēnētica, ae *f (gr. Fw.)* Hungerkur.

penetrābilis, e *(penetro) (poet.; nachkl.)* ❶ durchdringbar [**corpus; pectus ferro**];
❷ durchdringend [**telum; frigus; fulmen**].

penetrāle (*u.* **penetral**), ālis *n (Abl. Sg. -ī), gew. Pl.* penetrālia, ium ❶ das Innere, *bes. v. Gebäuden,* die inneren Räume; **penetralia regum;**

② Hauskapelle; Heiligtum, *bes. das der Penaten;* **penetralia sunt penatium deorum sacraria;**
③ Mittelpunkt [**urbis**];
④ *(Gell.) (übtr.)* das Innere, Geheime [**cordis et animae; mentis; sapientiae**].

penetrālis, e *(penetro)* innerlich, inwendig [**dii** Penaten; **focus**].

● **penetrō,** penetrāre *(penitus)* **I.** *intr.* (hin)eindringen, hineinkommen, sich begeben [**in castra Romanorum; in templum; in palaestram; in Syriam; sub terras; in urbem; ad urbes; per angustias**]; *(übtr.)* **nulla magis in animos penetrat;**
II. *trans. (poet.; nachkl.)* ① durchdringen, durchziehen, betreten, hineinsetzen [**pedem intra aedes; Illyricos sinus**]; *se* ~ sich begeben [**se foras; nave Aegyptum**];
② *(übtr.)* jmd. ergreifen, auf jmd. Eindruck machen; **id Tiberii animum altius penetravit** *(Tac.).*

Pēnēus *u.* **-os,** ī *m Hauptfluss Thessaliens, fließt durch das Tempetal in den Golf v. Saloniki; als Flussgott Vater der Daphne; – Adj.* **Pēnēius,** a, um [**arva**] *u. fem.* **Pēnēis,** idis [**nympha** = Daphne]; – **Pēnēia,** ae *f* Tochter des Peneus.

pēnicillus, ī *m u.* **-um,** ī *n (Demin. v. peniculus)* ① Pinsel;
② *(meton.)* Malerei;
③ *(Plin.) (übtr.)* stilistische Darstellung, Kompositionsstil; **modo mihi date Britanniam, quam pingam coloribus tuis, penicillo meo** *(Cic.).*

pēniculus, ī *m (Demin. v. penis) (Kom.)* Bürste; Schwamm.

pēnis, is *m* ① *(vorkl.)* Schwanz;
② männliches Glied; *meton.* Unzucht.

penita, ōrum *n (penitus) (Mart.)* das Innerste [**mundi; terrae**].

● **penitus** *(penes)* **I.** *Adv.* ① tief (hinein); ~ **in Thraciam se abdidit;** ~ **suspiria trahere** tief aufseufzen; ~ **penetrare; causae ~ latentes** in der Tiefe verborgen; **periculum ~ in venis et visceribus rei publicae** *(Cic.);*
② *(poet.)* weit(hin); ~ **sonantes scopuli;** ~ **repostae gentes;**
③ *(Prop.) (beim Komp.)* bei weitem *(= longe);* ~ **crudelior;**
④ *(übtr.)* tief, fest; **opinio ~ insita** fest verwurzelt;
⑤ genau, gründlich [**intellegere alqd; notus**]; **res ~ perspectae;**
⑥ *(Hor.)* innig, herzlich [**rogare**]; ~ **dilectus Iovi;**
⑦ ganz u. gar, völlig [**diffidere; se perdere; amittere disciplinam**];
II. *Adj.* a, um *(Plaut.)* innerlich, inwendig; **ex -is faucibus.**

Penius, ī *m Fluss in Kolchis, der in das Schwarze Meer mündet.*

● **penna,** ae *f* ① (Flug-)Feder, Schwungfeder; **aves pullos -is fovent; sine -is volare haud facile est;**
② *meist Pl., auch Sg. koll.* **a)** Flügel, Gefieder; **geminis secat aëra -is; -ā fugiunt trepidante columbae; -is se levare** auffliegen; **-as extendere nido** flügge werden; **b)** *(poet.) (meton.)* das Fliegen, Flug; **celeritate -ae vitant necem; c)** *(poet.)* Feder *am Pfeil;* Pfeil; **cervos -ā petere.**

pennātus, a, um *(penna) (poet.; nachkl.)* gefiedert, geflügelt [**Zephyrus; Fama; equus; ferrum** Pfeil].

Pennīnus *u.* **Poenīnus,** a, um zu den penninischen Alpen *(Wallis bis Oberitalien)* gehörend [**Alpes** *vom Großen St. Bernhard bis zum St. Gotthard;* **iter** *Straße über den Großen St. Bernhard;* **mons** Großer St. Bernhard].

penni-potēns, *Gen.* tentis *(penna) (Lucr.)* geflügelt; – *Subst.* pennipotentēs, tium *f* Geflügel, Vögel.

pennula, ae *f (Demin. v. penna)* Flügelchen.

pēnsābilis, e *(penso) (spätl.)* ersetzbar.

pēnsilis, e *(pendeo) (poet.; nachkl.)* ① aufgehängt [**lychnuchi; uva** zur Aufbewahrung aufgehängt, getrocknet];
② *(als t. t. der Baukunst)* hängend, schwebend, auf Schwibbögen ruhend [**horti**].

pēnsiō, ōnis *f (pendo)* ① Zahlung, Auszahlung [**praesens** Barzahlung];
② Rate, Einzelposten [**prima**]; **pecuniam tribus pensionibus solvere; nihil debetur ei, nisi ex tertia pensione** *(Cic.);*
③ *(nachkl.)* Mietzins;
④ *(Petr.)* Ersatz, Entschädigung [**lacturae**].

pēnsitō, pēnsitāre *(Intens. v. penso)* ① *(nachkl.)* genau abwiegen [*übtr.* **vitam aequa lance** gerecht beurteilen];
② *(übtr.)* reiflich erwägen, überdenken [**imperatoria consilia; omnia; rem; virtutes**]; *(m. indir. Frages.);*
③ (be)zahlen [**vectigalia**]; – *abs.* steuerpflichtig sein: **praedia, quae pensitant.**

pēnsō, pēnsāre *(Intens. v. pendo)* ① abwiegen [**aurum**];
② *(übtr.)* gegeneinander abwägen, aufwiegen, dagegen rechnen, vergleichen [**virtutibus vitia; honesta**]; **res pensatae** die sich das Gleichgewicht halten;
③ *(poet.; nachkl.)* ersetzen, entschädigen, ausgleichen, bezahlen [**beneficia beneficiis; munus munere; moram velocitate**];
④ *(Ov.) (übtr.)* büßen, erkaufen;
⑤ erwägen, überlegen [**consilium**];
⑥ beurteilen *(nach etw.: ex)* [**amicos ex factis, non ex dictis**];
⑦ *(mlt.)* meinen.

pēnsum, ī *n (subst. P.P.P. v. pendo)* ① *(poet.; nachkl.)* Wolle *(den Sklavinnen als Tagesra-*

tion zum Verarbeiten zugewogen);
② *(poet.)* Wollarbeit, Tagesarbeit, Pensum; **-a partiri inter virgines**;
③ *(übtr.)* Aufgabe; **-um absolvere; ~ nominis familiaeque**.

pēnsus, a, um *(P. Adj. v. pendo)* erwägenswert, (ge)wichtig; **pensior condicio; nihil** *(od.* **non, nec quicquam)** **-i habeo** *od.* **mihi -i nihil est** ich lege kein Gewicht (keinen Wert) auf etw., gebe nichts auf etw., scheue mich nicht zu *(m. Akk.; m. Inf. od. indir. Frages.)*: **neque fas neque fidem -i habere** *(Tac.)*; **neque dicere neque facere quicquam -i habere**.

pentameter, trī *m (gr. Fw.) (nachkl.)* Pentameter *(fünffüßiger Vers)*.

pentāthlus, ī *m (gr. Fw.) (Plin.)* sich Übender *od.* Sieger im Fünfkampf.

pentēcostē, ēs *f (gr. Fw.) (spätl.)* der 50. Tag nach dem Passahfest (Ostern), Pfingsten.

Pentelicus, a, um vom *att. Berg* Pentelikon, *an dem noch heute Marmor gebrochen wird* [**Hermae** aus pentelischem Marmor].

pentēris, idis *f (gr. Fw.) (nachkl.)* Fünfdecker, *Schiff m. fünf Ruderreihen übereinander.*

Penthesilēa, ae *f Amazonenkönigin, v. Achilles vor Troja im Zweikampf getötet.*

Pentheus, eī *u.* eos *m König v. Theben, weg. seiner Verachtung des Dionysoskultes v. den Bacchantinnen (darunter v. seiner Mutter) zerrissen; – Adj.* **Penthēus,** a, um.

Pentrī, ōrum *m samnitisches Volk bei Bovianum.*

penuārius = *penarius.*

pēnūria, ae *f* Mangel *(an etw.: m. Gen.)* [**cibi; omnium rerum; sapientium civium bonorumque**].

penus, ūs *u.* ī *m u. f,* **penus,** noris *n u.* **penum,** ī *n* Vorrat an Lebensmitteln [**annuus**]; **alqm penore privare.**

Peparēthus, ī *f Insel an der thessalischen Küste.*

pepēdī *Perf. v. pedo.*

pependī *Perf. v. pendeo u. pendo.*

pepercī *Perf. v. parco.*

peperī *Perf. v. pario.*

pepigī *Perf. v. pango.*

peplum, ī *n (gr. Fw.)* ① *(poet.) weites, prachtvoll gesticktes* Obergewand *griechischer Frauen, bes. das für die Athenestatue bestimmte, das an den Panathenäen zur Schau gestellt wurde*;
② *männl.* Prachtgewand [**imperatorium**], weites Oberkleid.

pepulī *Perf. v. pello.*

● **per I.** *Präp. b. Akk.* ① *(räuml.)* **a)** durch (… hindurch); **iter per provinciam facilius est; per ignes fugere; flumen per urbem fluit; per membranas oculorum cernere; b)** über (… hinüber,… hinweg); **pontem per Nilum facere; per corpora transire; per mare fugere; per gradus labi; c)** über … hin, auf … umher, rings in (auf, an); **per agros vagari; coronam auream per forum ferre; per omnes vias currere; pacem per aras exquirere** rings an; **per orbem** in der ganzen Welt; **per manus tradere** v. Hand zu Hand gehen lassen; **per manus traditae religiones** von einem zum andern; **cives per domos invitati** v. Haus zu Haus; **ire per feras** unter … umher; **equites per oram maritimam dispositi erant; per silvas vivit; d)** vor… hin, längs, entlang; **per ora civitatum ferri** *od.* **traduci; fugere per amnem** den Fluss entlang;
② *(zeitl.)* **a)** durch, hindurch; **per multas horas; per hiemem; ludi decem per dies facti sunt; incendium per duas noctes tenuit; a te per hos dies nulla epistula venerat; b)** während, im Verlauf, in; **per noctem; per multa bella; per idem tempus; per tempus = in tempore** zur rechten Zeit; **per ludos; per somnum** im Schlaf; **mortuos per indutias sepelire**;
③ *(übtr.)* **a)** *(zur Bez. der Mittelsperson od. des Mittels u. Werkzeugs)* mit Hilfe von, vermittelst, mit; **certiorem facere alqm per litteras; per internuntios colloqui cum alqo; per tres populos Galliā potiri; per manus demitti; dis supplicare per hostias; per scelus alqd adipisci** auf dem Wege des V.; **b) per se** (me, te) für sich (allein), selbstständig, ohne Hilfe anderer; **homo per se cognitus; nihil per se posse; per se solus; per me tibi obstiti** = *solus;* **c)** *(kausal)* wegen, infolge, aus; **per misericordiam alqm recipere; per mollitiem animi; per haec** deswegen; **per errorem** aus Missverständnis; **d)** unter dem Vorwand, unter dem Anschein; **per causam** *(m. Gen.)* unter dem Vorwand; **per fidem laedere alqm** durch einen Meineid; **Sulla per Caecilium accusatur** unter dem Namen des C.; **e)** *(b. Subst., die Zustände bezeichnen)* während, unter; **per otium; per furorem; per tacitum; per vinum** im Rausch; **f)** *(b. Schwüren)* um … willen, bei; **per deos perque foedera obtestari; per deos iurare; per pietatem!; per deos immortales!; per deos atque homines!; te per amicitiam et per amorem obsecro; per ego has lacrimas oro; per si qua est fides (= per fidem, si qua est); g)** *(modal)* durch, vermittelst, mit, unter; **per vim** auf gewaltsame Weise; **per litteras** brieflich, schriftlich; **per legem; per senatūs consultum; per iniuriam; per ludum; per fraudem; per scelus; per virtutem** mutig; **per artem** kunstvoll; **per commodum** gemächlich; **per occasionem** gelegentlich; **h)** m. Rücksicht auf; **hoc per interdicta (per amicos) non licet; alqd per valetudinem facere non posse; per senatum efficere**

non posse;
II. **per-** *als Präfix* ① (hin)durch, zer- [**peragro, perfodio, perfringo**];
② ringsum, umher [**peragito, perequito**];
③ zu Ende, völlig [**perficio, peroro, permunio, perpopulor**];
④ gründlich, genau [**perpendo**];
⑤ sehr [**permagnus, perosus, peropportunus**];
⑥ darüber hinaus, ver- [**pellicio**];
⑦ der Reihe nach [**perrogo**].

pēra, ae *f (gr. Fw.) (poet.; spätl.)* Ranzen, Rucksack.

per-absurdus, a, um ganz ungereimt.

per-accommodātus, a, um sehr bequem, sehr gelegen *(auch in Tmesis).*

per-ācer, cris, cre sehr scharf; *(übtr.)* **orator ingenio peracri.**

per-acerbus, a, um ① sehr herb [**uva**];
② *(Plin.)* sehr widerwärtig; **mihi -um fuit, quod.**

per-acēscō, acēscere, acuī, – *(Plaut.)* sehr sauer, sehr verdrießlich werden.

perāctiō, ōnis *f (perago)* Beendigung; Schlussakt [**fabulae**].

perāctus *P.P.P. v. perago.*

per-acūtus, a, um ① *(geistig)* sehr scharf(sinnig) [**oratio**];
② *(vom Ton)* durchdringend, sehr hell [**vox**].

per-adulēscēns, entis *u.* **per-adulēscentulus,** ī *m* sehr junger Mann.

Peraea, ae *f* Rhodiorum *Küstenstrich in Karien, Rhodos gegenüber.*

per-aequē *Adv.* völlig gleich.

per-agitō, agitāre ① umhertreiben; **vehementius peragitati ab equitatu** *(Caes.);*
② *(übtr.)* beunruhigen;
③ *(Sen.) (übtr.)* aufstacheln, antreiben [**animos**].

● **per-agō,** agere, ēgī, āctum ① *(Sen.) (Lebewesen)* umhertreiben [**pecora**];
② ständig bearbeiten [**humum; freta remo** immerfort aufwühlen; **omnia animo** überlegen; **Sempronium** heftig angreifen];
③ *(Ov.)* durchstoßen, -bohren; **Theseus latus ense peregit;**
④ durch-, ausführen, vollenden, zu Ende bringen [**cursum; opus; facinus; bellum; iter; conata; mandata; fortunam** sein Geschick erfüllen; **comitia, conventum** abhalten; **causam** den Prozess zu Ende führen; **reum** verurteilen]; **peracto consulatu** nach Ablauf;
⑤ *(poet.) (eine Zeit)* verbringen, verleben [**vitam; aetatem; aevum; otia** in Frieden leben];
⑥ *(Verg.) (v. Gestirnen)* durchlaufen [**duodecim signa**];
⑦ *(ein Bühnenstück, eine Rolle)* durchspielen, zu Ende spielen [**fabulam; partes suas;** *übtr.* **fabulam aetatis**];
⑧ *(in der Rede)* vortragen, darstellen [**populi res**];
⑨ in Worte fassen, formulieren, ausführen [**sententiam; indicium; postulata; ius iurandum; verbis auspicia** in bestimmten Formeln];
⑩ *(Mart.)* jmd. ums Leben bringen; *Pass.* sterben.

peragrātiō, ōnis *f (peragro)* Durchwanderung.

● **per-agrō,** agrāre *(ager)* ① durchwandern, durchstreifen, durchreisen [**provincias; litora; urbes; orbem terrarum**];
② *(übtr.)* durchgehen, durchdringen [**rerum naturam**]; **omne immensum peragravit mente animoque** *(Lucr.)*; **cuius res gestae omnes gentes terrā marique peragrassent** *(Cic.)*;
③ *(abs.)* sich verbreiten; **fama peragravit.**

per-albus, a, um *(spätl.)* schneeweiß.

per-amāns, *Gen.* mantis sehr liebend *(alcis),* sehr liebevoll.

per-ambulō, ambulāre *(nicht klass.)* ① durchwandern, -wandeln [**multas terras; rura**]; *(übtr.)* **frigus artus perambulat** durchströmt;
② *(Sen.) (vom Arzt) (Kranke)* besuchen.

per-amīcē *Adv.* sehr freundschaftlich.

per-amoenus, a, um *(Tac.)* sehr angenehm [**aestas**].

per-amplus, a, um sehr weit, sehr groß.

per-angustus, a, um sehr eng, sehr schmal [**fretum; via**].

per-annō, annāre *(annus) (Suet.)* ein Jahr leben.

per-antīquus, a, um sehr alt.

per-appositus, a, um sehr passend.

per-arduus, a, um sehr schwierig.

per-argūtus, a, um sehr scharfsinnig, sehr geistreich [**homo**].

per-armātus, a, um *(nachkl.)* wohl bewaffnet.

per-arō, arāre ① *(Ov.)* durchpflügen; *übtr.* durchfurchen [**ora rugis anilibus**];
② *(Ov.) (m. dem Griffel auf die wächserne Tafel)* (flüchtig) schreiben [**litteram**];
③ *(Sen.)* durchsegeln [**pontum**].

per-attentus, a, um sehr aufmerksam.

pērātus, a, um *(pera) (Plaut.)* in einem Ranzen untergebracht.

per-audiō, audīre *(Plaut.)* zu Ende hören.

per-bacchor, bacchārī durchschwärmen.

per-bāsiō, bāsiāre *(Pers.)* der Reihe nach abküssen.

per-beātus, a, um sehr glücklich.

per-bellē *Adv.* sehr hübsch, sehr fein.

per-bene *Adv.* sehr wohl, sehr gut [**prandere; Latine loqui**].

per-benevolus, a, um sehr wohlwollend.

per-benīgnē *Adv.* sehr gütig *(auch in Tmesis).*

per-bibō, bibere, bibī, – *(poet.; nachkl.)* ① aussaugen [**medullam alci**];

P

② ganz einsaugen;
③ *(übtr.)* *(geistig)* ganz in sich aufnehmen [**studia; sermonem**].

per-bītō, bītere, – – *(vorkl.)* zugrunde gehen, umkommen [**fame**].

per-blandus, a, um sehr einnehmend, sehr gewinnend [**successor; oratio**].

per-bonus, a, um sehr gut [**agri; prandium**].

per-brevis, e sehr kurz.

perca, ae *f (gr. Fw.) (poet.; nachkl.)* Barsch.

per-calefīō, fierī, factus sum *(Lucr.)* durchhitzt, durchglüht werden.

per-calēscō, calēscere, caluī, – *(poet.)* durch u. durch heiß werden.

per-callēscō, callēscere, calluī, – *(calleo)* ① ganz gefühllos werden;
② gewitzigt werden [**usu rerum**].

per-caluī *Perf. v. percalesco.*

per-cārus, a, um ① *(Ter.)* sehr teuer, sehr kostspielig;
② *(übtr.)* sehr teuer, sehr lieb; ~ **et iucundus.**

per-cautus, a, um sehr vorsichtig.

per-celebrō, celebrāre überall verbreiten [**mala**]; *Pass.* in aller Munde sein, überall bekannt sein; **percelebrata sermonibus res est.**

per-celer, celeris, celere sehr schnell.

per-cellō, cellere, culī, culsum ① schlagen, stoßen [**alqm cuspide; alci femur genu**];
② niederschmettern, -werfen, zu Boden werfen [**hostes** *im Kampf* schlagen]; **fulmina meam domum perculerunt; cives Martis vis perculit;** *sprichw.:* **plaustrum** ~ *(Plaut.)* umwerfen = eine Sache schlecht machen;
③ *(übtr.)* zugrunde richten, zerrütten, stürzen, brechen [**imperium; rem publicam; adulescentiam**]; **perculsa est Lacedaemoniorum potentia;**
④ erschrecken, erschüttern, mutlos machen [**alqm nuntio**]; **perculsi hostes; timore perculsa civitas; pavor eos in silvas perculerat** hatte sie getrieben.

per-cēnseō, cēnsēre, cēnsuī, – ① mustern, besichtigen [**captivos; manipulos**];
② durch-, aufzählen, der Reihe nach anführen; berechnen, überschlagen [**gentes; res Caesaris; numerum legionum**];
③ kritisieren [**orationem**];
④ durchwandern, -reisen [**Thessaliam; orbem**]; **signa (sol) anno percenset.**

per-cēpī *Perf. v. percipio.*

percepta, ōrum *n (subst. P.P.P. v. percipio)* Lehr-, Grundsätze.

perceptiō, ōnis *f (percipio)* ① das Einsammeln, Ernten [**frugum**];
② *(übtr.)* das Erfassen, Begreifen, Erkenntnis; **animi perceptiones** Ideen.

perceptus *P.P.P. v. percipio.*

per-cīdō, cīdere, cīdī, cīsum *(caedo)* *(Plaut.; Sen.)* zerschlagen [**os alci**].

per-cieō, ciēre, – – *u.* **per-ciō,** cīre, –, citum ① heftig in Bewegung setzen, erregen [**se; res**]; – *P. Adj.* **percitus,** a, um **a)** erregt, gereizt [**animus**]; **amoris causā percitus; b)** reizbar, heftig, hitzig [**ingenium**];
② *(Plaut.)* nennen [**alqm impudicum**].

● **per-cipiō,** cipere, cēpī, ceptum *(capio)* ① *(nicht klass.)* erfassen, ergreifen, einnehmen [**tactu rigorem; auras** auffangen]; **insania eum percepit;**
② *(poet.)* in sich aufnehmen, annehmen [**flammam pectore; calorem**];
③ in Empfang nehmen, bekommen [**praemia; hereditatem**]; *übtr.* ernten [**fructum victoriae**];
④ bemerken, wahrnehmen, hören [**oculis, sensibus; sonum**]; **percipe auribus;** *(m. indir. Frages.)* **percipite, iudices, quid velim; percipe, quae dicam;**
⑤ empfinden, genießen [**dolores; gaudia; voluptatem**];
⑥ lernen, erfassen, begreifen [**praecepta artis; philosophiam; virtutem; humanitatem; usum rei militaris** sich aneignen]; *Perf.* kennen, wissen; **res percepta et cognita.**

percitus *s. percieo.*

per-cīvīlis, e *(Suet.)* sehr leutselig.

percoctus *P.P.P. v. percoquo.*

per-cōgnōscō, cōgnōscere, cōgnōvī, cōgnitum *(Plin.)* genau kennen lernen.

per-colō[1], colere, coluī, cultum *(vor- u. nachkl.)* ① vollenden, ausführen [**incohata**];
② *(Tac.)* *(in der Rede)* sehr (aus)schmücken [**alqd eloquentiā**];
③ sehr ehren; beehren [**patrem; coniugem; deos**].

per-cōlō[2], cōlāre *(vor- u. nachkl.)* ① durchseihen [**vinum**];
② *(übtr.)* etw. durchsickern lassen, durchgehen lassen; *Pass.* durchsickern; **umor per terras percolatur.**

per-cōmis, e sehr freundlich, sehr gefällig.

per-commodus, a, um sehr bequem, sehr passend, sehr gelegen [**castris** *(Dat.)* für das Lager].

percontātiō, ōnis *f (percontor)* Befragung, Frage, Erkundigung [**nostrorum**]; **percontationem facere** ein Verhör anstellen.

percontātor, ōris *m (percontor) (poet.)* Ausfrager, Ausforscher.

● **per-contor,** contārī *(contus)* sich erkundigen, (aus)fragen, (aus)forschen *(abs.; alqm; ex u. ab alqo; alqm de re; alqd ex u. ab alqo; alqm alqd nach etw.; alqm alqm nach jmdm.; m. indir. Frages.)*; **nutricem** ~, **quid hoc rei sit; percontando atque interrogando elicere alcis opinionem** *(Cic.)*.

per-contumāx, *Gen.* ācis *(Ter.)* sehr trotzig.

per-cōpiōsus, a, um *(Plin.)* sehr wortreich.

per-coquō, coquere, coxī, coctum ① *(nachkl.)* gar kochen, ausbacken [**carnem; pa-**

nem]; **lens non bene percocta;**
② erhitzen [**terram**];
③ *(poet.; nachkl.)* zur Reife bringen, reif machen [**uvas**]; **sol fructūs percoquit;**
④ *(Lucr.)* verbrennen, schwärzen.

per-crēb(r)ēscō, crēb(r)ēscere, crēb(r)uī, – ① sich verbreiten, überhand nehmen; **percrebruerat eā tempestate pravissimus mos;**
② *(durch Gerücht)* bekannt werden, in die Öffentlichkeit dringen; **res (hoc scelus) percrebruit;** – *unpers.* **percrebrescit** *(m. A. C. I.)* es wird bekannt.

per-crepō, crepāre, crepuī, – laut erschallen.

per-crucior, cruciārī *(Plaut.)* sich zu Tode ängstigen.

per-cucurrī *s. percurro.*

per-culī *Perf. v. percello.*

perculsus *P.P.P. v. percello.*

percultus *P.P.P. v. percolo[1].*

percunct … = *percont …*

per-cupidus, a, um sehr geneigt *(jmdm.: alcis).*

per-cupiō, cupere, – – *(Kom.; nachkl.)* sehr wünschen.

per-cūriōsus, a, um sehr neugierig.

per-cūrō, cūrāre völlig heilen, ausheilen [**vulnus; mentem aegram**].

● **per-currō,** currere, (cu)currī, cursum **I.** *trans.* ① durchlaufen, -eilen, schnell durchreisen [**agrum Picenum; regiones; aristas** hinlaufen über; **pectine telas;** *übtr.* **animo polum** durchfliegen]; **luna percurrens fenestras; murmura caelum percurrunt; hortus fontano umore percurritur;**
② *(nachkl.) (übtr.) (Ämter)* nacheinander ausüben, nacheinander bekleiden [**honores** Ehrenämter; **quaesturam, tribunatum, praeturam, consulatum**];
③ der Reihe nach erzählen, aufzählen [**multas res oratione; omnia poenarum nomina**];
④ flüchtig erwähnen;
⑤ *(m. dem Blick, in Gedanken)* überfliegen [**multa legendo; paginas; aevum animo**];
⑥ *(Sen.) (v. Affekten)* jmd. durchbeben, durchschauern; **timor, qui lectoris percurrit animum;**
II. *intr.* (hin)laufen, eilen [**ad forum; per mare et terras**].

percursātiō, ōnis *f (percurso)* Durchreise [**Italiae**]; *abs.* Wanderung, Zug *durch ein Land;* **o praeclaram illam percursationem tuam** *(Cic.).*

percursiō, ōnis *f (percurro)* ① flüchtiges Überdenken;
② *(in der Rede)* flüchtiges Erwähnen, Hinwegeilen *(über ein Thema).*

percursō, percursāre *(Frequ. v. percurro)* **I.** *trans. (nachkl.)* durchstreifen [**ripas**];
II. *intr.* umherstreifen [**latronum modo totis finibus nostris**].

percursus *P.P.P. v. percurro.*

per-cussī *Perf. v. percutio.*

percussiō, ōnis *f (percutio)* ① das Schlagen [**capitis** an den Kopf; **digitorum** das Schnalzen];
② das Taktschlagen, Takt [**intervallorum; numerorum**]; **percussionum modi.**

percussor, ōris *m (percutio)* Mörder.

percussus[1] *P.P.P. v. percutio.*

percussus[2], ūs *m (percutio) (poet.; nachkl.)* das Schlagen, Stoß, Schlag [**venarum**]; *übtr.* Beleidigung; **percussum non sentire.**

● **per-cutiō,** cutere, cussī, cussum *(percusti = percussisti) (quatio)* ① durchbohren, -stoßen [**navem rostro; pectus; coxam Aeneae; fossam** durchstechen; **venam** zur Ader lassen]; **gladio percussus;**
② *(poet.; nachkl.)* heftig erschüttern [**muros**]; **puppis Noto percussa; litora fluctu percussa** gepeitscht;
③ schlagen, stoßen, werfen, treffen [**alqm lapide; ianuam manu; terram pede** stampfen]; **turres, arbores de caelo percussae** vom Blitz getroffen; *(übtr.)* **locum non ~** den Nagel nicht auf den Kopf treffen; **auriculae voce percussae;**
④ totschlagen, töten, erstechen [**hostem; alqm veneno; se** sich erdolchen; **feras** erlegen];
⑤ hinrichten [**alqm securi**];
⑥ *(übtr.)* erschüttern, durchbeben, rühren, beeindrucken; **dolor alqm (animum alcis) percutit; me Lacedaemon percussit** hat mich für sich eingenommen; **fragor aurem percutit;** – *meist Pass.:* **percussus atrocissimis litteris** betroffen; **formidine percussus; amore ingenti percussus; percussā mente** tief gerührt;
⑦ *(übtr.)* jmd. schmerzlich berühren; **calamitate percussus;**
⑧ *(Ov.) ein Instrument* schlagen, rühren [**lyram**];
⑨ *(poet.)* schwingen [**pennas; faces**];
⑩ *(nachkl.) (Münzen)* prägen [**nummum**];
⑪ *(nachkl.)* verwunden [**alqm sagittā**];
⑫ jmd. hintergehen, betrügen, prellen; **alqm probe ~;**
⑬ *(Iuv.)* weben; **lacernae male percussae.**

per-decōrus, a, um *(Plin.)* sehr anständig.

per-dēlīrus, a, um *(Lucr.)* sehr albern, sehr unsinnig.

per-depsō, depsere, depsuī, – *(Cat.)* durchkneten *(im obszönen Sinne)* [**patrui uxorem**].

per-didī *Perf. v. perdo.*

per-didicī *Perf. v. perdisco.*

per-difficilis, e sehr schwer, sehr schwierig [**navigatio; quaestio; aditus**].

per-dignus, a, um sehr würdig; **homo tuā**

P

amicitiā ~.

per-dīligēns, *Gen.* entis sehr sorgfältig, sehr pünktlich.

per-discō, discere, didicī, – gründlich lernen, erlernen; auswendig lernen; *Perf.* genau verstehen, gut können; **hominis speciem pingere ~.**

per-disertē *Adv.* sehr beredt.

perditiō, ōnis *f (perdo) (spätl.)* ① das Verderben, Vernichtung; **perditionis iter;**
② Verlust.

perditor, ōris *m (perdo)* Verderber, Zerstörer [**ordinis; hominum; dignitatis; nominis sui**].

● **perditus[1],** a, um *(P. Adj. v. perdo)* ① verloren, vernichtet; **homo aere alieno ~** bankrott;
② verzweifelt, unglücklich, heillos [**valetudo; res** Lage]; **sum ~; lacrimis ac maerore ~; rebus omnibus perditis;**
③ *(v. Leidenschaften u. Verhältnissen)* maßlos, unmäßig [**amor; luxuria**]; **-i animi esse** aufgebrachten Sinnes sein, aufgebracht sein;
④ verkommen, nichtswürdig, ruchlos [**homines** Gesindel; **adulescens; consilia**]; **omnium mortalium perditissimus** *(Cic.)*; **nihil fieri potest miserius, nihil perditius, nihil foedius** *(Cic.)*.

perditus[2], ūs *m (perdo) (Plaut.)* Verlust.

per-diū *Adv.* sehr lange.

per-diūturnus, a, um sehr lange andauernd.

per-dīves, *Gen.* dīvitis sehr reich.

perdīx, īcis *m u. f (gr. Fw.) (nicht klass.)* Rebhuhn.

● **per-dō,** dere, didī, ditum *(arch. Konj. Präs. perduim = perdam, -duis = -das, -duit = -dat, -duint = -dant)* ① zugrunde richten, verderben, unglücklich machen, vernichten, zerstören, stürzen [**civitatem; alqm capitis** jmd. ums Leben bringen; **serpentem** töten; **imperii mores**]; **puerum perditum ~** vollends zugrunde richten; **perde et peri;** *sprichw.:* **stultum facit Fortuna, quem vult ~**;
② vertun, verschwenden, vergeuden [**fortunas suas; operam; diem; verba**];
③ verlieren, einbüßen [**partem exercitūs; liberos; dextram manum; arma; spem; libertatem; memoriam; nomen** vergessen; **causam** *od.* **litem** einen Prozess verlieren];
④ *im Spiel* verlieren.

per-doceō, docēre, docuī, doctum gründlich (be)lehren, unterrichten *(abs.; alqm; alqd; alqm alqd; alqm m. Inf.)* [**homines; artes**]; **stultitiam suam ~** verraten.

per-doctus, a, um *(P. Adj. v. perdoceo)* sehr gelehrt, sehr geschickt.

per-doleō, dolēre, doluī, dolitum *(vor- u. nachkl.)* tief schmerzen.

per-dolēscō, dolēscere, doluī, – *(perdoleo)* tiefen Schmerz empfinden, betrübt sein, tief bedauern.

per-doluī *Perf. v. perdoleo u. perdolesco.*

per-domō, domāre, domuī, domitum ① *(poet.)* völlig (be)zähmen, bändigen [**serpentem; tauros feroces; canes**]; *(übtr.)* **affectūs disciplinā perdomantur;**
② *(Völker, Länder)* völlig unterwerfen, bezwingen, unterjochen [**Hispaniam; Faliscos**]; **omni Galliā cis Rhenum perdomitā.**

per-dormīscō, dormīscere, – – *(dormio) (Plaut.)* durchschlafen [**usque ad lucem**].

● **per-dūcō,** dūcere, dūxī, ductum ① hinführen, -bringen [**legiones in Galliam; nautas ad aequora; in theatrum; filium illuc; rem ad extremum casum** bis zum Äußersten bringen];
② *(ein Mädchen)* jmdm. zuführen, an jmd. verkuppeln;
③ *(übtr.) (zu einem Ziel)* bringen, führen [**hominem ex humili loco ad summam dignitatem** erheben; **artem ad magnam gloriam; alqm ad perniciem; alqd ad finem**]; **rem eo ~, ut** es dahin bringen, dass; **se medicinā usque ad longam senectam ~**;
④ jmd. zu etw. verleiten, bewegen, verführen, bestimmen [**alqm ad (in) suam sententiam** für seine Absicht gewinnen; **ad se** für sich gewinnen; **ad societatem periculi**]; **eo est perductus, ut;**
⑤ *(Mauern, Gräben u. Ä.)* anlegen, errichten [**murum fossamque ad montem; viam**];
⑥ *(übtr.)* fortsetzen, -führen, hinziehen [**altercationem in serum; orationes in noctem**]; **res disputatione ad mediam noctem perducitur** *(Caes.)*;
⑦ *(Verg.)* überstreichen, einsalben [**corpus ambrosiae odore**];
⑧ leiten [**aquam in coloniam**].

perductō, perductāre *(Intens. v. perduco) (Plaut.)* (herum)führen.

perductor, ōris *m (perduco)* ① *derjenige, der jmd. im Haus usw. herumführt*;
② Kuppler.

perductus *P.P.P. v. perduco.*

per-dūdum *Adv. (Plaut.)* vor sehr langer Zeit.

perduelliō, ōnis *f (perduellis)* Hochverrat.

per-duellis, is *m (duellum)* ① Krieg führender Feind, Staatsfeind;
② *(Plaut.)* persönlicher Feind, Gegner.

perduim, perduint *u. a. s. perdo.*

per-dūrō, dūrāre *(nicht klass.)* ① aushalten; **perduravit miser; ~ non posse;**
② fortdauern.

per-dūxī *Perf. v. perduco.*

Peredia, ae *f (peredo) (Plaut.) (scherzh.)* „Fressland".

per-edō, edere, ēdī, ēsum *(poet.)* ① verzehren, *auch übtr.* [**cibum**]; **quos durus amor crudeli tabe peredit** *(Verg.)*; **languoribus peresus;**

2 zernagen; **lacrimae peredēre umore exsangues genas.**

per-ēgī *Perf v. perago.*

per-egrē *u.* **-egrī** *Adv. (ager)* 1 in der Fremde, im Ausland; ~ **domique;**
2 aus der Fremde [**redire; nuntiare**];
3 *(poet.; nachkl.)* in die Fremde [**proficisci**].

peregrīna, ae *f (peregrinus)* Ausländerin, Nichtbürgerin.

peregrīnābundus, a, um *(peregrinor)* in der Fremde umherreisend.

peregrīnātiō, ōnis *f (peregrinor)* 1 das Reisen *od.* Aufenthalt in der Ferne [**longinqua**];
2 *(mlt.)* Pilgerfahrt, -schaft.

peregrīnātor, ōris *m (peregrinor)* Freund des Reisens.

peregrīnitās, ātis *f (peregrinus)* 1 fremde, ausländische Sitte;
2 *(Suet.)* Stand eines Nichtbürgers; **peregrinitatis reus; alqm redigere in peregrinitatem** jmdm. das Bürgerrecht nehmen.

peregrīnor, peregrīnārī *(peregrinus)* 1 in der Fremde umherreisen, umherwandern, im Ausland sein [**totā Asiā; in terra**];
2 *(übtr.)* umherschweifen; **animus late longeque peregrinatur;**
3 fremd, unbekannt sein;
4 *(mlt.)* pilgern.

● **peregrīnus** *(peregre)* **I.** *Adj.* a, um 1 fremd, ausländisch [**homo; navis; amor** zu einer Ausländerin; **timor, terror** vor dem auswärtigen Feind; **volucris** Zugvogel; **mulier** = Helena; **mores; ritus; fasti** des Auslandes; **iudex**];
2 *(übtr.)* unwissend *(in etw.: in m. Abl.)* [**in agendo**];
II. *Subst.* ī *m* 1 Fremder;
2 Nichtbürger;
3 *(mlt.)* Pilger, Kreuzfahrer.

per-ēlegāns, *Gen.* antis sehr fein, sehr geschmackvoll, sehr gewählt *(im Ausdruck)* [**ingenium; oratio; genus dicendi**].

per-ēloquēns, *Gen.* entis sehr redegewandt.

per-ēmī *Perf. v. perimo.*

per-emnis, e *(amnis)* beim Flussübergang [**auspicia**].

per-ēmptālis, e *(perimo) (Sen.) (eine Prophezeiung)* aufhebend [**fulmina**].

perēmptiō, ōnis *f (perimo) (August.)* Vernichtung.

perēmptor, ōris *m (perimo) (Sen.)* Mörder [**regis**].

perēmptōrius, a, um *(peremptor) (spätl.)* tödlich.

perēmptus *P.P.P. v. perimo.*

perendiē *Adv.* übermorgen.

perendinus, a, um *(perendie)* übermorgig; **-o die** übermorgen; **in -um** auf übermorgen.

Perenna, ae *f s. Anna.*

per-ennis, e *(Abl. Sg.* perennī *u.* -e) 1 das ganze Jahr hindurch dauernd, einjährig [**militia; aves** das ganze Jahr über bleibend];
2 *(übtr.)* dauernd, beständig, immerwährend [**cursus stellarum; fons** nie versiegend; **lucrum; virtus; loquacitas**].

perenni-servus, ī *m (perennis) (Plaut.)* ewiger Sklave.

perennitās, ātis *f (perennis)* beständige Dauer, Beständigkeit [**fontium** Unversiegbarkeit].

perennitō, perennitāre *(perenno) (Plaut.)* lange erhalten.

per-ennō, ennāre *(annus) (Ov.)* lange dauern.

● **per-eō,** īre, iī, itūrus 1 verloren gehen, verschwinden, untergehen [**e patria**]; **urbes pereunt; pereunt imbres; pereunt nives** schmilzt; **peritura regna; fides, virtus periit;**
2 umkommen, zugrunde gehen [**in fuga; morbo; fame; (ex) vulnere**]; **turpiter, fortiter ~; perii** ich bin verloren, m. mir ist's aus; **perii animo; peream, si (nisi)** ich will des Todes sein, wenn (wenn nicht);
3 *vor Liebe* vergehen [**amore**]; sterblich verliebt sein *(in jmd.: alqm od. alqo)* [**feminā; feminam**];
4 vergeudet werden, verloren gehen; **aurum, labor perit; tempora pereunt; lympha perit** läuft durch; **ne oleum et opera philosophiae nostrae perierit** *(Cic.)*;
5 *(jur t. t.)* verloren gehen, erlöschen; **alci actiones et res peribant** Klagbarkeit eines Anspruchs.

per-equitō, equitāre **I.** *intr.* umherreiten, -fahren [**per agmen; inter duas acies; eā viā longe**];
II. *trans.* durchreiten [**aciem; delphino maria**].

per-errō, errāre durchirren, -schweifen, -streifen [**locum; terras; omne Latium; orbem; cellas; alqm luminibus** jmd. m. den Augen messen, mustern]; **venenum alqm pererrat** durchdringt jmd.; **pererrato ponto; hedera ramos pererrat** umschlingt.

per-ērudītus, a, um gut unterrichtet, sehr gebildet.

perēsus *P.P.P. v. peredo.*

per-excelsus, a, um hoch emporragend.

per-exiguus, a, um sehr klein, winzig, äußerst gering, sehr wenig [**spatium; argentum; frumentum; semen; ignis** schwach]; *(zeitl.)* sehr kurz [**dies** Frist].

per-expedītus, a, um sehr leicht (zu bewerkstelligen) [**defensio**].

per-fabricō, fabricāre *(Plaut.)* fertig zimmern; *übtr.* jmd. überlisten.

per-facētus, a, um sehr witzig [**orator**]; **exit aliquando alqd si non -um, at tamen fortasse non rusticum** *(Cic.)*.

per-facilis, e *(Adv.* -e) 1 sehr leicht *(m. Inf. od. Sup.)* [**cognitu**]; **perfacile factu est conata perficere** *(Caes.)*;

P

❷ sehr gefällig [**in audiendo**];
/ *Adv.* -e sehr leicht; ~ **apparere;** ~ **sese tueri;** – *(Kom.)* sehr gern; ~ **patior.**

per-fācundus, a, um *(spätl.)* sehr redegewandt.

per-familiāris I. *Adj.* e sehr vertraut *(mit jmdm.: Dat.), bei Gell. in Tmesis;*
II. *Subst.* is *m* Vertrauter [**M. Antonii**].

per-fēcī *Perf. v. perficio.*

perfectiō, ōnis *f (perficio)* ❶ Vervollkommnung, Vollendung [**operum**];
❷ Vollkommenheit; **hanc ego perfectionem absolutionemque** (absolute Vollkommenheit) **in oratore desiderans** *(Cic.)*; **ad cumulum perfectionis accedere.**

perfector, ōris *m (perficio)* Vollender, Vervollkommner.

● **perfectus,** a, um *(P. Adj. v. perficio)* vollendet, vollkommen, tüchtig [**homo; orator; ratio; argumentatio;** *(in etw.: in m. Abl. od. bl. Abl.)* **in dicendo; in arte; in geometria; litteris**]; **-e eruditus; -e veritatem imitari.**

perferēns, *Gen.* entis *(P. Adj. v. perfero)* geduldig *im Ertragen (von etw.: Gen.)* [**iniuriarum**].

● **per-ferō,** ferre, tulī, lātum ❶ hintragen, -bringen, ans Ziel tragen [**sacra ad urbes**]; **hasta haud pertulit vires** ermattete; **lapis ictum non pertulit** kam nicht ans Ziel; **hasta perlata** geschleudert; **se** ~ sich hinbegeben; **partūs** ~ austragen; – *Pass.* (hin)gelangen, (an)kommen: **fama Romam perlata est; ad urbem terror perfertur; perfertur circa collem clamor;**
❷ überbringen, übergeben [**epistulam; nuntium ad regem; mandata**];
❸ berichten, melden [**consilium ad alqm**]; **equites pertulere consulem obsideri; nuntius perfert incensas naves;**
❹ ertragen, erdulden, aushalten [**poenam; servitutem; cruciatūs; contumelias; miserias; onus**]; *(m. A. C. I.; m. Inf.)*; **urbes suas cremari pertulerunt;**
❺ durchführen, vollenden [**mandata; iussa omnia; legationem**]; **id, quod suscepi, quoad potero, perferam** *(Cic.)*;
❻ durchsetzen [**legem; rogationem; actionem**]; **lex perfertur** geht durch.

perfica, ae *f (perficio) (Lucr.)* Vollenderin, Vollbringerin [**natura**].

● **per-ficiō,** ficere, fēcī, fectum *(facio)* ❶ verfertigen, (fertig) bauen [**murum; aedem**];
❷ ausführen, vollenden, zustande bringen [**multa; cogitata; conata; facinus; mandata; promissa**];
❸ zu Ende bringen, beenden, beschließen [**bellum; comitia; censum**]; **nihil est simul et inventum et perfectum** *(Cic.)*;
❹ ausarbeiten, verfassen [**commentarios; poema**];
❺ bewirken, durchsetzen, erreichen *(alqd; m. ut, ne)*; **perfice, ut putem** überzeuge mich;
❻ *(poet.) (eine Zeit)* durchleben, überdauern [**centum annos**];
❼ *(Ov.)* vollkommen ausbilden [**artem**].

per-fidēlis, e ganz zuverlässig.

perfidia, ae *f (perfidus)* Treulosigkeit, Wortbrüchigkeit, Unredlichkeit; **perfidiā deceptus.**

perfidiōsus, a, um *(perfidus)* treulos, wortbrüchig, unredlich [**amor**]; **-um est fidem frangere** *(Cic.)*.

● **per-fidus,** a, um *(fides)* ❶ treulos, wortbrüchig, unredlich, verräterisch [**amicus; verba; oculi; ensis**]; *(poet.)* listig; **-um** *(Adv.)* **ridens** schelmisch; **perfide** du Schelm;
❷ *(poet.) (v. Sachen)* unzuverlässig, unsicher, tückisch [**via**].

per-fīgō, fīgere, –, fīxum *(Lucr.)* durchbohren; *übtr. im P.P.P.* perfīxus ergriffen, getroffen [**pectus**].

perflābilis, e *(perflo)* dem Wind ausgesetzt, luftig.

per-flāgitiōsus, a, um sehr lasterhaft.

perflātus, ūs *m (perflo) (nachkl.)* Luftzug.

per-flō, flāre **I.** *trans.* etw. durchwehen [**terras; colles; granaria**];
II. *intr. (nachkl.)* (dauernd) wehen, hinwehen; **perflantibus undique procellis.**

per-flūctuō, flūctuāre *(Lucr.)* durchfluten.

per-fluō, fluere, flūxī, flūxum *(poet.; nachkl.)*
❶ durchfließen;
❷ *(v. Gefäßen)* auslaufen;
❸ einfließen, einmünden [**in vas**]; **amnis in mare perfluens;**
❹ *(übtr.)* von etw. überfließen, reich sein [*(an etw.: Abl.)* **sudore frigido**].

● **per-fodiō,** fodere, fōdī, fossum ❶ durchgraben, -stechen [**parietem; montem; Isthmum**]; *(poet.; nachkl.) (m. einem Schwert u. Ä.)* durchbohren [**thoraca; pectus; latus mucrone**]; **perfossi cadunt;**
❷ ausstechen [**fretum manu**].

perforātor, tōris *m (perforo) (Plaut.)* Einbrecher.

per-forō, forāre ❶ durchbohren, -löchern [**navem rostro; latus ense; alqm hastā; duo pectora uno ictu**];
❷ durchbrechen, durch Durchbrechen bilden, anlegen; **viae** (Kanäle) **quasi quaedam sunt ad oculos, ad aures, ad nares a sede animi perforatae** *(Cic.)*.

per-fortiter *Adv. (Ter.)* sehr tapfer.

perfossor, ōris *m (perfodio) (Plaut.)* Durchbrecher *der Wände* [**parietum**], Einbrecher.

perfossus *P.P.P. v. perfodio.*

perfrāctus *P.P.P. v. perfringo.*

per-frēgī *Perf. v. perfringo.*

per-fremō, fremere, – – laut schnauben; laut einherrauschen.

per-frequēns, *Gen.* entis sehr gut besucht.

per-fricō, fricāre, fricuī, frictum *u.* fricātum stark reiben [**totum corpus; caput unguento; ōs** sich das Gesicht reiben, um die Schamröte zu verdecken = alle Scham ablegen].

per-frīgē-faciō, facere, – – *(frigeo) (Plaut.)* eiskalt machen [**cor alci** jmdm. großen Schrecken einjagen].

per-frīgēscō, frīgēscere, frīxī, – *(vor- u. nachkl.)* kalt werden, sich erkälten.

per-frīgidus, a, um sehr kalt [**tempestas**].

● **per-fringō,** fringere, frēgī, frāctum *(frango)* ① zerbrechen, zerschmettern, durchhauen [**proras; tabulationem; cervicem suam** sich das Genick brechen]; **saxo perfracto capite;**
② sich gewaltsam Bahn brechen, durchbrechen [**phalangem hostium; aciem tenuem; muros; glaciem; domos** einbrechen in]; *(übtr.)* **animos suavitate ~** ergreifen; **eloquentia modo perfringit, modo irrepit in sensus** *(Cic.)*;
③ *(übtr.)* vereiteln, umstürzen [**senatūs decreta; leges**];
④ *(übtr.)* verletzen, sich hinwegsetzen über *(m. Akk.)* [**omnia repagula pudoris**].

per-frīxī *Perf. v. perfrigesco.*

per-fruor, fruī, frūctus sum ① ganz genießen, auskosten, sich erquicken, sich laben *(m. Abl.)* [**amplexu alcis; laetitiā; gaudiis; auctoritate; otio; pacis bonis** (Segnungen)]; *aber:* **ad perfruendas voluptates;**
② *(Ov.)* vollständig ausführen *(m. Abl.)* [**mandatis**].

per-fūdī *Perf. v. perfundo.*

perfuga, ae *m (perfugio)* Überläufer.

● **per-fugiō,** fugere, fūgī, – ① sich flüchten, seine Zuflucht nehmen [**ad Helvetios; Corinthum; in Capitolium**]; *(übtr.)* **a negotiis publicis se removere ad otiumque ~** *(Cic.)*; **in fidem Aetolorum ~;**
② zum Feind übergehen, überlaufen [**a Pompeio ad Caesarem**].

● **perfugium,** ī *n (perfugio)* ① Zuflucht(sstätte), Asyl *(zu, für, gegen etw.: Gen.)* [**salutis; hiemis** für den Winter; **commune**]; **portum ac -um esse; haec studia -um et solacium praebent** *(Cic.)*; **pateat hoc ~ dolori** *(Cic.)*;
② *(übtr.)* Ausflucht.

perfūnctiō, ōnis *f (perfungor)* ① Verwaltung [**honorum**];
② das Überstehen [**laborum**].

perfūnctus *Part. Perf. v. perfungor.*

per-fundō, fundere, fūdī, fūsum ① übergießen, überschütten, begießen [**fluviis pecus; pisces olivo; alqm lacrimis** beweinen; **vestes ostro** färben; **penates sanguine** über u. über bespritzen]; **artūs perfudit sudor; manus cruore filii perfusa;** – *mediopass.* *perfundi* sich benetzen, baden [**flumine; fletu; nardo, oleo** sich salben]; – *(poet.) m. griech. Akk.:* **lacrimis perfusa genas** die Wangen m. Tränen benetzt;
② *(poet.; nachkl.)* bestreuen, überschütten, bedecken [**pedes amictu**]; **perfusus pulvere ac sudore;**
③ *(übtr.)* überströmen, durchströmen, erfüllen [**alqm** *od.* **animum alcis voluptate, gaudio, timore; mentem amore**]; **sensus iucunditate perfunditur; laetitiā perfundi; alqm iudicio ~** jmdm. durch eine Anklage einen Schrecken einjagen.

● **per-fungor,** fungī, fūnctus sum ① ganz durchführen, verrichten, verwalten *(m. Abl.)* [**gravi opere; honoribus; militiā**];
② überstehen *(m. Abl.)* [**periculis; molestiā; vitā** *od.* **fato** sterben]; *aber Pass.:* **perfunctum periculum** überstanden;
③ genießen *(m. Abl.)* [**bonis**]; **dum aetas tempus tulit, perfuncta satis sum** *(Ter.)*.

per-furō, furere, – – *(poet.)* fortwüten, umhertoben.

perfūsōrius, a, um *(perfundo) (nachkl.)* ① nicht gründlich, oberflächlich [**voluptas**];
② irreführend [**assertio**].

perfūsus *P.P.P. v. perfundo.*

Pergamum, ī *n u.* **-us,** ī *f* ① *meist Pl.* **Pergama,** ōrum *n Burg v. Troja, übh.* Troja; – *Adj.* **Pergameus,** a, um trojanisch;
② *Stadt in Mysien, Hauptstadt des hellenistischen Pergamenischen Reiches, j.* Bergama, *ber. durch eine große Bibliothek von 200 000 Buchrollen u. das dort erzeugte Pergament (charta pergamena) sowie durch den Zeusaltar aus der Zeit Eumenes' II. (197–159 v. Chr.), der im Pergamon-Museum in Berlin aufgestellt ist);* – *Einw. u. Adj.* **Pergamēnus,** ī *m bzw.* a, um.

per-gaudeō, gaudēre, – – sich sehr freuen.

per-gnōscō *(altl.) = pernosco.*

● **pergō,** pergere, perrēxī, perrēctum *(per u. rego)* ① sich aufmachen, aufbrechen; weitergehen, vorrücken [**in Macedoniam; ad castra; ad litora; ad regem; in exilium; domum; ad delendam urbem**];
② **iter pergere** den Weg *od.* den Marsch fortsetzen;
③ sich anschicken; – *Imp. (poet.)* **perge, pergite** nun denn!, los!, auf denn!, auf ans Werk!;
④ fortfahren *(meist m. Inf.; auch abs.)* [**ire** weitergehen; **hosti obviam ire; navigare**]; **id agere perrexi; pergite, ut coepistis;**
⑤ *(in der Rede)* fortfahren, fortsetzen; **pergam atque insequar longius; ad reliqua pergamus** erörtern wir das Übrige.

per-graecor, graecārī *(Kom.)* auf griech. Art (= in Saus u. Braus) leben.

per-grandis, e sehr groß [**gemma; lucrum; vectigal**]; **~ natu** hochbetagt.

per-graphicus, a, um *(Plaut.)* sehr schlau, sehr gewitzt.

per-grātus, a, um sehr angenehm, sehr will-

P

kommen; *auch in Tmesis;* **litterae tuae -ae fuerunt; adventus eorum nobis ~ fuit; -um facere alci** jmdm. einen großen Gefallen tun.

per-gravis, e sehr schwer; *übtr.* sehr wichtig [**oratio; testis**]; – *Adv.* pergraviter sehr heftig, sehr empfindlich.

pergula, ae *f (poet.; nachkl.)* ❶ Vorbau, Anbau; ❷ Observatorium; ❸ Bordell; ❹ Hütte *als Wohnung f. Arme;* **in -a natus**; ❺ Schule; **in -a docere.**

per-hauriō, haurīre, hausī, haustum *(Plaut.)* ganz verschlingen.

per-hibeō, hibēre, hibuī, hibitum *(habeo)* ❶ darbieten [**alqm** als Anwalt stellen]; ❷ von sich geben, sagen, erzählen *(abs.; alqd; m. A. C. I.; im Pass. m. N. C. I.);* **ut perhibent** wie man erzählt; **montes, qui esse aurei perhibentur** von denen man sagt; **Romulus perhibetur** (soll) **et corporis viribus et animi ferocitate ceteris praestitisse**; ❸ nennen, angeben, anführen; **id, quod nostri caelum memorant, Graeci perhibent aethera**; ❹ *(Plin.)* erweisen [**honorem alci**].

per-hīlum, ī *n (Lucr.)* sehr wenig.

per-honōrificus, a, um ❶ sehr ehrenvoll [**consalutatio; discessus**]; ❷ sehr ehrerbietig *(in alqm);* **collega in me ~** *(Cic.).*

per-horreō, horrēre, – – *(Ov.)* sich heftig vor etw. entsetzen *(vor etw.: alqd);* **horum tela perhorremus.**

per-horrēscō, horrēscere, horruī, – *(Incoh. v. perhorreo)* **I.** *intr.* ❶ erschauern, erzittern, erbeben [**toto corpore**]; *(übtr.)* **clamore perhorruit Aetna**; ❷ *(Ov.) (v. Gewässern)* hoch aufschäumen, hoch aufwogen; **latum perhorruit aequor**; **II.** *trans.* sich entsetzen vor, zurückschrecken [**casūs nostros; Bosporum; fugam; tantam religionem**]; – *m. Inf. od. m. ne:* sich scheuen.

per-horridus, a, um ganz starrend; ganz schauerlich; **stagna et -ae silvae.**

per-horruī *Perf. v. perhorresco.*

per-hūmānus, a, um *(Adv.* -iter) sehr freundlich, sehr höflich [**sermo; epistula**].

periboētos, on *(gr. Fw.) (Plin.)* berühmt.

> *i* Kultur **Periclēs,** is *u.* ī *m* Sohn des Xanthippos, berühmter athen. Staatsmann (um 490–429 v. Chr.). Obwohl selbst Angehöriger der Aristokratie, schränkte er die Macht der Aristokratie ein; demokratische Staatsführung. Blütezeit Athens: „perikleisches Zeitalter".

perīclitātiō, ōnis *f (periclitor)* Versuch.

perīclitor, perīclitārī *(peric(u)lum)* **I.** *trans.* ❶ etw. versuchen, erproben [**omnia; fortunam belli; fidem alcis; vires ingenii**]; *(m. indir. Frages.);* – *Part. Perf.* perīclitātus *auch pass.:* **periclitati mores**; ❷ etw. riskieren, gefährden [**salutem rei publicae**]; **II.** *intr.* ❶ *(trotz der Gefahr)* einen Versuch machen; ❷ gefährdet, in Gefahr, bedroht sein, auf dem Spiel stehen [*(m. Abl.)* **capite; veneno**]; **vita Gallorum periclitatur; populus Romanus periclitabatur**; ❸ wagen, riskieren; **periclitando** durch Wagnisse.

perīclum = *periculum.*

● **perīculōsus,** a, um *(periculum)* gefährlich, gefahrbringend [**morbus; iter; consuetudo; vulnus; ira; locus**]; *(m. Dat.)* **-ae libertati** (für die Freiheit) **opes; -um populo Romano.**

● **perīculum,** ī *n* ❶ Gefahr, Wagnis [**belli; capitis** Lebensgefahr]; **magno (cum) -o** unter großer Gefahr; **res in -o vertitur** wird gefährlich; **-um facere alcis rei** etw. wagen; **-um comparare alci; ~ alci est ab alqo** droht; **in -um venire, -um ingredi; -um adire, suscipere** *od.* **subire; in -o esse** schweben; **~ est, ne** es ist zu befürchten, dass; **cum -o sui** für ihn; **salutem sociorum summum in -um vocare** bringen; **rem in -um adducere; se in -um committere; caput -o ponere** aussetzen; **removere -um ab alqo; eripere ex -o; rem publicam a -o prohibere**; ❷ Versuch, Probe; **-um facere** *(m. Gen.)* versuchen, erproben, kennen lernen [**virium; fidei alcis; hostis**]; **-um sumere, audere** *(Tac.)*; ❸ Probestück, -schrift; ❹ Prozess, Anklage [**amicorum**]; **in -is defendere; -um alci facessere** jmd. anklagen; **versari in -is privatorum**; ❺ *(meton.)* gerichtliches Protokoll [**magistratuum**]; **sententias ex -o recitare.**

per-idōneus, a, um sehr tauglich, sehr geeignet *(für etw.: Dat. od. ad);* **is locus ~ castris habebatur** *(Caes.);* **gens ad furta belli -a** *(Sall.).*

perierātiuncula *(Plaut.)* = *peieratiuncula.*

perierō, perierāre = *peiero.*

per-iī *Perf. v. pereo.*

Perillus, ī *m Erzgießer aus Akragas (lat. Agrigentum), der f. den Tyrannen Phalaris den ehernen Stier schuf, in dessen hohlem Leib Verbrecher durch untergelegtes Feuer gebraten werden sollten; der Künstler wurde vom Tyrannen genötigt, zur Probe selbst in den Stier zu kriechen u. kam so ums Leben;* – *Adj.* **Perillēus,** a, um [**aes** der eherne Stier des P.].

per-illūstris, e ① sehr deutlich, sehr augenfällig;
② sehr angesehen.

per-imbēcillus, a, um sehr schwach.

Perimēdē, dēs *f eine Zauberin; – Adj.* **Perimēdēus,** a, um.

per-imō, imere, ēmī, ēmptum *(emo)* ① vernichten, aufreiben, zerstören [**simulacra divorum; sensum**]; **luna perempta est** wurde verdunkelt, verschwand; **Troia perempta; perimit urbem incendio;**
② *(übtr.)* für immer vereiteln, hintertreiben [**reditum; causam publicam** den letzten Schlag geben]; **ludi perempti atque sublati sunt;**
③ töten [**sorte; alqm inopiā ac tabe longā**]; **crudeli morte peremptus** hingerafft.

per-inānis, e *(Mart.)* ganz leer, ganz wertlos.

per-incertus, a, um ganz ungewiss.

per-incommodus, a, um sehr unbequem, sehr ungelegen.

per-inde *Adv.* ebenso, auf gleiche Weise, in gleichem Maße; **~ … ac** *od.* **ut** ebenso … wie, in dem Maße … wie; **~ ac si, quasi, tamquam (si)** *od.* **quam si** *m. Konj.* gleich als ob, gerade wie wenn; **nec ~** nicht im gleichen Maße; **haud ~ … quam** nicht sowohl … als vielmehr.

per-indīgnē *Adv. (indignus) (Suet.)* sehr unwillig [**ferre alqd**].

per-indulgēns, *Gen.* entis sehr nachsichtig [**in patrem**].

per-īnfāmis, e *(Suet.)* sehr übel berüchtigt.

per-īnfirmus, a, um sehr schwach.

per-ingeniōsus, a, um sehr scharfsinnig [**homo**].

per-ingrātus, a, um *(Sen.)* sehr undankbar.

per-inīquus, a, um ① sehr unbillig;
② sehr unwillig, sehr ungehalten; **etsi -o patiebar animo te a me digredi** *(Cic.).*

per-iniūrius, a, um *(Min. Fel.)* sehr ungerecht, sehr unrecht.

per-īnsīgnis, e sehr auffallend.

Perinthus, ī *f Stadt in Thrakien; – Adj.* **Perinthius,** a, um; – **Perinthia,** ae *f* die Perinthierin.

per-invalidus, a, um *(nachkl.)* sehr schwach.

per-invīsus, a, um sehr verhasst; **homo dis ac nobilitati ~.**

per-invītus, a, um sehr ungern.

periodus, ī *f (gr. Fw.) (nachkl.)* Satzgefüge, Periode.

perior, perīrī, perītus sum *(nur Perf. belegt) (Plaut.)* erfahren.

Peripatēticus *(gr. Fw.)* **I.** *Adj.* a, um peripatetisch, zur Schule des Aristoteles gehörig, aus der Schule des Aristoteles, *da dieser spazierend* (περιπατών) *im Wandelgang des Lyceum in Athen seine Gedanken vortrug* [**philosophi**];
II. *Subst.* ī *m* Peripatetiker.

peripetasma, matis *n (gr. Fw.)* Teppich, Decke *(zum Bedecken des Speisesofas).*

peripherīa, ae *f (gr. Fw.) (Mart.)* Kreislinie.

periphrasis, is *f (gr. Fw.) (nachkl.)* Umschreibung.

peripteros, on *(gr. Fw.) (spätl.)* m. einer Säulenreihe umgeben [**aedes** m. einer Säulenreihe umgebener Tempel].

per-īrātus, a, um sehr zornig.

periscelis, lidis *f (gr. Fw.) (poet.)* Knieband, -spange *(v. Frauen unmittelbar üb. dem Knie getragen).*

peristasis, *Akk.* -im *f (gr. Fw.) (Petr.)* Gegenstand einer Rede, Thema.

peristrōma, atis *n (gr. Fw.)* Decke, Teppich.

peristȳl(i)um, ī *n (gr. Fw.) (nachkl.)* Peristyl *(v. Säulen umgebener Innenhof des röm. Hauses).*

Pērithous = *Pirithous.*

perītia, ae *f (peritus)* Erfahrung, Kenntnis [**locorum ac militiae; legum**]; **-ā et arte praestans.**

● **perītus,** a, um *(perior)* in etw. erfahren, bewandert, (sach)kundig, gescheit *(in etw.: Gen.; selten Abl., in u. Abl. od. ad; m. Inf.)* [**belli navalis; multarum rerum; earum regionum; litterarum; nandi; tuendae civitatis; iuris** *u.* **iure; arte; ad disciplinam; cantare**]; *(abs.)* **-e dicere; peritissimi duces.**

per-iūcundus, a, um sehr angenehm, sehr erfreulich [**litterae; disputatio; adventus alcis**]; *– Adv.* m. großem Vergnügen; in bester Laune.

periūriōsus, a, um *(periurium) (Plaut.)* meineidig.

periūrium, ī *n (periurus)* Meineid.

per-iūrō, iūrāre = *peiero.*

per-iūrus, a, um *(periuro)* ① meineidig, eidbrüchig [**Troia**];
② *(Plaut.)* lügenhaft; **periurissime hominum.**

per-lābor, lābī, lāpsus sum **I.** *trans. (poet.)* über etw. hingleiten [**undas**];
II. *intr.* in etw. hineinschlüpfen, durchschlüpfen, (unbemerkt) irgendwohin gelangen, durchdringen [**in insulam nando; per acies**]; **angues in aedem Iovis perlapsi sunt; inde Hercules perlapsus ad nos et usque ad Oceanum.**

per-laetus, a, um sehr freudig.

perlāpsus *P. P. Akt. v. perlabor.*

per-lātē *Adv.* sehr weit.

per-lateō, latēre, latuī, – *(Ov.)* immer verborgen bleiben.

perlātus *P.P.P. v. perfero.*

per-lavō, lavāre, lāvī, – *(Plaut.)* gut (ab)waschen, durchweichen; **perlavit imber parietes.**

per-lecebrae, -lēctiō *s. pell …*

per-legō, legere, lēgī, lēctum ① *(poet.)* mustern, genau betrachten [**omnia oculis; alqd vultu**];

P

② durchlesen [**litteras; tabellas**];
③ verlesen [**senatum** die Senatorenliste; **leges; historiam**].

per-lepidē *Adv. (Plaut.)* sehr fein [**narrare**].

per-levis, e sehr leicht, sehr gering, sehr unbedeutend.

per-libēns, *Gen.* entis sehr gern, m. Vergnügen.

per-līberālis, e ① sehr gütig, sehr freigebig;
② *(Ter.)* sehr fein erzogen.

per-libet, libēre, libuit *(Plaut.) unpers.* es beliebt sehr, ich habe große Lust.

per-lībrō, lībrāre *(Sen.)* gleichmachen, nivellieren.

per-liciō = *pellicio.*

per-litō, litāre unter günstigen Vorzeichen opfern [**dis; saluti;** *(etwas: Abl.)* **tribus bubus**]; *Pass. unpers.:* **primis hostiis perlitatum est.**

per-longinquus, a, um *(Plaut.)* sehr langwierig.

per-longus, a, um ① sehr lang [**via**];
② *(Plaut.)* sehr langwierig;
③ *(Ter.) Adv.* **-ē** sehr weit.

per-lub ... = *perlib ...*

per-lūceō, lūcēre, lūxī, – ① durchscheinen, hervorschimmern; **lux perlucens; saxum a vado perlucens;**
② *(übtr.) ex re* aus etw. sichtbar sein, hervorleuchten; **mores ex voce perlucent; illud ipsum, quod honestum dicimus, quasi perlucet ex eis virtutibus;**
③ das Licht durchlassen, durchsichtig sein; – *P. Adj.* **perlūcēns,** *Gen.* entis durchsichtig [**aether;** *übtr.* **oratio**].

perlūcidulus, a, um *(Demin. v. perlucidus) (Cat.)* ziemlich durchsichtig [**lapis** Perle].

per-lūcidus, a, um *(perluceo)* ① durchsichtig [**membranae**]; *(übtr.)* **fides perlucidior vitro;**
② sehr hell [**sidera**].

per-lūctuōsus, a, um sehr traurig, große Trauer erweckend [**funus**].

per-luō, luere, luī, lūtum *(lavo)* ① *(Ov.)* (ab)waschen, abspülen, benetzen [**alqd aquā marinā; vasa aquā**]; **sudor perluit ora;**
② *mediopass. perlui* ein Bad nehmen, baden *(in etw.: in m. Abl. od. bl. Abl.)* [**in fluminibus; aquā**].

per-lūstrō, lūstrāre ① mustern, genau betrachten, besichtigen [**omnia oculis**];
② erwägen [**alqd animo**];
③ durchstreifen, durchwandern, durchziehen; **exercitus hostium agros perlustravit.**

perlūtus *Part. Perf. v. perluo.*

per-lūxī *Perf. v. perluceo.*

per-madefaciō, madefacere, madefēcī, – *(Plaut.)* durchweichen.

per-madēscō, madēscere, maduī, – *(nachkl.)* ① ganz nass werden, triefen;
② *(übtr.)* erschlaffen [**deliciis**]; **animi permadescunt.**

per-māgnificus, a, um *(spätl.)* äußerst prächtig [**convivium**].

per-māgnus, a, um sehr groß, sehr bedeutend [**numerus; vis naturae; hereditas**]; **-i interest** es liegt sehr viel daran; – *Subst.* permāgnum, ī *n* etw. sehr Großes.

per-male *Adv.* sehr unglücklich [**pugnare** eine schwere Niederlage erleiden].

permānanter *Adv. (permano) (Lucr.)* hindurchfließend.

permānāscō, permānāscere, – – *(permano) (Plaut.)* hinfließen; *übtr.* jmdm. zu Ohren kommen *(ad alqm).*

● **per-maneō,** manēre, mānsī, mānsūrus ① verbleiben, ausharren [**in armis** unter den Waffen bleiben; **in acie**];
② fortdauern, (fort)bestehen, sich erhalten; **amicitia Masinissae bona atque honesta nobis permansit** *(Sall.);* **ira inter eos intercessit, quae permansit diu** *(Ter.);* **nomen invictum permansit;**
③ bei, in etw. verharren, auf etw. beharren, an etw. festhalten *(in m. Abl.)* [**in consilio; in sua pristina sententia; in libertate; in officio; in fide**].

per-mānō, mānāre ① *(Lucr.)* (hin)durchfließen;
② *(übtr.)* durchdringen; **anima permanat per membra; permanat frigus ad ossa;** *(m. Akk.)* **permanat calor argentum;**
③ hinfließen, sich ergießen; **venenum in omnes partes corporis permanat;**
④ *(übtr.)* hindringen, sich verbreiten [**ad aures alcis**]; **doctrina in civitatem permanavit; permanat amor in pectus.**

per-mānsī *Perf. v. permaneo.*

permānsiō, ōnis *f (permaneo)* das Verbleiben, das Verweilen; *übtr.* das Verharren *(in re);* **in una sententia perpetua ~.**

per-marceō, marcēre, – – *(Enn.)* sehr schwach sein.

per-marīnus, a, um über das Meer geleitend [**Lares** Schutzgötter der zur See Reisenden].

per-mātūrēscō, mātūrēscere, mātūruī, – *(Ov.)* ganz reif werden.

per-mediocris, e sehr (mittel)mäßig.

per-meditātus, a, um *(Plaut.)* wohl vorbereitet.

permēnsus *P. P. Akt. v. permetior.*

per-meō, meāre *(poet.; nachkl.)* ① durchwandern, -ziehen; passieren [**maria ac terras**]; **Euphrates mediam Babylonem permeans; permeato amne;**
② hingelangen, hindringen; **saxa et sagittae in hostes permeabant.**

Permēssus, ī *m Fluss in Böotien, dessen den Musen heilige Quelle auf dem Helikon entspringt.*

per-mētior, mētīrī, mēnsus sum ① ausmessen [**solis magnitudinem**];
② *(nicht klass.)* durchwandern, -ziehen, -fah-

ren [**campos celeri passu; iter; classibus aequor**]; **Italiae et Siciliae oras errabundus permetiens**;
③ *(Mart.)* durchleben [**saecula**];
/ *Part. Perf.* permēnsus *auch pass.*

per-mingō, mingere, mīnxī, – *(vorkl.; poet.)* bepissen.

per-mīrandus, a, um *(Gell.* [*in Tmesis*]*)* sehr wunderbar.

per-mīrus, a, um *(auch in Tmesis)* sehr wunderbar [**naturae opera**]; höchst befremdlich.

per-misceō, miscēre, miscuī, mixtum ① vermischen, durcheinander mengen *(mit: cum, bl. Abl. od. Dat.)* [**naturam cum materia; equites turbae hostium; victos victoribus**]; **permixti fugientibus**; – *mediopass. permisceri* sich vermischen *(inter se)*;
② *(übtr.)* vereinen, verbinden; **permixtae gentes; consiliis permixtus** verwickelt in;
③ verwirren, in Unordnung bringen [**iura divina et humana; mores; Graeciam**].

permissiō, ōnis *f (permitto)* ① Erlaubnis, Zulassung; **mea ~ mansionis tuae**;
② *(milit.)* Kapitulation, Übergabe.

permissū *(Abl.) m (permitto)* mit Erlaubnis [**tuo; legis; Romanorum**].

permissum, ī *n (permitto) (Hor.)* Erlaubnis.

permitiālis, e *(permities) (Lucr.)* verderblich, tödlich.

permitiēs, ēī *f (Umformung v. pernicies) (vorkl.) = pernicies.*

● **per-mittō,** mittere, mīsī, missum ① *(poet.; nachkl.) bis ans Ziel* schleudern, werfen, fliegen lassen [**saxum in hostem; scopulum in undas; habenas equo** schießen lassen; *übtr.* **tribunatum** ohne Einschränkung benutzen];
② *(ans Ziel)* gehen lassen [**equos in hostem**]; **permissus equitatus** heransprengend;
③ *(übtr.)* übergeben, überlassen, anvertrauen [**alci potestatem; consulibus rem publicam** freie Macht im Staate geben; **rem arbitrio** anheim stellen; **rogum flammae; se in deditionem consulis; se in fidem** *od.* **fidei populi Romani** sich auf Gnade u. Ungnade ergeben]; *(m. Inf., m. ut od. m. bl. Konj.)*;
④ schenken, aufopfern, fahren lassen [**inimicitias temporibus rei publicae** um der Lage willen; **alqd iracundiae alcis** etw. nachsehen];
⑤ erlauben, gestatten, zulassen, geschehen lassen [**morem; multum sibi**]; *(m. Inf.; A. C. I.; ut)*; **lex iubet, aut permittit, aut vetat; ille meas errare boves permisit** *(Verg.)*; **permisso, ut** ... da man durfte, auf die Erlaubnis hin; – **permittitur** *(m. Inf. od. ut)* es ist erlaubt, man darf: **non permittitur reprimere impetum**.

permixtē *u.* **-tim** *Adv. (permixtus, P.P.P. v. permisceo)* vermischt, vermengt [**dicere** m. Versetzung der Wörter untereinander; **exponere**].

permixtiō, ōnis *f (permisceo)* ① Vermischung, Verwirrung, Aufruhr [**rei publicae**]; **dissensio civilis, quasi ~ terrae**;
② *(konkr.)* Mischung.

per-modestus, a, um ① sehr bescheiden; sehr schüchtern;
② *(Tac.) (v. Sachen)* sehr maßvoll; **verba sensu -o.**

per-modicus, a, um *(Suet.)* sehr mäßig, sehr klein [**res familiaris**].

per-molestus, a, um sehr lästig, sehr beschwerlich; – *Adv.* -e m. großem Verdruss: **-e ferre** sehr übel nehmen.

per-molō, molere, moluī, – *(poet.)* zermahlen; m. einer Frau schlafen, den Beischlaf ausüben *(alqam)* [**uxores alienas**].

permōtiō, ōnis *f (permoveo)* Erregung [**animi**], Gemütsbewegung; **mentis ~ divina** Begeisterung.

● **per-moveō,** movēre, mōvī, mōtum ① *(Lucr.)* stark bewegen; **mare permotum ventis** stürmisch;
② *(übtr.)* bewegen, bestimmen, veranlassen [**alqm pollicitationibus**]; *bes. im P.P.P.:* **permotus auctoritate, iniuris, studio dominandi**;
③ erregen, rühren, bewegen, aufregen, beunruhigen, erschüttern, erbittern [**mentem iudicum**]; **animo permoveri** den Mut sinken lassen; **labore itineris permoveri** Unmut empfinden über; **hoc tumultu permoti** durch diesen Aufruhr beunruhigt; **permotus ad miserationem**; – *P.P.P.* **permotus re** *oft* = aus, vor [**irā** aus Zorn; **dolore; metu; odio**];
④ *(Tac.) (einen Affekt)* erregen [**invidiam; misericordiam; metūs et iras**].

per-mulceō, mulcēre, mulsī, mulsum ① streicheln, streichen [**comas** glatt streichen; **alqm manu; caput; alci malas**];
② sanft berühren, betasten [**lumina virgā**];
③ liebkosen, ergötzen [**sensum voluptate; aures cantibus**]; **alqm ~ atque allicere**;
④ besänftigen, beruhigen, mildern, lindern [**pectora dictis; senectutem; iram alcis; alqm liberalibus verbis**].

per-multus, a, um sehr viel, *meist Pl.* [**urbes; partes**]; **-a praetereo; diffugerant -i**; – *Subst.* -um, ī *n* sehr viel; -o *beim Komp.* um sehr vieles, bei weitem, weit(aus): **-o clariora**; – *Adv.* permultum sehr viel [**valere; ante** sehr häufig zuvor].

per-mūniō, mūnīre ① fertig bauen, die Befestigung *v.* etw. vollenden *(m. Akk.)* [**munimenta; Athenas**];
② stark befestigen [**urbem; castra**].

permūtātiō, ōnis *f (permuto)* ① Veränderung, Wechsel [**coloris; temporum; defensionis**]; **magna rerum ~ impendet** *(im Staat) (Cic.)*;

2 (Um-)Tausch [**mercium; rerum**]; Tauschhandel;
3 Geldumsatz [**publica**];
4 Austausch [**captivorum**].

per-mūtō, mūtāre 1 völlig verändern, wechseln [**ordinem; statum rei publicae; sententiam; vultum**];
2 vertauschen, umtauschen, eintauschen [**domum; galeam; nomina inter se**];
3 *(Geld)* auf Wechsel nehmen, m. Wechseln zahlen [**pecuniam Athenas** in Wechseln nach A. schicken]; **illud, quod tecum permutavi;**
4 auswechseln, (los)kaufen [**captivos; equos auro**].

perna, ae *f (Hor.)* Hinterkeule, Schinken.

per-necessārius, a, um 1 sehr notwendig, sehr dringend [**tempus; res**];
2 eng verbunden, eng befreundet, sehr nahe stehend; **amicus mihi ~; Laelius paternus amicus ac ~;** – *Subst. m* Vertrauter.

per-necesse est es ist unumgänglich nötig.

per-negō, negāre 1 hartnäckig leugnen *(m. A. C. I.);*
2 *(vor- u. nachkl.)* rundweg abschlagen.

per-neō, nēre, nēvī, nētum *(Mart.) (v. den Parzen)* abspinnen [**alci supremos annos**].

perniciābilis, e *(pernicies)* verderblich, schädlich [**morbi**].

perniciālis, e *(pernicies) (poet.; nachkl.)* verderblich, tödlich.

● **per-niciēs,** ēī *f (nex) (arch. Gen. perniciī, Dat. perniciē)* 1 Verderben, Unglück, Vernichtung, Untergang [**rei publicae**]; **alci perniciem facere (ferre)** Verderben bringen; **in apertam perniciem incurrere; perniciem a patria depellere; ~ in accusatorem vertit** *(Tac.);*
2 *(meton.)* verderblicher Mensch, Pest; **Verres ~ provinciae Siciliae.**

● **perniciōsus,** a, um *(pernicies)* verderblich, schädlich, gefährlich [**exemplum; consulatus; lex; seditio; certamen**].

pernīcitās, ātis *f (pernix)* Schnelligkeit, Behändigkeit.

per-niger, gra, grum *(Plaut.)* ganz schwarz [**oculi**].

per-nimium *Adv. (Ter.)* gar zu viel, *auch in Tmesis.*

pernīx, *Gen.* īcis 1 schnell, rasch, behänd, hurtig [**puella; saltus; genus**]; **~ sum manibus;**
2 *(poet.)* ausdauernd [**taurus**].

per-nōbilis, e sehr bekannt, sehr berühmt.

per-noctō, noctāre *(nox)* übernachten, die Nacht verbringen [**foris; in foro**].

pernōnidēs, ae *m (perna) (Plaut.) (scherzh. patronymische Bildung)* Schinkensohn.

per-nōscō, nōscere, nōvī, – 1 genau kennen lernen, gründlich erforschen; *Perf.* genau kennen; **hominum mores ex corpore, oculis, vultu ~** *(Cic.);* **facta pernovit probe;**
2 *(Ter.)* genau prüfen.

per-nōtēscō, nōtēscere, nōtuī, – *(Tac.)* überall bekannt werden.

per-nōtus, a, um *(nachkl.)* sehr bekannt.

per-nōvī *Perf. v. pernosco.*

per-nox, *Abl.* nocte *(nur Nom. u. Abl. Sg.)* die Nacht hindurch, die Nacht über dauernd; **luna ~ erat** schien die ganze Nacht hindurch; **lunā pernocte** bei Vollmond; **~ et per diem.**

per-numerō, numerāre 1 *(Mart.)* aufzählen, zuzählen [**argentum**];
2 auszahlen [**imperatam pecuniam**].

pērō, ōnis *m (Verg.)* Lederstiefel, *bes. der Soldaten u. Bauern.*

per-obscūrus, a, um sehr dunkel, sehr verworren [**quaestio; fama**].

per-odiōsus, a, um sehr verhasst, sehr zuwider.

per-officiōsē *Adv.* sehr gefällig.

per-oleō, olēre, oluī, – *(Lucr.)* sehr übel riechen.

pērōnātus, a, um *(pero) (Pers.)* gestiefelt.

per-opportūnus, a, um sehr gelegen, höchst willkommen.

per-optātō *Adv. (opto)* ganz nach Wunsch.

per-opus *(undekl.) (Ter.)* sehr nötig.

perōrātiō, iōnis *f (peroro)* 1 Schluss der Rede;
2 Schlussrede.

per-ōrnātus, a, um außergewöhnlich schön.

per-ōrnō, ōrnāre *(Tac.)* sehr zieren [**senatum** eine große Zierde des Senats sein].

per-ōrō, ōrāre 1 etw. (vollständig) erörtern, etw. ausführen, *bes. vor Gericht;* sich über etw. aussprechen, (über etw.) eine Rede halten *(alqd od. de re; m. A. C. I.; abs.)* [**causam contra alqm; de ceteris**]; **ius perorandi; breviter peroratum esse potuit** man hätte es kurz machen können;
2 die Rede beenden, schließen; **quoniam satis multa dixi, est mihi perorandum;**
3 die Schlussrede halten.

per-ōsculor, ōsculārī *(Mart.)* der Reihe nach küssen.

per-ōsus, a, um *(odi)* sehr hassend, voll Hass gegen *(m. Akk.)* [**genus omne femineum; lucem** lebensmüde]; **-um esse** sehr hassen: **plebs consulum nomen -a erat** *(Liv.).*

per-pācō, pācāre ganz zur Ruhe bringen.

per-parcē *Adv. (Ter.)* sehr sparsam, sehr knapp.

per-parvulus, a, um überaus klein.

per-parvus, a, um sehr klein [**civitas; insula; cubiculum**]; – *subst.* perparvum, ī *n* sehr wenig.

per-pāstus, a, um *(pasco) (Phaedr.)* wohl genährt [**canis**].

per-paucī, ae, a sehr wenige [**homines; naves**]; **-a loqui** sehr wenig.

per-pauculī, ae, a sehr wenige, nur ein paar [**passūs**].
per-paulum I. *Subst.* ī *n* (nur) sehr wenig [**loci**];
II. *Adv.* ein klein wenig.
per-pauper, *Gen.* eris sehr arm.
per-pauxillum, ī *n (Plaut.)* sehr wenig.
per-pave-faciō, facere, fēcī, factum *(paveo) (Plaut.)* sehr erschrecken.
per-pellō, pellere, pulī, pulsum ❶ antreiben, bewegen, veranlassen, durchsetzen, bewirken [**urbem ad deditionem; alqm ad societatem**]; *(m. ut, ne; Inf.)*;
❷ jmd. beeindrucken.
per-pendī *Perf. v. perpendo.*
perpendiculum, ī *n (perpendo)* Bleilot, Richtschnur; **ad -um** senkrecht.
per-pendō, pendere, pendī, pēnsum genau abwägen, gründlich erwägen, genau untersuchen [**vitia virtutesque** genau gegeneinander abwägen]; **alqd acri iudicio ~; iudicare et ~, quantum quisque possit.**
perperam *Adv.* ❶ unrichtig, falsch [**iudicare; dicere**];
❷ *(Suet.)* aus Versehen, irrtümlich [**alqm non consulem, sed imperatorem pronuntiare**].
perpes, *Gen.* petis *(vor- u. nachkl.)* ununterbrochen, dauernd, beständig [**silentium**]; **noctem perpetem** die ganze Nacht hindurch; **per annum perpetem; tibi perpetes debebo gratias** *(Mart.)*.
perpessīcius, a, um *(perpetior) (Sen.)* geduldig.
perpessiō, ōnis *f (perpetior)* ❶ das Erdulden, Ertragen [**dolorum**];
❷ *(Sen.)* Ausdauer.
● **per-petior,** petī, pessus sum *(patior)* ❶ erdulden, ertragen [**laborem; paupertatem; ventos et imbres**];
❷ sich überwinden, über sich bringen *(m. Inf. od. A. C. I.)*.
per-petītus, a, um *(Sen.)* verklärt (zu); **in secundam numinum formam animae -ae.**
per-petrō, petrāre *(patro)* ganz zustande bringen, durchsetzen, vollziehen, vollenden [**promissa**]; **opus meum, ut volui, perpetravi; pace nondum perpetrata;** – *m. ut, ne:* es zustande bringen, es dahin bringen, es durchsetzen.
perpetuārius, a, um *(perpetuus) (Sen.)* beständig unterwegs.
perpetuitās, ātis *f (perpetuus) (ununterbrochene)* Fortdauer, Stetigkeit, Zusammenhang [**orationis**]; **ad perpetuitatem** für immer.
perpetuō, perpetuāre *(perpetuus)* ununterbrochen dauern lassen, fortsetzen [**iudicum potestatem**].
● **perpetuus,** a, um *(Adv. -ō)* ❶ *(räuml.)* fortlaufend, ununterbrochen, zusammenhängend [**paludes; silvae; vigiliae; iuga; tractus; aedes** in der Ausdehnung; **mensae** lang gereiht; **disputatio; agmen; historia; carmen** einen ganzen Sagenzyklus behandelnd; **defensio contra alqm**];
❷ *(zeitl.)* **a)** fortwährend, (be)ständig, ununterbrochen, bleibend, ewig [**amicitia; lex; cursus stellarum; ignis Vestae; fenus** regelmäßig]; – *Adv.* **perpetuō** (be)ständig, fortwährend; **in -um** *(Plaut.:* in -um modum) für immer, auf ewig; **b)** lebenslänglich, auf Lebenszeit [**dominatio**]; **c)** *(Ter.)* ganz [**biennium**]; **diem -um in laetitia degere**;
❸ allgemein gültig [**edictum; ius**].
per-placeō, placēre, – – sehr (gut) gefallen.
perplexābilis, e *(perplexor) (Plaut.)* verwirrend, unverständlich, zweideutig.
perplexor, perplexārī *(perplexus) (Plaut.)* Verwirrung anrichten.
perplexus, a, um *(Adv. -ē u. -im)* ❶ verschlungen [**figurae; iter silvae**];
❷ *(übtr.)* verworren, verwickelt, dunkel, rätselhaft, unklar, unverständlich [**carmen; sermones; responsum**].
per-plicātus, a, um *(Lucr. in Tmesis)* verwickelt, verworren.
per-pluō, pluere, – – *(Plaut.)* ❶ den Regen durchlassen, *auch übtr.;* **tigna perpluunt**;
❷ sich ergießen [**in pectus**].
per-poliō, polīre ❶ *(Plin.)* gehörig glätten;
❷ *(übtr.)* (aus)feilen, verfeinern, vervollkommnen [**opus**]; – *P. Adj.* **perpolītus,** a, um verfeinert, feingebildet [**homo; in disputationibus; philosophiā et litteris**]; **sapientibus sententiis gravibusque verbis ornata oratio et perpolita** *(Cic.)*.
per-populor, populārī völlig verwüsten, ganz ausplündern [**Thraciam; homines**]; – *Part. Perf. auch pass.:* **perpopulato agro.**
perpōtātiō, ōnis *f (perpoto)* Trinkgelage.
per-pōtō, pōtāre ❶ durchzechen [**totos dies; ad vesperum**];
❷ *(Lucr.)* austrinken.
per-primō, primere (*u.* **-premō,** premere), pressī, pressum *(poet.; nachkl.)* in einem fort drücken.
per-properē *Adv. (Plaut.)* sehr eilig.
per-propinquus I. *Adj.* a, um sehr nahe;
II. *Subst.* ī *m* naher Verwandter.
per-prosperus, a, um *(Suet.)* sehr glücklich.
per-prūrīscō, prūrīscere, – – *(Plaut.)* sehr geil werden.
per-pūgnāx, *Gen.* ācis sehr streitsüchtig [**in disputando**].
per-pulcher, chra, chrum *(Ter.)* sehr schön.
per-pulī *Perf. v. perpello.*
perpulsus *P.P.P. v. perpello.*
per-pūrgō, pūrgāre *(altl. -pūrigō, pūrigāre)* ❶ ganz reinigen [**aegrum**];
❷ *(übtr.)* etw. ins Reine bringen [**locum orationis**];

P

❸ gründlich widerlegen [**crimina**].

per-pusillus, a, um sehr klein; – *Adv.* -um sehr wenig.

per-putō, putāre *(Plaut.)* auseinander setzen [**alci argumentum**].

per-quam *Adv.* überaus, sehr.

per-quīrō, quīrere, quīsīvī, quīsītum *(quaero)* sich genau erkundigen, nachforschen *(m. Akk.; m. indir. Frages.)* [**aditūs viasque; illa ab accusatore**]; **perquirunt, quid causae siet** *(Plaut.)*.

perquīsītē *Adv. (perquisitus, P.P.P. v. perquiro)* ❶ gründlich; **perquisitius et diligentius conscribere**;
❷ vielseitig.

perquīsītor, ōris *m (perquiro) (Plaut.)* Besucher [**auctionum**].

perquīsītus *P.P.P. v. perquiro.*

per-quīsīvī *Perf. v. perquiro.*

per-rārus, a, um *(Adv. -ō)* sehr selten.

per-reconditus, a, um sehr verborgen.

perrēctum *P.P.P. v. pergo.*

per-rēpō, rēpere, rēpsī, – *(Tib.)* über, auf etw. hinkriechen *(über, auf etw.: alqd)* [**tellurem**].

perrēptō, perrēptāre *(Intens. v. perrepo) (Kom.) (einen Ort)* durchkriechen, *(in einem Ort)* überall herumkriechen [**omne oppidum; omnes plateas; omnibus latebris**].

perrēxī *Perf. v. pergo.*

Perrhaebia, ae *f Landschaft in Nordthessalien westl. des Olymp; – Einw. u. Adj.* **Perrhaebus,** ī *m bzw.* a, um.

per-rīdiculus, a, um sehr lächerlich.

perrogātiō, ōnis *f (perrogo)* Durchsetzung *eines Gesetzes,* Beschluss [**legis**].

per-rogō, rogāre der Reihe nach fragen, ringsum fragen *(nach etw.: alqd)* [**sententias**].

● **per-rumpō,** rumpere, rūpī, ruptum **I.** *intr.* hindurchbrechen, sich gewaltsam einen Weg bahnen [**per hostes; per aciem; in oppidum**];
II. *trans.* ❶ etw. durchbrechen, durchdringen, zerteilen, aufbrechen [**terram aratro; aciem; costam; rates; limina bipenni**]; **perrumpitur concretus aer** *(Cic.)*;
❷ in etw. eindringen [**paludem; artūs** durchbohren; **castra**];
❸ *(übtr.)* überwinden, zunichte machen, vernichten, unwirksam machen, überwältigen [**difficultates; periculum** der Gefahr Herr werden; **alcis consilia** durchkreuzen; **leges** m. Füßen treten; **poenam**]; **affectu perrumpi**;
❹ *(Tac.)* **alqm** ~ sich zu jmdm. drängen.

Persae, ārum *m (Sg.* **Persēs** *u. [vor- u. nachkl.]* **Persa,** ae *m)* die Perser: ❶ = *Bew. der Landschaft* **Persis,** idis *f (b. Plaut.:* **Persia,** ae *f) am Persischen Golf um Pasargadai u. Persepolis, dem Kernland des Perserreiches unter den Achämeniden*;
❷ = *Bew. des Persischen Reiches*;
❸ *(poet.)* = die Parther;
❹ *(meton.)* Persien; **in -as proficisci;**
/ *Adj.* **Persicus,** a, um persisch [**apparatus** schwelgerisch], *fem. auch* **Persis,** idis.

per-saepe *Adv.* sehr oft; *b. Plaut. auch in Tmesis;* **frons, oculi, vultus ~ mentiuntur**.

per-salsus, a, um sehr witzig.

persalūtātiō, ōnis *f (persaluto)* allseitige Begrüßung.

per-salūtō, salūtāre (alle) der Reihe nach begrüßen.

per-sānctē *Adv. (vor- u. nachkl.)* hoch u. heilig [**iurare**].

per-sānō, sānāre *(nachkl.)* völlig heilen [**ulcera**].

per-sapiēns, *Gen.* entis sehr weise.

per-scidī *Perf. v. perscindo.*

per-scienter *Adv.* sehr klug, sehr gescheit.

per-scindō, scindere, scidī, scissum ganz zerreißen; **omnia perscindente vento et rapiente** *(Liv.)*.

per-scītus, a, um sehr fein; *auch in Tmesis.*

● **per-scrībō,** scrībere, scrīpsī, scrīptum ❶ genau aufschreiben, ausführlich niederschreiben, sorgfältig aufzeichnen [**res populi Romani a primordio urbis; orationem; versum puris verbis**]; **epistula, in qua omnia perscripta erant**;
❷ *(amtlich) zu* Protokoll bringen, protokollieren [**senatūs consultum; iudicum dicta; responsa**]; **perscriptum iudicium** in Abschrift;
❸ *(in das Rechnungsbuch)* eintragen, verbuchen [**alqd in tabulas publicas; falsum nomen**];
❹ *(Geld)* anweisen, durch eine Anweisung bezahlen [**pecuniam**]; **argentum perscripsi illis, quibus debui** *(Ter.)*;
❺ *(schriftl.)* ausführlich berichten, melden *(alci od. ad alqm alqd od. de re; m. A. C. I.)* [**omnia; de suis rebus ad Lollium**]; **perscribit in litteris hostes a se discessisse**;
❻ *(nachkl.)* etw. ganz *(nicht in Abk. od. Zahlen)* ausschreiben; **verbo non perscripto**.

perscrīptiō, ōnis *f (perscribo)* ❶ amtliche Aufzeichnung, Niederschrift, Sitzungsbericht, Protokollierung [**senatūs consulti**];
❷ Eintragung in das Rechnungsbuch, Buchung;
❸ schriftliche Anweisung zur Bezahlung, Zahlungsanweisung.

perscrīptor, ōris *m (perscribo)* Buchhalter.

perscrīptus *P. P. P. v. perscribo.*

perscrūtātiō, ōnis *f (perscrutor) (Sen.)* Durchsuchung.

per-scrūtor scrūtārī *u. (vorkl.)* **-scrūtō,** scrūtāre ❶ durchsuchen, durchstöbern [**loca castrorum**];
❷ *(übtr.)* untersuchen, erforschen, ergründen [**naturam rationemque criminum; senten-**

tiam scriptoris].

per-secō, secāre, secuī, sectum ① genau erforschen [**rerum naturas**];
② ausrotten [**vitium**].

per-sector, sectārī *(Intens. v. persequor)* ① *(Lucr.)* eifrig verfolgen;
② *(Lucr.; Plaut.) (übtr.)* eifrig nachgehen, nachforschen *(m. Akk.; indir. Frages.)* [**primordia**].

persecūtiō, ōnis *f (persequor)* ① Verfolgung [**bestiae**];
② gerichtl. Verfolgung, Klage;
③ *(Eccl.)* Christenverfolgung; **De Fuga in Persecutione** *(Titel einer Abhandlung von Tertullian).*

persecūtor, ōris *m (persequor) (spätl.)* Verfolger; Verfolger der Christen.

persecūtus *P. P. Akt. v. persequor.*

per-sedeō, sedēre, sēdī, sessum ohne Unterlass, ununterbrochen sitzen (bleiben) [**in auctione per diem totum; etiam meridie; totā nocte**].

per-sēdī *Perf v. persedeo u. persido.*

per-sēgnis, e sehr schlaff, sehr matt, sehr träge [**proelium pedestre**].

Persēius *s. Perseus.*

per-senex, *Gen.* senis *(Suet.)* sehr alt.

per-sentiō, sentīre, sēnsī, sēnsum *(Verg.)* ① tief fühlen, tief empfinden [**magno pectore curas**];
② deutlich wahrnehmen.

persentīscō, persentīscere, – – *(Incoh. v. persentio)* ① *(Lucr.)* tief empfinden; **viscera persentiscunt**;
② *(vorkl.; spätl.)* deutlich merken, deutlich wahrnehmen.

Persephonē, ēs *f griech. Name der Proserpina; meton.* Tod.

Persepolis, is *f (Akk. -im, Abl. -ī) Hauptstadt v. Persis, Sommerresidenz der Perserkönige, v. Alexander dem Gr. in Brand gesetzt; Ausgrabungen seit dem 17. Jahrh.*

● **per-sequor,** sequī, secūtus sum ① beharrlich (nach)folgen, nachgehen *(m. Akk.)* [**Pompeium Paphum** P. nach Paphos begleiten; **me in Asiam**];
② verfolgen [**hostes equitatu; exercitum Caesaris; pulsos hostes in castra; alqm bello** bekriegen; **alqm armis** bekämpfen; **feras** jagen]; **te frangere persequor**;
③ rächen, bestrafen [**inimicorum crudelitatem; scelus; alcis iniurias; maleficia**];
④ nachahmen [**exempla maiorum; ironiam**];
⑤ jmd. einholen, erreichen, jmd. *od.* etw. finden; **mors et fugacem persequitur virum** *(Hor.)*;
⑥ gerichtl. verfolgen [**Verrem**]; geltend zu machen suchen, zu erlangen suchen [**ius suum; rem suam; hereditatem; poenas patris; pecuniam ab alqo** einklagen];
⑦ durchforschen;
⑧ etw. eifrig betreiben, sich beschäftigen mit *(m. Akk.)* [**artes; laborem; bella**];
⑨ etw. erstreben, nachjagen *(m. Akk.)* [**voluptates**];
⑩ sich zu etw. bekennen, einer Sekte anhängen *(m. Akk.)* [**Academiam; instituta eorum**];
⑪ etw. fortsetzen [**bellum; incepta; quaerendo** weiter fragen; **societatem** unterhalten];
⑫ ausführen, durchführen, vollziehen; erschöpfend behandeln [**mandata; imperium patris**]; **haec difficiliora ad persequendum ~**;
⑬ *(mündl. od. schriftl.)* ausführen, darstellen, beschreiben, erzählen, vortragen [**omnium virtutum originem**]; **ea versibus persecutus est Ennius; has res in eo libro ~.**

Persēs, ae *m* ① der Perser, *vgl. Persae*;
② = *Perseus 2.*

Perseûs, eī *u.* eos *m* ① *Sohn des Zeus u. der Danae, tötete die Medusa, rettete auf der Rückreise die Andromeda vor einem Meeresungeheuer, dem sie als Beute ausgesetzt war u. bekam sie zur Gemahlin; – Adj.* **Persē(i)us,** a, um;
② *letzter König v. Makedonien, vom röm. Feldherrn Aemilius Paullus bei Pydna (168 v. Chr.) besiegt u. im Triumphzug aufgeführt; – Adj.* **Persicus,** a, um [**bellum** Krieg m. Perseus].

persevērāns, *Gen.* antis *(P. Adj. v. persevero)* beharrlich, ausdauernd [**valetudo**]; *(in etw.: Gen.)*; **perseverantior caedendi.**

persevērantia, ae *f (perseverans)* Beharrlichkeit, Ausdauer [**nautarum; sententiae**].

● **per-sevērō,** sevērāre *(severus)* **I.** *intr.* ① verharren, beharrlich bei etw. verbleiben, standhaft bleiben [**in sententia; in errore; in vitiis; in eodem cognomine**];
② die Fahrt, Reise (ununterbrochen) fortsetzen; **una navis perseveravit**;
③ *m. ut:* darauf bestehen, dass;
④ *(Plin.)* fortdauern, Bestand haben; **tremor terrae perseverabat**;
II. *trans.* etw. fortsetzen, bei etw. verharren [**id constantius**]; *m. Inf.:* fortfahren [**iniuriam facere**]; *m. A. C. I.:* dabei beharren [**Orestem se esse**].

per-sevērus, a, um *(nachkl.)* sehr streng [**imperium**].

Persia, ae *f (Plaut.)* Persien.

Persicum, ī *n (Persicus, s. Persae; erg. malum) (nachkl.)* Pfirsich.

Persicus, a, um *s. Persae u. Perseus.*

per-sideō, sidēre *(nachkl.)* = *persedeo.*

per-sīdō, sīdere, sēdī, sessum *(poet.; nachkl.)* sich irgendwo ansetzen, durch-, eindringen.

P

per-sīgnō, sīgnāre genau aufzeichnen [**dona**].

per-similis, e sehr ähnlich *(m. Gen. u. Dat.).*

per-simplex, *Gen.* licis *(Tac.)* sehr einfach [**victus**].

Persis, idis *f s. Persae.*

per-sistō, sistere, stitī, – stehen bleiben, *übtr.* bei etw. verharren [**in luxuria**].

Persius, a, um *nomen gentile:* ① C. ~, *Redner z. Zt. der Gracchen, Zeitgenosse des Lucilius;*

② A. ~ Flaccus, *Satiriker in Rom z. Zt. Neros aus Volterra (34–62 n. Chr.).*

persōlla, ae *f (Demin. v. persona; eigtl.* „kleine Maske") *(Plaut.)* Fratze *(als Schimpfw.).*

per-sōlus, a, um *(Plaut.)* ganz allein.

per-solvō, solvere, solvī, solūtum ① be-, aus-, abzahlen, abtragen [**veteranis promissa praemia; aes alienum alienis nominibus suis copiis** die Schulden für fremde Leute aus seinen Mitteln bezahlen];

② *(übtr.)* erweisen, zollen [**gratiam** *u.* **grates alci** Dank abstatten; **vota** erfüllen; **honorem** darbringen; **animam** opfern]; **quod huic promisi, id ei persolvam** *(Cic.)*;

③ *poenas alci* büßen, leiden [**poenas cruce** am Kreuz]; *auch* jmdm. eine Strafe zufügen *(für etw.: Gen.)*;

④ ganz auflösen; *übtr.* deutlich erklären; **si hoc mihi ζητημα persolveris, magnā me molestiā liberaris** *(Cic.).*

● **persōna,** ae *f* ① Maske, *bes. des Schauspielers* [**tragica**]; **-am capiti detrahere;**

② *(meton.)* Rolle, Charakter, Person *(im Schauspiel)* [**militis; de mimo**]; **in -a lenonis alqm imitari; tragici nihil ex -a poetae dixerunt;**

③ *(übtr.)* Rolle, *die jmd. im Leben innehat,* Charakter, Stellung, Würde [**principis**]; **abicere quaestoriam -am; -am philosophi induere; -am ferre, gerere** eine Rolle spielen; **-am sibi accommodare** *od.* **suscipere; -am imponere alci; petitoris -am capere, accusatoris deponere; -am civitatis gerere** den Staat repräsentieren;

④ Persönlichkeit, Person, Eigenart; **per -am Antonii.**

persōnālis, e *(persona) (spätl.)* persönlich.

persōnātus, a, um *(persona)* ① maskiert, verkleidet;

② *(übtr.)* scheinbar [**felicitas**].

per-sonō, sonāre, sonuī, – **I.** *intr.* ① laut erschallen, widerhallen; **personat vicinitas cantu; domus canibus personat** v. Hundegebell; **crepitus ululatusque nocturni, qui personant totā urbe** *(Liv.)*;

② *(Tac.)* seine Stimme erschallen lassen;

③ *(Tac.) plausu, plausibus* Beifall klatschen;

④ *(Verg.) (ein Instrument)* spielen [**citharā; cymbalis**];

II. *trans.* ① *(poet.; nachkl.)* etw. durchtönen, -hallen, *m. Lärm* erfüllen, widerhallen lassen [**regna latratu; aequora conchā; regiam gemitu; aurem alci** jmdm. ins Ohr rufen];

② laut verkünden, laut rufen [**totam per urbem**].

per-spargō = *perspergo.*

perspectē *Adv. (perspectus) (Plaut.)* einsichtsvoll.

perspectō, perspectāre *(Intens. v. perspicio)* ① *(Plaut.)* genau in Augenschein nehmen, sich genau ansehen;

② *(nachkl.)* bis zum Ende sich ansehen [**certamen**].

perspectus, a, um *(P. Adj. v. perspicio)* wohl bekannt, bewährt; **mihi perspectissima benevolentia.**

per-speculor, speculārī *(Suet.)* genau erforschen [**locorum sitūs**].

per-spergō, spergere, spersī, spersum *(spargo)* besprengen, benetzen [**simulacrum deae;** *übtr.* **orationem facetiarum lepore**].

per-spexī *Perf. v. perspicio.*

perspicāx, *Gen.* ācis *(perspicio)* einsichtsvoll.

perspicientia, ae *f (perspicio)* völlige Einsicht, Erkenntnis [**veri**].

● **per-spiciō,** spicere, spexī, spectum *(specio)* **I.** *intr.* hindurchschauen, hineinsehen [**per saepem**];

II. *trans.* ① genau betrachten, in Augenschein nehmen, untersuchen, mustern [**villam; naturam loci; naturam animalium; viam**]; *(m. indir. Frages.)*; **operis perspiciendi causa venire** *(Caes.)*;

② deutlich sehen; **prae densitate arborum perspici caelum vix potuit;**

③ prüfend durchlesen [**epistulam**];

④ *(übtr.)* durchschauen, deutlich wahrnehmen, erkennen, kennen lernen [**rem; innocentiam, fidem alcis; animum regis; voluntatem**]; *(m. A. C. I.; indir. Frages.)*; **ista veritas quae sit, non satis perspicio; alqd perspectum habere** v. etw. überzeugt sein.

perspicuitās, ātis *f (perspicuus)* Deutlichkeit.

● **perspicuus,** a, um *(perspicio)* ① *(poet.; nachkl.)* durchsichtig [**liquor aquae; gemma**];

② *(übtr.)* deutlich, klar, offenbar [**mors**]; **perspicue falsa.**

per-spissō *Adv. (spissus) (Plaut.)* sehr langsam.

per-sternō, sternere, strāvī, strātum ganz pflastern [**viam silice**].

per-stimulō, stimulāre *(Tac.)* ununterbrochen reizen [**pravis sermonibus tumidos spiritūs**].

per-stitī *Perf. v. persisto u. persto.*

per-stō, stāre, stitī, (stātūrus) ① fest stehen, stehen bleiben [**ad vallum; in limine**]; **armati diem totum perstant;**

② *(Ov.) (übtr.)* (fort)dauern, bleiben; **laurea perstat toto anno** bleibt grün;

3 bei etw. beharren, fest bleiben, verharren [**in decreto; in incepto; in eadem impudentia; in bello**]; *m. Inf.:* fortfahren.

perstrātus *P.P.P. v. persterno.*

per-strāvī *Perf. v. persterno.*

per-strepō, strepere, strepuī, – 1 *(Ter.; Sen.)* sehr lärmen;
2 *(Prop.)* laut erschallen.

per-stringō, stringere, strīnxī, strictum 1 streifen, berühren [**solum aratro** durchpflügen; **portam vomere**];
2 *(Verg.)* leicht verwunden [**alcis femur**];
3 *(poet; nachkl.)* abstumpfen [**aciem gladii**];
4 *(übtr.)* unangenehm berühren, erschüttern; **horror ingens spectantes perstringit; consulatus meus eum perstrinxerat;**
5 tadeln, verweisen, verletzen [**cultum habitumque alcis levibus verbis; alqm suspicione; alcis voluntatem facetiis**]; **alqm oblique ~; modice perstringi** m. einem leichten Verweis davonkommen;
6 *(in der Rede)* etw. streifen, flüchtig berühren, kurz erzählen [**vitae cursum; atrocitatem criminis**]; **breviter transire ac tantummodo ~ unam quamque rem; summatim ~** *(Vulg.).*

per-studiōsus, a, um sehr eifrig, sich sehr beschäftigend *(in etw., mit etw.: Gen.)* [**litterarum Graecarum; musicorum**]; alcis jmdm. sehr ergeben [**tui**].

● **per-suādeō,** suādēre, suāsī, suāsum 1 überreden, zu etw. bewegen *(jmd.: alci, selten alqm; zu etw.: alqd, nur im Neutr. eines Pron. od. allg. Adj.; m. ut, ne, auch m. bl. Konj., selten m. Inf.)*; **mihi persuadetur** ich werde überredet *od.* lasse mich überreden; **mihi persuasum est** *u. (persönl.)* **persuasus sum** *(m. ut, ne)* ich habe mich überreden lassen, ich bin entschlossen; **huic magnis praemiis pollicitationibusque persuadent, uti** *(Caes.)*; **ei persuadet tyrannidis finem facere;**
2 überzeugen *(jmd.: alci; von etw.: de re, alqd, nur im Neutr. eines Pron. od. allg. Adj.; m. A. C. I.)* [**populo; sibi de paupertate alcis; id ei** davon; **multa**]; **mihi persuadetur** ich werde überzeugt *od.* lasse mich überzeugen; **mihi persuasum est,** *(persönl.)* **persuasus sum** *u.* **persuasum (mihi) habeo** ich bin überzeugt, es steht f. mich fest; **mihi persuasissimum est** ich bin fest überzeugt; **persuadentia verba addat; imprimis hoc volunt persuadere, non interire animas** *(Caes.).*

persuāsiō, ōnis *f (persuadeo)* 1 Überredung, Überzeugung [**difficilis**];
2 *(nachkl.)* Glaube, (irrige) Meinung, Einbildung [**popularis**]; **~ adicit** *(m. A. C. I.).*

persuāstrīx, īcis *f (persuadeo) (Plaut.)* Verführerin.

persuāsus[1] *s. persuadeo.*

persuāsus[2], *Abl.* ū *m (persuadeo)* Überredung.

per-subtīlis, e 1 *(Lucr.)* sehr fein, sehr zart [**animus**];
2 sehr durchdacht [**oratio**].

per-sultō, sultāre *(salto)* **I.** *intr.* umherspringen [**in agro**];
II. *trans. (poet.; nachkl.)* durchstreifen [**campos; Italiam**].

per-taedet, taedēre, taesum est *(unpers.)* Ekel empfinden, sehr überdrüssig sein *od.* werden *(alqm alcis rei)*; **numquam negotii eum pertaesum est; vos iniuriae pertaesum est.**

pertaesus, a, um *(pertaedet) (nachkl.)* sehr überdrüssig *(m. Gen. od. Akk.)* [**lentitudinis; ignaviam suam**].

per-tegō, tegere, tēxī, tēctum *(Plaut.)* ganz bedecken.

per-temptō, temptāre 1 *(nachkl.)* genau prüfen, probieren [**pugionem**];
2 *(übtr.)* auf die Probe stellen, prüfen, erforschen [**animum cohortis**];
3 überlegen, überdenken [**causam**];
4 *(Verg.) (v. Übeln, Empfindungen)* völlig ergreifen, durchzucken, durchströmen [**sensūs**]; **gaudia pectus pertemptant; tremor corpora pertemptat; vinolentia ac fatigatione pertemptatus.**

per-tendō, tendere, tendī, tentum (*u.* tēnsum) 1 wohin eilen, ziehen [**Romam; in Asiam; ad forum**];
2 etw. durchzusetzen suchen.

per-tentō, tentāre = *pertempto.*

per-tenuis, e sehr schwach, sehr gering [**spes; ars**].

per-terebrō, terebrāre *m. dem Bohrer* durchbohren [**columnam**].

per-tergeō, tergēre, tersī, tersum 1 *(Hor.)* abwischen, abtrocknen [**gausape mensam**];
2 *(Lucr.)* leicht berühren.

perterre-faciō, facere, –, factum *(perterreo) (Ter.)* in großen Schrecken versetzen.

● **per-terreō,** terrēre, terruī, territum heftig erschrecken, völlig einschüchtern [**alqm magnitudine poenae**]; **maleficii conscientiā perterritus.**

perterri-crepus, a, um *(perterreo u. crepo) (Lucr.)* schrecklich tönend, schrecklich rauschend.

per-tersī *Perf. v. pertergeo.*

pertersus *P. P. P. v. pertergeo.*

per-tēxī *Perf. v. pertego.*

per-texō, texere, texuī, textum 1 *(nachkl.)* zu Ende weben;
2 *(übtr.)* ausführen, vollenden.

pertica, ae *f (nicht klass.)* langer Stock, Stange; Messstange.

perticātus, a, um *(pertica) (Mart.)* m. einer Stange versehen, an einer Stange befestigt [**pondera**].

per-timefactus, a, um sehr eingeschüchtert.

P

per-timēscō, timēscere, timuī, – in große Furcht geraten, (sich) sehr fürchten *(vor jmdm. od. etw.: Akk.; um, wegen, für etw.: de; m. ne)* [**bellum; nullius potentiam; de salute**].

pertinācia, ae *f* *(pertinax)* Beharrlichkeit; Hartnäckigkeit, Starrsinn; **patientia et ~ hostis; ~ hiemis; -ā desistere; -am frangere**.

● **per-tināx,** *Gen.* ācis *(tenax)* ❶ *(nachkl.)* festhaltend; **digitus male ~;**
❷ *(nachkl.)* lange andauernd, lange anhaltend [**spiritus**];
❸ beharrlich, ausdauernd; hartnäckig [**virtus; miles; hostes; concertatio**]; **~ ad obtinendam iniuriam; adversus temerarios impetūs ~;**
❹ *(Plaut.)* geizig [**pater**].

● **per-tineō,** tinēre, tinuī, – *(teneo)* ❶ sich erstrecken, sich ausdehnen, reichen; **silvae pertinent ad flumen; ~ in omnes partes; montes ad castra pertinent** stoßen an; **rivi ad mare pertinent** ergießen sich; **implicatio nervorum pertinet toto corpore** über den ganzen Körper;
❷ *(übtr.)* sich verbreiten; **caritas patriae per omnes ordines pertinebat; bonitas ad multitudinem pertinet; ad posteritatis memoriam ~ ; ratio quaedam per omnium naturam rerum pertinens;**
❸ sich beziehen auf, betreffen, angehen, berühren, gehören zu; **suspicio ad nos pertinet** trifft uns; **quod ad indutias pertinet** was den Waffenstillstand anbetrifft; **quod ad virtutem pertinet; id ad populum pertinet; quod pertinet ad elephantos; expugnatae urbis praeda ad milites pertinet; illa res ad officium meum pertinet; bona ad me pertinent, solus enim sum filius defuncti;**
❹ zu etw. dienen, zu etw. führen, auf etw. abzielen; **quae ad victum pertinent** Lebensmittel; **alqd ad felicitatem alcis pertinet** bezweckt jmds. Glück; **illud, quo pertineat, videte; quo** *od.* **quorsum pertinet** *(m. Inf.)* was für einen Sinn hat es?; **quorsum haec quaestio pertinet?; ad rem non pertinet** *(m. Inf.)* es hat keinen Zweck.

per-tingō, tingere, – – *(tango)* sich erstrecken, sich ausdehnen; **collis in immensum pertingens.**

per-tolerō, tolerāre *(Lucr.)* geduldig ertragen [**omnia tormenta aetatis**].

pertractātē *Adv.* *(pertracto)* *(Plaut.)* abgedroschen.

pertractātiō, ōnis *f* *(pertracto)* Behandlung, Beschäftigung m. etw. *(m. Gen.)* [**poëtarum**].

per-tractō, tractāre ❶ überall betasten;
❷ einwirken auf *(m. Akk.)* [**sensūs mentesque hominum**];
❸ eingehend untersuchen, behandeln [**philosophiam**].

per-trahō, trahere, trāxī, tractum ❶ (hin)schleppen, m. Gewalt hinbringen [**alqm in castra; ratem ad ripam**];
❷ hinlocken [**hostem in insidias**].

per-trā-lūcidus, a, um *(Plin.)* ganz durchsichtig.

per-trāxī *Perf. v. pertraho.*

per-trectō, trectāre = *pertracto.*

per-tribuō, tribuere, tribuī, – *(Plin.)* v. allen Seiten erteilen [**alci certatim testimonia**].

per-trīcōsus, a, um *(tricae)* *(Mart.)* sehr verwickelt.

per-trīstis, e ❶ sehr traurig [**carmen**];
❷ sehr mürrisch [**censor**].

per-trītus, a, um *(Sen.)* sehr alltäglich, sehr gewöhnlich [**quaestio**].

per-tudī *Perf. v. pertundo.*

per-tulī *Perf. v. perfero.*

per-tumultuōsē *Adv.* in großer Aufregung [**nuntiare**].

per-tundō, tundere, tudī, tū(n)sum durchstoßen, -bohren, -löchern [**saxa; tunicam**].

● **perturbātiō,** ōnis *f* *(perturbo)* ❶ Verwirrung, Unordnung, Störung, Sturm [**rationis atque ordinis; vitae; valetudinis; animorum; hostium; comitiorum** stürmische Auftritte in; **fortunae et sermonis** verwirrender Wechsel von Nachrichten; **caeli**];
❷ *(polit.)* Wirren, Unruhe, Umwälzung [**temporum**]; **magnā rerum perturbatione impendente;**
❸ Aufregung, Leidenschaft, Affekt; **commoveri magnā animi perturbatione; perturbationem afferre; perturbationes sunt genere quattuor, partibus plures, aegritudo, formido, libido, laetitia** *(Cic.)*.

perturbātrīx, īcis *f* *(perturbo)* Verwirrerin.

perturbātus, a, um *(P. Adj. v. perturbo)* ❶ wirr, verworren [**tempora; oratio; vox**];
❷ *(übtr.)* verwirrt, außer Fassung, bestürzt [**vultus** verstört]; **homo metu ~;**
❸ *(Sen.)* unruhig, stürmisch [**genus tempestatis**].

● **per-turbō,** turbāre ❶ ganz verwirren, in große Unordnung bringen [**impetu ordines; aciem**]; **reliquos milites incertis ordinibus perturbaverunt** *(Caes.)*; – *Pass.* in große Unordnung geraten;
❷ *(übtr.)* ganz verwirren, stören [**pactiones bellicas periurio** brechen]; **oratio tonat, fulgurat, omnia denique perturbat ac miscet** *(Plin.)*;
❸ *(polit.)* Wirren hervorrufen, beunruhigen [**otium** die herrschende Ordnung; **provinciam**]; **civitas seditionibus perturbata;**
❹ aufregen, aus der Fassung bringen [**sensūs**]; *(durch etw.: Abl.; wegen etw.: de)*; – *Pass.* außer Fassung geraten: **incommodo perturbari; de salute rei publicae perturbari; magno animi motu perturbatus**; – *m.*

indir. Frages.: vor Bestürzung nicht wissen; / *vgl. auch perturbatus.*

per-turpis, e sehr unanständig.

pertūsus, a, um *P.P.P. v. pertundo.*

pērula, ae *f (Demin. v. pera) (Sen.)* kleiner Ranzen.

per-ungō, ungere, ūnxī, ūnctum ganz beschmieren, bestreichen, salben [**corpora oleo**].

per-urbānus, a, um ① sehr fein, sehr witzig; ② überhöflich.

per-urgeō, urgēre, ursī, – *(nachkl.)* stark bedrängen [**alqm summa vi ad capessendam rem publicam**].

per-ūrō, ūrere, ussī, ustum ① ganz verbrennen [**agrum** im Land sengen u. brennen; **ossa**]; **perussit ignis multa;**
② *(Ov.)* gefrieren lassen [**alqd frigore**]; **terra gelu perusta;**
③ *(poet.)* wund reiben, entzünden; **colla perusta** wund, entzündet;
④ *(übtr.)* verzehren, quälen; **pectus perustum curis; gloriā perustus** von Ruhmsucht verzehrt; **aestu amoris peruri; paupertatis maledictum quosdam perurit;**
⑤ *(poet.; nachkl.)* erzürnen, aufbringen.

Perusia, ae *f Stadt in Etrurien am oberen Tiber., j.* Perugia; – *Einw. u. Adj.* **Perusīnus,** ī *m bzw.* a, um.

per-ussī *Perf. v. peruro.*

perustus *P.P.P. v. peruro.*

per-ūtilis, e sehr nützlich.

per-vādō, vādere, vāsī, vāsum ① hindurchgehen, durchdringen, sich verbreiten *(konkr. u. übtr.) (per alqd u. alqd);* **incendium per agros pervasit; venenum artūs pervasit; murmur totam contionem pervasit;** *(übtr.)* **fama urbem pervasit; opinio animos gentium barbararum pervaserat;**
② (hin)gelangen, (hin)kommen *(konkr. u. übtr.)* [**ad vallum; in Asiam**]; *(übtr.)* **terror in aciem pervasit; in eas oras morbus illius furoris pervaserat.**

pervagātus, a, um *(P. Adj. v. pervagor)* weit verbreitet, sehr bekannt [**opera; sermo; declamatio; fama**]; **res in vulgus -a; pars est pervagatior** hat eine weitere Ausdehnung, allgemeinere Natur.

per-vagor, vagārī **I.** *intr.* ① umherschweifen [**omnibus in locis**];
② *(übtr.)* sich weit verbreiten, überall bekannt werden; **id in exteris nationibus usque ad ultimas terras pervagatum est;**
II. *trans.* ① etw. durchstreifen, -wandern, -ziehen [**silvas; bello prope orbem terrarum**];
② *(übtr.)* durchdringen, erfüllen; **fama proximas provincias pervagata est; dolor omnia membra pervagabatur** *(Plin.);* **cupiditates, timores omnium mentes pervagantur** *(Cic.);* / *vgl. auch pervagatus.*

per-vagus, a, um *(poet.)* überall umherschweifend.

per-variē *Adv.* sehr mannigfaltig.

per-vāsī *Perf. v. pervado.*

per-vāstō, vāstāre völlig verwüsten, verheeren [**agros; fines; omnia ferro flammāque**].

pervāsus *P.P.P. v. pervado.*

per-vehō, vehere, vēxī, vectum ① **a)** (hin)durchführen, -fahren [**commeatūs**]; **b)** *mediopass. pervehi* durchfahren, befahren [**Oceanum; volucri litora classe**];
② **a)** hinführen, -fahren, -bringen, -tragen [**Drusi corpus Romam; sacra Caere;** *übtr.* **alqm in caelum** versetzen, erheben]; **b)** *mediopass.* hinfahren, -kommen [**in Italiam; usque ad oppidum;** *übtr.* **ad exitus optatos** kommen].

per-velle *Inf. Präs. v. pervolo²*.

per-vellō, vellere, vellī, – ① *(vor- u. nachkl.)* fest zupfen [**nates; aurem**]; *sprichw.:* **aurem sibi ~** *(Sen.)* sich erinnern;
② *(Hor.) (übtr.)* stark reizen [**stomachum**];
③ kränken, wehtun, schmerzen; **dolor (fortuna) alqm pervellit;**
④ scharf kritisieren, durchhecheln [**ius civile**];
⑤ *(Sen.)* aufrütteln.

● **per-veniō,** venīre, vēnī, ventum ① hinkommen, (hin)gelangen, ankommen *(in m. Akk. od ad)* [**in hiberna; in fines Eburonum; in summum montis; in portum; in tutum; ad portam; ad tumulum; ad regem**]; *auch v. Gegenständen:* **epistula ad consulem pervenit; consilia ad regis aures pervenerunt; fama ad aures eorum pervenit;**
② *(übtr.)* gelangen, kommen zu [**in senatum** aufgenommen werden; **ad nummos** zu Geld kommen; **ad hunc locum** zu diesem Punkt *(in der Rede)*]; **ad tertium annum regni pervenit; ad id, quod cupiebat, pervenit;**
③ *in einen Zustand* kommen, geraten [**in amicitiam alcis** sich befreunden mit; **in affinitatem** sich verschwägern; **in maximam invidiam; in timorem; in potestatem alcis; in suam tutelam** mündig werden];
④ *(v. Lebl.)* jmdm. zufallen, zuteil werden *(ad alqm);* **hereditas ad filiam pervenit; pecunia ad Verrem pervenit; pars laudis ad alqm pervenit.**

per-vēnor, vēnārī *(Plaut.)* durchjagen, durchlaufen [**totam urbem**].

perventiō, ōnis *f (pervenio) (Mart.; August.)* das Hinkommen, Hingelangen.

perversitās, ātis *f (perversus)* Verkehrtheit, Torheit [**hominum; morum**].

perversus, a, um *(P. Adj. v. perverto)* ① verdreht, umgedreht [**oculi** schielend]; **perversa** (= *pulla*) **vestis;**

② *(übtr.)* verkehrt, falsch, unrecht, widersinnig, töricht [**mos; grammaticorum subtilitas**]; **-e interpretari; quid magis -um dici potest**;
③ schlecht, böse [**mens; generatio**];
④ *(Verg.)* neidisch [**Menalcas**].

● **per-vertō,** vertere, vertī, versum ① umkehren, umstürzen, umwerfen, niederwerfen [**aulas; turrim**]; **rupes perversae** an der Felswand abgestürzt;
② *(übtr.)* vernichten, zugrunde richten, stürzen [**iura divina; iustitiam; amicitiam; omne officium; civitatem**]; **perverso more** gegen die Sitte; **perverso numine** gegen den Willen der Gottheit;
/ vgl. auch perversus.

per-vesperī *Adv.* sehr spät abends.

pervestīgātiō, ōnis *f (pervestigo)* (Er-)Forschung [**scientiae**].

per-vestīgō, vestīgāre ① ausspüren *(v. Jagdhunden)*;
② *(übtr.)* genau erforschen, auf die Spur kommen *(m. Akk.)* [**sacrilegium**].

per-vetus, *Gen.* veteris *u.* **per-vetustus,** a, um sehr alt.

per-vēxī *Perf. v. perveho.*

pervicācia, ae *f (pervicax)* Beharrlichkeit; Hartnäckigkeit, Eigensinn; ~ **tua et superbia**; ~ **in hostem.**

pervicāx, *Gen.* ācis beharrlich, unermüdlich [**virtus; pugna;** *(in etw.: Gen.)* **recti** im Guten]; hartnäckig, eigensinnig [**iussa** eigenwillige; *(m. Gen.)* **irae** im Zorn].

per-vīcī *Perf. v. pervinco.*

pervictus *P.P.P. v. pervinco.*

per-videō, vidēre, vīdī, vīsum ① *(Ov.)* überschauen; **sol pervidet omnia**;
② *(poet.) (übtr.)* überblicken, mustern;
③ genau (nach)sehen, genau erkennen, unterscheiden;
④ *(übtr.)* erkennen, einsehen [**animi mei firmitatem**]; **videt sine dubio, quid eveniat, sed cur id accidat, non pervidet**;
⑤ erforschen.

per-vigeō, vigēre, viguī, – *(Tac.)* sehr stark sein, sehr blühen [**opibus atque honoribus**].

pervigil, *Gen.* lis *(pervigilo) (poet.; nachkl.)* immer wachsam.

pervigilātiō, ōnis *f (pervigilo) rel.* Nachtfeier.

pervigilium, ī *n (pervigil)* ① *(Sen.)* das Wachbleiben die Nacht hindurch, Nachtwache; **inter cottidiana -a fessus**;
② *rel.* Nachtfeier; **-um celebrare.**

per-vigilō, vigilāre wachbleiben, (die Nacht) durchwachen [**in armis; ad ignes; noctem**].

per-vīlis, e sehr wohlfeil; **annona eo anno ~ fuit.**

per-vincō, vincere, vīcī, victum ① *(nicht klass.)* völlig besiegen, überwältigen [**pavorem**]; *(intr.)* völlig siegen; **pervicit Bardanes**;
② *(Hor.)* übertreffen; **voces pervincunt sonum**;
③ seine Meinung durchsetzen, Recht behalten;
④ jmd. m. Mühe zu etw. bringen *(alqm u. ut, verneint auch m. quin)* [**alqm multis orationibus**];
⑤ etw. durchsetzen, erzwingen *(alqd; m. ut, ne, verneint auch m. quin)*; **hoc est tibi pervincendum; ~ non potuit, ut referrent consules** *(Liv.)*;
⑥ *(Lucr.)* beweisen, nachweisen.

pervīsus *P.P.P. v. pervideo.*

pervium, ī *n (pervius) (Tac.)* Durchgang.

per-vius, a, um *(via)* ① gangbar, zugänglich [**amnis; saltus; transitiones** freie Durchgänge; **aedes** offen stehend];
② *(vor- u. nachkl.) (übtr.)* offen, zugänglich [**ambitioni**].

per-vīvō, vīvere, vīxī, – *(Plaut.)* fortleben.

per-volg ... = *pervulg ...*

per-volitō, volitāre *(Intens. v. pervolo[1]) (poet.)* durchfliegen, umherfliegen, durcheilen; **lumen omnia loca pervolitat.**

per-volō[1], volāre ① *(poet.)* durchfliegen [**aedes**];
② durcheilen [**urbem; sex milia passuum** zurücklegen];
③ hinfliegen, -eilen; **animus pervolat in hanc sedem.**

per-volō[2], velle, voluī sehr wünschen, gern wollen *(m. Inf., auch m. bl. Konj.); auch in Tmesis;* **pervelim scire.**

per-volūtō, volūtāre genau lesen, genau studieren [**alcis libros; omnium bonarum artium scriptores**].

per-volvō, volvere, volvī, volūtum ① *(vor- u. nachkl.)* herumwälzen [**alqm in luto**];
② *(Cat.)* aufrollen, durchlesen;
③ genau bekannt machen m. etw.

pervors . . ., pervort ... *(altl.) = pervers..., pervert ...*

pervulgātus, a, um *(P. Adj. v. pervulgo)* ① wohl bekannt, allbekannt [**nomina; humanitas**]; **ista maledicta -a in omnes**;
② sehr gewöhnlich [**consolatio; consuetudo**].

per-vulgō, vulgāre ① veröffentlichen, allgemein bekannt machen [**edictum totā provinciā; tabulas; Hirtium** herausgeben];
② *se* ~ sich preisgeben;
③ *(Lucr.) (einen Ort)* häufig betreten, besuchen, durchlaufen;
/ vgl. auch pervulgatus.

● **pēs,** pedis *m* ① Fuß *(eines Menschen od. Tieres)* [**hominis; equi**]; **pede captus** gelähmt; **pedem ferre** gehen, kommen; **pedibus venire; pedem ponere** eintreten; **pedem efferre** hinaustreten; **pedem conferre** *(milit.)* angreifen; **pede collato (presso)** Fuß

an Fuß; **pedibus merere** bei der Infanterie dienen; **pedem referre, revocare, retrahere** sich zurückziehen, zurückweichen; **pedem opponere** Widerstand leisten; **ante pedes alcis** in jmds. Gegenwart; **sub pedibus alcis esse** in der Gewalt jmds. sein; **ad pedes accidere** zu Füßen fallen; **pedibus ire in sententiam alcis** mit jmdm. übereinstimmen; **sub pedibus esse** nicht beachtet sein; **manibus pedibusque** m. aller Gewalt; **ad pedes desilire** *vom Pferd* abspringen; **ad pedes descendere** *od.* **degredi** absitzen; **pedibus trahi** drunter und drüber gehen; **a pedibus usque ad caput** von Kopf bis Fuß; **pede secundo** hilfreich, gnädig; **pedibus – navibus** zu Land – zu Wasser; **Caesar pedibus Narbonem pervenit; flumen uno omnino loco pedibus transire potest** zu Fuß;
② *(poet.)* **a)** Huf; **equus pede terram ferit; b)** Kralle, *Pl.* Fänge *eines Raubvogels* [**unci**];
③ *(übtr.)* **a)** *(nicht klass.)* Fuß *an Tischen, Stühlen, Betten u. a.* [**tricliniorum; subsellii**]; Trage *an einer Sänfte;* **b)** Tau zum Segelspannen, Schote [**veli**]; **pedibus aequis** *od.* **pede aequo navigare** m. gleichgespannten Tauen = vor dem Wind segeln; **pedem facere** m. halbem Wind segeln; **pedes colligere** einholen;
④ *(meton.)* **a)** Schritt, Gang, Lauf; *Pl.* Wettlauf; **pedibus vincere; b)** Fuß *als Längenmaß (= etwa ein Drittel Meter)* [**iustus**]; **non pedem ab alqo discedere** sich keinen Fuß breit v. jmdm. entfernen; *(übtr.)* **pede suo se metiri** m. eigenem Maß; **c)** Versfuß; **verba in suos pedes cogere;** – *(poet.)* Versart, -maß [**Lesbius** sapphische Strophe; **ter percussus** Trimeter]; *(Plin.)* Takt.

● **pessimus,** a, um *Superl. v. malus*[1].

Pessinūs, ūntis *f Stadt in Galatien, Hauptsitz des Kybelekultes;* – *Adj.* **Pessinūntius,** a, um.

pessulus, ī *m (gr. Fw.) (Kom.)* Riegel; **-um foribus obdere** den Riegel vor die Tür schieben, die Tür verriegeln.

pessum *Adv.* ① *(nicht klass.)* zu Boden, hinab [**premere**];
② *(übtr.)* **a) pessum ire** zugrunde gehen, umkommen; **b) pessum dare** *(auch zus.)* zugrunde richten, verderben [**civitatem; alqm verbis**]; **multos etiam bonos ~ dedit** *(Tac.);* – *Pass.:* **ad inertiam pessum datus est** *(Sall.)* ist zur Trägheit herabgesunken.

pesti-fer, fera, ferum *(pestis u. fero)* verderblich, schädlich, unheilvoll [**civis; fulmina; calor**].

pestilēns, *Gen.* lentis *(pestis)* ① ungesund, verseucht [**locus; aedes**];
② *(übtr.)* verderblich, schädlich, unheilvoll [**munus**].

pestilentia, ae *f (pestilens)* ① Pest, Seuche, Epidemie; **causa -ae; -ā laborare; ~ gravis incidit in urbem; ~ populum invasit; -ae contagia prohibere;**
② *(meton.)* ungesunde Luft, ungesunde Witterung; ungesunde Gegend; **in -ae finibus;**
③ *(Cat.; Gell.) (übtr.)* Pest; **oratio plena veneni et -ae.**

pestilitās, ātis *f (Lucr.) = pestilentia.*

● **pestis,** is *f* ① Pest, Seuche [**pecudum**]; **hos ~ necuit; pestem ab Aegypto (a populo) avertere;**
② *(meton.)* ungesunde Witterung;
③ *(übtr.)* Verderben, Unheil, Untergang [**patriae; civitatis; omnium bonorum**]; **pestem a re publica depellere; pestem miserrimam importare alci;**
④ *(meton.) (v. Lebewesen u. v. Lebl.)* Unheilstifter, Unhold, Geißel, Unheil; **corporeae pestes; avaritia et luxuria, quae pestes omnia magna imperia everterunt** *(Liv.).*

petasātus, a, um *(petasus)* im Reisehut, reisefertig.

petasō, ōnis *m (Mart.)* Vorderschinken.

petasunculus, ī *m (Demin. v. petaso) (Iuv.)* kleiner Schinken.

petasus, ī *m (gr. Fw.) (Plaut.)* Reisehut.

petauristārius, ī *m (gr. Fw.) (Petr.)* Gaukler.

petaurum, ī *n (gr. Fw.) (nachkl.) ein Gerät des Gauklers, mit dessen Hilfe er seine Kunststücke vorführte.*

Petēlia, ae *f achäische Kolonie in Bruttium.*

Petēlīnus lucus *Hain bei Rom extra portam Frumentanam.*

petessō, petessere, – – *(Intens. v. peto)* etw. erstreben, nach etw. eifrig trachten [**laudem; pugnam**].

petīlus, a, um *(Plaut.)* schmal [**labra**]; spärlich [**donum**].

● **petītiō,** ōnis *f (peto)* ① Angriff, Hieb, Stoß;
② *(in der Rede; vor Gericht)* Angriff mit Worten;
③ das Bitten, Bitte; Gesuch *(um etw.: Gen.)* [**indutiarum**]; **petitiones a potestatibus** bei Machthabern;
④ (Amts-)Bewerbung *(um: Gen.)* [**tribunatūs; honorum; regni**];
⑤ *(jur t. t.)* Anspruch, Klage *in Privat- od. Zivilsachen (dagegen accusatio: Klage in Kriminalsachen)* [**pecuniae; hereditatis**]; **integram petitionem relinquere** *(Cic.).*

petītor, ōris *m (peto)* ① (Amts-)Bewerber;
② Kläger *in Privat- od. Zivilsachen (dagegen accusator: Kläger in Kriminalsachen).*

petītūriō, petītūrīre, – – *(Desider. v. peto)* sich bewerben wollen.

petītus, ūs *m (peto)* ① *(Lucr.)* das Sichneigen [**terrae** zur Erde];
② *(Gell.)* das Verlangen; **consensu petituque omnium.**

● **petō,** petere, petīvī *(u.* petiī), petītum *(m. Akk.) (auch synk. Perf.-Formen: petīsse (m) =*

P

petīvisse(m), petīstī = petīvistī u. Ä.) erstreben: ① wohin eilen, hingehen, ziehen, fahren, *einen Ort* aufsuchen, bereisen [**continentem** steuern nach; **cursu muros** laufen zu; **Ascanium** nahen]; **non castra, sed naves ~** Zuflucht suchen; **amnis campum petit** ergießt sich in, auf;
② *eine Richtung, einen Weg* einschlagen, ergreifen, nehmen [**iter terrā** den Landweg nehmen; **diversas vias; alium cursum; aliam in partem fugam**]; **harena ad Aethiopas usque petitur;**
③ *(feindl.)* losgehen auf, angreifen; *übtr.* bedrohen [**Indos; armis patriam; vehementer; alqm fraude, falsis criminibus; alqm epistulā; urbem bello; alcis collum; vultus alcis unguibus**]; **morsu petunt (canes)** beißen; **somnus petit nautam** überfällt;
④ nach etw. *od.* jmdm. zielen, werfen; schlagen, stoßen [**aëra disco; arcu alta** in die Höhe zielen; **hostes telis** beschießen; **alqm saxis** werfen nach]; **non latus aut ventrem, sed caput et collum ~;**
⑤ *einer Sache* nachgehen, nach etw. streben, etw. zu erreichen suchen [**aliud domicilium; praedam; imperium; salutem fugā** sein Heil in der Flucht suchen; **gloriam; alcis societatem; delectationem; sapientiam; mortem**]; *(auch m. Inf.)* **bene vivere ~**; – petītus, a, um ersehnt, gewünscht; – *Subst.* **petīta,** ōrum *n* das Erwünschte;
⑥ verlangen, fordern, begehren *(für jmd.: Dat. od. pro)* [**salutem sibi soli; partem praedae; poenas ab alqo** jmd. bestrafen, Rache nehmen; **alqm in vincula;** *(für, wegen etw.: Gen.)* **contumeliarum**]; **ex iis tantum, quantum res petet, hauriemus** *(Cic.)*;
⑦ (sich) etw. erbitten, jmd. um etw. bitten [**pacem a Romanis** die R. um Frieden bitten; **sui laboris praemia; vitam nocenti; auxilium a Lacedaemoniis; consilium ab amico** sich Rat holen bei]; *(m. ut, ne, selten m. bl. Konj.; m. Inf.)*;
⑧ *(vor- u. nachkl.)* jmd. bittend angehen, sich an jmd. wenden; **vos peto atque obsecro; ~ precibus per litteras ab alqo, ut;**
⑨ sich um etw. bewerben [**praeturam**]; **in unum locum ~** um eine Stelle;
⑩ um jmd. werben [**virginem**]; **formosam quisque petit;** – petentes Bewerber, Freier; – **petor ab alqo** *od.* **alci** ich werde v. jmdm. umworben;
⑪ *(jur. t. t.) (in Privatsachen)* etw. beanspruchen, etw. einklagen, auf etw. klagen [**pecuniam numeratam; ex testamento**]; *(abs.)* **is qui petit** Kläger; **is a quo** *od.* **unde petitur** Beklagter; **dolo facit, qui petit, quod redditurus est;**
⑫ etw. holen, herholen [**commeatūs; aquam; e flamma;** *übtr.* **gemitūs** *od.* **spiritum de corde** aufseufzen]; **~ alqd ad alqm** bei jmdm.;
⑬ entnehmen, entlehnen [**exemplum alcis rei ab alqo** sich an jmdm. ein Beispiel für etw. nehmen].

petorritum, ī *n (kelt. Fw.)* offener vierrädriger Wagen, Kutsche.

petra, ae *f (gr. Fw.) (vor- u. nachkl.)* Fels, Stein.

Petrēius, ī *m nomen gentile:* M. ~, *Anhänger der Optimatenpartei, später (55–49) Legat des Pompeius in Spanien.*

Petrīnī, ōrum *m Einw. der Stadt Petra in Sizilien.*

Petrīnum, ī *n Ort u. Landgut b. Sinuessa in Kampanien.*

petrō, ōnis *m (Plaut.)* alter Hammel.

Petrocoriī, ōrum *m gall. Völkerschaft am rechten Ufer der Garonne im heutigen Périgord.*

i Kultur **Petrōnius Arbiter** als arbiter elegantiae (Schiedsrichter in Sachen des guten Geschmacks) v. Nero geschätzt u. an dessen Hof; 66 n. Chr. durch den Einfluss des neidischen Höflings Tigellinus gestürzt: er gab sich selbst den Tod u. übersandte dem Kaiser eine Schrift, in der er dessen Schändlichkeiten geschildert hatte; er verfasste wahrscheinlich das teilweise erhaltene „Satyricon“, eine derbsinnliche, unterhaltsame Parodie auf die Liebesromane seiner Zeit m. der ber. Cena Trimalchionis (Gastmahl des T.), einem wichtigen Zeugnis f. die lat. Vulgärsprache.

petrōsus, a, um *(petra) (Plin.)* felsig, steinig [**loca**]; – *Subst.* **petrōsa,** ōrum *n (erg. loca)* felsige Gegend, steiniger Boden.

petrōtos, on *(gr. Fw.) (Plin.)* versteinert.

petulāns, *Gen.* antis *(peto)* ausgelassen, mutwillig, leichtfertig, frech, frivol [**homo; genus dicendi**]; **petulanter vivere.**

petulantia, ae *f (petulans)* Ausgelassenheit, Leichtfertigkeit, Frechheit.

petulcus, a, um *(peto) (poet.)* stößig [**haedi; agni**].

Peucetia, ae *f der mittlere Teil Apuliens an der Ostküste v. Italien;* – *Adj.* **Peucetius,** a, um [**sinus** die Bucht v. Tarent].

Peucīnī, ōrum *m Volk an den Donaumündungen.*

pexātus, a, um *(pexus) (Mart.)* in einem Kleid aus Wolle.

pexī *Perf. v. pecto.*

pexus *P.P.P. v. pecto.*

Phaeāx, ācis *m, meist Pl.* **Phaeāces,** cum *der Sage nach Bew. der Insel Scheria (Korfu), bekannt durch Gastfreundschaft u. Lebensge-*

nuss; appell. = Lebemann, Schlemmer; – *Adj.* **Phaeāc(i)us,** a, um; – *Subst.* **Phaeācia,** ae *f* Phäakenland; – **Phaeācis,** idis *f Gedicht üb. Odysseus' Aufenthalt b. den Phäaken.*

phaecasium, ī *n (Sen.) u.* **-a,** ae *f (gr. Fw.) (Petr.)* weißer Schuh *der Priester in Athen;* – *Adj.* **phaecasiātus,** a, um m. weißen Schuhen.

Phaedōn, ōnis *m Schüler des Sokrates, Freund des Plato, nach dem Plato seinen Dialog üb. die Unsterblichkeit der Seele benannte.*

Phaedra, ae *f Tochter des Minos v. Kreta u. der Pasiphae, Schwester der Ariadne, Gattin des Theseus; s. auch Hippolytus.*

Phaedrus, ī *m* ① *Schüler des Sokrates, nach ihm wurde ein platon. Dialog benannt, er tritt auch in anderen platon. Dialogen auf;*
② *epikureischer Philosoph aus Athen, Freund Ciceros, der ihn in Rom u. Athen hörte;*
③ *röm. Fabeldichter, aus Makedonien stammend, als Sklave nach Rom gekommen, von Augustus freigelassen.*

Phaestum, ī *n Stadt an der Südküste v. Kreta, v. Minos gegründet;* – *Adj.* **Phaestius,** a, um; – **Phaestias,** adis *f Einwohnerin v. Phaestum.*

Phaëthōn, ontis *m* ① *Beiname des Sonnengottes;*
② *Sohn des Sonnengottes; Phaëthon bat sich aus, einmal den Sonnenwagen lenken zu dürfen, dabei stürmten die ungestümen Pferde aus der Bahn u. kamen der Erde zu nahe, so dass ein gewaltiger Brand entstand; Zeus musste Phaëthon durch seinen Blitz erschlagen, um größeres Unheil zu verhüten; seine ihn beweinenden Schwestern wurden in Pappeln od. Erlen, ihre Tränen in Bernstein verwandelt;* – *Adj.* **Phaëthontēus,** a, um, *fem. auch* **Phaëthontis,** idis [**volucris** Schwan; **gutta** Bernstein]; – **Phaëthontiades,** dum *f Schwestern des Phaëthon.*

phager, grī *m (gr. Fw.) (poet.; nachkl.) ein Fisch.*

phalanga, ae *f (gr. Fw.)* Walze, Rolle.

phalangītae, ārum *m (phalanx)* Soldaten der Phalanx.

Phalanthus, ī *m ein Spartaner, myth. Gründer v. Tarent;* – *Adj.* **Phalanthīnus,** a, um.

phalanx, langis *f (gr. Fw.) (milit.)* Phalanx: ① *(Verg.)* enggeschlossene Schlachtreihe, Schlachtordnung; **phalanges densae;**
② geschlossene Schlachtfront *der Athener u. der Spartaner;*
③ Schlachtordnung *des makedon. Fußvolkes in einem länglichen Viereck;*
④ viereckige Schlachtordnung *der Germanen u. Gallier, bei der die Schilde geschlossen getragen wurden.*

Phalara, ae *f Hafenort in Thessalien.*

phalārica, ae *f = falarica.*

Phalaris, idis *m grausamer Tyrann v. Agrigent in Sizilien 570–554 v. Chr., ließ zur Verbrennung Verurteilter von Perillus einen ehernen Stier verfertigen.*

Phalasarnēus, a, um aus Phalasarna *im Nordwesten von Kreta.*

phalerae, ārum *f (gr. Fw.)* ① Brustschmuck *der Krieger als milit. Auszeichnung;*
② Pferdeschmuck;
③ *(Pers.) (übtr.)* der äußerliche Schmuck.

phalerātus, a, um *(phalerae)* ① m. Brustschmuck geziert;
② *(Ter.) (übtr.)* schönklingend [**dicta**].

Phalērum, ī *n Hafen v. Athen;* – *Adj.* **Phalēricus,** a, um; – *Einw.* **Phalēreus,** eī *u.* eos (*u.* **-rēus,** ī) *m.*

Phanae, ārum *f Südspitze v. Chios;* – *Adj.* **Phanaeus,** a, um [**rex** Wein v. Chios *als „König" der Weine*].

phantasia, ae *f (gr. Fw.) (nachkl.)* Gedanke, Einfall.

phantasma, matis *n (gr. Fw.)* ① *(Plin.)* Gespenst;
② *(spätl.)* Vorstellung; Trugbild, Luftgebilde, Hirngespinst.

Phantasus, ī *m (Ov.) Traumgott.*

Phaōn, ōnis *m Fährmann aus Lesbos, der Sapphos Liebe zurückwies;* – *appell.* kaltherziger Liebhaber.

pharetra, ae *f (gr. Fw.) (poet.)* Köcher.

pharetrātus, a, um *(pharetra) (poet.)* köchertragend [**puer** = Cupido; **virgo** = Diana].

Pharītae, Pharius *s. Pharos.*

pharmacopola, ae *m (gr. Fw.)* Quacksalber, Zaubertrankhändler.

Pharmacūssa, ae *f Insel an der karischen Küste.*

Pharnabāzus, ī *m pers. Satrap (um 400 v. Chr.).*

Pharnacēs, is *m Name zweier Könige v. Pontus, Großvater u. Sohn des Mithridates.*

Pharos *u.* **-us,** ī *f kleine Insel vor Alexandria in Ägypten m. gleichnamigem Leuchtturm, welcher zu den sieben Weltwundern zählte; er war um 280 v. Chr. v. dem Architekten Sostratos aus Knidos erbaut worden;* – *Einw.* **Pharītae,** ārum *m;* – *Adj.* **Pharius,** a, um *auch* ägyptisch [**iuvenca** = Io; **turba** *v. den Priestern der Isis*].

Pharsālus *u.* **-os,** ī *f Stadt in Thessalien; Sieg Cäsars in der Entscheidungsschlacht m. Pompeius 48 v. Chr.;* – *Adj.* **Pharsāli(c)us,** a, um; – **Pharsālia,** ae *f* Gebiet v. Pharsalus.

Phasēlis, idis *f Stadt an der Ostküste Lykiens;* – *Einw.* **Phasēlītae,** ārum *m.*

phasēlus *u.* **-os,** ī *m u. f (gr. Fw.)* ① Schwertbohne;
② *(übtr.) (schotenähnliches)* Boot.

P

phāsiānus, ī *m (Phasis) (Suet.)* Fasan.

Phāsis, idis *u.* idos *m (Akk.* Phāsim, Phāsin *u.* -idem; *Abl.* Phāsī *u.* -ide) *Fluss in Kolchis, j.* Rioni; – *Adj.* **Phāsiacus** *u.* **Phāsiānus,** a, um kolchisch; *fem. auch* **Phāsis,** idis *u.* **Phāsias,** adis kolchisch, *als Subst.* = Kolcherin, *bes.* Medea.

phasma, matis *n (gr. Fw.)* Gespenst; – Phasma *Titel einer Komödie des Menander (Ter.) u. eines Gedichts v. Catull (Iuv.).*

Phēgeūs, eī *u.* eos *m Sohn des Alpheus, arkadischer König v. Psophis;* – *Adj.* **Phēgēius,** a, um des Phegeus [**ensis**]; – **Phēgis,** idis *f (Akk.* -ida) Tochter des Phegeus (Alphesiböa).

phellos, ī *m (gr. Fw.) (spätl.)* Kork.

Phenēus, ī *f Stadt in Arkadien;* – *Einw.* **Pheneātae,** ārum *m.*

phengītēs, ae *m (gr. Fw.) (nachkl.)* Glimmer.

Pherae, ārum *f* ① *Stadt in Messenien;*
② *Stadt in Thessalien, Königssitz des Admetus;* – *Einw.* **Pheraeī,** ōrum *m;* – *Adj.* **Pheraeus,** a, um [**vaccae** des Admetus].

Phereclēa puppis *(Ov.) v. Phereclus erbautes Schiff, auf dem Paris Helena entführte.*

Pherecȳdēs, dis *m Philosoph v. der Insel Syros, Lehrer des Pythagoras;* – *Adj.* **Pherecȳdēus,** a, um.

Pherētiadēs, ae *m (Ov.)* Admetus *als* Sohn des Pheres.

phiala, ae *f (gr. Fw.) (nachkl.)* Trinkschale.

> *i* Kultur **Phīdiās,** ae *m* athen. Bildhauer der perikleischen Zeit. An den Bauten auf der Akropolis in Athen wirkte er als künstlerischer Leiter mit. Zu seinen Hauptwerken zählten: die Athene Parthenos in Athen, die Statue des Zeus in Olympia. – *Adj.* **Phīdiacus,** a, um.

Philadelphēnī, ōrum *m (nachkl.) Einw. v. Philadelphia in Lydien.*

Philae, ārum *f Nilinsel in Oberägypten.*

Philaenī, ōrum *u.* ōn *m zwei Brüder aus Karthago, die sich aus Vaterlandsliebe lebendig begraben ließen.*

Philaenōn ārae *Hafen an der Großen Syrte.*

philēma, atis *n (gr. Fw.) (Lucr.)* Kuss.

Philēmō(n), onis *m* ① *aus Soloi, Dichter der neueren att. Komödie, Zeitgenosse des Menander, Vorbild des Plautus, der Stücke v. ihm bearbeitete;*
② *alter Bauer in Phrygien, Gatte der Baucis; als Zeus u. Hermes auf die Erde niederstiegen, um die Menschen zu prüfen, fanden sie nirgends Obdach, nur Philemon u. Baucis nahmen sie gastfreundlich auf u. teilten m. ihnen das Wenige, das sie hatten; zum Lohn dafür wurden sie vor der Sintflut gerettet (Ov. Met.).*

Philētās, ae *m griech. Elegiker aus Kos, Vorbild des Properz;* – *Adj.* **Philētaeus,** a, um.

Philippī, ōrum *m Stadt in Makedonien; Doppelschlacht u. Sieg üb. die Cäsarmörder Brutus u. Cassius 42 v. Chr.;* – *Adj.* **Philippēnsis,** e bei Philippi [**bellum**].

Philippopolis, eos *f Stadt in Thrakien.*

Philippus, ī *m Name makedon. Könige, bes.:*
① Philippus II., *Sohn des Amyntas, Vater Alexanders des Gr., reg. 359–336 v. Chr.; meton. (poet.) v. ihm geprägte Goldmünze im Wert v. 20 Drachmen;* – *Adj.* **Philippēus,** a, um [**nummus**] *u.* **Philippicus,** a, um [**orationes** die Reden *des Atheners Demosthenes* geg. Philipp *u. die Reden Ciceros geg. Antonius*];
② Philippus V., *König 221–179 v. Chr., Vater des letzten Makedonenkönigs Perseus.*

Philistus, ī *m griech. Geschichtsschreiber aus Syrakus (gest. 357 v. Chr.).*

philitia, ōrum *n (gr. Fw.)* gemeinsame Mahlzeiten *der Spartaner.*

Philō, ōnis *m* ① *akadem. Philosoph in Athen um 90 v. Chr.;*
② *ber. Architekt in Athen.*

Philoctētēs *u.* **-ta,** ae *m Sohn des Pöas, Gefährte des Herkules, dessen Bogen u. Pfeile er erbte; ber. Bogenschütze; auf dem Zug geg. Troja v. einer Schlange gebissen, wurde er weg. der eiternden Wunde auf Lemnos zurückgelassen, im zehnten Jahr der Belagerung Trojas auf Rat des gefangenen trojanischen Sehers Helenos dorthin geholt, wo er m. einem Pfeil des Herkules den Paris tötete;* – *Adj.* **Philoctētaeus,** a, um.

Philodēmus, ī *m Epikureer, Dichter u. Kunsttheoretiker aus Palästina z. Zt. Ciceros.*

Philolāus, ī *m Pythagoreer aus Kroton, Zeitgenosse des Sokrates.*

philologia, ae *f (gr. Fw.)* ① Liebe zur Wissenschaft, wissenschaftliche Studien, Gelehrsamkeit, Beschäftigung m. der Literatur;
② *(Sen.)* Interpretation *v. Texten.*

philologus, ī *m (gr. Fw.)* ① Gelehrter, Literat;
② *(Sen.) Gelehrter, der Schriftwerke erklärte.*

Philomēla, ae *f Tochter des Königs Pandion v. Athen, Schwester der Prokne, v. ihrem Schwager Tereus vergewaltigt u., um diese Tat unentdeckt zu lassen, der Zunge beraubt; dennoch kam das Verbrechen an den Tag, worauf Prokne den gemeinsamen Sohn Itys dem Tereus zum Mahl vorsetzte; als Tereus dies bemerkte u. die fliehenden Frauen verfolgte, wurde Philomela v. den Göttern in eine Nachtigall, Prokne in eine Schwalbe, Tereus in einen Wiedehopf verwandelt (Ov. Met.);* – *(Verg.) (meton.)* Nachtigall.

Philomēlium, ī *n Ort im südöstl. Phrygien beim heutigen Aksehir;* – *Einw.* **Philomēliēnsēs,** ium *m.*

Philopoemēn, enis *m Feldherr des achäischen Bundes (253–183).*

Philorōmaeus, ī *m* Römerfreund, *Beiname des kappadokischen Königs Ariobarzanes.*

philosopha, ae *f (philosophus)* Philosophin.

● **philosophia,** ae *f (gr. Fw., eigtl.* „Liebe zur Weisheit") ❶ Philosophie; **ars est enim ~ vitae** *(Cic.);* **videte, ne quis vos decipiat per -am** *(Vulg.);*
❷ *(meton.)* **a)** philos. Gegenstand, philos. Problem; **circulus, in quo de -a sermo habetur;** **b)** *Pl.* philos. Systeme, Schulen der Philosophen.

philosophicus, a, um *(philosophus) (spätl.)* philosophisch.

philosophor, philosophārī *(philosophus)* philosophieren.

● **philosophus** *(gr. Fw.)* **I.** *Adj.* a, um philosophisch [**scriptiones; sententia; tractatus**]; **II.** *Subst.* ī *m* ❶ Philosoph; **alio tempore rhetorum praecepta tradere, alio philosophorum** *(Cic.);*
❷ *(spätl.)* Gelehrter.

philotechnus, a, um *(gr. Fw.) (spätl.)* künstlerisch.

philtrum, ī *n (gr. Fw.) (poet.)* Liebestrank.

Philus, ī *m röm. Beiname in der gens Furia:* L. Furius ~, *Freund des jüngeren Scipio u. des Laelius.*

philyra, ae *f (gr. Fw.) (poet.; nachkl.)* Linde; Lindenbast.

Philyra, ae *f (philyra) eine Nymphe, Mutter des Chiron, in eine Linde verwandelt; – Adj.* **Philyrēius,** a, um [**heros** Chiron]; – *Patron.* **Philyridēs,** ae *m* Sohn der Philyra = Chiron.

phīmus, ī *m (gr. Fw.) (Hor.)* Würfelbecher.

Phīneūs, eī *u.* eos *m König in Salmydessus in Thrakien; weil er seine beiden Söhne auf die Verleumdung ihrer Stiefmutter Idäa hin hatte blenden lassen, wurde er v. den Göttern m. Blindheit gestraft u. v. den Harpyien geplagt.*

Phintiās, ae *m Pythagoreer in Syrakus, Freund des Damon, der für ihn dem Tyrannen v. Syrakus Dionysios II. gebürgt haben soll; vgl. Schillers Ballade.*

Phlegethōn, ontis *m* (φλεγέθων feuerlodernd) „Feuerstrom", *Fluss in der Unterwelt, mündet in den Acheron; – Adj. fem.* **Phlegethontis,** idis.

Phlegra, ae *f älterer Name v. Pallene, einer Halbinsel der Chalkidike; – Adj.* **Phlegraeus,** a, um [**campi** *Schauplatz der Gigantenkämpfe, der auch ins vulkanische Gebiet zw. Cumae u. Neapel verlegt wurde;* **tumultus** *Kampf der Giganten m. Zeus*].

Phlegyās, ae *m König der Lapithen, Stammvater der* **Phlegyae,** ārum *m, einer räuberischen Völkerschaft in Thessalien.*

Phlīūs, ūntis *f Stadt auf der Peloponnes; – Einw. u. Adj.* **Phlīāsius,** ī *m bzw.* a, um, *auch* **Phliuntius,** ī *m.*

phōca, ae *u.* **-ē,** ēs *f (gr. Fw.) (poet; nachkl.)* Seehund.

Phōcaea, ae *f Seestadt in Ionien, Mutterstadt v. Massilia; – Adj.* **Phōcaicus,** a, um*; – Einw.* **Phōcaeēnsēs,** ium *u.* **Phōcaeī,** ōrum *m.*

Phōciōn, ōnis *m athen. Staatsmann, Zeitgenosse des Demosthenes.*

Phōcis, idis *u.* idos *f Landschaft in Mittelgriechenland; – Adj.* **Phōcēus** *u.* **Phōcaïcus,** a, um*; – Einw.* **Phōcēnsēs,** ium *u.* **Phōciī,** ōrum *m, Sg. auch* **Phōceūs,** eī *u.* eos *m.*

Phoebas, adis *f (Ov.) Priesterin des Phöbus (Kassandra).*

Phoebē, ēs *f* (Φοίβη die Leuchtende) ❶ *Beiname der Diana als Mondgöttin; meton.* Mondnacht;
❷ *Tochter der Leda u. Schwester der Helena;*
❸ *Tochter des Leukippus;*
❹ *Freigelassene der Julia.*

Phoebi-gena, ae *m (Phoebus u. gigno) (Verg.)* Sohn des Phöbus = Äskulap.

Phoebus, ī *m* (Φοῖβος der Leuchtende, der Reinigende) *(poet.)* ❶ *Beiname des m. dem Sonnengott Helios gleichgesetzten Apollo; – Adj.* **Phoebē(i)us,** a, um des Phöbus [**iuvenis** *sein Sohn* Äskulap; **virgo** Daphne; **ales** Rabe; **ars** Heilkunst; **anguis** Äskulapschlange; **lampas** Sonne; **ignes** Strahlen der Sonne];
❷ *(meton.)* **a)** Sonne; **fugat astra Phoebus;** – Himmelsgegend: **sub utroque -o** im Osten u. Westen; **b)** Lorbeer.

Phoenīcē, ēs *u.* **-a,** ae *f* Phönizien, *Küstenstrich Syriens, etwa das heutige Libanon; – Einw.* **Phoenīces,** cum *m ber. durch Schifffahrt u. Kunstgewerbe, Erfindung des Alphabets, Gründung vieler Kolonien (z. B. Karthago); fem.* **Phoenissa,** ae Phönizierin, Punierin *(bes. Dido, die sagenhafte Gründerin Karthagos); – Adj.* **Phoenīcius,** a, um, *fem. auch* **Phoenissa.**

phoenīcopterus, ī *m (Gen. Pl.* -ōrum *u.* -um) *(gr. Fw.) (nachkl.)* Flamingo.

Phoenissa *s. Phoenice.*

phoenīx, īcis *m (gr. Fw.) (poet.; nachkl.)* Phönix, *der Sage nach ein Vogel von außerordentlicher Lebensdauer; Herodot erwähnt, dass er in Heliopolis verehrt wurde; nach der späteren Legende verbrennt sich der Phönix nach jeweils 500 Jahren selbst und ersteht neu aus der Asche; daher wird er als Symbol der Auferstehung und der Ewigkeit verehrt.*

Phoenīx, īcis *m Sohn des Amyntor, Freund Achills.*

Pholoē, ēs *f westl. Waldgebirge in Arkadien.*

phōnascus, ī *m (gr. Fw.) (nachkl.)* Gesangs- *u.* Deklamationslehrer.

Phorcus, ī *m als Greis vorgestellter Meeresgott, Sohn des Neptun, Vater der Graien u. Gorgonen; –* **Phorcis,** idis *u.* idos *f Tochter des Phorcus* [**sorores** *die zwei Graien, die den Zugang zu ihren Schwestern, den Gorgonen, bewach-*

P

ten]; **Phorcȳnis,** idis *u.* idos *f Tochter des Phorcus, bes.* Medusa *od.* Medusenhaupt.

Phormiō, ōnis *m* ❶ *ein peripatetischer Philosoph aus Ephesus, der Hannibal einen Vortrag üb. die Kriegskunst halten wollte; – appell.:* (Phormiones) Leute, die sich über Sachen verbreiten, v. denen sie nichts verstehen;
❷ *Schmarotzer im „Phormio" des Terenz.*

Phorōnis, idis *f (Ov.)* Io, *als Tochter des argolischen Flussgottes Inachos Schwester des Königs Phoroneus v. Argos.*

Phra(h)ātēs, is *m Name mehrerer parthischer Könige aus dem Geschlecht der Arsakiden.*

phrasis, is *f (Akk. Sg.* -im *u.* -in, *Abl.* -ī) *(gr. Fw.) (nachkl.)* rednerischer Ausdruck, Stil.

phrenēsis, is *f (gr. Fw.) (nachkl.)* Geisteskrankheit, Wahnsinn.

phrenēticus, a, um *(gr. Fw.)* geisteskrank, wahnsinnig.

Phrixus *u.* **-os,** ī *m Sohn des Athamas u. der Nephele; Bruder der Helle, s. Helle; – Adj.* **Phrixēus,** a, um.

Phrygia, ae *f (erg. terra)* Phrygien, *Landschaft Kleinasiens; – Einw.* **Phryges,** gum *m, Sg.* **Phryx,** ygis Phrygier, *ber. durch Goldstickereien, poet.* Trojaner *(bes. Äneas); entmannter Kybelepriester;* **Phrygiae,** ārum *f* Phrygierinnen; – *Adj.* **Phrygius,** a, um phrygisch, *poet.* trojanisch, asiatisch [**mater** = Kybele; **modi** leidenschaftliche Musik; **pastor** = Paris; **vestis** kunstvoll gestickt; **lapis** Marmor].

phrygiō, ōnis *m (Phrygia, Phryx) (Plaut.)* Tuch-, Goldsticker.

Phryx, ygis *m s. Phrygia.*

Phthīa, ae *f Stadt im südl. Thessalien, Heimat des Peleus, des Achilles u. der Myrmidonen bei Homer; – Adj.* **Phthī(ōtic)us,** a, um [**vir** Achilles; **rex** Peleus]; – *Einw.* **Phthīōtēs,** ae *m u.* **Phthīas,** adis *f;* – **Phthīōtis,** idis *f Landschaft im südl. Thessalien.*

phthisicus, ī *m (gr. Fw.) (Sen.)* Schwindsüchtiger.

phthisis, is *f (Akk.* -in, *Abl.* -ī) *(gr. Fw.) (Sen.)* Schwindsucht.

phȳ *Interj. (Ter.)* pfui!

phylaca, ae *f (gr. Fw.) (Plaut.)* Gefängnis.

Phylacē, ēs *f* ❶ *Stadt in Epirus;*
❷ *Stadt in Thessalien, Heimat des Protesilaus; – Adj.* **Phylacēius,** a, um, *fem. auch* **Phylacēis,** idis.

Phylacidēs, ae *m (Ov.) Enkel des Phylakus,* Protesilaus.

phylacista, ae *m (gr. Fw.) (Plaut.)* Kerkermeister, *scherzh. v. einem Gläubiger, der den Schuldner ständig mahnt u. im Haus bewacht.*

phȳlarchus, ī *m (gr. Fw.)* Stammesfürst.

Phȳlē, ēs *f Grenzfestung in Attika geg. Böotien.*

Phyllēius, a, um aus *der Stadt* Phyllos *in Thessalien; poet.* thessalisch.

physica, ae *f u.* ōrum *n (physicus)* Physik, Naturlehre.

physicus *(gr. Fw.)* **I.** *Adj.* a, um die Natur betreffend, physisch, physikalisch;
II. *Subst.* ī *m* Physiker, Naturforscher, Naturphilosoph; **ut ait ~ Anaxagoras.**

physiognōmōn, monis *m (gr. Fw.)* Deuter des Charakters eines Menschen aus seinen Gesichtszügen.

physiologia, ae *f (gr. Fw.)* Naturlehre, Naturphilosophie.

physiologicus, a, um *(gr. Fw.) (August.)* physiologisch.

piābilis, e *(pio) (Ov.)* sühnbar.

piāculāria, ium *n (piacularis)* Sühnopfer.

piāculāris, e *(piaculum)* sühnend, Sühn- [**sacrificia** Sühnopfer].

piāculum, ī *n (pio)* ❶ Versöhnungsmittel, Sühnopfer *(für etw.: Gen.)* [**irae deorum; rupti foederis**]; **-a manibus infert** *(Ov.)*;
❷ *(poet.)* Sühngebet;
❸ Sühne, Strafe; **-a exigere ab alqo; exacta -a caedis;**
❹ Sünde, Schuld, Verbrechen [**rerum praetermissarum**]; **-um committere** *od.* **mereri** begehen; **solutus -o; ~ est** *(m. A. C. I.) (Plaut.)* es ist ein Verbrechen; **ne terra impleatur -o** *(Vulg.).*

piāmen, minis *n (Ov.) u.* **piāmentum,** ī *n (nachkl.)* Sühnmittel, Sühnopfer, Sühnung.

pīca, ae *f (picus) (poet.; nachkl.)* Elster.

picāria, ae *f (pix)* Pechhütte.

picea, ae *f (piceus) (poet.; nachkl.)* Pechföhre, Kiefer.

Pīcēnum, ī *n ital. Landschaft an der Adria, südl. v. Ancona, 268 v. Chr. von Rom unterworfen; – Adj.* **Pīcēnus,** a, um *u.* **Pīcēns,** *Gen.* entis [**ager**]; – *Einw.* **Pīcentēs,** tium *m.*

piceus, a, um *(pix) (poet.; nachkl.)* ❶ aus Pech [**flumen** flüssiges Pech];
❷ *(übtr.)* pechschwarz [**caligo; imber**].

picō, picāre *(pix) (nachkl.)* verpichen.

Pictonēs, num *m kelt. Volk südl. der unteren Loire im heutigen Poitou.*

pictor, ōris *m (pingo)* Maler; – Pictor *cogn. in der gens Fabia, vgl. Fabius.*

pictūra, ae *f (pingo)* ❶ **a)** Malerei, Malkunst; **una est ars ratioque -ae** *(Cic.)*; **b)** das Sticken; **c)** *(Plaut.)* das Schminken;
❷ *(meton.)* Gemälde [**textilis** Stickerei]; **accedant statuae et -ae;**
❸ *(übtr., in der Rede)* Ausmalung [**virtutum**].

pictūrātus, a, um *(pictura) (Verg.)* gestickt [**vestes**].

pictus, a, um *(P. Adj. v. pingo)* ❶ gemalt, gezeichnet;
❷ *(poet.)* (bunt)bemalt [**Agathyrsi** tätowierte]; **-i scuta** *(gr. Akk.)* m. bemalten Schilden;
❸ gestickt [**toga**];
❹ *(poet.)* bunt [**vestis; plumae; pavo**]; gefleckt, scheckig [**panthera**];

5 *(übtr., v. Rede u. Redner)* ausgemalt, zierlich [**genus orationis**];
6 scheinbar, unbegründet, unecht, leer; **picti metūs.**

pīcus, ī *m* 1 *(poet.; nachkl.)* Specht;
2 *(Plaut.)* Vogel Greif.

Pīcus, ī *m latinischer Weissagegott, galt als erster König v. Latium (der Aboriginer), auch als Schützer der Landwirtschaft, v. Kirke, da er ihre Liebe verschmähte, in einen Specht verwandelt.*

Pīeria, ae *f makedon. Landschaft nordöstl. vom Olymp (auch Landschaft in Thrakien), Lieblingssitz der Musen (s. Pieros); – Adj.* **Pīerius,** a, um pierisch; dichterisch [**via** Dichtkunst; **modi** Gedichte]; thessalisch; – **Pīeriae,** ārum *f* die Musen.

Pīeros *u.* **-us,** ī *m Sohn des Makedon, sagenhafter makedon. König, der seinen neun Töchtern die Namen der Musen gab; sie wurden, v. den Musen im Gesang besiegt, in krächzende Elstern verwandelt; nach älterer Sage Vater der neun Musen; – Patron.* **Pīerides,** dum *f (Sg.* Pīeris, idis) Töchter des Pieros *od.* die Musen.

● **pietās,** ātis *f (pius)* 1 Pflichtgefühl, pflichtgemäßes Verhalten gegen Gott und Mensch *(erga alqm, in alqm):* **a)** *(geg. die Götter)* Frömmigkeit, Ehrfurcht [**in deos**]; **b)** *(geg. Eltern u. Familie)* Elternliebe, kindliche Liebe, Dankbarkeit, liebevolle Gesinnung, Geschwisterliebe [**in matrem**]; **iustitia erga deos religio, erga parentes ~ nominatur** *(Cic.);* **c)** *(geg. Freunde)* Freundesliebe, Treue [**in amicum**]; **d)** *(geg. das Vaterland)* Vaterlandsliebe [**in patriam**];
2 *(poet.; nachkl.)* Milde, Sanftmut, Mitleid, Gnade [**senatus**];
3 *(Verg.)* Gerechtigkeit *der Götter;* **si qua caelo est ~; summa deum ~** *;*
4 *(personif.)* Pietās *als Göttin.*

pietāti-cultrīx, rīcis *f (pietas) (Petr.)* = *pietatem colens.*

● **piger,** pigra, pigrum 1 träge, faul, verdrossen *(in etw.: in re u. alcis rei; zu etw.: ad; m. Inf.)* [**in labore militari; ad conatūs magnos** feige; **ad litteras scribendas; ferre laborem scribendi**]; **gens pigerrima ad militaria opera; ~ ad poenas princeps, ad praemia velox** *(Ov.)* nur ungern bestrafend, sehr gern belohnend;
2 *(Mart.)* verdrießlich, traurig [**vultus**]; **pigrum alqm facere;**
3 *(v. Sachen)* langsam, träge, langdauernd [**bellum; annus; aquae;** *übtr.* **frigus** träge machend];
4 zäh [**radix;** *übtr.* **campus** unfruchtbar].

piget, pigēre, piguit, – *unpers. (piger)* 1 es verdrießt, es erregt Widerwillen *od.* Unlust *(alqm alcis [rei] od. [Kom.] Nom. des Neutr. eines Pron., m. Inf. od. m. A. C. I.);* **me stultitiae meae piget; me civitatis morum piget; me fratris piget; id nos piget; hortari piget; me piguit quaerere;**
2 *(poet.)* es reut *(= paenitet);* **pigere eum facti coepit; illa me composuisse piget** *(Ov.);*
3 es erregt Scham [**fateri**].

pīgmentārius, ī *m (pigmentum)* Farben-, Salbenhändler.

pīgmentātus, a, um *(pigmentum) (spätl.)* gefärbt, geschminkt.

pīgmentum, ī *n (pingo)* 1 Farbe; *scherzh.:* **alqm pingere -is ulmeis** *(Plaut.)* jmd. grün u. blau schlagen;
2 *(vor- u. nachkl.)* Schminke; **non istanc aetatem oportet ~ ullum attingere** *(Plaut.);*
3 *(übtr.)* Schmuck, Ausschmückung *der Rede;* **sententiae, tam verae, tam sine pigmentis.**

pīgnerātor, ōris *m (pigneror)* Pfandnehmer, -leiher.

pīgnerō, pīgnerāre *(pignus)* zum Pfand geben, verpfänden, versetzen [**bona;** *übtr.* **animos**].

pīgneror, pīgnerārī *(pignus)* 1 *(Ov.)* als Pfand annehmen, *auch übtr.* [**omen**];
2 beanspruchen, sich aneignen; **Mars fortissimum quemque ~ solet; fidem militum praemio ~.**

● **pīgnus,** noris *u.* neris *n* 1 Pfand, Unterpfand *(für etw.: Gen.);* **habere alqd pignori; liberare pignus a creditore; pignora auferre** *od.* **capere** Pfänder verlangen, *um die Senatoren zum Erscheinen im Senat zu zwingen;*
2 *(poet.; nachkl.)* Hypothek; **rem alcis pignori accipere** sich als Hypothek verschreiben lassen: **agris pignori acceptis;**
3 Geisel; **equites pignora pacis;**
4 *(poet.; nachkl.)* Wettbetrag; **pignus ponere cum alqo de alqa re; pignore certare** *od.* **contendere** eine Wette eingehen;
5 *(übtr.)* Bürgschaft, Beweis [**iniuriae; societatis; sceleris; imperii**]; **pignus magnum dare; in vultu pignora mentis habet** *(Ov.);*
6 *(meist Pl.)* gleichsam Unterpfand der (ehelichen) Liebe = teure Angehörige, Kinder, Verwandte; **proxima pignora; frangi aspectu pignorum suorum.**

pigrēscō, pigrēscere, – – *(piger) (nachkl.)* träge, langsam werden; **Nilus pigrescit.**

pigritia, ae *u.* **pigritiēs,** ēī *f (piger)* Trägheit, Verdrossenheit, Unlust *(m. Gen.)* [**militandi**].

pigror, pigrārī *u. (Lucr.)* **pigrō,** pigrāre *(piger)* träge sein, säumen.

piguit *Perf. v. piget.*

pīla[1], ae *f* 1 Pfeiler [**lapidea**]; **locavit pilas pontis in Tiberim;** – Pfeiler *vor dem Laden eines Buchverkäufers mit Aushang von Schriften oder Verzeichnissen von Schriften;* **nulla meos habeat ~ libellos** *(Hor.)* sollen nicht öf-

P

fentlich verkauft werden;
② *(poet.; nachkl.)* Steindamm, Mole [**saxea**].

pila[2], ae *f* ① (Spiel-)Ball; **-ā ludere; -am reddere; mea ~ est** *(Plaut.)* der Ball ist mein = ich habe gewonnen; **di nos quasi -as homines habent** *(Plaut.); – meton.* Ballspiel;
② Kügelchen *der Richter für die Abstimmung;*
③ *(vor- u. nachkl.)* Kugel [**terrae** Erdkugel, -ball];
④ *(Mart.)* Strohpuppe *zum Reizen der Stiere.*

pīla[3], ae *f (pinso) (poet.)* Mörser.

pīlānus, ī *m (pilum*[2]*) (Ov.)* Wurfspießträger.

pilārius, ī *m (pila*[2]*) (nachkl.)* Jongleur, Gaukler.

pīlātus, a, um *(pilum*[2]*) (Verg.)* m. Wurfspießen bewaffnet.

Pīlātus *s. Pontius.*

pīleātus = *pill...*

pīlentum, ī *n* Prachtwagen, Kutsche, *bes. für Frauen.*

pīleolus, pīleus *u.* **-um** = *pill ...*

pili-crepus, ī *m (pila*[2] *u. crepo) (Sen.)* Ballspieler.

pilleātus, a, um *(pilleus)* eine Filzkappe tragend, m. einer Filzkappe *(bes. b. Gastmählern, an den Saturnalien und auch von Freigelassenen als Zeichen der Freiheit getragen)* [**turba; coloni; plebs** *beim Tod Neros, zum Zeichen der Befreiung v. der Knechtschaft;* **fratres** Castor u. Pollux].

pilleolus, ī *m (Demin. v. pilleus) (Hor.)* Käppchen.

pilleus, ī *m u.* **-um,** ī *n* Filzkappe *(des freien Römers);* **servos ad -um vocare** zum Kampf um die Freiheit; **-um redimere** die Freiheit.

pilō, pilāre *(pilus*[1]*)* ① *(Mart.)* enthaaren;
② *(spätl.) (übtr.)* berauben, plündern.

pilōsus, a, um *(pilus*[1]*)* behaart [**genae**].

pilula, ae *f (Demin. v. pila*[2]*)* ① *(August.)* Bällchen;
② *(Plin.)* Kügelchen;
③ *(nachkl.) (med. t. t.)* Pille.

pīlum[1], ī *n (pinso, pila*[3]*) (Plin.)* Mörserkeule.

● **pīlum**[2], ī *n (milit.)* ① Pilum, Wurfspieß *des röm. Fußvolkes;* **-a muralia** schwere Wurfspieße, *die b. Belagerungen auf die Belagerer geschleudert wurden; (übtr.)* **-um inicere alci** *(Plaut.)* den Kampf eröffnen;
② Pila Horatia *Örtlichkeit am Forum in Rom.*

Pīlumnus, ī *m altital. Ehegott, Schützer der Neugeborenen; b. Vergil (Aeneis) Ahnherr des Turnus.*

pilus[1], ī *m* ① einzelnes Haar;
② *(übtr.)* Allergeringstes, Kleinigkeit; **ne -o quidem minus** um kein Haar weniger; **non -i facit unius** macht sich nichts daraus.

pīlus[2], ī *m (milit.)* Manipel der Triarier; **primi -i** *mit u. ohne centurio* Zenturio des ersten Manipels der Triarier = der ranghöchste Zenturio = *primipilus;* **duo primi -i** *(erg. centuriones);* **primum -um ducere** Zenturio des ersten Manipels der Triarier sein.

Pimplēis, idis *f (Pimpla, Musenquell in Pierien am Olymp bei Dion)* Muse.

Pimplēus, a, um *(Pimpleis)* Musen-, den Musen heilig [**mons; antrum**]; *– Subst.* Pimplēa, ae *f (Hor.)* Muse.

pīna, ae *f (gr. Fw.)* Steckmuschel.

pīnacothēca, ae *f (gr. Fw.) (nachkl.)* Gemäldegalerie.

Pīnārius, a, um *Name einer röm. gens; die Pinarii u. Potitii waren bis 312 v. Chr. Priester des der Sage nach v. Euander eingesetzten, v. Romulus wieder aufgenommenen Herkuleskultes.*

pincerna, ae *f (spätl.)* Wein.

> *i* Kultur **Pindarus,** ī *m* aus Kynoskephalai bei Theben, griech. Lyriker (522 od. 518 bis nach 446); *– Adj.* **Pindaricus,** a, um.

Pindenissus, ī *f Stadt in Kilikien; – Einw.* **Pindenissītae,** ārum *m.*

Pindus, ī *m Gebirgsketten zw. Thessalien u. Epirus.*

pīnētum, ī *n (pinus) (poet.; nachkl.)* Fichtenwald.

pīneus, a, um *(pinus) (poet; nachkl.)* fichten, Fichten- [**moles** Schiff; **ardor** Feuer v. Fichtenholz; **silva**].

● **pingō,** pingere, pīnxī, pictum ① (ab)malen, (ab)zeichnen [**simulacrum Helenae; tabulam** ein Bild malen]; **tabula picta** Gemälde; **picti metūs** gemalte Schreckbilder;
② bemalen, bunt machen, färben [**puppes; multas facies; oculos**]; **palloribus omnia pingunt;**
③ bestreichen, beschmieren;
④ tätowieren; **pingere acu;**
⑤ *mediopass. (Plaut.)* sich schminken;
⑥ *(acu)* sticken [**togam; limbum**];
⑦ *(übtr.)* schmücken, (ver)zieren [**bibliothecam; herbas floribus**]; **stellis pingitur aether;**
⑧ *(rhet.)* ausmalen, ausschmücken, lebhaft schildern [**locum; virum**];
/ s. auch pictus.

pinguēscō, pinguēscere, – – *(pinguis) (poet.; nachkl.)* fett werden; **sanguine pinguescit campus** *(Verg.).*

pinguiārius, ī *m (pinguis) (Mart.) (scherzh.)* Fettliebhaber.

● **pinguis,** e ① fett, dick, feist [**agnus; haedus**]; **gallinam pinguem facere;**
② *(poet.; nachkl.) (v. Sachen)* fettig, fett, ölig, harzig [**caseus; merum; ara** vom Fett der Opfertiere benetzt; **coma** dichtes *(Suet) od.* gesalbtes *(Mart.)* Haar]; *– Subst.* pingue, is *n* Fett; **pinguia taurorum;**

③ *(poet.)* saftig, fleischig [**ficus**];
④ *(poet.; nachkl.)* fruchtbar, (nahrungs)reich, ergiebig, üppig [**arva; ager; flumen** befruchtend; **mensa; hortus** Gemüsegarten];
⑤ *(übtr., v. Sachen)* dicht, dick [**coma; caelum** Luft];
⑥ schwerfällig, plump, geistlos [**ingenium**]; **pingue videbatur;**
⑦ *(v. der Rede)* schwülstig [**facundia**]; **pingue quiddam sonare;**
⑧ *(poet.; nachkl.) (v. Zuständen)* behaglich, ruhig, ungestört [**amor; vita; somnus**].

pīni-fer, fera, ferum *(pinus u. fero) (poet.)* fichtentragend [**collis**].

pīni-ger, gera, gerum *(pinus u. gero) (Ov.)* m. Fichtenzweigen bekränzt [**Fauni caput**].

pinna[1], ae *f (penna)* ① Feder;
② *(meton.)* **a)** *gew. Pl.:* Schwungfeder, Flügel, Fittich, *auch übtr.;* **-as pandere; -is astra sequi; b)** *(poet.)* Flug;
③ *(Ov.)* Pfeil; **traiectus -ā tempora** *(gr. Akk.)* **cantat olor;**
④ *(poet.; nachkl.)* Flosse [**delphinis**].

pinna[2], ae *f* Mauerspitze, Zinne.

pinnātus, a, um *(pinna[1])* gefiedert, geflügelt [**Cupido**].

pinni-ger, gera, gerum *(pinna[1] u. gero)* ① gefiedert, geflügelt [**Amor**];
② *(Ov.)* flossentragend [**piscis**].

pinni-pēs, *Gen.* pedis *(pinna[1]) (Cat.)* an den Füßen geflügelt.

pinni-rapus, a, um *(pinna[1] u. rapio) (Iuv.)* den Federschmuck *(vom Helm des Gegners)* raubend.

pinnula, ae *f (Demin. v. pinna[1])* Federchen, *Pl.* Flügelchen.

pīnotērēs, ae *m (gr. Fw.) kleine Krebsart.*

pīnsitō, pīnsitāre *(Frequ. v. pinso) (Plaut.)* zu stampfen pflegen.

pīnsō, pīnsere, pīnsuī, pins(it)um *u.* pistum *(vor- u. nachkl.)* zerstampfen, zerstoßen [**alqm flagro** geißeln].

● **pīnus,** ūs *u.* ī *f* ① *(poet.; nachkl.)* Fichte, Föhre, Kiefer;
② *(meton.)* **a)** *(poet.)* Schiff; **b)** *(Ov.)* Fichtenkranz; **caput** *(gr. Akk.)* **pinu praecinctus; c)** *(Verg.)* Fackel; **d)** *(Iuv.)* Fichtenwald;
③ *(Plin.)* Pinie.

pīnxī *Perf. v. pingo.*

piō, piāre *(pius)* ① *(poet.) durch ein Opfer* besänftigen, sühnen, versöhnen [**Silvanum lacte; ossa**];
② *(poet.)* religiös verehren; ausüben [**pietatem**]; verrichten [**sacra**];
③ reinigen, entsündigen, von Sünde befreien;
④ *(poet.; nachkl.)* wieder gutmachen, sühnen, rächen [**nefas triste; culpam morte; prodigia**].

piper, eris *n (gr. Fw.) (poet.; nachkl.)* Pfeffer.

piperātus, a, um *(piper)* ① *(Petr.)* gepfeffert;
② *(Mart.) (übtr.)* diebisch [**manus**].

pīpilō, pīpilāre *(pipio) (Cat.)* piepen.

pīpiō, pīpiāre *(Cat.)* piepen.

Pipl ... = *Pimpl ...*

pīpulum, ī *n u.* **-us,** ī *m (Plaut.)* das Lärmen, Schimpfen.

Pīraeus, ī *u.* **Pīraeeûs,** eī *m u. (poet.)* **Pīraea,** ōrum *n Demos u. Hafen v. Athen m. drei Buchten; – Adj.* **Pīraeus,** a, um [**litora**].

pīrāta, ae *m (gr. Fw.)* Seeräuber, Pirat.

pīrātica, ae *f (piraticus)* Seeräuberei; **-am facere** treiben.

pīrāticus, a, um *(gr. Fw.)* Seeräuber- [**bellum; navis**].

Pīrēnē, ēs *f Quelle auf Akrokorinth, den Musen heilig; – Adj. fem.* **Pīrēnis,** idis v. der Quelle Pirene [**undae**], korinthisch.

Pīrithous, ī *m Sohn des Ixion, König der Lapithen, Gatte der Hippodamia, Freund des Theseus.*

pirum, ī *n (nicht klass.)* Birne.

pirus, ī *f (pirum) (Verg.; Plin.)* Birnbaum.

Pīrūstae, ārum *m illyr. Völkerschaft in Dalmatien.*

Pīsa, ae *f Stadt in Elis, in deren Nähe die Olympischen Spiele stattfanden, die urspr. von Pisa geleitet wurden; – Adj.* **Pīsaeus,** a, um; – **Pīsaea,** ae *f* = Hippodamia.

Pīsae, ārum *f Stadt in Etrurien, vermutlich voretruskischen Ursprungs, j.* Pisa; – *Einw. u. Adj.* **Pīsānus,** ī *m bzw.* a, um.

Pisaurum, ī *n Stadt in Umbrien, als röm. Bürgerkolonie gegründet, j.* Pesaro; – *Adj.* **Pisaurēnsis,** e.

piscārius, a, um *(piscis) (Plaut.)* Fisch- [**forum**].

piscātor, ōris *m (piscor)* ① Fischer;
② *(Kom.)* Fischhändler.

piscātōrius, a, um *(piscator)* Fischer- [**navis** Fischerkahn].

piscātus, ūs *m (piscor)* ① Fischfang; *meton. (Plaut.)* Fische;
② *(Plaut.) (übtr.)* Fang.

pisciculus, ī *m (Demin. v. piscis)* Fischlein.

piscīna, ae *f (piscis)* ① Fischteich, Weiher [**publica** öffentl. Teich *zum Baden vor der porta Capena in Rom*];
② *(nachkl.)* Wasserbehälter, Badebassin.

piscīnārius, ī *m (piscina)* Fischteichbesitzer.

● **piscis,** is *m* ① Fisch *(auch koll.)*;
② *(poet.) (übtr.) meist Pl.* pisces die Fische *als Gestirn.*

piscor, piscārī *(piscis)* fischen [**ante suos hortulos**]; *sprichw. (Plaut.):* ~ **in aëre** sich unnötig Mühe, Ärger machen.

piscōsus, a, um *(piscis) (poet.; nachkl.)* fischreich [**flumen**].

pisculentus, a, um *(piscis) (Plaut.)* fischreich [**loca**].

Pisidia, ae *f Landschaft im südl. Kleinasien; –*

Bew. **Pisida,** ae *m.*

Pīsistratus, ī *m Sohn des Hippokrates, Tyrann v. Athen (561/60–528/27 v. Chr.)*; – **Pīsistratidae,** ārum *m* die Söhne des P.

pīsō = *pinso.*

Pīsō, ōnis *m cogn. in der gens Calpurnia u. der gens Pupia, s. Calpurnius;* – *Adj.* **Pīsōniānus,** a, um.

pistillum, ī *n (Demin. v. pilum¹) (vor- u. nachkl.)* (kleine) Mörserkeule.

pistor, ōris *m (pinso)* ❶ *(vor- u. nachkl.)* Müller;
❷ Bäcker;
❸ Pistor *als Beiname Jupiters.*

pistōr(i)ēnsis, e *(pistor) (Plaut.)* zum Bäcker gehörig [**milites** *(m. scherzh. Anspielung auf Pistoriensis v. Pistorium)* „Bäckersdorfer"].

Pistōrium, ī *n ligurische Stadt westl. v. Florenz, j.* Pistoia; – *Adj.* **Pistōriēnsis,** e [**ager**].

pistōrius, a, um *(pistor) (nachkl.)* Bäcker-, Back- [**opus** Backwerk; **ars**].

pistrīlla, ae *f (pistrinum) (Ter.)* kleine Stampfmühle.

pistrīna, ae *f (pistor) (vorkl.; Plin.)* Bäckerei.

pistrīnēnsis, e *(pistrinum) (Suet.)* Mühlen-.

pistrīnum, ī *n (pistor)* Stampfmühle; *(übtr., sprichw.)* **cum alqo in eodem -o vivere** m. jmdm. am gleichen Strang ziehen.

pistrīx = *pristis.*

pistus *s. pinso.*

pisum, ī *n (gr. Fw.) (Plin.)* Erbse.

pithēcium, ī *n (gr. Fw.) (Plaut.)* Äffchen.

Pithēcūsae, ārum *f* (Πιθηκοῦσαι, *eigtl.* „Affeninseln") *Inseln im Tyrrhenischen Meer b. Cumae, j.* Ischia u. Procida.

pithiās, ae *m (gr. Fw.) (Sen.)* Fassstern *(Komet in Gestalt eines Fasses).*

pittacium, ī *n (gr. Fw.) (nachkl.)* Lederstückchen; Weinflaschenetikett; Anschlag; Lotterielos.

Pittacus, ī *m Staatsmann v. Mytilene auf Lesbos um 600 v. Chr., einer der sieben Weisen.*

Pittheūs, eos *u.* eī *m König in Trözen, Erzieher seines Enkels Theseus;* – *Adj.* **Pitthē(i)us,** a, um; – *Patron.* **Pitthēis,** idis *f* Tochter des Pittheus = Äthra.

pītuīta *u.* **pītvīta,** ae *f* Schleim; *meton.* Schnupfen.

pītuītōsus, a, um *(pituita)* verschleimt.

pītvīta *s. pituita.*

● **pius,** a, um ❶ fromm, gottesfürchtig [**Aeneas**]; **deos -e colere;** – *Subst. Pl. m* die Seligen *im Elysium* [**piorum sedes, arva**];
❷ pflichtgetreu, gewissenhaft [**vates**];
❸ mild, liebevoll, zärtlich [**in parentes; adversus sororem; metus** zärtliche Besorgnis];
❹ gütig, gnädig [**numina**];
❺ *(v. Handlungen, Zuständen, Gegenständen)* gottgefällig, recht-, pflichtmäßig [**pax; dolor; far** Opfermehl; **manus** rein]; **iustum piumque est** *(m. Inf.)* es ist recht u. billig;
❻ *(poet.)* lieb, vertraut.

pix, picis *f* Pech, Teer; *Pl. (poet.; spätl.)* Pechstücke, -massen; **alqd pice linere** verpichen, teeren.

plācābilis, e *(placo)* ❶ versöhnlich, mild [**animus;** *übtr.* **ara Dianae**]; **Hortensii tam placabile ad** (für) **iustas preces ingenium** *(Liv.)*;
❷ *(Ter.)* besänftigend, versöhnend; **placabilius est** es versöhnt leichter.

plācābilitās, tātis *f (placabilis)* Versöhnlichkeit.

plācāmen, minis *u.* **plācāmentum,** ī *n (placo)* Besänftigungs-, Versöhnungsmittel; **placamina irae; deûm placamenta.**

plācātiō, ōnis *f (placo)* Besänftigung, Beruhigung, Versöhnung [**deorum; perturbati animi**].

plācātus, a, um *s. placo.*

placenta, ae *f (gr. Fw.) (poet.)* Kuchen.

Placentia, ae *f oberital. Stadt an der Trebia, j.* Piacenza; – *Einw. u. Adj.* **Placentīnus,** ī *m bzw.* a, um.

Placentīnī mīlitēs *(Plaut.) m. scherzh. Anspielung an placenta u. Placentia:* „Kuchenberger".

● **placeō,** placēre, placuī *u. (poet.)* placitus sum, placitum *(verw. m. placo)* ❶ gefallen, gefällig sein [**sibi** m. sich zufrieden sein]; **velle ~ alci** jmdm. gefällig sein wollen; **non placet Antonio consulatus meus**; *pass.:* **placenda dos est** *(Plaut.)* muss genügen; – *P. Adj.* placēns gefällig, angenehm, liebenswürdig [**uxor**];
❷ *(im Theater)* Beifall finden [**in tragoediis**]; **primo actu placeo;**
❸ *(unpers.)* **placet** *(Perf. placuit, selten placitum est) (m. u. ohne Dat. der Person)* **a)** es gefällt, es beliebt; **si placet** wenn's beliebt; **placetne?** seid ihr einverstanden?; **si dis placet** so Gott will *(oft iron. als Ausdruck der Überraschung oder des Unwillens);* **b)** es ist jmds. Meinung, wird für gut befunden *(m. A. C. I.);* **placet Stoicis homines hominum causā esse generatos; c)** *(von Behörden, bes. vom Senat)* man beschließt, man verordnet *(m. Inf., A. C. I. od ut);* **senatui placet** der Senat verordnet; **absistere oppugnatione placuit; placitum est, ut reverteretur Pompeius; edixit, mulieres ante horam quintam venire in theatrum non placere** *(Suet.).*

placiditās, tātis *f (placidus) (Gell.)* Sanftmut.

placidulē *Adv. (placidus) (Plaut.)* recht sanft.

● **placidus,** a, um *(placeo)* ❶ flach, eben, glatt [**aequor**]; **collis -e acclivis** allmählich ansteigend;
❷ *(übtr.)* **a)** sanft, friedlich, ruhig, still *(v. Lebewesen u. Sachen)* [**ingenium; urbs; senatus; senectus; animus; oratio; pax; nox; amnis; quies** behaglich; **animal** zahm]; **red-**

dere alqm -um jmd. besänftigen, beruhigen; **b)** *(poet.) (v. Göttern)* gnädig.

placitō, placitāre *(Intens. v. placeo) (Plaut.)* sehr gefallen.

placitum, ī *n (placeo)* ❶ *(Verg.)* das, was einem gefällt; **ultra -um** über Gebühr;
❷ *Pl. (nachkl.)* Meinungen, Grund-, Lehrsätze [**philosophorum; rhetorum**].

placitus, a, um *(P. Adj. v. placeo)* ❶ gefällig, angenehm, beliebt;
❷ festgesetzt, beschlossen [**foedus**].

● **plācō,** plācāre *(verw. m. planus, placeo)* ❶ *(poet.)* ebnen, glätten [**aequora**];
❷ *(übtr.)* **a)** beruhigen, besänftigen [**invidiam; iram deorum donis; inimicum beneficiis; canem**]; ~ **et mitigare animum**; **b)** geneigt machen, versöhnen [**numen;** *(mit jmdm.: alci od. in alqm)* **civem rei publicae; ducem in consulem**]; **rogavit, ut te sibi placarem; homo sibi ipse placatus** m. sich einig; – *Pass.* sich versöhnen;
/ *P. Adj.* **plācātus,** a, um **a)** besänftigt, versöhnt *(mit jmdm.: alci od. in alqm)* [**animus; dux**]; **b)** friedlich, ruhig, sanft, gelassen [**vita; quies; mare**].

placūsia, ae *f (Plaut.) ein Schaltier.*

plāga¹, ae *f (plango)* ❶ Schlag, Hieb, Stoß, Streich; **-is confectus concidit**;
❷ *(meton.)* Wunde; **-am accipere; -as perferre; -am alci imponere; -am mortiferam infligere**;
❸ *(übtr.)* Unfall, Schaden, Verlust, Schlappe; **res publica -am accepit**.

plaga², ae *f* (Jagd-)Netz, Garn, Schlinge, Fallstrick, *auch übtr.;* **-as tendere; in -as incidere, cadere**.

plaga³, ae *f* ❶ Fläche, Gegend, Land-, Himmelsstrich [**aetheria** Luftraum, Luft; **orientis**]; **rectā -ā** in gerader Richtung;
❷ *(poet.; nachkl.)* Zone [**ardens; solis iniqui** heiße Zone]; **quattuor -ae**;
❸ Kanton, Bezirk, Distrikt.

plagiārius, ī *m (plaga²)* Menschenräuber, Sklavenhändler.

plāgi-ger, gera, gerum *u.* **-gerulus,** a, um *(plaga¹ u. gero) (Plaut.)* der Schläge bekommt.

plāgi-patida, ae *m (plaga¹ u. patior) (Plaut.)* der Schläge erduldet.

plāgōsus, a, um *(plaga¹)* ❶ *(Hor.)* schlagfreudig;
❷ *(spätl.)* m. Wunden bedeckt [**dorsum**].

plagula, ae *f (Demin. v. plaga³)* ❶ Teppich, Vorhang, Bettdecke;
❷ *(Plin.)* Blatt Papier, Bogen.

Plānāsia, ae *f Insel südwestl. v. Elba.*

plānctus¹ *Part. Perf. v. plango.*

plānctus², ūs *m (plango) (nachkl.)* = *plangor.*

Plancus, ī *m röm. cogn. in der gens Munatia, s. Munatius.*

planēta, ae *m (gr. Fw.) (spätl.)* Planet.

planētārius, ī *m (planeta) (August.)* Astrologe.

plangō, plangere, plānxī, plānctum **I.** *trans.* ❶ *(poet.)* (laut) schlagen [**tympana palmis**]; **litora planguntur fluctu;** *mediopass.:* **volucris plangitur** schlägt m. den Flügeln, flattert;
❷ *(als Zeichen tiefer Trauer an die, auf die Brust, Arme u. a.)* schlagen [**pectora; femur**];
❸ *(poet.) (übtr.) (auch mediopass. plangi)* laut betrauern [**malum**];
II. *intr. (poet.; nachkl.) (auch mediopass.)* laut trauern, wehklagen; **lamentari et ~; planxere Dryades; plangentia agmina; planguntur matres; nunc nemora ingenti vento, nunc litora plangunt** *(Verg.)*.

plangor, ōris *m (plango)* ❶ *(poet.)* (lautes) Schlagen, Klatschen;
❷ das Wehklagen, lautes Trauern [**populi**]; **forum plangore implere; dare plangorem** erheben; *Pl.:* **plangores magni, feminei**.

planguncula, ae *f (gr. Fw.)* Wachspüppchen.

plangus, ī *m (Plin.) eine Adlerart.*

plāni-loquus, a, um *(planus¹ u. loquor) (Plaut.)* offen redend.

plāni-pēs, *Gen.* pedis *(planus¹) (nachkl.)* barfuß.

plānitās, tātis *f (planus¹) (Tac.)* Deutlichkeit [**sententiarum**].

● **plānitia,** ae *u.* **plānitiēs,** ēī *f (planus¹)* Fläche, Ebene.

plānō, plānāre *(planus¹) (spätl.)* ebnen.

planta¹, ae *f* Setzling, Pfropfreis, Ableger.

planta², ae *f (poet.; nachkl.)* Fußsohle; Fuß.

plantāre, ris *n (planta¹) (poet.; nachkl.)* Setzling, Ableger; *Pl.* Setzlinge, junge Bäume, Baumschule.

plantārium, ī *n (planta¹) (Plin.)* Baumschule.

plānum, ī *n (planus¹)* Fläche, Ebene; – *(jur. t. t.) (nachkl.)* **in, de, e -o** auf ebener Erde *(nicht v. der Rednertribüne aus)*, außergerichtlich.

● **plānus¹,** a, um ❶ flach, eben, glatt [**litus; mare; campus; via**];
❷ *(übtr.)* deutlich, klar [**narratio**]; **-um facere** deutlich darlegen; – *Adv.* **plānē** **a)** deutlich, klar, ausdrücklich, rundheraus [**dicere; scribere; explicare**]; **b)** ganz, völlig, durchaus; **plane bene facere** ganz vortrefflich handeln; **c)** *(Kom.) (in Antworten)* allerdings, gewiss; **plane istuc est**.

planus², ī *m (gr. Fw.)* Landstreicher, Abenteurer, Gaukler.

plānxī *Perf. v. plango.*

plasma, matis *n (gr. Fw.)* ❶ *(spätl.)* Gebilde, Geschöpf, Kreatur;
❷ *(nachkl.) (abwertend)* weichliche Modulation der Stimme.

Plataeae, ārum *f Stadt in Böotien am Abhang des Kithairon, 479 v. Chr. Sieg der Griechen üb. die Perser;* – *Einw.* **Plataeēnsēs,** ium *m.*

platalea, ae *f* Pelikan.

P

platanōn, ōnis *m (gr. Fw.) (nachkl.)* Platanenhain.

platanus, ī *f (gr. Fw.)* Platane [**steriles; caelebs** *weil sie keine Reben trägt*].

platēa *u. (poet.)* **platea,** ae *f (gr. Fw.)* Straße, Gasse.

> *i* Kultur **Platō,** ōnis *m* griech. Philosoph, Schüler des Sokrates, Begründer der Akademie, an der er bis zu seinem Tod lehrte; verfasste zahlreiche philos. Dialoge, die Apologie (Verteidigungsrede des Sokrates vor den Richtern) u. Briefe (427–347); – *Adj.* **Platōnicus,** a, um platonisch [**homo** ein Denker wie Plato; **subtilitas**]; – **Platōnicī,** ōrum *m* Platoniker, Anhänger Platos; – **Platōnica,** ōrum *n (August.)* platonische Lehrsätze.

● **plaudō,** plaudere, plausī, plausum **I.** *intr.* ① *(poet.) (mit etw.)* klatschen, schlagen [**pennis; rostro** klappern];
② Beifall klatschen; *übtr.* Beifall spenden [**versibus alcis**]; **manūs suas in plaudendo consumere; Curioni stantes plauserant; plaudente alqo** unter jmds. Beifall;
③ *(Min. Fel.) (zum Zeichen des Missfallens) m. den Füßen* scharren; ~ **in alqm;**
II. *trans.* (klatschend) schlagen [**pectora manu; colla equorum; aquas; choreas pedibus** stampfen]; zusammenschlagen [**alas**].

plausibilis, e *(plaudo)* Beifall verdienend, beifallswürdig.

plausor, ōris *m (plaudo) (poet.; nachkl.)* Beifallklatscher.

plaustrum, ī *n* ① Lastwagen; *sprichw. (Plaut.)*: **-um percellere** umwerfen = die Sache schlecht machen;
② *(Ov.) (übtr., als Sternbild)* Wagen, Großer Bär.

plausus[1] *P.P.P. v. plaudo.*

● **plausus**[2]**,** ūs *m (plaudo)* ① *(poet.; nachkl.)* das Klatschen-, **pennis plausum dare;**
② das Beifallklatschen; *übtr.* Beifall; **plausum accipere; plausūs petere; a plebe plausu maximo est mihi gratulatio significata** *(Cic.)*.

Plautius, a, um *röm. nomen gentile;* – *Adj.* **Plautiānus,** a, um.

> *i* Kultur **Plautus,** ī *m (eigtl.* Plattfuß) T. Maccius ~, röm. Komödiendichter aus Sarsina in Umbrien (etwa 250–184); v. ihm sind 20 Komödien u. Fragmente einer weiteren erhalten; – *Adj.* **Plautīnus,** a, um.

plēbēcula, ae *f (Demin. v. plebes)* Pöbel, Gesindel.

plēbēia, ae *f (plebeius)* Plebejerin.

● **plēbēius** *(plebs)* **I.** *Adj.* a, um ① plebejisch, bürgerlich, nicht patrizisch, nicht adlig [**familia; fatum**];
② gemein, niedrig, gering [**sermo; philosophi; gemma**];
II. *Subst.* ī *m* Plebejer.

> *i* Kultur **plēbēius** der Plebejer, er verstand sich im Gegensatz zur Adelskaste der Patrizier der Masse des Volkes zugehörig: bäuerlicher Mittelstand, Handwerker, Ausgestoßene aus einer patrizischen Sippe, Nachfahren unterworfener Stämme.
> Die Plebejer („Söhne der Erde“ – „filii terrae“) waren lange politisch ohnmächtig, bildeten aber immer einen „Staat im Staate“ mit eigenen Beamten: Volkstribunen, plebejischen Ädilen. – Am Ende der röm. Kaiserzeit ein Schimpfwort.

plēbēs, b(e)ī *f = plebs.*

plēbi-cola, ae *m (plebs u. colo)* Volksfreund.

● **plēbs,** plēbis *f* ① Bürgerstand, die Plebejer *im Ggstz. zu den Patriziern;* **dictator de plebe dictus; populo plebique Romanae;**
② Volksmenge, Pöbel, die Armen; **plebem et infimam multitudinem delenire** *(Cic.)*.

> *i* Kultur **plēbs** hieß in der frühen röm. Republik die Masse des röm. Volkes – gegenüber den alten Familien der Patrizier. Die Volkstribunen, die sogar Senatsentscheidungen blockieren konnten, vertraten ihre Interessen im Kampf um Gleichberechtigung. In der späten Republik wurde die Herkunft aus der plebs, der Masse ohne Traditionen, durch Reichtum ausgleichbar. – In der Kaiserzeit heißt „plebs“ ohne Blick auf Herkunft „Hefe des Volkes“ (unterste Schicht).

plectilis, e *(plecto) (Plaut.)* geflochten.

plectō, plectere, plex(u)ī, plexum *(poet.; nachkl.)* flechten, *meist im P. P P.;* **corona e lauro plexa.**

plector, plectī, – ① *(poet.)* geschlagen werden, Prügel bekommen;
② *(übtr.)* **a)** gestraft werden, büßen, leiden *(weg., für etw.: Abl.)* [**neglegentiā**]; **b)** getadelt werden *(weg. etw.: in m. Abl.)*.

plēctrum, ī *n (gr. Fw.)* ① Plektrum, Schlegel, Stäbchen *(womit man die Saiten anschlägt)*;
② *(poet.) (meton.)* **a)** Laute, Zither; **b)** Gesangsweise [**maius** voller]; **c)** lyrisches Gedicht.

Plēias, adis *f* Plejade, *meist Pl.* **Plēiades,** dum *f die sieben Töchter des Atlas u. der Pleione, als Siebengestirn (beim Sternbild des Stiers) an den Himmel versetzt.*

Plēionē, ēs *f Tochter des Oceanus u. der Tethys, Gemahlin des Atlas, Mutter der Plejaden.*

Plēmyrium, ī *n Vorgeb. bei Syrakus.*

plēnārius, a, um *(plenus) (Eccl.)* vollständig, völlig.

● **plēnus,** a, um ① voll, erfüllt *(abs., m. Gen. od. Abl.); abs:* **-um auditorium; plenissimis velis navigare;** *m. Gen.:* ~ **somni; poculum vini -um; corpus -um suci; caelum -um stellarum;** *(übtr.)* **animus timoris ~; manus -a perfidiae;** *m. Abl.:* **-a domus ornamentis; -um gymnasium pueris; urbs omni bellico apparatu -a;** *(übtr.)* **exspectatione ~** ;
② dick, korpulent [**femina; corpus**];
③ schwanger, trächtig;
④ *(Ov.)* satt, gesättigt [**minimo**]; *übtr.* überdrüssig [**amator**];
⑤ reichlich versehen mit etw., reich an etw. *(m. Gen. od. Abl.);* **litterae humanitatis -ae; ~ ingenii; ~ irae; ~ laboris; vita -a voluptatibus; exercitus armis ~; oratio ingentibus sententiis -a;**
⑥ reich, reich ausgestattet [**provincia; mensa**]; **plenissima villa; verba plenissima** Fülle v. Worten; **pleniora scribere** ausführlicher, übertreibend;
⑦ inhaltreich, ausführlich [**epistula; oratio**];
⑧ *(poet.; nachkl.)* zahlreich (besucht) [**domus; viae; convivium; agmen**];
⑨ völlig, vollständig, vollkommen, ganz [**cohortes; luna** Vollmond; **gloria; gradus** Eilschritt; **annus; concordia; verbum** nicht abgekürzt]; **pleno aratro sulcare** ganz einsinken;
⑩ *(v. Stimmen, Tönen u. Ä.)* stark, kräftig, volltönend [**carmen**]; **plenā voce.**

● **plērumque I.** *Adv.* meistens, gewöhnlich; **II.** *Subst. n* der größte Teil *(m. Gen.)* [**noctis**]; **per Europae plerumque; in plerisque** in den meisten Fällen.

● **plērus-que,** plēra-que, plērum-que *(Gen. Pl. klass. plurimorum, plurimarum)* ① *Sg. (selten u. fast nur b. Koll.)* das meiste, der größte Teil [**exercitus; iuventus; Graecia**]; **plerāque oratione** im größten Teil der Rede;
② *Pl.* **plērīque,** plēraeque, plēraque die meisten, die Mehrzahl, *auch* sehr viele *(meist als Adj. gebraucht, jedoch auch als Subst. m. Gen. part. od. m. ex);* **pleraeque boves; plerique militum; urbium pleraeque; plerique Graecorum; plerique e Graecis; pauci in ipso certamine, plerique fugientes perierunt; dixi pleraque omnia** fast alles.

Pleumoxiī, ōrum *m Völkerschaft in Gallia Belgica am linken Ufer der Maas.*

Pleurōn, ōnis *f Stadt im westl. Ätolien; – Adj.* **Pleurōnius,** a, um aus P.

plex(u)ī *Perf. v. plecto.*

plexus *P.P.P. v. plecto.*

Plīas, adis *f = Pleias.*

plicātrīx, rīcis *f (plico) (Plaut.)* Plätterin, Garderobiere.

plicō, plicāre, plicuī, plicātum *(poet.; nachkl.)* zusammenfalten, -legen, -wickeln, -rollen.

> *i* Kultur **Plīnius,** a, um *röm. gens:* ① C. ~ Secundus *(der Ältere), Verf. einer umfassenden Naturkunde (Naturalis historia) in 37 Büchern, geb. 23/24, kam 79 n. Chr. beim Vesuvausbruch ums Leben;*
> ② C. ~ Caecillus Secundus *(der Jüngere), v. seinem Onkel (1.) nach dem frühen Tod des Vaters erzogen u. adoptiert, Verf. literarischer Briefe, z. B. mit Trajan, die für die frühe Geschichte der Christen wichtig sind, u. eines Panegyrikus (Lobrede) auf Kaiser Trajan, unter Trajan Statthalter v. Bithynien (61 bis etwa 113).*

plōdō *(altl.) = plaudo.*

ploerēs, ploera *(altl.) = plures, plura, s. multus.*

plōrābilis, e *(ploro) (Pers.)* beklagenswert, jämmerlich.

plōrābundus, a, um *(ploro) (Plaut.)* jammernd.

plōrātillus, ī *m (ploro) (Plaut.)* Heulerei.

plōrātor, ōris *m (ploro) (Mart.)* Schreihals.

plōrātus, ūs *m (ploro)* Geschrei, Wehklagen, *auch Pl.*

plōrō, plōrāre **I.** *intr.* laut weinen, jammern, wehklagen; **te iubeo ~** zum Henker mit dir!; **II.** *trans. (poet.)* laut beweinen, bejammern, beklagen [**raptum iuvenem**].

plōsor *(altl.) = plausor.*

plōstellum, ī *n (Demin. v. plostrum) (nicht klass.)* Wägelchen.

plōstrum, ī *n (vulgär) = plaustrum.*

ploxenum *u.* **-xinum,** ī *n (Cat.)* Wagenkasten.

pluit, pluere, pluit, – *(altl. u. poet. auch* **pluvit,** plū(v)it, *–) (unpers.)* es regnet *(re u. rem: etwas)* [**lapidibus; terram**]; **sanguinem pluisse senatui nuntiatum est** *(Cic.); – übtr. (poet.)* es regnet, es fällt in Masse herab: **tantum glandis pluit.**

plūma, ae *f* ① Flaumfeder; *Pl. u. koll. Sg.* Flaum, zartes Gefieder;
② *(poet.) (meton.)* Federkissen;
③ *(poet.) (übtr.)* Bartflaum.

plūmātile, lis *n (pluma) (Plaut.)* Brokatkleid im Muster *v.* Flaumfedern.

plūmātus, a, um *(pluma)* befiedert [**corpus**].

P

plumbeus, a, um *(plumbum)* ❶ aus Blei, bleiern [**nummus** bleierne, wertlose Münze; **glans** Bleikugel];
❷ stumpf [**pugio**];
❸ stumpfsinnig [**in physicis**]; gefühllos [**cor**]; **caudex, stipes, asinus** *~;*
❹ *(poet.)* bleischwer, drückend, lästig [**auster; ira**];
❺ *(Mart.)* schlecht [**vina**].

plumbō, plumbāre *(plumbum) (Plin.)* m. Blei verlöten.

plumbum, ī *n* ❶ Blei [**album** Zinn];
❷ *(poet.) (meton.)* Gegenstand aus Blei: **a)** Bleikugel; **b)** Bleiröhre; **c)** Bleifeder, Bleistift.

plūmeus, a, um *(pluma)* ❶ aus Flaumfedern [**torus**];
❷ *(Mart.)* leicht, zart [**pondus**].

plūmi-ger, gera, gerum *(pluma u. gero) (Plin.)* gefiedert [**anser**].

plūmi-pēs, *Gen.* pedis *(pluma) (Cat.)* an den Füßen gefiedert.

plūmōsus, a, um *(pluma) (Prop.)* befiedert.

● **plūrēs** *s. multus.*

plūriē(n)s *Adv. (plus)* mehrfach, vielfach.

plūri-fāriam *Adv. (plus; vgl. bi-fariam) (nachkl.)* an vielen Stellen.

● **plūrimus** *s. multus.*

● **plūs** *s. multum.*

plūsculum *(plusculus)* etw. mehr **I.** *Subst.* ī *n – m. Gen.:* ~ **negotii** etw. mehr Arbeit; *– m. quam.* etw. mehr als;
II. *Adv. (Plaut.).*

plūsculus, a, um *(Demin. v. plus) (vor- u. nachkl.)* etw. mehr [**supellex**].

plūs-scius, a, um *(scio) (Petr.)* mehr wissend.

pluteus, ī *m u.* **-um** ī *n* ❶ *(milit.) bewegliche* Schutzwand, *aus Weiden geflochten und mit Häuten überzogen; sie diente zum Schutz vor feindlichen Geschossen; sprichw.:* **ad alqm vineam pluteosque agere** *(Plaut.)* jmd. mit allen Mitteln bekämpfen;
❷ *(milit.)* Brustwehr, Schirmwand *(an Wällen, Türmen, Schiffen)*;
❸ *(poet.; nachkl.)* Lehne eines (Speise-)Sofas; (Speise-)Sofa;
❹ *(Pers.)* Lesepult;
❺ *(Iuv.)* Postament f. Büsten;
❻ *(Mart.)* Totenbahre.

Plūtō(n), ōnis *m Gott der Unterwelt, Gemahl der Proserpina; – Adj.* **Plūtōnius,** a, um; – **Plūtōnia,** ōrum *n (erg. loca) Gegend in Asien, wo ein Tempel des Pluto gestanden haben soll, für den es im Altertum nur selten Kultstätten gegeben hat.*

Plūtus, ī *m Gott des Reichtums u. der Fülle; auch = Pluto.*

pluvia, ae *f (pluvius)* ❶ Regen(guss); **auster graves -as concitat;**
❷ *(Plin.) (meton.)* Regenwasser.

pluviālis, e *(pluvia) (poet.)* regenbringend [**auster; sidus**]; regnerisch, Regen- [**aquae**].

pluvit *s. pluit.*

pluvius, a, um *(pluit)* regnend, regnerisch, Regen- [**aurum** Goldregen; **arcus** Regenbogen; **aqua**]; *(poet.)* regenbringend [**ventus**].

P. M. *(Abk.) = pontifex maximus.*

pōcillātor, ōris *m (pocillum) (spätl.)* Mundschenk.

pōcillum, ī *n (Demin. v. poculum)* Becherchen [**argenteum**].

● **pōculum** *u. (altl.)* **pōclum,** ī *n (poto)* ❶ Becher, Trinkgefäß [**argenteum**]; **-a ducere** leeren; **exhaurire -um; eodem -o bibere** *(Plaut.)* dasselbe auf sich nehmen, erleiden;
❷ *(meton.)* Trank, *meist Pl.* [**amoris -a** Liebestrank; **Acheloia -a** Wasser];
❸ *Pl.* Trinkgelage, Trinken; **in -is; ad -a venire;**
❹ Giftbecher, -trank; **-um alci dare;**
❺ *(poet.)* Zaubertrank [**Circae**].

podager, grī *m (gr. Fw.) (nicht klass.)* Gichtkranker.

podagra, ae *f (gr. Fw.)* Podagra, Fußgicht; **-ae doloribus cruciari.**

podagricus *(gr. Fw.) (nachkl.)* **I.** *Adj.* a, um an Fußgicht leidend;
II. *Subst.* ī *m* Gichtkranker.

podagrōsus, a, um *(podagra) (Plaut.)* an Fußgicht leidend.

pōdex, dicis *m (pedo) (poet.)* der Hintern.

podium, ī *n (gr. Fw.)(nachkl.)* ❶ Vertäfelung, Paneel;
❷ Balkon *(f. Ehrengäste im Amphitheater u. Zirkus).*

Poeās, antis *m Vater des Philoktet; – Patron.* **Poeantiadēs,** ae *m* Philoktet; – *Adj.* **Poeantius,** a, um [**proles** Sohn des Poeas = Philoktet].

poecilē, ēs *f (gr. Fw.)* „bemalte *(d. h. m. Gemälden geschmückte)* Halle" *am Marktplatz v. Athen.*

poēma, atis *n (gr. Fw.)* Gedicht; **poema componere, condere, facere** verfassen.

poēmatium, ī *n (gr. Fw.)(Plin.)* Gedichtchen.

● **poena,** ae *f* ❶ Strafe, Bestrafung, Rache *(m. Gen. subi. u. obi.)* [**regis** vom König *od.* am König; **militum; tua; legum, iudiciorum** bestimmt durch; **rei publicae** vom Staat verhängte; **capitis, vitae** *od.* **mortis** Todesstrafe; **sceleris** für das Verbrechen; **falsarum litterarum**]; **-am constituere** festsetzen, bestimmen; **-as dare** *od.* **reddere** bestraft werden *(für etw.: Gen.)*; **-as dare alci** v. jmdm. bestraft werden; **-ā afficere** *od.* **multare alqm** *u.* **-am capere in alqm** *od.* **de alqo** jmd. bestrafen, sich an jmdm. rächen; **-as verborum capere** sich der Worte wegen rächen; **extra -am esse** straflos bleiben; **-as sufferre; -as pati; -as iustas et debitas solvere; ob mortem alcis -as luere; graviore culpa gravior** ~ je schwerer

die Schuld, desto schwerer die Strafe; – *personif.* **Poena** *Rachegöttin*;
② Buße, Entschädigung; **-as dare, solvere, (ex)pendĕre, luere** büßen *(für etw.: Gen., z. B. proditionis, doloris)*;
③ *(nachkl.)* Mühseligkeit, Plage, Qual, Pein, Marter [**captivitatis**]; **res multum -ae habet**; **in tantis vitae -is; longa -arum patientia.**
poenālis, e *(poena)* ① *(nachkl.)* zur Strafe gehörig, Straf-;
② *(August.) (übtr.)* qualvoll.
Poenīnus, a, um *s. Penninus.*
poeniō, poenior *(altl.)* = *punio, punior.*
poenitentia, poeniteō = *paenit ...*
poenītiō, ōnis *f (altl.)* = *punitio.*
Poenulus, ī *m (Poenus)* der junge Punier (Karthager), *Titel einer Komödie des Plautus.*
Poenus, ī *m, meist Pl.* **Poenī** Punier, Karthager, *Sg. auch koll.; Poenus uterque* die Punier in Afrika u. Spanien; – *auch* = Hannibal; – *Adj.* ① *(poet.)* **Poenus,** a, um punisch, karthagisch, phönizisch [**leones**];
② **Pūnic(e)us** *(älter* **Poenic[e]us**), a, um **a)** punisch, karthagisch, phönizisch [**fides** Treulosigkeit; **religio** Gewissenhaftigkeit; **dux**]; **b)** purpurrot [**mālum** *u.* **pomum Punicum** *u. bl.* **Punicum** Granatapfel; **tunica; taenia**];
③ **Pūnicānus,** a, um nach punischer Art (gemacht) [**lectuli**].
poēsis, is *f (gr. Fw.)* Dichtung, Poesie.
● **poēta,** ae *m (gr. Fw.)* ① Dichter [**comicus; tragicus**];
② *(Plaut.)* Ränkeschmied.
poētica, ae *u. (vor- u. nachkl.)* **-icē,** ēs *f (poeticus)* Dichtkunst.
poēticus, a, um *(gr. Fw.)* poetisch, dichterisch, Dichter- [**verbum; fabulae; facultas**].
poētria, ae *f (gr. Fw.)* Dichterin.
pōgōniās, ae *m* (πωγωνίας bärtig) *(nachkl.)* Bartstern.
pol *Interj. (Abk. v. Pollux)* beim Pollux! wahrhaftig!
Polemō(n), ōnis *m griech. Philosoph, Schüler des Xenokrates, um 300 v. Chr.;* – *Adj.* **Polemōnēus,** a, um.
polenta, ae *f (pollen) (poet.; nachkl.)* Gerstengraupen.
polentārius, a, um *(polenta) (Plaut.)* Gerstengraupen-.
poliō, polīre ① glätten, polieren [**gemmas; ligna; marmora**];
② tünchen, weißen [**columnas albo**];
③ *(übtr.)* verfeinern, (aus)feilen [**carmina; verba; mores**]; **ignarus poliendae orationis;**
/ *P. Adj.* **polītus,** a, um **a)** geglättet [**lapis**]; **b)** getüncht; **c)** *(nicht klass.)* elegant eingerichtet [**domus**]; **d)** *(übtr.)* fein, gebildet, elegant *(v. Personen u. Sachen)* [**scriptor; ars; oratio; epistula; humanitas**]; **homo ~ e schola.**
Pōliō = *Pollio, s. Asinius.*
Poliorcētēs, ae *m* (πολιορκητής) „Städtebelagerer“, *Beiname des makedon. Königs Demetrius (337–283 v. Chr.).*
Polītēs, ae *m Sohn des Königs Priamus.*
polītīa, ae *f (gr. Fw.)* Staat(sverfassung); – Polītīa *Titel einer Schrift Platos.*
polīticus, a, um *(gr. Fw.)* staatswissenschaftlich, politisch [**libri**].
polītūra, ae *f (polio) (nachkl.)* das Glätten, Verfeinern [**marmoris; corporum;** *übtr.* **orationis**].
polītus, a, um *s. polio.*
pollen, pollinis *n (Ter.)* sehr feines Mehl, Staubmehl; Blütenstaub.
pollēns, *Gen.* entis *(P. Adj. v. polleo)* stark, mächtig *(v. Personen u. Sachen)* [**classis; genus; herbae** wirksam].
pollentia, ae *f (pollens)* Macht, Stärke; – *personif.* **Pollentia** *Göttin der Macht.*
Pollentia[1] *s. pollentia.*
Pollentia[2], ae *f Stadt in Ligurien, j.* Pollenzo; – *Adj.* **Pollentīnus,** a, um.
polleō, pollēre, – – ① (viel) vermögen, *in etw.* stark sein, Einfluss haben *(abs. od. plurimum, plus, magis, tantum)*; **in re publica plurimum ~; ubi plurimum pollet oratio; Etruria tantum pollens terrā marique; pecuniā, scientiā, nobilitate, gratiā, armis ~;**
② *(Plin.) (v. Medikamenten)* wirksam sein, wirken [**adversus scorpiones**]; **herba contra anginas pollet;**
③ *(Plin.)* gelten, wert sein.
pollex, pollicis *m* ① Daumen; **pollicem premere** jmdm. den Daumen drücken; – *als Maß:* **pollicis crassitudine** daumenbreit;
② *(nachkl.)* große Zehe;
③ *(Plin.)* Knorren *am Baum.*
● **pol-liceor,** licērī, licitus sum *(por-)* ① dar-, anbieten, versprechen, zusagen, erwarten lassen *(alqd, alci alqd u. alci de re; m. dopp. Akk.; m. A. C. I., gew. Inf. Fut., selten Inf. Präs.; m. Inf. Präs.; m. ut od. bl. Konj.)* [**pretium; alci divitias; hospitium et cenam; sociis auxilium; senatui frumentum; tibi de amico placando; se itineris periculique ducem**]; **pollicetur Piso sese ad Caesarem iturum; pollicentur obsides dare;** *m. Adv.:* **bene** *od.* **benigne ~** schöne Versprechungen machen; *sprichw.:* **montes auri** goldene Berge *od.* **maria montesque ~;** – *Part. Perf.* pollicitus *auch pass.* [**fides**];
② *(zu Beginn der Rede)* etw. ankündigen, bekannt machen;
③ *(Plaut.) (vom Käufer)* bieten; **prior ~.**
pollicitātiō, ōnis *f (pollicitor)* das Versprechen, die Verheißung.
pollicitor, pollicitārī *(Frequ. v. polliceor)* oft versprechen [**alci operam suam**].

P

pollicitum, ī *n (polliceor) (poet.; nachkl.)* das Versprechen.

pollinārius, a, um *(pollen) (vor- u. nachkl.)* Staubmehl-.

pollīnctor, ōris *m (pollingo) (vor- u. nachkl.)* Leichenwäscher.

pollingō, pollingere, pollīnxī, pollīnctum *(vor- u. nachkl.)* Leichen waschen u. salben.

Pōlliō *s. Asinius.*

pol-lūceō, lūcēre, lūxī, lūctum *(por-) (vor- u. nachkl.)* ❶ als Gericht vorsetzen [**pisces**];
❷ bewirten, bedienen; **virgis polluctus** m. Schlägen bedient;
❸ als Opfer darbringen, opfern.

Pollūcēs, is *m (altl.) = Pollux.*

pollūcibiliter *Adv. (polluceo) (Plaut.)* herrlich, köstlich.

pollūctum, ī *n (polluceo) (vor- u. nachkl.)* Opfer.

pollūctūra, ae *f (polluceo) (Plaut.)* köstliches Mahl.

pol-luō, luere, luī, lūtum *(por- u. lutum¹)* ❶ *(poet.)* besudeln, beschmutzen [**ora cruore; ore dapes**];
❷ *(übtr.)* beflecken, entehren, entweihen, schänden [**sacra; caerimonias stupro; nobilitatem familiae; iura scelere**]; – *P. Adj.* **pollūtus,** a, um lasterhaft, sündhaft [**femina; princeps**].

i Kultur **Pollūx,** ūcis *m* einer der Dioskuren, Sohn Jupiters u. der Leda, Bruder des Kastor m. einem Kult in Rom; Pollux uterque = Kastor u. Pollux.

● **polus,** ī *m (gr. Fw.)* Pol [**gelidus** *u.* **glacialis** Nordpol; **australis** Südpol]; Himmel(sgewölbe).

i Kultur **Polybius,** ī *m* griech. Politiker u. Geschichtsschreiber aus Megalopolis in Arkadien (um 200–122 v. Chr.), als Geisel in Rom m. dem jüngeren Scipio Aemilianus befreundet. Polybios schildert in seinem Werk den Aufstieg Roms zur Weltmacht (die Zeitgeschichte von 264–144 v. Chr.); ihn beschäftigen dabei die Ursachen für die Größe Roms.

Polyclētus *u.* **-clītus,** ī *m griech. Bildhauer aus Sikyon (tätig etwa 450–410 v. Chr.), Zeitgenosse des Perikles.*

Polycratēs, is *m Tyrann v. Samos (um 538–522 v. Chr.).*

Polydamās, mantis *m (Akk.* -manta*) ein Trojaner, Freund des Hektor.*

Polydōrus, ī *m Sohn des Priamus; – Adj.* **Polydōrēus,** a, um.

Polygnōtus, ī *m griech. Maler u. Bildhauer aus Thasos, Zeitgenosse des Sokrates (um 475–440 tätig).*

Polyhymnia, ae *f Tochter des Zeus u. der Mnemosyne, Muse der Leier u. des Gesanges.*

Polymachaeroplāgidēs, ae *m (aus griech.* πολύς *„viel“,* μάχαιρα *„Schwert“ u. plaga „Schlag“ gebildet) (Plaut.)* „Vielschwerthiebschläger“ *(scherzh. Soldatenname).*

polymitus, a, um *(gr. Fw.) (nachkl.)* vielfädig gewirkt, bunt.

polymyxos, on *(gr. Fw.) (Mart.)* vieldochtig [**lucerna**].

Polyperchōn, ontis *m Feldherr Alexanders des Gr.*

polyphagus, ī *m (gr. Fw.) (Suet.)* Vielfraß.

Polyphēmus *u.* **-os,** ī *m Zyklop auf Sizilien, Sohn Neptuns, v. Odysseus geblendet.*

Polyplūsius, a, um (πολυπλούσιος sehr reich) *(Plaut.) erdichteter Familienname* [**genus** die Familie „Steinreich“].

pōlypōsus, a, um *(polypus) (Mart.)* an Nasenpolypen leidend.

polypsēphus, a, um *(gr. Fw.) (spätl.)* m. vielen Edelsteinen besetzt.

pōlypus, ī *m (gr. Fw.) (poet.; nachkl.)* Polyp:
❶ Meerpolyp;
❷ Nasenpolyp.

Polyxena, ae *f Tochter des Priamus, Geliebte des Achilles, wurde nach einer nachhomerischen Sage nach dem Fall Trojas auf Verlangen des toten Achilles, der seinem Sohn Neoptolemus erschien, v. diesem am Grab des Vaters geopfert, wobei die Standhaftigkeit Polyxenas das Griechenheer zu Tränen rührte; – Adj.* **Polyxenius,** a, um.

pōmārium, ī *n (pomarius)* Obstgarten.

pōmārius *(pomum)* **I.** *Adj.* a, um *(vorkl.)* Obst-;
II. *Subst.* ī *m (Hor.)* Obsthändler.

pōmerīdiānus, a, um = *postmeridianus.*

pōmērium, ī *n (post u. murus)* Maueranger *(auf beiden Seiten der Stadtmauer freigelassener Raum).*

Pōmētia, ae *f u.* **-tiī,** ōrum *m urspr. latinische Stadt der Volsker in Latium, nicht exakt lokalisierbar im ager Pomptinus (s. d.) gelegen; – Adj.* **Pōmētīnus,** a, um.

pōmi-fer, fera, ferum *(pomum u. fero) (poet.; nachkl.)* obsttragend, -reich [**arva; rami**].

Pōmōna, ae *f (pomum) Göttin des Obstes, in der Sage m. Picus od. Vertumnus verbunden.*

pōmōsus, a, um *(pomum) (poet.)* obstreich.

pompa, ae *f (gr. Fw.)* ❶ Umzug, Prozession [**funebris** *u.* **funeris** Leichenzug, Trauergeleit], Festzug *(an Festtagen, bei Spielen u. bei Triumphen);* **pompam funeris ire** beiwohnen;
❷ *(übtr.)* Zug, Reihe [**lictorum; sarcinarum**];
❸ Pracht, Prunk, Pomp;

④ Prunkrede [**rhetorum**].

pompāticus, a, um *(pompa) (spätl.)* prächtig [**ludi**].

Pompē(i)ī, ōrum *m Stadt in Kampanien südöstl. v. Neapel, m. Herculaneum u. Stabiae 79 n. Chr. b. einem Ausbruch des Vesuv v. Vulkanasche verschüttet, nachdem es 62/63 n. Chr. von einem Erdbeben beschädigt worden war; jetzt wieder ausgegraben; – Einw. u. Adj.* **Pompēiānus,** ī *m bzw.* a, um; – **Pompēiānum,** ī *n (erg. praedium) Landgut Ciceros bei P.*

i Kultur **Pompēius,** a, um *Name einer pleb. gens in Rom:* Cn. ~ Magnus *(106–48), Sieger üb. die Seeräuber im Mittelmeer u. üb. Mithridates VI. von Pontus, schloss im Jahre 60 das sog. erste Triumvirat m. Cäsar u. Crassus, wurde später Cäsars Gegner, wurde 48 v. Cäsar b. Pharsalus besiegt u. auf der Flucht in Ägypten auf Geheiß der Ratgeber des Königs Ptolemäus XIII. (des Bruders Kleopatras) getötet; – Adj.* **Pompēi(ā-n)us,** a, um; – **Pompēiānus,** ī *m* Pompejaner, Anhänger des Pompeius.

Pompilius *s. Numa Pompilius.*

pompilus, ī *m (gr. Fw.) (poet.; nachkl.)* Schiffe begleitender Seefisch.

Pompōnius, a, um *röm. nomen gentile, s. Atticus II. 3.*

Pomptīnus, a, um pomptinisch [**ager** *Sumpfgegend in Latium, v. der via Appia durchquert; dort lag die Stadt Pometia;* **paludes** die Pomptinischen Sümpfe *an der Küste Latiums zw. Circei u. Tarracina*]; *– Subst.* **-um,** ī *n = ager Pomptinus.*

pōmum, ī *n* ① Obstfrucht, *Pl.* Obst;
② *(poet.; nachkl.)* Obstbaum.

pōmus, ī *f (nicht klass.)* Obstbaum.

ponderō, ponderāre *(pondus)* ① *(poet.; nachkl.)* ab-, auswiegen [**granum**];
② *(übtr.)* erwägen, beurteilen [**causas;** *(nach etw.: re od. ex re)* **omnia voluptatibus; consilia ex eventis**].

ponderōsus, a, um *(pondus)* ① *(vor- u. nachkl.)* schwer;
② *(übtr.)* inhaltsreich, *v.* bedeutungsvollem Inhalt, wichtig [**epistula**].

pondō *undekl. (Abl. Sg. v. * pondus, ī m = pondus, deris n)* ① *(vor- u. nachkl.)* an Gewicht, dem Gewicht nach; **corona aurea libram pondo; piscium uncia pondo;**
② *(erg. libra) b. Zahlwörtern (röm.)* Pfund = *libra 4. (326 g);* **auri quinque pondo.**

● **pondus,** deris *n (pendo)* ① Gewicht *an der Waage,* Gewichtstück; **paria pondera** Gleichgewicht;
② *(nachkl.) (röm.)* Pfund *(= 326 g);* **argenti pondera quinque;**
③ *(meton.)* Gewicht, Schwere; **saxa magni ponderis; emere alqd pondere** nach Gewicht;
④ *(übtr.)* Gewicht, Bedeutung, Nachdruck, Wert, Ansehen [**sententiarum; nominis**]; **pondus habere; litterae maximi apud me sunt ponderis** *(Cic.);* **habet vim in ingenio et pondus in vita** *(Cic.);*
⑤ *(konkr.)* schwerer Körper, Last; **omnia pondera in terram feruntur;**
⑥ *(poet.) (übtr.)* Last, Bürde [**rerum**]; **pondera amara senectae;**
⑦ Menge, Masse [**auri; autumni** Fülle];
⑧ Schwerkraft, Gleichgewicht; **in pondere librare;**
⑨ *(Prop.)* Beständigkeit, Festigkeit.

pondusculum, ī *n (Demin. v. pondus) (nachkl.)* kleines Gewicht, kleine Last.

pōne *(< * post-ne)* **I.** *Adv.* hinten; ~ **venire;** ~ **sequens;**
II. *Präp. b. Akk.* hinter; **pone me;** ~ **castra ibant.**

● **pōnō,** pōnere, posuī (*u.* posīvī), positum (*u.* postum) *(< * po-sinō, po- = ἀπό, ab) (Konstr.: in u. Abl. [nicht klass. in u. Akk. od bl. Abl.], m. sub u. Abl., ad, ante u. a. Präp., m. Adv. des Ortes)* **I.** *konkr.* ① (hin)setzen, (hin)stellen, (hin)legen [**vasa; librum in mensa; oleas in solem; coronam in caput; litteras in sinu; hastam pro aede** ausstrecken vor]; **in curulibus sellis sese posuerunt;**
② *(poet.)* hinlagern, hinstrecken [**artūs in litore; se toro**]; **positus somno** *(Dat.)* zum Schlummer gelagert;
③ *(Möbel)* hin-, aufstellen [**mensam; sellam**];
④ aufstellen, errichten, erbauen, anlegen [**aras; opus; castellum in colle; domum; urbem in montibus; castra iniquo loco** ein Lager aufschlagen; **alci statuam in publico; tabernaculum; tabulas obsignatas in publico**]; **imago in gymnasio ponatur;**
⑤ *(Speisen, Getränke)* vorsetzen, auftragen, servieren [**porcum; vinum; alci venenum cum cibo; merum in gemma**];
⑥ *(poet.)* pflanzen, stecken [**piros; vitem; semina** säen];
⑦ *scalas* anlegen;
⑧ *genua* auf die Knie fallen, niederknien *(vor jmdm.: alci);*
⑨ *caput* neigen; .
⑩ *faciem* sein Gesicht wenden;
⑪ *vigilias* Wachen aufstellen;
⑫ *(poet.; nachkl.) (Preise, Belohnungen)* aussetzen [**praemium**];
⑬ *(vorkl.; poet.) (als Pfand, Wettpreis)* einsetzen [**pallium; anulum**];
⑭ *(als Weihgeschenk)* niederlegen, weihen

P

[**donum ex auro in aede Iovis; vota; fratri capillos** als Totenopfer weihen; **coronam auream in Capitolio; serta**]; – **posita,** ōrum *n* Weihgeschenke;

⑮ *(das Heer)* verlegen [**legionem in urbe; praesidium ibi** dorthin; **custodias circa portas**];

⑯ *(poet.)* jmd. versetzen [**alqm sub curru solis, in aethere; in astris**];

⑰ jmd. zu etw. anstellen, einsetzen [**custodem in hortis; alqm super armamentarium** zum Aufseher machen; *m. dopp. Akk.:* **alqm principem in bello; alci accusatorem; alci custodem** beigeben];

⑱ *(poet.) (als bildender Künstler)* darstellen [**Venerem marmoream; coloribus hominem**];

⑲ *(nachkl.) calculum* die Rechensteinchen aufs Brett setzen, berechnen; **cum alqa re parem calculum ~; bene calculum ~** wohl in Betracht ziehen;

⑳ *(zur Verwahrung)* niederlegen, hinterlegen [**tabulas testamenti in aerario; pecuniam apud tutorem**];

㉑ *(Kapital)* anlegen *(auch übtr.)* [**pecuniam in praedio; beneficium apud alqm**]; **munus bene apud alqm ~;**

㉒ *(Ov.) (Haare)* ordnen [**capillos**];

㉓ *(poet.; nachkl.) (Tote)* bestatten, beisetzen [**alqm patriā terrā; ossa**]; **ubi corpus meum positum fuerit;** *Inschr.:* **HIC POSITVS EST;**

㉔ *(poet.; nachkl.)* zur Ruhe bringen, beruhigen [**freta**]; *(intr., v. Winden)* sich legen; **venti posuere; positi flatūs;**

㉕ ablegen, niederlegen, weglegen, wegwerfen [**velamina de corpore; arcum umeris; vestem; sarcinam; e corpore pennas; arma** die Waffen niederlegen, strecken]; **cum posui librum, et mecum ipse coepi cogitare;**

㉖ *(poet.)* **a)** *(v. Frauen)* gebären [**uteri onus**]; **b)** *(v. Tieren) Junge* werfen; **c)** *ova* Eier legen;

㉗ Anker auswerfen; **ancoris positis terrae applicare naves;**

II. *übtr.* ① setzen, legen [**scelus ante oculos omnium; alqd in conspectu animi; alqd sub uno aspectu; rem in medio** vorbringen]; **in eius potestatefortuna posita est** liegt in seiner Macht; **alcis vita in manu alcis posita est;**

② *(in einen Zustand)* versetzen [**alqm in magna gloria** hochberühmt machen; **alqm in gratia apud alqm** beliebt machen]; **alqm in metu non ~; alqm in crimen populo atque infamiam ~** beim Volk; – *pass.* **in laude positum esse** berühmt sein; **in illo fortunae gradu positus** beglückt;

③ auf etw. *od.* auf jmd. setzen, bauen [**spem salutis in virtute; in misericordia alcis; praesidium in fuga; auxilium in celeritate**]; **in Mario spes imperii ponebatur;** – *pass.* **positum esse in re** auf etw. beruhen, sich stützen: **sententia in legibus posita est; certamen in virtute positum est;**

④ auf etw. verwenden [**sumptum; omnem curam in salute patriae; totum diem in consideranda causa; tempus in cogitatione**];

⑤ *(Plaut.) (Gefahren)* aussetzen [**caput periculo**];

⑥ aufgeben, ablegen, fahren lassen [**bellum** beenden; **tirocinium** sein Probestück ablegen; **triumviri nomen; vitia; discordias; metum; iram; aegritudinem; animos feroces**]; **positis ambagibus** ohne Umschweife; **pone moras** gib das Zögern auf;

⑦ etw. anführen, äußern, sagen [**alqd pro certo** als sicher hinstellen; **alqd in oratione**]; **eorum, quae constant, exempla ~; ut paulo ante posui; ponam in extremo quid sentiam;**

⑧ *(ein Thema) zur Besprechung* aufstellen [**quaestionem**];

⑨ etw. als feststehend annehmen, behaupten [**hoc unum**]; **verum pono esse victum eum; nunc rem ipsam ponamus, quam illi non negant;**

⑩ zu etw. rechnen, zählen, als etw. betrachten, für etw. halten [**alqd in laude; mortem in malis; alqd in lucro; alqd in dubio** in Zweifel ziehen; **alqm alci in aequo** jmdm. gleichstellen; **alqm inter veteres**]; *m. dopp. Akk.:* **alqm primum** *od.* **principem ~** für den Ersten halten; *im Pass. m. dopp. Nom.:* **haec infamia ponuntur** gilt für;

⑪ festsetzen, anordnen, bestimmen [**iura; leges** geben; **sibi finem vitae; rebus novis nova nomina** beilegen; **ritūs** einsetzen; **pretium** einen Preis festsetzen; **rationem** eine Rechnung aufstellen];

/ *P.P.P.* **positus,** a, um **a)** *in allen Bedeutungen des Verbs;* **b)** *(b. Ortsbestimmungen)* gelegen *(= situs):* **vicus in valle positus; Gallia sub septentrionibus posita; Roma in montibus posita.**

● **pōns,** pontis *m* ① Brücke, Steg [**fluminis** über einen Fluss]; **pontem facere in flumine** *u.* **per flumen, flumen (amnem) ponte iungere** eine Brücke über den Fluss schlagen; **pons uno die factus; pontem navibus efficere; ponte flumen transgredi, transmittere; pontem rescindere, interscindere, (inter)rumpere, (dis)solvere, vellere** abbrechen; **alqs de ponte** ein Bettler; – *Pl. auch:* Jochbrücke;

② *(nachkl.)* Knüppelweg;

③ Schiffstreppe, Laufsteg; **ponte parato;**

④ Verdeck *des Schiffes;* **naves pontibus stratae;**

⑤ *(poet.; nachkl.)* Fallbrücke;

⑥ *(poet.)* Stockwerk [**turris**];

❼ *Pl.* Stege *zur Abstimmung der Zenturiatkomitien.*

Pōns, Pontis *m (pons)* ❶ ~ Campanus *Brücke über den Savo bei Sinuessa;*
❷ ~ Argenteus *Ort u. Brücke im südl. Gallien.*

Pontia, ae *f Insel vor Tarracina an der Küste Latiums, j.* Isola di Ponza; – *Einw.* **Pontiānī,** ōrum *m.*

ponticulus, ī *m (Demin. v. pons)* kleine Brücke.

Ponticus¹, ī *m röm. Dichter z. Zt. des Augustus, Freund des Properz u. Ovid.*

Ponticus², a, um *s. Pontus.*

i Kultur ● **ponti-fex,** ficis *m (pons u. facio)* ❶ Pontifex, Priester, Oberpriester; **collegium pontificum** Priesterkollegium *(es bestand urspr. aus 4, seit 300 v. Chr. aus 8, seit Sulla aus 15, seit Cäsar aus 16 Mitgliedern);* ~ **maximus** Hohepriester, *Vorsitzender des Kollegiums u. Aufseher des Vestakultes;* **pontifices minores** Gehilfen u. Schreiber des Kollegiums der Pontifices;
❷ *(mlt.)* Bischof, Papst [**maximus, summus** Erzbischof].

pontificālis, e *(pontifex)* ❶ oberpriesterlich [**insignia; auctoritas**];
❷ *(mlt.)* bischöflich, päpstlich.

pontificātus, ūs *m (pontifex)* ❶ Würde eines Oberpriesters;
❷ *(mlt.)* Würde des Erzbischofs, Papstwürde.

pontificius, a, um = *pontificalis.*

Pontius, a, um *urspr. samnitisches, später röm. nomen gentile:* ❶ C. ~, *Anführer der Samniten b. Caudium;*
❷ ~ Aquila, *einer der Cäsar-Mörder;*
❸ ~ Pīlātus, *Statthalter v. Judäa, Richter Jesu Christi.*

pontō, ōnis *m* Floß, Fähre, Frachtschiff, Ponton.

● **pontus,** ī *m (gr. Fw.) (poet.)* ❶ Meer, hohe See;
❷ *(meton.)* Meeresflut [**ingens**].

Pontus, ī *m* ❶ das Schwarze Meer = *Pontus Euxīnus;*
❷ *(meton.)* Landstriche um das Schwarze Meer, *bes. die Landschaft* Pontus *zw. Bithynien u. Armenien bzw. Kappadokien u. dem Schwarzen Meer, das Reich des Mithridates, später röm. Provinz;*
/ *Adj.* **Ponticus,** a, um.

popa, ae *m* ❶ Opferdiener;
❷ *(Pers.) (übtr.)* fetter Wanst.

popanum, ī *n (gr. Fw.) (Iuv.)* Opferkuchen.

popellus, ī *m (Demin. v. populus¹) (poet.)* Pöbel.

popīna, ae *f* ❶ Kneipe;
❷ *(meton.)* das Essen aus der Kneipe.

popīnālis, e *(popina) (spätl.)* Kneipen-.

popīnō, ōnis *m (popina) (nicht klass.)* Schlemmer.

poples, litis *m* ❶ Kniekehle;
❷ *(poet.) (meton.)* Knie.

Poplicola, ae *m (altl.) = Publicola.*

poplus, ī *m (altl.) = populus¹.*

poposcī *Perf. v. posco.*

Poppaeus, a, um *röm. nomen gentile:* ❶ Q. ~ Sabinus, *Konsul 9 n. Chr., gest. im J. 35 als Statthalter in Moesien (lex Papia Poppaea, s. Papius);*
❷ Poppaea Sabina, *Gattin Neros in dritter Ehe, 65 n. Chr. von ihm getötet.*

poppysma, atis *n u.* **poppysmus,** ī *m (gr. Fw.) (nachkl.)* das Schnalzen m. der Zunge.

populābilis, e *(populor) (Ov.)* verwüstbar, zerstörbar.

populābundus, a, um *(populor)* auf Plünderung, auf Verwüstung bedacht.

i Kultur **populārēs** „Volkspartei" – nannten die Römer seit der Zeit der Brüder Tiberius u. Gaius Gracchus (nach 133 v. Chr.) Politiker, die die Vorherrschaft der → nobilitas, des Adels, brechen wollten. Dabei waren sie teils am Wohl des Volkes, teils an ihrer Karriere interessiert. Heute noch ist ein „Populist" ein Machtgieriger, der den Launen der Masse zu gefallen sucht („populär" – „beim Volk beliebt", weil „volkstümlich").

● **populāris,** e *(populus¹)* ❶ das Volk betreffend, des Volkes, vom Volk, für das Volk, Volks- [**lex** vom Volk ausgehend; **cena; aura** *u.* **ventus** Volksgunst; **civitas** *u.* **res publica** Demokratie; **accessus; supplicatio; laus, gloria, admiratio** beim Volk; **honor; oratio** an das Volk; **carmen** Volkslied]; **populari nomine alqd appellare;** – *Subst.* **populāria,** ium *n (Suet.)* Sitze des Volkes *im Theater;*
❷ allgemein verbreitet [**opinio**];
❸ der Art des Volkes entsprechend, volkstümlich [**verba; dictio; sensus**]; **populariter loqui;**
❹ beim Volk beliebt, populär [**sacerdos; consul**]; **cui ingenium magis populare erat;**
❺ volksfreundlich, demokratisch [**vir** Volksfreund; **imperium; ratio** Richtung]; **populariter agere;** – *Subst.* **populārēs,** rium *m* Demokraten, Volkspartei;
❻ die Volksgunst suchend, demagogisch; revolutionär; – *Subst. m Pl.* Demagogen;
❼ einheimisch [**flumina; oliva**]; – *Subst. m* Landsmann, Mitbürger; Standesgenosse; Genosse; Teilnehmer; – *Subst. f* Landsmännin.

P

populāritās, tātis *f (popularis)* ❶ Volksfreundlichkeit;
❷ Streben nach Volksgunst;
❸ *(Kom.)* Landsmannschaft.

populātiō, ōnis *f (populor)* Verwüstung, Plünderung [**agrorum**]; **hostem rapinis populationibusque prohibere.**

populātor, tōris *m (populor)* Plünderer, Zerstörer.

populātrīx, īcis *f (populator) (nachkl.)* Zerstörerin.

pōpulētum, ī *n (populus²) (Plin.)* Pappelhain.

pōpuleus, a, um *(populus²) (poet.)* der Pappel(n), Pappel- [**frondes; umbra**].

pōpuli-fer, fera, ferum *(populus² u. fero) (Ov.)* pappeltragend, -reich.

populī-scītum, ī *n (auch getr.; populus¹ u. scisco)* Volksbeschluss.

pōpulnus, a, um *(populus²) (Plaut.)* aus Pappelholz.

Populōnia, ae *f u.* **-iī,** ōrum *m Stadt in Etrurien, gegenüber Elba; – Einw.* **Populōniēnsēs,** ium *m.*

● **populor,** populārī *u. (altl., klass. nur Pass.)* **populō,** populāre *(populus¹)* ❶ verwüsten, verheeren, (aus)plündern, berauben [**agros; patriam; Achivos**]; **urbem Romanam deorum irā morbo ~; omnia igni ferroque populatus;**
❷ *(poet.; nachkl.) (übtr.)* vernichten, zerstören; **omni decore populato.**

● **populus¹,** ī *m* ❶ Volk, *das einen Staat bildet* [**Romanus; Carthaginiensis**];
❷ Bürgerschaft, Gemeinde;
❸ *(in Rom)* **a)** *(in der Frühzeit)* Blutsadel, Patrizier *(im Ggstz. zu den Plebejern);* **b)** *(später)* Gesamtheit des Volkes *(Patrizier u. Plebejer);* **senatus populusque Romanus; populi consilia; c)** *(seltener)* die Plebejer = *plebs;* **~ a senatu disiunctus;**
❹ Volksmenge, Leute, Bevölkerung [**urbanus**]; **in populos mittere** bei allen bekannt machen;
❺ Menge [**amicorum; fratrum; imaginum**];
❻ *(meton.)* **a)** Gebiet, Bezirk, Gau, Stamm; **b)** *(Ov.)* freie Straße, Gasse; **c)** *(nachkl.)* Gemeinde-, Staatskasse;
❼ *(mlt.)* **a)** *(christl.)* Gemeinde; **b)** *dei* Christenheit.

pōpulus², ī *f (poet.; nachkl.)* Pappel [**alba** Silberpappel].

por- *Präfix (vor l zu pol- assimiliert)* = dar-, hin-, vor- [**por-tendo, pol-liceor, pol-luceo**].

porca, ae *f (porcus)* Sau.

porcella, ae *f (Demin. v. porcula) (Plaut.)* Ferkelchen.

porcellus, ī *m (Demin. v. porculus) (vorkl.; poet.)* Schweinchen; wildes Schweinchen, Frischling.

porcīna, ae *f (porcinus) (Plaut.)* Schweinefleisch.

porcīnārius, ī *m (porcina) (Plaut.)* Schweinefleischhändler.

porcīnus, a, um *(porcus) (Kom.; nachkl.)* vom Schwein, Schweine-.

Porcius, a, um *röm. nomen gentile; s. Cato.*

porculus, ī *m u.* **-a,** ae *f (Demin. v. porcus u. porca) (vor- u. nachkl.)* Ferkel.

porcus, ī *m* ❶ Schwein [**femina** Mutterschwein];
❷ *(poet.)* Schlemmer [**Epicuri de grege**].

porēctus *P. P. P. v. poricio.*

porgō, porgere, – – *(vorkl.; poet.) (synk.)* = *porrigo¹.*

poriciō, poricere, –, porēctum *(por- u. iacio)* = *porricio.*

porphyrēticus, a, um *(gr. Fw.)(nachkl.)* purpurrot.

porrēctiō, ōnis *f (porrigo¹)* das Ausstrecken.

porrēctus¹, a, um *(P. Adj. v. porrigo¹)* ❶ ausgestreckt, ausgedehnt; **porrecta ac aperta loca** *(Caes.);*
❷ flach, gerade;
❸ *(Ov.) (zeitl.)* lang [**mora**];
❹ *(Plaut.)* heiter [**frons**];
❺ *(v. Personen)* **a)** *(Hor.)* lang hingestreckt, gelagert; **b)** *(Cat.)* auf die Bahre hingestreckt, gestorben [**senex**].

porrēctus² *P.P.P. v. porricio.*

por-rēxī *Perf. v. porrigo.*

porriciō, porricere, –, porrēctum *(por- u. iacio) als Opfer* hinwerfen, darbringen [**exta in fluctūs**]; *sprichw.:* **inter caesa et porrecta** noch in der zwölften Stunde, *eigtl.* zwischen dem Schlachten und dem Darbringen *der Opfertiere.*

● **por-rigō¹,** rigere, rēxī, rēctum *(rego)* ❶ ausstrecken, ausdehnen, ausbreiten [**bracchia caelo** zum Himmel; *milit.* **agmen**]; **animal membra porrigit, contrahit; porrecto iugulo** m. vorgestrecktem Hals; *(übtr.)* **fortuna ad te quoque porrigens manus** *(Sen.);*
❷ *mediopass. u. se* ~ **a)** *(v. Örtl.)* sich hinziehen, sich erstrecken, reichen, liegen; **locus in planitiem porrigitur; cubiculum in solem porrigitur; b)** *(v. Lebewesen)* sich ausstrecken, sich der Länge nach lagern; **porrectus somno; serpens centum porrectus in ulnas; c)** *(poet.; nachkl.) (übtr.)* sich ausdehnen, sich erstrecken; **se ad orientalia regna ~; quo se tua porrigat ira** *(Ov.);*
❸ zu Boden strecken, niederstrecken [**hostem**];
❹ *(poet.)* kehren, richten; **scopulus frontem porrigit in aequor;**
❺ *(poet.; nachkl.) (zeitl.)* ausdehnen, verlängern, hinziehen [**brumales horas**];
❻ *(poet.; nachkl.) (eine Silbe)* dehnen [**syllabam**];
❼ *(Hor.)* erweitern, vergrößern [**vectigalia**];

(8) (dar)reichen [**poma puero; alci dextram; bona alci; munera; gladium ad occidendum hominem**];
(9) gewähren, spenden [**praesidium clientibus; opem amicis**];
/ s. auch porrectus[1].

porrīgō[2], ginis *f (poet.; nachkl.)* Kopfgrind.

Porrima, ae *f Geburtsgöttin, die für die richtige Lage des Kindes (Kopfgeburt) bei der Geburt sorgt.*

porrō *Adv.* (1) *(räuml.)* **a)** *(poet.; nachkl.)* weiter, vorwärts, in die Ferne; **armentum ~ agere; b)** *(vorkl.; poet.)* weit, in der Ferne; **ubi habitas? ~ illic longe in campis ultimis** *(Plaut.)*; **inscius Aeneas, quae sint ea flumina ~** *(Verg.)*;
(2) *(zeitl.) (poet.)* **a)** weiter-, fernerhin; **ut quiescant ~ moneo** *(Ter.)*; **b)** *(selten)* früher; **quod ~ fuerat**;
(3) *(übtr.)* **a)** *(beim Fortschreiten des Gedankens)* ferner, sodann, nun aber, *häufig porro autem; oft in Formeln, z. B.:* **videte iam ~ cetera, age ~** sehen wir weiter, lasst uns weiter gehen; **b)** *(steigernd)* sogar; **ea non mala dicimus, sed exigua et ~ minima; c)** *(adversativ)* andererseits; **~ erant, qui censerent** *(Caes.)*.

porrum, ī *n u.* **-us,** ī *m (nicht klass.)* Schnittlauch.

Porsenna *u.* **Porsēna, Porsinna** *u.* **Porsīna,** ae *m König v. Clusium in Etrurien, der nach der Überlieferung 507 v. Chr. Rom belagerte, um die vertriebenen Tarquinier nach Rom zurückzuführen; die Beispiele des Heldenmuts v. Horatius Cocles, Mucius Scaevola u. Cloelia machten solchen Eindruck auf ihn, dass er zu maßvollen Bedingungen Frieden schloss; nach anderer Überlieferung eroberte er Rom.*

● **porta,** ae *f* (1) Tor, *bes. einer Stadt, eines Lagers od. eines Tempels,* Tür, Pforte [**urbis; villarum; castrorum; praetoria** Haupttor; **decumana** Hintertor]; **extra -am; ad -as venire; -ā Capenā egredi; pedem -ā efferre; alqm ad -am exspectare**;
(2) *(übtr.)* Eingang, Zugang, Ausgang [**caeli; Taenaria; somni**];
(3) *Pl.* Engpass; **-ae Ciliciae**;
(4) *(Lucr.) Pl. (übtr.)* Mittel, Wege.

i Kultur **porta Nigra** in Trier (Rheinland-Pfalz), das Nordtor der Stadtbefestigung (um 180 n. Chr.): ein dreigeschossiger Mittelbau mit offenem Innenhof u. zwei Tordurchfahrten, von vierstöckigen Türmen flankiert – ein Meisterwerk röm. Quadertechnik.
Der Name „Schwarzes Tor“ entstand erst im Mittelalter: Der ursprünglich helle Sandstein war durch Alter und Verschmutzung bereits dunkel verfärbt.
Heute Erinnerung an die „maiestas imperii“ (Glanz des Römerreichs).

portārius, ī *m (porta) (spätl.)* Pförtner.

portātiō, ōnis *f (porto)* Transport [**armorum**].

por-tendō, tendere, tendī, tentum ankündigen, prophezeien [**alci regnum; exitium urbi**]; *(m. A. C. I.); – mediopass.* bevorstehen: **pericula portenduntur.**

portenti-ficus, a, um *(portentum u. facio) (poet.)* Wunder wirkend [**venena**].

portentōsum, ī *n (portentosus)* Missgeburt.

portentōsus, a, um *(portentum)* unnatürlich; grauenhaft, missgestaltet; **serpens -ae magnitudinis; oratio -a; puer -o parvoque capite.**

portentum, ī *n (portendo)* (1) Wunder(zeichen), *bes. erschreckendes,* grauenhaftes Vorzeichen; **prodigiis atque -is di futura praedicunt**;
(2) Ungeheuer, Scheusal, Missgeburt; **praeter naturam hominum pecudumque -a**;
(3) Wundermärchen, Phantasterei, Fiktion [**poëtarum**]; **multi illa -a loquebantur; -a scribere**;
(4) *(übtr., v. Personen)* Abschaum, Auswurf [**insulae; rei publicae**].

portentus *P.P.P. v. portendo.*

porthmeūs, eī *u.* eos *m (Akk.* -ea) *(gr. Fw.) (nachkl.)* Fährmann *(v. Charon).*

porticula, ae *f (Demin. v. porticus)* kleine Halle, kleine Galerie.

i Kultur ● **porticus,** ūs *f (porta)* (1) Säulenhalle, -gang, Galerie; **ambulare in porticu**;
(2) Gerichtshalle *des Prätors m. einem Tribunal;*
(3) *(milit.)* Laufgang *zum Materialtransport für den Dammbau;*
(4) *(Enn.)* Vorplatz *eines Zeltes;*
(5) Stoische Schule *od.* Philosophie (< στοά Halle).

portiō, ōnis *f (pars)* (1) *(nachkl.)* (An-)Teil *(an etw.: Gen.)* [**praedae; hereditatis**]; **magna mortalium ~; nil natura portionibus parit** *(Plin.)*;
(2) Verhältnis, Proportion; **pro portione** im Verhältnis.

portisculus, ī *m (vorkl.)* (1) Takthammer *des Rudermeisters*;
(2) *(übtr.)* Kommando.

portitor[1], ōris *m (porto) (poet.; nachkl.)* Fährmann [**Orci** Charon].

portitor[2], ōris *m (portus)* Zolleinnehmer, Zöllner; *(übtr., Plaut.)* Schnüffler(in).

● **portō,** portāre (1) tragen, bringen, fort-, hin-,

herbeischaffen, transportieren [**onus umeris; alqd in suo sinu; arma; commeatum ab urbe in castra; donum Iunoni; frumentum ad exercitum in Macedoniam; legiones secum in Hispaniam** übersetzen]; **vehiculo portari** fahren;
② bei sich führen, mitnehmen [**secum patrios penates**];
③ *(übtr.)* (über)bringen [**nuntium ad liberos; sociis auxilia; spem; salutem**]; **hic vobis bellum et pacem portamus** *(Cic.)*.

portōrium, ī *n (portitor²)* Ein- *u.* Ausgangszoll, Durchgangszoll, *bes.* Hafen-, Brückenzoll, Wegegeld, *übh.* Zoll, Steuer *(für etw.: Gen.)* [**vini; peregrinarum mercium; circumvectionis** Transitzoll]; **-um exigere ab alqo; -um dare pro re; -a instituere; singulis rebus certum -um imponere.**

portula, ae *f (Demin. v. porta)* Pförtchen.

Portūnus, ī *m (portus) Hafengott; sein Fest am 17. August die* **Portunalia,** ium *n.*

portuōsus, a, um *(portus)* hafenreich [**mare**].

● **portus,** ūs *m (Dat. Sg. -uī u. -ū; Dat. u. Abl. Pl.* portibus *u.* portubus) *(porta)* ① Hafen; **in portum (per)venire; portum capere** einlaufen in; **ex portu exire; magister portūs** Zolleinnehmer;
② *(poet.)* Flussmündung;
③ *(übtr.)* Zuflucht(sort) [**sociorum**]; **se in philosophiae portum conferre; senatus erat ~ et refugium nationum.**

pos- *(altl.)* = *post-.*

pōsca, ae *f (potus) (Plaut.)* Mischgetränk *(aus Wasser, Essig u. geschlagenen Eiern).*

poscaenium, ī *n (post u. scaena) (Lucr.)* Raum hinter der Bühne; *übtr:* **-a vitae** die geheimen Handlungen der Menschen.

● **poscō,** poscere, poposcī, – ① verlangen, fordern [**argentum; pugnam; libertatem; veniam**]; **poscimur** man verlangt nach uns; *(alci: für jmd.)* **audaciae partes sibi ~**; *(m. dopp. Akk.: jmd. od. etw. als od. zu etw.)* **alqm imperatorem ~**; *(alqd ab alqo u. [seltener] alqd alqm)* **litteras a legatis ~; tutorem ab alqo ~; bibere a me poscis; signum ducem ~; magistratum nummos ~**; *pass. poscor m. Akk.* man verlangt etw. v. mir; **Palilia poscor** ich werde aufgefordert, die P. zu besingen; **segetes alimentaque debita poscebatur humus; Apollo poscitur verba**; – *m. ut, m. Inf. od. m. A. C. I. auch* = auffordern: **poscimus, ut cenes civiliter**;
② *(übtr., v. Sachen)* etw. erfordern; **res hoc poscit; cum usus poscit**;
③ *(poet.)* nach etw. forschen, nach etw. fragen, etw. wissen wollen *(m. Akk.)* [**causas; pretium**]; *(m. indir. Frages.)* **quae sit sententia, posco**;
④ *zum Kampf* herausfordern [**alqm in proelia; maioribus poculis** einander herausfordern];
⑤ vor Gericht laden [**dictatorem reum**];
⑥ *(Plaut.) um ein Mädchen* anhalten *(m. Akk.)*; **tuam sororem uxorem posco filio**;
⑦ *(poet.; nachkl.)* rufen [**hominem clamore**]; **poscor Olympo** der Himmel ruft mich;
⑧ *(poet.)* anrufen, anflehen; **supplex tua numina posco; deum pacem ~.**

Posīdōnius, ī *m Stoiker (etwa 135–50 v. Chr.), Schüler des Panaitios, Geograph, Historiker u. Philosoph, Lehrer Ciceros.*

positiō, ōnis *f (pono) (nachkl.)* Lage, Stellung [**corporis; loci; caeli** Klima]; *übtr.* Lage, Verfassung [**mentis; controversiae**]; *Pl.* Umstände.

positor, ōris *m (pono) (Ov.)* Erbauer [**moenium; templorum**].

positūra, ae *f (pono)* ① *(poet.; nachkl.)* Lage, Stellung, Stand [**stellarum; (mundorum) dei** die der Welt v. Gott gegebene Lage];
② *(Gell.) (gramm. t. t.)* Stellung [**verborum**].

positus¹ *s. pono.*

positus², ūs *m (pono)* ① *(poet.; nachkl.)* Lage, Stellung, Stand [**urbis; regionis; siderum**];
② *(Ov.)* Frisur;
③ *(Gell.) (gramm. t. t.)* Stellung, Position.

posīvī *s. pono.*

pos-merīdiānus = *postmeridianus.*

● **posse** *Inf. Präs. v. possum.*

pos-sēdī *Perf. v. possideo u. possido.*

● **possessiō,** ōnis *f* ① *(possideo)* **a)** Besitz; **in possessionem venire** *od.* **proficisci; possessionem Siciliae tenere** S. in Besitz haben; **alci liberam possessionem Galliae tradere; navali proelio possessionem maris alci adimere; deicere alqm de possessione fundi; retinere possessionem arcis; ~ rei publicae** Leitung; **b)** *(konkr.)* Besitzung, Besitztum, Eigentum, Grundstück, *meist Pl.*; **possessiones urbanae; paternae possessiones; in Italia magnas possessiones habere**;
② *(possido)* Besitznahme, -ergreifung [**bonorum; regni; insulae**].

possessiuncula, ae *f (Demin. v. possessio)* kleine Besitzung.

possessor, ōris *m (possideo)* ① Besitzer [**bonorum; regni; agrorum** Grundbesitzer]; Grundbesitzer;
② *(nachkl.) (jur. t. t.)* Besitzer einer strittigen Sache, Beklagter.

possessus *P.P.P. v. possideo u. possido.*

possibilis, e *(possum) (nachkl.)* möglich.

possibilitās, ātis *f (possibilis) (spätl.)* Möglichkeit, Macht.

● **pos-sideō,** sidēre, sēdī, sessum *(potis u. sedeo)* ① besitzen, im Besitz haben, innehaben [**partem agri;** *übtr.* **nomen; huius saeculi mores**];

❷ *(einen Ort)* besetzt halten [**sedes sacras**].

● **pos-sīdō,** sīdere, sēdī, sessum *(potis; vgl. possideo)* besetzen, in Besitz nehmen, sich bemächtigen, v. etw. Besitz ergreifen *(m. Akk.)* [**agros armis; bona alcis sine testamento**]; **ignis cuncta possedit**; – *Perf. auch:* in Besitz haben.

● **possum,** posse, potuī *(< potis sum)* ❶ können, vermögen, im Stande sein; **(fieri) potest, ut** es ist möglich, dass, es kann sein, dass: **potest fieri, ut fallar; potest, ut alii ita arbitrentur; fieri non potest, ut** es ist unmöglich, dass; **fieri non potest, ut non** *(od.* **quin***)* es ist notwendig, dass, es muss; **non possum non** *m. Inf.* ich muss: **non possum te non accusare; potest** *(abs.)* es ist möglich: **nos dignitatem, ut potest, retinebimus; qui potest** wie ist es möglich?; **si potest** wenn es möglich ist;

❷ gelten, Einfluss, Fähigkeiten haben, etw. ausrichten *(multum, plus, plurimum, nihil, minimum, tantum, quantum, satis, omnia u. Ä., auch m. Adv., z. B. largiter)* [**tantum auctoritate; multum in senatu, in re militari; apud me amicitiā et beneficiis; gratiā et largitione apud Sequanos plurimum; apud finitimas civitates largiter** viel gelten]; **aliquid ~** einige Fähigkeiten besitzen; **plus potest apud te pecuniae cupiditas; ad beate vivendum satis posse virtutem**;

/ *altl. Formen: Konj. Präs. possiem, -es, -et usw.; Konj. Imperf. potisset; Inf. Präs. potesse.*

● **post** I. *Adv.* ❶ *(räuml.)* hinten(nach), zuletzt; **ante aut post; post minor est** von hinten;

❷ *(zeitl.)* nachher, danach, später *(= postea)*; **nunc et post semper; duxi probum, erravi, post cognovi**; – *in Aufzählungen:* **initio ... post, primo ... post, primo ... deinde ... post** *u. Ä.*; – *m. Abl. mensurae (meist nachgest.):* **die ~** am Tag darauf; **multo ~** *u.* **~ multo** viel später; **aliquanto ~** geraume Zeit später; **paulo ~** bald darauf; **multis annis ~** *od.* **multis ~ annis** viele Jahre später, nach vielen Jahren; **anno ~** ein Jahr darauf; **paucis diebus ~** *od.* **~ paucis diebus; duobus mensibus ~; longo post tempore** *u. Ä.*; – *m. Adv.:* **deinde ~**;

❸ *(übtr.) (rangmäßig)* hinten(nach) [**esse** zurückstehen];

II. *Präp. b. Akk.* ❶ *(räuml.)* hinter; **post tergum; ~ nostra castra; ~ montem se occultare; ~ se alligare; exercitum ~ montes circumducere**;

❷ *(zeitl.)* nach, seit; **~ longum tempus; aliquot ~ menses; ~ Brutum consulem; ~ urbem conditam; ~ hominum memoriam** seit Menschengedenken; **~ homines natos; ~ devictum Hannibalem; sexennio ~ Veios captos; ~ ea, ~ haec, ~ hoc** hierauf, nachher; **eum numquam ~ illa vidi**;

❸ *(übtr.) (v. Reihenfolge, Rang)* nächst, nach; **~ hunc Apollinem colunt**; – *auch* hinter jmdm. *od.* hinter etw. zurückstehend: **Lydia erat ~ Chloën; hic secundus post Tarquinium fuit; habere alqd ~ alqd** etw. zurückstellen hinter etw.;

III. **post-** *als Präfix* nach-, hintan-.

post-autumnālis, e *(Plin.)* nachherbstlich [**pira**].

poste *(altl.) = post I.*

● **post-eā** *Adv. (post u. Abl. Sg. f v. is)* nachher, später; **~ loci** nachher; **non diu ~; Romae, ~ Athenis fuerat**; *m. Abl. mensurae:* **~** aliquanto; brevi ~ mortuus est; paucis ~ mensibus; – *in Übergängen:* ferner, weiter, sodann: **quid postea?** was weiter? was dann?; **at enim nemo post reges consul fuit: quid postea ?**

● **posteā-quam** *(auch getr.) = postquam.*

● **posterī, posterior,** ius *s. posterus.*

posteritās, ātis *f (posterus)* ❶ Zukunft; **posteritatis rationem habere** an die Zukunft denken;

❷ *(meton.)* Nachwelt; **in ore frequens posteritatis eris** *(Ov.)*.

● **posterus,** a, um *(post)* I. *Pos.* (nach)folgend, kommend [**annus; aetas** Nachwelt; **laus** Ruhm bei der Nachwelt]; **-o tempore** in der Folgezeit; **-o** *(erg. die)* am folgenden Tag; **in -um** f. die Zukunft *od.* f. den folgenden Tag; **longe in -um prospicere; multum in -um providerunt; in -um oppugnationem differt**; – *m. quam* = nachdem: **rex -o die, quam profectus erat, domum rediit**; – *Subst.* **posterī,** ōrum *u.* um *m* Nachkommen, Nachwelt; **posterum gloria**;

II. *Komp.* **posterior,** ius ❶ *(örtl. u. zeitl.)* der hintere, letztere, spätere, folgende [**tempora** *u.* **aetas** Folgezeit; **cogitationes; clades; oratores** die zuletzt genannten]; **aetate posterior** jünger; **tempore posterior** später; – *Adv.* posterius später, nachher; **iubet ~ ad se reverti**;

❷ *(übtr.)* der geringere, schlechtere;

III. *Superl.* ❶ **postrēmus,** a, um **a)** der hinterste, letzte [**acies** Hintertreffen]; **postremum impetum facere; postremā in comoediā** am Ende der Komödie; **mense postremo; b)** *(übtr.)* der geringste, schlechteste, äußerste [**genus**]; **servitus postremum malorum omnium; postremam fortunam pati**; – *Subst.* postrēmī, ōrum *m* Nachhut; – *Adv.* **postrēmum** zum letzten Mal; **si id facis, hodie postremum me vides**; – **postrēmō** zuletzt, schließlich, endlich, *bes. in Aufzählungen:* **primum ... deinde ... postremo**; *zusammenfassend:* kurz, überhaupt; **ad postrēmum** zuletzt, schließlich, endlich; **~ apparere**;

P

❷ **postumus,** a, um zuletzt geboren, *klass. nur als jur. t. t.* nachgeboren *(nach dem Tod des Vaters); – Subst. m* Nachkömmling.

post-ferō, ferre, – – hintansetzen [**libertati plebis suas opes**].

post-genitī, ōrum *m (Hor.)* Nachkommen.

post-habeō, habēre, habuī, habitum hintansetzen [**seria ludis**].

post-hāc *Adv. (post u. Abl. Sg. f v. hic¹)* ❶ von nun an, künftig; **numquam ~;** ❷ *(vor- u. nachkl.) (v. der Vergangenheit)* nachher.

post-haec *Adv. (auch getr.) (nachkl.)* nachher, später.

post-ibī *Adv. (Plaut.)* hierauf, danach.

postīculum, ī *n (Demin. v. posticum) (Plaut.)* Hinterhaus.

postīcum, ī *n (posticus)* ❶ Hintertür; ❷ *(spätl.)* Hinterseite.

postīcus, a, um *(post)* hinten befindlich, Hinter- [**partes aedium** Hinterhaus].

post-id *u.* **postid-eā** *Adv. (Kom.)* nachher.

postilēna, ae *f (post) (Plaut.)* Schweifriemen.

postiliō, ōnis *f (postulo) (rel. t. t.)* Forderung *einer Gottheit, ein vergessenes Opfer nachzuholen.*

post-illā(c) *Adv. (vgl. post-ea, post-hac) (vorkl.; Cat.)* nachher.

postis, is *m (Abl. Sg.* poste *u.* postī) (Tür-)Pfosten, Pfeiler; *Pl. (poet.; nachkl.)* Tür, Pforte; *(übtr.)* **belli ferrati postes.**

post-līminium, ī *n (limen)* Heimkehrrecht; *Abl. -o* nach dem Heimkehrrecht [**redire**].

post-merīdiānus, a, um Nachmittags- [**tempus; horae**].

post-modo *u.* **post-modum** *Adv.* bald darauf.

post-moerium = *pomerium.*

post-partor, ōris *m (pario) (Plaut.)* Erbe.

post-pōnō, pōnere, posuī, positum hintansetzen.

post-prīncipia, ōrum *n* Verlauf [**vitae**].

post-putō, putāre *(Ter.)* hintansetzen, gering schätzen.

● **post-quam** *Kj.* ❶ nachdem, als *(meist m. Ind. Perf.); ~* **Caesar pervenit, obsides, arma poposcit** *(Caes.);* **Hamilcar ~ mare transiit in Hispaniamque venit, magnas res secundā gessit fortunā** *(Nep.)*; ❷ seitdem *(m. Ind. Präs. od. Imperf.)*; ❸ *(Kom.)* da, weil.

● **postrēmō, postrēmum, postrēmus** *s. posterus.*

● **postrī-diē** *Adv. (posterus u. dies)* am folgenden Tag, tags darauf; *– m. Akk. u. Gen.:* am Tag nach [**ludos; Nonas; eius diei** am nächsten Tag]; *– m. quam u. Ind. Perf. od. Plusquamperf.* = als, nachdem: **~ quam Athenas venit; ~ intellexi, quam discessi; ~ quam illa erant acta.**

postrī-duō *Adv. (Plaut.) = postridie.*

post-scrībō, scrībere, scrīpsī, – *(nachkl.)* hinter etw. schreiben, hinzuschreiben.

postulātīcius, a, um *(postulo) (Sen.)* verlangt, erbeten.

postulātiō, ōnis *f (postulo)* ❶ Forderung, Verlangen, Anliegen [**aequa et honesta; ignoscendi** Bitte um Verzeihung]; **postulationi alcis concedere; postulationi resistere;** ❷ *(Kom.)* Klage, Beschwerde; ❸ *(jur. t. t.)* **a)** Klagegesuch *an den Prätor;* **b)** gerichtl. Klage.

postulātor, ōris *m (postulo) (Suet.)* Kläger.

postulātum, ī *n (postulo)* Forderung, Verlangen.

postulātus, *Abl.* ū *m (postulo)* Klage, Beschwerde *vor Gericht;* **postulatu audito matris.**

● **postulō,** postulāre *(posco)* ❶ fordern, verlangen, beanspruchen [**suum ius; auxilium ab amico; praemium; recuperatores; sibi belli imperium; Tiberio tribuniciam potestatem; de colloquio** eine Unterredung verlangen; **a senatu de foedere** beim Senat nachfragen wegen; *(selten alqd alqm)* **haec praetorem** vom Prätor]; *(m. ut, ne od. m. bl. Konj., selten m. A. C. I., pass. m. N.C.I.);* **ad senatum venire auxilium postulatum; Ariovistus postulavit, ne quem peditem ad colloquium Caesar adduceret** *(Caes.);* **non postulatus** unaufgefordert; ❷ begehren, suchen, Lust haben, wollen *(m. Inf. u. A. C. I.)*; **dicendo vincere non postulo;** ❸ *(übtr., bei Abstr. u. Sachen)* etw. erfordern; **haec aetas alios mores postulat; quae supplicium postulat;** *m. Inf.:* **ratio postulat agere alqd;** *(auch m. ut, ne)*; ❹ *(jur. t. t.)* **a)** jmd. gerichtlich belangen, anklagen *(alqm de re, auch alqm alcis rei, re od. ob rem)* [**alqm apud praetorem; alqm de ambitu, proditionis, iniuriarum, maiestate, ob contumelias**]; **b)** *vor Gericht* beantragen [**delationem nominis; quaestionem; servos in quaestionem; iudicium; iudicem**].

Postumius, a, um *Name einer hoch angesehenen patriz. röm. gens, oft m. dem Cognomen Albinus; – Adj.* **Postumi(ān)us,** a, um.

postumus, a, um *s. posterus.*

Postumus, ī *m röm. cogn.*

posuī *Perf. v. pono.*

pōtāculum, ī *n (poto) (spätl.)* Trinkgelage.

pōtātiō, ōnis *f (poto)* Trinkgelage.

pōtātor, ōris *m (poto) (Plaut.)* Trinker, Säufer.

pote *s. potis.*

● **potēns,** *Gen.* entis *(possum)* ❶ mächtig, gewaltig, einflussreich, gebietend [**civis; civitas; natura; manus; in senatu; apud socios; armis; nobilitate**]; **familiae clarae et poten-**

tes; rerum omnium ~ Iuppiter; – *Subst. m* der Mächtige, Machthaber, *meist Pl.*;
❷ fähig, kundig, im Stande *(m. Gen., auch ad alqd)* [**regni** regierungsfähig; **iubendi**]; **hostes neque pugnae, neque fugae satis potentes caeduntur** *(Liv.)*; – *Adv.* potenter nach Kräften;
❸ *einer Sache* Herr, etw. beherrschend *(m. Gen.)* [**mentis** bei Sinnen; **irae**]; **di tempestatum potentes; dum liber, dum mei ~ sum** mein eigener Herr; **facere alqm potentem imperii**;
❹ tüchtig, mächtig, stark; **adulescens ingenio ~**;
❺ *(poet.)* der etw. erlangt hat [**voti** der seinen Wunsch erfüllt sieht; **pacis**];
❻ *(poet.)* glücklich;
❼ *(v. Sachen)* stark, kräftig, wirksam [**arma; herba; votum** erfolgreich; **verba; argumentum** triftig; **ad efficiendum**]; **herba ~ adversus ranas.**

potentātus, ūs *m (potens)* Macht *im Staat,* Herrschaft.

● **potentia,** ae *f (potens)* ❶ *(poet.)* das Vermögen, Kraft [**solis; armorum; morbi; loquendi**];
❷ *(poet.; nachkl.) (übtr.)* Wirksamkeit, Wirkung [**herbarum**];
❸ *polit.* Macht, Gewalt *im Staate;* politischer Einfluss [**civium; nobilitatis; populi**]; **potentiam alcis criminari**;
❹ (Ober-)Herrschaft [**singularis** Alleinherrschaft; **rerum** Oberherrschaft; **victoris** Übermacht].

Potentia, ae *f Küstenstadt in Picenum.*

potōrium, ī *n (gr. Fw.) (Plaut.)* Becher.

potesse *(altl.) = posse, s. possum.*

● **potestās,** ātis *f (potis)* ❶ Kraft, Macht, Gewalt *(über: Gen.)* [**vitae necisque** Macht über Leben u. Tod; **imperandi; tantae astutiae; contionis habendae** Befugnis]; **~ deest; pari potestate** mit gleicher Gewalt; **alqm in sua potestate habere; in sua potestate esse** sein eigener Herr sein; **in potestate mentis esse** seines Verstandes mächtig sein; **dum ex tanto gaudio in potestatem nostram redeamus** Selbstkontrolle wieder gewinnen; **mihi ~ est alcis** jmd. steht zu meiner Verfügung; **mihi est ~** *od.* **est in mea potestate** es steht in meiner Macht; **habere familiam in potestate** die Sklaven nicht freilassen;
❷ *polit.* Gewalt, Macht, Herrschaft; **in (sub) suam potestatem redigere** unterwerfen; **in alcis potestate esse** jmdm. unterworfen sein; **venire in arbitrium ac potestatem alcis**;
❸ *(konkr) (poet.; nachkl.)* Machthaber, Herrscher [**hominum rerumque**];
❹ Amt(sgewalt), Stellung [**praetoria; tribunicia; legati; magistratuum**]; **potestati praeesse** *u.* **potestatem gerere** *od.* **agere** ein Amt bekleiden; **cum potestate aut legatione in provinciam proficisci**;
❺ *(konkr.)* **a)** Beamter, Amtsperson; **iura potestatum; b)** Behörde; **imperia et potestates** Militär- u. Zivilbehörden; **a magistratu aut ab alqa potestate legitima evocatus**;
❻ *(übtr.)* Wirkung, Wirksamkeit [**herbarum; verborum; pecuniarum** Wert]; **potestates calorum; actionum vis et ~**;
❼ Bedeutung *eines Wortes*;
❽ Möglichkeit, Gelegenheit, Erlaubnis, Vollmacht *(zu etw.: Gen.)* [**omnium rerum** unbeschränkte Vollmacht]; **alci potestatem inteipellandi (manendi, sui conveniendi) dare** *od.* **facere** jmdm. die Möglichkeit *od.* Erlaubnis geben; **potestatem sui facere alci** sich jmdm. zur Verfügung stellen *od.* sich m. jmdm. in ein Gefecht einlassen *od.* jmdm. Audienz geben; **populi potestatem facere** dem Volk anheim stellen; **~ fit** es bietet sich eine Gelegenheit; **data est ~ augendae dignitatis; liberius vivendi fuit ei ~** er konnte, durfte freier leben; **~ est** *m. Inf.* es ist möglich, man kann, man darf.

pōtīcius, ī *m (Plaut.)* Kind.

potin? *(Kom.) = potisne? s. potis I.*

● **pōtiō¹,** iōnis *f (poto)* ❶ das Trinken; **in media potione**;
❷ Trank, Getränk; **cum cibo et potione fames sitisque depulsa est**;
❸ Gifttrank;
❹ *(Plaut.)* Arznei; **dare potionis alqd**;
❺ *(Hor.)* Liebes-, Zaubertrank.

potiō², potīre *(potis) (Plaut.)* in die Gewalt bringen von *(m. Gen.)* [**alqm servitutis** zum Sklaven machen]; *pass.* in jmds. Gewalt geraten [**hostium**].

pōtiōnātus, a, um *(potio¹) (Suet.)* der einen Liebestrank bekommen hat.

● **potior¹,** potīrī, potītus sum *(potis)* ❶ sich bemächtigen, erlangen *(meist m. Abl., bisw. m. Gen., urspr. trans.)* [**impedimentis; praedā; imperio; victoriā; auso** ein Wagnis bestehen; **regni; urbis; oppidum; laborem; regiam**]; *trans. in der Gerundivkonstr.:* **spes urbis potiundae; potiendi spe inflammati; in potiundis voluptatibus**;
❷ *(poet.)* *einen Ort* erreichen *(m. Abl.)* [**monte; campo**];
❸ etw. besitzen, (inne)haben *(m. Abl., Gen. od. Akk.)* [**summā imperii; oppido; mari** die Herrschaft zur See; **rerum** im Besitz der Macht sein; **gaudia** haben, genießen; **commoda**];
/ poet. u. nachkl. Formen auch nach der 3. Konjugation, z. B. poterētur, Gerundiv meist potiundus, selten potiendus.

● **potior²,** ius *Komp. v. potis.*

● **potis,** e **I.** *Pos.* vermögend, mächtig, *meist präd. in Verbindung m. esse:* potis sum ich bin

P

im Stande, ich kann = *possum;* potis est er (sie) vermag, kann = *potest:* **non ~ est cerni**; – *bisw. ohne esse:* **pote (est)** es ist möglich: **quid pote simplicius?** was kann einfacher sein?; **quantum pote** so bald wie möglich; **qui pote est?** wie ist es möglich?; – *potin? (Kom.) = potisne?*;
II. *Komp.* **potior,** ius vorzüglicher, wichtiger, besser, tüchtiger, würdiger [**libertas; sententia**]; **cives potiores quam peregrini; nihil mihi potius fuit, quam ut** nichts war dringlicher; **mortem servitute potiorem ducere** vorziehen; – *Adv.* **potius** vielmehr, eher, lieber;
III. *Superl.* **potissimus,** a, um der vorzüglichste, wichtigste, hauptsächlichste [**cura; nobilitas; causa**]; – *Adv.* **potissimum** hauptsächlich, vornehmlich, gerade.

Potītius, a, um *patriz. röm. nomen gentile, s. Pinarius.*

pōtitō, pōtitāre *(Intens. v. poto) (Plaut.)* tüchtig trinken.

pōtiuncula, ae *f (Demin. v. potio¹) (nachkl.)* mäßiger Trank.

● **potius** *s. potis.*

pōtō, pōtāre, pōtāvī, pō(tā)tum ① (viel) trinken [**vinum; ex fonte; cornibus** aus; **aquam**]; *(übtr.)* **ista Stoicorum magis gustata quam potata delectant**;
② zechen, saufen [**totos dies**]; **frui voluptate potandi**;
③ *(poet.; nachkl.) (übtr.)* einsaugen; **vestis sudorem potat; vellera fucum potantia**;
④ *(spätl.)* zu trinken geben;
⑤ *(Plaut.)* sich antrinken [**crapulam**];
/ *P. Adj.* **pōtus,** a, um **a)** *(pass.)* (aus-)getrunken; **b)** *(akt.)* der (reichlich) getrunken hat; angetrunken, berauscht; **domum bene ~ redire.**

pōtor, tōris *m (poto) (poet.; nachkl.)* ① Trinker [**Rhodani** Anwohner der Rhône];
② Säufer, Zecher.

pōtōrium, ī *n (poto) (Plin.)* Becher.

pōtrīx, īcis *f (potor) (Phaedr.)* Trinkerin, Säuferin.

potuī *Perf. v. possum.*

pōtulentum, ī *n (potulentus)* Getränk.

pōtulentus, a, um *(potus) (nachkl.)* ① trinkbar;
② betrunken.

pōtus¹, a, um *s. poto.*

pōtus², ūs *m (poto)* ① das Trinken, Trunk [**immoderatus**];
② *(nachkl.)* Trank, Getränk.

P. R. *Abk. f. populus Romanus.*

● **prae I.** *Präp. b. Abl.* ① *(räuml.)* vor, vor … her, *nur in folg. Verbindungen:* **prae se agere** vor sich hertreiben [**armentum**]; **prae se mittere; prae se ferre** *u.* **gerere** vor sich hertragen [**dona**]; *übtr.* zur Schau tragen, offen an den Tag legen [**facinus; animum erectum**]; **prae se iactare** sich brüsten; **prae manu** zur Hand, bei der Hand: **pecuniam prae manu non habere**;
② *(übtr.)* **a)** im Vergleich zu, gegen(über); **Romam prae Capua contemnit; prae omnibus unus** mehr als alle; **b)** *(kausal, klass. nur vom hindernden Grund in neg. Sätzen)* vor, wegen; **reliqua prae lacrimis scribere non possum** *(Cic.);* **prae maerore loqui non potuit** *(Cic.);* **prae ira; prae laetitia;**
II. *Adv.* ① *(Kom.)* voran, voraus; **~ ire; i prae, sequar**;
② *prae quam od. praequam* im Vergleich m. dem, dass;
III. prae- *als Präfix* ① vorn, an der (die) Spitze [**praeacutus, praeferratus, praeficio, praeligo, praesum**];
② voraus, voran [**praefero, praegredior, praemitto**];
③ vorbei [**praefluo**];
④ vorzeitig [**praematurus**];
⑤ *(steigernd)* vor andern, überaus, sehr [**praealtus, praedives**].

prae-acūtus, a, um vorn zugespitzt [**cuspis**].

prae-altus, a, um ① sehr hoch [**mons; iugum**];
② sehr tief [**mare; paludes**].

prae-ambulō, ambulāre *(Mart.)* vorangehen.

praeambulus, a, um *(praeambulo) (Mart.)* vorangehend [**mater**].

● **praebeō,** praebēre, praebuī, praebitum *(prae u. habeo)* ① hinhalten, darreichen [**praecordia ferro; cibum de manu; immotam cervicem; alci aures** jmdm. Gehör schenken; **terga** die Flucht ergreifen, fliehen];
② geben, gewähren, liefern [**aquam; sumptum; alci panem; vestem; navigia; equos; equites regi** stellen; *übtr.* **speciem** den Anblick gewähren, erscheinen; **exempla** bieten];
③ preisgeben, überlassen [**se telis hostium** sich aussetzen; **alqm hosti ad caedem**];
④ *(übtr.)* zeigen, beweisen, erweisen [**operam; honorem; fidem alci in periculis**]; – *se ~ m. präd. Akk.* sich zeigen, sich erweisen als [**se talem ducem; se attentum auditorem; se liberalem in amicos; in malis se hominem; se moderatum; se dignum suis maioribus**]; – *se ~ m. Abl. qual.:* **pari se diligentiā ~** sich gleich umsichtig zeigen;
⑤ verursachen, bewirken, machen, erregen [**gaudium; ludos; tumultum; sonitum; terrorem; suspicionem insidiarum** einflößen; **admirationem sui**];
⑥ *(poet.)* erlauben, geschehen lassen *(m. Inf.);* **praebuit ipsa rapi** ließ sich entführen.

prae-bibō, bibere, bibī, – zutrinken [**venenum alci**].

praebitor, ōris *m (praebeo)* Lieferant.

prae-calidus, a, um *(Tac.)* sehr warm.

prae-calvus, a, um *(Suet.)* sehr kahl.

praecantātrīx, īcis *f (praecanto) (Plaut.)* Zauberin.

prae-cantō, cantāre *(Petr.)* durch Zaubersprüche weihen.

prae-cantrīx, īcis *f = praecantatrix.*

prae-cānus, a, um *(Hor.)* vorzeitig ergraut.

prae-caveō, cavēre, cāvī, cautum **I.** *intr.* ❶ sich hüten *(vor: ab)* [**ab insidiis**]; **providens et praecavens;**
❷ Vorsorge, Vorkehrungen treffen; **id ne accideret, sibi praecavendum Caesar existimabat** *(Caes.)*; **satis undique provisum atque praecautum, ne** *(Liv.)*;
❸ für jmd. sorgen, jmd. schützen vor *(alci; vor, gegen etw.: a re)* [**decemviris ab ira et impetu multitudinis**];
II. *trans.* etw. verhüten, *einer Sache* vorbeugen [**iniurias**]; **illud praecavendum est mihi.**

prae-cēdō, cēdere, cessī, cessum **I.** *intr.* vorangehen [**recto itinere**]; **insignis inter eos praecedens consulis filius;** *auch v. Abstr.:* **fama ad alcis aures praecedit;** – *v. Sachen* = vorangetragen werden: **praecedentibus facibus;**
II. *trans.* ❶ *(poet.; nachkl.)* vor etw., vor jmdm. gehen [**custodes; agmen** vor dem Zug, Heer; **alqm in tribunatu** (zeitlich) vorangehen];
❷ *(übtr.)* übertreffen [**omnes sapientiā**]; **Helvetii reliquos Gallos virtute praecedunt** *(Caes.)*.

prae-celer, celeris, celere *(Plin.)* sehr schnell; **praeceleri fugā.**

praecellēns, *Gen.* entis *(P. Adj. v. praecello)* hervorragend, ausgezeichnet, vorzüglich [**magnitudine**]; **vir et animo et virtute ~; formā praecellente.**

prae-cellō, cellere, – – **I.** *intr. (vor- u. nachkl.)* ❶ sich auszeichnen, sich hervortun [**arte; odore; per nobilitatem**];
❷ herrschen über *(m. Dat.)* [**genti**];
II. *trans. (nachkl.)* übertreffen, überragen [**alqam fecunditate**].

prae-celsus, a, um *(Verg.)* sehr hoch [**rupes**].

praecentiō, ōnis *f (praecino)* Musik *vor od. beim Opfer.*

prae-centō, centāre *(canto) die Zauberformel* vorsprechen, vorsingen.

prae-cēpī *Perf. v. praecipio.*

● **prae-ceps,** *Gen.* cipitis *(ohne Komp. u. Superl.; Adv. praeceps) (caput)* ❶ m. dem Kopf voran, kopfüber; **alqm praecipitem deicere** jmd. herabstürzen; **alqm de muro praecipitem mittere** kopfüber hinabstürzen; **~ ad terram datus** zu Boden geworfen; **se praecipitem e vertice scopulorum iacĕre; ~ curru ab alto desilit; ab equo ~ decidit in arva; alqm praecipitem in undas proicere;**
❷ *(v. Örtl.)* steil, abschüssig, schroff [**mons; fossa; locus**]; *(übtr.)* **via vitae ~ ac lubrica; iter ad malum ~;** – *Subst. n* abschüssige Stelle, Abgrund, jähe Tiefe; steile Höhe: **in praeceps (de)ferri** jäh hinabstürzen; **in praeceps pervenitur; per praecipitia fugere; turris in praecipiti stans;** – *Adv.* praeceps jählings, in die (der) Tiefe [**trahere** in die Tiefe reißen];
❸ *(übtr.)* ins Verderben stürzend, verderblich, gefährlich [**libertas; alea; victoria; remedium** rasch wirkendes = gefährliches]; **in tam praecipiti tempore;** – *Subst. n* Abgrund, große Gefahr, Verderben: **rem publicam in praeceps dare; aeger est in praecipiti;** – *Adv.* praeceps in Gefahr: **famam alcis praeceps dare** in Gefahr bringen;
❹ sich abwärts bewegend, sich neigend, geneigt; **sol ~ in occasum;**
❺ *(v. der Zeit)* sich neigend, zu Ende gehend [**autumnus; senectus**]; **tempus in noctem ~;**
❻ *(v. Leidenschaften u. Personen)* zu etw. geneigt, hingezogen; **~ in avaritiam et crudelitatem animus; homo ~ in iram; ~ ad explendam cupidinem;**
❼ Hals über Kopf, eilig, *(übh.)* schnell *(auch v. Lebl.)* [**amnis** reißend; **procella; ventus** stürmisch; **nuntii; profectio; fuga; letum**]; **praecipites fugae se mandabant; alqm praecipitem agere** jagen, treiben; **~ amensque cucurri; ~ curru desilit; apes praecipites cadunt;** – *Adv.* praeceps Hals über Kopf: **praeceps in exilium acti;**
❽ übereilt, unbesonnen [**cogitatio; oratio; legatio; audacia**]; **~ et effrenata mens; ~ et immaturum consilium;**
❾ jählings, blindlings; **alqs ~ cadit** stürzt ins Verderben; **in gloriam ~ agebatur; ab inimicis ~ agor** von F. werde ich ins Verderben getrieben; **homo ad poenam exitiumque ~** blindlings entgegeneilend.

praeceptiō, ōnis *f (praecipio)* ❶ *(nachkl.) (b. Erbschaften u. Ä.)* das Empfangsrecht im Voraus, das Vorausvermächtnis, der Voraus; **praeceptionem quadringentorum milium dedit** *(Plin.)*;
❷ *(philos. t. t.)* Vorstellung;
❸ Unterweisung, Lehre [**Stoicorum;** *(in, über etw.: Gen.)* **recti**];
❹ *(spätl.)* Vorschrift, Anordnung; kaiserl. Befehl.

praeceptīvus, a, um *(praecipio) (Sen.)* vorschreibend.

● **praeceptor,** ōris *m (praecipio)* Lehrer *(in etw.: Gen.)* [**philosophiae; recti bonique**].

praeceptrīx, īcis *f (praeceptor)* Lehrerin.

● **praeceptum,** ī *n (praecipio)* ❶ Vorschrift, Befehl, Auftrag, Verordnung [**imperatoris**]; **prudenter facit, qui -o legis obtemperat;**
❷ Rat [**amicorum**];
❸ Lehre, Regel [**philosophorum** *u.* **philo-**

P

sophiae philos. Lehre; **rhetorum**]; **-a tradere; dare -a dicendi; abundare -is philosophiae.**

praeceptus *P.P.P. v. praecipio.*

prae-cerpō, cerpere, cerpsī, cerptum *(carpo)*
① *(Ov.)* vor der Zeit pflücken [**messes**];
② *(übtr.)* vorwegnehmen; wegnehmen, entziehen [**gratiam novitatis**]; **non praecerpo fructum officii tui** *(Cic.).*

prae-cessī *Perf. v. praecedo.*

praecessus *P.P.P. v. praecedo.*

praecīdāneus, a, um *(prae u. caedo) (spätl.)*
① als Voropfer geschlachtet;
② *(übtr.)* vorhergehend.

prae-cīdō, cīdere, cīdī, cīsum *(caedo)* ① vorn abschneiden, abhauen, abschlagen [**capillos; barbam; manum alci gladio; ancoras** die Ankertaue kappen; *übtr.* **linguam alci** jmd. zum Schweigen bringen, jmdm. das Wort abschneiden; **traducem; iter**]; **medici membra praecidunt;**
② *(übtr.)* nehmen, entziehen [**spem alci; dubitationem; sibi reditum; sibi libertatem vivendi**];
③ *(übtr.)* etw. abschlagen, verweigern; **plane sine ulla exceptione praecidit** *(Cic.)*;
④ sich kurz fassen, *auch m. brevi;* **brevi praecidam; praecide** mach es kurz;
⑤ *(übtr.)* schnell abbrechen [**amicitias**];
⑥ zerschneiden.

praecīnctūra, ae *f (praecingo)* Umgürtung.

prae-cingō, cingere, cīnxī, cīnctum ① (um-)gürten; *mediopass. praecingi* sich gürten [**ense**];
② *(poet.; nachkl.)* aufschürzen; **pueri recte praecincti;**
③ *(poet.; nachkl.)* umgeben, umkränzen [**capillos flore; fontem vallo; litora muro**]; **tellus praecincta circumfluo mari** *(Plin.).*

prae-cinō, cinere, cinuī *u.* cecinī, – *(cano)* **I.** *intr.* ① vorspielen, vorblasen, ertönen, erklingen *(alci: jmdm. od. vor jmdm.; alci rei: vor od. bei etw.)*; **et deorum pulvinaribus et epulis magistratuum fides praecinunt;**
② *(Tib.)* eine Zauberformel hersagen;
II. *trans.* etw. vorhersagen, prophezeihen [**cursum sideris; responsa; futura; fugam**].

prae-cīnxī *Perf. v. praecingo.*

praecipes *(altl.) = praeceps.*

● **prae-cipiō,** cipere, cēpī, ceptum *(capio)* ① voraus-, vorwegnehmen [**iter, spatium** einen Vorsprung gewinnen; **aliquantum viae; pecuniam mutuam** im Voraus borgen]; **tempore praecepto** wegen des Zeitvorsprungs; **mons a Lusitanis praeceptus** vorher besetzt; **seges praecipitur** reift zu schnell;
② *(nachkl.) (jur. t. t.)* etw. im Voraus bekommen, etw. im Voraus erben [**dotem**];
③ im Voraus genießen, im Voraus empfinden [**laudem; gaudia suppliciorum vestrorum** sich im Voraus freuen auf; **spem** im Voraus hoffen];
④ im Voraus kennen lernen, im Voraus erfahren [**rem famā**];
⑤ *einer Sache* vorgreifen *(alqd re: m. etw.)* [**cogitatione** *(od.* **opinione, animo) futura** sich vorstellen]; *(abs.)* **non praecipiam** ich will nicht vorgreifen; **veneno fata praecepit; iam animo victoriam praecipiebant** *(Caes.)* sahen sich als Sieger;
⑥ vorschreiben, befehlen, verordnen, verfügen *(alci alqd od. de re; m. ut, ne, auch m. bl. Konj.; m. Inf.; m. indir. Frages.)*; **D. Claudius edicto praecepit;**
⑦ lehren, unterrichten *(alqd, alci alqd od. de re; m. A. C. I.)* [**artem nandi; humanitatem; de agricultura**]; – *Subst.* praecipientēs, tium *m* die Lehrer.

praecipitanter *Adv. (praecipito) (Lucr.)* Hals über Kopf.

praecipitātiō, ōnis *f (praecipito) (Sen.)* das Herabstürzen.

praecipitium, ī *n (praeceps) (nachkl.)* Abgrund.

● **praecipitō,** praecipitāre *(praeceps)* **I.** *trans.*
① kopfüber hinabstürzen, -werfen [**saxa (ex, de) muro; pilas in mare; currum scopulis; flumina** Wasserfälle bilden; **equites ex equis; se de turri; se in fossas**]; – *mediopass. praecipitari* sich hinabstürzen, *v. Gestirnen* rasch untergehen: **lux praecipitatur aquis** *(Dat.)* die Sonne senkt sich dem Wasser zu; – *Part. Perf.* praecipitātus zu Ende gehend, sinkend [**nox**]; **nunc aetate praecipitatā** jetzt, da es mit dem Leben zu Ende, bergab geht;
② *(übtr.)* jmd. stürzen, ins Verderben stürzen, zugrunde richten [**alqm ex altissimo dignitatis gradu; rem publicam; spem** zunichte machen]; **in tanta mala praecipitatus;**
③ etw. beschleunigen, überstürzen [**consilia**]; **furor iraque mentem praecipitant;**
④ *(Verg.) m. Inf.* zu etw. drängen; **sociis dare tempus humandis praecipitant curae;**
II. *intr.* ① (sich) kopfüber hinabstürzen, jählings (herab)fallen [**in fossam**]; **Nilus praecipitat ex montibus; in amni praecipitante;** *(übtr.)* ~ **istuc quidem est, non descendere** *(Cic.)*;
② *(übtr.)* rasch eilen, in etw. hineingeraten [**in insidias**];
③ sich zu Ende neigen, zu Ende gehen; **hiems iam praecipitaverat; sol praecipitans** sich dem Untergang nähernd; **tribunatus alcis praecipitat;**
④ zugrunde gehen, sinken; **patria praecipitans.**

praecipuē *Adv. (v. praecipuus)* vorzugsweise, besonders.

praecipuum, ī *n (praecipuus)* ① das Vorzüg-

liche; Vorzug, Vorrecht; **homini praecipui a natura nihil datum est** *(Cic.)*;
❷ *(Suet.) (jur. t. t.)* das Vorausvermachte, der Voraus *(der Erbschaft)*;
❸ *Pl.* **a) -a rerum** *(Tac.)* das Wichtigste; **b)** *(in der stoischen Philosophie)* vorzügliche Dinge, Vorzügliches *(Dinge, die zwar an sich nicht gut sind, aber der Tugend am nächsten stehen)*.

● **praecipuus,** a, um *(praecipio)* ❶ eigentümlich, ausschließlich, ein besonderer [**fortuna; pietas**]; **-am sortem periculi petere**;
❷ vorzüglich, außerordentlich, hervorragend [**gloria; praemia**]; **-o iure esse** eine bevorzugte Stellung haben; **artis -ae opus; ~ philosophorum; ~ amicorum** der beste Freund; **vir ~ corpore viribusque; Cicero in eloquentia ~**;
❸ *(nachkl.)* besonders geeignet zu etw. [**ad pericula** zum Bestehen von Gefahren; **herba dentibus**].

praecīsus, a, um *(P. Adj. v. praecido)* ❶ jäh, abschüssig [**saxum; iter**];
❷ *(rhet. t. t.)* abgebrochen, abgekürzt, kurz; / *Adv.* **praecīsē a)** abgekürzt, kurz [**alqd dicere**]; **b)** schlechthin [**negare**].

praeclāra, ōrum *n (praeclarus)* Kostbarkeiten.

● **prae-clārus,** a, um ❶ *(poet.)* sehr hell, sehr klar [**lux; sol**];
❷ *(übtr.)* sehr deutlich; **-e scribere; -e alqd explicare; -e memini**;
❸ *(übtr.)* glänzend, herrlich, ausgezeichnet [**vultus; poēta; urbs; facinus; gens bello;** *(in etw.: in u. Abl. od. m. Gen.)* **homo in philosophia, eloquentiae, fidei**]; **-um est** *(m. A. C. I. od. m. Inf.)* es ist sehr ehrenvoll;
❹ sehr bekannt, berühmt [**orator**];
❺ berüchtigt; **sceleribus suis ferox atque ~**.

prae-clūdō, clūdere, clūsī, clūsum *(claudo)* verschließen, versperren, *auch übtr.* [**portas; portūs classi; horrea; introitūs; vocem alci** jmdm. das Maul stopfen; **alci orbem terrarum**].

praecō, ōnis *m (praedico*[1]*)* ❶ Ausrufer, Herold *(b. den Gerichtssitzungen in den Komitien, b. öffentl. Spielen, Aufzügen, b. Versteigerungen u. a.)*; **per praeconem vendere alqd** etw. öffentl. zum Verkauf anbieten lassen; **bona praeconi** *(od.* **sub praeconem** *od.* **voci praeconis***)* **subicere** unter den Hammer bringen;
❷ *(übtr.)* Verkündiger, Lobredner [**virtutis**].

prae-cōgitō, cōgitāre vorher überlegen [**facinus**].

prae-cōgnōscō, cōgnōscere, –, cōgnitum vorher erfahren, vorher erkennen.

prae-colō, colere, coluī, cultum ❶ vorher bearbeiten, bilden;
❷ *(Tac.)* sich vorschnell hingeben, vorschnell verehren [**nova**].

prae-compositus, a, um *(Ov.)* vorher einstudiert [**vultus; ōs** Miene].

praecōnium, ī *n (praeconius)* ❶ Ausruferamt, Heroldsdienst; **-um facere** Ausrufer sein;
❷ *(meton.)* öffentl. Bekanntmachung, Veröffentlichung [**famae**];
❸ *(übtr.)* Verherrlichung, Lobpreisung [**laborum**];
❹ *(Eccl.)* Verkündigung.

praecōnius, a, um *(praeco)* eines Ausrufers, Herolds-.

praecōnor, praecōnārī *(praeco) (Mart.)* verkünden, preisen.

prae-cōnsūmō, cōnsūmere, cōnsūmpsī, cōnsūmptum *(Ov.)* vorher verzehren, vorher aufbrauchen [**suas vires bello**]; *übtr.* jmd. vorher aufreiben.

prae-contrectō, contrectāre *(Ov.)* vorher betasten.

prae-coquis, e *s. praecox.*

prae-cordia, ōrum *n (cor)* ❶ Zwerchfell; **Plato cupiditatem subter praecordia locavit**;
❷ Eingeweide, *bes.* Magen;
❸ Brust(korb); **-a ferro rumpere**;
❹ *(poet.) (übtr.)* Brust, Herz *(als Sitz der Empfindungen)* [**ferrea**]; **redit in -a virtus; cogere dolorem intra -a**;
❺ Gefühl, Gemüt, Gesinnung; **verax aperit ~**.

prae-corrumpō, corrumpere, corrūpī, corruptum *(Ov.)* vorher bestechen [**alqm donis**]; jmd. vorher gegen jmd. einnehmen.

prae-cox, *Gen.* cocis *u.* **-coquis,** e *(coquo)* ❶ *(nachkl.)* frühreif [**fructus; arbores** vorzeitig tragend];
❷ *(vor- u. nachkl.) (übtr.)* vorzeitig, voreilig, vorschnell [**risus; pugna; fuga**].

prae-cucurrī *s. praecurro.*

praecultus *P.P.P. v. praecolo.*

prae-cupidus, a, um *(Suet.)* sehr begierig nach *(m. Gen.)*.

praecurrentia, ium *n (praecurro)* das Vorhergehende.

prae-currō, currere, (cu)currī, cursum ❶ vorauslaufen, -eilen, *auch v. Lebl. (abs., präp. od. trans.)*; **propere praecurrit; equites praecurrunt** reiten voraus; **eo iam fama praecurrerat de proelio**;
❷ *(zeitl.)* vorangehen *(m. Dat. od. Akk.)*; *sprichw.:* **alqm equis albis ~** *(Hor.)* jmd. weit hinter sich lassen;
❸ einen Vorsprung gewinnen, überholen, zuvorkommen *(abs., m. Akk. od. Dat.)* [**alqm celeritate; alcis adventum**];
❹ *(übtr.)* übertreffen *(alqm u. alci)* [**alqm nobilitate; alci studio**].

praecursātor, ōris *m (praecurro) (spätl.)* Vorreiter, -läufer; *Pl.* Vortrab.

praecursiō, ōnis *f (praecurro)* ❶ das Vorher-

P

gehen;
② *(Plin.) (milit. t. t.)* Geplänkel;
③ *(rhet. t. t.)* vorbereitende Einleitung.
praecursor, ōris *m (praecurro)* ① Vorläufer: **a)** *(Plin.)* Diener; **b)** Kundschafter;
② *Pl.* Vortrab, Vorhut.
praecursōrius, a, um *(praecursor) (Plin.)* vorauseilend; vorläufig [**epistula**].
praecursus *P.P.P. v. praecurro.*
prae-cutiō, cutere, cussī, cussum *(quatio) (Ov.)* voranschwingen [**taedas**].
● **praeda,** ae *f* ① Beute, Kriegsbeute, *auch Pl.* [*(alcis: Gen. subi. u. obi.)* **hostium** v. den Feinden gemacht; **hominum pecorumque** an Menschen u. Vieh]; **-am militibus donare; praeda ante parta; -am facere** *u.* **capere** Beute machen; **-ā potiri**;
② *(poet.; nachkl.)* Jagdbeute;
③ *(meton.)* Raub, geraubtes Gut; **ex fortunis alcis -am capere; -am de manibus amittere; tantā -ā augeri**;
④ *(übtr.)* Gewinn, Vorteil; **maximas -as facere; -am ferre**;
⑤ Plünderung; **agros -ā vastare**.
praedābundus, a, um *(praedor)* auf Beute ausgehend.
prae-damnō, damnāre ① vorher verurteilen [**collegam**];
② *(übtr.)* schon im Voraus aufgeben [**spem**].
praedātiō, ōnis *f (praedor) (Tac.)* das Beutemachen, Plündern, Rauben.
praedātor, *Gen.* ōris *(praedor)* **I.** *Subst. m* ① Plünderer, Räuber;
② *(Ov.)* Jäger [**aprorum**];
II. *Adj.* ① plündernd, räuberisch; **exercitus ~ ex sociis** die Bundesgenossen plünderndes; **ales ~** Raubvogel;
② *(Tib.) (übtr.)* gewinnsüchtig.
praedātōrius, a, um *(praedator)* auf Beute ausgehend, beutemachend, räuberisch [**navis** Seeräuberschiff; **classis; manus** Streifkorps].
praedātus, ūs *m (praedor) (Plaut.)* das Beutemachen, Plündern.
prae-dēlassō, dēlassāre *(Ov.)* vorher schwächen.
prae-dēstinō, dēstināre im Voraus bestimmen; im Voraus zum Ziel setzen [**sibi similes triumphos**].
praediātor, ōris *m (praedium)* Güteraufkäufer, Grundstücksmakler.
praediātōrius, a, um *(praediator)* die Pfändung der Güter betreffend [**lex; ius** Güterpfandrecht].
praedicābilis, e *(praedico[1])* rühmenswert.
praedicātiō, ōnis *f (praedico[1])* ① öffentl. Bekanntmachung, Veröffentlichung [**societatis**];
② das Rühmen, Lobpreisung, Lob;
③ Aussage *(über etw.: Gen.)*;
④ *(Eccl.)* Verkündigung des Evangeliums, Predigt.
praedicātor, ōris *m (praedico[1])* ① Lobredner;
② *(nachkl.)* Ausrufer [**beneficii**];
③ *(Eccl.)* **a)** Verkündiger des Evangeliums, Prediger; **b)** *(mlt.)* **fratres praedicatores** Dominikaner.
● **prae-dicō[1],** dicāre ① öffentl. ausrufen, bekannt machen [**auctionem**];
② öffentl. aussagen, äußern, behaupten, nachdrücklich hervorheben [**vera**]; **ut praedicas** wie du behauptest; **qui ingenti magnitudine corporum Germanos esse praedicabant** *(Caes.)*;
③ ankündigen [**mortem Miloni**];
④ preisen, rühmen, loben [**virtutem; multa de Caesaris meritis; falsa de se;** *(m. dopp. Akk.)* **alqm expulsorem tyranni**];
⑤ *(Eccl.)* das Evangelium verkündigen, predigen.
● **prae-dīcō[2],** dīcere, dīxī, dictum ① *(in Reden u. Schriften)* vorher, früher sagen, vorausschicken *(m. Akk.; A. C. I.; indir. Frages.)*; **praedicam, quid sentiam;** – *P.P.P.* praedictus, a, um vorher (oben) erwähnt, angekündigt [**nomen; hostium latebrae; amnis**];
② vorhersagen, prophezeien *(m. Akk.; A. C. I.)* [**futura; defectiones lunae; malum**]; **nihil adversi accidit non praedicente me**;
③ *(nachkl.)* vorher bestimmen, festsetzen *(m. Akk.)* [**horam**]; **praedictā die**;
④ vorschreiben, einschärfen, befehlen, warnen *(m. Akk.; ut, ne)*; **Pompeius suis praedixerat, ut.**
praedictiō, ōnis *f (praedico[2])* Weissagung, Prophezeiung.
praedictum, ī *n (praedico[2])* ① Weissagung [**vatum; astrologorum; deorum**];
② Befehl [**dictatoris**];
③ Verabredung; **ex -o**.
praedictus *s. praedico[2].*
praediolum, ī *n (Demin. v. praedium)* kleines Landgut.
prae-discō, discere, didicī, – vorher (kennen) lernen [**tempestates**].
prae-dispositus, a, um *(dispono)* vorher hier u. da aufgestellt [**nuntii**].
● **prae-ditus,** a, um *(do)* mit etw. begabt, versehen, ausgestattet, *(pejor.)* behaftet [**virtute; sensu divino; magno imperio; spe; metu; amentiā; immani crudelitate**].
praedium, ī *n* Landgut, Gut, Grundbesitz, -stück [**urbanum** im Weichbild der Stadt gelegen]; **tot -a, tam pulchra, tam fructuosa** *(Cic.)*.
prae-dīves, *Gen.* dīvitis sehr reich.
prae-dīvīnō, dīvīnāre *(vor- u. nachkl.)* vorausahnen.
prae-dīxī *Perf. v. praedico[2].*
● **praedō,** ōnis *m (praeda)* Plünderer, Räuber; Seeräuber; **praedonum dux; bellum praedonum; ~ urbis; ~ maritus** *(Ov.) v. Pluto, als*

Entführer der Persephone.
prae-doceō, docēre, docuī, doctum vorher unterrichten; **praedocti a duce.**
prae-domō, domāre, domuī, – *(nachkl.)* im Voraus bändigen.
praedor, praedārī *(praeda)* **I.** *intr.* ❶ Beute machen, plündern, rauben; **milites praedantes; classis multis locis praedata; licentia praedandi;**
❷ *(übtr.)* Gewinn ziehen, sich bereichern [**ex alterius inscitia; ex hereditate; in bonis alienis; de aratorum bonis**]; **omnibus in rebus ~;**
II. *trans. (poet.; nachkl.)* ❶ ausplündern, berauben [**socios**];
❷ erbeuten, rauben, wegnehmen, *auch übtr.* [**bona vivorum et mortuorum; amores alcis** jmds. Geliebte].
prae-dūcō, dūcere, dūxī, ductum vor etw. *(Dat.)* ziehen [**fossas viis**].
prae-dulcis, e ❶ *(Plin.)* sehr süß [**mel; sapor**];
❷ *(Verg.; Plin.)* sehr angenehm [**decus**].
prae-dūrō, dūrāre *(Plin.)* sehr hart machen, sehr härten.
prae-dūrus, a, um ❶ *(Plin.)* sehr hart;
❷ *(Verg.) (übtr.)* sehr abgehärtet [**corpora**].
prae-dūxī *Perf. v. praeduco.*
prae-ēmineō, ēminēre, – – *(August.)* = *praemineo.*
prae-eō, īre, iī *u.* īvī, itum ❶ voran-, vorausgehen *(m. Dat. od. Akk.)* [**consulibus; exercitui; Romam** nach Rom; *übtr.* **famam alcis** zuvorkommen]; **praeeunte carinā;**
❷ *(eine Eides- oder Gebetsformel)* vorsprechen *(m. Akk.; indir. Frages.)* [**ius iurandum; sacramentum; verba alci; carmen**], **de scripto ~; praeeunte alqā iucundā voce;**
❸ vorschreiben, verordnen; **ut decemviri praeierunt.**
praefātiō, ōnis *f (praefor)* ❶ Eingangs-, Einleitungsformel [**sacrorum; triumphi**];
❷ *(nachkl.)* Vorwort, Vorrede, Einleitung.
prae-fēcī *Perf. v. praeficio.*
praefectūra, ae *f (praefectus)* ❶ *(nachkl.)* Vorsteher-, Aufseheramt [**villae; urbis; vigilum; praetorii; annonae**];
❷ *(milit.)* Befehlshaberstelle, Kommando [**equitum Gallorum; alarum**]; **-am petere, sumere, accipere;**
❸ *(Kom.)* Richteramt;
❹ *(nachkl.)* Provinzialverwaltung, Präfektur, Statthalterschaft; **alqm ad -am Aegypti provehere;**
❺ *(meton.)* **a)** *ital., v. röm. Beamten verwaltete Kreisstadt;* **b)** *(nachkl.)* Verwaltungsbezirk; **proximas sibi -as petere.**

i Kultur ● **praefectus¹,** ī *m (praeficio) (nominal m. Gen., verbal m. Dat. verbunden)* ❶ Vorsteher, Aufseher, Kommandant, Befehlshaber [**villae; morum** *u.* **moribus** Aufseher über die Sitten; **aerarii** *u.* **aerario** Schatzmeister; **annonae** od. **rei frumentariae** Getreideaufseher, Proviantmeister *v. Rom;* **classis** *u.* **classi** Admiral; **navis** Kapitän; **custodum; urbis** *u.* **urbi** Gouverneur der Stadt Rom; **vigilum** Kommandant der vigiles *(Feuerwehr u. Sicherheitspolizei in Rom);* **nocturnae custodiae** Nachtwachtmeister; **castrorum** *u.* **castris** Lagerkommandant; **praetorii** *od.* **praetorio** *od.* **praetoriarum cohortium** Befehlshaber der Prätorianer *od.* der kaiserl. Leibwache *in Rom;* **legionis** Legat]; *(bildl.)*: **his utitur quasi praefectis libidinum suarum** *(Cic.)*;
❷ *(nachkl.)* Befehlshaber einer bundesgenössischen Truppe [**cohortis; equitum Gallorum; alae**];
❸ *außerhalb des röm. Staates:* **a)** Statthalter [**Aegypti; Alpium**], *(b. den Persern)* Satrap [**Phrygiae**]; **b)** General, Feldherr [**regis**];
❹ *(spätl.)* Burggraf; *aulae* Hausverwalter.

praefectus² *P.P.P. v. praeficio.*
● **prae-ferō,** ferre, tulī, lātum ❶ voran-, voraustragen [**insignia; dextrā lauream; fasces praetoribus; statuam Circensi pompā;** *übtr.* **adulescentulo ad libidinem facem** verleiten zu];
❷ *(übtr.)* an den Tag legen, zeigen, offenbaren [**amorem; sensūs aperte; iudicium** äußern; **alqd habitu corporis; vultu metum** verraten; **modestiam** heucheln; *(m. dopp. Akk.)* **aviam Octaviam** als Großmutter aufzuweisen haben];
❸ *(übtr.)* vorziehen, lieber wollen *(m. Akk.; alqm alci; alqd alci rei; m. Inf.)* [**puellam puellis; mortem servituti; pecuniam amicitiae; Gallorum quam Romanorum imperia**]; **virtute omnibus nationibus praeferri** voraus sein;
❹ *(nachkl.) (übtr.)* vorschützen [**speciem pietatis odio** seinen Hass unter dem Schein der Ergebenheit verbergen; **titulum officii sollemnis occulto sceleri**];
❺ *(zeitl.)* vorwegnehmen [**diem triumphi**];
❻ **se alci ~** sich vor jmdm. hervortun [**legionariis**];
❼ *mediopass.* *praeferri* an etw. vorbeieilen, -fahren, -ziehen, -reiten, *meist Part. Perf.* *praelatus (alqd od. praeter alqd);* **(praeter) castra praelati hostes.**
prae-ferōx, *Gen.* ōcis sehr wild, sehr heftig, ungestüm.
prae-ferrātus, a, um ❶ *(Plin.)* vorn m. Eisen

P

beschlagen;
② *(Plaut.) (übtr.)* in Banden geschlagen [**tribunus**].

prae-ferre *Inf. Präs. v. praefero.*

prae-fervidus, a, um ① *(Tac.)* sehr heiß [**regio**];
② *(übtr.)* glühend [**ira** Jähzorn].

prae-festīnō, festīnāre ① sich übereilen, sehr eilen *(m. Inf.)*;
② *(Tac.)* an etw. vorbeieilen *(alqd)*.

prae-fica, ae *f (facio) (vor- u. nachkl.)* Klageweib *b. Leichenbegängnissen.*

● **prae-ficiō,** ficere, fēcī, fectum *(facio)* ① jmd. an die Spitze v. etw. stellen, jmd. m. etw. beauftragen, jmdm. die Führung, Aufsicht übertragen *(alqm alci rei od. alci)* [**alqm provinciae, bello gerendo, legioni, munitioni, tantis rebus**];
② jmd. anstellen, bestellen [**alqm in exercitu** ein Kommando, eine Offizierstelle verleihen].

prae-fīdēns, *Gen.* entis zu sehr vertrauend [**sibi**].

prae-fīgō, fīgere, fīxī, fīxum ① vorn anheften, vorn anschlagen *(an etw.: Dat., in u. Abl. od. ad)* [**arma puppibus; capita in hastis**]; **ripa erat praefixis sudibus munita** durch vorn am Ufer eingeschlagene Pfähle;
② vorn m. etw. beschlagen, vorn m. etw. versehen; **ferro praefixae hastae;**
③ *(Tib.)* durchbohren.

prae-fīniō, fīnīre vorher bestimmen, vorher festsetzen [**diem; sumptum funerum; alqd restricte**]; **ad praefinitum tempus; ~ non est meum;** – *Adv. (Abl. des P.P.P.)* praefīnītō nach Vorschrift [**loqui**].

prae-fiscinē *u.* **-nī** *Adv. (fascino) (vor- u. nachkl.)* unberufen.

prae-fīxī *Perf. v. praefigo.*

praefīxus *P.P.P. v. praefigo.*

prae-flōrō, flōrāre *(flos)* vorher der Blüte berauben [*übtr.* **gloriam victoriae**].

prae-fluō, fluere, – – vorbeifließen *(an etw.: alqd)* [**regna Dauni; Noricam provinciam**]; **infimā valle praefluit Tiberis.**

prae-fōcō, fōcāre *(fauces) (Ov.)* erwürgen, ersticken.

prae-fodiō, fodere, fōdī, fossum *(poet.)* ① vor etw. *(Akk.)* einen Graben ziehen [**portas**];
② vorher vergraben [**aurum**].

(prae-for), fārī *(nur in einzelnen Formen vorkommend* [*s. u.*]*)* ① *(mündl. od. schriftl.)* vor etw. anderem sagen, vorausschicken *(abs.; alqd, alqd alci rei; m. A. C. I.)*;
② vorsagen, -beten; **decemviri carminibus** *(Abl.)* **praefabantur** vorsagten = vorschrieben;
③ *(poet.)* vorher anrufen [**divos**];
④ vorhersagen, wahrsagen;
/ *gebräuchliche Formen: prae-fatur, -famur, -fabantur, -farentur, -fati sumus, -fari, -fante, -fantes, -fandus.*

praefrāctus, a, um *(P. Adj. v. praefringo) (übtr.)* schroff, hart, streng *(bes. in der Schreibweise)* [**Thucydides**]; *(vom Char.)* rücksichtslos.

prae-frēgī *Perf. v. praefringo.*

prae-frīgidus, a, um *(Ov.)* sehr kalt [**auster**].

prae-fringō, fringere, frēgī, frāctum *(frango)* vorn *od.* oben abbrechen [**hastas; arbores**]; **praefracto rostro;** *(vgl. praefractus).*

prae-fuī *Perf. v. praesum.*

prae-fulciō, fulcīre, fulsī, fultum *(übtr.)* ① *(Plaut.)* als Stütze gebrauchen; **omnibus parvis magnisque ministeriis praefulciri** vorgeschoben werden zu;
② vorbauen, unterstützen.

prae-fulgeō, fulgēre, fulsī, – ① *(poet.)* hell leuchten, hervorleuchten, glänzen *(von etw.: Abl.)*; **pellis praefulgens unguibus aureis;**
② *(nachkl.) (übtr.)* sich auszeichnen [**consulari decore**].

prae-gelidus, a, um sehr kalt [**Alpes; loca**].

prae-gestiō, gestīre sich sehr freuen *(m. Inf.)* [**ludere**].

prae-gnāns, *Gen.* antis *u. (vorkl.)* **praegnās,** *Gen.* ātis *([g]nascor)* ① schwanger [**soror**]; trächtig [**equa**]; **facere alqam praegnantem;**
② *(Plaut.) (übtr.)* derb [**plagae** tüchtige Hiebe];
③ *(Iuv.; Plin.) (übtr.)* strotzend, voll von; **~ veneno vipera; fusus** (Spindel) **stamine ~.**

prae-gracilis, e *(Tac.)* sehr hager, sehr mager.

prae-grandis, e *(nachkl.)* ① überaus groß, riesig [**membra**];
② *(übtr.)* gewaltig [**senex** *v. Aristophanes*].

prae-gravis, e ① *(poet.; nachkl.)* sehr schwer [**onus**];
② *(übtr.)* sehr schwerfällig, sehr unbeholfen; **~ corpore;**
③ *(Tac.) (übtr.)* überladen [**cibo vinoque**];
④ *(nachkl.) (übtr.)* sehr drückend, sehr lästig [**servitium**].

prae-gravō, gravāre **I.** *trans.* ① sehr belasten, beschweren [**scuta telis**];
② *(übtr.)* niederdrücken, belästigen [**animum**];
③ *(Hor.) (übtr.)* verdunkeln [**artes**];
II. *intr. (nachkl.)* überwiegen, das Übergewicht haben; **praegravant cetera facta dictaque eius** *(Suet.).*

prae-gredior, gredī, gressus sum *(gradior) (m. Akk.)* ① vorangehen [**agmen; alqm pedibus**];
② zuvorkommen [**nuntios**];
③ an etw. vorbeigehen, entlanggehen, vorbeimarschieren [**fines**].

praegressiō, ōnis *f (praegredior) das* Vor(her)gehen, Vorrücken [**stellarum;** *übtr.* **causae**].

praegressus[1] *P. P. Akt. v. praegredior.*

praegressus², ūs *m (praegredior)* das Vorschreiten; *übtr.* Entwicklung, *Pl.* Entwicklungsstufen.

praegūstātor, ōris *m (praegusto)* Vorkoster *v. Speisen u. Getränken [übtr.* **libidinum tuarum**].

prae-gūstō, gūstāre *(poet.; nachkl.)* ❶ vorher kosten [**cibos; potum regis**];
❷ *(übtr.)* vorher genießen [**voluptates**];
❸ vorher zu sich nehmen [**medicamina**].

prae-hibeō, hibēre *(habeo) (Plaut.) = praebeo.*

prae-iaceō, iacēre, – – *(nachkl.)* vor etw. liegen *(m. Akk. od. Dat.)*; **campus, qui castra praeiacet; vastum mare praeiacens Asiae.**

prae-iī *Perf. v. praeeo.*

praeiūdicātum, ī *n (praeiudico)* ❶ Vorentscheidung;
❷ etw. im Voraus Entschiedenes; **pro -o ferre** im Voraus für entschieden halten.

prae-iūdicium, ī *n* ❶ *(jur. t. t.)* Vorentscheidung, Präjudiz; **-is omnibus reum liberare**;
❷ vorgefasstes Urteil; **-um tantae rei facere**;
❸ maßgebendes Beispiel; **Pompeius vestri facti -o demotus Italiā excessit** *(Caes.)*;
❹ schlimme Aussichten [**belli** für den Krieg].

prae-iūdicō, iūdicāre im Voraus entscheiden, im Voraus beurteilen [**de maiore maleficio**]; **re saepe praeiudicata;** *(jur)* **causa criminalis non praeiudicat civili** greift nicht vor; – *bes. P.P.P.* **praeiūdicātus,** a, um im Voraus entschieden *od.* beurteilt [**res; nihil; opinio** Vorurteil].

prae-iuvō, iuvāre, iūvī, – *(Tac.)* vorher unterstützen [**affectam fidem** dem wankenden Kredit aufhelfen].

prae-lābor, lābī, lāpsus sum vorbeigleiten *(an etw.: Akk.)* [**flumina rotis** vorbeifahren]; **praelabitur piscis.**

prae-lambō, lambere, – – *(Hor.)* vorher belecken; **mus praelambens omne quod affert.**

prae-largus, a, um *(Pers.)* sehr reichlich.

praelātus¹ *P.P.P. v. praefero.*

praelatus², ī *m (mlt.)* geistl. Würdenträger, Prälat.

prae-lautus, a, um *(Suet.)* prachtliebend.

praelēctiō, ōnis *f (praelego) (nachkl.)* das Vorlesen.

prae-legō, legere, lēgī, lēctum *(nachkl.)* ❶ vorlesen [**Vergilium**];
❷ vorbeisegeln *(an etw.: Akk.)* [**Campaniam; oram Lyciae**].

prae-ligō, ligāre ❶ vorn anbinden *(alqd alci rei)* [**fasces virgarum cornibus boum**];
❷ zubinden, verbinden [**ōs folliculo; vulnera**]; *(übtr.)* **praeligatum pectus** *(Plaut.)* ein verstocktes Herz;
❸ *(nachkl.)* m. etw. umbinden [**coronam auream candidā fasciā**];
❹ *(Petr.)* bedecken, verhüllen [**capita vestibus**].

praelocūtus *P. P. Akt. v. praeloquor.*

prae-longō, longāre *(praelongus) (Plin.)* sehr verlängern.

prae-longus, a, um sehr lang [**gladius; hasta; cauda**].

prae-loquor, loquī, locūtus sum ❶ *(Plaut.)* jmdm. das Wort wegnehmen, zuerst sprechen;
❷ *(nachkl.)* ein Vorwort vorausschicken, einleitend sagen.

prae-lūceō, lūcēre, lūxī, – ❶ *(poet.; nachkl.)* vorleuchten *(abs.; alci jmdm.; alci rei zu etw.)*; **faces praeluxerunt; servus praelucens; ignis praelucet facinori** *(Phaedr.)*;
❷ hervorleuchten lassen; **amicitia bonam spem praelucet in posterum** wirft ein freudiges Hoffnungslicht in die Zukunft;
❸ *(Hor.) (übtr.)* überstrahlen, übertreffen *(m. Dat.)*; **nullus sinus praelucet Baiis.**

prae-lūcidus, a, um *(Plin.)* sehr hell, leuchtend hell.

prae-lūdō, lūdere, lūsī, – *(nachkl.)* vorspielen, ein Vorspiel machen; eine Probe abhalten.

praelūsiō, ōnis *f (praeludo) (Plin.)* Vorspiel.

prae-lūstris, e *(vgl. illustris) (Ov.)* sehr glänzend, sehr vornehm, allzu hoch; **praelustria vitare.**

prae-lūxī *Perf. v. praeluceo.*

praemandātum, ī *n (praemando¹)* Steckbrief; **alqm -is requirere** jmd. steckbrieflich verfolgen.

prae-mandō¹, mandāre *(Plaut.)* ❶ im Voraus empfehlen;
❷ im Voraus auftragen, bestellen [**puerum**];
❸ einen Steckbrief erlassen.

prae-mandō², mandere, – – *(Gell.) (übtr.)* vorkauen, genau erklären.

prae-mātūrus, a, um vorzeitig, frühzeitig [**exitus; hiems**].

prae-medicātus, a, um *(Ov.)* vorher m. Zaubermitteln versehen.

praemeditātiō, ōnis *f (praemeditor)* das Vorherbedenken [**futurorum malorum**].

prae-meditor, meditārī vorher bedenken, vorher erwägen, sich auf etw. gefasst machen *(abs.; Akk.; A. C. I.; indir. Frages.)*; – *Part. Perf.* praemeditātus *auch pass.* [**mala**]; **nihil cogitati praemeditatique.**

prae-mercor, mercārī *(vor- u. nachkl.)* vorher kaufen.

prae-metuō, metuere, – – ❶ *(poet.)* im Voraus fürchten [**iras alcis**]; – *P. Adj.* **praemetuēns,** *Gen.* entis vorher fürchtend, vorher in Angst *(m. Gen.)* [**doli**];
❷ im Voraus um jmd. besorgt sein, im Voraus für jmd. fürchten *(alci)*; **Caesar praemetuens suis.**

prae-mineō, minēre, – – ❶ hervorragen;
❷ *(nachkl.) (übtr.)* übertreffen *(an etw.: Abl.)*.

prae-ministrō, ministrāre *(Gell.)* ❶ aufwar-

P

ten [**magistratibus** *v. den Liktoren*];
❷ darreichen.

prae-minor, minārī *(spätl.)* im Voraus androhen.

praemior, praemiārī *(praemium) (Suet.)* sich eine Belohnung ausbedingen.

● **prae-mittō,** mittere, mīsī, missum ❶ vorausschicken [**nuntium; alqm cum nave; alqm a portu domum; ad eos equites; legatum cum cohortibus ad flumen; impedimenta ad castra; alci litteras odiosas**];
❷ *(nachkl.) (übtr., mündl. od. schriftl.)* vorausschicken;
❸ vorausmelden lassen *(m. A. C. I.).*

● **praemium,** ī *n (prae u. emo)* ❶ Vorteil, Vorrecht, Vorzug, *Pl. auch* Gaben, Schätze [**fortunae; vitae**];
❷ Lohn, Belohnung, Auszeichnung, Preis; **-um (ex)ponere** aussetzen; **-um proponere** anbieten; **-o alqm afficere** *od.* **donare** jmd. belohnen; **alci -um tribuere, dare, persolvere, reddere; persuadere alci magnis -is; legibus -a proposita sunt virtutibus**;
❸ *(poet.; nachkl.)* Gewinn, Beute [**venationis; pugnae**];
❹ *(Ov.) (iron.)* = Strafe; **cape -a facti**;
❺ *(Verg.) (meton.)* belohnenswerte Tat, Heldentat [**magnum**].

prae-molestia, ae *f* im Voraus empfundener Ärger.

prae-mōlior, mōlīrī etw. vorbereiten.

prae-mollis, e *(nachkl.)* sehr weich.

prae-moneō, monēre, monuī, monitum ❶ vorher erinnern, mahnen, warnen *(alqd: an, vor etw.; alqm: jmd. m. ut, ne od. bl. Konj; m. quod: dass)* [**filium; conatūs hostis** vor feindl. Überfällen];
❷ vorhersagen, anzeigen *(m. Akk.; A. C. I.)* [**futura; nefas**].

prae-monitus, ūs *m (praemoneo) (Ov.)* Weissagung, Warnung [**deûm**].

praemōnstrātor, ōris *m (praemonstro) (Ter.)* Wegweiser; *übtr.* Anleiter.

prae-mōnstrō, mōnstrāre ❶ *(vorkl.)* vorher (an)zeigen, vorher angeben [**currenti spatium**];
❷ weissagen [**ventos futuros**].

prae-mordeō, mordēre, mordī, morsum *(nicht klass.)* ❶ vorn in etw. beißen *(m. Akk.)* [**linguam**];
❷ vorn abbeißen, *übtr.* abzwacken.

prae-morior, morī, mortuus sum vorzeitig, frühzeitig sterben; *(übtr., v. Lebl.)* absterben; **pudor praemortuus** erloschen; **nostra tamen iacuere velut praemortua membra** *(Ov.).*

prae-mūniō, mūnīre ❶ vorn befestigen, schützen [**fossam; loca; aditūs magnis operibus** verschanzen; *übtr.* **genus dicendi** sichern];
❷ *als Bollwerk* vorbauen;
❸ *(übtr.)* vorausschicken [**sermoni**]; vorschützen; **quae ex accusatorum oratione praemuniuntur** *(Cic.).*

praemūnītiō, ōnis *f (praemunio)* Verwahrung *als rhet. Figur.*

prae-nārrō, nārrāre *(Ter.)* vorher erzählen.

prae-natō, natāre *(poet.; nachkl.)* ❶ voranschwimmen;
❷ vorbeischwimmen;
❸ vorbeifließen *(an etw.: Akk.)*; **amnis domos praenatat.**

prae-nāvigō, nāvigāre *(nachkl.)* an etw. vorbeisegeln *(an etw: Akk.)* [**litus;** *übtr.* **vitam**].

Praeneste, tis *n (u. f) Stadt in Latium südöstl. v. Rom m. dem v. Sulla erbauten Tempel der Fortuna Primigenia u. der Juno, j.* Palestrina [**altum** *weg. seiner hohen Lage;* **frigidum**]; – *Einw. u. Adj.* **Praenestīnus,** ī *m bzw. a,* um.

prae-niteō, nitēre, nituī, – *(poet.; nachkl.)* ❶ hervorleuchten; **luna subito praenitens**;
❷ *(übtr.)* jmd. überstrahlen *(alci);* **unius facies praenitet omnibus** *(Sen.).*

● **prae-nōmen,** minis *n* ❶ Vorname; **sine praenomine ad me epistulam misisti** *(Cic.)*;
❷ *(Suet.)* Titel; ~ **Imperatoris.**

prae-nōscō, nōscere, nōvī, nōtum vorher kennen lernen, vorher erkennen [**futura; alqm famā**].

prae-nōtiō, iōnis *f* Vorbegriff [**deorum** von den G.].

praenōtus *P.P.P. v. praenosco.*

prae-nōvī *Perf. v. praenosco.*

prae-nūbilus, a, um *(Ov.)* sehr finster [**lucus**].

praenūntia *s. praenuntius.*

prae-nūntiō, nūntiāre vorher ankündigen, vorher verkünden *(m. Akk.; de; A. C. I.)* [**futura; de adventu hostium**].

praenūntius *(praenuntio)* **I.** *Subst.* ī *m u.* **-a,** ae *f* Vorbote, Vorbotin, Vorzeichen, *meist übtr.;* **ales ~ lucis** Hahn; **stellae -ae calamitatum; belli -a;**
II. *Adj.* a, um *(poet.; nachkl.)* vorherverkündend *(etw.: Gen.).*

praeoccupātiō, ōnis *f (praeoccupo)* frühere Besetzung *eines Ortes* [**locorum**].

prae-occupō, occupāre ❶ vorher besetzen, vorher einnehmen, sich bemächtigen [**Asiam; colles; loca opportuna; vias**];
❷ *(übtr.)* im Vorhinein verpflichten, binden, einnehmen, gewinnen [**regem beneficio** gewinnen; **gratiam apud plebem** für sich beanspruchen]; **omnes praeoccupati sumus; animos timor praeoccupaverat** *(Caes.)* hatte vorher gelähmt; **praeoccupatus legatione**;
❸ überraschen, zuvorkommen [**alterum**]; **adventu alcis praeoccupari;** – zuvorzukommen suchen *(m. Inf.)* [**legem ferre** früher an das Volk zu bringen suchen].

prae-olō, olere, – – *(Plaut.) (übtr.)* schon vorher in die Nase steigen; **mihi praeolit** mir schwant, ich ahne.

prae-optō, optāre ❶ lieber wollen *(m. Akk. u. quam; sibi alqd; m. Inf.; m. A. C. I.)*; **legiones perire praeoptant, ne loco pellantur** *(Tac.)*; **praeoptant scutum manu emittere** *(Caes.)*; ❷ vorziehen [**suas leges** (Autonomie) **Romanae civitati; otium urbanum militiae laboribus**].

prae-ōrdinō, ōrdināre *(spätl.)* im Voraus anordnen.

prae-pandō, pandere, – – vorn öffnen; vorher ausbreiten.

praeparātiō, ōnis *f (praeparo)* Vorbereitung; **in omnibus negotiis ~ adhibenda est** *(Cic.)*.

praeparātum, ī *n (praeparo)* Vorbereitung; **(ex) -o** nach vorhergehender Vorbereitung; **ex ante -o** aus den Vorräten.

● **prae-parō,** parāre vorbereiten, rüsten, instand setzen *(zu, für etw.: ad od. Dat.)* [**naves; cibos hiemi; aures auditorum; insidias; commeatum; exercitum operi; profectionem; se ad proelium; animos ad sapientiam; excusationem**]; **oratio praeparata** wohl einstudierte; **bene praeparatum pectus** auf alles gefasst; – *(m. Inf.)* sich vornehmen.

praepedīmentum, ī *n (praepedio) (Plaut.)* Hindernis.

prae-pediō, pedīre *(vgl. ex-pedio, im-pedio)* ❶ vorn anbinden, fesseln [**equos** koppeln]; ❷ *(übtr.)* hemmen, (ver)hindern, aufhalten [**fugam hostium; mentes** befangen machen]; **lassitudo praepedit fugam; verba sua praepediens** stotternd; **dicere incipientem lacrimae praepediebant; praepeditus morbo.**

prae-pendeō, pendēre, pendī, – vorn herabhängen.

prae-pes, *Gen.* petis *(Abl. Sg.* -petī *u.* -pete; *Gen. Pl.* -petum) *(peto)* **I.** *Adj.* ❶ *(t. t. der Auguralspr.) (v. Vögeln u. Vogelfedern)* vorausfliegend, *dah.* = günstig, Glück verheißend [**avis**]; **praepetis omina pinnae**; ❷ *(Enn.) (meton., v. Örtl.)* günstig [**loca; portus**]; ❸ *(poet.)* schnell(fliegend) [**deus** geflügelt = Amor];
II. *Subst. m u. f (poet.)* Vogel [**Iovis** = Adler].

prae-pilātus, a, um *(pila²)* vorn m. einem Knauf versehen [**missilia; hasta**].

prae-pinguis, e *(poet.; nachkl.)* sehr fett [**solum**].

prae-polleō, pollēre, polluī, – viel vermögen, das Übergewicht haben, die Übermacht besitzen; **gens divitiis praepollens; vir virtute praepollens; Phoenices mari** (zur See) **praepollebant.**

prae-ponderō, ponderāre **I.** *trans.* das Übergewicht geben; *Pass.* das Übergewicht bekommen;
II. *intr. (nachkl.)* das Übergewicht haben, herabsinken, sich herabneigen [**in humaniorem partem**]; **ne portionum aequitate turbatā mundus praeponderet** *(Sen.)*.

● **prae-pōnō,** pōnere, posuī, positum ❶ voransetzen, -stellen, -legen [**versūs in fronte libelli**]; **de qua priusquam respondeo, pauca praeponam** *(Cic.)* vorausschicken; ❷ für etw. anstellen, m. der Führung v. etw. betrauen, zum Aufseher machen, jmdm. das Kommando übertragen *(alqm alci rei od. alci)* [**vectigalibus; negotio; alqm provinciae, castris, bello**]; **cubiculo praepositus** Kammerdiener; – *(milit.)* jmd. zum Befehlshaber machen, jmdm. das Kommando übertragen [**alqm in laevo cornu; alqm mediā acie** zum Befehlshaber im Mitteltreffen machen]; *Pass.* **praepositum esse** befehligen, kommandieren [**militibus; toti officio maritimo** den Oberbefehl zur See haben]; ❸ vorziehen *(alqm alci u. alqd alci rei)* [**salutem rei publicae vitae suae**].

prae-portō, portāre ❶ vorantragen [**tela**]; ❷ *(Cat.) (übtr.)* zur Schau tragen [**pectoris iras**].

praepositiō, ōnis *f (praepono)* ❶ Voranstellung [**negationis**]; ❷ *(übtr.)* Vorzug; ❸ *(gramm. t. t.)* Präposition.

praepositum, ī *n (praepono) (stoischer t. t.)* das Vorzügliche, *meist Pl. (= proegmena)* bevorzugte Dinge, *die jedoch keinen sittl. Wert haben (z. B. Gesundheit, Reichtum)*.

praepositus¹ *P.P.P. v. praepono.*

praepositus², ī *m (praepono) (nachkl.) (m. Dat. od. Gen.)* ❶ Vorgesetzter, Aufseher, Vorsteher; ❷ Statthalter; ❸ Feldherr, Offizier.

praeposīvī *altl. Perf. v. praepono (= praeposui)*.

prae-posterus, a, um *(Adv.* -ē *u. [Sen.]* -ō*)* ❶ falsch, unrichtig [**consilia; frigus; ambitio; gratulatio; verba**]; *(m. Dat.)* zuwider, entgegengesetzt [**naturae legibus** gegen die Naturgesetze]; ❷ *(v. Personen)* falsch handelnd [**homines; imperator**].

prae-posuī *Perf. v. praepono.*

prae-potēns, *Gen.* entis sehr mächtig, sehr einflussreich [**populus; imperia;** *übtr.* **philosophia**]; **~ inter Africae reges;** *(m. Abl. instr.)* **~ armis Romanus; praepotentes opibus** sehr vermögend, sehr reich; *(m. Gen.)* **Iuppiter omnium rerum ~** allmächtig; – *Subst.* **praepotentēs,** tium *m* die Mächtigen; **iniquitas praepotentium.**

prae-properanter *Adv. (propero) (Lucr.)* sehr

P

schnell.

prae-properus, a, um ① sehr eilig, sehr hastig [**festinatio**];
② voreilig, übereilt [**ingenium; amor**].

prae-pūtium, ī *n (nachkl.)* Vorhaut.

prae-quam *Adv. (Plaut.)* im Vergleich m. dem, dass.

prae-queror, querī, questus sum *(Ov.)* vorher klagen.

prae-radiō, radiāre *(Ov.)* etw. überstrahlen.

prae-rapidus, a, um ① sehr reißend [**fluminum celeritas; gurges**];
② *(nachkl.) (übtr.)* sehr hitzig, vorschnell [**iuvenis; fuga**].

praereptus *P.P.P. v. praeripio.*

prae-rigēscō, rigēscere, riguī, – *(Tac.)* vorn erstarren, vorn erfrieren.

prae-ripiō, ripere, ripuī, reptum *(rapio)* ① *(nicht klass.)* jmdm. etw. entreißen [**arma Minervae; alci cibos; alci sponsam**];
② *(übtr.)* etw. wegschnappen [**alci laudem destinatam**];
③ vorzeitig an sich reißen [**deorum beneficium**]; **immatura morte praereptus** weggerafft;
④ im Voraus vereiteln, einer Sache zuvorkommen [**hostium consilia**];
⑤ vorgreifen; **non praeripiam**;
⑥ *(vor- u. nachkl.)* unversehens wegnehmen, rauben.

prae-rōdō, rōdere, rōsī, rōsum *(poet.; nachkl.)* vorn abnagen [**digitos**].

prae-rogātiō, iōnis *f (Sen.)* Vorrecht.

praerogātīva, ae *f (praerogativus)* ① die zuerst abstimmende Zenturie; **-ae sunt tribus, quae primae suffragium ferunt ante iure vocatas** *(Cic.)*;
② Vorwahl [**militaris**];
③ günstige Vorbedeutung, günstiges Vorzeichen; Vorgeschmack [**triumphi; voluntatis suae**];
④ *(nachkl.)* Vorrecht, Vorzug.

prae-rogātīvus, a, um *(rogo)* zuerst abstimmend [**centuria** *die Zenturie, die in den Komitien nach Losentscheid zuerst abstimmte;* **tribus**].

prae-rōsī *Perf. v. praerodo.*

praerōsus *P.P.P. v. praerodo.*

prae-rumpō, rumpere, rūpī, ruptum ① vorn abbrechen, vorn abreißen [**retinacula classis**];
② *(Sen.) (die Rede)* abbrechen.

praerupta, ōrum *n (praeruptus)* schroffe Hänge, steile Felsen.

praeruptus, a, um *(P. Adj. v. praerumpo)* ① schroff, steil, abschüssig [**loca; ripa; mons; fossae**]; **~ et difficilis descensus**;
② *(übtr.)* hart, schroff [**audacia** Tollkühnheit; **dominatio; periculum** extreme]; **iuvenis ~ animo** von schroffem Wesen.

praes, praedis *m* ① Bürge; **praedes dare** stellen; **praedem esse pro alqo**;
② *(meton.)* Vermögen des Bürgen; **praedes vendere.**

prae-saepe, pis *n,* **-saepis,** is *f u. (vor- u. nachkl.)* **-saepium,** ī *n (saepes)* ① *(nicht klass.)* Krippe; *übtr. Tisch*;
② *(poet.) Pl.* Stall; **intra praesaepes meas** Haus;
③ *Pl.* liederliche Häuser;
④ *(Verg.)* Bienenkorb.

prae-saepiō, saepīre, saepsī, saeptum vorn versperren, verschließen [**itinera trabibus; aditum; angustias sublicis**].

prae-sāgiō, sāgīre ① ahnen, vorher merken *(abs., m. Akk. od. de)*; **~, id est futura ante sentire** *(Cic.)*; **equi praesagiunt pugnam; animus praesagit mihi alqd mali** *(Ter.)* mir schwant etw. Böses; **Scipionis velut praesagiens animus de fine belli** *(Liv.)*;
② vorher andeuten, vorher anzeigen, prophezeien; **luna tempestatem praesagit.**

praesāgior, praesāgīrī *(Plaut.)* = *praesagio.*

praesāgītiō, ōnis *f (praesagio)* Ahnung; *(meton.)* Ahnungsvermögen; Weissagungskraft.

praesāgium, ī *n (praesagio) (poet.; nachkl.)* ① Ahnung *(v. etw.: Gen.)* [**futuri**];
② Weissagung, Prophezeiung [**vatum**]; Vorzeichen, Anzeichen; **equorum -a ac monitus.**

praesāgus, a, um *(praesagio) (poet.; nachkl.)* ① ahnend *(m. Gen.)*; **mens -a mali**;
② zukunftkündend, weissagend [**verba; fulmen**].

praescientia, ae *f (praescio) (nachkl.)* das Vorherwissen.

prae-sciō, scīre *(vor- u. nachkl.)* vorherwissen.

prae-scīscō, scīscere, scīvī, – vorher erforschen, vorher erfahren [**vulgi animos**].

praescītum, ī *n (praescio) (Plin.)* das Vorherwissen.

praescius, a, um *(praescio) (poet.; nachkl.)* vorherwissend *(abs. od. m. Gen.)* [**futuri; periculorum**].

prae-scīvī *Perf. v. praescisco.*

● **prae-scrībō,** scrībere, scrīpsī, scrīptum ① voranschreiben, schriftlich davor setzen [**diplomatibus principem** den Namen des Kaisers; **epistulae titulum**];
② *(Tac.) (übtr.)* vorgeben, zum Vorwand nehmen [**Arminium**];
③ vorschreiben, (vorher) bestimmen, verordnen *(abs., alqd, alci alqd, de re; m. ut, ne; m. indir. Frages.; m. Inf.)* [**civibus iura; senatui; de officio imperatoris**]; **ut maiorum iura moresque praescribunt** *(Cic.)*; **~ et constituere alqd**;
④ vorzeichnen; *übtr.* ein Bild entwerfen [**formam futuri principatūs**].

praescrīptiō, ōnis *f (praescribo)* ① Titel, Überschrift, Eingang *einer öffentl. Urkunde*

[**legis; senatūs consulti; tribuniciae potestatis**];
❷ Vorschrift, Verordnung [**rationis; naturae**];
❸ Vorherbestimmung [**semihorae** Beschränkung auf eine halbe Stunde]; **sine praescriptione generis aut numeri** *(Tac.)*;
❹ Vorwand [**honesta**];
❺ *(jur. t. t.)* Einrede, Einwendung, Klausel; **exceptiones et praescriptiones philosophorum** Spitzfindigkeiten.

praescrīptum, ī *n (praescribo)* ❶ *(Hor.)* vorgezeichnete Grenze; **intra -um equitare**;
❷ *(übtr.)* Vorschrift, Verordnung, Regel [**legis; consulis**]; **-a dare; -a servare; ad -um agere; ultra -um** gegen; **ex communi -o civitatis.**

praescrīptus *P.P.P. v. praescribo.*

prae-secō, secāre, secuī, sectum vorn abschneiden, völlig abschneiden [**crines; aures**]; *(bildl.)* **ad praesectum unguem** *(Hor.)* = ganz genau.

prae-sēdī *Perf. v. praesideo.*

praesegmen, minis *n (praeseco) (vorkl.)* das Abgeschnittene.

● **praesēns,** *Gen.* entis *(praesum)* **I.** *Adj.* ❶ gegenwärtig, (persönlich) anwesend, selbst, leibhaftig; **praesentem adesse; alqo (amicis, testibus, suis, vulgo) praesente** in jmds. Gegenwart; **pluribus praesentibus** in Gegenwart mehrerer; **vivi atque praesentes**;
❷ gegenwärtig, jetzig, derzeitig, augenblicklich [**tempus; periculum**]; **praesenti tempore** *u.* **in praesens (tempus)** für jetzt, für den Augenblick; **in rem praesentem venire** sich an Ort u. Stelle begeben; **in re praesenti** an Ort u. Stelle; **tempus tribus partibus constat, praeterito, praesente, futuro** *(Sen.)*;
❸ augenblicklich eintretend, sofortig [**deditio; mors; supplicium; diligentia consulis** sofortiges Einschreiten; **decretum**]; **mercari praesenti pecunia** mit Bargeld, bar;
❹ dringend [**preces**]; **iam praesentior res erat** *(Liv.)*;
❺ schnell wirkend, wirksam, kräftig [**remedium; venenum; auxilium**]; – *m. Inf.:* im Stande, vermögend;
❻ gnädig, hilfreich [**deus; numina**];
❼ entschlossen, unerschrocken [**animus**]; **animo praesentissimo pugnare**;
❽ augenscheinlich, sichtbar, offensichtlich [**insidiae; ora**];
II. *Subst. n, meist Pl.* praesentia, ium *(poet.; nachkl.)* Gegenwart, gegenwärtige Lage; Ereignisse der Gegenwart; **in (ad) praesens** für den Augenblick, für jetzt; **praesentia sequi.**

prae-sēnsī *Perf. v. praesentio.*

praesēnsiō, ōnis *f (praesentio)* Vorempfindung, Ahnung *(m. Gen.)* [**rerum futurarum**].

praesēnsus *P.P.P. v. praesentio.*

praesentāneus, a, um *(praesens) (nachkl.)* schnell wirkend [**remedium; venenum**].

praesentārius, a, um *(praesens)* ❶ *(Plaut.)* gegenwärtig; sofortig [**argentum** bar];
❷ *(Gell.)* schnell wirkend [**venenum**].

praesentia, ae *f (praesens)* ❶ Gegenwart, Anwesenheit [**animi** Geistesgegenwart, Entschlossenheit]; **in -a** augenblicklich, jetzt; **deorum ~; alcis aspectum praesentiamque vitare**;
❷ *(Ov.)* unmittelbarer Eindruck, Wirkung, Kraft; **tanta est ~ veri.**

prae-sentiō, sentīre, sēnsī, sēnsum vorher empfinden, ahnen [**eventum belli; futura**].

praesentō, praesentāre *(praesens) (spätl.)* zeigen; überreichen.

prae-sēpe, pis *n,* **-sēpis,** is *f u.* **-sēpium,** ī *n* = *praesaep …*

● **praesertim** *Adv. (prae u. sero¹)* zumal, besonders, vor allem *(bes. vor Kausal- u. Konditionalsätzen)*; **~ cum; cum ~; ~ quod; ~ si est (esset); ~ ut nunc sunt mores; in scripto ~.**

prae-serviō, servīre *(vor- u. nachkl.)* vorzugsweise dienen.

prae-ses, *Gen.* sidis *(praesideo)* **I.** *Adj. (vor- u. nachkl.)* schützend [**dextra; locus**];
II. *Subst. m u. f* ❶ Beschützer(in), *bes. v. Schutzgottheiten* [**rei publicae; libertatis; iuventutis; templorum**];
❷ *(poet.; nachkl.)* Vorgesetzte(r), Vorsteher(in), Leiter(in) [**provinciae** Statthalter; **rerum** Herrscher der Welt; **belli** *v. der Minerva als Kriegsgöttin*];
❸ *(nachkl.)* Statthalter [**Syriae**].

praesidēns, entis *m (praesideo) (Tac.)* Vorsitzender, Vorsteher.

prae-sideō, sidēre, sēdī, (sessum) *(sedeo)* ❶ schützen, verteidigen *(m. Dat. u. Akk.)* [**urbi; templo; rei publicae; huic iudicio; litora Oceani; agros suos; socios**];
❷ leiten, verwalten, die Aufsicht führen; *(milit.)* befehligen, kommandieren *(abs., m. Dat. od. Akk.)* [**orbi terrarum; ludis; spectaculis; exercitum; Pannoniam**]; **Metellus in agro Piceno praesidebat**;
❸ *(nachkl.)* den Vorsitz haben.

praesidiārius, a, um *(praesidium)* zum Schutz dienend, Schutz- [**milites** Schutztruppen, Besatzung].

● **praesidium,** ī *n (praesideo)* ❶ Schutz, Hilfe *(m. Gen. subi. u. obi.)* [**militum; urbis; provinciae**]; **-um alci ferre; -o esse civibus** sich hilfreich erweisen; **-o litterarum** m. Hilfe;
❷ *(meton.)* **a)** Schutz-, Hilfsmittel; **-a periculis** *(Dat.: gegen Gefahren)* **quaerere; magnum sibi -um ad beatam vitam comparare; contra serpentem -o esse; b)** *(poet.) (v. Personen)* Beschützer, Hort;
❸ *(milit.)* Deckung, Geleit, Eskorte [**militum**]; **pabulatoribus -o esse; cum (sine ullo) -o; duas legiones -o relinquere; legio-**

P

nes, quae -o impedimentis erant *(Caes.)*;

④ *(milit.)* Besatzung(struppen), Garnison, Posten *(Sg. u. Pl.)* [**trium legionum** bestehend aus]; **in -o esse** auf Posten stehen; **locum -o tenere; -is firmare; -um validum imponere; -um ad fores ponere; -um collocare; -a ad ripas disponere; -a deducere; -um ex oppido educere**;

⑤ *(milit.)* Posten, Stützpunkt, fester Platz, Bollwerk, Schanze; **-um occupare et munire; milites in -is disponere; in -o** *od.* **intra -a esse; -um communire** verschanzen; **-o decedere** *u.* **-um relinquere** seinen Platz verlassen = desertieren;

⑥ *(übtr.)* = Bollwerk [**pudoris**].

prae-sīgnificō, sīgnificāre vorher anzeigen.

prae-sīgnis, e *(vgl. insignis) (poet.)* vor anderen ausgezeichnet.

prae-sīgnō, signāre *(Plin.)* vorher bezeichnen.

prae-sonō, sonāre, sonuī, – *(Ov.)* vorher ertönen.

prae-spargō, spargere, – – *(Lucr.)* vorher bestreuen.

praestābilis, e *(praesto[1]) = praestans.*

● **praestāns,** *Gen.* antis *(P. Adj. v. praesto[1])* vorzüglich, vortrefflich, ausgezeichnet *(m. Abl.; in u. Abl.; Gen.)*; **homo gravitate et prudentia ~; Plato in illis artibus ~; praestantissimus sapientiae; ~ ac singularis fides.**

praestantia, ae *f (praestans)* Vorzüglichkeit, Vortrefflichkeit; Vorzug *(alcis: jmds. u. vor jmdm.; alcis rei: in etw.)* [**animantium reliquorum** vor den übrigen Lebewesen; **mentis; virtutis; ingenii**].

praestātiō, ōnis *f (praesto[1]) (Sen.)* Gewähr(-leistung), Bürgschaft, Garantie; **ad praestationem scribere** sich f. die Wahrheit seiner Ausführungen verbürgen.

prae-sternō, sternere, – – ① *(Plaut.)* vorstreuen;

② *(Plin.) (übtr.)* den Weg ebnen.

praestes, titis *m (praesto[1]) (poet.)* Schützer, *auch adj.* schützend [**lares**].

praestīgiae, ārum *f (praestringo)* Blendwerk, Gaukelei, Vorspiegelungen.

praestīgiātor, ōris *m (praestigiae) (vor- u. nachkl.)* Gaukler, Betrüger.

praestīgiātrīx, īcis *f (praestigiator) (Plaut.)* Gauklerin, Betrügerm.

praestinō, praestināre *(Plaut.)* kaufen.

prae-stitī *Perf. v. praesto[1].*

prae-stituō, stituere, stituī, stitūtum *(statuo)* vorher bestimmen, vorher festsetzen, vorschreiben [**alci tempus; diem operi**]; **ad diem praestitutum venire; nullā praestitutā die** ohne einen bestimmten Termin.

● **prae-stō[1],** stāre, stitī, stitum, stātūrus **I.** *(prae u. sto)* ① sich auszeichnen, übertreffen, überlegen sein *(m. Dat.; inter; Akk.)* [**omnibus virtute; inter suos; omnes eloquentiā**]; **homines bestiis praestant**;

② *unpers.* **praestat** es ist besser *(für jmd.: alci; m. Inf.; A. C. I.)*; **accipere quam facere praestat iniuriam; mori praestat, quam haec pati; praestare dicunt, Gallorum quam Romanorum imperia perferre**;

II. *(praes u. sto* „stehe als Bürge, gewähre") ① zur Verfügung stellen, verschaffen, geben, gewähren [**stipendium exercitui; fortunatam vitam; sententiam** seine Stimme abgeben; **milites** stellen; **cervicem; terga hosti** fliehen vor; **alci certam summam pecuniae**];

② verrichten, leisten, erfüllen; erweisen, widerfahren lassen [**suum munus; tributa; annua; beneficium; patri debitum honorem; hospitium; iter tutum; operam in re militari** Kriegsdienste leisten; **fidem** *u.* **promissum** sein Wort, sein Versprechen halten; **vicem alcis** jmds. Stelle vertreten];

③ an den Tag legen, zeigen, beweisen [**virtutem; voluntatem; benevolentiam**]; **consilium suum fidemque ~**; – **sē praestāre** sich als etw. zeigen, sich erweisen, sich bewähren [**se talem; se invictum; se constantem; se dignum maioribus suis; se gravem in amicitia**]; **victoria se praestat; praesta te eum, qui**;

④ *in einem Zustand* erhalten [**socios salvos; alqm incolumem; rem publicam; alqm tutum**];

⑤ beibehalten, erhalten [**pacem; consuetudinem**];

⑥ für *jmd. od. für etw.* Gewähr leisten, sich verbürgen, für etw. haften, einstehen *(meist m. Akk.)* [**Messallam; alios; invidiam; periculum; dictum; vitium; se** für sich; **a vi** für Gewalt]; **impetus populi ~ nemo potest; nihil ~** für nichts verantwortlich sein; **~ alci alqd** jmdm. gegenüber für etw. [**emptori damnum** Ersatz leisten]; **magistro meliorem discipulum praesto.**

● **praestō[2]** *Adv.* ① anwesend, zugegen, bei der Hand, zu Diensten, bereit; **quod adest ~, in primis placet** *(Lucr.)*; – *meist m. esse:* zugegen sein, da sein, erscheinen, sich zeigen, zu Diensten sein, aufwarten, beistehen; **ad portam ~ esse**;

② *(feindl.)* entgegentretend, in den Weg tretend [**alci cum armatis hominibus**];

③ *(übtr.)* förderlich, günstig, dienlich [**alcis saluti; omnibus**].

praestōlor, praestōlārī *(praesto[2])* bereit stehen, auf jmd. *od.* etw. warten, harren, jmd. *od.* etw. erwarten *(alci u. alci rei, auch alqm u. alqd)* [**huic spei; adventum alcis**]; **ego illum ante aedis praestolabor** *(Plaut.)*.

praestrictus *P.P.P. v. praestringo.*

praestrīg . . . *(altl.) = praestig . . .*

prae-stringō, stringere, strīnxī, strictum ❶ *(poet.; nachkl.)* vorn zuschnüren, vorn zubinden [**faucem laqueo; pollices nodo**]; ~ **et strangulare; praestricta manus;**
❷ (vorn) streifen, berühren [**portam vomere; lecticam; nomen** erwähnen];
❸ *(übtr.)* blenden, verdunkeln, abstumpfen, schwächen [**oculos; ingenii aciem**].

prae-struō, struere, strūxī, strūctum ❶ *(Ov.)* vorn verbauen, unzugänglich machen [**aditum obice montis**];
❷ *(übtr.)* als Schutz vor sich aufbauen; **fraus fidem in parvis sibi praestruit** *(Liv.)* verschafft sich im Voraus Glaubwürdigkeit in kleinen Dingen;
❸ *(nachkl.)* vorbereiten.

prae-sul, sulis *m (salio) u.* **prae-sultātor,** ōris *m (praesulto)* Vortänzer *(b. Spielen od. Festzügen).*

prae-sultō, sultāre *(salto)* vor etw. herspringen *(m. Dat.)* [**hostium signis**].

● **prae-sum,** esse, fuī, (futūrus) *(m. Dat.)* ❶ vorstehen, an der Spitze stehen, leiten, kommandieren, befehligen, *(als Statthalter)* verwalten [**exercitui; equitum alae; castris; rei frumentariae; potestati** ein Amt innehaben; **oppido; provinciae; publicis sacerdotiis; navi faciendae; alci negotio** betreiben; **maioribus rebus** größere Aufgaben übernehmen]; **qui praesunt** Offiziere; **iudices huic quaestioni praefuerunt;**
❷ der Hauptbeteiligte sein, großen Anteil haben [**illi crudelitati; temeritati**];
❸ *(Ov.)* schützen; **lares praesunt moenibus.**

prae-sūmō, sūmere, sūmpsī, sūmptum *(poet.; nachkl.)* ❶ vorher zu sich nehmen, vorher genießen [**remedia; dapes; allium**];
❷ vorher tun [**officia**];
❸ *(übtr.)* vorher empfinden, im Voraus genießen [**fortunam principatūs; laetitiam**]; **praesumptā suspicione** vorher gefasster;
❹ *(übtr.)* voraussetzen, annehmen, vermuten, erwarten [**spe bellum** sich als hoffnungsvoll vorstellen].

praesūmptiō, ōnis *f (praesumo) (nachkl.)* ❶ Vorgebrauch, Vorgenuss [**bonae famae**];
❷ Vermutung, Hoffnung, Erwartung; **contra praesumptionem suam in obsidione teneri.**

praesūmptus *P.P.P. v. praesumo.*

prae-suō, suere, suī, sūtum *(poet.; nachkl.)* vorn bedecken, vorn verhüllen [**hastam foliis**].

prae-tegō, tegere, tēxī, tēctum *(Plin.)* vorn bedecken, beschirmen.

prae-temptō, temptāre *(poet.; nachkl.)* ❶ vorher untersuchen, durchsuchen [**silvas; iter baculo**];
❷ *(übtr.)* vorher versuchen [**vires; crimina; iudicis misericordiam; sententiam**].

prae-tendō, tendere, tendī, tentum ❶ *(poet.; nachkl.)* vor sich hinhalten, (her)vorstrecken [**ramum olivae manu; tela; cuspidem**]; *(übtr.)* zur Schau tragen [**coniugis taedas** behaupten, der Gatte zu sein, eine rechtmäßige Ehe beanspruchen]; – *Pass. (v. Örtl.)* sich vor *od.* an etw. erstrecken, gelegen sein *(m. Dat.):* **praetenta Syrtibus arva; castra Arineniis praetenduntur;**
❷ *(zum Schutz)* vorspannen, vorsetzen, vorziehen, vorhalten [**vestem ocellis; cilicia; muros morti** gegen den Tod aufrichten; **saepem segeti**];
❸ *(übtr.)* etw. vorschützen, vorgeben, zum Vorwand nehmen [**nomen hominis doctissimi suis barbaris moribus; alqd seditioni; legatorum decretum calumniae** m. dem Dekret beschönigen; **fessam aetatem**]; **ignorantia praetendi non potest.**

prae-tener, tenera, tenerum *(Plin.)* sehr zart.

prae-tentō, tentāre = *praetempto.*

prae-tenuis, e *(Plin.)* sehr dünn, sehr schmal [**folium; pons**].

prae-tepēscō, tepēscere, tepuī, – *(Ov.) (übtr.)* vorher warm werden, vorher erglühen; **si tuus in quavis praetepuisset amor.**

● **praeter** *(prae)* **I.** *Präp. b. Akk.* ❶ *(räuml.)* an ... vorbei, an ... vorüber, an ... hin; **copias ~ castra traducere; ~ oculos ferebant; ~ ora suorum; ~ pedes;**
❷ *(übtr.)* **a)** außer, ausgenommen, m. Ausnahme von; **omnia ~ vitam concedere; omnes ~ unum; hoc nemini ~ me videtur; ~ haec** außerdem *(= praeterea); – nach Negationen auch* als *(= nisi):* **nihil ~ id, quod honestum sit;** *(m. Inf.)* **nihil ~ plorare; b)** abgesehen von, nächst, nebst; **~ haec** ohnedies; **c)** über ... hinaus, gegen, wider; **~ modum** übermäßig; **~ consuetudinem, exspectationem, iustum, opinionem, fatum, naturam; alqd ~ aetatem suam facere; multa ~ spem evenisse; d)** mehr als, in höherem Grade als; **opibus ~ ceteros florere;**
II. *Adv.* ❶ *(poet.; nachkl.) (bes. nach Negationen)* darüber hinaus, außer, ausgenommen; **nemo ~ armatus violabitur; ~ hodie;**
❷ *(Kom.)* **~ quam** mehr als; **~ sapit quam placet parentibus;**
III. praeter- als Präfix vorüber-, vorbei- [**praeter-eo, -fluo**].

praeter-agō, agere, ēgī, āctum *(poet.)* vorbeitreiben *(an etw.: Akk.).*

praeter-bītō, bītere, – – *(Plaut.)* vorbeigehen *(an etw.: Akk.).*

praeter-dūcō, dūcere, dūxī, ductum *(Plaut.)* vorbeiführen.

● **praeter-eā** *Adv. (eā = Abl. Sg f v. is)* ❶ außerdem; **ipse dux delectus, duo ~ collegae dati;**

P

❷ ferner, weiter;
❸ *(Verg.) (zeitl.)* auch in Zukunft, fernerhin.

● **praeter-eō,** īre, iī *u.* īvī, itum ❶ *(räuml.)* vorbei-, vorübergehen, *(eine Stelle)* passieren, vorbeiziehen, -fließen *(an: Akk.)* [**tumulum; adversarios**]; **nullas apertas fores ~; praeteriens modo mihi inquit** im Vorbeigehen; **ripas flumina praetereunt**; *bildl.:* **mons Ciliciam praeterit** zieht sich an Kilikien hin;
❷ *(zeitl.)* vergehen, vorübergehen, verstreichen; **praeteriit tempus (hiems, biennium); hora praeteriit; tertius iam praeterit annus; praeteritā die** nach Ablauf des Termins; – *meist P. Adj.* **praeteritus,** a, um vergangen [**vita; tempus; nox; labor; culpa; viri** ehemalige, verstorbene; **stipendium** rückständig]; **diebus decem praeteritis** nach zehn Tagen; – *Subst.* **praeterita,** ōrum *n* vergangene Dinge, das Vergangene; **praeterita mutare non possumus;**
❸ *(übtr.)* übergehen: **a)** unterlassen [**nullum genus crudelitatis** unverübt lassen]; **b)** unerwähnt lassen, verschweigen [**libidines alcis; alqd silentio**]; *(auch de; m. A. C. I., m. indir. Frages.; auch m. quod* den Umstand, dass); **c)** unberücksichtigt lassen, vergessen; **~ dicere; d)** *jmd. b. Erbschaften, Geschenken, Ämtern u. Ä.* übergehen, nicht berücksichtigen, zurücksetzen [**dignos; strenuos; filium fratris**]; **Philippus et Marcellus praetereuntur** gehen leer aus; **e)** *(nachkl.) (im Lesen)* übergehen, überschlagen, *(im Schreiben)* weglassen; **non modo litteras, sed syllabas praeterit;**
❹ *(poet.)* überholen, übertreffen [**alqm cursu; equum; euros**]; **alqm aut ~ aut aequare posse; virtus tua alios praeterit;**
❺ *(Ov.) (übtr.)* etw. überschreiten [**iustum modum**];
❻ der Kenntnis jmds. entgehen, jmdm. unbekannt sein *(m. Akk. od. A. C. I.)*; **neminem praeterit** es ist allgemein bekannt; **hoc te praeterit; non me praeterit me longius prolapsum esse.**

praeter-equitō, equitāre vorbeireiten.

praeter-feror, ferrī, lātus sum vorbeieilen, -ziehen *(an etw.: Akk.)* [**latebras**].

praeter-fluō, fluere, – – ❶ vorbeifließen *(an etw.: Akk.)*; **amnis praeterfluens moenia;**
❷ *(übtr.)* aus dem Gedächtnis schwinden.

praeter-gredior, gredī, gressus sum *(gradior)* vorbeiziehen *(a n, vor: Akk.)* [**castra**].

praeter-hāc *Adv. (hac = Abl. Sg. f v. hic*[1]*) (Kom.)* fernerhin, weiter.

praeter-iī *s. praetereo.*

praeteritus *s. praetereo.*

praeter-īvī *s. praetereo.*

praeter-lābor, lābī, lāpsus sum ❶ *(Verg.)* vorbeigleiten, -fahren, -segeln, -fließen *(an etw.: Akk.)* [**tumulum; tellurem**];
❷ *(übtr.)* entschlüpfen, verfliegen; **definitio ante praeterlabitur, quam percepta est** *(Cic.).*

praeterlātus *Part. Perf. v. praeterferor.*

praeter-meō, meāre *(poet.; nachkl.)* vorbeigehen, -ziehen.

praeter-mīsī *Perf. v. praetermitto.*

praetermissiō, ōnis *f (praetermitto)* Weglassung [**formae**]; Unterlassung [**aedilitatis** der Bewerbung um die Ädilität].

● **praeter-mittō,** mittere, mīsī, missum ❶ vorbei(gehen) lassen [**neminem**];
❷ *(eine Zeit)* vorübergehen lassen, verstreichen lassen [**diem**], *(eine Gelegenheit)* ungenutzt lassen [**occasionem profectionis**];
❸ unterlassen *(m. Akk.; m. Inf.; neg. auch m. quin)* [**defensionem; officium; gratulationem**]; **reliqua quaerere praetermittit;**
❹ (m. Stillschweigen) übergehen, übersehen, weglassen [**alqd silentio; alqd dignum memoriā; tantam rem neglegenter**]; *(auch de re)*;
❺ ungestraft lassen, nachsehen [**ius gentium violatum; vitium**].

praeter-nāvigō, nāvigāre *(nachkl.)* vorbeisegeln *(an etw.: Akk.).*

prae-terō, terere, – – *(vor- u. nachkl.)* vorn abreiben.

praeter-propter *Adv. (auch getr.) (vor- u. nachkl.)* ungefähr; bald so, bald so.

praeter-quam *Adv.* außer, ausgenommen; **omne frumentum ~ quod secum portaturi erant comburunt; nullum praemium postulo, ~ huius diei memoriam sempiternam; ~ si** außer wenn; **~ quod** abgesehen davon dass.

praetervectiō, ōnis *f (praetervehor)* das Vorbeifahren.

praeter-vehor, vehī, vectus sum ❶ vorbeifahren, -reiten, -segeln, -gehen, -ziehen *(an, vor: Akk.)* [**forum; Locros classe; navibus Galliae oram**]; **classis praetervehens; praetervehens equo;**
❷ *(übtr.)* (m. Stillschweigen) übergehen [**locum silentio**]; **oratio, quae praetervecta sit aures vestras.**

praeter-volitō, volitāre *(Phaedr.)* vorbeifliegen.

praeter-volō, volāre ❶ vorbeifliegen *(an: Akk.)*; **aquila praetervolans;**
❷ *(übtr.)* schnell entschwinden; **occasionis opportunitas praetervolat;**
❸ *(übtr.)* flüchtig über etw. hinweggehen *(m. Akk.)* [**haec proposita**]; **sententiae hominum sensus praetervolant.**

prae-texō, texere, texuī, textum ❶ verbrämen, (um)säumen [**togam purpurā**]; – *meist P. Adj.* **praetextus,** a, um purpurverbrämt: **(toga) praetexta** die purpurverbrämte Toga *der höheren Magistrate, mancher Priester u. freigeborener Knaben unter 17 Jahren, die da-*

nach die toga virilis *anlegten;* – **(fabula) praetexta** die röm. Tragödie, *die röm. Nationalstoffe behandelte;*
② *(übtr.)* (um)säumen, besetzen, bedecken, mit etw. versehen; **puppes praetexunt litora** liegen an der Küste; **nationes Rheno praetexuntur** ziehen sich den Rhein entlang; **montes eas gentes praetexunt** liegen vor;
③ *(poet.) (übtr.)* schmücken, zieren [**templum Augusto nomine**];
④ *(poet.) (übtr.)* verhüllen, bemänteln, beschönigen [**culpam nomine coniugii; fraudem risu**];
⑤ *(übtr.)* vorschützen, vorgeben *(m. Akk. od. A. C. I.)* [**causam; libertatem**].

praetexta, ae *f (praetexo)* ① *(= toga praetexta)* die purpurverbrämte Toga *der höheren Magistrate, Priester u. freigeborenen Knaben unter 17 Jahren*;
② *(= fabula praetexta)* die röm. Tragödie, *die röm. Nationalstoffe behandelte;* **-am legere.**

praetextātus, a, um *(praetexta)* ① mit einer purpurverbrämten Toga bekleidet, in der purpurverbrämten Toga [**magistratus; amicitia** seit der Kindheit];
② *(nachkl.)* unzüchtig [**verba; mores**].

praetextum, ī *n (praetexo) (nachkl.)* ① Schmuck, Zierde [**rei publicae**];
② Vorwand.

praetextus[1] *s. praetexo.*

praetextus[2], *Abl.* ū *m (praetexo)* ① *(Tac.)* Zierde, Schmuck, Glanz, Ansehen;
② Vorwand; **sub praetextu.**

prae-texuī *Perf. v. praetexo.*

prae-timeō, timēre, timuī, – *(vor- u. nachkl.)* im Voraus fürchten.

prae-tīnctus, a, um *(tingo) (Ov.)* vorher benetzt.

prae-titulō, titulāre *(spätl.) (einem Buch)* einen Titel geben.

prae-tondeō, tondēre, totondī, – *(spätl.)* vorn abscheren.

i Kultur ● **praetor,** ōris *m* (< *praeitor, prae u. eo, eigtl. „der Vorangehende") ① **a)** Vorsteher, Vorgesetzter, Anführer, urspr. Bez. der röm. Konsuln u. des Diktators [**maximus** Diktator]; **b)** Bürgermeister fremder Städte u. (in Karthago) Suffet; **c)** in Rom: **legatus pro praetore** stellvertretender Legat, Unterfeldherr;
② Prätor, Justizbeamter, höchster Beamter nach den Konsuln: seit 367 v. Chr. wurde den Konsuln der praetor urbanus zur Seite gestellt, der die Aufgaben der Rechtsprechung wahrnahm; er durfte die Stadt nur bis zu 10 Tagen verlassen; Herkunft, Bezeichnung, Aufgabenbereich und Zahl der Prätoren änderten sich in der Folgezeit: erstmals 337 v. Chr. war ein Plebejer praetor; seit 247 v. Chr. wurde der praetor urbanus auch praetor maximus od. primus genannt; für Prozesse mit Fremden wurde 242 v. Chr. der praetor peregrinus eingesetzt; 227 v. Chr. erhöhte sich die Zahl der Prätorenstellen f. die Provinzen Sizilien, Sardinien u. Spanien auf 6, später auf 10, unter Cäsar auf 16, schließlich in der Kaiserzeit auf 18; die Prätoren hatten wie die Konsuln das imperium; sie wurden auch mit militärischen Aufgaben betraut, bes. als Führer einer Reservearmee für Italien; auf das Amtsjahr als Prätor folgte die Tätigkeit des Proprätors od. Statthalters in einer Provinz; praetor kann daher auch für propraetor, ja selbst für proconsul stehen; auch als Träger der Zivilgerichtsbarkeit blieb der Prätor seiner Stellung nach Politiker; er wurde von sachkundigen Juristen beraten; der praetor urbanus verkündete bei Amtsbeginn mit dem edictum praetorium seine Rechtsprechungsgrundsätze; diese wurden von den Nachfolgern immer weiter vervollkommnet; um 130 n. Chr. bestimmt Kaiser Hadrian, dass die Edikte der Prätoren unabänderlich sind (edictum perpetuum); damit verlieren die Prätoren ihre Bedeutung, an ihre Stelle tritt die kaiserl. Rechtssprechung; als Aufgabe wird der Prätur nun die kostspielige Ausrichtung von Spielen zugewiesen; es entstehen Spezialpräturen wie die Verwaltung der Staatskasse (zwei praetores aerarii); bis Diokletian ist die Prätur auch Voraussetzung hoher Staatsämter;
③ (b. fremden Völkern) **a)** Heerführer, Feldherr; **b)** Statthalter, Satrap.

praetōriānus *(praetorium)* **I.** *Adj.* a, um ① *(nachkl.)* zur kaiserl. Leibwache gehörig [**miles** Prätorianer; **cohors** *u.* **exercitus** die Prätorianer];
② *(August.)* zum Prätor gehörig, prätorisch;
II. *Subst.* ī *m (nachkl.)* Prätorianer.

i Kultur **praetōriānus** Mitglied der Prätorianergarde, der Leibwache des Kaisers u. seiner Familie (seit Augustus: 1000 Mann), seit 23 n. Chr. in einer Kaserne im Nordosten Roms stationiert, mit hohem politischem Einfluss bei der Ausrufung neuer Kaiser; gut besoldet, nach der Dienstzeit (12, später 16 Jahre) durch besondere Vorrechte (Privilegien) geehrt.

praetōricius, a, um *(praetor) (Mart.)* prätorisch, vom Prätor verliehen [**corona**].

● **praetōrium,** ī *n (praetorius)* ① Hauptplatz im röm. Lager; **fit concursus in -um;**
② Feldherrnzelt [**dictatoris**]; **in -um se conferre;**
③ *(meton.)* Kriegsrat; **-o dimisso;**
④ Amtswohnung des Provinzialstatthalters;
⑤ *(nachkl.)* kaiserl. Leibwache, die Prätorianer; **in -um accepti; praefectus -o** Prätorianerpräfekt;
⑥ *(Verg.)* Zelle der Bienenkönigin;
⑦ *(spätl.)* Palast, Herrenhaus [**regis**]; *(mlt.)* Rathaus.

praetōrius *(praetor)* **I.** *Adj.* a, um ① prätorisch, Prätor- [**comitia** Wahl der Prätoren; **potestas** Prätorenamt; **provincia; ius**]; *auch* proprätorisch, des Proprätors, des Provinzialstatthalters [**domus** Amtswohnung; **exercitus; cohors** Gefolge];
② dem Feldherrn eigen, Feldherrn- [**imperium** Oberbefehl; **porta** Vordertor des Lagers *in der Nähe des Feldherrnzeltes;* **cohors** Leibwache des Feldherrn, *in späterer Zeit* des Kaisers];
II. *Subst.* ī *m* ① gewesener Prätor;
② *(nachkl.)* Mann v. prätorischem Rang.

prae-torqueō, torquēre, torsī, tortum *(Plaut.)* umdrehen.

prae-tractō, tractāre *(Tac.)* vorher beraten.

prae-trepidāns, *Gen.* antis *(trepido) (Cat.)* in hastiger Eile.

prae-trepidus, a, um *(nachkl.)* sehr zitternd [**cor** klopfend]; *(übtr.)* sehr ängstlich.

prae-truncō, truncāre *(Plaut.)* vorn abhauen.

prae-tulī *Perf. v. praefero.*

● **praetūra,** ae *f (praetor)* Prätur: ① Amt, Würde eines Prätors *in Rom;* **-ae iurisdictio;**
② Statthalterschaft *in der Provinz;*
③ *(b. nichtröm. Völkern)* Feldherrnwürde, Heerführung.

prae-umbrō, umbrāre *(Tac.)* überschatten; *(übtr.)* verdunkeln.

prae-ustus, a, um *(uro)* vorn angebrannt [**hasta**].

prae-ut *Adv. (Kom.)* damit verglichen, wie.

prae-vādō, vādere, – – *(Sen.) einer Sache* überhoben werden *(m. Akk.)* [**dictaturam**].

prae-valeō, valēre, valuī, – ① sehr kräftig, sehr stark sein, *meist Part. Präs.;* **praevalens iuvenis Romanus;**
② *(übtr.)* sehr viel vermögen, sehr viel gelten; das Übergewicht, den Vorrang haben, *(b. Abstimmungen)* die Mehrheit behalten [**auctoritate; pugnā equestri; atrocitate criminis**]; **in Aegypto hic mos praevalet;** – *m. Abl. comp.:* **sapientia semper praevalet virtute** vermag mehr als.

prae-valēscō, valēscere, valuī, – *(spätl.)* den Vorrang erhalten.

prae-validus, a, um ① sehr stark [**ramus; iuvenis; cohortes**];
② sehr mächtig [**nomina** bedeutend; **urbs**];
③ zu stark [**vitia** die überhand genommen haben; **terra** zu fruchtbar].

prae-vallō, vallāre *(nachkl.)* verschanzen [**pontem adversus hostem**].

praevāricātiō, ōnis *f (praevaricor)* Pflichtverletzung, *bes. des Anwalts.*

praevāricātor, ōris *m (praevaricor)* ungetreuer Sachwalter, *bes.* Anwalt, der es m. der Gegenpartei hält, Scheinanwalt [**Catilinae** Scheinkläger; **causae publicae** Scheinverteidiger]; **praevaricatorem sibi apponere.**

praevāricātrīx, trīcis *f (praevaricator) (Eccl.)* Sünderin.

prae-vāricor, vāricārī *(varico)* ① *(Plin.)* nicht gerade gehen; **arator praevaricatur** hält im Pflügen keinen geraden Strich;
② pflichtwidrig handeln, die Gegenpartei begünstigen, seinen Prozess unredlich führen *(bes. vom Anwalt);* **interdum non defendere, sed ~ accusatione videbatur** *(Cic.).*

prae-vehor, vehī, vectus sum ① vorausfahren, -reiten, voranfließen, -fliegen; **equites praevecti** vorausgerittene; **praevectus equo; praevectus ad Germanicum exercitum; missilia praevehuntur** fliegen vor jmdm. her;
② vorbeifahren, -reiten, -strömen *(an etw.: alqd, auch praeter alqd);* **Rhenus Germaniam praevehitur;** *(übtr.)* **verba praevehuntur** eilen vorbei.

prae-vēlōx, *Gen.* ōcis *(nachkl.)* sehr schnell [**camelus**].

prae-veniō, venīre, vēnī, ventum ① zuvorkommen, überholen *(m. Akk.)* [**hostem; desiderium plebis; famam**]; **Lucifero praeveniente** *(Ov.);* – *Pass.:* **alqs praevenitur** man kommt jmdm. zuvor;
② vereiteln, verhindern [**perfidiam**];
③ *(August.)* übertreffen; **ingenio praeveniebat multos graves et doctos viros.**

prae-verrō, verrere, – – *(poet.)* vorher abfegen [**veste vias**].

prae-vertō, vertere, vertī, versum ① früher vornehmen, vorziehen; **nihil huic sermoni praevertendum est; ne me uxorem praevertisse dicant prae re publica** *(Plaut.);*
② *(Plaut.)* zuerst nehmen, zuerst ergreifen [**poculum**];
③ *(poet.)* vorankommen, vorangehen, vorlaufen;
④ *(poet.)* zuvorkommen, überholen *(m. Akk.)* [**ventos cursu (equo)**];
⑤ *(übtr.)* zuvorkommen, (ver)hindern, verhüten [**alqd celeritate**]; **praevertunt me fata; mors praeverterat;**
⑥ *(Verg.)* überraschen [**animos amore**];
⑦ übertreffen, den Vorzug haben, wichtiger

sein, mehr gelten als etw. *(alci rei)*; **pietatem amori tuo ~ video** *(Plaut.)*; **metus praevertit** überwiegt.

prae-vertor, vertī, – ① sich zuvor irgendwohin begeben, zuvor einen Abstecher machen [**in Thessaliam; ad Armenios**];
② *(nicht klass.)* sich zuerst einer Sache zuwenden, zuerst etw. betreiben *(m. Dat. od. ad)* [**rei mandatae; ad interna**];
③ *(nicht klass.)* zuvorkommen *(m. Akk.)* [**Eurum**];
④ *(nicht klass.)* sich etw. lieber zuwenden, vorziehen.

prae-videō, vidēre, vīdī, vīsum ① *(poet.; nachkl.)* früher, zuvor erblicken [**ictum venientem**];
② *(übtr.)* voraussehen [**impetum hostium**]; **praevisum periculum subterfugere.**

prae-vitiō, vitiāre *(Ov.)* vorher verderben, vorher zugrunde richten.

prae-vius, a, um *(via; vgl. ob-vius)* *(poet.)* vorausgehend.

prae-volō, volāre voranfliegen.

prae-vort ... *(altl.)* = *praevert...*

prāgmaticus *(gr. Fw.)* **I.** *Adj.* a, um ① sachkundig, erfahren, *bes. in Staatsgeschäften*;
② *(spätl.)* Zivilsachen betreffend;
II. *Subst.* ī *m* Rechtskundiger.

prandeō, prandēre, prandī, prānsum *(prandium)* **I.** *intr.* frühstücken [**ad satietatem**]; **perbene ~**; *– Part. Perf.* pransus der gefrühstückt hat: **milites curati et pransi** = zum Aufbruch fertig, marschfertig; **pransus potus** voll gefressen u. voll gesoffen;
II. *trans.* *(poet.)* frühstücken, etw. zum Frühstück essen [**luscinias; olus**].

prandium, ī *n* ① zweites Frühstück *geg. Mittag (aus Brot, Fisch, kaltem Braten u. Ä. bestehend)*; **alqm ad -um invitare**;
② *(Mart.)* Mahlzeit;
③ *(Plaut.)* das Fressen *(der Tiere)*.

prānsitō, prānsitāre *(Intens. v. prandeo)* **I.** *intr.* frühstücken;
II. *trans.* *(Plaut.)* zum Frühstück verzehren [**polentam**].

prānsor, ōris *m* *(prandeo)* *(Plaut.)* Frühstücksgast.

prānsus *P. P. Akt. u. Pass. v. prandeo.*

prasinātus, a, um *(prasinus)* *(Petr.)* lauchgrün gekleidet.

prasiniānus, ī *m* *(prasinus)* *(Petr.)* Anhänger der grünen Partei *(im Zirkus)*.

prasinus *(gr. Fw.)* *(nachkl.)* **I.** *Adj.* a, um ① lauchgrün;
② zu den grünen Rennfahrern *im Zirkus* gehörig [**factio** die grüne Partei der Rennfahrer; **agitator** Rennfahrer der grünen Partei];
II. *Subst.* ī *m* Rennfahrer der grünen Partei.

prātēnsis, e *(pratum)* *(poet.; nachkl.)* auf Wiesen wachsend, Wiesen- [**fungus**].

prātulum, ī *n* *(Demin. v. pratum)* kleine Wiese.

● **prātum,** ī *n* ① Wiese; **-orum viriditas**; *(poet.)* *(übtr.)* **Neptunia -a** das Meer;
② *(poet.)* *(meton.)* Wiesenheu, *auch Pl.*

prāvitās, tātis *f* *(pravus)* ① Verkrümmung, Schiefheit [**corporis; membrorum**];
② Verzerrung, Entstellung [**oris**];
③ *(übtr.)* Verkehrtheit, Verschrobenheit [**mentis; animi; consilii; orationis; consulum**];
④ Schlechtigkeit [**morum**]; *Pl.* schlechte Eigenschaften.

prāvum, ī *n* *(pravus)* ① *(Tac.)* Verkrümmung; **artūs in -um elapsi** verkrümmte;
② Verworfenheit.

● **prāvus,** a, um ① krumm, schief, missgestaltet [**membra; nasus**];
② *(übtr.)* verkehrt, verschroben [**sententia; voluptas**];
③ schlecht, schlimm, unrecht, verworfen [**mens; affectio; consilium; certamen; mos**].

prāxis, *Akk.* -im *f* *(gr. Fw.)* *(Petr.)* das Verfahren.

i Kultur **Prāxitelēs,** is *u.* ī *m* griech. Bildhauer u. Erzgießer des 4. Jahrhs. v. Chr. (tätig zw. etwa 370 u. 320). Sein berühmtestes Werk war die Aphrodite von Knidos, die in zahlreichen Kopien erhalten ist. – *Adj.* **Prāxitelius,** a, um.

precārius, a, um *(preces)* *(Adv. -o)* ① erbeten, erbettelt, aus Gnade erlangt [**auxilium; libertas; victus** Gnadenbrot];
② *(Tac.)* auf Widerruf gewährt, unsicher, unbeständig, vorübergehend [**imperium; vita; forma; fulgor**];
/ *Adv.* **precāriō** **a)** unter Bitten, bittweise, aus Gnade [**petere; tradere**]; **b)** *(nachkl.)* auf Widerruf [**praeesse**].

precātiō, ōnis *f* *(precor)* ① Bitte, Gebet;
② *(nachkl.)* Gebetsformel.

precātor, ōris *m* *(precor)* *(Kom.)* Fürbitter, Bittsteller.

precātus, ūs *m* *(precor)* *(spätl.)* Bitte, Gebet.

● **precēs,** cum *f* *(Sg.* prex, *nur Dat., Akk. u. Abl.)* ① Bitte, Ersuchen; **omnibus precibus petere, ut** auf jede mögliche Art; **cum magna prece ad alqm scribere; fatigare alqm precibus; alcis preces repudiare**;
② Gebet; **in cassum mittere preces** vergeblich beten;
③ *(Cat.)* Fürbitte;
④ Verwünschung, Fluch; **omnibus precibus alqm detestari; preces diras fundere**;
⑤ *(Ov.)* Wunsch.

preciae, ārum *f* *(poet.; nachkl.)* *eine Art Wein-*

P

reben.

● **precor,** precārī *(preces)* ① bitten, beten, bittend anrufen, (an)flehen *(abs., alqm, alqd, ab alqo, alqd ab alqo, alqm alqd nur b. Neutr. eines Pron. od. allg. Adj.; m. ut, ne od. m. bl. Konj.; m. A. C. I.)* [**deos; penates; patrem; absolutionem; auxilium; veniam; vitam fratri** für den B.; **eadem a dis; haec cives**]; **verba precantia** flehende Worte;
② jmdm. etw. *Gutes od. Schlechtes* wünschen [**alci bene** Segenswünsche aussprechen; **alci male** Böses wünschen; **alci omnia bona, omnia mala; felicitatem rei publicae; alci reditum**];
③ jmd. verwünschen, verfluchen *(alci).*

● **prehendō,** prehendere, prehendī, prehēnsum *u. seltener* **prēndō,** prēndere, prēndī, prēnsum ① ergreifen, (an)fassen, nehmen [**signa manibus; alcis dextram; boves; alqm manu; alqm pallio** am Mantel];
② *(vor- u. nachkl.)* bei etw. ertappen [**servos; in furto**];
③ jmd. (gewaltsam) aufgreifen, verhaften [**servum fugitivum; furem**];
④ *(übtr.)* einnehmen, besetzen, erobern [**arcem**]; **Caesar Pharum prehendit**;
⑤ *(Verg.)* erreichen [**altum; oras Italiae**];
⑥ einholen, erreichen [**currum; alqm cursu**];
⑦ deutlich wahrnehmen; **alqd oculorum lumine.**

prehēnsō, prehēnsāre *u.* **prēnsō,** prēnsāre *(Intens. v. prehendo)* ① anfassen, ergreifen [**manūs alcis; alcis genua; arma; tribunos; veteranos**];
② jmd. um ein Amt bitten [**patres**], *abs.* sich um ein Amt bewerben; **Galba prensat; ~ homines et concursare toto fore candidati coepere** *(Liv.).*

prehēnsus *P.P.P. v. prehendo.*

prēlum, ī *n (premo) (poet.)* ① Presse, Rolle *(zum Glätten der Kleider)*;
② Kelter.

● **premō,** premere, pressī, pressum ① drücken, pressen [**natos ad pectora; frena dente** beißen in; **ora ore** küssen; **alqd morsu; frena manu** festhalten; **anguem** treten auf; **caseum, lac** Käse machen]; **presso molari; pede pedem alci ~;**
② *(poet.)* ausdrücken, auspressen [**bacas; mella** auslassen; **oleum; balanum; vina** keltern; **ubera** melken];
③ *(poet.)* etw. m. seinem Körper drücken = auf etw. sitzen, liegen, stehen, treten, fallen; sich setzen, sich legen *(m. Akk.)* [**torum; cubilia** liegen auf; **humum; solum; ebur** auf dem kurulischen Sessel sitzen; **vestigia alcis** in jmds. Fußstapfen treten; **axes (currum)** fahren; **terga equi** sitzen, reiten auf]; **equi colla iugo pressi; angustos saltus montium praesidiis ~** dicht besetzen, sperren;
④ *(Suet.) (mit einer Frau)* schlafen *(m. Akk.)*; *(Mart.) (ein weibl. Tier)* bespringen;
⑤ belasten, beladen, beschweren [**tergum equi; ratem merce; equos curru** anspannen an]; **trabes premunt columnas** liegen auf; **carinae pressae; magno et gravi onere armorum pressi;**
⑥ *(übtr.)* belästigen, bedrücken; **premi periculo, valetudine; re frumentaria premi** Not leiden; **invidiá et odio populi premi; cum aut aere alieno, aut magnitudine tributorum, aut iniuriā potentium premuntur** *(Caes.);*
⑦ oft besuchen [**forum**];
⑧ (be)drängen, hart zusetzen *(m. Akk.)* [**oppidum (hostem) obsidione; castra; alqm verbo** beim Wort nehmen; **confessionem** erzwingen; **alqm criminibus** m. Beschuldigungen]; **alqo premente** auf jmds. Drängen hin; **premi bello ab alqo; cum a plerisque ad exeundum premeretur, exire noluit;**
⑨ verfolgen, nachsetzen *(m. Akk.)* [**crimen; cervum ad retia** in die Netze jagen]; *(übtr.)* **poena culpam premit;**
⑩ *(poet.)* (be)decken, umschließen, umfangen [**crinem fronde; mitrā capillos; canitiem galeā; arva pelago** überschwemmen; **alqd terrā** vergraben]; **sacrā lauro (= laureā) premi; luna sole premitur** wird verdunkelt; *(bildl.)* **quies alqm premit;**
⑪ *(poet.; nachkl.) (übtr.)* verbergen, verhehlen, unterdrücken [**dolorem; pavorem; iram; alqd ore** verschweigen; **odium; interius omne secretum**]; **exitum temporis futuri caliginosa nocte ~;**
⑫ *(poet.)* an etw. streifen, an etw. stoßen, etw. berühren *(m. Akk.)* [**litus** am Ufer hinfahren; **aera** fliegen; **latus** sich zur Seite halten];
⑬ etw. nachdrücklich betonen, an etw. festhalten, auf etw. beharren *(m. Akk.)* [**argumentum; propositum**];
⑭ etw. eindrücken [**dentes in vite; vestigium leviter; ensem in corpore; ferrum in guttura; pollicem** aufdrücken]; **pressus vomer,**
⑮ *(poet.)* (ein)pflanzen [**virgulta per agros; papaver**];
⑯ *(poet.) (Bäume, Reben)* kurz halten, beschneiden [**salictum; luxuriem falce**];
⑰ *(poet.)* durchbohren [**alqm hastā**];
⑱ *(Ov.)* bezeichnen [**rem notā**];
⑲ *(poet.; nachkl.)* herab-, niederdrücken, senken [**currum** in die Tiefe lenken]; *Pass.* sich senken, sinken: **dextra pressa; mundus premitur in austros; aulaeum premitur** der Vorhang fällt *(am Anfang der Aufführung)*;
⑳ *(poet.; nachkl.) zu* Boden schlagen, niederschlagen [**armigerum; paucos**]; **pressus et exanimatus est;**

(21) *(poet.; nachkl.)* ein-, ausgraben, vertiefen [**alveum; fossam**]; **cavernae in altitudinem pressae**;
(22) *(übtr.)* herabsetzen [**superiores; arma** Waffentaten], verachten, gering achten [**omnia humana**]; **~ ac despicere**;
(23) unterdrücken, nicht aufkommen lassen [**pavorem vultu; filii vocem; vulgi sermones**]; **cohibere et ~ sensus suos**;
(24) zurückhalten, -drängen, aufhalten, hemmen [**sanguinem; ignem** auslöschen; **vestigia** seine Schritte hemmen, stehen bleiben; **aequora; lucem** nicht durchlassen; **vocem** die Stimme dämpfen *od.* schweigen];
(25) *(poet.; nachkl.)* beherrschen, niederhalten; stürzen [**populos dicione; Mycenas servitio; rem publicam; arva iugo; inimicum**];
(26) *(poet.) (übtr.)* übertreffen; **facta premant annos; vetustas laude saecula nostra premat**;
(27) *(poet.; nachkl.)* schließen, zusammendrücken, -ziehen, zudrücken [**os** den Mund; **oculos mortui; manus; habenas** straff anziehen]; **iungere oscula pressa** küssen; **faucibus premor; Nilus obiectu montium pressus** eingeengt;
(28) zusammenfassen, (ab)kürzen; **haec enim, quae a nobis dilatantur, Zeno sic premebat** *(Cic.)*.

prēndō *s. prehendo.*

prēnsātiō, ōnis *f (prenso)* (Amts-)Bewerbung.

prēnsō *s. prehenso.*

prēnsus *P.P.P. v. prendo, s. prehendo.*

presbyter, terī *m (gr. Fw.) (spätl.)* Ältester; Priester, Presbyter.

pressī *Perf. v. premo.*

pressiō, ōnis *f (premo)* Unterlage des Hebels, Stütze; Hebel, Winde.

pressō, pressāre *(Intens. v. premo) (poet.)* drücken, pressen [**ubera palmis (manibus)** melken].

pressūra, ae *f (premo) (nachkl.)* (1) Druck; (2) das Pressen, Keltern.

pressus¹, a, um *(P. Adj. v. premo)* (1) gedrückt, gepresst, gedrängt; **milites ducit ad castra -o gradu** in geschlossenen Reihen; **amplexu -o** fest;
(2) *(v. der Stimme)* gemäßigt, gedämpft [**vox; sonus**];
(3) *(rhet.)* gedrängt, knapp, kurz; schlicht [**oratio; orator**]; **-e dicere; quis te est in explicandis pressior?**;
(4) genau, bestimmt; **Thucydides verbis ~; -e agere**;
(5) *(nachkl.)* zögernd, zurückhaltend [**cunctatio**].

pressus², ūs *m (premo)* das Drücken, Druck [**ponderum; duplex palmarum; oris** Druck der Lippen = nicht zu breite, wohlklingende Aussprache].

prēstēr, tēris *m (Akk. Pl. -tēras) (gr. Fw.) (Lucr.; Plin.)* feuriger Wirbelwind, *der sich in Gestalt einer Feuersäule herablässt.*

● **pretiōsus,** a, um *(pretium)* (1) kostbar, wertvoll, prächtig [**equus; vehiculum; vasa; praeda; possessiones; opus humani animi**]; **quid libertate pretiosius** *(Plin.)*;
(2) kostspielig, teuer; **-o pretio emere alqd**;
(3) *(Hor.)* verschwenderisch [**emptor**].

● **pretium,** ī *n* (1) Preis, (Geld-)Wert [**agri; praedii**]; **merces magni (parvi) -i; -um facere** *(vom Verkäufer)* einen Preis verlangen, *(vom Käufer)* bieten; **indica, fac -um; in -o esse** *u.* **-um habere** Wert haben, etw. gelten; **ad nullum -um sui redigi** seinen Wert verlieren; **-um constituere (statuere)** festsetzen; **servos immensis -is vendere; ager maioris -i**;
(2) *(meton.)* **a)** Geld; **-o alqd emere** mit, für Geld; **magno -o** teuer, **parvo -o** billig; **-um alci reddere, restituere; converso in -um deo** *(Hor.)* in Gold(regen); **b)** Lösegeld; **pactum pro capite ~; captivos sine -o reddere; c)** Lohn, Sold, Belohnung, Preis *(für etw.: Gen.)* [**virtutum; certaminis** Siegespreis; **palmae victoribus; manūs** Arbeitslohn]; **~ morae** für den Zeitaufwand; **(operae) -um est audire** es ist der Mühe wert; **reddere opis -um pro factis; operae -um facere** etw. Lohnendes tun; **-um polliceri; -o afficere alqm** belohnen; **magna operae -a mereri; d)** *(poet.)* Strafe; **ego -um ob stultitiam fero** *(Ter.)*; **et peccare nefas, aut -um est mori** *(Hor.)*; **e)** Bestechung.

prex, precis *f s. preces.*

i Kultur **Priamus,** ī *m* (1) König v. Troja, Sohn des Laomedon, Gatte der Hecuba, Vater des Hektor, Paris, der Kassandra, v. Neoptolemos-Pyrrhos getötet; – *Adj.* **Priamēius,** a, um; – *Patron.* **a) Prīamidēs,** ae *m* Sohn des Priamus; **b) Priamēis,** idis *f* Tochter des Priamus = Kassandra;
(2) Enkel des Priamus 1., Sohn des Polites.

Priāpus, ī *m* (1) *Fruchtbarkeitsgott, urspr. in Kleinasien, später in Griechenland u. Rom verehrt, als Sinnbild der Zeugungskraft m. übergroßem Phallus dargestellt; seine oft m. Mennige konservierten meist rohen Feigenholzbilder standen in Gärten als Vogelscheuchen u. zur Abwehr v. Dieben, auch in Läden u. Gaststätten*;
(2) *(poet.) (übtr.)* **a)** geiler Mensch; **b)** das männliche Glied [**vitreus** Trinkgefäß in Form eines Phallus; **siligineus** Gebäck in Form eines Phallus].

P

prīdem *Adv.* ❶ längst, vor langer Zeit; **non ~ haud ~; non ita ~** vor nicht sehr langer Zeit; **iam ~ ad te scripseram** schon längst; ❷ früher, sonst.

prīdiānus, a, um *(pridie) (nachkl.)* gestrig.

● **prī-diē** *Adv.* tags vorher, am Tage vor etw. *(abs.; m. Akk. od. Gen. des Tages od. Ereignisses, v. dem an gerechnet wird; m. folg. quam);* **ipse ~ profectus est; ~ eum diem** *od.* **eius diei; ~ nuptiarum diem; ~ Idūs; ~ circenses; ~ insidiarum** am Tag vor dem Attentat; **~ quam Athenas veni** am Tag vor meiner Ankunft in A.; **~ quam ex urbe proficisceretur, contio fuit** *(Cic.).*

Priēnē, nēs *f Küstenstadt im südl. Ionien.*

Prilius lacus *kleiner See in Etrurien, j.* Lago di Castiglione.

prīm-aevus, a, um *(primus u. aevum) (poet.)* jugendlich [**corpus**].

prīmānī, ōrum *m (primus) (Tac.)* Soldaten der ersten Legion.

prīmārius, a, um *(primus)* vornehm, ausgezeichnet, vorzüglich [**femina; vir; locus**].

prīmās, ātis *m (primus) (spätl.)* der Erste, der Vornehmste.

prīmātus, ūs *m (primus) (vor- u. nachkl.)* erste Stelle, Vorrang.

prīmē *Adv., s. primus.*

prīmi-cērius, ī *m (primus u. cera, eigtl. derjenige, dessen Name auf dem m. Wachs überzogenen Täfelchen ganz oben steht)* Anführer, Vorgesetzter.

Prīmi-genia, ae *f (primus u. geno = gigno) Beiname der Fortuna, die die v. Glück Begünstigten v. der Geburt an auf ihrem Lebensweg begleitet.*

prīmi-genus, a, um *(primus u. geno = gigno) (Lucr.)* ursprünglich, allererst.

prīmīpīlāris *(primipilus) (nachkl.)* **I.** *Adj.* e zum ersten Manipel der Triarier gehörig; **II.** *Subst.* is *m* gewesener Zenturio des ersten Manipels der Triarier.

prīmī-pīlus, ī *m (primus u. pilus[2])* Zenturio des ersten Manipels der Triarier, ranghöchster Zenturio.

prīmitiae, ārum *f (primus)* ❶ Erstlinge *(der Früchte);* ❷ *(poet.; nachkl.)* erster Ertrag, erste Ausbeute [**metallorum**]; ❸ *(Verg.)* Erstlingsversuch; erste Waffentat [**iuvenis**].

primitīvus, a, um *(primus) (spätl.)* der erste seiner Art [**flores** die zuerst blühen; **anni** die ersten]; Ur- [**ecclesia** Urkirche].

prīmitus *Adv. (primus) (nicht klass.)* zum ersten Mal, zuerst.

● **prīmō** *Adv., s. primus.*

prīmōgenita, ōrum *n (primogenitus) (August.)* Recht der Erstgeburt.

prīmō-genitus, a, um *(spätl.)* erstgeboren.

prīm-ōrdium, ī *n (primus u. ordior)* ❶ erster Anfang, Ursprung, *meist Pl.* [**urbis; mundi; gentis; eloquentiae**]; ❷ *(Tac.)* Regierungsantritt [**principis**].

prīmōris, e *(Nom. Sg. ungebräuchlich) (primus u. ōs)* ❶ der erste, der vorderste, der vordere Teil; vorn an, vorn in [**pars; digiti** Fingerspitzen; **dentes** die ersten Zähne]; **usque in primores manus** bis vorn an die Hände; **primori in acie versari**; *(übtr.)* **primoribus labris attingere** *od.* **gustare alqd** sich oberflächlich m. etw. beschäftigen; **primori Marte** am Anfang des Krieges; – *Subst.* **prīmōrēs,** rum *m (milit.)* die vordersten Reihen: **dimicare inter primores; ad primores provolare**; ❷ der vornehmste, angesehenste [**feminae**]; – *Subst.* **prīmōrēs,** rum *m* die Vornehmsten [**populi; equestris gradūs**].

prīmulus, a, um *(Demin. v. primus) (Kom.)* der erste; – *Adv.* **prīmulum** zuerst.

● **prīmum** *s. primus.*

prīmum-dum *Adv. (Plaut.)* fürs Erste nun.

● **prīmus,** a, um **I.** *Adj.* ❶ der erste, der vorderste [**dentes** Vorderzähne; **digitus; pars aedium; provincia; urbs** der vorderste Teil; **agmen** Vorhut; **liber Odysseae**]; **-o limine** vorn an der Schwelle; **in -a epistula** am Anfang des Briefes; – *(poet.; nachkl.) präd. b. Verben:* als Erster, zuerst = *primum:* **rex primus terram saltu contigit**; – *primus quisque:* **a)** einer nach dem anderen, der Reihe nach; **b)** der erste Beste: **-o quoque tempore** bei der ersten besten Gelegenheit, sobald als möglich; **primo quoque die**; ❷ der erste, der beginnende [**initium; sol** die aufgehende Sonne; **tellus** noch junge; **tumultus** der Anfang des Lärmens; **honor virtutis** des frühesten Jugendalters]; **-a luce** bei Tagesanbruch; **-a nocte** bei Anbruch der Nacht; **-o anno** am Anfang des Jahres; **-o adventu** gleich bei der Ankunft; ❸ *(übtr., v. Rang u. Wert)* der vornehmste, vorzüglichste, angesehenste, bedeutendste [**omnium; humani generis; urbs Italiae; praedium**]; **primas partes agere** die Hauptrolle spielen; **sum apud te primus** Hahn im Korb;

II. *Subst.* ❶ **prīmī,** ōrum *m* die Vordersten; **in -is stare** in erster Reihe; **~ hostium** die Vorposten der Feinde; ❷ **prīmae,** ārum *f (erg. partes)* **a)** Hauptrolle, *auch übtr.* erste Stelle; **-as dare** die erste Stelle (= die größte Bedeutung) einräumen; **-as agere** spielen; **-as deferre** übertragen; **-as concedere** räumen; **b)** Hauptpreis; **-as ferre** den H. davontragen; ❸ **prīmum,** ī *n* **a)** Vordertreffen, Vorhut, *auch Pl.;* **in -um provolare; b)** Anfang, Beginn, *auch Pl.;* **-a belli; ex primo** vom Anfang, zuerst; **in -o** zu Anfang, zuerst; **hoc a -o**

cogitavit von Anfang an, anfänglich; **c)** *Pl.* der erste Platz, das Erste, der Anfang; **-a tenere** einnehmen; **ad -a** vorzüglich, besonders; **d)** *Pl.* Urstoffe, Elemente; **-a naturae** die Grundantriebe;

III. *Adv.* ① **prīmum a)** zuerst; **primum omnium** zuallererst; **ae primum quidem** u. zunächst; **b)** zum ersten Mal; **hodie ~; tum ~; eo die ~; c)** *(in Aufzählungen)* zuerst, erstens; **primum … deinde … tum … denique** *(od.* **postremo); primum … subinde; primum … mox; primum … secundo loco; d) quam primum** möglichst bald; **ubi** *(od.* **cum, ut, simul, simulac***)* **primum** sobald als; **ubi primum potuit, istum reliquit;**

② **prīmō a)** zum ersten Mal; **b)** anfangs, anfänglich; **primo quinque naves habuit, postea decem** *(Liv.)*; **cum primo** *(nicht klass.)* sobald als;

③ **prīmē** *(Plaut.)* besonders, vorzüglich.

● **prīn-ceps,** *Gen.* *cipis (Abl. Sg.* -e; *Gen. Pl.* -um; *Neutr. Pl. fehlt) (primus u. capio)* **I.** *Adj.*

① der erste, *auch adv. m.* zuerst *zu übersetzen* [**locus**]; **~ in agendo; Hannibal ~ in proelium ibat** ging zuerst; **~ Sicilia se ad amicitiam populi Romani applicuit;**

② *(im Rang)* der erste, der vornehmste, angesehenste, Haupt- [**orator; philosophi; in civitate** *od.* **civitatis**]; **principem locum tenere; principe loco genitus;**

③ vor allen begabt mit, hervorragend in *(m. Gen.)* [**doctrinae**];

④ **~ ad alqd** besonders geeignet zu etw.; **amor ~ ad benevolentiam coniungendam;**

II. *Subst. m* ① Führer, Vorsteher, der Vornehmste, Angesehenste [**provinciae; equestris ordinis; eius rei** Leiter; **Argonautarum; legatorum** *od.* **legationis** Wortführer; **coniurationis**]; **Roma ~ urbium** die Königin; – *Pl.* **prīncipēs,** pum *m (polit.)* die ersten Männer im Staat, hoch gestellte Staatsmänner, die Vornehmsten; die Mächtigen, die Herren [**rerum publicarum** Staatsmänner; **rei publicae; plebis**];

② Urheber, (An-)Stifter, Begründer, Schöpfer, Haupt [**consilii; rogationis** Antragsteller; **nobilitatis** Begründer; **inveniendi** Erfinder]; **Zeno ~ Stoicorum;**

③ Ratgeber [**ad suscipiendam rationem horum studiorum**];

④ **~ senatūs** der erste, einflussreichste Senator, *dessen Name in der Senatorenliste zuerst stand;*

⑤ **~ iuventutis** *(in republikanischer Zeit)* Führer der Ritterzenturien; *(in der Kaiserzeit)* erwachsener Kaisersohn *bis zum Eintritt in den Senat,* Prinz;

⑥ *(nachkl.)* Herrscher, Fürst, Prinzeps [**gentis**]; *Titel der röm. Kaiser* **Augustus cuncta nomine principis sub imperium accepit** *(Tac.)*; **feminae principes** Frauen aus der kaiserlichen Familie;

⑦ *(milit. t. t.)* **a)** *Pl.* **prīncipēs,** pum *m zunächst* Soldaten, die im ersten, *später* im zweiten Glied standen; **b)** *(koll.)* ein Manipel (= zwei Zenturien) der principes; **octavum principem duxit; c)** ein Zenturio der principes [**tertiae legionis**].

prīncipālis, e *(princeps)* ① der erste, ursprüngliche [**causae; verba**];

② *(nachkl.)* der hauptsächlichste, Haupt- [**quaestio**]; **principalia urbis loca;**

③ *(nachkl.)* fürstlich, kaiserlich [**maiestas**];

④ zum Hauptplatz im Lager führend [**via** die breite Querstraße des Lagers; **porta (dextra, sinistra** rechtes, linkes) Seitentor des Lagers]; **manipulos legionum principalia via inducit.**

● **prīncipātus,** ūs *m (princeps)* ① erste Stelle, Vortritt, Vorzug; **sol astrorum obtinet principatum** *(Cic.)*; **eloquentiae dignitatis principatum dare** *(Cic.)*; **principatum sententiae tenere** seine Stimme zuerst abgeben können;

② höchste Stelle, Vorrang, Machtstellung, Herrschaft, Befehlshaberstelle [**imperii maritimi** Führung zur See; **belli administrandi**]; **prinicipatum in civitate obtinere; principatum alci dare, tradere; principatum agere** den Herrn spielen; **de principatu cum Atheniensibus certamen est** *(Nep.)* um die Führerschaft; **Cassio ~ datur;**

③ *(nachkl.)* Kaiserwürde, Prinzipat; **Neronis principatu; Nerva miscuit principatum et libertatem** *(Tac.)* vereinigte … mit der Monarchie;

④ *(meton.)* der röm. Kaiser, Prinzeps;

⑤ *(philos. t. t.)* leitendes Prinzip *des Handelns,* Grundkraft [**animi**];

⑥ Anfang, Ursprung [**opusculi**]; **mundus a temporis principatu ortus.**

i Kultur **prīncipātus** der/das Prinzipat, Name des röm. Kaisertums seit Augustus (meist bis 284, Amtsantritt Diokletians, gerechnet): nur scheinbar der Vorrang eines Ersten Bürgers (princeps civitatis), in Wirklichkeit geschickte Sprachregelung für **die unbeschränkte Monarchie im Gewande der Republik.** – Augustus beachtete die Abneigung der „Republikaner" gegen „Diktatur" u. „Königtum". Er kombinierte klug die Amtsgewalt (potestas) von Volkstribunat (Kontrolle über Magistrate, Volksversammlung, Senat) u. Prokonsulat (Aufsicht über Provinzen und Militär).

prīncipiālis, e *(principium) (Lucr.)* anfänglich,

P

ursprünglich.

● **prīncipium,** ī *n (princeps)* ❶ Anfang, Ursprung [**imperii; generis; libri; pontis**]; **nec -um nec finem habere; -um capere, sumere, exordiri** beginnen; *(Abl.)* **-o** im Anfang [**veris; orationis; anni; belli**]; **-o … postea; a -o** v. Anfang an *od.* anfangs: **a -o ordiamur; in principiis dicendi**;

❷ *(poet.) (meton.)* Urheber; **Graecia ~ moris fuit** *(Ov.)*;

❸ Grund(lage) [**iuris; naturae** *od.* **naturalia** Grundtriebe; **-a philosophiae** Grundlehren]; **recte sapere est -um et fons** *(Hor.)*;

❹ Grundstoff, Element, *meist Pl.* [**rerum**]; **quattuor genera principiorum; -a rerum, ex quibus omnia constant**;

❺ die in den Komitien zuerst abstimmende Tribus *od.* Kurie; **Faucia curia fuit ~** stimmte zuerst;

❻ *(milit.) Pl.* **a)** die vorderen Reihen, Glieder, Front; **equites post -a collocare; b)** Hauptplatz *des röm. Lagers,* Hauptquartier, Generalquartier [**castrorum**]; **paucos militum in -a vocat** *(Tac.)*;

❼ *(mlt.)* Prinzip.

principor, principārī *(princeps) (spätl.)* die Herrschaft antreten; **in vestitu vario Flora principatur.**

● **prior,** *Neutr.* prius, *Gen.* priōris ❶ *(räuml.)* der vordere [**pedes; pars**]; **inter columnas priores;** *– auch als Subst. m;*

❷ *(zeitl.)* **a)** der frühere, erste *v. zweien* [**populus** der früheren Zeiten; **Scipio** der Ältere]; **priore loco dicere** zuerst; *präd.:* eher, früher, zuerst: **qui prior has angustias occupavit; prior praevenit**; *– Subst.* priōres *m (poet.; nachkl.)* die Vorfahren [**nostri**]; **more priorum; priores tradiderunt; b)** der vorige, vorangehend, vorangegangen; **consul anni prioris; priore nocte; prius vinum** vom letzten Jahr; **priore aestate** im vorigen Sommer;

❸ *(v. Rang u. Wert)* vortrefflicher, höherstehend, überlegen, wichtiger; **priores sedes; aetate et sapientia priores;**

/ *Adv.* **prius a)** eher, früher, vorher, *meist m. quam;* **prius … nunc; regem prius Europā, post et Asiā, expellere; quod ego, prius quam loqui coepisti, sensi** *(Cic.)*; **b)** *(übtr.)* eher, lieber.

● **prīscus,** a, um *(vgl. prior, pristinus)* ❶ alt, altertümlich, altehrwürdig [**lex; virtus; mores; ritus; Latini**]; **credendum est veteribus et priscis viris** *(Cic.)*;

❷ *(poet.)* ehemalig, früher [**nomen**];

❸ nach alter Art, streng [**Cato; severitas; parens**].

prista, ae *m (gr. Fw.) (Plin.)* Holzsäger.

● **prīstinus,** a, um *(vgl. prior, priscus)* ❶ vorig, ehemalig, früher [**consuetudo; ius; mos; bonitas; gloria**]; **reminiscens -i temporis; in -um restituere** in den früheren Zustand;

❷ letztvergangen [**nox** gestrig].

pristis, is *f (gr. Fw.)* ❶ *(poet.; nachkl.)* Meerungeheuer (Walfisch, Hai *u. a.*);

❷ *(übtr.)* kleines schnell segelndes Kriegsschiff;

❸ *(Verg.)* Pristis *Name eines mit einem Walfischbild verzierten Schiffes.*

prius *Adv., s. prior.*

● **prius-quam** *Kj. (auch getr.)* ❶ eher als, bevor; **prius respondes quam rogo** *(Plaut.)*; **neque finem prius sequendi fecerunt quam muro oppidi portisque appropinquarunt** *(Caes.)*; **quam bene Saturno vivebant rege, priusquam tellus in longas est patefacta vias** *(Tib.)*;

❷ lieber … als (dass).

prīvantia, ium *n (privo)* das Verneinende.

● **prīvātim** *Adv. (privatus)* ❶ als Privatmann, für seine Person, für sich, persönlich, in eigenem Namen; **~ alqd gerere; ~ mandare alci alqd; publice privatimque gratiam petere; eloquentiā ~ et publice abuti**;

❷ zu Hause; **~ se tenere** zu Hause bleiben.

prīvātiō, ōnis *f (privo)* Befreiung, das Befreitsein *(von etw.: Gen.)* [**doloris**].

prīvātum, ī *n (privatus)* das Eigene: ❶ Privatvermögen; **tributum ex -o conferre** aus eigenen Mitteln; **publica -is secernere**;

❷ Privatbesitz; **in -o** auf eigenem Grund u. Boden *od.* zu Hause, nicht öffentlich; **ex -o** aus dem Hause;

❸ Privatgebrauch; **in -um vendere** zum Privatgebrauch.

● **prīvātus** *(privo)* **I.** *Adj.* a, um *(Adv. privatim, s. d.)* ❶ einer einzelnen Person gehörig, Privat-, persönlich, eigen [**ager; aedificia; horti; inimicitia** persönliche; **res** Privatangelegenheiten, -eigentum; **ius; vita** Privatleben]; **-o consilio** eigenmächtig;

❷ ohne öffentl. Amt, als Privatmann lebend [**vir**]; **Pompeium -um dictatorem appelavit**;

❸ *(poet.; nachkl.)* nicht kaiserlich, nicht fürstlich, gewöhnlich [**homo; spectacula; carmina**]; **si illa maiestas -a umquam fuit**;

❹ *(mlt.)* **privati homines** einfache Krieger, Mannschaften;

II. *Subst.* ī *m* ❶ Privatmann, Mann ohne öffentl. Amt;

❷ *(nachkl.) (in der Kaiserzeit)* Untertan.

Prīvernum, ī *n Stadt in Latium, b. der Cicero ein Landgut hatte; – Einw. u. Adj.* **Prīvernās,** *Gen.* ātis *(m).*

prīvīgna, ae *f (privignus)* Stieftochter.

prīvīgnus, ī *m* Stiefsohn; *Pl.* Stiefkinder.

prīvi-lēgium, ī *n (privus u. lex)* ❶ Ausnahmegesetz;

❷ *(nachkl.)* Vorrecht, Privileg [**sacerdotum**]; **quaedam -a parentibus data sunt.**

● **prīvō,** prīvāre ❶ berauben [**alqm vitā, do-**

nis, cibo];
② *(v. einem Übel)* befreien [**alqm iniuriā, molestiā**].

prīvus, a, um ① einzeln, je einer; **in dies privos;**
② eigen(tümlich), ein besonderer;
③ frei *v.* etw., ohne etw. *(m. Gen.)* [**militiae**].

● **prō¹** *(altl. prōd)* **I.** *Präp. b. Abl.* ① *(räuml.)* **a)** vor *(mit dem Rücken vor einem Gegenstand; dagegen bedeutet „ante“: mit dem Gesicht dem Gegenstand zugewandt);* **pro muro; pro vallo; pro curia; sedens pro aede; pro castris dimicare; copias pro oppido collocare; pro portis in statione esse;** – *selten b. Verben der Bewegung auf die Frage „wohin?“* vor … hin, vor … her: **copias pro castris producere** *(Caes.);* **b)** (vorn) auf, (vorn) an, (vorn) in; **pro rostris; pro tribunali; laudatus pro contione; pro comitio; pro collegio pronuntiare;**
② *(übtr.* **a)** für, zum Schutz, zum Vorteil, zugunsten von; **pro alqo dicere, petere, pugnare; pro legibus dimicare; pro libertate loqui; pro patria mori; b)** für, statt, anstatt; **pro patre esse alci** die Vaterstelle vertreten; **pro vallo carros obicere; pro consilio imperatum est** im Namen; **pro consule, pro praetore, pro quaestore, pro magistro** Prokonsul *usw.;* **c)** so gut wie, wie, als; **pro victis abire** wie Besiegte; **pro damnato esse** so gut wie verurteilt sein; **se pro cive gerere** als Bürger; **pro hoste esse** als Feind gelten; **alqd pro amico facere** als Freund, freundschaftlich; **pro certo scire (ponere, affirmare, polliceri)** für gewiss; **pro occiso sublatus (relictus)** für tot; **pro testimonio dicere** im Zeugenverhör aussagen; **pro perfuga** als Überläufer; **pro infecto habere** für ungeschehen halten; **pro noxiis conciduntur** als Schuldige; **hunc amavi pro meo** wie meinen eigenen Sohn; **d)** für, zum Lohn, als Belohnung, als Bezahlung, zur Vergeltung für; **alci pro meritis gratiam referre; alqm pro scelere ulcisci** bestrafen; **petere honorem pro flagitio; pro frumento pecuniam solvere; e)** im Verhältnis zu, entsprechend, gemäß, nach, zufolge; **pro dignitate laudare; pro opinione** nach Erwarten; **pro viribus (agere, fabulari)** nach Kräften; **pro facultatibus; pro mea (tua, sua …) parte** nach meinen Kräften; **pro se quisque** jeder nach seinen Kräften; **pro rata parte** in einem bestimmten Verhältnis; **pro eo, quod** im Verhältnis dazu, dass, dementsprechend, dass; **pro eo ac** *od.* **ut** je nachdem (wie); **f)** vermöge, kraft; **pro tua prudentia; pro tuo amore; pro imperio** kraft der Amtsgewalt *od.* auf gebieterische Weise; **pro fide mori** aus Treue;
II. prō- *u.* **pro-** *als Präfix* ① *(räuml.)* vor, hervor, vorwärts, weiter [**pro-cedo, prod-eo, pro-ficiscor, pro-pugno**];
② *(zeitl.)* vor [**pro-avus**];
③ für [**prod-esse, pro-tego**];
④ anstatt [**pro-consul**];
⑤ verhältnismäßig [**pro-ut**].

prō² *Interj.* o! ach! wehe! leider! *(meist in Beschwörungsformeln m. Vok.);* **pro sancte Iuppiter!; pro dii immortales!;** *(m. Akk.)* **pro deorum hominumque fidem!; pro deum atque hominum fidem, victoria in manu nobis est!; pro vestram fidem!** helft!, rettet uns!; – *zum Ausdruck der Trauer, Missbilligung:* **pro scelus!; pro facinus indignum!**

proāgorus, ī *m (gr. Fw.)* der oberste Beamte *in einigen Städten Siziliens.*

pro-auctor, ōris *m (Suet.)* Stammvater [**generis**].

pro-avia, ae *f (nachkl.)* Urgroßmutter.

proavītus, a, um *(proavus) (Ov.)* v. den Vorfahren ererbt [**regna**].

pro-avus, ī *m* Urgroßvater; Ahnherr, Vorfahr.

probābilis, e *(probo)* ① beifallswert, anerkennenswert, gut, tauglich [**genus dicendi; ingenium; discipulus**];
② glaublich, glaubhaft, wahrscheinlich [**causa**].

probābilitās, tātis *f (probabilis)* Wahrscheinlichkeit [**magna**].

probātiō, iōnis *f (probo)* ① Prüfung, Besichtigung, Musterung [**athletarum**];
② Billigung, Genehmigung;
③ *(nachkl.)* Beweis(führung) [**certa;** *(m. Gen. obi.)* **sceleris**].

probātor, ōris *m (probo)* derjenige, der etw. billigt, Lobredner, Förderer *(m. Gen.)* [**facti; ingenii**].

probātus, a, um *(P. Adj. v. probo)* ① erprobt, bewährt, trefflich [**argentum**]; **probata experimento cultura;**
② angenehm, beliebt *(alci);* **gratulatio tua est mihi probatissima.**

prober, bra, brum *(Plaut.; Gell.)* schimpflich, schändlich.

prōbet *(Lucr.) synk. < prohibet.*

● **probitās,** ātis *f (probus)* Rechtschaffenheit, Redlichkeit; **exempla probitatis.**

problēma, atis *n (gr. Fw.)(nachkl.)* gestellte Aufgabe, Problem; **proponam vobis problema** *(Vulg.).*

● **probō,** probāre *(probus)* ① prüfen, untersuchen, erproben [**munera**]; **aurum per igne probatur; ipsi vos probate;** – (Bauwerke) besichtigen *(Aufgabe der Zensoren)* [**villam**];
② beurteilen *(nach etw.: re, ex od. a re)* [**amicitias utilitate; mores alienos suo ex ingenio**];
③ anerkennen, billigen, gelten lassen, gutheißen, genehmigen [**oratores; consulatum; consilium; causam; rationem;** *(m. dopp.*

P

Akk.) **alqm imperatorem** jmd. als Feldherrn anerkennen; **Thucydidem auctorem** gelten lassen]; **Iove non probante** gegen den Willen Jupiters; **Cato ea sentit, quae non probantur in vulgus** *(Cic.)*; – *(auch m. A. C. I. od. m. Inf.)*: **Caesar maxime probat coactis navibus mare transire et Pompeium sequi** *(Caes.)* hielt es für das Geratenste;

❹ sich jmds. Beifall erwerben, jmd. m. etw. zufrieden stellen, annehmlich machen *(alci alqd, auch alci de re)* [**suam operam; causam alcis; factum suum alci**]; – **probārī** *u.* **sē probāre** *alci* jmds. Beifall erlangen, jmdm. gefallen, sich jmdm. empfehlen; **se multis probare; se in legatione sociis probare; non probari alci** jmdm. missfallen; **mihi egregie probata est oratio tua**;

❺ glaubhaft, wahrscheinlich machen, darlegen, erweisen, beweisen [**causam paucis verbis; vocem auguris** beglaubigen; **se memorem alci** sich dankbar erweisen]; **perfacile factu esse illis probat, conata perficere** *(Caes.)*; – *m. A. C. I. auch* nachweisen: **iudicibus ~ Verrem contra leges pecunias cepisse**;

❻ *alqm pro alqo* jmd. ausgeben für;

❼ *(Plin.)* jmd. überführen.

proboscis, idis *f (gr. Fw.) (vor- u. nachkl.)* Rüssel.

probrōsus, a, um *(probrum)* ❶ beschimpfend, ausfallend, entehrend [**sermones; carmina** Schmähgedichte];

❷ schändlich, schimpflich, schmachvoll [**crimen; ruinae**];

❸ *(nachkl.)* lasterhaft [**femina**].

● **probrum,** ī *n* ❶ Schmähung, Beschimpfung, Vorwurf; **-a ingerere; -a dicere alci; -a iactare** *u.* **iacere in alqm; -is alqm vexare, onerare, lacerare**;

❷ Schimpf, Schande, Schmach; **-i causa; -um alci inferre; -o esse** Schande bringen; **epistulae plenae -orum**;

❸ **a)** schimpfliche Handlung, Schandtat [**ignaviae luxuriaeque**]; **-a animi obiectare alci; b)** Unzucht, Ehebruch; **-i uxorem insimulare.**

● **probus,** a, um ❶ rechtschaffen, anständig, sittsam; bescheiden [**adulescens; rex**];

❷ tüchtig [**artifex; ad alqam rem**];

❸ gut, passend, richtig [**occasio; merx; color; navigium**];

/ *Adv.* **-ē** *(in Antworten)* recht so!

PROC. *Abk. für: pro consule u. pro consulibus.*

Proca *u.* **Procās,** ae *m König v. Alba, Vater des Numitor u. Amulius.*

procācitās, tātis *f (procax)* Zudringlichkeit, Frechheit, Unverschämtheit.

Procās *s. Proca.*

procāx, *Gen.* ācis zudringlich, frech, unverschämt; ausgelassen [**sermo; scripta; ingenium; adulescens;** *(m. Gen.)* **otii** begierig nach]; *(m. Abl. resp.)* **~ ore, moribus; ~ in lacessendo.**

● **prō-cēdō,** cēdere, cessī, cessum ❶ vorwärts gehen, schreiten, hervortreten, -gehen, -kommen [**e (de) castris pedibus aequis; alci obviam** *od.* **obvius; foribus foras; ad litus; in (ad) forum; ex portu** auslaufen]; *(m. Sup.)* **~ visum** hinausgehen, um zuzuschauen;

❷ *(milit.)* ausrücken, vorrücken, marschieren [**ad dimicandum; in aciem**]; **agmen procedit**;

❸ *öffentl.* erscheinen, hervortreten, auftreten, sich zeigen [**ornato capillo; in medium** unter die Menge treten; **in contionem** in der Volksversammlung auftreten];

❹ *(Tac.) (von Äußerungen)* entfahren; **voces inconsultae procedebant;**

❺ *(übtr., v. Sachen)* vorrücken, weiterkommen; **magna pars libri processerat; procedente opere; procedunt vineae**;

❻ weitergehen, bis zu einem Punkt kommen, sich versteigen [**liberius altiusque** über sein Thema hinausgehen; **eo magnitudinis** bis zu dem Grade]; **eo ira processit, ut**;

❼ *(v. Personen)* Fortschritte machen, vorankommen, es bringen zu, steigen *(in etw.: in m. Abl. od. bl. Abl.)* [**in philosophia; honoribus longius**]; **ad summos honores ~**;

❽ *(v. der Zeit)* fortschreiten, verstreichen; **multum diei processerat; procedente tempore (procedentibus annis)** im Verlauf;

❾ (fort)dauern, fortlaufen; **stipendia alci procedunt**;

❿ Erfolg haben, (gut) vonstatten gehen; **parum procedit consuli res; venenum non processerat; medicina processit; consilia procedunt;** – gelingen, erfolgreich verlaufen: **nihil alci procedit**; – zugute kommen, nützen [**rei publicae**].

procella, ae *f (procello)* ❶ Sturm(wind); **~ nivem effuderat**;

❷ *(übtr.)* Ansturm, Angriff [**equestris;** *übtr.* **periculi**]; **-ae seditionum**;

❸ Aufruhr, Unruhe [**civiles; tribuniciae**].

pro-cellō, cellere, – – *(Plaut.)* vorstürzen; – *se* ~ sich vordrängen.

procellōsus, a, um *(procella)* stürmisch [**mare; ver; montes**]; Sturm erregend [**notus**].

procerēs, rum *m* die Vornehmsten, Aristokraten [**Latinorum; iuventutis**]; – *Sg.* procer, eris *(Iuv.)* einer der Vornehmsten.

prōcēritās, ātis *f (procerus)* Schlankheit, hoher Wuchs [**corporis; arboris**]; *auch* Länge *der Versfüße* [**pedum**].

prōcērus, a, um ❶ schlank (gewachsen), gestreckt, lang, hoch [**membra; corpus; palmae** in die Höhe gestreckt; **arbor**]; **habitu ~; homo -ae staturae;**

❷ *(in der Metrik)* lang [**syllabae**].

prō-cessī *Perf. v. procedo.*

prōcessiō, iōnis *f (procedo)* ① das Vorrücken *eines Heeres;*
② *(spätl.)* feierlicher Umzug, Prozession.

prōcessum *P.P.P. v. procedo.*

prōcessus, ūs *m (procedo)* ① Fortschritt, Fortgang [**iuris; dicendi**];
② guter Fortgang, Wachstum, *auch Pl.;*
③ *(poet.; nachkl.)* guter Ausgang, Glück, Erfolg.

Prochyta, ae *u.* **-ē,** ēs *f Insel an der Küste v. Kampanien vor Misenum, östl. v. Ischia, j.* Procida.

prō-cidō, cidere, cidī – *(cado)* niederfallen [**ad pedes**]; **pars muri prociderat.**

prōcīnctus, ūs *m (procingo)* das Gürten zum Kampf, Kampfbereitschaft; **in procinctu** in Kampfbereitschaft, schlagfertig; *(nachkl.) (übtr.)* in Bereitschaft: **clementiam in procinctu habere.**

prō-cingō, cingere, cinxī, cinctum *(altl.; Gell.)* gürten, rüsten; **procinctum esse** zum Kampf gerüstet sein, schlagfertig sein.

prōclāmātiō, iōnis *f (proclamo) (nachkl.)* das Ausrufen, Schreien.

prōclāmātor, tōris *m (proclamo)* Schreier *(v. einem schlechten Anwalt).*

prō-clāmō, clāmāre laut rufen, schreien.

prō-clīnō, clināre vorwärts beugen, vorwärts neigen; *(übtr.)* **proclinata iam re** da die Lage der Dinge sich bereits zur Entscheidung neigte.

prō-clīvis, e *(Adv.* -ī) *(clivus)* ① abschüssig, jäh, *auch übtr.* [**via; saxum**]; **per** *od.* **in proclive** bergab, abwärts; **proclivi cursu delabi;** *(übtr.)* **proclivius in perniciem labi;**
② *(übtr.) zu* etw. geneigt, bereit(willig) *(meist im schlechten Sinne)* [**ad morbum; ad comitatem; ad libidinem**];
③ *(übtr.)* leicht (auszuführen) [**impetus**]; **proclive est dictu** *(m. A. C. I.)* es ist leicht zu sagen; *subst.:* **in proclivi esse** *(Kom.)* leicht sein;
④ *(Plaut.) (übtr.)* schwierig, undeutlich, dunkel.

prōclīvitās, ātis *f (proclivis) (übtr.)* Geneigtheit, Neigung zu etw.

prō-clīvus, a, um *(nicht klass.) = proclivis.*

Procnē *u.* **Prognē,** ēs *f Tochter des Pandion, Schwester der Philomela, in eine Schwalbe verwandelt, s. Philomela; – (poet.) (meton.)* Schwalbe.

procoetōn, tōnis *m (gr. Fw.) (Plin.)* Vorzimmer.

prō-cōnsul, lis *m* Prokonsul, gewesener Konsul, Statthalter *(einer Provinz).*

prōcōnsulāris *(proconsul)* **I.** *Adj.* e prokonsularisch [**imperium; ius; vir** Prokonsul; **imago** *(vom Militärtribunat gesagt)* Schattenbild der Konsulargewalt, *an deren Stelle es getreten war*];
II. *Subst.* is *m* Prokonsul.

prōcōnsulātus, ūs *m (proconsul) (nachkl.)* Prokonsulat, Amt *od.* Würde des Prokonsuls, Statthalteramt.

procor, procārī *(procus)* verlangen, fordern.

prōcrāstinātiō, ōnis *f (procrastino)* Vertagung, Aufschub.

prō-crāstinō, crāstināre *(crastinus)* vertagen, verschieben.

prōcreātiō, iōnis *f (procreo)* Zeugung.

prōcreātor, tōris *m (procreo)* Erzeuger, *Pl.* Eltern; *(übtr.)* Schöpfer [**mundi**].

prōcreātrīx, īcis *f (procreator)* Mutter, Urheberin [**artium**].

prō-creō, creāre ① **a)** hervorbringen, zeugen *(liberos ex u. de alqa: mit einer Frau);* **de matre familias duo filios ~; b)** gebären;
② *(übtr.)* hervorbringen; **locus, qui hanc virtutem procreavit** *(Cic.)*; **hominum societas iustitiam procreavit.**

Procris, idis *u.* is *f Tochter des att. Königs Erechtheus, Gattin des Cephalus, der sie auf der Jagd versehentlich tötete u. vom Areopag dafür verbannt wurde.*

Procrūstēs, ae *m Räuber in Attika, der Wanderer gefangen nahm u. sie auf ein Folterbett spannte (dah. sprichw. „Prokrustesbett"), v. Theseus getötet.*

prō-cubō, cubare, cubui, – *(Verg.)* hingestreckt (da)liegen.

prō-cubuī *Perf. v. procubo u. procumbo.*

prō-cucurrī *s. procurro.*

prō-cūdō, cūdere, cūdī, cūsum ① *(poet.)* schmieden [**enses**]; schärfen [**dentem vomeris**];
② *(übtr.)* formen, bilden [**linguam; ingenium**];
③ *(Lucr.)* hervorbringen; **ignem ignes procudunt,**
④ *(poet.)* ersinnen [**dolos**].

P

● **procul** *Adv.* ① in die Ferne, weithin [**abscedere**];
② in der Ferne, fern, weit [**abesse**]; **~ inde;** – *m. ab od. m. bl. Abl.* fern von: **~ a portā; ~ ab hoste; ~ a conspectu; ~ (a) patriā; ~ oppido; haud castris; ~ regno; ~ mari;** *(übtr.)* **~ ab ira; ~ dubio** ohne Zweifel; **causas ~ habeo** die Gründe liegen mir fern; **homines ~ errant** irren sehr;
③ aus der Ferne, v. fern, weither [**tela conicere**];
④ *(zeitl.) (m. Abl.)* lange vor; **haud ~ occasu solis; viri, qui sunt ~ ab aetatis huius memoriā** *(Cic.).*

prōculcātiō, iōnis *f (proculco) (nachkl.)* Zertrümmerung [**regni**].

prō-culcō, culcāre *(calco) (poet.; nachkl.)* ① niedertreten [**segetes; solum; virum pedibus**]; zertreten [**ranas**]; niederreiten;

② *(übtr.) m.* Füßen treten, erniedrigen [**fata; rem publicam**].

● **prō-cumbō,** cumbere, cubuī, cubitum ① *(poet.) (v. Personen) sich* vorwärts legen, sich vorbeugen, sich neigen [**certamine summo** *v. Rudernden*]; ~ **in armos** herfallen über;
② *(v. Sachen)* **a)** sich vorneigen, sich zuneigen; **b)** *(nachkl.) (v. Höhen)* sich abwärts hinziehen, sich abwärts erstrecken [**vasto iugo in pontum**];
③ zu Boden fallen, sich niederwerfen, sich legen [**humi; terrae;** *(v. Bittenden, Betenden)* **alci ad pedes, ad genua, genibus; templis**];
④ *(v. Sachen)* (ein)stürzen; **agger in fossam procubuit; ulmus in aram procubuit**;
⑤ *(vom Getreide)* sich legen; **frumenta imbribus procubuerant**;
⑥ *(Lucr.) (vom Wind)* sich legen;
⑦ *(poet.; nachkl.) (übtr.)* sinken, fallen, in Verfall geraten; **res procubuere meae** *(Ov.)*.

prōcūrātiō, iōnis *f (procuro)* ① Besorgung, Verwaltung [**ministerii; templi; rei publicae; rerum humanarum**];
② *(nachkl.)* Amt eines kaiserl. Prokurators, kaiserl. Finanzverwaltung [**provinciae**];
③ *(rel. t. t.)* Sühnung *(eines ungünstigen Vorzeichens)* [**prodigii; portenti**];
④ *(Tac.) Pl.* **procurationes incesti** Reinigungszeremonien bei Blutschande.

prōcūrātiuncula, ae *f (Demin. v. procuratio) (Sen.)* Prokuratorpöstchen.

prōcūrātor, tōris *m (procuro)* ① Verwalter, Geschäftsführer [**regni** Reichsverweser; **urbis** Stadtpräfekt; **peni** Aufseher über die Speisen; **ludi** Vorsteher der Gladiatorenschule]; Stellvertreter, Bevollmächtigter, Agent;
② *(nachkl.)* Prokurator *(Verwalter der kaiserl. Einkünfte)*.

prōcūrātrīx, īcis *f (procurator)* Besorgerin, Pflegerin.

prō-cūrō, cūrāre ① besorgen, verwalten *(als Beamter od. als jmds. Stellvertreter bzw. Bevollmächtigter)* [**sacra; alcis negotia**];
② *(nachkl.) (abs.)* kaiserl. Prokurator sein [**in Hispaniā**];
③ *(poet.)* pflegen [**corpus; se**];
④ *(ungünstige Vorzeichen)* sühnen [**prodigia; ostentum; somnia**].

prō-currō, currere, (cu)currī, cursum ① (her)vorlaufen, vorstürmen, laufen, eilen [**in publicum; in hostem; infestis pilis; in vias; ex agris tectisque**]; **matrona in cubiculum procurrit**;
② *(milit.)* vorrücken, ausrücken [**ad repellendum hostem; ex acie**]; **modo ~, modo recedere**;
③ *(v. Lebl.)* **a)** *(Verg.) (vom Meer)* vorwärtsstürzen; **b)** *(poet.; nachkl.) (v. Örtl.)* vorragen, sich erstrecken; **rupes procurrit in aequor.**

prōcursātiō, iōnis *f (procurso) (milit. t. t.)* Geplänkel.

prōcursātōrēs, rum *m (procurso) (milit.)* Plänkler.

prō-cursō, cursāre *(Frequ. v. procurro) (milit.)* plänkeln.

prōcursum *P.P.P. v.* procurro.

prōcursus, ūs *m (procurro)* ① das Vorlaufen, Ansturm [**militum**]; **rapido procursu**;
② *(August.)* Fortgang, Verlauf.

prō-curvus, a, um *(Verg.)* vorwärts gekrümmt [**falx; litora**].

procus, ī *m* Freier; Bewerber.

prōcūsus *P.P.P. v. procudo.*

Procyōn, ōnis *m (gr. Fw. „vor dem Hund") Kleiner Hund (Sternbild).*

prōdāctus *P.P.P. v. prodigo.*

prōd-ambulō (*u.* prōdeambulō), ambulāre *(Ter.)* vor dem Haus spazieren gehen.

prōd-ēgī *Perf. v. prodigo.*

● **prōd-eō,** īre, iī, itum ① (her)vorgehen, -treten, herauskommen [**in publicum** ausgehen, sich öffentl. zeigen; **foras; in conspectum; obviam alci** jmdn. treffen]; öffentl. auftreten [**in scaenam; in contionem**]; *(abs.)* sich öffentl. zeigen; *(v. Schiffen)* auslaufen [**ex portu**];
② *(übtr.)* zum Vorschein kommen, erscheinen, sich zeigen, entstehen; **novae comoediae prodeunt; prodierunt colores** Mode werden; **consuetudo ~ coepit; eloquentia in lucem prodiit; prodit bellum**;
③ vorrücken, vordringen [**in proelium; longius;** *übtr.* **extra modum** das Maß überschreiten *(in etw.: Abl.)*];
④ *(poet.; nachkl.) (v. Örtl.)* (her)vorragen; **rupes in aequor prodit.**

● **prōdesse** *Inf. Präs. v. prosum*[1].

prō-dīcō, dīcere, dīxī, dictum *(einen Termin)* verschieben [**diem**].

prō-dictātor, ōris *u.* prō dictātōre *m* Stellvertreter des Diktators.

Prodicus, ī *m griech. Sophist aus Keos, trat als Zeitgenosse des Sokrates um 430 od. 420 v. Chr. in Athen als Redner auf, Verf. der Erzählung v. Herkules am Scheideweg, die Xenophon nachgestaltete; – Adj.* **Prodicius,** a, um.

prō-didī *Perf. v. prodo.*

prōdigentia, ae *f (prodigo) (Tac.)* Verschwendung [**opum**].

prōdigiālis, e *(prodigium)* ① *(Plaut.)* Ungünstiges abwendend [**Iuppiter**];
② *(poet.; nachkl.)* ungeheuerlich, unnatürlich.

prōdigiōsus, a, um *(prodigium) (poet.; nachkl.)* ungeheuerlich, unnatürlich, seltsam [**mendacia vatum**].

● **prōdigium,** ī *n* ① Wunderzeichen, *meist Unglück verheißend;* **-um mittere; -is atque portentis di immortales nobis futura prae-**

dicunt *(Cic.)*; **-a piare**;
② Ungeheuerlichkeit;
③ *(meton.)* Ungeheuer, Ungetüm; **non ego sum ~** *(Ov.)*.

i Kultur **prōdigium** Als Unglück verheißendes Wunderzeichen erlebten die Römer außergewöhnliche Ereignisse wie Sonnenfinsternisse, Erdbeben, Kometen, Unwetter, Missgeburten bei Mensch u. Tier.
Öffentliche Entsühnung suchten die Römer durch Opfer, Spiele, Tötungen zu erreichen. Schon in republik. Zeit nutzten Politiker solche Vorkommnisse, um das Volk zu beeinflussen.

prōd-igō, igere, ēgī, āctum *(ago)* ① *(vorkl.)* hervortreiben [**pullos cum matribus in pabulum**];
② *(übtr.)* verschwenden [**suum; aliena; opes**].
prōdigus, a, um *(m. Gen.) (prodigo)* ① verschwenderisch [**aeris**]; **-e vivere**;
② *(poet.) (v. Sachen)* reich, fruchtbar [**tellus**]; **locus herbae ~**;
③ *(übtr.)* willig hingebend, opfernd, nicht achtend [**animae** der sein Leben dahingibt, nicht achtet];
④ *(Hor.)* verratend [**arcani**].
prōd-iī *Perf. v. prodeo.*
● **prōditiō,** ōnis *f (prodo)* Verrat [**unius ex collegio;** *(an: Gen.)* **patriae; amicitiae**].
prōditor, *Gen.* tōris **I.** *Subst. m* Verräter [**patriae; consulis**];
II. *Adj. (Hor.)* verräterisch [**risus**].
prōditus *P.P.P. v. prodo.*
prō-dīxī *Perf. v. prodico.*
● **prō-dō,** dere, didī, ditum ① hervorbringen, -tun, zum Vorschein bringen [**bona exempla; suspiria alto pectore**]; **prodito fumo significant** durch aufsteigenden Rauch;
② *(Ov.)* hervorsprießen lassen [**fetum olivae**];
③ *(poet.)* weitergeben [**genus** fortpflanzen];
④ *(übtr.)* überliefern, hinterlassen [**sermonem alcis; nostrae amicitiae memoriam; regnum; auspicia posteris**];
⑤ überliefern, mitteilen, melden [**belli gesta memoriae; memoriam; memoriā** der Nachwelt; **memoriā ac litteris** mündl. u. schriftl.]; **quae scriptores prodiderunt; proditur** es wird erzählt; **falso proditum esse**; *(m. de; m. A. C. I.)*;
⑥ veröffentlichen, bekannt machen; *(zur Warnung)* aufstellen; **prodendi exempli causa**;
⑦ *(zu einem Amt)* berufen, ernennen; proklamieren [**interregem; dictatorem**];
⑧ entdecken, mitteilen, verraten [**secretum; alcis voluntatem; crimen vultu; fidem** brechen];
⑨ preisgeben, in die Hände spielen, ausliefern [**urbem; patriam; hosti rem publicam; ducem hostibus; supplicem; caput et salutem; commilitones ad caedem**]; **~ et proicere**;
⑩ *(vorkl.) (Termine)* hinausschieben, aufschieben, verlängern [**dies nuptiis** *(Dat.)*; **vitam**].
prō-doceō, docēre, – – *(Hor.)* öffentlich, laut lehren, (vor)predigen.
prodromus, ī *m (gr. Fw., eigtl.* „Vorläufer")
① Eilbote, Kurier;
② *Pl.* Nordnordostwinde, *acht Tage vor dem Aufgang des Sirius wehend.*
● **prō-dūcō,** dūcere, dūxī, ductum ① vorwärtsführen, vorführen, hinführen, -bringen [**captivos e carcere ad supplicium; impedimenta ex castris; alqm e latebris; iumenta; equos**];
② *(Truppen)* ausrücken lassen, *(mit Truppen)* ausrücken [**castris omnem exercitum; copias pro castris**];
③ weiter vorschieben, vorziehen, vorführen [**mediam aciem; navem longius**];
④ *(vor- u. nachkl.)* zum Verkauf vorführen, auf den Markt bringen [**ancillam; servos**];
⑤ jmd. öffentl. auftreten lassen [**consules in contionem; alqm in conspectum populi; in iudicium;** *(m. dopp. Akk.)* **alqm testem**]; *(Sen.) (auf die Bühne, in den Zirkus)* bringen, vorführen [**obscoenitates in scaenam; in circo aurigas**];
⑥ *(poet.)* begleiten [**alqm rus**]; *(Verstorbene)* geleiten [**alqm funere; longum funus ad tumulos**];
⑦ hervorlocken, fortlocken, verleiten [**alqm dolo in proelium**]; **productus ad alqd faciendum**;
⑧ ausdehnen, verlängern [**aciem longius;** *übtr.* **ignes in flammas** anfachen]; dehnen, gedehnt aussprechen [**syllabam**];
⑨ *(zeitl.)* **a)** hinhalten, hinziehen, fortdauern lassen, verlängern [**sermonem in multam noctem; convivium; somnum ultra primam lucem; vitam** fristen]; **res producitur** schleppt sich hin; **b)** verschieben, aufschieben [**rem in hiemem**]; **c)** verstreichen lassen, hinbringen [**noctem vino; cenam iucunde**];
⑩ jmd. vorwärts-, emporbringen, befördern [**alqm ad dignitatem; remiges ex navibus onerariis** zum Flottendienst vorrücken lassen], auszeichnen [**alqm omni genere honoris**];
⑪ *(nicht klass.)* hervorbringen, erzeugen [**liberos; nova vocabula** erschaffen]; **ego is sum, qui te produxi pater**;
⑫ *(nicht klass.)* großziehen, erziehen [**subolem; semen in aristas**];
⑬ *(nachkl.)* etw. erhöhen, wachsen lassen [le-

gata];

⑭ *(Iuv.)* vor jmd. bringen, jmdm. entdecken, verraten [**occulta ad patres crimina**];

/ s. auch productus.

prōducta, ōrum *n (productus) = proegmena.*

prōductiō, iōnis *f (produco)* ① das Hinausschieben [**temporis**];

② Verlängerung *(eines Wortes durch Hinzufügung einer Silbe);*

③ Dehnung [**syllabae**].

prōductō, prōductāre *(Intens. v. produco) (Ter.)* hinziehen.

prōductus, a, um *(P. Adj. v. produco)* ① *(poet.; nachkl.)* ausgedehnt, verlängert, lang [**cornu sinistrum**];

② *(in der Aussprache)* gedehnt, lang [**syllaba**]; **-e dicere**;

③ *(zeitl.)* sich in die Länge ziehend [**oratio; dolores longinquitate**].

prō-dūxī *Perf. v. produco.*

proēgmena, ōrum *n (gr. Fw.) (stoischer t. t.)* vorzuziehende Dinge, *die zwar keinen sittl. Wert haben, von den Menschen aber doch anderen Dingen vorgezogen werden (z. B. Gesundheit, Schönheit); – lat. Übersetzung:* producta.

proeliāris, e *(proelium) (Plaut.)* zur Schlacht gehörig.

proeliātor, tōris *m (proelior) (Tac.)* Krieger.

proelior, proeliārī *(proelium)* ① kämpfen, fechten, streiten [**ad Syracusas; cum equitatibus; pedibus** zu Fuß; **curru** zu Wagen];

② *(übtr.) m. Worten* streiten, wettstreiten; **vehementer proeliatus sum.**

● **proelium,** ī *n* ① Schlacht, Treffen, Gefecht [**equestre; pedestre; navale; terrestre**]; **-um inire; -um renovare, redintegrare, restituere; -um sedare; -um accendere; -um committere** liefern; **-o dimicare cum hoste; -o decertare; -o supersedare** keine entscheidende Schlacht liefern; **-o excedere; milites in -um ducere; exitus -orum; locus -i**;

② Kampf *der Tiere, Winde u. a.;* **cervi -a miscent; aethere venti -a tollunt**;

③ (Wort-)Streit; **l-a meā causā sustinere** *(Cic.)* bestehen;

④ Zweikampf; **-um inire cum alqo**;

⑤ Angriff, Vorstoß; **-o hostem lacessere**;

⑥ *(Prop.) Pl.* die Kämpfer, Krieger.

Proetus, ī *m König in Tiryns; – Patron.* **Proetides,** dum *f* Töchter des Proetus.

profānō, profānāre *(profanus)* ① entheiligen, entweihen [**dies festos; sacra; sacerdotes**];

② *(nachkl.)* schänden [**pudorem**].

profānum, ī *n (profanus)* ① *(poet.; nachkl.)* Ungeweihtes, Unheiliges, Volksgut; **in -o** auf ungeweihtem Boden;

② das Gottlose, Schändliche.

● **pro-fānus,** a, um *(pro u. fanum, eigtl.* „vor dem heiligen Bezirk liegend") ① ungeweiht, unheilig, profan [**locus; usus; animalia** unreine]; **honores bello facere -os** entweihen;

② *(poet.)* nicht eingeweiht [**vulgus** in den Musendienst nicht eingeweiht];

③ *(poet.; nachkl.)* gottlos, ruchlos, schändlich [**mens; verba; princeps**];

④ *(poet.; nachkl.)* Unheil kündend [**avis; bubo**];

⑤ *(mlt.)* heidnisch.

profātus, *Abl.* ū *m (profor) (nachkl.)* das Aussprechen.

prō-fēcī *Perf. v. proficio.*

● **profectiō,** iōnis *f (proficiscor)* ① Aufbruch, Abmarsch, Abreise, *auch Pl.* [**in Hispaniam**]; **omnibus rebus ad profectionem comparatis**;

② *(übtr.)* Herkunft [**pecuniae**].

● **pro-fectō** *Adv.* (< **pro facto)* sicherlich, wirklich, in der Tat; jedenfalls, unter allen Umständen; ~ **negare non potes; meministi enim ~; ~, ut loquor, res ita est.**

prōfectum *P.P.P. v. proficio.*

prōfectus[1]**,** ūs *m (proficio) (vor- u. nachkl.)* Fortschritt, Erfolg; **sine profectu** vergeblich.

profectus[2] *P. P. Akt. v. proficiscor.*

● **prō-ferō,** ferre, tulī, lātum ① hervortragen, -holen, fort-, vor-, herbeibringen, heraus-, hintragen [**commeatūs ex agris deviis in viam** vor an die Heerstraße bringen; **arma tormentaque ex oppido** ausliefern; **pecuniam alci** für jmd. hergeben];

② (her)vor-, herausstrecken [**linguam; manum; pedem longe; caput**];

③ (vor)zeigen, vorführen;

④ *(nachkl.) (übtr.)* zeigen, betätigen [**ingenium; studia sua; se** sich vor der Welt zeigen, sich hervortun];

⑤ veröffentlichen, bekannt machen, zum Vorschein bringen, entdecken [**libros; orationem; secreta animi; alcis turpissimum facinus; artem** ausüben]; **palam ~ alqd**;

⑥ aussprechen, erwähnen, anführen [**exempla omnium nota; alias causas; testes; auctores**];

⑦ vorwärts-, weitertragen, vorrücken [**vineas** vorschieben; **pedem; gradum** vorwärts schreiten, weitergehen *(auch übtr.);* **signa** sich in Marsch setzen, vorrücken; **castra** aufbrechen; **arma** vordringen];

⑧ ausdehnen, erweitern [**munitiones; castra; imperium ad mare;** *übtr.* **fines officiorum**];

⑨ *(zeitl.)* verlängern, ausdehnen [**memoriam alcis; beatam vitam usque ad rogum**];

⑩ verschieben, hinausschieben, vertagen [**rem in posterum diem; nuptias aliquot dies; exercitum** die Heeresversammlung]; **res ~** die öffentl. Geschäfte vertagen; **res prolatae** Gerichtsferien.

professae, ārum *f (professus) (poet.)* Dirnen,

Prostituierte.

professiō, iōnis *f (profiteor)* ❶ öffentl. Erklärung, Äußerung [**aperta; pietatis**]; **summa ~ stultitiae; opinionis suae ~**;
❷ öffentl. Anmeldung, öffentl. Angabe *(bes. des Namens, der Person, des Vermögens, Gewerbes)* [**aeris** der Schulden; **flagitii** als Prostituierte]; **ea res in professionem non venit** war nicht eingetragen;
❸ *(meton.)* öffentl. angemeldetes Gewerbe, Geschäft, Beruf, Kunst [**bene dicendi; artis magicae; sapientiae**];
❹ *(mlt.)* Gelübde, *bes.* Mönchsgelübde.

professor, ōris *m (profiteor) (nachkl.)* öffentl. Lehrer, Professor [**eloquentiae** Rhetor; **iuris civilis**]; **expulsis sapientiae professoribus** *(Tac.)*.

professōrius, a, um *(professor) (Tac.)* schulmeisterlich, Schulmeister- [**lingua**].

professus, a, um *(P. Adj. v. profiteor) (poet.; nachkl.)* bekannt, offenkundig, zugestanden [**culpa; mors; inimicitiae; vota**]; **ex -o** ohne zu leugnen, offenbar.

pro-fēstus, a, um ❶ nicht festlich [**dies** *od.* **lux** Arbeits-, Werktag];
❷ *(Gell.) (v. Personen)* gewöhnlich; **-um et profanum vulgus.**

● **prō-ficiō,** ficere, fēcī, fectum *(facio)* ❶ vorwärts kommen; **nuntiatur Ariovistum tridui viam a suis finibus profecisse** *(Caes.)* habe zurückgelegt;
❷ *(übtr.)* Fortschritte machen, etw. ausrichten, bewirken [**multum verbis apud alqm; alqd in philosophia; nihil in oppugnatione oppidi; ad pacis stabilitatem**]; **proficiens aegrotus**;
❸ *(v. Lebl.)* nützen, helfen, dienen; **ad dicendum proficit scriptio; verba alqd profectura; non proficientia frena** unnütze; **ita quiddam spero nobis profici** *(Cic.)*; – *(poet.) (v. Heilmitteln)* wirken, anschlagen: **radix, herba proficiebat.**

● **pro-ficīscor,** ficīscī, fectus sum *(Incoh. v. proficio)* ❶ aufbrechen, sich aufmachen, (ab)reisen; absegeln, in See stechen [**ab urbe; domo; (ex) portu; ex Sicilia; Corinthum; ad somnum** *od.* **ad dormiendum** schlafen gehen; **ad caelum** *von Sterbenden;* **obviam alci; subsidio alci;** *(m. Sup.)* **venatum** jagen gehen];
❷ *(milit.)* marschieren [**adversus hostem; contra barbaros; in proelium; ex castris; eodem cum exercitu; in expeditionem; ad Massiliam occupandam**];
❸ *(in der Rede)* fortfahren, weitergehen, zu etw. übergehen [**ordine ad reliqua**];
❹ *(übtr.) v.* etw. ausgehen, *m.* etw. den Anfang machen *(a re)* [**a philosophia; a lege**]; **inde proficiscitur oratio mea** *(Cic.)*;
❺ herrühren, abstammen, seinen Ursprung nehmen, entspringen [**ex ea civitate; Tyriā de gente**]; **falsis initiis profecta; profecti a Socrate** die Schüler des Sokrates.

prōficuus a, um *(proficio) (spätl.)* nützlich, vorteilhaft, günstig.

● **pro-fiteor,** fitērī, fessus sum *(fateor)* ❶ offen bekennen, gestehen *(alqd; auch de; m. A. C. I.)* [**verum; de parricidio**]; **~ et in medium proferre alqd** *(Cic.)*;
❷ öffentl. erklären [**ius** Rechtskundiger sein; **medicinam**];
❸ amtlich angeben, anmelden *(z. B. Namen, Vermögen, Beruf)* [**frumentum; rem alienam**]; **~ apud decemviros, quantum habeat praedae**; – **nomen profiteri** *od. bloß* **profiteri** sich zum Kriegsdienst *od.* als Amtsbewerber melden;
❹ **se ~ alqm** sich öffentl. ausgeben für [**se patrem infantis; se legatum; se candidatum consulatūs; se philosophum; se amicum** sich Freund nennen; **se omnium provinciarum defensorem**];
❺ versprechen, verheißen, anbieten [**operam suam ad alqd; omne studium; arma; magna**]; **Varro profitetur se altera die ad colloquium venturum** *(Caes.)*;
❻ *(nachkl.)* öffentl. angestellter Lehrer, Professor sein;
❼ *(nachkl.)* **lenocinium ~** sich als Prostituierte beim Ädil registrieren lassen;
❽ *(mlt.)* ein Ordensgelübde ablegen.

prōflīgātor, tōris *m (profligo) (Tac.)* Verschwender.

prōflīgātus, a, um *(P. Adj. v. profligo)* ❶ ruchlos, gewissenlos, gemein; **tu, omnium mortalium profligatissime ac perditissime** *(Cic.)*;
❷ *(nachkl.) (v. der Zeit)* weit vorgerückt [**aetas**].

prō-flīgō, flīgāre ❶ niederschlagen, -werfen, überwältigen, zugrunde richten [**hostes; aciem virorum; classem hostium; dextrum cornu**];
❷ *(polit.)* stürzen, vernichten [**socios; rem publicam; tantas opes**];
❸ *(moral.)* erniedrigen, tief sinken lassen [**omnia ad perniciem; senatoria iudicia**];
❹ *(im Gemüt)* niederdrücken [**alqm maerore**];
❺ dem Ende nahe bringen, beinahe vollenden, entscheiden [**victoriam; quaestionem**]; **profligatis in Africa rebus.**

prō-flō, flāre *(poet.)* hervorblasen [**flammas**].

prōfluēns, *Gen.* entis *(profluo)* **I.** *Adj.* ❶ hervorfließend, (hervor)strömend [**aqua;** *(übtr., vom Redefluss)* **eloquentia**]; **~ sermo non defuit**; – *Adv.* in reichem Maße;
❷ ruhig, gleichförmig [**amnis**];
II. *Subst.* ❶ *f* fließendes Wasser;
❷ *n (übtr.)* Redefluss.

P

prōfluentia, ae *f (profluens)* das Hervorströmen; *(übtr.)* (Rede-)Strom [**loquendi**].

prō-fluō, fluere, flūxī, – ❶ hervorfließen, -strömen [**ex monte; in (ad) mare; per fossas**];
❷ *(übtr.)* unvermerkt irgendwohin gelangen [**ad hominum famam**];
❸ *(Tac.)* sich hingeben, verfallen [**ad incognitas libidines** *od.* **artes**].

prōfluus, a, um *(profluo) (spätl.)* hervorfließend, -strömend.

prōfluvium, ī *n (profluo) (poet.; nachkl.)* das Hervorfließen [**sanguinis**].

prō-flūxī *Perf. v. profluo.*

pro-for, fārī *(nicht klass.)* ❶ (heraus)sagen [**vera**];
❷ vorhersagen, weissagen;
/ nur einige Formen gebräuchlich, bes. profari, profatur, profatus est.

pro-fūdī *Perf. v. profundo.*

● **pro-fugiō,** fugere, fūgī, – **I.** *intr.* (ent)fliehen, sich flüchten [**domo; hinc; ex oppido; a domino** entlaufen; **in Britanniam**]; **ad alqm** *auch* Zuflucht bei jmdm. suchen [**ad Brutum; ad hostes**];
II. *trans.* vor jmdm. *od.* etw. fliehen, jmd. *od.* etw. meiden [**agros; conspectum civium; natos**].

profugus *(profugio)* **I.** *Adj.* a, um ❶ flüchtig [**(e, a) proelio; ex urbe; ad rebelles; populus; boves**];
❷ verbannt [**domo; patriā; fato**];
❸ *(Hor.)* unstet, umherschweifend [**Scythes**];
II. *Subst.* ī *m* ❶ Flüchtling;
❷ Verbannter;
❸ *(Min. Fel.)* Abtrünniger [**suae religionis**].

prō-fuī *Perf. v. prosum.*

profunditās, ātis *f (profundus) (spätl.)* ❶ Tiefe;
❷ *(übtr.)* Unermesslichkeit, Unergründlichkeit.

● **pro-fundō,** fundere, fūdī, fūsum ❶ vergießen, ausgießen, hervorströmen lassen [**lacrimas oculis; sanguinem; aquam;** *übtr.* **omne odium in alqm**]; – *mediopass. u. se* ~ sich ergießen, hervorströmen, -stürzen, *auch übtr.;* **lacrimae se profuderunt; profusus e cervice cruor; multitudo sagittariorum se profudit; voluptates profunduntur** brechen hervor; **profudi vires animi; totum se in alqm** ~ sich jmdm. ganz hingeben;
❷ *(Lucr.)* herabhängen lassen, *mediopass.* herabhängen; **infula profusa est;**
❸ *(Lucr.)* hin-, niederstrecken; **cum somnus membra profudit;**
❹ *(übtr.)* aushauchen, ausstoßen [**sonitūs; vocem; ignes; omnia ex ore; clamorem** schreien]; **animam, vitam, spiritum** ~ aufgeben, sterben;
❺ hervorbringen, erzeugen;
❻ (auf)opfern, aufopfernd hingeben, preisgeben [**sanguinem pro patria**];
❼ verschwenden, vergeuden [**pecuniam**]; **profundat, perdat, pereat** *(Ter.).*

profundum, ī *n (profundus)* ❶ Tiefe, Abgrund [**maris**]; **esse in -o aquae; silvarum -a** dichte Wälder; *(übtr.)* **in -o veritatem penitus obstrudere** *(Cic.)*;
❷ Meer(estiefe) [**immensum**]; **se in -um iacĕre.**

● **profundus,** a, um ❶ tief, bodenlos [**mare**];
❷ *(poet.)* tief, unterweltlich, in der Unterwelt befindlich [**chaos; Manes**];
❸ *(poet.)* hoch [**caelum; altitudo**];
❹ *(poet.; nachkl.)* weit, dicht [**silvae; nox**];
❺ *(übtr.)* bodenlos, unermesslich, unersättlich [**avaritia; scientia; ōs Pindari** v. unerschöpflicher Fülle]; **in -am ruinam cupidinis se praecipitare.**

profūsiō, iōnis *f (profundo) (nachkl.)* Verschwendung.

profūsus, a, um *(P. Adj. v. profundo)* ❶ unmäßig, ausgelassen [**genus iocandi; hilaritas; libido**]; **profusis sumptibus vivere; -e in castra tendere** in wilder Flucht;
❷ **a)** verschwenderisch [**luxuria**]; **alieni appetens, sui ~; b)** *(Mart.)* freigebig;
❸ kostspielig [**epulae; convivia**].

prō-gener, generī *m (nachkl.)* Gatte der Enkelin.

prō-generō, generāre *(poet.; nachkl.)* (er)zeugen.

prōgeniēs, ēī *f (progigno)* ❶ Abstammung, Geschlecht [**divina**]; **progeniem ducere ab alqo; ~ Caesarum in Nerone defecit;**
❷ *(meton.)* **a)** Nachkommenschaft, Nachkommen [**deorum; Herculis**]; **b)** Nachkomme, Spross, Sprössling [**Veneris**]; **Bacchum progeniem negat esse Iovis; c)** *(poet.) (v. Tieren)* Brut; **d)** *(Ov.) (übtr.)* Schöpfungen *eines Dichters;* **carmina, ~ mea.**

prōgenitor, tōris *m (progigno)* Stammvater, Ahnherr.

prō-gignō, gignere, genuī, genitum hervorbringen, erzeugen, gebären [**novos motus rerum**]; – *Pass.* entstehen.

prō-gnāriter *Adv. (gnarus) (vorkl.)* klipp und klar.

prōgnātus, a, um *(*prō-[g]nāscor)* ❶ geboren, entsprossen *(alqo: von jmdm.)* [**deo**]; **~ genere summo;**
❷ v. jmdm. abstammend *(ab u. ex alqo)* [**ex Cimbris**]; **Gallos se omnes a Dite patre -os praedicant** *(Caes.).*

Prognē = *Procne.*

prognōstica, ōrum *n (gr. Fw.)* die Wetterzeichen *(Schrift des Aratus, v. Cicero übersetzt).*

programma, atis *n (gr. Fw.) (spätl.)* Bekanntmachung, Aufruf, Erlass.

● **prō-gredior,** gredī, gressus sum *(gradior)* ① vorschreiten, -gehen, herausgehen, auftreten [**foras; in contionem** in der Versammlung auftreten]; ausgehen, öffentl. erscheinen *(= in publicum progredi)* [**ad colloquium; nihil** gar nicht ausgehen];
② vorwärts gehen, weitergehen; *(milit.)* vorrücken, ausrücken, weitermarschieren [**longius a castris; ad urbem; ante singa; praeter paludes; tridui viam; alci obviam;** *(m. Sup.)* **pabulatum**]; *(v. Schiffen)* weitersegeln [**audacius; quattuor milia passuum silentio**];
③ zu etw. schreiten [**ad ultimum supplicium**];
④ *(der Zeit, dem Alter nach)* fortschreiten, vorrücken; **adulescens paulum aetate progressus; progredientibus aetatibus; progressā aetate;**
⑤ *(in der Rede)* weitergehen, fortfahren, fortsetzen; **nunc ad reliqua progrediar; longius ~ non posse** kein Wort weiter vorbringen;
⑥ Fortschritte machen [**in virtute**]; **philosophia rationibus ~ debet;**
⑦ *(übtr.)* steigen, zunehmen [**numerus**]; **longius eius amentiam ~ videbat** *(Caes.)*; **estne aliquid ultra, quo crudelitas ~ possit?** *(Cic.)*;
⑧ *(übtr.)* zu weit gehen [**odio alcis** aus Hass gegen jmd.];
⑨ *(nachkl.) (übtr.)* sich zu etw. versteigen [**in adulationem**].

prōgressiō, iōnis *f (progredior)* ① Fortschritt, Zunahme, Wachstum [**rei militaris**]; **progressionem facere ad virtutem;**
② *(als Redefigur)* Steigerung.

prōgressus¹, ūs *m (progredior)* ① das Vorwärtsschreiten, *auch Pl.;*
② *(milit.)* das Vorrücken, *auch Pl.;* **rivus difficilibus ripis progressūs nostrorum impediebat** *(Caes.)*; **alqm progressu arcere;**
③ *(zeitl.)* das Vorrücken [**aetatis**]; **progressūs vitae;**
④ Anfang;
⑤ Entwicklung [**rerum**];
⑥ Fortschritt; **tantum progressum facere in studiis; progressūs habere in Stoicis.**

prōgressus² *P. P. Akt. v.* progredior.

progymnastēs, ae *m (gr. Fw.) (Sen.)* Vorturner.

prōh = *pro².*

● **pro-hibeō,** hibēre, hibuī, hibitum *(habeo)* ① fern halten, abhalten, abwehren *(ab alqo u. a re od. bloß re)* [**Suebos a Cheruscis** trennen; **hostem a pugna; vim hostium ab oppidis; se ab iniuria; itinere exercitum; hostes finibus; alqm senatu** vom Senat ausschließen; **iniuriam; iram**]; *(milit.)* jmd. v. etw. abschneiden [**hostem commeatu**];
② (ver)hindern [**seditionem; aedificantes** am Bau; **id eos** sie daran], *alqm (a) re* jmd. an etw. hindern [**alqm (a) reditu**]; *(meist m. Inf. od. A. C. I., selten m. ne od. quominus, neg. m. quin);* **alqm exire domo ~; prohibite ius de pecuniis dici** *(Liv.)*; **hiemem credo adhuc prohibuisse, quo minus** *(Cic.)*;
③ untersagen, verwehren, verbieten [**contraria**]; **nemo hic prohibet nec vetat** *(Plaut.)*; **prohibitis abstinere;**
④ bewahren, schützen *(vor, geg. etw.: a re od. bloß re)* [**virginem ab impetu armatorum; cives calamitate; Campaniam populationibus**].

prohibita, ōrum *n (prohibeo) (Sen.)* Verbotenes; **-is abstinere.**

prohibitiō, ōnis *f (prohibeo)* Verbot.

● **prō-iciō,** icere, iēcī, iectum *(iacio)* ① vorwerfen, vor die Füße werfen [**cibum cani**];
② hin-, niederwerfen, zu Boden werfen, wegwerfen [**alqd in ignem; in humum; tribunos insepultos; arma** niederlegen; **lacrimas** vergießen; **galeam ante pedes**]; – se ~ sich niederwerfen, (sich) stürzen [**se in flumen; se super exanimem amicum; se ad pedes alcis; se in forum;** *übtr.* **se in iudicium** sich (als Zeuge) zu einem Prozess drängen];
③ vor-, ausstrecken, vorhalten [**clipeum prae se; pectus; linguam; pedem** voransetzen; **scutum; hastam**]; **urbs in altum proiecta** in die See hinausragend;
④ hinaus-, fortjagen [**alqm foras; alqm in exilium**];
⑤ *(poet.; nachkl.)* verbannen [**alqm in insulam**];
⑥ **se in alqd** ~ sich zu etw. erniedrigen [**in muliebres et inutiles fletus**];
⑦ verschmähen, aufgeben, fahren lassen [**libertatem; vitam; animam** sich töten; **patriam virtutem; spem salutis**];
⑧ preisgeben, leichtsinnig in Gefahr stürzen [**legiones ad improvidam pugnam; cives in pericula**]; **proici in miserias;**
⑨ *(Tac.) auf eine bestimmte Zeit* verweisen, hinhalten [**alqm ultra quinquennium**];
⑩ *(Tac.)* für nichts achten [**senatūs auctoritatem**];
⑪ *(Sen.)* **verba** ~ vorbringen.

prōiectīcius, a, um *(proicio) (Plaut.)* ausgesetzt *(v. einem Kind).*

prōiectiō, ōnis *f (proicio)* das Ausstrecken [**bracchii**].

prōiectus¹, a, um *(P. Adj. v. proicio)* ① herausragend, hervorspringend, vorstehend, -tretend [**saxa; orae**]; **urbs -a in altum;**
② *(übtr.)* hervorragend, außerordentlich, unmäßig [**iustitia; cupiditas; homines in verba**];
③ *(übtr.)* zu etw. geneigt [**ad (in) libidinem; ad audendum** Wagehals];

P

4 hingestreckt, (am Boden) liegend, ausgestreckt [**ad terram; in antro**];
5 *(poet.; nachkl.)* verachtet, verächtlich, verworfen, niederträchtig [**senatūs auctoritas; patientia servientium**]; **humilis et ~ animus**;
6 *(Tac.) (übtr.)* niedergeschlagen [**vultus**].

prōiectus[2], *Abl.* ū *m (proicio) (poet.; nachkl.)* das Ausstrecken, ausgestreckte Lage [**corporis**].

pro-inde *u. (verkürzt)* **proin** *Adv.* 1 also, demnach, infolgedessen, daher, deshalb *(klass. nur b. Aufforderungen m. Imp. od. Konj.)*; **~ istud facias ipse, quod faciamus nobis suades**;
2 ebenso, auf gleiche Weise *(m. ac, atque od. ut: wie)*; **~ aestimans, ac si usus esset; ~ quasi** *od.* **ac si** *m. Konj.* wie wenn, als ob.

prō-lābor, lābī, lāpsus sum 1 vorwärts gleiten, vorwärts schlüpfen, vorwärts rutschen; **canis ad caudam serpens prolabitur; alii (elephanti) pedibus insistentes, alii clunibus subsidentes prolabebantur** *(Liv.)*;
2 *(übtr.)* hingeraten, sich hinreißen lassen, verfallen [**ad superbiam; in rabiem; ad seditiones**]; **in misericordiam prolapsus est animus** *(Liv.)*; **huc libido prolapsa est**;
3 herabfallen, -gleiten [**ex arbore alta; ex equo; in foramen**];
4 *(v. Bauten)* einstürzen; **aedes Iovis prolabitur; Pergama prolapsa**;
5 *(übtr.)* straucheln, irren *(infolge von: Abl.)* [**cupiditate regni; timore; dulcedine urbanitatis**];
6 *(übtr.)* sinken, verfallen [**studio magnificentiae**]; **prolapsa disciplina; ad id prolapsae; prolapsum clade Romanum imperium; prolapsa est iuventus; eo prolapsi sunt mores, ut** *(Sen.)*.

prōlāpsiō, iōnis *f (prolabor)* das Ausgleiten.

prōlātiō, iōnis *f (profero)* 1 das Vorbringen, Anführen, Erwähnung [**exemplorum**];
2 Erweiterung [**finium; aedificiorum**];
3 Verschiebung, Aufschub, Vertagung [**diei** des Zahlungstermins; **rerum** der Gerichtsferien; **iudicii**]; **omnem prolationem suspectabant.**

prōlātō, prōlātāre *(Intens. v. profero)* 1 *(poet.; nachkl.)* erweitern, vergrößern [**agros; villam**];
2 *(übtr.)* aufschieben, verzögern [**dies; diem ex die; bellum; comitia; consultationes**];
3 *(Tac.) (übtr.)* hinhalten [**vitam** fristen; **spem** weiter hoffen].

prōlātus *P.P.P. v. profero.*

prōlectō, prōlectāre *(Intens. v. prolicio)* (ver)locken, reizen [**alqm spe legationis; alqm probris; puellares animos**].

• **prōlēs,** lis *f (alo)* 1 Sprössling, Kind, Nachkomme [**gemella** Zwillinge; **Apollinea** Äskulap];
2 Nachkommen(schaft) [**argentea; Ausoniae**];
3 *(poet.) (v. Tieren u. Pflanzen)* Brut, Rasse, Frucht [**boum; olivae**];
4 junge Mannschaft [**equitum peditumque; Arcadiae**].

prōlētārius *(proles)* **I.** *Subst.* ī *m* Bürger der untersten Klasse, *der dem Staat nur m. seiner Nachkommenschaft dient,* Proletarier;
II. *Adj.* a, um *(Plaut.)* niedrig, gemein [**sermo**].

prō-liciō, licere, – – hervor-, anlocken [**alqm huc; alqm ad spem**].

prō-lixus, a, um 1 *(poet.; nachkl.)* lang (wallend), ausgedehnt [**tunica; comae; ramus**]; – *Adv.* -ē reichlich: **-e facere** in reichem Maße;
2 *(übtr.)* geneigt, (bereit)willig [**animus; in Pompeium** dem P. sehr zugetan]; **-e promittere; -e fovere alqm**;
3 günstig.

prologūmenē lēx *(gr. Fw.) (Sen.)* Gesetz m. Vorwort.

prologus, ī *m (gr. Fw.) (Kom.)* 1 Vorrede, Prolog *eines Dramas*;
2 Prologsprecher.

prō-longō, longāre *(longus) (Eccl.)* verlängern, hinausschieben.

prō-loquor, loquī, locūtus sum 1 (heraus)sagen, aussprechen, äußern, nennen *(m. Akk.; A. C. I.; indir. Frages.)* [**cogitata; falsum; miserias caelo; mendacium parenti**]; *(abs.)* **omitto ~** davon schweige ich;
2 *(Prop.)* weissagend verkünden.

prō-lubium, ī *n (lubet) (vor- u. nachkl.)* Lust, Neigung, Vergnügen.

prō-lūdō, lūdere, lūsī, lūsum 1 *(poet.)* ein Vorspiel, eine Vorübung machen, sich einüben [**ad pugnam**]; **iurgia proludunt**;
2 einen Vortrag einleiten.

prō-luō, luere, luī, lūtum (lavo) 1 *(Verg.)* hervorspülen, anschwemmen [**pisces in litore**];
2 wegspülen [**nives ex montibus**]; **silvas Eridanus proluit**;
3 *(poet.)* befeuchten, benetzen, abspülen [**manūs in rore; se auro** den Goldbecher leeren; **fonte labra**].

prō-lūsī *Perf. v. proludo.*

prōlūsiō, iōnis *f (proludo)* Vorspiel, Vorübung, Probe.

prōlūtus *P.P.P. v. proluo.*

prōluviēs, ēī *f (proluo)* 1 Überschwemmung;
2 *(poet.)* Unrat [**ventris**].

prō-mercālis, e *(mercor) (nachkl.)* (ver)käuflich [**aurum; vestes**].

prō-mereō, merēre, meruī, meritum *u.* **prōmereor,** merērī, meritus sum 1 verdienen, sich einen Anspruch auf etw. erwerben *(alqd; m. ut)*;
2 *(poet.; nachkl.)* verschulden, sich zuziehen [**poenam**];

❸ *(nachkl.)* erwerben, erlangen [**amorem; voluntatem omnium**];
❹ *(klass. gew. prōmereor)* sich verdient machen um *(de; in u. Akk.;* [*nachkl.*] *m. Akk.)* [**de me; bene de multis; in nostrum ordinem; principem; deum**].

prōmeritum, ī *n (promereo)* das Verdienst *(um jmd.: in alqm);* **bene -a** gute Handlungen; **male -a** schlechte Handlungen.

i Kultur **Promētheūs,** eī u. eos *m* Sohn des Titanen Iapetos u. der Klymene, Vater des Deukalion; er schuf der Sage nach die Menschen aus Ton u. belebte sie durch Feuer, das er vom Himmel geholt hatte; zur Strafe wurde er auf Zeus' Gebot an den Kaukasus geschmiedet, wo ein Geier an seiner Leber fraß, bis er v. Herkules befreit wurde; – *Adj.* **Promēthēus,** a, um [**iuga** = Kaukasus; **scopuli**]; – *Patron.* **Promēthīdēs,** ae *m* = Deukalion.

prōminēns, *Gen.* entis *(promineo) (nachkl.)*
I. *Adj.* hervorragend, -stehend, -tretend [**barba; cauda; oculi**];
II. *Subst. n* Vorsprung, Ausläufer [**litoris; montium**].

prō-mineō, minēre, – – *(vgl. im-mineo)* ❶ herausragen, hervorstehen, -treten; **collis prominens; coma in vultum prominet** hängt ins Gesicht; **prominentes orae; ~ ante frontem; dentes elephantorum prominent;**
❷ *(übtr.)* sich erstrecken; **iustitia foras promineat; gloria in posteritatem prominet.**

prōminulus, a, um *(Demin. v. prominens) (nachkl.)* etw. heraus-, hervorragend [**porticus**].

prōmiscam *Adv., s. promiscu(u)s.*

● **prō-miscu(u)s,** a, um *(misceo)* ❶ gemischt, nicht gesondert, gemeinschaftlich [**opera; sepultura; conubia** Mischehen *(zw. Patriziern u. Plebejern); ius*]; **comitia plebi et patribus -a; divina atque humana -a habere** ohne Unterschied behandeln; **uti -ā caede** ohne Unterschied niedermetzeln; **alqd -um** *od.* **in -o habere** gemeinschaftlich besitzen; **in -o esse** ohne Unterschied sein; – *Adv.* **prōmisc(u)ē** *u. (Plaut.)* **prōmiscam** ohne Unterschied;
❷ *(nachkl.) (übtr.)* gemein, gewöhnlich; **-a et vilia mercari; capere cibum -um** ganz gewöhnliche.

prō-mīsī *Perf. v. promitto.*

prōmissiō, ōnis *f (promitto)* das Versprechen [**auxilii; provinciae; scelerum**].

prōmissor, ōris *m (promitto) (Hor.)* Verheißer, *bes. der prahlende,* Prahler.

prōmissum, ī *n (promitto)* das Versprechen, Verheißung; **-um dare, facere, servare, implere = -o stare, manere** *od.* **satisfacere** halten, erfüllen; **-a firmare; -um non dare** verweigern.

prōmissus, a, um *(P. Adj. v. promitto)* ❶ lang herabhängend *(v. Haar u. Bart)* [**capillus; barba**];
❷ *(Hor.)* viel versprechend [**carmen**].

● **prō-mittō,** mittere, mīsī, missum ❶ (lang) wachsen lassen *(Haar u. Bart)* [**crinem; barbam**];
❷ *(nachkl.)* hervorfließen lassen [**lacrimas**];
❸ *(übtr.)* versprechen, verheißen, zusagen, zusichern *(m. Akk.; auch de; m. Adv.; m. A. C. I. fut.;* [*Plaut.*] *m. Inf.)* [**auxilium; opem; dona; salutem; carmen; se ultorem** m. Rache drohen, Rache schwören; **se socios fugae; de alcis voluntate;** *übtr.* **sibi reditum** sich Hoffnung auf Rückkehr machen]; **donum Iovi dicatum atque promissum** *(Cic.)* gelobt;
❹ **ad alqm** *od.* **ad cenam ~** eine Einladung annehmen, zusagen;
❺ vorhersagen; **id futurum, quod evenit, ~ posse.**

prōmō, prōmere, prōmpsī, prōmptum *(< *proemo)* ❶ hervornehmen, -holen *(alqd ex u. de re od. bloß re)* [**pecuniam ex aerario; vina dolio; libros inde; sagittas; tela e pharetra; pugionem vaginā** ziehen; **se cavo robore** herauskommen]; **loci, ex quibus argumenta promuntur** entnommen, entlehnt werden;
❷ *(übtr.)* hervor-, herausbringen, ans Licht bringen, enthüllen, zeigen, an den Tag bringen [**alqd in publicum** öffentl. bekannt machen; **consilia; saevitiam factis; miracula; animi voluntatem; odium; vires** gebrauchen; **in scaenam** auf die Bühne bringen]; **sol diem promit** läßt erscheinen;
❸ *(nachkl.) (übtr.)* vorbringen, -tragen, darlegen, erzählen *(in. Akk.; A. C. I.; indir. Frages.)* [**sententiam ad voluntatem alcis; plura adversus alqm**]; **~ alqd loquendo.**

prō-moneō, monēre, monuī, – im Voraus warnen [**de impendentibus periculis**].

prōmontōrium = *promunturium.*

prōmōta, ōrum *n (promoveo)* = *proegmena.*

prōmōtiō, iōnis *f (promoveo) (spätl.)* Beförderung zu einer Ehrenstelle.

prō-moveō, movēre, mōvī, mōtum ❶ vorwärts bewegen, vorschieben, vorrücken, *bes. milit.* [**scalas et machinamenta; turrim; aggerem ad urbem; gradum (pedem)**];
❷ *(milit.) alqm* vorrücken lassen [**exercitum; cornua utrimque in acie**];
❸ erweitern, ausdehnen [**imperium; moenia; Italiam ad Alpes**];
❹ *(poet.)* fördern, heben [**doctrinā vim insitam**];
❺ *(nachkl.)* jmd. befördern, aufrücken lassen [**alqm ad praefecturam aerarii; alqm in**

P

amplissimum locum; militem ad eum gradum];
⑥ *(Hor.)* offenbaren, ans Licht bringen [**arcana**].

prōmpsī *Perf. v. promo.*

prōmptō, prōmptāre *(Intens. v. promo) (Plaut.)* herausgeben [**thesauros Iovis** Jupiters Schatzmeister sein].

prōmptuārius, a, um *(promo) (Plaut.)* zum Herausgeben u. Aufheben bestimmt, Vorrats- [**cella** *scherzh. vom Gefängnis*].

prōmptum, ī *n (promptus[1])* Schlagfertigkeit.

● **prōmptus[1],** a, um *(P. Adj. v. promo)* ① sichtbar, offenbar; **-a et aperta; aliud clausum in pectore, aliud -um in lingua habere;**
② bereit(willig), eifrig, willfährig, geneigt, entschlossen *(zu etw.: ad u. in m. Akk.., auch m. Dat. od. Gen.; für jmd.: Dat.)* [**ad pugnam; ad pericula; ad defendendam rem publicam; servitio; libertati**]; **-a ad omnem audaciam mens; animus ~ ad iocandum; promptissimum genus ad lacessendum certamen; Agrippina promptior Neroni;**
③ schlagfertig, rasch, gewandt [*(re: m. etw.)* **sermone; animo** *od.* **animi** *(Gen.)*; **manu** tapfer; *(in re: in od. bei etw.)* **in agendo;** *(m. Gen. loc.)* **belli** im Krieg]; **promptior linguā quam manu;**
④ zur Hand, verfügbar, bereit, fertig [**sagittae**]; **-a et profluens eloquentia; -a et parata in agendo et in respondendo celeritas; -am iram coercuit;**
⑤ leicht, bequem [**defensio; aditus; regnum; occupatio; possessio;** *(m. Sup.)* **effectu; rescriptu**]; **moenia oppugnanti -a** leicht zu erobern; – **promptum est** *(m. Inf.)* es ist leicht [**scire**].

prōmptus[2], ūs *m (promo), nur:* **in prōmptū** *m. Verb* ① sichtbar, offen(kundig), öffentlich [**esse** sichtbar sein; **ponere** *u.* **habere** sehen lassen, zeigen]; **causa in promptu est; iram in promptu gerere** sehen lassen, merken lassen;
② in Bereitschaft, zur Hand [**esse; habere**];
③ leicht, bequem *(m. Inf.)*.

prōmulgātiō, iōnis *f (promulgo)* öffentl. Bekanntmachung, *bes. eines Gesetzesvorschlags.*

prōmulgō, prōmulgāre öffentl. anschlagen, durch öffentlichen Anschlag bekannt machen, öffentl. ankündigen *(in. Akk. od. de)* [**leges; rogationem; proelia; de reditu alcis**].

prōmulsidāre, ris *n (promulsis) (Petr.)* Tafelaufsatz für die Vorspeise.

prō-mulsis, idis *f (mulsum)* Vorspeise.

prōmunturium, ī *n (promineo)* Vorgebirge; Bergvorsprung.

prōmus, ī *m (promo)* ① Küchenmeister; **foris est ~;**
② *(Plaut.) (übtr.)* Hüter, Bewahrer; **ego meo sum ~ pectori** ich bin meines Herzens Bewahrer.

prō-mūtuus, a, um vorschussweise geliehen, vorgestreckt.

pronāus *u.* **-os,** ī *m (gr. Fw.) (spätl.)* Tempelvorhalle.

pro-nepōs, ōtis *m* Urenkel.

pro-neptis, is *f (nachkl.)* Urenkelin.

pronoea, ae *f (gr. Fw.)* Vorsehung.

prō-nōmen, minis *n (vor- u. nachkl.) (gramm. t. t.)* Fürwort, Pronomen.

prō-nuba, ae *f (nubo) (poet.)* Brautjungfer [**Iuno** *als Ehestifterin*]; *(pejor.)* Stifterin einer unglücklichen Ehe [**Bellona; Furia**].

prōnum, ī *n (pronus) (nachkl.)* Abhang [**montis**].

prōnūntiātiō, ōnis *f (pronuntio)* ① öffentl. Bekanntmachung;
② Richterspruch, Urteil;
③ *(log. t. t.)* Satz; **quid est, cur non omnis ~ aut vera aut falsa sit?;**
④ *(nachkl.)* Vortrag.

prōnūntiātor, ōris *m (pronuntio)* Erzähler.

prōnūntiātum, ī *n (pronuntio)* Grundsatz.

● **prō-nūntiō,** nūntiāre ① verkünden, laut ankündigen, erzählen, berichten, melden [**causam legatis; futura**]; **dolore prohibeor ~ quae gesta sunt** *(Caes.)*; **alius capta iam castra pronuntiat** *(Caes.)* schreit;
② öffentl. ausrufen, öffentl. bekannt machen [**senatūs consultum per praeconem; leges; alqm praetorem** jmd. als Prätor];
③ *(milit.)* **a)** einen Befehl ergehen lassen *(m. ut od. A. C. I.)*; **Ambiorix pronuntiari iubet, ut procul tela coniciant** *(Caes.)*; **duces totā acie ~ iusserunt, ne quis a loco discederet** *(Caes.)*; **pronuntiatur primā luce ituros** *(Caes.)*; **b)** etw. ansagen, ankündigen [**proelium in posterum diem**]; **pronuntiatur primā luce ituros** *(Caes.)*;
④ öffentl. versprechen, zusagen [**populo munus; nummos in tribus** *od.* **tribubus vocatis**]; **~ militi praemia, qui primus castra intrabit;**
⑤ *(vom Konsul) die Meinungsäußerungen der Senatoren* verkündigen, *um dann darüber abstimmen zu lassen;* **sententiam ~;**
⑥ *(vom Richter)* **a)** das Urteil fällen, entscheiden *(de; m. A. C. I.)* [**modesto iudicio de viribus**]; **re auditā ~; b)** aussprechen [**graviorem sententiam**];
⑦ *(rhet. t. t.)* vortragen, rezitieren [**poëmata Graece et Latine; summā voce versūs multos uno spiritu**];
⑧ *(b. Verkauf) die Fehler usw. eines Verkaufsobjektes* angeben, anzeigen; **in vendendo eam rem scire et non ~.**

prō-nūper *Adv. (Plaut.)* erst kürzlich.

prō-nurus, ūs *f (Ov.)* Gattin des Enkels.

prōnus, a, um *(pro[1])* ❶ vorwärts geneigt, vornüber (hängend) [**corpus; tigna**]; ~ **pendens in verbera** sich zum Schlage vorbeugend; **pecora natura -a finxit; ilex paulum modo -a, deinde flexa**:
❷ *(poet.)* vorwärts stürmend, vorwärts eilend;
❸ abschüssig, jäh, (herab)stürzend [**rivus; via** steil hinabführend; **currus**], **per pronum ire** abwärts; **alqm de ponte -um mittere; urbs in paludes -a** sich absenkend;
❹ *(poet.) (v. Gestirnen)* untergehend [**sidera; Orion**];
❺ *(poet.) (v. der Zeit)* enteilend [**menses**]; **proclivis in -um fertur aetas**;
❻ *(übtr.)* zu etw. geneigt, aufgelegt *(in u. Akk., ad od. Dat.)* [**in libidines; ad omne nefas; in arma; in hoc consilium; ad novas res; ad poëticam; ad decertandum; ad peccandum**]; **natura -a ad misericordiam**;
❼ *(nachkl.)* günstig, gewogen, zugetan [**fortuna; animus**]; *(alci u. in alqm)*; **-is auribus accipi** williges Gehör finden; **dubium est, cui ~ Apollo**;
❽ *(nachkl.)* mühelos, leicht, bequem [**palma** Sieg; **iter ad honores; via ad regnum**]; **omnia -a victoribus; id pronius ad fidem est** es ist leichter zu glauben; **pronum est** *(m. Inf.)* es ist leicht [**agere**].

prooemior, prooemiārī *(prooemium) (Plin.)* eine Rede einleiten.

prooemium, ī *n (gr. Fw.)* Vorrede, Einleitung; Vorspiel [**citharoedi;** *(Iuv.; übtr.)* **rixae**].

prōpāgātiō, iōnis *f (propago[1])* ❶ Fortpflanzung *(v. Gewächsen u. übtr.)* [**vitium; nominis**];
❷ Erweiterung [**finium; imperii**];
❸ Verlängerung [**miserrimae vitae**].

prōpāgātor, tōris *m (propago[1])* Verlängerer [**provinciae** des Oberbefehls in der Provinz].

prō-pāgō[1], pāgāre *(pango)* ❶ fortpflanzen [**stirpem; prolem**];
❷ erweitern, ausdehnen [**fines imperii;** *übtr.* **gloriam**]; **eo bello terminos populi Romani ~**;
❸ *(zeitl.)* verlängern, fortsetzen [**diem; bellum; consuli imperium in annum; memoriam aeternam alci**].

prōpāgō[2], ginis *f (propago[1])* ❶ Setzling, Ableger [**vitium**];
❷ *(übtr.)* **a)** *(poet.)* Sprössling, Kind; **b)** *(poet.) (koll.)* Nachkommenschaft, Geschlecht [**Romana**]; **c)** *Pl.* Stammbäume.

prō-palam *Adv.* ❶ öffentlich, vor aller Welt [**dicere; minari; collocare** ausstellen];
❷ *(Plaut.)* offenkundig, offenbar.

prōpatulum, ī *n (propatulus), nur:* **in prōpatulō** ❶ im Freien;
❷ auf dem Vorhof [**aedium**];
❸ öffentlich; **pudicitiam in -o habere** öffentl. feilbieten;
❹ *(Tac.)* offensichtlich; **servitium in -o spectare** offen vor sich haben.

prō-patulus, a, um offen, frei [**locus**].

● **prope** I. *Adv., Komp.* **propius,** *Superl.* **proximē** *(altl.* proxumē*)* ❶ *(räuml.)* nahe, in der Nähe, in die Nähe *(m. ab)*; **prope esse; quis hic loquitur prope?; prope a meis aedibus; prope a domo detineri; prope ad alqm adire; propius abesse ab alqo** jmdm. näher stehen; *(übtr.)* **rem propius aspicere** *(Verg.)* gütiger;
❷ *(zeitl.)* nahe; **partus instabat prope; prope (ad)est, ut** die Zeit ist nahe, dass; **longius aut propius** später oder früher; **quem proxime nominavi** gerade, soeben;
❸ *(übtr.)* **a)** beinahe, fast, annähernd; **prope aequalis; annos prope nonaginta natus; prope desertum oppidum; prope perditae res; prope dicam** fast möchte ich sagen; *bes. m. Ind. Perf.:* **nox prope diremit colloquium** *(Liv.)*; **proxime atque ille** fast ebenso wie jener; **b)** nahe daran; **prope est, ut** es fehlt wenig, dass; **c)** *(dem Wert od. Rang nach)* nächst, gleich nach; **d)** *(poet.)* wohl, gewissermaßen;
II. *Präp. b. Akk., selten b. Dat.* ❶ *(räuml.)* nahe bei, nahe an, in der Nähe von; **prope oppidum; copiae prope castra visae; propius mari esse; propius Tiberi; propius periculo; proxime Carthaginem** sehr nahe bei; **proxime hostem**;
❷ *(zeitl.)* nahe an, gegen, um; **prope maturitatem esse; prope lucem**;
❸ *(übtr.)* nicht weit v. etw., nahe an; **prope seditionem ventum est; res prope secessionem plebis venit; prope metum res fuerat** die Lage hatte zu Befürchtungen Anlass gegeben; ~ **propius** näher an, ähnlicher: **propius fidem est** es verdient mehr Glauben; **oratio est propius blanditias quam preces**; – **proxime** sehr nahe an, sehr ähnlich: **proxime speciem navium** fast wie Schiffe aussehend; **proxime morem Romanum** fast ganz nach römischer Sitte;
III. *Adj. im Komp.* **propior,** ius *(Adv.* propius*)* *(meist m. Dat., selten m. Akk., ab, ad)* ❶ *(räuml.)* näher (liegend) [**domus; portus**]; **propior patriae; propior mari; propior hostem; spatium propius terrae**; – *Subst.* **propiōra,** rum *n* die näheren Punkte;
❷ *(zeitl.)* **a)** näher, näher liegend [**leto; mors**]; **maturo propior funeri** dem zeitigen Tod näher; **b)** später, jünger, neuer [**tempora; acta**];
❸ *(übtr.)* näher: **a)** näher kommend, ähnlicher; **vero propius** wahrscheinlicher; **color nigro propior; scribere sermoni propiora** eher Prosa; **lingua Britannicae propior**; **b)** näher verwandt [**gradu sanguinis**]; ~ **gradu**

P

contingere alqm; – befreundeter, vertrauter [**amicus; usus**]; **c)** *(poet.)* gewogener; **Iuno propior Turno; d)** *(nachkl.)* geneigter zu [**laetitiae; irae quam timori**]; **e)** mehr am Herzen liegend, näher gehend [**dolor**]; **f)** *(nachkl.)* geeigneter, passender, schicklicher, bequemer [**fides ad fallendum**];

IV. *Adj. im Superl.* **proximus,** a, um (*altl.* proxumus, a, um) ❶ *(räuml.)* der nächste, sehr nahe, ganz nahe [**iter; vicinus; agri termini;** *(m. Dat., auch m. Akk. od. ab)* **finibus; mare; ab alqo**]; **huic ~ locus; villae urbi proximae; in proximo litore** ganz nahe am Strand; – *Subst.* **proximī,** ōrum *m* die Nächsten, die Nachbarn;

❷ *(zeitl.)* **a)** der letzte, vorige [**censor; bellum**]; **in diebus proximis decem; b)** der nächstfolgende, der nächste [**dies; aestas**]; **proximo die;**

❸ *(übtr.)* **a)** sehr nahe verwandt; nächststehend [**cognatione**]; **hic illi genere est proximus**; – *Subst.* **proximī,** ōrum *m* die nächsten Verwandten, Vertraute, nächste Umgebung; **b)** *(v. Reihenfolge, Rang, Ordnung, Alter, Wert)* der nächste, nächstfolgende [**ordo;** *(re: durch, an, nach etw.)* **aetate**]; **proximus illi Procas** ihm folgt P.; **c)** nächstliegend, nahe kommend, sehr ähnlich *(m. Dat.)*; **vero proximum** das Wahrscheinlichste; **ficta proxima veris; proxima Phoebi versibus ille facit**; – *m. ac, atque* = fast ganz so wie.

prope-diem *Adv.* in den nächsten Tagen, nächstens.

pro-pellō, pellere, pulī, pulsum ❶ vor(wärts)-stoßen, forttreiben [**navem in altum; in aequora**]; **anima propellit membra** *(Lucr.)*;

❷ *(poet.; nachkl.)* hinabstoßen, -schleudern, umstoßen [**corpus alcis e scopulo in profundum; muros** herabwerfen, zerstören; **mensam**];

❸ *(Tiere)* vor sich hertreiben [**oves in pabulum; pecora pastum** auf die Weide];

❹ forttreiben, vertreiben [**hostes** in die Flucht schlagen; **multitudinem equitum; alitem nido**]; **populus duces adversariae factionis patriā propulit** *(Nep.)*;

❺ abwehren [**periculum vitae ab alqo; famem; frigus**];

❻ *(nachkl.) (übtr.)* jmd. zu etw. antreiben, bewegen, anregen, verleiten, nötigen [**animos ad corrumpendum militiae morem**]; **terrore carceris alqm ad voluntariam mortem ~; pietas et amor alqm ad alqd propellit.**

prope-modum *u. (Plaut.)* **-modo** *Adv.* beinahe, fast.

prō-pendeō, pendēre, pendī, pēnsum ❶ *(nachkl.)* herabhängen;

❷ *(übtr.)* sich hinneigen [**in nos**];

❸ das Übergewicht haben; **propendet lanx boni;** *vgl. auch propensus.*

prōpēnsiō, iōnis *f (propendeo) (geistige)* Neigung [**ad bonum**].

prōpēnsus, a, um *(P. Adj. v. propendeo)* ❶ (Pers.) herabhängend;

❷ *(übtr.)* zu etw. geneigt, willig [**ad lenitatem; ad voluptates; ad misericordiam; in alteram partem; in alcis amicitiam**]; **propensius facere** bereitwilliger;

❸ *(übtr.)* schwer(wiegend), bedeutend; wichtig;

❹ nahe kommend [**ad veritatis similitudinem**].

properanter *Adv. (properans, Part. Präs. v. propero)* eilends, schnell.

properantia, ae *u.* **properātiō,** iōnis *f (propero)* Eile.

properātō *Adv. (propero) (Tac.)* eilends.

properi-pēs, *Gen.* pedis *(properus) (Cat.)* eilenden Fußes [**dux**].

● **properō,** properāre ❶ *intr.* eilen, sich beeilen *(abs., m. Inf., auch m. ut, A. C. I. od. Sup.)* [**in patriam redire; pervenire; adiutum**]; **se quisque hostem ferre properabat;**

❷ sich eilends begeben [**in Italiam; in castra; Romam; domum; ad gloriam**];

II. *trans.* beschleunigen, übereilen, eilends, eifrigst betreiben [**coeptum iter; opus; studium; gloriam** rasch erwerben; **mortem**].

i Kultur **Propertius,** ī *m* Sextus ~, röm. Elegiker (etwa 47–15 v. Chr.), gebürtig aus Assisi (Umbrien).

properus, a, um *(poet.; nachkl.)* eilend, eilig, schleunig *(m. Gen.: m. Inf.)* [**occasionis** rasch ergreifend; **potentiae; quoquo facinore clarescere**].

prō-pexus, a, um *(pecto) (poet.; nachkl.)* nach vorn gekämmt, herabhängend [**crinis; barba**].

prophēta *u.* **prophētēs,** ae *m (gr. Fw.)(spätl.)* Weissager, Prophet.

prophētātiō, iōnis *f (propheto) (Eccl.)* Weissagung, Prophezeiung.

prophētēs *s. propheta.*

prophētīa, ae *f (gr. Fw.)(spätl.)* Weissagung, Prophetie.

prophēticus, a, um *(gr. Fw.) (spätl.)* prophetisch.

prophētō, prophētāre *(propheta) (Eccl.)* weissagen, prophezeien.

propīn *n undekl. (gr. Fw.) (Mart.)* Vortrunk, Aperitif.

propīnātiō, ōnis *f (propino) (nachkl.)* das Zutrinken.

propincus = *propinquus.*

pro-pīnō, pīnāre *(gr. Fw.)* ❶ jmdm. zutrinken; **propino tibi salutem plenis faucibus** *(Plaut.)*;

❷ *(nachkl.)* zu trinken geben; *(v. Arzneien)* eingeben;
❸ *(vorkl.) (übtr.)* preisgeben, zum Besten geben [**alqm deridendum** jmd. dem Spott preisgeben; **versūs flammeos mortalibus**].

propinqua, ae *f (propinquus)* die Verwandte, Angehörige.

propinquitās, ātis *f (propinquus)* ❶ Nähe, *auch Pl.* [**hostium; fluminis; silvae**];
❷ Verwandtschaft *(konkr. u. abstr.), auch Pl.;* **ius propinquitatis; vinculis propinquitatis coniunctus.**

propinquō, propinquāre *(propinquus)* **I.** *intr. (poet.; nachkl.)* ❶ sich nähern, (heran)nahen *(abs., m. Dat. od. Akk.)* [**portis; scopulo; Alpibus; campos; amnem**]; **acies legionum propinquabat; ignis domui alcis propinquat;**
❷ *(zeitl.)* nahe bevorstehen; **dies propinquat;**
II. *trans. (Verg.)* beschleunigen, schnell herbeiführen [**mortem**].

● **propinquus** *(prope)* **I.** *Adj.* a, um ❶ *(räuml.)* nahe (liegend), benachbart, angrenzend, anstoßend [**loca; rus; praedium; Etruriae arva; tumultus** in der Nähe]; *(m. Dat.)* **flumini -a loca; -um castris hostium promunturium; insulae -ae inter se**; – *Subst. n:* **in -o esse** in der Nähe sein; **ex -o cernere, cognoscere** aus der Nähe; *Pl.* **-a oppido** die nächste Umgebung der Stadt;
❷ *(zeitl.)* nahe bevorstehend [**reditus; mors; spes**];
❸ (übtr.) **a)** nahe kommend, ähnlich *(m. Dat.)*; **motūs perturbationibus animi -i; b)** verwandt, nahe stehend [**bella** m. Verwandten; **cognatio** nahe]; *(m. Dat.)* **tibi genere -i;**
II. *Subst.* ī *m* Verwandter, Angehöriger; nahe stehender Freund.

● **propior** *s. prope.*

propitiō, propitiāre *(propitius) (vor- u. nachkl.)* versöhnen [**manes; Iunonem**].

propitius, a, um *(peto)* geneigt, gewogen, gnädig *(meist v. Gottheiten)* [**di; parentes**].

propius *s. prope.*

propnigēum, ī *n (gr. Fw.) (Plin.)* Heizraum.

propōla, ae *m (gr. Fw.)* Krämer.

prō-polluō, polluere, – – *(Tac.)* noch mehr beflecken.

● **prō-pōnō,** pōnere, posuī, positum ❶ öffentl. auf-, ausstellen, öffentl. anschlagen, öffentl. vorlegen [**vexillum** aufstellen; **edictum; libellum; alqd oculis** *u.* **ante oculos** vor Augen stellen, zeigen; **pugnae honorem** als Preis vorführen];
❷ öffentl. bekannt machen [**legem in publicum; vectigalia; epistulam in publico; auctionem** ansetzen];
❸ zum Verkauf ausstellen, feilbieten; **mulier omnibus proposita** für jeden zu haben; **~ in nundinis** *(Vulg.)*;
❹ *(in der Rede)* vortragen, darlegen, anführen, schildern, erzählen [**sua merita; res gestas; crimina; viros** aufzählen; **consilia; alqd pro certo** als gewiss hinstellen; *(auch de re)* **de Galliae moribus**]; *(auch m. A. C. I. od. m. indir. Frages.)*;
❺ (sich) vor Augen halten, (sich) vorstellen [**sibi spem** sich Hoffnung machen; **exempla; alcis vitam; alqm sibi ad imitandum; vim fortunae animo** betrachten; **immanes beluas**];
❻ in Aussicht stellen, verheißen, versprechen [**militi praemium; largitiones; munus**]; – *Pass.* in Aussicht stehen;
❼ androhen [**exilium alci; mortem**];
❽ vorschlagen [**remedia celeria morbo**];
❾ *(zur Erwägung, Beratung, Wahl)* vorlegen [**quaestionem**];
❿ sich etw. vornehmen, beschließen [**alqd animo** *(Dat. od. Abl.)*]; *(m. ut; m. Inf.)*; **Aegyptum petere proposuit; res proposita** Vorhaben, Plan; – **propositum est alci** *u.* **alci rei** jmd. hat die Aufgabe, etw. hat den Zweck, es ist jmds. Plan *(m. Inf. od. ut)*;
⓫ als Ziel hinstellen, bestimmen; **quod propositum est arti;**
⓬ *(log. t. t.) (abs.)* den Vordersatz des Syllogismus bilden, voraussetzen.

Propontis, idis *u.* idos *f* das Marmarameer; – *Adj.* **Propontiacus,** a, um.

prō-porrō *Adv. (Lucr.)* weiter, wieder.

prō-portiō, iōnis *f* Verhältnis, Proportion.

prōpositiō, ōnis *f (propono)* ❶ Vorstellung [**huius vitae**];
❷ Thema; Satz;
❸ *(log. t. t.)* Vordersatz *eines Syllogismus.*

● **prōpositum,** ī *n (propono)* ❶ das Vorhaben, Vorsatz, Plan, Ziel; **-um peragere** ausführen; **-um assequi** erreichen; **in -o manere; -um tenere** bei seinem Vorsatz beharren; **a -o deterreri; omne -um operis destinare;**
❷ *(poet.)* Lebensplan, -weise; **-um mutare;**
❸ *(rhet. t. t.)* Thema, Hauptgegenstand einer Schrift; **ad -um venire; a -o aberrare; redire ad -um;**
❹ *(log. t. t.)* Vordersatz *eines Syllogismus.*

prōpositus, a, um *(P. Adj. v. propono)* ❶ ausgesetzt, bloßgestellt [**telis fortunae; bello**];
❷ bevorstehend, drohend [**periculum**].

prō-posuī *Perf. v. propono.*

prō-praetor, tōris *m u.* **prō praetōre** *m* Proprätor, gewesener Prätor, Statthalter *einer Provinz.*

proprietās, ātis *f (proprius)* ❶ Eigentümlichkeit [**terrae caelique**];
❷ besondere Art [**frugum**];
❸ *(nachkl.)* Besitz(recht) [**iumenti**].

proprium, ī *n (proprius) (vor- u. nachkl.)* Eigentum.

P

● **proprius,** a, um ① jmdm. ausschließlich gehörig, eigen [**praedia; ager; libri; impensa; navigium; horreum**]; **-is viribus consiliisque bella gerere; -o sumptu ludos edere; -ā pecuniā militem iuvare; -um facere alqd** sich etw. aneignen;
② eigentümlich, charakteristisch, typisch, wesentlich [**vitium; consuetudo**]; **libertas -a Romani et generis et nominis; suā quādam -ā facultate; -um id Tiberio fuit;** – **proprium est alcis** *u.* **alcis rei** *m. Inf. od. m. ut u. Konj.* es ist typisch, charakteristisch: **harum virtutum -um est nihil extimescere;**
③ ausschließlich, persönlich, individuell [**ignominia; lex; consilium; ira** persönlicher Groll]; **ista calamitas culpa mea -a est;**
④ *(v. Wörtern u. Ausdrücken)* eigentlich, speziell [**verbum**];
⑤ beständig, dauernd, unvergänglich, bleibend [**victoria; gaudium; voluptates**]; **-um manere; alci -um atque perpetuum;**
/ *Adv.* **propriē a)** als ausschließliches Eigentum; **b)** eigentümlich, bezeichnend, charakteristisch, individuell; **id est -e tuum; c)** vorzugsweise, insbesondere, speziell; **-e rei militaris peritus; d)** *(im Ausdruck)* eigentlich, im eigentlichen Sinne; **magis -e nihil possum dicere** *(Cic.);* **e)** passend; **-e bonum virum laudare.**

● **propter** *(prope)* **I.** *Adv.* in der Nähe, daneben [**adesse; dormire**]; **locus, ubi aqua ~ est;**
II. *Präp. b. Akk. (auch nachgest.)* ① *(räuml.)* nahe bei, neben; **~ alqm stare; ~ urbem; hostem ~;**
② *(kausal)* wegen, aus, durch; **~ metum poenae** aus Furcht vor Strafe; **~ iniuriam; ~ humanitatem; ~ me** was mich betrifft;
③ auf Veranlassung, durch das Verdienst *od.* durch die Schuld jmds.; **~ eos vivit; ~ matrem non posse habere uxorem domi.**

● **propter-eā** *Adv.* deswegen, deshalb.

proptervus, a, um *(Plaut.) = protervus.*

prōpudiōsus, a, um *(propudium) (vor- u. nachkl.)* schamlos, verworfen.

prō-pudium, ī *n (pudeo)* ① *(vor- u. nachkl.)* Schandtat, Schändlichkeit; **-i alqm insimulare;**
② *(meton.)* Schandkerl; **quid ais, propudium?**

prōpūgnāculum, ī *n (propugno)* ① Schutzwehr, Bollwerk, Befestigung [**moenium**];
② *(übtr.)* **a)** Schutz(mauer) [**tyrannidis**]; **b)** Verteidigungsgrund.

prōpūgnātiō, iōnis *f (propugno)* Verteidigung [**dignitatis tuae**].

prōpūgnātor, tōris *m (propugno)* ① Verteidiger; **a propugnatoribus relictus locus;**
② Seesoldat; **ex remigum propugnatorumque numero;**
③ *(übtr.)* Verfechter, Verteidiger, Beschützer [**imperii; libertatis; senatūs; amicorum**].

● **prō-pūgnō,** pūgnāre **I.** *intr.* ① zum Kampf vorrücken [**ex silvis**];
② für etw. kämpfen [**pro suo partu; pro fama alcis**]; Widerstand leisten, sich verteidigen [**e muris; ex turri; pro** (vor) **vallo**];
II. *trans. (nachkl.)* verteidigen [**munimenta; absentiam alcis** jmd. in seiner Abwesenheit].

prō-pulī *Perf. v. propello.*

prōpulsātiō, iōnis *f (propulso)* Abwehr [**periculi**].

● **prōpulsō,** prōpulsāre *(Intens. v. propello)*
① zurückschlagen [**hostem; populum ab ingressione fori**]; **ibi resistere ac ~;**
② *(übtr.)* abwehren, abwenden, abhalten [**iniuriam; periculum; metum; bellum a moenibus; frigus; famem; suspicionem a se**].

prōpulsus[1] *P.P.P. v. propello.*

prōpulsus[2], *Abl.* ū *m (propello) (Sen.)* das Stoßen der Luft nach vorn, Luftdruck.

propylaea, ōrum *n (gr. Fw.)* die Propyläen, *Säulenvorhalle der Akropolis v. Athen.*

prō-quaestōre *m, Pl.* prōquaestōribus Proquästor, gewesener Quästor, *in der Provinz eingesetzt.*

prō-quam *Kj. (Lucr.)* nach dem Maße, wie.

prōra, ae *f (gr. Fw.)* Vorderdeck, Bug; *(poet.)* Schiff; *sprichw.:* **~ et puppis** erster u. letzter, *d. h.* einziger Beweggrund.

prō-rēpō, rēpere, rēpsī, rēptum *(poet.; nachkl.)* hervorkriechen; fortkriechen.

prōrēta, ae *m (gr. Fw.) (Plaut.)* Oberbootsmann.

prō-ripiō, ripere, ripuī, reptum *(rapio)* **I.** *trans.*
① hervor-, fortreißen [**in caedem** locken; **pedes** hervorstürzen];
② **se ~** hervorstürzen, -brechen, fortstürzen, -eilen [**se ex totā urbe; se a vestibulo templi; se portā foras; se domo; se custodibus** *(Dat.)* entkommen; **se in proximam silvam**]; *(v. Affekten)* zum Ausbruch kommen;
II. *intr. (poet.)* eilen, stürzen; **quo proripis?**

prōrītō, prōrītāre *(nachkl.)* anlocken.

prōrogātiō, iōnis *f (prorogo)* ① Verlängerung [**imperii**];
② Aufschub [**diei** des Termins, Vertagung].

prorogātīvus, a, um *(prorogo) (Sen.)* Aufschub leidend.

prō-rogō, rogāre ① verlängern [**alci imperium; provinciam** die Verwaltung der Provinz; **vitam alci; memoriam alcis; moras in hiemem**];
② aufschieben [**paucos dies ad solvendum; spem alci in alium diem**];
③ *(nachkl.)* vorher auszahlen, vorschießen.

prōrsum *s. prorsus*[2].

prōrsus[1], a, um *(pro u. verto) (nachkl.) (v. der Rede)* schlicht, ungebunden, prosaisch [**ora-**

tio].

prōrsus² *u. (vorkl.; poet.)* **prōrsum** *Adv. (prorsus¹)* ① vorwärts *(bes. übtr.)*; ~ **ibat res** die Sache kam voran;
② geradewegs, geradezu;
③ völlig, ganz u. gar, durchaus; ~ **ita se gessit;** ~ **opportuna; ita** ~ **existimo;** ~ **assentior; non** ~ *u.* **nullo modo** ~ durchaus nicht, ganz u. gar nicht;
④ m. einem Wort, kurz.

prō-ruī *Perf. v. proruo.*

prō-rumpō, rumpere, rūpī, ruptum **I.** *intr.* ① hervorbrechen, -stürzen, -dringen [**in hostes; per medios hostes**]; **prorumpit Tiberinus in mare;**
② *(übtr.)* **a)** ausbrechen; **pestis, incendium prorumpit; vis morbi in unum intestinum prorupit** *(Nep.)* drang ein; **b)** *(v. Personen)* sich versteigen, sich hinreißen lassen [**in scelera; in necem militum**]; **eo** ~ **hominum cupiditatem, ut** so weit;
II. *trans. (poet.; nachkl.)* hervorbrechen lassen, ausstoßen; **Aetna nubem atram prorumpit ad aethera;** – *se ~ u. mediopass. prōrumpi* hervorbrechen, -stürzen; – prōruptus, a, um hervorbrechend, -stürzend: **sudor corpore proruptus; mare proruptum; proruptus pons** eingestürzte.

prō-ruō, ruere, ruī, rutum **I.** *intr.* ① hervorstürzen, -brechen; ~ **in hostem; ex parte, quā dextrum cornu proruebat;**
② *(Tac.)* einstürzen; **motu terrae oppidum proruit;**
II. *trans.* ① *(vor- u. nachkl.)* hervorreißen [**se foras** hinausstürzen];
② niederwerfen, -reißen, umstürzen [**munitiones; hostem; arbores; aedificium**].

prō-rūpī *Perf. v. prorumpo.*

prōruptus *P.P.P. v. prorumpo.*

prōrutus *P.P.P. v. proruo.*

prōsa, ae *f (prosus) (nachkl.)* Prosa.

prōsāpia, ae *f* Geschlecht, Sippe, Familie.

proscaenium, ī *n (gr. Fw.)* Vorbühne, Vordergrund der Bühne; Bühne.

prō-scindō, scindere, scidī, scissum *(poet.; nachkl.)* ① aufreißen, pflügen [**campum ferro; terram iuvencis; fulgure terram**];
② *(meton.)* durchfurchen [**aequor**];
③ *(übtr.)* herunterreißen, schmähen [**equestrem ordinem**]; **carminibus proscissus.**

● **prō-scrībō,** scrībere, scrīpsī, scrīptum ① öffentl. bekannt machen [**auctionem; legem; venationem**];
② *(zum Verkauf, zur Verpachtung od. zur Vermietung)* anschlagen, anbieten [**fundum; bona; insulam**];
③ *jmds. Güter* einziehen, konfiszieren [**alcis possessiones; bona; Pompeium** die von P. erworbenen Ländereien];
④ jmd. ächten [**victoriā Sullae parentes**]; – *Subst.* **prōscrīptus,** ī *m* der Geächtete.

prōscrīptiō, ōnis *f (proscribo)* ① Ausschreibung zum Verkauf [**bonorum; praediorum**];
② Achterklärung, Ächtung, Proskription; **proscriptione pecunias ex aerario accipere.**

prōscrīpturiō, prōscrīpturīre *(Desider. v. proscribo)* jmd. ächten wollen.

prōscrīptus *P.P.P. v. proscribo.*

prō-secō, secāre, secuī, sectum ① abschneiden *(bes. Opferteile)* [**hostiae exta**];
② *(nachkl.) (den Acker)* aufbrechen, -reißen, pflügen [**solum**].

prōsecta, ōrum *n (proseco) (poet.)* Opferstücke; Eingeweide.

prōsecūtus *P. P. Akt. v. prosequor.*

prō-seda, ae *f (sedeo) (Plaut.)* öffentl. Dirne.

prō-sēminō, sēmināre ① aussäen;
② *(übtr.)* fortpflanzen.

prō-sentiō, sentīre, sēnsī, – *(Plaut.)* vorher bemerken.

● **prō-sequor,** sequī, secūtus sum ① begleiten, geleiten [**discedentem; reginam in freta; defunctum questu**]; **omnes illum unum prosequebantur; novum maritum rus** ~; *(übtr., v. Lebl.)* **ventus prosequitur euntes; naves mittebant, quae se prosequebantur; Chattos saltus Hercynius prosequitur** erstreckt sich entlang des Gebietes der Ch.;
② *jmdm. beim Abschied etw.* mit auf den Weg geben, *jmd. m. etw.* beschenken *(alqm [cum] re)* [**proficiscentem magnis donis; alqm laudibus; alqm vocibus contumeliosis** jmdm. Schmähworte nachrufen]; **tuam profectionem amore prosequor reditum spe exspecto;**
③ erweisen, spenden, widmen, weihen *(alqm u. alqd [cum] re)* [**alqm veniā** gewähren; **alqm liberalitate; alqm honore** auszeichnen; **alqm benevolentiā; alqm liberaliter oratione** jmdm. freundlich zureden; **clamore et plausu alcis memoriam**]; **domus tua me semper omnibus summis officiis prosecuta est** *(Cic.)*;
④ *(poet.; nachkl.) (mündl. od. schriftl.)* weiter ausführen, schildern, beschreiben [**pascua versu**]; *abs. (poet.)* fortfahren;
⑤ *(feindl.)* verfolgen [**hostem; fugientes; alqm lapidibus; alqm verbis** angreifen].

prō-serō, serere, seruī, sertum *(vor- u. nachkl.)* hervorstrecken [**linguam**].

Prōserpina, ae *f Tochter der Ceres, Gemahlin des Pluto, Herrscherin in der Unterwelt, seit 249 v. Chr. mit Dis Pater in Rom verehrt; griech. Name: Persephone.*

prō-serpō, serpere, – – *(Plaut.)* vorwärts kriechen.

proseucha, ae *f (gr. Fw.) (Iuv.)* Gebetsort *der Juden.*

prō-sicō, sicāre *(altl.)* = *proseco.*

prō-siliō, silīre, siluī (*auch* silīvī *u.* siliī), – *(sa-*

P

lio) ❶ hervorspringen, -stürzen, -brechen, aufspringen [**e lecto; e convivio; a sede; de nave**]; **repente ~;**
❷ *(übtr., v. Lebl.)* hervorspringen, -schießen; **flumen, sanguis, scintilla prosilit; prosiliunt lacrimae; natura prosilit** schießt über die Schranken; **quod prosilit villae** hervorragt;
❸ irgendwohin springen, fortstürzen, -stürmen [**in contionem; in publicum; ad flumen; in proelium**];
❹ *(Plaut.)* sich rasch an etw. machen.

prō-socer, erī *m (poet.; nachkl.)* Großvater der Gattin.

prō-spectō, spectāre ❶ von fern, in die Ferne schauen, (hin)ausschauen *(nach, auf etw.: Akk.)* [**e puppi pontum; ex fenestra**]; **quā longissime prospectari poterat** *(Tac.)* von wo sich der weiteste Ausblick bot; **euntem ~** aus der Ferne bemerken;
❷ *(v. fern)* anschauen, beobachten [**proelium; incendium e turri**]; **ex proximis hortis campum ~; astris prospectantibus;**
❸ *(poet.; nachkl.) (v. Örtl.)* Aussicht auf etw. gewähren, bieten *(m. Akk.)*; **villa, quae monte summo posita prospectat Siculum; locus late prospectans** m. weiter Aussicht;
❹ blicken, spähen nach *(m. Akk.)* [**hostem**];
❺ etw. erwarten *(m. Akk. od. indir. Frages.)* [**exilium; auxilium**]; **prospectat, quid agatur;**
❻ *(Verg.) (vom Schicksal)* jmd. erwarten, jmdm. bevorstehen *(m. Akk.)*; **fata te prospectant.**

prōspectus¹ *P.P.P. v. prospicio.*

prōspectus², ūs *m (prospicio)* ❶ Aussicht, Fernsicht [**maris** auf das Meer; **ex arce**]; **prospectum praebere ad urbem;**
❷ Gesichtskreis; **in prospectu esse** im Blickfeld sein;
❸ Anblick, Aussehen; **porticus pulcherrimo prospectu;**
❹ *(Ov.)* Blick; **aequora prospectu metior alta meo.**

prō-speculor, speculārī **I.** *intr.* kundschaften [**ad locum castris capiendum**];
II. *trans.* erwartungsvoll nach jmdm. *od.* etw. ausschauen, Ausschau halten, spähen [**adventum imperatoris e muris**].

prosper *s. prosperus.*

prospera, ōrum *n (prosperus) (poet.; nachkl.)* glückliche Umstände, Glück.

prosperitās, ātis *f (prosperus)* das Gedeihen, Glück, *Pl.* günstige Umstände [**valetudinis** vortreffliche Gesundheit].

prosperō, prosperāre *(prosperus)* fördern, den gewünschten Erfolg verleihen, Glück bringen *(m. Akk.)* [**coepta; victoriam populo Romano; decreta patrum; consilia rei publicae**].

● **prosperus** *u.* **prosper,** era, erum *(Adv. -ē u. -iter)* ❶ günstig, glücklich, erwünscht [**fortuna; successus; augurium; verba**]; **-e pugnare; -as res habere** Glück haben;
❷ *(poet.)* begünstigend, beglückend, segnend [**Bellona;** *(in Bezug auf etw., mit etw: Gen.)* **frugum**].

prō-spexī *Perf. v. prospicio.*

prōspicientia, ae *f (prospicio)* Vorsicht, Vorsorge.

● **prō-spiciō,** spicere, spexī, spectum *(specio)*
I. *intr.* ❶ in die Ferne schauen, (hin)ausschauen, blicken [**ex superioribus locis in urbem; per fenestras; alto** vom Meer aus *(Abl.) od.* aufs Meer hinaus *(Dat.)*; **longe** *u.* **multum** eine weite Aussicht haben, weit sehen]; **parum prospiciunt oculi** *(Ter.)* sehen nicht gut in die Ferne;
❷ sich umsehen, auf der Lauer liegen [**toto die**]; **puer ab ianua prospiciens;**
❸ *(übtr.)* Vorsicht anwenden, Vorsorge treffen, (vor)sorgen *(abs.; m. Dat.; m. ut, ne)* [**sociis; malo** vorbeugen]; **consulere ac ~ debemus; homo longe in posterum prospiciens;**
II. *trans.* ❶ von fern, in der Ferne erblicken, vor sich sehen *(m. Akk. od. A. C. I.)* [**alqm ex moenibus; classem ex aethere; Italiam ab unda; hostem tectis; campos longe**]; **alqm procul ~ ;**
❷ ausschauen nach [**ex speculis adventantem hostium classem**];
❸ *(nachkl.) v.* fern zuschauen, beobachten [**incendium; e triclinio ardentem rogum**];
❹ *(poet.; nachkl.) (v. Örtl.)* Aussicht auf etw. bieten, haben; **villa lacum prospicit;**
❺ vorhersehen *(m. Akk. od. indir. Frages.)* **longe ~ futuros casus rei publicae** *(Cic.)*;
❻ besorgen, beschaffen [**commeatūs; habitationem alci; maritum filiae; pecori pabulum**].

prō-sternō, sternere, strāvī, strātum ❶ niederwerfen, hinstrecken [**corpora humi; se; se ad pedes alcis; telo virum;** *übtr.* **se** sich demütigen]; **humi prostratus** auf dem Boden liegend; **hostem prostravit, fudit, occidit;**
❷ *(übtr.)* zugrunde richten, vernichten [**omnia furore; Galliam; morem civitatis; virtutem**]; *im Kampf* aufreiben [**hostem; aciem**];
❸ *(Suet.)* anbieten, preisgeben [**sorores alci; pudicitiam alci**];
/ prostrasse = prostravisse.

prōstibilis *(prosto) (Plaut.)* **I.** *Adj.* e sich anbietend;
II. *Subst.* is *f* Straßenmädchen, Dirne.

prōstibulum, ī *n (prosto) (Plaut.)* öffentl. Dirne.

prō-stitī *Perf. v. prosto.*

prō-stituō, stituere, stituī, stitūtum *(statuo) (poet.; nachkl.)* preisgeben, prostituieren [**corpora libidinibus; pudicitiam suam; faciem**

suam lucro; famam]; **cras populo prostituam vos.**

prōstitūta, ae *f (prostitutus) (nachkl.)* öffentl. Dirne, Prostituierte.

prōstitūtus, a, um *(P. Adj. v. prostituo) (poet.)* öffentl. preisgegeben, feil [**infans**].

prō-stō, stāre, stitī, – ① *(Lucr.)* hervor-, herausragen; **angellis paulum prostantibus;** ② *(Plaut.) (vom Verkäufer) Waren* zum Kauf anbieten; ③ *(Plaut.) (v. Waren) zum* Verkauf ausgestellt sein, zum Verkauf stehen; **liber prostat;** ④ *(nachkl.) (v. Dirnen)* sich öffentl. anbieten.

prōstrātus *P.P.P. v. prosterno.*

prō-strāvī *Perf. v. prosterno.*

prostȳlos, on *(gr. Fw.) (spätl.)* m. Säulen an der Vorderseite [**aedes**].

prō-subigō, subigere, – – *(Verg.)* vor sich aufwühlen [**pede terram**].

● **prō-sum**[1], prōdesse, prōfuī, prōfutūrus ① nützen, nützlich sein [**Miloni; multis; ad concordiam civitatis; in commune**]; **nec sibi nec alteri ~ ; nihil tibi litterae meae proderunt; constantia multum prodest in amore** *(Prop);* ② *(nachkl.) (med. t. t.)* anschlagen, helfen, wirksam sein; **quicquid animum erexit, etiam corpori prodest** *(Sen.).*

prōsum[2] = *prorsus*[2].

prōsus = *prorsus*[1].

Prōtagorās, ae *m griech. Sophist aus Abdera (etwa 485–415 v. Chr.), Zeitgenosse des Sokrates; berühmt ist sein Homo-Mensura-Satz: „Der Mensch ist das Maß aller Dinge“.*

prōtēctiō, iōnis *f (protego) (spätl.)* Schutz, Verteidigung.

● **prō-tegō,** tegere, tēxī, tēctum ① vorn bedecken [**alqm scuto; tabernaculum hederā; caput contra solem**]; ② (be)schützen [**regem; iacentem; alqm precibus; alqm ab armis Romanis; alqm ab impetu bestiarum**]; ③ ein Vordach, ein Wetterdach anbringen *(an, auf etw.: Akk.)* [**aedes**].

prō-tēlō, tēlāre *(protelum) (Kom.)* fortjagen [**alqm saevidicis dictis**].

prōtēlum, ī *n (protendo)* ① *(vorkl.)* Zugseil; ② *(nachkl.) (meton.)* ein Zug Ochsen; ③ *(poet.) (übtr.)* ununterbrochener Fortgang; **quasi -o** in einem Zug.

prō-tendō, tendere, tendī, tentum *(poet.; nachkl.)* ① vor-, ausstrecken [**manūs; dextram precantem; cervicem; hastas**]; – *mediopass.* sich erstrecken; **protenditur ad Bactros usque gens Mardorum;** ② *(Gell.) (in der Aussprache)* dehnen.

prōtenus *s. protinus.*

prō-terō, terere, trīvī, trītum ① niedertreten, zertreten [**arva florentia; equitatum** niederreiten; **agmina curru**]; ② *im Kampf* aufreiben, vernichten [**aciem hostium; omnia ferro**]; *(übtr.)* **ver proterit aestas** *(Hor.)* besiegt; ③ *(übtr.)* m. Füßen treten, misshandeln, verachten; ④ *(Gell.) (rhet.)* breittreten, oft gebrauchen; **verba a vulgo protrita.**

prō-terreō, terrēre, terruī, territum verscheuchen, fortjagen [**alqm verbis gravissimis; alqm armis; alqm ab aedibus; alqm patriā**].

protervitās, ātis *f (protervus)* ① Frechheit, Dreistigkeit, Unverschämtheit; ② *(Hor.)* Mutwille, Übermut, Keckheit, Ausgelassenheit.

protervus, a, um ① frech, dreist, unverschämt [**dicta; facta; lingua; animus; meretrix**]; ② *(poet.)* mutwillig, übermütig, keck, ausgelassen [**rixae; iuvenes**]; ③ *(poet.)* ungestüm, heftig [**venti**].

Prōtesilāus, ī *m Gatte der Laodamia, als Erster im Kampf vor Troja getötet.*

prō-testor, testārī *(spätl.)* Zeugnis ablegen, öffentl. aussagen, bezeugen.

Prōteus, eī *u.* eos *m* ① *weissagender Meergott, der sich in viele Gestalten verwandeln konnte, lebte meist auf der ägypt. Insel Pharos;* **Protei columnae** *(Verg.)* die Grenzen Ägyptens; ② *(Hor.) (übtr.)* **a)** Schlaukopf; **effugiet vincula ~; b)** veränderlicher Charakter.

prō-tēxī *Perf. v. protego.*

prothȳmē *Adv. (gr. Fw.) (Plaut.)* mit Vergnügen, vergnüglich [**diem sumere** verbringen].

prothȳmia, ae *f (gr. Fw.) (Plaut.)* Geneigtheit, Freundlichkeit.

prōtinam *Adv. (protinus) (Kom.)* vorwärts; sofort.

prō-tinus *u.* **prō-tenus** *Adv. (tenus*[1]*)* ① *(räuml.)* **a)** vorwärts, weiter (fort) [**ire; capellas agere**]; **nemus ~ contremuit** *(Verg.)* weithin; **b)** *(poet.; nachkl.)* unmittelbar sich anschließend, unmittelbar verbunden, zusammenhängend; ② *(zeitl.)* **a)** sofort, sogleich, unverzüglich [**ad urbem refugere**]; **non ~** nicht gleich, nicht sofort; **b)** *(poet.)* beständig, ununterbrochen [**morem colere**]; **c)** *(poet.)* weiter, fort u. fort [**vivere; ad oppidum legiones adducere**]; **d)** gleich anfangs.

Prōtogenēs, is *m griech. Maler u. Bildhauer aus Kaunos, um 300 v. Chr.*

prō-tollō, tollere, – – *(vor- u. nachkl.)* ① (her)vorstrecken [**manum**]; ② aufschieben, hinausschieben [**mortem**]; ③ verlängern [**vitam in crastinum**].

prōtopraxia, ae *f (gr. Fw.) (Plin.)* Vorrecht *b. Schuldforderungen.*

prōtotomus, a, um *(gr. Fw.) (Mart.)* vom ersten Schnitt, zart; – *Subst.* **-ī,** ōrum *m* junge

Kohlstängel.

prō-trahō, trahere, trāxī, tractum ❶ hervor-, vorwärts-, fortziehen, hervor-, hinschleppen [**alqm ex tentorio; alqm in convivium; alqm capillo in viam**]; **alqd in lucem ~; alqd in medium ~**;
❷ *(übtr.)* jmd. zu etw. nötigen, drängen, treiben, zwingen [**alqm ad indicium; alqm ad operas; testem**];
❸ *(übtr.)* ans Licht bringen, offenbaren, entdecken [**facinus per indicium; vitium**];
❹ *(Plaut.) (übtr.)* fortziehen; **ad paupertatem protractus** hinabgesunken;
❺ *(nachkl.) (zeitl.)* hinausziehen, hinziehen, ausdehnen, verlängern [**epulas a medio die ad mediam noctem; convivia in primam lucem; sermones**]; – *Pass.* sich in die Länge ziehen.

prōtrītus *P.P.P. v. protero.*

prō-trīvī *Perf. v. protero.*

prō-trūdō, trūdere, trūsī, trūsum ❶ fortstoßen [**alqm foras** hinauswerfen];
❷ *(übtr.)* verschieben, hinausschieben [**comitia in Ianuarium mensem**].

prō-tulī *Perf. v. profero.*

prō-turbō, turbāre ❶ forttreiben, verjagen [**nostros de vallo; hostes telis**];
❷ *(Ov.)* niederwerfen [**silvas**].

pro-ut *Kj.* so wie, je nachdem; ~ **res postulat.**

prōvectus, ūs *m (proveho) (August.)* ❶ Förderung [**iustitiae**];
❷ Erhebung, Aufschwung [**animorum**].

prō-vehō, vehere, vēxī, vectum ❶ vorwärts-, fortführen, -bringen [**saxa navi**]; – *mediopass. provehi* wegfahren, fortfahren, -reiten, -schiffen [**in altum; portu** aus dem Hafen]; **cum classe freto provehi** *(Caes.)*; – *(nachkl.) (zeitl.)* vorrücken, zunehmen; – *bes.* **prōvectus,** a, um vorgerückt: **provecto die; provectae aetatis mulieres; provectā aetate mortua est; provectum bellum est** zog sich hin;
❷ *(übtr.)* (zu weit) führen, hinreißen, verführen *(ad alqd; m. ut)*; **vestra benignitas provexit orationem meam; haec spes provexit, ut ad conspecta procul pecora decurrerent**; – *mediopass.* weiter, zu weit gehen, hingerissen werden, sich fortreißen lassen [**in maledicta**]; **studio rerum rusticarum provectus sum; vino provehor; sentio me longius provectum quam** weiter gegangen als;
❸ *(übtr.)* (befördern, weiterbringen [**alqm ad summos honores; alqm in consulatūs**]; **studiosos amat, fovet, provehit**; – *mediopass.* vorrücken, fortschreiten, avancieren; **Agrippinae gratiā provectus.**

prō-veniō, venīre, vēnī, ventum ❶ *(vorkl.)* herauskommen, vor-, auftreten; **qui in scaenam novo modo provenit** *(Plaut.)*;
❷ *(Plaut.) (übtr.)* hervortreten; **malum propalam provenit**;
❸ *(v. Pflanzen)* (hervor)wachsen, gedeihen; **poma proveniunt; tantum ea cura frumenti provenit, ut; lana provenit** wird erzeugt;
❹ entstehen, aufkommen [**humanis opibus**]; **proveniebant oratores novi; varia ingenia proveniunt**;
❺ *(vor- u. nachkl.)* vonstatten gehen; **initia belli ita provenerunt**;
❻ *(poet.; nachkl.)* gut vonstatten gehen, gelingen, gedeihen; **sine malo ~ ; carmina proveniunt animo deducta sereno** *(Ov.)*; **ut ex studiis gaudium, sic studia hilaritate proveniunt** *(Plin.)*.

prōventus, ūs *m (provenio)* ❶ *(nachkl.)* das Hervorkommen, -wachsen [**rosarum; vinearum**];
❷ *(poet.; nachkl.)* Ertrag, Ernte, Vorrat [**frumentorum**];
❸ Fortgang [**pugnae**];
❹ glücklicher Fortgang, Erfolg, das Gedeihen [**temporis superioris; secundarum rerum; orationis**].

prō-verbium, ī *n (verbum)* Sprichwort; **ut in -o est** wie das Sprichwort sagt; **in -um** *od.* **in consuetudinem -i venire** sprichwörtlich werden.

prō-vēxī *Perf. v. proveho.*

prōvidēns, *Gen.* entis *(P. Adj. v. provideo)* vorsichtig; **rationem providentissime constituere.**

prōvidentia, ae *f (providens)* ❶ Voraussicht; **vir excellenti -ā**;
❷ Vorsorge, Fürsorge, Vorkehrung *(alcis rei: in, bei, für, gegen etw.)* [**rei frumentariae**];
❸ Vorsicht;
❹ Vorsehung [**deorum**].

● **prō-videō,** vidēre, vīdī, vīsum ❶ vor sich, in der Ferne sehen [**navem**];
❷ zuerst, früher sehen,
❸ *(Zukünftiges)* vorher-, voraussehen *(m. Akk.; A. C. I.: indir. Frages.)* [**plus animo; tempestatem; alqd ratione** vorausberechnen]; **~, quid futurum sit;**
❹ vorher erwägen; **res, quam mens providit;**
❺ Sorge tragen, Vorsorge treffen, Vorkehrungen treffen, sorgen *(de re; Dat.; m. ut, ne)* [**de re frumentaria; saluti hominum**]; **ut res postulat, provideas;** *(Abl. abs.)* **proviso** *(Tac.)* m. Vorbedacht; **omnibus rebus cura et provide, ne quid ei desit** *(Cic.)*;
❻ vorsichtig sein, vorsichtig handeln; **actum de te est, nisi provides** *(Cic.)*;
❼ im Voraus besorgen, beschaffen [**frumentum in hiemem; commeatum exercitui; arma**]; **omnia ~** sich um alles kümmern; **multum in posterum providerunt, quod** *(Cic.)*.

prōvidus, a, um *(provideo)* ❶ vorhersehend [**mens;** *(m. Gen.)* **rerum futurarum**];

❷ vorsorgend, vorsorglich *(für etw.: Gen.)*; **natura -a utilitatum opportunitatumque omnium** *(Cic.)*; – *Subst.* -um, ī *n (Tac.)* Zeichen göttl. Fürsorge;
❸ vorsichtig; **parum cauti providique**.

● **prōvincia,** ae *f* ❶ Provinz, *unterworfenes und verwaltetes Gebiet außerhalb Italiens* [**Sicilia; consularis** von einem früheren Konsul verwaltete; **praetoria**]; **cum imperio in -am proficisci; civitatem in -am** *od.* **in -ae formam redigere** zur Provinz machen; **praeponere, praeficere alqm -ae; -ae praeesse; -am aequitate et continentiā administrare; in Italia aut in -is**;
❷ **a)** Provinz Kleinasien; **~ venit in timorem Parthici belli**; **b)** Provinz Afrika, *das Gebiet des früheren Karthago;* **c)** die Provence *(der östl. Teil der Gallia Narbonensis)*;
❸ *(meton.)* Verwaltung einer Provinz, Statthalterschaft; **-am deponere; -am accipere; -am alci dare, tradere; de -a decedere**;
❹ Amt, amtlicher Wirkungskreis [**urbana et peregrina** Amtsbereich des praetor urbanus u. peregrinus; **iuris dicendi**];
❺ Oberbefehl, Kommando [**classis, maritima** über die Flotte, zur See]; **-am obtinere**;
❻ Geschäft, Dienst, Verrichtung; **mihi ~ est** *(m. Inf.)* es ist meine Aufgabe;
❼ *(mlt.)* Gebiet; Grafschaft.

i Kultur **prōvincia** So nannten die Römer unterworfenes Land als Verwaltungseinheit und lebten genüsslich von den Abgaben der Provinzen, ihrer Hauptsteuerquelle, in der Hauptstadt Rom. Bis heute verstehen wir unter „provinziell" die Verachtung der Großstädter gegenüber der Kulturszene der „Provinz", der Gegenden fern der Hauptstadt. – In Deutschland richteten die Römer seit 15 v. Chr. unter Tiberius u. Drusus die Provinzen Raetia (Süddeutschland bis Inn) und Noricum (vom Inn bis Wien) ein.

prōvinciālis *(provincia)* **I.** *Adj.* e ❶ zu einer Provinz gehörig, Provinz-, in der Provinz [**administratio; edictum; bellum; crimina; negotia; ornamenta** eines Beamten in der Provinz; **abstinentia** Uneigennützigkeit in der Verwaltung der Provinz];
❷ zur Provence gehörig [**Ruteni**];
II. *Subst. is m, meist Pl.* Provinzbewohner.

prōvinciātim *Adv. (provincia) (nachkl.)* nach Provinzen.

prōvīsiō, ōnis *f (provideo)* ❶ Voraussicht;
❷ Vorsorge, Fürsorge, Vorkehrung *(für u. gegen etw.: Gen.)* [**temporis posteri; vitiorum atque incommodorum**];
❸ Vorsicht.

prō-vīsō, vīsere, – – *(Intens. v. provideo) (Kom.)* nach etw. sehen, nachsehen, Ausschau halten; **proviso, quid agat** *(Ter.)*.

prōvīsor, sōris *m (provideo) (m. Gen.)* ❶ *(Tac.)* derjenige, der etw. voraussieht [**ingruentium dominationum**];
❷ *(Hor.)* derjenige, der etw. im Voraus bedenkt, der für etw. Vorsorge trifft;
❸ *(August.)* derjenige, der m. etw. versorgt, der etw. beschafft [**deliciarum**].

prōvīsus[1] *P. P. P. v. provideo.*

prōvīsus[2], *Abl.* ū *m (provideo) (Tac.)* ❶ das Sehen in die Ferne; Sehkraft;
❷ Voraussicht [**periculi**];
❸ Fürsorge, Vorsorge *(m. Gen. subi. u. obi.)* [**deûm; rei frumentariae; rerum civilium**].

prō-vīvō, vīvere, vīxī, – *(Tac.)* fort-, weiterleben.

prōvocātiō, iōnis *f (provoco)* ❶ Herausforderung *zum Kampf,* **per provocationem pugnare**;
❷ Berufung [**adversus iniuriam magistratuum; ad populum**]; **provocationes omnium rerum; magistratus sine provocatione** gegen den es keine Berufung gibt.

prōvocātor, tōris *m (provoco)* ❶ Herausforderer *zum Kampf*
❷ *besondere Art v. Gladiatoren, die den Gegner geschickt v. der Seite plötzlich angriffen.*

prō-vocō, vocāre ❶ *(vorkl.)* hervor-, heraus-, aufrufen; **provocatus non venit; mandant, ut ad se provocet Simonidem**;
❷ *(poet.)* hervorkommen lassen, hervorwachsen lassen, wecken [**diem**];
❸ jmd. auffordern, anregen, reizen [**alqm sermonibus; plebem munificentiā; alqm ad iocos; in aleam; viros mero; officia** zu Dienstleistungen]; **tacentes ad communionem sermonis ~**;
❹ zum (Wett-)Kampf herausfordern [**alqm ad proelium;** *übtr.* **auras cursibus** die Winde zum Wettlauf herausfordern]; **ea pictura naturam ipsam provocavit**;
❺ *(jur. t. t.)* Berufung einlegen, appellieren [**ad populum**]; **qui provocat, nondum damnatus videtur** gilt als noch nicht verurteilt;
❻ sich auf jmd. berufen [**ad Catonem**].

prō-volō, volāre ❶ *(Plin.)* hervor-, ausfliegen; **apes provolant**;
❷ *(v. Menschen)* hervorstürzen, -eilen [**subito**].

prō-volvō, volvere, volvī, volūtum ❶ vorwärts wälzen, vorwärts rollen; **alqm in viam mediam ~; membra provolvunt rotae** *(Sen.)*;
❷ *(übtr.) pass.* vertrieben werden [**fortunis** aus seinem Besitz];
❸ *se ~ u. mediopass. provolvi* sich niederwerfen, niederfallen [**alci ad pedes; ad genua** *od.* **genibus alcis**];

P

4 *(Tac.) (übtr.) mediopass.* herabsinken, sich erniedrigen [**ad libita alcis**].

prō-vomō, vomere, – – *(Lucr.)* hervorspeien.

prōvorsus *Adv. (altl.) = prorsus²*.

prō-vulgō, vulgāre *(Suet.)* öffentl. bekannt machen [**coniurationes**].

prox *Interj. (Plaut.)* m. Verlaub.

proxenēta, ae *m (gr. Fw.) (nachkl.)* Makler.

proximē *s. prope.*

proximitās, ātis *f (proximus) (Ov.)* 1 Nähe, Nachbarschaft;
2 nahe Verwandtschaft;
3 Ähnlichkeit.

proximō *Adv. (proximus, s. prope)* ganz kürzlich, neulich.

proximum, ī *n (proximus, s. prope)* 1 *Sg. u. Pl.* **a)** Nachbarschaft, der nächste Punkt; **in -o urbis**; **b)** das Nächstfolgende; **~ est, ut** es folgt nun *od.* es ist meine nächste Aufgabe, dass;
2 nächste Verwandtschaft.

● **proximus** *s. prope.*

proxumē, proxumus *(altl.) = proxime, proximus, s. prope.*

● **prūdēns,** *Gen.* entis *(< providens)* 1 wissentlich, absichtlich; **~ et sciens ad pestem sum profectus** *(Cic.)*;
2 *einer Sache* kundig, in etw. erfahren *(m. Gen.; m. Inf. od. A. C. I.)* [**multarum veterum legum; rei militaris; locorum; belli; moderandi**];
3 klug, verständig, einsichtsvoll [**vir naturā; consilium; animi sententia;** *(m. in u. Abl.)* **in iure civili; in disserendo;** *(m. ad)* **ad consilia;** *(m. Gen.)* **ceterarum rerum** in allen übrigen Stücken].

● **prūdentia,** ae *f (prudens)* 1 das Vorherwissen [**futurorum**];
2 Kenntnis, Erfahrung, Wissen *(m. Gen.)* [**rei militaris; iuris civilis**];
3 Klugheit, Einsicht, Umsicht.

pruīna, ae *f* 1 Reif *(gefrorener Tau), auch Pl.* [**matutinae**];
2 *(poet.) (übtr.)* Schnee, *auch Pl.* [**gelidae**];
3 *(poet.) (meton.) Pl.* Winter; **ad medias -as.**

pruīnōsus, a, um *(pruina) (poet.)* voll Reif, bereift [**herbae**].

prūna, ae *f (poet.; nachkl.)* glühende Kohle, Glut.

prūniceus, a, um *(prunus) (Ov.)* aus Pflaumenholz.

prūnum, ī *n (gr. Fw.) (poet.; nachkl.)* Pflaume.

prūnus, ī *f (gr. Fw.) (nachkl.)* Pflaumenbaum.

prūrīgō, ginis *f (prurio) (nachkl.)* 1 Jucken, Geilheit [**longa; obscena**];
2 *(meton.)* juckender Grind.

prūriō, prūrīre *(poet.)* 1 jucken; **dorsus totus prurit**;
2 geil, lüstern sein;
3 *nach Kampf*gelüsten [**in pugnam**].

Prūsa, ae *f Stadt im westl. Bithynien, j.* Bursa; – *Einw.* **Prūsēnsēs,** ium *m.*

Prūsiās *u.* **Prūsia,** ae *m König v. Bithynien, etwa 230–182 v. Chr., der seinen Feldherrn Hannibal, der in seinem späteren Leben b. ihm Zuflucht gesucht hatte, den Römern ausliefern wollte (Selbstmord Hannibals 183 v. Chr.).*

prytanēum *u.* **prytanīum,** ī *n (gr. Fw.)* Rathaus *in griech. Städten.*

prytanis, is *m (gr. Fw.)* Prytane, Oberbeamter *in griech. Städten.*

psallō, psallere, psallī, – *(gr. Fw.)* 1 die Zither spielen; zur Zither singen; **cantare et ~ iucunde**;
2 *(Eccl.)* die Psalmen Davids singen.

psalmōdia, ae *f (gr. Fw.) (Eccl.)* das Singen v. Psalmen.

psalmus, ī *m (gr. Fw.) (Eccl.)* Psalm.

psaltērium, ī *n (gr. Fw.)* zitherartiges Saiteninstrument, Harfe.

psaltēs, ae *m (gr. Fw.) (vor- u. nachkl.)* Zitherspieler.

psaltria, ae *f (gr. Fw.)* Zitherspielerin.

psecas, adis *f (gr. Fw.,* ψεκάς „bespritzend") *Sklavin, die ihrer Herrin die Haare salbte u. ordnete;* – Psecas *als Name.*

pseliūmenē, *Akk.* -ēn *f (gr. Fw.)* „die Bekränzte", *eine Statue des Praxiteles.*

psēphisma, atis *n (gr. Fw.)* 1 Volksbeschluss *einer griech. Volksversammlung;*
2 *(Plin.)* Dankadresse *einer griech. Gemeinde an den Kaiser.*

pseudo... (τό ψεῦδος „die Lüge") *vor Subst. od. Adj.* = falsch, unecht.

Pseudo-catō, ōnis *m (pseudo u. Cato)* ein falscher Cato.

pseudo-dipteros, on *(gr. Fw.) (spätl.)* scheinbar m. zwei Säulenreihen (versehen) [**aedes**].

Pseudolus, ī *m* „Lügenmaul", *Komödie des Plautus.*

pseudomenos, ī *m (gr. Fw.)* Trugschluss, falscher Syllogismus.

pseudothyrum, ī *n (gr. Fw.) (übtr.)* Hintertür, geheime Art.

psīlocitharistēs, ae *m (gr. Fw.) (Suet.) derjenige, der die Zither spielt, ohne dazu zu singen,* Zitherspieler.

psīlōthrum, ī *n (gr. Fw.) (nachkl.)* Enthaarungsmittel.

psithia, ae *f (psithius) (Verg.) eine Rebensorte.*

psithius, a, um *(gr. Fw.) (poet.; nachkl.)* Rosinen- [**vitis** *eine Traubensorte, die bes. zur Rosinenbereitung verwendet wurde*].

psittacus, ī *m (gr. Fw.) (poet.; nachkl.)* Papagei.

Psōphis, idis *f Stadt im Nordwesten Arkadiens.*

Psophodeēs, is *m (gr. Fw.)* „Der Argwöhnische", *Komödie Menanders.*

psȳchomantīum, ī *n (gr. Fw.)* Totenorakel.

psȳchrolūtēs, ae *m (gr. Fw.) (Sen.)* der kalt Badende.

Psyllī, ōrum *m libysches Volk an der Großen Syrte in Afrika.*

-pte *Suffix an Poss.- u. Personalpron., klass. nur an die Ablative der Poss. Pron. angehängt* besonders, vornehmlich, hauptsächlich; **meopte ingenio; suāpte manu; nostrāpte culpā.**

Pteleum, ī *n Hafenstadt am Pagasäischen Meerbusen in Thessalien.*

Pthīa = *Phthia.*

pthisicus, pthisis = *phthis ...*

ptisana, ae *f (gr. Fw.) (nachkl.)* Gerstengrütze; der aus Gerstengrütze bereitete Trank.

ptisanārium, ī *n (ptisana) (Hor.)* Aufguss v. Gerstengrütze *od.* Reis.

Ptolomaeus *u.* **Ptolemaeus,** ī *m General Alexanders des Gr., der die Dynastie der Ptolemäer in Ägypten begründete; Name griech. Diadochenfürsten in Ägypten bis in augusteische Zeit; – Adj.* **-maeus,** a, um ptolemäisch; ägyptisch; – *Subst.* **Ptolomāis,** idis *f Name einiger Städte in Ägypten u. Phönizien.*

pūbēns, *Gen.* entis *(vgl. pubes¹) (Verg.)* strotzend, saftig *(v. Pflanzen)* [**herba**].

pūbertās, ātis *f (pubes¹)* ❶ *(nachkl.)* Mannbarkeit, Geschlechtsreife; **primis pubertatis annis;**
❷ *(Tac.) (meton.)* Manneskraft, Zeugungskraft [**inexhausta**];
❸ erstes Barthaar.

pūbēs¹, *Gen.* eris ❶ mannbar, erwachsen; **ad puberem aetatem;** – *Subst.,* **pūberēs,** rum *m* waffenfähige Männer, waffenfähige Mannschaft; **omnes puberes armati convenire consuluerunt** *(Caes.);*
❷ *(poet.; nachkl.) (übtr., v. Pflanzen)* ausgewachsen, strotzend, saftig, kräftig [**folia; herba**].

pūbēs², is *f* ❶ junge Mannschaft, waffenfähige Jugend [**Romana; Italiae;** *übtr.* **indomita taurorum** Jungherde];
❷ *(poet.)* Männer, Leute, Volk [**agrestis; Romana; Dardana** Trojaner]; **pube praesenti;**
❸ *(poet.; nachkl.)* Unterleib, Schoß; Scham(-gegend); Schamhaare;
❹ *(poet.; nachkl.)* Barthaare.

pūbēscō, pūbēscere, pūbuī, – *(pubes¹)* ❶ mannbar, erwachsen werden; **pubescentibus annis;**
❷ *(übtr.)* heranwachsen, -reifen; **pubescit vinea;**
❸ *(poet.; nachkl.)* sich m. etw. überziehen; **prata flore pubescunt.**

pūblica, ae *f (publicus) (Sen.)* öffentl. Dirne, Prostituierte.

pūblicānus *(publicus)* **I.** *Subst.* ī *m* Steuerpächter *der Staatseinnahmen in den Provinzen;*
II. *Adj.* a, um des Steuerpächters, Steuerpächter- [**muliercula** Staatspächtersdirne].

> *i* Kultur **pūblicānus** Pächter der röm. Steuereinnahmen: In der Republik beauftragte der Staat den meistbietenden Unternehmer (aus dem Ritterstand) zur Sicherung der Staatsfinanzen. Der p. zahlte an die Staatskasse im Voraus u. versuchte mit Gewinn die Provinzbevölkerung zur „Kasse zu bitten". Finanzämter im modernen Sinn entstanden erst in der Kaiserzeit (über quaestores und procuratores.).

pūblicātiō, ōnis *f (publico)* Einziehung, Beschlagnahme für die Staatskasse, Konfiskation [**bonorum**].

● **pūblicē** *Adv. (publicus)* ❶ öffentlich, im Namen des Staates, von Staats wegen [**frumentum polliceri; egestatem habere** in der Staatskasse; **versuram facere** Staatsanleihe machen]; **legationis princeps ~ dixit; amicitiam ~ privatimque petere;**
❷ im Interesse des Staates, für den Staat, amtlich [**litteras mittere**];
❸ auf Staatskosten [**efferri** bestattet werden; **statuam alci constituere**]; **frumentum ~ datum vendere; Capitolium ~ restituere;**
❹ allgemein, insgesamt [**exulatum ire**].

pūblicitus *Adv. (publicus) (vor- u. nachkl.)* ❶ von Staats wegen, im Namen des Staates;
❷ auf Kosten des Staates;
❸ öffentlich, vor aller Welt.

Pūblicius, a, um *Name einer röm. gens unsicherer Herkunft;* clivus ~ *Hauptaufgang zum Aventin.*

● **pūblicō,** pūblicāre *(publicus)* ❶ für den Staat beschlagnahmen, einziehen, konfiszieren [**pecuniam regiam; privata; regnum** annektieren; **Ptolomaeum** das Vermögen des P.; **aurarias**]; **his in exilium actis bona publicata sunt;**
❷ *(vor- u. nachkl.)* zum öffentl. Gebrauch freigeben [**ambulationes; bibliothecas Graecas; circumiectas silvas in usum populi**];
❸ *(vor- u. nachkl.)* preisgeben [**corpus suum; pudicitiam**];
❹ *(nachkl.)* öffentl. zeigen, öffentl. hören lassen [**studia sua; virtutem; se** öffentl. auftreten]; **dies fasti publicati;**
❺ *(nachkl.)* öffentl. bekannt machen, herausgeben, veröffentlichen [**epistulas; libellos**].

Pūbli-cola, ae *m (altl. Popli-cola, als „Volksfreund" gedeutet) cogn. in der gens Gellia u. Valeria, s. Valerius.*

pūblicum, ī *n (publicus)* ❶ Staatsgebiet, Gemeindeland [**Campanum**];

P

❷ Staatskasse, -schatz; **pecunias in -o deponere; in -um redigere** *od.* **referre** konfiszieren; **pecuniam ex -o tradere; de -o convivari** auf Staatskosten; **aurum et aes et argentum in -um conferre**;

❸ Staatseinkünfte, Steuern, Staatspacht, *meist Pl.;* **-o teneri** der Staatskasse steuerpflichtig sein; **-a male conducere; -um habere** Staatspächter sein; **-o frui**;

❹ Staatsmagazin; **frumentum in -um conferre**;

❺ Staat, Gemeinwesen; **in -um consulere** für das allgemeine Wohl sorgen;

❻ Öffentlichkeit, öffentl. Ort, öffentl. Straße; **in -um prodire** öffentl. ausgehen; **in -o ponere** öffentl. ausstellen; **legem in -o** *od.* **in -um proponere** öffentl. bekannt machen; **in -o esse** außer Hause, nicht zu Hause sein; **in -o esse non audet, includit se domi** *(Cic.).*

● **pūblicus** *(altl. poplicus zu populus)* **I.** *Adj.* a, um *(Adv. -ē, s. d.)* ❶ öffentlich, dem Volk gehörig, Volks-, des Staates, staatlich, Staats- [**litora; loca; pecunia** Staatsgelder; **largitiones; sacerdos; dii** Nationalgottheiten; **causa** Staatsangelegenheit, öffentl. Prozess; **vincula** Staatsgefängnis; **mensa** Staatsbank; **iniuria** gegen den Staat; **periculum** vom Staat getragene Verantwortung; **litterae** amtliches Schreiben; **tabulae** Staatsurkunden; **poena** vom Staat auferlegt]; **bono -o** zum Vorteil des Staates; **malo -o** zum Schaden des Staates; **sumptu -o** auf Kosten des Staates; – **rēs pūblica a)** Staat, Staats-, Gemeinwesen [**Romana**]; **rem -am (bene, feliciter; male) administrare, gerere, defendere, conservare, augere; in rebus publicis; hac praesertim re publicā** in dieser Lage des Staates; **res -a per triduum sine summa potestate fuit; b)** Staatsgeschäfte, -verwaltung, -leitung, -gewalt, Politik; **rem -am suscipere, capessere; in re -a versari** polit. tätig sein; **rem -am alci tradere; ad rem -am accedere** sich der Politik widmen; **sentire eadem de re -a** polit. gleich gesinnt sein; **c)** Staatsvermögen, -schatz; **reliquias rei -ae dissipare; per stultitiam res -as suas amittere; d)** Staatswohl, -interesse; **alqd e re -a est** liegt im Interesse des Staates; **e re -a facere, ducere alqd** im Interesse des Staates;

❷ im Namen, auf Kosten des Staates stattfindend, vom Staat veranstaltet [**ludi; funus; sacrificium; equus** vom Staat bereitgestellt]; **sine ulla impensa -a** ohne alle Kosten für den Staat;

❸ allgemein (üblich, gebräuchlich), gewöhnlich [**verba; officia; sapor**];

II. *Subst.* ī *m (Plaut.)* Staatssklave, Unterbeamter, Polizist; **metuit -os** die Polizei.

Pūblilius, a, um *pleb. röm. nomen gentile:* ~ Syrus, *röm. Freigelassener syrischer Abkunft, im 1. Jahrh. v. Chr., Mimendichter u. Schauspieler, seine Spruchverse waren sehr beliebt u. wurden oft zitiert.*

● **pudeō,** pudēre, puduī, – ❶ sich schämen; **ad pudendum induci; pudendo** dadurch, dass man sich schämt; **ita nunc pudeo**;

❷ *m.* Scham erfüllen, beschämen; **non te haec pudent?** *(Ter.)*;

❸ *unpers.* **mē pudet,** puduit *u.* puditum est ich schäme mich, *meist alqm alcis rei od. alcis: jmd. schämt sich einer Sache od. vor jmdm., das Neutr. eines Pron. steht im Nom., auch m. Inf., A. C. I., quod, si od. m. Sup.* [**stultitiae; infamiae; sceleris; tui** vor dir; **deorum hominumque; dictu**]; **me pudet facti** ich schäme mich meiner Tat; **te pudet facti** du schämst dich deiner Tat; **me pudet nequitiae tuae; pudet deorum** vor; **id me pudet; me non pudet fateri; puderet me dicere non intellegere, si**; – *P. Adj.* **a) pudēns,** *Gen.* entis schamhaft, sittsam, ehrbar, verschämt, schüchtern; bescheiden [**femina; filius; animus**]; **nihil pudens** ohne jedes Ehrgefühl; *Subst.* **pudentēs,** tium *m* ehrbare Leute; **b) pudendus,** a, um schändlich, schmählich, schimpflich [**vita; luxus**]; **pudenda dictu spectantur.**

pudibundus, a, um *(pudeo) (poet.)* ❶ verschämt, schamhaft [**matrona**];

❷ *(nachkl.)* schimpflich, schmählich, schändlich.

pudīcitia, ae *f (pudicus)* Schamhaftigkeit, Sittsamkeit, Keuschheit; – *personif.* **Pudīcitia** *Göttin der Schamhaftigkeit.*

pudīcus, a, um *(pudeo)* schamhaft, sittsam, keusch, ehrbar [**uxor; domus; taeda** Hochzeitsfackel; **fama** unbescholtener Ruf].

puditum est *s. pudeo 3.*

● **pudor,** ōris *m (pudeo)* ❶ Scham(gefühl), Scheu *(über, vor, wegen etw., vor jmdm.: Gen.)* [**paupertatis** über die Armut; **famae** vor der Nachrede; **civium**]; ~ **est (mihi)** *u.* **pudori est** *(m. Inf.)* ich schäme mich *od.* man schämt sich: **pudor est promissa referre; se ipse interfecit, pudore magis quam necessitate**;

❷ Ehrgefühl, Ehrenhaftigkeit, Gewissenhaftigkeit; **homo summo pudore; omnia regebat ~** *(Liv.)*;

❸ Schamhaftigkeit, Keuschheit; **pudorem pudicitiamque defendere; oblita pudoris**; – *personif.* **Pudor** *(Verg.) als Gottheit;*

❹ Schüchternheit [**adulescentis**];

❺ *(Ter.)* Ehrfurcht, Achtung, Rücksicht *(vor jmdm., gegen, auf jmd.: Gen.)* [**patris**];

❻ *(Plin.)* der gute Ruf, Ehre [**defuncti**];

❼ Schmach, Schimpf, Schande; **pudori esse** Schande bereiten; **removere pudorem; pro pudor!** o Schande;

❽ *(Ov.)* Schamröte.

puduī *Perf. v. pudeo.*

● **puella,** ae *f (puellus)* ❶ Mädchen;
❷ *(Hor.)* Tochter;
❸ *(poet.)* Geliebte;
❹ *(poet.; nachkl.)* junge Frau.

puellāris, e *(puella) (poet.; nachkl.)* mädchenhaft, Mädchen-, jugendlich [**pedes**].

puellula, ae *f (Demin. v. puella) (poet.)* Mägdlein, nettes Mädchen.

puellus, ī *m (Demin. v. puer) (nicht klass.)* Knäblein.

● **puer,** erī *m* ❶ Kind, *meist Pl.;* **a puero** *bzw.* **a pueris** v. Kindheit an; **ex pueris excedere** erwachsen werden;
❷ Knabe, Junge; **puero Cicerone** als C. noch ein Knabe war;
❸ *(vorkl.; poet.)* Sohn; **Ledae pueri** die Dioskuren; **Latonae** ~ Apollo;
❹ junger Mann [**egregius**];
❺ *(Ov.)* Junggeselle;
❻ Diener, Knecht, Sklave [**regius** Edelknabe, Page].

puera, ae *f (puer) (poet.; nachkl.)* Mädchen.

puerāscō, puerāscere, – – *(Suet.)* in das Knabenalter treten.

● **puerīlis,** e *(puer)* ❶ kindlich, Kinder-, knabenhaft, Knaben-, jugendlich [**anni; vox; facies; delectatio**]; **pueriliter blandiri** nach Kinderart;
❷ kindisch [**animus; consilium; sententia**].

puerīlitās, ātis *f (puerilis)* ❶ *(vorkl.)* Knabenalter;
❷ *(nachkl.)* kindisches Wesen, kindisches Benehmen.

● **pueritia,** ae *f (puer)* Kindheit, Knabenalter, Jugend *(gew. bis zum 17. Jahr);* **in** ~**a; extremā -ā; a -a.**

puer-pera, ae *f (pario) (poet.; nachkl.)* die Kreißende, Wöchnerin.

puerperium, ī *n (puerpera) (vor- u. nachkl.)* ❶ Kindbett, Niederkunft, Geburt; *Pl.* Kindersegen; **-o cubare**;
❷ *(nachkl.) (meton.)* das Geborene, Kind.

puerperus, a, um *(puerpera) (Ov.)* die Entbindung fördernd [**verba**].

puertia *(Hor.) synk. = pueritia.*

puerulus, ī *m (Demin. v. puer)* ❶ Bürschchen;
❷ *Pl.* Unmündige.

pūga, ae *f (gr. Fw.) (Hor.)* Steiß.

pugil, ilis *m (Abl. Sg.* pugilī, *Gen. Pl.* pugilum) *(vgl. pug-nus)* Faustkämpfer, Boxer.

pugilātōrius, a, um *(pugil, pugilatus) (Plaut.)* vom Faustkämpfer gebraucht.

pugilātus, ūs *m (pugil)* Faustkampf.

pugilicē *Adv. (pugil) (Plaut.)* nach Art der Faustkämpfer.

pugillārēs, rium *m u.* **pugillāria,** rium *n (pugillaris) (poet.; nachkl.)* die Schreibtäfelchen.

pugillāris, e *(pugillus) (Iuv.)* faustgroß.

pugillāt ... = *pugilat ...*

pugillus, ī *m (Demin. v. pugnus) (Plin.)* eine Hand voll.

pūgiō, ōnis *m (pungo)* Dolch; **pugione accinctus; cruentum pugionem tenens;** *(übtr.)* **plumbeus** ~ schwacher Beweis.

pūgiunculus, ī *m (Demin. v. pugio)* kleiner Dolch, Stilett.

● **pūgna,** ae *f (pugno)* ❶ Faustkampf, Schlägerei; **res ad -am vocabatur**;
❷ *(poet.)* Kampfspiel, Wettkampf;
❸ Kampf, Schlacht, Gefecht [**equestris; navalis; gladiatorum; mala** unglückliches Gefecht; **Cannensis, Cannarum, ad** *od.* **apud Cannas** bei C.]; **-ā decertare** bis zur Entscheidung kämpfen; **-am facere** *u.* **committere cum alqo; -am inire; -am restituere; diuturnitate -ae hostes defessi proelio excedebant** *(Caes.);*
❹ *(meton.)* Schlachtreihe, -linie; **mediam -am tueri, instruere** das Mitteltreffen;
❺ *(übtr.)* (Wort-)Streit [**doctissimorum hominum; forensium certaminum**];
❻ *(Kom.)* (listiger) Streich; **priusquam istam -am pugnabo, dabo aliam -am claram et commemorabilem** *(Plaut.);*
❼ *(Mart.) (vom Geschlechtsverkehr)* das Ringen im Bett.

pūgnācitās, tātis *f (pugnax) (nachkl.)* Streitlust [**accusatoria**].

pūgnāculum, ī *n (pugno) (Plaut.)* Bollwerk, Schanze.

pūgnātor, ōris *m (pugno)* Kämpfer, Streiter, Fechter.

pūgnātōrius, a, um *(pugnator) (nachkl.)* Fechter- [**arma** Fechterwaffen, scharfe Waffen].

pūgnāx, *Gen.* ācis *(pugno)* ❶ kampflustig, streitbar, kriegerisch [**Minerva; centurio; gens; ensis**];
❷ *(übtr.)* streitlustig [**oratio; exordium dicendi; vox**];
❸ eigensinnig, hartnäckig [**contra imperatorem**]; **pugnaciter sententiam defendere.**

pūgneus, a, um *(pugnus) (Plaut.)* Faust-.

● **pūgnō,** pūgnāre *(pugnus)* ❶ kämpfen, fechten, ein Gefecht liefern [**constanter; eminus; male** unglücklich; **ex equo; de genu** kniend; **sagittis; cum hoste in acie; contra adversarios; inter se; pro patria; pro (de) libertate; proelia; vario eventu adversus alqm; in hostem extra ordinem; ad Trebiam**]; **pugnatur uno tempore omnibus locis** *(Caes.);* **haec pugna est pugnata** *(Plaut.);* – **pūgnantēs** die Kämpfenden, Kämpfer;
❷ *(übtr.)* im Streit liegen, streiten, uneinig sein [**cum natura; cum cupiditate;** *(m. Dat.)* **amori** gegen die Liebe; **habenis** am Zügel zerren]; **pugnant materque sororque** streiten miteinander; **Epicurus de dis immortalibus**

P

non magnopere ~ videtur; *(übtr., v. lebl. Subj.)* **frigida pugnabant calidis, umentia siccis, mollia cum duris** *(Ov.)*; *– m. A. C. I.:* im Streit behaupten;
③ (sich) widersprechen [**in oratione**]; **pugnantia loqui** Widersprüchliches; **haec Cicero ~ invicem ostendit**;
④ nach etw. streben, ringen, sich um etw. bemühen *(m. ut, ne, quominus; id, hoc, illud m. folg. ut, ne; in alqd; Inf.; A. C. I.)*; **pugno in mea vulnera** mich selbst zu verwunden; **pugnas ne reddar, Achille** *(Ov.)*.

pūgnus, ī *m* ① Faust;
② *(meton.)* **a)** Faustschlag; **alqm -is concīdere**; **b)** *(Hor.) Sg. u. Pl.* Faustkampf; **-o** *od.* **-is victus** im Faustkampf; **-is superare**; **c)** *(Sen.)* eine Hand voll.

pulcer *(altl.)* = *pulcher.*

pulchellus, a, um *(Demin. v. pulcher)* hübsch [**Bacchae** *als Statuen; meist iron.:* **puer** *v. Clodius*].

● **pulcher,** chra, chrum ① schön [**puella; forma; hortus; urbs; signum**]; **pulcher corpore**;
② vortrefflich, herrlich, rühmlich [**exemplum; consilia; poemata; animus; dies** glückliche; **origo; exitus**]; **nihil virtute pulchrius; pulchrum est bene facere rei publicae**;
③ *(poet.)* tapfer [**Hercules**]; **proles pulcherrima bello**;
④ glücklich, behaglich [**dies**];
/ *Adv.* **pulchrē a)** schön, herrlich, vortrefflich [**dicere; loqui**]; **simulacrum pulchre factum**; **b)** *(poet.) als Beifallsruf* = schön! herrlich! vortrefflich! bravo!; **c)** gut, wohl [**intellegere; alqm nosse**]; **mihi pulchre est** mir geht es gut; **pulchre sum**; **d)** *(Plaut.)* günstig [**vendere** teuer; **conciliare** billig]; **e)** *(Plaut.) iron.* schön = gänzlich, völlig [**peristi; occīdi; pendebit hodie**].

Pulcher, chrī *m (pulcher) röm. cogn. in der gens Claudia, in der Kaiserzeit auch b. anderen gentes.*

● **pulchritūdō,** dinis *f (pulcher)* ① Schönheit [**corporis; simulacri; operis; urbis**];
② *(übtr.)* Vortrefflichkeit, Herrlichkeit [**verborum; orationis; virtutis**].

pūlēium, ī *n* ① Flohkraut, Polei *(eine wohlriechende Pflanze)*;
② *(übtr.)* sanfte Tonart.

pūlex, licis *m (vor- u. nachkl.)* Floh.

pullārius, ī *m (pullus¹)* Hühnerwärter *(der die Weissagehühner zu füttern hatte)*.

pullātus, a, um *(pullus²) (nachkl.)* schwarzgekleidet; *– Subst.* ī, ōrum *m* Leute in Arbeitskitteln, das niedere Volk.

pullēiāceus, a, um *(pullus²) (Suet.)* schwarz.

pullulō, pullulāre *(pullus¹)* ① *(Verg.)* keimen, ausschlagen, treiben; **pullulat silva**;
② *(übtr.)* wuchern, um sich greifen; **luxuria incipiebat ~**;
③ *(Verg.)* v. etw. wimmeln *(v. etw.: Abl.)* [**colubris**].

pullum, ī *n (pullus²) (poet.)* dunkle Farbe, schwarzer Saum; *Pl. (Ov.)* dunkle Kleidung.

pullus¹ I. *Subst.* ī *m* ① Junges, junges Tier [**gallinaceus** Küken; **columbinus; pecoris**; *übtr.* **miluinus** Falkenbrut *v. einem habgierigen Menschen*];
② junges Huhn, Hühnchen, *bes.* Weissagehuhn; Küken;
③ *(poet.; nachkl.) (übtr.) als Kosewort* Hühnchen;
④ *(Lucr.)* junger Trieb, Zweig;
II. *Adj.* a, um *(Plaut.)* jung.

pullus², a, um ① dunkel(farbig), schwärzlich [**vestis** *u.* **toga** Trauerkleid; **tunica** Arbeitskittel; **capilli; ficus; myrtus** dunkelgrün]; **nigra terra, quam -am vocant**;
② *(poet.) (übtr.)* trauervoll, todbringend [**stamina** Fäden der Parzen].

pulmentārium *(pulmentum) (poet.; nachkl.)* = *pulpamentum.*

pulmentum, ī *n (poet.)* Fleischspeise, -stück, -portion.

pulmō, ōnis *m* Lunge; *Pl.* die Lungenflügel.

pulmōneus, a, um *(pulmo) (Plaut.)* Lungen-.

pulpa, ae *f (nachkl.)* Fleisch.

pulpāmentum, ī *u.* **pulpāmen,** minis *n (pulpa)* Beilage, Fleisch(speise); *– sprichw. (Ter.)* **lepus tute es et pulpamentum quaeris** du bist selbst ein Hase u. suchst nach Wildbret.

pulpitum, ī *n (poet.; nachkl.)* Brettergerüst, Bühne; Lehrstuhl, Katheder, Pult.

puls, pultis *f* dicker Brei *(Kost der einfachen Leute, auch Futter der Weissagehühner)*.

pulsātiō, ōnis *f (pulso)* ① das Schlagen, Klopfen, Stoßen [**ostii; scutorum** an die Schilde];
② *(meton.)* Schläge, Prügel, Misshandlung *einer Person.*

● **pulsō,** pulsāre *(Intens. v. pello)* ① heftig *od.* wiederholt schlagen, klopfen, stoßen [**fores; ariete muros; curru Olympum** durchfahren; **sidera** stoßen an; **sagittam** abschießen; **humum** *od.* **tellurem pede** stampfen; **vento** peitschen; **surdas aures** tauben Ohren predigen]; **campus equis pulsatus** zerstampft; **pulsate et aperietur vobis** *(Vulg.)*;
② prügeln, misshandeln [**legatos; patrem**]; **pulsatus parens**;
③ *(Verg.)* vertreiben; **pulsati divi**;
④ *(poet.) ein Saiteninstrument* schlagen, rühren [**cymbala; lyram**];
⑤ *(übtr.)* erschüttern, beunruhigen, ängstigen [**urbes rumoribus; naturam**]; **pavor pulsans mentem**;
⑥ beeindrucken, bewegen, erregen [**animum alcis imaginibus; dormientium animos**]; **invidia pulsat pectus**;

⑦ *(Ov.)* anregen, zu etw. treiben; **quae te vecordia pulsat?**

pulsus¹ *P.P.P. v. pello.*

pulsus², ūs *m (pello)* ① Stoß, Schlag [**equorum** das Stampfen; **remorum** Ruderschlag; **armorum; terrae; maris** Anprall; **lyrae** Spiel auf der Laute]; **sentire pulsus venarum** den Pulsschlag;
② *(übtr.)* Eindruck, Anregung; **externus ~ animos commovet; pulsu imaginum.**

pultārius, ī *m (puls) (Plin.; Petr.)* (Brei-)Topf.

pultātiō, ōnis *f (pulto) (Plaut.)* das (An-)Klopfen *(an die Tür).*

pulti-phagōnidēs, ae *u.* **-phagus,** ī *m (puls u.* ἔ-φαγον) *(Plaut.)* Breiesser = Römer.

pultō, pultāre *(Intens. v. pello) (Kom.)* an etw. klopfen, stoßen, schlagen *(m. Akk.)* [**ianuam; aedes; pectus digitis**].

pulvereus, a, um *(pulvis) (poet.; nachkl.)* ① aus Staub (bestehend), Staub- [**nubes; farina**];
② staubig [**solum**];
③ staubend [**palla** *(des Boreas)*].

pulverulentus, a, um *(pulvis)* ① staubig, voller Staub, in Staub gehüllt [**via; agmen**]; **-ā fugā dant terga per agros** *(Verg.)* wenden sich Staub wirbelnd zur Flucht;
② *(Ov.) (übtr.)* mühevoll [**praemia militiae**].

pulvīllus, ī *m (Demin. v. pulvinus) (Hor.)* kleines Kissen.

pulvīnar, āris *n (pulvinus)* ① Götterpolster *(beim lectisternium)*;
② *(meton.)* **a)** *(meist Pl.)* Göttermahl *(= lectisternium)*; **pulvinar suscipere** anrichten; **b)** Tempel [**deorum**]; **ad omnia pulvinaria supplicatio decreta est** *(Cic.)*;
③ Polstersitz, *bes. der röm. Kaiser.*

pulvīnārium, ī *n (pulvinus)* ① Götterpolster;
② *(Plaut.)* Ankerplatz.

pulvīnus, ī *m* ① Kissen, Polster;
② *(Plin.)* Gartenbeet.

● **pulvis,** veris *m (u. f)* ① Staub, *auch* Sand, Asche [**multus in calceis; amomi** Pulver; **hibernus** Winterstaub = trockener Winter; **horrida** Totenasche]; **~ collectus turbine; ~ es et in pulverem reverteris;**
② Glasstaub, *in den die Mathematiker geometrische Figuren m. einem Stäbchen (radius) zeichneten;* **numquam eruditum illum pulverem attigistis** *(Cic.)* ihr habt niemals Mathematik getrieben; **homunculus a pulvere et radio** Mathematiker;
③ *(poet.)* Ton, Töpfererde;
④ Staub der Rennbahn, des Ringplatzes [**Olympicus**];
⑤ *(poet.) (meton.)* Rennbahn, Kampf-, Ringplatz; **domitare in pulvere currūs;**
⑥ *(übtr.)* Schauplatz *einer Tätigkeit,* Feld, Bahn [**forensis**]; **procedere in pulverem et solem** öffentl. auftreten; **doctrinam in solem atque pulverem producere;**
⑦ *(poet.)* Kampf, Mühe, Anstrengung; **palma sine pulvere** mühelos errungen; **negotium sine pulvere consummare.**

pulvisculus, ī *m (Demin. v. pulvis) (Plaut.)* Stäubchen; *(übtr.)* **rem averrere cum -o** ganz u. gar.

pūmex, micis *m (u. f) (poet.; nachkl.)* ① Bimsstein *(bes. zum Glätten der Bücherrolle u. der Haut verwendet)*; **levitas pumicis; poliuntur pumice frontes (libri); pumice crura terere** *(als Enthaarungsmittel)*; *(übtr.)* **exactus pumice versus** sorgsam geglättet; – *sprichw. (Plaut.):* **aquam a pumice postulare** etw. Unmögliches v. jmdm. verlangen;
② ausgehöhltes Gestein, Geklüft, *bes.* Lava, *auch Pl.*

pūmiceus, a, um *(pumex)* ① *(Ov.)* aus Bimsstein *od.* aus Lava [**molae**];
② *(Mart.) (meton.)* aus Bimsstein hervorfließend [**fontes**];
③ *(Plaut.) (übtr.)* trocken [**oculi** aus denen man keine Tränen hervorlocken kann].

pūmicō, pūmicāre *(pumex) (poet.; nachkl.)* m. Bimsstein glätten [**frontem**]; **homo comptus et pumicatus** *(Plin.)* geschniegelt u. gebügelt.

pūmicōsus, a, um *(pumex) (nachkl.)* bimssteinartig, porös [**lapis; terra**].

pūmiliō, ōnis *m u. f (pumilus) (poet.; nachkl.)* Zwerg, Zwergin.

pūmilus, ī *m (nachkl.)* Zwerg.

pūnctim *Adv. (pungo)* stichweise [**hostem petere**].

pūnctiō, ōnis *f (pungo) (Plin.)* das Stechen, Stich; **punctionem afferre; laterum punctiones** Seitenstechen.

pūnctiuncula, ae *f (Demin. v. punctio) (Sen.)* leichter Stich; *(übtr.)* **si ad voluptatum dolorumque -as concutitur** wenn er sich jede Einwirkung v. Freude u. Schmerz zu Herzen nimmt.

pūnctulum, ī *n (Demin. v. punctum) (spätl.)* kleiner Stich.

pūnctum, ī *n (pungo)* ① *(poet.; nachkl.)* Stich, *bes. eines Tieres* [**volucris parvulae** Mückenstich];
② *(poet.; nachkl.)* Punkt *beim Schreiben;* Punkt, Auge *auf dem Würfel;*
③ *(b. der Abstimmung)* **a)** Punkt *unter dem Namen eines Kandidaten;* **b)** *(b. Auszählen durch einen Punkt gekennzeichnete)* (Wahl-)Stimme; **quot -a tulisti?** wie viele Stimmen hast du bekommen?;
④ *math.* Punkt *als kleinste, unteilbare Größe;* Pünktchen;
⑤ winzige Fläche, kleines Stückchen [**terrae** auf der Erde];
⑥ *(übtr.)* das kleinste Zeitmaß, Augenblick; **nullo -o temporis intermisso;**
⑦ *(in der Rede)* kurzer Abschnitt, einzelner Absatz; **-a argumentorum;**

⑧ *(poet.)* Beifall; **omne tulit -um** *(Hor.)* fand allgemeinen Beifall;
⑨ *(poet.)* Urteil; **-o eius** nach seinem Urteil.

pungō, pungere, pupugī, pūnctum ① stechen [**acu malas; stilo alci in manum**];
② durch einen Stich verursachen; **vulnus acu punctum**;
③ *(übtr.)*.) **a)** verletzen, kränken; **pungit me, quod scribis; b)** beunruhigen, quälen.

Pūnic ... *s. Poenus.*

● **pūniō,** pūnīre *u.* **pūnior,** pūnīrī *(altl. poen ...) (poena)* ① (be)strafen [**sontes; alqm supplicio; maleficia; peccatum**];
② rächen [**dolorem; necem alcis**];
③ sich an jmdm. rächen *(m. Akk.)* [**inimicos**].

pūnītiō, ōnis *f (punio)* Bestrafung.

pūnītor, ōris *m (punio)* ① *(Suet.)* Bestrafer [**desertorum**];
② Rächer [**doloris sui**].

pūpa, ae *f (pupus) (poet.)* ① Mädchen;
② Puppe.

pūpilla, ae *f (Demin. v. pupa)* ① verwaistes Mädchen, Waise, Mündel;
② *(poet.; nachkl.)* Pupille.

pūpillāris, e *(pupillus)* ① Waisen- [**pecuniae**];
② *(nachkl.)* unmündig [**aetas**].

pūpillus, ī *m (Demin. v. pupus)* Waisenknabe, Mündel.

Pūpīnia, ae *f Gegend in Latium m. kargem, wenig ertragreichem Boden; – Adj.* **Pūpīniēnsis,** e [**ager**].

● **puppis,** is *f* ① Hinterdeck *des Schiffes,* Heck, Achterdeck, *poet. auch Pl.;* **navem convertere ad puppim**;
② *(poet.)* Schiff;
③ *(Plaut.) scherzh.* Rücken.

pupugī *Perf. v. pungo.*

pūpula, ae *f (Demin. v. pupa)* ① Pupille;
② *(Hor.) Pl.* Augen.

pūpulus, ī *m (Demin. v. pupus) (poet.; nachkl.)* Bübchen.

pūpus, ī *m (vor- u. nachkl.)* Bübchen.

pūrgāmen, minis *n (Ov.) (purgo)* ① Schmutz, Unrat, Kehricht [**Vestae** aus dem Vestatempel];
② Reinigungs-, Sühnemittel [**caedis; mali**].

pūrgāmentum, ī *n (purgo)* ① Schmutz, Unrat, auch *Pl.* [**urbis; hortorum; cenae**];
② *(nachkl.) (übtr., v. Personen)* Auswurf, Abschaum, Gesindel, *auch Pl.*;
③ *(Petr.)* Reinigungsmittel, Sühneopfer.

pūrgātiō, ōnis *f (purgo)* ① Reinigung [**cloacarum**]; *m. u. ohne alvi* das Abführen;
② *(übtr.)* Rechtfertigung, Entschuldigung.

pūrgātōrium, ī *n (purgatorius) (spätl.)* Fegefeuer.

pūrgātōrius, a, um *(purgo) (August.)* reinigend [**sacrum** Sühneopfer; **poenae**].

pūrgitō, pūrgitāre *(Intens. v. purgo) (Plaut.)* reinigen.

● **pūrgō,** pūrgāre *(purus)* ① reinigen, rein machen, säubern *(auch übtr.)* [**ungues; pisces; aurum; domum muribus; fossas; segetes; suppurationes; urbem** v. Verrätern]; **levi sarculo ~** *;* **aures purgatae** offen; **se helleboro ~**; *– Pass. (poet.)* sich reinigen *(v. etw.: Akk. od. Gen.):* **purgatus morbi** geheilt von; **purgor in amni;**
② *(med. t. t.)* abführen; **purgor bilem** purgiere weg;
③ *(poet.) (übtr.)* reinigen, sühnen, heiligen [**crimen gladio; populos**]; **domus purgantur lustranturque**;
④ rechtfertigen, entschuldigen [**facinus** wieder gutmachen; **probra** widerlegen; **innocentiam suam** verteidigen]; *– se alci ~* sich bei jmdm. entschuldigen; *alqm alci* jmd. bei *od.* vor jmdm.: **ego me tibi purgo;** *alqm de re u. alcis rei* wegen einer Sache [**civitatem facti hostilis**]; **se adversus alcis criminationes ~; ea pars epistulae tuae, per quam te ac mores tuos mihi purgatos esse voluisti;** *– m. A. C. I.:* zur Entschuldigung vorbringen, zur Rechtfertigung anführen;
⑤ *(Tac.)* jmd. v. etw. freisprechen *(alqm [de] re u. alcis rei)* [**de luxuria**]; **adulescentem crimine civilis belli ~;**
⑥ *(Suet.)* ins Reine bringen, begleichen [**rationem**];
⑦ ebnen [**viam**];
⑧ wegschaffen, aufräumen [**lapides;** *übtr.* **metum doloris**].

pūrificātiō, ōnis *f (purifico) (nachkl.)* Reinigung [**religiosa**].

pūri-ficō, ficāre *(purus u. facio) (nachkl.)* ① reinigen, säubern;
② *(übtr.)* entsühnen [**domum; se a concubitu mariti**].

pūrigō, pūrigāre *(altl.) = purgo.*

pūriter *Adv. v. purus (vorkl.; poet.).*

● **purpura,** ae *f (gr. Fw.)* ① *(nachkl.)* Purpurschnecke;
② Purpur(farbe) [**violae**];
③ *(meton.)* **a)** Purpurkleid, -gewand [**regalis; regum; plebeia**]; *m. einem Purpurstreifen verbrämtes* Amtskleid; **b)** Purpurdecke; **lectum -ā sternere**;
④ *(poet.; nachkl.)* hohes Amt.

purpurāscō, purpurāscere *(purpura)* dunkelrot werden.

purpurātus *(purpura)* **I.** *Adj.* a, um *(Plaut.)* in Purpur gekleidet;
II. *Subst.* ī *m* Höfling.

● **purpureus,** a, um *(gr. Fw.)* ① purpurn, purpurrot, dunkelrot [**vestis; pallium; pannus; papaver; anima** Blut; **rubor** Schamröte]; dunkel [**mare**];
② *(poet.) (meton.)* **a)** in Purpur gekleidet [**rex; tyrannus; filius**]; **b)** m. einer Purpurdecke geschmückt [**torus**];

③ *(poet.) (übtr.)* glänzend, strahlend, prächtig [**lumen; lux; ver; olores; vultus Bacchi**].

purpurissātus, a, um *(purpurissum) (vorkl.)* rotgeschminkt.

purpurissum, ī *n (gr. Fw.) (vor- u. nachkl.)* Purpurfarbe *zum Färben u. Schminken.*

purpurō, purpurāre *(purpura) (nachkl.)* purpurn färben.

pūrulentus, a, um *(pus) (nachkl.)* eitrig; – *Subst.* -a, ōrum *n* noch rohe Fleischstücke.

pūrum, ī *n (purus)* Reingewinn.

● **pūrus,** a, um *(Adv.* -ē *u.* [*altl.; poet.*] puriter) ① rein, sauber [**manus; aqua; mel; aedes; fons; hasta** unbefleckt von Blut];
② klar, hell, heiter [**sol; caelum; vesper; luna; gemma; ignis**]; **per -um** durch den heiteren Himmel;
③ einfach, ohne Zusatz, unverändert, rein [**hasta** *(nicht mit Eisen beschlagener)* Lanzenschaft; **vestis, toga** ohne Purpurstreifen; **vasa; argentum** ohne Verzierung];
④ *(v. Örtl.)* frei, unbebaut, unbepflanzt, offen [**ager; solum; campus**];
⑤ *(poet.)* reinigend [**unda**];
⑥ *(rel. t. t.)* **a)** *durch Begehung des Leichenbegängnisses* v. der Trauer befreit, entsühnt [**familia**]; **b)** *(v. Örtl.)* unbefleckt, unbetreten [**locus**]; **c)** *(poet.)* entsühnend [**arbor** die Fichte];
⑦ ehrlich, unbefleckt, heilig; schuldlos, rein von *(von etw.: ab u. Abl., bl. Abl. od. Gen.)* [**animus; duellum** gerecht]; **~ et integer; domus a suspicione -a; ~ sum a peccato; forum caede -um; cor sceleris -um; -e vitam agere; -e sacrificare**;
⑧ *(rhet. t. t.)* schmucklos, ungeschminkt, einfach, natürlich [**genus dicendi; sermo; historia**]; **-e loqui**;
⑨ *(jur. t. t.)* ohne Einschränkung, vorbehaltlos [**iudicium; causa**]; **-a et directa libertas**;
⑩ *(Hor.) (übtr.)* völlig; **-e tranquillare.**

pūs, pūris *n (poet.; nachkl.)* Eiter; *(übtr.)* **~ atque venenum** Gift u. Galle.

pusill-animis, e *u.* **-animus,** a, um *(pusillus u. animus) (Eccl.)* kleinmütig.

pusillanimitās, tātis *f (pusillanimis) (Eccl.)* Kleinmut.

pusillus, a, um ① winzig [**pueri; mus; folia**]; **domus -a res publica est** *(Sen.)* ein Staat im Kleinen; – *Subst.* -um, ī *n* ein bisschen; – *Adv.* -um *(Sen.)* ein wenig;
② *(übtr.)* kleinlich [**homo; animus**];
③ *(poet.; nachkl.)* geringfügig [**causa; sententiae**];
④ *(poet.)* sehr gering, sehr dürftig [**ingenium**];
⑤ *(nachkl.) (v. der Stimme)* schwach, leise [**vox**].

pūsiō, ōnis *m* Knäblein.

pussula *u.* **pustula,** ae *f (poet.; nachkl.)* ① Hautbläschen, Pustel;
② Bläschen *auf dem geschmolzenen, reinen Silber; (meton.)* reines Silber.

pustulātus, a, um *(pustula) (nachkl.)* m. Bläschen versehen [**argentum** geschmolzenes, reines Silber].

puta *Adv. (eigtl. Imp. v. puto) (poet.; nachkl.)* zum Beispiel, nämlich; **ut ~** wie z. B.

putāmen, minis *n* Schale, Hülse [**mali; fabae**].

putātiō, ōnis *f (puto)* das Beschneiden *der Bäume u. Weinstöcke* [**arborum ac vitium**].

putātor, ōris *m (puto) (nicht klass.)* jmd., der Bäume *od.* Weinstöcke beschneidet.

puteal, ālis *n (putealis)* ① Brunneneinfassung;
② Blitzmal *(geweihte, ummauerte, vom Blitz getroffene Stelle).*

puteālis, e *(puteus) (poet.; nachkl.)* Brunnen- [**aqua; undae**].

puteārius, ī *m (puteus)* Brunnenbauer.

pūteō, pūtēre, pūtuī, – *(vgl. pus)* verfault, dumpfig riechen, stinken *(nach etw.: Abl.).*

Puteolī, ōrum *m Küstenstadt in Kampanien zw. Neapel u. Cumä, diente Cumä als Hafen; j.* Pozzuoli; – *Einw. u. Adj.* **Puteolānus,** ī *m bzw.* a, um; – Puteolānum, ī *n Landgut Ciceros bei P.*

puter, tris, tre *u.* **putris,** e *(pus, puteo)* ① *(poet.)* faul(ig), ranzig [**poma**];
② morsch, verfallen [**fanum; navigium; saxa**];
③ *(poet.; nachkl.)* locker, mürbe [**glaeba; campus**];
④ *(Hor.)* welk, schlaff, matt [**mammae; oculi** schmachtend; **anima**].

pūtēscō, pūtēscere, pūtuī, – *(Incoh. v. puteo)* moderig werden, (ver)faulen.

puteus, ī *m* ① *(Verg.)* Grube; **-um demittere** graben;
② Brunnen [**perennis** Quelle]; **-um fodere**;
③ *(Plaut.)* unterirdisches Gefängnis, Verlies.

pūtidiusculus, a, um *(Demin. v. putidior, Komp. v. putidus)* etw. zudringlicher.

pūtidulus, a, um *(Demin. v. putidus) (Mart.)* widerlich.

pūtidus, a, um *(puteo)* ① faul, moderig, ranzig [**vinum; caro; fungus**];
② *(vorkl.; poet.) (übtr.)* welk, matt; **femina longo saeculo -a;**
③ widerlich, zudringlich;
④ *(rhet.)* gesucht, geziert, affektiert, unnatürlich, überladen; **-e dicere.**

putillus, ī *m (Demin. v. putus[1])* (Plaut.) Bübchen.

pūtīscō = *putesco.*

● **putō,** putāre *(putus[2])* ① meinen, glauben, vermuten; sich vorstellen *(meist m. A. C. I., im Pass. m. N. C. I.; auch m. Akk., alqd in re, m. Gen. poss., abs.)*; **satis dictum puto; quaecumque sunt in omni mundo, deorum atque hominum putanda sunt** *(Cic.)*;

P

putes man sollte denken; **putares** *(Potentialis der Vergangenheit)* man hätte glauben können; **recte putas; rem ipsam putasti** du hast es getroffen; **puto** *oft parenthetisch* glaube ich, sollte ich meinen: **atque intra, puto, septimas calendas**;
❷ erwägen, überlegen *(m. Akk. od. A. C. I.)* [**haec**];
❸ halten für, ansehen als, schätzen *(alqm u. alqd m. Gen. pretii; m. pro; in u. Abl.; m. dopp. Akk.)* [**magni** hoch schätzen, **pluris** höher, **plurimi** am höchsten, **parvi** gering, **minoris** geringer, **minimi** sehr gering, **tanti** so hoch, **nihili** gleich nichts; **pro nihilo, pro decreto; alqm in amicorum numero** jmd. zu seinen Freunden rechnen; **nihil rectum; alqm insidiatorem**]; **honores magni ~; pluris ~ quod utile est, quam quod honestum; commoda parvi ~; divitias minimi ~; populi iudicium nihili ~; id nil puto; quid illum putas?** *(Plaut.)* was denkst du v. jenem?; **turpem putat lituram**; – *Pass.* gelten für *(m. dopp. Nom.)*: **ea regio locupletissima putatur**;
❹ *(seinem Wert nach)* veranschlagen, berechnen, schätzen *(alqd m. Abl. pretii)*; **si numerus militum potius quam legionum putatur**;
❺ bereinigen, in Ordnung bringen [**rationem; rationes cum publicanis** abrechnen];
❻ *(vorkl.; poet.) (Bäume u. Weinstöcke)* beschneiden [**arborem latius** *od.* **strictius; vineas**].

pūtor, ōris *m (puteo) (vorkl.; spätl.)* Fäulnis, modriger Geruch.

putrē-faciō, facere, fēcī, factum *(puter)* ❶ in Fäulnis übergehen lassen; **imber tigna putrefacit** *(Plaut.)*; – *Pass.* putrefiō (ver)faulen, verwesen;
❷ *(übtr.)* locker, mürbe machen [**saxa infuso aceto**].

putrēscō, putrēscere, – – *(puter) (poet.; nachkl.)* verfaulen, vermodern, morsch werden; **putrescit vestis** *(Hor.)*; **putrescunt dentes** *(Plin.)*.

putridus, a, um *(puter)* faul, morsch, schlaff [**dentes; membra; pectora**].

putris, e *s. puter.*

pūtuī *Perf. v. puteo u. putesco.*

putus[1], ī *m (Verg.)* Knabe.

putus[2], a, um ❶ *(vorkl.)* rein, lauter;
❷ *(übtr.)* glänzend [**oratio**].

pycta *u.* **pyctēs,** ae *m (gr. Fw.) (poet.; nachkl.)* Faustkämpfer.

Pydna, ae *f Stadt im südl. Makedonien am Thermaischen Golf (Pydna vetus); der Sieg des Aemilius Paulus üb. den König Perseus 168 v. Chr. beendete die Freiheit Makedoniens;* – *Einw.* **Pydnaeī,** ōrum *m.*

pyelus, ī *f (gr. Fw.) (Plaut.)* Badewanne.

pȳga = *puga.*

pȳgargus, ī *m (gr. Fw.) (nachkl.)* große Antilope.

Pygmaeī, ōrum *m* die Pygmäen, *myth.* Zwergvolk, *in Äthiopien lokalisiert;* – *Adj.* **Pygmaeus,** a, um der Pygmäen; zwerghaft.

> *i* Kultur **Pygmaliōn,** ōnis *m* ❶ Enkel des Agenor, König v. Zypern, Bildhauer, verliebte sich in eine v. ihm geschaffene elfenbeinerne Mädchenstatue, die Venus auf sein Bitten lebendig machte u. die seine Ehefrau wurde *(Ov. Met.)*;
> ❷ König v. Tyrus, Bruder der Dido, der ihren Gatten Sychäus aus Habgier tötete.

pygmē, ēs *f (gr. Fw.) (spätl.)* Faustkampf.

Pyladēs, ae *u.* is *m* ❶ *Sohn des Königs Strophius v. Phokis, treuer Freund des Orestes;* – *Adj.* **Pyladēus,** a, um [**amicitia** treu];
❷ *Pantomime aus Kilikien, lebte z. Zt. des Augustus in Rom.*

pylae, ārum *f (gr. Fw.)* (Eng-)Pass, *bes.* **Pylae** *(= Thermopylae)* die Thermopylen; – *Adj.* **Pylāicus,** a, um bei den Thermopylen [**concilium; conventus**].

Pylos *u.* **-us,** ī *f* ❶ *Stadt im südwestl. Messenien, Sitz des Neleus, des Vaters Nestors*;
❷ *Stadt im südl. Elis nordwestl. der Bucht v. Navarino, Sitz des Nestor;* – *Adj.* **Pylius,** a, um, als *Subst. m* = Nestor.

pyra, ae *f (gr. Fw.) (poet.)* Scheiterhaufen.

pȳramis, idis *f (gr. Fw.)* Pyramide.

Pȳramus, ī *m* ❶ *Geliebter der Thisbe*;
❷ *Fluss in Kilikien.*

Pȳrēnē, ēs *f (poet.)* die Pyrenäen; – *Adj.* **Pȳrēnaeus,** a, um [**saltus; montes**]; *als Subst. m* die Pyrenäen.

pyrethrum, ī *n (gr. Fw.) (poet.; nachkl.)* Bertram *(Arzneipflanze).*

Pyrgī, ōrum *m Stadt in Etrurien, Hafen v. Caere;* – *Adj.* **Pyrgēnsis,** e.

Pyriphlegethōn, ontis *m Feuerstrom in der Unterwelt (= Phlegethon).*

pyrōpus, ī *m (gr. Fw.) (poet.; nachkl.)* Goldbronze.

Pyrr(h)a, ae *f* ❶ *Tochter des Epimetheus u. der Pandora, Gemahlin des Deukalion*;
❷ *Stadt auf Lesbos, in der Bucht v. Kalloni.*

Pyrrhēum, ī *n Königsburg des Pyrrhus.*

Pyrrhias, adis *f* Mädchen aus Pyrrha *(Stadt auf Lesbos).*

Pyrrhō, ōnis *m Philosoph aus Elis (etwa 360–271 v. Chr.), Zeitgenosse Alexanders des Gr., Begründer der skeptischen Schule, der selbst keine Schriften hinterließ;* – **Pyrrhōnēī,** ōrum *m* Anhänger des Pyrrho, Skeptiker.

Pyrrhus, ī *m* ❶ = *Neoptolemus I.*;
❷ *König v. Epirus (319/18–272 v. Chr.), ei-*

ner der Diadochen; bekannt durch seine Kämpfe m. den Römern u. mit Antigones Gonatas.

pyrricha, ae *f (gr. Fw.) (nachkl.)* dorischer Waffentanz.

i Kultur **Pȳthagorās,** ae *m* Philosoph u. Mathematiker aus Samos um 550 v. Chr., Begründer der Pythagoreischen Schule in Croton in Unteritalien, lehrte den Glauben an die Seelenwanderung u. die Harmonie als Prinzip des Kosmos; – *Adj.* **a) Pȳthagorēus,** a, um; *Subst.* **-us,** ī *m* Schüler, Anhänger des P., Pythagoreer; **-a,** ōrum *n* Lehre des P.; **b) Pȳthagoricus,** a, um; als *Subst. m* Schüler, Anhänger des P.

pȳthaulēs, ae *m (gr. Fw.) (vor- u. nachkl.)* Flötenspieler *im Drama.*

Pȳtheās, ae *m griech. Seefahrer u. Geograph aus Massilia, der das Meer bis zur Nordsee erkundete (um 325 v. Chr.), Zeitgenosse des Aristoteles.*

Pȳthia *s. Pytho.*

Pȳthias, adis *f Name einer Sklavin in der röm. Komödie.*

Pȳthō, ūs *f ältester Name v. Delphi u. Umgebung; – Adj.* **Pȳthi(c)us,** a, um pythisch, delphisch [**incola** Apollo; **oraculum**]; – *Subst.* **a) Pȳthia,** ae *f Orakelpriesterin Apollos in Delphi;* **b) Pȳthia,** ōrum *n* die Pythischen Spiele *b. Delphi, die zunächst alle acht, später alle vier Jahre zu Ehren Apollos gefeiert wurden.*

Pȳthōn, ōnis *m große Schlange od. Drachen b. Delphi, v. Apollo getötet, der seitdem dort seine Kultstätte hatte.*

pȳtisma, atis *n (gr. Fw.) (Iuv.) bei der Weinprobe durch die Lippen* ausgespritzter Wein.

pȳtissō, pȳtissāre *(gr. Fw.) (Ter.)* Wein *bei der Weinprobe durch die Lippen* ausspritzen.

pyxidātus, a, um *(pyxis) (Plin.)* büchsenförmig.

pyxis, idis *f (gr. Fw.)* Büchse *(bes. f. Salben u. Arzneien)* [**aurea**].

Q

Q. *(Abk.)* ① *(als Vorname) = Quintus;*
② *= quaestor;*
③ *= Quirites;*
④ *= -que, z B.: S. P. Q. R. = senatus populusque Romanus.*

Q. (B.) F. F. S. *(Abk. auf Inschriften) = quod (bonum) felix faustumque sit* was (gut) glücklich, günstig sein möge.

● **quā**[1] *(Abl. Sg. f v. qui*[1]*, erg. viā od. parte) Adv.* ① *(interr.)* auf welchem Wege?, wo?; *(übtr.)* auf welche Weise?, wie?; **nescio qua ascendit; illuc qua veniam?; qua facere id possis, nostram nunc accipe mentem** *(Verg.);*
② *(relat.)* **a)** wo, da wo; **b)** wohin; **ignarus, qua res inclinatura sit; in Atrebatium fines, qua sibi iter faciendum sit; c)** wie; **qua libet; d)** *(poet.)* insoweit, insofern; **effuge, qua potes; e) quā … quā** teils … teils, sowohl … als auch *(selten u. nur zur Verbindung einzelner Wörter);* **qua dominus qua advocati; qua nobilitate gentis qua corporis magnitudine;**
③ *(indef., enklitisch)* irgendwie, etwa; **ne qua** damit nicht etwa; **si qua** wenn etwa.

qua[2] *s. quis, qui*[1]*.*

quā-cumque *u.* **-cunque** *(erg. viā) Adv.*
① wo nur immer, überall wo;
② wie auch immer.

quādam-tenus *Adv. (quidam) (poet.; nachkl.)* bis zu einem gewissen Punkt, in gewissem Sinne, gewissermaßen, *auch in Tmesis.*

Quadī, ōrum *m germ. Stamm im jetzigen Mähren, zur Gruppe der Sueben gehörend, zu den Römern im Klientelverhältnis.*

quadra, ae *f (quadrus) (poet.; nachkl.)* ① viereckiges Stück, Scheibe [**panis; casei**];
② Brotscheibe; **alienā vivere -ā** *(Iuv.)* v. fremdem Brot (als Schmarotzer) leben.

quadrāgēnārius, a, um *(quadrageni) (Sen.; spätl.)* vierzigjährig.

quadrāgēnī, ae, a *(Gen. quadragenum) (quadraginta)* je vierzig.

quadrāgē(n)sima, ae *f (quadrage[n]simus)* ① *(nachkl.) (erg. pars)* der Vierzigste *als Abgabe;*
② *(Eccl.)* die vierzigtägige Fastenzeit *vor Ostern.*

quadrāgē(n)simus, a, *um (quadraginta)* der vierzigste.

quadrāgiē(n)s *Adv. (quadraginta)* vierzigmal; *bes. (erg. sestertium)* vier Millionen Sesterzen.

quadrāgintā *(quattuor) (undekl.)* vierzig.

quadrāns, rantis *m (Abl. Sg.* quadrante; *Gen. Pl.* -tum) *(quadro)* ① *(nachkl.)* Viertel *eines zwölfteiligen Ganzen;* **heres ex quadrante;**
② *(als Münze)* Viertelas *(der gewöhnliche Preis für ein öffentl. Bad); übh.* Heller, Groschen;
③ *(nachkl.)* Viertelpfund;
④ *(nachkl.) (als Hohlmaß)* 1/4 eines sextarius.

quadrantal, tālis *n (quadrantalis)* ① *(vor- u. nachkl.) Hohlmaß v. etwa 27 l (= 1 amphora);*
② *(Gell.)* Würfel.

quadrantālis, e *(quadrans) (Plin.)* den vierten Teil *eines zwölfteiligen Ganzen* enthaltend, v. einem Viertelfuß [**crassitudo**].

quadrantārius, a, um *(quadrans)* ① ein Viertelas kostend [**res** *(v. Bad)*];
② auf ein Viertel ermäßigt; **tabulae -ae:** *die durch die lex Valeria de aere alieno 86 v. Chr. eingeführten neuen, die Schulden auf 1/4 herabsetzenden Schuldbücher.*

quadrātum, ī *n (quadratus)* ① Viereck; Quadrat;
② *(astron. t. t.)* Geviertschein.

quadrātūra, ae *f (quadro) (nachkl.)* Umwandlung einer Fläche in ein flächengleiches Quadrat, Quadratur.

quadrātus, a, um *(quadro)* ① viereckig [**saxum, lapis** Quaderstein; **turris; agmen** in Schlachtordnung marschierend; **littera** großer Buchstabe];
② *(nachkl.) (vom Wuchs)* untersetzt [**statura**];
③ *(nachkl.) (übtr.)* wohl gefügt [**compositio** *(erg. verborum)*]; **facile est, ubi omnia -a currunt** *(Petr.)* wenn alles wie am Schnürchen läuft.

quadri- *(quattuor) in Zusammensetzungen: vier; s. auch quadru-.*

quadri-angulus, a, um *(Plin.)* viereckig.

quadrīduānus, a, um *(quadriduum) (spätl.)* seit vier Tagen, von vier Tagen, viertägig.

quadrī-duum, ī *n (dies; vgl. biduum)* Zeitraum v. vier Tagen, vier Tage.

quadri-ennium, ī *n (annus; vgl. biennium)* Zeitraum v. vier Jahren, vier Jahre.

quadri-fāriam *Adv. (vgl. bifariam)* vierfach, in vier Teile [**se dividere**].

quadri-fidus, a, um *(findo) (Verg.)* in vier Teile gespalten [**sudes; quercus; trabs**].

quadrīgae, ārum *f (Sg.* quadrīga *nicht klass.) (< * quadri-iugae, v. quattuor u. iugum)* Viergespann [**alborum equorum**]; *(meton.)* vierspänniger Wagen [**aureae; falcatae** Sichel-, Streitwagen]; **-as agitare;** *(übtr.)* **navibus atque -is alqd petere** *(Hor.)* m. allen Mitteln; ~ **meae decurrerunt** *(Petr.)* meine Freude ist dahin.

i Kultur **quadrīgae** Die Quadriga – das Viergespann: Vom Kampfwagen zum Sportfahrzeug (vier Pferde nebeneinander gespannt) und bei den röm. Kaisern zum Ehrenwagen bis hin zum Münzsymbol reicht die Entwicklung. Auf dem Brandenburger Tor der Hauptstadt Berlin thront die Quadriga, von Johann Gottfried Schadow, mit der Siegesgöttin (urspr. Friedensgöttin!) – 1789 entworfen (wechselvolle Geschichte!)

quadrīgālis, e *(quadrigae) (poet.) aus* einem Viergespann [**equi**].

quadrīgārius *(quadrigae)* **I.** *Adj.* a, um *(Suet.)* des Lenkers eines Viergespanns [**habitus**];
II. *Subst.* ī *m* Wagenlenker *des Viergespanns im Zirkus,* Wettfahrer.

quadrīgātus, a, um *(quadrigae)* m. einem Viergespann *als Gepräge* [**nummus**].

quadrīgulae, ārum *f (Demin. v. quadrigae)* kleines Viergespann.

quadri-iugis, e *(Verg.) = quadriiugus.*

quadri-iugus, a, um *(iugum) (poet.; nachkl.)* vierspännig [**currus; equi**]; – *Subst.* **quadriiugī,** ōrum *m (erg. equi)* Viergespann.

quadri-lībris, e *(libra) (Plaut.)* vierpfündig.

quadri-mēstris, e *(mensis) (vor- u. nachkl.)* viermonatig [**consulatus; indutiae**].

quadrīmulus, a, um *(Demin. v. quadrimus) (Plaut.)* vierjährig [**puella**].

quadrīmus, a, um *(quadri- u. hiems; vgl. bimus)* vierjährig [**infans; merum; vitis; equae**].

quadringēnārius, a, um *(quadringeni)* aus je vierhundert Mann bestehend [**cohortes**].

quadringēnī, ae, a *(quadringenti)* je vierhundert.

quadringentēsimus, a, um *(quadringenti)* der vierhundertste.

quadringentī, ae, a *(quadri- u. centum)* vierhundert.

quadringentiē(n)s *Adv. (quadringenti)* vierhundertmal.

quadri-partītus *u.* **-pertītus,** a, um *(Adv. -ō) (partio[1])* in vier Teile geteilt, vierfach [**exercitus**].

quadri-pedāns, -pēs, -plex *s. quadru …*

quadri-rēmis *(remus)* **I.** *Adj.* e m. vier Reihen v. Ruderbänken, vierruderig [**navis**];
II. *Subst.* is *f (Abl. Sg.* -ī) Vierruderer, Vierdecker.

quadri-vium, ī *n (via) (poet.)* Kreuzweg.

quadrō, quadrāre *(quadrus)* **I.** *trans.* ❶ viereckig machen; viereckig zuhauen;
❷ einer Sache ein Ebenmaß geben, abschließen; **quadrandae orationis industria** das Bestreben, die Rede rhythmisch abzuschließen;
II. *intr.* ❶ viereckig sein;
❷ passen, sich schicken; **omnia in istam (mulierem) ~ apte videntur; visum est hoc mihi ad multa ~;**
❸ *(der Zahl nach)* stimmen, zutreffen.

quadru- *s. auch quadri-.*

quadrum, ī *n (quadrus)* ❶ *(nachkl.)* Viereck;
❷ *(rhet. t. t.)* gehörige Form; **in -um redigere;**
❸ *(mlt.)* Quader, Grundstein.

quadru-pedāns, *Gen.* antis *(quadrupes)* **I.** *Adj.* auf vier Füßen gehend, galoppierend; **quadrupedante sonitu** in schallendem Galopp;
II. *Subst. m u. f (Verg.)* Pferd.

quadru-pēs, *Gen.* pedis **I.** *Adj. (Abl. Sg.* -ī *u.* -e; *Gen. Pl. meist* -um; *Nom. u. Akk. Pl. Neutr.* -ia) *(vor- u. nachkl.)* vierfüßig, auf vier Füßen gehend, stehend [**eques** galoppierend]; **quadrupedem constringere** jmdm. Hände u. Füße binden;
II. *Subst. m u. f (Abl. Sg.* -e; *Gen. Pl.* -um) vierfüßiges Tier, *bes.* Pferd; **quadrupedum cursu.**

quadruplātor, ōris *m (quadruplor)* ❶ *(gewerbsmäßiger)* Denunziant *(der ein Viertel der Strafgelder od. des Vermögens des Beschuldigten erhält);*
❷ bestechlicher Richter.

quadru-plex, *Gen.* plicis *(vgl. duplex)* **I.** *Adj.* vierfältig, vierfach; vier [**pecunia; stellae**];
II. *Subst. n* das Vierfache.

quadruplicō, quadruplicāre *(quadruplex) (Plaut.; spätl.)* vervierfachen; vergrößern.

quadruplor, quadruplārī *(quadruplus) (Plaut.)* angeben, anzeigen, denunzieren.

quadruplum, ī *n (quadruplus)* das Vierfache, vierfacher Betrag, vierfache Summe; **-o condemnari.**

quadru-plus, a, um *(nachkl.)* vierfach.

quadrupul … = *quadrupl …*

quadrus, a, um *(quattuor) (nachkl.)* viereckig.

quaeritō, quaeritāre *(Intens. v. quaero) (nicht klass.)* ❶ eifrig suchen [**alqm terrā marique; hospitium**];
❷ eifrig fragen, forschen, genau wissen wollen;
❸ zu erwerben suchen; erwerben, verdienen.

● **quaerō,** quaerere, quaesīvī *u.* quaesiī, quaesītum ❶ (auf)suchen [**suos; regem; iuvencum per nemora; sibi hospitium; portum**]; **quaerens per arva piorum invenit Eurydicen** *(Ov.)*;
❷ etw. zu erwerben, zu gewinnen, sich zu verschaffen suchen; erwerben, verdienen, erringen, gewinnen [**armis gloriam atque divitias; sibi** *od.* **alci honores; noblilitatem laboribus atque periculis; bello concordiam; immortalitatem sibi morte; occasionem fraudis, locum insidiis** auf eine Gelegenheit lauern; **pecuniam; sibi remedium ad alqd; alci venenum** jmd. zu vergiften suchen; **tempus eius interficiendi; sanguine reditūs** erkaufen];
❸ (be)fragen, nach etw. forschen, sich erkundigen, etw. zu erfahren, zu ergründen suchen *(m. Akk. u. de; alqd ex, ab od. de alqo jmd.*

Q

nach etw. fragen; m. indir. Frages.) [**alqm a ianua** *od.* **ab ostio** nach jmdm. an der Haustür fragen; **imperatoris fidem; causas; de te ipso**]; **quid quaeris?** *u.* **noli** ~ was fragst du noch?, m. einem Wort; **si quaeris** wenn du Weiteres wissen willst;

4 wissenschaftliche Fragen aufwerfen; **quaesitum est, naturā carmen fieret an arte** *(Hor.)*; **multa ex eo saepe quaesivi;**

5 gerichtlich untersuchen, ein Verhör anstellen *(alqd, de re, de alqo)* [**coniurationem; de morte alcis**]; **de servo in dominum** ~ den Sklaven peinlich befragen wegen des Herrn *od.* über den Herrn;

6 eine Untersuchung anstellen, untersuchen, sich beraten *(alqd od. de re)* [**tempus profectionis; sententiam; de tanta re**]; **Socratem de vita et de moribus solitum esse ~;**

7 auf etw. sinnen, nach etw. trachten *([sibi] alqd; m. indir. Frages.)* [**novum consilium**]; **artes quaesitae** ersonnen;

8 verlangen, erwarten, begehren [**sibi novum imperatorem; heredem in regnum; pocula aurea**]; *(auch m. ut u. Konj.);*

9 vermissen, sich sehnen nach *(m. Akk.)* [**Phoebi comam; Siciliam**]; **quaerit patria Caesarem;**

10 *(m. Inf.)* sich bemühen [**sedes mutare**];

11 bereiten, zufügen [**alci ignominiam**];

12 *(v. Sachen als Subj.)* erfordern; **bellum dictatoriam maiestatem quaerit** *(Liv.)*; **collis munimenta quaerebat** *(Sall.)*.

quaesītiō, ōnis *f (quaero) (vor- u. nachkl.)* 1 das Suchen;

2 die Untersuchung.

quaesītor, ōris *m (quaero)* Untersuchungsrichter, *bes. vom Prätor, der die öffentl. Untersuchung in Kriminalsachen zu leiten hatte; (übtr.)* ~ **Minos urnam movet** schüttelt die Urne, um die Richter auszulosen *(da der die Untersuchung führende Prätor die Richter ernannte)*.

quaesītum, ī *n (quaero)* 1 Erworbenes, Erwerb, Verdienst;

2 Frage.

quaesītus, a, um *(P. Adj. v. quaero)* 1 *(Tac.)* gesucht, geziert, affektiert [**comitas**];

2 ausgesucht, außerordentlich [**epulae; honores**].

quaesīvī *Perf. v. quaero.*

quaes(s)ō, quaes(s)ere, – – *(vgl. quaero)* 1 bitten *(meist* quaeso, quaesumus [*altl. Form der 1. Ps. Ind. Präs.*] *als Einschub, bes. in Verbindung m. einem Imp.; auch alqm u.* ab alqo, m. ut, ne od. m. bl. Konj.) [**deos; a vobis**]; **decretum quaeso cognoscite; quaeso, parcas mihi;** – *auch als Interj.* = um Himmels willen: **ubinam est, quaeso?;**

2 fragen [**talia**];

3 suchen, zu verschaffen, zu erhalten suchen.

quaesticulus, ī *m (Demin. v. quaestus)* kleiner Gewinn.

● **quaestiō,** ōnis *f (quaero)* 1 *(Plaut.)* das Suchen; **in quaestione esse** gesucht werden müssen;

2 Frage, Befragung; **rem quaestione captivorum explorare;**

3 Untersuchung; **rem in quaestionem vocare** untersuchen;

4 wissenschaftliche Untersuchung; **res in disceptationem quaestionemque vocatur**;

5. Gegenstand der Untersuchung, Thema, Stoff [**Academica** in den akademischen Untersuchungen; **de natura deorum**]; **quaestionem sustinere** dem Stoff gewachsen sein;

6 *(rhet.)* **a)** strittige rednerische Materie; **b)** Hauptpunkt einer strittigen Materie;

7 gerichtliche Untersuchung, Verhör *(alcis rei u. de re: einer Sache u. wegen einer Sache)* [**pecuniae publicae; rerum capitalium** wegen Kapitalverbrechen; **de morte alcis; inter sicarios** wegen Meuchelmordes]; **quaestionem habere** eine Untersuchung anstellen *(de, ex alqo: mit jmdm.)*; **quaestione novā alligari** in eine neue Untersuchung verfallen; **quaestionem dimittere** einstellen;

8 Folterung; **servos in quaestionem dare, ferre;**

9 Gerichtshof; **quaestioni praeesse** *od.* **praepositum esse** den Vorsitz führen; **quaestiones perpetuae** ständige Schwurgerichte *(f. bestimmte Verbrechen) seit der lex Calpurnia repetundarum 149 v. Chr. unter dem Vorsitz eines Prätors od. eines iudex quaestionis; z. Zt. Ciceros acht: ambitūs, falsi, maiestatis, peculatūs, repetundarum, inter sicarios, veneficii, de vi;* **iudex quaestionis** der die Kriminaluntersuchungen *unter der Aufsicht des Prätors* leitende Oberrichter;

10. *Pl.* Geständnisse, Aussagen;

11 Untersuchungsakte; **quaestionem conscribere.**

quaestiuncula, ae *f (Demin. v. quaestio)* kleine (wissenschaftliche) Frage, Untersuchung.

i Kultur ● **quaestor,** ōris *m* (quaero) Quästor: 1 (in der Königszeit) Untersuchungsrichter für Mordfälle;
2 (während der Republik) Finanzbeamter f. die Verwaltung der Staatskasse, Schatzmeister (urspr. 2, seit 421 v. Chr. 4, so dass 2 die Staatskasse verwalteten, während 2 als Verwalter der Kriegskasse in den Krieg gingen; seit 267 v. Chr. gab es 8, zuletzt, seit Sulla, 20): quaestores urbani *od.* aerarii Steuer-, Finanzbeamte, die in Rom als Verwalter der Staatskasse blieben; quaestores provinciales gingen als oberste Gehilfen der Statthalter in die

Provinzen, wo sie die Steuern einnahmen, Sold zahlten u. Ä.;
③ *(in der Kaiserzeit)* **quaestores Caesaris** *od.* **principis:** sie verlasen die Reden u. Erlasse des Kaisers im Senat;
④ *(mlt.)* Ablasshändler.

quaestōrium, ī *n (quaestorius)* ① Zelt des Quästors *im Lager;*
② Amtsgebäude, -wohnung des Quästors *in der Provinz.*

quaestōrius *(quaestor)* **I.** *Adj.* a, um ① quästorisch, zum Quästor gehörig, des Quästors [**comitia** Tributkomitien zur Wahl der Quästoren; **officium** Pflicht eines Quästors; **aetas** das für die Quästur erforderliche Alter; **scelus** v. einem Quästor begangen; **porta** Hintertor *im Lager in der Nähe des Zeltes des Quästors, meist decumana genannt*];
② mit dem Rang eines Quästors [**legatus**];
II. *Subst.* ī *m* gewesener Quästor.

quaestuāria, ae *f (quaestus) (Sen.)* gewerbsmäßige Dirne, Prostituierte.

quaestuōsus, a, um *(quaestus)* ① gewinnbringend, einträglich [**mercatura**]; **res quaestuosissima Verri;**
② auf seinen Vorteil bedacht, gewinnsüchtig [**homo; gens**];
③ *(nachkl.)* sich bereichernd [**veterani**].

quaestūra, ae *f (quaestor)* ① Amt eines Quästors, Quästur *(die Quästur war die erste Stufe zu den höheren Ehrenämtern; das Mindestalter für die Bekleidung der Quästur betrug 27 Jahre);* **-am petere; -am gerere** bekleiden;
② Kasse eines Quästors.

● **quaestus,** ūs *m (quaero)* ① Erwerb, Gewinn [**frumentarius**]; **emendi aut vendendi quaestu et lucro duci; alci alqd quaestui est** jmd. treibt Handel mit etw.; **furtis quaestum facere** auf betrügerische Weise sein Gewerbe treiben; **rem publicam quaestui habere** als Erwerbsquelle benutzen; **quaestui habere alqm** sich auf Kosten jmds. bereichern; **pecuniam relinquere in quaestu** auf Zinsen anlegen;
② *(meton.)* Erwerbsquelle;
③ Gewerbe [**iudiciarius** Richterstelle; **mercennariorum; meretricius**];
④ Hurengewerbe; **quaestum corpore facere** Prostituierte sein.

quālibet u. **quālubet** *Adv. (eigtl. Abl. f v. quilibet) (nicht klass.)* ① überall;
② auf jede beliebige Weise.

● **quālis,** e ① *(interr.)* wie beschaffen? was für einer?; **qualis est istorum oratio?; rei natura qualis sit, quaerimus** *(Cic.);* **quali fide existimatis eos esse?;**
2. *(relat.)* welcherlei, dergleichen, wie *(m. u. ohne korrespondierendes talis); (poet.) präd. zur Einführung eines Gleichnisses* wie, gleichwie = *qualiter;*
③ *(indef.)* irgendwie beschaffen.

quālis-cumque, quāle-cumque ① *(relat.)* wie beschaffen auch immer, *auch in Tmesis;*
2. *(indef.)* jeder ohne Unterschied.

quālis-libet, quāle-libet v. beliebiger Beschaffenheit; **formae litterarum qualeslibet.**

quālis-nam, quāle-nam wie beschaffen denn?; **si est divinatio, qualibusnam a perceptis artis proficiscitur?** *(Cic.).*

quālitās, tātis *f (qualis)* Beschaffenheit, Eigenschaft.

quāliter *Adv. (v. qualis) (poet.; nachkl.)* (gleich)wie.

quāliter-cumque *Adv. (v. qualiscumque) (nachkl.)* wie auch immer.

quālubet *s. qualibet.*

quālus, ī *m u.* **-um,** ī *n* geflochtener Korb, *bes.* Woll-, Spinnkörbchen.

● **quam** *Adv. (Akk. Sg. f v qui*[1]*, erg. viam)* ① *(interr. u. im Ausruf)* wie sehr, wie, in welchem Grade, auf welche Weise, *auch* wie wenig, *bei Adj. u. Adv., seltener bei Verb. u. Subst.;* **nescis, quam magnum flagitium admiseris** *(Petr.);* **quam cito illa omnia ex laetitia et voluptate ad luctum et lacrimas reciderunt!** *(Cic.);* **nescis, quam doleam; quam gaudeo!;** – quam si = *tamquam si* gleich als wenn; quam non, quam nihil wie wenig: **quam istud te non decet;**
II. *(relat.)* wie, als **1. a)** *m. korrespondierendem tam:* **tam esse clemens tyrannus quam rex importunus potest** *(Cic.); – oft ist* tam … quam *durch* sowohl … als auch *zu übersetzen:* **tam foederatis quam infestis gentibus;** – non tam … quam nicht sowohl … als vielmehr: **non tam vires quam mores laudo; b)** *mit ausgelassenem tam:* **homo non, quam isti sunt, gloriosus; quam voles saepe** sooft du willst;
2. a) *nach Komp.:* **maior, minor, plus, magis, amplius, potius quam; proelium atrocius quam pro numero pugnantium** als im Verhältnis zu; **plus tibi virtus tua dedit, quam fortuna abstulit;** – quam ut *u.* quam qui *m. Konj.* als dass: **maior sum, quam cui possit** zu groß, als dass; – non minus … quam nicht weniger als, ebenso sehr … wie: **Caesar non minus virtute quam felicitate Gallos devicit;** – non magis … quam nicht mehr als, ebenso wenig … wie: **non magis Pompeio deerant inimici quam Caesari; b)** *nach komp. Begriffen wie malo, praestat, alius, aliter, supra, contra; auch nach komp. Zeitbegriffen wie prius, ante, antea, post, postea, pridie, postridie, postero die* = als, nachdem; *auch nach Zahlbegriffen:* **vix dimidium quam quod acceperat; haud centesimam partem laudat, quam;**

Q

❸ *b. Superl. (m. u. ohne possum)* = möglichst, so … als (wie) möglich; **quam maximus numerus** eine möglichst große Zahl; **supplicium quam acerbissimum** möglichst hart; **quam saepissime; quam primum** möglichst bald; **quam maxima possum voce dico** m. so lauter Stimme wie möglich; **Caesar quam celerrime potuit in Galliam profectus est** so schnell er konnte, möglichst schnell; **quam plurimo vendere** möglichst teuer.

quam-diū **I.** *Adv.* wie lange?; seit wie langer Zeit? *(indir. u. indir. Frage);*
II. *Kj.* solange (als); **tacuit, ~ potuit.**

quam-dūdum *Adv.* wie lange? seit wann?

quam-libet (*u.* **-lubet**) *Adv.* ❶ *(poet.)* wie beliebt, ganz nach Belieben;
❷ *(poet.; nachkl.)* so sehr auch, noch so (sehr).

● **quam-ob-rem** *Adv.* ❶ *(interr.)* warum? weshalb? weswegen?;
❷ *(relat.)* weshalb, weswegen;
❸ *(als relat. Anschluss)* (und) deshalb, deswegen.

quam-prīmum *Adv.* möglichst bald, sobald als möglich.

● **quam-quam** *Kj.* ❶ obgleich, obwohl, *klass. meist m. Ind., poet. u. nachkl. m. Konj.; manchmal ohne verbum finitum beim Part. od. Adj.;* **arma, ~ vobis invisa, tamen sumenda sunt; si omnia illa, quae sunt extra, quamquam expetenda, summo bono continerentur;**
❷ *(im Hauptsatz)* indessen, jedoch, freilich; ~ **quid loquor?**

● **quam-vīs** *(eigtl.* „wie [sehr] du willst") **I.** *Adv.* beliebig, noch so; ~ **multi** beliebig viele; ~ **diu dicere** beliebig lange; ~ **longum tempus;** ~ **magno exercitu** m. noch so großem Heer;
II. *Kj.* wenn auch noch so sehr, wie sehr auch, obgleich, obwohl, *klass. meist m. Konj., nicht klass. m. Ind.;* ~ **prudens sis, tamen … ;** – **quamvis non** *m. Konj.* so wenig auch.

quā-nam *Adv.* ❶ wo denn?;
❷ *(nachkl.)* wie denn?

● **quandō** **I.** *Adv.* ❶ *(interr.)* wann *(dir. u. indir.);* **o rus, quando ego te aspiciam?** *(Hor.);*
❷ *(indef.)* nach *si, nisi, ne, num* (irgend)einmal, je(mals);
II. *Kj. m. Ind.* ❶ *(temporal)* als; **tum, quando** damals, als;
❷ *(kausal)* da, weil (ja).

quandō-cumque *Adv.* ❶ *(relat.)* wann (nur) immer; ~ **igitur vitam mea fata reposcent** *(Prop.);*
❷ *(indef.) (poet.)* irgendeinmal, *auch in Tmesis;* ~ **mihi poenas dabis!** *(Ov.);* **garrulus hunc** *(erg. puerum)* **quando consumet cumque** *(Hor.).*

quandō-que **I.** *Adv.* irgendeinmal; **ne ~ incendium suscitet; tu ~ degustabis imperium** *(Tac.);*
II. *Kj.* ❶ *(temporal)* wann nur, sooft (nur);
❷ *(kausal)* weil (ja), da (doch).

quandō-quidem *Kj.* da eben, da ja.

quanquam = *quamquam.*

quantillus, a, um *(Demin. v. quantulus) (Plaut.)* wie klein, wie gering *(interr. u. relat.);* – *Subst.* -um, ī *n* wie wenig [**argenti**].

quantitās, ātis *f (quantus)* Größe, Anzahl, Menge.

quant-ōcius *Adv. (spätl.)* so schnell als möglich, schleunigst.

quant-opere *u.* **quantō opere** *Adv. (quantus u. opus)* ❶ *(interr.)* wie sehr? in wie hohem Grade? *(meist in indir. Fragen);* **dici non potest, ~ gaudeant;**
❷ *(relat.) so* sehr wie, wie sehr *(oft m. korrespondierendem tantopere).*

quantulus, a, um *(Demin. v. quantus)* ❶ *(interr. u. im Ausruf)* wie klein, wie gering, wie wenig; **mors sola fatetur; -a sint hominum corpuscula** *(Iuv.);* ~ **sol nobis videtur!** *(Cic.);*
❷ *(relat.)* wie wenig, so wenig wie.

quantulus-cumque (*u.* **-cunque**), a-cumque, um-cumque wie klein (gering) auch immer, so wenig auch, *auch in Tmesis;* **haec mea, quantulacumque est, facultas** *(Cic.).*

quantum-vīs *(quantusvis)* ❶ *(Adv.) (nachkl.)* (gar) sehr; **homo ~ vafer; ~ facundus; ~ mirabili casu;**
❷ *(Kj.) (poet.)* so sehr auch, obgleich; ~ **rusticus.**

● **quantus,** a, um ❶ *(interr. u. im Ausruf)* wie groß, wie viel, wie bedeutend, wie beträchtlich, wie stark, welch, *auch* wie klein, wie gering; **-a notitia antiquitatis!;**
❷ *(relat.)* so groß wie, so viel als (wie), *oft m. korrespondierendem tantus;* **cum tantis copiis, -as nemo habuit; nullam umquam vidi tantam (contionem), quanta nunc vestrum est; nox acta, -a fuit** solange sie dauerte; – *in Verbindung m. posse (unübersetzt) u. Superl. = möglichst:* **-a maxima poterat vi** m. größtmöglicher Kraft;
/ *Subst.* **quantum,** ī *n (interr., im Ausruf u. relat.)* ❶ wie viel *(m. u. ohne Gen.); auch* wie wenig; **quantum in me est** so viel an mir liegt, so viel mich betrifft; **quantum ad alqm** *od.* **ad alqd** *(erg. attinet)* was … betrifft, hinsichtlich; **in quantum** inwieweit, soweit als, sofern; **quantum est, quod desit** wie wenig fehlt; **illis, ~ importunitatis habent, parum est impune male fecisse** bei ihrer so großen Frechheit;
❷ *Akk. n als Adv.* quantum **a)** soviel, insoweit, inwiefern; **quantum possum; quantum fieri potest; utrique rei occurram, quantum potero;** **b)** wie sehr, wie heftig;

quantum mutatus ab illo Hectore! *(Verg.)*; **quantum in sinu filiae flevit!** *(Sen.)*;
③ *(Gen. pretii)* **quantī** wie hoch, wie teuer; **quanti civitas aestimanda est, ex qua sapientes pelluntur?**;
4. *(Abl. mensurae)* **quantō** (um) wie viel, b. *Komp. u. komp. Begriffen;* **quanto levior est acclamatio; quanto praestat** wie viel besser ist er!; **quanto magis** um so mehr; *bes.* **quantō . . . tantō a)** *(nachkl.) m. Pos.* in dem Maße … wie; **b)** *m. Komp. (auch* quanto … eo) je … desto.

quantus-cumque, a-cumque, um-cumque wie groß auch immer, wie viel auch immer; *auch* wie klein (wie wenig, wie unbedeutend) auch immer; **quantumcumque praesidium est; quantuscumque sum ad iudicandum** wie wenig ich mein Urteil auch für maßgebend halte.

quantus-libet, a-libet, um-libet beliebig groß; **quantolibet ordine dignus;** – *Neutr.* quantumlibet noch so sehr: **quantumlibet intersit inter Romanos et Achaeos.**

quantus-quantus, a, um *(Kom.)* = *quantuscumque.*

quantus-vīs, a-vīs, um-vīs *(volo²)* beliebig groß, noch so groß, beliebig viel [**copiae** jede noch so große Streitmacht]; **portus satis amplus quantaevis classi** für jede Flotte, sei sie auch noch so groß; – *s. auch quantumvis.*

quā-propter *Adv.* ① *(interr.)* warum? weshalb?;
② *(relat.)* weswegen; *(im relat. Anschluss)* (und) deswegen, deshalb.

quā-quā *Adv. (eigtl. Abl. Sg. f v. quisquis) (vor- u. nachkl.)* wo immer.

quāque *(eigtl. Abl. Sg. f v. quisque) s. usquequaque.*

● **quā-rē** *Adv. (eigtl. Abl. Sg. v. quae res)* ① *(interr.)* wodurch?; warum?, weshalb?, aus welchem Grund?;
② *(relat.)* wodurch; weswegen, weshalb; *(im relat. Anschluss)* (und) deswegen, deshalb, daher.

quārta, ae *f (quartus)* ① *(Hor.) (erg. hora)* die vierte Stunde; **ad -am iacere** bis 9 Uhr;
② *(nachkl.) (erg. pars)* der vierte Teil, Viertel; **praemia ad -as redigere.**

quārtadecumānī, ōrum *m (quartus u. decimus) (Tac.)* Soldaten der 14. Legion.

quārtāna, ae *f (quartanus; erg. febris)* Wechselfieber.

quārtānus, a, um *(quartus)* viertägig (sich wiederholend) [**febris**]; – *Subst.* **quārtānī,** ōrum *m (Tac.)* Soldaten der vierten Legion.

quārtārius, ī *m (quartus)* Viertel *eines Flüssigkeits- od. Getreidemaßes, bes. eines sextarius.*

● **quārtus** *(quattuor)* **I.** *Adj.* a, um der vierte [**pars; legio; pater** Ururgroßvater]; – *Adv.* -um *u.* -ō zum vierten Mal;
II. *Subst.* ī *m* ① *(erg. liber)* das vierte Buch; **in -o accusationis;**
② *(Tac.) (erg. lapis)* der vierte Meilenstein; **ad -um a Bedriaco.**

quārtus-decimus, a, um der vierzehnte.

● **qua-si** *(< quam si)* **I.** *Kj.* ① *(m. Ind.)* (gleich)wie, *oft m. korrespondierendem ita, sic;* **quasi poma ex arboribus, cruda si sunt, vix evelluntur, sic vitam adulescentibus vis aufert** *(Cic.)*;
② *(m. Konj.)* **a)** *(in hypothetischen Vergleichssätzen)* wie wenn, als ob; **medico tria milia iugerum dedisti, quasi te sanasset** *(Cic.)*; **sed quid ego his testibus utor, quasi res dubia aut obscura sit** *(Cic.)*; – *meist in Verbindung m. ita, sic, perinde, proinde u. Ä. sowie nach anderen einen Vergleich enthaltenden Begriffen:* **assimulabo, quasi nunc exeam** *(Ter.)* werde mich stellen, als ob … ; – *auch m. Part. coniunctum od. Abl. abs. statt des Konj.:* **Graecas litteras sic avide arripui ~ diuturnam sitim explere cupiens** *(Cic.)*; **hostes maximo clamore insecuti sunt ~ partā iam victoriā; in ipsa turba atque in peccato maximo, quod vix sedatum satis est, potasti scelus, quasi re bene gesta;** – *bes.* **quasi vērō** gerade wie wenn, gerade als ob: **quasi vero mihi difficile sit; b)** *(nachkl.) (kausal)* weil angeblich; **id foedus arcanum habetur, quasi mutuo cruore sacratum** *(Tac.)*; **c)** *(Plaut.) (nach Komp.)* als wenn (= *quam si*);
II. *Adv.* ① (gleich)wie, gleichsam, gewissermaßen, eine Art von; **Herodotus ~ sedatus amnis fluit; philosophia laudatarum artium ~ parens; ~ pollui credebant consulatum; ~ per amicitiam monere;** – *verstärkt durch quidam:* **qui virtutem duram et ~ ferream esse quandam volunt** sozusagen eiserne;
② ungefähr, beinahe, fast *(meist b. Zahlbegriffen)*; **praesidium ~ duum milium; unus ~ animus; hora ~ septima; ~ in extrema pagina** so ziemlich auf der letzten Seite.

quasillāria, ae *f (quasillum) (Petr.)* Spinnerin.

quasillum, ī *n u.* **-us,** ī *m (Demin. v. qualum, qualus)* Spinnkörbchen; **inter -a** in der Spinnstube.

quassātiō, ōnis *f (quasso)* das Schütteln [**capitum; membrorum**].

quassō, quassāre *(Intens. v. quatio)* **I.** *trans.* ① heftig schütteln, erschüttern [**iubam; hastam; caput**];
② zerschlagen, zerschmettern, zerbrechen, zerstoßen, beschädigen; **domus quassata; quassatis vasis diffluere umorem cernis; classis ventis quassata; res publica quassata** zerrüttet; – *subst.:* **quassata muri** Breschen;
II. *intr.* ① *(Verg.)* rasseln; **siliquā quassante;**

Q

❷ *(nicht klass.)* wackeln; **caput quassat.**

quassus[1], *Abl.* ū *m (quatio) das* Schütteln, Erschütterung.

quassus[2] *P. P. P. v. quatio.*

quate-faciō, facere, fēcī, *(quatio)* erschüttern; *übtr.: alqm* ~ die Stellung jmds.

quā-tenus **I.** *Adv.* ❶ *(interr., nur indir.)* **a)** bis wie weit? wie weit? *(lokal u. übtr.);* **videamus, ~ amor in amicitia progredi debeat** *(Cic.); ohne Verb:* **in omni re videre ~** auf das rechte Maß achten; **b)** wie lange? auf wie lange?;
❷ *(relat.)* **a)** insofern; **b)** inwieweit, inwiefern;
II. *Kj. (poet.; nachkl.) (kausal)* da ja (doch), weil (doch).

quater *Adv. (quattuor)* viermal; **sonitum ~ arma dedere; ~ decies** vierzehnmal; **~ deni** vierzig; **ter et ~, ter aut ~, terque quaterque** drei- od. viermal, öfter, terque quaterque *auch steigernd (poet.)*: **terque quaterque beati** Überglückliche.

quaternī, ae, *a (quattuor)* je vier, immer vier.

quā-tinus = *quatenus.*

● **quatiō,** quatere, –, quassum ❶ schütteln, schwingen [**hastam; faces; caput; alas; catenas; aquas** *(vom Wind)*];
❷ erschüttern [**terras; Olympum gravi curru**]; **risu populum ~** das Volk tüchtig lachen lassen;
❸ schlagen, stoßen [**cymbala; fenestras** an die Fenster pochen; **pede ter humum**];
❹ zerschlagen, zerschmettern [**muros arietibus**]; *bes. P. P. P.* quassus [**muri** geborsten; **domus; naves** leck geworden; **cinnama** Stücke v. Zimtrinde; **nux** Stück Nussschale; **faces** gespalten; **vas** zerbrochen; **vox** gebrochen, schwach];
❺ (zer)stampfen; **quatit ungula campum;**
❻ *(poet.)* jagen, (fort)treiben [**sontes; alqm foras; cursu equum; prae se** vor sich hertreiben];
❼ *(übtr.)* **a)** erschüttern, erzittern lassen [**mentem alcis; ingenium** aufrütteln]; **b)** *(poet.)* zerrütten, zugrunde richten, plagen [**oppida bello** m. Krieg heimsuchen]; **anima quassa malis.**

● **quattuor** *(undekl.)* vier.

quattuor-decim *(undekl.)* vierzehn; **sedere in ~ (ordinibus)** *im Theater in einer der 14 ersten, den Rittern vorbehaltenen Reihen sitzen* = Ritter sein.

quattuorvirātus, ūs *m (quattuorviri)* Amt der Viermänner.

quattuor-virī, ōrum *m* Viermänner *(Kollegium v. vier Männern f. eine amtliche Tätigkeit).*

quatuor *(altl.)* = *quattuor.*

● **-que** *Kj. (enklitisch angehängt)* ❶ und, *zur verbindenden Anreihung an das Vorhergehende;* **senatus populusque Romanus; terrā marique; ferro flammāque; ius vitae necisque; ius fasque; armis animisque; longe lateque; oro obsecroque;**
❷ *(zur Anknüpfung v. Ähnlichem)* (und) auch, (und) ferner, und desgleichen; **Numa duos flamines adiecit, virginesque Vestae legit;**
❸ *(korrespondierend)* **-que … –que** sowohl … als auch, teils … teils *(häufig poet.);* **seque remque publicam; meque regnumque meum;** – *selten:* -que … et (ac), et … -que;
❹ *-que bleibt im Deutschen unübersetzt:* **a)** *nach multi, tot, pauci u. Ä.* **multa graviaque vulnera** viele schwere Wunden; **tot tantaeque iniuriae;** **b)** *im Hendiadyoin* **natura pudorque** natürliche Schüchternheit; **ardor impetusque** Hitze des Angriffs; **amo diligoque** ich liebe innigst; **aperte ingenueque** ganz unverhohlen; **oro obsecroque** ich bitte flehentlich; **triumphus meritus debitusque** wohlverdienter Triumph;
❺ und demnach, und somit;
❻ *(b. Übergang vom Besonderen zum Allgemeinen)* und überhaupt; **Iuppiter diique immortales; Achaiam omnemque Graeciam;**
❼ *(erklärend)* und zwar; **pervenerunt ad Rhenum finesque Germanorum;**
❽ *(kontrastierend)* und doch, und vielmehr, und dagegen; **dives miserque;**
❾ *(adversativ) (nach Negationen)* sondern, vielmehr; **non prodidit monuitque; non tua ulla culpa est contraque summa laus; non temere movendam rem tantam exspectandosque ex Hispania legatos censebant** *(Liv.);*
❿ *(b. Zahlen)* oder, bis; **ter quaterque.**

● **quem-ad-modum** *Adv. (auch getr.)* ❶ *(interj.)* auf welche Weise? wie?;
❷ *(relat.)* (gleich)wie, so wie, *m. korrespondierendem ita, sic, item u. Ä.;* **sic ulciscar facinora singula, ~ a quibusque sum provocatus** *(Cic.)*; **quem sic tu amas, ~ ego te volo** *(Petr.).*

queō, quīre, quīvī (*u.* quiī), quitum können, vermögen, *meist m. Negation;* **non quit sentire dolorem; non queo reliqua scribere; non credere quivi; forma nosci non quita est.**

quercētum = *querquetum.*

querceus, a, um *(quercus) (nachkl.)* v. Eichen, v. der Eiche, Eichen- [**corona**].

quercus, ūs *f (Gen. Pl.* quercōrum) ❶ Eiche, *dem Jupiter heilig;* **Iovis magna ~;**
❷ *(poet.) (meton.)* **a)** Eichenlaub; Eichenkranz, *bes. als Belohnung f. die Rettung v. Bürgern im Krieg* [**civilis**]; **b)** Eicheln.

● **querēla** *u.* **querella,** ae *f (queror)* ❶ Wehklage, das Klagen, Jammern *(jmds.: Gen.; über etw.: Gen. od. de)* [**temporum; aequalium**

meorum]; maestis implere iuga -is *(Ov.)*; epistula plena -arum;
2 Beschwerde, Klage *(über, geg.: de re; de alqo, cum alqo)* [**de tot tantisque iniuriis; cum Deiotaro]; -as apud alqm habere de alqo** Beschwerde führen; **iustam -am habere quod** gerechte Klage führen, dass;
3 *(poet.; nachkl.)* Klagelaut *der Tiere,* Klageton *der Flöte;*
4 *(nachkl.)* körperliche Beschwerde, Unpässlichkeit [**corpusculi; stomachi**];
5 *(Petr.)* gerichtliche Klage.

queribundus, a, um *(queror)* klagend [**animae; vox**].

● **querimōnia,** ae *f (queror)* Klage, Beschwerde *(jmds.: Gen.; über etw.: Gen. od. de)* [**populi Romani; huius criminis; acceptae cladis; de tuis iniuriis]; sociorum -as deferre ad alqm.**

queritor, queritārī *(Intens. v. queror) (Tac.)* heftig klagen.

quern(e)us, a, um *(quercus)* Eichen- [**corona; frondes**].

● **queror,** querī, questus sum 1 (be)klagen, jammern *(abs., m. Akk. od. de)* [**mortem; ignominiam rei publicae; de iniuriis**];
2 sich beklagen, sich beschweren *(über: Akk. od. de; bei, vor jmdm.: cum alqo, alci od. apud alqm; m. A. C. I. od. quod)* [**iniurias; de Milone per vim expulso** über Milos gewaltsame Vertreibung; **de alcis superbia; Oceano furta mariti; apud senatum de alqo**]; *queri cum u. Abl. auch:* hadern mit, anklagen, sich beschweren über [**cum deis; cum patribus conscriptis; cum fatis; cum fortuna**];
3 *(poet.)* Klagelaute ausstoßen, klagend anstimmen; **flebile nescio quid queritur lyra** lässt sonderbare Klagetöne erschallen; **motura verba silices ~** so klägliche Worte sprechen, dass es Steine erbarmen möchte;
4 *(poet.) (v. Tieren)* klagend kreischen, gurren, winseln *u. Ä.*; **nullae dulce queruntur aves;**
5 *(Plin.)* gerichtl. klagen [**de proconsulatu alcis**].

querquētulānus, a, um *(querquetum) (vor- u. nachkl.)* m. einem Eichenhain, Eichen-; **mons Querquetulanus:** der spätere Caelius.

querquētum, ī *n (quercus) (vorkl.; poet.)* Eichenwald, -hain.

querulus, a, um *(queror)* 1 klagend, kläglich [**tibia; ululatus; vox**];
2 sich beklagend, gern klagend, weinerlich [**senex**];
3 knarrend [**fores**].

questiō, ōnis *f (queror)* Klage.

questus[1], ūs *m (queror)* 1 Klage, Wehklage; **tales effundit pectore questūs** *(Verg.)*;
2 *(Verg.)* Klageruf *der Nachtigall;* **loca questibus implet.**

questus[2] *P. P. Akt. v. queror.*

● **quī**[1], quae, quod *Pron.* 1 *(interr., dir. u. indir.)* **a)** *(adj.)* welcher? welche? welches? was für ein? wie beschaffen?; **qui cantus dulcior inveniri potest? quod carmen aptius? qui actor in imitanda veritate iucundior?** *(Cic.)*; **virgo, quae patria est tua?** *(Plaut.)*; **scribis te velle scire, qui sit rei publicae status** *(Cic.)*; **b)** *(subst., selten u. fast nur im indir. Frages.)* wer? was für einer? was?;
2 *(im verwunderten Ausruf)* welcher, welch ein;
3 *(relat.)* **a)** der, die, das; welcher, welche, welches; wer, was; **luna eam lucem, quam a sole accipit, mittit in terras** *(Cic.); das Subst., auf das sich das Relativpron. bezieht, wird häufig wiederholt, bes. in der Rechtssprache:* **itinera duo, quibus itineribus;** – *Besonderheiten:* **a)** *b. Beziehung auf einen ganzen Satz steht das Neutr. quod od. (häufiger) id quod;* **b)** *b. Beziehung auf einen allg. Substantivbegriff, der ausgefallen ist, bes. nach habere, esse, invenire u. Ä.*; **c)** *Verschränkung:* **quā prudentiā es** *(= eā prudentiā quā es)* **nihil te fugiet** *(Cic.)* bei deiner Klugheit wird dir nichts entgehen; **d)** *Neutr.* **quod** *(m. Gen.)* so viel, wie viel; **adiutabo, quod potero; quod operae, agri; e)** *Abl.* **quō** *m. Komp.* (um) wie viel, um so; **quo etiam magis laudandus est;** – **quō … eō** je … desto; **b)** *(im relat. Anschluss) = et is, hic autem, is enim u. Ä.* und dieser, aber dieser, denn dieser; **obsistere ei conati sunt; quos omnes gravi proelio vicit** *(Nep.)*; **virtus est una altissimis defixa radicibus; quae numquam ulla vi labefactari potest; quo fiebat** und so kam es; **quo facto** nachdem dies aber geschehen war; **ex quo** und seitdem; **quae cum ita sint** unter diesen Umständen; – *Modus: während gew. im attrib. Relativsatz der Ind. steht, wird in folg. Fällen der Konj. gesetzt:* **a)** *in der oratio obliqua;* **Aristoteles ait bestiolas quasdam nasci, quae unum diem vivant** *(Cic.)*; **b)** *konsekutiv* = so dass er; *bes.* dignus, indignus, aptus, idoneus qui; sunt, inveniuntur, nemo est, quis est qui; nihil est quod *u. a.;* **nemo tam humilis erat, cui non aditus ad eum pateret** dass ihm nicht; **quis est, qui dicere audeat; nihil est, quod tam miseros faciat, quam impietas et scelus; Campani maiora in defectione deliquerant, quam quibus** *(= quam ut iis)* **ignosci posset; c)** *final* = damit er; **missi sunt, qui consulerent; d)** *kausal* = da er; **recte Socrates exsecrari eum solebat, qui primus utilitatem a iure seiunxisset;** – *verstärkt* quippe qui, ut(pote) qui da er ja, praesertim qui *od.* qui praesertim zumal da er; **e)** *konzessiv* = obgleich er; **qui egentissimus fuisset, erat insolens; f)** *beschränkend* = soweit er, soviel er;

Q

quod sciam soviel ich weiß; **quod meminerim** soviel ich mich erinnere; *meist m. dem Zusatz v. quidem:* **quem quidem nos audierimus** soweit wir wenigstens;
❹ *(indef.)* **quī, qua** *(seltener* **quae**), **quod,** *Neutr. Pl.* qua, *selten* quae, *meist in Nebensätzen, enklitisch angelehnt an ein anderes Wort, bevorzugt an si, nisi, ne, num, quo, quanto, ubi, cum:* **a)** *(adj.)* irgendein; **nisi qui deus subvenerit; quaeritur, num quod officium aliud alio maius sit** *(Cic.)*; **b)** *(subst.)* irgendwer, jemand, irgendetwas *(meist dafür quis, quid);* **si qui rem neglegentius gessisset;**
/ *altl. Formen: Sg. Gen.* quōius, *Dat.* quoi, *Abl.* quī, *Pl. Dat. u. Abl.* quīs *u.* queīs.

quī² *Adv.* ❶ *(interr.)* **a)** wie? wie denn? warum?; **qui fit, ut** wie kommt es, dass?; **qui potest esse in eiusmodi trunco sapientia?** *(Cic.)*; **b)** *(Plaut.)* wie hoch? wie teuer?;
❷ *(relat.)* wodurch, womit, wovon; **habeo, qui utar** ich habe zu leben; **mihi dantur vehicla, qui vehar; Aristides, qui efferretur, vix reliquit** *(Nep.)* hinterließ kaum die Mittel zur Bestattung;
❸ *(indef.)* irgendwie;
❹ *(in Verwünschungsformeln)* wenn doch, dass doch; **qui istum di perdant.**

● **quia** *(eigtl. Akk. Pl. n v. quis „in Beziehung auf was?")* **I.** *Kj. (m. Ind.)* ❶ weil;
❷ *(Kom.)* **quia enim** weil ja;
II. *(Pron. interr.)* ❶ *(vorkl.; poet.)* **quiane** etwa weil?;
❷ *(vorkl.; Verg.)* **quianam** warum? weswegen?

quia-nam, quia-ne *s. quia.*

quic-quam *s. quisquam.*

quic-quid *s. quisquis.*

quī-cum *(qui¹) (altl.) = quocum, quacum, quibuscum.*

● **quī-cumque, quae-cumque, quod-cumque** *Relativpron.* ❶ wer auch immer, jeder der, *Neutr.* was auch immer, alles was *(Subst. u. adj.), auch in Tmesis;* **quacumque ratione** *u.* **quocumque modo** auf jede Weise, unter allen Umständen; **quicumque seditiosi fuerunt; omnia, quaecumque loquimur** alles, was nur; **cuicumque nobili debiti honores** jedem Vornehmen; **quae me cumque vocant terrae** *(Verg.);* **hoc quodcumque vides** das alles, was du siehst; *quodcumque auch m. Gen.:* **quodcumque est lucri** aller Gewinn; **quodcumque militum contrahere poteritis;**
❷ wie beschaffen auch immer = *qualiscumque;* **quicumque belli eventus fuisset.**

quī-cunque, quae -c.; quod -c. = *quicumque …*

● **quī-dam, quae-dam, quid-dam** *(subst.)* *u.* **quod-dam** *(adj.)* ❶ ein gewisser, (irgend)ein, *Subst.* jemand, *n* etwas, *Pl.* einige, etliche; **quodam modo** gewissermaßen; **quodam tempore** zu einer gewissen Zeit; **quidam de collegis nostris; quidam ex advocatis; quiddam divinum** etw. Göttliches; *auch m. Gen.:* **quiddam mali;**
❷ gewissermaßen ein, sozusagen ein, eine Art von, wahrhaft, *oft in Verbindung m. quasi, tamquam, velut(i),* **incredibilis quaedam magnitudo ingenii; munere quodam necessitatis perfungimur;**
❸ ganz, geradezu *zur Verstärkung eines Adj.;* **novum quoddam genus dicendi;**
❹ *(mlt.)* ein *(unbest. Artikel).*

● **quidem** *Adv. (enklitisch)* ❶ *(bekräftigend, versichernd)* gewiss, sicherlich, gerade, eben, ja; **cum ~ fortissime pugnaret** als er gerade; **est illud ~ vel maximum animo ipso animum videre** unstreitig; – *oft, bes. beim Pron., nur durch stärkere Betonung des Beziehungswortes wiederzugeben:* **his ~ verbis** m. den *od.* diesen Worten; **id ~ etiam, quod saepius acciderat, terrebat;**
❷ *(einschränkend)* wenigstens, freilich; **hoc ~ tempore;**
❸ *(entgegenstellend)* aber, jedoch, allerdings; **Pharnabazus habitus est imperator, re ~ vera praefuit Conon** *(Nep.)*;
❹ *(einräumend)* zwar, *bes.* **quidem … sed** zwar … aber; **plurima ~ proferre possum, sed modus adhibendus est** *(Nep.)*;
❺ *(erklärend)* nämlich, zwar; **si ~** wenn nämlich; **tres epistulae et ~ uno die;**
❻ **nē … quidem** nicht einmal; **mendaci homini ne vera ~ dicenti credere solemus** sogar dann nicht, selbst dann nicht, wenn; **ne in convivio quidem.**

quid-nī *Adv.* warum nicht?, *m. einem Verb im Konj., selten ohne Verb,* **potes eum negare beate vivere? ~ possim ?** *(Cic.).*

● **quiēs,** ētis *f* ❶ Ruhe, Rast, Erholung; **quietem capere** genießen; **quieti se dare** sich hingeben; **quietem dare** *od.* **praestare alci** gönnen; **somnus et ceterae quietes** Arten der Erholung; **locus quietis et tranquillitatis plenus; tres horas exercitui ad quietem dare***; (m. Gen. subi.)* **~ senectutis** die das Alter gewährt; *(m. Gen. obi.)* **~ laborum ac miseriarum** Ausruhen von; *(m. ab)* **a proeliis quietem habere; nulla ~ ab armis dabatur a bellicoso rege** *(Liv.); (m. Gen. der Zeitdauer)* **~ paucorum dierum;**
❷ *(Lucr.) (meton.)* Ruheort, Lager; **intectae fronde quietes;**
❸ Schlaf [**alta** tiefer]; **secundum** *od.* **per quietem** *u.* **in quiete** im Schlaf; **quietem capere** schlafen;
❹ *(Tac.)* Traum(bild);
❺ *(poet.)* Schlafenszeit, Nacht;
❻ *(poet.)* Todesschlaf;

⑦ *(poet.; nachkl.)* das Schweigen;

⑧ Friede [**diuturna**]; **quietem Italiae referre;**

⑨ *(polit.)* **a)** ruhiges Verhalten, Zurückgezogenheit *vom Staatsleben;* **Attici ~ Caesari grata erat; b)** Neutralität;

⑩ *(poet.; nachkl.)* Ruhe des Gemütes;

⑪ *(poet.; nachkl.)* Ruhe, Stille *in der Natur* [**ventorum**].

● **quiēscō,** quiēscere, quiēvī, quiētum *(quies)*

① (aus)ruhen; **ipse dux (gruum) revolat, ut ipse quoque quiescat** *(Cic.); (auch v. Lebl.)* **ager multos annos quievit** hat brach gelegen;

② ruhig liegen; **ramis dependet galea et prato gravia arma quiescunt** *(Verg.);* **molliter ossa quiescant;**

③ schlafen;

④ sich ruhig verhalten, ruhig bleiben, untätig zusehen; **cum quiescunt probant;**

⑤ *(poet.)* verstummen, schweigen, still sein; **iam quiescebant voces hominumque canumque** *(Ov.)*;

⑥ *(rhet.)* innehalten, einen Ruhepunkt machen;

⑦ *(polit.)* **a)** Ruhe, Frieden halten; neutral bleiben; **urbs illa non potest ~ ; quieverunt per paucos dies; b)** sich v. Staatsleben zurückziehen [**in re publica**]; **in secessu quiescens** sich von Parteinahme fern haltend, neutral;

⑧ zur Ruhe kommen, Ruhe haben; **numquamne quiescet civitas nostra a suppliciis?** *(Liv.)*; **ut saltem in morte quiescam;** *(v. Lebl.)* **postquam flamma quievit** nachdem sich die F. gelegt hatte;

⑨ *(Kom.)* unbesorgt, unbekümmert sein;

⑩ *(vor- u. nachkl.)* etw. ruhen lassen, m. etw. aufhören, v. etw. ablassen *(m. Akk.)* [**cetera; istam rem**];

⑪ *(poet.; nachkl.) (von der Natur)* ruhig, still sein; **alta quierunt aequora; venti quiescunt;**

⑫ *(mlt.)* sterben; *Perf.-Formen meist synk.:* quiērunt, quiērant, quiēsse(m) *u. a.*

● **quiētus,** a, um *(quiesco)* ① ruhig, still [**aequor; amnis** ruhig fließend; **aër; aetas; portus**];

② *(Tac.)* ruhend, schlafend; **eos -os nox habuerat** hatte sie in ruhigem Schlaf umfangen;

③ sich ruhig verhaltend, untätig, [**exercitus**];

④ frei v. Krieg *od.* Tumult, friedlich [**res publica; pars Galliae**]; **res a seditione et a bello -ae; a bello ut -a esset provincia** *(Liv.);* – quiēta, ōrum *n* die öffentl. Ruhe: **quieta movere** die öffentl. Ruhe stören;

⑤ in Ruhe, ungestört; **-e vitam agere;**

⑥ zurückgezogen *vom Staatsleben* [**vita**];

⑦ *(polit.)* neutral;

⑧ gelassen, ruhig, sanft, friedlich [**homo; vir; sermo; animus**]; **-e ferre alqd;**

⑨ bedächtig; **quietus, ut res postulabat, aciem exornat;**

⑩ ohne Energie.

quiēvī *Perf. v. quiesco.*

quiī *s. queo.*

quī-libet (-lubet), quae-libet, quid-libet *(subst.) u.* **quod-libet** *(adj.)* jeder Beliebige, der erste Beste *(auch getr.);* **quilibet unus** *u.* **unus quilibet** einer, wer er auch sei, ein Beliebiger; **quibuslibet temporibus** zu allen Zeiten; **certo genere, non quolibet; apud maiores nostros adhibebatur peritus, nunc quilibet** *(Cic.);* – *Subst. n* quidlibet *(Hor.)* alles u. jedes.

● **quīn**[1] *(< * qui-ne* „warum nicht?") **I.** *Adv. in Hauptsätzen* ① warum nicht? *(zur Bez. einer Aufforderung, Aufmunterung); (m. Ind.)* **quin proficiscimur?** warum marschieren wir nicht los? = marschieren wir doch!; *(m. Imp.)* **quin age** *od.* **quin agite** auf!, auf denn!; **quin sic attendite** so passt doch auf!;

② ja sogar, ja vielmehr, wirklich, *meist* quin etiam, quin immo, *auch* quin contra, quin potius, quin et; **multum scribo die, quin etiam noctibus; his miraculis numquam elusa fides est, quin potius aucta arte quadam**;

II. *Kj. m. Konj.* ① dass *od. Inf. m. „zu" nach verneinten Ausdrücken des Zweifelns, Hinderns, Widerstrebens, Unterlassens u. Ä.;* **non dubitari debet, quin fuerint ante Homerum poëtae** es ist kein Zweifel daran, dass; **non multum afuit, quin urbs caperetur** es fehlte nicht viel daran, dass; **facere non possum** *(od.* **fieri non potest***),* **quin cottidie ad te mittam litteras** *(Cic.)* es ist nicht anders möglich, als dass ich …, ich muss unbedingt; **milites aegre sunt retenti, quin oppidum irrumperent** *(Caes.);* **retineri non possum, quin** *od.* **mihi non tempero, quin** ich kann es nicht lassen, ich lasse mich nicht abschrecken, zu; **nihil praetermitto (intermitto), quin** ich unterlasse nichts, zu;

② *konsekutiv für ut non* (so) dass nicht, ohne dass, ohne zu, *wenn das Präd. des übergeordneten Satzes verneint ist;* **numquam tam male est Siculis, quin aliquid facete et commode dicant; nihil tam difficile est, quin quaerendo investigari possit** *(Ter.)*;

3. *f. den Nom. qui non, quae non, quod non* der nicht, *bes. nach nemo est, nihil est, quis est, quid est;* **nemo est, quin sciat** es gibt niemanden, der nicht wüsste = jeder weiß; **nihil est, quin male narrando possit depravari; quis est, quin cernat, quanta vis sit in sensibus** *(Cic.)*;

④ **nōn quīn** nicht als ob nicht.

quīn[2] *(< * qui-ne; -ne*[3]*) (Plaut.) = is-ne, qui?*

quī-nam, quae-nam, quod-nam *Pron. interr.* welcher denn? was für einer denn? *(dir. u.*

Q

indir.); **quonam igitur haec modo gesta sunt?** *(Cic.).*

quīnārius *(quini)* **I.** *Adj.* a, um fünf enthaltend;

II. *Subst.* ī *m (erg. nummus)* ein halber Denar.

quīna-vīcēnāria *(auch getr.; m. u. ohne lex) (quini u. vicenarius) (Plaut.) Gesetz, durch das Verträge m. Jugendlichen unter 25 Jahren verboten wurden.*

Quīnctiliānus, Quīnctīlis *s. Quint …*

Quīnctius, a, um *patriz. röm. nomen gentile:*

1. *s. Cincinnatus;*

❷ T. ~ Flāminīnus, *Konsul 198 v. Chr., Besieger Philipps V. v. Makedonien 197 v. Chr. in der Schlacht von Kynoskephalai in Thessalien;*

/Adj. **Quīnctiānus,** a, um.

quīnc-ūnx, ūncis *m (quinque u. uncia)* $^5/_{12}$ *eines zwölfteiligen Ganzen:* ❶ *(Hor.) (als Münze)* fünf Unzen ($^5/_{12}$ eines As);

❷ *(Mart.) (als Flüssigkeitsmaß)* $^5/_{12}$ des sextarius = 0,225 l;

❸ *(Plin.)* $^5/_{12}$ einer Erbschaft;

4. a) die fünf Augen *auf dem Würfel;* **b)** *(übtr.)* Kreuzstellung (:·:) *(v. Pflanzen, Pfählen, Truppenabteilungen);* **in quincuncem** in schrägen Reihen, schachbrettartig.

quīncupedal, ālis *n (quinque u. pedalis) (Mart.)* Messstange v. fünf Fuß Länge.

quīndeciē(n)s *Adv. (quindecim)* fünfzehnmal.

quīn-decim *(quinque u. decem) undekl.* fünfzehn [**dies** 14 Tage, *vgl. franz. quinze jours*].

quīndecim-prīmī, ōrum *m* die 15 ersten Senatoren *eines Munizipiums.*

quīndecimvirālis, e *(quindecimviri) (Tac.)* die Fünfzehnmänner betreffend, der Fünfzehnmänner [**sacerdotium**].

quīndecim-virī, ōrum *u.* um *m, selten Sg.* quīndecimvir *(auch getr.) (poet.; nachkl.)* die Fünfzehnmänner, *Kollegium v. 15 Priestern, die die Aufsicht üb. die Sibyllinischen Bücher führten.*

quīngēnārius, a, um *(quingeni) (nachkl.)* ❶ aus je 500 Mann bestehend [**cohortes**];

❷ aus 500 bestehend [**thorax** 500 Pfund schwer].

quīngēnī, ae, a *(quingenti)* je fünfhundert.

quīngentēsimus, a, um *(quingenti)* der fünfhundertste; **-o anno rei publicae.**

quīn-gentī, ae, a *(Abk. D) (quinque u. centum)* fünfhundert; *(poet.) für eine unbestimmte große Zahl, wie* „hunderte von".

quīngentiē(n)s *Adv. (quingenti) (nachkl.)* fünfhundertmal.

quīnī, ae, a *(Gen. Pl. gew.* quīnum) *(quinque)* ❶ je fünf; **quini deni** je 15; **quini viceni** je 25; **quini quinquageni** je 55 ;

❷ *(Verg.)* fünf; **-a redibant armenta.**

quīnquāgēnārius, a, um *(quinquageni)* aus fünfzig bestehend, fünfzig enthaltend.

quīnquāgēnī, ae, a *(Gen. gew.* quinquagenum) *(quinquaginta)* ❶ je fünfzig;

❷ fünfzig.

quīnquāgēsiē(n)s *Adv. (quinquaginta) (Plaut.)* fünfzigmal.

quīnquāgēsimus, a, um *(quinquaginta)* der fünfzigste; **-o anno imperium cepit** *(Suet.);* – *Subst.* **-a,** ae *f (erg. pars)* ein Fünfzigstel, *bes. (als Abgabe)* der Fünfzigste.

quīnquāgiē(n)s *Adv. (quinquaginta) (nachkl.)* fünfzigmal.

quīnquāgintā *undekl. (Abk. L)* fünfzig.

quīnquātrūs, uum *f u. (nachkl.)* **quīnquātria,** ium *n (quinque)* die Quinquatren, *Feste zu Ehren der Minerva:* ❶ *maiores: das größere, der artifices (d. h. der Handwerker, Ärzte, Lehrer), vom 19. bis 23. März;*

❷ *minores: das kleinere, der tibicines, am 13. Juni.*

● **quīnque**[1] *undekl.* fünf; *(poet.)* ein paar.

quīnque[2] *(Plaut.) = et quin.*

quīnque-mēstris, e *(mensis) (vor- u. nachkl.)* fünfmonatig [**agni**].

quīnqu-ennālis, e *(quinquennis)* fünfjährig: ❶ alle vier Jahre stattfindend, alle vier Jahre gefeiert [**celebritas ludorum; certamen**];

❷ fünf Jahre dauernd, auf fünf Jahre sich erstreckend [**censura**].

quīnqu-ennis, e *(quinque u. annus) (poet.; nachkl.)* fünfjährig: ❶ fünf Jahre alt [**vinum; filia**];

❷ alle vier Jahre gefeiert [**Olympias**].

quīnquennium, ī *n (quinquennis)* Zeitraum v. fünf Jahren, fünf Jahre; **-i imperium** auf fünf Jahre erteilter Oberbefehl.

quīnque-pedal, ālis *n (Mart.) = quincupedal.*

quīnque-pertītus, a, um *(partior)* fünfteilig, fünffach.

quīnque-prīmī, ōrum *m* die fünf ersten Senatoren *eines Munizipiums.*

quīnque-rēmis *(remus)* **I.** *Adj.* e m. fünf Reihen v. Ruderbänken, fünfruderig [**navis**];

II. *Subst.* is *f (Abl. Sg.* -ī) Fünfdecker.

quīnquevirātus, ūs *m (quinqueviri)* Amt der Fünfmänner.

quīnque-virī, ōrum *m* Fünfmänner *(Fünfmännerausschuss, Kollegium v. fünf Männern f. besondere Aufgaben)* [**Pomptino agro dividendo; mensarii** zur Ordnung des Schuldenwesens]; – selten *Sg.* **quīnque-vir** Mitglied des Fünfmännerausschusses.

quīnquiē(n)s *Adv. (quinque)* fünfmal.

quīnqui-plex, *Gen.* plicis *(quinque; vgl. duplex) (Mart.)* fünffältig [**cera** eine aus 5 Wachsplatten bestehende Schreibtafel].

quīnqui-plicō, plicāre *(quinque) (Tac.)* verfünffachen.

quīntadecimānī *(u.* -decumānī) ōrum *m (quintusdecimus; erg. legio) (Tac.)* Soldaten der 15. Legion.

quīntāna, ae *f (quintus)* Querweg im *röm. Lager zw. dem 5. u. 6. Manipel.*

quīntānī, ōrum *m (quintus) (Tac.)* Soldaten der 5. Legion.

Quīntiliānus, a, um *röm. cogn.:* M. Fabius ~ *aus Calagurris (j. Calahorra am oberen Ebro) in Spanien (etwa 35–100 n. Chr.), Rhetor in Rom, Verf. v. „De institutione oratoria" in 12 Büchern.*

Quīntīlis *(quintus)* **I.** *Adj.* e zum fünften Monat (Juli) gehörend;
II. *Subst.* is *m (Abl. Sg. -ī) (erg. mensis)* Juli, der fünfte Monat des alten Kalenders (ab März gerechnet); seit dem Jahre 45 v. Chr. (ein Jahr nach Cäsars Kalenderreform) Cäsar zu Ehren Iulius genannt.

Quīntius = *Quinctius.*

quīntus, a, um *(quinque)* der fünfte [**pars** Fünftel]; **-o quōque anno** alle vier Jahre; – *Adv.* quīntum *u.* quīntō zum fünften Mal; – *als Vorname* **Quīntus,** ī *m (Abk. Q.) u.* **Quīnta,** ae *f.*

quīntus-decimus, a, um der fünfzehnte.

quīpiam *Adv. (quispiam) (Plaut.)* auf irgendeine Weise.

● **quippe** *Adv.* ❶ freilich, natürlich, jawohl, allerdings *(oft iron.);*
❷ **quippe qui** der ja, da er ja *(meist m. Konj.).*

quippinī *Adv. (quippe u. ni = ne³) (Plaut.)* warum denn nicht?, allerdings.

Quirīnālis, e *(Quirinus)* zu Quirinus *od.* Romulus gehörig *od.* ihm geweiht [**collis** Quirinal *(Hügel nordöstl. vom Kapitol);* **lituus; trabea**]; – *Subst.* **Quirīnālia,** *ium n* die Quirinalien, *Fest zu Ehren des Romulus (17. Februar).*

Quirīnus I. *Subst.* ī *m* ❶ *altröm. Kriegsgott, m. Jupiter u. Mars zusammen urspr. die höchste röm. Götterdreiheit bildend, später der zum Gott erhobene myth. Stadtgründer Romulus m. Kultstätte auf dem Quirinal;*
❷ *als Beiname:* **a)** *des Romulus nach seiner Vergottung;* **b)** *des Janus;* **c)** *des Antonius;* **d)** *des Augustus;*
II. *Adj.* a, um *(poet.)* zu Quirinus *od.* zu Romulus gehörig [**collis; tribus**]; – Quirīna, ae *f* = *tribus Quirina.*

Quirīs, rītis m, *meist Pl.* **Quirītēs** *s. d.*

quirītātiō, ōnis *f u. (nachkl.)* **quirītātus,** ūs *m (quirito)* Hilferuf, Angstruf.

i Kultur **Quirītēs,** tium *u.* tum *m (selten Sg.* Quirīs) ❶ Quiriten: **a)** röm. Vollbürger, Römer (= cives Romani), bes. **populus Romanus Quiritesque** *od.* **populus Romanus Quiritium** als offizielle Bezeichnung der röm. Bürger in zivilen, friedlichen Zusammenhängen; die wehrhaften Bürger in Waffen hießen Romani; denn f. die Soldaten bedeutete diese Benennung etw. Herabsetzendes im Sinne v. Zivilisten, Spießbürger; **ius Quiritium** röm. Vollbürgerrecht; **b)** *(Verg.)* Bew. der sabin. Stadt Cures;
❷ *(Verg.) (übtr.)* Arbeitsbienen.

quirītō, quirītāre **I.** *intr.* um Hilfe rufen, laut schreien, kreischen; **nequiquam quiritantibus sociis;**
II. *trans.* kreischend sagen.

● **quis, quid** ❶ *(interr.)* **a)** wer? was? *(subst.);* was für ein? *(adj., selten, nur im Sg. m u. n) (dir. u. indir.);* – *(dir.)* **quis tu?** wer da?; **quid tu** *(erg. dicis)?* was meinst du?; **quid tibi vis?** was fällt dir denn ein?; **quid est tibi nomen?** wie heißt du?; **quis videor?** wie komme ich dir vor?; *(m. Gen. part.)* **quis hominum** wer von den Menschen?; **quid hoc rei est?** was bedeutet das?; **quid negotii est?** was ist denn los?; **quid tibi animi est?** wie ist dir ums Herz?; – *(indir.)* **quis sim, ex eo, quem ad te misi, cognosces** *(Sall.);* **rogitat, quis vir esset;** **b)** **quid** *m. Gen.* wie viel?; **quid hominum?, quid rerum?;** **c)** **quid** *als Adv.* was? wozu? warum? *(dir. u. indir.);* **quid plura dicam?; quid ita?** wieso?; **quid deinde? quid tum? quid postea?** was weiter? was folgt(e) darauf?; **quid iam?** wieso denn?, warum denn?; **quid? quod** was soll man dazu sagen, dass?; **quid? si** was soll man dazu sagen, wenn? wie, wenn?; **quid ergo? quid igitur?** was also? wie also?; **quid ni?** warum nicht?; **quid hisce autem ad suspicandum?;**
❷ *(indef.)* irgendwer, (irgend)jemand, etwas, irgendein(e), *meist subst., nach si, nisi, ne, num auch adj.* = **quī, qua** *(seltener* **quae**), **quod,** *Neutr. Pl.* qua, *selten* quae; *(subst.)* **si quid accidat** wenn etw. passieren sollte; **timui, ne quis de mea fide dubitaret;** *(m. Gen.)* **si quid in me est ingenii;** *(adj.)* **si quis est sensus in morte, sive natura sive quis deus; si qua tibi venerit hereditas.**

quis-nam, quid-nam *(auch getr.)* ❶ *(interr.)* wer denn? was denn? *(dir. u. indir.);* **quisnam igitur tuebitur P Scipionis memoriam mortui?** *(Cic.);*
❷ *(indef., nur nach num)* (etwa) jemand, (etwa) etwas.

quis-piam, quae-piam, quid-piam (**quippiam**) *(subst.) u.* **quod-piam** *(adj.) Pron. indef.* (irgend)jemand, irgendetwas, irgendein(e); **quispiam deus; quaepiam cohors;** – *Adv.* **a)** **quidpiam** *u.* **quippiam** etwas, ein wenig, irgendwie; **b)** **quōpiam** *(Kom.)* irgendwohin.

● **quis-quam,** (quae-quam), **quid-quam** *od.* **quic-quam** *(der Pl. u. meist auch das fem. werden durch ullus ersetzt) Pron. indef., meist subst. in neg. Sätzen od. in Sätzen m.*

Q

neg. Sinn (irgend)jemand, irgendeiner, (irgend)etwas; irgendein(e); **iustitia numquam nocet cuiquam, qui eam habet; estne quisquam, qui...?; vix quisquam hoc credat; nec quisquam** u. niemand; **nec quisquam unus** u. kein einziger; **quisquam unus** der erste Beste; **nihil quicquam** durchaus nichts; *oft in rhet. Fragen, bes. in Gegenfragen m. an:* **an quisquam ignorat?**; *m. Gen.:* **vestrŭm quisquam**.

● **quis-que, quae-que, quid-que** *(subst.) u.* **quod-que** *(adj.)* ❶ *Pron. indef.* jeder (für sich), jeder einzelne, *meist enklitisch einem betonten Wort (Ordnungszahl, Superl., Reflexivpron., Relativpron. od. indir. fragenden Wort) nachgest.:* **a)** *b. Ordnungszahlen:* **primo quoque tempore** sobald als möglich; **prima quaque occasione** bei der ersten besten Gelegenheit, je eher, desto lieber; **primus quisque** der allererste, einer nach dem andern; **tertio quoque verbo** bei jedem dritten Wort; **tertio quoque die** alle zwei Tage; **quinto quoque anno** alle vier Jahre; **b)** *b. Superl. im Sg., nur b. Neutr. meist im Pl.* **optimus quisque** gerade die Besten; **ex variis ingeniis excellentissima quaeque libavimus; c)** *b. Reflexivpron.:* **pro se quisque** jeder für seinen Teil *od.* nach Kräften; **suae quisque fortunae faber est; suum cuique; d)** *b. Relativpron. od. indir. fragenden Wörtern:* **videndum est, quid quisque sentiat;**

❷ *(Kom.) Relativpron. = quisquis od. quicumque.*

quisquilia, ōrum *n (Petr.)* Kleinigkeiten, Lappalien.

quisquiliae, ārum *f* ❶ *(vor- u. nachkl.) Abfall,* Kehricht;

❷ *(übtr.)* Auswurf, Abschaum [**seditionis Clodianae**].

● **quis-quis, quid-quid** *od.* **quic-quid** *(subst., bisw. auch adj.) u.* **quod-quod** *(adj.)* ❶ *(subst.)* **a)** wer auch immer, jeder der, was auch immer, alles was *(fast immer m. Ind.);* **quidquid ortum est, aliquando intereat necesse est; quisquis ille est** er sei, wer er wolle; **quoquo modo se res habet** es sei, wie es wolle; *(m. Gen.)* **deorum quidquid regit terras** *(Hor.)* alle Götter, die ... ; **quidquid maleficii erit**; – *Adv.* **quidquid** je weiter, je mehr: **quidquid progredior**; **b)** jeder einzelne *(= quisque);*

❷ *(adj.)* jeder Beliebige, welcher auch immer, der erste Beste; **quoquo modo** unter allen Umständen; **quatenus quidquid se attingat** jedes *od.* etwas, es sei, was es wolle.

quitum *P. P. P. v. queo.*

quīvī *s. queo.*

● **quī-vīs, quae-vīs, quid-vīs** *(subst.) u.* **quod-vīs** *(adj.) Pron. indef.* jeder, den du willst, jeder Beliebige, jeder ohne Unterschied; **quivis unus** der erste Beste.

quīvīs-cumque, quaevīs-c..., quodvīs-c... *(poet.)* wer es auch sei, was es auch sei, jeder.

● **quō**[1] *(qui[1])* ❶ *(interr.)* **a)** wohin?; **quo proficiscar?**; *(m. Gen.)* **quo terrarum?; quo gentium?; b)** *(übtr.)* bis zu welchem Grade? wie weit?, *bes. m. Gen.;* **nescitis, quo amentiae progressi sitis; c)** wozu?, *bes. m. Akk. od. m. Inf.;* **quo tantam pecuniam?; quo mihi fortunam, si non conceditur uti?** *(Hor.)*; **ad partem provinciae venturum, quo te velle arbitrarer;**

❷ *(relat.)* **a)** wohin; **omnes, quo (= ad quos) se contulit; b)** *(im relat. Anschluss)* (und) dorthin; **quo cum venisset;**

❸ *(indef.)* **a)** irgendwohin; **Romam aliove quo ire; si quo erat prodeundum; b)** irgendwie; **si quo usui esse posset.**

● **quō**[2] *(qui[1])* **I.** *Adv.* ❶ *(relat.)* **a)** wodurch, weshalb; **id, quo vulgus in consules incitatur; b)** *(im relat. Anschluss)* (und) dadurch, daher; **quo factum est, ut** u. dadurch geschah es, dass, u. so kam es, dass;

❷ *(als Abl. mensurae beim Komp.)* **a)** (um) wie viel; **quo minus;** – *bes.* **quō ... eō** *(od.* hōc) je ... desto: **quo maior, eo melior; b)** *(im relat. Anschluss)* (und) umso viel, (und) desto; **invitus peccavi; quo leviorem poenam merui;**

II. *Kj. m. Konj.* ❶ damit dadurch *(= ut eo);* **rationem consilii mei accipite, quo firmo animo ad proelium prodeatis;**

❷ *(vor Komp.)* damit desto, damit umso *(= ut eo);* **quo facilius intellegi possit;**

❸ **nōn quō** nicht als ob, nicht als wenn.

● **quo-ad** *(im Vers einsilbig)* **I.** *Adv.* ❶ *(räuml.)* wie weit, so weit (als), **videte nunc, ~ fecerit iter** *(Cic.)*;

❷ *(übtr.)* (in)sofern (als), inwiefern; **~ vires valent; ~ cognosci possunt;**

❸ *(zeitl.) (Kom.)* **a)** wie lange?; **b)** *(relat.)* bis wann; **dies ~ referret** der Termin, bis zu dem er es zurückbringen sollte;

II. *Kj.* ❶ solange (wie) *(m. Ind.);* **~ vixit, laude crevit** *(Nep.)*;

❷ bis (dass) *(m. Ind. od. Konj.);* **~ senatus dimissus est; ~ te videam;**

III. *Präp. b. Akk. (vorkl.; spätl.)* hinsichtlich.

quō-circā *Adv.* daher, deshalb, *auch in Tmesis.*

quō-cumque *Adv.* wohin auch immer, wohin nur, *auch (ohne Verb)* wohin es auch sei, *auch in Tmesis;* **~ aspicio, nihil est, nisi pontus et aer** *(Ov.)*; **~ ieram, eodem revertebar** *(Petr.)*; **nunc eam rationem, quo ea me cumque ducet, sequar** *(Cic.)*; **quo nos cumque feret fortuna, ibimus** *(Hor.)*.

● **quod**[1] *(urspr. Nom. bzw. Akk. Sg. n v. qui[1])* **I.** *Adv.* ❶ inwiefern, soweit; **quod potero, adiutabo senem;**

❷ weshalb, warum; **hoc est, quod ad vos venio** *(Plaut.); bes. est, habeo (nihil est, non est, nihil habeo), quod m. Konj.* es ist (kein) Grund vorhanden, dass *od.* zu: **nihil habeo, quod accusem senectutem;**
❸ *(im relat. Anschluss)* (und) deshalb, darum; **quod te per superos oro;**
❹ *(in Verbindung m. einer Kj.)* also, nun, *bes.:* **quod sī** wenn also, wenn nun; quod nisī *u.* quod nī, quod cum, quod ubi, quod utinam *u. a.;*
II. *Kj.* ❶ *(kausal)* weil *m. Ind. bei tatsächlichem Grund, m. Konj. bei bloßer Annahme u. bei* **nōn quod** nicht als ob, nicht wie wenn; **T. Manlius Torquatus bello Gallico filium suum, quod is contra imperium in hostem pugnaverat, necari iussit** *(Sall.)*; **consilium tuum non reprehendo, non quod id probem, sed quod minor natu sum;**
❷ *(faktisch, Nebensatz führt den Hauptsatz näher aus)* **a)** dass, die Tatsache dass, der Umstand dass; **me ipse consolor illo solacio, quod culpā careo; bene facis, quod me adiuvas;** *bes.:* **accedit, quod** dazu kommt noch, dass; **nisi quod** außer dass; **praeterquam quod** abgesehen davon, dass; **b)** was das (an)betrifft dass, wenn; **quod me Agamemnonem aemulari putas, falleris** *(Nep.)*; **c)** *b. den Verben der Gemütsbewegung, des Lobens u. Tadelns* darüber dass, weil; **gaudeo, quod ades;**
❸ *(zeitl.)* seitdem dass, seit; **tertius dies est, quod; diu est, quod;**
❹ *(vorkl.; poet.)* wenn auch *(m. Ind.);*
❺ *(vulgär) statt des A. C. I. u. statt ut in finalem u. konsekutivem Sinn.*

quod² *s. qui¹.*

quōdam-modo *Adv.* gewissermaßen, einigermaßen.

quod-sī wenn also.

quoi *altl. für cui (v. qui¹).*

quōiās *(altl.) = cuias.*

quōius, a, um *(altl.) = cuius, a, um.*

quoivīs *(altl.) = cuivis (v. quivis).*

quō-libet *Adv. (poet.; nachkl.)* wohin es beliebt, überallhin; **ex his me iubeat ~ ire locis** *(Ov.).*

quom = *cum².*

● **quō-minus** *Kj. m. Konj.* ❶ *(nach den Verben des Verhinderns, Abhaltens, Abschreckens, Widerstrebens, Verweigerns u. Ä.)* dass *od. Inf. m.* „zu"; **non deterret sapientem mors, ~ in omne tempus rei publicae suisque consulat;**
❷ *(nach: per me stat od. fit* ich bin schuld daran) dass nicht.

● **quō-modo** *Adv.* ❶ *(interr.)* auf welche Weise? wie? *(dir u. indir.);*
❷ *(im Ausruf)* wie; **~ mortem filii tulit** *(Cic.)*;
❸ *(relat.)* **a)** wie, sowie; **b)** *(im relat. Anschluss)* auf diese Weise, so.

quōmodo-cumque *Adv.* ❶ *(relat.)* wie auch immer;
❷ *(indef.) (nachkl.)* auf irgendeine Weise.

quōmodo-nam *Adv. (interr.)* wie denn?

quō-nam *Adv. (interr.)* wohin denn?

● **quon-dam** *Adv. (< quom)* ❶ einstmals, ehemals; **honores ~ rari, nunc effusi** *(Nep.)*; **oppidum Himeram Carthaginienses ~ ceperant** *(Cic.)*;
❷ manchmal, zuweilen; *bes. in Vergleichen:* **ut ~, ceu ~;**
❸ *(poet.)* künftig, dereinst, einmal.

● **quon-iam** *Kj. (< quom)* ❶ *(zeitl.)* da nun, als, nachdem;
❷ *(kausal)* da ja, weil nun, da doch.

quō-piam *Adv. (quispiam) (Kom.)* irgendwohin.

quō-quam *Adv. (quisquam)* irgendwohin.

● **quoque** *Adv. (dem betonten Wort nachgest., nicht klass. auch vorangestellt)* auch; **ne … quoque** nicht einmal *(= ne … quidem).*

quōque-versus = *quoquoversus.*

quō-quō *Adv. (quisquis)* wohin nur immer.

quōquō-versus *u.* **-versum** *(altl.* -vorsus, -vorsum) *Adv.* nach allen Seiten hin, überallhin.

quōr *(altl.) = cur.*

quōrsum *u.* **quōrsus** *Adv.* ❶ wohin? *(räuml. u. übtr.)*; **~ abeunt?; ~ haec pertinent?** worauf zielt dies?; **~ haec spectat oratio?; ~ recidat responsum tuum, non laboro** *(Cic.)* wie die Antwort ausfällt;
❷ wozu? in welcher Absicht? zu welchem Zweck?; **~ igitur haec disputo?; ~ haec?; ~ est opus?**

● **quot** *undekl. (adj., selten subst.)* ❶ *(interr.)* wie viele?; **quot calamitates?;**
❷ *(relat.)* so viele wie; *meist korrespondierend m. tot od. totidem;* **~ homines, tot sententiae; ~ dies erimus in Tusculano, agamus haec** *(Cic.).*

● **quot-annīs** *Adv. (auch getr.) (annus)* (all)jährlich, jedes Jahr.

quot-calendīs *Adv. (Calendae; vgl. quotannis) (Plaut.)* an jedem Monatsersten, allmonatlich.

quot-cumque *undekl. (relat.)* wie viele auch immer.

quotēnī, ae, a *(quot)* wie viele jedes Mal.

quotīd… = *cottid…*

● **quotiē(n)s** *Adv. (quot)* ❶ *(interr.)* wie oft? wievielmal? *(auch im verwunderten Ausruf);*
❷ *(relat.)* sooft (wie); *bes. korrespondierend m. totie(n)s;* **~ dicimus, totiens de nobis iudicatur** *(Cic.).*

quotiē(n)s-cumque *Adv.* sooft nur (immer), wann auch immer.

Q

quot-kalendīs *s. quot-c…*
quot-quot *undekl.* wie viele nur immer.
quotumus, a, um *(quotus) (Plaut.)* der wievielte?
quotus, a, um *(quot)* der wievielte?; **hora -a est** wie viel Uhr ist es?; **-ā** *(erg. hora)* um wie viel Uhr?; ~ **esse velis, rescribe** wie viele Leute du mitbringen willst; – **quotus quisque** wie wenige *(im Ausruf; klass. nur im Nom. Sg.)*; **quota quaeque domus usque ad exitum omnibus partibus suis constitit?** *(Sen.)*; **quotus quisque reliquus** (wie wenige waren noch übrig), **qui rem publicam vidisset?** *(Tac.)*; **quotus quisque est** *od.* **invenitur, qui** *m. Konj.* wie wenige gibt es, die?
quotus-cumque, quota-c…, quotum-c… *(Tib.; nachkl.)* der wievielte nur immer, so viel *od.* so gering nur [**pars**].
quo-usque *Adv. (auch getr.)* ❶ *(nachkl.) (räuml.)* wie weit? bis wohin?; ❷ *(zeitl.)* wie lange (noch)? bis wann?; ~ **tandem abutere, Catilina, patientiā nostrā?** *(Cic.)*; **quae ~ tandem patiemini?** *(Sall.)*.
quō-vīs *Adv. (quivis) (Kom.)* überallhin.
qūr *(altl.)* = *cur.*
quum = *cum²*.

R

R. *(Abk.)* ❶ = *Romanus* (**S. P. Q. R.** = *senatus populusque Romanus);*
❷ = *Rufus (cogn.);*
❸ **R. P.** = *res publica.*

rabidus, a, um *(rabies)* ❶ wütend, rasend, wild [**canes; ferae**]; **-e omnia appetere;**
❷ *(übtr., v. Lebl.)* **a)** *(poet.; nachkl.)* tobend, ungestüm [**fames; sitis; lingua; mores**]; **b)** *(poet.)* (bis zur Raserei) begeistert [**ōs**].

rabiēs, *Akk.* -em, *Abl.* -ē *f* ❶ *(poet.; nachkl.)* Tollwut *der Tiere* [**canum**];
❷ Wahnsinn;
❸ Wut, Raserei, Ungestüm, Wildheit, Zügellosigkeit, Besessenheit [**Latinorum; hostilis; civica** des Bürgerkrieges; **gentis; animi**]; **arma rapere furore et rabie;**
❹ *(übtr., v. Lebl.)* das Toben, Heftigkeit, Raserei, Ungestüm [**caeli marisque; ventorum; ventris** Heißhunger; **pelagi**];
❺ *(Hor.)* Ingrimm, Spottwut; **Archilochum proprio ~ armavit iambo;**
❻ *(poet.)* Begeisterung; **rabie corda tument** (v. der Sibylle).

rabiō, rabere, – – *(rabies) (vor- u. nachkl.)* toll sein, wüten, toben.

rabiōsulus, a, um *(Demin. v. rabiosus)* etwas toll [**fatuae litterae**].

rabiōsus, a, um *(rabies)* wütend, toll, tobend, grimmig [**canis; vox**].

Rabīrius, a, um *Name einer röm. gens:* ❶ C. ~, *v. Cicero 63 v. Chr. wegen seiner Beteiligung an der Ermordung des Saturninus m. Erfolg verteidigter röm. Ritter;* – *Adj.* **Rabīriānus,** a, um [**domus**];
❷ *sein Neffe u. Adoptivsohn* C. ~ Postumus, *v. Cicero 54 v. Chr. verteidigt;*
❸ C. ~, *epischer Dichter, Zeitgenosse Vergils.*

rabō, ōnis *m (Plaut.)* = *arrabo.*

rabula, ae *m* Phrasendrescher, Rechtsverdreher, „Haarspalter".

racēmi-fer, fera, ferum *(racemus u. fero) (Ov.)* ❶ Beeren tragend [**uvae**];
❷ m. Trauben bekränzt [**Bacchus; capilli**].

racēmus, ī *m (poet.; nachkl.)* ❶ Kamm der Traube;
❷ Beere, *bes.* Weinbeere, (Wein-)Traube;
❸ *(meton.)* Traubensaft, Most, Wein.

Racīlius, a, um *Name einer röm. gens:* ❶ L. ~, *Volkstribun z. Zt. Ciceros;*
❷ Racīlia, ae *f Gattin des Diktators L. Q. Cincinnatus.*

radiātus, a, um *(radius)* m. Strahlen versehen, strahlend [**sol; orbis flammeus solis; lumina; corona** Strahlenkrone; **caput** m. einer Strahlenkrone].

rādīcēscō, rādīcēscere, – – *(radix) (Sen.)* Wurzeln schlagen.

rādīcitus *Adv. (radix)* ❶ *(nicht klass.)* mit der Wurzel;
❷ *(übtr.)* von Grund auf, ganz u. gar, völlig; **religionem ex animis hominum ~ extrahere.**

rādīcula, ae *f (Demin. v. radix)* Würzelchen.

radiō, radiāre *u.* **radior,** radiārī *(radius) (poet.; nachkl.)* strahlen, schimmern; **miles radiabat in armis** *(Prop.)*; templa auro radiantur *(Tac.)*; luna radians; – *Subst.* **radiāns,** iantis *m* Sonne.

radiōsus, a, um *(radius) (Plaut.)* strahlend [**sol**].

radius, ī *m* ❶ Stab, Stock;
❷ *(poet.; nachkl.)* Radspeiche;
❸ Zeichenstift *der Mathematiker;* **descripsit -o gentibus orbem;**
❹ *(poet.)* Weberschiffchen;
❺ *(Verg.)* längliche Olive;
❻ Halbmesser des Kreises, Radius;
❼ (Licht-)Strahl [**solis; lunae**]; **aurati -i** Strahlenkrone; **-i matutini** Morgenstrahlen.

● **rādīx,** īcis *f* ❶ Wurzel [**arboris**]; **herbas radice revellere; ab radicibus eruere segetem** mit der Wurzel; **radices agere** Wurzeln treiben *(konkr. u. übtr.);* **vera gloria radices agit;**
❷ *(poet.)* Rettich, Radieschen;
❸ der unterste Teil *eines Gegenstandes,* Grund, Fuß, *meist Pl.* [**montis; collis**]; *(übtr.)* **a radicibus evertere domum** *(Phaedr.)* von Grund aus, gänzlich;
❹ *(übtr.)* Ursprung, Quelle [**patientiae**];
5. *Pl. (übtr.)* fester Grund; **Pompeius, vir eo robore, iis radicibus.**

rādō, rādere, rāsī, rāsum ❶ *(vorkl.; poet.)* kratzen, schaben, scharren [**terram pedibus**];
❷ *(poet.; nachkl.)* glätten [**tigna** hobeln; **parietes; lapides palmā** abkehren, fegen; **aream**]; **rasa virga** abgeschält;
❸ *(poet.) (übtr.) (Geistiges)* feilen;
❹ *(poet.)* zerkratzen, durch Kratzen verletzen [**genas**];
❺ *(Tac.) (Geschriebenes)* abschaben, ausstreichen [**nomen; litteram**];
❻ abscheren, rasieren [**caput et supercilia; caput** *(als Zeichen der Sklaverei)*];
❼ *(poet.)* an etw. hinstreichen, etw. streifen *(m. Akk.)* [**litora** vorbeisegeln an; **ripas, campos** bespülen; **freta sicco passu; iter laevum** links am Felsen hinstreichen; **iter liquidum** durch die Luft fliegen]; **Aquilo radit terras** fegt über; **raditur ultima meta** ich bin fast am Ziel.

raeda, ae *f (kelt. Fw.)* vierrädriger Reisewagen; **~ equis iuncta; desilire de -a.**

raedārius, ī *(raeda) m* Kutscher.

Raetī, ōrum *m Völkergruppe zw. Donau, Rhein u. Lech, südl. bis zum Comer See, bes.*

R

im heutigen Graubünden, Tirol; der Überlieferung nach etruskischer, tatsächlich wohl indoeuropäischer Zugehörigkeit; – *ihr Land:* **Raetia,** ae *f* Rätien, *röm. Provinz (zus. mit Vindelicien), 15 v. Chr. v. Drusus unterworfen;* – *Adj.* **Raeti(c)us,** a, um, *selten* **Raetus,** a, um.

rāllus, a, um *(rado) (Plaut.)* glatt geschoren, dünn [**tunica**].

rāmālia, ium *n (ramus) (poet.; nachkl.)* Astwerk, Reisig [**arida**].

rāmentum, ī *n (poet.; nachkl.) u.* **-a,** ae *f (Plaut.) (rado)* Stückchen, Splitter [**ligni; ferri; auri**].

rāmeus, a, um *(ramus) (Verg.)* v. Zweigen, aus Ästen [**fragmenta** Reisig].

rāmicēs, cum *u.* **rāmitēs,** tum *m (ramus) (vorkl.)* Lunge(ngefäße).

Ramnēs, nium *u.* **Ramnēnsēs,** sium *m (etrusk.)* ❶ *Name einer der drei ältesten patriz. Tribus in Rom (neben Luceres u. Tities);*
❷ *Name einer der gleichnamigen Ritterzenturien;*
❸ *(Hor.) (übtr.)* **celsi Ramnes** vornehme junge Herren, Ritter, Stutzer.

rāmōsus, a, um *(ramus)* voller Äste, astreich, vielverzweigt [**arbor; domus Silvani;** *übtr.* **nubila**].

rāmulus, ī *m (Demin. v. ramus)* kleiner Ast; *auch* Wurzeltrieb.

● **rāmus,** ī *m* ❶ Ast, Zweig [**frondens; viridis; nodosus**]; **sicut palmae ramique** handförmig sich ausbreitende Zweige; *(übtr.)* **-i miseriarum;**
2. *Pl.* Laub;
3. *Pl. (Verg.)* **a)** Baum; **bacas dant -i**; **b)** Baumfrüchte;
❹ *(Prop.)* Keule *des Herkules;*
❺ *(Sen.)* Flussarm;
❻ *(Pers.) (übtr.)* Zweig, Linie *der Verwandtschaft.*

rāna, ae *f* ❶ Frosch [**turpis** Kröte]; **veterem in limo -ae cecinere querelam** *(Verg.);* – *sprichw.:* **inflat se tamquam ~** *(Petr.) v. einem aufgeblasenen Menschen;* **qui fuit ~, nunc est rex** *(Petr.) v. einem Menschen, der aus niedrigem Stand zu hohem Ansehen gelangt;*
❷ **~ marina** Seeteufel *(ein Fisch).*

rancēns, *Gen.* entis *(P. Adj. v. *ranceo) (Lucr.)* stinkend, faul.

rancidulus, a, um *(Demin. v. rancidus)* ❶ *(Iuv.)* etw. ranzig, etw. stinkend [**obsonia**];
❷ *(Pers.; Mart.) (übtr.)* ekelhaft *zu hören.*

rancidus, a, um *(poet.; nachkl.)* ranzig, stinkend [**aper**]; *(übtr.)* ekelhaft, widerlich [**aspectus**].

rancor, ōris *m (mlt.)* der ranzige Geschmack *od.* Geruch; *(übtr.)* Hass, Groll.

rānunculus, ī *m (Demin. v. rana)* Fröschlein; *(übtr.) scherzh. v. den Einwohnern des in der Nähe der Pomptinischen Sümpfe gelegenen Ortes Ulubrae.*

rapācidēs, ae *m (scherzh. gebildetes Patron. zu rapax) (Plaut.)* Räuber(sohn).

rapācitās, tātis *f (rapax)* Raubsucht; **quis in rapacitate avarior?**

rapāx, *Gen.* pācis *(rapio)* **I.** *Adj.* ❶ *(poet.)* reißend, raffend [**ventus; amnes; ignis** wild um sich greifend]; *auch als Beiname der 21. Legion* = die reißend Schnelle, alles mit sich Fortreißende; – *Subst.* **Rapācēs,** cium *m* die Soldaten der 21. Legion;
❷ *(übtr.)* fähig, sich etw. anzueignen *(m. Gen.);* **rapacia virtutis ingenia;**
❸ raubgierig, räuberisch *(v. Lebewesen u. Sachen)* [**lupus; Orcus; mors**];
❹ habsüchtig, gierig [**domina**];
II. *Subst. m* Räuber.

raphanus, ī *m u. f (gr. Fw.) (nicht klass.)* Rettich.

rapiditās, tātis *f (rapidus)* reißende Schnelligkeit [**fluminis**].

● **rapidus,** a, um *(rapio)* ❶ reißend (schnell), ungestüm, rasch [**fluvius; ventus; mare; ignis** Blitz; **equus; currus;** *übtr.* **venenum** schnell wirkend; **pestis; in consiliis** übereilt];
❷ *(poet.)* raubgierig, wild [**ferae; volucris**];
❸ *(poet.; nachkl.)* verzehrend, versengend [**flamma; aestus; sol; ignis**].

● **rapīna,** ae *f (rapio)* ❶ das Rauben, Raub, Räuberei, *gew. Pl.;*
❷ *(poet.) (meton.)* das Geraubte, Beute.

● **rapiō,** rapere, rapuī, raptum ❶ *(poet.; nachkl.)* an sich raffen, eilig ergreifen, rasch fassen, reißen [**arma manu; bipennem dextrā; flammam in fomite** schnell auf dem Zunder auffangen; **ex taberna cultrum**];
❷ *(poet.)* **a)** ab-, weg-, ausreißen [**aures; stipitem; frondes arbore; pilam; lanceam ex manibus alcis**]; **b)** zerreißen [**volucres anguesque**];
❸ beschleunigen, eilig ausführen, eilends zurücklegen [**fugam; viam; cursum; silvas** durcheilen; **nuptias**];
❹ *(übtr.)* etw. schnell auf-, annehmen, auf-, einsaugen [**flammam** Feuer fangen; **colorem; vim monstri**];
❺ schnell erobern [**castra urbesque**];
❻ *(poet.; nachkl.)* genießen, benutzen [**illicitas voluptates; oscula; occasionem de die** die der Tag bietet];
❼ m. Gewalt fortraffen, wegreißen, fortreißen, -schleifen [**manipulos in aciem; pecudes; hostes vivos ex acie; alqm domum**]; **rapi undā; raptus Hector equis** geschleift;
❽ schnell wegschaffen (lassen) [**frumentum ex agris**];
❾ **sē rapere** *u. mediopass.* **rapi** forteilen;

se ad urbem ~; quo te rapis? wohin eilst du?;
⑩ eilends hinbringen, hinführen, hinschaffen lassen [**commeatum in naves; manipulos in aciem; Turno mille populos** eilig zuführen]; **variis obsita frondibus sub divum ~** ans Licht des Tages ziehen;
⑪ retten, entrücken [**ex hoste penates; Aenean nube cavā**];
⑫ jmd. vor Gericht, ins Gefängnis *u. Ä.* schleppen, führen [**alqm in ius ad regem; alqm ad consulem; alqm e carcere ad necem; de complexu parentum ad mortem; alqm in carcerem, ad poenam, ad supplicium**];
⑬ als Beute fortschleppen, fortreißen, rauben [**armenta stabulis;** *übtr.* **alci pudorem; vocem animamque**]; – *Subst.* **raptum,** ī *n* das Geraubte, Raub: **(ex) rapto vivere; rapto gaudere; pastoribus rapta dividere** die Beute unter die Hirten verteilen;
⑭ *(poet.; nachkl.)* plündern [**villas; campos; Armeniam**];
⑮ jmd. verführen, entführen, rauben [**virgines ad stuprum; coniugem**]; – *Subst.* rapta, ae *f* die Entführte;
⑯ sich rasch aneignen, rasch an sich reißen [**inter se partes regni** an sich reißen und unter sich teilen; **gloriam victoriae in se**];
⑰ *(übtr.)* jmd. mit sich fortreißen, fortziehen, treiben, drängen; jmd. zu etw. verleiten; **cupiditate in Macedoniam rapi; ad divinarum rerum cognitionem studio rapi; alqm in adversum ~** ins Verderben stürzen; **auditorem in medias res ~** rasch versetzen; **tantus amor scribendi me rapit; animus cupidine caecus ad inceptum scelus rapiebat;**
⑱ *(poet.) (v. Tod u. Krankheit)* dahinraffen [**gentes**].

rapsō, rapsāre = *rapto.*

raptim *Adv. (rapio)* eilig, hastig [**desilire ex equo; accurrere; agmen ducere**].

raptiō, ōnis *f (rapio) (Ter.)* Entführung.

raptō, raptāre *(Intens. v. rapio)* ① fortreißen, -schleppen, -zerren [**Hectora circum Iliacos muros** schleifen; **nubila caeli** *(v. den Winden); übtr.* **alqm in crimina** anklagen]; **me Parnasi deserta per ardua raptat amor** *(Verg.)*;
② *(Tac.)* in Eile führen [**vexilla huc atque illuc**];
③ *(Tac.)* (be)rauben, plündern [**Africam**].

raptor, ōris *m (rapio)* Räuber, Entführer, Verführer [**panis; pueri; filiae; Graiae maritae;** *übtr.* **alieni honoris**]; – *auch adj.:* räuberisch [**lupus**].

raptum, ī *n s. rapio.*

raptus[1] *P. P. P. u. mediopass. v. rapio.*

raptus[2], ūs *m (rapio)* ① *(poet.)* das Abreißen, Zerreißen, der Riss; **manus raptu lacerata;**
② Raub, Entführung [**virginis; Ganymedis**];
③ *(Tac.)* Räuberei, Plünderung, meist *Pl.* [**penatium** Plünderung v. Haus u. Hof].

rapuī *Perf. v. rapio.*

rāpulum, ī *n (Demin. v. rapum) (Hor.)* kleine Rübe, kleiner Rettich.

rāpum, ī *n* ① Rübe;
② *(Sen.)* Wurzelknollen.

rārē-faciō, facere, fēcī, factum (*Pass.* -fīō, fierī, factus sum) *(rarus) (Lucr.)* locker machen, auflockern, verdünnen [**terram**]; *Pass.* locker werden, sich verdünnen.

rārēscō, rārēscere, – – *(rarus)* ① *(poet.)* locker, dünn werden, auseinander treten [**in aquas,** sich verdünnen zu]; **rarescunt nubila; rarescit terra calore; sonitus rarescit** wird leiser; **rarescunt claustra Pelori** tun sich auf;
② *(nachkl.)* selten(er) werden; **paulatim rarescunt colles.**

rāritās, tātis *f (rarus)* ① Lockerheit, Porosität, Weite [**terrae**];
② Seltenheit, Wenigkeit, geringe (An-) Zahl [**dictorum; capillorum**].

● **rārus,** a, um (*Adv.* -ō *u.* [*selten*] -ē) ① *(poet.; nachkl.)* locker, dünn, weit [**terra; acies; ordines; tunica** aus dünnem Stoff; **retia** weitmaschig; **silvae** lichte Waldungen; **umbra** spärlich; **pecten** weitzinkig; **aër**];
② vereinzelt, zerstreut [**aedificia; loca; ignes; racemi; tela**]; **-i proeliantur** zerstreut; **apparent -i nantes** vereinzelt, nur hier u. dort tauchen auf; **manat -a meas lacrima per genas** *(Hor.)* eine verstohlene;
③ selten, nur einzeln, wenige [**iuventus** gelichtet; **honores**]; **raris ac prope nullis portibus; optimum quidque rarissimum;** *präd. Adj. statt Adv.:* **Caesar rarus egressu** selten ausgehend;
④ *(poet.; nachkl.)* selten in seiner Art, ungewöhnlich, vortrefflich, außerordentlich [**quercus** v. seltener Pracht; **vestis; avis**]; **-a quidem facie, sed rarior arte canendi** *(Ov.)*; **opus artis -ae.**

rāsī *Perf. v. rado.*

rāsilis, e *(rado) (poet.; nachkl.)* glatt, geglättet, poliert.

rāsitō, rāsitāre *(Intens. v. rado)* scheren, rasieren [**barbam; faciem**].

rāsor, ōris *m (mlt.)* Schaber, Barbier.

rāsōrium, ī *n (mlt.)* Schermesser.

rāstellus, ī *m (Demin. v. raster) (vor- u. nachkl.)* kleine Hacke.

rāster, trī *m u.* **rāstrum,** ī *n (rado)* zwei- *od.* mehrzinkige Hacke, Karst; *sprichw. (Ter.):* **mihi res ad rastros redit** ich werde (wieder) zur Hacke greifen müssen = ich werde zum armen Mann.

rāsus *P. P. P. v.* rado.

● **ratiō,** ōnis *f (reor)* ① Rechnung, Berechnung; **rationem alcis rei habere** *u.* **inire** an-

R

stellen; **inibitur ~ quaestus de pecunia tua** man wird den möglichen Gewinn mit deinem Geld berechnen; **rationem conficere, (com)-putare** *od.* **(sub)ducere** ausrechnen; **in rationem inducere alqd** etw. in Rechnung stellen, verrechnen; **rationem ab alqo accipere** sich Rechnung stellen lassen; **~ constat** die Rechnung stimmt; **par est ~ acceptorum et datorum**;
② Rechenschaft; **rationem repetere** (*od.* **reposcere) ab alqo** Rechenschaft v. jmdm. fordern; **rationem reddere, referre** *od.* **persolvere alci** jmdm. Rechenschaft ablegen;
③ Verzeichnis, Liste [**carceris** Gefangenenliste; **imperii**];
④ Summe, Zahl;
⑤ Geldgeschäft, Geschäftsangelegenheit; **rationes publicae privataeque** öffentlicher und privater Verkehr; **re ac ratione** (geschäftlicher Verkehr) **coniunctum esse cum alqo; rationes explicare** abwickeln;
⑥ Angelegenheit(en), Sache [**bellica; civitatis; domestica** innere Angelegenheiten; **fori iudiciique** polit. u. jur. Angelegenheiten];
⑦ Vorteil, Interesse, *meist Pl.;* **non est alienum meis rationibus** es dient meinen Interessen; **suam rationem ducere** seinen Vorteil bedenken; **est in alqo ~ rei publicae** die Interessen des Staates sind jmdm. heilig; **rationes meas vestrae saluti antepono**;
⑧ Verhältnis zu jmdm., Beziehung, Verbindung, Verkehr; **rationem contrahere cum alqo** in Verkehr mit jmdm. treten; **rationem habere cum alqo** m. jmdm. in Verbindung stehen;
⑨ Verhältnis zu etw.; **pro ratione alcis rei** im Verhältnis zu etw.; **ex ratione annonae solvere** nach dem Stand des Getreidepreises zahlen;
⑩ Kategorie, Gebiet; **alqd cadit in rationem utilitatis;**
⑪ Erwägung; **habeo rationem** ich ziehe in Erwägung;
⑫ Berücksichtigung, Rücksicht, Beachtung, Hinsicht; **rationem habere** *od.* **ducere** *(m. Gen.)* Rücksicht nehmen auf, berücksichtigen; **vel dignitatis vel commodi rationem habere; salutis meae rationem ducere** Rücksicht nehmen auf; **ad nostrorum annalium rationem** im Hinblick auf;
⑬ vernünftiges Denken, Überlegung; **(cum) ratione alqd facere; sine** *od.* **nullā ratione alqd facere; in ratione versari** Gegenstand der Überlegung sein; **~ docet esse deos**;
⑭ **a)** Vernunft, Einsicht; **homines rationis participes; ratio ae disputatio** Vernunft und Nachdenken; **a deo rationem habemus; te ~ ducat, non fortuna; ~ est** *(m. Inf.)* es ist vernünftig; **b)** *(v. Sachen)* vernünftiger (Beweg-)Grund, Argument; **est aliqua huiusce ratio** dafür gibt es einen vernünftigen Grund; **nulla est ~** *(m. Inf.)* es ist kein Grund vorhanden; **id eā ratione fecit**;
⑮ Beweis(führung), Begründung; **alqd rationibus confirmare;**
⑯ Denkart, Ansicht, Meinung; **ab hac ratione dissentio; homo alterius rationis;**
⑰ *(politische)* Tendenz, Strömung, Richtung [**bona** konservative Partei];
⑱ philos. System, Schule, Lehre [**Stoicorum; Cynicorum**];
⑲ theoretische Kenntnis, Theorie, Lehre, Wissenschaft; **erat enim tunc haec nova et ignota ~ solem lunae oppositum solere deficere; exercitatio dicendi aut huius rei ~** Redegewandtheit oder theoretische Kenntnisse; **civilis ~** die Staatswissenschaften; **~ atque usus belli** Theorie u. Praxis des Krieges;
⑳ Lehr-, Grundsatz;
㉑ Methode, Plan [**studiorum**]; **rationes vitae** Lebensplan; im Hendiadyoin: **~ et consilium** planmäßige Überlegung; **~ et doctrina** methodische Unterweisung; **ratione et viā** methodisch; **modo et ratione omnia facere**;
㉒ Maßregel, Mittel, Möglichkeit; **aliam excogitare vincendi rationem; rationes belli gerendi;**
㉓ Verfahren, Verhalten, Art u. Weise; **qua ratione** wie?; **omni ratione** auf jede Art u. Weise; **omnibus rationibus** auf jede mögliche Art u. Weise;
㉔ Beschaffenheit, Verlauf, Einrichtung [**pontis; agminis; vitae naturaeque nostrae; pecuniarum** Geldverhältnisse].

ratiōcinātiō, ōnis *f (ratiocinor)* ① vernünftige Überlegung;
② Schlussfolgerung.

ratiōcinātīvus, a, um *(ratiocinor)* folgernd [**genus quaestionis**].

ratiōcinātor, ōris *m (ratiocinor)* Rechnungsführer, Buchhalter; *(übtr.)* Berechner [**officiorum**].

ratiōcinium, ī *n (ratio) (nachkl.)* Berechnung, Rechnungsführung.

ratiōcinor, ratiōcinārī *(ratio)* ① (be)rechnen;
② folgern, schließen;
③ *(nicht klass.)* überlegen.

ratiōnābilis, e *(ratio) (nachkl.)* vernünftig [**natura**].

ratiōnālis, e *(ratio) (nachkl.)* vernünftig [**natura; animal**]; Vernunft- [**philosophiae pars** Vernunftlehre, Logik].

ratiōnārium, ī *n (ratio) (Suet.)* übersichtliches Verzeichnis [**imperii** Staatshaushaltsbuch].

● **ratis,** is *f* ① Floß; **transeunt Rhenum navibus ratibusque; ratibus iungere flumen** eine Floßbrücke über den Fluss schlagen;
② Floßbrücke;
③ *(poet.)* Kahn, Schiff;
④ *(poet.)* übh. Fahrzeug.

ratiuncula, ae *f (Demin. v. ratio)* ① *(Kom.)* kleine Rechnung;
② schwacher Grund; *(iron.)* ganz feiner Grund;
③ kleinlicher Vernunftschluss.

● **ratus,** a, um *(P. Adj. v. reor)* ① berechnet, ausgerechnet; **pro -a (parte)** verhältnismäßig;
② feststehend, bestimmt, sicher [**astrorum ordines; motūs stellarum**]; **si haec Turno -a vita maneret** *(Verg.);*
③ bestätigt, geltend, gültig, rechtskräftig [**iussum; tribunatus; foedus; censoriae subscriptiones**]; **alqd -um habere, ducere** *od.* **facere,** etw. bekräftigen, genehmigen; **alqd mihi -um est** ich genehmige etw.

rauci-sonus, a, um *(raucus) (poet.)* dumpftönend; **-o minantur cornua cantu** *(Lucr.).*

raucus, a, um ① heiser [**fauces**]; **longā ~ querelā**;
② *(v. Vögeln u. Insekten)* schrille Töne v. sich gebend, kreischend [**cornix; palumbes**];
③ dumpf(tönend), rau, knarrend [**cornu; vox ranarum; circus** v. heiserem Geschrei ertönend; **unda; postes**]; **-a sonare** dröhnen.

Raudiī campī *Ebene b. Vercellae in der westl. Po-Ebene, wo (nach Plutarch) Marius üb. die Kimbern siegte (101 v. Chr.).*

raudusculum, ī *n (Demin. v. rudus[1])* Stückchen Erz; *(übtr.)* Sümmchen, kleine Schuld.

Rauracī *u.* **Rauricī,** ōrum *m kelt. Volk am Rhein um Basel im Nordjura u. südl. Elsass; auf seinem Gebiet wurde 44 v. Chr. Augusta Raurica, j. (Basel-)Augst gegründet.*

Ravenna, ae *f* Ravenna, *Stadt in Gallia cispadana südl. der Pomündung; – Adj.* **Ravennas,** *Gen.* ātis.

raviō, ravīre, – – *(ravis) (Plaut.) sich* heiser reden.

ravis, is *f (verw. m. raucus) (Plaut.)* Heiserkeit.

rāvistellus, ī *m (ravus) (Plaut.)* Graukopf.

rāvus, a, um *(nicht klass.)* grau(gelb).

re- *u. (vor Vokalen)* **red-** *Partikel in Zusammensetzungen* ① zurück [**recedo; remitto**];
② wieder [**rebello; recognosco; reconcilio**];
③ in den früheren Zustand; in den richtigen Stand [**restituo; redigo**];
④ entgegen, wider [**recino; resisto**].

rea *s. reus.*

Rēa (*u.* **Rhēa**) **Silvia,** ae *f (auch* Īlia) *Tochter des Königs v. Alba Longa, Numitor, den sein Bruder Amulius vertrieb; zur Vestalin gezwungen, wurde sie durch Mars Mutter von Romulus u. Remus, die Amulius aussetzen ließ.*

re-aedificō, aedificāre *(spätl.)* wieder aufbauen.

reāpse *Adv. (< * rē eāpse = rē ipsā)* in der Tat, wirklich.

Reāte *n Hauptstadt der Sabiner, in der Kaiser Vespasian starb, j.* Rieti; *– Einw. u. Adj.* **Reātīnus,** ī *m bzw.* a, um.

reātus, ūs *m (reus) (nachkl.)* ① Lage, Zustand eines Angeklagten;
② Schuld, Sühne.

rebellātiō, ōnis *f (rebello)* Erneuerung des Krieges, Aufstand, Abfall.

rebellātrīx, *Gen.* īcis *(f) (rebello)* den Krieg erneuernd, aufrührerisch, aufständisch [**provincia; Germania**].

rebelliō, ōnis *f (rebello)* Erneuerung des Krieges, Aufstand, Auflehnung, Rebellion [**Ligurum; Germaniae**]; **rebellionem facere; rebellionem parare; magnam partem Etruscorum ad rebellionem compellere.**

rebellis, e *(rebello) (poet.; nachkl.)* den Krieg erneuernd, aufständisch, sich auflehnend, rebellisch [**colonia;** *übtr.* **Amor**]; *– Subst.* **rebellēs,** ium *m (Tac.)* die Aufständischen, Rebellen.

re-bellō, bellāre den Krieg (Kampf) erneuern, rebellieren, sich auflehnen.

re-bītō, bitere, – – *(Plaut.)* zurückkehren.

re-boō, boāre *(poet.)* widerhallen; **reboant silvae.**

re-calcitrō, calcitrāre *(Hor.)* sich nicht einfallen lassen.

re-calefaciō = *recalfacio.*

re-caleō, calere, – – *(Verg.)* wieder warm sein.

re-calēscō, calēscere, caluī, – *(Incoh. v. recaleo)* wieder warm werden, sich wieder erwärmen; **corpora motu atque exercitatione recalescunt;** *(übtr.)* **mens admonitu recalescit.**

re-calfaciō, calfacere, calfēcī, calfactum *(poet.; nachkl.)* wieder erwärmen.

re-caluī *Perf. v. recalesco.*

re-calvus, a, um *(vor- u. nachkl.)* m. hoher, kahler Stirn [**senex**].

re-candēscō, candēscere, canduī, – *(Ov.)* ① weiß aufschäumen; **recanduit unda;**
② (wieder) erglühen; **rubuere genae totoque recanduit ore;** *(übtr.)* **recanduit ira.**

re-cantō, cantāre *(poet.)* **I.** *intr.* widerhallen, zurückschallen;
II. *trans.* ① widerrufen [**opprobria**];
② wegzaubern [**curas**].

reccidī *s. recido[1].*

reccidō = *recido[1].*

● **re-cēdō,** cēdere, cessī, cessum ① zurückweichen, -treten, -gehen, sich zurückziehen *(m. de, ex, ab, m. bl. Abl.)* [**de medio; ex eo loco; a Mutina; a conspectu suorum; thalamo; in otia tuta; in tergum** rückwärts]; **nebulas ~ iussit;** *(übtr.)* **anni recedentes** die scheidenden J.;
② *(v. Örtl.) (poet.; nachkl.)* **a)** entfernt liegen; **Anchisae domus recessit; longius a mari recedentia** weiter vom Meer entfernt liegende Landstriche; **b)** zurücktreten; **provehimur**

portu, terraeque urbesque recedunt *(Verg.)*;
③ sich entfernen, weggehen; **apes a stabulis recedunt;**
④ *(poet.)* schlafen gehen;
⑤ *(poet.)* entschwinden, entweichen; **in ventos anima exhalata recessit** *(Verg.)*; **postquam recessit vita patrio corpore** *(Plaut.)*;
⑥ *(Ov.)* vergehen, verschwinden; **maris ira recessit;**
⑦ *(Verg.)* sich auflösen [**in ventos** in Luft];
⑧ *(übtr.)* v. etw. abweichen, v. etw. lassen, etw. aufgeben *(a, selten de re)* [**a caritate patriae; ab oppugnatione; ab officio; ab armis** die Waffen niederlegen; **a gladio** das Fechterhandwerk; **a vita** sich den Tod geben];
⑨ jmdm. verloren gehen *(ab alqo)*; **res** (Vermögen) **recedit ab eo.**

re-cellō, cellere, – – zurückschnellen.

● **recēns,** *Gen.* centis *(Abl. Sg.* -ī *u.* -e; *Gen. Pl.* -ium *u.* -um; *Neutr. Pl. Nom. u. Akk.* -ia) **I.** *Adj.*
① eben erst kommend, zurückkehrend [**Athenis; e provincia**];
② unmittelbar nach, sogleich nach, frisch von (m. *ab od. bl. Abl.)* [**a vulnere Dido** soeben verwundet; **a dolore** noch schmerzbewegt; **in dolore** noch frisch im Schmerz; **dolore et irā** eben noch von Schmerz und Zorn bewegt; **praeturā** sogleich nach; **viri a dis** unmittelbar von den Göttern abstammend]; **tepidā ~ caede locus** noch frisch rauchend von; **Homerus ~ ab illorum aetate fuit** lebte unmittelbar nach;
③ frisch, rüstig, ungeschwächt, unverwundet [**equi; animus; integri et recentes; milites**]; – *Subst.* **recentēs** *m* frische Truppen;
④ *(v. Sachen)* neu, jung, frisch *(eben erst entstanden od. geschehen)* [**caespes; arma** frisch geschärft; **lac; iniuria** vor kurzem zugefügt; **tellus; odium; victoria; proelium; testa** noch nicht gebraucht; **poemata; terror; metus**]; **recenti re** *od.* **negotio** auf frischer Tat; – *Subst.* **recentia** eben Vergangenes;
⑤ *(v. Personen)* der Neuzeit, modern; **Graeci recentiores; his recentibus viris** die vor kurzem gelebt haben und noch leben; – *Subst.* **recentiorēs** *m* die Neueren;
II. *Adv.* **recēns** eben erst, jüngst, neuerdings; **~ accepta clades; sole ~ orto; ~ acceptum vulnus.**

● **re-cēnseō,** cēnsēre, cēnsuī, cēnsum *(u.* cēnsītum) ① (durch)zählen, mustern [**exercitum; legiones; captivos praedamque**];
② *(vom Zensor)* in die Liste aufnehmen [**equites**];
③ *(poet.; nachkl.)* aufzählen, *der Reihe nach* erzählen [**fortia facta**];
④ *(poet.; nachkl.) (in Gedanken)* durchgehen, durchmustern [**omnem suorum numerum carosque nepotes; fata**];
⑤ *(poet.) (v. der Sonne)* durchlaufen [**signa**];
⑥ *(Gell.)* fachmännisch beurteilen, prüfen, einschätzen, rezensieren [**poëmata**].

recēnsiō, ōnis *f (recenseo)* Musterung der Bürger *durch den Zensor,* Volkszählung.

recēnsus¹ *P. P. P. v. recenseo.*

recēnsus², ūs *m (recenseo)* Musterung, Zählung *(bes. durch den Zensor)*; **equitum recensum habere.**

re-cēpī *Perf. v. recipio.*

receptāculum, ī *n (recepto)* ① Behälter (m. *Gen. od. Dat.)* [**cibi et potionis** *(vom Magen)*; **animi** *(vom Körper)*; **frugibus**];
② Magazin, Stapelplatz *f. Waren;*
③ Abzugskanal, -graben *f. Wasser* [**Nili**];
④ Zuflucht(sort), Schlupfwinkel, Sammelort [**militum; fugientibus; hostibus; classibus**]; *(übtr.)* **mors aeternum nihil sentiendi ~** Zuflucht.

receptiō, ōnis *f (recipio) (Plaut.)* Aufnahme.

receptō, receptāre *(Intens. v. recipio)* ① *(poet.)* rasch zurückziehen [**hastam; se** sich rasch zurückziehen, rasch zurückweichen];
② *(poet.)* wieder aufnehmen;
③ häufig bei sich aufnehmen [**mercatores**].

receptor, ōris *m (recipio)* Hehler [**praedarum**]; *(übtr.)* **ille latronum occultator et ~ locus** *(Cic.)*.

receptrīx, īcis *f (receptor)* Hehlerin [**furtorum**].

receptum, ī *n (recipio)* Verpflichtung.

receptus¹ *P. P. P. v. recipio.*

receptus², ūs *m (recipio)* ① Zurücknahme [**sententiae**];
② Rückzug, -marsch [**in Italiam**]; **receptui canere** zum Rückzug blasen (lassen), *(übtr.)* sich zurückziehen; *unpers.:* **si receptui cecinisset** wenn man zum Rückzug geblasen hätte;
③ Rücktritt [**a malis consiliis**];
④ Zuflucht [**ad Caesaris gratiam atque amicitiam; ad expertam clementiam**].

re-cessī *Perf. v. recedo.*

recessim *Adv. (recedo) (Plaut.)* rückwärts [**cedere**].

recessum *P. P. P. v. recedo.*

recessus, ūs *m (recedo)* ① das Zurückgehen, -weichen; **maris** *od.* **aestuum marinorum accessus et ~** Flut u. Ebbe; **lunae accessus et ~** Annäherung *(an die Sonne)* u. Entfernung (von ihr); *(übtr.)* **~ a rebus pestiferis** Zurückweichen vor, Sich-Abwenden von;
② Rückzug, Rückmarsch; **recessum primis ultimi non dabant** die letzten Glieder machten den vorderen jedes Weichen unmöglich;
③ Abgeschiedenheit;
④ abgelegener Ort, Schlupfwinkel, Versteck [**Phrygiae; marmoreus** geheimes Gemach];
⑤ *(übtr.)* Winkel, Falte; **in animis hominum tanti sunt recessus** *(Cic.)*;

⑥ *(poet.; nachkl.)* Hintergrund.

re-charmidō, charmidāre *(Charmides) (Plaut.) (scherzh.)* den Charmides wieder ausziehen, den Namen Ch. wieder ablegen.

re-cidī[1] *Perf. v. recido*[1].

re-cidī[2] *Perf. v. recido*[2].

recidīvus, a, um *(recido*[1]*)* ① *(nachkl.)* rückfällig;
② *(Verg.)* neu erstehend [**Pergama; bella**].

re-cidō[1], cidere, cidī, cāsūrus *(auch recc-) (cado)* ① zurückfallen, -schnellen; **in terram recidunt omnia; ramulus in oculum recidit;**
② *in einen Zustand* zurückfallen, zurückkommen [**in antiquam servitutem; in gravem morbum; in eandem fortunam; in invidiam**];
③ *(übtr.)* an jmd. zurückfallen; **post interitum Tatii ad Romulum potentatus omnis reciderat;**
④ *(übtr.)* auf jmd. zurückfallen, jmd. ebenfalls treffen; **hic casus ad ipsos ~ potest; ut huius amentiae poena in ipsum eiusque familiam recidat** *(Cic.)*; **consilia in ipsorum caput recidentia;**
⑤ *(übtr.)* herabsinken, herabkommen, verfallen [**ad nihilum** *od.* **ad nihil** zunichte werden; **ex laetitia ad luctum; in unius imperium** zur Monarchie herabsinken]; **spes ad querelam recidit** *(Phaedr.)* schlägt in Klage um, geht in Klage über;
⑥ *(übtr.)* in etw. geraten [**in periculum; ad ludibrium** dem Gespött anheim fallen];
⑦ in eine Zeit fallen [**in aliorum vigiliam**];
⑧ *(nachkl.)* (nieder)fallen;
⑨ *(Ter.)* jmdm. zuteil werden, anheim fallen, zufallen.

re-cīdō[2], cīdere, cīdī, cīsum *(caedo)* ① abhauen, abschneiden [**sceptrum de stirpe; columnas** brechen *(im Steinbruch)*; **caput**];
② *(übtr.)* beseitigen, ausrotten [**nationes; culpam supplicio**];
③ *(poet.; nachkl.)* beschneiden [**barbam; comas; ungues**];
④ *(poet.; nachkl.) (übtr.)* beschränken, vermindern, verkürzen [**ambitiosa ornamenta; alqd priscum ad morem** auf die Sitte alter Zeit].

re-cingō, cingere, cinxī, cinctum *(poet.)* losgürten, entgürten [**tunicam; zonam** lösen]; **vestis recincta** herabwallend; – *mediopass. recingi* sich ausziehen, sich entkleiden *(m. gr. Akk.)*: **recingitur anguem** sie legt die Schlange ab *(mit der sie gegürtet war)*.

re-cinō, cinere, – – *(cano)* **I.** *intr.* widerhallen; **parra recinens** krächzend; **in vocibus nostrorum oratorum recinit quiddam;**
II. *trans. (poet.)* ① zurückschallen lassen [**haec dictata** nachsagen];
② im Wechselgesang preisen [**lyrā Latonam**].

re-cinxī *Perf. v. recingo.*

reciper ... = *recuper...*

● **re-cipiō,** cipere, cēpī, ceptum *(capio)* ① *(poet.)* zurücknehmen, -ziehen, -holen, -bringen [**ensem** wieder herausziehen; **sagittam; ad limina gressum** den Schritt zurückwenden; **alqm medio ex hoste** zurück-, herausholen];
② *(Truppen)* zurückziehen, zurückgehen lassen [**milites defessos; exercitum; equitatum navibus; suos incolumes**]; – **se recipere a)** sich zurückziehen, zurückweichen, zurückkehren, -gehen [**intra munitiones; sub murum; ad signa; trans flumen; domum**]; **b)** *(übtr.)* sich zurückwenden [**ad ingenium vetus suum; ex voluptatibus ad bonam frugem** wieder vernünftig werden; **ad reliquam cogitationem belli**];
③ *(b. Verkauf)* zurückbehalten, sich etw. vorbehalten;
④ retten, befreien [**cives ex servitute; socios ex hostibus**];
⑤ wieder erobern, -erlangen [**Tarentum; praedam; obsides; suas res amissas; arma**];
6. wiederbekommen [**antiquam frequentiam** *(v. einer Stadt)*; **vitam herbis fortibus;** *übtr.* **animum** wieder Mut fassen, sich erholen]; – **se recipere** sich erholen, sich sammeln *(von, nach etw.: ex re)* [**ex timore; ex fuga**]; **nondum totā me mente recepi** *(Ov.)*;
⑦ wieder (an sich) nehmen;
⑧ nehmen [*übtr.* **poenas ab alqo** jmd. strafen, sich an jmdm. rächen];
⑨ etw. annehmen, aufnehmen, *auch übtr.* [**telum corpore; a latere tela** den Geschossen ausgesetzt sein; **detrimenta** erleiden; *(v. Tieren)* **frenum** annehmen, sich gefallen lassen; **fluvium** *(vom Meer)*];
⑩ in Besitz nehmen, erobern [**rem publicam armis; Aetoliam; oppidum**];
⑪ *(Geld)* einnehmen, erhalten [**dena milia sestertia; pecuniam ex vectigalibus**];
12. jmd. bei sich aufnehmen [**alqm urbe** *u.* **in urbem, castris** *u.* **in castra; alqm intra Syracusanam insulam; alqm tecto; alqm ad epulas; perterritos; alqm in aedes, in civitatem; alqm libentissimo animo; alqm moenibus**];
⑬ *(in einen Stand od. in ein Verhältnis)* aufnehmen [**alqm in ordinem senatorium; alqm in amicitiam; alqm in servitutem** als Sklaven; **aliquam in matrimonium**];
⑭ jmd. *im Staat* wieder aufnehmen [**reges**];
⑮ *(vom Prätor) (eine Klage)* annehmen [**nomen alcis** eine Klage gegen jmd.];
⑯ etw. gestatten, annehmen, zulassen, gutheißen [**nullam excusationem**];
⑰ übernehmen, auf sich nehmen [**mandatum; officium**];
⑱ versprechen, verbürgen, zusagen *(alci alqd*

R

u. de re; auch A. C. I.) [**alci fidem; de aestate**].

reciprocātiō, ōnis *f (reciproco) (nachkl.)* das Zurückgehen auf demselben Weg [**siderum**].

reciprocō, reciprocāre *(reciprocus)* **I.** *trans.* hin u. her bewegen, rückwärts bewegen, zurückwenden [**animam** Atem holen]; – *mediopass. reciprocari:* **a)** zurückfließen, -gehen: **reciprocari mare coepit; b)** *(übtr.)* in Wechselwirkung stehen;
II. *intr.* hin- u. zurückfließen, zurücktreten; **reciprocans oceanus.**

reciprocus, a, um *(vor- u. nachkl.)* auf demselben Weg zurückgehend, -fließend [**mare** Ebbe; **amnes**].

recīsus, a, um *(P. Adj. v. recido²) (nachkl.)* abgekürzt, kurz gefasst.

recitātiō, ōnis *f (recito)* ❶ das Verlesen *v. Dokumenten b. gerichtl. Verhandlungen;*
❷ *(nachkl.)* das Vorlesen *eigener Werke.*

recitātor, ōris *m (recito)* ❶ Verleser *v. Dokumenten b. gerichtl. Verhandlungen;*
❷ *(poet.; nachkl.)* Vorleser *eigener Werke.*

● **re-citō,** citāre ❶ *Dokumente* vorlesen, verlesen [**leges; edictum; orationem; de tabulis publicis; litteras in contione; senatum** die Senatorenliste; **sacramentum** die Eidesformel vorsprechen; *(m. dopp. Akk.)* **alqm heredem**];
❷ *(poet.; nachkl.) eigene Werke* vorlesen;
❸ vortragen, deklamieren, rezitieren [**carmen**].

reclāmātiō, ōnis *f (reclamo)* ❶ Zuruf;
❷ Gegenschrei, das Neinrufen;
❸ *(mlt.)* Einspruch, Reklamation.

reclāmitō, reclāmitāre *(Intens. v. reclamo)* laut widersprechen; *(übtr.)* sich sträuben gegen etw. *(m. Dat.);* **reclamitat istiusmodi suspicionibus ipsa natura** *(Cic.).*

re-clāmō, clāmāre ❶ laut zurufen; entgegenschreien, -rufen;
❷ laut widersprechen, sich laut widersetzen [**consuli; promissis alcis**]; **una voce omnes iudices, ne is iuraret, reclamasse** hätten sich einstimmig aufs Lauteste gegen seine Vereidigung erklärt;
❸ *(poet.)* widerhallen; **scopulis aequora reclamant; arva plangoribus reclamaverunt.**

reclīnis, e *(reclino) (poet.; nachkl.)* zurückgelehnt.

re-clīnō, clīnāre ❶ zurück-, anlehnen [**se; caput**]; **in gramine reclinatus** hingestreckt;
❷ *(Sen.) (übtr.) in alqm* auf jmds. Schultern legen [**onus imperii**];
❸ *(Hor.)* erquicken; **nullum a labore** (nach der Arbeit) **me reclinat otium.**

re-clūdō, clūdere, clūsī, clūsum *(claudo)* ❶ (wieder) aufschließen, erschließen, (er)öffnen [**hosti portas; ostium; viam arcis; fontes; stabula; adyta; tellurem dente adunco** aufreißen; **ensem** entblößen; *übtr.* **iram** entfesseln; **operta** Geheimnisse aufdecken];
❷ *(poet.)* durchbohren [**pectus mucrone; iugulum ense**].

reclūsa, ae *f (mlt.)* Klausnerin.

recoctus *P. P. P. v. recoquo.*

recōgitātiō, ōnis *f (recogito) (spätl.)* Erwägung, Überlegung.

re-cōgitō, cōgitāre ❶ *(Kom.; nachkl.) (secum)* bei sich erwägen, überlegen;
❷ wieder an etw. denken *(de re).*

recōgnitiō, ōnis *f (recognosco)* ❶ Besichtigung, Musterung [**agri Campani; equitum; sui** Selbstprüfung];
❷ *(Gell.)* Wiedererkennung.

re-cōgnōscō, cōgnōscere, cōgnōvī, cōgnitum ❶ wieder erkennen [**res** als sein Eigentum; **pristinam virtutem**];
❷ sich (wieder) erinnern *(m. Akk.; m. indir. Frages.)* [**fugam alcis**]; **cum te penitus recognovi** wenn ich mir deinen Charakter deutlich vergegenwärtige;
❸ besichtigen, mustern, untersuchen, prüfen [**agros; equites Romanos; consilia; libellos** prüfend durchsehen; **decretum populi**].

re-colligō, colligere, collēgī, collēctum ❶ wieder sammeln, *meist übtr.* [**vires; se** sich fassen, sich erholen; **animum alcis** jmd. wieder versöhnen; **primos annos** die Jugend wieder gewinnen];
❷ *(spätl.)* wieder aufnehmen, wieder an sich nehmen [**stolam**].

re-colō, colere, coluī, cultum ❶ wieder bearbeiten, wieder pflegen [**humum; agros; terram; metalla intermissa** wieder eröffnen];
❷ wieder anbauen;
❸ *(poet.) (einen Ort)* wieder besuchen;
❹ *(übtr.)* v. neuem pflegen, wieder vornehmen [**studia**];
❺ wieder herstellen, wieder errichten, erneuern [**antiquum decus; dignitatem**];
❻ nochmals überdenken, sich erinnern [**sua facta pectore**]; **quae si tecum ipse recolis;**
❼ *(Tac.)* jmd. wieder (be)ehren [**adulescentes avitis sacerdotiis**].

re-commentor, commentārī *(Plaut.)* sich auf etw. besinnen, sich etw. ins Gedächtnis zurückrufen *(m. Akk.).*

re-comminīscor, comminīscī, – – sich wieder erinnern.

re-compōnō, compōnere, composuī, compositum ❶ *(Ov.)* wieder ordnen [**comas**];
❷ *(Plin.)* wieder besänftigen.

reconciliātiō, ōnis *f (reconcilio)* ❶ Wiederherstellung [**concordiae; gratiae**];
❷ Versöhnung.

reconciliātor, tōris *m (reconcilio)* Wiederhersteller [**pacis** Friedensstifter].

re-conciliō, conciliāre ❶ wieder herstellen [**existimationem iudiciorum; studia pa-**

trum; detrimentum wieder gutmachen; **pacem** stiften];
❷ wieder vereinigen, wieder aussöhnen, versöhnen [**alqm alci; milites; inimicos in gratiam**]; **me cum Caesare reconciliat;**
❸ wieder gewinnen, wieder verschaffen [**Parum insulam oratione** durch Verhandlung];
❹ *(Plaut.)* zurückbringen [**in libertatem; alqm domum**].

re-concinnō, concinnāre wieder ausbessern [**reliqua; detrimentum**].

re-condidī *Perf. v. recondo.*

reconditus, a, um *(P. Adj. v. recondo)* ❶ versteckt, verborgen, tief liegend [**venae auri argentique**];
❷ *(übtr.)* verborgen, geheim, tiefsinnig [**sensus sermonis; sententiae; ratio**]; – *Subst. n recondita templi* das Allerheiligste;
❸ entfernt liegend [**locus; saltus**];
❹ *(vom Char.)* verschlossen [**natura**];
❺ *(Suet.)* veraltet, ungebräuchlich [**verba**].

re-condō, condere, condidī, conditum ❶ (auf)bewahren, verwahren, aufheben [**medicamenta;** *übtr.* **odia** im Herzen bewahren; **verba alcis** im Gedächtnis bewahren];
❷ etw. *an seinen Ort* zurücklegen, -tun, -setzen *(in m. Akk. od. m. Abl.)* [**gladium in vaginam** wieder einstecken];
❸ verstecken, verbergen *(in m. Abl. od. bl. Abl.)* [**alqm silvā** *od.* **nube; Ascanium curvā valle; opes; se** sich *(in die Einsamkeit)* zurückziehen];
❹ *(poet.; nachkl.) (übtr.)* verbergen, verheimlichen [**voluptates**];
❺ *(poet.) (eine Waffe)* tief hineinstoßen [**ensem in pulmone; gladium lateri**];
❻ *(poet.)* verschlingen, verschlucken [**volucres avida alvo**]; **cum subito Triton ore recondit aquam;**
❼ *(Ov.)* schließen [**oculos**].

re-cōnflō, cōnflāre *(Lucr.)* wieder anfachen [*übtr.* **sensum**].

re-coquō, coquere, coxī, coctum ❶ wieder kochen [**lanam; Peliam** durch Kochen verjüngen]; *(übtr.)* **senex recoctus** durchtrieben, gerissen, schlau;
❷ *(poet.)* umschmelzen, umschmieden [**enses; electrum aurumque; ferrum**]; *(übtr.)* **scriba recoctus** *(scherzh.)* zum Sekretär umgeschmolzen.

● **recordātiō,** iōnis *f (recordor)* Erinnerung *(an: Gen.)* [**superbiae Tarquinii multarumque iniuriarum**].

● **re-cordor,** cordārī *(cor)* ❶ sich erinnern *(alqd, de re od. alcis rei; de alqo; m. A. C. I. u. indir. Frages.)* [**maiorum diligentiam; communes belli casūs; huius meriti in me; de liberis**];
❷ *(poet.; nachkl.) etw. Zukünftiges* bedenken [**quae sum passura**].

re-corrigō, corrigere, corrēxī, – *(nachkl.)* ❶ wieder gerade richten;
❷ *(übtr.)* verbessern.

re-coxī *Perf. v. recoquo.*

● **re-creō,** creāre ❶ *(nicht klass.)* v. neuem schaffen, wieder erzeugen [**lumen**]; umformen, umgestalten [**homines; vitam**];
❷ wieder herstellen, wieder beleben, kräftigen, erfrischen [**vires; voculas; provinciam perditam**]; – *se ~ u. mediopass. recreari* sich erholen [**ex timore; ex vulneribus**].

re-crepō, crepāre, – – *(poet.)* **I.** *intr.* widerhallen;
II. *trans.* widerhallen lassen.

re-crēscō, crēscere, crēvī, crētum wieder wachsen.

re-crūdēscō, crūdēscere, crūduī, – ❶ *(v. Wunden)* wieder aufbrechen, wieder schlimmer werden;
❷ *(übtr.)* wieder ausbrechen, v. neuem entstehen; **recrudescente seditione; pugna recruduit; nihil facilius quam amor recrudescit** erwachen.

rēctā *Adv. (rectus; erg. viā)* geradewegs, direkt [**ad regem ire**].

rēctē *Adv., s. rectus.*

rēctiō, ōnis *f (rego)* Lenkung, Leitung, Regierung [**rerum publicarum**].

● **rēctor,** ōris *m (rego)* ❶ Lenker, Leiter [**navis** Steuermann; **equi** Reiter; **peditum** Führer; **iuventae** Erzieher; **civitatis; provinciae** Statthalter; **Thebarum** König];
❷ *(v. Gottheiten)* Beherrscher [**Olympi** *od.* **deûm** *v. Jupiter;* **maris** *v. Neptun*].

rēctrīx, īcis *f (rector) (nachkl.)* Lenkerin, Leiterin.

rēctum, ī *n (rectus)* ❶ das Richtige, Rechte;
❷ das Gute, Tugendhafte; **-um colere; -um alter ab altero postulabit.**

rēctūra, ae *f (rego) (spätl.)* gerade Richtung.

● **rēctus,** a, um *(rego)* ❶ gerade, in gerader Richtung [**coma** ungelockt; **cursus; acies** Schlachtreihe; **oculi** *u.* **acies** unverwandt, ruhig; **lumen; vultus; iter**]; **in -um** geradeaus; **-o flumine** geradeaus den Fluss entlang; **-o itinere in Galliam contendere; -ā viā ire;** *(übtr.)* **-ā viā** *u.* **de -o rem narrare** ohne Umschweife;
❷ aufrecht, senkrecht [**rupes; truncus; puella** *u.* **homines** schlank];
❸ richtig, recht; regelmäßig, gehörig [**cultus; proelium; nomina** sichere Schuldposten *od.* Schuldner]; **rectum est** *m. Inf. od. A. C. I.* es ist recht, es gehört sich;
❹ *(poet.)* ruhig, ungebeugt [**animus**];
❺ einfach, schlicht, natürlich [**orator; genus dicendi; sermo; commentarii Caesaris**];
❻ geradsinnig, unparteiisch [**praetor; iudex**];
❼ rechtlich, sittlich gut [**consilium; ratio; iudicium**];

R

❸ *(vor- u. nachkl.) (gramm. t. t.)* **casus** ~ Nominativ;
/ *Adv.* **-ē** **a)** geradeaus, in gerader Richtung; **-e ferri** *(v. Atomen);* **b)** richtig, recht, gehörig, ordentlich; **-e atque ordine** richtig und ordnungsmäßig; **-e vivere; -e facere; -e iudicare; -e respondere; tabernaculum -e capere** *u.* **ludi -e facti** vorschriftsmäßig; **c)** günstig, gut, glücklich, ohne Gefahr, sicher; **-e est** es steht gut; **ei -e est** es geht ihm gut; **-e bellum gerere**; **d)** mit Recht; **e)** *(in Antworten)* so ist's recht!; *höflich ausweichend od. ablehnend:* schon gut!; **f)** *(Plaut.) (b. Verkauf)* gut, teuer.

re-cubō, cubāre, cubuī, – zurückgelehnt liegen, ruhen [**sub arbore**].

re-cubuī *Perf. v. recubo u. recumbo.*

rēcula, ae *f (Demin. v. res)* geringe Habe, kleiner Besitz.

recultus *P. P. P. v. recolo.*

re-cumbō, cumbere, cubuī, – ❶ sich zurücklegen, sich zurücklehnen, sich niederlegen *(in m. Abl. od. bl. Abl.)* [**in cubiculo; in herba; spondā**]; sich zur Tafel niederlegen [**in triclinio; lectis**];
❷ *(poet.) (v. Lebl.)* sich senken, zurück-, herabsinken *(in m. Abl., in m. Akk., bl. Abl. od. Dat.);* **pons in palude recumbit; vitis recumbit in terra; nebulae campo recumbunt** sinken nieder; **unda ponto recumbit; cervix in umeros** (*od.* **umero**) **recumbit** sinkt zurück;
❸ *(Mart.) (v. Örtl.)* sich anlehnen, an etw. gelegen sein.

recuperātiō, ōnis *f (recupero)* das Wiedergewinnen [**libertatis**].

recuperātor, ōris *m (recupero)* ❶ *(Tac.)* Wiedereroberer [**urbis**];
❷ Richter in Ersatzklagen; *Pl. ein aus 3 od. 5 Richtern in Ersatzklagen bestehendes Kollegium, das bei Klagen auf Ersatz oder Entschädigung entschied.*

recuperātōrius, a, um *(recuperator)* zu den Ersatzrichtern gehörig, der Ersatzrichter [**iudicium**].

● **recuperō,** recuperāre *(recipio)* ❶ wiedererlangen, -bekommen, -gewinnen [**amissa; rem publicam** die Macht im Staat; **urbem** wieder erobern; **villam suam ab alqo; usum togae** die Toga wieder tragen; **ius suum; pacem; gloriam; obsides**];
❷ *(übtr.)* jmds. Zuneigung wiedergewinnen *(alqm u. gratiam od. voluntatem alcis).*

re-cūrō, cūrāre *(Cat.)* wieder heilen.

re-currō, currere, currī, cursum ❶ zurücklaufen, -eilen, -kehren, wiederkehren *(v. Lebewesen u. Lebl.)* [**in arcem; in initia; rure**]; **sol recurrens; bruma recurrit iners; recurrit versa hiems; ad fontem** *od.* **in suos fontes ~ ; recurrentes per annos;**
❷ *(übtr.)* auf etw. zurückkommen [**ad easdem deditionis condiciones**];
❸ *(nachkl.)* seine Zuflucht nehmen;
❹ *(Plin.) (v. Lebl.)* sich rückwärts erstrecken auf.

recursō, recursāre *(Intens. v. recurro) (nicht klass.)* zurücklaufen, -eilen, -kehren *(konkr u. übtr.);* **cura recursat; virtus animo recursat** schwebt immer wieder vor.

recursum *P. P. P. v. recurro.*

recursus, ūs *m (recurro)* Rücklauf, Rückkehr [**pelagi** *od.* **maris** Ebbe].

re-curvō, curvāre *(poet.; nachkl.)* zurückbeugen, -krümmen [**colla equi; palmam**]; **undae recurvatae** geschlängelt.

recurvus, a, um *(recurvo) (poet.; nachkl.)* rückwärts gebogen [**cornu; tectum** Labyrinth; **concha**].

recūsātiō, ōnis *f (recuso)* ❶ Ablehnung, Weigerung;
❷ *(jur. t. t.)* Einspruch, Protest.

● **re-cūsō,** cūsāre *(causa)* ❶ ablehnen, zurückweisen, etw. ausschlagen, sich sträuben *(m. Akk.; de; m. Inf. od. A. C. I.; m. ne od. quominus; nach Negation quin)* [**deditionem; condiciones pacis; de stipendio; de iudiciis transferendis**];
❷ *(jur. t. t.)* Einspruch erheben.

re-cutiō, cutere, cussī, cussum *(quatio) (Verg.; nachkl.)* erschüttern.

re-cutītus, a, um *(cutis) (nachkl.)* ❶ *(an der Vorhaut)* beschnitten [**Iudaei;** *meton.* **sabbata** der Juden];
❷ *(übtr.)* glatt geschoren [**colla mulae**].

red- *s. re-.*

rēda *s. raeda.*

redāctus *P. P. P. v. redigo.*

red-ambulō, ambulāre *(Plaut.)* zurückkommen.

red-amō, amāre wieder lieben, Gegenliebe zeigen.

red-ārdēscō, ārdēscere, – – *(Ov.)* wieder auflodern; **flamma redardescet.**

red-arguō, arguere, arguī, argūtum etw. widerlegen, jmd. Lügen strafen; **nosmet ipsos redargui patiamur; oratio, quae neque redargui neque convinci potest; ~ mendacium alcis; improborum prosperitates redarguunt vim deorum** *(Cic.).*

redargūtiō, ōnis *f (redarguo) (Eccl.)* Widerlegung.

rēdārius, ī *m* = *raedarius.*

red-auspicō, auspicāre *(eigtl. „wieder Auspizien abhalten“) (Plaut.) (scherzh.)* zurückkehren [**in catenas**].

● **red-dō,** dere, didī, ditum ❶ zurückgeben *(konkr. u. übtr.)* [**omne argentum; alci pecuniam; alci salutem; Musis alcis operas** wieder zuwenden; **equos; obsides; captivos; otium totā Siciliā** wiederherstellen; **liberta-**

tem; alci patriam; alci ereptum honorem];
❷ *se ~ u. mediopass. reddi* sich zurückbegeben, zurückkehren; **se ~ convivio** zum Gastmahl; **se ~ iterum in arma Teucrûm** sich wieder entgegenstellen; **lux terris se reddit** kehrt wieder; **reddar tenebris; Daedalus redditus his primum terris**;
❸ als Gegenleistung geben, wiedergeben, vergelten, erstatten [**gratiam** (durch die Tat) Dank abstatten; **oscula; beneficium; pro vita vitam; hosti cladem; alci honorem pro meritis** erweisen]; **paria verba paribus redduntur** gegenübergestellt werden;
❹ *(Schuldiges)* (be)zahlen, abgeben [**praemia debita; vitam pro re publica** hingeben; **naturae debitum** *u.* **vitam naturae** sterben; **caute vota** *u.* **vota Iovi** erfüllen; **poenas alcis rei** büßen für];
❺ *(v. Opfernden)* darbringen [**tura lari; liba deae; exta Marti**];
❻ herausgeben, abgeben, zustellen [**epistulam regi; alci hereditatem**];
❼ *(Gebührendes)* herausgeben, zukommen lassen [**suum cuique; alci rationem** jmdm. Rechenschaft ablegen; **facto sua nomina** die Taten beim rechten Namen nennen];
❽ als Zugeständnis zukommen lassen, zugestehen [**veniam peccatis; responsa**];
❾ *(m. dopp. Akk.)* zu etw. machen *(meist m. Prädikatsadj., selten m. Prädikatssubst.)* [**mare tutum; alqm caecum; alqm iratum; itinera infesta; alqm hostem Romanis; homines ex feris mites**]; **domum exornatam fere ~ nudam**; – *Pass. (selten) m. dopp. Nom.:* **obscura reddita est forma** wurde verdunkelt;
❿ wieder zum Vorschein bringen; **mare terras reddit**; – *Pass.* wieder zum Vorschein kommen: **flumen redditur**;
⓫ aufsagen, vortragen, vorbringen, berichten [**dictata magistro; carmen; exemplum; verba male** aussprechen];
⓬ v. sich geben, ausstoßen, auswerfen [**murmura; sonum; vocem; animam** aushauchen; **stridorem; flammam; catulum partu** *u.* **vivum onus** gebären];
⓭ *(poet.)* erwidern, entgegnen [**talia; nullam vocem ad minas; mutua dicta** Worte wechseln]; **veras audire et ~ voces;**
⓮ *(poet.; nachkl.)* nachahmen, wiedergeben, nachbilden [**faciem locorum**]; **qui te nomine reddet** deinen Namen führen wird;
⓯ übersetzen [**alqd Latine; verbum (pro) verbo**];
⓰ *(Plaut.)* etw. ersetzen [**alias tegulas**];
⓱ jmdm. etw. lassen [**civitati iura legesque; populo sacra sua**];
⓲ *(jur. t. t.)* **a) iudicium in alqm ~** eine gerichtl. Untersuchung anstellen (lassen) [**maiestatis** wegen Majestätsverbrechen]; **b) ius** *od.* **iura ~** Recht sprechen.

reddūcō, reddux = *reduco, redux.*

red-ēgī *Perf. v. redigo.*

red-ēmī *Perf. v. redimo.*

redēmptiō, ōnis *f (redimo)* ❶ Los-, Rück-, Freikauf [**captivorum**]; **redemptionis pretium** Lösegeld;
❷ Bestechung [**iudicii**];
❸ Pachtung;
❹ *(Eccl.)* **a)** Erlösung; **b)** *veniarum* Ablasskauf.

redēmptō, redēmptāre *(Frequ. v. redimo) (Tac.)* loskaufen [**captivos**].

redēmptor, ōris *m (redimo)* ❶ Unternehmer, Lieferant [**frumenti** Getreidelieferant];
❷ Pächter;
❸ *(nachkl.)* derjenige, der jmd. aus der Gefangenschaft freikauft;
❹ *(Eccl.)* Erlöser.

redēmptūra, ae *f (redimo)* Pachtung.

redēmptus *P. P. P. v. redimo.*

● **red-eō,** īre, iī, itum ❶ zurückgehen, -kehren [**a Caesare; a foro; ex provincia in Italiam; huc; domum; in proelium** in die *od.* zur Schlacht; **in castra; in patriam; in senatum; ad vestitum suum** die Trauer ablegen; **in viam** auf den rechten Weg; *(m. Sup.)* **spectatum** zum Schauspiel];
❷ *(übtr.)* wiederkehren, zurückkommen, -kehren; **Caesar ad duas legiones redit** beschränkt sich; **in pristinum statum ~** zurückversetzt werden; **tempora in priscum aurum redeunt** die goldene Zeit kehrt wieder; **forma prior rediit; redit sol in sua signa; astra redeunt** gehen wieder auf; **ossibus redit calor; redeunt gramina campis; redeunt frondes arboribus; ad se ~** wieder zur Besinnung kommen, sich fassen, sich erholen; **mens** (*od.* **animus**) **redit** die Besinnung kehrt zurück; **rediere in pristina vires** die alten Kräfte kehrten zurück; **Proteus in sese (in sua membra) redit** verwandelt sich in seine alte Gestalt; **cum matre in gratiam ~** sich aussöhnen;
❸ *(in der Rede)* auf etw. zurückkommen [**ad inceptum; ad instituta; ad principia defensionis**]; **mitte ista atque ad rem redi** *(Ter.)*;
❹ *(v. Örtl.)* abfallen; **collis ad planitiem redit;**
❺ *(als Einkünfte)* eingehen, einkommen; **pecunia ex metallis redibat; ex qua regione quinquaginta talenta redibant;**
❻ *(übtr.)* aus etw. erwachsen, hervorgehen; **ex otio bellum redibit;**
❼ an jmd. übergehen, jmdm. zufallen; **summa imperii ad Camillum rediit; res** (die Regierung) **ad patres rediit; ager ad Ardeates redit; eius morte ea bona ad me redierunt** *(Ter.)*; **ad hos redibat lege hereditas** *(Ter.)*;
❽ zu etw. kommen, irgendwohin kommen *(v.*

R

Sachen); **res ad interregnum rediit** es kam zum Interregnum; **res in eum locum rediit, ut** es kam dahin, dass; **bona in tabulas publicas redierunt** wurden in die Rechnungsbücher der Staatskasse eingetragen; **omnia haec verba huc redeunt** laufen darauf hinaus; **ad manus reditur** es kommt zum Handgemenge;

/ *zusammengezogene Perf.-Formen:* redīsse(m), redīstī *u. a.*

red-hālō, hālāre *(Lucr.)* zurückdampfen.

red-hibeō, hibēre, hibuī, hibitum *(habeo)* ① *(Plaut.; spätl.)* zurückgeben, erstatten [**alci viaticum**];
② *(eine mangelhafte Ware)* **a)** *(vom Käufer)* zurückgeben; **b)** *(Plaut.) (vom Verkäufer)* zurücknehmen.

redhibitiō, ōnis *f (redhibeo) (nachkl.)* Rücknahme *bzw.* Rückgabe *mangelhafter Ware.*

● **red-igō,** igere, ēgī, āctum *(ago)* ① zurücktreiben, -jagen, -bringen [**capellas; alqm in exilium; hostem in castra;** *übtr.* **in memoriam alcis** jmdm. ins Gedächtnis zurückrufen; **rem ad pristinam belli rationem** die alte Kampfweise wieder aufnehmen];
② *(Geld)* einziehen, eintreiben, einnehmen [**pecuniam ex vectigalibus; magnam pecuniam in aerarium; praedam in fiscum** konfiszieren; **alqd in publicum** in die Staatskasse einliefern]; **omnis frumenti copia penes istum est redacta** in seine Hände geliefert;
③ *(in eine Lage)* versetzen, bringen [**insulas sub** (*od.* **in) potestatem** unterwerfen; **in servitutem; prope ad internecionem gentem ac nomen Nerviorum; alqm in ordinem** zur Ordnung weisen; **mentem lymphatam in veros timores** versetzen; **gentes in dicionem imperii; in provinciam** *od.* **in formam provinciae; homines in gratiam** wieder versöhnen; **patrem ad inopiam** an den Bettelstab; **alqd ad certum** zur Gewissheit bringen]; *(m. dopp. Akk.)* zu etw. machen [**virum infirmiorem** schwächen];
④ *(nach Anzahl, Umfang, Wert)* herunterbringen, verkleinern, herabsetzen [**praedam ad nihilum; victoriam ad vanum et irritum** vereiteln u. zunichte machen]; **loci angustiis redactus est ad paucitatem, quam in hoste contempserat** auf dieselbe geringe Anzahl beschränkt.

red-iī *Perf. v. redeo.*

redimīculum, ī *n (redimio)* Band, Stirnband, Halskette.

redimiō, redimīre ① umbinden, umwinden, bekränzen [**capillos mitrā; tempora vittā; frontem coronā**];
② *(übtr.)* umgeben; **silvis redimita loca.**

● **red-imō,** imere, ēmī, ēmptum *(emo)* ① zurückkaufen [**domum; fundum**];
② los-, freikaufen [**captos e servitute; auro se a Gallis; pecuniā se a iudicibus; amicum a piratis; urbem quinque hominum perditorum poenā**];
③ (er)retten, erlösen [**alqm ab Acherunte sanguine suo**];
④ (er)kaufen [**auro ius sepulcri; necessaria ad cultum; vitam alcis pretio**];
⑤ erlangen, erwerben [**pacem obsidibus; pacem parte fructuum**];
⑥ abwenden [**litem**];
⑦ etw. wieder gutmachen [**culpam; vitia virtutibus**];
⑧ pachten, mieten [**vectigalia; picarias**];
⑨ gegen Bezahlung übernehmen, ausführen [**opus**].

● **red-integrō,** integrāre ① wieder ergänzen [**deminutas copias**];
② wiederherstellen, erneuern [**proelium; invidiam in alqm; iras**];
③ auffrischen, beleben [**vires; spem victoriae; memoriam auditoris; animum legentium** das Interesse der Leser].

red-ipīscor, ipīscī, – *(apiscor) (Plaut.)* wiedererlangen.

reditiō, ōnis *f (redeo)* Rückkehr.

reditum *P. P. P. v. redeo.*

● **reditus,** ūs *m (redeo)* ① Rückkehr [**Romam; domum** Heimkehr; **in Italiam; in castra; e foro; e provincia**];
② Kreislauf *der Gestirne* [**solis**];
③ *(übtr.)* Rückkehr, Wiedereintritt [**ad propositum; in amicitiam; in gratiam cum alqo** Versöhnung];
④ Einkommen, Einkünfte, *auch Pl.* [**pecuniae** an Geld; **metallorum**].

redivīvum, ī *n (redivivus)* schon gebrauchtes Baumaterial.

redivīvus, a, um *(re u. vivus)* ① *(nachkl.)* wieder lebendig geworden, auferstanden [**senex; Christus**];
② wieder benutzt, schon gebraucht [**lapis**].

red-oleō, olēre, oluī, – einen Geruch v. sich geben, riechen *(nach etw.: Akk. od. Abl.)* [**vinum; thymo;** *übtr.* **antiquitatem**]; **redolent murrae;** *(übtr.)* **sermonis indicia redolent** sind zu spüren.

re-domitus, a, um *(domo)* wieder bezwungen [**cives**].

Rēdonēs, num *m gall. Volk in der Bretagne beim jetzigen Rennes.*

re-dōnō, dōnāre *(Hor.)* wieder schenken.

re-dormiō, dormīre *(nachkl.)* wieder schlafen.

● **re-dūcō,** dūcere, dūxī, ductum ① zurückziehen, -schieben [**turres; munitiones; remos ad pectora; caput comā** an den Haaren; **hastam; bracchia in iaculando** ausholen mit; *übtr.* **se a contemplatu mali** abstehen; **socios a morte** retten];
② zurückführen, -bringen [**milites; alqm domum** *u.* **ad suam villam** heimgeleiten; **alqm**

in urbem; alqm ad parentes; captivos ad Caesarem; spem mentibus anxiis]; *(pass.)* **aestas reducitur** kehrt wieder;
③ *(Truppen)* zurückführen, zurückziehen, zurückmarschieren lassen [**legiones ex Britannia; copias a munitionibus in castra; suos ab oppugnatione; victorem exercitum Romam; suos incolumes**];
④ *(übtr.)* zurückführen, -bringen [**alqm ex errore in viam** auf den rechten Weg; **legiones veterem ad morem; alqm in gratiam cum alqo** versöhnen; **alqm ad officium; alqd in memoriam** ins Gedächtnis zurückrufen]; **alqm in memoriam gravissimi luctus ~** bei jmdm. das Andenken an … erneuern;
⑤ *(eine verstoßene Frau)* wieder zu sich nehmen [**uxorem; alqam in matrimonium**];
⑥ *(einen Verbannten)* wieder zurückführen [**alqm de exilio**]; *(einen vertriebenen Fürsten)* wieder einsetzen [**alqm regem** *od.* **in regnum**]; **cum in Italiam, ex qua profectus sum, reductus existimabor;**
⑦ *(nachkl.) (etw. außer Gebrauch Gekommenes)* wieder einführen, erneuern [**morem; legem maiestatis; habitum vestitumque pristinum**];
⑧ *(poet.)* **alqd in formam ~** gestalten;
⑨ *(Ter.)* jmd. auf die rechte Bahn zurückführen;
⑩ *(Lucr.) (vom witternden Wild)* einziehen [**auras naribus**].

reductiō, ōnis *f (reduco)* Zurückführung, Wiedereinsetzung [**regis**].

reductor, ōris *m (reduco)* ① Zurückführer [**plebis in urbem**];
② *(nachkl.)* Wiederhersteller [**litterarum iam senescentium**].

reductus, a, um *(P. Adj. v. reduco)* zurückgezogen, -tretend, abgelegen, einsam [**vallis; oculi** tief liegende]; – *Subst.* reducta, ōrum *n* = *apoproegmena.*

red-uncus, a, um *(poet.; nachkl.)* einwärts gebogen, einwärts gekrümmt [**rostrum**].

redundanter *Adv. (v. redundans, Part. Präs. v. redundo) (Plin.)* zu wortreich, weitschweifig.

redundantia, ae *f (redundo)* Überfülle *des Ausdrucks.*

● **red-undō,** undāre ① überfließen, -strömen, übertreten, austreten; **lacus redundat; Nilus campis redundat;** – *P. P. P.* redundatus = *Part. Präs.* redundans überströmend, flutend [**aquae**];
② v. etw. triefen *(m. Abl.)* [**sanguine**];
③ *(rhet.)* überladen sein; – *Part. Präs.* redundans wortreich, weitschweifig [**orator; verba**];
④ *(übtr.)* hineinströmen, sich reichlich ergießen; **in me periculum redundat; in provincias ~** die Provinzen überschwemmen; **ad amicos infamia redundat** trifft; **invidia mihi redundat; ex meo tenui vectigali, detractis sumptibus cupiditatis, aliquid etiam redundabit** übrig bleiben;
⑤ an etw. Überfluss haben *(m. Abl.)* [**luctu; armis**];
6. im Überfluss vorhanden sein; **ornatus orationis in alqo redundat; iudicum hodie copia redundat;**
⑦ sich in Fülle zeigen; **pecuniae hinc redundant.**

red-uvia, ae *f (< * red-uo; vgl. exuviae < exuo)* ① Niednagel *am Finger;*
② *(übtr.)* Kleinigkeit.

redux, *Gen.* ucis *(Abl. Sg.* -e *u.* -ī; *Pl. Neutr. u. Gen. nicht vorhanden) (reduco)* ① zurückführend [**Fortuna; Iuppiter**];
② zurückkommend [**socii; navis**]; **alqm reducem facere** *(Ter.)* wieder zurückbringen; **me reducem esse voluistis.**

re-dūxī *Perf. v. reduco.*

re-fēcī *Perf. v. reficio.*

refectiō, ōnis *f (reficio)* ① Wiederherstellung, Ausbesserung [**Capitolii**];
② *(nachkl.)* Erholung, Erfrischung;
③ *(mlt.)* Mahlzeit.

refector, ōris *m (reficio) (Suet.; spätl.)* Wiederhersteller.

refectōrium, ī *n (reficio) (mlt.)* Speisesaal *im Kloster.*

refectus *P. P. P. v. reficio.*

re-fellō, fellere, fellī, – *(fallo)* widerlegen, als irrig zurückweisen [**testem; dicta; mendacium alcis; crimen ferro** entfernen]; – *die Perf.-Formen des Pass. u. das Sup. werden durch refutare ergänzt.*

● **re-ferciō,** fercīre, fersī, fertum *(farcio)* ① voll stopfen, (an)füllen [**horrea;** *übtr.* **aures sermonibus; libros puerilibus fabulis**]; **libris omnia referserunt** alles ist mit Büchern überfüllt; – *P. Adj.* **refertus,** a, um voll gestopft, angefüllt, reich *(abs., m. Abl. od. Gen.)* [**aerarium; Asia; agri; officio; insula divitiis; vita bonis; mare praedonum**];
② anhäufen [**alqd in oratione**].

re-feriō, ferīre, – – *(poet.; nachkl.)* zurückschlagen, -werfen; **oppositā speculi referitur imagine Phoebus** gibt einen Widerschein; **referitur vocibus** Echo.

● **re-ferō,** referre, rettulī, relātum *(u. [Ter.]* rellātum*)* ① zurücktragen, -bringen [**pecunias in templum; tegulas; candelabrum; corpus in monumentum** ins Grab; **anulum ad alqm; collapsa membra thalamo** ins Gemach; **alqm in castra**]; **auster alqm in Italiam refert** verschlägt; **ut naves eodem, unde erant profectae, referrentur;**
② *(als Fund, als Beute)* heimbringen [**opima spolia; signa militaria ex proelio**];
③ *(als Nachricht, Meldung u. Ä.)* (hinter)bringen, melden [**alcis orationem domum; alcis mandata; rumores Africanos; responsum**];

R

(auch m. A. C. I. u. indir. Frages.); **referunt, quae fortuna consulum sit;**
4 zurückwenden, -bewegen, -ziehen [**caput; manum ad capulum** ans Schwert legen; **pedem, gradum** *od.* **vestigia** sich zurückziehen, zurückweichen, -kehren; **castra** zurückverlegen; **ora in alqm**]; – *se ~ od. (selten) mediopass. referri* sich zurückziehen, sich zurückwenden, sich zurückbegeben, zurückkehren, -gehen: **se e pastu** heimkehren; **se Romam ~; se domum ~; se ad urbem ~; a prima acie ad triarios sensim referri; equi referuntur** eilen zurück; *(übtr.)* **eo se refert oratio;**
5 *(den Geist, die Blicke)* zurückwenden, wieder hinwenden, hinrichten [**oculos animumque ad alqm; animum ad studia; animum ad firmitudinem** wieder eine feste Haltung geben; **multa in melius** wieder zum Besseren wenden; **se ad philosophiam; se a scientiae delectatione ad efficiendi utilitatem**];
6 auf etw. zurückführen, beziehen, nach etw. beurteilen, bemessen *(ad)* [**omnia ad voluptatem; in claritatem Herculis; omnia ad suum arbitrium** abhängig machen v.; **prospera ad fortunam** zuschreiben; **alienos mores ad suos** nach den eigenen beurteilen; **alqd ad se ipsum** nach sich selbst bemessen; **omnia consilia atque facta ad dignitatem et ad virtutem**]; – *Pass.* referri sich auf etw. beziehen;
7 v. jmdm. ableiten [**maiores ab alqo**];
8 *(als Entgelt)* zurückerstatten, vergelten, erwidern [**alci gratiam** *od.* **gratias** Dank *(durch die Tat)* abstatten; **fertilitatis honorem** Dank abstatten für; **par pari** Gleiches m. Gleichem vergelten; **alci salutem** jmds. Gruß erwidern];
9 *(Geliehenes, Geraubtes)* zurückerstatten, wiedergeben [**pateram; alci argentum; scyphos**];
10 *(Schuldiges)* entrichten [**aera Idibus** das Schulgeld zahlen; *übtr.* **tumulo sollemnia** weihen];
11 *(poet.; nachkl.) (eine Zeit)* zurückkehren lassen, zurückbringen; **o mihi praeteritos referat si Iuppiter annos!** *(Verg.);*
12 antworten, erwidern [**pauca; talia**];
13 sagen, sprechen [**vera; talia verba; versum** zitieren];
14 wiederholen [**responsum; voces; alqm** wiederholt nennen];
15 *(Töne)* widerhallen lassen, zurückschallen lassen [**gemitum**]; – *Pass.* widerhallen, zurückschallen: **soni referuntur; theatri natura ita resonans, ut usque Romam significationes vocesque referantur;**
16 *(Entschwundenes)* wiederherstellen, erneuern, wieder-, zurückbringen, wieder einführen [**eandem totius caeli descriptionem; eas artes; caerimonias; praeteritos annos; maiorum consuetudinem; morem; arma** den Krieg; **rem iudicatam** wieder vor Gericht bringen];
17 *(poet.; nachkl.)* jmd. an etw. erinnern *(m. Akk.)* [**foedus et iura parentum**];
18 *(poet.)* sich an etw. erinnern *(m. Akk.)* [**convivia**];
19 *(poet.; nachkl.)* überdenken [**alqd mente**];
20 *(poet.; nachkl.)* abspiegeln, wiedergeben, nachahmen [**miram formam; patrem sermone (ore); animo manibusque parentes; nomine avum** denselben Namen haben];
21 *(Verg.)* ausspeien [**vina**];
22 überbringen' [**senatūs consulta; publicas rationes ad alqm**];
23 abliefern, bringen [**frumentum ad Caesarem; rationes ad aerarium; pecuniam in aerarium** an die Staatskasse];
24 jmdm. etw. übertragen [**consulatum ad patrem**];
25 *(schriftl. od. mündl.)* überliefern, berichten, mitteilen [**acta sociis; haec mandata Caesari; Solis amores; relata** Erzähltes; *(m. dopp. Akk.)* **alqm parentem** als Vater angeben *od.* rühmen; **patriam Epirum**]; *(auch m. A. C. I. od. indir. Frages.);*
26 vortragen, vorbringen, vorlegen, Bericht erstatten *(abs.; alqd u. de re ad alqm; m. A. C. I.; m. indir. Frages.)* [**omnia ad oracula** zur Entscheidung vorlegen; **rem ad senatum** im Senat zur Sprache bringen; **ad Apollinem semper publice de maioribus rebus**]; **postulant, ut referatur** dass Bericht erstattet werde;
27 eintragen, einschreiben, aufzeichnen, aufnehmen, (ver)buchen [**iudicium in tabulas publicas; in album; in libellum; alqd in commentarium; pecuniam acceptam** als empfangen eintragen, gutschreiben; **alci salutem imperii acceptam** gutschreiben; **alqm in (inter) proscriptos** *od.* **in proscriptorum numerum** auf die Liste der Geächteten setzen; **in reos**];
28 rechnen unter, zählen zu [**alqm in oratorum numerum; terram et caelum in deos; alqm inter deos**].

re-fersī *Perf. v. refercio.*

● **rē-fert,** rēferre, rētulit *(< res fert, später rē- v. den Römern selbst als Abl. aufgefasst) unpers.* es liegt daran, kommt darauf an; – *die Person, der es an etw. liegt, wird ausgedrückt durch meā, tuā, suā, nostrā, vestrā (mir, dir usw.), durch Gen. od. Dat.; – das, woran etw. liegt, wird bezeichnet durch das Neutr. eines Pron. (z. B. id, illud, quid), durch Inf., A. C. I. od. indir. Frages.; – das Wieviel wird bezeichnet durch Gen. pretii (z. B. parvi, magni, pluris), durch Neutr. v. Adj. u. Pron. (z. B. multum, plus, plurimum, nihil, quid) od. durch*

Adv. (z. B. magnopere, magis, minime).

refertus *s. refercio.*

re-ferveō, fervēre, – – aufwallen, aufbrausen; *(übtr.)* **refervens falsum crimen.**

refervēscō, refervēscere, – – *(Incoh. v. referveo)* aufwallen; **sanguis refervescit.**

● **re-ficiō,** ficere, fēcī, fectum *(facio)* ① v. neuem machen, neu verfertigen [**amissa; tela; faciem** eine neue Gestalt geben];
② wieder wählen [**alqm consulem; tribunos; regem** wieder einsetzen];
③ wiederherstellen: **a)** wieder erbauen [**muros dirutos; opus; pontem; fana**]; **b)** ausbessern [**naves; classem; aedes**];
④ *(übtr.)* wiederherstellen [**ordines; salutem**];
⑤ ergänzen, vollzählig machen [**exercitum; pecus**];
⑥ kräftigen, sich erholen lassen, erfrischen, erquicken [**fessum militem; exercitum ex labore; animos militum a terrore; mentem** beleben; **vires cibo; saucios** heilen]; – *se ~ od. mediopass. refici* sich erholen: **ex vulnere refectus; ab iactatione maritima refici; res refectae sunt** die Verhältnisse haben sich gebessert;
⑦ *(poet.)* wieder anzünden, wieder anfachen [**flammam**];
⑧ *(Geld)* einnehmen [**tantum ex possessionibus**];
⑨ *(mlt.)* jmd. speisen; – *se ~ u. mediopass.* essen.

re-fīgō, fīgere, fīxī, fīxum ① losmachen, abreißen, herabnehmen [**tabulas; signa templis** *(Abl.)*];
② abschaffen, aufheben, ungültig machen [**leges**].

re-fingō, fingere, – – *(Verg.)* wieder bilden, schaffen [**cerea regna**].

re-fīxī *Perf. v. refigo.*

refīxus *P. P. P. v. refigo.*

re-flāgitō, flāgitāre *(Cat.)* zurückfordern.

reflātus, ūs *m (reflo)* Gegenwind.

re-flectō, flectere, flexī, flexum ① *(poet.; nachkl.)* rückwärts biegen, zurückdrehen, -wenden [**caput; cervicem; colla; oculos; pedem** *od.* **gressum** zurückgehen; **caudam**]; – *mediopass.* sich zurückbeugen: **longos reflectitur ungues** *(Ov.)* bekommt lange, zurückgebogene Krallen;
② *(übtr.)* (um)wenden, umstimmen [**animum** *od.* **mentem** besänftigen; **mentem a latrociniis** abwenden].

re-flō, flāre ① entgegenwehen *(auch übtr. vom Glück);*
② *(Lucr.)* ausatmen.

re-flōrēscō, flōrēscere, flōruī, – *(nachkl.)* wieder zu blühen beginnen.

re-fluō, fluere, flūxī, flūxum *(poet.; nachkl.)* zurückfließen; **Nilus refluit campis** v. den Feldern.

refluus, a, um *(refluo) (poet.; nachkl.)* zurückfließend, -flutend [**mare**].

re-fōcil(l)ō, fōcil(l)āre *(nachkl.)* wieder erwärmen, wieder beleben, erquicken.

refōrmātiō, iōnis *f (reformo) (nachkl.)* Verbesserung [**morum**].

refōrmātor, tōris *m (reformo) (nachkl.)* Erneuerer [**litterarum iam senescentium**].

reformīdātiō, ōnis *f (reformido)* Furcht.

re-formīdō, formīdāre zurückbeben, -schrecken, -scheuen, fürchten *(m. Akk.; Inf.; indir. Frages.; ne);* **bellum ~; dicere reformidat animus.**

re-fōrmō, fōrmāre ① *(Ov.)* umgestalten, umbilden, verwandeln;
② *(Plin.)* verbessern [**mores depravatos**].

re-foveō, fovēre, fōvī, fōtum *(poet.; nachkl.)* ① wieder erwärmen [**corpus; artūs**];
② *(übtr.)* wieder beleben, erquicken, erfrischen, stärken [**provincias certaminibus fessas; animum; vires; studia prope exstincta**].

refrāctāriolus, a, um *(Demin. v. refractarius)* etw. halsstarrig, etw. eigensinnig [**genus dicendi**].

refrāctārius, a, um *(refragor) (Sen.)* halsstarrig, eigensinnig.

refrāctus *P. P. P. v. refringo.*

re-frāgor, frāgārī *(vgl. suffragor)* ① stimmen gegen, widerstreben *(m. Dat.)* [**petenti; sibi; honori alcis**];
② *(nachkl.) (v. Sachen)* hinderlich sein, im Wege stehen.

re-frēgī *Perf. v. refringo.*

refrēnātiō, ōnis *f (refreno) (Sen.)* Zügelung [**doloris**].

re-frēnō, frēnāre zügeln, hemmen, zurückhalten [**adulescentes a gloria; aquas; iuventutem omnium opibus**].

re-fricō, fricāre, fricuī, fricātūrus **I.** *trans.* ① wieder aufreißen [**vulnera,** *auch übtr.*];
② *(übtr.)* erneuern, wieder erregen [**desiderium ac dolorem; memoriam pulcherrimi facti**];
II. *intr.* wieder ausbrechen.

refrīgerātiō, ōnis *f (refrigero)* Abkühlung.

refrīgerium, ī *n (refrigero) (Vulg.; August.)* Abkühlung.

re-frīgerō, frīgerāre *(frigus)* ① abkühlen [**membra undā**]; – *mediopass. refrigerari* sich abkühlen [**umbris aquisve**];
② *mediopass. (übtr.)* erkalten, nachlassen, sich verlieren; **sermone refrigerato; accusatio refrigeratur.**

re-frīgēscō, frīgēscere, frīxī, – ① *(nicht klass.)* wieder kalt werden, wieder kühl werden, sich abkühlen; **cor corpore cum toto refrixit** *(Ov.);*
② *(übtr.)* erkalten, nachlassen, ins Stocken ge-

raten, an Bedeutung verlieren; **illud crimen in causa refrixit; belli apparatūs refrigescent; sortes refrixerunt** sind außer Gebrauch gekommen; **a iudiciis forum refrixit** es geht bei den Gerichten nicht mehr so hitzig zu; **Scaurus refrixerat** hatte kaum Aussicht, gewählt zu werden.

re-fringō, fringere, frēgī, frāctum *(frango)* ❶ aufbrechen, erbrechen, zerbrechen [**ianuam; carcerem; Palatii fores; vestes** aufreißen; **ramum** abbrechen];
❷ *(übtr.)* brechen [**dominationem Atheniensium; Achivos** die Macht der Achiver; **vim fluminis**].

re-frīxī *Perf. v. refrigesco.*

re-fūdī *Perf. v. refundo.*

re-fugiō, fugere, fūgī, fugitūrus **I.** *intr.* ❶ zurück-, entfliehen, entweichen [**ad suos; Romam; ex castris in montem; ex alto; a consiliis** abgehen von; **oppido capto; ad urbem**];
❷ seine Zuflucht nehmen [**ad legatos; in portum; ad carminis tranquillitatem tamquam ad portum**];
❸ *(poet.; nachkl.) (v. Örtl.)* zurücktreten; **a litore templum refugit;**
II. *trans.* ❶ fliehen vor [**anguem**];
❷ jmd. fliehen, meiden [**iudicem**];
❸ etw. meiden, scheuen, fürchten [**periculum; ministeria**]; – *m. Inf.* sich sträuben.

refugium, ī *n (refugio)* Zuflucht(sort); ~ **populorum erat senatus; silvae dedere -um.**

refugus, a, um *(refugio) (poet.; nachkl.)* ❶ fliehend [**equites**];
❷ *(übtr.)* zurückweichend [**unda; fluctus**].

re-fulgeō, fulgēre, fulsī, – ❶ zurückstrahlen; **arma refulgentia;**
❷ *(poet.; nachkl.)* (er)strahlen, (er)glänzen, (auf)leuchten, schimmern; *(übtr.)* **splendida a docto fama refulget avo** *(Prop.).*

re-fundō, fundere, fūdī, fūsum ❶ zurückgießen, -schütten;
❷ *(poet.)* zurückwerfen; **refunditur alga;**
❸ *mediopass. refundi (poet.)* zurück-, hervorströmen, sich ergießen, *bes. Part. refusus;* **stagna refusa vadis** vom Meeresgrund nach oben ergossen; **palus Acheronte refuso** durch den Ausfluss des Acheron gebildet; **refusus Oceanus** in sich selbst zurückfließend = die Erde umfließend; **fletu super ora refuso.**

refūtātiō, ōnis *f u. (Lucr.)* **refūtātus,** *Abl.* ū *m (refuto)* Widerlegung.

re-fūtō, fūtāre *(vgl. con-futo)* ❶ zurücktreiben, -drängen [**nationes bello**];
❷ etw. zurück-, abweisen, ablehnen, verschmähen [**cupiditatem alcis; clamorem; virtutem; vitam**]; **Fors dicta refutet!** Gott behüte!;
❸ widerlegen.

rēgāle, lis *n (regalis) (mlt.)* Königsgut, -recht; *Pl.* Einkünfte des Königs; Reichskleinodien.

rēgāliolus, ī *m (regalis) (Suet.)* Zaunkönig *(kleiner Vogel).*

rēgālis, e *(rex)* ❶ königlich, eines Königs, dem König eigen [**potestas; res publica; nomen; imperium; sceptrum; genus civitatis** Monarchie; **carmen** *u.* **scriptum** die Taten der Könige verherrlichend; **purpura**];
❷ *(übtr.)* fürstlich, eines Königs würdig [**ornatus; sententia; animus**];
/ Adv. **rēgāliter a)** königlich, nach Königsart; **b)** herrisch, eigenmächtig, tyrannisch.

re-gelō, gelāre *(nachkl.)* etw. wieder auftauen.

re-generō, generāre *(nachkl.)* wieder erzeugen, v. neuem hervorbringen; – *P. Adj.* regenerātus, a, um wieder geboren, getauft.

re-gerō, gerere, gessī, gestum ❶ zurücktragen, -bringen [**terram e fossa; tellurem** in die Grube zurückwerfen; **faces** zurückwerfen, -schleudern; **radios** zurückstrahlen];
❷ *(übtr.)* zurückgeben, erwidern [**convicia**];
❸ *(übtr.)* auf jmd. schieben [**culpam in alqm**].

● **rēgia,** ae *f (regius; erg. domus)* ❶ Königsburg, königl. Palast, Schloss, Residenz [**caeli** Himmelsburg]; **qui -am tuebantur** *(Nep.)* die Palastgarde;
❷ *(in Rom)* Königsburg des Numa, *nach der Vertreibung der Könige Sitz des pontifex maximus;*
❸ Königszelt *im Lager;*
❹ *(nachkl.)* Säulenhalle;
❺ königliche Familie;
❻ *(nachkl.)* Hof(staat);
❼ *(nachkl.)* Königswürde.

Rēgiēnsēs *s. Regium.*

rēgi-ficus, a, um *(rex u. facio) (poet.)* königlich, prächtig [**luxus**].

Rēgillī, ōrum *m s. Regillus.*

rēgillus, a, um *(rego) (vorkl.; spätl.)* ❶ m. senkrecht gezogenen Kettenfäden gewebt;
❷ *(scherzh. als Demin. v. regius)* königlich, prächtig.

Rēgillus, ī *m* ❶ *sabin. Stadt; auch* **Rēgillī,** ōrum *m; – Adj.* **Rēgillēnsis,** e *u.* **Rēgillānus,** a, um;
❷ *(erg. lacus) nicht lokalisierbarer See in Latium, an dem 496 v. Chr. die Römer unter Postumius die Latiner in einer Entscheidungsschlacht besiegten; – Adj.* **Rēgillēnsis,** e *cogn. in der gens Postumia;*
❸ *cogn. in der gens Aemilia.*

regimen, minis *n (rego)* ❶ *(Tac.)* Lenkung, Leitung [**cohortium** Oberbefehl; **navis**];
❷ Verwaltung, Regierung [**magistratūs; rei publicae**];
❸ *(vor- u. nachkl.)* Herrschaft;
❹ *(poet.) (meton.)* Steuerruder [**carinae**];
❺ Lenker, Leiter [**rerum** des Staates].

● **rēgīna,** ae *f (rex)* ① Königin, *als Herrscherin u. als Gattin des Königs: Dido; auch v. Göttinnen: Iuno; Venus; siderum ~ bicornis = Luna;*
② *(poet.; nachkl.)* Königstochter, Prinzessin [**Colchorum** = Medea; **sacerdos** königliche Priesterin];
③ *(Kom.) (v. vornehmen Frauen)* Herrin, Gebieterin;
④ *(übtr.)* Königin, Beherrscherin; ~ **pecunia; haec una virtus (iustitia) omnium est domina et ~ virtutum** *(Cic.)*.

Rēgīnus *s. Regium.*

● **regiō,** ōnis *f (rego)* ① Richtung, Reihe, Linie; ~ **viarum; eandem regionem petere** einschlagen; **rectā regione** in gerader Richtung; **rectā Danuvii regione** parallel zur Donau; **regione occidentis** westwärts; **regionem castrorum superare** das Lager umgehen; *(übtr.)* **de recta regione deflectere** vom rechten Weg abweichen; **haec eadem est nostrae rationis ~ et via** *(Cic.)* dieselbe Richtung u. denselben Weg schlage ich bei unserem Verfahren ein; – **ē regiōne** *Adv.:* **a)** in gerader Richtung, gerade(aus) [**moveri; petere**]; **b)** gerade gegenüber *(abs., m. Gen. od. Dat.)* [**oppidi; solis; castris**];
② Grenzlinie, Grenze, *meist Pl., auch übtr.* [**terrae; caeli**]; **res eae orbis terrae regionibus definiuntur;** *(übtr.)* **sese regionibus officii continere;**
③ *(t. t. der Auguralspr.)* die Gesichtslinie, *die man sich am Himmel gezogen dachte;* **per lituum regionum facta descriptio;**
④ Himmelsraum, Weltgegend [**vespertina; aquilonia**];
⑤ Gegend, Gebiet, Landschaft, Landstrich [**inhabitabilis; pestilens; fertilis; infinita; media; maritima**];
⑥ *(übtr.)* Gebiet, Bereich [**definita**];
⑦ *(nachkl.) (in Rom)* Stadtbezirk, -viertel; **in quattuordecim regiones Roma dividitur.**

Rēgion *s. Rēgium.*

regiōnātim *Adv. (regio)* bezirksweise.

re-girō, girāre *(mlt.)* wenden.

registrum, ī *n (mlt.)* Verzeichnis, Register.

Rēgium *u.* **Rēgion,** ī *n* ① ~ Lepidum *(nach ihrem vermeintlichen Gründer Aemilius Lepidus), Stadt zw. Modena u. Parma an der via Aemilia, j.* Reggio Emilia; – *Einw.* **Rēgiēnsēs,** ium *m;*
② *Stadt gegenüber v. Messina, Heimat des Dichters Ibycus, j.* Reggio di Calabria; – *Einw. u. Adj.* **Rēgīnus,** ī *m bzw.* a, um.

● **rēgius,** a, um *(rex)* ① königlich, Königs- [**insignia; potestas; civitas** Monarchie; **genus; nomen; causa** Einsetzung des Königs; **ornatus; bellum** m. einem König; **exercitus** des (Perser-)Königs; **legatio; virgo** Prinzessin; **ales** Adler *als Vogel des Jupiter*]; – *Subst.* **rēgiī,** ōrum *m* **a)** königl. Truppen; **b)** Hofleute;
② eines Königs würdig, Königen geziemend [**morbus** Gelbsucht]; **more -o vivere** zügellos;
③ prächtig [**apparatus; comitatus; moles** Bauten];
④ tyrannisch, despotisch [**spiritus** despotischer Hochmut].

re-glūtinō, glūtināre *(poet.; spätl.)* wieder auflösen.

rēgnātor, ōris *m (regno) (poet.; nachkl.)* Herrscher, Gebieter [**Olympi** *v. Jupiter;* **Asiae**].

rēgnātrīx, īcis *f (regnator) (nachkl.)* Herrscherin, *attrib.* herrschend, Herrscher- [**domus**].

● **rēgnō,** rēgnāre *(regnum)* **I.** *intr.* ① König sein, herrschen, regieren *(über jmd.: in alqm od. alcis)* [**in nos; populorum; Romae; Graias per urbes; iniussu populi**]; **regnandi dira cupido; Numā regnante** unter der Regierung des N.; *unpers.:* **regnatum est Romae ab condita urbe annos CCXLIV** in Rom haben Könige regiert;
② *(übtr.)* herrschen, gebieten; **Graeciā iam regnante; vivo et regno ich** lebe wie ein König;
③ den Herrn spielen, frei schalten u. walten; **alqs audaciā regnat in omnibus oppidis; regnavit Gracchus quidem paucos menses;**
④ *(v. Lebl.)* herrschen, walten, die Oberhand haben; **ignis per alta cacumina regnat** wütet; **ardor edendi per viscera regnat; regnat ebrietas;**
II. *trans. (poet.; nachkl.)* beherrschen, *nur Pass.;* **regnandam accipere Albam;** *(m. Dat. der Person: von)* **terra regnata Philippo;** – *abs.* monarchisch regiert werden, einen König haben: **gentes, quae regnantur.**

● **rēgnum,** ī *n (rex)* ① Königtum, Königsherrschaft, -thron, -gewalt; **-um agere, labefactare, tenere; alqm arcessere in -um a lusibus; -um suum firmare; alci -um dare** jmd. zum König machen; **alci -um adimere** entthronen; **superbi -i initium; neque potest eiusmodi res publica non regnum et esse et vocari;**
② Herrschaft, Regierung [**iudiciale** Macht vor Gericht; **vini** Vorsitz beim Trinkgelage]; **-i cupiditas** Herrschsucht; **sub -o alcis esse; alci -um deferre;** *(übtr.)* **si aliquid -i est in carmine** einige Macht; **abuti ad omnia atomorum -o et licentiā;**
③ Gewalt-, Allein-, Zwingherrschaft, Tyrannei [**Dionysii**]; **-um occupare, appetere; in plebe Romana -um exercere** das röm. Volk tyrannisieren; ~ **est dicere** es wäre Tyrannei, zu sagen;
④ Königreich, Reich; **fines -i; patrio -o pellere alqm;** *(übtr.)* **cerea -a** Bienenzellen; **in eorum -o ac dicione esse;**

R

5 *(poet.)* Schattenreich, *auch Pl.* [**Proserpinae**]; **Cerberus -a personat;**
6 Königshaus, -sitz; **necessitudines -i** Beziehungen zum Königshaus;
7 *(übtr.)* Gebiet, Besitztum; **deserta -a pastorum.**

● **regō,** regere, rēxī, rēctum 1 (gerade) richten, lenken, leiten [**habenas; equum; navem velis; clavum** das Steuer; **tela per auras; motum mundi; caeca vestigia filo; studia consiliis**];
2 abstecken, abgrenzen [**fines** Grenzen ziehen];
3 regieren, beherrschen, verwalten [**Massilienses summā iustitiā; rem publicam; domum; clientelas; cohortes** kommandieren]; *auch (Tac.) abs.:* **eo regente** unter seiner Regierung; **ambitioso imperio regebat**; – *Subst. (nachkl.)* **regēns,** entis *m* Herrscher: **clementia regentis;**
4 zurechtweisen [**errantem; alcis dubitationem**].

re-grātior, grātiārī *(mlt.)* danken.

re-gredior, gredī, gressus sum *(gradior)* 1 zurückgehen, -kehren, -kommen [**a Germania in urbem; longinquo ab exilio Tarentum; ex itinere clam in castra**]; *(übtr.)* **in memoriam regredior me audisse** *(Plaut.)* ich erinnere mich, besinne mich;
2 *(milit.)* sich zurückziehen, zurückmarschieren.

regressus[1] *P. P. Akt. v. regredior.*

regressus[2], ūs *m (regredior)* 1 Rückkehr; **alci regressum dare** die Rückkehr gestatten; **fortuna regressum non habet** kehrt nicht zurück;
2 *(milit.)* Rückzug [**per saltūs**];
3 *(übtr.)* Rücktritt, Abkehr [**ab ira**];
4 *(nachkl.)* Zuflucht, Rückhalt [**ad principem**].

rēgula, ae *f (rego)* 1 Leiste, Latte, Schiene;
2 Lineal;
3 *(übtr.)* Richtschnur, Maßstab, Regel; **lex est iuris atque iniuriae ~ ; ~, ad quam omnia iudicia rerum dirigentur.**

rēgulus, ī *m (Demin. v. rex)* 1 König *eines kleinen Landes,* kleiner König, Fürst, Häuptling;
2 Prinz.

Rēgulus, ī *m cogn. in der gens Atilia:* M. Atilius ~, *Konsul 267 u. 256 v. Chr., als röm. Feldherr im I. Pun. Krieg 255 v. Chr. von den Karthagern geschlagen u. gefangen genommen; der Überlieferung nach in Karthago hingerichtet, weil er sich bei einer Friedensgesandtschaft in Rom (250 v. Chr.) geg. den Frieden aussprach.*

re-gūstō, gūstāre 1 *(nachkl.)* wieder kosten;
2 *(übtr.)* genießend lesen, durch Lesen genießen [**litteras alcis; laudationem**].

● **rē-iciō,** icere, iēcī, iectum *(iacio)* 1 zurückwerfen [**manūs ad tergum; scutum** *u.* **parmas** auf den Rücken *zur Deckung*]; – **se** ~ *u. (selten) mediopass.* **reici** zurücksinken [**in cubile; in alqm** in jmds. Arme];
2 *(Kleidung)* zurückwerfen, zurückschlagen [**togam ab umero; sagulum**];
3 *(erwidernd)* zurückwerfen, wieder werfen [**telum in hostem**];
4 hinten hinstellen [**in postremam aciem**];
5 zurückjagen, -treiben, -drängen [**capellas a flumine; oculos Rutulorum arvis** abwenden von; **Hannibalis minas**];
6 wegwerfen, -stoßen, zurückdrängen [**colubras ab ore**]; *(Kleidungsstücke)* abwerfen [**vestem de corpore; amictum ex umeris**];
7 *(milit.)* zurückwerfen, -schlagen [**hostem in urbem; equitatum; hostes ab Antiochea**];
8 *(Schiffe u. zu Schiff Reisende)* zurücktreiben, verschlagen, *gew. im Pass.;* **naves tempestate reiectae; legati austro vehementi reiecti;**
9 zurück-, abweisen [**a se socordiam; petentem** den Bewerber]; verwerfen, verschmähen [**dona alcis; condiciones; disputationem**]; *(ausgeloste Richter)* ablehnen [**iudices; recuperatores**];
10 auf etw., an jmd. verweisen [**alqm ad ipsam epistulam; rem ad senatum** *(v. den Tribunen)*; **causam ad senatum; in hunc gregem Sullam; rem ad Pompeium; invidiam alcis rei ad senatum** auf den Senat schieben];
11 aufschieben [**reliqua in mensem Ianuarium**].

rēiculus, a, um *(reicio)* 1 *(vor- u. nachkl.)* ausgestoßen, unbrauchbar [**oves; mancipia**];
2 *(Sen.)* nutzlos hingebracht [**dies**].

rē-iēcī *Perf. v. reicio.*

rēiecta, ōrum *u.* **rēiectānea,** ōrum *n (reicio)* = *apoproegmena.*

rēiectiō, ōnis *f (reicio)* Zurückweisung, Ablehnung, Verwerfung, Verschmähung [**huius civitatis**].

rēiectō, rēiectāre *(Intens. v. reicio) (Lucr.)* zurückwerfen.

rēiectus *P. P. P. v. reicio.*

re-lābor, lābī, lāpsus sum *(poet.; nachkl.)* 1 zurückgleiten, -sinken, -fallen;
2 zurückfließen; **unda relabens;**
3 *(übtr.)* zurückkehren; **mens relabitur;**
4. *(übtr.)* zurückkommen auf [**in Aristippi praecepta**].

re-languēscō, languēscere, languī, – 1 erschlaffen, ermatten;
2 *(übtr.)* erlahmen, nachlassen; **taedio impetus relanguescit regis** *(Liv.)*; **animo relanguit ardor** *(Ov.)*; **relanguisse se dicit** sein Groll sei ziemlich verraucht.

relāpsus *P. P. Akt. v. relabor.*

relāta, ōrum *n (refero)* Erzählung, Bericht.
relātiō, ōnis *f (refero)* ① *(rhet. t. t.) hervorhebende* Wiederholung eines Wortes *(als Redefigur);*
② Erzählung, Bericht; ~ **contrariorum** die Anführung der direkten Gegensätze;
③ Berichterstattung, Vortrag, Antrag *(bes. im Senat);* **relationem egredi** v. der Tagesordnung abweichen;
④ *(jur. t. t.)* das Zurückschieben *des Vorwurfs auf den Ankläger,* Ablehnung [**criminis**];
⑤ *(gramm. u. philos. t. t.)* Beziehung, Verhältnis;
⑥ *(Sen.)* Erwiderung, Vergeltung [**gratiae**].
relātor, ōris *m (refero)* Berichterstatter.
relātus¹ *P. P. P. od. mediopass. v. refero.*
relātus², ūs *m (refero) (nachkl.)* ① Erzählung, Aufzählung, Anführung [**virtutum; carminum**];
② Vortrag, Berichterstattung, *bes. im Senat.*
relaxātiō, ōnis *f (relaxo)* Entspannung, Erholung [**animi**].
re-laxō, laxāre ① lockern, lösen, öffnen [**arcum; tunicarum vincula; claustra; nodos; densa** verdünnen; **vias** eröffnen, erschließen];
② erweitern [**ora fontibus**]; – *mediopass. relaxari* sich erweitern: **alvus relaxatur**;
③ *(übtr.)* nachlassen, abspannen [**vultum in hilaritatem** aufheitern; **continuationem verborum; tristitiam ac severitatem** mäßigen]; **pater nimis indulgens quicquid astrinxi relaxat** lockert die Zügel, die ich straff angezogen habe; – *abs. u. mediopass.* nachlassen, *v. Sachen u. Personen:* **dolor relaxat; insani relaxantur** kommen wieder zu Verstand; – *se ~ u. mediopass.* sich v. etw. lösen *(a re u. re)* [**a nimia necessitate numerorum; corporis vinculis**];
④ erleichtern, erheitern, Erholung gewähren, erquicken [**animum somno; curas requiete**]; – *se ~ u. mediopass.* sich erholen *(von etw.: ex re od. re)* [**ex sermone; istā occupatione**];
⑤ *(Eccl.)* vergeben, erlassen [**peccata**].
re-lēctus *P. P. P. v. relego².*
relēgātiō, ōnis *f (relego¹)* Verweisung, Verbannung *(die mildeste Form, wobei der Verbannte das röm. Bürgerrecht behielt).*
re-lēgī *Perf. v. relego².*
re-lēgō¹, lēgāre ① fortschicken, entfernen [**filium in praedia;** *(m. Dat.)* **alqm nymphae et nemori**];
② verbannen, verweisen *(als mildeste Form der Verbannung, vgl. relegatio)* [**in insulam; in exilium** schicken];
③ *(übtr.)* entfernen; **terris gens relegata ultimis** fern wohnend; **ambitione relegatā** ohne eitlen Dünkel;
④ zurückweisen [**verba alcis; dona**];
⑤ *(Tib.) (übtr.)* jmdm. etw. zuschieben, zuschreiben, zuweisen.
re-legō², legere, lēgī, lēctum ① *(poet.)* wieder zusammennehmen [**filum** wieder aufwickeln];
② *(poet.; nachkl.)* wieder durchwandern, -reisen [**aquas Hellespontiacas; Asiam; litora** zurücksegeln];
③ *(geistig)* wieder durchgehen, überdenken [**suos sermone labores** wieder besprechen; **quae ad cultum deorum pertinent**];
④ *(poet.; nachkl.)* wieder lesen [**scripta**];
⑤ *(Pers.) (übtr.)* etw. zurücknehmen [**quae dederam supra** was ich oben zugestanden hatte].
re-lentēscō, lentēscere, – – *(Ov.)* wieder erschlaffen, nachlassen; **amor relentescit.**
re-levō, levāre ① *(poet.)* wieder aufheben [**corpus e terra**];
② wieder leicht machen, erleichtern;
③ *(übtr.)* erleichtern, lindern, mildern [**luctum; morbum; famem; casum misericordiā**];
④ jmdm. Erleichterung, Erholung verschaffen, trösten, erquicken [**membra sedili** ausruhen lassen; **pectora mero**]; **cuius mors te ex aliqua parte relevavit**; – *mediopass.* **relevari** sich erholen;
⑤ befreien *(von: m. Abl.)* [**alqm curā et metu**].
relictiō, ōnis *f (relinquo)* böswilliges Verlassen [**rei publicae; consulis sui**].
relictum, ī *n (relinquo)* Rest.
relictus *P. P. P. v. relinquo.*
relicu(u)s, a, um = *reliquus.*
religātiō, ōnis *f (religo)* das Anbinden [**vitium**].
● **religiō,** ōnis *f (poet. auch* relligiō) *(relego² u. religo)* ① Rücksicht, Besorgnis, Bedenken; ~ **incessit alci** es stieg das Bedenken bei jmdm. auf; **religionem afferre, inicere** *od.* **offerre alci; alqd in religionem trahere; res in religionem versa est** gab Anlass zu Bedenken;
② rel. Bedenken, Gewissensskrupel, *auch Pl. (weg. etw.: Gen.)* [**mendacii**]; **res alci in religionem venit** verursacht Gewissensskrupel; **alci religioni est** *(m. A. C. I.)* jmd. macht sich Gewissensbisse; **religionibus impediri; religionem eximere**;
③ Gewissenhaftigkeit, Genauigkeit, Sorgfalt [**iudicis; testimoniorum**]; ~ **non nullius officii** eines bedeutenden Pflichtverhältnisses; **fides et ~ vitae** gewissenhafter Lebenswandel; **homo sine ulla religione** gewissenlos;
④ rel. Gefühl, rel. Denkweise, Religiosität, Gottesfurcht, Frömmigkeit [**Numae**]; **animus religione intactus** für rel. Gefühle unempfänglich; **iustitia erga deos ~ dicitur; haud liber erat religione animus**;
⑤ Gottesverehrung, Religion, Glaube [**externa**]; ~ **est cultus deorum; sua cuique civitati ~ est**;

R

⑥ Aberglaube, abergläubische Scheu, abergläubische Besorgnis, *Pl.* abergläubische Gedanken *od.* Bedenken; **animos multiplex ~ incessit; perturbari religione et metu; sibi novas religiones fingere; pleni religionum animi;**
⑦ (Gottes-)Verehrung, Kult [**deorum immortalium; Cereris**]; **Iuppiter sollicitus prava religione** durch verkehrte Verehrung gereizt; – *Pl.* rel. Handlungen, Bräuche, Zeremonien; **religiones nocturnae** *(des Priapus);* **religionum cultor; religiones instituere** einführen; **religiones interpretari** Auskunft geben über; **religiones neglegere aut prave colere; omnes partes religionis; de religionibus senatum consulere; religiones conficere** die rel. Handlungen vollziehen;
⑧ Gegenstand frommer Verehrung, Heiligtum, *bes.* Götterbild [**domestica** Hausheiligtum]; **quae ~ aut quae machina belli?** *(v. trojan. Pferd);* **ad deorum religionem demigrare; civitati religionem restituere; simulacrum summa atque antiquissima praeditum religione** seit alters her Gegenstand höchster Verehrung;
⑨ das Heilige, Heiligkeit [**templorum; loci**];
⑩ heilige Verpflichtung [**iuris iurandi** Eidespflicht];
⑪ heiliges Versprechen, Eid; **religionem conservare** seinen Eid halten; **religioni consulere** an den Diensteid denken;
⑫ Religionsverletzung, Frevel, Sünde, Fluch [**mendacii; Clodiana** v. Clodius begangen; **inexpiabilis**]; **de religione queri; expiare religionem aedium suarum;**
⑬ *(mlt.)* Mönchs- *od.* Nonnenorden; **religionis habitus** Mönchskutte.

religiōsitās, ātis *f (religiosus) (Eccl.)* Gottesfurcht, Frömmigkeit, Religiosität.

● **religiōsus,** a, um *(religio)* ① voller Bedenken, *bes.* rel. bedenklich, ängstlich [**civitas**]; v. böser Vorbedeutung [**dies** *(wie der dies Alliensis)*];
② gewissenhaft [**iudex; testis; in testimoniis**]; **-e promittere; Atticorum aures -ae;**
③ gottesfürchtig, fromm, religiös [**maiores nostri; iura**]; **-e deos colere;**
④ heilig, ehrwürdig [**templum; signum; limina deorum; delubra; Ceres**];
⑤ *(vor- u. nachkl.)* abergläubisch; scheinheilig.

re-ligō, ligāre ① zurück-, auf-, emporbinden [**manūs post tergum; comam in nodum** zu einem Knoten];
② anbinden, festbinden, befestigen [**equos** anspannen; **canem; tigna clavis; bracchia ad cautes; trabes axibus** verbinden; **naves ferreis manibus** festhalten; **robora catenis; alqm ad currum; naves ad terram; pinum in litore**];
③ *(poet.)* umbinden, umwinden [**crines hederā**];
④ *(Cat.)* losbinden [**iuga manu; funem in Cretam** nach Kreta absegeln].

re-linō, linere, lēvī, litum *(vorkl.; poet.) (Verpichtes)* öffnen [**mella** herausnehmen; **dolia**].

● **re-linquō,** linquere, līquī, lictum ① (zurück)lassen, hinterlassen [**fratrem in Gallia; legionem in praesidio** als Besatzung; **copias praesidio castris; arma** niederlegen; *übtr.* **desiderium sui; excusationem**]; *Pass. auch* zurückbleiben [**in Italia;** *übtr.* **in cogitatione audientium**]; **Britannia sub sinistra relicta** zur Linken liegen geblieben; **naves ab aestu relictae** von der Ebbe überrascht;
② *(in einem Zustand)* (zurück)lassen, liegen lassen [**alqm insepultum; copias sine imperio; locum tutum; alqd incohatum; naves inanes; rem integram; alqd in medio** unentschieden lassen; **nihil inexpertum; alqm tacitum** unerwähnt lassen];
③ *(beim Tod)* hinterlassen [**uxorem gravidam; liberos; alqm heredem; sibi laudem; memoriam;** *(vom Schriftsteller)* **ficta; scriptum**];
④ *(als Rest)* übrig lassen [**paucos** am Leben lassen; **alqd in aliorum spe; locum casui** Raum geben; **sibi partem equitatūs** behalten; **pauca aratro iugera**]; *Pass.* übrig bleiben: **relinquebatur una via; nullā provocatione ad populum relictā; nullum sibi ad cognoscendum spatium relinquitur; relinquitur, ut** es bleibt noch (zu tun); **locus virtuti relinquitur** Gelegenheit zu; **spes relinquitur; nihil relinquitur nisi fuga** es bleibt nichts übrig, als;
⑤ *(übtr.)* (über)lassen [**tempus munitioni castrorum; facultatem sui colligendi; hominem ad alcis quaestum; alqd aliis memorandum; deliberandi sibi spatium** sich Zeit lassen; **urbem direptioni et incendiis**];
⑥ verlassen, aufgeben [**domum propinquosque; Galliam; vitam, animam** *od.* **lucem** sterben]; **vita** *od.* **anima alqm relinquit** jmd. verliert sein Leben, stirbt; **animus eum reliquit** er verlor die Besinnung;
⑦ im Stich lassen [**consulem; signa** desertieren; **parmulam** wegwerfen];
⑧ vernachlässigen, zurückstellen [**possessiones; rem et causam et utilitatem communem; cultum agrorum; obsidionem; bellum**]; **relictis omnibus rebus** unter Zurückstellung von;
⑨ unerwähnt lassen, übergehen [**caedes**];
⑩ ungestraft, ungerächt lassen [**iniurias; vim alci factam; legatum interfectum**];
⑪ *(Petr.)* in Ruhe lassen [**canem**];
⑫ *(mlt.)* **mundum ~** ins Kloster gehen.

● **reliquiae,** ārum *f (poet. auch* relliquiae) *(reliquus)* ① das Zurückgebliebene, Überbleib-

sel, Überreste, Rest(e), Trümmer [**copiarum; pugnae** was der Kampf verschonte; **navigii** Wrack; **cibi** Exkremente; *übtr.* **pristinae dignitatis**]; **Troes, Danaûm** ~ die v. den Danaern übrig gelassenen Troer; *(übtr.)* **-as rei publicae dissipare** die letzten Kräfte;
❷ *(nachkl.)* Gebeine, Gerippe [**humanorum corporum**];
❸ Asche *eines Leichnams* [**parentis**];
❹ *(übtr.)* Hinterlassenschaft [**avi**];
❺ *(spätl.; Eccl.)* Reliquie(n).

reliquum, ī *n (reliquus)* ❶ Rest [**aestatis; noctis; vitae; belli**]; **nihil -i alci facere** jmdm. nichts übrig lassen; **nullum munus cuiquam -um fecisti** hast keinen Dienst jmdm. übrig gelassen, hast sie alle erfüllt; **nihil sibi -i facere** nichts unterlassen, sein Möglichstes tun; **nihil est -i** es bleibt nichts übrig;
❷ Rückstand, Rest *einer Schuld.*

● **reliquus,** a, um *(relinquo)* ❶ zurückgelassen, übrig (geblieben) [**spes**]; **-um habere** übrig haben; **-um facere alci** jmdm. übrig lassen; **-um est, ut** es bleibt nur noch (zu tun);
❷ *(v. der Schuld)* rückständig, noch nicht bezahlt [**pecunia**];
❸ künftig; **-o tempore; in -um (tempus)** für die Zukunft;
❹ der übrige, der andere, *meist Pl.* **reliquī,** ae, a die übrigen, die anderen [**oppidum** der andere Teil der Stadt; **spatium; pars exercitūs; reges; omnes** alle Übrigen]; **de -o** *u.* **quod -um est** übrigens; **-a** (das Übrige) **differamus in posterum.**

rellātus *s. refero.*

relligiō *s. religio.*

relliquiae *s. reliquiae.*

re-lūceō, lūcēre, lūxī, – zurückleuchten, -strahlen; **stella relucens; freta igni relucent.**

relūcēscō, relūcēscere, relūxī, – *(Incoh. v. reluceo) (poet.; nachkl.)* wieder hell werden, wieder erstrahlen, aufleuchten; **imago solis reluxit.**

re-luctor, luctārī *(poet.; nachkl.)* sich widersetzen, sich sträuben; **draco reluctans.**

re-lūdō, lūdere, lūsī, – *(nachkl.)* dagegen scherzen, spotten [**adversus temerarios mariti iocos**].

re-lūxī *Perf. v. reluceo u. relucesco.*

re-macrēscō, macrēscere, macruī, – *(Suet.)* wieder mager werden.

re-maledīcō, maledīcere, – – *(Suet.; Eccl.)* wieder schimpfen.

re-mandō, mandere, – – *(nachkl.)* wiederkäuen.

● **re-maneō,** manēre, mānsī, mānsum ❶ zurückbleiben [**domi; in exercitu; ad urbem cum imperio; Athenis; Corinthi; in Gallia**]; *(v. Lebl.)* **ferrum in corpore remansit;**
❷ dauernd zurückbleiben, dauernd (ver)bleiben; **animi remanent post mortem; disciplina et gloria remansit** hat sich erhalten; **longius anno uno in loco ~ ; in alqo vestigia antiqui officii remanent** haben sich erhalten; **in asperis remanens amicus** ausharrend; **pars integra remanebat** blieb ganz.

re-mānō, mānāre *(Lucr.)* wieder zurückfließen.

remānsiō, ōnis *f (remaneo)* das Zurückbleiben, Verbleiben.

remediābilis, e *(remedium) (Sen.)* heilbar.

● **re-medium,** ī *n (medeor)* ❶ Arznei, Heilmittel, Medikament *(gegen etw.: Gen., Dat., ad od. adversus)* [**caecitatis; morbis animorum**]; **-o esse** dienen als; **-o uti;**
❷ *(übtr.)* Heil-, Hilfsmittel *(gegen etw.: Gen., Dat. od. ad)* [**iniuriae; timoris; malorum; incommodis; ad magnitudinem frigorum**].

remelīgō, ginis *f (Kom.)* Verzögerung; *(übtr.)* saumseliges Mädchen.

remēnsus *P. P. Akt. (poet. auch Pass.) v. remetior.*

re-meō, meāre **I.** *intr.* zurückgehen, -kehren, -kommen *(v. Personen u. Sachen) (m. ad, in u. Akk. od.* [*Verg.*] *m. bl. Akk.)* [**ad stabula; in patriam; in regnum; urbes**]; **remeat victor; navis remeans;**
II. *trans. (Hor.)* neu durchleben [**aevum peractum**].

re-mētior, mētīrī, mēnsus sum *(poet.; nachkl.)*
❶ wieder messen [**astra** wieder beobachten];
❷ wieder durchmessen, wieder befahren [**iter; stadia**]; *(pass.)* **pelago** *od.* **mari remenso** *(Verg.)*;
❸ *(übtr.)* wieder überdenken [**dicta ac facta sua**];
❹ wieder von sich geben [**alqd vomitu** wieder erbrechen].

rēmex, migis *m (remus u. ago)* Ruderer, Rudersklave, *auch koll.* die Rudermannschaft.

Rēmī, ōrum *m belg. Volk an der Marne u. in den Ardennen; Hauptstadt Durocortorum, später Remis, j.* Reims.

rēmigātiō, ōnis *f (remigo)* das Rudern.

rēmigium, ī *n (remex)* ❶ *(poet.; nachkl.)* Ruderwerk [**alarum** Flügel]; **nudum -o latus;** *(übtr.)* **meo -o rem gero** *(Plaut.)* ich handle nach meinem Willen;
❷ *(poet.; nachkl.) (meton.)* das Rudern;
❸ die Ruderer, Rudersklaven, -mannschaft.

rēmigō, rēmigāre *(remex)* rudern [**contra aquam**].

● **re-migrō,** migrāre zurückwandern, -kehren [**Romam; trans Rhenum in vicos suos;** *übtr.* **ad iustitiam; ad argumentum**].

● **re-minīscor,** minīscī, – *(vgl. com-miniscor, me-mini)* ❶ sich ins Gedächtnis zurückrufen, sich auf etw. besinnen, sich erinnern *(m. Gen. od. Akk.; m. A. C. I. od. indir. Frages.)* [**veteris incommodi; acta; amicos animo**]; **quantum**

reminiscor soweit ich mich erinnere;
❷ ausdenken, erfinden [**plura bona**];
❸ bedenken, erwägen [**ea potius**];
/ *die fehlenden Formen werden durch recordari ergänzt.*

re-misceō, miscēre, miscuī, mixtum *(poet.; nachkl.)* (wieder) vermischen *(mit etw.: Dat.)* [**vera falsis**]; **remixto carmine tibiis.**

re-mīsī *Perf. v. remitto.*

remissiō, ōnis *f (remitto)* ❶ das Zurückschicken, -senden [**obsidum captivorumque**];
❷ das (Herab-)Senken, Herablassen [**superciliorum**]; **vocis contentiones et remissiones** Hebungen u. Senkungen;
❸ *(übtr.)* das Nachlassen [**morbi; luctūs; animi** geistige Abspannung];
❹ *(nachkl.)* das Erlassen, Erlass [**poenae; tributi**];
❺ Erholung, Entspannung;
❻ Ruhe, Gelassenheit [**animi**];
❼ Nachsicht.

● **remissus,** a, um *(P. Adj. v. remitto)* ❶ abgespannt, schlaff, lose [**arcus; corpora; membra; ager** locker; *übtr.* **amicitia** ungezwungen];
❷ träge, (nach)lässig [**animus; mons** unbewacht; **in petendo; in labore**]; **nihil -i pati** keine Nachlässigkeit;
❸ *(physisch)* mild, lind, sanft [**ventus; frigora**];
❹ *(geistig)* ruhig, gelassen, mild, sanft [**iudex; genus dicendi**]; **remissiore irā** da der Zorn nachgelassen hatte;
❺ scherzhaft, heiter, ausgelassen [**sermones; iocus**].

● **re-mittō,** mittere, mīsī, missum ❶ zurückschicken, -senden [**obsides regi; mulieres Romam; exercitum, contionem** entlassen; **librum; alqm cum legione in hiberna; Caesari litteras** zurückschreiben];
❷ zurückwerfen [**hastam; calces** nach hinten ausschlagen];
❸ zurückgeben [**Gallis imperium**]; *(Wohltaten)* erwidern [**beneficium**];
❹ (wieder) von sich geben [**sanguinem e pulmone**]; **vocem nemora remittunt** geben ein Echo;
❺ loslassen, nachlassen, lockern [**habenas** *u.* **lora** schießen lassen; **vincula** lösen; *übtr.* **appetitūs** freien Lauf lassen]; **calor mella liquefacta remittit** löst auf, schmilzt; **vere remissus ager** frei v. Eis u. Schnee;
❻ herablassen, (herab)sinken lassen [**arma; bracchia; tunicam**]; **digiti sopore remissi;**
❼ *(übtr.)* vermindern, abschwächen [**industriam; studia litterarum; curam; bellum; de celeritate** hinsichtlich; **alqd de severitate cogendi**];
❽ *intr., mediopass. od. se ~* nachlassen, sich vermindern, abnehmen, aufhören; **ventus remisit; dolores remittunt;** *(m. Inf.)* **remittas quaerere; remittitur virtus; vita remissa** beendet; *(v. Personen)* **remissus** ermattet;
❾ den Widerstand aufgeben *(de re: in Bezug auf etw.)*; **tribuni remittunt; de summa iuris ~;**
❿ sich erholen lassen, erfrischen, erquicken [**animos a certamine**]; **cantus remittunt animos** geben Erholung, heitern auf; – *se ~ u. mediopass.* sich erholen, sich Ruhe gönnen;
⓫ jmdm. etw. erlassen, schenken [**stipendium; pecunias; multam; iniuriam** verzeihen];
⓬ auf etw. verzichten, etw. aufgeben *(alci alqd)* [**inimicitias suas rei publicae; privata odia publicis utilitatibus; memoriam simultatum patriae** aus Liebe zum Vaterland aufgeben];
⓭ ablegen, aufgeben [**provincias** verzichten; **iram; opinionem animo**];
⓮ zugestehen, einräumen, zulassen, gestatten [**legionem** abtreten]; **remittentibus tribunis comitia sunt habita;**
⓯ *(nachkl.)* verweisen an, auf [**causam ad senatum; alqm ad ipsum volumen**];
⓰ *(Hor.; nachkl.)* hervorbringen, verursachen.

remixtus *P. P. P. v. remisceo.*

re-mōlior, mōlīrī *(Ov.; nachkl.)* zurückbewegen; v. sich abwälzen [**pondera terrae; ferrea claustra**].

re-mollēscō, mollēscere, – – ❶ *(Ov.)* (wieder) weich werden; **sole remollescit, quae frigore constitit, unda;**
❷ *(Ov.) (übtr.)* sich erweichen lassen [**precibus**];
❸ *(übtr.)* verweichlichen [**ad laborem ferendum**].

re-molliō, mollīre ❶ *(Ov.)* verweichlichen [**artūs**];
❷ *(Suet.)* erweichen, umstimmen.

re-mora, ae *f (vorkl.; spätl.)* Verzögerung.

remorāmen, minis *n (remoror) (Ov.)* Hemmnis.

re-mordeō, mordēre, mordī, morsum ❶ *(poet.)* wieder beißen; *(übtr.)* einen Angriff erwidern *(m. Akk.)*;
❷ beunruhigen, quälen; **te cura remordet** *(Verg.)*; **libertatis desiderium remordet animos** *(Liv.)*.

re-moror, morārī **I.** *intr.* sich aufhalten, verweilen [**in Italia; in concilio**];
II. *trans.* aufhalten, hemmen, verzögern [**hostes; iter alcis; ituros; alqm a negotiis** abhalten].

remorsus *P. P. P. v. remordeo.*

remōtiō, iōnis *f (removeo)* Zurückweisung [**criminis** der Beschuldigung].

remōtum, ī *n (remotus) (Sen.)* die Ferne.

remōtus, a, um *(P. Adj. v. removeo)* ❶ ent-

fernt, entlegen [**locus; antrum**]; **Apulia ab impetu belli remotissima**;
② *(übtr.)* fern, frei v. etw. [**a memoria; a suspicione; a culpa; a vulgari scientia**];
③ abgeneigt [**ab inani laude**];
④ verwerflich; *Subst.* -a, ōrum *n (stoischer t. t.) = apoproegmena.*

● **re-moveō,** movēre, mōvī, mōtum ① wegschaffen, entfernen, beseitigen, abwenden *(konkr. u. übtr.)* [**alqd ex oratione; alqd ab oculis; hostes a muro** zurücktreiben; **adversarium** beseitigen, aus dem Weg schaffen; **suos** zurückziehen; **equos e conspectu** fortführen lassen; **victum** entziehen; **mensas** die Tafel aufheben; **dapes; invidiam a se; alqm a re publica** v. der Teilnahme an Staatsgeschäften; **alqm quaesturā; praesidia ex iis locis**]; **arbitris remotis** ohne Zeugen; **remoto ioco** Scherz beiseite;
② zurückstreichen [**comas a fronte**];
③ *se* ~ sich zurückziehen [**a negotiis publicis; ab amicitia alcis**].

re-mūgiō, mūgīre *(poet.; nachkl.)* ① wieder brüllen [**ad verba alcis**];
② zurückbrüllen; **Sibylla remugit antro** aus der Höhle;
③ widerhallen, zurückschallen; **nemus ventis remugit.**

re-mulceō, mulcēre, mulsī, mulsum *(Verg.)* sanft zurückziehen, einziehen [**caudam**].

remulcum, ī *n* Schlepptau; **navem -o trahere** *u.* **abstrahere** ins Schlepptau nehmen; **navem -o adducere.**

remūnerātiō, ōnis *f (remuneror)* ① Vergeltung, Erkenntlichkeit für etw. *(m. Gen.)* [**benevolentiae; officiorum**];
② *(mlt.)* Lohn, Belohnung.

remūnerātor, ōris *m (remuneror) (nachkl.; spätl.)* Vergelter.

re-mūneror, mūnerārī *u. (Petr.; Min. Fel.)* **-mūnerō,** mūnerāre wieder beschenken, vergelten, belohnen, sich erkenntlich zeigen *(abs., alqm od. alqd)* [**alqm simillimo munere; alqm magno praemio;** *(selten im pejor. Sinne)* **alqm suppliciis; beneficia alcis**].

Remūria, ōrum *n = Lemuria, s. lemures.*

re-murmurō, murmurāre *(Verg.)* entgegen-, zurückrauschen.

● **rēmus,** ī *m* Ruder; **-os ducere** *od.* **impellere** rudern; **navigium -is incitare; detergere -os; demittere -os in aquam ab utroque latere; -is velisque, velis remisque, -is ventisque** *od.* **ventis -is** m. vollen Segeln, m. allen Kräften, m. aller Anstrengung; **ventis -is in patriam omni festinatione properare; alarum -i** *(v. den Flügeln der Vögel);* **corporis -i** *(v. den Händen u. Füßen der Schwimmenden).*

Remus, ī *m Zwillingsbruder des Romulus, v. diesem bei der sagenhaften Gründung Roms im Streit erschlagen.*

re-nārrō, nārrāre *(poet.)* wieder erzählen.

re-nāscor, nāscī, nātus sum wieder geboren werden, wieder wachsen, wieder entstehen *(konkr. u. übtr.);* **pinnae renascuntur, Phoenix renascitur ex se; principium exstinctum ab alio renascitur; bellum renatum; Troiae renascens fortuna.**

re-nāvigō, nāvigāre zurücksegeln.

re-neō, nēre, – – *(poet.) (Gewebe)* auflösen [**fila** die Schicksalsfäden der Parzen].

rēnēs, rēnum *(seltener* rēnium) *m* Nieren; **laborare ex renibus** Nierenschmerzen haben.

re-nīdeō, nīdēre, – – ① zurückstrahlen, glänzen, schimmern; **pura nocturno renidet luna mari** *(Hor.);* **nec domus argento fulgenti auroque renidet;**
② *(übtr.)* vor Freude strahlen, lächeln [**falsum** heuchlerisch grinsen]; **ore renidenti** m. vor Freude strahlendem Gesicht;
③ *(m. Inf.)* sich freuen.

renīdēscō, renīdēscere, – – *(Incoh. v. renideo) (Lucr.)* erglänzen.

renīsus, ūs *m (renitor) (nachkl.; spätl.)* Widerstand.

re-nītor, nītī, nīsus sum sich widersetzen.

re-nō[1]**,** nāre zurückschwimmen; *(übtr.)* wieder auftauchen; **saxa renant.**

rēnō[2] *u.* **rhēnō,** ōnis *m (germ. Fw.)* Pelz(gewand) *der Germanen.*

re-nōdō, nōdāre *(poet.)* entknoten, auflösen [**comam**].

renovāmen, minis *n (renovo) (Ov.)* Erneuerung, Neugestaltung; neue Gestalt.

● **renovātiō,** iōnis *f (renovo)* ① Erneuerung [**mundi; doctrinae** Rückkehr zu; **auspiciorum; timoris**];
② Zinserneuerung [**singulorum annorum** Zinseszins].

● **re-novō,** novāre ① erneuern, wiederherstellen *(konkr. u. übtr.)* [**templum; agrum** durch Brache erneuern; **agrum aratro** durch Pflügen erneuern; **scelus pristinum; bellum; proelium; hospitium; dextras** den Handschlag = die unter Handschlag gegebene Zusage; **vulnera** wieder aufreißen; **senectutem** verjüngen; **memoriam patris** auffrischen];
② ins Gedächtnis zurückrufen, wiederholen; **renovabitur prima illa militia; renovabo illud, quod initio dixi;**
③ hinzurechnen [**fenus in singulos annos** Zinseszins rechnen];
④ erfrischen, erquicken, sich erholen lassen [**rem publicam; corpora animosque militum**]; – *se* ~ *u. mediopass. renovari* sich erholen: **se novis opibus copiisque** ~ wieder zu Kräften kommen.

re-nuī *Perf. v. renuo.*

re-numerō, numerāre *(Kom.; nachkl.)* zurückzahlen [**omnem pecuniam patri**].

R

renūntiātiō, ōnis *f (renuntio)* Bekanntmachung, Verkündigung, Bericht *(m. Gen. subi. u. Gen. obi.)* [**eius; suffragiorum**].

● **re-nūntiō,** nūntiāre ① melden, Bericht erstatten, berichten *(m. Akk.; de; m. A. C. I. od. indir. Frages.)*;
② amtlich berichten, amtlich melden *(etw., von, über etw.: Akk.)* [**postulata Caesaris; legationem; alqd ad senatum; alqd in concilium; numerum militum**];
③ *(die Wahl eines Beamten)* verkündigen, ausrufen *(m. dopp. Akk.; im Pass. m. dopp. Nom.)* [**Murenam consulem**]; **ter praetor centuriis cunctis renuntiatus est; praetor primus** (an erster Stelle) **renuntiatus est**;
④ absagen, aufkündigen [**alci hospitium; alci amicitiam**];
⑤ *(Kom.; nachkl.)* **repudium alci ~** die Ehe aufkündigen;
⑥ *(nachkl.)* etw. aufgeben, auf etw. verzichten *(m. Dat.)* [**vitae; officiis civilibus**];
⑦ *(nachkl.)* **sibi ~** sich zu Gemüte führen *(m. A. C. I.)*;
⑧ *ad alqm ~ (Plaut.) = alci ad cenam ~ (Sen.)* jmdm. eine Einladung zu Tisch absagen.

renūntius, ī *m (renuntio) (Plaut.; spätl.)* Laufbursche.

re-nuō, nuere, nuī, – ① *(poet.; nachkl.)* abwinken;
② *(übtr.)* ablehnen, verneinen, missbilligen [**convivium**]; **renuente deo** ohne Zustimmung;
③ widersprechen *(alci rei)* [**crimini**].

renūtō, renūtāre *(Intens. v. renuo) (Lucr.; spätl.)* sich weigern, sich widersetzen.

renūtus, *Abl.* ū *m (renuo) (Plin.)* Ablehnung.

● **reor,** rērī, ratus sum *(vgl. ratio)* ① (be)rechnen;
② *(übtr.)* meinen, glauben, halten für *(m. A. C. I.; m. dopp. Akk.)*; **hoc servi esse officium reor** *(Plaut.)*; **alii rem incredibilem rati** *(Sall.)*.

repāgula, ōrum *n* ① Tür-, Torriegel, Querbalken; **valvas -is claudere; convulsis -is effractisque valvis fani;**
② *(poet.)* doppelter Schlagbaum;
③ *(übtr.)* Schranken; **omnia -a pudoris officiique perfringere.**

re-pandus, a, um rückwärts gekrümmt, aufwärts gebogen [**calceoli** Schnabelschuhe; **cervix**]; **~ in undas desiluit** *(vom Delphin)*.

reparābilis, e *(reparo) (poet.; nachkl.)* ersetzbar [**damnum; res**].

reparātiō, ōnis *f (reparo) (spätl.)* Wiederherstellung, Erneuerung [**murorum**].

re-parcō, parcere, percī, – *(vorkl.; spätl.)* seinerseits mit etw. sparsam sein [**saviis**].

re-parō, parāre ① wieder erwerben, -herstellen, wieder anschaffen [**res amissas; exercitum; tribuniciam potestatem**];
② erneuern [**proelium**];
③ ergänzen [**auxilia; exercitum**];
④ ersetzen [**damna; cornua** *vom Mond*];
⑤ *(poet.; nachkl.)* erfrischen, erquicken, verjüngen [**membra; corpora fessa; vires**];
⑥ *(Hor.; spätl.)* eintauschen *(gegen etw.: Abl.)* [**vina merce Syrā**].

repastinātiō, ōnis *f* das Umgraben [**agri**].

re-patēscō, patēscere, patuī *(Plin.)* sich wieder ausbreiten.

re-patriō, patriāre *(patria) (spätl.)* in die Heimat zurückkehren.

re-pectō, pectere, –, pexum *(poet.)* wieder kämmen [**iubas; comam**].

● **re-pellō,** repellere, reppulī, repulsum ① zurückstoßen [**repagula; pede Oceani amnes** aus dem Ozean emporsteigen *(vom Aufgang eines Gestirnes)*; **impressā hastā tellurem** sich, auf die Lanze gestützt, vom Boden aufschwingen; **alqm a genibus suis**];
② abprallen lassen [**ictūs**];
③ *(Ov.)* umstoßen [**mensas; aras**];
④ zurücktreiben, vertreiben [**barbaros telis; hostes ex urbe, a porta, in oppidum; homines a templi aditu**];
⑤ *(übtr.)* fern halten, abhalten, verhindern, entfernen [**dolorem a se; pericula; alqm a gubernaculis civitatis; alqm a spe** jmdm. die Hoffnung nehmen; **contumeliam, iracundiam** sich enthalten; **iniuriam ab alqo; furores Clodii a cervicibus civium**];
⑥ zurück-, abweisen, verschmähen [**procos; preces**]; **haud repulsus abibis** du wirst nicht durchfallen; **a consulatu repelli; repulsus ab amicitia; foribus repulsus;**
⑦ widerlegen [**allatas criminationes**]; **repulsus veritatis viribus.**

re-pendō, pendere, pendī, pēnsum ① *(poet.)* zurückwiegen [**aequa pensa erae**];
② bezahlen [**alci aurum pro capite alcis**];
③ *(poet.)* loskaufen [**militem auro**];
④ *(poet.; nachkl.)* erwidern, vergelten, belohnen [**gratiam; vices** Gleiches m. Gleichem vergelten; **vitam dote** die Rettung des Lebens; **poenas** Strafe leiden];
⑤ *(poet.; nachkl.)* ersetzen, wieder gutmachen [**culpam culpā** büßen; **ingenio damna formae**].

● **repēns,** *Gen.* pentis ① plötzlich, schnell, unerwartet [**adventus; bellum**]; – *Adv.* **a) repente; b) repēns;**
② *(Tac.)* neu, frisch [**perfidia**].

repēnsō, repēnsāre *(Intens. v. rependo) (Sen.)* vergelten, erwidern [**merita meritis**].

repēnsus *P. P. P. v. rependo.*

● **repente** *s. repens.*

● **repentīnus,** a, um *(Adv. -ō) (repens)* ① plötzlich (aufgetaucht), unvermutet [**adventus; heres; amor**];
② *(übtr.)* in Eile ausgehoben [**exercitus; co-**

hors];
3 *(Tac.)* schnell wirkend [**venenum**].
re-percō = *reparco.*
re-percussī *Perf. v. repercutio.*
repercussiō, ōnis *f (repercutio) (Sen.)* Widerschein [**vicinorum siderum**].
repercussus¹, ūs *m (repercutio) (nachkl.)* das Zurückprallen, Rückprall [**solis** Rückstrahlung]; Widerhall.
repercussus² *s. repercutio.*
re-percutiō, percutere, percussī, percussum zurückschlagen, -stoßen, -treiben; – *Pass.* widerhallen, widerscheinen; – *P. P. P.* **repercussus,** a, um **a)** zurückprallend: **discus repercussus in aëra; b)** widerhallend [**valles**]; **c)** widerscheinend [**Phoebus**].
● **re-periō,** reperīre, repperī, repertum *(pario)* 1 wieder finden [**parentes suos**];
2 finden, ausfindig machen; **reperiuntur qui** *(m. Konj.)* es finden sich Leute, die; – *Pass. m. dopp. Nom.* sich zeigen, sich erweisen als: **Stoici inopes reperiuntur; mea ratio in tota amicitia nostra constans et gravis reperietur** *(Cic.)*;
3 erfahren, ermitteln, entdecken [**verum; nihil percontationibus**]; **neque ~ poterat, quanta esset;**
4 erfinden, ersinnen, erdenken [**causam; rationes bellandi; litteras; disciplinam; dolos**];
5 historisch berichtet finden *(m. A. C. I. od. indir. Frages.)*; **quem Tarentum venisse L. Camillo Appio Claudio consulibus reperio;**
6 erlangen, erwerben [**sibi salutem; gloriam; nomen;** *(v. Lebl.)* **nomen ex inventore**].
repertīcius, a, um *(reperio)* auf der Straße aufgelesen [**civis**].
repertor, ōris *m (reperio)* Erfinder, Urheber [**medicinae** Äskulap; **hominum rerumque** *v. Jupiter;* **novi iuris**].
repertum, ī *n (repertus) (Lucr.)* Erfindung.
repertus *P. P. P. v. reperio.*
repetentia, ae *f (repeto) (Lucr.)* Rückerinnerung.
re-petiī *s. repeto.*
repetītiō, ōnis *f (repeto)* Wiederholung [**eiusdem verbi**].
repetītor, ōris *m (repeto) (Ov.)* Zurückforderer [**nuptae ademptae**].
● **re-petō,** petere, petīvī (*u.* petiī), petītum 1 wieder angreifen, wiederholt nach jmdm., nach etw. stoßen *(m. Akk.)* [**regem cuspide; ilia; mulam calcibus et canem morsu**]; *(übtr.)* v. neuem anklagen;
2 wieder aufsuchen [**urbem; castra; patriam; Macedoniam**]; zurückgehen, -kehren [**retro in Asiam**];
3 zurückverlangen, wieder fordern [**obsides; promissa; libertatem; Homerum** als seinen Landsmann beanspruchen; **pecunias ereptas; urbes in antiquum ius** die alten Rechte für die Städte fordern; **civitatem in libertatem** die Freiheit forden für; **Gallum ab eodem**];
4 **res ~** Ersatz *od.* Genugtuung für erlittenen Schaden fordern *(v. den Feinden durch die Fetialen)*; **ius, quo res repetuntur;**
5 auf Schadenersatz klagen; **(pecuniae) repetundae** wiederzuerstattende Geldsummen, Ersatz für Erpressungen: **lex de pecuniis repetundis** *od.* **pecuniarum repetundarum; de pecuniis repetundis** *(od.* **pecuniarum repetundarum***)* **alqm postulare** wegen Erpressungen belangen; **pecuniarum repetundarum reus** wegen Erpressungen angeklagt; **metu repetundarum** aus Furcht vor Wiedererstattungsklage;
6 *als sein Recht* ein-, abfordern, verlangen [**ius suum; omnes honores; rationem ab alqo** Rechenschaft; **poenas vi ab alqo** Strafe gewaltsam an jmdm. vollziehen];
7 zurückholen [**matrem; sarcinas relictas**];
8 nachholen [**partem reliquam copiarum**];
9 *(poet.)* hervorholen, -stoßen [**suspiria pectore**];
10 wieder vornehmen, wiederholen, erneuern [**studia; pugnam; somnum** wieder schlafen; **opus; viam** denselben Weg zurückgehen; **consuetudinem** wieder einführen];
11. *(mündl. od. schriftl.)* wiederholen; **quid repetam exustas classes** *(Verg.)* warum soll ich wieder sprechen von?;
12 sich erinnern, wieder überdenken *(m. Akk. od. A. C. I.)* [**praecepta alcis; animo exempla**]; *meist:* **alqd memoriā** *od.* **memoriam alcis rei** sich wieder an etw. erinnern;
13 *(Unterlassenes)* nachholen [**praetermissa**];
14 wiedererlangen, -gewinnen [**libertatem; occasionem; se** wieder zu sich kommen; **oppidum bello**];
15 zurückrechnen, -datieren [**dies**];
16 herleiten, auf etw. zurückführen [**originem domus; alqd ab initio; nostrum populum a stirpe; populi origines ab Erechtheo; initia amicitiae a parentibus**];
17 *(intr.)* mit, bei etw. anfangen, beginnen *(ab)* [**ab ultimo initio**];
/ *Perf.-Formen synk.:* repetīstī, repetīsse(m) *u. a.*
repetundae, ārum *f s. repeto 5.*
re-pleō, plēre, plēvī, plētum 1 wieder (an)füllen [**fossam humo**]; *Pass.* sich wieder füllen;
2 *(übtr.)* ergänzen, ersetzen [**exercitum; legiones**];
3 (an)füllen, erfüllen [**litora voce; tectum gemitu;** *übtr.* **alqm scientiā iuris**];
4 reichlich mit etw. versehen, reichlich ver-

sorgen [**exercitum frumento**];
⑤ *m. einer Krankheit* anstecken [**vi morbi**];
⑥ *(Ov.)* sättigen [**corpora carne**].

replicātiō, ōnis *f (replico)* Rückbewegung, kreisförmige Bewegung.

re-plicō, plicāre ① zurückbiegen [**radios** zurückstrahlen];
② *(Schriften)* aufrollen, entfalten, *auch übtr.* [**memoriam annalium** *od.* **temporum**].

re-plumbō, plumbāre *(plumbum) (Sen.; spätl.)* v. Blei befreien [**argentum**].

rēpō, rēpere, rēpsī, rēptum kriechen, schleichen *(v. Menschen u. Tieren, übtr., auch v. Sachen);* **genibus per viam repens; inter saxa repentes cochleae.**

● **re-pōnō,** pōnere, posuī, positum *(auch synk.* postum) ① hinter sich legen, zurücklegen, -stellen [**cervicem** zurückbeugen];
② zurücklegen, aufbewahren, aufheben, *auch übtr.* [**pecunias in thesauris; fructūs; Caecubum ad festas dapes; alqd hiemi** für den Winter; **arma; alqd sensibus imis** dem Geiste tief einprägen];
③ *(Tac.) (übtr.)* verbergen [**odium**];
④ *(poet.)* beiseite legen, ab-, weglegen, *auch übtr.* [**tela; onus; faciemque deae vestemque; caestūs artemque** einstellen];
⑤ *(poet.) (Tote)* begraben, beisetzen [**corpus tumulo; siccis mea fata** (Asche) **ocellis**];
⑥ *(nicht klass.)* wiedergeben, -erstatten [**nummos; donata**];
⑦ jmdm. etw. als Ersatz geben [**haec pro virginitate**]; vergelten [**iniuriam**];
⑧ *etw. an den früheren Ort* wieder hinstellen, -legen, -bringen [**membra stratis; pecuniam duplam in thesauros** zurückliefern; **columnas; insigne regium** wieder aufsetzen]; *(poet.)* wieder auftragen [**vina mensis; dapes et sublata pocula; plena pocula**];
⑨ *(poet.; nachkl.)* wiederherstellen, wieder in den vorigen Stand setzen [**pontes ruptos vetustate; alqm in sceptra** in die königl. Würde wieder einsetzen];
⑩ *(poet.; nachkl.)* wieder aufführen [**fabulam**];
⑪ erwidern, antworten;
⑫ hinstellen, -setzen, -legen *(alqd in re u. re)* [**litteras in gremio; animas sedibus; mollia crura** setzen, werfen *(v. Fohlen);* **ligna super foco**]; **signa sacra quaedam more Atheniensium virginum reposita in capitibus sustinebant;** *übtr.* **alqm in numerum deorum** *od.* **in deos** ~ unter die Götter aufnehmen; **alqm in eius locum ~; deus ille, quem in animi notione tamquam in vestigio volumus ~;**
⑬ *(übtr.)* rechnen, zählen zu *od.* unter [**rem in artis loco** für eine Kunst halten];
⑭ auf etw. verwenden [**vigilias** *od.* **somnum in alqa re**];
⑮ *(übtr.)* auf etw. setzen, auf etw. beruhen lassen [**spem in virtute; causam totam in iudicum humanitate**]; **salus in illorum armis reposita est** beruht auf; **plus ~** (mehr Gewicht legen) **in duce quam in exercitu;**
⑯ *(mlt.)* **in beneficio ~** zu Lehen nehmen.

● **re-portō,** portāre ① zurücktragen, -führen, -bringen, -schaffen [**legiones; milites navibus in Siciliam; pedem ex hoste** sich zurückziehen];
② *(aus dem Kampf)* zurückbringen, mit nach Hause bringen [**nihil ex praeda domum; victoriam, non pacem domum; triumphum; insignia victoriae ab alqo**]; *(übtr.)* davontragen, erlangen [**victoriam ab alqo; laudem ex hostibus; gloriam ex proconsulatu Asiae**];
③ *(übtr.)* überbringen, berichten, melden [**adytis** (vom Orakel) **haec tristia dicta; certa** *od.* **fidem** sichere Nachricht];
④ *(übtr.)* zurückbringen, heimbringen [**spem bonam certamque domum; benevolentiam**].

re-poscō, poscere, – – **1.** zurückfordern, -verlangen [**Helenam; amissam virtutem;** *(etw. von jmdm.: alqd alqm od. ab alqo)* **Verrem simulacrum Dianae; Parthos signa**];
② *als sein Recht* verlangen, fordern [**rationem ab alqo** Rechenschaft; **pecuniam; gratiam; regem ad supplicium; foedus flammis** die Erfüllung des Vertrages; **responsa**].

repositōrium, ī *n (repono)* ① *(nachkl.)* Tafelaufsatz f. verschiedene Gänge;
② *(mlt.)* (Bücher-)Schrank.

repositōrius, a, um *(mlt.)* Bibliotheks-.

repositus *P. P. P. v. repono.*

repostor, tōris *m (repono) (Ov.)* Wiederhersteller [**templorum**].

repostus, a, um *(repono)* entlegen, fern [**terrae; gentes**].

re-posuī *Perf. v. repono.*

re-pōtia, ōrum *n (poto) (poet.; nachkl.)* Trinkgelage *als Hochzeitsnachfeier.*

repperī *Perf. v. reperio.*

reppulī *Perf. v. repello.*

repraesentātiō, ōnis *f (repraesento)* ① *(nachkl.)* bildliche Darstellung;
② Barzahlung.

re-praesentō, praesentāre *(praesens)* ① vergegenwärtigen, vor Augen stellen [**fidem**];
② *(poet.; nachkl.)* vorstellen, nachahmen [**virtutem moresque Catonis**];
③ sofort ausführen, sogleich verwirklichen, erfüllen, herbeiführen [**improbitatem; diem promissorum; libertatem civitatis** sogleich herbeiführen; **poenas** sofort vollziehen lassen; **iram** sogleich zeigen];
④ bar bezahlen, sofort entrichten [**summam; pecuniam ab alqo** durch Anweisung an jmd.].

● **re-prehendō,** prehendere, prehendī, pre-

hensum ❶ zurück-, fest-, aufhalten [**servum fugitivum; alqm pallio; alqm manu; cursum alcis** hemmen]; **quod erat imprudentiā praetermissum, id quaestu ac tempore admonitus reprehendisti** noch aufgegriffen, nachgeholt;
❷ *(übtr.)* zurechtweisen, tadeln, rügen [**consilium; nihil in magno Homero**];
❸ *(rhet. t. t.)* widerlegen.

reprehēnsiō, ōnis *f (reprehendo)* ❶ *(rhet. t. t.)* **a)** das Innehalten *des Redners,* Anstoß; **sine reprehensione; b)** Widerlegung;
❷ Tadel, Rüge, Zurechtweisung [**culpae; temeritatis**].

reprehēnsō, reprehēnsāre *(Frequ. v. reprehendo)* wiederholt zurückhalten [**singulos**].

reprehēnsor, ōris *m (reprehendo)* Tadler [**delicti**]; Verbesserer [**comitiorum**].

reprehēnsus *P. P. P. v. reprehendo.*

re-prēndō, prēndere, prēndī, prēnsum = *reprehendo.*

re-pressī *Perf. v. reprimo.*

repressor, ōris *m (reprimo)* Unterdrücker, Beschränker [**caedis**].

re-primō, primere, pressī, pressum ❶ zurückdrängen, -treiben, -halten, aufhalten, hemmen [**regem; vehiculum; odium suum a corpore alcis; lacum Albanum; retro pedem** die Schritte hemmen; **alcis cursum; fugam; impetūs**]; **Mithridatem repressum reliquit; represso iam Lucterio ac remoto;** *– se ~ u. (Plaut.) mediopass. reprimi* sich zurückhalten, sich enthalten *(ab)* [**a supplicio**]; **vix reprimor, quin;**
❷ *(übtr.)* beschwichtigen, im Keim ersticken, beschränken, einschränken, dämpfen [**preces; Catilinae conatūs; fletum; regios spiritūs** beugen; **iracundiam**].

re-probō, probāre *(spätl.)* verwerfen, tadeln.

re-probus, a, um *(spätl.)* schlecht, verworfen.

reprōmissiō, ōnis *f (repromitto)* ❶ das Gegenversprechen;
❷ *(Eccl.)* Versprechen, Verheißung; **terra repromissionis** das gelobte Land.

re-prōmittō, prōmittere, prōmīsī, prōmissum ❶ ein Gegenversprechen geben, dafür versprechen;
❷ *(Suet.)* wieder versprechen *(m. A. C. I.);*
❸ *(Eccl.)* versprechen, verheißen.

rēpsī *Perf. v. repo.*

rēptābundus, a, um *(repto) (Sen.)* schleichend.

rēptile, lis *n (reptilis) (spätl.)* Kriechtier.

rēptilis, e *(repo) (spätl.)* kriechend.

rēptō, rēptāre *(Intens. v. repo) (nicht klass.)* kriechen, schleichen; schlendern.

repudiātiō, ōnis *f (repudio)* Zurückweisung, Verschmähung *(m. Gen.)* [**supplicum**].

● **repudiō,** repudiāre *(repudium)* ❶ zurückweisen, von sich weisen, verschmähen, verwerfen, ablehnen [**preces alcis; gratiam alcis; condicionem aequam; consilium senatūs a re publica** dem Staat entziehen; **officium** hintansetzen; **pacem; pecuniam a rege missam; legationem; servum adiutorem contra dominum**];
❷ *(vor- u. nachkl.) (v. Verlobten u. Eheleuten) den anderen* verstoßen, sich trennen [**uxorem; sponsum; sponsam**].

repudiōsus, a, um *(repudium) (Plaut.)* verwerflich, tadelnswert [**nuptiae**].

repudium, ī *n (v. Verlobten u. Eheleuten)* Verstoßung *(bes. v. Seiten des Mannes);* Auflösung der Verlobung, Ehescheidung, Trennung; **alci -um remittere** *od.* **renuntiare** die Verlobung *od.* Ehe aufkündigen; **-um dicere** die Scheidung aussprechen.

re-puerāscō, puerāscere, – – wieder zum Kind werden, kindisch werden [**ex hac aetate**].

repūgnanter *Adv. (v. repugnans, s. repugno)* widerstrebend.

repūgnantia¹, ium *n (repugno)* widersprechende Dinge.

repūgnantia², ae *f (repugno)* Widerstreit, Widerspruch [**rerum; naturae**].

re-pūgnō, pūgnāre ❶ Widerstand leisten *(im Kampf);*
❷ sich widersetzen, widerstreben, entgegenstehen *(m. Dat. od. contra; m Inf.; m. ne)* [**fortunae; amori; alcis opinioni; contra veritatem**]; **non repugno** ich habe nichts dagegen; **his omnibus rebus unum repugnat, quod** (dass);
❸ im Widerspruch stehen, unvereinbar sein; **simulatio amicitiae repugnat.**

re-pullulō, pullulāre *(nachkl.)* wieder ausschlagen, wieder hervorsprießen.

repulsa, ae *f (repello)* ❶ Abweisung bei einer Amtsbewerbung *(alcis rei: b. der Bewerbung um etw.)* [**consulatūs; aedilicia** bei der Bewerbung um das Amt eines Ädilen]; **-am accipere** *od.* **ferre (a populo)** durchfallen; **sine -a factum esse consulem; omnes magistratūs sine -a assequi;**
❷ *(poet.; nachkl.) (übtr.)* abschlägige Antwort, Abweisung.

repulsō, repulsāre *(Intens. v. repello) (Lucr.)* ❶ widerhallen lassen; **colles verba repulsantes;**
❷ wieder und wieder abweisen; **vera repulsans pectus dicta.**

repulsus¹ *P. P. P. v. repello.*

repulsus², ūs *m (repello)* das Zurückwerfen, -stoßen, -prallen; Anschlagen [**durioris materiae**]; Widerhall [**scopulorum** v. den Felsen].

re-pungō, pungere, – – wieder stechen [*übtr.* **animum alcis** jmdm. wieder einen Stich (Hieb) versetzen].

re-pūrgō, pūrgāre ❶ (wieder) reinigen [**al-**

R

veum Tiberis; iter; vulnera];
② *(poet.; nachkl.)* reinigend entfernen [**quicquid in Aenea fuerat mortale; fetus**].

reputātiō, ōnis *f (reputo) (nachkl.)* Erwägung, Betrachtung [**veterum novorumque morum**].

re-putō, putāre ① berechnen [**solis defectiones; tempora**];
② *(übtr.)* erwägen, überdenken *(alqd cum animo* [*suo*] *od. secum: bei sich; m. A. C. I. od. indir. Frages.)*; **cum tibi nihil merito accidisse reputabis.**

● **re-quiēs,** ētis *f (Akk. auch requiem; Abl. auch requiē)* Ruhe, Rast, Erholung [*(m. Gen. subi.)* **animi et corporis;** *(m. Gen. obi.: von etw.)* **curarum; pugnae; laborum**]; *(Hor.) (meton.)* Ruheplätzchen.

● **re-quiēscō,** quiēscere, quiēvī, quiētum **I.** *intr.* ① (aus)ruhen, rasten, sich erholen, *übtr. auch v. Sachen* [**a muneribus rei publicae; a domesticis malis**]; **legiones ~ iussit; flumina requiescunt** stehen still; **requiescat humus; requiescit vitis in ulmo** stützt sich auf;
② ruhen, schlafen [**lecto**]; *im Grabe* ruhen [**in sepulcro; in urna**];
③ *(übtr.)* sich beruhigen, zur Ruhe kommen [**ex miseriis atque periculis; a luctu; eorum exitio; in spe alcis**];
II. *trans. (Verg.)* ruhen lassen; **flumina requiescunt rapidos cursus;**
/ *synk. Perf.-Formen:* requiērunt, requiērant, requiēsse(t).

requiētus, a, um *(P. Adj. v. requiesco)* ausgeruht [**miles; animi; ager**].

re-quiēvī *Perf. v. requiesco.*

requīritō, requīritāre *(Intens. v. requiro) (Plaut.)* nach etw. fragen *(m. Akk.)* [**res novas**].

● **re-quīrō,** quīrere, quīsīvī *u.* quīsiī, quīsītum *(quaero)* ① (auf)suchen [**libros**];
② *(übtr.)* zurückwünschen, vermissen [**maiorum prudentiam; consuetudinem fori; subsidia belli**];
③ verlangen, (er)fordern; **virtus nullam voluptatem requirit** *(Cic.)*; **res diligentiam requirit; in candidato probitas requiritur; in hoc bello virtutes multae requiruntur** sind erforderlich;
④ fragen, (nach)forschen, sich erkundigen *(nach etw.: alqd od. de re; b. jmdm.: ab, ex od. de alqo; m. indir. Frages.)* [**causas; vera; facta alcis; de statu civitatis**];
⑤ untersuchen, prüfen [**impendia rei publicae; rationes**].

requīsīta, ōrum *n (requiro)* Notdurft.

requīsītiō, ōnis *f (requiro) (Gell.)* Untersuchung [**historiae**].

● **rēs,** reī *f* ① Sache, Ding, Gegenstand, etwas; **ea res** dies; **nulla res** nichts; **utraque res** beides; **multae res** vieles; **bonae res** Leckerbissen; **res una solaque** das einzige Mittel; **abdita, ficta rerum** Verborgenes, Ersonnenes; **vilia rerum** Geringes; **vana rerum** nichtiger Schein; **quid hoc rei est?** was soll dies bedeuten?; **quo res haec pertinet?** worauf bezieht sich das eben Gesagte?; – *oft zur Aufnahme eines vorhergehenden Begriffes:* **quae res** eben dies; **quibus** *od.* **his rebus** dadurch, daher; **qua in re** hierbei; – *zur Umschreibung der casus obliqui der substantivierten Neutra der Pron. u. Adj.:* **alicuius rei** *als Gen. v. aliquid;* **in omnibus rebus** in allem; **divinarum humanarumque rerum scientia; dives multarum rerum** an großen Vorräten; **peritus rerum** sachkundig; – rerum *oft zur Verstärkung des Superl.:* **dulcissime rerum** Allerliebster; **rerum pulcherrima, Roma** die Allerschönste;
② Besitz, Habe, Vermögen [**familiaris** Privatvermögen; **paterna; materna**]; **rem facere** erwerben; **rem quaerere** zu erwerben suchen; **rem augere; rem gerere** sein Vermögen verwalten; **rem conficere** vertun; **res et fides** Besitz u. Kredit; **res eos iam pridem, fides nuper deficere coepit;**
③ *Pl.* Welt, Natur, Weltlauf; **caput rerum** die Hauptstadt der Welt; **rerum potentia; hominum rerumque repertor** *(v. Jupiter);*
④ (Sach-)Lage, Verhältnisse, Umstände, Zustand, Sachverhalt [**secundae** *od.* **prosperae** Glück; **adversae** Unglück]; **rem explorare; fiducia rerum** auf Glück; **res variae bello** Wechsel des Glücks; **sunt lacrimae rerum** für das Unglück; **imperitus rerum** unbekannt mit den Verhältnissen; **res erat in ea opinione, ut putarent** es herrschte die Ansicht, dass; **in summo discrimine rerum** in sehr kritischer Lage; **sis res cogat** *od.* **postulabit; pro re** den Umständen entsprechend; **pro tempore et re; ipsā re ac ratione** durch die Sachlage an und für sich; **res ita se habent; novis rebus studere** nach Neuerungen streben, einen Umsturz planen; **tanta rerum commutatio** Umschwung in den Verhältnissen; **rebus ita se habentibus** unter diesen Umständen; – *im Deutschen oft* = es: **res bene (male) se habet** es steht gut (schlimm);
⑤ Hinsicht, Beziehung; **totā re errare** in jeder Beziehung; **eā re plurimum potest** in dieser Beziehung;
⑥ *(meist Pl.)* Herrschaft, Macht; **rerum potiri; custos rerum; res Romana, Latina;**
⑦ *(b. Historikern u. Dichtern)* Staat, Staats-, Gemeinwesen = *res publica (s. publicus)* [**Romana**]; **unus homo nobis cunctando restituit rem** *(Enn.);*
⑧ Ursache, Grund; **eā, eādem, hac, quā re, quam ob rem** deshalb;
⑨ Geschäft, Unternehmen, Angelegenheit [**militaris** *od.* **bellica** Kriegswesen; **maritima, navalis** *od.* **nautica** Seewesen; **frumentaria**

Getreidewesen, Proviant; **rustica** Landwirtschaft; **pecuaria** Viehzucht]; **tantis rebus praeesse** so große Unternehmungen leiten; **rem gerere** Geschäfte machen; **rem bene (male) gerere; rem cum alqo transigere** abschließen; **rem contrahere cum alqo; alci res cum alqo est** jmd. hat es mit jmdm. zu tun; **tecum mihi res est; quoniam cum senatore res est; famigeratori res sit cum damno et malo** bekomme es zu tun mit Verlust und Schaden; **inter se multa communicare de tota illa ratione atque re Gallicana;**
⑩ Vorteil, Nutzen, Interesse; **in rem est** *(m. Inf., A. C. I. od. ut)* es ist vorteilhaft; **alqd in rem suam convertere** sich zu Nutze machen; **ex re mea; suis rebus consulere; a re consulere** zum Nachteil; **a re visum est** unvorteilhaft, unpassend; **tuā re** zu deinem Vorteil;
⑪ Tat, Handlung; Kriegstat [**gestae** (Kriegs-)Taten]; **militares et civiles res** Kriegstaten u. politische Handlungen; **res gerere** handeln, *bes.* in Staatsangelegenheiten tätig sein; **rebus spectata iuventus** durch Taten erprobt; **gloria rerum; auctor rerum** Ausführer; **quibus rebus cum unus maxime in civitate floreret;**
⑫ Krieg, Kampf; **re bene (male) gestā** nach glücklichem (unglücklichem) Kampf; **arma ante rem nitentia** vor der Schlacht; **res est mihi cum Danais; haud dubia res est** der Erfolg des Kampfes; **donec in populationibus res fuit;**
⑬ Ereignis, Begebenheit, Geschehnis, Vorfall [**magna** wichtiges; **praeclara**]; **in medias res auditorem rapere;** – *bes.* geschichtliches Ereignis, *Pl.* Geschichte [**Italicae** v. Italien]; **rerum scriptor** Geschichtsschreiber; **res populi Romani perscribere** röm. Geschichte;
⑭ Tatsache, Faktum; **non modo res omnes, sed etiam rumores cognoscere; rerum exempla;**
⑮ Wirklichkeit, Wahrheit tatsächliche Erfahrung; **rem spectare, non verba; ut erat res** wie es sich tatsächlich verhielt; **quod res est** was es tatsächlich ist; **nihil est aliud in re** in Wahrheit verhält es sich so; **re (verā), re quidem verā, re ipsā** in Wahrheit, in Wirklichkeit, in der Tat;
⑯ Wesen der Dinge, Natur der Sache; **ad rem pertinere;**
⑰ Rechtssache, Prozess; **rem iudicare** eine Sache rechtskräftig entscheiden.

re-sacrō, sacrāre vom Fluch befreien, entsühnen.

re-saeviō, saevīre *(Ov.)* wieder wüten; **ne mota resaeviat ira.**

resalūtātiō, ōnis *f (resaluto) (Suet.; August.)* Gegengruß.

re-salūtō, salūtāre wieder grüßen.

re-sānēscō, sānēscere, sānuī, – *(sanus) (Ov.; spätl.)* wieder genesen; *(übtr.)* **animi resanuit error.**

re-sarciō, sarcīre, sarsī, sartum ① wieder ausbessern [**tecta; vestem**];
② wieder ersetzen [**detrimentum; damnum**].

re-scidī *Perf. v. rescindo.*

re-sciī *s. rescisco.*

re-scindō, scindere, scidī, scissum ① (wieder) aufreißen, *auch übtr.* [**vulnus; dolorem, luctūs** erneuern];
② (er)öffnen [**vias; locum firmatum**];
③ zerreißen, nieder-, ab-, einreißen, zerstören [**pontem** abbrechen; **vallum; vestem a membris**];
④ ungültig machen, vernichten, aufheben [**iudicium populi; pactiones; testamentum; alcis decreta**].

re-scīscō, scīscere, scīvī *u.* sciī, scītum erfahren, Nachricht erhalten *(m. Akk. od. de)* [**futurum; de adventu alcis**].

rescissus *P. P. P. v. rescindo.*

rescītus *P. P. P. v. rescisco.*

re-scīvī *Perf. v. rescisco.*

re-scrībō, scrībere, scrīpsī, scrīptum ① wieder schreiben, zurückschreiben [**epistulam**]; schriftlich antworten *(m. Dat, od. ad; m. A. C. I. od. indir. Frages.)* [**litteris, ad epistulam** auf einen Brief];
② v. neuem schreiben, neu bearbeiten [**rationes; commentarios**];
③ *(milit.)* wieder aufstellen, neu bilden [**legiones**];
④ *(Suet.)* schriftl. widerlegen, eine Gegenschrift verfassen;
⑤ *(im Rechnungsbuch) einen Posten* umschreiben: **a)** zur Last schreiben; **b)** *(poet.)* gutschreiben;
⑥ *(in eine andere Kriegsgattung, in einen anderen Rang)* umschreiben [**alqm ad equum** *(im scherzh. Doppelsinn)* zur Reiterei versetzen *od.* in den Ritterstand erheben];
⑦ *cantūs vocum sonis* nach den Tönen der Stimmen noch einmal niederschreiben, komponieren.

rescrīptum, ī *n (rescribo) (nachkl.) schriftl. Antwort des Landesherrn,* kaiserl. Erlass, Reskript.

rescrīptus *P. P. P. v. rescribo.*

re-secō, secāre, secuī, sectum ① abschneiden [**linguam; truncos; radices; ad vivum** bis ins Fleisch schneiden, *übtr.* allzu genau nehmen];
② *(übtr.)* beschneiden, beschränken, hemmen; beseitigen [**spem longam; crimina; libidinem**].

re-secrō, secrāre *(sacro) (Plaut.; spätl.)* ① von neuem bitten;
② die Bitte zurücknehmen.

resecūtus *P. P. Akt. v. resequor*

R

re-sēdī *Perf. v. resideo u. resido.*

resegmina, num *n (reseco) (Plin.)* Abfälle, Schnitzel.

re-sēminō, sēmināre *(Ov.)* wieder erzeugen [**se** *vom Phönix*].

re-sequor, sequī, secūtus sum *(nur in den Perf.-Formen) (Ov.)* antworten *(jmdm.: Akk.)* [**alqm dictis; rogantem**].

re-serō, serāre *(sera)* ❶ *(poet.)* entriegeln, öffnen [**portas hosti; carcerem; urbem**];
❷ *(übtr.)* erschließen, (er)öffnen, zugänglich machen [**rem familiarem; aures; pectus; Italiam exteris gentibus**];
❸ *(poet.; nachkl.)* offenbaren [**futura; secreta**];
❹ *(poet.; nachkl.)* etw. anfangen [**annum**].

● **re-servō,** servāre ❶ aufbewahren, aufsparen, vorbehalten [**praedam alci; in diem; facta capiti alcis** an ihm rächen; **ad extremum** für den äußersten Fall; **legiones ad pericula; cetera praesenti sermoni** zur mündlichen Unterredung; **crimen iudicio**];
❷ erhalten, (er)retten [**se sibi suisque; consulem ex media morte**];
❸ (bei)behalten [**nihil ad similitudinem hominis** nichts Menschenähnliches].

reses, *Gen.* residis *(resideo)* ❶ sitzen geblieben, zurückgeblieben [**in urbe plebs**];
❷ träge, untätig, unbeschäftigt [**populi** *die lange nicht gekämpft haben*].

re-sībilō, sībilāre *(spätl.)* entgegenzischen, gehässig erwidern.

re-sideō, sidēre, sēdī, sessum *(sedeo)* **I.** *intr.* ❶ sitzen bleiben, sitzen [**in antro; in equo**]; *(übtr.)* **spes in virtute tua residet** *(Cic.)* beruht auf;
❷ zurückbleiben, verweilen; **residebit in re publica coniuratorum manus; si quid in te residet amoris erga me** *(Cic.)*; **residet suspicio; in eorum consilio pristinae virtutis memoria residet** *(Caes.)*;
II. *trans.* feiern [**ferias**].

re-sīdō, sīdere, sēdī, sessum ❶ sich setzen, sich niederlassen, Rast machen, verweilen *(in m. Abl. od. bl. Abl.)* [**in rupe; in taberna; in oppido; mediis aedibus**];
❷ *(übtr.)* sich niedersenken, (ein)sinken; **si montes resedissent; maria in se ipsa residunt; residentibus flammis;**
❸ *(poet.; nachkl.)* sich zurückziehen;
❹ nachlassen, sich beruhigen, sich legen; **bellum resedit; ardor resederat; ira resedit; tumor animi resedit; terror resedit.**

residuum, ī *n (residuus)* Rest [**nobilium**].

residuus, a, um *(resideo)* zurückbleibend, zurückgeblieben, übrig [**odium; ira bellorum**]; rückständig [**pecuniae**].

resignātiō, ōnis *f (mlt.)* Verzicht, Resignation.

re-sīgnō, sīgnāre ❶ entsiegeln, öffnen [**litteras; testamenta**];
❷ *(poet.) (übtr.)* eröffnen, enthüllen [**venientia fata; mandata alcis**];
❸ ungültig machen, vernichten [**fidem tabularum**];
❹ *(Hor.)* zurückzahlen, zurückgeben [**cuncta**];
❺ *(Verg.)* lösen, befreien [**lumina morte** vom Tode].

re-siliō, silīre, siluī, – *(salio)* ❶ zurückspringen [**ad manipulos**]; **ranae resiliunt in lacus;**
❷ zurück-, abprallen; *(übtr.)* **crimen ab alqo resilit** haftet nicht an jmdm., trifft jmd. nicht;
❸ *(poet.; nachkl.)* sich zusammenziehen, zusammenschrumpfen, sich verkleinern [**in spatium breve**]; **cornua cochlearum protenduntur ac resiliunt.**

re-sīmus, a, um aufgestülpt [**nares**].

rēsīna, ae *f (gr. Fw.) (nachkl.)* Harz.

rēsīnātus, a, um *(resina) (nachkl.)* ❶ mit Harz bestrichen [**iuventus** *um die Haare zu entfernen u. die Haut zu glätten*];
❷ m. Harz gewürzt [**vinum**].

re-sipiī *s. resipisco.*

re-sipiō, sipere, – – *(sapio)* ❶ *(vor- u. nachkl.)* nach etw. schmecken *(alqd)*;
❷ *(übtr.)* etw. erkennen lassen, verspüren lassen; **Epicurus homo non aptissimus ad iocandum, minimeque resipiens patriam** *(Cic.)*; **istae comoediae resipiunt stilum Plautinum** *(Gell.)*.

re-sipīscō, sipīscere, sipīvī, sipiī *u.* sipuī, – *(resipio)* ❶ wieder zur Besinnung kommen, sich wieder erholen;
❷ wieder zur Einsicht kommen;
❸ *(Ter.)* wieder Mut fassen.

● **re-sistō,** sistere, stitī, – ❶ stehen bleiben, Halt machen, stillstehen [**in itinere; ad revocantis verba**]; *(v. Lebl.)* **beata vita resistet extra fores limenque carceris; resistentibus flammis** da die Flammen nicht weiter vordrangen;
❷ zurückbleiben, verbleiben [**Athenis; in regno**];
❸ *(in der Rede)* innehalten, stocken [**media in voce**]; **verba resistunt;**
❹ wieder festen Fuß fassen, wieder zum Stehen kommen; **ubi lapsi resistamus;**
❺ Widerstand leisten, sich widersetzen, sich entgegenstellen *(m. Dat.; m. ne, nach Negation m. quin)* [**hostibus; venientibus; ventis; huic rogationi; dolori; lacrimis et precibus; vi contra vim**]; **mens resistens ad calamitates perferendas** widerstandsfähig gegen; **nullo resistente** ohne jeden Widerstand; **omnibus his resistitur.**

resolūtiō, ōnis *f (resolvo)* ❶ *(nachkl.)* Auflösung, Lockerung [**lori**];
❷ *(mlt.)* Entschließung.

● **re-solvō,** solvere, solvī, solūtum ❶ auflö-

sen, auf-, losbinden [**vestes; crines; nodum; equos** abspannen; **virginem catenis**];
❷ *(poet.; nachkl.) (übtr.)* (auf)lösen [**nebulas** vertreiben; **nivem** schmelzen; **curas** verscheuchen; **tenebras** vertreiben; **glaebam in pulverem**]; *Pass. auch* sich auflösen, locker werden: **nubes resolvuntur in aquas; resoluta caligo;**
❸ auftun, öffnen [**litteras; iugulum mucrone** durchstechen; **ora fatis** zur Weissagung; **fauces in verba** den Mund zum Reden];
❹ *(poet.; nachkl.)* entspannen, erschlaffen, entkräften, matt machen [**membra; terga** ausstrecken]; **resolutus in somnos;**
❺ *(poet.; nachkl.)* ungültig machen, aufheben, zunichte machen, beseitigen [**iura pudoris** verletzen; **disciplinam militarem; vectigal; litem lite** beenden];
❻ *(Hor.)* befreien; **te piacula nulla resolvent;**
❼ *(Kom.)* (zurück)zahlen [**argentum**].

resonābilis, e *(resono) (poet.)* widerhallend [**echo**].

re-sonō, sonāre **I.** *intr.* ❶ widerhallen, widerschallen *(von etw.: Abl.; alci rei: einer Sache)*; **aedes plangoribus resonant; resonat latratibus aether; resonans theatrum; locus voci resonat;** *(übtr.)* **gloria virtuti resonat tamquam imago** ist ein Widerhall der Tapferkeit;
❷ wieder ertönen, wieder erschallen; **aera resonant; examina e quercu resonant; resonant avibus virgulta;**
II. *trans. (poet.)* widerhallen lassen, ertönen lassen [**Amaryllida** den Namen Amaryllis; **alcyonem** die Stimme des Eisvogels; **triste et acutum** einen wehmütigen u. schrillen Ton v. sich geben; **lucos assiduo cantu**]; *Pass.:* **(sonus) in fidibus testudine resonatur** entsteht ein Widerhall.

resonus, a, um *(resono) (poet.)* widerhallend, -schallend [**voces; valles**].

re-sorbeō, sorbēre, – – *(poet.; nachkl.)* wieder einschlürfen, wieder einziehen [**fluctūs**].

respectō, respectāre *(Intens. v. respicio)* **I.** *intr.* zurückblicken, -schauen, sich umsehen; hinsehen [**ad tribunal**]; **respectantium turba;**
II. *trans.* ❶ anblicken; sich umsehen nach [**arcem Romanam**];
❷ *(poet.) (übtr.)* berücksichtigen; **si qua pios respectant numina** *(Verg.)*;
❸ einer Sache entgegensehen [**par munus ab alqo**].

respectus[1] *P. P. P. v. respicio.*

respectus[2], ūs *m (respicio)* ❶ das Zurückblicken, -schauen *(nach etw.: Gen.)* [**incendiorum** nach dem Brand]; **rex sine respectu fugit** *(Liv.)* ohne sich umzusehen; **sine respiratione ac respectu pugnare;**
❷ *(übtr.)* Rücksicht, Berücksichtigung; **respectu alcis rei** mit Rücksicht auf etw.; **sine respectu maiestatis;**
❸ *(meton.)* Zuflucht(sort), Rückhalt; **respectum ad senatum habere.**

re-spergō, spergere, spersī, spersum *(spargo)* bespritzen, besprengen, bestreuen; **manus sanguine paterno respersae; alqm cruore ~; cum primum aurora respergit lumine terras** *(Lucr.)* erfüllt; *(übtr.)* **servili probro respersus** *(Tac.)* m. dem Makel eines Sklavenstreichs.

respersiō, ōnis *f (respergo)* das Bespritzen, Besprengung.

● **re-spiciō,** spicere, spexī, spectum *(specio)*
I. *intr.* ❶ zurückblicken, sich umblicken, hinter sich sehen [**ad oppidum**];
❷ jmd. angehen, betreffen; **ad hunc summa imperii respiciebat** *(Caes.)*;
❸ *(poet.; nachkl.)* Rücksicht nehmen auf *(ad)*;
II. *trans.* ❶ hinter sich erblicken, hinter sich bemerken [**Eurydicen suam; amicum; angues; signa; moenia**]; *(auch m. A. C. I.)*;
❷ zurückdenken, überdenken [**spatium praeteriti temporis**]; **quod tam longe retro ~ non possunt;**
❸ berücksichtigen, beachten; **haec respiciens** im Hinblick darauf; **respice aetatem tuam** *(Ter.)*; *(auch m. A. C. I.)*;
❹ sorgen für, an etw. denken [**rem publicam; commoda populi**]; **di nos respiciunt** *(Ter.)*;
❺ auf etw. warten, hoffen [**subsidia**].

respīrāmen, minis *n (respiro) (Ov.)* Luftröhre.

respīrātiō, ōnis *f (respiro)* ❶ das Atemholen; **sine respiratione pugnare** ununterbrochen;
❷ Pause *im Reden;*
❸ Ausdünstung [**aquarum**].

respīrātus, *Abl.* ū *m (respiro)* das Aufatmen, Atemholen.

re-spīrō, spīrāre ❶ ausatmen [**animam**];
❷ aufatmen, Atem holen [**libere**];
❸ *(übtr.)* sich wieder erholen [**a cladibus; paulum a metu; a minis**];
❹ *(v. Zuständen)* zur Ruhe kommen; **cupiditas atque avaritia paulum respiravit** *(Cic.)*; **ne punctum quidem temporis oppugnatio respiravit;**
❺ *(Lucr.) (vom Wind)* zurückwehen, entgegenblasen.

re-splendeō, splendēre, splenduī, – *(poet.; nachkl.)* widerstrahlen.

● **re-spondeō,** spondēre, spondī, spōnsum
❶ ein Gegenversprechen leisten, dagegen versprechen, versichern, zusagen [**par pari**];
2. a) etw. antworten, erwidern *(alqd od. de re; m. A. C. I. od. indir. Frages.)* [**multa; consuli nullum verbum; de bello gerendo**]; *Pass.:* **respondetur alci** jmd. erhält die Antwort; **b)** auf etw. antworten, etw. beantworten

(alci rei; ad alqd nur m. substantivierten Neutra; selten adversus alqd) [**litteris alcis; ad haec; ad interrogata; alci ad rogatum; patri ad omnia** dem Vater auf alles; **adversus haec in hanc sententiam**]; **saxa voci respondent** geben ein Echo; **e)** *m. ut u. Konj.* als Antwort den Befehl erteilen;

③ *(vom Orakel u. Richter)* Bescheid geben, raten [**ius** *od.* **de iure** rechtliche Bescheide geben; **criminibus** sich gegen die Beschuldigungen verteidigen]; **ad ius respondendum** um Recht zu sprechen; **Pythia respondit, ut moenibus ligneis se munirent** *(Nep.)*;

④ *(b. Namensaufruf)* sich melden, sich stellen, erscheinen, *bes. vor Gericht* [**ad nomina** *als Soldat*]; **Verres non responsurus; nec ~ ausus;**

⑤ *(übtr.)* entsprechen, übereinstimmen, ähnlich sein *(m. Dat.; selten ad)*; **fructus non respondet labori; eventus ad spem respondit; verba verbis respondeant; tua virtus opinioni hominum respondet** *(Cic.)*;

⑥ sich messen können, gewachsen sein, das Gleichgewicht halten *(m. Dat.)* [**orationi illorum**]; **urbes tumulis respondebunt; arma lacertis Caesaris non responsura** *(Hor.)*;

⑦ *(Verg.) (räuml.)* gegenüberliegen; **contra respondet tellus;**

⑧ vergelten, erwidern *(alci rei)* [**amori amore; liberalitati**];

⑨ bezahlen [**ad tempus**];

⑩ *(mlt.)* offenbaren, prophezeien.

responsiō, iōnis *f (respondeo)* Antwort, Erwiderung; *(rhet.)* **sibi ipsi ~** Selbstwiderlegung.

respōnsitō, respōnsitāre *(Intens. v. responso)* Rechtsgutachten erteilen.

respōnsīvum, ī *n (spätl.)* Antwort.

respōnsō, respōnsāre *(Intens. v. respondeo) (vorkl.; poet.)* ① antworten, erwidern; **ripae responsant** hallen wider;

② widersprechen;

③ *(übtr.)* widerstehen, verschmähen *(m. Dat.)* [**cupidinibus; cenis opimis**].

respōnsor, ōris *m (respondeo) (Plaut.)* der Antwortende, Auskunftgebende.

respōnsōrium, ī *n (respondeo) (Eccl.)* liturgischer Wechselgesang.

● **respōnsum,** ī *n (respondeo)* ① Antwort; **-um alci dare** *od.* **reddere** geben; **-um ab alqo ferre, auferre, referre** *od.* **accipere** erhalten; **-um renuntiare** bringen; **sine -o legatos dimittere;**

② Rechtsbescheid [**iudicum**];

③ Orakelspruch, Ausspruch [**Apollinis; sortium; Sibyllae; oraculi; haruspicum**]; **-um petere** ein Orakel einholen.

respōnsus *P. P. P. v. respondeo.*

● **rēs pūblica** *s. publicus.*

re-spuō, spuere, spuī, – ① ausspeien, v. sich geben [**reliquias cibi**];

② *(übtr.)* zurückweisen, nicht annehmen, verschmähen, verwerfen [**condicionem; interdicta Caesaris; defensionem**]; **aures respuunt** *(m. A. C. I.)* es beleidigt das Ohr.

restāgnātiō, ōnis *f (restagno) (Plin.)* das Austreten *v. Gewässern* [**Oceani; Euphratis**].

re-stāgnō, stāgnāre ① *(v. Gewässern)* über-, austreten, sich ergießen; **mare restagnans;**

② *(meton., v. Örtl.)* überschwemmt sein, unter Wasser stehen; **late is locus restagnat.**

restaurātiō, ōnis *f (restauro) (spätl.)* Wiederherstellung, Erneuerung.

restaurātor, ōris *m (restauro) (spätl.)* Wiederhersteller *v. Bauwerken,* Restaurator [**thermarum; urbis**].

restaurātrīx, īcis *f (restaurator) (spätl.)* Wiederherstellerin [**virtutum**].

re-staurō, staurāre *(vgl. instauro) (Tac.; spätl.)* wiederherstellen [**aedem Veneris**].

resticula, ae *f (Demin. v. restis)* dünnes Seil, Schnur.

re-stīllō, stīllāre wieder einträufeln; *(übtr.)* wieder einflößen.

restīnctiō, ōnis *f (restinguo)* das Löschen, Stillen [**sitis**].

re-stinguō, stinguere, stīnxī, stīnctum ① (aus)löschen [**ignem; aggerem** den brennenden Wall; *übtr.* **incendium belli civilis**];

② *(übtr.)* löschen, stillen [**sitim**];

③ dämpfen, mäßigen, unterdrücken [**odium; ardorem cupiditatum; mentes auditorum inflammatas**];

④ vernichten, vertilgen [**morbum**].

restiō, ōnis *m (restis)* ① *(nachkl.)* Seiler;

② *(Plaut.) (scherzh.) v. einem m. Stricken durchgepeitschten Sklaven.*

restipulātiō, ōnis *f (restipulor)* Gegenverpflichtung.

re-stipulor, stipulārī gegenseitig ein Versprechen fordern, sich dagegen versprechen lassen.

restis, is *f (Akk. Sg.* -im *u.* -em) ① Seil, Strick;

② **a)** *(Plin.)* Lauchblatt; **b)** *(Mart.)* Zwiebelblatt.

re-stitī *Perf. v. resisto u. resto.*

restitō, restitāre *(Intens. v. resto)* zurückbleiben; *(übtr.)* zögern, zaudern.

● **re-stituō,** stituere, stituī, stitūtum *(statuo)* ① wieder hinstellen, wieder aufstellen [**statuam**];

② zurückbringen, -rufen, -führen *(bes. aus der Verbannung)* [**alqm in patriam; sospites Romam ad propinquos**];

③ wieder zustellen, wiedergeben [**alci agrum; civibus sua; se alci** sich aussöhnen, sich m. jmdm. wieder befreunden; **Syracusanis libertatem**];

④ *(in den alten Stand)* zurückversetzen, wieder einsetzen [**Siciliam in pristinum statum; alqm in integrum** in den vorigen Stand wieder einsetzen; **praedia in integrum; consilia**

in integrum ungeschehen machen; **alqd in pristinam dignitatem; alqm in antiquum locum gratiae** jmdm. die alte Gunst wieder schenken; **damnatos** die Strafe aufheben; **Britanniam patientiae veteri** zur alten Unterwürfigkeit zurückführen];
5 jmd. *in seine Rechte* wieder einsetzen [**alqm in regnum**];
6 wiederherstellen [**aciem; pugnam** erneuern; **cunctando rem** den Staat retten; **turbatas comas** wieder ordnen; **aedes, muros** wieder erbauen; **oppida vicosque; vina**];
7 *(übtr.)* aufheben [**iudicia** Urteilssprüche];
8 wieder gutmachen, ersetzen [**vim factam** den durch Gewalt angerichteten Schaden; **amissa; damna bello accepta**].

restitūtiō, ōnis *f (restituo)* 1 Wiederherstellung [**fortunae; illius potestatis**];
2 Wiedereinsetzung *(in den vorigen Stand):* **a)** Zurückberufung aus der Verbannung; **b)** Begnadigung [**damnatorum**]; **c)** *(Suet.)* Wiederaufnahme in den Senat.

restitūtor, ōris *m (restituo)* Wiederhersteller [**templorum** Wiedererbauer; **salutis meae** mein Retter].

restitūtus *P. P. P. v. restituo.*

● **re-stō,** stāre, stitī, – 1 zurückbleiben [**ad urbis incendium**];
2 übrig bleiben, übrig sein; *(hoc, id, illud) restat, ut od. m. Inf.* es bleibt (noch) übrig, dass *od.* zu; **nihil aliud restat, nisi** *od.* **quam** *m. Inf.;* **summa studia amicorum ei sola in malis restiterunt; una spes restat in Etruscis; dona pelago et flammis restantia** *(Verg.)* die dem Meer u. den Flammen entgangen sind, die aus dem Meer u. den Flammen gerettet sind;
3 am Leben bleiben, noch am Leben sein; **pauci restant; ex multis unus alci restat;**
4 noch bevorstehen; **hoc Latio restat; quod restat** künftig;
5 sich widersetzen, widerstehen, Widerstand leisten [**confidenter; fortiter**];
6 *(poet.; nachkl.) (übtr., v. Sachen)* nicht nachgeben, standhalten; **laminae restantes adversum pila et gladios.**

restrictus, a, um *(P. Adj. v. restringo)* 1 *(nachkl.)* straff angezogen, knapp, eng [**toga**];
2 streng, genau [**imperium**]; **-e observare;**
3 sparsam, karg;
4 bescheiden.

re-stringō, stringere, strīnxī, strictum 1 zurückziehen, an sich ziehen;
2 fletschen, entblößen [**dentes**];
3 nach hinten binden, zurückbinden, fesseln [**manūs ad terga**];
4 *(übtr.)* einschränken, beschränken [**sumptūs; delicias; animum maestitiā** beengen].

re-sūdō, sūdāre *(nachkl.)* Feuchtigkeit ausschwitzen *(vom Boden).*

re-sultō, sultāre *(salto) (poet.; nachkl.)* 1 abspringen, zurückprallen; **tela galeā resultant;**
2 zurück-, widerhallen; **vocis imago resultat; sonus resultans; colles clamore resultant; tecta resultantia vocibus;**
3 *(Plin.) (übtr.)* widerstreben; **barbara nomina Graecis versibus non resultant** lassen sich ins Metrum bringen.

re-sūmō, sūmere, sūmpsī, sūmptum *(poet.; nachkl.)* 1 wieder (an sich) nehmen, wieder annehmen, wieder ergreifen [**tabellas; pennas; arma**];
2 *(übtr.)* wieder aufnehmen, erneuern [**militiam; proelium; hostilia**];
3 wiedererlangen [**dominationem; vires**].

re-suō, suere, –, sūtum *(Suet.)* auftrennen.

re-supīnō, supīnāre 1 zurückbeugen, -lehnen, auf den Rücken werfen [**caput; assurgentem umbone** rücklings zu Boden]; – *mediopass. resupinari* sich zurückbeugen, sich auf den Rücken legen;
2 *(Prop.)* umreißen, umstürzen [**valvas**].

resupīnus, a, um *(resupino) (poet.; nachkl.)* 1 zurückgebogen, -gelehnt [**collum; os**];
2 auf dem Rücken liegend, rücklings; **alqm -um fundere** rücklings zu Boden werfen; **eum -o pectore vertit** warf ihn rücklings zu Boden; **-i natant** auf dem Rücken;
3 *(übtr.)* den Kopf stolz zurückwerfend, stolz [**Niobe**].

re-surgō, surgere, surrēxī, surrēctum 1 *(poet.; nachkl.)* wieder aufstehen, sich wieder erheben *(auch v. Lebl.);* **cumba de aquis resurgit** taucht wieder auf; **luna resurgit** geht wieder auf; **resurgebant cornua Phoebes** erneuerten sich; **herba resurgens;**
2 *(Tac.) (übtr.)* sich wieder erheben [**in ultionem**];
3 *(Verg.) (v. Zuständen)* wieder erwachen; **resurgit amor;**
4 wieder emporkommen, wieder erstehen; **regna Troiae resurgent; quoniam res Romana contra spem votaque eius velut ~ ab stirpibus videatur** *(Liv.);*
5 *(Eccl.)* auferstehen *(vom Tode).*

resurrēctiō, ōnis *f (resurgo) (Eccl.)* Auferstehung *(vom Tode).*

re-suscitō, suscitāre 1 *(Ov.)* wieder erregen [**iram**];
2 *(Eccl.)* wieder erwecken *(vom Tode).*

re-tāliō, tāliāre *(talio, onis f) (Gell.)* m. Gleichem vergelten, wiedervergelten.

retardātiō, ōnis *f (retardo)* Verzögerung.

re-tardō, tardāre 1 verzögern, aufhalten, zurückhalten [**alqm in via**]; – *intr. u. mediopass. retardari* langsamer werden, sich langsam bewegen: **stellarum motūs tum incitantur, tum retardantur;**
2 *(übtr.)* aufhalten, hemmen, hindern [**impetūs hostium; alqm a scribendo; loquacita-**

R

tem; cupiditatem].

re-taxō, taxāre *(Suet.)* wieder tadeln.

rēte, tis *n (Abl. Sg.* -ī *u.* -e; *Pl. Nom.* -ia, *Gen.* -ium) Netz (Fisch-, Jagdnetz), *auch übtr.;* **retia ponere cervis; retia tendere; retibus amoris exire.**

re-tegō, tegere, tēxī, tēctum ❶ aufdecken, entblößen [**ensem**]; **homo retectus** durch den Schild nicht gedeckt; **retectis pedibus;**
❷ öffnen [**thecam nummariam**];
❸ *(poet.)* sichtbar machen, erhellen [**orbem radiis; diem**]; *Pass.* sichtbar sein; **iam rebus luce retectis;**
❹ *(poet.; nachkl.) (übtr.)* aufdecken, entdecken, offenbaren [**coniurationem; scelus; arcanum consilium; fata**].

re-temptō, temptāre *(poet.; nachkl.)* wieder versuchen [**studium; verba; fila lyrae** noch einmal die Saiten anschlagen].

re-tendō, tendere, tendī, tentum *u.* tēnsum *(poet.)* ab-, entspannen [**arcum**].

retentiō, ōnis *f (retineo)* ❶ das Zurück-, Anhalten [**aurigae**];
❷ *(übtr.)* das Zurückhalten einer Zahlung, Abzug [**pecuniae**].

retentō¹, retentāre *(Intens. v. retineo)* ❶ zurück-, festhalten [**agmen; fugientes**];
❷ *(übtr.)* erhalten [**sensūs hominum vitasque**].

retentō², retentāre = *retempto.*

retentus *P. P. P. v. retendo u. retineo.*

re-terō, terere, trīvī, trītum *(vor- u. nachkl.)* abreiben.

re-tēxī *Perf. v. retego.*

re-texō, texere, texuī, textum ❶ wieder auftrennen, auflösen; **Penelope telam retexens;** *(übtr.)* **luna orbem retexuit** nahm ab;
❷ ungültig, rückgängig machen, widerrufen [**orationem; opus; praeturam; superiora**];
❸ umarbeiten, ändern [**scripta; se** sich zu einem anderen Menschen machen];
❹ *(poet.)* erneuern, wiederholen [**Eurydices properata fata** E. ins Leben zurückrufen].

rētiārius, ī *m (rete) (nachkl.)* Netzfechter *(Gladiator m. Dreizack u. Netz).*

reticentia, ae *f (reticeo)* ❶ das (Still-)Schweigen;
❷ das Verschweigen;
❸ *(rhet. t. t.)* das Abbrechen mitten in der Rede.

re-ticeō, ticēre, ticuī, – *(taceo)* **I.** *intr.* ❶ (still)schweigen [**de iniuriis; de adversis**];
❷ nicht antworten;
II. *trans.* verschweigen [**cogitationes suas**].

rēticulum, ī *n u.* **-us,** ī *m (Demin. v. rete)* kleines Netz (Fisch-, Trag-, Haarnetz); Sieb.

Retina, ae *f* Resina, *Ort am Fuße des Vesuv.*

retināculum, ī *n (retineo)* ❶ Halter, Haken, Klammer;
❷ Band, Leine, Seil, Zügel [**classis** Tau]; **frustra -a tendens auriga;**
❸ *Pl. (übtr.)* Bande [**vitae**].

retinēns, *Gen.* entis *(P. Adj. v. retineo)* an etw. festhaltend *(m. Gen.)* [**iuris et libertatis; avitae nobilitatis**].

retinentia, ae *f (retineo) (Lucr.)* das Behalten im Gedächtnis, Erinnerung.

● **re-tineō,** tinēre, tinuī, tentum *(teneo)* ❶ zurück-, festhalten, aufhalten [**cohortes apud se; milites in castris; legatos; alqm obsidem** als Geisel; **navicularios** festnehmen; **legiones ad urbem;** *(Lebl.)* **lacrimas**]; **tempestate retineri;**
❷ behalten [**mercedem; alienum; partem armorum in oppido**];
❸ beibehalten, (sich) erhalten, nicht aufgeben, bewahren [**statum suum; iustitiam; pristinam virtutem; virtutis memoriam; amicos; alqm in officio; animos sociorum in fide**];
❹ *(Erobertes)* halten, behaupten [**oppidum; arces; regnum armis; Graecos sub sua potestate**];
❺ zurückhalten, in Schranken halten, zügeln [**rabiem; gaudia**];
❻ *(übtr.)* fesseln [**alqm amore**].

re-tinniō, tinnīre wieder klingen, -tönen.

rētiolum, ī *n (Demin. v. rete) (nachkl.)* kleines Netz.

re-tonō, tonāre *(Cat.)* donnernd widerhallen.

re-torqueō, torquēre, torsī, tortum ❶ zurückdrehen, -wenden [**caput in sua terga; ora ad os Phoebi** hindrehen; **pantherae terga** zurückschlagen; **oculos ad urbem; currum; manūs** *od.* **bracchia tergo** auf den Rücken binden; **amictum** aufschürzen; **crinem** kräuseln]; **agmen ad dextram retorquetur** schwenkt nach rechts; **retortae litore undae** zurückgedrängt;
❷ *(Verg.) (übtr.)* ändern [**mentem** die Gesinnung].

re-torridus, a, um *(vor- u. nachkl.)* ❶ verdorrt, vertrocknet, dürr [**arbor; ramus**];
❷ *(übtr.)* ausgekocht, schlau, gerieben, gerissen [**mus**].

re-torsī *Perf. v. retorqueo.*

retortus *P. P. P. v. retorqueo.*

retractātiō, ōnis *f (retracto)* ❶ Weigerung, Ablehnung; **sine (ulla) retractatione;**
❷ *(Sen.)* Beschäftigung *mit etw. od. jmdm.* in Gedanken [**eorum (amicorum), qui fuerunt**];
❸ *(August.)* Umarbeitung, Verbesserung *einer Schrift.*

retractātus, a, um *(P. Adj. v. retracto)* umgearbeitet, verbessert.

re-tractō, tractāre *(Intens. v. retraho)* ❶ *(poet.; nachkl.)* zurückziehen, -nehmen, widerrufen [**dicta**];
❷ sich sträuben, sich weigern, sich widerset-

zen; **nullo retractante;**
③ wieder berühren, wieder anfassen, wieder ergreifen [**arma; ferrum; vulnera** wieder aufreißen];
④ *(poet.; nachkl.) (übtr.)* wieder vornehmen, wieder behandeln [**finitam causam** nochmals zur Erörterung bringen; **verba desueta** wieder gebrauchen; **gaudium** erneuern];
⑤ neu bearbeiten, verbessern [**librum; orationem; leges**];
⑥ wieder erwägen, wieder überdenken [**fata**];
⑦ *(Gell.) (übtr.)* herabsetzen [**opus**].

retractus, a, um *(P. Adj. v. retraho)* entfernt, verborgen, versteckt.

re-trahō, trahere, trāxī, tractum ① zurückziehen, -bringen, -holen [**manum; Hannibalem in Africam**]; **retrahit pedem unda** strömt zurück;
② *(einen Flüchtling)* zurückbringen, -holen, -schleppen [**alqm ex fuga, ex itinere;** *(scherzh.)* **ad se argentum fugitivum**];
③ zurück-, abhalten [**minitantem a se; consules a foedere; consules a re publica** entfremden; **Thebas ab interitu** retten vor; **alqm ex magnis detrimentis** retten aus];
④ zurück(be)halten, nicht herausgeben;
⑤ *se ~ a re* sich v. etw. zurückziehen, sich fern halten, meiden [**se a convivio; se ab ictu**]; *(auch m. ne);*
⑥ *(Tac.)* wieder, v. neuem ziehen, v. neuem schleppen [**Treveros in arma; ad eosdem cruciatus**];
⑦ *(Tac.) (übtr.)* wieder ans Licht ziehen, wieder hervorziehen [**nomina**];
⑧ *(übtr.)* hinziehen, *in einen Zustand* bringen [**calliditatem in odium iudicis** beim Richter verhasst machen];
⑨ *(Suet.) (aus einer Zahl)* streichen;
⑩ *(Sen.)* nicht merken lassen [**vires ingenii**].

retrectō, retrectāre = *retracto.*

re-tribuō, tribuere, tribuī, tribūtum ① zurückgeben, -erstatten [**pro frumento acceptam pecuniam populo**];
② *(Lucr.)* v. neuem geben [**corpora rebus**];
③ *jmdm. das ihm Gebührende* zukommen lassen, zuweisen [**alci exactae aetatis fructum**].

retribūtiō, ōnis *f (retribuo) (Eccl.)* Vergeltung, Erwiderung.

retrītus *P. P. P. v. retero.*

retrō I. *Adv.* ① *(räuml.)* zurück, rückwärts, nach hinten [**dare lintea** zurücksegeln; **fugere**]; hinten;
② *(zeitl.)* zurück, vorher; **quodcumque ~ est;**
③ *(übtr.)* zurück [**ponere alqd** zurück-, hintansetzen; **verti** sich ändern; **abhorrere** zurückschaudern];
II. *Präp. b. Akk. (spätl.)* hinter.

retro-agō, agere, ēgī, āctum *(nachkl.)* ① zurücktreiben [**iram** beruhigen, besänftigen; **honores**];
② umkehren, ändern [**litteras** in umgekehrter Ordnung hersagen lassen].

retrō-cēdō, cēdere, cessī, cessum zurückweichen.

retrō-gradior, gradī, gressus sum *(nachkl.)* zurückgehen.

retrōgradus, a, um *(retrogradior) (nachkl.)* zurückgehend.

retrōgressus *P. P. Akt. v. retrogradior.*

retrō-pendulus, a, um *(nachkl.)* nach hinten hängend.

retrōrsum *u.* **-us** *Adv. (< *retrōvors ... ; retro u. verto)* ① rückwärts, zurück [**vela dare**];
② umgekehrt.

retrō-versus[1], a, um zurückgewandt, -gekehrt.

retrō-versus[2] *u.* **-um** *Adv. (vor- u. nachkl.)* rückwärts.

re-trūdō, trūdere, trūsī, trūsum *(vor- u. nachkl.)* zurückstoßen.

retrūsus, a, um *(P. Adj. v. retrudo)* entfernt, versteckt, verborgen [**simulacra deorum; voluntas**].

rettulī *Perf. v. refero.*

re-tundō, tundere, ret(t)udī, retū(n)sum ① zurückstoßen, -treiben;
② stumpf machen *(konkr. u. übtr.)* [**tela; cor** gefühllos machen];
③ *(übtr.)* zurückhalten, dämpfen, im Zaume halten, niederschlagen [**alcis impetum; linguas Aetolorum** zum Schweigen bringen; **superbiam; improbitatem alcis**].

retū(n)sus, a, um *(P. Adj. v. retundo)* ① stumpf [**ferrum**];
② *(übtr.)* abgestumpft [**ingenium**].

Reudignī, ōrum *m germ. Volk an der Unterelbe.*

re-unctor, ōris *m (unguo) (Plin.)* Salber, Einreiber.

● **reus** *(res)* I. *Subst.* ī *m* der Angeklagte; **rea,** ae *f* die Angeklagte; **reus ad populum** *(vor den Tributkomitien);* **alqm reum facere** *od.* **agere** jmd. anklagen; **reus fieri** angeklagt werden; **reus in secreto agebatur** wurde heimlich angeschwärzt; **reum peragere** die Klage durchführen; **alqm in reos referre** unter die Zahl der Angeklagten schreiben; **alqm ex reis eximere** ausstreichen *(vom Prätor); – Pl.* rei *auch* die Parteien (Kläger und Angeklagter);
II. *Adj.* a, um ① angeklagt *(wegen etw.: Gen. od. de)* [**parricidii; facinoris; belli; de vi**];
② schuldig, zu etw. verpflichtet, für etw. verantwortlich *(m. Gen.)* [**fortunae** schuld am Unglück; **suae partis tutandae; voti** zur Lösung des Gelübdes verpflichtet].

re-valēscō, valēscere, valuī, – *(poet.; nachkl.)*

R

wieder genesen, wieder erstarken, sich erholen; wieder Geltung erlangen.

re-vehō, vehere, vēxī, vectum zurückfahren, -bringen, -führen [**praedam;** *übtr.* **famam ex Bithynia** heimbringen]; – *mediopass. revehi (m. u. ohne curru, equo, nave u. Ä.)* zurückfahren, -reiten, -segeln, -kehren [**ad milites; ad proelium**]; *(übtr., in der Rede)* auf etw. zurückkommen *(ad alqd);* **ad superiorem aetatem revecti sumus.**

revēlātiō, ōnis *f (revelo) (Eccl.)* Offenbarung.

re-vellō, vellere, vellī *u.* vulsī, vulsum ❶ weg-, ab-, los-, herausreißen [**telum de corpore; tabulam; puerum** wegreißen]; **morte ab alqo revelli** jmdm. entrissen werden;
❷ *(übtr.)* (ver)tilgen, verbannen, vernichten [**consulatum ex omni memoria; omnes iniurias**];
❸ aufreißen, -brechen, öffnen [**claustra portarum; humum dente curvo** pflügen].

re-vēlō, vēlāre ❶ *(poet.; nachkl.)* enthüllen, entblößen [**caput; os; frontem; sacra**];
❷ *(nachkl.)* offenbaren.

re-veniō, venīre, vēnī, ventum zurückkommen, -kehren [**domum; in urbem**]; *(übtr.)* **res in eum revenit locum** *(Plaut.)* es ist so weit gekommen.

rē-vērā *Adv. (auch getr.) (res u. verus)* in Wahrheit, tatsächlich, in der Tat.

re-verberō, verberāre *(nachkl.)* zurückschlagen, -werfen; – *mediopass. reverberari* zurück-, abprallen *(an, von etw.: Abl.).*

reverendus, a, um *(revereor) (poet.; nachkl.)* ehrwürdig [**nox; facies**].

reverēns, *Gen.* entis *(P. Adj. v. revereor) (nachkl.)* ehrerbietig, voller Achtung, respektvoll [**sermo erga patrem**]; sittsam [**ora**].

reverentia, ae *f (reverens)* ❶ Ehrfurcht, Achtung, Ehrerbietung *(vor jmdm.: Gen., adversus u. in alqm; gegen, vor etw.: Gen.)* [**adversus maiores; legum**]; – **Reverentia,** ae *f personif. als Göttin der Ehrfurcht;*
❷ *(poet.; nachkl.)* Scheu, Scham [**poscendi**];
❸ *(spätl.)* **vestra ~** *(als Anrede)* Euer Hochwürden.

re-vereor, verērī, veritus sum *(m. Akk.)* ❶ sich scheuen vor, zurückschrecken vor, fürchten [**multa adversa; Romanos**];
❷ Ehrfurcht haben vor, verehren, hochhalten [**virtutem; parentes; fortunam alcis**].

re-verrō, verrere, – – *(Plaut.)* wieder auseinander fegen.

reversiō, ōnis *f (revertor)* Umkehr; Wiederkehr, Rückkehr *(auch v. Lebl.)* [**solis**].

● **re-vertor,** vertī, *Perf.* revertī *(nicht klass.* reversus sum; *Part, Perf.* [*auch klass.*] reversus) ❶ zurückkehren, -kommen, umkehren [**a foro; ab exilio; ad vitam; ex itinere; in patriam; in gratiam cum alqo** sich versöhnen; **ad sanitatem** wieder zur Vernunft kommen; **ad obsidendos oppidanos; ex Asia**]; *(v. Lebl.)* **ne ira victoris in tribunos reverteretur; revertitur ad commodum** betrifft den Nutzen; **dignitas in patriam revertit;**
❷ *(in der Rede)* auf etw. zurückkommen [**eodem; illuc; ad propositum; ad id, unde digressi sumus**]; **ut ad me revertar** um wieder auf mich zu kommen;
❸ *(poet.) (v. Lebl.)* auf jmd. zurückfallen, sich gegen jmd. wenden, jmd. heimsuchen; **poena in caput alcis revertitur; malum in civitatem reverterat.**

re-vestiō, vestīre *(nachkl.)* wieder bekleiden.

re-vēxī *Perf. v. reveho.*

re-vīcī *Perf. v. revinco.*

revictus *P. P. P. v. revinco.*

re-videō, vidēre, – – *(Plaut.)* wieder hinsehen.

re-vīlēscō, vīlēscere, – – *(vilis) (Sen.)* an Wert verlieren.

re-vinciō, vincīre, vinxī, vinctum ❶ *(Verg.)* zurückbinden; **iuvenis manūs** *(gr. Akk.)* **post terga revinctus;**
❷ anbinden, befestigen [**trabes; navigium; ancoram; latus ense** umgürten; **zonam de poste** am Pfosten];
❸ umwinden, umgeben [**templum fronde**]; **Megaeram revinxit serpentum spiris;**
❹ *(poet.) (übtr.)* fesseln [**mentem amore**].

re-vincō, vincere, vīcī, victum ❶ *(poet.; nachkl.)* besiegen, siegreich niederwerfen [*übtr.* **coniurationem** unterdrücken]; **catervae consiliis iuvenis revictae; vires alqa ratione revictae;**
❷ überführen; widerlegen [**crimina rebus**].

revinctus *P. P. P. v. revincio.*

re-vinxī *Perf. v. revincio.*

re-virēscō, virēscere, viruī, – ❶ *(poet.; nachkl.)* wieder grünen, wieder grün werden; **silvae revirescunt;**
❷ *(Ov.) (übtr.)* sich verjüngen, wieder jung werden [**arte**];
❸ *(übtr.)* wieder aufblühen, wieder erstarken; **aliquando rei publicae rationes revirescent; res ad renovandum bellum revirescunt; senatus ad spem pristinae auctoritatis revirescit; domus Germanici reviruit.**

re-vīsī *Perf. v. reviso.*

re-vīsitō, vīsitāre wiederholt besuchen [**urbem**].

re-vīsō, vīsere, vīsī, vīsum ❶ nach etw. wieder hinsehen, nachsehen, etw. wieder besichtigen, besuchen *(m. Akk.)* [**domos; instaurata proelia**];
❷ jmd. wieder besuchen, wieder aufsuchen; **fortuna digna te revisit** dir ist ein Schicksal zuteil geworden, wie du es verdienst.

re-vīvēscō *(Min. Fel.) = revivisco.*

re-vīvīscō, vīvīscere, vīxī, – *(Incoh. v. revivo)* ❶ wieder lebendig werden, wieder aufleben; **memoria ac desiderium tui reviviscit; ho-**

mines reviviscunt iustitiā;
② *(übtr.)* sich erholen; **maiestas populi Romani revixit.**

re-vīvō, vīvere, –, vīctūrus *(Sen.)* wieder leben.

re-vīxī *Perf. v. revivisco.*

revocābilis, e *(revoco) (poet.; nachkl.)* zurückrufbar, widerruflich [**poenae**], *meist m. Negation:* **non** ~ unwiderruflich [**telum; carmen fatorum**].

revocāmen, minis *n (revoco) (Ov.)* Rückruf, Warnung(sruf).

revocātiō, ōnis *f (revoco)* ① das Zurück-, Abrufen [**a bello;** *übtr.* **ad contemplandas voluptates**];
② *(rhet. t. t.)* nochmaliges Aussprechen [**verbi**].

● **re-vocō,** vocāre ① zurückrufen *(bes. aus der Verbannung u. dem Kampf)* [**copias; equites; legiones ab opere; a bello; ab (de) exilio; alqm de legatione** vom Legatenposten; **ex itinere; suos proelio;** *(m. Sup.)* **patriam defensum**]; *(auch m. lebl. Subj.)* **spes Samnites ad Caudium revocavit** *(Liv.)*;
② *(poet.; nachkl.)* zurückziehen, -wenden, -holen [**pedem; manūs; oculos** *od.* **lumina** abwenden; **artūs gelidos in calorem** wieder erwärmen; **capillum a vertice** zurückstreichen];
③ zurückbringen, -führen, -holen [**periuria** wiederholen; **praetermissa** wieder einbringen, nachholen; **animos ad memoriam belli** wieder erinnern an; **hominum mentes a permotionibus ad lenitatem; exordia pugnae** ins Gedächtnis rufen; **alqm ad servitutem**]; **revocari in memoriam alcis rei** sich wieder an etw. erinnern; **se ad ea revocat, e quibus ...** ruft sich Dinge ins Gedächtnis zurück, bei denen er ... ; **se ad industriam** ~ wieder anfangen, tätig zu sein;
④ *(übtr.)* v. etw. zurück-, abhalten, abbringen [**filium a crimine; animum ab ira; alqm a turpissimo consilio**];
⑤ wiederherstellen, erneuern, wieder hervorbringen [**vires; studia longo tempore intermissa** wieder aufnehmen; **animos** beleben; **priscos mores; antiquam militiam**];
⑥ *(poet.; nachkl.)* zurückziehen, widerrufen [**promissum suum; facta; libertatem** entziehen];
⑦ *(nachkl.)* zurückfordern [**praemia; pecunias**];
⑧ *(übtr.)* zu etw. bringen, zu etw. kommen lassen [**rem ad manus** zum Handgemenge; **alqd in dubium** in Zweifel ziehen; **omnia ad suam potentiam** benutzen zu; **rem ad sortem** es aufs Los ankommen lassen];
⑨ auf etw. hinweisen, auf etw. richten [**alqm ad exempla; rem ad populum** die Entscheidung dem Volk anheim stellen; **rationem ad veritatem** auf die Wirklichkeit richten; **reliquas res ad lucrum** es sonst überall auf Gewinn anlegen; **rem ad arbitrium suum** sich die Entscheidung vorbehalten];
⑩ auf etw. beziehen, nach etw. einrichten, nach etw. beurteilen *(ad, selten in alqd)* [**ad suas res** nach seinen Verhältnissen; **omnia ad artem; omnia ad gloriam; alqd in crimen** als Schuld auffassen; **consilia ad naturam**];
⑪ *(poet.)* herbeirufen;
⑫ wieder, v. neuem (auf)rufen [**tribus in suffragium**];
⑬ *(als szenischer t. t.)* zur Wiederholung auffordern [**Archiam; praeconem; primos tres versus** die Wiederholung ... fordern]; **cum saepius revocatus vocem obtudisset;** *(unpers.)* **milliens revocatum est** man forderte unzählige Male eine Zugabe;
⑭ *(beurlaubte Soldaten)* wieder einberufen [**milites; veteranos**];
⑮ *(jur. t. t.)* auf erneute Anklage jmds. dringen, von neuem vor Gericht laden; **hominem populus revocat;**
⑯ seinerseits rufen;
⑰ eine Gegeneinladung machen *(abs. od. alqm);*
⑱ in einen engeren Raum zurückziehen, einschränken [**comitia in unam domum; vitem** beschneiden].

re-volō, volāre zurückfliegen; **dux gruum revolat; revolat telum.**

revolūbilis, e *(revolvo) (poet.)* zurückrollbar [**pondus**]; *(übtr.)* **non** ~ unabwendbar [**carmen fatorum**].

revolūtiō, iōnis *f (revolvo) (spätl.)* ① das Zurückwälzen [**lapidis**];
② Umdrehung *der Himmelskörper;*
③ Rückkehr.

re-volvō, volvere, volvī, volūtum ① zurückrollen, -wälzen, -wickeln [**fila; aequora**]; **revoluta aestu saxa; molis obiectu revolutus amnis;**
② *(übtr.)* zurückführen [**iras** v. neuem anfachen; **iter** nochmals durchwandern; **casūs iterum** v. neuem bestehen];
③ *(poet.; nachkl.)* wiederholen, wieder überdenken [**visa; dicta factaque alcis; curas**];
④ *(eine Schriftrolle, ein Buch)* wieder aufrollen, wieder aufschlagen [**librum; loca iam recitata**];
⑤ *(poet.)* wieder erzählen [**haec**];
⑥ *mediopass. u. se* ~ **a)** zurückrollen *(intr.),* sich zurückwälzen, zurückströmen; **revoluta aequora** zurückwogendes Meer; **amnis se revolvens; draco se revolvens; b)** *(poet.)* zurückfallen, -sinken [**toro** auf das Bett; **equo** vom Pferd]; **c)** *(poet.)* abrollen, vergehen; **revoluta saecula; d)** *(poet.; nachkl.) (v. Gestirnen)* im Kreislauf zurückrollen, wiederkehren; **revoluta dies; luna se revolvens; e)** in etw.

zurückfallen, v. neuem in etw. geraten [**ad vitia** v. neuem verfallen; **in eandem vitam; in veterem figuram** zurückverwandelt werden]; **f)** auf etw. zurückkommen [**ad illa elementa; ad memoriam coniugii** wieder an seine Ehe denken; **in ista; eodem**]; **res eo revolvitur, ut** es kommt dahin, dass.

re-vomō, vomere, vomuī, – *(poet.; nachkl.)* zurückspeien, wieder v. sich geben [**fluctūs**]; **Charybdis vorat revomitque carinas**.

re-vorrō *(Plaut.) = reverro.*

revors …, revort … *(Plaut.) = revers…, revert…*

re-vulsī *Perf. v. revello.*

revulsiō, ōnis *f (revello) (Plin.)* das Ab-, Losreißen.

revulsus *P. P. P. v. revello.*

● **rēx,** rēgis *m (rego)* ① König, Fürst, Herrscher [**Parthorum; Deiotarus; Alexander; regum** *v. Agamemnon*]; **regem deligere, creare, constituere; alqm regem appellare; sub rege esse** stehen; – *als Adj.:* königlich; *(poet.)* herrschend, regierend: **populus late ~** weithin herrschend;
② Perserkönig; **Alcibiades a rege corruptus;**
③ *(nachkl.)* Suffet *(Titel der Regierungsbeamten in pun. Städten u. Kolonien);*
④ Lar *der Etrusker;*
⑤ *Pl.* die königlichen Kinder, Prinzen; **reges Syriae; controversiae regum;**
⑥ *Pl.* **a)** Königspaar; **b)** königliche Familie, Königshaus; **post reges exactos; direptis bonis regum;**
⑦ *(poet.; nachkl.) (übtr.)* Leiter, Lenker, Oberhaupt, Führer, Herr(scher), König [**Olympi, divum atque hominum** *od.* **deorum** = Jupiter; **aquarum** = Neptun; **Stygius** = Pluto; **ferarum** = Löwe];
⑧ unumschränkter Herrscher, Tyrann, Despot [**populi Romani** *v. Cäsar*]; **impune quae lubet facere, id est regem esse** *(Sall.)*;
⑨ *(seit der Republik)* Opferkönig, -priester [**sacrorum, sacrificiorum, sacrific(ul)us; Nemorensis** Opferpriester der Diana v. Aricia];
⑩ Vornehmer, Mächtiger, Reicher;
⑪ *(poet.)* Patron, Beschützer, *bes. der Schmarotzer;*
⑫ *(Hor.)* Erzieher [**pueritiae**];
⑬ *(spätl.)* **a)** *regum* Gott; **b)** *perennis* Christus.

Rēx, Rēgis *m (rex) röm. cogn.*

rēxī *Perf. v. rego.*

Rhadamanthus *u.* **-os,** ī *m Sohn des Zeus u. der Europa, Bruder des Minos, ein gerechter König u. weiser Gesetzgeber auf Kreta, weg. seiner Gerechtigkeit Richter in der Unterwelt.*

Rhaet … *= Raet …*

Rhamnūs, ūntis *f (Akk.* -ūnta) *Ort in Attika;* – *Adj.* **Rhamnūsius,** a, um aus Rhamnus; – **Rhamnūsia,** ae *u.* **Rhamnūsis,** idis *f Göttin v. Rhamnus* = Nemesis.

rhapsōdia, ae *f (gr. Fw.)* Rhapsodie, Gesang *Homers* [**secunda** zweites Buch der Ilias].

Rhēa[1] *s. Rea.*

Rhea[2], ae *f durch Kronos Mutter des Zeus, der Cybele gleichgesetzt; s. Cybele 1.*

rhēda, rhēdārius *= raed …*

Rhēgium *= Regium.*

rhēnō *s. reno*[2]*.*

Rhēnus, ī *m Flussname:* ① der Rhein; *poet. auch Adj.* [**flumen -um** *(Hor.)*]; *(poet.) (meton.)* die Anwohner des Rheins, Germanen;
② *Nebenfluss des Po,* j. Reno.

Rhēsus, ī *m König v. Thrakien, der Troja zu Hilfe kam.*

rhētor, oris *m (gr. Fw.)* Lehrer der Beredsamkeit, Rhetor; Redner.

rhētorica *u.* **-ē** *s. rhetoricus.*

rhētoricōteros, ī *m (gr. Fw.)* ein recht eingebildeter Redner.

rhētoricus, a, um *(gr. Fw.)* des Rhetors, zur Rhetorik gehörig, rhetorisch, rednerisch [**ars** Redekunst; **mos; libri** Lehrbücher der Rhetorik]; – *Adv.* **-ē** nach Rhetorenart, wortreich; – *Subst.* **-a,** ae *u.* **-ē,** es *f od.* **-a,** ōrum *n* Rhetorik.

rheuma, atis *n (gr. Fw.) (spätl.)* ① Strömung;
② Rheuma.

rheumatismus, ī *m (gr. Fw.) (nachkl.)* Rheumatismus.

rhīnocerōs, ōtis *m (gr. Fw.) (nachkl.)* Nashorn; *(meton.)* Geschirr aus Nashornbein.

Rhīnocolūra, ae *f Stadt an der Mittelmeerküste, an der ägyptisch-syrischen Grenze.*

Rhīzōn, onis *m Stadt in Illyrien;* – *Einw.* **Rhīzonītae,** ārum *m.*

rhō *n (undekl.) der griech. Buchstabe rho* (ρ).

Rhoda, ae *f* Rosas, *Stadt am Mittelmeer im Nordosten Spaniens.*

Rhodanus, ī *m* die Rhône, *Fluss in Frankreich.*

Rhodiēnsis, Rhodius *s. Rhodos.*

Rhodopē, ēs *f Gebirge in Thrakien, j. (bulgarisch)* Rodopi; – *Adj.* **Rhodopēius,** a, um *auch (poet.)* thrakisch [**vates** *od.* **heros** = Orpheus; **regna** Thrakien].

Rhodos *u.* **-us,** ī *f südlichste Insel an der Südwestspitze Kleinasiens m. gleichnamiger Hauptstadt (408 v. Chr. gegründet), dem Apollo heilig* [**Phoebea**]; – *Einw.* **Rhodius,** ī m; – *Adj.* **Rhodius,** a, um [**opus** der Koloss v. Rhodos; **secessus** nach Rhodos; **oratores** *die die Mitte zw. der asiatischen Weitschweifigkeit u. der att. Kürze hielten*] *u.* **Rhodiēnsis,** e.

Rhoetēum, ī *n* ① *Vorgeb. u. Stadt der Landschaft Troas am Hellespont;* – *Adj.* **Rhoetēus,** a, um rhöteisch [**litora**]; trojanisch [**duc-**

tor v. *Aeneas*];
❷ *das Meer in der Nähe des Vorgebirges Rhoeteum.*
rhombus, ī *m (gr. Fw.)* ❶ *(poet.)* Kreisel *der Zauberer,* Zauberrad;
❷ *(poet.; nachkl.)* Butt.
rhomphaea = *rumpia.*
rhonchus, ī *m* = *ronchus.*
Rhōsicus, a, um aus Rhosos *(in Kilikien)* [**vasa**].
rhythmicē, ēs *f (gr. Fw.) (nachkl.; spätl.)* Lehre vom Rhythmus, Rhythmik.
rhythmicī, ōrum *m (gr. Fw.)* Rhythmiker, Lehrer des Rhythmus.
rhythmus, ī *m (gr. Fw.) (vor- u. nachkl.)* Rhythmus *in der Musik u. Rede.*
rhytium, ī *n (gr. Fw.) (Mart.)* hornförmiges Trinkgefäß, Trinkhorn.
rīca, ae *f (vor- u. nachkl.)* Kopftuch.
rīcīnium, ī *n (rica)* kleines Kopftuch.
ricinus, ī *m (vor- u. nachkl.) eine Art v. Ungeziefer.*
rictum, ī *n u.* **rictus,** ūs *m (ringor)* ❶ aufgesperrter, offener Mund; **risu diducere rictum; sint modici rictūs** man sperre den Mund nicht zu weit auf;
❷ klaffender Rachen *der Tiere* [**serpentis**].
● **rīdeō,** rīdēre, rīsī, rīsum **I.** *intr.* ❶ lachen *(über etw.: Abl.; bei etw.: in m. Abl.)* [**dolis; usque ad lacrimas**];
❷ *(poet.)* lächeln, jmdm. zulächeln *(alci od. ad alqm);* **vultu ridet Fortuna sereno** *(Ov.)*;
❸ *(Hor.)* triumphierend lachen, triumphieren *(über etw.: Abl.)* [**muneribus aemuli**];
❹ *(poet.) (v. Sachen)* **a)** ein heiteres Aussehen haben, glänzen, strahlen; **domus ridet argento; ager ridet coloribus; ridens acanthus; b)** gefallen; **mihi ille terrarum angulus ridet;**
II. *trans.* ❶ auslachen, verlachen, lächerlich machen [**alcis versūs**]; **contio risit hominem; haec ego non rideo** das sage ich nicht zum Scherz; **Pyrrhi ridetur largitas a consule;**
❷ *(Plaut.)* jmd. anlächeln.
rīdibundus, a, um *(rideo) (vorkl.)* lachend, unter Lachen.
rīdiculāria, ōrum *n (rideo) (vorkl.)* Possen.
rīdiculārius, ī *m (ridicularia) (Gell.)* Possenreißer.
rīdiculum, ī *n (ridiculus)* Spaß, Scherz, Witz; **per -um dicere; -a dicere; ad -um convertere alqd** etw. ins Lächerliche ziehen; **-i causa.**
● **rīdiculus** *(rideo)* **I.** *Adj.* a, um ❶ lächerlich, verlachenswert [**insania; poëma; mus**];
❷ spasshaft, scherzhaft, possierlich [**dictum**]; **sed quia stomachabantur, -i videbantur esse** ihre üble Laune erregte Lachen;
II. *Subst.* ī *m (Kom.)* Spaßmacher.

rigeō, rigēre, riguī, – ❶ starr, steif sein, starren *(bes. vor Kälte);* **animalia inanimaque omnia rigentia gelu** *(Liv.)*; **partes terrae aut frigore rigent aut uruntur calore** *(Cic.)*; **comae terrore rigent** sträuben sich; **Cerealia dona rigebant** waren starrendes Gold;
❷ *(poet.) (übtr.)* strotzen [**(ex) auro; ex aere**].
rigēscō, rigēscere, riguī, – *(Incoh. v. rigeo)* erstarren, steif werden; *(übtr.)* emporstarren, sich sträuben; **vestes rigescunt; capilli metu rigesciunt.**
rigidō, rigidāre *(rigidus) (Sen.)* steif, hart machen.
rigidus, a, um *(rigeo)* ❶ *(poet.)* starr, steif, unbiegsam, hart [**ensis; silex; aqua** gefroren]; starr machend **frigus**];
❷ *(poet.)* emporstarrend, -ragend [**capilli** sich sträubend; **columna; quercus**];
❸ gerade ausgestreckt [**crura; cervix**];
❹ *(übtr.)* fest, unerschütterlich [**innocentia; sententia**];
❺ *(übtr.)* steif, roh [**mores; signa** nicht kunstvoll bearbeitet];
❻ *(übtr.)* hart, streng, unbeugsam, unerbittlich [**censor; parens; mens; sententia**];
❼ *(poet.)* abgehärtet, rau [**Getae**];
❽ *(poet.; nachkl.)* grausam, wild [**Mars; ferae**].
rigō, rigāre ❶ *(Wasser irgendwohin)* leiten, führen [**aquam per agros**];
❷ bewässern; **lucum fons perenni rigabat aquā** *(Liv.)*; **fluvius rigat campos; Getas ~** vorbeiströmen;
❸ *(poet.) (übtr.)* benetzen [**ora fletibus; natos vitali rore** tränken].
Rigodūlum, ī *n Stadt an der Mosel, j.* Riol.
rigor, ōris *m (rigeo)* ❶ *(poet.)* Starrheit, Steifheit, Unbiegsamkeit, Härte [**ferri**]; Erstarrung vor Kälte;
❷ Kälte, Frost [**Alpinus**]; **membra rigore torpent;**
❸ *(poet.; nachkl.) (übtr.)* Härte, Strenge, Unbeugsamkeit [**animi; disciplinae militaris**]; Ungeschmeidigkeit, Steifheit.
riguī *Perf. v. rigeo u. rigesco.*
riguus, a, um *(rigo) (poet.; nachkl.)* ❶ bewässernd [**amnis**];
❷ bewässert [**regio**].
rīma, ae *f* ❶ Riss, Spalte, Ritze [**ignea** Blitzstrahl]; **-as agere** *u.* **ducere** Risse bekommen; **naves -is dehiscunt** bekommen ein Leck; *(scherzh., übtr.)* **plenus -arum sum** *(Ter.)* ich kann nichts bei mir behalten, ich kann nichts verschweigen;
❷ *(Plaut.) (übtr.)* Ausflucht; **alqam -am reperire.**
rīmātus, a, um *(spätl.)* zerschlissen.
rīmor, rīmārī *(rima)* ❶ *(Verg.)* aufreißen, -wühlen [**terram rastris**];

R

❷ *(poet.; nachkl.) (übtr.)* durchwühlen, -stöbern, -suchen;
❸ durch-, ausforschen [**secreta alcis; offensas** die gespannten Verhältnisse].

rīmōsus, a, um *(rima)* voller Risse, voller Spalten, leck [**fores; cumba**].

ringor, ringī, – *(poet.; nachkl.)* die Zähne fletschen; *(übtr.)* sich ärgern.

● **rīpa,** ae *f* ❶ Flussufer;
❷ *(poet.; nachkl.)* Meeresufer;
❸ *(Plaut.) (übtr.)* Rand.

rīpula, ae *f (Demin. v. ripa)* kleines Ufer.

riscus, ī *m (gr. Fw.) (Ter.) (aus Weiden geflochtener, m. Fell überzogener)* Koffer.

rīsī *Perf. v. rideo.*

rīsiō, ōnis *f (rideo) (Plaut.)* das Lachen, Gelächter.

rīsor, ōris *m (rideo) (poet.)* Lacher, Spötter.

rīsus[1] *P. P. P. v. rideo.*

rīsus[2], ūs *m (rideo)* ❶ das Lachen, Gelächter; Spott, Hohn; **ista ad risum est** ist zum Lachen; **risum tenere** *od.* **continere** das Lachen unterdrücken; **risūs captare** zu erregen suchen; **risum (com)movere, concitare, dare alci** Lachen erregen, Stoff zum Lachen geben; **risui esse alci** v. jmdm. ausgelacht werden;
❷ *(poet.) (meton.)* Gegenstand des Gelächters; **alqd in risum vertere** etw. lächerlich machen.

● **rīte** *Adv. (vgl. ritus)* ❶ nach rechtem (rel.) Brauch, feierlich, unter den vorgeschriebenen Zeremonien [**deos colere; mactare bidentes**];
❷ *(poet.)* auf herkömmliche Weise; **religati ~ equi; retinentes pocula ~;**
❸ m. Recht, gehörig; **rebus ~ paratis; deum ~ beatum dicere;**
❹ *(poet.)* zum Glück, glücklich.

rītuālis, e *(ritus)* den rel. Brauch betreffend [**libri** Ritualbücher].

● **rītus,** ūs *m* ❶ heiliger Brauch, rel. Satzung, gottesdienstliche Feierlichkeit, Zeremonie, Ritus [**magicus; sacrorum**];
❷ Brauch, Sitte, Gewohnheit, Art; **ritūs Cyclopum; in alienos ritūs mores legesque vertere**; *– meist Abl.* **rītū** *(m. Gen.)* nach Art, wie [**ferarum; latronum; mulierum; deorum**].

rīvālis, is *m (Abl. Sg. -ī u. -e)* Nebenbuhler *in der Liebe; (sprichw.)* **sine rivali se amare** ohne dass man einen Nebenbuhler zu befürchten hat, ohne beneidet zu werden.

rīvālitās, tātis *f (rivalis)* Eifersucht.

rīvulus, ī *m (Demin. v. rivus)* Bächlein, *klass. nur übtr.;* **non tenuis quidam e Graecia ~ influxit in hanc urbem** *(Cic.).*

● **rīvus,** ī *m* ❶ Bach; *(sprichw.)* **e -o flumina facere** *(Ov.)* = aus einer Mücke einen Elefanten machen;
❷ *(übtr.)* **a)** *(poet.; nachkl.)* Strom, Masse [**lacrimarum; argenti**]; **-is currentia vina; sudor fluit undique -is; b)** *(Hor.)* Strömung, Gang, Verlauf [**fortunae**];
❸ *(poet.; nachkl.)* Wasserrinne, Kanal; Stollen *zur Ableitung v. Grubenwasser;* **-os effodere, ducere.**

rīxa, ae *f* Zank, Streit; Rauferei.

rīxor, rīxārī *(rixa)* zanken, streiten [**cum alqo de amicula, de lana caprina**].

rōbīginōsus, a, um *(robigo)* ❶ *(Plaut.; nachkl.)* verrostet, rostig;
❷ *(Mart.) (übtr.)* neidisch.

rōbīgō *u.* **rūbīgō,** ginis *f (ruber)* ❶ Rost; **ferrum robigine roditur;**
❷ Zahnfäule;
❸ Getreidebrand *(Krankheit des Getreides); – personif.* **Rōbīgō,** ginis *f u.* **Rōbīgus,** ī *m Gottheit, die man um Abwendung des Getreidebrandes anrief; –* **Rōbīgālia,** ium *n Fest zu Ehren dieser Gottheit am 25. April;*
❹ *(übtr.)* **a)** Untätigkeit; **b)** Schlechtigkeit; **c)** Neid.

rōboreus, a, um *(robur) (poet.; nachkl.)* eichen [**pons; axes**].

rōborō, rōborāre *(robur)* stärken, kräftigen [**artūs; corpus;** *übtr.* **gravitatem animi**].

● **rōbur,** boris *n* ❶ Hartholz, Kernholz, *bes.* Eichenholz; **naves ex robore factae; quercus antiquo robore;**
❷ *(meton.)* **a)** *aus Eichenholz Gefertigtes:* **in robore accumbere** Eichenbank *u.* -bänke; **~ ferro praefixum** Eichenlanze; **~ aratri** eichener Pflug; **~ cavum** *od.* **sacrum** das hölzerne Pferd *vor Troja;* **~ nodis gravatum** knotige eichene Keule; **ferri robora** eisenbeschlagene Torflügel; **b)** unterirdisches Verlies (Tullianum) *im röm. Staatsgefängnis (m. Eichenplanken ausgeschlagen);* **in robore et tenebris exspirare;**
❸ *(poet.; nachkl.)* Eiche;
❹ *(übtr.)* Härte, Festigkeit [**ferri; saxi**];
❺ Kraft, Stärke *(v. Körperkraft, v. geistiger, moral. Stärke, v. Macht)* [**corporis; animi; imperatoris; iuventae; virtutis**];
❻ *(meton.)* **a)** der stärkste Teil, Kern [**libertatis; accusationis**]; **b)** *(Sg. u. Pl.)* Kern, Stamm [**optimorum civium; populi Romani**]; Kerntruppen [**peditum; militum**]; **c)** *(Tac.) (v. Örtl.)* Mittelpunkt, Stützpunkt.

rōbus[1], a, um *(arch.) = ruber.*

rōbus[2], boris *n (arch.) = robur.*

● **rōbustus,** a, um *(robur)* ❶ aus Eiche, eichen [**stipites; fores**];
❷ fest, kräftig, stark [**corpus; animus; frequentia; improbitas**].

rōdō, rōdere, rōsī, rōsum ❶ *(poet.; nachkl.)* benagen [**vitem; pollicem**];
❷ *(übtr.)* **a)** verkleinern, herabsetzen [**absentem amicum**]; **in conviviis rodunt; b)** *(Au-*

gust.) an etw. zehren; **acrior cura rodebat intima mea;**
③ *(poet.; nachkl.)* allmählich verzehren; **ferrum rubigine roditur.**

rogālis, e *(rogus) (Ov.)* des Scheiterhaufens [**flammae**].

rogātiō, iōnis *f (rogo)* ① Frage;
② *(polit.)* Anfrage *an das Volk,* Gesetzesvorschlag, -vorlage, Antrag; **rogationem ad populum ferre** einbringen bei; **rogationem perferre, promulgare** durchbringen; **rogationem accipere; carmen rogationis** Text;
③ Bitte, Aufforderung, Gesuch.

rogātiuncula, ae *f (Demin. v. rogatio)* ① kurze Frage, *die eine Schlussfolgerung in sich enthält;*
② in Vorschlag gebrachtes Gesetz, Verordnung.

rogātor, tōris *m (rogo)* ① Antragsteller;
② Stimmensammler *(bei Abstimmungen üb. Gesetzesvorschläge u. bei Wahlen);*
③ *(Mart.)* Bettler.

rogātum, ī *n (rogo)* das Gefragte, Frage; **ad -um respondere.**

rogātus, *Abl.* ū *m (rogo)* das Bitten, das Ersuchen; **rogatu alcis.**

rogitātiō, ōnis *f (rogito) (Plaut.)* Gesetzesvorschlag.

rogitō, rogitāre *(Intens. v. rogo)* ① wiederholt, eindringlich fragen [**pisces** nach dem Preis der Fische];
② *(mlt.)* inständig bitten.

● **rogō,** rogāre ① fragen *(nach: Akk. od. de; m. indir. Frages.)* [**viam; de istac virgine**]; **unum te ~ volo** *(Plaut.)*;
② *(amtlich)* (be)fragen: **a)** *(im Senat)* [**alqm sententiam**]; **b)** *(in der Volksversammlung)* [**populum** *(od.* **plebem)** ein Gesetz beim Volk einbringen; **legem** ein Gesetz beantragen; **provinciam alci** die Statthalterschaft für jmd. beantragen; **populum** *(od.* **plebem) magistratum** dem Volk einen Beamten zur Wahl vorschlagen]; **comitia consulibus rogandis habuit** für die Wahl der Konsuln; **c)** *(milit. t. t.)* **alqm sacramento ~** jmd. vereidigen, den Eid ablegen lassen [**milites**];
③ bitten (um *etw.: Akk. od. de; m. ut, ne od. bl. Konj.; m. A. C. I.*) [**vitam; auxilium; otium divos; eum multa**];
④ jmd. einladen [**ad signandum testamentum**];
⑤ *(Plaut.)* etw. holen [**aquam**].

rogus, ī *m* ① Scheiterhaufen; **-um exstruere; -um accendere;**
② *(Prop.) (meton.)* Grab;
③ *(Ov.) (übtr.)* Vernichtung; **effugiunt carmina -os** entgehen der Vernichtung.

Rōma, ae *f* Rom, *Hauptstadt v. Latium, später des röm. Reiches, der Überlieferung nach 753 v. Chr. gegründet, tatsächlich wohl in der zweiten Hälfte des 7. Jahrhs. von Etruskern als Stadt gegründet (dörfliche Besiedlung seit dem 10. Jahrh. v. Chr.); Befreiung v. etruskischer Herrschaft um 500 v. Chr.; – personif. als Gottheit; – Adj.* **Rōmānus,** a, um **a)** römisch [**populus; civis; nomen** das röm. Volk]; echt römisch: **Romano more loqui** offen, aufrichtig; **Romani ingenii homo; Romanum est** es ist Römerart; **b)** *(poet. nachkl.)* lateinisch [**lingua**]; – *Subst.* **Rōmānus,** ī *m* Römer; *Pl.* **Rōmānī,** ōrum *m* die Römer *als Volk;* **Rōmāna,** ae *f* Römerin.

romphaea = *rumpia.*

i Kultur **Rōmulus,** *m* der Sage nach Sohn des Mars u. der R(h)ea Silvia, Zwillingsbruder des Remus, auf Befehl seines Onkels Amulius zusammen m. Remus ausgesetzt, v. einer Wölfin genährt u. von einem Hirten aufgezogen, Gründer u. erster König v. Rom, nach seinem Tod als Quirinus göttl. verehrt; – *Adj.* **Rōmu-l(e)us,** a, um des Romulus, *übh.* römisch; – *Patron.* **Rōmulidae,** ārum *m* die Römer.

ronchus, ī *m (gr. Fw.) (Mart.)* das Schnarchen; *(übtr.)* näselnder Ton *des Spötters.*

rōrāriī, ōrum *m* Leichtbewaffnete *(Schleuderer, Plänkler).*

rōridus, a, um *(ros) (Prop.)* taubenetzt [**terga iugi**].

rōri-fer, fera, ferum *(ros u. fero) (poet.; nachkl.)* taubringend.

rōrō, rōrāre *(ros¹)* **I.** *intr.* ① tauen;
② Tau entstehen lassen, Tau fallen lassen;
③ triefen, feucht sein; **pennae rorant; rorabant sanguine vepres;**
II. *trans.* ① *(poet.)* m. Tau überziehen; **tellus rorata; roratae rosae;**
② *(poet.)* befeuchten, benetzen [**ora lacrimis**];
③ träufeln, tropfenweise fallen lassen; **aquae roratae; pocula rorantia:** *den Wein nur tropfenweise spendende Becher.*

rōs¹, rōris m ① **Tau** [**nocturnus**], *Pl.* die Tautropfen, Tau [**gelidi**];
② das Nass, Feuchtigkeit, Flüssigkeit, Wasser [**liquidus** Quellwasser; **vivus** fließendes Wasser; **amarus** Meerwasser; **Ionius** Jonisches Meer; **Arabus** Balsam; **lacrimarum**].

rōs², rōris *m (poet.)* Rosmarin = *rōs marīnus od. maris.*

rosa, ae *f* ① *(poet.)* Rosenstrauch, -stock [**bis florens**];
② Rose;
③ *(koll.)* Rosen; *(meton.)* Rosenkranz; **in -ā** *od.* **redimitus -ā** m. Rosen bekränzt; **in aeterna -a vivere** *(Mart.)* „auf Rosen gebettet sein“,

R

im ewigen Vergnügen, angenehm leben;
4 *(Plaut.) als Kosewort.*

rosāceus, a, um *(rosa) (Plin.)* aus Rosen, Rosen- [**corona**].

rosārium, ī *n (rosarius)* Rosenhecke, -garten.

rosārius, a, um *(rosa) (nachkl.)* aus Rosen [**venenum**].

rōscidus, a, um *(ros[1]) (poet.; nachkl.)* 1 tauend [**pruina**]; den Tau fallen lassend, betauend [**dea** = Aurora; **Iris**];
2 voller Tau, taufeucht [**māla**]; benetzt, feucht [**saxa rivis**];
3 tropfend [**mella**].

Rōscius, a, um *röm. nomen gentile:* 1 Sextus ~ *aus Ameria in Umbrien, v. Cicero 80 v. Chr. geg. die Anklage des Vatermordes wohl erfolgreich verteidigt;*
2 Quintus ~ Gallus, *Schauspieler z. Zt. Ciceros; – Adj.* **Rōsciānus,** a, um;
3 Lucius ~ Otho, *Volkstribun 67 v. Chr.:* **lex Roscia** *Gesetz, das den Zensus f den Ritterstand auf 400 000 Sesterzen festsetzte u. den Rittern die ersten 14 Sitzreihen im Theater zuwies.*

Rōsea, ae *f Gegend b. Reate; – Adj.* **Rōseus,** a, um.

rosētum, ī *n (rosa) (Verg.)* Rosenhecke, -garten.

roseus, a, um *(rosa) (poet.; nachkl.)* 1 aus Rosen, Rosen- [**strophium; vinculum**];
2 *(meton.)* rosenfarbig, rosenrot, rosig [**dea** Aurora; **Phoebus**];
3 jugendlich [**ōs; cervix**].

rōsī *Perf. v. rodo.*

Rōsia = *Rosea.*

rōsidus, a, um *(Cat.) = roscidus.*

rōstra, ōrum *n s. rostrum.*

rōstrātus, a, um *(rostrum)* geschnäbelt, m. einem Haken, einer krummen Spitze versehen [**navis** Rammschiff]; m. Schiffsschnäbeln verziert [**corona** *m. kleinen goldenen Schiffsschnäbeln geschmückter Ehrenkranz als Auszeichnung f. einen erfolgreichen Seekampf;* **columna** *Ehrensäule des C. Duilius auf dem Forum Romanum, die mit den Schiffsschnäbeln der bei Mylä 260 v. Chr. eroberten karthagischen Schiffe verziert war*].

● **rōstrum,** ī *n (rodo)* 1 Schnabel, Schnauze, Rüssel;
2 *(übtr.)* Schiffsschnabel *(am Vorderteil des Schiffes zur Abwehr und zum Durchbohren feindlicher Schiffe angebracht);*
3 *(meton.)* **a)** *(Verg.)* Vorderteil des Schiffes; **b)** *Pl.* **rōstra,** ōrum *n* Rednerbühne *auf dem Forum, m. den Schiffsschnäbeln der von den Antiaten 338 v. Chr. erbeuteten Schiffe geschmückt.*

rōsus *P. P. P. v. rodo.*

● **rota,** ae *f* 1 (Wagen-)Rad;
2 *(poet.)* Wagen [**Luciferi** Sonnenwagen]; **pedibus rotāve;**
3 Folterrad *der Griechen;* **radiis -arum districti;** – *(Verg.)* Rad des Ixion;
4 Töpferscheibe;
5 Rolle, Walze *zum Fortschieben einer Last;* **-as subdere** *od.* **subicere; alqd subiectis -is propellere** auf Rollen;
6 *(poet.; nachkl.)* Kreis(bahn); Kreislauf;
7 *(übtr.)* Wechsel, Unbeständigkeit [**fortunae**]; **versatur celeri Fors levis orbe rotae;**
8 *(Ov.) Pl.* **-ae dispares** die ungleichen Versmaße *des elegischen Distichons (Hexameter u. Pentameter);* **elegi disparibus -is.**

rotālis, e *(rota) (spätl.)* m. Rädern versehen.

rotō, rotāre *(rota)* **I.** *trans.* im Kreis herumdrehen, -schleudern, -schwingen [**fumum** aufwirbeln; **ensem**]; **circum caput igne rotato; aper rotat ore canes;**
II. *intr. (Verg.)* sich kreisförmig herumdrehen, rollen; **saxa rotantia.**

rotula, ae *f (Demin. v. rota) (vor- u. nachkl.)* Rädchen.

rotunditās, ātis *f (rotundus)* Rundung, runde Form [**pomi; caeli**].

rotundō, rotundāre *(rotundus)* 1 abrunden;
2 *(poet.) (übtr.) (Geldsummen)* aufrunden, voll machen.

rotundus, a, um *(rota)* 1 (scheiben-, kugel-)rund [**scutum; caelum; stellae; mundus**];
2 *(rhet. t. t.)* abgerundet [**verborum constructio; os** ausgefeilte Sprache].

Rōxanē, ēs *f Gattin Alexanders des Gr. (seit 327 v. Chr.), Mutter des nach Alexanders Tod geborenen Alexander IV. (310 v. Chr. mit seiner Mutter ermordet).*

rube-faciō, facere, fēcī, factum *(rubeo) (poet.)* röten [**saetas sanguine**].

rubellum, ī *n (rubellus) (nachkl.)* Rotwein.

rubellus, a, um *(Demin. v. ruber) (nachkl.)* rötlich.

rubēns, *Gen.* entis *(P. Adj. v. rubeo) (poet.; nachkl.)* 1 rot, rötlich [**uva**]; errötend, schamrot;
2 rot prangend, bunt [**ver**].

rubeō, rubēre, rubuī, – *(ruber)* 1 rot sein; **rubent ocelli flendo; sanguine terra rubet;**
2 erröten, schamrot sein;
3 *(poet.) (übtr.)* prangen, schimmern, glänzen; **prata coloribus rubent.**

● **ruber,** bra, brum rot [**flamma; crinis; equi (Aurorae); mare** das Rote Meer (= Persischer u. Arabischer Meerbusen; *übh.* Indischer Ozean); **litus** Gestade des Roten Meeres].

rubēscō, rubēscere, rubuī, – *(Incoh. v. rubeo) (poet.; nachkl.)* 1 rot werden, sich röten; **mare radiis rubescebat; arva caede rubescunt;**
2 schamrot werden.

rubēta, ae *f* Kröte.

rubētum, ī *n (rubus) (poet.)* Brombeergesträuch, *auch Pl.*

rubeus, a, um *(rubus) (Verg.)* vom Brombeerstrauch [**virga**].

Rubī, ōrum *m Stadt in Apulien, j.* Ruvo.

Rubicō(n), ōnis *m Grenzflüsschen zw. Italien (Umbrien) u. Gallia Cisalpina, südl. v. Ravenna; sprichw. durch den Übergang Cäsars, mit dem 49 v. Chr. der Bürgerkrieg begann.*

rubicundulus, a, um *(Demin. v. rubicundus) (Iuv.)* etw. rot vor Scham.

rubicundus, a, um *(ruber)* (glühend) rot [**Priapus** rot bemalt; **Ceres** rötliches Getreide; **luna; homo** rot im Gesicht; **matrona** v. der Sonne gerötet, gebräunt].

rubidus, a, um *(ruber) (vor- u. nachkl.)* dunkelrot [**facies ex vinolentia; panis** braunrot].

rūbīginōsus, a, um = *robiginosus.*

rūbīgō *s. robigo.*

● **rubor,** ōris *m (ruber)* ① Röte, das Rot;
② rote Schminke;
③ Röte der Haut, roter Teint; **mixtus candore ~; alqm in ruborem dare** jmd. grün u. blau schlagen;
④ *(poet.; nachkl.) Pl.* Purpur; **Tyrii rubores;**
⑤ Zornröte;
⑥ Schamröte; **alqd alci rubori est** *od.* **ruborem affert** etw. macht jmd. schamrot;
⑦ *(meton.)* **a)** Schamhaftigkeit; **b)** Beschämung, Schande; **alqd alci rubori est** *od.* **ruborem affert** etw. ist für jmd. beschämend.

rubrīca, ae *f (ruber)* ① rote Erde, Rötel;
② *(nachkl.)* Gesetz *(weil die Titel der Gesetze rot geschrieben wurden).*

rubrīcātus, a, um *(ruber) (Petr.)* rot gefärbt, rot gemalt.

rubuī *Perf. v. rubeo u. rubesco.*

rubus, ī *m* ① Brombeerstrauch;
② *(Prop.)* Brombeere.

rūctābundus, a, um *(ructo) (Sen.)* wiederholt rülpsend.

rūctātrīx, *Gen.* īcis *(f) (ructo) (Mart.)* Aufstoßen verursachend [**menta**].

rūctō, rūctāre *u.* **rūctor,** rūctārī **I.** *intr.* aufstoßen, rülpsen [**alci in os**];
II. *trans. (poet.)* ausrülpsen, ausspeien [*übtr.* **versūs**].

rūctus, ūs *m (ructo)* das Aufstoßen, Rülpsen.

rudēns, entis *m u. f (Abl. Sg.* -e *u.* -ī; *Gen. Pl.* -um *u.* -ium) starkes Seil, *bes.* Schiffsseil, Tau; *(sprichw.)* **rudentibus apta fortuna** an die Schiffstaue geheftetes = ungewisses Glück.

Rudiae, ārum *f Stadt in Kalabrien, Geburtsort des Ennius; – Adj.* **Rudīnus,** a, um [**homo** = Ennius]; – *Einw.* **Rudīnī,** ōrum *m.*

rudiārius, ī *m (rudis[2]) (Suet.)* ausgedienter Gladiator *(der b. seiner Entlassung m. einer rudis ausgezeichnet wurde).*

rudīmentum, ī *n (rudis[1])* erster Anfang, erster Versuch, Probe(stück), Vorschule, *meist Pl.* [**militare; castrorum; belli; regni**]; **-um** *od.* **-a alci rei ponere** durchmachen, ablegen.

Rudīnus *s. Rudiae.*

● **rudis[1],** e ① roh, unbearbeitet [**signum; uva** unreif; **lana** ungesponnen; **vestis, textum** grob; **capilli** ungeordnet];
② *(übtr.)* roh, kunstlos, nicht ausgebildet, ungebildet [**vox; lingua; ingenium; saeculum; discipulus**]; **in militari homine lingua ~** ungeübte Sprache;
③ ungeschickt, unerfahren, unkundig *(in etw.: Gen., in u. Abl., bl. Abl. od. ad)* [**miles; anni** junge, frühe; **rerum omnium; bonarum artium; litterarum; rei militaris; exemplorum; dicendi; in communi vita; in re publica; in iure civili; in disserendo; in re navali; in amore; arte; ad pedestria bella**];
④ *(poet.)* noch unerfahren in der Liebe, unschuldig [**animi; filia**];
⑤ *(poet.)* jung [**agna**].

rudis[2], *is f* ① Rapier, *das den Gladiatoren b. ihrer Entlassung verliehen wurde;*
② *(übtr.)* Entlassung aus dem Dienst; **rudem accipere; donatus iam rude** schon aus dem Dienst entlassen.

rudō, rudere, rudīvī, – *(poet.)* brüllen *(v. Tieren u. Menschen); (v. Sachen)* knarren; **prora rudens.**

rūdus[1], deris *n* ungeformtes Erzstück *(als Vorläufer der Kupfermünze).*

rūdus[2], deris *n* ① zerbröckeltes Gestein, Geröll, Schutt; *Pl.* Trümmer;
② Mörtel.

ruentia, ium *n s. ruo[1].*

Rufrae, ārum *f Stadt in Kampanien.*

Rufrium, ī *n Stadt in Samnium.*

Rūfulī, ōrum *m die vom Feldherrn ernannten* Kriegstribunen.

rūfulus, a, um *(Demin. v. rufus) (vor- u. nachkl.)* rötlich; rothaarig.

rūfus, a, um *(ruber)* (fuchs)rot; rothaarig.

rūga, ae *f* ① Runzel, Falte;
② *(meton.)* **a)** *Pl.* das Alter; **b)** finsteres Wesen, Ernst; **c)** Kleiderfalte.

Rugiī, ōrum *m germ. Volk an der Ostsee.*

rūgō, rūgāre *(ruga)* **I.** *trans. (poet.; nachkl.)* runzeln [**frontem**];
II. *intr. (Plaut.)* Falten werfen; **palliolum rugat.**

rūgōsus, a, um *(ruga) (poet.)* faltig, runzelig [**frons; genae; cortex; senecta**].

ruī *Perf. v. ruo.*

● **ruīna,** ae *f (ruo[1])* ① das Niederstürzen, Sturz, *auch Pl.* [**grandinis; caeli** Sturzregen, Unwetter]; **-as facere** herabstürzen;
② Einsturz *eines Bauwerks* [**turris; amphitheatri; pontis**]; **-am dare, trahere** zusammenstürzen; **-as dare arboribus** die Bäume niederstürzen;
③ *(meton.) (meist Pl.)* Trümmer, Ruinen

[**templorum; muri; Iliacae; Thebarum; Sagunti**];

❹ *(übtr.)* **a)** Sturz, Fall, *bes. polit.;* **b)** Untergang, Ruin, Verderben [**fortunarum tuarum**]; **ille dies utramque ducet -am** wird den Tod herbeiführen; **incendium meum -ā rei publicae restinguam**; **c)** Niederlage [**Hannibalis**]; **d)** Verwüstung, Verwirrung; **-as edere** anrichten; **e)** Fehltritt, Irrtum;

❺ *(meton.) (v. Personen)* Verderber, Zerstörer; ~ **rei publicae**.

ruīnōsus, a, um *(ruina)* ❶ baufällig [**aedes; parietes**];

❷ *(Ov.)* eingefallen, eingestürzt [**domus**].

rullus *(rudis[1]) (vor- u. nachkl.)* **I.** *Adj.* a, um bäurisch, grob;

II. *Subst.* ī *m* Grobian.

rumex, micis *m u. f* Sauerampfer.

rūmi-ferō, ferāre *(rumor u. fero) (Plaut.)* öffentl. rühmen.

Rūmīna, ae *f röm. Göttin der Säugenden, der Ammen, der Milch statt Wein geopfert wurde;* – *Adj.* **Rūmīnālis,** e *u.* **Rūminus,** a, um zur Rumina gehörig [**ficus** *u.* **arbor** der Feigenbaum *bei der Lupercus-Grotte am Palatin (Lupercal), unter dem die Wölfin Romulus u. Remus gesäugt hatte*].

rūminātiō, ōnis *f (rumino)* das Wiederkäuen; *(übtr.)* **de ruminatione cotidiana** wie man täglich das Alte wiederkäut.

rūminō, rūmināre *(nicht klass.)* wiederkäuen [**herbas**].

● **rūmor,** ōris *m* ❶ *(poet.; nachkl.)* Zuruf, Beifallsruf; **secundo rumore** unter Beifallsruf;

❷ Gerücht *(über: Gen. od. de)* [**periculi; de auxiliis legionum; inanis; incertus; falsus; temere ortus**]; **rumores spargere, differre, dissipare, serere;** ~ **multa fingit;** ~ **est** *(m. A. C. I.)* es geht das Gerücht;

❸ Volksstimme, Gerede, öffentl. Meinung, Ruf; **rumore adverso esse** in schlechtem Ruf stehen;

❹ gute Meinung, Beifall; **rumori servire; rumorem quaerere;**

❺ üble Nachrede, Verleumdung.

rumpia, ae *f* langes, zweischneidiges Schwert *(der Thraker)*.

● **rumpō,** rumpere, rūpī, ruptum ❶ (zer)brechen, zerreißen, zerteilen, (zer)sprengen [**catenas; vincula; vestes; nubila** zerteilen, spalten; **arcum; praecordia ferro** durchbohren; **guttura cultro** durchschneiden; **gladio lora** durchhauen; **funem a litore** abreißen; **horrea** zum Bersten füllen; **pontem** abbrechen]; **cantu rumpent arbusta cicadae** *(Verg.)* werden so zirpen, dass die Bäume bersten; – *mediopass. rumpi* bersten, platzen, reißen, zerspringen *(v. Lebewesen u. Sachen):* **rana inflata rumpitur; pectora rumpuntur** vor Zorn;

❷ *(übtr.)* durchbrechen, (zer)sprengen [**rapido cursu media agmina; ordines; aciem**];

❸ *(einen Weg)* durchbrechen, bahnen [**iter ferro per hostes; aditūs; Alpes**];

❹ *(poet.)* etw. hervorbrechen lassen [**fontem;** *übtr.* **questūs, vocem pectore** ausstoßen]; – *se ~ u. mediopass.* hervor-, ausbrechen: **tantus se nubibus** (aus) **imber ruperat; radii se rumpunt inter nubila; amnes rumpuntur fontibus**;

❺ *(übtr.)* brechen, verletzen, vernichten, aufheben, vereiteln [**fidem; leges; foedera; ius gentium; nuptias; reditum alci** abschneiden; **imperium** den Gehorsam aufkündigen, den Befehl übertreten; **societatem fidei atque amicitiae per scelus; fata aspera; decreta sororum; testamentum; fati necessitatem humanis consiliis**];

❻ *(poet.; nachkl.)* unterbrechen, stören, abbrechen [**silentium; somnum; moras** nicht länger zögern; **sacra; novissima verba**];

❼ abhetzen [**alqm ambulando; bovem**].

rūmusculus, ī *m (Demin. v. rumor)* Gerede, Geschwätz.

runcinō, runcināre *(vorkl.; spätl.)* (ab)hobeln.

● **ruō[1],** ruere, ruī, rutum (ruitūrus) **I.** *intr.* ❶ (sich) stürzen, stürmen, eilen, rennen, strömen *(v. Lebewesen u. Sachen)* [**ad urbem; ad portas; in hostes; in arma; in convivium; portis** aus den Toren; **per vias; per proelia;** *übtr.* **in perniciem; ad interitum voluntarium; in servitium; in sua fata; ad libertatem**]; **in castra fugientes ruebant; ruunt acies** stürmen los; **legio sustinuit ruentes** die Anstürmenden; **huc omnis turba ruebat; ruunt de montibus amnes; ruit imber aethere; venti ruunt; nox Oceano ruit** eilt herauf aus; **nox, ver, sol ruit** enteilt, entschwindet;

❷ *(übtr.)* sich überstürzen, sich übereilen, unüberlegt handeln [**in dicendo; in agendo**];

❸ *(v. Lebewesen u. Sachen)* nieder-, herabstürzen, einsinken, -stürzen; *(übtr.)* ins Verderben stürzen; **ruunt parietes, aedes, templa, saxa; ruit a culmine Troia** geht zugrunde; **ruens imperium; nemo est quin intellegat ~ illam rem publicam**; – *Subst.* **ruentia,** ium *n* Unglück;

II. *trans. (vorkl.; poet.)* ❶ niederreißen [**naves; molem; cumulos arenae** zerschlagen, ebnen];

❷ fortraffen, eilig fortnehmen [**cinerem**];

❸ eilig zusammenraffen [**divitias**].

ruō[2], ruere, ruī, rūtum ❶ *(poet.)* aufwühlen, -graben, hervorreißen [**nubem ad caelum** aufwirbeln]; **venti ruunt totum mare a sedibus imis; mare permotum ventis ruit arenam;**

❷ *(jur. Formel)* **rūta (et) caesa** *n* was auf einem Grundstück ausgegraben *u.* gefällt worden ist, ohne verarbeitet worden zu sein, Rohmaterial.

● **rūpēs,** pis *f (rumpo)* ① Fels(wand), Klippe; ② Kluft, Schlucht, Abgrund.

rūpī *Perf. v. rumpo.*

ruptor, ōris *m (rumpo)* Verletzer [**indutiarum; pacis; foederum**].

ruptus *P. P. P. v. rumpo.*

rūrestris, e *(rus) (Mart.)* ländlich, Feld- [**tibia**].

rūri-cola, ae *(rus u. colo) (poet.)* **I.** *Adj.* ① das Feld bebauend [**Phryges; bos; aratrum**]; ② das Feld bewohnend, ländlich [**Ceres; Fauni; deus** = Priapus]; **II.** *Subst. m* Stier.

rūri-genae, ārum *m (rus u. gigno) (Ov.)* Landleute.

rūrō, rūrāre *(rus) (Plaut.)* auf dem Land leben, Landwirtschaft treiben.

● **rūrsus** *u.* **rūrsum** *Adv. (< *re-vorsus; verto)* ① rückwärts, zurück [**meare; cadere** zurückfallen]; ② wieder, noch einmal, von neuem [**alqd facere, dicere; resistere**]; ③ dagegen, andererseits, umgekehrt.

● **rūs,** rūris *n* ① Land *(im Ggstz. zur Stadt),* Feld; **rus** aufs Land [**ire**]; **rure** vom Land [**redire**]; **ruri** *u.* **rure** auf dem Land [**vivere**]; ② Landgut, Besitzung [**suburbanum; amoenum**]; ③ *(poet.) (meton.)* bäurisches Wesen; **homo plenus ruris; manent vestigia ruris.**

Ruscinō, ōnis *f Stadt in Gallia Narbonensis, j.* Perpignan.

rūscum, ī *n (poet.; nachkl.) (bot.)* Mäusedorn *(eine Art Feldspargel).*

Rusellānus ager *Gebiet v. Rusellae (in Etrurien); – Einw.* **Rusellānī,** ōrum *m.*

rūspor, rūspārī *(vor- u. nachkl.)* durchforschen, untersuchen.

russātus, a, um *(russus) (nachkl.)* rot gefärbt.

rūssum *Adv. (altl.) = rursum.*

russus, a, um *(vorkl.; poet.)* rot [**fauces**].

rūstica, ae *f (rusticus) (poet.)* grobe Bäuerin.

rūsticālis, e *(rusticus) (mlt.)* bäurisch, grob.

rūsticānus, a, um *(rusticus)* ländlich, Land- [**vita** Aufenthalt auf dem Land; **vir** auf dem Land aufgewachsen; **homines; municipia** Landbau treibend].

rūsticātiō, ōnis *f (rusticor)* Landaufenthalt.

rūsticitās, ātis *f (rusticus) (poet.; nachkl.)* ① ländliche Einfachheit, Einfalt; ② bäurisches Wesen, Plumpheit, Ungeschicklichkeit; ③ übertriebene Schamhaftigkeit.

rūsticor, rūsticārī *(rusticus)* sich auf dem Land aufhalten.

rūsticula, ae *f (rusticulus) (nachkl.)* Haselhuhn.

rūsticulus *(Demin. v. rusticus)* **I.** *Subst.* ī *m* schlichter Landmann; **II.** *Adj.* a, um *(Mart.)* etw. ungehobelt, plump *(im Stil)* [**libellus**].

● **rūsticus** *(rus)* **I.** *Adj.* a, um ① ländlich, Land-, Feld- [**homo** Landmann, Bauer; **mus; vita** Landleben; **opus; carmina; numina; res -ae** Landwirtschaft; **praedium**]; ② *(meton.)* einfach, schlicht [**mores; veritas**]; ③ plump, bäurisch, ungeschliffen, unbeholfen, roh [**vox; homines; querela**]; **-e loqui; II.** *Subst.* ī *m* ① Landmann, Bauer; ② Bauerntölpel, Grobian.

rūsum, rūsus *(altl.) = rursum, rursus.*

rūta[1]**,** ae *f* ① Raute *(bitteres Kraut);* ② *(übtr.)* Bitterkeit.

rūta[2] **(et) caesa** *n s. ruo*[2]*.*

rutābulum, ī *n (ruo*[2]*) (vor- u. nachkl.)* Ofen-, Schürhaken.

rūtātus, a, um *(ruta*[1]*) (nachkl.)* m. Raute versehen (bedeckt, eingehüllt, angemacht).

Rutīlius, a, um *Name einer röm. gens:* P. ~ Rufus, *Redner u. Geschichtsschreiber, Konsul z. Zt. des Marius.*

rutilō, rutilāre *(rutilus)* ① *trans.* rötlich färben [**capillos**]; **II.** *intr. (nicht klass.)* rötlich schimmern, wie Gold glänzen.

rutilus, a, um *(ruber)* rötlich, rötlich gelb, goldgelb [**ignis; barba; comae**].

rutrum, ī *n (ruo*[2]*)* Schaufel.

rūtula, ae *f (Demin. v. ruta*[1]*) (bot.)* zarte Raute.

Rutulī, ōrum *m Völkerschaft in Latium um Ardea; – Adj.* **Rutulus,** a, um [**rex** Turnus].

rutus[1] *P. P. P. v. ruo*[1]*.*

rūtus[2] *P. P. P. v. ruo*[2]*.*

S

S. *(Abk.)* ① *= Sextus (Vorname);*
② *(meist Sp.) = Spurius (Vorname);*
③ *(in Briefen) = salutem;* **S. D.** *= salutem dicit;* **S. P. D.** *= salutem plurimam dicit;* **s. v. b. e. e. (q.) v.** *= si vales, bene est, ego (quidem) valeo;*
④ **S. C.** *= senatūs consultum;*
⑤ **S. P. Q. R.** *= senatus populusque Romanus.*

Sabaeus, a, um aus Saba *(einer Gegend in Arabia felix = Südarabien), übh.* arabisch [**tus**]; – **Sabaea,** ae *f* = Arabia felix, das Glückliche Arabien, *etwa dem heutigen Jemen entsprechend; – Einw.* **Sabaeī,** ōrum *m.*

Sābātīnus, a, um v. Sabate *(einer Stadt in Etrurien)* [**tribus**].

Sabazius, ī *m Beiname des Bacchus, duch Gleichsetzung m. dem phrygisch-thrakischen Vegetationsgott entstanden, dessen im Orient weit verbreiteter Kult im 2. Jahrh. v. Chr. nach Rom gelangte;* – **Sabazia,** ōrum *n Fest zu Ehren des Bacchus.*

sabbatāriī, ōrum *m (sabbatum) (Mart.)* Juden.

sabbatismus, ī *m (sabbatum) (spätl.)* Sabbatfeier.

sabbatum, ī *n (hebr. Wort) (meist Pl.)* ① Sabbat, *der Feiertag der Juden (Freitag- bis Samstagabend);*
② *jüdischer Feiertag (allg.);*
③ *(spätl.) sanctum* Karsamstag.

Sabellī, ōrum *m (Sab-ini)* ① *Bez. für die kleineren mittelital. Völkerschaften sabin. Abstammung, zu denen unter anderen die Äquer, Herniker, Frentaner, Marser, Marrukiner, Päligner, Picenter, Vestiner, Volsker gehörten;*
② *(poet.) = Sabini;*
/ *Adj.* **Sabell(ic)us,** a, um sabellisch, sabinisch [**cohortes; carmina** marsische Zauberlieder; **anus** marsische Zauberin].

Sabīnī, ōrum *m* die Sabiner, *Bew. des Berglandes nördl. v. Latium um Reate; (meton.)* Sabinerland; *auch* Landgut *des Horaz* im Sabinerland; – **Sabīnus,** ī *m Stammvater der Sabiner;* – **Sabīna,** ae *f* Sabinerin; – *Adj.* **Sabīnus,** a, um [**ager**]; – **Sabīnum,** ī *n (erg. vinum)* Sabinerwein.

Sabis, *is m (Akk.* -im, *Abl.* -ī*) Nebenfluss der Maas (j.* Sambre), *an dem 57 v. Chr. Cäsar geg. die Nervier kämpfte.*

Sābratēnsis, e aus Sabrata *(in Afrika).*

Sabrīna, ae *f Fluss im südwestl. England, j.* Severn.

sabulōsus, a, um *(sabulum)* sandig.

sabulum, ī *n (nachkl.)* grobkörniger Sand, Kies.

saburra, ae *f (sabulum)* Sand *als Ballast (bes. der Schiffe),* Ballast.

saburrō, saburrāre *(saburra) (vor- u. nachkl.)*
① m. Ballast beladen, belasten;
② *(übtr.) sich den Magen* überladen.

Sacae, ārum *m Skythenstamm.*

sacal *n (undekl.) (Plin.)* ägypt. Bernstein.

saccellum, ī *n (Demin. v. saccus) (nachkl.)* Säckchen *als Umschlag auf einen kranken Körperteil.*

saccellus, ī *m (Demin. v. sacculus) (nachkl.)* Geldbeutel; **-i sonantes aere.**

saccharon, ī *n (gr. Fw.) (Plin.)* Rohrzucker, Zuckersaft.

saccipērium, ī *n (saccus u. pera) (Plaut.)* Umhängetasche.

saccō[1] saccāre *(saccus) (poet.; nachkl.)* durchseihen, filtern [**aquam; vinum**]; *übtr. (Lucr.)* **saccatus umor corporis** Urin.

saccō[2], ōnis *m (saccus)* „Geldsackhüter", Geizhals, Wucherer.

sacculus, ī *m (Demin. v. saccus)* Säckchen; Geldbeutel; Weinfilter.

saccus, ī *m (gr. Fw.)* Sack: ① Getreidesack;
② *(poet.)* Geldsack; **ad -um ire** *(Plaut.)* betteln gehen;
③ *(nachkl.)* Filter [**vinarius**].

sacellum, ī *n (Demin. v. sacrum)* kleines Heiligtum, Kapelle.

● **sacer,** cra, crum *(sancio)* ① *einer Gottheit* geweiht, heilig *(m. Gen. od. Dat.)* [**fontes; lucus; aedes; locus; signa; dies** Festtage; **iura; vates**]; **anseres -i Iunonis; insula deorum -a; pecus -um deae; mensis ~ manibus; culta Iudaeo septima sacra dies** der Sabbat; **sacra profanaque omnia;**
② *(übtr.)* geweiht, bestimmt für; **pugio magno operi ~;**
③ *(nachkl.)* ehrwürdig [**eloquentia; occupationes**];
④ *(als Beiwort v. Örtl.)* heilig [**via** *über die Velia sich vom Forum bis zum Kapitol hinziehend;* **mons** *ein Hügel, 4 km nordöstl. v. Rom, am rechten Ufer des Anio gelegen*];
⑤ einer unterirdischen Gottheit zur Vernichtung geweiht, verflucht, verwünscht; *(übtr.)* fluchwürdig, abscheulich [**auri fames; venenum**].

● **sacerdōs,** ōtis *m u. f (sacrum u. do)* Priester, Priesterin [**Vestae** Vestalin; **Cereris; populi Romani; arvorum** Flurpriester].

sacerdōtālis, e *(sacerdos) (nachkl.)* priesterlich.

● **sacerdōtium,** ī *n (sacerdos)* Priestertum, -amt, -würde; **-um inire** antreten; **-o praeficere alqm** einsetzen in, übertragen.

sācōma, matis *n (gr. Fw.)* Gegengewicht.

sacrāmentum, ī *n (sacro)* ① *(jur. t. t.)* **a)** Strafsumme, Haftgeld *(im Zivilprozess v. beiden Parteien als Kaution hinterlegt);* **b)** *(meton.)* Prozess(führung); **-um alcis iustum iu-**

dicare den Prozess zugunsten jmds. entscheiden; **iusto -o contendere cum alqo** den Prozess gewinnen; **iniustis vindiciis ac -is alienos fundos petere**;
2 Fahneneid, Treueid, Diensteid [**militiae**]; **-um** *u.* **-o dicere** den Treueid leisten; **-o teneri** zum Kriegsdienst eidlich verpflichtet sein; **milites -o obligare, rogare, adigere** vereidigen; **-um mutare** eine Erhebung machen;
3 *(nachkl.) (meton.)* Kriegsdienst;
4 *(poet.; nachkl.) (übtr.)* Eid, feierliche Verpflichtung;
5 *(Eccl.)* rel. Geheimnis; Sakrament.

sacrārium, ī *n (sacrum)* Heiligtum, Kapelle, Tempel [**Cereris;** *übtr.* **Ditis** = Unterwelt]; Hauskapelle; Sakristei; **Caere ~ populi Romani** Schutzstätte *(weil die Heiligtümer Roms b. Galliereinfall dorthin gebracht worden waren).*

sacrātus, a, um *(P. Adj. v. sacro) (poet.; nachkl.)* 1 geheiligt, geweiht [**iura parentum; templum**];
2 zur Gottheit erhoben, vergöttlicht [**dux** = Augustus].

sacrēs *(altl.) = sacri (Nom. Pl. m v. sacer).*

sacri-cola, ae in *(sacrum u. colo) (nachkl.)* Opferdiener, -priester.

sacri-fer, fera, ferum *(Ov.)* Heiligtümer tragend [**rates**].

sacrificālis, e *(sacrificus) (nachkl.)* Opfer [**apparatus; ministeria**].

sacrificātiō, ōnis *f (sacrifico)* das Opfern, Opferung.

● **sacrificium,** ī *n (sacrifico)* 1 Opfer [**sollemne**]; **-um facere** darbringen; **-um parare; -o perfecto**;
2 *(spätl.)* Messopfer.

sacrificō, sacrificāre *(sacrificus)* 1 (ein) Opfer darbringen, opfern [**apud aram; pro salute et victoria populi; Apollini**]; **alci alqa re** *od.* **alqd** als Opfer darbringen, opfern [**deo hostiis; animalia**];
2 *(spätl.)* die Messe zelebrieren.

sacrificulus, ī *m (Demin. v. sacrificus)* Opferpriester; – *als Adj.:* **rex ~** Opferkönig, -priester, *war zuständig für die Opfer, die früher der König dargebracht hatte.*

sacri-ficus, a, um *(sacrum u. facio)* 1 opfernd [**rex**];
2 *(poet.; nachkl.)* Opfer- [**ritus; dies; securis; preces**].

sacrilegium, ī *n (sacrilegus)* 1 Tempelraub; *(meton.)* geraubtes Tempelgut, geraubte Heiligtümer; **fur onustus -o** m. den geraubten Heiligtümern;
2 Religionsfrevel; **alqm -i damnare**.

sacri-legus *(sacrum u. lego)* **I.** *Adj.* a, um 1 tempelräuberisch [**bellum**];
2 *(poet.; nachkl.)* gottlos, verrucht [**manus; sanguis**];
II. *Subst.* ī *m* 1 Tempelräuber;
2 *(Ter.)* (Erz-)Schurke.

Sacri-portus, ūs *m (sacer)* 1 *Stadt b. Pränes-te;*
2 *Stadt am Golf v. Tarent.*

sacrō, sacrāre *(sacer)* 1 *einer Gottheit* weihen, widmen [**laurum Phoebo; aras; aurum; ludos** heilige Spiele einführen; **viros** zu Priestern weihen];
2 *(poet.) übh.* widmen, geben, bestimmen [**opus; honorem alci**];
3 heilig, unverletzlich machen [**foedus; leges**];
4 verewigen, unsterblich machen [**eloquentiam Catonis**]; **avum sacrarunt carmina tuum;**
5 *(poet.; nachkl.)* verfluchen, preisgeben [**caput proditoris Iovi**].

sacrō-sānctus, a, um *(sacrum)* 1 hochheilig, unverletzlich [**potestas; possessiones**];
2 *(nachkl.) (übtr.)* hochheilig, ehrwürdig [**memoria alcis**].

sacruficō *(altl.) = sacrifico.*

● **sacrum,** ī *n (sacer)* 1 Heiligtum, heiliger Gegenstand *od.* Ort, *Pl. auch* heilige Geräte; **-um rapere; metuens velut contingere -um;**
2 Opfer(gabe); **-um cremare**;
3 *(poet.)* heiliges Lied, Opferhymnus [**caelestia**]; **-a canere;**
4 gottesdienstliche Handlung, Opferhandlung, Zeremonie, heiliger Brauch; **-um facere** ein Opfer darbringen, opfern; **-um conficere**;
5. *Pl.* Gottesdienst, gottesdienstliche Feier, Opferfest, Religion [**arcana** Geheimkult; **publica** Staatskult; **Cereris**]; *übh.* Feier [**iugalia** *u.* **nuptialia** Hochzeitsfeier];
6 *(poet.; nachkl.) Pl.* Geheimnisse, Mysterien [**litterarum; studiorum**].

saec(u)lāris, e *(saeculum)* 1 *(poet.; nachkl.)* hundertjährig [**carmen** Lied zur Jahrhundertfeier; **ludi** die alle hundert Jahre abgehalten wurden];
2 *(nachkl.; spätl.)* weltlich, heidnisch.

● **saec(u)lum,** ī *n* 1 Menschenalter, Generation, Zeit(alter) [**nostrum; aureum**]; **saeclorum nascitur ordo;**
2 *(poet.; nachkl.)* Regierungszeit [**beatissimum**];
3 Jahrhundert; **multis post -is;**
4 langer Zeitraum;
5 *(meton.)* die Menschen des Jahrhunderts; **-orum reliquorum iudicium**;
6 Zeitgeist; **huius -i licentia;**
7 *(Eccl.)* **a)** Zeitlichkeit, Welt(lichkeit); **b) in saecula saeculorum** in alle Ewigkeit, für immer.

● **saepe** *(Komp.* saepius, *Superl.* saepissimē) *Adv.* oft; **quam saepissime** möglichst oft, so oft als möglich; **multi ~** *od.* **~ multi** viele zu verschiedenen Zeiten.

S

saepe-numerō *(auch getr.) Adv.* oftmals.

saepēs, pis *f (saepio)* Zaun, Umzäunung; Gehege; *(poet.)* Garten; *(poet.)* Absperrung.

saepiculē *Adv. (Demin. v. saepe) (vor- u. nachkl.)* ziemlich oft.

saepīmentum, ī *n (saepio)* Umzäunung.

Saepīnum, ī *n Landschaft in Samnium, nördl. v. Benevent.*

saepiō, saepīre, saepsī, saeptum ❶ umzäunen, einhegen [**vallum arboribus**];
❷ *(übtr.)* umgeben, einschließen [**urbes moenibus; oppidum castris; domum custodibus; se muris turribusque** sich verschanzen hinter]; **campus montibus circa saeptus erat** *(Liv.)*;
❸ *(übtr.)* decken, schützen [**urbem praesidio; vias**]; **legibus saeptus;**
❹ verwahren; **natura oculos membranis vestivit et saepsit** *(Cic.)*.

saeptum, ī *n (saepio)* ❶ Umzäunung, Zaun; Gehege, Hürde, *klass. nur Pl.;* **beluas -is continere; -is exire; -a domorum** das Innere;
❷ *Pl.* die Schranken *f. die Abstimmungsordnung bei den Komitien (urspr. auf dem Forum aus Brettern errichtet u. nach der Versammlung abgebrochen, seit Cäsar saepta marmorea auf dem campus Martius);* **populum -is includere.**

saeptus *P. P. P. v. saepio.*

saeta, ae *f* ❶ Borste [**equina** Rosshaar; **-ae equi, leonis** Mähne]; *(poet.)* struppiges Haar; *Pl.* Fell; **fulvis velantur corpora saetis;**
❷ *(poet.)* Angelschnur.

saeti-ger *(saeta u. gero) (poet.)* **I.** *Adj.* gera, gerum Borsten tragend [**sus; pecus**];
II. *Subst.* gerī *m* Eber.

saetōsus, a, um *(saeta) (poet.; nachkl.)* borstig, haarig [**aper**].

saevi-dicus, a, um *(saevus u. dico¹) (Ter.)* zornig gesprochen.

● **saeviō,** saevīre *(saevus)* wüten, toben, rasen *(v. Tieren u. Menschen, übtr. auch v. Lebl.) (in u. adversus alqm, alci gegen jmd.; in alqd; m. Dat.; Inf.)* [**in obsides; in suum sanguinem**]; **lupus saevit rabieque fameque** *(Ov.)*; **saevit canum latratus** *(Verg.)* die Hunde bellen wütend; **Mars saevit in armis; manus impia saevit Romanum exstinguere nomen; saevit ventus, pontus; saevit ira in alqm; fortuna coepit ~.**

saeviter *Adv., s. saevus.*

saevitia, ae *f (saevus)* ❶ *(nachkl.) (v. Tieren)* Wut, Wildheit;
❷ *(v. Personen)* Heftigkeit, Strenge, Härte, Grausamkeit [**iudicis; hostium**];
❸ *(übtr., v. Lebl.)* Härte, Strenge [**hiemis; annonae** Teuerung; **dictorum factorumque; ingenii**].

saevitūdō, dinis *f (Plaut.; spätl.) = saevitia.*

● **saevus,** a, um *(Adv. -ē, altl.* saeviter) wütend, rasend, tobend, grimmig, heftig, grausam, hart *(v. Tieren u. Personen, übtr. v. Sachen)* [**lupus; leo; tyrannus; vir; custos; novercae; magister; puella** herrisch; **Iuno** unversöhnlich; **procellae; ventus; hiems; fluctus** stürmisch; **amor; iocus** beißend, kränkend].

sāga, ae *f (sagio)* ❶ Wahrsagerin, Zauberin;
❷ *(poet.)* Kupplerin.

sagācitās, tātis *f (sagax)* ❶ Spürsinn [**canum**];
❷ *(übtr.)* Scharfsinn, Scharfblick, Klugheit;
❸ *(Sen.)* Empfindsamkeit *der Sinne* [**sensuum**].

Sagaris, is *m (Akk. -im; Abl. -ī) Fluss in Bithynien u. Phrygien (Kleinasien); – Adj.* **Sagarītis,** tidis (f).

sagātus, a, um *(sagum)* im (Soldaten-) Mantel.

sagāx, *Gen.* gācis *(sagio)* ❶ scharf witternd [**canis; nasus; anser** scharf hörend];
❷ *(übtr.)* scharfsinnig, -blickend, schlau, klug *(in etw.: in u. Abl., bl. Abl., Gen., ad; m. Inf.)* [**homo; mens; utilium rerum; ad suspicandum; ventura videre**].

sagēna, ae *f (gr. Fw.) (spätl.)* Fischergarn, Schleppnetz.

sagīna, ae *f* ❶ das Mästen, die Mast [**anserum**]; Ernährung, Unterhalt;
❷ *(meton.)* **a)** *(Plaut.)* Masttier; **b)** *(poet.; nachkl.)* Futter, Kost, Nahrung [**ferarum; gladiatoria**].

sagīnō, sagīnāre *(sagina)* ❶ mästen [**boves ad sacrificia publica; porcum**];
❷ füttern, nähren; abspeisen [**convivas**];
❸ *mediopass. (übtr.)* **a)** sich mästen [**sanguine rei publicae**]; **b)** *(Tac.)* sich bereichern.

sāgiō, sāgīre, – – spüren, wittern, leicht wahrnehmen.

● **sagitta,** ae *f* ❶ Pfeil [**Veneris** Liebespfeil]; **nervo aptare -as;**
❷ *(übtr.)* Pfeil *als Gestirn.*

● **sagittārius** *(sagitta)* **I.** *Subst.* ī *m* ❶ Bogenschütze;
❷ *(übtr.)* Schütze *als Sternbild;*
II. *Adj.* a, um *(nachkl.)* Pfeil-.

sagittātus, a, um *(sagitta)* m. Pfeilen versehen.

sagitti-fer, fera, ferum *(sagitta u. fero) (poet.; nachkl.)* Pfeile tragend [**pharetra**]; pfeilbewehrt [**Parthi; Geloni**].

sagitti-potēns, *Gen.* potentis **I.** *Adj.* pfeilmächtig;
II. *Subst. m* Schütze *als Gestirn.*

sagittō, sagittāre *(sagitta) (nachkl.)* m. Pfeilen schießen.

sagma, matis *n (gr. Fw.) (spätl.)* Pack-, Saumsattel.

sagmen, minis *n (meist Pl.)* heiliges Gras (-büschel), *das auf dem Kapitol gepflückt wurde u. die Fetialen als Gesandte zum Feind beschüt-*

zen sollte.

Sagra, ae *m u. f Küstenfluss in Bruttium.*

sagulātus, a, um *(sagulum) (Suet.)* m. einem sagulum bekleidet.

sagulum, ī *n (Demin. v. sagum)* kurzer Umwurf, *bes.* Reise-, Soldatenmantel.

sagum, ī *n (kelt. Wort)* ❶ Umhang *aus grobem Wolltuch,* kurzer Mantel, *bes. als Tracht der Kelten u. Germanen;*

❷ Soldaten-, Kriegsmantel, *auch als Symbol des Krieges;* **ad -a ire** *u.* **-a (-um) sumere** zu den Waffen greifen; **-a ponere** die Waffen niederlegen; **in -is esse** unter Waffen stehen.

Saguntum, ī *n u.* **Saguntus,** ī *f Stadt in Spanien nördl. v. Valencia; – Einw. u. Adj.* **Saguntīnus,** ī *m* bzw. a, um.

Saītae, ārum *m Einw. der Residenzstadt Sais in Unterägypten; – Adj.* **Saīticus,** a, um.

● **sāl,** salis *m (u. n)* ❶ Salz;

❷ *(meton.)* **a)** *(poet.)* Salzflut, Meer(wasser); **artūs sale tabentes; b)** *(poet.; nachkl.) Pl.* Salzgeschmack;

❸ *(übtr.)* **a)** Geschmack, Feinheit; **tectum plus salis quam sumptūs habebat; b)** scharfer Verstand, Klugheit; *(meist Pl.)* Witz, Humor [**niger** bitterer Spott]; **sale et facetiis omnes vincere.**

salacō, ōnis *m (gr. Fw.)* Prahler.

salamandra, ae *f (gr. Fw.) (nachkl.)* Salamander.

Salamīs, īnis *u.* **Salamīna,** ae *f* ❶ *Insel u. Stadt im Saronischen Golf vor der südwestattischen Küste (Seesieg der Griechen unter Themistocles üb. die Perser unter Xerxes I. 480 v. Chr.);*

❷ *Stadt an der Ostküste v. Zypern, der Sage nach v. dem trojan. König Teucer erbaut;*

/ Einw. u. Adj. **Salamīnius,** ī *m bzw.* a, um.

Salapia, ae *f Stadt in Apulien; – Einw.* **Salapīnī** *u.* **Salapitānī,** ōrum *m.*

salapūt(t)ium, ī *n (poet.; nachkl.)* Knirps, Zwerg.

salārium, ī *n (salarius) (nachkl.)* ❶ Ration an Salz *der Soldaten u. Beamten (später durch Geld ersetzt);*

❷ (Ehren-)Sold, Diäten.

salārius *(sal)* **I.** *Adj.* a, um Salz- [**annona** Jahresertrag der Salzgruben]; – (via) Salaria, ae *f* Salzstraße *(v. der porta Collina in Rom nach Reate im Sabinerland);*

II. *Subst.* ī *m (nachkl.)* Salzfischhändler.

Salassī, ōrum *m kelt.-ligurisches Alpenvolk.*

salāx, *Gen.* lācis *(salio) (nicht klass.)* ❶ geil [**galli; aries**];

❷ Geilheit erregend, geil machend [**taberna; eruca**].

salebra, ae *f* ❶ *(poet.; nachkl.)* holperige Stelle, schlechte Wegstelle; *Pl.* Risse, Sprünge *im Straßenpflaster;* **rotae -as inciderunt; demonstrant astra -as;**

❷ *(übtr.)* **a)** Anstoß, Schwierigkeit; **in -as incidere; b)** stilistische Unebenheit; **Herodotus sine ullis -is quasi sedatus amnis fluit** *(Cic.).*

salebrōsus, a, um *(salebra) (poet.; nachkl.)* holperig, uneben, rau [**saxa;** *übtr.* **oratio; compositio**].

Salēius Bassus *Epiker z. Zt. des Vespasian.*

Salernum, ī *n Stadt an der Küste Kampaniens, j.* Salerno; – *Adj.* **Salernitānus,** a, um.

Saliāris, e *s. Salii.*

saliātus, ūs *m (Salii)* Amt *od.* Würde eines Saliers *(eines Priesters des Mars bzw. des Quirinus).*

salictum, ī *n (salix)* Weidengebüsch.

salientēs, tium *m s. salio.*

sali-fodīna, ae *f (sal) (spätl.)* Salzgrube.

salīgnus, a, um *(salix)* vom Weidenbaum, aus Weidenholz, weiden, Weiden- [**lectus; crates**].

> *i* Kultur **Saliī,** ōrum *u.* um *m (salio, eigtl.* „Hüpfer, Tänzer, Springer") die Salier, Tanzpriester, zwei aus je 12 Mitgliedern bestehende altröm. Priesterkollegien, die Salii Palatini (im Kult des Mars) u. die Salii Collini od. Agonales (im Kult des Quirinus); sie hielten im März u. Oktober (also zu Beginn u. Ende der Feldzugszeit) in altröm. Kriegstracht einen Umzug ab, b. dem sie Waffentänze aufführten u. altüberlieferte Lieder sangen; Salier gab es auch in anderen latinischen Städten, so die Priester des Hercules in Tibur (Verg. Aen. 8, 285); – *Adj.* **Saliāris,** e **a)** der Salier [**carmen** Kultlied der Salier, in arch. Sprache, in republikanischer Zeit bereits nicht mehr verstanden]; **b)** *(übtr., v. Gastmählern)* üppig [**dapes**].

salīllum, ī *n (Demin. v. salinam) (Cat.)* Salzfässchen.

salīnae, ārum *f (sal)* ❶ Salzgrube, -werk, Saline;

❷ **Salīnae** *(als Eigenname):* **a)** *Salzwerke b. Ostia;* **b)** *Salzlager in Rom an der Porta Trigemina.*

salīnum, ī *n (sal)* Salzfass.

● **saliō,** salīre, saluī *u.* saliī, – **I.** *intr.* ❶ springen, hüpfen [**in aquas; per flammas; super vallum**]; *übtr. auch v. Sachen:* **mica salis** (*od.* **sal) saliens** Opfersalz, das *als glückliches Omen im Feuer* in die Höhe springt; **cor salit** klopft, pocht, schlägt; **supercilium salit** zuckt; **salientes pisces** zappelnde Fische;

❷ *(vom Wasser)* sprudeln, rieseln; **rivus (unda) saliens;** – *Subst.* **salientēs,** tium *m (erg. fontes)* Springbrunnen;

S

II. *trans.* bespringen; **laeta salitur ovis.**

sali-potēns, potentis *m (salum) (Plaut.)* Beherrscher des Meeres *(Beiname des Neptun).*

Sali-subsilus, ī *m (= Salius subsiliens; Salii u. subsilio)* dem Vortänzer nachtanzender Salier.

salitō, salitāre *(Intens. v. salio) (vorkl.)* hin u. her springen, tanzen.

saliunca, ae *f (poet.; nachkl.) (bot.)* wilde Narde.

salīva, ae *f (poet.; nachkl.)* ① Speichel;
② *(meton.)* **a)** *Pl.* Zauberei m. Hilfe des Speichels [**arcanae**]; **b)** Nachgeschmack, *bes. des Weines;* **c)** Appetit, Begierde [**meri; mercurialis** nach Gewinn]; **Aetna -am tibi movet** *(Sen.)* du bekommst Lust, den Ätna zu beschreiben;
③ speichelartige Feuchtigkeit, Schleim *(z. B. der Schnecken).*

salix, icis *f (nicht klass.)* Weide.

Sallentīnī, ōrum *m Völkerschaft Kalabriens;* – *Adj.* **Sallentīnus,** a, um.

> *i* Kultur **Sallustius,** a, um *röm. nomen gentile:* ① C. ~ Crispus, Politiker u. Geschichtsschreiber (86–35 v. Chr.). Zu seinen Hauptwerken gehören: die „coniuratio Catilinae", eine Darstellung der v. Cicero im Jahr 63 v. Chr. aufgedeckten Verschwörung Catilinas, und das „bellum Iugurthinum", das den Krieg gegen Jugurtha (112–105 v. Chr.) behandelt; – *Adj.* auch **Sallustiānus,** a, um;
> ② ~ Crispus, Großneffe u. Adoptivsohn v. 1, Ratgeber des Augustus.

Sallūviī, ōrum *u.* um *m ligurische Völkerschaft, in der heutigen Provence ansässig.*

Salmacis, idis *f Quellnymphe u. ihre Quelle in Karien b. Halicarnassus, deren Wasser nach der Sage die Kraft hatte, Männer zu verweichlichen;* – **Salmacidēs,** ae *m* Weichling.

salmō, ōnis *m (nachkl.)* Salm, Lachs.

Salmōneūs, eī *u.* eos *m (Akk.* -ea) *König in Elis, Bruder des Sisyphus;* – *Patron.* **Salmōnis,** idis *f (Akk.* -ida) Tochter des Salmoneus.

Salōnae, ārum *f Hafenstadt in Dalmatien.*

salsāmentārius, ī *m (salsamentum) (nachkl.)* Salzfischhändler.

salsāmentum, ī *n (salsus)* ① Fischlake;
② Salzfisch.

salsi-potēns, *Gen.* potentis *(salsus) (Plaut.)* Beherrscher der Salzflut, des Meeres = Neptun.

salsitūdō, dinis *f (salsus)* Salzgehalt.

salsūgō, ginis *f (salsus)* ① Salzgehalt;
② *(nachkl.) (meton.)* Salzwasser.

salsūra, ae *f (salsus) (vor- u. nachkl.)* ① Salzlake;
② *(übtr.)* Missmut.

salsus, a, um *(sal)* ① gesalzen, salzig [**fluctus**];
② *(übtr.)* **a)** beißend, scharf [**lacrimae; sudor; robigo**]; **b)** witzig, schalkhaft *(v. Personen u. Sachen);* **-e dicere; male ~** boshafter Schalk; – *Subst.* **salsa,** ōrum *n* gesalzene Dinge, Speisen; Witze [**Graecorum**].

saltātiō, ōnis *f (salto)* das Tanzen, Tanz.

saltātor, ōris *m (salto)* Tänzer, Pantomime.

saltātōrius, a, um *(saltator)* Tanz [**orbis** Tanzreif; **ludus** Tanzschule].

saltātrīx, īcis *f (saltator)* Tänzerin.

saltātus, ūs *m (salto)* das Tanzen, Tanz.

● **saltem** *u.* **saltim** *Adv.* ① wenigstens, mindestens; **si illud non licet, ~ hoc licebit** *(Ter.)*;
② *(m. einer Negation) non (neque)* nicht einmal *(= ne … quidem).*

salticus, a, um *(saltus[1]) (nachkl.)* hüpfend, tanzend.

saltitō, saltitāre *(Intens. v. salto) (spätl.)* tanzen.

● **saltō,** saltāre *(Intens. v. salio)* **I.** *intr.* ① tanzen;
② *(übtr., vom Redner)* hüpfend im Ausdruck werden; in kurzen Sätzen sprechen;
II. *trans. (poet.; nachkl.)* tanzend darstellen, pantomimisch aufführen [**Cyclopa; carmina; poëmata; tragoediam; commentarios** m. übertriebener Gestikulation vortragen].

saltuārius, ī *m (saltus[2]) (nachkl.)* Waldaufseher, -hüter.

saltuōsus, a, um *(saltus[2])* waldig; schluchtenreich, gebirgig [**regio**].

saltus[1], ūs *m (salio)* Sprung; **saltum dare** einen Sprung machen; **saltu se in fluvium dare** hinabspringen in; **saltu corpora ad terram mittere** auf den Boden herabspringen; **crura longis saltibus apta.**

● **saltus[2],** ūs *m* ① Waldtal, Schlucht, Pass [**Thermopylarum**];
② Waldgebirge [**Pyrenaeus**]; *(sprichw.)* **uno in saltu apros capere duos** *(Plaut.)* „zwei Fliegen m. einer Klappe schlagen";
③ *(vorkl.; poet.)* Weideplatz, Viehtrift; **in saltibus pascere; floriferis in saltibus;**
④ *(meton.)* Landgut, Vorwerk m. Viehtriften; **de saltu agroque detrudi;**
⑤ *(Plaut.; spätl.)* weibliche Scham;
⑥ *(Plaut.)* bedenkliche Lage.

● **salūbris,** e *u.* **salūber,** bris, bre *(salus)* ① der Gesundheit zuträglich, heilsam, gesund(heitsfördernd) [**natura loci; regio; somnus** erquickend; **caelum**];
② *(übtr.)* heilsam, zuträglich, vorteilhaft *(für: Dat.)* [**consilium; iustitia**]; **sententia rei publicae saluberrima;**
③ kräftig, stark [**corpora; exercitus**];
④ *(übtr.)* tauglich, vernünftig, gut; **quicquid est salsum aut salubre in oratione, id pro-**

prium Atticorum est *(Cic.)*.

salūbritās, tātis *f (salubris)* ① Heilsamkeit, Heilkraft [**regionis; urbis; caeli; nemorum; aquarum;** *übtr.* **Atticae dictionis** kräftigende Wirkung];
② *(nachkl.)* Gesundheit, Wohlbefinden [**corporum**].

saluī *s. salio.*

salum, ī *n* ① unruhiger Seegang; **-o nauseāque confecti;**
② offenes, bewegtes Meer, hohe See;
③ *(poet.)* Meer [**immensum; rapidum; altum;** *übtr.* **aerumnosum** Meer v. Drangsal].

● **salūs,** ūtis *f* ① Gesundheit, Wohlbefinden;
② Wohl(fahrt), Heil, Glück [**communis; domestica; civitatum**]; **civitati saluti esse** für den Staat ein Segen sein; **spes salutis** auf bessere Zustände; – *(Plaut., übtr.) als Kosewort:* **quid agis, mea salus?;**
3. Rettung; **fugā salutem petere; saluti esse** zur Rettung dienen; **salutem (af)ferre alci** *od.* **alci rei** jmd. *od.* etw. retten;
④ *(meton.)* **a)** Retter; **Lentulus, ~ nostra; b)** Rettungsmittel;
⑤ Leben, Existenz; **salutem alci dare** *od.* **reddere** das Leben schenken;
⑥ Gruß; **salutem alci dicere, dare** jmd. grüßen; **multam, plurimam salutem dicere alci; salutem mittere alci** jmd. grüßen lassen; **salute data redditaque** nach gegenseitiger Begrüßung;
⑦ **Salūs** *personif. Göttin der Gesundheit, des persönl. Wohlergehens u. des Staatswohls (wurde in einem Tempel auf dem Quirinal verehrt).*

salūtāris, e *(salus)* ① heilsam, zuträglich, vorteilhaft *(für: Dat. od. ad)* [**herba; ars** Heilkunst; **calor; lex; litterae; littera** = A. *(als Abk. v. absolvo) auf den Stimmtäfelchen der Richter*]; **generi hominum cultura agrorum est** ~ *(Cic.)*; **consilium salutare utrique;** – *Subst.* **salūtāria,** ium *n* Heilmittel;
② Salūtāris *als Beiname des Jupiter:* der Erretter;
③ wohlbehalten, unverletzt [**exercitus**];
④ *(Eccl.)* gnadenreich; – *Subst.* **a)** *m* Heiland; **b)** salūtāre, ris *n* Rettung, Heil.

salūtātiō, ōnis *f (saluto)* ① Begrüßung, Gruß; **salutationem reddere** den Gruß erwidern; **mutua salutatione facta;** – Morgenbegrüßung *der Klienten b. ihrem Patron od. b. Kaiser;*
2. Besuch; **salutationem facere; dare se salutationi amicorum;** – Staatsbesuch; Empfang; *(meton.)* die Besucher;
③ *(Eccl.)* Rettung.

salūtātor, ōris *m (saluto)* Besucher *(Klient, der seinem Patron an jedem Morgen seine Aufwartung macht).*

salūtātrīx, *Gen.* īcis *(f) (salutator)* ① *(Mart.)* (be)grüßend, Gruß- [**charta; pica**];
② *(Iuv.)* aufwartend [**turba**].

salūti-fer, fera, ferum *(salus u. fero)* heilbringend, heilsam, Rettung bringend [**puer** Äskulap; **aquae; crux**].

salūti-gerulus, a, um *(salus) (Plaut.)* einen Gruß überbringend [**pueri** Botenjungen].

● **salūtō,** salūtāre *(salus)* ① (be)grüßen, willkommen heißen [**deos** den Göttern Verehrung erweisen; **plebem** sich beliebt machen beim Volk];
② jmd. anreden als, titulieren *(m. dopp. Akk.)* [**alqm imperatorem**];
③ jmdm. seine Aufwartung machen, jmd. besuchen *(alqm);*
④ Besuche empfangen [**mane domi**];
⑤ *(Plaut.)* Lebewohl sagen;
⑥ *(Eccl.)* **a)** retten; **b) virginem** das Ave Maria beten.

salvātiō, ōnis *f (salvo) (Eccl.)* Errettung.

salvātor, ōris *m (salvo) (spätl.; Eccl.)* Erlöser, Heiland.

● **salveō,** salvēre, – – *(salvus)* gesund sein, gesund bleiben, sich wohl befinden, *nur als Begrüßungswort;* **salvē** (salvētō, salvēbis), **salvēte** sei(d) gegrüßt!; *(selten b. Abschiednehmen)* lebe (lebt) wohl!; **alqm ~ iubere** jmd. grüßen (lassen), begrüßen [**deum** als Gott]; **salvete cineres, umbraeque paternae.**

salvi-ficō, ficāre *(salvus u. facio) (spätl.)* (er)retten.

salvō, salvāre *(salvus) (Eccl.)* (er)retten, erlösen.

● **salvus,** a, um ① wohlbehalten, unverletzt, gerettet, unversehrt, unbeschädigt *(v. Lebewesen u. Sachen)* [**civis; exercitus; navis; argentum**]; **satisne** (*od.* **satin**) **-e** (*erg.* **agis**) steht alles gut bei dir? *(im Abl. abs.)* **-is legibus** ohne Gesetzesübertretung; **-is auspiciis** ohne Verletzung der Auspizien; **-o officio** ohne Pflichtverletzung; **-is populi sociis; pietate -a; -o pudore;**
② (noch) am Leben; **ne ~ sim** *od.* **~ esse nolo, si** ich will nicht länger leben, wenn; **me -o** *(Abl. abs.)* solange ich noch am Leben bin;
③ *(Kom.)* ~ **sies** sei gegrüßt *(= salve).*

Samarītae, ārum *m* die Samariter, *Bew. v. Samaria (Landschaft m. gleichnamiger Hauptstadt in Palästina).*

Samarobrīva, ae *f Hauptstadt der Ambiani, j.* Amiens.

sambūca, ae *f (gr. Fw.) dreieckiges harfenartiges Saiteninstrument v. scharfen Tönen.*

sambūcina *(sambuca u. cano) (Plaut.)* = *sambucistria.*

sambūcistria, ae *f (sambuca)* Harfenspielerin.

sambūcus[1], ī *m (sambuca) (nachkl.)* Harfenspieler.

sambūcus[2], ī *f (nachkl.)* Holunder(baum).

Samē, ēs *f alter Name der ionischen Insel Ke-*

S

falonia.

Samius *s. Samos.*

Samnium, ī *n (vgl. Sabini, Sabelli) mittelital. Gebirgslandschaft östl. v. Latium u. nordöstl. v. Kampanien, üb. die Apenninen sich bis zur Adria hinziehend; – Adj.* **Samnīs,** *Gen.* ītis [*übtr.* **gladiatores** in samnitischer Rüstung] *u.* **Samnīticus,** a, um; – *Einw.* **Samnīs,** itis *m, meist Pl.* Samnītēs, tium *u. (selten)* tum.

Samos *u.* **-us,** ī *f Insel an der ionischen Küste m. gleichnamiger Hauptstadt, bekannt durch Weinbau u. Töpferei; Hauptsitz des Herakultes m. ber. Tempel der Hera; – Einw. u. Adj.* **Samius,** ī *m bzw.* a, um.

Samothrāca, ae, **-cē,** ēs *u.* **-cia,** ae *f Insel des Ägäischen Meeres an der Küste Thrakiens m. gleichnamiger Hauptstadt, Sitz der Mysterien der „Großen Götter" (Kabiren); – Einw.* **Samothrāces,** cum *m.*

Sampsiceramus, ī *m syr. Fürst, den Pompeius überwand; bei Cic. scherzh. v. Pompeius.*

Samus *s. Samos.*

sānābilis, e *(sano)* heilbar [**vulnus**].

sānātiō, ōnis *f (sano)* Heilung.

● **sanciō,** sancīre, sānxī, sānctum *(sacer)* ① heiligen, weihen, unverbrüchlich, unverletzlich machen, bekräftigen [**foedus sanguine alcis; foedera fulmine; ius**];
② festsetzen, verordnen, bestimmen [**legem; capite** bei Todesstrafe; **legibus** gesetzlich; **edicto;** *(m. de)* **de iure praediorum**]; *(m. ut, ne);*
③ bekräftigen, bestätigen, genehmigen, anerkennen [**acta Caesaris; dextrā datā fidem futurae amicitiae;** *(m. dopp. Akk.)* **Pompeium augurem**];
④ *bei Strafe* verbieten, strafen [**honoris cupiditatem ignominiā; incestum supplicio**].

sānctificātiō, ōnis *f (sanctifico) (Eccl.)* Heiligung; Heiligsprechung.

sāncti-ficō, ficāre *(sanctus u. facio) (Eccl.)* heiligen; heilig sprechen.

sānctimōnia, ae *f (sanctus)* ① Heiligkeit, Ehrwürdigkeit;
② Unschuld, reiner, unbescholtener Lebenswandel.

sānctimōniālis *(sanctimonia) (Eccl.)* **I.** *Adj.* e heilig, fromm [**vita** Klosterleben];
II. *Subst. is f* Nonne.

sānctiō, ōnis *f (sancio)* ① *(b. Gesetzen)* Strafbestimmung, -artikel [**legis**];
② *(b. Bündnissen)* Klausel, Vorbehalt [**foederis**].

sānctitās, ātis *f (sanctus)* ① Heiligkeit, Unverletzlichkeit, Unantastbarkeit, Ehrwürdigkeit [**templi** Asylrecht; **tribunatūs; regum; fori**];
② Sittenreinheit, Unschuld, Tugend [**matronarum; dominae**];
③ Frömmigkeit;
④ *(Eccl.; mlt.) als Ehrentitel der Bischöfe u. des Papstes* [**tua, vestra**].

sānctitūdō, dinis *f (sanctus)* Unverletzlichkeit, Ehrwürdigkeit [**sepulturae**].

sānctor, ōris *m (sancio) (Tac.)* Verordner [**legum**].

sānctuārium, ī *n (sanctus)* ① *(nachkl.)* Heiligtum;
② *(nachkl.)* Geheimarchiv;
③ *(mlt.)* Ort, wo man Heiliges aufbewahrt; *Pl.* Reliquien.

sānctum, ī *n (sanctus) (Pers.)* Tempel.

● **sānctus,** a, um *(P. Adj. v. sancio)* ① geheiligt, geweiht [**arae; fontes; lucus**];
② heilig, unverletzlich, unverbrüchlich, unantastbar [**fanum; oracula; officium; ius iurandum; fides**];
③ ehrwürdig, erhaben [**nomen poëtae; vates; patrum consilium; dies** festlich; **eloquentia**];
④ unschuldig, unsträflich, gewissenhaft [**mores**]; keusch, züchtig [**coniunx; virgo** Vestalin];
⑤ fromm.

Sancus, ī *u.* ūs *m, auch* Sēmō Sancus *(sancio) umbrisch-sabin. Schwurgottheit; Beiname Jupiters als Schwurgott u. Eidesschützer, auch m. Hercules gleichgesetzt.*

sandaliārius *(sandalium) (nachkl.)* **I.** *Adj.* a, um Sandalen- [**Apollo** *Statue des Apollo, die im vicus ~ in Rom aufgestellt war*];
II. *Subst.* ī *m* Sandalengasse, Schustergasse.

sandali-gerula, ae *f (sandalium u. gero) (Plaut.)* Sandalenträgerin *(Sklavin, die ihrer Herrin die Sandalen nachtrug).*

sandalium, ī *n (gr. Fw.) (Kom.; nachkl.)* Sandale.

sandapila, ae *f (nachkl.)* Totenbahre *der Armen.*

sandȳx, ȳcis *f (gr. Fw.) (poet.; nachkl.)* rote Mineralfarbe, Scharlach.

● **sānē** *Adv. (v. sanus)* ① *(poet.)* vernünftig, verständig; ~ **sapio et sentio** *(Plaut.)* ich bin völlig bei Vernunft u. Besinnung;
② gewiss, fürwahr, in der Tat; ~ **vellem; et ~;**
③ *(in bejahenden Antworten)* allerdings, freilich, jawohl;
④ *(einräumend b. Konj. conc. u. b. Imp.)* immerhin, meinetwegen; **sint ~ liberales;**
⑤ *(verstärkend b. Imp.)* doch, nur; **age ~ ;**
⑥ *(steigernd)* ganz, überaus *(b. Adj. u. Adv.);* **nihil ~** ganz und gar nicht; **res ~ difficilis; ~ bene** *u.* **bene ~**; – *sane quam* überaus, ungemein *(b. Verben, Adj. u. Adv.).*

sānēscō, sānēscere, – – *(sanus) (nachkl.)* gesund werden.

Sangarius, ī *m* = *Sagaris.*

Sanguālis, e = *Sanqualis.*

sanguen *(altl.)* = *sanguis.*

sanguinārius, a, um *(sanguis)* blutdürstig, -gierig [**iuventus; imperator**].

● **sanguineus,** a, um *(sanguis)* ① blutig, Blut-, Bluts- [**guttae; imber**];
② *(poet.; spätl.)* blutbespritzt, -triefend, -befleckt [**caput; manus**];
③ blutrot [**bacae; iubae; sucus herbae**];
④ *(poet.)* blutdürstig, -gierig [**caedes; rixa**].

sanguinō, sanguināre *(sanguis)* ① *(Tac.)* blutgierig, blutsaugerisch sein;
② *(Vulg.)* blutig machen.

sanguinolentus *u.* **-nulentus,** a, um *(sanguis) (poet.; nachkl.)* ① blutig, blutbespritzt, -befleckt, -triefend [**Dido; pectora**]; **-i ex acie redeuntes; nece natorum -a parens;**
② blutrünstig [**Erinys**];
③ blutrot; **Allia vulneribus Latiis -a;**
④ *(übtr.)* verletzend;
⑤ das Blut *(der Armen)* aussaugend [**centesimae**].

● **sanguis** *u. (altl. u. poet.)* **-īs,** inis *m* ① *im Körper zirkulierendes* Blut *(dagegen: cruor = dickes, geronnenes Blut);* **sanguinem (ef)fundere** vergießen; **sanguinem (alcis) haurire** fremdes Blut vergießen; **sanguinem dare** sein Leben lassen; **provinciae sanguinem mittere** die Provinz aussaugen;
② *(meton.)* Blutvergießen, Blutbad, Mord [**civilis**]; **sanguinem facere** anrichten; **usque ad sanguinem incitari solet odium** *(Cic.)*;
③ *(übtr.)* (Lebens-)Frische, Kraft, Stärke; Kern, Mark; **sucum et sanguinem amittere;**
④ Vermögen, Geld; **de sanguine aerarii detrahere;**
⑤ Blutsverwandtschaft, Abstammung, Geschlecht [**paternus; maternus; Troianus; Sisyphius**]; **sanguine (con)iunctus** blutsverwandt; **sanguine attingere alqm** m. jmdm. blutsverwandt sein; **sanguinis ordo** Stammbaum;
⑥ Nachkommenschaft, Sprössling(e), Abkömmling(e), Kind(er), Enkel [**Alexandri; regius**].

Sangus, ī *m* = *Sancus.*

saniēs, ēī *f* ① blutiger Eiter, Wundsekret;
② *(poet.)* Geifer, Gift;
③ *(nachkl.)* Saft [**olivae**].

sānitās, tātis *f (sanus)* ① das Wohlbefinden, Gesundheit [**corporis; pecoris**];
② Vernunft, Besonnenheit [**animi**]; **ad sanitatem redire, reverti** *od.* **se convertere; alqm ad sanitatem reducere; perducere ad sanitatem;**
③ *(rhet.)* besonnene, nüchterne Sprache [**oratoris; orationis**];
④ *(Tac.)* Vollständigkeit [**victoriae**].

sanna, ae *f (poet.)* Grimasse.

sanniō, ōnis *m (sanna)* Grimassenschneider, Hanswurst.

● **sānō,** sānāre *(sanus)* ① gesund machen, heilen [**pecora; corpora; vulnus**];
② *(übtr.)* heilen, wieder gutmachen [**curas; scelus** büßen; **incommodum; discordiam; vulnera avaritiae; avaritiam**];
③ (wieder) zur Vernunft bringen [**mentem alcis**].

Sanquālis, e *(Sancus)* dem Sancus heilig.

Santonēs, num *u.* **Santonī,** ōrum *m Volk im westl. Gallien; – Adj.* **Santonicus,** a, um.

● **sānus,** a, um ① gesund [**pars corporis; sensus**]; **vulnera ad -um coiere** *(Prop.)* sind geheilt;
② *(übtr.)* gesund, in guter Beschaffenheit, heil, unverdorben [**civitas**]; **~ a vitiis** frei von;
③ vernünftig, verständig, besonnen [**homo; mens**]; **pro -o facere** vernünftig handeln; **male ~** nicht recht bei Sinnen, verblendet; **bene ~; praecipue ~;**
④ *(rhet.)* nüchtern, besonnen, maßvoll [**orator; genus dicendi**].

sānxī *Perf. v. sancio.*

sapa, ae *f* eingekochter Mostsaft.

Sapaeī, ōrum *m thrak. Volk.*

● **sapiēns,** *Gen.* entis *(sapio)* **I.** *Adj. (Abl. Sg.* -ī *u.* -e, *Gen. Pl.* -ium*)* verständig, vernünftig, klug, weise, einsichtsvoll [**rex; sententia; consilium; vita; animi magnitudo; aetas**]; **sapienter suadere;**
II. *Subst. m (Abl. Sg.* -e, *Gen. Pl.* -ium *u.* -um*)*
① Weiser, Philosoph;
② *(Hor.)* Feinschmecker.

● **sapientia,** ae *f (sapiens)* Verstand, Einsicht, Klugheit; (Lebens-)Weisheit, Philosophie.

sapienti-potēns, *Gen.* potentis *(sapientia)* mächtig durch Weisheit.

sapiō, sapere, sapīvī (*u.* sapiī), – ① *(v. Sachen)* **a)** schmecken *(nach etw.: alqd)* [**bene; male; picem; aprum**]; **b)** nach etw. riechen *(alqd)* [**crocum; unguenta**];
② Geschmack empfinden, Geschmack haben;
③ *(übtr.)* verständig, klug, einsichtig, weise sein *(abs.);* verstehen, kennen, wissen *(m. Akk. des Neutr. eines Pron. od. Adj.)* [**plus; nihil; plane nihil; nil parvum** keinen Sinn f. Kleinliches haben]; **haud stulte sapis** *(Ter.)* du bist nicht auf den Kopf gefallen, du bist nicht dumm; **sapere aude** *(Hor.)* wage es, dich der Vernunft zu bedienen.

sāpō, ōnis *m (germ. Wort) (nachkl.)* Seife; Haarsalbe, Pomade.

sapor, ōris *m (sapio)* ① Geschmack, Würze [**amarus; dulcis; tardus** anhaltend; **vini**];
② *(meton.)* **a)** *(poet.; nachkl.)* Leckerei, Leckerbissen; **saporibus palatum suum delectare; b)** *(Verg.) Pl.* Wohlgerüche;
③ *(übtr.)* feiner Ton *in Benehmen u. Rede* [**vernaculus**].

sapōrātus, a, um *(sapor) (poet.; nachkl.)* schmackhaft gemacht.

sapōrus, a, um *(sapor) (spätl.)* wohl schmeckend.

S

i Kultur **Sapphō,** ūs *f* lyrische Dichterin aus Mytilene auf Lesbos um 600 v. Chr. mit großer Nachwirkung (z. B. Anakreon, Catull, Horaz); – *Adj.* **Sapphicus,** a, um.

saprophagō, saprophagere, – – *(gr. Fw.) (Mart.)* verdorbene Speisen essen.

sarcina, ae *f (sarcio)* ① Last, Bürde *(konkr. u. übtr.)*; ~ **publica rerum** der Regierung; *(sprichw., Plaut.)* **alci -am imponere** jmdm. etw. aufbinden; – *Pl.* Gepäck, *bes. der Soldaten:* **-as conferre** *u.* **colligere** zusammenbringen *(um aufzubrechen)*; **-as abicere** das Gepäck ablegen; **-as in medium conicere** auf einen Haufen; **-as contrahere** zusammenschnüren;
② *(poet.)* Leibesfrucht; **qui matri ~ prima fuerat** den die Mutter zuerst geboren hatte.

sarcinārius, a, um *(sarcina)* zum Gepäck gehörig.

sarcinātor, ōris *m (sarcio) (Plaut.)* (Flick-)Schneider.

sarcinātus, a, um *(sarcina) (Plaut.)* bepackt.

sarcinula, ae *f (Demin. v. sarcina) (poet.; nachkl.)* kleines Bündel; *meist Pl.* wenig Gepäck; Habseligkeiten; *(scherzh., Iuv.)* kleine Mitgift; **-as expedire** zurechtmachen *(zum Aufbruch)*; **-as colligere** seine Habseligkeiten zusammenpacken.

sarciō, sarcīre, sarsī, sartum ① *(vor- u. nachkl.)* flicken, ausbessern [**tunicam; aedes suas**];
② *(übtr.)* wieder gutmachen, ersetzen [**detrimentum; damna praedā; iniuriam**];
/ *P. Adj.* **sartus,** a, um *in der Verbindung sartus (et) tectus* **a)** „ausgebessert u. bedacht", in gutem Bauzustand [**monumentum**]; **sarta tecta exigere** den Bauzustand überwachen; **aedem Castoris sartam tectam tradere**; **b)** *(übtr.)* wohl verwahrt; **sarta tecta praecepta habere** in Ehren halten.

sarcophagus *(gr. Fw.)* **I.** *Adj.* a, um *(Plin.)* Fleisch fressend, verzehrend [**lapis** *in Assos (Troas) gebrochener, zur Herstellung v. Särgen verwendeter Kalkstein, der den Leichnam schnell in Asche verwandelte*];
II. *Subst.* ī *m (nachkl.; spätl.)* Sarkophag, Sarg.

sarculum, ī *n (sario)* kleine Hacke.

sarda, ae *f (nachkl.)* Sardelle, Sardine, Hering.

Sardanapallus *u.* **-pālus,** ī *m von den Griechen legendär ausgeschmückte assyrische Königsgestalt, in die Züge mehrerer Gestalten verwoben wurden; dem Namen nach = Assurbanipal, letzter großer König v. Assyrien (668 – 629).*

Sardēs, dium *f* = *Sardis.*

sardīna = *sarda.*

Sardinia, ae *f* Sardinien, *bald nach dem 1. Pun. Krieg röm. Provinz (238 v. Chr.), seit 227 unter einem Prätor stehend;* – *Einw.* **Sardī,** ōrum *m;* – *Adj.* **Sardus, Sardōus, Sardonius,** a, um *u.* **Sardiniēnsis,** e.

Sardīs, ium *f Hauptstadt v. Lydien, unter den Persern Sitz eines Satrapen;* – *Einw.* **Sardiānī,** ōrum *m.*

Sardonius, Sardōus, Sardus *s. Sardinia.*

sardonychātus, a, um *(sardonyx) (Mart.)* m. einem Sardonyx geschmückt.

sard-onyx, onychis *m u. f (nach dem ersten Fundort b. Sardes) (nachkl.)* Sardonyx, fleischfarbener Onyx.

sargus, ī *m (gr. Fw.)* Brachsen *(b. den Römern beliebter Seefisch).*

sariō, sarīre *(nicht klass.)* behacken, jäten.

sarīsa, ae *f (gr. Fw.)* lange makedon. Lanze.

sarīsophorus, ī *m (gr. Fw.; vgl. sarisa)* makedon. Lanzenträger.

sarīssa = *sarisa.*

Sarmatae, ārum *m skyth. (d. h.: nordiranisches) Nomadenvolk zw. Ostsee u. Schwarzem Meer, bis zur Wolga u. dem Kasp. Meer siedelnd;* – *Adj.* **Sarmaticus,** a, um [**mare** *bei Ov.* das Schwarze Meer, *bei Tac.* die Ostsee] *u. (fem.)* **Sarmatis,** *Gen.* idis.

sarmen, minis *n (Plaut.) u.* **sarmentum,** ī *n* Schössling, Reis, Rebe; *Pl.* Reisig; **fasces sarmentorum** Reisigbündel, Faschinen.

Sarnus, ī *m Fluss in Kampanien, j.* Sarno.

Sarpēdōn, onis *m Sohn Jupiters, König in Lykien, fiel im Kampf vor Troja;* – *Adj.* **Sarpēdonius,** a, um.

Sarra, ae *f alter Name der Stadt Tyrus in Phönizien;* – *Adj.* **Sarrānus,** a, um tyrisch.

sarrapis, idis *f (gr. Fw.) (Plaut.)* pers. Tunika.

Sarrastēs, tum *m Volksstamm in Kampanien.*

sarsī *Perf. v. sarcio.*

sartāgō, ginis *f (sarcio)* ① *(Plin.; Iuv.)* Tiegel, Pfanne;
② *(Pers.)* Mischmasch [**loquendi**];
③ *(August.) (im Wortspiel m. Carthago)* Hexenkessel.

sartor[1]**,** ōris *m (sario) (Plaut.)* Heger, Pfleger.

sartor[2] **,** ōris *m (sarcio) (August.)* Flickschneider.

sartūra, ae *f (sarcio) (nachkl.)* Flickstelle, -naht.

sartus, a, um *s. sarcio.*

sat *Adv.* = *satis.*

sata, ōrum *n s. sero*[2]*.*

satagius, a, um *(satago) (Sen.)* überängstlich.

sat-agō, agere, ēgī, āctum ① *(Plaut.) seinen Gläubiger* bezahlen;
② *(vor- u. nachkl.)* genug zu tun haben, seine liebe Not haben;
③ *(Petr.; Vulg.)* in Ängsten, in Bedrängnis sein;
④ *(Vulg.) (m. ut od. m. Inf.)* sich eifrig bemü-

hen.

satan *undekl. u.* **satanās,** ae *m (hebr. Wort) (nachkl.; spätl.)* Widersacher, Feind; Teufel.

satelles, satellitis *m u. f* ❶ Leibwächter; *Pl. u. koll. Sg.* (Leib-)Garde, Gefolge;
❷ *(übtr.)* Begleiter [**Aurorae** = Lucifer; **Iovis** = Adler; **Orci** = Charon; **virtutis** Anhänger, Freund];
❸ Helfershelfer, Spießgeselle [**audaciae; scelerum; voluptatum**].

satiās, iātis *f = satietas.*

Satīcula, ae *f Stadt in Samnium; – Adj.* **Satīcul(ān)us,** a, um.

● **satietās,** ātis *f (satis)* Genüge: ❶ hinlängliche Menge, Überfluss;
❷ Sättigung [**cibi**]; *(übtr.)* Übersättigung, Überdruss, Ekel *(m. Gen. subi.: jmds.; m. Gen. obi.: an etw.)* [*(Gen. subi.)* **lectorum;** *(Gen. obi.)* **provinciae; amicitiarum; amoris**]; **satietatem alcis rei capere** *(Plaut.)* überdrüssig werden.

satillum, ī *n (Demin. v. satis) (Plaut.)* das bisschen [**animae** das bisschen Leben].

satin, satine *(Plaut.) = satis-ne.*

● **satiō¹,** satiāre *(satis)* ❶ *(poet.; nachkl.)* sättigen [**agnos**]; **satiati canes sanguine erili; satiatus vultur humano corpore;**
❷ *(übtr.)* befriedigen, stillen [**desideria naturae; famem; sitim; animum; se auro; aviditatem legendi**]; – *Pass.* **a)** etw. in vollem Maße genießen *(m. Abl.)* [**somno**]; **b)** sich an etw. satt sehen *(in m. Abl.)*;
❸ *(übtr.)* übersättigen; – *Pass.* etw. satt haben, *einer Sache* überdrüssig sein *(m. Abl. od. Gen.)* [**ludo; caedis**].

satiō², ōnis *f (sero²)* ❶ das Säen, Aussaat; *(meton.)* Saat(feld);
❷ das (An-)Pflanzen.

satira *s. satura.*

● **satis** *Adv. (Komp.* satius) **I.** *Pos.* ❶ genug, genügend, hinreichend; ~ **laudare; supplicium** ~ **acre;** ~ **honeste;** ~ **saepe** oft genug; ~ **adhuc** lange genug; *(m. Gen.)* **ad dicendum** ~ **temporis habere;** ~ **verborum dictum est;** ~ **mihi est tuae orationis** *(Plaut.)*; ~ **habeo divitiarum; ea amicitia non** ~ (nicht genug, zu wenig) **habet firmitatis;** – *Verbindungen:* **satis superque** übergenug, mehr als genug, allzu viel, allzu sehr [**habere; constans**]; *(m. Gen.)* **alci satis superque suarum rerum est** jmd. hat genug m. sich zu tun; **satis superque dicere contra alqm;** **satis esse** genügen *(alci jmdm., für jmd.; ad u. in alqd für etw.; m. Inf. u. A. C. I.; m. quod od. si)*; **tantum** ~ **est** es ist schon genug; **satis habēre** (putare, credere) für hinreichend halten, sich begnügen, zufrieden sein; **satis agere** genug, vollauf zu tun haben;
❷ ziemlich, recht, sehr; **tumulus** ~ **grandis;** ~ **scire** recht wohl wissen; **non** ~ nicht recht;
❸ *(jur. t. t.)* genügende Kaution, hinlängliche Sicherheit [**exigere** *u.* **petere** fordern; **dare; offerre; accipere** erhalten];
II. *Komp.* **satius** besser, vorteilhafter, lieber; **scire satius; satius putare** *u.* **existimare** für besser halten; **satius est** *m. Inf. od. A. C. I.*

satisdatiō, ōnis *f (satisdo)* Kaution, Bürgschaft.

satis-dō, dare, dedī, datum Sicherheit geben, Bürgschaft leisten, Kaution stellen *(für, wegen etw.: Gen.)* [**iudicatae pecuniae; damni infecti** wegen eines zu befürchtenden Schadens, falls ein Schaden entstehen sollte].

● **satis-faciō,** facere, fēcī, factum; *Pass.* -fīō, fierī *(m. Dat.)* ❶ Genüge leisten, befriedigen [**amico petenti; Siculis; populo; precibus alcis** erhören; **officio**]; **vitae satisfeci** ich habe lange genug gelebt;
❷ *(Gläubiger)* bezahlen;
❸ Genugtuung geben, sich bei jmdm. entschuldigen, sich rechtfertigen *(wegen etw.: de)* [**Caesari; de iniuriis**];
❹ zur Genüge darlegen *(alci m. A. C. I.; de re)*.

satisfactiō, ōnis *f (satisfacio)* Genugtuung: ❶ Entschuldigung, Rechtfertigung, Abbitte;
❷ *(nachkl.)* Strafe, Buße.

satisfactum *P. P. P. v. satisfacio.*

satis-fēcī *Perf. v. satisfacio.*

satius *Adv., s. satis.*

sator, ōris *m (sero²)* Säer; *(übtr.)* Urheber, Schöpfer, Erzeuger, Vater [**hominum deorumque** *v. Jupiter;* **scelerum** Anstifter; **litis**].

satrapa, ae *m = satrapes.*

satrapēa *u.* **-pīa,** ae *f (gr. Fw.) (nachkl.)* Statthalterschaft *einer pers. Provinz,* Satrapie.

satrapēs, is *u.* ae *m (gr. Fw.)* pers. Statthalter, Satrap.

Satricum, ī *n Stadt in Latium; – Einw.* **Satricānī,** ōrum *m.*

satur, ura, urum *(verw. m. satis)* ❶ satt, gesättigt *(von etw.: Abl. od. Gen.)* [**ambrosiae suco; altilium**];
❷ *(übtr.)* befriedigt;
❸ *(poet.)* voll, reich, fruchtbar [**praesaepia; Tarentum; colonus** wohlhabend];
❹ *(poet.; nachkl.) (v. der Farbe)* satt, gesättigt;
❺ *(Mart.)* fett, feist [**aves**];
❻ *(rhet.)* reichhaltig.

satura, ae *f (satur; erg. lanx)* ❶ *(nicht klass.)* m. allerlei Früchten gefüllte Schüssel, *die man jährl. den Göttern darbrachte;*
❷ *(übtr.)* Allerlei, Gemengsel, Durcheinander; **per -am** bunt durcheinander;
❸ *(meton.)* **satura** *u.* **satira** Satire: **a)** Sammlung v. Stegreifgedichten *vermischten Inhalts in mannigfacher Versform (Ennius, Lucilius, Horaz)*; **b)** Spottgedicht *(Persius, Juvenal)*.

S

saturitās, ātis *f (satur)* ❶ Sättigung; ❷ Überfluss [**omnium rerum**].

Sāturnīnus *s. Apuleius.*

i Kultur **Sāturnus,** ī *m (sero²)* altital. Gott der Saaten, Herrscher üb. das Capitolium, später dem griech. Kronos gleichgesetzt, wie dieser Vater der Götter, m. Sichel u. verhülltem Haupt dargestellt; in seine Regierungszeit fällt das goldene Zeitalter; *(meton.)* der Planet Saturn: **-i dies** Sonnabend; – *Adj.* **Sāturnius,** a, um [**stella** der Planet Saturn; **regna** das goldene Zeitalter; **gens** die Italer *od.* Latiner; **arva** u. **tellus** Italien *od.* Latium; **pater** Jupiter; **numerus** saturnischer Vers, Saturnier]; – **Sāturnius,** ī *m* Sohn des Saturnus (= Jupiter *od.* Pluto); – **Sāturnia,** ae *f* **a)** Tochter des Saturnus (= Juno); **b)** *(erg. terra)* Italien; **c)** *(erg. arx)* eine v. Saturnus erbaute Stadt am Kapitolinischen Hügel; – **Sāturnālia,** ōrum *u.* ium *n* (*Abl.* -ibus) die Saturnalien, altital. mehrtägiges karnevalähnliches Freudenfest, beginnend am 17. Dezember [**prima** der erste Tag der Saturnalien; **secunda ...**]; an diesen Tagen beschenkte man einander, gab den Sklaven Redefreiheit u. bediente sie bei Tisch; *Adj.* **Saturnālicius,** a, um.

saturō, saturāre *(satur)* ❶ sättigen [**armenta; apes cytiso**]; *(übtr.)* sättigen, reichlich m. etw. versehen [**se sanguine civium; solum fimo** reichlich düngen; **pallam Tyrio murice** färben];
❷ etw. befriedigen, stillen [**crudelitatem; perfidiam alcis**]; **homines honoribus saturati;**
❸ *(Plaut.)* jmd. einer Sache überdrüssig machen; **hae res vitae me saturant** machen mich des Lebens überdrüssig.

satus¹, ūs *m (sero²)* ❶ das Säen, Pflanzen [**vitium**];
❷ *(meton.)* Saat; *(übtr.)* **philosophia animos ad satus accipiendos praeparat** *(Cic.)*;
❸ *(übtr.)* Zeugung, Ursprung, Geschlecht *(alcis als Gen. subi. od. obi.: jmds.)* [**Iovis; hominum**]; **a primo satu.**

satus² *P. P. P. v. sero².*

satyriscus, ī *m (gr. Fw.; Satyrus)* kleiner Satyr.

i Kultur **Satyrus,** ī *m (gr. Fw.)* ❶ Satyr, Begleiter des Bacchus, bockähnlich m. Stumpfnase, Ziegenohren u. einem Ziegenschwänzchen; später auch gehörnt u. m. Bocksfüßen = Pan; in der röm. Dichtung oft m. den Faunen identifiziert [**Phryx** = Marsyas];
❷ *(Hor.) (meton.) Pl.* Satyrspiele der Griechen, komisches Nachspiel zu einer tragischen Trilogie m. Satyrchor.

saucaptis, idis *f (Plaut.) fingierter Gewürzname.*

sauciātiō, ōnis *f (saucio)* Verwundung.

sauciō, sauciāre *(saucius)* ❶ verwunden, verletzen [**hostem telis; alqm virgis; genas ungue** blutig kratzen]; tödlich verwunden;
❷ *(Ov.) (Boden)* aufreißen [**duram humum vomere**];
❸ *(Plaut. (übtr.)* tödlich treffen [**alci cor**].

saucius, a, um ❶ verwundet, verletzt [**gladiator; vulneribus; umero** *u.* **umerum** *(Akk. resp.)* an der Schulter; **graviter**]; *(übtr. v. Lebl.)* **tellus vomeribus -a** aufgerissen; **glacies sole -a** geschmolzen; **trabs securi -a** getroffen; **ianua nocturnis potorum -a rixis**; – *Subst.* sauciī, ōrum *m* die Verwundeten;
❷ *(übtr.)* betrübt, verstimmt [**animus; Iuno dictis**];
❸ *(poet.)* liebeskrank [**mens amore; a nostro igne**];
❹ *(nachkl.)* betrunken;
❺ *(v. Angeklagten)* schon halb verurteilt.

Sauroctonos, ī *m (gr. Fw.)* „Eidechsentöter", *Beiname des Apollo.*

Sauromatēs, ae *m, Pl.* Sauromatae = *Sarmatae.*

sāviātiō, ōnis *f (savior) (Gell.)* das Küssen.

sāviolum, ī *n (Demin. v. savium) (Cat.)* Küsschen.

sāvior, sāviārī *(savium)* küssen [**os oculosque**].

sāvium, ī *n* ❶ *(vor- u. nachkl.)* Kussmund;
❷ *(meton.)* Kuss;
❸ *(Ter.) als Kosewort.*

saxātilis, e *(saxum)* zwischen Felsen befindlich; – *Subst.* **saxātilēs,** lium *m* in felsigen Gewässern lebende Fische.

saxētum, ī *n (saxum)* felsige Gegend.

saxeus, a, um *(saxum)* ❶ *(poet.; nachkl.)* felsig, steinern, Felsen-, Stein- [**tecta; grando** Steinhagel; **umbra** des Felsens];
❷ *(nachkl.) (übtr.)* gefühllos, aus Stein.

saxi-ficus, a, um *(saxum u. facio) (Ov.; Sen.)* versteinernd [**Medusa**].

saxi-fragus, a, um *(saxum u. frango)* Felsen zerbrechend [**undae**].

saxōsus, a, um *(saxum) (Verg.)* felsig, steinig [**montes**]; ~ **sonans Hypanis** über Felsen brausend.

saxulum, ī *n (Demin. v. saxum)* kleiner Fels.

● **saxum,** ī *n* ❶ Fels(block), großer Stein; **-a iacĕre, mittere; -a volvere in alqm;** ~ **vivum** natürlicher Felsen; **-a latentia** Klippen; **in -o sedere;**
❷ Felsgestein *als Stoff,* Marmor, Baustein; **e -o sculpere alqd; templa -o structa;**

③ *(meton.)* **a)** *(poet.)* Steinmauer; **b)** *(Hor.)* steinernes Gebäude;
④ *Eigennamen:* **a)** *Saxum* der Tarpejische Felsen *am Kapitol;* **de Saxo deicere; b)** *Saxum (sacrum)* der Heilige Fels *auf dem Aventin, wo Remus die Auspizien angestellt hatte;* **c)** *Saxa Rubra: Orte m. Steinbrüchen in Südetrurien an der via Flaminia.*

scabellum, ī *n (Demin. v. scamnum)* ① *(vorkl.)* Schemel, Fußbank;
② *(übtr.)* hohe Holzsohle: **a)** *(Suet.) des den mimischen Tanz auf der Bühne begleitenden Flötenspielers zur Angabe des Taktes,* Taktsohle; **b)** *um das Zeichen zum Herablassen od. Hinaufziehen des Vorhangs am Anfang u. Ende eines Aktes zu geben.*

scaber, bra, brum *(scabo) (poet.; nachkl.)* ① rau [**tofus; folia; unguis; robigo** rau machend];
② schäbig, unsauber [**manus; dentes**];
③ räudig [**oves**].

scabiēs, ēī *f (scabo)* ① *(poet.; nachkl.)* Rauheit [**ferri**];
② *(poet.; nachkl.)* Krätze, Räude [**ovium**];
③ *(übtr.)* Reiz [**lucri**].

scabillum = *scabellum.*

scabiōsus, a, um *(scabies) (nachkl.)* ① rau [**curalium**];
② verdorben *(v. Sachen)* [**far**];
③ räudig, aussätzig.

scabō, scabere, scābī, – *(poet.; nachkl.)* kratzen, reiben [**caput; aures pedibus posterioribus** *(v. Tieren)*]; *(übtr.)* kitzeln [**aures**].

scabritia, ae *f (scaber) (nachkl.)* Rauheit [**corticis**]; Krätze, Räude.

scabrōsus, a, um *(scaber) (spätl.)* rau [**lapides**].

Scaea porta *u. Pl. das westl. Tor v. Troja.*

● **scaena,** ae *f (gr. Fw.)* ① Bühne *des Theaters, übh.* Theater, *poet. auch Pl.;* **in -am prodire** auftreten; **artifices -ae** Schauspieler; **in -a esse** Schauspieler sein; **-am relinquere** v. der Bühne abtreten; **de -a decedere** v. der Bühne (für immer) abtreten, der Bühne entsagen; **fabulam in -am deferre** auf die Bühne bringen; **-ae ostentatio** theatralische Darstellung; **-is agitatus Orestes** über alle Bühnen gejagt = oft dargestellt; **-ae magnificentia;**
② *(Verg.)* Platz; **silvis ~ coruscis** vom lichten Wald umsäumt;
③ *(übtr.)* **a)** Schauplatz *jeder öffentl. Tätigkeit;* **maxima ~ oratori est contio; b)** Weltbühne, Publikum, Öffentlichkeit; **minus in -a esse** die öffentl. Aufmerksamkeit weniger auf sich ziehen; **c)** äußerer Prunk; **verba ad -am pompamque sumere; d)** Spiel, Szene, Komödie, Maskerade [**criminis**]; **e)** *(Ov.)* Betätigungsfeld.

scaenicus *(scaena)* **I.** *Adj.* a, um theatralisch, auf der Bühne dargestellt, Bühnen-;
II. *Subst.* ī *m* Schauspieler; *(verächtl.)* Bühnenheld.

scaeva, ae *f (scaevus) (vorkl.) (zur linken Hand beobachtetes)* Vorzeichen.

Scaevola, ae *m (scaevus) cogn. in der gens Mucia; s. Mucius.*

scaevus, a, um *(gr. Fw.)* ① links;
② *(übtr.)* linkisch, ungeschickt;
③ *(nachkl.)* ungünstig.

scālae, ārum *f (scando)* ① Leiter, Treppe; **positis -is muros ascendere;**
② *(Mart.) (meton.)* Stufen *einer Treppe.*

Scaldis, is *m (Akk.* -im *u.* -em, *Abl.* -ī *u.* -e) die Schelde, *Fluss in Belgien.*

scalmus, ī *m (gr. Fw.)* Ruderpflock, Dolle; **navicula duorum -orum** zweiruderiges; **nullum -um videre** keine Spur v. einem Boot.

scalpellum, ī *n (Demin. v. scalprum)* ① chirurgisches Messer, Skalpell;
② *(Vulg.)* Federmesser.

scalpō, scalpere, scalpsī, scalptum ① *(poet.; nachkl.)* kratzen, scharren [**terram unguibus; caput uno digito**];
② *(in Holz od. Stein)* (ein)schneiden, schnitzen, gravieren, stechen [**scyphos; gemmam; querelam sepulcro** eingraben in];
③ *(Pers.; August.)* zur Wollust reizen [**tremulo intima versu**].

scalprum, ī *n (scalpo)* ① Schnitzmesser, Grabstichel, Meißel [**fabrile** der Handwerker];
② *(nachkl.)* Federmesser;
③ *(Hor.)* Schusterahle, Kneif.

scalpsī *Perf. v. scalpo.*

scalptor, ōris *m (scalpo) (nachkl.)* Gemmenschneider, Graveur.

scalptōrium, ī *n (scalpo) (Mart.)* Werkzeug zum Kratzen.

scalptūra, ae *f (scalpo)* ① das Stechen, (Ein-)Schneiden, Gravieren;
② *(meton.)* das gestochene Bild, Schnitzwerk.

scalptus *P. P. P. v. scalpo.*

scalpurriō, scalpurrīre *(scalpo) (Plaut.)* kratzen.

Scamander, drī *m Fluss in Troas (= Xanthus).*

scambus, a, um *(gr. Fw.) (Suet.)* krummbeinig.

scammōnia, ae *f (gr. Fw.) (bot.)* Purgierkraut.

scamnum, ī *n* Bank, Schemel, Sitz [*übtr.* **regni** königlicher Sitz, Thron, Königreich].

scandalizō, scandalizāre *(gr. Fw.; scandalum) (Eccl.)* ein Ärgernis verursachen, *zum Bösen* verführen.

scandalum, ī *n (gr. Fw.) (nachkl.; Eccl.)* Anstoß, Ärgernis, Verführung.

scandō, scandere, scandī, scānsum **I.** *intr. (poet.; nachkl.)* ① (hinauf)steigen [**in aggerem**]; **scandens arx** sich erhebend, hoch;
② *(übtr.)* sich erheben [**supra principem**];
II. *trans.* besteigen, ersteigen [**muros; Capitolium; vallum; naves; equum**].

S

scandula, ae *f* Dachschindel.
scapha, ae *f (gr. Fw.)* Kahn, Boot.
scaphium, ī *n (gr. Fw.)* ❶ Trinkschale;
❷ Becken;
❸ *(nachkl.)* Nachtgeschirr.
scaphula, ae *f (Demin. v. scapha) (spätl.)* kleines Boot.
Scaptius, a, um von Scaptia *(früh untergegangene Stadt in Latium)* [**tribus**]; – **Scaptiēnsēs,** ium *m* Leute aus der skaptischen Tribus.
scapulae, ārum *f (vor- u. nachkl.)* Schulterblätter; Schultern, Achseln; Rücken.
scāpus, ī *m (gr. Fw.)* ❶ Stiel, Stängel; Stamm; Schaft; Walze;
❷ *(Lucr.) Pl.* Stäbe *(am Weberkamm).*
scarabaeus, ī *m (gr. Fw.) (nachkl.) ein Käfer.*
scarīfō, scarīfāre *(gr. Fw.) (Plin.)* aufritzen, aufschlitzen.
scarus, ī *m (gr. Fw.)* Papageifisch *(ein Seefisch).*
scatebra, ae *f (scateo)* (hervor)sprudelndes Wasser, Sprudel [**fontium**]; *(meton.)* sprudelnde Quelle.
scateō, scatēre, scatuī, – *u. (altl.)* **scatō,** scatere, – – ❶ *(vorkl.)* (hervor)sprudeln;
❷ *(übtr.)* voll sein, wimmeln von *(m. Abl. od. Gen.);* **arx scatens fontibus; pontus scatens beluis.**
scatūrēx, rigis *m,* **scatūrīgō** *u.* **-urrīgō,** ginis *f (scaturio)* hervorsprudelndes Quellwasser.
scatūriō, scatūrīre *u.* **-urriō,** -urrīre = *scateo.*
scaurus, a, um *(gr. Fw.) (Hor.)* m. verwachsenen Knöcheln; *als Subst. m* Klumpfuß.
scazōn, ontis *m* (σκάζων „hinkend") *(Plin.)* Hinkjambus *(jambischer Trimeter, bei dem der letzte Jambus durch einen Spondeus od. Trochäus ersetzt wird).*
● **scelerātus** *(scelero)* **I.** *Adj.* a, um ❶ durch Frevel entweiht [**terra; vicus** Sündenstraße *in Rom, wo Tullia, die Tochter des Königs Servius Tullius, üb. den Leichnam ihres ermordeten Vaters gefahren war;* **campus** *an der porta Collina in Rom, wo Vestalinnen, die das Keuschheitsgelübde gebrochen hatten, lebendig eingemauert wurden;* **sedes** Ort der Verdammnis, *Aufenthalt der Gottlosen in der Unterwelt*];
❷ frevelhaft, verbrecherisch, verrucht *(v. Personen u. Sachen)* [**vir; genus; puella; preces; poenae** für den Frevel *od.* an dem Frevler; **coniuratio**]; **-e facere, dicere; contra patriam -a arma capere;**
❸ *(poet.; nachkl.)* verderblich, unheilvoll, schrecklich [**frigus**];
II. *Subst.* ī *m* Frevler.
scelerō, scelerāre *(scelus) (poet.)* durch Frevel beflecken [**manūs; sanguine fauces; parentes**].
scelerōsus, a, um *(scelus) (vor- u. nachkl.)* frevelhaft, verrucht.
scelerus, a, um *(scelus) (Plaut.)* abscheulich, scheußlich.
● **scelestus** *(scelus)* **I.** *Adj.* a, um ❶ frevelhaft, verbrecherisch, ruchlos [**homo; res; facinus; nuptiae; sermo**];
❷ *(Plaut.)* schelmisch, schalkhaft;
❸ *(Plaut.)* unheilvoll, unselig [**annus**];
❹ *(Plaut.)* elend, unglücklich;
II. *Subst.* ī *m* Frevler, Verbrecher, Bösewicht.
scelotyrbē, ēs *f (gr. Fw.) (Plin.)* Knielähmung.
● **scelus,** leris *n* ❶ Verbrechen, Frevel [**divinum et humanum** gegen Götter u. Menschen]; Fehler, Schandfleck; **scelus facere, edere, committere, suscipere** begehen; **tantum sceleris admittere; scelere se alligare** sich eines Verbrechens schuldig machen;
❷ *(meton.)* **a)** Ruchlosigkeit, Bosheit, Tücke; **hinc pietas pugnat, illinc ~; b)** Frevler, Schurke [**artificis** schurkischer Ränkeschmied]; **c)** *(poet.)* Strafe für den Frevel; **scelus expendere** büßen für;
❸ *(Kom.; Mart.)* Unglück.
scēn ... = *scaen ...*
Scēpsius, a, um aus Skepsis *(in Mysien)* stammend [**Metrodorus**].
scēptri-fer, fera, ferum *(sceptrum u. fero) (poet.; nachkl.)* zeptertragend.
scēptrum, ī *n (gr. Fw.)* ❶ Herrscherstab, Zepter;
❷ *(poet.) (meton.)* Reich, Herrschaft, Königtum, Herrscherwürde, *auch Pl.* [**Asiae**]; **-a petere;**
❸ *(Mart.) (scherzh.)* Rohrstock.
scēptūchus, ī *m (gr. Fw.) (Tac.)* Zepterträger, Hofmarschall *im Orient.*
scheda = *scida.*
schedium, ī *n (gr. Fw.) (nachkl.)* Stegreifgedicht.
schedula, ae *f (Demin. v. scheda) (spätl.)* Zettel.
schēma, atis *n u.* ae *f (gr. Fw.) (vor- u. nachkl.)* ❶ Figur, Haltung, Stellung, Gebärde, *bes. der Tänzer;*
❷ Kleidung, Tracht;
❸ rhet. Figur; verblümte Redewendung.
schida = *scida.*
schidia, ae *f (gr. Fw.)* Holzspan.
schisma, atis *n (gr. Fw.) (Eccl.)* (Glaubens-)Spaltung.
Schoenēis, idis *u.* **-nēia,** ae *f* Atalanta, *Tochter des böotischen Königs Schoeneus.*
schoenicula, ae *f (schoeniculus) (Plaut.)* öffentliche Dirne.
schoeniculus, a, um *(schoenus) (Plaut.)* m. Binsensalbe gesalbt.
schoenobatēs, ae *m (gr. Fw.) (Iuv.)* Seiltänzer.
schoenus, ī *m (gr. Fw.) (vor- u. nachkl.)* ❶ Binse;
❷ *(billige, v. öffentl. Dirnen benutzte)* Binsensalbe.

● **schola,** ae *f (gr. Fw.)* ❶ Vorlesung, (Lehr-)Vortrag; **-as habere** *od.* **explicare** halten;
❷ *(meton.)* **a)** Lehrstätte, Schule; **-am aperire** den Unterricht beginnen; **-am dimittere** sein Lehramt niederlegen; **b)** Schule, Sekte [**philosophorum**]; **c)** Galerie.

scholāris *(schola) (spätl.)* **I.** *Adj.* e ❶ zur Schule gehörig, Schul-;
❷ gelehrt, gebildet;
II. *Subst.* is *m* Scholar, Student.

scholasticus *(gr. Fw.; schola) (vor- u. nachkl.)*
I. *Adj.* a, um ❶ Schul- [**lex**];
❷ rhetorisch;
❸ *(spätl.)* scholastisch;
II. *Subst.* ī *m* ❶ Lehrer der Rhetorik, Rhetor;
❷ Gelehrter, Grammatiker;
❸ Schüler, Student *(bes. der Rhetorik);*
❹ *(spätl.)* Scholastiker; Ordensgeistlicher.

Sciathus *u.* **-thos,** ī *f Insel nördl. v. Euböa.*

scida, ae *f (gr. Fw.)* Blatt Papier, Zettel.

scidī *Perf. v. scindo.*

sciēns, *Gen.* entis *(P. Adj. v. scio)* ❶ *(Kom.; spätl.)* wissend; **alqm scientem facere** jmd. wissen lassen;
❷ wissentlich; **te sciente** m. deinem Wissen;
❸ kundig, geschickt, sachverständig *(in etw.: Gen.; m. Inf.)* [**rei publicae gerendae; belli; locorum; citharae**].

● **scientia,** ae *f (sciens)* ❶ Kenntnis (m. *Gen. od. de)* [**regionum; futurorum malorum**];
❷ Einsicht *in eine Sache,* Geschicklichkeit, Wissenschaft *(m. Gen. od. in re)* [**iuris; rei militaris; oppugnationis; in legibus interpretandis**]; gründliches *(bes. philos.)* Wissen.

scientiola, ae *f (Demin. v. scientia) (spätl.)* geringe Kenntnis.

sciī *s. scio.*

● **scī-licet** *Adv. (< scire licet)* ❶ natürlich, selbstverständlich, freilich, versteht sich *(auch m. A. C. I.);* ~ **facturum me esse**;
❷ *(erklärend)* nämlich, das heißt;
❸ *(iron.)* freilich, allerdings, natürlich;
❹ *(b. Erwähnung v. Unabänderlichem)* leider, freilich;
❺ *(poet.)* man denke nur!, wohlgemerkt! *(um die Aufmerksamkeit auf etw. Seltsames, Überraschendes zu lenken).*

scilla, ae *f (gr. Fw.)* Meerzwiebel.

scīn = *scisne.*

scindō, scindere, scidī, scissum ❶ (zer)reißen, spalten, trennen, (zer)teilen *(konkr. u. übtr.)* [**vallum ferro** eine Bresche schlagen; **epistulam; vestes de corpore; silvam** durchqueren; **crines** raufen; **aquas** durchschneiden; **agmen** durchbrechen; **viam per stagna** bahnen]; – *mediopass.* sich spalten, sich trennen, sich teilen: **flamma scinditur in partes; in duas factiones scindi; in contraria studia vulgus scinditur;**
❷ *(poet.; nachkl.)* gewaltsam unterbrechen, stören [**verba fletu; actionem**];
❸ *(Sen.) (bei Tisch, vom Vorschneider)* zerlegen [**aves in frusta**];
❹ *(Mart.) (den Gästen)* vorlegen [**nihil**];
❺ *(vorkl.)* zerstören [**Pergamum**];
❻ *(übtr.)* wieder aufreißen, erneuern [**dolorem**];
/ vgl. auch scissus.

scintilla, ae *f* ❶ Funke;
❷ *(übtr.)* Funke, kleinster Überrest, Kleinigkeit [**spei; virtutis; ingenii**].

scintillō, scintillāre *(scintilla) (poet.; nachkl.)* Funken sprühen, funkeln; **scintillant oculi.**

scintillula, ae *f (Demin. v. scintilla)* Fünkchen *(konkr. u. übtr.).*

● **sciō,** scīre, scīvī *u.* sciī, scītum ❶ wissen, von etw. Kunde haben *(abs.; alqd; de re von, über etw.; de u. ex alqo von jmdm.; m. A. C. I. u. indir. Frages.)* [**nihil certum; de omnibus rebus**]; **quod sciam** so viel ich weiß; **haud scio an** vielleicht; **fac, ut sciam** lass mich wissen; **sicut omnes sciunt**;
❷ etw. verstehen, können, kundig sein, kennen *(abs.; alqd; de re; m. Inf.)* [**Latine** Lateinisch (sprechen) können; **litteras; potestates herbarum; de bello**]; **vincere scis, Hannibal;**
❸ erfahren; **hostes id scituri sunt**;
❹ einsehen, merken, erkennen;
❺ *(nachkl.)* entscheiden, beschließen *(m. ut);* **plebs scivit, ut … ;**
❻ *(poet.; nachkl.)* glauben, meinen;
/ synk. Perf.-Formen: scīsse(m) = scīvisse(m), scīstī = scīvistī *u. a.; Imp.* scītō wisse, scītōte wisset; *altl. Imperf.* scībam …, *Fut. 1* scībō …

sciothēricon, ī *n (gr. Fw.) (Plin.)* Sonnenuhr.

scīpiō, ōnis *m* Stab [**eburneus** *diesen trugen die viri triumphales u. in der Kaiserzeit die Konsuln*].

i Kultur **Scīpiō,** ōnis *m* cogn. in der gens Cornelia: ❶ P. Cornelius ~, Konsul 218 v. Chr., wurde v. Hannibal am Ticinus besiegt, siegte 216 geg. Hasdrubal am Ebro; 212 (od. 211) fiel er im Kampf geg. Hasdrubal in Spanien;
❷ P. Cornelius ~ Africanus maior (um 235–183 v. Chr.), Sohn v. 1, Sieger v. Zama (202 v. Chr.);
❸ P. Cornelius ~ Aemilianus Africanus minor Numantinus (etwa 185–129 v. Chr.), Sohn des Aemilius Paullus, vom Sohn des Africanus maior (Nr. 2) adoptiert, Eroberer v. Karthago 146 u. v. Numantia 133 v. Chr;
❹ P. Cornelius ~ Nasica Corculum, bedeutender Redner u. Jurist, Schwiegersohn v. 1, Konsul 162 u. 155 v. Chr., trat nachdrücklich f. die Erhaltung Karthagos ein;

/ *Patron.* **Scīpiadēs** *u.* **-dās,** ae *m* Angehöriger der Familie der Scipionen.

Scīrōn, ōnis *m Räuber am Isthmus an der attisch-megarischen Grenze, v. Theseus getötet.*

scirpea, ae *f (scirpeus) (Ov.)* Wagenkorb aus Binsen.

scirpeus, a, um *(scirpus) (poet.)* aus Binsen, Binsen- [**ratis; imago**].

scirpiculus, ī *m (Demin. v. scirpus) (vorkl.; poet.)* Binsenkorb [**piscarius** Fischreuse].

scirpus, ī m ① *(vor- u. nachkl.)* Binse; *(sprichw.)* **in -o nodum quaerere** Schwierigkeiten suchen, wo es keine gibt;
② *(Gell.)* Binsennetz; *(übtr.)* Rätsel.

scīscitātiō, ōnis *f (sciscitor) (Petr.)* Nachforschung [**diligentissima**].

scīscitātor, ōris *m (sciscitor) (Mart.)* Nachforscher, derjenige, der etw. untersucht.

scīscitor, scīscitārī *u. (vorkl.; spätl.)* **-ō,** āre *(Intens. v. scisco)* ① eifrig nach etw. forschen, etw. zu erfahren suchen, sich nach etw. erkundigen *(alqd; alqd ex, de od. ab alqo; de re; m. indir. Frages.)* [**consulis voluntatem; alcis consilium; de victoria**];
② befragen [**deos**].

scīscō, scīscere, scīvī, scītum *(Incoh.* v. scio*)*
① *(vorkl.)* zu erfahren suchen, (nach)forschen, sich erkundigen;
② *(Plaut.)* in Erfahrung bringen, erfahren;
③ *(vom Volk)* beschließen, verordnen *(m. ut, ne);* etw. genehmigen;
④ *(v. einzelnen in der Volksversammlung)* für etw. stimmen *(alqd)* [**legem**].

scissiō, ōnis *f (scindo) (Vulg.; spätl.)* das Zerreißen, Trennung, Zerteilung, Riss, Spalte.

scissor, ōris *m (scindo) (Petr.)* Vorschneider *(der Speisen).*

scissūra, ae *f (scindo) (nachkl.)* Spaltung; *(meton.)* Spalte, Riss.

scissus, a, um *(P. Adj. v. scindo)* ① *(nachkl.)* zerrissen, gespalten;
② *(poet.)* runzelig, faltig [**genae**];
③ kreischend [**vocis genus**].

scītāmenta, ōrum *n (scitus[2])* ① *(vor- u. nachkl.)* Leckerbissen;
② *(Gell.) (übtr., v. seltenen Ausdrücken)* Leckereien, Feinheiten.

scītor, scītārī *(scisco)* ① etw. zu erfahren suchen, sich nach etw. erkundigen, (nach)forschen *(alqd; alqd ex, ab alqo);*
② befragen [**oracula**].

scītulus, a, um *(Demin. v. scitus[2]) (Plaut.; nachkl.)* allerliebst, fein [**facies**].

scītum, ī *n (scisco)* ① Beschluss, Verordnung [**plebis; pontificis**]; **-um facere, sancire**;
② *(Sen.)* philos. Lehrsatz, Grundsatz.

scītus[1], *Abl.* ū *m (scisco)* Beschluss, Verordnung.

scītus[2], a, um *(P. Adj. v. scio bzw. scisco)* ① erfahren, klug, geschickt [**homo; sermo**];
② *(poet.)* kundig *(m. Gen.)* [**lyrae; vadorum**];
③ fein, hübsch, geschmackvoll; **statua -e facta**;
④ *(vor- u. nachkl.)* passend, tauglich.

sciūrus, ī *m (gr. Fw.) (nachkl.)* Eichhörnchen.

scius, a, um *(scio)* wissend, kundig.

scīvī *Perf. v.* scio *u.* scisco.

scobis, *is f (scabo)* Sägespäne.

Scodra, ae *f Stadt im makedon. Illyrien, j.* Skutari; – *Einw.* **Scodrēnsēs,** ium *m.*

scomber, brī *m (gr. Fw.) (nicht klass.)* Makrele.

scōpae, ārum *f* Besen; *(sprichw., übtr.)* **-as dissolvere** Unordnung machen; ~ **solutae** ein alberner Mensch.

Scopās, ae *m Bildhauer u. Architekt aus Paros um 370 v. Chr., Zeitgenosse des Praxiteles.*

scōpō[1], scōpāre *(scopae) (spätl.)* (aus)fegen.

scopō[2], scopere, – – *(gr. Fw.) (Vulg.)* durchforschen, prüfen [**spiritum suum**].

scopulōsus, a, um *(scopulus[1])* klippenreich, felsig [**mare**].

scopulus[1], ī *m (gr. Fw.)* ① *(poet.)* Felsen, Bergspitze [**Mavortis** = der Areopag *in Athen*];
② Klippe, Riff; **ad -os allidi, affligi; -i errantes**;
③ *(übtr., im Gleichnis)* **a)** *(poet.) zur Bez. der Hartherzigkeit:* **-os et ferrum in corde gestare; e -is natus** gefühllos, hartherzig; **b)** *(poet.) zur Bez. des Trotzes:* **-is ferocior; c)** *als Sinnbild des Gefährlichen, Unheilbringenden od. Schwierigen;*
④ *(v. Personen)* Zerstörer [**rei publicae; piratarum** *(v. Pompeius)*].

scopulus[2], ī *m (Demin. v. scopus) (Suet.)* kleines Ziel.

scopus, ī *m (gr. Fw.) (Suet.)* Ziel.

scordalia, ae *f (scordalus) (Petr.)* Zänkerei.

scordalus, ī *m (nachkl.)* Zankteufel.

Scordus, ī *m Gebirge in Illyrien.*

scorpiō, ōnis *u.* **scorpius** *od.* **-os,** ī *m (gr. Fw.)* ① Skorpion, *auch als Sternbild;*
② *(poet.; nachkl.) ein stacheliger Seefisch;*
③ *(milit.)* Wurfmaschine, Skorpion; *(meton.)* Skorpionenpfeil.

scortātor, ōris *m (scortor) (poet.; spätl.)* Schürzenjäger, Weiberheld.

scortea *(scorteus)* ① ae *f (nachkl.)* Kleidungsstück aus Fell *od.* Leder, Pelz;
② ōrum *n (Ov.)* Lederzeug.

scorteus, a, um *(scortum) (vor-u. nachkl.)* ledern, aus Leder, aus Fell.

scortillum, ī *n (Demin. v. scortum) (Cat.)* Luderchen.

scortor, scortārī *(scortum) (vorkl.; spätl.)* Unzucht treiben.

scortum, ī *n* ① *(vorkl.)* Fell, Leder;

② Hure, Dirne; *(Kom.)* Schätzchen.

screātor, ōris *m (sereo) (Plaut.)* Räusperer.

screātus, ūs *m (screo) (Ter.)* das Räuspern.

screō, screāre *(Plaut.)* sich räuspern.

● **scrība,** ae *m (scribo)* Schreiber, Sekretär *im privaten od. öffentl. Dienst, m. Verwaltungsaufgaben (Buch- u. Rechnungsführung) betraut.*

scrib(i)līta, ae *f (gr. Fw.) (vor- u. nachkl.) eine Art Käsekuchen.*

● **scrībō,** scrībere, scrīpsī, scrīptum ① schreiben [**litteras**]; *(übtr.)* **illa dicta mihi in animo scripta sunt** eingeprägt; – *alqd alci u. ad alqm* ~ etw. an jmd. schreiben, schriftl. mitteilen; – *ad alqm de alqo* ~ jmd. an jmd. empfehlen;

② *schriftl.* aufzeichnen, niederschreiben [**senatūs consultum; foedus amicitiae; alci dicam** gegen jmd. Klage einreichen]; **scribendo adesse** *u.* **ad scribendum esse** einen Senatsbeschluss mitabfassen u. unterzeichnen; **orationem scriptam edere**;

③ verfassen, ausarbeiten [**libros; historiam; leges; defensionem**]; *abs.* schriftstellern, dichten: **se ad scribendi studium conferre**;

④ *schriftl.* darstellen, beschreiben, schildern, besingen [**bellum; res gestas alcis**]; *(m. A. C. I.)* berichten, erzählen;

⑤ *schriftl.* auftragen, bitten, verlangen, befehlen (m. ut, *ne od. m. bl Konj.);*

⑥ *(nachkl.)* m. einer Inschrift versehen, beschreiben [**columnam litteris; postes**];

⑦ *(eine Urkunde)* abfassen [**testamentum**];

⑧ *jmd. schriftl. zu etw.* ernennen, einsetzen *(m. dopp. Akk.)* [**alqm heredem; alqm tutorem liberis suis**];

⑨ *(Soldaten, Kolonisten)* ausheben, in die Liste eintragen [**milites; legiones; quattuor milia peditum; supplementum legionibus; colonos**]; *(übtr.)* ~ **alqm gregis sui** jmd. unter seine Freunde aufnehmen;

⑩ *(vorkl.; poet.) (t. t. der Geschäftsspr.)* **scribere alqd ab alqo** *(Geld)* durch schriftl. Anweisung *od.* Wechsel (be)zahlen, Anweisung zur Auszahlung v. Geld an jmd. geben [**decem a Nerio** 10 000 Sesterze beim *(Bankier)* Nerius anweisen];

⑪ zeichnen [**lineam** ziehen];

⑫ *(Cat.)* bemalen [**frontem tabernae scorpionibus**].

Scrībōnius, a, um *pleb. nomen gentile:* ① C. ~ Curio, *Prätor 121 v. Chr., bedeutender Gerichtsredner;*

② *sein Sohn* C. ~ Curio, *Volkstribun 90, Konsul 76 v. Chr., Anhänger Sullas;*

③ L. ~ Libo, *Anhänger des Pompeius, verwandt mit Oktavian; Vermittler zw. Oktavian u. Pompeius.*

scrīnium, ī *n zylinderförmige* Kapsel, Behälter *zur Aufbewahrung v. Büchern, Papier u. a.*

scrīpsī *Perf. v. scribo.*

scrīptiō, ōnis *f (scribo)* ① das Schreiben;

② *(meton.)* **a)** schriftl. Darstellung, schriftl. Ausarbeitung, Abfassung, *auch Pl.* [**philosophiae**]; **b)** das Geschriebene, Text.

scrīptitō, scrīptitāre *(Frequ. v. scribo)* ① oft schreiben;

② verfassen, abfassen [**multum; orationes; talia**].

● **scrīptor,** ōris *m (scribo)* ① Schreiber, Sekretär [**librarius** Kopist];

② Berichterstatter, Erzähler;

③ Verfasser, Schriftsteller [**rerum** Geschichtsschreiber];

④ *(poet.; nachkl.)* Dichter, Sänger [**belli Troiani**];

⑤ Abfasser [**legum** Gesetzgeber, **testamenti**].

scrīptōrium, ī *n (scribo) (spätl.)* Schreibstube *(eines Klosters).*

scrīptulum, ī *n (Demin. v. scriptum 4.) (Ov.)* kleine Linie *(auf dem Spielbrett).*

scrīptum, ī *n (scribo)* ① etw. Geschriebenes, Aufsatz, Abhandlung, Schrift, Brief, Buch, Entwurf, Konzept; **-is mandare** schriftl. aufzeichnen, aufschreiben; **sine -o loqui** ohne Konzept; **oratio de -o dicta** nach einem Konzept; **adire alqm -o**;

② schriftl. Verordnung, Gesetz; **tabellae -um habentes** das Gesetz enthaltend;

③ buchstäblicher Ausdruck, Text, Wortlaut [**legis**];

④ Linie *auf einem Spielbrett;* **duodecim -is ludere** Zwölflinienspiel *(Spiel auf einem Brett m. zwölf sich durchkreuzenden Linien).*

scrīptūra, ae *f (scribo)* ① das Schreiben; **mendum -ae** Schreibfehler;

② schriftl. Darstellung, Abfassung [**assidua ac diligens**];

③ *(meton.)* **a)** Schrift(werk), Schriftstück [**divina, sancta** die Heilige Schrift]; **ne cum poëta** ~ (Dichtung) **evanesceret** *(Ter.);* **b)** *schriftl.* Testamentsbestimmung; **c)** *(Suet.)* der Buchstabe des Gesetzes;

④ Weide-, Triftgeld, Triftzins, -abgabe; **vectigal** (Einkünfte) **ex -a; magister -ae** Vorsteher;

⑤ *(Petr.)* das Zeichnen; Linie;

⑥ *(August.)* Lesart.

scrīptus[1] *P. P. P. v. scribo.*

scrīptus[2], ūs *m (scribo)* Schreiberdienst; **scriptum facere** Sekretär sein.

scrīpulum = *scrupulum.*

scrobis, is *m u. f* Grube; Grab.

scrōfa, ae *f* Mutterschwein, Zuchtsau.

scrōfi-pāscus, ī *m (scrofa u. pasco) (Plaut.)* Schweinezüchter.

scrūpeus, a, um *(scrupus)* schroff, steil [**saxum**].

scrūpōsus, a, um *(scrupus) (vor- u. nachkl.)* steinig, rau [**saxa; via**].

scrūpulōsus, a, um *(scrupulus)* ① voll spit-

zer Steinchen, rau, schroff;
② *(nachkl.) (übtr.)* ängstlich genau, gewissenhaft, sorgfältig.

scrūpulum, ī *n* das Skrupel, *ein Maß* ① *als Gewicht* = $\frac{1}{24}$ uncia = 1,137 g;
② *(vor- u. nachkl.) als Flächenmaß* = 8,75 qm.

scrūpulus, ī *m (Demin. v. scrupus)* ① *(nicht klass.)* spitzes Steinchen;
② *(übtr.)* Besorgnis, Zweifel, Bedenken, ängstliche Genauigkeit, Skrupel; **-um ex animo evellere; -um alci inicere.**

scrūpus, ī *m* ① *(nachkl.)* scharfer, spitzer Stein;
② *(übtr.)* Besorgnis, Zweifel, Skrupel.

scrūta, ōrum *n (poet.)* alter Kram, Gerümpel, Trödelware.

scrūtātiō, ōnis *f (scrutor) (nachkl.)* Durchsuchung.

scrūtātor, ōris *m (scrutor) (nachkl.)* Durchsucher, Untersucher.

scrūtor, scrūtārī ① durchstöbern, durchsuchen [**domos; mare; abdita loca**];
② *(übtr.)* zu erforschen suchen, untersuchen [**arcanum; mentes deorum; alcis animum; vultūs; fata alcis; voluntatem**].

sculpō, sculpere, sculpsī, sculptum *(vgl. scalpo)* schnitzen, meißeln, stechen, gravieren [**ebur** eine Statue aus Elfenbein; **alqd e saxo**].

sculpōneae, ārum *f (sculpo) (vorkl.)* hohe Holzschuhe.

sculpsī *Perf. v. sculpo.*

sculptilis, e *(sculpo) (poet.; spätl.)* geschnitzt, gemeißelt.

sculptor, ōris *m (sculpo) (spätl.)* Bildhauer.

sculptūra, ae *f (sculpo)* Bildnerei *in Holz, Marmor, Elfenbein u. Ä.; (meton.)* plastische Arbeit, Skulptur.

sculptus *P. P. P. v. sculpo.*

scultētia, ae *f (germ. Wort) (mlt.)* Schulzenamt.

scultētus, ī *m (germ. Wort) (mlt.)* Schultheiß, Dorfschulze.

scurra, ae *m* ① Possenreißer, Spaßmacher, Narr;
② Lebemann.

scurrīlis, e *(scurra)* possenhaft, närrisch.

scurrīlitās, ātis *f (scurrilis) (nachkl.)* Possenreißerei.

scurror, scurrārī *(scurra) (Hor.)* den Possenreißer spielen; **alci** ~ jmdm. den Hof machen.

scūtāle, lis *n (scutum)* schildförmiger Schwungriemen *der Schleuder.*

scūtārius, ī *m (scutum)* ① *(Plaut.)* Schildmacher;
② *(spätl.)* Schildträger.

scūtātus, a, um *(scutum)* m. dem Langschild ausgerüstet [**equites**]; – *Subst.* -ī, ōrum *m* Soldaten m. Langschilden.

scutella, ae *f (Demin. v. scutra)* Trinkschale.

scutica, ae *f (gr. Fw.) (poet.; nachkl.)* Riemenpeitsche, Knute.

scūti-gerulus, ī *m (scutum) (Plaut.)* Schildträger, Waffenträger *eines Herrn.*

scutra, ae *f (vorkl.; spätl.)* flache Schüssel, Schale.

scutula[1], ae *f (gr. Fw.)* Walze, Rolle.

scutula[2], ae *f (Demin. v. scutra)* ① *(Mart.)* kleine, flache Schüssel;
② Raute, Rhombus;
③ *(Plaut.)* rautenförmiges Läppchen.

scutulāta, ōrum *n (scutula²) (nachkl.)* karierte Kleider.

scūtulum, ī *n (Demin. v. scutum)* kleiner Langschild.

● **scūtum,** ī *n* ① Langschild *der röm. Soldaten (viereckig, rund gebogen, aus Holz, m. Leder überzogen u. m. Eisen beschlagen); übh.* Schild [**pedestre** des Fußsoldaten; **equestre** des Reiters]; **-um reicere** hinter sich halten, *um den Rücken zu decken;*
② *(übtr.)* Schild, Schirm, Schutz; **-um dare in iudicio; -o vobis magis quam gladio opus est** *(Liv.).*

Scylacēum, ī *n Stadt u. Vorgeb. an der Ostküste v. Bruttium;* – *Adj.* **Scylacēus,** a, um [**sinus; litora**].

i Kultur **Scylla,** ae *f* ① Felsen auf der ital. Seite der sizil. Meerenge, dem Meeresstrudel Charybdis gegenüber; im Mythos Tochter des Phorkys (Phorcus), die Kirke aus Eifersucht in ein Ungeheuer m. 6 Köpfen u. 12 Füßen verwandelte, Schrecken der Seefahrer, die sie, wenn sie vorbeifuhren, verschlang; – *Adj.* **Scyllaeus,** a, um;
② Tochter des Nisus, des Königs v. Megara, die ihren Vater aus Liebe zu Minos, der die Stadt belagerte, ermordete.

Scyllaeum, ī *n (Scylla)* Skyllafels.

scymnus, ī *m (gr. Fw.) (Lucr.)* junges Tier.

scyphus, ī *m (gr. Fw.)* Becher, Pokal; **inter -os** beim Wein.

Scȳros *u.* **-us,** ī *f* ① *Insel nordöstl. v. Euböa;* – *Adj.* **Scȳrius,** a, um [**membra** des Pyrrhus, *des Sohnes des Achilles u. der Deidamia*] *u. fem.* **Scȳrias,** adis [**puella** = Deidamia];
② *Stadt in Phrygien.*

scytala, ae *u.* **-ē,** ēs *f (gr. Fw.)* Briefstab *m. geheimen Botschaften; (meton.)* geheimes Schreiben, schriftl. Geheimbefehl.

Scythēs *u.* **-a,** ae m, *meist Pl.* **Scythae** die Skythen, *den iranischen Sarmaten u. den Persern verwandte Völkergruppe nomadisierender Stämme zw. Don u. Donau;* – *Adj.* **Scythicus,** a, um [**fretum** = Pontus Euxinus,

Schwarzes Meer; **amnis** = Tanais, Don]; – **Scythis,** idis *u.* **Scythissa,** ae *f* Skythin; – **Scythia,** ae *f* Skythenland.

Scytho-latrōnia, ae *f (Scythes u. latro) (Plaut.)* „Skythensöldnerland".

● **sē**[1] *u. (verstärkt)* **sēsē** *Akk. u. Abl. Sg. u. Pl. des Reflexivpron. der 3. Ps.* sich; **inter se** einander; **ad se** in seine(r) Wohnung; **apud se** in seiner Wohnung; *(übtr.)* **esse apud se** *(Ter.)* bei sich, bei Besinnung sein.

sē[2], **se** *u.* **sēd** *Präp. b. Abl. (vorkl.)* ohne; **se fraude esto.**

sē-[3], **se-** *u. (älter)* **sēd-** *Präfix* beiseite, weg, fort [**se-pono, se-duco, sed-itio**].

sē-[4] *Präfix (verkürzt aus semi)* halb [**selibra**].

sē-[5] *Präfix (verkürzt aus sex)* sechs- [**semestris; sedecim**].

Sēbēthos, ī *m Fluss in Kampanien (b. Neapel); – Adj.* **Sēbēthis,** idis *(f).*

sēbum, ī *n* Talg.

● **sē-cēdō,** cēdere, cessī, cessum ❶ weggehen, sich entfernen;
❷ *(poet.; nachkl.) (übtr., v. Lebl.)* sich entfernen, *Perf.* entfernt sein; **tantum secessit ab imis terra** *(Ov.)*;
❸ sich zurückziehen [**in abditam partem aedium; ad consultandum**];
❹ *(polit.)* sich v. jmdm. trennen; **plebs a patribus secessit; in sacrum montem ~** ausziehen; **in Ianiculum ~.**

● **sē-cernō,** cernere, crēvī, crētum ❶ absondern, trennen *(von: ab alqo, a od. e re u. bl. re; alqd alci: etw. für jmd.)* [**inermes ab armatis; se a bonis; nihil praedae in publicum** für den Staatsschatz; *übtr.* **animum a corpore** frei machen; **sua a publicis consilia; publica privatis**];
❷ verwerfen, ausscheiden lassen [**minus idoneos senatores**];
❸ *(übtr.)* unterscheiden *(von: ab od. bl. Abl.)* [**pestifera a salutaribus; iusto iniquum; honestum turpi**].

secespita, ae *f (seco) (nachkl.)* Opfermesser.

sē-cessī *Perf. v. secedo.*

sēcessiō, ōnis *f (secedo)* ❶ das Weggehen, Beiseitetreten; **secessionem facere** sich zusammenrotten;
❷ *(polit.)* Absonderung, Trennung, Emigration [**plebis in montem sacrum** Auszug].

sēcessum *P. P. P. v. secedo.*

sēcessus, ūs *m (secedo) (poet.; nachkl.)* ❶ das Fortgehen [**avium** Abzug; **animi a corpore**];
❷ Abgeschiedenheit, Einsamkeit, Zurückgezogenheit;
❸ *(meton.)* abgeschiedener Ort, Sommer-, Landaufenthalt;
❹ Versteck;
❺ *(polit.)* Trennung, Spaltung, Emigration.

secius *Adv., s. secus*[2].

sēclāris = *saecularis.*

sē-clūdō, clūdere, clūsī, clūsum *(claudo)* ❶ abschließen, absperren; – *mediopass. (poet.)* sich verstecken;
❷ absondern, trennen [**curas** verbannen]; **nemus seclusum** abgelegen;
❸ *(milit.)* abschneiden [**cohortem a reliquis**].

sēclum = *saeculum.*

● **secō,** secāre, secuī, sectum, (secātūrus) ❶ (ab)schneiden; zerschneiden, zerspalten [**capillos; herbas; pabulum; digitum; collum ferro; robur** spalten; **marmora** in Tafeln zersägen; **corticem** ritzen]; **dona secto elephanto** von geschnitztem Elfenbein, Schnitzwerk v. Elfenbein;
❷ *(med. t. t.)* amputieren, operieren *(alqm u. alqd, alci alqd)*;
❸ *(poet.; nachkl.)* zerfleischen, verwunden, zerfressen, verstümmeln, zerkratzen [**verbere terga; genas ungue; alqm flagellis; lacertos suos**];
❹ *(poet.; nachkl.)* durcheilen, -laufen, -fahren, -fliegen [**aequor puppe; pontum pectore** durchschwimmen; **aethera pinnis; auras; viam** sich Bahn brechen, schnell zurücklegen; **sub nubibus arcum** einen Bogen beschreiben; *übtr.* **spem** einer Hoffnung nachjagen];
❺ durchschneiden, trennen, (ein-, ab-) teilen [**populos Latinos; causas in plura genera**]; **orbis sectus** ein Teil der Erde;
❻ *(Hor.)* entscheiden, schlichten [**lites; res magnas**];
❼ *(nachkl.)* tranchieren [**lepores**];
❽ *(Mart.)* kastrieren.

sēcrētārium, ī *n (secretus) (spätl.)* geheimer Ort; Sakristei.

sēcrētim *Adv. (secretus) (nachkl.)* geheim.

sēcrētiō, ōnis *f (secerno)* Absonderung, Trennung.

sēcrētum, ī *n (secretus)* ❶ Abgeschiedenheit, Einsamkeit, abgelegener Ort, einsame Gegend; **alqm in -um abducere** beiseite führen; **-um petere** einen einsamen Ort aufsuchen *od.* jmd. unter vier Augen sprechen wollen, eine geheime Audienz verlangen; **-um agere** sich der Einsamkeit überlassen;
❷ Geheimnis, geheime Gedanken, geheimes Treiben, Mysterien;
❸ *(Suet.) Pl.* geheime Schriften.

● **sēcrētus,** a, um *(P. Adj. v. secerno) (Adv. -ō)*
❶ (ab)gesondert, getrennt [**arva; imperium**];
❷ *(poet.; nachkl.) (v. Örtl.)* entlegen, einsam [**domus; colles**]; **secretiora Germaniae** die abgelegeneren Teile;
❸ *(übtr.)* geheim, heimlich, verborgen [**artes** Zauberkünste; **consilium**];
/ *Adv.* **sēcrētō** **a)** beiseite, abseits; **consilia secreto ab aliis coquebant** *(Liv.)*; **b)** insgeheim, heimlich, unter vier Augen; **secreto**

S

hoc audi, tecum habeto *(Cic.)*.

sē-crēvī *Perf. v. secerno.*

secta, ae *f (sequor)* ① *(übtr.)* Richtung, Bahn, Weg, Leitsätze;
② polit. Partei; **alcis -am sequi;**
③ philos. Schule, Lehre [**Stoicorum**];
④ *(nachkl.)* Bande *(v. Räubern);*
⑤ *(spätl.)* rel. Sekte.

sectārius, a, um *(secta) (Plaut.)* Leit- [**vervex**].

sectātor, ōris *m (sector²)* Begleiter, Anhänger, *Pl.* Gefolge [**domi** Hausfreund; **Aristotelis**].

sectilis, e *(seco)* ① geschnitten, gespalten [**ebur; pavimenta** Mosaikfußboden];
② schneidbar, spaltbar [**porrum** Schnittlauch; **lapides**].

sectiō, ōnis *f (seco)* ① das Zerschneiden;
② Aufkauf u. Zerstückelung v. Gütern, *die auf Staatsauktionen ausgeboten wurden, bes. Proskribierter od. Verurteilter;* **sectiones facere, exercere;**
③ *(meton.)* Auktionsmasse, Beutemasse [**oppidi; praedae**].

sector¹, ōris *m (seco)* ① Zerschneider, Abschneider [**collorum** Mörder];
② Güteraufkäufer [**bonorum; Pompei** der Güter des P.]; **ubique hasta et ~.**

sector², sectārī *(Intens. v. sequor) (m. Akk.)*
① überallhin folgen, stets begleiten, nachlaufen [**alqm totos dies; praetorem; hominem flagello** verfolgen; **oves** hüten];
② in jmds. Diensten stehen, jmds. Leibdiener sein [**Chrysogonum**];
③ *(feindl.)* jmdm. nachsetzen, jmd. verfolgen;
④ *(poet.) (ein Wild)* jagen [**apros**];
⑤ *(übtr.)* nachjagen, nach etw. eifrig streben [**virtutes; commoda; praedam; lēvia** nach Glätte streben];
⑥ *(Plin.) (einen Ort)* gern aufsuchen [**porticūs**];
⑦ *(Hor.)* zu erforschen suchen *(m. indir. Frages.)*.

sectrīx, īcis *f (sector¹) (Plin.)* Güteraufkäuferin.

sectūra, ae *f (seco)* das Schneiden; *meton.* Steinbruch.

sectus *P. P. P. v. seco.*

sēcubitus, ūs *m (secubo) (poet.)* das Alleinliegen, Alleinschlafen.

sē-cubō, cubāre, cubuī, – **1.** allein schlafen;
② *(poet.; nachkl.) (übtr.)* zurückgezogen, einsam leben.

secuī *Perf. v. seco.*

sēculāris, sēculum = *saecul ...*

sē-cum *(= cum se)* mit sich.

secundānī, ōrum *m (secundus)* Soldaten der zweiten Legion.

secundārium, ī *n (secundarius)* Nebensache.

secundārius, a, um *(secundus)* v. der zweiten Sorte, zweiter [**panis**].

secundō¹, secundāre *(secundus)* ① *(poet.; nachkl.)* begünstigen; **vento secundante** bei günstigem Wind; **dii incepta secundent** *(Verg.)* mögen fördern;
② *(Ter.)* nachgeben.

secundō² *Adv. (secundus)* zweitens.

● **secundum¹** *(secundus)* **I.** *Präp. b. Akk.* ① *(räuml.)* **a)** entlang, längs; ~ **litus;** ~ **mare;** ~ **flumen copias ducere; b)** *(Plaut.)* dicht hinter; **ite ~ me; ~ aram;**
② *(zeitl.)* (so)gleich nach; ~ **hunc diem;** ~ **ea** darauf; ~ **comitia;** ~ **quietem** gleich nach dem Einschlafen;
③ *(übtr.)* **a)** *(v. Reihenfolge u. Rang)* unmittelbar nach; **heres ~ filiam** der nächste Erbe nach der Tochter; **b)** in Übereinstimmung mit, gemäß, nach; ~ **alqm sentire;** ~ **naturam vivere; duumviros ~ legem facere; c)** zugunsten, zum Vorteil von, für; ~ **alqm rem decernere;** ~ **eam partem litem dare** entscheiden;
II. *Adv.* ① zweitens; zum zweiten Mal;
② *(Plaut.)* hinterher.

secundum², ī *n (secundus)* glücklicher Ausgang, Glück, *Pl.* glückliche Umstände.

● **secundus,** a, um *(Adv. -ō u. -um, s. d.) (altes Gerundiv v. sequor m. partizipialer Bedeutung)* ① der folgende, nächste, zweite [**mensa** Nachtisch; **heres; bellum Punicum**]; **-is Saturnalibus** am zweiten Tag der Saturnalien; **-o lumine** am nächsten Morgen; **id secundum erat de tribus**; *(in der Rangordnung)* **prima officia dis immortalibus, secunda patriae, tertia parentibus debentur; alqm secundum heredem instituere; -ae partes** *u. bl.* **secundae** zweite Rolle *im Schauspiel, übtr.* zweiter Rang, zweite Stelle;
② *(poet.; nachkl.)* nachstehend, geringer, schlechter;
③ mitfolgend, geleitend, günstig *(vom Wasser u. Wind);* **-o flumine, -o amne** *od.* **-ā aquā** stromabwärts; **-o vento** bei günstigem Wind;
④ *(poet.)* v. günstigem Wind geschwellt [**vela; sinūs**];
⑤ günstig, geneigt, begünstigend, gewogen [**fortuna; omen; tonitrus** Glück verheißend; **haruspex** Heil verkündend; **avis; oratio** schmeichelhaft; **aures**]; **-is dis** m. Hilfe der Götter; **clamore (rumore) -o** unter günstigem Zuruf; **-o populo** unter dem Beifall der Volksversammlung;
⑥ glücklich, nach Wunsch gehend *(v. Sachen)* [**exitus belli; res -ae** Glück];
⑦ *(Verg.) (vom Wagen)* rasch (hineilend) [**currus**].

secūricula, ae *f (Demin. v. securis) (vor- u. nachkl.)* kleines Beil.

secūri-fer, fera, ferum *(securis u. fero) (Ov.)* Beil tragend.

secūri-ger, gera, gerum *(securis u. gero) (poet.; nachkl.)* Beil tragend [**puellae** Amazonen].

● **secūris,** is *f (seco)* ① Beil, Axt, Streitaxt,

Richtbeil, Liktorenbeil [**anceps** Doppelaxt]; **securi armatus; securi alqm ferire** *od.* **percutere** hinrichten; **securibus cervices subicere;**
② *(übtr.)* Schlag, Hieb, Wunde, Schaden, Verlust; **securim rei publicae infligere** einen Schlag führen gegen; **gravem securim inicere petitioni** einen schweren Schlag beibringen;
③ höchste Gewalt, höchste Macht, röm. Oberhoheit, *meist Pl.;* **Gallia securibus subiecta; Medus Albanas timet secures;**
④ *(poet.)* Amt, Würde; **secures sumere, ponere.**

sēcūritās, ātis *f (securus)* Sorglosigkeit: ① Sorgenfreiheit, Gemütsruhe;
② *(nachkl.)* Fahrlässigkeit, Unbekümmertheit;
③ *(nachkl.)* Sicherheit, Gefahrlosigkeit [**itinerum; annonae**];
④ *(nachkl.)* Furchtlosigkeit; **timorem eius sua securitate lenivit** *(Plin.)*;
⑤ *(nachkl.)* Quittung.

● **sē-cūrus,** a, um *(< se cura „ohne Sorge")* ① sorglos, unbesorgt, unbekümmert, furchtlos *(um, wegen etw.: Gen. od. de; auch pro alqo u. pro re, adversus alqm; m. indir. Frages.)* [**animus; hostes; poenae; opinionum; futuri; famae; de bello; pro salute**]; **non securus** besorgt *(dass: ne)*;
② *(poet.; nachkl.) (v. Lebl.)* heiter, fröhlich [**vita; otium; convivia**]; v. Sorgen befreiend [**Lethe; latices; merum**];
③ *(nachkl.)* fahrlässig, unbekümmert [**iurisdictio**];
④ sicher, gefahrlos, geschützt [**locus; tempus; domus**].

secus¹ *n undekl. (vgl. sexus)* Geschlecht, *nur in den Verbindungen virile u. muliebre ~;* **virile secus numquam ullum habui** *(Plaut.)* Sohn.

● **secus²** I. *Adv.* ① *Pos.* **a)** anders, auf andere Weise *(als: ac od. quam);* **longe ~** ganz anders; **~ esse** sich anders verhalten; **non (haud) ~ … ac (quam)** nicht anders … als, ganz so wie; **b)** schlecht, nicht gut, nicht recht; **bene aut ~** gut od. schlecht; **recte an ~** recht od. unrecht; **~ existimare de alqo; ~ cedere** *od.* **cadere** schlecht ausgehen; **~ procedere** nicht gelingen; **e)** *(nachkl.) als Subst. m. Gen.:* weniger; **non ~ virium;**
② *Komp.* **sequius, sētius** *u. (vorkl.)* **secius a)** *(nicht klass.)* anders, nicht so *(= secus) (als, wie: quam od. ut);* **quid diximus sequius quam velles?** *(Plaut);* **b)** *(nach einer Negation)* weniger *(= minus);* **non, haud, nihil secius; nihilo setius** nichtsdestoweniger, dennoch; **e)** weniger gut;
II. *Präp. b. Akk. (= secundum)* ① *(vor- u. nachkl.) (räuml.)* entlang, längs [**mare**];
② *(spätl.) (übtr.)* gemäß, nach [**merita alcis**];
III. -secus *als Suffix zur Bez. der Seite, vgl. altrin-secus, utrimquesecus, circumsecus.*

secūtor, ōris *m (sequor) (nachkl.)* „Verfolger", *ein m. Helm, Schild u. Schwert ausgerüsteter Gladiator.*

● **sed¹** *u. (altl.)* **set** *Kj.* ① *(berichtigend, beschränkend)* aber, indessen, (je)doch; **multis modis scriptum est, sed nos Thucydidem probamus** *(Nep.);*
② *(in der Rede: b. Übergang zu etw. anderem, b. Wiederaufnahme des Gedankens nach einer Abschweifung, Unterbrechung u. Ä., b. Abbrechen od. Unterbrechen einer Rede)* doch; **sed perge, ut coeperas; sed redeamus ad Hortensium; sed satis verborum est;**
③ *(nach Negationen)* sondern; **non castra, sed naves Persae petierunt** *(Nep.); – häufige Verbindungen:* **non modo** *(od.* **non solum, non tantum***)* **… sed etiam** nicht nur … sondern auch; **non … modo … sed ne … quidem** nicht nur … sondern nicht einmal.

sēd(-)² *s. se² u. se-³.*

sēdāmen, minis *n (sedo) (Sen.)* Linderung [**amoris; mali**].

sēdātiō, ōnis *f (sedo)* Beruhigung [**animi**].

sēdātus, a, um *(P. Adj. v. sedo)* ruhig, still, gelassen; **dolorem -e ferre; -e servire.**

sē-decim *(decem)* sechzehn.

sēdēcula, ae *f (Demin. v. sedes)* kleiner Sessel, Stühlchen.

sedentārius, a, um *(sedeo) (Plaut.)* im Sitzen arbeitend [**sutor**]; sitzend.

● **sedeō,** sedēre, sēdī, sessum ① sitzen *(in. u. Abl., auch bl. Abl., apud alqm, ad latus alcis u. a.)* [**in equo; in vestibulo; sellā curuli; ante fores; sub arbore; inter ancillas**];
② Sitzung halten, zu Rate, zu Gericht sitzen [**in rostris; in, pro tribunali**];
③ verweilen, sich aufhalten, bleiben [**domi**];
④ untätig, müßig dasitzen; **compressis manibus ~** die Hände in den Schoß legen;
⑤ ruhig, zurückgezogen leben;
⑥ *(milit.)* untätig zu Felde liegen [**diu uno loco; apud hostes**]; **sedendo et cunctando bellum gerere;**
⑦ *(v. Lebl.)* sich setzen, sich senken; **nebula campo sedet;**
⑧ *(v. Lebl.)* (fest)sitzen, hängen bleiben; **carina vado sedet; tela sedent; sedet plaga** der Hieb sitzt;
⑨ *(poet.; nachkl.) (übtr.)* tief eingeprägt sein; **amor in pectore sedet; sedet Cressa relicta in ingenio tuo** *(Ov.)* das Bild der verlassenen Kreterin *(= Ariadne);*
⑩ *(poet.)* beschlossen sein, feststehen; **patribus sententia pugnae sedet; id Aeneae sedet.**

● **sēdēs,** dis *f (Gen. Pl.* sedum *u.* sedium) *(sedeo)* ① Sitz, Sessel, Stuhl, Bank [**regia** Thron; **honoris** Ehrensitz];
② Wohnsitz, Wohnung, Heimat, oft *Pl.* [**deorum; senatūs** = curia; **sceleratorum** *u.* **piorum** *in der Unterwelt*]; **reverti in suas sedes regionesque; qui profugi sedibus incertis vagabantur;**
3. *(poet.; nachkl.)* Ruhesitz [**meae senectae**]; Ruhestätte *der Toten,* Grab;
④ Stätte, Stelle, Platz, *auch Pl.* [**veteris Ilii; belli** Kriegsschauplatz]; **mare totum a sedibus imis ruunt venti** vom tiefsten Grund;
⑤ *(Ov.)* Leib *(als Sitz der Seele);*
⑥ *(poet.)* Rang, Ehrenstelle, *auch Pl.;* **priores sedes tenet Homerus;**
⑦ *(mlt.)* **a)** ~ **apostolica** päpstl. Stuhl; **b)** ~ **regalis** Königsthron.

sēdī *Perf. v. sedeo u. sido.*

sedīle, lis *n (Abl. Sg.* -ī) *(sedeo)* Sitz, Sessel, Stuhl, Bank; Ruderbank.

sedimentum, ī *n (sedeo) (Plin.)* Bodensatz.

● **sēd-itiō,** ōnis *f* ① Zwiespalt, Zwist, Zwietracht, Zerwürfnis [**domestica; pantomimorum**];
② *(polit. u. milit.)* Parteikampf, Aufruhr, Aufstand, Meuterei, Empörung, Auflehnung [**civium; militaris**]; **tribuni plebis per seditionem creati;**
③ *(meton.)* die Aufrührer;
④ *(übtr.)* Aufruhr, Aufregung [**maris**].

sēditiōsus, a, um *(seditio)* ① Aufruhr erregend, aufrührerisch, unruhig [**civis; tribuni plebis; oratio; voces**];
② politischen Unruhen ausgesetzt [**vita**].

● **sēdō,** sēdāre *(sedeo, eigtl. „zum Sitzen bringen")* ① beruhigen, stillen, besänftigen, beschwichtigen, hemmen [**ventos; fluctūs; tempestatem; pugnam; flammam; sitim; impetum populi; animos; iram; discordiam; lites; fletūs; molestias**];
② *(Prop.)* einziehen [**vela**];
③ *(Phaedr.)* zum Sinken bringen [**pulverem**]; */ vgl. auch sedatus.*

sē-dūcō, dūcere, dūxī, ductum ① beiseite führen, beiseite nehmen [**alqm in secretum; testem; alqm a turba; alqm blandā manu; vinum** beiseite stellen; **oculos** abwenden];
② *(poet.) (übtr.)* trennen, scheiden [**terras undā; artūs animā**]; **plura locuturi subito seducimur imbre;**
③ *(Eccl.)* verführen, verleiten;
/P. Adj. **sēductus,** a, um **a)** *(Ov.)* entfernt, entlegen [**terrae**]; **b)** *(übtr.)* entzogen [**consilia a plurium conscientia**]; **c)** *(nachkl.)* zurückgezogen, einsam [**vitae genus**]; *(subst.)* **in seducto** in der Zurückgezogenheit, in der Einsamkeit.

sēductiō, ōnis *f (seduco)* ① das Beiseiteführen, -nehmen [**testium**];
② *(Eccl.)* Verführung.

sēductor, ōris *m (seduco) (spätl.)* Verführer.

sēductōrius, a, um *(seductor) (spätl.)* verführerisch.

sēductus *s. seduco.*

sēdulitās, ātis *f (sedulus)* Emsigkeit, Eifer, Geschäftigkeit; *(Hor.)* allzu große Geschäftigkeit.

sēdulō *Adv. (< se dolo „ohne Trug")* ① aufrichtig, ehrlich, ohne böse Absicht; **ego** ~ **hunc dixisse credo** *(Ter.);*
② emsig, eifrig, geschäftig; aufmerksam [**audire**]; **faciam omnia quae te sciam velle** *(Cic.)*;
③ mit Absicht, vorsätzlich.

sēdulus, a, um *(sedulo)* ① emsig, eifrig, geschäftig [**Baucis; apis; bracchia**];
② *(poet.)* allzu geschäftig.

Sedūnī, ōrum *m helvetische Völkerschaft in der Gegend des heutigen Sitten im Kanton Wallis.*

Sedusiī, ōrum *m germ. Volk zw. Rhein u. Neckar.*

sē-dūxī *Perf. v. seduco.*

● **seges,** getis *f* ① Saat [**laeta** üppige; **cana**]; *(v. Weinreben)* Pflanzung, Anwuchs [**prima** junger Anwuchs];
② *(meton.)* Saatfeld, (Acker-)Feld, Gefilde; **Cereri opportuna ~; fert casiam non culta ~;** *scherzh. (Plaut.)* **stimulorum** ~ „Prügelfeld", *v. einer Menge ausgepeitschter Sklaven;*
③ *(übtr.)* Feld, Boden [**gloriae**];
④ *(poet.) (übtr.)* Menge [**clipeata virorum; telorum**];
⑤ *(Iuv.) (übtr.)* Vorteil, Nutzen.

Segesta, ae *f elymische Stadt an der Nordküste Siziliens; – Adj.* **Segestānus,** a, um; – *Einw.* **Segestānī,** ōrum *u.* **Segestēnsēs,** ium *m.*

segestre, ris *n (gr. Fw.) (vor- u. nachkl.)* Umhüllung, (Fell-)Decke.

segmentātus, a, um *(segmentum)* m. Purpur- *od.* Goldbesatz.

segmentum, ī *n (seco) (poet.; nachkl.)* Abschnitt; *(meton.) Pl.* Purpur-, Goldbesatz.

Segnī, ōrum *m Volk in Belgien, östl. der Maas.*

sēgni-pēs, pedis *m (segnis) (Iuv.)* abgenutztes Pferd.

● **sēgnis,** e träge, langsam, lässig, schlaff *(in, bei etw.: Gen. od. in m. Abl.; zu, für etw.: ad od. in m. Akk.; m. Inf.)* [**campus** unfruchtbar; **obsidio; laborum; in exsequendis conatibus; ad respondendum; solvere nodum**]; **nec ad citharam ~ nec ad arcum** *(Ov.) v. Apollo;* **occasionum haud** ~ bei den sich darbietenden Gelegenheiten.

sēgnitās, ātis, **sēgnitia,** ae *u.* **sēgnitiēs,** ēī *f (segnis)* Trägheit, Schlaffheit, Saumseligkeit [*übtr.* **maris** Meeres-, Windstille].

Segontiăcī, ōrum *m Volk im südl. Britannien.*

● **sē-gregō,** gregāre *(grex)* ① *(Phaedr.)* v. der Herde absondern [**oves**];
② *(übtr.)* absondern, trennen, entfernen, ausschließen [**alqm e senatu; virtutem a summo bono**].

sēgrex, *Gen.* gregis *(segrego) (nachkl.)* abgesondert, getrennt, zerrissen.

Segūsiăvī, ōrum *m kelt. Volk an der Rhône.*

seî *(altl.) = si.*

Sēiānus *s. Seius.*

seîc *(altl.) = sic.*

sē-iugēs, iugium *m (sex u. iugum)* Sechsgespann.

sē-iugō, iugāre trennen.

sēiūnctim *Adv. (seiungo)* abgesondert.

sēiūnctiō, ōnis *f (seiungo)* Absonderung, Trennung.

● **sē-iungō,** iungere, iūnxī, iūnctum ① trennen, absondern, *auch übtr.* [**alqm ex fortissimorum civium numero; se a libertate verborum**];
② *(übtr.)* unterscheiden [**liberalitatem et benignitatem ab ambitu atque largitione**].

Sēius, a, um *röm. nomen gentile:* ① M. ~, *röm. Ritter, Geschäftsmann, Freund Ciceros und Atticus;*
② L. Aelius Sēiānus, *Günstling des Kaisers Tiberius, in Zusammenhang mit einer Verschwörung 31 n. Chr. hingerichtet.*

selas *n (Pl.* sela) *(gr. Fw.) (nachkl.)* Wetterschein.

sēlēctiō, ōnis *f (seligo)* Auslese, Auswahl.

sēlēctus *P. P. P. v. seligo.*

sē-lēgī *Perf. v. seligo.*

Seleucēa *u.* **-cīa,** ae *f Name von 6 zum Teil von Seleukos I. gegründeten antiken Städten, bes.:* ① ~ Babylonia *am rechten Tigrisufer, 60 km nordöstl. von Babylon, Hauptstadt des Seleukidenreiches;*
② ~ Pieria *in Syrien, an der Mündung des Orontes, Seehafen v. Antiochia, noch in der Römerzeit bedeutender Flottenstützpunkt;*
③ ~ *in Kilikien am Ufer des Kalykadnos (j. Silifke).*

Seleucus, ī *m Name von sechs syr. Diadochenkönigen der „Seleukiden", bes.* ~ I. Nicator, *Feldherr Alexanders des Gr., dann Statthalter in Babylon u. Medien, zuletzt König in Syrien (305/04–281 v. Chr.).*

sē-lībra, ae *f (< * semi-libra)* ein halbes Pfund [**farris**].

sē-ligō, ligere, lēgī, lēctum *(lego*[1]*)* auslesen, auswählen [**exempla; sententias**].

Selīnūs, ūntis *f (u. m)* ① *von Megara gegründete griech. Stadt an der Südwestküste Siziliens;*
② *Stadt an der kilikischen Küste.*

● **sella,** ae *f (sedeo)* ① Stuhl, Sessel;
② Amtsstuhl *der höheren Magistrate (= sella curulis, s. curulis)* [**praetoris**];
③ Arbeitsstuhl *der Handwerker;*
④ Lehrstuhl;
⑤ Thron [**aurea**];
⑥ *(nachkl.)* Tragsessel *(später statt der lectica, der eigtl. Sänfte, gebraucht);*
⑦ *(Phaedr.)* Kutschbock;
⑧ *(spätl.)* Reitsattel.

sellāriolus, a, um *(sella) (Mart.)* zum Sitz gehörig [**popinae** Kneipen, *in denen man nicht zu Tisch lag, sondern auf Stühlen saß*].

sellārium, ī *n (sella) (nachkl.)* Sesselzimmer, *bes. f. sexuelle Ausschweifungen.*

sellārius, ī *m (sella) (Tac.)* jemand, der auf Sesseln Unzucht treibt.

selli-sternium, ī *n (sella u. sterno) (Tac.)* Göttermahl, *b. dem die Götterbilder auf Sessel gestellt wurden (vgl. lectisternium).*

sellula, ae *f (Demin. v. sella) (nachkl.)* kleiner Tragsessel.

sellulārius, ī *m (sellula)* sitzend arbeitender Handwerker.

● **semel** *Adv.* ① einmal; **ne ~ quidem** nicht ein einziges Mal; **non ~** wiederholt; **~ atque iterum** ein u. das andere Mal;
② *(b. Aufzählen)* zuerst, das erste Mal *(m. folg. iterum od. deinde);* **bis rem publicam servavi, ~ gloriā, iterum aerumnā mea;**
③ ein für alle Mal, m. einem Wort; **ut ~ dicam;**
④ *(tonlos)* einmal, erst (einmal); **quod ~ dixi, haud mutabo** *(Plaut.)*; **quoniam** *u.* **quando (quidem) ~** weil einmal; **cum** *(od.* **ut, ubi***)* ~ sobald einmal; **qui ~** wer einmal.

Semela, ae *u.* **-ē,** ēs *f Tochter des Kadmos, v. Jupiter Mutter des Bacchus; genoss im Bacchuskult zus. mit ihren Schwestern Ino, Agaue u. Autonoe Verehrung; – Adj.* **Semelēius,** a, um.

● **sēmen,** minis *n (sero*[2]*)* ① Samen; **semina manu spargere; terra semen excepit; semine Saturni creatus** v. Saturn gezeugt;
② *(poet.)* Setzling; **semina ponere;**
③ *(meton.)* Stamm, Geschlecht [**divinum; Romanum; regium**]; *(auch Pl.)* **saeva leonum semina** Brut;
④ *(poet.)* Sprössling, Nachkomme, Kind [**caeleste**];
⑤ *(poet.) (übtr.)* Grundstoffe [**rerum; flammae**];
⑥ Keim, Ursache, Ursprung; Urheber [**veteris eloquentiae; bellorum civilium; discordiae**].

sē-mēnstris, e = *semestris.*

sēmenti-fer, fera, ferum *(sementis u. fero) (poet.)* Saat tragend, fruchtbar.

sēmentis, is *f (semen)* ① Aussaat, Saat; **sementem facere** säen; *(sprichw.)* **ut sementem feceris, ita metes** wie man sät, so wird

S

man ernten; *(übtr.)* **malorum** *od.* **proscriptionis sementem facere**;
❷ *(poet.; nachkl.) (meton.)* Saat, junges Getreide; **sementes tenerae.**
sēmentīvus, a, um *(sementis) (nicht klass.)* zur Saat gehörig, Saat- [**dies** Saatfest].
sēm-ermis, e *u.* **-mus,** a, um = *semiermis u. -mus.*
sē-mēstris, e *(sex u. mensis)* ❶ sechsmonatig, sechs Monate alt, halbjährig [**infans**];
❷ sich auf sechs Monate erstreckend, auf sechs Monate beschränkt [**regnum; imperium; consulatus**].
sēm-ēsus, a, um *(semi u. edo²) (poet.; nachkl.)* halb verzehrt [**praeda**].
sē-met *verstärktes se¹.*
● **sēmi-,** *vor Vokalen auch* **sēm-,** *verkürzt* **sē-** *(in Zusammensetzungen)* halb-.
sēmi-adapertus, a, um *(Ov.) = semiapertus.*
sēmi-ambustus, a, um *(nachkl.)* halb verbrannt.
sēmi-animis, e *u.* **-animus,** a, um *(anima)* halb tot.
sēmi-apertus, a, um halb geöffnet, halb offen [**fores**].
sēmi-barbarus, a, um *(nachkl.)* halbbarbarisch [**Galli**].
sēmi-bōs, bovis *m (poet.)* Halbstier (= Minotaurus).
sēmi-cānus, a, um *(nachkl.)* halbgrau [**comae**].
sēmi-caper, prī *m (Ov.)* Halbbock (= Pan, Faun).
sēmi-cinctium, ī *n (cingo) (nachkl.)* schmaler Gurt.
sēmi-clausus, a, um *(nachkl.)* halb verschlossen, halb geschlossen.
sēmi-cremātus *u.* **-cremus,** a, um *(cremo) (poet.)* halb verbrannt [**membra; tura**].
sēmi-crūdus, a, um halbroh [**exta**].
sēmi-cubitālis, e eine halbe Elle lang.
sēmi-deus *(poet.; spätl.)* **I.** *Adj.* a, um halbgöttlich;
II. *Subst.* ī *m* Halbgott.
sēmi-doctus, a, um ❶ halbgelehrt, *Subst.* Halbwisser;
❷ *(Mart.)* ungeschickt [**manus**].
sēmi-ermis, e *u.* **-ermus,** a, um *(arma)* (nur) halb bewaffnet.
sēmi-ēsus, a, um = *semesus.*
sēmi-factus, a, um halb fertig [**opera**].
sēmi-fastīgium, ī *n* halber Giebel.
sēmi-fer *(ferus)* **I.** *Adj.* fera, ferum halbtierisch; halbwild;
II. *Subst.* feri *m* Halbtier; Halbwilder.
sēmi-fultus, a, um *(fulcio) (Mart.)* sich halb auf etw. stützend [**subsellio**].
sēmi-germānus, a, um halbgermanisch [**gens**].
sēmi-graecus, a, um halbgriechisch [**poëtae**].
sēmi-gravis, e halbbetrunken, mit schwerem Kopf.
sē-migrō, migrāre weg-, ausziehen [**a patre**].
sēmi-hiāns, *Gen.* hiantis *(hio)* halb offen, halb geöffnet.
sēmi-homō, hominis *m (poet.)* halb Mensch, halb Tier [**Centauri**]; *Adj.* halbwild.
sēmi-hōra, ae *f* eine halbe Stunde.
sēmi-lacer, lacera, lacerum *(Ov.)* halb zerrissen, halb zerfleischt.
sēmi-lautus, a, um *(Cat.)* halb gewaschen.
sēmi-līber, lībera, līberum halbfrei.
sēmi-līxa, ae *m* halber Marketender *(Schimpfw.).*
sēmi-marīnus, a, um *(Lucr.)* halb dem Meer zugehörig, halb Fisch.
sēmi-mās, *Gen.* maris **I.** *Subst. m* halb Mann, halb Frau, Zwitter, Hermaphrodit;
II. *Adj. (vorkl.; poet.)* kastriert [**Galli** Kybelepriester].
sēmi-mortuus, a, um *(poet.; nachkl.)* halb tot [**membra; facies**].
sēminālis, e *(semen) (nachkl.)* zum Samen gehörig, Samen- [**herba**].
sēminārium, ī *n (semen)* ❶ Baum-, Pflanzschule;
❷ *(übtr.)* Keim, Anfang [**triumphorum; omnium scelerum**].
sēminātor, ōris *m (semino)* ❶ Sämann;
❷ *(übtr.)* Urheber [**omnium malorum**].
sēmi-nex, *Gen.* necis halb tot [**vita; artūs** halb erstarrt].
sēminium, ī *n (semen) (vorkl.)* ❶ Samen;
❷ *(meton.)* Tierrasse.
sēminō, sēmināre *(semen)* ❶ *(nachkl.)* säen;
❷ *(übtr.)* erzeugen, hervorbringen.
sēmi-nūdus, a, um halb nackt; fast wehrlos.
sēmi-orbis, is *m (Sen.)* Halbkreis.
sēmi-patēns, *Gen.* patentis *(pateo) (spätl.)* halb offen.
sēmi-pedālis, e einen halben Fuß lang *od.* hoch.
sēmi-perfectus, a, um halb vollendet.
sēmi-plēnus, a, um halb voll [**naves** halb bemannt]; halb vollzählig [**stationes** halb besetzt; **legiones**].
sēmi-putātus, a, um halb beschnitten [**vitis**].

> *i* Kultur **Semīramis,** idis *u.* idos *f* sagenhafte assyrische Königin, üb. die märchenhaft ausgestaltete Geschichten überliefert wurden; myth. Begründerin der assyrischen Monarchie u. Gründerin v. Babylon, die legendären Hängenden Gärten der S., angeblich v. Nebukadnezar errichtet, galten als Weltwunder; Kern dieser Geschichten war wohl die assyrische Königin Sammuramat (um 800 v. Chr.); – *Adj.* **Semīramius,** a, um.

sēmi-rāsus, a, um *(rado) (poet.; nachkl.)* halb geschoren.

sēmi-reductus, a, um *(Ov.)* halb zurückgebogen [**manus**].

sēmi-refectus, a, um *(reficio) (Ov.)* halb ausgebessert [**classis**].

sēmi-rotundus, a, um *(nachkl.)* halbrund.

sēmi-rutus, a, um *(ruo¹)* halb zerstört, halb eingestürzt [**urbs; moenia; arces**]; – *Subst.* sēmiruta, ōrum *n* halb eingerissene, halb zerstörte Stellen.

sēmis, issis *m (semi u. as)* Hälfte (eines zwölfteiligen Ganzen): ① halber As; **homo non semissis** keinen Heller wert;
② halber Morgen *Landes* [**agri**];
③ *(nachkl.)* Hälfte der Erbschaft;
④ *Pl. (v. Zinsen)* sechs Prozent *jährl. (eigtl. ½ as für 100 asses, d. h. ½% monatl.).*

sēmi-saucius, a, um *(August.)* halbverwundet.

sēmi-senex, senis *m (Plaut.)* halber Greis.

sēmi-sepultus, a, um *(Ov.)* halb begraben.

sēmi-somnus, a, um *u.* **-somnis,** e schlaftrunken.

sēmi-sōnārius, ī *m (semi u. zona) (Plaut.)* Verfertiger v. schmalen Gürteln.

sēmi-supīnus, a, um *(poet.)* halb zurückgelehnt.

sēmita, ae *f* ① Fußweg, Pfad, Seitenweg, Bürgersteig [**angusta et ardua**];
② *(übtr.)* Bahn, Weg; *(sprichw.)* **qui sibi -am** (ihren eigenen Weg) **non sapiunt, alteri monstrant viam** *(Enn.) v. denen, die anderen raten wollen, sich selbst aber nicht raten können.*

sēmi-tāctus, a, um *(Mart.)* halb berührt [**unguento**].

sēmitālis, e *(semita) (Verg.)* an den Fußwegen verehrt [**dii**].

sēmitārius, a, um *(semita) (Cat.)* auf Seitenwegen befindlich.

sēmi-tēctus, a, um *(nachkl.)* halb bedeckt, halb nackt.

sēmitō, sēmitāre *(semita) (nachkl.)* (durch einen Nebenweg) durchziehen [**vineas**].

sēmi-ustulandus, a, um *(ustulo) (Suet.)* halb zu verbrennen.

sēmi-ustulātus, a, um halb verbrannt.

sēmi-ustus, a, um halb verbrannt.

sēmi-vir, virī *m* ① *(Ov.)* halb Mann, halb Stier [**Nessus; Chiron; bos** = Minotaurus];
② *(poet.; nachkl.)* Zwitter, Hermaphrodit;
/ *als Adj.:* **a)** *(vor- u. nachkl.)* kastriert; **b)** *(poet.; nachkl.)* weibisch, unmännlich [**comitatus**]; **c)** unzüchtig.

semi-vīvus, a, um halb tot; *(übtr.)* halb erstorben, matt [**voces**].

sēmi-vulsus, a, um *(nachkl.; spätl.)* halb zerrupft, halb zerfetzt [**vittae**].

Semnōnēs, num *m germ. Volk zw. Elbe u. Oder, Mutterstamm der Sueben.*

Sēmō, ōnis *m s. Sancus.*

sēmōtus, a, um *(P. Adj. v. semoveo)* ① entfernt, entlegen *(ab od. m. Dat.)* [**locus a militibus; terris**];
② *(poet.)* frei v. etw., ohne etw. *(ab od. bl. Abl.)* [**a curis; metu**];
③ *(poet.)* verschieden v. etw. *(ab);*
④ *(Tac.)* vertraulich [**dictio**].

sē-moveō, movēre, mōvī, mōtum entfernen [**alqm a liberis**]; *(übtr.)* absondern, ausschließen, beseitigen [**ceterorum sententias; voluptatem**].

● **semper** *Adv.* ① immer, stets, *(auch attrib. b. Subst.)* beständig; *(attrib.)* **Hasdrubal pacis ~ auctor** *(Liv.)*; **eri ~ lenitas**;
② von jeher.

sempiternus, a, um *(semper)* immer während, beständig, ewig [**cursus stellarum; lignis Vestae; odia**]; – *Adv.* **-um** *(Plaut.)* für immer.

Semprōnius, a, um *röm. nomen gentile, s. Gracchus;* – *Adj. auch* **Semprōniānus,** a, um.

semul *(Plaut.) = simul.*

sēm-ūncia, ae *f* ① halbe Unze;
② *(als Gewicht)* $\frac{1}{24}$ Pfund;
③ ein Vierundzwanzigstel: **a)** *der Erbschaft;* **alqm heredem ex -a facere; b)** *der Zinsen.*

sēmūnciārius, a, um *(semuncia)* zur halben Unze gehörig [**fenus** $\frac{1}{24}$% monatl., *d. h.* ½% jährl. Zinsen].

sēm-ustulātus, a, um = *semiustulatus.*

sēm-ustus, a, um = *semiustus.*

Sēna, ae *f Küstenstadt in Umbrien, j.* Senigallia; – *Adj.* **Sēnēnsis,** e.

senāculum, ī *n (senatus)* Sitzungssaal des Senates.

senāpis = *sinapis.*

sēnāriolus, ī *m (Demin. v. senarius)* kleiner, unbedeutender Senar.

sēnārius *(seni)* **I.** *Adj.* a, um je sechs enthaltend, sechsfüßig [**versus**];
II. *Subst.* ī *m* Senar *(sechsfüßiger, meist jambischer Vers).*

● **senātor,** ōris *m (vgl. senatus)* Senator, Ratsherr, Mitglied des Senates *(bes. in Rom, aber auch b. nichtröm. Völkern).*

senātōrius, a, um *(senator)* senatorisch, des Senates, der Senatoren [**ordo** Senatorenstand; **consilium** aus Senatoren bestehendes Richterkollegium].

i Kultur **senātus, ūs** *m* Senat, Staatsrat, der Rat der Ältesten in Rom, der schon von Romulus begründet worden sein soll; in der Königszeit war seine Funktion beratender Art, es war eine Art beratendes Kollegium; während der Republik war der Senat die höchste

S

Regierungsbehörde; in dieser Zeit traten zu den Patriziern auch plebejische Senatoren hinzu (anfangs bestand der Senat aus 300, unter Cäsar aus 900 Mitgliedern); Voraussetzung, in den Senat aufgenommen zu werden, war die Bekleidung der Quästur; die Zensoren entschieden über die Zulassung zum Senat. Der Senat wurde v. den Konsuln einberufen, die an die Senatsbeschlüsse nicht gebunden waren; die Konsuln brachten Vorschläge ein, über die der Senat beriet u. abstimmte; es war in der Regel so, dass die Konsuln in allen wichtigen Fällen den Senat befragten u. seinen Rat befolgten; in der Kaiserzeit büßte der Senat immer mehr Rechte ein, die auf den Kaiser übergingen; bis auf die Formulierung von Gesetzen war er am Ende der Kaiserzeit bedeutungslos. – „Senat" heute: Bei uns: oberstes Richterkollegium (z. B. beim Bundesverfassungsgericht) oder Regierung eines Stadtstaates (z. B. Berlin). In den USA: Versammlung der Vertreter der Einzelstaaten im Congress.

● **senātus, ūs** *m (Gen. Sg. altl.* -ī; *Dat. Sg.* -uī *u.* [*nachkl.*] -ū*) (senex)* ① Senat, Staatsrat, der Rat der Ältesten *in Rom;* **senatus populusque Romanus (S. P. Q. R.)** der Senat u. das Volk von Rom, *d. h.* der Staat, die Republik; **senatūs consultum** *(od.* **auctoritas***)* Senatsbeschluss; **in senatum legere** wählen; **in senatum venire** in den Senat aufgenommen werden, Senator werden; **alqm (de) senatu movere, ex (de) senatu eicere, senatu emovere** ausstoßen; **senatum legere** *od.* **recitare** die Senatorenliste verlesen; **senatum (con)vocare** zur Sitzung berufen; **censuit ~** der Senat hat beschlossen; **Romuli ~, qui constabat ex optimatibus** *(Cic.);* **maiores nostri senatum rei publicae custodem collocaverunt** *(Cic.);* **senatus rem publicam tenuit, ut pleraque senatūs auctoritate gererentur** *(Cic.);* **potentia senatūs atque auctoritas paulatim minuebatur;**
② Senatsversammlung, -sitzung; **senatum habere** abhalten; **alci senatum dare** Zutritt zum Senat gewähren; **senatu dimisso; multa Catonis et in senatu et in foro vel provisa prudenter vel acta constanter ferebantur** *(Cic.);*
③ *(nachkl.)* Senatorenplätze, -reihen *im Theater;*
④ Senat, der Rat der Ältesten *in nichtröm. Staaten* [**Aeduorum**].

i Kultur **Seneca,** ae *m cogn. der gens Annaea:* L. Annaeus ~, Sohn des Rhetors Seneca, stoischer Philosoph u. Schriftsteller, Erzieher Neros, starb 65 n. Chr. durch Selbstmord auf Neros Befehl im Zusammenhang m. der pisonischen Verschwörung.

senecta, ae *f (senectus¹; erg. aetas)* (hohes) Alter, Greisenalter.

senectus¹, a, um *(senex)* alt, bejahrt [**aetas** hohes Alter; **membra**].

● **senectūs²,** ūtis *f (senex)* ① (hohes) Alter, Greisenalter [**extrema**], *übtr. auch v. Tieren u. Sachen;* **plena senectutis** (Reife) **oratio;**
② *(meton.)* **a)** die Greise; **~ semper agens aliquid; b)** *(Verg.)* graues Haar; **c)** *(Hor.)* Verdrießlichkeit;
③ *(poet.) (übtr.)* lange Dauer.

seneō, senēre, – – *(senex) (vorkl.; Cat.)* alt sein.

● **senēscō,** senēscere, senuī, – *(Incoh. v. seneo)* ① alt werden, altern;
② *(übtr.)* abnehmen, (hin)schwinden; **consilia senescunt** werden vereitelt; **bellum senescit** wird träge geführt; **senescunt vires; luna, hiems, morbus senescens;**
③ verkümmern, verkommen, eingehen [**otio tam diutino**]; **continuā messe senescit ager** *(Ov.);*
④ *(polit.)* an Geltung (Einfluss) verlieren; **senescente Graeciā; senescit civitas otio; senescit Hannibalis vis.**

● **senex,** *Gen.* senis *(Komp.* senior, ius) **I.** *Adj.* alt, bejahrt; *(poet.) (übtr.)* reif [**oratio**]; **senem fieri** alt werden; *(übtr.)* **poëtae seniores** der älteren Zeit; **senes autumni** *(Mart.)* reife Herbstfrüchte;
II. *Subst. m u. f* Greis, Greisin, alter Mann, alte Frau, *meist v. Leuten über 60 Jahre, während senior v. Leuten zw. 45 u. 60 Jahren;* – **seniōrēs,** rum *m* die Älteren, *meist milit.* das Aufgebot der älteren röm. Bürger *(vom 45. bis zum 60. Lebensjahr).*

sēnī, ae, a *(Gen.* sēnum) *(sex)* je sechs; *(poet.)* sechs auf einmal.

● **senīlis,** e *(senex)* greisenhaft, Greisen- [**prudentia; anni; partes** Rolle; **adoptio** durch einen Greis].

sēniō, ōnis *m (seni) (nachkl.)* die Sechs *im Würfelspiel.*

senior *s. senex.*

senium, ī *n (senex)* ① Altersschwäche; **morbo seniove carere; curvata -o membra;**
② *(übtr., v. Sachen)* das Hinschwinden, Abnehmen, Verfall [**lunae; mundi**];
③ *(meton)* **a)** Verdruss, Ärgernis, Leid(wesen); **civitas -o confecta; b)** Verdrießlichkeit, finsterer Ernst, Trübsinn; **c)** *(Sen.)* Trägheit;
④ *(vorkl.)* der Alte.

senius, ī *m (senex)* Greis.

Senonēs, num *m kelt. Völkername:* ① *an der oberen Seine um Sens;*

❷ *in Oberitalien, in der Gallia cispadana, um Sena.*

sēnsa, ōrum *n (sentio)* Ansichten, Gedanken; **-a mentis verbis explicare.**

sēnsātus, a, um *(sensus) (spätl.)* verständig.

sēnsī *Perf. v. sentio.*

sēnsibilis, e *(sentio)* wahrnehmbar.

sēnsi-fer, fera, ferum *(sensus u. fero) (Lucr.)* Empfindung verursachend [**motus**].

sēnsificō, sēnsificāre *(sensus u. facio) (Mart.)* empfindsam machen [**rupes tonis**].

sēnsilis, e *(sentio) (Lucr.)* empfindbar.

sēnsim *Adv. (sentio)* kaum merklich, allmählich, nach u. nach.

sēnsuālis, e *(sensus) (spätl.)* sinnlich.

sēnsus[1] *P. P. P. v. sentio.*

● **sēnsus**[2], ūs *m (sentio)* ❶ *(physisch)* **a)** Empfindung, Gefühl, (Sinnes-)Eindruck, (Sinnes-)Wahrnehmung; **voluptatis sensum capere; moriendi sensum celeritas abstulit** *(Cic.)*; **sine sensu aetas senescit** ohne dass man es wahrnimmt; **mors eripit sensum doloris; b)** *(meton.)* Empfindungsvermögen, -kraft, Sinn, Sinnesorgan [**videndi; audiendi; hebes**]; **res sensibus subiectae** sinnlich wahrnehmbar; **sensūs in capite collocati; non ratione, sed sensu iudicare; c)** Besinnung, Bewusstsein, *auch Pl.;* **alci omnem sensum eripere; sensūs mero vincuntur;**
❷ *(intellektuell)* **a)** Verstand, Denkvermögen [**communis** gesunder Menschenverstand, Vernunft]; **b)** Verständnis, Urteil(sfähigkeit), Sachverstand, Geschmack [**rudis**]; **meliore esse sensu; c)** Meinung, Ansicht, Gedanke [**popularis; imperitorum**]; **a sensibus alcis abhorrere; sensus suos aperire; pro suo quisque sensu locutus est; d)** *(poet.)* geistiger Gehalt, Bedeutung, Sinn, Inhalt [**verbi; testamenti**]; **e)** *(nachkl.)* Gedanke, Idee; **f)** *(nachkl.)* in Worten ausgedrückter Gedanke, Satz, Spruch;
❸ *(gefühlsmäßig)* **a)** Gefühl, seelische Empfindung, innere Regung, innere Anteilnahme [**humanitatis; publicorum malorum**]; **vultūs, qui sensūs animi plerumque indicant** *(Cic.)*; **b)** Gesinnung, Denkungsart, Sinnesart, Stimmung [**populi; civium; rudis; communis** die herrschende Stimmung]; **erat eodem quo Alcibiades sensu** *(Nep.)* er war ein Gesinnungsgenosse des A.; **c)** *(rhet.)* Pathos, leidenschaftlicher, gefühlvoller Nachdruck, *auch Pl.;* **oratio sensūs habeat; sensibus permoveri.**

● **sententia,** ae *f (sentio)* ❶ Meinung, Ansicht, Anschauung; **in -a (per)manere** *od.* **perseverare; -am mutare; de -a desistere** *od.* **decedere; alqm de -a deducere, deicere, depellere; alqm ad suam -am perducere, traducere; -ae alcis assentiri; -am probare, sequi, defendere, repudiare; -am dicere, explicare, celare; meā -ā** meiner Meinung nach; **ex animi mei (tui, sui) -a** nach bestem Wissen u. Gewissen; **de -a alcis** nach jmds. Meinung; **sine mea -a** ohne nach meiner Meinung, ohne mich zu fragen; ~ **alcis superat, vincit; de diis immortalibus habere non errantem et vagam, sed stabilem certamque -am** *(Cic.)*; **quoniam -ae atque opinionis meae voluistis esse participes, nihil occultabo et quoad potero, vobis exponam, quid de quaque re sentiam** *(Cic.)*;
❷ Wille, feste Absicht, Vorsatz, Entscheidung [**deorum**]; ~ **est** *od.* **stat** es ist beschlossen; ~ **stat Hannibali; sic stat ~; si honestatem tueri ac retinere ~ est, …** *(Cic.)*;
❸ *(in öffentl. Angelegenheiten)* die offiziell ausgesprochene Meinung, Antrag, Votum, Stimme *(bes. der Senatoren)*; **-am dicere, ferre** *od.* **dare** seine Stimme abgeben; **in -am addere; -am referre** vortragen; **-am rogare** zur Abstimmung aufrufen; **liberis -is** bei freier Abstimmung; **in -am alcis discedere** *od.* **(pedibus) ire** dem Antrag jmds. zustimmen; **principes -arum** (Antragsteller) **consulares; ex senatūs -a;**
❹ *(vom Richter)* Urteil(sspruch); **-am ferre** fällen; **-am dicere, pronuntiare; condemnatur perpaucis -is; -is paribus reus absolvitur;**
❺ Bedeutung, Sinn, Inhalt [**orationis; legis**]; **id habet hanc -am; in hanc -am respondere, loqui** folgendermaßen; **in hanc -am epistula scripta est;**
❻ Gedanke, Idee; **abundans -is** ideenreich;
❼ der in Worten ausgedrückte Gedanke, Satz;
❽ (Denk-)Spruch, Sentenz, Aphorismus; **concinnae acutaeque -ae; selectae Epicuri brevesque -ae; quid est tam iucundum cognitu atque auditu, quam sapientibus -is gravibusque verbis ornata oratio et perpolita** *(Cic.)*;
❾ *(spätl.) tremenda* das Jüngste Gericht.

sententiola, ae *f (Demin. v. sententia)* Sprüchlein, Redensart.

sententiōsus, a, um *(sententia)* gedanken-, ideenreich [**genus dictionis**]; **-e dicere.**

senticētum, ī *n (sentis) (vor- u. nachkl.)* Dorngestrüpp.

sentīna, ae *f* ❶ Kielwasser, Schiffsjauche; **-am exhaurire;**
❷ *(meton.)* unterster Schiffsraum;
❸ Kloake; **Romam sicuti in -am confluere;**
❹ *(übtr.)* Auswurf, Abschaum [**urbis; rei publicae**].

Sentīnās, *Gen.* ātis *ager* Gebiet v. Sentinum *(in Umbrien).*

● **sentiō,** sentīre, sēnsī, sēnsum ❶ fühlen, empfinden, wahrnehmen [**voluptatem; odores; colorem** sehen; **sonitum** hören; **suavitatem cibi** schmecken]; *(m. A. C. I.)* **aperiri fores ~**; *(m. Inf.)* ~ **sonare**; *(m. Nom. des Part.*

S

als Gräzismus) **sensit medios delapsus in hostes** *(Verg.)*;

② *(etw. Lästiges, zu seinem Nachteil)* schmerzlich empfinden, (ver)spüren, erleiden, erfahren [**dolorem; famem; detrimentum; invidiam; alqm vindicem**]; **Latinus sentiat Turnum** soll den T. kennen lernen; *(v. lebl. Subj.)* **ora senserat vastationem** *(Liv.)*;

③ *(geistig)* merken, wahrnehmen, sich bewusst werden, einsehen, verstehen *(m. Akk.; de; m. A. C. I. od. indir. Frages.)* [**plus** mehr Einsicht haben]; **ex nocturno fremitu de profectione eorum senserunt** *(Caes.)* merkten etw. v. ihrem Abzug;

④ eine Ansicht, Gesinnung haben, meinen, denken, urteilen [**male, bene, idem** (*od.* **eadem) de re publica** unpatriotische, patriotische, dieselbe polit. Gesinnung haben; **cum Catilina** die gleiche Gesinnung haben wie C.; **humiliter** niedrige Gesinnung haben; **de alqo mirabiliter** vortrefflich über jmd. denken];

⑤ ansehen als, halten für *(m. dopp. Akk.)* [**alqm bonum civem**];

⑥ seine Meinung sagen, seine Gedanken aussprechen, sein Urteil abgeben, stimmen [**gravius de alqo; lenissime; in senatu libere**].

sentis, is *m (u. f)* Dornstrauch, -busch, *meist Pl.; (Plaut.) übtr. (scherzh.) v. diebischen Händen.*

sentīscō, sentīscere, – – *(Incoh. v. sentio) (Lucr.)* wahrnehmen, merken.

sentus, a, um *(sentis) (poet.)* dornig, rau [**loca**]; *(übtr., v. Personen)* struppig.

senuī *Perf. v. senesco.*

se-orsum *u.* **-orsus** *Adv. (se-³ u. verto)* ① abgesondert, abseits; *m. ab od. (b. Sachen) m. bl. Abl.:* fern von, ohne; anders als; **~ a rege exercitum ductare; ~ corpore** ohne Leib; **abs te ~ cogito** *(Plaut.)* ich denke anders als du;

② ohne Zutun jmds. *(ab)* [**a collega**];

③ *(Kom.)* besonders; **omnibus gratiam habeo et ~ tibi** *(Ter.)*.

sēparābilis, e *(separo)* trennbar [**a corpore**].

sēparātim *Adv., s. separatus.*

sēparātiō, ōnis *f (separo)* Trennung.

sēparātus, a, um *(P. Adj. v. separo) (Adv.* sēparātim) ① abgesondert, getrennt, besonders, einzeln [**exordium** nicht m. der Sache im Zusammenhang stehend]; **-is temporibus** zu verschiedenen Zeiten; **castra separatim habere; separatim dicere de alqa re** ohne spezielle Beziehung; **privati ac -i agri apud eos nihil est**;

② *(Hor.)* fern, entlegen [**iuga**].

● **sē-parō,** parāre absondern, trennen; *(übtr.)* ausschließen [**suum consilium a reliquis** einen Separatbeschluss fassen; **alqm ab amicis**]; **Europam Asiamque separans fretum; equitum magno numero ex omni populi summā separato.**

sepelībilis, e *(sepelio) (Plaut.)* was sich begraben lässt, *(übtr.)* was sich verbergen lässt [**stultitia**].

● **sepeliō,** sepelīre, sepelīvī (*u.* sepeliī), sepultum ① begraben, bestatten [**mortuum; ossa alcis**];

② verbrennen;

③ *(übtr.)* völlig unterdrücken, vernichten [**dolorem; famam; patriam; bellum** beenden; **somnum** vertreiben; **tribuniciam potestatem**]; **nullus sum, sepultus sum** *(Ter.)* es ist aus mit mir, ich bin verloren;

④ *(poet.; spätl.)* (in tiefen Schlaf) versenken, *nur Pass.;* **vino somnoque sepulti; custode sepulto; assiduo lingua sepulta mero.**

sēpēs¹ = *saepes.*

sē-pēs² *Gen.* pedis *(sex) (nachkl.)* sechsfüßig.

sēpia, ae *f (gr. Fw.)* ① Tintenfisch;

② *(Pers.) (meton.)* Sekret aus dem Tintenbeutel des Tintenfisches *(als Tinte verwendet),* Tinte.

sēpiō = *saepio.*

sēpiola, ae *f (Demin. v. sepia) (Plaut.)* kleiner Tintenfisch.

Sēplasia, ae *f Straße in Capua, in der Salben verkauft wurden.*

sēplasium, ī *n (Seplasia) (Petr.)* Salbe.

● **sē-pōnō,** pōnere, posuī, positum ① beiseite legen;

② zurücklegen, aufheben, aufsparen [**pecuniam in aedificationem templi; pecuniam ad fanum** zur Ausschmückung des Tempels];

③ vorbehalten, bestimmen [**sibi ad eam rem tempus; Aegyptum** die Verwaltung Ägyptens]; **locus poenis sepositus**;

④ absondern, trennen, ausscheiden [**a ceteris dictionibus eam partem dicendi; de mille sagittis unam** auswählen];

⑤ *(Hor.) (übtr.)* unterscheiden *(von etw.: Abl.)* [**inurbanum lepido dicto**];

⑥ entfernen, fern halten; **interesse pugnae an seponi** fernbleiben; *(übtr.)* **consulatum extra certamen ~** aus dem Streit lassen;

⑦ *(nachkl.)* jmd. verbannen [**fratrem; alqm a domo sua; alqm in insulam**];

⑧ *(poet.; nachkl.) (übtr.)* vertreiben, bannen [**graves curas nectare; questus**];

/ *P. Adj.* **sēpositus,** a, um *(poet.)* **a)** ausgesucht, vortrefflich [**vestis** Fest-, Sonntagskleid; **grex**]; **b)** entlegen, entfernt [**gens; mare**].

sēpse (= *se ipse)* sich selbst.

● **septem** *undekl. Kardinalzahl* ① sieben; **~ colles** = Rom; **Septem Aquae** Gegend der sieben Bäche *b. Reate;* **Septem stellae** das Siebengestirn *des Großen Bären;*

② *subst.* die sieben Weisen *(Griechenlands).*

September *(septem)* **I.** *Adj.* bris, bre *(Abl. Sg.* -ī*)* ① zur Sieben gehörig [**mensis** der (Monat) September *(der siebente, später der neunte*

Monat)];
② zum September gehörig, des September [**Calendae; horae** Herbstzeit];
II. *Subst.* bris *m (Abl.* -ī*)* der September.
septem-decim = *septendecim.*
septem-fluus, a, um *(fluo) (Ov.)* in sieben Armen strömend, siebenarmig [**Nilus**].
septem-geminus, a, um *(poet.)* = *septemfluus.*
septem-pedālis, e *(Plaut.)* sieben Fuß lang [**statua**].
septem-plex, *Gen.* plicis *(poet.)* siebenfach [**clipeus** aus sieben übereinander gelegten Rinderhäuten bestehend, siebenhäutig; **Nilus, Hister** m. sieben Mündungen].
septem-triō, *auch in Tmesis* = *septentrio.*
septemvirālis, e *(septemviri)* zu dem Siebenmännerkollegium gehörig, der Siebenmänner [**auctoritas**]; – *als Subst. m* = *septemvir, s. septemviri.*
septemvirātus, ūs *m (septemviri)* Amt eines Septemvir, Septemvirat.
septem-virī, ōrum *u.* um *m* die Septemvirn *(Kollegium v. sieben Männern); Sg.* septemvir, virī Mitglied des Siebenmännerkollegiums.
septēnārius *(septeni)* **I.** *Adj.* a, um *(nachkl.)* aus sieben bestehend;
II. *Subst.* ī *m* siebenfüßiger Vers, Septenar.
septen-decim *undekl. (septem u. decem)* siebzehn.
septēnī, ae, a *(Gen. Pl.* -num*)* *(septem)* ① je sieben;
② *(poet.)* sieben zugleich, sieben zusammen.
septennium, ī *n (septem u. annus) (nachkl.)* Zeitraum v. sieben Jahren.
septen-triō, ōnis *m (septem; Rückbildung aus Pl. septem triones, eigtl. „die sieben Dreschochsen")* ① *meist Pl.* Siebengestirn, Großer Bär, Wagen [**minor** Kleiner Bär];
② *(meton.)* **a)** *meist Pl.* Norden; **ventus a septentrionibus oriens; rigor septentrionis; b)** *Sg.* Nordwind; **acer ~ ortus est.**
septentriōnālis, e *(septentrio)* nördlich; – *Subst.* **-ia,** ium *n* nördliche Gegenden.
septiē(n)s *Adv. (septem)* siebenmal.
septi-fōrmis, e *(septem u. forma) (spätl.)* siebenfältig.
septimāna, ae *f (septimus) (spätl.)* Woche.
septimānī, ōrum *m (septimus) (nachkl.)* Soldaten der siebenten Legion.
Septimius, a, um *röm. nomen gentile:* L. ~ Severus, *s. Severus.*
septimontiālis, e *(Septimontium) (nachkl.)* zum Siebenhügelfest gehörig.
Septimontium, ī *n (septem u. mons) (vor- u. nachkl.)* ① Umkreis der sieben Hügel, *auf denen später Rom erbaut wurde;*
② Siebenhügelfest *in Rom am 11. Dezember als Gedenkfeier der Aufnahme der sieben Hügel in den Kreis der Stadt.*
septimus, a, um *(septem)* der siebente; – *Adv.* -um zum siebenten Mal.
septingentēsimus, a, um *(septingenti)* der siebenhundertste.
septin-gentī, ae, a *(septem u. centum)* siebenhundert.
septingentiē(n)s *Adv. (septingenti) (nachkl.)* siebenhundertmal.
septi-rēmis, e *(septem u. remus)* m. sieben Ruderreihen übereinander [**navis** Siebenruderer].
septuāgēnārius, a, um *(septuageni) (spätl.)* aus siebzig bestehend [**homo** siebzigjährig; **aetas** Alter v. siebzig Jahren].
septuāgēnī, ae, a *(septuaginta) (nachkl.)* je siebzig.
septuāgēsimus, a, um *(septuaginta)* der siebzigste.
septuāgintā *undekl.* siebzig.
septu-ennis, e *(septem u. annus) (Plaut.; spätl.)* siebenjährig [**puer**].
septuennium, ī *n (septuennis) (nachkl.)* Zeitraum v. sieben Jahren.
septumus, a, um *(altl.)* = *septimus.*
sept-ūnx, ūncis *m (septem u. uncia)* 7/12 eines (zwölfteiligen) Ganzen, sieben Unzen.
sepulchr... = *sepulcr...*
sepulcrālis, -e *(sepulcrum) (Ov.)* zum Grab gehörig, Grab-, Leichen- [**ara; fax**].
sepulcretum, ī *n (sepulcrum) (Cat.)* Friedhof.
● **sepulcrum,** ī *n (sepelio)* ① Grab(stätte), Grabhügel, Gruft; **ara -i** Scheiterhaufen; **monumentum -i** Grabmal; **alqm -o condere** begraben, bestatten; **onerare membra -o;**
② *(meton.)* **a)** Grabmal [**inane** Ehrenmal, Kenotaph]; **-um exstruere; b)** Aufschrift auf einem Grabmal, Grabschrift;
③ *(poet.)* Begräbnis;
④ *(poet.)* der Tote, *Pl.* = Manen; **-a placare.**
● **sepultūra,** ae *f (sepelio)* ① Begräbnis, Bestattung; **-ā alqm afficere** bestatten;
② *(nachkl.)* Verbrennung *(eines Toten).*
sepultus *P. P. P. v. sepelio.*
Sēquana, ae *m Fluss in Gallien, j.* Seine.
Sēquanī, ōrum *m kelt. Volk zw. Saône, Rhône u. Jura, z. Zt. Cäsars um dies Gebiet m. den Häduern im Streit; namensgleich m. der Sequana, deren Quellgebiet ihnen um die Mitte des 1. Jahrhs. v. Chr. nicht mehr gehörte;* – *Adj.* **Sēquanus,** a, um [**gens**].
sequāx, *Gen.* ācis *(sequor)* ① *(poet.)* schnell folgend [**equus; flammae** züngelnd; **fumus** leicht überallhin eindringend; **undae** sich drängend; **hederae** sich schnell ausbreitend; **Latium** (= *Latini)* verfolgend; *übtr.* **mores; curae** den Menschen überallhin begleitend];
② *(Plin.) (übtr.)* geschmeidig, nachgiebig [**materia**].
sequentia, ae *f (sequor)* ① *(spätl.)* (Reihen-)Folge;

S

❷ *(mlt.)* Sequenz *(liturg. Gesang).*

sequester *(sequor)* **I.** *Adj.* tra, trum *(Verg.)* vermittelnd; **pace -trā** unter dem Schutz des Friedens;

II. *Subst.* tris *u.* trī *m* Mittelsperson, Vermittler, Unterhändler.

sequestrātiō, ōnis *f (sequestro) (spätl.)* ❶ Hinterlegung beschlagnahmter *od.* umstrittener Gegenstände;

❷ Absonderung.

sequestrō, sequestrāre *(Eccl.) (sequester)* ❶ zum Aufheben geben;

❷ absondern, entfernen.

sequestrum, ī *n (vorkl.)* Deponierung *einer streitigen Sache* bei einem Unparteiischen.

sequius *Komp. v. secus²*.

● **sequor,** sequī, secūtus sum *(m. Akk.)* ❶ (nach)folgen, begleiten [**amicum in Graeciam** dem Freund nach Griechenland folgen; **magistratum in provinciam; Caesarem ex urbe; vestigia vatum; dicta sic voce** folgendermaßen beantworten]; *(v. lebl. Subj.)* **gloria virtutem tamquam umbra sequitur** *(Cic.)*; **magna multitudo carrorum ~ Gallos consuevit** *(Caes.)*;

❷ *(übtr.)* (nach)folgen, anhängen, sich anschließen, beitreten, befolgen, sich an etw. halten, sich nach etw. richten [**exemplum, mores alcis; consilium amici; sententiam alcis; leges; edictum; officium; arma victricia** sich dem Sieger anschließen; **naturam ducem** der Natur als Führerin folgen];

❸ *(feindl.)* verfolgen, nachsetzen [**fures lapidibus; hostem telo, hastā; feras**]; **damnatum poena sequitur;**

❹ *(einen Ort, eine Gegend)* aufsuchen [**Formias; Italiam; loca palustria; Auroram** ostwärts wandern; **regiones Latinas; pennis astra** den Flug richten nach];

❺ *(zeitl. od. in der Reihenfolge)* (nach)folgen; **lacrimae sunt verba secutae; et quae sequuntur** und so weiter; **cetera sequentur; sequenti anno, die; hunc annum nobilis clade Caudinā pax sequitur; sequitur, ut (dicam, doceam)** *beim Übergang zu einem neuen Abschnitt der Rede* es kommt an die Reihe, dass; – *Subst.* sequentia, ium *n (Tac.)* das Folgende, Spätere;

❻ streben, trachten nach, im Auge haben *od.* behalten, etw. beabsichtigen, sich von etw. leiten lassen [**amicitiam fidemque populi Romani** die Freundschaft u. den Schutz des röm. Volkes suchen; **commoda; otium et tranquillitatem vitae; gloriam; auctoritatem; ferro extrema** sich töten wollen; **gratiam alcis; Hermionem** werben um];

❼ folgen können, Schritt halten mit;

❽ *(als Wirkung einer Ursache)* (unmittelbar) folgen, die Folge sein, sich ergeben, resultieren; **ex hac re sequitur discrimen; poena, quae illud scelus sequitur; dispares mores sequuntur disparia studia; sequitur** *(m. ut, bisw. m. A. C. I.)* daraus folgt, dass;

❾ *(als Besitz, Erbschaft)* jmdm. zufallen, zuteil werden; **heredes monumentum non sequitur** *(Hor.)*; **urbes captae Aetolos sequebantur** *(Liv.)*; **me sequetur tertia (pars);**

❿ leicht, gut aus etw. herausgehen, sich herausziehen lassen, nachgeben; **telum non sequitur;**

⓫ von selbst kommen, sich einstellen; **quo minus gloriam petebat, eo magis sequebatur** *(Sall.)*; **laus est pulcherrima, cum sequitur.**

Ser. *(Abk.) = Servius.*

Sēr, Sēris *m Sg. v. Seres.*

sera, ae *f (poet.; nachkl.)* Querbalken, Riegel *zum Verschließen der Tür.*

seraphīm *u.* **-īn** *undekl. Pl. (spätl.)* die Seraphin.

Serāpis, is *u.* idis *m ägypt. Gott, vergöttlichter Apisstier, der durch seinen Tod zu Osiris geworden war, v. den Ptolemäern zum Gott v. Griechen u. Ägyptern erhoben u. von den Griechen m. Zeus u. Pluto verbunden, m. verbreitetem Kult im späteren röm. Weltreich.*

serēnitās, ātis *f (serenus)* ❶ Heiterkeit [**caeli**], heiteres Wetter;

❷ *(übtr.)* Gunst [**fortunae**];

❸ *(spätl.) als Titel des Kaisers:* Durchlaucht, Hoheit.

serēnō, serēnāre *(serenus)* **I.** *trans.* aufheitern, heiter machen [**caelum; Olympum; spem fronte** durch eine heitere Stirn Hoffnung zeigen];

II. *intr.* heiter sein; **lux serenans** helles Licht; **cum serenat** wenn es heiter ist.

serēnum, ī *n (serenus)* heiteres Wetter, *auch Pl.*; **-o** bei heiterem Wetter.

● **serēnus,** a, um ❶ heiter, hell, klar, wolkenlos [**caelum; nox; aër**];

❷ *(Plaut.)* heiteres Wetter bringend [**favonius**];

❸ *(übtr.)* heiter, fröhlich, ruhig, gelassen [**animus; vita; vox**];

❹ *(spätl.)* Serenus *u. Superl.* Serenissimus als *Titel der Kaiser:* Durchlaucht, Hoheit.

Sēres, rum *m* die Serer *(Seidenleute), Volk in Ostasien (die heutigen Chinesen), ber. durch Seidenherstellung;* – *Adj.* **Sēricus,** a, um serisch [**sagitta**]; seiden [**vestis**]; – *Subst.* **sērica,** ōrum *n* seidene Kleider *od.* Stoffe.

serēscō, serēscere, – – *(verw. m. serenus) (Lucr.)* trocken werden.

Sergius, a, um *Name einer röm. gens:* L. ~ Catilina, *s. Catilina.*

sēria¹, ae *f* Tonne, Fass.

sēria², ōrum *n s. serius¹.*

sērica, ōrum *n s. Seres.*

sēricātus, a, um *(serica) (Suet.)* in Seide gekleidet.

Sēricus *s. Seres.*

● **seriēs,** ēī *f (sero¹)* ① Reihe, Kette, (Reihen-)Folge [**iuvenum** Reigen; *übtr.* **annorum; temporis; causarum; rerum sententiarumque; malorum; fabularum; fati** Gang];
② *(poet.; nachkl.)* Ahnenreihe.

sēriō *Adv. v. serius¹.*

sēriola, ae *f (Demin. v. seria¹) (nachkl.; spätl.)* kleines Fass, Krug.

sēriōsus, a, um *(serius¹) (mlt.)* ernst(haft).

Serīphos *u.* **-us,** ī *f westl. Zykladeninsel; – Einw. u. Adj.* **Serīphius,** ī *m bzw.* a, um.

sērius¹, a, um ernst(haft) *(nur v. Sachen)* [**verba; tempus**]; – *Subst.* **sērium,** ī *n* Ernst; *klass. nur Pl.* **-a,** ōrum *n* ernste Dinge, Ernst; **seria cum alqo agere;** – *Abl. Sg. als Adv.* **sēriō** im Ernst, ernstlich.

sērius² *Adv., Komp. v. sero³, s. serus.*

● **sermō,** ōnis *m (sero¹)* ① Wechselrede, Unterhaltung, Unterredung, Gespräch; **sermonem habere** *od.* **conferre cum alqo** ein Gespräch m. jmdm. führen; **sermonem instituere cum alqo** ein Gespräch anknüpfen; **sermonem interrumpere; esse in ore, in sermone omnium; ~ litterarum** briefliche Unterhaltung; **non sermone dignum est** ist nicht der Rede wert; **alqd omnibus sermonibus ferre** erwähnen;
② gelehrte Unterredung, wissenschaftliches Gespräch, Disputation; **sermonem cum alqo habere de amicitia; in sermonem ingredi;**
③ Gerede, Klatsch, Gerücht [**vulgi; hominum**]; **sermones lacessere** hervorrufen; **materiam sermonibus praebere** Stoff zum Gerede geben; **diem sermone terere;**
④ *(meton.)* Gegenstand des Gesprächs, Gesprächsstoff, Stoff zum Klatschen; **filius meus ~ est per urbem** *(Plaut.)* ist das Stadtgespräch;
⑤ natürliches, kunstloses Sprechen, Umgangssprache; Mundart, Dialekt [**Latinus; Persarum**]; **~, qui nobis (in)natus est = ~ patrius** Muttersprache; **oratio philosophorum ~ potius quam oratio dicitur;**
⑥ Sprache der Komödie; *bei Horaz v. seinen Satiren u. Episteln (weg. ihrer der Prosa sich nähernden Spr.);* **nostrorum sermonum candite iudex;**
⑦ Worte, Äußerung;
⑧ Rede-, Ausdrucksweise, Sprechweise [**festivus; delicatus; lenis minimeque pertinax; urbanus; rusticus; plebeius**]; **sermonis elegantia; sermonis error** irrtümliche Ausdrucksweise;
⑨ *(mlt.)* Predigt.

sermōcinātiō, ōnis *f (sermocinor) (nachkl.)* Zwiegespräch, Dialog.

sermōcinor, sermōcinārī *(sermo)* ① sich unterhalten;
② *(nachkl.)* ein gelehrtes Gespräch führen, disputieren.

sermōnor, sermōnārī *(Gell.) = sermocinor.*

sermunculus, ī *m (Demin. v. sermo)* böswilliges Gerede, Klatsch, *auch Pl.*

● **serō¹,** serere, (seruī), sertum ① aneinander reihen, knüpfen; *nur P. P. P. sertus;* **loricae sertae** Kettenpanzer; **corona serta** geflochten; – *Subst.* **serta,** ōrum *n u. (poet.)* **sertae,** ārum *f* Blumengewinde, Kranz, Girlande; **spicea serta** Ährenkränze;
② *(übtr.)* ver- anknüpfen, reihen [**sermones inter se; haec sermone** in Wechselrede behandeln; **bellum ex bello** Krieg an Krieg reihen; **proelia** sich einlassen in; **fabulam argumento** inhaltlich zusammenhängend gestalten]; – *Pass.* sich aneinander reihen, aufeinander folgen; **immobilis ordo rerum humanarum seritur fati lege.**

● **serō²,** serere, sēvī, satum ① säen, pflanzen [**frumenta; arbores; semina; oleam et vitem**]; – *Subst.* **sata,** ōrum *n* Saaten, Saatfelder, Pflanzungen; *(sprichw.)* **mihi istic nec seritur nec metitur** ich habe weder Nutzen noch Schaden davon;
② besäen, bepflanzen [**agrum** bestellen; **solum**];
③ *(übtr.)* erzeugen, hervorbringen [**genus humanum**]; *bes. P. P. P.* **satus,** a, um *(m. Abl.)* v. jmdm. erzeugt, abstammend, jmds. Sohn *od.* Tochter; **stirpe divinā satus; sata Tiresiā** Tochter des T.; **sati Curibus** aus Cures stammend;
④ *(übtr.)* ausstreuen, verbreiten, erregen, verursachen [**rumores; crimina in senatum; discordias**].

● **sērō³** *Adv. v. serus.*

sērō-tinus, a, um *(sero³) (nachkl.)* spät kommend, spät gedeihend [**hiems; pira**]; spät etw. tuend [**raptor**].

● **serpēns,** pentis *m u. f (serpo)* ① Schlange;
② Drache *(als Sternbild);*
③ *(mlt.)* Teufel.

serpenti-gena, ae *m (serpens u. gigno) (Ov.)* Schlangensprössling.

serpentīnus, a, um *(serpens) (spätl.; Eccl.)* von Schlangen [**proles**].

serpenti-pēs, *Gen.* pedis *(serpens) (Ov.)* schlangenfüßig [**Gigantes**].

serperastra, ōrum *n* ① *(vorkl.) orthopädische* Knieschienen;
② *(übtr., scherzh.)* Zwangsjacke, Zurechtweisungen.

● **serpō,** serpere, serpsī, serptum ① kriechen, schleichen [**per humum**]; *(übtr.)* **somnus serpit** schleicht heran, naht;
② sich schlängeln; **vitis, hedera serpens** sich rankend;
③ *(übtr.)* sich verbreiten, allmählich um sich greifen; **malum obscure serpens; flamma per continua serpens; per membra senec-**

S

tus serpit; serpit fama per coloniam; per agmina murmur serpit.

serpullum, ī *n (vorkl.; poet.)* Feldthymian.

serra, ae *f* Säge.

serrācum, ī *n* ① zweirädriger Lastwagen; ② *(Iuv.) (übtr.)* Wagen *als Gestirn.*

serrātus, a, um *(serra) (nachkl.)* gezackt, zackig [**dentes; folia**]; – *Subst.* **-ī,** ōrum *m* die Serraten, *Silberdenare m. gezacktem Rand.*

serrula, ae *f (Demin. v. serra)* kleine Säge.

serta, ōrum *n u.* **-ae,** ārum *f s. sero¹.*

Sertōrius, a, um *röm. nomen gentile:* Q. ~, *röm. Ritter aus Nursia (123–72 v. Chr.), Anhänger des Marius, nach Sullas Sieg Führer röm. Emigranten u. der Freiheitsbewegung in Spanien geg. Rom; – Adj. auch* **Sertōriānus,** a, um.

serum¹, ī *n* ① *(poet.; nachkl.)* die Molke; ② *(Cat.)* männlicher Samen.

sērum², ī *n (serus)* späte Zeit [**diei; noctis**]; **-o diei** spät am Tage; **in -um noctis** bis in die späte Nacht; **rem in -um trahere** sich verspäten.

● **sērus,** a, um (*Adv.* -ō) ① spät [**hora; aetas; spes** spät in Erfüllung gehend; **ulmus** langsam wachsend; **bellum** endlos]; *oft präd. statt des Adv.:* **serus in caelum redeas** *(Hor.)*; ② zu spät, verspätet [**auxilium; gratulatio; paenitentia**]; / *Adv.* **sērō,** sērum *u.* sēra **a)** spät; abends; **b)** zu spät; *Komp.* **sērius a)** später; **serius ocius = serius aut citius** früher *od.* später; **paulo serius; spe omnium serius; b)** zu spät [**proficisci**].

serva, ae *f (servus)* Sklavin.

servābilis, e *(servo) (Ov.)* (er-)rettbar.

servantissimus, a, um *(eigtl. Superl. des Part. Präs. v. servo) (poet.)* auf das Genaueste beobachtend.

servātiō, ōnis *f (servo) (nachkl.)* Verfahren, Brauch.

servātor, ōris *m (servo)* Erhalter, (Er-)Retter [**mundi; urbis; salutis** Erlöser].

servātrīx, īcis *f (servator)* Erhalterin, (Er-)Retterin.

● **servīlis,** e *(servus)* sklavisch, knechtisch, Sklaven- [**litterae** wissenschaftliche Kenntnis eines Sklaven; **iugum** Sklavenjoch; **bellum** Sklavenkrieg; **terror** vor den Sklaven; **tumultus**]; **serviliter** *(od.* **servilem in modum**) **facere** nach Sklavenart, wie Sklaven; **serviliter ficti dominum consultamus.**

Servīlius, a, um *Name einer röm. gens:* ① C. ~ Ahala, *s. Ahala;* ② P. ~ Rullus, *Urheber der lex Servilia üb. den Verkauf v. Äckern, die Cicero bekämpfte; / Adj. auch* **Servīliānus,** a, um.

● **serviō,** servīre *(altl. Imperf. servībam, Fut. servībō) (servus)* ① Sklave sein, dienen *(apud alqm, alci);* ~ **regi humiliter, aliis superbe imperare** *(Liv.); (m. innerem Obj.)* **servitutem** ~ in Knechtschaft leben; ② *(polit.)* geknechtet, untertan sein [**populo Romano; regi; optimatibus**]; ③ gefällig sein, willfahren [**amicis; auribus alcis** jmdm. zu Gefallen reden]; ④ sich fügen, gehorchen, sich nach etw. richten, sich v. etw. beherrschen lassen *(m. Dat.)* [**incertis rumoribus; iracundiae; personae** der Rolle, dem Charakter treu bleiben; **tempori** sich in die Zeit schicken]; ⑤ sich widmen, sich hingeben, frönen [**valetudini; posteritati; voluptatibus; cupiditati; bello** tun, was der Krieg fordert]; ⑥ auf etw. hinarbeiten, auf etw. bedacht sein *(m. Dat.)* [**gloriae; paci; pecuniae**]; ⑦ *(v. Grundstücken, Gebäuden)* belastet sein; **eae aedes serviebant; omnia praedia serviebant;** ⑧ *(Plin)* zu etw. dienen, taugen; **candelae luminibus et funeribus serviunt;** ⑨ *(spätl.)* kredenzen; – *Subst.* servientes, tium *m* Knechte, Gesinde.

● **servitium,** ī *n (servus)* ① Sklaverei, Sklavendienst; **alqm in -um ducere; civitatem a -o abstrahere; -o exire; alci -um minari; iustum -um pati;** ② *(übtr.)* Knechtschaft, Dienstbarkeit [**amoris; corporis**]; **cives -o premere** knechten; ③ *(meton.) Sg. koll. od. Pl.* die Sklaven, Gesinde; **-a concitare;** ④ *(spätl.)* **a)** *divinum* Gottesdienst; **b)** Abgabe, Steuer; **c)** *Pl.* Einkünfte.

servitrīcius, a, um *(servus) (Plaut.)* Sklaven-.

servitūdō, dinis *f (servus)* Sklaverei.

● **servitūs,** ūtis *f (servus)* ① Sklaverei, Sklavendienst, Knechtschaft; **in servitute esse; alqm in servitutem redigere, abducere** *od.* **abstrahere; ex servitute eripi; anteponere mortem servituti;** ② *(polit.)* Knechtschaft, Dienstbarkeit; **afficere liberum populum servitute; civitatem servitute opprimere; patriam e servitute in libertatem vindicare; servitutem tolerare;** ③ *(übtr.)* Unterwürfigkeit, Gehorsam [**muliebris** der Frau gegen den Mann]; ④ *(b. Grundstücken)* Belastung; **servitutem fundo imponere;** ⑤ *(Hor.) (meton.)* die Sklaven, *v. Liebhabern;* **~ crescit nova.**

Servius, ī *m röm. Vorname, bes. in der gens Sulpicia, Abk. Ser.:* ~ Tullius, *s. Tullius.*

● **servō,** servāre *(altl. Fut. 2 servassō, Konj. Perf. servassit, servassint)* ① unversehrt erhalten, (er)retten [**populum; puerum ex igne; rem publicam; naves e tempestate;** *m. dopp. Akk.* **cives incolumes**]; ② bewachen, (be)hüten, bewahren [**argentum; volumen epistularum diligentissime**];

③ *(übtr.)* etw. bewahren, aufrechterhalten, beibehalten, (er)halten [**fidem; amicitiam; ius iurandum; institutum militare; legem; morem ab antiquis traditum; signa** bei den Fahnen bleiben; **praesidia** die Posten besetzt halten; **ordinem** *od.* **ordines** in Reih u. Glied bleiben; **vigilias, custodias** halten; **diem** einhalten; *m. dopp. Akk.* **pudicitiam liberorum tutam**]; *(m. ut.)*;

④ *(f. die Zukunft)* aufbewahren, aufsparen, aufheben [**fructūs** den Gewinn, die Zinsen; **se ad maiora; vinum in vetustatem**];

⑤ beobachten [**solem;** *intr.* **de caelo** die Zeichen am Himmel]; *(abs.)* **lumina servantia** wachsam;

⑥ Acht geben, aufpassen *(m. Akk. od. abs.)*; **serva** pass auf! nimm dich in Acht!; – *m. ne:* Acht geben, dass nicht;

⑦ *(poet.) an einem Ort* (ver)weilen, (ver)bleiben *(m. Akk.)* [**nidum; ripas; limen; domum** zu Hause bleiben; **silvas** bewohnen].

servol … *(altl.)* = *servul …*

servula, ae *f (Demin. v. serva)* junge Sklavin.

servulicola, ae *f (servulus u. colo) (Plaut.)* Sklavenliebchen.

servulus, ī *m (Demin. v. servus)* junger Sklave.

● **servus I.** *Adj.* a, um ① dienend, sklavisch, knechtisch, unterworfen [**civitas; manus; aqua** v. Sklaven getrunken];

② (v. Grundstücken) belastet [**praedium**];

II. *Subst.* ī *m* ① Sklave, Knecht [**publicus** Staatssklave, Amtsdiener; *übtr.* **cupiditatum; legum**];

② *(mlt.)* Leibeigener, Unfreier.

i Kultur **servus** Sklave, Knecht – nach dem römischen Recht zwar das rechtmäßige Eigentum eines freien Bürgers, aber auch Mitglied der familia seines patronus, sogar nach der Freilassung. Servus wurde man als Kriegsgefangener auf „Sklavenmärkten" oder als Kind einer serva – ein rechtloses Wesen, dem Eigentümer „leibeigen". – In der Kaiserzeit verlor sich der Unterschied von Freien, Freigelassenen u. servi. – Dagegen im 1. vorchristl. Jahrh. Staatskrise durch Sklavenaufstände.

sēsama, ae *f u.* **-um,** ī *n (gr. Fw.) (vor- u. nachkl.)* Sesam.

sescēnārius, a, um *(sesceni)* sechshundert Mann stark [**cohortes**].

sescēnī, ae, a *(sescenti)* je sechshundert.

sēsc-ennāris, e *(sesqui u. annus)* anderthalbjährig [**bos**].

sescentēnī = *sesceni.*

sescentēsimus, a, um *(sescenti)* der sechshundertste.

ses-centī, ae, a *(sex u. centum)* sechshundert; *(übtr.)* unzählige, tausend [**causae**].

sescentiē(n)s *Adv. (sescenti)* sechshundertmal; *(übtr.)* tausendmal.

sescento-plāgus, ī *m (sescenti u. plaga[1]) (Plaut.)* jemand, der ungezählte Schläge bekommt.

sēsc-ūnciālis, e *(sesqui) (Plin.)* von anderthalb Zoll [**crassitudo**].

sēscuplum, ī *n (sesqui) (nachkl.)* das Anderthalbfache.

sēsē = *se[1].*

seselis, is *f (gr. Fw.) (bot.)* Steinkümmel.

Sesōs(tr)is, idis *m Name ägypt. Könige der 12. Dynastie (Anfang 2. Jahrtausend v. Chr.).*

sēsque-opus = *sesquiopus.*

sēs-qui *Adv. (semis)* ① um die Hälfte (mehr), anderthalb [**maior** um die Hälfte größer];

② *in Zusammensetzungen:* **a)** anderthalb [**sesqui-opus; sesqui-pes**]; **b)** *(m. Ordinalzahlen)* um einen Bruchteil mehr als die Einheit [**sesqui-octavus; sesqui-tertius**].

sēsqui-alter, era, erum anderthalb.

sēsqui-digitus, ī *m* anderthalb Zoll.

sēsqui-hōra, ae *f (Plin.)* anderthalb Stunden.

sēsqui-mēnsis, is *m (vorkl.)* anderthalb Monate.

sēsqui-modius, ī *m* anderthalb Scheffel.

sēsqui-octāvus, a, um neun Achtel enthaltend.

sēsqui-opus, operis *n (Plaut.)* anderthalb Tagewerke.

sēsquipedālis, e *(sesquipes)* anderthalb Fuß lang *od.* dick [**tigna**]; *(poet.) (übtr.)* ellenlang [**dentes; verba** hochtrabende].

sēsqui-pēs, pedis *m (vor- u. nachkl.)* anderthalb Fuß.

sēsqui-plāga, ae *f (Tac.)* anderthalb Hiebe.

sēsqui-plex, *Gen.* *plicis* anderthalbfach, anderthalbmal.

sēsqui-tertius, a, um vier Drittel enthaltend.

sessibulum, ī *n (sedeo) (vor- u. nachkl.)* Sitz, Stuhl, Sessel.

sessilis, e *(sedeo) (poet.; nachkl.)* ① zum Sitzen geeignet [**tergum equi**];

② aufsitzend = fest stehend [**obba**];

③ niedrig wachsend [**lactuca**].

sessiō, ōnis *f (sedeo)* ① das Sitzen; *(meton.)* Art des Sitzens, Stellung im Sitzen;

② das Müßigsitzen, Herumsitzen, Verweilen;

③ Sitzung [**pomeridiana**];

④ Sitz(platz).

sessitō, sessitāre *(Frequ. v. sedeo)* zu sitzen pflegen, immer sitzen.

sessiuncula, ae *f (Demin. v. sessio)* kleine Sitzung; Kränzchen.

sessor, ōris *m (sedeo)* ① *(poet.)* „Sitzer", Zuschauer;

② *(vorkl.)* Einwohner;

③ *(nachkl.)* Reiter.

sessōrium, ī *n (sedeo) (Petr.)* (Wohn-)Sitz [**vi-**

perae].

sessum *P. P. P. v. sedeo u. sido.*

sēstertia, ōrum *n s. sestertius.*

sēstertiārius, a, um *(sestertius) (Petr.)* nur einen Sesterz wert [**homo**].

sēstertius, ī *m (Gen. Pl.* sēstertium, *selten* -ōrum) *u. sēstertius nummus* der Sesterz, *röm. Silber-, später Messingmünze, die bis zum Jahre 217 v. Chr. 2 ½ As od. ¼ Denar, später 4 As, ungefähr 8 -10 Cent, galt; Abk.* II S *(duo + semis), später* H S, H S N *od.* N; **centum -i** 100 Sesterze; **ducenti -i** 200 Sesterze; **duo milia sestertium** 2 000 Sesterze; **nummo -o vendere alqd** für eine Kleinigkeit; – **sēstertia,** ōrum *n (Pl. zu dem später als Nom. Sg. n empfundenen Gen. Pl. sestertium)* tausend Sesterze; **decem sestertia** 10 000 Sesterze; – **sēstertium,** ī *n (m. Auslassung v. centena milia)* 100 000 Sesterze; **vicies sestertium** 2 Millionen Sesterze; **summa milies sestertii** eine Summe v. 100 Millionen.

Sēstius, Sēstiānus *s. Sextius.*

Sēstos *u.* **-us,** ī *f Stadt am thrak. Ufer des Hellespont, der kleinasiatischen Stadt Abydos gegenüber (Sage v. Hero u. Leander); – Adj.* **Sēstus,** a, um aus S. [**puella** = Hero].

sēsuma *(Plaut.) = sesama.*

set *(altl.) = sed[1].*

sēta = *saeta.*

Sētia, ae *f Bergstadt in Latium, ber. durch Weinbau; – Adj.* **Sētīnus,** a, um.

sētiger = *saetiger.*

sētius *Adv.* anders; weniger; *s. auch secus[2].*

sētōsus, a, um = *saetosus.*

● **seu** = *sive.*

sē-vehor, vehī, vectus sum *(Prop.) (übtr.) gyro* die Bahn verlassen.

● **sevēritās,** ātis *f (severus)* Ernst, Strenge [**iudicis; iudiciorum; censoria**]; **severitatem in filio adhibere; summam severitatem iungere cum summa humanitate.**

sevēritūdō, dinis *f (vorkl.) = severitas.*

● **sevērus,** a, um ernst, streng; hart, grausam [**consul; iudex; senex; imperium; frons; vultus; iudicia; poena; silentia noctis; Falernum** herb; **in iudicando; in filium**].

Sevērus[1], ī *m röm. cogn.:* ❶ Cornelius ~, *epischer Dichter (Bellum Siculum), Freund Ovids;*
❷ T. Cassius ~, *röm. Gerichtsredner z. Zt. des Augustus u. Tiberius;*
❸ L. Septimius ~, *röm. Kaiser 193–211 n. Chr., Begründer der Dynastie der Severer (193 – 235 n. Chr.).*

Sevērus[2] mōns *Berg im Sabinerland.*

sēvī *Perf. v. sero[2].*

sē-vir, viri *m (sex) (Petr.)* einer der Sechsmänner, *Mitglied des Kollegiums v. sechs Männern.*

sēvirātus, ūs *m (sevir) (Petr.)* Amt der Sechsmänner.

sē-vocō, vocāre ❶ beiseite rufen, abrufen [**singulos; erum; populum** vor die Stadt zur Versammlung berufen; **plebem in Aventinum** zur Auswanderung aufrufen; *übtr.* **de communi alqd ad se** auf die Seite bringen];
❷ *(übtr.)* abziehen, trennen [**animum a voluptate; animum a negotio; mentem a sensibus**].

sēvum = *sebum.*

● **sex** *undekl.* sechs; **sex septem** sechs od. sieben.

Sex. *(Abk.) = Sextus (röm. Vorname).*

sexāgēnārius, a, um *(sexageni) (vor- u. nachkl.)* sechzigjährig.

sexāgēnī, ae, a *(sexaginta)* je sechzig.

sexāgēsimus, a, um *(sexaginta)* der sechzigste.

sexāgiē(n)s *Adv. (sexaginta)* sechzigmal; **bona Roscii sunt ~** *(erg.* **sestertium**) sechs Millionen Sesterze wert.

sexāgintā *undekl. (sex)* ❶ sechzig; **maior ~ annis** über sechzig Jahre alt;
❷ *(Mart.; Petr.)* sehr viele [**triumphi**].

sex-angulus, a, um *(poet.; nachkl.)* sechseckig [**cella**].

sexc ... = *sesc ...*

sex-decim = *sedecim.*

sex-ennis, e *(annus)* sechsjährig.

sexennium, ī *n (sexennis)* Zeitraum v. sechs Jahren, sechs Jahre.

sexiē(n)s *Adv. (sex)* sechsmal.

sex-prīmī, ōrum *m* die sechs Obersten des Stadtrates *(in Munizipien u. Kolonien).*

sextādecumānī, ōrum *m (sexta decima) (Tac.)* Soldaten der sechzehnten Legion.

sextāns, antis *m (sextus)* ein Sechstel: ❶ *(als Münze)* $\frac{1}{6}$ As; *(übtr.)* Heller;
❷ *(poet.; nachkl.) (als Flüssigkeitsmaß)* $\frac{1}{6}$ sextarius = 0,09 l;
❸ der sechste Teil einer Erbschaft.

sextantārius, a, um *(sextans) (nachkl.)* ein Sechstel betragend.

sextāriolus, ī *m (Demin. v. sextarius) (Suet.)* Schoppenkrüglein.

sextārius, ī *m (sextus)* $\frac{1}{6}$ congius = 0,5 Liter, Schoppen [**vini**].

Sextīlis, e *(sextus)* ❶ der sechste; *nur* ~ mensis *od. bloß* Sextilis, is *m später nach Augustus umbenannt,* August, *urspr. der sechste, später der achte Monat;*
❷ zum August gehörig, des August [**Kalendae; Nonae**].

Sextius *u.* **Sēstius,** a, um *röm. nomen gentile:* P. ~, *Quästor 63, Volkstribun 56 v. Chr., Freund Ciceros, v. diesem in einer erhaltenen Rede erfolgreich verteidigt; – Adj. auch* **-tiānus,** a, um.

sextula, ae *f (Demin. v. sexta; erg. pars)* $\frac{1}{6}$ uncia, *d. h.* $\frac{1}{72}$ eines Ganzen, *bes. einer Erb-*

schaft.

sextus, a, um *(sex)* der sechste [**pars; annus**]; – *Adv.* sextum zum sechsten Mal [**consul**].

Sextus, ī *m (sextus) röm. Vorname (Abk. S. od. Sex.).*

sexus, ūs *m (secus¹)* Geschlecht [**virilis; muliebris; ambiguus**].

● **sī** *(altl.* sei) *Kj.* ① *(in Konditionalsätzen)* **a)** wenn, wofern, falls; – *indefiniter Fall, Haupt- u. Nebensatz im Ind.:* **fides nobis habebitur, si existimabimur adepti coniunctam cum iustitia prudentiam;** – *potenzialer Fall, Haupt- u. Nebensatz im Konj. Präs. od. Perf:* **si deus te interroget, quid respondeas?; si quid scriptum sit obscure, de re dubites;** – *irrealer Fall, Haupt- u. Nebensatz im Konj. Imperf. od. Plusquamperf.:* **Sicilia, si una voce loqueretur, hoc diceret** *(Cic.)*; **b)** wenn anders, wofern nur, wenn nämlich; **delectus habetur, si hic delectus appellandus est;**
② *(in Konzessivsätzen, meist m. Konj.)* wenn auch, auch wenn, selbst wenn *(= etiamsi);*
③ *(in Wunschsätzen, m. Konj., meist o si) (poet.)* wenn doch *(= utinam);* **o mihi praeteritos referat si Iuppiter annos!** *(Verg.)*;
④ *(im indir. Frages., m. Konj; bes. b. den Verben des Erwartens u. Versuchens, auch dann, wenn der Begriff des Versuchens zu ergänzen ist)* ob, ob etwa, ob vielleicht; **Helvetii, si perrumpere possent, conati telis repulsi hōc conatu destiterunt; quaesiverunt, si incolumis evasisset** *(Liv.)*; **Minucium praemittit, si quid perficere posset** *(Caes.);*
⑤ *(in Bitten, Beteuerungen, Erwartungen)* so wahr als, so gewiss als; **si vos semper colui, di immortales, opem mihi feretis;**
⑥ *(bei mirari u. mirum esse)* dass; **minime miror, si eis fidem non habetis;**
⑦ *Verbindungen:* **si forte** wenn etwa; **si iam** wenn nunmehr, wenn wirklich; **si maxime** wenn auch wirklich; **si modo** wenn nur, wenn überhaupt; **si vero** wenn nun gar; **si minus** wenn nicht, wo nicht; **nisi si** außer wenn; **si quis, si qui** wer etwa, welcher etwa; **si vel** wenn auch nur; **quod si (= quodsi)** wenn also, wenn daher; **(perinde) ac si** *(m. Konj.)* wie wenn, gleich als wenn;
⑧ *(vor- u. nachkl.)* si ... si *= sive ... sive.*

● **sibi** *Dat. Sg. u. Pl. des Reflexivpron. der 3. Ps.* sich; *(als Dat. ethicus)* **quid sibi clamor ille vult?** was bedeutet jenes Geschrei?

sībilō, sībilāre *(sibilus¹)* **I.** *intr. (poet.; nachkl.)* zischen, pfeifen; zuflüstern; **anguis sibilat; II.** *trans.* jmd. auszischen, auspfeifen.

sībilus¹, ī *m, Pl. auch* sībila, ōrum *n (sibilus²)* ① das Zischen, Pfeifen, Pfiff, Säuseln, Rauschen [**austri; calamorum**]; **-o signum dare;** ② das Auspfeifen.

sībilus², a, um *(poet.)* zischend, pfeifend.

sibi-met *s. sibi u. -met.*

Sibulla = *Sibylla.*

Sibuzātēs, tium *u.* tum *m Volk in Aquitanien.*

i Kultur **Sibylla,** ae *f* Wahrsagerin, Seherin, bes. die Sibylle v. Cumae; – *Adj.* **Sibyllīnus,** a, um: **libri Sibyllini** die Sibyllinischen Bücher, die alte Weissagungen enthielten; der Sage nach v. Tarquinius einer Sibylle abgekaufte Prophetien; sie wurden auf dem Kapitol im Jupitertempel aufbewahrt, wo sie 83 v. Chr. verbrannten u. anschließend aus Aufzeichnungen an verschiedenen Orten des Reiches erstellt wurden; sie wurden in Notzeiten eingesehen u. von einem 15-köpfigen Priesterkollegium auf nötige Maßnahmen hin begutachtet.

● **sīc** *Adv.* ① so, auf diese Weise, derart; *(adj.)* so beschaffen, derartig; **sic Alcibiades diem obiit supremum** *(Nep.); (in Antworten) sic est* so ist es = ja; *(vergleichend)* **ut** *(od.* sicut, veluti, quemadmodum, quomodo) ... **sīc** wie ... so; *auch* zwar ... aber: **sicut magistratibus leges, sic populo magistratus praesunt; ut naturam fautricem habuerat in tribuendis animi virtutibus, sic maleficam nactus est in corpore fingendo** *(Nep.); (m. ut cons.)* **Atticus sic Graece loquebatur, ut Athenis natus videretur**; *(adj.)* **sic est ingenium;**
② folgendermaßen; **sic rex coepit loqui; sic habeto** *(m. A. C. I.)* so glaube, so wisse;
③ unter solchen Umständen, infolgedessen, daher, demnach; **sic fit, ut; sic Eumenes talem exitum habuit** *(Nep.)*;
④ *(poet.) (b. Wünschen, Versicherungen u. Schwüren)* **sic** *(m. Konj.)* **... ut** *(m. Ind.)* so gewiss ... wie; so wahr ich wünsche, dass ..., so gewiss *(ut kann auch wegfallen);*
⑤ *(einschränkend od. bedingend)* **sīc ... ut** nur insofern ... als; **sīc ... sī** unter der Bedingung, dass; dann ... wenn;
⑥ so ohne weiteres, nur so, schlechtweg; **sic nudos** (nackt wie sie sind) **in flumen deicere; sic tempore laevo** so gerade zur Unzeit; **sic temere iacēre** so ganz sorglos;
⑦ *(quant.)* **a)** *(zur Bez. eines hohen Grades)* so sehr, dermaßen, in solchem Grade, *meist m. ut;* **Caecinam a puero sic semper dilexi, ut cum nullo coniunctius viverem** *(Cic.)*; **b)** *(Ter.) (zur Bez. der Mittelmäßigkeit)* so; (in Antworten) **sic satis** es geht so.

sīca, ae *f (seco)* Dolch; *(meton.)* Meuchelmord, *auch Pl.*

Sicambrī = *Sigambri.*

Sicānī, ōrum *m vorindogermanische Ureinwohner Siziliens;* – *Adj.* **Sicān(i)us,** a, um, *fem. auch* **Sicānis,** nidis sikanisch, *übh.* sizi-

S

lisch; – *Subst.* **Sicānia,** ae *f* = Sizilien.

sīcārius, ī *m (sica)* Meuchelmörder, Bandit; **inter -os alqm accusare, defendere** als Meuchelmörder; **quaestio inter -os** Untersuchung wegen Meuchelmordes; **lege de -is condemnari; in exercenda de -is quaestione**.

Sicca, ae *f Stadt in Numidien, röm. Kolonie m. einem Tempel der Venus (dah.: ~ Veneria); – Einw.* **Siccēnsēs,** ium *m.*

sīccine *Adv. (sic u. -ne*[3]*) (poet.)* so? also?; ~ **agis?; ~ me deserto liquisti in litore?** *(Cat.).*

siccitās, ātis *f (siccus)* ① Trockenheit; Dürre, *Pl.* = anhaltende Dürre;
② *(übtr.)* kernige Gesundheit, Zähigkeit [**corporis**];
③ *(rhet.)* trockene Derbheit; Einfachheit, knapper Ausdruck [**orationis; Attici generis**].

siccō, siccāre *(siccus)* ① *(poet.; nachkl.)* (aus)trocknen [**herbas; capillos; lina madentia; lacrimas; vulnera lymphis** das Blut der Wunden m. Wasser stillen]; *Pass.* vertrocknen, *(v. Personen)* verschmachten;
② trockenlegen [**maria; paludes; agros**]:
③ *(poet.; nachkl.) (übtr.)* leeren, austrinken [**calices; cados; ubera** aussaugen];
④ *(poet.)* melken [**pecudes; ovem**].

sicc-oculus, a, um *(siccus) (Plaut.)* m. trockenen Augen.

siccum, ī *n (siccus)* das Trockene, festes Land; **rostra tenent -um** *(Verg.)*; **in -o.**

● **siccus,** a, um ① trocken, ausgetrocknet, dürr [**litus; glebae; lacus; agri; oculi, genae** tränenlos; **dies** regenlos; **signa** der Große u. Kleine Bär, *weil sie nie im Meer versinken;* **vox** vor Durst vertrocknet]; *(poet.)* trocken machend [**fervor**];
② durstig, lechzend;
③ nüchtern, enthaltsam;
④ stramm, gedrungen; kerngesund;
⑤ *(rhet.)* einfach, schlicht, knapp [**oratio; orator**];
⑥ *(poet.)* dürftig, arm;
⑦ *(poet.)* gefühllos, lieblos.

Sīcelis *s. Sicilia.*

sicelissō, sicelissāre *(gr. Fw.) (Plaut.)* in sizil. Mundart gehalten sein.

Sicilia, ae *f* die Insel Sizilien; – *Einw.* **Siculus,** ī *m;* – *Adj.* **Siculus,** a, um [**mare; pastor** = Theokrit; **oratores; tyrannus** = Phalaris], **Siciliēnsis,** e [**bellum; fretum** Meerenge v. Messina; **pecunia** in Sizilien erworben] *u. (fem.)* **Sīcelis,** lidis [**Musae**].

sicilicissitō, sicilicissitāre *(sicelisso) (Plaut.)* sizil. Art nachahmen.

sīcīlicula, ae *f (Demin. v. sicilis) (Plaut.)* kleine Sichel.

sīcilicus, ī *m (nachkl.)* der achtundvierzigste Teil: **1.** $\frac{1}{48}$ einer Stunde;
② $\frac{1}{48}$ Fuß = ein Viertelzoll.

sīcīlis, is *f (sica) (vor- u. nachkl.)* Sichel, *auch als Waffe.*

sīcine = *siccine.*

Sicoris, is *m Nebenfluss des Ebro, j.* Segre.

sī-cubī *(ubi)* wenn irgendwo.

sīcula, ae *f (Demin. v. sica)* kleiner Dolch; *scherzh. (Cat.)* = *mentula.*

Siculī, ōrum *m* die Sikuler, *indogerm. Bew. Siziliens, aus Italien eingewandert.*

sī-cunde *(unde)* wenn irgendwoher.

● **sīc-ut** *u.* **sīc-utī** *Adv.* ① sowie, gleichwie, wie, *auch m. folg. sic, ita, item;* ~ **dixi;** ~ **apud nos;** ~ **in foro, item in theatro;**
② (b. *Vergleichen)* gleichsam; **me ~ alterum parentem diligit;**
③ wie wenn, als ob; ~ **salutatum introire;** ~ **partā iam victoriā;**
④ wie zum Beispiel;
⑤ in dem Zustand wie, so wie; **epistula,** ~ **erat signata.**

Sicyōn, ōnis *m u. f Stadt nordwestl. v. Korinth, Geburtsort des Aratus;* – *Adj.* **Sicyōnius,** a, um [**baca** Olive].

Sīda, ae *f Hafenstadt in Pamphylien;* – *Einw.* **Sīdētae,** ārum *m.*

sīdereus, a, um *(sidus) (poet.)* ① gestirnt, Sternen-, der Sterne [**caelum; ignes** Sterne; **dea** Göttin der Nacht];
② zur Sonne gehörig, Sonnen-, der Sonne [**lux; ignes** Sonnengluten; **aestus** Sonnenhitze; **coniunx** von den Sternen entstammt *(von Ceyx als dem Sohn des Lucifer)*]; der Sonne geweiht [**colossus**];
③ strahlend, glänzend [**clipeus**].

Sidicīnī, ōrum *m Völkerschaft in Kampanien;* – *Adj.* **Sidicīnus,** a, um.

sīdō, sīdere, sēdī *u.* sīdī, sessum *(vgl. sedeo)*
① sich setzen, sich niederlassen *(in re u. bloß re, auch sub re, super re u. Ä.)* [**in sella; super arbore**]; **sessum ire;**
2. (v. Sachen) a) sich senken, sinken; **nebula campo sederat;** *(übtr.)* **sidente metu** als die Furcht sich legte; **fundamenta imperii sidentia; b)** stecken bleiben, sitzen bleiben, festsitzen; **navis coepit ~.**

Sīdōn, ōnis *f älteste Stadt Phöniziens (südl. v. Beirut), Mutterstadt v. Tyros, j.* Saida; – *Einw.* **Sīdōniī,** ōrum *m; fem.* **Sīdōnis,** idis Sidonierin, Phönizierin; – *Adj.* **Sīdōni(c)us,** a, um, *fem. auch* **Sīdōnis,** idis sidonisch, tyrisch, phönizisch [**tellus** Phönizien; **hospes** = Kadmos; **urbs; moenia; ostrum**]; karthagisch [**equus**]; purpurn [**chlamys**]; – **Sīdōnia,** ae *f* Gegend bei Sidon.

● **sīdus,** deris *n* ① Sternbild, Sterngruppe, *Pl. auch* Tierkreis; **extra sidera** außerhalb des Tierkreises;
② Gestirn, Stern [**Veneris; Martis; lunae; fervidum** Hundsstern];
③ *(poet.; nachkl.) (meton.)* Himmelsstrich, Gegend;

4 *(poet.)* Jahreszeit; **hiberno sidere** im Winter; **mutato sidere** in einer anderen Jahreszeit;
5 *(poet.)* Tag [**brumale** kürzester Tag, Wintersonnenwende];
6 *(poet.)* Nacht; **exactis sideribus;**
7 Witterung, *bes.* Sturm [**Minervae** Sturm, den Minerva erregt];
8 Hitze; Sonnenstich; **pestifero sidere ictus;**
9 *(poet.; nachkl.) Pl.* Himmel; **ad sidera ferre** (lobend) in den Himmel erheben; **vertice sidera tangere;**
10 *(poet.) (übtr.)* Glanz, Zierde [**Fabiae gentis; Macedoniae**].

siem, siēs *usw. (altl.) = sim, sis usw. Konj. Präs. v. sum.*

Sigambrī, ōrum *m germ. Volk, z. Zt. Cäsars zw. Sieg u. Ruhr, v. Tiberius teilweise ins linksrheinische Gebiet umgesiedelt; – Adj.* **Sigamber,** bra, brum.

Sīgēum, ī *n Vorgeb. u. Hafenstadt in der südl. Troas; – Adj.* **Sīgē(i)us,** a, um [**freta; tellus**].

sigillāria, ōrum *n (sigillum) (nachkl.)* 1 röm. Bilderfest, *an dem man einander kleine Wachs- u. Tonfiguren od. Wachs- u. Tonbilder schenkte;*
2 Wachs-, Tonfiguren, Wachs-, Tonbilder;
3 Bilder-, Kunstmarkt.

sigillātus, a, um *(sigillum)* m. kleinen Figuren *(in erhabener Arbeit)* verziert [**putealia**].

sigillum, ī *n (Demin. v. signum)* 1 Bildchen, Relief, kleine Figur, Statuette;
2 Siegel; **-a in cera imprimere.**

sīgnātor, ōris *m (signo)* Untersiegler, Unterzeichner *einer Urkunde* [**falsus** Urkundenfälscher].

sīgnātōrius, a, um *(signator) (spätl.)* Siegel- [**anulus**].

Sīgnia, ae *f Stadt in Latium, j.* Segni; – *Einw.* **Sīgnīnī,** ōrum *m.*

sīgni-fer *(signum u. fero)* **I.** *Adj.* fera, ferum gestirnt [**orbis** Tierkreis; **caelum**];
II. *Subst.* ferī *m* 1 Tierkreis;
2 Fahnenträger;
3 *(übtr.)* Anführer, Leiter [**iuventutis**].

sīgnificāns, *Gen.* antis *(significo) (nachkl., klass. nur Adv.)* deutlich, klar.

sīgnificantia, ae *f (significo)* 1 *(nachkl.)* Deutlichkeit, Anschaulichkeit;
2 *(spätl.)* Bedeutung, *auch Pl.*

sīgnificātiō, ōnis *f (significo)* 1 Bezeichnung, Andeutung, Zeichen [**virtutis; timoris; victoriae; rerum futurarum; fumo facta** Rauch-, Feuerzeichen]; **significationem alcis rei facere** *od.* **dare** etw. erkennen lassen;
2 Beifall(szeichen), Beifallsruf [**comitiorum et contionum**];
3 *(rhet. t. t.)* Nachdruck, Emphase;
4 Bedeutung, Sinn *eines Ausdrucks od. eines Wortes;* **verbum dubiae significationis;**
5 *(Sen.)* Ausspruch, Satz.

sīgnificātīvus, a, um *(significo) (spätl.)* bezeichnende Kraft habend, zur Bezeichnung v. etw. dienend, bedeutungsvoll [**sanguis**].

● **sīgnificō,** sīgnificāre *(signum u. facio)* 1 (ein) Zeichen geben [**inter se** einander Zeichen des Einverständnisses geben];
2 *(übtr.)* anzeigen, andeuten, zu erkennen geben, bezeichnen [**luctum; suam voluntatem; Zenonem** anspielen auf; *(m. dopp. Akk.)* **alqm regem**]; *(auch m. A. C. I., ut od. indir. Frages.);*
3 *(Zukünftiges)* verkünden, anzeigen [**futura**];
4 *(v. Worten u. Ä.)* bedeuten.

sīgnō, sīgnāre *(signum)* 1 m. (einem) Zeichen, m. einem Merkmal versehen, bezeichnen [**locum; campum limite** begrenzen; **carmine saxum** m. einer Inschrift versehen; **humum pede** betreten; **summo vestigia pulvere** die Fläche des Sandes m. flüchtigen Spuren versehen; **ora primā iuventā** m. dem ersten Flaum der Jugend];
2 *(poet.; nachkl.) (m. Feder, Pinsel, Griffel)* einschneiden, einkerben, eingraben, einschreiben, (auf)zeichnen [**nomina saxo; caeli regionem in cortice**];
3 anzeigen, kenntlich, erkennbar machen, angeben [**viam flammis; terras nomine** benennen; **se oculis**]; **ossa nomen signant** (den Namen, den der Ort führt);
4 m. einem Siegel versehen, be-, versiegeln [**volumina; arcanas tabellas; epistulam; libellum**];
5 *(Münzen)* m. Stempel versehen, prägen [**pecuniam**];
6 *(dem Gedächtnis)* einprägen [**nomen pectore**];
7 *(poet.)* festsetzen, bestimmen [**iura**];
8 *(poet.)* auszeichnen, schmücken [**celebrem festo honore diem**];
9 *(poet.)* färben, beflecken [**plumam sanguine; herbam**];
10 *(Verg.)* bemerken, beobachten [**ultima** das Ziel ins Auge fassen];
11 *(Mart.)* schließen, beenden [**quinquennium**];
12 *(mlt.)* das Zeichen des Kreuzes machen, segnen; **se ~** sich bekreuzigen.

● **sīgnum,** ī *n* 1 (Kenn-)Zeichen, Merkmal; **-a pedum sequi** den Fußspuren folgen; **pecori -um imprimere** einbrennen; **iuvenca nullum servitii -um cervice gerens** *(v. Joch);* **oculis alci -um dare; -a timoris mittere** äußern;
2 Zeichen, etw. zu tun, Signal; **-um dare cantandi** zum Singen;
3 *(milit.)* **a)** Befehl, Kommando, Signal [**profectionis** zum Aufbruch]; **-um receptui dare**

S

zum Rückzug; **-o dato** auf ein gegebenes Signal; **-um tubā dare**; **b)** Feldzeichen, Banner, Fahne [**legionum**]; **-a movere, tollere, convellere, ferre,** aufbrechen, losmarschieren; **-um pugnae proponere; -a ferre in hostes** *u.* **-a inferre hostibus** *(od.* **in, adversus, contra hostes***)* die Feinde angreifen; **-a vertere** kehrtmachen; **-a relinquere** *u.* **a -is discedere** desertieren; **sub -is urbem intrare** in Reih u. Glied; **-a conferre** die Feldzeichen vereinigen, sich zusammenziehen [*in unum locum*]; aneinander geraten, angreifen [*cum hoste*]; **collatis -is pugnare** in offener Feldschlacht kämpfen; **c)** Abteilung *eines Heeres,* Kohorte, Manipel; **milites unius -i; terror Latinorum -a turbavit; d)** *(nicht klass.)* Parole, Losung(swort); ~ **„optimae matris"**;

④ Wahrzeichen, Vorzeichen, Indiz [**morborum**]; **habere -a ex alqa re;**

⑤ Beweis(grund); **hoc ~ est** *u.* **hoc -i est** *(m. A. C. I.);*

⑥ Götterbild, Bild, Figur [**pictum; marmoreum; Iovis**]; **palla -is auroque rigens** m. Goldfiguren bestickt;

⑦ Siegel, Wappen [**anuli; publicum** Staatswappen]; **-um epistulae detrahere**;

⑧ Sternbild, Gestirn [**brumale; pluviale capellae; leonis**]; **-orum ortus et obitus**;

⑨ *(mlt.)* **a)** Wunder(zeichen); **b)** verkürzte Unterschrift, Monogramm.

sīl¹, sīlis *n* Ocker.

sil², silis *n (nachkl.) = seselis.*

Sīla, ae *f Bergwald in Bruttium.*

sīlāceus, a, um *(sil¹)* ockergelb.

sīlānus *(Silenus) (poet.; nachkl.)* **I.** *Subst.* ī *m (aus einem Silenkopf sprudelnder)* Springbrunnen;

II. *Adj.* a, um plattnasig.

Silarus, ī *m Fluss in Lukanien, j.* Sele.

silenda, silentēs *s. sileo.*

● **silentium,** ī *n (sileo)* ① das (Still-)Schweigen, Stille, *poet. oft Pl.* [**ruris; lunae** der Mondnacht; **noctis**]; **(cum) -o** *od.* **per -um** stillschweigend [*alqd audire; proficisci*]; **cum -o audiri** aufmerksam angehört werden; **-o praeterire, praetervehi, transmittere** m. Stillschweigen übergehen; **egredi -o** ohne ein Geräusch; ~ **fit** tritt ein; **ubi ~ coepit** als es still wurde; **rumpere -a voce; facere -um fabulae** dem Schauspiel ruhig zusehen; *aber:* **-um facere classico** *(od.* **aspectu***)* sich Gehör verschaffen; **furto -a demere** den Diebstahl ausplaudern;

② Ungestörtheit *b. den Auspizien;*

③ *(übtr.)* Untätigkeit, Ruhe, Muße [**inter armatos; iudiciorum ac fori**]; **vitam -o transire**;

④ Ruhmlosigkeit; **laudem alcis iam prope senescentem ab oblivione hominum atque a -o vindicare** der ruhmlosen Vergessenheit entreißen.

Sīlēnus, ī *m* Silen, *Erzieher u. Begleiter des Bacchus (kahlköpfig, plattnasig, betrunken auf einem Esel reitend); Pl. (Cat.; Plin.)* Silene = alte Satyrn.

● **sileō,** silēre, siluī, – **I.** *intr.* still sein, schweigen, *poet. auch v. Lebl.;* ~ **de re publica; silent loca late; silet aequor;** – *P. Adj.* **silēns,** *Gen.* entis schweigend, still; **nocte silenti** *od.* **silente; umbrae silentes** der Verstorbenen; – *Subst.* **silentēs,** tum *m (poet.)* **a)** die Verstorbenen, Toten *in der Unterwelt;* **sedes silentum** Unterwelt; **rex silentum** Pluto; **b)** die Pythagoreer;

② *(übtr.)* untätig sein, feiern, ruhen, *v. Personen u. Sachen;* **inter arma silent leges; silent carmina;**

II. *trans.* etw. verschweigen, unerwähnt lassen [**fortia facta; merita alcis**]; – *Subst.* **silenda,** ōrum *n* Geheimnisse, Mysterien.

siler, eris *n (poet.; nachkl.)* Bachweide.

silēscō, silēscere, – – *(Incoh. v. sileo) (poet.)* ① still werden; **domus silescit;**

② *(übtr.)* ruhig werden, sich legen; **venti silescunt; caeli furor silescit.**

silex, licis *m u. f* ① harter Stein, Kiesel(stein), Feuerstein, Granit; **viam silice sternere** pflastern; **rupes durissimi silicis;** – *(oft zur Bez. der Hartherzigkeit:* Stein; **verba duros silices motura:**

② *(poet.) (meton.)* Fels [**acuta**]; **silicum cavernae.**

silicernium, ī *n (vorkl.)* Leichenschmaus; *(übtr., als Schimpfw.)* alter Knacker.

silīgineus, a, um *(siligo)* aus Weizenmehl, Weizen- [**panis**].

silīgō, ginis *f (nachkl.)* sehr heller Winterweizen; *(meton.)* feines Welzenmehl.

siliqua, ae *f* Schote *der Hülsenfrüchte; (meton.) Pl.* Hülsenfrüchte.

Sīlius, a, um *Name einer pleb. gens in Rom:* ① P. ~ Nerva, *51 v. Chr. Proprätor in Bithynien u. Pontus;*

② Tib. Catius ~ Italicus, *epischer Dichter der Kaiserzeit (etwa 35 – um 100 n. Chr.).*

sillybus, ī *m (gr. Fw.)* Titelstreifen *an Bücherrollen.*

silua *(poet.) = silva.*

Silurēs, rum *m Volk in Wales.*

silūrus, ī *m (gr. Fw.) (nachkl.) ein Flussfisch.*

silus, a, um plattnasig; Silus *als cogn.*

● **silva,** ae *f* ① Wald, Waldung, Forst, Gehölz [**densa; pinea; publicae** Staatsforsten]; **dea -arum** = Diana; **-arum numina** = Faune u. Satyrn;

② Park;

③ *(poet.) (meton.)* Baum, Bäume, Strauch, Sträucher, Gestrüpp;

④ *(poet.) (übtr.)* Wald v. Speeren;

⑤ große Menge, Fülle, reicher Vorrat [**dolo-**

rum; virtutum et vitiorum]; *(nachkl.) als Titel v. Schriften (weg. der Mannigfaltigkeit des Stoffes);*
⑥ *(nachkl.)* unverarbeiteter Stoff, Konzept.

Silvānus, ī *m Gott des Waldes, des Feldes u. der Herden, vielfach m. Pan bzw. Faunus gleichgesetzt; Pl.* Wald- u. Feldgottheiten.

silvāticus, a, um *(silva) (vor- u. nachkl.)* in der Wildnis wachsend *od.* lebend, wild [**pirus; mus; porcus**].

silvēscō, silvēscere, – – *(silva)* verwildern.

silvestris, e *u. (poet.; nachkl.)* **silvester,** tris, tre *(silva)* ① waldig, bewaldet, Wald- [**loca; collis**]; – *Subst.* **silvestria,** ium *n* waldige Gegenden;
② im Wald (befindlich, lebend), Wald- [**tauri; belua** Wölfin; **materia** Holz aus den Wäldern; **umbra**];
③ *(poet.)* ländlich [**Musa; carmen**];
④ *(poet.; nachkl.)* wild(wachsend) [**baca; rosa**]; *(übtr.)* wild, roh [**gens; animus**].

Silvia *s. Rea.*

silvi-cola, ae *m u. f (silva u. colo)* Waldbewohner(in).

silvi-cultrīx, īcis *(silva) (Cat.) (f)* im Walde wohnend [**cerva**].

silvi-fragus, a, *um (silva u. frango)* Wald zerschmetternd [**flabra**].

Silvius, ī *in Sohn des Äneas u. der Lavinia: er folgte dem älteren Halbbruder Ascanius als König v. Alba Longa; die Nachfolger aus seinem Geschlecht führten den Namen weiter.*

silvōsus, a, um *(silva)* waldreich, waldig [**saltus**].

silvula, ae *f (Demin. v. silva) (nachkl.)* Wäldchen.

sīmia, ae *f u. (poet.)* **sīmius,** ī *m (simus)* Affe; *auch als Schimpfw.;* **simius iste** dieses Affengesicht; – *(Plin.) (übtr.)* törichter Nachahmer [**Stoicorum**].

simila, ae *f (nachkl.)* feinstes Weizenmehl; *(spätl.)* Brötchen.

simile, lis *n (Abl. Sg. -ī) (similis)* Gleichnis, ähnliches Beispiel; *Pl.* das Ähnliche; **simili uti.**

● **similis,** e ähnlich, gleichartig *(m. Gen. od. Dat.; re: durch, in etw.; alqd: an, in etw.; inter se: untereinander; m. folg. ac, atque: wie; m. ut si od. ac si, tamquam si m. Konj.: ähnlich wie wenn)* [**animus; culpa; patris; deorum; veri** *u.* **vero** wahrscheinlich; **moribus**].

● **similitūdō,** dinis *f (similis)* ① Ähnlichkeit, Gleichartigkeit *(m. Gen. subi. u. obi.; inter alqos)* [**hominum; sapientium; studiorum; parentis** m. dem Vater; **veri** Wahrscheinlichkeit; **dei** *u.* **cum deo** m. Gott; **inter homines et bestias**]; Charakterähnlichkeit; *(konkr.)* etw. Ähnliches, Nachbildung;
② Analogie, Anwendung auf ähnliche Fälle;
③ Gleichnis;
④ Einförmigkeit.

similō, similāre *(similis) (Vulg.; spätl.)* ähnlich machen.

sīmiolus, ī *m (Demin. v. simius)* Äffchen; *(als Schimpfw.)* Affengesicht.

simītū *Adv. (vgl. simul) (vorkl.)* zugleich.

sīmius, ī *m s. simia.*

sīmō, sīmāre *(simus)* aufstülpen, platt drücken.

Sīmō, ōnis *m verliebter Greis in der Komödie.*

Simoīs, oentis *m Nebenfluss des Skamander in Troas, j.* Dümrek Çayc.

Simōnidēs, is *u.* ae *m griech. Lyriker aus Iulis auf Keos, etwa 556 bis 467 v. Chr., galt als Erfinder der Mnemotechnik;* – *Adj.* **Simōnidēus,** a, um.

● **sim-plex,** *Gen.* plicis *(vgl. sem-el)* ① einfach, nicht zusammengesetzt, unvermischt [**aqua** reines; **natura**]; *(übtr.)* nicht kompliziert [**genus rei publicae; causa; fortuna** nicht wechselnd]; – *Adv.* simpliciter geradezu, lediglich [**sententiam referre; defendere**];
② einfach, gewöhnlich [**mors** *u.* **genus mortis** ohne besondere Martern];
③ einzeln, einer für sich, ein; **simplici ordine urbem intrare** in einer Reihe;
④ ehrlich, offen, treuherzig, arglos, naiv [**animus; cogitationes**];
⑤ natürlich, ungekünstelt, schlicht [**verba**]; **simpliciter loqui;**
⑥ *(spätl.) (pejor.)* einfältig.

simplicitās, ātis *f (simplex)* Einfachheit; *(übtr.)* Ehrlichkeit, Offenheit, Treuherzigkeit, Arglosigkeit, Aufrichtigkeit [**iuvenis; puerilis; Romana**].

simplum, ī *n (vgl. simplex)* das Einfache.

simpulum, ī *n* Schöpfgefäß, -kelle, -löffel; *(sprichw.)* **excitare fluctūs in -o** viel Lärm um nichts machen.

simpuvium, ī *n* Opferschale.

● **simul** *(< simile, v. similis)* **I.** *Adv.* ① zugleich, gleichzeitig [**venire**]; **Camillus trium simul bellorum victor** *(Liv.);* – simul cum *od. m. bl. Abl.* zugleich mit: **animi simul cum corporibus; voluntas simul cum spe; simul his dictis;** – simul … et *(od.* -que, atque*)*: **simul honoribus atque virtutibus;** – *(poet.; nachkl.)* **simul … simul** ebenso sehr … als, sowohl … als auch, teils … teils; – *beim Part. Präs. (poet.)* **simul hoc dicens** gleich bei diesen Worten;
② zusammen, beisammen;
II. *Kj.* **simul, simul ac** *(u.* **simulac***),* **simul atque** *(u.* **simulatque***) u.* **simul ut** *(od.* **primum***) (m. Ind. Perf.)* sobald als; **simul atque increpuit; simul ac profugit; simul inflavit tibicen.**

● **simulac** *s. simul II.*

● **simulācrum,** ī *n (simulo)* ① (Ab-)Bild *(v. Statuen, Gemälden, Reliefs)* [**Helenae; templi; oppidorum; cereum** Wachspuppe];

② *(poet.)* Spiegelbild;
③ *(poet.)* Traumbild, *meist Pl.;* **-a inania somni;**
④ *(poet.; nachkl.)* Schatten *eines Toten;* **-a pallentia;**
⑤ Charakterbild, -schilderung [**viri**];
⑥ Nachbildung [**pugnae** Scheingefecht, Manöver];
⑦ Schein-, Trugbild, Abbild, Phantom [**libertatis; virtutis**];
⑧ *(Lucr.) (philos. t. t.)* das *(dem Geist vorschwebende)* Abbild eines Gegenstandes;
⑨ *(Plaut.)* Gleichnis;
⑩ *(spätl.)* Götzenbild.

simulāmen, minis *n (simulo) (poet.; spätl.)* Nachahmung.

simulāns, *Gen.* antis *(P. Adj. v. simulo) (Ov.)* nachahmend *(m. Gen.)* [**vocum**].

simulātē *Adv. v. simulatus, s. simulo.*

simulātiō, ōnis *f (simulo)* ① Heuchelei, Verstellung; *Pl. (nachkl.)* Verstellungskünste; **simulationum nescius;**
② Vorwand, Schein, (Vor-)Täuschung [**virtutis; emptionis** Scheinkauf; **prudentiae** Scheinklugheit; **timoris** scheinbare Angst; **rei frumentariae** angeblicher Getreidemangel; **moenium occupandorum** Scheinangriff]; **simulatione** *u.* **per simulationem** *(m. Gen.)* unter dem Schein [*z. B. rei publicae* angeblich im Interesse des Staates; *equitum* scheinbar als Reiter; *legis agrariae; hostium* die Feinde zum Vorwand nehmend].

simulātor, ōris *m (simulo)* ① *(poet.)* Nachahmer *(m. Gen.)* [**figurae**];
② *(übtr.)* Heuchler *(in etw.: Gen. od. in m. Abl.), (abs.)* Meister in der Verstellungskunst.

● **simulatque** *s. simul II.*

● **simulō,** simulāre *(similis)* ① ähnlich machen, *bes. P. P. P.* **simulatus alci** in jmds. Gestalt: **Minerva Mentori simulata;**
② *(poet.)* nach-, abbilden, darstellen *(m. Akk. od. A. C. I.);* **aera Alexandri vultum simulantia; Iuno simulavit anum** nahm die Gestalt einer alten Frau an;
③ *(poet.)* nachahmen [**Bacchi furias; vultu torvo Catonem**];
④ *(übtr.)* vorgeben, (er)heucheln, vorspiegeln [**morbum** *od.* **aegrum** sich krank stellen; **iracundiam; mortem; gaudia vultu**]; **Simulans** „der Heuchler", *Titel eines Lustspiels des Afranius;* – *P. Adj.* **simulātus,** a, um erheuchelt, scheinbar, zum Schein [**lacrimae; amicitia; sedulitas**];
⑤ *(m. A. C. I. od. Inf.)* so tun, als ob; **se Tarentum proficisci simulavit; Solon se furere simulavit.**

simultās, ātis *f (Gen. Pl.* -atum *u.* -atium) *(similis)* Eifersucht, Rivalität, gespanntes Verhältnis, Groll, Feindschaft; **~ alci cum alqo est** *od.* **intercedit** besteht; **in simultate cum alqo esse; ~ exoritur cum alqo; simultatem deponere.**

simulter *Adv. (altl.)* auf ähnliche Weise *(= similiter, Adv. v. similis).*

sīmulus, a, um *(Demin. v. simus) (Lucr.)* etw. plattnasig.

sīmus, a, um *(gr. Fw.) (poet.; nachkl.)* plattnasig [**capella**].

● **sīn** *Kj. (si u. ne[1])* wenn aber, wofern aber, wenn dagegen, *m. vorausgegangener od. zu ergänzender Bedingung; verstärkt: sin autem;* **si domi sum, foris est animus; sin foris sum, animus domi est;** – sin minus *u.* sin aliter wenn aber nicht, wo nicht, sonst, andernfalls.

sināpis, is *f u.* **sināpi** *undekl. n (gr. Fw.) (vorkl.)* Senf.

sincēritās, ātis *f (sincerus) (poet.; nachkl.)* Aufrichtigkeit, Ehrlichkeit; Lauterkeit.

● **sincērus,** a, um ① rein, unvermischt [**populus; proelium equestre** bloßes Reitergefecht];
② echt, unverfälscht, ungeschminkt, natürlich [**genae**];
③ unverdorben, unversehrt [**Minerva** jungfräulich; **voluptas, gaudium** ungetrübt; **iudicium**]; *(poet.)* gesund [**corpus**];
④ ehrlich, aufrichtig [**pronuntiator rerum gestarum; fides**]; **Fabii Annales, bonae atque sincerae vetustatis libri.**

sincipitāmentum, ī *n (sinciput) (Plaut.)* Vorderkopfstück.

sin-ciput, pitis *n (caput) (vor -u. nachkl.)* Vorderkopf; *(meton.)* Hirn.

Sindēnsēs, ium *m Einw. v. Sinda in Pisidien.*

Sindēs, *Akk.* -ēn *in Fluss in Medien.*

sindon, onis *f (gr. Fw.) (nachkl.)* ind. Baumwolle; *(meton.)* baumwollenes Gewand.

● **sine** *Präp. b. Abl.* ohne; **sine ullo commodo** ohne allen Vorteil; **sine aliquo commodo** ohne bedeutenden Vorteil; **non sine aliquo commodo** nicht ohne einigen Vorteil; **sine omni periculo** ohne jede Gefahr; **haud sine ira plebis**; *oft im Litotes:* **non sine cura** m. besonderer Sorgfalt; *oft ein neg. Adj. vertretend:* **exercitus sine duce** führerlos; **civitas sine imperio** herrscherlos; **homo sine re** *od.* **sine fortunis** besitzlos; **homo sine spe** hoffnungslos; **homo sine sede** heimatlos; **sine ullo sensu** besinnungslos; – *bisw. bei Hor. dem Kasus nachgest.:* **vitiis nemo sine nascitur** fehlerlos.

singillāriter *Adv. (singuli) (Lucr.)* einzeln.

singillātim *Adv. (singuli)* einzeln, im Einzelnen; **ad pedes omnium ~ accidere; ~ disserere** im Einzelnen; **centuriones ~ tribunosque militum appellat** *(Caes.).*

singulārēs, rium *m (singularis; erg. equites) (nachkl.)* berittene Ordonnanzen, berittenes *(kaiserl.)* Elitekorps; **ala singularium.**

singulāria, ium *n (singularis)* Auszeichnungen.

● **singulāris,** e *(singuli)* ① einzeln, vereinzelt; ~ **homo privatus vix sese in fortunis continet** *(Cic.)*;
② eines Einzelnen, Einzel-, Allein- [**imperium** Alleinherrschaft; **certamen** Zweikampf; **odium** Privathass];
③ ausgezeichnet, vortrefflich, außerordentlich, hervorragend [**ingenii acumen; honores; fides; virtus; in philosophia; ingenio atque animo**];
④ *(pejor.)* absonderlich, beispiellos, unerhört [**crudelitas**]; **homo singulari culpiditate praeditus**;
⑤ *(Suet.) (v. Örtl.)* abgesondert, abgelegen.

singulārius, a, um *(singuli)* ① einzeln;
② *(Gell.)* außerordentlich [**velocitas**].

singulātim = *singillatim.*

● **singulī,** ae, a *(Sg. singulus vorkl. u. spätl.) (vgl. semel)* ① je einer, jeder Einzelne; **-is diebus** *u.* **in dies -os** von Tag zu Tag, täglich; **quibus -ae naves erant attributae** *(Caes.)* jedem ein Schiff;
② einzeln, allein [**carri** einzeln hintereinander]; **senatoribus -is plausus est datus** jedes Mal, wenn einer kam.

singultim *Adv. (singultus) (Hor.)* stockend [**pauca loqui**].

singultō, singultāre *(poet.; nachkl.)* **I.** *intr.* schluchzen; *(v. Sterbenden)* röcheln;
II. *trans.* hervorschluchzen [**sonos**]; *(v. Sterbenden)* ausröcheln [**animam**].

singultus, ūs *m (singulto)* ① das Schluchzen; **mitte singultūs** *(Hor.)* lass das Weinen;
② *(poet.; nachkl.) (v. Sterbenden)* das Röcheln, *auch Pl.;*
③ *(nachkl.)* Schluckauf;
④ *(nachkl.)* das Glucksen *(des Wassers).*

singulus, a, um *s. singuli.*

Sinis, is *m Straßenräuber b. Korinth, den Theseus tötete.*

● **sinister,** tra, trum *(Komp.* sinisterior, us; *Adv.* -tre) ① der linke, links, zur Linken (befindlich) [**manus; oculus; calceus; ripa; cornu**]; **a sinistra parte** auf der linken Seite; **rota sinisterior** zu weit links gelenkt;
② *(poet.; nachkl.) (übtr.)* linkisch, ungeschickt, verkehrt [**mores; interpretatio; liberalitas; instituta**];
③ *(rel. t. t.)* **a)** *(nach altröm. Ritus, b. dem der Augur nach Süden blickt u. den Osten zur Linken hat)* glücklich, günstig [**cornix; tonitrus; volatus avium**]; **b)** *(nach griech. Auffassung, b. der der Priester nach Norden blickt u. den Osten zur Rechten hat)* unheilverkündend, unheilvoll, unglücklich, ungünstig [**omen; aves; fulmen**];
④ *(poet.; nachkl.)* unglücklich, widerwärtig [**signa; pugna**];
⑤ *(nachkl.)* böse, böswillig [**sermones; rumor**].

sinisteritās, ātis *f (sinister) (Plin.; spätl.)* Ungeschicklichkeit.

sinistra, ae *f (sinister)* die linke Hand, die Linke, die linke Seite; **dextrā ac -ā** zur Rechten u. zur Linken.

sinistrī, ōrum *m (sinister)* die Leute auf dem linken Flügel.

sinistrōrsum *u.* **-us** *Adv. (< *sinistrō-vorsum u. -us; sinister u. verto)* nach links.

● **sinō,** sinere, sīvī *u. (altl.)* siī, situm *(Perf.-Formen oft synk.: sīstī, sīris, sīrit, sīritis, sīsse(m) u. a.)* ① (zu)lassen, erlauben, gestatten [**arma viris** überlassen]; **sine hanc animam** lass mir das Leben; *(m. A. C. I.)* **nos transalpinas gentes oleam et vitem serere non sinimus**; *(im Pass, m. N. C. I.)* **Milo Clodium accusare non est situs**; *(m. ut, ne od. m. bl. Konj.)* **sine pascat aretque** *(Hor.)* lass, mag, möge; **feriant, sine, litora fluctus** *(Verg.)*;
② *(vorkl.; poet.)* ablassen, sein lassen; **nunc sinite.**

Sinōn, ōnis *m in Vergils Aeneis (2, 57 …) ein Grieche, der die Trojaner überredete, das hölzerne Pferd in die Stadt zu bringen.*

Sinōpa, ae *u.* **ē,** -ēs *f von Milet im 7. Jahrh. v. Chr. gegründete Stadt am Schwarzen Meer, Geburtsort des Kynikers Diogenes; – Einw.* **Sinōpēnsēs,** ium *u. (Sg.)* **Sinōpeūs,** eī *m.*

sinōpis, pidis *f (Plin.)* Eisenocker, Rötel.

Sinuessa, ae *f Stadt im südl. Latium; – Adj.* **Sinuessānus,** a, um.

sīnum, ī *n* weitbauchiges Tongefäß.

sinuō, sinuāre *(sinus[1]) (poet.; nachkl.)* bogenartig krümmen, biegen, winden [**nervum** spannen; **terga; orbes** Kreise bilden]; – *mediopass.* sich krümmen, sich schlängeln, sich winden: **serpens sinuatur in arcūs.**

sinuōsus, a, um *(sinus[1]) (poet.; nachkl.)* gekrümmt, gewunden; faltenreich, bauschig [**vestis**].

● **sinus[1],** ūs *m* ① Krümmung, Biegung, Rundung, Bogen; **sinum dare** *od.* **facere** einen Bogen bilden;
② *(poet.)* Schwellung des Segels; *(meton.)* Segel; **sinus solvere** die Segel locker lassen;
③ Falte *eines Kleides; durch Gürtung entstehender Bausch der Toga* = Tasche, Geldbeutel; **sinum floribus implere**;
④ *(meton.)* faltiges Gewand [**auratus; regalis**];
⑤ Windung *der Schlange;* **draco sinūs conficit (flectit)**;
⑥ Meerbusen, Bucht [**maritimus**]; – *(meton.)* das um den Meerbusen liegende Land [**Campaniae**];
⑦ Landvorsprung, -zunge, Halbinsel;
⑧ Kessel, Schlund *der Erde;* **terra in sinum consedit** brach kesselförmig ein;

S

⑨ *(poet.)* kesselförmige Vertiefung; Talgrund;
⑩ Busen, Brust, Arme, Umarmung, Schoß *(konkr. u. übtr.)*; **rapta sinu matris; in sinum alcis venire; in sinu gaudere** sich innerlich (heimlich) freuen; **alqm e sinu gremioque patriae abstrahere; optatum negotium alci in sinum defertur** fällt in den Schoß; **in sinum philosophiae compelli** sich der Philosophie in die Arme werfen; **illum unda accepit sinu** *(Verg.)*;
⑪ zärtliche Liebe, Vertrauen, (freundschaftlicher) Schutz, (liebevolle) Obhut; **in sinu alcis esse** v. jmdm. geliebt werden; **genus de complexu eius et sinu** seine Lieblinge u. Busenfreunde; **res publica in sinum Vespasiani cessit** flüchtete sich;
⑫ Innerstes *eines Gegenstandes,* Herz; **hostes in sinu urbis sunt;**
⑬ *(nachkl.)* Zufluchtsort, Schlupfwinkel [**occultus**];
⑭ *(Tac.)* Gewalt, Macht [**praefectorum**].

sīnus², ī *m = sinum.*

sīparium, ī *n (gr. Fw.)* ① kleiner Vorhang *b. den Zwischenszenen der Komödie; (übtr.)* **post -um** hinter den Kulissen, heimlich;
② *(nachkl.) (meton.)* Komödie.

sīp(h)arum, ī *n u.* **-us,** ī *m (gr. Fw.) (poet.; nachkl.)* Topp-, Bramsegel.

Siphnos, ī *f Zykladeninsel.*

sīp(h)ō, ōnis *m (gr. Fw.) (nachkl.)* Röhre:
① Heber;
② Feuerspritze.

sīp(h)unculus, ī *m (Demin. v. sip[h]o) (nachkl.)* kleines Springbrunnenrohr.

Sipylus, ī *m Gebirge in Lydien.*

sī-quandō *Kj.* wenn einmal.

si-quidem *Kj.* ① wenn wirklich, wenn nämlich, allerdings wenn;
② weil ja, (in)sofern.

sīremps(e) *(vor -u. nachkl.)* ganz gleich, ebenso.

i Kultur **Sīrēn,** ēnis *f* Sirene, meist *Pl.* **Sīrēnēs,** num Sirenen, in der Sage Töchter des Acheloos, Vögel m. Mädchenköpfen, die m. Gesang die Vorübersegelnden an die Klippen ihrer Insel in der Nähe v. Sorrent ins Verderben lockten; *(poet.) (übtr.)* Verlockerin, Verführerin.

Sīrius *(gr. Fw.) (poet.)* **I.** *Subst.* ī *m* Hundsstern, *der z. Zt. des heißesten Sommers aufgeht;*
II. *Adj.* a, um des Sirius [**ardor**].

Sirmiō, ōnis *f Halbinsel im südl. Teil des Gardasees, bekannt durch eine Villa Catulls, j.* Sirmione.

sirpe, pis *n (Plaut.)* Saft der Sirpepflanze.

sirpeus, sirpiculus, sirpus *s. scirp…*

sīrus, ī *m (gr. Fw.) (nachkl.)* Getreidegrube.

sīs¹ *(altl.) = sī vīs (vgl. sultis)* wenn's beliebt, *bes. beim Imp.* = doch; **refer animum, sis, ad veritatem.**

sīs² *(Lucr.) = suis (v. suus).*

Sisapō, ōnis *f Stadt im südl. Spanien.*

Sīsenna, ae *m* L. Cornelius ~, *röm. Redner u. Geschichtsschreiber z. Zt. Ciceros, gest. 67 v. Chr.*

siser, eris *n (gr. Fw.) (poet.; nachkl.)* Feldsalat.

● **sistō,** sistere, stitī *u.* stetī, statum *(sto)* **I.** *trans.* ① (hin)stellen, (hin)bringen, (hin)führen [**aciem in litore; huc sororem; suem ad aram; alci iaculum in ore** in den Mund stoßen; **se** sich einstellen, sich einfinden];
② *(nicht klass.)* errichten, aufstellen [**templum; monumenta; effigies**];
③ zum Stehen bringen, an-, zurückhalten, hemmen, einstellen [**legiones; equos; impetum; se; gradum** *od.* **pedem; fugam; querelas** beenden; **populationem; sitim; lacrimas; aquam; certamina; labores**];
④ (be)festigen [**rem Romanam; civitatem consuetis remediis**]; – *P. Adj.* **status,** a, um fest(gesetzt), bestimmt; periodisch wiederkehrend [**dies; sacrificium; cursus siderum**];
⑤ *(jur. t. t.)* vor Gericht zum Termin stellen, erscheinen lassen [**se** *od.* **vadimonium** sich zum Termin vor Gericht stellen];
II. *intr.* ① sich stellen, hintreten, *Perf.* stehen;
② stillstehen, stehen bleiben, zum Stillstand kommen; **classis stitit; sistunt amnes; sanguis sistit** stockt;
③ *(nicht klass.)* ruhen, Ruhe finden;
④ (fort)bestehen, sich halten; **res publica ~ non potest;** *unpers.:* **sisti non potest** der Zustand ist unhaltbar, so geht es nicht weiter;
⑤ *(jur. t. t.)* sich vor Gericht zum Termin stellen;
⑥ *(mlt.) = sum.*

sīstrātus, a, um *(sistrum) (Mart.)* m. einer Isisklapper versehen.

sīstrum, ī *n (gr. Fw.)* Isisklapper.

sisura, ae *f (gr. Fw.) (Plaut.)* einfache Pelzdecke.

sisymbrium, ī *n (gr. Fw.) (bot.)* Brunnenkresse.

i Kultur **Sīsyphus** *u.* **-os,** ī *m* Sohn des Äolus, Erbauer u. König v. Korinth, Stifter der Isthmien, berüchtigt als verschlagener Straßenräuber u. Frevler geg. die Götter, v. Theseus getötet, in der Unterwelt dazu verurteilt, einen immer wieder zurückrollenden Felsblock bergauf zu wälzen; – *Adj.* **Sīsyphius,** a, um des Sisyphus; *übh.* korinthisch; **sanguine cretus Sisyphio** = Odysseus (Sohn des Sisyphus u. der Antiklea vor ihrer Vermählung m. Laertes); – *Patron.* **Sīsyphidēs,** ae *m* Odysseus.

sitella, ae *f (Demin. v. situla)* Lostopf, Stimmurne *(ein Gefäß, das m. Wasser gefüllt wurde u. in das hölzerne Lose geworfen wurden; enghalsig, so dass immer nur ein Los oben schwimmen konnte)*; **-am deferre de alqo** über jmd. abstimmen lassen.

Sīthōn, onis *m König in Thrakien; – Adj.* **Sīthōn,** *Gen.* onis, **Sīthonius,** a, um *u. (fem.)* **Sīthonis,** nidis sithonisch, thrakisch, *Subst.* Thrakier(in).

sitīculōsus, a, um *(sitis)* dürstend, lechzend, trocken [**Apulia**]; Durst erzeugend [**aestas**].

sitienter *Adv. (v. sitiens, s. sitio)* durstig, m. Heißhunger, gierig [**haurire salutares aquas; expetere**].

sitiō, sitīre *(sitis)* ① durstig sein, dürsten, lechzen *(nach etw.: Akk.)* [**aquam**]; *auch Pass.:* **aquae sitiuntur** man lechzt nach Wasser; *(sprichw.)* **mediis ~ in undis** *(Ov.)* im Reichtum darben;
② *(v. Örtl.)* wasserarm, dürr, trocken sein; *(v. Pflanzen)* vertrocknet sein; **sitit tellus, herba;**
③ *(übtr.)* nach etw. lechzen, etw. leidenschaftlich verlangen *(m. Akk.)* [**honores; libertatem; sanguinem**]; – *P. Adj.* **sitiēns,** *Gen.* entis dürstend, lechzend, heißhungrig, gierig [**aures** auf Nachrichten versessen; *(nach etw.: Gen.)* **voluptatis; virtutis**].

● **sitis,** is *f (Akk.* -im, *Abl.* -ī) ① Durst; **sitim colligere** durstig werden *od.* Durst verursachen; **sitim depellere; arentibus siti faucibus;**
② *(poet.) (übtr.)* Dürre, Trockenheit, große Hitze; **regio siti deserta;**
③ heißes Verlangen, heftige Begierde *(nach etw.: Gen.)* [**cruoris; libertatis; argenti**].

sitītor, ōris *m (sitio) (nachkl.)* der Dürstende, jemand, der nach etw. lechzt *(m. Gen.)* [**aquae; sanguinis**].

Sitonēs, num *m* die Finnen.

sittybus, ī *m = sillybus.*

situla, ae *f* Eimer; Losurne.

● **situs¹,** a, um *(sino)* **I.** *als Part.* ① *(vorkl.)* hingelegt, hingestellt; *(Geld)* angelegt;
② *(Tac.)* erbaut, errichtet; **ara Druso -a; urbs a Philippo -a;**
③ begraben, bestattet; **hic ~ est Gaius** *(als Grabschrift)* hier ruht;
II. *als Adj.* ① gelegen, liegend, befindlich; **Carthago -a est in sinu;** *(übtr.)* **ante oculos** *u.* **in oculis ~** vor Augen liegend;
② *(nachkl.) (v. Personen)* wohnend, wohnhaft; **gens -a in convallibus;**
③ *(übtr.)* **situm esse** *(m. in u. Abl.)* beruhen auf, abhängen von; **spes omnis in fuga -a erat; quantum est -um in nobis** so viel an uns liegt.

● **situs²,** ūs *m (sino)* ① Lage, Stellung [**urbis; loci; montis; castrorum; membrorum**]; *Pl.* örtliche Verhältnisse [**gentium**];
② *(Hor.)* Bau; **regalis ~ pyramidum** königlicher Bau der Pyramiden;
③ *(poet.)* langes Liegen, Ruhe; das Brachliegen, Mangel an Pflege; **cessat terra situ;**
④ *(übtr.)* das Hinwelken, Untätigkeit; **senectus victa situ; marcescit otio situque civitas;**
⑤ *(poet.; nachkl.)* Vergessenheit; **in aeterno iacere situ.**

situs³, ūs *m* Schmutz, Moder, Schimmel, Rost; **arma situ squalent; canescunt tecta situ.**

● **sī-ve** *u.* **seu** *Kj.* ① oder wenn, *klass. nur nach vorausgegangenem si;* **si media nox est sive est prima vespera** *(Plaut.)*; **si ista uxor sive amica est** *(Ter.)*;
② oder *(b. einem unwesentlichen Unterschied)*; **eiecto sive emisso Catilina; proelio sive naufragio; sive potius** oder vielmehr;
③ **sīve … sīve** *u.* **seu … seu a)** sei es, dass … oder dass; wenn entweder … oder, *b. einzelnen Begriffen* entweder … oder; **sive casu sive consilio deorum;** – *selten (Hor.)* **sive** *im ersten Glied fehlend; – auch* sive … seu, seu … sive, sive … vel, sive … aut, sive … an *u. a.;* – sive quod … sive quia sei es, dass … sei es, weil; **b)** *(im abhängigen Frages.)* ob … oder (ob) = *utrum an.*

sīvī *s. sino.*

smaragdus, ī *m u. f (gr. Fw.) (vor -u. nachkl.)* ① Smaragd;
② grüner Halbedelstein.

smaris, idis *f (gr. Fw.) (poet.; nachkl.) kleiner Seefisch v. geringer Qualität.*

smēgma, atis *n (Plin.) u.* **smīgma,** atis *n (Vulg.) (gr. Fw.)* Reinigungsmittel, Salbe.

smīlax, acis *f (gr. Fw.) (poet.; nachkl.) (bot.)* Stechwinde.

Smintheūs, ei *m Beiname des Apollo als Gott der Stadt Smintha in der Troas.*

smyrna, ae *f (gr. Fw.) (Lucr.)* Myrre.

Smyrna, ae *f Handelsstadt in Ionien an der Mündung des Hermos, j. Izmir; – Einw. u. Adj.* **Smyrnaeus,** ī *m bzw.* a, um.

sobolēs, sobolēscō = *subol…*

sōbrie-factus, a, um *(sobrius) (nachkl.)* vernünftig geworden.

sōbrietās, ātis *f (sobrius) (nachkl.)* Nüchternheit, Mäßigkeit im Trinken.

sobrīnus, ī *m u.* **-a,** ae *f (soror)* Cousin, Cousine.

sōbrius, a, um ① nüchtern, nicht betrunken;
② mäßig, enthaltsam, *auch v. Sachen* [**homo; mensa; pocula**]; **-e vivere;**
③ *(übtr.)* besonnen, verständig [**orator; ingenium**].

soccātus, a, um *(soccus) (nachkl.)* m. leichten Sandalen (bekleidet).

socculus, ī *m (Demin. v. soccus) (nachkl.)* leichte Sandale *(v. Frauen u. Schauspielern der*

S

Komödie getragen).

soccus, ī *m (gr. Fw.)* ① leichter, griech. Schuh *(in Rom nur v. Frauen u. Modenarren getragen);*
② *Schuh der Schauspieler in der Komödie,* Soccus;
③ *(meton.)* **a)** Komödie; **b)** Stil der Komödie; **-o digna carmina.**

socer *u. (Plaut.)* **socerus,** socerī *(u. synk.* socrī) *m* Schwiegervater; *Pl.* Schwiegereltern.

socia *s. socius.*

sociābilis, e *(socio)* gesellig, verträglich.

sociālis, e *(socius)* ① *(poet.; nachkl.)* kameradschaftlich, gesellig; **homo sociale animal** *(Sen.);*
② *(Ov.)* ehelich [**amor; torus; carmen** Hochzeitsgesang; **sacra; iura**];
③ bundesgenössisch, Bundesgenossen- [**foedus; fides; bellum** m. den Bundesgenossen; **exercitus**]; – *Subst.* sociālia, ium *n (Tac.)* Angelegenheiten der Bundesgenossen.

sociālitās, tātis *f (socialis) (Plin.)* Geselligkeit.

sociennus, ī *m (socius) (Plaut.)* Kamerad.

● **societās,** ātis *f (socius)* ① Gemeinschaft, Gemeinsamkeit, Teilnahme, Verbindung [**hominum inter ipsos; latronum** Räuberbande; **vitae** geselliges Leben; **periculi; sceleris**]; **nulla ~ nobis cum tyrannis est** *(Cic.)*; **in societatem laudum alcis venire** teilnehmen an;
② Kameradschaft, Gesellschaft; **societatem inire, coire, statuere cum alqo; se a societate seiungere; societatem confirmare;**
③ *(polit.)* Bündnis, Bundesgenossenschaft *(alcis jmds. u. m. jmdm.; cum alqo);* **societatem cum alqo coniungere; societatem belli facere; ~ et foedus** Schutz- u. Trutzbündnis;
④ Handelsgesellschaft, Kompanie; **societatem gerere** leiten, führen; **societatem facere** bilden; **iudicium societatis** wegen Untreue gegen den Kompagnon;
⑤ Genossenschaft der Steuerpächter [**Bithynica**]; **magister societatis** Direktor; **auctor societatis** Gründer.

sociō, sociāre *(socius)* verbinden, vereinigen [**natam alci** verheiraten mit; **alqm urbe, domo** aufnehmen in; **verba chordis** den Saiten zugesellen; **vim rerum cum dicendi exercitatione**]; gemeinsam machen, gemeinsam ausführen [**parricidium; facinus**]; etw. m. jmdm. teilen [**periculum; gaudia cum alqo; consilia** mitteilen]; – *P. Adj.* **sociātus,** a, um *(poet.)* gemeinschaftlich [**labor**].

socio-fraudus, a, um *(socius u. fraudo) (Plaut.)* der seine Kameraden betrügt.

● **socius** *(sequor)* **I.** *Adj.* a, um ① gemeinsam, gemeinschaftlich, verbunden [**consilia; urbs** Schwesterstadt; **ignes** Hochzeitsfackel; **linguae**]; **nocte -ā** unter dem Schutz der Nacht;
② (polit.) verbündet [**agmina; classis; reges; arma** Waffenbündnis];

II. *Subst.* ① ī *m* **a)** Teilnehmer, Gefährte, Kamerad [**regni** Mitregent; **belli; sanguinis** *u.* **generis** Bruder; **tori** Gatte; **consiliorum; periculorum**]; **b)** Bundesgenosse, Verbündeter [**populi Romani**]; **bellum -orum** m. den Bundesgenossen; **c)** Geschäftspartner, Kompagnon; **-um fallere; pro -o damnari** wegen Betruges gegen den Kompagnon; **d)** *Pl.* die Steuerpächter; Steuerpachtgesellschaft; **e) navalis** Matrose, Seesoldat, *meist Pl.;* **f)** *(mlt.)* Hilfsgeistlicher;
② -a, ae *f* Teilnehmerin, Gefährtin [**tori** Gattin]; Lebensgefährtin, Gattin.

socordia, ae *f (socors)* ① *(nachkl.)* geistige Beschränktheit, Geistesschwäche;
② Sorglosigkeit, Gedankenlosigkeit, Fahrlässigkeit, Schlaffheit.

● **so-cors,** *Gen.* cordis *(se² u. cor)* ① geistesschwach, stumpfsinnig, beschränkt;
② sorglos, gedankenlos, fahrlässig, schlaff, unbekümmert [**futuri** unbekümmert um; **ceterarum rerum**].

i Kultur **Sōcratēs,** is *u.* ī *m* Philosoph in Athen (um 470–399 v. Chr.); – für die abendländ. Ethik (durch die Dialoge seines Schülers Platon) wegweisend – *Adj.* **Sōcraticus,** a, um sokratisch, des Sokrates [**chartae** Schriften der Schüler des S.; **domus** Schule des S.]; – **Sōcraticī,** ōrum *m* die Schüler, Anhänger des S.

socrus, ūs *f (socer)* Schwiegermutter.

sodālicium, ī *n (sodalicius)* ① *(poet.; nachkl.)* Kameradschaft;
② *(polit.)* geheime Verbindung, Geheimbund.

sodālicius, a, um *(sodalis) (Ov.; spätl.)* kameradschaftlich [**ius**].

sodālis **I.** *Adj.* e kameradschaftlich, befreundet [**turba**];
II. *Subst.* is *m* ① Kamerad, Gefährte, Freund, *übtr. auch v. Lebl.;* **cratera Veneris ~; Eurus ~ hiemis;**
② Tischgenosse, Zechbruder;
③ Mitglied eines Priesterkollegiums; *Pl.* Priesterkollegium;
④ Mitglied eines geheimen polit. Klubs; Spießgeselle;
⑤ *(Mart.)* Liebhaber *einer verheirateten Frau.*

sodālitās, tātis *f (sodalis)* ① Kameradschaft, Freundschaft, *(konkr.)* Freundeskreis, Freunde, Kameraden [**intima**]; **homo summa sodalitate** m. dem größten Freundeskreis; **~ familiaritasque;**
② Tischgesellschaft;
③ Priesterkollegium [**Lupercorum**];
④ geheime Verbindung, Geheimbund, polit. Klub.

sōdēs *(< si audes, audeo)* wenn du Lust hast, wenn du willst, gefälligst, *meist einem Imp.*

nachgest. = doch; **da mihi hoc sodes; i sodes intro.**

● **sōl,** sōlis *m* ① Sonne; **sol oriens, occidens** Osten, Westen; **solis ortus, cursus, occasus; sole primo** *od.* **novo** m. Sonnenaufgang, frühmorgens; **sole medio** mittags; **supremo sole** bei Sonnenuntergang; *(sprichw.)* **nondum omnium dierum sol occidit** *(Liv.)* noch ist nicht aller Tage Abend;
② *personif.* **Sōl** Sonnengott, Sol *(später* = Apollo); **filia Solis** = Pasiphae;
③ *(meton.)* **a)** Sonnenlicht, -schein, -strahl, -wärme; **in sole ambulare; b)** sonniger Platz; **c)** *(poet.)* sonniger Tag; *übh. Tag;*
④ *(übtr.)* **a)** öffentl. Tätigkeit, Auftreten in der Öffentlichkeit; **in solem procedere** öffentl. auftreten; **doctrinam in solem producere; b)** Glanz, Stern = bedeutender Mann; **Africanus, sol alter.**

sōlāciolum, ī *n (Demin. v. solacium) (Cat.)* schwacher Trost.

● **sōlācium,** ī *n (solor)* ① Trost(mittel), *Pl.* Trostworte; **-a dicere alci; luctum alcis nullo -o levare posse;**
② *(übtr.)* Linderung(smittel), Hilfsmittel, Zuflucht *(für, in, bei etw.: Gen.)* [**calamitatis; servitutis; exitii; annonae**]; **-um afferre, praebere alci;**
③ *(poet.; nachkl.)* Ersatz, Entschädigung; **mihi non ultione nec -is opus est** *(Tac.)*;
④ *(poet.) (meton.)* Tröster(in); **aves -a ruris; dicta, duri -a casūs.**

sōlāmen, minis *n (solor) (poet.)* Trost(mittel), Linderungsmittel.

sōlānus, ī *m (sol)* Ostwind.

sōlāris, e *(sol) (poet.; nachkl.)* Sonnen- [**lumen**].

sōlārium, ī *n (sol)* ① Sonnenuhr, *bes. die auf dem Forum Romanum, übh.* Uhr [**ex aqua** Wasseruhr];
② *(vor- u. nachkl.)* flaches Dach, Terrasse, Balkon.

sōlātor, tōris *m (solor) (poet.)* Tröster.

soldum *synk. (poet.) = solidum.*

soldurii, ōrum *m (kelt. Wort)* die Getreuen.

soldus, a, um *synk. (poet.) = solidus.*

solea, ae *f (solum[1])* ① Sandale *(b. Tisch abgelegt, da man b. den Mahlzeiten auf dem Sofa lag)*; **-as demere** *od.* **deponere** *(vor dem Essen)*; **-as poscere** *(nach Tisch)*; **-as festinare** eilig anziehen; **Clodius a muliebribus -is est factus popularis** *(Cic.) (weil Männer die Sandalen nur zu Hause trugen)*;
② Fußfessel;
③ *(poet.; nachkl.)* Scholle *(ein Plattfisch).*

soleārius, ī *m (solea) (Plaut.)* Sandalenmacher.

soleātus, a, um *(solea)* mit, in Sandalen.

sōlemnis *u.* **sōlennis** = *sollemnis.*

● **soleō,** solēre, solitus sum *(arch. soluī)* ① pflegen, gewohnt sein, *häufig durch* „gewöhnlich, oft" *wiederzugeben;* **populus Romanus beneficii memor esse solebat;** *(abs.)* **ut soleo** nach meiner Gewohnheit; **ut solet** wie gewöhnlich; – *P. Adj.* **solitus,** a, um *(poet.; nachkl.)* gewohnt, gewöhnlich, üblich [**cibus; artes; mos**];
② *(poet.)* m. jmdm. geschlechtlich verkehren [**cum viris**].

Solī, ōrum *m Stadt in Kilikien; – Einw.* **Solēnsēs,** ium *m.*

soliditās, ātis *f (solidus)* ① Dichte, Dichtheit;
② Festigkeit, Dauerhaftigkeit.

solidō, solidāre *(solidus)* ① dicht, fest machen, befestigen, verstärken [**muros**];
② zusammenfügen [**ossa fracta**].

solidum, ī *n (solidus)* ① etw. Dichtes, etw. Festes, fester Körper, fester Boden; **-o offendere** auf etw. Festes stoßen; **in -o procedere** auf festem Boden; ~ **arboris** Kern;
② *(poet.; nachkl.) (übtr.)* Sicherheit; **in -o locare** in Sicherheit bringen; **in -o esse; bona sua in -o habere;**
③ das Ganze, Gesamtsumme, -kapital; **-um solvere** *od.* **reddere alci;**
④ *(Hor.)* das Wesentliche, Echte; **inane abscindere -o** Wert u. Unwert scheiden.

solidus I. *Adj.* a, um ① dicht, gediegen, massiv [**paries; marmor**]; **vasa auro -a;**
② fest, hart [**tecta; terra; telum; adamas**];
③ *(poet.; nachkl.)* dick, stark, gedrungen [**corpus; crus**];
④ ganz, vollständig, völlig [**annus; dies; consulatus** ein volles Jahr dauernd]; **-e scire** sicher, genau;
⑤ echt, wahrhaft, wesentlich, dauerhaft [**laus; gloria; gaudium; libertas; beneficium**];
⑥ unerschütterlich [**mens; fides**];
II. *Subst.* ī *m (nachkl.)* Solidus *(Goldmünze), urspr. = 25 denarii, später auf die Hälfte gesunken.*

sōli-fer, fera, ferum *(sol u. fero) (Sen.)* die Sonne bringend [**plaga** Orient].

sōliferreum = *solliferreum.*

sōlistimus, a, um = *sollistimus.*

sōlitārius, a, um *(solus)* einzeln, allein (stehend); einsam, ungesellig.

● **sōlitūdō,** dinis *f (solus)* ① Einsamkeit, Stille, Menschenleere; **in solitudine secum loqui;** ~ **ante ostium** *(Ter.)* ich sehe keinen Menschen vor der Tür;
② Zurückgezogenheit; **in solitudine vivere;**
③ *(meton.)* Einöde, *auch Pl.;* **in solitudinem se abdere;**
④ *(übtr.)* Verlassenheit, Hilflosigkeit [**liberorum**];
⑤ Mangel *(an: Gen.)* [**humani cultūs; magistratuum**].

solitum, ī *n (soleo)* das Gewohnte, Gewöhnliche, Gewohnheit; **ex -o** regelmäßig; **praeter**

-um ungewöhnlich; **-o maior** ungewöhnlich groß; **plus -o** mehr als gewöhnlich.

solitus *s. soleo.*

solium, ī *n* ① Thron [**Iovis; regale**];
② *(meton.)* Königsmacht, -würde, Königreich; **-o potiri; alqm avito -o depellere;**
③ Lehnsessel [**paternum** Großvaterstuhl];
④ Badewanne;
⑤ *(nachkl.)* Sarg, Sarkophag.

sōli-vagus, a, um *(solus)* allein umherschweifend [**bestiae; elephanti; genus hominum**]; *(übtr.)* vereinzelt [**cognitio**].

sollemne, nis *n (sollemnis)* ① Feier(lichkeit), Fest [**Fidei; funeris; ludorum; nuptiarum**];
② *Pl.* Opfer; **exta sollemnium;**
③ Gebrauch, Brauch, Gewohnheit; **sollemne suum servare; sollemnia repetere** die gewohnte Beschäftigung wieder aufnehmen;
④ *(Tac.)* Glückwunsch; **sollemnia precari** Glück wünschen.

● **soll-emnis,** e *(sollus u. annus)* ① alljährlich wiederkehrend *od.* gefeiert [**dies festi; sacrificia**];
② feierlich, festlich [**ludi; arae; verba; sacramentum; epulae**]; **sollemniter peragere alqd;**
③ gewohnt, üblich, gewöhnlich [**iter; gloria; mos; officium; opus**].

sollemnitās, ātis *f (sollemnis) (nachkl.)* Festlichkeit, Feierlichkeit.

soll-ers, *Gen.* ertis *(Adv.* sollerter) *(sollus u. ars)* kunstfertig, geschickt, einsichtig, klug, tüchtig; schlau, listig *(durch, an etw.: Abl.; in Bezug auf etw., in etw.: Gen.; m. Inf.)* [**adulescens; agricola; Ulixes; consilium; manus; descriptio; ingenio; lyrae**].

sollertia, ae *f (sollers)* Kunstfertigkeit, Geschick(lichkeit), Einsicht; Schlauheit, List [**servi; ingenii;** *(m. Gen. obi.)* **venandi; iudicandi**]; *(Tac.) (konkr.)* Kunstgriff.

sollicitātiō, ōnis *f (sollicito)* ① *(Ter.)* Beunruhigung [**nuptiarum** wegen der Hochzeit];
② Aufwiegelung, Aufhetzung, *auch Pl.*

sollicitātor, ōris *m (sollicito) (nachkl.)* Verführer.

● **sollicitō,** sollicitāre *(sollicitus)* ① *(poet.)* heftig in Bewegung setzen, stark erregen, erschüttern [**remis freta; tellurem** aufwühlen, pflügen; **feras arcu** jagen; **stamina pollice** die Saiten schlagen];
② *(übtr.)* erschüttern, stören [**pacem**];
③ beunruhigen, ängstigen, bekümmern; **cura cives sollicitat;**
④ zum Zorn reizen, aufregen [**bello Iovem**];
⑤ aufreizen, anstacheln, aufwiegeln, verführen, verlocken [**plebem; civitates; cupidinem cantu** erregen; **animos ad defectionem**];
⑥ *(poet.; nachkl.)* zu etw. bewegen, veranlassen, auffordern *(ad od. in alqd; m. ut, ne; m. Inf.)* [**alqm ad colloquium**]; einladen [**in Formianum**];
⑦ *(Hor.) krankhaft* erregen, reizen, angreifen [**stomachum**].

● **sollicitūdō,** dinis *f (sollicitus)* Unruhe, Besorgnis, Kummer; ängstliche Sorgfalt, ängstliche Genauigkeit [**domestica; publica; animi;** *(m. Gen. obi.)* **provinciae; nuptiarum**]; **a sollicitudine alqm abducere; se ab omni sollicitudine abstrahere; magna sollicitudine affici.**

● **solli-citus,** a, um *(sollus)* ① *(poet.)* stark bewegt, heftig erregt [**mare; arma** eifrig geführt];
② *(übtr.)* beunruhigt, unruhig, besorgt, bekümmert, ängstlich *(re: durch etw.; auch de re, propter rem, m. Gen. u. Ä.; ex re: infolge; m. indir. Frages.; m. ne: dass)* [**civitas; animus; morte amici; de patris valetudine; propter difficultatem locorum; futuri** um die Zukunft]; **alqm -um habere** jmd. beunruhigen, bekümmern; **-um hostem ad lucem tenere** in unruhiger Spannung halten;
③ *(poet.; nachkl.) (v. Tieren)* unruhig, scheu [**equus; lepus**]; wachsam *(bei: ad)* [**canes ad nocturnos strepitus**];
④ *(v. Sachen)* **a)** gestört, beunruhigt [**pax; spes; nox; vita; manus** zitternd]; **b)** beunruhigend, in Unruhe versetzend [**dolor; amores; metus; cura**];
/ *Adv.* **-ē** *(nachkl.)* **a)** bekümmert; **b)** sorgfältig, gewissenhaft.

solli-ferreum, ī *n (sollus u. ferreus)* ganz aus Eisen bestehendes Geschoss, Wurfeisen.

sollistimus, a, um *(Superl. v. altl. sollus)* vollkommen, günstig [**tripudium** günstiges Wahrzeichen, *wenn die Weissagehühner sich gierig auf das Futter stürzen*].

sollus, a, um *(altl.)* ganz, völlig.

sōlō, sōlāre *(solus) (nachkl.)* einsam, öde machen; **solatae peste domūs.**

i Kultur **Solō** *u.* **Solōn,** ōnis *m* Staatsmann u. Dichter, Gesetzgeber der Athener, wurde zu den Sieben Weisen gezählt, etwa 640–559 v. Chr.

soloecismus, ī *m (gr. Fw.) (nachkl.)* Solözismus *(falsche syntaktische Verbindung der Wörter).*

soloecum, ī *n (gr. Fw.)* fehlerhafter Sprachgebrauch.

Solōn *s. Solo.*

Solōnium, ī *n Gegend im südl. Latium; – Adj.* **Solōnius,** a, um [**ager**].

● **sōlor,** sōlārī ① trösten [**inopem et aegrum**];
② stärken, erquicken [**fessos opibus**];
③ ermutigen;

④ *(poet.; nachkl.)* etw. mildern, lindern, erleichtern, beschwichtigen [**laborem cantu; metum; curas; famem** stillen; **aestum fluviis**];
⑤ *(Tac.)* jmd. entschädigen [**alqm dote**].

sōlstitiālis, e *(solstitium)* ① zur Sommersonnenwende gehörig [**dies** längster Tag; **nox** kürzeste Nacht; **orbis** Wendekreis des Krebses];
② *(meton.)* zum Hochsommer, zur Sommerhitze gehörig [**tempus** Hochsommer; **morbus** Sonnenstich; Malaria].

sōl-stitium, ī *n (sto)* Sonnenwende, *bes.* Sommersonnenwende; *(poet.; nachkl.) (meton.)* Sommer(hitze).

soltānus, ī *m (spätl.)* Sultan.

● **solum[1],** ī *n* ① unterster Teil *einer Sache,* Boden, Grund(fläche), Sohle [**fossae; stagni**]; **urbem ad -um diruere;**
② *(übtr.)* Grundlage;
③ Fußboden [**marmoreum**];
④ Fußsohle; *(poet.)* Schuhsohle;
⑤ (Erd-)Boden, Erde, Ackerboden [**agri; fertile; viride**]; **alqd -o aequare** dem Erdboden gleichmachen, *(übtr.)* völlig vernichten; **ponere membra -o**; *sprichw.:* **quod(cumque) in -um (venit)** was einem in den Sinn kommt;
⑥ Land, Gegend [**patriae; caeleste** Himmel; **natale** Geburtsland]; **-um vertere** *od.* **mutare** auswandern, in die Verbannung gehen; **urbs Etrusca -o** der Lage nach;
⑦ *(poet.)* Unterlage [**Cereale** Unterlage v. Brot, *worauf Obst gespeist wurde*]; ~ **navi substrahitur** *(Verg.)* das Meer weicht unter dem Schiff.

● **sōlum[2]** *Adv. v. solus.*

sōlum-modo *Adv. (nachkl.)* allein nur.

Solūntīnus, a, um aus Solus *(an der Nordküste Siziliens).*

● **sōlus,** a, um *(Sg. Gen.* sōlīus, *Dat.* sōlī) ① allein, einzig, bloß, nur; – *Adv.* **sōlum** allein, bloß, nur: **non solum … sed etiam** *(od.* **verum etiam, sed et, sed … quoque**) nicht nur … sondern auch; **non solum (non) … sed ne … quidem** nicht nur nicht … sondern nicht einmal;
② *(v. Personen)* einsam, verlassen;
③ öde, menschenleer [**litus; nemora**];
④ *(Ter.)* außerordentlich; **-um id est carum mihi.**

solūtilis, e *(solutus) (Suet.)* (leicht) zerfallend [**navis**].

solūtiō, iōnis *f (solvo)* ① das Gelöstsein [**linguae** geläufige Zunge];
② Auflösung, Erschlaffung [**totius hominis**];
③ Bezahlung, Abzahlung [**impedita** Zahlungsverzug; **aeris alieni**];
④ *(nachkl.)* Erklärung.

● **solūtus,** a, um *(P. Adj. v. solvo)* ① *(poet.; nachkl.)* (auf)gelöst, locker, lose [**crines; tunica**]; **loris -is;**
② *(Sen.)* schlotternd, zitterig [**manus**];
③ *(übtr.)* ungebunden, ungehindert, selbstständig, frei *(frei von etw.: ab, bl. Abl. od. Gen.)* [**animus; civitatis voluntas; amores; ratio; ab omni sumptu; faenore; poenā** straffrei; **operum**]; **-um est** *(m. Inf.)* es steht frei;
④ *(poet.)* sorgenfrei; **animo -o liberoque; in paupertate ~.**
⑤ schuldenfrei [**praedia**];
⑥ zügellos, ausgelassen [**risus; dicta factaque; Clodii praetura**];
⑦ (nach)lässig, schlaff, energielos, nachgiebig [**lenitas; curā** sorglos]; **exercitum -e habere;**
⑧ *(vom Redner)* gewandt [**in dicendo** *u.* **ad dicendum; in explicandis sententiis**];
⑨ *(v. der Rede)* ungebunden: **a)** in Prosa [**carmen**]; **b)** fließend, frei [**verba**].

● **solvō,** solvere, solvī *(poet. auch* soluī*),* solūtum *(se-[3] u. luo)* ① (ab-)lösen, los-, aufbinden [**catenas; frenum; vittam; funem navis; tunicam; nodum; crines** herabhängen, -wallen lassen; **iuga tauris** abnehmen; **vela** die Segel hissen; **ancoram, navem** absegeln; **equum senescentem** abspannen; **leones;** *(alqd a u. de re od. bl. re)* **funem a stipite; corollas de fronte**];
② öffnen [**epistulam; ergastula; ora** den Mund];
③ Anker lichten, absegeln [**(e) portu; a terra**];
④ *(Schuld)* bezahlen, abzahlen, abtragen, abstatten [**aes alienum; pecuniam debitam; pretium;** *übtr.* **poenam** *u.* **poenas** (**capite** m. dem Leben) büßen; **supplicium**]; **solvendo non esse** nicht zahlen können; **solvendo aeri alieno non erat** er konnte die Schuld nicht bezahlen; – **pro re ~** für etw. (be)zahlen [**pro vectura; nihil pro frumento**];
⑤ *(Pflichten, übertragene Aufgaben, Versprechen u. Ä.)* erfüllen, erweisen, (ein)halten, verwirklichen, ausführen [**fidem** sein Wort halten; **vota; beneficia** vergelten; **praemia** erstatten; **iniuriam poenis** abbüßen; **omnia iusta paterno funeri; exsequias rite** gebührend vollziehen; **militibus suprema** die letzte Ehre erweisen];
⑥ erlösen, befreien *(von etw.: Abl.)* [**alqm dementiā; alqm curā et negotio; alqm legibus** entbinden von; **civitatem religione; alqm scelere, crimine nefario** freisprechen];
⑦ *Verse* vom strengen Metrum befreien; in Prosa auflösen; **numeri lege soluti** freie Rhythmen;
⑧ *(poet.; nachkl.)* entfesseln, zum Ausbruch bringen [**libidines; iram; linguam ad iurgia**];
⑨ *(poet.; nachkl.)* auflösen [**ordines; pontem** abbrechen; **navem** zerschellen; **nivem** schmelzen; **agmina** trennen]; – *mediopass.* sich auflösen, zergehen: **hiems solvitur** geht

zu Ende; **viscera solvuntur** gehen in Fäulnis über;
⑩ *(poet.; nachkl.)* schlaff machen, schwächen [**homines; alci lumina** die Augen schließen]; **solutus annis aevoque; corpora senectus solvit; somno vinoque soluti; solvi in somnos** versinken in; **in otia solvi**; **(morte) solvi** sterben; **solvuntur frigore membra**;
⑪ entfernen, aufheben, vertreiben, (ab)brechen, beenden [**morem a prioribus traditum; obsidionem; pacem, foedus** brechen; **leges; metum corde** vertreiben, verbannen];
⑫ erklären, lösen [**aenigmata; errorem**];
/ s. auch solutus.

Solymī, ōrum *m Urbewohner Lykiens.*

somniātor, tōris *m (somnio) (nachkl.)* Träumer.

somnīculōsus, a, um *(somnus)* schläfrig, träge [**senectus**].

somni-fer, fera, ferum *(somnus u. fero) (poet.; nachkl.)* Schlaf bringend [**cantus; viis papaveris**]; todbringend [**venenum**].

somniō, somniāre *(somnium)* ① träumen *(v. jmdm.: de alqo u. alqm; v. etw.: alqd; m. A. C. I.)*;
② faseln; **philosophi somniantes;**
③ etw. vermuten; sich einbilden.

● **somnium,** ī *n (somnus)* ① Traum; *(meton.)* Traumbild, -gesicht; **per -a** (im Traum) **loqui; interpres -orum; -o uti** *od.* **-um videre** einen Traum haben, träumen; **-o videre alqd**;
② *(poet.) Pl.* Schlaf;
③ *(übtr.)* leerer Wahn, (leere) Einbildung, Torheit, Geschwätz, *meist Pl.* [**vinolentorum; delirantium**].

somnolentus (*u.* somnulentus), a, um *(somnus) (nachkl.)* schläfrig.

● **somnus,** ī *m* ① Schlaf [**dulcis; levis; altus** tiefer]; **-o se dare** sich schlafen legen; **ad -um proficisci** schlafen gehen; **-um capere non posse** nicht einschlafen können; **interruptum -um recuperare non posse** nicht wieder einschlafen können; **alqm ex -o excitare; -o solutus sum; per -um, (in) -o** *u.* **in -is** im Schlaf, im Traum; **imago -i** Traum(bild); **pocula ducentia -os**; – *(poet.) (personif.)* **Somnus** *Gott des Schlafes;*
② *(poet.; meton.)* **a)** Todesschlaf [**longus**]; **b)** Nacht;
③ *(übtr.)* Schläfrigkeit, Trägheit, Untätigkeit; **dediti -o.**

sōna *(altl.) = zona.*

sonābilis, e *(sono) (poet.)* tönend, klingend [**sistrum**].

sonāns, *Gen.* antis *(P. Adj. v. sono)* tönend, schallend, klingend [**concha** schmetternd]; wohl tönend, melodisch [**verba; elegi**].

sonāx, *Gen.* ācis *(sono) (nachkl.)* laut tönend, schmetternd [**concha**].

soni-pēs, pedis *m (sonus) (poet.)* Ross.

● **sonitus,** ūs *m (sono)* Ton, Schall, Klang, Geräusch, *auch* Krachen, Brausen, Getöse, Lärm *u. Ä.* [**pedum** Schritte; **flammae** Prasseln; **remorum** Ruderschlag; **armorum** Geklirr; **Olympi** Donner; **ventorum**]; *Pl. (rhet.)* Donner der Rede.

sonīvius, a, um *(sonus) (t. t. der Auguralspr.)* tönend [**tripudium** Geräusch der niederfallenden Futterkörner der Weissagehühner *als günstiges Vorzeichen*].

● **sonō,** sonāre, sonuī, (sonātūrus) **I.** *intr.* ① (er)tönen, (er)schallen, (er)klingen, *auch* krachen, brausen, rauschen, zwitschern, prasseln, zischen, dröhnen *u. Ä.*; **tela sonant** klirren; **pennae sonuerunt** rauschten; **sonuerunt tympana; classica sonant; lyrae, tibiae sonant; spumae sonantes; flamma sonat** prasselt; **fons sonat** plätschert; **sonans Aufidus** brausend; *(m. Akk. n als Adv.)* **chordae diversa sonabant** klangen verschieden; **amnis rauca sonans** dumpf brausend – *(rhet., v. Worten u. v. der Rede)* klingen [**bene** wohlklingen];
② *(poet.)* widerhallen; **ripae sonantes;** *(m. Akk. n als Adv.)* **valles sonuere maestum** *(Sen.)*;
II. *trans.* ① etw. ertönen (od. hören) lassen [**raucum quiddam** kreischen; **mortale** menschliche Worte; **hominem** menschlich klingen]; **poëtae pingue quiddam atque peregrinum sonantes** *(Cic.)* deren Sprache einen schwülstigen u. ausländischen Klang hat;
② *(poet.)* besingen, im Lied preisen [**mala fugae; bella**]; **te carmina nostra sonabunt** *(Ov.)*;
③ durch die Stimme verraten, anzeigen [**furem**];
④ etw. bedeuten [**unum** dasselbe].

sonor, nōris *m (sono)* Ton, Klang, Geräusch, Getöse, *oft Pl.;* **sonorem dant silvae; saeva sonoribus arma.**

sonōrus, a, um *(sonor) (poet.; nachkl.)* tönend, klingend, rauschend, schallend [**flumina; tempestas**].

sōns, *Gen.* sontis **I.** *Adj.* schuldig, strafbar [**anima; fraterno sanguine** des Brudermordes];
II. *Subst. m* der Schuldige, Übeltäter; **sontes punire.**

Sontiātēs, tum *m Volk in Aquitanien südl. der Garonne.*

sonticus, a, um *(sons) (nicht klass.)* gefährlich [**morbus;** *übtr.* **causa** triftiger Grund].

sonuī *Perf. v. sono.*

● **sonus,** ī *m (sono)* ① Laut, Ton, Klang, Geräusch; Schall, Getöse [**gravis** tief, Bass; **acutus** hoch, Diskant; **dulcis; tympani; tubae; fluminis**]; **-um arma dedere** klirrten;
② *(poet.)* Wort;
③ *(poet.; nachkl.)* Stimme, (Aus-)Sprache

[**cycni** Gesang]; **medio in -o** mitten im Sprechen; **concordi -o** einstimmig; **asperitas -i** harte Aussprache;
④ *(rhet.)* Art der Darstellung, Redeweise [**orationis**].

sophia, ae *f (gr. Fw.) (vor- u. nachkl.)* Weisheit.

sophisma, atis *n (gr. Fw.) (nachkl.)* Trugschluss.

sophistēs, ae *u.* **-a,** ae *m (gr. Fw.)* Sophist *(gewerbsmäßiger Lehrer der Philosophie u. Beredsamkeit); auch* spitzfindiger Philosoph.

sophisticus, a, um *(gr. Fw.) (vor- u. nachkl.)* sophistisch, spitzfindig.

> *i* Kultur **Sophoclēs,** is *m griech. Tragödiendichter (496–406 v. Chr.). Seine Gestaltungen der Ödipussage „König Ödipus" – „Antigone" gehören zum bleibenden Schatz des Welttheaters. Zwischen dem gläubigen Aischylos und dem „aufgeklärten" Euripides, zeitlich und weltanschaulich, hält er die Mitte. Seine Helden bewahren Größe auch gegenüber dem Schicksal. – Adj.* **Sophoclēus,** a, um.

sophōs[1] *Adv. (gr. Fw.) (nachkl.)* bravo! gut!

sophos[2] *u.* **-us** *(gr. Fw.) (poet.)* **I.** *Adj.* a, um weise [**gubernator**];
II. *Subst.* ī *m* der Weise.

sōpiō[1], sōpīre *(sopor)* ① einschläfern [**vino hostes; pervigilem draconem herbis**]; *Pass.* einschlafen; sōpītus, a, um eingeschlafen, schlafend [**vigiles;** *übtr.* **sensus**];
② betäuben [**regem ictu**]; **quies sopita** tiefer Schlaf;
③ zur Ruhe bringen, beruhigen, beschwichtigen; *Pass.* schlummern, ruhen; – sōpītus, a, um schlummernd [**virtus; armorum furor; ignis** unter der Asche glimmend; **consuetudo**]; **sopitae ignibus arae** das auf dem Altar erloschene Feuer; **sopito mari;**
④ *(poet.)* in ewigen Schlaf wiegen, töten; **quiete sopitus; alqm fundā ~.**

sōpiō[2], iōnis *m (Cat.)* das männliche Glied.

sōpītiō, ōnis *f* (sopio[1]) *(Petr.)* Einschläferung, Betäubung.

sopor, pōris *m* ① tiefer, fester Schlaf; *(poet.) übh.* Schlaf; **soporem carpere** genießen; – *(Verg.) (personif.)* **Sopor** *Gott des Schlafes;*
② *(poet.)* Todesschlaf [**aeternus; perpetuus**];
③ *(meton.)* Schlaftrunk; **soporem miscere; patri soporem dare; soporem sumere;**
④ *(nachkl.) (übtr.)* Schläfrigkeit, Trägheit;
⑤ *(nachkl.)* Betäubung [**animi corporisque**].

sopōrātus, a, um *(sopor) (poet.; nachkl.)* ① eingeschlafen, schlafend [**hostis;** *übtr.* **dolor** schlummernd];
② einschläfernd, Schlaf bringend; **melle -a offa; ramus vi ~ Stygiā.**

sopōri-fer, fera, ferum *(sopor u. fero) (poet.; nachkl.)* Schlaf bringend, einschläfernd [**papaver**].

sopōrus, a, um *(sopor) (poet.)* Schlaf bringend [**nox**].

Sōra, ae *f Stadt der Volsker am Liris; – Adj.* **Sōrānus,** a, um.

Sōracte, tis *n Berg nördl. v. Rom m. Apollokult.*

sōracum, ī *n (gr. Fw.) (Plaut.)* Truhe.

sorbeō, sorbēre, sorbuī, – ① *etw. Flüssiges* zu sich nehmen, (ein)schlürfen, hinunterschlucken [**aquam; vinum**]; *(übtr., v. Lebl.)* **terra flumina sorbet;**
② *(übtr.)* verschlingen, verzehren [**alqd animo** im Geist verschlingen; **odium alcis** in sich fressen, erdulden]; **sorbent avidae praecordia flammae.**

sorbil(l)ō, sorbil(l)āre *(sorbeo) (vor- u. nachkl.)* schlürfen [**vinum**].

sorbilō *Adv. (sorbeo) (Kom.)* schluck-, tropfenweise; *(übtr.)* wie ein armer Schlucker.

sorbitiō, ōnis *f (sorbeo) (vor -u. nachkl.)* das Schlürfen; *(meton.)* Trank, Suppe.

sorbum, ī *n (bot.)* Vogelbeere, Elsbeere.

sordeō, sordēre, sorduī, – *(sordes)* ① schmutzig sein;
② *(übtr.)* gering (er)scheinen, missachtet werden, anwidern, keinen Reiz haben; **sordent tibi munera nostra** *(Verg.).*

● **sordēs,** is *f meist Pl.* ① Schmutz [**aurium** Ohrenschmalz];
② Trauerkleidung *(der Leidtragenden u. Angeklagten)* [**lugubres; reorum**]; **sordes suscipere** anlegen; – *(meton.)* Trauer; **in sordibus iacēre;**
③ Gemeinheit, Verächtlichkeit [**fortunae et vitae; verborum**];
④ schmutzige Gesinnung; schmutziger Geiz, schmutzige Habgier [**domesticae; iudicum**];
⑤ *(meton.)* Pöbel, Auswurf [**urbis**].

sordēscō, sordēscere, – – *(Incoh. v. sordeo) (poet.; nachkl.)* schmutzig werden; wertlos werden.

sordidātus, a, um *(sordidus)* schmutzig gekleidet [**servus**]; in Trauerkleidung.

sordidulus, a, um *(Demin. v. sordidus)* ① *(Iuv.)* etw. schmutzig [**toga**];
② *(Plaut.) (übtr.)* armselig, ziemlich niedrig.

● **sordidus,** a, um *(sordeo)* ① schmutzig, unsauber [**amictus; pellis; lana**];
② *(Plaut.)* schwarz [**panis**];
③ *(poet.)* in ärmlicher Kleidung; in Trauerkleidung;
④ *(übtr.)* schmutzig, geizig, habgierig [**cupido; periurium**];
⑤ gemein, verächtlich, niederträchtig, ordinär;
⑥ unanständig [**adulterium; vita**]; **-e dicere;**

⑦ schmachvoll, schimpflich;
⑧ niedrig, unedel; **-o loco natus;**
⑨ ärmlich, armselig [**sedes; amicus**].

sorditūdō, dinis *f (sordes) (Plaut.)* Schmutz.

sorduī *Perf. v. sordeo.*

sōrex, ricis *m (vor -u. nachkl.)* Spitzmaus.

sōricīnus, a, um *(sorex) (Plaut.)* einer Spitzmaus.

sōrītēs, ae *m (Dat. Sg. auch sōrītī) (gr. Fw.) durch Anhäufung v. Gründen gebildeter Trugschluss,* Haufenschluss, Kettenschluss.

● **soror,** ōris *f* ① Schwester; *Pl. (poet.) v. den Parzen, Musen, Furien, Danaiden u. a.;*
② Cousine;
③ *(poet.)* Freundin, Gespielin;
④ *(poet.; nachkl.) v. ähnlichen od. verbundenen Dingen:* ~ **dextrae** = linke Hand.

sororcula, ae *f (Demin. v. soror) (Plaut.)* Schwesterchen.

sorōri-cīda, ae *m (soror u. caedo)* Schwestermörder.

sorōriō, sorōriāre *(soror) (Plaut.; Plin.)* als Schwestern zusammen aufwachsen; *(übtr.)* (zusammen) anschwellen; **mammae sororiantes.**

sorōrius, a, um *(soror)* schwesterlich, der Schwester, Schwester- [**oscula; stuprum** m. der Schwester].

● **sors,** sortis *f (zu sero[1], da die Lose in altröm. Zeit auf Fäden od. Drähte aufgereiht wurden)*
① Los, Lostäfelchen, -stäbchen; **sortes miscere; sortes (in hydriam) conicere;** ~ **alcis exit** *od.* **excidit** kommt heraus;
② das Losen, Verlosung; **res revocatur ad sortem** es wird gelost; **sorte ducere** auslosen; **excipere sorti** bei der Verlosung ausnehmen; **extra sortem** ohne zu losen; **ei sorte provincia obtigit**; *(konkr.)* **tertia** ~ die zum dritten Mal Ausgelosten;
③ Orakel(spruch), Weissagung, *poet. meist Pl.;* **sortem dare; responsa sortium;** ~ **alci editur; sortes Lyciae** des Lykischen Apollo;
④ *(durch das Los zugeteiltes)* Amt, Beruf [**urbana; peregrina**]; **sortis necessitudo** Amtsverhältnis; **numquam ex urbe afuit nisi sorte** wegen seines Amtes; **eis cecidit custodia sorti** *(Abl.)* fiel als Amt zu;
⑤ (An-)Teil *(an etw.: Gen.)* [**praedae; bonorum**]; **Saturni** ~ **prima** erstes Kind; – Erbteil, Besitz;
⑥ *(poet.; nachkl.)* Schicksal, Geschick, Bestimmung, Los [**humana; futura; iniqua; suprema** Tod; **mali** Unglückslos];
⑦ Stand, Rang [**prima; prior** Vorrang]; **homo ultimae sortis;**
⑧ *(Ov.)* Geschlecht [**feminea; altera**];
⑨ *(poet.; nachkl.)* Art, Sorte;
⑩ *auf Zinsen ausgeliehenes* Kapital; **sorte carere.**

sorsum *u.* **-us** *Adv. (poet.) = seors ...*

sorticula, ae *f (Demin. v. sors) (nachkl.)* Lostäfelchen.

sorti-legus *(sors u. lego[1])* **I.** *Adj.* a, um *(Hor.)* prophetisch;
II. *Subst.* ī *m* Weissager.

● **sortior,** sortīrī *u. (vorkl.)* **-iō,** īre *(sors)* **I.** *intr.* losen *(um etw.: de)* [**de altero consulatu; de ordine agminis; inter se**];
II. *trans.* ① etw. auslosen, um etw. losen, durch das Los bestimmen [**duas Gallias; provinciam; iudices**]; *(auch m. indir. Frages.);*
② durch das Los erhalten, erlosen [**provinciam; regna vini**]; – *P. Adj.* **sortītus,** a, um erlost, durch das Los gezogen; *Adv.* **sortītō** durch das Los, *auch (poet.)* durch Schicksalsbestimmung;
③ *(übtr.)* erlangen, bekommen, gewinnen [**amicum casu; mediterranea Asiae; venerabile ingenium**];
④ etw. verteilen, sich in etw. teilen [**laborem; periculum; regnum**];
⑤ *(Verg.)* aussuchen, (aus)wählen, verschaffen.

sortis, is *f (Kom.) = sors.*

sortītiō, ōnis *f (sortior)* das Losen *(um etw.: Gen. od. Adj.)* [**provinciarum; aedilicia**].

sortītō *Adv., s. sortior II.*

sortītor, ōris *m (sortior)* derjenige, der das Los zieht.

sortītus[1], a, um *s. sortior II. 2.*

sortītus[2], ūs *m (sortior)* das Losen; **alqd sortitūs non pertulit** um etw. ist nicht gelost worden.

Sosiī, ōrum *m die Gebrüder Sosii, Buchhändler in Rom, Verleger des Horaz.*

sōspes, *Gen.* pitis *(Abl. Sg.* -e; *Pl. n fehlt, Gen.* -um*)* wohlbehalten, unverletzt, unversehrt; **sospitem in patriam redire;** – *(poet.) (v. Sachen)* glücklich, günstig [**dies**].

Sōspita, ae *f (sospes?, älter:* Sispita) (Er-)Retterin, Erhalterin, *als Beiname der Juno.*

sōspitālis, e *(sospes) (vor- u. nachkl.)* heilsam.

sōspitās, ātis *f (sospes) (spätl.)* Wohl(befinden).

sōspitō, sōspitāre *(sospes)* (er)retten, behüten, (be)schützen, erhalten.

Sōtadēs, ae *m hellenistischer Dichter aus Maronea (Thrakien) zu Beginn des 3. Jahrhs. n. Chr; – Adj.* **Sotadēus** *u.* **-dicus,** a, um [**versus** *Gedicht, das rückwärts gelesen einen obszönen Sinn ergab*].

sōtēr, ēris *m (gr. Fw.)* Retter, Heiland.

sōtēria, ōrum *n (gr. Fw.) (Mart.)* Genesungsgeschenke.

Sp. *(Abk.) = Spurius.*

spādīx, *Gen.* īcis *(gr. Fw.) (poet.; nachkl.)* dattelfarben, kastanienbraun.

spadō, ōnis *m (gr. Fw.)* Eunuch.

● **spargō,** spargere, sparsī, sparsum ① (aus)streuen [**nummos populo; ossa in foro**],

(Flüssiges) sprengen, (ver)spritzen [**venena** Gift verspritzen = Leute vergiften; **cruorem**];
② säen [**semina; dentes vipereos;** *übtr.* **animos in corpora**];
③ *(poet.; nachkl.)* werfen, schleudern, schießen [**glandes; fulmina in terras; tela; hastas**];
④ *(Lebewesen)* verteilen [**legiones, exercitum per provincias**]; zerstreuen, versprengen [**se toto campo; se in fugam**]; **gens sparsa per orbem;**
⑤ *(poet.; nachkl.) (Lebl.)* zerstreuen, ausbreiten, zersplittern [**arma** (den Krieg) **per agros; bellum** den Krieg bald hier, bald dort führen]; gerüchtweise verbreiten [**alcis nomen per urbes; voces**]; *(auch m. A. C. I.);*
⑥ *(Worte)* einstreuen [**omnia argumenta**];
⑦ *(poet.; nachkl.)* vergeuden [**pecuniam**];
⑧ *(poet.; nachkl.)* zerreißen [**corpora**];
⑨ *(poet.; nachkl.)* etw. bestreuen, besprengen, bespritzen, *auch übtr.* [**humum foliis; corpus lymphā; favillam amici lacrimā** benetzen; *übtr.* **terras lumine** bestrahlen; **caelum astris; porticum tabellis** schmücken; **fraterna caede penates** beflecken];
/ s. auch sparsus.

sparsim *Adv. (sparsus) (nachkl.)* zerstreut, hier u. da.

sparsiō, ōnis *f (spargo) (Sen.)* das Sprengen *m. Flüssigkeiten im Zirkus od. Theater*

sparsus, a, um *(P. Adj. v. spargo)* ① zerstreut [**crines** zerzaust; **classis tempestate**];
② gefleckt, fleckig, bunt [**os** sommersprossig; **anguis maculis**].

Sparta, ae *u.* **-ē,** ēs *f* Sparta *(od.* Lacedaemon *genannt), die Hauptstadt Lakoniens, bzw. das spartan. Staatsgebiet; – Adj.* **Spartānus** *u.* **Spartiāticus,** a, um spartanisch [**disciplina; nobilitas**]; – *Einw.* **Spartānus,** ī *m* Spartaner *u.* **Spartiātēs,** ae *m* Spartiat, *spartan. Vollbürger.*

i Kultur **Spartacus,** ī *m* thrak. Gladiator, Anführer der aufständischen Sklaven u. Gladiatoren geg. Rom 73–71 v. Chr.

spartum, ī *n (gr. Fw.) (bot.)* Pfriemengras.

sparulus, ī *m (Demin. v. sparus[1]) (poet.)* Goldbrasse *(ein Fisch).*

sparus[1], ī *m (gr. Fw.) (nachkl.)* Goldbrasse *(ein Fisch).*

sparus[2], ī *m* kurzer Jagdspeer *des Landvolkes.*

spatalium, ī *n (gr. Fw.) (nachkl.)* Armband.

spatha, ae *f (gr. Fw.) (nachkl.)* ① *breites, zweischneidiges* Schwert;
② Weberblatt.

spatior, spatiārī *(spatium)* ① auf u. ab gehen, spazieren gehen;
② *(poet.; nachkl.)* sich ausbreiten; **alae spatiantes; bracchia spatiantia.**

spatiōsus, a, um *(spatium) (poet.; nachkl.)*
① geräumig, weit, groß [**insula; planities; amnis** breit];
② *(übtr.)* **a)** (v. *der Zeit)* lang(wierig) [**nox**]; **b)** weit, umfassend; **magna et -a res est sapientia.**

● **spatium,** ī *n* ① Raum, Weite [**campi; caeli; castrorum** Ausdehnung]; **-um dare** Platz machen; **in -um fugere** das Weite suchen; – *auch (poet.; nachkl.)* Länge, Breite, Größe, Umfang [**viae**]; **aures in -um trahere** in die Länge;
② Zwischenraum, Entfernung; **trabes paribus -is intermissae; tanto -o** bei so großer Entfernung; **-is propioribus** in geringerem Abstand;
③ Weg(strecke); **tanto -o** auf einer so weiten Strecke; **magnum -um emetiri** *od.* **conficere** zurücklegen;
④ Rennbahn, -strecke, *poet. auch Pl.* [**extremum** *od.* **supremum** Ende der Rennbahn]; **in -o decurrere;** – *(meton.)* (Um-)Lauf *in der Rennbahn;* **septem -is coronam merere; quadrigae addunt se in -a** vollenden einen Umlauf nach dem anderen; **-a corripere** beschleunigen; – *übh.* Bahn, Fahrt; **-um decurrere** vollenden; **aequor -is conficere** durchlaufen;
⑤ *(übtr.)* Bahn, Lauf [**gloriae** Ruhmeslaufbahn]; **vitae** (*od.* **aetatis**) **-um decurrere** den Lebenslauf vollenden;
⑥ Spaziergang; Spazierweg, Promenade [**basilicae** in der Basilika; **silvestre**];
⑦ Zeit(raum), Dauer [**breve; diei; temporis**]; **hoc** (*od.* **eo**) **-o** während dieser Zeit; **eodem -o** in einem u. demselben Augenblick;
⑧ lange Dauer, Länge der Zeit; **-o pugnae defatigati; arbor -o durata;**
⑨ Frist, Muße, Gelegenheit *(zu etw.: Gen. od. ad u. in m. Akk.)* [**deliberandi** Bedenkzeit; **consilii habendi**]; **-um alci dare ad scribendum; -um habere ad dicendum; -um sumere ad cogitandum** sich Zeit nehmen; **-um nancisci** gewinnen; **irae -um dare** verrauchen lassen; **requiem spatiumque** Ruhepause;
⑩ *(metr. t. t.)* Zeitmaß; **trochaeus eodem -o est quo choreus** hat dieselbe Länge;
⑪ *(Tac.)* Messband, Senkblei; **altitudo nullis -is penetrabilis.**

speciālis, e *(species) (nachkl.)* besonders, speziell.

● **speciēs,** ēī *f (specio)* ① das Sehen, Anschauen, Blick; **primā specie** auf den ersten Blick;
② das Aussehen, Äußeres, Erscheinung, Gestalt, *auch übtr.* [**humana; caelestis; horribilis; ridentis**]; **duo signa eādem specie ac formā; speciem honesti praebere, habere**

S

od. **prae se ferre; speciem horribilem praebere; specie famave** durch Aussehen oder Ruf; **in speciem alcis rei** wie etw. [*z. B. montis* wie ein Berg];

3 schöne Gestalt, Schönheit, Pracht, Zierde, Schimmer [**caeli; iuvenis; vaccae; auri**]; **specie insignis; triumpho maximam speciem captiva arma praebuere** *(Liv.)*; **speciem in dicendo adhibere;** – *(übtr.)* äußerer Glanz, Ansehen [**populi Romani**];

4 Traumbild, Vision [**nocturna; viri; interempti filii**];

5 Bild, Statue [**Iovis**];

6 (An-)Schein [**fallax; humanitatis; pugnantium; imperii** scheinbarer Oberbefehl]; **fraudi imponere speciem iuris; utilitatis speciem habere** *od.* **prae se ferre; speciem alci facere** *(m. A. C. I.)* bei jmdm. den Anschein erwecken; **speciem hosti fecit ibi omnem exercitum esse** *(Liv.)*; **specie, per** *u.* **in speciem** zum Schein, scheinbar; **per speciem auxilii ferendi; ad speciem** zur Täuschung; **ad speciem alariis uti** zu einem Scheinmanöver; **prima specie** dem ersten Anschein nach; – Vorwand; **specie** *(m. Gen.)* angeblich wegen [*z. B. venandi*];

7 Vorstellung, Begriff, Idee *(von: Gen.)* [**recti; boni viri**]; **veram speciem senatūs capere** *(Liv.)* sich eine richtige Vorstellung vom Senat machen;

8 Ideal, Musterbild [**libertatis; eloquentiae; viri boni**];

9 Art *einer Gattung;*

10 *(Plin.)* einzelner Fall;

11 *(spätl.) Pl.* **a)** Waren; **b)** Spezereien, Gewürze; Zutaten, Bestandteile.

specillum, ī *n (Demin. v. speculum) chirurgische* Sonde.

specimen, minis *n (specio)* 1 Kennzeichen, Probe(stück), Beweis, Gewähr [**prudentiae; animorum**]; **specimen iustitiae alci dare** vor jmdm. ablegen; *aber:* **specimen dare** eine Prüfung zulassen;

2 Muster, Beispiel, Vorbild, Ideal [**humanitatis; antiquitatis**];

3 *(poet.; nachkl.)* Zierde, Glanz; **antiquum ~ imperii.**

speciō, specere, spexī, spectum *(vorkl.)* sehen, schauen.

speciōsitās, ātis *f (speciosus) (nachkl.)* Schönheit.

speciōsus, a, um *(species)* 1 wohlgestaltet, schön [**femina**];

2 schön klingend [**nomina; vocabula**];

3 ansehnlich, großartig, prächtig, glänzend, herrlich [**familia; adventus; exemplum; opes**];

4 *(durch äußeren Schein)* blendend, bestechend, täuschend, gleißend [**titulus**]; *(m. Sup.)* **~ dictu.**

spectābilis, e *(specto)* 1 sichtbar [**campus**];

2 *(poet.; nachkl.)* sehenswert, ansehnlich, prächtig, herrlich [**heros; victoria; opus**].

● **spectāculum** *u. (synk.) (poet.; nachkl.)* **-clum,** ī *n (specio)* 1 *(meist Pl.)* **a)** Tribüne *(f. die Zuschauer im Theater),* Zuschauer-, Theaterplätze; **b)** *(nachkl.)* Theater, Amphitheater; **-a plausu resonant;**

2 *(meton.) (aufgeführtes)* Schauspiel [**gladiatorum; scenae; ludorum; naumachiae;** *übtr.* **triumphi**];

3 *(übtr.)* Schauspiel, Anblick, Augenweide [**magnificum; luctuosum; deforme**]; **-o esse alci** für jmd. eine Augenweide sein; **-um praebere** ein Schauspiel darbieten; **-um capere** ansehen;

4 Weltwunder; **inter septem -a numerari.**

spectāmen, minis *n (specto) (Plaut.)* Probe.

spectātiō, ōnis *f (specto)* 1 das Anschauen, Besichtigung;

2 Prüfung des Geldes.

spectātor, ōris *m (specto)* 1 Zuschauer [**ludorum**];

2 Betrachter, Beobachter [**caeli siderumque; certaminis**];

3 Prüfer, Kenner [**virtutis; proprii ponderis**].

spectātrīx, īcis *f (spectator) (poet.; nachkl.)* Zuschauerin.

spectātus, a, um *(P. Adj. v. specto)* 1 erprobt, bewährt [**fides; integritas; virtus**];

2 vortrefflich, ausgezeichnet, tüchtig [**femina; vir**].

spectiō, ōnis *f (specio)* Recht, Auspizien abzuhalten *(stand nur den höheren Magistraten zu).*

● **spectō,** spectāre *(Intens. v. specio)* 1 schauen, blicken, hinsehen [**in undam; alte** in die Höhe];

2 ansehen, anschauen, betrachten [**motūs siderum; caeli signorum ordinem et pulchritudinem;** *übtr.* **causam**];

3 (im *Theater u. Zirkus)* zusehen, *(ein Schauspiel)* sich ansehen, *(einem Schauspiel)* beiwohnen *(m. Akk.)* [**ludos; fabulam; gladiatores; pugiles; artifices saltationis**];

4 *(poet.)* bewundernd anschauen, anstaunen, bewundern; **spectant oculi te mille loquentem** *(Hor.)*;

5 prüfen, untersuchen, erproben [**exta; aurum in ignibus; rem** Lage der Dinge]; **alqd igni ~** etw. der Feuerprobe unterziehen;

6 beurteilen *(nach etw.: ex, a re od. bl. re)* [**philosophos ex singulis vocibus; ex constantia; hominem ex trunco corporis; alcis animum ex animo suo**];

7 in Betracht ziehen, berücksichtigen [**commune bonum; audaciam alcis; mores**]; *(auch m. indir. Frages.)*;

8 nach etw. streben, nach etw. trachten, etw.

beabsichtigen, an etw. denken *(alqd, selten ad alqd)* [**magna; praedam; fugam; locum probandae virtutis** Gelegenheit suchen, um ... ; **ad imperatorias laudes; ad suam gloriam; alte** hoch hinaus wollen];

⑨ *(übtr., v. Sachen)* wohin zielen, sich beziehen auf, betreffen *(ad)* [**ad bene vivendum; ad rebellionem; ad perniciem**]; **res ad arma spectat** es sieht nach Krieg aus; **consilia ad salutem sociorum spectant; quo id spectat?;**

⑩ *nach einer Gegend* gelegen, gerichtet sein, liegen *(ad u. in alqd, auch bl. alqd)* [**ad fretum; ad orientem solem; ad meridiem; in septentriones; in regionem Hispaniae**].

spectrum, ī *n (specio)* Bild *in der Seele,* Vorstellung.

spēcula¹, ae *f (Demin. v. spes)* schwache Hoffnung, Hoffnungsschimmer.

specula², ae *f (specio)* ① Beobachtungsplatz, -posten, Warte; **ignis e -a sublatus; dat signum -a Misenus ab alta** *(Verg.)*; **multo ante tamquam ex aliqua -a prospexi tempestatem futuram** *(Cic.)*;

② *(Verg.)* (An-)Höhe [**montis** Gipfel]; **clamorem e -is tollere** v. der Stadtmauer;

③ *(übtr.)* **a)** Lauer, Hinterhalt; **in -is esse** auf der Lauer liegen; **b)** Bollwerk [**populi Romani**].

speculābundus, a, um *(speculor) (nachkl.)* immerfort spähend, ständig lauernd.

speculāmen, minis *n (speculor) (spätl.)* Blick.

speculāris, e *(speculum) (nachkl.)* spiegelartig; – *Subst.* **-ia,** ium *u.* iōrum *n* Fenster(scheiben).

speculātiō, ōnis *f (speculor) (spätl.)* ① das Ausspähen, Auskundschaften;

② Betrachtung.

speculātor, ōris *m (speculor)* ① *(im Krieg)* Späher, Kundschafter; **per speculatores alqd cognoscere;**

② *(nachkl.) Pl.* Elitetruppe der Prätorianer, Leibwache des Feldherrn, Feldjäger;

③ *(nachkl.)* Henker;

④ (Er-)Forscher [**naturae; futuri**];

⑤ *(Eccl.)* Hüter, Aufseher.

speculātōrius, a, um *(speculator)* ① Späh-, Wacht- [**navigium**]; – *Subst.* **-a,** ae *f (erg. navis)* Spähschiff;

② *(Suet.)* v. den speculatores getragen [**caliga**].

speculātrīx, īcis *f (speculator)* Ausspäherin [**scelerum**].

speculo-clārus, a, um *(speculum) (Plaut.)* spiegelblank.

speculor, speculārī *(specula²)* **I.** *intr. (Ov.)* (umher)spähen [**in omnes partes**];

II. *trans.* erspähen, auskundschaften, beobachten, belauern [**alcis iter; consilia hostium; dicta factaque alcis; aquas** nach Regen Ausschau halten]; *(auch m. indir. Frages.).*

speculum, ī *n (specio)* Spiegel; **inspicere tamquam in -um in vitas omnium**; – *(übtr.)* Abbild, Spiegelbild [**naturae; morum**].

specus, ūs *m u. n (Dat. u. Abl. Pl. meist specubus, selten specibus)* ① Höhle, Grotte;

② Abzugsgraben, Kanal, Schleuse [**subterraneus**];

③ unterirdischer Stollen, Schacht;

④ *(poet.) (übtr.)* Höhle, Vertiefung, Tiefe [**alvi; vulneris** klaffende Wunde].

spēlaeum, ī *n (gr. Fw.) (poet.)* Höhle, Grotte [**ferarum**].

spēlunca, ae *f (gr. Fw.)* Höhle, Grotte.

spērābilis, e *(spero) (Plaut.)* (was) zu erhoffen (ist) [**salus**].

spērāta, ae *f (spero) (Kom.)* Liebste, Braut, Verlobte.

spērātus, ī *m (spero) (Kom.)* Liebster, Bräutigam, Verlobter.

Sperchēus *(auch* -ēos, Sperchīus *u.* -īos*)*, ī *m Grenzfluss im südl. Thessalien; – Adj. f* **Sperchēis,** idis [**undae; ripae**]; – **Sperchīonidēs,** ae *m* Anw. des Sp.; – **Sperchīae,** ārum *f Stadt im Tal des Sp.*

spernāx, *Gen.* ācis *(sperno) (nachkl.)* voller Verachtung, verachtend [**mortis**].

● **spernō,** spernere, sprēvī, sprētum ① *(vorkl.)* zurückstoßen, entfernen [**se a malis**];

② *(übtr.)* verwerfen, verschmähen, verachten [**veteres amicitias; alcis litteras; periculum**]; *(auch m. Inf.); – Adj. (Gerundiv)* **spernendus,** a, um verächtlich, verwerflich *(in Bezug auf etw.: Gen.)* [**morum**].

spernor, spernārī *(sperno, aspernor) (Iuv.)* verschmähen, verachten.

● **spērō,** spērāre *(spes)* erwarten: ① *Günstiges* erwarten, hoffen, sich auf etw. Hoffnung machen [**meliora; pacem; omnia ex victoria; praesidium ab (ex) alqo; praemia sibi; deos** auf die Götter hoffen; **de alqo bene, recte** Gutes erwarten; **optime** das Beste; *(m. dopp. Akk.)* **alqm adiutorem**]; *(m. A. C. I. fut. od. Umschreibung m. fore ut)* **spero aeternam inter nos amicitiam fore**; *– m. Inf. Präs. u. Perf.* hoffen, annehmen, voraussetzen: **sperabam iam defervisse adulescentiam** *(Ter.); – auch m. folg. ut; –* spero *u.* ut spero *manchmal in Parenthese* = hoffentlich; – *P. Adj.* **spērātus,** a, um erhofft, ersehnt [**gloria; praeda**]; – *Subst.* **spērāta,** ōrum *n* Hoffnungen;

② *Ungünstiges* erwarten, (be)fürchten [**dolorem; bellum; deos**]; *(auch m. A. C. I.).*

● **spēs,** speī *f* ① Erwartung, Hoffnung [**vera** begründete; **falsa; divina** auf die Götter; *(auf jmd.: Gen.)* **consulis; patroni;** *(auf etw.: Gen., auch ad)* **pacis; arcis capiendae; ad ea temptanda**]; *(m. A. C. I., selten m. ut);* **spem habere, in spe esse** *od.* **spe duci** Hoffnung

S

hegen; **alqd in spe est** etw. steht in Aussicht; **~ est in alqo** beruht auf jmdm.; **alci spem alcis rei dare** jmdm. Hoffnung auf etw. machen; **in spem venire, ingredi** *od.* **adduci** Hoffnung fassen; **spem nancisci** schöpfen; **~ me tenet** *(m. A. C. I.)* ich hoffe; **spe deici** getäuscht werden in; **spem deponere, dimittere, tollere, perdere; praeter, contra spem** wider Erwarten; **omnium spe celerius** schneller als man allgemein erwartet hatte; **omnem spem salutis in virtute ponere** auf die T. setzen; **adulescens summae spei** der zu größten Hoffnungen berechtigt; **egregiae spei filia** hoffnungsvoll; **nullast ~ iuventutis** *(Plaut.)* v. der Jugend ist nichts zu hoffen; – *(personif.)* **Spēs** *Göttin der Hoffnung:* **ad Spei** *(erg. aedem);*
❷ *(meton.)* **a)** Hoffnung = das, worauf man seine Hoffnung setzt, Gegenstand, Ziel der Hoffnung, *auch v. Lebewesen;* **spe potiri** das Ersehnte erreichen; **~ anni** Ernte; **~ gregis** *(v. den Lämmern);* **~ grexque** Lämmer u. Mutterschafe; **Scipio ~ populi**; **b)** *(Plaut.) als Kosewort* [**mea**];
❸ Befürchtung, Besorgnis *(um, wegen: Gen.)* [**naufragii**].

Speusippus, ī *m griech. Philosoph, Neffe u. Nachfolger Platos als Leiter der Akademie (gest. 340/339 v. Chr.).*

speusticus, a, um *(gr. Fw.) (Plin.)* in Eile hergestellt [**panis**].

spexī *Perf. v. specio.*

sphaera, ae *f (gr. Fw.)* ❶ Kugel;
❷ Himmelsglobus *(aus Metall od. Glas);*
❸ Kreisbahn *der Planeten.*

sphaeristērium, ī *n (gr. Fw.) (nachkl.)* Ballspielsaal.

sphaeromachia, ae *(gr. Fw.) (nachkl.)* Faustkampf *(m. lederüberzogenen Eisenkugeln).*

i Kultur **Sphinx,** Sphingis *f* Fabelwesen der griech. Mythologie, urspr. Menschen fressendes Bergungeheuer in Böotien, später m. einem geflügelten Löwenrumpf u. dem Oberkörper eines Mädchens (urspr. ägypt., männl.) dargestellt; die Sphinx v. Theben war ein Ungeheuer, das jedem Vorübergehenden das Rätsel vom Menschen – zuerst geht es auf 4 Beinen, dann auf 2, zuletzt auf 3 – aufgab (Kleinkind, Erwachsener u. Greis) u. den zerriss, der es nicht erriet; oft als Todessymbol auf Grabsteinen dargestellt.

spīca, ae *f* ❶ (Getreide-)Ähre;
❷ *(poet.; nachkl.)* Dolde, Büschel *v. Pflanzen;*
❸ *als Stern:* Kornähre *(hellster Stern im Sternbild der Jungfrau).*

spīcātus, a, um *(spica) (nachkl.)* ❶ Ähren tragend;
❷ zugespitzt, spitz, m. einer Spitze versehen.

spīceus, a, *um (spica) (poet.)* aus Ähren, Ähren- [**messis** Getreideernte; **corona**].

spīci-fer, fera, ferum *(spica u. fero) (nachkl.)* Ähren tragend, bringend [**Nilus**].

spiciō, spicere *(Plaut.) = specio.*

spīculō, spīculāre *(spiculum) (nachkl.)* spitz machen, zuspitzen [**telum**].

spīculum, ī *n (Demin. v. spicum)* ❶ Spitze; Lanzen-, Pfeilspitze;
❷ *(poet.) (meton.)* Wurfspieß, Pfeil, Geschoss;
❸ *(poet.)* Stachel, *bes. der Insekten* [**apium; crabronum; rosarum** Dornen].

spīcum, ī *n u. (nachkl.)* **-us,** ī *m = spica.*

spīna, ae *f* ❶ *(poet.; nachkl.)* Dorn(strauch); **~ creat rosas;**
❷ Stachel;
❸ Gräte [**piscium**];
❹ *(vor- u. nachkl.)* Rückgrat; *(poet.)* Rücken;
❺ *(Petr.)* Zahnstocher [**argentea**];
❻ *(übtr.) Pl.* Spitzfindigkeiten [**disserendi; partiendi et definiendi** spitzfindige Einteilungen u. Erklärungen];
❼ Sorge, Kummer, Qual; **-as animo evellere**.

spīnētum, ī *n (spina) (poet.; nachkl.)* Dorngebüsch, -hecke.

spīneus, a, um *(spina) (poet.; spätl.)* aus Dornen, Dornen- [**vincula**].

spīni-ger, gera, gerum *(spina u. gero)* dornig, stachelig.

spīnōsus, a, um *(spina)* ❶ dornig, stachelig [**herbae; folia**];
❷ *(übtr.)* spitzfindig [**oratio**];
❸ *(Cat.)* quälend [**curae**].

spīntēr, ēris *n (gr. Fw.) (Plaut.)* Armband, -spange *in Gestalt einer Schlange (wurde um den Oberarm gelegt).*

spintria, ae *m (gr. Fw.) (nachkl.)* Strichjunge, Homosexueller.

spinturnīcium, ī *n (Plaut; spätl.)* Unglück verheißender Vogel, Unglücksvogel.

spīnus, ī *f (spina) (bot.)* Schlehdorn.

spīra, ae *f (gr. Fw.)* ❶ kreisförmige Windung *(bes. der Schlange),* Spirale; **in -am se colligit anguis** *(Verg.);*
❷ *(meton.)* **a)** *(Iuv.)* Mützenbinde; **b)** *(Enn.)* Schar Soldaten, Manipel.

spīrābilis, e *(spiro)* ❶ luftartig, luftig [**animus; natura**];
❷ *(Verg.)* belebend [**caeli lumen**].

spīrāculum, ī *n (spiro) (poet.; nachkl.)* Luftloch; **-a Ditis** Dunsthöhle des Pluto.

spīrāmen, minis *n (spiro) (nachkl.)* das Atmen, Hauch.

spīrāmentum, ī *n (spiro)* ❶ das Hauchen, Atmen, Wehen; (Atem-)Pause;
❷ Luftloch, Spalt, Kanal, Röhre [**caeca; ter-**

rae; animae Luftröhre].

spīrit(u)ālis, e *(spiritus)* ① zum Atem gehörig, Atem-, zur Luft gehörig, Luft-;
② *(spätl.)* geistig; geistlich.

● **spīritus,** ūs *m (spiro)* ① (Luft-)Hauch, Luftzug, Wind [**frigidus; austri**];
② das Atmen, Atem(zug); **spiritum ducere, trahere** Atem holen; **spiritum haurire; extremo spiritu** beim letzten Atemzug; **usque ad extremum spiritum** bis zum letzten Atemzug; **uno spiritu** in einem Atemzug;
③ Lebenshauch, Leben;
④ *(poet.)* Seufzer; **latere petitus imo ~** *(Hor.)*;
⑤ *(Verg.)* das Zischen *der Schlange;*
⑥ Dunst, Ausdünstung [**florum**];
⑦ Taktteilchen;
⑧ Seele, Geist; **morte carens ~; dum ~ hos regit artūs** *(Verg.)*; – Weltseele;
⑨ Sinn, Gesinnung, *meist Pl.* [**hostiles**];
⑩ Begeisterung, Schwung, Feuer, Enthusiasmus [**sublimis; poëticus**]; **spiritu divino tactus;**
⑪ Dichtergabe, das Dichten, dichterisches Schaffen;
⑫ *(Sg. u. Pl.)* hoher Geist, hohe Gedanken; **vir ingentis spiritūs;**
⑬ *(Sg. u. Pl.)* Selbstbewusstsein, Stolz, Hochmut, Übermut [**regius; patricii** Adelsstolz; **tribunicii**]; **altiores spiritūs sumere** höher hinaus wollen;
⑭ *(Sg. u. Pl.)* Mut; **animo** *(Dat.)* **spiritūs facere** ermutigen;
⑮ *(Tac.) (Sg. u. Pl.)* Erbitterung, Unwille; **alcis spiritūs mitigare;**
⑯ *(spätl.)* **Spiritus Sanctus** der Heilige Geist.

● **spīrō,** spīrāre **I.** *intr.* ① *(poet.; nachkl.)* blasen, wehen, hauchen; **zephyri, venti spirant**; – **alci ~** jmd. anwehen, *(übtr.)* begünstigen; **aura spiravit illi** *(Verg.)*; – *(poet.) auch v. Göttern* = Wind senden; **di, spirate secundi** *(Verg.)* sendet günstigen Wind;
② *(poet.) (vom Meer)* brausen; **freta spirantia**; – *(v. Schlangen u. Feuer)* zischen, schnauben; **hydra spirans; spirat e pectore flamma** *(Verg.)*;
③ duften [**graviter**]; **odoratis spirabunt floribus arae;**
④ atmen; **dum ~ potero; ne ~ quidem sine metu posse;** – leben; **spirans** noch lebend; *(übtr.)* **spirante etiam re publica; spirantia exta** noch warm; **spirantia signa, aera** lebensvoll;
⑤ *(übtr.)* (fort)leben, erhalten bleiben; **videtur Laelii mens ~ in scriptis** *(Cic.)*; **spirat adhuc amor** *(Hor.)*;
⑥ *(poet.)* dichterisch begeistert sein, dichten;
II. *trans.* ① aushauchen, ausatmen [**flammas** v. *Feuer speienden Tieren;* **ignem naribus; frigora** v. *Winden*];
② *(poet.)* ausströmen lassen, verbreiten [**odorem**];
③ *(übtr.)* v. etw. erfüllt, beseelt sein [**tribunatum** vom Geist der Tribunen; **amores**];
④ *(nachkl.)* nach etw. streben [**magnum; maiora** nach Höherem].

spissāmentum, ī *n (spisso) (nachkl.)* Verdichtung, Pfropf.

spissātiō, ōnis *f (spisso) (Sen.)* Verdichtung.

spissēscō, spissēscere, – – *(Incoh. v. spisso) (poet.; nachkl.)* dicht werden.

spissi-gradus, a, um *(spissus u. gradior) (Plaut.)* langsam gehend.

spissitūdō, dinis *f (spissus) (nachkl.)* Dichte, Dicke.

spissō, spissāre *(spissus) (poet.; nachkl.)* ① verdichten [**lac; ignem**]; aufhäufen [**ramalia**];
② *(übtr.)* etw. häufig hintereinander tun.

spissus, a, um ① *(poet.; nachkl.)* dicht, dick, fest [**nubes; coma; aër** Dunstschicht; **tunica** fest gewirkt; **sanguis** geronnen; **arena**]; dicht gedrängt, gedrängt voll [**theatrum**];
② *(übtr.)* langsam (fortschreitend), langwierig, mühsam, schwierig [**opus; exitus**];
③ *(Petr.)* häufig hintereinander (stattfindend, ausgeführt) [**basia**].

spithama, ae *f (gr. Fw.) (Plin.)* Spanne *(als Längenmaß).*

splēn, splēnis *m (gr. Fw.)* Milz.

● **splendeō,** splendēre, – – glänzen, strahlen, schimmern, *konkr. u. übtr. (von, in etw.: Abl.)*; **splendens stella candida;, virtus splendens; auro atque argento ~ ; sparsis hastis campus splendet; splendet tremulo sub lumine pontus** *(Verg.)*.

splendēscō, splendēscere, splenduī, – *(Incoh. v. splendeo) (poet.)* erglänzen, *konkr. u. übtr.*

splendicō, splendicāre *(Intens. v. splendeo) (nachkl.)* glänzen, strahlen, schimmern.

● **splendidus,** a, um *(splendeo)* ① glänzend, strahlend, schimmernd [**color; sol; bracchia** v. Gold; **fons**];
② *(übtr.)* glänzend, herrlich, prächtig; **domus luxu -a;** – Pracht liebend [**homo**];
③ ruhmvoll, angesehen, bedeutend, ausgezeichnet [**vir; ingenium; causa; civitas; eques Romanus; facta**];
④ *(v. der Stimme u. v. Tönen)* hell, deutlich [**vox**]; *(vom Ausdruck)* frisch, lebendig, glanzvoll [**oratio**]; **-e loqui;**
⑤ gut klingend [**nomen; verba**].

● **splendor,** ōris *m (splendeo)* ① Glanz [**caeli; aquae; flammae; auri**];
② *(übtr.)* Glanz, Pracht [**vitae**];
③ Ruhm, Ansehen, Bedeutung, Würde, Vortrefflichkeit [**imperii nostri; nominis; familiae; equester**];
④ *(übtr.)* Schmuck, Zierde [**ordinis**];
⑤ *(v. der Stimme u. v. Tönen)* heller Klang, Klarheit [**vocis**]; *(vom Ausdruck)* Frische [**ora-**

tionis];
6 Wohlklang [**nominis**].
splenduī *Perf. v. splendesco.*
splēniātus, a, um *(splenium) (Mart.)* bepflastert [**mentum**].
splēnium, ī *n (gr. Fw.) (nachkl.)* (Schönheits-)Pflästerchen.
Spōlētium, ī *n Stadt im südl. Umbrien, j.* Spoleto; – *Einw. u. Adj.* **Spōlētīnus,** ī *m bzw.* a, um.
spoliārium, ī *n (spolium) (nachkl.)* 1 *Raum des Amphitheaters, der als Umkleideraum der Gladiatoren diente u. in dem schwer verletzte Gladiatoren getötet wurden;*
2 *(übtr.)* Mördergrube.
spoliātiō, ōnis *f (spolio)* Plünderung, Beraubung, Raub [**oppidorum; fanorum; sacrorum**]; Verlust [**omnium rerum**]; *(übtr.)* gewaltsame Entziehung, Raub [**consulatūs; dignitatis**].
spoliātor, tōris *m (spolio)* Plünderer [**templorum**].
spoliātrīx, īcis *f (spoliator)* Plünderin; – *Adj.* räuberisch.
● **spoliō** spoliāre *(spolium)* 1 der Kleider berauben, entkleiden, *bes.* dem erschlagenen Feind seine Rüstung abnehmen *(m. Akk.)* [**alqm veste; corpus caesi hostis; cadaver**];
2 *(übtr.)* **a)** (aus)plündern, berauben [**delubra sociorum; alqm argento; alqm regno paterno; alqm vitā**]; **viris spoliari** der Mannschaft beraubt werden; – *P. Adj.* **spoliātus,** a, um ausgeplündert, armselig; **b)** etw. rauben [**alienam pudicitiam; dignitatem alcis; fortunam**].
● **spolium,** ī *n* 1 *(poet.)* abgezogene *od.* abgelegte Haut *eines Tieres,* Fell [**leonis; pecudis; serpentis; viperei monstri (= Medusae)**];
2 *Pl.* die dem erschlagenen Feind abgenommene Rüstung, erbeutete Rüstung [**caesorum hostium; opima** Ehrenrüstung, *die ein Feldherr dem erschlagenen Anführer der Feinde abgenommen hatte*]; – *(meton.)* Sieg; **-a ampla referre;**
3 *(übtr.) (bes. Pl.)* Beute, Raub [**sociorum** den Bundesgenossen abgenommen; **nostra** unser geraubtes Eigentum; **virginitatis; classium** Schiffsschnäbel].
sponda, ae *f (poet.; nachkl.)* 1 Bett-, Sofagestell;
2 Bett, Sofa [**aurea; Orciniana** Totenbahre].
spondālia, ōrum *n* Liedeinlage *in der Tragödie.*
spondeō, spondēre, spopondī, spōnsum 1 feierlich *u.* förmlich versprechen, geloben [**fidem; pacem; legionibus pecunias; honores et praemia**]; *(m. A. C. I.)*;
2 sich verbürgen, Bürge sein [**pro paupere; pro iudicato** für einen Verurteilten];
3 *(vorkl.) (ein Mädchen)* verloben [**sororem**];
4 *(poet.; nachkl.)* verheißen, verkünden;
5 *(v. Sachen)* versprechen, *als gewiss* erwarten lassen; **id spondet virtus vestra;** *(m. A. C. I.)*.
spondēum, ī *n (gr. Fw.) (nachkl.)* Opferschale.
spondēus *u.* **-dīus,** ī *m (gr. Fw.)* Spondeus *(Versfuß: – –); (meton.)* Gedicht in Spondeen.
spondylus, ī *m (gr. Fw.) (nachkl.)* Klappmuschel.
spongia *u. (nachkl.)* **-gea,** ae *f (gr. Fw.)* 1 Schwamm;
2 *(übtr.)* weicher Panzer.
spongiōsus, a, um *(spongia) (nachkl.)* schwammig, porös.
spōns, spontis *f* (An-)Trieb, Reiz, *nur im Gen. u. Abl. Sg. vorkommend; s. sponte.*
spōnsa, ae *f (spondeo)* die Verlobte, Braut.
spōnsālia, ōrum *u.* ium *n (spondeo)* 1 Verlobung; **-a facere** schließen; **dies -orum;**
2 *(meton.)* **a)** Verlobungsmahl; **b)** *(spätl.)* Verlobungsgeschenke.
spōnsiō, ōnis *f (spondeo)* 1 feierliches Versprechen, Gelöbnis;
2 *(staatsrechtlich)* feierliche Zusage, Abmachung; **pax non foedere, sed per sponsionem facta est;**
3 *(im Zivilprozess)* gegenseitige Verpflichtung *der streitenden Parteien, der gewinnenden eine bestimmte Summe zu zahlen,* gerichtl. Wette; **sponsionem facere cum alqo de re; alqm sponsione lacessere** auffordern zu; **sponsionem** *u.* **sponsione vincere** den Prozess gewinnen; **sponsione condemnari** den Prozess verlieren.
spōnsor, ōris *m (spondeo)* Bürge.
spōnsum, ī *n (spondeo)* das Versprechen, Zusage, Gelöbnis; **-um negare** eine gegebene Zusage brechen.
spōnsus[1] *P. P. P. v. spondeo.*
spōnsus[2], ī *m (spondeo)* Verlobter, Bräutigam; *Pl. auch (Hor.)* die Freier [**Penelopae**].
spōnsus[3], ūs *m (spondeo)* Bürgschaft.
spontāneus, a, um *(spons) (spätl.)* frei(willig), selbst gewählt [**mors; bellum**].
● **sponte** *(Abl. v. spons)* 1 *(nachkl.)* nach jmds. Willen [**legatorum; principis; deorum**];
2 *meā, tuā, suā, nostrā, vestrā sponte, nicht klass. auch ohne Poss. Pron.:* **a)** aus eigenem Antrieb, v. selbst, freiwillig; **alqd sua sponte facere; non sponte (sua)** nicht aus eigenem Entschluss; **b)** auf eigene Hand, allein, ohne jmds. Hilfe; **nostra sponte cum hostibus bellavimus; ignis sua sponte exstinguitur; c)** an und für sich, schlechthin; **virtus sua sponte laudabilis est; d)** zuerst, ohne ein Beispiel vor sich zu haben; **alqd sua sponte instituere.**

spopondī *Perf. v. spondeo.*
sporta, ae *f geflochtener* Korb.
sportella, ae *f (Demin. v. sportula)* ① *(nachkl.)* (Speise-)Körbchen;
② *(meton.)* kalte Küche, kaltes Gericht *(in Körbchen gereicht).*
sportula, ae *f (Demin. v. sporta)* ① *(vor- u. nachkl.)* Körbchen, *bes. m. Speise od. m. Geld;* (Geld-)Geschenk;
② *(Iuv.)* Picknick;
③ *(Suet.)* Spiele.
sprētor, ōris *m (sperno) (poet.; nachkl.)* Verächter.
sprētus *P. P. P. v. sperno.*
sprēvī *Perf. v. sperno.*
spuī *Perf. v. spuo.*
spūma, ae *f* Schaum, Gischt, *auch Pl.* [**salis** des Meeres; **argenti** Silberschaum *des silberhaltigen Bleis*]; **Venus -ā procreata; alqs -as in ore agit** jmdm. steht der Schaum vor dem Mund.
spūmēscō, spūmēscere, – – *(Incoh. v. spumo) (poet.)* aufschäumen.
spūmeus, a, um *(spuma) (poet.; nachkl.)* schäumend [**amnis**].
spūmi-fer, fera, ferum *u.* **-ger,** gera, gerum *(spuma u. fero bzw. gero) (poet.)* schäumend [**fons**].
spūmō, spūmāre *(spuma)* **I.** *intr. (poet.; nachkl.)* schäumen; **salum, aper spumans;**
II. *trans.* m. Schaum bedecken; **saxa spumata.**
spūmōsus, a, um *(spuma) (poet.; nachkl.)* voll Schaum, schäumend [**litora; undae**].
spuō, spuere, spuī, spūtum *(poet.; nachkl.)* (aus)spucken, (aus)speien.
spurci-dicus, a, um *(spurcus u. dico¹) (Plaut.)* unflätig (redend) [**versus**].
spurci-ficus, a, um *(spurcus u. facio) (Plaut.)* verunreinigend.
spurcitia, ae *u.* **-tiēs,** ēī *n f (spurcus) (vor- u. nachkl.)* Unflätigkeit.
spurcō, spurcāre *(spurcus)* verunreinigen, besudeln [**forum**]; – *P. Adj.* **spurcātus,** a, um unflätig [**helluo**].
spurcus, a, um ① schmutzig;
② *(übtr.)* unflätig, gemein [**homo; meretrix; vita; tempestas** Sauwetter; **lex**]; **-e dicere.**
Spurinna, ae *m etr. Gentilname:* ① *Haruspex, der Cäsar vor den Iden des März warnte;*
② Vestricius ~, *lyrischer Dichter unter Kaiser Otho.*
spurius *(spätl.)* **I.** *Adj.* a, um unehelich;
II. *Subst.* ī *m* uneheliches Kind.
Spurius, ī *m röm. Vorname (Abk. Sp.).*
spūtātilicus, a, um *(sputo)* anspeienswert; *(übtr.)* verabscheuungswürdig, abscheulich [**crimina**].
spūtātor, ōris *m (sputo) (Plaut.)* Spucker.
spūtō, spūtāre *(Intens. v. spuo) (poet.)* ① ausspeien [**sanguinem**];
② bespucken; **qui sputatur morbus** Epilepsie, *die man durch Bespucken heilen zu können glaubte.*
spūtum, ī *n (spuo) (poet.; nachkl.)* Speichel, Auswurf [**cruentum**].
spūtus *P. P. P. v. spuo.*
squāleō, squālēre, – – *(squalus¹, squama)* ① *(poet.)* schuppig, rau sein; **squalentia terga lacerti; squalentes conchae;**
② *(poet.) m.* etw. überzogen sein, v. etw. starren, strotzen *(m. Abl.);* **tunica auro squalens; humus serpentibus squalet** wimmelt; **squalentia ora Medusae** starrend von Nattern;
③ v. Schmutz starren, ungepflegt sein; **barba, coma squalens;**
④ in Trauerkleidung gehen, trauern; **civitas squalebat; municipia squalebant;**
⑤ *(poet.; nachkl.) (v. Örtl.)* wüst, öde liegen; **squalentes campi; squalent abductis arva colonis** *(Verg.)*; **litus squalens.**
squālidus, a, um *(squaleo)* ① *(Lucr.)* starrend, strotzend [**corpora; membra**];
② *(v. der Rede)* rau, trocken;
③ v. Schmutz starrend, schmutzig, ungepflegt [**homo; vestis; carcer**];
④ *(poet.; nachkl.)* in Trauerkleidung, trauernd [**reus; Phoebus**];
⑤ *(Ov.)* wüst, unwirtlich [**humus**].
squālor, ōris *m (squaleo)* ① *(Lucr.)* das Starren, Rauheit;
② Schmutz, Unsauberkeit, Ungepflegtheit; **vestis squalore obsita;**
③ Trauer(kleidung) [**sociorum; patris; coniugis**]; **in squalore esse; squalorem deponere;**
④ *(nachkl.)* Unwirtlichkeit [**locorum**].
squālus¹, a, um *(Enn.)* schmutzig [**vestis**].
squalus², ī *m* größerer Seefisch.
squāma, ae *f (squalus)* ① Schuppe, *bes. der Fische u. Schlangen;*
② *(Iuv.) (meton.)* Fisch;
③ *(Verg.) Pl.* Schuppenpanzer.
squāmeus, a, um *(squama) (poet.)* schuppig [**anguis**].
squāmi-fer, fera, ferum *u.* **-ger,** gera, gerum *(squama u. fero bzw. gero)* schuppig [**piscis; turba** Schlangen].
squāmōsus, a, um *(squama) (poet.)* schuppig [**draco;** *(spätl.)* **thorax** Schuppenpanzer].
squilla, ae *f (gr. Fw.)* kleiner Seekrebs, Krabbe.
st! *Interj.* pst! still!
Stabiae, ārum *f Stadt in Kampanien, m. Pompeii u. Herculaneum 79 n. Chr. durch einen Ausbruch des Vesuv verschüttet;* – *Adj.* **Stabiānus,** a, um; – **Stabiānum,** ī *n* Landgut bei Stabiae.
stabilīmen, minis *n u. (vor- u. nachkl.)* **-mentum,** ī *n (stabilio)* Befestigung(smittel), Stüt-

S

ze.

stabiliō, stabilīre *(stabilis)* ① befestigen, fest machen [**naves; stipites**];
② *(übtr.)* aufrecht erhalten, festigen, sichern [**rem publicam; libertatem; leges**].

● **stabilis** e *(sto)* ① fest (stehend) [**pes; agmen peditum; pugna** in Reih u. Glied]; **equus vel per medios gurgites** ~ *(Liv.)* das auch mitten in der Strömung fest stand;
② zum Stehen geeignet, festen Stand gewährend [**insula; via**]; **locus ~ ad insistendum;**
③ *(übtr.)* fest, standhaft, dauerhaft, unerschütterlich, unveränderlich [**amicitia; amicus; animus; fortuna; sententia; imperium**]; **stabile est** *(m. A. C. I.) (Plaut.)* es ist fest beschlossen, es steht fest.

stabilitās, ātis *f (stabilis)* ① das Feststehen, Festigkeit [**dentium; peditum in proeliis**];
② *(übtr.)* Festigkeit, Standhaftigkeit, Dauer, Unveränderlichkeit [**fortunae; amicitiae; sententiae**].

stabilītor, ōris *m (stabilio) (Sen.)* Befestiger.

stabulārius, ī *m (stabulum) (nachkl.)* Gastwirt.

stabulō, stabulāre *u.* **-or,** ārī *(stabulum)* ① im Stall stehen;
② *(übtr.)* sich irgendwo aufhalten; hausen.

stabulum, ī *n (sto)* ① *(poet.)* Standort, Aufenthaltsort, Lager, oft *Pl.* [**ferarum**];
② Stall, *poet. auch* Hürde, Gehege, Weide (-platz); *Pl. auch* Viehhof, Gehöft;
③ *(nachkl.)* Herde;
④ *(vor- u. nachkl.)* Kneipe, Gasthaus;
⑤ Bordell; *(vor- u. nachkl.) auch als Schimpfw.*

stacta, ae *u.* **-ē,** ēs *f (gr. Fw.) (vor- u. nachkl.)* Myrrensaft, -öl.

stadiodromos, ī *m (gr. Fw.) (nachkl.)* Wettläufer.

stadium, ī *n (Gen. Pl.* stadiōrum *u.* stadium) *(gr. Fw.)* ① Stadion *als griech. Längenmaß, etwa 190 m;*
② Rennbahn; *(übtr.)* Wettstreit [**artis rhetoricae; laudis**].

Stagīra, ōrum *n kleine griech. Stadt in Makedonien, Geburtsort des Aristoteles; – Einw.* **Stagīrītēs,** ae *m meist v. Aristoteles.*

stāgnō, stāgnāre *(stagnum¹) (poet.; nachkl.)* **I.** *intr.* ① *(v. Gewässern)* übertreten; **aquae stagnantes; Nilus in faciem lati maris stagnat;**
② *(v. Örtl.)* überschwemmt sein, unter Wasser stehen; **orbis stagnat paludibus; moenia stagnabant;**
II. *trans.* ① überschwemmen [**plana urbis**];
② *das Wasser* zum Stehen bringen, aufhalten.

stāgnum¹, ī *n* ① durch Überschwemmung entstandenes Gewässer, See, Teich, Lache;
② künstlich angelegter Teich, Bassin [**navale; calidae aquae** zum Baden];
③ langsam fließendes Gewässer [**Cocyti; Phrixeae sororis** = Hellespont]; *Pl. auch* Meer [**maxima Nerei**].

stagnum², ī *n (nachkl.) Mischung aus Silber u. Blei.*

stalagmium, ī *n (gr. Fw.) (Kom.)* Ohrgehänge in Tropfenform.

stāmen, minis *n (sto) (poet.; nachkl.)* ① Grundfaden *od.* Grundfäden *(am aufrechtstehenden antiken Webstuhl),* Aufzug, Kette, Zettel;
② Faden, *bes. an der Spindel;* **stamina manu ducere, digitis torquere** spinnen;
③ *(übtr.)* Schicksalsfaden *der Parzen,* Schicksal; **Clotho nevit stamina** *(Ov.)*;
④ Spinnenfaden [**araneae**];
⑤ Saite *eines Instrumentes;* **stamina pollice sollicitare** rühren;
⑥ Kopfbinde der Priester.

staminātus, a, um *(gr. Fw.) (Petr.)* in einen Krug gefüllt; **-as** *(erg.* **potiones***)* **ducere** aus vollen Krügen trinken, tüchtig bechern.

stāmineus, a, um *(stamen) (poet.; nachkl.)* voller Fäden.

stannum = *stagnum².*

Stata (māter) *(sisto) Schutzgöttin der Straßen, die Feuersbrünste zum Stehen brachte.*

statārius *(sto)* **I.** *Adj.* a, um ① fest stehend [**miles** in Reih u. Glied fechtend];
② *(übtr.)* ruhig [**orator; comoedia** ruhiges Charakterstück];
II. *Subst.* ī *m* Schauspieler in einem ruhigen Charakterstück.

Statellī *od.* **Statiellī,** ōrum *u.* **Statellātēs,** tum *m Völkerschaft in Ligurien; – Adj.* **Statellās,** *Gen.* ātis.

statēra, ae *f (gr. Fw.)* Waage.

staticulus, ī *m (Demin. v. status²) (vorkl.)* ruhiger Tanz, Pantomime.

● **statim** *Adv. (sto)* ① *(Plaut.)* fest (stehend);
② *(Ter.)* beständig, regelmäßig;
③ auf der Stelle, sogleich, sofort; **~ ut** *u.* **~ simulac** sobald als.

● **statiō,** ōnis *f (sto)* ① *(poet.; nachkl.)* das (Still-)Stehen, Stellung; Fechterstellung;
② *(meton.)* Stelle, Standort, Aufenthalt(sort), Quartier; richtige Stelle, richtige Lage; **comas in statione ponere;**
③ *(milit.)* **a)** (Wach-)Posten, Wache; **stationem habere, stationem agere, in statione esse** Wache stehen, Wache halten; **alqm in statione ponere; in stationem succedere** die Wache ablösen; **praesidium et** ~ Sicherheitsposten; **b)** *(meton.)* Wachmannschaft, Truppenabteilung auf Wache [**equitum; militum**];
④ *(übtr.)* Wache, Posten [**imperii**]; **fungi longissima statione mortali; in statione manere** wachen, aufpassen;
⑤ Ankerplatz [**tuta**]; **stationem nancisci;**
⑥ *(nachkl.) öffentl.* Platz;

⑦ *(nachkl.)* Stellung *im Staatsdienst.*

Stātius, ī *m röm. cogn.:* P. Papinius ~, *röm. Dichter unter Kaiser Domitian, etwa 40– um 96 n. Chr.*

statīvus, a, um *(sto)* (fest) stehend [**praesidium** Posten; **castra** Standlager]; – *Subst.* **-a,** ōrum *n (erg. castra)* Standlager, -quartier; **-a ponere** aufschlagen.

stator, ōris *m (sto)* ① Amtsgehilfe *des Prokonsuls;*
② **Stator:** **a)** „der *(die weichenden Truppen)* zum Stehen bringt"; **b)** *(übtr.)* Erhalter, *als Beiname Jupiters.*

● **statua,** ae *f (statuo)* Standbild, Bildsäule, Statue [**aurata**]; **-am alci ponere, statuere, constituere; Caesaris -am consecrare.**

statuārius, ī *m (statua)* Bildgießer, Bildhauer.

statuī *Perf. v. statuo.*

statūmen, minis *n (statuo)* Stütze, Unterlage.

statunculum, ī *n (Demin. v. statua) (nachkl.)* Statuette, Figürchen.

● **statuō,** statuere, statuī, statūtum *(status²)*
① hin-, aufstellen [**iuvencum ante aram; crateras; arborem agro** pflanzen auf; **navem** vor Anker legen];
② errichten, erbauen, gründen [**aras; statuam; moenia; urbem**];
③ *(übtr.)* (fest)setzen, bestimmen, anordnen [**tempus colloquio; diem comitiis; modum diuturnitati imperii; modum cupidinibus; pretium arti; stipendium alci de publico; alqm regem** einsetzen als]; *(auch m. ut, ne);*
④ *(bes. richterl.)* entscheiden, das Urteil fällen, urteilen [**aliquid gravius in alqm** ein allzu hartes Urteil fällen; **exilium in reum** verhängen; **de capite civis; de Caesaris actis; de Lentulo; de se** sich das Leben nehmen];
⑤ beschließen, sich vornehmen, sich in den Kopf setzen [**cum animo** bei sich; *(m. Inf.)* **decertare; ferro arcere contumeliam**]; *(auch m. ut, ne, m. A. C. I. des Gerundivs od. m. indir. Frages.)*;
⑥ meinen, glauben, dafürhalten *(m. A. C. I.).*

● **statūra,** ae *f (sto)* Gestalt, Wuchs; **homo -ae procerae.**

status¹ *s. sisto.*

● **status²,** ūs *m (sto)* ① das Stehen, Stand, Stellung [**artificis; dignitatis; signorum**]; Kampfstellung [**minax**]; **statu movere hostem** aus der Stellung werfen;
② *(übtr.)* Lage, Zustand, Verfassung, Verhältnisse, Beschaffenheit [**civitatis; mundi; vitae; caeli**]; **eo statu res erat** die Sache stand so; **in pristinum statum redire** *od.* **alqm restituere**;
③ Bestand, sichere Stellung, Wohlstand [**mearum fortunarum**]; **pro statu civitatis se in discrimen offerre; rei publicae statum labefactare;**
④ bürgerliche Stellung, Stand, Rang [**familiarum**];
⑤ *(jur. u. rhet.)* ~ **causae** Stand der Sache *od.* des Streitpunktes.

statūtus, a, um *(P. Adj. v. statuo) (Plaut.)* untersetzt, stämmig.

stega, ae *f (gr. Fw.) (Plaut.)* Verdeck.

stēla, ae *f (gr. Fw.) (vor- u. nachkl.)* Pfeiler, Säule; Grabsäule.

stēliō, ōnis *m = stellio.*

● **stēlla,** ae *f* ① Stern [**errans; inerrans** Fixstern; **crinita** Komet; **Saturni; diurna** Morgenstern];
② *(poet.)* Gestirn, Sternbild [**coronae; leonis**];
③ *(poet.)* Sonne.

stēllāns, *Gen.* antis *(stella)* gestirnt [**caelum; nox**]; blitzend, schimmernd, glänzend [**gemma; oculi**].

Stēllās (*u.* **Stēllātis**) **ager** *od.* **campus** *fruchtbares Gebiet in Kampanien;* – *Adj.* **Stēllātīnus,** a, um.

stēllātus, a, um *(stella)* ① gestirnt, m. Sternen besetzt [**Argus** m. glänzenden Augen übersät];
② unter die Sterne versetzt;
③ *(poet.; nachkl.)* blitzend, glänzend [**ensis**].

stēlli-fer, fera, ferum *(stella u. fero)* gestirnt [**polus**].

stēlliō, ōnis *m (stella) (poet.; nachkl.)* Sterneidechse.

stemma, atis *n (gr. Fw.) (nachkl.)* ① Kranz *(als Schmuck der Ahnenbilder);*
② *(meton.)* Stammbaum, Ahnenreihe.

stephanūsa, ae *f (gr. Fw.) (Plin.)* „Kranzwinderin", *eine Statue des Praxiteles.*

stercoreus, a, um *(stercus) (Plaut.; spätl.)* mistig, schmutzig.

stercorō, stercorāre *(stercus)* düngen [**agrum**].

stercorōsus, a, um *(stercus) (vor- u. nachkl.)* gut gedüngt, mistig, kotig.

sterculīn(i)um, ī *n (stercus) (nicht klass.)* Misthaufen; *auch als Schimpfw.:* Schmutzfink.

stercus, coris *n* Kot, Mist, Dünger; *auch als Schimpfw.:* Schmutzfink [**curiae**].

sterilēscō, sterilēscere *(sterilis) (nachkl.)* unfruchtbar werden.

sterilis, e ① *(poet.; nachkl.)* unfruchtbar [**uxor; vir** *bes. v. Eunuchen;* **vacca; ager; platani** ohne Reben; **aristae** leer; **coniugium** kinderlos];
② *(übtr.)* fruchtlos, ertraglos, erfolglos, unergiebig, leer [**labor; annus; amor** unerwidert]; *m. Gen.:* arm an etw., ohne etw.: **saeculum virtutum sterile; ingenii ~;**
③ *(poet.)* unfruchtbar machend [**frigus; hiems**].

sterilitās, ātis *f (sterilis)* Unfruchtbarkeit [**agrorum**].

sternāx, *Gen.* ācis *(sterno) (poet.)* störrisch [**equus**].

● **sternō,** sternere, strāvī, strātum ① *auf den Boden* (hin)streuen, ausbreiten, hinstrecken, niederlegen [**vestes; corpora passim; poma**]; – *se ~ u. mediopass. sterni* hinsinken, sich lagern: **sternunt se phocae; se ~ somno in litore;** – *P. P. P.* strātus liegend, ausgestreckt [**humi; ad pedes alcis; corpora somno**];
② *(gewaltsam od. feindl.)* niederwerfen, zu Boden strecken, niedermachen [**hostes caede; alqm subitā morte; aciem; ferro pecus; muros ariete; Troiam a culmine** stürzen; **agros** fortschwemmen];
③ *(übtr.)* niederdrücken, entmutigen, ins Unglück stürzen [**mortalia corda; Thyestem exitio gravi**];
④ ebnen, glätten [**aequora** das wogende Meer; **ventos** beruhigen; **viam per mare** bahnen; *übtr.* **odia militum** besänftigen]; *(Wege)* pflastern;
⑤ *(poet.; nachkl.)* bestreuen, bedecken [**solum telis; algā litus; campos sarcinis**];
⑥ *(Tische, Lagerstätten u. Ä.)* m. Decken *od.* Polstern belegen, bedecken, zurechtmachen [**triclinium**];
⑦ satteln [**equum**].

sternūmentum, ī *n (sternuo)* das Niesen.

sternuō, sternuere, sternuī, – **I.** *intr.* niesen; *(übtr.)* knistern; **lumen sternuit;**
II. *trans.* niesend mitteilen [**approbationem; omen alci**].

sternūtāmentum, ī *n (sternuto) (nachkl.)* das Niesen.

sternūtō, sternūtāre *(Frequ. v. sternuo) (Petr.; spätl.)* immer wieder niesen.

sterquilīn(i)um = *sterculin(i)um.*

stertēia, ae *f (sterto) (Petr.)* Schnarcherin.

stertō, stertere, – – schnarchen [**totam noctem; noctes et dies**].

Stēsichorus, ī *m griech. Lyriker aus Himera in Sizilien (etwa 630–550 v. Chr.), Zeitgenosse der Sappho.*

stetī *Perf. v. sto, selten v. sisto.*

Sthenelus, ī *m* ① *griech. Heerführer vor Troja;*
② *König in Ligurien, Vater des in einen Schwan verwandelten Cycnus;*
③ *Sohn des Perseus u. der Andromeda, Vater des Eurystheus;*
/ *Adj.* **Stheneléius,** a, um [**proles** Cycnus] *u. fem.* **Stheneléis,** idis [**volucris** Schwan].

stibadium, ī *n (gr. Fw.) (nachkl.)* halbkreisförmiges Sofa, Ruhelager.

stigma, atis *n (gr. Fw.)* ① *(nachkl.)* Brandmal; *(übtr.)* Beschimpfung;
② *(Mart.)* Schnitt *eines ungeschickten Barbiers;*
③ *(mlt.)* Wundmal *(Christi).*

stigmatiās, ae *m (gr. Fw.)* gebrandmarkter Sklave.

stigmōsus, a, um *(stigma) (nachkl.)* gebrandmarkt.

stīlla, ae *f* ① Tropfen [**mellis; cruoris**];
② *(Mart.) (übtr.)* ein bisschen.

stīllārium, ī *n (stilla) (Sen.)* kleines Trinkgeld.

stīlli-cidium, ī *n (stilla u. cado)* ① *(vor- u. nachkl.)* herabfallender Tropfen;
② Dachrinne.

stīllō, stīllāre *(stilla)* **I.** *intr.* ① träufeln, triefen; **cruor ferro stillat; unguenta capillo stillabant; de ilice stillabant mella** *(Ov.)*; **pugio stillans** v. Blut;
② *(Sen.) (übtr., v. der Rede)* tropfenweise fließen;
II. *trans.* tropfen lassen, vergießen [**rorem ex oculis** Tränen vergießen]; – *mediopass.* herabtropfen; **stillata de ramis electra;** *(übtr.)* **tuae litterae, quae mihi quiddam animulae stillarunt** *(Cic.)* dein Brief, der meine Lebensgeister etw. aufgefrischt hat.

stilus, ī *m* ① Schreibstift, Griffel *(aus Metall, Holz od. Horn zum Schreiben auf Wachstafeln, oben breit zum Glattstreichen des Wachses);* **-um vertere** das Geschriebene ausstreichen, verbessern;
② das Schreiben, schriftl. Abfassung; **~ est optimus dicendi magister; -o prosequi** beschreiben;
③ Schreibart, Stil [**pressus**];
④ *(nachkl.)* Spitzpfahl.

stimulātiō, ōnis *f (stimulo) (nachkl.)* (An-)Reiz, Sporn.

stimulātrīx, trīcis *f (stimulo) (Plaut.; spätl.)* Hetzerin.

stimuleus, a, um *(stimulus) (Plaut.)* mit dem Treibstachel vollzogen [**supplicium**].

stimulō, stimulāre *(stimulus)* ① *m. dem Treibstachel* antreiben [**equos calcaribus**];
② *(übtr.)* quälen, beunruhigen; **cura** *od.* **conscientia alqm stimulat;**
③ *(übtr.)* antreiben, anspornen, reizen [**alqm ad perturbandam rem publicam; alqm ad iram; animum alcis**]; *(m. ut, ne; m. Inf.).*

stimulus, ī *m* ① *(milit. t. t.) Pl.* kleine Spitzpfähle *als Fußangeln;*
② Treibstachel, Stachelpeitsche *zum Antreiben der Zugtiere u. zur Bestrafung der Sklaven;*
③ *(übtr.)* Qual, Pein, Unruhe, *meist Pl.* [**doloris; amoris** Eifersucht; **Bacchi** Wut, Raserei];
④ *(übtr.)* (An-)Sporn, Antrieb, Reiz *(zu etw.: Gen.)* [**laboris; furoris; acerrimus**]; **-os alci admovere, adicere** jmd. anspornen; **animum -is gloriae concitare.**

stinguō, stinguere, – – *(vorkl.; poet.) (m. dem Feuerhaken)* ausstechen; (aus)löschen; *Pass.* ausgelöscht werden, verlöschen.

stīpātiō, ōnis *f (stipo)* ① *(vor- u. nachkl.)* Andrang, Gedränge;
② Begleitung, Gefolge.

stīpātor, ōris *m (stipo)* ständiger Begleiter,

Leibwächter; *Pl.* Gefolge.

stīpendiārius *(stipendium)* **I.** *Adj.* a, um ① um Sold dienend [**cohors**];
② steuer-, tributpflichtig [**civitas; oppidum; provincia**];
II. *Subst.* ī *m* ① Söldner;
② Steuer-, Tributpflichtiger; **socii stipendiariique populi Romani.**

● **stīpendium,** ī *n (stips¹ u. pendo)* ① Sold; ~ **militare; -um militibus dare, persolvere, numerare; -o afficere exercitum; -um accipere; -um augere; -a merere** Soldat sein, dienen; **auxiliaria -a mereri** bei den Hilfstruppen dienen; **equitum -um fraudare** *od.* **avertere** unterschlagen;
② *(meton.)* **a)** Kriegsdienst, kriegerische Laufbahn, *auch Pl.;* **-a facere** leisten; **homo nullius -i** der nie gedient hat; **finis -orum; b)** Kriegs-, Dienstjahr, Feldzug; **plurimorum -orum milites; -a conficere, emereri** seine Jahre abdienen;
③ Steuer, Abgabe, Tribut; **-um alci imperare, imponere; -o alqm multare***; – (nachkl.)* Geldbeitrag [**belli** für den Krieg];
④ *(poet.)* Strafe, Buße;
⑤ *(spätl.)* Gewinn.

stīpes, pitis *m* ① Pfahl, Stock, Stange;
② *(poet.; nachkl.)* Baum(stamm); Zweig;
③ *(poet.)* Holzklotz, Scheit;
④ *(poet.)* Keule;
⑤ *(übtr.)* Tölpel.

stīpō, stīpāre ① dicht zusammendrängen, -pressen [**phalangem; naves; cohortem**];
② *(poet.)* aufhäufen [**mella**];
③ *(poet.; nachkl.)* voll stopfen, gedrängt füllen [**curiam patribus; tribunal**];
④ dicht umgeben, umringen [**senatum armatis, lictoribus**]; **stipati gregibus amicorum.**

stips¹, stipis *f* ① Geldbeitrag, Gabe, Spende; **stipem colligere; stipem Apollini conferre**; – Almosen: **stipem tollere** das Betteln abschaffen;
② *(nachkl.)* Ertrag, Lohn, Gewinn.

stīps², stīpis *m (Petr.) = stipes.*

stipula, ae *f (vorkl.; poet.)* ① (Korn-, Stroh-) Halm; Stoppel; *Pl.* Stroh; **domum -is tegere;**
② Rohrpfeife.

stipulātiō, ōnis *f (stipulor) (jur. t. t.)* ① Stipulation, Vereinbarung m. Handschlag, mündlicher Vertrag; **alqm stipulatione alligare;**
② förmliche Anfrage, ob jmd. zu einer Stipulation bereit ist.

stipulātiuncula, ae *f (Demin. v. stipulatio)* unbedeutende Abmachung, geringfügiger Vertrag.

stipulātor, ōris *m (stipulor) (nachkl.)* Gläubiger *(auf Grund einer Stipulation).*

stipulor, stipulārī sich etw. förmlich ausbedingen.

stīria, ae *f (poet.; nachkl.)* Eiszapfen.

stirpēs *u.* **stirpis,** is *f s. stirps.*

stirpitus *Adv. (stirps)* m. Stumpf u. Stiel, gänzlich, völlig [**errorem extrahere**].

● **stirps** *(auch* **stirpēs** *u.* **-pis**), stirpis *f (poet. u. nachkl. auch m)* ① Wurzelstock, Stamm m. Wurzeln; **arbores per stirpes suas aluntur;** – *(nachkl.) übh.* Stamm;
② Pflanze, Staude, Strauch, Baum;
③ *(Lucr.; spätl.)* Zweig;
④ *(poet.)* Haarwurzel; **vellere albos a stirpe capillos;**
⑤ *(übtr.)* Wurzel, Stamm; **a** *(od.* **cum) stirpe** m. Stumpf u. Stiel = bis auf den letzten Mann [**necare; interire**];
⑥ *(übtr.)* Wurzel, Ursprung, Grund(lage), Anfang [**stultitiae; omnium malorum; virtutis**]; **a stirpibus renasci** von Grund auf; **Carthago a stirpe interiit**;
⑦ Familie, Geschlecht, Stamm [**Romana; egregia Priami**]; Herkunft, Abstammung [**incerta; divina; generosa; Italica**]; **a stirpe par** v. gleicher Abstammung;
⑧ Nachkommenschaft; Nachkomme, Sprössling [**regia; Achillea** = Neoptolemus];
⑨ ursprüngliche Beschaffenheit.

stitī *Perf. v. sisto.*

stīva, ae *f* Pflugsterz.

stlāta *(u.* **stlatta**), ae *f (nachkl.) Handelsschiff; Kreuzer.*

stlātārius *(u.* **stlattārius**), a, um *(stlata) (poet.) zu Schiff* eingeführt, kostbar [**purpura**].

stlīs *(altl.) = lis.*

● **stō,** stāre, stetī, statum ① (da)stehen, aufrecht stehen [**in conspectu senatūs; ante aedes; pede in uno**]; **stante alqo in** jmds. Gegenwart; **aëneus** (als eherne Bildsäule) **ut stes** *(Hor.)*;
② *irgendwo* herumstehen, sich aufhalten, verweilen [**ad curiam**];
③ stehen bleiben, still stehen, regungslos stehen, sich nicht rühren; **stat pecus metu mutum** *(Verg.)*; *(auch v. Lebl.)* **sanguis vulnere stetit** stockte; **stetit aequore puppis; quid stas, lapis?**;
④ sich zeigen, erscheinen; **actor in scaena stat;**
⑤ *(v. Soldaten)* aufgestellt sein, stehen, in Reih u. Glied stehen [**pro porta; ante signa; in armis; in acie**]; **utrimque phalanges stant;**
⑥ *(v. Schiffen)* vor Anker liegen; **classis stat ad Uticam; stant litore puppes;**
⑦ *(vor- u. nachkl.) (v. Dienern)* aufwarten [**ad cyathum et vinum**]; **sto exspectans, si quid mihi imperent** *(Ter.)*;
⑧ *(poet.; nachkl.) (v. Dirnen)* feilstehen [**in fornice**];
⑨ *(poet.) (v. Geschossen)* stecken bleiben, feststecken; **hasta stat terrā; ferrum in in-**

S

guine stetit;

⑩ zu stehen kommen, kosten *(m. Abl. u. Gen. pretii)* [**magno (pretio); centum talentis; pluris; gratis** nichts kosten]; **victoria Poenis multo sanguine ac vulneribus stabat;**

⑪ *(poet.; nachkl.)* emporstehen, -ragen, -starren; **aristae stant; stat turris ad auras; stant saetae; stant comae** sträuben sich; – *(m. Abl.)* v. etw. voll stehen, sein, v. etw. starren, strotzen: **stat nive candidum Soracte; stat pulvere caelum**;

⑫ *(poet.) (v. Gebäuden)* fertig dastehen, erbaut sein; **iam stabant Thebae** *(Ov.)*;

⑬ *(v. Felsen, Gebäuden, Städten u. a.)* fest, unerschütterlich stehen, sich halten, Bestand haben; **stante curia; moenia stabant; nec domus ulla nec urbs ~ poterit;**

⑭ fest bleiben, sich behaupten, nicht wanken, standhalten [**in gradu; in acie**];

⑮ bei etw. beharren, bei etw. bleiben, an etw. festhalten *(re, auch in re)* [**condicionibus; promisso; alcis decreto** sich fügen; **iudiciis; in sententia**]; *Pass. unpers.:* **statur foedere** man beharrt bei;

⑯ festgesetzt, bestimmt, beschlossen sein; **alci sententia stat** *(m. Inf.)*; **tempus agendae rei nondum stat; stat sua cuique dies** *(Verg.)*; **non stat, quid faciamus** *(Liv.)* ist nicht ausgemacht;

⑰ auf jmds. Seite stehen, Partei ergreifen *(für od. gegen) (cum u. ab alqo; a re; pro; gegen: contra, adversus, in m. Akk.)* [**cum sociis; pro iure gentium; pro partibus** für die Partei eintreten; **contra verum; adversus tyrannum**]; **qui nobiscum adversus barbaros steterunt; contra ~** Widerstand leisten; **fortuna cum barbaris stabat; dei cum Hannibale stant; victoria stat tecum adversus populi commoda; a senatu et a bonorum causa stare** zum Senat u. zur Sache der Konservativen halten;

⑱ beruhen auf, angewiesen sein auf, bedingt, bestimmt sein durch, von *(alqo od. in alqo; re)*; **res Romana disciplinā militari stetit** *(Liv.)*; **omnis in Ascanio stat cari cura parentis;**

⑲ **per alqm ~** an jmdm. liegen, jmds. Schuld sein *(m. quominus od. ne, bisw. auch quin: dass nicht)*; **per Afranium stetit, quominus proelio dimicaretur**;

⑳ zögern, sich nicht entschließen können, schwanken;

㉑ *(Tac.)* aufhören; **seditio stetit;**

㉒ *(vom Kampf)* zum Stehen kommen;

㉓ *(vorkl.; poet.) (vom Schauspiel, v. Schauspielern, v. Dichtern)* Anerkennung, Anklang finden, gefallen.

Stoechades, dum *f insulae* Iles d'Hyères, *Inselgruppe b. Marseille, ber. durch Korallenfischerei.*

Stōicus I. *Adj.* a, um stoisch; – *Subst.* **-a,** ōrum *n* stoische Philosophie;

II. *Subst.* ī *m* stoischer Philosoph, Stoiker.

stola, *ae f (gr. Fw.)* ① langes Kleid vornehmer röm. Frauen;

② *(poet.) Gewand der Flötenspieler beim Minervafest* [**tibicinis**];

③ *(poet.)* Talar;

④ *(mlt.) langer, schmaler, üb. beide Schultern hängender Teil des priesterlichen Messgewandes.*

stolātus, a, um *(stola)* ① mit der Stola bekleidet [**Ulixes** ein Odysseus im Weiberrock, *v. der listigen Livia*];

② einer ehrbaren Frau eigen [**pudor**].

stoliditās, ātis *f (stolidus) (spätl.)* Tölpelhaftigkeit.

stolidus, a, um ① tölpelhaft, dumm, töricht, albern [**superbia; audacia**];

② unwirksam [**genus causarum**].

stomacacē, ēs *f (gr. Fw.) (Plin.)* Mundfäule.

stomachicus, a, um *(stomachus) (nachkl.)* magenkrank; – *Subst. m Pl.* Magenkranke.

stomachor, stomachārī *(stomachus)* sich ärgern *(über etw.: Abl., Neutr. eines Pron. od. allg. Adj., ob alqd; dass, weil: quod)* [**litteris alcis; omnia**]; sich zanken *(cum alqo)*.

stomachōsus, a, um *(stomachus)* ① ärgerlich, empfindlich, gereizt;

② Unmut verratend [**litterae**].

stomachus, ī *m (gr. Fw.)* ① Schlund, Kehle, Speiseröhre;

② Magen;

③ Geschmack; **ludi non tui -i;**

④ *(nachkl.)* Kauflust; **-um multa sollicitant**;

⑤ Ärger, Verdruss, Unwille, Empfindlichkeit, Reizbarkeit; **-um alci facere, movere** jmd. ärgern; **-um in alqm erumpere** an jmdm. auslassen.

storax = *styrax.*

storea *u.* **storia,** ae *f (sterno)* Matte, Decke *(aus Stroh od. Binsen geflochten).*

strabō, ōnis *m (gr. Fw.)* der Schielende.

Strabō, ōnis *m (strabo) stoischer griech. Geograph u. Historiker aus Amasia (64 v. Chr. – 23 n. Chr.).*

strāgēs, is *f (sterno)* ① das Niederwerfen, -schlagen, -stürzen, Einsturz [**tectorum; arborum**]; **stragem dare alci rei** etw. niederwerfen; – Verwüstung, Verheerung; **stragem facit tempestas** richtet eine Verwüstung an;

② *(poet.; nachkl.)* das Hinsiechen, Hinsterben [**hominum; volucrum**];

③ Ermordung [**principum**];

④ Niedermetzelung, Blutbad, Vernichtung, Niederlage [**barbarorum**]; **stragem dare, edere, facere, efficere, ciere** anrichten;

⑤ *(meton.)* Haufen *(v. Menschen od. Dingen)* [**militum; armorum**].

strāgulum, ī *n (stragulus)* Decke, Teppich; *(nachkl.)* Totendecke; *(Mart.)* Reitdecke.

strāgulus, a, um *(strages)* zum Ausbreiten dienend [**vestis** Decke, Teppich].

strāmen, minis *n (sterno) (poet.; nachkl.)* Streu, Stroh.

strāmentīcius, a, um *(stramentum) (Petr.)* aus Stroh, Stroh-.

strāmentum, ī *n (sterno)* ① Streu, Stroh, *auch Pl.;* **casae -o (-is) tectae;**
② Packsattel; **mulis -a detrahere.**

strāmineus, a, um *(stramen) (poet.)* aus Stroh, Stroh- [**casa; Quirites** Strohpuppen, *die man jährl. in den Tiber warf*].

strangulō, strangulāre *(gr. Fw.)* erdrosseln, erwürgen; würgen; *(poet.) (übtr.)* quälen, peinigen.

strangūria, ae *f (gr. Fw.)* Harnzwang.

strāta, ae *f (sterno) (nachkl.)* gepflasterte Straße.

stratēgēma, matis *n (gr. Fw.)* Kriegslist *(auch übtr.).*

stratēgus, ī *m (gr. Fw.) (Plaut.)* ① Heerführer, Feldherr;
② Symposiarch.

stratiōticus, a, um *(gr. Fw.) (Plaut.)* soldatisch [**mores; nuntius** Feldjäger].

Stratō(n), ōnis *m griech. Philosoph aus Lampsakos, Schüler Theophrasts, Anhänger der peripatetischen Philosophie (gest. um 270 v. Chr.).*

Stratonīcēa, ae *f Stadt in Karien, j.* Eski Missar; – *Adj.* **Stratonīcēnsis,** e.

strātum, ī *n (sterno)* ① Decke, Polster, Matratze; *(meton.)* Lager [**molle**]; **membra -is reponere; -o surgere;**
② *(nachkl.)* Reitdecke;
③ Packsattel;
④ *(poet.) (meist Pl.)* Pflaster [**viarum** gepflasterte Straßen].

strātūra, ae *f (sterno) (nachkl.)* das Pflastern [**viarum**].

strātus *P. P. P. v. sterno.*

Stratus, ī *f bedeutendste Stadt in Akarnanien, am Achelous.*

strāvī *Perf. v. sterno.*

strēna, ae *f (strenuus)* ① *(Plaut.)* Vorzeichen, Omen [**bona**];
② *(nachkl.) (der guten Vorbedeutung wegen gegebenes)* Neujahrsgeschenk.

strēnuitās, ātis *f (strenuus) (vorkl.; poet.)* Munterkeit, Rüstigkeit.

strēnuōsus, a, um *(strenuus) (Plaut.)* tüchtig.

● **strēnuus,** a, um ① munter, rüstig, tätig, regsam, entschlossen, tüchtig *(auch v. Sachen)* [**mercator; socius; animus; navis** schnell; **inertia** geschäftiger Müßiggang; *(durch, mit, in etw.: Abl.)* **manu; bello; linguā; factis;** *(in Bezug auf etw.: Gen.)* **militiae;** *(zu etw.: Dat.)* **faciendis iussis**]; **-e arma capere;**
② *(Tac.)* unruhig; **quieti et -i;**
③ *(Plaut.)* kräftig.

strepitō, strepitāre *(Intens. v. strepo) (poet.)* wild lärmen, rauschen, klirren *u. Ä.;* **strepitantes alae; arma strepitantia.**

● **strepitus,** ūs *m (strepo)* ① Lärm, Getöse, Geräusch [**fluminis** Rauschen; **rotarum** Rollen; **valvarum** Knarren; **armorum** Geklirr; **bellorum; nocturnus**];
② *(poet.) (v. Instrumenten)* Klang, Töne [**citharae; testudinis aureae; tibicinae**].

strepō, strepere, strepuī, strepitum **I.** *intr.* ① lärmen, toben, tosen, rauschen, schreien, rasseln *u. Ä.;* **fluvii strepunt** rauschen; **barbari suo more strepuerunt; strepebat sententia** ließ sich hören; *(von etw.: Abl.)* **aequor remis strepit;**
② *(v. Örtl.)* ertönen, erdröhnen; **campus murmure strepuit; cantibus strepentes lacus;**
③ *(poet.) (v. Instrumenten)* schmettern; **litui strepebant; rauco strepuerunt cornua cantu** *(Verg.);*
II. *trans.* lärmend rufen [**haec**].

stria, ae *f* Vertiefung, Rille.

striātus, a, um *(stria)* gerippt, gerillt, gestreift [**concha; folia**].

strictim *Adv. (strictus)* ① *(Plaut.)* eng, knapp;
② *(übtr.)* flüchtig, obenhin, kurz, summarisch [**dicere**].

strictūra, ae *f (stringo)* glühende Eisenmasse, *die verarbeitet wird.*

strictus, a, um *(Adv. -ē u. -im) (P. Adj. v. stringo) (poet.; nachkl.)* straff, stramm [**artus; ianua** dicht schließend]; *(übtr., im Ausdruck)* kurz, bündig [**epistulae**]; streng [**iudex; iudicium**].

strīdeō, strīdēre *u.* **strīdō,** strīdere, strīdī, – *(poet.; nachkl.)* zischen, schwirren, pfeifen, sausen, knirschen, knistern *u. Ä.;* **stridens anguis; alae stridentes** rauschend; **rudentes stridentes** knarrend; **stridit mare** braust; **stridet apis** summt; **susurri strident** lispeln.

strīdor, ōris *m (strideo)* das Zischen, Schwirren, Pfeifen, Sausen, Knirschen, Knarren, Knistern, Schreien *u. Ä.* [**aquilonis; ianuae; serrae; maris** Brausen; **anguis; apium** Summen; **suis** Grunzen; **tribuni** Zischeln].

strīdulus, a, um *(strideo) (poet.; nachkl.)* zischend, schwirrend, knarrend.

striga, ae *f (strix) (Petr.)* nächtliche Unholdin.

strig(i)lis, is *f (Sg. Akk. -em, Abl. -ī; Gen. Pl. -ium) (stringo)* Schabeisen, Striegel *(um das Salböl v. der Haut abzuschaben).*

strigmentum, ī *n (stringo) (Plin.)* das Abgeschabte.

strigō, strigāre *(stringo) (nachkl.)* beim Pflügen rasten.

strigōsus, a, um mager, dürr [**equi**], *übtr. vom Redner.*

● **stringō,** stringere, strīnxī, strictum ① straff

S

anziehen, zusammenziehen, -binden, (zusammen)schnüren [**arcum** spannen; **caesariem; nodum; vela** einziehen; **pectora pigro gelu**]; **vulnera frigore stricta** zusammengezogen; **stringebant magnos vincula parva pedes** *(Ov.)* drückten;

❷ abstreifen, abpflücken, abschneiden [**folia ex arboribus; frondes; hordea** abmähen; **bacam; oleam; glandes; remos** durch Abstreifen der Äste glätten; *übtr.* **rem ingluvie** vertun];

❸ *(Waffen)* zücken, ziehen [**gladium; cultrum;** *übtr.* **manum** kampfbereit machen]; **stricti in capita civilia mucrones** *(Sen.); (übtr.)* **stringitur iambus in hostes** *(Ov.)* m. Spottversen wird losgezogen gegen;

❹ *(poet.; nachkl.)* streifen, leicht berühren [**vestigia rostro; ultima Asiae**]; **ales summas undas stringit;**

❺ *(nachkl.) (v. Örtl.)* an etw. stoßen, an etw. grenzen *(alqd)* [**Asiam**];

❻ *(poet.; nachkl.)* leicht verwunden; **tela stringentia corpus;** – *(übtr.)* verletzen [**pectora delicto**]; rühren [**animum alcis**].

stringor, ōris *m (stringo) (Lucr.)* zusammenziehende Kraft [**aquae gelidae**].

strīnxī *Perf. v. stringo.*

strix, igis *f (gr. Fw.) (poet.; nachkl.)* Ohreule *(nach antiken Ammenmärchen ein Nachtvogel, der Kindern das Blut aussog).*

stropha, ae *f (gr. Fw.) (poet.; nachkl.)* List, Kunstgriff.

Strophades, dum *f zwei kleine Inseln im Ionischen Meer, südl. v. Zakynthos (in der Sage ber. als Aufenthaltsort der Harpyien).*

strophiārius, ī *m (strophium) (Plaut.)* Miedermacher.

strophium, ī *n (gr. Fw.)* ❶ Büstenhalter, Mieder;

❷ *(poet.)* Kranz.

Strophius, ī *m König in Phokis, Vater des Pylades.*

strūctilis, e *(struo)* zum Zusammenfügen, zum Mauern geeignet [**caementum**].

strūctiō, ōnis *f (struo)* Errichtung.

strūctor, ōris *m (struo)* ❶ Maurer, Bauarbeiter;

❷ *(nachkl.)* Tafeldecker, Anrichter *(Sklave, der bei Tisch die Aufsicht üb. die bedienenden Sklaven hatte).*

strūctūra, ae *f (struo)* Zusammenfügung: ❶ Bauart, Struktur [**parietum; antiqua**]; *(meton.)* Mauer(werk), Bau(werk); Grube *in Bergwerken;*

❷ *(rhet. u. gramm. t. t.)* Aufbau [**carminis; verborum**].

strūctus *P. P. P. v. struo.*

struēs, is *f (struo)* ❶ *aufgeschichteter* Haufen, Stoß, Masse [**lignorum; pomorum**];

❷ Scheiterhaufen;

❸ Opfergebäck.

struīx, īcis *f (struo) (vor- u. nachkl.)* Haufen.

strūma, ae *f* Drüsenschwellung, *bes.* Geschwulst am Hals, dicker Hals [*übtr.* **civitatis**].

strūmōsus, a, um *(struma) (nachkl.)* m. geschwollenen Drüsen.

● **struō,** struere, strūxī, strūctum ❶ (auf)-schichten, aufeinander-, übereinander-, nebeneinander legen [**lateres; montes ad sidera** aufeinander türmen; **arbores in pyram; fruges; avenas**];

❷ (er)bauen, errichten [**domum; templa; muros; pyram;** *übtr.* **initia imperio** den Grundstein legen zu];

❸ *(poet.)* beladen [**altaria donis**];

❹ veranstalten [**convivia**];

❺ ordnen, aufstellen [**copias ante frontem castrorum; armatos in campo** in Reih u. Glied aufstellen; **aciem;** *übtr.* **verba**];

❻ *(übtr.) (Böses)* ersinnen, anstiften, bereiten [**alci pericula, calamitatem, insidias; sibi sollicitudinem; crimina**]; **quid struit?** was führt er im Schilde?

strūthea, ōrum *n (gr. Fw.) (Plaut.)* Birnquitten.

strūt(h)iō, ōnis *m (spätl.) u.* **strūthocamēlus,** ī *m u. f (nachkl.) (gr. Fw.)* Vogel Strauß.

strūxī *Perf. v. struo.*

Strȳmō(n), onis *m thrak. Hauptfluss, bildet die Grenze zw. Thrakien u. Makedonien, j.* Struma; – *Adj.* **Strȳmonius,** a, um *auch* thrakisch; – **Strȳmonis,** idis *f* Thrakierin.

● **studeō,** studēre, studuī, – ❶ sich um etw. bemühen, etw. betreiben, nach etw. streben, trachten *(m. Dat.; Akk. nur beim Neutr. eines Pron. od. allg. Adj.; m. Inf.; selten m. A. C. I., ut, ne)* [**laudi; virtuti; praeturae; agriculturae** Ackerbau betreiben; **memoriae** das Gedächtnis üben; **novis rebus** auf Umsturz sinnen; **legibus cognoscendis; labori ac duritiae** sich abzuhärten suchen; **litteris** *od.* **artibus** studieren; **pecuniae; eloquentiae; hoc unum; illud; nihil**];

❷ für jmd. Partei nehmen, jmd. unterstützen, begünstigen, fördern *(alci od. alcis rebus);*

❸ *(nachkl.) sich* wissenschaftlich beschäftigen, studieren *(klass.: litteris od. artibus studere).*

● **studiōsus,** a, um *(studium)* ❶ eifrig, emsig, sorgfältig; **praedia -e colere;**

❷ auf etw. eifrig bedacht, nach etw. strebend, Liebhaber, Freund von *(m. Gen.; selten in u. Abl.; b. Plaut. m. Dat.)* [**litterarum; florum; dicendi; in argento**];

❸ *jmdm. od. einer Sache* zugetan, geneigt, gewogen, ergeben, Anhänger *(m. Gen.)* [**nobilitatis; Catonis** Verehrer; **alterius partis**];

❹ wissbegierig, studierend, gelehrt [**iuvenis; animus**]; – *Subst.* **-i,** ōrum *m* Studenten.

● **studium,** ī *n (studeo)* ❶ eifriges Streben, Eifer, Lust, Begierde, Drang *(nach, zu etw.:*

Gen.) [**eloquentiae; quaestūs** *u.* **lucri** Gewinnsucht; **habendi** Habsucht; **novarum rerum; discendi; pugnandi** Kampflust]; **-um conferre in (ad) alqd** *od.* **ponere in re**; – Kampflust, *auch Pl.* [**militum**];
2 eifrige Teilnahme, Interesse, Vorliebe, Ergebenheit *(m. Gen.; auch in u. Akk., erga alqm)* [**rei publicae** Vaterlandsliebe; **in populum Romanum; erga clientes; erga meam dignitatem**]; **alcis -a excitare;**
3 Parteilichkeit; **sine -o dicere** unparteiisch; – *Pl.* Parteibestrebungen; **senatum in -a diducere;**
4 Beschäftigung mit etw. *(m. Gen.)* [**rerum rusticarum; venandi**];
5 Lieblingsbeschäftigung, Liebhaberei, Passion, Hobby;
6 wissenschaftliche Beschäftigung, Studium [**litterarum; philosophiae; iuris; eloquentiae**]; *(meton.)* Wissenschaft, Wissenszweig [**civilia** Staatswissenschaften];
7 *(Sen.) (meton.) Pl.* Werke der Literatur.

stulti-loquentia, ae *f u.* **-loquium,** ī *n (stultus u. loquor) (Plaut.; spätl.)* albernes Gerede, dummes Geschwätz.

stulti-loquus, a, um *(stultus u. loquor) (Plaut.)* albern redend; **tace, -e.**

stultitia, ae *f (stultus)* Torheit, Albernheit, Einfalt; **est enim proprium -ae aliorum vitia cernere, oblivisci suorum** *(Cic.).*

stulti-vidus, a, um *(stultus u. video) (Plaut.)* verkehrt sehend.

● **stultus I.** *Adj.* a, um töricht, albern, einfältig, dumm [**persona; loquacitas; consilium; occupatio; dies** töricht verbracht]; **-e respondere;**
II. *Subst.* ī *m* Tor, Narr.

stūpa = *stuppa.*

stupe-faciō, facere, fēcī, factum, *Pass.* stupefīō, fierī, factus sum *(stupeo)* betäuben, übertäuben, verblüffen; **privatos luctūs stupefecit publicus pavor** *(Liv.)*; – *P. Adj.* **stupefactus,** a, um betäubt, außer sich, erstaunt.

stupeō, stupēre, stupuī, – 1 *(nachkl.)* starr, steif sein; **membra stupentia;**
2 *(übtr.)* betäubt sein, außer sich sein, stutzen, staunen, verblüfft sein *(durch, vor, über etw.: Abl.; bei etw.: ad; beim Anblick jmds. od. einer Sache: in m. Abl.)* [**carminibus; ad auditas voces; in Turno**]; **animi exspectatione stupent; semisomnus stupuit;**
3 *(poet.; nachkl.)* anstaunen, bewundern [**plena horrea**];
4 *(v. Sachen)* stillstehen, stocken; **stupuit Ixionis orbis; stupente seditione.**

stupēscō, stupēscere, stupuī, – *(Incoh. v. stupeo)* 1 stehen bleiben, stillstehen, stocken;
2 *(übtr.)* stutzen, staunen.

stūpeus, a, um = *stuppeus.*

stupiditās, ātis *f (stupidus)* Sinnlosigkeit, Dummheit.

stupidus, a, um *(stupeo)* 1 verdutzt, verblüfft;
2 dumm, stumpfsinnig.

stupor, ōris *m (stupeo)* 1 Erstarrung, Starrheit, Gefühllosigkeit [**sensūs; linguae** Schwerfälligkeit; **corporis**];
2 *(übtr.)* Staunen, Verblüfftheit, Betroffenheit; **~ omnium animos tenet;**
3 Dummheit, Stumpfsinn [**cordis**];
4 *(poet.) (meton.)* dummer Kerl, Dummkopf.

stuppa, ae *f (gr. Fw.)* Werg, Flachs, Hanf.

stuppeus, a, um *(stuppa) (poet.)* aus Werg, aus Flachs, aus Hanf [**vincula**].

stuprātor, ōris *m (stupro) (nachkl.)* Schänder, Verführer.

stuprō, stuprāre *(stuprum)* schänden, entehren [**mulierem vi** vergewaltigen; **omnes religiones; pulvinar**].

stuprum, ī *n* 1 Schändung, Entehrung; **-um alci offerre** *od.* **inferre** jmd. schänden; – Unzucht, unehelicher *od.* erzwungener Beischlaf, Ehebruch, Hurerei; **nefarium -um facere cum alqa;**
2 *(vorkl.)* Schande.

stupuī *Perf. v. stupeo u. stupesco.*

sturnus, ī *m (nachkl.) (zool.)* Star.

Stygius, a, um *s. Styx.*

Stymphālus, ī *m Stadt, Fluss u. See in Arkadien, in der Sage bekannt als Aufenthaltsort der gefräßigen, v. Herkules erlegten stymphalischen Vögel;* – *Adj.* **Stymphāli(c)us,** a, um [**monstra** *v. den Raubvögeln*] *u. (fem.)* **Stymphālis,** idis [**undae**].

styrax, acis *m (gr. Fw.) (nachkl.)* Storaxstrauch *sowie sein wohl riechendes Harz.*

i Kultur **Styx,** Stygis *f* im Mythos Fluss der Unterwelt, b. dem die Götter schworen; *(poet.) (meton.)* Unterwelt.

Styx, Stygis *f* 1 *Bach m. Wasserfall von 200 m Fallhöhe in Nordarkadien, dessen eiskaltes Wasser als tödlich galt;*
2 *im Mythos Fluss der Unterwelt, b. dem die Götter schworen; (poet.) (meton.)* Unterwelt; – *Adj.* **Stygius,** a, um stygisch, unterweltlich, unterirdisch [**palus; cumba** des Charon; **Iuppiter** = Pluto; **Iuno** = Proserpina]; *(übtr.)* höllisch, tödlich, unheilvoll [**os** *vom Rachen einer Schlange;* **bubo** Tod kündend].

Suāda, ae *f (suadeo) Göttin der Überredung u. Beredsamkeit.*

suādēla, ae *f (suadeo) (Plaut.; nachkl.)* Überredung; – *personif.* **Suādēla** *(poet.) Göttin der Überredung u. Beredsamkeit.*

● **suādeō,** suādēre, suāsī, suāsum **I.** *intr.* 1 raten, Rat geben, zureden *(alci; m. ut, ne od. m. bl. Konj; selten m. Inf. od. A. C. I.)*;

S

② überreden, überzeugen *(alci m. A. C. I.) (= persuadeo);*
II. *trans.* ① zu etw. raten, etw. (an)raten, empfehlen [**pacem; legem; alci multa**];
② *(poet.; nachkl.) (v. Sachen)* zu etw. reizen, einladen; **sidera somnos suadent.**

suāsiō, ōnis *f (suadeo)* das (An-)Raten, Rat, Empfehlung(srede).

suāsor, ōris *m (suadeo)* Ratgeber; Fürsprecher [**deditionis; legis**].

suāsōria, ae *f (suasorius; erg. oratio) (nachkl.)* Rede, in der Rat erteilt *od.* etw. empfohlen wird.

suāsōrius, a, um *(suasor) (nachkl.)* Rat gebend, empfehlend.

suāsum, ī *n (Plaut.)* dunkler Fleck.

suāsus[1] *P. P. P. v. suadeo.*

suāsus[2]**,** ūs *m (suadeo) (Kom.; nachkl.)* Rat.

suāve, vis *n (suavis) (mlt.)* Kuss.

suāve-olēns, *Gen.* olentis *(auch getr.; suavis u. oleo) (poet.)* angenehm duftend, wohl riechend.

suāvi-dicus, a, um *(suavis u. dico¹) (Lucr.)* lieblich (redend) [**versus**].

suāvi-loquēns, *Gen.* entis *(suavis u. loquor)* lieblich (redend) [**carmen; senectus**].

suāviloquentia, ae *f (suaviloquens)* liebliche Rede.

suāviolum, suāvior = *savi …*

● **suāvis,** e *(Adv.* -iter *u.* -e*)* ① süß, lieblich, angenehm [**odor; cantus; vox; sermo; litterae**]; **suaviter loqui; suaviter meminisse** m. Vergnügen; **suave rubens; suave resonare**;
② liebenswürdig.

suāvi-sāviātiō, onis *f (suavis) (Plaut.)* süßer, zärtlicher Kuss.

suāvitās, tātis *f (suavis)* Süße, Lieblichkeit, Annehmlichkeit [**coloris; odorum; oris et vocis; cibi** Wohlgeschmack; **vitae**]; Liebenswürdigkeit; *Pl.* liebenswürdige Eigenschaften.

suāvitūdō, dinis *f (suavis) (vorkl.)* Süße; *auch als Kosewort* [**mea**].

suāvium = *savium.*

● **sub** *Präp. u. Präfix (< sup; als Präfix auch assimiliert: suc-cedo, suf-fragium, sup-pleo; vor sp zu su vereinfacht: su-spectus; die erweiterte Form subs* [*vgl. abs*] *zu sus vereinfacht: sustineo)* **I.** *Präp. b. Akk.* ① *(räuml. auf die Frage „wohin?")* **a)** unter(halb), unter … hin; **sub terras penetrare; exercitum sub iugum mittere; sub sensum cadere** *od.* **subiectum esse** sinnlich wahrnehmbar sein; **sub divum** ans Licht; **b)** (nahe) an, bis an, heran; **sub montem succedere; sub ictum venire** in Schussweite kommen; **turris sub astra educta; sub finem adventare**;
② *(zeitl.)* gegen, um, bei, unmittelbar vor *od.* nach; **sub lucem** gegen Morgen; **sub vesperum; sub noctem; sub finem certaminis; sub tempus edendi; sub galli cantum** bevor der Hahn kräht; **sub hoc, sub haec** darauf; **sub haec dicta** auf diese Worte hin;
③ *(übtr., b. Unterordnung)* unter; **sub potestatem redigere** unterwerfen; **sub legem cadere** unter das Gesetz fallen, dem Gesetz unterworfen sein;
II. *Präp. b. Abl.* ① *(räuml. auf die Frage „wo?")* **a)** unter(halb); **sub divo** unter freiem Himmel; **sub pellibus hiemare; sub sarcinis** bepackt; **b)** unten an, am Fuße von; **sub moenibus esse; sub monte considere; sub ictu teli esse** in Schussweite sein; **sub sinistra** links unten; **c)** *(poet.)* unten in, im Inneren; **sub antro** in der Grotte; **silvis sub altis; sub Orco** tief in; **sub pectore** in der Tiefe der Brust, tief in der Brust; **sub acie** mitten im Kampf; **d)** *(poet.)* unmittelbar hinter; **sub ipso volat Diores** *(Verg.)*;
② *(zeitl.)* **a)** gegen, um, bei; **sub nocte urbem ingredi; sub bruma; sub eodem tempore; sub adventu Romanorum; b)** während, innerhalb, im Verlauf; **sub proscriptione; sub ipsa profectione; primis sub annis; sub die nitido** bei hellem Tag; **sub sole** im Sonnenschein; **sub hoc casu** bei diesem Unglücksfall;
③ *(übtr.)* **a)** *(b. Unterordnung od. Abhängigkeit)* unter, bei; **sub imperio alcis esse; sub rege** unter der Herrschaft eines Königs; **sub te magistro** unter deiner Leitung; **b)** *(zur Angabe v. näheren Umständen)* unter, bei; **sub hac condicione; sub specie** *od.* **sub titulo alcis rei** unter dem Vorwand; **sub hoc sacramento** unter Ablegung dieses Schwures; **sub nomine; sub oculis alcis** unter, vor jmds. Augen; **sub corona vendere** als Sklaven verkaufen; **sub armis esse** unter den Waffen stehen; **sub manu esse** bei der Hand sein;
III. *als Präfix* ① unten, unter [**sub-iaceo; sub-igo; sub-mergo; suf-fundo**];
② von unten hinauf [**sub-eo; sub-levo; suffodio; suf-fulcio**];
③ hinzu, dazu [**suc-cresco**];
④ zur Hilfe [**sub-venio; suc-curro**];
⑤ unmittelbar (da)nach, sofort [**sub-inde**];
⑥ heimlich [**sub-ausculto**];
⑦ etwas, ein wenig, ziemlich *(bes. b. Adj. u. Adv.)* [**sub-agrestis; sub-amarus**].

sub-absurdus, a, um ziemlich ungereimt, etw. unpassend [**tempus discessūs**]; **-a dicere.**

sub-accūsō, accūsāre ein wenig tadeln.

subāctiō, ōnis *f (subigo)* Durchbildung *des Verstandes.*

subāctus *P. P. P. v. subigo.*

sub-aediānus, a, um *(aedes)* im Inneren des Hauses beschäftigt.

sub-aerātus, a, um *(Pers.)* inwendig kupfern [**aurum**].

sub-agrestis, e etw. bäurisch, ziemlich

plump.
sub-ālāris, e *(ala)* unter der Achsel versteckt [**telum**].
sub-albus, a, um *(vor- u. nachkl.)* weißlich.
sub-alternus, a, um *(spätl.; Eccl.)* untergeordnet.
sub-amārus, a, um etw. bitter.
sub-aquilus, a, um *(Plaut.)* etw. dunkel, bräunlich [**corpus**].
sub-argūtulus, a, um *(Gell.)* ziemlich spitzfindig.
sub-arroganter *Adv.* etw. anmaßend.
sub-audiō, audīre *(nachkl.)* ein wenig hören.
sub-aurātus, a, um *(nachkl.)* leicht vergoldet.
sub-auscultō, auscultāre heimlich zuhören, horchen, lauschen.
sub-basilicānus, ī *m (basilica) (Plaut.)* Pflastertreter.
sub-bibō, bibere, bibī, – *(nachkl.)* ein wenig trinken.
sub-blandior, blandīrī *(Kom.)* ein wenig schmeicheln.
sub-c … *s. auch succ …*
sub-cavus, a, um (nach) unten hohl.
sub-centuriātus, ī *m (*sub-centurio, centuriare „ergänzend in die Zenturie einrücken lassen", übtr. ersetzen) (Kom.)* Ersatzmann.
sub-cernō, cernere, crēvī, crētum durchsieben.
sub-contumēliōsē *Adv.* etw. schimpflich [**alqm tractare**].
sub-crispus, a, um etw. kraus [**capillus; iuba equi**].
sub-custōs, ōdis *m (Plaut.)* Hilfswächter.
sub-dēbilis, e *(Suet.)* etw. gelähmt.
sub-dēficiēns, *Gen.* entis *(nachkl.)* nach u. nach ermattend.
sub-didī *Perf. v. subdo.*
sub-difficilis, e etw. schwierig [**quaestio**].
sub-diffīdō, diffīdere, – – nicht recht trauen.
subditīvus, a, um *(subditus, v. subdo)* untergeschoben, unecht.
subditus *P. P. P. v. subdo.*
sub-dīvidō, dīvidere, dīvīsī, dīvīsum *(Eccl.)* etw. in Unterabteilungen zerlegen [**libros**].
subdīvīsiō, ōnis *f (subdivido) (spätl.)* Unterabteilung.
● **sub-dō,** dere, didī, ditum 1 unterlegen, -setzen, -stellen [**ignem; fundamenta theatro; calcaria equo** die Sporen geben; **tauros aratro; se aquis** untertauchen; **anguem in sinum** *od.* **sub pedem; colla vinclis**];
2 *(übtr.)* anlegen [**ingenio stimulos** anspornen; **irae facem; faces studiis; alci acriores ad studia dicendi faces; materiam et ignem seditioni** den Aufruhr schüren];
3 *(poet.; nachkl.)* unterwerfen [**prolem regno; feminas imperio**];
4 *(nachkl.) (übtr.)* preisgeben, aussetzen [**rem casibus**];
5 jmd. an die Stelle eines anderen setzen [**iudicem in meum locum**];
6 *(fälschlich)* als wahr ausgeben, unterschieben, vorschieben [**testamentum; rumorem** fälschlich verbreiten; **crimina maiestatis; alqm reum** jmd. als Schuldigen vorschieben].
sub-doceō, docēre, – – stellvertretend unterrichten.
sub-dolus, a, um hinterlistig, heimtückisch, trügerisch [**homo; animus; lingua; modestia**].
sub-domō, domāre, – – *(Plaut.)* überwältigen.
sub-dubitō, dubitāre einigen Zweifel hegen.
sub-dūcō, dūcere, dūxī, ductum 1 (darunter) wegziehen, -nehmen, -bringen [**ensem capiti** unter dem Kopf weg; **colla oneri**];
2 entziehen, verweigern [**cibum athletae; lac agnis**];
3 *(poet.; nachkl.)* entreißen, entführen [**Turnum pugnae; animam morti**];
4 *se ~ u. subduci* sich entfernen, sich drücken [**clam a custodibus; oculis** entschwinden]; **se ~ colles incipiunt** verlieren sich allmählich; **unda subducitur** fließt zurück;
5 heimlich wegnehmen, fortschaffen, entwenden [**ignem aetheriā domo; obsides furto; alci anulum**];
6 unbemerkt wegführen, weg-, hinbringen, hinführen [**cohortes e dextro cornu; equites ex acie; copias in proximum collem; milites in primam aciem; alqm in contionem**];
7 rationem *(od.* ratiunculam, calculos, summam) ~ zusammen-, ausrechnen, berechnen; *(übtr.)* erwägen; **subductā ratione** m. Überlegung;
8 *(poet.; nachkl.)* (v. unten) hinauf-, hochziehen, in die Höhe ziehen [**tunicam; vela** reffen, einziehen; **remos** einziehen; **supercilia**]; **subducto vultu** *(Prop.)*;
9 *(Schiffe)* ans Land ziehen [**naves longas in aridum; classem**].
subductiō, ōnis *f (subduco)* 1 das Anlandziehen, Bergung *(v. Schiffen)*;
2 Berechnung.
subductus *P. P. P. v. subduco.*
sub-dūrus, a, um ziemlich hart.
sub-dūxī *Perf. v. subduco.*
sub-edō, edere, ēdī, ēsum *(poet.)* (von) unten annagen, unterhöhlen.
sub-ēgī *Perf. v. subigo.*
● **sub-eō,** īre, iī *u. (poet.)* īvī, itum *(Perf.-Formen auch zusammengezogen: subīsse(m), subīstī u. Ä.) (m. Präp. [sub, ad, in u. Akk.] od. m. Akk. od. Dat.)* 1 unter etw. gehen, kommen, treten, sich schmiegen, sich bücken unter [**virgulta** kriechen unter; **aquam** untertauchen in; **mucronem** laufen unter; **ingenti feretro**];
2 *(poet.)* in etw. eintreten, etw. betreten [**in**

S

nemoris latebras; paludem; luco];
❸ *(poet.)* auf die Schultern nehmen [**onus; parentem umeris; currum** sich anspannen lassen];
❹ *(etw. Unangenehmes)* auf sich nehmen, übernehmen, ertragen, sich unterziehen, sich aussetzen [**labores; pericula; inimicitias; invidiam; summae crudelitatis famam; condiciones** auf die Bedingungen eingehen; **iudicium** sich der gerichtl. Entscheidung unterwerfen; **vim atque iniuriam; crimen** auf sich laden; **iugum imperii; tempestatem; verbera** Prügel bekommen; **deditionem necessariam** sich notgedrungen ergeben];
❺ unter jmds. Herrschaft kommen; **clarum Alba subiit Latinum** kam unter die Herrschaft des berühmten Latinus;
❻ (v. unten) hinaufgehen, aufrücken, emporsteigen [**in montes; ad urbem; ad portas; adverso flumine Babylonem; orbem medium** den Zenit erreichen];
❼ sich nähern, herangehen, -kommen, -rücken [**ad vallum; muros; portae; gubernaculo** ans Steuer treten; **auxilio** zu Hilfe kommen]; **testudine factā subeunt;**
❽ *(poet.)* unbemerkt herangehen, sich heranschleichen, sich einschleichen *(konkr. u. übtr.)* [**thalamos**]; *(übtr.)* **subeunt morbi tristisque senectus** *(Verg.)*; **amor subit; sopor lumina fessa subit; fugere pudor verumque fidesque, in quorum subiere locum fraudesque dolique** *(Ov.)*;
❾ *(v. Gedanken, Leidenschaften u. Ä.)* in den Sinn kommen, einfallen, jmd. überkommen, befallen; **paenitentia, cogitatio, ira animum alcis subit; mentem patriae subiit pietatis imago** *(Verg.)*; **subeunt illi fratresque parensque** *(Ov.)*; **subiit cari genitoris imago, subiit deserta Creusa et direpta domus et parvi casus Iuli** *(Verg.)*;
❿ an jmds. Stelle treten, jmd. ablösen, etw. ersetzen; **primae legioni tertia subit; furcas subiere columnae;**
⓫ *(poet.; nachkl.)* unmittelbar nachfolgen; **subiit argentea proles** *(Ov.)*;
⓬ *(poet.)* sprießen, wachsen; **herbae subeunt; subit silva.**

sūber, eris *n (poet.; nachkl.)* Korkeiche; *(meton.)* Kork.

sub-f . . . = *suff...*

sub-g . . . *s. auch sugg . . .*

sub-grandis, e ziemlich groß.

sub-horridus, a, um ziemlich rau.

sub-iaceō, iacēre, – – *(nachkl.)* unten liegen, *(m. Dat.)* unter etw. liegen *(bes. v. Örtl.)*.

● **sub-iciō,** icere, iēcī, iectum *(iacio)* ❶ unter *od.* unten an etw. werfen, setzen, stellen, legen, anbringen, unterlegen, -breiten *(alqd alci rei od. sub alqd)* [**ignem moenibus; faces tectis; pallium togae; ova gallinis; caudam utero** einziehen; **aedes colli** unten am Hügel hinbauen; **castra urbi** unterhalb der Stadt aufschlagen; **epistulam sub pulvinum;** *übtr.* **alqd oculis** sichtbar machen; **alqd cogitationi suae** durchdenken; **sententiam** *od.* **notionem voci** dem Wort eine Bedeutung unterlegen]; **cum tota se luna sub orbem solis subiecisset** *(Cic.)*; *(übtr.)* **subiectum esse** zugrunde liegen: **subiecta oratori materia**;
❷ *(übtr.)* unterordnen [**partes generibus**]; – *Subst.* **subiecta,** ōrum *n* untergeordnete Begriffe;
❸ unterwerfen, unterjochen [**provinciam alci; gentem; regna**]; *se ~ alci, imperio u. potestati alcis od. alci rei* [**Caesari; edicto**];
❹ preisgeben, aussetzen *(m. Dat; sub m. Akk. od. m. Abl.)* [**Galliam servituti; navigationem hiemi; terram ferro** bearbeiten, pflügen; **scelus odio civium; alcis bona voci praeconis** *od.* **sub praecone** *u.* **sub praeconem** versteigern lassen];
❺ nahe heranbringen, heranführen, *(milit.)* heranrücken lassen [**milites collibus; aciem suam castris Scipionis; se iniquis locis** heranrücken an, sich nähern];
❻ in die Höhe werfen, emporwerfen [**discum in aëra; corpus saltu in equum** sich aufs Pferd schwingen]; emporrichten, -heben [**pavidum regem in equum**]; – *se ~ u. subici* sich erheben, emporwachsen, aufschießen: **se subicit alnus, laurus; flamma subiecta** emporsteigend;
❼ überreichen [**alci libellum**];
❽ *(übtr.)* jmdm. etw. eingeben, einflößen, einflüstern [**alci spem; carmina; consilia**]; **ea tute tibi subice** stelle dir vor, sage dir selbst;
❾ *(in Rede od. in Schriftstücken)* folgen lassen, hinzufügen [**rationem; syllabam longam brevi; narrationem prooemio**]; erwidern [**pauca furenti**];
❿ an die Stelle *v. jmdm. od. v. etw.* setzen *(m. Dat. od. pro)* [**integras copias vulneratis defessisque; pro verbo proprio aliud**];
⓫ *(Falsches)* unterschieben [**librum alterum; testamenta**]; jmd. vorschieben, anstiften; **subicitur L. Metellus ab inimicis Caesaris, qui hanc rem distrahat** *(Caes.)*; **testes frequenter subici ab adversario solent;**
/ *P. Adj.* **subiectus,** a, um *(abs., Dat. od. sub m. Akk.)* **a)** darunter, unter etw., unterhalb liegend [**arva; vallis; rivus castris**]; **b)** bei etw. liegend, angrenzend, benachbart [**campus viae; insula ostio**]; **c)** unterworfen, untertan, untergeben [**imperio; naturae**]; unterwürfig, demütig; – *Subst.* **-ī,** ōrum *m (nachkl.)* die Untertanen; **d)** preisgegeben, ausgesetzt [**gentes tristi servitio; mare ventis; libidini alcis**].

subiectiō, ōnis *f (subicio)* ❶ *(rhet. t. t.)* Veranschaulichung [**rerum**];
❷ Unterschiebung [**testamenti**];

❸ *(spätl.)* Unterwerfung; Demütigung; Unterwürfigkeit.

subiectīvus, a, um *(subiectum 2.) (nachkl.)* zum Subjekt gehörig.

subiectō, subiectāre *(Intens. v. subicio) (poet.)* ❶ (dar)unterlegen [**manūs**];
❷ emporwerfen [**arenam**].

subiector, ōris *m (subicio)* Unterschieber, Fälscher [**testamenti**].

subiectum, ī *n (subicio)* ❶ *(nachkl.)* Niederung; **-a vallium** Talgründe;
❷ *(spätl.)* Subjekt;
❸ *(spätl.)* Begriff.

subiectus, a, um *s. subicio.*

subigitātiō, ōnis *f (subigito) (Plaut.)* unzüchtiges Betasten; Hurerei.

subigitātrīx, rīcis *f (subigito) (Plaut.)* schamloses Weib, Hure.

subigitō, subigitāre *(subigo) (Kom.)* unzüchtig betasten; m. jmdm. huren [**scortum; amicam**].

● **sub-igō,** igere, ēgī, āctum *(ago)* ❶ hinauftreiben [**classem ad moenia; naves ad castellum** hinaufrudern];
❷ jmd. zu etw. zwingen, nötigen *(alqm ad, in, sub alqd; m. Inf. od. A. C. I.; m. ut)* [**hostem ad (in) deditionem**]; **vis subigit verum fateri** *(Plaut.)*; **ut ederet socios, subigi non potuit** *(Tac.)*;
❸ unterwerfen, unterjochen, überwältigen, bezwingen, knechten [**populos armis; urbes atque nationes; Asiam**];
❹ durcharbeiten, bearbeiten, *den Acker* auflockern [**terram vomere; segetes aratris; opus digitis** glatt streichen];
❺ (durch)bilden, schulen [**homines bellis; ingenium**];
❻ zähmen [**beluam**];
❼ jmd. hart mitnehmen, plagen, bedrängen, *meist Pass.;* **inopiā subacti.**

sub-iī *s. subeo.*

sub-impudēns, *Gen.* entis etw. unverschämt.

sub-inānis, e etw. eitel.

sub-inde *Adv.* ❶ gleich darauf;
❷ immer wieder, wiederholt;
❸ *(nachkl.)* allmählich.

sub-īnferō, īnferre, intulī, – *(spätl.)* hinzufügen.

sub-īnsulsus, a, um etw. abgeschmackt.

sub-intrō, intrāre *(Eccl.)* insgeheim hineingehen, sich einschleichen.

sub-invideō, invidēre, – – ein wenig beneiden, etw. eifersüchtig sein *(alci; m. A. C. I.).*

sub-invīsus, a, um etw. verhasst.

sub-invītō, invītāre unter der Hand auffordern *(alqm; m. ut).*

sub-īrāscor, īrāscī, – etw. zürnen.

sub-īrātus, a, um etw. zornig, etw. verstimmt *(abs. od. alci).*

subitāneus, a, um *(subitus) (nachkl.)* plötzlich (entstehend) [**ignis**].

subitārius, a, um *(subitus)* plötzlich (entstanden), in Eile zustande gebracht [**aedificia** in Eile erbaut; **legiones** in Eile ausgehoben]; dringend, dringlich [**res**].

subitātiō, ōnis *f (subitus) (spätl.)* plötzliches Erscheinen.

● **subitō** *Adv. (v. subitus)* plötzlich, unvermutet, unerwartet; unvorbereitet, aus dem Stegreif [**dicere**].

subitum, ī *n (subitus)* unerwartetes Ereignis, unvermuteter Vorfall, das Eilige, Dringliche, *meist Pl.* [**belli**]; **si tibi nihil -i est** *(Plaut.)* wenn du es nicht eilig hast; – *(Plin.)* etw. aus dem Stegreif Vorgetragenes.

subitus, a, um *(Adv. -ō, s. d.) (subeo)* plötzlich, unerwartet, unvermutet [**commutatio; clades; multitudo** plötzlich anstürmend; **bellum; tempestas**]; eilig, dringlich [**tempus** drängende Lage; **consilium** überstürzt]; rasch zusammengerafft [**miles** rasch zusammengeraffte Truppe]; unvorbereitet [**oratio** Rede aus dem Stegreif].

subiugāle, lis *n (subiugalis) (spätl.)* Lasttier.

sub-iugālis, e *(spätl.)* ans Joch gewöhnt [**beluae**].

sub-iugō, iugāre *(iugum) (spätl.)* unter das Joch schicken, unterwerfen [**provinciam**].

sub-iungō, iungere, iūnxī, iūnctum ❶ anfügen, hinzufügen, verbinden *(alqd alci od. alci rei)* [**carmina nervis** Lied u. Saitenspiel; *übtr.* **omnes artes oratori** in das Gebiet des Redners ziehen];
❷ *(poet.; nachkl.)* einspannen [**iuvencos plaustro**];
❸ *(nachkl.) (mündl. od. schriftl.)* hinzufügen [**preces**];
❹ unterwerfen, unterjochen *(m. Dat. od. sub u. Akk.)* [**sibi res; urbes sub alcis imperium; gentem**].

sub-īvī *s. subeo.*

sub-lābor, lābī, lāpsus sum *(poet.; nachkl.)* ❶ unvermerkt heranschleichen, sich einschleichen; **vetustas sublapsa;**
❷ niedersinken, verfallen, *auch übtr.;* **aedificia vetustate sublapsa;** *(übtr.)* **retro sublapsa spes; memoria senum sublapsa.**

sublātiō, ōnis *f (tollo) (übtr.)* Erhebung [**animi**].

sublātus, a, um *(P. Adj. v. tollo)* ❶ erhaben; **-e dicere;**
❷ hochfahrend, überheblich [**rebus secundis; victoriā**]; **de se sublatius dicere.**

sub-lectō, lectāre *(lacto²) (Plaut.)* (an)locken.

sub-legō, legere, lēgī, lēctum ❶ *(poet.; nachkl.)* unten auflesen;
❷ *(Plaut.)* heimlich wegnehmen [**liberos parentibus**];
❸ *(poet.)* belauschen, ablauschen, aufschnappen [**clam alcis sermonem; carmina**];

S

4 nachwählen *(alqm in locum alcis).*

sublestus, a, um *(Plaut.)* schwach, gering [**vinum; fides**].

sublevātiō, ōnis *f (sublevo)* Erleichterung, Linderung.

sub-lēvī *Perf. v. sublino.*

sub-levō, levāre 1 aufrichten, emporheben; **iubis equorum sublevari** sich festhalten an; 2 unterstützen, fördern [**pecuniā patriam; vicinos opibus suis**]; 3 (ver)mindern, erleichtern, lindern [**laborem; inopiam; res adversas; vitia; offensionem**].

sublica, ae *f* (Brücken-)Pfahl.

sublicius, a, um *(sublica)* auf Pfählen ruhend [**pons** Pfahlbrücke *über den Tiber*].

subligāculum, ī *n u. (nachkl.)* **subligar,** āris *n (subligo)* Schurz.

sub-ligō, ligāre *(poet.)* v. unten an etw. binden, befestigen *(alqd alci rei)* [**ensem lateri; clipeum sinistrae**]; – *P. Adj.* **subligātus,** a, um aufgeschürzt.

sublīme[1], mis *n (sublimis) (nachkl.)* Höhe, Luft; **per sublime volare.**

sublīme[2] *Adv. (v. sublimis)* 1 in der Höhe, hoch in der Luft; 2 in die Höhe, durch die Luft; **sonus ~ fertur.**

sublīmen *Adv. (sublimis) (vorkl.)* in die Höhe [**alqm ferre**].

● **sublīmis,** e *(Adv. -e* [*s. d.*] *u. -iter)* 1 hoch in der Luft befindlich, schwebend; **alqm sublimem rapere** durch die Luft entführen; **sublimes in equis redeunt** hoch zu Ross; **Venus Paphum sublimis abit**; 2 emporragend, hoch [**columnae; cacumen montis; atrium**]; 3 *(übtr.)* erhaben, berühmt [**carmen; nomen; verbum; oratio**]; hoch strebend [**mens**]; 4 hochfahrend, überheblich [**pectora; animus**].

sublīmitās, ātis *f (sublimis)* 1 *(nachkl.)* Höhe; *(übtr.)* Erhabenheit [**animi; honorum**]; Schwung *der Rede;* 2 *(mlt.)* **apex sublimitatis:** *Anrede an den Kaiser.*

sublīmō, sublīmāre *(sublimis)* 1 in die Höhe heben, emporheben; 2 *(übtr.)* erhöhen.

sub-lingulō, ōnis *m (lingo) (Plaut.)* „Unterbelecker" *(der Schüsseln)* [**coqui** Küchenjunge].

sub-linō, linere, lēvī, litum *(vor- u. nachkl.)* unten hinschmieren, beschmieren; *(übtr., sprichw.)* **alcis** *od.* **alci ōs ~** *(Plaut.)* jmd. anschmieren, betrügen, täuschen.

sub-lūcānus, a, um *(lux) (Plin.)* gegen Morgen; **-is temporibus** in den Morgenstunden.

sub-lūceō, lūcēre, lūxī, – *(poet.; nachkl.)* unten hervorleuchten, durchschimmern.

sub-lūcidus, a, um *(poet.)* etw. licht, etw. hell [**lucus; nox**].

sub-luō, luere, luī, lūtum *(lavo)* 1 unten bespülen [**montem; radices collis**]; 2 *(poet.; nachkl.)* unten (ab)waschen [**inguina**].

sub-lūstris, e *(lux; vgl. illustris)* etw. hell, dämmerig [**nox**].

sub-m ... *s. auch summ* ...

sub-mergō, mergere, mersī, mersum untertauchen, versenken [**navem; classem ponto; membra (in) palude**]; *Pass.* versinken, untergehen, ertrinken: **submersae beluae** am Meeresgrund lebend; **submersus equus voraginibus.**

sub-merus, a, um *(Plaut.)* ziemlich unvermischt, fast rein, fast lauter.

sub-minia, ae *f (minium) (Plaut.)* blasszinnoberrotes Kleid.

subministrātor, ōris *m (subministro) (Sen.)* Helfershelfer.

sub-ministrō, ministrāre darreichen, verschaffen, zukommen lassen, schicken [**alci pecuniam; frumentum; hostibus auxilia**].

sub-mīsī *Perf. v. submitto.*

submissim *Adv. (submissus) (nachkl.)* leise.

submissiō, ōnis *f (submitto)* 1 Senkung [**vocis; orationis** gelassener Ton des Vortrags]; 2 *(übtr.)* Herabsetzung, Verringerung; 3 Unterordnung.

submissus, a, um *(P. Adj. v. submitto)* 1 gesenkt [**vultus; oculi; bracchia; capillus** herabhängend]; 2 *(v. der Stimme)* gedämpft, leise [**vox; murmur**]; *(v. Rede u. Redner)* ruhig, gelassen [**oratio; orator**]; 3 **a)** bescheiden, demütig [**preces**]; **-i petimus terram** *(Verg.)*; **-e supplicare; b)** unterwürfig, kriecherisch.

● **sub-mittō,** mittere, mīsī, missum 1 herablassen, senken, beugen [**caput; verticem; bracchia; genua; fasces; vultum** den Blick senken; **faciem; se ad pedes**]; 2 *mediopass.* sich senken, sinken, *bes. v. Örtl.;* 3 *(nachkl.) (übtr.) se ~* sich herablassen, sich erniedrigen *(zu etw.: ad od. in alqd);* 4 *(übtr.)* sinken lassen, vermindern [**animos** den Mut; **furorem** bezähmen]; 5 *(poet.; nachkl.)* unterwerfen, beugen, unterordnen [**animos amori; se culpae** eine Schuld begehen; **se temporibus, fortunae**]; 6 überlassen [**alci imperium**]; 7 heimlich schicken, zur Unterstützung, als Ablösung senden [**alci subsidia; cohortes; milites auxilio; integros defatigatis**]; – *abs.* **a)** Hilfe schicken [**laborantibus**]; **b)** einen Nachfolger schicken *od.* geben; **c)** Botschaft schicken; 8 *(poet.; nachkl.)* aufrichten, emporheben, erheben [**oculos; manūs** flehend erheben;

palmas];
⑨ *(vor- u. nachkl.)* lang wachsen lassen [**capillum; barbam**];
⑩ *(poet.)* (hervor)sprießen lassen [**flores; pabula**];
⑪ *(vorkl.; poet.)* zur Zucht heranwachsen lassen [**equos in spem gentis; tauros; vitulos**];
⑫ *(poet.) (v. Örtl.)* hervorbringen, *als Erzeugnis* liefern [**monstrum; capreas**].

sub-molestus, a, um etw. beschwerlich, etw. unangenehm.

sub-moneō, monēre, monuī, – *(vor- u. nachkl.)* heimlich erinnern.

sub-mōrōsus, a, um etw. mürrisch.

sub-moveō, movēre, mōvī, mōtum ① entfernen, wegschaffen, vertreiben [**populum aris; liberos procul a furentibus; hostes a porta**]; **spelunca submota** abgelegen;
② *(vom Liktor)* zurückdrängen [**populum**]; *abs.* Platz machen; *Abl. abs.:* **submoto** nachdem Platz gemacht worden war;
③ *(übtr.)* jmd. v. etw. abbringen, fern halten, zurückhalten *(von etw.: a re od. re)* [**alqm a maleficio; reges a bello**];
④ *(poet.; nachkl.)* etw. ab-, zurückhalten, fern halten, abwehren [**Phoebeos ictūs**];
⑤ *(poet.; nachkl.)* verbannen [**alqm patriā, urbe**];
⑥ abtreten lassen [**legatos; contionem; alqm administratione rei publicae**];
⑦ *(poet.; nachkl.) (eine Örtl.)* weiter hinausrücken, zurückdrängen [**maria proiectis molibus**];
⑧ *(poet.; nachkl.)* etw. verscheuchen [**curas**];
⑨ *(nachkl.)* trennen, scheiden; **ubi Alpes Germaniam ab Italia submovent** *(Plin.)*.

sub-murmurō, murmurāre *(spätl.)* insgeheim murmeln.

sub-mūtō, mūtāre hin u. wieder vertauschen.

sub-nāscor, nāscī, nātus sum *(poet.; nachkl.)* hervor-, nachwachsen.

sub-nectō, nectere, nexuī, nexum *(poet.; nachkl.)* ① unten anknüpfen, anbinden *(alqd alci rei)* [**aurea cingula mammae; antemnis velum**];
② (unten) zusammenhalten, gürten [**vestem; balteum gemmā**].

sub-negō, negāre halb u. halb ablehnen.

sub-nexuī *Perf. v. subnecto.*

subnexus *P. P. P. v. subnecto.*

sub-niger, gra, grum *(vor- u. nachkl.)* schwärzlich [**oculi**].

sub-nīxus *u.* **-nīsus,** a, um *(nitor²)* ① auf etw. sich stützend, sich stemmend, an etw. sich lehnend *(m. Abl.)* [**solio**]; *(übtr.)* **urbs muro -a;**
② *(übtr.)* vertrauend, sich verlassend, bauend auf *(m. Abl.)* [**auxiliis; victoriā; propinquitatibus; robore mentis**]; *(abs.)* zuversichtlich [**animus**].

sub-notō, notāre *(nachkl.)* ① etw. unten anmerken;
② unterzeichnen [**libellos; nomina**];
③ (heimlich) bemerken, auf jmd. zeigen [**alqm digito**].

sub-nuba, ae *f (nubo; vgl. pronuba) (Ov.)* Nebenbuhlerin, Nebenfrau.

sub-nūbilus, a, um leicht bewölkt [**nox**].

subō, subāre *(poet.; nachkl.)* brünstig sein.

sub-obscēnus, a, um etw. zweideutig.

sub-obscūrus, a, um etw. dunkel, etw. unverständlich.

sub-odiōsus, a, um etw. verdrießlich.

sub-offendō, offendere, – – etw. Anstoß erregen *(apud alqm)*.

sub-olēs, is *f (alo; vgl. proles)* ① Nachwuchs, Nachkommenschaft, *v. Tieren auch* Brut [**Romae** Jugend];
② *(meton.)* Nachkomme, Sprössling, *auch v. Tieren.*

sub-olēscō, olēscere, – – *(vgl. ad-olesco)* heranwachsen.

sub-olet, olēre, – – *u.* **-olit,** olere, – – *(Kom.) unpers. (mihi)* ich wittere, merke etw.

sub-olfaciō, olfacere, – – *(Petr.)* riechen, wittern.

sub-orior, orīrī, – *(poet.; nachkl.)* nach u. nach entstehen, allmählich nachwachsen.

sub-ōrnō, ōrnāre ① (heimlich) m. etw. ausrüsten, versehen;
② jmd. insgeheim anstiften, bestimmen [**accusatorem;** *(m. dopp. Akk.)* **alqm falsum testem**]; *(auch m. ut)*.

subortus, ūs *m (suborior) (Lucr.)* allmähliche Entstehung.

sub-p … = *supp …*

sub-rancidus, a, um etw. ranzig [**caro**].

sub-raucus, a, um etw. heiser [**vox**].

subrēctus *P. P. P. v. subrigo.*

sub-rēmigō, rēmigāre *(poet.; nachkl.)* nachrudern.

sub-rēpō, rēpere, rēpsī, rēptum ① unter etw. kriechen, heranschleichen [**sub tabulas; moenia** in die Stadt hineinschleichen];
② *(poet.; nachkl.) (übtr.)* sich heran-, einschleichen; **subrepet aetas iners; somnus in oculos subrepit.**

subrēptīcius, a, um *(subrepo) (Plaut.)* verstohlen [**amor**].

sub-rēxī *Perf. v. subrigo.*

sub-rīdeō, rīdēre, – – lächeln; *alci* ~ jmdm. zulächeln.

sub-rīdiculē *Adv.* etw. lächerlich.

sub-rigō, rigere, rēxī, rēctum *(rego)* emporrichten, erheben [**aures** spitzen]; *Pass. auch* emporstehen.

sub-ringor, ringī, – die Nase etw. rümpfen, sich etw. ärgern.

sub-ripiō = *surripio.*

sub-rogō, rogāre ① *(vom Vorsitzenden der*

Wahlversammlung) zur Nachwahl vorschlagen, nachwählen lassen [**in annum proximum decemviros alios; collegam in locum Bruti; collegam sibi**];
② *(mlt.)* wählen, erheben [**ad sedem apostolicam** auf den päpstl. Stuhl].

sub-rōstrānī, ōrum *m (< sub rostris [versantes]) (eigtl.* „die bei der Rednertribüne auf dem Forum sich Herumtreibenden") Pflastertreter.

sub-rotātus, a, um *(roto)* unten mit Rädern (versehen).

sub-rubeō, rubēre, – – *(poet.; spätl.)* rötlich sein; – *P. Adj.* subrubēns, *Gen.* entis rötlich.

sub-rubicundus, a, um *(nachkl.)* rötlich, hochrot [**vultus**].

sub-rūfus I. *Adj.* a, um *(nachkl.)* rötlich; **II.** *Subst.* ī *m (Plaut.)* Rotkopf.

sub-ruō, ruere, ruī, rutum *(ruo²)* ① unterwühlen, -graben, zum Einsturz bringen [**moenia; arces**]; *Pass.* einstürzen;
② *(übtr.)* untergraben, wankend machen, vernichten, zugrunde richten [**libertatem; reges muneribus**].

sub-rupiō, rupere, rupuī, ruptum *(altl.)* = *surripio.*

sub-rūsticus, a, um etw. bäurisch [**pudor**].

sub-rutilus, a, um *(nachkl.)* etw. rötlich.

subrutus *P. P. P. v. subruo.*

sub-sannō, sannāre *(sanna) (nachkl.)* durch spöttische Gebärden verhöhnen.

sub-scrībō, scrībere, scrīpsī, scrīptum ① unten hinschreiben, darunter schreiben [**causam parricidii;** *(alqd alci rei)* **haec libello; alqd statuis inauratis**];
② aufschreiben, aufzeichnen;
③ *(vom Zensor) den Grund der Rüge* vermerken [**istam causam**];
④ die Klageschrift **a)** unterschreiben = Kläger sein, klagen; **b)** mit unterschreiben = Mitkläger sein;
⑤ beipflichten, billigen, begünstigen *(alci rei)* [**irae Caesaris; odiis accusatorum; orationi; gratiae; luxuriae**];
⑥ *(Suet.) durch seine Unterschrift* genehmigen;
⑦ *(poet.; nachkl.) einem amtlichen Schreiben* eine Grußformel beifügen.

subscrīptiō, ōnis *f (subscribo)* ① Unterschrift, *unten angebrachte* Aufschrift;
② *(durch Unterschrift bestätigtes)* Verzeichnis;
③ zensorischer Vermerk *(üb. den Grund der Rüge)* [**censoria**];
④ *(jur.)* **a)** *(nachkl.)* Anklageschrift; **b)** Unterschrift des Mitklägers, Mitanklage; **subscriptionem postulare;**
⑤ *(nachkl.)* Grußformel *am Ende eines amtlichen Schreibens.*

subscrīptor, ōris *m (subscribo)* Mitkläger.

subscrīptus *P. P. P. v. subscribo.*

sub-secō, secāre, secuī, sectum unten abschneiden [**ungues ferro**].

subsecūtus *P. P. Akt. v. subsequor*

sub-sēdī *Perf. v. subsido.*

sub-sellium, ī *n (sella)* ① (niedrige) (Sitz-)Bank *im Haus, bes. in den öffentl. Gebäuden (im Theater, Gericht, Senat u. a); (sprichw.)* **longi -i iudicatio et mora** zögernde Prüfung *im Senat,* bei der alles auf die lange Bank geschoben wird;
② *Pl.* Gericht(e), Prozesse; **utraque -a** Kriminal- u. Zivilprozesse.

sub-sentiō, sentīre, sēnsī, – *(Ter.)* herausfühlen.

● **sub-sequor,** sequī, secūtus sum *(m. Akk.)* ① unmittelbar (nach)folgen [**signa**]; *(abs.)* **Caesar subsequebatur cum omnibus copiis;**
② *(übtr.)* sich richten nach, nachahmen [**voluntatem alcis; suo sermone humanitatem litterarum**].

sub-serō, serere, seruī, sertum *(nachkl.; spätl.)* darunter schieben, stecken.

sub-serviō, servīre *(vor- u. nachkl.)* ① unterwürfig sein;
② zu Hilfe kommen.

subsessor, ōris *m (subsido) (nachkl.)* jmd., der im Hinterhalt lauert, Jäger, Bandit.

subsicīvus, a, um *(subseco; eigtl.* „abgeschnitten = abfallend") **1.** *v. der Berufsarbeit* frei, erübrigt, Neben- [**tempora** Mußestunden; **opus** Nebenbeschäftigung; *übtr.* **res** Nebensache];
② *(nachkl.) (b. Vermessen)* übrig bleibend [**ager**]; – *Subst.* -a, ōrum *n* das beim Vermessen übrig bleibende Land.

subsidiārius, a, um *(subsidium) (milit.)* zur Reserve gehörig, Reserve [**cohortes; acies**]; – *Subst.* **-ī,** ōrum *m* Reservetruppen.

subsidior, subsidiārī *(subsidium) (milit.)* die Reserve bilden.

● **sub-sidium,** ī *n (sedeo)* ① *(milit. t. t.)* **a)** Hilfsmannschaft, Reserve, *meist Pl.;* **-a collocare; legiones in -is locare** als Reserve; **b)** Hilfe, Beistand *durch Truppen;* **-o proficisci; equites in -um mittere; nullo maris -o** *(Tac.)* ohne Hilfe v. der See her;
② *(übtr.)* Schutz, Beistand, Hilfe, Stütze, Rückhalt [**populi Romani; consulatūs**]; **-o esse alci** zum Schutz dienen *(alci jmdm.; alci rei gegen etw.);* **-um ferre, mittere; -o ire, venire;**
③ Hilfsmittel *(alcis rei: einer Sache u. für od. gegen etw.)* [**rei publicae; belli; annonae; industriae**]; **-a sibi parare ad omnes casus;**
④ *(nachkl.)* Zuflucht(sort), Asyl *(für: Dat.)* [**navigiis** Landungsplatz; **senectuti**].

sub-sīdō, sīdere, sēdī, sessum ① sich niedersetzen, sich niederlassen, niederkauern *(vor jmdm.: Dat.)* [**in genua** *v. Elefanten*];

2 auflauern [**in insidiis;** *(m. Dat. od. Akk.)* **Miloni; leonem; Asiam devictam** dem Besieger Asiens];
3 *(poet.; nachkl.) (v. Sachen)* sich senken, sinken, sich legen, sich vermindern, nachlassen; **undae, flumina subsidunt** fallen; **urbs subsedit; venti subsederunt**;
4 *(v. Personen)* zurückbleiben; sich ansiedeln [**in castris; in Sicilia; in oppido**];
5 *(v. Sachen)* stecken bleiben, sich festsetzen; **navicula in Nilo subsedit.**

sub-sīgnānus, a, um *(signum) (nachkl.)* unter den Fahnen befindlich [**miles** Legionssoldat].

sub-sīgnō, sīgnāre 1 *(Plin.)* unten verzeichnen [**Ciceronis sententiam; notas**];
2 eintragen (lassen) [**praedia apud aerarium**];
3 *(nachkl.)* urkundlich verpfänden;
4 *(Plin.)* verbürgen [**fidem pro moribus alcis**].

sub-siliō, silīre, siluī, – *(salio)* 1 *(poet.; nachkl.)* in die Höhe springen, emporspringen;
2 *(Sen.)* hineinspringen.

sub-sistō, sistere, stitī, – 1 still stehen, stehen bleiben, Halt machen [**in itinere; in flexu viae**];
2 *(poet.; nachkl.) (übtr.; v. Lebl.)* stillstehen, einhalten, aufhören; **clamor subsistit** verstummt; **lingua timore substitit** stockte; **substitit unda, amnis**;
3 (zurück)bleiben, verweilen [**paucos dies; intra tecta; in urbe;** *übtr.* **intra paupertatem**];
4 Widerstand leisten, widerstehen, standhalten *(abs., m. Dat. od. Akk.)* [**Hannibali; sumptui** gewachsen sein; **clipeo iuvenis; feras**]; *abs. auch v. Sachen* = halten: **ancorae subsistunt.**

sub-sōlānus *(sol) (nachkl.)* **I.** *Subst.* ī *m* Ostwind;
II. *Adj.* a, um östlich, morgenländisch [**montes Indorum**].

sub-sortior, sortīrī zum Ersatz auslosen [**iudices**].

subsortītiō, ōnis *f (subsortior)* das Nachlosen, die Auslosung des Ersatzes [**iudicum**].

substantia, ae *f (substo) (nachkl.)* Wesen, Beschaffenheit; das Vorhandensein; Bestand.

sub-sternō, sternere, strāvī, strātum 1 *(poet.; nachkl.)* unterstreuen, -breiten, -legen [**cinnama; verbenas**];
2 unten auslegen [**nidos**];
3 *(übtr.)* preisgeben, unterwerfen [**omne corporeum animo; rem publicam libidini suae**].

sub-stitī *Perf. v. subsisto.*

sub-stituō, stituere, stituī, stitūtum *(statuo)*
1 darunter *od.* hinter etw. stellen;
2 *(übtr.)* **alqd animo** ~ sich etw. vorstellen;
3 an die Stelle *jmds. od. einer Sache* setzen *(alqm pro alqo od. in locum alcis; alqd pro re od. in locum alcis rei)*;
4 *(Plin.) (übtr.)* aussetzen [**alqm crimini** jmdm. an einem Verbrechen Schuld geben];
5 *(nachkl.)* zum zweiten Erben einsetzen.

sub-stō, stāre, – – *(Ter.)* standhalten.

substrātus *P. P. P. v. substerno.*

sub-strāvī *Perf. v. substerno.*

substrictus, a, um *(P. Adj. v. substringo) (Ov.; nachkl.)* schmal, schmächtig [**crura**].

sub-stringō, stringere, strīnxī, strictum 1 *(v. unten nach oben)* aufbinden [**crinem nodo; caput equi loro altius;** *übtr.* **aurem alci** spitzen für jmd. = jmdm. mit gespitzten Ohren zuhören];
2 *(nachkl.) (rhet. t. t.)* kürzer fassen.

substrūctiō, ōnis *f (substruo)* Unterbau [**theatri**].

sub-struō, struere, strūxī, strūctum 1 mit einem Unterbau versehen; *(Wege)* beschottern [**vias glareā**]; **Capitolium saxo quadrato substructum est** erhielt einen Unterbau v. Quadern;
2 *(Plaut.)* den Unterbau herstellen, den Grund legen.

subsultim *Adv. (subsulto) (Suet.)* springend, hüpfend.

sub-sultō, sultāre *(salto) (Kom.; nachkl.)* in die Höhe springen.

sub-sum, esse, – 1 darunter sein, unter etw. liegen, hinter etw. sein *od.* liegen, versteckt, verborgen sein *(m. Dat.)*; **subest lingua palato; sol oceano subest** ist untergegangen; **suberat Pan ilicis umbrae** *(Tib.)*;
2 nahe, in der Nähe sein *(abs. od. m. Dat.)*; **suberat mons; templa mari subsunt;**
3 *(zeitl.)* nahe sein, bevorstehen; **suberat nox, hiems;**
4 *(übtr.) einer Sache* zugrunde liegen, dahinter stecken, vorhanden sein *(abs., in re od. alci rei)*; **aliqua subest causa; si ulla spes salutis nostrae subesset** *(Cic.)*;
5 untergeordnet sein, unterworfen sein.

sub-suō, suere, –, sūtum *(Hor.)* unten benähen, besetzen.

sub-tēmen, minis *n (texo) (poet.; nachkl.)* 1 Einschlag *des Gewebes;*
2 *(meton.)* Gewebe, Garn, Faden, *bes. v. den* Schicksalsfäden der Parzen.

subter *(zu sub, wie praeter zu prae)* **I.** *Adv.* unten(hin);
II. *Präp.* 1 *b. Akk. (auf die Frage: wohin?)* unter(halb), unter … hin;
2 *b. Abl. (auf die Frage: wo?)* unter(halb);
III. *als Präfix* 1 unter, unten [**subter-fluo; subter-vaco**];
2 heimlich [**subter-duco**].

subter-dūcō, dūcere, dūxī, ductum *(Plaut.)* heimlich entziehen [**se** sich davonschleichen].

S

subter-fluō, fluere, – – unter etw. wegfließen *(m. Akk.)* [**terras**].

subter-fugiō, fugere, fūgī, – **I.** *intr.* *(Plaut.)* heimlich entfliehen, entwischen;
II. *trans.* heimlich *od.* listig entgehen, vermeiden, sich entziehen [**poenam; periculum**].

subter-lābor, lābī, lāpsus sum ① *(poet.)* unter etw. hinfließen *(m. Akk.)*; **fluctus Sicanos subterlabens; flumina antiquos subterlabentia muros;**
② entschlüpfen, entwischen.

sub-terō, terere, trīvī, trītum *(vor- u. nachkl.)* unten abreiben, unten abtreten [**pedes**].

sub-terrāneus, a, um *(terra)* unterirdisch, unter der Erde befindlich [**specus; regna**], unter der Erde lebend [**mures**].

subter-vacō, vacāre *(Sen.)* unten leer sein; **ille subtervacans locus.**

sub-texō, texere, texuī, textum ① *(poet.)* etw. als Schleier vorziehen [**nubes capiti**]; verhüllen [**caelum fumo; diem atra nube**];
② *in die Rede* einflechten, einfügen [**carmina inceptis chartis**]; *in der Rede* anschließen, anfügen [**familiarum originem**]; *(auch m. A. C. I.)*.

subtīlis, e ① *(poet.; nachkl.)* fein, dünn, zart [**filum; corpus**];
② *(übtr.)* fein(fühlig) [**sententia; iudicium**]; feinschmeckend [**palatum**];
③ genau, gründlich, scharfsinnig [**descriptio partium; argumentatio; definitio; disputator; epistulae** ausführlich; **quaestio**];
④ *(im Ausdruck)* schlicht, einfach, ungekünstelt [**genus dicendi; oratio; scriptor**]; **subtiliter dicere.**

subtīlitās, ātis *f (subtilis)* ① Feinheit, Zartheit [**linearum**];
② *(übtr.)* Feinheit, Feinfühligkeit, Fingerspitzengefühl [**sententiarum; mentis**];
③ Genauigkeit, Gründlichkeit, Scharfsinn [**ingens; sermonis; disserendi**];
④ *(im Ausdruck)* Schlichtheit, natürliche Einfachheit [**orationis; scriptorum**].

sub-timeō, timēre, – – heimlich fürchten *(m. ne)*.

sub-trahō, trahere, trāxī, tractum ① unter etw. *od.* unter jmdm. wegziehen *(unter: m. Dat.)* [**mortuum superincubanti Romano**]; *Pass. auch* unter jmdm. zurückweichen: **solum subtrahitur** schwindet jmdm. unter den Füßen; **pedibus raptim tellus subtracta;**
② heimlich wegziehen, entziehen, entfernen [**milites a dextro cornu; hastatos ex acie; pecuniam** unterschlagen; **oculos** abwenden; **alci cibum; materiam furori**];
③ *(nachkl.)* weglassen, nicht erwähnen [**nomen alcis**];
④ *se* ~ sich zurückziehen, (zurück)weichen *(ab od. m. Dat.)* [**se multitudini concitatae**].

sub-trīstis, e *(Ter.)* etw. traurig.

subturpiculus, a, um *(Demin. v. subturpis) u.*
sub-turpis, e etw. schimpflich.

subtus *(sub; vgl. in-tus)* **I.** *Adv.* unten;
II. *Präp. b. Akk.* *(spätl.)* unter(halb).

sub-tūsus, a, um *(tundo)* *(Tib.)* etw. zerschlagen.

sub-ūcula, ae *f (vgl. ex-uo)* wollenes Unterhemd.

sūbula, ae *f (suo)* *(nachkl.)* Ahle; *(sprichw.)* **-ā leonem excipis?** *(Sen.)* waffnest du dich so schlecht gegen eine große Gefahr?

su-bulcus, ī *m (sus; vgl. bu-bulcus)* *(poet.)* Schweinehirt.

> *i* Kultur **Subūra,** ae *f* berüchtigtes Stadtviertel in Rom zw. Quirinal, Cispius, Viminal u. Esquilin m. Lebensmittelmarkt, Buden u. Kneipen; – *Adj.* **Subūrānus,** a, um [**clivus** Esquilin].

suburbānitās, tātis *f (suburbanus)* Nähe der Stadt, Lage in der Nähe der Stadt.

sub-urbānus, a, um in der Nähe der Stadt *(bes.* der Stadt Rom) gelegen, vorstädtisch [**ager; villa**]; – *Subst.* **-um,** ī *n (erg. praedium)* Landgut bei Rom; **-ī,** ōrum *m (poet.)* Bew. der Nachbarorte Roms.

sub-urbium, ī *n (urbs)* Vorstadt.

sub-urgeō, urgēre, – – *(Verg.)* nahe herandrängen [**proram ad saxa**].

sub-ūrō, ūrere, ussī, ustum *(nachkl.)* ein wenig versengen.

subvectiō, ōnis *f (subveho)* ① Zufuhr [**frumenti**];
② *(spätl.)* Transport.

subvectō, subvectāre *(Intens. v. subveho)* *(poet.; nachkl.)* herbeischaffen [**saxa umeris**].

subvectus[1] *P. P. P. v. subveho.*

subvectus[2], *Abl.* ū *m (subveho)* *(Tac.)* Zufuhr.

sub-vehō, vehere, vēxī, vectum hinaufbringen, -führen, stromaufwärts fahren [**naves; frumentum navibus**]; – *mediopass. subvehi* hinauffahren, stromaufwärts fahren *(intr.)* [**curru per aëra; flumine adverso lembis**].

sub-vellō, vellere, –, vulsum *(nachkl.)* glatt rupfen, enthaaren.

● **sub-veniō,** venīre, vēnī, ventum ① zu Hilfe kommen, beistehen, helfen [**laboranti; homini perdito; patriae; filio circumvento; saluti remediis**];
② *(übtr.)* *(einem Übel)* abhelfen [**egestati; luctibus alcis; tempestati adversae; morbo**].

subventō, subventāre *(Intens. v. subvenio)* *(Plaut.)* zu Hilfe kommen.

sub-vereor, verērī, – ein wenig fürchten *(m. ne)*.

subversiō, ōnis *f (subverto)* *(Eccl.)* Umsturz, Zerstörung, *auch im Pl.*

subversor, ōris *m (subverto) (nachkl.)* Verderber, Zerstörer [**legum**].
sub-vertō, vertere, vertī, versum ① umstürzen, umwerfen [**statuam; imagines; mensam; montes**];
② *(übtr.)* zerstören, vernichten, stürzen, vereiteln [**libertatem; alcis decretum; fidem; probationes scelerum; iura**].
sub-vēxī *Perf. v. subveho.*
sub-vexus, a, um *(vgl. con-vexus)* schräg sich erhebend.
sub-volō, volāre empor-, auffliegen [**in caelestem locum**].
sub-volturius, a, um *(vultur) (Plaut.)* etw. geierartig.
sub-volvō, volvere, volvī, volūtum *(poet.)* hinaufwälzen [**saxa**].
sub-vortō *(altl.) = subverto.*
● **suc-cēdō,** cēdere, cessī, cessum *(sub)* ① unter etw. gehen, treten, in etw. eintreten *(m. Dat., Akk. od. sub u. Akk.)* [**tumulo terrae** beerdigt werden; **tectum; sub umbras**];
② sich nähern, herangehen, -ziehen, -rücken, -drängen *(m. Dat. od. Akk; ad, sub od. in u. Akk.)* [**moenibus; portis; pugnae** in den Kampf ziehen; **muros; aciem; tumulum; ad castra; sub montem; in certamina**]; **classis paulatim successit**;
③ *(poet.; nachkl.) (übtr.) (eine Last)* auf sich nehmen, übernehmen, sich *einer Sache* unterziehen *(m. Dat.)* [**oneri; operi**];
④ *(übtr.)* vonstatten gehen, gelingen, glücken; **res nulla successerat; voti pars succedit** erfüllt sich; **parum succedit quod ago** *(Ter.); – unpers.* succedit: es gelingt;
⑤ emporsteigen *(ad od. in u. Akk.; Dat.)* [**ad superos; in arduum; caelo**];
⑥ (nach)folgen, nachrücken; **succedentibus nostris**;
⑦ an die Stelle jmds. treten, jmd. ablösen, jmdm. nachfolgen *(m. Dat. od. in locum alcis)* [**defatigatis; patri in regno; in Sequanorum locum**];
⑧ in etw. einrücken [**in stationem** die Wache beziehen; *übtr.* **in paternas opes**];
⑨ *(räuml.)* sich anschließen, zunächst liegen; **ad alteram partem succedunt Ubii** *(Caes.);*
⑩ *(zeitl.)* folgen *(abs. od. m. Dat.)* [**orationi** nach einem anderen eine Rede halten]; **aetas aetati succedit; successit aënea proles** *(Ov.).*
suc-cendō, cendere, cendī, cēnsum *(sub; vgl. ac-cendo)* ① *(v.* unten) anzünden [**pontem; turrim; pinūs ab Aetna** am Ätna; **aras** Feuer machen auf];
② *(poet.; nachkl.) (übtr.) leidenschaftlich* entflammen; **Pyrrhae amore succensus; Myrrha succensa patriā senectā** *(Prop.)* in Liebe entbrannt für den alten Vater.
suc-cēnseō = *suscenseo.*
succēnsus *P. P. P. v. succendo.*
suc-centuriō[1], ōnis *m (sub)* Unterzenturio.
suc-centuriō[2], centuriāre *(sub) (vor- u. nachkl.)* ergänzend in die Zenturie einrücken lassen; *(übtr.)* ergänzen, ersetzen.
suc-cessī *Perf. v. succedo.*
successiō, ōnis *f (succedo)* ① das Eintreten; **doloris amotio successionem efficit voluptatis** *(Cic.)*;
② Nachfolge *(in der Erbschaft, im Amt, im Besitz) (in etw.: Gen.)* [**provinciae; imperii**];
③ Fortgang, Erfolg [**prospera**].
successīvus, a, um *(succedo) (spätl.)* nachfolgend; *– Adv.* -ē hintereinander, nach u. nach.
successor, ōris *m (succedo)* Nachfolger *(in etw.: Gen.)* [**patrimonii; studii**]; **dare alqm alci successorem** als Nachfolger.
successus[1] *P. P. P. v. succedo.*
successus[2], ūs *m (succedo)* ① das Heranrücken [**hostium**];
② Erfolg; **prosperos successūs dare orsis; successum victoriae moderari; pleni successibus anni;**
③ *(spätl.)* Folge, Verlauf [**temporis**].
suc-cīdāneus, a, um *(sub u. caedo)* als Ersatz geschlachtet, als Ersatz geopfert, stellvertretend [**hostia**].
suc-cīdī[1] *Perf. v. succido[1].*
suc-cidī[2] *Perf. v. succido[2].*
succīdia, ae *f (sus u. caedo)* Speckseite.
suc-cīdō[1], cīdere, cīdī, cīsum *(sub u. caedo)* unten abhauen, unten abschneiden, unten durchhauen [**arbores; segetem**].
suc-cidō[2], cidere, cidī, – *(sub u. cado)* nieder-, zusammensinken, zu Boden fallen; **genua inediā succidunt** *(Plaut.).*
succiduus, a, um *(succido[2]) (poet.; spätl.)* niedersinkend, wankend [**genu; gradus**].
succinctus, a, um *(P. Adj. v. succingo)* ① *(poet.; spätl.)* bereit, gerüstet, fertig *(zu etw.: Dat.)* [**praedae**];
② *(nachkl.)* kurz [**libellus**].
suc-cingō, cingere, cinxī, cinctum ① *(poet.)* aufschürzen; *meist P. P. P. succinctus* aufgeschürzt; **Diana vestem** *(gr. Akk.)* **succincta;** *(übtr.)* **pinus succincta comas** nur am Wipfel belaubt;
② umgürten, umgeben, umschließen [**alqm nimbo** umhüllen]; *bes. P. P. P. succinctus* umgürtet, gerüstet [**gladio; cultro; pharetrā**];
③ m. etw. ausrüsten, ausstatten [**se canibus**]; *bes. P. P. P. succinctus* [**armis legionibusque**];
/ *s. auch succinctus.*
succingulum, ī *n (succingo) (Plaut.)* Gürtel.
suc-cinō, cinere, – – *(sub u. cano) (poet.)* ① *(Hor.; vorkl.)* zustimmen;
② *(nachkl.)* die zweite Stimme singen, begleiten;
③ *(Pers.)* m. leiser Stimme etw. vorbringen,

S

hermurmeln, herstottern.

suc-cinxī *Perf. v. succingo.*

suc-cipiō *(altl.)* = *suscipio.*

succīsiō, ōnis *f (succido¹) (Vulg.)* das Abhauen, Abschneiden.

succīsus *P. P. P. v. succido¹.*

succlāmātiō, ōnis *f (succlamo)* Zuruf.

suc-clāmō, clāmāre *(sub)* zurufen.

suc-collō, collāre *(sub u. collum) (vor- u. nachkl.)* auf die Schultern nehmen.

suc-crēscō, crēscere, crēvī, – heran-, nachwachsen [*übtr.* **gloriae seniorum** emporwachsen zu].

succrētus = *subcretus, P. P. P. v. subcerno.*

succuba, ae *f (succubo) (nachkl.)* Geliebte; *(übtr.)* Nebenbuhlerin.

suc-cubō, cubāre *(sub) (nachkl.)* unter etw. liegen *(m. Dat. od. Akk.).*

suc-cubuī *Perf. v. succumbo.*

succulentus, a, um = *suculentus.*

● **suc-cumbō,** cumbere, cubuī, – *(sub; vgl. cubo, ac-cumbo)* ① *(poet.; nachkl.)* niedersinken, -fallen, zu Boden fallen; **succumbens victima ferro**;
② *(nachkl.)* sich niederlegen;
③ *(übtr.)* unterliegen, erliegen, nachgeben [**oneri; labori; doloribus; culpae; tempori** sich in die Zeit schicken müssen; **senectuti; animo** den Mut sinken lassen; **precibus**];
④ *(vorkl.; poet.)* sich *einem Mann* hingeben [**cuivis**]; *(auch v. Tieren)* **gallina marito succumbit** *(Mart.).*

● **suc-currō,** currere, currī, cursum *(sub)* ① sich unterziehen, auf sich nehmen *(abs.);* **licet undique omnes in me terrores periculaque impendeant omnia, succurram atque subibo** *(Cic.)*;
② zu Hilfe eilen, *(übtr.)* beistehen, helfen [**laborantibus; saluti fortunisque communibus**];
③ *(einem Übel)* abhelfen [**malis; adversae fortunae**];
④ in den Sinn kommen, einfallen.

suc-cussī *Perf. v. succutio.*

succussiō, ōnis *f (Sen.) u.* **succussus,** ūs *m (succutio)* Erschütterung.

suc-cutiō, cutere, cussī, cussum *(sub u. quatio) (poet.; nachkl.)* emporschleudern, erschüttern; **succutitur alte currus.**

sūcidus, a, um *(sucus) (vor- u. nachkl.)* saftig, frisch [**ficus; lana** v. einem frisch geschorenen Schaf]; *(übtr.)* üppig.

sūcinum, ī *n (sucus) (nachkl.)* Bernstein; *Pl.* Bernsteinschmuck.

sūcinus, a, um *(sucinum) (nachkl.)* aus Bernstein.

sūcophant... = *sycophant...*

sūcōsus, a, um *(sucus)* ① *(nachkl.)* saftreich [**folia**];
② *(Petr.) (übtr.)* reich.

Sucrō, ōnis *m Stadt in Ostspanien am Mittelmeer; – Adj.* **Sucrōnēnsis,** e [**proelium**].

sūctus *P. P. P. v. sugo.*

sucula¹, ae *f* Winde, Haspel.

sucula², ae *f (Demin. v. sus) (Plaut.)* Schweinchen.

Suculae, ārum *f* die Hyaden.

sūculentus, a, um *(sucus) (nachkl.)* saftreich, saftig.

sūcus, ī *m (sugo)* ① Saft [**uvae; herbarum; pomorum**];
② *(poet.; nachkl.)* dicke Flüssigkeit [**olivi** Öl; **ciborum; nectaris; piscis** Brühe];
③ *(poet.)* Saft, Trank *als Arznei* [**amarus**];
④ *(poet.) (meton.)* Geschmack *v. etw., auch Pl.;* **ova melioris -i;**
⑤ *(übtr.)* Kraft, Frische, Saft u. Kraft, *bes. v. der Rede u. dem Redner* [**ingenii; orationis; Periclis**]; **omnem -um et sanguinem civitatis amisimus** *(Cic.).*

sūdārium, ī *n (sudo) (poet.; nachkl.)* Schweiß-, Taschentuch.

sūdātiō, ōnis *f (sudo) (nachkl.)* das Schwitzen.

sūdātōrium, ī *n (sudatorius) (Sen.)* Schwitzbad.

sūdātōrius, a, um *(sudo) (Plaut.; spätl.)* zum Schwitzen gehörig *od.* dienlich [**unctio**].

sūdātrīx, *Gen.* īcis *(f) (sudo) (Mart.)* schweißtriefend [**toga**].

sudis, is *f* ① Pfahl; **ripa erat acutis sudibus praefixis munita** *(Caes.);*
② *(nachkl.)* Spitze, Stachel.

sūdō, sūdāre **I.** *intr.* ① schwitzen;
② triefen [**sanguine; tepido umore**];
③ *(poet.)* aus etw. herausschwitzen; **balsama odorato sudantia ligno** *(Verg.)*;
④ *(übtr.)* sich abmühen, sich anstrengen [**pro communibus commodis; sub ingenti pharetra**];
II. *trans. (poet.; nachkl.)* etw. ausschwitzen [**tura; mella**].

sūdor, ōris *m (sudo)* ① Schweiß [**frigidus** Todesschweiß; **gelidus**];
② *(poet.; nachkl.) (meton.) jede* Ausschwitzung, Feuchtigkeit [**maris; veneni** ausgeschwitztes Gift];
③ *(übtr.)* Mühe, Anstrengung; **libertas parta multo sudore et sanguine maiorum** *(Cic.).*

sūdum, ī *n (sudus)* heiteres Wetter; *(Verg.)* wolkenloser Himmel, klare Luft.

sūdus, a, um *(Verg.)* heiter, wolkenlos, sonnig, trocken [**ver**].

Suēbī, ōrum *m* die Sueben *(„Schwaben“), germ. Volksstamm, urspr. an der Ostsee sesshaft, später nach Südwesten, bis an den Rhein gedrängt; unter ihnen neben den Juthingen und Quaden die Semnonen, die sich dann m. anderen Gruppen zum Volk der Alamannen zusammenschlossen; die Sueben zogen 406 n. Chr. mit Alanen und Vandalen nach Spani-*

en u. gründeten im Nordwesten ein Reich; Sg. Suēbus, ī *m u.* Suēba, ae *f; – Adj.* **Suēb(ic)us,** a, um [**mare** Ostsee]; – **Suēbia,** ae *f* Land der Sueben.

suēscō, suēscere, suēvī, suētum **I.** *intr.* sich gewöhnen *(m. Dat.)* [**militiae**], *Perf.* gewohnt sein, pflegen *(m. Inf.); – P. Adj.* **suētus,** a, um **a)** an etw. gewöhnt *(m. Dat. od. Inf.)* [**armis**]; **b)** *(v. Sachen)* gewohnt: **Cheruscis sueta proelia;**
II. *trans. (nachkl.)* jmd. an etw. gewöhnen *(alqm re)* [**viros disciplinā et imperiis**].

Suessa, ae *f* ① ~ Aurunca, *Stadt in Kampanien; – Adj.* **Suessānus,** a, um;
② ~ Pometia, *Stadt der Volsker in Latium.*

Suessiōnēs, num *m kelt. Völkerschaft in Gallia Belgica, später den Remern unterworfen, um Soissons.*

Suessula, ae *f Ort in Kampanien; – Einw.* **Suessulānī,** ōrum *m.*

Suētōnius, a, um *Name einer röm. gens:* ① C. ~ Paullinus, *Statthalter Britanniens 59 n. Chr.;*
② C. ~ Tranquillus *(etwa 70–140 n. Chr.), Geschichtsschreiber.*

> *i* Kultur **Suētōnius** C. ~ Tranquillus, *(etwa 70–140 n. Chr.),* Sekretär Hadrians, Geschichtsschreiber (Hauptwerk: De vita Caesarum, 12 Biographien von Cäsar bis Domitian). Sueton schrieb nicht als wissenschaftlicher Geschichtsschreiber, sondern zur Unterhaltung des Publikums. Er erzählte Anekdoten, Gerüchte, Skandalgeschichten, Klatsch für ein breiteres Publikum.

suētus *s. suesco.*

suēvī *Perf. v. suesco.*

sūfes, etis *m* Suffet *(Titel der höchsten Regierungsbeamten in Karthago).*

suf-farcinō, farcināre *(sub u. farcio) (Kom.; nachkl.)* voll stopfen, packen, bepacken.

suf-fēcī *Perf. v. sufficio.*

suffectus *P. P. P. v. sufficio.*

● **suf-ferō,** sufferre, sustulī, sublātum *(sub)* ① *(Plaut.)* darunter halten;
② *(nachkl.)* aufrecht halten;
③ *(übtr.)* ertragen, aushalten, erdulden [**vulnera; sitim; poenam; multam; pro alcis peccatis supplicium**].

suf-fertus, a, um *(sub u. farcio) (Suet.)* volltönend.

sufficiēns, *Gen.* entis *(P. Adj. v. sufficio) (nachkl.)* hinreichend, genügend.

● **suf-ficiō,** ficere, fēcī, fectum *(sub u. facio)* **I.** *trans.* ① jmd. als Ersatz wählen, nachwählen *(alqm alci od. in locum alcis; m. dopp. Akk.)* [**collegam censori; censorem in locum demortui; alqm consulem; Hasdrubalem imperatorem**];
② *(poet.; nachkl.)* ersetzen, ergänzen [**prolem**];
③ darreichen, darbieten [**Danais animos viresque; milites excursionibus** zuziehen zu];
④ m. einer Farbe überziehen, färben [**lanam**]; **angues oculos sanguine suffecti** m. blutunterlaufenen Augen;
II. *intr.* ① genügen, ausreichen; **Volscis sufficiunt milites** haben genug; – *unpers. (nachkl.)* **sufficit** *(m. Inf. od. m. ut, ne, si)* es genügt;
② stand-, aushalten, gewachsen sein; **muri non sufficiebant; umbo ictibus sufficit;**
③ *(poet.; nachkl.)* im Stande sein, vermögen *(m. Inf.).*

suf-fīgō, fīgere, fīxī, fīxum *(sub)* ① an *od.* auf etw. heften, anschlagen [**alqm cruci, in cruce**]; **columnam mento suffigit suo** *(Plaut.)* stemmt unter sein Kinn eine Säule, *v. jmdm., der nachdenklich die Hand unters Kinn stützt;*
② *(nachkl.)* mit etw. beschlagen [**trabes auro; aureis clavis crepidas**].

suffīmen, minis *n (Ov.) u.* **suffīmentum,** ī *n (suffio)* Räucherwerk.

suf-fiō, fīre *(sub u. fumus) (nicht klass.)* ① räuchern, entsühnen;
② wärmen [**terras ignibus aetheriis**].

suffītor, ōris *m (suffio) (Plin.)* jmd., der räuchert.

suf-fīxī *Perf. v. suffigo.*

suffīxus *P. P. P. v. suffigo.*

sufflāmen, minis *n (Iuv.)* Hemmschuh, Sperrbalken; *(übtr.)* Hindernis.

sufflāminō, sufflāmināre *(sufflamen) (nachkl.)* hemmen.

sufflātus, a, um *(P. Adj. v. sufflo) (vor- u. nachkl.)* ① aufgeblasen, aufgedunsen [**corpus**];
② *(übtr.)* zornig; *(vom Redner)* schwülstig.

suf-flāvus, a, um *(sub) (nachkl.)* hellblond.

suf-flō, flāre *(sub) (vor- u. nachkl.)* **I.** *trans.* aufblasen [**buccas**]; *(übtr.)* **se** ~ zornig sein *(auf jmd.: Dat.)* [**uxori suae**];
II. *intr.* blasen [**buccis**]; *(übtr.)* sich aufblähen; / *s. auch sufflatus.*

suffōcātiō, iōnis *f (suffoco) (nachkl.)* das Ersticken.

suf-fōcō, fōcāre *(sub u. fauces)* die Kehle zuschnüren, ersticken, erwürgen [**patrem;** *übtr.* **urbem fame** aushungern; **vocem**].

suf-fodiō, fodere, fōdī, fossum *(sub)* ① untergraben, -wühlen [**murum; montes**];
② v. unten durchbohren [**equos**].

suffossiō, ōnis *f (suffodio)* das Untergraben, Mine.

suffragāneus, ī *m (mlt.) (dem Erzbischof untergeordneter)* Diözesanbischof, Weihbischof.

suffrāgātiō, ōnis *f (suffragor)* ① Empfehlung

zu einem Amt [**militaris** der Soldaten; **urbana** der städtischen Bevölkerung; **iusta;** *(zu, für etw.: Gen.)* **consulatūs**];
② *(nachkl.) (übtr.)* Begünstigung [**materna** v. Seiten der Mutter; **divina**].

suffrāgātor, ōris *m (suffragor)* ① Wähler;
② *(vor- u. nachkl.) (übtr.)* Begünstiger, Fürsprecher, Anhänger.

suffrāgātōrius, a, um *(suffragator)* die Wahlen betreffend [**amicitia** für die Zeit der Wahlen].

● **suf-frāgium,** ī *n (sub u. fragor* „Beifallslärm") ① Stimme, Votum; **-um ferre** seine Stimme abgeben, abstimmen; **cunctis -is** einstimmig;
② *(Sg. u. Pl.)* Abstimmung; **alqm in -um mittere** jmd. abstimmen lassen; **in -um revocare** noch einmal abstimmen lassen; **– it per omnes** alle stimmen ab; **testularum -a** Scherbengericht; **sine -o populi aedilitatem gerere**;
③ *(meton.)* Wahl-, Stimmrecht [**militare**]; **alci -um dare; alqm -o excludere; civitas sine -o; -o privare; -a populo reddere**;
④ stimmberechtigte Zenturie;
⑤ *(übtr.)* Urteil [**compotorum**];
⑥ *(poet.)* Zustimmung, Beifall [**populi**];
⑦ *(spätl.)* Unterstützung, Hilfe.

suf-frāgō, ginis *f (sub u. frango) (nachkl.)* Hinterbug *(eines vierbeinigen Tieres).*

suffrāgor, suffrāgārī *(suffragium)* ① für jmd. stimmen, jmd. durch seine Stimme begünstigen *(alci; ad alqd)* [**domino ad consulatum**];
② *(übtr.)* begünstigen, beistehen, unterstützen, fördern, empfehlen *(m. Dat.)* [**consilio alcis; laudi nostrae**]; **suffragante alqo** auf jmds. Empfehlung *od.* Betreiben; **suffragante fortunā.**

suf-fringō, fringere, frēgī, frāctum *(sub u. frango)* unten zerschlagen, zerbrechen [**crura canibus**].

suf-fūdī *Perf. v. suffundo.*

suf-fugiō, fugere, fūgī, – **I.** *intr.* unter etw. fliehen [**in tecta**];
II. *trans. (poet.; nachkl.)* entfliehen, entgehen.

suffugium, ī *n (suffugio) (poet.; nachkl.)* Zufluchtsort, Schlupfwinkel *(gegen: Gen., Dat. od. adversus)* [**ferarum; hiemi; adversus caeli rigorem**]; *(übtr.)* Zuflucht *(gegen, vor: Gen.)* [**malorum**].

suf-fulciō, fulcīre, fulsī, fultum *(sub) (poet.)* (unter)stützen [**porticum columnis**]; stärken [**artūs**].

suf-fūmigō, fūmigāre *(sub u. fumus) (nachkl.)* unten (be)räuchern.

suf-fundō, fundere, fūdī, fūsum ① unter etw. gießen *(unter: Dat.)*; – *mediopass.* suffundi unten sich ergießen, unter etw. strömen, fließen, sich verbreiten: **rubor alci suffunditur** jmd. errötet;
② m. etw. übergießen, benetzen, überziehen, tränken, färben [**lumina rore** Tränen in die Augen treten lassen]; – *meist P. P. P. suffūsus:* **aether calore suffusus** v. Wärme durchströmt; **suffusa oculos** *(gr. Akk.)* **lacrimis** die Augen m. Tränen benetzt; **suffusi cruore oculi; lingua veneno suffusa**;
③ zu-, eingießen [**merum**].

suf-fūror, fūrārī *(sub) (Plaut.)* unter der Hand stehlen.

suf-fuscus, a, um *(Tac.)* bräunlich.

suffūsiō, ōnis *f (suffundo) (nachkl.) (oculorum)* grauer Star *(Augenkrankheit).*

suffūsus *P. P. P. v. suffundo.*

Sugambrī = *Sigambri.*

sug-gerō, gerere, gessī, gestum *(sub)* ① (dar)unterlegen, darunter setzen, bringen *(alqd alci rei)* [**flammam aëno;** *übtr.* **flammam invidiae** schüren];
② herbeitragen, zuführen, liefern, darreichen [**animalibus cibum; alci tela**]; *(übtr.)* gewähren, liefern; **suggerunt affatim ligna proximae silvae** *(Plin.)*; **prodiga divitias alimentaque mitia tellus suggerit** *(Ov.)*;
③ hinzu-, beifügen, folgen lassen [**ratiunculas incredibili sententiae; firmamenta causae; verba, quae desunt; Bruto Horatium**]; *Pass.* noch dazukommen;
④ *(nachkl.) (übtr.)* eingeben, anraten; **alqo suggerente** auf jmds. Rat;
⑤ *(übtr.)* unter der Hand zufügen, beibringen [**alci ludum** jmdm. einen Streich spielen];
⑥ *(poet.)* hinaufbringen, aufhäufen [**humum**].

suggestiō, ōnis *f (suggero) (spätl.)* Rat, Eingebung, Einflüsterung.

suggestum, ī *n (suggero)* Rednertribüne.

suggestus[1]**,** ūs *m (suggero)* ① Rednertribüne; *(bes. im Lager)* Tribüne, Tribunal;
② erhöhter Sitz [**in orchestra**].

suggestus[2] *P. P. P. v. suggero.*

suggil … = *sugil* …

sug-grandis = *subgrandis.*

sug-gredior, gredī, gressus sum *(sub u. gradior)* (her)anrücken.

sūgillātiō, ōnis *f (sugillo)* ① *(vor- u. nachkl.)* das Verprügeln;
② *(übtr.)* Verhöhnung, Beschimpfung.

sūgillō, sūgillāre ① *(vor- u. nachkl.)* verprügeln;
② *(übtr.)* verhöhnen, beschimpfen.

sūgō, sūgere, sūxī, sūctum saugen; *(übtr.)* einsaugen [**paene cum lacte nutricis errorem**].

● **suī**[1] *Gen. Sg. u. Pl. des Reflexivpron. der 3. Ps.* seiner, ihrer, gegen sich *u. Ä.*

suī[2] *Perf. v. suo.*

suīlla, ae *f (suillus) (nachkl.)* Schweinefleisch.

suīllus, a, um *(sus)* Schweine- [**caput; caro**].

Suīonēs, num *m Bezeichnung der Germanen in Schweden (Tac.).*

sulcō, sulcāre *(sulcus)* ① *(poet.; nachkl.)*

(durch)furchen, pflügen [**humum vomere; agros**]; **serpens sulcat arenam;** – *(übtr.)* durchfahren [**undas rate; maria; iter caeli medium** durchfliegen];
② *(mlt.)* schreiben.

sulcus, ī *m* ① Furche *des Ackers;* **aratro -um patefacere;**
② *(nachkl.) (meton.)* das Pflügen;
③ *(poet.) der Furche ähnlicher* Einschnitt, Graben;
④ *(poet.; nachkl.)* kleine Vertiefung, kleine Grube *zum Einpflanzen v. Setzlingen;* **plantas deponere -is;**
⑤ *(poet.)* weibliche Scham;
⑥ *(poet.)* Bahn *eines Meteors;* **~ dat lucem.**

sulfur, sulfur . . . = *sulpur, sulpur. . .*

Sulla, ae *m röm. cogn. in der gens Cornelia:*
① L. Cornelius ~ (Felix), *der Diktator (138–78 v. Chr.); – Adj.* **Sullānus,** a, um; – **Sullānī,** ōrum *m* Anhänger Sullas;
② *sein Sohn* L. Cornelius ~ Faustus;
③ P. Cornelius ~, *Neffe des Diktators, v. Cicero verteidigt, Anhänger Cäsars.*

> *i* Kultur **Sulla** L. Cornelius ~ (Felix) (138–78 v. Chr.), Feldherr, Führer der Optimaten, Diktator. Er kämpfte unter Marius im Kampf gegen Jugurtha. Später wurde Sulla Führer der Optimaten u. dadurch zum Gegner des Marius im Kampf der Optimaten mit den Popularen. Oberbefehlshaber im Krieg gegen Mithridates. Er wurde Diktator auf unbeschränkte Zeit. Nach der Neuordnung des Staates trat Sulla im Jahr 79 v. Chr. freiwillig zurück.

sullāturiō, sullāturīre *(Sulla)* den Sulla spielen wollen.

Sulmō, ōnis *m* ① *Stadt der Päligner im Sabinerland, j.* Sulmona, *Geburtsstadt Ovids; – Einw.* **Sulmōnēnsēs,** ium *m;*
② *Stadt der Volsker in Latium.*

sulphur, sulphur . . . = *sulpur, sulpur. . .*

Sulpicius, a, um *röm. nomen gentile.*

sulpur, puris *n* ① Schwefel [**vivum** gediegener Schwefel];
② *(meton.)* **a)** *(poet.) Pl.* Schwefelstücke; **b)** *(nachkl.) Pl.* Schwefeldämpfe, -bäder; **c)** *(Pers.)* Blitz.

sulpurātiō, ōnis *f (sulpur) (Sen.)* Schwefellager.

sulpurātus, a, um *(sulpur)* schwefelhaltig [**aqua**]; – *Subst.* **-a,** ōrum *n* **a)** Schwefelfäden; **b)** Schwefeladern.

sulpureus, a, um *(sulpur) (poet.; nachkl.)* schwefelig, Schwefel- [**aqua; odor**].

sultis *(vorkl.)* = *si vultis.*

● **sum,** esse, fuī **I.** *als selbstständiges Verb (verbum substantivum)* ① da sein, vorhanden sein, existieren, am Leben sein, *oft m.* „es gibt“ *übersetzbar;* **credo esse deos; periculum erat** war vorhanden; **silentium erat** herrschte; **esse metus coepit** entstand; **nullus sum** es ist aus mit mir, ich bin verloren; **est via** es gibt; **obsidio triginta dies fuit** dauerte; **sunt qui** *(m. Konj. od. Ind.)* es gibt Leute, die = manche; *negiert:* **nemo est quin; est quod** *(m. Konj.)* es gibt etwas, das = manches; **est ubi** *(m. Konj.)* es gibt Fälle, wo = manchmal; **diu est, cum** *(m. Ind.)* es ist lange her, dass *od.* seit; **est quod** *od.* **cur** *(m. Konj.)* es ist Grund vorhanden, dass;
② sich befinden, sich aufhalten, sein, wohnen, leben, stehen *(konkr. u. übtr.)* [**in agro; in castris; in servitute; in vinculis; Romae; ruri; in Sicilia; apud exercitum; ante oculos** stehen; **in aere alieno** in Schulden stecken; **in invidia** verhasst sein; **in dubio** zweifelhaft sein; **in armis** unter Waffen stehen; **in periculo** schweben; **in honore** stehen; **in amore alci** m. jmdm. in Liebe verbunden sein]; **hoc in litteris est** steht; **est apud Ciceronem** es steht bei C. (geschrieben); **liber est de senectute** handelt v.; **quantum in me est** soviel an mir liegt; **in dis est** es steht bei den Göttern; **est in fatis** es ist bestimmt; **erat in eo summa humanitas** war, lebte in ihm; **pro hoste esse** gelten für; **secum esse** für sich leben; **ex familia vetere esse** abstammen; **ab alqo esse** v. jmdm. abstammen *od.* auf jmds. Seite stehen; **hoc a me** *od.* **pro me est** spricht für mich; **este procul** bleibt fern!; **hostes prope sunt;**
③ stattfinden, sich ereignen; **solis defectio fuit; est ut** es ist der Fall, es kommt vor, dass: **non est, ut mirandum sit** dass man sich wundern sollte; *bes. oft:* **futurum esse** *od.* **fore ut, futurum fuisse, ut;**
④ auf etw. beruhen; **omnis spes in impetu equitum est;**
⑤ *(m. Modaladverbien)* sich verhalten, stehen, gehen; **sic** *(od.* **ita***)* **vita hominum est; bene (male) est** es steht gut (schlecht); **hoc aliter est** verhält sich anders; **satis est; inceptum frustra fuit** verlief erfolglos; **dicta impune erant** blieben ungestraft; **Caesar in convivio iucunde ac comiter fuit** war guter Laune; **quae cum ita sint** da es sich so verhält, daher;
⑥ *(m. Dat. der Person)* jmdm. gehören, *bes. durch* haben, besitzen *zu übersetzen;* **amico meo villa est** meinem Freund gehört ein Landhaus = mein Freund hat ein Landhaus; **mihi nomen est** *(m. Nom. od. Dat.; nachkl. auch m. Gen.)* ich heiße; **Tarquinio cognomen erat Superbus** *od.* **Superbo; bellum mihi volenti (invito) est** ich führe freiwillig (gegen meinen Willen) Krieg; **alci est in ani-**

mo jmd. hat im Sinn;
7 wirklich sein, wahr sein, Geltung haben; **sic est** es ist wirklich so; **est ut dixi; nihil horum est** nichts davon ist wahr;
8 **esto** es mag sein!, nun gut!;
9 **id** (*od.* **hoc) est** das heißt;
10 **est** *m. Inf.* es ist möglich, man kann, man darf; **Tityon cernere erat**;
II. *als Kopula (verbum copulativum)* 1 *(m. Prädikatsnomen im Nom.)* sein; **vita brevis est; Romulus fuit rex Romanorum**;
2 *(m. Gen. poss. od. Poss. Pron.)* jmdm. gehören, jmds. Eigentum sein, zu etw. gehören; **haec domus est patris** *(od.* **mea, tua …**); **totus Pompei sum** ganz ergeben; **res mei consilii non est** berührt mich nicht; **alieni arbitrii esse** unter fremder Leitung stehen;
3 **alcis (meum, tuum …) est** es ist jmds. (meine, deine …) Sache, Pflicht, Aufgabe, Gewohnheit; **alcis rei est** es ist ein Zeichen, Beweis v. etw., es verrät etw.; **cuiusvis hominis est errare**;
4 *(m. Gen. des Gerundivs)* zu etw. passen, dienen, sich eignen; **regium imperium initio conservandae libertatis fuerat**;
5 *(m. Gen. od. Abl. qual.)* v. etw. sein = etw. haben, besitzen, zeigen; **magnae sapientiae esse; suae potestatis esse** sein eigener Herr sein; **tantae molis esse** so große Mühe kosten; **summā iracundiā, laeto animo, humili statura esse; bono (alieno) animo in alqm esse** jmdm. gut (übel) gesinnt sein; – *(m. Zahlen immer Gen.)* etw. betragen, sich auf etw. belaufen; **classis est ducentarum navium; via erat dierum fere decem;**
6 *(m. Gen. od. Abl. pretii)* wert sein, gelten, kosten [**magni, pluris, plurimi, parvi, minoris, minimi, tanti, quingentis sestertiis** viel, mehr … wert sein];
7 *(m. Dat. des Zwecks od. der Wirkung)* zu etw. dienen, zu etw. gereichen, etw. bereiten; **alci curae esse** jmdm. Sorge bereiten; **sibi oneri esse** sich selbst zur Last sein; **cui bono est?** wem nützt es?;
8 *(m. Dat. des Gerundivs)* zu etw. passen, zu etw. im Stande, fähig sein [**oneri ferendo; aeri alieno solvendo; solvendo** zahlungsfähig sein];
III. *als Hilfsverb (verbum auxiliare)* sein 1 *in Verbindung m. P. P. P. zur Bildung v. Perf., Plusquamperf. u. Fut. exactum Pass.;*
2 *zur Bildung periphrastischer Formen:* **scripturus sum** ich bin im Begriff zu schreiben, ich will schreiben, ich werde gleich schreiben; **liber tibi legendus est** du musst das Buch lesen; **mercatura non est vituperanda** darf nicht getadelt werden.

sumbol … = *symbol…*

sūmen, minis *n (sugo) (vor- u. nachkl.)* Saueuter; *(meton.)* Sau.

sum-m … *s. auch subm …*

summa, ae *f (summus)* 1 höchste Stelle, Vorrang [**ordinis; imperii** Oberbefehl; **totius belli**]; **-am alci concedere;**
2 *(übtr.)* Hauptsache, -punkt, -gegenstand, -inhalt, -gedanke [**postulatorum** Hauptforderungen; **epistulae; orationis; sententiae; iudicii**];
3 Summe, Gesamtzahl; **-am facere** *od.* **subducere** das Fazit ziehen; ~ **-arum** Gesamtergebnis; **addendo deducendoque videre, quae reliqui summa fiat**;
4 Geld(summe) [**magna; parva**];
5 Menge, Masse [**praedae; frumenti**];
6 Gesamtheit, Inbegriff, das Ganze [**exercitūs; rerum** gesamte Lage der Dinge *od.* gesamte Gewalt; **belli** Gesamtleitung; **victoriae** völlige Entscheidung]; **ad -am** *od.* **(in) -a** im Ganzen, überhaupt, kurz.

sum-mānō, mānāre *(sub) (Plaut.)* berieseln, nass machen.

Summānus, ī *m Gott des nächtlichen Himmels u. der Blitze.*

summārium, ī *n (summa) (Sen.)* Hauptinhalt.

summārius, ī *m* Packesel.

summās, *Gen.* ātis *(m u. f) (summus) (vorkl.; spätl.)* vornehm [**viri; matronae**].

summātim *Adv. (summus)* der Hauptsache nach, in Hauptpunkten, kurz.

summātus, ūs *m (summus) (Lucr.)* Oberherrschaft; **summatum petere**.

summ-opere *Adv. (= summo opere)* äußerst, überaus.

summula, ae *f (Demin. v. summa) (nachkl.)* Sümmchen.

summum[1], ī *n (summus)* Höhe, Spitze [**tecti** First], *meist Pl.* summa, ōrum [**scopuli** Spitzen; **malorum** höchstes Maß]; **a -o** v. oben; **in -o** auf der Höhe, oben; **ad -um perducere** *u.* **pervenire** auf den höchsten Punkt, *(übtr.)* zur höchsten Vollkommenheit.

summum [2] *Adv. (s. summus).*

● **summus,** a, um *(super)* 1 *(räuml.)* der höchste, oberste [**iugum montis**], *meist (partitiv)* = der oberste Teil, der höchste Punkt, oben, Gipfel, Höhe, Spitze [**mons** Gipfel des Berges; **urbs** *u.* **arx** Akropolis; **amphorae** die Krüge oben; **tectum** Dachfirst; **gramina; mare, unda, aqua** Oberfläche; **corpus** Haut]; **in -a sacra via** oben auf der Heiligen Straße; **feriunt summos fulmina montes**;
2 *(zeitl.)* der letzte, äußerste [**dies; senectus**];
3 *(dem Grade nach)* der höchste, größte, stärkste [**potestas; tempus** höchste Not; **hiems** tiefer; **vox** lauteste; **bonum; humanitas; industria; ius** strengstes; **aestas** Hochsommer]; **-o colore illustrare alqd** m. den lebendigsten Farben schildern; *(subst.)* **omnia -a adipisci** das Äußerste erreichen; **omnia -a fa-**

cere sein Möglichstes tun; – *Adv.:* **a) summē** im höchsten Grade, ganz besonders *(b. Adj. u. Verben)* [**iucundus; cupere**]; **b) summum** höchstens: **duo aut summum tres dies; hodie aut summum cras;**
4 *(dem Rang nach)* der bedeutendste, höchstgestellte, Haupt- [**dux; magistratūs; proelium** Hauptschlacht; **res** Hauptsache, *bes.* Entscheidungskampf, *Pl.* höchste Gewalt, Oberherrschaft];
5 der vorzüglichste, beste [**amicus**]; **-o loco natus;**
6 vollständig, vollkommen, ganz, allgemein [**consensio; copiae** Gesamtmacht].

● **sūmō,** sūmere, sūmpsī, sūmptum *(sub u. emo)* 1 nehmen, ergreifen [**poculum dextrā; virgam manu; frumentum ex agris; arma; pecuniam (mutuam)** borgen; **aurum mutuum; alci equum** wegnehmen];
2 an sich, zu sich nehmen [**litteras; frumentum in cellam**];
3 *(Kleider, Waffen)* anziehen, anlegen [**togam**];
4 *(Nahrung)* zu sich nehmen [**cibum; panem**]; einnehmen [**venenum; medicamentum**];
5 *(poet.)* geschlechtlich genießen [**alqam nudam**];
6 *(Kinder)* annehmen, adoptieren;
7 kaufen, mieten [**decumas agri Leontini; navem**];
8 verbrauchen, auf-, anwenden, ausgeben [**operam; laborem frustra**];
9 *(übtr.)* (an)nehmen [**(sibi) tempus** sich Zeit nehmen; **speciem hominis; vultūs acerbos; antiquos mores; animum** Mut fassen; **interficiendi domini animum** sich entschließen zu; **verba** entlehnen; **supplicium de** *od.* **ex alqo** die Todesstrafe an jmdm. vollziehen; **poenam** Rache nehmen; **gaudia** genießen; **laudem** ernten];
10 sich aneignen, gewinnen; *(pejor.)* sich etw. herausnehmen, sich etw. anmaßen *(alqd u. sibi alqd)* [**sibi arrogantiam; sibi iudicium; sibi partes imperatorias**]; *(auch m. ut);*
11 wählen, aussuchen [**peritos duces; exempla; laxamentum plebi;** *(m. dopp. Akk.)* **alqm sibi collegam; alqm imperatorem**];
12 festsetzen, bestimmen [**tempus colloquendi; tempus cibi quietisque; diem ad deliberandum**];
13 etw. unternehmen, beginnen [**proelium; inimicitias**]; *(auch m. Inf.)*;
14 *(rhet. t. t.)* **a)** anführen, erwähnen [**alqd argumenti loco** als Beweis]; **b)** annehmen, behaupten [**alqd pro certo**]; (auch *m. A. C. I.).*

sūmptiō, ōnis *f (sumo) (philos. t. t.)* Voraussetzung, Vordersatz *eines Syllogismus.*

sūmptuārius, a, um *(sumptus¹)* den Aufwand betreffend, Luxus- [**rationes nostrae; lex**].

sūmptuōsus, a, um *(sumptus¹)* 1 kostspielig, teuer [**funus; cena; bellum**];
2 verschwenderisch [**amica**].

● **sūmptus¹,** ūs *m (Dat. Sg. auch -ū) (sumo)* Aufwand, Kosten, *Sg. u. Pl.* [**epularum**]; **sumptu publico auf** Staatskosten; **suo sumptu** auf eigene Kosten.

sūmptus² *P. P. P. v. sumo.*

Sūnion *u.* **-um,** ī *n südöstl. Vorgeb. v. Attika mit einem Poseidontempel aus dem 5. Jahrh. v. Chr.*

suō, suere, suī, sūtum (zusammen)nähen; *(poet.) (übtr.)* zusammenfügen.

su-ove-taurīlia, lium *n (sus, ovis u. taurus)* feierliches Reinigungsopfer aus Schwein, Schaf u. Stier.

supellex, supellectilis *f* 1 Hausrat, Ausrüstung [**magnifica; militaris**];
2 *(übtr.)* Rüstzeug, Ausstattung [**oratoria**].

super¹ = *superus.*

● **super²** **I.** *Adv.* 1 *(räuml.)* **a)** darüber, darauf, oberhalb, oben; **humum ~ spargens; b)** *(poet.; nachkl.)* v. oben (her); **c)** *(Verg.)* nach oben, über sich; **~ aspectans;**
2 *(übtr.)* **a)** überdies, außerdem; **~ (quam)** außerdem; **~ quam quod** außerdem dass; **~ haec fatur**; **b)** (noch) mehr; **satis superque** mehr als genug; **his accensa ~; c)** vor allem; **d)** übrig; **Atheniensibus praeter arma nihil erat ~;**
II. *Präp. (manchmal, bes. poet., nachgest.)*
1 *b. Abt* **a)** *(räuml., auf die Frage* „wo?") über, oben auf; **ligna ~ foco reponere; ensis ~ cervice pendet; b)** *(zeitl.) (poet.)* während, bei; **nocte ~ media; ~ mero**; **c)** *(übtr.)* wegen, bezüglich, von, über *(= de); **hac ~ re scribam ad te** (Cic.)*; **~ tali causa missus; ~ scelere suspectus; rogitans ~ Priamo; ~ legatione agere;**
2 *b. Akk.* **a)** *(räuml. auf die Frage „wo?" u. „wohin?")* über, oben auf; **~ tumulum alqd statuere; ~ alqm** *od.* **alqd procumbere; alqm ~ arma ferre** auf dem Schild; **alqm videre ~ laureatum currum;** – oberhalb v.; **~ flumen aciem instruere; situs ~ flumen; ~ templum;** – in … hinauf, zu … hinauf; **~ astra ferri;** – über … hinaus; jenseits v.; **~ Sunium navigare; ~ Indos imperium proferre; Gaetuli ~ Numidiam sunt**; **b)** *(zeitl.) (nachkl.)* während, bei; **~ cenam; ~ hos divum honores**; **c)** *(übtr.)* über … hinaus, mehr als; **~ decem milia; ~ naturam; ~ omnia** vor allem; **alius ~ alium** einer nach dem anderen; – außer *(= praeter);* **~ ceteros honores; ~ cetera** außer allem Übrigen; **~ haec** außerdem.

superā *Adv. u. Präp. (poet.) = supra.*

superābilis, e *(supero)* übersteigbar [**murus**]; *(übtr.)* bezwingbar, besiegbar [**Romani; caecitas** heilbar].

S

super-addō, addere, addidī, additum *(poet.)* noch hinzufügen.

super-adōrnātus, a, um *(adorno) (Sen.)* v. außen verziert.

superāns, *Gen.* antis *(nur im Komp. u. Superl.) (P. Adj. v. supero) (Lucr.)* überhand nehmend [**ignis**].

superātor, ōris *m (supero) (Ov.; August.)* Überwinder, Besieger [**Gorgonis**].

superātrīx, īcis *f (superator) (vor- u. nachkl.)* Überwinderin.

● **superbia,** ae *f (superbus)* Übermut, Hochmut, Stolz; *(poet.; nachkl.)* Selbstbewusstsein.

superbi-ficus, a, um *(superbus u. facio) (Sen.)* übermütig machend.

superbi-loquentia, ae *f (superbus u. loquor)* übermütiges Reden.

superbiō, superbīre *(superbus) (poet.; nachkl.)* ① übermütig, stolz sein, sich brüsten *(auf, wegen, mit etw.: Abl.; auch m. quod)* [**nomine avi; honore**];
② *(übtr., v. Lebl.)* prächtig sein, glänzen.

● **superbus,** a, um *(super)* ① *(poet.)* hoch aufgerichtet, hochragend [**Tibur; arx**];
② *(übtr.)* hochfahrend, übermütig, hochmütig, stolz [**familia; reges; domini; Tarquinius; dictum; virtus;** *(wegen, über, auf etw.: Abl.)* **pecuniā**];
③ wählerisch;
④ *(v. Personen)* erhaben, vortrefflich; *(v. Sachen)* prächtig, ausgezeichnet [**apparatus; triumphus**].

super-cēdō, cēdere, cessī, – *(nachkl.)* überschreiten.

superciliōsus, a, um *(supercilium) (nachkl.)* sehr ernst, finster, streng.

super-cilium, ī *n* ① Augenbraue, *Sg. auch koll.;*
② *(übtr.)* finsteres Wesen, strenger Ernst [**censorium**]; **-i severi matrona;**
③ Hochmut, Dünkel, Stolz;
④ Vorsprung, (An-)Höhe [**clivosi tramitis; excelsum; infimum** Fuß der Anhöhe];
⑤ *(Hor.)* Wink; **Iuppiter cuncta -o movens.**

super-contegō, contegere, contēxī, – *(poet.; nachkl.)* überdecken.

super-crēscō, crēscere, crēvī, crētum *(nachkl.)* überwachsen, -wuchern; *(übtr.)* übertreffen.

super-currō, currere, currī, cursum *(nachkl.)* übertreffen.

super-ēmineō, ēminēre, – – **I.** *intr. (nachkl.)* hervorragen;
II. *trans. (poet.)* überragen [**omnes viros; undas umero**].

super-ēmorior, ēmorī, – *(Plin.)* darüber sterben.

super-eō, īre, – – *(Lucr.)* über etw. gehen *(alqd).*

super-exaltō, exaltāre *(spätl.)* ① weit über alles erheben; **superexaltatus deus in omnia saecula** *(August.);*
② über etw. triumphieren *(m. Akk.);* **superexaltat misericordia iudicium.**

superficiārius, a, um *(superficies) (nachkl.)* in Erbpacht stehend, *auch übtr.*

super-ficiēs, ēī *f (facies)* ① *(nachkl.)* Oberfläche;
② Gebäude.

super-fīō, fierī, – *(Kom.; nachkl.)* übrig bleiben.

super-fīxus, a, um *(figo)* aufgesteckt [**capita hostium**].

super-fluō, fluere, flūxī, – ① *(nachkl.)* überströmen, -fließen, über die Ufer treten; **Nilus, fons superfluens;**
② *(v. der Rede)* überschwänglich sein;
③ *(nachkl.)* im Überfluss vorhanden sein;
④ *(Cat.)* im Überfluss leben;
⑤ *(nachkl.)* überflüssig sein.

superfluus, a, um *(superfluo) (spätl.)* überflüssig.

super-fūdī *Perf. v. superfundo.*

super-fuī *Perf. v. supersum.*

super-fundō, fundere, fūdī, fūsum ① darüber gießen, schütten, werfen [**oleum; magnam vim telorum**]; – *se ~ u. mediopass. superfundi* überströmen, -fließen, über die Ufer treten, sich ergießen, sich ausbreiten, *auch übtr.:* **Tiberis superfusus; flumina campis superfusa; gens superfusa montibus; Macedonum gens superfudit se in Asiam** *(Cic.)*; **laetitia se superfundens** ausschweifend;
② *(nachkl.)* überschütten, bedecken [**equites equosque** über den Haufen werfen].

super-gredior, gredī, gressus sum *(gradior) (nachkl.)* ① überschreiten; **flamma supergressa fastigium templi** *(Suet.)*;
② *(übtr.)* übertreffen [**omne exemplum liberalitatis**]; überstehen [**necessitates**].

super-iaceō, iacēre, iacuī, – *(nachkl.)* darauf, darüber liegen.

super-iaciō, iacere, iēcī, iectum (*u.* iactum) ① darüber, darauf werfen, liegen [**aggerem; vestem; folia**]; **aequor superiectum** alles überflutend;
② *(poet.; nachkl.)* m. etw. übergießen, -schütten [**scopulos undā**];
③ überschreiten [**Alpes**];
④ *(übtr.)* überschreiten [**fidem** (die Grenzen der Glaubwürdigkeit) **augendo**];
⑤ *(Sen.)* übertreffen [**beneficia parentum**].

super-immineō, imminēre, – – *(Verg.)* darüber emporragen.

super-impendēns, *Gen.* dentis *(impendeo) (Cat.)* darüber hängend, schwebend.

super-impōnō, impōnere, imposuī, impositum darauf legen, setzen [**saxum; statuam monumento** *(Dat.)*].

super-incidēns, *Gen.* entis *(incido[1])* v. oben

hereinfallend.

super-incubāns, *Gen.* antis *(incubo)* darauf liegend.

super-incumbō, incumbere, incubuī, – *(poet.; nachkl.)* sich darauf legen.

super-indūcō, indūcere, indūxī, inductum *(Vulg.)* hereinbrechen lassen [**magnum malum in alqm**].

super-induō, induere, – – *(nachkl.)* darüber anziehen.

super-iciō, inicere, iniēcī, iniectum *(poet.; nachkl.)* darüber werfen, legen [**frondes; terram; togas**].

super-īnsternō, īnsternere, īnstrāvī, īnstrātum darüber breiten, legen [**tabulas**].

super-iūmentārius, ī *m (iumentum) (Suet.)* Aufseher der Lasttierknechte.

super-lābor, lābī, lāpsus sum darüber hingleiten.

super-lāt ... = *supralat ...*

super-mittō, mittere, mīsī, missum *(spätl.)* darüber, darauf schütten.

super-natō, natāre *(nachkl.)* darüber, darauf schwimmen.

supernus, a, um *(super)* oben befindlich, der obere [**Tusculum** hoch gelegen]; – *Adv.* **-e a)** v. oben her; **b)** *(Hor. u. Plin.)* oben; **c)** *(Plin.)* nach oben.

● **superō,** superāre *(superus)* **I.** *intr.* ① *(poet.)* hervor-, emporragen; **angues superant capite et cervicibus altis;**
② *(übtr.)* überlegen sein, die Oberhand haben, Sieger sein, siegen [**virtute; animis** übermütig sein; **equitatu; proelio; non minus consilio quam gladio**]; **superat fortuna; forma superans** unvergleichliche Schönheit;
③ im Überfluss vorhanden sein; **divitiae superant; otium superat;**
④ übrig sein, übrig bleiben [**vitā** überleben]; **nihil ex commeatibus superabat** *(Liv.)*; – am Leben bleiben, am Leben sein, **alci rei** ~ etw. überleben, überdauern [**captae urbi**];
⑤ **alqd alci superat** etw. ist jmdm. zu viel;
II. *trans.* ① übersteigen, -schreiten [**Alpes; iuga montium; fossam; flumina; ripas fluminis** überfluten; **alqd saltu** überspringen; **fastigia tecti** ersteigen; **amnem adversum remis** stromaufwärts rudern; *übtr.* **nonum annum**];
② überragen; **iubae superant undas;**
③ an etw. vorbeigehen [**regionem castrorum**]; etw. umsegeln, über etw. hinausfahren [**promunturium; Euboeam; Musarum scopulos**];
④ *(v. Tönen)* über etw. hinausdringen; **clamor superat castra hostium;**
⑤ *(übtr.)* übertreffen, überlegen sein [**omnes splendore; alqm iustitiā, doctrinā; omnes scelere; alqm in ceteris artibus**];
⑥ überwinden, überwältigen, besiegen [**Asiam bello; hostes proelio; armatos ac victores; maximas nationes; labores** überstehen; **alqm donis** besänftigen; **iram votis; iussa** siegreich ausführen]; *(übtr. auch v. Sachen)* **alcis mores falsa superant** widerlegen;
⑦ zuvorkommen; **epistulam fama celeritate superavit.**

super-obruō, obruere, – – *(Prop.)* oben bedecken.

super-occupō, occupāre *(Verg.)* dabei überraschen.

super-pendēns, *Gen.* dentis *(pendeo)* überhängend, darüber hängend [**saxum**].

super-pōnō, pōnere, posuī, positum ① aufsetzen, -legen, darauf setzen, legen [**capiti decus; statuam marmoream Iano**];
② *(übtr.)* überordnen [**animum iniuriis**]; *(Sen.)* vorziehen.

super-scandō, scandere, – – überschreiten, -steigen.

super-scrībō, scrībere, scrīpsī, scrīptum *(nachkl.)* darüber schreiben.

superscrīptiō, ōnis *f (superscribo) (spätl.)* Überschrift, Aufschrift.

super-sedeō, sedēre, sēdī, sessum ① *(nachkl.)* auf *od.* über etw. sitzen *(m. Dat.)* [**elephanto; tentorio** *v. einem Adler*];
② *(übtr.)* sich über etw. hinwegsetzen, sich etw. ersparen, etw. unterlassen *(meist m. Abl.; nachkl. auch m. Dat. od. Akk.)* [**labore; istis verbis; proelio; hanc causam**];
③ *(m. Inf.)* nicht wollen, nicht mögen, ablehnen [**certare; venire**].

super-siliō, silīre *(salio) (nachkl.)* überspringen.

super-sistō, sistere, stitī, – *(nachkl.)* sich auf etw. stellen *(m. Akk.)*.

super-stāgnō, stāgnāre *(Tac.)* über die Ufer treten.

● **super-stes,** *Gen.* stitis *(Abl. Sg.* -e; *Gen. Pl.* -um; *Neutr. Pl. fehlt) (sto)* **I.** *Adj.* ① dabeistehend, gegenwärtig;
② überlebend, *auch übtr.* [**liberi; fama** dauernd; *(m. Dat.)* **pater filio; gloriae suae;** *(m. Gen.)* **tot bellorum; omnium**];
II. *Subst. m* Zeuge.

super-stetī *Perf. v. supersto.*

● **superstitiō,** ōnis *f* ① Aberglaube, Irrglaube, Wahn [**vana; anilis; barbara**]; **superstitione liberari; victi superstitione animi;** – *(meton.) Pl.* abergläubische Gebräuche, abergläubischer Kult [**magicae**];
② *(nachkl.)* heilige Scheu [**virtutis** vor der T.];
③ *(nachkl.)* Verehrung einer Gottheit, Gottesdienst;
④ *(nachkl.)* fremder Kult, ausländische Religion;
⑤ *(Verg.)* Schwur, Beschwörung.

superstitiōsus, a, um *(superstitio)* ① aber-

S

gläubisch [**principes**];
② *(vorkl.)* prophetisch [**hariolationes; vox**].

superstitō, superstitāre *(superstes) (Plaut.)* vollauf vorhanden sein.

super-stō, stāre, stetī, – oben darauf stehen, auf etw. stehen *(m. Dat. od. Akk.)* [**corporibus; turribus; columnae; ossa**].

super-strātus, a, um *(sterno)* darüber gehäuft.

super-struō, struere, strūxī, strūctum *(nachkl.)* darüber bauen.

super-substantiālis, e *(substantia) (Vulg.)* zum Lebensunterhalt notwendig [**panis**].

● **super-sum,** esse, fuī *(auch in Tmesis)* ① übrig sein, übrig bleiben; **exiguum tempus rebus gerendis superest; quod superest** schließlich, übrigens; *(nicht klass.)* der Rest;
② noch am Leben sein, am Leben bleiben; **ex eo proelio mille homines supererant; nulli supererant de inimicis;** – *(m. Dat.)* überleben, überstehen [**patri; pugnae; temporibus** die schlimmen Zeiten];
③ im Überfluss, reichlich vorhanden sein, ausreichen; **arma supersunt; pecunia superest; verba mihi supersunt; tantum illi ingenii superfuit;**
④ überflüssig sein;
⑤ *(Verg.) einer Sache* hinlänglich gewachsen sein [**labori**];
⑥ *(Tac.)* überlegen sein [**fide ac virtute**];
⑦ *(Suet.)* beistehen.

super-tegō, tegere, tēxī, tēctum *(auch in Tmesis) (poet.; nachkl.)* überdecken.

super-urgeō, urgēre, – – *(Tac.)* oben eindringen; **fluctu superurgente.**

● **superus,** a, um *(Nom. Sg. m auch super; super²)* **I.** *Pos.* oben befindlich, der obere, Ober- [**mare** das Adriatische Meer, *bisw. bloß superum;* **aether**]; zur Oberwelt gehörig, irdisch [**orae; aurae**]; zum Olymp gehörig, himmlisch [**Iuppiter; dii**]; – *Subst.* **superī,** ōrum *u.* um *m (poet.)* **a)** die Götter im Himmel; **b)** Oberwelt, die Menschen auf der Erde; **supera,** ōrum *n (Verg.)* die Höhen, Oberwelt [**convexa** Himmelsgewölbe];
II. *Komp.* **superior,** ius ① *(räuml.)* weiter oben befindlich, der obere [**domus** der obere Teil des Hauses; **pars collis; loca** höher gelegenes Gelände]; **de (ex) superiore loco** v. der Anhöhe, v. oben herab; **de loco superiore dicere** v. der Rednertribüne, vom Tribunal;
② *(zeitl. u. in der Reihenfolge)* **a)** der frühere, vorige, vergangene, ehemalige [**annus; oratio; bellum; coniuratio; crudelitas; uxor; censores**]; **superioribus diebus; addunt ad superiores totidem naves** *(Nep.)* zu den schon vorhandenen; – *Subst.* **superiōrēs,** rum *m* die Vorgänger: **aetas superiorum** Vergangenheit; **superiōra,** rum *n* das Frühere; **b)** älter [**aetate; Africanus**]; vorgeschritten [**aetas; annus**];
③ *(übtr.)* **a)** höher stehend, überlegen, vorzüglicher, vortrefflicher [**homo; ordo; gradus honoris**]; **b)** die Oberhand behaltend, mächtiger, stärker, siegreich, Sieger [**bello**]; **superiorem haberi** für den Sieger gehalten werden; **(proelio) superiorem discedere** als Sieger (aus dem Kampf) hervorgehen; **populus superior factus est** behielt die Oberhand;
III. *Superl.* **suprēmus,** a, um ① *(räuml.) (poet.)* der oberste, höchste [**montes** die Gipfel der Berge];
② *(zeitl.)* der letzte [**nox; osculum** Abschiedskuss; **tabulae** Testament; **hora** Todesstunde; **(vitae) dies** Todestag *od.* Begräbnistag; **tori** Totenbett; **ignes** Scheiterhaufen; **munera, honor** letzte Ehre; **tituli** Grabinschrift]; **sole supremo** bei Sonnenuntergang; **diem supremum obire** sterben; **diei supremi celebritas** Totenfeier; – *Adv.* **suprēmum** *(poet.; nachkl.)* zum letzten Mal;
③ *(übtr.)* **a)** der äußerste, härteste, ärgste, schlimmste [**supplicium**]; **b)** *(poet.)* der erhabenste [**Iuppiter**].

supervacāneus, a, um *(supervacuus)* ① überflüssig, unnötig [**oratio; alter consul**];
② überzählig [**opera** Nebenbeschäftigung].

● **super-vacuus,** a, um überflüssig, unnötig [**facta; doctrina; metus**]; **vel ex -o** selbst wenn es überflüssig sein sollte.

super-vādō, vādere, – – überschreiten, -steigen [**ruinas**]; *(übtr.)* überwinden [**omnes asperitates**].

super-vehor, vehī, vectus sum über etw. hinausfahren *(m. Akk.)* [**montem; promunturium**].

super-veniō, venīre, vēnī, ventum ① *(poet.)* sich über etw. werfen, sich über etw. legen *(m. Dat. od. Akk.)* [**lapso**]; **unda supervenit undam;**
② überraschend dazukommen, erscheinen, zu Hilfe kommen *(abs. od. m. Dat.)* [**regi**]; **equites superveniunt;**
③ überfallen, überraschen *(m. Dat.)* [**munientibus**].

superventus, ūs *m (supervenio)* ① *(nachkl.)* das Dazukommen;
② *(spätl.) (milit.)* Überfall.

super-vīvō, vīvere, vīxī, – *(nachkl.)* überleben *(m. Dat.)*.

super-volitō, volitāre *(poet.; nachkl.)* über etw. hin- u. herflattern *(alci u. alqd)* [**contionanti; tecta**].

super-volō, volāre *(poet.; nachkl.)* darüber fliegen, über etw. hinfliegen *(abs. od. alqd)* [**totum orbem**].

supīnō, supīnāre *(supinus) (poet.; nachkl.)* rückwärts beugen, nach oben kehren [**glaebas** umwühlen]; **supinata testudo** auf dem Rücken liegend.

supīnus, a, um ① zurückgebeugt, -gebogen, -gelehnt, rücklings, auf dem Rücken liegend; –

Adv. -ē, zurückgewandt, m. abgewandtem Gesicht;
② nach oben gekehrt [**manus** m. der Fläche zum Himmel gekehrt *(Stellung des Betenden)*];
③ (sanft) ansteigend *od.* abfallend [**collis; vallis**];
④ *(poet.)* zurückgehend, rückläufig [**flumina; unda**];
⑤ *(nachkl.)* müßig, lässig [**oratores; animus**];
⑥ *(Mart.; Pers.)* mit zurückgeworfenem Kopf, stolz.

sup-paenitet, paenitēre, – – *(sub) unpers.* es reut ein wenig *(alqm alcis rei).*

sup-palpor, palpārī *(sub) (Plaut.; spätl.)* ein bisschen schmeicheln.

sup-pār, *Gen.* paris fast gleich(zeitig); **huic aetati ~ Alcibiades fuit** kurz nach dieser Zeit lebte A.

sup-parasītor, parasītārī *(sub) (Plaut.)* als Schmarotzer ein wenig schmeicheln.

supparus, ī *m (vor- u. nachkl.)* Bluse, Jacke.

suppeditātiō, ōnis *f (suppedito)* reicher Vorrat, Überfluss [**bonorum**].

● **suppeditō,** suppeditāre **I.** *trans.* ① reichlich gewähren, darreichen, geben, liefern, verschaffen *(konkr u. übtr.)* [**alci pecuniam, frumentum; oratoribus copiam dicendi; merces**];
② reichlich m. etw. versehen;
II. *intr.* ① reichlich vorhanden sein; **nec consilium nec ratio suppeditat** *(Liv.)*;
② ausreichen, genügen [**ad cultum; in fundamenta**]; **si vita suppeditat** wenn das Leben reicht;
③ beistehen, helfen; **suppeditandi facultas;**
④ *(Plaut.)* zu etw. taugen [**labori**];
⑤ *(Lucr.) unpers.* suppeditat *(m. Inf.)* man kann [**dicere**].

sup-pēdō, pēdere, – – *(sub)* leise furzen.

sup-pernātus, a, um *(sub u. perna, eigtl.* „an der Hüfte getroffen") *(Cat.)* niedergehauen; **alnus -a securi.**

suppetiae, ārum *f (suppeto)* Hilfe, Beistand; **-as (af)ferre.**

suppetior, suppetiārī *(suppetiae) (nachkl.)* helfen, beistehen.

● **sup-petō,** petere, petīvī (*u.* petiī), petītum ① (reichlich) vorhanden sein, (ausreichend) zu Gebote stehen *(abs., m. Dat. od. ad);* **ne pabuli quidem satis magna copia suppetebat** *(Caes.);* **frumentum largius obsessis quam obsidentibus suppetebat** *(Liv.)*;
② ausreichen, genügen *(abs., m. Dat. od. ad);* **si vita suppetet** wenn das Leben reichen sollte; **eis vires suppetebant ad arma ferenda;**
③ *einer Sache* gewachsen sein [**laboribus**].

sup-pīlō, pīlāre *(vgl. compilo) (Kom.)* ① stehlen;
② bestehlen, (aus)plündern.

sup-pingō, pingere, –, pāctum *(sub u. pango) (Kom.)* ① unten anschlagen [**fulmentas soccis**];
② unten beschlagen [**crepidas aureis clavis**].

supplantātiō, ōnis *f (supplanto) (spätl.)* heuchlerische Täuschung.

supplantātor, ōris *m (supplanto) (Eccl.; spätl.)* Betrüger.

sup-plantō, plantāre *(sub u. planta[2])* ① jmdm. ein Bein stellen, auch *übtr. (alqm);*
② *(Pers.)* **verba palato ~** radebrechen.

supplēmentum, ī *n (suppleo)* ① Ergänzung [**classis; remigum**];
② *(milit. t. t.)* **a)** Verstärkung, Reserve; **b)** Rekrutierung [**exercitūs**];
③ *(nachkl.)* Nachhilfe.

sup-pleō, plēre, plēvī, plētum *(vgl. compleo, plenus)* ① *(vorkl.; poet.)* nachfüllen, wieder anfüllen [**aerarium; inania moenia** wieder bevölkern];
② *(übtr.)* vervollständigen, ergänzen, wieder vollzählig machen [**gregem; senatum; bibliothecam; scriptum**];
③ ersetzen [**locum parentis; vigorem firmitate animi**];
④ *(milit. t. t.)* auffüllen, ergänzen [**legiones; decurias equitum; naves remigio** vollzählig m. Ruderern bemannen].

● **sup-plex,** *Gen.* plicis *(Abl. Sg. Adj.* -ī, *im daktylischen Vers u. Subst.* -e; *Gen. Pl. meist* -um; *Neutr. Pl. fehlt) (sub u. placo)* **I.** *Adj.* demütig bittend, flehend, flehentlich [**senex; vox; manus; dona** demütig dargebracht]; **suppliciter loqui; alci fieri** *od.* **esse supplicem** jmd. demütig bitten;
II. *Subst. m* Schutzflehender, Schützling.

● **supplicātiō,** ōnis *f (supplico)* Buß-, Bitt-, Dankfest *(b. Staatsereignissen).*

● **supplicium,** ī *n (supplex)* ① *(meist Pl.)* demütiges Bitten, Flehen; das Beten, Gebet; **-is deos placare;**
② Friedenszeichen *(Öl- od. Lorbeerzweige);* **legatos ad consulem cum -is mittere;**
③ Opfer-, Bitt-, Bet-, Bußfest; Opfer;
④ *(vor- u. nachkl.)* Buße, Sühne;
⑤ Strafe, Bestrafung;
⑥ Todesstrafe, Hinrichtung; **ad -um alqm dare** *od.* **tradere, -o alqm afficere** *od.* **-um sumere de alqo** an jmdm. vollziehen;
⑦ *(übtr.)* Marter, Qual, Pein [**veterum malorum**];
⑧ *(meton.)* Wunde; **dira tegens -a.**

supplicō, supplicāre *(supplex)* ① demütig bitten, (an)flehen *(abs. od. m. Dat.)* [**senatui pro alqo**];
② beten, Bitt- *od.* Dankgebete darbringen [**diis per hostias** beim Opfer; **in fano**].

sup-plōdō, plōdere, plōsī, plōsum *(sub u. plaudo)* aufstampfen [**pedem** m. dem Fuß].

supplōsiō, ōnis *f (supplodo)* das Aufstampfen

[**pedis** m. dem Fuß].

sup-pōnō, pōnere, posuī, positum *(synk.* pos-tum) *(sub)* ❶ unterlegen, unter etw. setzen, stellen, bringen *(m. Dat.)* [**ova gallinis; tauros iugo; colla oneri; alqm tumulo, terrae, humo** beerdigen; **alqd terrae** säen; **pectora fluminibus** tauchen in]; **ignes suppositi cineri** unter der Asche glimmend;
❷ *(poet.)* unten an etw. legen, unten ansetzen *(abs. od. m. Dat.)* [**cultrum** an die Kehle; **falcem maturis aristis; ignem tectis**];
❸ *(übtr.)* unterwerfen [**se criminibus**];
❹ *(übtr.)* unterordnen;
❺ *(übtr.)* hinzufügen [**exempla; rationem**];
❻ *(Ov.) (übtr.)* hinter etw. zurücksetzen [**Samon Latio**];
❼ *(übtr.)* an die Stelle *jmds. od. einer Sache* setzen *(alqm u. alqd alci rei, pro alqo od. in locum alcis)*;
❽ *(übtr.)* unterschieben [**puerum; puellam; falsum testamentum**].

sup-portō, portāre herbeitragen, -führen, -bringen [**frumentum exercitui; omnia inde in castra**].

suppositīcius, a, um *(suppono)* ❶ *(Mart.)* an die Stelle jmds. gesetzt;
❷ *(vorkl.)* untergeschoben, unecht.

suppositiō, ōnis *f (suppono) (Plaut.)* Unterschiebung *eines Kindes.*

suppositus *P. P. P. v. suppono.*

suppostrīx, īcis *f (suppono) (Plaut.)* Unterschieberin *eines Kindes.*

suppostus *s. suppono.*

sup-posuī *Perf. v. suppono.*

sup-praefectus, ī *m (sub) (nachkl.)* ❶ Unterpräfekt;
❷ *(übtr.)* Nebenwind.

sup-pressī *Perf. v. supprimo.*

suppressiō, ōnis *f (supprimo)* ❶ *(nachkl.)* Unterdrückung;
❷ *(übtr.)* Unterschlagung *v. Geld* [**iudicialis**].

suppressus, a, um *(P. Adj. v. supprimo)* leise, gedämpft [**vox**].

sup-primō, primere, pressī, pressum *(sub u. premo)* ❶ hinunter-, hinabdrücken [**navem** in den Grund bohren];
❷ *(übtr.)* aufhalten, hemmen [**hostem; impetum militum; fugam; habenas; fontem; iram**];
❸ unterdrücken, verbergen, verhehlen, verschweigen [**famam decreti; nomen Vespasiani**];
❹ unterschlagen [**pecuniam; nummos; elaborata**];
/ *s. auch suppressus.*

sup-prōmus, ī *m (sub) (Plaut.)* Unterkellermeister.

sup-pudet, pudēre, – – *unpers.* **me** ich schäme mich ein wenig *(alcis: vor jmdm.).*

suppūrātiō, ōnis *f (suppuro) (nachkl.)* Eiterung.

sup-pūrō, pūrāre *(sub u. pus) (vor- u. nachkl.)* I. *intr.* weitereitern, *auch übtr.;* **cum voluptates ~ coeperunt** *(Sen.)*;
II. *trans.* zum Eitern bringen.

suppus, a, um *(arch.)* ❶ aufrecht;
❷ stolz *(= superbus).*

supputātiō, ōnis *f (supputo) (spätl.)* Berechnung.

sup-putō, putāre ausrechnen, berechnen.

● **suprā** *(superus)* **I.** *Adv.* ❶ *(räuml.)* **a)** oben, oberhalb, darüber; **mare, quod ~ alluit** = die Adria; **b)** *(Verg.)* darüber hinaus *od.* hervor; **toto vertice ~ esse** hervorstehen, überragen;
❷ *(zeitl.)* **a)** vorher, früher; **ea quae ~ ostendimus; ut ~ dixi; b)** v. früher her, v. vorher;
❸ *(übtr.)* darüber hinaus, mehr, weiter; **~ adicere** *(b. Auktionen)* mehr bieten; **rem ~ ferre quam fieri potest** größer machen als, übertreiben;
II. *Präp. b. Akk., bisw. nachgest.* ❶ *(räuml., auf die Fragen „wo?“ u. „wohin?“)* **a)** oberhalb v., oben über, oben auf; **ille qui ~ nos habitat** *(Plaut.)*; **accumbere ~ alqm; ~ eum locum;** *(übtr.)* **~ caput esse** auf dem Nacken sitzen; **b)** über … hin(weg), über … hinaus; **~ segetes navigare; ~ nubem volare**; **c)** jenseits v.; **Syene oppidum, quod est ~ Alexandriam; exercitus ~ Suessulam hibernat;**
❷ *(zeitl.)* vor; **~ hanc memoriam** vor unserer Zeit; **res ~ septingentesimum annum repetitur** liegt 700 Jahre zurück;
❸ *(übtr.)* **a)** *(v. Maß u. Rang)* über … hinaus; **~ quattuor milia hominum; ~ omnia esse** höher als alles sich erweisen; **~ modum** über das Maß; **~ vires; ~ bonum atque honestum** mehr als recht u. anständig ist; **~ leges esse** mehr gelten als die Gesetze; **~ alqm ire** jmd. übertreffen; **b)** *(nachkl.) (vom Amt)* über; **~ bibliothecam esse** vorstehen; **alqm ~ somnum habere** als Wächter über seine Nachtruhe; **c)** außer (= *praeter).*

suprā-lātiō, ōnis *f (fero) (rhet. t. t.)* Übertreibung.

suprā-lātus, a, um *(fero)* übertrieben.

suprā-scandō, scandere, – – überschreiten, -steigen [**fines**].

suprēmum[1], ī *n* Ziel; **ad -um venire**; *– meist Pl.* **-a,** ōrum *n:* **a)** Sterbestunde, Tod; **-is appropinquare** *u.* **-is admotum esse** dem Tod nahen; **b)** die letzte Ehre, Bestattung; **-um ferre** erweisen; **-um militibus solvere**; **c)** sterbliche Überreste, Leichnam; **-is eius honores dati; d)** letzter Wille, Testament.

suprēmum[2] *Adv., s. superus.*

● **suprēmus,** a, um *s. superus.*

supter *(altl.; poet.) = subter.*

Sur … *(Plaut.) = Syr…*

sūra, ae *f* Wade.

surculus, ī *m* Zweig, Pfropf-, Setzreis, Setzling.

surdaster, tra, trum *(surdus)* etw. taub, schwerhörig.

surditās, ātis *f (surdus)* Taubheit.

surdus I. *Adj.* a, um ① taub [**homo; aures**]; *(sprichw.)* **-is auribus canere** *od.* **-o asello fabellam narrare** tauben Ohren predigen;
② unempfindlich, gefühllos [**mens;** *(gegen etw.: ad, in alqd od. alci rei; gegen jmd.: alci)* **ad preces; ad solacia; ad munera; lacrimis**]; **-i in vota di;**
③ in etw. nicht bewandert [**in Graeco sermone**];
④ *(poet.; nachkl.)* lautlos, still, verschwiegen [**lyra; gratia; plectra; fama**];
⑤ dumpf (tönend) [**loca** *v. der Unterwelt;* **vox**];
II. *Subst.* ī *m* der Taube.

Surēna, ae *m Titel des höchsten erblichen Würdenträgers nach dem König b. den Parthern.*

● **surgō,** surgere, surrēxī, surrēctum *(synk. surrēxe = surrēxisse) (sub u. rego; vgl. subrigo)* ① aufstehen, sich erheben [**e lectulo; e cena; de sella; humo; ad aetherias auras** *od.* **ad lumina vitae** ans Licht der Welt kommen]; aus dem Bett, vom Schlaf aufstehen [**ante lucem; cum die; mane**];
② *(vom Redner)* auftreten [**ad dicendum**];
③ *(Verg.) (vom Feldherrn)* aufbrechen;
④ *(übtr., v. Lebl.)* sich erheben, aufsteigen, sich zeigen; **sol surgit; nemora surgentia; surgunt aequora;**
⑤ *(v. der Zeit)* anbrechen; **dies, nox surgit;**
⑥ *(poet.; nachkl.)* entstehen, beginnen, anfangen; **tenebrae surgunt; ventus, imber, discordia, pugna surgit;**
⑦ *(poet.; nachkl.)* heranwachsen, zunehmen; **surgit messis, Carthaginis arx;**
⑧ *(poet.; nachkl.)* zu sprechen anfangen [**a Iove**].

surpiculus = *scirpiculus.*

surpite, surpuit, surpuerat *synk. Formen, s. surripio.*

sur-r ... *s. auch subr...*

surrēctum *P. P. P. v. surgo.*

Surrentum, ī *n Seestadt in Kampanien im Süden des Golfs v. Neapel gegenüber Capri, j.* Sorrento; – *Einw. u. Adj.* **Surrentīnus,** ī *m bzw.* a, um.

surreptus *P. P. P. v. surripio.*

surrēxe = *surrexisse, s. surgo.*

surrēxī *Perf. v. surgo.*

sur-ripiō, ripere, ripuī, reptum *(synk. Formen: surpite = surripite, surpuit = surripuit, surpuerat = surripuerat; altl. Konj. Perf. akt. surrepsit) (rapio)* ① heimlich wegnehmen, entwenden, stehlen [**libros ex bibliotheca; filium ex custodia; Parmam** m. List erobern]; **qui a Naevio vel sumpsisti multa, si fateris, vel, si negas, surripuisti;**
② *(übtr.)* entziehen [**diem** vergeuden; **crimina oculis patris**]; **unum me surpite morti** *(Hor.)*;
③ *(Plaut.) se* ~ sich wegschleichen;
④ *mediopass. surripi durch Bestechung* sich der Strafe entziehen.

surrupiō *(altl.) = surripio.*

surruptīcius, a, um *(surreptus, P. P. P. v. surripio) (Plaut.)* ① gestohlen, geraubt;
② *(übtr.)* verstohlen [**amor**].

sursum *u.* **-us** *Adv.* ① aufwärts, in die Höhe [**meare**]; ~ **deorsum** auf u. nieder;
② oben, in der Höhe.

sūs[1]**,** suis *m u. f* ① Schwein; *(sprichw.)* ~ **Minervam** *(erg. docet): wenn ein Dummer einen Klugen lehren will;*
② *(Ov.) ein Fisch.*

sus[2] *Adv.* aufwärts, in die Höhe; *nur sprichw.* **susque deque** *(eigtl.* auf u. ab) mehr od. weniger, gleichgültig: **susque deque habere alqd** *od.* **de alqo** sich nichts aus etw. *od.* jmdm. machen.

Sūsa, ōrum *n Hauptstadt der pers. Provinz Susiana;* – *Einw. u. Adj.* **Sūsiānus,** ī *m bzw.* a, um.

● **sus-cēnseō,** cēnsēre, cēnsuī, – aufgebracht, zornig sein, zürnen *(abs., m. Dat., m. quod od. A. C. I.).*

sus-cēpī *Perf. v. suscipio.*

susceptiō, ōnis *f (suscipio)* ① Übernahme [**laborum dolorumque** Erduldung];
② *(spätl.)* **a)** Aufnahme [**peregrinorum**]; **b)** Empfang.

susceptor, ōris *m (suscipio) (spätl.)* ① Unternehmer;
② Herbergsvater; Beschützer.

● **sus-cipiō,** cipere, cēpī, ceptum *(capio)* ① *(poet.; nachkl.)* (v. unten her) auffangen [**dominam ruentem; cruorem pateris**];
② *(nachkl.)* stützen, aufrecht halten [**theatrum fulturis**];
③ *(ein neugeborenes Kind)* vom Boden aufheben u. als das seinige anerkennen *(der Vater hob das vor ihn auf den Boden gelegte neugeborene Kind auf als Symbol, dass er es anerkennen u. erziehen wolle);*
④ *(Kinder)* v. einer Frau bekommen *od.* m. einer Frau erzeugen *(alqm ex od. de alqa)* [**filium ex concubina; liberos ex libertini filia**]; – *Pass.* geboren werden;
⑤ annehmen, aufnehmen [**alqm in civitatem** als Bürger; **candidatum; alqm discipulum** als Schüler; **alqm erudiendum; sacra peregrina**];
⑥ *(übtr.) (freiwillig)* auf sich nehmen, übernehmen, aufnehmen, sich unterziehen *(m. Akk.; m. Inf.)* [**legationem; officium; negotium; laborem; bellum; prodigia** die Sühnung der Vorzeichen; **iter; salutem rei publicae;** *(m. Akk. des Gerundivs)* **alqm pecuniā**

S

corrumpendum die Bestechung];
⑦ unternehmen, beginnen, verrichten, veranstalten [**cursum vitae** einschlagen; **votum** tun]; *(Böses)* auf sich laden [**scelus; maleficium**];
⑧ *(übtr.)* fassen [**consilium; odium in alqm**];
⑨ *(Leiden, Lasten)* (er)dulden, (er)leiden, sich aussetzen *(m. Akk.)* [**poenam; inimicos** sich verfeinden; **invidiam** auf sich laden; **pericula**];
⑩ unterstützen, verteidigen [**famam defuncti**];
⑪ für etw. empfänglich sein *(m. Akk.)* [**religiones** in sich aufkommen lassen; **consolationem** der Tröstung fähig sein];
⑫ als wahr annehmen, zugestehen;
⑬ sich etw. herausnehmen, sich anmaßen [**tantum sibi auctoritatis**];
⑭ *(Verg.)* erwidern, antworten; **suscipit Anchises.**

sus-citō, citāre ① *(poet.)* emportreiben, in die Höhe bringen, aufrichten [**lintea** schwellen; **terga telluris aratro** aufreißen];
② *(Lucr.)* erbauen, errichten [**delubra**];
③ jmd. zum Aufstehen bringen [**alqm a subselliis**]; jmd. (auf)wecken [**alqm e somno, e molli quiete**];
④ *(Cat.)* aufscheuchen [**vulturium**];
⑤ *(übtr.)* erregen, antreiben, ermuntern [**viros in arma**]; (wieder) anfachen, verursachen [**ignes (amoris); bellum; caedem; poenas alci** zuziehen];
⑥ *(mlt.)* auferwecken [**cadavera**].

suspectō, suspectāre *(Intens. v. suspicio[1]) (vor- u. nachkl.)* ① hinaufsehen *(zu etw.: alqd)* [**tabulam pictam**];
② *(übtr.)* **a)** jmd. beargwöhnen, verdächtigen; – *Pass.* jmdm. verdächtig werden; **b)** etw. argwöhnen, wittern [**perfidiam; fraudem**].

suspectus[1], a, um *(P. Adj. v. suspicio[1])* ① m. Argwohn betrachtet, verdächtig, Verdacht erregend [**nomen; legatus; bellum** vermutet; *(von, bei jmdm.: alci)* **regi; civibus;** *(wegen, in Bezug auf; de od. super m. Abl.; Gen.; nachkl.: in u. Abl.; m. Inf.)* **de noverca; super tali scelere; cupiditatis imperii; in morte matris**]; **alqm** *od.* **alqd -um habere** im Verdacht haben;
② *(vor- u. nachkl.)* argwöhnisch, misstrauisch, skeptisch.

suspectus[2], ūs *m (suspicio[1]) (poet.; nachkl.)* ① das Hinaufschauen [**ad Olympum; in caelum**]; *(meton.)* Höhe [**turris**];
② *(übtr.)* Bewunderung [**honorum**].

sus-pendī *Perf. v. suspendo.*

suspendium, ī *n (suspendo)* das Auf-, Erhängen; **-o perire.**

● **sus-pendō,** pendere, pendī, pēnsum ① aufhängen, erhängen *(an etw.: in, ex, de, a re, auch bl. Abl.)* [**alqm in oleastro; spicula ex umero; se de ficu; arcum umeris;** *übtr.* **vultum mentemque pictā tabellā** heften auf; **alqm (alqd) naso** über jmd. (etw.) die Nase rümpfen];
② *(poet.) (einem Gott zu Ehren im Tempel)* aufhängen, weihen *(alqd alci)* [**arma Quirino; vestimenta deo maris**];
③ in die Höhe bringen, emporheben [**tellurem sulco tenui** in flachen Furchen aufwühlen; **nemora** auf den Dächern der Häuser anlegen];
④ stützen [**murum furculis**]; **tellus ligneis columnis suspenditur;**
⑤ zum Schweben bringen, schweben lassen, in der Schwebe halten; – *Pass.* schweben; **primos suspensus in artus** *(Ov.)* auf den Zehenspitzen;
⑥ unentschieden lassen [**rem medio responso**];
⑦ *(poet.; nachkl.)* unterbrechen, hemmen, zurückhalten [**fletum**];
⑧ *(poet.; nachkl.) (übtr.)* auf die Folter spannen, in Ungewissheit lassen [**animos exspectatione**];
/ s. auch suspensus.

suspēnsūra, ae *f (suspendo)* schwebender Fußboden.

suspēnsus, a, um *(P. Adj. v. suspendo)* ① emporgehoben, aufgerichtet, schwebend [**aures; alae**]; **currus per undas ~** hingleitend; **~ fluctu** schwebend über; **~ super alqm** sich hinbeugend über;
② *(übtr.)* v. etw. abhängig, auf etw. beruhend *(ex re);*
③ *(übtr.)* schwankend, unentschieden, ungewiss [**plebs; verba; animus; res** kritische Lage; **animi** *(Lok.)* im Herzen]; **alqm -um tenere** in Spannung halten; **alqd -um** *od.* **in -o relinquere** unentschieden lassen; **in -o esse;**
④ *(poet.; nachkl.)* ängstlich, unruhig.

su-spexī *Perf. v. suspicio.*

suspicāx, *Gen.* ācis *(suspicor)* ① argwöhnisch, misstrauisch;
② *(nachkl.)* Argwohn erregend, verdächtig [**silentium**].

● **su-spiciō[1],** spicere, spexī, spectum *(specio)*
I. *intr.* in die Höhe sehen, emporblicken [**in (ad) caelum**];
II. *trans.* ① emporblicken zu [**astra**];
② bewundern, verehren [**pietatem; artes; eloquentiam**];
③ beargwöhnen, verdächtigen;
/ s. auch suspectus[1].

● **suspīciō[2],** ōnis *f (specio)* ① Argwohn, Verdacht; **in suspicionem venire** *(alci od. alcis)* Verdacht schöpfen, argwöhnen; in Verdacht kommen, verdächtig werden *(= in suspicionem cadere od. incidere);* **suspicionem habere** Verdacht hegen, argwöhnen; im Verdacht stehen, verdächtig sein; **suspicione ca-**

rere unverdächtig sein; ~ **cadit in alqm** fällt auf jmd.; **suspicionem alci facere, afferre, inferre, inicere, movere, dare, praebere** in jmdm. den Verdacht erregen; **alci in suspicione esse** jmdm. verdächtig sein; **suspicionem a se removere**;
2 Grund zu Verdacht, *Pl.* Verdachtsgründe, verdächtige Umstände;
3 Vermutung, Ahnung [**falsa;** *(von: Gen.)* **deorum**]; **suspicionem habere.**
suspīciōsus, a, um *(suspicio²)* 1 argwöhnisch, misstrauisch;
2 Verdacht erregend, verdächtig.
● **suspicor,** suspicārī *u. (altl.)* **-ō,** -āre *(suspicio¹)* 1 argwöhnen, verdächtigen *(m. Akk., de, A. C. I. od. indir. Frages.)* [**res nefarias; de improbitate**];
2 vermuten, ahnen *(m. Akk., A. C. I. od. indir. Frages.)* [**nihil mali**].
suspīrātiō, ōnis *f u.* **suspīrātus,** ūs *m (suspiro)* tiefer Atemzug.
suspīritus, ūs *m (suspiro)* das Seufzen, Keuchen.
suspīrium, ī *n (suspiro)* 1 tiefes Aufatmen, Seufzer; **-a ducere, trahere, pectore prodere** tief aufatmen, seufzen;
2 *(poet.)* Liebesseufzer, Liebe;
3 *(nachkl.)* das Keuchen, Atemnot;
4 *(poet.)* das Atemholen, Atmen, Atem.
su-spīrō, spīrāre **I.** *intr.* 1 tief Atem holen, seufzen [**ab imis pectoribus**];
2 *(poet.)* nach jmdm. schmachten *(in alqo, in alqa, in alqam)*;
II. *trans. (poet.)* ersehnen [**alios amores; matrem**].
susque dēque *Adv., s. sus².*
sus-sultō = *subsulto.*
sustentāculum, ī *n (sustento)* 1 *(nachkl.)* Stütze, *übtr.* Halt;
2 *(spätl.)* Lebensunterhalt, Nahrung.
sustentātiō, ōnis *f (sustento)* Aufschub, Verzögerung.
● **sustentō,** sustentāre *(Intens. v. sustineo)* 1 *(poet.; nachkl.)* empor-, aufrecht halten, stützen [**fratrem ruentem dextrā**]; – Pass, sich aufrecht halten; **navis sustentatur** hält sich über Wasser;
2 *(übtr.)* aufrechterhalten, (unter)stützen [**rem publicam; amicos fide; bella auxiliis; valetudinem** erhalten; **pugnam** halten]; **me una consolatio sustentat** *(Cic.)*;
3 erhalten, unterhalten, ernähren [**familiam; exercitum; plebem frumento**];
4 aushalten, ertragen, standhalten *(m. Akk.)* [**dolorem; impetum legionum**]; *abs.* sich behaupten;
5 aufhalten, hemmen [**aciem; hostem**]; *(übtr.)* erträglich machen [**inopiam**];
6 hinhalten, verschieben, verzögern [**aedificationem ad adventum alcis; consilio bellum**].
● **sus-tineō,** tinēre, tinuī, tentum *(teneo)* 1 empor-, aufrecht halten, stützen; tragen [**baculo artūs; onus; undam palmis** schöpfen; **se alis** sich in der Schwebe halten; **umeris bovem; vix arma** kaum tragen können]; **pugnabant vix membra sustinentes** *(Liv.)*;
2 *(übtr.)* aushalten, ertragen [**poenam** über sich ergehen lassen; **vim morbi; invidiam; dolorem; labores; periculum; vulnera**];
3 *(Geschäfte, Pflichten u. Ä.)* auf sich nehmen, übernehmen [**causam publicam; honorem** bekleiden; **personam** eine Rolle übernehmen *od.* spielen; **munus in re publica; nomen consulis; quaestionem**];
4 Widerstand leisten, widerstehen *(m. Akk.)* [**impetum hostium; alcis potentiam; alcis preces; eos querentes** ihren Klagen];
5 *(abs.)* sich halten, standhalten, sich behaupten [**vix, aegre**]; **agmen sustinuit**; *(übtr. auch v. Sachen)* **vires non sustinent**;
6 *(übtr.)* aufrechterhalten, bewahren, behaupten [**civitatis dignitatem; animos** (den Mut) **pugnantium**];
7 erhalten, unterhalten, ernähren; **ager sustinet mille homines;**
8 zurückhalten, hemmen, anhalten [**equum incitatum; remos; agmen, signa** m. dem Heer Halt machen; **se a re** sich einer Sache enthalten, etw. unterlassen];
9 hinhalten, verschieben, verzögern [**extremum fati diem; rem in noctem; oppugnationem ad noctem**].
sus-tollō, tollere, – – 1 in die Höhe heben, emporheben [**vultus ad aethera; columnas Graecas** auf hohe Sockel stellen];
2 aufrichten [**vela**];
3 wegnehmen.
sustulī *Perf. v. suffero u. tollo.*
sūsum *Adv. = sursum.*
susurrātor, ōris *m (susurro)* Flüsterer.
susurrium, ī *n (susurro) (August.)* Ohrenbläserei, das Zischeln, Gerede.
susurrō, susurrāre *(susurrus)* **I.** *intr.* flüstern, zischeln; summen, rieseln *u. Ä.;*
II. *trans.* summen, leise singen [**cantica**].
susurrus **I.** *Subst.* ī *m* das Surren, Summen, Säuseln; Flüstern, Zischeln, *Pl.* Geflüster; – *personif. (Ov.)* Susurri Geflüster;
II. *Adj.* a, um *(Ov.)* flüsternd, zischelnd [**lingua**].
sūtēlae, ārum *f (suo) (Plaut.)* Lügengewebe, Ränke.
sūtilis, e *(suo) (poet.; nachkl.)* zusammengenäht, -gebunden [**balteus auro; cymba**]; geflochten [**corona; rosa** Rosenkranz].
sūtor, ōris *m (suo)* Schuster.
sūtōrius *(sutor)* **I.** *Adj.* a, um Schuster- [**atramentum; fistula**];
II. *Subst.* ī *m* ehemaliger Schuster.

S

sūtrīnum, ī *n (sutrinus; erg. artificium) (Sen.)* Schusterhandwerk.

sūtrīnus, a, um *(sutor)* Schuster- [**taberna** Schusterwerkstatt; **ars**].

Sūtrium, ī *n Stadt in Südetrurien an der späteren via Cassia, j.* Sutri; – *Einw. u. Adj.* **Sūtrīnus,** ī *m bzw.* a, um.

sūtūra, ae *f (suo)* Naht.

sūtus *P. P. P. v. suo.*

● **suus,** a, um *refl. Poss. Pron. der 3. Ps. Sg. u. Pl.* ① sein, ihr, eigen, *verstärkt durch -met u. -pte;* **sua manu epistulam scribere** eigenhändig; **suo nomine** für seine Person; **sua sponte** aus eigenem Antrieb, freiwillig; **sui iuris esse** sein eigener Herr sein; **alqd suum facere** sich etw. aneignen; **hunc sui cives e civitate eiecerunt** *(Cic.)* die eigenen Mitbürger; **vix suus erat** war nicht recht bei Verstand; *auch obi.:* **iniurias suas persequi** die ihm zugefügten Beleidigungen; **suus accusator fuit** sein eigener Ankläger; – *Subst.* **a) suī,** ōrum *m* die Seinigen *od.* Ihrigen, die Angehörigen, die Verwandten, Freunde, Landsleute: **b) suum,** ī *n* das Seine *od.* Ihrige, seine *od.* ihre Sache (Angelegenheit, Pflicht *u. Ä.*); *bes. Pl.* Eigentum, Hab u. Gut: **de suo dare** aus seinen Mitteln; **omnia sua secum portare; se suaque defendere**;
② eigentümlich, (landes)üblich, angemessen, entsprechend, zukommend, bestimmt; **suo more pugnare; suo iure** m. vollem Recht; **suo anno consulem fieri** in dem gesetzlich bestimmten Jahr; **sua morte defungi** eines natürlichen Todes sterben; **sua tempora complere** die festgesetzten; **suo tempore redire** rechtzeitig; **stat sua cuique dies** *(Verg.)*;
③ günstig, geeignet, vorteilhaft, passend; **suo loco pugnare** auf günstigem Terrain;
④ sein *od.* ihr lieber, teurer, Lieblings [**volucris** Lieblingsvogel];
⑤ sein eigener Herr, selbstständig.

sūxī *Perf. v. sugo.*

Sybaris, is *f achäische Kolonie am gleichnamigen Fluss (m) in Lukanien, als Sitz der Schlemmerei u. des ausschweifenden, überfeinerten Luxus berüchtigt, 510 v. Chr. zerstört, später nach mehreren Versuchen wieder aufgebaut u. in Thurii umbenannt; – Adj.* **Sybarīticus,** a, um *auch* wollüstig, erotisch; Sybarītica, ōrum *n obszöne Gedichte.*

Sychaeus, ī *m Gatte der Dido; auch als Adj.*

sȳcophanta, ae *m (gr. Fw.)* ① gewinnsüchtiger Ankläger, Ränkeschmied;
② Schmeichler, Schmarotzer.

sȳcophantia, ae *f (gr. Fw.) (Plaut.)* Betrügerei, Gaunerei.

sȳcophantiōsē *Adv. (sycophantia) (Plaut.)* auf betrügerische Weise.

sȳcophantor, sȳcophantārī *(gr. Fw.) (Plaut.)* Ränke schmieden *(alci).*

Syēnē, nēs *f* Assuan, *Stadt in Oberägypten, gegenüber Elephantine, in der Juvenal in röm. Zeit Kommandant* war; – *Einw.* **Syēnītēs,** ae *m, auch als Adj.*

syllaba, ae *f (gr. Fw.)* ① Silbe;
② *(Mart.) (meton.) Pl.* Verse, Gedichte.

syllabātim *Adv. (syllaba)* silbenweise.

syllogismus, ī *m (gr. Fw.) (nachkl.)* Syllogismus, logischer Schluss.

syllogisticus, a, um *(gr. Fw.) (nachkl.)* zum Syllogismus gehörig.

Symaethus, ī *m Fluss in Sizilien, j.* Simeto; – *Adj.* **Symaethēus** *u.* **-thius,** a, um [**flumina, aquae** Nebenflüsse des Symaethus]; – **Symaethis,** idis *f (nympha) Tochter des Flussgottes Symaethus.*

symbola, ae *f (gr. Fw.) (Kom.)* ① Geldbeitrag *zu einem gemeinsamen Essen;*
② *(übtr.) Pl.* Tracht Prügel.

symbolum, ī *n u.* **-us,** ī *m (gr. Fw.)* ① *(vor- u. nachkl.)* Kennzeichen;
② *(August.)* Glaubensbekenntnis.

symmetria, ae *f (gr. Fw.)* Ebenmaß.

sympathīa, ae *f (gr. Fw.)* natürliche Übereinstimmung, natürlicher Zusammenhang.

symphōnia, ae *f (gr. Fw.)* ① Harmonie, Einklang *(in der Musik);*
② Instrumentalmusik, Konzert;
③ *(meton.)* Orchester.

symphōniacus *(gr. Fw.)* **I.** *Adj.* a, um musikalisch; zum Orchester gehörig [**puer; servus; homines**];
II. *Subst.* ī *m (nachkl.)* Musiker; *Pl.* Orchester.

Symplēgades, dum *f (griech. „Klappfelsen") im Mythos zwei kleine Felseninseln, die vor der Einfahrt in das Schwarze Meer zusammenschlugen u. alles zerschmetterten, bis sie seit der Durchfahrt der Argo unbeweglich wurden.*

symposium *u.* **-on,** ī *n (gr. Fw.) (nachkl.)* Gastmahl; *Symposion: Titel eines Dialogs Platos.*

synagōga, ae *f (gr. Fw.) (Eccl.)* Synagoge; die Juden.

Synapothnēscontes *(gr. Fw.) (Ter.)* Die Zusammensterbenden, *Titel einer Komödie des Diphilos.*

synedrus, ī *m (gr. Fw.)* Beisitzer *eines Kollegiums in Makedonien.*

syngrapha, ae *f (gr. Fw.)* Schuldschein, Wechsel; **-am facere cum alqo** sich v. jmdm. ausstellen lassen; **ex -ā agere**.

syngraphus, ī *m (gr. Fw.) (Plaut.)* ① Vertrag(surkunde);
② Reisepass.

Synnada, ōrum *n u.* **Synnas,** adis *f Stadt in Großphrygien, wo alabasterartiger Marmor gebrochen wurde; – Adj.* **Synnadēnsis,** e.

synodālis, e *(synodus[1]) (spätl.) zur* Synode gehörig, synodal.

synodus[1], ī *f (gr. Fw.) (spätl.)* Kirchenversammlung, Synode.
synodūs[2], dontis *m (gr. Fw.) (poet.; nachkl.) ein Seefisch.*
synthesina *(Suet.) = synthesis 2.*
synthesis, is *f (gr. Fw.)* ① Tafelgeschirr; ② Hauskleid; Nachthemd.
Syphāx, ācis *m König der Massaesylier in Westnumidien, Gegner Massinissas u. der Römer im 2. Pun. Krieg (gest. 201 v. Chr.).*
Syrācūsae, ārum *f* Syrakus, *Stadt an der Ostküste Siziliens, um 733 v. Chr. v. Korinthern gegründet, im 2. Pun. Krieg 212 v. Chr. v. Rom erobert (Tod des Archimedes); – Adj.* **Syrācūsānus, Syrācūsius,** a, um syrakusisch, *poet. auch* **Syrācosius,** a, um syrakusisch, aus Syrakus [**poëta**]; – *Einw.* **Syrācūsānus,** ī *m.*
Syrī, ōrum *m* die Syrer; *Sg.* **-us,** ī *m (oft als Sklavenname); – Adj.* **Syriacus** *u.* **Syr(i)us,** a, um syrisch; – *Subst.* **Syriscus,** ī *m u.* **-a,** ae *f Eigennamen (meist Sklavennamen);* – **Syria,** ae *f;* **a)** das Land Syrien *(ohne Phönizien u. Palästina);* **b)** Assyrien; **c)** die persische Satrapie; **d)** das Seleukidenreich; **e)** die röm. Provinz.
sȳrinx, ingis *f (gr. Fw.) (Ov.)* Schilfrohr; – Sȳrinx: *arkadische Nymphe; Pan liebte u. verfolgte sie; als er sie einholte, wurde sie in Schilfrohr verwandelt.*
Syrius, a, um *s. Syri u. Syros.*
syrma, atis *n (gr. Fw.) (poet.)* ① Schleppkleid *(in der Tragödie);* ② *(meton.)* Tragödie.
Syros, ī *f Zykladeninsel (unweit Delos), j.* Syra; – *Adj.* **Syrius,** a, um.
Syrtis, is *f* ① Syrte, Sandbank im Meer, *bes. Name zweier Sandbänke an der Nordküste v. Afrika, die Große Syrte östl., die Kleine westl. v. Tripolis; – Adj.* **Syrticus,** a, um syrtisch, an den Syrten wohnend; ② *(meton.)* Küstengegend an den Syrten.
systēma, atis *n (gr. Fw.) (spätl.)* ① System; ② Akkord.

S

T

T. *(Abk.)* ① = *Titus;*
② = *tribunus (plebis).*

tabānus, ī *m (nicht klass.) (biol.)* (Vieh-)Bremse.

tābe-faciō, facere, fēcī, factum *(tabes) (spätl.)* schmelzen, zerlegen, auflösen; **tabefactis nivibus; cadaver tabefactum.**

tabella, ae *f (Demin. v. tabula)* ① *(poet.; nachkl.)* kleines Brett, Brettchen, Täfelchen [**liminis** Türschwelle];
② *(poet.)* Mulde, *worin Romulus u. Remus ausgesetzt wurden;*
③ *aus einem Brett hergestellter Gegenstand:* **a)** *(Ov.)* Spielbrett; **b)** Bildchen; **cubicula -is adornavit; c)** Schreibtafel [**cerata** m. Wachs überzogen]; **litteras -ae insculpere** Buchstaben; **d)** *(meton., meist Pl., bes. wenn mehrere Blätter vorhanden)* das Schreiben, Brief(chen) [**laureatae** Siegesbotschaft; **signatae** versiegelter Befehl]; **-as mittere et recipere***;* **e)** *(meton., meist Pl.)* Vertrag [**emptionis** Kaufvertrag; **dotis** Ehevertrag]; Urkunde, Dokument, Akten [**publicae**]; Protokoll; *(poet.; nachkl.)* Schuldschein; **f)** *(meist Pl.)* Merkbuch, Notizbüchlein; **g)** Stimmtäfelchen *der Bürger in der Volksversammlung;* **h)** Stimmtäfelchen *der Richter;* **i)** *(poet.)* Votiv-, Gedächtnistäfelchen, *bes. v. Schiffbrüchigen* [**votiva**]; **j)** *(Ov.)* Fächer;
④ *(Mart.)* Kuchenscheibe.

tabellārius *(tabella)* **I.** *Adj.* a, um ① die Abstimmung betreffend, Abstimmungs- [**lex**];
② Briefe betreffend, Brief- [**navis** Postschiff];
II. *Subst.* ī *m* Briefbote; **ad me venit cum epistula tua ~.**

tābeō, tābēre, – – ① (zer)schmelzen, sich zersetzen, verwesen [**corpora**]; *(übtr.)* (hin)schwinden;
② triefen, nass sein *(v. etw.: Abl.);* **artūs sale** *(v. Meerwasser)* **tabentes; genae tabentes** nass v. Tränen;
③ *(vorkl.)* abnehmen, an Kraft verlieren.

taberna, ae *f* ① *(poet.)* Hütte [**pauperum**];
② Laden, Werkstatt [**libraria** Buchhandlung; **tonsoris** Barbierstube; **unguentaria; argentaria** Wechselstube]; **-ae circa forum Romanum***;*
③ Wirtshaus, Kneipe [**meritoria**];
④ Schaubude *im Zirkus;*
⑤ *Pl. auch als Name v. Stationsorten, z. B. an der Römerstraße v. Bingen nach Trier; bes.* **Tres Tabernae** *an der via Appia, 33 Meilen v. Rom.*

i Kultur **taberna** gewerblicher Raum in einer → insula (Mietskaserne): als Laden, als Kneipe, als Werkstatt genutzt. Heute noch erinnern Benennungen wie „Taverne“ für ein Weinlokal, „Tafernwirtschaft“ für ein bayr. Dorfgasthaus oder Ortsnamen wie Saverne/Zabern im Elsass (Tres Tabernae) oder der Bestandteil „Zabern“ in Bad Bergzabern oder Rheinzabern an „taberna“.

tabernāculum, ī *n (taberna)* ① Hütte; Zelt [**regium; militare**]; **-um statuere, collocare, ponere** aufschlagen; **-a detendere** abbrechen;
② *(rel. t. t.) der v. dem Augur zur Beobachtung der Auspizien eingenommene Standort,* Schauhütte, Beobachtungszelt;
③ *(mlt.)* Stiftshütte, Tempel.

tabernālis, e *(taberna) (spätl.)* die Hütte, das Wirtshaus betreffend.

tabernārius, ī *m (taberna)* Krämer; *(nachkl.)* Schenkwirt.

tabernula, ae *f (Demin. v. taberna) (nachkl.)* kleine Bretterhütte *als Wohnung od. als Geschäftsraum,* kleines Wirtshaus, kleiner Laden.

tābēs, is *f (tabeo)* ① das Schmelzen, Fäulnis, Verwesung, Zersetzung [**nivis; arboris**];
② *die zergehende, sich zersetzende* Flüssigkeit, Jauche, Schlamm;
③ *(übtr.)* Abzehrung, Siechtum, Krankheit; Pest, Seuche; **~ orta per Aegyptum; tanta vis avaritiae in animos eorum, velut ~, invaserat** *(Sall.);*
④ Gram, Liebeskummer.

tābēscō, tābēscere, tābuī, – *(Incoh. v. tabeo)* ① schmelzen, zergehen, sich zersetzen, sich auflösen, verwesen, vergehen; **tabuerant cerae; ignis tabuit** ist ausgegangen, erloschen; **tabuerunt nives***;*
② *(übtr.)* sich abhärmen, sich grämen, hinsiechen [**misero diuturnoque morbo; dolore ac miseriā; aeterno luctu; ex alqo** vor Liebe zu jmdm., um jmd.].

tābidulus, a, um *(Demin. v. tabidus) (Verg.)* abzehrend.

tābidus, a, um *(tabeo)* ① schmelzend, zergehend, vergehend, schwindend [**nix; corpus; mens**];
② *(akt.)* (ver)zehrend, auflösend [**vetustas; venenum**].

tābi-ficus, a, um *(tabes u. facio)* verzehrend, zersetzend [**venenum**]; *(übtr.)* aufreibend [**mentis perturbationes**].

tablīnum = *tabulinum.*

tābuī *Perf. v. tabesco.*

• **tabula,** ae *f* ① Brett, Tafel *(aus Holz od. Metall)* [**navis**]; **vehiculum ex -is factum**;
② *etw. aus einem Brett od. wie ein Brett Hergestelltes:* **a)** *(poet.; nachkl.)* Spielbrett; **nulla fides -ae!; b)** bemalte Tafel, Gemälde; **imago in -is; c)** *(poet.)* Votiv-, Gedächtnistafel *(Abbil-*

dung der Rettung aus Lebensgefahr im Tempel); **d)** Schreib-, Rechentafel [**cerata** m. Wachs überzogene]; **manum de -ā!** = hör auf zu arbeiten!; **e)** Gesetztafel; **duodecim -ae** Zwölftafelgesetze *(älteste Gesamtkodifikation des röm. Rechts);* **f)** Auktionstafel *(führte die zu versteigernden Sachen auf)*; **ad -am venire; g)** Wechseltisch, -bank;
③ etw. Geschriebenes: **a)** Urkunde, Dokument; **b)** Landkarte; **e -a pictos ediscere mundos;**
④ *Pl. etw. gewöhnlich aus mehreren Schreibtafeln Zusammengesetztes:* **a)** das Schreiben, (Ab-)Schrift [**testamenti**]; **b)** Brief; Register, Verzeichnis, Liste [**proscriptionis**], Proskriptionsliste [**Sullae**]; **c)** Protokoll [**quaestionis** Protokoll des Verhörs]; **d)** Vertrag [**signatae; nuptiales; hospitii**]; **e)** Schuldverschreibungen; **f)** Testament; **qui heredes in -is scripti sunt**; **g)** Staatsschriften, Archiv; **h)** Rechnungs-, Hauptbuch; **-as conficere** ein Hauptbuch führen; **-as diligentissime legere et digerere; nomen referre in -as** einen Schuldposten buchen; **in -is expensum scribere; -ae novae** neue Schuldbücher, *m. deren Anlegung die alten Schulden getilgt waren.*

tabulāris, e *(tabula) (nachkl.)* zum Brett, zur Tafel gehörig, Brett- [**clavus**].

tabulārium, ī *n* Urkundensammlung, Archiv.

tabulārius, ī *m (tabula) (nachkl.)* ① Vorsteher des Archivs;
② Rechnungsführer.

tabulātio, ōnis *(tabula)* Täfelung, Gebälk; *(meton.)* Stockwerk, Etage.

tabulātum, ī *n (tabulatus)* ① *(nachkl.)* Bretterboden, Gebälk, Gerüst-, **-um exstruere;**
② *(meton.)* Stockwerk, Etage; **turris -orum quattuor;** *(übtr.)* **-a sequi** *(Verg.)* v. Ast zu Ast aufsteigen.

tabulātus, a, um *(tabula) (nachkl.)* aus Brettern, m. Brettern belegt, Bretter-.

tabulīnum, ī *n (tabula) (vor- u. nachkl.) Bildergalerie oder Archivraum des röm. Hauses zw. Atrium u. Peristyl* [**perpulchra**].

tābum, ī *n (tabeo)* ① *(poet.; nachkl.* sich zersetzende Flüssigkeit, Eiter, Jauche;
② *(meton.)* ansteckende Krankheit, Pest; Gift; **corpora -o affecta; pabula -o inficere.**

Taburnus, ī *m (erg. mons) Bergkette in Kampanien.*

● **taceō,** tacēre, tacuī, tacitum **I.** *intr.* schweigen, nicht reden *(abs. od. de);* **taceamus; non (quin) taces?** = wirst du wohl schweigen!; **tacendo loqui videbantur** *(Cic.);* **qui tacet, consentire videtur** *(Rechtssatz)*;
② still sein, sich ruhig verhalten; **canis ipse tacet; volucres tacent;** – *Part. Präs.* **tācens** still, lautlos [**loca** *v. der Unterwelt;* **loci** Gemächer; **ventus; Ister** gefroren, still, nicht rauschend; **aqua**];
③ *(übtr.)* verstummen, verschwunden sein; **blanditiae taceant; indoles Romana tacet; tum subito tacuit;**
II. *trans.* verschweigen.

Tacita, ae *f Göttin des Schweigens, die auch magisch beschworen wurde, um üble Nachrede zu verhindern.*

taciturnitās, ātis *f (taciturnus)* ① das (Still-)-Schweigen;
② Verschwiegenheit, Schweigsamkeit [**testium**]*;* **opus est fide et taciturnitate.**

taciturnus, a, um *(taceo, tacitus)* ① schweigend, schweigsam, wortkarg [**homo; obstinatio** hartnäckiges Schweigen];
② *(poet.)* still, ruhig, lautlos [**amnis; ripa; loca; noctis signa**].

● **tacitus,** a, um *(Adv. -ē u. -ō) (P. Adj. v. taceo)*
I. *pass.* ① verschwiegen, unausgesprochen, unbesprochen, unerwähnt; **tacitum erit;**
② *(übtr.)* still(schweigend), heimlich, geheim, unbemerkt [**condicio; ius; indutiae** stillschweigendes Übereinkommen; **assensio; cogitationes; inimicitiae; affectus**];
II. *akt.* schweigend, schweigsam, still: **1.** *v. dem, der nicht spricht* [**mulier**]; **me -o** wenn ich schweige;
② *v. dem, das kein Geräusch macht* [**nemus; aqua; aër; fulmen** ohne Donner; **nox; vox** flüsternde]; – *Subst.* **tacitum,** ī *n* Stille.

i Kultur **Tacitus,** ī *m röm. cogn.:* P. Cornelius ~, röm. Geschichtsschreiber u. Ethnograph, Schwiegersohn des Agricola, Freund des jüngeren Plinius, geb. um 54 n. Chr., gest. um 120; Werke: Germania, Historiae, Annales, Dialogus de oratoribus, De vita et moribus Agricolae.

tāctilis, e *(tango) (Lucr.)* berührbar.

tāctiō, ōnis *f (tango)* ① *(Plaut.)* Berührung;
② *(meton.)* Tastsinn, Gefühl.

tāctus[1] *P. P. P. v. tango.*

tactus[2]**,** ūs *m (tango)* ① Berührung [**assilientis aquae**];
② *(meton.)* Tastsinn, Empfindung, Gefühl; **alqd sub tactum cadit** kann gefühlt werden; **tactu sensuque omni carere; ex quinque his sensibus visu, auditu, gustu, tactu, odoratu***;*
③ Wirkung, Einfluss *auf das Gefühl* [**caeli; solis; librorum**];
④ *(Lucr.)* Berührbarkeit.

taeda, ae *f* ① *(poet.; nachkl.)* Kiefer, Fichte; *Pl. auch* Fichtenwäldchen;
② *(meton.)* Kienholz;
③ **a)** Kienspan, Fackel; **-as inflammare***;* **b)** *(poet.)* Hochzeitsfackel [**iugalis**]; **c)** *(poet.) (meton.)* Hochzeit, Ehe; Geliebte;

T

❹ *(poet.)* Marterwerkzeug *(ein um den Körper gelegtes u. angebranntes Stück Kienholz);* ❺ *(Iuv.)* Kiefernbrett; Schiffsboden.

taedet, taedēre, taeduit *u.* taesum est *unpers.* vor etw. Ekel empfinden, geg. etw. *od.* jmd. einen Widerwillen empfinden, überdrüssig sein, Anstoß nehmen, nicht ertragen können *(m. Akk. der Person u. Gen. der Sache od. m. Inf.)*; **omnium taedet; me vitae taedet; taedet tui sermonis; taedet eadem audire milies** *(Ter.)*.

taedi-fer, fera, ferum *(taeda u. fero) (Ov.)* Fackel tragend [**dea** = Ceres] .

taedium, ī *n (taedet)* Ekel, Überdruss, Widerwille, Abneigung, Abscheu, *poet. auch Pl. (gegen, vor: Gen.)* [**belli; longinquae obsidionis; laudis; laboris**]; **-um facere; -um evitare; -o alqm afficere; -um pati** fühlen.

taeduit *s. taedet.*

Taenarum, ī *n,* **-us,** ī *m u.* **-a,** ōrum *n Vorgeb. (das südlichste der Peloponnes, j.* Kap Matapan) *u. Stadt in Lakonien m. Poseidontempel u. einer Höhle, die im Mythos als Eingang zur Unterwelt galt, durch den Herkules den Cerberus heraufholte;* – **Taenaridēs,** ae *m* Lakedämonier (= Hyacinthus, *spartan. Heros); – Adj.* **a) Taenarius,** a, um lakonisch [**marita** = Helena; **columnae** aus tänarischem *(schwarzem)* Marmor; **deus** Neptun]; *(poet.)* unterirdisch, der Unterwelt [**porta** zur Unterwelt; **vallis**]; **b) Taenaris,** idis *(f)* tänarisch, lakedämonisch [**soror** Helena; **ora**], *als Subst.* Lakonierin (Helena).

taenia, ae *f (gr. Fw.)* ❶ Band, (Kopf-)Binde; ❷ *(auch -nea) (nachkl.)* Papyrusstreifen; ❸ *(Plin.) Pl. lange Reihen v. herausragenden Felsenspitzen im Meer.*

taesum est *s. taedet.*

taeter, tra, trum *(taedet)* ❶ hässlich, abstoßend, ekelhaft, widerlich, unerträglich [**color; odor; morbus; vultus naturā; spectaculum; loca; tenebrae; hiems**]; ❷ *(übtr.)* abscheulich, schändlich [**tyrannus; facinus; libido; in alqm** gegen jmd.]; **nullum vitium taetrius est quam avaritia.**

taetricus, a, um *(taeter) (spätl.)* finster, mürrisch.

tagāx, *Gen.* gācis *(tango)* diebisch, räuberisch, raubgierig.

Tagēs, ētis *u.* ae *m etr. Gott, der die Etrusker die Formen der Opferschau gelehrt haben soll.*

tagō *(altl.) = tango.*

Tagus, ī *m Fluss in Lusitanien, mündet beim jetzigen Lissabon in den Atlantik, j.* Tajo *(span.) bzw.* Tejo *(portugiesisch).*

tālāris, e *(talus)* bis zu den Knöcheln hinabreichend [**tunica; pallium**]; – *Subst.* **tālāria,** ium *n* **a)** Flügelschuhe *(bes. des Merkur); (sprichw.)* **talaria videamus** lasst uns an Flucht denken, fliehen; **b)** bis an die Knöchel reichendes Gewand; **c)** *(Sen.)* Marterwerkzeuge *(um die Füße gespannt u. geschraubt).*

tālārius, a, um *(talus)* in langem (bis zu den Knöcheln reichendem) Gewand [**ludus** Tanzspiel *(benannt nach der tunica talaris, m. der die Darsteller bekleidet waren)*].

talassiō, ōnis *u.* **-ass(i)us,** ī *m altröm. Hochzeitsruf;* – **Talassiō** *u.* **-assius** Hochzeitsgott; **servire Talassio** heiraten.

tālea, ae *f* ❶ spitzer Pfahl, Balken; ❷ ~ **ferrea** Eisenstäbchen, Barren; ❸ *(Plin.)* Setzling.

talentum, ī *n (Gen. Pl.* talentōrum *u.* [*meist*] talentum) *(gr. Fw.)* Talent, *größte griech. Gewichts- u. Münzeinheit;* ❶ *als Gewicht etwa ½ Zentner;* ❷ *als Geldsumme etwa 2400 Euro.*

tāliō, ōnis *f (jur. t. t.)* Wiedervergeltung eines empfangenen Schadens am Körper.

● **tālis,** e ❶ so beschaffen, derartig, (ein) solcher [**argumentum**]; **tali consilio probato; nil metuens tale;** – *m. folg. ut od. qui m. Konj. (= ut is): dass;* **tales nos esse putamur, ut iure laudemur;** – *m. folg. qualis, ac od. atque: wie;* **cum esset talis, qualem te esse video;** ❷ so groß, so vorzüglich [**vir; urbs; dignitas; virtus**]; ❸ so verwerflich [**facinus; condicio**]; ❹ *(Verg.)* folgender; **talia fatur; tali modo liberatus est.**

tālitrum, ī *n (talus) (Suet.)* das Schnippen m. den Fingern.

talpa, ae *m u. f* Maulwurf.

talpīnus, a, um *(talpa) (spätl.)* maulwurfartig [**animal**].

Talthybius *(u.* Talthubius), ī *m Herold u. Bote des Agamemnon.*

tālus, ī *m* ❶ Fußknöchel; *(meton.)* Ferse; **recto -o stare** gerade stehen, *(übtr.)* Beifall finden; ❷ Würfel *(m. 2 runden nicht bezeichneten u. 4 bezeichneten flachen Flächen, welche die Zahlen 1, 3, 4, 6 zeigen; man würfelte m. 4 Würfeln; der beste Wurf* [*Venus*] *zeigte alle 4 möglichen Zahlen; b. dem schlechtesten Wurf* [*canis*] *zeigten alle 4 Würfel dieselbe Zahl);* **-is ludere; ad -os se conferre.**

● **tam**[1] *Adv.* so, so sehr, in dem Grade, in dem Maße, so weit *(fast nur b. Adj. u. Adv.);* **tam multa bene dicta; tam subito copias contrahere non potuit;** – *oft korrespondierend:* **tam ... quam** so ... wie = ebenso sehr *(od.* ebenso gut) ... wie, sowohl ... als auch; **tam moveor quam tu; tam vera quam falsa cernimus; non tam ... quam** nicht so sehr ... als; nicht sowohl ... als vielmehr; **qualis est istorum oratio, qui omnia non tam esse quam videri volunt; quam ... tam** *(vor*

Komp. u. Superl.) je ... desto.

tam² *(Kom.) = tamen.*

tam-diū *Adv.* ① (nur) so lange *(m. folg. quamdiu od. quam, quoad, dum od. donec);* **ego tamdiu requiesco, quamdiu tuas litteras lego; hic tenuit locum tamdiu, quam ferre potuit laborem; Gracchus tamdiu laudabitur, dum memoria manebit;**
② (so) sehr lange;
③ *(vor- u. nachkl.)* seit so langer Zeit; **tamdiu Germania vincitur.**

● **tamen** *Adversativpartikel* ① doch, dennoch, jedoch, bei alledem, gleichwohl; – *neque (nec) tamen* doch nicht; *at tamen* aber dennoch; *sed od. verum tamen* indessen; *si tamen* wenn dennoch; *(poet.; nachkl.)* jedoch nur wenn, vorausgesetzt dass; **semper Aiax fortis, fortissimus ~ in furore; expellitur ex oppido, non destitit ~; seditiones domi quaesitae sunt, nec motae ~; difficile factu est, sed conabor ~; Cassius multum potuit non eloquentiā, sed decendo ~;**
② doch wenigstens; *bes. si non ... (at) tamen* wenn nicht ... so doch wenigstens;
③ *(poet.; nachkl.)* doch endlich.

tamen-etsī = *tametsi.*

Tamesis, is *u.* **Tamesa,** ae *m Fluss in Britannien, j.* Themse.

● **tam-etsī** *Kj.* obgleich, obschon; *ohne Nachsatz:* indessen, jedoch.

tamine *(altl.) = tam-ne (fragend).*

● **tam-quam** *u.* **tan-quam I.** *Adv.* (so) wie, gleichwie; gleichsam; **tenebrae ibi erant ~ nox; ex vitā ita discedo, ~ ex hospitio, non ~ e domo** *(Cic.);*
II. *Kj. m. Konj.* ① *(= tamquam si)* (gleich-) wie wenn, als ob;
② *(kausal zur Angabe einer fremden Auffassung)* weil angeblich.

Tanager, grī *m Fluss in Lukanien, j.* Tanagro.

Tanagra, ae *f Stadt in Böotien m. einer Nekropole, wo seit 1893 eine große Zahl v. Terrakotten gefunden wurden, die daher auch als „Tanagrafiguren" bezeichnet werden; – Adj.* **Tanagraeus,** a, um.

Tanais, is *u.* idis *m Name einiger Flüsse:* ① *in Syrien u. Sarmatien, j* Don;
② *im asiatischen Skythien = Jaxartes, j.* Syr-Darja;
③ *Fluss in Numidien (Nordafrika).*

Tanaquīl, īlis, *f Etruskerin aus Tarquinii, Gattin des röm. Königs Tarquinius Priscus.*

● **tandem** *Adv.* ① (doch) endlich, zuletzt; **~ milites conscendere in naves iubet; ~ reprime iracundiam;**
② *(in Fragesätzen)* denn eigentlich, in aller Welt; **quo ~ modo?; quousque ~?; quorsum ~ aut cur ita quaeris?; quid ~ agebatis?; quae res ~ inciderat?;**
③ *(poet.; nachkl.) (zum Abschluss v. Aufzählungen)* schließlich, kurz.

● **tangō,** tangere, tetigī, tāctum ① berühren, anfassen [**alqm cubito; aram; terram genu**];
② *(poet., nachkl.)* benetzen, bespritzen [**corpus aquā**]; beschmieren; färben [**supercilia**]; beräuchern [**sulfure ovem**];
③ schlagen, stoßen, treffen, stechen [**fores; chordas; alqm flagello**]; **fulmine** (*od.* **de caelo**) **tactus** vom Blitz getroffen; **acu ~** den Nagel auf den Kopf treffen;
④ *(poet.)* sich an jmdm. vergreifen *(m. Akk.)* [**virginem**];
⑤ töten;
⑥ *(einen Ort)* betreten, erreichen, gelangen nach *(m. Akk.)* [**provinciam; domos; vada; portus; terram** *(v. Schiffen):* **terminum mundi armis**];
⑦ *an einen Ort* angrenzen, stoßen *(m. Akk.);* **civitas Rhenum tangit;**
⑧ (weg)nehmen, bekommen [**alqd de praeda; nullum ab invito**];
⑨ *(poet.)* kosten, essen, trinken [**saporem**];
⑩ *(poet.)* beginnen, sich etw. vornehmen [**opus; carmen**];
⑪ *(geistig)* rühren, bewegen, ergreifen; **tangit animum memoria; mentem mortalia tangunt; vota tetigēre deos; religione tactus; minae Clodii modice me tangunt** *(Cic.);* **exemplo tangi;**
⑫ erwähnen, anführen; **ubi Aristoteles ista tetigit;**
⑬ *(Ter.)* jmd. necken [**in convivio**];
⑭ *(vor- u. nachkl.)* betrügen, hereinlegen, prellen [**patrem talento argenti**]; **tactus sum vehementer visco.**

tan-quam *s. tamquam.*

Tantalus, ī *m Sohn Jupiters, König in Phrygien, Vater des Pelops u. der Niobe, er durfte m. den Göttern tafeln, entwendete ihnen jedoch Nektar u. Ambrosia u. setzte ihnen seinen geschlachteten Sohn zum Mahl vor; er wurde deswegen in der Unterwelt zu ewigem Hunger u. Durst verdammt; – Adj.* **Tantaleus,** a, um; – *Patron.* **Tantalidēs,** ae *m* Nachk. des Tantalus *(Pelops, Atreus, Thyestes, Agamemnon, Orestes): fem.* **Tantalis,** idis *u.* idos *(Niobe, Hermione, Helena)* [**matres** Frauen aus dem Tantalidenhause].

tantillum, ī *n (tantillus) (nachkl.; poet.)* so wenig.

tantillus, a, um *(Demin. v. tantulus) (vor- u. nachkl.)* so klein.

tantis-per *Adv. (tantus)* ① so lange; *meist m. folg. dum „bis";*
② *(abs.)* unterdessen, inzwischen.

tant-opere *(auch getr.* tantō opere) *Adv.* so sehr, in dem Maße, in dem Grade; **non ~** nicht sonderlich; **studia Graecorum vos ~ delectant.**

tantulum, ī *n (tantulus)* so wenig, solche Klei-

T

nigkeit [**morae**].

tantulus, a, um *(Demin. v. tantus)* so klein, so gering.

tantum, tantum-modo *s. tantus.*

● **tantus** *(v. tam wie quantus v. quam)* **I.** *Adj.* a, um ① so groß, so bedeutend [**res; onus; vitia; laetitia; multitudo; vir**]; **tanta ista mala;** – *oft m. folg. quantus, ut od. qui m. Konj (= ut is):* **tanta erat operis firmitudo, ut;**
② so viel [**pecunia; tempus**];
③ nur so groß, so klein, so gering; **vectigalia -a sunt, ut iis contenti esse non possimus; senatūs auctoritas tantam vim habet, ut;**
II. *Subst.* **tantum,** ī *n (nur im Nom. u. Akk.)* ① eine solche Menge, Masse, so viel *(m. Gen.)* [**mali; itineris** eine so große Wegstrecke; **temporis** so lange Zeit; **navium; copiarum; hominum**]; **ter tantum** dreimal so viel; **in -um** so weit, so sehr [*enitescere*]; **-um debuit***;*
② nur so viel, so wenig, solche Kleinigkeit; **-um est** weiter nichts, das ist alles; **tantum quod sciam; -um modo** auch nur so viel; **-um ut** jedoch so, dass wenigstens noch;
III. *adv. gebrauchte Kasus:* ① *(Akk.)* **tantum a)** so sehr, so viel, so weit, in dem Grade *(b. Verben u. Adj.);* **-um dissimilis; -um eius auctoritate motus est; id -um abest ab officio, ut***;* **b)** nur so viel, so wenig; **dixit -um; c)** nur, bloß *(meist dem zugehörenden Wort nachgest.):* **non tantum … sed etiam** nicht nur … sondern auch; **non -um in primam aciem, sed etiam ad subsidiarios;** – *verstärkt* **tantum-modo** nur, lediglich; **tantum nōn** beinahe, fast: **tantum non ad portam bellum est; d)** *(zeitl.)* soeben, erst eben; **tantum quod** kaum dass, eben erst, gerade: **tantum quod ex Arpinati veneram, cum mihi a te litterae redditae sunt; tantum quod pueritiam egresso;**
② *(Gen. pretii)* **tantī** so teuer, so hoch, so viel wert, so bedeutend *(b. Ausdrücken des Kaufens, Verkaufens, Schätzens u. Ä.);* **-i esse** so viel wert sein (gelten, kosten); **frumentum -i fuit, quanti iste aestimavit; -i est** *(m. Inf.)* es ist der Mühe wert; es macht wenig aus; **-i mihi est** *(m. Inf.)* es lohnt sich f. mich der Mühe; es lässt mich kalt; **non est -i** *(m. Inf.)* es ist nicht der Mühe wert;
③ *(Abl. mensurae)* **tantō** (um) so viel, so weit, so sehr, desto **a)** *vor Komp. u. Verben m. vergleichender Bedeutung (wie malle, antecedere, praestare):* **-o melior; -o longius; bis -o pluris; ter -o peior; -o antecedere alios, ut; tanto melior!** gut (gemacht)! bravo!; **-o nequior!** das ist schlecht!; **quantō … tantō** je … desto; **tanto maior vis, quanto recentior; b)** *vor ante u. post:* **-o ante** *od.* **post** so lange vorher *od.* nachher; **c)** *selten vor Superl.:* **-o pessimus omnium poeta, quanto tu optimus patronus omnium** ein (um) so viel schlechterer Dichter als.

tantus-dem *(vgl. i-dem)* **I.** *Adj.* tanta-dem, tantum-dem *u.* tantun-dem *(vor- u. nachkl.)* ebenso groß; **tantidem ponderis petitio est;**
II. *Subst. (im Nom. u. Akk.)* **tantundem** *n* ebenso viel *(abs. od. m. Gen.)* [**viae; auri**]; *oft m. quantum korrespondierend:* **ego ~ scio, quantum tu; aquae ~***;*
III. *ddv. gebrauchte Kasus:* ① *(Gen. pretii)* **tantīdem** *facere, aestimare u. Ä.* ebenso hoch schätzen;
② *(Akk.)* **tantundem** ebenso weit.

tapēs, ētis *m,* **tapēte,** tis *u.* **tapētum,** ī *n (gr. Fw.)* ① Teppich, Decke;
② *(spätl.)* Wandteppich; Tapete.

Tāprobanē, ēs *f Insel im Indischen Ozean, j.* Sri Lanka *bzw.* Ceylon.

Tapūrī, ōrum *m Volk in Medien am Kasp. Meer.*

Tarbellī, ōrum *m Volk in Aquitanien m. der Hauptstadt Aquae Tarbellicae bzw. Augustae, j.* Oax; – *Adj.* **Tarbellus,** a, um.

tardēscō, tardēscere, tarduī, – *(tardus) (poet.)* langsam werden.

tardi-gradus, a, um *(tardus u. gradior) (vorkl.)* langsam schreitend.

tardi-loquus, a, um *(tardus u. loquor) (nachkl.)* langsam redend.

tardi-pēs, *Gen.* pedis *(tardus) (poet.)* lahm, hinkend.

tarditās, ātis *f (tardus)* ① Langsamkeit [**navium; operis; veneni** langsame Wirkung]; **tarditatem afferre alci rei** etw. verzögern; **~ in rebus gerendis***;* – *Pl.* langsame Bewegungen;
② *(übtr.)* Schwerfälligkeit, Trägheit, Stumpfheit [**animi; audientium**].

tarditūdō, dinis *f (vorkl.) = tarditas.*

tardiusculus, a, um *(tardus) (Kom.)* etw. langsam; *(übtr.)* etw. schwer von Begriff.

● **tardō,** tardāre *(tardus)* **I.** *intr.* zögern, säumen;
II. *trans.* verzögern, aufhalten, hemmen, zurückhalten [**impetum hostium; cursum; profectionem**]; *(von, an etw.: ad, ab, auch in m. Abl., m. Inf. od. quin).*

tarduī *Perf. v. tardesco.*

● **tardus,** a, um ① langsam, säumig, saumselig [**plaustrum; agmen; iuvenci; vulnere** gehemmt durch; *(in, bei etw.: in m. Abl.)* **in scribendo;** *(zu, für etw.: ad)* **ad discedendum; ad iudicandum; ad danda beneficia**]; **-e navigare; -e credere** langsam, endlich; **tardissime iudicare***;*
② *(poet.)* lange dauernd, langsam vergehend [**nox; sapor** nachhaltig; **menses**];
③ spät (eintretend) [**fata**]; *meist Adv.:* **-e ad alqm scribere; tardissime venire***;*
④ *(poet.; nachkl.)* hemmend, lähmend [**onus;**

senectus; podagra]; – *Subst.* -a, ōrum *n* Hemmnisse;
⑤ *(übtr.)* schwerfällig, stumpf(sinnig), träge [**mens; sensus**]; **-o ingenio esse;** – *Subst. m (poet.)* Schwachkopf;
⑥ *(rhet. t. t.)* bedächtig, gemessen [**stilus; in cogitando; pronuntiatio**]; **-a et supina compositio.**

Tarentum[1], ī *n u.* **-us,** ī *f* Tarent, *Hafenstadt im südl. Italien (Kalabrien), am gleichnamigen Golf, j.* Taranto; – *Einw. u. Adj.* **Tarentīnus,** ī *m bzw.* a, um.

Tarentum[2] = *Terentum.*

Tarīchea, ae *u.* **Tarīcheae,** ārum *f Stadt in Galiläa, am nordwestl. Ufer des Tiberiassees.*

tarmes, mitis *m (tero) (Plaut.)* Holzwurm.

Tarpēius, a, um ① *mons (od. rupes, saxum)* der tarpeische Berg (Felsen), *Steilabhang am südöstl. Capitolinus, v. dem Verbrecher, bes. Hochverräter herabgestürzt wurden;*
② *arx (od. sedes)* Kapitol; – **Tarpēia,** ae *f Tochter des Sp. Tarpeius, des Befehlshabers auf dem Kapitol in Rom, die die röm. Burg an die Sabiner (nach anderer Version an die Kelten) verriet.*

tarpessīta = *trapezita.*

Tarquiniī, ōrum *m Stadt in Etrurien, Heimat des etr. Adelsgeschlechts, aus dem unter anderen die Könige in Rom stammten;* – *Adj.* **Tarquinius,** a, um *u.* **Tarquiniēnsis,** e; – **Tarquinius,** ī *m Name der beiden röm. Könige (etr. Herkunft) L. ~ Prīscus u. L. ~ Superbus sowie des Gatten der Lucretia, L. ~ Collātīnus, Herrschers v. Collatia u. Mitverschwörers des Brutus geg. Tarquinius Superbus.*

Tarracīna, ae *u.* **-ae,** ārum *f Stadt der Volsker in Latium, urspr. Anxur, j.* Terracina; – *Einw. u. Adj.* **Tarracīnēnsis,** is *m bzw.* e.

Tarracō, ōnis *f Stadt an der Nordostküste Spaniens, nach der das nördl. Spanien Hispania Tarraconensis genannt wurde; j.* Tarragona; – *Einw. u. Adj.* **Tarracōnēnsis,** is *m bzw.* e.

Tarsus *u.* **-os,** ī *f Hauptstadt v. Kilikien am Kydnus;* – *Einw.* **Tarsēnsēs,** ium *m.*

> *i* Kultur **Tartarus[1],** ī *m u.* **-a,** ōrum *n* der Tartarus, Strafort in der Unterwelt, *übh.* Unterwelt; – *Adj.* **Tartareus,** a, um zur Unterwelt gehörig, Unterwelt-; unterirdisch; *(übtr.)* schrecklich, grausig [**custos** Cerberus; **sorores** Furien; **vox** grausig].

Tartarus[2], ī *m oberitalienischer Fluss zw. Etsch u. Po, j.* Tartaro.

Tartēs(s)us, ī *f Gebiet u. Handelsstadt im südwestl. Spanien an der Mündung des Baetis, etwa 500 v. Chr. v. den Karthagern od. Kelten zerstört, gelegentlich m. Gades (Cadiz) verwechselt;* – *Einw. u. Adj.* **Tartēs(s)ius,** ī *m bzw.* a, um.

Tarusātēs, tium *m Keltenstamm in Aquitanien, nördl. vom Adour.*

tat, tatae *Interj. (Plaut.)* ei!; potztausend!

tata, ae *m (Lallwort) (vor- u. nachkl.)* Vater.

Tatius, ī *m, vollst.* Titus ~, *König der Sabiner, führte m. Rom Krieg weg. des Raubs der Sabinerinnen, später Mitregent des Romulus; auch als Adj.*

Taulantiī, ōrum *m illyr. Volk in Südwestdalmatien.*

Taunus, ī *m* der Taunus.

taurea, ae *f (taureus) (spätl.)* Ochsenziemer.

taureus, a, um *(taurus) (poet.)* Rinds- [**terga** Rindshäute].

Taurī, ōrum *m skyth.-kimmerisches Volk auf der Krim;* – *Adj.* **Tauricus,** a, um taurisch [**terra** Krim].

tauri-fōrmis, e *(taurus u. forma) (poet.)* in Stiergestalt [**Aufidus** *(als Flussgott m. Stierhörnern dargestellt)*].

Tauriī lūdī *m Fest in Rom zu Ehren der unterirdischen Götter, an dem Pferderennen stattfanden.*

Taurīnī, ōrum *m ligurisches Volk in Piemont am Oberlauf des Po m. der Hauptstadt Augusta Taurinorum od. Colonia Taurina, j. Torino, Turin;* – *Adj.* **Taurīnus,** a, um.

taurīnus, a, um *(taurus) (poet.; nachkl.)* Stier-.

taurobolium, ī *n (taurus) (spätl.)* Stieropfer *zu Ehren der Kybele.*

Tauromenium, ī *n u. (poet.)* **-nē,** nēs *f Stadt an der Ostküste v. Sizilien, nordöstl. vom Ätna oberhalb v. Naxos; j.* Taormina; – *Einw. u. Adj.* **Tauromenitānus,** ī *m bzw.* a, um.

Tauropolos, ī *f* (ταυροπόλος „die Stiertummelnde") *Beiname der Diana in Amphipolis.*

taurulus, ī *m (Demin. v. taurus) (Petr.)* der kleine Stier.

● **taurus,** ī *m* Stier, *poet. auch Sternbild.*

Taurus, ī *m Gebirgszug im südl. Kleinasien.*

taxātiō, ōnis *f (taxo)* Schätzung.

taxillus, ī *m (Demin. v. talus)* kleiner Würfel, kleiner Klotz.

taxō, taxāre *(Frequ. v. tango) (nachkl.)* ① (ab-)schätzen, taxieren;
② jmd. m. Spottreden reizen, geg. jmd. sticheln *(alqm).*

taxus, ī *f* Taxus, Eibe *(m. giftigen Beeren).*

Tāygetē, ēs *f eine der Plejaden.*

Tāygetus, ī *m u. (poet.)* **-a,** ōrum *n Gebirge zw. Lakonien u. Messenien, unter dessen Steilabhang Sparta lag.*

tē[1] *Akk. u. Abl. v. tu.*

te[2] *Suffix, verstärkend an Pron. angehängt* [**tute**].

Teānum, ī *n* ① ~ (Sidicīnum) *Stadt in Kampanien, j.* Teano;
② ~ (Apulum) *Stadt in Apulien, j. Ruinen v.*

Cività di Chiruti; – Einw. **Teānēnsēs,** ium *m.*
tech(i)na, ae *f (gr. Fw.) (Kom.)* listiger Streich.
technȳphion *(gr. Fw.) (Suet.)* „kleines Kunstwerk", *Villa des Augustus in der Nähe v. Rom.*
Tēcta via *Säulenhalle vor der porta Capena (servianische Mauer) in Rom.*
tectonicus, a, um *(gr. Fw.) (spätl.)* das Bauen betreffend, Bau-.
tēctor, ōris *m (tego)* Stuckarbeiter, Wandmaler.
tēctōrium *u. (Demin.)* **tēctōriolum,** ī *n (tectorius)* ❶ Stuckarbeit, Wandmalerei [**concinnum**];
❷ *(vor- u. nachkl.)* Tünche;
❸ *(Iuv.)* Schönheitsmittel.
tēctōrius, a, um *(tector)* ❶ zur Stuckarbeit gehörig, aus Stuck, Stuck- [**opus** Stuckarbeit];
❷ *(Plaut.)* zum Dachdecken dienlich.
Tectosagēs, gum *u.* **-gī,** ōrum *m kelt. Stamm der Volcae, urspr. im Herkynischen Wald, später teilweise um Toulouse siedelnd, zum Teil nach Galatien (um Ankara) ausgewandert.*
● **tēctum,** ī *n (tego)* ❶ Dach [**domorum**]; *(übtr.)* **sub uno -o; sub tecto (tectis, tectum)***;*
❷ Zimmerdecke [**marmoreum**];
❸ *(meton.)* Obdach, Wohnung, Haus; **-o alqm recipere** jmd. bei sich aufnehmen; **in vestra -a discedite***;*
❹ *(poet.)* Tempel [**Triviae**];
❺ *(poet.)* Grotte [**Sibyllae**];
❻ *(poet.)* Lager *(des Wildes)*, Nest, Bienenstock.
tēctus, a, um *(P. Adj. v. tego)* ❶ gedeckt, bedeckt [**theatrum**];
❷ bedacht, *bes.* m. einem Verdeck versehen [**navis**];
❸ *(übtr.)* verdeckt, versteckt, geheim, heimlich [**cupiditas; amor**]; **indicium -ae nobilitatis erat** *(Ov.);*
❹ *(v. Personen)* **a)** zurückhaltend, vorsichtig [**ad alienos; in dicendo**]; **b)** heimtückisch;
❺ *(v. der Rede)* verblümt [**verba**]; **multa sermone -o dicere.**
tēd *s. tu.*
Tegea, ae *f Stadt im südöstl. Arkadien m. berühmtem Kult der Athena Alea; – Adj.* **Tegeaeus,** a, um *auch übh.* arkadisch [**virgo** Kallisto]; – **Tegeaea,** ae *f = Atalanta; – Einw.* **Tegeātēs,** ae *m.*
teges, getis *f (tego) (vor- u. nachkl.)* Decke, Matte.
tegetīcula, ae *f (Demin. v. teges) (nachkl.)* Deckchen, kleine Matte.
tēgillum, ī *n (tego) (Plaut.)* kleine Decke, Kapuze.
teg(i)men, minis *n (tego)* ❶ Bedeckung, Decke, Hülle, Gewand [**capitis** Helm; **fagi** Laubdach; **caeli** Himmelsgewölbe; **leonis** Fell; **aëneum** Panzer; **pedum** Schuhe];
❷ *(übtr.)* Schutz, Schirm [**exercitūs**].
teg(i)mentum, ī *n* ❶ Bedeckung, Decke, Überzug [**scuti**], Dach [**turris**];
❷ *(übtr.)* Schutz, Schirm.
● **tegō,** tegere, tēxī, tēctum ❶ (be)decken [**casas stramentis; lumina somno** die Augen zum Schlaf schließen; **alqm terrā** begraben, bestatten]; **capite se totum tegit;**
❷ *(poet.; nachkl.)* bekleiden; **tunicā tectus***;*
❸ verdecken, verhüllen, verstecken, verbergen [**insignia**]; *(mit, in, unter etw.: Abl.; vor etw.: ab);* **fugientem silvae texerunt; nocte tectus; nebulae Scipionem tegunt; ferae se tegunt latibulis;** – *mediopass.* sich verstecken, sich verbergen;
❹ *(übtr.)* verbergen, verheimlichen [**furta; sententiam; dedecora dissimulatione; alqd mendacio; flagitia parietibus; cupiditatem suam**];
❺ *(übtr.)* beschönigen, bemänteln [**turpia facta oratione**];
❻ *(übtr.)* decken, schützen, verteidigen [**patriam armis;** *(gegen, vor etw.: ab)* **legatos ab ira multitudinis**]; **miles muro tectus; latere tecto abscedere; portus ab** *(vor)* **Africo tegebatur; tempestas nostros texit;**
/ s. auch tectus.
tēgula, ae *f (tego)* ❶ Dachziegel; *(meton., meist Pl.)* Ziegeldach;
❷ *(nachkl.) Pl.* Deckplatten *aus Ziegel od. Marmor*
tegumen, tegumentum = *tegimen(tum).*
tegus, goris *n (altl.) = tergus.*
Tēius *s. Teos.*
tēla, ae *f (texo)* ❶ Gewebe; **-as exercere** weben; – *(poet.)* Spinnengewebe;
❷ *(vorkl.; poet.) (meton.)* **a)** Aufzug des Gewebes, Kette; **licia -ae addere** den Einschlag in den Aufzug weben, ein neues Gewebe beginnen; **b)** Webstuhl; **plena domus telarum***;* **c)** Weberschiffchen; **d)** *Pl.* Webkunst [**antiquae**];
❸ *(poet.) (übtr.)* Ersonnenes, (listiger) Anschlag.
Telamō(n), ōnis *m König v. Salamis u. Aegina, Argonaut u. Begleiter des Herkules; Sohn des Aeacus, Vater des großen Aiax u. des Teucer; – Adj.* **Telamōnius,** a, um; – *Patron.* **Telamōniadēs,** ae *u.* **Telamōnius,** ī *m* = Aiax.
Telchīnes, num *m* Telchinen, *kunstfertige Dämonen, bes. auf Rhodos, Schmiedegeister, die Poseidon den Dreizack fertigten.*
Tēleboae, ārum *u.* um *m Volk in Akarnanien, besiedelte nach Tacitus später einen Teil v. Capri.*
Tēlegonus, ī *m Sohn des Odysseus u. der Kirke, suchte seinen Vater auf Ithaka auf u. tötete ihn, ohne ihn zu erkennen; er soll später Tusculum in Latium gegründet haben, dah. Telegoni moenia.*
Tēlemachus, ī *m Sohn des Odysseus u. der*

Penelope, angeblich Gründer v. Clusium.

Tēlephus, ī *m König in Mysien, durch den Speer des Achilles verwundet, aber durch den Rost od. die Späne dieses Speeres wieder geheilt.*

Telesia, ae *f Stadt in Samnium unweit Benevent, j.* Telese.

tēlinum, ī *n (gr. Fw.) (nachkl.)* kostbare Salbe *(aus Bockshornklee).*

Tellēna, ōrum *n Stadt in Latium.*

● **tellūs,** ūris *f* ① Erde; **pendebat in aëre ~** *(Ov.); – personif.* **Tellūs** *Erdgöttin, Göttin der Saatfelder, als prima deorum (Verg.)* Mutter Erde: **aedes Telluris;**
② *(poet.)* Erdboden, Erdreich [**dura; ingrata; umida**];
③ *(Hor.)* Grund u. Boden, Grundstück, Grundbesitz;
④ *(Ov.)* Fußboden [**adoperta marmore**];
⑤ *(poet.)* Land(schaft), Gegend, Gebiet [**Aegyptia; barbara; nova; mea** mein Heimatland]; *(meton.)* Volk.

Telmēssus *u.* **-os,** ī *f Stadt in Lykien, deren Einw. als Wahrsager bekannt; – Einw.* **Telmēssēs,** ium *m; – Adj.* **Telmēssi(c)us,** a, um.

telōnēum, ī *n (gr. Fw.) (Eccl.)* Zollamt.

● **tēlum,** ī *n* ① Wurfwaffe, Geschoss: Speer, Pfeil, Schleuder *u. Ä., auch* Dreizack Neptuns, Blitz Jupiters; **-a mittere, conicere; -a manu iacere; telis repulsi; -orum nubes** Hagel v. Geschossen; **-a vitare;**
② *übh.* (Angriffs-)Waffe: Schwert, Axt, Dolch, Messer, Horn des Stieres; **stare in comitio cum -o; esse cum -o hominis occidendi causā lex vetat** *(Cic.);*
③ *(übtr.)* Waffe, Geschoss, Pfeil [**-a coniurationis; -a fortunae**]; **-a alcis linguae subire;**
④ Hilfsmittel *od.* Antrieb zu etw. [**ad res gerendas**]; **necessitas, quae ultimum telum est;**
⑤ Schutzmittel;
⑥ *(poet.; nachkl.)* Sonnenstrahl; Blitz.

Temenītēs, ae *m Statue des Apollo in einem Hain* (τέμενος) *b. Syrakus.*

● **temerārius,** a, um *(temere)* ① *(Plaut.)* zufällig;
② *(v. Sachen)* unüberlegt, unbedacht, leichtfertig, unbesonnen [**consilium; error; eloquentia; cupiditas; tela** blindlings abgeschossen; **bella**]; **-ae pugnae auctor; -is remediis graves morbi curantur** mit riskanten;
③ *(v. Personen)* verwegen, waghalsig.

● **temere** *Adv.* ① zufällig, blindlings, planlos, unüberlegt, aufs Geratewohl; **pilum ~ emittere; ~ dicere, scribere alqd; rumores ~ orti;**
② *(poet.)* ohne Grund, grundlos; **id evenit non ~ neque casu;**
③ (so) ohne weiteres [**credere alci**]; *(m. Negation)* **non ~** nicht so ohne weiteres, nicht leicht, kaum: **non ~ adire; nullus dies ~ intercessit, quo non ad eum scriberet** es verging nicht leicht ein Tag;
④ **non** *(od.* **haud***)* **~ est** es ist nicht von ungefähr, es hat etw. zu bedeuten.

● **temeritās,** ātis *f (temere)* ① Zufall;
② Unbesonnenheit, Leichtfertigkeit, Verwegenheit [**militum; verborum**]; unüberlegtes Urteil; *Pl.* tolle Streiche.

temerō, temerāre *(poet.; nachkl.)* entehren, entweihen, schänden [**templa; sepulcra; thalamos; aures incestis vocibus; lucos ferro; fluvios venenis** vergiften].

Temesē, ēs *u.* **Tempsa,** ae *f Stadt in Bruttium m. Erzgruben, Erzhandel u. Weinbau; – Adj.* **Temesaeus** *u.* **Tempsānus,** a, um.

tēmētum, ī *n* berauschendes Getränk, Met, Wein.

temnō, temnere, tempsī, temptum *(poet.; nachkl.)* verachten, verschmähen; **non (haud) temnendus** nicht zu verachten: **pars non temnenda decoris.**

tēmō, ōnis *m* ① Deichsel;
② *(Verg.)* Pflugbaum;
③ *(poet.) (als Gestirn)* Wagen, Siebengestirn.

Tempē *undekl. n Pl.* („Einschnitt") *schönes Tal des unteren Peneios zw. Ossa u. Olymp in Thessalien; (poet.) übh.* landschaftlich reizvolles (Wald-)Tal.

temperāmentum, ī *n (tempero)* ① *(nachkl.)* richtige Mischung [**caeli** gemäßigtes Klima];
② *(übtr.)* rechtes Maß: **a)** *(nachkl.)* Mäßigung, Zurückhaltung [**fortitudinis**]; **-o potestatem moderari; orationem habere meditato -o** mit einstudierter; **b)** Mittelweg.

temperāns, *Gen.* antis *(P. Adj. v. tempero)* Maß haltend, sich mäßigend, mäßig, maßvoll, enthaltsam [**homo;** *(in Bezug auf etw.: Gen. od. ab)* **potestatis** m. Mäßigung gebrauchend; **gaudii; a cupidine imperii**].

● **temperantia,** ae *f (temperans)* das Maßhalten, Mäßigung, Selbstbeherrschung [**in victu**].

● **temperātiō,** ōnis *f (tempero)* ① richtige Mischung, Gleichmaß, rechte Beschaffenheit [**aeris; caeli** gemäßigtes Klima];
② zweckmäßige Einrichtung, guter Zustand [**civitatis; ordinum; iuris**];
③ ordnende Kraft [**mundi**].

temperātor, ōris *m (tempero)* derjenige, der etw. regelt, ordnet, im rechten Maß einrichtet [**varietatis; voluptatis** der das V. m. Maß genießt].

temperātūra, ae *f (tempero) (nachkl.)* richtige Mischung, rechte Beschaffenheit [**aeris; ferri; corporis**].

temperātus, a, um *(P. Adj. v. tempero)* ① richtig gemischt, *(vom Klima)* mild, warm [**regiones; anni tempus**];
② *(übtr.)* gemäßigt [**varietas sonorum** auf das rechte Maß gebracht];

③ Maß haltend, mäßig, maßvoll [**vir; mores; in victoria**];
④ ruhig, beherrscht, besonnen [**oratio; genus dicendi; animus**].

temperī *Adv. (erstarrter Lok. v. tempus¹)* zur rechten Zeit; *Komp.* **temperius** zeitiger.

temperiēs, ēī *f (tempero) (poet.; nachkl.)* richtige Mischung, rechte Beschaffenheit, milde Wärme [**aquarum; caeli**].

temperius *Adv., s. temperi.*

● **temperō,** temperāre *(tempus¹)* **I.** *trans.* ① richtig mischen [**vinum; herbas; venenum; colores**]; **aes conflare et ~;**
② temperieren: **a)** *(Kaltes)* wärmen, warm, lauwarm machen [**aquam ignibus; balneum**]; **b)** *(Heißes)* gehörig (ab)kühlen [**nimios calores**];
③ gehörig einrichten, ordnen, regeln [**rem publicam institutis; res hominum ac deorum** *(v. Jupiter)*]; **constituere et ~ civitates;**
④ mäßigen, mildern, lindern, besänftigen, beruhigen, bändigen [**iras; aequor; victoriam** den Sieg maßvoll ausnützen; **benignitate imperium; amara risu**]; **alqd a re** etw. von etw. fern halten, vor etw. bewahren [**animum ab insolentia**];
⑤ *(poet.)* richtig leiten, lenken, regieren [**ratem** steuern; **orbem**];
II. *intr.* ① Maß halten, sich mäßigen, sich zurückhalten [**in potestatibus; in amore**];
② *(m. Dat.)* **a)** m. Maß gebrauchen, Einhalt tun [**irae; sermonibus; laetitiae; linguae; urbibus expugnandis** verzichten auf]; **b)** (ver)schonen [**sociis; hostibus superatis; templis**];
③ *(a re od. sibi a re, auch bl. re)* sich v. etw. fern halten, sich einer Sache enthalten [**ab oppugnatione; a lacrimis; a maleficio; a caedibus; risu**]; *(auch m. quin, quominus od. m. Inf.).*

● **tempestās,** ātis *f (Gen. Pl.* -ātum *u.* [*nachkl.*] -ātium) *(tempus¹)* ① Zeit(punkt), Zeitabschnitt; Zeitlage, -umstände, *meist im Abl. Sg. u. Pl.;* **illa (hac, eadem) tempestate; per ignota eā tempestate terras; multis tempestatibus** in langer Zeit; **multis ante tempestatibus** viele Jahre vorher;
② Witterung, Wetter [**clara; frigida; horrida**];
③ Unwetter, Gewitter, Sturm [**turbulenta; autumni**]; **~ naves afflixit;** – *personif. Pl.* Tempestates *(poet.)* Sturmgöttinnen;
④ *(übtr.)* stürmische Zeit, Unruhe, Gefahr, Unglück, *oft Pl.* [**immoderatae; Punici belli**]; **in tempestate populi iactari; in illa turbulentissima tempestate rei publicae; tempestatem evitare;**
⑤ Ansturm, Andrang, Ungestüm [**popularis; querelarum; periculi**]; **sustinebant tempestatem propugnatores urbis;**
⑥ *(v. Personen)* Vernichter, Störer [**Siculorum** = Verres; **rei publicae** *u.* **pacis** = Clodius].

tempestīvitās, ātis *f (tempestivus)* rechte Zeit.

tempestīvum, ī *u.* **-a,** ōrum *n (tempestivus)* der rechte Zeitpunkt; **ad mortem -a** passende Gelegenheiten.

● **tempestīvus,** a, um *(Adv.* -ē *u.* [*poet.*] -ō*) (tempus¹)* ① rechtzeitig, zeitgemäß [**hora**]; **-e demetere fructus;**
② passend, geeignet, günstig; **parum ~** ungelegen;
③ frühzeitig, vorzeitig, früher als gewöhnlich beginnend [**convivium** üppig];
④ reif *(v. Früchten u.* [*poet.; nachkl.*] *v. Personen) (für: Dat.; m. Inf.);* **puella viro -a.**

templārius, ī *m (templum) (mlt.)* Templer *(Angehöriger des geistl. Ritterordens).*

● **templum,** ī *n* ① Beobachtungskreis, -raum *(der vom Augur am Himmel u. auf der Erde beschriebene Raum, in dem der Vogelflug beobachtet werden konnte);*
② *(poet.)* (An-)Höhe;
③ *(poet.)* freier, weiter Raum [**caeli; summi aetheris**];
④ Weltall [**mundi**];
⑤ Heiligtum, Tempel [**Vestae; Herculis; antiqua deorum**];
⑥ *übh. jede* geweihte Stätte, geweihter Raum, heiliger Bezirk, *z. B. auch* Grotte der Sibylle, Asyl, Kurie, Rednerbühne, Tribunal, Grab(mal), Königsburg;
⑦ *(übtr.)* **-a mentis** das Innerste;
⑧ *(mlt.)* Kloster, Kirche, Gotteshaus; Tempelherrenorden.

> *i* Kultur **templum** urspr. ein abgegrenztes Feld, einer Gottheit geweiht; dann das hier errichtete heilige Haus mit dem Kultbild der Gottheit; schließlich auch Schatzkammer für Kunstwerke, Geschenke an die Gottheit. Die Kultgemeinde versammelte sich immer **vor** dem Tempel. Daher mussten die jungen christl. Gemeinden in die röm. Basilika (Gerichtshalle) einziehen oder Tempel zu Basiliken umbauen.

temporālis, e *(tempus¹)* ① *(nachkl.)* eine Zeit während, vorübergehend, vergänglich [**laudes**];
② *(mlt.)* irdisch, weltlich.

temporārius, a, um *(tempus¹)* ① den Umständen angepasst, zeitgemäß [**liberalitas; theatrum**];
② *(nachkl.)* (nur) kurze Zeit dauernd; wetterwendisch [**ingenia**].

temporī *Adv.* = *temperi.*

Tempsa, Tempsānus *s. Temese.*
tempsī *Perf. v. temno.*
temptābundus, a, um *(tempto)* umhertastend.
temptāmen, minis *u.* **temptāmentum,** ī *n (tempto) (poet.; nachkl.)* ❶ Probe, Versuch; ❷ Versuchung.
temptātiō, ōnis *f (tempto)* ❶ Krankheitsanfall;
❷ Versuch, Probe;
❸ *(August.)* Versuchung.
temptātor, ōris *m (tempto) (poet.)* Versucher.
● **temptō,** temptāre ❶ betasten, berühren [**rem manu; flumen vix pede**];
❷ *(poet. nachkl.) (med. t. t.) venas* den Puls fühlen;
❸ angreifen [**Achaiam; castra; urbem; munitiones; nationes bello;** *übtr.* **pedes** lähmen]; **vina temptant caput;** – *(v. Krankheiten)* befallen: **morbo temptari;**
❹ *(poet.)* etw. erstreben, zu erreichen suchen, erspähen [**rem frustra; maiora; caelestia; auxilium; Bosporum**]; **iter per provinciam per vim ~** *;*
❺ untersuchen, prüfen, auf die Probe stellen [**alcis patientiam; regis prudentiam; Thetim ratibus** = die See befahren]; *(auch m. indir. Frages.);*
❻ versuchen, probieren [**oppugnationem; verba** auszusprechen versuchen; **periculum; belli fortunam; vigilias** sich versuchen in; **se in arte memoriae**]; *(auch m. indir. Frages., m. Inf. od. m. ut u. Konj.);*
❼ in Versuchung führen, zu gewinnen, zu verlocken suchen, reizen, beunruhigen, quälen [**animos ad res novas; alqm** *od.* **animum servi metu; animos civitatum; alqm promissis; Iunonem** zu verführen suchen; **rem publicam; animum precando; iudicium pecuniā** zu bestechen suchen]; *(auch m. indir. Frages. od. m. ut u. Konj.).*
● **tempus¹,** poris *n* ❶ Zeit(punkt), Zeitspanne, -raum, *oft* = Stunde, Tag [**unius horae; diei; noctis; anni** *od.* **caeli** Jahreszeit; **primum** Frühling; **praesens** Gegenwart; **praeteritum** Vergangenheit; *(Zeit zu etw.: Gen. obi.)* **committendi proelii; edendi; somni; curandi**]; **tempore** mit der Zeit; **illis temporibus; in omne tempus** für immer, auf ewig; **uno tempore** gleichzeitig; **in tempus praesens** für den Augenblick, für jetzt; **per idem tempus; longis temporibus ante; ad hoc tempus** bis jetzt; **ad (in) tempus** eine Zeit lang, vorübergehend; **(longo, magno, brevi) parvo post tempore; post tempus venire** zu spät; – *Pl.* auch Zeitalter: **Periclis temporibus;** – *(oft Pl.)* Lebenszeit, -alter; **a primis temporibus aetatis;** – *übh.* Dauer, Weile, Frist;
❷ passende, günstige Zeit, rechter Zeitpunkt, günstiger Augenblick, Gelegenheit *(zu etw.: Gen. des Gerundivs)* [**rei gerendae; magistratuum creandorum**]; **nunc occasio est et tempus; tempus maximum est, ut; tempore dato** bei günstiger Gelegenheit; **ante tempus** vor der gehörigen Zeit; **ad tempus, (meo, tuo suo) tempore** *od.* **in tempore** im rechten Augenblick, zur rechten Zeit: **ad tempus redire; tempore abest; in tempore auxilium ferre; ~ est** *(m. Inf. od. A. C. I.)* es ist an der Zeit, etw. zu tun: **~ est facere finem; ~ est conari etiam maiora; ~ est dicere alqd de alqo; non id ~ est** *(m. ut)* es ist nicht die rechte Zeit, etw. zu tun;
❸ *(Sg. u. Pl.)* (Zeit-)Umstände, Verhältnisse, Lage (der Dinge) [**dura; secunda**]; **tempori cedere, id est necessitati parere; (in) hoc** *od.* **tali tempore** unter solchen Umständen; **ex (pro) tempore** *u.* **ad tempus** nach den Umständen: **ex tempore vivere; ex tempore causas agebat; si ad tuum tempus perducitur, facilis gubernatio est;**
❹ *(meist Pl.)* schwere Zeit, missliche Umstände, traurige Lage, Unglück, Not, Gefahr [**extremum** *od.* **ultimum** äußerste Gefahr]; **tempore summo rei publicae; pro tempore atque periculo exercitum comparare;**
❺ *(metr. t. t.) die Zeit, die zum Aussprechen einer Silbe od. eines Wortes erforderlich ist,* Quantität; **rhythmi spatio temporum constant.**
tempus² poris *n (poet.; nachkl.)* Schläfe *(meist Pl.)* [**laevum; utrumque**]; *(meton.) Pl.* Haupt, Kopf, Gesicht; **tempora coronā vincire.**
tempusculum, ī *n (Demin. v. tempus¹) (spätl.)* kurze Zeit.
Tempȳra, ōrum *n Stadt in Thrakien beim späteren Traianopolis.*
tēmulentia, ae *f (temulentus) (nachkl.)* Trunkenheit.
tēmulentus, a, um *(vgl. temetum)* berauscht, betrunken; *(übtr.)* einen Rausch verratend [**vox**].
tenācitās, ātis *f (tenax)* ❶ das Festhalten [**unguium** festhaltende Krallen];
❷ *(übtr.)* Geiz.
tenāx, *Gen.* ācis *(teneo)* ❶ *(poet.; nachkl.)* festhaltend; fähig, etw. festzuhalten [**hedera; solum; dens ancorae; vinculum**]; **prehendere ferrum tenaci forcipe; milites tenaciores armorum in proelio;**
❷ *(poet.; nachkl.)* zäh, fest, dicht [**gramen; navis** nicht schwankend]; klebrig [**cera**];
❸ *(poet.; nachkl.) (übtr.)* fest, beharrlich [**passus; memoria; fortuna**]; an etw. festhaltend, in etw. fest *(m. Gen.)* [**propositi; disciplinae; amicitiae; iustitiae; boni exempli; veri**];
❹ hartnäckig, störrisch [**equus; ira; morbus** langwierig];
❺ geizig [**pater;** *(m. Gen.)* **quaesiti; auri et**

T

argenti].

Tencterī, ōrum *u.* um *m germ. Volk am Niederrhein, später in den Franken aufgegangen.*

tendicula, ae *f (tendo)* ❶ *(nachkl.)* ausgespanntes Seil *der Walker:*
❷ *(übtr.)* Fallstrick, Schlinge.

● **tendō,** tendere, tetendī, tentum *(u.* tēnsum*)*
I. *trans.* (an)spannen, straff anziehen [**arcum; vincula; habenas; chordam; barbiton** die Saiten der Laute spannen, die Laute stimmen; **retia cervis**];
❷ ausspannen: **a)** *(vela)* schwellen; **b)** *(Zelte)* aufschlagen [**tabernaculum**]; errichten [**cubilia**]; **c)** (aus)strecken, ausbreiten [**manūs ad caelum; bracchia caelo (matri)** nach; **ramos; ad sidera palmas**]; **d)** *(poet.)* ausdehnen, verlängern [**noctem sermone**];
❸ (dar)reichen, hinreichen, hinhalten, geben [**parvum Iulum patri; vincula alci** anlegen; **munera petens pacem;** *übtr.* **opem amicis; insidias alci** jmdm. Nachstellungen bereiten];
❹ *(poet.)* etw. wohin richten, (hin)lenken, zielen, *(Geschosse)* abschießen [**lumina ad caelum; pariter oculos telumque; sagittas arcu; spicula cornu; iter, cursum, fugam** *ad alqm u. in (ad) alqd:* **cursum ex acie in Capitolia**];
❺ etw. verfechten [**alqd summa vi**];
II. *intr.* ❶ *(milit.)* **a)** *(in Zelten)* lagern, im Quartier liegen [**in iisdem hibernis; in campis; Lugduni; sub (in) vallo**]; **b)** *(nachkl.)* sich (in Schlachtordnung) aufstellen [**ante, post signa**];
❷ wohin eilen, gehen, ziehen, marschieren, sich begeben, segeln [**in Latium; ab classe ad urbem; ad aedes; per aethera;** *(poet. m. bl. Akk.)* **haec limina**]; **unde venis et quo tendis?**;
❸ *(poet. nachkl.) (feindl.)* auf jmd. losgehen, sich auf jmd. werfen [**in hostem**];
❹ nach etw. streben, trachten, auf etw. ausgehen *(ad alqd; selten m. ut, ne, m. Inf. od. A. C. I.)* [**ad maiora; ultra** noch weiter streben]; **quorsum haec tendunt** worauf zielt das?;
❺ sich hingezogen fühlen zu *(ad)* [**ad Carthaginienses; ad suum; ad societatem Romanam**];
❻ sich anstrengen, sich bemühen [**magnā vi; acrius; in obtinendo iure**]; *(m. ut, ne, selten m. Inf. od. A. C. I.)*; **quid tendit** was müht er sich ab?;
❼ streiten, kämpfen [**vasto certamine**]; *(m. contra od. adversus)* Gegenwehr leisten, widerstreben;
❽ *(poet.; nachkl.)* sich erstrecken, sich hinziehen, reichen; **Portae Caspiae, quae per Iberiam in Sarmatas tendunt; stomachus tendit ad ventrem.**

● **tenebrae,** ārum *f* ❶ Finsternis, Dunkel (-heit);
❷ Nacht; **tenebris** während der Nacht;
❸ *(poet.)* Blindheit;
❹ *(nicht klass.) (b. der Ohnmacht)* das Dunkel vor den Augen; ~ **oboriuntur** es wird dunkel (schwarz) vor den Augen;
❺ *(poet.; nachkl.)* Todesnacht, -dunkel;
❻ finsterer, dunkler Ort [**Orci; infernae; scalarum** finsterer Winkel unter der Treppe]; **in -is claudi** *(vom Gefängnis);* – finsterer Kerker; **alqm aeternis -is vinculisque mandare;** – Schlupfwinkel; **ex -is erumpere***;* – Bordell;
❼ *(übtr.)* Verborgenheit, Unbekanntheit, Niedrigkeit, niedere Herkunft; **familiam ex -is in lucem evocare** zu Ansehen bringen;
❽ *(übtr.)* das Dunkel, Unklarheit, Undeutlichkeit [**erroris et inscientiae**]; **-as calumniae dispellere;**
❾ trübe Lage, Wirrnis [**rei publicae**];
❿ Schwermut, Trübsinn;
⓫ *(Plaut.) (übtr.)* Dunst, Schwindel; **-as trudere** blauen Dunst vormachen.

tenebricōsus, a, um *(tenebricus)* in Dunkel gehüllt: ❶ dunkel, finster, *auch übtr.* [**iter; domus; libidines**];
❷ *(übtr.)* verfinstert [**sensūs**].

tenebricus *(poet.) u.* **tenebrōsus,** a, um *(poet.; spätl.) (tenebrae)* finster, dunkel [**scalae; palus; sedes** Unterwelt].

Tenedus *u.* **-os,** ī *f militärstrategisch wichtige kleine Insel an der Küste v. Troas; – Einw. u. Adj.* **Tenedius,** ī *m bzw.* a, um.

tenellulus, a, um *(Demin. v. tenellus) (poet.)* äußerst zart.

tenellus, a, um *(Demin. v. tener) (vor- u. nachkl.)* sehr zart.

● **teneō,** tenēre, tenuī, tentum ❶ (fest)halten, ergriffen haben [**aram; dextram dextrā; digitis; telum; sceptra manu; cibum ore; canem** an der Leine; *übtr.* **gubernacula rei publicae**];
❷ umschlungen halten, umfassen, umarmen [**alqm complexu**];
❸ wohin richten, gerichtet halten [**oculos immotos in alqm** unbeweglich gerichtet halten; **lumina fixa in vultu; ora defixa** zu Boden gerichtet halten]; – **cursum, iter, viam** *u. Ä. den Lauf, Weg* nehmen, einschlagen [**fugam per medios hostes; cursum vento; iter mediae urbis**]; **perge ~ istam viam;**
❹ wohin steuern, fahren *(ad, selten in locum)* [**a Sicilia classe ad Laurentem agrum; propiora** näher heran];
❺ wehen; **ventus adversum tenet Athenis proficiscentibus** weht den v. Athen Abreisenden entgegen;
❻ *(einen Ort)* erreichen [**insulam; regionem; arva; Hesperium fretum**];
❼ *(übtr.)* erreichen, erlangen [**multa; regnum virtute; auctoritate plura quam certamine**]; **teneri res aliter non potest;**

⑧ *(geistig)* erfasst haben, begreifen, kennen, wissen, verstehen [**alqd animo; reconditos sensūs alcis**]; *(auch m. indir. Frages.)*; **teneo** ich verstehe; **tenes, quid dicam?** *(Ter.)*;
⑨ jmd. ertappt haben, fassen, überführen, jmd. festhalten [**hunc hominem**]; **teneo te** da hab' ich dich; – *meist Pass.* überführt werden *od.* sein, einer Sache schuldig sein *(alcis rei od. in re)* [**repetundarum; iniuriarum; in furto**];
⑩ besitzen, innehaben, beherrschen, in seiner Gewalt haben [**multa dotibus; terras dicione; rem publicam** die Macht im Staat haben; **imperium** den Oberbefehl führen; **prima** den ersten Platz einnehmen; **tuta** in Sicherheit sein]; **qui** *(erg.:* **rem publicam***)* **tenent** die Machthaber im Staat;
⑪ *(poet.) (eine geliebte Person od. Sache)* besitzen; **teneo te** ich habe dich wieder *(vom Wiedersehen m. einem geliebten Menschen)*; **puella iuvenem tenet**;
⑫ *(einen Ort)* bewohnen [**eas regiones; iuga montium**], *(an einem Ort)* sich aufhalten, sich befinden *(m. Akk.)* [**silvas** hausen in]; **vallemque boves amnemque tenebant**;
⑬ *(einen Raum)* einnehmen, erfüllen, in sich enthalten, umfassen; **turba tenet atria; primam aciem viginti cohortes tenebant** standen in der ersten Schlachtreihe; **astra tenet caelum, mare classes**; – *Pass.* **teneri** *re* in etw. enthalten sein, zu etw. gehören; aus etw. bestehen; **hominum societate teneri;**
⑭ *(milit.)* **a)** *(einen Ort)* besetzt halten [**portum; insulam; litora**]; **legio locum non tenuit; Sardiniam hostes tenent; b)** *(einen Ort)* erfolgreich verteidigen [**oppidum; tumulum; praesidium**]; **c)** *(Truppen)* befehligen, kommandieren [**alterum cornu; exercitum pedestrem**];
⑮ eingesperrt, gefangen halten [**eādem custodiā; pecus**]; *(übtr.)* **pudor ora tenebit** wird verschlossen halten;
⑯ bewahren, behalten, behaupten [**auctoritatem; morem; ordinem; decus et honorem**; *(auch geistig)* **memoriam rei** *od.* **rem memoriā; dicta**];
⑰ *jmd. od. etw. bei einer Tätigkeit od. in einem Zustand* (er)halten [**alqm in servitute; se quietum** sich ruhig halten; **oppressas Athenas**];
⑱ an etw. festhalten, v. etw. nicht abweichen, etw. beibehalten, einhalten *(m. Akk.)* [**spem; fidem; suas leges; modum** Maß halten; **nomen antiquum; foedus; consuetudinem**]; *an einer Behauptung* festhalten *(alqd od. m. A. C. I.)*; *(übtr.)* die Richtung festhalten [**vitae**];
⑲ *(geistig)* jmd. fesseln, erfreuen, einnehmen [**animum versibus**];
⑳ verpflichten, binden *(bes. durch Gesetze, Versprechen u. Ä.)* [**alqm lege**]; *(m. ut, ne)*; – *meist Pass.* **teneri** *re* durch etw. gebunden *od.* zu etw. verpflichtet sein [**voto; iure iurando; alienis foederibus**]; **interdicto non teneri; heres creditoribus tenetur;**
㉑ *(Recht, Meinung)* durchsetzen, erreichen [**ius suum; causam** den Prozess gewinnen]; *(meist m. ut, ne)*; **plebs tenuit, ut consules in proximum annum crearentur**; – *abs.* Recht behalten;
㉒ zurückhalten, (auf)halten, in Schranken halten [**hostem in angustiis; vix ab impetu; famulum; coepta** einhalten mit; **alqm longo sermone**]; **naves vento tenebantur; se domi ~; tene linguam; non teneo te pluribus** ich will dich nicht lange aufhalten = ich will es kurz machen; *(auch m. quominus, ne od. quin)* **teneri** *od.* **me tenere non possum, quin** ich kann mich nicht enthalten, etw. zu tun; **vix teneor, quin, quae decent, te dicam** *(Plaut.)*;
㉓ *etw. v. jmdm. od. v. etw.* fern halten, abhalten, jmd. hindern;
㉔ *(Affekte, Tränen u. Ä.)* zurückhalten, unterdrücken [**lacrimas; risum; cupiditates; iram; dolorem; vocem** schweigen];
㉕ verschweigen, bei sich behalten;
㉖ jmd. hinhalten, warten lassen;
㉗ *(v. Tätigkeiten u. Zuständen)* sich erhalten, (fort)dauern, währen; **silentium aliquamdiu tenuit; tenet fama** es geht das Gerücht um;
㉘ *(v. Affekten u. Ä.)* beherrschen, erfüllen, einnehmen; **magno amore teneri; desiderio teneri; magna me spes tenet; consulem cupiditas dimicandi tenuit;**
㉙ *(milt.) (m. dopp. Akk.)* halten für.

● **tener,** nera, nerum ① zart, fein, weich [**plantae; gramen; aër** dünn; **ramus** schwach]; **in tenere corpore;**
② *(übtr.)* jugendlich, zart, jung [**coniux; puer; annus** = Frühling; **res** junge Gewächse; **mundus** neu geschaffen]; **in -is** in zarter Jugend; **a -is, a -o** von klein auf, von Kindheit an;
③ empfindsam, nachgiebig, leicht lenkbar [**animus**];
④ weichlich, verzärtelt [**mentes**];
⑤ *(poet.)* zärtlich, verliebt [**versus; poëta; pudor**]; wollüstig [**spado**].

tenerāscō, tenerāscere, – – *(tener) (Lucr.)* zart werden.

teneritās, ātis *u. (vor- u. nachkl.)* **teneritūdō,** dinis *f (tener)* Zartheit.

tēnesmos, ī *m (gr. Fw.)* Stuhlzwang *(Schließmuskelkrampf)*.

tennitur *(Ter.)* = *tenditur.*

tenor, ōris *m (teneo)* ① ununterbrochener Lauf; **hasta servat tenorem** fliegt in einem fort weiter;
② *(übtr.)* ununterbrochener Fortgang, Verlauf,

Dauer, Zug [**pugnae; vitae; felicitatis** ununterbrochenes Glück; **fati**]; **aequali tenore esse** sich stets gleich bleiben; **uno tenore** in einem Zug, ununterbrochen;
3 *(poet.; nachkl.)* Eigenart, Grundzug;
4 *(nachkl.)* Zusammenhang [**in narrationibus**];
5 *(spätl.)* Inhalt, Sinn.

Tēnos *u.* **-us,** ī *f Zykladeninsel südl. Andros, j.* Tino; – *Einw.* **Tēniī,** ōrum *m.*

tēnsa, ae *f* Prozessions-, Götterwagen, *auf dem Götterbilder b. den ludi circenses zum Zirkus gefahren wurden.*

tēnsus *s. tendo.*

tent … *s. auch tempt …*

tentīgō, ginis *f (tendo) (poet.)* Geilheit, Brunst.

● **tentōrium,** ī *n (tendo)* Zelt.

tentus *P. P. P. v. tendo u. teneo.*

tenuiculus, a, um *(Demin. v. tenuis)* recht ärmlich [**apparatus**].

● **tenuis,** e *(tendo)* 1 lang gestreckt, dünn(fädig), fein, zart [**filum; acus; amictus; vestis; capilli; myricae; arundo; aurum** Goldfäden; **caelum** Luft; **ventus** sanft; **pluvia** fein rieselnd; **acies** lang gestreckt; **aër; nebula**];
2 *(poet.)* schmächtig, mager;
3 schmal, eng [**tellus** Landenge; **intervallum; rivus**];
4 flach, seicht [**aqua; unda**];
5 *(Ov.) (v. Flüssigkeiten)* klar, rein [**aqua**];
6 *(übtr.)* fein, genau, gründlich [**sermo; distinctio; cura; ratio; aures; Athenae** elegant];
7 gering(fügig), unbedeutend [**honores; opes; praeda; civitas; damnum**];
8 *(übtr.)* schwach [**lunae lumen; spes; suspicio; valetudo**];
9 dürftig, ärmlich, arm(selig) [**cibus; mensa; cultus**];
10 *(v. Rang u. Stand)* niedrig, gering [**ordo**]; **adulescentes tenui loco orti**; – *Subst.* **tenuiores** Leute niederen Standes;
11 schlicht, einfach, *bes. v. der Rede u. dem Redner* [**argumentandi genus; orator**]; **tenuiter disserere;**
12 *als Adv. tenuiter* leichthin, obenhin [**argumenta colligere**].

tenuitās, ātis *f (tenuis)* 1 Dünnheit, Feinheit, Zartheit [**aëris; animi; sanguinis; aquae** Klarheit];
2 Schmächtigkeit, Magerkeit [**crurum**];
3 *(übtr.)* Dürftigkeit, Armseligkeit, Armut [**hominis; aerarii**];
4 Schlichtheit, Einfachheit, *bes. v. der Rede u. dem Redner* [**verborum**]; **tenuitatem Lysiae imitamur**

tenuō, tenuāre *(tenuis) (poet.; nachkl.)* 1 dünn, fein machen, verdünnen [**aëra**]; auflösen [**in undas; in auras**]; – *Pass.* abmagern: **tenuatum corpus recreare; armenta macie tenuabantur;**
2 verengen [**vocis viam**];
3 *(übtr.)* vermindern, verringern, schwächen [**vires; famam; iram; magna** herabwürdigen];
4 *(vom Dichter)* zart ausspinnen [**carmen**].

tenus[1] *Adv. m. vorausgehendem Abl. od. Gen. (tendo)* 1 bis (an), bis zu, bis nach; **tectis ~; vulneribus ~** bis Blut fließt; **Corcyrae ~; aurium ~;** *(übtr.)* **verbo ~** dem bloßen Wort nach; **nomine ~** nur dem Namen nach, zum Schein; **ore ~ exercitus** nur in Worten geübt;
2 *(spätl.)* **Rheno ~** rheinabwärts.

tenus[2], noris *n (tendo) (Plaut.)* Schnur m. Schlinge, Dohne.

Teos, ī *f ionische Stadt an der lydischen Küste nordwestl. v. Ephesos (Kleinasien), Geburtsort des Lyrikers Anakreon;* – *Adj.* **Tēius,** a, um *auch* anakreontisch [**Musa; fides**]; – *Einw.* **Tēiī,** ōrum *m.*

tepe-faciō, facere, fēcī, factum, *Pass.* -fīō, fierī, factus sum *(tepeo)* (er)wärmen.

tepefactō, tepefactāre *(Intens. v. tepefacio) (Cat.)* erwärmen [**frigida membra**].

tepefactus *P. P. P. v. tepefacio.*

tepe-fēcī *Perf. v. tepefacio.*

tepeō, tepēre, tepuī, – *(poet.; nachkl.)* 1 (lau)warm, mild sein; **hiems tepet;** – *P. Adj.* tepēns, *Gen.* entis (lau)warm [**sol; aurae**];
2 *(übtr.)* **a)** verliebt sein, glühen, schwärmen *(in, für jmd.: alqo)*; **b)** in der Liebe lau sein.

tepēscō, tepēscere, tepuī, – *(Incoh. v. tepeo)* lauwarm werden: 1 warm werden; **maria agitata ventis tepescunt; litora sole tepescunt;**
2 *(Mart.)* erkalten.

tepidus, a, um *(tepeo) (poet.; nachkl.)* 1 lauwarm, lau, warm, mild [**fons; aqua; sol**];
2 kühl, schon erkaltend [**rogus**]; *(übtr.)* erkaltet, lau, matt [**ignes; mens**].

tepor, ōris *m (tepeo)* 1 laue, milde Wärme [**maris; solis**];
2 *(nachkl.)* Kühle; *(übtr.)* Mattigkeit *der Darstellung;* **eiusdem teporis libri.**

tepuī *Perf. v. tepeo u. tepesco.*

● **ter** *Adv.* 1 dreimal [**in anno; in annum**]; **bis aut ter;**
2 *(poet.) (meton.)* **a)** wiederholt, mehrmals, öfter; **~ vocare; ter et quater;** **b)** überaus, höchst, sehr [**felix; amplus**];
3 *(nachkl.)* zum dritten Mal [**consul**].

Ter. = *Terentīnā (erg. tribu)* aus der Tarentinischen Tribus *(vgl. Terentum = Tarentum*[2]*).*

ter-centum *(undekl.) (poet.) = trecenti.*

ter-deciē(n)s *Adv.* dreizehnmal.

terebinthus, ī *f (gr. Fw.) (poet.; nachkl.)* Terpentinbaum *(Pistazienart);* – *Adj.* **terebinthīnus,** a, um.

terebrō, terebrāre 1 durch-, ausbohren;
2 *(Plaut.) (übtr.)* jmd. zu gewinnen suchen.

terēdō, dinis *f (gr. Fw.) (poet.; nachkl.)* Holzwurm.

Terentius, a, um *Name einer röm. (urspr. sabin.) gens:* ① C. ~ Varro, *216 v. Chr. erster Konsul aus seiner Familie, wurde in der Schlacht b. Cannä geschlagen, entkam nach Venusia u. zog m. Resten des Heeres nach Rom zurück;*
② P. ~ Afer, *(etwa 190/185–159 v. Chr.), röm. Komödiendichter aus Karthago;*
③ M. ~ Varro *(116–27 v. Chr.) aus Reate im Sabinerland, sehr produktiver Sprachforscher, Fachschriftsteller, Enzyklopädist u. Dichter, über 60 Werktitel sind bekannt, die große Wirkung hatten;*
④ P. ~ Varro Atacinus *(82–37 v. Chr.), epischer Dichter, m. starker Wirkung auf die Dichter der augusteischen Zeit;*
⑤ **Terentia,** ae *f Ciceros erste Gattin;*
/ Adj. **Terentiānus,** a, um.

i Kultur **Terentius,** P. ~ Afer (etwa 190/185–159 v. Chr.), Freigelassener, röm. Komödiendichter aus Karthago (Höhepunkt des Schaffens: 166–160 v. Chr.)

Terentum, ī *n Platz u. Kultstätte auf dem Marsfeld in Rom m. einem Altar des Dis pater u. der Proserpina; – Adj.* **Terentīnus,** a, um [**tribus**].

teres, *Gen.* retis *(tero)* ① länglich rund [**hastile; stipites; mucro; gemma; lapilli**];
② *(poet.)* festgedreht, dicht;
③ *(poet.; nachkl.) (v. Personen u. Körperteilen)* **a)** rundlich [**cervix**]; **b)** schlank [**puer; membra; digiti**];
④ geschmackvoll, fein; *(v. der Rede)* abgerundet [**oratio**].

Tēreūs, eī *u.* eos *m König v. Thrakien, Gatte der Prokne, der Tochter des att. Königs Pandion; Vater des Itys, vergewaltigte Philomela, die Schwester seiner Frau; die Schwestern zerstückelten aus Rache Itys u. setzten ihn dem Vater zum Mahl vor; T. wurde darauf in einen Wiedehopf verwandelt.*

ter-geminus, a, um *(poet.)* ① dreigestaltig [**vir** = Geryones; **canis** = Cerberus];
② dreifach [**honores** Ädilität, Prätur, Konsulat].

tergeō, tergēre, tersī, tersum, *auch* **tergō,** tergere ① abwischen, abtrocknen, reinigen [**mensam; vasa** blank wischen; **arma; lumina lacrimantia**];
② *(Hor.)* kitzeln [**palatum**];
③ *(Sen.)* sühnen [**scelus**];
④ *(Mart.)* verbessern [**librum**];
/ s. auch tersus.

Tergestīnī, ōrum *m Einw. der istrischen Stadt Tergeste (j. Triest).*

tergīnum, ī *n (tergum) (poet.)* Lederpeitsche.

tergiversātiō, ōnis *f (tergiversor)* Verzögerung, Ausflucht.

tergiversātor, ōris *m (tergiversor) (Gell.)* Zauderer.

tergi-versor, versārī *(tergum u. verto)* Ausflüchte suchen, sich sträuben, zögern, zaudern.

tergō, tergere *s. tergeo.*

● **tergum,** ī *n u. (altl.)* **-us,** ī *m* ① Rücken, *poet. oft Pl. statt des Sg.* [**boum; tauri**]; **telum per medium pectus penetravit ad -um; -um** *(od.* **-a***)* **(con)vertere, -a fugae praebere** *od.* **praestare** fliehen; **-a dare alci** vor jmdm. fliehen; **-a Phoebo praebere** sich sonnen; **-o poenas pendere; -o ac capite puniri; in -um** rückwärts; **a -o** (von) hinten, im Rücken [*adoriri*]*;* **a -o, a fronte, a lateribus; tumultum hostilem a -o accepit; post -um** im Rücken, hinter sich [*hostium*]*;* **post -um hostem relinquere; montibus post -um obiectis; sexaginta annos post -um relinquere***;*
② *(übtr.)* Rück-, Hinterseite [**collis**];
③ *(nachkl.)* Hintergrund;
④ *(poet.; nachkl.)* (Ober-)Fläche *(z. B. eines Flusses, Meeres, Feldes)* [**amnis; maris**]; *auch* die Schollen *zw. den Furchen;* **terga crassa;**
⑤ *(poet.) (meton.)* Leib, Körper *v. Tieren; ~* **Cerberi; -a squamea** *(v. Schlangen);*
⑥ *(poet.; nachkl.) (meton.)* Haut, Fell, Leder [**ferarum; leonis**];
⑦ *(poet.; nachkl.)* aus Fell *od.* Leder Hergestelltes, *bes.:* **a)** Überzug [**clipei**]; **b)** Lederschild; **c)** Schlauch; **d)** Handpauke.

tergus, goris *n (tergum) (poet.; nachkl.)* ① Rücken; Leib, Körper *v. Tieren* [**iuvenci**];
② *(meton.)* **a)** Rückenstück, Schinken; **b)** Haut *der Tiere,* Fell; **tergora deripere; septem taurorum** ~ siebenhäutiger Schild.

Terīna, ae *f Ort in Bruttium, j. S.* Eufemia; *– Adj.* **Terīnaeus,** a, um.

ter-iugus, a, um *(spätl.)* dreifach.

termentum, ī *n (tero) (Plaut.)* Schaden, Vernichtung.

termes, mitis *m (poet.; nachkl.)* abgeschnittener Zweig [**olivae**].

Termēssus, ī *f Bergfestung in Pisidien auf dem südl. Vorgebirge des Taurus unweit vom heutigen Antalya; – Einw.* **Termēssēnsēs,** ium *m.*

Termestīnī, ōrum *m Einw. der keltiberischen Stadt Termes (b. Numantia).*

Terminālia, ium *u.* iōrum *n* die Terminalien, Fest des Grenzgottes Terminus *am 23. Februar, das auch als Jahresende galt (Varro, Ov.).*

terminātiō, ōnis *f (termino)* ① Grenzbestimmung [**agri; regionum**];
② *(übtr.)* Begrenzung, Abgrenzung; Urteil

[**aurium** nach dem Gehör];
③ *(rhet. t. t.)* Schluss *einer Periode,* rhythmische Klausel.

terminō, termināre *(terminus)* ① begrenzen, abgrenzen [**fines imperii; regiones; fana; agrum publicum a privato**]; *Pass.* an etw. *(Abl.)* stoßen: **stomachus palato terminatur;**
② *(übtr.)* beschränken, einschränken [**gloriam; spem**];
3. a) bestimmen, festsetzen [**modum diuturnitatis**]; **cultu terminatur pecuniae modus; b)** etw. nach etw. bemessen *(alqd re)* [**bona voluptate, mala dolore**];
④ beenden [**bellum; imperium; orationem; rem iudicio; campos oculis** das Ende absehen].

terminus, ī *m* ① Grenz-, Markstein; *Pl.* Grenze, Mark *(poet. u. nachkl. auch Sg.)* [**urbis** Stadtgebiet; **possessionum; regni; agrorum**];
② *(übtr.)* Schranke [**vitae; amicitiae**]; **nullis -is definire ius suum;**
③ Ende, Schluss, Ziel [**vitae; contentionum**];
④ *personif.* **Terminus** *(poet.; nachkl.)* Grenzgott.

ternī, ae, a *(ter)* ① je drei;
② *(poet.)* drei zusammen, drei auf einmal, zu dritt; ~ **vagantur ductores**;
③ *Sg.* dreifach [**ordo** dreifache Reihe].

● **terō,** terere, trīvī, trītum ① (ab)reiben [**oculos; unguibus herbas; dentes in stipite; metam curru** streifen; **labellum calamo** = Flöte blasen; **calcem calce** jmds. Ferse m. der Ferse streifen = jmd. im Lauf einholen];
② *(poet.; nachkl.)* glätten, polieren [**crura pumice; radios rotis** drehen, drechseln];
③ *(poet.)* zerreiben, zermalmen [**papaver; bacam**];
④ *(poet.)* dreschen [**frumentum; messes**]; **area bis frugibus trita est** = es ist zweimal Ernte gewesen;
⑤ *(poet.)* = *futuo;*
⑥ oft gebrauchen, häufig benutzen [**librum; verbum**];
⑦ abnutzen [**colla bovis; vestem** abtragen]; **tritum ferrum** stumpf;
⑧ *(übtr.)* jmd. aufreiben, erschöpfen, ermüden *(bei, mit etw.: in u. Abl.)* [**plebem in armis; se in opere longinquo**];
⑨ *(poet.) (Wege, Örtl.)* oft betreten, oft besuchen, häufig befahren [**iter propositum**]; **formica terens iter** hin u. her laufend; **via trita pede;**
⑩ *(Zeit)* hinbringen, zubringen, *(pejor.)* vergeuden [**otium conviviis; diem sermone; aevum ferro; tempus rebus inutilibus**];
/ s. auch tritus[1].

Terpsichorē, ēs *f (poet.) Muse des Reigens, der Tanzkunst, des Chorgesangs; übh.* Muse; Poesie.

● **terra,** ae *f (torreo, eigtl.* „das Trockene") ① Erde *(als Weltkörper);* ~ **in medio mundo sita est; umbra -ae;**
② (Erd-)Boden [**pinguis**]; **genera -ae** Arten von; **alqm in -am statuere; -ae motus** Erdbeben; **-ae hiatus** Schlund, Erdriss; **-ae proiectus***;*
③ Erde *(als Stoff),* Erdreich; **aquam terramque petere** *(als Zeichen der Unterwerfung);*
④ Land *(als Ggstz. zu Himmel u. Meer);* **iter -ā petere; in -am egredi** landen; **-ā** zu Lande, auf dem Landweg; **-ā marique, et -ā et mari** *od.* **-ā ac mari** zu Wasser u. zu Lande; **insidiae -ā marique factae; aut terrā aut mari; a -ā** v. der Landseite; **tollere saxa de -ā***;* – *Pl.* Unterwelt: **in -is;**
⑤ *einzelnes* Land, Landschaft; **-ā orti** Eingeborene, Einheimische; – *Pl.* die ganze Erde, die Welt; *(poet.)* die Menschen; **orbis -arum** Erdkreis; **-ae filius** Sohn der Erde = menschliches Wesen;
⑥ *personif.* **Terra** Erdgöttin (= *Tellus);*
⑦ *(spätl.)* ~ **domini** das Heilige Land.

terrāneola, ae *f (Phaedr.)* Haubenlerche.

terrēnum, ī *n (terrenus)* Erdreich, Acker.

terrēnus, a, um *(terra)* ① aus Erde, erdig, irden, Erd- [**tumulus**];
② auf, in der Erde befindlich, Land-, Erd- [**bestiae; hiatus** Erdriss]; – *Subst.* **-a,** ōrum *n (nachkl.)* Landtiere;
③ *(Ov.)* unterirdisch [**numina**];
④ *(poet.; nachkl.)* irdisch, sterblich; – *Subst.* -ī, ōrum *m (August.)* die Erdbewohner, die Irdischen.

● **terreō,** terrēre, terruī, territum ① (er)schrecken, in Schrecken versetzen, einschüchtern [**urbem incendiis**]; *(auch m. ne); Pass.* erschreckt werden, erschrecken;
② v. etw. abschrecken [**cives a repetenda libertate**]; *(auch m. ne od. quominus);*
③ *(poet.)* auf-, verscheuchen, jagen [**alqm per totum orbem; feras**].

● **terrestris,** e *(terra)* ① zur Erde gehörig, irdisch, Erd-;
② zum Land gehörig, Land- [**regiones; iter** Landweg; **exercitus** Landheer; **pugna** Landschlacht; **bestia** Landtier].

terreus, a, um *(terra) (vorkl.; poet.)* aus Erde, Erd- [**progenies** Erdengeschlecht].

● **terribilis,** e *(terreo)* schrecklich, furchtbar [**sonus; clamor**]; *(m. Sup.)* **terribiles visu formae.**

terricula, ae *f u.* **-um,** ī *n (terreo)* Schreckmittel.

terrificō, terrificāre *(terrificus) (poet.)* (er)schrecken, in Schrecken versetzen.

terri-ficus, a, um *(terreo u. facio) (poet.; nachkl.)* Schrecken erregend.

terri-gena, ae *m u. f (terra u. gigno) (poet.)* Erdgeborene(r), Erdenkind.

terri-loquus, a, um *(terreo u. loquor) (Lucr.)* schrecklich redend.

territō, territāre *(Intens. v. terreo)* sehr erschrecken, in Schrecken versetzen [**principes civitatis; hostem; urbem; alqm supplicio**].

territōrium, ī *n (terra)* Gebiet [**coloniae**].

● **terror,** ōris *m (terreo)* ① Schreck(en), Angst [**externus** *u.* **peregrinus** wegen auswärtiger Feinde; **servilis** vor den Sklaven; *(Gen.: vor, wegen, über)* **mortis; nominis Alexandri; belli**]; **pavens terrore; expers terroris Achilles; terrori alci esse, terrorem alci afferre** *(od.* **inferre, inicere), alqm in terrorem conicere** jmd. in Schrecken versetzen; **terrorem habere ab alqo** *od.* **a re** in Schrecken sein wegen; **terrore teneri; tantus ~ incidit exercitui, ut***;*
② *(meton.)* Schrecken erregender Gegenstand, Schrecken erregendes Ereignis, Schrecknis, Schreckbild [**caelestes maritimique** am Himmel u. im Meer]; **Carthago Numantiaque terrores huius imperii***;*
③ Schreckensnachricht; **~ affertur.**

terr-ūncius, ī *m = teruncius.*

tersī *Perf. v. tergeo.*

tersus, a, um *(P. Adj. v. tergeo) (poet.; nachkl.)*
① rein, sauber;
② *(übtr.)* fehlerfrei; fein, nett.

tertia, ae *f (tertius) (spätl.) (t. t. der Musik)* Terz.

tertia-decumānī, ōrum *m (< tertia decima [erg. legio]) (Tac.)* Soldaten der 13. Legion.

tertiānus, a, um *(tertius)* zum Dritten gehörig, dreitägig [**febris**]; – *Subst.* **-ī,** ōrum *m (Tac.)* Soldaten der 3. Legion.

tertiō, tertiāre *(tertius) (spätl.) eigtl.* zum dritten Mal wiederholen = stotternd hervorbringen.

● **tertius,** a, um *(tres)* ① der dritte [**pars** Drittel; **partes** dritte Rolle; **hora; annus; vigilia; Saturnalia** der dritte Tag der Saturnalien]; **~ e nobis** einer v. uns dreien; **~ dies est** es ist zwei Tage her; **ab Iove ~** in der dritten Generation, Urenkel; – *Adv.* **-ō** *u.* **-um: a)** zum dritten Mal; **-o consules esse; b)** drittens;
② *(poet.)* unterirdisch *(eigtl.* zum dritten Reich gehörig) [**regna; numina**].

tertius-decimus, a, um *(auch getr.)* der dreizehnte.

Tertulliānus, ī *m:* Q. Septimius ~ Flōrēns *aus Karthago (etwa 160–220 n. Chr.), frühester lat. Kirchenschriftsteller, der die apostolischen Lehren m. rigoroser Strenge vertrat.*

ter-ūncius, ī *m (uncia)* ① drei Zwölftel, ein Viertel, *bes. v. Erbschaften;* **facere alqm heredem ex -o;**
② *(als Münze)* ¼ As; *(übtr.)* Heller, Pfennig; **ne ~ quidem** nicht das Mindesten.

ter-venēficus, ī *m (Plaut.)* Erzgiftmischer, Schuft.

tesqua *u.* **tesca,** ōrum *n (vorkl.; poet.)* Einöden, Steppen.

tessella, ae *f (Demin. v. tessera) (nachkl.)* Würfelchen; Mosaiksteinchen.

tessellātus, a, um *(tessella) (Suet.)* Mosaik- [**pavimentum**].

tessera, ae *f* ① (Spiel-)Würfel *m. sechs bezeichneten Seiten (vgl. talus);* **-as iacĕre, mittere; -is ludere;**
② (viereckige) Marke: **a)** Holztäfelchen m. Tagesparole *od.* Befehl; *(meton.)* Parole, Losung, Befehl, Kommando; **~ per castra data; b)** *(nachkl.)* Berechtigungsmarke, Anweisung [**nummaria** zum Geldempfang; **frumentaria** zum Getreideempfang]; **c)** *(Kom.) hospitalis* Erkennungsmarke für Gastfreunde; *(sprichw. vom Bruch der Freundschaft)* **hic apud nos iam confregisti -am** *(Plaut.).*

tesserārius, ī *m (tessera) (nachkl.)* Parolеträger, -offizier.

tesserula, ae *f (Demin. v. tessera) (nicht klass.)* Würfelchen; Mosaiksteinchen; Marke.

testa, ae *f* ① Ziegelstein, Backstein;
② *(poet.; nachkl.)* irdenes Geschirr: Topf, Krug *u. Ä.* [**ardens** Tonlampe];
③ *(poet.; nachkl.)* Scherbe, *bes. zur Abstimmung beim Scherbengericht (testarum suffragia) in Athen gebräuchlich;*
④ Schale *der Schaltiere; (Hor.) (meton.)* Schaltier;
⑤ *(poet.)* Schale, Decke [**lubrica** Eisdecke];
⑥ *(Suet.) Pl.* Beifallsklatschen.

testāceus, a, um *(testa) (Plin.)* ① aus Ziegelstein(en) [**opus**];
② ziegelfarben [**gemma**].

testāmentārius *(testamentum)* **I.** *Adj.* a, um Testamente betreffend [**lex**], testamentarisch [**adoptio**];
II. *Subst.* ī *m* Verfertiger falscher Testamente, Testamentsfälscher.

● **testāmentum,** ī *n (testor)* ① letzter Wille, Testament [**falsum**]; **-um facere, conscribere; -um (ob)signare; -um mutare; -um rumpere; -o** *u.* **per -um** testamentarisch: **-o alqm adoptare***;*
② *(Eccl.)* das Alte u. Neue Testament [**vetus; novum**].

testātiō, ōnis *f (testor)* Anrufung zu(m) Zeugen.

testātor, ōris *m (testor) (nachkl.)* Erblasser.

testātus, a, um *s. testor.*

testificātiō, ōnis *f (testificor)* ① Zeugenbeweis, Bezeugung;
② *(übtr.)* Beweis [**repudiatae legationis**].

testificor, testificārī *(testis[1] u. facio)* ① zum Zeugen anrufen [**deam; homines**];
② bezeugen, aussagen, feierlich versichern *(abs., alqd, A. C. I. od. indir. Frages.);*
③ *(übtr.)* bezeugen, beweisen, an den Tag legen [**amorem; adventum dei**]; – *Part. Perf.*

testificātus *auch pass.* bezeugt [**voluntas**].

● **testimōnium,** ī *n (testis¹)* ① Zeugnis *vor Gericht,* Zeugenaussage [**de coniuratione**]; **-um dicere, dare** Zeugnis ablegen *(in alqm: gegen jmd.);* **pro -o dicere** im Zeugenverhör aussagen; **-a non audire** nicht auf Zeugenaussagen hören; **citare ad -um**; – schriftl. Zeugnis: **-um recitare**;
② *(übtr.)* Beweis *(von, für etw.: Gen.)* [**laboris sui; abstinentiae**].

● **testis¹,** is *m u. f* ① Zeuge, Zeugin [**verus; falsus; idoneus; integer**]; *(alcis rei u. de re);* **testes dare, edere** aufstellen; **deos testes adhibere***;*
② *(meist poet.) (übtr.)* Augenzeuge, Mitwisser [**libidinum; sceleris**]; **vulnera sunt testes** bezeugen es.

testis², is *m (poet.; nachkl.)* Hode; *meist. Pl.*

● **testor** testārī *(testis¹)* **I.** *trans.* ① als Zeugen anrufen [**deos; cives; foedera**]; *(für etw.: de; A. C. I.);*
② etw. bezeugen [**furtum alcis**]; – *P. Adj.* **testātus,** a, um bezeugt, offenkundig [**virtus alcis; libertas**];
③ versichern, beteuern; *(übtr.)* bekunden, beweisen [**gemitu dolores; Troiana tempora** dass er die Zeit Trojas erlebt habe]; *(auch m. A. C. I. od. indir. Frages.);*
II. *intr.* ein Testament machen *(abs. od. de re).*

testū, *Abl.* ū *n (testa) (nicht klass.)* irdenes Geschirr, irdenes Gefäß: Schüssel, Deckel *u. Ä.*

testūdinātus, a, um *(testudo) (spätl.)* m. flach gewölbter Decke [**tectum**].

testūdineus, a, um *(testudo) (vorkl.; poet.)*
① schildkrötenartig [**gradus**];
② m. Schildpatt ausgelegt [**lyra**].

testūdō, dinis *f* ① Schildkröte; *(meton.)* Schildpatt;
② *etw. in der Form des Schildkrötenschildes:* **a)** *(poet.)* Laute, Lyra; **b)** *(Ov.)* lyraförmige Frisur; **c)** Wölbung, Gewölbe [**templi**]; **d)** *(milit.)* hölzernes Schutzdach; Schilddach; **e)** *(Mart.)* Schale des Seeigels.

testula, ae *f (Demin. v. testa)* kleine Scherbe, irdenes Täfelchen.

tē-te *verstärktes te; s. tu.*

tetendī *Perf. v. tendo.*

tēter = *taeter.*

Tēthӯs, yos *f Meergöttin, Tochter des Uranos u. der Gaia, Gattin ihres Bruders Oceanus, Großmutter der Meeresgöttin Thetis, der Mutter Achills; (poet.) (meton.)* Meer.

tetigī *Perf. v. tango.*

tetrachmum, ī *n (Gen. Pl.* -ōrum *u.* -um) *(gr. Fw.)* Vierdrachmenstück *(griech. Silbermünze).*

tetracōlon, ī *n (gr. Fw.) (Sen.) (rhet. t. t.)* viergliedrige Periode.

tetraō, ōnis *m (gr. Fw.)(nachkl.)* Auerhahn.

tetrarchēs, ae *m (gr. Fw.)* Tetrarch *(Beherrscher des vierten Teils eines Landes); übh.* Fürst, Regent.

tetrarchia, ae *f (gr. Fw.)* Tetrarchie, Gebiet eines Tetrarchen.

tetrastichos, on *(gr. Fw.) (poet.)* vier Zeilen enthaltend; – *Subst. (Pl.)* **-cha,** ōn *n (poet.; nachkl.)* Vierzeiler.

tetricus, a, um düster, finster, streng, ernst; – *Subst.* **Tetrica,** ae *f (erg. rupes) Berg im Sabinerland.*

tetuli *(altl.) = tuli; s. fero.*

Teucer *u.* **Teucrus,** crī *m* ① *ältester König v. Troja;* – **Teucrī,** orum *u.* um *m* Trojaner, Troer *(nach Teucer benannt);* – *Adj.* **Teucr(i)us,** a, um trojanisch, troisch; – **Teucria,** ae *f Troja u. sein Umland,* die Troas; *(meton.)* die Troer;
② *Sohn des Telamon, des Königs v. Salamis u. der v. Herakles gefangen genommenen Schwester des Priamos, der Troerin Hesione, Halbbruder des älteren Ajax u. sein Waffengefährte vor Troja.*

Teus = *Teos.*

Teuthrās, antis *m* ① *König der Landschaft Teuthrania in Mysien;* – *Adj.* **Teuthrantēus** *u.* **-tius,** a, um [**regna**];
② *Fluss in Kampanien.*

Teutoburgiēnsis saltus *m* Teutoburger Wald, *Schauplatz des Sieges der Cherusker unter Arminius über Varus 9 n. Chr.*

Teutonī, ōrum *u.* **Teutones,** num *m germ. Volk, das 113 v. Chr. m. den Kimbern in das röm. Reich eindrang, aber v. Marius 102 v. Chr. bei Aquae Sextiae vernichtend geschlagen wurde;* – *Adj.* **Teutonicus,** a, um *auch übh.* germanisch.

tēxī *Perf. v. tego.*

texō, texere, texuī, textum ① weben [**vestem**];
② flechten [**casas (ex) harundine**];
③ *(Gewebe)* anzetteln, *auch bildl.* [**telam**];
④ *(übtr.)* zusammenfügen; verfertigen, errichten, bauen [**robore naves; basilicam in medio foro**]; *(schriftl.)* abfassen [**epistulas cotidianis verbis**].

textile, lis *n (textilis)* Gewebe.

textilis, e *(texo)* ① gewebt [**stragulum; pestis** vergiftetes Gewand];
② *(nachkl.)* geflochten.

textor, ōris *m (texo) (poet.)* Weber.

textōrium, ī *n (texo) (Sen.)* Spinnengewebe.

textrīnum, ī *n (textrinus)* Weberstube, Weberei.

textrīnus, a, um *(textor) (spätl.)* zum Weben gehörig, Weber- [**opus** das Weben].

textrīx, īcis *f (textor) (poet.)* Weberin.

textum, ī *n (texo) (poet.)* ① Gewebe *(bes.* Kleid, Tuch) [**rude**]; Geflecht;
② *(übtr.)* Gefüge, Bau; **-a rosis facta** Rosenkranz.

textūra *(nicht klass.) = textum.*
textus¹, ūs *m (texo) (poet.; nachkl.)* ① Gewebe, Geflecht;
② *(übtr.)* Gefüge;
③ *(rhet.)* Zusammenhang der Rede, Text.
textus² *P. P. P. v. texo.*
texuī *Perf. v. texo.*
Thala, ae *f Name zweier Städte in Numidien.*
thalamēgus, ī *f (gr. Fw.) (Suet.)* Gondel.
thalamus, ī *m (gr. Fw.) (poet.; nachkl.)* ① Gemach, *bes.* Braut-, Schlafgemach, Wohnzimmer; Wohnung, Behausung, Aufenthalt [**Eumenidum**]; *(v. Bienen)* Zelle;
② Ehebett; *(meton.)* Ehe; **vita expers -i** ehelos.
thalassicus, a, um *(gr. Fw.) (Kom.)* meergrün, Meer- [**color**]; seemännisch [**ornatus**].
thalassinus, a, um *(gr. Fw.) (Lucr.)* meergrün.
Thalēs, ētis *u.* is *m Philosoph aus Milet (erste Hälfte 6. Jahrh. v. Chr.), einer der Sieben Weisen, bekannt durch den „Satz des Thales", der aber in der Antike auch Pythagoras zugeschrieben wurde.*
Thalīa, ae *f* ① *Muse der heiteren Dichtkunst (Komödie), aber auch der Bukolik u. Landwirtschaft;*
② *eine Meernymphe (Nereide, als Tochter des Nereus);*
③ *Tochter des Zeus, eine der drei Grazien (neben Aglaie u. Euphrosyne).*
Thamyrās, ae *u.* **-ris,** ridis *m thrak. Sänger, Erfinder einer besonderen Form der Kithara, der im Wettstreit m. den Musen unterlag u. geblendet wurde.*
Thapsus *u.* **-os,** ī *f* ① *Halbinsel u. Stadt an der Ostküste Siziliens;*
② *urspr. punische Stadt in Afrika, südl. v. Karthago (Schauplatz v. Cäsars Sieg üb. die Pompejaner 46 v. Chr.); – Einw.* **Thapsitānī,** ōrum *m.*
Thasus, ī *f Insel im Ägäischen Meer an der thrak. Küste, ber. wegen ihres Marmors; – Einw. u. Adj.* **Thasius,** ī *m bzw.* a, um.
Thaumās, antis *m Vater der Iris u. der Harpyien; – Adj.* **Thaumantēus,** a, um [**virgo** = Iris]; – *Patron.* **Thaumantis,** idos *u.* **-ias,** iadis *f* Tochter des Th. (= Iris).
theātrālis, e *(theatrum)* theatralisch, Theater- [**operae** Claqueure].
theātricus, a, um *(theatrum) (August.)* zum Theater gehörig, Theater-.
● **theātrum,** ī *n (gr. Fw.)* ① Theater, Schauspielhaus [**structum utrimque** Amphitheater]; **populi sensus maxime -o perspectus est;**
② *(poet.)* Amphitheater, Zirkus;
③ *(meton.)* Theaterpublikum; **-a reclamant; -i clamores; consensus -i;** – *übh.* die Zuschauer, Zuhörerschaft, Versammlung [**frequentissimum; Orpheum** des Orpheus];
④ *(übtr.)* Schauplatz, Wirkungskreis [**ingenii**]; **in -o orbis terrarum versari** vor den Augen der ganzen Welt stehen.

> *i* Kultur **theātrum** Theateraufführungen nach griech. Vorbild – Tragödien u. Komödien – gab es ab 240 v. Chr. auch in Rom, auf primitiven Holzbühnen. Das erste Steintheater erbaute 55 v. Chr. Pompejus auf dem Marsfeld: 10 000 Sitzplätze u. Ehrenlogen – als Freilichttheater mit Sonnensegeln für die Zuschauer; mehrgeschossiges Bühnengebäude, so hoch wie der ansteigende Zuschauerraum; mit hervorragender Akustik.

Thēbae, ārum *f* ① Theben, *Hauptstadt Böotiens m. der „siebentorigen" Kadmeia (s. Cadmus) als Akropolis; – Einw. u. Adj.* **Thēbānus,** ī *m bzw.* a, um; – **Thēbais,** idis *f* **a)** Thebanerin; **b)** *zw. 78 u. 90 n. Chr. entstandenes Epos des Statius v. Kampf um Theben in 12 Büchern;*
② das „hunderttorige" Theben, *griech. Name einer Stadt in Oberägypten, die über lange Zeiten Landeshauptstadt Ägyptens war; – Adj.* **Thēbaïcus,** a, um;
③ ~ Phthīōticae *od.* Phthīae *Stadt in Südthessalien;*
④ *das homerische* Theben *in Mysien, Residenz des Kilikerkönigs Eetion, Geburtsort der Andromache (beim jetzigen Edremit); – Adj.* **Thēbānus,** a, um; – Thēbāna, ae *f* = Andromache.
Thēbē, ēs *f = Thebae 4;* **Thēbēs campus** *Landstrich südl. vom Ida.*
thēca, ae *f (gr. Fw.)* ① Behälter: Büchse, Kapsel, Hülle, Futteral [**nummaria; graphiaria** f. Schreibutensilien];
② *(spätl.)* Bibliothek.
Thelxinoē, es *f* (θελξίνοος „den Sinn bezaubernd") *eine der vier ersten Musen (Cic.).*
thema, atis *n (gr. Fw.) (nachkl.)* ① Thema, Gegenstand;
② Stellung der Sterne z. Zt. der Geburt eines Menschen, Konstellation.
Themis, idis *f Göttin des althergebrachten Rechts u. der göttl. Ordnung m. wichtigen Kultstätten in Delphi u. Olympia.*
Themistoclēs, is *u.* ī *m athen. Staatsmann u. Feldherr, ber. durch sein Flottenbauprogramm u. den Sieg b. Salamis 480 v. Chr. über Xerxes; – Adj.* **Themistoclēus,** a, um.
thēnsaur … *= thesaur…*

> *i* Kultur **Theocritus,** ī *m* griech. Dichter aus Syrakus (um 270 v. Chr.), Zeitgenosse des Kallimachos, verfasste bukolische Gedichte u. Epigramme.

T

Theodectēs, is *u.* ī *m griech. Redner u. Tragödiendichter aus Kilikien (um 350 v. Chr.).*

Theodōrus, ī *m* ❶ *Sophist aus Byzanz (2. Hälfte des 5. Jahrh. v. Chr.);*
❷ *Sophist aus Kyrene, Schüler des Protagoras, Zeitgenosse des Sokrates;*
❸ *Rhetor aus Gadara (1. Jahrh. v. Chr.), Lehrer des Kaisers Tiberius, der ihn in Rhodos hörte.*

theogonia, ae *f (gr. Fw.)* Ursprung der Götter, Theogonie *(Epos Hesiods).*

theologia, ae *f (gr. Fw.) (spätl.)* ❶ Lehre v. den Göttern u. göttlichen Dingen;
❷ *(mlt.)* Theologie.

theologus, ī *m (gr. Fw.)* ❶ Mythologe *(Forscher üb. den Ursprung u. das Wesen der Götter);*
❷ *(mlt.)* Theologe.

Theophanēs, is *m mit Pompeius befreundeter Geschichtsschreiber aus Mytilene.*

Theophrastus, ī *m Philosoph u. Schriftsteller aus Eresos auf Lesbos (etwa 371–287 v. Chr.), Schüler des Plato u. des Aristoteles, bes. bekannt durch seine Charakterschilderungen in 30 Abschnitten.*

Theopompus, ī *m Geschichtsschreiber aus Chios (gest. nach 323 v. Chr.), Schüler des Isokrates, seine Werke wurden v. Cornelius Nepos u. Plutarch benutzt; – Adj.* **Theopompīus** *u.* **-ēus,** a, um.

theotocos, ī *f (gr. Fw.) (spätl.)* Gottesmutter.

Thēra, ae *f Vulkaninsel im Ägäischen Meer, j.* Santorin; – *Einw. u. Adj.* **Thēraeus,** ī *m bzw.* a, um.

Thērāmenēs, is *m Schüler des Sophisten Prodicus, einer der 30 Tyrannen in Athen (404 v. Chr., im selben Jahr hingerichtet).*

Therapnaeus, a, um v. Therapne *(Stadt in Lakonien, südöstl. v. Sparta, Geburtsort der Helena),* spartanisch [**marita** Helena].

Thēriclīa *pocula* Trinkschalen des Therikles *(ber. Töpfer aus Korinth).*

thermae, ārum *f* (θερμός warm; *erg. aquae)* warme Quellen, warme Bäder, Thermen.

> *i* Kultur **thermae** Die „Thermen" heißen eigentlich griech. die „warmen" (Bäder). Diese öffentlichen Badeanstalten, z. B. Caracallathermen in Rom, waren von unten beheizt (Hypokausten) und boten als Gesamtanlage Apodyterium (Auskleideraum), Caldarium (Warmbad), Tepidarium (lauwarmes Übergangsbad), Frigidarium (Kaltwasserbad), Natatio (Schwimmbad) u. Palaestra (Sportplatz). – Allgemeiner Treffpunkt wie bei den Griechen das Gymnasion.

thermi- *u.* **thermopōlium,** ī *n (gr. Fw.) (Plaut.)* Gastwirtschaft, in der warme Getränke ausgeschenkt wurden.

Thermōdōn, dontis *m Fluss in Pontus, an dem die Amazonen wohnten; – Adj.* **Thermōdontiacus, -tēus** *u.* **-tius,** a, um.

thermopōlium *s. thermipolium.*

thermopotō, thermopotāre *(gr. Fw.) (Plaut.)* m. warmem Getränk laben [**gutturem**].

Thermopylae, ārum *f* (Θερμοπύλαι, *eigtl.* „warme Tore") *Engpass am Öta m. warmen Schwefelquellen, die als Heilbäder genutzt u. Herkules geweiht waren; ber. durch den Tod der 300 Spartaner u. ihrer verbliebenen Bundesgenossen durch die Übermacht der Perser unter Leonidas (480 v. Chr.).*

thermulae, ārum *f (Demin. v. thermae) (Mart.) = thermae.*

Thērομedōn, dontis *m skyth. König, der die ihn bewachenden Löwen m. Menschenfleisch fütterte.*

Thersītēs, ae *m Grieche vor Troja, durch Missgestalt u. freche Schmähsucht berüchtigt; (nachkl.) (appell.)* Inbegriff v. Hässlichkeit; Lästermaul, Hetzer.

thēsaurārius, a, um *(thesaurus) (Plaut.)* Schatz- [**fur**].

thēsaurus, ī *m (gr. Fw.)* ❶ reicher Vorrat, Schatz [**auri;** *übtr.* **mali**]; **-um effodere, obruere**; *(sprichw.)* **carbonem pro -o invenire** *(Phaedr.);*
❷ *(meton.)* Schatzkammer [**Proserpinae** im Tempel der P.; **publicus**];
❸ *(poet.; nachkl.)* Vorratskammer; **servata mella -is;**
❹ *(übtr.)* Fundgrube [**argumentorum**]; ~ **omnium rerum est memoria** *(Cic.).*

Thēseu͡s, eī *u.* eos *m König in Athen, Sohn des Ägeus, Vater des Hippolytus, Freund des Lapithenkönigs Pirithous, tötete auf Kreta den Minotaurus, entführte v. dort die Ariadne, die er auf Naxos verließ, war in zweiter Ehe m. Phädra verheiratet; – Patron.* **Thēsīdēs,** ae *m* Hippolytus; *Pl.* die Athener; – *Adj.* **Thēsē(i)us,** a, um *auch* athenisch.

thesis, is *f (Akk. -in, Abl. -ī) (gr. Fw.) (nachkl.)*
❶ *(rhet. t. t.)* Annahme, These;
❷ *(metr. t. t.)* Senkung *der Stimme (Ggstz. arsis: Hebung).*

Thespiae, ārum *f Stadt in Böotien am östl. Helikon; – Adj.* **Thespias,** adis *(f)* [**deae** die Musen, *die am Helikon besonders verehrt wurden*]; *Subst.* **Thespiadēs,** dum *f* die Musen; – *Einw.* **Thespiēnsis,** is *m.*

Thespis, idis *m aus Ikaria, Begründer der att. Tragödie in der Zeit vor Peisistratos, Zeitgenosse Solons.*

Thesprōtia, ae *f Landschaft in Epirus gegenüber Korkyra (Korfu); – Einw. u. Adj.* **Thesprōtius,** ī *m bzw.* a, um.

Thessalia, ae *f* Thessalien, *Landschaft im Nordosten Griechenlands; – Einw.* **Thessalus,** ī *m,* *fem.* **Thessalis,** idis; – *Adj.* **Thessal(ic)us,** a, um [**victor** = Achilles *aus Phthia in Thessalien;* **tela** des Achilles; **pinus** die Argo; **venena** Zauberkräuter *(Thessalien galt als Hauptsitz der Zauberei);* **vox** Zauberspruch], *poet.* **Thessalius,** a, um, *fem.* **Thessalis,** idis.

Thessalonīca, ae *u.* **-ē,** ēs *f Küstenstadt in Makedonien (älter:* Therme), *j.* Saloniki; – *Einw.* **Thessalonīcēnsis,** is *m.*

Thestius, ī *m König in Ätolien;* – *Patron.* **Thestiadēs,** ae *m u.* **Thestias,** adis *f Nachkommen des Thestius:* Meleager, Plexippus, Toxeus, Althäa, Leda, Hypermestra.

Thestoridēs, ae *m* = *der Weissager* Kalchas, *Sohn des Thestor.*

i Kultur **Thetis,** idis *f (Akk.* Thetim *u.* -in; *Abl.* Thetī) Nereide, Tochter des Nereus u. der Doris, Gemahlin des Peleus, Mutter des Achilles; *(poet.) (meton.)* Meer; großes Bad.

thiasus, ī *m (gr. Fw.) (poet.)* Bacchusreigen; *(meton.)* tanzender Chor.

Thirmida, ae *f Stadt in Numidien.*

Thisbē, ēs *f* ① *Geliebte des Pyramus;* ② *Stadt in Böotien;* – *Adj.* **Thisbaeus,** a, um.

Thoā(n)s, antis *m* ① *myth. König in Tauris, Sohn des Borysthenes, b. dem Iphigenie Priesterin der Artemis war, v. Orestes getötet;* – *Adj.* **Thoantēus,** a, um *auch* taurisch; ② *König v. Lemnos, Sohn des Dionysos u. der Ariadne;* – **Thoantias,** adis *f Tochter des Thoas* = Hypsipyle.

tholus, ī *m (gr. Fw.) (nicht klass.)* Kuppel (-dach).

thōrācātus, a, um *(thorax) (nachkl.)* gepanzert.

thōrāx, ācis *m (gr. Fw.)* ① Brustharnisch, Panzer; ② *(nachkl.)* Brustlatz, -binde.

thōs, thōis *m (gr. Fw.) (Plin.)* Schakal.

Thrācia, ae *f (auch* Thrāca, Thrēcia, Thrācē, Thrēcē, Thraeca) Thrakien, *Landschaft nordöstl. v. Griechenland, bewohnt v. zahlreichen Stämmen, die eine eigene Sprachfamilie des Indoeuropäischen bildeten;* – **Thrāx,** ācis *u.* **Thraex,** aecis *m* Thraker; *meton.* = Gladiator in thrak. Rüstung; **Thraessa,** ae *f (u.* Thrēssa, Thraeissa) Thrakerin; – *Adj.* **Thrācius,** a, um *(auch* Thraecius, Thrēcius, Thrēicius, Thrāx).

Thraecidica, ōrum *n* Waffen eines Thrakers, *b. Gladiatorenkämpfen verwendet.*

Thraessa, Thraex *s. Thracia.*

thrasciās, ae *m (gr. Fw.) (nachkl.)* Nordnordwestwind.

Thrasybūlus, ī *m athen. Politiker, Flottenführer u. Feldherr, vertrieb aus Athen 403 v. Chr. die 30 Tyrannen, stellte die Demokratie wieder her u. versuchte die att. Seeherrschaft neu zu begründen.*

Thrāx *s. Thracia.*

thronus, ī *m (gr. Fw.) (nachkl.)* Thron.

Thūcȳdidēs, is *u.* ī *m athen. Geschichtsschreiber (etwa 455–396 v. Chr.), seine Darstellung des Peloponnesischen Krieges (431-404) ist bis 411/10 geführt u. enthält wichtige Partien üb. die Zeit vor 431;* – *Adj.* **Thūcȳdidīus,** a, um.

Thūlē, ēs *f Insel (?) im äußersten Norden (Island, Mittelnorwegen od. eine der Shetlandinseln).*

thunnus, ī *m* = *thynnus.*

Thūriī, ōrum *m u.* **-ae,** ārum *f Stadt in Lukanien, an der Stelle des v. Kroton zerstörten Sybaris mit athen. Hilfe erbaut;* – *Einw. u. Adj.* **Thūrīnus,** ī *m bzw.* a, um; – **Thūrīnum,** ī *n* Gebiet *v.* Thurii.

thūs, ūris *n* = *tus*[1].

thya, ae *f (gr. Fw.) (nachkl.)* = *citrus.*

Thyamis, idis *m Fluss u. Vorgebirge in Epirus.*

Thyatīra, ae *f u.* ōrum *n Stadt in Lydien, j.* Gördük Çayi.

Thybris, idis *m (Akk.* -im *u.* -in; *Abl.* -ī; *Vok.* -i*) (poet.)* = *Tiberis.*

Thyestēs, ae *u.* is *m Sohn des Pelops u. der Hippodamia, Bruder des Atreus, Vater des Aegisthus* [**cena Thyestae,** *b. der ihm der eigene Sohn v. Atreus vorgesetzt wurde*]; – *Patron.* **Thyestiadēs,** ae *m* = Aegisthus; – *Adj.* **Thyestēus,** a, um.

Thȳias, adis *f (gr. Fw.) (poet.)* Bacchantin, *bes. attischer u. delphischer Zugehörigkeit.*

thyius, a, um *(thya) (poet.)* = *citreus.*

Thȳlē, ēs *f* = *Thule.*

thymbra, ae *f (gr. Fw.) (poet.; nachkl.)* Saturei *(ein Küchenkraut).*

thymelicus, a, um *(gr. Fw.) (spätl.)* theatralisch, Theater- [**ludi** Spiele m. Gesang u. Tanz].

thymum, ī *n u.* **-us,** ī *m (gr. Fw.) (poet.; nachkl.)* Thymian.

Thȳnia, ae *f das nördl. Bithynien;* – *Einw.* **Thȳnī,** ōrum *m;* – *Adj.* **Thȳnus** *u.* **Thȳniacus,** a, um.

thynnus, ī *m (gr. Fw.) (nicht klass.)* Thunfisch.

thyon, ī *n (gr. Fw.) (nachkl.)* = *citrus.*

Thyōnē, ēs *f (*= die Rasende, *vgl. Thyias) Kultname der Semele, der Mutter des Bacchus; Patron.* **Thyōneūs,** eī *m* = Bacchus; – **Thyōniānus,** ī *m* Wein.

Thyreātis, idis *(f)* von Thyrea *(Stadt in Argolis).*

Thyreum, ī *n Stadt in Akarnanien, südl. des Sinus Ambracicus;* – *Einw.* **Thyriēnsēs,** ium *m.*

T

thyrsi-ger, gera, gerum *(thyrsus u. gero) (poet.)* den Thyrsus *(Bacchusstab)* tragend.
thyrsus, ī *m (gr. Fw.) (poet.; nachkl.)* ❶ Stängel;
❷ Thyrsus, *der m. Efeu u. Weinlaub umwundene Bacchusstab.*
Ti. *od.* **Tib.** *(Abk.) = Tiberius.*
tiāra, ae *f u.* **-rās,** ae *m (gr. Fw. oriental. Herkunft) (poet.; nachkl.)* Tiara, Turban.
Tiberis, is *m (Akk.* -im, *Abl.* -ī*)* Tiber, *j.* Tevere; *(poet.) (meton.)* Flussgott Tiber; – *Adj.* **Tiberīnus,** a, um *u. (fem.)* **Tiberīnis,** nidis; – **Tiberīnus,** ī *m Fluss u. Flussgott* Tiber, *meist* pater Tiberinus, *auch Name des Königs v. Alba, nach dem der Fluss seinen Namen erhalten haben soll.*

> *i* Kultur **Tiberius,** ī *m* röm. Vorname (Abk. Ti. u. Tib.); bes. Ti. Claudius Nero, als Kaiser: Ti. (Iulius) Caesar Augustus, der Kaiser Tiberius (geb. 42 v. Chr., reg. 14–37 n. Chr.); – *Demin.* **Tiberiolus,** ī *m (Tac.)* der liebe Tiberius; – *Adj.* **Tiberiānus,** a, um.

tībia, ae *f* ❶ *(poet.; nachkl.)* Schienbein;
❷ *(meton.) (die urspr. beinerne)* Flöte, Pfeife *(meist Pl., da meist auf zwei durch ein Mundstück verbundenen Flöten gespielt wurde)* [**dextra** Diskantflöte; **sinistra** Bassflöte; **impares** Doppelflöte]; **-arum cantus** Flötenspiel; **-is canere** Flöte spielen.
tībiālia, lium *n (tibia) (nachkl.)* Beinbinden; *(mlt.)* Strumpfhosen, Strümpfe.
tībī-cen¹, cinis *m (tibia u. cano)* Flötenspieler, Pfeifer; **ad tibicinem** unter Flötenbegleitung.
tībīcen², cinis *m (poet.)* Pfeiler, Säule, Stütze.
tībīcina, ae *f (tibicen¹)* Flötenspielerin.
tībīcinium, ī *n (tibicen¹)* Flötenspiel.

> *i* Kultur **Tibullus,** ī *m röm. cogn.:* Albius ~ (etwa 50–19 v. Chr.), röm. Elegiker aus dem Kreis um Messala Corvinus, Freund des Horaz. Die Hauptthemen der Gedichte Tibulls sind das friedliche, einfache Landleben u. die Liebe zu Delia (Pseudonym f. Plania).

Tībur, uris *n (Abl.* -e, *Lok.* -ī*) Stadt in Latium an den Wasserfällen des Anio, Sommerfrische der reichen Römer, m. vielen Villen, ber. die villa Hadriani in der Ebene südwestl. der Stadt; j.* Tivoli; – *Einw.* **Tīburs,** rtis *u.* **Tibur(tī)nus,** ī *m;* – *Adj.* **Tīburs,** rtis *u.* **Tibur(tī)nus,** a, um; – **Tīburtīnum,** ī *n* Landgut b. Tibur; – **Tīburnus, Tīburtus,** ī *m myth. Gründer v. Tibur.*
Tīcīnum, ī *n Stadt an der Mündung des Ticinus in den Po, späterer Name* Papia, *j.* Pavia.
Tīcīnus, ī *m Nebenfluss des Po, j.* Ticino *(Sieg Hannibals üb. die Römer unter P. Cornelius Scipio 218 v. Chr.)*
Tīfāta, ōrum *n Berggebiet in Kampanien nördl. v. Capua.*
Tifernum, ī *n* ❶ *Stadt in Umbrien am Tiber, j.* Città di Castello;
❷ *Stadt in Samnium am Fluss u. Berg* **Tifernus,** ī *m, j.* Biferno *bzw.* Matese.
tigillum, ī *n (Demin. v. tignum)* kleiner Balken.
Tigillus, ī *m (tigillum) Beiname Jupiters (der die Welt wie ein Balken fest zusammenhält).*
tīgnārius, a, um *(tignum)* zum Bauholz gehörig, Bauholz- [**faber** Zimmermann].
tīgnum, ī *n* Balken [**transversum** Querbalken; **cavum** Fahrzeug].
Tigrānēs, is *m Name v. sechs armenischen Königen im 1. Jahrh. vor und n. Chr.*
Tigrāno-certa, ōrum *n u.* ae *f* „Tigranesstadt", *v. Tigranes I. gegründete jüngere Hauptstadt v. Großarmenien (neben der älteren Artaxata).*
tigrīnus, a, um *(tigris) (Plin.)* getigert, buntfleckig *wie das Fell der Tigers.*
tigris, is *u.* idis *m u. f (Akk.* -im, -in *u.* -idem; *Abl.* -ī *u.* -ide; *Pl. meist* tigrēs, ium) *(poet.; nachkl.)* Tiger.
Tigris, is *u.* idis *m (Akk.* -im *u.* -idem; *Abl.* -ī, -e *u.* -ide) *der Fluss* Tigris *in Mesopotamien.*
Tigurīnī, ōrum *m helvetischer Stamm bzw. einer der vier Hauptgaue der Helvetier;* – *Adj.* **Tigurīnus,** a, um.
tilia, ae *f (poet.)* Linde.
Tīmaeus, ī *m* ❶ *Pythagoreer aus Locri in Unteritalien, Zeitgenosse Platos, der einen Dialog nach ihm benannte;*
❷ *griech. Geschichtsschreiber aus Tauromenion auf Sizilien (etwa 350–260 v. Chr.).*
Tīmāgenēs, is *m Rhetor u. Geschichtsschreiber z. Zt. des Aug.*
Timāvus, ī *m Fluss in Istrien zw. Aquileia u. Triest.*
time-factus, a, um *(timeo u. facio)* erschreckt.
● **timeō,** timēre, timuī, – ❶ (sich) fürchten *(alqm: jmd. od. vor jmdm.; alqd: etw. od. vor etw.; de re: wegen, in Bezug auf etw. = alci rei: für etw.; alci: für jmd.; selten pro alqo, pro re; ab alqo: sich vor jmdm. fürchten; m. indir. Frages.; m. ne: dass, ut od. ne non: dass nicht; gelegentlich m. A. C. I.* = ängstlich wahrnehmen *od.* glauben, erwarten) [**hostem; mortem; morbos; meos; iudicium; de re publica; nihil de bello; libertati; suis rebus; huic loco; sibi; comiti; pro illo; a suis**]; – *P. Adj.* **timēns** furchtsam [**animus**]; – *Subst.* timentes die Fuchtsamen; – *Gerundiv* **timendus,** a, um *(poet.; nachkl.)* zu fürchten, furchtbar, schrecklich *(alci: für jmd.);*
❷ *(m. Inf.)* sich scheuen, nicht wollen [**facere**

alqd];
3 *(Sen.)* jmd. zu fürchten haben, es m. jmdm. aufnehmen *(Akk.)* [**monstra; feras**].
timiditās, ātis *f (timidus)* Furchtsamkeit, Schüchternheit; *Pl.* Zeichen v. Furchtsamkeit.
timidulus, a, um *(Demin. v. timidus)* etw. furchtsam.
• **timidus,** a, um *(timeo)* furchtsam, schüchtern, scheu, behutsam *(ad alqd; in re; Gen.; m. Inf.)* [**ad mortem; in labore militari; deorum; pro patria mori**].
Tīmoleōn, ontis *m korinth. Feldherr (etwa 411–337 v. Chr.), der die Hegemonie v. Syrakus im griech. Sizilien wieder herstellte; – Adj.* **Tīmoleontēus,** a, um.
Timōlus, ī *m (poet.) = Tmolus.*
Tīmōn, ōnis *m sprichw. gewordener Menschenverächter aus Athen z. Zt. des Perikles u. Aristophanes.*
• **timor,** ōris *m (timeo)* 1 Furcht, Besorgnis *(vor, wegen: Gen. od. ab; außerdem wie das Verb timere konstruiert: m. de, pro; m. Inf.; m. ne, ut, ne non; m. A. C. I.)* [**regis; mortis; poenae; externus** vor einem auswärtigen Feind; **caecus; vanus**]; **timorem alci inicere; alqm timore afficere; omnem timorem abicere; in magno timore esse** in großer Furcht sein *u. (v. Sachen)* große Furcht verursachen; **hoc timore** aus Furcht davor; **timoris causā; prae timore in genua concidere; timore perterritus**; – *Pl.* Befürchtungen: **multi et varii timores; timores omnium mentes pervagantur** *(Cic.)*;
2 *(poet.)* Furchtsamkeit, Schüchternheit [**virgineus**];
3 *(poet.)* religiöse Furcht, Ehrfurcht *(vor: Gen.)* [**deorum**];
4 *(poet.)* Aberglaube;
5 *(poet.)* Gegenstand der Furcht, Schrecken [**latronibus**] *;*
6 *(poet.) personif.* **Timor** *(als Gott der Furcht od. böser Dämon)* Furcht, Entsetzen.
timōrātus, a, um *(timor) (Eccl.)* gottesfürchtig.
Tīmotheus, ī *m* 1 *Sohn des Konon, athen. Feldherr, Stratege seit 376/75 v. Chr;*
2 *Musiker aus Milet (etwa 450–360 v. Chr.).*
tīnctilis, e *(tingo) (Ov.)* flüssig.
tīnctus *P. P. P. v. tingo.*
tinea, ae *f (poet.; nachkl.)* Motte; Raupe.
Tingi, *Akk.* -in *f Stadt in Mauretanien, zeitweilig punisch besetzt, später Hauptstadt der Provinz Mauretania Tingitana; j.* Tanger; – *Adj.* **Tingitānus,** a, um [**provincia** *j.* Marokko].
tingō, tingere, tīnxī, tīnctum *(auch* tinguō, tinguere) 1 benetzen, befeuchten, bestreichen [**ora lacrimis; gemmam; tunicam sanguine; corpora lymphis; fontem medicamine** vergiften]; in etw. eintauchen *(alqd re od. in re)* [**aequore; faces in amne** = auslöschen];
2 *(poet.; nachkl.)* färben [**poma puniceo colore; comam**]; – tīncta, ōrum *n* Gefärbtes, Buntes;
3 *(übtr.)* m. etw. versehen, ausstatten [**loca lumine** erhellen]; **orator tinctus litteris; Laelia patris elegantiā tincta.**
tinnīmentum, ī *n (tinnio) (Plaut.)* Geklingel.
tinniō, tinnīre 1 *(vor- u. nachkl.)* klingeln, klimpern, schellen [**tintinnabulum**];
2 m. Geld klimpern = (be)zahlen;
3 *(vor- u. nachkl.)* ertönen lassen, laut singen, schreien; **nimium iam tinnis** *(Plaut.)* dein langes Wortgeklingel hab' ich satt.
tinnītus, ūs *m (tinnio) (poet.; nachkl.)* 1 das Klingeln, Geklingel, Geklirr, oft *Pl.*; **tinnitūs dare** (er)klingen, klirren; **tinnitūs ciere** (er)klingen lassen;
2 *(übtr.) Pl.* Wortgeklingel.
tinnulus, a, um *(tinnio) (poet.)* klingend, schallend [**aera; vox**].
tintinnābulum, ī *n (tintinno) (poet.; nachkl.)* Klingel, Schelle.
tintinnāculus, a, um *(tintinno) (Plaut.)* klirrend; **viri -i** „Klingelmänner", Henker, *die den Delinquenten Ketten anlegten.*
tintin(n)ō, tintin(n)āre *(tinnio) (poet.)* klingen.
tīnus, ī *f (poet.; nachkl.)* Schneeball *(lorbeerartiger Strauch).*
tīnxī *Perf. v. tingo.*
tippula, ae *f (vorkl.)* Wasserspinne.
Tīresiās, ae *m blinder Wahrsager u. Berater vieler Könige in Theben; appell. (Iuv.)* = ein Blinder.
Tīridātēs, is *m parthischer u. armenischer Königsname.*
tīrō, ōnis *m* 1 Rekrut; *auch als Adj.* – noch ungeübt [**exercitus**]; **aetas (legio) tironum ;**
2 *(übtr.)* **a)** Anfänger, Neuling, Lehrling; **homo non aetate, sed exercitatione ~ ; b)** *(poet.; nachkl.)* der junge Mann, *nach Anlegung der toga virilis;* **deductus in forum ~** *;*
3 *(mlt.)* Knappe; Held; Knecht [**dei**].
Tīrō, ōnis *m Freigelassener u. Sekretär Ciceros, Gelehrter u. Erfinder der röm. Stenografie, die aus Abkürzungen u. besonderen Zeichen bestand u. bis ins Mittelalter benutzt wurde* [**notae Tironianae**].
tīrōcinium, ī *n (tiro)* 1 erster Kriegsdienst, Rekrutenzeit;
2 *(meton.)* die Rekruten;
3 *(übtr.)* (militärische) Unerfahrenheit;
4. a) erstes öffentl. Auftreten [**fori**]; **dies -i; b)** Probestück [**eloquentiae**]; **-um ponere** ablegen;
5 *(mlt.)* Turnier.
tīrunculus, ī *m (Demin. v. tiro) (nachkl.)*
1 junger Soldat;
2 *(übtr.)* Anfänger, Neuling.
Tīrynthius, a, um 1 aus Tiryns *(Stadt in Argolis, wo Herkules erzogen worden sein soll,*

T

Geburtsort seiner Mutter Alkmene) [**iuvenis, heros** = Herkules]; – Tīrynthius, ī *m* = Herkules; Tīrynthia, ae *f* = *Alkmene;*
❷ des Herkules [**tela**].

tīs *altl. Gen. v. tu (= tui).*

tisana, ae *f u.* **tisanārium,** ī *n* = *ptisan ...*

Tīsiphonē, ēs *f* „Rächerin des Mordes", *eine der drei Furien neben Allecto u. Megaera;* – *Adj.* **Tīsiphonēus,** a, um = verbrecherisch, der T. verfallen.

i Kultur **Tītān,** ānis *u.* **Tītānus,** ī *m* Titan, bes. der Sonnengott Helios als Sohn des Titanen Hyperion; meist Pl. Titanen, Göttergeschlecht, sechs Söhne des Uranos (Himmel) u. der Gaia (Erde): Kronos (Saturn), Hyperion, Okeanus, Köus, Krius, Japetus; sie stürzen Uranus, weichen dann dem Saturn u. werden schließlich v. Zeus besiegt (Titanomachie) u. in den Tartarus gestürzt; – *Patron.* **Tītānis,** idis *u.* **Tītānia,** ae *f* weibl. Nachk. eines Titanen, Titanidin, Titanentochter (z. B. Circe als Tochter des Helios; Latona, Tochter des Coeus; Pyrrha, Enkelin des Japetus; Tethys als Schwester der Titanen; Diana als Tochter der Latona u. als Schwester des Helios); – *Adj.* **Tītāni(ac)us,** a, um, *fem. auch* **Tītānis,** idis *u.* idos titanisch.

Tīthōnus, ī *m Sohn des Laomedon, Bruder des Priamus, Gemahl der Aurora, durch deren Bitte er Unsterblichkeit, aber nicht ewige Jugend erlangte; er schrumpfte zuletzt zur Zikade ein;* – *Adj.* **Tīthōnius,** a, um.

titibil(l)īcium, ī *n (Plaut.)* Kleinigkeit.

Titiēs, ium *u.* **Titiēnsēs,** ium *(b. Liv.* -um) *m*
❶ *die Angehörigen einer der drei ältesten patriz. Tribus in Rom (neben Ramnes u. Luceres);*
❷ *die Angehörigen der gleichnamigen Ritterzenturie, in die Romulus die Tribus umgewandelt haben soll.*

tītillātiō, ōnis *f (titillo)* das Kitzeln; *(übtr.)* Kitzel, Reiz [**voluptatum**].

tītillō, tītillāre kitzeln; *(übtr.)* reizen [**sensūs**].

tītillus, ī *m (titillo) (Phaedr.)* Kitzel.

Titius, a, um **1.** *röm. nomen gentile; auch adj.:* lex Titia *(üb. die Quästur) nach Sex. ~ , Volkstribun 99 v. Chr;*
❷ sodales Titii *ein vom sabin. König Titus Tatius eingerichtetes Priesterkollegium, das v. Augustus erneuert wurde.*

tittibil(l)īcium = *titib ...*

titubanter *Adv. (titubo)* unsicher.

titubantia, ae *f (titubo)* ❶ das Wanken;
❷ *(Suet.) (übtr.)* das Stammeln [**linguae**].

titubātiō, ōnis *f (titubo)* ❶ *(nachkl.)* das Wanken;
❷ *(übtr.)* Unsicherheit, Verlegenheit.

titubō, titubāre ❶ *(poet.; nachkl.)* wanken, schwanken, taumeln; **Silenus titubans annisque meroque;** – **titubātus** wankend (geworden) [**vestigia**];
❷ *(übtr.)* schwanken, unsicher sein;
❸ *(übtr.)* straucheln, (einen) Fehler machen, fehlen;
❹ stammeln, stocken; **lingua titubat.**

titulō, titulāre *(titulus) (nachkl.)* benennen, m. einer Inschrift versehen.

● **titulus,** ī *m* ❶ Aufschrift, Inschrift [**statuae; templi; sepulcri** Grabinschrift];
❷ *(nachkl.)* Buchtitel; **materiam libri ex -o cognosces;**
❸ *(nachkl.)* Grabinschrift;
❹ *(poet.; nachkl.)* Anschlag, Anzeige, Bekanntmachung *eines Hausverkaufs oder einer Versteigerung;* **sub -um ire** durch Anschlag zum Kauf angeboten werden; **alqd sub -um mittere** etw. zum Verkauf bringen;
❺ Ehrentitel, -name; **sustinere -um consulatus;**
❻ Ehre, Ruhm, Ansehen [**victoriae**]; *Pl.* ruhmvolle Taten, Verdienste;
❼ äußerlicher Grund, Vorwand; Aushängeschild; **-um praetendere** *od.* **praeferre alci rei** als Grund für etw. vorgeben;
❽ *(Petr.)* (Kenn-)Zeichen.

i Kultur **Titus,** ī *m röm. Vorname (Abk. T.):* 1. ~ Flavius Sabinus Vespasianus, als Kaiser Titus bekannt (79–81 n. Chr.), Sohn u. Nachfolger des Kaisers Vespasianus; für seine röm. Zeitgenossen der beliebte, soziale Kaiser – auf dem Forum Romanum geehrt durch den berühmten Triumphbogen: mit Darstellungen der Eroberung Jerusalems 70 n. Chr., der Katastrophe des Judentums: Es beginnt die Zerstreuung (Diaspora) des jüd. Volkes, der Antisemitismus als Vorstufe des Holocaust von Auschwitz, bis zum Staat Israel 1948 mit dem Palästinenserproblem. 2. ~ Tatius, Sabinerkönig.

Tityos, ī *m Sohn der Gaia, ein Riese auf Euböa, wollte die Latona entführen; zur Strafe war er in der Unterwelt angekettet, ein Geierpaar fraß an seiner Leber, die jeden Monat nachwuchs.*

Tītyrus, ī *m Name eines Hirten in Vergils Bucolica; appell. (poet.)* = Hirt; Vergils Bucolica, *auch* Vergil *selbst.*

Tmarus, ī *m Berg b. Dodona in Epirus.*

Tmōlus, ī *m Gebirge u. Stadt in Lydien b. Sardes (Kleinasien), auch der Berggott (Ov.);* – *Adj.* **Tmōlius,** a, um; – Tmōlius, ī *m* Wein vom Tmolus.

toculliō, ōnis *m* Wucherer.

tōfīnus, a, um *(tofus) (Suet.)* aus Tuffstein.

tōfus, ī *m (poet.; nachkl.)* Tuff(stein).

i Kultur ● **toga,** ae *f (tego, eigtl. „Bedeckung")* ❶ Toga, das offizielle Obergewand der Römer, die danach togati od. gens togata hießen; es wurde in Friedenszeiten getragen; auch Bekleidung der Dirnen, da sie die Stola nicht tragen durften; die Toga bestand aus Wolle und hatte einen geraden und einen halbkreisförmigen Saum; sie wurde so über die linke Schulter geworfen, dass sie bis auf die Füße herabhing u. die linke Hand u. der rechte Arm frei blieben; die Toga war gew. weiß u. unverbrämt [**pura, virilis**]; Trauernde u. Angeklagte trugen eine dunkle bis schwarze Toga [**pulla, sordida**]; Amtsbewerber erschienen öffentl. in glänzend weißer Toga [**candida**]; freigeborene Knaben unter 17 Jahren, kurulische Beamte u. Priester trugen eine purpurverbrämte Toga [**praetexta**];
❷ Friedensgewand; **cedant arma -ae;**
❸ *(meton.)* Friede;
❹ *(Tib.)* Dirne;
❺ *(Mart.) Sg. u. Pl.* Klienten.

togāta, ae *f (togatus)* ❶ *(erg. fabula) das nationale Lustspiel der Römer (röm. Leben in röm. Tracht);*
❷ *(poet.)* Dirne.

togātārius, ī *m (togatus) (Suet.)* Schauspieler *in einer togata.*

togātulus, ī *m (Demin. v. togatus) (Mart.)* Klient.

togātus *(toga)* **I.** *Adj.* a, um **1.** m. der Toga bekleidet, echt römisch [**gens** = die Römer; **ancilla** Dirne];
❷ im Friedenskleid;
❸ *(Mart.; Iuv.)* Klienten- [**turba; opera** Klientendienst];
II. *Subst.* ī *m* ❶ röm. Bürger;
❷ Bürger im Friedenskleid;
❸ *(Iuv.)* Klient.

togula, ae *f (Demin. v. toga)* kleine *od.* hübsche Toga.

Tolbiacum, ī *n Ort in Gallia Belgica südwestl. v. Köln (in finibus Agrippinensium), j.* Zülpich.

Tolēnus, ī *m Fluss im Sabinerland, j.* Turano.

tolerābilis, e *(tolero)* ❶ erträglich, leidlich [**poëta; poena**];
❷ geduldig; **alqd tolerabilius pati, ferre.**

tolerandus, a, um *(eigtl. Gerundiv v. tolero)* erträglich.

tolerāns, *Gen.* antis *(P. Adj. v. tolero)* ertragend, duldend, geduldig *(m. Gen.)* [**laborum**]; **dolorem toleranter ferre.**

tolerantia, ae *f (tolero)* geduldiges Ertragen, Erdulden [**rerum humanarum; malorum**]; *abs.* Geduld.

tolerātiō, ōnis *f (tolero)* Kraft zu ertragen *(m. Gen.)* [**dolorum**].

● **tolerō,** tolerāre ❶ ertragen, aushalten, erdulden [**obsidionem; aequo animo servitutem; dolorem; sitim; hiemem; militiam; tributa** aufbringen; **famem alqa re** m. etw. stillen; **sumptūs** bestreiten]; *(auch m. A. C. I. u.* [*nachkl.*] *Inf.);*
❷ *abs.* es noch aushalten [**paulo longius parcendo**];
❸ mühsam erhalten, notdürftig ernähren [**equos; corpus; vitam** fristen]; **his rationibus equitatum ~** *;*
❹ *(Plaut.)* erträglich machen [**egestatem** *alcis od. alci;* **paupertatem eri et meam servitutem**];
❺ *(Plaut.) einer Sache* genügen, Genüge leisten *(m. Akk.)* [**moenia** *(= munia)* seinen Pflichten].

Tolētum, ī *n Stadt in Spanien, j.* Toledo; – *Einw.* **Tolētānī,** ōrum *m.*

tollēnō, ōnis *m* Hebemaschine, Kran; Belagerungsmaschine.

● **tollō,** tollere, sustulī, sublātum ❶ auf-, emporheben, erheben, in die Höhe heben, aufrichten [**manūs ad caelum; alqm in caelum; caput; oculos** aufschlagen; **gradum; (de) terrā; ancoras** lichten; **saxa de terra; iacentem; alqm in crucem** kreuzigen; **ignem** Signalfeuer aufleuchten lassen; **sortes** Lose ziehen; **freta** erregen]; *(Pflanzen)* emporwachsen lassen; – *se ~ u. mediopass. tolli* sich erheben, sich emporschwingen; *(v. Pflanzen)* emporwachsen; **se ~ a terrā; se ~ super aequora in auras; aquila se in sublime tollit; dea tollitur alis** entfliegt;
❷ *(milit.) signa* (die Feldzeichen erheben =) aufbrechen;
❸ *(naut.) ancoras* die Anker lichten; **sublatis ancoris;**
❹ in die Höhe bauen [**tectum altius**];
❺ *in ein Fahrzeug* aufnehmen [**alqm in currum, in navem, in lembum, raedā,** *auch* **in equum**]; zu sich *(ad se) od.* mit sich nehmen; *(vom Fahrzeug)* an Bord nehmen, laden, *Perf.* an Bord haben; **naves, quae equites tollunt; tollite me, Teucri***;*
❻ *(übtr.)* auf sich nehmen [**pars oneris; poenas** Strafe leiden];
❼ *(Geschrei, Gelächter u. a.)* erheben, anheben, beginnen [**clamorem in caelum; risum; cachinnum**]; **clamor a vigilibus tollitur; anguis tollit minas** erhebt sich drohend;
❽ *(lobend)* erheben, erhöhen, verherrlichen [**alqm verissimis laudibus in caelum; alqm altius dicendo; alqm honoribus** zu Ehren-

T

stellen erheben]; **supra modum se tollens oratio**;

⑨ *(Mutlose)* aufrichten, ermutigen, trösten [**afflictum; amicum epistulā**];

⑩ *animum* den Mut heben *(alci)*; *auch* sich ermutigen;

⑪ stolz machen; **sublatus victoriā** stolz auf; **proelio sublati Helvetii**;

⑫ ein neugeborenes Kind *(gleichsam v. der Erde aufheben u. auf diese Weise)* als sein eigenes anerkennen u. aufziehen [**natum filium; liberos**];

⑬ *(ein Kind) v. einer Frau* erhalten *od. m. ihr* zeugen [**liberos ex Fadia; filium Neronem ex Agrippina**];

⑭ wegnehmen, -bringen, entfernen, beseitigen, *auch übtr.* [**praedam; posita; simulacra ex delubris; pecuniam e fano; frumentum de area; hostibus agros; dolores; morbum facile; metum ex animo**]; **mensam ~** abdecken; *(poet.) (Speisen)* abräumen [**cibos; pocula**]; **mensam tolli iubet**; – *(Personen)* aus dem Weg räumen [**alqm veneno (ferro); alqm e (de) medio**];

⑮ *(Gesetze, Ämter u. Ä.)* abschaffen, aufheben [**veteres leges novis legibus; comitia; dictaturam a re publica; Areopagum; decemviralem potestatem**]; **deos ~** die Existenz der Götter leugnen;

⑯ beenden [**bellum; querelas**];

⑰ vernichten, vertilgen [**Carthaginem funditus** zerstören; **amicitiam; memoriam rei** auslöschen; **alci metum, errorem, luctum** *u. Ä.* (be)nehmen]; **id nomen ex omnibus libris tollatur**;

⑱ *(tempus, diem)* mit Reden *(dicendo)* vertun; *Pass.* verloren gehen.

Tolōsa, ae *f Stadt in Gallia Narbonensis, j.* Toulouse; – *Einw.* **Tolōsātēs,** tium *m*; – *Adj.* **Tolōsānus,** a, um *u.* **Tolōsēnsis,** e.

Tolumnius, ī *m* ① *König der Vejenter;*

② *ein Weissager der Rutuler.*

tolūtārius, a, um *(tolutim) (Sen.)* trabend [**equus** Zelter].

tolūtim *Adv. (vor- u. nachkl.)* im Trab.

tomāc(u)lum, ī *n (nachkl.)* Bratwurst.

tōmentum, ī *n (tumeo) (vor- u. nachkl.)* Polsterung.

Tomī, ōrum *m u.* **Tomis,** idis *f Stadt in Mösien am Schwarzen Meer, Verbannungsort Ovids seit 8 n. Chr., j.* Constanza; – *Einw.* **Tomītae,** ārum *m*; – *Adj.* **Tomītānus,** a, um.

tomus, ī *m (gr. Fw.)* ① *(Mart.)* Abschnitt, Stück [**vilis** Papierschnitzel];

② *(spätl.) Teil eines größeren Werkes,* Band; Werk, Buch.

tondeō, tondēre, totondī, tōnsum ① (ab)scheren [**capillum alcis; barbam; oves**]; **tonsus puer (reus)**;

② *tondēre u. mediopass. tondērī:* sich scheren lassen;

③ *(poet.; nachkl.)* (ab)mähen [**prata**]; abpflücken [**violas manu**]; abweiden, abfressen [**campum; gramen**]; *(Bäume, Sträucher)* beschneiden; **arbos tonsa comam** *(gr. Akk.)*; **tonsa oliva** rund geschnitten;

④ *(poet.)* berauben [**alqm auro**].

tonitrus, ūs *m u.* **tonitruum,** ī *n (tono)* Donner(schlag); **tonitru tremescunt campi**.

tonō, tonāre, tonuī, – **I.** *intr.* ① donnern; **Iove tonante; tonans Iuppiter; equi tonantes** Donnerrosse Jupiters; *unpers.:* **tonat** es donnert; – *Subst.* **tonans** der Donnerer = Jupiter, Saturn;

② *(poet.) (übtr.)* laut ertönen, (er)dröhnen; **caelum tonat fragore; Aetna tonat; tympana tonant**;

③ *(v. Redner u. Rede)* m. Donnerstimme reden; **Pericles ~ dictus est**;

II. *trans. (poet.)* m. Donnerstimme ertönen lassen [**verba**]; singen von [**ore deos; aspera bella**].

tōnsa, ae *f (poet.)* Ruder.

tōnsilis, e *(tondeo) (nachkl.)* beschnitten [**silvae; nemora**].

tōnsillae, ārum *f* Mandeln *im Hals.*

tōnsitō, tōnsitāre *(Frequ. v. tondeo) (Plaut.)* zu scheren pflegen.

tōnsor, sōris *m (tondeo)* Frisör, Barbier.

tonsorātus, a, um *(tondeo) (spätl.)* geschoren.

tōnsōrius, a, um *(tonsor)* Scher- [**culter**].

tōnstrīcula, ae *f (Demin. v. tonstrix)* Friseuse, *verächtl.* = Bartkratzerin.

tōnstrīna, ae *f (tonsor) (vor- u. nachkl.)* Barbierstube.

tōnstrīx, īcis *f (tonsor) (vor- u. nachkl.)* Haar-, Bartschererin.

tōnsūra, ae *f (tondeo)* ① *(nicht klass.)* das Scheren;

② *(mlt.)* Tonsur.

tōnsus[1] *P. P. P. v. tondeo.*

tōnsus[2]**,** ūs *m (tondeo) (vorkl.)* Haarschnitt.

tonuī *Perf. v. tono.*

tonus, ī *m (gr. Fw.)* ① *(nachkl.)* Ton *eines Instrumentes:* Klang *einer Silbe;*

② Ton der Farbe, Glanz;

③ *(nachkl.)* Donner;

④ *(mlt.)* Wortlaut.

topāzus *u.* **-os,** ī *f (gr. Fw.) (spätl.)* Topas.

tōph … = *tōf…*

topia, ōrum *n (gr. Fw.) (spätl.)* Gartenanlage; Landschaftsmalerei.

topiāria, ae *f (topia)* Kunstgärtnerei.

topiārius *(topiaria)* **I.** *Adj.* a, um *(nachkl.)* zur Kunstgärtnerei gehörig;

II. *Subst.* ī *m* Kunstgärtner.

topica, ōrum *n (gr. Fw.) Topik, Sammlung v. Gemeinplätzen*; – Topica *Titel einer Schrift des Aristoteles u. ihrer lat. Nachschrift durch*

Cicero.

topographia, ae *f (gr. Fw.) (spätl.)* Ortsbeschreibung.

topper *Adv. (vorkl.)* ① sofort, sogleich; ② vielleicht.

toral, ālis *n (torus) (vorkl.; poet.)* Bett-, Sofadecke.

torāria, ae *f (torus) (Plaut.)* Wärterin, Wartefrau.

torcular, āris *u.* **torcul(āri)um,** ī *n (torqueo) (vor- u. nachkl.)* Kelter, Presse.

toreuma, atis *n (gr. Fw.)* getriebene Arbeit, Relief.

toreutēs, ae *m (gr. Fw.) (vor- u. nachkl.)* Ziseleur, Graveur.

toreuticē, ēs *f (gr. Fw.) (Plin.)* das Ziselieren, Gravieren.

● **tormentum,** ī *n (torqueo)* ① Winde; **-um laxare; falces -is introrsus reducere;**
② Wurfmaschine, Geschütz [**telorum; bellicum**];
③ *(meton.)* Geschoss; **-a mittere;**
④ Marterwerkzeug, Folter(bank), *meist Pl.;* **alqm -is dedere** foltern lassen; **in -is dicere alqd; -is quaestionem habere; excruciari -is;**
⑤ *(übtr.)* Marter, Qual, Pein, Plage [**fortunae; morborum**]; *(Hor.)* Zwang [**lene**];
⑥ *(vor- u. nachkl.)* Fessel [**ferreum**].

tormina, num *n (torqueo) (med.)* Leibschmerzen, *bes.* Kolik, Ruhr.

torminōsus, a, um *(tormina)* an der Kolik, an Ruhr leidend.

tornamentum, ī *n (mlt.)* Turnier, Kampf.

tornātor, ōris *m (torno) (spätl.)* Drechsler.

tornō, tornāre *(tornus)* ① drechseln [**sphaeram**];
② *(Hor.) (übtr.)* drechseln, abrunden; **versus male tornati.**

tornus, ī *m (gr. Fw.) (poet.; nachkl.)* Drechseleisen, Meißel, *auch übtr.*

Torōnē, ēs *f Hafenstadt in Makedonien am Ägäischen Meer.*

torōsus, a, um *(torus) (poet.; nachkl.)* muskulös, fleischig.

torpēdō, dinis *f (torpeo)* ① Erstarrung; Trägheit, Stumpfheit, Stumpfsinn;
② Zitterrochen *(ein Fisch).*

torpeō, torpēre, torpuī, – ① erstarrt, steif sein, starren, *bes. vor Kälte;* **Poeni torpentes gelu in castra redierunt; torpentes rigore nervi;**
② träge sein; **iacent torpentque** sie liegen in träger Ruhe;
③ *(geistig)* starr, gelähmt sein [**metu; desperatione**]; **torpet vox** stockt; **torpet lingua** ist gelähmt.

torpēscō, torpēscere, torpuī, – *(Incoh. v. torpeo)* erstarren; träge werden, erschlaffen; *(geistig)* erlahmen.

torpidus, a, um *(torpeo)* erstarrt, starr, betäubt [**somno; miraculo**].

torpor, pōris *m (torpeo)* ① Erstarrung, Lähmung, Betäubung;
② *(nachkl.)* Trägheit; Stumpfsinn.

torpuī *Perf. v. torpeo u. torpesco.*

torquātus, a, um *(torquis) (poet.)* **1.** m. einer Halskette geschmückt; **Alecto -a colubris** den Hals m. Schlangen umwunden;
② Torquātus *cogn. in der gens Manlia.*

● **torqueō,** torquēre, torsī, tortum ① drehen, winden, umdrehen [**oculos ad moenia** richten; **stamina pollice** spinnen; **lumina** rollen; **remis aquas** aufwühlen; **capillos ferro** kräuseln]; **torta circum bracchia vestis; torta quercus** Eichenkranz; **anguis torquetur** windet sich; **terra circum axem se torquet;**
② *(poet.; nachkl.)* kreisen lassen [**sidera**];
③ *(poet.)* (fort)wälzen [**saxa**];
④ *(poet.)* v. etw. ab-, wegwenden [**aurem ab obscenis sermonibus**];
⑤ schwingen, schleudern, werfen [**tela manu; lapidem; iaculum in hostem; fulmina; glaebas; aquosam hiemem** den stürmischen Regen herabschleudern];
⑥ verdrehen, verzerren, verrenken, *auch übtr.* [**ora; talum; ius omne** alles Recht verdrehen];
⑦ foltern; **eculeo torqueri;**
⑧ *(übtr.)* wenden, lenken, leiten [**omnia ad commodum suae causae; totas vires in proelia; bella** den Gang der Kriege lenken; **ora equi frenis; vestigia ad sonitum**]; **versare sententias et huc atque illuc ~ ;**
⑨ genau untersuchen, erforschen, prüfen [**vitam alcis mero** jmd. mit Hilfe von viel Wein ausforschen];
⑩ martern, quälen, plagen, beunruhigen [**convivam fame; se** sich abplagen]; **torqueri, ne** fürchten, dass; **libidines te torquent; dies noctesque torqueor; sollicitudine torquetur mens.**

torquis, is *m, selten f (torqueo, eigtl.* das Gewundene) ① Halskette [**aureus**];
② *(Verg.)* Halsjoch *der Ochsen;*
③ *(Verg.)* Blumengewinde; **ornatae torquibus arae.**

torrēns¹, *Gen.* entis *(torreo)* brennend, glühend, heiß [**flammae**]; *(übtr.)* glühend, erhitzt; **miles sole ~.**

torrēns², *Gen.* entis **I.** *Adj. (poet.; nachkl.)* schnell fließend, reißend [**unda; aqua**];
II. *Subst. m* ① Gießbach, Wildbach [**rapidus**];
② *(Iuv.) (übtr.)* Strom [**meri**];
③ *(nachkl.)* Wortschwall.

torreō, torrēre, torruī, tostum ① trocknen, dörren [**farra; fruges flammis**];
② braten, backen, rösten [**exta**]; **tosta caro** Braten;
③ verbrennen, versengen; **torrentia agros sidera; sol torrebat corpora;**

T

④ *(poet.) (übtr.) (in Liebe)* entflammen, erglühen lassen *(alqm u. alqd)* [**me; pectora**].

torrēs, is *f (torreo) (Lucr.)* dörrende Hitze.

torrēscō, torrēscere, – – *(Incoh. v. torreo) (Lucr.)* geröstet, gebraten werden.

torridō, torridāre *(torridus) (Mart.)* rösten, braten.

torridus, a, um, *(torreo)* ① *(pass.)* **a)** *(v. der Hitze)* gedörrt, ausgetrocknet, trocken [**farra; fons; campi; tellus**]; **b)** *(vor Kälte)* zusammengeschrumpft [**pecora frigore; membra gelu**];
② *(akt.)* sengend, brennend, heiß [**zona; aestas; aër**].

torris, is *m (torreo) (poet.)* brennendes Holzscheit.

torsī *Perf. v. torqueo.*

torta, ae *f (tortus) (Vulg.)* rundes Brot, gewundenes Gebäck.

tortilis, e *(torqueo) (poet.; nachkl.)* gewunden [**aurum** goldene Kette].

tortō, tortāre *(Intens. v. torqueo) (Lucr.)* martern, plagen.

tortor, ōris *m (torqueo)* Folterknecht.

tortula, ae *f (Demin. v. torta) (spätl.)* Törtchen.

tortuōsus, a, um *(tortus[2])* ① voller Windungen, gewunden [**alvus; amnis; loci**];
② *(übtr.)* verwickelt, verworren [**genus disputandi; visa** unverständlich];
③ *(v. Char.)* nicht offen, verstellt [**ingenium**].

tortūra, ae *f (torqueo) (mlt.)* Folterung, Qual, Tortur.

tortus[1], a, um *(P. Adj. v. torqueo)* ① *(poet.)* gedreht, gewunden [**funis; quercus** Eichenkranz]; verschlungen [**via**];
② *(Plaut.)* spitzfindig.

tortus[2], ūs *m (torqueo)* Windung.

torulus, ī *m (Demin. v. torus) (vorkl.)* Haarwulst.

torus, ī *m* ① *(vor- u. nachkl.)* Wulst, zusammengedrehter Strick; **vitis -is ad arborem religetur;**
② Schleife *am Kranz;*
③ Muskel; **-i lacertorum, corporis, athletarum; colla tument -is;**
④ *(poet.; nachkl.)* Polster, gepolstertes Lager; **~ lecto impositus; praebuit herba -um;**
⑤ *(poet.; nachkl.)* Sofa, Bett; **in -o cubare; discumbere -is; -um sternere;** – Ehebett [**genialis**]; **consors** *od.* **socia -i** Ehefrau; – *(meton.)* Ehe, Liebe: **sacra -i** Hochzeitsfeier;
⑥ *(poet.)* Totenbett, Bahre; **-os exstruere;**
⑦ *(poet.; nachkl.)* Böschung [**ripae**].

torvitās, ātis *f (torvus) (nachkl.)* finsteres Aussehen [**vultūs**]; Sittenstrenge.

torvus, a, um wild (aussehend), finster, drohend [**oculi; facies; forma minantis**]; schrecklich, grausig [**draco; angues; proelia**]; – *Adv. (Akk. n)* torvum *u.* torva [**tueri; clamare**].

tōsillae = *tonsillae.*

tōstrīna *(Plaut.)* = *tonstrina.*

● **tot** *undekl.* so viele; **tot anni; tot tantique casus; quot homines, tot causae;** *(auch m. ex)* **tot ex tuis amicis.**

tōtāliter *Adv. (totus) (spätl.)* gänzlich, völlig.

toti-dem *undekl. (vgl. i-dem, tot)* ebenso viele [**naves; pedites**]; *korrespondierend m. quot, bisw. m. ac, atque „wie, als"; – Subst. (Hor.)* ebenso viel: **~ audiet.**

totiē(n)s *Adv. (tot)* ① so oft; **tam multa ~ ad te scripsi;** *korrespondierend m. quotiens u. quotienscumque, bisw. m. quot;*
② *(Hor.)* ebenso oft; **ter die totiensque nocte.**

totondī *Perf. v. tondeo.*

● **tōtus,** a, um *(Gen. Sg.* tōtīus; *Dat.* tōtī, *selten* -ō, -ae*)* ① ganz, in vollem Umfang, ungeteilt [**Italia; terra; res publica; annus; exercitus; aedes**]; **-o caelo; per totam urbem vigilias habere; naves -ae ex robore factae;** – *Subst.* -um, ī *n* das Ganze: **ex -o** völlig, gänzlich; **in -o** überhaupt; **in -um** im Ganzen;
② *Pl.* alle, sämtliche, insgesamt; **-is copiis; -is viribus** mit aller Kraft;
③ *(übtr.)* ganz, völlig, m. Leib u. Seele [**in amore; in metu**]; **sum vester ~** euch ganz ergeben; **-os vos tradidistis voluptatibus.**

toxicum *u.* **-on,** ī *n (gr. Fw.) (poet.; nachkl.)* Pfeilgift, *übh.* Gift.

tr. = *tribunus u. tribunicius;* **tr. pl.** = *tribunus plebis.*

trabālis, e *(trabs)* ① Balken- [**clavus**]; *(sprichw.)* **alqd clavo trabali figere** etw. niet- u. nagelfest machen;
② *(Verg.)* balkenartig, -stark [**telum**].

trabea, ae *f (trabs)* die Trabea, *m. breiten Purpurstreifen verbrämtes Staatskleid der Könige u. Ritter; (Mart.) (übtr.)* Ritterstand.

Trabea, ae *m* Q. ~, *röm. Komödiendichter um 130 v. Chr.*

trabeātus, a, um *(trabea) (poet.; nachkl.)* im Staatskleid [**equites**]; – *Subst.* **-ae,** ārum *f (erg. fabulae) eine Art lat. Dramen, wahrsch. nach den in ihnen dargestellten Rittern genannt.*

trabs, trabis *f* ① Balken, *bes.* Querbalken;
② *(poet.)* Baum(stamm);
③ *(poet.) (meton.)* **a)** Schiff [**sacra** = die Argo; **Thessalia**]; **b)** Dach, Haus;
④ *(nachkl.)* Fackel;
⑤ *(nachkl.)* feurige Lufterscheinung;
⑥ *(Cat.)* = *mentula.*

Trāchīn, īnis *f Stadt in der Phthiotis am Öta, Fürstensitz des Keyx, Sterbeort des Herkules; – Einw. u. Adj.* **Trāchīnius,** ī *m bzw.* a, um; **Trāchīniae,** ārum *f* die Trachinierinnen, *eine Tragödie des Sophokles.*

tractābilis, e *(tracto)* ① berührbar;
② *(übtr.)* nachgiebig, mild, gütig; **caelum**

non tractabile stürmisch.

tractātiō, ōnis *f (tracto)* ① Betastung, Handhabung, Gebrauch [**armorum; tibiarum**];
② *(übtr.)* Behandlung *einer Sache,* Beschäftigung *m. etw.* [**philosophiae; quaestionum; litterarum**]; **usus et ~ dicendi;**
③ *(nachkl.)* Benehmen *geg. jmd.* [**mala**];
④ *(rhet. t. t.)* **a)** besonderer Gebrauch *eines Wortes;* **b)** *(Sen.)* ausführliche Abhandlung, Untersuchung.

tractātor, ōris *m (tracto)* ① *(Sen.)* Masseur;
② *(Eccl.)* Ausleger, Erklärer [**divinarum scripturarum**].

tractātrīx, īcis *f (tractator) (Mart.)* Masseuse.

tractātus, ūs *m (tracto)* ① *(Plin.)* Betastung;
② *(übtr.)* Behandlung *einer Sache,* Beschäftigung *m. etw.* [**artium**];
③ *(nachkl.)* Erörterung, Besprechung; Abhandlung;
④ *(August.)* Predigt.

tractim *Adv. (traho)* ① *(Plaut.)* ziehend; **~ tangere alqm** jmdm. eine Ohrfeige geben;
② *(poet.; nachkl.)* lang gezogen, gedehnt, langsam [**loqui**]; **~ pronuntiata littera;**
③ *(Lucr.)* nach u. nach [**ire**].

● **tractō,** tractāre *(Frequ. v. traho)* ① *(vorkl.; poet.)* herumzerren, schleppen [**alqm comis** an den Haaren; *übtr.* **alqm in iudiciis periculisque**];
② betasten, berühren [**vulnera; alqd manibus; fila lyrae** schlagen]; **delphinus praebens se tractandum;**
③ etw. handhaben, bearbeiten; gebrauchen [**ceram pollice** kneten; **gubernacula** führen; **tela;** *übtr.* **sua pericula** spielen mit]; **aere solum tractant;**
④ *(übtr.)* etw. behandeln, betreiben [**artem; personam (in scena)** *od.* **partes** eine Rolle spielen]; **male ~;**
⑤ leiten, lenken, führen, verwalten [**rem publicam; imperium; aerarium; pecuniam publicam** besorgen; **bibliothecam; bellum; animos** einwirken auf]; **causas amicorum ~ et agere;**
⑥ jmd. behandeln, sich geg. jmd. benehmen, betragen *(m. Akk.)* [**alqm liberaliter** bewirten; **plebem placidius**]; **fortuna nos delicate tractat; omnibus rebus eum ita tractes, ut** *(Cic.)*; **pater parum pie tractatus a filio; non tractabo eum ut consulem;**
⑦ untersuchen, überdenken [**definitionem; consilia legatorum; alqd studiose**];
⑧ *(mündl. od. schriftl.)* behandeln, abhandeln, besprechen, erörtern [**partem philosophiae; prima elementa**]; **duo genera materiarum apud rhetores tractantur;**
⑨ über etw. verhandeln, unterhandeln *(alqd u. de re)* [**condiciones** *od.* **de condicionibus; de negotiis**].

tractum, ī *n (traho) (vorkl.; poet.)* Spinnwolle.

tractus¹, a, um *(P. Adj. v. traho)* ① herstammend, ausgehend von; **sermo ab isto initio ~;**
② *(v. der Rede)* ruhig, fließend [**sermonis genus; oratio**].

tractus², ūs *m (traho)* ① das Ziehen, Zug [**incertus** unsichere Schreibführung]; **rota tractu gemens** beim Fortziehen knarrend;
② das Spinnen; **vellera tractu mollire;**
③ Lauf [**lunae; flammarum; aquarum**];
④ Ausdehnung, Lage [**castrorum**]; Reihe [**arborum**];
⑤ Landstrich, Gegend [**caeli** Himmelsgegend, Klima];
⑥ *(poet.) (v. Schlangen)* Windung;
⑦ das Fortschleppen, -schwemmen;
⑧ *(v. der Rede)* ruhige Bewegung, verhaltener Stil [**orationis**]; Dehnung [**verborum**];
⑨ *(poet.; nachkl.)* langsamer Verlauf, Verzögerung [**belli; mortis**];
⑩ *(Lucr.) (v. der Zeit)* Verlauf.

trā-didī *Perf. v. trado.*

trāditiō, ōnis *f (trado)* ① Übergabe, Auslieferung [**urbis**];
② *(Tac.)* Bericht *eines Schriftstellers* [**supremorum** über das Ende];
③ *(Gell.)* Überlieferung, Tradition;
④ *(nachkl.)* Vortrag, Lehre.

trāditor, ōris *m (trado)* ① *(nachkl.)* Verräter;
② *(Eccl.)* Lehrer.

● **trā-dō,** dere, didī, ditum ① übergeben, überreichen, abgeben, abliefern, zustellen [**alci poculum; alqd per manūs; alqd in manum; alci epistulam; pecuniam quaestoribus; possessiones creditoribus**];
② überlassen, übergeben, anvertrauen [**alci turrim tuendam; alci summam imperii; alci provinciam administrandam; loca alci libera** zur freien Verfügung; **alci legionem, exercitum; pueros magistris; se alcis fidei; alqm in fidem alcis; alci filiam (in matrimonium)** zur Frau; **uxori cogitationes intimas**]; **in tuam custodiam me trado;**
③ *(als Erbteil)* hinterlassen [**filio regnum;** *übtr.* **posteris suis amplitudinem nominis**];
④ ausliefern [**perfugas; obsides; captivos; urbem; servos ad supplicium; alqm in custodiam; alqm magistratui; se alci** sich ergeben; **arma hostibus**];
⑤ *(poet.)* preisgeben [**feris populandas terras**]; durch Verrat preisgeben, an jmd. verraten [**imperium servo; alci patrios penates**];
⑥ jmd. empfehlen *(alqm alci),* jmdm. etw. ans Herz legen *(alci alqd);*
⑦ *se* ~ sich hingeben [**se rei publicae; se voluptatibus; se otio; se tristitiae; se totum alci; se in disciplinam alcis**];
⑧ überliefern [**pugnae memoriam posteris**]; **mos a maioribus traditus; traditum est** *(m. ut od. Inf.)* es ist herkömmliche Sitte;

T

9 erzählen, berichten, mitteilen; tradunt *(m. A. C. I.)*, traditur, traduntur *(m. N. C. I.)* man erzählt, es wird berichtet; **qui unus omnium iustissimus fuisse traditur; traditum est Homerum caecum fuisse** *(Cic.)*;
10 lehren [**elementa dicendi; iuventuti multa de rerum natura; virtutem hominibus**].

● **trā-dūcō,** dūcere, dūxī, ductum 1 hinüberführen, -bringen, hinführen, -bringen *(alqm od. alqd ex loco in locum od. ad alqm)* [**equitatum in Galliam; exercitum ex Galliā in Ligures**]; herbeiführen [**cohortes ad se in castra**]; **traduce familiam omnem ad nos;**
2 jmd. übersetzen, über etw. führen *(alqm alqd; selten trans)* [**copias flumen** über den Fluss; **milites Rhenum**]; – *Pass.:* **exercitus Iberum traducitur;**
3 vorüber-, vorbeiführen [**aquaeductum per domum suam; victimas in triumpho**];
4 jmd. hindurchführen [**Helvetios per fines Sequanorum; copias per angustias**];
5 *(übtr.) jmd. auf jmds. Seite* hinüberziehen, *jmd. für etw.* gewinnen [**alqm ad plebem, ad se; civitatem ad Gallos; alqm ad mansuetudinem; ad** *od.* **in suam sententiam** auf seine Seite bringen];
6 *(in einen Zustand, in andere Verhältnisse)* bringen, versetzen [**animos a severitate ad risum; inimicitias ad amicitiam** verwandeln in; **aegrum in meliorem consuetudinem; alqm ex egestate in rerum abundantiam; centuriones ex inferioribus ordinibus in superiores** befördern];
7 dem Spott preisgeben, verhöhnen [**coniuges per ora hominum**];
8 *(Zeit)* hin-, zubringen, verleben [**vitam tranquille; adulescentiam eleganter; aevum leniter**];
9 (ver)wenden *zu, für, auf* [**curam in vitulos; adulescentiam eleganter; otium in studia**]; **leniter aevum** ~;
10 auf etw. anwenden [**hanc rationem ad id genus**];
11 *(poet.)* bekannt machen [**poëmata; secreta**];
12 *(Iuv.)* **se** ~ sich sehen lassen, sich zeigen.

trāductiō, ōnis *f (traduco)* 1 Versetzung unter [**hominis ad plebem**];
2 *(v. der Zeit)* Verlauf;
3 *(nachkl.)* Bloßstellung;
4 *(rhet. t. t.)* uneigentlicher Gebrauch eines Wortes, *bes.* Metonymie.

trāductor, ōris *m (traduco)* Überführer [**ad plebem** *v. Pompeius, der den Übertritt des Clodius in eine pleb. Familie gefördert hatte*].

trāductus *P. P. P. v. traduco.*

trādux, ducis *m (traduco) (nachkl.)* Weinranke.

trā-dūxī *Perf. v. traduco.*

tragicōmoedia, ae *f (Plaut.)* Tragikomödie.

tragicus *(gr. Fw.)* **I.** *Adj.* a, um 1 tragisch, Tragödien- [**poëta; poëma** Tragödie; **actor; cothurnus** der Tragöden; **ars**];
2 *(rhet.)* erhaben, pathetisch [**orator**]; – *Subst.* -um, ī *n* tragisches Pathos;
3 *(übtr.)* traurig, schrecklich, grausam [**ignes** Liebe; **scelus**];
II. *Subst.* ī *m* Tragiker; *(Plaut.)* tragischer Schauspieler.

i Kultur **tragoedia** Trauerspiel, Tragödie. Die Tragödie ist in Griechenland aus dem im Dionysoskult gesungenen Chorlied entstanden, Tragödien wurden ursprünglich hauptsächlich am Dionysosfest aufgeführt. Die wichtigsten griech. Vertreter der Tragödie: Aischylos/Aeschylus (525–456 v. Chr.), Sophokles (496–406 v. Chr.), Euripides (480–406 v. Chr.). Inhalte der antiken Tragödie waren Stoffe aus der Mythologie und das Leid des Menschen. In Rom wurde die erste Tragödie 240 v. Chr. aufgeführt (Übersetzung einer griech. Tragödie durch Livius Andronicus). Die röm. Tragödiendichter, deren Werke – mit Ausnahme von Seneca – bis auf Fragmente verloren sind, schlossen sich eng an die griech. Tragödie, bes. an Euripides, an. Senecas Tragödien übten großen Einfluss auf die Tragödie der Neuzeit aus: Shakespeare, Corneille, Racine. Wichtige röm. Tragödiendichter außer Seneca waren: Naevius, Ennius, Pacuvius, Accius.

tragoedia, ae *f (gr. Fw.)* 1 Trauerspiel, Tragödie; **-am facere = scribere; -am agere** darstellen;
2 *Pl.* tragisches Pathos; **-is alcis perturbari;**
3 Rührstück, -szene;
4 *Pl.* großer Lärm, Spektakel; **-as excitare;**
5 *(spätl.)* trauriger Vorfall.

tragoedus, ī *m (gr. Fw.)* tragischer Schauspieler, Tragöde.

trāgula, ae *f* 1 Wurfspieß *m. Schwungriemen (der Gallier u. Spanier)*;
2 *(Plaut.) (übtr.)* Ränke.

trahāx, *Gen.* hācis *(traho) (Plaut.)* raffend, raffgierig.

trahea, ae *f (traho) (Verg.)* Bohlenwalze *zum Ausdreschen des Getreides.*

● **trahō,** trahere, trāxī, tractum 1 ziehen [**currum** *v. Pferden;* **regium currum; naves in saxa; alqm in conventum; puerum avo** zum Großvater bringen]; **toto itinere non ducitur, sed trahitur;**
2 gewaltsam ziehen, schleifen, zerren, schleppen [**alqm pedibus; alqm ad praeto-**

rem; *übtr.* **plures in eandem calamitatem**];
3 mit sich fortziehen, -schleppen [**praedas ex agris;** *(v. Flüssen)* **saxa secum**];
4 hin u. her ziehen, hin u. her zerren; *(nachkl.) (übtr.)* zerrütten; **Britanni factionibus trahuntur**;
5 (aus)plündern [**socios**]; **sibi quisque ducere, ~, rapere;**
6 wegnehmen [**partem doloris**];
7 *(Verg.)* verteilen [**sorte laborem**];
8 *pecuniam* vergeuden [**omnibus modis**];
9 *(übtr.)* annehmen, bekommen [**figuram lapidis; colorem nigrum; ruborem; sucum; faciem virorum; cognomen; stipendia** Sold erhalten; **in exemplum** zum Muster nehmen; **maturitatem; multa ex vicinorum moribus**];
10 sich etw. aneignen, an sich ziehen, reißen [**regnum;** *(zum Konsul)* **fratrem; gratiam sibi** Dank für sich fordern];
11 hinter sich herziehen, nachschleppen [**pallam; vestem per pulpita; sarcinas; corpus fessum; genua aegra**];
12 im Gefolge haben [**turbam prosequentium**]; **crepuscula trahunt noctem; tua fata nostrum pudorem trahunt; quae mox ventura trahuntur** *(Verg.)* das Folgende, die Zukunft;
13 einziehen, einschlürfen, einsaugen, *auch übtr.* [**aquam; venena ore; vocem a pectore; animam** *od.* **spiritum** atmen; **furorem per ossa** in sich aufnehmen]; *(bildl.)* **navigium aquam trahit**;
14 *(nachkl.)* von etw. ablenken [**alcis animum diverse; alqm ab incepto**]; **trahi in aliam partem mente;**
15 hervor-, herausziehen [**telum de corpore; manu lignum; aquam ex puteis** schöpfen; *übtr.* **vocem e pectore; gemitūs e corde**];
16 *(poet.)* zusammenziehen [**vincla galeae; vultūs** runzeln; **vela** einziehen];
17 *(übtr.)* hinziehen, leiten, bringen [**alqm ad decernendum**]; **in diversa trahi** zw. zwei Entschlüssen schwanken; **quid est, quod me in aliam partem ~ possit**;
18 *(übtr.)* jmd. zu etw. bewegen, veranlassen, verleiten, reizen, verlocken [**ad cupiditatem scientiae; alqm in suam sententiam** für sich gewinnen; **alqm in calamitatem; Teucros in proelia**]; **trahi ad mutandam fidem; amore trahi; trahit sua quemque voluptas** reißt hin; **ad imperii cupiditatem trahi** sich hingezogen fühlen;
19 her-, ableiten, entnehmen [**inde (ab illis) nomen; originem ab alqo**];
20 etw. auf jmd. beziehen, jmdm. etw. beimessen, beilegen [**id ad clementiam; fortuita ad culpam; nomen in urbem** auf die Stadt übertragen; **crimen in se** auf sich nehmen]; **omnia non bene consulta in virtutem trahebantur;**
21 als etw. auslegen, deuten, für etw. ansehen [**alqd in laudem** als Lob; **alqd in metum; in prodigium**]; **eodem (varie) ~;**
22 überdenken, erwägen, überlegen [**consilium**]; **belli atque pacis rationes ~;**
23 *(übtr.)* hinziehen, verzögern [**moram; pugnam aliquamdiu; rem in serum; frustra laborem** sich vergebens abmühen]; **~ omnia** auf jede Weise;
24 *(poet.)* in die Länge ziehen, verlängern [**aures in spatium; obsidionem**];
25 *(Zeit)* hinbringen [**noctem sermone; vitam** das Leben fristen; **segne otium** sich träger Ruhe hingeben];
26 *(nachkl.)* jmd. hinhalten [**legatos quaerentes; alqm sermone**];
27 *(poet.)* (ab)spinnen, krempeln [**vellera; fila digitis; data pensa**].

> *i* Kultur **Trāiānus,** ī *m:* M. Ulpius ~, (53–117 n. Chr.), v. Nerva adoptiert, röm. Kaiser, reg. 98–117. Stammte aus Südspanien. Unter Trajan hatte das röm. Reich seine größte geografische Ausdehnung.

● **trā-iciō,** icere, iēcī, iectum *(trans u. iacio)*
1 hinüberwerfen, -schießen, -bringen [**tela allo; signum trans vallum; de nave in navem; funem** um den Mast schlingen];
2 *(übtr.)* übertragen [**culpam in alium**]; **in te ~ coeperit;**
3 *(milit.) (Truppen)* hinüberbringen, -setzen [**legiones in Siciliam; classem in Italiam; res suas (trans) flumen**];
4 *(Örtl.)* passieren, überschreiten, -fahren [**montem; flumen**];
5 *traicere, se ~ u. mediopass. = transire:* **a)** übersetzen, hinüberfahren [**duabus navibus in Africam; nando** hinüberschwimmen]; **b)** *(v. Feuer od. Unglück)* herüberdringen, übergreifen auf; **incendium (malum) traiciet ad nos;**
6 durchbohren, -stoßen [**tergum sagittā; lictorem gladio; cuspide serpentem; alci femur tragulā**];
7 etw. durchbrechen; **pars magna equitum mediam aciem traiecerunt.**

trāiectiō, ōnis *f (traicio)* 1 Überfahrt, -gang [**incendiorum** *zwischen Häusern*];
2 **~ stellae** Sternschnuppe;
3 *(übtr.)* das Hinüberschieben *(der Verantwortung)* [**in alium** auf einen anderen];
4 *(rhet. t. t.)* **a)** Versetzung [**verborum** Wortversetzung, Hyperbaton]; **b)** Übertreibung [**veritatis**].

trāiectus¹ *P. P. P. v. traicio.*

trāiectus², ūs *m (traicio)* Überfahrt, -gang [**in Britanniam;** *(m. Gen. obi.)* **Albulae** über die

A.].

trālāticius, trālātus = *transl …*

Trallēs, ium **1.** *m illyr. od. thrak. Volk;*

② *f auch* **Trallīs,** ium *Stadt im Mäandertal in Karien, hieß seit Augustus zeitweise Kaisareia;* – *Adj.* **Trallianus,** a, um.

trā-loquor = *transloquor.*

tra-luceo = *transluceo.*

trām … *s. auch transm …*

trāma, ae *f* ① *(nachkl.)* Kette *des Gewebes,* Einschlag;

② *(Plaut.)* Bagatelle.

trāmes, mitis *m (trans u. meo)* ① Quer-, Seitenweg [**occultus**];

② *(poet.; nachkl.) übh.* Weg, Pfad, Gang, Lauf, Flug.

trā-natō, natāre *(trans)* ① *intr.* hinüber-, hindurchschwimmen; **relicto equo tranatavit; Germani tranatantes;**

II. *trans.* durchschwimmen [**flumen**].

trā-nō, nāre *(trans)* **I.** *intr.* hinüber-, hindurchschwimmen [**ad suos**];

II. *trans.* ① durchschwimmen [**amnem**];

② *(übtr.)* durchdringen, -fliegen, -fahren, -eilen [**nubila; Erebi amnes**].

tranquillitās, ātis *f (tranquillus)* ① Meeres-, Windstille, *auch Pl.;*

② Ruhe, Frieden [**pacis atque otii; rei publicae**]; **in tranquillitate vivere;**

③ Gemütsruhe [**animi; vitae; morum**].

tranquillō, tranquillāre *(tranquillus)* beruhigen [**animos**].

tranquillum, ī *n (tranquillus)* ① Wind-, Meeresstille; **(in) -o** bei ruhigem Wetter;

② Ruhe, Frieden; **rem publicam in -um redigere.**

● **tranquillus,** a, um *(Adv.* -ē *u.* -ō) ① ruhig, still, *bes.* windstill [**mare; serenitas**];

② *(polit.)* friedlich, ruhig [**civitas; libertas**];

③ *(geistig)* gelassen, ruhig [**animus; vita; plebs**].

● **trāns** **I.** *Präp. b. Akk.* ① *(auf die Frage „wohin?")* über, über … hin, über … hinaus; **vexillum ~ vallum traicere; ~ mare currere;**

② *(auf die Frage „wo?")* jenseits; **~ Rhenum incolere;**

II. *in Zusammensetzungen als Präfix (vor Konsonanten u. vor i oft trā-, vor s vereinfacht zu trān-)* ① (hin)über- [**trans-eo; trans-mitto**];

② (hin)durch [**trans-figo; trans-luceo; trans-lucidus**];

③ darüber hinaus, jenseits [**trans-marius**].

trāns-abeō, abīre, abiī, abitum *(Verg.)* durchbohren; **ensis transabiit costas.**

trānsāctor, ōris *m (transigo)* Vermittler *(alcis rei).*

trānsāctus *P. P. P. v. transigo.*

trāns-adigō, adigere, – – durch etw. stoßen *(durch etw.: Akk.)* [**ensem costas**]; durchbohren [**alqm costas** jmdm. die Rippen].

trāns-alpīnus, a, um *(Alpes)* jenseits der Alpen (gelegen, wohnend, stattfindend) [**Gallia; gentes; bella**]; – *Subst.* **-ī,** ōrum *m (nachkl.)* die jenseits der Alpen wohnenden Völker.

trān-scendō, scendere, scendī, scēnsum *(trans u. scando)* **I.** *intr.* ① hinüberschreiten, -steigen, -gehen [**in fines hostium; in Latinum agrum**];

② *(poet.; nachkl.) (in der Rede)* zu etw. übergehen [**ad ea; ex minore aetate in maiorem**];

II. *trans.* ① etw. überschreiten, -steigen [**fossas; valles; Alpes; muros scalis**];

② *(übtr.)* etw. überschreiten, verletzen [**fines iuris; ordinem**].

trāns-cīdō, cīdere, cīdī, – *(caedo) (Plaut.)* durchprügeln.

trān-scrībō, scrībere, scrīpsī, scrīptum ① abschreiben, übertragen [**tabulas publicas; verba ex libro**]; **eundem librum in exemplaria mille transcriptum;**

② *(jur. t. t.)* etw. auf jmd. umschreiben lassen, jmdm. etw. schriftl. übertragen, verschreiben *(alqd in alqm od. alci)* [**nomina in socios** Schuldposten auf die Bundesgenossen; **aes alienum hereditarium in se**];

③ *(poet.) (übtr.)* auf jmd. übertragen [**sceptra colonis; alci spatium vitae** jmdm. *(einem anderen)* einen Teil v. seinem Leben abgeben];

④ *(poet.; nachkl.) jmd. in einen anderen Stand od. an einen anderen Ort* versetzen [**matres urbi** in die Stadt];

⑤ *(Sen.) (übtr.)* aufnehmen [**in viros**].

trāns-currō, currere, (cu)currī, cursum **I.** *intr.* ① hinüberlaufen, hinlaufen [**in castra; ad forum**];

② *(Hor.) (übtr.)* in, zu etw. übergehen [**ad melius**];

③ vorbeilaufen, -eilen, -fahren, -segeln *(abs. od. praeter alqd)* [**praeter oculos regis**]; *(nachkl.) (v. der Zeit)* schnell vergehen;

④ *(Lucr.)* über etw. hinlaufen [**per spatium**];

II. *trans.* ① etw. schnell durchlaufen, -eilen [**caelum; luna radios solis;** *übtr.* **cursum suum** seine Laufbahn];

② *(nachkl.) (rhet.)* kurz durchgehen [**narrationem**].

trānscursus, ūs *m (transcurro) (nachkl.)* ① das Durchlaufen, Flug [**per aëra**];

② das Vorbeilaufen, -fahren, -eilen [**fulguris**];

③ *(v. der Rede)* kurzer Überblick, kurze Darstellung.

trāns-dō, trāns-dūcō = *trado, traduco.*

trāns-ēgī *Perf. v. transigo.*

trānsenna, ae *f* ① Netz; *(übtr.)* Fallstrick;

② Gitter(fenster); **alqd quasi per -am aspicere.**

● **trāns-eō,** īre, iī, itum **I.** *intr.* ① (hin)übergehen, hingehen [**ad forum; ad amicam; in Britanniam**]; **plebs in sacrum montem ex**

Aventino transit; – übersetzen, übersiedeln [**e suis finibus in Helvetiorum fines**]; *(v. Flüssen)* sich ergießen; **Mosa in Rhenum transit;**
② *zum Feind* übergehen [**a Caesare ad Pompeium; in aliena castra**];
③ *(übtr.) (zu einer anderen Partei, Meinung, in einen anderen Stand u. Ä.)* übertreten, übergehen, *einer Sache* beitreten [**ex Macedone ac libero in Persicam servitutem; a patribus ad plebem; ad sectam alii philosophi; ad (in) alia omnia** dagegen stimmen];
④ *(in einer Rede od. Schrift) zu etw. anderem* übergehen [**ad alias quaestiones; ad rhetoris officia; ad inferiora tempora**];
⑤ *(poet.)* sich in etw. verwandeln, in etw. übergehen [**aqua in vinum; in saxum; in humum; in plures figuras; in aestatem post ver**]; **frequens imitatio transit in mores;**
⑥ vorbeigehen, -ziehen, -reiten; **pedites transiere;** – *(v. der Zeit)* verstreichen, vergehen; **menses transeunt; aetas cito transiit;**
⑦ durch etw. hindurchgehen, -ziehen, -fahren [**per hortum**]; *(übtr.)* durch etw. (hindurch)dringen;
II. *trans.* ① etw. überschreiten, -steigen [**Apenninum; amnem; paludem; vim flammae** überspringen]; **flumen uno omnino loco pedibus transiri potest;** – *(Verg.)* überfahren; **rota transit serpentem;** – zurücklegen [**iter**];
② durch etw. gehen, ziehen, etw. durchreisen [**Formias; campos pedibus**];
③ vorbeigehen, -fahren an;
④ *(poet.; nachkl.)* überholen [**equum cursu**]; *(übtr.)* jmd. übertreffen;
⑤ *(übtr.)* etw. überschreiten, verletzen [**finem aequitas in iudicando**]; **sine dubio finem et modum ~;**
⑥ etw. überstehen [**ea quae premunt**];
⑦ *(vom Redner)* etw. durchgehen, besprechen [**libros proximis diebus**];
⑧ *(in der Rede)* übergehen, unerwähnt lassen [**alqd silentio**]; **Protagoran transeo; levia haec et transeunda;** – *(b. Lesen)* überschlagen [**multa**];
⑨ *(eine Zeit)* verbringen [**tribunatūs annum quiete; vitam; spatium iuventae**].

● **trāns-ferō,** ferre, tulī, lātum (*u.* trālātum) ① hinübertragen, -bringen, -schaffen [**ad se ornamenta ex his hortis;** *(milit.)* **signa** m. fliegenden Fahnen übergehen; **se in forum** sich begeben]; **illinc huc transfertur virgo;**
② vorbeitragen [**coronas aureas in triumpho**];
③ verlegen, versetzen, *auch übtr.* [**castra trans flumen; copias in Boeotiam; bellum in Italiam** den Kriegsschauplatz nach I. verlegen; **belli terrorem ad urbem; concilium Lutetiam**]; **domos suas ~** seinen Wohnsitz verlegen, auswandern;
④ *(übtr.)* lenken, wenden, schieben [**crimen ad (in) alqm** auf jmd. schieben; **animum ad accusandum; sermonem alio; amores alio** einem anderen zuwenden; **se ad artes** sich zuwenden];
⑤ etw. auf jmd. übergehen lassen, übertragen [**possessiones a liberis ad alienos; summam imperii ad Athenienses**]; – *Pass.* auf jmd. übergehen;
⑥ abschreiben, übertragen [**alqd in tabulas; verba in chartas** zu Papier bringen];
⑦ übertragen, übersetzen [**volumina ex Graeco in Latinum; alqd ab Aristotele** aus Aristoteles]; **quod Cicero his verbis transfert;**
⑧ *(Wörter)* bildlich *od.* im übertragenen Sinn gebrauchen; **verba tra(ns)lata** Metaphern;
⑨ anwenden auf [**definitionem in aliam rem; tempus in alqm custodiendum**];
⑩ *(poet.; nachkl.)* in etw. verwandeln [**alqd in novam speciem**]; **civitas se transtulit;**
⑪ *(zeitl.)* verschieben [**se in proximum annum** seine Bewerbung auf das nächste Jahr].

● **trāns-fīgō,** fīgere, fīxī, fīxum ① durchbohren [**hostem gladio; scutum ferro**]; **pilis transfixi; transfixo pectore** *(Verg.);*
② *(poet.)* etw. (hin)durchstoßen [**hastam**].

trāns-figūrō, figūrāre *(nachkl.)* verwandeln, umformen.

trāns-fluō, fluere, flūxī, – *(August.) (übtr.)* überfließen, sich ergießen.

trāns-fodiō, fodere, fōdī, fossum durchbohren [**alci latus**].

trānsfōrmis, e *(transformo) (Ov.)* ① umgeformt, verwandelt [**corpora**];
② wandelbar [**Proteus**].

trāns-fōrmō, fōrmāre *(poet.)* umformen, verwandeln [**se in miracula**].

trāns-forō, forāre *(Sen.)* durchbohren.

trānsfossus *P. P. P. v. transfodio.*

trāns-fretō, fretāre *(fretum) (nachkl.)* über das Meer fahren.

trāns-fūdī *Perf. v. transfundo.*

● **trānsfuga,** ae *m u. f (transfugio)* Überläufer, Ausreißer; *(poet.; nachkl.) auch als Adj.:* übergelaufen, treulos, abtrünnig.

trāns-fugiō, fugere, fūgī, – *zum Feind* überlaufen [**ad hostes; ad victorem;** *übtr.* **ab afflicta amicitia ad aliam**].

trānsfugium, ī *n (transfugio)* das Überlaufen *zum Feind.*

trāns-fundō, fundere, fūdī, fūsum ① *(nachkl.) in ein anderes Gefäß* umgießen, umschütten;
② *(übtr.)* etw. auf jmd. übertragen [**amorem in alqm; laudes ad alqm**].

trānsfūsiō, ōnis *f (transfundo)* ① *(nachkl.)* das Hinübergießen, -schütten;
② *(übtr.)* Vermischung.

● **trāns-gredior,** gredī, gressus sum *(gradior)* **I.** *intr.* ① hinübergehen, -schreiten, -steigen [**in Italiam; per montes; Rheno** über den Rhein; **in Corsicam** segeln];
② *(Tac.) (übtr.) zu einer Partei* übergehen [**in partes Vespasiani**]; **transgredior ad vos;**
③ *(Tac.) zu einer Handlung* übergehen, schreiten [**ad sacramentum**];
II. *trans.* überschreiten, passieren [**amnem; paludem; mare; montem; colonias**].

trānsgressiō, ōnis *f (transgredior)* ① das Überschreiten, Übergang [**Gallorum**];
② *(rhet.) verborum* Abweichung v. der gewöhnlichen Wortstellung, Wortversetzung, Hyperbaton;
③ *(Eccl.) (übtr.)* Übertretung, Verletzung *einer Verordnung.*

trānsgressor, ōris *m (transgredior) (Eccl.)* Übertreter *einer Verordnung.*

trānsgressus[1], ūs *m (transgredior)* das Überschreiten, Übergang [**amnis** über den Fluss].

trānsgressus[2] *P. P. Akt. v. transgredior.*

trānsiciō, trānsiectiō, trānsiectus = *traicio, traiectio, traiectus.*

trāns-igō, igere, ēgī, āctum *(ago)* ① *(poet.; nachkl.)* durchbohren [**pectus gladio; se ferro; alqm ictu**];
② *(übtr.)* etw. durchführen, vollführen, zustande bringen [**bella**]; **rebus transactis**; – *(Geschäfte)* durchführen, abmachen [**negotium**];
③ m. jmdm. ein Abkommen treffen [**cum reo; inter se**];
④ *(nachkl.)* mit etw. ein Ende machen [**cum expeditionibus**];
⑤ *(nachkl.) (Zeit)* verbringen, verleben [**vitam; pueritiam; tempus per ostentationem; diem sermonibus**].

trāns-iī *Perf. v. transeo.*

trān-siliō, silīre, siluī *(u.* silīvī, siliī), – *(salio)* **I.** *intr.* hinüberspringen [**per hortum ad nos; in naves hostium; per Graeciam** eilig durchfahren]; *(übtr.)* sprungweise zu etw. übergehen [**ab illo consilio ad aliud**];
II. *trans.* ① überspringen [**murum; flammas**];
② *(poet.; nachkl.) (übtr.)* durcheilen, -fliegen;
③ *(übtr.)* etw. überschreiten [**naturalem modum**];
④ *(in der Rede)* übergehen, überspringen [**partem vitae**].

trānsitiō, ōnis *f (transeo)* ① das Hinübergehen, Übergang [**imaginum, visionum** das Überströmen *v. den Göttern zu den Menschen*];
② *(übtr.)* das Überlaufen *zum Feind* [**ad hostem; sociorum**]; Übertritt [**ad plebem**];
③ *(meton.)* Durchgang *als Ort* [**pervia**];
④ *(Ov.) (v. Krankheiten)* Ansteckung.

trānsitō, trānsitāre *(Intens. v. transeo)* (hin)durchgehen, -ziehen; **trānsitāns** auf einer Dienstreise.

trānsitōrius, a, um *(transeo)* ① *(Suet.)* m. einem Durchgang versehen, Durchgangs- [**domus**];
② *(spätl.)* vorübergehend, kurz; vergänglich.

● **trānsitus[1],** ūs *m (transeo)* ① das Überschreiten, Übergang [**Alpium; fossae;** *(übtr.)* **a pueritiā ad adulescentiam**]; **transitum claudere;**
② Durchzug; **Poeno per agros urbesque transitum dare; alqm transitu arcere**;
③ *(meton.)* Durchgang *als Ort,* Übergangsort;
④ das Vorübergehen [**tempestatis**]; **in transitu urbem capere** im Vorübergehen;
⑤ *(nachkl.) (übtr.)* Übertritt *zum Feind od. zu einer anderen Partei* [**ad validiores**];
⑥ *(poet.; nachkl.) (in der Malerei)* Farbenübergang;
⑦ *(spätl.)* Tod.

trānsitus[2] *P. P. P. v. transeo.*

trānslātīcius, a, um *(translatus v. transfero)* ① überliefert, herkömmlich [**ius; edictum**];
② *(übtr.)* gewöhnlich [**mos; verba**].

trānslātiō, ōnis *f (transfero)* ① Übertragung [**pecuniarum ab alqo ad alqm**];
② *(Suet.)* Verlegung [**domicilii**];
③ *(jur. t. t.)* **a)** Ablehnung *eines Richters, Klägers u. Ä.;* **b)** Entkräftung *einer Beschuldigung* [**criminis**];
④ *(rhet. t. t.)* Metapher.

trānslātīvus, a, um *(translatus v. transfero)* ablehnend [**constitutio**].

trānslātor, ōris *m (transfero)* „Übertrager" [**quaesturae** *v. Verres, der eigenmächtig seine Quästur wechselte u. m. der Kasse zu Sulla überging*].

trānslātus[1], *P. P. P v. transfero.*

trānslātus[2], ūs *m (transfero) (nachkl.)* Prozession.

trāns-legō, legere, – – *(Plaut.)* ganz vorlesen.

trāns-loquor, loquī, – *(Plaut.)* hererzählen.

trāns-lūceō, lūcēre, – – *(poet.; nachkl.)* ① herüberscheinen, durchschimmern;
② durchsichtig sein.

trānslūcidus, a, um *(transluceo) (nachkl.)* durchsichtig.

trāns-marīnus, a, um *(mare)* überseeisch [**provinciae; legatio**].

trānsmeābilis, e *(transmeo) (spätl.)* überschreitbar.

trāns-meō, meāre *(nachkl.)* durchziehen, passieren.

trānsmigrātiō, ōnis *f (transmigro) (spätl.)* das Übersiedeln, Auswanderung, Auszug.

trāns-migrō, migrāre übersiedeln [**Veios**].

trāns-mineō, minēre, – – *(Plaut.)* hindurchragen.

trāns-mīsī *Perf. v. transmitto.*

trānsmissiō, ōnis *f u.* **trānsmissus,** ūs *m*

(transmitto) Überfahrt.

● **trāns-mittō,** mittere, mīsī, missum ❶ hinüberschicken, -bringen [**pecora in campum; auxilium;** *übtr.* **bellum in Italiam** übergreifen lassen; **vim in alqm** gegen jmd. anwenden]; übersetzen (lassen) [**legiones; cohortem in Britanniam**];
❷ hinüberlegen, hinüberführen [**pontem**];
❸ durchlassen, durchziehen lassen [**exercitum per fines; favonios; lucem**];
❹ jmdm. übergeben, anvertrauen, überlassen [**imperium alci; signa; hereditatem filiae fratris**];
❺ *(nachkl.)* übergehen, nicht berücksichtigen, unbeachtet lassen [**rumores; sententiam; nomen alcis silentio**]; etw. aufgeben [**Gangem amnem** die Eroberung des G.];
❻ *(nachkl.) (Zeit)* verbringen, verleben [**tempus inter libellos; vitam per obscurum**]; verstreichen lassen [**annum**];
❼ *(nachkl.)* überstehen [**febrium ardorem**];
❽ widmen [**noctes operi; suum tempus temporibus amicorum**];
❾ etw. überschreiten, über etw. gehen, setzen *(m. Akk.)* [**maria; Euphratem ponte; Alpes; amnem**]; **equites medios campos transmittunt;**
❿ hinüberfahren, -ziehen, übersetzen [**ex Sardinia in Africam**].

trāns-montānī, ōrum *m (< trans montes)* die Völkerschaften jenseits der Gebirge.

trāns-moveō, movēre, mōvī, mōtum ❶ *(Tac.)* verlegen [**legiones Syriā** aus Syrien];
❷ *(Ter.) (übtr.)* übertragen [**labore alieno partam gloriam verbis in se** sich zuschreiben].

trāns-mūtō, mūtāre *(poet.)* vertauschen [**honores**].

trāns-natō, trāns-nō = *tranato, trano.*

trāns-nōminō, nōmināre *(nachkl.)* umbenennen.

trāns-numerō, numerāre *(nachkl.)* durchzählen.

trāns-padānus, a, um *(< trans Padum)* jenseits des Po (wohnend, gelegen); – *Subst. m* Transpadaner.

trānspectus, ūs *m (transpicio) (Lucr.)* Durchsicht.

trān-spiciō, spicere, – – *(specio) (Lucr.)* durchsehen.

trāns-pōnō, pōnere, posuī, positum *(nachkl.)* ❶ hinüberbringen, übersetzen [**milites**];
❷ *an einen anderen Ort* versetzen [**onera in flumen**].

trānsportātiō, ōnis *f (transporto) (Sen.)* Übersiedlung, Wanderung [**populorum**].

trāns-portō, portāre ❶ hinüberbringen, -schaffen [**iumenta**]; *(milit.)* übersetzen [**exercitum in Graeciam; milites flumen** über den Fluss];
❷ *(Suet.)* verweisen [**alqm in insulam**].

trānspositus *P. P. P. v. transpono.*

trāns-posuī *Perf. v. transpono.*

trāns-rhēnānus, a, um *(< trans Rhenum)* rechtsrheinisch [**Germani; gentes**]; – *Subst.* -ī, ōrum *m* rechtsrheinische Stämme.

trāns-s ... = *tran-s ...*

Trāns-tiberīnī, ōrum *m (< trans Tiberim)* die jenseits des Tiber *(j. in Trastevere)* Wohnenden.

trāns-tineō, tinēre, – – *(teneo) (Plaut.)* hindurchgehen.

trānstrum, ī *n* ❶ Querbalken;
❷ Ruderbank, *meist Pl.*

trāns-tulī *Perf. v. transfero.*

trānsultō, trānsultāre *(Intens. v. transilio)* hinüberspringen.

trān-suō, suere, suī, sūtum *(Ov.)* durchstechen.

trāns-vadō, vadāre *(Vulg.)* durchwaten.

trānsvectiō, ōnis *f (transveho)* ❶ Überfahrt *(über etw.: Gen.)* [**Acherontis**];
❷ *(Suet.)* das Vorüberreiten *des röm. Ritters vor dem Zensor,* Musterung.

trāns-vehō, vehere, vēxī, vectum ❶ hinüberfahren, -führen, -bringen, übersetzen [**agmina classe; exercitum in Britanniam**]; – *mediopass.* hinüberfahren, übersetzen [**in Africam**];
❷ vorbeiführen, -tragen *(bes. im Triumph)* [**spolia carpentis**]; – *mediopass.* vorbeifahren, -ziehen, -reiten;
❸ *(Tac.) mediopass. (v. der Zeit)* vorübergehen, verstreichen.

trāns-verberō, verberāre durchstechen, -bohren [**scutum; se gladio; alqm hastā**].

trānsversārius, a, um *(transversus)* Quer [**tigna**].

trāns-versō, versāre *(Verg.)* wiederholt umwenden.

trānsversum, ī *n (transversus)* die Quere, schräge Lage, schräge Richtung; – *Adv.* **ex (de) -o** in die Quere, schräg, *(übtr.)* störend, unvermutet.

trānsversus, a, um *(P. Adj. v. transverto)* ❶ quer (liegend), schräg, schief, Quer-, Seiten- [**via; vallum; limites; tigna** sich kreuzende; **proelium** Flankenangriff; **iter** Seitenweg *od.* Flankenmarsch]; **-o foro (ambulare)** quer über den Markt; **non unguem** *od.* **digitum -um discedere** keinen Finger breit; **alqm -um agere** jmd. vom rechten Weg abbringen;
❷ *(übtr.)* in die Quere kommend, störend;
/ *Adv. (Akk. Pl. n)* **trānsversa** *(poet.)* seitwärts, *(übtr.)* scheel [**tueri**].

trāns-vertō, vertere, vertī, versum *(nachkl.)* umwenden, umkehren, schwenken.

trāns-vēxī *Perf. v. transveho.*

trāns-volitō, volitāre *(Lucr.)* durchfliegen.

trāns-volō, volāre ❶ hinüberfliegen, -eilen [**in alteram partem**];

T

② etw. überfliegen, eilig überschreiten, durchfahren [**Alpes; Oceanum**];
③ an etw. vorbeifliegen, *(übtr.)* vorübereilen *(m. Akk.)* [**aridas quercus; in medio posita** liegen lassen].

trāns-vorsus, a, um, **-vortō,** vortere *(altl.)* = *trans-versus, -verto.*

trapētum, ī *n u.* **-us,** ī *m (nicht klass.)* Ölpresse.

trapeza, ae *f (gr. Fw.)(nachkl.)* Tisch.

trapezīta, ae *m (gr. Fw.) (Plaut.)* Geldwechsler.

trapezophorum, ī *n (gr. Fw.)* „Tischträger", verzierter Fuß *einer Tischplatte.*

Trapezūs, ūntis *f griech. Kolonie, v. Sinope gegründet, Stadt in Pontus, j.* Trabzon.

trāsenna *(Plaut.) = transenna.*

Trasumēnus *(u.* Trasumennus, Trasimēnus), a, um trasimenisch; *bes.* lacus ~ *u. nur* T. *See im östl. Etrurien, j.* Lago Trasimeno, *ber. durch Hannibals Sieg üb. die Römer unter C. Flaminius am 22. Juni 217 v. Chr.*

trā-v ... = *trans-v* ...

trāxī *Perf. v. traho.*

Trebia, ae *m Nebenfluss des Po, j.* Trebbia, *Mündung b. Placentia, Sieg Hannibals üb. die Römer unter Ti. Sempronius Longus 218 v. Chr.*

Trebula, ae *f* ① *Dorf, später Stadt im Sabinerland, auch* Mutu(e)sca;
② *Stadt in Kampanien, j.* Treglia;
/ *Adj.* **Trebulānus,** a, um; Trebulānum, ī *n* Landgut b. Trebula.

trecēnī, ae, a *(trecenti)* je dreihundert.

trecentēsimus, a, um *(trecenti)* der dreihundertste.

tre-centī, ae, a *(tres u. centum)* dreihundert; *(poet.)* unzählige.

trecentiē(n)s *(trecenti) (poet.)* dreihundertmal.

trechedīpnum, ī *n (gr. Fw.)(Iuv.)* leichtes Tischkleid *des Modenarren.*

trē-decim *undekl. (tres u. decem)* dreizehn.

tremebundus, a, um *(tremo)* zitternd, zitterig [**membra**].

treme-faciō, facere, fēcī, factum *(tremo)* zittern machen, zum Zittern bringen, erschüttern [**Olympum**]; *Pass.* -fīō, fierī, factus sum erzittern.

tremendus, a, um *(tremo) (poet.; nachkl.)* schrecklich, furchtbar [**rex** *v. Pluto*].

tremēscō, tremēscere *u.* **tremīscō,** tremīscere, – – *(Incoh. v. tremo) (poet.)* erzittern, erbeben *(vor etw.: alqd; bei etw.: ad alqd); m. A. C. I.:* fürchten, dass.

tremibundus, a, um = *tremebundus.*

tremīscō *s. tremesco.*

● **tremō,** tremere, tremuī, – zittern, beben *(vor: Akk.)* [**virgas ac secures dictatoris; offensam Iunonem**]; **tremunt manus; membra trementia.**

tremor, ōris *m (tremo)* ① das Zittern, Beben [**membrorum**]; Erdbeben;
② *(Mart.; Petr.) (meton.)* das, was Zittern *od.* Schrecken erregt.

tremuī *Perf. f v. tremo.*

tremulus, a, um *(tremo)* ① zitternd, bebend [**senex; flamma** flackernd; **vestis** flatternd; **mare** unruhig];
② Zittern erregend [**frigus; horror**].

trepidanter *Adv. (trepido)* ängstlich.

trepidātiō, ōnis *f (trepido)* Unruhe, Verwirrung, unruhige Hast, ängstliche Eilfertigkeit.

● **trepidō,** trepidāre *(trepidus)* ① ängstlich hin u. her laufen, durcheinander laufen, hasten, rennen, in Unruhe, in Aufregung sein [**metu; ad arcem; ad arma; circa advenam** umschwärmen]; **totis castris trepidatur** das ganze Lager ist in Aufruhr; – *(vom Pferd)* scheu werden; *(v. Gliedern)* zucken; *(vom Herzen)* klopfen; *(vom Vogel)* zappeln; *(v. Flammen)* flackern;
② *(poet.; nachkl.)* zittern *(vor, weg. etw.: Abl.);*
③ *(übtr.)* schwanken, unschlüssig sein [**inter scelus metumque**]; *(m. Inf.)* zögern;
④ *(poet.; nachkl.)* sich ängstigen [**morte futura**]; etw. *od.* jmd. fürchten, zurückschrecken vor *(m. Akk. od. Inf.)* [**lupos**].

trepidus, a, um ① unruhig, hastig, verwirrt, aufgeregt, ängstlich *(v. Lebewesen u. übtr. v. Zuständen, Sachen)* [**curia; fuga** wirr; **vultus** scheu; **unda** wogend; **cursus; vita** in Gefahr schwebend; *(vor, wegen, über: Abl., selten Gen.)* **metu; rerum**]; **terror ex somno -am civitatem excivit;**
② ratlos, schwankend, unschlüssig;
③ beunruhigend, verwirrend, Unglück meldend [**litterae**]; **res -ae** Angst, Verwirrung; **in re -a** *u.* **in rebus -is** in gefährlicher Lage.

● **trēs, tria** *(Gen.* trium, *Dat. u. Abl.* tribus, *Akk.* trēs *u.* trīs, *n* tria) drei; ein paar, einige [**verba**].

trēs-vir *s. triumvir.*

treuga, ae *f (germ. Wort) (mlt.)* Landfrieden; **dei** Gottesfrieden.

Trēverī *u.* **Trēvirī,** ōrum *m (Sg.* **Trēvir,** virī) *Volk zw. Maas u. Mosel, mindestens teilweise germ. Abkunft, aber keltischer Sprache u. Kultur, Hauptstadt: (Colonia) Augusta Treverorum, j.* Trier; – *Adj.* **Trēvericus,** a, um.

tri- *(tres)* drei-.

triangulum, ī *n (triangulus)* Dreieck.

tri-angulus, a, um *(nachkl.)* dreieckig.

triāriī, ōrum *m* die Triarier, Reserve, die Soldaten des dritten Treffens *(die ältesten u. erfahrensten Soldaten); sprichw.:* **res rediit ad -os** es ist zum Äußersten gekommen.

trias, ados *f (gr. Fw.) (mlt.)* hl. Dreieinigkeit.

tribas, adis *f (gr. Fw.) (mlt.; nachkl.)* Lesbierin.

Tribocēs, cum *u.* **-ī,** ōrum *m germ. Stamm, v.*

Cäsar im Elsass angesiedelt.

tribolus, ī *m = tribulus.*

tribuārius, a, um *(tribus)* Tribus-; die Bestechung der Tribus betreffend [**crimen**].

tribuī *Perf. v. tribuo.*

trībulātiō, ōnis *f (tribulo) (Eccl.)* Not, Drangsal.

tribūlis *(tribus)* **I.** *Adj.* e zu derselben Tribus gehörig;

II. *Subst.* is *m* ① Tribusgenosse; *(Ter.)* Gaugenosse, Landsmann;

② *(poet.)* Angehöriger der unteren Volksschicht.

trībulō, trībulāre *(tribulum)* ① *(vorkl.)* pressen;

② *(Eccl.)* peinigen, plagen.

trībulum, ī *n (tero) (nicht klass.)* Dreschbrett, -wagen.

tribulus, ī *m (gr. Fw.) (poet.; nachkl.)* Burzeldorn *(ein stachliges Unkraut).*

tribūnal, ālis *n (tribunus)* ① Tribunal, Tribüne: **a)** Hochsitz *der Magistrate, bes. der Tribunen;* Richterstuhl; **pro tribunali sedere** vorn auf; **alqm de tribunali deturbare; pro tribunali alqd agere***;* **b)** Feldherrnsitz *im Lager;* **c)** *(Suet.)* Sitz des Prätors *im Theater;*

② *(poet.) (meton.)* Richterkollegium, Gerichtshof;

③ *(Tac.)* Trauergerüst, Grabdenkmal.

tribūnātus, ūs *m (tribunus)* ① Volkstribunat;

② Militärtribunat.

tribūnicius *(tribunus)* **I.** *Adj.* a, um die Volks- *od.* Militärtribunen betreffend, tribunizisch [**potestas; vis; terrores; comitia** zur Wahl der Volkstribunen]; v. den Tribunen *od.* v. einem Tribun herrührend [**leges**];

II. *Subst.* ī *m* gewesener Volkstribun.

● **tribūnus,** ī *m (tribus)* Tribun: ① Tribusvorsteher;

② *(in der Königszeit)* **tribūnus Celerum** Reiterkommandant;

③ **tribūnus aerārius (aeris)** Zahlmeister, *der den Quästoren Hilfe leistete;*

④ *(milit. t. t.)* **a) tribūnus militum** *od.* **militāris** Militärtribun *(in jeder Legion 6, teils vom Feldherrn berufen, teils vom Volk gewählt);* **b)** *(nachkl.) (in der Kaiserzeit)* **tribūnus cohortis** Befehlshaber der 1. Prätorianerkohorte;

⑤ **tribūnī militum cōnsulārī potestate** *od.* **tribūnī cōnsulārēs** Militärtribunen m. Konsulargewalt, *444–367 v. Chr. oberste Staatsbehörde in Rom statt der Konsuln (urspr. aus 3, später aus 6 Mitgliedern bestehend);*

⑥ **tribūnus plēbis** *od.* **plēbī** *u. bl.* **tribūnus** Volkstribun, *um 490 v. Chr. erhielt die Plebs die Schutzbehörde der tribuni (zuerst 2, dann 5, später 10), urspr. nur m. Vetorecht, später m. umfassender Gewalt.*

> *i* Kultur **tribūnus (plēbis)** Das besondere Amt für den frei geborenen Plebejer, mit besonderen Rechten zum Schutz von Leben und Vermögen der Plebejer ausgestattet: Die 10 Volkstribunen der Republik (pro Jahr) waren unverletzlich/sakrosankt (nicht absetzbar) und konnten mit ihrem Vetorecht die Magistrate behindern. – Wegen dieser Macht übte im Kaiserreich der Kaiser (princeps) dieses Amt lebenslänglich selbst aus.

● **tribuō,** tribuere, tribuī, tribūtum *(tribus)* ① einteilen [**rem universam in partes**];

② austeilen, verteilen [**pecuniam equitibus**];

③ *(übtr.)* zuteilen, verleihen, schenken, erweisen, gewähren [**praemia alci; in tribuendo suum cuique; alci beneficia; mulieri; salutem mihi; honorem; laudem** spenden; **gratiam** Dank erweisen; **nomina sibi deorum** sich beilegen; **veniam alci; silentium orationi; terris pacem**];

④ zugestehen, einräumen [**alqd rei publicae et amicitiae**];

⑤ **alci multum** (**plus, plurimum** *u. Ä.)* ~ jmd. hoch (mehr, sehr) schätzen; **alci omnia** ~ jmd. über alles schätzen;

⑥ jmdm. zu Willen sein [**ordini publicanorum; in vulgus** jedermann dienen];

⑦ zuschreiben, anrechnen [**casūs adversos hominibus; alqd suae culpae; id virtuti hostium**]; *m. Dat. des Zweckes:* als etw. auslegen [**alci alqd superbiae, ignaviae** *u. Ä.* jmdm. etw. als Hochmut, als Feigheit auslegen]; *abs.* **magnopere alci rei** ~ auf etw. stolz sein [**suae virtuti**];

⑧ *(Zeit einer Tätigkeit)* widmen [**reliqua tempora litteris**].

> *i* Kultur ● **tribus,** ūs *f (Dat. u. Abl. Pl.* tribubus) ① urspr. ein Drittel des röm. Volkes, Stammtribus, einer der drei Stämme des röm. Volkes; vgl. Ramnes, Tities, Luceres;
>
> ② seit Servius Tullius Abteilung der röm. Vollbürger, Bezirk, Gau, Tribus (4 urbanae u. 26, später 31 rusticae); **tribu movere alqm** aus der T. stoßen; **populum in tribus convocare**;
>
> ③ *(meton.) Pl.* die Stimmen einer Tribus; *(übtr.)* Stimmen einer Zunft [**grammaticae** der Kritiker].

tribūtārius, a, um *(tributum)* die Abgaben betreffend [**tabellae** reiche Geschenke versprechend].

tribūtim *Adv. (tribus)* tribusweise [**spectacula dare**]; in den Tributkomitien.

T

tribūtiō, ōnis *f (tribuo)* Verteilung [**aequabilis** Gleichgewicht].

● **tribūtum,** ī *n (tribuo)* ① Abgabe, Steuer, Tribut [**annuum**]; **-um imperare, imponere; civitates -is liberare;**
② *(poet.) (übtr.)* Geschenk, Gabe.

tribūtus[1] *P. P. P. v. tribuo.*

tribūtus[2], a, um *(tribus)* nach den Tribus eingerichtet [**comitia**].

tribūtus[3], ūs *m (tribuo) (vor- u. nachkl.)* Abgabe.

trīcae, ārum *f* ① Widerwärtigkeiten;
② *(Plaut.)* dummes Zeug, Unsinn.

Tricastīnī, ōrum *m kelt. Volk in der Gallia Narbonensis westl. der Rhône.*

Tricca, ae *f Stadt in Thessalien, Heimat der Aesculapius-Verehrung, j.* Trikkala.

trīcēnārius, a, um *(triceni)* ① *(Sen.)* dreißigjährig [**filius**];
② *(spätl.)* dreißig enthaltend.

trīcēnī, ae, a *(triginta)* je dreißig.

trīcēnsimus *u.* **trīcēsimus,** a, um *(triginta)* der dreißigste.

tri-ceps, *Gen.* cipitis *(caput)* dreiköpfig [**Cerberus**].

trīcēsimus *s. tricensimus.*

trichila, ae *f* Laube.

trīciē(n)s *Adv. (triginta)* dreißigmal.

triclīniarchēs, ae *m (gr. Fw.) (Petr.)* Aufseher über die Tafel.

triclīniāria, ium *n (triclinium)* Speiseteppiche.

triclīnium, ī *n (gr. Fw.)* ① Speisesofa;
② Speisezimmer.

> *i* Kultur **triclīnium** So nannten vornehme Römer ihre „Wohnzimmereinrichtung“: drei Sofas mit je drei Plätzen standen hufeisenförmig um einen viereckigen Tisch, davor Fußbänke. Von den Griechen stammte die Gewohnheit, auf den linken Ellenbogen gestützt, bei Tische zu liegen (accubare); arme Römer und Sklaven saßen aufrecht oder lagen auf einfachen Liegen.

trīcō, ōnis *m (tricae) (vorkl.)* jmd., der Händel sucht.

trīcor, trīcārī *(tricae)* Schwierigkeiten machen, Ausflüchte suchen.

tri-cornis, e *(cornu) (Plin.) m.* drei Hörnern.

tri-corpor, *Gen.* poris *(corpus) (poet.)* dreileibig.

tri-cuspis, *Gen.* pidis *(Ov.)* dreizackig, -spitzig.

tri-dēns, *Gen.* dentis *(poet.; nachkl.)* **I.** *Adj.* dreizähnig, -zackig;
II. *Subst. m (Abl. Sg.* -e *u.* -ī) Dreizack.

tridenti-fer *u.* **-ger,** era, erum *(tridens u. fero bzw. gero) (Ov.)* den Dreizack führend.

triduānus, a, um *(triduum) (spätl.)* drei Tage dauernd, dreitägig.

trī-duum, ī *n (dies)* Zeit(raum) von drei Tagen, drei Tage; **via -i.**

triennia, ium *n (triennium) (Ov.)* jedes dritte Jahr gefeiertes Bacchusfest.

tri-ennium, ī *n (annus)* Zeit(raum) v. drei Jahren, drei Jahre.

triēns, entis *m (tres)* ① ein Drittel;
② *(als Münze)* Drittelas;
③ *(b. der Erbschaft)* ein Drittel der Erbmasse; **cum duobus coheredibus in triente esse;**
④ *(poet.) (als Flüssigkeitsmaß)* = $\frac{1}{3}$ sextarius = $\frac{1}{6}$ l; *(übtr.)* Becher.

trientābulum, ī *n (triens) (durch Bodenanweisung abgelöste)* Entschädigung für ein Drittel *der Schuldsumme.*

triērarchus, ī *m (gr. Fw., trieris)* Trierenführer.

triēris *(gr. Fw.)* **I.** *Adj.* e m. drei Ruderdecks [**navis**];
II. *Subst.* is *f (erg. navis)* Dreidecker, Triere.

trietēricus, a, um *(gr. Fw.) (poet.)* jedes dritte Jahr gefeiert [**sacra**]; – *Subst.* **-a,** ōrum *n = triennia.*

trietēris, idis *f (gr. Fw.)* ① *= triennia;*
② *(poet.) = triennium.*

tri-fāriam *Adv. (vgl. bi-fariam)* an drei Stellen [**urbem munire**].

tri-faux, *Gen.* faucis *(poet.)* aus drei Rachen (kommend) [**latratus**].

tri-fidus, a, um *(findo) (poet.; nachkl.)* dreifach gespalten, dreizackig [**flamma**].

tri-fīlis, e *(filum) (Mart.)* dreifädig, m. drei Haaren.

tri-folium, ī *n (Plin.)* Klee.

tri-fōrmis, e *(forma) (poet.)* dreigestaltig [**Chimaera**].

tri-fūr, fūris *m (Plaut.)* dreifacher Dieb, Erzdieb.

tri-furcifer, erī *m (Plaut.)* Erzschelm.

trīga, ae *f (tres u. iungo) (vorkl.)* Dreigespann.

trīgārius, ī *m (triga) (Plin.)* Lenker eines Dreigespanns.

tri-geminus, a, um ① Drillings- [**filii; fratres**];
② dreifach [**victoria; honores** Ädilität, Prätur, Konsulat; **Porta Trigemina** Tor *der röm. Stadtmauer mit drei Durchgangsbogen gegenüber dem Aventin*]; dreigestaltig, dreiköpfig [**Hecate; canis** = Cerberus; **vir** = Geryones]; – *Adv.* -um *(Mart.)* mehrmals.

trīgēsimus, a, um = *tricesimus, s. tricensimus.*

● **trīgintā** *undekl.* dreißig.

trigōn, ōnis *m (gr. Fw.) (poet.)* ① kleiner, harter Ball;
② Ballspiel, *bei dem die Spieler im Dreieck standen.*

trigōnālis, e *(trigonum) (Mart.)* dreieckig [**pila**[2] = *trigon 1.*].

trigōnum, ī *n (gr. Fw.) (vor- u. nachkl.)* Dreieck.

tri-lībris, e *(libra) (poet.)* dreipfündig.

tri-linguis, e *(lingua) (nicht klass.)* ❶ dreizüngig [**os Cerberi**];
❷ drei Sprachen redend.

tri-līx, *Gen.* līcis *(licium) (poet.)* dreifädig, dreidrähtig.

trimēnium, ī *n (Plaut.)* drei Monate, ein Vierteljahr.

tri-mē(n)stris, e *(mensis) (vor- u. nachkl.)* dreimonatig.

trimetrus *u.* **-os** *(gr. Fw.) (poet.; nachkl.)* **I.** *Adj.* a, um trimetrisch, drei Metra, sechs Füße enthaltend [**versus**];
II. *Subst.* ī *m (auch* trimeter, trī *m)* Trimeter.

tri-modium, ī *n (modius) (vor- u. nachkl.)* ein drei modii fassendes Gefäß.

trīmulus, a, um *(Demin. v. trimus) (Suet.)* als Kind v. drei Jahren.

trī-mus, a, um *(nicht klass.)* dreijährig [**filia; capra**].

Trīnacria, ae *u.* **Trīnacris,** idis *f (eigtl.* „die Dreispitzige") *alter Name f. Sizilien (durch Umformung des homerischen Thrinakie entstanden, umgedeutet in* τρεῖς ἄκραι *= drei Vorgebirge); – Adj.* **Trīnacrius,** a, um, *fem. auch* **Trīnacris,** idis.

trīnī, ae, a *(Sg.* trīnus) ❶ je drei; *beim plurale tantum:* drei [**castra**]; *auch* drei zusammen;
❷ *(poet.; nachkl.)* dreifach [**catenae**].

trīnitās, ātis *f (trini) (spätl.)* ❶ Dreizahl;
❷ hl. Dreieinigkeit.

Trinobantēs, tum *m Völkerschaft im südöstl. Britannien.*

trinoctiālis, e *(trinoctium) (Mart.)* von drei Nächten.

tri-noctium, ī *n (nox) (nachkl.)* Zeit v. drei Nächten, drei Nächte.

tri-nōdis, e *(nodus) (Ov.)* dreiknotig.

Trinovantēs = *Trinobantes.*

tri-nummus, ī *m (Plaut.) Münze im Wert v.* drei Drachmen *od.* drei Sesterzen; – *Trinummus* Dreigroschenstück *(Komödie des Plautus).*

trīnum nūndinum *s. nundinus.*

trīnus *s. trini.*

triō, ōnis *m (tero) (nicht klass.)* Dreschochse; *(als Gestirn) Pl.* Großer Bär.

triōbolus, ī *m (gr. Fw.) (vorkl.)* drei Obolen *(eine halbe Drachme); (übtr.)* eine Kleinigkeit.

Triōcalīnum, ī *n Gebiet v. Triocala, einer Bergfeste auf Sizilien.*

Triopēius, ī *m* = Erysichthon, *der v. Demeter m. unstillbarem Hunger gestrafte Sohn des myth. thessalischen Königs Triopas;* – **Triopēis,** idis *f* = Mestra (Hypermestra), *Tochter des Erysichthon.*

tri-parcus, a, um *(parco) (Plaut.)* dreimal sparsam, erzgeizig.

tri-partītus, a, um *(partior)* in drei Teile geteilt, dreifach [**regio; exercitus**]; – *Adv.* **-o a)** in drei Teilen *od.* Abteilungen [**urbem aggredi**]; **b)** in drei Teile [**bona dividere**].

tri-pectorus, a, um *(pectus) (Lucr.)* dreibrüstig.

tri-pedālis, e drei Fuß lang [**parma**].

tri-pertītus, a, um = *tripartitus.*

tri-pēs, *Gen.* pedis dreifüßig [**mensa**].

Triphȳlia, ae *f der südlichste Teil der Landschaft Elis, entspricht dem Reich des Nestor v. Pylos b. Homer.*

tri-plex, *Gen.* plicis **I.** *Adj.* dreifach [**forma** *des Cerberus u. des Geryones;* **porticus** m. drei Säulenreihen; **murus; cuspis** Dreizack; **mundus** aus Himmel, Erde u. Meer bestehend; **regnum** *zwischen Jupiter, Neptun u. Pluto*]; *(poet.) Pl.* drei [**deae** die Parzen]; **triplicem aciem instruere;**
II. *Subst.* ❶ tri-plex, plicis *n* das Dreifache, dreimal so viel;
❷ *Pl.* triplicēs, cium *m* Schreibtafel m. drei Täfelchen *od.* Blättern.

triplicō, triplicāre *(triplex) (nachkl.)* verdreifachen.

triplinthius, a, um *(gr. Fw.) (spätl.)* drei Ziegeln dick.

tri-plus, a, um dreifach [**pars**]; – *Subst.* **-um,** ī *n (Mart.)* das Dreifache, dreimal so viel.

Tripolis, is *f (Akk.* -im, *Abl.* -ī) *(eigtl.* „Dreistadt") *Name mehrerer griech. Städte u. der bekannten phönizischen Stadt im heutigen Libanon (griech. Umdeutung des phöniz. Namens); – Adj.* **Tripolitānus,** a, um.

Triptolemus, ī *m myth. Herrscher v. Eleusis, Erfinder des Pfluges, Förderer des Ackerbaus, Richter in der Unterwelt, zus. mit Demeter als Gottheit des Ackerbaus u. der Feldfrüchte verehrt; sprichw.:* **-o dare fruges** = etw. Überflüssiges tun („Wasser ins Meer tragen").

tripudiō, tripudiāre *(tripudium)* den Waffentanz tanzen; *(übtr.)* frohlocken.

tri-pudium, ī *n* ❶ **a)** dreischrittiger Waffentanz *der Salischen Priester;* **b)** Waffen-, Kriegs-, Siegestanz [**Gallorum**]; **c)** *(Cat.)* wilder Bacchustanz;
❷ *(als t. t. der Auguralspr.)* ~ **sollistimum** günstiges Vorzeichen, *wenn die Weissagehühner sich, als ob sie tanzten, gierig auf das Futter stürzten.*

tri-pūs, podis *m (Akk. Pl.* -podas) *(gr. Fw.)* Dreifuß: ❶ dreifüßiger Kessel;
❷ *der Dreifuß (Weissagestuhl) der Pythia v. Delphi; (meton., bes. Pl.)* (delphisches) Orakel.

tri-quetrus, a, um ❶ dreieckig [**insula** = Britannien];
❷ *(poet.)* sizilisch [**orae; tellus** = Sizilien].

● **tri-rēmis** *(remus)* **I.** *Adj.* e m. drei Reihen v. Ruderbänken [**navis**];
II. *Subst.* is *f (Abl. Sg.* -e *u.* -ī) *(erg. navis)* Drei-

T

decker.

trīs *s. tres.*

tri-scurria, ōrum *n (scurra) (Iuv.)* grobe Possen.

trissō, trissāre *(spätl.)* zwitschern.

trīsticulus, a, um *(Demin. v. tristis)* etw. traurig.

trīsti-ficus, a, um *(tristis u. facio) (poet.)* betrübend, schrecklich [**voces**].

trīstimōnium, ī *n (tristis) (Petr.)* Traurigkeit.

● **trīstis,** e *(Adv.* trīste) ❶ traurig, betrübt [**amici**]; **numquam ego te tristiorem vidi esse;** – schlecht gelaunt, verstimmt, verdrießlich;
❷ betrübend, schmerzlich, traurig [**tempora; dona** Totengaben; **Tartara; nuntius; litterae; bellum; morbus; eventus**]; Unglück verheißend, unheilvoll [**somnia; exta**];
❸ unfreundlich, mürrisch, finster [**dicta**]; **esse vultu tristi;**
❹ ernst, streng, hart [**iudex; sorores** die Parzen; **senex; vita; antiquitas**];
❺ *(poet.)* schrecklich, zornig [**Erinys**];
❻ gefährlich, schädlich [**medicamen**];
❼ *(poet.)* widerlich, abstoßend, herb, bitter [**sapor; sucus**].

trīstitia, ae *u.* **trīstitiēs,** ēī *f (tristis)* ❶ Traurigkeit, Trauer [**temporum** traurige Zeiten; **caeli; sermonis**]; schlechte Laune, Verstimmung;
❷ Unfreundlichkeit, finsteres Wesen, Härte, Strenge.

trīstor, trīstārī *(tristis) (Vulg.)* traurig sein.

tri-sulcus, a, um *(poet.)* dreizackig, -spitzig [**lingua serpentis; telum Iovis, ignes** Blitz].

trit-avus, ī *m (vorkl.)* Vater des atavus, Urahn.

trīticēia, ae *f (Plaut.) ein Fisch.*

trīticeus, a, um *(triticum) (nicht klass.)* Weizen- [**messis**].

trīticum, ī *n (tero)* Weizen.

Trītōn, ōnis *m* ❶ *fischleibiger, ein- od. zweischwänziger Fischdämon u. Meergott, Sohn des Neptun; bei Verg. Name eines Schiffes; Pl.* Tritonen, *Meerdämonen im Gefolge Neptuns u. anderer Gottheiten; scherzh. bei Cic. (Atticus 2, 9, 1): isti piscinarum Tritones (von Fischteichliebhabern);*
❷ *Name v. Seen u. Flüssen, die in Nordafrika, bes. in Tunesien u. in Libyen lokalisiert wurden; die Geburtsstätte der Pallas Athene u. anderer Gottheiten wurde dorthin verlegt;* – *Adj.* **a) Trītōnius,** a, um, *fem. auch* **Trītōnis,** idis vom See *od.* Fluss Triton stammend [**Pallas**]; – *Subst.* **Trītōnia,** ae *u.* **Trītōnis,** idis *f* = Pallas, *auch der ihr heilige Ölbaum;* **b) Trītōniacus,** a, um v. der Pallas stammend [**harundo** *die v. der Pallas erfundene Flöte;* **arx** = Athen].

trītor, ōris *m (tero) (vor- u. nachkl.)* Reiber [**compedium** „Kettenabreiber" *(v. einem gefesselten Sklaven)*].

trītūra, ae *f (tero) (vorkl.; poet.)* das Dreschen.

trītus¹, a, um *(P. Adj. v. tero)* ❶ *(poet.)* abgerieben, abgenutzt, abgetragen [**vestis**];
❷ *(v. Wegen)* oft betreten, glatt gefahren [**via Appia**];
❸ *(übtr.)* **a)** oft gebraucht, gewöhnlich [**proverbium; nomen**]; **b)** geübt [**aures**].

trītus², ūs *m (tero)* das Reiben.

triumphālis, e *(triumphus)* ❶ zum Triumph gehörig, Triumph- [**currus; corona** des Triumphators; **ornamenta** die Ehrenzeichen eines Triumphators; **porta** das Tor, durch das der Triumphator einzog]; – *Subst.* **triumphālia,** ium *n* die Ehrenzeichen eines Triumphators;
❷ der einen Triumph gehalten hat [**senex**]; – *Subst. m* Triumphator.

triumphātor, ōris *m (triumpho) (nachkl.)* Triumphator; *(übtr.)* Bezwinger [**erroris**].

● **triumphō,** triumphāre *(triumphus)* **I.** *intr.* ❶ triumphieren, einen Triumph halten, als Triumphator einziehen *(über: de, ex)* [**de Sabinis; ex urbe; ex Macedonia**]; **equi triumphantes** des Triumphwagens; **populi iussu triumphatum est;**
❷ *(poet.) (übtr.)* den Sieg davontragen *(de);*
❸ frohlocken, jauchzen [**gaudio**]; **triumphabo de fuga vestra;**
II. *trans. (poet.; nachkl.)* über jmd. *od.* über etw. triumphieren, jmd. *od.* etw. besiegen; **triumphati magis quam victi sunt; triumphatus orbis** bezwungen; **triumphatus bos** erbeutet.

● **triumphus,** ī *m* ❶ *(vom Senat dem siegreichen Feldherrn gewährter)* Triumph, Siegeszug; **-um agere** halten; **-um postulare; per -um** *od.* **in -o (Gallos, elephantos) ducere** im Triumph;
❷ *(übtr.)* Triumph, Sieg [**de classe; ex Etruria; luxuriae; de se ipso**]; **-um deportare ex provincia** einen Triumph erringen über.

> *i* Kultur **triumphus** Siegesfeier des röm. Feldherrn mit Festmahl. Der Senat genehmigte diese große Form (kleine Form = ovatio), wenn mehr als 5000 Feinde gefallen waren: Der Festzug – voran alle staatl. Würdenträger, in der Mitte der Triumphator im goldbestickten Purpurgewand, mit Zepter aus Elfenbein u. Lorbeerkranz geschmückt, auf einem Prunkwagen, von vier Schimmeln gezogen, dann das lorbeergeschmückte Heer mit Beute u. Gefangenen – schritt vom Marsfeld über das Forum aufs Kapitol in den Jupitertempel.

trium-vir *u.* **trēs-vir,** virī *m (Gen. Pl.* -ōrum *u.* -um) Triumvir, Mitglied eines Dreimännerkol-

legiums; *Pl.* **triumvirī** *u.* **trēsvirī** die Triumvirn, *ein aus drei Mitgliedern bestehendes Beamtenkollegium:* ① **-i capitales** *od.* **carceris lautumiarum** Behörde, die die Aufsicht über die Gefängnisse u. über den polizeilichen Ordnungsdienst hatte; *als Hüter der nächtlichen Ruhe hießen sie* **-i nocturni;**
② **-i coloniae deducendae, -i agro dando (dividendo, assignando)** *od.* **-i agrarii** zur Einrichtung einer Kolonie u. zur Verteilung der Äcker unter die Kolonisten;
③ **-i epulones** Priesterkollegium, welches die m. den öffentl. Spielen verbundenen Mahlzeiten besorgte;
④ **-i mensarii** zur Regulierung der Staatsfinanzen;
⑤ **-i auro** *(od.* **argento, aeri) flando** *(od.* **feriundo)** *od.* **-i monetales** Münzmeister;
⑥ **-i rei publicae (constituendae)** Verfassungsausschuss *(des Antonius, Octavianus u. Lepidus);*
⑦ **-i sacris conquirendis donisque persignandis** zur Erfassung der Heiligtümer u. Aufzeichnung der Weihgeschenke;
⑧ *nur* **-i** Behörde zur Aushebung v. Rekruten;
⑨ *in den Munizipien:* oberste Verwaltungsbehörde.

triumvirālis, e *(triumvir) (poet.; nachkl.)* des Dreimännerkollegiums, der Triumvirn.

triumvirātus, ūs *m (triumvir)* Triumvirat, Amt eines Triumvirn.

i Kultur **triumvirātus** „Dreimännerbund" – eigentlich eine Verschwörung von drei Politikern: in Rom, im 1. Jahrh. v. Chr. (Zeit der Bürgerkriege): Erstes „Triumvirat": von Caesar, Pompeius u. Crassus (60 u. 56 v. Chr.); Zweites „Triumvirat": von Antonius, Octavianus (Augustus) u. Lepidus, 43 u. 37 v. Chr. – nachträglich sanktioniert (durch Gesetze anerkannt).

tri-venēfica, ae *f (Plaut.)* Erzgiftmischerin *(als Schimpfw.).*

trīvī *Perf. v. tero.*

Trivia, ae *f (trivius)* (an den Dreiwegen verehrte) Hekate, *die auch dreigestaltig dargestellt wurde, als Helferin u. Beschützerin der Tore u. Dreiwege u. als Mond- u. Zaubergöttin, auch* = Diana.

triviālis, e *(trivium) (nachkl.)* gewöhnlich, Gassen- [**verba; carmen**].

trivium, ī *n (trivius)* Dreiweg, Kreuz-, Scheideweg; öffentl. Straße, Gasse; **in -is auctionari;** *sprichw.:* **arripere maledictum ex -o** pöbelhaft schimpfen.

tri-vius, a, um *(via) (poet.; nachkl.)* zu den Dreiwegen gehörig; an Kreuzwegen verehrt [**dea**].

Trōas *s. Tros.*

trochaeus, ī *m (gr. Fw.)* ① Trochäus (– ⏑); ② Tribrachys (⏑ ⏑ ⏑)

trochilus, ī *m (gr. Fw.) (Plin.) ein kleiner Vogel.*

troc(h)lea, ae *f (gr. Fw.) (Lucr.)* Flaschenzug, Winde.

trochus, ī *m (gr. Fw.) (poet.) ein eiserner, m. klirrenden Ringen behängter u. m. einem Stock getriebener* Reifen *der Kinder,* Spielreif, Spielrad.

Trocmī, ōrum *m kelt. Volk in Galatien.*

Trōes *s. Tros.*

Troezēn, ēnis *f Stadt im Südosten der Argolis m. einem Aesculapius-Kult wie das unweit gelegene Epidauros; – Einw. u. Adj.* **Troezēnius,** ī *m bzw.* a, um.

Trōg(l)odytae, ārum *m* „Höhlenbewohner", *eine äthiopische Völkerschaft, bes. Nubier, auch als Bez. für Nabatäer verwendet.*

Trōia, Trōiānus, Trōicus *s. Tros.*

Trōilus, ī *m jüngster Sohn des Priamus, vor Troja gefangen u. v. Achilles getötet.*

Trōiu-gena, ae *(m u. f) (Troia u. gigno)* in Troja geboren, aus Troja stammend, trojanisch [**gentes; Romanus**]; – *Subst. m* Trojaner; Römer.

Trōius *s. Tros.*

tropaeum, ī *n (gr. Fw.)* ① Siegeszeichen, -denkmal *(b. den Griechen urspr. ein Pfahl mit den erbeuteten Waffen des Feindes, b. den Römern Denkmal aus Stein od. Erz);* **-um statuere, ponere** errichten;
② *(meton.)* Sieg [**Marathonium**];
③ *(übtr.)* Zeichen, Denkmal [**ingenii**].

Trophōnius, ī *m myth. Erbauer des Apollotempels in Delphi aus dem böotischen Lebadeia, Orakelheros, üb. dessen Grab sich ein vielbesagtes Orakel befand.*

tropis, idis *f (Akk.* -in) *(gr. Fw.) (Mart.)* Bodensatz des Weins.

tropus, ī *m (gr. Fw.)* ① *(nachkl.) (rhet. t. t.)* bildlicher Gebrauch eines Wortes;
② *(mlt.)* Melodie, Weise.

Trōs, Trōis *m* ① *Sohn des Erichthonius, Enkel des Dardanus, König in Phrygien, nach dem Troja benannt wurde;*
② der Troer, Trojaner, *meist Pl.* **Trōes,** um *m;* – **Trōia,** ae *f* **a)** *das homerische* Troja *in Kleinasien, Hauptstadt der Landschaft Troas;* **b)** *ein v. Äneas b. Laurentum in Latium erbauter Ort;* **c)** *eine v. Helenus in Epirus gegründete Stadt;* **d)** Trojaspiel [**Troiae lusus** *röm. Reiterkampfspiel;* – **Trōas,** *Gen.* adis *(f)* **a)** *Adj.* trojanisch [**humus**]; **b)** *Subst.* Troerin, Trojanerin; *die Landschaft* Troas *in Kleinasien;* – **Trōiānus** **a)** *Adj.* a, um troisch, trojanisch [**iudex** = Paris; **equus** das hölzerne Pferd]; **b)** *Subst.* ī *m* Troer, Trojaner; – **Trōicus,** *poet. auch*

T

Trō(i)us, a, um troisch, trojanisch.

Trosmis, is *f (Akk.* -in) *Stadt in Mösien an der unteren Donau in der jetzigen Dobrudscha.*

trossulī, ōrum *m (vor- u. nachkl.)* ① *die als Reiter dienenden röm. Ritter;*
② *Spottname f. vornehme Modenarren, auch Sg.*

trucīdātiō, ōnis *f (trucido)* das Abschlachten, Niedermetzelung [**pecorum; civium**].

trucīdō, trucīdāre ① abschlachten, niedermetzeln [**captos sicut pecora; legiones ante oculos vestros**]; **trucidando occidere;**
② *(übtr.)* zugrunde richten, ruinieren [**plebem faenore**];
③ beleidigen;
④ *(poet.)* zerkauen [**pisces**];
⑤ *(poet.)* auslöschen [**ignem**].

truculentia, ae *f (truculentus) (nachkl.)* Unfreundlichkeit, Rauheit [**caeli** des Klimas].

truculentus, a, um *(Adv.* truculenter) *(trux)*
① unfreundlich, verdrießlich, mürrisch, finster, roh, grob, grimmig, wild [**senex; gens; vultus; voces**]; – Truculentus *eine Komödie des Plautus;*
② *(poet.) (übtr., vom Meer)* stürmisch.

trūdis, is *f (trudo) (poet.; nachkl.)* Stoß-, Brechstange.

trūdō, trūdere, trūsī, trūsum ① *(poet.; nachkl.)* (fort)stoßen, (ver)drängen, treiben [**hostes; cohortes in paludem; alqm foras; apros in plagas**];
② *(Verg.) (v. Pflanzen)* hervortreiben, wachsen lassen [**gemmas**]; – *se ~ u. mediopass.* hervorwachsen;
③ *(übtr.)* jmd. zu etw. drängen [**alqm in arma, ad mortem**];
④ *(Plaut.) (übtr.)* **tenebras** ~ blauen Dunst vormachen.

trūgōnus, ī *m = trygonus.*

trulla, ae *f* ① Schöpfkelle;
② Pechpfanne;
③ *(Iuv.)* Nachtgeschirr.

truncātiō, ōnis *f (trunco) (spätl.)* Verstümmelung.

truncō, truncāre *(truncus²)* stutzen, beschneiden, verstümmeln [**olus foliis** entblättern; **simulacra**]; *(nachkl.)* niederhauen.

● **truncus¹,** ī *m* ① Stamm *eines Baumes;* Pfahl;
② *(übtr.)* Wurzel, Ursache [**aegritudinis**];
③ *(übtr., als Schimpfw.)* Klotz, Tölpel;
④ Rumpf *des menschl. Körpers.*

truncus², a, um gestutzt, verstümmelt [**pinus; corpus; tela** zerbrochen]; **animalia pedum -a** der Füße beraubt; *(übtr.)* **urbs -a, sine senatu.**

trūsī *Perf. v. trudo.*

trūsō, trūsāre *(Intens. v. trudo) (poet.)* tüchtig stoßen.

trūsus *P. P. P. v. trudo.*

trutina, ae *f (gr. Fw.)* Waage, *auch übtr.*

trutinō, trutināre *(trutina) (Eccl.)* erwägen, untersuchen.

trux, *Gen.* trucis *(Abl. Sg.* -ī *u.* -e) rau, grimmig, trotzig, wild, furchtbar [**vultus; vox; cantus; tribunus; orator; ingenium; pelagus**].

trygōnus, ī *m (gr. Fw.) (Plaut.)* Stachelrochen.

● **tū** *Personalpron. der 2. Ps. Sg. (Gen.* tuī, *altl.* tīs, *Dat.* tibi, *Akk. u. Abl.* tē, *altl.* tēd) du; *oft verstärkt durch -te u. -met, auch: tutimet; fragend: tutin(e) = tutene;* **ego tu sum, tu es ego: uni animi sumus** *(Plaut.);* **bene mones: tute ipse cunctas!**

tuātim *Adv. (tuus) (Plaut.)* auf deine Art.

● **tuba** ae *f* ① Tuba, *gerade Trompete m. tiefem Ton, bes. als Signalinstrument des röm. Heeres;* **concinunt -ae; -ā signum dare;**
② *(übtr.)* Anstifter [**belli civilis**];
③ *(Mart.) (meton.)* Krieg [**navalis**];
④ *(Mart.)* epische Poesie.

Tubantēs, tum *m den Usipetern, Brukterern u. Tenkterern benachbarter Germanenstamm an der Lippe, später in den Franken aufgegangen.*

tūber¹, eris *n (tumeo)* ① *(vor- u. nachkl.)* Höcker, Buckel, Beule, Geschwulst;
② *(Hor.) (übtr.)* großer Fehler;
③ *(Plin.)* Knorren *am Holz;*
④ *(Plin.)* Knolle [**radicis**].

tuber², eris *m (nachkl.) eine Apfelsorte.*

tūberculum, ī *n (Demin. v. tuber¹) (Plin.)* kleiner Höcker, kleine Beule.

Tūberō, ōnis *m (tuber¹) cogn. in der gens Aelia:* ① Q. Aelius ~, *Volkstribun (130? v. Chr.), Jurist u. Schüler des stoischen Philosophen Panaitios;*
② L. Aelius ~, *Legat des Q. Cicero in Asien (58 v. Chr.), Bekannter Ciceros;*
③ Q Aelius ~, *Sohn von Nr. 2; bedeutender Jurist; Ankläger des Q. Ligarius (46 v. Chr.); als Redner Cicero unterlegen.*

tubicen, cinis *m (tuba u. cano)* Tubabläser, Trompeter.

tubilūstrium, ī *n (tuba u. lustro) (vorkl.; poet.)* Fest der Trompetenweihe *am 23. März u. 23. Mai; auch Pl.*

tubula, ae *f (Demin. v. tuba) (Sen.)* kleine Tuba.

tubulātus, a, um *(tubulus) (Plin.)* m. Röhren versehen.

tubulus, ī *m (Demin. v. tubus) (vorkl.; spätl.)* kleine (Wasser-)Röhre.

tuburcinor, tuburcinārī *(Plaut.)* gierig verschlingen.

tubus, ī *m (nachkl.)* ① (Wasser-)Röhre; *Pl.* Röhrenheizung;
② Scheide *(als Teil des weibl. Geschlechtsorgans).*

tuditō, tuditāre ① *(Lucr.)* stark (fort)stoßen;

② *(Enn.) (übtr.)* in starke Bewegung setzen.

tueō, tuēre *(altl.) = tueor.*

● **tueor,** tuērī, tuitus, tūtātus *od.* tūtus sum ① ansehen, anschauen, betrachten [**naturam; caelum**]; schauen, blicken [**e tenebris; transversa** seitwärts]; *(übtr.) (geistig)* ansehen, betrachten;
② (be)schützen, verteidigen [**castra; oppidum praesidio; libertatem;** *(gegen: ab, selten contra, adversus od. ad)* **fines ab latrociniis; domum a furibus; liberos contra improbitatem; nostra adversus vim et iniuriam**];
③ (be)wahren, erhalten, behaupten [**dignitatem suam; valetudinem; concordiam; beneficium** im Herzen bewahren; **paternam gloriam; ius; mores; instituta; sacra**];
④ beachten [**munus** erfüllen];
⑤ in gutem Zustand erhalten [**aedem Castoris; praedia**];
⑥ ernähren, unterhalten [**se suosque; legiones**].

tuguriolum, ī *n (Demin. v. tugurium) (spätl.)* kleine Hütte.

tugurium, ī *n* Hütte, Schuppen.

Tuistō, ōnis *m erdentsprossener Gott, in der germ. Mythologie Vater des Mannus, des ersten Menschen.*

tuitiō, ōnis *f (tueor)* Schutz, Erhaltung.

tuitus *s. tueor.*

tulī *Perf. v. fero.*

Tulingī, ōrum *m Nachbarstamm der Helvetier, dessen Wohnsitze unklar sind.*

Tulliola, ae *f (Demin. v. Tullia) Kosename, den Cicero f. seine Tochter Tullia gebrauchte.*

Tullius, a, um *röm. nomen gentile ctr. Herkunft (vom praenomen Tullus abgeleitet):* ① Servius ~, *der sechste röm. König;* – **Tulliānum,** ī *n unterirdisches Gewölbe des röm. Staatsgefängnisses f. die zum Tode Verurteilten unterhalb der arx am Abhang des Kapitols; nach seinem Erbauer, dem König Servius Tullius, benannt (urspr. ein Kuppelgrab od. Brunnenhaus);*
② M. ~ Cicero, *s. Cicero;* – **Tullia,** ae *f Ciceros Tochter;*
/ *Adj.* **Tulliānus,** a, um.

Tullus *s. Hostilius.*

● **tum** I. *Adv.* ① *(zeitl.)* **a)** damals; **homines, qui tum erant; Latium tum praetores duos habebat; tum Cimbri et Teutoni Rhenum transcendebant; quod tum assequi non potuerunt, id nunc assecuti sunt;** – *bisw. adj.* = damaliger: **discessus tum meus; b)** darauf, hierauf, sodann; **tum ille** *(erg.* **dixit***);* **c)** dann; **cum Romam veneris, tum omnia audies; tum denique** *(od.* **demum***)* dann erst; **tum vero** dann aber;
② *(b. Aufzählungen)* dann, sodann, ferner; **primum ... deinde ... tum ... postremo;**
II. *Kj.* ① **tum ... tum** bald ... bald; **tum hoc mihi, tum illud probabilius videtur; alvus tum restringitur, tum relaxatur;**
② **cum ... tum** sowohl ... als auch (ganz besonders); **cum omnium provinciarum rationem diligenter habere debetis, tum praecipue Siciliae.**

tume-faciō, facere, fēcī, factum *(tumeo) (poet.)* ① anschwellen lassen; **tumefactus pontus** angeschwollen;
② *(übtr.)* aufblähen; **tumefactus laetitiā inani; tumefactus vano nomine.**

tumeō, tumēre, tumuī, – ① *(poet.)* geschwollen sein, strotzen *(von etw.: m. bl. Abl. od. ab);* **pedes tumentes; corpus tumet veneno; tument lumina fletu; tument sacci hordeo; unda a vento tumet;**
② *(poet.; nachkl.) (vor Stolz u. Ä.)* aufgeblasen sein, sich aufblähen [**inani superbiā; laudis amore; gloriā; nominibus**];
③ *(vor Zorn)* aufbrausen, aufgebracht sein; **animus irā tumet;**
④ *(poet.) (vor Wollust)* glühen [**libidine**];
⑤ in Unruhe sein, gären; **tument animi plebis; Galliae tument; bella tument** drohen auszubrechen;
⑥ *(nachkl.) (v. Redner u. Rede)* schwülstig sein.

tumēscō, tumēscere, tumuī, – *(Incoh. v. tumeo)* ① anschwellen, zu schwellen beginnen; **mare tumescit;**
② *(Ov.) (vor Zorn)* aufbrausen;
③ *(Verg.) (vom Krieg)* ausbrechen.

tumidus, a, um *(tumeo)* ① (an)geschwollen, schwellend, gebläht [**membrum; venter; Python** giftgeschwollen; **Nilus; vela aquilone**];
② *(übtr.)* aufgeblasen, stolz;
③ *(poet.) (vor Zorn)* aufbrausend, aufgebracht [**corda**];
④ *(poet.)* aufwallend, stürmisch [**aequor; auster**];
⑤ *(v. Redner u. Rede)* schwülstig [**sermones**];
⑥ *(Prop.)* stolz machend [**honor**].

tumor, ōris *m (tumeo)* ① Schwellung, Geschwulst [**oculorum**]; **manus in tumore est** ist geschwollen; – *(poet.; nachkl.) (meton.)* Erhöhung, Hügel [**loci**];
② *(übtr.)* das Aufbrausen, Aufwallung, Unwille [**animi**];
③ *(poet.; nachkl.) (übtr.)* Aufgeblasenheit, Stolz, *auch Pl.* [**regius**];
④ Unruhe, Gärung [**rerum**];
⑤ *(nachkl.) (v. der Rede)* Schwulst.

tumuī *Perf. v. tumeo u. tumesco.*

tumulō, tumulāre *(tumulus) (poet.)* begraben.

tumulōsus, a, um *(tumulus)* hügelig [**locus**].

tumultuārius, a, um *(tumultus)* ① *(v. Personen)* in Eile zusammengerafft [**milites; exer-**

citus]; in Eile gewählt [**dux**];
2 *(v. Sachen)* in Eile hergestellt, in Hast gemacht, ohne Vorbereitung vorgenommen, ungeordnet [**castra** Notlager; **rogus; proelium**].

tumultuātiō, ōnis *f (tumultuor)* Unruhe, Lärm.

tumultuō, tumultuāre *(Plaut.) = tumultuor.*

tumultuor, tumultuārī *(tumultus)* 1 unruhig sein, lärmen;
2 sich empören, meutern;
3 bestürzt sein, die Fassung verlieren;
4 *(unpers.) tumultuatur* es herrscht Unruhe; **in castris Romanorum tumultuari nuntiatur; cum Gallis tumultuatum magis quam belligeratum est** gab es mehr Unruhen als Kriege.

tumultuōsus, a, um *(tumultus)* 1 unruhig, lärmend [**mare; vita; contio**];
2 Unruhe verursachend, beunruhigend [**nuntius; litterae**].

● **tumultus,** ūs *(altl. -ī) m (tumeo)* 1 Unruhe, Lärm, Tumult [**verborum** lärmendes Geschrei; **pugnae**]; **tumultum comprimere, sedare; ~ e castris in urbem penetrat**;
2 Aufruhr, Aufstand, Erhebung, Empörung [**servilis; gladiatorum**];
3 Kriegslärm, -getümmel;
4 Aufregung, Sorge; **pectora pulsata tumultu;**
5 *(poet.)* Aufruhr *der Elemente,* Donner, Gewitter, Sturm.

● **tumulus,** ī *m (tumeo)* 1 Erdhaufen, Hügel; **castellum in alto -o situm;**
2 Grabhügel, Grab(mal), Gruft [**honorarius; inanis** Kenotaph]; **-um facere, statuere, constituere, struere** errichten; **-o (com)ponere, condere** begraben.

● **tunc** *Adv. (tum u. -ce)* 1 damals; **tunc aestas erat;**
2 (als)dann.

tundō, tundere, tutudī, tū(n)sum 1 stoßen, schlagen [**tympana; pectora manu**];
2 *(poet.; nachkl.)* (zer)stampfen [**pede terram**];
3 *(poet.; nachkl.)* (aus)dreschen [**fruges**];
4 *(poet.) (m. Worten)* bestürmen [**alqm assiduis vocibus; aures alcis**].

Tunēs, ētis *m seit pun. Zeit befestigte Stadt an der Nordküste Afrikas b. Karthago, j.* Tunis.

Tungrī, ōrum *m germ. Volk um Atuatuca Tungrorum (j. Tongern) in Belgien.*

● **tunica,** ae *f* 1 Tunika *(wollenes Untergewand ohne Ärmel, von röm. Frauen und Männern getragen);* **-as mutare cottidie;** *sprichw.:* **~ propior pallio est** *(Plaut.)* das Hemd ist mir näher als der Rock;
2 *(poet.; nachkl.) (übtr.)* Haut, Hülle;
3 *(poet.; nachkl.)* Bast *der Pflanzen.*

tunicātus, a, um *(tunica)* (nur) m. der Tunika bekleidet *(außerhalb des Hauses Zeichen der Armut)* [**populus**]; – *Subst.* **-i,** ōrum *m* die armen Leute.

tunic(u)la, ae *f (Demin. v. tunica)* kleines Unterkleid.

tū(n)sus *P. P. P. v. tundo.*

tuor, tuī *(altl.; poet.) = tueor.*

● **turba,** ae *f* 1 Unruhe, Lärm, Getümmel, Verwirrung [**fugientium; belli**]; **-as efficere** Verwirrung anrichten;
2 *(Kom.)* Zornausbruch, Streit; *Pl.* Intrigen;
3 *(v. Personen)* (Menschen-)Menge, Schar, Schwarm [**forensis; militaris; ducum** Gefolge; **mea** meine Leute; **Latonae** Kinderschar]; **videt in -a Verrem; in -am exire** unter die Leute kommen;
4 *(v. Tieren u. Sachen)* Masse, Menge [**canum; piscium; arborum; verborum**].

turbāmentum, ī *n (turbo²)* 1 *(Tac.)* Mittel zur Aufwiegelung;
2 Verwirrung, Unordnung [**rei publicae**].

turbātiō, ōnis *f (turbo²)* Verwirrung, Unordnung.

turbātor, ōris *m (turbo²)* Aufwiegler, Unruhestifter [**plebis; Germaniae**]; Anstifter [**belli**].

turbātus, a, um *(P. Adj. v. turbo²)* 1 unruhig, stürmisch [**mare; caelum**];
2 aufgewühlt, getrübt [**aqua**];
3 wirr, zerzaust [**capilli**];
4 *(übtr.)* verwirrt, aufgeregt, bestürzt; **voluntates populi -ae; oculis ac mente ~; hostes inopinato malo -i;**
5 *(Verg.)* erbittert, erzürnt [**Pallas**].

turbēlae *u.* **-ellae,** ārum *f (Demin. v. turba)*
1 *(vorkl.; spätl.)* Unfug;
2 *(spätl.)* Menschengewühl, Getümmel.

turben, binis **1.** *n (Cat.)* Wirbelwind;
2. *m (Tib.)* Kreisel.

turbidum, ī *n (turbidus)* unruhige Zeit.

● **turbidus,** a, um *(turba)* 1 unruhig, stürmisch [**tempestas; imber; caelum**]; **freta ventis -a;**
2 aufgewühlt, getrübt [**aqua; Hermus auro** Goldsand m. sich führend];
3 *(poet.)* wirr, zerzaust [**coma**];
4 *(übtr.)* verwirrt, verstört, bestürzt, erschrocken [**puella**]; **reduxit in hiberna -os;**
5 heftig, ungestüm, aufgeregt [**motūs animi; irā**];
6 *(v. Zuständen)* unruhig, stürmisch, bewegt [**tempus; casūs; seditio**];
7 *(vor- u. nachkl.)* aufrührerisch [**milites; civitas; ingenium**].

turbineus, a, um *(turbo¹) (Ov.)* wirbelnd, kreisend [**vertex**].

● **turbō¹,** binis *m* 1 *(poet.)* Wirbel, Windung;
2 *(poet.)* kreisförmige Bewegung, Kreis, kreisender Flug [**saxi**]; Strudel; **turbine hastam torquere;**
3 Wirbelwind, Sturm [**ater**];

4 *(übtr.)* Verwirrung [**mentis**];
5 *(übtr.)* Sturm, Wirrwarr [**miserarum rerum** des Unglücks];
6 Störenfried [**pacis**];
7 Kreisel *zum Spielen; (Hor.)* Zauberrad;
8 *(poet.; nachkl.)* Wirbel an der Spindel.

● **turbō²,** turbāre *(turba)* **I.** *intr.* 1 Unruhe stiften, Verwirrung, Unordnung anrichten; **equites primo impetu turbaverunt;** – *Pass. unpers.* turbātur: es herrscht Verwirrung [**totis castris; in re publicā; in Hispania**];
2 in Unruhe sein, sich empören; **civitas turbat;**
II. *trans.* 1 in Unruhe, in Verwirrung, in Unordnung bringen, verwirren [**capillos; aciem militum; rem** Bankrott machen]; **equitatus turbabat ordines;**
2 aufwühlen [**mare; aequora ventis**]; trüben [**fontem; aquam limo; lacum pedibus**];
3 beunruhigen, aufregen, ängstigen [**animos; equum** scheu machen]; *(m. gr. Akk.)* **turbatus pectora bello;**
4 stören [**convivia; contionem; auspicia**];
5 *(poet.; nachkl.)* (ver)scheuchen, zerstreuen [**cycnos; apros latratu**].

turbulentia, ae *f (turbulentus) (spätl.)* Verwirrung.

turbulentus, a, um *(Adv. -tē u. -ter) (turba)*
1 unruhig [**tempestas** stürmisch];
2 wirr, ungeordnet [**concursio atomorum**];
3 *(Phaedr.)* trüb [**aqua**];
4 *(übtr.)* **a)** *(pass.)* beunruhigt, bewegt, stürmisch, aufgeregt [**tempus; contio; res publica; tribunatus; animus**]; **b)** *(akt.)* Unruhe stiftend, revolutionär [**tribuni; lex**]; Verwirrung anrichtend, verwirrend [**errores**].

turda *s. turdus.*

Turdētānī, ōrum *m früh romanisiertes iberisches Volk im südwestl. Spanien; ihr Gebiet:* Turdētānia, ae *f; im scherzh. Wortspiel m. turdus:* ~ *milites (Plaut.)* „Drosselheimer“.

turdus, ī *m (poet.; nachkl.) u.* **-a** ae *f (Pers.)* Drossel, Krammetsvogel.

tūreus, a, um *(tus¹) (poet.)* Weihrauch- [**virga** Weihrauchstaude].

turgeō, turgēre, tursī, – *(poet.; nachkl.)* 1 geschwollen sein, strotzen *(von etw.: Abl.)* [**ora ab ictu**]; **lumina fletu turgentia; uva turget mero; frumenta turgent;**
2 *(v. Rede u. Redner)* schwülstig sein;
3 *(Plaut.)* jmdm. böse sein; **uxor turget mihi.**

turgēscō, turgēscere, – – *(Incoh. v. turgeo)*
1 *(nicht klass.)* anschwellen; **semen turgescit in agris;**
2 *(übtr.)* aufwallen, in Zorn geraten; **animus sapientis numquam turgescit** *(Cic.).*

turgidulus, a, um *(Demin. v. turgidus) (poet.)* etw. geschwollen; **flendo -i rubent ocelli** *(Cat.).*

turgidus, a, um *(turgeo)* 1 geschwollen [**oculus; pes; labra** aufgeworfene; **mare** stürmisch wogend]; **vela -a vento** gebläht; **fluvius hibernā nive** ~*;*
2 *(poet.; nachkl.) (v. Rede u. Redner)* schwülstig.

tūribulum, ī *n (tus¹)* Räucherpfanne.

tūri-cremus, a, um *(tus¹ u. cremo) (poet.)* v. Weihrauch brennend [**arae; foci**].

tūri-fer, fera, ferum *(tus¹ u. fero) (poet.; nachkl.)* Weihrauch tragend, hervorbringend [**Indus**].

tūri-legus, a, um *(tus¹ u. lego¹) (Ov.)* Weihrauch sammelnd.

turma, ae *f* 1 Schwadron *(röm. Reiterabteilung, der zehnte Teil einer ala, 30 Mann);*
2 *(übtr.)* Schwarm, Schar, Gruppe [**feminea** der Amazonen; **Gallica** der Isispriester].

turmālis, e *(turma)* zu einer Reiterschar gehörig; *übh.* scharenweise; – *Subst.* **turmālēs,** lium *m* die Reiter einer Schwadron.

turmātim *Adv. (turma)* schwadronenweise, in Schwadronen.

turnamentum, ī *n (spätl.)* Turnier.

Turnus, ī *m König der Rutuler, v. Vergil in der Äneis als Gegner u. Gegenbild des Äneas gezeichnet.*

Turonēs, num *u.* **Turonī,** ōrum *m kelt. Volk an der mittleren Loire um Caesarodunum (Turonum), j.* Tours.

turpiculus, a, um *(Demin. v. turpis)* ziemlich hässlich, entstellt, *auch übtr.*

turpificātus, a, um *(turpis u. facio)* sittenlos [**animus**].

turpi-lucri-cupidus, a, um *(< turpis lucri cupidus) (Plaut.)* nach schändlichem Gewinn gierig.

● **turpis,** e *(Adv. -iter u. [poet.] turpe)* 1 hässlich, entstellt [**vir morbo; aspectus; vestitus**]; *(poet.)* entstellend [**scabies; podagra**];
2 unschön klingend;
3 *(übtr.)* schändlich, schimpflich, schmählich [**mors; homo; fuga; causa; cupiditas; verba;** *(m. Sup.)* **dictu**]; – *Subst.* **turpe,** pis *n* Schändlichkeit, Schande, Schmach;
4 unanständig, unsittlich [**homo; amor; adulescentia**]; – *Subst.* **turpe,** pis *n* das sittlich Schlechte, Böse.

● **turpitūdō,** dinis *f (turpis)* 1 Hässlichkeit;
2 *(übtr.)* Schändlichkeit, Schande, Schmach; **alci turpitudini est** *(m. Inf.)* es bringt jmdm. Schmach;
3 Unsittlichkeit, Gemeinheit, Schlechtigkeit, *auch Pl.* [**iudicum; verborum**].

turpō, turpāre *(turpis)* 1 *(vorkl.; poet.)* entstellen, besudeln [**aram sanguine**];
2 *(übtr.)* schänden, entehren.

turri-ger, gera, gerum *(turris u. gero) (poet.; nachkl.)* 1 Türme tragend, m. Türmen versehen [**urbes**];

② m. einer Turmkrone geschmückt *(als Beiwort der Cybele).*

● **turris,** is *f (Akk. Sg.* -im, *nachkl.* -em; *Abl. Sg.* -ī, *nachkl.* -e; *Gen. Pl.* -ium) ① hoher Bau, Schloss, Palast; **pauperum tabernae regumque turres;**
② Turm, *bes.* Mauer-, Lager-, Brückenturm; Belagerungsturm;
③ *(Ov.)* Taubenschlag.

turrītus, a, um *(turris) (poet.)* ① = *turriger;*
② *(Verg.)* turmhoch [**scopuli**].

tursī *Perf. v. turgeo.*

turtur, uris *m (nicht klass.)* Turteltaube.

turturilla, ae *f (Demin. v. turtur) (Sen.)* Turteltäubchen *als Bez. eines Weichlings.*

tūs[1], tūris *n* Weihrauch; **mascula tura** Tropfweihrauch; **tus dare** opfern; – *(meton.) Pl.* Weihrauchkörner.

tus[2] *undekl. (spätl.)* die Zwei *auf dem Würfel.*

Tuscī, ōrum *m* ① die Etrusker, Bewohner Etruriens; *(meton.)* Gebiet der Etrusker; **in -os in exilium abire;** – *Adj.* **Tuscus,** a, um **a)** etruskisch [**mare** das Tyrrhenische Meer; **amnis, flumen, alveus** Tiber; **vicus** Tuskergasse, *Geschäftsstraße in Rom vom Forum zum Circus Maximus*]*;* **b)** *(poet.)* lydisch, *weil die Etrusker aus Lydien eingewandert sein sollen* [**urbs**];
② *(Plin.) (erg. agri) Landgut des jüngeren Plinius.*

tūsculum, ī *n (Demin. v. tus[1]) (Plaut.)* etwas Weihrauch.

Tusculum, ī *n alte, v. Alba Longa aus od. von Telegonos gegründete Stadt in Latium, 2 km vom heutigen Frascati entfernt;* – *Adj.* **Tuscul(ān)us,** a, um zu Tusculum gehörig, tuskulanisch [**arx; populus; disputationes** auf dem Tusculanum abgehalten]; – *Einw.* **Tusculānī,** ōrum *m;* – **Tusculānum,** ī *n (erg. praedium)* Landgut b. Tusculum, *bes. das Ciceros;* – *Adj.* **Tusculānēnsis,** e auf dem Landgut b. Tusculum verlebt [**dies**].

Tuscus *s. Tusci.*

tussicula, ae *f (Demin. v. tussis) (nachkl.)* Hustenanfall.

tussiō, tussīre *(tussis) (poet.; nachkl.)* husten [**male** einen bösen Husten haben].

tussis, is *f (Akk.* -im, *Abl.* -ī*) (poet.; nachkl.)* der Husten; *Pl.* Hustenanfälle.

tūtāmen, minis *(poet.) u.* **tūtāmentum,** ī *n (tutor[2])* Schutz(mittel).

tū-te[1] *verstärktes tu.*

tūtē[2] *Adv. v. tutus.*

● **tūtēla,** ae *f (tutus)* ① Schutz, Obhut, Aufsicht [**loci; classis; deorum**]; **esse in -a alcis** unter jmds. Schutz stehen; **-am ianuae gerere; subicere alqd -ae alcis***;*
② Vormundschaft; **tradere alqm in -am alcis; in alcis -am venire** unter jmds. Vormundschaft kommen; **in suam -am (per)venire** mündig werden; **-am reddere***;*
③ Vermögen des Mündels [**legitima**];
④ *(poet.)* Beschützer, *auch v. Schutzgottheiten* [**templi; Italiae** = Augustus];
⑤ *(poet.)* Schützling [**Minervae**];
⑥ *(nachkl.)* (bauliche) Erhaltung [**villae; classis**];
⑦ *(nachkl.)* Ernährung.

tuticus *s. medix.*

tūtimet, tūtin(e) *s. tu.*

tūtō[1] *Adv. v. tutus.*

tūtō[2], tūtāre *(altl.)* = *tutor[2].*

tūtor[1], ōris *m (tueor)* ① Beschützer, Bewahrer [**finium; religionum**]; **tutorem imperii agere;**
② Vormund; **alqm tutorem** (als Vormund) **instituere***; (übtr.)* **eloquentiae quasi tutores.**

tūtor[2], tūtārī *(Intens. v. tueor)* ① (be)schützen, sichern *(gegen, vor: ab, contra od. adversus)* [**domum; urbem muris; provincias; rem publicam; adversus multitudinem hostium**];
② bewahren, behaupten [**regnum; dignitatem suam**];
③ etw. abwehren, abzuwehren suchen [**inopiam**].

tūtōrius, a, um *(tutor[1]) (spätl.)* vormundschaftlich; **-o nomine** unter dem Namen eines Vormundes.

tutudī *Perf. v. tundo.*

● **tūtus,** a, um *(Adv.* -ō *u.* -ē, *Superl.* tūtissimō *u.* -ē*) (P. Adj. v. tueor)* ① geschützt, gesichert, (wohl) verwahrt *(vor, gegen: ab, adversus, contra od. ad)* [**vita; oppidum moenibus; ab insidiis; ab omni iniuriā; a latronibus; adversus pericula venenorum; ad omnes ictus**];
② sicher, gefahrlos, ungefährdet [**iter; mare**]; **-o in senatum venire; -o magistratum gerere; -o in urbe esse; tutissimo vivere;** – **tūtum,** ī *n* Sicherheit, sicherer Ort: **in -o esse; in -um pervenire; alqd in -o collocare; -a petens***;*
③ vorsichtig, behutsam [**consilia**].

● **tuus,** a, um *Poss. Pron. der 2. Ps. Sg. (tu)* dein, *meist subjektiv* [**bona; pater; litterae; iudicium**]; **ex tuā manu accepi; tuum est** es ist deine Sache, Pflicht, Gewohnheit; – für dich günstig, für dich passend: **tuo tempore***;* – *objektiv:* zu dir, nach dir, gegen dich [**observantia; desiderium; supplicium; odium**]; – *Subst.* **a) tuus,** ī *m* der Deinige, *Pl.* **tuī** die Deinigen, deine Angehörigen (Verwandten, Leute, Freunde); **b) tuum,** ī *n* das Deinige, dein Vermögen, deine Sache, Pflicht, Gewohnheit: **in -o** auf deinem Grund u. Boden; **de -o** v. deinem Vermögen, auf deine Kosten; **tuum tibi reddo** das dir Versprochene; – *Pl.* **tua** das Deinige, dein Vermögen, deine Angelegenheiten, Interessen.

tuxtax *Interj. (Schallwort) (Plaut.)* klitsch klatsch.

Tycha, ae *f Stadtteil v. Syrakus, der v. einem Tempel der Tyche (Fortuna) seinen Namen erhalten hatte.*

Tydeūs, eī *u.* eos *m Sohn des Königs Oeneus, einer der Sieben geg. Theben, Vater des Diomedes; – Patron.* **Tȳdīdēs,** ae *m* = Diomedes.

tympanizō, tympanizāre *(gr. Fw.) (Suet.)* die Handpauke schlagen.

tympanotrība, ae *m (gr. Fw.) (Plaut.)* Handpaukenschläger *(v. den Kybelepriestern); auch als Schimpfw. f. einen Weichling.*

tympanum, ī *n (gr. Fw.)* ❶ Handpauke, Tamburin;
❷ *(poet.)* Teller-, Scheibenrad *(ohne Speichen).*

Tyndareus, eī *m König v. Sparta, Sohn des Öbalus, Gemahl der Leda, Vater des Kastor u. Pollux, der Helena u. Klytämnestra; – Patron.* **Tyndaridēs,** ae *m* Sohn, Nachk. des T.; **Tyndaris,** idis *u.* idos *f* Tochter des T.

Tyndaris[1], idis *f griech. Stadt an der Nordküste Siziliens, 60 km westl. von Messina; – Einw. u. Adj.* **Tyndarītānus,** ī *m bzw.* a, um.

Tyndaris[2] *s. Tyndareus.*

typanum *(poet.) = tympanum.*

Typhōeūs, eī *u.* eos *u.* **Tȳphōn,** ōnis *m Gigant, hundertköpfiger Sohn des Tartarus u. der Gaia (Erdgöttin), wollte Jupiter vom Himmelsthron stoßen u. die Herrschaft des Himmels erringen, wurde aber durch den Weltenbrand, den Jupiters Blitze entfachten, überwunden u. unter dem Ätna begraben; er erregt Vulkanausbrüche, Erdbeben u. verheerende Stürme; – Adj.* **Typhōlus,** a, um *u. (fem.)* **Typhōis,** idis.

tȳphus, ī *m (gr. Fw.) (Eccl.)* Eitelkeit, Stolz.

typicus, a, um *(gr. Fw.) (spätl.)* ❶ bildlich, figürlich;
❷ typisch.

typōgraphus, ī *m (gr. Fw.) (spätl.)* Drucker.

typus, ī *m (gr. Fw.)* ❶ Bild, Figur;
❷ bloße Form, Schein.

tyranni-cīda, ae *m (tyrannus u. caedo) (nachkl.)* Tyrannenmörder.

tyrannicīdium, ī *n (tyrannicida) (nachkl.)* Tyrannenmord.

tyrannicus, a, um *(gr. Fw.)* tyrannisch, despotisch [**leges**].

tyrannis, idis *f (gr. Fw.)* ❶ Tyrannis, Gewaltherrschaft;
❷ *(meton.)* Gebiet eines Tyrannen.

tyrannoctonus, ī *m (gr. Fw.)* Tyrannenmörder.

● **tyrannus,** ī *m (gr. Fw.)* ❶ (Allein-)Herrscher; Fürst, Scheich;
❷ Tyrann, Gewaltherrscher, Despot.

Tyrās, ae *m Fluss in Sarmatien, j.* Dnjestr, *an dem eine gleichnamige griech. Kolonie lag.*

tyrianthinus, a, um *(gr. Fw.) (spätl.)* purpurviolett; – *Subst.* **-a,** ōrum *n (Mart.)* Purpurgewänder.

Tyriī, Tyrius, Tyros *s. Tyrus.*

tȳrotarīchum, ī *n (gr. Fw.)* Ragout aus Käse u. eingesalzenen Fischen.

Tyrrhēnī, ōrum *u.* um *m* die Tyrrhener, *griech. Name f. die* Etrusker *u. zugleich f. ein Seeräubervolk in der Ägäis; – Adj.* **Tyrrhēnus,** a, um; – **Tyrrhēnia,** ae *f* Etrurien.

Tyrtaeus, ī *m griech. Elegiker um 650 v. Chr.*

Tyrus *u.* **-os,** ī *f Handelsstadt auf einer Insel vor der phöniz. Küste (v. Alexander 332 v. Chr. mit dem Festland durch einen Damm verbunden), Mutterstadt Karthagos, ber. durch Purpurfärberei, die in ~ erfunden worden sein soll; – Adj.* **Tyrius,** a, um **a)** tyrisch, aus Tyrus [**puella** *u.* **paelex** = Europa *(s. d.)*; **urbs** Tyrus]; **b)** karthagisch, aus Karthago [**urbs** Karthago]; **c)** purpurn, purpurfarbig [**amictus**]; – **Tyriī,** ōrum *m* die Tyrier; die Karthager.

T

U

U., u. *(Abk.) = urbs, urbis usw.;* **a. u. c.** *= ab urbe conditā (siehe: condō).*

über[1], eris *n* ① *(b. Tieren)* Euter, Zitze; *(b. Frauen)* (Mutter-)Brust; **ubera dare, praebere, admovere** die Brust geben; **ubera ducere** saugen, trinken; **raptus ab ubere** entwöhnt;
② *(poet.; nachkl.) (übtr.)* Fruchtbarkeit, Fülle, Ergiebigkeit [**agri**];
③ *(Verg.)* fruchtbarer Boden, fruchtbares Feld.

● **ūber[2],** *Gen.* eris *(Abl. Sg.* -ī *u.* -e; *Neutr. Pl. Nom. u. Akk.* -a, *Gen. Pl.* -um; *Adv. Komp.* ūberius, *Superl.* ūberrimē) ① fruchtbar, ergiebig, reich, üppig *(an etw.: Abl. od. Gen.)* [**ager; solum**]; **arbor uberrima pomis; Sulmo gelidis uberrimus undis** *(Ov.);* **lactis uberes rivi;**
② *(übtr.)* reich(lich), reichhaltig, in Fülle [**fruges; aquae; fletus; artes**]; **quis uberior in dicendo Platone?** *(Cic.)* wer hat größere Redefülle als P.?
③ inhaltsreich [**litterae**].

ūbertās, ātis *f (uber[2])* ① Fruchtbarkeit, Ergiebigkeit, Ertrag [**utilitatis** reichlicher Nutzen; **agrorum; fluminum**];
② Fülle, Reichtum, Reichhaltigkeit [**frugum; lactis;** *übtr.* **ingenii; virtutis; verborum**];
③ Redefülle.

ūbertim *Adv. (uber[2]) (poet.; nachkl.)* reichlich [**fundere lacrimulas**].

ūbertō, ūbertāre *(uber[2]) (Plin.)* fruchtbar machen [**terras**].

● **ubī** I. *Adv.* ① *(interr., dir. u. indir.)* wo; *(m. Gen.)* **ubi terrarum** *od.* **gentium** wo in aller Welt?;
② *(relat.)* **a)** wo; *oft statt des Relativpron. m. Präp.:* **vicus inveniebatur, ubi** *(= in quo)* **cibus emeretur; nemo fuit, ubi** *(= apud quem)* **ius nostrum obtineremus; b) ubi ubi** wo (nur) immer, überall wo;
II. *Kj.* ① wann, wenn; **est ubi** *m. Konj.* manchmal;
② *(erzählend)* sobald als *b. einmaliger Handlung (m. Ind. Perf., Präs. hist. od. Fut. exactum); b. wiederholter Handlung:* immer wenn, sooft *(m. Ind. Plusquamperf.); oft verstärkt* ubi primum; **Pompeius, ubi equitatum suum pulsum vidit, acie excessit; ubi hostes aggressi erant, semper repellebantur.**

● **ubi-cumque** *(od.* -cunque, *altl.* -quomque) *Adv. (b. Plaut. auch in Tmesis)* ① *(relat.)* wo (nur) immer, überall wo, *auch m. Gen. part.;* ~ **gentium** *od.* **terrarum** wo nur in der Welt;
② *(poet.)* überall.

Ubiī, ōrum *m Germanenstamm, urspr. zw. Lahn u. Taunus lebend, seit Cäsar m. den Römern verbündet; später erhielten sie im linksrheinischen Gebiet Landzuweisungen u. errichteten als Stammesvorort das* oppidum (ara, civitas) Ubiorum, *das später zu Ehren der dort 15 od. 16 n. Chr. geborenen Agrippina* Colonia Claudia Ara Agrippinensium *od.* -nensis *genannt wurde (j. Köln); – Adj.* **Ubius,** a, um.

ubi-libet *Adv. (nachkl.)* überall.

ubi-nam *Adv. (fragend)* wo denn?

ubi-quāque *Adv. (poet.)* überall.

● **ubī-que** ① *Adv.* wo (nur) immer, überall;
② *= et ubi.*

ubi-ubi *Adv.* wo (nur) immer.

ubi-vīs *Adv.* wo du willst = überall.

ūdō, ōnis *m (Mart.; spätl.)* Filzschuh.

ūdus a, um *(< uvidus) (poet.; nachkl.)* ① feucht, nass [**oculi** voller Tränen]; flüssig [**vina**]; bewässert [**pomaria**]; betrunken [**aleator**];
② frisch; biegsam [**lora**].

Ūfēns, entis *m Fluss im südl. Latium; – Adj.* **Ūfentīnus,** a, um.

ulcerātiō, ōnis *f (ulcero) (nachkl.)* das Eitern; *(meton.)* Geschwür.

ulcerō, ulcerāre *(ulcus)* ① wund drücken, wund machen; **nondum ulcerato Philoctetā morsu serpentis** verwundet;
② *(Hor.) (übtr.)* verwunden [**iecur alcis** jmds. Herz].

ulcerōsus, a, um *(ulcus)* ① *(nachkl.)* voller Geschwüre [**facies**];
② *(Hor.) (übtr.)* verwundet [**iecur** Herz].

● **ulcīscor,** ulcīscī, ultus sum ① etw. rächen, sich für etw. rächen *(alqd), auch pass.* [**scelus; iniurias; mortem alcis**];
② für jmd. Rache nehmen, jmd. rächen *(alqm)* [**patrem; se; umbras sociorum**];
③ sich an jmdm. rächen, jmd. strafen, ahnden *(alqm; für, weg. etw.: pro)* [**hostem pro iniuriis**].

ulcus, ceris *n* ① Geschwür;
② *(übtr.)* wunder Punkt, wunde Stelle.

ulcusculum, ī *n (Demin. v. ulcus) (nachkl.)* kleines Geschwür.

ūlīgō, ginis *f (udus) (nachkl.)* Feuchtigkeit *der Erde,* Morast, *auch Pl.* [**paludum**].

> *i* Kultur **Ulixēs,** is (*u.* ī, eī) *m* Odysseus, Sohn des Laertes, König v. Ithaka, Gatte der Penelope, Vater des Telemachos, einer der wichtigsten Helden der Ilias, bes. Held der Odyssee, der nach dem Fall v. Troja in zehnjährigen Irrfahrten heimkehrt.

● **ūllus,** a, um *(Gen.* ūllīus, *poet. auch* ūllius; *Dat.* ūllī, *poet. fem. auch* ūllae) irgendein; *Subst.* irgendjemand, irgendetwas; *es steht* *meist in negierten od. dem Sinn nach negativen Sätzen, dah. auch nach vix, sine, quasi, quam m. Komp. u. Ä.;* **neque ullam picturam fuisse, quin conquisierit; neque res ulla praetermissa est; sine virtute neque amicitiam neque ullam rem expetendam consequi possumus; hostium vires vix ulla vis sustinere potuit; sine ulla dubitatione** ohne jedes Bedenken *(dagegen:* **non sine alqa dubitatione** nicht ohne einiges Bedenken); **sine ulla vituperatione** ohne jeden Tadel; **neque ullam in partem disputo** weder dafür, noch dagegen.

ulmeus, a, um *(ulmus) (vor- u. nachkl.)* Ulmen- [**virgae**].

ulmi-triba, ae *m (ulmus) (Plaut.)* der m. Ulmenruten Gepeitschte.

ulmus, ī *f (germ. Wort) (poet.; nachkl.)* Ulme.

ulna, ae *f (poet.; nachkl.)* ① Ellenbogen; Arm; **-is amplecti** umarmen; **-is alqm (at)tollere** auf die Arme nehmen;
② *(übtr., als Längenmaß)* Elle *(0,37 m).*

Ulpiānus, ī *m:* Domitius ~, *röm. Jurist z. Zt. der Severer aus dem phöniz. Tyros, 222 n. Chr. Prätorianerpräfekt unter Kaiser Alexander Severus, 228 n. Chr. v. den aufständischen Prätorianern ermordet.*

ulpicum, ī *n (vorkl.)* Lauch.

Ulpius, a, um *röm. nomen gentile:* ① M. ~ Traianus, *röm. Kaiser 98–117 n. Chr.;*
② *röm. Jurist des 2. Jahrhs. n. Chr.*

uls *Präp. m. Akk. (vor- u. nachkl.)* jenseits; *nur in Formeln:* **uls et cis Tiberim.**

ulter, tra, trum jenseitig; *nur Abl. Sg. m u. f ultrō u. ultrā erhalten, s. d.*

● **ulterior,** ius *(Komp. v. ulter)* ① *(räuml.)* **a)** jenseits gelegen, jenseitig [**Gallia; ripa; provincia**]; – *Subst.* ulteriōra *n* die Landschaft jenseits; **b)** entfernter, weiter [**equitatus** entfernter postiert]; – *Subst.* ulteriōrēs *m* die Entfernteren;
② *(zeitl.) (poet.; nachkl.)* weiter, vergangen; – *Subst.* ulteriōra *n* das Weitere, Vergangene; **inventis ulteriora petit** etwas weiter;
③ *(übtr.)* darüber hinaus, ärger, mehr;
/ *Adv. (Akk. Sg. n)* **ulterius a)** *(räuml.)* weiter; **ulterius nihil est nisi frigus** *(Ov.);* **b)** *(zeitl.)* weiterhin, länger; **non tulit ulterius; c)** *(übtr.)* weiter, ferner, mehr; **ulterius iusto.**

● **ultimus,** a, um *(Superl. v. ulter)* ① *(räuml.)* der entfernteste, äußerste, letzte [**terrae; nationes; fines; campi;** *auch part.:* **provincia** der entfernteste Teil der Provinz; **aedes** der entlegenste Teil des Hauses; **tellus** Rand; **orientis aut obeuntis solis ultimae partes**]; – *subst.* **a)** -um, ī *u. Pl.* -a, ōrum *n* Ziel; **ultima signant; stagni ultima** Grenze; **b)** -ī, ōrum *m* die Hintersten; **recessum primi ultimis non dabant;**
② *(zeitl.)* **a)** der älteste, erste [**tempus; antiquitas; origo stirpis Romanae; principium; memoria pueritiae**]; **b)** der letzte, jüngste [**senatūs consultum**]; – *subst.* -um, ī *n* Ende, Schluss [**orationis**]; *Pl.* -a, ōrum *n* die letzten Ereignisse; – *Adv.* **ad -um** (bis) zuletzt; **fidem ad -um praestare; -um** zum letzten Mal; **-o** zuletzt, endlich;
③ *(übtr., v. Grad u. Rang)* **a)** der äußerste, höchste, größte, vorzüglichste, vortrefflichste [**dimicatio** Entscheidungskampf; **natura; causae**], *(pejor.)* der ärgste [**crudelitas; supplicium** Todesstrafe; **necessitas; discrimen; tempus** die äußerste Gefahr; **spes** nach der nichts mehr zu hoffen ist; **Teucrum iussa** schimpflichste]; – *subst.* -um, ī *u. Pl.* -a, ōrum *n* das Äußerste, Größte, Ärgste, Schlimmste [**sapientiae; inopiae**]; **-a experiri** *od.* **audere** das Äußerste; **-a pati; -um in libertate** die zügelloseste Freiheit; **-um bonorum** das höchste Gut; – *Adv.* **ad -um** äußerst, bis aufs Äußerste [**demens**]; **b)** der unterste, niedrigste, letzte, geringste; *(subst.)* **-a laudum** die unterste Stufe; **-i militum.**

ultiō, ōnis *f (ulciscor)* Rache, Strafe *(für, weg. etw.: Gen.)* [**violatae pudicitiae**]; **ultionis cupiditas; ultionem ab alqo petere** sich an jmdm. rächen; – *personif.* **Ultiō** Rachegöttin.

ultor, ōris *m (ulciscor)* ① Rächer, Bestrafer [**iniuriarum; inimicorum**]; *auch adj.* rächend, strafend;
② *(poet.; nachkl.)* Ultor *Beiname des Mars.*

● **ultrā** *(ulter, erg. parte)* **I.** *Adv.* ① *(räuml.)* darüber hinaus [**procedere; provehi**]; jenseits; **neque curae neque gaudio locum esse ~** über das Leben hinaus;
② *(zeitl.)* weiter hinaus, weiterhin [**bellum differre**];
③ *(übtr., v. Zahl u. Maß)* darüber hinaus, weiter, ferner; **nihil ~ requirere; quid ~?;**
II. *Präp. b. Akk. (bisw. nachgest.)* ① *(räuml.)* über ... hinaus, jenseits; **~ terminum vagari;**
② *(zeitl.) (nachkl.)* über, länger als; **~ biennium; ~ extremum diem;**
③ *(übtr., v. Zahl u. Maß)* über, mehr als; **~ modum; ~ vires; ~ legem; ~ placitum.**

ultrā-montānus, a, um *(mlt.)* jenseits der Berge (= der Alpen) wohnend.

ultrā-mundānus, a, um *(nachkl.)* jenseits der Welt, überweltlich.

ultrīx, īcis *f (ultor) (poet.; nachkl.)* Rächerin; *adj.* rächend [**deae; curae** Gewissensbisse].

● **ultrō** *Adv. (ulter, erg. loco)* ① *(räuml.)* **a)** hinüber, drüben, nach der anderen Seite (hin); **~ (et) citro, ~ citroque** hinüber u. herüber, hin u. her, von beiden Seiten [**cursare; beneficia dare**]; **verbis ~ citroque habitis** Wechselreden; **b)** *(Plaut.)* fort, weg *m. jmdm.;* **~ istum a me** weg mit ihm; **~ te, amator;**
② *(übtr.)* **a)** überdies, (noch) obendrein, darüber hinaus, sogar; **b)** von selbst, freiwillig, un-

U

aufgefordert [**morti se offerre; polliceri; bellum inferre** die Offensive ergreifen]; – ~ tribūta, ōrum *n* jährl. Bewilligungen *aus der Staatskasse (zur Erhaltung der öffentl. Gebäude u. Ä.).*

ultrōneus, a, um *(ultro) (nachkl.)* freiwillig [**exilium**].

ultus *s. ulciscor.*

Ulubrae, ārum *f Ort in Latium, in der Nähe der Pomptinischen Sümpfe; – Adj.* **Ulubrānus,** a, um.

ulula, ae *f (ululo)* Käuzchen.

ululābilis, e *(ululo) (nachkl.)* kläglich heulend.

ululātus, ūs *m (ululo)* ① Geheul, Geschrei *(bes. der Bacchantinnen), auch Pl.;* **ululatum tollere** erheben;
② Siegesgeschrei;
③ *(poet.; nachkl.)* Wehklage.

ululō, ululāre ① heulen, schreien;
② *(poet.)* v. Geheul erfüllt sein, dröhnen; **aedes ululant plangoribus femineis;**
③ *(poet.)* jmd. heulend anrufen; **nocturnis Hecate triviis ululata per urbes** *(Verg.).*

ulva, ae *f (poet.; nachkl.)* Schilf.

umbella, ae *f (Demin. v. umbra) (Mart.; Iuv.)* Sonnenschirm.

Umber *s. Umbri.*

umbilīcus, ī *m* ① Nabel;
② *(übtr.)* Mittelpunkt [**Siciliae; Graeciae**];
③ *(poet.)* Buchrollenknauf *(Ende des Stabes, um den die Buchrolle gewickelt wurde);* **carmen ad -um adducere** zu Ende bringen;
④ Meerschnecke.

umbō, ōnis *m* ① Schildbuckel;
② *(poet.) (meton.)* Schild;
③ *(Mart.)* Ellenbogen.

● **umbra,** ae *f* ① Schatten [**arboris**]; **in** *od.* **sub -a** im Schatten; *sprichw.:* **-am suam** *od.* **-as timere** = ohne Not in Furcht sein;
② *(poet.)* Dunkelheit, Finsternis, *oft Pl.* [**noctis; Erebi, inferna** Finsternis der Unterwelt]; **aurora dimoverat -am; ad -am lucis ab ortu** vom Morgen bis zum Abend; **sagitta transilit -as** *(Verg.)* die dunklen Wolken;
③ *(in der Malerei u. Stickerei)* Schatten;
④ *(poet.) (meton.)* Schatten Spendendes, das Schattige *(z. B. Baum, Haus);* **-as falce premere** die Schatten spendenden Zweige beschneiden; **montibus -as inducere** Bäume anpflanzen;
⑤ *(poet.)* schattiger Ort [**tonsoris** schattige Bude; **rhetorica**];
⑥ *(übtr., in der Rede)* **-am capere** mit Stillschweigen übergangen werden;
⑦ *(übtr.)* ständiger Begleiter [**luxuriae**]; **gloria virtutem tamquam ~ sequitur;**
⑧ *(Hor.)* ungeladener Gast, Schmarotzer; **-as adducere;**
⑨ Schutz, Schirm, Zuflucht [**auxilii**]; **sub -a Romanae amicitiae latere;**
⑩ Muße, Ruhe; Privatleben; **Veneris cessamus in umbra; studia in -a educata;** – Studierzimmer;
⑪ Schattenbild, Schein, Phantom [**honoris** *(v. den konsularischen Insignien);* **pietatis**]; Schreckbild;
⑫ Schein, Vorwand; **sub -a foederis aequi servitutem pati;**
⑬ *(poet.; nachkl.)* Schatten eines Verstorbenen, Geist, Gespenst; *Pl.* Unterwelt; **-ae silentes; -arum dominus, -arum rex** = Pluto; **sub -as ire** sterben; **per -as** in der Unterwelt.

umbrāculum, ī *n (umbra)* ① schattiger Gang; Laube;
② *Pl.* schattiges Lehr-, Studierzimmer [**Theophrasti; eruditorum**];
③ *(poet.)* Sonnenschirm.

umbrāticulus, ī *m (Demin. v. umbraticus) (Plaut.)* Faulenzer.

umbrāticus, a, um *(umbra) (vor- u. nachkl.)* im Schatten befindlich [**homo** Faulenzer; **litterae** im Studierzimmer betrieben]; behaglich lebend.

umbrātilis, e *(umbra)* ① den Schatten genießend;
② gemütlich, ruhig, behaglich [**vita**];
③ schulmäßig [**oratio**].

Umbrī, ōrum *m mittelitalischer Stamm, beiderseits des Apennin zw. Etrurien u. dem ager Gallicus; – Adj.* **Umber,** bra, brum; – **Umbra,** ae *f* Umbrerin; – **Umber,** brī *m (erg. canis)* umbrischer Jagdhund; – **Umbria,** ae *f* Umbrien.

umbri-fer, fera, ferum *(umbra u. fero) (poet.)*
① Schatten spendend, schattig [**nemus; rupes**];
② die Schatten der Verstorbenen fahrend [**linter** Charons Nachen].

umbrō, umbrāre *(umbra)* beschatten, bedecken.

umbrōsus, a, um *(umbra)* ① beschattet, schattig [**vallis; ripa**]; dunkel [**caverna**];
② *(poet.; nachkl.)* beschattend, Schatten spendend [**cacumina; salix**].

ūmectō, ūmectāre *(umectus) (poet.; nachkl.)* befeuchten, benetzen [**flaventia culta** *vom Fluss; v. Weinenden:* **vultum flumine; guttis ora**].

ūmectus, a, um *(umeo) (vorkl.; spätl.)* feucht.

ūmeō, ūmēre, – – *(poet.; nachkl.)* feucht, nass sein; – *P. Adj.* ūmēns, *Gen.* entis feucht, nass; – *Subst.* ūmentia, ium *n* Sumpfgegend, das Nasse.

● **umerus,** ī *m* ① Schulter, Achsel; **sagittae pendebant ab -o;** *(übtr.)* **comitia -is suis sustinere;**
② *(poet.)* Oberarm;
③ *(b. Tieren)* Vorderbug.

ūmēscō, ūmēscere, – – *(Incoh. v. umeo) (poet.; nachkl.)* feucht, nass werden.

ūmidulus, a, um *(Demin. v. umidus) (poet.)* etw. feucht, saftig.

ūmidus, a, um *(umeo)* feucht, nass, saftig [**nox** taufeucht; **regio; Ide** quellenreich; **lumina, lectus** tränenfeucht]*;* flüssig [**mella**]; – *subst.* -um, ī *n* **a)** *(nachkl.)* feuchte Stelle, feuchter Boden; **b)** *Pl.* feuchte, wässerige Teile.

ūmi-fer, fera, ferum *(umor u. fero) (poet.)* feucht.

ūmor, ōris *m (umeo)* ① Feuchtigkeit, das Nass, Flüssigkeit, *auch Pl.* [**roscidus** Tau; **lacteus** Milch; **Bacchi** Wein; **dulcis musti; in genas labens** Tränen; **circumfluus** Meer];
② *(Verg.)* Saft der Pflanzen.

● **um-quam** *u.* **un-quam** *Adv.* irgendeinmal, je(mals) *(meist in neg. Sätzen, Frage- u. Konditionalsätzen m. neg. Sinn);* **nec** ~ u. niemals; **nemo** ~ niemals jemand; **nullus** ~ niemals einer.

● **ūnā** *Adv., s. unus.*

ūn-animāns, *Gen.* mantis *(unus u. animo) (vor- u. nachkl.)* einmütig, einträchtig.

ūn-animis, e *(unus u. animus) (spätl.)* einträchtig.

ūnanimitās, tātis *f (unanimus)* Eintracht.

ūn-animus, a, um *(unus)* einmütig, einträchtig.

ūncia, ae *f (unus)* ein Zwölftel: ① *(vor- u. nachkl.) (als Gewicht)* Unze = 27,3 g [**auri**];
② *(vorkl.) (als Münze)* eine Unze, $\frac{1}{12}$ As;
③ *einer Erbschaft:* **heres ex -a;**
④ *(Mart.) der Schulden;*
⑤ *(vor- u. nachkl.) (übtr.)* eine Kleinigkeit.

ūnciālis, e *(uncia) (nachkl.)* ein Zwölftel betragend, enthaltend.

ūnciārius, a, um *(uncia)* ein Zwölftel betragend, enthaltend [**fenus** Zinsen v. $\frac{1}{12}$% monatl. = 1% jährl.].

ūnciātim *Adv. (uncia) (vor- u. nachkl.)* unzenweise; *(übtr.)* groschenweise.

uncīnātus, a, um *(uncus)* hakenförmig.

ūnciola, ae *f (Demin. v. uncia) (Iuv.)* eine kleine lumpige Unze, ein Zwölftelchen *der Erbschaft.*

ūnctiō, ōnis *f (ungo)* ① das Salben;
② *(mlt.)* **a)** letzte Ölung; **b)** Salbung *zum Kaiser od. König.*

ūnctitō, ūnctitāre *(Frequ. v. ungo) (vorkl.)* oft salben.

ūnctiusculus, a, um *(unctus) (Plaut.)* etw. fetter.

ūnctor, ōris *m (ungo)* (Ein-)Salber, Einreiber.

ūnctōrium, ī *n (unctor) (Plin.)* Salbraum *in den Bädern.*

ūnctūra, ae *f (ungo)* das Salben *der Toten.*

ūnctus, a, um *(P. Adj. v. unguo)* ① gesalbt, benetzt [**sol** Genuss der Sonnenwärme nebst Salbung; **palaestra** in der man sich einsalbt; **tela cruore hostili** blutbenetzt];
② fett (gemacht), fettig, schmierig [**manus; carina** geteert];
③ *(übtr.)* fett, reich, schön, herrlich [**patrimonium; Corinthus; consuetudo loquendi** fein];
④ *(poet.)* lecker [**cena**]; – *Subst.* -um, ī *n (poet.)* fette, reiche Mahlzeit, Leckerbissen.

uncus[1], ī *m* Haken, Widerhaken, Klammer.

uncus[2], a, um *(poet.; nachkl.)* hakig, gekrümmt, eingebogen [**aratrum; dens** zweizähnige Hacke]; krallig [**manus; pedes**].

● **unda,** ae *f* ① Welle, Woge, *auch koll.* Wellen, Wogen;
② *(poet.; nachkl.)* Wasser, Gewässer, Meer, Strom [**fontis; Sicula** das sizilische Meer; **nivales; ferventes** siedendes Wasser]; strömendes Blut [**spumans**]; **terris vel -is agitari** über Land und Meer;
③ *(übtr.)* Woge, das Wogen, Flut, Strom, unruhig wogende Menge [**comitiorum** unruhiges Treiben; **adversae rerum** Wogen des Missgeschicks];
④ *(mlt.)* **a)** ~ *sacra* Weihwasser; **b)** ~ *baptismatis* Taufe.

● **unde** *Adv. interr. (dir. u. indir.) u. relat.* ① *(örtl.)* von wo, woher, *auch = ex (a) quo, qua, quibus;* **unde venis?; te redigam eodem, unde orta es; unde initium belli fieret, explorabant; naves eodem, unde erant profectae, referebantur; eum necavit, unde ipse natus erat; is, unde ius stat** auf dessen Seite das Recht ist;
② *(übtr.)* wovon, woraus, weswegen; **si habuerit, unde tibi solvat;**
③ *(poet.; nachkl.)* **unde-unde** woher auch immer;
④ *(mlt.)* daher; weil; so dass.

ūn-dē … *(unus u. de) dient zur Bildung v. Neunerzahlen, z B.: undeviginti 19, undetriginta 29, undevicesimus der 19., undetricesimus der 29.*

ūndeciē(n)s *Adv. (undecim)* elfmal.

ūn-decim *undekl. (unus u. decem)* elf.

ūndecimus, a, um *(undecim)* der elfte.

ūndecim-virī, ōrum *m* Elfmännerkollegium, *Behörde in Athen, der die Aufsicht über die Gefängnisse, die Polizei u. die Vollziehung der Strafen oblag.*

unde-cumque (-cunque) *Adv. (vor- u. nachkl.)* woher nur immer.

ūndēnī, ae, a *(undecim)* je elf [**pedes** Hexameter *u.* Pentameter].

unde-unde *Adv. (poet.; nachkl.)* woher auch immer.

undi-fragus, a, um *(unda u. frango) (spätl.)* Wellen brechend.

● **undique** *Adv. (unde)* ① woher nur immer, v. allen Seiten, von überall her; ~ **concurrere; alqs amens** ~ **dicitur** v. allen Leuten;
② überall, auf allen Seiten, *(übtr.)* in jeder Hinsicht; **religionem** ~ **tollere; partes** ~ **ae-**

quales.

undi-sonus, a, um *(unda u. sono) (poet.)* wellenrauschend [**di** Meergötter; **rupes**].

undō, undāre *(unda)* ❶ wogen, wallen; **Nilus undans; undans per domos sanguis; undans fretum; undans cruor** Blutwelle; ❷ sich wellenförmig bewegen, erheben; **undans Aetna, fumus;** – undāns wallend, locker [**habenae**].

undōsus, a, um *(unda) (poet.; spätl.)* wellenreich, wogend [**aequor**].

ūnetvīcēsimānī, ōrum *m (unetvicesimus) (Tac.)* Soldaten der 21. Legion.

ūn-et-vīcēsimus, a, um *(unus)* der einundzwanzigste.

ungō *s. unguo.*

unguen, unguinis *n (unguo) (poet.; nachkl.)* Salbe, Salböl, Fett.

unguentāria, ae *f (unguentarius)* ❶ *(Plaut.) (erg. mercatura)* Salbenhandel; **-am facere***;* ❷ *(nachkl.)* Salbenhändlerin.

unguentārium, ī *n (unguentarius; erg. argentum) (Plin.)* Salbengeld.

unguentārius *(unguentum)* **I.** *Adj.* a, um *(vor- u. nachkl.)* Salben- [**taberna; vasa**];
II. *Subst.* ī *m* Salbenhändler.

unguentō, unguentāre *(unguentum) (nicht klass.)* salben.

unguentum, ī *n (unguo)* Salbe, Salböl, Fett.

unguiculus, ī *m (Demin. v. unguis)* Nägelchen, Nagel *am Finger od. an der Zehe;* **a teneris -is** v. Kindesbeinen an.

unguilla, ae *f (unguo) (spätl.)* Salbengefäß.

unguis, is *m (Abl. Sg.* -e *u.* -ī) ❶ (Finger-, Zehen-)Nagel; **ungues recidere, subsecare, purgare; ungues rodere** an den Fingern kauen; – *sprichw. Redewendungen:* **de tenero ungui** v. Kindesbeinen an; **ab imis unguibus usque ad verticem (summum)** vom Kopf bis zu den Zehen; **ad (in) unguem** aufs Genaueste; **transversum unguem non discedere** keinen Fingerbreit abweichen;
❷ *(poet.; nachkl.)* Kralle, Klaue, Tatze, Pranke.

ungula, ae *f (Demin. v. unguis)* ❶ Huf; *sprichw.:* **toto corpore atque omnibus -is** m. Händen u. Füßen, m. allen Kräften;
❷ *(poet.) (meton.)* Pferd;
❸ Kralle, Klaue.

ungulātus, a, um *(ungula) (nachkl.)* m. Krallen, m. Hufen versehen; **pedibus Pan -is.**

ungulus, ī *m (Demin. v. unguis)* ❶ *(Plaut.)* Zehennagel;
❷ *(vor- u. nachkl.)* Fingerring.

unguō, unguere (*u.* **ungō,** ungere), ūnxī, ūnctum ❶ salben, bestreichen, beschmieren [**alqm unguentis; cubilia limo; tela manu** künstlich mit Gift bestreichen];
❷ *(poet.; nachkl.)* benetzen [**arma cruore**]; verpichen, teeren [**carinam**];
❸ *(poet.) (Speisen)* fett machen [**caules oleo**];
/ vgl. auch unctus.

ūni-animus *(Plaut.) = unanimus.*

ūni-color, *Gen.* lōris *(unus)* einfarbig.

● **ūnicus,** a, um *(unus)* ❶ einzig, allein [**filia; spes; remedium**];
❷ einzig in seiner Art, ungewöhnlich, vorzüglich [**poeta; dux; avis** *vom Phönix;* **liberalitas; fides**];
❸ *(poet.)* einzig geliebt [**maritus**].

ūni-fōrmis, e *(unus u. forma) (nachkl.)* einförmig, einfach.

ūni-gena, ae *m u. f (unus u. gigno)* ❶ *(Cat.)* v. einerlei Abstammung, Bruder, Schwester;
❷ einzig [**mundus**];
❸ *(Eccl.)* einzig (geschaffen, geboren) [**Christus**].

ūni-genitus, a, um *(unus u. gigno) (Eccl.)* einzig (geschaffen, geboren) [**filius** = Christus].

ūni-manus, a, um *(unus)* einhändig.

ūniō[1], ōnis *m (unus) (nachkl.)* einzelne große Perle.

ūniō[2], ūnīre *(unus) (nachkl.)* vereinigen.

ūni-subsellium, ī *n (unus) (Plaut.)* Einzelbänkchen.

ūnitās, ātis *f (unus) (vor- u. nachkl.)* ❶ Einheit, ein einheitliches Ganzes [**mundi**];
❷ *(übtr.)* Einigkeit.

ūniter *Adv. (unus) (poet.)* in eins verbunden.

ūniversālis, e *(universus) (spätl.)* allgemein; – *Subst.* **ūniversālia,** ium *n (mlt.)* Allgemein-, Gattungsbegriffe.

ūniversitās, ātis *f (universus)* ❶ Gesamtheit, das Ganze [**generis humani** das ganze menschliche Geschlecht; **rerum** Weltall];
❷ *(erg. rerum)* Welt(all); Gesamtheit der Dinge;
❸ *(Plin.)* die ganze Rede.

● **ūniversum,** ī *n (universus)* Weltall.

● **ūni-versus** *(altl.* **-vorsus**), a, um *(unus u. verto)* ❶ gesamt, sämtlich, ganz [**populus; mundus; vita; provincia**]; **-ae rei dimicatio** Entscheidungsschlacht; **de re -a tractare** über die Sache überhaupt; – *Pl.* alle, sämtliche;
❷ allgemein [**natura; odium; pugna** an der alle teilnehmen; **victoria**]; – *Adv.* **-e** *u. (nachkl.)* **in -um** im Allgemeinen, überhaupt [**loqui; mandare**].

ūni-vira, ae *f (unus u. vir) (spätl.)* diejenige, die nur einmal verheiratet war.

ūn-oculus, a, um *(unus) (vor- u. nachkl.)* einäugig, *auch subst.*

Ūnomammia, ae *f (unus u. mamma, Scherzbildung) (Plaut.)* Land der Amazonen.

ūnōsē *Adv. (unus) (Plaut.)* in einem fort.

unquam *s. umquam.*

● **ūnus,** a, um *(Gen.* ūnīus, *poet.* ūnius *u.* ūnī; *Dat.* ūnī) *(altl.* oinos, oenus) ❶ ein, einer *meist im Sg., im Pl. beim pl. tantum u. bei Ein-*

teilungen [**miles; -a castra; -ae aedes** ein Haus]; **unus ex filiis, de magistratibus; unus principum, natorum; unus ex multis** ein gewöhnlicher Mensch; **non unus** mehr als einer; **ad unum omnes** alle insgesamt, alle ohne Ausnahme; **in unum (locum) confluere** an einen Ort *od.* Punkt; **sarcinas in unum conicere** auf einen Haufen; **in unum copias cogere** zu einem Ganzen vereinigen; **unus et alter dies** ein bis zwei Tage; **unus aut summum alter** einer oder höchstens zwei; **unus et (aut) alter** der eine u. (od.) der andere, etliche; **una ex parte ... altera ex parte** einerseits ... andererseits; **uni ... alii** die einen ... die anderen;

② ein einziger; **unus ex omnibus;** *verstärkt m. modo, tantum, solus:* **unam solam esse civitatem; quem tantum unum fortuna reliquum esse voluisset; Cicero ad haec unum modo respondit***; oft durch die Adverbien* allein, nur, bloß *zu übersetzen:* **in una virtute** allein auf der Tugend; **Ubii uni legatos miserant; nobis unis**;

③ einzigartig, *bes. zur Verstärkung des Superl.* bei weitem *(m. u. ohne omnium);* **summus vir unus omnis Graeciae** der größte *od.* einzig große Mann; **homo unus doctissimus** der allergelehrteste;

④ ein u. derselbe, derselbe; **uno tempore** zur selben Zeit, gleichzeitig; **una rei publicae pestis; omnes uno ordine habere** gleich behandeln; – *verstärkt:* **unus et** *(od.* **atque***)* **idem***;*

⑤ irgendein(er); **unus quisque** *(auch zus.)* jeder einzelne, ein jeder; **quivis unus** *od.* **unus quilibet** irgendein einzelner; **sicut unus pater familias** wie der erste Beste;

⑥ *(mlt.) als unbest. Artikel;*

/ *Adv.* **ūnā** *(räuml., zeitl. u. übtr.)* zusammen, zugleich, gemeinsam: **una venire, esse; stabat una** daneben; **domi una eruditi;** *oft m. der Präp. cum, poet. auch m. Dat.:* **una nobiscum; una his.**

ūnus-quisque, ūna-quaeque, ūnum-quidque *(subst.) u.* ūnum-quodque *(adj.)* jeder einzelne, ein jeder.

ūnxī *Perf. v. unguo.*

ūpiliō = *opilio.*

upupa, ae *f* ① *(vor- u. nachkl.)* Wiedehopf;

② *(Plaut.)* Spitzhacke.

Ūrania, ae *u.* **-ē,** ēs *f Muse der Astronomie und allg. der Naturwissenschaften.*

urbānitās, tātis *f (urbanus)* ① Stadtleben, Leben in Rom; **desiderium urbanitatis;**

② *(meton.)* städtisches Wesen: **a)** feines Benehmen, feine Lebensart; **b)** feine Aussprache, feine Ausdrucksweise; **c)** feiner, geistreicher Witz; **d)** *(Tac.)* schlechter Scherz.

● **urbānus** *(urbs)* **I.** *Adj.* a, um ① (groß)städtisch, römisch, Stadt- [**populus; vita; tribus; plebes; administratio rei publicae** *(Ggstz. provincialis)*; **praetor** der in Rom zwischen röm. Bürgern Recht spricht; **consilium** Beschluss innerer Politik; **praedium** Landgut bei der Stadt; **res** Friedensgeschäfte; **gratia** Einfluss in Rom; **exercitus** aus römischen Bürgern bestehend];

② *(meton.)* nach Art eines (Groß-)Städters: **a)** fein, gebildet [**cives; homo** Weltmann]; **b)** *(v. der Rede)* gewählt; **c)** geistreich, witzig [**homo; sermo**]; **d)** *(poet.)* dreist, frech, unverschämt [**frons**];

II. *Subst.* ī *m* ① Stadtbewohner, Städter, Römer;

② *(Hor.)* Witzbold.

urbi-capus, ī *m (urbs u. capio) (Plaut.)* Städteeroberer.

urbicus, a, um *(urbs) (nachkl.)* zur Stadt (Rom) gehörig, städtisch.

Urbīnum, ī *n Stadt in Umbrien, j.* Urbino; – *Einw. u. Adj.* **Urbīnās,** ātis *(m).*

Urbius clīvus *Gasse in Rom zw. Esquilin u. Vicus Cyprius.*

● **urbs,** urbis *f* ① *jede größere m. einer Mauer umgebene* Stadt, *bes.* Hauptstadt; **urbem condere, constituere;**

② die Stadt Rom *(= urbs Roma);*

③ Oberstadt, Akropolis, *bes. v. Athen;*

④ *(meton.)* die Stadtbewohner; ~ **somno vinoque sepulta**;

⑤ *(übtr.)* Hauptsache, -punkt, Kern [**philosophiae**].

urceātim *Adv. (urceus) (Petr.)* wie aus Kannen.

urceolus, ī *m (Demin. v. urceus) (vor- u. nachkl.)* Krüglein.

urceus, ī *m (poet.)* Krug.

ūrēdō, dinis *f (uro)* Brand *(Getreidekrankheit).*

● **urgeō,** urgēre (*u.* urgueō, urguēre), ursī, –

① drängen, stoßen, treiben, drücken [**naves in Syrtes; pedem alcis pede suo**]; *(poet.) (übtr.)* verdrängen; **urget diem nox et dies noctem;**

② andringen, drängen; **fluctūs ad litora urgent; hostes urgebant;**;

③ *(übtr.)* bedrängen, belästigen, hart zusetzen, verfolgen [**locum** einengen; **oculos** fesseln; **hostem a tergo; famulas laboribus** plagen; **alqm invidiā; altum** aufs hohe Meer hinausdrängen; **alqm flebilibus modis** jmd. unablässig bejammern]; **quaestiones urgent Milonem; urgeri fatis; eum morbus urget; fames me urget; nihil me urget** ich habe keine Eile; *auch abs.:* **urgens malum; urget fortuna;**

④ *(durch Fragen, Bitten u. Ä.)* jmd. in die Enge treiben, bestürmen [**alqm interrogando; rustice**];

⑤ fest auf etw. bestehen, etw. betonen, fest behaupten *(m. Akk.; m. A. C. I.)* [**ius; eun-**

U

dem locum diutius];
6 mit Eifer betreiben [**opus; iter; vestem** eifrig weben; **arva; propositum; forum** viel auf dem Forum sein; **occasionem** begierig ergreifen]; sich abmühen *(m. Inf. od. A. C. I.)*;
7 *(v. Örtl.)* einengen, ganz nahe liegen *(an, bei etw.: Akk.)* [**vallem**]; **a tergo Alpes urgent;**
8 *abs.* nahe bevorstehen; **comitia urgent.**

ūrīna, ae *f* 1 Harn, Urin;
2 *(nachkl.)* Samen [**genitalis; concepta**].

ūrīnātor, ōris *m (urinor)* Taucher.

ūrīnor, ūrīnārī *(urina)* untertauchen.

Ūrios, ī *m* Verleiher guten Fahrwindes [**Iuppiter**].

urium, ī *n (Plin.)* unbrauchbare Erdart *im Bergwerk.*

urna, ae *f* 1 Krug, Wasserkrug;
2 *(vor- u. nachkl.) (als Flüssigkeitsmaß) = ½ amphora = 13,04 l;*
3 *(poet.)* Topf [**argenti**];
4 Losurne *(f. die Stimmtäfelchen in den Komitien od. die Lose);* **nomina in -am conicere; -am movere** schütteln; – *(Tac.) (übtr.)* Wahl durch das Los: **-am postulare***;*
5 *(poet.)* Aschenkrug, Urne; **requiescere in -a***;*
6 *(poet.)* Schicksalsurne *(m. den Todeslosen aller Menschen; Jupiter u. den Parzen zugeteilt);* **omnium versatur urnā sors exitura** jeden erwartet zu seiner Zeit das letzte Los.

urnula, ae *f (Demin. v. urna)* Krüglein.

● **ūrō,** ūrere, ussī, ustum 1 (ver)brennen; **hominem mortuum ~; uri calore; ignis urit domos** verzehrt; **uri se patiuntur Indi** lassen sich von der Sonnenhitze brennen;
2 sengen u. brennen, verwüsten, verheeren [**agros; urbes hostium; naves**]; **bellum urendo gerere;**
3 *(Ov.) (als t. t. der Malerei)* **a)** *(Farben)* enkaustisch auftragen, einbrennen [**colores**]; **b)** *(Gemälde)* enkaustisch malen [**tabulam coloribus**];
4 *(poet.; nachkl.) (als Feuerungs- od. Leuchtmaterial)* (ver)brennen [**picem; ceras; cedrum**];
5 *(med. t. t.)* ausbrennen [**vulnera**];
6 *(poet.; nachkl.)* austrocknen, ausdörren, versengen [**solum; arva; campum**]; **sitis fauces urit; febribus uri** glühen;
7 *(poet.; nachkl.) (vom Frost)* (er)frieren lassen; *Pass.* (er)frieren; **herba per nives usta; ustus ab assiduo frigore Pontus** zugefroren;
8 wund reiben, wund machen, drücken; **lorica urit lacertos; loris ~** peitschen; **sarcina urit;**
9 *(Leidenschaften)* entzünden, entflammen, erregen [**invidiam**];
10 jmd. leidenschaftlich entflammen, verzehren; **ira (amor) urit alqm; quid in hospite ureris?** bist du entbrannt für den Gast?; – *Pass.* entbrannt sein, brennen, verzehrt werden: **uritur infelix Dido; uri in alqo** in jmd. verliebt sein;
11 beunruhigen, drücken, plagen; **pestilentia urbem urens; eos bellum urebat; dies noctesque assiduo labore urente.**

ursa, ae *f (ursus) (poet.; nachkl.)* 1 Bärin, *poet. auch* Bär;
2 Bär *als Sternbild* [**maior; minor**].

ursī *Perf. v.* urgeo.

ursīna, ae *f (ursinus: erg. caro[1]) (Petr.)* Bärenfleisch.

ursīnus, a, um *(ursus)* Bären-.

ursus, ī *m* 1 Bär;
2 *(Hor.) (meton.)* Bärenhatz *im Zirkus;* **-um poscere.**

urtīca, ae *f (poet.; nachkl.)* 1 Brennnessel;
2 Seenessel *(ein Seetier)* [**marina**];
3 *(übtr.)* Geilheit.

ūrūca, ae *f (poet.; nachkl.)* Raupe.

ūrus, ī *m* Auerochs, Ur.

Uscāna, ae *f Stadt in Illyrien; – Einw.* **Uscānēnsēs,** ium *m.*

Ūsipetēs, tum *u.* **Ūsipiī** *(od.* **-pī***),* ōrum *m germ. Volk an der Lippe u. in der Wetterau.*

ūsitātus, a, um *(utor)* gebräuchlich, gewöhnlich, üblich [**verba; honos**].

uspiam *Adv.* 1 irgendwo;
2 *(Plaut.)* irgendwie.

usquam *Adv. (meist in neg., fragenden od. hypothetischen Sätzen)* 1 irgendwo; **nec ~** und nirgends; **nemo ~** nirgends jemand; *auch m. Gen.:* **~ gentium***;*
2 *(übtr.)* bei irgendeiner Gelegenheit, in irgendetwas; **neque erat ~ consilio aut auctoritati locus;**
3 irgendwohin; **nec ~ discedebam; neque ~ a se deflectebat oculos** nach keiner Seite.

● **ūsque I.** *Adv.* 1 in einem fort, ununterbrochen [**alqm sequi**];
2 *(räuml. u. zeitl.)* **a)** von … her, von … an: *m. Präp.* [**~ ex ultima Syria; ~ a Capitolio; ~ a Romulo** seit; **~ ab heroicis temporibus**] *od. m. Adv.* [**inde ~** von da an]; **b)** bis nach …, bis … hin: *m. Präp.* [**~ ad castra; ~ in Hispaniam; ~ trans Alpes; ~ ad vesperum; ~ ad extremum vitae diem; ~ in hoc tempus**], *m. Adv.* [**~ eo** bis dahin] *od. m. Kj.* [**~ dum** so lange bis];
II. *Präp. b. Akk., bisw. nachgest. (vor- u. nachkl.) (räuml. u. zeitl.)* bis zu [**~ pedes; ~ somni tempus**].

ūsque-quāque *Adv. (auch getr.) (räuml., zeitl. u. übtr.)* überall, immer, in jeder Hinsicht.

ūsquin *(Plaut.) = usque -ne.*

ussī *Perf. v. uro.*

ūssūra *(Plaut.) = usura.*

Ustīca, ae *f Berghang im Sabinerland, in der Nähe des Landgutes des Horaz.*

ustilō *s. ustulo.*

ustor, ōris *m (uro)* Leichenverbrenner.
ustulō, ustulāre (*u.* **ustilō,** ustilāre) *(uro)* verbrennen [**scripta**].
ustus *P. P. P. v. uro.*
ūsuālis, e *(usus) (spätl.)* üblich, gebräuchlich.
ūsū-capiō[1], capere, cēpī, captum (*eigtl.* „durch Gebrauch in Besitz nehmen") durch Verjährung erwerben.
ūsū-capiō[2] *u.* **ūsūs-capiō,** ōnis *f (usucapio[1])* Eigentumsrecht durch Verjährung [**fundi**]; *abs.* Besitzverjährung.
ūsūcaptus *P. P. P. v. usucapio.*
ūsū-cēpī *Perf. v. usucapio.*
ūsū-faciō, facere, fēcī, factum *(Plaut.)* = *usucapio[1].*
ūsūra, ae *f (utor)* ① Gebrauch, Nutzung, Genuss [**aedium; vitae; unius horae** Frist];
② Nutzung eines geliehenen Kapitals;
③ *(meton.) (Sg. u. Pl.)* Zinsen *f. ein Darlehen;* **~ menstrua; -am accipere; -am perscribere** Geld auf Zinsen ausleihen; **-am multiplicare** Zinseszins nehmen; **certare cum -is fructibus praediorum** den ganzen Ertrag der Grundstücke zu Zinsen verwenden;
④ *(Plin.) Pl.* Zugabe.
ūsūrārius *(usura) (nicht klass.)* **I.** *Adj.* a, um ① zur Benutzung dienend;
② verzinst [**pecunia**];
II. *Subst.* ī *m* Wucherer.
ūsurpātiō, ōnis *f (usurpo)* Gebrauch, Benutzung, Anwendung, Ausübung [**doctrinae; nominum** Benennung; **itineris** Aufbruch, Abmarsch; **vetustatis** eines alten Brauches; **civitatis** Erwähnung *od.* Beanspruchung des Bürgerrechts].
ūsurpō, ūsurpāre *(usus[2] u. rapio)* ① benutzen, gebrauchen, anwenden, ausführen [**libertatem**];
② etw. in Anspruch nehmen, beanspruchen, geltend machen [**ius; nomen civitatis** sein Recht als Bürger];
③ **a)** *(rechtmäßig)* etw. in Besitz nehmen, erwerben [**gloriam aliam; caelestes honores; hereditatem** antreten; **amissam possessionem**]; **b)** *(widerrechtlich)* sich aneignen, sich anmaßen [**alienam possessionem; civitatem Romanam; imperium; titulum regis**];
④ *(Worte)* gebrauchen, in den Mund nehmen [**nomen virtutis; Graecum verbum; alqd crebris sermonibus**]; erwähnen;
⑤ (be)nennen [**alqm sapientem**];
⑥ *(vor- u. nachkl.)* empfinden, wahrnehmen, bemerken; **aures usurpant sonitum.**
ūsus[1] *P. P. Akt. v. utor.*
● **ūsus[2],** ūs *m (utor) (Dat. Sg.* ūsuī *u.* ūsū*)* ① Gebrauch, Verwendung, Anwendung, Benutzung [**publicus; privatus; navium; Veneris** Liebesgenuss]; **alqd in usu habere** etw. gebrauchen; **usui esse** gebraucht werden; **ad copiam atque usus** zu mannigfachem Gebrauch; **est mihi in usu** ich bin gewohnt, ich pflege;
② praktische Tätigkeit, Ausübung [**forensis** als Anwalt; **virtutis**]; **ars** *(od.* **scientia***)* **et ~** Theorie u. Praxis;
③ praktische Erfahrung, Praxis, Übung *(in etw.: Gen., auch in u. Abl.)* [**rerum nauticarum; in re militari; cotidianus**]; **usu belli et ingenio impavida gens; nec usu nec ratione** weder erfahrungsgemäß noch theoretisch; **usu** *(Dat.)* **venit** es trägt sich zu *(m. ut);* **haec de Vercingetorige usu ventura** dass es so mit Vercingetorix kommen werde;
④ Gewohnheit, Sitte, Sprachgebrauch;
⑤ *(jur. t. t.)* Nießbrauch, Nutzungsrecht an fremdem Vermögen [**bonorum**]; **~ (et) fructus** Nutznießung eines fremden Eigentums; – lange Benutzung, Verjährung: **regnum iam usu possidēre; ~ (et) auctoritas** Verjährung u. das daraus entstandene Eigentumsrecht;
⑥ (geselliger) Verkehr, Umgang, Bekanntschaft *(m. jmdm.: Gen.)* [**Catonis; domesticus** v. Haus zu Haus; **assiduus**]; **~ summus alci est cum alqo; coniunctus magno usu familiaritatis; est varius et multiplex ~ amicitiae; id erat in tanto usu nostro** bei so innigem Verkehr; – *(poet.)* Geschlechtsverkehr;
⑦ *(Sg. u. Pl.)* Brauchbarkeit, Nutzen, Vorteil [**exiguus**]; **usui esse alci** *u.* **ex usu alcis esse** für jmd. vorteilhaft, nützlich sein *(ad alqd);* **alci prius oneri quam usui esse; magnum usum** *(od.* **magnos usūs***)* **ad alqd afferre** großen Nutzen für etw. bringen [*ad navigia facienda*];
⑧ *(Sg. u. Pl.)* Bedarf, Bedürfnis, Notwendigkeit [**provinciae; navium; militaris**]; **ad usum belli** nach dem Bedarf des Krieges; **usui esse ad alqd** für etw. erforderlich sein; **~ (ad)est, venit** es ist, wird nötig; **~ est alci alqa re** jmd. hat etw. nötig, braucht etw. *(= opus est):* **consuli navibus ~ non est; ~ est filio argenti minis conciliare animos hominum et ad usus** (Interessen) **suos adiungere.**
ūsūs-capiō *s. usucapio[2].*
ūsus-frūctus = *usus (et) fructus, s. usus[2] 5.*
● **ut** *u.* **utī I.** *Adv.* ① *(interr., dir. u. indir.)* wie; **ut vales?; ut meminit nostri?; docebat, ut Galliae principatum Aedui tenuissent; videte, ut hoc iste correxerit;**
② *(relat.)* wie, auf welche Weise; **perge, ut instituisti;**
③ *(im Ausruf)* wie (sehr); **quae in eum sunt ingesta, ut sustinuit, ut contempsit ac pro nihilo putavit!** *(Cic.)*; **ut melius pati!** wie weit besser ist es!;
④ *(in Zwischensätzen)* wie; **ut dixi; ut supra demonstravimus; ut fieri solet; ut videtur** wie es scheint;

5 *(vergleichend)* **a)** *(m. korrespondierendem ita, sic, item, eodem modo u. Ä.)* (gleich)wie; **ut initium, sic finis est; ut sementem feceris, ita metes; ut optasti, ita est; sic, ut avus hic tuus, ut ego, iustitiam cole** *(Cic.)*; – sowohl … als auch: **ut cum Titanis, ita cum Gigantibus; Dolabellam ut Tarsenses ita Laodiceni arcessiverunt;** – ut quisque … ita *(od.* sic) je nachdem ein jeder … so: **ut cuiusque ingenium erat, ita nuntiaverunt; ut quisque aetate antecedebat, ita sententiam dicebat;** – ut quisque *m. Superl.* … ita *od.* sic *m. Superl.* je … desto: **colendus est ita quisque maxime, ut quisque maxime virtutibus est ornatus; ut quisque est vir optimus, ita difficillime esse alios improbos suspicatur** *(Cic.)*; – *(adversativ)* wenn auch … so doch, zwar … aber: **ut nihil boni est in morte, sic certe nihil mali; ut erat tellus illic, sic erat instabilis** *(Ov.)*; **Saguntini ut a proeliis quietem habuerant, ita non nocte, non die umquam cessaverant ab opere;** – *(in Schwüren u. Beteuerungen)* so wahr (wie): **ita me di ament, ut ego nunc non tam meāpte causā laetor, quam illius; ita vivam, ut maximos sumptus facio; b)** *(ohne korrespondierende Partikel)* wie; **feci, ut mihi imperavisti;** – *(b. der Apposition)* wie, als: **alqm ut alumnum diligere; quod non decet, poeta fugit ut maximum vitium** als den größten Fehler; **Cicero ea, quae nunc usu veniunt, cecinit ut vates; apud me, ut bonum iudicem, argumenta plus quam testes valent;**

6 *(räuml.) (poet.)* wo; **Indi, litus ut Eoā tunditur undā** *(Cat.)*; **Nisus labitur, ut sanguis humum madefecerat;**

7 *(kausal)* als = wie zu erwarten war von, wie ja, da; **Diogenes liberius ut Cynicus locutus est** als Kyniker = da er ein Kyniker war; **ne militibus quidem, ut defessis, neque equitibus, ut paucis ei labore confectis, studium deerat;** – *(m. Relativs. im Konj.)* **ut qui** da (er) ja, der nämlich: **magna pars Fidenatium, ut qui coloni additi Romanis essent, Latine sciebant** *(Liv.)*;

8 *(im hypothetischen Satz)* ut si = *quasi* wie wenn; **ut si bono animo fecissent, laudavit consilium eorum; ut si esset res mea;** – *m. Part.:* **ut exploratā victoriā** als ob der Sieg gewiss sei;

9 *(epexegetisch)* wie denn, wie einmal; **homo, ut erat furiosus, atrociter respondit** rasend wie er war; **permulta colligit Chrysippus, ut est in omni historia curiosus; Ubii, quorum fuit civitas ampla atque florens, ut est captus Germanorum** wie es die Germanen auffassen;

10 *(einschränkend)* so weit als, für; **ut potui, tuli** so gut ich konnte; **Meneclidam satis exercitatum in dicendo, ut Thebanum scilicet; ut in homine Romano, litterae in eo fuerunt;**

11 *(zur Angabe von Beispielen)* (wie) zum Beispiel; **in libero populo, ut Rhodi;**

II. *Kj.* 1 *m. Ind. (zeitl.)* **a)** sobald (als), sowie, als, *meist in der Erzählung m. Ind. Perf., verstärkt durch* primum, *b. wiederholter Handlung m. Ind. Plusquamperf.;* **ut (primum) id audivit, profectus est; perturbatus est, ut id audivit; ut** (sooft, jedes Mal wenn) **cohortes excubuerant** (draußen lagen), **accessere Pompeiani; b)** seit(dem); **octavus annus est, ut imperium obtineo; ut Brundisio profectus es, nullas postea litteras a te accepi;**

2 *m. Konj.* **a)** *(final)* damit, dass, um zu, *Inf. m.* zu *(verneint: ne)*; **adduxi eum, ut maneret** ich brachte ihn zum Bleiben; **Caesar legato imperavit, ut noctu iter faceret; legum idcirco omnes servi sumus, ut liberi esse possimus** *(Cic.)*; – *b. Verben des Fürchtens* dass nicht *(= ne non)*: **timemus, ut veniat; b)** *(konsekutiv m. u. ohne ita, sic, tam, adeo u. Ä.)* dass, so dass *(verneint: ut non)*; **Tarquinius sic Servium diligebat, ut is eius vulgo haberetur filius; saepe fit, ut homines fallantur, ea celeritate milites ierunt, ut hostes impetum sustinere non possent; c)** *(konzessiv)* selbst wenn, wenn auch; **ut desint vires, tamen est laudanda voluntas; verum ut hoc non sit, tamen servet rem publicam; d)** *(elliptisch in erregter Frage)* ist es möglich, dass?; **te ut ulla res frangat?** sollte dich … ?; **egone illam ut non amem?; e)** *(zum Ausdruck eines Wunsches) (bes. altl. u. poet.)* (o) dass doch (= *utinam)*; **ut te dii perdant!; ut viveret adhuc!; ut eum intercludamus!** dass wir ihn nur von der Stadt fern halten!

ut-cumque (-cunque) I. *Adv.* 1 wie nur immer, wie auch nur; ~ **erit, iuvabit tamen;** ~ **res sese habet;**

2 je nachdem; ~ **exaestuat aut deficit mare;**

3 *(ohne verbum finitum)* so gut es geht *od.* ging; **pace ~ composita gaudebant; ea quoque temptata ~;**

II. *Kj.* sobald nur, wenn nur; ~ **mecum vos eritis; ibimus, ~ praecedes.**

ūtēnsilia, lium *n (utor)* Geräte, Bedarf, Vorräte.

ūtentior, *Gen.* ōris *(utor)* einer, der mehr verbrauchen, ausgeben kann.

uter[1], tris *m* 1 lederner Schlauch [**vini**];

2 *(Hor.) (übtr.)* eitler, dünkelhafter Mensch.

● **uter**[2], utra, utrum *(Gen.* utrīus *u.* [*poet.*] utrius, *Dat.* utrī) *Pron. (adj. u. subst.)* 1 *(interr., dir. u. indir.)* welcher v. beiden, wer v. beiden; *auch m. Gen. part.:* **uter nostrum popularis est ?; uter est insanior horum?;** *verdoppelt:*

uter utri virtute anteferendus videtur? wer v. beiden ... dem anderen ... ; **quaeritur, uter utrum lacessierit**;
2 *(relat.)* welcher, wer, was v. beiden; **utrum placet, sumite; utrum dixeris, id contra te futurum;**
3 *(indef.)* einer v. beiden.

uter-cumque, utra-c., utrum-c. *(relat.)* wer immer v. beiden.

uterīnus, a, um *(uterus) (spätl.)* v. derselben Mutter stammend [**fratres**].

uter-libet, utra-l., utrum-l. *Pron.* 1 *(relat.)* wer auch immer v. beiden;
2 *(nachkl.) (indef.)* ein beliebiger v. beiden.

● **uter-que,** utraque, utrumque *(Gen. Sg.* utrīusque *u. [poet.]* utriusque, *b. Plaut. auch* utrīque; *Dat.* utrīque; *Gen. Pl.* utrōrumque *u.* utrumque) jeder v. beiden, beide *(jeder einzelne für sich gedacht, dah. gew. m. Sg. des Prädikats)*; **in utriusque orationis facultate** *(der griech. u. lat.)*; ~ **frater mortuus est; uterque utrique erat in conspectu; uterque parens** Vater u. Mutter; **uterque Oceanus** der östl. u. westl. Ozean; **uterque Phoebus** die auf- u. untergehende Sonne; **uterque polus** Nord u. Süd; **uterque noster exercitus** unsere beiden Heere; **utraque fortuna** *(Tac.)* Glück u. Unglück, *(Nep.)* großes u. geringes Vermögen; **solis utraque domus** Orient u. Okzident; **in utramque partem disputare** für u. wider; *m. Gen. part.:* **uterque nostrum, vestrum, eorum, quorum, consulum** *u. a.*; – *Pl.* **a)** *b. Pl. tantum:* **utraque castra; b)** *zur Bez. von zwei Einheiten:* **hi utrique ad urbem imperatores erant**; **c)** *b. zwei einzeln gedachten Mehrheiten:* **Caesar, cum Germanis et Britannis bellum intulisset, utrosque vicit; utrique** beide Parteien.

uterus, ī *m u. (Kom.)* **-um,** ī *n* 1 Unterleib, Bauch; Mutterleib, Gebärmutter;
2 *(poet.; nachkl.)* Leibesfrucht;
3 *(poet.)* Geburtswehen; das Gebären; **puellae -o laborantes;**
4 *(poet.; nachkl.) (übtr.)* Bauch, Inneres [**navis**].

uter-vīs, utravīs, utrumvīs *(Gen.* utrīusvīs, *Dat.* utrīvīs) *Pron. indef.* 1 jeder Beliebige v. beiden, einer v. beiden, *auch m. Gen. part.* [**vestrum**];
2 beide.

utī *s. ut;* **ūtī** *s. utor.*

ūtibilis, e *(utor) (Kom.)* brauchbar, nützlich.

Utica, ae *f Stadt nordwestl. v. Karthago, vom phöniz. Tyros gegründet; – Einw. u. Adj.* **Uticēnsis,** is *m bzw.* e.

● **ūtilis,** e *(utor)* 1 brauchbar, tauglich, dienlich *(für jmd.: Dat.; zu, für etw.: Dat., ad, in u. Akk., poet. m. Gen.; m. Inf.)*; **equi utiles bello; dant utile lignum navigiis pinus; vir communibus rationibus utilissimus; homo ad nullam rem~; radix medendi ~;**
2 nützlich, vorteilhaft, zuträglich; **lex ~ plebi;** – utile est *m. Inf. od. A. C. I.*

● **ūtilitās,** ātis *f (utilis)* 1 Brauchbarkeit, Tauglichkeit, Nützlichkeit;
2 Nutzen, Vorteil; **utilitati esse** *u.* **utilitatem habere** nützlich sein;
3 das Beste, Glück [**communis** Staatswohl];
4 *Pl.* nützliche Einrichtungen, gute Dienste; **utilitates praebere** gute Dienste leisten.

● **uti-nam** *Wunschpartikel b. Konj. (verneint utinam ne, seltener utinam non)* o dass doch, wenn doch 1 *b. erfüllbaren Wünschen m. Konj. Präs. (f. die Gegenwart u. Zukunft) od. Perf. (f. die Vergangenheit), auch m.* hoffentlich *zu übersetzen:* **Tibur sit meae sedes ~ senectae** *(Hor.)*;
2 *b. unerfüllbaren Wünschen m. Konj. Imperf. (f. die Gegenwart) u. Plusquamperf. (f. die Vergangenheit):* ~ **Cyrus viveret!; Achilles ~ vitasset Apollinis arcus!**

uti-quam *s. neutiquam.*

● **uti-que**[1] *Adv.* 1 jedenfalls, durchaus, um jeden Preis; **illud scire ~ cupio; alterum consulem ~ ex plebe fieri necesse est;**
2 besonders, zumal;
3 (doch) wenigstens; **una ~ parte; ~ postridie.**

utī-que[2] = *et utī* und wie; und damit *(s. ut).*

● **ūtor,** ūtī, ūsus sum *(m. Abl., selten m. Akk.)*
1 gebrauchen, benutzen, sich bedienen, verwenden [**armis; equis; servis; mari** befahren; **exemplo** anführen; **condicione** annehmen; **sermone** *od.* **oratione** reden; **hac voce** so reden; **apparatu regio** sich umgeben mit; **castris** sich aufhalten in; **domo** bewohnen; **finibus** im Lande wohnen bleiben; **consilio** einen Plan verfolgen *od.* einen Entschluss fassen; **consilio alcis** jmds. Rat folgen; **alqo ex voluntate** lenken; **sociis veluti hostibus** behandeln; **temeraria ratione** tollkühn zu Werke gehen; **alcis auctoritate** sich richten nach; **suo largius** zu verschwenderisch m. seinem Vermögen umgehen; **largiore vino** zu reichlich genießen; **pace** annehmen *od.* halten; **temporibus** sich in die Umstände fügen; *(m. dopp. Abl.: als)* **alqo teste; metu alcis interprete** bei der Deutung zurate ziehen; **alqo auctore;** *(pro re: statt od. als etw.)* **cornibus urorum pro poculis;** *(zu etw.: ad, in alqd)* **paterā ad res divinas; Siciliā ad omnes res; civibus in servilia ministeria; male ~** missbrauchen];
2 genießen [**cibis bonis; lacte et herbis; bona valetudine**];
3 haben, besitzen [**varia voluntate** die Stimmung geteilt finden; **honoribus** Ehrenstellen bekleiden; **adversis ventis; patre diligente; bestiis immanioribus** bekommen; **tanta prosperitate; proeliis secundis** glückliche

Schlachten liefern];
4 ausüben, beweisen, zeigen [**clementiā; patientiā; auctoritate sua**];
5 m. jmdm. verkehren, Umgang haben [**rege familiariter; maioribus; M. Bruto**];
6 brauchen, nötig haben [**ambitione**].

ut-pote *Adv.* nämlich, (weil) ja, *meist vor Relativpron. (gew. m. Konj.).*

ut-puta *Adv. (poet.; nachkl.)* wie z. B., nämlich.

ut-quidem *Kj. (Plaut.)* soweit.

ut-quomque *(Plaut.)* = *utcumque.*

utrārius, ī *m (uter¹)* Schlauch-, Wasserträger.

utriculārius, ī *m (utriculus) (Suet.)* Sackpfeifer.

utriculus, ī *m (Demin. v. uter¹) (nachkl.)* kleiner Schlauch.

● **utrimque** *Adv. (uterque)* auf, von beiden Seiten; **clamor ~, undique concursus; femina ~ nobilis** von Vater- u. Mutterseite; – *(vor- u. nachkl.)* **utrimquesecus** *(auch getr.)* beide Seiten entlang, auf beiden Seiten.

utrō *Adv. (uter²)* nach welcher v. beiden Seiten?, wohin?; **nescit, ~ potius ruat, et ruere ardet utroque** *(Ov.).*

utrobī *u.* **utrubī** *Adv. (uter² u. ubi) (vorkl.)* auf welcher v. beiden Seiten?

utrobī-dem *Adv. (Plaut.)* beiderseits.

utrobī-que *u.* **utrubī-que** *Adv.* auf beiden Seiten, bei beiden Parteien; **inimicos ~ habere;** – *(übtr.)* in beiden Fällen.

utrōque *Adv. (uterque)* nach, auf beiden Seiten, nach beiden Richtungen.

utrubī *s. utrobi.*

utrubī-que *s. utrobique.*

● **utrum** *Adv. (n v. uter²) Fragepartikel, verstärkt* utrumne 1 *in indir. Frage:* ob; **utrum … an** *(od.* anne, annon, necne) ob … oder; **utrum illi sentiant, anne simulent, tu intelleges;**
2 *in dir. Frage:* wohl, etwa, *meist unübersetzt;* **utrum ea vestra an nostra culpa est?; utrum maiores vestri exorti ab diis sunt?** sind etwa … ?

ut-ut *Adv. (Kom.)* wie auch immer.

● **ūva,** ae *f* 1 Traube, *bes.* Weintraube;
2 *(poet.) (meton.)* **a)** Wein; **b)** Weinstock;
3 *(Verg.; Plin.) (übtr.)* traubenförmiger Bienenschwarm;
4 *(Hor.) (übtr.) immitis: vom unreifen, noch nicht heiratsfähigen Mädchen.*

ūvēscō, ūvēscere, – – *(poet.)* feucht werden; *(übtr.)* sich betrinken.

ūvidulus, a, um *(Demin. v. uvidus) (Cat.)* etw. feucht, etw. nass.

ūvidus, a, um *(poet.; nachkl.)* 1 feucht, nass, triefend [**vestimenta; locus**];
2 bewässert [**Tibur; terra**];
3 berauscht.

● **uxor,** ōris *f* Ehefrau, Gattin; **uxorem (in matrimonium) ducere** heiraten; *(v. Ziegen)* **olentis uxores mariti.**

uxorcula, ae *f (Demin. v. uxor) (vor- u. nachkl.)* Frauchen, Weibchen.

uxōrius *(uxor)* **I.** *Adj.* a, um 1 die Ehefrau betreffend, der Gattin gehörig [**res** Aussteuer, Ehestand; **nomen**];
2 *(poet.; spätl.)* seiner Gattin (zu) sehr ergeben;
II. *Subst.* ī *m (poet.)* Sklave seiner Frau.

V

V[1] *als Zahlzeichen* = 5.

V.,[2] **v.** *(Abk.)* ① = *vir, vivus, vivens, votum, valeo, vales, valetis;*
② **v. c.** = *vir clarissimus;*
③ **v. f.** = *verba fecit.*

Vacalus, ī *m* die Waal, *linker Mündungsarm des Rheins.*

vacātiō, ōnis *f (vaco)* ① das Freisein, Befreiung, Entlastung *(von etw.: Gen. od. ab; weg.: Gen.)* [**laboris; militiae; a belli administratione; adulescentiae** wegen];
② Beurlaubung, Urlaub [**militum**];
③ *(Tac.) (meton.)* Ablösungsgeld *f. Befreiung vom Kriegsdienst.*

vacca, ae *f* Kuh.

Vaccaeī, ōrum *m kelt. Volk in Spanien.*

vaccillō *(Lucr.)* = *vacillo.*

vaccīnium, ī *n* Hyazinthe.

vaccīnus, a, um *(vacca) (nachkl.)* Kuh- [**lac**].

vaccula, ae *f (Demin. v. vacca) (vor- u. nachkl.)* kleine Kuh.

vacerrōsus, a, um *(Suet.)* tölpelhaft.

vacillātiō, ōnis *f (vacillo) (nachkl.)* das Wanken, Wackeln.

vacillō, vacillāre ① wanken, wackeln, nicht fest stehen; **vacillat arbor, vacillant omnia tecta; litterulae vacillantes** m. zitternder Hand geschrieben; **ex vino ~; in utramque partem toto corpore ~;**
② *(übtr.)* **a)** schwanken, unsicher sein; **tota res vacillat et claudicat** steht auf ganz schwachen Füßen; **iustitia vacillat; in aere alieno ~** den Schulden fast erliegen; **b)** unzuverlässig sein; **legio vacillans.**

vacīvitās, tātis, *f (vacivus) (Plaut.)* die Leere, Mangel an etw. [**cibi**].

vacīvus, a, um *(vaco) (poet.)* leer, frei v. etw. *(m. Gen.)* [**aedes; auris** offenes; **virium** kraftlos]; – *Adv.* -ē in Muße.

● **vacō,** vacāre ① leer, frei, unbesetzt sein; **domus vacat; ostia vacant** sind wasserlos; **philosophiae locus vacat** ist unbesetzt; **agri vacant** sind unbebaut, öde; **longe saltus lateque vacantes** verödet liegend;
② *(nachkl.)* herrenlos sein; **bona vacant;** – *Subst.* vacantia, ium *n (Tac.)* herrenloses Gut;
③ v. etw. frei sein, etw. nicht haben, unbelästigt sein, sich v. etw. fern halten *(m. Abl. od. ab)* [**utrisque armis** neutral bleiben; **epulis** sich der Speise enthalten; **culpā; studiis** keine Studien betreiben; **populo** sich um das Volk nicht kümmern; **militiae munere; a metu et periculis; ab opere**]; **natura caelestis et terrā vacat et umore,**
④ Zeit, Muße haben; **si forte vacas;** – *(alci, alci rei od. in alqd)* Zeit für etw. haben, sich einer Sache od. Person widmen [**philosophiae; clientium negotiis; foro; libellis legendis et rescribendis; corpori; sermoni suo; in grande opus**];
⑤ *(poet.; nachkl.) unpers.* **vacat** es ist Zeit vorhanden, es steht frei, es ist vergönnt *(abs. od. m. Inf.)*; **dum vacat; nobis venari nec vacat nec licet** *(Plin.).*

vacuē-faciō, facere, fēcī, factum, *Pass.* vacuēfīō, fierī, factus sum *(vacuus)* ① leer, frei machen [**subsellia; domum novis nuptiis**]; *Pass.* leer werden; **possessiones vacuefactae** verlassen, herrenlos;
② entvölkern [**Scyrum**].

vacuitās, tātis *f (vacuus)* ① das Freisein, Befreitsein *(von etw.: Gen. od. ab)* [**aegritudinis; molestiae; ab angoribus**];
② das Freiwerden eines Amtes.

Vacūna, ae *f altsabinische Flurgöttin; Heiligtümer b. Reate u. in der Nähe des sabin. Landgutes des Horaz, der den Namen scherzh. mit vacuus verband* – *Adj.* **Vacūnālis,** e der V. geweiht.

vacuō, vacuāre *(vacuus) (vor- u. nachkl.)* leeren, leer machen.

vacuum, ī *n (vacuus)* ① die Leere, leerer Raum; **in -um se extendere** *(v. Ästen)*; **publicani per -um irruperunt;**
② das Freie;
③ offenes *od.* unbesetztes Land; **in -o vagari;**
④ herrenloser Besitz;
⑤ freie Zeit, Muße.

● **vacuus,** a, um ① leer, frei, unbesetzt [**domus** ausgeräumt; **mare** unbeschützt; **res publica** entblößt von Verteidigern; **castra** unbesetzt]; **partem aedium -am facere** räumen; – *(m. Abl. od. ab, selten Gen.)* frei von, ohne: **~ culpā, curis, metu, omni tributo; -i agri cultoribus; locus hominibus plenus, amicis ~** *(Sen.)*; **mare -um ab hostibus; Sardinia ab imperiis -a** ohne Verwaltung; **oppidum a defensoribus -um; ager frugum ~; ~ operum, criminis; -a caedis manus;** – *(m. Dat.)* frei für, zu etw.: **nox operi -a;**
② *(poet.)* offen, zugänglich [**porticus; atria; campi;** *übtr.* **aures** offene *od.* aufmerksame; **princeps** für alle zugänglich];
③ herrenlos, erblos [**praedia; possessio regni; Colchi** ohne König; **provincia** ohne Statthalter]; *auch* ungerüstet [**Britanni**];
④ *(v. Leistungen, Geschäften, Sorgen u. Ä.)* frei, müßig [**civitas** ohne Krieg; **ab omni sumptu; a tributis; tempus; animus** sorglos, unbefangen];
⑤ *(poet.; nachkl.) (v. Frauen u. Mädchen)* ledig, unverheiratet, ohne Geliebten;
⑥ *(poet.; nachkl.)* nichtig, eitel, wertlos, nichts sagend [**nomen; pecunia**];
⑦ *(poet.) (v. Örtl.)* ruhig, still, geräuschlos [**Tibur; Athenae**];

③ **alqd -um est** man hat in etw. freie Hand; – *unpers.* **-um est** *(m. Inf.)* man hat freie Hand, freien Spielraum.

Vada[1], ae *f Kastell in Gallia Belgica.*

Vada[2], ōrum *n Stadt in Ligurien, j.* Savona.

Vadimōnis lacus *See in Etrurien.*

vadimōnium, ī *n (vas*[1]*)* ① *durch Kaution gegebene* Versicherung, *vor Gericht zu erscheinen,* Bürgschaft(sleistung); **-um alci imponere** jmdm. das Versprechen abnötigen, vor Gericht zu erscheinen; **-um missum facere** erlassen; **-um concipere** schriftl. aufsetzen, sich schriftl. verbürgen; ~ **fit** jmd. wird vor Gericht geladen;
② *(meton.)* **a)** das Erscheinen vor Gericht; **b)** Verhandlungstermin; **-um differre** aufschieben; **-um constituere** festsetzen; **-um deserere** *od.* **non venire ad -um** nicht einhalten;
③ *(mlt.)* versetzter Gegenstand, Pfand; **per -um** als Pfand.

● **vādō,** vādere, – – gehen, schreiten, wandern, wandeln [**ad amnem; in hostem** losgehen; **per medios hostes; per turbam;** *übtr.* **in sententiam cursu** schnell der Meinung beitreten].

vador, vadārī *(vas*[1]*)* jmd. durch Bürgschaftsleistung verpflichten, sich vor Gericht zu stellen, vor Gericht fordern; – *pass.* **a)** *Abl. abs.:* vadato *(Hor.)* nach geleisteter Bürgschaft; **b)** vadatus, a, um *(vor- u. nachkl.)* verpflichtet.

vadōsus, a, um *(vadum)* voller Untiefen, seicht [**fretum**].

● **vadum,** ī *n (vado)* ① seichte Stelle, Untiefe, Furt [**fluminis**]; **exercitum -o traducere; scitus -orum; ventus nudaverat -a;**
② *(vorkl.; poet.) (übtr.)* **in -o (salutis) esse** in Sicherheit sein, außer Gefahr sein;
③ *(poet.)* Gewässer, Meer, Fluss(bett);
④ *(poet.; nachkl.)* Grund *eines Gewässers,* Tiefe *eines Brunnens.*

vae *Interj.* o weh!, wehe! *(meist m. Dat., auch abs. od. m. Akk.);* **vae victis** wehe den Besiegten!; **vae misero mihi!; vae te!**

vaec ...; vaeg ..., vaep ..., vaes ... = *vec ... usw.*

vafer, fra, frum schlau, pfiffig, verschmitzt [**in disputatione**]; spitzfindig [**ius**].

vafritia, ae *f (vafer)* Verschmitztheit.

Vaga, ae *f Stadt in Numidien südwestl. v. Utica;* – *Einw.* **Vagēnsēs,** ium *m.*

vagabundulus, ī *m (Demin. v. vagabundus) (mlt.)* fahrendes Schülerlein.

vagābundus, a, um *(vagor) (spätl.)* umherschweifend.

vagātiō, ōnis *f (vagor)* das Umherschweifen.

vāgīna, ae *f* ① Scheide *des Schwertes;* **gladium e -a educere; -ā eripere ensem;**
② *(übtr.)* Hülse *der Ähre.*

vāgiō, vāgīre wimmern, schreien *(v. kleinen Kindern u. Tieren).*

vāgītus, ūs *m (vagio)* das Wimmern, Schreien *kleiner Kinder; (Ov.)* das Meckern *der Ziegen.*

● **vagor**[1], vagārī *u. (vorkl.; poet.)* **vagō,** vagāre *(vagus)* ① umherschweifen, -streifen, -ziehen [**circum tecta; per arva; totā Asiā; sine proposito** sinnlos];
② *(v. Schiffen u. Seefahrern)* kreuzen [**per Aegaeum mare; cum lembis circa Lesbum; praeter oram**];
③ *(v. Gestirnen)* wandern;
④ *(übtr.)* umherschweifen; **alcis animus vagatur errore;**
⑤ *(übtr.)* sich verbreiten; **vagatur ignis, vis morbi, nomen, fama;**
⑥ *(v. Leidenschaften)* freien Spielraum haben;
⑦ *(v. der Rede)* abschweifen; **ne ~ et errare cogatur oratio.**

vāgor[2], ōris *m (vorkl.)* = *vagitus.*

● **vagus I.** *Adj.* a, um ① umherschweifend, -streifend, unstet, *übtr. auch v. Sachen* [**navita; Gaetuli; pecus; stellae, sidera** Planeten; **crines** wallend; **harena** flüchtig, leicht; **classis; flumina** unstet fließend]; **-i per vias; -e effusi per agros** weit zerstreut; – *Subst.* vagī, ōrum *m* heimatlose Leute;
② *(übtr.)* schwankend, unbeständig [**fortuna; sententia; rumores; puella** *in der Liebe*];
③ regellos, ungebunden;
④ unbestimmt, ungenau, allgemein [**pars quaestionum; causae**];
⑤ *(v. der Rede)* ziel-, planlos; **in oratione solutum quiddam sit nec -um tamen;**
II. *Subst.* ī *m (spätl.)* fahrender Schüler, fahrender Spielmann, Vagant.

vāh *Ausruf der Verwunderung, des Unwillens, der Freude (Kom.)* ach! pah! ha! ei!

Vahalis, is *m* = *Vacalus.*

● **valdē** *Adv. (Komp.* valdius, *Superl.* valdissimē) *(synk. aus validē; validus)* ① sehr, stark, heftig *(b. Verben, Adj. u. Adv.)* [**placere; litteras alcis exspectare; alqm laudare; lenis; magnus; bene; vehementer**];
② *(Plaut.) (in Antworten)* gewiss, freilich.

vale-dīcō, dīcere, dīxī, – *(valeo) (poet.; nachkl. statt vale dico u. valere dico)* Lebewohl sagen, Abschied nehmen *(m. Dat.).*

valēns, *Gen.* entis *(valeo)* ① stark, kräftig [**iuvenis; bestia;** *übtr.* **tunica** dicke];
② wirkungs-, eindrucksvoll, wirksam [**carmina; dialecticus**];
③ gesund, wohlauf, munter [**sensus**];
④ mächtig, einflussreich, *v. Personen u. Sachen* [**oppidum; opibus; argumentum** triftig].

valentulus, a, um *(Demin. v. valens) (Plaut.)* stark, kräftig.

● **valeō,** valēre, valuī, valitūrus ① stark, kräftig sein, Kraft haben, bei Kräften sein *(an, in* *etw.: Abl.)*; **pedibus ~** gut zu Fuß sein; **cursu pedum ~** schnell auf den Füßen sein; **non ~ in impetum** keine Schlagkraft haben; **animo parum ~** geistesschwach sein;

② gesund sein, sich wohl befinden *(m. Abl. od. ab m. Abl. des Körpers u. Körperteiles)* [**corpore; pedibus; mente**]; **ut vales?** wie geht's?; – *(am Briefanfang)* S. V. B. E. E. Q. V. = **si vales, bene est, ego quidem valeo;** – *als Abschiedsgruß:* **valē** *(seltener* valeās) lebe wohl! *(Pl.* valēte); – *(als Ausdruck der Abweisung)* **valeas** (valeat; *Pl.* valete, valeant) fort mit dir! (mit ihm … *)*; – **valere alqm iubeo,** *(nachkl.)* **alci valere dico,** *(poet.)* **vale dico** ich sage jmdm. Lebewohl, nehme Abschied v. jmdm.;

③ *(übtr.)* Einfluss (Macht, Bedeutung) haben, vermögen, gelten [**multum, plus, plurimum, tantum, minus, minimum, nihil;** *(durch, an, in etw.: Abl.)* **rogando** die Bitte durchsetzen; **potentia; ingenio; annis; non levius** ebenso viel gelten; **equitatu** stark an Reiterei sein, viel Reiterei haben; **opibus; minus multitudine militum** geringere Streitkräfte haben]; **multum apud alqm auctoritate ~** durch Einfluss über jmd. Gewalt haben;

④ *(v. Sachen)* zur Geltung gelangen, den Ausschlag geben, überwiegen; **alcis consilium valet** dringt durch, gelangt zur Geltung; **verum valet** behauptet sich, macht sich geltend; **coniuratio valet** siegt; **plus apud me antiquorum auctoritas valet** steht höher bei mir; **utrum apud eos pudor atque officium an timor valeat** überwiege;

⑤ **a)** *(m. Präp.)* zu etw. im Stande sein, geeignet sein [**velocitate ad cursum; viribus ad luctandum**]; **et ad subeundum periculum et ad vitandum fortuna multum valet** trägt viel bei zu; **b)** *(m. Inf.)* vermögen, können, im Stande sein; **tantum valet mutare vetustas** *(Verg.)*; **valet ima summis mutare deus** *(Hor.)*;

⑥ sich auf etw. beziehen, auf etw. abzielen, für jmd. gelten *(in alqd; in alqm* für jmd. *od.* gegen jmd.); **definitio in omnes valet; illud verbum in utramque rem valet; responsum eo valet, ut** zielt darauf ab, dass; **quo valet nummus?** wozu ist das Geld gut?; **haec quoque vox valet cur** ist ein Grund;

⑦ *(vom Geld)* wert sein; **unus aureus pro decem argenteis valet;**

⑧ *(v. Wörtern)* bedeuten, heißen [**angustius** eine engere Bedeutung haben; **idem** synonym sein].

Valerius, a, um *röm. nomen gentile:* ① P. ~ Poplicola („Volksfreund"), *legendäre Gestalt der röm. Frühgeschichte, war an der Vertreibung der Tarquinier beteiligt, kämpfte geg. Porsenna u. holte die Claudier nach Rom;*

② L. ~ Poplicola, *Sohn von Nr 1, m. M. Horatius Barbatus Konsul 449 v. Chr., soll m. ihm Urheber der leges Valeriae Horatiae gewesen sein;*

③ M. ~ Messal(l)a Corvinus, *Konsul 31 v. Chr., Redner z. Zt. Ciceros, Staatsmann, Freund des Tibull u. Ovid, beantragte 2 v. Chr., Augustus „pater patriae" zu nennen;*

④ Q. ~ Antias („aus Antium"), *Annalist des 1. Jahrhs. v. Chr., verherrlichte die gens Valeria, wurde von Livius als Quelle benutzt;*

⑤ C. ~ Catullus *s. Catullus;*

⑥ ~ Maximus, *Verf. einer dem Kaiser Tiberius gewidmeten Sammlung historischer Beispiele für den rhetorischen Gebrauch (Factorum dictorumque memorabilium libri novem);*

⑦ C. ~ Flaccus Setinus Balbus, *Verf. des dem Kaiser Vespasian gewidmeten Epos „Argonautica" in 8 Büchern (unvollendet; Buch 8 bricht vor der Heimkehr der Argonauten ab);*

⑧ M. ~ Martialis *s. Martialis 3.;*

/ *Adj. auch* **Valeriānus,** a, um.

valēscō, valēscere, valuī, – *(Incoh. v. valeo)* stark werden, erstarken, zunehmen; **valescentibus Germanis; superstitiones valescunt.**

valētūdinārium, ī *n (valetudinarius) (nachkl.)* Krankenhaus, Lazarett.

valētūdinārius *(valetudo) (vor- u. nachkl.)*

I. *Adj.* a, um kränklich;

II. *Subst.* ī *m* der Kränkelnde, Kranke, Patient.

● **valētūdō,** dinis *f (valeo)* ① körperliches Befinden, Gesundheit(szustand), Wohlbefinden [**integra; aegra; bona; confirmata; infirma** Unpässlichkeit]; **valetudinem amittere; valetudini indulgere, consulere;**

② Krankheit, Unpässlichkeit, Schwäche, Leiden [**gravis, subita; periculosa; oculorum; animi** *od.* **mentis** Geisteskrankheit]; **valetudine premi; valetudine affectus** krank; **valetudinibus fessus; valetudinem simulare** sich krank stellen.

valgus, a, um *(Plaut.)* krummbeinig; schief [**savia** schiefe Mäuler].

● **validus,** a, um *(Adv.* -ē, *gew. synk.* valdē, *s. d.) (valeo)* ① *(nicht klass.)* stark, kräftig [**iuvenis; legiones; taurus; corpora; lacerti; ventus**];

② *(milit. t. t.)* fest, befestigt [**pons; urbs muris**];

③ gesund, rüstig *(körperl. u. geistig)*; **ex morbo ~; male ~** kränklich; **mente minus ~ quam corpore; homo ob morbos animo parum valido;**

④ *(übtr.)* einflussreich, mächtig, stark, bedeutend [**senatūs consultum; spes; hostis; auctor;** *(durch, an etw.: Abl., auch Gen. od. in u. Abl.; zu, für, in etw.: ad od. Dat.)* **aetate et viribus; ingenio; gratiā et facundiā; virium et opum; ad Caesaris amicitiam; feminis puerisve morandis**];

V

⑤ *(poet.; nachkl.) (v. Heilmitteln, Getränken, Giften u. Ä.)* wirksam, kräftig [**medicamen; venenum**];
⑥ *(nachkl.) (v. Rede u. Redner)* gewaltig [**orandi**].

valit … = *valet …*

vallāris, e *(vallum)* zum Wall gehörig, Wall- [**corona** Ehrenkranz *f. den Soldaten, der zuerst den feindl. Wall erstiegen hatte*].

● **vallis** *u.* **-ēs,** is *f* ① *Tal, poet. auch Pl.* [**opaca; supina** Talwand, -hang]; **ex utraque parte eius vallis;**
② *(Cat.) (übtr.) alarum* Achselhöhle.

vallō, vallāre *(vallum)* **1.** m. Wall u. Palisaden umgeben, verschanzen [**castra**]; *abs.* sich verschanzen [**noctem** die Nacht hindurch sich verschanzen];
② *(übtr.)* schützend umgeben, (be)schützen, sichern; **Catilina vallatus sicariis; Pontus naturā regionis vallatus.**

● **vallum,** ī *n* ① Verschanzung, *(der mit Palisaden versehene)* Wall; **-um ducere, circumicere; -um scindere** abbrechen; **castra -o munire; oppidum -o et fossa circumdare;**
② *(übtr.)* Schutzwehr [**Alpium**].

vallus, ī *m* ① *(poet.; nachkl.)* Pfahl, *bes. zum Stützen v. Weinstöcken;*
② Schanzpfahl, Palisade;
③ *(koll.)* **a)** Schanzpfähle, Pfahlwerk; **b)** Verschanzung, Wall;
④ *(Ov.) (übtr.) pectinis* Zähne des Kammes.

valor, ōris *m (valeo) (mlt.)* Geltung; **ad valorem** dem Wert nach.

valuī *Perf. v. valeo u. valesco.*

valvae, ārum *f* Flügeltür, Doppeltür.

Vandalī *u.* **-dil(i)ī,** ōrum *m* die Vandalen, *germ. Volksstamm östl. der Oder, später (im 5. Jahrh. n. Chr.) größtenteils nach Südspanien u. Nordafrika ausgewandert.*

vānēscō, vānēscere, – – *(vanus) (poet.; nachkl.)* verschwinden, vergehen, *auch übtr.;* **incipiunt gravidae ~ nubes** *(Ov.)*; **vanescit absens et novus intrat amor** *(Ov.)*; **vanescente plebis irā** *(Tac.)*.

Vangionēs, num *m zur Gruppe der Sueben gehörendes germ. Volk um Borbetomagus (j. Worms).*

vāni-dicus, a, um *(vanus u. dico[1]) (Plaut.)* Eitles redend, lügenhaft.

vāni-loquentia, ae *f (vanus u. loquor)* leeres Geschwätz, eitles Gerede, Prahlerei.

Vāni-loqui-dōrus, ī *m (vanus u. loquor) (Plaut.)* Aufschneider, „Prahlhans".

vāni-loquus, a, um *(vanus u. loquor)* lügenhaft; prahlerisch.

vānitās, tātis *f (vanus)* ① Nichtigkeit, Schein, eitles Wesen;
② Misserfolg, Vergeblichkeit, Nutzlosigkeit [**itineris**];
③ Lügenhaftigkeit, eitles Gerede, Prahlerei.

vānitūdō, dinis *f (vanus) (vorkl.)* Lügenhaftigkeit.

vannus, ī *f (Verg.; nachkl.)* Getreide-, Futterschwinge.

vānum, ī *n (vanus)* das Leere, Eitle, Vergebliche, Schein, Einbildung, Unwahrheit, eitler Wahn; **alqd ex -o haurire** aus einer falschen Quelle schöpfen, sich einbilden; **ad -um redigi** vereitelt, vernichtet werden; **tota ex -o criminatio erat** ohne Grund; **labor in -um cedit** *(Sen.)* ist vergeblich; – *Pl.* vāna Nichtigkeiten: **-a rumoris** *(Tac.)* grundlose Gerüchte; **-a tumens** *(Verg.)* aufgeblasen, eingebildet.

● **vānus,** a, um ① inhaltslos, leer [**arista** taub; **imago** Schattenbild *eines Toten;* **somnia; venti** körperlose]; dünn besiedelt, schwach (besetzt) [**magnitudo urbis; acies hostium**];
② *(übtr.)* nichtig, eitel, unbedeutend, vergeblich, erfolglos, fruchtlos [**spes; omen; ictus**]; **nec -a fides** und es ist wahr;
③ lügenhaft, eitel, prahlerisch, windig, abenteuerlich [**auctor** unglaubwürdig; **vir; barbarorum ingenia**];
④ grundlos, falsch [**metus; oratio; urbis magnitudo** scheinbar]; **ego veri -a** getäuscht in.

vapidus, a, um *(nachkl.)* schimmlig, verdorben; *(übtr.)* **-e se habere** *(Aug. b. Suet.)* Katzenjammer haben.

vapor, ōris *m* ① Dampf, Dunst [**aquarum**]; Rauch [**ater**];
② *(meton.)* **a)** Wärme, Hitze [**balnei; solis**]; **b)** *(poet.)* Feuer [**restinctus**]; *(übtr.)* Liebesglut.

vapōrārium, ī *n (vapor)* Dampfrohr, -heizung.

vapōrātiō, iōnis *f (vaporo) (nachkl.)* Ausdünstung, Dunst, Dampf.

vapōrō, vapōrāre *(vapor) (poet.; nachkl.)*
I. *intr.* dampfen; **aquae vaporant;** *(übtr.)* **invidiā ~;**
II. *trans.* räuchern [**templum ture; altaria**]; m. warmem Dampf *od.* Dunst erfüllen, erwärmen.

vapōs *(Lucr.)* = *vapor.*

vappa, ae *f (poet.; nachkl.)* ① umgeschlagener, trüber Wein;
② *(übtr.)* Taugenichts.

vāpulāris, e *(vapulo) (Plaut.)* Prügel-.

vāpulō, vāpulāre ① *(nicht klass.)* Schläge bekommen, geschlagen werden, gezüchtigt werden;
② *(im Krieg)* eine Schlappe erleiden;
③ *(Plaut.)* zugrunde gerichtet werden;
④ *(m. Worten)* durchgehechelt werden [**omnium sermonibus**].

vāra, ae *f (varus)* Querholz.

Vardaeī, ōrum *m Volk in Dalmatien.*

Varia, ae *f Städtchen am Anio, j.* Vico-Varo.

variantia, ae *f (vario) (Lucr.)* Verschiedenheit.

Vāriānus, a, um *s. Varus.*

variātiō, ōnis *f (vario)* Verschiedenheit, Abweichung, Unterschied; **sine variatione ulla** einstimmig.

vāricō, vāricāre *(varicus) (vor- u. nachkl.)* die Beine grätschen.

varicōsus, a, um *(varix) (vor- u. nachkl.)* voller Krampfadern.

vāricus, a, um *(varus)* grätschend.

● **varietās,** tātis *f (varius)* ① Buntheit [**florum; pellium**];
② Mannigfaltigkeit, Verschiedenheit, Abwechslung, *auch Pl.* [**caeli; temporum** abwechselnde Zeitumstände; Wechsel der Jahreszeiten; **rerum** Fülle des Stoffes; **annonae** Preisschwankung; **iuris; gentium; regionum; fructuum; vocum**];
③ Wechselfälle, wechselndes Glück [**fortunae**]; **bellum in multa varietate versatum est** wurde m. wechselndem Glück geführt;
④ Meinungsverschiedenheit [**in disputationibus**]; **sine ulla varietate** einstimmig; **tanta sunt in varietate ac dissensione, ut** sie haben so verschiedene u. entgegengesetzte Meinungen, dass;
⑤ Unbeständigkeit, Wankelmut; **in eius varietate versati sunt** sie kennen seine Launen;
⑥ Vielseitigkeit *der Ideen, der Kenntnisse, der Bildung;* **Timaeus sententiarum varietate abundans.**

Varīnī, ōrum *m germ. Volk an der Ostsee.*

variō, variāre *(varius)* **I.** *trans.* ① *(poet.)* bunt machen, sprenkeln, färben [**corpus caeruleis guttis; vestem**]; jmd. grün u. blau schlagen;
② *(übtr.)* (ver)ändern, mannigfaltig machen [**comas positu** mannigfaltig legen; **vocem; faciem; in omnes formas** verwandeln]; **variatis sententiis** bei auseinander gehenden Meinungen; *unpers.* **(sententiis) inter eos variatur** die Meinung ist geteilt unter ihnen; **cum timor atque ira in vicem sententias variavissent** als man aus Furcht und Zorn bald so, bald anders gestimmt hatte; – m. etw. eintauschen, abwechseln lassen [**laborem otio; calores frigoraque; vices** die Wachen ablösen]; – *(mündl. od. schriftl.)* verschieden darstellen, abweichend berichten: **ea variant auctores; variata memoria** verschieden überliefert;
II. *intr.* ① *(poet.; nachkl.)* bunt, gefärbt, scheckig sein; **bacae variant;**
② *(übtr.)* mannigfaltig sein, verschieden sein, sich verändern, abwechseln, schwanken; **manus Oenidae variat** hat wechselnden Erfolg; **fortuna variat; sic abeunt redeuntque mei variantque timores** *(Ov.);*
③ verschiedener Ansicht sein; **fremitus variantis multitudinis;** – *(v. Meinungen)* auseinander gehen; *unpers.* **variat** die Meinung ist geteilt; **ibi si variaret** wenn dort keine Einigkeit wäre; – verschieden berichtet, verschieden angegeben werden: **fama variat;** – verschieden beurteilt werden.

● **varius,** a, um ① *(vorkl.; poet.)* bunt, schillernd, scheckig, gefleckt [**flores; uvae; serpens; caelum** *m.* Sternen besät; **columnae** aus geflecktem Marmor]; *(v. Schlägen)* grün u. blau;
② *(übtr.)* mannigfaltig, verschieden(artig), allerlei [**formae; studia; sententiae; mores; fortuna; sermo** über verschiedene Themen]; **-um est, quales dii sint** es gibt verschiedene Meinungen; **-e scriptum est** es ist verschieden überliefert;
③ (ab)wechselnd, von wechselndem Erfolg [**victoria; eventus**]; **-e bellare** m. wechselndem Glück;
④ wankelmütig, launenhaft, unbeständig [**animus**];
⑤ vielseitig (begabt) [**ingenium**].

Varius, a, um *röm. nomen gentile:* L. ~ Rufus, *Dichter, verfasste das Lehrgedicht „De morte" u. die Tragödie „Thyestes" die bis in die Spätantike bekannt war; Freund des Vergil u. Horaz, gab nach Vergils Tod dessen Aeneis heraus.*

varix, icis *m u. f* Krampfader.

Varrō, ōnis *m cogn., bes. in der gens Terentia, s. Terentius;* – *Adj.* **Varrōniānus,** a, um.

vārus *(vorkl.; poet.)* **I.** *Adj.* a, um auseinander gebogen, auseinander gewachsen [**cornua boum; bracchia**]; krummbeinig; *(übtr.)* entgegengesetzt;
II. *Subst.* ī *m (v. Personen)* O-Bein; **hunc -um appellat.**

Vārus[1], ī *m röm. cogn.:* ① P. Alfenus ~ *s. Alfenus;*
② Quintilius ~, *aus Cremona, Kritiker, Freund des Vergil u. Horaz;*
③ P. Quinctilius ~, *röm. Feldherr unter Augustus, Konsul 13 v. Chr., fiel im Kampf m. den Cheruskern im Teutoburger Wald 9 n. Chr.;* – *Adj.* **Vāriānus,** a, um.

Vārus[2], ī *m Fluss in Gallia Narbonensis.*

vas[1], vadis *m* ① Bürge, *der durch Kaution f. das pünktliche Erscheinen jmds. vor Gericht bürgte;* **vadem poscere, dare, deserere;**
② *(bei den Griechen)* Bürge, *der m. dem eigenen Leib f. einen anderen haftete;* **vas factus est alter (Damon) eius sistendi; vadem te ad mortem tyranno dabis pro amico** *(Cic.).*

● **vās**[2], vāsis *u. (altl.)* **vāsum,** ī *n (Pl.* vāsa, ōrum) ① Gefäß, Geschirr, Gerät [**argenteum; fictile; potorium; vinarium** Weinglas];
② *Pl.* **a)** Hausgeräte, Möbel; **b)** *(milit. t. t.)* Kriegsgerät, Gepäck, Bagage; **-a colligere** aufbrechen; **-a conclamare** das Signal zum Aufbruch geben;
③ *(mlt.)* Fass, Weihrauchfass.

vasallus, ī *m (kelt. Wort) (mlt.)* Lehnsmann, Vasall.

vāsārium, ī *n (vas*[2]*)* Ausstattungsgeld *f. einen*

V

Provinzstatthalter.

Vasconēs, num *m* die Basken, *vorkeltisches Volk an den Pyrenäen.*

vāsculārius, ī *m (vasculum)* Verfertiger v. Metallgefäßen, Goldschmied.

vāsculum, ī *n (Demin. v. vas²) (vor- u. nachkl.)* kleines Gefäß, Geschirr.

vāstātiō, ōnis *f (vasto)* Verwüstung [**agri; silvarum**].

vāstātor, ōris *m (vasto) (poet., nachkl.)* Verwüster; Vertilger [**Arcadiae aper; ferarum** Jäger].

vāstātrīx, īcis *f (vastator) (Sen.)* Verwüsterin.

vāsti-ficus, a, um *(vastus u. facio)* unförmig [**belua**].

vāstitās, ātis *f* (vastus) ① Leere, Öde, Verödung [**iudiciorum et fori**];
② Verwüstung, Verheerung [**Italiae**]; **vastitatem facere; efficere** *od.* **reddere** anrichten; **vastitatem inferre;** – *(konkr.) Pl.* die Verwüster [**provinciarum**];
③ *(nachkl.)* unermesslicher Umfang, gewaltige Größe [**solis**]; *(konkr.)* Koloss.

vāstitiēs, ēī *(vastus) (Plaut.)* Verwüstung, Zerstörung.

● **vāstō,** vāstāre *(vastus)* ① leer, öde machen [**forum**]; *m. Abl.:* entblößen von [**agros cultoribus; fines civibus, pecore**]; – *Pass.* auch verwildern, wüst werden;
② verwüsten, verheeren, zerstören [**agros; Italiam; omnia ferro ignique**];
③ *(nachkl.) die Bewohner* brandschatzen [**cultores**];
④ *(übtr.)* zerrütten [**mentem**].

● **vāstus,** a, um ① leer, verödet, öde, wüst [**ager; urbs incendio ruinisque**]; *m. ab:* entblößt, verlassen von [**mons ab humano cultu; urbs a defensoribus**];
② verwüstet, verheert [**Troia**]; **alqd -um dare** verwüsten;
③ ungeheuer (groß), unermesslich (weit), riesig, gewaltig [**belua; campi; aether; columnae; antrum; potentia; animus** unersättlich; **ira; clamor**];
④ *(übtr.)* plump, roh, ungebildet [**oratio; littera** hart].

vāsum *s. vas².*

● **vātēs,** is *m u. f (Gen. Pl.* -ium *u.* -um) ① Wahrsager(in), Prophet(in), Seher(in), Sibylle;
② *(poet.; nachkl.)* (gottbegeisterte[r]) Sänger(in), Dichter(in) [**Maeonius** = Homer; **Lesbia** = Sappho; **Aeneidos** = Vergil].

Vāticānus I. *Adj.* a, um vatikanisch [**mons, collis, ager**];
II. *Subst.* ī *m (erg. mons)* der vatikanische Hügel *Roms auf dem rechten Tiberufer.*

vāticinātiō, ōnis *f (vaticinor)* Weissagung.

vāticinātor, ōris *m (vaticinor) (Ov.; spätl.)* Weissager, Seher.

vāticinium, ī *n (vaticinus) (nachkl.)* Weissagung.

vāticinius, a, um = *vaticinus.*

vāticinor, vāticinārī *(vates)* ① weissagen, prophezeien *(abs., m. Akk. od. A. C. I.)* [**casus futuros**];
② *(Ov.) (als Seher)* warnen, ermahnen;
③ *(als Seher)* lehren, vortragen;
④ schwärmen, träumen.

vāticinus, a, um *(vates)* weissagend, prophetisch [**libri; furores**].

vatillum, ī *n* ① *(poet.)* Räucherpfanne;
② *(vorkl.; spätl.)* Schaufel.

Vatīnius, ī *m* P. ~, *Anhänger Cäsars, v. Cicero weg. seiner Verbrechen hart angegriffen;* – *Adj.* **Vatīniānus,** a, um [**odium; crimina**].

vātis, is *m = vates.*

vatius, a, um *(nicht klass.)* krumm(beinig).

vavatō, ōnis *m (Petr.)* Puppe.

● **-ve¹** *enklitische Partikel (im Gegensatz zu aut nicht ausschließend)* oder, oder auch [**unus pluresve; duabus tribusve horis**]; *(poet.)* -ve … -ve (entweder … *)* oder, *auch* -ve … aut, -ve … vel, aut … -ve [**plusve minusve**].

vē²- *Partikel zur Bez. der Abweichung vom rechten Maß* [**ve-cors; ve-grandis; ve-sanus**].

vēcordia, ae *f (vecors)* Wahnsinn, Unsinnigkeit; **-am alci inicere** jmd. um den Verstand bringen.

vē-cors, *Gen.* cordis *(ve² u. cor)* wahnsinnig, unsinnig, verrückt [**mens; impetus**].

vectābilis, e *(vecto) (Sen.)* tragbar.

vectātiō, ōnis *f (vecto) (nachkl.)* das Fahren, Reiten.

● **vectīgal,** ālis *n, meist Pl. (Abl. Sg.* -ī; *Pl. Nom.* -ia, *Gen.* -ium *u.* iōrum) *(vectigalis)* ① *(indirekte)* Steuer, Abgabe an den Staat, Zoll *(z. B.* Wegegeld, Weidegeld, Hafenzoll, Pachtgelder) [**aedilicium** Abgabe *der Provinz* f. die von den Ädilen *in Rom* veranstalteten Spiele; **praetorium** Ehrengeschenk *der Provinzen* an den Statthalter]; **vectigalia alci imponere** jmdm. Steuern auferlegen; **vectigalia exigere** Steuern eintreiben; **vectigalia exercere** verwalten, erheben lassen; **vectigalia vendere** verpachten; **vectigalia redimere** pachten; **vectigalia pendere** *od.* **pensitare** Steuern zahlen, steuerpflichtig sein; **vectigal statuere** die Steuer festsetzen; – *übh.* Staatseinkünfte;
② *Pl.* Steuerbereich;
③ *(Sg. u. Pl.)* private Einkünfte, Einkommen [**rustica; urbana; magna**];
④ Einnahmequelle; *sprichw.:* **parsimonia magnum ~ est.**

vectīgālis, e ① zu den Staatseinkünften gehörig: **a)** als Steuer gezahlt [**pecunia; tributum annuum**]; **b)** steuerpflichtig, tributpflichtig [**civitas; agri**];
② Geld einbringend [**equi** *als Rennpferde f.*

Wettrennen vermietet; **quadrigae**].

vectiō, ōnis *f (veho)* das Fahren, Reiten.

vectis, is *m (veho)* ① Hebel, Hebebaum;
② Brechstange, Brecheisen;
③ Türriegel.

Vēctis, is *f Insel an der Südküste v. Britannien, j.* Wight.

vectō, vectāre *(Frequ. v. veho)* führen, fahren, tragen, bringen [**fructus ex agris; corpora carinā**]; *Pass.* geführt, getragen werden [**umeris alcis**], fahren, reiten [**carpentis per urbem; plaustris; equo**], segeln [**praeter oram**].

vector, ōris *m (veho)* ① *(poet.; nachkl.)* Träger, Fahrer; **Sileni ~ asellus;**
② Passagier *auf einem Schiff.*
③ *(poet.)* Seefahrer;
④ *(poet.)* Reiter.

vectōrius, a, um *(vector)* Transport- [**navigium**].

vectūra, ae *f (veho)* ① das Fahren, das Tragen, Transport [**frumenti; onerum**]; *(konkr.)* Zufuhr, Fuhre, Fracht; **pro -a solvere** die Fracht bezahlen;
② *(vor- u. nachkl.) (meton.)* Fuhrlohn, Frachtgeld.

vectus *s. veho.*

Vēdiovis, is *m (altl.) = Veiovis.*

vegeō, vegēre, – – *(vorkl.)* erregen, in Bewegung setzen [**aequora**].

vegetābilis, e *(vegeto) (nachkl.; spätl.)* belebend.

vegetō, vegetāre *(vegetus) (nachkl.)* erregen, ermuntern, beleben [**animum; memoriam**].

vegetus, a, um *(körperl. u. geistig)* rüstig, lebhaft, munter [**mens; ingenium**]; **fessi cum -is pugnabant.**

vē-grandis, e *(ve-²)* v. abnormer Größe:
① *(vorkl.; poet.)* klein, winzig [**oves; farra**];
② gewaltig, überaus groß; **homo vegrandi macie torridus.**

● **vehemēns,** *Gen.* mentis *(veho)* ① heftig, leidenschaftlich, stürmisch, hitzig [**orator; exordium dicendi; in agendo**]; **vehementem se praebere in alqm;**
② energisch, entschieden, streng [**iudicium; senatūs consultum**];
③ *(übtr., nur v. Sachen)* heftig, stark, gewaltig, wirksam, bedeutend [**cursus; venti; dolor; pilum; impetus; vulnus; somnus** fest, tief; **fuga** wild; **vis frigorum aut calorum**]; – *Adv.* **vehementer** heftig, höchst, äußerst, gewaltig [**delectari; errare; studia colere** m. Nachdruck betreiben; **moderatus; vitiosus; carus**].

vehementia, ae *(vehemens) (nachkl.)* ① Heftigkeit, Leidenschaftlichkeit;
② *(übtr.)* Heftigkeit, Stärke [**odoris; vini**].

vehes, is *f (veho) (vor- u. nachkl.)* Fuhre [**feni**].

vehic(u)lum, ī *n (veho)* Fahrzeug, Wagen, Schiff [**frumento onustum**]; **-o portari.**

● **vehō,** vehere, vēxī, vectum **I.** *trans.* ① fahren, führen, tragen, bringen, ziehen [**uxorem plaustro; parentes suos; reticulum panis umero; praedam;** *übtr.* **alqm ad summa** jmd. zu höchsten Ehren führen]; **triumphantem Camillum albi vexerant equi** *(Liv.);* – *mediopass.* fahren, reiten, segeln [**(in) curru; (in) equo; pisce; in essedo; (in) navi; puppe; parva rate; per urbem; per aequora; equo citato ad hostem** auf den Feind lossprengen; **trans aethera** *od.* **per aëra** fliegen];
② mit sich führen; **dum caelum stellas, dum vehet amnis aquas; amnis aurum vehit;**
③ jmdm. etw. zuführen [**militi frumentum**];
II. *intr. (nur Part. Präs. u. Gerundium)* fahren, reiten, sich tragen lassen; **quadrigis vehens; equo vehens; ius lecticā per urbem vehendi.**

Vēī *u.* **Vēiī,** ōrum *m mit Rom konkurrierende Etruskerstadt nordwestl. v. Rom, 396 v. Chr. v. Camillus erobert u. zerstört; – Einw.* **Vēiēns,** ientis *m; – Adj.* **Vēius,** a, um, **Vēiēns,** *Gen.* ientis *u.* **Vēientānus,** a, um; – **Vēientānum,** ī *n (erg. vinum)* veientischer Landwein.

Vē-iovis, is *m altröm. rächender Unterweltsgott; (Ov.)* (noch) jugendlicher Jupiter.

● **vel I.** *Kj.* ① oder, oder auch; **fortuna populi posita est in unius voluntate vel moribus;**
② *(poet.)* und auch; **pariter pietate vel armis; terris agitare vel undis:**
③ *(berichtigend)* vel potius: oder vielmehr; **homo minime malus vel potius optimus; post obitum vel potius excessum Romuli;**
④ *(spätl.) = et* und;
⑤ **vel … vel** entweder … oder *(gleichstellend, während* aut … aut *ausschließt),* sei es … oder sei es, teils … teils; **multa ad luxuriam invitamenta perniciosa civitatibus suppeditantur mari, quae vel capiuntur vel importantur** *(Cic.);* – *(spätl.) = et … et* sowohl … als auch;
II. *Adv.* ① *(hervorhebend)* sogar, selbst, auch; **vel illo ipso iudice; navem vel usque ad Oceanum mittere;**
② *(b. Superl.)* **a)** sogar, selbst; **quod erat ad obtinendam potentiam nobilium vel maximum; vel maxime** gar sehr; **b)** wohl, wahrscheinlich, sicher(lich); **haec domus est vel pulcherrima Messanae; hoc in genere nervorum vel minimum, suavitatis autem est vel plurimum;**
③ besonders;
④ zum Beispiel;
⑤ *(meist b. einem Pron.)* schon; **rem ita esse vel hac ex re intellegi potest;**
⑥ auch nur; **haec sunt omnia ingenii vel mediocris** dazu gehört wohl ein auch nur mit-

telmäßiges Talent.

Vēlābrum, ī *n Lebensmittelmarkt in Rom,* V. maius *zw. Tiber u. Palatin,* V. minus *beim Westabhang des Esquilin; – Adj.* **Vēlābrēnsis,** e [**caseus**].

Velaeda = *Veleda.*

vēlāmen, minis *n (velo) (poet.; nachkl.)* ❶ Hülle, Decke; ❷ Kleidung(sstück); ❸ Schleier; ❹ Fell [**detractum**].

vēlāmentum, ī *n (velo)* ❶ *(Sen.)* Hülle, Decke; *(übtr.)* Deckmantel *(für: Dat.);* ❷ *Pl. Wollbinden, die die Schutzflehenden um Ölzweige wanden.*

vēlārium, ī *n (velo) (Iuv.; spätl.)* Plane; *Pl.* Sonnensegel *im Amphitheater*

Velēda, ae *f Seherin aus dem Stamm der Brukterer (germ. Volksstamm) z. Zt. Vespasians, spielte eine Rolle beim Bataveraufstand des Iulius Civilis.*

vēles, *Gen.* litis **I.** *Subst. m, gew. Pl.* vēlitēs, tum Plänkler, *leicht bewaffnete, schnelle Soldaten;*
II. *Adj.* neckend [**scurra**].

Velia, ae *f* ❶ *niederer Ausläufer des Palatin (im Nordosten);* ❷ *Stadt in Lukanien (= Elea); – Einw.* **Veliēnsēs,** ium *m; – Adj.* **Velīnus,** a, um.

vēli-fer, fera, ferum *(velum u. fero) (poet.)* Segel tragend [**carina**].

vēlificātiō, ōnis *f (velifico)* das Segeln.

vēlificō, vēlificāre *(velificus)* ❶ *(poet.; nachkl.) velifico u. mediopass. velificor* segeln [**per urbanas aquas**]; ❷ *(Iuv.)* durchsegeln; ❸ *mediopass. velificor (übtr.)* fördern, sich einsetzen für *(m. Dat.)* [**honori alcis**].

vēli-ficus, a, um *(velum u. facio) (Plin.)* segelnd.

Velīna, ae *f (Velinus I.) die Tribus im Tal des Velinus.*

Velīnus I. *Subst.* ī *m See im Sabinischen;*
II. *Adj.* a, um ❶ zum See Velinus gehörig [**tribus** die Tribus im Tal des ~]; ❷ *s. Velia.*

Veliocassēs, ium *m kelt. Volk in der Normandie.*

vēlitāris, e *(veles) zu* den Plänklern gehörig [**arma; hastae**].

vēlitātiō, ōnis *f (velitor) (Plaut.)* Geplänkel; Neckerei.

Velīternus, a, um *s. Velitrae.*

vēlitor, vēlitārī *(veles) (vor- u. nachkl.)* plänkeln; *(übtr.)* zanken, schimpfen.

Velītrae, ārum *f Stadt der Volsker im südl. Latium, Geburtsort des Augustus, j.* Velletri; – *Adj.* **Velīternus,** a, um.

vēli-volāns, *Gen.,* antis *u.* **-volus,** a, um *(velum u. volo¹) (vorkl.; poet.)* ❶ segelbeflügelt [**rates**]; ❷ v. Segeln überflogen [**mare**].

Vellaunodūnum, ī *n Stadt der Senonen in Gallien, j.* Château Landon *od.* Montargis.

Vellāviī, ōrum *m kelt. Volk in den Cevennen.*

velle *Inf. Präs. Akt. v. volo².*

Vellēius, a, um *röm. nomen gentile:* C. ~ Paterculus, *aus dem Ritterstand, Offizier, verfasste unter Tiberius einen Abriss der röm. Gesch. in 2 Büchern.*

vellī *Perf. v. vello.*

vellicātiō, ōnis *f (vellico) (nachkl.)* das Rupfen; *(übtr.)* Neckerei.

vellicō, vellicāre *(vello)* ❶ *(Kom.)* rupfen, raufen; ❷ *(übtr.)* jmd. durchhecheln, schmähen [**absentem**]; ❸ *(Prop.)* durch Eifersucht kränken; ❹ *(Sen.)* anregen, aufstacheln [**animum**].

vellō, vellere, vellī (vulsī, volsī), vulsum (volsum) ❶ rupfen, zupfen, raufen [**alci barbam; oves; aurem** jmd. am Ohr zupfen]; ❷ ab-, ausrupfen, ab-, ausreißen [**hastam de caespite; poma** abpflücken; **dentibus herbas;** *(milit.)* **vallum** *od.* **munimenta** die Schanzpfähle ausreißen = den Wall einreißen; **signa** die Feldzeichen aus der Erde reißen = aufbrechen; **pontem** abbrechen]; – *mediopass. (nachkl.)* sich die Haare entfernen lassen.

vellus, velleris *n (vello) (poet.; nachkl.)* ❶ (Schaf-)Wolle; *Pl.* Fäden; **vellera digitis trahere** spinnen; ❷ *(meton.)* Schaffell, Vlies [**Phrixea** das goldene Vlies]; ❸ *übh.* Fell, Haut [**leonis; ferina; cervina**]; ❹ *(übtr.) Pl.* Wollähnliches: Baumwolle; Schäfchenwolken; Schneeflocken.

● **vēlō,** vēlāre *(velum)* ❶ verhüllen, einhüllen, bedecken [**nebulā velatus**]; bekleiden [**velatus veste, amictu**]; – *Subst.* velanda corporis *(Plin.)* Schamteile; – *P. Adj. (milit.)* velatus (*weil* „nur bekleidet") unbewaffnet; ❷ umwinden, schmücken [**tempora myrto; delubra fronde**]; ❸ *(übtr.)* verbergen, verheimlichen, verschleiern, bemänteln [**externa armis falsis; odium blanditiis**].

vēlōcitās, ātis *f (velox)* ❶ Schnelligkeit, Raschheit, Behändigkeit, Geschwindigkeit [**equi**]; ❷ *(nachkl.) (übtr.)* Schnelligkeit [**mali; occasionum**]; *(rhet. t. t.)* Lebendigkeit, Schwung.

● **vēlōx,** *Gen.* ōcis schnell, rasch, beweglich, behänd [**pedites; cervus; navis; iaculum; animus; ingenium; toxicum** schnell wirkend; **flamma**].

● **vēlum,** ī *n* ❶ Segel; **pleno -o** m. vollen Segeln; **-a dare** die Segel aufspannen, absegeln; **-a dare ventis** m. dem Wind absegeln; **-a dare in altum, ad patriam; -a deducere, con-**

trahere, legere einziehen, reffen; **-a facere** *od.* **pandere** die Segel aufspannen, m. vollem Wind segeln; *ebenso:* **dirigere -a ad alqm locum; -a parare** zur Flucht rüsten; *(übtr.)* **-a orationis pandere (facere)** in der Rede rasch vorwärts schreiten; **-is remisque** mit aller Macht;
❷ *(Ov.) (meton.) Pl.* Schiff;
❸ Hülle, Vorhang, Umhang, Tuch, Plane, Decke; *(poet.; nachkl.)* Sonnensegel *im Amphitheater.*

● **vel-ut(ī)** *Adv.* ❶ *(b. Vergleichen)* **a)** (gleich)-wie; **velut hesterno die**; **b)** gleichsam; **odium velut hereditate relictum**;
❷ (wie) zum Beispiel, beispielsweise; ~ **ex ea disputatione, quae mihi nuper habita est in Tusculano;**
❸ **velut sī,** *bisw. bl.* velut *(m. Konj., auch m. Part. coniunctum od. Abl. abs.)* (gleich) als ob, wie wenn; **Sequani absentis Ariovisti crudelitatem, velut si coram adesset, horrebant; velut si iam ad portas hostis esset; velut ea res nihil ad religionem pertinuisset.**

vēmēns *(poet.) = vehemens.*

vēna, ae *f* ❶ Blutader, Vene; Puls-, Schlagader, Arterie, *Pl. (nachkl.)* = Puls; **-am temptare** den Puls fühlen;
❷ *(übtr.)* Ader: **a)** Wasserader [**fontis**]; Kanal; **b)** Metallader [**aeris; argenti; auri**]; *(poet.) (meton.)* Metall [**peior** schlechteres = Eisen]; **c)** *(nachkl.)* Gefäß, Saftader *einer Pflanze,* Rippe *eines Blattes;* **d)** Gesteinsader [**marmoris**];
❸ *(poet.; nachkl.)* poetische Ader; (geistige) Anlage [**dives; ingenii**];
❹ *Pl. (übtr.)* **a)** Inneres, Mark, Herz; **b)** innerstes Wesen, Eigenart; **c)** Stimmung.

vēnābulum, ī *n (venor)* Jagdspieß.

Venāfrum, ī *n Ort in Kampanien in fruchtbarer Gegend, ber. für ertragreiche Olivenwälder; – Adj.* **Venāfrānus,** a, um.

vēnālicium, ī *n (venalicius)* Sklavenmarkt.

vēnālicius *(venalis)* **I.** *Adj.* a, um verkäuflich; – *Subst.* -a, ōrum *n* Ein- und Ausfuhrwaren; Sklaven;
II. *Subst.* ī *m* Sklavenhändler.

vēnālis, e *(venus[1])* ❶ (ver)käuflich [**res** Ware; **horti; tempus** Zinstermin; **artificium; pueri** Sklaven]; **alqd venale habere** etw. zum Verkauf anbieten; **me venalem habent** ich bin verraten und verkauft; – *Subst.* vēnālia, ium *n* Waren; vēnālēs, ium *m* Sklaven: **venales habere** mit Sklaven handeln;
❷ *(übtr.)* bestechlich, käuflich [**multitudo; ascriptor**].

vēnāticus, a, um *(venor)* Jagd- [**catulus**].

vēnātiō, ōnis *f (venor)* ❶ Jagd;
❷ Tierhetze *(im Zirkus u. Amphitheater);* **ludorum venationumque apparatus;**
❸ *(meton.)* Wild(bret) [**capta**].

vēnātor, *Gen.* ōris *(venor)* **I.** *Subst. m* ❶ Jäger;
❷ *(übtr.)* Forscher [**naturae**];
❸ *(Plaut.)* Lauerer;
II. *Adj. (poet.)* jagend, Jagd- [**canis**].

vēnātōrius, a, um *(venator)* Jagd-, Jäger- [**galea; arma**].

vēnātrīx, *Gen.* īcis *(venator) (poet.)* **I.** *Subst. f* Jägerin; *auch vom* Jagdhund;
II. *Adj.* jagend [**puella** = Diana].

vēnātūra, ae *f (venor) (Plaut.)* Jagd; *(übtr.)* **oculis -am facere** spähen.

vēnātus, ūs *m (venor)* ❶ Jagd; *(Plaut.)* Fischfang;
❷ *(nachkl.) (meton.)* Jagdbeute.

vendibilis, e *(vendo)* ❶ leicht verkäuflich [**fundus; merx**];
❷ *(übtr.)* beliebt [**orator; oratio**].

vendidī *Perf. v. vendo.*

venditātiō, ōnis *f (vendito)* das Anpreisen, Prahlerei.

venditātor, ōris *m (vendito) (nachkl.)* Prahler *(mit etw.: Gen.).*

venditiō, ōnis *f (vendo)* ❶ Verkauf; Versteigerung [**bonorum**]; **proscriptiones venditionesque;**
❷ *(Plin.) (meton.) Pl.* verkaufte Güter.

venditō, venditāre *(Frequ. v. vendo)* ❶ feilbieten, verkaufen wollen, zum Verkauf anbieten [**merces; Tusculanum; necessaria funeribus**];
❷ verschachern, *(geg. Bestechung)* etw. aushandeln [**itinerum spatia et castrorum munitiones; pacem pretio; sese** sich f. Geld preisgeben, f. Geld zu haben sein];
❸ anpreisen, (an)empfehlen, aufdrängen [**operam suam alci; se alci** sich b. jmdm. einzuschmeicheln suchen].

venditor, ōris *m (vendo)* Verkäufer; *(übtr.)* Verschacherer, Verhandler *(gegen Bestechung)* [**dignitatis vestrae**].

● **vendō,** vendere, vendidī, venditum *(venus[1]; < venum do, eigtl.* „zum Verkauf geben") ❶ verkaufen *(m. Abl. bzw. Gen. pretii; auch m. Adv.)* [**alqd parvo, male** billig, ungünstig; **minimo** sehr billig, äußerst ungünstig; **magno, bene, grandi pecuniā, recte** teuer, günstig; **plurimo; tanti; pluris; minoris; quam optime** so teuer wie möglich];
❷ versteigern [**bona civium; praedam suam**];
❸ *an den Meistbietenden* verpachten [**praedia**];
❹ verschachern, preisgeben [**patriam auro**];
❺ anpreisen, rühmen, (an)empfehlen [**poema**];
/ *Pass. klass. nur venditus u. vendendus; sonst Ersatz durch veneo.*

Venedī, ōrum *m* die Wenden, *slawisches Volk am rechten Ufer der Weichsel, zum Teil auch*

V

Sammelbegriff f. slawische Stämme.

venēfica, ae *f (veneficus) (poet.; nachkl.)* Giftmischerin, Zauberin.

venēficium, ī *n (veneficus)* ① Giftmischerei, Vergiftung; **de -is accusare; -i damnari;** – *(meton.)* Gifttrank;
② Zauberei, Verzauberung; *(meton.)* Zauber-, Liebestrank.

venē-ficus *(venenum u. facio)* **I.** *Adj.* a, um *(poet.; nachkl.)* ① (be)zaubernd, Zauber- [**verba; artes**];
② Gift mischend;
II. *Subst.* ī *m* ① Zauberer;
② Giftmischer.

Venellī, ōrum *m kelt. Volk in der Normandie.*

venēnārius, ī *m (venenum) (nachkl.)* Giftmischer.

venēnātus, a, um *(P. Adj. v. veneno)* ① vergiftet, giftig [**dentes; vipera; telum; caro**];
② schädlich [**munera** gefährlich; **iocus** beißend, verletzend];
③ *(Ov.)* Zauber- [**virga**].

venēni-fer, fera, ferum *(venenum u. fero) (Ov.)* giftig.

venēnō, venēnāre *(venenum)* vergiften [**carnem**]; *(Hor.) (übtr.)* verletzen.

venēnōsus, a, um *(venenum) (spätl.)* voller Gift, giftig.

● **venēnum,** ī *n (venus²)* ① *(poet.)* Schönheitsmittel; Farbstoff, Farbe, Purpur;
② Zaubermittel, -trank, Liebestrank; *(poet.)* Liebe;
③ Trank, Saft;
④ Gift(trank); **-um bibere, parare, infundere; -um obducere** einschlürfen; **alci -um dare, praebere; lac -i** giftiger, milchiger Saft *der Kräuter;*
⑤ *(poet.) (übtr.)* giftige Reden, Geifer, Verbitterung, Qual;
⑥ Unheil, Verderben; **discordia est ~ urbis.**

● **vēn-eō,** īre, iī, – *(venus¹; < venum eo, eigtl. „zum Verkauf gehen")* ① verkauft werden *(m. Abl. bzw. Gen. pretii)* [**auro, magno, pluris, maioris, minoris; quam plurimo** so hoch (teuer) wie möglich; **sestertio nummo; sub corona** als Sklave];
② versteigert werden [**publice**];
③ verpachtet werden.

venerābilis, e *(veneror)* verehrungswürdig, ehrwürdig.

venerābundus, a, um *(veneror)* ehrfürchtig, ehrerbietig.

venerandus, a, um *(veneror) (poet.; nachkl.)* ehrwürdig.

venerātiō, ōnis *f (veneror)* ① Verehrung, Hochachtung;
② *(nachkl.)* Würde, Ehrwürdigkeit.

venerātor, ōris *m (veneror) (poet.; spätl.)* Verehrer [**domūs vestrae**].

Venerius, venerius, a, um *s. venus².*

● **veneror,** venerārī *u. (vor- u. nachkl.)* **venerō,** venerāre *(venus²)* ① *(eine Gottheit od. jmd., etw. als Gottheit)* verehren, anbeten [**deos; Augustum; alqm ut deum; lapidem pro deo; deorum simulacra in foro**]; – *Part. Perf.* venerātus *poet. auch pass.* verehrt, angebetet [**Ceres; Sibylla**];
② seine Verehrung bezeugen [**regem** dem König; **memoriam patris**];
③ anflehen, inständig bitten *(alqm; um etw.: alqd; m. ut, ne)* [**deos multa**]; erbitten *(alqd).*

Venetī, ōrum *u.* um *m* ① *Volk in Oberitalien in der Gegend v. Padua m. einer (wie das Lateinische, Keltische, Illyrische, Germanische) eigenständigen indoeuropäischen Sprache;* – *Adj.* **Venetus,** a, um; – **Venetia,** ae *f* Land der Veneter;
② *kelt. Volk in der Bretagne;* – *Adj.* **Veneticus,** a, um; – **Venetia,** ae *f* Land der Veneter.

venetus *(nachkl.)* **I.** *Adj.* a, um meerfarbig, bläulich [**factio** die blau gekleidete Partei der Wettfahrer im Zirkus];
II. *Subst.* ī *m* Rennfahrer der Blauen.

vēnī *Perf. v. venio.*

● **venia,** ae *f* ① Gunst, Gnade, Gefälligkeit, Nachsicht, Schonung; **-am alci dare** jmdm. einen Gefallen erweisen; **-am petere a victoribus** die Sieger um Schonung bitten; **bonā (cum) -ā** nachsichtig, gütig; **prosequi alqm veniā** jmds. Bitte erfüllen; **-am advocandi petere** Aufschub, Frist; **-am ordinis petere** Entlassung aus dem Senat; **cum data esset ~ eius diei** als dieser Tag gewährt war;
② Erlaubnis; **-am dicendi exposcere; alci -am dare** jmdm. die Erlaubnis zu etw. geben *(m. Gen. od. ut);*
③ Verzeihung, Vergebung *(für etw.: Gen. od. Dat.);* **-am impetrare errati; dictis -am rogare; -am petere errori atque adulescentiae; ~ iis eius rei fuit** man verzieh ihnen dies;
④ *(mlt.)* **litterae -arum** Ablassbrief.

vēn-iī *Perf. v. veneo.*

Venīlia, ae *f* ① *eine Nymphe, Mutter des Turnus;*
② *Gemahlin des Janus.*

● **veniō,** venīre, vēnī, ventum ① kommen, gelangen [**in insulam; Athenis Romam; obviam** entgegenkommen; **ad, in colloquium; ad summum fortunae** zum Gipfel des Glücks; **in, sub conspectum alcis** jmdm. unter die Augen treten; **sub aspectum** sichtbar werden; *(m. Dat. finalis)* **alci auxilio** *od.* **subsidio** jmdm. zu Hilfe kommen; *(m. Inf.)* **aurum petere;** *(m. Sup.)* **patriam oppugnatum**]; **venio moriturus** um zu sterben; **a te litterae non venerunt; cito mors venit; telum per ilia venit** dringt; **sagitta per caput venit** dringt; **(res) mihi in mentem venit** es fällt mir ein; **alqd venit in buccam** kommt einem in den Mund, fällt ein; **veniens in cor-**

pore virtus erscheinend;
❷ zurückkommen, -kehren [**Romam**];
❸ *(feindl.)* herankommen, (her)anrücken [**ad moenia**]; **veniens hostis; venientem cuspide ferire; magnā manu ad castra oppugnatum ~***;*
❹ *in eine Situation* kommen, *in einen Zustand* geraten, gelangen, verfallen *(in, selten ad alqd)* [**in periculum; in dubium** zweifelhaft werden; **in consuetudinem** zur Gewohnheit werden; **in consuetudinem proverbii** *od.* **in proverbium** sprichwörtlich werden; **in sermonem** ins Gerede kommen; **alci in amicitiam** sich m. jmdm. befreunden; **in sacerdotium** Priester werden; **in senatum** Senator werden; **alci in opinionem** *(m. A. C. I.)* jmd. kommt auf den Gedanken; **in certamen iudiciumque** streiten u. der richterlichen Entscheidung überlassen; **in religionem** religiöse Bedenken erregen; **in aestimationem** taxiert werden; **ad senectutem** alt werden; **in invidiam** beneidet werden; **in odium** gehasst werden *(alci: v. jmdm.)*; **ex invidia in gratiam nobilitatis; in turpitudinem** beschimpft werden; **in suspicionem; in disquisitionem** Gegenstand der Untersuchung werden; **in votum** Gegenstand des Wunsches werden; **ad condiciones alcis** sich gefallen lassen; **in spem regni obtinendi** Hoffnung schöpfen auf; **in partem alcis rei** an etw. teilnehmen; **in alcis fidem ac potestatem** sich auf Gnade u. Ungnade ergeben; **in cruciatum** Martern entgegengehen]; **ad famem** (in Hungersnot) **ventum est; res ad manus venit** es kommt zum Handgemenge; **in eum locum ventum est, ut** es kam bis auf den Punkt, dass;
❺ *(v. der Zeit)* herankommen, nahen, eintreffen; **dies (nox, hora) venit; anni venientes** das zunehmende Alter; **veniens aetas** Nachkommenschaft; **ventura bella** künftige; **ventura videre** Zukunft; **venturi praescia***;*
❻ *(vor Gericht)* auftreten gegen [**contra iniuriam; contra alienum pro familiari**];
❼ zum Vorschein kommen, sich zeigen, erscheinen; **sol veniens** aufgehende; **venientes lacrimae***;*
❽ *(poet.) (v. Pflanzen)* hervorkommen, wachsen; **arbores, uvae veniunt***;*
❾ *(poet.)* abstammen von [**Romanā de gente**];
❿ *(in der Rede od. Darstellung)* kommen auf, übergehen zu [**a fabulis ad facta; ad nomen Iovis; ad fortissimum virum**];
⓫ sich zutragen, entstehen, vorkommen, sich ereignen, eintreten; **magna commoda ex otio meo rei publicae veniunt; si quid adversi venisset; haec ubi veniunt; usu venire** vorkommen;
⓬ zufallen, zukommen *(alci, selten ad od. in alqm)*; **hereditas mihi venit; gloria tibi veniat;** – *(v. Übeln)* treffen, befallen *(alci, selten ad od. in alqm)*; **dolor alci venit; ad alqm venit clades.**

vennū(n)cula, ae *f (poet.; nachkl.) eine Weintraubensorte.*

vēnō *Dat. v. venus*[1].

● **vēnor,** vēnārī **I.** *intr.* jagen, auf die Jagd gehen; – *Subst. (poet.)* vēnāntēs, tium *u.* tum *m* die Jäger;
II. *trans.* ❶ *Tiere* jagen, *auf Tiere* Jagd machen [**leporem; feras**];
❷ *(übtr.)* auf etw. Jagd machen, auf etw. ausgehen, hinter etw. her sein [**suffragia plebis; amores**]; jmd. zu gewinnen suchen [**viros oculis**].

vēnōsus, a, um *(vena) (nachkl.)* voller Adern.

● **venter,** tris *m* ❶ Bauch, Unterleib;
❷ Magen; *(meton.)* Gefräßigkeit; **ventre bona lacerare** durch Schwelgen;
❸ Mutterleib, Gebärmutter [**gravis**]; **ventrem ferre** schwanger sein; – *(meton.)* Leibesfrucht [**maturus**];
❹ *(übtr.)* Bauchiges, Höhlung; **in ventrem crescere** bauchartig anschwellen.

ventilātor, ōris *m (ventilo) (nachkl.)* Taschenspieler.

ventilō, ventilāre *(ventulus)* ❶ *(poet.; nachkl.)* in der Luft schwingen, schwenken [**facem; arma**];
❷ *(poet.; nachkl.)* Kühlung zufächeln;
❸ *(übtr.)* anfachen, erregen [**contionem**];
❹ *(nachkl.)* ausführlich erörtern, besprechen, behandeln [**causam**].

ventiō, ōnis *f (venio) (vor- u. nachkl.)* das Kommen.

ventitō, ventitāre *(Frequ. v. venio)* oft kommen, zu kommen pflegen.

ventōsitās, ātis *f (ventosus) (spätl.)* Aufgeblasenheit, Eitelkeit, Hochnäsigkeit.

ventōsus, a, um *(ventus)* ❶ windig, stürmisch [**regio; mare; aequora; autumnus**];
❷ *(poet.)* schnell wie der Wind [**equi**];
❸ *(poet.; nachkl.) (übtr.)* aufgeblasen, eitel, prahlerisch [**natio; gloria** Ruhmsucht; **lingua; decus**];
❹ wetterwendisch, unbeständig, veränderlich [**ingenium; imperium; plebs**].

ventrāle, lis *n (venter) (nachkl.)* Leibgurt *(als Tasche)*.

ventriculus, ī *m (Demin. v. venter)* ❶ *(nachkl.)* Bäuchlein; Magen;
❷ **~ cordis** Herzkammer.

ventriōsus, a, um *(venter) (Plaut.; nachkl.)* dickbäuchig.

ventulus, ī *m (Demin. v. ventus*[1]*) (Kom.)* etwas Wind; **-um facere alci** jmdm. Luft zufächeln.

ventum *P. P. P. v. venio.*

● **ventus**[1], ī *m* ❶ Wind [**secundus, prosper** günstig; **adversus** ungünstig; **ferens** günstiger

V

Fahrwind]; ~ **se circumagit** schlägt um, dreht sich; *sprichw.:* **in -is et in aqua scribere** sich vergebliche Mühe machen; **verba in -os dare** vergeblich reden; **profundere verba -is; dare verba -is** sein Wort nicht halten; **rem -is tradere** der Vergessenheit;
② *(übtr.)* Wind *als Sinnbild des günstigen u. ungünstigen Geschickes;* **-i secundi** Glück; **quicumque -i erunt** wie auch der Wind wehen wird; **alios ego vidi -os** bevorstehendes Unglück; **-um in optimum quemque excitare** Unruhe, Sturm erregen;
③ Gerücht;
④ Gunst [**popularis** Volksgunst].

ventus[2], ūs *m (venio) (vorkl.)* das Kommen.

vēnūcula = *vennu(n)cula.*

vēnula, ae *f (Demin. v. vena) (nachkl.)* Äderchen.

vēnum *Akk. v. venus[1].*

vēnus[1], ī *m (nur im Dat. u. Akk.)* Verkauf; *(Redew. m. Dat.)* **veno dare (alci alqd)** verkaufen; **veno exercere alqd** m. etw. handeln; **veno ponere** feilbieten; *(Redew. m. Akk.)* **venum dare** zum Verkauf ausstellen, verkaufen; **venum ire** verkauft werden.

venus[2], neris *f* ① *(poet.; nachkl.)* Schönheit, Anmut, Liebreiz, Lieblichkeit;
② Liebe, Liebeslust, -genuss, Geschlechtsverkehr, Begattung [**marita** eheliche Liebe]; **venerem rapere** trächtig werden;
③ *(poet.) (meton.)* die Geliebte;
④ *(poet.)* Samen;
/ *Adj.* **venerius,** a, um zur sinnlichen Liebe gehörig, sinnlich, geschlechtlich, unzüchtig [**voluptas; complexus; res** Geschlechtsverkehr; **amor**].

i Kultur **Venus,** neris *f* ① Venus, Göttin der Liebe, Anmut u. Schönheit, der griech. Aphrodite gleichgesetzt; Tochter des Jupiter u. der Dione, Gemahlin des Vulcanus, Mutter des Cupido u. des Äneas; Stammmutter des Hauses der Julier u. des röm. Volkes, Tempel u. Kult in Rom erst seit dem 3. Jahrh. v. Chr.; – **Veneris mensis** April;
2. der Planet Venus; auch **stella Veneris;**
3. *(poet.; nachkl.)* Venuswurf, Glückswurf (der günstigste Wurf b. Würfelspiel, bei dem alle vier Würfel verschiedene Zahlen zeigten);
/ *Adj.* **Venerius,** a, um der Venus heilig (geweiht, dienend) [**servi -i** *od. bl.* **Venerii** die Tempeldiener der Eryzinischen Venus in Sizilien; **homo** Venusknecht; **iactus** Venuswurf, *s. o.*].

Venusia, ae *f Stadt im lukanisch-apulischen Grenzgebiet, Geburtsort des Horaz, j.* Venosa; – *Einw. u. Adj.* **Venusīnus,** ī *m bzw.* a, um.

venustās, ātis *f (venus[2])* ① Schönheit, Anmut, Liebreiz [**muliebris; corporis; vultūs**];
② feines Benehmen, Liebenswürdigkeit;
③ Feinheit, feiner Witz; **dicendi vis venustate coniuncta;**
④ *(Kom.)* Vergnügen; **dies plenus venustatis.**

venustulus, a, um *(Demin. v. venustus) (Plaut.; spätl.)* anmutig, lieblich [**oratio**].

● **venustus,** a, um *(venus[2])* ① schön, anmutig, lieblich, reizend [**vultus; gestus et motus; hortuli**]; **se facit esse -um** er spielt sich als Adonis auf;
② fein, liebenswürdig, geistreich [**dicta; sententiae**].

vē-pallidus, a, um *(Hor.)* leichenblass.

veprēcula, ae *f (Demin. v. vepres)* Dornsträuchlein.

veprēs, is *m (Lucr. f)* Dornstrauch, -busch; **sepulcrum vepribus saeptum.**

● **vēr,** vēris *n* ① Frühling; **vere ineunte** *(od.* **primo, novo**) zu Beginn des Frühlings; *sprichw.:* **vere flores numerare** *(Ov.) (vom Unmöglichen);*
② *(poet.) (übtr.)* ~ **aetatis** Jugend;
③ *sacrum* Weihefrühling *(in Notzeiten den Göttern gelobte Opferung der Erstlinge an Vieh, urspr. auch an Kindern).*

Veragrī, ōrum *m kelt. Volk im heutigen Wallis.*

vērātrum, ī *n (poet.; nachkl.) (bot.)* Nieswurz.

vērāx, *Gen.* ācis *(verus)* wahr redend, die Wahrheit verkündend, wahr(haftig) [**oraculum; Parcae**]; **visa quietis veracia** wahr, eintreffend.

verbēna, ae *f, gew. Pl.* heiliger Zweig, grünes Gezweig *v. Lorbeer, Ölbaum, Myrte, Zypresse u. Ä. (solche Zweige dienten zu rel. Handlungen).*

verbēnātus, a, um *(verbena) (Suet.)* m. heiligen Zweigen bekränzt.

● **verber,** beris *n (im Sg. nur im Gen. u. Abl. gebräuchlich, meist Pl.)* ① *(poet.; nachkl.)* Schlag, Stoß, Wurf, Prall [**virgae; remorum** Ruderschlag; **ripae** Wellenschlag; **ventorum**]; **dare verbera ponto** *(v. Schwimmer);*
② *Pl.* **a)** (Peitschen-)Hiebe, Prügel, Auspeitschung; **alqm verberibus castigare; verberibus lacerari; verberum notae** Striemen; **verbera subire** über sich ergehen lassen; **b)** *(übtr.)* Vorwürfe [**contumeliarum; linguae**];
③ *(Sg. u. Pl.)* Peitsche; **pecora verbere domare;**
④ *(poet.)* Schleuderriemen.

verberābilis, e *(verbero[1]) (Plaut.)* der die Peitsche verdient.

verberābundus, a, um *(verbero[1]) (Plaut.)* prügelnd.

verberātiō, ōnis *f (verbero[1])* Strafe *(für etw.: Gen.)* [**cessationis**].

verberetillus, ī *m (verber) (Plaut.)* Prügelknabe.

verbereus, a, um *(verber) (Plaut.)* Schläge verdienend.

● **verberō[1],** verberāre *(verber)* ① schlagen, stoßen, treffen [**Mutinam tormentis** beschießen; **ōs manibus; alqm ense; aethera alis**]; zerschlagen [**vineas grandine**];
② *m.* Ruten schlagen, geißeln, peitschen;
③ *(übtr.)* züchtigen, schmerzhaft treffen [**alcis aures sermonibus**].

verberō[2], ōnis *m (verber; eigtl.* „der Schläge verdient") Schlingel, Schurke.

verbēx *(vulgär) = vervex.*

verbi-vēlitātiō, ōnis *f (verbum u. velitor) (Plaut.)* Wortgefecht.

verbōsus, a, um *(verbum)* wortreich, weitläufig, weitschweifig [**simulatio**].

verbō-tenus *Adv. (verbum) (spätl.)* (wort)-wörtlich.

● **verbum,** ī *n* ① Wort, Ausdruck; *Pl.* Worte, Rede, *(v. Schriftstücken auch)* Wortlaut [**falsa, ficta** Lügen; **precantia** Bitten; **minacia** Drohungen; **solantia** Trostworte; **exsecrantia** Flüche; **excusantia** Entschuldigungen; **blanda** Schmeicheleien]; **nullum -um facere** kein Wort verlieren; **-is certare** einen Wortwechsel haben; **-a in publico facere** öffentlich sprechen, einen Vortrag halten; **-a facere** einen Vortrag, eine Rede halten, reden, sprechen; **cum alqo in colloquio -a facere** sich unterreden; **his -is** mit folgendem Wortlaut; **haec pactio -is facta est** mündliche Versicherung; **multis -is ultro citroque habitis** nachdem viele Reden gewechselt waren; – *Einzelwendungen:* **a) verbo** dem Wort nach [*-o liberi sunt*]; durch ein einziges Wort [*de sententia desistere*]; mündlich [*mandata dare*]; **b) uno verbo** *m.* einem Wort, kurz [*uno -o dic quid est*]; **c) ad -um, -um pro -o, -um e -o, de -o** aufs Wort, (wort)wörtlich [*alqd ediscere; alqd reddere od. exprimere* wiedergeben, übersetzen]; **d) verbi causā** *(od.* **gratiā**) zum Beispiel, beispielsweise; **e) verbis meis, tuis, alcis** in meinem, deinem, jmds. Namen; **uxori tuae meis verbis eris gratulatus;**
② Äußerung, (Aus-)Spruch; *(Kom.)* Sprichwort; **verum est ~, quod memoratur;**
③ *(Kom.) Pl.* Späße, Witze;
④ *(meist Pl.)* Formel [**sollemnia**]; **in -a alcis iurare** jmdm. den Eid schwören; **verba venefica** *od.* **non innoxia** Zauberformeln;
⑤ bloßes, leeres Wort, *Pl.* nichts sagendes Gerede, Blabla, *auch* (äußerer) Schein; **alci -a dare** jmd. täuschen, betrügen, hinters Licht führen; **-is non replenda est curia; virtutem -a putas; curis -a dare** sich die Sorgen vertreiben;
⑥ *(gramm. t. t.)* Zeitwort, Verb.

Vercellae, ārum *f Stadt in Oberitalien, j.* Vercelli *(Sieg des Marius üb. die Kimbern 101 v. Chr.).*

> *i* Kultur **Vercingetorīx,** īgis *m* König der Arverner, Führer des großen Gallieraufstandes 52 v. Chr., b. Alesia v. Cäsar besiegt u. sechs Jahre später hingerichtet.

vērculum, ī *n (Demin. v. ver) (Plaut.)* Frühling, Lenz *(als Kosewort).*

● **verēcundia,** ae *f (verecundus)* ① Scheu, Zurückhaltung, Schüchternheit *(Gen.: vor, bei, in etw.; in m. Abl.: bei, in etw.)* [**sermonis; respondendi; turpitudinis** vor der Schande; **in rogando**];
② Verehrung, Ehrfurcht, (Hoch-)Achtung, Rücksicht *(vor, gegen, auf; Gen., auch adversus)* [**deorum; parentis; legum; aetatis; maiestatis magistratuum; adversus regem**];
③ Scham(gefühl); **-ae est** *(m. Inf. od. A. C. I.)* man schämt sich.

verēcundor, verēcundārī *(verecundus)* schüchtern sein, *(m. Inf.)* sich scheuen [**in publicum prodire**].

verēcundus, a, um *(vereor)* ① scheu, zurückhaltend, schüchtern, bescheiden [**homo; translatio** nicht übertrieben; **oratio**];
② rücksichtsvoll [**Bacchus** mäßiger Weingenuss];
③ schamhaft, sittsam, tugendhaft [**color, rubor** Schamröte; **vultus; vita**].

verēdārius, ī *m (veredus) (spätl.)* Postreiter, Kurier.

verēdus, ī *m (nachkl.)* leichtes Jagdpferd.

verendus, a, um *(vereor) (poet.)* verehrungswürdig, ehrwürdig [**patres**]; – *Subst.* **-a,** ōrum *n (nachkl.) (konkr.)* Scham(gegend).

● **vereor,** verērī, veritus sum ① *(m. Inf.)* sich scheuen, sich fürchten, Bedenken haben; **vereor scelus committere; vereor eos interficere;** *selten unpers.:* **alqm veretur** *(m. Inf.)* jmd. scheut sich;
② fürchten, Furcht haben, befürchten *(m. Akk.; ne: dass; ne non od. ut: dass nicht; selten m. A. C. I.)* [**hostem; supplicium ab alqo; insidias; bella**]; *zur Abschwächung einer Behauptung:* **vereor ne nemo venerit** ich (be)fürchte, dass niemand gekommen ist = möchte doch jmd. gekommen sein; **vereor ne sit turpe timere**; – *(m. indir. Frages.)* m. Besorgnis daran denken: **vereor, quid dicturus sis;**
③ besorgt sein *(Dat.: für, um etw.; de: weg. etw.)* [**navibus; de Carthagine**];
④ verehren, achten, berücksichtigen *(m. Akk., selten m. Gen.)* [**deos; fratrem; tui testimonii**];
⑤ Scham, Scheu empfinden.

V

verētrum, ī *n (nicht klass.)* Scham(gegend).
Vergiliae, ārum *f* das Siebengestirn, die Plejaden.

i Kultur **Vergilius** *(spätl. auch* Virgilius), a, um röm. nomen gentile: P. ~ Maro, berühmter röm. Dichter, geb. 70 v. Chr. in Andes b. Mantua, gest. 19 v. Chr. in Brundisium, Verf. der Aeneis, der Georgica u. der Bucolica (Eclogae), wie Horaz zum Kreis um Maecenas gehörend, enge Beziehungen zu Augustus.

Vergīnius *(spätl. auch* Virgīnius), a, um *röm. nomen gentile:* L. ~, *Volkstribun 449 v. Chr., erstach seine Tochter* **Vergīnia,** *um sie der Zudringlichkeit des Dezemvirn Appius Claudius zu entziehen, der sie als Sklavin f. sich beanspruchte.*
● **vergō,** vergere, versī, – **I.** *intr.* sich neigen, sich senken; **collis ad flumen vergebat;**
❷ *(v. Örtl.)* gerichtet sein, liegen, sich erstrecken [**ad septentriones; in meridiem; ad solem cadentem**];
❸ *(nachkl.) (zeitl.)* sich nähern; **nox vergit ad lucem; iam in senectutem annis vergentibus;** – sich dem Ende nähern, zu Ende gehen, sich neigen, abnehmen; **vergente die, autumno; femina annis vergens** alternd;
❹ *(übtr.) der Gesinnung nach* sich zu etw. hinneigen, sich auf etw. richten; **ad voluptates ~; Bruti auxilium ad Italiam vergebat;**
❺ *(nachkl.)* jmdm. zufallen;
❻ *(spätl.) (übtr.)* **res bene vergunt** die Dinge stehen gut;
II. *trans. (poet.)* eingießen, einschütten.
vergobretus, ī *m (gall. Wort) höchster Beamter der Häduer.*
vēri-dicus, a, um *(verus u. dico¹)* wahr redend [**os; vox**]; wahr.
vēri-loquium, ī *n (verus u. loquor)* Etymologie.
vērī-similis, e *(auch getr.) (verus)* wahrscheinlich.
vērī-similitūdō, dinis *f (auch getr.) (verus)* Wahrscheinlichkeit.
● **vēritās,** ātis *f (verus)* ❶ Wahrheit; **nihil ad veritatem loqui; eius aures veritati clausae sunt; veritatem aspernari;**
❷ Wirklichkeit; ~ **vincit imitationem; veritatem imitari** naturgetreu sein, naturgetreu darstellen; **quicquam potest casu esse factum, quod omnes habet in se numeros veritatis?** der inneren Wahrheit, Notwendigkeit; **cum in veritate dicemus** in Wirklichkeit *(d. h. auf dem Forum, nicht bloß zur Übung);* **homo expers veritatis** ohne alle Erfahrung *(vor Gericht);*
❸ Wahrheitsliebe, Aufrichtigkeit, Offenheit, Ehrlichkeit-, ~ **odium parit; non offendit me ~ litterarum tuarum** *(Cic.);*
❹ Unparteilichkeit, Rechtlichkeit [**iudiciorum**];
❺ *gramm.* Regel.
veritus *P. P. Akt. v. vereor*
vēri-verbium, ī *n (verus u. verbum) (Plaut.)* Wahrhaftigkeit.
vermiculātus, a, um *(vermiculus)* gewürfelt, bunt(scheckig) *(bes. v. Mosaikarbeit).*
vermiculus, ī *m (Demin. v. vermis) (poet.; nachkl.)* Würmchen.
vermina, num *n (Lucr.)* Bauchschmerzen.
verminātiō, ōnis *f (vermino) (nachkl.)* juckender Schmerz.
verminō, vermināre *u.* **verminor,** verminārī *(vermis) (nachkl.)* ❶ Würmer haben;
❷ kribbeln, jucken; **verminat auris.**
vermis, is *m (vor- u. nachkl.)* Wurm.
verna, ae *m* ❶ im Haus geborener Sklave, Haussklave;
❷ *(Plaut.; Mart.)* plumper Witzbold, Frechdachs;
❸ *(Mart.)* Inländer; – *als Adj.* inländisch, einheimisch; in Rom geschrieben.
vernāculus, a, um *(verna)* ❶ inländisch, einheimisch, römisch [**equi; artifices; legio**];
❷ in Rom üblich, der Hauptstadt eigen, großstädtisch [**festivitas; multitudo** der Pöbel; **urbanitas; sapor**].
vērnālis, e *(ver) (nachkl.)* Frühlings-.
vernīlis, e *(verna) (nachkl.)* ❶ sklavisch, knechtisch;
❷ kriecherisch, plump [**blanditiae**];
❸ dreist, frech [**dictum**].
vernīlitās, ātis *f (vernilis) (nachkl.)* sklavenartiges Betragen: ❶ kriecherische Höflichkeit, Kriecherei;
❷ plumper, frecher Witz, Frechheit.
vērnō, vērnāre *(ver)* ❶ *(poet.; nachkl.)* frühlingshaft werden, sich verjüngen; **arbor vernat** grünt wieder; **silva vernat; avis vernat** singt wieder; **anguis vernat** verjüngt sich, legt die alte Haut ab; **sanguis vernat** fließt jugendlich; **lanugine ~** den ersten Bart bekommen;
❷ *(mlt.)* glänzen, leuchten von [**iaspide**].
vernula, ae *m u. f (Demin. v. verna) (nachkl.) = verna.*
vērnum, ī *n (vernus)* Frühling.
vērnus, a, um *(ver)* Frühlings- [**tempus; flores; venti; caelum** Frühlingswetter].
● **vērō¹** *Adv., s. verus.*
vērō², vērāre *(verus) (vorkl.)* die Wahrheit sagen.
Vērōna, ae *f* Verona, *Stadt in Oberitalien an der Etsch, Geburtsort des Catull; das sehr gut erhaltene röm. Amphitheater wird noch heute für Festspiele genutzt; – Einw. u. Adj.* **Vērōnēnsis,** is *m bzw.* e.
verpa, ae *f (poet.)* das männliche Glied.

verpus, ī *m (verpa) (poet.)* der Beschnittene.

verrēs, is *m* männliches Schwein, Eber; *übtr. verächtl. v. einem Menschen.*

Verrēs, is *m cogn. in der gens Cornelia:* C. Cornelius ~, *73 – 71 v. Chr. Proprätor in Sizilien, im J. 70 v. Cicero in den Verrinischen Reden weg. korrupter Rechtsprechung u. erpresserischer Bereicherung angeklagt u. mit so erdrückenden Beweisen konfrontiert, dass er ins Exil nach Marseille ging, wo er 43 umkam;* – *Adj.* **Verrīnus** *u.* **Verrius,** a, um; – **Verria,** ōrum *n ein v. Verres zur eigenen Ehrung befohlenes Fest,* Verresfest.

verrīnus, a, um *(verres)* Eber- [**ius** Schweinebrühe *im Wortspiel m. ius Verrinum: Verrinisches Recht*].

verrō, verrere, –, versum ❶ kehren, fegen [**aedes; pavimentum; viam**];
❷ zusammenfegen, zusammenscharren, *auch übtr.;*
❸ über etw. *(alqd)* streichen, hingleiten, -fegen, -fahren; **humam pallā** ~ das Gewand auf dem Boden schleifen lassen, auf den Boden herabwallen lassen; **aram crinibus** – das Haar über den Altar hinschleifen; **crinibus templa** ~ die Haare am Boden des Tempels hinschleifen; **venti terras verrunt***;*
❹ durchstreifen, -furchen, -fahren; **aequora remis ~; aquilo arva et aequora verrens** der hinfegt über;
❺ *(poet.; nachkl.)* (nach sich) schleifen, schleppen [**hastam; caesariem per aequora**];
❻ *(poet.)* etw. fortreißen, schleppen [**arenas ex imo; canitiem in sanguine**].

verrūca, ae *f (poet.; nachkl.)* Warze; *(übtr.)* kleines Gebrechen.

verrūcōsus, a, um *(verruca)* voller Warzen.

Verrūgō, ginis *f Stadt der Volsker.*

verruncō, verruncāre sich wenden *(bes. in der Religionsspr.)* [**bene** zum Guten].

verrūtum = *verutum.*

versābilis, e *(verso) (nachkl.)* beweglich [**acies**]; *(übtr.)* unbeständig [**condicio; fortuna**].

versābundus, a, um *(verso)* sich fortwährend drehend.

versātilis, e *(verso)* ❶ drehbar, beweglich; **aciem versatilem ponere** zu allen Wendungen geschickt aufstellen;
❷ *(übtr.)* gewandt [**ingenium**].

versātiō, ōnis *f (verso)* Umdrehung [**rotae**]; *(übtr.)* Veränderung, Abwechslung [**animi**].

versī *Perf. v. vergo.*

versi-capillus, ī *m (verto) (Plaut.)* das Haar verändernd = graues Haar bekommend.

versi-color, *Gen.* colōris *(Abl. Sg.* -ī *u.* -e) *(versus, P. P. P. v. verto)* bunt(farbig), schillernd, schimmernd [**vestimentum; plumae; arma**].

versiculus, ī *m (Demin. v. versus³)* ❶ kleine Zeile;
❷ Verschen, *auch verächtl.; (Cat.) Pl.* Gedichtchen.

versificātiō, ōnis *f (versifico) (nachkl.)* das Versemachen.

versificātor, ōris *m (versifico) (nachkl.)* Dichter.

versi-ficō, ficāre *(versus³ u. facio) (nachkl.)* Verse machen; in Verse bringen.

versi-fōrmis, e *(versus [P. P. P. v. verto] u. forma) (nachkl.)* die Gestalt ändernd, veränderlich.

versi-pellis, e *(versus, P. P. P. v. verto) (vor- u. nachkl.)* ❶ sich verwandelnd;
❷ *(übtr.)* schlau, verschmitzt, verschlagen.

● **versō,** versāre *(Frequ. v. verto)* ❶ *(poet.)* oft drehen, hin u. her drehen, wälzen, herumdrehen, umwenden, umkehren [**ova favillā** in der Asche; **terram** umpflügen; **rura; saxum; currum** herumfahren; **sortem urnā** schütteln; **stamina** *od.* **fusum pollice** spinnen; **lumina** verdrehen; **exemplaria Graeca** aufrollen, lesen; **cardinem** die Tür in den Angeln drehen; **volumina** sich in Windungen drehen];
❷ umhertreiben, tummeln [**oves** *auf der Weide*]*;*
❸ *(vorkl.; poet.)* jmd. auf Trab bringen, herumjagen; **versabo illum hodie probe** *(Plaut.)*;
❹ *(übtr.)* hin u. her wenden, drehen u. wenden [**se in utramque partem; animum** seinen Sinn ändern; **se huc et illuc** nicht aus noch ein wissen; **animum per omnia** *od.* **in omnes partes** hin u. her überlegen; **nunc huc nunc illuc pectore curas; mentem ad omnem malitiam et fraudem**];
❺ beunruhigen, quälen, in Unruhe versetzen, bestürmen; **patrum animos certamen regni ac cupido versabat** *(Liv.)*; **nunc indignatio nunc pudor pectora multitudinis versabat** *(Liv.)*; **animos carminibus** ~ die Köpfe verdrehen; **militum animos castigando adhortandoque** ~ zu gewinnen suchen; **odiis domos** ~ in Angst u. Aufruhr versetzen; **alcis animum in omnes partes** ~ bearbeiten;
❻ *(v. Schicksal) m. etw. od. m. jmdm.* sein Spiel treiben *(m. Akk.)*; **fortuna omnia versat; fortuna in contentione et certamine utrumque versavit***;*
❼ etw. deuten, auslegen, an etw. (herum)deuteln *(m. Akk.)* [**verba; somnia; causas; modum** andere Saiten aufziehen];
❽ überlegen, überdenken, erwägen [**rem (in) animo; omnia secum; dolos in pectore** ersinnen; **novas artes, nova pectore consilia**]; *(auch m. indir. Frages.).*

● **versor,** versārī *(mediopass. v. verso)* ❶ sich hin u. her drehen, sich wälzen [**lecto** sich hin- u. herwerfen], sich herumdrehen, sich wenden, kreisen; **mundus versatur circa axem;**

orbes versantur retro;

② sich aufhalten, sich befinden, sein, leben, weilen [**Athenis; domi; in conviviis; in Asia; intra vallum; inter aciem**]; *(übtr.)* seinen Sitz haben; **partes eae, in quibus aegritudines, irae libidinesque versantur** *(Cic.)*;

③ *(in einem Zustand, in einer Situation)* sich befinden, leben, schweben [**aeterna in laude; in errore; in timore; in periculo; in pace; in celebritate** berühmt sein]; *(v. Sachen)* sich befinden, sein, schweben, in etw. vorkommen; **alci in oculis** *(od.* **ante, ob oculos***)* ~ vor jmds. Augen schweben; **quod in forensibus rebus civilibusque versatur** was zum Gebiet des Privatrechtes gehört; **res versatur in facili cognitione** ist leicht erkennbar; **iura civilia iam pridem in nostra familia versantur** sind heimisch; **quae in foro versantur** was vorgeht;

④ sich m. etw. abgeben, beschäftigen, etw. (be)treiben, behandeln *(in m. Abl.; inter.)* [**in re publica** politisch tätig sein; **in iudiciis; in imperiis honoribusque** Ämter bekleiden; **in severitate** Strenge verlangen; **in quaestu compendioque; in omnibus ingenuis artibus** die edlen Künste behandeln; **in caede** ein Blutbad anrichten; **multum in bello; inter arma**]; an etw. teilnehmen, bei etw. beteiligt, in etw. verwickelt, verflochten sein *(in m. Abl.)* [**in sordida arte; in coniuratorum gratulatione** am Freudenfest; **in eius varietate** seine Launen erfahren; **in criminibus**];

⑤ auf etw. beruhen, in etw. bestehen *(in m. Abl.)*; **laetitia et libido in bonorum opinione versatur; dicendi omnis ratio in communi quodam usu versatur.**

versōria, ae *f (verto) (Plaut.) (naut. t. t.)* Brasse, *Haltetau zum Drehen der Rahen;* **cape -am** kehre um!

versum *s. versus*[2].

versūra, ae *f (verto)* ① Ecke, Winkel;

② Anleihe; Tilgungsanleihe; **-am facere** eine Anleihe machen; **-ā (dis)solvere** eine Schuld mit einer Anleihe bezahlen, *(sprichw., Ter.)* vom Regen in die Traufe kommen.

versus[1] *P. P. P. v. verro u. verto.*

versus[2] *u.* **versum** *Adv. (verto)* gegen … hin, nach … hin, nach … zu; *es steht:* **a)** *hinter einem Subst., u. zwar (außer b. Städtenamen u. domum) m. vorausgehendem in od. ad:* **in Galliam ~; in forum ~; ad Oceanum ~; ad urbem ~;** *aber:* **Brundisium domum** *~;* **b)** *hinter einem Adv.:* **quoquo** ~ überallhin; **deorsum** ~ nach unten.

● **versus**[3], ūs *m (verto)* ① Reihe, Linie [**remorum; foliorum**];

2. a) *(in der Prosa)* Zeile; **primi versus epistulae; b)** *(in der Poesie)* Vers [**Latinus; hexametri**]; *Pl. auch* Dichtung; **versūs facere** dichten;

③ *(Plaut.)* Wendung *im Tanz;*

④ *(nachkl.) (t. t. des Landbaues)* Furche.

versūtia, ae *f (versutus)* Verschlagenheit, List.

versūti-loquus, a, um *(versutus u. loquor)* schlau (redend).

versūtus, a, um *(verto)* ① *(Plaut.)* drehbar, gewandt;

② schlau, listig, verschlagen [**animus; servus**].

vertebra, ae *f (verto) (nachkl.)* Gelenk, *bes.* Wirbel *(des Rückgrats).*

vertebrātus, a, um *(vertebra) (Plin.)* gelenkig, beweglich [**ossa**].

● **vertex,** ticis *m (verto)* ① Wirbel *des Wassers,* Strudel [**amnis**];

② *(v. Wind u. Feuer)* Wirbel [**venti; igneus, flammis volutus** Feuersäule];

③ Wirbel *des Kopfes,* Scheitel; **ab imis unguibus usque ad verticem summum;** – *(poet.) (meton.)* Haupt, Kopf; **alba toto vertice canities;**

④ Spitze, Gipfel [**Aetnae**]; (An-)Höhe, Berg; Wipfel [**quercūs**]; Giebel [**domūs**]; **a vertice** v. oben (her); – *(übtr.)* Höhepunkt, das Äußerste [**dolorum; principiorum**];

⑤ Drehpunkt des Himmels, Pol;

⑥ *(übtr.)* Strudel [**amoris; officiorum**].

vertī *Perf. v. verto.*

verticōsus, a, um *(vertex)* voller Strudel [**amnis**].

vertīgō, ginis *f (verto)* ① *(poet.; nachkl.)* das Drehen, das Herumdrehen, das Kreisen [**venti; caeli**];

② *(poet.)* Wirbel *im Wasser,* Strudel [**ponti**];

③ Schwindel [**oculorum animique; capitis**].

● **vertō,** vertere, vertī, versum **I.** *trans.* ① (um)wenden, (um)drehen, umkehren, *auch übtr.* [**gradum** *od.* **pedem; cursūs; arma** senken; **crimen** die Schuld umkehren];

② hinwenden, -lenken, richten, oft *übtr.* [**equos ad moenia; armentum ad litora; consilia curasque in oppugnationem urbis; iram in alqm; animum in iura civilia; animum alias ad curas; cogitationes in bellum; alqm in iram** jmd. in Zorn versetzen; **alqm in admirationem** jmd. zur Bewunderung hinreißen];

③ *(Geld u. Ä.)* zueignen, zuwenden [**pecuniam ad se** *od.* **in suam rem** sich aneignen; **litem in suam rem** das Streitobjekt sich aneignen; **Lugdunensium reditus in fiscum**];

④ *(übtr.)* jmdm. etw. zuschreiben, beimessen *(alqd in od. ad alqm)* [**devictorum Samnitium decus ad legatos**];

⑤ *(übtr.)* als etw. ansehen, auslegen, deuten, behandeln, zu etw. machen [**alqd in omen** als Vorzeichen deuten; **in prodigium tempestatem; cognomen in risum** ins Lächerliche ziehen; **alci alqd vitio** *od.* **in crimen** jmdm. etw. zum Vorwurf machen; **rem in superbiam, in**

gloriam; alqd in suam contumeliam als eine Beleidigung gegen sich ansehen];
6 *(poet.)* abwenden, *auch übtr.* [**lumina; sinistrum rumorem**];
7 *(milit. t. t.)* in die Flucht schlagen, treiben [**hostes, equites in fugam; agmina; currum; terga** *od.* **vestigia** sich zur Flucht wenden, fliehen];
8 (ver)ändern, verwandeln, wechseln, (ver)tauschen [**vestem; imaginem; nomen; solum** das Land verlassen, in Verbannung gehen; **sententiam;** *(alqd in alqd od. re)* **alqd in lapidem; pectora in silicem; alqm alite**]; umstimmen *(alqm od. mentem alcis);*
9 *(Schriftstücke)* übertragen, übersetzen [**multa de Graecis; fabulas; annales ex Graeco in Latinum sermonem**];
10 *(poet.; nachkl.) (die Erde od. das Meer)* umwühlen [**glaebas; agros bove; terram aratro** *od.* **ferro; Massica rastris; freta lacertis**];
11 *(poet.; nachkl.)* umstürzen [**moenia; arces**];
12 *(übtr.)* stürzen, zerrütten, verderben, zugrunde richten [**res Phrygias fundo; regem; leges; omnia, cuncta** alles über den Haufen werfen];
II. *intr., refl. u. mediopass.* vertere, sē vertere *u.* vertī 1 sich (um)wenden, sich (um)drehen, kreisen; **se vertere** *u.* **in fugam vertere** sich zur Flucht wenden, fliehen; **caelum vertitur;**
2 sich hinwenden, sich zuwenden; **lupus vertitur in pecudes; periculum verterat in Romanos; pernicies ad accusatorem vertit; totus in alqm vertor** ich wende mich jmdm. ganz zu; **omnis in ira belli ad populationem vertit; alio vertere** einen anderen Weg einschlagen, eine andere Wendung nehmen; **nescit quo se vertat** er weiß sich nicht zu helfen; **quoquo verteris** wie man es auch drehen und wenden mag;
3 *(übtr.)* ablaufen, ausschlagen, ausfallen; **detrimentum in bonum vertit; ne memoria Augusti, ne nomen Caesarum in ludibria et contumelias verterent; in seditionem verti** ausschlagen; **res vertit(ur) in laudem** läuft ruhmvoll ab; **magnitudo pecuniae ei malo vertit** wurde sein Unglück;
4 sich (ver)ändern, sich verwandeln, in etw. übergehen, wechseln *(abs. od. in m. Akk., selten bl. Abl.)* [**in avem** *od.* **alite** sich in einen Vogel verwandeln]; **fortuna vertit** wendet sich; **omnia vertuntur; amores vertuntur; ira vertit(ur) in rabiem; Auster in Africum se vertit** schlägt um; **terra in aquam se vertit; se in omnes facies vertere**; *(m. Akk. resp.)* **formam vertitur oris antiquum in Buten** verwandelt sich an Gestalt in den alten Butes; **versa figura** Verwandlung; **verso civitatis statu; verso Marte; versis ad prospera fatis;**
5 *(übtr.)* auf etw. beruhen, v. etw., v. jmdm. abhängen *(in m. Abl.);* liegen; **omnia in unius potestate vertuntur; ibi summa belli vertitur** dort liegt die Entscheidung des Krieges;
6 sich befinden; sich bewegen, sich tummeln [**ante ora** vor Augen schweben; **inter primos; in mercatura** handeln; **in mediis catervis**];
7 *(poet.; nachkl.) nach einer Richtung hin* liegen; **mare ad occidentem versum; versa est Pachynos ad austros** nach Süden; **fenestrae in viam versae; gens ad septentrionem se vertit;**
8 *(v. der Zeit)* verlaufen; **septima post Troiae excidium iam vertitur aestas; intra finem anni vertentis** innerhalb des laufenden Jahres; **annus vertens** das laufende Jahr; **anno vertente** im Verlauf des *(od.* eines*)* Jahres.

vertragus, ī *m (kelt. Wort) (Mart.; spätl.)* Windhund.

Vertumnus, ī *m Gott allen Wandels u. Wechsels, der Jahreszeiten u. des Handels, in der Nähe seiner Bildsäule am vicus Tuscus auf dem Forum waren die ersten Buchhandlungen Roms.*

verū, ūs *n (Dat. u. Abl. Pl.* veribus *u.* verubus) Bratspieß; Wurfspieß.

veruīna, ae *f (veru) (Plaut.)* Spieß.

● **vērum¹,** ī *n (verus)* 1 das Wahre, Wahrheit, Wirklichkeit; **-um** *od.* **-a dicere; -um scire; -i similis** wahrscheinlich; **ex -o** der Wahrheit gemäß, in Wahrheit;
2 das Rechte; **-um est** *(m. A. C. I., selten m. ut)* es ist begründet, vernünftig.

● **vērum²** *s. verus.*

verum³, ī *n (Plaut.)* Bratspieß; Wurfspieß.

vērum-enim-vērō *Adv. (auch getr.)* aber wirklich, aber tatsächlich.

vērum-tamen *Kj. (auch getr.)* 1 aber doch, gleichwohl; **consilium cepit primo stultum, ~ clemens;** *auch in Tmesis:* **verum aliqua tamen;**
2 *(b. Wiederaufnahme der Rede)* wie gesagt.

● **vērus,** a, um 1 wahr(haft), wirklich, echt [**heredes; amicus; oracula; timor** begründet; **gloria; verbum**];
2 wahrheitsliebend, aufrichtig, ehrlich, unverstellt [**iudex; testis; Apollinis ōs** die Wahrheit kündend; **vultus; animus; affectus** Gefühl];
3 sachgemäß, recht (u. billig), vernünftig [**lex; causa** die richtige = die gute u. gerechte Sache];
/ *Adv.* 1 **vērē** (*Komp.* vērius; *Superl.* vērissimē) **a)** der Wahrheit gemäß [**loqui; memoriae prodere**]; **b)** in Wirklichkeit, wirklich; **vir vere Romanus; animus vere popularis; c)** aufrichtig, ernstlich [**agere; pugnare**]; **d)** vernünftig [**vivere**];

V

❷ **vērō a)** in der Tat, wirklich, tatsächlich, in Wahrheit; **enim vero** ja tatsächlich; **b)** *(in Antworten)* ja(wohl), freilich, gewiss; **tum vero; ibi vero; explicabis? vero; minime vero** nein keineswegs; **c)** *(steigernd) (immer nachgest.)* (so)gar; **tum vero** dann vollends; **aut vero** oder gar erst; **iam vero** *(b. Übergängen)* ferner nun; **d)** *(b. Aufforderungen, Ermunterungen)* doch; **ostende vero** zeige doch; **age vero; e)** *(adversativ) (immer nachgest.)* aber, jedoch; **illud vero plane non est ferendum** das aber ist doch nun gar nicht zu ertragen; **neque vero** aber nicht;

❸ **vērum a)** aber, jedoch, indessen; **b)** *(nach Negation)* sondern; **non modo** *(od.* **solum***)* **... verum etiam** nicht nur ... sondern auch; **c)** *(in der Rede: abbrechend u. überleitend)* doch (aber); **verum quidem haec hactenus; verum praeterita omittamus; d)** *(Kom.) (in bestätigender Antwort)* ja(wohl), gewiss.

verūtum, ī *n (veru)* Wurfspieß.

verūtus, a, um *(veru) (Verg.) m.* einem Spieß bewaffnet.

vervēx, ēcis *m* Hammel.

Vesaevus *(Verg.) = Vesuvius.*

vēsānia, ae *f (vesanus) (poet.; spätl.)* Wahnsinn, Wut, Raserei.

vēsāniēns, *Gen.* ientis *(vesanus) (Cat.; spätl.)* rasend [**ventus**].

vē-sānus, a, um wahnsinnig, rasend, wild, überspannt [**remex; poëta; leo**] *(übtr., v. Lebl.)* ungeheuer, heftig [**fames; impetus**].

Vesbius *(nachkl.) = Vesuvius.*

Vescia, ae *f Städtchen in Latium; Einw u. Adj.* **Vescīnus,** ī *m bzw.* a, um.

vescor, vescī, – – ❶ sich *v. etw.* (er)nähren, *v. etw.* leben *etw.* essen *(m. Abl., selten m. Akk.)* [**nec cibis nec potionibus; lacte e carne; sacras laurus**]; *abs.* speisen, tafeln [**in villa; sub umbra**];

❷ *(übtr.)* genießen *(m. Abl.)* [**voluptatibus; vitalibus auris; aurā aetheriā** leben].

vesculus, a, um *(Demin. v. vescus) (Plaut.)* ziemlich abgezehrt, schmächtig [*übtr.:* **vinarium**].

vescus, a, um *(vescor) (nicht klass.)* ❶ fressend, zehrend [**papaver** den Boden aussaugend];

❷ ausgezehrt, mager, dürftig, schwach [**farra; corpus**].

Veseris, is *m Fluss am Fuß des Vesuvs.*

vēsīca, ae *f* ❶ Blase, Harnblase;

❷ *(Iuv.) weibl.* Scham;

❸ *(Mart.)* Haube *(als Kopfbedeckung);*

❹ *(Mart.)* Laterne;

❺ *(Mart.) (übtr.)* Schwülstigkeit *der Rede.*

vēsīcula, ae *f (Demin. v. vesica)* Bläschen.

Vesontiō, iōnis *m Hauptstadt der Sequaner in Gallien, j.* Besançon, *58 v. Chr. von Cäsar im Zusammenhang m. der siegreichen Entscheidungsschlacht geg. Ariovist besetzt.*

vespa ae *f* Wespe.

Vespasiānus *s. Flavius.*

● **vesper,** perī *m (Abl. Sg.* vesperō *u.* vespere) ❶ *(poet.; nachkl.)* Abendstern; **vespero surgente***;*

❷ *(meton.)* Abend(zeit); **vesperī** *(seltener* **vespere**) abends, am Abend; **ad, sub -um** gegen Abend; **ante -um; primo vespere** *u.* **primā vesperi** *(erg.* **horā***)* m. Anbruch des Abends; *sprichw.:* **quid ~ ferat, incertum est** *(Liv.)* es ist noch nicht aller Tage Abend;

❸ *(Plaut.)* Abendmahlzeit;

❹ *(poet.)* Westen.

vespera, ae *f (vesper)* ❶ Abend; **primā -ā** als es Abend wurde;

❷ *(mlt.)* Vesper, Nachmittagsgottesdienst.

vesperāscō, vesperāscere, vesperāvī, – *(vespera)* Abend werden, dunkel werden; **vesperascente caelo** *od.* **die** als es Abend wurde; *unpers.:* **vesperascit** es wird Abend.

vespertīliō, ōnis *m (vesper) (vor- u. nachkl.)* Fledermaus.

vespertīnus, a, um *(vesper)* ❶ abendlich, Abend- [**horae; ambulatio; litterae** am Abend erhalten; **senatūs consulta** am Abend gefasst]; **-um pererro forum** *(Hor.)* am Abend;

❷ westlich [**regio**].

vesperūgō, ginis *f (vesper) (vor- u. nachkl.)* Abendstern.

vespillō, ōnis *m* ❶ *(nachkl.)* Leichenträger *f. Arme;*

❷ *(spätl.)* Leichen-, Grabschänder.

i Kultur **Vesta,** ae *f* ❶ Göttin des Herdfeuers, der Häuslichkeit u. des Familienlebens, der inneren Eintracht u. Sicherheit von Stadt u. Staat, Tochter des Saturnus u. der Ops; in ihrem Rundtempel auf dem Forum Romanum brannte das heilige Feuer des Staatsherdes, dessen Erlöschen als das schlimmste Omen f. den Staat angesehen wurde; es wurde v. den Vestalinnen unter der Oberaufsicht des pontifex maximus (Vestae sacerdos) unablässig erhalten u. bewacht; – **ad Vestae** *(erg.* aedem) beim Vestatempel;
❷ *(poet.) (meton.)* **a)** Vestatempel; **b)** Herd, Herdfeuer;
/ *Adj.* **Vestālis,** e vestalisch, der Vesta geweiht, der Vesta heilig [**foci**]; *(übtr.)* den Vestalinnen eigen, keusch, züchtig [**oculi**];
/ **Vestālis,** is *f* (= virgo Vestalis) Priesterin der Vesta, vestalische Jungfrau, Vestalin (urspr. vier, später sechs; sie wurden vom pontifex maximus zw. dem sechsten u. zehnten Lebensjahr gewählt und blieben dreißig Jahre im Tempeldienst der

Vesta; während dieser Zeit waren sie zur Keuschheit verpflichtet; zur Strafe f. Verletzung der Keuschheit wurden sie lebendig begraben;
/ **Vestālia,** ium *n* Vestafest (am 9. Juni).

● **vester,** tra, trum *Poss. Pron. der 2. Ps. Pl. (vos)* euer, der eurige, euch gehörig [**animus** eure Gesinnung; **maiores; beneficia**]; **amor vester** eure Liebe; **amor vestri** Liebe zu euch; **quis vestrum?** wer von euch?; – *Subst.* **vester,** trī *m* der Eurige, euer Freund, euer Herr; **vestrum,** ī *n* das Eurige, eure Sache, euer Vermögen, eure Art und Weise *(Pl.* eure Verhältnisse): **vestrum est** es ist eure Sache.

vestiārium, ī *n (vestiarius) (nachkl.)* Garderobe, Kleiderkammer; Kleidung *der Sklaven.*

vestiārius *(vestis)* **I.** *Adj.* a, um *(vorkl.)* Kleider-;
II. *Subst.* ī *m (spätl.)* Kleiderhändler, Kleiderwart.

vestibulum, ī *n* ❶ Vorplatz, -hof [**templi; curiae**];
❷ *(poet.; nachkl.)* Vorhalle *im Haus, zw. Haustür u. Atrium;*
❸ Eingang, Zugang [**castrorum; Orci; senatūs; urbis**];
❹ Anfang [**orationis**].

vestīgātor, ōris *m (vestigo) (vor- u. nachkl.)* Aufspürer, Spion.

● **vestīgium,** ī *n* ❶ Fußspur, Fußstapfe, Fährte [**hominis; ferae; ungulae; socci**]; **-a imprimere** *od.* **figere** schreiten, gehen; **-a premere** stillstehen; **(per)sequi** *od.* **consequi -a alcis** *od.* **alqm -is** jmdm. auf den Fersen nachfolgen, jmd. verfolgen; *(übtr.)* **-is alcis ingredi, -a alcis premere** in jmds. Fußstapfen treten; **-um abscedere ab Hannibale** von Hannibal nur eine Spur weit abgehen; **deus ille, quem in animi notione tamquam in -o reponimus**;
❷ *(übtr.)* Spur [**verberum; sceleris**], Merkmal, Kennzeichen [**avaritiae**];
❸ *Pl.* Überreste, Trümmer, Ruinen [**urbis**];
❹ *(poet.) (meton.)* (Fuß-)Tritt, Schritt; **-a facere** gehen; **-a vertere** *od.* **torquere** umkehren; **-a referre** zurückgehen; **-a graviter ponere** schwer auftreten; – Fußsohle, Fuß;
❺ Standort, Stelle; **eodem -o manere** *od.* **haerere; in suo -o mori; se -o movere** sich v. der Stelle rühren;
❻ Zeitpunkt, Augenblick; **e** *(od.* **in**) **-o** augenblicklich, sogleich.

vestīgō, vestīgāre *(vestigium)* ❶ *(poet.; nachkl.)* aufspüren, -suchen [**virum; apes in pumice**];
❷ nachspüren, suchen [**voluptates; causas rerum**]; *(auch m. indir. Frages.);*
❸ ausfindig machen [**perfugas inquirendo**].

● **vestīmentum,** ī *n (vestio)* ❶ Kleidungsstück; *Pl.* Kleidung;
❷ *(vorkl.)* Decke, Teppich.

Vestīnī, ōrum *m Volk in Italien an der Adria;* – *Adj.* **Vestīnus,** a, um [**populus; legio**].

● **vestiō,** vestīre *(Imperf. im Vers auch vestībam) (vestis)* ❶ (be)kleiden;
❷ *(übtr.)* bedecken, umgeben [**campos lumine purpureo; montem oleā** bepflanzen; **trabes aggere**]; **montes silvis vestiti** bewachsen; **sepulcrum vepribus vestitum**;
❸ schmücken [**parietes**]; *(rhet.)* einkleiden *in etw.* [**alqd oratione**].

vesti-plica, ae *f (vestis u. plico) (Kom.; nachkl.)* Büglerin.

● **vestis,** is *f* ❶ *(koll.)* Kleidung, Kleider, Tracht [**pretiosa; muliebris; candida; servilis**]; **vestem mutare** die Kleider vertauschen *(cum alqo),* andere Kleider anziehen, Trauer(kleider) anlegen;
❷ Kleidungsstück, Kleid, Gewand [**albae; fucatae**];
❸ Rüstung; **iacentem veste spoliare;**
❹ *(koll.)* Teppiche, Decken *der Ruhebetten;* **super lectos candebat ~;**
❺ *(poet.)* Bart; Spinnengewebe; Haut der Schlange.

vesti-spica, ae *f (vestis u. specio) (vorkl.)* Garderobenmädchen.

● **vestītus,** ūs *m (vestio)* ❶ Kleidung, Tracht [**muliebris; forensis**]; **vestitum mutare** Trauer(kleidung) anlegen; **ad suum vestitum redire** die Trauer(kleidung) ablegen;
❷ *(übtr.)* Bekleidung, Bedeckung [**riparum** das Grün; **montium** Pflanzenwuchs]; *(rhet.)* Ausschmückung, Prunk [**orationis**].

Vesulus, ī *m Berg in den Kottischen Alpen, j.* Monte Viso.

Vesuvius, ī *m* der Vesuv, *Vulkan in Kampanien, durch dessen Ausbruch 79 n. Chr. Pompeji u. Herculaneum verschüttet wurden.*

veter, *Gen.* tĕris *(altl.)* = *vetus.*

Vetera, rum (u. **Vetera castra**) *n röm. Legionslager b. Xanten.*

veterāmentārius, a, um *(vetus) (nachkl.)* zu alten Dingen gehörig [**sutor** Flickschuster].

veterānus *(vetus)* **I.** *Adj.* a, um ❶ langjährig, alt [**hostis**];
❷ *(v. Soldaten)* altgedient, erprobt [**dux; milites; legio, exercitus** aus Veteranen bestehend];
II. *Subst.* ī *m* altgedienter Soldat, Veteran.

veterāria, ōrum *n (vetus) (Sen.)* Vorräte alten Weines.

veterātor, *Gen.* ōris *(vetus)* **I.** *Adj.* in etw. alt geworden, routiniert, ergraut, gewandt [**in causis**]; verschmitzt, durchtrieben, schlau, schelmisch [**in disputando**];
II. *Subst. m* alter Fuchs, Schlaukopf, Schelm.

veterātōrius, a, um *(veterator)* routiniert;

V

schlau, listig, durchtrieben.

veterīnus, a, um *(vor- u. nachkl.)* des Zugviehs.

veternōsus, a, um *(veternus) (vor- u. nachkl.)* schläfrig, verschlafen, träumerisch; matt, kraftlos.

veternus, ī *m (vetus)* ❶ *(nachkl.)* alter Schmutz, Schimmel;
❷ Schlafsucht; Untätigkeit.

vetitum, ī *n (veto)* Verbot.

● **vetō,** vetāre, vetuī, vetitum ❶ verbieten, (ver)hindern, nicht zulassen, nicht gestatten *(m. Akk., m. A. C. I., m. bl. Inf.; nicht klass. m. ut od. ne, quominus, quin od. bl. Konj.; im Pass. persönl. m. N. C. I., nicht klass. unpers. m. Inf.);* **leges ~; in vincula hominem conici vetant** *(Liv.)*; **haruspex vetuit ante brumam alqd novi negotii incipere** *(Ter.)*; **quid vetat quaerere** was hindert uns zu fragen?; **senatores vetiti sunt Aegyptum ingredi** *(Tac.);* **vetor ex urbe exire** man verbietet mir, die Stadt zu verlassen; **sanguinem arae offundere vetitum est** *(Tac.);* **venti vetantes** ungünstige;
❷ widerraten [**bella**];
❸ das Veto einlegen.

Vettōnēs, num *m Volk in Lusitanien.*

vetuī *Perf. v. veto.*

vetula, ae *f (vetulus) (vorkl.; poet.)* die Alte, Vettel.

vetulus *(Demin. v. vetus)* **I.** *Adj.* a, um ältlich, ziemlich alt [**equus; arbor**];
II. *Subst.* ī *m* der Alte; *scherzh.:* **mi -e** mein Alterchen.

● **vetus,** *Gen.* veteris *(Abl. Sg.* -e, *selten* -ī; *Nom. u. Akk. Pl. n* -a, *Gen. Pl.* -um; – *Komp. durch* vetustior [*v. vetustus*] *ersetzt, Superl.* veterrimus) ❶ alt, bejahrt, ergraut [**senatores; imperatores**]; (alters)schwach [**senectus**];
❷ schon lange bestehend, langjährig, alt *(Ggstz. novus)* [**mos; navis; necessitudines; hospitium; proverbium; amicus**];
❸ erfahren, gewandt, (alt)erprobt, altgedient [**milites; exercitus; gladiator;** *(in etw.: Gen.)* **belli; regnandi**];
❹ ehemalig, früher, vormalig [**tribuni; bella; imperium; leges; delictum**];
/ *Subst.* **a) veterēs,** rum *m* die Alten, Ahnen; Veteranen; *(nachkl.)* die alten Schriftsteller; **b) Veterēs,** rum *f (erg. tabernae)* die alten Wechselbuden *an der Südseite des Forums;* **c)** *Pl.* **vetera** *n* das Alte, Vergangene, alte Vorgänge, alte Sagen, alte Schriftstücke *u. Ä.*

● **vetustās,** ātis *f (vetus)* ❶ *(hohes)* Alter, langes Bestehen, lange Dauer [**societatis; religionis; possessionis**]; **prisca ~** das hohe Alter; **vetustatem habere, (per)ferre** lange Dauer haben, lange dauern, *(vom Wein)* abgelagert sein;
❷ *(poet.)* Greisenalter [**tarda**];
❸ alte Verbindung, alte Bekanntschaft, alte Freundschaft; **vetustate cum alqo coniunctum esse***;*
❹ langjährige Erfahrung; **vetustate alqm vincere;**
❺ alte Zeit, Altertum; **vetustatis exempla; historia nuntia vetustatis;** – *(meton.)* Menschen der alten Zeit;
❻ Nachwelt; **senatūs iudicia quae ~ obruet?; de me nulla obmutescet ~.**

● **vetustus,** a, um *(vetus)* ❶ alt, bejahrt; **vetustissimus ex censoribus; virginum Vestalium vetustissima;**
❷ lange bestehend, langjährig [**hospitium; oppidum; vinum** abgelagert; **disciplina**]; altehrwürdig [**mos; templum**];
❸ ehemalig, früher [**scriptores**];
❹ *(v. Redner)* altertümlich.

vexāmen, minis *n (vexo) (Lucr.)* Erschütterung [**mundi**].

vexātiō, ōnis *f (vexo)* ❶ *(nachkl.)* Erschütterung;
❷ *(übtr.)* Beschwerlichkeit, Strapaze [**corporis; vulneris**]; Plage, Misshandlung [**sociorum**].

vexātor, ōris *m (vexo)* Störer, Plagegeist, Misshandler [**urbis; rei publicae**].

vēxī *Perf. v. veho.*

vexillārius, ī *m (vexillum)* ❶ Fahnenträger, Fähnrich;
❷ *(nachkl.) Pl.* **a)** die Veteranenvexillarier *(Veteranen, die ihres Kriegseides entbunden, aber noch nicht verabschiedet waren);* **b)** Sondereinheit, -kommando.

vexillātiō, ōnis *f (vexillum) (nachkl.)* Sondereinheit, -kommando.

vexilli-fer, fera, ferum *(vexillum u. fero) (spätl.)* Fahnenträger.

● **vexillum,** ī *n* ❶ Fahne, Standarte; **-um tollere** militärisch ausrücken;
❷ rote Signalfahne *auf dem Feldherrnzelt od. dem Admiralschiff zum Zeichen der Schlacht od. des Aufbruchs aus dem Lager;* **-o signum dare;**
❸ *(meton.)* die zu einer Fahne gehörige Mannschaft: Truppenabteilung, Sondereinheit.

● **vexō,** vexāre ❶ stark bewegen, hin u. her reißen, schütteln, erschüttern; **rates ~ ; rector per confragosa vexabitur** wird hin- u. hergestoßen werden; **venti vexant nubila caeli; in turba vexatus** hin u. her gestoßen;
❷ *(übtr.)* hart mitnehmen, heimsuchen, quälen, plagen, misshandeln, beunruhigen, verletzen [**cives; hostes; rem publicam bellis; pecuniam** verschleudern]; **civitatis mores luxuria vexabat; conscientiā, invidiā vexari; vexari viae difficultate; rosae vexatae** halb verwelkt;
❸ verheeren, plündern [**fana; agros; Siciliam**];

④ *(m. Worten od. Schriften)* angreifen.

• **via,** ae *f* ① Weg, Straße: **a)** Weg, Fahrstraße [**militaris** Heerstraße; **Appia** *(nach Brindisi);* **Flaminia** *(nach Rimini)*] **viam facere, munire, aperire** anlegen, bauen; **viam sternere** pflastern; **b)** *(in der Stadt)* Straße, Gasse [**Sacra** die heilige Straße *(über das Forum Romanum zum Kapitol)*]; **viae se committere; ex via excedere** *od.* **de via decedere** aus dem Wege gehen *od.* den Weg verlassen; **viā ire** auf der Straße = auf geradem Weg gehen, bleiben; **c)** *übh.* Weg, Pfad, Bahn, Gang *(z. B. zw. den Zelten im Lager od. zw. den Sitzreihen im Theater); in viam se dare* sich auf den Weg machen; **alci viam dare** jmdm. Platz machen;
② *(meton.)* Gang, Marsch, Reise [**nocturna**]; **in via, inter viam** unterwegs; **alci viam per fundum suum dare** erlauben; **de via languere** von der Reise; **unam tibi viam et perpetuam esse vellent** wünschten, dass du nie wieder kämest; **mare et** *(od.* **atque***)* **viae, viae ac mare** See- u. Landreisen; **rectā viā** geradeswegs *(konkr. u. übtr.);*
③ rechter Weg *(konkr. u. übtr.);* **de via declinare; de via decedere** vom geraden Weg der Tugend;
④ *(übtr.)* Weg, Bahn [**vitae** *u.* **vivendi** Lebensweg; **mortis, leti** zum Tod; **potentiae** Zutritt zu]; **viam gloriae** *(od.* **ad gloriam***)* **inire, ingredi** einschlagen;
⑤ Art *u.* Weise, Vorgehen, Vorgang, Verfahren, Methode [**vitae** *u.* **vivendi** Lebensweise; **leti** Todesarten]; **aliā (eādem) viā** auf eine andere (auf dieselbe) Art u. Weise; – *Adv.* **viā** methodisch [**progredi**];
⑥ *(übtr.)* Mittel, Gelegenheit *(zu etw.: Gen.)* [**salutis**];
⑦ Röhre *im menschl. Körper, z. B.* Speiseröhre, Luftröhre;
⑧ *(Verg.)* Spalte;
⑨ *(Tib.)* Streifen *am Kleid.*

viālis, e *(via) (Plaut.; spätl.)* zum Weg gehörig [**Lares**].

viārius, a, um *(via)* die (Ausbesserung der) Wege betreffend [**lex**].

viāticātus, a, um *(viaticum) (Plaut.)* m. Reisegeld ausgestattet.

viāticum, ī *n (viaticus)* ① Reisegeld;
② *(poet.; nachkl.) das v. Soldaten erbeutete od. ersparte Geld:* Beutegeld, Sparpfennig;
③ *(mlt.)* Sterbesakrament.

viāticus, a, um *(via) (Plaut.)* zur Reise gehörig [**cena** Abschiedsschmaus].

viātor, ōris *m (via)* ① Wanderer, Reisender;
② (Amts-)Bote;
③ *(spätl.)* Pilger.

viātōrius, a, um *(viator)* zur Reise gehörig, Reise-.

Vībō (Valentia), ōnis *f Stadt an der Küste v. Bruttium; – Adj.* **Vībōnēnsis,** e.

vibrō, vibrāre **I.** *trans.* ① *(poet.; nachkl.)* in zitternde Bewegung bringen; **vibrabant flamina vestes** ließen flattern; – *Pass.* zittern, zucken; – vibrātus, a, um zitternd, zuckend [**lingua; fulgor**];
② schwingen, schwenken [**hastam; sicam; alqm umeris** emporschwingen, heben]; erschüttern [**membra; viscera**];
③ schleudern, werfen [**tela; fulmina; spicula per auras;** *übtr.:* **iambos**];
④ *(poet.; nachkl.) (Haare)* kräuseln;
II. *intr.* ① *(poet.; nachkl.)* zittern, zucken, beben; **vibrat lingua; nervi vibrantes;**
② funkeln, blitzen, glänzen; **mare vibrans; tela vibrantia;**
③ *(übtr., v. der Rede)* **vibrans** schwungvoll [**oratio**];
④ *(nachkl.) (v. Tönen)* schrillen; **vox in auribus vibrat.**

vīburnum, ī *n (poet.) (bot.)* Schneeballstrauch.

vīcānus *(vicus)* **I.** *Adj.* a, um im Dorf wohnend; in den Dörfern herumziehend [**haruspex**];
II. *Subst.* ī *m* Dorfbewohner.

Vica Pota, ae *f altröm. Göttin m. Heiligtum am Abhang der Velia.*

vicāria, ae *f (vicarius) (Sen.)* Stellvertreterin.

vicārius *(vicis)* **I.** *Adj.* a, um stellvertretend *(für: Gen.);*
II. *Subst.* ī *m* ① Stellvertreter, Nachfolger *(in etw.: Gen.)* [**diligentiae meae**]; *(milit.)* Ersatzmann; **-um expedire alci** verschaffen;
② Untersklave;
③ *(spätl.)* Vikar.

• **vīcātim** *Adv. (vicus)* ① in einzelnen Gehöften [**habitare**]; von Dorf zu Dorf [**bellum circumferre**];
② gassenweise, v. Gasse zu Gasse [**homines conscribere**].

vice, vicem *s. vicis.*

vīcēnārius, a, um *(viceni)* zu zwanzig gehörig.

vīcēnī, ae, a *(viginti)* ① je zwanzig;
② *(nachkl.)* zwanzig auf einmal.

vīcē(n)sima, ae *f (vice[n]simus; erg. pars)* der zwanzigste Teil (5 %) *als Abgabe an den Staat.*

vīcē(n)simānī, ōrum *m (vice[n]simus) (Tac.)* Soldaten der zwanzigsten Legion.

vīcē(n)simārius, a, um *(vice[n]simus)* den zwanzigsten Teil (5 %) betragend [**aurum** Fünfprozentsteuer in Gold *(b. Freilassung v. Sklaven)*].

vīcē(n)simus, a, um *(viginti)* der zwanzigste.

vicēs *s. vicis.*

Vīcētia, ae *f Stadt in Oberitalien, j.* Vicenza; – *Einw.* **Vīcētīnī,** ōrum *m.*

vīcī *Perf. v. vinco.*

vicia, ae *f (bot.)* Wicke.

vīciē(n)s *Adv. (viginti)* zwanzigmal.

Vicilīnus, ī *m* der Wachsame, *Beiname Jupi-*

V

ters.

vīcīna, ae *f (vicinus)* Nachbarin.

vīcīnālis, e *(vicinus)* nachbarlich [**bella** m. den Nachbarn].

vīcīnia, ae *f (vicinus)* ① Nachbarschaft;
② *(meton.)* die Nachbarn;
③ *(nachkl.) (übtr.)* Nähe [**mortis**];
④ *(spätl.)* Grenzgebiet.

vīcīnitās, ātis *f (vicinus)* ① Nachbarschaft;
② *(meton.)* **a)** die Nachbarn, *auch Pl.;* **b)** benachbarte Gegend, Umgebung;
③ *(nachkl.) (übtr.)* Ähnlichkeit [**nominis**].

vīcīnum, ī *n (vicinus) (poet.; nachkl.)* Nachbarschaft, Nähe; *Pl.* Umgegend; **(in) -o** in der Nachbarschaft, in der Nähe; **ex -o** aus der Nähe.

● **vīcīnus** *(vicus)* **I.** *Adj.* a, um ① benachbart, nahe, in der Nachbarschaft, in der Nähe wohnend (befindlich) [**urbs; bellum** in der Nachbarschaft; *(m. Dat.)* **Thessalia Macedoniae; sedes astris**];
② *(poet.; spätl.) (zeitl.)* nahe (bevorstehend) [**mors**];
③ *(übtr.)* nahe kommend, ähnlich; **dialecticorum scientia -a est eloquentiae;**
II. *Subst.* ī *m* Nachbar.

vicis *(Gen. Sg.) f (Sg.: Nom. u. Dat. fehlen, Akk.* vicem, *A bl.* vice; *Pl.: Nom. u. Akk.* vicēs, *Abl.* vicibus, *Gen. u. Dat. fehlen)* ① Wechsel, Abwechslung, Wechselseitigkeit, *Pl. auch* Reihenfolge; **vices servare** eine bestimmte Reihenfolge einhalten; **vigiliarum vices servare** abwechselnd wachen; **vices mutare** *od.* **peragere** Wechsel durchlaufen; **mutat terra vices** verändert sich im Wechsel; **nox peragit vicem** wechselt mit dem Tag; **vice fortunarum humanarum commoveri; versā vice** umgekehrt; **in vicem, invicem, in vices, alternā vice, per vices, suis vicibus** *u. Ä.* abwechelnd, in bestimmter Abwechslung, wechselweise, zur Abwechslung; **per vices annorum** ein Jahr um das andere; **benignā vice** in gütigem Wechsel; **crebris vicibus** häufig; **vice sermonum** im Wechselgespräch;
② Wechsel des Schicksals, Los, Schicksal; *(poet.) Pl.* Wechselfälle; **humanam vicem convertere; deûm rex volvit vices** *(Verg.);* **vices Danaum** Kampfgefahren;
③ Stellvertretung, Stelle, Platz, Amt, Dienst, Aufgabe; **vice alcis fungi, vicem alcis praestare** *od.* **vices alcis exercere (defendere)** jmds. Dienst versehen, jmds. Stelle vertreten; **vices sortiri** um die Stelle losen;
④ Erwiderung, Entgegnung, Gegenleistung, Vergeltung; **vicem** *(od.* **vices)** **alci reddere (referre, exsolvere)** jmdm. Gleiches m. Gleichem vergelten *(für etw.: Gen.)* [**iniuriae**]; **sequenti redde vices** erwidere ihre Neigung; **vices superbae** Strafe des Übermuts;
/ *erstarrte Formen:* **a)** **vicem** *u. (nachkl.)* **vice,** ad vicem *(m. Gen.)* wegen, für, um [**imperatoris**]; nach Art von, (gleich)wie [**pecorum**]; (an)statt [**oraculi**]; **b)** **in vicem** *u.* in vicēs = *invicem.*

vicissātim *Adv. (vicissim) (Plaut.)* wiederum, andererseits.

vicissim *Adv. (vicis)* ① abwechselnd;
② andererseits, dagegen, wiederum; **versique ~ Rutuli dant terga;**
③ gegenseitig, einander.

vicissitūdō, dinis *f (vicissim)* ① Wechsel, Abwechslung [**fortunae; dierum ac noctium; diurnae nocturnaeque; imperitandi** im Regieren; **studiorum officiorumque; in sermone communi**]; wechselseitiger Einfluss;
② *(mlt.)* Vergeltung.

● **victima,** ae *f* ① Opfertier; *(übtr.)* Opfer; **se -am rei publicae praebere;**
② *(mlt.)* Opferlamm (= Christus).

victimārius, ī *m (victima)* Opferdiener.

vīctitō, vīctitāre *(vivo) (vor- u. nachkl.)* v. etw. leben, sich nähren [**ficis** v. Feigen; **suco suo; bene libenter** gern gut essen].

● **victor,** *Gen.* ōris *(vinco)* **I.** *Subst. m* ① (Be-)Sieger *(jmds., über jmd.: Gen.; in etw.: Gen. od. Abl.)* [**hostium; bellorum civilium; belli** *od.* **bello**]; **victorem discedere ex pugna** als Sieger hervorgehen;
② *(übtr.)* Überwinder; **animus ~ libidinis et divitiarum;**
II. *Adj.* siegreich [**exercitus; equi** Siegesgespann; **currus** Triumphwagen].

● **victōria,** ae *f (victor)* Sieg [**externa; domestica; Sullana** Sullas; **Cannensis; dubia; navalis;** *(in etw.: Gen.)* **belli; certaminis;** *(üb. jmd.: de, ex alqo)* **de Veientibus; de tot ac tam potentibus populis; ex collega**]; **-am conclamare** ein Siegesgeschrei erheben; **-am adipisci, parĕre** *od.* **ferre de, ex alqo** den Sieg über jmd. davontragen; – *personif.* **Victōria** Siegesgöttin, *griech. Nike; (meton.)* Viktoriastatue.

victōriātus, ī *m (victoria)* Viktoriamünze *(Silbermünze m. dem Bild der Viktoria).*

Victōriola, ae *f (Demin. v. Victoria) kleine Statue der Victoria.*

victōriōsus, a, um *(victoria) (nachkl.; spätl.)* siegreich.

● **victrīx,** *Gen.* rīcis *(victor)* **I.** *Subst. f* (Be-)Siegerin; *(übtr.)* Überwinderin;
II. *Adj.* ① siegreich [**Athenae; legiones**];
② *(poet.; nachkl.)* Sieg kündend [**litterae** Siegesbotschaft; **tabellae**];
③ *(poet.)* triumphierend; **Allecto Iunonem ~ affatur.**

vīctuālis, e *(victus[2]) (nachkl.)* zum Leben(sunterhalt) gehörig; – *Subst.* **vīctuālia,** ium *n* Lebensmittel.

victuma *(Plaut.) = victima.*

victus[1] *P. P. P. v. vinco.*

● **vīctus²,** ūs *m (vivo)* ① (Lebens-)Unterhalt, Nahrung, Kost, Speise [**cotidianus; diurnus; inops** dürftige; **tenuis**]; **alci victum cotidianum in prytaneo publice praebere; maior pars eorum victūs in lacte et carne consistit**;
② Lebensweise, -art [**Persarum**]; **alqm a victu pristino deducere.**

vīculus, ī *m (Demin. v. vicus)* Dörfchen.

● **vīcus,** ī *m* Dorf; Gehöft, Bauernhof; Stadtteil; Straße, Gasse.

● **vidē-licet** *Adv. (< videre licet)* ① offenbar, offensichtlich, sicherlich;
② selbstverständlich, natürlich, versteht sich, *oft iron.;* **Catilina homo ~ timidus;**
③ nämlich;
④ *(vorkl.)* es ist leicht ersichtlich, es ist offenbar *(m. A. C. I.);* **~ parcum illum fuisse senem** *(Plaut.).*

● **videō,** vidēre, vīdī, vīsum **I.** *abs.* ① sehen, sehen können, Sehkraft haben; **sensus videndi; acriter ~** scharfe Augen haben; **quam longe videmus?** wie weit reicht unser Blick?
② *(Verg.)* die Augen offen haben, wach sein;
II. *trans.* ① sehen, wahrnehmen, erblicken, erkennen [**hostem; alqd in somnis;** *(m. dopp. Akk.)* **puerum formosum**]; *(m. A. C. I.)* **suos fugere et concīdi videbat;** *(m. Akk. u. Part.)* **te perturbatum video; supplicem vidit in ara sedentem** sah sitzen; **videres** man hätte sehen können; **nulli videndus** allen unsichtbar;
② wiedersehen [**patriam**];
③ mit eigenen Augen sehen, erleben; **clarissimas victorias aetas nostra vidit; Cinnam memini, vidi Sullam; atque hoc quidem ~ licet** ist eine Erfahrung, die jeder selbst machen kann; **hoc tantum mali vidi** erfahren; **casus abies visura marinos** = bestimmt, das Meer zu befahren;
④ besuchen, aufsuchen [**vicinum; has domos; hominem**];
⑤ ansehen, betrachten; **mulieres visum processerant** um den Kampf mit anzusehen; **alqm ~ non posse** jmd. nicht ansehen können = nicht ausstehen können; **nascentem placido lumine ~;**
⑥ gleichgültig mit ansehen, gleichgültig zusehen *(alqd; meist m. A. C. I.)* [**nefas**]; **vos civem in vincula duci videbitis;**
⑦ *(vorkl.)* jmd. als Vorbild ansehen, jmdm. vertrauen; **me vide** vertraue auf mich;
⑧ begreifen, verstehen, einsehen, merken *(alqd, m. A. C. I. od. indir. Frages.)* [**plus in re publica** einen tieferen politischen Blick haben];
⑨ *(poet.)* wahrnehmen, hören *(m. Akk. od. A. C. I.);* **mugire videbis terram** *(Verg.);*
⑩ *(geistig)* betrachten, überlegen, erwägen, bedenken *(Akk. od. indir. Frages.)* [**aliud consilium**]; **haec videnda sunt** muss erwogen werden; **videas, quid agas; quae causa fuerit, video; nunc ea videamus, quae contra ab his disputari solent;** *oft steht Fut. 2 (um die Entscheidung hinauszuzögern od. um sie einem anderen zu überlassen):* **alio loco de oratorum animo et iniuriis videro** *(= Fut. 2);* **sitne malum dolere necne, Stoici viderint; ipse viderit** er mag selbst zusehen; *ebenso:* **tu videris, vos videritis, ipsi viderint;**
⑪ auf etw. achten, sich um etw. kümmern, zusehen, sorgen für *(m. Akk., ut, ne, ne non, auch m. bl. Konj.);* **viderit ista deus; videant consules, ne quid res publica detrimenti capiat; viderint ista officia viri boni; negotia mea videbis;** – *als mildere Bejahung u. Verneinung:* vide, videamus, videant ne, vide ne non, videndum est ut; **vide, ne nulla sit divinatio** vielleicht gibt es keine; **vide, ne non sit proprium nomen omnium** schwerlich ist; **videndum est, ut honeste vos esse possitis** so werdet ihr wohl nicht mit Ehren dort bleiben können;
⑫ etw. besorgen [**alqd potionis; alci prandium**];
⑬ etw. im Auge haben, beabsichtigen, nach etw. streben [**magnam gloriam; aliud** andere Absichten haben; **imperia immodica; commodum publicum**];
/ *umgangssprachlich:* vidēn *(Plaut.; Verg.)* = *vidēsne?*

● **videor,** vidērī, vīsus sum *(Pass. v. video)* ① gesehen werden, sichtbar werden, sich zeigen, erscheinen *(ab alqo: v. jmdm., jmdm.);* **paucae stationes equitum videbantur; impedimenta nostri exercitus ab iis visa sunt;**
② offenbar werden *od.* sein, *meist durch „offenbar" wiederzugeben (m. N. C. I.);* **Caesar in supplices usus esse misericordiā videtur; eum omnia deficere videntur** offenbar geht ihm alles aus;
③ (er)scheinen, *für etw.* gehalten werden, *für, als etw.* gelten, *auch m. „anscheinend" wiederzugeben (alci: jmdm., v. jmdm.); (m. Prädikatsnomen im Nom.)* **seniores aetate ad bellum inutiles videbantur; poteras felix videri; poena mihi levis visa est; exstinctae potius amicitiae quam oppressae videntur;** *(m. N. C. I.)* **milites impetum facere videntur** die Soldaten scheinen anzugreifen, es scheint, als ob die Soldaten angreifen, anscheinend greifen die Soldaten an;
④ *m. Part. Fut.* versprechen, drohen; **res videtur prospere eventura (esse)** verspricht gut auszugehen; **res publica peritura (esse) videtur** droht unterzugehen;
⑤ *(sibi) videri* (von sich) glauben denken, sich einbilden, wohl dürfen, sich zutrauen *(persönl. m. N. C. I.)* **satis dixisse mihi videor; amens mihi fuisse videor; fortunatus sibi**

V

Damocles videbatur; recordatione nostrae amicitiae sic fruor, ut beate vixisse videar; si sibi magis honorem tribuere quam ab se salutem accipere videantur, illi omnia posse sibi videntur sie trauen sich zu, alles zu können; sperare videor ich glaube hoffen zu dürfen; iure sumere videmur wir können wohl m. Recht annehmen;

6 *(unpers.) (alci) videtur* es scheint jmdm. richtig *od.* gut, jmd. ist der Ansicht, jmd. beschließt *(m. Inf. od. A. C. I.)*; **senatui visum est legatos mittere; si tibi videbitur** wenn du willst; **si videtur** wenn es beliebt.

vīdī *Perf. v. video.*

vidua, ae *f* Witwe.

viduālis, e *(vidua) (spätl.)* Witwen- [**habitus**].

viduitās, ātis *f (viduus)* 1 Witwenstand;

2 *(Plaut.)* Mangel [**copiarum atque opum**].

vīdulus, ī *m (vieo) (Plaut.)* geflochtener Reisekoffer; Fischkorb.

viduō, viduāre *(vidua) (poet.; nachkl.)* 1 zur Witwe machen; **viduāta** verwitwet;

2 *(übtr.)* berauben, *v. etw.* leer machen [**urbem civibus; ornos foliis**].

viduus, a, um *(vidua)* 1 *(poet.; nachkl.)* verwitwet;

2 unverheiratet, ehelos, ledig; geschieden [**filia**];

3 *(poet.)* des *od.* der Geliebten beraubt, einsam [**puella; lectus**];

4 *(poet.) einer Sache* beraubt, leer, entblößt *(m. Gen. od. Abl., auch ab)*; **pectus -um amoris; lacūs -i a lumine Phoebi**;

5 *(poet.; nachkl.) (v. Bäumen)* ohne sich rankende Weinrebe.

viella, ae *f (mlt.)* Fidel, Geige.

Vienna, ae *f Hauptstadt der Allobroger in der Gallia Narbonensis, j.* Vienne; – *Einw. u. Adj.* **Viennēnsis,** is *m bzw.* e.

vieō, viēre, viēvī, viētum *(vorkl.)* binden, flechten.

viētus, a, um welk, verschrumpft [**membra; senex**].

● **vigeō,** vigēre, viguī, – 1 vital, stark sein, frisch, lebhaft sein; **vires vigent; aetas viget; memoriā ~** im vollen Besitz des Gedächtnisses sein; **animo vigemus** unser Mut ist noch frisch; **mobilitate viget Fama; animus in rerum cognitione viget** *(Cic.)*;

2 *(übtr.)* blühen, mächtig sein, in Ansehen stehen; **artium studia vigent; religiones viguerant; auctoritate (opibus) apud alqm ~; magnae viguere Mycenae;** – *(v. Zuständen, Sitten u. Ä.)* herrschen; **avaritia viget; crimina vigent.**

vigēscō, vigēscere, – – *(Incoh. v. vigeo) (poet.; spätl.)* kräftig, lebhaft werden.

vīgēsimus, a, um = *vice(n)simus.*

vigil, *Gen.* vigilis *(vigeo)* **I.** *Subst. m* 1 Wächter;

2 *(nachkl.) Pl.* Nacht- und Feuerpolizei *in Rom;*

II. *Adj. (poet.; nachkl.)* wach(end), wachsam, munter [**oculi; ignis** immer brennend; **lucerna** Nachtlicht; **nox** durchwacht].

vigilāns, *Gen.* antis *(P. Adj. v. vigilo)* 1 *(poet.)* wach(end) [**oculi**];

2 *(übtr.)* wachsam, aufmerksam, fürsorglich [**tribunus plebis**]; **lumina vigilantia** Leuchtturm; **ut nemo vigilantior ad iudicium venisse videatur.**

vigilantia, ae *f (vigilans)* Wachsamkeit, Fürsorge.

vigilāx, *Gen.* ācis *(vigilo) (poet.; nachkl.)* immer wach [**curae**].

● **vigilia,** ae *f (vigil)* 1 das Wachen, das Nachtwachen; *Pl.* durchwachte Nächte;

2 *(milit.)* **a)** das Wachehalten, Wache; **scutum ferre in -am** auf die Wache, zur Wache; **-as agere** Wache halten; **exercitus -is fessus**; **b)** (Zeit der) Nachtwache *(die Nacht [v. Sonnenuntergang bis Sonnenaufgang] zerfiel in vier Nachtwachen, die je nach der Nachtdauer ungleich lang waren)* [**prima, secunda, tertia, quarta**]; **c)** Wachtposten; **urbs -is munita; -as ponere;**

3 *(übtr.)* Wachsamkeit, Fürsorge, Eifer; *(meton.)* Posten, Amt;

4 *(Plaut.)* nächtliche Feier [**Cereris**];

5 *(mlt.) Tag vor einem hohen Kirchenfest.*

vigiliārium, ī *n (vigilia) (Sen.)* Wächterhäuschen.

● **vigilō,** vigilāre *(vigil)* **I.** *intr.* wachen, wach, munter sein, wach bleiben [**ad multam noctem; de nocte** die ganze Nacht; **usque ad lucem**]; *sprichw.:* **vigilans dormit** *(Plaut.)* schläft m. offenen Augen;

2 *(übtr.)* wachsam sein, unermüdlich tätig sein, Fürsorge tragen [**pro alqo; ad salutem rei publicae**];

II. *trans. (poet.; nachkl.)* 1 durchwachen [**noctes**];

2 wachend verrichten, zustande bringen [**carmen; labores**].

● **vīgintī** *undekl.* zwanzig.

vīgintīvirātus, ūs *m (vigintiviri)* Amt *od.* Kollegium der zwanzig Männer: 1 *(unter Cäsars Konsulat) Ausschuss zur Ackerverteilung an ausgediente Soldaten;*

2 *(Tac.)* städtische Unterbeamtenstelle.

vīgintī-virī, ōrum *m* Kollegium v. zwanzig Männern.

vigor, ōris *m (vigeo)* (Lebens-)Kraft, Frische, Lebhaftigkeit [**animi corporisque**].

vīlēscō, vīlēscere, vīluī, – *(vilis) (spätl.)* wertlos werden.

vīlica, ae *f (vilicus) (poet.; nachkl.)* Verwalterin; Frau eines vilicus; schönes Landmädchen.

vīlicō, vīlicāre *(vilicus)* Verwalter sein.

vīlicus, ī *m (villa)* Verwalter; *(übtr.)* **populus**

Romanus deligit magistratūs quasi rei publicae -os.

● **vīlis,** e ❶ billig [**vestis; frumentum**];
❷ *(übtr.)* gering *(an Wert),* wertlos, unbedeutend, verächtlich, verachtet [**rex; vita; honor**]; **alqd vile** *u.* **inter vilia habere** etw. gering schätzen, verachten; **vilia rerum** Wertloses; **est tibi vile mori** du achtest den Tod für nichts;
❸ *(poet.)* überall zu haben [**poma; phaselus**].

vīlitās, ātis *f (vilis)* ❶ geringer Preis [**annonae**]; **in summa vilitate** bei den billigsten Preisen;
❷ *(vor- u. nachkl.) (übtr.)* Wertlosigkeit; Geringschätzung [**sui**].

● **vīlla,** ae *f* ❶ Landhaus, Landgut, Vorwerk;
❷ *villa publica* „Amtshaus" *(öffentl. Gebäude auf dem Marsfeld f. Truppenaushebungen, Zensus u. als Unterkunft fremder Gesandter);*
❸ *(mlt.)* Dorf, Stadt.

vīllica, vīllicō, vīllicus = *vilic …*

villōsus, a, um *(villus) (poet.; nachkl.)* zottig, haarig, rau [**canis; leo; radix; guttura colubris** v. Nattern umringelt *(v. der Medusa)*].

vīllula, ae *f (Demin. v. villa)* kleines Landhaus, kleines Landgut.

vīllum, ī *n (Demin. v. vinum) (Ter.)* ein bisschen Wein; Räuschlein.

villus, ı *m (vellus)* zottiges Haar *der Tiere, meist Pl.* [**leonis; arietis**].

vīmen, minis *n (vieo)* ❶ Weidenrute;
❷ *(poet.) Pl.* Weidengebüsch;
❸ Flechtwerk, Geflecht, Korb.

vīmentum, ī *n (vieo) (Tac.)* Flechtwerk.

Vīminālis collis *m (vimen)* der Viminal, *einer der sieben Hügel Roms,* der „Weidenhügel" *m. dem Heiligtum des Jupiter Viminius (zw. Quirinal u. Esquilin).*

vīmineus, a, um *(vimen)* aus Flechtwerk.

vīn? = *vīs-ne?, s. volo²*.

vīnāceus, ī *m (vinum)* Weinbeerkern.

Vīnālia, ium *n (vinum)* Weinfest, *in Rom am 22. April beim Kosten des neuen Weines (von der vorjährigen Ernte) zu Ehren Jupiters u. der Venus u. am 19. August zum Schutz der neuen Ernte zu Ehren des Jupiter gefeiert.*

vīnārium, ī *n (vinarius)* Weinkrug, Humpen.

vīnārius *(vinum)* **I.** *Adj.* a, um Wein- [**vas; cella** Weinkeller];
II. *Subst.* ī *m* Weinhändler.

vincibilis, e *(vinco) (Kom.; nachkl.)* leicht zu gewinnen [**causa**].

● **vinciō,** vincīre, vinxī, vinctum ❶ schnüren, binden, fesseln [**manūs post tergum; alqm trinis catenis**];
❷ gefangen nehmen [**civem Romanum**]; **vinctos solvere;**
❸ *(übtr.)* fesseln; **somno vincti; vi Veneris vinctus;**
❹ *(übtr.)* binden, verpflichten [**alqm matrimonio; eum donis**];
❺ *(poet.; nachkl.)* umschnüren, umbinden, umwinden [**suras cothurno alte; tempora floribus**]; umgeben [**digitum anulo**]; **boves vincti cornua vittis** deren Hörner m. Binden umwunden sind;
❻ *(übtr.)* befestigen, schützen [**oppida praesidiis**];
❼ *(rhet. t. t.) (Worte, Sätze u. Ä.)* verbinden [**verba; membra orationis numeris**]; **poëma nimis vinctum;**
❽ hemmen, einschränken, beschränken [**omnia severis legibus; linguam** lähmen];
❾ *(poet.)* bezaubern [**hostiles linguas**].

vinclum = *vinculum.*

● **vincō,** vincere, vīcī, victum **I.** *intr.* ❶ siegen, Sieger sein *(in etw.: re, selten in re)* [**bello; certamine; armis; causā** den Prozess gewinnen *(vom Kläger; vom Angeklagten: causam);* **(in) acie;** *m. innerem Obj.:* **Olympia** bei den Olympischen Spielen]; **qui vicerunt** *od.* **vicerant** die Sieger; – *Subst.* vincentēs, tium *m* die Sieger;
❷ *(b. Meinungsstreit)* siegen, seine Meinung, seinen Willen durchsetzen, die Oberhand behalten; **vicit in senatu pars illa, quae; victi paucis sententiis** überstimmt; **vicisti** du hast Recht; **viceris** du sollst Recht *(od.* deinen Willen) haben; **vicimus** wir haben es durchgesetzt, wir haben unser Ziel erreicht; **vincite** ihr sollt Recht haben *od.* so habt denn euren Willen; **sententia vicit** drang durch;
❸ im Vorteil sein;
II. *trans.* ❶ besiegen, überwinden, überwältigen, bewältigen [**Galliam bello; omnes gravi proelio; urbem pugnando;** *übtr.* **iram; saecula** überdauern; **gemitum** übertönen, überschreien; **silentium** brechen; **spem regendi** vereiteln]; **Etrusci pro victis abiēre** so gut wie besiegt; *(übtr.)* **victa iacet pietas; victus labore, desiderio, luctu; sagitta vincit aëra iactu** überfliegt den luftigen Baumwipfel; – *Subst.* victī, ōrum *m* die Besiegten;
❷ gewinnen [**causam** den Prozess gewinnen *(vom Angeklagten; vom Kläger: causā)*];
❸ übertreffen [**omnes parsimoniā, curā; alqm eloquentiā, carminibus; omnium exspectationem; beluas morum immanitate; regem odio**];
❹ jmd. umstimmen, erweichen, bewegen, rühren [**deam precibus**]; *m. ut:* zu etw. bringen;
❺ siegreich erweisen, darlegen [**alqd verbis**]; *(auch m. A. C. I. od. m. indir. Frages., poet. auch ut m. Konj.);*
❻ *(b. Auktionen)* jmd. überbieten;
❼ *(b. Abstimmungen)* überstimmen.

vinctus *P. P. P. v. vincio.*

● **vinculum,** ī *n (vincio)* ❶ Schnur, Band, Fes-

V

sel, Strick, Seil, Schlinge [**tunicae; galeae** Helmband]; **-a epistulae** *u.* **chartae; corpora -is constricta; -a collo aptare; -a pedibus demunt** Sandalenbänder;

❷ *Pl.* Fesseln [**pedum**]; **-a alci indere, inicere** anlegen; **alci -a demere; alcis -a solvere; -a rumpere** entfliehen;

❸ *(meton.) Pl.* Gefängnis; **in -is esse; ex -is publicis effugere; alqm in -a conicere** *od.* **ducere; condere alqm in -a; ex -is causam dicere;**

❹ *(übtr.)* **a)** hemmendes Band, Fessel; **~ cupiditatis** eine Fessel für; **-a fugae** was v. der Flucht abhält; **b)** vereinigendes Band, (Ver-)Bindung, Bindemittel [**amicitiae; sponsionis** Kraft der Verbürgung; **pennarum**]; **illa -a, quibus quidem libentissime astringor, quanta sunt** wie stark sind erst jene Bande, durch die ich mich am liebsten an andere geknüpft sehe; **-is propinquitatis coniunctus; imperator est ~, per quod res publica cohaeret** *(Sen.)*; – *(poet.) Pl.* heftige Umarmungen.

Vindelicī, ōrum *m kelt. Volk südl. der Donau; Hauptstadt: Augusta Vindelicum, j.* Augsburg.

vīn-dēmia ae *f (vinum u. demo) (nicht klass.)* Weinlese; *(meton.)* Trauben.

vīndēmiātor, ōris *m (vindemia)* Winzer *(auch als Stern im Sternbild der Jungfrau).*

vīndēmiō, vīndēmiāre *(vindemia) (nachkl.)* Weinlese halten.

vīndēmiolae, ārum *f (Demin. v. vindemia)* kleine Weinlese; *(übtr.)* kleine Einkünfte.

vīndēmitor, ōris *m (poet.) = vindemiator.*

vindex, dicis *m u. f* ❶ Beschützer(in), Retter(in), Befreier(in) [**libertatis; terrae; parentis;** *(m. Gen. obi.)* **iniuriae** gegen das Unrecht; **periculi** in Gefahr]; – als *Adj.* (be)schützend, für etw. eintretend *(m. Gen.)*: **vox ~ libertatis; vindices vires** schützende Kraft;

❷ Bürge *(vor Gericht);*

❸ Rächer(in), Bestrafer(in) [**coniurationis; facinorum et scelerum; rerum capitalium** Henker]; – als *Adj. (poet.)* rächend, strafend [**flamma**].

vindicātiō, ōnis *f (vindico)* ❶ *(nachkl.) (jur. t. t.)* Anspruchsrecht;

❷ Notwehr.

vindiciae, ārum *f (vindico) (b. Prätor vorgebrachter)* Rechtsanspruch *(der Streitgegenstand wurde vor den Prätor gebracht, beide Parteien erhoben ihren Rechtsanspruch* [*vindicias postulare*], *der Prätor entschied vorläufig* [*vindicias dare, decernere*], *bis die Sache vom Gericht definitiv entschieden wurde);* **secundum libertatem -as dare** für frei erklären; **secundum libertatem -as postulare** Freispruch verlangen; **secundum servitutem -as decernere** für unfrei erklären; **-as a libertate in servitutem dare** einen Freien für unfrei erklären.

● **vindicō,** vindicāre *(vindex)* ❶ beanspruchen, in Anspruch nehmen, sich zuschreiben [**laudem; decus belli; antiquam faciem** wieder annehmen; **sibi potestatem; victoriae partem ad se;** *(pro re: als etw.)* **omnia pro suis**]; **Chii Homerum suum** (als ihren Mitbürger) **vindicant; ortus nostri partem vindicat patria;**

❷ *(in libertatem)* in Freiheit setzen, befreien [**servum; rem publicam; patriam ex servitute**];

❸ retten, (be)schützen, sichern, bewahren *(vor, geg. etw.: ab, selten ex re)* [**amicum a molestia, a labore; alqm a verberibus; familiam ab interitu; libertatem**];

❹ etw. bestrafen, ahnden, rächen [**maleficia; crudelitatem; necem alcis; iniurias; alcis conatūs perditos**]; verbieten [**maleficia**];

❺ etw. an jmdm. rügen, tadeln *(an jmdm.: in alqo)* [**omnia in altero**];

❻ geg. jmd. vorgehen, einschreiten, verfahren *(in alqm, auch abs.)* [**in socios et cives severe**]; **in quos eo gravius Caesar vindicandum statuit;**

❼ *(nachkl.) se ~ ab od. de* sich rächen an [**ab illo; de fortuna**].

vindicta, ae *f (vindico)* ❶ Freilassung *eines Sklaven;*

❷ *(meton.)* Freilassungsstab, Freistab *(m. dem der Prätor den Sklaven, der in Freiheit gesetzt werden sollte, berührte);*

❸ Befreiung, Rettung *(m. Gen. subi. u. obi.)* [**libertatis; invisae vitae** Erlösung v. dem verhassten Leben; **legis severae**];

❹ *(poet.; nachkl.)* Strafe, Rache.

Vindonissa, ae *f röm. Legionslager u. helvetische Stadt an der Reuß, j.* Windisch *(Aargau).*

● **vīnea,** ae *f (vinum)* ❶ Weinberg, -garten; **-ae cultor** Winzer;

❷ *(nicht klass.)* Weinstock;

❸ *(milit. t. t.) (nach Art einer Weinlaube gebautes)* Schutzdach *(der Belagerer geg. Geschosse).*

vīnētum, ī *n (vinum)* Weingarten, -berg, -pflanzung; *sprichw.:* **-a sua caedere** *(Hor.)* sich ins eigene Fleisch schneiden.

vīneus, a, um *(vinum)* Wein-.

vīnitor, ōris *m (vinum)* Winzer.

vinnulus, a, um *(Plaut.)* lieblich, süß [**oratio**].

vīnolentia, ae *f (vinolentus)* Trunkenheit; Trunksucht.

vīnolentus *(vinum)* **I.** *Adj.* a, um ❶ (be)trunken; trunksüchtig;

❷ m. Wein versetzt [**medicamina**];

II. *Subst.* ī *m* Trunkenbold.

vīnōsus, a, um *(vinum)* ❶ betrunken; **homo modice ~;**

❷ trunksüchtig [**senex; convivium** b. dem viel Wein getrunken wird];

③ *(nachkl.)* weinartig [**sucus; odor** Weingeruch].

vīnulentia, vīnulentus = *vinol...*

● **vīnum,** ī *n* ① Wein [**fugiens** in Gärung übergehender; **mutatum** umgeschlagener]; **-i minister** Mundschenk; **-um male ferre** schlecht vertragen; – *Pl.* Weinsorten;
② *(meton.)* das Weintrinken, Zechen; **in -o, ad (inter) -um** beim Wein; **per -um** infolge des Weintrinkens; **in -um trahere** zum Zechen bringen; **-i parcus; intemperantia -i; -o confectus;**
③ *(vorkl.)* Weintrauben.

vinxī *Perf. v. vincio.*

viō, viāre *(via) (nachkl.)* gehen, reisen.

viola[1], ae *f* ① Veilchen [**nigra** dunkles]; *(poet.; nachkl.)* Levkoje [**pallens**];
② *(poet.; nachkl.) (meton.)* Veilchenfarbe, Violett.

viōla[2], ae *f (mlt.)* Viola, Bratsche.

violābilis, e *(violo) (poet.; spätl.)* verletzbar [**cor; numen**].

violāceus, a, um *(viola[1])* violett.

violārium, ī *n (viola[1])* Veilchenbeet.

violārius, ī *m (viola[1]) (Plaut.)* Violettfärber.

violātiō, ōnis *f (violo)* Entehrung, Schändung [**templi; religionum**].

violātor[1], tōris *m (violo)* Verletzer, Schänder [**iuris gentium; fidei; foederis**].

violator[2], toris *m (viola[2]) (mlt.)* Violaspieler.

violēns, *Gen.* entis *(vis)* gewalttätig, ungestüm, heftig.

violentia, ae *f (violentus)* Gewalttätigkeit, Ungestüm, Heftigkeit, Wildheit [**fortunae** Tücke; **ingenii; gentium; vultūs; ventorum**].

violentus, a, um *(vis)* gewalttätig, ungestüm, heftig, stürmisch, gewaltsam [**ira; ingenium; impetus; tempestas**].

● **violō,** violāre *(vis)* ① Gewalt antun, misshandeln, verletzen *(m. Akk.)* [**patrem**];
② verwüsten, zerstören [**agros; urbem** plündern];
③ schänden, vergewaltigen [**Palladis virginitatem; virginem**];
④ *(übtr.)* beflecken, besudeln, entweihen [**loca religiosa; templum; ius; sacra**];
⑤ *(übtr.)* verletzen, brechen [**foedus; amicitiam**];
⑥ beleidigen [**Cererem; oculos; aures obsceno sermone**].

vīpera, ae *f* Viper, Schlange, Natter.

vīpereus, a, um *(vipera) (poet.)* ① Schlangen- [**dentes; pennae** geflügelte Schlangen];
② schlangenhaarig [**monstrum** = Medusa; **sorores** = Furien; **canis** = Cerberus];
③ giftig [**anima** Gifthauch].

vīperīnus, a, um *(vipera) (poet.; nachkl.)* Schlangen-.

Vīpsānius, a, um *röm. nomen gentile, s. Agrippa.*

● **vir,** virī *m (Gen. Pl.* virōrum *u.* [*poet.*] virum)
① Mann *(im Ggstz. zur Frau);* **~ bonus et sapiens; ~ turpissimus;**
② (reifer, erwachsener) Mann *(im Ggstz. zum Kind);*
③ Ehemann; **puella viro matura;** – *(poet.) v. Tieren* [**vir gregis**];
④ Liebhaber;
⑤ der echte Mann, ein ganzer Mann, Held; **dolorem tulit ut vir; virum te praebeas; vir fortis; viri non est** es ist unmännlich; **arma virumque cano** Waffentaten und den Helden;
⑥ *(milit.)* **a)** Soldat, *Pl. auch* Mannschaft; **b)** *Pl.* Fußvolk; **equites virique; equis viris(-que)** mit, aus allen Kräften; **boat caelum fremitu virum;**
⑦ der Einzelne; **vir cum viro congreditur;**
⑧ *(poet.)* Mensch, *Pl.* Menschen, Leute; **per ora virum;**
⑨ *(poet.)* Zeugungskraft; **membra sine viro;**
⑩ *(spätl.) als Anrede:* Herr; **vir episcope** Herr Bischof.

virāgō, ginis *f (vir) (poet.)* Heldin.

Virbius, ī *m* ① *Beiname des v. Äskulap wieder ins Leben zurückgerufenen Hippolytus, der in Aricia zusammen m. Diana verehrt wurde;*
② *sein Sohn.*

virectum, ī *n (vireo) (poet.; nachkl.)* grüner Platz, das Grün.

virēns, *Gen.* entis *(P. Adj. v. vireo) (poet.; nachkl.)* ① grün(end) [**hedera; mare**];
② *(übtr.)* blühend, jugendlich, frisch [**puella**].

vireō, virēre, viruī, – ① grünen, grün sein; **arbores virent; pectora felle virent; serpens viret** schillert grünlich;
② *(übtr.)* frisch, kräftig sein; **virebat integris sensibus.**

● **vīrēs** *Pl. v. vis, s. vis.*

virēscō, virēscere, viruī, – *(Incoh. v. vireo) (poet.; nachkl.)* grün werden, zu grünen beginnen; **virescunt gramina; rami virescunt arboris.**

virētum ī *n = virectum.*

● **virga,** ae *f* ① dünner Zweig, Rute [**salicis; viscata** Leimrute];
② *(poet.)* Pfropfreis, Setzling; **-am inserere;**
③ Stock, Stab; **vae illis -is miseris, quae hodie in tergo morientur meo** *(Plaut.);*
④ *(meton.) Pl.* Stockschläge; **alqm -is caedere; -is mori;**
⑤ *(poet.)* Zauberstab;
⑥ *(Ov.)* Besen;
⑦ *(Ov.) farbiger* Streifen am Kleid;
⑧ *(Iuv.)* Geschlechtslinie *des Stammbaumes;*
⑨ *(mlt.)* Bischofsstab.

virgātor, ōris *m (virga) (Plaut.)* der m. Ruten Schlagende.

virgātus, a, um *(virga) (poet.; nachkl.)* ① *(aus Ruten)* geflochten;

V

② gestreift [**vestes; tigris**].

virgētum, ī *n (virga)* Weidengebüsch.

virgeus, a, um *(virga) (poet.; nachkl.)* aus Ruten.

virgi-dēmia, ae *f (virga; Scherzbildung nach vindemia) (Plaut.)* Prügelernte = Schläge.

Virgilius *(spätl.) = Vergilius.*

virgināle, lis *n (virginalis) (poet.; nachkl.)* jungfräuliche Scham *(konkr.).*

virginālis, e *(virgo)* jungfräulich, mädchenhaft, Mädchen- [**forma; habitus; vestitus; feles** Mädchenräuber].

virginārius, a, um *(virgo) (Plaut.)* Jungfrauen-, Mädchen-.

virginēs-vendōnidēs, ae *m (Pl. v. virgo u. vendo; Scherzbildung) (Plaut.)* Mädchenhändler.

virgineus, a, um *(virgo) (poet.)* ① jungfräulich, mädchenhaft, Jungfrauen- [**figura; rubor; vultus; favilla** Scheiterhaufen der Jungfrau; **volucres** die Harpyien; **sagitta** der Diana; **domus** der Vestalinnen; **ara** der Vesta heilig; **focus** Feuer der Vesta];

② aus der Aqua Virgo *(Wasserleitung in Rom)* [**aqua; liquor**].

Virginia *(nachkl.) = Verginia, s. Verginius.*

virginitās, ātis *f (virgo)* Jungfernschaft, Jungfräulichkeit, Unberührtheit; **virginitatem laedere, eripere, rapere.**

Virginius *(nachkl.) = Verginius.*

● **virgō,** ginis *f* ① Jungfrau, Mädchen [**Vestalis; regia** Prinzessin; **Saturnia** = Vesta; **Phoebea** Lorbeerbaum *(in den die v. Apollo geliebte Daphne verwandelt wurde)*]; **natu maxima ~, ~ maxima** die älteste Vestalin; **Sabinae honesto oratae loco virgines; virginis aequor** Hellespont; **virgines doctae** *(v. den Musen); – als Adj. (poet.; nachkl.):* **a)** jungfräulich, unverheiratet [**filia; dea** Diana]; **b)** *(v. Sachen)* unversehrt, noch ungebraucht [**charta** noch nicht herausgegebene *od.* noch nicht gelesene Schrift];

② *(poet.)* junge Frau [**adultera** *v. Medea*];

③ *(poet.)* Jungfrau *als Sternbild;*

④ *(poet.; nachkl.)* (Aqua) Virgo *Wasserleitung in Rom.*

virgula, ae *f (Demin. v. virga)* ① kleiner, dünner Zweig;

② Stäbchen [**divina** Wünschelrute];

③ *(nachkl.; spätl.)* Akzentzeichen.

virgultum, ī *n (virgula)* ① *(meist Pl.)* Gebüsch;

② *(poet.)* Setzling.

virguncula, ae *f (Demin. v. virgo) (nachkl.)* Mädchen.

Viriāthus, ī *m Anführer der Lusitanier im Kampf geg. die Römer (147–139 v. Chr.), während laufender Friedensverhandlungen auf röm. Anstiftung ermordet.*

virid(i)ārium, ī *n (viridis)* Garten, Park.

● **viridis,** e *(vireo)* ① grün(lich) [**color; avis** Papagei; **lapillus** Smaragd; **campus; gramen; herbae; ripa; aqua; Nereidum comae; dii** Meergötter];

② grasreich, baumreich; – *Subst.* viride, dis *n* das Grün, *bes:* noch grünes, noch unreifes Getreide; *Pl.* viridia, ium *n (nachkl.)* Gartengewächse; Grünanlagen, Hecken;

③ *(übtr.)* jugendlich, frisch, munter, rüstig [**aevum** Jugend; **puella; iuventa; senectus**].

viriditās, ātis *f (viridis)* ① das Grün [**pratorum; maris**];

② *(übtr.)* (Jugend-)Frische, Lebhaftigkeit, Munterkeit; **senectus aufert viriditatem.**

viridō, viridāre *(viridis) (poet.; nachkl.)* **I.** *intr.* grünen; **laurus, hedera viridans;**

II. *trans.* grün machen; *Pass.* grün werden.

● **virīlis,** e *(vir)* ① männlich, dem Mann eigen, dem Mann zukommend, Männer- [**vox; sexus; vultus; stirps; nomen; partes** Männerrollen; **arma; toga; calceus**];

② *(übtr.)* mannhaft, standhaft, kräftig, mutig, tapfer [**animus; ingenium; oratio; scelera** die männlichen Mut erfordern]; **fortunam viriliter ferre; viriliter aegrotare** die Krankheit standhaft ertragen; – *Subst.* virīlia, ium *n* mannhafte Taten;

③ dem einzelnen Mann zukommend, persönlich; **mea pars ~** mein Teil, meine Pflicht; **pro virili portione** soweit es in seinen Kräften steht; **pro virili parte** soviel einer leisten kann.

virīlitās, ātis *f (virilis) (nachkl.)* Männlichkeit, männliches Alter, Zeugungsvermögen.

vīri-potēns, *Gen.* entis *(vires) (Plaut.)* mächtig an Kraft, *Beiname Jupiters.*

virītim *Adv. (vir)* ① Mann für Mann, einzeln; **pedites ~ legere; pecus ~ distribuere;**

② Mann gegen Mann, im Zweikampf [**dimicare**].

Viromanduī, ōrum *m belg. Volk.*

viror, ōris *m (vireo) (nachkl.)* das Grünen [**pratorum**]; *(übtr.)* Lebenskraft.

vīrōsus, a, um *(virus) (poet.; nachkl.)* stinkend.

virtuōsus, a, um *(virtus) (mlt.)* tugendhaft; wundertätig.

● **virtūs,** ūtis *f (vir)* ① Mannhaftigkeit; **virtute dolores superare** mannhaft;

② Tapferkeit, Tatkraft, Entschlossenheit, Mut [**militum; exercitūs;** *(in etw.: Gen.)* **rei militaris; bellandi**]; **virtute et animo** mit Mut u. Kraft;

③ *(meton.) Pl.* Heldentaten, Verdienste; **virtutibus eluxit** er tat sich durch Heldentaten hervor; **eius vitia emendata sunt virtutibus;**

④ *personif.* **Virtūs** *Göttin der milit. Tapferkeit;*

⑤ Tüchtigkeit, gute Eigenschaft, *Pl.* Vorzüge [**animi**]; **virtutibus lenioribus erat ornatus,**

modestiā, temperantiā, iustitiā;
⑥ *(übtr.)* Kraft, Wert, Vortrefflichkeit, Vorzüglichkeit [**oratoria; corporis; equi; herbarum; memoriae; mercis; navium**];
⑦ Tugend(haftigkeit), Sittlichkeit, Moral; **alqm ad virtutem revocare; tantā virtute** so tugendhaft; **honesta in virtute ponuntur**;
⑧ *(spätl.)* Wunderkraft, Heilkraft; *Pl.* Wundertaten.

i Kultur **virtūs vir**-tus, urspr. einfach die besondere Leistung eines **Mann**es im Kampf gegen Tiere oder Menschen: die **Mann**haftigkeit, die Tapferkeit. In der röm. Philosophie wird seit Cicero daraus „charakterliche Leistung" allgemein: Tugend.
Unter virtutes versteht man entsprechend der platonischen Philosophie die vier Kardinaltugenden (Tugenden, um die sich wie um die Türangel – cardo – alles „dreht"):
FORTITUDO – PRUDENTIA – TEMPERANTIA – IUSTITIA
(Tapferkeit, Klugheit, Mäßigkeit, Gerechtigkeit).

viruī *Perf. v. vireo u. viresco.*
vīrulentus, a, um *(virus) (nachkl.)* giftig [**serpentes**].
vīrus, ī *n* ① *(poet.; nachkl.)* Schleim [**cochlearum**];
② *(poet.; nachkl.)* Gift [**echidnae**];
③ *(übtr.)* Geifer; **virus acerbitatis suae evomere**;
④ *(poet.; nachkl.)* salziger Geschmack;
⑤ *(nachkl.)* Gestank [**animae leonis**].
● **vīs** *f (Sg. Akk.* vim, *Abl.* vī; *Pl. Nom. u. Akk.* vīrēs, *Gen.* vīrium, *Dat. u. Abl.* vīribus) **I.** *Sg.*
① Kraft, Stärke, Gewalt [**viri; iuvenalis; corporis; fluminis; tempestatis; frigorum; morbi; veneni; meri** starker Wein]; **summā vi** mit größter Anstrengung;
② Gewalt(tat), Gewalttätigkeit, Zwang; **vi** *od.* **per vim** gewaltsam, m. Gewalt; **alqm de vi accusare** wegen einer Gewalttat; **vim pati** erleiden; **vim facere** Gewalt anwenden; **alci vim afferre** *(od.* **inferre, adhibere, facere***)* jmdm. Gewalt antun; **manu ac vi** durch Mord und Gewalttat; **vi aut voluntate** gezwungen oder freiwillig; **naves totae factae ad quamvis vim perferendam** Stoß; **vim facere per fauces portūs** gewaltsam durchbrechen;
③ Waffengewalt, Angriff, Sturm [**barbarorum; hostium**]; **urbem vi** *(od.* **per vim***)* **expugnare** im Sturm;
④ *(poet.)* Tatkraft, Mut, Entschlossenheit; **multā vi muniet Albam** *(Verg.)*;
⑤ *(übtr.)* Macht, Wirksamkeit, Einfluss [**orationis; oratoris; patriae; conscientiae; consilii; ingenii**]; ~ **magna est in fortuna in utramque partem**;
⑥ Inhalt, Gehalt, Sinn, Bedeutung, (wahres) Wesen [**virtutis; amicitiae; verborum; eloquentiae**]; **natura atque ~ animi** Natur u. Wesen;
⑦ Menge, Masse [**auri argentique; lacrimarum** Tränenstrom; **pulveris; iumentorum; telorum**];
⑧ *(nachkl.)* Zeugungskraft;
II. *Pl.* ① (Körper-)Kraft, Stärke [**corporis; equorum; austri**]; **integris viribus** mit (bei) frischen Kräften;
② *(übtr.)* Kraft, Macht [**herbarum; mentis; fulminis**];
③ *(übtr.)* die Mittel, Kräfte, das Vermögen, Können; **pro viribus** nach Kräften;
④ *(milit.)* Streitkräfte, -macht, Truppen [**exiguae**]; **vires contrahere; satis virium ad certamen habere.**
viscātus, a, um *(viscum, visco)* m. Vogelleim bestrichen [**virga** Leimrute]; *(übtr.)* lockend [**beneficia; munera** als Köder gegebene Geschenke].
● **vīscera,** rum *n Pl. (selten Sg. vīscus,* ceris)
① Fleisch; **boum visceribus vesci; sanguis ex visceribus exit**;
② *(poet.; nachkl.)* Eingeweide *(Lunge, Leber, Herz, Magen usw.)*, Bauch, Mutterleib, Hoden;
③ *(poet.; nachkl.) (übtr.)* das eigene Fleisch u. Blut, das eigene Kind, die eigenen Kinder; **diripiunt avidae viscera nostra ferae**;
④ *(poet.; nachkl.) (übtr.)* die eigenen Schriften, die „Geisteskinder";
⑤ *(übtr.)* das Innere, Innerste *einer Sache,* Kern, Mark [**montis; terrae; rei publicae; causae**]; **vires in viscera vertere** geg. die eigenen Mitbürger kämpfen; **tyrannus haerens visceribus civitatis** tief im Gedächtnis;
⑥ Hab u. Gut, Vermögen [**aerarii**]; **pecunia erepta ex rei publicae visceribus**;
⑦ *(Iuv.)* Lieblinge.
vīscerātim *Adv. (viscus²) (vorkl.)* stückweise.
vīscerātiō, ōnis *f (viscera)* ① Fleischverteilung, -spende *an das Volk;*
② *(Sen.) (übtr.)* Abfütterung.
viscō, viscāre *(viscum) (Iuv.)* beschmieren.
Visculus, ī *m* die Weichsel.
viscum, ī *n* ① *(poet.; nachkl.)* Mistel;
② *(meton.) (aus Mistelbeeren bereiteter)* Vogelleim;
③ *(Plaut.) (übtr.)* Köder.
viscus¹, ī *m (Plaut.) = viscum.*
vīscus², ceris *n s. viscera.*
vīsī *Perf. v.* viso.
vīsibilis, e *(video) (nachkl.)* sichtbar.
vīsiō, ōnis *f (video)* ① das (An-)Sehen, Anblick [**dei**];

V

❷ *(meton.)* Erscheinung, Vision; **fluentes visiones** zuströmende;
❸ *(übtr.)* Idee, Vorstellung *(v. etw.: Gen.)* [**doloris**].

vīsitātiō, ōnis *f (visito) (spätl.)* Besichtigung, Besuch; *(übtr.)* Heimsuchung, Strafe.

vīsitātor, ōris *m (visito) (spätl.)* Besucher.

vīsitō, vīsitāre *(Frequ. v. viso)* ❶ oft sehen;
❷ jmd. besuchen [**aegrum**].

● **vīsō,** vīsere, vīsī, – *(Intens. v. video)* ❶ genau ansehen, anschauen, betrachten, besichtigen [**ex muris agros; praedam; prodigium** untersuchen]; – **vīsendus,** a, um sehenswert; – *Subst.* **vīsenda,** ōrum *n* Sehenswürdigkeiten: **Athenae multa visenda habentes**;
❷ *(Kom.)* nach etw., nach jmdm. sehen, nachsehen [**filios**]; **vise ad portum** sieh nach dem Hafen, gehe hin;
❸ jmd. besuchen [**aegrotum**]; *(Örtl.)* aufsuchen [**Athenas**].

vispillō *(Mart.) = vespillo.*

Vist(u)la, ae *m Grenzstrom zw. Germanien u. Sarmatien,* die Weichsel.

vīsum, ī *n (video)* ❶ *(Prop.)* Erscheinung, Bild;
❷ Traumbild; **-a somniorum;**
❸ Phantasie(bild).

Visurgis, is *m* die Weser.

vīsus[1] *P. P. P. v. video u. Part. Perf. v. videor.*

vīsus[2], ūs *m (video)* ❶ *(akt.)* **a)** das Sehen, (An-)Blick *(m. Gen. subi. u. obi.)*; **omnia visu obire** besehen; **terribilis visu** schrecklich anzusehen; **b)** *(spätl.)* Sehkraft;
❷ *(pass.)* **a)** Erscheinung [**nocturnus; inopinus**]; **b)** Aussehen, Gestalt [**humanus**].

● **vīta,** ae *f (vivus)* ❶ das Leben; **in -a esse, -am agere** leben; **-am tutam vivere** führen; **-am miserrimam degere; a -a discedere, e -a (ex)cedere, abire** sterben; **in mea -a** in meinem ganzen Leben; **perducere -am ad annum centesimum; -ā frui; -am trahere** hinschleppen; **-am alci adimere, auferre**;
❷ Lebensweise, -wandel [**rustica**];
❸ Lebensbeschreibung, -lauf, Biografie; **-ae excellentium imperatorum; librum de -a alcis edere**;
❹ *(poet.)* Seele; Schatten *in der Unterwelt;* **tenues sine corpore -ae;**
❺ *(poet.; nachkl.)* die Menschheit, die Welt;
❻ *(Plaut.)* Lebensunterhalt;
❼ *(Ter.)* Lebensglück;
❽ *(als Kosewort)* Liebling [**mea**].

vītābilis, e *(vito) (Ov.)* meidenswert.

vītābundus, a, um *(vito)* ständig ausweichend, (ver)meidend *(m. Akk.)* [**castra hostium; classem hostium**].

vītālis, e *(vita)* ❶ des Lebens, zum Leben gehörig, Lebens- [**vis; lumen** Licht des Lebens; **aevum** Lebenszeit];
❷ Leben spendend, das Leben erhaltend [**aura; viae** Luftröhre];
❸ *(nicht klass.)* lebensfähig [**puer**];
❹ *(vorkl.)* lebenswert [**vita**];
❺ *(Petr.) lectus* Totenbett;
❻ *(spätl.) panis* Hostie;
/ Subst. **vītālia,** ium *n (poet.; nachkl.)* **a)** die lebenswichtigen Organe des Körpers; **b)** Totenhemd.

vītātiō, ōnis *f (vito)* Vermeidung.

Vitellia, ae *f Stadt der Äquer in Latium.*

Vitellius, a, um *röm. nomen gentile:* A. ~, *69 n. Chr. röm. Kaiser, v. Vespasian gestürzt u. vom Pöbel getötet; – Adj. auch* **Vitelliānus,** a, um; – *Subst.* **Vitelliānī,** ōrum *m* Soldaten des Vitellius.

vitellus, ī *m (Demin. v. vitulus)* ❶ *(Plaut.)* Kälbchen *(auch als Kosewort)*;
❷ Eidotter.

vīteus, a, um *(vitis)* vom Weinstock [**pocula** Wein].

vitiātiō, ōnis *f (vitio) (nachkl.)* Verletzung, Schändung.

vitiātor, ōris *m (vitio) (Sen.)* Verführer *eines Mädchens.*

vīticula, ae *f (Demin. v. vitis)* Weinstöckchen.

vīti-fer, fera, ferum *(vitis u. fero) (nachkl.)* Reben tragend, weinreich.

vīti-genus, a, um *(vitis u. gigno) (vor- u. nachkl.)* vom Weinstock [**liquor** Wein].

viti-lēna, ae *f (vitium) (Plaut.)* Kupplerin.

vitilīgō, ginis *f (vor- u. nachkl.)* Hautausschlag, Flechte.

vītilis, e *(vieo) (vor- u. nachkl.)* geflochten.

vitiō, vitiāre *(vitium)* ❶ *(poet.; nachkl.)* verderben, verletzen, (be)schädigen [**auras** verpesten; **oculos; frumentum umore**]; **vitiata teredine navis; curis vitiatum corpus** entstellt;
❷ *(ein Mädchen)* entehren, schänden [**virginem**];
❸ (ver)fälschen [**senatūs consulta; memoriam** Geschichte; **significationes**];
❹ *(rel. t. t.) einen f. eine öffentl. Handlung bestimmten Termin unter dem Vorwand ungünstiger Auspizien* für ungeeignet erklären [**diem; comitia** den Wahltag].

vitiōsitās, ātis *f (vitiosus)* Lasterhaftigkeit.

vitiōsus, a, um *(vitium)* ❶ fehlerhaft, mangelhaft [**orator; exemplum**]; **-e se habere** in einem fehlerhaften Zustand sein; – verkehrt, unrichtig; **-e concludere;**
❷ *(rel. t. t.)* gegen die Auspizien gewählt (veranstaltet, geschehen), ungültig [**consul; suffragium**];
❸ lasterhaft [**vita**].

● **vītis,** is *f* ❶ Weinrebe;
❷ Weinstock; **vites ponere** pflanzen, setzen; – *(Mart.)* Wein;
❸ *(poet.; nachkl.) (meton.) (aus abgeschnittener Rebe gebildeter)* Kommandostab des

röm. Zenturio; **milites vite regere***;* – Zenturionenstelle;
④ *(poet.; nachkl.)* Zaunrübe [**alba**].

vīti-sator, ōris *m (vitis u. sero*[2]*) (poet.)* Winzer.

● **vitium,** ī *n* ① Fehler, Mangel, Gebrechen, Schaden [**tecti; corporis; sermonis; castrorum** ungünstige Lage; **aëris** schlechte Luft; **animi** Mangel an Mut]; **in -o esse** fehlerhaft sein; **aedes -um fecerunt** das Haus ist schadhaft geworden; – *(poet.; nachkl.)* falscher Zusatz *zum Edelmetall;* **ignis -um metallis excoquit** scheidet die Schlacke aus;
② *(übtr.)* Fehler, Fehltritt, Missgriff [**hostium**]; **-a emendare** Fehltritte wieder gutmachen; **si aliquid modo esset -i** auch der geringste Fehler; **-o vertere** *od.* **dare** als Fehler auslegen; – Schuld [**fortunae**]; **in -o esse** schuld sein;
③ *(b. den Auspizien)* ungünstiges Zeichen, Formfehler; *(Abl. als Adv.)* **magistratus -o creatus** geg. die Auspizien; **-o dies dicta***;*
④ Laster, Vergehen, *Pl. auch* Lasterhaftigkeit; **homo -is deditus;**
⑤ *(vor -u. nachkl.)* Schändung [**virginis**]; **-um pudicitiae alcis afferre.**

● **vītō,** vītāre ① meiden, ausweichen, aus dem Wege gehen, zu entgehen suchen *(m. Akk., Kom. auch m. Dat.)* [**oculos hominum; tela; aequora; se ipsum** m. sich selbst unzufrieden sein; **stultitiam; huic verbo**]; *(auch m. ne od. m. Inf.: dass);*
② vermeiden, entgehen, entkommen *(m. Akk.)* [**odium plebis; casum; legatione periculum**].

vītor, ōris *m (vieo) (Plaut.; spätl.)* Korbflechter.

vitreārius, ī *m (vitreus) (Sen.; spätl.)* Glasbläser.

vitreum, ī *n (vitreus) (nachkl.)* Glasgeschirr.

vitreus, a, um *(vitrum*[1]*) (poet.; nachkl.)* ① gläsern, Glas-, kristallen, aus Kristall [**sedilia; hostis** *od.* **latro** Figur *im Schachspiel*]*;*
② kristallhell, glänzend [**unda; fons; pontus; ros**];
③ *(übtr.)* trügerisch [**fama; verba; spes**];
④ *(spätl.) (übtr.)* zerbrechlich wie Glas = vergänglich.

vitricus, ī *m* ① Stiefvater;
② *(mlt.)* Verwalter der Kirchenkasse.

vitrum[1]**,** ī *n,* ① Glas, Kristall;
② *(spätl.)* Fenster.

vitrum[2]**,** ī *n* Waid *(blau färbende Pflanze).*

Vitrūvius, ī *m Architekt u. Ingenieur im Heer des Cäsar u. Augustus, Verf. v. „De architectura" in 10 Büchern.*

vitta, ae *f (vieo) (poet.; nachkl.)* ① Kopfbinde *(der Opfertiere, Priester, freigeborenen Frauen u. Dichter)* [**nivea; crinalis**]; **-is velatus iuvencus***;*
② Binde, *die um die Friedenszweige der Schutzflehenden gebunden wurde;* **-ā compti rami;**
③ Band, *womit heilige Gegenstände umwunden wurden.*

vittātus, a, um *(vitta) (poet.; nachkl.)* m. einer Binde geschmückt [**vacca; capilli**].

vitula, ae *f (vitulus)* Kalb; junge Kuh.

vitulīna, ae *f (vitulinus; erg. caro)* Kalbfleisch.

vitulīnus, a, um *(vitulus)* vom Kalb, Kalbs- [**caruncula; assum** Kalbsbraten].

vītulor, vītulārī *(vorkl.)* einen Sieges- od. Lobgesang anstimmen [**Iovi**].

vitulus, ī *m* ① Kalb [**lactens**];
② *(poet.)* Fohlen;
③ *(nachkl.) (marinus)* Seehund.

vituperābilis, e *(vitupero)* tadelnswert.

vituperātiō, ōnis *f (vitupero)* ① Tadel; **vituperationi esse** tadelnswert sein; **in vituperationem venire** *(od.* **cadere, adduci, subire***)* getadelt werden; **vituperationem vitare; vituperationes effugere***;*
② *(meton.)* tadelnswertes Benehmen.

vituperātor, ōris *m (vitupero)* Tadler [**philosophiae; mei**].

● **vituperō,** vituperāre *(vitium u. paro*[1]*)* ① tadeln, schelten [**consilium;** *(in re od. propter rem: wegen etw.)* **alqm in amicitia Lentuli**];
② *(Plaut.) (rel. t. t.)* verletzen, verderben.

vīvācitās, tātis *f (vivax)* ① *(nachkl.)* Lebenskraft;
② *(spätl.)* Lebhaftigkeit [**ingenii**].

vīvārium, ī *n (vivus)* ① *(nachkl.)* Behälter *od.* Gehege f. lebende Tiere: Tiergarten, Fischteich *u. Ä.;*
② *(Hor.) (übtr.)* Gehege.

vīvātus, a, um *(vivus) (Lucr.)* belebt.

vīvāx, *Gen.* ācis *(vivo) (poet.; nachkl.)* ① langlebig [**mater; cervus**]; **vivacior heres** überlebend;
② *(übtr.)* dauerhaft [**gratia; virtus**]; lebenskräftig, frisch [**gramen; caespes; oliva**];
③ belebt, lebhaft, kräftig [**sulpura** lebhaft lodernd].

vīvēscō, vīvēscere, vīxī, – *(Incoh. v. vivo) (vor- u. nachkl.)* lebendig werden, zum Leben erwachen; lebhaft, kräftig werden.

vīvidus, a, um (vivo) ① *(poet.; nachkl.)* belebt, Leben zeigend [**tellus; gemma** *v. einer Knospe;* **corpus**];
② *(poet.) (v. Statuen u. Gemälden)* lebend, naturgetreu [**signa**];
③ *(übtr.)* lebhaft, munter, feurig [**animus; ingenium; virtus; eloquentia; carmen**].

vīvi-ficō, ficāre *(vivus u. facio) (spätl.)* lebendig machen, (wieder) beleben.

vīvi-rādīx, dīcis *f (vivus) (bot.)* Ableger.

● **vīvō,** vīvere, vīxī, vīctūrus ① leben, am Leben sein; **~ ac spirare; triginta annos** *(od.* **annis**) **~; ad summam senectutem ~; postquam comperit eum ~ posse** am Leben bleiben; **~ de lucro** sein Leben der Schonung

od. Gnade eines anderen zu danken haben; **is iam pridem mortuus est, si viveret, verba eius audiretis;** *Pass.* **nunc tertia vivitur aetas;** *in Beteuerungen:* **ita vivam** so wahr ich lebe!; **si vivo; ne vivam, si** ich will sterben, wenn; *auch v. Lebl.:* **vivit vitis; ignes vivunt** brennen; **pectus vivens** noch klopfend;
② das Leben genießen, vergnügt leben; **vivamus et amemus** *(Cat.); (poet.) (als Abschiedsgruß)* **vive, vivite** leb wohl! lebt wohl!; **vive valeque!;**
③ v. etw. leben, sich v. etw. nähren [**piscibus; lacte et carne; cortice ex arboribus; herbis vivis et urticā; (ex) rapto** vom Raub];
④ irgendwo leben, sich aufhalten, sich befinden [**in Thracia**];
⑤ irgendwie leben, sein Leben zubringen [**bene** gut leben, sich kein Vergnügen entgehen lassen; **male** in ärmlichen Verhältnissen; **liberius; more regio; in diem** in den Tag hinein; **cum timore; sub rege; in paupertate; in litteris; in amore iocisque**];
⑥ m. jmdm. leben, m. jmdm. Umgang haben [**cum alqo familiariter, amantissime; secum** nur für sich leben]; **aliter cum tyranno, aliter cum amico vivitur;**
⑦ *(übtr.)* fortdauern, anhalten; **vivunt scripta** sind noch vorhanden; **ignis vivit** brennt noch.

vīvum, ī *n (vivus)* ① das Lebendige, das Fleisch *mit Leben u. Gefühl;* **calor ad -um perveniens** *od.* **adveniens** ins Mark; *(übtr.)* **rem ad -um resecare** genau untersuchen;
② Kapital, Grundstock; **alqd de -o detrahere** *od.* **resecare** etw. vom Kapital wegnehmen; **dat de lucro, nihil detraxit de -o.**

● **vīvus,** a, um *(vivo)* ① lebend, lebendig, am Leben (befindlich); **alqm -um capere** lebendig gefangen nehmen; **patrem et filium -os comburere;** – bei (zu) Lebzeiten; **Hannibale -o** zu Lebzeiten des H.; **me -o** bei meinen Lebzeiten;
② *(auf Lebl. übtr.)* **a)** Lebens- [**calor; lapis** Feuerstein]; frisch [**fons; ros**]; grünend [**arundo**]; fließend [**flumen**]; brennend [**lucerna**]; dauernd [**amor**]; **b)** natürlich [**lacus; pumex** unbearbeitet; **saxum**]; **c)** *(poet.)* lebenstreu, naturgetreu [**de marmore vultus**]; **d)** *(nachkl.)* lebhaft, feurig [**animus**]; **e) vox** mündliche Rede.

● **vix** *Adv.* ① kaum, mit Mühe, schwer; **affirmare vix possumus; vix credendum est** es ist kaum (schwer) zu glauben; **alci vix notus;** *(m. quin)* **vix teneor, quin accurram;**
② *(zeitl.)* kaum, eben (erst), gerade *(meist m. cum inversum im Nachsatz);* **vix erat hoc plane impetratum, cum illum spoliatum stipatumque lictoribus videres; vix agmen processerat, cum Galli flumen transire non dubitant.**

vix-dum *Adv. (auch getr.; verstärktes vix)* kaum erst, kaum noch; **~ dimidium dixeram, intellexerat.**

vīxī *Perf. v. vivo u. vivesco.*

vixillum, ī *n (Demin. v. vix) (Plaut.)* kaum ein Tröpfchen.

vocābulum, ī *n (voco)* ① Benennung, Bezeichnung; **rebus non commutatis immutaverunt -a;**
② Name; **liberta, cui ~ Acte fuit;**
③ *(Tac.)* Vorwand; **varia praedandi -a;**
④ *(Plin.)* Wort; **alqd alio -o exprimere;**
⑤ *(vor- u. nachkl.) (gramm. t. t.)* Substantiv.

vōcālis *(vox)* **I.** *Adj.* e ① stimmbegabt, sprechend, redend [**terra; nympha** plaudernd];
② klangvoll, tönend, erklingend [**carmen; chorda; sonus; ranae**];
II. *Subst.* is *f (erg. littera)* Vokal.

vōcālitās, tātis *f (vocalis) (nachkl.)* Wohlklang.

vocāmen, minis *n (voco) (Lucr.; spätl.)* Benennung, Name.

Vocātēs, tium *m Volk an der unteren Garonne.*

vocātiō¹, iōnis *f (voco)* ① *(Cat.)* Einladung *zu Tisch;*
② *(vor- u. nachkl.)* Vorladung *vor Gericht;*
③ *(spätl.)* **a)** Berufung [**gentium** der Heiden]; **b)** Abberufung, Tod.

vocātiō², iōnis *f = vacatio.*

vocātīvus *(voco) (nachkl.)* **I.** *Adj.* a, um zum Rufen gehörig [**casus** Vokativ];
II. *Subst.* ī *m* Vokativ.

vocātor, tōris *m (voco) (nachkl.)* Gastgeber.

vocātus, ūs *m (voco)* ① *(poet.)* das Rufen, Aufforderung;
② *(nur im Abl. Sg.)* (Ein-)Ladung *zu einer Sitzung od. (Suet.) zur Tafel.*

Vocetius, ī *m (mons) östl. Zweig des Schweizer Jura.*

vōciferātiō, ōnis *f (vociferor)* Geschrei, laute Klage, Jammerruf.

vōciferātor, tōris *m (vociferor) (nachkl.)* Schreihals.

vōci-feror, ferārī *u.* **-ferō,** ferāre *(vox u. fero)* laut rufen, schreien, sich auslassen über *(m. Akk. n v. allg. Adj. od. Pron.; de; m. A. C. I., ut, ne od. indir. Frages.)* [**talia; haec; de superbia patrum**]; **quod vociferabaris decem milia talentum Gabinio esse promissa; vociferantur aera** tönen; **carmina vociferantur** ertönen, erklingen.

vocitō, vocitāre *(Frequ. v. voco)* ① zu nennen pflegen *(m. dopp. Akk.)* [**alqm regem**]; *im Pass. (m. dopp. Nom.) auch* heißen;
② *(Tac.)* laut rufen.

vocīvus, a, um *(altl.) = vacivus.*

● **vocō,** vocāre *(vox)* ① rufen, herbeirufen, berufen [**hominum multitudinem; alqm in contionem; milites ad (in) arma; ad consilium; senatum; alqm auxilio** zu Hilfe; **auxilium** um Hilfe; **pugnas** zum Kampf]; *auf lebl.*

Subj. u. Obj. übertragen: **ventis vocatis** wenn man günstigen Wind bekommen hat; **imbrem votis ~** erflehen; **aurae vela vocant** rufen zur Fahrt;
2 *(poet.; nachkl.)* anrufen, anflehen [**deos; sidera**];
3 *(vor Gericht)* (vor)laden [**alqm ad dictatorem; alqm in ius** *od.* **in iudicium** vor Gericht]; **alqm ex iure manum consertum ~** zur Eröffnung eines Eigentumsprozesses durch Handanlegung vorladen;
4 *(als Gast)* einladen [**alqm ad cenam, ad prandium; alqm domum; alqm ad pocula**];
5 *(übtr.)* reizen, locken [**alqm in spem** jmdm. Hoffnung machen; **ad vitam; servos ad libertatem**]; **nox vocat ad quietem;**
6 *(poet.; nachkl.)* herausfordern [**hostem; alqm ad pugnam; divos in certamina; populum armis; offensas** Beleidigungen heraufbeschwören];
7 (be)nennen [**sorores timidas;** *(ex od. de re: nach etw.)* **urbem ex imperatoris nomine; patrio de nomine mensem**]; *Pass.* heißen: **porticus, quae Poecile vocatur; ludi de nomine Augusti Augustales vocantur**;
8 *in eine Lage od. Stimmung* bringen, versetzen [**alqm in suspicionem** verdächtigen; **alqm in odium (in invidiam)** verhasst machen; **in regna** zur Herrschaft berufen; **ad poenam** zur Strafe ziehen; **alqm in crimen** beschuldigen; **alqm in periculum** *od.* **in discrimen** stürzen; **alqm in partem rei** jmd. an etw. teilnehmen lassen; **divos in vota** die Götter anrufen; **ad exitium** ins Verderben stürzen; **alqd in dubium** etw. bezweifeln; **alqd in commune** gemeinschaftlich machen; **animum in contraria** hin- u. herziehen; **alqd in disceptationem** über etw. streiten]; **ad integritatem maiorum spe suā hominem vocabant** sie hofften, er werde ebenso rechtschaffen sein wie seine Vorfahren.

Vocōnius, a, um *röm. nomen gentile:* Q. ~ Saxa, *169 v. Chr. Volkstribun;* **lex -a:** *v. ihm erlassenes Gesetz, welches das Erbrecht der Frauen einschränkte.*

Vocontiī, ōrum *m Volk in der Provence.*

vōcula, ae *f (Demin. v. vox)* 1 schwache Stimme; schwacher Ton; *(nachkl.)* Wörtchen;
2 *Pl.* Nachrede, Gerede, Gespött.

vola, ae *f (nachkl.)* hohle Hand; hohle Fußsohle.

volaemum *s. volemum.*

volantēs *s. volo¹.*

Volaterrae, ārum *f Stadt in Etrurien, j.* Volterra; – *Einw. u. Adj.* **Volaterrānus,** ī *m bzw.* a, um.

volāticus, a, um *(volatus)* 1 *(vor- u. nachkl.)* fliegend;
2 einherstürmend [**impetus**];
3 *(übtr.)* flüchtig, unbeständig.

volātilis, e *(volo¹)* 1 geflügelt, fliegend [**bestiae** Geflügel, Vögel; **puer** = Cupido];
2 *(poet.)* schnell [**ferrum**];
3 *(poet.; nachkl.) (übtr.)* flüchtig, vergänglich [**aetas; gloria**].

volātus, ūs *m (volo¹)* das Fliegen, Flug.

Volcae, ārum *m kelt. Volk in der Provence; zu ihm gehörten die ~ Tectosagēs im Südwesten zw. Narbo u. Tolosa, j. Toulouse u. im Nordosten die bis an die Rhône siedelnden ~ Arecomicī mit Städten wie Tarusco, j. Tarascon, u. Nemausus, j. Nîmes.*

Volcānus = *Vulcanus.*

volēmum pirum *Birnensorte m. bes. großen Früchten.*

volēns, *Gen.* entis *(P. Adj. v. volo²)* 1 (bereit)willig, freiwillig; **volenti animo; alqs volens in amicitiam venit; iura dare per volentes populos** die sie willig annehmen; **alqd alci volenti est** etw. ist jmdm. willkommen;
2 m. Wissen u. Willen, m. Absicht;
3 geneigt, gewogen, gnädig, günstig, willkommen; **dis volentibus** durch die Gnade der Götter; – *Subst.* alci volentia, ium *n* für jmd. günstige Nachrichten;
4 *(Tac.)* wünschenswert, erwünscht; **haec atque talia plebi volentia fuere.**

volentia, ae *f (volens) (nachkl.)* Wille, Neigung.

volg… *s.* vulg…

volitō, volitāre *(Intens. v. volo¹)* 1 umherfliegen, -flattern; **aquila, anser volitans**; – *Subst.* **volitāns,** antis *m* Fliege, Insekt; Schwarm [**plurimus**];
2 *(v. Lebl.)* (hin u. her) fliegen, eilen; **favilla volitans; volitant atomi; volitans turbo; umbrae volitant inter vivos;** – *(vom Ruhm, Gerücht u. Ä.)* sich verbreiten; **fama volitat per urbem; volito per ora virûm** mein Name geht v. Mund zu Mund; – *(v. der Seele)* frei von Geschäften sein, sich Erholung gönnen;
3 umhereilen, -schwärmen, sich tummeln [**totā acie; in foro; ante oculos alcis; per mare**];
4 sich brüsten; **volitat ut rex; coniuratio palam volitabat;** – immer höher hinauswollen [**gloriae cupiditate**].

voln… *s. vuln…*

● **volō¹,** volāre 1 fliegen [**per aëra**]; **avis volans; tela volantia;** – *Subst.* **volantēs,** tium *u.* tum *f (poet.; nachkl.)* Vögel;
2 *(übtr.)* fliegen, eilen; **navis per aequora, currus, fama volat; aetas volat** eilt dahin, vergeht; **volat vapor ad auras; volat ventus; tela utrimque volant.**

● **volō²,** velle, voluī 1 wollen, wünschen, begehren, verlangen; **velim** *(b. erfüllbaren Wünschen)* ich wünschte, ich möchte; **vellem** *(b. unerfüllbaren Wünschen)* ich hätte gewollt, ich hätte gewünscht; *(abs.)* **res est ut volu-**

mus; velim nolim ich mag wollen oder nicht; **seu velint seu nolint; volens seu invitus** er mochte wollen oder nicht; *(m. Akk.)* **gloriam ingentem, divitias honestas ~; plura, eadem ~; arma ~;** *(m. Inf. b. gleichem Subj.)* **volo scribere; exire ex urbe volo; vellet abesse** er hätte gewünscht; *m. Inf. Perf.:* **vellet promptas habuisse sagittas;** *(m. A. C. I. bei Subjektsverschiedenheit, bisw. bei Subjektsgleichheit)* **alios in se severos esse iudices non ~ ; pater volebat filium secum esse; iudicem me esse, non doctorem volo;** *m. Inf. Perf. Pass., wobei esse häufig wegfällt* wissen wollen, sehen wollen: **hoc factum (esse) volo** ich wünsche, dies getan zu sehen *od.* zu wissen; **Corinthum patres vestri exstinctum (esse) voluerunt;** *auch mit Akk. eines Adjektivs mit u. ohne esse:* **uxor te salvum vult;** *(m. ut od. ne)* **volo, ut mihi respondeas; volo, ne ei pareas;** *(m. bl. Konj.)* **visne hoc primum videamus?; volo hoc oratori contingat; velim nos defendas; vellem Panaetium nostrum nobiscum haberemus;** – *besondere Wendungen:* **volo in Galliam** *(erg. proficisci);* **alqm velle** jmd. sprechen wollen; **alqm alqd velle** etw. von jmdm. wollen; **bene (male) alci velle** es gut (schlecht) m. jmdm. meinen; **alcis causā velle** im Interesse jmds. wünschen, jmdm. geneigt sein, für jmd. etw. [**omnia** alles] tun wollen; **quid tibi vis?** was fällt dir ein?; **num quid vis?** steht noch etw. zu Diensten?;

② bestimmen, beschließen, festsetzen, verordnen; **velitis iubeatis** *(Formel am Anfang der Rogation);* **duodecim tabulae nocturnum furem interfici impune volunt;**

③ meinen, annehmen, behaupten *(m. A. C. I.);* **Plato deum sine corpore esse vult; se ortum Teucrorum a stirpe volebat;** – *(auch m. Weglassung v. esse)* etw. sein wollen, sich ausgeben für; **Strato physicum se voluit; qui se populares volunt;**

④ lieber wollen, vorziehen; **servire vellem?** hätte ich lieber Sklavin sein wollen?; **malae rei se quam nullius duces esse volunt** *(Liv.);*

⑤ bedeuten *(klass. m. sibi);* **quid sibi vult?** was bedeutet?; **quid sibi vult haec oratio?; quid sibi vult noctis imago?;** – *(v. Personen)* bezwecken, im Sinne haben; **quid pater sibi vult?;**

⑥ *(spätl.) alqm od.alqd ~ an jmdm. od. etw.* Gefallen finden;

/ volt, voltis: arch. Formen f. vult, vultis; zusammengezogene Formen: vīn' = vīsne, sīs = sī vīs, sultis = sī vultis; / vgl. auch volens.

volō³, lōnis *m (volo²)* Freiwilliger.

Vologēsēs, is *u.* **Vologēsus,** ī *m Name mehrerer parthischer Könige aus dem Hause der Arsakiden.*

volpēcula, volpēs *(altl.) = vulp…*

Volscī, ōrum *m* die Volsker, *Volk am unteren Liris in Latium; – Adj.* **Volscus,** a, um volskisch.

volsella, ae *f (vello) (vor- u. nachkl.)* kleine Zange, Pinzette *(bes. zum Epilieren).*

Volsiniī, ōrum *m Stadt in Etrurien, j.* Bolsena; – *Einw, u. Adj.* **Volsiniēnsis,** is *m bzw.* a, um.

volsus *s. vello.*

Voltumna, ae *f Bundesgöttin der zwölf etr. Staaten.*

voltur, volturi(n)us, Volturnus, voltus *s. vult…*

volūbilis, e *(volvo)* ① drehbar, sich drehend, rollend, kreisend [**caelum; nexus anguis**]; sich hinwälzend [**amnis**];

② *(übtr.)* unbeständig, wandelbar [**fortuna; casus**];

③ *(v. der Rede u. vom Redner)* geläufig, fließend [**oratio; orator; sententia**].

volūbilitās, ātis *f (volubilis)* ① kreisende Bewegung [**mundi**];

② *(übtr.)* Unbeständigkeit [**fortunae**];

③ *(v. der Rede)* Geläufigkeit [**linguae; verborum**].

● **volucer,** cris, cre *(volo¹)* ① fliegend, geflügelt [**bestia** Vogel]; **angues; dracones; turba** Vögel; **equus** = Pegasus; **deus** *od.* **puer** Cupido; **currus** des Jupiter];

② *(übtr.)* beflügelt, beschwingt, eilend, schnell [**nuntius; fama; classis; sagitta**];

③ flüchtig, unbeständig [**fortuna; somnus; gaudium**].

volucris, is *f (u. m) (Gen. Pl.* -um *u.* -ium) Vogel [**pictae; peregrina** Zugvogel; **fluminea** Schwan]; geflügeltes Insekt [**parvula** Fliege].

voluī *Perf. v. volo².*

volūmen, minis *n (volvo)* ① *(poet.; spätl.)* Krümmung, Windung, Kreis [**crurum; siderum** Kreislauf; **undae; fumi** Rauchwirbel];

② Schriftrolle, Schrift(werk), Buch; *(als Teil eines Werkes)* Buch, Band; **sedecim volumina epistularum.**

Volumnius, a, um *röm. nomen gentile:*

① Volumnia, *Gattin des Coriolanus;*

② L. ~ Flamma Violens, *Konsul 307 u. 296 v. Chr., Sieger üb. die Samniten.*

● **voluntārius** *(voluntas)* **I.** *Adj.* a, um freiwillig: ① *(akt.)* freiwillig etw. tuend [**senator** der sich selbst (eigenmächtig) dazu gemacht hat; **exercitus** Heer der Freiwilligen; **procurator; milites** Freiwillige; **auxilia sociorum**];

② *(pass.)* freiwillig geschehen [**exilium; mors** Selbstmord; **servitus; deditio**];

II. *Subst.* ī *m* Freiwilliger.

● **voluntās,** ātis *f (volo²)* ① Wille, Wunsch, Verlangen, Absicht, Neigung, Entschluss [**regis; patrum; optimatum**]; **voluntate** auf Wunsch; **de (ex) voluntate** *od.* **ad volunta-**

tem alcis nach jmds. Willen *od.* Wunsch [**loqui** jmdm. nach dem Munde reden]; **ex voluntate alqo uti** an jmdm. ein gefügiges Werkzeug haben; **de mea voluntate; voluntatem suscipere** einen Entschluss fassen; **alqm ad suam voluntatem perducere** f. seine Absicht gewinnen; **ambitiosis voluntatibus cedere**;
2 freier Wille, Bereitwilligkeit, Eifer; **voluntate a)** (frei)willig, gern: **mea** /**tuā** *usw.*) **voluntate** aus eigenem Willen; **b)** mit Einwilligung, m. Genehmigung: **summā Catuli voluntate** m. der vollen Genehmigung des C; **voluntate patrum regnavit**;
3 *(auch Pl.)* Gesinnung, Stimmung [**vulgi; secunda in alqm**]; günstige Stimmung; **confisus municipiorum voluntatibus;**
4 Zuneigung, Wohlwollen [**in parentes; provinciae erga Caesarem**];
5 letzter Wille, letztwillige Verfügung [**mortui**].

volup *(volo²) Adv. (vor- u. nachkl.)* vergnüglich, angenehm.

Volupia, ae *f Göttin der Lust, des Wohlbefindens (= Voluptas).*

voluptābilis, e *(voluptas) (Plaut.; spätl.)* angenehm.

voluptārius, a, um *(voluptas)* 1 das Vergnügen, die Lust, den Sinnengenuss betreffend [**disputatio**];
2 Vergnügen verschaffend [**loca; possessiones** bloß zur Lust; **peregrinatio** Vergnügungsreise];
3 für Sinnengenuss, Vergnügen empfänglich [**sensus**];
4 dem Sinnengenuss ergeben, genusssüchtig, wollüstig; – *Subst. m* Genussmensch, Epikureer.

● **voluptās,** ātis *f (volup)* 1 Vergnügen, Freude, Lust, Genuss *(an etw.: Gen.)* [**potandi; ludorum**]; **in voluptate esse, voluptate affici, voluptatem capere** *od.* **percipere** Vergnügen genießen; **voluptate capi** sich gern vergnügen; **alci voluptati esse** Vergnügen machen, Genuss gewähren; **alcis voluptati obstare; voluptatis causā** zum Vergnügen, zur Unterhaltung; **fabulas cum voluptate legere**;
2 *(meist Pl.)* sinnliche Freuden, Sinnengenuss, Wollust; **languidae voluptates** erschlaffende Genüsse; **voluptatibus frui; se voluptatibus dare; suas voluptates frenare**;
3 *(Kom.)* Hang zum sinnlichen Vergnügen, Genusssucht;
4 *Pl. (konkr.)* Lustbarkeiten, Schauspiele; **voluptates intermittere** einstellen;
5 *(vorkl.; poet.) (als Kosewort)* Wonne; **Acis mea quidem patrisque sui matrisque ~;**
6 *(personif.)* **Voluptās** *Göttin der Lust.*

voluptuōsus, a, um *(voluptas) (nachkl.)* vergnüglich, ergötzlich.

volūta, ae *f (volvo)* Schnecke, Volute *(Verzierung am Kapitell).*

volūtābrum, ī *n (voluto) (poet.; spätl.)* Schweinesuhle.

volūtābundus, a, um *(voluto)* sich herumwälzend [**in voluptatibus**].

volūtātiō, iōnis *f (voluto)* 1 das Herumwälzen;
2 *(Sen.) (übtr.)* **a)** Unruhe [**animi**]; **b)** Unbeständigkeit, Wechsel [**rerum humanarum**].

volūtō, volūtāre *(Intens. v. volvo)* 1 (herum)wälzen, rollen, winden, drehen; – *intr. mediopass. u. se* ~ sich (herum)wälzen, *(vom Wild)* sich sielen [**in luto; in pulvere; in nive; ad pedes alcis** sich zu Füßen werfen; **genibus alcis**]; sich befinden; **in omni dedecore volutari;**
2 *(poet.) (übtr.) (Töne od. die Stimme)* erschallen lassen, verbreiten, von sich geben [**vocem per atria**]; **flamina caeca volutant murmura** lassen ein dumpfes Sausen hören; **vocem volutant litora** geben einen Widerhall;
3 hin u. her überlegen, erwägen [**alqd (in) animo, secum animo, in pectore** *u. Ä.*; **condiciones cum amicis**]; **quid intra animum volutaverim** womit ich in meinem Geiste umgegangen bin; **tristi cum corde ~;**
4 *(den Geist)* beschäftigen [**animum cogitationibus**]; – *mediopass.* sich m. etw. beschäftigen *(m. etw.: in u. Abl.)* [**in veteribus scriptis**].

volūtus *P. P. P. v. volvo.*

volva, ae *f (poet.; nachkl.)* Gebärmutter *(bes. der Sau als Delikatesse).*

● **volvō,** volvere, volvī, volūtum 1 wälzen, rollen, drehen, winden [**molem; saxa; multos semineces** am Boden wälzen = zu Boden strecken; **lumina huc illuc** hin- u. herschweifen lassen]; im Wirbel *od.* Strudel drehen, aufwirbeln [**arenas; sub naribus ignem** sprühen]; – *mediopass. u. intr.:* **a)** sich wälzen, rollen, sich drehen, sich winden [**ante pedes Veneris**]; **anguis inter vestes volvitur** ringelt sich; **plaustra volventia** die dahinrollenden; **b)** herabstürzen, herabrollen [**in caput** kopfüber; **curru** vom Wagen]; **c)** *(v. Flüssen, Tränen u. Ä.)* fließen, rollen; **amnis praecipiti cursu volvitur; lacrimae per ora volutae** (herab)rollend; **d)** sich am Boden wälzen [**fundo in imo; humi**];
2 *(Schriftrollen)* aufrollen = lesen;
3 fortreißen; **flumen pecus et domos volvens unā; undis volvi** umhergetrieben werden;
4 *rollend, wälzend, durch Kreisbewegungen* bilden [*milit.:* **orbem** einen Kreis bilden, nach allen Seiten Front machen];
5 *(poet.; nachkl.) (die Zeit)* vorüberrollen lassen, ablaufen lassen, durchleben, erleben; **ar-**

bos multa volvens saecula; tot casūs ~ *; – se ~, mediopass. u. intr.* ablaufen, vergehen: **in se sua per vestigia volvitur annus; volventibus annis;**
⑥ *(Verg.)* sich wieder vor Augen führen [**monumenta virorum**];
⑦ *(poet.) (v. den Göttern u. dem Geschick)* bestimmen, verhängen; **sic volvunt Parcae;**
⑧ *(vom Redner)* abrollen lassen, geläufig hersagen [**verba celeriter; sententias**]; *– mediopass. (v. der Rede)* gleichmäßig dahinrollen, fließen;
⑨ *(Leidenschaften)* hegen [**ingentes, varias pectore curas**];
⑩ überlegen, erwägen [**inanes cogitationes; (in) animo** *od.* **secum; bellum** planen].

vōmer, eris *m* Pflugschar; Pflug; **fessi vomere tauri.**

vomica, ae *f (vomo)* ① Geschwür, Eiterbeule;
② *(übtr., v. Personen)* Pestbeule, Unheil.

vōmis, meris *m = vomer.*

vomitiō, ōnis *f (vomo)* das Erbrechen.

vomitō, vomitāre *(Intens. v. vomo) (nachkl.)* sich erbrechen.

vomitor, tōris *m (vomo) (Sen.)* der Speier.

vomitus[1] *P. P. P. v. vomo.*

vomitus[2], ūs *m (vomo)* ① das Erbrechen;
② *(Plaut.) (übtr.)* Beschimpfungen, Schimpfworte.

vomō, vomere, vomuī, vomitum **I.** *intr.* sich erbrechen, sich übergeben, speien;
II. *trans.* ausspeien, v. sich geben [**animam; flammas; undam**].

vorācitās, tātis *f (vorax) (nachkl.)* Gefräßigkeit.

vorāginōsus, a, um *(vorago) (nachkl.)* voller Schlünde, voller Abgründe.

vorāgō, ginis *f (voro)* ① Schlund, Abgrund, Schlucht;
② *(im Wasser)* Strudel; **voraginibus submergi***;*
③ *(übtr.)* Schlund, Abgrund [**ventris; vitiorum**], Verprasser [**patrimonii**], Unheil [**rei publicae**].

vorātor, tōris *m (voro) (nachkl.)* Verschlinger, Fresser.

vorāx, *Gen.* ācis *(voro)* gefräßig [**Charybdis**].

vorō, vorāre ① verschlingen, verschlucken, gierig fressen;
② *(übtr.)* verschlingen, in sich aufnehmen; **Charybdis carinas vorans; navem rapidus vorat aequore vortex***;*
③ gierig lesen, verschlingen [**litteras** Bücher];
④ *(Cat.)* **viam** eilig zurücklegen.

vors…, vort… *(altl.; poet.) = vers…, vert…*

● **vōs** *Personalpron. (Gen.* vestrī, *part.* vestrum; *Dat. u. Abl.* vōbīs; *Akk.* vōs*)* ihr; *verstärkt durch -met.*

Vosegus, ī *m* die Vogesen.

voster *(altl.) = vester.*

vōtīvus, a, um *(votum)* durch ein Gelübde versprochen, gelobt, geweiht [**iuvenca; tabula** Votivgemälde; **voces** Gelübde].

votō, votāre *ältere Form f. veto.*

● **vōtum,** ī *n (voveo)* ① Gelübde, Gelöbnis; **-um (per)solvere, dissolvere, reddere** ein Gelübde erfüllen; **-um suscipere, nuncupare, facere, concipere** ein Gelübde ablegen; **divos in -a vocare** Gelübde zu den Göttern tun, die Götter anrufen; *ebenso:* **deos -is vocare, vota ad deos ferre; -a deûm** die man den Göttern getan hat; **-o teneri** *od.* **obstrictum esse** durch ein Gelübde verpflichtet sein; **obligari -i sponsione deo; -i damnatus** *(od.* **reus***)* zur Erfüllung des Gelübdes verpflichtet;
② *(poet.; nachkl.) das m. dem Gelübde verbundene* Gebet; **postrema miserorum -a; -a praeire** die Gebetsformel vorsprechen; **pia -a***;*
③ das Gelobte, das gelobte Opfer, Weihgeschenk; **-is incendere aras; spolia hostium, Vulcano** ~*;*
④ Wunsch, Verlangen; **nocturna -a cupiditatum; in -um venire** gewünscht werden; **hoc erat in -is** das wünschte ich; **-a facere** wünschen; **alqm -i compotem facere** jmdm. seinen Wunsch erfüllen;
⑤ Denkmal [**immortale**].

● **voveō,** vovēre, vōvī, vōtum ① feierlich versprechen, geloben [**victimam; aedem; Herculi decumam; vindemiam regi; caput suum pro re publica** weihen, aufopfern]; *(auch m. A. C. I. fut. od. m. ut);*
② *(poet.)* wünschen; **elige, quid voveas; ut tua sim, voveo.**

● **vōx,** vōcis *f* ① Stimme *(v. Sprechenden, Rufenden, Singenden, v. Tieren)* [**magna** starke, laute; **parva** schwache, leise; **acuta** *od.* **inflexa** hohe; **gravis** tiefe; **dulcis; sedata; horrenda; Sirenum** Gesang; **ebriorum** Geschrei; **bovis** Gebrüll]; **vocem (e)mittere** erheben; **vocis imago** Echo; **citharam cum voce movere** unter Gesang;
② Laut, Ton, Schall, Klang [**iracundiae aut doloris; pelagi**];
③ Äußerung, Ausspruch, Rede [**ficta** Lüge]; **una voce** einstimmig; **illa ~ „civis Romanus sum"; quas hic voces apud Sophoclem in Trachiniis edit!;**
④ Wort; ~ **voluptatis** das Wort Lust;
⑤ Aussprache [**rustica; agrestis**];
⑥ *(poet.)* Sprache; **Graecā voce loqui;**
⑦ Gebot, Befehl; **consulis voci non oboedire;**
⑧ *(poet.)* Formel, Zauberspruch [**sacra**]; **deripere lunam vocibus***;*
⑨ Betonung, Akzent.

i Kultur **Vulcānus,** ī *m* hinkender Gott des Feuers u. der Schmiedekunst u. des Handwerks überhaupt, dem griech.

Hephaistos gleichgesetzt, Sohn des Jupiter u. der Juno, Gemahl der Venus; – insula Vulcani: die südlichste der Liparischen Inseln, j. Vulcano; – area Vulcani: das Vulkanal, alte Kultstätte am Abhang des Kapitols, nördl. des Forum; – *(meton.) (vorkl; poet.)* Feuer(flamme); – *Adj.* **Vulcānius,** a, um des Vulcanus, dem V. geweiht, des Feuers; – **Vulcānālia,** ium *n* Fest des V. (am 23. August).

● **vulgāris,** e *(vulgus)* ① (allen) gemein, gewöhnlich, alltäglich, allbekannt [**opinio; exordium; hominum consuetudo; liberalitas** gegen alle geübt; **artes**];
② öffentlich, für jeden zu haben [**scortum**].

vulgātor, ōris *m (vulgo¹) (Ov.)* Ausplauderer.

vulgātus, a, um *(P. Adj. v. vulgo¹)* ① allgemein bekannt, verbreitet [**fama; senatūs consultum**];
② öffentlich, allgemein, allen preisgegeben [**corpus**].

vulgi-vagus, a, um *(vulgus) (Lucr.)* überall umherschweifend, unstet.

vulgō¹, vulgāre *(vulgus)* ① unter das Volk bringen, zum Allgemeingut machen; **vehicula usu vulgata** allgemein in Gebrauch gekommen; – *alqd in (per) alqm ~* etw. auf jmd. ausdehnen [**morbos in alios; licentiam in omnes; facinus per omnes**]; – *mediopass.* sich m. jmdm. einlassen [**cum privatis**];
② jedermann überlassen, jedermann preisgeben [**ferarum ritu concubitus plebis patrumque**];
③ allgemein bekannt machen, überall verbreiten, allen mitteilen [**famam interfecti regis; dolorem**]; – *Pass.* bekannt werden; **rumor vulgatur** *(m. A. C. I.)*;
④ *(poet.; nachkl.) (eine Schrift)* veröffentlichen [**librum; carmina**].

vulgō² *Adv., s. vulgus.*

● **vulgus,** ī *n (Akk. auch m* vulgum) ① Volk, Leute, die große Menge; **disciplinam in -um efferre; magis historicis quam -o notus; -um effusum oppido caedere**;
② Pöbel, gemeines Volk;
③ Menge, Masse [**patronorum; servorum; ovium**];
④ *(milit.)* die gemeinen Soldaten [**armatorum**]; **praesente -o** vor den Soldaten;
/ *Adv.* **a) in vulgus** für den großen Haufen, allgemein [**ignotus; probari; gratus** beliebt]; **b) vulgō** allgemein [**incendia facere**]; in Menge, in Masse, massenhaft [**ad prandium invitare**]; **vulgo milites a signis discedebant.**

vulnerārius *(vulnus) (nachkl.)* **I.** *Adj.* a, um Wund-;
II. *Subst.* ī *m* Chirurg.

vulnerātiō, ōnis *f (vulnero)* Verwundung; *(übtr.)* Verletzung.

● **vulnerō,** vulnerāre *(vulnus)* ① verwunden [**ducem graviter; alqm fundā; alqm in ōs** im Gesicht; **corpus; armentum**]; beschädigen [**naves**];
② *(übtr.)* verletzen, kränken, wehtun [**alqm voce; animos; aures; rem publicam**].

vulni-fer, fera, ferum *(vulnus u. fero) (spätl.)* Wunden bringend.

vulni-ficus, a, um *(vulnus u. facio) (poet.)* Wunden schlagend, verwundend [**sus; telum**].

● **vulnus,** neris *n* ① Wunde, Verwundung, Verletzung [**grave; tenue** leichte; **mortiferum; adversum** vorn auf der Brust; **missilium** v. Geschossen]; **vulnus alci inferre, infligere; ex vulnere mori, perire** an einer Wunde sterben; **ex vulnere claudicare** wegen einer Verwundung; **vulnus accipere, excipere** verwundet werden; **vulneribus adversis et honestis cadere; adversis vulneribus concidere; ex vulnere recreari**; – Beschädigung [**scuti**];
② *(übtr.)* **a)** Verletzung, Kränkung, Verlust, Schaden; **vulnera rei publicae imponere** *od.* **inurere; fortunae vulnere percussus** vom Schicksalsschlag getroffen; **vulnera nova facere** Vergehen; **b)** *(poet.)* Kummer, Liebeskummer [**inconsolabile**]; **vulnus venis (sub pectore) alere; c)** wunde Stelle; **occulta rei publicae vulnera; d)** Niederlage; **sine alqo vulnere** ohne erheblichen Verlust;
③ *(meton.)* **a)** Hieb, Stoß, Stich, Schnitt [**falcis** m. der Sichel]; **ornus vulneribus evicta** v. Axthieben; **inter se vulnera iactare** aufeinander loshauen; **humus reformidat vulnus aratri; elisa vulnera** vergebliche Stöße; **b)** *(poet.)* Waffe, Geschoss; **haesit sub gutture ~; vulnera dirigere** Pfeile zielen u. abschießen.

vulpēcula, ae *f (Demin. v. vulpes)* Füchslein.

vulpēs, is *f* Fuchs.

vulpīnus, a, um *(vulpes) (poet.; nachkl.)* des Fuchses, Fuchs- [**lingua; catuli**].

vulsus, a, um *(P. Adj. v. vello) (nicht klass.)*
① mit ausgerupften Haaren, bartlos, glatt [**iuvenis**];
② *(übtr.)* einfältig [**mens**].

vulticulus, ī *m (Demin. v. vultus)* ein halber Blick, nur ein Blick.

vultuōsus, a, um *(vultus)* Grimassen schneidend [**in oratione**].

vultur, turis *m* Geier; *(nachkl.) (übtr.)* Nimmersatt.

Vultur, turis *m Berg in Apulien b. Venusia, j.* Voltore.

vulturīnus, a, um *(vultur) (nachkl.)* Geier-.

vulturius, ī *m (vultur)* ① Geier;
② *(übtr.)* habsüchtiger Mensch, Nimmersatt;
③ *(Plaut.)* schlechter Wurf *(im Würfelspiel).*

Vulturnus[1], ī *m Fluss in Kampanien.*

Vulturnus[2] *(ventus)*, ī *m (nach dem Berg Vultur benannt)* Ostsüdostwind.

● **vultus,** ūs *m* ❶ *(Sg. u. Pl.)* Gesichtsausdruck, Miene, Blick [**maestus; hilarus atque laetus; compositus** verstellt, erkünstelt]; **imago animi ~ est; vultum fingere** seine Miene beherrschen; **nihil metus in vultu supererat***;*
❷ *(poet.; nachkl.)* strenges Gesicht, zornige Miene, strenger Blick [**tyranni**]*;* **vultu alqm terrere; vultu offensionem coniectaverat; vultus trahere** finstere Mienen machen; **vultus exprimere***;*
❸ *(meist Pl.)* **a)** Gesicht; **vultum ad sidera tollere; in vultus cadere** auf das Gesicht; **b)** *(poet.; nachkl.) (meton.)* Aussehen, Gestalt [**naturae; salis** des Meeres].

vulva = *volva.*

W

wambasia, ōrum *n (germ. Wort) (mlt.)* Wams, *unter der Rüstung getragener Männerrock.*
wanna, ae *f (germ. Wort, vgl. dtsch. Wanne) (mlt.)* großer Weidenkorb.
wantus, ī *m (germ. Wort) (mlt.)* Handschuh.
warantus, ī *m (germ. Wort) (mlt.)* Bürge.
werra, ae *f (germ. Wort) (mlt.)* Verwirrung; Krieg.

X

X *(als Zahlzeichen)* = 10; *(auf Münzen)* = *denarius.*
Xanthippē, ēs *f Frau des Sokrates.*
Xanthippus, ī *m* ① *Vater des Perikles, m. dem Spartanerkönig Leotychidas Sieger üb. die Perser b. Mykale (479 v. Chr.);*
② *lakedämonischer Söldnerführer bei den Karthagern im 1. Pun. Krieg.*
Xanthos *u.* **-us,** ī *m Name einiger Flüsse:*
① = *Scamander;*
② *Fluss in Lykien;*
③ *Flüsschen in Epirus.*
xenium, ī *n (gr. Fw.) (nachkl.)* (Gast-)Geschenk.
Xenō, ōnis *m epikureischer Philosoph aus Athen.*
Xenocratēs, is *m Schüler des Plato, der nach dem Tod des Speusippus die Leitung der Akademie übernahm.*
xenodochīum *u* **-ēum,** ī *n (gr. Fw.) (spätl.)* Gasthaus, Hospital.
Xenophanēs, is *m Dichter u. Philosoph aus Kolophon, Gründer der Eleatischen Schule im 6. und frühen 5. Jahrh. v. Chr.*
Xenophōn, ōntis *m griech. Geschichtsschreiber („Anabasis"), Philosoph (Schüler des Sokrates) u. Feldherr (etwa 426–354 v. Chr.); – Adj.* **Xenophōntēus** *u.* **-tīus,** a, um.
xērampelinae, ārum *f (gr. Fw.) (Iuv.)* dunkelrote Kleider.
Xerxēs *u.* **Xersēs,** is *u.* ī *m Sohn des Darius I., Perserkönig (486–465 v. Chr.).*
xiphiās, ae *m (gr. Fw.) (poet.; nachkl.)* Schwertfisch.
Xyniae, ārum *f Stadt in Thessalien.*
xysticī, ōrum *m (gr. Fw.) (nachkl.)* Athleten.
xystus, ī *m (gr. Fw.)* ① *(b. den Griechen)* bedeckter Säulengang *(in den großen Gymnasien f. Übungen der Athleten);*
② *(b. den Römern)* freie Promenade *od.* Terrasse *(in einem Garten, von Blumenbeeten umgeben).*

Y

Y *s. unter hy od. i.*

Z

Zacynthos *u.* **-us,** ī *f Insel im Ionischen Meer; – Adj.* **Zacynthius,** a, um.
Zaleucus, ī *m Gesetzgeber der Lokrer in Italien (um 650 v. Chr.).*
Zama, ae *f Stadt in Numidien südwestl. v. Karthago, Residenz des Königs Juba; dort war das Lager Hannibals vor seiner Niederlage durch Scipio 202 v. Chr; der genaue Ort der „Schlacht v. Zama" ist unbekannt; – Einw.* **Zamēnsis,** is *m.*
zāmia, ae *f (gr. Fw.) (Plaut.)* Verlust, Schaden.
Zanclē, ēs *f alter Name f Messana, j.* Messina *(Sizilien); – Adj.* **Zanclaeus** *u.* **Zanclēius,** a, um.
Zelasium, ī *n Vorgeb. auf Euböa.*
zēlotypia, ae *f (gr. Fw.)* Eifersucht.
zēlus, ī *m (gr. Fw.)* Nacheiferung, Eifersucht.
Zēnobia, ae *f Tochter des Königs Mithridates v. Armenien, um 50 n. Chr.*
Zēnō(n), ōnis *m Name griech. Philosophen:*
① *aus Elea (Velia in Unteritalien) um 495 bis etwa 445 v. Chr., Anhänger der Eleatischen Philosophie, Schüler u. Nachfolger des Parmenides, Lehrer des Perikles;*
② *aus Kition auf Zypern um 333–262 v. Chr., Begründer der stoischen Philosophie;*
③ *aus Sidon, Anhänger des Epikur, Lehrer des Cicero u. Atticus.*
Zephyrium, ī *n Kastell an der Küste v. Kilikien.*
zephyrus, ī *m (gr. Fw.) (poet.; nachkl.)* Westwind; *(poet.) übh.* Wind.
Zērynthus, ī *f Stadt in Thrakien; – Adj.* **Zērynthius,** a, um [**litora**].
Zētēs, ae *m geflügelter Sohn des Boreas, Bruder des Kalaïs, einer der Argonauten.*
Zēthus, ī *m Zwillingsbruder des Amphion, Sohn des Jupiter u. der Antiope.*
Zeugma, atis *n Stadt in Syrien am Euphrat.*
Zeuxis, is *u.* idis *m griech. Maler aus Heraklea (in Unteritalien) um 400 v. Chr.*
zingiber, eris *n (nachkl.)* Ingwer.
zīzānia, ōrum *n (gr. Fw.) (spätl.)* Unkraut.
zmaragdus = *smaragdus.*
Zmyrna = *Smyrna.*
Zōilus, ī *m griech. Grammatiker (gest. um 330 v. Chr.), kritisierte auf kleinliche u. hämische Weise das Werk Homers; – (Ov.) (appell.)* kleinlicher, hämischer Kritiker.
zōna, ae *f (gr. Fw.)* ① *(poet.)* Gürtel der Frauen, *mit dem das Untergewand festgehalten*

wurde, Symbol der Jungfräulichkeit; ~ **casta;** ~ **recincta; -am solvere;**

② Geldgurt *der Männer;* **argentum in -is habere; qui -am perdidit** der um das Geld gekommen ist;

③ *(poet.)* Gürtel *des Orion (ein Gestirn);*

④ *(poet.; nachkl.)* Erdgürtel, Zone.

zōnārius *(zona)* **I.** *Adj.* a, um *(Plaut.)* Gürtel-, Beutel- [**sector** Gürtelabschneider];

II. *Subst.* ī *m* Gürtelmacher.

zōnula, ae *f (Demin. v. zona) (Cat.)* Gürtelchen.

Zōpyrus, ī *m griech. Physiognom (Gesichterdeuter) z. Zt. des Sokrates.*

Zōroastrēs, is *m* Zoroaster *od.* Zarathustra, *Gegner des Mithraskultes, Erneuerer der altiranischen Religion.*

Zōstēr, ēris *m Vorgeb. u. Hafenstadt in Attika.*

zōthēca, ae *f (gr. Fw.) (nachkl.)* Ruhezimmer.

zōthēcula, ae *f (Demin. v. zotheca) (nachkl.)* kleines Ruhezimmer.

zuchara, ae *f (mlt.)* Zucker.

Anhang

Kurzer Überblick über die Geschichte der lateinischen Sprache

Das Lateinische gehört zu der Gruppe der sog. indogermanischen Sprachen, zu denen u. a. auch das Griechische, das Keltische und die germanischen Sprachen zu rechnen sind.
Das erste eindeutig lateinische Sprachzeugnis in Form einer Inschrift stammt aus der Zeit um 600 v. Chr. Hier ist das Lateinische bereits eindeutig von anderen verwandten italischen Dialekten zu scheiden (u. a. Umbrisch, Oskisch, Faliskisch, Messapisch). Die Vorgeschichte dieser Sprache liegt jedoch noch weitgehend im Dunkeln.
Das Lateinische war zunächst die Sprache allein der Bewohner von Latium, der Latiner; deshalb hieße diese Sprache korrekter auch Latinisch. Dieser italische Dialekt folgte der Ausbreitung des römischen Machtbereiches: Bis etwa 90 v. Chr. wurde Lateinisch nur in Rom selbst und seinen von römischen Bürgern bewohnten Kolonien gesprochen. Als sich die übrigen Italiker das römische Bürgerrecht erkämpft hatten (88 v. Chr.), übernahmen sie sehr schnell die Sprache der Römer und die übrigen italischen Dialekte wurden verdrängt. Um Christi Geburt sprach man in ganz Italien – von einigen Griechisch sprechenden Gebieten in Süditalien abgesehen – Lateinisch. Mit der römischen Verwaltung, mit den Soldaten und Kolonisten breitete sich das Latein dann auch in den Provinzen aus. In den östlichen Reichsteilen war Latein jedoch nur Amtssprache, im Übrigen sprach man dort Griechisch.
Das Lateinische hat, obwohl es sich über ein riesiges Gebiet verbreitet hat, nie tiefer greifende regionale Eigenheiten entwickelt. Der Zentralismus des römischen Reiches wirkte normierend auch auf die Sprache.
Allerdings hatte es lange gedauert, bis das Latein die Stufe und Vollendung erreicht hatte, in der es Weltsprache wurde. Die frühen Sprachzeugnisse beweisen, dass es in Laut- und Formbestand lange schwankte und in sehr lebendiger Entwicklung war. Erst mit dem Entstehen einer Literatur (ab etwa 250 v. Chr.) stabilisierte sich die Sprache allmählich; und als die rapide Expansion des Reiches zu einem vorläufigen Abschluss gekommen war (etwa 130 v. Chr.), erreichte auch das Lateinische die Form, in der es für Jahrhunderte im Wesentlichen unverändert fortbestanden hat.
Das war das Ergebnis einer strengen Sprachformung durch die geistige Führungsschicht Roms, die bewusst eine Hoch- und Schriftsprache herausbildete. Den Abschluss dieser Entwicklung brachte die Prosa Ciceros und Caesars.
Hierbei darf nicht übersehen werden, dass neben oder unter dieser Hochsprache eine Volkssprache existierte, die uns noch in einigen Zeugnissen, z. B. den Komödien des Plautus, greifbar ist. In dieser sog. Vulgärsprache wurden viele Regeln der Hochsprache ignoriert, außerdem entwickelte sie einen teilweise eigenen Wortschatz. Diese Vulgärsprache wurde die Grundlage der romanischen Sprachen.
Der Zusammenbruch des römischen Reiches hatte zur Folge, dass das Vulgärlatein sich regional unterschiedlich weiter entwickelte und entsprechend den neuen staatlichen Gebilden aufspaltete, sodass schließlich die romanischen Sprachen entstanden (vor allem: Italienisch, Französisch und Spanisch). Damit endet die Geschichte der lateinischen Volkssprache im frühen Mittelalter.
Die Schrift- und Hochsprache der ausgehenden Antike, das „Spätlatein", existierte jedoch als „Mittellatein" noch 1000 Jahre länger. Dieses Latein wurde im Mittelalter der Träger der geistigen Kultur weit über die Grenzen des ehemaligen römischen Reiches hinaus. Der Grund dafür liegt vor allem darin, dass das Latein die Sprache der christlichen Kirche geworden war, die das Latein mit der Mission weitertrug. Aber nicht nur in der Kirche, sondern auch in vielen anderen Bereichen, wie der Schule und Wissenschaft, der Verwaltung und des Rechts, war Latein im westlichen Europa das vorherrschende Verständigungsmittel. Ein wesentlicher Unterschied zur „klassischen" Zeit des Lateinischen muss jedoch hervorgehoben werden: Latein war nicht mehr Muttersprache im eigentlichen Sinne, sondern musste – meist in kirchlichen Institutionen – erlernt werden.
Aber auch dieses Mittellatein blieb nicht gänzlich unverändert. Immer wieder zeigten sich Tendenzen zu regionalen Sonderentwicklungen und zur Anpassung an die Nationalsprachen. Diese Neigung wurde jedoch meist aufgewogen durch die Rückbeziehung auf die überkommenen sprachlichen Vorbilder und die lateinische Bibel. Diese Rückbesinnung geschah als bewusster Akt z. B. in der sog. karolingischen Renaissance (um 800 n. Chr.) und zuletzt im Zeitalter des Humanismus. In dieser Zeit jedoch wird das Latein zunehmend – außer als liturgische Sprache der katholischen Kirche und als Sprache der Wissenschaft – von den Nationalsprachen verdrängt.

Die lateinische Schrift und die Aussprache des Lateinischen

Das lateinische Alphabet ist von griechischen Alphabeten in Süditalien und Sizilien abgeleitet worden – möglicherweise waren die Etrusker als zeitweise führende Schicht in Rom die Vermittler. Das Alphabet bestand zunächst aus 21 Buchstaben; erst zur Zeit des Augustus wurden die Buchstaben y und z zur Wiedergabe griechischer Wörter aufgenommen. Folgende Buchstaben bildeten nun das Alphabet:

A B C D E F G H I K L M N O P Q R S T V X Y Z

Zu diesem Alphabet gehörten also auch der Buchstabe k, der sich nur noch in einigen Wörtern (z. B. Kalendae) erhalten hat, und das g als stimmhafter Guttural (Kehllaut), das erst etwa 250 v. Chr. zur Unterscheidung zum stimmlosen c eingeführt wurde.
Mit v wurde sowohl der Vokal u als auch der Halbvokal v bezeichnet. Ähnlich wurde i für den Vokal i und den Halbvokal j benutzt.
Die Römer schrieben nur in Großbuchstaben (Majuskeln), meist ohne Worttrennung und ohne Satzzeichen. (Übrigens gab es auch eine Art Kurzschrift, die bis etwa 1000 n. Chr. in Gebrauch war.) Eine Kursivschrift (Schreibschrift) für eiliges und bequemeres Schreiben entwickelte sich ab dem 1. Jahrh. v. Chr. allmählich aus den Majuskeln; ab etwa 300 n. Chr. gab es eine Kursive aus Minuskeln (Kleinbuchstaben).

Die Aussprache des Lateinischen

Die lateinische Sprache hat im Laufe ihrer 2000-jährigen Geschichte viele Wechsel der Aussprache erfahren. Aus verschiedenen Indizien (z. B. charakteristischen Schreibfehlern, aus dem Fortleben lateinischer Wörter in anderen Sprachen, aus Eigenarten der Dichtersprache u. Ä.) lässt sich die Aussprache einigermaßen rekonstruieren.
Die folgenden Hinweise beziehen sich auf die Phonetik der ausgehenden Republik (Mitte des 1. Jahrhunderts v. Chr.):
Die **Vokale** wurden vermutlich überwiegend wie die deutschen gesprochen, wobei lange und kurze Vokale durch „geschlossene“ bzw. „offene“ Aussprache oder durch die Tonhöhe unterschieden wurden.
Die Diphthonge (Doppelvokale) ae und oe wurden wirklich als Doppelvokale a+i bzw. o+i, aber als eine Silbe gesprochen (vgl. Kaiser aus Caesar), ebenso eu wie e+u, au wie a+u, ui wie u+i – aber jeweils als eine Silbe. (Ab etwa 100 n. Chr. wurden diese Laute als Einzellaute ä, ö usw. ausgesprochen.)
In der Aussprache der **Konsonanten** gab es mehr Abweichungen vom Deutschen.

Übersicht über einzelne Laute:

c wurde bis etwa 500 n. Chr. wie k (als stimmloser Guttural) gesprochen, erst danach teils als tsch teils als z (aus Caesar wird zunächst Kaiser, später Zar).

c, p, t wurden ohne den h-Nachschlag des Deutschen als reine stimmlose Verschlusslaute gesprochen.

ch, ph, th wurden als Verschlusslaute mit h-Nachschlag gesprochen, also: c+h, p+h, t+h (nicht f bzw. ch, z. B. pulcher: pulk^{h}er, schola: ßk^{h}ola).

g wurde bis 500 n. Chr. wie unser g gesprochen (erst danach teils als dsch, teils wie französisches j).
Vor n wurde g wahrscheinlich wie ng (wie in Angst) gesprochen, magnus also wie mangnus.

h wurde fast nicht oder nur sehr schwach gesprochen. Lediglich Personen, die besonderen Wert auf ihre Bildung legten, sprachen es wie h.

i wurde im Anlaut als Mittel zwischen dem Vokal i und dem Konsonanten j ausgesprochen, zwischen Vokalen und am Wortanfang vor Vokal als j (z. B. jupiter, jacere, auch abjicere; major, ejus).

m am Wortende wurde nicht als m gesprochen, stattdessen wurde wahrscheinlich der Vokal davor nasaliert (vgl. die Elision des m am Wortende vor Vokal in der Dichtung).

s wurde als stimmloses s (ß wie in reißen) gesprochen, auch vor t (also ß+t, nicht scht) und vor p (ß+p, nicht schp).

t wurde immer als t (stimmloser Verschlusslaut) gesprochen, auch vor i (also natio, nicht nazio).

u wurde nach ng und q (z. B. anguis, aqua) wie englisches w (wie in water) gesprochen, auch nach s vor a und e (z. B. suādēre, suēscere). Auch v wurde wie englisches w gesprochen.

z wurde als stimmhaftes s (wie in Hose) mit d-Vorschlag gesprochen (z. B. zōna: dsona).

Vokal-/Silbenlänge und Betonung

Die Unterscheidung von **langen** und **kurzen Vokalen** wurde in der Hochsprache sehr genau beachtet (vĕnī – vēnī). Diphthonge gelten immer als lang, ebenso a vor ns und nf.

Silben sind lang, wenn sie einen langen Vokal oder einen Diphthong enthalten, außerdem, wenn auf den Vokal zwei Konsonanten (außer: p, b, t, d, c oder g+l oder r) folgen (auch x und z erzeugen eine Silbenlänge). Diese „Positionslänge" bedeutet Länge der Silbe, nicht des Vokals.
Die **Betonung** richtet sich nach dem „Dreisilbengesetz" (auch „Paenultima-Gesetz"): Danach wird die vorletzte Silbe (paenultima) betont, wenn sie lang ist (langen Vokal oder Diphthong hat oder positionslang ist); ist diese vorletzte Silbe aber kurz, wird die drittletzte betont (z. B. antiquíssimī – antiquissimṓrum).
Angehängtes -que, -ve oder -ne zieht die Länge und damit die Betonung auf jeden Fall auf die Silbe davor (z. B. minúsque, aquáve).

Zum Begriff „Betonung":
Wir betonen heute eine Silbe in der Regel durch größere Lautstärke („exspiratorischer" Akzent). In der lateinischen Sprache wurde jedoch in historischer Zeit* bis zum Ausgang der Antike – wahrscheinlich unter griechischem Einfluss – „musikalisch" betont, d. h. durch Änderung der Tonhöhe.

---

* *Anm.:* In vorhistorischer Zeit wurde in der Regel der Wortanfang exspiratorisch betont. Das hat sich in der Vokalschwächung der Mittel- und Endsilben ausgewirkt (z. B. cécidī aus *kékadi zu cadere).

Deklination der Substantive

a-Deklination (erste Dekl.):

fēmina, ae *f*

Nom. Sg.	fēmin **a**
Gen.	fēmin **ae**
Dat.	fēmin **ae**
Akk.	fēmin **am**
Abl.	fēmin **ā**
Nom. Pl.	fēmin **ae**
Gen.	fēmin **ārum**
Dat.	fēmin **īs**
Akk.	fēmin **ās**
Abl.	fēmin **īs**

o-Deklination (zweite Dekl.):

hortus, ī *m;* **liber,** brī *m;* **puer,** erī *m;* **verbum,** ī *n*

	Maskulinum			Neutrum
Nom. Sg.	hort **us**	liber	puer	verb **um**
Gen.	hort **ī**	libr **ī**	puer **ī**	verb **ī**
Dat.	hort **ō**	libr **ō**	puer **ō**	verb **ō**
Akk.	hort **um**	libr **um**	puer **um**	verb **um**
Abl.	hort **ō**	libr **ō**	puer **ō**	verb **ō**
Nom. Pl.	hort **ī**	libr **ī**	puer **ī**	verb **a**
Gen.	hort **ōrum**	libr **ōrum**	puer **ōrum**	verb **ōrum**
Dat.	hort **īs**	libr **īs**	puer **īs**	verb **īs**
Akk.	hort **ōs**	libr **ōs**	puer **ōs**	verb **a**
Abl.	hort **īs**	libr **īs**	puer **īs**	verb **īs**

Anm.: Bei den Wörtern der o-Dekl. auf -us im Nom. Sg. gibt es eine eigene Form für den Vokativ im Sg.: Marcĕ, dominĕ. Bei Wörtern auf -ius lautet der Vokativ auf -ī: filī, Gāī.

Konsonantische Deklination* (dritte Dekl.):

honor, honōris *m;* **regiō,** ōnis *f;* **vōx,** vōcis *f;* **nōmen,** minis *n;* **tempus,** poris *n*

	Maskulinum und Femininum			Neutrum	
Nom. Sg.	honor	regiō	vōx	nōmen	tempus
Gen.	honōr **is**	regiōn **is**	vōc **is**	nōmin **is**	tempor **is**
Dat.	honōr **ī**	regiōn **ī**	vōc **ī**	nōmin **ī**	tempor **ī**
Akk.	honōr **em**	regiōn **em**	vōc **em**	nōmen	tempus
Abl.	honōr **e**	regiōn **e**	vōc **e**	nōmin **e**	tempor **e**
Nom. Pl.	honōr **ēs**	regiōn **ēs**	vōc **ēs**	nōmin **a**	tempor **a**
Gen.	honōr **um**	regiōn **um**	vōc **um**	nōmin **um**	tempor **um**
Dat.	honōr **ibus**	regiōn **ibus**	vōc **ibus**	nōmin **ibus**	tempor **ibus**
Akk.	honōr **ēs**	regiōn **ēs**	vōc **ēs**	nōmin **a**	tempor **a**
Abl.	honōr **ibus**	regiōn **ibus**	vōc **ibus**	nōmin **ibus**	tempor **ibus**

* Substantive, deren Stamm auf nur einen Konsonanten endet.

i-Deklination*
(dritte Dekl.):

turris, turris *f;* **mare,** maris *n*

	fem.	neutr.
Nom. Sg.	turr **is**	mar **e**
Gen.	turr **is**	mar **is**
Dat.	turr **ī**	mar **ī**
Akk.	turr **im**	mar **e**
Abl.	turr **ī**	mar **ī**
Nom. Pl.	turr **ēs**	mar **ia**
Gen.	turr **ium**	mar **ium**
Dat.	turr **ibus**	mar **ibus**
Akk.	turr **īs** (**ēs**)	mar **ia**
Abl.	turr **ibus**	mar **ibus**

* Substantive, deren Stamm auf i endet.

Gemischte Deklination*
(dritte Dekl.):

civis, civis *m;* **urbs,** urbis *f;* **os,** ossis *n*

	mask. und fem.		neutr.
Nom. Sg.	civ **is**	urb **s**	os
Gen.	civ **is**	urb **is**	oss **is**
Dat.	civ **ī**	urb **ī**	oss **ī**
Akk.	civ **em**	urb **em**	os
Abl.	civ **e**	urb **e**	oss **e**
Nom. Pl.	civ **ēs**	urb **ēs**	oss **a**
Gen.	civ **ium**	urb **ium**	oss **ium**
Dat.	civ **ibus**	urb **ibus**	oss **ibus**
Akk.	civ **ēs** (**īs**)	urb **ēs** (**īs**)	oss **a**
Abl.	civ **ibus**	urb **ibus**	oss **ibus**

* Substantive, die im Nom. und Gen. gleichsilbig sind sowie Substantive, deren Stamm auf mehrere Konsonanten auslauten (z. B. urb-, oss-)

u-Deklination (vierte Dekl.):

frūctus, ūs *m;* **cornū,** ūs *n*

		Neutrum
Nom. Sg.	frūct **us**	corn **ū**
Gen.	frūct **ūs**	corn **ūs**
Dat.	frūct **uī**	corn **ū** (**uī**)
Akk.	frūct **um**	corn **ū**
Abl.	frūct **ū**	corn **ū**
Nom. Pl.	frūct **ūs**	corn **ua**
Gen.	frūct **uum**	corn **uum**
Dat.	frūct **ibus**	corn **ibus**
Akk.	frūct **ūs**	corn **ua**
Abl.	frūct **ibus**	corn **ibus**

e-Deklination (fünfte Dekl.):

diēs, ēī *m u. f;* **rēs,** reī *f*

Nom. Sg.	di **ēs**	r **ēs**
Gen.	di **ēī**	r **eī**
Dat.	di **ēī**	r **eī**
Akk.	di **em**	r **em**
Abl.	di **ē**	r **ē**
Nom. Pl.	di **ēs**	r **ēs**
Gen.	di **ērum**	r **ērum**
Dat.	di **ēbus**	r **ēbus**
Akk.	di **ēs**	r **ēs**
Abl.	di **ēbus**	r **ēbus**

Deklination der Adjektive

a- und o-Deklination: longus, a, um; **pulcher*,** pulchra, pulchrum

	mask.	fem.	neutr.	mask.	fem.	neutr.
Nom. Sg.	long **us**	long **a**	long **um**	pulcher	pulchr **a**	pulchr **um**
Gen.	long **ī**	long **ae**	long **ī**	pulchr **ī**	pulchr **ae**	pulchr **ī**
Dat.	long **ō**	long **ae**	long **ō**	pulchr **ō**	pulchr **ae**	pulchr **ō**
Akk.	long **um**	long **am**	long **um**	pulchr **um**	pulchr **am**	pulchr **um**
Abl.	long **ō**	long **ā**	long **ō**	pulchr **ō**	pulchr **ā**	pulchr **ō**
Nom. Pl.	long **ī**	long **ae**	long **a**	pulchr **ī**	pulchr **ae**	pulchr **a**
Gen.	long **ōrum**	long **ārum**	long **ōrum**	pulchr **ōrum**	pulchr **ārum**	pulchr **ōrum**
Dat.	long **īs**	long **īs**	long **īs**	pulchr **īs**	pulchr **īs**	pulchr **īs**
Akk.	long **ōs**	long **ās**	long **a**	pulchr **ōs**	pulchr **ās**	pulchr **a**
Abl.	long **īs**	long **īs**	long **īs**	pulchr **īs**	pulchr **īs**	pulchr **īs**

* Anm.: Bei den Adjektiven auf -er im Nom. Sg. m unterscheiden wir (vgl. oben die Subst. der o-Dekl.):
- Adjektive mit e-Erweiterung im Stamm, z. B. asper, aspera, asperum
- Adjektive ohne e-Erweiterung im Stamm, z. B. pulcher, pulchra, pulchrum.

i-Deklination: ācer, acris, acre; **fortis,** fortis, forte; **fēlīx,** fēlīx, fēlīx

	Adj. dreier Endungen			Adj. zweier Endungen		
	mask.	fem.	neutr.	mask.	fem.	neutr.
Nom. Sg.	ācer	ācr **is**	ācr **e**	fort **is**	fort **is**	fort **e**
Gen.	ācr **is**	ācr **is**	ācr **is**	fort **is**	fort **is**	fort **is**
Dat.	ācr **ī**	ācr **ī**	ācr **ī**	fort **ī**	fort **ī**	fort **ī**
Akk.	ācr **em**	ācr **em**	ācr **e**	fort **em**	fort **em**	fort **e**
Abl.	ācr **ī**	ācr **ī**	ācr **ī**	fort **ī**	fort **ī**	fort **ī**
Nom. Pl.	ācr **ēs**	ācr **ēs**	ācr **ia**	fort **ēs**	fort **ēs**	fort **ia**
Gen.	ācr **ium**	ācr **ium**	ācr **ium**	fort **ium**	fort **ium**	fort **ium**
Dat.	ācr **ibus**	ācr **ibus**	ācr **ibus**	fort **ibus**	fort **ibus**	fort **ibus**
Akk.	ācr **ēs**	ācr **ēs**	ācr **ia**	fort **ēs**	fort **ēs**	fort **ia**
Abl.	ācr **ibus**	ācr **ibus**	ācr **ibus**	fort **ibus**	fort **ibus**	fort **ibus**

	Adj. einer Endung		
	mask.	fem.	neutr.
Nom. Sg.	fēlīx	fēlīx	fēlīx
Gen.	fēlīc **is**	fēlīc **is**	fēlīc **is**
Dat.	fēlīc **ī**	fēlīc **ī**	fēlīc **ī**
Akk.	fēlīc **em**	fēlīc **em**	fēlīx
Abl.	fēlīc **ī**	fēlīc **ī**	fēlīc **ī**
Nom. Pl.	fēlīc **ēs**	fēlīc **ēs**	fēlīc **ia**
Gen.	fēlīc **ium**	fēlīc **ium**	fēlīc **ium**
Dat.	fēlīc **ibus**	fēlīc **ibus**	fēlīc **ibus**
Akk.	fēlīc **ēs**	fēlīc **ēs**	fēlīc **ia**
Abl.	fēlīc **ibus**	fēlīc **ibus**	fēlīc **ibus**

Anm.: Im Akk. Pl. findet sich statt -ēs oft -īs.

Konsonantische Deklination:

dīves, dīves, dīves

	Adj. einer Endung		
	mask.	fem.	neutr.
Nom. Sg.	dīves	dīves	dīves
Gen.	dīvit **is**	dīvit **is**	dīvit **is**
Dat.	dīvit **ī**	dīvit **ī**	dīvit **ī**
Akk.	dīvit **em**	dīvit **em**	dīves
Abl.	dīvit **e**	dīvit **e**	dīvit **e**
Nom. Pl.	dīvit **ēs**	dīvit **ēs**	dīvit **a**
Gen.	dīvit **um**	dīvit **um**	dīvit **um**
Dat.	dīvit **ibus**	dīvit **ibus**	dīvit **ibus**
Akk.	dīvit **ēs**	dīvit **ēs**	dīvit **a**
Abl.	dīvit **ibus**	dīvit **ibus**	dīvit **ibus**

Anm.: Nach der kons. Deklination werden nur wenige Adjektive dekliniert, z. B.: dīves, vetus, pauper, prīnceps, particeps.

Deklination des Partizips Präsens und des Komparativs

Partizip Präsens Aktiv

	mask.	fem.	neutr.
Nom. Sg.	laudā **n s**	laudā **n s**	laudā **n s**
Gen.	lauda **nt is**	lauda **nt is**	lauda **nt is**
Dat.	lauda **nt ī**	lauda **nt ī**	lauda **nt ī**
Akk.	lauda **nt em**	lauda **nt em**	laudā **n s**
Abl.	lauda **nt e**	lauda **nt e**	lauda **nt e**
Nom. Pl.	lauda **nt ēs**	lauda **nt ēs**	lauda **nt ia**
Gen.	lauda **nt ium**	lauda **nt ium**	lauda **nt ium**
Dat.	lauda **nt ibus**	lauda **nt ibus**	lauda **nt ibus**
Akk.	lauda **nt ēs**	lauda **nt ēs**	lauda **nt ia**
Abl.	lauda **nt ibus**	lauda **nt ibus**	lauda **nt ibus**

Anm.: Partizipien, die adjektivisch gebraucht werden, haben im Abl. Sg. -ī, z. B.: a sapientī virō.

Komparativ

	mask.	fem.	neutr.
Nom. Sg.	long **ior**	long **ior**	long **ius**
Gen.	long **iōr is**	long **iōr is**	long **iōr is**
Dat.	long **iōr ī**	long **iōr ī**	long **iōr ī**
Akk.	long **iōr em**	long **iōr em**	long **ius**
Abl.	long **iōr e**	long **iōr e**	long **iōr e**
Nom. Pl.	long **iōr ēs**	long **iōr ēs**	long **iōr a**
Gen.	long **iōr um**	long **iōr um**	long **iōr um**
Dat.	long **iōr ibus**	long **iōr ibus**	long **iōr ibus**
Akk.	long **iōr ēs**	long **iōr ēs**	long **iōr a**
Abl.	long **iōr ibus**	long **iōr ibus**	long **iōr ibus**

Deklination der Pronomina

Personalpronomen

	1. Ps.	2. Ps.
Nom. Sg.	ego	tū
Gen.	meī	tuī
Dat.	mihi	tibi
Akk.	mē	tē
Abl.	ā mē	ā tē
Nom. Pl.	nōs	vōs
Gen.	nostrī nostrum	vestrī vestrum
Dat.	nōbīs	vōbīs
Akk.	nōs	vōs
Abl.	ā nōbīs	ā vōbīs

Reflexivpronomen

suī
sibi
sē
ā sē
suī
sibi
sē
ā sē

Demonstrativpronomina

hic, haec, hoc dieser

	mask.	fem.	neutr.
Nom. Sg.	**hic**	**haec**	**hoc**
Gen.	huius	huius	huius
Dat.	huic	huic	huic
Akk.	hunc	hanc	hoc
Abl.	hōc	hāc	hōc
Nom. Pl.	**hī**	**hae**	**haec**
Gen.	hōrum	hārum	hōrum
Dat.	hīs	hīs	hīs
Akk.	hōs	hās	haec
Abl.	hīs	hīs	hīs

is, ea, id dieser, der, er

	mask.	fem.	neutr.
Nom. Sg.	**is**	**ea**	**id**
Gen.	eius	eius	eius
Dat.	ei	ei	ei
Akk.	eum	eam	id
Abl.	eō	eā	eō
Nom. Pl.	**iī** (eī)	**eae**	**ea**
Gen.	eōrum	eārum	eōrum
Dat.	iīs (eīs)	iīs (eīs)	iīs (eīs)
Akk.	eōs	eās	ea
Abl.	iīs (eīs)	iīs (eīs)	iīs (eīs)

ille, illa, illud jener

	mask.	fem.	neutr.
Nom. Sg.	**ille**	**illa**	**illud**
Gen.	illīus	illīus	illīus
Dat.	illī	illī	illī
Akk.	illum	illam	illud
Abl.	illō	illā	illō
Nom. Pl.	**illī**	**illae**	**illa**
Gen.	illōrum	illārum	illōrum
Dat.	illīs	illīs	illīs
Akk.	illōs	illās	illa
Abl.	illīs	illīs	illīs

iste, ista, istud dieser da

	mask.	fem.	neutr.
Nom. Sg.	**iste**	**ista**	**istud**
Gen.	istīus	istīus	istīus
Dat.	istī	istī	istī
Akk.	istum	istam	istud
Abl.	istō	istā	istō
Nom. Pl.	**istī**	**istae**	**ista**
Gen.	istōrum	istārum	istōrum
Dat.	istīs	istīs	istīs
Akk.	istōs	istās	ista
Abl.	istīs	istīs	istīs

ipse, ipsa, ipsum selbst

	mask.	fem.	neutr.
Nom. Sg.	**ipse**	**ipsa**	**ipsum**
Gen.	ipsīus	ipsīus	ipsīus
Dat.	ipsī	ipsī	ipsī
Akk.	ipsum	ipsam	ipsum
Abl.	ipsō	ipsā	ipsō
Nom. Pl.	**ipsī**	**ipsae**	**ipsa**
Gen.	ipsōrum	ipsārum	ipsōrum
Dat.	ipsīs	ipsīs	ipsīs
Akk.	ipsōs	ipsās	ipsa
Abl.	ipsīs	ipsīs	ipsīs

īdem, eadem, idem derselbe

	mask.	fem.	neutr.
Nom. Sg.	**īdem**	**eadem**	**idem**
Gen.	eiusdem	eiusdem	eiusdem
Dat.	eīdem	eīdem	eīdem
Akk.	eundem	eandem	idem
Abl.	eōdem	eādem	eōdem
Nom. Pl.	**īdem**	**eaedem**	**eadem**
Gen.	eōrundem	eārundem	eōrundem
Dat.	īsdem	īsdem	īsdem
Akk.	eōsdem	eāsdem	eadem
Abl.	īsdem	īsdem	īsdem

Relativpronomen

	mask.	fem.	neutr.
Nom. Sg.	quī	quae	quod
Gen.	cuius	cuius	cuius
Dat.	cui	cui	cui
Akk.	quem	quam	quod
Abl.	ā quō	ā quā	quō
Nom. Pl.	quī	quae	quae
Gen.	quōrum	quārum	quōrum
Dat.	quibus	quibus	quibus
Akk.	quōs	quās	quae
Abl.	quibus	quibus	quibus

Interrogativpronomen substantivisch

	mask./ fem.	neutr.
Nom.	quis	quid
Gen.	cuius	culus
Dat.	cui	cui
Akk.	quem	quid
Abl.	quō	quō

Das **adjektivische Interrogativpronomen** lautet in allen Formen (Sg. ud Pl.) wie das Relativpronomen.

Pronominaladjektive

Einige Adjektive der a-/o-Deklination, die den Pronomina nahestehen, bilden den Genitiv und Dativ Singular wie die Pronomina: auf -īus bzw. -ī.

	mask.	fem.	neutr.
Nom. Sg.	sōlus	sōla	sōlum
Gen.	sōl **īus**	sōl **īus**	sōl **īus**
Dat.	sōl **ī**	sōl **ī**	sōl **ī**
Akk.	sōlum	sōlam	sōlum
Abl.	sōlō	sōlā	sōlō

Außer sōlus: ūnus, tōtus, ūllus, nūllus, alter, uter, neuter.

Zahlwörter

		Grundzahlen	Ordnungszahlen	Distributivzahlen	Zahladverbien
1	I	ūnus, a, um *ein*	prīmus, a, um *der erste*	singulī, ae, a *je ein(er)*	semel *einmal*
2	II	duo, duae, duo	secundus *od.* alter	bīnī	bis
3	III	trēs, tria	tertius	ternī (trīnī)	ter
4	IV	quattuor	quārtus	quaternī	quater
5	V	quīnque	quīntus	quīnī	quīnquiē(n)s
6	VI	sex	sextus	sēnī	sexiē(n)s
7	VII	septem	septimus	septēnī	septiē(n)s
8	VIII	octō	octāvus	octōnī	octiē(n)s
9	IX	novem	nōnus	novēnī	noviē(n)s
10	X	decem	decimus	dēnī	deciē(n)s
11	XI	ūndecim	ūndecimus	ūndēnī	ūndeciē(n)s
12	XII	duodecim	duodecimus	duodēnī	duodeciēs
13	XIII	trēdecim	tertius decimus	ternī dēnī	ter deciēs
14	XIV	quattuordecim	quārtus decimus	quaternī dēnī	quater deciēs
15	XV	quīndecim	quīntus decimus	quīnī dēnī	quīnquiēs deciēs
16	XVI	sēdecim	sextus decimus	sēnī dēnī	sexiēs deciēs
17	XVII	septendecim	septimus decimus	septēnī dēnī	septiēs deciēs
18	XVIII	duodēvīgintī	duodēvīcēsimus	duodēvīcēnī	duodēvīciēs
19	XIX	ūndēvīgintī	ūndēvīcēsimus	ūndēvīcēnī	ūndēvīciēs
20	XX	vīgintī	vīcēsimus	vīcēnī	vīciēs
21	XXI	ūnus et vīgintī	ūnus et vīcēsimus	singulī et vīcēnī	semel et vīciēs
		od. vīgintī ūnus	*od.* vīcēsimus prīmus	*od.* vīcēnī singulī	*od.* vīciēs semel
22	XXII	duo et vīgintī	alter et vīcēsimus	bīnī et vīcēnī	bis et vīciēs
		od. vīgintī duo	*od.* vīcēsimus alter	*od.* vīcēnī bīnī	*od.* vīciēs bis
28	XXVIII	duodētrīgintā	duodētrīcēsimus	duodētrīcēnī	duodētrīciēs
29	XXIX	ūndētrīgintā	ūndētrīcēsimus	ūndētrīcēnī	ūndētrīciēs
30	XXX	trīgintā	trīcēsimus	trīcēnī	trīciēs

		Grundzahlen	Ordnungszahlen	Distributivzahlen	Zahladverbien
40	XL	quadrāgintā	quadrāgēsimus	quadrāgēnī	quadrāgiēs
50	L	quīnquāgintā	quīnquāgēsimus	quīnquāgēnī	quīnquāgiēs
60	LX	sexāgintā	sexāgēsimus	sexāgēnī	sexāgiēs
70	LXX	septuāgintā	septuāgēsimus	septuāgēnī	septuāgiēs
80	LXXX	octōgintā	octōgēsimus	octōgēnī	octōgiēs
90	XC	nōnāgintā	nōnāgēsimus	nōnāgēnī	nōnāgiēs
100	C	centum	centēsimus	centēnī	centiēs
101	CI	centum (et) ūnus	centēsimus prīmus	centēnī singulī	centiēs semel
200	CC	ducentī, ae, a	ducentēsimus	ducēnī	ducentiēs
300	CCC	trecentī, ae, a	trecentēsimus	trecēnī	trecentiēs
400	CD	quadringentī, ae, a	quadringentēsimus	quadringēnī	quadringentiēs
500	D	quīngentī, ae, a	quīngentēsimus	quīngēnī	quīngentiēs
600	DC	sescentī, ae, a	sescentēsimus	sescēnī	sescentiēs
700	DCC	septingentī, ae, a	septingentēsimus	septingēnī	septingentiēs
800	DCCC	octingentī, ae, a	octingentēsimus	octingēnī	octingentiēs
900	DCCCC *od.* CM	nōngentī, ae, a	nōngentēsimus	nōngēnī	nōngentiēs
1000	M	mīlle	mīllēsimus	singula mīlia	mīlliēs
2000	MM *od.* $\overline{\text{II}}$	duo mīlia	bis mīllēsimus	bīna mīlia	bis mīlliēs
1 000 000	$|\overline{\text{X}}|$	deciēs centēna mīlia	deciēs centiēs mīllēsimus	deciēs centēna mīlia	deciēs centiēs mīlliēs

Von den Grundzahlen werden **ūnus, duo, trēs,** die Hunderter **ducentī** bis **nōngentī** und **mīlia** dekliniert. Alle anderen Grundzahlen sind undeklinierbar.

	m	f	n	m	f	n	m	f	n	
Nom.	ūnus	ūna	ūnum	duo	duae	duo	trēs	trēs	tria	mīlia
Gen.	ūnīus	ūnīus	ūnīus	duōrum	duārum	duōrum	trium	trium	trium	mīlium
Dat.	ūnī	ūnī	ūnī	duōbus	duābus	duōbus	tribus	tribus	tribus	mīlibus
Akk.	ūnum	ūnam	ūnum	duo, duōs	duās	duo	trēs	trēs	tria	mīlia
Abl.	ūnō	ūnā	ūnō	duōbus	duābus	duōbus	tribus	tribus	tribus	mīlibus

Konjugation

Übersicht

– Nach dem Stammauslaut des Präsensstammes werden folgende **Konjugationen** unterschieden:

	Beispiel	Stamm	1. Ps. Sg. Präs. Akt.
a-Konjugation (erste K.)	laudāre	laudā-	laudō
e-Konjugation (zweite K.)	monēre	monē-	moneō
Konsonantische K. (dritte K.)	regere	reg-	regō
Gemischte Konjugation (dritte K.)	capere	cap-	capiō
i-Konjugation (vierte K.)	audīre	audī-	audiō

– Es werden **finite** und **infinite Verbformen** unterschieden:
finite Verbformen sind nach Person und Numerus bestimmt;
infinite Verbformen sind: Infinitive, Partizipien, Supinum, nd-Formen.

– Folgende **Tempora** werden unterschieden:

Präsens	Perfekt
Imperfekt	Plusquamperfekt
Futur I	Futur II

– Folgende **Modi** werden unterschieden:
Indikativ
Konjunktiv
Imperativ

– Folgende **Genera** des Verbs werden unterschieden:
Aktiv
Passiv

Personalendungen

	Aktiv	Passiv	Perf. Akt.
1. Ps. Sg.	-ō/-m	-or/-r	-ī
2. Ps.	-s	-ris	-istī
3. Ps.	-t	-tur	-it
1. Ps. Pl.	-mus	-mur	-imus
2. Ps.	-tis	-minī	-istis
3. Ps.	-nt	-ntur	-ērunt

Tempuskennzeichen, Moduskennzeichen

(Formen des Präsensstammes)

Präsens:	–
Imperfekt:	**-ba-** (a-/e-Konjugation), **-ēba-** (übrige Konjugationen)
Futur I:	**-b-** (a-/e-Konjugation), **-e-/-a-** (übrige Konjugationen)
Konjunktiv Präs.:	**-e-** (a-K.), **-a-** (übrige Konjugationen)
Konj. Imperf.:	**-re-**

Die wichtigsten römischen Maße, Gewichte und Münzen

Alle Angaben sind als ungefähre Durchschnittsangaben zu betrachten, da die antiken Maße und Gewichte nicht wie heute eindeutig normiert waren, sondern zeitlichen und regionalen Wechseln unterworfen waren.

Maße

Längenmaße

Grundmaß ist der Fuß (pēs) = 30 cm. Ein Fuß wurde unterteilt in 16 digitī.

Übersicht:

1 **digitus** (Fingerbreite, Zoll)		= 18,5 mm
1 **pēs** (Fuß)		= 30 cm
1 **cubitus** (Elle)	= 1,5 pedēs	= 45 cm
1 **gradus** (Schritt)	= 2,5 pedēs	= 75 cm
1 **passus** (Doppelschritt)	= 5 pedēs	= 1,5 m
1 **pertica**	= 2 passūs	= 3 m
1 **stadium** (griech. Maß)	= 125 passūs	= 190 m
mīlle passuum (röm. Meile)		= 1,5 km
1 **leuga** (benutzt in den gallischen und germanischen Provinzen)	= 1500 passūs	= 2,25 km

Flächenmaße

1 **pēs quadrātus** (Quadratfuß)	= 0,09 m^2
1 **iūgerum** (1 Morgen; urspr. die Fläche, die mit einem Ochsengespann [iugum] täglich umgepflügt werden konnte)	= 0,25 ha

Flüssigkeitshohlmaße

1 **culleus**	= 20 amphorae	= 520 l
1 **amphora**	= 8 congiī	= 26 l
1 **urna**	= 4 congiī, ½ amphora	= 13 l
1 **congius**	= 6 sextāriī, ⅛ amphora	= 3,25 l
1 **sextārius**	= ⅙ congius	= 0,54 l
1 **hēmīna**	= ½ sextārius	= 0,27 l
1 **quartārius**	= ¼ sextārius	= 0,14 l
1 **sextāns**	= ⅙ sextārius	= 0,09 l
1 **cyathus**	= 1/12 sextārius	= 0,05 l

Trockenhohlmaße

1 **modius** (Scheffel)		=8,75 l
1 **medimnus**	=6 modiī	=52,5 l

Gewichte

1 **as** *oder* **lībra** (1 röm. Pfund)	=	327 g
1 **ūncia** (1 Unze)	=	27,3 g
1 **scrūpulum (scrīpulum)**	= 1/24 ūncia	= 1,14 g

Münzen

Das römische Münzsystem hat sehr viele Entwicklungsstufen durchgemacht. Einheitliche Aussagen über alle Stufen sind nicht möglich.
In der Zeit der Naturalwirtschaft war das Vieh (pecus) Wertmaßstab und sogar Zahlungsmittel. Daher stammt die Bezeichnung pecunia für „Geld" und solvere („das Tier im Stall lösen") für „zahlen". Später (seit etwa 300 v. Chr.) traten Metallstücke aus Eisen oder Kupfer an diese Stelle. Zunächst waren diese Stücke ungeprägt, später erhielten sie Abbildungen, z. B. von Vieh, wodurch an die frühere Stufe der Geldwirtschaft erinnert wird. Beim Bezahlen wurde in dieser frühen Zeit das nicht normierte Geld abgewogen (pendere – abwiegen, zahlen).

Bronzegeld

as (lībrālis)	1 As, urspr. 1 röm. Pfund (327 g) schwer, später wurde sein Gewicht immer mehr reduziert, zu Beginn des 1. Jahrhs. v. Chr. wog er nur ½ Unze (13,65 g).

Silbergeld

dēnārius (Hauptmünze)	1 Denar, urspr. 10 As (Münzzeichen X) später 16 As (Münzzeichen XVI)
sēstertius (Grundlage des röm. Münzsystems)	1 Sesterz, urspr. 2,5 As od. ¼ Denar, später 4 As (Abk. IIS, später meist HS) Anm.: sēstertius ist entstanden aus sēmis (est) tertius (erg. as), d. h. (zwei As und) der dritte As nur halb; daher Abk. IIS.

Beispiele für Preisangaben:

HSX	decem sēstertiī	= 10 Sesterzen
HSM	mīlle sēstertiī	= 1000 Sesterzen
HSMM	duo mīlia sēstertiōrum/sēstertium	= 2000 Sesterzen
HS$\overline{\text{X}}$	decem sēstertia *(10 × 1000 Sesterzen)* (sēstertium *steht für 1000 Sesterzen)*	= 10 000 Sesterzen
HS$\overline{\text{C}}$	centum sēstertia *(100 × 1000 Sesterzen)*	= 100 000 Sesterzen
HS$\vert\overline{\text{X}}\vert$	deciēs (centēna mīlia) sēstertium	= 1 Million Sesterzen
HS$\vert\overline{\text{XXX}}\vert$	trīciēs (centēna mīlia) sēstertium	= 3 Millionen Sesterzen

Goldgeld

In der römischen Republik waren Goldprägungen sehr selten gewesen. In größerem Ausmaß wurden erst seit Cäsar Goldmünzen geprägt. Häufig war der **aureus** = 25 dēnāriī = 100 sēstertiī. Auch sein Wert wurde immer wieder herabgesetzt.
In der späten Kaiserzeit wurde als Goldmünze vor allem der **solidus** (anfangs = 25 dēnāriī, später auf die Hälfte gesunken) geprägt, der noch lange im byzantinischen Reich auch international Geltung hatte.

Umrechnung

Eine zuverlässige Umrechnung der Geldwerte in heutige Währung ist nicht möglich. Einigermaßen sicher lässt sich lediglich der Metallwert bestimmen, da wir die Münzgewichte kennen. Jedoch lag der Tauschwert weit über dem Materialwert. Wir können davon ausgehen, dass ein Denar der Republik in heutiger Währung ungefähr einen Wert von 50 bis 60 Cent hatte. (Mit dieser Formel lassen sich überschlägige Umrechnungen vornehmen.)

Der römische Kalender – Zeitrechnung

Überblick

Der römische Kalender beruhte ursprünglich auf dem Mondjahr von 355 Tagen. Da aber die Mondphasen nicht mit dem Sonnenjahr und damit den Jahreszeiten übereinstimmen, ergaben sich immer wieder Verschiebungen der Monate gegenüber den Jahreszeiten. Diese Differenzen wurden dadurch ausgeglichen, dass Schaltmonate eingeschoben wurden.
Diesen Mangel des römischen Kalenders beseitigte Cäsar in Zusammenarbeit mit einem griechischen Mathematiker, indem er das Jahr zum Sonnenjahr von 365 Tagen machte und alle vier Jahre einen Schalttag einschob (der 24. Februar wurde doppelt gezählt); außerdem änderte er die Zahl der Monatstage. Diese Kalenderreform gilt, von wenigen Modifikationen abgesehen, noch heute.

Jahr, Monat, Tag

Das **Jahr** wurde nach den beiden amtierenden Konsuln bezeichnet, z. B.: M. Tulliō Cicerōne C. Antōniō Hybridā cōnsulibus = 63 v. Chr.

Die **Monatsnamen** lauten:
Iānuārius – Februārius – Mārtius – Aprīlis – Māius – Iūnius – Iūlius (vor Cäsar: Quīntīlis) – Augustus (vor Augustus: Sextīlis) – September – Octōber – November – December.
Diese Namen sind eigentlich Adjektive, z. B. mēnse Aprīlī: im Monat April.

Die **Wochentage** lauten (ab etwa 200 v. Chr.):
Lūnae diēs (Montag, *E* Monday, *F* lundi)
Mārtis diēs (Dienstag, *F* mardi)
Mercūriī diēs (Mittwoch, *F* mercredi)
Iovis diēs (Donnerstag, *F* jeudi)
Veneris diēs (Freitag, *F* vendredi)
Saturnī diēs (Sonnabend *bzw.* Samstag, *E* Saturday, *F* samedi)
Sōlis diēs (Sonntag, *E* Sunday, *F* dimanche).
(*E* englisch *F* französisch)

Datumsberechnung (nach Cäsars Kalenderreform)

Jeder Monat hatte 3 besonders bezeichnete Tage:

Kalendae (Kal.)	= 1. Tag (Kalenden)
Nōnae (Non.)	= 5. Tag (Nonen)
Īdūs (Id.)	= 13. Tag (Iden)

In den Monaten März, Juli, Mai und Oktober (Merkwort MILMO) lagen die Nonen und Iden 2 Tage später.

Beispiele:

Kalendis Ianuariis (Kal. Ian.)	= am 1. Januar
Nonis Februariis (Non. Febr.)	= am 5. Februar
Nonis Martiis (Non. Mart.)	= am 7. März
Idibus Aprilibus (Id. Apr.)	= am 13. April
Idibus Maiis (Id. Mai.)	= am 15. Mai

Die dazwischen liegenden Tage berechnete man von diesen festen Tagen aus:

pridie Kalendas Iunias (prid. Kal. Iun.)	= am 31. Mai
pridie Nonas Iulias (Prid. Non. Iul.)	= am 6. Juli
ante diem tertium Idus Augustas (a. d. III. Id. Aug.)	= am 11. August (Anfangs- und Endtermin wurden mitgerechnet!)

Die Datumsbezeichnungen wurden als ein fester Ausdruck aufgefasst und grammatisch als Substantive verwendet, z. B.: usque ad ante diem quartum Kalendas Septembres: bis zum 29. August.

Tageszeiten

Der römische Tag war von Sonnenaufgang bis Sonnenuntergang in 12 Stunden eingeteilt. Das aber bedeutet wegen der unterschiedlichen Tageslänge, dass die Stunden im Sommer länger, im Winter aber kürzer waren, während die vier Nachtwachen im Sommer kurz, im Winter aber lang waren.

Übersicht

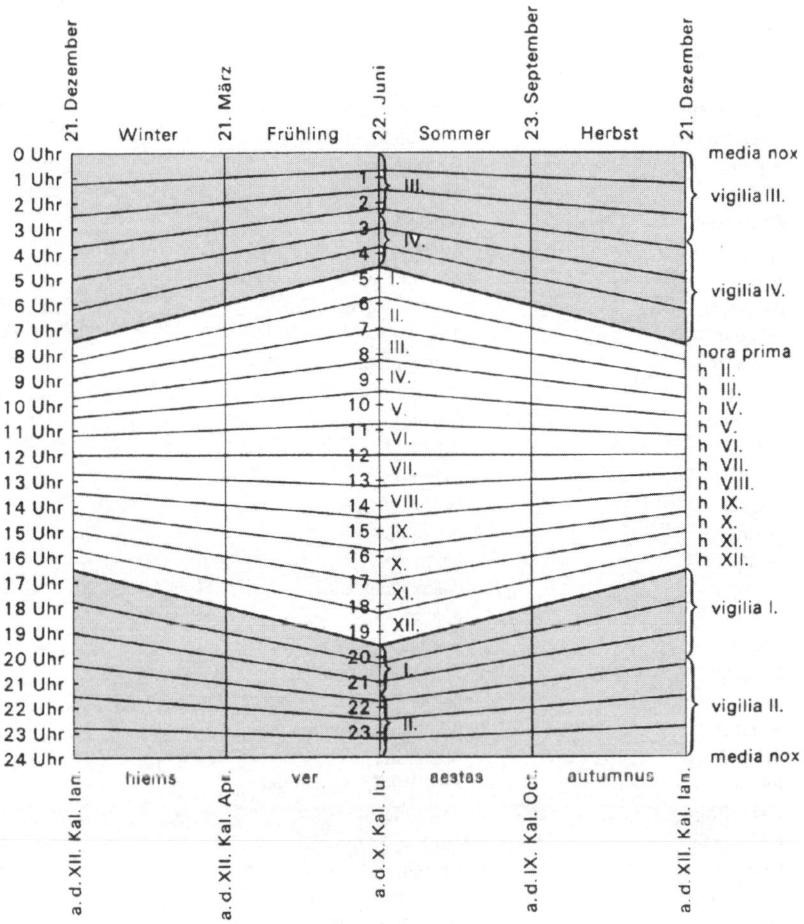
21. Dezember
Winter
21. März
Frühling
22. Juni
Sommer
23. September
Herbst
21. Dezember
0 Uhr
1 Uhr
2 Uhr
3 Uhr
4 Uhr
5 Uhr
6 Uhr
7 Uhr
8 Uhr
9 Uhr
10 Uhr
11 Uhr
12 Uhr
13 Uhr
14 Uhr
15 Uhr
16 Uhr
17 Uhr
18 Uhr
19 Uhr
20 Uhr
21 Uhr
22 Uhr
23 Uhr
24 Uhr
media nox
vigilia III.
vigilia IV.
hora prima
h II.
h III.
h IV.
h V.
h VI.
h VII.
h VIII.
h IX.
h X.
h XI.
h XII.
vigilia I.
vigilia II.
media nox
III.
IV.
I.
II.
III.
IV.
V.
VI.
VII.
VIII.
IX.
X.
XI.
XII.
I.
II.
hiems
ver
aestas
autumnus
a. d. XII. Kal. Ian.
a. d. XII. Kal. Apr.
a. d. X. Kal. Iu.
a. d. IX. Kal. Oct.
a. d. XII. Kal. Ian.

Geografische Namen

Afrika	Africa
Ägypten	Aegyptus i *f*
Aix-en-Provence	Aquae Sextiae
Alpen	Alpes pium *f*
Amsterdam	Amstelodamum
Apenninen	Ap(p)enninus (mons)
Aquileja	Aquileia
Arabien	Arabia
Armenien	Armenia
Arno	Arnus
Asien	Asia (Kleinasien)
Augsburg	Augusta Vindelicorum
Avignon	Avenio
Balearen	Baleares rium *f*
Balkan	Haemus
Barcelona	Barcino
Bari	Barium
Basel	Basilea
Belgien	Belgica, Belgium
Berlin	Berolinum
Bern	Berna
Bologna	Bolonia, Bononia
Bonn	Bonna
Bozen	Bosanum
Bregenz	Brigantia, Brigantium
Bremen	Brema
Brindisi	Brindisium, Brundisium
Brüssel	Bruxella(e)
Budapest	Buda Vetus, Budapestum
Cambridge	Cantabrigia
Cartagena	Carthago (ginis) Nova
Como	Comum
Deutschland	Germania
Don	Tanais is/idis *m*
Donau	Danuvius
Dublin	Eblanda
Ebro	Iberus
Elbe	Albis is *m*
Ems	Amisia
Euphrat	Euphrates is/i m
Europa	Europa
Florenz	Florentia
Frankreich	Gallia
Freiburg	Friburgium
Garonne	Garumna
Genf	Genava
Gibraltar	Calpe es *f*
Granada	Granata

Griechenland	Graecia
Großbritannien	Britannia (England mit Schottland)
Hamburg	Hamburgium, Hammonia
Helsinki	Helsingfordia
Indien	India
Inn	Aenus
Innsbruck	Oenipons, -pontum
Irland	Hibernia
Isar	Isara
Isère	Isara
Israel	Iudaea
Italien	Italia
Kempten	Cambodunum
Koblenz	Confluentes tium *f*
Köln	Colonia Agrippina/Agrippinensis
Konstanz	Constantia
Korsika	Corsica
Kreta	Creta
Leipzig	Lipsia
Libyen	Libya
Lindau	Lindavia
Lissabon	Olisipo, Ulyssipolis
Loire	Liger eris *m*
London	Londinium
Lyon	Lugdunum
Maas	Mosa *m*
Madrid	Madritum
Mailand	Mediolanum
Main	Moenus
Mainz	Mogontiacum
Malaga	Malaca
Marseille	Massilia
Mauretanien	Mauretania
Mazedonien	Macedonia
Messina	Messana
Modena	Mutina
Monaco	Monaecum, Portus (Herculis) Monoeci
Mosel	Mosella
München	Monacum, Monachium
Narbonne	Narbo (Martius), Narbona
Neapel	Neapolis is *f*
Nil	Nilus
Nizza	Niceae, Nicia
Numidien	Numidia
Nürnberg	Norimberga
Oxford	Oxonia
Padua	Patavium
Paris	Lutetia
Passau	Patavia, Castra Batava
Persien	Persia, Persis idis *f*

Perugia	Perusia
Piacenza	Placentia
Pisa	Pisae
Po	Padus
Prag	Praga
Provence	Provincia (Narbonensis)
Pyrenäen	Pyrenaei
Ravenna	Ravenna
Regensburg	Castra Regina, Ratisbona
Rhein	Rhenus
Rhône	Rhodanus
Rimini	Arimin(i)um
Rom	Roma
Saloniki	Thessalonica(e)
Salzburg	Salisburgium, Iuvavia
Sardinien	Sardinia
Schottland	Caledonia
Schwarzwald	Abnoba *m*
Schweiz	Helveti(c)a (terra)
Seine	Sequana
Siena	S(a)ena (Iulia)
Sizilien	Sicilia
Spanien	Hispania
Stockholm	Holmia, Stocholmia
Stuttgart	Stutgardia, Stuogardia
Syrakus	Syracusae
Syrien	Syria
Taunus	Taunus
Taurus	Taurus
Themse	Tamesis is *m*
Tiber	Tiberis is *m*
Tigris	Tigris is/idis *m*
Toulouse	Tolosa
Trient	Tridentium
Trier	Augusta Treverorum
Turin	Augusta Taurinorum
Valencia	Valentia
Warschau	Varsavia
Weichsel	Vistula
Weser	Visurgis is *m*
Wien	Vienna (Austriae), Vindobona
Worms	Wormatia
Zypern	Cyprus i *f*

Die 100 wichtigsten Persönlichkeiten der römischen Antike

Aemilius Paulus, Lucius Aemilius Paulus
Konsul 219 und 216 v. Chr.; fiel in der Schlacht bei Cannae im 2. Punischen Krieg gegen Hannibal (216 v.Chr.).

Aemilius Paulus, Lucius Aemilius Paulus
Konsul 182 und 168 v.Chr. Besieger des Perseus von Makedonien bei Pydna (168 v.Chr.); erhielt nach seinem Sieg über Perseus den Beinamen Macedonicus.

Agrippa, Marcus Vipsanius Agrippa (63 – 12 v.Chr.)
Freund und Feldherr des Augustus, in dritter Ehe mit Julia, der Tochter des Augustus, verheiratet. Sieger von Actium (31 v.Chr.) über Antonius und Kleopatra. Ließ das Pantheon in Rom errichten und wohl auch den Pont-du-Gard erbauen.

Agrippina (15 – 59 n.Chr.)
Enkelin des Marcus Vipsianus Agrippa; in dritter Ehe mit ihrem Onkel Kaiser Claudius verheiratet, den sie 54 vergiftete, um damit ihrem Sohn aus erster Ehe, Nero, zum Thron zu verhelfen. Auf Befehl Neros ermordet. Ihr Geburtsort wurde auf ihre Veranlassung hin im Jahr 50 zur Kolonie gemacht und *Colonia Agrippinensis* – Köln, genannt.

Ambrosius (339 – 397 n.Chr.)
Bischof von Mailand, einer der lateinischen Kirchenväter des Christentums.
Werke: Kirchliche Abhandlungen, Hymnen – Beginn des christlichen Kirchenliedes.

Ancus Marcius
4. König Roms. Er unterwarf die Latiner und siedelte sie auf dem Aventin an.

Antoninus Pius (86 – 161 n.Chr.)
Wurde 138 von Kaiser Hadrian adoptiert und im gleichen Jahr als dessen Nachfolger römischer Kaiser. Das Reich genoss unter ihm Frieden und Wohlstand.

Antonius, Marcus Antonius (83 – 30 v.Chr.)
Feldherr und Politiker. 44 v.Chr. zusammen mit Caesar Konsul; Anhänger Caesars und Gegner Ciceros. 43 v.Chr. schloss er mit Octavian und Lepidus das 2. Triumvirat zum gemeinsamen Kampf gegen die Caesarmörder. Groß angelegte Proskriptionen. Cicero wurde ermordet. 42 v. Chr. Sieg über die Caesarmörder in der Schlacht bei Philippi in Makedonien. Antonius erhielt die östlichen Provinzen als Herrschaftsgebiet, heiratete Kleopatra, obwohl bereits mit Octavia, der Schwester Octavians, verehelicht. Er schenkte Kleopatra und ihren gemeinsamen Kindern römische Provinzen. Es kam zum Bruch mit Octavian. Der Senat erklärte Kleopatra und Antonius den Krieg. In der Schlacht bei Actium 31 v. Chr. siegte die Flotte Octavians unter dem Oberbefehl von Agrippa über Antonius und Kleopatra. Nach der Einnahme von Alexandria durch Octavian beging Antonius Selbstmord, nachdem ihm fälschlicherweise Kleopatras Tod gemeldet worden war.

Asinius Pollio (76 v.Chr. – 5 n.Chr.)
40 v.Chr. Konsul. Dichter, Redner, Geschichtsschreiber, Kunstsammler, bedeutender Förderer der Literatur. Freund der Dichter Catull, Horaz und Vergil. Gründer der ersten öffentlichen Bibliothek Roms im Atrium der Libertas.

Atticus, Titus Pomponius Atticus (110 – 32 v.Chr.)
Lebte lange in Athen, daher der Beiname Atticus. Freund Ciceros (Ciceros Briefe *Ad Atticum*), schrieb historische Abhandlungen, brachte als Verleger die Werke der hervorragendsten Autoren seiner Zeit heraus.

Augustinus, Aurelius Augustinus (354 – 430 n.Chr.)
Geboren in Numidien. Erst Bischof in Mailand, dann ab 396 Bischof in Hippo in Numidien. Kirchenlehrer und Schriftsteller des lateinischen Christentums. Beschrieb in den *Confessiones* – „Bekenntnisse“ – seinen eigenen Lebensweg von der vorchristlichen Philosophie zur christlichen

Theologie. Sein theologisches Hauptwerk ist *De Trinitate* – „Über die Dreifaltigkeit". Zählt zu den lateinischen Kirchenvätern des Christentums.

Augustus, eigentlich Gaius Octavius (63 v.Chr. – 14 n.Chr.)
Großneffe Caesars; von diesem adoptiert und zum Erben eingesetzt. Seitdem nannte er sich Gaius Julius Caesar Octavianus. Augustus war seit 27 v. Chr. sein Ehrenname.
Erster römischer Kaiser (31 v.Chr. – 14 n.Chr.), Begründer des Prinzipats. Schloss 43 v.Chr. mit Antonius und Lepidus das 2. Triumvirat, um gemeinsam gegen die Caesarmörder zu kämpfen. Durch Proskriptionen wurden die Gegner vernichtet. Cicero wurde 43 v.Chr. ermordet. 42 v.Chr. Sieg über die Caesarmörder in der Schlacht von Philippi in Makedonien. Danach Aufteilung des Reichs durch die Triumvirn: Octavian erhielt den Westen, Antonius den Osten und Lepidus die Kolonie Afrika. Nachdem Antonius Kleopatra geheiratet hatte und ihr sowie ihren gemeinsamen Kindern römische Provinzen geschenkt hatte, kam es zum Bruch zwischen Octavian und Antonius. Durch den Sieg bei Actium 31 v.Chr. wurde Octavian Alleinherrscher. Bei der Neuordnung des Staates bewahrte dieser äußerlich die Formen der römischen Republik, indem er die Staatsgewalt dem Senat und dem Volk zurückgab (27 v.Chr.). Daraufhin verlieh ihm der Senat den Beinamen Augustus.
Er nannte sich *Princeps*, erster Bürger, bekleidete mehrere traditionelle Ämter und war Oberbefehlshaber des Heeres. Praktisch befand sich die Leitung des Reichs in seiner Hand. Nach Beendigung der Bürgerkriege versuchte Augustus an altrömischen Traditionen festzuhalten und altrömische Wertvorstellungen neu zu beleben; er förderte Künstler, z. B. die Dichter Vergil und Horaz. Er erweiterte und sicherte die Reichsgrenzen. Jedoch musste er auch Niederlagen einstecken, wie z. B. die Niederlage des Varus 9 v.Chr. in der Schlacht im Teutoburger Wald.
Augustus adoptierte seinen Stiefsohn Tiberius und bestimmte ihn zu seinem Nachfolger. Der Monat August, sein Todesmonat, ist nach ihm benannt.

Aurelian (214 – 275 n.Chr.)
270 – 275 römischer Kaiser. Er schlug einen Vandaleneinfall zurück und warf die Sarmaten und Alamannen zurück. Sicherte die Einheit des Reichs. Zum Schutz gegen feindliche Einfälle ließ er Rom mit der heute noch erhaltenen Aurelianischen Mauer befestigen. Er erhob Sol, den Sonnengott, zum alleinigen Staatsgott. Auf einem Feldzug gegen die Parther wurde Aurelian ermordet.

Brutus, Lucius Iunius Brutus
Befreier Roms von der Königsherrschaft durch die Vertreibung des Königs Tarquinius Superbus. Begründer der römischen Republik. Mit Collatinus erster römischer Konsul (509 v.Chr.).

Brutus, Marcus Iunius Brutus (85 – 42 v.Chr.)
Philosoph und Redner. Im Bürgerkrieg kämpfte er auf der Seite des Pompeius gegen Caesar. Nach der Schlacht von Pharsalos (48 v.Chr.) wurde er von Caesar begnadigt und war später ein Freund Caesars. Brutus war Anhänger der Republik und auch mit Cicero befreundet. Nach Caesars Machtanhäufung wurde Brutus jedoch wieder ein Gegner Caesars und führte zusammen mit Cassius die Verschwörung des Senats gegen Caesar an; er war auch einer von dessen Mördern. 42 v.Chr. wurde Brutus mit seinen Anhängern bei Philippi in Makedonien von Antonius besiegt und beging Selbstmord.

Caesar, Gaius Iulius Caesar (100 – 44 v.Chr.)
Politiker, Feldherr, Diktator und Schriftsteller. Führer der Popularen. Er bildete mit Pompeius und Crassus das erste Triumvirat zur Stärkung der Macht (60 v.Chr.). Als Prokonsul erhielt er die Provinzen Gallia Cisalpina in Oberitalien und Gallia Narbonensis in Südfrankreich. 58-51 v.Chr. eroberte er ganz Gallien. Im Kampf um die Vorherrschaft über den Staat wurde Pompeius allmählich zu seinem Gegner. Mit dem Übergang Caesars und seiner Truppen über den Rubicon (Grenzflüsschen zwischen Italien und Gallia Cisalpina) begann 49 v.Chr. der Bürgerkrieg. Caesar besiegte Pompeius ein Jahr später in der Entscheidungsschlacht bei Pharsalos (in Thessalien). Pompeius floh nach Ägypten, wurde von Caesar verfolgt, aber bei dessen Ankunft ermordet aufgefunden.
In Alexandria entschied Caesar den Thronstreit zwischen Kleopatra und ihrem Bruder Ptolemaios zugunsten Kleopatras und setzte sie als Königin von Ägypten ein. Sie wurde Caesars Geliebte und gebar ihm einen Sohn, *Caesarion.*
Nach der Schlacht von Pharsalos erhielt Caesar das Amt des römischen Diktators auf unbeschränkte Zeit und das Konsulat für fünf Jahre. Ihm wurden sogar göttliche Ehren erwiesen.

An den Iden des März 44 v.Chr. wurde er von Angehörigen des Senats unter Führung von Brutus und Cassius ermordet.
Unter Caesar gab es zahlreiche sozialpolitische Maßnahmen, Bürgerrechte wurden großzügig verliehen, Agrargesetze zur Unterstützung der Bürger und Veteranen erlassen, Provinzen gefördert und es wurde auch ein neuer Kalender eingeführt.
Der Monat Juli, sein Geburtsmonat, ist nach ihm benannt.
Der Name Caesar wurde als Beiname für die römischen Kaiser beibehalten; in späterer Zeit wurde er zu einem Titel für Thronfolger und Mitregenten. Die Begriffe *Kaiser* und *Zar* gehen auf ihn zurück.
Literarische Werke Caesars: *De bello Gallico*, Bericht über die Eroberung Galliens; *De bello civili*, Bericht über den Bürgerkrieg.

Caligula – „Soldatenstiefelchen“
Beiname des römischen Kaisers Gaius (Kaiser 37 – 41 n.Chr.), den er als Kind von den Soldaten erhalten hatte, in deren Feldlager er in Germanien aufgewachsen war. Dort führte sein Vater Germanicus Feldzüge gegen die Germanen. Seine Mutter war Agrippina, die Enkelin des Augustus. Er war Großneffe des Kaisers Tiberius und wurde dessen Nachfolger.
Wenige Wochen nach seinem Regierungsantritt verfiel er nach einer schweren Krankheit dem Caesarenwahn und fühlte sich als Gott. Er verschwendete die Staatsfinanzen, verurteilte in einer Schreckensherrschaft jeden zum Tod der sein Missfallen erregte und ließ römische Bürger ermorden, um an ihr Vermögen zu gelangen. Sein Wahlspruch soll, nach Sueton, gelautet haben: *Oderint, dum metuant!* – Sollen sie mich hassen, wenn sie mich nur fürchten! Im Jahre 41 n.Chr. wurde er ermordet.

Calpurnia
Dritte und letzte Gattin Caesars (seit 59 v.Chr.). Durch einen Traum in der Nacht vor Caesars Ermordung beunruhigt, warnte sie ihn vergeblich, an der verhängnisvollen Senatssitzung teilzunehmen.

Camillus, Marcus Furius Camillus
Bedeutender Feldherr und Staatsmann der römischen Republik. Eroberer von Veji 396 v.Chr. und von Falerii 394 v.Chr. Befreite 387 v.Chr Rom von den Galliern.

Caracalla – „gallischer Kapuzenmantel"
Beiname des römischen Kaisers Marcus Aurelius Severus Antoninus (211 – 217 n.Chr. Kaiser; geb. 186 n.Chr. in Lyon). Sohn des Septimius Severus, ließ seinen Bruder Geta kurz nach dem gemeinsamen Regierungsantritt ermorden. Er verlieh 212 durch die Constitutio Antoniniana allen frei geborenen Bürgern des römischen Reichs das Bürgerrecht. Auf einem Partherfeldzug ließ ihn der Gardepräfekt ermorden.
Caracallathermen: eine monumentale Thermenanlage in Rom, von Kaiser Caracalla errichtet, bis ins 6. Jh. in Betrieb; durch ein Erdbeben im Jahr 847 zerstört, aber heute noch als Ruinen vorhanden.

Catilina, Lucius Sergius Catilina (108 – 62 v.Chr.)
Bewarb sich mehrmals vergeblich um das Konsulat. Anführer der so genannten Katilinarischen Verschwörung. Bereitete einen Staatsstreich vor, der mit der Ermordung des Konsuls Cicero beginnen sollte. Von Cicero jedoch 63 v.Chr. aufgedeckt. Nach Ciceros erster Katilinarischen Rede im Senat verließ Catilina Rom und begann von außerhalb den Kampf gegen Rom. Catilina fiel im Kampf gegen die Regierungstruppen. Einige seiner Anhänger wurden hingerichtet.

Cato, Marcus Porcius Cato der Ältere (maior, priscus, Censorius; 234 – 149 v.Chr.)
Staatsmann (184 v.Chr. Zensor) und Redner, sittenstrenger Gegner aller Neuerungen und griechischer Einflüsse. Trat für die Vernichtung Karthagos ein, um Roms Vorherrschaft im Mittelmeerraum zu festigen. Von ihm ist der Ausspruch bekannt: *Ceterum censeo Carthaginem esse delendam* – Im Übrigen meine ich, dass Karthago zerstört werden muss.

Cato, Marcus Porcius Cato der Jüngere (Uticensis; 95 – 46 v.Chr.)
Urenkel des Marcus Porcius Cato Censorius. Strenger Republikaner; tötete sich selbst in Utica in Nordafrika, nachdem Caesar bei Thapsus über die Pompejaner gesiegt hatte.

Catull, Gaius Valerius Catullus (etwa 87 – 54 v.Chr.)
Lyriker aus Verona. Sammlung von 116 Gedichten, besonders Liebes- und Spottgedichte. Liebesgedichte über seine unglückliche Liebe zu Lesbia – Pseudonym für Clodia, die Schwester des Clodius Pulcher.

Cicero, Marcus Tullius Cicero, (106 – 43 v.Chr.)
Der größte römische Redner und Stilist; Politiker, philosophischer und politischer Schriftsteller. 63 v.Chr. deckte er als Konsul die Katilinarische Verschwörung auf. Wegen der angeblich unrechtmäßigen Hinrichtung der Anhänger des Catilina wurde er im Jahr 58 auf Betreiben der Popularen (bes. des Volkstribunen Publius Clodius Pulcher) verbannt, aber im Jahr darauf wieder zurückgerufen; seit 58 Rückzug aus der aktiven Politik. 43 v.Chr. wurde Cicero auf Befehl des Antonius in Arpinum ermordet.
Sein literarisches Werk: 58 erhaltene Reden (z. B. *In Catilinam, In Verrem, Philippicae* [gegen Antonius]), rhetorische Schriften (z. B. *De oratore*), staatsphilosophische Schriften (z. B. *De re publica, De legibus*), philosophische Schriften (z. B. *De officiis, De finibus bonorum et malorum*), Briefe (z. B. *Ad familiares, Ad Atticum*).

Cincinnatus, Lucius Quinctius Cincinnatus
Repräsentant altrömischer Einfachheit und Sittenstrenge; 460 v.Chr. Konsul. Im Jahr 458 wurde er nach seinem Rückzug aus dem Staatsleben vom Pflug weggeholt und zum Diktator berufen, um das von den Aequern eingeschlossene römische Heer zu befreien.

Cinna, Lucius Cornelius Cinna
Anhänger des Marius und Gegner Sullas. Vor dem Weggang Sullas in den Orient leistete er 87 v.Chr. als einer der beiden Konsuln den Eid, die Anordnungen Sullas einzuhalten. Er brach aber sogleich den Eid und begann 87 den Kampf gegen seinen Kollegen Gnaeus Octavius. Dieser und der Senat zwangen ihn jedoch zur Flucht. Er sammelte ein Heer, rief Marius aus Afrika zurück, eroberte Rom und führte eine Schreckensherrschaft ein. Cinna blieb bis 84 Konsul und rüstete gegen den zurückkehrenden Sulla. Bei einer Meuterei wurde er von seinen eigenen Soldaten erschlagen.

Claudius (10 v.Chr. – 54 n.Chr.)
Vierter römischer Kaiser (41 – 54 n.Chr.), Neffe des Kaisers Tiberius. Von den Prätorianern zum Kaiser ausgerufen. Unter ihm eroberten die Römer den Süden Britanniens. Im Inneren zahlreiche Reformen, in der Rechtsprechung war Claudius stark engagiert. Er hatte ebenso ein großes literarisches und geschichtliches Interesse. Unter ihm entstanden viele Bauten, u. a. die Wasserleitung Aqua Claudia, und der Hafenausbau von Ostia. Er wurde von seiner vierten Gattin Agrippina, der Mutter Neros, vergiftet.

Clodius, Publius Clodius Pulcher (92 – 52 v.Chr.)
Hieß eigentlich Claudius und stammte aus der claudischen Adelsfamilie. Im Jahr 59 trat er zur Plebs über, änderte dabei seinen patrizischen Namen in die volkstümliche Form Clodius um und wurde schließlich im Jahr 58 Volkstribun. Er war ein Gegner Ciceros. Mit organisierten Banden terrorisierte er Rom, bis er von den Anhängern seines Gegners Milo erschlagen wurde (Ciceros Rede *Pro Milone*).

Commodus, Lucius Aurelius Commodus (161 – 192 n.Chr.)
Kaiser in den Jahren 180 – 192. Sohn des Kaisers Marc Aurel. Er ließ sich als Hercules verehren und trat als Gladiator in der Arena auf. Ergötzte sich gern am Blutvergießen; ließ vermeintliche Gegner hinrichten. Dabei vernachlässigte er seine politisch-militärischen Aufgaben. Nachdem mehrere Verschwörungen gegen ihn gescheitert waren, ließen ihn seine früheren Anhänger ermorden.

Constantin, Konstantin, Flavius Valerius Constantinus (285 – 337 n.Chr.)
Wurde von seinen Truppen im Jahr 306 zum Kaiser ausgerufen. Zunächst regierte er zusammen mit Mitregenten, ab 324 dann als Alleinherrscher. 330 erklärte er Konstantinopel, „Konstantins Stadt", das ehemalige Byzanz und heutige Istanbul, zur Hauptstadt des römischen Reiches. Durch das Toleranzedikt von Mailand erhob er das Christentum 313 zur gleichberechtigten Religion. Ab 321 wird der christliche Sonntag zum staatlichen Feiertag.

Cornelia (2. Jh. v.Chr.)
Hochgebildete altrömische Patrizierin; Tochter des Publius Cornelius Scipio Africanus maior, Gattin des Tiberius Sempronius Gracchus, Mutter der Volkstribunen Tiberius und Gaius Gracchus. Sie galt als der Idealtypus einer Römerin.

Crassus, Marcus Licinius Crassus Dives – „der Reiche“ (115 – 53 v.Chr.)
Feldherr und Politiker; ein Anhänger Sullas. Durch dessen Proskriptionen zu großem Reichtum gekommen; bekam daher den Beinamen *Dives*, der Reiche. Schlug 71 v.Chr. den Sklaven- und Gladiatorenaufstand unter Spartacus nieder. Mit Caesar und Pompeius bildete er 60 v.Chr. das erste Triumvirat. Als Prokonsul war er Statthalter von Syrien. Er fiel 53 v.Chr. im Kampf gegen die Parther.

Curius, Manius Curius Dentatus
290 v.Chr. besiegte er die Samniten und Sabiner. Nach seinem Sieg über Pyrrhus im Jahr 275 v.Chr. verließ dieser Italien und kehrte nach Griechenland zurück. Curius galt als unbestechlich. Deshalb sprichwörtlich für die altrömische *virtus.*

Curtius, Quintus Curtius Rufus
Rhetor und Geschichtsschreiber unter Kaiser Claudius (1. Jh. n.Chr.). Er verfasste die einzige in lateinischer Sprache erhaltene Geschichte Alexanders des Großen mit romanhaften Zügen.

Diokletian (nach 230 – 316 n.Chr.), Gaius Aurelius Valerius Diocletianus
Von seinen Truppen zum Kaiser ausgerufen (284 – 305). Er war der Sohn eines Freigelassenen aus Illyrien. Unter ihm fand eine umfassende Neuordnung des römischen Reiches statt.
293 Einrichtung der Tetrarchie, der Vierkaiserherrschaft: zwei Oberkaiser, *Augusti*, regieren unterstützt von zwei Unterkaisern, *Caesares*, den Westen und Osten. Diokletian wurde Herrscher des Ostens. Maximianus wurde von Diokletian zum Mitkaiser Augustus ernannt und herrschte über den Westen. Zu Unterkaisern, *Caesares*, ernannten sie Galerius für den Osten und Constantinus Chlorus, den Vater des Constantin, für den Westen. Beide *Caesares* sollten Nachfolger der *Augusti* werden. Der Senat und Rom verloren ihre Vorrechte, Italien wurde den Povinzen gleichgestellt. Diokletian ging gegen alle vor, die den Kaiserkult verweigerten; dadurch kam es zu Beginn des 4. Jahrh. zu großen und den letzten Christenverfolgungen. 305 dankten Diokletian und Maximian ab. Diokletian zog sich ins Privatleben nach Salona, dem heutigen Split, in Dalmatien zurück.

Domitian, Titus Flavius Domitianus
Sohn des Vespasian und Bruder des Titus, als dessen Nachfolger er 81 – 96 n.Chr. römischer Kaiser war. Er minderte die Rechte des Senats und unterhielt eine gewalttätige Willkürherrschaft. Unter ihm wurden erfolgreich Kriege gegen die Chatten in Germanien und gegen die Daker geführt. Die Gebiete am Oberrhein ließ er durch einen Grenzwall, einen Limes, sichern. Ab etwa 87 gab es Verschwörungen gegen ihn; schließlich wurde Domitian ermordet.

Ennius, Quintus Ennius (239 – 169 v.Chr.)
Dichter aus Kalabrien, der während des 2. Punischen Kriegs nach Rom kam und dort seit 204 als Lehrer für das Griechische lebte. Er war einer der ersten und wichtigsten Vermittler der griechischen Kultur für die Römer. Sein Hauptwerk *Annales*, Jahrbücher, stellt die römische Geschichte von Aeneas an dar und ist vor allem bedeutsam durch die Form, weil hier der daktylische Hexameter erstmals verwendet wurde und damit eine lateinische künstlerische Literatursprache entstand. Bis zum Erscheinen von Vergils *Aeneis* galten die *Annales* als das römische Nationalepos. Darüber hinaus schrieb Ennius noch Tragödien, Komödien, Satiren sowie Lehrgedichte, wovon jedoch nur Bruchstücke überliefert sind.

Fabius, Quintus Fabius Maximus Cunctator
Ab 217 v.Chr. Diktator; gest. 203 v.Chr. Gegner Hannibals im 2. Punischen Krieg. Durch eine Hinhaltetaktik vermied er jede Entscheidungsschlacht so lange, bis Scipio Africanus ein starkes Heer aufgestellt hatte und schließlich Hannibal bei Zama in Nordafrika 202 v.Chr. schlagen konnte. Den Beinamen *Cunctator*, der Zauderer trug er nicht selbst; Ennius schrieb dazu: *Unus homo nobis cunctando restituit rem* – Ein einziger Mann hat uns durch sein Zögern den Staat gerettet.

Fabius, Quintus Fabius Pictor (geb. um 250 v.Chr.)
Erster römischer Geschichtsschreiber, der die römische Geschichte von der Urzeit bis zu seiner Zeit in griechischer Sprache darstellte.

Flaminius, Gaius Flaminius
223 v.Chr. Konsul und 217 v.Chr. Vorkämpfer der Plebs. Als Zensor legte er 220 v.Chr. die *via Flaminia* von Rom nach Rimini an und baute den *circus Flaminius.* Er fiel 217 v.Chr. gegen Hannibal im 2. Punischen Krieg am Trasimenischen See.

Galba, Servius Sulpicius Galba (5 v.Chr. – 69 n.Chr.)
Römischer Kaiser von Juni 68 –Januar 69; Nachfolger Neros. Erfolgreicher Feldherr und Mitglied der Nobilität. Vor seiner Ernennung zum Kaiser durch den Senat bekleidete er hohe Staatsämter. Er wurde von den Prätorianern erschlagen, weil sie für ihre Unterstützung bei seiner Machterringung nicht belohnt worden waren.

Gracchus, Gaius Sempronius Gracchus (153 – 121 v.Chr.)
Sohn des Tiberius Sempronius Gracchus und der Cornelia, der Tochter des Publius Cornelius Scipio Africanus maior; jüngerer Bruder des Tiberius Sempronius Gracchus. 123 und 122 Volkstribun. Er wollte die Agrarreform seines Bruders durch Gesetze zugunsten der Plebs fortsetzen. 121 beantragte der Senat die Aufhebung dieser Gesetze. Die Optimaten griffen gegen Gracchus zu den Waffen; es kam zum Bürgerkrieg, bei dem Tausende seiner Anhänger ermordet wurden. Er selbst ließ sich von einem Sklaven töten.

Gracchus, Tiberius Sempronius Gracchus (162 – 133 v.Chr.)
Sohn des Tiberius Sempronius Gracchus und der Cornelia, der Tochter des Publius Cornelius Scipio Africanus maior; der ältere Bruder des Gaius Sempronius Gracchus.
Als Volkstribun 133 v.Chr. trat er für eine Agrarreform ein, um Angehörigen des Proletariats Land zu verschaffen. Der Senat und die Optimaten widersetzten sich seinen Plänen. Er wurde ermordet.

Hadrian, Publius Aelius Hadrianus (76 – 138 n.Chr.)
Ein Verwandter Trajans und von diesem adoptiert. 117 – 138 römischer Kaiser. Er stammte aus Spanien und bereiste jahrelang fast alle römischen Provinzen. Er war ein großer Verehrer der griechischen Kultur, war philosophisch gebildet und hielt sich gern in Athen auf, wo er prächtige Bauwerke errichten ließ. In Rom wurde unter ihm das Pantheon wieder aufgebaut, ein Mausoleum für ihn errichtet – die heutige Engelsburg, bei Tivoli ließ er die Villa Hadriana/Adriana erbauen. Zwischen England und Schottland wurde zum Schutz der römischen Provinz der Hadrianswall mit 117 km Länge, vergleichbar mit dem Limes, angelegt. Kurz vor seinem Tod adoptierte er Antoninus Pius als seinen Nachfolger.

Hieronymus (etwa 345 – 420 n.Chr.)
Stammte aus Stridon in Dalmatien, studierte in Rom, unternahm Reisen nach Trier und den vorderen Orient, wo er die Askese predigte, ließ sich in Antiocheia zum Priester weihen und gründete in Bethlehem ein Mönchskloster. Im Auftrag von Papst Damasus übersetzte er die Bibel ins Lateinische – *Vulgata.* Er verfasste die erste christliche Literaturgeschichte *De viris illustribus* – Berühmte Männer. Sein übriges Werk besteht aus Bibelkommentaren, Mönchsbiografien, Streitschriften und Predigten. Er gilt als einer der lateinischen Kirchenväter.

Horaz, Quintus Horatius Flaccus (65 – 8 v.Chr.)
Römischer Lyriker und Schriftsteller aus Apulien. Sohn eines Freigelassenen. Neben Vergil bedeutendster Dichter der augusteischen Zeit. Er bekam in Rom und Athen eine umfassende Ausbildung. Verfasser von Oden, Gedichten nach klassischem griechischem Vorbild, Epoden, z. T. kritischen Gedichten zum Zeitgeschehen, Satiren und Episteln, Lehrbriefen zur Literatur. Er nahm an der Schlacht bei Philippi auf der Seite der Caesargegner teil. Verlust des väterlichen Vermögens durch die Proskriptionen. Er gehörte in Rom dem Kreis um Maecenas an, der ihm 33 ein kleines Landgut schenkte.

Hostilius, Tullus Hostilius
Der dritte römische König. Nach der Friedenszeit des Numa Pompilius wieder ein kriegerischer

König (wie Romulus, der erste römische König). Er zerstörte Alba Longa und siedelte die Einwohner auf dem *Caelius mons*, einem der sieben Hügel in Rom, an. Hostilius wurde vom Blitz erschlagen.

Julia (39 v.Chr. – 14 n.Chr.)
Die Tochter des Kaisers Augustus und seiner zweiten Gattin Scribonia. In politisch motivierten Ehen zuerst mit Marcellus verheiratet, dann mit Agrippa und danach zur Ehe mit Tiberius gezwungen. Sie wurde wegen ihres Lebenswandels und ihrer verschwörerischen Pläne von Augustus verbannt.

Justinian, Iustinianus (geb. 482 n.Chr.)
527 – 564 oströmischer Kaiser. Verheiratet mit Theodora, die zusammen mit ihm regierte. Er war erfolgreich bemüht, das Westreich wieder zurückzugewinnen. Seinen Feldherren Belisar und Narses gelang es, die Vandalen in Nordafrika und die Ostgoten in Italien zu besiegen. Zu den bedeutendsten Werken seiner umfangreichen Bautätigkeit gehören die Kirchen San Vitale in Ravenna und die Hagia Sophia in Konstantinopel, die ab 1453 Moschee war und seit 1934 ein Museum ist. Die wichtigste kulturelle Leistung Justinians besteht jedoch in der Kodifikation des gesamten römischen Rechts im *Corpus iuris civilis* – ab 529 n.Chr.

Juvenal, Decimus Iunius Iuvenalis (58 – 138 n.Chr.)
Der letzte bedeutende Satirendichter der Römer. In seinen 16 erhaltenen Satiren schildert er in schonungsloser Art und teils frecher Sprache die Verderbnis der römischen Gesellschaft. Rom ist bei ihm die Sammelstätte aller Laster.

Livia, Livia Drusilla (58 v.Chr – 29 v.Chr.)
Zuerst mit Tiberius Claudius Nero verheiratet, wurde sie die Mutter des Tiberius und des Drusus. Später Gattin des Kaisers Augustus. Livias Sohn aus erster Ehe, Tiberius, wurde Nachfolger von Augustus als Kaiser. Da Augustus auf die Meinungen Livias sehr großes Gewicht legte, machte er sie testamentarisch zur Mitregentin von Tiberius.

Livius, Titus Livius Patavinus (59 v.Chr. – 17 n.Chr.)
Römischer Geschichtsschreiber aus Patavium – Padua. Lebte in Rom und war mit Augustus befreundet. Sein Werk *Ab urbe condita libri* von der Gründung Roms bis zum Tod des Drusus (9 v.Chr.) bestand aus 142 Büchern, von denen nur noch 35 überliefert sind. Von den restlichen kennt man nur die Inhaltsangaben.

Lukan, Marcus Annaeus Lacanus (39 – 65 n.Chr.)
Epischer Dichter unter Nero. Verfasser der *Pharsalia,* eines Epos über den Bürgerkrieg zwischen Caesar und Pompeius. Wegen angeblicher Teilnahme an der Pisonischen Verschwörung gegen Nero wurde er von Nero zum Selbstmord gezwungen.

Lucretia
Tochter des Spurius Lucretius Tricipitinus, Gattin des Tarquinius Collatinus. Sie wurde von Sextus Tarquinius, einem Sohn des Königs Tarquinius Superbus, vergewaltigt. Nachdem Lucretia davon ihrem Gatten und ihrem Vater berichtet hatte, beging sie Selbstmord. Daraufhin riefen die Männer das Volk zur Rache auf, und das Geschlecht der Tarquinier wurde der Überlieferung nach um 510 v.Chr. vertrieben. Ende der Königsherrschaft.

Lukrez, Titus Lucretius Carus (96 – 55 v.Chr.)
Römischer Dichter und Philosoph; Verfasser des philosophischen Lehrgedichts *De rerum natura*, das bei seinem Tod noch unvollendet war und von Cicero herausgegeben wurde. Es behandelt in 6 Büchern die Lehren des philosophischen Materialismus, um die Menschen von der Todes- und Götterfurcht zu befreien. Neben physikalischen Theorien behandelt das Werk auch viele Bereiche des menschlichen Lebens.

Maecenas, Gaius Cilnius (um 70 – 8 v.Chr.)
Ein Freund von Kaiser Augustus, Politiker aus dem Ritterstand, vor allem aber ein Förderer und Gönner der Gelehrten und Dichter: Vergil, Horaz, Properz u. a.
Der heutige Begriff *Mäzen*, Förderer der Künste, leitet sich von seinem Namen ab.

Manlius, Marcus Manlius Capitolinus
392 v.Chr. Konsul. Retter des Kapitols beim Gallierüberfall 387 v.Chr. Nach der Überlieferung ein plebejerfreundlicher und sozialreformerischer Politiker. Er wurde 385 wegen Strebens nach Alleinherrschaft angeklagt, im Folgejahr verurteilt und vom Tarpejischen Felsen gestürzt.

Marc Aurel, Marcus Annius Verus (121 – 180 n.Chr.)
161-180 n.Chr. römischer Kaiser. Von Antoninus Pius adoptiert. Er führte mehrere Kriege, u. a. gegen die Markomannen. Gilt als der „Philosoph auf dem Kaiserthron".
In seinen auf Griechisch verfassten „Selbstbetrachtungen" legt er sich selbst Rechenschaft über sein Handeln ab; als Grundlage dient dabei die stoische Philosophie.

Marius (etwa 157 – 86 v.Chr.)
Sieger über Jugurtha 106 v.Chr., über die Teutonen bei Aquae Sextiae/Aix en Provence 102 v.Chr. und die Kimbern bei Vercellae in Oberitalien 101 v.Chr. Er war Führer der Volkspartei und ein Gegner Sullas. Zwischen 107 und 86 war Marius siebenmal Konsul.

Martial, Marcus Valerius Martialis (etwa 40 – 100 n.Chr.)
Römischer Epigrammatiker aus Bilbilis in Spanien. Er lebte 64-98 in Rom und zog sich dann in seine Heimat zurück. Seine Epigramme sind Spottgedichte, in denen er die Verlogenheit der damaligen römischen Gesellschaft schildert.

Messalina, Messalina Valeria (etwa 25 – 48 n.Chr.)
Dritte Gattin von Kaiser Claudius. Sie erregte Anstoß durch ihren sittenlosen Lebenswandel und ihre Grausamkeit. Infolge ihrer Sittenlosigkeit wurde ihr Name berüchtigt und sprichwörtlich. Auf Befehl des Claudius ermordet.

Messal(l)a, Marcus Valerius Messal(l)a Corvinus (64 v.Chr. – 13 n.Chr.)
Redner und Staatsmann zur Zeit Ciceros. Er kämpfte bei Philippi (42 v.Chr.) auf der Seite der Republikaner, ging dann zu Octavian über. Er wurde 31 v.Chr. zusammen mit Octavian Konsul. Im Jahr 2 v.Chr. beantragte er, dass Augustus *pater patriae*, der Vater des Vaterlands, genannt werden sollte. Um ihn war ein Kreis von Dichtern versammelt, zu dem u. a. Ovid und Tibull gehörten.

Minucius Felix
Römischer christlicher Schriftsteller des 3. Jh. n.Chr. Er ist der Verfasser des Dialogs *Octavius*, in dem der Heide Caecilius von dem Christen Octavius bekehrt wird.

Nepos, Cornelius Nepos (etwa 100 – 25 v.Chr.)
Römischer Biograf und Geschichtsschreiber. Ein Freund von Cicero, Catull, Varro und Atticus.

Nero, Claudius Drusus Germanicus Caesar (37 – 68 n.Chr.)
Ab 54 n.Chr. römischer Kaiser. Der wegen seiner Morde an seiner Mutter, seiner Gattin, u. a. berüchtigte Kaiser begann zunächst als ein Mann sinnvoller Reformen. Sein Lehrer war der stoische Philosoph Seneca. Eine vielseitige musische Begabung führte ihn in den Größenwahn als Künstler; er begründete die luxuriösen Festspiele „Neronia" zur musikalischen Selbstdarstellung. Für den großen Brand von Rom im Jahr 64 machte er die Christen verantwortlich, um sie verfolgen zu können. Beim Wiederaufbau Roms nach dem Brand ließ er seine *Domus aurea*, Goldenes Haus, errichten. Er hielt sich für den Bauherrn des „goldenen Rom".
Im Jahr 65 wurde die Pisonische Verschwörung niedergeschlagen und sein Lehrer Seneca von Nero zum Selbstmord gezwungen. Als die Prätorianer von Nero abfielen und es zu einem Aufstand kam, wurde er vom Senat geächtet. Nero floh aus Rom und brachte sich um.

Nerva, Marcus Cocceius Nerva (30 – 98 n.Chr.)
96 – 98 römischer Kaiser. Unter seiner Herrschaft gab es soziale Programme. Er adoptierte Trajan und machte ihn 98 zum Mitregenten.

Numa Pompilius
Der zweite römische König. Ihm werden die ältesten sozialen Gesetze und eine lange Periode des Friedens zugeschrieben. Er soll zahlreiche religiöse Einrichtungen und Ämter geschaffen haben,

z. B. das Amt der Flamines und der Vestalinnen. Der Überlieferung nach war er ein Sabiner und wurde vom römischen Volk zum Herrscher gewählt.

Ovid, Publius Ovidius Naso (43 v.Chr. – 17 n.Chr.)
Römischer Dichter, geboren in Sulmo, aus dem Ritterstand stammend. Von Augustus im Jahr 8 n.Chr. aus unbekannten Gründen nach Tomi am Schwarzen Meer verbannt, wo er auch starb. Verfasser der *Metamorphoses* - Verwandlungen, *Amores* - Liebesgedichte, *Ars amatoria* – Liebeskunst, *Fasti* – Festkalender, *Tristia* -Klagen über die Verbannung, *Heroides* – Briefe mythischer Frauen u. a.
Ovid war Mitglied im Dichter-Kreis um Messal(l)a.

Persius, Aulus Persius Flaccus (34 – 62 n.Chr.)
Aus Volaterrae in Etrurien, dem heutigen Volterra, stammender römischer Satiriker zur Zeit Neros. Anhänger der Philosophenschule der Stoa.

Petron, Petronius Arbiter
Satiriker und Politiker in der Zeit des Nero. Als *arbiter elegantiae* (Schiedsrichter in Sachen des guten Geschmacks) von Nero sehr geschätzt, lebte er an dessen Hof. Nachdem man ihn der Beteiligung an der Pisonischen Verschwörung beschuldigte, trieb Nero ihn 66 n.Chr. in den Selbstmord. Zuvor sandte Petron jedoch an Nero eine Schrift, in welcher er ihm seine Schändlichkeiten vorhielt.
Vermutlich ist Petron der Verfasser des teilweise erhaltenen *Satyricon*, einer Parodie auf die Liebesromane seiner Zeit; sie enthält die *Cena Trimalchionis*, Gastmahl des Trimalchio, ein wichtiges Zeugnis für die lateinische Vulgärsprache.

Phaedrus
Römischer Fabeldichter des 1. Jh. n.Chr. Aus Makedonien stammend, kam er als Sklave nach Rom. Unter Augustus ein Freigelassener. Sein Werk umfasst 5 Bücher Fabeln in Versform, größtenteils nach den Fabeln des Griechen Aisopos (Aesopus) aus dem 6. Jh. v.Chr.

Plautus, Titus Maccius Plautus (etwa 250 – 184 v.Chr.)
Aus Sarsina in Umbrien; der bedeutendste römische Komödiendichter. Von ihm sind 20 Komödien erhalten und Fragmente von über 30 weiteren. Sie orientieren sich frei an Vorbildern der Neuen Griechischen Komödie. Plautus hatte großen Einfluss auf Dichter in Mittelalter und Neuzeit, z. B. auf Shakespeare und Moliere.

Plinius, Gaius Plinius Secundus der Ältere (23 – 79 n.Chr.)
Verfasser von *Naturalis historia*, einer sehr umfangreichen Naturkunde in 37 Büchern. Beim Ausbruch des Vulkans Vesuv kam er infolge seines Forscherdrangs ums Leben.

Plinius, Gaius Plinius Caecilius Secundus der Jüngere (61 – 113 n.Chr.)
Neffe von Gaius Plinius Secundus dem Älteren, von dem er nach dem frühen Tod seines Vaters adoptiert und erzogen wurde. Zunächst Anwalt in Rom, wurde er unter Kaiser Trajan Statthalter der Provinz Bithynien. Er schrieb zahlreiche Briefe an Trajan, in denen unter anderem die Frage der Behandlung der Christen erörtert wird. Außerdem stammt von ihm ein *Panegyrikus*, eine Lobrede, auf Kaiser Trajan.

Pompeius, Gnaeus Pompeius Magnus (106 – 48 v.Chr.)
Sieger über die Seeräuber im Mittelmeer und über Mithridates VI von Pontus. Schloss im Jahr 60 v.Chr. das sogenannte Erste Triumvirat mit Caesar und Crassus zur Stärkung der Macht. Später wurde er Caesars Gegner im Kampf um die Vorherrschaft im Staat. Nach dem Überschreiten des Rubicon durch Caesar begann 49 v.Chr. der Bürgerkrieg zwischen Caesar und Pompeius. Nach dem Sieg Caesars in der Schlacht bei Pharsalos (in Thessalien) floh Pompeius nach Ägypten. Dort wurde er auf Geheiß der Ratgeber Königs Ptolemaios XIII., eines Bruders Kleopatras, getötet.

Properz, Sextus Propertius (etwa 47 – 15 v.Chr.)
Bedeutendster römischer Elegiker, der aus Asisium in Umbrien, dem heutigen Assisi, stammte. Er war mit Ovid befreundet und gehörte zum Dichterkreis um Maecenas. In vier Gedichtbüchern behandelte er hauptsächlich seine Liebe zu Cynthia (Pseudonym für Hostia), aber er schrieb auch

Gedichte an Freunde, Trostgedichte, sowie Nachrufe; außerdem befasste er sich in seinen Büchern mit dem Ursprung römischer Kulte. Durch ihn wurde Goethe zu seinen *Römischen Elegien* angeregt.

Quintilian, Marcus Fabius Quintilianus (etwa 35 – 100 n.Chr.)
Stammte aus Spanien und war ein gefeierter Redner und Rhetoriklehrer. Am Hof Domitians fungierte er als Prinzenerzieher. Verfasser der *Institutio oratoria*, des Lehrgangs der Beredsamkeit, in 12 Büchern. Das 10. Buch enthält einen Abriss der griechisch-römischen Literaturgeschichte.

Rea/Rhea Silvia, – auch: **Ilia**
Stammutter der Römer. Tochter des Königs Numitor von Alba Longa, der von seinem Bruder Amulius vertrieben wurde. Zur Vestalin gezwungen, wurde sie der Sage nach durch Mars die Mutter von Romulus und Remus, welche König Amulius aussetzen ließ.

Romulus
Die Sage erzählt: Sohn des Mars und der Rhea Silvia. Zwillingsbruder des Remus. Auf Befehl seines Onkels, König Amulius, wurde er zusammen mit Remus ausgesetzt. Eine Wölfin ernährte die beiden und ein Hirte zog sie auf. Romulus ist der Gründer und erster König von Rom. Er erbaute Rom auf dem Palatin und umgab die Stadt mit einer Mauer. Als Remus die neue Stadtmauer übersprungen hatte, erschlug ihn Romulus. Der Raub der Sabinerinnen fällt in diese Zeit der Sage. Romulus soll zahlreiche Einrichtungen der späteren Zeit begründet haben. So gehen angeblich der Senat, die Einteilung des römischen Volkes in drei Tribus und die Unterscheidung von Patriziern und Plebejern auf Romulus zurück. Nach seinem Tod wurde er unter dem Namen *Quirinus* göttlich verehrt.

Sallust, Gaius Sallustius Crispus (86 – 34 v.Chr.)
Erster großer Geschichtsschreiber der Römer. Wurde im Jahr 54 Quaestor, 52 Volkstribun und politischer Gegner Ciceros, 50 aus dem Senat ausgestoßen und 49 von Caesar wieder zum Quaestor ernannt. Zu seinen Hauptwerken zählen die *Coniuratio Catilinae*, eine Darstellung der von Cicero 63 aufgedeckten Verschwörung Catilinas, und das *Bellum Jugurthinum*, das den Krieg gegen Jugurtha (112 – 105 v.Chr.) abhandelt.

Scipio, Publius Cornelius Scipio
218 v.Chr. Konsul. Feldherr im 2. Punischen Krieg; er wurde von Hannibal 218 am Ticinus/Ticino in Norditalien besiegt. Schlug jedoch zwei Jahre später Hasdrubal am Ebro. Im Jahr 212 oder 211 fiel er im Kampf gegen Hasdrubal in Spanien.

Scipio, Publius Cornelius Scipio Africanus maior (um 235 – 183 v.Chr.)
Sohn des Publius Cornelius Scipio. Kämpfte im 2. Punischen Krieg als Oberbefehlshaber gegen Hannibal. Die Karthager wurden zum Rückzug aus Spanien nach Nordafrika gezwungen. Er setzte nach Afrika über und besiegte Hannibal in der Schlacht bei Zama 202 v.Chr. Für diesen Sieg bekam er den Beinamen Africanus.

Scipio, Publius Cornelius Scipio Aemilianus Africanus minor Numantinus (etwa 185 – 129 v.Chr.)
Sohn des Lucius Aemilius Paulus Macedonicus; adoptiert vom Sohn des Scipio Africanus maior. Er wurde 147 als Konsul Oberbefehlshaber im 3. Punischen Krieg und zerstörte 146 Karthago. Dafür erhielt er den Beinamen Africanus. 133 eroberte er Numantia in Spanien und bekam den weiteren Beinamen Numantinus.
Als Kenner und Liebhaber der griechischen Sprache und Kultur förderte er in seinem Freundeskreis, dem Scipionenkreis, den Einfluss griechischer Bildung auf die römische Gesellschaft.

Seneca, Lucius Annaeus Seneca der Jüngere (etwa 4 – 65 n.Chr.)
Aus Cordoba in Spanien stammend. Politiker, stoischer Philosoph und Schriftsteller in Rom. Von Kaiser Claudius nach Korsika verbannt (41 – 49), danach Erzieher des jungen Nero und in dessen anfänglicher Regierungszeit sein Berater mit großem Einfluss. Wegen angeblicher Beteiligung an der Pisonischen Verschwörung auf Befehl Neros zum Selbstmord genötigt.
Sein umfangreiches schriftstellerisches Werk umfasst 10 Tragödien, Satiren (z. B. *Apokolokyntosis*, eine Satire auf Kaiser Claudius), philosophische Abhandlungen über Themen der Physik und Ethik sowie moralphilosophische Briefe.

Septimius Severus (146 – 211 n.Chr.)
193 – 211 römischer Kaiser. Begründer der Dynastie der Severer aus Nordafrika. Er wurde von den Legionen zum Kaiser ausgerufen und vom Senat anerkannt. Gegen die Parther führte er einen erfolgreichen Krieg. Da er den Einflüssen des Orients offen gegenüber stand, brach er die Vormachtstellung Roms und Italiens gegenüber den Provinzen. Der Senat verlor an Bedeutung und der Kaiser stützte sich ganz auf das Heer. Bei einem Feldzug in Britannien starb er. Auf dem Forum Romanum steht ein Triumphbogen des Septimius Severus.

Sueton, Gaius Suetonius Tranquillus (etwa 70 – 140 n.Chr.)
Vermutlich aus Rom stammend und Sekretär unter Kaiser Hadrian. Später Geschichtschreiber. Sein Hauptwerk ist *De vita Caesarum* - 12 Biografien von Caesar bis Domitian. Sueton schrieb nicht als wissenschaftlicher Autor, sein Werk hat eher Unterhaltungscharakter.

Sulla, Lucius Cornelius Sulla (Felix) (138 – 78 v.Chr.)
Feldherr, Führer der Optimaten, Diktator. Kämpfte unter Marius im Krieg gegen Jugurtha. Nachdem Jugurtha von Marius geschlagen worden war, floh Jugurtha zu seinem Schwiegervater Bocchus, dem König von Mauretanien. Sulla gelang es, Bocchus zur Auslieferung Jugurthas an die Römer zu bewegen. Dadurch war der Krieg beendet. Später wurde Sulla Führer der Optimaten und dadurch zum Gegner des Marius im Kampf der Optimaten mit den Popularen. 88 v.Chr. wurde Sulla Konsul. Er wurde zum Oberbefehlshaber im Krieg gegen Mithridates bestimmt. Daraufhin ließ sich Marius durch Volksbeschluss mit der Kriegsführung gegen Mithridates beauftragen. Es kam zum Bürgerkrieg. Marius und seine Anhänger wurden vertrieben. Sulla traf Maßnahmen zur Sicherung der Senatsherrschaft und zog dann gegen Mithridates. Während der Kämpfe gegen Mithridates kehrte Marius zurück und errichtete eine Schreckensherrschaft, die seine Anhänger nach seinem Tod fortführten. Als Sulla nach Italien zurückkam, wurden die Anhänger des Marius vernichtend geschlagen und durch Proskriptionen verfolgt. Sulla wurde Diktator auf unbeschränkte Zeit. Durch eine Reform der Verfassung erhielt der Senat wieder mehr Macht. Der Einfluss der Volkstribunen wurde dagegen geschwächt. Nach der Neuordnung des Staates trat Sulla im Jahr 79 v.Chr. freiwillig zurück und ging als Privatmann nach Kampanien, wo er im folgenden Jahr starb.

Tacitus, Cornelius Tacitus (um 54 – um120 n.Chr.)
Der größte römische Geschichtsschreiber. Außerdem war Tacitus Politiker und Ethnograph. Sein Schwiegervater war Agricola und der jüngere Plinius war sein Freund. Tacitus kam aus vornehmer Familie, durchlief eine Ämterlaufbahn – 88 Praetor, 97 Konsul – und war unter Trajan Prokonsul der Provinz Asia. Einige seiner wichtigsten Werke sind *Germania*, eine Beschreibung des Landes und der Einwohner Germaniens, *Annales*, römische Geschichte 14 – 69 n.Chr., *Historiae*, römische Geschichte 69 – 96 n.Chr., *Dialogus de oratoribus* – eine Abhandlung über den Verfall der Redekunst, *De vita et moribus Agricolae*, eine Lebensbeschreibung seines Schwiegervaters, des Eroberers Britanniens.

Tarquinius Priscus
Fünfter König von Rom. Etruskischer Herkunft.

Tarquinius Superbus
Der siebte und letzte König Roms. Etruskischer Herkunft. Unterdrückte die Patrizier und Plebejer. Nachdem Lucretia, die Gattin des Tarquinius Collatinus, von einem Sohn des Tarquinius Superbus vergewaltigt worden war, wurde Tarquinius Superbus mit seiner Familie 509 v.Chr. aus Rom vertrieben. Lucius Junius Brutus und Tarquinius Collatinus wurden danach die ersten römischen Konsuln. Beginn der römischen Republik.

Terenz, Publius Terentius Afer (etwa 190/185 – 159 v.Chr.)
Freigelassener, aus Libyen stammend. Der bedeutendste lateinische Komödiendichter neben Plautus. Er kam als Kriegsgefangener nach Rom und erhielt dort mit dem philhellenischen Scipionenkreis Kontakt. Seine Lustspiele sind Nachbildungen der Neuen Attischen Komödie. Im Mittelalter galten sie als Beispiele für Sprachreinheit, und seit der Renaissance ließen sich viele Komödiendichter von ihnen anregen.

Tiberius, Tiberius Claudius Nero (42 v.Chr. – 37 n.Chr.)
Seit 14 n.Chr. römischer Kaiser. Sohn der Livia, Stiefsohn und Adoptivsohn des Kaisers Augustus. Von diesem wurde er zum Nachfolger bestimmt. Tiberius war ein erfolgreicher Feldherr, u. a. im Krieg gegen die Markomannen und anfangs auch ein tüchtiger Herrscher. Später überließ er dem Prätorianerpräfekten Sejanus die Regierungsgeschäfte. Dieser wurde 31 n.Chr. wegen Hochverrats hingerichtet.
Die letzten Lebensjahre verbrachte Tiberius auf Capri, in freiwilliger Isolierung von der Welt.

Tibull, Albus Tibullus (etwa 50 – 19 v.Chr.)
Neben Properz der bedeutendste Vertreter der lateinischen Elegiendichtung. Mitglied des Messal(l)a-Kreises, befreundet mit Horaz. Die Hauptthemen der Gedichte Tibulls sind die Liebe zu Delia (Pseudonym für Plania) und das friedliche, einfache Landleben.

Titus, Titus Flavius Sabinus Vespasianus (39 – 81 n.Chr.)
79 – 81 römischer Kaiser. Sohn und Nachfolger von Kaiser Vespasian. Schon vor seinem Regierungsantritt beendete er im Auftrag seines Vaters den jüdischen Aufstand mit der Zerstörung Jerusalems im Jahr 70. Auf dem Forum Romanum steht der Titus-Bogen, ein Triumphbogen mit Darstellungen der Eroberung Jerusalems. Im römischen Reich gewann er durch Milde und Gerechtigkeit große Beliebtheit. Nach dem Vesuvausbruch 79 war er bemüht, durch umfassende Hilfsmaßnahmen die Not in Pompeji zu lindern. Unter Titus wurde das Kolosseum eingeweiht, das unter seinem Vater Vespasian erbaut worden war.

Trajan, Marcus Ulpius Traianus (53 – 117 n.Chr.)
98 – 117 römischer Kaiser. Von Nerva adoptiert. Stammte aus Südspanien. Unter Trajan besaß das römische Reich seine größte geografische Ausdehnung. Er adoptierte Hadrian als seinen Nachfolger. Er entfaltete eine umfangreiche Bautätigkeit, u. a. das Trajansforum und die Trajansthermen in Rom. Auf der Trajanssäule auf dem Trajansforum sind spiralförmig die für die Römer siegreichen Dakerkriege ausführlich und anschaulich dargestellt.

Tullius, Servius Tullius
Der sechste (und vorletzte) römische König. Unter ihm wurden die Vorrechte der Patrizier durch die Verfassung eingeschränkt, und die wehrfähigen Plebejer erhielten die Möglichkeit zur politischen Mitwirkung.

Varro, Marcus Terentius Varro (116 – 27 v.Chr.)
Aus Reate im Sabinerland; der größte römische Gelehrte. Er war Sprachforscher, Fachschriftsteller, Enzyklopädist und Dichter. Varro bekleidete öffentliche Ämter und war unter Pompeius Kommandant im Krieg gegen die Piraten. Er kämpfte auch im Bürgerkrieg zwischen Caesar und Pompeius auf der Seite von Pompeius. Nach Caesars Sieg versöhnte sich dieser mit Varro und übertrug ihm die Leitung einer öffentlichen Bibliothek. Varro galt und gilt als der gelehrteste Römer aller Zeiten. Von ihm stammen etwa 70 Werke mit ca. 600 Büchern über verschiedene Sachgebiete: Literaturgeschichte, Sprache, Philosophie, Geschichte, Landwirtschaft u. a. Nur wenig ist davon erhalten.

Vergil, Publius Vergilius Maro (70 – 19 v.Chr.)
Geboren in Andes bei Mantua. Wie Horaz zum Maecenas-Kreis gehörend. Enge Beziehungen zu Kaiser Augustus. Der berühmteste Dichter der augusteischen Zeit. Lebte lange in Rom, später in Neapel, wo er auch starb.
Seine Werke: die *Aeneis,* die Irrfahrten des Aeneas nach dem trojanischen Krieg, von Troja über Karthago und Sizilien nach Latium sowie die Kämpfe in Latium bis zum Sieg des Aeneas, die *Bucolica* (*Eclogae* – Hirtengedichte) und die *Georgica*, die Dichtung vom Landbau. Die *Aeneis* galt als römisches Nationalepos und wurde im Mittelalter zum berühmtesten Epos des Abendlandes.

Vespasian, Titus Flavius Vespasianus (9-79 n.Chr.)
Seit 69 römischer Kaiser. Begründer des flavischen Kaiserhauses. Unter ihm wurden die durch die Neronische Misswirtschaft zerrütteten Staatsfinanzen wieder geordnet. Er beauftragte seinen Sohn Titus mit der Niederschlagung des Aufstandes der Juden. Dabei kam es zur Zerstörung Jerusalems im Jahr 70; Beginn der *Diaspora*, der Zerstreuung des Judentums über die ganze bewohnte Erde.

Neuwörter: Latein – Deutsch

Latein gilt zwar gemeinhin als tote Sprache, aber ganz so tot ist diese Sprache nun doch wieder nicht. So ist Latein noch heute Amtssprache, wenn auch nicht Umgangssprache, des Vatikans. Auch außerhalb des Vatikans wird Latein heute noch von Liebhabern geschrieben und sogar gesprochen. Es gibt mehrere Plattformen, auf denen aktuelle lateinische Texte veröffentlicht werden, wie z. B. die vierteljährlich erscheinende Zeitschrift „Vox Latina" der Universität Saarbrücken und die lateinischen Nachrichtensendungen „Nuntii Latini" von Radio Finnland und Radio Bremen, die man auch im Internet unter www.yle.fi/fbc/latini/ bzw. www.radiobremen.de/online/latein/ nachlesen kann. Das Internet ist ein wichtiges Kommunikationsmedium der auf der ganzen Welt verstreuten Latein-Sprecher und -Schreiber: Dort finden Interessierte zahlreiche lateinische Homepages und sogar lateinsprachige Newsgroups und Chatrooms.
Das folgende kleine Glossar lateinischer Neuwörter soll eine Hilfe beim Lesen solcher lateinischer Texte sein.

aboleo *olere olevi olitum*	*(jur.)* annullieren
absumptio *onis, f* bencini	Benzinverbrauch
academia *ae, f* popularis	Volkshochschule
acceleratrum *i, n*	Gaspedal
accendo *cendere cessi cessum*	*(Licht, Radio)* anschalten
acta *orum, n* (diurna)	(Tages-)Zeitung
actor *oris, m* cinematographicus	Filmschauspieler
actrix *tricis, f* cinematographica	Filmschauspielerin
actorum armarium *i, n*	Aktenschrank
acupunctura *ae, f*	Akupunktur
adaptabilitas *tatis, f*	Anpassungsfähigkeit, -vermögen
aditus *us, m*	Landeplatz
administratio *onis, f*	Bedienung *(von Geräten)*
advertissamentum *i, n*	Annonce
advolatus *us, m*	*(Flugzeug)* Anflug
Aedes *dium, fpl* Albae	das Weiße Haus *(in Washington)*
aedificium *i, n* antiquum	Altbau
aerarium *i, n* comparsorum exstructioni parandae	Bausparkasse
aerarius *i, m*	Metallarbeiter
aëris inquinamentum *i, n*	Luftverschmutzung
aërivolator *oris, m*	Segelflieger
aëronautici *orum, mpl*	Flugzeugbesatzung
aëroplani abductio *onis, f*	Flugzeugentführung
aëroplani casus *us, m*	Flugzeugabsturz
aëroplaniga *ae, m*	Flugkapitän
aëroplanum *i, n*	Flugzeug
aëroplanum *i, n* venaticum	Jagdflugzeug
aëroportus *us, m*	Flughafen, Flugplatz
aestimatio *onis, f* sumptuum	Kostenvoranschlag

aetas *atis, f* atomica	Atomzeitalter
affluentia *ae, f* vehicularia	Berufsverkehr
agentura *ae, f*	Agentur
agnomen *minis, n*	*(Internet)* Nickname, Nick
album *i, n* televisificum	*(TV)* Bildschirm
album *i, n* visificum	*(Computer)* Bildschirm
alimonium *i, n* senum	Altersversorgung
allidor *allidi allisus sum*	aufprallen
allisio *onis, f*	Aufprall
amplificatrum *i, n*	Verstärker
ampulla *ae, f* Molotioviana	Molotowcocktail
anabathrum *i, n*	*(Fahrstuhl)* Aufzug
analysis *is, f* systematis	*(Informatik)* Systemanalyse
Angelopolis *is, f*	Los Angeles
annus *i, m* luce mensus	Lichtjahr
annuntiator *oris, m*	Ansager
annuntiatrix *tricis, f*	Ansagerin
antagonista *ae, m/f*	Gegner(in)
antialcoholista *ae, m/f*	Antialkoholiker(in)
antibioticum *i, n*	Antibiotikum
anticorpus *poris, n*	Antikörper
antipulsorium *i, n*	Stoßdämpfer
antiquarius *i, m*	Antiquar
antitypum *i, n*	*(Foto)* Abzug
antlia *ae, f* pneumatica	Luftpumpe
apodyterium *i, n*	Ankleidekabine
apparatus *us, m* stereophonicus	Stereoanlage
appulsus *us, m*	Landung
aqua *ae, f* refrigeratoria	Kühlwasser
arca *ae, f* gelatoria	Gefriertruhe
arca *ae, f* musica	Musikbox
argentaria *ae, f*	Bank
argentarius *i, m*	Bankier
arma *orum, npl* atomica	Atomwaffen
arma imminuo *minuere minui minutum*	abrüsten
arma *orum, npl* interneciva	Massenvernichtungswaffen
armamentarium *i, n*	Waffenlager
armarium *i, n* armatum	Panzerschrank
armatura *ae, f*	Armatur

armistitium *i, n*	Waffenstillstand, Waffenruhe
armorum imminutio *onis, f*	Abrüstung
artifex *ficis, m/f* informationis	Informatiker(in)
assignatio *onis, f*	*(Zuteilung)* Anweisung
astronauta *ae, m/f*	Astronaut(in)
asyli ius *iuris, n*	Asylrecht
asyli petitor *oris, m*	Asylbewerber
asylo alqm recipio *cipere cepi ceptum*	jdm Asyl gewähren
asylum *i, n*	Asyl
asylum *i, n* tecto carentium	Obdachlosenasyl
atrium *i, n* stationarium	Bahnhofshalle
attributio *onis, f*	*(Zahlung)* Anweisung
auditorium *i, n* musicum	Konzertsaal
auriga *ae, m/f*	Autofahrer(in)
auriga *ae, m/f* ferriviae stratariae	Straßenbahnfahrer(in)
aurora *ae, f* borealis	Nordlicht
Austria *ae, f*	Österreich
autobirota *ae, f*	Motorrad
autobirotarius *i, m*	Motorradfahrer
autobirotula *ae, f*	Moped
autocinetum *i, n*	Auto
autocinetum *i, n* privatum	PKW
autographum *i, n*	Autogramm
automatum *i, n*	Automat
automatum *i, n* lusorium	Spielautomat
automatum *i, n* nummorum	Münzautomat
automatus *a um*	automatisch
autoraeda *ae, f*	Auto
autoraeda *ae, f* conducticia	Mietauto
autoraeda *ae, f* electrica	Elektroauto
autoraeda *ae, f* privata	PKW
autoraeda vehor *vehi vectus sum*	mit dem Auto fahren
autoraedam duco *ducere duxi ductum*	Auto fahren
autoraedarius *i, m*	Chauffeur
autovehiculum *i, n*	Kraftfahrzeug
autovoluculum *i, n*	Motorroller
auxilium *i, n* populis egentioribus praebendum	Entwicklungshilfe
avolatio *onis f*	Abflug
basis *is, f* emissionis	Abschussrampe

bellator *oris, m* tectus/clandestinus	Guerillakämpfer, Untergrundkämpfer
bellica arma paro *parare*	aufrüsten
bellicorum armorum paratio *onis, f*	Aufrüstung
bellum *i, n* atomicum	Atomkrieg
bellum *i, n* clandestinum/tectum	Guerillakrieg
bencinarius *i, m*	Tankwart
bencinum *i, n*	Benzin
bene procedit *cedere cessit*	sich gut anlassen
biocolyta *ae m/f*	Polizist(in)
biologia *ae, f* molecularis	Molekularbiologie
birota *ae, f*	Fahrrad
birotarius *i, m*	Fahrradfahrer
bitumen *minis, n*	Asphalt
bitumino *bituminare*	asphaltieren
bomba *ae, f* atomica	Atombombe
Bruxella *ae, fpl*	Brüssel
bucina *ae, f*	Hupe
bursa *ae, f* (argentaria)	Börse
caeliscalpium *i, n*	Wolkenkratzer
cafea *ae, f* glacialis	Eiskaffee
calceus *i, m* subrotatus	Rollschuh
calefactio *onis, f*	Heizung
calefactio *onis, f* centralis	Zentralheizung
calefactorium *i, n*	Heizung
calefactorium *i, n* gasale	Gasheizung
calefactorium *i, n* olearium	Ölheizung
calendarium *i, n* foliatum	Abreißkalender
calumniator *oris, m*	*(pej)* Rechtsverdreher
calx *calcis f*	Absatz *(am Schuh)*
campus *i, m* ludorum variorum et spectaculorum	Rummelplatz
campus *i, m* delectationis	Freizeitpark
campus *i, m* exceptorius	Auffanglager
campus *i, m* tentorius	Campingplatz
cancellarius *i, m*	Kanzler
cancellarius *i, m* foederalis	Bundeskanzler
canthus *i, m* pneumaticus	Reifen *(eines Fahrzeugs)*
canthus *i, m* pneumaticus aestivalis	Sommerreifen
canthus *i, m* pneumaticus hiemalis	Winterreifen

capacitas *tatis, f* conditorii	Speicherkapazität
capsella *ae, f* contactus (electrici)	Steckdose
capulum *i, n*	Kabel
carchesium *i, n*	Kran
carrus *i, m* remulcandi	Abschleppwagen
centesima *ae, f*	Prozent; Cent
certamen *minis, n* birotale	Radrennen
certamen *minis, n* Francogalliae circumvehendae	Tour de France
caseta *ae, f*	Kassette
caseta *ae, f* magnetoscopia	Videokassette
casetophonum *i, n*	Kassettenrecorder
casus *us, m* autocineticus	Autounfall
catalogus *i, m* telephonicus	Telefonbuch
cautio *onis, f* vitae	Lebensversicherung
celeritatis restrictio *onis, f*	Geschwindigkeitsbegrenzung
cella *ae, f* telephonica	Telefonzelle
certamen *mins, n* autoraedarum	Autorennen
chamulcus *m* automatarius	Bulldozer
charta *ae, f* argentaria/nummaria	Banknote; Geldschein
charta *ae, f* illustrata	Ansichtskarte
charta *ae, f* praesentiae	Stechkarte
charta *ae, f* reiectanea	Altpapier
chartophylacium *i, n*	Aktentasche
chartula *ae, f* fascalis	Paketkarte
chartulae *arum, fpl* compactae	Notizblock
chiliogramma *atis, n*	Kilogramm
chiliometrum *i, n*	Kilometer
chiliometrum *i, n* quadratum	Quadratkilometer
chiramaxium *i, n*	Kinderwagen
chromosoma *atis, n*	Chromosom
chronoscopium *i, n*	Stoppuhr
cinctura *ae, f* securitatis	Sicherheitsgurt
cincturam securitatis accingo *cingere cinxi cinctum*	sich anschnallen *(im Auto, Flugzeug)*
cinematographo *cinemathographare*	filmen
cinerarium *i, n*	Aschenbecher
circulus *i, m* electricus	Stromkreis
circumgestatio *onis, f* per urbem	Stadtrundfahrt
circumiecta *orum, npl*	Umwelt

circumiectalis *e*	Umwelt-
clam ausculto *auscultare*	*(belauschen)* abhören
clausura *ae, f* tractilis	Reißverschluss
clavicen *cinis, m*	Pianist
clavicina *ae, f*	Pianistin
clavis *is, f* autocinetica	Autoschlüssel
clavista *ae, m/f*	Klavierspieler(in)
cloaca *ae, f*	Kläranlage
clonizo *clozinare*	klonen
codex *dicis, m* cursualis	Postleitzahl
collectio *onis, f* datorum	Datenbank
collectorium *i, n*	Aktenordner
collegium *i, n* opificum	Gewerkschaft
colloco *collocare*	installieren
columna *ae, f* praeconia	Litfaßsäule
comitia *orum, npl*	*(polit.)* Wahl
comitia *orum, npl* municipalia	Kommunalwahl
comitia *orum, npl* parlamentaria	Parlamentswahl
comitia *orum, npl* praesidentalia	Präsidentschaftswahl
commeatio *onis, f* longinqua	Fernverkehr
commeatus *us, m* hospitum	Fremdenverkehr
commeatus *us, m* institutorius	Bildungsurlaub
compartimentum *i, n*	Abteil *(eines Zuges)*
computatorium *i, n*	Computer
computatralis *e*	Computer-
computatrum *i, n*	Computer
computatrum *i, n* analogicum	Analogrechner
computatrum *i, n* portabile	Taschenrechner
computus *m*	Konto
computus *m* argentarius	Bankkonto
conceptaculum *i, n* bencini	Benzinkanister
concha *ae, f* auditoria	Kopfhörer
conditorium *i, n*	*(Computer)* Speicher
conductor *oris, m* operis	Bauunternehmer
conexus *us, m* extraneus	Auslandsbeziehungen
conexus *us, m* telephonicus	Telefonanschluss
conexio *onis, f* interretialis	Internetanschluss
confirmatio *onis, f* mandati	Auftragsbestätigung
conorum areola *ae, f*	Kegelbahn

consiliarius *i, m* operarum	*(Person)* Betriebsrat
consilium *i, n* operarum	*(Gremium)* Betriebsrat
contractus circuitus *us, m* electricus	*(elektr.)* Kurzschluss
contus *i, m* tutorius	Stoßstange
convectione utor *uti usus sum*	per Anhalter fahren
copiatrum *i, n*	Kopiergerät
cordis transplantatio *onis, f*	Herztransplantation
cosmonauta *ae, m/f*	Kosmonaut(in)
culcita *ae, f* inflabilis	Luftmatratze
culmen *minis, n* mundale	Weltrekord
cummeus *a, um*	Gummi-
cuniculus *i, m*	Tunnel
cura *ae, f* emptoris	Kundendienst
curator *oris, m* traminis	Zugführer
curriculum *i, n* studiorum vespertinum	Abendkurs
currus *us, m* annexus	Anhänger *(am Auto)*
currus *us, m* armatus	Panzerwagen
currus *us, m* cataphractus	*(milit.)* Panzer
currus *us, m* cenatorius	Speisewagen
currus *us, m* communis	Bus
currus *us, m* cubitorius	Liegewagen
currus *us, m* ferriviarius	Eisenbahnwaggon
currus *us, m* onerarius	LKW
currus *us, m* valetudinarius	Krankenwagen
cursualis *e*	Post-
cursus *us, m* aërius	Luftpost
cursus *us, m* electronicus	E-Mail
cursus *us, m* operatorius	Leistungskurs
cursus *us, m* spatii longi	Langstreckenlauf
cuspis *idis, f* nuclearis	Atomsprengkopf
custodes *dum, mpl* publici	Polizei
custos *odis, m/f* publicus/publica	Polizist(in)
cutis curandae remedium *i, n*	Hautpflegemittel
cylindrus *i, m*	Zylinder *(vom Motor)*
data *orum, npl*	Daten
decoctio *onis, f*	Bankrott
deductionis ratio *onis, f*	Diskontsatz
defluvia *orum npl*	Abwässer
delenimentum *i, n*	Beruhigungsmittel

deltaplanista *ae, m/f*	Drachenflieger(in)
delunatio *onis, f*	Mondlandung
deminutio *onis, f* temporis operarii	Arbeitszeitverkürzung
democrata *ae, m/f*	Demokrat(in)
democrata *ae, m/f* socialis	Sozialdemokrat(in)
depositorium *i, n* purgamentorum atomicorum	Atommülldeponie
detego *tegere texi tectum*	*(Fotos)* entwickeln
determinatio *onis, f*	Abgrenzung
detorqueo *torquere torsi tortum*	*(Wasser, Gas)* abdrehen
detractio *onis, f*	Abbuchung
detritus *us, m*	Abnutzung
devaloratio *onis, f*	*(Finanzw.)* Abwertung
deverticulum *i, n* iuvenum	Jugendherberge
diaeta *ae, f*	Apartment
diaphragma *matis, n*	Blende *(vom Fotoapparat)*
dies *diei, m* anautocineticus	autofreier Tag
dies *diei, m* Lunae	Montag
dies *diei, m* Martis	Dienstag
dies *diei, m* Mercurii	Mittwoch
dies *diei, m* Iovis	Donnerstag
dies *diei, m* Veneris	Freitag
dies *diei, m* Saturni/Sabbati	Samstag, Sonnabend
dies *diei, m* Solis/Dominicus	Sonntag
digitabulum *i, n*	Handschuh
diploma *atis, n* gubernationis	Führerschein
directionem monstro *monstrare*	*(beim Autofahren)* blinken
diruptio *onis, f* atomica	Atomexplosion
disciplina *ae, f* informatica	Informatik
discopulo *copulare*	*(Auto)* auskuppeln
discotheca *ae, f*	Diskothek
discriminatio *onis, f* phyletica	Rassendiskriminierung
discus *i, m* compactus	CD , CD ROM
discus *i, m* horarius	Parkscheibe
disiunctura *ae, f*	*(Auto)* Leerlauf
displodo *plodere plosi plosum*	sprengen, *(Bombe)* explodieren lassen
displodor *plodi plosus sum*	explodieren
displosio *onis, f*	Explosion
displosivus *a um*	explosiv
dispositor *oris, m* scaenarum	Regisseur

diurnarius *i, m*	Journalist
documenta *orum, npl* petitionis	Bewerbungsunterlagen
documentum *i, n* electronicum	(Computer-)Datei
dolium *i, n* purgamentorum	Mülltonne
domus *us, f* negotiationis	Kaufhaus
domus *us, f* praealta	Hochhaus
domus *us, f* praestructa	Fertighaus
domus *us, f* stativa	Parkhaus
drama *atis, n* musicum	Oper
drogarum mercator *oris, m*	Dealer, Drogenhändler
drogis assuetus *a um*	drogenabhängig
drogomanicus *a um*	drogensüchtig
e.c.	*(=exempli causa)* zum Beispiel
electricus *a um*	elektrisch
electrificina *ae, f*	Kraftwerk
electrificina *ae, f* nuclearis	Kernkraftwerk
electrogramma *atis, n*	E-Mail
electromechanicus *i, m*	Elektriker
electronica datorum tractatio *onis, f*	elektronische Datenverarbeitung
electronicus *a um*	elektronisch
electrotechnica *ae, f*	Elektrotechnik
electrotechnicus *i, m*	Elektrotechniker
elementa *orum, npl* supellectilis compositicia	Anbaumöbel
emissarium *i, n*	Auspuff
emissio *onis, f*	*(einer Waffe, Rakete)* Abschuss ; *(Radio, TV)* Sendung
emissio *onis, f* radiophonica	Rundfunksendung
energia *ae, f* atomica	Atomenergie
ephemeris *idis, f*	Tageszeitung
epitonium *i, n* electricum	Lichtschalter
ergasterium *i, n*	Labor
ergotherapia *ae, f*	Beschäftigungstherapie
eruditio *onis, f* practica	Anschauungsunterricht
eruditio *onis, f* universalis	Allgemeinbildung
Estonia *ae, f*	Estland
examen *minis, n* finale	Abschlussprüfung
excolendus *i, m,* excolenda *ae, f*	Azubi
exemplar *aris, n*	Abzug , Kopie
exemplar *aris, n* testimoniale	Belegexemplar

Exercitus *us, m* salvificus	Heilsarmee
exitus *us, m*	Ausfahrt
expedio *expedire*	*(Radio)* einschalten
expensae *arum, fpl* cursuales	Portokosten, Versandkosten
expositio *onis, f* (photographica)	Belichtung
extremista *ae, m/f*	Extremist(in)
exstinguo *stinguere stinxi stinctum*	*(Radio, Strom)* abschalten
extraculum *i, n*	Korkenzieher
faber *bri, m* hydraulicus	Installateur
fabricatio *onis, f* machinarum	Maschinenbau
fabula *ae, f* criminalis	Kriminalroman
fabula *ae, f* radiophonica	Hörspiel
farina *ae, f* subacta	Nudeln
febris *is, f* palustris	Malaria
ferrivia *ae, f* strataria	Straßenbahn
ferrivia *ae, f* subterranea	U-Bahn
ferriviarius *a um*	Bahn-
fibicula *ae, f* chartarum	Büroklammer
filum *i, n* (electricum)	(Strom-)Kabel
Finnia *ae, f*	Finnland
fiscus *i, m* chartarius	Papierkorb
fissio *onis, f* nuclearis	Atomspaltung
fluentum *i, n* electricum	*(elektr.)* Strom
focale *lis, n*	Krawatte
focus *i, m* electricus	Elektroherd
focus *i, m* gasalis	Gasherd
formula *ae, f* postulatoria	Antragsformular
formularium *i, n* profitendi	Anmeldeformular
forum *i, n* argentarium	Finanzmarkt
Francogallia *ae, f*	Frankreich
frenum *i, n*	Bremse
frenum *i, n* discale	Scheibenbremse
fretum *i, n* Gallicum	Ärmelkanal
frigidarium *i, n*	Kühlschrank
fructus *us, m* secundarius	Nebenprodukt
fulgur *ris, n* photographicum	*(Foto)* Blitzlicht
fumator *oris, m* / fumatrix *tricis, f*	Raucher/Raucherin
fumificatio *onis, f*	Rauchen *(von Tabak)*
fumificatio *onis f* passiva	Passivrauchen

functionarius *i, m* argentarius	Bankangestellter
funis *is, m*	Kabel
funivia *ae, f*	Drahtseilbahn
gasum *i, n* emissarium	Auspuffgas
gasum *i, n* lacrimogenum	Tränengas
gasum *i, n* venenatum	Giftgas
genum *i, n*	Gen
gerontocomium *i, n*	Altersheim
gerontosyngraphus *i, m*	Seniorenpass
globulus *i, m* pressorius	Druckknopf
globus *i, m* hydrogenicus	Wasserstoffbombe
globus *i, m* incendiarius	Bombe
globus *i, m* incendiarius epistularis	Briefbombe
globus *i, m* incendiarius neutronicus	Neutronenbombe
grex *gregis, m* interretialis	*(Internet)* Newsgroup
grex *gregis, m* musicorum	Band
gunna *ae, f* minima	Minirock
habitus *us, m*	*(Kleidung)* Aufzug
Hafnia *ae, f*	Kopenhagen
harmonica *ae, f* diductilis	Akkordeon
hauritorium *i, n* pulveris	Staubsauger
helicopterum *i, n*	Hubschrauber
helicopterum *i, n* auxiliarium	Rettungshubschrauber
Herbipolis, *is, f*	Würzburg
horarium *i, n* traminum generale	Kursbuch
horologium *i, n* armillare	Armbanduhr
hortus *i, m* cervisarius	Biergarten
hospitium *i, n* asylum petentium	Asylantenwohnheim
hostilis contra peregrinos	ausländerfeindlich
humanitarius *a um*	humanitär
Hungaria *ae, f*	Ungarn
iaculatrum *i, n* aquaticum	Wasserwerfer
ictus *us, m* aërius	*(milit.)* Luftschlag
ictus *us, m* suicidarius/suicidalis	Selbstmordanschlag
ignistitium *i, n*	Waffenruhe
ignitabulum *i, n*	Feuerzeug
ignitio *onis, f*	Zündung
imago *ginis, f* translucida	Dia
imitatio *onis, f*	Abklatsch

impello *pellere puli pulsum*	*(Wirtschaft)* ankurbeln
impressum *i, n*	Drucksache
impulsio *onis, f* omnium rotarum	Allradantrieb
impulsus *us, m*	*(Schreibmaschine)* Anschlag
incito *incitare*	*(Motor)* anlassen
incitatrum *i, n*	*(Auto)* Anlasser
incubationis cellula *ae, f*	Brutkasten
indepedentia *ae, f*	Unabhängigkeit
index *dicis, m*	*(Messgerät)* Anzeiger
index *dicis, m* coruscus	*(Auto)* Blinker
inductio *onis, f* industriarum	Industrialisierung
industrialis *e*	industriell
industrias induco *ducere duxi ductum*	industrialisieren
industriosus *a um*	industriell
inflo *inflare*	aufpumpen
inscriptio *onis, f*	Adresse
inscriptio *onis, f* cursualis	Postadresse
inscriptio *onis, f* electronica	E-Mail-Adresse
inscriptio *onis, f* interretialis	Internetadresse *(einer Internetseite)*
inspectio *onis, f* legitimationis	Ausweiskontrolle
instrumentum *i, n* ad incendium compescendum	Löschgerät, Feuerlöscher
instrumentum *i, n* radiophonicum	Radiogerät
internauta *ae, m/f*	Internetsurfer(in)
interrete *tis, nt*	Internet
interretialis *e*	Internet-
interreticulum *i, n*	Internet
interruptio *onis, f*	*(TV)* Bildstörung
intervallum *i, n*	Absatz *(Unterbrechung im Text)*
involucrum *i, n*	Briefumschlag
involucrum *i, n* crinale	Lockenwickler
irradiatio *onis, f*	*(med.)* Bestrahlung
islamita *ae, m/f*	Muslim(in)
iter *itineris, n* institutum	Pauschalreise
iter *itineris, n* negotiale	Geschäftsreise
itineris metiendi index *dicis, m*	Kilometerzähler
Iudaeorum odium *i, m*	Antisemitismus
iudicium *i, n* operarum	Arbeitsgericht
laboris deminutio *onis, f*	Kurzarbeit

lampas *padis, f* electrica	Glühbirne
lanterna *ae, f* portabilis	Taschenlampe
lavatio *onis, f* pluvia	Dusche
Lettonia *ae, f*	Lettland
libellus *i, m* pictographicus	Comic
liber *bri, m* plurimum divenditus	Bestseller
limusina *ae, f*	Limousine
Lipsia *ae, f*	Leipzig
Lituania *ae, f*	Litauen
litterae *arum, f* electronicae	E-Mail
litterae *arum, fpl* decussatae	Kreuzworträtsel
locatio *onis, f* autoraedarum	Autovermietung
locutorium *i, n*	Chatroom
lucerna *ae, f* stativa	Stehlampe
luci expono *ponere posui positum*	belichten
ludus *i, m* magnetoscopicus	Videospiel
lumen *minis, n* intermittens	Blinklicht
lumen *minis, n* posticum	Rücklicht
lumen *minis, n* praelucidum	Fernlicht
luminar *is, n* demissum	Abblendlicht
luminaria demitto *mittere misi missum*	abblenden
lux *lucis, f* frenaria	Bremslicht
lux *lucis, f* viarum	Straßenbeleuchtung
machina *ae, f* aggerandi	Planierraupe
machina *ae, f* cafearia	Kaffeemaschine
machina *ae, f* cinematographica	Filmkamera
machina *ae, f* elutoria	Spülmaschine
machina *ae, f* falcata	Rasenmäher
machina *ae, f* favonia	Föhn
machina *ae, f* foratoria	Bohrmaschine
machina *ae, f* foratoria dentalis	Bohrer *(Zahnarzt)*
machina *ae, f* fossoria	Bagger
machina *ae, f* lavatoria	Waschmaschine
machina *ae, f* messoria	Mähdrescher
machina *ae, f* mixtoria	Mixgerät
machina *ae, f* photographica	Fotoapparat
machina *ae, f* scansoria	Fahrstuhl
machina *ae, f* scindens	Reißwolf
machina *ae, f* scriptoria	Schreibmaschine

machina *ae, f* suturae	Nähmaschine
machina *ae, f* textrina	Strickmaschine
machina *ae, f* tonsoria	Rasierapparat
machina *ae, f* tractoria	Traktor
machina *ae, f* vectoria	Lokomotive
machinae ductor *oris, m*	Maschinist
machinae *arum, fpl* rusticae	Landmaschinen
machinae vectoriae ductor *i, m*	Lokomotivführer
machinatio *onis, f*	Mechanismus
machinator *oris, m*	Ingenieur
magister *tri, m* civium	Bürgermeister
magnetoscopium *i, n*	Videorekorder
malum *i, n* aureum	Orange
malum *i, n* Sinense	Apfelsine
mandatum *i, n* diuturnum	Dauerauftrag
mantelium *i, n* spongium	Frottier(hand)tuch
manubrium *i, n*	Gewehrkolben
manucla *ae, f*	Abzug *(an Waffe)*
margarinum *i, n*	Margarine
masca *ae, f* antigasalis	Gasmaske
masticatorium *i, n*	Kaugummi
materia *ae, f* plastica	Kunststoff, Plastik
materia *ae, f* practica	Anschauungsmaterial
materia *ae, f* propulsoria	Treibstoff
maturitas *tatis, f*	Abitur
mechanicus *a um*	mechanisch
mechanicus *i, m*	Mechaniker
medicamentorum abusus *us, m*	Arzneimittelmissbrauch
medium *i, n* industriarum	Industriezentrum
melodramatium *i, n*	Operette
membrorum/membri translatio *onis, f*	Organtransplantation
mensa *ae, f* nummaria	*(Finanzw.)* Bank
mercatus *us, m*	Absatz *(von Waren)*
meridionalis *e*	südlich, Süd-
meschita *ae, f*	Moschee
microphonum *i, n*	Mikrofon
microscopicus *a um*	mikroskopisch
microscopium *i, n*	Mikroskop
miliardarius *i, m*	Milliardär

milionarius *i, m*	Millionär
militiae detrectator *oris, m*	Kriegsdienstverweigerer
minister *tri, m* a re viaria	Verkehrsminister
minister *tri, m* a rebus exteris	Außenminister
minister *tri, m* defensionis	Verteidigungsminister
minister *tri, m* primarius	Premierminister
minister *tri, m* rerum exterarum	Außenminister
minister *tri, m* rerum interiorum	Innenminister
ministerium *i, n* currus remulcandi	Abschleppdienst
missile *lis, n*	Rakete
missile *lis, n* luciferum	Leuchtrakete
missile *lis, n* lunare	Mondrakete
moderator *oris, m* civitatis	Staatschef
moderator *oris, m* oeconomicus	Manager
Monachium *i, n*	München
morbus *i, m* e cultura profectus	Zivilisationskrankheit
morbus *i, m* vaccae vesanae	Rinderwahnsinn
Moscua *ae, f*	Moskau
motorium *i, n*	Motor
mundanus *a, um*	Welt-
Musulmanus *i, m* / Musulmana *ae, f*	Muslim / Muslimin
narcoticum *i, n*	Betäubungsmittel
narratiuncula *ae, f*	Kurzgeschichte
narta *ae, f*	Ski
nartator *oris, m* / nartatrix *tricis, f*	Skiläufer / Skiläuferin
Nationes *num, fpl* Unitae	UNO
naufragium *i, n* fortunarum	Bankrott
navicula *ae, f* automataria	Motorboot
navicula *ae, f* auxiliaria	Rettungsboot
navigatio *onis, f* cosmica	Raumfahrt
navigium *i, n* subaquale	U-Boot
navis *is, f* cisternata	Tanker, Tankschiff
navis *is, f* cosmica	Raumschiff
navis *is, f* glacifraga	Eisbrecher
navis *is, f* petrolearia	Öltanker
navis *is, f* spatialis	Raumschiff
navis *is, f* submarina	U-Boot
Neo-Eboracum / Novum Eboracum *i, n*	New York
nexus *us, m* (interretialis)	*(Internet)* Link

nota *ae, f*	*(Wirtschaft)* Marke
notaculum *i, n*	Nummernschild *(am Auto)*
nova arma *orum, npl*	*(milit.)* Nachrüstung
nucleus *i, m* atomicus	Atomkern
numeratrum *i, n*	Zähler *(Gerät)*
numerus *i, m* praeselectorius	*(Telefon)* Vorwahl
numerus *i, m* telecopialis	Faxnummer
numerus *i, m* telephonicus	Telefonnummer
nuntiator *oris, m*	Ansager
nuntiatrix *tricis, f*	Ansagerin
nuntium insero *serere serui sertum*	inserieren
obsoletus *a um*	altmodisch, veraltet
octobralia *lium, npl*	Oktoberfest
oeconomia *ae, f* administrativa	Betriebswirtschaft
officialis *is, m/f* cursualis	Postbeamter /-beamtin
officialis *is, m/f* ferriviarius/ferriviaria	Bahnbeamter /-beamtin
officina *ae, f* atomica	Atomkraftwerk
officina *ae, f* chartaria	Papierfabrik
officina *ae, f* electrica	Elektrizitätswerk
officina *ae, f* energetica	Kraftwerk
officina *ae, f* hydroenergetica	Wasserkraftwerk
officina *ae, f* vehiculis reparandis	Autoreparaturwerkstatt
officium *i, n* praedicativum	Werbeagentur
oleum *i, n* calefactorium	Heizöl
olla *ae, f* vaporaria	Dampfkochtopf
operarius *i, m* peregrinus	Gastarbeiter
operistitium *i, n*	Arbeitsniederlegung, Streik
opinionum perscrutatio *onis, f*	Meinungsumfrage
oppidum *i, n* industriosum	Industriestadt
opus *operis, n* ex pacto faciendum	Akkordarbeit
ordo *ordinis, f*	Organisation
Ordo *Ordinis, f* a commercio mundano	Welthandelsorganisation (WTO)
ordo *ordinis, f* a circumiectis tutandis	Umweltschutzorganisation
Ordo *Ordinis, f* a Cruce Rubra	das Rote Kreuz
ordo *ordinis, f* a iuribus humanis	Menschenrechtsorganisation
ordo *ordinis, f* auxiliaria	Hilfsorganisation
Ordo *Ordinis, f* mundi sanitaria	Weltgesundheitsorganisation (WHO)
ordo *ordinis, f* terroristica	Terrororganisation
Oriens *ntis, m* proximus	der Nahe Osten

pactum *i, n* bello abstinendi	Nichtangriffspakt
pagina *ae, f* domestica	Homepage
pagina *ae, f* interretialis	Internetseite
panis *is, f* friabilis	Toastbrot
pantomimus *i, m*	Balletttänzer
pantopolium *i, n*	Supermarkt, Kaufhaus
parcometrum *i, n*	Parkuhr
pars *partis, f*	*(Firma)* Abteilung; *(Finanzw.)* Aktie ; *(Textabschnitt)* Absatz
pecunia *ae, f* chartacea	Papiergeld
pedale *is, n* frenarium	Bremspedal
pedifollicus *i, m*	Fußballspieler
pedifollicus *a um*	Fußball-
pedifollis *is, m*	Fußball
pedilusor *oris, m*	Fußballspieler
pegma *atis, n* sellare	Sessellift
pellicula *ae, f*	Film
pellicula *ae, f* criminalis	Kriminalfilm
pellicula *ae, f* documentaria	Dokumentarfilm
pellicula *ae, f* fabularis	Spielfilm
pellicula *ae, f* multicolora	Farbfilm
pellicula *ae, f* photographica	Film *(für Fotos)*
pellicula *ae, f* picturata	Zeichentrickfilm
percontatrum *i, n*	Sonde
percontatrum *i, n* spatiale	Raumsonde
periculi index *dicis, m*	Alarmanlage
periegeta *ae, m/f*	Tourist(in)
periegeticus *a um*	touristisch
permissio *onis, f* discessus	Ausreiseerlaubnis, -genehmigung
permissio *onis, f* mansionis	Aufenthaltsgenehmigung
petasus *i, m* altus	Zylinder *(Hut)*
petitio *onis, f*	Nachfrage *(nach Waren)*
petitor *oris, m* convectionis	Anhalter
Petropolis *lis, f* / Petroburgum *i, n*	Sankt Petersburg
phantasma *atis, n*	Phantombild
pharus *i, f*	Leuchtturm
photocopia *ae, f*	Fotokopie
photocopiatrum *i, n*	Fotokopierer
photocopio *photocopiare*	fotokopieren

photographema *atis, n* subitarium	Schnappschuss
photographia *ae, f*	Foto(grafie)
photographo *photographare*	fotografieren
photographus *i, m*	Fotograf
photometrum *i, n*	Belichtungsmesser
phylarchia *ae, f*	Emirat
phylarchus *i, m*	Emir *(Monarch in Arabien)*
phyleticus *a um*	Rassen-
pilamalleus *i, m* minutus	Minigolf
pilula *ae, f* anticonceptiva	Antibabypille
pistolium *i, n* machinale	Maschinenpistole
pisum *i, n* crepitans	Knallerbse
pittacium *i, n* epistulare	Briefmarke
platea *ae, f* viae ferratae	Bahnsteig
plaustrum *i, n*	Lastwagen
politica *ae, f* externa	Außenpolitik
poma *orum, npl* conditiva	Konfitüre
poma *orum, npl* terrestria fricta	Bratkartoffeln
pomorum terrestrium puls *ltis, f*	Kartoffelbrei, -püree
pomum *i, n* terrestre	Kartoffel
porcellus *i, m* nummarius	Sparschwein
portula *ae, f* fascalis	Paketschalter
positio *onis, f*	*(Gewehr)* Anschlag
positio *onis, f* retrocessus	Rückwärtsgang
potionum automatum *i, n*	Getränkeautomat
praeconium *i, n*	Werbung; Inserat
praeconium insero *serere serui sertum*	inserieren
praeconium *i, n* lucidum	Leuchtreklame
praeconor *praeconari*	Werbung/Reklame machen für
praefectus *i, m* argentariae	Bankdirektor
praemium *i, n* litterarum	Literaturpreis
praemium *i, n* Nobelianum	Nobelpreis
praesidentatus *us, m*	Amt des Präsidenten, Präsidentschaft
pressio *onis, f* pneumatica	Reifendruck
pressorium *i, n*	Druckknopf; *(Internet)* Button
primus minister *tri, m*	Premierminister
principatus *us, m* mundi	*(Sport)* Weltmeisterschaft
probatio *onis, f* admissionis	Aufnahmeprüfung
procuratio *onis, f* operae	Arbeitsvermittlung

programma *atis, n* (computatrale)	(Computer-)Programm
programmata conficio *ficere feci fectum*	programmieren
programmator *oris, m*	Programmierer
proiectorium *i, n*	Projektor
prolis moderatio *onis, f*	Geburtenkontrolle
protectio *onis, f* adversus dimissionem	Kündigungsschutz
protectio *onis, f* datorum	Datenschutz
puer *ri, m* elementarius	Abc-Schütze
pulvis *veris, m* furnarius	Backpulver
purgamenta *orum, npl* atomica	Atommüll
purgamenta *orum, npl* specialia	Sondermüll
purgamenta *orum, npl* venenata	Giftmüll
pyrobolus *i, m* / pyrobolum *i, n*	Bombe
pyxis *idis, f* conservatoria	Konservenbüchse, -dose
radioactivus *a um*	radioaktiv
radiocasetophonum *i, n*	Radiorekorder
radiographo *radiographare*	röntgen
radiographia *ae, f*	Röntgenaufnahme
radiopharus *i, f*	Funkturm
radiophonia *ae, f*	Rundfunk
radiophonicus *a, um*	Radio-
radiophonum *i, n*	Radio
radiophonum *i, n* portabile	Kofferradio
radiotelegrapho *radiotelegraphare*	*(durch Funk übermitteln)* funken
radiotherapia *ae, f*	Strahlenbehandlung, -therapie
radius *i, m* lasericus	Laserstrahl
raedarius *i, m*	Fahrer
ratio *onis, f* fluenti electrici	Stromrechnung
receptaculum *i, n* purgamentorum	Mülldeponie
receptaculum *i, n* sarcinarium	Kofferraum
recitare iubeo *iubere iussi iussum*	*(abfragen)* abhören
reclamatio *onis, f*	*(polit.)* Protest; Demonstration
reclamito *reclamitare*	*(polit.)* protestieren; demonstrieren
reditus *us, m* secundarius	Nebenverdienst
refrigeratio *onis, f*	Kühlung
refrigeratorium *i, n*	*(Auto)* Kühler
regio *onis, f* peditum	Fußgängerzone
regio *onis, f* tutelata/tutelaria	(Natur-)Schutzgebiet
remedium *i, n* incitatorium	Aufputschmittel

remulco *remulcare*	abschleppen
remulcum *i, n*	Abschleppseil
renovatio *onis, f*	Renovierung; *(polit.)* Reform
rerum antiquarum mercator *oris, m*	Antiquitätenhändler
res *rerum, fpl* antiquae	Antiquitäten
res *rei, f* metallica	Bergbau
res *rei, f* periegetica	Tourismus
reservatum *i, n*	Naturschutzgebiet
responsalis *e*	verantwortlich
rete *retis, n* televisificum	Fernsehkanal
retinaculum *i, n* raedae superum	Dachgepäckträger
rota *ae, f* moderatrix	Lenkrad
sacculus *i, m* plasticus	Plastikbeutel, -tüte
sagulum *i, n* cucullatum	Anorak
sanatio *onis, f* aedificiorum antiquorum	Altbausanierung
Saravipontum *i, n*	Saarbrücken
sarcinae *arum, fpl* manuales	Handgepäck
sarcinae sustentaculum *i, n*	*(an Fahrzeugen)* Gepäckträger
satelles *litis, m*	Satellit
satisfactio *onis, f*	Abfindung
scalae *arum, fpl* volubiles	Rolltreppe
schedula *ae, f* agglutinatoria	Aufkleber
scholam egressura *ae, f*	Abiturientin
scholam egressurus *i, m*	Abiturient
schola *ae, f* professionalis	Berufsschule
schola *ae, f* realis	Realschule
schola *ae, f* serotina	Abendschule
scirpiculus *i, m* purgamentarius	Abfalleimer
sclopeto *sclopetare*	*(mit Feuerwaffe)* schießen
sclopetum *i, n*	Gewehr
sclopetum *i, n* machinale	Maschinengewehr
sclopetum *i, n* venaticum	Jagdgewehr
scrib(i)lita *ae, f*	Käsekuchen
scriptura *ae, f* machinalis	Maschinenschrift
se recipio *cipere cepi*	sich abkapseln
sedes *dis, f* computatoria	Rechenzentrum
sedes *dis, f* incolis frequentior	Ballungsgebiet
sedes *dis, f* postalis	Postamt
sedile *lis, n* cubitorium	Liegestuhl

semaphorum *i, n*	Verkehrsampel
septimana *ae, f* vergens	Wochenende
sertum *i, n* adventuale	Adventskranz
sibilus *i, m* finalis	*(Sport)* Abpfiff
sibilus *i, m* initialis	*(Sport)* Anpfiff
sida *ae, f*	*(= syndrome immunitatis defectus acquisiti)* Aids
signum *i, n* arcanum	*(Computer)* Passwort
Silvester *tri, m*	Silvester
Sinae *arum, f*	China
sine plumbo	bleifrei *(Benzin)*
Sinensis *is; e*	chinesisch; *(Subst.)* Chinese
siphonarius *i, m*	Feuerwehrmann; Feuerwehr
sisto *sistere stiti statum*	*(Motor)* abschalten
situs *us, m* interretialis	Website
societas *atis, f* aëronautica	Fluggesellschaft
societas *atis, f* operariorum	Gewerkschaft
socolata *ae, f*	Schokolade
solitarius *a um*	allein stehend
solutio *onis, f* particularis	Abschlagszahlung
sors *sortis, f*	Aktie
sortium pretium augetur/minuitur	die Aktien steigen/fallen
spatium *i, n* frenarium	Bremsweg
spectaculum *i, n* cinematographicum	Filmvorführung
spectaculum *i, n* pyrotechnicum	Feuerwerk
spectamen *minis, n* musicale	Musical
speculator *oris, m*	Agent, Spion
speculum *i, n* externum	Außenspiegel
sphaeristilus *i, m*	Kugelschreiber
spina *ae, f* conexiva	*(elektr.)* Stecker
stadium *i, n* Olympiorum	Olympiastadion
statalis *e*	staatlich
statio *onis, f* bencinaria	Tankstelle
statio *onis, f* cosmica	Raumstation
statio *onis, f* ferriviaria	Bahnhof
statio *onis, f* ferriviaria principalis	Hauptbahnhof
statio *onis, f* libera	Bedarfshaltestelle
statio *onis, f* spatialis	Raumstation
statio *onis, f* vetita	Parkverbot

status *us, m*	Staat
status *us, m* necessitatis	*(polit.)* Notstand
stellarium *i, n*	Planetarium
stenographia *ae, f*	Kurzschrift
stilus *i, m* fucandi	Lippenstift
stilus *i, m* sphaeratus	Kugelschreiber
stimulo *stimulare*	*(Wirtschaft)* ankurbeln
strata *ae, f* autocinetica	Autobahn
strictoria *ae, f* lanea	Pullover
subnotatio *onis, f*	Abonnement
subnotator *oris, m*	Abonnent
subnotatrix *tricis, f*	Abonnentin
subnoto *subnotare*	abonnieren
Suetia *ae, f*	Schweden
suffugium *i, n* subaërium	Luftschutzbunker
summi gradus conventus *us, m*	Gipfelkonferenz
summus conventus *us, m*	Gipfelkonferenz
sumptus *us, m* acquisitionis	Anschaffungskosten
superbencinum *i, n*	Super(benzin)
superior magister *tri, m* civium	Oberbürgermeister
suppraepositus *i, m*	Abteilungsleiter
systema *atis, n* oecologicum	Ökosystem
systema *atis, n* operatorium	*(Computer)* Betriebssystem
taberna *ae, f* antiquarii	Antiquariat
taberna *ae, f* cafearia	Cafeteria
taberna *ae, f* vectigali immunis	Duty-free-Shop
tabernaculum *i, n* cervisarium	Bierzelt
tabernula *ae, f*	Kiosk
tabularium *i, n*	*(Computer)* Datei
taenia *ae, f* continua	Fließband
taenia *ae, f* magnetophonica	Tonband
taenia *ae, f* magnetoscopia	Viedeoband
taenia *ae, f* sonigera	Tonband
taeniola *ae, f*	(Ton-)Kassette; *(Kino)* Film, Streifen
taxa *ae, f* conciliandi	Maklergebühr
taxiraeda *ae, f*	Taxi
taxiraedarius *i, m*	Taxifahrer
technicus *i, m*	Techniker
technologia *ae, f* communicatoria	Kommunikationstechnik, -technologie

technologia *ae, f* informativa	Informatik
tectum *i, n* ductile/tractile	Schiebedach
Tela *ae, f* Totius Terrae	World Wide Web
telecopiatrum *i, n*	Fax
telediurna *orum, npl*	Fernsehnachrichten
telegramma *atis, n*	Telegramm
telegramma *atis, n* gratulatorium	Glückwunschtelegramm
telegraphicus *a um*	telegrafisch
telegrapho *telegraphare*	telegrafieren
telelenticula *ae, f*	Teleobjektiv
teleloquium *i, n*	Ferngespräch
telemoderatus *a um*	ferngesteuert
telephonema *atis, n*	Anruf; Telefongespräch
telephonema *atis, n* extraneum	Auslandsgespräch
telephonicum colloquium *i, n* locale	Ortsgespräch
telephonicus *a um*	telefonisch
telephonium *i, n*	Telefonzentrale
telephono *telephonare*	telefonieren
telephonulum *i, n* (gestabile/portabile)	Handy
telephonum *i, n*	Telefon
telescopium *i, n*	Fernglas
telestudium *i, n*	Fernstudium
televideo *videre vidi visum*	fernsehen
televisio *onis, f*	Fernsehen
televisio *onis, f* capularis	Kabelfernsehen
televisio *onis, f* satellita	Satellitenfernsehen
televisifice	im Fernsehen, über Fernsehen
televisificus *a um*	Fernseh-
televisor *oris, m*	Fernsehzuschauer
televisorium *i, n*	Fernsehapparat
televisorium *i, n* multicolorum	Farbfernseher
telorum coniectio *onis, f*	Bombenangriff
temperaculum *i, n* aërium	Klimaanlage
tempus *poris, n* profectionis	Abfahrtszeit
tepedarium *i, n*	Heizung
terebra *ae, f*	Bohrer
terminatio *onis, f*	Abgrenzung
terra *ae, f* industriosa	Industrieland
terrae motus *uum, mpl*	Erdbeben

territorium *i, n* industriosum	Industriegebiet
terrorista *ae, m/f*	Terrorist(in)
tessera *ae, f*	Fahrausweis, -karte
tessera *ae, f* itus et reditus	Rückfahrkarte
tesserarum portula *ae, f*	Fahrkartenschalter
testimonium *i, n* abeundi	Abgangszeugnis
testimonium *i, n* collationis	Lieferschein
testimonium *i, n* finale	Abschlusszeugnis
testimonium *i, n* stuporis	Armutszeugnis
testis *is, m/f* oculatus/oculata	Augenzeuge /-zeugin
theatrum *i, n* cinematicum	Kino
theca *ae, f* frigorifica	Kühlbox
Theodiscus *a um*	deutsch(sprachig)
thermophorum *i, n*	Thermosflasche
tibialia *lium, npl*	Strumpfhose
tintinnabulum *i, n*	Klingel
tramen *minis, n*	*(Bahn)* Zug
tramen *minis, n* adiuncticium	Anschlusszug
tramen *minis, n* rapidum	Schnellzug
trames *mitis, m* ferriviarius	Bahnstrecke
transenna *ae, f* volubilis	Jalousie
transgressus *us, m* ferriviarius	Bahnübergang
transmitto *mittere, misi, missum*	*(TV, Radio)* senden
transmissio *onis, f* directa	Direktübertragung, Live-Sendung
transplantatio *onis, f*	Transplantation
tributum *i, n* generale reditus	Einkommensteuer
tromocrates *ae, m/f*	Terrorist(in)
tromocratia *ae, f*	Terrorismus
TTT *(=Tela Totius Terrae)*	WWW *(World Wide Web)*
tubus *i, m* emissarius	Auspuffrohr
tumultus *tuum mpl* phyletici	Rassenunruhen
tunicula *ae, f*	T-Shirt
Turcia *ae, f*	Türkei
tutor *oris, m* circumiectorum	Umweltschützer
Tzekia *ae, f*	Tschechien
umbraculum *i, n* oculorum	Lidschatten
Unio *onis, f* Europaeae	die Europäische Union (EU)
unio *onis, f* monetaria	Währungsunion
uranoscopus *i, m*	Astronom

vaccinatio *onis, f* prohibitiva	Schutzimpfung
valetudinarium *i, n*	Klinik
vaporaria machina *ae, f* vectoria	Dampflokomotive
Varsovia/Varsavia *ae, f*	Warschau
vectura *ae, f* purgamentorum	Müllabfuhr
vehiculum *i, n* conductum	Mietwagen
vehiculum *i, n* cosmicum	Raumfahrzeug
vehiculum *i, n* meritorium	Leihwagen
vehiculum *i, n* publicum	öffentliches Verkehrsmittel
velitabula *ae, f*	Surfbrett
velitabulator *oris, m*	Surfer
velivolum *i, n*	Segelflugzeug
velocitas *tatis, f* luminis	Lichtgeschwindigkeit
velocitas *tatis, f* proposita	Richtgeschwindigkeit
velocitas *tatis, f* supersonica	Überschallgeschwindigkeit
velocitatis index *dicis, m*	Tachometer
Venetiola *ae, f*	Venezuela
ventilatio *onis, f*	Lüftung
versura *ae, f*	*(Finanzw.)* Anleihe
versuram facio *facere feci factum*	eine Anleihe aufnehmen
vestigium *i, n* frenarium	Bremsspur
via *ae, f* ferrata	Eisenbahn
via *ae, f* ferrata pensilis	Schwebebahn
viator *oris, m*	Tourist
viatrix *tricis, f*	Touristin
vicus *i, m* emptionalis	Einkaufszentrum
vigil *lis, m* publicus	Polizist
virgula *ae, f*	Komma
viridarium *i, n* nationale	Nationalpark
Vindobona *ae, f*	Wien
vis *f* atomica	Atomkraft
vis *f* electrica	Elektrizität
vis *f* nuclearis	Kernenergie
visum *i, n* discessus	Ausreisevisum
vitritergium *i, n*	Scheibenwischer
vitrum *i, n* antiaërium	Windschutzscheibe
vocabularium *i, n* pictum	Bildwörterbuch
volatus *us, m* adiuncticius	Anschlussflug
volatus *us, m* cosmicus/spatialis	Raumflug

Wichtige Abkürzungen im Lateinischen

A.	*Aulus, Aurelius*
A.	*(legio) adiutrix – ager – amicus – annus/annos/ annis – as*
A.A.(A.)F.F.	*aere argento (auro) flando feriundo*
A.B.	*a balneis – amico bono*
A.B.M.	*amico bene merenti*
ABN./ABNEP.	*abnepos*
ACC.	*accepit (accipiet) – accensus*
A.D.	*ante diem – aram dedicat*
AD.	*adiutrix (legio)*
A.D.A.(I.)	*agris dandis adsignandis (iudicandis)*
ADF.	*adfuit/adfuerunt*
ADIUT. TAB.	*adiutor tabularii*
ADL.	*adlectus*
ADN.	*adnepos*
AED.	*aedes – aedilis*
AED.P(OT).	*aedilicia potestate/aediliciae potestatis (anno)*
AEG.	*Aegyptus – Aegyptius*
AEL.	*Aelius*
AER.MIL.	*aerarium militare*
AET.	*aeterna*
AG.	*ager*
A.H.N.P.	*ad heredem non pertinet*
AID.	*aedilis*
A.L.	*Augusti libertus*
A.L.F.	*animo libenti fecit*
A.N.	*Augustus noster*
AN.	*annus/annos/annis*
A.O.F.C.	*amico optimo faciendum curavit*
AP.	*Appius – aprilis*
A.P.	*a populo – aram posuit – argenti pondo – ager publicus*
A.P.F.	*adiutrix pia fidelis (legio)*
A.P.R.	*aerarium populi Romani*
ARG.	*argentum*
A.S.	*a sacris – a senatu – a solo – amico suo*
AV.	*Augustus – Aulus – Aurelius*
AV.	*augur – aurum*
A.V.	*agens vices – ave vale*
AVG.	*augur – Augustus/ Augusti/o – Augustalis*
AVR.	*Aurelius*

B.	*beneficia – beneficiarius – bonus/a usw.*
B.B.	*bonis bene*
B.B.M.M.	*bonis bene malis male*
BB.MM.	*bene merentibus*
B.D.	*Bona Dea*
B.D.S.M.	*bene de se merenti*
B.M.	*bene merenti – bonae memoriae*
B.M.F.	*bene merenti fecit*
B.M.F.C.	*bene merenti faciundum curavit*
B.Q.	*bene quiescat*
B.R.P.N.	*bono rei publicae natus*
B.V.	*bene vale*
B.VIX.	*bene vixit*
B.V.V.	*balnea vina Venus*

C.	*Gaius, Caesar*
C.	*Calendae – candidatus – castra – censuerunt – centum – centurio – cives – civitas – clarissimus/ a/i usw. – cohors – colonia – coniunx – consul – curator – curavit/curaverunt/ curante – curia*
CAES.	*Caesar*
CAL.	*Calendae/Calendis*
CAND.	*candidatus*
CAR.	*carissimus/a/i usw.*
C.B.	*coniux bona/coniugi bonae*
C.B.M.	*coniugi bene merenti*
C.B.M.F.	*coniugi bene merenti fecit*
C.C.	*colonia Claudia – coloni coloniae – cuncti censuerunt*
C.D.	*conscriptorum decreto – consulto decurionum*
C.E.	*coniux eius – curam egit*
C.E.B.Q.	*cineres eius bene quiescant*
CENS.	*Censor*
C.F.	*clarissima femina – clarissima filia – coniux fecit*

CH/CHO/ CHOR.	*cohors/cohortis*
C.I.	*colonia Iulia*
CL.	*clarissimus – classis*
CL(AS).M(IS).	*classis Misenensis*
CL(AS).PR.	*classis praetoria*
CLAUD.	*Claudia (tribus)*
CL.F.	*clarissima femina*
CL.V.	*clarissimus vir*
C.M.F./P./V.	*clarissimae memoriae femina/ puer/vir*
CN.	*Gnaeus*
C.N.	*Caesar noster – colonia nostra*
C.O.	*coniux optimus(-a)/ coniugi optimo(-ae)*
COER.	*curavit*
COH.	*cohors/cohortis usw.*
COL.	*collegium – colonia*
COM.	*comes – commentarius – commilito*
C.O.M.	*cum omnibus meis*
CON.	*coniux/coniugis/ coniugi*
CO(N).KA(R).	*coniugi carissimo (-ae)*
ÇON.R.	*coniugi rarissimo (-ae)*
CONS.	*consul – consularis*
COS.	*consul – consularis*
COSS.	*consules*
C.P.	*castra praetoria – censoria potestate – coniux pientissima/ coniugi pientissimae*
C.Q.V.	*cum quo vixit*
C.R.	*civis Romanus – civitas Romana*
C.R.P.	*curator rei publicae*
C.S.	*carus suis – coniugi sanctissimae – coniugi suae – cum suis*
C.S.O.	*cum suis omnibus*
C.V.	*clarissimus vir*
CVR.	*curator – curavit/ curante – curia*
D.	*Decimus*
D.	*de – decretus – decuria – decurio/ decuriones – dedit/ dederunt – defunctus/ i usw. – denarius – deus/dea – dies – dominus – donum – donat/donatus*
D.A.	*defunctus annorum*

D.C.	*decreto conscriptorum – decurionum consulto*
D.C.C.	*de conscriptorum consulto*
D.D.	*dare debebit – decurionum decreto – donum dedit – dedit dedicavitque – dea Dia – dea Diana – dii deaeque – domus divina*
D.D.D.	*datum decreto decurionum – deo donum dedit – dono dedit dedicavit*
D.D.L.M.	*donum dedit libens merito*
D.D.O.	*dis deabusque omnibus*
D.D.S.	*de decurionum sententia*
D.D.S.P.	*dedit de sua pecunia*
DEC.	*December – decessit – decreto – decuria – decurio*
DE COLL.SENT.	*de collegii sententia*
DE C.S.	*de consilii sententia*
DED.	*dedit – dedicavit/ dedicatus*
DEF.	*defunctus/defuncti/ defuncto*
D.E.R.	*de ea re*
DES.	*designatus*
D.S.S.	*de senatus sententia*
D.F.	*dare facere – dulcissima filia*
DIC.	*dicavit*
DIEB.	*diebus*
D.I.M.	*Dis inferis Manibus – Deo invicto Mithrae*
DIV.	*divus/i usw.*
D.L.	*dedit libens*
D.M.	*Dis Manibus – dolus malus – Dea Magna – devotus memoriae*
D.M.I.	*Dis Manibus et inferis*
D.M.S.	*Dis Manibus sacrum*
D.N.	*dominus noster*
D.O.	*dari oportet*
DON.	*donavit/donatus – donum/dono*
D.P.	*de pecunia – Dis Penatibus – donum posuit*
D.P.D.	*de proprio dedit*
D.P.E.	*devotus pietati eius*
D.P.P.	*Dii Penates publici – de pecunia publica*
D.P.S.	*de pecunia sua*
D.Q.L.S.T.T.L.	*dic qui legis, sit tibi terra levis*
D.R.P.	*dignum rei publicae*

D.S.D./F./R.	*de suo dedit/fecit/ restituit*
D.S.F.C.	*de suo faciendum curavit*
D.S.L.L.M.	*de suo libens laetus merito*
D.S.M.	*Diis sacrum Manibus*
D.S.P.F.	*de sua pecunia fecit*
D.S.S.	*de senatus sententia*
E.	*egregius/a usw.*
E.F.	*egregia femina*
E.M.V.	*egregiae memoriae vir*
EQ.	*eques*
E.R.	*ea res*
E(Q).P.	*equo publico*
E.T.	*ex testamento*
E.T.F.	*ex testamento fecit*
E.V.	*egregius vir*
EV.	*evocatus*
EX A.P.	*ex argento publico*
EX D.D.	*ex decreto decurionum*
EX OF.	*ex officina*
EX P.P.	*ex pecunia publica*
EX S.C.	*ex senatus consulto*
EX T.	*ex testamento*
E(X) V.	*ex voto*
F.	*facere/fecit/ faciendum/am usw. – fastus (dies) – femina/ae -filius/i – filia/ae*
FAB.	*fabri*
FAC.CUR.	*faciendum curavit*
F.B.M.	*filio (filiae) bene merenti*
F.C.	*faciendum curavit*
F.D.	*fecit dedicavitque – filio(-ae) dulcissimo(-ae)*
F.D.S.	*fecit de suo*
FEC.	*fecit/fecerunt*
FECER.	*fecerunt*
FEL.	*felix/felicis*
F.F.	*faustus felix – filius fecit*
F.I.	*fieri iussit*
FLA.	*Flavius*
FL(AM).	*flamen*
F.P.	*filius pientissimus – filius posuit – flamen perpetuus – funus publicum*
F.Q.	*faciendum curavit*
FR.	*frater*
F.S.	*filio suo/filii sui/ filiae suae – fecit sibi*
F.S. ET S.	*fecit sibi et suis*
G.	*Gaius*
G(EN).	*Genius*
G.I.	*Germania Inferior*
G.M.	*Genius municipii*
G.S.	*Germania Superior*
H.	*heres*
H.A.	*haec ara*
H.ADQ.	*hic adquiescit*
HAS.POS(TER).	*hastatus posterior*
HAS.PR.	*hastatus prior*
H.B.	*homo bonus*
H.B.M.F.	*heres bene merenti fecit*
H.B.Q.	*hic bene quiescit*
H.C.(E.)	*hic conditus (est) – honoris causa – honore contentus*
H.D.S.(P.)	*heres de suo (posuit)*
H.E.T.	*heres ex testamento*
H.F.	*heres fecit*
H.F.C.	*heres faciendum curavit*
H.H.Q.	*heres heredesque*
H.I.	*hic iacet*
H.L.	*haec lex/hac lege – hic locus/huius loci*
H.L.D.M.A.	*huic loco dolus malus abesto*
H.L.R.	*(ante) hanc legem rogatam*
H.M.	*hoc monumentum*
H.M.D.M.A.	*huic monumento dolus malus abesto*
H.M.F.	*honestae memoriae femina/hoc monumentum fecit*
H.M.H.E.N.S.	*hoc monumentum heredem exterum non sequitur*
H.M.H.N.S.	*hoc monumentum heredem non sequitur*
H.O.S.	*hic ossa sunt*
H.P.C.	*heres ponendum curavit*
H.Q.	*hic quiesca(n)t*
HS.	*sestertius/sestertii*
H.S.(E./S.)	*hic situs (est/sunt)*
H.T.F.(C.)	*heres testamento fecit/faciendum curavit*
I.	*iuvenis*
I.A.	*in agro*
ID.	*Idus*
I.D.	*iure dicundo – Iuppiter Dolichenus*
I.F.	*in fronte*

IM(P).	*imperator/imperatori/ imperatore*
IN A.	*in agro*
IN F.	*in fronte*
I(N) H.D.D.	*in honorem domus divinae*
IN(L).	*inlustris*
INV(I).	*invictus*
I.O.M.	*Iuppiter optimus maximus/Iovi optimo maximo*
I.Q.P.	*idemque probavit*
I.S.	*infra scriptus*
K	*Kaeso*
KAL.	*Kalendae/Kalendis*
KAR.	*carus/a/i usw. – carissimus/a/i usw.*
K.K.	*calumniae causa*
K.S.	*carus suis*
L.	*Lucius*
L.	*laetus – latum – legio – leuga/ae/as – lex – libens – libertus/ liberta – libra – licet – locus/loci usw.*
L.A.	*libens animo*
LAT(ICL).	*laticlavius*
L.D.D.D.	*locus datus decreto decurionum*
LEG.	*legatus – legio*
LEG.AUG.	*legatus Augusti*
LEG.LEG.	*legatus legionis*
LEG.P(R).P(R).	*legatus pro praetore*
LEVG.	*leuga/ae/as*
LIB.	*Liber – libellus – liberatus – libertus/ liberta – librarius*
L.L.P(Q).E.	*libertis libertabus posterisque eorum*
L.L.V.S.	*libens laetus votum solvit*
LO(C).	*locus*
L.S.	*libens solvit – locus sepulturae*
M.	*Marcus*
M.	*magister – magnus/a usw. – maiestas – maximus – memoria – mensis/menses/ mensibus – miles/ militis – mille/milia – monumentum – mortuus – municipium/ municipii usw.*
M’.	*Manius*
M.A.	*militavit annos*
MAT(R).	*mater/matri*
MAX.	*maximus/i/o usw.*
M.C.	*memoriae causa – matri carissimae*
M.D.	*mater deum – matri dulcissimae*
M.D.M.	*mater deum magna*
M.D.M.A.	*monumento dolus malus abesto*
MEM.	*memoria*
MER.	*merens/ntis/nti – merito*
M.F.	*mater fecit – monumentum fecit – munere functus*
M.H.M.	*missus honesta missione*
MIL.	*miles/militis – militavit*
MISS.	*missus – missio*
M.LIB.	*mulieris libertus*
M.M.	*malis male – municipes municipii*
M.N.	*milia nummum*
M.O.	*matri optimae*
MON.	*monumentum – monetalis*
M.P.	*milia passuum – mater posuit – monumentum posuit*
M.V.F.	*monumentum vivus fecit*
MVL.	*mulier*
MVN.	*municipium/minicipii usw.*
N.	*Numerius*
N.	*natione – natus nepos – nomen/ nomine – Nonae – noster/nostri usw. – numen – numerus – nummus*
N.A.S.	*numini Augusti sacrum*
NEG.	*negotiator*
NEP.	*nepos*
N.E.S.D.	*numini eius semper devotus*
N.F.(F.)N.S.N.C.	*non fui, (fui) non sum, non curo*
N.M.Q.	*numini maiestatique*
N.M.Q.E.D.	*numini maiestatique eius dicatissimus*
NOB.CAES.	*nobilissimus Caesar*
NON.	*Nonae*
NUM.	*Numerius – numerus – nummus*

O.	*officina – optimus/i/o usw. – optio*
OB.	*obiit*
OB H(ON).	*ob honorem*
OB M.E.	*ob merita eius*
O.(E.)B.Q.	*ossa (eius) bene quiescant*
OF.	*officina*
O.H.S.(S.)	*ossa hic sita (sunt)*
O.M.	*ob memoriam – optimus maximus/ optimo maximo*
OP.	*opus*
O.S.T.T.L.	*opto sit tibi terra levis*
O.T.(V.)B.Q.	*ossa tibi (vobis) bene quiescant*
O.V.F.	*oro vos(ut) faciatis*
P.	*Publius*
P.	*pagus – parentes – passus – pater – patronus – pecunia – pedes – pius/a – pientissimus/a – pondo – populus/i/o posuit – provincia – publicus/ce – puer*
PAR.	*parentes/parentibus*
PAT(R).	*patronus/i/o usw.*
P.B.M.	*parentes bene merenti – patrono bene merenti*
P.C.	*patres conscripti – patronus civitatis (coloniae) – pia constans (legio) – ponendum curavit*
PEC.	*pecunia*
PED.	*pedes*
PERP.	*perpetuus*
P.F.	*pater fecit – pater filio – parentes fecerunt – pia fidelis (legio)*
P.I.	*poni iussit*
P.L.L.	*posuit libens laetus*
P.M.	*patronus municipii – pontifex maximus (maior) – post mortem*
PONT.MAX.	*pontifex maximus*
POP.	*populuslilo*
P.P.	*paterpatriae – pater posuit – pater piissimus – parentes pientissimi – pecunia publica – praeses provinciae – primus pilus – pro pietate – pro praetore – publicum portorium*
PP.	*perpetuus – praepositus*
P.P.P.	*proconsul pater patriae – pater pius posuit – pro pietate posuit – pecunia propria posuit/ posuerunt – pecunia publica posuit*
P.P.S.	*posuit pecunia sua*
P.R.(Q.)	*populus Romanus (Quiritium)*
PR.	*praetor – praefectus – pridie – primigenia – procurator – provincia*
PRAE(F).	*praefectus*
PRAEP.	*praepositus*
PR.AER.	*praefectus aerarii*
PRAES.	*praeses*
PRAET.	*praetor*
PRID.	*pridie*
PRINC.	*princeps*
PR.PER.	*praetor peregrinus*
PR.VRB.	*praetor urbanus*
PRO.	*proconsul procurator – pronepos – provincia*
PROB.	*probavit*
PROC.	*proconsul – procurator*
PRO PR.	*pro praetore*
PROQ.	*proquaestor*
PRO S.	*pro salute*
PROV.	*provincia*
P.S.	*pecuniā suā – pro salute*
P.V.	*praefectus urbi – praetor urbanus*
P.V.A.	*pius vixit annos*
PVB.	*publicus*
Q.	*Quintus*
Q.	*quaestor – que – qui – quinquennalis*
Q.A(ER).	*quaestor aerarii*
Q.A.V.	*qui annos vixit*
Q.B.F.F.	*quod bonum felix faustum (sit)*
QI(NF).S.S.	*qui infra scripti sunt*
Q.L.S.T.T.L.	*(dicite), qui legitis, sit tibi terra levis*
Q.N.S.S.S.	*quorum nomina supra scripta sunt*
Q.PR.	*quaestor provinciae*
Q.PR.PR.	*quaestor pro praetore*
QQ.	*quinquennalis*
QQ.(V.)P.	*quoquoversus pedes*
Q.S.S.S.	*qui subscripti (supra scripti sunt*

Q.V.A.	*qui vixit annos*
QVIN(Q).	*quinquennalis*
R.	*ratio – restituit – Romanus*
RAT.	*ratio*
R.C.	*reficiendum curavit/ curaverunt*
REG.	*regio*
ROG.	*rogat/rogant/ rogaverunt*
R.P.	*ratio privata – res publica – retro pedes*
S.	*Servius, Sextus, Spurius*
S.	*sacerdos – sacrum -salus – scripsit/scriptus – semis – sententia – servus – sestertium – sibi – suus/a usw.*
SAC.	*sacerdos – sacrum – sacravit*
SACR.	*sacrum*
SAL.	*salus*
SB.P.Q.S.	*sibi posterisque suis*
S.C.	*senatus consultum/senatus consulto – scribendum curavit – sub cura*
SC(RIB).ADF.	*scribendo adfuerunt*
SCRI(B).	*scriba – scripsit*
SC.D.M.	*sciens dolo malo*
S.D.M.	*sine dolo malo*
S.E.	*situs est*
SER.	*Sergius – servus/servi usw.*
S.E(T).S.	*sibi et suis*
SEV.AVG.	*sevir Augustalis*
SEX.	*Sextus*
S.F.	*sacris faciundis – sine fraude*
S.L.L.M.	*solvit laetus libens merito*
S.L.P.	*sibi libertis posterisque*
S.M.	*sanctae memoriae – solvit merito*
SP.	*Spurius*
S.P.	*servus publicus – sua pecunia*
S.P.F.C.	*sua pecunia faciendum curavit*
S.P.P./R.	*sua pecunia posuit/ restituit*
S.P.P.Q.R.	*senatus populus plebesque Romanus*
S.P.Q.R.	*senatus populusque Romanus*
SS	*sestertii*
S.S.	*senatus sententia – siti sunt – subscriptus/supra scriptus – sumptu suo – susceptum solvit*
STIP.	*stipendia/ stipendiorum*
S.T.T.L.	*sit tibi terra levis*
S.V.	*se vivo*
S.V.T.L.	*sit vobis terra levis*
T.	*Titus*
T.	*tabula/ae/is usw. – testamentum – titulus*
TAB.	*tabula/ae/is usw. – tabularius*
T.B.Q.	*tu bene quiescas*
TEST.LEG.	*testamento legavit*
TEST.IUSS.	*testamento iussit*
T.F.	*testamento fecit*
T.F.I.	*testamento fieri iussit*
TI(B).	*Tiberius*
T.L.	*testamento legavit*
T.M.P.	*titulum memoriae posuit*
T.O.B.Q.	*tibi ossa bene quiescant*
T.P.	*tanta pecunia – titulum posuit – tribunicia potestate/ tribuniciae potestatis (anno)*
T.P.I.	*testamento poni iussit*
TR.M(IL).	*tribunus militum*
TR.P(L).	*tribunus plebis*
TR.POT.	*tribunicia potestate/ tribuniciae potestatis (anno)*
TRIB.	*tribus – tribunus*
TRIB.POT.	*tribunicia potestate/ tribuniciae potestatis (anno)*
T.R.P.D.S.T.T.L.	*te rogo praeteriens dicas sit tibi terra levis*
V.	*verna – victrix – vir – vivus – vixit – votum – vovit – valeas/ valeat*
VA.	*vale/valeas*
V.A.	*vices agens – vixit annos*
V.A.S.L.M.	*votum animo solvit libens merito*
V.B	*vir bonus*
V.B.D.R.P.	*vir bonus dignus rei publicae*
V.C.	*vir clarissimus*
V.E.	*vir egregius*
VER(N).	*verna*
V.F.	*verbafecit – vivus fecit*
V.F.S.	*vivus fecit sibi*

VIC.	*vicus – vicani*
VIL.	*vilicus*
V.I.S.	*verba infra scripta*
VIX.	*vixit*
V.L.	*veteranus legionis – vir laudabilis*
V.L.M.S.	*votum libens merito solvit*
V.P.	*votum posuit*
V.R.	*urbs Roma – votum reddidit*
VRB.	*urbanus*
V.S.	*Votum solvit*
V.S.F.	*vivus sibi fecit*
V.S.L.(L.)M.	*votum solvit libens (laetus) merito*
VT.F.	*utere felix*
V.V.(M.)	*Virgo Vestalis (Maxima) – vivus vivae*
V.V.S.L.M.	*ut voverat solvit libens merito*
V.V.S.S.F.	*vivis supra scriptis fecit*

Notizen

Notizen

Notizen

Notizen

Notizen

Notizen

Notizen

Notizen

1 Aedes Quirini
2 Templum Salutis
3 Templa Iovis Statoris Iunonis
4 Templum Apollinis
5 Templum Iunonis Monetae
6 Templum Honoris
7 Basilica Porcia
8 Forum Romanum
9 Templum Concordiae
10 Tabularium
11 Templum Saturni
11aClivus Capitolinus
12 Templum Iovis
13 Basilica Iulia
14 Forum Iulium
15 Templum Veneris
16 Forum Augustum
17 Rostra Iulia
18 Aedes Vestae
19 Atrium Vestae
20 Templum Iovis Statoris
21 Pons Fabricius
22 Pons Aemilius